EDGAR ALLAN POE

SÄMTLICHE WERKE

EDGAR ALLAN POE

SÄMTLICHE WERKE

Herausgegeben von
John Franklin Westmoor

PHAIDON

Vollständige Ausgabe mit neuen deutschen Übertragungen nach der im Jahre 1884 bei Harper & Brothers, New York erschienenen Ausgabe mit aktualisierten Nachträgen und Berücksichtigung der Kommentare von Edmund C. Stedman.

Herausgegeben von John Franklin Westmoor.

Deutsche Übertragung von Brigitte Neuwald-Morton, Sheffield.

Redaktion & Gesamtherstellung:
Millium Media Management

Printed in Germany

ISBN 3-88851-273-5

Inhalt

Gedichte

Erzählungen

LITERATURKRITIK

Gedichte

Tamerlan

Gütiger Trost in Sterbestunden!
Dies, Vater, ist mein Thema nicht –
Ich glaube nicht länger, ich könnte entbunden
Noch je werden durch irdische Macht
Von der Sünde, in die mich der Stolz gebracht –
Zu träumen hab die Zeit ich nicht:
Ihr nennt es Hoffnung – jenes Brennen!
Doch kann man's Sehnsuchtsqual nur nennen:
Könnt' ich noch hoffen – Gott, ich kann –
Kennt ich den Quell noch, heilig – licht –
Nicht nennt' ich Tor dich, alter Mann –
Doch solch Geschenk bringst du nicht.

Wiss' das Geheimnis eines Geistes,
Dessen wilder Stolz aus Scham nun stumm.
O dürstend Herz! Mich traf, du weißt es,
Dein sterblich Erbteil mit dem Ruhm,
Der Glorie, die brennend schien
Auf meines Thrones Baldachin,
Höllen-Gloriole! – mit solch Qual,
Davor die Hölle wird noch fahl –
O Herz, verlangend, was geschwunden –
Verwelkte Blumen, Sommerstunden!
Unsterblich Stimme toter Zeit,
Sie tönt mit grenzenlosem Hall,
Unsterblich, wie ein Zauberschall,
Auf deine Leere – ein Grabgeläut.

Ich war nicht immer so wie jetzt:
Die Krone, vor der sich die Welt entsetzt,
Ich gewann gewaltsam sie in brennender Gier –
Gab nicht derselben Erbschaft Drang
Dem Cäsar Rom – wie diese mir?
Das Erbe königlicher Kraft
Und stolzen Geists, der siegreich rang
Mit menschlich' Art und nie erschlafft'.

Auf Felsgrund sog ich ersten Odem:
Des Taglay Nebel hüllten grau
Das Haupt mir des Nachts in ihren Tau,
Und, glaub' ich, der beschwingte Brodem
Und Kampftumult der Lüfte gar,
Er nistete in meinem Haar.

So spät vom Himmel – der Tau – er fiel
(Inmitten von Träumen unheiliger Nacht)
Auf mich wie der Hölle garstig Spiel,
Während des roten Blitzes Macht
Aus Wolken, die zu Bannern schwollen,
Dem halb geschlossenen Aug' erschien
So wie Prunk und Pomp von Monarchien,
Und des Trompeten-Donners Grollen
Kam schnelle über mich und gellte
Von menschlich' Schlacht, drin – närrisch Wicht! –
Mein eigen, eigen Stimmchen schwellte
(Oh! Wie mein Geist sich freute schlicht
Und hüpft' in mir, da dies geschah)
Den Schlachtenruf ›Viktoria!‹

Der Regen schlug aufs Haupt mir schwer,
Das ungeschützte – und der Wind
Ließ irr mich werden und taub und blind.
Es war der Mensch nur, dachte ich, der
Mir Lorbeern streut': und der Lüfte Chor,
Der reißende Strom, der mich eisig umweht',
Er gurgelte laut mir Zermalmen ins Ohr
Von Reichen – mit des Gefangenen Gebet –
Dem Gemurmel von Bittstellern – und dem Ton
Von Schmeichelei um des Souveräns Thron.

Seit jener Unglücksstunde bangt
Vor mir ein Land, und Leidenschaft
Erscheint, seit ich die Macht erlangt,
Als meine Grundnatur – nun, so sei's:
Doch lebte Eine, rätselhaft,
Schon damals, als heft'ger ich noch geschwelgt
Denn jetzt in ihrer Flamme Gleiß
(weil Leidenschaft, wie Jugend, welkt),
Und sie, sie wußte, dies eiserne Herz
Hatt' Teil an Weibes Schwäche und Schmerz.

Mir fehlt das Wort, das sich vermißt
Zu sagen, was rechte Liebe ist!
Auch könnte ich niemals richtig schildern,
Das schöne Gesicht in rechten Bildern,
Dess' Linien meinem Geiste sind
– Schatten auf unbeständigem Wind:
So glitten die Augen wohl dann und wann
Durch uralt' Bücher Seiten hin,
Bis sie auf einmal das Filigran
Der sinnhaften Lettern zerschmelzen sahn
Zu Phantasien – ohne Sinn.

Oh, sie war würdig aller Liebe!
Liebe – wie in der Kindheit mein –
Solcher Art, sie selbst Engel triebe
Zum Neid; ihr junges Herz der Schrein,
Dessen Flamm' mein ganzes Hoffen
verzehrte
Und Denken als Weihrauch – Gaben, gar
groß,
Denn beides war kindlich noch damals
und schlicht –
Rein – wie ihr junges Beispiel lehrte:
Warum nur verließ ich's, bedenkenlos
Zu suchen im Feuer drinnen nach Licht?

Wir wuchsen an Alter – und Liebe –
zusammen –
Durchstreiften gemeinsam Wildnis und
Wald;
Meine Brust war Schild ihr im Winter, dem
klammen –
Und wenn uns des Sonnenscheins Lächeln
galt
Und empor sie wies, wo der Himmel
blaute,
Ich Himmel in ihrem Aug' nur erschaute.

Junger Liebe Lehrer ist – das Herz:
Denn wenn in jenes Sonnenscheins Reiche
Ich, losgelöst vom geringen Schmerz
Und lachend ob ihrer Mädchenstreiche,
Mich warf an ihre so bebende Brust
Und verströmte in Tränen die Seele mein –
Dann war ich kein Bangens mir mehr
bewußt –
Und kein Fürchten mehr wollte beruhigt
sein
In ihr, die niemals nach Gründen fragte –
Die stumm verstand, was stumm ich
beklagte.

Doch *mehr* als würdig war sie noch
Der Liebe, mit der mein Geist nun rang,
Als auf der Berge Gipfel hoch
Ihm Ehrgeiz schuf einen neuen Drang –
Ich hatte kein Sein – denn nur in dir:
Die Welt und alles, was schloß sie ein,
In der Erde – der Lüfte – der Meere
Revier –
Ihre Freude – ihr kleines Teil an Pein,
Das neue Freud' mir war – die weiten,
Düsteren Eitelkeiten des Traums –
Und, düstrer, des Realen Nichtigkeiten –
(Schatten – noch schattenhafteren
Raums!)
All diese zerflossen auf nebliger Schwinge
Und wurden so, verworren, seltsam
Dein Bild, bald ein Name – ein Nam'!
– Zwei getrennte, doch innig verbundene
Dinge.

Ich war voller Ehrgeiz – hast, Vater, du
schon
Die Leidenschaft jemals gefühlt? Nein!
Bloß
Ein Bettler, erträumt' ich mir doch einen
Thron –
Mit der halben Welt unter meiner Fron –
Und klagte über mein niedrig Los –
Doch wie jedes anderen Träumers Qual
Wär' meine wohl auch mit dem Dunst des
Taus
Verflogen, hätte mich nicht der Strahl
Der Schönheit, der ihn durchs wirre
Gebraus
Der Minuten – der Stunden – der Tage
geleit't,
Übermannt mit doppelter Lieblichkeit.

Wir wanderten einst zusammen entrückt
Auf hohem Gipfel, der niederblickt'
Von seinen stolzen Naturfestungen
Aus Fels und Forst auf der Hügel Wellen –
Der hingesunknen! von Behausungen
Umgürtet und jauchzend aus tausend
Quellen.

Ich sprach ihr von der Macht und des
Stolzes Brennen,
Doch dunkel, sinnbildlich – in einer Art,
Daß sie es für nichtig hätte halten können
Im losen Gespräch; doch im Auge zart
Las ich auf einmal, zu sorglos im Drange,
Des eigenen Fühlens Widerschein –
Das plötzliche Rot ihrer strahlenden
Wangen
Schien mir Königinnen-Thron zu sein –
Und da glaubt' ich nicht länger, sie sollte
empfangen
Tribut von der gleißenden Wildnis allein.

Ich fühlte mich plötzlich auf Hoheit
gebettet,
Setzt' unsichtbar eine Krone mir auf –
Doch war's nicht bloße Phantasie,

Die mir ihren Mantel lieh –
Des Löwen Ehrgeiz wird niedergekettet
In Pöbels Mitte – vom Menschenhauf –
Und duckt sich vor der Wärter Knuten –
Doch nicht in Wüsten, wo die Gluten
Des Furchtbaren, Wilden sich noch verschwören,
Mit ihrem Atem sein Feuer zu mehren.

Schau dich nun um in Samarkand! –
Ist's nicht der Erde Königin?
Stolz aller Städte? in seiner Hand
Das Weltgeschick? steht es nicht in
Des Ruhmes höchstem Glorienschein
Unendlich edel und allein?
Und fiel' es, müßte sein ärmster Stein
Noch Piedestal eines Thrones sein –
Wer ist sein Herrscher ? Timur – er,
Der vor der Völker Augen schritt
Hochmütig über Reiche hehr:
Diamantgekrönter Bandit!

O Menschenliebe! du Geist, zur Erde
Gesandt, daß kund uns der Himmel werde!
Du fielst in die Seele wie Regen
Auf durch Schirokko trocknen Wegen
Und ließest, nicht mächtig zu segnen, doch nur
Als Wildnis zurück des Herzens Flur!
Idee! die du bindest des Lebens Drang
Mit Musik von einem so seltsamen Klang
Und mit Schönheit von einer so wilden Gebärde –
Leb wohl! denn ich habe gewonnen die Erde.

Als die Hoffnung, der Adler, der hoch sich schwang,
Keine Klippe mehr jenseits im Himmel erkannte,
Da wurden die Fittiche matt ihm und bang,
Und heimwärts besänftigt sein Auge sich wandte.

Sonnenuntergang war's: wenn die Sonne sich senkt,
Eine schwere Trübe das Herz umfängt
Dem, der noch weiter anschauen wollte
Die Sommersonne, wie prächtig sie rollte.
Er wird den Abendnebel hassen,
Der häufig lieblich, und lauschend erblassen
Vorm Klang der nahenden Dunkelheit
(Der aufmerksamem Sinn nur dar sich beut):
Er *würde* fliehen, im Traum der Nacht,
Und *kann* es doch nicht, gefährliche Macht.

Was soll's, daß die Luna – die Luna so weiß –
Läßt glänzend erstrahlen ihr Mittagsgegleiß,
Ihr Lächeln ist frostig – *ihr* Glanz erstrahlt
In der trostlosen Zeit wie ein Bildnis, gemalt
(So ähnlich, daß einem's den Atem verschlägt)
Nach dem Leben nicht: vom Tode geprägt.
Einer Sonne gleicht der Knabenzeit Frist,
Als deren Vergehen nichts öder ist.
Denn was erkennen wir sollen, ist erkannt,
Und was wir zu halten versuchen, es schwand.
So laß, wie die Blume des Tages, auch fallen
Am Mittag der Schönheit des Lebens Wallen.

Ich fand mein Heim – mein Heim nimmer hier –
Denn alle warn fort, die dazu es gemacht.
Ich schied aus seiner bemoosten Tür,
Und obwohl mein Schritt leise und sacht,
Kam eine Stimme vom Schwellenstein klar
Von einer, die einstens vertraut mir war –
Oh, ich fordre heraus dich, Hölle, zum Kampf:
Zeig im Feuer, dem entsteigt der Dampf,
Mir ein demütger Herz – ein tieferes Leid!

Vater, ich glaube es sicher und fest –
Ich *weiß* – denn der Tod, dem ich bald schon geweiht,
Der mir naht von der Insel der Seligen, der blassen,
Wo niemand und nichts mehr sich täuschen läßt,
Er hat sein eisernes Tor halboffen gelassen,
Und Strahlen der Wahrheit sonst allezeit
Unsichtbar, blitzen durch die Ewigkeit –
Ich glaube es sicher: Satan hat
Einen Fallstrick auf jeglichem Menschenpfad –

Wie wäre es sonst, als im heiligen Hain
Ich wandert' des Abgotts, Liebe, so rein,
Der täglich duftend die schneeigen
Schwingen
Sich macht mit dem Weihrauch, den dar
ihm bringen
Brandopfer aus unbeflecktesten Dingen –
Dess' Wohnstatt der Himmel doch selber
umflicht
Mit zum Gitter gefügten Strahlen, so dicht,
Daß keinem Stäubchen, keiner Flieg' es
glückt,
Zu entgehen dem Blitz, den sein Adleraug'
schickt –
Wie wäre's geschehen, daß Ehrgeiz
schlüpfte
Hin unter die Freuden dort, unsichtbar,
Bis, kühner werdend, er schließlich hüpfte
Und lacht' in der Liebe selbst lockigem
Haar?

Lied

Ich sah Euch an Eurem Hochzeitstag,
Sah in flammendem Rot Euch erglühen,
Obschon Glückseligkeit um Euch lag,
Eine Welt voller Liebesblühen:

Und in Eurem Aug' ein brennend Licht
(Wie auch immer es entstand)
War alles, was mein gequältes Gesicht
Auf Erden in Lieblichem fand.

Vielleicht war das Rot ja nur Mädchen-
scham –
Und als solche sah man's Euch nach –
Obwohl sein Glühn eine wildere Flamm'
In der Brust dem weckte, der ach!

Euch sah an jenem Hochzeitstag
Als so rot Ihr *mußtet* erglühen,
Obschon Glückseligkeit um Euch lag,
Eine Welt voller Liebesblühen.

Träume

Mein junges Leben – wär's dauernder
Traum!
Erwachte doch mein Geist nicht, bis im
Raum
Ein Strahl der Ewigkeit den Morgen
brächte!
Ja! denn selbst hoffnungslos durchträumte
Nächte
Wär'n besser als die kalte Wirklichkeit
Des wachen Lebens dem, der alle Zeit
Ein Herz besaß, von Leidenschaft ver-
worrn,
Seit auf der schönen Erde er geborn.
Doch sollt' es sein – daß ewig jenes
Träumen
Fortwährte – wie's bei jugendlichen
Träumen
Mir oft erschien –, schier Narrheit wär's zu
hoffen,
Einst ständ' für mich noch höh'rer Himmel
offen.
Denn träumend schwelgt' ich, als in
Sommerschwüle
Die Sonne hell schien, in lebendger Fülle
Von Licht und Lieblichkeit, – ließ meinen
Sinn
Durch Sphären eigner Phantasien ziehn,
Zu Wesen, die mein eigner Geist erschaf-
fen, –
Was könnte Schönres je mein Blick
erraffen?
Es war nur einmal – und die wilden
Stunden
Sei'n niemals der Erinnerung entwunden –
Mich band ein Bann – es war der eisge
Wind,
Der des Nachts heim mich suchte und mir
blind
Sein Bild aufprägte – oder auch der Mond,
Dessen Kälte meinen Schlummer nicht
verschont' –
Vielleicht die Sterne – was auch immer es
war,
Der Traum war wie der Nachtwind –
vergänglich, klar.

Ich *war* einst glücklich, wenn auch [nur]
im Traum.
Ich war's – und gebe gern dem Thema
Raum:
Traum! ob er nun dem Leben Farb'
verschafft,
Ob Widerstreit er spiegelt, schattenhaft
Und neblicht, zwischen Schein und
Wirklichkeit,
Dem phantasiernden Auge zeigt er weit

Mehr Liebesglück und auch Paradiesesfrieden,
Als schönstem Augenblick der Hoffnung beschieden.

Geister der Toten

I

Dein Seel' wird einst sehr einsam sein
In dunkler Grabgedanken Schrein –
Kein Blick, der aus der Menge weit
Mehr stört' deine Abgeschiedenheit.

II

Sei still in dieser Öde Weben,
Das nicht Alleinsein ist – es sind
Die Geister jener, die im Leben
Vor dir einst standen, ganz gelind
Nun wieder um dich – und ihr Wille
Überschattet dich: drum sei stille.

III

Die Nacht wird – klar zwar – drücken –
Kein Stern herniederblicken
Vom hohen Thron im Himmelssaal,
Mit Hoffnung, Licht für Menschenqual –
Nein, die rot und trübe ziehn,
Werden deinem müden Sinn
Wie ein Fieber und ein Brennen
Nie und nimmer Ruhe gönnen.

IV

Gedanken, die nicht zu verwinden,
Visionen, die nicht schwinden:
Weichen werden sie von dir
Nie mehr – wie der Tau vom Grase hier.

V

Die Luft – der Atem Gottes – schweigt –
Auf dem Berg der Nebel steigt,
Schattenhaft – düster – doch ohne zu weichen:
Dir ein Sinnbild und ein Zeichen –
Wie er in den Bäumen staut,
Geheimnis auf Geheimnis baut!

Abendstern

'S war Mitt-Tag im Sommer
Und Mitt-Zeit der Nacht;
Und bleich schienen Sterne
Durch die eiskalte Pracht,
Die der Mond sich schuf,
Von Sklaven umzogen,
Er selbst in den Himmeln,
Sein Strahl auf den Wogen.
Lang starrte ich nicht
In sein kaltes Gesicht;
Zu kalt – zu kalt war es mir.
Da kamst du hervor
Hinterm Wolkenflor,
Und ich wandte mich ab zu dir,
Stolzer Abendstern, –
Deine Pracht von fern
Sei mir die liebere Zier;
Denn dem Herzen Freude wolle
Bringen die stolze Rolle,
Die am Himmel du hast zur Nacht,
Und besser mir tut
Deine ferne Glut
Als die kalte, gewöhnliche Pracht.

Ein Traum in einem Traum

Auf die Stirn dir diesen Kuß!
Und da ich nun scheiden muß,
Sag' dies ich nur zum Schluß:
Ganz recht hat eure Klage,
Daß ein Traum warn meine Tage;
Doch ob nun die Hoffnung floh
Bei Tag, bei Nacht, ob irgendwo
In Schlafgesichten, müdem Sinnen,
Ist sie darum *nicht* von hinnen?
Was wir scheinen und schaun im Raum,
Ist nur ein Traum in einem Traum.

Im Brandungsbrüllen steh'
Ich an küstenschlagender See,
Und ich halte in der Hand,
Körner vom goldenem Sand –
Wie wenige! doch sie rinnen
Durch die Finger mir von hinnen,

Und ich weine – wie von Sinnen!
Kann ich nicht dichter falten
Die Hände, sie zu halten?
O Gott! wie rette ich schier
Nur *eins* vor der Welle Gier?
Ist, was wir scheinen und schaun im
Raum,
Nur ein Traum in einem Traum?

Stanzen

Wie oft vergessen wir die Zeit, wenn nur
Wir bewundern den Weltenthron der Natur;
Ihre Wälder – ihre Wildnis – ihre Berge –
gewaltige
Antwort ihrer Intelligenz auf die unsrige!

I

In der Jugend kannt' ich einen, mit dem
das Erdenrund,
Im geheimen, kommunizierte – wie er es
mit ihm tat,
Am Tage, und in Schönheit seit seiner
Geburtenstund':
Dessen glühend flackernde Lebensfackel
entzündet wart
Von der Sonne und den Sternen, von
denen er entwunden
Ein leidenschaftliches Licht – dazu war
sein Geist imstande –,
Und dennoch wußte dieser Geist nicht – in
den Stunden
Seines eigenen Glühens –, was ihn hielt im
Bande.

II

Vielleicht ist mein Geist entflammt zu sehr
Im Fieber des Mondstrahls, der über ihm
leucht't,
Doch ich will halb glauben, das wilde
Licht sei schwer
Mit mehr Hoheit, als zu finden mich deucht
In alten Sagen – oder ist's die Essenz,
körperlos,
Eines Gedanken, und nicht mehr als das,
Dessen beflügelt Zauber über uns hinweg
zieht bloß,
Wie Tau zur Nachtzeit über das Sommer-
gras?

III

Über uns hinweg zieht, wenn – wie das
Auge streifen mag
Zum Objekt der Liebe – so die Träne
beginnt ihre Reise mit Beben
Zum Lid, die bis jetzt in Apathie schlafend
lag?
Und doch muß es nicht sein – (dieses
Objekt) vor uns im Leben
Verborgen – doch uns allen gemein – das
zu jeder Stund', jedem Tag
Vor uns liegt – doch nur *dann,* veranlaßt
zum Streben
Durch seltsamen Ton, wie von Saiten –
zerbrochen in der Hand –
Uns zu wecken – es ist Symbol uns und
auch Pfand

IV

Dessen, was in anderen Welten wird sein –
und gegeben
Wird so schön von unserem Gott nur
denen davon,
Die andernfalls Himmel verlieren würden
und Leben,
Getrieben von ihrer Herzen Leidenschaft
und jenem Ton,
Jenem Ton des Geistes, der gekämpft im
Schicksalsweben,
Doch nicht mit dem Glauben – mit der
Frömmigkeit –, deren Thron
Er mit verzweifelter Energie hat niederge-
schlagen,
Während er sein eigen tief' Gefühl als
Krone getragen.

Ein Traum

In dunkler Mitternacht Gesicht,
Träumt' ich von entschwundener
Freud',
Doch ein Wachtraum von Leben und
Licht,
Der brach mir das Herz vor Leid.

Ah! Was ist nicht ein Traum bei Tag
Für den, dessen Augen gewendet
Mit einem Glanz auf der Dinge Plag',
Den stolze Vergangenheit spendet?

Jener heil'ge Traum - jener heil'ge Gral,
Er hat, wo all' die Welt streitet,
Das Herz mir gehoben wie ein lieblicher Strahl,
Der den einsamen Wanderer leitet.

Und mochte der Glanz, in Sturmestanz
Und Nacht, auch zittern fern,
Was könnte wohl reinlich heller ganz
Sein auf Wahrheits Tagesstern?

»Die glücklichste Stunde«

Die glücklichste Stunde, die herrlichste Pracht,
Die mein versengtes Herz je kannt' als Lohn,
Die höchste Hoffnung auf Stolz und Macht
Ist, fühl' ich, entflohn.

Macht! Sagt' ich? Ja! So dachte ich;
Doch sie ist lange entschwunden nun.
Die Vision meiner Jugend verblich -
Doch möge sie ruhn.

Und, Stolz, was habe ich nun von dir?
Mag erben denn eine andere Stirn
Das Gift, das du ausgegossen über mir -
Schweig still, mein Gehirn.

Die glücklichste Stunde, die herrlichste Pracht,
Die für meine Augen je Gewinn,
Der hellste Glanz von Stolz und Macht
Ist, fühl' ich, dahin:

Doch böte die Hoffnung auf Stolz und Macht
Sich jetzt mir mit all dem Graun,
Das auch *damals* ich fühlte, - die hellste Pracht,
Nicht wollt' ich sie noch einmal erschaun:

Denn auf Nacht-Schwingen glänzt' es ihr prächtig,
Und als sie sich breiteten, stand
Eine Wesenheit auf, zu zerstören mächtig
Die Seele, der wohl sie bekannt.

Der See: Für —

Frühling der Jugend verbracht' ich viel
An eines Erdenfleckes Ziel,
Dem meine ganze Lieb' war geweiht -
So lieblich war die Einsamkeit
Des wilden Sees, den schwarzer Stein
Und hohe Fichten schlossen ein.

Doch wenn die Nacht warf ihr Gewand
Auf jenen Fleck wie alles Land
Und der Wind strich sanft vorbei,
Mystisch flüsternd' Melodei,
Dann - ah, dann - erwacht' ich jäh
Im tiefsten Schrecken des einsamen See.

Doch keine Furcht war dies Erblicken,
Es war ein zitterndes Entzücken -
Ein Fühlen, das zu schildern keine
Juwelenpracht mich könnt' berücken -
Auch Liebe nicht - und wär's die deine.

Tod war in der finstern Woge,
Die Wellen eine Grabestoge
Für den, dess' einsam Phantasiern
Trost empfing nach langem Irrn,
Dessen so verlaßne Seele fand
Ein Eden dort im finstern Land.

Sonett – An die Wissenschaft

O Wissenschaft! Der alten Zeit Tochter du!
Deren spähnden Augen verändern all Dinge -
Was raubtest du des Dichterherzens Ruh,
Geier, dem dumpfe Wirklichkeit ist Schwinge?
Wie sollt' er dich lieben? Als weise achten,
Die du nicht wichst von seinem Höhenflug
Durch Himmels Glitzern, seinen Schatzes-jagden,
Obwohl ohn' Zag er aufstieg, kühn genug?
Triebst du Diana nicht mit ihrem Bogen
Und die Dryade aus des Waldes Hut,
Daß sie zu seligern Sternen fortgezogen?

Entrissest du die Nymphen nicht der Flut,
Dem Gras die Elfen – und mir selbst den Traum
Vom Sommer unterm Tamarindenbaum?

Al Aaraaf

Teil 1

Nichts Irdisches als das Gesicht
Der Schönheit, das die Blüten spiegeln,
Wie in den Gärten, wo das Licht
Tscherkessiens Gemmen hell entsiegeln –
Nichts Irdisches als nur das Beben
Von Melodien im Waldesweben –
Nichts als (Musik der Leidenschaft)
Der Freude Stimm', so sanft erschlafft,
Daß, wie das Meer in Muscheln girrt,
Ihr Echo bleibt und bleiben wird –
Oh, nichts vom Abschaum, der erdrückt –
Der Blumen-Schönheit nur, die beglückt,
Die unsre Liebe hegt, uns schmückt –
Ziert jene Welt, so fern, so fern –
Den wandernden Stern.

'S war für Nesace eine süße Zeit –
Denn ihre Welt lag hingestreckt im Kleid
Aus goldner Luft in vierer Sonnen Helle –
Oasenrast im Wüstenland der Seele.
Davon – davon – durch Strahlenmeere, die
In himmelhohes Glänzen tauchen sie –
Und kaum vermag (so dicht wogt diese See)
Sie sich hindurchzukämpfen in die Höh' –
Zu fernen Sphärn sie reist', von Zeit zu Zeit,
Und spät zu unsrer, der Gott Gnade beut –
Doch nun, gebietend ankerfestem Port,
Läßt sie das Steuer, wirft das Zepter fort,
Und während Düfte steigen, hohe Lieder,
Badet in vierfach Licht sie die Engelsglieder.

Die Glücklichste, Lieblichste nun in jenem Land,
Wo die »Idee der Schönheit« einst entstand
(Blumenumkränzt durchschwebt' sie manchen Stern
Wie Frauenhaar in Perlen, bis sie, fern,
Auf Hügel stieß aus ferner achäischer Zeit),
Kniet' nieder sie vor der Unendlichkeit.
Es schirmt sie aus Wolkenschleiern ein Zelt –
Geziemendes Emblem für ihre Welt –
In Schönheit sichtbar – doch verhindernd nicht
Die Sicht auf andrer Schönheit glitzernd Licht –
Ein Blumenkranz, der die Formen band
Und farbig mit der Luft Opal umwand.

Gar eilig kniet' sie nieder, sanft umgeben
Von Blumen: Lilien, wie das Haupt sie heben
Auf Kap Deucato, mit eifrigen Kräften
An Jener flüchtge Spuren sich zu heften,
Die hier dereinst sich einem Mann ergab,
Verschmäht ward und – welch stolzer Sinn! – so starb.
Sephalica, in junger Bienen Schwarm,
Berührt mit Purpurstengeln ihren Arm:
Und jenes Blumenjuwel, das da stammt
Von höchsten Sternen, wo es überflammt'
All' andre Lieblichkeit: sein Tau so süß
(Der sagenhaft bei Heiden Nektar hieß),
Berauschend süß, tropft aus der Himmelspracht
Und fiel auf Gärten Unentsühnter sacht
In Trapezunt – auf eine sonnge Blume,
So ähnlich droben seiner eignen Muhme,
Daß er dort blieb und gibt der Biene Pein
Durch Wahnsinn und ungewollte Träumerein:
Derweil in Himmelswelten schmachten Blatt
Und Blüte jener Pflanzenfee, und matt
Hängt ihr das Haupt voll Gram und Reuebangen
Ob jener Torheit, die sie einst begangen,
Hebt sie die weiße Brust zum lauen Luft empor,
Wie schuldige Schönheit schöner noch als zuvor:
Nyctanthes auch, die keusch dem Tag sich scheut
Den Duft zu schenken, den der Nacht sie beut:
Und Clytia, versunken tief in Sinnen,
Indessen ihr die mürrschen Tränen rinnen:
Und jene Blume, die von Erden stammt'
Und starb, kaum daß zur Schönheit sie entflammt,
Indem sie bersten ließ ihr duftend Herz,

In Geist sich aufzuschwingen himmelwärts
Und Lilien des Wallis-Tals, die geflohn
Aus dem Kampfe mit den Wassern der
Rhone:
Und dein liebliches Purpurduften, Zante!
Isola d'oro! – Fior di Levante!
Und die Nelumbo-Knospe, die da schwamm
Mit Cupido auf Indiens heilgem Strom –
Ihr schönen Blumenfeen! die tragen sollen
Der Göttin Sang im Düftewallen:

»Geist! der du dort haust,
Wo in Himmels Weiten
Was schön ist und was graust
Im Liebreize streiten –
Wo fern der Himmel blaut –
Welch Grenz' den Wanderstern
Wenden läßt, da er schaut
Deine Schranken und deine Sperrn –
Die Schranken, durch deren Region
Nur noch Kometen ziehn,
Geschleudert vom stolzen Thron,
Lastesel zu sein forthin –
Träger des Feuers, helle,
(Rotes Feuer in ihrem Herz)
In nie ermüdender Schnelle,
In nie vergehendem Schmerz ––
Du lebst – *das* wissen wir –
In Ewigkeit – wir fühlen's –
Doch wer tut kund uns hier
Den Schatten deines Willens?
Obwohl die Wesenheit,
Bei der Nesace verhielt,
Sich deine Unendlichkeit
Erträumt nach ureigenem Bild –
Geschah dein Wille, o Gott!
Deine Sternin besiegt' im Rennen
So manchen Sturm, doch stets gebot
Ihr deines Auges Brennen;
Und hier wird im Gedanken –
Im Gedanken, der allein
Kann fliegen durch deines Reiches
Schranken
Vor deines Thrones Schein –
Auf der Phantasie Schwingen
Meine Botschaft dir gebracht,
Bis Heimlichkeiten als Wissen durch-
dringen
Der Himmelsgefilde Pracht.«

Sie schwieg – und barg sodann die
glühnde Wange
Verschämt in Lilien dort, zu suchen bange
Schirm vor dem Glühen Seines Augs, davor
Ein Zittern überkam der Sterne Chor.
Erstarrt verblieb sie – denn die Luft
durchdrang
Nun einer Stimme feierlicher Klang –
Ein Laut der Stille hielt das Ohr gebannt,
Den träumend' Dichter »Sphärnmusik«
genannt.
Wir, die Worten gebieten, nennen
»Schweigen«
Die Ruhe – reinstes in der Worte Reigen.
Denn alles spricht, und selbst abstrakten
Dingen
Entflieht ein Schattenlaut von Geister-
schwingen –
Doch ach! nicht so, wenn droben in den
Höhen
Gottes ewige Worte groß erstehen
Und roter Winde am Himmel vergehen!

»Wenn auch in Welten, die unsichtbar
reisen
Um eine Sonne und in kleinen Kreisen –
Wo all mein Lieben Torheit, und die
Gecken
Noch immer denken, nur Wolken sein
mein Schrecken,
Nur Donnerlaut, nur Erd- und Meeresbeben
(Ah! Wolln sie meinen wahren Zorn
erleben?) –
Wenn auch in Welten, die so winzig sind,
Der Sand der Zeiten immer finstrer rinnt,
So will ich dir doch allen Glanz gewähren,
Zu tragen mein Geheimnis durch die
Sphären.
Verlasse dein kristallnes Heim und
schnelle
Mit deinem Gefolge durch Mondeshelle –
Wie Glühwürmchen in sizilischer Nacht –,
Bis andern Welten du ein Licht gebracht!
Enthülle deiner Botschaft Heimlichkeiten
Den stolzen Himmelskörpern – zu bereiten
Den Herzen in dir selber Bann und
Schranken,
Daß nicht in Menschenschuld die Sterne
schwanken!«

Auf stand das Mädchen in den Nachtge-
länden,
Die gelb ein Mond erhellte! – wir verpfän-
den

Uns *einer* Liebe – *ein* Mond ist uns hehr –
Der jungen Schönheit Wiege hatt' nicht mehr.
Wie jener gelbe Stern aus daunigen Stunden
Stand nun das Mädchen auf, von Blüten umwunden,
Und schritt durch glänzend' Berge und Ebenen bleich –
Doch verließ sie nicht ihr therasisches Reich.

Teil II

Auf eines hohen Bergs leuchtendem Grat –
Wie schläfrig wohl auf seiner Lagerstatt
Von riesiger Weide ruht der müde Hirt
Und hebt das träge Lid und sieht verwirrt,
Mit manch gemurrtem »Mög' man mir vergeben«,
Schon hoch und spät den Mond am Himmel schweben –
Auf rosigem Gipfel, der sich überm Tal
In sonnig hellen Äther hebt, den Strahl
Versunkener Sonnen in die Mittnacht flicht,
Während der Mond tanzt' mit dem fremden Licht –
Auf solcher Höh' gleich einem Throne sitzend,
Ragt' dort ein Säulenbau, gar hehr und stet,
Aus parischem Marmor jenes Lächeln blitzend
Weit nieder, wo die Welle funkelnd geht
Und nährt den jungen Berg in ihrem Bett.
Sein Grundstein – geschmolzene Sterne, die hoch
Aus schwarzen Lüften falln, versilbernd noch
Ihres eigenen Todes Bahrtuch im Sterben –
Um ihren Schmuck dem Himmel zu vererben.
Aus Licht gefügt, von Himmelsglanz getönt,
Ein sanftes Kuppelrund die Säulen krönt' –
Aus einem einzgen Diamanten schön
Ein Fenster blickt' hinauf in Purpurhöhn,
Und Gottes Strahlen sah man niedergleihn
Und dort ein zweitesmal die Schönheit weihn,
Wenn trennend nicht dazwischen jäh im Flug
Ein eifrig' Geist den finstern Flügel schlug.
Doch an den Pfeilern sah das Aug der Seraphim
Die Finsternis dieser Welt: ein gräuliches Grün,
Wie's die Natur zum Grab macht allem Schönen,
Umlauert jedes Kranzgesims und jenen
Aus Stein gehauenen Cherub dort, der
Aus seiner Marmornische schaut hierher –
Sie schienen in irdische Schatten gestellt –
Achaierstatuen in so reicher Welt!
Aus Tadmor Friese und Persepolis,
Aus Baalbek, aus dem Abgrund ein Karnies
Vom herrlichen Gomorrha! Oh, die weiten
Wellen sind bei dir – zu spät, um Rettung zu bereiten!

Klang liebt's zu schwelgen in der Sommernacht:
Zeuge das Murrn des Zwielichts grau und sacht,
Das einst ans Ohr sich stahl, in Eyraco,
Gar manchem wilden Sternenschauer so –
Das immer sich ans Ohr stiehlt dem, der harrt
Und sinnend in die dunkle Ferne starrt,
Wo sich die Finsternis zusammenbraut –
Ist seine Gestalt – und Stille – nicht greifbar laut?

Doch was ist dies? – es kommt – und läßt erklingen
Geheimnisvoll Musik – Rauschen von Schwingen –
Und dann fällt es, steigt es nieder:
Nesace ist in ihren Hallen wieder.
Von Energie und wilder Hast durchdrungen,
Erglüht' ihr Antlitz, atemlos, ungebrochen;
Der Gürtel, der den Leib ihr sanft umschlungen,
Er war zersprungen durch des Herzens Pochen.
Inmitten jener Halle blieb sie stehen
Und keuchte, Zanthe! alles unterm Wehen
Des Feenlichts, das hell ihr Haar besonnte,
Dort rasten wollte, doch nur funkeln konnte!

Jung-Blumen flüsterten melodisch sacht
Mit glücklichen Gefährten in der Nacht;
Aus silbernen Fontänen strömt' Musik
In manchen sternbeschien'nen Hain
  zurück;
Doch Schweigen naht' sich materiellen
  Dingen -
Den Blumen, Wasserfällen, Engelsschwin-
  gen -
Und ein Klang allein, der dem Geiste
  entsprang,
War Refrain für des Mädchens lieblich'
  Gesang:

»Die unter Blüten
  Und Zweigen ihr wohnt,
So den Träumer hüten
  Vorm strahlendem Mond -
Lichtwesen! Versonnen
  Im Sternenschein,
Den vom Himmel gewonnen
  Euer Staunen allein,
Bis ein blitzend Geschmeid'
  Ihr so euch schuft
Wie - die Augen der Maid,
  Die nun euch ruft -
Erhebt euch! vom Träumen,
  Das blau um euch schwimmt,
Zur Pflicht ohne Säumen,
  Wie's der Stunde geziemt -
Und schüttelt vom Haar,
  Das dem Tau nicht wehrt,
Auch der Küsse Schar,
  Die es auch so beschwert
(Oh, könnt' ohne Liebe
  Ein Engel denn sein?) -
Jene Küsse der Liebe,
  Die Schlummer verleihn!
Auf! - streift von der Schwinge
  Die hindernden Dinge:
Wenn Tau darauf rastet,
  Euren Flug er belastet;
Die Küsse - verscheucht sie -
  Sie bringen euch Schmerzen:
Auf Locken sind leicht sie,
  Doch Blei auf dem Herzen.

»Ligeia! Ich gesteh' -
  Die Schönste ist sie,
Deren rauhste Idee
  Noch wird Melodie -
Oh! ist es dein Wille,
  Zu treiben im Reich
Des Winds? oder stille,
  Dem Albatros gleich,
Zu ruhn auf der Nacht
  (Wie auf Lüften sie)
In entzückter Wacht
  Über all der Harmonie?

»Ligeia, du Schöne! -
  Wo immer dein Blick,
Kein Zauber je trenne
  Von dir die Musik!
Viel Augen du tränkst
  Mit schläfrigem Bann -
Doch immer noch lenkst
  Melodien du hinan:
Des Regens Töne,
  Die niederhüpfen
Und tanzend in schöne
  Blütenkelche schlüpfen -
Das Murmeln, entspringend
  Dem wachsenden Gras -
Musik sind sie, klingend
  Nach himmlischem Maß -
Fort denn in Schnelle,
  Oh! verbirg dich ganz
An klarster Quelle
  Im Mondesglanz -
In Sees Wellen,
  Die träumen voll Lust
Ob der Sternjuwelen,
  Die geschmückt seine Brust -
Wo Blumen wild
  Ihren Schatten gestreut,
Da schläft nun mild
  Gar so manche Maid,
Entflohen dem Wind
  Und der Lichtung Blauen -
Weck sie, mein Kind,
  Auf Moorland und Auen -
Geh! hauche leise
  Ihrem Schlummer ins Ohr
Die melodische Weise,
  Die lockt sie empor -
Denn was wohl erweckt
  Einen Engel so bald,
Den der Schlummer deckt
  Unter dem Monde kalt,
Wie der Zauber, dess' Kreise
  Kein Schlaf je besiegt,
Die rhythmische Weise,
  Die zur Ruh ihn gewiegt?«

Geister beschwingt, ein engelhaft Gewimmel,
Durchbrechen tausend Seraphim den Himmel,
Jung-Träume, schwankend, denen es gebricht
An nichts als »Wissen«, jenem hellen Licht,
Das gebrochen durch deine Schranken fiel fern,
O Tod! von Gottes Aug' auf jenen Stern:
Süß war der Irrtum – süß noch der Tod auch –
Süß war der Irrtum – selbst uns trübt der Hauch
Der Wissenschaft den Spiegel unsrer Freude –
Für sie war's der Samum und brachte Leide –
Denn was ist's ihnen nützlich zu erkennen,
Daß Falsches wahr – daß Weh nur Lust sie nennen?
Süß war ihr Tod – ihr Sterben ihnen nur
Die letzte Lustverzückung der Natur –
Danach dann nie Unsterblichkeit mehr winkt –
Nur Schlaf, der sinnt und nie ein »Sein« mehr bringt –
Und – oh! möge dort doch mein müder Geist dereinst Hausen –
Von Himmels Ewigkeit so fern wie von der Hölle Grausen!

Welch' schuldger Geist, in welchem Buschversteck,
Vernahm die Mahnung nicht, der Hymne Zweck?
Nur zwei: sie fielen, denn der Himmel schenkt
Nicht Gnade denen, die das Herz nur lenkt.
Ein Mädchen-Engel und sein Seraph-Freund –
Ah! (und durchsucht nur, was der Himmel eint)
Wo ward von Pflicht die Liebe je getragen?
Sie fiel – inmitten »Tränen von vollkommnem Klagen«.

Es war, der fiel, ein Geist – voll Anmut hell:
Ein Wanderer an moos-umwachsnem Quell –
Er schaut' die Lichter hoch, die ihn umsonnt –
Er träumt' von seiner Liebe unterm Mond:
Was Wunder? denn ein jeder Stern dort war
Ein Aug', das niederblickt' auf Schönheits Haar;
Und alle warn sie heilig seinem Sinn,
Der voller Liebe und Melancholien.
Nun fand die Nacht (für ihn voll Weh) ihn so
Auf hohem Fels, den jungen Angelo –
Schwarz ragend überschattet' sie den Himmel
Und blickte finster auf das Sterngewimmel.
Hier saß mit seiner Liebe er – es schwang
Sein Adleraug' am Firmament entlang:
Jedoch wie oft sie immer traf sein Blick –
Stets kehrt' zur ERDE zitternd er zurück.

»Ianthe, Liebste, schau! wie düstre Helle!
Wie lieblich wirkt so fern sie unsrer Schwelle!
Sie schien nicht so zu jener Herbstesstunde,
Da ich verließ der glänzend' Hallen Runde –
An jenem Abend – ich erinnre's wohl –
Da Sonne fiel in Lemnos zaubervoll
Aufs Arabesken-Schnitzwerk goldner Hallen,
Davor ich saß – auf zarter Schleier Wallen –
Und auf die Lider mir – oh schweres Licht!
Wie drückte in die Nacht sie sein Gewicht!
Auf Blumen weilten sie, voll Liebeswahn,
Bei Persiens Saadi einst im Gulistan:
Doch jenes Licht! ich schlief – derweil der Tod
Kam über mich in jenem Abendrot
So sanft, daß nicht ein einzig seiden Haar
Erwachte, das da schlief – noch nahm ihn wahr.

»Der letzte Fleck des Erdballs, auf dem ich stand,
Ein Tempel war's, den Parthenon man nannt'.
Mehr Schönheit zierte seinen Säulenfries,
Als selbst dein glühnder Busen mir verhieß,
Und als die Alt-Zeit endlich mich entließ,

Entsprang ich – wie der Adler seinem Turm –,
Und Jahre flohn dahin im Stundensturm.
Und da ich so auf luft'gen Bahnen flog,
Die Erde unter mir vorüberzog,
Wie eine Karte meinem Blick entrollt –
Viel kahle Wüsten, doch auch Gärten hold!
Ianthe, Schönheit drang da auf mich ein,
Und halb wohl wünscht' ich, wieder Mensch zu sein.«

»Mein Angelo! was lockt denn dort dich hin?
Hier ist schön're Wohnstätte dein Gewinn,
Ein grüneres Gefild, als dort dir bliebe,
Und Frauen-Anmut – Leidenschaft – und Liebe!«

»Doch hör', Ianthe! als die Luft versank
Und auf Fittichen mein Geist sich aufwärts schwang,
Da packt' mein Hirn wohl Schwindel – doch die Welt,
Verlassen spät, in Chaos ward geschnellt –
Entriß sich ihrem Anker, im Windgewimmel,
Und rollte flammend durch den Feuerhimmel.
Da war's mir jäh, als hört' ich auf zu steigen:
Ich fiel – nicht rasch, nein, in sanftem Neigen,
In Kreisen taumelnd, durch des Lichtes Kern,
Durch eherne Strahlen, bis auf diesen Stern!
Und da er war der nächste mir im All,
So dauerte nur kurze Zeit mein Fall –
Furchtbarer Stern! der in so heitrer Nacht,
Ein roter Dädalus, soviel Schrecken bracht'.«

»Zur Erde kamen wir – doch ziemt's uns nicht,
An dem zu deuteln, was die Herrin spricht:
Wir kamen, Liebster, fröhlich schwirren wir,
Leuchtkäfer in der Nacht, bald dort bald hier,
Und nichts uns als das Engelsnicken lenkt,
Das *sie* uns spendet, wie's ihr Gott geschenkt –
Doch, Angelo, nie spannte je ihr Zelt
Die Zeit aus über feen-schön'rer Welt!
Ein düstrer Punkt war sie, und Engel nur
Erspähten in den Himmeln ihre Spur,
Als Al-Aaraaf erkannte, daß sein Lauf
Ihn zu ihr führte durch der Sterne Hauf –
Doch als ihr Glanz dann aufschwoll zum Entzücken
Wie Schönheits Büste unter Mannesblikken,
Da stockten jäh wir vor der Menschen Gut –
Dein Stern erzittert' – wie's dann Schönheit tut!«

Also das Liebespaar die Nacht durchwachte,
Die schwand und schwand, doch keinen Tag mehr brachte.
Sie fielen: denn der hohe Himmel schenkt
Nicht Hoffnung denen, die das Herz nur lenkt.

Romanze

Romanze, die's liebt, zu schlummern, zu singen
Mit schläfrigem Haupt und gefalteten Schwingen
In grünen Blättern, die leise beben
Am schattigen See, im Waldesweben,
Ein Papagei in buntem Kleid
War sie, vertraut mir allezeit –
Lehrt' mich, mein Alphabet zu sagen,
Mein erstes lispelnd' Wort zu wagen,
Da einst im wilden Waldeshag,
Ein Kind – doch wissenden Aug's, ich lag.
Doch nun, da ewige Condor-Heere
Von Jahren den Himmel selber in
Laut donnerndem Tumult durchziehn,
Bleibt keine Zeit mir, und ich wehre
Den Blicken, wolln sie müßig fliehn.
Und naht eine Stunde mit stillerer Schwinge,
Daß schmeichelnd und weich sie den Geist mir bezwinge –
Die kleine Zeit mit Leier und Reim
Galant zu vertreiben – verbotene Dinge!
Mein Herz empfänd' es wie Schuld insgeheim,
Erzittert' es nicht mit der Saiten Geklinge.

An —

Die Lauben, darin mir in Träumen
  erscheinen
  Die Vögel munterster Natur,
Sind Lippen – und all deine Melodein
  Lippenbekenntnis nur.

Dann fällt so trostlos, beschlossen in
  Des Herzenshimmels Schrein,
Dein Blick auf meinen todtraurigen Sinn
  Wie aufs Bahrtuch der Sternenschein.

Dein Herz – *dein* Herz! – ich wachte und
  sann
  Und schlief, um zu träumen bis Tag
Von der Wahrheit, die Gold niemals
  kaufen kann –
  Von dem Tand, den es kaufen mag.

An den Fluß —

Du schöner Fluß! In deiner Flut
  So hell kristallnem Walten
Bist du ein Sinnbild für die Glut
    Der Schönheit – die off'ne Herzens-
    gunst –
    Die spielerischen Wirrn der Kunst
  In der Tochter Albertos, des Alten;
Doch blickt sie in deine Wellen, die ach!
  Darum erstrahlen und zittern –
Ei nun, dann ähnelt dem hübschesten
  Bach
  Der treueste von ihren Rittern;
Denn ihm im Herzen ruht tief ihr Bild,
  Wie's in deinen Wassern sich spiegelt –
Im Herzen, das bebt vor dem Blick so mild,
  Der die Menschenseelen entriegelt.

An —

Gleich ist mir's, daß mein irdisch Geschick
Mir so wenig – Irdisches erwies –
Daß Jahre der Liebe ein Augenblick
Des Hasses vergessen ließ:
Auch daß noch glücklicher sind als ich
Die Einsamen, acht' ich gering –
Doch es quält mich, daß *du* dich grämst
  um *mich,*
Der doch nur vorüberging.

Feenland

Talgründe – Fluten kalt –
Und Wolken gleichender Wald,
Deren Form dem Blick verhüllen
Die Tränen, die niederquillen:
Große Monde nehmen zu
Und ab – ohn' Rast und Ruh' –
Sie wechseln ihr Gesicht
Allzeit mit ihren Plätzen –
Und sie löschen das Sternenlicht
Mit ihres bleichen Atems Netzen.
Gegen zwölf nach der Monduhr
Kommt, von tiefer verschleierter Art
Als der Rest (wie auf weiter Flur
Sie als beste erfunden ward),
Nun einer hernieder und hält
Grad über dem ragenden Zelt
Eines Bergesgipfels, derweilen
Seine weiten Umfänge eilen,
In lockrer Drapierung zu fallen
Über Weiler und über Hallen,
Wo immer sie mögen stehn –
Über Wälder – über die Seen –
Über schweifender Geister Schwinge –
Über alle schläfrigen Dinge –
Bis sie begraben sind
In des Lichtes Labyrinth –
Und dann, wie tief! oh, tief
In ihnen die Leidenschaft schlief!
Am Morgen stehen sie auf,
Und der Hülle des Mondes Ring
Entschwebt in die Himmel hinauf
Mit der Stürme wildem Getos'
Wie – fast jedes Ding,
Wie ein gelber Albatros.
Sie nutzen den Mond nicht mehr
Zum selbigen Zweck wie bisher,
Will sagen, als Zelt – gelinde,
Verschwenderisch ist dies und Sünde:
Seine Atome dagegen
Versprühen in einem Regen,
Davon die Falter, die lieben,
Die auf zu den Himmeln stieben
Und wieder hinab bei Nacht
(Unstet in allen Dingen),
Ein Muster uns haben gebracht
Auf ihren zitternden Schwingen.

An Helen

Deine Schönheit, Helen, sie ist für mich
Wie eine nikäische Barke mit stolzem Bug,
Die einst sanft über die duftende See strich
Und den wegmüden Wanderer ganz wie im Flug
An die Heimatufer trug.

Von lange durchfahr'ner Meere Gefahr
Dein klassisches Antlitz mir den Heimweg wies,
Najade, dein hyanzinthenes Haar,
Zum Ruhm, der Griechenland hieß,
Und zur Größe, die Rom einst war.

Sieh! Auf der strahlenden Galerie
Stehst du, wie je nur ein Standbild stand,
Die Achatlampe in deiner marmornen Hand!
Ah, Psyche, aus Regionen, die
Sind Heiliges Land!

Israfel

»Und der Engel Israfel,
Dessen Herz einer Laute gleicht
Und der da hat die süßeste Stimme
Von allen Kreaturen Gottes.«

Koran

Im Himmel, da wohnet ein Geist ohn' Fehl,
»Dess' Herz einer Laute gleicht«;
Keiner singt so wilde hell
Wie der Engel Israfel,
Und die impulsiven Sterne, wie auf Befehl,
Verstummen und lauschen dem Zauberquell
Seiner Stimme, unerreicht.

Schwankend voll Glut,
Wo er hohe thront,
Errötet der Mond
Vor Liebe und ruht,
Derweil des roten Blitzes Strahl
(Mit den Pleiaden allzumal,
Die sieben an Zahl)
Einhält und am Himmel wird fahl.

Und sie sagen (die Sterne teuer
Und die anderen lauschenden Dinge),
Daß Israfels Feuer
Entstamme jener Leier,
An der er sitze und singe –
Dem zitternd lebendigen Schleier
Jener Saiten und ihrem Geschwinge.

Doch die Himmel, die Jener verwirrt
Und zu tiefen Gedanken bezwungen,
Wo erwachsen Gott Liebe regiert,
Wo der Huri Blicke sind fern
Und nah von der Schönheit durchdrungen,
Die wir ehren an einem Stern.

Drum folgest zu Recht du dem Drang,
Israfeli, geringe zu achten
Den nicht aus Leidenschaft geborenen Gesang;
Dir gebührt der Weisesten Rang,
Nach welchem die Barden trachten!
Heiter lebe und lang!

Dort droben die Ekstasen,
Sie passen zur brennenden Flut
Deiner Rhythmen – dein Lieben und Hassen
Entspricht deiner Laute Glut –
Wohl mögen die Sterne erblassen!

Ja, der Himmel ist dein; doch hier
Umgibt uns Süß und Sauer;
Unsre Blüten sind nicht von Dauer,
Und der Schatten noch deiner vollkommenen Zier
Ist Sonnenschein unserer Trauer.

Wohnt' ich an dem Quell,
Wo Israfel
Gewohnt, und wäre er hie,
Er sänge vielleicht nicht so wilde hell
Eine sterbliche Melodie,
Indessen mein Herz wohl ein Lied ohn' Fehl
Sich erschüfe, und kühner als sie.

Die Stadt im Meer

Sieh! einen Thron sich errichtet hat
Der Tod in überaus seltsamer Stadt;
Im finstren Westen man einsam sie find't,
Wo die Guten und Bösen, Mann, Weib und Kind,

Zu ihrer ewgen Ruh' gegangen sind.
Nicht ähnelt der Tempel und Türme Pracht
(Die nimmer wankt, obwohl Zeit sie
zerfressen)
Nur irgend den Bauten, die Menschen
vollbracht.
Rundum, von den jagenden Winden
vergessen,
Ergeben unter dem Himmel, ruht
Melancholischer Wasser Flut.

Kein Strahl aus heiligen Höhen fällt sacht
Auf jener Stätte so lange Nacht;
Doch tief aus der bleichen Seen Bann
Strömt Licht an den Türmen schweigend
hinan –
Schimmert auf und bricht zu den Zinnen
sich Bahn –
Zu Kuppeln – zu Spitzen – zu Kathe-
dralen –
Zu Tempeln – zu babylonischen Hallen –
Zu schattiger lang vergessener Lauben
Gemeißeltem Efeu und steinernen
Trauben –
Zu manch und manch einem herrlichen
Schrein,
Dessen Friese verflechten zu inn'gem
Verein
Violen mit Veilchen und wildem Wein.

Ergeben unter dem Himmel ruht
Melancholischer Wasser Flut.
Und so verschmolzen sind Schatten und
Bau,
Daß alles wie schwebend erscheint im Grau
Der Luft, indessen aus Höhen er droht
Und gigantisch niederblickt, der Tod.

Die offenen Tempel, die klaffenden Grüfte,
Sie gähnen hinaus auf die Wasserklüfte;
Doch nicht Diamanten und reiche
Juwelen,
Die in jeglichen Götzenbilds Augen-
höhlen –
Die funkelnd und glitzernd die Toten
zieren,
Verlocken die Wasser, sich stürmisch zu
rühren;
Denn ach! kein Plätschern kräuselt blaß
Jene weite Öde aus schwärzlichem Glas –
Kein Schwellen kündet, daß Winde
verkehren
Mit entfernten glücklicheren Meeren –
Kein Heben erinnert, daß Wind einst war
Auf Seen, die weniger grauslich klar.

Doch sieh! da regt sich was in der Luft!
Eine Welle – sie rinnt durch die finstere
Schluft!
Als würfen die Türme auf einmal beiseit'
In sachtem Sinken die stille Gezeit –
Als hätten die Spitzen ganz sanft gehaut
Einen Riß in die düstere Himmelshaut.
Die Wellen durchströmt jetzt ein roteres
Glühen –
Matt atmend die Stunden vorüberziehen –
Und wenn nun, unter unirdischem
Stöhnen
Die Stadt versinkt in gurgelnden Kreisen,
Dann erhebt sich die Hölle in mächtigem
Dröhnen,
Ihr Reverenz zu erweisen.

Die Schläferin

Um Mitternacht ist's, im Juni schwül,
Da steh unterm mystischen Mond ich still.
Ein betäubendes Dampfen, in Tau
gebannt,
Haucht aus von seinem so goldenen Rand,
Und sanft, sanft tröpfelnd, Tropf um
Tropfen,
Hör' auf den Berg ich's niederklopfen,
Eh' schläfrig sich's und musikal
Fort stiehlt ins Universumstal.
Rosmarin nickt an der Gräberstelle;
Die Lilie räkelt sich auf träger Welle;
In dichten Nebeln, an morschen Wegen
Verwittern Ruinen, der Ruhe entgegen;
Wie Lethe scheint der See zu ruhn,
Scheint tief bewußten Schlaf zu tun –
Nichts in der Welt erweckt' ihn nun.
All' Schönheit schläft – und sieh! dort fand
Irene ihr Bett von Schicksals Hand!

O Herrin mein! kann richtig es sein –
Der Nacht so offen das Fenster dein?
Die wilden Lüfte – von Bäumen Wipfeln
Sie lachend durch's Gitterwerk nieder-
hüpfen –
Die körperlosen, ein Hexenhauf',
Jagen zur Kammer hinein und hinauf
In den bebenden, ächzenden Baldachin

Und wühlen so stoßend, so furchtbar
darin
Über dem stillen, geschlossenen Lid,
Darunter im Schlaf deine Seele glüht,
Daß nun an den Wänden in zuckendem
Wallen
Wie Geister die Schatten steigen und
fallen!
O Herrin licht, bangt es dich nicht?
Was hält dich umfangen, welch' Traum-
gesicht?
Du kamst gewiß aus fernen Räumen,
Ein Wunder diesen Gartenbäumen!
Wie fremd deine Blässe! wie fremd dein
Gewand!
Wie fremd dein Haar, das ich nie so
gekannt -
Und die heil'ge Stille, die alles hier bannt!

Sie schläft! Oh, möge ihr Schlummer sein,
Wie dauernd, auch so tief und rein!
Auch hülle der Himmel behütend sie ein!
Und würde die Kammer zu heiligeren
Stätte
Und schwermutsvoller dies enge Bette,
Ich flehe zu Gott, nie mög' es geschehn,
Daß ihre Augen sich öffnen und sehn
All die bleichen Gespenster vorüberwehn!

Meine Liebe, sie schläft! Oh, möge so rein
Und tief, wie er dauernd, ihr Schlummer
sein!
Und sachte nahe der Wurm ihrem
Schrein!
In ferner, finstrer Waldeskluft,
Da tue sich auf für sie eine Gruft -
Eine Gruft, die oft schon die schwarzen
Paneele
Geschlossen hinter manch armer Seele,
In gellendem Hohn auf die Trauer bleiern
Der großen Familienleichenfeiern -

Ein Grabgewölbe, entlegen, allein,
Gegen dessen Portal sie als Kindlein klein
Geschleudert so manch einen müßigen
Stein -
Ein Grab, hinter dessen hohl dröhnendem
Tor
Sie nie mehr ein Echo nun lockt hervor -
Noch den Schaudergedanken, den oft sie
gewagt:
Es sei'n die Toten, die drinnen geklagt.

Lenore

Ah, eine goldene Schale brach! -
Der Geist ist für immer verschwunden!
Laßt schlagen, ach! die Stunde der
Schmach,
Als der Styx sein Opfer gefunden: -
Hast, Guy de Vere, keine Träne du mehr?
- Dein Blick ist ohne Flor!
Sieh! auf der Bahre, starr und hehr,
Da liegt dein Liebe, Lenore!
Laß lesen für sie die Liturgie -
Den Grabesgesang ihr singen! -
Der königlichsten Toten, die
So jung der Tod tat bezwingen -
Die doppelt tot, weil eben sie
So jung der Tod tat zwingen.

»Schurken! ihr liebtet nur ihren Besitz,
Und verhaßt war euch ihr Stolz;
Und ihr segnetet, als sie dann traf der Blitz
Der Krankheit, das Sargesholz: -
Wie *soll* denn gelesen das Ritual -
Das Requiem werden gesungen -
Von euren Augen, so böse und fahl -
Von euren verleumdrischen Zungen,
Die schuldig warn an der Unschuld Fall,
Die der Tod, und so jung noch, bezwun-
gen?«

Peccavimus; doch rase nicht so!
Aber laß einen Sabbathgesang
Zu Gott hinauftönen feierlich,
Daß der Toten auch nicht werde bang!
Die süße Lenore, mit ihr verlor
Deine Hoffnung all ihren Schimmer;
Du sehnst dich blind nach dem liebsten
Kind,
Das deine Braut nun nimmer -
Nach ihr, der Schönsten und Freundlich-
sten schier,
Die getroffen von schlimmem Geschick
Hier liegt, das Leben im goldnen Haar,
Doch nicht mehr in ihrem Blick -
Das Leben so klar noch immer im Haar,
Doch Tod in ihrem Blick.

»Fort! - fort! zu Freunden von Feinden ist
Der gekränkte Geist geschieden -
Von der Hölle zu einem erhabenen Stand
Hoch droben im Himmelsfrieden -
Von Zagen und Klagen zu goldenen Tagen

Im ewigen Himmelsfrieden: –
Nein, dämpft den Klang der Glocken all,
Daß nicht verdüstert werde
Die heitere Seel' vom Ton so scheel
Von tiefer, verdammter Erde!
Und ich – heut wiegt der Schmerz mir leicht: –
Kein Grablied will ich klagen –
Es soll ihre Bahn ein beschwingter Päan
Begleiten aus alten Tagen!«

Das Tal der Unrast

Still lag *einst* ein tiefes Tal,
Fern der Menschen lautem Schall;
Fortgerufen warn sie in Krieg,
Hoffend, daß der Sterne Blick
Bei Nacht, von ihren azurnen Warten,
Wache über dem blühenden Garten,
In dessen Mitte den ganzen Tag
Das rote Sonnenlicht müßig lag.
Jetzt muß jeder dort erkennen
Ruhelosigkeit und Rennen.
Nichts mehr läßt sich still dort nennen –
Nur die Luft, die magisch gefeit
Brütet über der Einsamkeit.
Ah, von allem Wind gemieden,
Bäume wie die Meere sieden
Um die nebligen Hebriden!
Ah, nach keines Winds Diktat
Jagen Wolken ihren Pfad
Tief am Himmel früh und spat,
Über die Veilchen dort, die blauen,
Die wie menschliche Augen schauen –
Über die Lilien, die trauern und weinen
Auf namenloser Gräber Steinen!
Sie trauern: – von ihren Häuptern lind
Ein ewiger Tau in Tropfen rinnt.
Sie weinen: – und Tränen ihnen entstammen,
Die als Diamanten nun ewig flammen.

Das Kolosseum

Symbol antiken Roms! Reliquiar
Hochfliegender Gedanken, hinterlassen
Aus begrabenen Jahrhunderten von Pracht und Macht!
Ah, endlich – endlich – nach so vielen Tagen
Der ermüdenden Wallfahrt, brennenden Durstes
(Durst nach den Quellen des Wissens, die du birgst),
Knie' ich, ein verwandelter und demütiger Mann,
In deinen Schatten, und meine Seele trinkt
Von deiner Größe, Düsternis und Glorie!

Großartigkeit! und Alter! Erinnerung an alte Zeit!
Schweigen! Verlassenheit! und finstre Nacht!
Ich fühle euch nun – ich fühle eure Stärke –
O Zauber, sichrer, als Judäas König
Sie lehrte einst im Garten Getsemani!
O Bann, mächtiger, als ihn der verzückte Chaldäer
Ihn je aus den stillen Sternen zog!

Hier, wo ein Held fiel, fällt nun eine Säule!
Hier, wo ein Adlerabbild glänzte aus Gold,
Hält schwarz die Fledermaus nun nächtliche Wache!
Hier, wo die Damen ihr vergoldetes Haar
Im Wind wogen ließen, wogen nun Gras und Disteln!
Hier, wo auf goldnem Thron der Herrscher ruhte,
Da gleiten, Geistern gleich, ins Heim aus Marmor,
Beschienen bläßlich vom Licht des Mondhorns,
Geschwind und schweigend Echsen über Steine!

Doch wart! All die Mauern, die nun Efeu kleidet –
Die Sockel, die verwittern – wie die traurig geschwärzten Schäfte –
Das vage Säulengebälk – der bröckelnde Fries –
Und die zerschmetterten Simse – die Wracks – die Ruine –
Die grauen Steine – ach! die so grauen Steine – sind sie alles,
Was vom Koloß des Baues hinterlassen
Der Fraß der Stunden dem Geschick und mir?

»Nicht alles« – das Echo antwortet – »nein, nicht alles!

Prophetische Klänge, laut, steigen auf für
immer
Von uns, von allen Trümmern, für den
Weisen,
Wie die Melodie des Memnons für die
Sonne.
Wir lenken mächtiger Männer Herzen –
leiten
Mit despotischer Hand gigantische Hirne.
Wir sind so machtlos nicht, wir bleichen
Steine!
Nicht all unsre Macht ist geschwunden –
nicht all unser' Ruhm –
Nicht all der Zauber unsres hohen Rufes –
Nicht all die Wunder, die uns hier
umringen –
Nicht alle Geheimnisse, die in uns liegen –
Nicht alle Erinnerungen, die an uns
hängen
Und an uns kleben wie ein Gewand,
Und uns so kleiden in eine Robe von mehr
als Glorie.«

An eine im Paradiese

Du warst mein ganz' Begehr, Lieb,
Dafür litt meine Seele Pein –
Ein Eiland grün im Meer, Lieb,
Ein Brunnenquell und ein Schrein,
Bekränzt mit magischen Früchten und
Blumen;
Und all die Blumen warn mein.

Ah, Traum im Strahlenglast!
Sterngleiche Hoffnung, die entspringt
– Und schon schmachtet unter Wolken
Last!
Ein Ruf – »Auf!« – aus der Zukunft
dringt –
Doch unter Vergangenheits Last
(So düstre Bürde!) liegt mein Geist
Unbeweglich, stumm, erblaßt.

Denn ach! ach! mir entschwand
Das Licht ohn' Wiederkehr.
Nie mehr – nie mehr – nie mehr –
(Solch Sprache dringt zum kahlen
Strand
Von der See so schwermutsschwer)
Blüht blitzversehrt der Baum im Sand,
Kreist der Aar, der stürzte ins Meer!

Nun sind meine Tage Trancen,
Und alle Nächte will ich weih'n
Nur deiner Grauaugen Glanzen
Und deines Schreitens Gleihn –
In welch ätherischem Tanzen,
In welch ewigem Schein!

Hymne

Am Morgen – am Mittag – zur Dämmer-
zeit –
Maria! war dir meine Hymne geweiht!
In Freude und Leid – in Bös und im Gut –
O Mutter Gottes, gib mir Mut!
Wenn hell die Stunden vorüberflogen –
Keine Wolken über'n Himmel zogen,
Führte deine Gnade die Seele mir
Hin zu den Deinen und zu dir:
Nun, da des Schicksals Sturmesnot
So finster mein Heut' und mein Gestern
umdroht,
Laß mein Morgen widerscheinen
Von süßer Hoffnung auf dich und die
Deinen!

An F—

Geliebte! in all des Kummers Wehn,
Das meine irdischen Pfade umtost –
(Ach! trübe Pfade, auf den'n
Nun nirgends mehr Rosen stehn) –
Findet meine Seele dennoch Trost,
Daß Edens Wunder noch immer geschehn:
In Träumen von deinem Verstehn.

Und so ist alles Denken an dich
Wie ein verzauberter Insel Land
In tobendem Meere für mich –
In einem Wogen so schauerlich –
Indessen doch unverwandt
Gerade über dem Eiland sich
Der lächelnd heitre Himmel spannt.

An F—s S. O—d

Deine Seele wünscht Liebe sich? dann laß
sie
Vom gewärtigen Pfade nicht weichen!
Sei, was du bist, und versuche nie,

Dem, was nicht du bist, zu gleichen.
Dann wird in der Welt dein Wandel so
rein,
Deine Anmut, deiner Schönheit Licht,
Ein Thema für endlos Lobpreis sein
Und Liebe - nur Erfüllung von Pflicht.

Bräutliche Ballade

Der Ring schmückt meine Hand,
Der Kranz mir die Stirn besetzt;
Satin und Juwelenrand,
Sie wurden mir zum Pfand,
Und ich bin glücklich jetzt.

Und mein Herr, er liebt mich wohl;
Doch sein Schwur hat mich heimlich
entsetzt -
Und wie die Brust mir engte angstvoll -
Denn wie Grabgeläute so hohl
Erklang seine Stimme - *seine* wohl,
Der im Kampfe fiel, des Grauens voll,
Und der wohl glücklich jetzt.

Doch er spendete Trost meinem Leid,
Der mit Tränen die Wimpern mir
netzt',
Ein Traum mir kam zu dieser Zeit
Und fort mich zum Kirchhof geleit't,
Und ich seufzte (den ich gefreit,
Den Toten, dort meinend) voll Leid:
»Oh, ich bin glücklich jetzt!«

Und so wurden Worte gesprochen,
Das Gelübde bekräftigt zuletzt;
Und wenn auch mein Glaub' gebrochen,
Und wenn auch mein Herz gebrochen,
Hier ist ein Ring, der versprochen,
Daß ich will glücklich sein jetzt! -
Schaut hier den *Beweis,* der versprochen,
Daß ich bin glücklich jetzt!

Wollte Gott, ich könnte erwachen!
Denn ich träume, von Ängsten ge-
hetzt, -
Und das Herz kann mir nimmermehr
lachen,
Daß den Schritt ich getan, den schwa-
chen -:
Daß er, dessen Augen brachen,
Vielleicht nicht mehr glücklich ist jetzt.

Sonett - An Zante

Schöne Insel, der dir von allen Namen
Der schönste und der sanfteste gebührt,
Wie viele Glückserinnerungen kamen,
Als mich dein Bild erneut sanft berührt!
Wie viele Szenen welch' entschwundner
Wonne!
Wieviel lang begrabnes Hoffnungsblühn!
Visionen eines Mädchens, einer Sonne,
Die nie mehr strahlt - auf deine Hänge
grün!
Nie mehr! Ach, jener magisch traur'ge
Klang,
Der alles wandelt! Nie mehr wird
vergnügen
Dein magisch Angedenken mich! Mir ist
bang
Vor deiner Blumen Schönheit, denn sie
lügen,
Hyazinthenes Eiland! Purpurn Zante!
»Isola d'oro! Fior di Levante!«

Das Spukschloß

In dem grünsten unsrer Täler,
Guter Engel stete Rast,
Hob sein Haupt - schön, ohne Fehler -
Einst ein stattlicher Palast.
Wo Fürst Geist befiehlt den Dingen,
Ragte er!
Nie noch schirmten Seraphs-Schwingen
Ein Gebild' nur halb so hehr.

Stolze Banner wogten golden,
Wehten auf dem Dach frei;
(Dies - all dies - war in der holden
Zeit, lang vorbei).
Da kosten Melodien helle
Die süßen Lüfte,
Die längs des Federschmucks der Wälle
Hinauszog, beschwingte Düfte.

Wandrer sahn von jenem Tal,
Durch zwei Fenster, dort im Saal
Geister musisch gehn, wie der Hall
Einer Laute es befahl,
Rund um einen Thron, wo prächtig
(Im Purpur geboren!)
Geschmückt nach seinem Range mächtig,
Der Herr des Reiches war zu sehn.

Von Perlen und Rubinen strahlend
War des Palastes Tor,
Und stets kam wallend, wallend, wallend
Daraus ein schimmernd' Chor
Von Echos, deren süße Pflichten
Sind, nah und fern
Mit Zauberstimmen zu berichten
Von Witz und Weisheit ihres Herrn.

Doch schlimm Gezücht, im Gewand der Sorgen,
Befiel den hohen König dann –
(Ach, laßt uns klagen; denn kein Morgen
Bricht dem Verzweifelten mehr an!).
Das hohe Haus, die goldenen Tage,
Das Blütenrot,
Sind nur noch kaum erinnert' Sage,
Die Zeit ist lang schon tot.

Und Wandrer nun auf jenen Wegen,
Sehn durch der Fenster rot Geglüh
Formen phantastisch sich bewegen
Zu einer schrillen Melodie;
Und durch das bleiche Tor stürzt schwellend
Ein schrecklicher
Spukhafen – er lacht so gellend –
Doch lächelt nimmermehr.

Sonett – Schweigen

Es wohnt in manchen – körperlosen – Dingen
Ein zweifach Leben: zweifach und doch eins –
Ein Abbild jener Wesenheit, darinnen
Materie und Licht der Kern des Seins.
Es gibt ein doppelt' *Schweigen* – Küste und Meer –
Körper und Seele. Einsam wohnet Einer,
Das Haus frisch bemoost, feierlich wie keiner;
Das menschliche Erinnern macht ihn leer
Von allem Terror: er heißt »Nimmermehr«.
Er ist das verkörperte Schweigen – doch er droht
Mit keiner Macht dir, die man böse heißt;
Nur wenn durch Schicksals Zwang (unzeit'ge Not!)
Sein Schatten dir erwächst (gewaltger Geist,
Der in Regionen haust, darin ein Spott
Des Menschen Macht) – ah, dann empfiehl dich Gott!

Traumland

Wege, einsam und sehr obskur,
Wo man trifft böse Engel nur,
Wo ein Eidolon, DIE NACHT,
Auf schwarzem Throne hat die Macht,
Führten jüngst in diese Lande
Mich von Thules düstrem Rande –
Das da wild liegt und erhaben weit
Fern dem RAUM – fern der ZEIT.

Grundlose Täler und grenzlose Fluten,
Und Klüfte und Höhlen voll finsterer Glut,
Mit Formen, die man nicht erkennen kann
Vor Tränen, die alles halten in Bann;
Berge, die da stürzen schwer
In das küstenlose Meer;
Meere, die wogen ohne Ruh
Hoch auf die Feuerhimmel zu;
Seen, die in tote Weiten
Einsam ihre Wasser leiten, –
Wasser, die der Lilie Weiß
Gleichwie Schnee bedeckt und Eis.

Bei den Seen, die in Weiten
Einsam so die Wasser leiten,
Traurig von der Lilie Weiß
Wie von Schnee bedeckt und Eis, –
Bei Berg und Fluß, dessen Schimmer
Murmelt so leis, murmelte immer, –
Bei den Wäldern grau, dem Sumpf,
Wo Molch und Kröte lagern stumpf, –
Bei des trüben Moores Pfuhle,
Da wo hausen die Ghule, –
Überall, wo Unheil lauert,
Da auch, wo die Schwermut kauert,
Trifft der Reisende allezeit
Erinnrungen an die Vergangenheit –
Bleiche Gestalten in Totengewanden
Schweben seufzend vorbei und verschwanden –
Freunde, dereinst voller Schmerz überlassen
Dem Bett in der Erde – und dem Himmel, dem blassen.

Für das Herz, dessen Kummer so tost,
Birgt dies Land wohl Frieden und Trost –
Für den Geist, der in den Schatten
Wandelt, hat es lichte Matten!
Doch wer nur hindurch will streifen,
Lasse ja den Blick nicht schweifen;
Mit der geheimnisvollen Landschaft
Ziemt dem Menschen nicht Bekanntschaft;
Denn dies ist des Königs Wille,
Daß kein Lid den Blick enthülle;
Und so wird von der Seele dies Land
Nur durch verdunkelte Gläser erkannt.

Wege, einsam und sehr obskur,
Wo man trifft böse Engel nur,
Wo ein Eidolon, DIE NACHT,
Auf schwarzem Throne hat die Macht,
Führten heim in diese Lande
Jüngst mich von Thules äußerstem Rande.

Der Rabe

Einst, um eine Mittnacht graulich, da ich trübe sann und traulich
Müde über manchem alten Folio lang vergess'ner Lehr' –
Da der Schlaf schon kam gekrochen, klang auf einmal leis' ein Pochen,
Gleichwie wenn ein Fingerknochen pochte, von der Türe her.
»'S ist ein Gast wohl«, murrt' ich, »was da kommt zu meiner Kammer her –
Das allein – nichts weiter mehr.«

Ah, ich kann's genau bestimmen: im Dezember war's, dem grimmen,
Und der Kohlen matt Verglimmen schuf ein Geisterlicht so leer.
Brünstig wünscht' ich mir den Morgen; – hatt' umsonst versucht zu borgen
Von den Büchern Trost dem Sorgen, ob Lenor' wohl selig wär' –
Ob Lenor', die ich verloren, bei den Engeln selig wär' –
Bei den Engeln – *hier* nicht mehr.

Und das seidig triste Drängen in den purpurnen Vorhängen
Füllt', durchwühlt' mich mit Beengen, wie ich's nie gefühlt vorher;
Also daß ich den wie tollen Herzschlag mußte wiederholen:
»'S ist ein Gast nur, der ohn' Grollen mahnt, daß Einlaß er begehr' –
Nur ein später Gast, der friedlich mahnt, daß Einlaß er begehr'; –
Ja, nur das – nichts weiter mehr.«

Augenblicklich schwand mein Bangen, und so sprach ich unbefangen:
»Gleich, mein Herr – gleich, meine Dame – um Vergebung bitt' ich sehr;
Grad ein Nickerchen ich machte, und Ihr Klopfen klang so sachte,
Daß ich kaum davon erwachte, sachte von der Türe her –
Doch nun kommt herein!« – und damit öffnete die Tür ich – leer!
Dunkel dort – nichts weiter mehr.

Tief ins Dunkel späht' ich lange, zweifelnd, wieder seltsam bange,
Träume träumend, wie kein sterblich Hirn zu träumen wagte je vorher;
Doch die Stille gab kein Zeichen; nur ein Wort ließ hin sie streichen
Durch die Nacht, das mich erbleichen ließ: das Wort »Lenor'?« so schwer –
Selber sprach ich's, und ein Echo murmelte's zurück so schwer:
Nur »Lenor'!« – nichts weiter mehr.

Da ich nun zurück mich wandte und mein Seel' in mir so brannte,
Hört' ich abermals ein Pochen, etwas lauter als vorher.
»Ah, gewiß«, so sprach ich bitter, »liegt's an meinem Fenstergitter;
Schaden tat ihm das Gewitter jüngst – ja, so ich's mir erklär'; –
Sei denn still, mein Herze, laß mich nachsehn, daß ich's mir erklär': –
'S ist der Wind – nichts weiter mehr.«

Auf warf ich das Fenstergatter, als herein mit viel Geflatter
Schritt ein stattlich stolzer Rabe wie aus Sagenzeiten her;
Grüßen lag ihm nicht im Sinne; keinen Blick lang hielt er inne;
Mit hochherrschaftlicher Miene flog empor zur Türe er –

Setzt sich auf die Pallas-Büste überm
Türgesims dort – er
Flog und saß – nichts weiter mehr.

Doch dies rabenschwarze Wesen ließ mein
Bangen rasch genesen,
Ließ mich lächeln ob der Miene, die es
macht' so ernst und hehr:
»Ward dir auch kein Kamm zur Gabe«,
sprach ich, »so doch stolz Gehabe,
Grauslich grimmer alter Rabe, Wanderer
aus nächtger Sphär' –
Sag, welch hohen Namen gab man dir in
Plutos nächtger Sphär'?«
Sprach der Rabe, »Nimmermehr.«

Staunend hört' dies rauhe Klingen ich dem
Schnabel sich entringen,
Ob die Antwort schon nicht eben sinnvoll
und bedeutungsschwer;
Denn wir dürfen wohl gestehen, daß es
keinem noch geschehen,
Solch ein Tier bei sich zu sehen, das vom
Türgesimse her –
Das von einer Marmor-Büste überm
Türgesimse her
Sprach, es heiße »Nimmermehr.«

Doch der droben einsam ragte und dies
eine Wort nur sagte,
Gleich als schütte seine Seele aus in
diesem Worte er,
Keine Silbe sonst entriß sich seinem
düstren Schnabel, bis ich
Seufzte: »Mancher Freund verließ mich
früher schon ohn' Wiederkehr –
Morgen wird *er* mich verlassen, wie mein
Glück – ohn' Wiederkehr.«
Doch da sprach er, »Nimmermehr!«

Einen Augenblick erblassend bei der
Antwort, die so passend,
Sagt' ich, »Fraglos ist dies alles, was das
Tier gelernt bisher:
'S war bei einem Herrn in Pflege, den so
tief des Schicksals Schläge
Trafen, daß all seine Wege schloß dies
eine Wort so schwer –
Daß all seiner Hoffnung Lieder als Refrain
beschloß so schwer
Dies »Nimmer – nimmermehr.«

Doch was Trübes ich auch dachte, dieses
Tier mich lächeln machte,
Immer noch, und also rollt' ich stracks mir
einen Sessel her
Und ließ die Gedanken fliehen, reihte
wilde Theorien,
Phantasie an Phantasien: wie's wohl zu
verstehen wär' –
Wie dies finstre ominöse Wesen zu
verstehen wär',
Wenn es krächzte »Nimmermehr.«

Dieses zu erraten, saß ich wortlos vor dem
Tier, doch fraß sich
Mir sein Blick ins tiefste Innre nun, als ob
er Feuer wär';
Brütend über Ungewissem legt' ich, hin
und her gerissen,
Meinen Kopf aufs samt'ne Kissen, das ihr
Haupt einst drückte hehr –
Auf das violette Kissen, das ihr Haupt einst
drückte hehr,
Doch nun, ach! drückt nimmermehr!

Da auf einmal füllten Düfte, dünkt' mich,
weihrauchgleich die Lüfte,
Und der Engel Schritte Klang drang vom
Teppich zu mir her.
»Ärmster«, rief ich, »sieh, Gott sendet seine
Engel dir und spendet
Erleichtrung, worinnen endet nun Lenor's
Gedächtnis schwer; –
Trink das freundliche Vergessen, das bald
tilgt, was in dir schwer!«
Sprach der Rabe, »Nimmermehr.«

»Ah, du prophezeist ohn' Zweifel, Höllen-
brut! Ob Tier, ob Teufel –
Ob dich der Versucher sandte, ob ein
Sturm dich ließ hierher,
Trostlos, doch ganz ohne Bangen, in dies
öde Land gelangen,
In dies Haus, von Grau'n umfangen, –
sag's mir ehrlich, bitte sehr –
Gibt es – gibt's in Gilead Balsam? – sag's
mir – sag mir, bitte sehr!«
Sprach der Rabe, »Nimmermehr.«

Ah! Dann nimm den letzten Zweifel,
Höllenbrut – ob Tier, ob Teufel!
Bei dem Himmel, der hoch über uns sich
wölbt – bei Gottes Ehr' –
Sag mir: wird es denn geschehen, daß ich
einst in Edens Höhen

Darf ein Mädchen wiedersehen, selig in
der Engel Heer –
Darf Lenor', die ich verloren, ich sehen in
der Engel Heer?«
Sprach der Rabe, »Nimmermehr.«

»Sei denn dies dein Abschiedszeichen«,
schrie ich, »Unhold ohne Gleichen!
Hebe dich hinweg und kehr stracks zurück
in Plutos Sphär'!
Keiner einz'gen Feder Schwärze bleibe
hier, dem finstern Scherze
Zeugnis! Laß mit meinem Schmerze mich
allein! – hinweg dich scher!
Friß nicht länger mir am Herzen! Pack
dich! Fort! Hinweg dich scher!«
Sprach der Rabe, »Nimmermehr.«

Und der Rabe rührt' sich nimmer, sitzt
noch immer, sitzt *noch immer*
Auf der blassen Pallas-Büste überm
Türsims wie vorher;
Und in seinen Augenhöhlen eines Dämons
Träume schwelen,
Und das Licht wirft seinen scheelen
Schatten auf den Boden schwer;
Und es hebt sich aus dem Schatten auf
dem Boden dumpf und schwer
Meine Seele – nimmermehr.

Eulalie – Ein Lied

Ich weilte allein
In Welten voll Pein,
Darinnen der Seele es graut,
Bis die schöne und sanfte Eulalie ward
meine sittsam errötende Braut –
Bis die junge goldhaar'ge Eulalie ward
meine lieblich lächelnde Braut.

Ah, blasser die Pracht
Aller Sterne der Nacht
Als die Augen der strahlenden Maid!
Und nie kann ein Hauch
Aus geflocktem Rauch,
Und kleidet ihn des Mondlichts Kleid,
Wetteifern mit Eulalies Locken und ihrer
bescheidenen Lieblichkeit –
Sich messen mit meiner helläugigen
Eulalie Locken-Lieblichkeit.

Nun stellt nimmer Pein
Noch Zweifel sich ein,
Denn ihre Seel' mein Leben erhellt,
Und den ganzen Tag
Strahlt hoch überm Hag
Astarte am Himmelszelt,
Wohin die liebe Eulalie stets ihr frauliches
Auge gerichtet hält –
Wohin die junge Eulalie immer ihr
Veilchen-Auge gerichtet hält.

Ein Valentins-Brief

Für sie ist dieses Briefchen, deren Sinn
E**r**freuen wo sein Anblick und erquik-
ken,
Er**a**hnt sie nur den Namen, der steht
darin,
Wen**n** auch verhüllt vor allen Leserblik-
ken.
Fors**c**h' drum in seinen Zeilen, denn ein
Hort
Ist's, d**e**r dir winkt – ein Schatz – ein
Amulett,
Mit dem **s**ein Herz man schmückt:
jedwedes Wort
Und jede**s** Silblein ist sein Interpret,
Und sei es **a**uch ganz klein nur und
geringe!
Doch ist da**r**in kein gord'scher Knoten,
den
Man lösen ma**g** bloß mit des Schwertes
Klinge, –
Weiß man nur m**e**ine Absicht zu
verstehn.
So sag' ich's den**n** noch einmal: zag und
schüchtern
Der gier'gen Wel**t** von mir verborgen,
harrt
Ein Name deiner, w**o**hlbekannt den
Dichtern,
Auch selbst von be**s**ter dichterischer
Art,
In diesem Brief. Trü**g**t auch sein Lettern-
bild
Und lügt, Fernão Pint**o** gleich, dem
Wicht,
Es gleichwohl wahre W**o**rte sanft um-
spielt –
Nein, gib's nur auf – du fin**d**st die
Lösung nicht!

An M. L. S.

Von allen, denen deine Gegenwart der
Morgen –
Von allen, denen deine Abwesenheit die
Nacht –
Das gänzliche Verlöschen hoch im Himmel
Der heiligen Sonne – allen, die dich
weinend segnen
Für Hoffnung – Leben – ah, vor allem für
Die Auferstehung tief begrabenen Glaubens
An Wahrheit, Tugend, Menschlichkeit –
Von allen, die auf der Verzweiflung
ungeweihtem Bett
Todkrank lagen *und* plötzlich erstanden
Hin auf dein sanft geflüstertes »Es werde
Licht!« –
Auf dies geflüsterte Wort hin, das erfüllt
wurde
Im engelsgleichen Glänzen deiner Augen
sanft –
Von allen, die dir Höchstes schulden – die
Dir danken mit Anbetung – oh, gedenke
Des Treuesten – des glühendst dir
Ergebenen –
Und wisse, daß er dir diese schwachen
Zeilen
Schrieb – und beim Schreiben bebte, als er
dacht',
Daß sein Geist sich unterhielt mit einem
Engel!

Ulalume – Eine Ballade

Der Himmel war grau im Oktober,
Das Laub eine mürbe Zier –
Das Laub eine dorrende Zier:
Es war Nacht in diesem einsamen Oktober
Eines Jahrs, unerinnerlich mir:
Es war nah bei den Seen von Auber,
In den Nebelgefilden von Weir –
Bei den naßkalten Mooren von Auber,
Den gespenstischen Wäldern von Weir.

Hier streift' durch Zypressenalleen
Mit meiner Seele ich wohl –
Dereinst, mit Psyche ich wohl.
Da lag mir das Herz in Wehen,
Verschlackter Flüsse so voll –
Vulkanischer Lavas so voll,
Wie erstickend sie niedergehen
Am Yaanek-Berge, am Pol –
Wie stöhnend sie niedergehen
In den Reichen am Nördlichen Pol.

Ernst sprachen wir, ernst, im Oktober,
Doch dachten wir lahm und wirr –
Entsannen uns welk nur und wirr;
Denn wir wußten nicht, daß es Oktober
War – nicht, welche Nacht des Oktober
(Ah, Nacht aller Nächte schier!) –
Wir bemerkten die Seen nicht von Auber
(Obwohl wir einst wanderten hier) –
Nicht die naßkalten Moore von Auber,
Die gespenstischen Wälder von Weir.

Und nun, da die Nacht vergreiste,
Die Sterne im Morgen gefrorn –
Im dämmernden Morgen gefrorn –
Geschah's, daß die Nebelwand kreißte,
Und ein schmelzender Glanz ward
geborn,
Aus dem eine Mondsichel gleißte
Gar herrlich mit zwiefachem Horn –
Astartes Zeichen so ergleißte
Diamanten mit zwiefachem Horn.

Und ich sagte: »Aus wärmeren Reichen
Kommt sie, von Seufzern umzirpt –
Von sternernen Seufzern umzirpt.
Sie sah den Schmerz auf dem bleichen
Gesicht, da der Wurm nimmer stirbt,
Und kommt nun und gibt uns ein Zeichen,
Wie man den Weg zum Himmel
erwirbt –
Zum Frieden der Lethe erwirbt –
Und das Sternbild des Löwen muß
weichen
Dem Glanze, der nun uns umwirbt –
Mit leuchtendem Aug', muß weichen
Der Liebe, die nun uns umwirbt.«

Doch Psyche ließ angstvoll erklingen
Die Warnung: »Gar seltsam sie naht –
Gar so bläßlich und fahl sie uns naht:
Ah, eile! – ah, laß uns entspringen!
Ah, flieh! – laß uns fliehn ihren Pfad!«
Voller Grauen sprach sie's, die Schwingen
Zur Erde senkend so matt –
Voller Qual ließ sie hängen die Schwingen
Hinab in den Staub so matt –
In den Staub so kummervoll matt.

Und ich sprach: »Nur Träume dich
schrecken:
Laß uns folgen der zitternden Pracht –
Der flackernd kristallenen Pracht!
Ihr sibyllischer Glanz will erwecken
Ein neues Hoffen der Nacht: –
Sieh! – wie er flammt durch die Nacht!
Laß uns trauen seinen strahlenden
Zwecken,
Deren Licht nun über uns wacht –
Laß uns trauen den schimmernden
Zwecken
Des Sterns, der uns führt durch die
Nacht –
Hoch zuckend hinauf durch die Nacht!«

So sprach ich zu Psyche, der lieben,
Und tröstet' den Kummer ihr stumm –
Und besiegte die Zweifel ihr stumm;
Da ragte auf einmal in der trüben
Landschaft uns ein Heiligtum –
Wie ein Grabmal ein Heiligtum;
Und ich fragte: »Was steht denn geschrieben
Uns dort an dem Heiligtum?«
Sie sprach: »Ulalume – Ulalume! –
'S ist die Gruft deiner Braut Ulalume!«

Da wurd' aschen mein Herz im Oktober
Wie des Laubes so mürbe Zier –
Wie des Laubes verdorrende Zier;
Und ich schrie: »Es war gewiß Oktober,
Diese Nacht im letzten Oktober,
Daß ich wanderte – wanderte hier! –
Mit so furchtbarer Bürde hier –
Diese Nacht aller Nächte schier, –
Ah, welch Dämon zog her mich hier?
Wohl erkenn' ich die Seen nun von
Auber,
Die Nebelgefilde von Weir –
Kenn' die naßkalten Moore von Auber,
Die gespenstischen Wälder von Weir!«
Da sagten wir dann – und spähten
Hinauf: »Ah, schuf uns ein Ghul
Vielleicht – ein barmherziger Ghul –
Daß nicht weiter wir sollten betreten
Sein Land so geheimnisvoll –
So finstrer Geheimnisse voll –
Dieses Geisterbild eines Planeten
Aus der Seelen Höllenpfuhl –
Diesen sündhaft verwirrenden Planeten
Aus der Mondseelen Fegefeuerpfuhl?«

Ein Rätsel

»**S**elten ist ein Sonett«, steht bei Don
Dunce,
»H**a**lb nur so sinnvoll auch, wie's
sinnig tut.
De**r** Flimmerdinge Tand durchschaun wir
ganz
So l**a**chhaft leicht als einen Napel-Hut –
Wo sc**h**aute man wohl jemals größern
Plunder?
Verzw**a**ckter als Petrarca ihr ersinnt
Den dün**n**sten Unsinn, den ein jeder
Wind
Verwehe**n** läßt wie eitel Flaum und
Zunder!«
Fürwahr, d**a**s schrieb ein Mann, der
recht gesinnt!
Die schänd**l**ich flotten Tuckermanierismen
Sind bloße S**e**ifenblasen und Sophismen –
Doch *dies* ist **w**ahrlich – und wen nimmt
das wunder? –
Unsterblich s**i**nnvoll – wird das Bild
entdeckt
Des edlen Namen**s**, der darin versteckt.

An — — —

Neulich behauptete der Autor dieser
Zeilen,
Im eitlen Stolz der Intellektualität,
Die »Macht der Worte« – leugnete, daß
jemals
Gedanken sei'n geborn im Menschenhirn
Jenseits der Ausdruckskraft der Menschenzunge;
Und nun, als ob der Prahlerei zu spotten,
Sind ihm zwei Worte – fremden Landes
Silben –
Ital'sche Klänge, nur gemacht, daß Engel
Sie murmeln, träumend unterm Mond im
»Tau,
Der so wie Perlenketten hängt am
Hermon« –
Im Tiefen seines Herzens aufgestiegen,
Gedanken, nicht durchdacht, Gedanken-
Seelen,
Gesichte, reicher, wilder, göttlicher,
Als je der Seraph Harfner, Israfel,
Die »reinste Stimme aller Kreaturen«,

Sie künden könnte. Und da bricht mein
Zauber.
Machtlos entfällt die Feder meiner Hand.
Nicht kann von deinem süßen Namen ich,
Obwohl du es mich hießest, schreiben –
sprechen –
Auch denken, fühlen nicht; denn's ist
nicht Fühlen,
Dies regungslose Stehn auf güldner
Schwelle
Im weit geöffneten Portal der Träume,
Schauend, entzückt, auf all die Herrlichkeit,
Und bebend, da zur Rechten ich erblicke,
Zur Linken, und den ganzen Weg entlang
Inmitten purpurrot durchfärbter Dünste,
Bis wo der Anblick endet – *dich, nur dich!*

An Helen

Ich sah Euch einmal – einmal nur – vor
Jahren:
Ich darf nicht sagen, *wie* vielen – doch
nicht vielen.
Um eine Juli-Mitternacht war's, und von
dem
Voll gerundeten Mond, der wie Eure Seele
Sich durch den Himmel schwang auf
steilem Pfad,
Fiel seidig Silberlicht wie Schleier nieder,
In Friedlichkeit, Schwüle und Schlummer,
Auf das emporgewandte Antlitz von
Wohl tausend Rosen eines Zaubergartens,
In dem der Wind auf Zehen nur sich regte –
Fiel auf die Rosen, die als Antwort nun
Auf all das Liebeslicht die duftigen Seelen
Aushauchend gaben im verzücktem Tod –
Fiel auf die Rosen, die, emporgewandt,
Nun lächelten und starben, tief verzaubert
Von Euch und Eures Daseins Poesie.

In Weiß gehüllt, auf einer Veilchenbank,
Sah ich Euch halb zurückgelehnt; dieweil
Der Mond auf jener Rosen Antlitz fiel
Und auch auf Eures, das emporgewandt –
ach! in Kummer!

War es nicht Schicksal, das in dieser
Nacht –
War's Schicksal nicht (das oft auch
Kummer heißt),
Das mir gebot, vor jenem Tor zu halten
Und einzuatmen der Rosen Schlummerns
Duft?
Kein Schritt sich regte: die verhaßte Welt
Schlief – außer Euch und mir (O Gott! wie
wild
Das Herz mir schlägt, da ich die Worte
kupple:
Schlief – außer Euch und mir!) Ich stand –
ich schaute
Und im Moment verschwanden alle Dinge.
(Vergeßt nicht, dieser Garten war verzau-
bert!)
Der Perlenschimmer des Monds verlosch:
Die Moosterrassen, die verschlungenen
Pfade,
Die frohen Blumen und die mürrischen
Bäume,
Sie warn nicht mehr zu sehn: der Rosen
Duft
Starb in Armen der anbetungsvollen Lüfte.
All' Leben hauchte aus – nur Ihr, Ihr bliebt:
Nur Eurer Augen göttlich reines Licht –
Nur der emporgewandten Augen Seele.
Ich sah nur sie – sie warn die Welt für mich.
Ich sah nur sie – sah stundenlang nur sie –
Nur sie, bis still der Mond zur Ruhe ging.
Welch wilde Herzenskunde steht geschrie-
ben
Auf jenen kristallinen Himmelskörpern!
Welch dunkles Weh! doch welch erhabene
Hoffnung!
Welch schweigend heitre See des Stolzes
auch!
Welch wagemutiger Ehrgeiz! doch welch
tiefe
Unauslotbare Liebesfähigkeit!

Doch nun, zuletzt, entsank dem Blick Diana
In westliche Gewitterwolkenbank;
Und Ihr, ein Geist, von Bäumen dumpf
umgruftet,
Ihr glittet hinweg. *Nur Eure Augen blieben.*
Sie *wollten nicht* entschwinden – schwan-
den nie.
In jener Nacht mir heimwärts leuchtend,
blieben
Sie treu mir stets (auch als mein Hoffen
starb).
Sie folgten mir – sie führen mich durch die
Jahre.
Sie sind mir Diener – doch ich bin ihr
Sklave.

Ihr Dienst ist's, zu erhellen, zu erleuchten –
Mein Amt, erlöst zu werden durch ihr Licht,
Geläutert, rein, durch ihr elektrisches Feuer,
Geheiligt, heil, durch ihr elysisches Feuer.
Sie füllen mit Schönheit mich (die Hoffen ist)
Und sind am Himmel droben das Gestirn,
Davor ich knie' in meiner Nächte Wachen;
Derweil sogar im Mittagsglanz des Tags
Sie mir noch sichtbar bleiben – sprühend süß
Ein Venus-Paar, das keine Sonne löscht.

Eldorado

In schimmernder Wehr
Ein Ritter hehr
Durch Sonne und Schatten tat schreiten –
Er suchte kühn,
Es zog ihn hin
Zu Eldorados Weiten.

Doch ward er alt,
Und ein Schatten kalt
Wollt' ihm aufs Herz sich breiten –
Da nirgends fand,
In keinem Land,
Er Eldorados Weiten.

Und als seine Kraft
Am Ende erschlafft',
Da sah einen Schatten er gleiten –
»Wo find' ich, sag an,
Du Pilgersmann,
Wohl Eldorados Weiten?«

»Hinter dem Mond,
Wo die Stille wohnt,
Im Tal, da die Schatten schreiten –
Dort findest du
Wohl Rast und Ruh
In Eldorados Weiten!«

Für Annie

Dank, Himmel! die Krise,
Die Gefahr, ist vorbei,
Und die schleichende Krankheit
Ist endlich vorbei –
Und das Fieber, 's heißt »Leben«,
Ist endlich vorbei.

Wohl weiß ich genau,
Meine Kraft ist besiegt,
Und mein Körper ist matt,
Da im Bett er hier liegt –
Doch was macht das! – ich fühl',
Nicht mehr lang er hier liegt.

Und ich ruh' so gefaßt nun
Im Bett meiner Not,
Daß jeder Betrachter
Wohl denkt, ich sei tot –
Daß jeder, der sieht mich,
Wohl hält mich für tot.

Das Zagen und Klagen,
Der Pulse Kochen,
Sind verstummt nun
Mit dem schrecklichen Pochen
Im Herzen – ach, schreckliches,
Schreckliches Pochen!

Die Krankheit – der Schwindel –
Der Schmerzen Verwirrn –
Erlosch mit dem Fieber,
Das quälte mein Hirn –
Dem Fieber, 's heißt »Leben«,
Das mir brannte im Hirn.

Und ah! aller Foltern
Entsetzlichste schwand,
Das schreckliche Dürsten,
Der quälende Brand,
Nach Strömen von Naphtha
In Leidenschafts Land: –
Mir strömt nun ein Wasser,
Das löscht allen Brand: –

Ein Naß, das entfließt
Einer Quelle Mund
Wie ein Wiegenlied zart,
Gar nicht tief unterm Grund –
Einer Höhle entstammt's
Unterm Rasengrund.

Und ach! daß doch schweige
Das närr'sche Gered,
Meine Kammer sei düster
Und enge mein Bett;
Denn der Mensch schlief noch nie
In einem anderen Bett –
Und um wirklich zu *schlafen*,
Brauchst du solch Bett.

Nun ruhn meine Sinne,
Die ruhelosen;
Ein sanftes Vergessen
Fiel über die Rosen –
Die einst sie erregten,
Die Myrten und Rosen:
Denn nun, da so friedvoll
Sie ruhn, eine Luft,
Weit heil'ger, umweht sie:
Stiefmütterchens Duft –
Mit Rosmarin gemischter
Stiefmütterchens Duft –
Mit Raute des schönen
Stiefmütterchens Duft.

Und so liegen sie glücklich,
Und still in geheimen
Gedanken von Wahrheit
Und Schönheit sie träumen –
Von Annies Locken
Und Schönheit sie träumen.

Sie küßte mich zart,
Sie liebkost' mich mit Lust,
Und sanft sank in Schlummer
Ich an ihrer Brust –
In tiefen Schlummer
An himmlischer Brust.

Und als dann die Lichter
Erloschen, da kniete
Sie hin im Gebet,
Daß Maria behüte
Den Kranken – daß treu
Ihn Maria behüte.

Und ich liege gefaßt nun
Im Bett meiner Not
(Ihrer Liebe gewiß),
Daß ihr denkt, ich sei tot –
Und ich ruh' so zufrieden
Im Bett meiner Not
(An der Brust ihre Lieb'),
Daß ihr denkt, ich sei tot –
Daß ihr schaudert vor mir
In dem Wahn, ich sei tot.

Doch mein Herz, es ist heller
Als all das Licht
Der Sterne am Himmel,
Denn Annies Gesicht
Erstrahlt mir dort drinnen
Voll Liebe so licht –
Das Aug' meiner Annie
Voll Liebe so licht.

Sonett – An meine Mutter

Weil ich denn fühle, daß im Himmel hoch
Die Engel, wenn in Liebe sie entbrennen,
Von allen heißen Liebesworten doch
Keins so voll Verehrung wie »Mutter« kennen,
Drum war's dies Wort, mit dem ich lang dich ehrte –
Dich, die als Mutter über mir gewacht
Und nun das Herz mir füllt, wo Tod es leerte,
Als er Virginias Seele frei gemacht.
Die eigne Mutter, die ich früh verloren,
War nur die Mutter meiner selbst; doch du
Bist's jener Einen, der ich Lieb' geschworen,
Und mehr mir so, als die in Frieden ruh' –
Um so unendlich viel, als mir mein Weib
War lieber als mein eigen Seel' und Leib.

Annabel Lee

Es war vor so vielen, so vielen Jahr'n
In dem Seereich, nicht weit von hie,
Daß ein Mädchen dort lebte, wunderbar,
Mit Namen Annabel Lee: –
Und dies Mädchen, es lebte dem einzigen Sinn,
Mich zu lieben, wie ich liebte sie.

Sie war ein Kind und ich war ein Kind
In dem Seereich, nicht weit von hie,
Doch uns einte, was mehr noch als Liebe war, –
Mich und lieb Annabel Lee –
Und so blickten am Ende die Engel wohl selber
Begehrlich auf mich und sie.

Und dies war der Grund, daß vor langer Zeit
In dem Seereich, nicht weit von hie,
Ein Windschauer schnellte aus Wolken bei Nacht
Und traf meine Annabel Lee;

So daß die erlauchte Verwandtschaft kam
Und trug hinweg mir sie,
Zu schließen sie tief in ein Grabgemach
In dem Seereich, nicht weit von hie.

Die Engel, nicht halb so glücklich im Himmel,
Warn neidisch auf mich und sie: –
Ja! das war der Grund (wie ein jeder weiß
In dem Seereich, nicht weit von hie),
Daß bei Nacht aus Wolken der Windschauer schnellend
Getötet meine Annabel Lee.
Unsre Liebe aber war stärker noch
Als die Liebe der Älteren, die
Viel weiser immer denn ich und sie, –
Und nimmer solln Engel im Himmel hoch
Noch Dämonen darunten hie
Wohl trennen können mein Seel' von der Seel'
Meiner lieblichen Annabel Lee.

Denn der Mond mir nicht blinkt, ohn' daß Träume er bringt
Von der lieblichen Annabel Lee;
In den Sternen gewahr ich die Augen klar
Meiner lieblichen Annabel Lee;
Und so lieg alle Nachtzeit ich wachend zur Seit'
Meiner Lieb', der ich lebte, die einst ich gefreit,
In dem Grabe, nicht weit von hie –
In der Gruft, nicht weit von hie.

Die Glocken

I

Wie das Schlittenglöckchen schellt –
Silbern schellt!
Welche Welt von Heiterkeit sein Stimmchen doch enthält!
Wie es klingelt, klingelt, klingelt
In der Eisesluft der Nacht!
Wo, vom Sternenreigen umringelt,
Nun der Himmel, lichtumzingelt,
In kristallnen Lüsten lacht;
Streng im Takt, Takt, Takt
Lacht, vom Runenreim gepackt,
Zu der Klingklangklingelei er, die so musikalisch wellt
Von dem Glöckchen, das da schellt, schellt,
Schellt, schellt, schellt –
Zu dem schimmernden Geflimmer, das da schellt!

II

Wie das Hochzeitsläuten wellt –
Golden wellt!
Welche Fülle Glück doch seine Harmonie enthält!
In der Balsamsluft der Nacht
Welch Entzücken es entfacht! –
Seines goldnen Schmelzes Geist
So wohlgetont,
Wie als lieblich Lied umkreist
Er die Turteltaube, deren Augen dreist
Starrn zum Mond!
Oh, aus jenes Tones Zellen,
Welchen Wohlklangs Ströme doch daraus gewaltig quellen!
Wie er schnellt,
Sich gesellt
Zu der Zukunft! – und erzählt
Von der Wonne, die geschwellt
All das Schwingen und das Klingeln,
Das da wellt, wellt, wellt –
Das da wellt, wellt, wellt, wellt,
Wellt, wellt, wellt –
All das weite Klanggebilde, das da wellt!

III

Wie die Feuerglocke gellt –
Ehern gellt!
Welche Schreckensmär jetzt ihre Turbulenz vermeld't!
Ins verstörte Ohr der Nacht,
Wie sie Grauen hat gebracht!
Nicht mehr sprechen kann sie, nein,
Kann allein noch schreien, schrei'n,
Mißgetont,
Und so schreit sie um Erbarmen lärmend an das wirre Feuer,
Schreit in irrem Lamentieren an das brausend taube Feuer,
Das emporspringt am Gemäuer,
Höher, höher, ungeheuer
Hoch, in verzweifeltem Ringen
Jetzt sich oder nie zu schwingen

Auf zum bleichgesicht'gen Mond.
Oh, wie diese Glocke gellt!
Welche Mär ihr Schrecken meld't,
Wieviel Schmerz!
Wie es scheppert, schallt und brüllt,
Wie mit Schauderluft erfüllt
Zuckend aller Lüfte Busen dieses Erz!
Doch das Ohr vernimmt auch gut
Aus dem Hallen
Und dem Schallen
Der Gefahren Ebbe, Flut;
Doch dem Ohr deutlich kund
Aus dem Rasseln
Und dem Prasseln
Der Gefahren Schwell'n und Schwund,
Aus dem Schwinden oder Schwellen jener
Kunde, die da gellt –
Die da gellt –
Die da gellt, gellt, gellt, gellt,
Gellt, gellt, gellt –
Aus dem bösen Tongetöse, das da gellt!

IV

Wie die Stundenglocke schallt –
Eisern schallt!
Welche Welt von Ernst in ihrer Monodie
sich ballt!
In der stillen Mitternacht,
Wie da Schreckensangst erwacht
Bei dem melancholisch drohenden Getön'!
Denn ein jeder Klang, der bricht
Aus dem rostigen Gesicht,
Ist Gestöhn.
Und den Wesen, den blassen, grausen,
Die dort einsam im Turme hausen,
In den Höhn,
Und die grollen lassen, tollen,
Jenes monoton' Gedröhn,
Ist's Triumph, den Stein zu rollen
Auf des Menschenherzens Flehn –
Doch nicht Mann ist's und nicht Weib,
Hat nicht Tier-, nicht Menschenleib,
Was da tollt: –
Ghule sind's, ihr König grollt –
Und er rollt, rollt, rollt,
Rollt
Päane von Gewalt –
Bis im Busen widerhallt
Der Päane Trumpfgewalt –
Und er tanzt ohn' Rast und Halt
Mit im Takt, Takt, Takt,
Tanzt, vom Runenreim gepackt,
Zum Päan, der eisern schallt,
Eisern schallt: –
Tanzt im Takt, Takt, Takt
Mit, vom Runenreim gepackt,
Im Gedröhne, das da schallt –
Das da schallt, schallt, schallt –
Im Gestöhne, das da schallt –
Mit im Takt, Takt, Takt,
Tanzt er, in den Schall verkrallt,
Froh, vom Runenreim gepackt,
Zu dem Rollen, das da hallt –
Das da hallt, hallt, hallt:
Zu dem Tollen, das da schallt –
Das da schallt, schallt, schallt, schallt,
Schallt, schallt, schallt –
Zu der Glocken Weh-Frohlocken, das da
schallt.

Elizabeth

Elizabeth, ist sicher mehr als ange-
messen,
[Logik und Brauch so es befehlen]
Deinen Name zuerst in deinem eigen Buch
zu lesen,
Mögen Zeno und die anderen Weisen es
verhehlen;
Und *ich* habe andere Gründe zu dieser Tat
Außer der mir eigenen Liebe zum Wider-
spruch;
Jeder Poet – *wenn* er denn ein Poet – hat
Bei seiner Jagd nach der Muse für sein
Buch
In Wahrheit oder in Fiktion wenig von
seiner Rolle erfahren,
Nicht gelesen, weniger noch geschrieben –
ist kurz ein Narr,
Hat Seele nicht, weder Sinn noch Kunst
ihm gegeben waren,
Und ihm ist nicht die eine wichtige Regel
offenbar,
Die selbst in der Satzung der Schule
deutlich zu lesen ist –
Die heißt – ich vergesse den heidnisch
griechischen Satz –
[Wie er auch lautet, die Bedeutung immer
gleich sich liest]
»Schreibe immer zuerst, was im Herzen
hat den ersten Platz.«

Serenade

So süß die Stunde, so still die Zeit fleucht,
Daß fast ein Vergeh'n es mich deucht't,
Die Stille selbst mit einer Laute zu
verletzen nur,
Wenn die Natur schläft und Sterne stumm
auf weiter Flur.
Man sieht auf der See schimmernden
Weiten
Schlummernd ein Bild von Elysium sich
breiten:
Sieben Plejaden in Himmelsgefilden
In der Tiefe weitere sieben bilden:
Dem Endymion, der von oben herabblickt,
Im Meer eine zweite Liebe zu sehen es
glückt.
In den Tälern, auf Wipfeln, düster, braun,
Und in des Geisterbergesgipfels Graun
Das müde Licht erlöschend ist zu schaun,
Und Erde und Himmel und See und Gestirn
Duften süß nach Schlaf, so wie auch meine
Stirn
Nach dir, meine Adeline, und der süßen Luft
Deiner mich bezaubernden Liebe duft't.
Doch lausch, o! lausch – so sanft und leise
Soll heut nacht tönen deines Geliebten
Weise,
Daß, nur halb wach, es deiner Seele soll
scheinen,
Meine Worte seien eines Traums musi-
sches Weinen.
So sollen – während es kein einziger Laut
darf,
Einzudringen in deine Rast und deinen
Schlaf –
Unsere Gedanken, unsere Seelen – o Gott
der Erden!
Geliebte, zu einem harmonischen Ganzen
werden.

Erzählungen

Metzengerstein

Pestis eram vivus – moriens tua mors ero.
Martin Luther

Grauen und Verhängnis gab es zu allen Zeiten in allen Ländern. Warum sollte ich also der Geschichte ein Datum geben, die ich erzählen will? Es soll reichen, wenn ich sage, daß zu der Zeit, von der ich spreche, es im Inneren Ungarns einen tief verwurzelten, wenn auch versteckten Glauben an die Lehren der Metempsychose gab. Von diesen Lehren selbst – damit meine ich: von ihrer Fälschlichkeit oder dem Anschein der Wahrheit – sage ich nichts. Doch möchte ich behaupten, es liegt viel an unserer Ungläubigkeit (wie La Bruyère es von all unserem Elend behauptet) ›de ne pouvoir être seuls‹.[1]

Doch in diesem ungarischen Aberglauben gab es einige Punkte, die schon ans Bizarre grenzten. Dadurch unterschieden sich die Ungarn bedeutend von ihren östlichen Autoritäten. Sie sagten z. B. (und ich zitiere die Worte eines scharfsinnigen und geistreichen Parisers): »Die Seele ›ne demeure qu'une seule fois dans un corps sensible: au reste – un cheval, un chien, un homme même, n'est que la ressemblance peu tangible de ces animaux‹.

Die Familien auf Berlifitzing und Metzengerstein hatten schon seit Jahrhunderten im Streit gelegen. Nie standen sich zwei erlauchtere Häuser in einer so bitteren, so tödlichen Feindseligkeit gegenüber. Der Ursprung dieser Feindseligkeit scheint in den Worten einer alten Prophezeiung zu liegen – »Ein erhabener Name wird gar schrecklich zu Fall kommen, wenn – wie der Reiter sein Pferd – die Sterblichkeit Metzengersteins besiegen wird die Unsterblichkeit Berlifitzings.«

Die Worte selbst hatten natürlich geringe oder keine Bedeutung. Doch führten kleinere Ursachen – und dies vor gar nicht langer Zeit – zu Folgen, die sehr ereignisschwer waren. Überdies hatte die enge Nachbarschaft der aneinander grenzenden Besitzungen zu einer Rivalität geführt, die lange Zeit Einfluß hatte. Außerdem sind enge Nachbarn nur selten befreundet; und die Bewohner der Burg Berlifitzing konnten von ihren hoch aufstrebenden Säulen direkt in die Fenster von Schloß Metzengerstein schauen. Und so war die schon mehr als feudale Pracht, die man dort sah, nun gar nicht dazu angetan, die reizbaren Empfindungen der weniger reichen – an Alter ebenso wie an Gütern – Berlifitzinger zu besänftigen. Daher ist es kaum verwunderlich, daß die Worte jener Prophezeiung, und wenn sie noch so töricht waren, schließlich zwei Familien entzweit und unversöhnlich verfeindet gemacht hatte, denen es fast schon im Blut lag, sich zu befehden, wenn nur die ererbte Eifersucht erst mal geweckt war. Die Prophezeiung schien – wenn sie überhaupt etwas zu meinen schien – den endgültigen Triumph des ohnehin schon mächtigeren Hauses zu beinhalten und wurde natürlich von dem schwächeren und weit weniger einflußreichen Haus mit großem Ärger aufgenommen.

Wilhelm, Graf Berlifitzing, war zwar von hoher Geburt, doch zum Zeitpunkt unserer Erzählung ein kranker und kindischer alter Mann, an dem nichts bemerkenswert war außer seiner unmäßigen, zügellosen und eingefleischten Abneigung gegen die Familie seines Rivalen und eine so überaus leidenschaftliche Liebe zu Pferden und zur Jagd, daß ihn weder körperliche Schwäche, noch hohes Alter oder Geistesschwäche daran hindern konnten, jeden Tag die Gefahren der Jagd auf sich zu nehmen.

Friedrich, Baron Metzengerstein, war dagegen noch nicht so alt. Sein Vater, der Minister G——, war jung gestorben. Seine Mutter, Lady Maria, folgte ihrem Mann schnell nach.

Zu jenem Zeitpunkt war Friedrich achtzehn Jahre alt. In Städten nun sind achtzehn Jahre keine lange Zeit, doch in der Wildnis, einer so erlesenen, so prächtigen Wildnis gar wie jener alten Herrschaft – da schwingt das Pendel mit einem tieferen Sinn. In Folge besonderer Umstände, die das Testament seines Vaters bestimmte, trat der junge Baron unmittelbar nach dem Tode des Vaters sein großes Erbe an. Der Hauptbesitz, was Glanz und Größe anging, war ›Schloß Metzengerstein‹. Das gesamte Gebiet war niemals klar bestimmt worden; doch der herrschaftliche Park allein hatte einen Umkreis von rund fünfzig Meilen.

Als ein Erbe nun – noch so jung und bereits so wohlbekannt – einen so unvergleichlichen Reichtum antrat, ergaben sich bald viele Spekulationen über seinen mutmaßlichen Wandel. Und tatsächlich – es waren noch nicht drei Tage vergangen, da stellte sein Verhalten bereits Herodes in den Schatten und übertraf noch bei weitem, was die begeistertsten Bewunderer erwartet hatten. Schändliche Ausschweifungen – abscheuliche Treulosigkeiten – schier unerhörte Greueltaten machten den zitternden Vasallen schnell klar, daß keine kriechende, knechtische Ergebenheit ihrerseits – und schon gar kein zimperliches Gewissen auf seiner Seite – ihnen Sicherheit vor den Klauen dieses kleinen Caligula geben würde. In der Nacht des vierten Tages fand man die Stallungen der Burg Berlifitzing in Brand. Und die einmütige Meinung in der Nachbarschaft fügte das Verbrechen der Brandstiftung der bereits ausreichend scheußlichen Liste an Vergehen und Freveln des Barons hinzu.

Doch während des Getümmels infolge dieses Ereignisses saß der junge Adlige selbst offensichtlich tief in Gedanken versunken in einem großen und öden Raum oben im Stammschloß Metzengerstein. Die reich gewirkten, wenn auch bereits verblichenen Behänge, die düster an den Wänden hingen, stellten die schattenhaften und majestätischen Gestalten von wohl tausend erlauchten Ahnen dar. Hier legten Priester in herrlichem Hermelin und päpstliche Prälaten in vertraulicher Runde mit dem Souverän und Autokraten ihr Veto gegen die Wünsche eines weltlichen Königs ein – und boten mit der Bannbulle des römischen Supremats dem rebellischen Zepter des Erzfeindes Einhalt. Dort ließen die düsteren Gestalten der Fürsten Metzengerstein, während ihre muskulösen Schlachtrosse über die Leichen gefallener Feinde sprengten, auch die stärksten Nerven vor ihrer harten und entschlossenen Miene erzittern. Und dort wiederum schwebten die üppigen, wollüstigen Gestalten der Edelfrauen aus lang vergangener Zeit wie Schwäne im Reigen unwirklicher Tänze zum Klang imaginärer Musik.

Doch während der Baron noch dem allmählich wachsenden Tumult in den Stallungen von Berlifitzing lauschte – oder dies schien – oder vielleicht sogar über eine noch außergewöhnlichere, noch größere Untat nachdachte, fiel sein Blick wie zufällig auf ein riesiges Pferd von ungewöhnlicher Farbe, das auf dem Wandteppich als Besitz eines sarazenischen Ahnen der Familie seines Rivalen abgebildet war. Das Schlachtroß selbst stand im Vordergrund der Szene völlig reglos, wie ein Standbild, während im Hintergrund sein gefallener Reiter durch das Schwert seines Feindes Metzengerstein starb.

Da erschien ein teuflischer Ausdruck auf dem Gesicht Friedrichs, als ihm die Richtung bewußt wurde, in die sein Blick völlig unbewußt gefallen war. Doch er wandte ihn nicht ab. Im Gegenteil – er konnte sich die Beklemmung nicht erklären, die seine Sinne befiel. Nur mit Mühe konnte er seine verträumten und unzusammenhängenden Gefühle mit der Gewißheit zusammenbringen, daß er wach war. Je länger er starrte, desto mehr verdichtete der Zauber sich und umhüllte ihn, und es erschien ihm immer unmöglicher, den Blick vom Wandbehang abzuwenden. Doch als der Tumult draußen plötzlich heftiger wurde, richtete er mühevoll seine Augen auf den rötlichen Feuerschein, der von den Stallungen voll in die Fenster des Raumes fiel. Dies währte jedoch nur kurz, und automatisch ging sein Blick auf die Wand zurück. Doch zu seinem größten Schrecken und Erstaunen hatte dort der Kopf des riesigen Pferdes unterdessen seine Stellung verändert. Der Hals des Tieres, der sich zuvor wie erbarmungsvoll über den niedergestreckten Leib seines Herrn gestreckt hatte, war nun zu voller Höhe aufgerichtet – und zwar in Richtung des Barons. Die

Augen, die vorher unsichtbar waren, hatten nun einen kraftvollen und menschlichen Ausdruck und funkelten in feurigem und überaus seltsamem Rot. Und die zurückgezogenen Lippen des Pferdes, das offensichtlich von Wut gepackt war, zeigten deutlich die widerlich leichenbleichen Zähne.

Vor Grauen war der junge Edelmann halb bewußtlos und taumelte zur Tür. Als er sie aufriß, warf ein Blitz roten Lichts, der weit in den Raum hineinfiel, seinen Schatten klar umrissen auf den wehenden Wandbehang. Und mit Schaudern bemerkte der Baron, als er auf der Türschwelle schwankte, daß jener Schatten die exakte Haltung des erbarmungslosen, triumphierenden Mörders des Sarazenen Berlifitzing einnahm und seine Konturen ganz genau ausfüllte.

Um sein Gemüt aufzuheitern, eilte der Baron ins Freie. Am Haupttor des Schlosses begegnete er drei Stallmeistern. Mit größter Mühe und unter Lebensgefahr versuchten sie, ein ruckhaft ausschlagendes riesiges, feuerfarbenes Pferd unter Kontrolle zu bringen.

»Wessen Pferd ist das? Woher habt ihr es?« fragte der junge Mann mit klagender und heiserer Stimme. Denn ihm wurde plötzlich bewußt, daß das mysteriöse Schlachtroß aus dem Raum mit den Wandbehängen das genaue Gegenstück des wilden Tieres war, das hier vor ihm stand.

»Es ist Euer Eigentum, Herr«, antwortete einer der Stallmeister. »Zumindest erhebt kein anderer darauf Anspruch. Wir fingen es ein, als dampfend und schäumend aus den brennenden Ställen der Burg Berlifitzing floh. Da wir dachten, es gehöre zum Gestüt ausländischer Pferde des alten Grafen, brachten wir es als herrenloses Tier dorthin zurück. Doch die Stallknechte leugneten jeden Anspruch auf das Wesen. Dies ist um so verwunderlicher, wo man deutliche Spuren sehen kann, daß es den Flammen kaum entkommen ist.«

»Außerdem sind die Buchstaben W. v. B. auf seiner Stirn eingebrannt«, unterbrach ein anderer Stallmeister. »Diese hielt ich natürlich für die Initialen Wilhelms von Berlifitzing, doch alle auf der Burg leugnen jegliche Kenntnis dieses Pferdes.«

»Höchst verwunderlich!« sagte der junge Baron mit nachdenklicher Miene und offensichtlich, ohne sich der Bedeutung seiner Worte bewußt zu sein. »Ihr sagt, es ist ein seltsames Pferd – ein wundersames Pferd, wenn auch – wie ihr zu Recht sagt – von verdächtigem und eigensinnigem Charakter. Doch so soll es denn mir gehören«, setzte er nach einer Pause hinzu. »Ein Reiter wie Friedrich von Metzengerstein kann wohl problemlos selbst den Teufel aus den Ställen von Berlifitzing bändigen.«

»Ihr irrt, Herr. Das Pferd, wie ich glaube, bereits gesagt zu haben, stammt nicht aus den Stallungen des Grafen. Wenn dies so wäre, so hätten wir unsere Pflicht besser gekannt, als Euch ein solches Tier vor Augen zu bringen.«

»Schon gut«, sagte der Baron schroff. In diesem Augenblick rannte ein Page des Schlafgemachs vom Palast her mit hochrotem Gesicht und schnellen Schritten. Er flüsterte seinem Herrn ins Ohr, daß ein kleiner Teil des Wandbehänge in einem Raum, den er nicht genau nannte, urplötzlich verschwunden sei, wobei sich bei vielerlei Einzelheiten aufhielt. Doch seine gedämpfte Stimme, mit der er seine Mitteilungen machte, gab den Stallmeistern, deren Neugier geweckt war, nichts preis.

Der junge Friedrich schien während dieses Gesprächs Opfer verschiedenster Empfindungen zu sein. Doch er gewann seine Fassung rasch zurück, und sein Gesicht nahm einen Ausdruck entschlossener Bosheit an. Nun gab er den entschiedenen Befehl, das besagte Zimmer zu verschließen und ihm den Schlüssel zu übergeben.

»Habt Ihr schon vom unglücklichen Tod des alten Jägers Berlifitzing gehört?« fragte einer der Vasallen den Baron, nachdem der Page gegangen war und als das gigantische Schlachtroß mit stampfenden Hufen und verdoppeltem Ungestüm die lange Allee entlang kurbettierte, die sich vom Palast her zu den Stallungen von Metzengerstein erstreckte.

»Nein!« rief der Baron aus und wirbelte zum Sprecher herum. »Tot sagst du – tot?«

»In der Tat, so ist es, Herr. Und dies wird – so denke ich – meinem erhabenen Herrn wohl keine unwillkommene Neuigkeit sein.«

Ein blitzartiges Lächeln huschte über die Züge des Zuhörers. »Wie starb er?«

»Bei seinen tollkühnen Bemühungen, den ihm liebsten Teil seines Jagdgestüts zu retten, kam er selbst in den Flammen um.«

»Tat – säch – lich?« stieß der Baron hervor, als ob er sich langsam der Wahrheit eines erregenden Gedankens bewußt würde.

»Tatsächlich«, wiederholte der Vasall.

»Ein schwerer Schlag«, sagte da der junge Mann gelassen und ging still in den Palast zurück.

Von diesem Zeitpunkt an begann eine deutliche Veränderung im äußeren Verhalten des ausschweifenden jungen Barons Friedrich von Metzengerstein bemerkbar zu werden. Tatsächlich enttäuschte sein Benehmen alle Erwartungen und paßte kaum zu den listigen Absichten mancher Frau Mutter in Lande, während seine Neigungen und Manieren noch weniger als früher mit denen seiner aristokratischen Nachbarn zu vergleichen waren. Nie sah man ihn jenseits der Grenzen seines eigenen Besitzes, und in seiner eigenen Gesellschaftsschicht besaß er keinen Freund – es sei denn, man würde jenem ungewöhnlichen, stürmischen, feuerfarbenen Pferd, das er von nun an ständig ritt, irgendein Recht auf den Titel eines Freundes zusprechen.

Viele Einladungen aus der Nachbarschaft stellten sich immer noch von Zeit zu Zeit ein. »Würde der Baron unserem Fest die Ehre seiner Gegenwart gewähren?« »Würde der Herr Baron an unserer Keilerjagd teilnehmen?« – »Metzengerstein jagt nicht.« »Metzengerstein wird nicht kommen.« Dies waren die stolzen und knappen Antworten.

Solche wiederholten Schmähungen konnte der herrische Adel nicht ertragen. Die Einladungen wurden weniger herzlich, sie wurden seltener und blieben mit der Zeit ganz aus. Die Witwe des unglücklichen Grafen Berlifitzing soll sogar ihrer Hoffnung Ausdruck verliehen haben, »der Baron möchte doch auch dann zu Hause bleiben, wenn er gar nicht zu Hause sein wollte, wenn er denn die Gesellschaft seinesgleichen verschmähe; und er solle doch immer ausreiten, auch wenn er gar kein Verlangen danach habe, denn augenscheinlich ziehe er ja die Gesellschaft seines Pferdes vor.« Dabei handelte es sich um einen wirklich törichten Ausbruch alten Grolls, der nur beweist, wie unsinnig unsere Redensarten werden können, wenn uns viel an einer Sache liegt.

Die Nachsichtigen aber schrieben die Veränderung im Charakter des jungen Adligen dem natürlichen Kummer eines Sohnes zu, der seine Eltern in allzu jungen Jahren verloren hatte. Doch dabei vergaßen sie sein abscheuliches und rücksichtsloses Verhalten in der kurzen Zeit, die diesem Verlust folgte. Immerhin gab es auch Leute, die von allzu großer Arroganz und Adelshochmut sprachen. Und wieder andere (man sollte erwähnen, daß der Hausarzt sich unter diesen befand) zögerten nicht, von krankhafter, düsterer Schwermut und erblicher Anfälligkeit zu reden. Und bei den einfachen Leuten gingen dunkle Gerüchte noch zweifelhafterer Natur um. In der Tat wurde die störrische Anhänglichkeit des Barons an sein neues Pferd – eine Anhänglichkeit, die aus jedem grimmig wilden und dämonischen neuen Verhaltensbeispiel des Tieres neue Kraft zu erhalten schien – schließlich von allen als abscheuliche und unnatürliche Neigung angesehen. Im blendenden Glanz des Mittags – zur toten Mitternacht – in Krankheit und Gesundheit – bei Stille und bei Sturm – der junge Metzengerstein schien allzeit mit dem Sattel des riesigen Rosses verwachsen zu sein, dessen Ungestüm so hervorragend zu seinem eigenen feurigen Sinn paßte.

Außerdem gab es Umstände, die – in Kombination mit den jüngsten Ereignissen – der Manie des Reiters und den Fähigkeiten des Pferdes etwas Unirdisches und Unheilkündendes gaben. Man hatte den Sprung des Pferdes gemessen, und es stellte sich heraus, daß er an Weite auch die wildesten Vorstellungen einer ausschweifenden Phantasie übertraf – und zwar in erschreckendem Ausmaß. Der Baron hatte daneben auch keinen eigentlichen Namen für die Kreatur, obwohl jede andere in seinen Ställen einen besaß. Das Pferd erhielt auch seinen Stall in weiter Entfernung von allen anderen. Und was die Pflege und andere nötige Dienste anging, wagte es niemand außer dem Besitzer, sie zu erledigen oder auch nur die verschlossene Box des Tieres zu betreten. Es war auch bemerkenswert, daß keiner der drei Stallmeister – wenn es ihnen auch gelungen war, das Pferd auf seiner Flucht vor den Flammen auf Berlifitzing zu fangen und seinen rasenden Lauf durch Halfter und Fangschlinge aufzuhalten – mit Bestimmtheit sagen konnte, er habe während des Kampfes oder irgendwann später wirklich eine Hand auf den Leib der Bestie gelegt. Zeichen von besonderem Verstand bei einem edlen Pferd werden gewöhnlich nicht für so bedeutend gehalten, daß sie übermäßige Aufmerksamkeit erregten. Doch hier gab es gewisse Dinge, die auch den größten Skeptiker und den trägsten Phlegmatiker beschäftigten. Und es gab Momente, in denen das Tier die Gaffer, die um es herumstanden, vor Grauen aufgrund seines irgendwie bedeutungsvollen Gestampfes zurückweichen ließ – Momente, in denen selbst der junge Metzengerstein sich bleich und voll Furcht vor dem wilden und durchdringenden menschlichen Ausdruck der Pferdeaugen abwenden mußte.

Im gesamten Gefolge des Barons gab es allerdings niemanden, der die Intensität der außergewöhnlichen Leidenschaft und Zuneigung bezweifeln konnte, die der junge Adlige für den feurigen Charakter seines Pferdes empfand; nun, niemanden bis auf einen unwichtigen und mißgestalteten kleinen Pagen, dessen Buckel jedem im Wege war und dessen Meinung von allen gering geachtet wurde. Er besaß (wenn man seine unbedeutenden Äußerungen denn wiederholen wollte) die Frechheit zu behaupten, sein Herr würde sich niemals ohne einen unerklärlichen und fast unmerklichen Schauder in den Sattel schwingen, und bei der Rückkehr von jedem seiner gewöhnlich langen Ausritte läge ein Ausdruck triumphierender Bosheit auf seinem ganzen Gesicht.

In einer stürmischen Nacht erwachte nun Metzengerstein aus tiefem Schlaf, stürzte wie rasend aus seinem Zimmer und sprengte, nachdem er sich stürmisch in den Sattel geschwungen hatte, ins die dunkle Wildnis des Waldes. Dies war ein so gewöhnliches Ereignis, daß es keine besondere Aufmerksamkeit erregte. Seine Rückkehr allerdings wurde von seinen Bediensten mit großer Furcht erwartet, als nach einigen Stunden seiner Abwesenheit die hohen prächtigen Zinnen von Schloß Metzengerstein unter dem Einfluß einer dichten und graubläulichen Feuersbrunst zerbarsten und bis ins Fundament erschüttert wurden.

Da nun die Flammen sich schon furchtbar verbreitet hatten, bis sie endlich bemerkt wurden, so daß alle Bemühungen, auch nur einen Teil des Gebäudes zu retten, ganz offensichtlich vergebens waren, standen die Nachbarn in entsetztem Erstaunen tatenlos umher und schwiegen fast feierlich. Doch bald schon erregte ein neuer und furchtbarer Anblick die Aufmerksamkeit der Menge und bewies, wie viel angespannte Erregung das Gefühl einer Menge enthalten kann, wenn sie durch die Betrachtung menschlicher Todesqual erweckt wird – wie viel mehr als bei Schauspielen, und seien sie noch so entsetzlich, unbeseelter Materie.

Man erblickte ein Roß und darauf einen Reiter barhäuptig und übel zugerichtet, die die lange Allee mit den uralten Eichen, die sich von den Wäldern zum Haupttor des Schlosses Metzengerstein erstreckte, hinaufjagen – mit einem solchen Ungestüm, daß es noch die Wut des dämonischen Sturms übertraf.

Sein Galopp konnte zweifellos nicht von dem Reiter gestoppt werden. Dessen schmerzverzerrte Züge und die ganze krampfhaft zuckende und kämpfende Gestalt zeigten deutlich eine übermenschliche Anstrengung. Doch den zerrissenen Lippen, die im übergroßen Entsetzen völlig durchgebissen waren, entrang sich kein Laut – bis auf einen einzigen heiseren Schrei. Im einen Augenblick erscholl das Hämmern der Hufe scharf und schrill über dem Brüllen des Feuers und den heulenden Winden – und im nächsten Augenblick sprengte das Pferd, nachdem es mit einem Sprung über Torweg und Wallgraben hinwegsetzte, das schwankende Treppenhaus des Schlosses hinauf und verschwand mit seinem Reiter im wirbelnden Chaos des Feuersturms.

Da erstarb das tobende Unwetter mit einemmal, und eine düstere Totenstille trat ein. Nur eine weiße Flamme hüllte den Bau noch wie ein Leichentuch ein, und daraus erhob sich weit in die stumme Luft ein geisterhafter Lichtschein. Und eine Wolke aus schwerem Qualm setzte sich auf Zinnen und änderte ihre Gestalt – immer deutlicher zu einem Koloß, einem – *Pferd*.

Anmerkungen

1 Mercier vertritt in ›L'an deux mille quatre cent quarante‹ wirklich und wahrhaftig die Lehren der Metempsychose, und J. D'Israeli behauptet, es gäbe »kein System so einfach und dem Verstand so einleuchtend« wie dieses. Oberst Ethan Allan, der ›Green Mountain Boy‹, soll ebenfalls ein ernstzunehmender Verfechter der Metempsychose gewesen sein.

Der Duc de L'Omelette

— entfloh denn bald in kühlere Gefilde.
Cowper

Keats erlag einer Rezension. Wer war es doch gleich, der an der *Andromache* starb?[1] Gemeine Seelen! – De L'Omelette verunglückte an einer Gartenammer. *L'histoire en est brève.* Geist des Apicius, steh mir bei!

In einem goldnen Käfig kam der kleine geflügelte Wanderer – der verliebte, zarte, schläfrig schlappe – aus seiner fernen Heimat Peru zur *Chaussée d'Antin*. Von seiner königlichen Eigentümerin, La Bellissima, brachten sechs Adlige des Reichs den glücklichen Vogel dem Duc de L'Omelette.

An jenem Abend wollte der Duc allein speisen. In seinem einsamen Gemach ruhte er auf jener Ottomane, für die er einst seine Treue verriet und seinen König überbot – der überall berühmten Ottomane Cadets.

Er vergräbt das Gesicht in den Kissen. Die Uhr schlägt! Unfähig, sich zu beherrschen, verzehrt seine Gnaden eine Olive. In diesem Augenblick öffnet sich sanft die Tür zum Klang leiser Musik – und siehe! Der anmutigste Vogel liegt vor dem verliebtesten Mann! Doch was für eine unaussprechliche Bestürzung liegt plötzlich auf dem Antlitz des Herzogs? – »*Horreur! – chien! – Baptiste! – l'oiseau! ah, bon Dieu! cet oiseau modeste que tu as déshabillé des ses plumes, et que tu as servi sans papier!*« Mehr muß man gar nicht sagen: Der Duc verschied in einem Anfall von Ekel.

»Hä! Hä! Hä!«, so vernahm man seine Gnaden am dritten Tag nach seinem Dahinscheiden.

»Hi! Hi! Hi!« erwiderte der Teufel schwach und verzog sein Gesicht zu einer Miene von *hauteur*.

»Wirklich, es kann nicht Ihr Ernst sein«, wiederholte de L'Omelette mit grimmiger Beharrlichkeit. »Ich habe gesündigt – *c'est vrai* –, doch bedenken Sie, mein lieber Herr, Sie können nicht tatsächlich die Absicht haben, derartig – derartig – barbarische Drohungen in die Tat umzusetzen.«

»Und warum nicht?« antwortete Seine Majestät. »Kommen Sie schon, mein Herr! Entledigen Sie sich des Zeugs!«

»Des *Zeugs!* Das ist ja reizend, meiner Seel! Nein, nein, mein Herr, ich werde mich *nicht* entledigen. Wer glauben Sie denn, daß Sie sind, daß ich, der Duc de L'Omelette, Fürst von Foie-Gras, der soeben erst mündig geworden ist, Verfasser der ›Mazurkiade‹ und Akademiemitglied, auf Ihr bloßes Ersuchen hin diese entzückenden Pantalons ausziehen sollte, die schönsten, die je von Bourdon geschneidert wurden, den erlesensten Morgenmantel, den Rombêrt je fertigte – gar nicht zu erwähnen, daß ich die Lockenwickler aus dem Haar nehmen müßte –, schon gar nicht davon zu sprechen, welche Mühe es wäre, mir die Handschuhe auszuziehen?«

»Wer ich bin? Nun wahrhaftig! Ich bin Beelzebub, der Fürst der Fliegen. Ich nahm dich soeben aus einem Sarg aus Rosenholz und Elfenbein. Du besaßest einen seltsamen Geruch und trugst Titel und Zettel wie ein Frachtpaket. Belial hat dich zu mir geschickt – mein Friedhofsoberaufseher. Die Pantalons, von denen du behauptest, sie seien von Bourdon geschneidert, sind ein erlesenes Paar steifer, leinerner Unterhosen, und dein Morgenmantel ist ein Totenhemd von beachtlichen Proportionen.«

»Mein Herr!« erwiderte der Duc. »Mich beleidigt niemand ungestraft! – Mein Herr! Ich werde bei der allernächsten Gelegenheit diese Schmach rächen! – Mein Herr! Sie werden von mir hören! In der Zwischenzeit: *Au revoir!*« Und damit wollte sich der Duc mit zahlreichen Verbeugungen der Gegenwart Satans entziehen, wurde jedoch dabei aufgehalten und von einem bereits wartenden Herrn wieder zurückgebracht. Darauf rieb sich Seine Gnaden die Augen, gähnte, zuckte die Achseln und überlegte. Nachdem er sich seiner Identität wieder ausreichend bewußt war, schaute er sich seine Umgebung genauer an.

Das *appartement* war in der Tat überwältigend. Selbst de L'Omelette mußte zugeben, daß es *bien comme il faut* sei. Es war nicht so sehr die Länge noch die Breite – doch die Höhe – die war erschreckend! Es gab keine Decke – wirklich gar keine Decke –, sondern nur eine wirbelnde Masse feuerfarbener Wolken. Seiner Gnaden wurde schwindelig, wenn er nur aufblickte. Von oben hing eine Kette aus unbekanntem blutroten Metall herunter – ihr oberes Ende dagegen verlor sich wie die Stadt Boston *parmi les nues*. Am unteren Ende schwang eine riesige Ampel. Der Duc sah, daß es sich um einen Rubin handelte; doch von ihm strömte ein so furchtbares Licht – so still, heiß und heftig, wie es nie in Persien verehrt wurde, wie Gheber es nie in der Vorstellung erschaute, wie kein Moslem es je erträumte, wenn er im Opiumrausch zu seinem Bett aus blühendem Mohn wankte und sein Hinterteil den Blumen, sein Gesicht jedoch dem Gott Apoll zugewendet hatte. Dem Duc entfloh ein milder Fluch, was ganz entschieden ein Zeichen der Billigung war.

Die Ecken des Zimmers waren zu Nischen abgerundet. In drei davon standen Statuen von gigantischer Größe. Ihre Schönheit war griechisch, ihre Häßlichkeit ägyptisch, ihr *tout ensemble* französisch. Das Standbild in der vierten Nische war von einem Schleier verhüllt; es konnte allerdings kein monumentales Kunstwerk sein. Unten erblickte man einen mageren Knöchel und einen mit einer Sandale bekleideten Fuß. De L'Omelette preßte die Hand aufs Herz, schloß die Augen, öffnete sie wieder und überraschte Seine Satanische Majestät beim Erröten. Aber erst die Gemälde! – Kypris! Astarte! Aschtoreth! – in tausendfacher einiger Gestalt! Und Raffael soll sie gesehen haben? Ja, er war hier; denn malte er nicht die —? Und wurde er dann nicht, in konsequenter Folge, auch verdammt? Oh, die Gemälde! Die Gemälde! O Wollust! Liebe! Wer würde denn noch, wenn er nur einen Blick auf diese verbotenen Schönheiten geworfen hätte, noch Augen für neckische Sprüche haben, die sternengleich die hyazinthenen und purpurnen Wände bedeckten?

Doch das Herz des Duc wird schwach. Es ist nicht, wie man glauben könnte, daß die Herrlichkeiten ihm den Verstand rauben – oder daß er etwa von dem berauschenden Duft jener unzähligen Weihrauchgefäße trunken würde. *C'est vrai que de toutes ces choses il a pensé beaucoup – mais!* Nacktes Entsetzen hat den Duc de L'Omelette befallen, denn durch den gespensterhaft finsteren Ausblick, den ihm das einzige unverhangene Fenster bietet, dort glüht das grausige, blendendste, fahlste aller Feuer!

Le pauvre Duc! Er konnte sich nur vorstellen, daß die herrlichen, die lustvoll üppigen und nie ersterbenden Melodien, die – von der Alchimie der dunklen, verwunschenen Fensterscheiben gefiltert und verwandelt – durch die Halle klangen, das Klagen und Heulen der Hoffnungslosen und der Verdammten seien! Und dort auch – dort! – dort auf der Ottomane! Wer konnte er sein? Er, der *petit-maître* – nein, der Göttliche –, der dort wie ein aus Marmor gemeißeltes Bild saß *et qui sourit,* mit seinem blassen Antlitz, *si amèrement?*

Mais il faut agir – das heißt, ein Franzose verliert niemals völlig die Fassung. Außerdem haßten Seine Gnaden alle Arten von Szenen – de L'Omelette ist wieder ganz er selbst. Es lagen Degen auf dem Tisch – auch ein paar schwere Säbel. Der Duc hatte von B— Unterricht erhalten; *il avait tué ses six hommes*. Nun denn, *il peut s'échapper*. Und schon nimmt er den mittleren Abstand ein und fordert die Majestät mit unvergleichlicher Anmut zum ersten Stoß auf. *Horreur!* Majestät fechten nicht! *Mais il joue!* Welch glücklicher Zufall! Doch seine Gnaden besaßen immer ein gutes Gedächtnis. Er hatte einst flüchtig im *»Diable«* des Abbé Gaultier gelesen. Und darin hieß es *»que le Diable n'ose pas refuser un jeu d'écarté«*.

Aber die Chancen – die Chancen! Wirklich verzweifelt – doch kaum verzweifelter als der Duc. Außerdem – war er nicht ein Eingeweihter? Hatte er nicht im Père Le Brun gestöbert? – War er nicht Mitglied im ›Club Vingt-un‹? So sagte er: *»Si je perds, je serai deux fois perdu* – bin ich nur eben doppelt verloren – *voilà tout!«* (Und er zuckte die Achseln.) *»Si je gagne, je reviendrai à mes ortolans – que les cartes soient préparées!«*

Seine Gnaden ließ absolute Sorgfalt walten und war äußerst aufmerksam. Seine Majestät war die Zuversicht in Person. Ein Zuschauer würde an Franz und Karl gedacht haben. Seine Gnaden dachte an sein Spiel. Seine Majestät dachte nicht, sie mischte. Der Duc hob ab.

Die Karten sind verteilt. Der Trumpf ist heraus – es ist – es ist – der König! Nein, es war die Dame! Seine Majestät verfluchte ihre männliche Kleidung. De L'Omelette legte die Hand aufs Herz.

Sie spielen. Der Duc zählt. Die Partie ist vorbei. Seine Majestät zählt ebenfalls, lächelt und schenkt sich ein Glas Wein ein. Der Duc steckt heimlich eine Karte ein. *»C'est à vous à faire«*, sagte Seine Majestät und hob ab. Seine Gnaden verbeugte sich, gab Karten und erhob sich vom Tisch *en présentant le Roi.*

Seine Majestät schaute mürrisch.

Wäre Alexander nicht Alexander gewesen, hätte er Diogenes sein können; und der Duc versicherte seinem Gegner, als er Abschied nahm, *»que s'il n'eût pas été de L'Omelette il n'aurait point d'objection d'être le Diable.«*

Anmerkungen

1 Montfleury. Der Autor des *Parnasse Réformé* läßt ihn im Hades sagen: »L'homme donc qui voudrait savoir ce dont je suis mort, qu'il ne demande pas s'il fût de fièvre ou de podagre ou d'autre chose, mais qu'il entende que ce fût de ›L'Andromaque‹.«

Eine Erzählung aus Jerusalem

Intensos rigidam in frontem ascendere canos
Passus erat –

Lucan

— ein borstiger Eber.

Übersetzung

»Laßt uns zu den Wällen eilen«, sagte Abel-Phittim zu Buzi-Ben-Levi und Simeon dem Pharisäer, und zwar am zehnten Tag des Monats Tammuz im Jahre der Welt 3941. »Laßt uns an die Festungswälle am Tor Benjamin eilen, das sich in der Davidsstadt befindet und vor dem die Unbeschnittenen lagern. Denn es ist die letzte Stunde der vierten Wache. Die Sonne will bereits aufgehen, und die Götzendiener sollten bereits, in Erfüllung des Versprechens des Pompeius, mit den Lämmern für die heiligen Opfer warten.«

Simeon, Abel-Phittim und Buzi-Ben-Levi waren die Gizbarim – das heißt die unteren Opfer-Sammler – in der heiligen Stadt Jerusalem.

»In der Tat«, antwortete der Pharisäer, »laßt uns eilen. Denn diese Freigebigkeit ist ungewöhnlich für die Heiden, und die Verehrer Baals waren schon immer wankelmütig.«

»Daß sie wankelmütig und arglistig sind, ist so wahr wie der Pentateuch«, sagte Buzi-Ben-Levi. »Doch dies sind sie nur gegenüber dem Volk des Herrn. Wann hat man je davon gehört, daß die Ammoniter etwas taten, ohne dabei ihren eigenen Vorteil im Blick zu haben? Ich glaube, sie überanstrengen ihre Großzügigkeit gar nicht zu sehr, wenn sie uns Lämmer für den Altar des Herrn geben und dafür 30 Silberschekel pro Stück bekommen.«

»Du vergißt allerdings, Ben-Levi«, erwiderte Abel-Phittim, »daß der Römer Pompeius, der augenblicklich so gottlos ist, die Stadt des Allerhöchsten zu bestürmen, keine Gewißheit hat, daß wir die so erworbenen Lämmer nicht eher unserem körperlichen Wohle zuführen als dem geistlichen.«

»Nun, bei den fünf Spitzen meines Barts«, rief der Pharisäer aus, der einer Sekte angehörte, die sich Die Stampfer nennt (jener kleinen Gruppe von Heiligen also, deren Gewohnheit, mit den Füßen auf das Pflaster zu stampfen und sich dabei alle möglichen Verletzungen zuzuziehen, den weniger eifrigen Gläubigen schon lange ein Dorn im Auge war – ein Stein des Anstoßes für alle weniger begabten Wanderer), »bei den fünf Spitzen des Bartes, den zu scheren mir als Priester verboten ist! Haben wir gelebt, um den Tag zu erleben, an dem ein gotteslästerlicher und götzendienerischer Emporkömmling aus Rom uns beschuldigen wird, die hochheiligen und geweihten Opfer dem körperlichen Appetit zu überlassen? Haben wir gelebt, um den Tag zu erleben, an –«

»Wir wollen nicht nach den Gründen des Philisters suchen«, unterbrach ihn Abel-Phittim. »Denn heute haben wir zum ersten Mal einen Vorteil durch seine Habgier oder seine Großzügigkeit. Laßt uns nun lieber zu den Festungswällen eilen, damit uns nicht das Opfer fehlt für den Altar, dessen Feuer kein Regen vom Himmel löschen und dessen Rauch kein Sturm fortblasen kann.«

Der Teil der Stadt, in den unsere ehrwürdigen Gizbarim nun eilten und der den Namen seines Erbauers König David trug, wurde als der am stärksten befestigte Abschnitt Jerusalems angesehen, denn er lag auf dem schroffen und hoch aufragenden Berg Zion. Hier war ein breiter, tiefer Graben ausgehoben, aus dem harten Fels gehauen, und mit einem sehr starken Wall geschützt, der sich am inneren Rand erhob. Dieser Wall war in regelmäßigen

Abständen von viereckigen Türmen aus weißem Marmor gekrönt, von denen der niedrigste 60 und der höchste 120 Ellen hoch waren. Doch in der Nähe des Tors Benjamins erhob sich die Wallmauer nicht unmittelbar über dem Rand des Grabens. Im Gegenteil – zwischen der Kante der Kluft und dem Fundament der Festungsmauer stieg eine senkrechte Felsenklippe von ungefähr 250 Ellen Höhe auf, die Teil des steilen Berges Morija war. Als nun Simeon und seine Gefährten auf der Spitze des Turms ankamen, der Adoni-Bezek heißt und der erhabenste alle Türme ringsum und in Jerusalem und der übliche Ort für Verhandlungen mit dem angreifenden Heer war, blickten sie nieder auf das Lager der Feinde von einem Gipfel, der die Höhe der Cheops-Pyramide noch um viele Fuß überstieg und die des Marduk-Tempels um wenigstens einige Fuß.

»Wahrlich«, seufzte der Pharisäer, als er beklommen in den Abgrund schaute, »die Unbeschnittenen sind wie der Sand am Meer, wie die Heuschrecken in der Wüste! Das Tal des Königs ist zu einem Tal der Edomin geworden.«

»Und dennoch«, fügte Ben-Levi hinzu, »und dennoch kannst du mir keinen Philister zeigen – nicht einen einzigen – von Aleph bis Tau, von der Wüste bis zu den Zinnen der hochgebauten Stadt, der auch nur etwas größer ist als der Buchstabe Jod!«

»Laßt den Korb mit den Silberschekeln herunter!« schrie da ein römischer Soldat mit rauher, mißtönender Stimme, die aus dem Reiche Plutos zu kommen schien. »Laßt den Korb mit dem verfluchten Mammon herunter, dessen Namen ein anständiger Römer gar nicht aussprechen kann, ohne sich den Kiefer zu verrenken! So erweist ihr unserem Herrn Pompeius eure Dankbarkeit, der sich in seiner Güte bereit gefunden hat, euren götzendienerischen Anmaßungen sein Ohr zu leihen? Der Gott Phoibos, der ein wahrer Gott ist, fährt nun schon eine ganze Stunde am Himmel entlang – solltet ihr nicht bei Sonnenaufgang auf den Wällen sein? Ja, glaubt ihr denn, daß wir, die Eroberer der Welt, nichts Besseres zu tun haben, als vor den Wällen jedes Zwingers zu warten, um mit den Hunden dieser Welt zu feilschen? Laßt den Korb herab, sage ich – und paßt auf, daß euer Flitterkram auch ordentlich glänzt und das rechte Gewicht aufweist!«

»El Elohim!« stieß da der Pharisäer hervor, als die schrillen Töne des Zenturios zu den Felsspitzen der Klippe hinaufschallte und zum Tempel hin verwehrte. »El Elohim! Wer ist denn der Gott Phoibos? Wen ruft der Lästerer da an? Du, Buzi-Ben-Levi! Du, der du das Gesetz der Heiden gelesen hast und unter denen dich aufhieltest, die es mit den Teraphim treiben, ist es Nergal, von dem der Götzendiener redet? Oder Asima? Oder Nibhaz? Oder Tartak? Oder Adramelech? Oder Anamelech? Oder Sukkoth-Benith? Oder Dagon? Oder Belial? Oder Baal-Perith? Oder Baal-Peor? Oder Baal-Zebub?«

»Wahrlich ist es keiner von diesen – doch paß auf, daß du das Seil nicht allzu schnell durch die Finger gleiten läßt. Denn sollte es geschehen, daß der Weidenkorb am Vorsprung dieser Klippenspitze hängen bleibt, könnten die heiligen Dinge aus dem Tempel gar jammervoll verschüttet werden.«

Mit Hilfe einer groben Maschine wurde der schwer beladene Korb nun sorgfältig unter die Menge hinabgelassen. Von der schwindelnden Zinne konnte man sehen, wie sich Römer in wirrer Menge um ihn versammelten, doch aufgrund der riesigen Höhe und eines dichten Nebels, konnte man ihre Handlungen nicht genau erkennen.

Es war nun schon eine halbe Stunde vergangen.

»Wir werden zu spät kommen«, seufzte der Pharisäer, als er nach dieser Zeit in den Abgrund blickte. »Wir werden zu spät kommen, und die Katholim werden uns unser Amt nehmen!«

»Nie wieder«, erwiderte Abel-Phittim, »nie mehr werden wir in Freuden prächtig speisen – nie wieder werden unsere Bärte vom Weihrauch duften – und unsere Lenden gegürtet sein mit feinem Leinen aus dem Tempel!«

»Racha!« schwor da Ben-Levi. »Racha! Glauben sie denn, sie könnten uns um das Kaufgeld betrügen? Oder wiegen sie etwa – heiliger Moses – die Schekel nach?«

»Endlich! Da – das Zeichen!« schrie da der Pharisäer. »Sie haben endlich das Zeichen gegeben! Zieh, Abel-Phittim! Und du, Buzi-Ben-Levi, zieh kräftig! Denn entweder halten die Hände der Philister den Korb noch fest, oder der Sinn ihres Herrn hat sich gewandelt, und sie haben ein Tier mit gutem Gewicht hineingelegt.«

Und die Gizbarim zogen, während ihre Last durch den immer dichter werdenden Nebel langsam nach oben schwankte.

»Booshoh he!« entrang es sich den Lippen Ben-Levis, als nach einer Stunde ein Gegenstand am anderen Ende des Seils undeutlich zu erkennen war. »Booshoh he! Pfui über sie! Es ist ein Widder aus der Wüste Engedi und so zottig wie das rauhe Tal Jehosaphat!«

»Es ist ein Erstling der Herde«, sagte Abel-Phittim. »Ich erkenne das am Blöken und an der unschuldigen Faltung seiner Glieder. Seine Augen sind herrlicher als die Gemmen am Brustschild des Hohenpriesters, und sein Fleisch ist süß wie der Honig aus dem Tale von Hebron.«

»Es ist das gemästete Kalb von den Weiden von Baschan«, sagte der Pharisäer. »Die Heiden haben sich sehr großzügig uns gegenüber verhalten! Erheben wir unsere Stimme in einem Psalm! Laßt uns Dank sagen mit Schalmei und Psalter – auf der Harfe und den Zimbeln – auf der Zither und der Sackpfeife!«

Und nicht eher, als bis der Korb nur noch wenige Fuß von den Gizbarim entfernt war, geschah es, daß ein tiefes Grunzen ihnen ein *Schwein* von ungewöhnlicher Größe ankündigte.

»Nun El Emanu!« brachte das Trio langsam und mit zum Himmel gerichteten Augen hervor, als das befreite Borstenvieh, das sie hatten fahren lassen, mitten in die Menge der Philister stürzte. »El Emanu! Nun steh Gott uns bei! *Es ist das unaussprechliche Fleisch!*«

Der Atemverlust

Eine Erzählung, die weder im ›Blackwood‹ steht noch ihm entnommen wurde

Oh, atme nicht, usw ...
Moores ›Melodien‹

Selbst das beharrlichste Mißgeschick muß am Ende vor dem unermüdlichen Mut der Philosophie kapitulieren – so wie die verstockteste Stadt vor der nicht nachlassenden Wachsamkeit des Feindes. Salmanassar lag – so liest man in den heiligen Schriften – drei Jahre lang vor Samaria; doch es fiel. Sardanapal – siehe Diodor – konnte sich sieben in Ninive behaupten; und doch war es zwecklos. Trojas Ende kam am Schluß des zweiten Lustrums; Asdods Tore öffneten sich – wie Aristaeus auf seine Ehre als Gentleman versichert – endlich doch dem Psammetich, und das, nachdem es diese für den fünften Teil eines Jahrhunderts verbarrikadiert gehalten hatte.

»Du Elende! – Du böse Sieben! – Du Zankteufel!« sagte ich zu meiner Frau am Morgen nach unserer Hochzeit. »Du Hexe! – Du Furie! – Du dumme kleine Schnepfe! – Du Senkgrube der Bosheit! – Du rotgesichtige Essenz alles Abscheulichen! Du – Du –«, und ich stellte mich auf die Zehenspitzen, packte sie um die Kehle, brachte meinen Mund ganz nahe an ihr Ohr und bereitete mich darauf vor, ein weiteres und noch stärkeres Attribut von Schmach und Schimpf vom Stapel zu lassen, das – wenn es nur richtig gesagt wird – sie mit Sicherheit von ihrer Bedeutungslosigkeit überzeugen sollte – doch da stellte ich zu meinem größten Schrecken und Erstaunen fest, daß *ich meinen Atem verloren hatte.*

Die Ausdrücke »Ich bin außer Atem«, »Ich habe den Atem verloren« und ähnliche werden oft genug und immer wieder im normalen Gespräch verwendet, doch niemals wäre mir eingefallen, daß das furchtbare Mißgeschick, von dem ich berichte, wirklich und wahrhaftig passieren könnte. Stellen Sie sich – wenn Sie denn eine flexible Phantasie haben –, stellen Sie sich, sagte ich, meine Verwunderung vor – meine Bestürzung – meine Verzweiflung!

Es gibt jedoch einen guten Geist, der mich noch nie ganz im Stich gelassen hat. Selbst in meinen unbändigsten Stimmungen kann ich meinen Sinn für Schicklichkeit noch bewahren, *et le chemin des passions me conduit* – wie Lord Edouard in der »Julie« von sich behauptet – *à la philosophie véritable.*

Obwohl ich zu Anfang noch nicht genau erkennen konnte, in welchem Maße das Ereignis mich betroffen hatte, beschloß ich doch auf jeden Fall, diese Sache vor meiner Frau zu verbergen, bis weitere Erfahrung mir das Ausmaß dieses Unglücks klarer gemacht hätte. So veränderte ich denn auf der Stelle meine Miene von ihrem aufgeblasenen und verrenkten Aussehen zu einem Ausdruck schelmischer, koketter Huld, gab der einen Wange meiner Frau einen Klaps und der anderen einen Kuß, pirouettierte, ohne ein Wort zu sagen (Furien auch! Ich konnte es nicht!), mit einem *pas de Zéphyre* aus dem Zimmer und ließ sie mit ihrer Überraschung über meine schrulligen Späße zurück.

Und so sehen Sie mich also sicher geborgen in meinem privaten *boudoir,* ein furchtbares Beispiel für die bösen Folgen, die der Jähzorn hat – zwar am Leben, doch nicht zu mehr fähig als ein Toter –, tot, doch mit allen Empfindungen der Lebenden – eine Anomalie auf dem Antlitz der Erde –, ein zwar gelassenes, doch atemloses Wesen.

Ja! Atemlos. Mir ist es völlig ernst, wenn ich versichere, daß mir der Atem vollständig ausgegangen war. Nicht ein Federchen hätte ich damit noch bewegen können oder die empfindsame Oberfläche eines Spiegels trüben – auch nicht, wenn es um mein Leben ginge. Hartes Schicksal! – Doch es gab eine gewisse Erleichterung für den ersten krampfartigen Kummeranfall. Denn ich stellte bei einem Versuch fest, daß die Kraft der Sprache, die ich wegen der Unfähigkeit, mein Gespräch mit meiner Frau fortzusetzen, völlig vernichtet geglaubt hatte, in Wahrheit nur teilweise behindert war. Und ich bemerkte, daß ich, wenn ich im Augenblick jener so bedeutenden Krise meine Stimme besonders tief und kehlig gemacht hätte, durchaus noch hätte damit weitermachen können, meiner Frau meine Gefühle mitzuteilen; denn die Laute dieser Stimmlage (der gutturalen) hängen nicht vom Atemfluß ab, sondern von einer bestimmten krampfartigen Aktivität der Kehlmuskeln.

Ich warf mich in einen Sessel und versank für einige Zeit in Meditation. Sie können sicher sein, daß meine Gedanken nicht eben tröstlich waren. Meine Seele wurde von wohl tausend verschwommenen und tränenreichen Vorstellungen überschwemmt – sogar der Gedanke an Selbstmord kam mir in den Sinn. Doch es ist so charakteristisch für die perverse menschliche Natur, daß sie das Einleuchtende und Naheliegendste ablehnt und lieber am weit Entfernten und Zweifelhaften festhält. So schreckte ich vor dem Selbstmord zurück wie vor der größten Abscheulichkeit, und während all dessen schnurrte auf dem Teppich die getigerte Katze ununterbrochen, und der Hund schnaufte unverdrossen unter dem Tisch: Beide waren wohl überaus stolz auf die Stärke ihrer Lungen, und all dies war ganz offensichtlich als eine Verspottung meiner eigenen Unfähigkeit zu atmen gedacht. Ich – niedergeschlagen von einem Tumult verschwommener Hoffnungen und Ängste – hörte schließlich die Schritte meiner Frau die Treppe hinuntergehen. Da ich nunmehr sicher war, daß sie fort war, ging ich mit klopfendem Herzen an den Ort meines Unglücks zurück. Ich verschloß die Tür sorgfältig von innen und begann, nach Kräften zu suchen. Ich dachte, es sei ja möglich, daß der verlorene Gegenstand meiner Suche sich vielleicht in einer dunklen Ecke versteckt hätte oder in einem Schrank oder einer Schublade lauere und gefunden werden könnte. Er besaß vielleicht eine dampfartige – ja, eventuell sogar eine mit der Hand greifbare Gestalt. Die meisten Philosophen sind in vielen Punkten der Philosophie doch noch sehr unphilosophisch. William Godwin sagt jedoch in seinem »Mandeville«, daß die »unsichtbaren Dinge die einzigen Realitäten« sind, und in einem Falle wie dem vorliegenden kann dies alles erlauben. Der vernunftbegabte Leser möge allerdings gründlich überlegen, bevor er solche ehrwürdigen Aussagen beschuldigt, ein übergroßes Maß an Widersinn zu enthalten. Anaxagoras – daran soll man denken – sagte, daß Schnee schwarz sei, und genau das habe ich danach auch bestätigt gefunden.

Sehr gründlich und ernsthaft führte ich meine Suche fort, doch alles, was ich als elenden Lohn für meinen hartnäckigen Sucheifer fand, waren ein Satz falscher Zähne, zwei Paar Hüften, ein Auge und ein Bündel von Liebesbriefen, die Herr W. meiner Ehefrau geschrieben hatte. Ich darf hier wohl bemerken, daß es mir nur ein wenig unangenehm war, die Neigung meiner Frau für Herrn W. bestätigt zu bekommen. Daß Frau Luftmangel ein Etwas bewunderte, daß mir in allem völlig unähnlich ist, war nur ein natürliches und notwendiges Übel. Ich selbst bin – das ist überall bekannt – eher eine derbe und korpulente Gestalt, die noch dazu etwas zu kurz geraten ist. Da ist es denn kein Wunder, daß die lattendürre Gestalt meines Bekannten, der zudem auch sehr hochgewachsen ist (und beinahe schon sprichwörtlich), in den Augen meiner Frau gebührende Bewunderung fand. Doch lassen Sie uns wieder zur Sache zurückkommen.

Wie ich bereits sagte, meine Mühen blieben erfolglos. Schrank um Schrank – Schubfach um Schubfach – Ecke um Ecke –, alles durchsuchte ich ohne Resultat. Nur einmal hatte ich das Gefühl, daß meine Bemühungen nicht völlig umsonst waren, als ich nämlich aus Versehen beim Durchsuchen eines Toilettenkästchens eine Flasche von Grandjeans Engelwurzöl zerstörte – das ich bei dieser Gelegenheit als recht brauchbares Parfum empfehlen möchte.

Schweren Herzens kehrte ich in mein Boudoir zurück – um dort über eine Art nachzudenken, wie ich die Penetranz meiner Frau loswerden könne, bis ich alle Vorbereitungen zum Verlassen des Landes getroffen hatte, wozu ich mich entschlossen hatte. Unbekannt und unter fremdem Himmel würde ich wahrscheinlich eher in der Lage sein, mein unseliges Pech zu verbergen - ein Pech, das mehr als äußerste Armut die Folge hat, das natürliche Mitgefühl der Menschen zu befremden und dem Pechvogel den verdienten Unwillen der Tugendhaften und Glücklichen zuzuziehen. Ich zögerte nicht lange. Da ich von Natur aus behende bin, lernte ich die komplette Tragödie ›Metamora‹ auswendig. Mir war nämlich glücklicherweise eingefallen, daß bei der Deklamierung dieses Dramas (oder doch mindestens des Teils, der für den Helden vorgesehen ist) die Laute, die mir verlorengegangen waren, völlig unnötig und die gutturalen Töne die monoton vorherrschenden waren.

Eine Zeitlang übte ich am Rande einer vielbesuchten Marsch. Dabei hatte ich jedoch keineswegs den Ehrgeiz, dem Demosthenes nachzueifern, sondern ich folgte einem Verfahren, das ich speziell und zu Recht mein eigenes nennen kann. Nachdem ich mich so in allen Stücken geübt hatte, beschloß ich, meiner Frau vorzumachen, mich habe urplötzlich eine Leidenschaft für die Bühne befallen. Dabei war ich denn auch wundervoll erfolgreich, und ich konnte auf alle Fragen oder Mutmaßungen problemlos mit meiner froschartigen Grabesstimme mit irgendeiner Stelle aus der Tragödie antworten - ich bemerkte vergnügt, daß diese mir für jede Situation passende Sätze lieferte. Und stellen Sie sich nicht etwa vor, daß ich es beim Zitieren solcher Passagen an künstlerischer Gestaltung fehlen ließe (wie etwa am queren Blick - am Fletschen der Zähne - am Wackeln der Knie - am Fußgescharre - oder an irgendeiner unsäglichen Tugend, die heute zu Recht als Merkmal des volkstümlichen Schauspielers gelten). Nun ja, es war die Rede davon, mich in eine Zwangsjacke zu stecken - doch niemals, Gott sei Dank!, faßte irgend jemand den Verdacht, ich könnte meinen Atem verloren haben.

Als ich endlich meine Angelegenheiten geordnet hatte, bestieg ich eines Tages in aller Frühe die Postkutsche nach ——, nicht ohne vorher bei meinen Bekannten angedeutet zu haben, daß höchst wichtige Geschäfte mich persönlich auf der Stelle in diese Stadt riefen.

Die Kutsche war zum Bersten voll, doch im verschwommenen Zwielicht konnte ich die Gesichter meiner Mitreisenden nicht genau erkennen. Ohne auch nur zu protestieren, ließ ich es zu, daß man mich zwischen zwei Herrn von kolossalen Ausmaßen setzte, während ein dritter, der womöglich noch umfangreicher war, sich - nicht ohne zuvor höflich um Vergebung zu bitten für die Freiheit, die er sich nehme - der Länge nach auf mich warf, auf der Stelle einschlief und all meine gutturalen Seufzer und Bitten, mich doch zu erleichtern, mit einem Schnarchen übertönte, das selbst den doch wahrhaft tapfer brüllenden eisernen Stier des Phalaris hätte beschämen können. Zu meinem Glück machte die Kondition meiner Atmungsfähigkeiten das Ersticken zu einem Unfall, vor dem ich mich nun bestimmt nicht fürchten mußte.

Als wir uns endlich den Randbezirken der Stadt näherten und der Tag anbrach, erhob sich mein Peiniger, rückte sich den Kragen seines Hemds zurecht und dankte mir aufs höflichste für mein freundliches Entgegenkommen. Als er nun sah, daß ich reglos blieb (denn alle meine Glieder waren verdreht, und mein Kopf war auf die Seite gedreht), wurde er sehr aufgeregt. Er rüttelte die übrigen Passagiere wach und teilte ihnen in sehr bestimmten Worten mit, er glaube, man habe ihnen in der Nacht einen toten Mann untergeschoben anstelle eines lebendigen und zahlungsfähigen Passagiers; und auf der Stelle hieb er mir mit der Faust aufs rechte Auge, um so die Wahrheit seiner Behauptung zu beweisen.

Daraufhin glaubten alle, es sei ihre Pflicht, mir einer nach dem anderen (und es waren insgesamt neun) am Ohr zu ziehen. Nachdem dann außerdem noch ein junger praktischer Arzt einen Taschenspiegel an meinen Mund hielt und keinen Atemzug entdecken konnte, wurde die Vermutung meines Peinigers als wahr erkannt. Und die ganze Gesellschaft gab gemeinsam die Erklärung ab, solche hinterlistigen Täuschungen künftig nicht mehr friedlich hinzunehmen, im Augenblick keinen weiteren Schritt mehr mit einem Leichnam wie mir fahren zu wollen.

Und so wurde ich dann auch konsequent an diesem Ort aus der Kutsche geworfen, am Schild der »Krähe« (eines Wirtshauses, an dem wir eben vorüberfuhren). Und mir geschah weiter nichts, als daß mir das linke Hinterrad der Kutsche beide Arme brach. Nebenbei muß ich dem Fahrer Gerechtigkeit widerfahren lassen, da ich bemerkte, daß er mir den größten meiner Koffer nachzuwerfen nicht vergaß, der mir, als er unglücklicherweise auf meinem Kopf landete, einen interessanten und außerordentlichen Schädelbruch verschaffte.

Als nun der Wirt der »Krähe« – ein gastlicher Mann – den Inhalt meines Koffers für ausreichend befand, ihm jedes kleine Ungemach zu vergüten, daß er für mich auf sich nehmen würde, schickte er sofort nach einem Chirurgen unter seinen Bekannten und übergab mich mit einer Rechnung und Quittung über 10 Dollar seiner Obhut.

Der Chirurg brachte mich in seine Wohnung und begann auf der Stelle mit Operationen. Als er jedoch meine Ohren abgeschnitten hatte, bemerkte er Anzeichen, daß doch noch Leben in mir war. Nun rief er einen Bediensteten und schickte ihn nach einem Apotheker aus der Nachbarschaft, um sich mit diesem in dieser schwierigen Lage zu beraten. Für den Fall, daß sein Verdacht, ich sei noch lebendig, sich später bestätigen würde, machte er inzwischen vorsichtshalber noch eine Bauchoperation und legte verschiedene Teile meiner Eingeweide für eine private Untersuchung auf die Seite.

Der Apotheker war der Meinung, ich sei tatsächlich tot. Ich bemühte mich, diese Ansicht zu widerlegen, indem ich mit allen Kräften um mich trat und die wildesten Verrenkungen machte – das konnte ich nämlich jetzt, da die Operationen des Chirurgen mir zu einem gewissen Grad meine Fähigkeiten wiedergegeben hatten. Doch all dies sahen sie als das Resultat einer neuen galvanischen Batterie an, mit der der Apotheker, ein wahrhaftig gut unterrichteter Mann, verschiedene seltsame Experimente durchführte, die mich, da ich doch persönlich davon betroffen war, höchst interessierten. Trotzdem war ich verdrossen, daß ich trotz mehrerer Versuche, eine Unterhaltung zu beginnen, immer noch meine Kräfte zu reden nicht wiedererlangt hatte, so daß ich nicht einmal den Mund aufmachen konnte, geschweige denn einige geistreiche, wenn auch phantastische Theorien beantworten, die ich unter normalen Umständen dank meiner gründlichen Bekanntschaft mit der Hippokratischen Pathologie leicht hätte widerlegen können. Da sie sich nicht einigen konnten, wurde ich erst einmal für eingehendere Untersuchungen beiseite gelegt. Man brachte mich in eine Dachkammer hinauf, und nachdem die bessere Hälfte des Chirurgen mir Unterhosen und Strümpfe gegeben hatte, fesselte der Chirurg persönlich meine Hände und band mir das Kinn mit einem Taschentuch hoch – anschließend verschloß er die Tür von außen, eilte zu seinem Mittagessen und ließ mich in Stille und Nachdenken zurück.

Ich stellte nun höchst entzückt fest, daß ich hätte sprechen können, wäre nicht ein Taschentuch über meinen Mund gebunden worden. Von diesem Gedanken getröstet, war ich soeben dabei, im Geiste einige Passagen aus der »Allgegenwart der Gottheit« zu zitieren – was ich stets tue, bevor ich mich dem Schlaf überlasse –, als zwei Katzen, die von Freßlust überkommen waren, aus einem Mauerloch erschienen, mit einem phantastischen Schnörkel *à la Catalani* zu mir hinaufsprangen, sich einander gegenüber auf meinen Gesicht niederließen und begannen, sich um den geschmacklosen Preis meiner Nase zu streiten.

Doch wie der Verlust seiner Ohren dem Magier oder Mige-Gush von Persien dazu verhalf, den Thron des Kyros zu besteigen, und wie Zopyros Babylon bekam, indem er sich seine Nase abschnitt, so rettete auch mir der Verlust einiger Gramm meiner Gesichtszüge das Leben. Angestachelt vom Schmerz und brennend vor Wut, sprengte ich mit einem Ruck meine Fesseln und zerriß die Bandage. Dann stakte ich durch das Zimmer, warf nur noch einen verachtenden Blick auf die Kampfhähne, schob zu ihrem größten Schrecken die Fensterläden auf und stürzte mich rasch hinaus.

Der Posträuber W——, der eine große Ähnlichkeit mit mir hatte, war zum selben Augenblick auf dem Weg vom Stadtgefängnis zum Galgen, den man in der Vorstadt für seine Hinrichtung erbaut hatte. Seine große Gebrechlichkeit und eine lang währende Krankheit hatten ihm das Recht eingebracht, keine Handfesseln tragen zu müssen. Und so lag er nun in seinem Galgenkostüm – das meiner augenblicklichen eigenen Kleidung sehr ähnlich war – ausgestreckt auf dem Boden des Henkerskarren (der per Zufall gerade unter dem Fenster des Chirurgen vorbeifuhr, als ich mich hinausstürzte), bewacht nur vom Kutscher, der eingenickt war, und zwei Rekruten der sechsten Infanterie, die betrunken waren. W—— war ein kluges Kerlchen und erkannte eine Gelegenheit, wenn er sie sah. So sprang er plötzlich auf und schoß hinten aus dem Karren hinaus, bevor man nur mit dem Auge zwinkern konnte. Die Rekruten wurden von diesem Getöse aufgeschreckt und konnten sich keinen Reim auf die genauen Vorgänge machen. Da sie jedoch einen Mann sahen, der vor ihren Augen aufrecht im Karren stand und ein Abbild des Verbrechers war, glaubten sie, der Schurke (das heißt W——) wolle sich aus dem Staube machen (so drückten sie es aus), nahmen einen herzhaften Schluck und schlugen mich dann mit ihren Musketenkolben nieder.

Es dauerte nicht lange, bis wir den Ort der Bestimmung erreichten. Nun konnte natürlich nichts mehr zu meiner Verteidigung vorgebracht werden. Es war mein unvermeidliches Schicksal, gehenkt zu werden. Und so ergab ich mich halb verbittert, halb abgestumpft meinem Geschick. Da ich auch ein wenig Zyniker bin, war ich so sentimental wie ein Hund. Der Henker legte mir den Strick um den Hals – die Falltür fiel.

Ich will meine Gefühle am Galgen lieber nicht schildern, obwohl ich zweifellos genauere Mitteilungen machen könnte zu einem Gegenstand, über den bisher nichts Rechtes bekannt geworden ist. Will man denn über ein solches Thema schreiben, so kann man nicht umhin, sich vorher einmal hängen zu lassen. Denn jeder Autor sollte sich auf Themen beschränken, mit denen er persönliche Erfahrungen hat. Genau so verfaßte Mark Anton seine Abhandlung über die Trunkenheit.

Ich muß nur schnell erwähnen, daß ich nicht zu Tode kam. Mein Körper wurde gehängt, doch ich hatte ja keinen Atem, der mir dabei hätte ausgehen können. Und was den Knoten unter meinem linken Ohr anging (der sich wie eine soldatische Halsbinde anfühlte), so wage ich zu behaupten, daß er mich nur wenig belästigte. Denn der Ruck, den mein Kopf erhielt, als ich durch die Falltür stürzte, erwies sich als ein Korrekturmittel für die Verdrehung, die ich von dem dicken Herrn in der Postkutsche bekommen hatte.

Aus guten Gründen tat ich mein Bestes, damit die Zuschauermenge, die ja extra herbeigeeilt war, auf ihre Kosten kam. Mein Zucken soll außerordentlich gewesen sein. Meine krampfhaften Konvulsionen wären nicht so leicht zu überbieten gewesen. Und so fehlte es denn auch nicht an Da-capo-Rufen des Pöbels. Verschiedene Herren wurden ohnmächtig, und zahlreiche Damen mußten in hysterischen Krämpfen nach Hause gebracht werden. Pinxit nutzte die Gelegenheit und fertigte an Ort und Stelle eine Skizze an, anhand derer er sein bewundernswertes Gemälde »Marsyas lebendig geschunden« neu überarbeitete.

Als ich für genug Unterhaltung gesorgt hatte, hielt man es für ratsam, meinen Körper vom Galgen abzunehmen – und dies um so mehr, da der wirkliche Schuldige mittlerweile wieder gefaßt und erkannt worden war: eine Tatsache, die ich leider nicht kannte.

Nun wurde natürlich viel Mitgefühl über mir ausgegossen, und da niemand Anspruch auf meine Leiche erhob, wurde angeordnet, daß ich in einer städtischen Gruft Unterkunft finden sollte.

Und dort wurde ich auch nach gebührender Zeit beigesetzt. Der Totengräber verschwand, und ich war allein. Der Vers aus Marstons »Mißvergnügtem«

Freund Hein, der ist ein guter Mann
und hält ein offenes Haus –

wurde mir in diesem Augenblick als reine Lüge bewußt.

Doch ich sprengte den Sargdeckel und stieg hinaus. Der Ort war schauerlich trostlos und feucht, und ich fühlte Langeweile aufkommen. Um mir die Zeit möglichst heiter zu vertreiben, ertastete ich meinen Weg zwischen den unzähligen Särgen, die in Reih und

Glied gestapelt waren. Ich wuchtete sie einen nach dem anderen herunter, brach die Dekkel auf und beschäftigte mich damit, Vermutungen über ihren toten Inhalt anzustellen.

»Der hier«, so redete ich mit mir selbst, als ich einen Sarg untersuchte, dessen Bewohner ein aufgeblasenes, gedunsenes und faßförmiges Wesen war, »der hier war zweifellos in jedem Sinne des Wortes unglücklich – vom Schicksal geschlagen. Er hatte das furchtbare Geschick, nicht gehen zu können, sondern mußte watscheln – konnte nicht wie ein Mensch durchs Leben gehen, sondern nur wie ein Elefant, nicht wie ein Mann, sondern wie ein Rhinozeros.

Seine Fortbewegungsversuche waren reine Fehlschläge, und sein circumgyratorisches Herumwedeln war ein gescheiterter Versuch, mit den Händen zu greifen. Machte er einen Schritt vorwärts, war es sein Unglück, sofort zwei Schritte nach rechts und drei nach links machen zu müssen. Er studierte die Poesie von Crabbe. Er kann nichts gewußt haben von den Wundern einer Pirouette. Der *pas de papillon* muß für ihn ein abstrakter Begriff gewesen sein. Er ist bestimmt niemals auf einen Hügel gestiegen, und nie hat er von einem Turm aus auf die Herrlichkeit der Stadt hinabgeblickt. Sein Todfeind war die Hitze. Die Hundstage waren für ihn die Tage eines Hundes. An ihnen träumte ihm von Feuer und Ersticken – von Bergen über Bergen – vom Ossa auf dem Pelion. Er war kurzatmig – in einem Wort, er war kurzatmig. Es war für ihn eine Extravaganz, Holzblasinstrumente zu spielen. Er war der Erfinder selbstbeweglicher Fächerwedel, Windsegel und Lüftungsanlagen. Er war Förderer des Blasebalgmachers Du Pont und starb jammervoll, als er versuchte, eine Zigarre zu rauchen. Er war ein Fall, der mich sehr interessiert – sein Los verdient mein aufrichtiges Mitgefühl.«

»Doch hier«, sagte ich, »hier« – und zerrte boshaft eine hagere, lange und originell aussehende Gestalt aus ihrem Behältnis, deren außergewöhnliche Erscheinung mir unangenehm bekannt vorkam, »hier ist ein Wicht, der kein Recht auf Mitleid auf Erden hat.« So sprach ich, packte ihn mit Daumen und Zeigefinger an der Nase, um einen genaueren Blick auf ihn zu werfen, brachte ihn dazu, auf dem Boden eine sitzende Haltung einzunehmen, und hielt ihn in dieser Stellung auf Armeslänge, während ich in meinem Monolog fortfuhr.

»... der kein Recht«, wiederholte ich, »auf Mitleid auf Erden hat. Wer hätte denn die Idee, sich eines Schattens zu erbarmen? Und hat er nicht außerdem seinen vollen Teil an den Segnungen des Lebens gehabt? Er war der Schöpfer gewaltiger Denkmäler – Schrottürme – Blitzableiter – lombardischer Pappeln. Seine Abhandlung über ›Schemen und Schatten‹ hat ihn unsterblich gemacht. Mit ausgezeichnetem Können bearbeitete er die letzte Ausgabe von *›South on the Bones‹*. Bereits in aller Frühe machte er sich auf ins College und studierte Pneumatik. Danach ging er heim, hielt endlose Reden und spielte das Waldhorn. Er war ein Förderer des Dudelsacks. Captain Barclay, der ein Rennen gegen die Zeit bestritt, hätte gegen ihn wohl kaum eine Chance gehabt. Windham und Allbreath waren seine Lieblingsautoren – sein bevorzugter Künstler war Phiz. Sein Tod war herrlich – er starb nämlich durch Einatmen von Gas: *levique flatu corrupitur,* wie die *fama pudicitiæ* bei Hieronymus.[1] Er war zweifellos ein ...«

»Wie *können* Sie? Wie – *können* – Sie?!« unterbrach mich hier der Gegenstand meiner Kritik, indem er nach Luft schnappte und mit verzweifelter Anstrengung die um Kinn und Mund gebundene Bandage abriß. »Wie können Sie, Herr Luftmangel, nur so höllisch grausam sein, mich so in die Nase zu kneifen? Haben Sie denn nicht gesehen, daß man mir den Mund zugebunden hatte und – aber das *müssen* Sie einfach wissen, wenn Sie überhaupt etwas wissen – über einen wie großen Überfluß an Atem ich verfüge?! Wenn Sie es aber nicht wissen, dann setzen Sie sich doch, dann werden Sie verstehen. – In meiner Situation ist es eine wahre Erleichterung, wenn man den Mund öffnen kann – sich frei verbreiten kann –, sich einer Person wie Ihnen mitteilen kann, die nicht glaubt, sie müßte einem Gentleman alle Augenblicke lang in die Rede fallen. Unterbrechungen sind eine Belästigung und sollten zweifellos abgeschafft werden, meinen Sie nicht auch? Antworten Sie nicht, bitte – es können nicht zwei gleichzeitig reden, einer genügt. – Ich höre ja gleich auf, und dann können Sie anfangen. – Wie, zum Teufel, kamen Sie an diesen Ort, mein Herr? – Kein Wort, ich bitte Sie. – Bin selber schon einige Zeit hier – ein furchtbares Ereignis! – Sie haben wohl davon gehört, nehme ich an – schrecklicher Unfall! – ging gerade unter Ihrem Fenster vorbei – noch gar nicht lange her – es war um die Zeit, als Sie Ihren Bühnenkoller bekamen – schauderhafter Vorfall! – schon mal was von ›Atem holen‹ gehört, he? – seien Sie still, sage ich! – also, ich ›holte‹ mir den eines anderen! – dabei hatte ich immer schon zuviel eigenen – traf dann Schwätzer an der Straßenecke – der mich zu keinem einzigen Wort kommen lassen wollte – ich konnte nicht eine Silbe einwerfen – daraufhin bekam ich einen epileptischen Anfall – Schwätzer entwischte – oh, all die verdammten Narren! – sie hielten mich alle für tot, hoben mich auf und brachten mich an diese Stätte – eine schöne Bescherung! – ich hörte alles, was Sie über mich sagten – alles Lüge – schrecklich – erstaunlich – schändlich – gräßlich – unfaßbar – et cetera – et cetera – et cetera – et cetera –«

Man kann sich einfach nicht meine Verblüffung bei diesem Ausbruch vorstellen – beziehungsweise die Freude, mit der ich langsam die Überzeugung erhielt, daß der von diesem Herrn (den ich als meinen Nachbarn Windgenug erkannte) »geholte« Atem eben derjenige war, der mir bei der Konversation mit meiner Frau abhanden gekommen war. Zeit, Ort und Umstände untermauerten diese Vermutung. Nun ließ ich aber Herrn Windgenugs Nase nicht etwa auf der Stelle aus meinem Griff – jedenfalls nicht für die beachtliche Zeit, die der Erfinder der lombardischen Pappeln dazu brauchte, mich mit seinen Ausführungen zu beehren.

In dieser Hinsicht wurde ich von meiner gewohnheitsmäßigen Bedachtsamkeit geführt, die schon immer charakteristisch für mich gewesen war. Ich bedachte, daß meine Rettung immer noch sehr schwierig sein mochte und größte Anstrengungen erfordern würde. Ich meine, viele Menschen haben die Tendenz, Vorteile in ihrem Besitz – seien sie augenblicklich auch noch so wertlos, lästig oder schmerzvoll – in direkter Relation zu dem Gewinn zu betrachten, den andere aus ihrem Erwerb oder sie selbst aus der Veräußerung ziehen könnten. War dies vielleicht auch bei Herrn Windgenug der Fall? War es nicht möglich, daß ich mich, wenn ich allzu ängstliches Interesse an dem Atem zeigte, den er momentan noch bereitwillig loswerden wollte, seiner Habsucht und Erpressung aussetzte? Es gibt Schurken auf dieser Welt, erinnerte ich mich unter Seufzen, die überhaupt keine Skrupel haben, selbst bei Nachbarn Gelegenheiten zu Unredlichkeiten wahrzunehmen, und ausgerechnet immer dann (dies stammt von Epiktet), wenn die Menschen sich besonders wünschen, die Lasten ihrer eigenen Nöte abzuwerfen, verspüren sie das geringste Verlangen, die Nöte anderer zu lindern.

Nach solchen Gedanken und immer noch mit Herrn W.s Nase im Griff hielt ich es für nötig, meine Antwort zu verändern.

»Unhold!« begann ich im Ton tiefsten Unmuts. »Unhold – und zweifach windiger Idiot! – Du wagst es, du, dessen Untaten den Himmel dazu veranlaßten, dich zu zweifacher Atmung zu verdammen – du wagst es, sage ich, mich vertraulich wie einen alten Bekannten anzureden? – ›Ich lüge‹, wahrhaftig! und ›Halte den Mund‹, ah, gewiß! – das nenne ich eine schöne Sprache gegenüber einem Gentleman, der nur einen einzigen Atem hat! – und all das, wo ich über das Mittel verfüge, den Kummer zu lindern, unter dem du zu gutem Recht leidest – mindernde Mäßigung für den Überfluß deines unseligen Atems!«

Wie Brutus legte ich hier eine Kunstpause ein, um Möglichkeit zu einer Antwort zu geben – mit der Herr Windgenug auch sofort wie ein Tornado über mich herfiel. Beteuerung folgte auf Beteuerung, Entschuldigung auf Entschuldigung. Es gab keine Bedingung, die er nicht augenblicklich ohne Sträuben akzeptierte, und auch keine, die ich nicht zu meinem größten Vorteil ausnutzte.

Nachdem nun die Präliminarien erledigt waren, übergab mir mein Bekannter die Atmung, für die ich ihm (nach sorgfältiger Untersuchung) eine Quittung gab.

Ich bin mir sicher, daß viele Leser mich dafür tadeln werden, daß ich über eine so ungreifbar delikate Transaktion nur so kursorisch schreibe. Sie werden denken, ich hätte genauere Details eines Ereignisses geben können, das – und dies ist wirklich wahr – neues Licht auf einen aufregenden Zweig der physikalischen Philosophie werfen könnte.

Zu alldem kann ich leider nichts sagen. Eine Andeutung ist alles, was zu geben mir erlaubt ist. Es gab Umstände – doch wenn ich's recht bedenke, ist es doch weit sicherer, so wenig wie möglich über eine Angelegenheit zu sagen, die so delikat – ich wiederhole, *delikat* – war und außerdem auch noch eine dritte Partei betraf, deren Unmut ich mir momentan nun gar nicht zuziehen möchte.

Nicht lange nach diesem Arrangement waren wir dabei, unsere Flucht aus dem Gefängnis der Gruft in Gang zu bringen. Die vereinigte Kraft unserer wiederbelebten Stimmen wurde denn auch bald bemerkt. Der nationale Redakteur Scherer wärmte in seiner Zeitung ein Traktat mit dem Titel »Natur und Herkunft subterraner Geräusche« wieder auf. In den Spalten eines demokratischen Blattes folgten Erwiderung, Gegendarstellung, Widerlegung und Verteidigung. Und erst als man das Grabgewölbe öffnete, um den Streit zu schlichten, lieferte das Erscheinen von Herrn Windgenug und mir den Beweis, daß beide Seiten völlig im Irrtum gewesen waren.

Ich kann diesen Bericht über einen sehr seltsamen Abschnitt meines immer ausreichend aufregenden Lebens nicht beenden, ohne dem aufmerksamen Leser noch einmal die Verdienste jener blind-praktischen Philosophie ins Gedächtnis zu rufen, die ein sicherer und komfortabler Schutz gegen alle Pfeile des Unglücks ist, die man nicht sehen, spüren oder völlig verstehen kann. Im Geiste dieser Wahrheit glaubten die alten Hebräer, daß sich die Himmelstür zweifellos jenem Sünder oder auch Heiligen öffnen würde, der mit guten Lungen und unverbesserlicher Hoffnung *»Amen«* brüllen konnte. Im selben Geiste gab (wie Laertius im zweiten Buch über diesen Philosophen sagt) Epimenides, als eine schwere Seuche in Athen wütete und mit keinem Mittel gebannt werden konnte, den Rat, auf alle Fälle einen Tempel und Altar zu bauen – gewidmet »dem betreffenden Gotte«.

Lyttleton Barry

Anmerkungen

1 Tenera res in feminis fama pudicitiae, et quasi flos pulcherrimus, cito ad levem marcessit auram, levique flatu corrumpitur, maxime, etc. Hieronymus ad Salvinam. (Epist. LXXXV)

Bon-Bon

Quand un bon vin meuble mon estomac,
Je suis plus savant que Balzac –
Plus sage que Pibrac;
Mon bras seul faisant l'attaque
De la nation Cossaque,
La mettroit au sac;
De Charon je passerois le lac
En dormant dans son bac;
J'irois au fier Eac,
Sans que mon coeur fit tic ni tac,
Présenter du tabac.

Französischer Gassenhauer

Niemand, der zur Regierungszeit von —— das kleine Café im *cul-de-sac* Le Febvre in Rouen besuchte, wird bestreiten wollen, daß Pierre Bon-Bon ein *restaurateur* von ungewöhnlichen Fähigkeiten war. Noch unleugbarer ist es wohl, daß Pierre Bon-Bon im gleichen Maß in der Philosophie jener Zeit bewandert war. Seine *pâtés à la foie* waren überaus makellos: doch welche Feder könnte seinen Essays *sur la Nature* gerecht werden – seinen Gedanken *sur l'Ame* – seinen Bemerkungen *sur l'Esprit?* Wenn seine *omelettes,* wenn seine *fricandeaux* schon unschätzbar waren, welcher *littérateur* des Tages hätte nicht doppelt so viel für eine *»Idée de Bon-Bon«* gegeben wie für den Ramsch all der *»Idées«* aller anderen *savants?* Bon-Bon hatte Bibliotheken durchstöbert, die niemand sonst durchstöbert hatte, was kein anderer auch nur lesenswert gefunden hätte, er hatte es gelesen, er hatte mehr verstanden, als jeder andere auch nur zu verstehen für unmöglich gehalten hätte. Und obwohl es zu seiner Hochzeit in Rouen auch genügend Autoren gab, die behaupteten, »daß seine *dicta* weder die Reinheit der Akademie noch die Tiefe des Lyzeums besäßen« – obwohl seine Lehren – achten Sie auf meine Worte – auch im allgemeinen nicht verstanden wurden, kann man daraus nicht unbedingt den Schluß ziehen, daß sie schwierig zu begreifen waren. Ich glaube, es lag vielmehr an ihrer Selbstverständlichkeit, daß viele dazu verleitet wurden, sie für abstrus zu halten. Dabei ist es Bon-Bon – aber sagen Sie das nicht weiter! –, ist es Bon-Bon, dem Kant in erster Linie seine Metaphysik verdankt. Nun war der erstere gewiß kein Platoniker – und auch kein Aristoteliker –, und er verschwendete auch nicht wie der moderne Leibniz kostbare Stunden, die er mit der Erfindung eines *fricassée* oder – *facili gradu* – der Untersuchung eines Gefühls verbringen konnte, mit vergeblichen Versuchen, die unwilligen Öle und Wasser ethischer Diskussion miteinander zu versöhnen. Ganz und gar nicht. Bon-Bon war Ioniker – ebenso war er auch Italiker. Er urteilte *a priori* – ebenso auch *a posteriori*. Seine Ideen waren ihm angeboren – oder auch nicht. Er glaubte an Georg von Trapezunt – er glaubte an Bessarion. Bon-Bon war – mit allem Nachdruck – ein Bon-Boniker.

Ich sprach von dem Philosophen in seiner Eigenschaft als *restaurateur*. Dennoch will ich nicht, daß meine Freunde etwa glauben, unser Held habe es bei der Erfüllung seiner erblichen Pflichten in dieser Hinsicht an gebührender Schätzung ihrer Würde und Bedeutung fehlen lassen. Weit gefehlt. Es wäre unmöglich zu sagen, auf welchen Zweig seiner Berufungen er stolzer war. Seiner Meinung nach waren die Kräfte des Geistes aufs engste mit den Fähigkeiten des Magens verbunden. Ich bin in der Tat unsicher, ob er nicht gänzlich die chinesische These ablehnte, nach der sich der Sitz der Seele im Unterleib befindet. Die Griechen hatten auf jeden Fall in seinen Augen recht, wenn sie dasselbe Wort für Zwerchfell und Geist verwendeten.[1] Damit will ich aber in keinster Weise eine Empfehlung der Gefräßigkeit aussprechen oder ein ernsthaftes Gebot, das für den Metaphysiker von Nachteil wäre. Wenn Pierre Bon-Bon im Irrtum war – und welcher große Mann irrte nicht tausend Mal? –, *wenn* Pierre Bon-Bon – so sagte ich – irrte, dann waren seine Irrtümer recht unbedeutend, kleine Fehler, die bei anderen Charakteren häufig eher als Tugenden angesehen wurden. Was eine dieser Schwächen angeht, so hätte ich sie in dieser Geschichte gar nicht erwähnt, wäre sie nicht so herausragend – der extreme *alto rilievo* – neben seiner allgemeinen Natur gewesen. – Er konnte keine Gelegenheit auslassen, ein Geschäft zu machen.

Er war nicht etwa habgierig – nein. Es galt nicht der Befriedigung von Bedürfnissen des Philosophen, daß ihm das Geschäft Vorteil brachte. Wann immer nur ein Handel abgeschlossen werden konnte – welcher Art, zu welchen Bedingungen und unter welchen Umständen auch immer –, konnte man viele Tage danach noch ein triumphierendes Lächeln auf seinem Gesicht sehen, das seine Züge erleuchtete, und ein wissendes Zwinkern, das seine Weisheit ausdrückte.

Es wäre zu jeder Zeit erstaunlich gewesen, wenn eine so sonderbare Grille wie die erwähnte nicht überall Beachtung und Aufmerksamkeit erregt hätte. Hätte sie dies allerdings in der Zeitspanne unserer Erzählung nicht getan, dann wäre wahrhaftig Grund zum Staunen. Es wurde berichtet, daß Bon-Bons Lächeln bei den Gelegenheiten der erwähnten Art im allgemeinen sehr verschieden vom biederen Grinsen war, das ihm seine eigenen Scherze entlockten oder das einen Bekannten grüßte. Allerlei aufregende Gerüchte kamen in Umlauf. Man erzählte Geschichten von gefährlichen Geschäften, die in aller Eile abgeschlossen und in Muße bereut wurden; man gab Beispiele für unerklärliche Fähigkeiten, für unbestimmte Gelüste und unnatürliche Neigungen – alles Gerüchte, die vom Urheber allen Übels zu seinen eigenen Zwecken verstreut wurden.

Der Philosoph hatte noch andere Schwächen – doch die sind kaum der Betrachtung wert. Es gibt schließlich beispielsweise nur wenige Männer von solcher Geistesbeschaffenheit, die keinen Hang zur Flasche aufweisen. Es ist eine heikle Frage, ob dieser Hang eine aufregende Ursache hat oder eher der klare Beweis für Profundität ist. Bon-Bon selbst war der Ansicht – soweit ich verstehe –, daß der Gegenstand keine genauere Untersuchung verdiene – ebenso wie ich. Doch aufgrund der Tatsache, daß er einer so klassischen Neigung frönte, darf man nicht vermuten, der *restaurateur* hätte jene intuitive Unterscheidungsfähigkeit verloren, die zur selben Zeit seine *essais* und seine *omelettes* auszeichnete. Alles hatte, wenn er sich zurückgezogen hatte, seine eigene Stunde – der Vin de Bourgogne diese, der Côtes du Rhône jene. Für ihn war Sauterne gegenüber Médoc, was Catull gegenüber Homer ist. Nippte er einen St. Péray, beschäftigte er sich wohl mit einem Syllogismus, doch beim Clos de Vougeot entwickelte er einen Beweis, und eine Menge Chambertin half ihm dabei, eine Theorie über Bord zu werfen. Es wäre vorteilhaft gewesen, hätte er diesen raschen Sinn für Schicklichkeit auch bei der unbedeutenden Neigung gehabt, die ich zuvor erwähnte – doch dies traf leider nicht zu. Tatsächlich begann dieser Charakterzug bei dem Philosophen Bon-Bon allmählich einen intensiven und mystischen Zug anzunehmen und schien eine starke Färbung der *diablerie* seiner intensiv betriebenen deutschen Studien zu besitzen.

Das kleine Café im *cul-de-sac* Le Febvre zu besuchen war zum Zeitpunkt unserer Erzählung so, als ob man das *sanctum* eines Genies betrete. Bon-Bon war ein Mann von Genie. Es gab keinen *sous-cuisinier* in Rouen, der Ihnen nicht gesagt hätte, daß Bon-Bon ein Mann von Genie war. Sogar seiner Katze war dies bewußt, und sie bestand darauf, in der Gegenwart des Mannes von Genie ihren Schwanz zu senken. Ebenso wußte sein großer Hund davon, und er machte, wenn sein Meister sich näherte, durchaus deutlich, daß er sich seines niederen Standes bewußt war, indem er eine weihevolle Haltung annahm, die Ohren anlegte und das Kinn hängen ließ – ein Verhalten, das für einen Hund nicht unwürdig war.

Dennoch muß gesagt werden, daß ein Großteil dieses gewohnheitsmäßigen Respekts der persönlichen Erscheinung des Metaphysikers galt. Ich muß sagen, daß ein distinguiertes Aussehen selbst bei Tieren seine Wirkung hat; und ich gebe gerne zu, daß viel der äußeren Erscheinung des *restaurateurs* dabei half, die Phantasie der Vierbeiner zu beeindrucken. Es liegt eine seltsame Majestät in der Persönlichkeit des kleinen Großen – wenn ich einen so vieldeutigen Ausdruck benutzen darf –, etwas, was bloße Körpermasse sicherlich niemals schaffen könnte. Auch wenn Bon-Bon kaum drei Fuß groß und sein Kopf fast winzig klein war, war es dennoch unmöglich, seinen runden Bauch nicht für so prächtig zu halten, daß es schon ans Erhabene grenzte. In seinem Umfang müssen Hunde und Menschen ein Abbild seiner Errungenschaften erblickt haben – in seiner schieren Unermeßlichkeit ein passendes Gehäuse seiner unsterblichen Seele.

Wenn ich wollte, könnte ich hier ausführlich seine Kleidung beschreiben oder andere Umstände des Metaphysiker-Äußeren. Ich könnte sagen, daß das Haar unseres Helden recht kurz, weich in die Stirn gekämmt und von einer kegelförmigen Flanellkappe mit Troddeln gekrönt war – daß sein erbsengrünes Wams nicht der Mode entsprach, nach der sich die gewöhnlichen *restaurateurs* damals kleideten – daß seine Ärmel wesentlich voller waren, als es die vorherrschende Mode erlaubte – daß die Aufschläge nicht (wie die barbarische Epoche es vorschrieb) aus demselben Stoff wie das Gewand selbst waren, sondern wunderbar aus kunterbuntem, geköpertem Samt aufgesetzt – daß seine Pantoffeln leuchtend purpurn waren, mit kunstvollem Filigran bestickt (sie hätten in Japan gemacht sein können, wenn sie nicht spitz zuliefen und brillante Tinten-Borten und -Stickereien besäßen – daß seine Beinkleider aus dem gelben Stoff aus Atlasseide bestanden, den man *aimable* nennt – daß sein himmelblauer Mantel, der im Schnitt einem Morgenmantel glich und über und über mit prächtigen karmesinroten Verzierungen besetzt war und wie ein morgendlicher Nebelschleier von seinen Schultern wallte – und daß sein *tout ensemble* die Benevenuta, die Improvisatrice von Florenz, zu der Bemerkung veranlaßte, man könne nur »schwierig sagen, ob Pierre Bon-Bon ein Paradiesvogel oder eher selber ein Paradies der Vollkommenheit sei« – – ich könnte (so habe ich angefangen) mich über all diese Dinge ausführlich verbreiten, wenn ich wollte – doch ich versage es mir –, reine persönliche Details sollen den Autoren historischer Romane vorbehalten bleiben – sie sind unter der Würde eines nüchternen Berichterstatters.

Ich habe gesagt, »das Café im *cul-de-sac* Le Febvre zu besuchen war so, als ob man das *sanctum* eines Genies betrete«, und doch war es allein das Genie, das dieses *sanctum* mit all seinen Verdiensten gebührend würdigen konnte. Ein Schild in Form eines riesigen Foliobandes hing über der Tür. Auf der einen Seite hatte man eine Flasche gemalt, auf der anderen ein *pâté*. Auf dem Buchrücken selbst stand in großen Buchstaben: *Œuvres de Bon-Bon*. So wurde subtil auf die doppelte Beschäftigung des Besitzers hingewiesen.

Wenn man eintrat, konnte man sogleich das ganze Innere des Gebäudes sehen. Ein langer, nicht sehr hoher Raum in antiker Bauweise war alles, was das *Café* an Zimmern zu bieten hatte. In einer Ecke des Hauses stand das Bett des Metaphysikers. Eine Anzahl von Vorhängen mit einem Himmel *à la Grecque* umgaben das Bett mit einer klassischen und zugleich komfortablen Atmosphäre. In der Ecke schräg gegenüber sah man traut beieinander die Küchengeräte und die *bibliothèque*. Dort stand eine Schüssel voller Polemiken friedlich auf der Anrichte. Hier lag ein Ofenvoll der letzten Ethiken – dort wiederum ein Kessel mit Duodecimo-*mélanges*. Bücher deutscher Sittenlehre vertrugen sich mit dem Bratrost – neben Eusebius konnte man eine Röstgabel ausmachen – Plato ruhte unbeschwert in einer Schmorpfanne –, und moderne Manuskripte waren auf dem Bratspieß aufgereiht.

In anderer Hinsicht kann man jedoch vom *Café de Bon-Bon* sagen, daß es sich nur wenig von den gewohnten *restaurants* der Zeit unterschied. Ein riesiger Kamin gähnte gegenüber der Tür. Rechts daneben konnte man auf dem Schanktisch eine ungeheure Menge etikettierter Flaschen sehen.

Es geschah hier, wohl um zwölf Uhr eines Nachts im strengen Winter von 18—, daß

Pierre Bon-Bon, nachdem er eine Zeitlang den Bemerkungen seiner Nachbarn über seine eigentümlichen Neigungen zugehört hatte, sie alle aus dem Haus jagte, die Tür fluchend hinter ihnen schloß und sich in erregter Laune bequem in einem ledergepolsterten Armsessel vor einem Feuer aus knisternden Reisigbündeln niederließ.

Es war eine jener schrecklichen Nächte, die es nur ein oder zwei Mal in einem Jahrhundert gibt. Es schneite heftig, und das Haus erzitterte von Grund auf unter den Wogen des Winds, der durch die Mauerritzen fuhr und tobend den Kamin hinunterkam, furchtbar an den Bettvorhängen des Philosophen zerrte und die Ordnung seiner pâté-Pfannen und Papiere durcheinanderbrachte. Der riesige Folioband, der draußen hing und dem Toben des Sturms ausgesetzt war, knarrte verdächtig und stöhnte in seiner Halterung aus grobem Eichenholz.

Es war keine Gelassenheit, mit der sich der Metaphysiker in seinem Stuhl an der gewohnten Stelle am Kamin niederließ. Verschiedene verwirrende Umstände hatten sich am Tag ereignet, die durchaus geeignet waren, seine heiteren Meditationen zu stören. Als er versuchte, einige *œufs à la Princesse* zu kreieren, war leider eine *omelette à la Reine* herausgekommen; die Entdeckung eines ethischen Prinzips war durch das Umfallen eines Schmortopfes verhindert worden; und *last not least* war ihm eines jener wunderbaren Geschäfte vereitelt worden, die erfolgreich abzuschließen ihn immer so erfreute. Doch sein hitziger Zorn über diese merkwürdigen Wechselfälle war unvermeidlich mit jener leicht nervösen Ängstlichkeit gemischt, die das Wüten einer Sturmnacht so gut hervorrufen kann. Er rief seinen großen Hund, von dem ich bereits sprach, nah zu sich und ließ sich selbst unbehaglich in seinem Sessel nieder, konnte allerdings nicht umhin, einen vorsichtigen und ängstlichen Blick in die entfernteren Ecken des Hauses zu werfen, die noch nicht einmal der rote Feuerschein mehr als zum Teil durchdringen konnte. Als er mit seiner Untersuchung fertig war, deren genauer Zweck ihm selbst nicht klar war, zog er ein kleines Tischchen an seinen Sessel, das mit Büchern und Papieren bedeckt war, und war in kurzer Zeit in die Aufgabe versunken, ein dickes Manuskript zu überarbeiten, das er am nächsten Morgen zum Drukken bringen wollte.

So war er einige Minuten beschäftigt, als urplötzlich – »Ich bin überhaupt nicht in Eile, Monsieur Bon-Bon« – er eine weinerliche Stimme in seinem Hause flüstern hörte.

»Teufel auch!« brachte unser Held hervor, sprang auf die Füße, stieß den Tisch neben sich um und blickte verwirrt um sich.

»Sehr wahr«, antwortete die Stimme ruhig.

»Sehr wahr?« – Was ist sehr wahr? – Wie kommen Sie überhaupt hierher?« schrie der Metaphysiker, als sein Auge auf ein Etwas fiel, das lang ausgestreckt auf seinem Bett lag.

»Ich sagte«, erwiderte der Eindringling, ohne den Fragen Beachtung zu schenken, »ich sagte, daß ich überhaupt nicht in Eile bin – daß mein Geschäft, wegen dessen ich zu kommen wagte, keine Dringlichkeit hat –, kurz, daß ich durchaus warten kann, bis Sie Ihre Exposition abgeschlossen haben.«

»Meine Exposition! – Ja, wie denn? – Wie können Sie denn davon wissen? – Wie kommen Sie zu der Kenntnis, daß ich an einer Exposition schreibe? – Guter Gott!«

»Psssst«, sagte die Gestalt mit schriller Flüsterstimme, erhob sich rasch vom Bett und tat einen einzigen Schritt auf unseren Helden zu, während eine Eisenlampe, die an der Dekke hing, jäh und krampfhaft vor dem Nahenden zurückschwang.

Das Erstaunen des Philosophen hinderte ihn nicht daran, Kleidung und Erscheinung des Fremden genau zu mustern. Die Konturen einer ungewöhnlich hageren, außergewöhnlich hoch gewachsenen Gestalt wurden noch durch einen verblichenen Anzug aus schwarzem Stoff betont, der zwar wie angegossen saß, doch auch ganz im Stil des vergangenen Jahrhunderts geschnitten war. Knöchel und Handgelenke waren mehrere Zollbreit unbedeckt. Ein Paar sehr glänzender Schnallen an seinen Schuhen widersprach jedoch dem Anschein äußerer Armut, den seine anderen Kleidungsstücke weckten. Sein Kopf war unbedeckt und völlig kahl, mit Ausnahme des Hinterkopfs, an dem eine *queue* in beachtlicher Länge hinabhing. Eine grüne Brille mit Seitengläsern schirmte seine Augen vor dem Lichteinfall und verhinderte gleichzeitig, daß unser Held deren Farbe und Form sehen konnte. Ein Hemd fehlte der Person völlig; doch der Besucher hatte eine weiße Krawatte – wenn auch schmutzig – sorgfältig um den Hals gebunden, und deren Enden hingen so genau an den Seiten herab, daß sie – wenn auch, wie ich vermute, unabsichtlich – an einen Geistlichen erinnerten. Auch noch andere Punkte seiner Erscheinung und seines Verhaltens hätten diesen Eindruck verstärken können. Über dem linken Ohr trug er – wie ein moderner Schreiber – ein Instrument, das dem *stylus* der Alten ähnelte. Aus der Brusttaschen seiner Jacke schaute auffällig ein dünnes schwarzes Bändchen mit Stahlschließen heraus. Dieses Buch war – zufällig oder nicht – so nach außen gewendet, daß man die weißen Buchstaben der Worte »Rituel Catholique« auf dem Rücken erkennen konnte. Sein ganzes Gesicht zeichnete sich durch eine anziehende Schwermut aus – ja, eine leichenhafte Blässe. Die Stirn war erhaben geschwungen und tief gefurcht durch die Pfade des Nachdenkens. Seine Mundwinkel waren in einem Ausdruck unterwürfigster Demut herabgezogen. Auch wie er die Hände faltete, als er auf unseren Helden zuging, sein tiefer Seufzer und auch ein Blick voll reiner Heiligkeit trugen durchaus dazu bei, jeden für sich einzunehmen. Aller Ärger verschwand von der Miene des Metaphysikers, der nach Beendigung der Betrachtung des Besuchers diesem herzlich die Hand schüttelte und ihn zu einem Sessel geleitete. Man würde sich jedoch irren, wenn man meinte, dieser plötzliche Wechsel der Philosophengefühle wäre irgendeiner der genannten Tatsachen zuzuschreiben, von denen man eine solche Wirkung erwarten könnte. Pierre Bon-Bon wäre der letzte gewesen – soweit ich ihn kenne –, der sich von Äußerlichkeiten hätte beeindrucken lassen. Man kann nicht glauben, daß diesem so gründlichen Beobachter der Menschen und Dinge der wirkliche Charakter der Person entgehen würde, die sich ihm aufgedrängt hatte. Um es kurz zu machen: die Fußform des Besuchers war merkwürdig genug – den Kopf schmückte ein überaus hoher Hut – im hinteren Teil seiner Hose sah man ein zitterndes Schwellen – und das Beben seines Rockschoßes war unverkennbar, sozusagen handgreiflich. Bilden Sie sich selbst ein Urteil, mit welcher Befriedigung sich unser Held urplötzlich in der Gesellschaft der Person fand, für die er schon immer unbedingten Respekt empfand. Dennoch war er ein zu guter Diplomat, um sich auch nur die geringste Andeutung seiner Vermutungen über den wahren Stand der Dinge anmerken zu lassen. Schließlich wollte er nicht zeigen, daß er sich der hohen Ehre bewußt war, die er so unerwartet erfuhr, sondern er wollte alles darauf anlegen, seinen Gast in ein Gespräch zu verwickeln und ihm einige bedeutende ethische Ideen zu entlocken, die er publizieren konnte und die dann die Menschen belehren und ihn selbst gleichzeitig unsterblich machen würden. Ideen, die (wie ich noch hinzufügen könnte) das hohe Alter seines Besuchers und seine wohlbekannte Weisheit in der Wissenschaft der Moral sehr wohl liefern könnten.

Durch so heitere Aussichten war unser Held beflügelt und bat den Herrn, sich doch zu setzen, während er die Gelegenheit ergriff, einige Reisigbündel aufs Feuer zu legen und einige Flaschen *Mousseux* auf dem inzwischen wieder aufgehobenen Tisch bereitzustellen. Nach schneller Verrichtung dieser Dinge zog er seinen Stuhl dem Gefährten gegenüber und wartete darauf, daß dieser das Gespräch beginne. Doch häufig werden Pläne – und seien sie noch so ausgefeilt – schon von Anbeginn durchkreuzt, und so fand sich der *restaurateur* schon bei den ersten Worten seines Besuchers in der Klemme.

»Ich sehe, Sie kennen mich, Bon-Bon«, sagte er. »Ha, ha, ha! – He, he, he! – Hi, hi, hi! – Ho, ho, ho! – Hu, hu, hu!« – und indem der Teufel mit einem Male alle Heiligkeit aus seinem Verhalten verschwinden ließ, öffnete er seinen Mund zu größter Dehnung von Ohr zu Ohr, offenbarte ein Gebiß schartiger Fangzähne und lachte mit zurückgeworfenem Kopf lange, lärmend laut und voller Bosheit, während der schwarze Hund sich auf die Hinterbeine hockte und wacker in den Chor einstimmte und die getigerte Katze mit einem plötzlichen Sprung und gesträubten Haaren floh und in der fernsten Ecke des Hauses schrill kreischte.

Nicht so der Philosoph – er war zu sehr ein Mann von Welt, um wie der Hund zu lachen oder sich durch unschicklich angstvolle Schreie wie die Katze zu verraten. Es muß gesagt werden, daß er – ein sanftes Erstaunen fühlte, als er sah, wie die weißen Buchstaben, die auf dem Buch in der Tasche seines Gastes den Titel »*Rituel Catholique*« bildeten, plötzlich nicht nur Farbe, sondern auch Sinn wechselten und nach wenigen Sekunden statt des ursprünglichen Titels die Worte »*Registre des Condamnés*« in roten Buchstaben darauf leuchteten. Diese verwirrende Tatsache gab Bon-Bons Haltung, als er nun auf die Bemerkung seines Besuchers antwortete, etwas Verlegenes, das man unter anderen Umständen kaum an ihm festgestellt hätte.

»Nun, mein Herr, ich –«, sagte der Philosoph, »also, um aufrichtig zu sein, mein Herr, ich – ich glaube, Sie sind – auf mein Wort – der – das heißt, ich meine – ich möchte annehmen – ja, ich habe eine schwache – eine sehr schwache Vorstellung – von der bemerkenswerten Ehre –«

»Oh! Ah! Ja! Sehr gut!« unterbrach an dieser Stelle Seine Majestät. »Sagen Sie nichts weiter – ich sehe, wie es steht.« Und darauf nahm er seine grüne Brille ab, putzte sorgfältig die Gläser mit dem Rockärmel und steckte sie in die Tasche.

Nun hatte sich Bon-Bon schon über den Vorfall mit dem Buch gewundert, doch nun wuchs sein Erstaunen noch um viel mehr wegen dem, was er sah. Als er mit einem Gefühl starker Neugier die Augen erhob, um die Farbe der Augen seines Gastes genau zu bestimmen, fand er, daß sie keineswegs schwarz waren, wie er es angenommen hatte – auch nicht grau, wie man wohl auch noch erwarten könnte, noch braun oder blau – auch nicht gelb oder rot – noch purpurn – noch weiß – noch grün – noch hatten sie irgendeine Farbe des Himmels dort oben, der Erde hier oder des Wassers dort unter der Erde. Kurz gesagt, Pierre Bon-Bon erkannte nicht nur deutlich, daß Seine Majestät gar keine Augen hatte (mochte man darunter verstehen, was man wollte), sondern fand auch keinerlei Spuren, daß sie irgendwann früher einmal dort gewesen waren. Denn der Ort, wo sich Augen von Natur aus befinden sollten, war – ich muß es sagen – einfach eine tote Fläche Fleisch.

Es ist nicht im Wesen des Philosophen, vor dem Forschen nach den Gründen eines so seltsamen Phänomens zurückzuschrecken, und die Antwort Seiner Majestät kam prompt und war voll Würde und zufriedenstellend. »Augen! Mein lieber Bon-Bon, Augen sagten Sie? – Oh! Ah! – Ich verstehe! – Die lächerlichen Abbildungen, he, die so im Umlauf sind, haben Ihnen einen falschen Eindruck von meiner persönlichen Erscheinung gegeben. Augen!!! – Wahrhaftig! Augen, Pierre Bon-Bon, sind – an ihrem rechten Platz – ja gut und schön – und *das*, würden Sie nicht sagen, wäre der Kopf? – Richtig! – Der Kopf eines Wurms. Für Sie allerdings sind diese optischen Geräte unerläßlich – doch ich werde Sie noch davon überzeugen, daß *mein* Sehvermögen besser als das Ihre ist. Dort ist eine Katze – ich sehe sie in der Ecke – ein hübsches Tierchen – schauen Sie hin – und passen Sie gut auf! Nun, Bon-Bon, können Sie vielleicht die Gedanken – die Gedanken, sage ich –, die Ideen – die Überlegungen sehen, die sich in ihrem Kopf bilden? Da haben Sie's! – Sie können es nicht. Sie denkt, wir bewundern die Länge ihres Schwanzes und die Tiefe ihrer Gedanken. Sie hat soeben den Schluß gezogen, daß ich der hervorragendste aller Geistlichen sei und Sie der überflüssigste alle Metaphysiker seien. Sie sehen also, ich bin nicht völlig blind: doch für einen von meinem Beruf wären die Augen, von denen Sie reden, nur ein Hindernis – und außerdem immer der Gefahr ausgesetzt, mit einer Röst- oder einer Mistgabel ausgestochen zu werden. Sie jedoch, da stimme ich zu, brauchen diese optischen Dingelchen notwendigerweise. Sie müssen sich nur bemühen, Bon-Bon, sie auch richtig zu benutzen. *Ich* sehe mit der Seele.«

Darauf schenkte sich der Gast von dem Wein ein, der auf dem Tisch stand, er schenkte auch Bon-Bon einen Becher voll ein, forderte ihn auf, nur kräftig zu trinken und sich ganz wie zu Hause zu fühlen.

»Recht klug, Ihr Buch da, Pierre«, begann seine Majestät wieder und klopfte unserem Freund verständnisinnig auf die Schulter, nachdem dieser der Aufforderung seinen Besuchers entsprochen und dann sein Glas wieder abgesetzt hatte. »Ein wahrhaft kluges Buch, auf Ehre. So recht ein Werk nach meinem Herzen. Ihre Ordnung der Materie ließe sich allerdings noch verbessern, möchte ich meinen, und außerdem erinnern mich doch viele Ihrer Aussagen an Aristoteles. Dieser Philosoph gehört zu meinen engsten Bekannten. Ich mochte ihn gut leiden, sowohl wegen seiner furchtbar schlechten Laune als auch wegen seines überaus großen Könnens im Machen grober Fehler. In allem, was er verfaßt hat, findet sich nur eine Wahrheit, und auch auf diese mußte ich ihn aufmerksam machen, weil ich Mitgefühl für seine Ungereimtheiten empfand. Ich vermute, Pierre Bon-Bon, Sie wissen doch sicherlich, auf welche großartige moralische Weisheit ich anspiele?«

»Ja – also – das heißt, im Moment könnte ich nicht –«

»Wirklich? Nun, ich war es, der Aristoteles sagte, daß die Menschen überflüssige Ideen mit dem Niesen durch die Nase ausstoßen.«

»Was zweifel – hick – los auch richtig ist«, sagte der Metaphysiker, während er sich einen weiteren Becher Mousseaux einschenkte und seinem Besucher seine Schnupftabaksdose hinhielt.

»Und auch Plato«, fuhr Seine Majestät fort, nachdem er die Tabaksdose und das damit ausgesprochene Kompliment bescheiden ablehnte, »auch Plato war zu seiner Zeit ein guter Freund von mir. Sie kannten Plato, Bon-Bon? – Ach, nein! – Ich bitte vielmals um Entschuldigung. Wir trafen uns eines Tages in Athen im Parthenon, und er beklagte sich über seine Not, daß ihm keine Idee kommen wollte. Ich bat ihn, nun zu schreiben, daß ›ο νους εςτιν αυλος‹. Er erwiderte, dies wolle er tun, und ging nach Hause, während ich zu den Pyramiden weiterreiste. Doch unterwegs plagte mich mein Gewissen, weil ich eine Wahrheit enthüllt hatte, auch wenn es nur einem Freund zu Gefallen war. So eilte ich nach Athen zurück und erreichte den Stuhl des Philosophen gerade in dem Augenblick, als er den ›αυλος‹ schrieb. Nun gab ich dem Lambda einen Schubs mit dem Finger, so daß es auf den Kopf gestellt wurde. Und daher lautet der Satz auch heute ›ο νους εςτιν αυγος‹ und bildet – wie Sie wissen – den fundamentalen Lehrsatz seiner Metaphysik.«

»Waren Sie je in Rom?« fragte der *restaurateur*, als die zweite Flasche Mousseaux leer war und er einen größeren Vorrat Chambertin aus einem Schrank holte.

»Nur einmal, Monsieur Bon-Bon, nur einmal. Da war eine Zeit –«, sagte der Teufel in einem Ton, als zitiere er aus einem Buch, »da war eine Zeit, in der fünf Jahre lang Anarchie herrschte, als die Republik all ihrer Beamten beraubt war und keine Obrigkeit besaß außer den Volkstribunen, die keinerlei Exekutivgewalt hatten – zu jener Zeit, Monsieur Bon-Bon –, *allein* zu jener Zeit war ich in Rom, und so habe ich folglich nicht einen irdischen Bekannten unter den Repräsentanten der dortigen Philosophie.«[7]

»Was halten Sie von – was halten Sie von – hicks! – von Epikur?«

»Was ich von *wem* halte?« fragte der Teufel verwundert. »Sie können doch nicht ernsthaft etwas an Epikur bemängeln wollen? Was ich von Epikur halte! Sie reden mit *mir*, mein Herr? – *Ich* bin Epikur. Ich bin derselbe Philosoph, der alle dreihundert Auszüge verfaßte, die von Diogenes Laertius überliefert sind.«

»Das ist eine Lüge!« sagte der Metaphysiker, dem der Wein ein wenig zu Kopf gestiegen war.

»Sehr wohl! – Sehr wohl, mein Herr! – Tatsächlich, mein Herr, sehr wohl!« sagte Seine Majestät, die sich offenbar geschmeichelt fühlte.

»Das ist eine Lüge!« wiederholte der *restaurateur* mit dogmatischer Stimme. »Das ist ei – ei – hicks! – eine Lüge!«

»Nun, nun, es ist ja schon recht«, sagte der Teufel friedfertig, und nachdem Bon-Bon so Seine Majestät in einer Auseinandersetzung besiegt hatte, hielt er es für seine Pflicht, sich einer zweiten Flasche Chambertin anzunehmen.

»Wie ich sagte«, ergriff der Gast wieder das Wort, »wie ich bereits vor einiger Zeit bemerkte, gibt es in Ihrem Buch doch einige Stellen, die mir ziemlich *outré* erscheinen. Was wollen Sie denn zum Beispiel mit all dem Quatsch über die Seele? Ich möchte Sie bitten, mein Herr, die Seele – was ist die Seele?«

»Die – hicks! – Seele«, antwortete der Metaphysiker und zog sein Manuskript zu Rate, »ist zweifellos –«

»Nein, mein Herr!«

»Mit unumstößlicher Gewißheit –«

»Nein, mein Herr!«

»Unstreitig –«

»Nein, mein Herr!«

»Ganz offensichtlich –«

»Nein, mein Herr!«

»Unwiderleglich –«

»Nein, mein Herr!«

»Hick!«

»Nein, mein Herr!«

»Und völlig fraglos ein –«

»Nein, mein Herr! So eine Sache ist die Seele nicht.« (Hier ergriff der Philosoph mit spitzigem Blick die Gelegenheit, auf der Stelle einer dritten Flasche Chambertin den Garaus zu machen.)

»Dann – bi – Hick! – bitte, mein Herr – was – was ist sie denn dann?«

»Das gehört nicht hierher, Monsieur Bon-Bon«, erwiderte Seine Majestät sinnend. »Ich habe einige sehr schlechte Seelen geschmeckt – das heißt, ich habe sie gekannt – und auch ein paar – hm, recht gute Exemplare.« Hier schmatzte er mit den Lippen, ließ seine Hand unwillkürlich auf das Buch in seiner Tasche fallen und wurde von einem heftigen Niesanfall gepackt.

Er fuhr fort: »Da war die Seele des Kratinos – ganz passabel; Aristophanes – ziemlich pikant; Plato – ausgezeichnet –, nicht *Ihr* Plato, sondern Plato, der Komödiendichter; Ihr Plato hätte noch dem Zerberus Magengrimmen verursacht – pfui! Lassen Sie mich nachdenken, dann waren da noch Naevius, Andronicus, Plautus und Terentius. Außerdem Lucilius, Catull, Naso und Quintus Flaccus – lieber Quinty! Das war mein Spitzname für ihn, als er mir zur Unterhaltung ein *seculare* vorsang, während ich ihn in bester Laune am Spieße röstete. Doch es mangelt ihnen an der rechten Würze, diesen Römern. Ein einziger fetter Grieche ist ein Dutzend von ihnen wert, und noch dazu *halten* sie sich, was man von den Quiriten nicht eben behaupten kann. – Lassen Sie uns doch nun einmal Ihren Sauterne probieren.«

Bon-Bon hatte sich mittlerweile zum *nil admirari* entschlossen und bemühte sich nach Kräften, die besagten Flaschen zu holen. Dabei hörte er plötzlich ein sonderbares Geräusch im Zimmer, das dem Wedeln eines Schwanzes ähnelte. Doch der Philosoph nahm davon keine Notiz, auch wenn es höchst unanständig von Seiner Majestät war. Er gab nur schnell dem Hund einen Tritt und mahnte ihn zur Ruhe. Der Gast fuhr unterdessen fort: »Ich fand, daß Horaz einen Geschmack wie Aristoteles hatte – und Sie müssen wissen, ich liebe die Abwechslung! Terentius ließ sich kaum von Menander unterscheiden. Naso überraschte mich damit, daß er nur ein verkleideter Nicander war. Virgil schmeckte penetrant nach Theokrit. Martial erinnerte sehr an Archilochos, und Titus Livius war überhaupt Polybios und niemand sonst.«

»Hi-hick!« ließ sich Bon-Bon hier vernehmen, und Seine Majestät fuhr fort: »Doch *wenn* ich ein *penchant* habe, Monsieur Bon-Bon – *wenn* ich ein *penchant* habe, so sind es die Philosophen. Aber lassen Sie sich gesagt sein, mein Herr, nicht jeder Teu… will sagen, nicht jeder Herr kann einen Philosophen richtig *wählen*. Lange Exemplare sind *nicht* gut; und die besten haben immer noch einen leicht ranzigen Beigeschmack wegen der Galle, wenn man sie nicht sorgfältig schält.«

»Schält!?«

»Ich meine, man löst sie aus dem Leichnam.«

»Was halten Sie denn von einem – hi-hick! – Arzt?«

»Nennen Sie nur nicht dieses Wort! Hu-hu!« (Hier wurde Seine Majestät von einem Würgen überfallen.) »Ich habe nur einmal einen gekostet – den Gauner Hippokrates! Der stank nach Asafoetida – Hu! Hu! – Ich bekam einen scheußlichen Schnupfen, als ich versuchte, ihn im Styx zu waschen – und dazu brachte er mir noch die Cholera ein.«

»Der – hick! – der Schelm!« rief Bon-Bon. »Diese – hick! hick! – Fehlgeburt einer Pillendose!« – und der Philosoph ließ eine Träne fallen.

»Schließlich«, sprach der Besucher weiter, »schließlich und endlich, wenn ein Teu… ein Herr leben will, Bon-Bon, *leben* will, braucht er mehr als nur ein oder zwei Talente. Und bei uns ist ein fettes Gesicht ein Zeichen von Diplomatie.«

»Wie das?«

»Nun, gelegentlich leiden wir unter entschiedenem Vorratsmangel. Sie müssen wissen, daß es bei einem so schwülen und heißen Klima wie dem meinen oft unmöglich ist, einen Geist länger als zwei, drei Stunden am Leben zu halten. Und nach dem Dahinscheiden, außer man pökelt sie unmittelbar ein (und gepökelte Geister sind gar nicht gut) – nun, sie riechen so –, Sie verstehen doch? Man muß immer mit Fäulnis rechnen, wenn uns die Seelen auf dem normalen Weg zugestellt werden.«

»Hick! Hick! Guter Gott? Wie werden Sie denn damit fertig?«

In diesem Augenblick begann die eiserne Lampe doppelt heftig zu schwingen, und der Teufel sprang fast halb von seinem Sessel auf; er gewann jedoch mit einem halben Seufzer seine Fassung zurück und sagte nur mit leiser Stimme zu unserem Helden: »Ich möchte Ihnen raten, Pierre Bon-Bon – wir *dürfen* nicht mehr fluchen.«

Der Gastgeber trank schnell einen ganzen Becher Wein aus, um sein Verständnis und seinen Gehorsam zu zeigen, und der Besucher sprach weiter: »Nun, wir haben verschiedene Möglichkeiten. Die meisten von uns hungern, manche halten sich an das Gepökelte, und ich persönlich kaufe meine Geister prinzipiell nur *vivente corpore,* weil ich finde, daß sie sich dann gut halten.«

»Aber der Leib – hick! – der – hick! – Leib!!«

»Der Leib, der Leib – nun, was ist denn damit, mit dem Leib? Oh! Ah! Ja, ich sehe. Nun, mein Herr, der Leib ist von diesem Geschäft überhaupt *nicht* betroffen. Ich habe schon unzählige Käufe dieser Art in meiner Zeit getätigt, und die Beteiligten erlitten nie auch nur die kleinste Unbequemlichkeit. Da wären Kain und Nimrod und Nero und Caligula und Dionysos und Peisistratos und – und – tausend andere, die in ihren späten Lebensjahren gar nicht wußten, was es bedeutet, eine Seele zu haben. Und doch waren, mein Herr, diese Männer die Zierde der Gesellschaft. Denken Sie nur an A——, nun, den kennen Sie doch genauso gut wie ich? Ist *der* nicht im Vollbesitz all seiner Fähigkeiten, geistig ebenso wie leiblich? Wer schreibt denn bissigere Epigramme? Wer fällt klügere Urteile – oder gewitztere? Wer – aber einen Moment! Ich habe den Vertrag in meinem Buch.«

Mit diesen Worten zog er eine rote Lederbrieftasche heraus und nahm daraus eine Reihe von Papieren. Auf einigen erblickte Bon-Bon die Buchstaben *Macchi – Maza – Robesp* – neben den Worten *Caligula, George, Elizabeth.* Seine Majestät wählte einen schmalen Pergamentstreifen und las ihn folgendermaßen laut vor: »Gegen ein Entgelt gewisser geistiger Gaben, die nicht näher aufgeführt werden müssen, und eine weitere Prämie von eintausend Louisdor überlasse ich hiermit nach einem Jahr und einem Monat dem Inhaber dieses Vertrages alle Rechte und Ansprüche auf den Schatten, der meine Seele genannt wird. Gezeichnet A——«[3] (Hier nannte Seine Majestät erneut einen Namen, den ich – wie ich meine – nicht eindeutiger nennen sollte.)

»Ein gerissener Bursche«, faßte er zusammen. »Doch ebenso wie Sie, Monsieur Bon-Bon, irrte er sich im Bezug auf die Seele. Die Seele ein Schatten – wahrhaftig! Die Seele ein Schatten! Ha, ha, ha! He, he, he! Hu, hu, hu! Man bedenke nur – ein Schattenfrikassee!«

»Man denk – hick! – denke nur – ein Schattenfrikassee!« rief unser Held, dessen Geist durch die tiefgründigen Ausführungen Seiner Majestät in große Begeisterung versetzt wurden. »Man denke nur – hick! – ein frikassierter Schatten! Ei was, verflucht! – hick! – Ha!

Hm! Wenn *ich* ein solcher - hick - Narr gewesen wäre! *Meine* Seele, Herr - äh ...!«

»Ihre Seele, Monsieur Bon-Bon?«

»Jawohl, mein Herr - hick - hicks - *meine* Seele ist ...«

»Nun, was denn, mein Herr?«

»Kein Schatten - hicks - verdammt!«

»Ich wollte nicht ...«

»Jawohl, mein Herr - hick - meine Seele ist - hick-hick - ähem - jawohl - jawohl, mein Herr.«

»Ich wollte nicht behaupten ...«

»Meine Seele ist - hick - besonders gut geeignet für - hick-hick - ein ...«

»Was, mein Herr?«

»Stew.«

»Hu!«

»Soufflé.«

»Eh?«

»Fricandeau.«

»Oho!«

»Ragout und Frikassee - und schaun Sie, mein guter Freund! Sie können - hick - Sie haben - ein Geschäft!«

Dabei klopfte der Philosoph Seiner Majestät auf die Schulter.

»Daran wäre gar nicht zu denken«, erwiderte letzterer in aller Ruhe und stand gleichzeitig auf. Der Metaphysiker starrte ihn an.

»Bin augenblicklich gut versorgt«, sagte seine Majestät.

»Hick! Hä?« fragte der Philosoph.

»Habe kein Geld flüssig.«

»Was?«

»Und außerdem wäre es scheußlich von mir ...«

»Mein Herr!«

»Vorteil zu nehmen ...«

»Hick - hick!«

»Aus Ihrem momentanen geschmacklosen und eines gebildeten Mannes unwürdigen Zustand.«

Mit diesen Worten verneigte sich der Besucher und verschwand - wie, konnte man nie mit Sicherheit feststellen -, doch bei dem Versuch, dem »Lümmel« eine Flasche nachzuwerfen, wurde die schwache Kette zerrissen, die von der Decke hinabhing, und der Metaphysiker wurde von der fallenden Lampe niedergestreckt.

Anmerkungen

1 φρενες.

2 Ils écrivaient sur la Philosophie *(Cicero, Lucretius, Seneca)* mais c'était la Philosophie Grecque. - *Condorcet.*

3 Frage: Arouet?

Das Schriftstück in der Flasche

> Wer nur noch einen Augenblick zu leben hat, hat nichts mehr zu verheimlichen.
>
> Quinault: Athys

Von meiner Heimat und meiner Familie weiß ich wenig zu berichten. Die Unbill und der Lauf der Zeit haben mich aus der einen vertrieben und der anderen entfremdet. Ererbter Wohlstand ermöglichten mir eine Erziehung ungewöhnlicher Art, und eine beschauliche Veranlagung erlaubte mir, das alles methodisch zu ordnen, was ich mir in einem frühzeitigen Studium vernünftigerweise angeeignet hatte. Vor allen Dingen hatte ich ein großes Vergnügen an den Werken der deutschen Moralisten, nicht, weil ich törichterweise ihren beredten Unsinn bewundert hätte, sondern wegen der Leichtigkeit, mit der ich in geschulten Überlegungen ihre Irrtümer aufzudecken vermochte. Oft hat man mir die Trockenheit meines Geistes vorgeworfen. Mangelnde Phantasie hat man mir wie ein Vergehen zur Last gelegt, und allezeit bin ich wegen der Zweifelsucht meiner Ansichten bekannt gewesen. In der Tat hat, wie ich fürchte, eine starke Vorliebe für die Naturphilosophie mich zu einem damals weitverbreiteten Irrtum verleitet – ich meine die Gewohnheit, Zufälligkeiten sogar geringfügigster Art mit den Grundsätzen dieser Wissenschaft in Verbindung zu bringen. Im ganzen könnte niemand weniger als ich der Gefahr ausgesetzt sein, durch die *ignes fatui* des Aberglaubens aus den strengen Bereichen der Wahrheit entführt zu werden. Ich halte es für richtig, dies vorauszuschicken, damit die unglaubliche Geschichte, die ich erzählen will, nicht als die wahnsinnige Erfindung einer unreifen Einbildungskraft, sondern vielmehr als die positive Erfahrung eines Menschen betrachtet wird, dessen Verstande die Träume der Phantasie ein toter Buchstabe und eine Nichtigkeit bedeuten.

Nach vielen Jahren, die ich auf Reisen in fremden Ländern verbracht hatte, segelte ich im Jahre 18 . . vom Hafen von Batavia auf der reichen und dichtbevölkerten Insel Java zu einer Fahrt nach den Archipelagos-Inseln ab. Ich fuhr als Passagier, und zwar aus keinem anderen Anlaß als einer Art nervöser Unruhe, die mich widerwärtigerweise belästigte. Unser Schiff war ein schönes Fahrzeug von etwa vierhundert Tonnen, kupferbeschlagen und in Bombay aus Malabar-Eiche erbaut. Es hatte Baumwolle und Öl von den Lakkadiven geladen. Außerdem hatten wir Kokosbast, Palmzucker, Schmalz, Kokosnüsse und einige Kisten Opium an Bord. Die Ladung war ungeschickt verstaut und das Schiff infolgedessen rank.

Wir liefen mit einer nur ganz leichten Brise aus und standen viele Tage lang an der Ostküste von Java ohne eine andere Gelegenheit, uns die Eintönigkeit unserer Fahrt zu verkürzen, als das Anlaufen der kleinen Flecken des Archipelagos, die zu unseren Reisezielen gehörten. Eines Abends bemerkte ich, während ich über dem Hackbord lehnte, im Nordwesten eine ganz vereinzelte Wolke. Sie war sowohl wegen ihrer Färbung als auch wegen der Tatsache bemerkenswert, daß sie die erste war, die wir seit unserer Abfahrt aus Batavia sahen. Aufmerksam beobachtete ich sie bis zum Sonnenuntergang, als sie sich urplötzlich nach Osten und Westen hin ausbreitete und wie ein schmaler Streifen Rauch auf dem Horizont lag, so daß sie wie die lange Linie einer niedrigen Küste aussah. Bald darauf fesselten der düsterrot aufgehende Mond und das eigenartige Aussehen der See meine Aufmerksamkeit. Dies änderte sich schnell, und das Wasser schien durchsichtiger als gewöhnlich. Obwohl ich den Boden deutlich unterscheiden konnte, stellte ich doch fest, als ich das Lot zur Hand nahm, daß das Schiff über fünfzehn Faden Tiefe stand. Nun wurde die Luft unerträglich heiß und flimmerte wie über glühendem Eisen. Als die Nacht hereinbrach, erstarb jeder Luftzug, so daß eine größere Stille unvorstellbar ist. Die Flamme einer Kerze brannte auf dem Achterschiff ohne die geringste bemerkbare Bewegung, und ein langes, zwischen Daumen und Zeigefinger gehaltenes Haar hing herab, ohne daß man auch nur ein Zittern an ihm bemerken konnte. Trotzdem vermochte der Kapitän, wie er sagte, kein Anzeichen einer Gefahr zu entdecken, und da wir unmittelbar auf Land zutrieben, befahl er, die Segel ganz einzuziehen und vor Anker zu gehen. Eine Wache wurde nicht ausgestellt, und die Mannschaft, hauptsächlich Malaien, streckte sich bedächtig auf Deck aus. Ich ging hinab, nicht ohne das deutliche Vorgefühl eines Unglücks. Tatsächlich hatte ich nach alldem die Gewißheit, daß wir einen Tornado zu erwarten hatten. Ich teilte dem Kapitän meine Befürchtungen mit, aber er achtete nicht auf meine Worte und ließ mich stehen, ohne sich zu einer Antwort zu bequemen. Indes hinderte mich mein Unbehagen, zu schlafen, und gegen Mitternacht ging ich auf Deck. Als ich meinen Fuß auf die oberste Stufe der Kajütentreppe setzte, wurde ich durch ein lautes sausendes Geräusch wie von sich sehr schnell drehenden Windmühlenflügeln erschreckt, und ehe ich mir darüber im klaren war, was es bedeutete, fühlte ich das Schiff bis ins Innerste erzittern. Im nächsten Augenblick schleuderte ein wilder Gischt uns auf die Seite und überschwemmte über uns hinstürzend das ganze Deck vom Bug bis zum Stern.

Die riesige Gewalt des Orkans stellte die Sicherheit des Schiffes auf eine außerordentlich harte Probe. Obwohl große Wassermengen hineingedrungen und auch noch seine Masten über Bord gegangen waren, erhob es sich nach einer Minute wieder schwer aus der See und richtete sich unter der gigantischen Wucht des Sturmes, eine Zeitlang rollend, endlich wieder auf.

Es ist unmöglich zu sagen, durch welches Wunder ich dem Verderben entging. Betäubt durch den Anprall des Wassers fand ich mich, als ich wieder zu mir kam, zwischen dem Hintersteven und dem Ruder eingeklemmt. Unter großen Schwierigkeiten kam ich wieder auf die Füße und hatte, als ich verwirrt um mich blickte, zuerst den Eindruck, wir befänden uns in einer Brandung, so schrecklich und über jede wildeste Phantasie erhaben war der Aufruhr des bergehohen und schäumenden Meeres rings um uns her. Nach einer Weile vernahm ich die Stimme eines alten Schweden, der im Augenblick des Auslaufens an Bord gekommen war. Mit aller Kraft rief ich ihn an, und augenblicklich kam er taumelnd nach hinten. Bald entdeckten wir, daß wir die einzigen Überlebenden dieser Katastrophe waren. Alle an Deck Befindlichen, mit Ausnahme von uns beiden, waren über Bord geschwemmt worden. Kapitän und Steuerleute mußten im Schlaf ums Leben gekommen sein, denn ihre Kabinen waren vom Wasser überflutet. Ohne Hilfe konnten wir voraussichtlich wenig für die Rettung des Schiffes tun, und die augenblickliche Erwartung unterzugehen lähmte anfangs unsere Bemühungen. Unser Ankertau war natürlich beim ersten Stoß des Orkans wie Bindfaden gerissen, sonst wären wir ohne weiteres gekentert. Mit erschreckender Geschwindigkeit lenzten wir vor der See, und das Wasser brach über uns hinweg. Das Balkenwerk am Stern war stark zerschlagen, und allenthalben hatten wir schweren Schaden genommen. Indes fanden wir zu unserer höchsten Freude, daß die Pumpen noch intakt waren und sich unser Ballast nicht sehr verschoben hatte. Die Hauptwut des Sturmes war bereits vorüber, und von seiner Heftigkeit befürchteten wir wenig Gefahr. Aber mit Entsetzen sahen wir seinem vollständigen Abflauen entgegen, denn wir waren überzeugt, daß wir in diesem übelzerschlagenen Zustande auch in der nachfolgenden furchtbaren Dünung unweigerlich zugrunde gehen mußten. Indes schien sich diese sehr berechtigte Befürchtung keineswegs bald zu verwirklichen. Fünf ganze Tage und Nächte lang – während derer unsere einzige Nahrung etwas Palmzucker war, den wir unter großen Schwierigkeiten aus dem Vorderschiff herausholten – flog das Wrack allen Berechnungen hohnsprechend vor schnell aufeinanderfolgenden Böen dahin, die, wenn auch keineswegs mehr der ersten Gewalt des Samum gleichend, so doch furchtbarer waren als jeder Sturm, den ich vorher erlebt habe. Mit kleinen Abweichungen war unser Kurs in den ersten vier Tagen südsüdöstlich, und wir mußten an der Küste von Neuholland hinabtreiben. Am fünften Tage wurde die Kälte außerordentlich, obwohl der Wind mehr aus dem Norden kam. Die Sonne ging mit fahlgelbem Glanz auf und erhob sich mit unbestimmtem Schein nur wenige Grade über den Horizont. Wolken waren nicht vorhanden, doch nahm der Sturm an Stärke zu und blies mit wechselnder Wut. Etwa gegen Mittag, soweit wir schätzen konnten, fesselte die Sonne wieder unsere Aufmerksamkeit. Sie strahlte kein eigentliches Licht aus, sondern glühte in einem trüben, düsteren, diffusen Glanz, wie wenn ihre Strahlen polarisiert wären. In dem Augenblick, als sie in der wogenden See versank, erlosch plötzlich das Innere ihrer Scheibe wie von einer unberechenbaren Gewalt eilig ausgewischt, und es war nur ein dünner silberner Ring, der in den unermeßlichen Ozean hinabtauchte.

Vergebens warteten wir auf den Beginn des sechsten Tages – dieser Tag ist für mich noch nicht angebrochen –, für den Schweden sollte er nicht mehr erscheinen. Von nun an waren wir in pechschwarze Finsternis gehüllt, so daß es uns nicht möglich gewesen wäre, einen auch nur zwanzig Schritte vom Schiff entfernten Gegenstand zu erkennen. Ewige Nacht, ungemildert durch das in den Tropen gewohnte phosphoreszierende Meerleuchten, schien uns einzuhüllen. Auch beobachteten wir, daß die gewöhnliche Brandung oder der Gischt, der uns bis dahin begleitet hatte, nicht länger zu bemerken war, obwohl der Sturm mit unverminderter Heftigkeit raste. Rings um uns waren Schrecken und dicke Finsternis und eine ebenholzschwarze erstickende Wüste. Abergläubische Furcht beschlich langsam die Sinne des Schweden, und mein eigenes Gemüt war in schweigendes Staunen gehüllt. Wir vernachlässigten jede Bemühung um das Schiff, da sie uns schlimmer als nutzlos dünkte. So gut wir es vermochten, sicherten wir uns am Stumpf des Besanmastes und blickten voller Bitterkeit in den Ozean hinaus. Weder über die Zeit noch über unseren Standort vermochten wir uns eine Vorstellung zu machen. Immerhin gewahrten wir, daß wir weiter nach Süden trieben, als je ein Seefahrer vor uns gekommen war, und wunderten uns sehr, daß wir nicht auf die gewöhnlichen Eishindernisse trafen. Inzwischen schien jeder Augenblick unser letzter zu sein und jede bergehohe Woge uns zum Kentern zu bringen. Der Seegang überstieg alles, was ich bisher für möglich gehalten hatte, und daß wir nicht in jedem Augenblick davon begraben wurden, war ein Wunder. Mein Begleiter erwähnte die Leichtigkeit unserer Ladung und erinnerte mich an die ausgezeichneten Eigenschaften unseres Schiffes. Aber ich konnte mich der äußersten Hoffnungslosigkeit nicht erwehren und bereitete mich düster auf den Tod vor, den, wie ich glaubte, innerhalb einer Stunde nichts mehr aufzuschieben vermochte, denn mit jeder Meile Weges, die das Schiff zurücklegte, stiegen die schwarzen Seen gräßlicher und erschreckender. Bald verging uns der Atem, wenn wir uns über die Sturmvögel hinaus erhoben, bald schwindelte uns, wenn wir mit höchster Geschwindigkeit in eine Wasserhölle hinabsausten, wo die Luft stockte und kein Laut den Schlummer der Kraken störte.

Auf dem Grunde eines solchen Schlundes befanden wir uns, als ein jäher Schrei meines Begleiters furchtbar durch die Nacht erscholl. »Sehen Sie, sehen Sie!« kreischte er mir ins Ohr. »Allmächtiger Gott, sehen Sie, sehen Sie!« Bei diesen seinen Worten gewahrte ich einen trübdunklen Schein roten Lichtes, das an den Wänden des riesenhaften Abgrundes herabströmte, in dem wir uns befanden, und das einen Schimmer auf unser Deck warf. Als ich meine Augen erhob, bot sich mir ein Anblick, der mir das Blut in den Adern erstarren ließ. In einer schrecklichen Höhe unmittelbar über uns und gerade auf dem Rande des tiefen Abgrundes schwebte ein riesenhaftes Schiff von etwa viertausend Tonnen. Obwohl es sich auf dem Scheitel einer Woge befand, die das Hundertfache seiner eigenen Höhe hatte, übertraf es augenscheinlich an Größe jedes Linienschiff und jeden Ostindienfahrer. Sein riesenhafter Rumpf war von einem tiefen schmutzigen Schwarz ohne alle sonst bei einem Schiff üblichen Zierate. Eine einzige Reihe von Bronzekanonen drohte aus seinen offenen Stückpforten, die auf ihrer glänzenden Oberfläche das Licht zahlloser, in seinem

Takelwerk hin und her schaukelnder Laternen zurückwarfen. Was uns aber besonders mit Schrecken und Erstaunen erfüllte, war die Tatsache, daß es dieser übernatürlich erscheinenden See und dem unbändigen Orkan zum Trotz unter vollen Segeln vor dem Winde lief. Als wir seiner zum ersten Male ansichtig wurden, war nur sein Bug zu sehen, und langsam erhob es sich aus dem dunklen und schrecklichen Abgrund. Einen furchtbaren Augenblick lang stand es auf dem schwindligen Gipfel wie auf seiner eigenen Erhabenheit, dann zitterte es, schwankte und – kam herab.

Ich weiß nicht, welche plötzliche Selbstbeherrschung über mich kam. So weit nach hinten taumelnd, als ich konnte, erwartete ich furchtlos den drohenden Untergang. Unser eigenes Schiff war am Ende seines Kampfes und versank mit dem Bug in der See. So traf der Schlag der herabkommenden Masse es in dem Teile seines Rumpfes, der fast unter Wasser lag, und die unbeschreibliche Folge war, daß ich mit unwiderstehlicher Gewalt in das Takelwerk des fremden Schiffes geschleudert wurde. Als ich fiel, drehte sich das Schiff in den Wind und lief weiter, und der darauffolgenden Verwirrung schreibe ich es zu, daß ich der Aufmerksamkeit der Mannschaft entging. Ohne große Schwierigkeit kam ich unbemerkt durch die Hauptluke und fand auch bald eine Gelegenheit, mich im Kielraum zu verstekken. Warum ich das tat, weiß ich kaum zu sagen, das unerklärliche Gefühl eines überwältigenden Eindruckes, der beim ersten Anblick des Seefahrers von mir Besitz ergriffen hatte, war vielleicht die Ursache meiner Heimlichkeit. Ich wollte mich nicht Menschen anvertrauen, die, nach dem flüchtigen Empfinden zu urteilen, das ich gehabt hatte, in so vieler Beziehung neuartig, zweifelhaft und besorgniserregend waren. Deshalb hielt ich es für geboten, mich im Kielraum zu verbergen. Dies tat ich, indem ich ein kleines Stück der Planken verschob und mir so zwischen den mächtigen Balken des Schiffes einen bequemen Schlupfwinkel schuf.

Kaum hatte ich mein Werk vollendet, als Fußtritte im Kielraum mich zwangen, Gebrauch davon zu machen. Ein Mann ging mit schwachen und unsicheren Schritten an meinem Versteck vorüber. Sein Gesicht konnte ich nicht sehen, aber ich hatte die Möglichkeit, seine Erscheinung zu beobachten. Offenbar lag etwas von hohem Alter und Schwäche darin. Seine Knie wankten unter der Last der Jahre, und sein ganzer Körper zitterte unter ihrer Bürde. Mit leiser, gebrochener Stimme murmelte er einige Worte in einer mir unverständlichen Sprache vor sich hin und suchte in einer Ecke unter einem Haufen seltsamer Instrumente und zerfetzter Navigationskarten herum. Sein Gehabe stellte eine seltsame Mischung dar aus der Unvernunft einer zweiten Kindheit und der feierlichen Würde eines Gottes. Schließlich ging er an Deck, und ich sah ihn nicht wieder.

*

Ein Gefühl, das ich nicht zu benennen weiß, hat von meiner Seele Besitz ergriffen – eine Empfindung, die sich nicht deuten läßt, auf die alle Lehren der Vergangenheit sich nicht anwenden lassen und für die mir selbst die Zukunft, wie ich fürchte, keinen Schlüssel bietet. Für ein Gemüt wie das meinige ist diese letzte Überlegung ein Übel. Niemals werde ich – ich weiß, daß ich es niemals werde – mit der Natur meiner Vorstellungen zufrieden sein. Trotzdem: ist es nicht wunderbar, daß diese Vorstellungen unbegrenzt sind, da sie ihren Ursprung in so restlos neuen Quellen haben! Meine Seele ist um einen neuen Sinn, um eine neue Wesenheit reicher geworden.

*

Es ist lange her, seitdem ich das Deck dieses schrecklichen Schiffes betreten habe, und die Strahlen meines Schicksals sammeln sich, wie ich glaube, in einem Brennpunkt. Unbegreifliche Menschen! Eingehüllt in Gedanken einer Art, die ich nicht zu erraten vermag, gehen sie an mir vorüber, ohne mich zu bemerken. Heimlichkeit meinerseits ist höchste Narrheit, denn die Leute wollen mich nicht sehen. Aber jetzt gerade bin ich unter den Augen des Steuermannes vorübergegangen, und es ist noch nicht lange her, daß ich mich in die Kabine des Kapitäns gewagt, um daraus das Material zu entnehmen, auf dem ich geschrieben habe und noch schreibe. Von Zeit zu Zeit werde ich dieses Tagebuch fortsetzen. Es ist wahr, daß ich vielleicht keine Gelegenheit finden werde, es der Welt zu übermitteln, aber ich will nicht versäumen, es zu versuchen. Im letzten Augenblick werde ich das Schriftstück in eine Flasche verschließen und ins Meer werfen.

*

Ein Ereignis gibt mir neuen Stoff zum Nachdenken. Sind solche Dinge die Wirkungen ungelenkter Zufälligkeiten? Ich habe mich an Deck gewagt und mich, ohne Aufsehen zu erregen, zwischen einen Haufen Tauwerk und alter Segel am Boden der Schaluppe geworfen. Während ich über das Eigenartige meines Schicksals nachdachte, beschmierte ich, ohne dessen bewußt zu werden, mit einem Teerpinsel die Kanten eines sauber zusammengefalteten Leesegels, das neben mir auf einem Faß lag. Das Segel ist jetzt wieder auf dem Schiff gesetzt, und die gedankenlosen Pinselstriche ergeben das Wort »Entdeckung«.

Kürzlich habe ich meine Beobachtungen über den Bau des Schiffes angestellt. Obwohl gut bewaffnet, ist es doch, wie ich glaube, kein Kriegsschiff. Seine Takelung, Bauart und allgemeine Ausrüstung widersprechen dem. Was es nicht ist, kann ich leicht erkennen. Was es ist, fürchte ich, ist unmöglich zu sagen. Ich weiß nicht, wie es kommt, aber wenn ich seine seltsame Bauweise, die einzigartige Form seiner Spieren, seinen riesenhaften Rumpf und die übergroße Zahl seiner Segel, seinen streng einfachen Bug und ebensolchen Stern betrachte, so durchblitzt mich ein zufälliges Empfinden vertrauter Dinge, und diese vermischen sich stets mit unbestimmten Schatten der Erinnerung, einem unberechenbaren Gedenken an alte fremde Chroniken und längst vergangene Zeiten.

*

Ich habe mir die Balken des Schiffes angesehen, sie bestehen aus einem mir fremden Material. Der besondere Charakter dieses Holzes überrascht mich, denn für den Zweck, zu dem es verwandt ist, erscheint es mir ungeeignet. Ich meine seine außerordentliche Porosität, ohne dabei zu berücksichtigen, daß es, als Folge des Befahrens dieser Gewässer, zum Wurmfraß neigt, und abgesehen von der Verwitterung des Alters. Es wird vielleicht als eine überneugierige Beobachtung erscheinen, aber es hätte alle Merkmale spanischer Eiche, wenn diese auf unnatürliche Weise aufgequollen wäre.

Wenn ich den vorstehenden Satz lese, erinnere ich mich des seltsamen Ausspruches eines alten, wetterharten holländischen Seemannes. »Es ist ebenso sicher«, pflegte er zu sagen, wenn in seine Wahrhaftigkeit irgendein Zweifel gesetzt wurde, »so sicher, wie es ein Meer gibt, wo das Schiff selbst in seiner Größe wächst, wie der lebende Körper des Seemannes!«

*

Vor einer Stunde habe ich mich in eine Gruppe der Mannschaft hineingewagt. Sie achteten nicht auf mich und schienen, obwohl ich mitten unter ihnen stand, meine Gegenwart nicht zu bemerken. Wie der eine, den ich zuerst im Kielraum gesehen hatte, trugen sie alle die Merkmale eines eisgrauen hohen Alters. Ihre Knie zitterten vor Schwäche, ihre Schultern waren von der Last der Jahre gebeugt, und ihre runzlige Haut knisterte im Winde. Ihre Stimmen waren leise zitternd und gebrochen, ihre Augen blinzelten alterstriefend, und ihre grauen Haare flatterten schrecklich im Sturm. Um sie her auf dem Deck verstreut lagen mathematische Instrumente der seltsamsten und veraltetsten Konstruktion.

*

Vor einiger Zeit erwähnte ich, daß ein Leesegel gesetzt wurde. Seit diesem Zeitpunkt hat das Schiff ganz vor dem Winde gelegen und seinen schrecklichen Kurs unmittelbar nach Süden beibehalten, jeden Lappen Segel gesetzt vom Flaggenknopf bis zur untersten Leesegelspiere, und jeden Augenblick rollte es mit den höchsten Rahen in die erschreckende Hölle der See. Gerade habe ich das Deck verlassen, wo ich unmöglich auf den Füßen zu stehen vermag, obwohl die Mannschaft offenbar nur wenig Schwierigkeiten hat. Als das Wunder der Wunder erscheint es mir, daß unser riesiger Schiffsrumpf nicht ein für allemal verschlungen wird. Sicherlich sind wir dazu verdammt, dauernd am Rande der Ewigkeit zu schweben, ohne endlich in den Abgrund hinabzutauchen. An Wogen, die tausendmal erschreckender sind als alles, was ich je gesehen habe, gleiten wir mit der Leichtigkeit einer pfeilschnellen Seemöwe vorüber, und die riesenhaften Seen erheben ihre Häupter wie Dämonen, die drohen, aber nicht vernichten dürfen. Dieses sich immer wiederholende Entkommen vermag man nur einer einzigen natürlichen Ursache zuzuschreiben, die eine solche Wirkung erklären kann. Das Schiff muß sich im Bereich eines starken Stromes oder irgendeiner mächtigen Unterströmung befinden.

*

Ich habe den Kapitän von Angesicht zu Angesicht und in seiner eigenen Kabine gesehen, aber er hat, wie ich erwartete, mich nicht beachtet. Obwohl einem zufälligen Beobachter nichts auffällt, das in ihm mehr oder weniger als einen Mann erkennen läßt, so vermischte sich doch das Empfinden der Verwunderung, mit dem ich ihn betrachtete, mit einem Gefühl unaussprechlicher Hochachtung und Ehrfurcht. Seine Gestalt hat etwa meine Größe, das heißt fünf Fuß und acht Zoll. Er hat einen wohlgefügten und kräftigen, indes keineswegs robusten oder in anderer Weise bemerkenswerten Körperbau. Aber es ist der einzigartige Ausdruck, der sein Gesicht beherrscht, es ist das eindringliche, wunderbare und aufregende Zeugnis so außerordentlich hohen Alters, das in mir ein Gefühl, ein unaussprechliches Empfinden hervorruft. Seine Stirn, obwohl wenig gefurcht, scheint die Spuren von Zehntausenden von Jahren zu tragen. Sein graues Haar erzählt von der Vergangenheit, und seine noch graueren Augen sind Propheten der Zukunft. Der Fußboden der Kabine war besät mit seltsamen eisenbeschlagenen Folianten, zerfallenden wissenschaftlichen Instrumenten und zerfetzten, längst vergessenen Karten. Sein Haupt war auf die Hand gestützt, und mit brennenden ruhelosen Augen beugte er sich über ein Papier, das ich für eine Bestallungsurkunde hielt und das offenbar die Unterschrift eines Monarchen trug. Ebenso wie der erste Seemann, den ich im Kielraum gesehen hatte, murmelte er leise launenhafte Silben in einer fremden Sprache vor sich hin, und obwohl sich der Sprecher dicht neben meinem Ellbogen befand, schien seine Stimme aus einer meilenweiten Ferne an mein Ohr zu dringen.

*

Das Schiff und alles darin sind vom Geiste des Alters erfüllt. Die Mannschaft gleitet umher wie die Geister begrabener Jahrhunderte. Ihre Augen blicken brennend und unruhig, und wenn mir ihre Hände in dem schauerlichen Schein der Laternen begegnen, habe ich ein Empfinden wie nie zuvor, obwohl ich mich mein Leben lang mit Altertümern beschäftigt und so lange die Schatten gestürzter Säulen in Baalbek, Tadmor und Persepolis in mich aufgesogen habe, bis meine Seele selbst eine Ruine geworden ist.

*

Blicke ich mich um, so schäme ich mich meiner früheren Furcht. Wenn ich vor dem Sturm erzitterte, der uns bis dahin begleitete, soll ich nicht entsetzt sein über einen Kampf zwischen Sturm und Meer, von dem eine Vorstellung zu geben Worte wie Tornado und Samum trivial und unzureichend sind? In der unmittelbaren Nähe des Schiffes herrscht die Finsternis ewiger Nacht und ein Chaos gischtlosen Wassers, aber über eine Meile weit von uns entfernt sind auf jeder Seite undeutlich und mit Zwischenräumen erschreckende Eisbarrikaden zu erkennen, die sich in den trostlosen Himmel türmen und den Mauern des Weltalls gleichen.

*

Wie ich mir dachte, zeigt es sich, daß sich das Schiff in einer Strömung befindet, wenn sich diese Bezeichnung auf eine Flut anwenden läßt, die heulend und kreischend an dem weißen Eise vorbei mit der Geschwindigkeit eines kopfüber stürzenden Kataraktes nach Süden schießt.

*

Ich nehme an, es ist durchaus unmöglich, den Schrecken meiner Empfindungen zu begreifen. Indes die Neugierde, die Geheimnisse dieser furchtbaren Gegenden zu ergründen, übersteigt noch meine Verzweiflung und versöhnt mich mit dem erschreckenden Ausblick auf den Tod. Es ist offenbar, daß wir auf irgendeine erregende Erkenntnis zurasen, auf irgendein unerklärliches Geheimnis, dessen Enthüllung Untergang bedeutet. Vielleicht führt uns dieser Strom zum Südpol selbst. Eine so ausschweifende Vermutung hat, das muß ich gestehen, jede Wahrscheinlichkeit für sich.

*

Die Mannschaft läuft mit unruhigen, zitternden Schritten über das Deck. Aber auf ihren Mienen und in ihrer Haltung drückt sich eher die Erregung der Hoffnung als die Teilnahmslosigkeit der Verzweiflung aus.

Inzwischen kommt der Wind immer noch von achtern, und da wir eine Menge Segel gesetzt haben, wird das Schiff zeitweise gänzlich aus der See herausgehoben. O Schrecken über Schrecken! Das Eis öffnet sich plötzlich zur Rechten und zur Linken, und in schwindelerregender Weise wirbeln wir in riesenhaften konzentrischen Kreisen rings um die Ränder eines gigantischen Amphitheaters, dessen Wände sich oben in der Dunkelheit und der Entfernung verlieren. Indes, es bleibt mir wenig Zeit, über mein Schicksal nachzudenken! Schnell werden die Kreise enger, wie wahnsinnig stürzen wir in den Bereich des Strudels, und inmitten eines Brüllens, Brausens und Donnerns des Meeres und des Sturmes beginnt das Schiff zu erzittern – o Gott! und – geht unter!

*

Bemerkung. – Die Novelle ›Das Schriftstück in der Flasche‹ wurde erstmalig im Jahre 1831 veröffentlicht, und erst viele Jahre später lernte ich die Karten von Mercator kennen, auf denen der Ozean dargestellt ist, wie er sich durch vier Mündungen in das (nördliche) Polarmeer ergießt, um in das Innere der Erde zu verschwinden. Der Pol selbst ist als schwarzer Fels dargestellt, der sich zu riesenhafter Höhe auftürmt.

Die Verabredung
(Der Träumer)

In jenem hohlen Tale harre mein
und sei gewiß – einst stelle auch ich mich ein!

Unglücklicher und mysteriöser Mann! Verirrt in den strahlenden Gängen deiner eigenen Phantasie, versunken in den Flammen deiner eigenen Jugend! Ich sehe dich im Geiste noch einmal! Noch einmal ist deine Gestalt vor mir erschienen! Nicht – nicht, wie du jetzt bist, im kalten Tale und Schatten – sondern wie du sein *solltest,* ein Leben prächtiger Meditationen in jener Stadt trübdämmriger Gesichte, deinem eigenen Venedig – das ein von Sternen geliebtes Elysium ist für die See und dessen palladionische Paläste aus ihren großen Fensteraugen mit tiefen und bitteren Gedanken auf die Geheimnisse ihrer schweigenden Wasser schauen. Ja! Ich wiederhole es – wie du sein *solltest!* Sicher gibt es andere Welten als diese hier – andere Gedanken als die Gedanken der Menge – andere Grübeleien als die der Sophisten. Wer sollte denn deinen Wandel anzweifeln? Wer dich tadeln für deine in Visionen verträumten Stunden, oder jene Beschäftigungen, die nichts als überschwengliches Verströmen deiner unbegrenzten Kräfte waren, als Verschwendung des Lebens anklagen?

Es war in Venedig unter jenem Bogen, der *Ponte dei Sospiri* heißt, daß ich die Person zum dritten oder vierten Male traf, von der ich hier erzähle. Ich kann mich nur nicht mehr genau an die Umstände dieser Begegnung erinnern. Doch ich entsinne mich – wie könnte ich's vergessen? – der tiefen Mitternacht, der Seufzerbrücke, der Schönheit der Frauen und des Genius der Romantik, der an dem schmalen Kanal auf und ab wandelte.

Es war eine ungewöhnlich finstere Nacht. Die große Uhr auf der Piazza hatte laut die fünfte Stunde des italienischen Abends geschlagen. Der Platz vor dem Campanile war still und verlassen, und die Lichter des alten Dogenpalastes verloschen rasch. Ich war auf dem Heimweg von der Piazetta, auf dem Canale Grande. Als meine Gondel nun gegenüber der Mündung des Canal San Marco ankam, erklang plötzlich aus den dunklen Winkeln eine weibliche Stimme in der Nacht, in einem wilden, hysterischen und lang andauernden Schrei. Durch den Schrei verwirrt sprang ich auf die Füße, der Gondoliere hatte sein einziges Ruder fallen gelassen und verloren und konnte es nicht zurückbekommen, so daß wir von der Strömung getragen wurden, die vom größeren in den kleineren Kanal kommt. Wie ein riesiger und schwarzgefiederter Kondor trieb unsere Gondel langsam abwärts in Richtung der Seufzerbrücke, als auf einmal an die tausend Fackeln hinter den Fenstern aufblitzten, die Treppenhäuser des Dogenpalastes hinuntereilten und jene tiefe Finsternis jäh in blaß violettes und überirdisches Tageslicht tauchten.

Einer Mutter war das Kind aus den Armen gefallen und von einem hohen Fenster des hochaufragenden Gebäudes in den dunklen Kanal gefallen. Die stillen Wasser waren sanft über dem Opfer zusammengeschlagen. Und obwohl meine Gondel die einzige in Sicht war, suchten verschiedene tapfere Schwimmer bereits vergeblich an der Oberfläche nach dem Schatz, den man ach! – nur noch auf dem Grunde finden konnte. Auf den breiten Platten aus schwarzem Marmor des Pflasters am Palasteingang und nur wenige Stufen über dem Wasser stand eine Gestalt, die niemand, der sie damals sah, wohl seitdem vergessen konnte. Es handelte sich um die Marchesa Aphrodite – Gegenstand der Anbetung ganz Venedigs – die Heiterste der Heiteren – die Lieblichste hier, wo alles schön ist – und dennoch die Gattin des alten, intriganten Mentonis und die Mutter jenes zarten Kindes, des ersten und einzigen, das nun tief unter dem trüben, düsteren Wasser mit bitterem Herzen an ihre süßen Zärtlichkeiten dachte und sein junges Leben bei dem Versuch aushauchte, ihren Namen zu rufen.

Sie stand allein. Ihre schmalen, silbern-nackten Füße schimmerten im schwarzen Marmorspiegel unter ihr. Das Haar, das erst halb aufgelöst war aus der Ballfrisur, rankte sich in lockigen Wellen, überhäuft mit funkelnden Diamanten, wie bei einer Hyazinthe um ihr klassisches Haupt. Ein schneeweißes und gazeartiges Tuch schien fast die ganze Kleidung für ihre delikate Gestalt zu sein. Doch die Mittsommer- und Mitternachtsluft war heiß, trügerisch finster und still, und keine Bewegung der statuengleichen Gestalt regte auch nur die Falten des Gewandes, die doch nur ein Hauch war und dennoch wie der schwere Marmor der Niobe herabhing. Aber wie merkwürdig! – Ihre großen strahlenden Augen blickten nicht hinunter auf das Grab, das ihr die glänzendste Hoffnung entrissen hatte, – sondern starrten unverwandt in eine völlig andere Richtung! Ich gebe ja zu, daß das Gefängnis der alten Republik das prächtigste Gebäude Venedigs ist – doch wie konnte die Dame so gebannt dorthin blicken, wo ihr Kind dort unten ertrank? Außerdem befand sich die gähnende, dunkle, finstere Nische direkt gegenüber ihres Zimmerfensters – was konnte es denn in ihren Schatten – ihrer Architektur – ihren von Efeu umkränzten und ehrwürdigen Simsen geben, was die Marchesa nicht schon tausend Mal bewundert hätte? Nonsens! Wer weiß denn nicht, daß das Auge in Augenblicken wie diesem die Bilder seines Kummers wie ein zerbrochener Spiegel vervielfältigt und das Leid an zahllosen abgelegenen Orten sieht, das Leid, das ihm so nahe liegt?

Viele Stufen oberhalb der Marchesa, direkt im Bogen des Wassertors stand voll bekleidet die einem Satyr gleiche Gestalt Mentonis. Ab und an beschäftigte er sich damit, die Saiten einer Gitarre zu zupfen und erschien tödlich *ennuyé*, wenn er von Zeit zu Zeit Anweisungen zur Rettung seines Kindes gab. Ich war betäubt und entsetzt und hatte nicht die Kraft, mich aus meiner starr aufgerichteten Haltung zu befreien, die ich beim Hören des Schreis eingenommen hatte. So muß ich den Augen der erregten Gruppe einen gespenstischen und unheilverkündenden Anblick geboten haben, als ich mit blassem Gesicht und starren Gliedern in jener trauerzuggleichen Gondel auf sie zutrieb.

Alle Bemühungen waren vergeblich. Wenn sich auch viele eifrig an der Suche beteiligten, schließlich ermüdeten sie doch bei ihren Anstrengungen und ergaben sich einem erschöpften Kummer. Es schien nur noch wenig Hoffnung für das Kind zu geben (doch wieviel weniger noch für die Mutter!); doch da trat plötzlich aus dem Inneren jener dunklen Nische, von der ich zuvor sagte, daß sie ein Teil des Gefängnisses der Alten Republik war und dem vergitterten Fenster der Marchesa gegenüberlag, eine in einen Mantel gehüllt Gestalt in den Lichtkegel und stürzte sich – nach nur einem Augenblick des Zauderns am Rande des schwindelnden Schlunds – kopfüber in den Kanal. Und einen Augenblick später stand der Unbekannte mit dem lebenden und atmenden Kind in den Armen neben der Marchesa auf den Marmorstufen. Der vom Wasser schwere Mantel löste sich jäh und enthüllte, als er ihm in Falten zu Füßen fiel, den erstaunten Zuschauern die anmutige Gestalt eines äußerst jungen Mannes, dessen Name damals in fast ganz Europa in aller Munde war.

Der Retter sprach kein Wort. Aber die Marchesa! Sie will ihr Kind entgegennehmen – will es an ihre Brust drücken – will seine kleine Gestalt an sich drücken und sie mit ihren Zärtlichkeiten ersticken. Aber ach! Die Arme eines anderen haben es dem Fremden abgenommen – eines Andern Arme haben es fortgenommen und davongetragen, unbemerkt, in den Palast! Und die Marchesa! Ihre Lippen – ihre schön geschwungenen Lippen zittern; Tränen sammeln sich in ihren Augen – jenen Augen, die »sanft und fast fließend sind« wie der Akanthus des Plinius. Ja! Tränen sammeln sich in jenen Augen, und siehe – die ganze Frau erbebt im Grunde ihrer Seele, und die Statue erwacht zum Leben! Die Blässe der marmornen Züge, das Heben des marmornen Busens, die reine Keuschheit der marmornen Füße sehen wir jäh überströmt von einer Flutwelle wilden, unbändigen Rots; und ein sanfter Schauder zittert über ihre herrliche Gestalt, so wie wohl in Neapel eine milde Brise über die prächtigen Silberlilien im Gras streicht.

Was war der Grund, daß die Dame errötete? Diese Frage hat keine Antwort – außer der, daß sie in der brennenden Eile und im Erschrecken des Mutterherzens beim Verlassen ihres abgeschiedenen *boudoirs* vergessen hatte, ihre winzigen zierlichen Füße den Banden der Pantoffeln zu unterwerfen und ihre venezianischen Schultern mit der ihnen gebührenden Kleidung zu bedecken. Denn welchen anderen Grund könnte man sich denken für dieses Erröten? Für das Glühen dieser wild flehenden Augen? Für die ungewöhnliche Aufregung der pochenden, bebenden Brust? Für den krampfhaften Druck jener zitternden Hand? Jener Hand, die sich wie zufällig auf die Hand des Fremden legte, als Mentoni sich zum Palast umwandte. Was konnte der Grund sein für den leisen – den außergewöhnlich leisen Ton der so sinnlosen Worte, die die Dame beim Abschied von ihm sprach? »Du hast gewonnen«, sagte sie, wenn das Murmeln des Wassers mich nicht täuschte, »du hast gewonnen – eine Stunde nach Sonnenaufgang – werden wir uns wiedersehen – so soll es sein!«

Der Tumult hatte sich gelegt, die Lichter des Palastes waren nach und nach erloschen, und der Fremde, den ich nun begrüßte, stand allein auf den Stufen. Er wurde von einer unverständlichen Erregung geschüttelt, und sein Auge suchte unruhig nach einer Gondel. Das mindeste, was ich tun konnte, war, ihm meine eigene anzubieten; er nahm diese Höflichkeit an. Als wir dann am Wassertor ein Ruder bekommen hatten, fuhren wir gemeinsam zu seiner Wohnung. Unterwegs gewann er rasch seine Selbstbeherrschung zurück und sprach in offensichtlich herzlichen Worten von unserer früheren flüchtigen Bekanntschaft.

Bei einigen Themen macht es mir Vergnügen, ins Detail zu gehen. Die Person des Fremden – so will ich ihn weiter nennen, weil er doch für alle Welt ein Fremder war – die Person des Fremden war eines dieser Themen. Seine Größe war vielleicht eher geringer als der Durchschnitt; doch es gab freilich Augenblicke heftiger Leidenschaft, in denen sich seine Gestalt wahrhaftig *streckte* und diese Aussage Lügen strafte. Das leichte, schlanke – fast schwächliche – Ebenmaß seiner Gestalt war eher Zeichen jener raschen Tatkraft, die er an der Seufzerbrücke unter Beweis gestellt hatte, als jener Herkulesstärke, über die er jedoch bekannterweise in noch gefährlicheren Notsituationen verfügte. Mit einem Mund und dem Kinn eines Gottes – einzigartigen, wilden, vollen, wasserklaren Augen, deren Farbe von klarem Nußbraun zu tiefem und glänzendem Kohlschwarz wechselten – und einer Fülle schwarz gelockten Haar, unter dem seine ungewöhnlich breite Stirn hervorschimmerte, manchmal völlig Licht und Elfenbein – besaß er Züge, wie man sie nie klassischer gesehen hatte, außer – eventuell – bei der Marmorbüste des Kaisers Commodus. Und dennoch war sein Gesicht trotz allem eines jener Antlitze, wie alle Menschen sie irgendwann einmal in ihrem Leben gesehen haben, doch danach niemals mehr wiedersehen. Es hatte keine besonderen Merkmale – keinen besonders vorherrschenden Ausdruck, der einem im Gedächtnis bliebe: ein Gesicht, das man sieht und sofort wieder vergißt – doch vergißt mit dem unbestimmten und konstanten Wunsch, es sich wieder in Erinnerung zurückzurufen. Nicht etwa, daß der Geist aller mitreißenden Leidenschaft es einmal versäumt hätte, sein eigenes scharfes Bild auf den Spiegel jenes Gesichts zu werfen, – nein, aber der Spiegel bewahrte – wie es ein Spiegel tut – keine Spuren der Leidenschaft, wenn diese wieder verflogen war.

Als ich ihn in dieser Nacht verließ, bat er mich in einer – wie ich fand – schon fast zwingenden Weise, am nächsten Morgen in aller Frühe bei ihm vorbeizukommen. So stellte ich mich kurz nach Sonnenaufgang in seinem Palazzo ein, einem dieser riesigen Gebäude von düsterer und gleichzeitig phantastischer Pracht, die an der Nähe des Rialto über dem Canal Grande aufragten. Ich wurde über eine breite Marmorwendeltreppe hinauf in einen Raum geführt, dessen unvergleichliche Pracht durch die sich öffnende Tür mit einem förmlichen Blenden herausbrach und mich blind und schwindelig macht aufgrund der verschwenderischen Üppigkeit.

Mir war bekannt, daß mein Bekannter wohlhabend war. Gerüchte sprachen über seinen

Besitz in Worten, die ich als lächerliche Übertreibung bezeichnet hatte. Doch als ich mich nun umschaute, konnte ich nicht glauben, daß der Reichtum irgendeines Mannes in Europa die wahrhaft königliche Herrlichkeit hätte schaffen können, die um mich herum glitzerte und strahlte.

Obwohl, wie ich bemerkte, die Sonne bereits aufgegangen war, war das Zimmer dennoch strahlend erleuchtet. Daraus – wie auch aus einer gewissen Blässe der Ermüdung im Gesicht meines Freundes – schloß ich, daß er in der vergangenen Nacht nicht ins Bett gegangen war. Nach Architektur und Einrichtung war der Raum offenbar dazu entworfen worden, zu erstaunen und zu blenden. Man hatte nur wenig darauf geachtet, was ›harmonische Wohnlichkeit‹ genannt wird, oder auf nationale Charakteristika. Der Blick wanderte von einem Gegenstand zum anderen und blieb auf keinem liegen – weder auf den Grotesken der griechischen Maler, noch auf den Skulpturen der besten italienischen Zeit, noch auf den gewaltigen Statuen des rohen Ägypten. In jedem Bereich des Raums bebten reiche Vorhänge zu den Schwingungen leiser, schwermütiger Musik, von der man nicht wußte, woher sie kam. Die Sinne wurden bedrückt von vermischten und konkurrierenden Düften, die aus merkwürdigen konvoluten Weihrauchgefäßen aufstiegen, zusammen mit zahlreichen flackernden und flimmernden Zungen smaragdfarbenen und violetten Feuers. Die Strahlen der wieder aufgegangenen Sonne fielen auf das Ganze durch Fenster, deren einzelne Scheibe aus karmesinrotem Glas war. Hier und da durch die Vorhänge, die von ihren Kranzleisten herabfielen wie Wasserfälle geschmolzenen Silbers, mischte sich das Strahlen des natürlichen Glanzes dann und wann unter das künstliche Licht und lag dann – sich in gebändigten Massen wälzend – auf einem Teppich aus einem üppigen, fließend erscheinenden Gewebe aus Gold.

»Ha, ha, ha! – Ha, ha, ha!« lachte der Besitzer, als ich in den Raum trat, winkte mich zu einem Sessel und ließ sich in voller Länge auf eine Ottomane fallen. »Ich sehe«, sagte er anschließend, als er bemerkte, daß ich von der *bienséance* eines so seltsamen Empfangs befremdet war, »ich sehe, meine Wohnung erregt Ihr Erstaunen – meine Bilder – meine Statuen – die Originalität meiner Meinungen in Sachen Architektur und Dekoration – absolut trunken, nicht wahr? von meinen Herrlichkeiten? Doch vergeben Sie mir, mein Lieber (hier sank seine Stimme zu einem Ton echter Herzlichkeit), vergeben Sie mir mein liebloses Gelächter. Sie erschienen nur so überaus verblüfft. Ansonsten sind manche Dinge so vollkommen possierlich, daß der Mensch einfach *lachen muß* – sonst erstickt er. Lachend zu sterben muß der herrlichste aller Tode sein! Sir Thomas More – ein ausgezeichneter Mann – Sir Thomas More starb lachend, wie Sie wohl wissen. Doch in den ›Absurditäten‹ des Ravisius Textor findet sich eine lange Liste von Menschen, die das gleiche herrliche Ende nahmen. Doch wissen Sie auch«, fuhr er verträumt fort, »daß in Sparta (dem heutigen Paleochori), in Sparta in der westlichen Zitadelle – mitten in einem Durcheinander kaum noch erkennbarer Ruinen – eine Art *Sockel* steht, auf dem die Lettern LASM noch lesbar sind? Sie sind zweifellos Teil des Wortes GELASMA. Nun hatte Sparta bestimmt an die tausend Tempel und Altäre für tausend verschiedene Gottheiten. Ist da nicht überaus seltsam, daß ausgerechnet der Altar des Lachens alle anderen überlebt haben soll? Doch in diesem Fall«, so resümierte er, wobei sich Stimme und Verhalten merkwürdig änderten, »habe ich kein Recht, mich auf Ihre Kosten zu amüsieren. Sie waren zu Recht verblüfft. In ganz Europa findet sich nichts so Erlesenes wie mein kleines königliches Kabinett. Meine anderen Räume sind keineswegs vergleichbar, reine *ultras* modischer Geschmacklosigkeit. Dies hier ist besser als Mode – nicht wahr? Doch es müßte nur einmal von jemandem gesehen werden, und es würde auf der Stelle zur Tagesmode werden – das heißt, bei denjenigen, die es sich mit dem Ausgeben eines ganzen väterlichen Erbes erlauben könnten. Doch ich habe mich sehr wohl vor einer solchen Profanisierung gehütet. Mit einer Ausnahme sind Sie – von mir selbst und meinem Kammerdiener abgesehen – die einzige Person, die in die Mysterien dieses kaiserlichen Bereichs eingelassen wurde, seit er diese Einrichtung erhielt, die Sie hier sehen!«

Ich verneigte mich als Anerkennung; denn der überwältigende Eindruck von Glanz und Duft und Musik zusammen mit der unerwarteten Exzentrizität seiner Redeweise und seines Verhaltens hinderte mich daran, meine Würdigung dessen, was ich wohl sonst mit einem Kompliment bedacht hätte, in Worten auszudrücken.

»Hier«, fuhr er fort, erhob sich und stützte sich beim Herumschlendern im Zimmer nun auf meinen Arm, »hier sind Gemälde der Griechen bis zu Cimabue und von Cimabue bis heute. Viele wurden – wie Sie sehen – ausgewählt, ohne dabei auf die Ansichten Virtûs Rücksicht zu nehmen. Doch sie sind allesamt durchaus passend als Wandschmuck für einen Raum wie diesen. Hier sind auch einige Hauptwerke der unbekannten Großen – und hier unvollendete Entwürfe von Männern, die in ihrer Zeit gefeiert wurden, deren Namen die Akademie jedoch scharfsinnig dem Schweigen und mir überlassen hat. Was halten Sie«, sagte er und wendete sich plötzlich um, »was halten Sie von dieser Madonna della Pietà?«

»Das ist ein echter Guido!« sagte ich mit all meiner mir eigenen Begeisterung, denn ich hatte bereits das entzückende Bild entdeckt. »Das ist ein echter Guido! Wie sind Sie denn an den gekommen? Zweifellos ist sie der Malerei, was die Venus für die Bildhauerei ist.«

»Ha!« sagte er nachdenklich. »Die Venus – die schöne Venus? Die Venus der Medici? Die mit dem kleinen Kopf und dem goldgeschmückten Haar? Ein Teil des linken Arms (an dieser Stelle ließ er seine Stimme leiser werden, bis sie kaum noch zu hören war) und der ganze rechte sind Restaurationen, und in der Koketterie jenes rechten Arms findet sich meiner Meinung nach die Quintessenz aller Affektiertheit. Da lobe ich mir den Canova! Auch der Apollo! Ist eine Kopie! Daran kann kein Zweifel sein – blinder Narr, der ich bin, daß ich die gerühmte Inspiration des Apollo nicht erkennen kann! Ich kann mir nicht helfen – ich Beklagenswerter – ich kann mir nicht helfen, aber ich bevorzuge den Antinous. War es nicht Sokrates, der sagte, Bildhauer finden ihre Statuen in ihren Marmorblöcken bereits vorgebildet? Dann war Michelangelo in keinster Weise originell in seinem Couplet –

›*Non ha l'ottimo artista alcun concetto*
che un marmo solo in se non circonscriva.‹«

Man hat häufig gesagt, oder sollte es sagen, daß wir im Verhalten eines wahren Gentleman stets einen Unterschied zum Benehmen des gemeinen Volkes bemerken, ohne daß man sofort und mit Bestimmtheit sagen könnte, was diesen Unterschied ausmache. Wenn man diese Beobachtung in vollem Umfang auf das äußere Verhalten meines Bekannten anwenden konnte, so bekam ich an diesem ereignisreichen Morgen das Gefühl, daß sie womöglich noch besser auf sein geistiges Temperament und sein Wesen zutraf. Ich kann keine bessere Bezeichnung für jene spirituelle Sonderlichkeit finden, die ihn so deutlich von allen anderen Menschen unterschied, als daß ich als eine *habituelle Tendenz* zu intensivem und andauerndem *Denken* bezeichne, von dem noch seine banalsten Handlungen durchdrungen waren – das sich auch in die vertändelten Augenblicke hineindrängte – sich in die Blitze ausgelassener Heiterkeit mischte – stets gegenwärtig – wie die Schlangen, die sich an den Architraven der Tempel von Persepolis aus den Augen der grinsenden Masken winden.

Ich mußte jedoch – in dem aus Leichtfertigkeit und Feierlichkeit gemischten Ton, mit dem er sich rasch über Dinge geringer Wichtigkeit ausließ – wiederholt ein gewisses *air* von Unruhe bemerken – eine gewisse nervöse Inbrunst – eine unruhige Reizbarkeit im Verhalten, die mir immer unerklärlich war und mich bei manchen Gelegenheiten fast bestürzte. Oft brach er auch mitten im Satz ab, dessen Anfang er offenbar vergessen hatte, und schien dann höchst aufmerksam zu lauschen, als warte er auf einen Besucher oder höre Geräusche, die nur in seiner Einbildung vorkommen konnten.

Während einer dieser Träumereien oder zerstreuten Pausen blätterte ich eine Seite der herrlichen Tragödie »Orfeo« (der eigentlich ersten italienischen Tragödie) des Dichters und Gelehrten Politian um, die neben mir auf einer Ottomane lag, und entdeckte dabei eine mit Bleistift unterstrichene Passage. Es war eine Stelle am Ende des dritten Akts – eine wahrlich bewegende Stelle – eine Stelle, die zwar leicht unzüchtig ist, aber von einem Mann von Gemüt nicht ohne neuerliches Erschauern, von einer Frau nicht ohne Seufzen gelesen werden kann. Die ganze Passage war frisch von Tränen getränkt, und auf dem gegenüber liegenden Durchschußblatt standen die folgenden Verse in einer Handschrift, die sich so von der eigentümlichen Schrift meines Bekannten unterschied, daß ich sie nur mit Mühe dennoch als die seine erkannte:

Du warst mein ganz' Begehr, Lieb,
　　dafür litt meine Seele Pein –
ein Eiland grün im Meer, Lieb,
　　ein Brunnenquell und ein Schrein,
bekränzt mit magischen Früchten und Blumen;
　　und all die Blumen warn mein.

Ah, Traum im Strahlenglast!
Sternengleiche Hoffnung, die entspringt
– und schon schmachtet unter Wolken Last!
　　Ein Ruf – »Auf!« – aus der Zukunft dringt –
doch unter Vergangenheits Last
　　(so düstre Bürde!) liegt mein Geist
unbeweglich, stumm, erblaßt.

Denn ach! ach! mir entschwand
　　das Licht ohn' Wiederkehr.
Nie mehr – nie mehr – nie mehr –
　　(solch Sprache dringt zum kahlen Strand
von der See so schwermutsschwer)
　　blüht blitzversehrt der Baum im Sand,
kreist der Aar, der stürzte ins Meer!

Nun sind meine Tage Trancen,
und alle Nächte will ich weih'n
nur deiner Grauaugen Glanzen
und deines Schreitens Gleihn -
in welch ätherischem Tanzen,
　　in welch ewigem Schein!

Daß diese Verse in Englisch geschrieben waren – einer Sprache, die – wie ich geglaubt habe, dem Autor nicht geläufig war –, überraschte mich nur wenig. Ich wußte ja genau, wie weitreichend seine Kenntnisse waren und wieviel Vergnügen es ihm bereitete, sie still für sich zu behalten, so daß mich eine solche Entdeckung nicht erstaunen konnte. Doch der Entstehungsort, das muß ich gestehen, verblüffte mich nicht wenig. Da hatte nämlich ursprünglich ›London‹ gestanden, und später wurde das Wort sorgfältig durchgestrichen – doch nicht so sorgfältig, daß man es mit einem gründlichen Anschauen nicht erkennen könnte. Ich sagte, daß dies mich verblüffte, denn ich erinnerte mich durchaus daran, daß ich meinen Freund bei einem früheren Gespräch ausdrücklich gefragt hatte, ob er jemals in London die Marchesa die Mentoni getroffen habe (die vor ihrer Heirat einige Jahre in dieser Stadt gelebt hatte), und daß seine Antwort mir – wenn ich mich nicht irre – deutlich machte, daß er noch nie die Hauptstadt Großbritanniens besucht hatte. Genauso darf ich hier bemerken, daß ich mehr als einmal gehört habe (obwohl ich keinem bloßen Gerücht Glauben schenkte, das so viele Unwahrscheinlichkeiten einschloß), die Person, von der ich rede, sei nicht nur von Geburt, sondern auch nach Bildung und Erziehung *Engländer*.

»Da wäre noch ein Gemälde«, sagte er, ohne zu wissen, daß ich die Tragödie gesehen hatte, »noch ein Gemälde wäre da, das Sie bisher noch nicht kennen.« Und damit zog er einen Vorhang beiseite und enthüllte ein lebensgroßes Porträt der Marchesa Aphrodite.

Menschenkunst hätte nicht mehr erreichen können bei der Abbildung ihrer überirdischen Schönheit. Dieselbe ätherische Gestalt, die vergangene Nacht auf den Stufen des Dogenpalastes vor mir gestanden hatte, stand nun erneut vor mir. Doch im Ausdruck ihrer Gesichtszüge, die ein vielfältiges Lächeln spiegelten, lauerte dennoch (oh, unbegreifliche Anomalie!) jener jähe launische Makel der Melancholie, den man immer mit perfekter Schönheit verbindet. Ihr rechter Arm lag angewinkelt über ihrer Brust. Der linke wies nach unten auf eine seltsame geformte Vase. Ein schmaler feenhafter Fuß, der als einziger sichtbar war, berührte nackt die Erde – und in der strahlenden Atmosphäre, die ihren Liebreiz wie ein Schrein umgab, schwebte kaum erkennbar ein Paar äußerst zarter Schwingen. Mein Blick schweifte vom Gemälde zur Gestalt meines Freundes, und wie von selbst kamen mir die mächtigen Worte aus Chapmans ›Bussy d'Ambois‹ auf die Lippen:

»— Er steht
dort wie ein römisches Standbild. Er wird stehen,
bis der Tod ihn in Marmor verwandelt hat!«

»Kommen Sie!« sagte er endlich und wandte sich zu einem Tisch aus üppig emailliertem und massivem Silber, auf dem einige Becher in phantasievollen Farben und zwei große etruskische Vasen standen, die dasselbe ungewöhnliche Muster wie jene im Porträtvordergrund hatten und meiner Meinung mit Johannisberger gefüllt waren. »Kommen Sie!« sagte er unvermittelt, »lassen Sie uns trinken! Es ist zwar noch früh – doch lassen Sie uns trinken. Es ist in der Tat noch früh«, fuhr er träumerisch fort, als ein Cherub mit einem schweren goldenen Hammer den Raum vom Schlag der ersten Stunde nach Sonnenaufgang widerhallen ließ. »Es ist in der Tat noch früh, doch was soll's? Lassen Sie uns trinken. Wir wollen jener feierlichen Sonne ein Trankopfer bringen, mit deren Licht zu konkurrieren diese prachtvollen Lampen und Rauchgefäße sich bemühen!« Und nachdem er mich genötigt hatte, einen Humpen anzunehmen, trank er selbst schnell hintereinander mehrere Becher Wein.

»Träumen«, sagte er nun wieder im Ton seiner unzusammenhängenden Konversation und hielt eine der prunkvollen Vasen ins Licht der Rauchgefäße, »Träumen war immer die Beschäftigung meines Lebens. Daher habe ich mir, wie Sie sehen, ein Gebäude aus Träumen erbaut. Hätte ich im Herzen Venedigs ein besseres erbauen können? Es ist wahr, Sie sehen hier eine wirre Mischung aus architektonischer Dekoration. Die Reinheit Ioniens wird von antediluvianischen Einfällen verletzt, und Sphinxe aus Ägypten liegen auf Goldteppichen ausgestreckt. Doch das macht allenfalls auf den Ängstlichen einen ungereimten Eindruck. Die Schreckgespenster, die Menschen von der Betrachtung der Herrlichkeiten abhalten, sind Eigenheiten von Ort und Zeit. Einst war auch ich ein Dekorist: doch diese Verfeinerung des Nonsens hat für meine Seele ihren Reiz verloren. All dies hier nun erfüllt meinen Zweck um so besser. Mein Geist windet sich wie bei diesen Rauchgefäß-Arabesken in Flammen, und das Delirium dieser Szene gibt mir wildere Visionen jenes Landes wirklicher Träume, in das ich nun in Eile reise.« Hier unterbrach er sich plötzlich, senkte den Kopf und schien einem Laut zu lauschen, den ich nicht hören konnte. Schließlich richtete er sich hoch auf, blickte empor und stieß die Worte des Bischofs von Chichester hervor:

»In jenem hohlen Tale harre mein
und sei gewiß – einst stelle auch ich mich ein!«

Im nächsten Augenblick warf er sich, von der Macht des Weins überwältigt, der Länge nach auf eine Ottomane.

Da ließ sich ein rascher Schritt auf der Treppe vernehmen, und schon bald folgte ein Klopfen an der Tür. Ich beeilte mich, um eine zweite Störung zu verhindern, doch da stürzte auch schon ein Page aus dem Haushalt Mentonis ins Zimmer und stammelte mit vor Emotionen halb erstickter Stimme die unzusammenhängenden Worte: »Meine Herrin – meine Herrin – vergiftet! Oh schöne – oh herrliche Aphrodite!«

In absoluter Verstörung eilte ich zur Ottomane und versuchte, den Schläfer wachzurütteln, um ihm die schreckliche Neuigkeit mitzuteilen. Doch sein Körper war steif – seine Lippen leichenblaß – seine vor kurzem noch strahlenden Augen waren *im Tode* erstarrt. Ich stolperte zurück zum Tisch – meine Hand fiel auf einen zerbrochenen und schwarz angelaufenen Becher – und die Erkenntnis der ganzen furchtbaren Wahrheit durchzuckte meine Seele wie ein Blitz.

Berenice

Da versicherten mir die Tischgenossen, daß mein Kummer zu einem gewissen Grad erleichtert würde, wenn ich das Grab meiner Liebsten besuchte.

Ebn Zaiat

Das Elend ist mannigfaltig. Die irdische Erbärmlichkeit vielgestaltig. Sie überspannt den weiten Horizont wie ein Regenbogen. Ihre Nuancen sind ebenso variantenreich wie die Farben des Bogens – außerdem ebenso deutlich und ebenso zart ineinander übergehend. »Überspannt den weiten Horizont wie ein Regenbogen« – wie bin ich denn darauf gekommen, von der Schönheit zu etwas so Unschönem überzugehen? Vom Zeichen des Friedensbunds zum Symbol der Sorge? Doch so, wie in der Ethik das Böse mit dem Guten verbunden ist, wird in der Freude das Leid geboren. Entweder macht die Erinnerung an vergangene Wonnen das Heute zur Qual, oder die *gegenwärtigen* Foltern haben ihren Ursprung in den Verzückungen, die *hätten sein können*.

Ich wurde auf den Namen Egæus getauft, den meiner Familie will ich nicht nennen. Doch es gibt keine altehrwürdigeren Bauwerke im Land als die dämmernden grauen Hallen meiner Vorväter. Unsere Linie wurde als Geschlecht von Visionären bezeichnet, und in verschiedenen auffälligen Details – dem Äußeren unseres Herrenhauses – den Fresken im großen Salon – den Gobelins der Schlafzimmer – den steinernen Ornamenten an Strebepfeilern in der Waffenkammer – doch noch deutlicher den alten Gemälden der Galerie – dem Stil der Bibliothek und schließlich an dem höchst eigentümlichen Inhalt unserer Bibliothek gibt es bereits genug Hinweise, um solche Ansichten zu bestätigen.

Meine ersten Erinnerungen an die frühe Kindheit sind unauflöslich mit eben diesem Zimmer und den Reihen seiner Bücher verbunden – was die letzteren angeht, will ich nichts weiter sagen. Hier starb meine Mutter. Hier wurde ich geboren. Doch es wäre falsch und müßig, wenn ich behauptete, nicht schon vorher gelebt zu haben – daß die Seele vor der Geburt nicht existierte. Ihr verneint das? Laßt uns nicht lange darüber streiten. Da ich zutiefst davon überzeugt bin, will ich nicht überzeugen. (Und doch existieren gewisse Erinnerungen an arielische Gestalten – an geisterreich vielsagend Schauendes – an musische, wenn auch düstere Klänge – Erinnerungen, die nicht weggedacht werden können – mnestisch Mystisches wie Schemen, verwischt, sich verändernd, undeutlich, instabil – und auch darin dem Schatten ähnlich, so daß ich mich seiner nicht entledigen kann, solange das Sonnenlicht meiner Vernunft leuchtet.)

In jenem Zimmer wurde ich geboren. Als ich derart aus langer Nacht auffuhr, die Nicht-Sein schien (es aber nicht war), in die Region eines Feenlands – in einen Palast der Phantasie – in die ungestümen Bezirke scholastischen Denkens und Gelehrsamkeit –, ist es nicht weiter verwunderlich, daß ich mich mit glühenden Augen begierig umsah, meine Kindheit mit Büchern versäumte und meine Jugend mit Träumen. Doch es ist seltsam, als die Jahre vergingen und ich in der Blüte meiner Mannheit immer noch im Haus meines Vaters weilte – es ist seltsam, wie meine Lebendigkeit von Stockung und Stillstand befallen wurde –, seltsam, wie völlig sich das Wesen meiner einfachsten Gedanken umdrehte. Die Realitäten der Welt waren für mich Halluzinationen, nichts als Halluzinationen; dagegen waren die wilden Gebilde meines Traumreichs immer mehr zu – ja, nicht nur zum Fundament meines Alltags wurden, sondern eher, wirklich und wahrhaftig, einzig allein zu diesem Dasein selbst.

Berenice und ich waren Cousin und Cousine und wuchsen miteinander in meinem Elternhaus auf. Doch wir wuchsen sehr verschieden auf - ich kränklich und um Düsternis umgeben - sie anmutig, beweglich und übersprudelnd vor Energie - sie leichtfüßig den Hügel bewältigend - ich wie ein Mönch über Studien gebeugt - ich nur im eigenen Herzen lebend und webend und an Leib und Seele süchtig schmerzhaft gespanntem Meditieren ergeben - sie sorglos durchs Leben wandernd, ohne auch nur an die Schatten auf ihrem Weg oder das schweigsame Fliehen rabenschwarzer Stunden zu denken. Berenice - beschwörend rufe ich ihren Namen: Berenice! - und bei diesem Klang tauchen aus den grauen Ruinen des Gedächtnisses tausend chaotische Erinnerungen auf! Ach, deutlich steht ihr Bild nun vor mir; lebhaft wie in den Tagen, als sie noch leichtherzig und froh war! Oh, prunkvolle, doch phantastische Schönheit! Ah, Sylphide im Gebüsch von Arnheim! Oh, Najade in seinen sprudelnden Brunnen! Doch dann - ja, dann gibt es nichts mehr als Rätsel und Grauen und eine Erzählung, die nicht erzählt werden sollte.

Leiden - ein schleichendes, tödliches Leiden - überfiel sie wie der Samum. Ja, noch während mein Blick auf ihr ruhte, schwebte der Wechselgeist über sie hinweg, erfüllte ihr Gemüt, ihre Gewohnheiten, ihr Wesen und zerstörte auf höchst subtile und gräßliche Art auch die Identität ihrer Persönlichkeit! Wehe, der Vernichter kam und ging, und sein Opfer - ja, wo war das? Ich kannte es nicht - ich erkannte es nicht länger als Berenice.

Unter den zahlreichen Krankheiten, die zu jener heillosen ursprünglichen Krankheit - die eine so schreckliche Veränderung im Wesen und Aussehen meiner Cousine verursachte - hinzukamen, muß als hartnäckigste und schlimmste eine Art von Epilepsie genannt werden, die sich nicht selten in Trance verwandelte. Einen Trancezustand, der einer endgültigen Auflösung gefährlich nahe kam und aus dem sie in den meisten Fällen so plötzlich erwachte, daß man erschrak. Mittlerweile nahm mein eigenes Leiden - denn mir wurde gesagt, daß man es nicht anders nennen dürfte -, mein eigenes Leiden nahm also rasch zu, bis es schließlich zu einer Art von ganz neuer und außergewöhnlicher Monomanie wurde - die sich stündlich, ja augenblicklich steigerte und am Ende die unverständlichste Gewalt über mich gewann. Diese Monomanie, wie man sie wohl nennen muß, bestand in einer morbiden Überreizung jenes Gehirnabschnitts, der von Psychologen als »Wahrnehmungsspeicher« bezeichnet wird. Ich erwarte geradezu, daß man mich nicht versteht; denn ich fürchte sowieso, daß ich dem Geist des normalen Lesers mit keinem Wort einen annähernden Begriff von jener nervösen Angespanntheit des Interesses vermitteln kann, mit dem sich bei mir die Betrachtungskraft (um keinen noch unverständlicheren technischen Begriff zu verwenden) in die Betrachtung und Auffassung der alltäglichsten Gegenstände der Außenwelt eingrub und sich darin verwühlte.

Lange Stunden unermüdlicher Versenkung, in denen meine ganze Aufmerksamkeit einem nebensächlichen Randleistendetail eines Buches galt oder dessen Typographie; die schönere Hälfte eines Sommertages mit einem wunderlichen Schatten zu verschwenden, der komisch an der Tür vorbeikroch oder schräg über die Tapete; eine ganze Nacht in der Betrachtung des ernsten Flämmchens einer Lampe oder still vegetierender Feuerglut zu verbringen; ganze Tage über dem Duft einer Blume zu verträumen; ein völlig banales Wort so lange monoton zu wiederholen, bis sein bloßer Klang wegen der sturen Hartnäckigkeit für den Verstand keinen Sinn mehr besitzt; jedes Gefühl von Bewegung, ja körperlicher Existenz allgemein, dadurch zu verlieren, daß ich mich lange und stur dazu zwang, keine körperliche Bewegung zu machen - das waren einige meiner häufigeren und noch am wenigsten schlimmen Launen, die durch einen bestimmten Seelenzustand herbeigeführt wurden, der zwar nicht einzigartig ist, doch zweifelsohne Analyse oder Einsicht in seine Mechanismen nicht erlaubt.

Aber man darf mich nicht falsch verstehen. - Diese unverhältnismäßige, ernsthafte und ungesunde Fixierung der Aufmerksamkeit, die bei mir durch eigentlich belanglose Objekte geweckt wurde, darf auf keinen Fall mit dem bei allen Menschen zu findenden Hang zur Tagträumerei verwechselt werden, dem sich besonders Individuen mit großer Phantasie hingeben. Auch handelte es sich nicht, wie man eventuell annehmen könnte, um ein extremes Maß, eine Übertreibung eines solchen Hanges, sondern um etwas ganz und gar Verschiedenes und anderes. Gewöhnlich geht der Träumer oder Gedankenjongleur von einem im allgemeinen nicht pervers belanglosen Motiv aus, er verliert diesen Ausgangspunkt nicht unmerklich aus den Augen in den Wirren der darauf folgenden Anregungen und Eingebungen, bis er schließlich am Ende des von Ersatzwonnen prallen Tagtraums jenes *incitamentum,* jenen ersten Keim seiner Versunkenheit, völlig vergessen und »wegjongliert« hat. Bei mir dagegen war der Ausgangspunkt total belanglos, obwohl er auf der Durchquerung des Mediums meiner verzerrten Optik immer schnell eine irreale, fast schon abgeknickte Bedeutung bekam. Es ergaben sich nur ganz wenige – wenn überhaupt – Abweichungen von der vorbestimmten Grundrichtung, und auch diese kamen hartnäckig auf den ursprünglichen Anlaß wie auf eine geheime Mitte zurück. Des weiteren waren meine Gedanken *niemals* angenehm; und am Ende einer Traumfolge hatte die erste Ursache – statt aus den Augen verloren zu sein – vielmehr diese übernatürliche, ausschweifende Wichtigkeit gewonnen, die das vorherrschende Merkmal meines Leidens war. In einem Wort: Die hauptsächlich beteiligten Geisteskräfte waren – wie ich bereits sagte – bei mir die *wahrnehmungsspeichernden,* während es beim normalen Tagträumer eher die *kombinierend schweifenden* sind.

Zu dieser Zeit ahmte meine Lektüre – wenn sie nicht tatsächlich einen Beitrag geleistet hat, die Verirrung noch zu verstärken – in der Phantastik und Unlogik ihrer Komposition – wie man sehen wird – die charakteristischen Zeichen der Erkrankung selbst grob nach. Ich erinnere mich unter anderem noch deutlich an die Abhandlung jenes edlen Italieners Coelius Secundus Curio *»De Amplitudine Beati Regni Dei«,* an St. Augustins großartiges Buch vom *»Gottesstaat«* und Tertullians *»De Carne Christi«,* dessen paradoxe Aussage *»Mortuus est Dei filius; credibile est quia ineptum est; et sepultus resurrexit; certum est quia impossibile est«* für viele Wochen eifrigen und vergeblichen Spekulierens meine ungeteilte Aufmerksamkeit in Anspruch nahm.

Daher ist verständlich, daß mein Verstand – den nur das Trivialste aus dem Gleichgewicht bringen kann – jener Meeresklippe glich, von der Ptolomäus Chennus – der Sohn des Hephaistion – berichtet, daß sie allen Anstrengungen menschlichen Ungestüms immer widerstand, ebenso wie der wilderen Wut der Wasser und des Windes, vielmehr daß sie nur erzitterte, wenn sie mit dem Stengel der Pflanze Asphodill berührt. Und auch wenn es einem gedankenlosen Denker sicher erscheinen mag, daß die von der elenden Krankheit bei Berenice auftretenden seelischen Depressionen mir so manchen Ausgangspunkt für unnormal intensive Tagträume boten (solcherart, wie ich soeben ausführlich beschrieben habe), so war dies nie im mindesten der Fall. In helleren Augenblicken meines eigenen Leidens machte mir ihr Leid durchaus Kummer; und wenn ich mir des vollen Ausmaßes des Schiffbruchs ihres schönen und zarten Lebens voll bewußt wurde, mußte ich lange und bitter über die erstaunlichen Ursachen nachdenken, die eine so seltsam totale Änderung so jäh hatten verursachen können. Doch solche Überlegungen hatten dann mit der besonderen Art meiner eigenen Erkrankung nichts zu tun, sondern waren vielmehr so geartet, wie man sie unter gleichen Umständen bei der Mehrzahl der Menschen gefunden hätte. Nein – meine Abartigkeit schwelgte (getreu ihrer Sonderlichkeit) eher in den unbedeutenderen, doch für mich weit aufregenderen Veränderungen, die im *Äußeren* Berenices bemerkbar waren – in der eigenartigen und überaus schrecklichen Verformung ihrer individuellen, persönlichen Kennzeichen.

Bereits in den strahlendsten Tagen ihrer unvergleichlichen Schönheit hatte ich sie niemals – und das ist sicher – geliebt. Meine Gefühle waren nie, bei der seltenen Abnormalität meines Wesens, meinem Herzen entsprungen. Meine Leidenschaften kamen stets allein aus dem Kopf. Ob im Dämmerlicht des frühen Morgens, ob in den Schatten des Hochwalds am Mittag – ob im stillen Büchersaal bei Nacht –, sie war durchaus an meinen Augen vorübergehuscht, und ich hatte sie wahrgenommen – doch nicht als die lebendige, atmende Berenice, sondern als die Berenice eines Traums –, nicht als Wesen dieser Erde, irdisch, sondern wie die Abstraktion dieses Wesens – nicht als Objekt der Bewunderung, sondern der Analyse – nicht als Gegenstand der Liebe, sondern als Thema absonderlichsten, wenn auch planlos plänkelnden Spekulierens. Doch *nun* – nun erbebte ich in ihrer Gegenwart und erblaßte, wenn sie sich näherte. Und wenn ich ihren hoffnungslos verfallenen Zustand auch beklagte, rief ich mir ins Gedächtnis, daß sie mich ja schon lange geliebt habe. Und so – in einem schlimmen Moment – trug ich ihr die Hochzeit an.

Und da kam auch schließlich der Zeitpunkt des Brautbetts – es war ein Nachmittag zur Winterszeit. Einer jener paradox milden, dunstigen Tage von Kalme, die den schöneren halkyonischen Tagen vorausgehen – da saß ich (und wie ich dachte, allein) im Inneren der Bibliothek. Doch als ich aufblickte, sah ich, daß Berenice vor mir stand.

War es meine überreizte Phantasie – oder der Einfluß des dunstigen Wetters – oder das unbestimmte Zwielicht des Raums – oder die grauen Falten um ihre Gestalt, was ihre Umrisse so undeutlich und schwankend machte? Ich wußte es nicht. Sie sprach kein Wort, und ich – ich konnte um nichts in der Welt auch nur eine Silbe hervorbringen. Eine Eiseskälte durchschauerte mich; eine unerträgliche Angst bedrückte mich; eine verzehrende Neugierde durchdrang meine Seele. Ich sank auf meinem Stuhl zurück und verharrte einige Zeit, ohne mich zu bewegen oder zu atmen, die Augen unverwandt auf ihre Gestalt gerichtet. Wehe! Sie war über alle Maßen abgemagert, und nicht das kleinste Stück ihrer Konturen ließ noch eine Spur von dem erkennen, was sie früher gewesen war. Mein brennender Blick fiel auf ihr Gesicht.

Ihre Stirn war hoch, sehr bleich und seltsam gelassen. Das einst rabenschwarze Haar fiel stellenweise in diese Stirn und beschattete die eingefallenen Schläfen mit zahllosen Locken, doch jetzt in einem lebhaften Gelb und durch ihre phantastische Natur mit der ansonsten im Gesicht vorherrschenden Schwermut im Widerspruch. Die Augen waren leblos, stumpf und scheinbar ohne Pupillen. Unwillkürlich schauderte ich vor ihrem glasigen Starren zurück und betrachtete statt dessen die dünn gewordenen, eingeschrumpften Lippen. Die öffneten sich, und in einem Lächeln von eigenartiger Bedeutsamkeit zeigten sich *die Zähne* der veränderten Berenice meinem Blick. Wollte Gott, daß ich sie nie gesehen hätte oder im selben Augenblick tot niedergesunken wäre!

Ich schreckte auf, als eine Tür zufiel; und als ich aufblickte, sah ich, daß meine Cousine gegangen war. Doch die regelwidrigen Bereiche meines Gehirns hatte es – weh mir! – nicht verlassen und wollte sich auch keineswegs vertreiben lassen, dieses weiße gespenstische *Spektrum* ihrer Zähne. Kein Punkt auf ihrer Vorderseite – kein bißchen trüber Zahnschmelz – nicht der kleinste Zacken ihrer scharfen Beißkanten –, nichts von alldem war mir entgangen. Der Bruchteil eines Augenblicks ihres Lächelns war genug gewesen, sich meinem Gedächtnis einzubrennen. Jetzt sah ich nur noch klarer, als ich sie zuvor wirklich gesehen hatte. Die Zähne! – Die Zähne! Sie waren hier und da und überall, ich meinte sie nicht nur sehen, sondern anfassen zu können: lang und eng beieinander, extrem weiß und blasse dünne Lippen um sie herum gekrümmt, genau wie im ersten schrecklichen Moment, als sie sie entblößt hatte. Und schon wurde meine Monomanie mit voller Kraft und Wut in Gang gesetzt, und ich kämpfte vergeblich gegen ihren unglaublichen und unwiderstehlichen Einfluß. Ich fand keinen anderen Gedanken in den tausendfältigen Details der Außenwelt – nur den an diese Zähne. Ich verzehrte mich in rasendem Verlangen nach ihnen. Alles andere, alle irgendwie andersartigen Interessen verloren sich in dieser einen besonderen Betrachtung. Sie – und einzig SIE – sah ich vor meinem inneren Auge, und sie wurden in ihrer besonderer Eigenart zum Hauptinteresse meiner Mentalität. Ich drehte sie in jedes Licht, unter jedem nur vorstellbaren Winkel. Ich vermaß ihre Topographie wie ein Landvermesser. Ich hielt mich bei ihren Eigenheiten auf. Ich dachte über ihren feinen Bau nach. Ich versank in Gedanken über mögliche Veränderungen ihres Wesens. Mich schauderte, als ich ihnen im Geiste die Gabe des Fühlens und Empfindens zuschrieb oder mit Hilfe von

Lippen die Fähigkeit, Moralitäten zu äußern. Über Mademoiselle Sallé wurde so hübsch gesagt, *»que tous ses pas étaient des sentiments«*. Ich glaube aber eher von Berenice *»que tous ses dents étaient des idées«*. Und da: *des idées* – das war der törichte Einfall, der mein Verderben wurde! *»Des idées«!* Darum also begehrte ich sie so. Darum hatte ich das Gefühl, daß ich sie besitzen mußte, wenn ich jemals Frieden und meinen Verstand zurückhaben wollte.

Währenddessen brach der Abend über mir herein – und es kam die Dunkelheit und verweilte und verschwand. Es graute ein neuer Tag – und die Nebel der nächsten Nacht stiegen überall auf –, und ich saß immer noch in dem einsamen Raum, immer noch in Gedanken versunken. Und immer noch wurde ich übermächtig von Phantasien von Zähnen beherrscht, die mich umschwebten im Wechsel von Licht und Schatten des Raums – mit höchst lebhafter und abscheulicher Deutlichkeit. Und auf einmal brachen Schreck- und Bestürzungsschreie in meine Träume, gefolgt von verstörten Stimmen mit manchem besorgten oder schmerzlichen Stöhnen. Ich stand auf, öffnete eine der Bibliothekstüren und erblickte im Vorraum eine Dienerin, die mir unter Tränen mitteilte, daß Berenice – nicht mehr sei. Sie habe ganz früh am Morgen einen epileptischen Anfall bekommen, und nun – bei Anbruch der Nacht – war das Grab schon bereit für sie, und alle Vorbereitungen für die Bestattung waren bereits getroffen.

Als ich zu mir kam, saß ich in der Bibliothek – wieder allein. Mir schien, ich war erneut erwacht aus einem unruhig verworrenen Traum. Mir war bewußt, daß es circa Mitternacht war, und ich erinnerte mich durchaus, daß wir nach Sonnenuntergang Berenice bestattet hatten. Aber die trübe Zwischenzeit, die danach kam – von ihr hatte ich keine zuverlässigen, keine klaren Vorstellungen. Doch nur daran zu denken, bereitete mir Grauen, ein Grauen, das wegen seiner Unklarheit noch grausiger war, und Schrecken, der wegen seiner Unbestimmtheit nicht schrecklicher war. Dies mußte eine furchtbare Seite des Buchs meines Lebens sein, ganz eng beschrieben mit grauslich schwachen, nicht zu entziffernden Erinnerungen. Ich strengte mich wirklich an, sie zu entschlüsseln, doch vergeblich – obwohl ich immer wieder meinte, das durchdringend schrille Kreischen einer Frauenstimme zu hören wie den Geist eines längst verklungenen Lauts. Ich hatte etwas getan – doch was nur? Dann stellte ich diese Frage laut, und die Echos des Zimmers flüsterten es zurück zu mir: »Was nur?«

Auf dem Tisch neben mir brannte die Lampe, und daneben lag ein kleines Etui. Es war nicht besonders auffällig, und ich hatte es schon früher gesehen, denn es gehörte unserem Hausarzt. Doch wie kam es hierher auf meinen Tisch, und wieso grauste es mich, wenn ich es ansah? Ich konnte mir diese Dinge einfach nicht erklären, und schließlich glitt mein Blick weiter zu einem aufgeschlagenen Buch und einem unterstrichenen Satz auf der offenen Seite. Die seltsamen und doch in ihrer Art so einfachen Worte waren die des Poeten Ebn Zaiat: *»Dicebant mihi sodales si sepulchrum amicæ visitarem, curas meas aliquantulum fore levatas.«* Doch warum standen mir nun, als ich sie las, so spürbar die Haare zu Berge, und warum gefror mir das Blut in den Adern?

Da klopfte es leise an der Bibliothekstür, auf Zehenspitzen trat ein Bediensteter ein, blaß wie eine Leiche. Sein Blick war wild vor Grauen, und seine Stimme bebte, war heiser und überaus leise. Was wollte er? Ich hörte einige abgehackte Sätze. Er erzählte von einem wilden Schrei, der die stille Nacht gestört hätte – daß sich die ganze Dienerschaft versammelt hätte – daß man eine Suche durchgeführt hätte in Richtung des Tons –, und hier wurde seine Stimme deutlich, als er mir etwas über ein geschändetes Grab zuflüsterte, über eine entstellte Figur im Leichentuch, die noch immer atmete, noch immer zuckte, noch immer *am Leben war!*

Er deutete auf meine Kleider – sie waren schmutzig mit Erde und geronnenem Blut. Ich sagte nichts – und er ergriff sanft meine Hand –, die Spuren von Fingernägeln zeigte. Dann lenkte er meine Aufmerksamkeit auf ein Objekt, das an der Wand lehnte. Ich schaute ihn mir sorgfältig für Minuten an – es handelte sich um einen Spaten. Da stürzte ich mit einem Schrei zum Tisch und packte das Etui, das darauf lag. Doch mir fehlte die Kraft, es zu öffnen, außerdem zitterte ich so, daß es mir aus der Hand und schwer zu Boden fiel – und zerbrach –, und aus ihm rollten unter lautem Klappern verschiedene zahnärztliche Instrumente – vermischt mit 32 kleinen, weißen Stückchen, die aus Elfenbein zu sein schienen und sich übers Parkett verstreuten –, schau – hierhin und dorthin.

Morella

Αυτο καθ αυτο μεθ αυτου, μονοειδες αει ον.
An sich und in sich selbst, ewig überall ein und dieselbe.

Plato, Gastmahl.

Ein Empfinden tiefer, indes äußerst seltsamer Zuneigung hegte ich gegenüber meiner Freundin Morella. Vor vielen Jahren war ich ihr zufällig begegnet, und seit unserem ersten Zusammentreffen war mein Innerstes in einer mir bis dahin unbekannten Glut entflammt. Aber diese Glut hatte ihren Ursprung nicht im Eros, und ebenso bitter wie quälend war die stets wachsende Überzeugung, daß ich ihre ungewöhnliche Bedeutung mir in keiner Weise zu erklären, noch ihre wechselnde Heftigkeit zu beschwichtigen vermochte. Gleichwohl vereinten wir uns, und das Schicksal verband uns vor dem Altar. Doch sprach ich nie von Leidenschaft, und nie dachte ich an Liebe. Sie aber floh jede Geselligkeit, und indem sie sich mir allein widmete, machte sie mich glücklich. Es bedeutet Glück, zu staunen, es bedeutet Glück, zu träumen.

Morella besaß eine tiefe Bildung. So wahr ich lebe, ihre Begabung war ungewöhnlicher Art, ihre geistigen Fähigkeiten waren riesenhaft. Dies fühlte ich und wurde in vielen Dingen ihr Schüler. Bald fand ich, daß sie mir, wohl infolge ihrer in Preßburg genossenen Erziehung, eine Anzahl jener mystischen Schriften vorlegte, die man gemeinhin als den Bodensatz der frühen deutschen Literatur bezeichnet. Diese bildete aus Gründen, die ich nicht verstehen vermochte, ihre liebste und ständige Lektüre, und daß sie auch die meinige wurde, ist dem einfachen, aber wirksamen Einfluß von Gewohnheit und Vorbild zuzuschreiben.

Mit alldem hatte, wenn ich mich nicht täusche, mein Verstand indes nur wenig zu tun. Meine Überzeugung entsprach, soviel ich weiß, in keiner Weise den in diesen Schriften vertretenen Idealen, und entdeckte auch, soll ich nicht lügen, weder in meinem Tun noch meinem Denken eine Spur des Mystizismus, von dem ich las. In dieser Überzeugung überließ ich mich stillschweigend der Führung meines Weibes und betrat furchtlosen Herzens die geheimen Gemächer ihrer Studien. Und dann – dann, wenn ich über verbotenen Seiten grübelnd, einen geächteten Geist in mir aufflammen fühlte, legte Morella ihre kühle Hand auf die meinige und fand in der Asche einer toten Philosophie einige unbedeutende eigenartige Worte, deren seltsamer Sinn sich meinem Gedächtnis einbrannte. Und dann wich ich Stunde um Stunde nicht von ihrer Seite und horchte auf den Wohlklang ihrer Stimme – bis schließlich ihre Melodie mir zum Entsetzen wurde – bis ein Schatten auf meine Seele fiel – und ich erblaßte und tief in meinem Innersten vor der Erdferne ihrer Stimme erschauderte. So wandelte sich Freude jählings in Schrecken und die Schönheit in Grauen, wie Hinnom zu Gehenna wurde.

Ich darf es mir versagen, den tieferen Sinn solcher Probleme zu erörtern, die diese alten Bände bargen, und die lange Zeit die einzige Unterhaltung zwischen Morella und mir bildeten. Der Kenner all dessen, was wir »Moraltheologie« nennen, ist über dies wohlunterrichtet, und der Laie würde sicherlich nur wenig davon verstehen. Der wilde Pantheismus Fichtes, die maßvollerere Παλιγγενεδια der Pythagoräer und vor allen Dingen die Identitätsdoktrinen, wie Schelling sie lehrte, waren allgemein Gegenstand unserer Gespräche und bedeuteten der phantasievollen Morella das Höchste an Schönheit. Die persönliche Identität definiert Locke, wie ich glaube, als das dauernde Dasein eines vernünftigen Wesens. Und da wir unter einer Person ein denkendes und vernunftbegabtes Wesen verstehen und es ein Bewußtsein gibt, das jedes Denken begleitet, so ist es dies alles, was uns zu dem macht, was wir unser Ich nennen, womit wir uns von anderen denkenden Wesen unterscheiden und was uns unsere Identität verleiht. Indes war dieses »Principium individuationis«, die Erkenntnis dieser Identität, die mit dem Tode für immer oder nie verlorengeht, für mich zu allen Zeiten ein Gegenstand regesten Interesses, nicht allein wegen seiner verwirrenden und erregenden Konsequenzen, sondern auch wegen der sonderbaren und eifrigen Art, mit der Morella sich ihrer annahm.

Aber nun kam eine Zeit, wo das Geheimnisvolle im Wesen meines Weibes mich wie ein Zauber bedrückte. Nicht länger vermochte ich die Berührungen ihrer bleichen Finger noch den leisen Klang ihrer melodischen Stimme oder den Glanz ihrer melancholischen Augen zu ertragen. All dessen war sie sich bewußt, ohne mir darum einen Vorwurf zu machen. Sie schien meine Schwäche, meine Torheit zu kennen und nannte es lächelnd »Schicksal«. Selbst die mir unbekannten Ursachen einer sich steigernden Entfremdung schienen ihr bekannt zu sein, aber kein Wink von ihrer Seite ließ mich ihre Natur erkennen. Und doch war sie Weib und verging vor Gram Tag um Tag. Hochrote Flecken zeigten sich auf ihren Wangen, und blau schwollen die Adern auf ihren bleichen Schläfen. Und schmolz meine Seele für einen Augenblick in Mitleid, so ließ im nächsten ein Aufleuchten ihrer wissenden Augen mein Innerstes erschauern, und mir schwindelte, wie uns schwindelt, wenn wir in einen grausigen und unermeßlichen Abgrund hinabstarren.

Soll ich gestehen, daß ich mit tiefem, verzehrendem Verlangen den Augenblick von Morellas Ableben erwartete? Ich tat es, aber der zerbrechliche Geist klammerte sich noch für viele Tage, Wochen und qualvolle Monate an seine sterbliche Hülle, bis meine gereizten Nerven meinen Verstand überwältigten. Der Aufschub machte mich rasend, und teuflischen Herzens fluchte ich der Tage, der Stunden und der bitteren Augenblicke, die gleich den Schatten des scheidenden Tages länger und länger zu werden schienen, während ihr zartes Leben dahinschwand.

An einem Herbstabend, während alle Winde am Himmel schliefen, rief mich Morella an ihr Bett. Ein trüber Nebel ruhte über der Erde, ein warmer Glanz lag auf dem Wasser, und es war, als sei ein Regenbogen mit seinen bunten Farben vom Firmament unter das reiche Oktoberlaub herniedergefallen.

»Das ist ein Tag der Tage«, sagte sie, als ich zu ihr trat, »ein Tag, unter allen Tagen, zu leben oder zu sterben. Ein schöner Tag ist es für die Söhne der Erde und des Lebens – ach, noch schöner für die Töchter des Himmels und des Todes.«

Ich küßte sie auf die Stirn, und sie fuhr fort: »Ich sterbe und doch werde ich leben!«

»Morella!«

»Die Tage sind nie gekommen, da du mich lieben konntest – aber die du im Leben verabscheutest, wirst du im Tode verehren!«

»Morella!«

»Ich wiederhole es, ich werde sterben. Aber in mir ist ein Pfand dieser Neigung, die du – ach, wie wenig nur! – für mich, Morella, empfunden hast. Und wenn mein Geist dahinflieht, wird das Kind leben – dein und mein, Morellas Kind! Doch deine Tage werden Tage der Sorge sein, dieser Sorge, der beständigsten aller Empfindungen, so wie die Zypresse der beständigste ist unter allen Bäumen. Denn die Stunden deines Glückes sind vorüber, und Freude ernten wir nicht zweimal im Leben wie die Rosen in Paestum, die zweimal im Jahre blühen. Nicht länger sollst du anakreontisch spielen mit der Zeit, sondern unbekannt mit Myrte und Wein wirst du, wie die Moslemin in Mekka, schon auf Erden dein Leichentuch mit dir umhertragen.«

»Morella!« schrie ich auf, »Morella! Wie kannst du das wissen?« Aber sie wandte ihr Antlitz ab auf dem Kissen, und während ein leises Zittern ihre Glieder durchrieselte, starb sie, und ich hörte ihre Stimme nicht mehr.

Doch wie sie es vorhergesagt hatte, ihr Kind – dem sie sterbend das Leben gab und das mit der Mutter letztem seinen ersten Atemzug tat – ihr Kind, eine Tochter lebte. Und sie wuchs seltsam heran an Körper und Geist. Sie wurde das vollkommene Ebenbild von ihr, die dahingegangen war, und ich liebte sie mit einer Liebe, die glühender brannte als alles, dessen ich je einen Sterblichen fähig gehalten hätte.

Doch es währte nicht lange, da verfinsterte sich der Himmel dieser reinen Zuneigung, dunkel jagten die Wolken des Schreckens und der Trauer über ihn dahin. Ich sagte schon, das Kind wuchs seltsam heran an Körper und Geist. Seltsam in der Tat war sein körperliches Wachstum, aber schrecklich, oh, wie schrecklich waren die tobenden Gedanken, die mich umdrängten, wenn ich die Entwicklung seiner geistigen Fähigkeiten beobachtete. Konnte es anders sein, wenn ich täglich in den Überlegungen des Kindes die Kräfte und Fähigkeiten des reifen Weibes entdeckte? Wenn ich von den kindlichen Lippen die Lehren der Erfahrung vernahm und in seinen offenen und forschenden Augen die Weisheit und Leidenschaft der Reife glühen sah? Als dies alles meinen erschreckten Sinnen offenbar wurde – als ich es nicht länger von meinem Innern zu verbergen noch aus meinen Wahrnehmungen auszuschließen vermochte, die es nur zitternd aufnahmen – ist es verwunderlich, daß dieser von Natur furchtbare und erregende Argwohn in meinem Geiste sich erhob, und daß meine Gedanken erschreckt zurückwanderten zu den wilden Worten und aufregenden Phantasien der toten Morella? Und ich entzog der Neugierde der Welt ein Wesen, das zu verehren mein Schicksal mir auferlegt hatte, und in der strengen Abgeschlossenheit meines Heimes wachte ich mit tödlicher Angst über allem, was diesem geliebten Wesen begegnete.

Und wie die Jahre dahingingen und ich, Tag um Tag in ihr heiliges, mildes und beredtes Antlitz blickend, ihr stetiges Reifen beobachtete, entdeckte ich täglich neue Ähnlichkeiten des Kindes mit seiner Mutter, der melancholischen und toten. Und stündlich verfinsterten sich die Schatten dieser Ähnlichkeit, vollkommener, entschiedener, verwirrender, schrecklicher anzuschauen. Daß ihr Lächeln dem ihrer Mutter glich, konnte ich noch ertragen, aber dann erschauderte ich zu sehr darüber, wie sehr es dieses selbst war, – daß ihre Augen denen Morellas glichen, vermochte ich noch hinzunehmen, aber zu oft blickte sie hinein in die Tiefen meiner Seele mit Morellas eigener, verwirrender Eindringlichkeit. Und in der Form ihrer hohen Stirn, in den Locken ihres seidigen Haares, den bleichen Fingern, die sie darin vergrub, und der traurigen Melodie ihrer Stimme, vor allem aber, ach, vor allem in den Worten und Ausdrücken der Toten auf den Lippen der geliebten Lebenden fand ich Nahrung für die verzehrenden Gedanken und das Entsetzen, für einen Wurm, der niemals sterben wollte.

So vergingen zwei Jahrzehnte ihres Lebens, und immer noch hatte meine Tochter auf dieser Erde keinen Namen erhalten. »Mein Kind« und »mein Liebling« waren die üblichen Benennungen eines liebevollen Vaters, und die strenge Abgeschlossenheit ihrer Tage verhinderten jeden anderen Verkehr. Morellas Name starb mit ihr bei ihrem Tode. Nie hatte ich von der Mutter zur Tochter gesprochen. Und tatsächlich hatte das Kind in der Kürze seines Daseins von der äußeren Welt keine anderen Eindrücke, als die sich in den engen Grenzen ihres persönlichen Lebens boten. Schließlich schien die Zeremonie der Taufe meinem erregten und gehetzten Geist augenblicklich Befreiung von den Schrecken meines Schicksals zu versprechen. Vor dem Taufbecken suchte ich nach einem Namen. Und viele voller Klugheit und Schönheit, aus alten und jungen Tagen, aus meiner Heimat und aus fernen Ländern drängten sich mir auf die Lippen – viele, viele, zarte, glückliche und gute Namen! Was trieb mich dazu, das Gedenken an die begrabene Tote aufzustören? Welcher Dämon zwang mich, den Laut auszusprechen, in dessen Erinnerung mir das Blut stürmisch von den Schläfen zum Herzen zurückebbte? Welch böser Geist sprach aus den Tiefen meiner Seele, als ich im Schweigen der Nacht unter den dunklen Gewölben in das Ohr des heiligen Mannes den Namen flüsterte: Morella? Welcher Dämon verzerrte die Züge meines Kindes und übergoß sie mit tödlicher Blässe, als sie bei diesem kaum hörbaren Laut stutzte, ihren starren Blick zum Himmel hob und auf die schwarze Grabplatte unserer Familiengruft niedersinkend antwortete: »Hier bin ich!«

Deutlich und kalt drangen diese einfachen Worte an mein Ohr und rollten wie geschmolzenes Blei in mein Gehirn. Jahre um Jahre vermögen zu vergehen, doch die Erinnerung an diesen Augenblick – niemals! War ich in der Tat auch nicht unvertraut mit Blüten und Wein – aber Schierling und Zypressen überschatteten mich Tag und Nacht! Ich achtete weder Zeit noch Ort, die Sterne meines Schicksals erblaßten am Himmel, die Erde wurde dunkel, ihre Gestalten glitten vorüber wie fliehende Schatten, und unter ihnen allen sah ich nur eine – Morella! Die Winde am Firmament atmeten nur einen Laut in mein Ohr, und die Wellen des Meeres murmelten nur – Morella! Aber sie starb und mit eigenen Händen trug ich sie zu Grabe. Und lange, bitter lachte ich auf, als ich keine Spur der ersten wiederfand, da ich die zweite hineinbettete – Morella!

Einige Ereignisse aus dem Leben einer Berühmtheit oder wie man zum Löwen des Tages wird

— und siehe, schon trippelt alt und jung
auf sämtlichen zehn Zehen vor Begeisterung.
Bischof »Halls Satiren«

Ich bin – das heißt, ich war – ein großer Mann; doch kann ich weder sagen, daß ich der Verfasser der Junius-Briefe noch der Mann in der Maske bin. Denn mein Name lautet – so glaube ich – Robert Jones, und ich wurde irgendwo in der Stadt Fummelpfusch geboren.

Die erste Handlung meines Lebens war es, mit beiden Händen meine Nase zu fassen. Als meine Mutter dies sah, nannte sie mich ein Genie; mein Vater weinte vor Freude und schenkte mir eine Abhandlung zur Nasologie. Diese meisterte ich, noch bevor ich die ersten Hosen trug.

Nun begann ich zu vermuten, daß ich meinen Weg in der Wissenschaft finden würde. Und bald schon erkannte ich, daß ein Mensch – vorausgesetzt, er besitzt eine ausreichend auffällige Nase – durchaus zur Berühmtheit werden kann, wenn er jener nur einfach folgt. Doch meine Aufmerksamkeit galt nicht nur der Theorie. Jeden Morgen zupfte ich mehrmals kräftig an jenem Organ und trank ein halbes Dutzend Schnäpschen.

Als ich volljährig wurde, bat mich mein Vater eines Tages, in sein Studierzimmer zu kommen.

»Mein Sohn«, sprach er, nachdem wir uns gesetzt hatten, »was ist denn nun dein endgültiges Ziel und Ende im Leben?«

Ich erwiderte: »Mein Vater, es ist das Studium der Nasologie.«

»Und was, Robert«, fragte er, »ist Nasologie?«

»Mein Herr«, sagte ich, »es ist die Lehre von der Nase.«

»Und kannst du mir sagen«, wollte er noch wissen, »welche Bedeutung die Nase besitzt?«

»Die Nase, mein Vater«, antwortete ich in milder Stimmung, »wurde von rund tausend verschiedenen Autoren sehr unterschiedlich definiert. (An dieser Stelle zog ich meine Taschenuhr hervor.) Jetzt ist es Mittag – so ungefähr –, wir haben also genug Zeit, sie alle bis Mitternacht durchzugehen. Um zu beginnen: Nach Bartholinus ist die Nase jener höckerförmige Auswuchs, jene Beule, jener Vorsprung, der …«

»… mir bereits reicht, Robert«, unterbrach mich der liebe alte Herr. »Ich bin fast erschlagen vom Umfang deiner Kenntnis – meiner Seel –, das bin ich wirklich. (An dieser Stelle schloß er die Augen und legte sich die Hand aufs Herz.) Komm her. (Hier ergriff er meine Arme.) Deine Erziehung kann nun als abgeschlossen angesehen werden – es ist höchste Zeit, daß du dir selbst die Hörner abstößt –, und dazu kannst du nichts Besseres tun, als immer genau deiner Nase zu folgen – so – so – und so … (Hierbei zeigte er mir durch wohlplazierte Fußtritte den Weg die Treppe hinunter und zur Tür hinaus.) … so verschwinde denn aus meinem Haus – und Gott befohlen!«

Da ich in meiner Seele den göttlichen Funken spürte, hielt ich dieses Ereignis eher für einen Glücksfall als für etwas anderes. Ich beschloß, meinem väterlichen Rat zu folgen. Ich beschloß, meiner Nase zu folgen. Und so zog ich denn ein-, zweimal an ihr und verfaßte ein Pamphlet über die Nasologie.

Ganz Fummelpfusch geriet darüber in Aufruhr.

»Ein herrliches Genie!« rief die Vierteljahresschrift.

»Überragender Physiologe!« sagte der Westminster.

»Toller Kerl!« meinte die Auslandsstimme.

»Prächtiger Schriftsteller!« sagte der Edinburger.

»Tiefgründiger Denker!« meinte der Dubliner.

»Großartiger Mann!« sagte Bentley.

»Begnadete Seele!« hieß es bei Fraser.

»Einer von uns!« stellte Blackwood fest.

»Wer kann er nur sein?« fragte Mrs. Bas-Bleu.

»Was kann er nur sein?« fragte die große Miss Bas-Bleu.

»Wo kann er nur sein?« fragte die kleine Miss Bas-Bleu.

Doch ich schenkte diesen Leuten keine Beachtung – ich besuchte einfach das Atelier eines Künstlers.

Da saß die Herzogin B'hütmichgott für ein Porträt Modell; der Marquis von Soundso hielt den Pudel der Herzogin; der Graf von Diesunddas spielte tändelnd mit ihrem Riechfläschchen; und Seine Königliche Hoheit von Rührmichnichtan stützte sich auf die Lehne ihres Sessels.

Ich ging auf den Künstler zu und zeigte ihm meine Nase.

»Ah, wie entzückend!« seufzten Ihre Gnaden.

»Ach du meine Güte!« stammelte der Marquis.

»Unerhört!« bellte der Graf.

»Abscheulich!« grollte Seine Königliche Hoheit.

»Was wollen Sie dafür?« fragte der Künstler.

»Für seine *Nase?*« schrie Ihre Gnaden.

»Tausend Pfund«, sagte ich und setzte mich.

»Tausend Pfund?« fragte der Künstler verträumt.

»Tausend Pfund«, sagte ich.

»Sie ist herrlich!« schrie er ganz außer sich.

»Tausend Pfund«, sagte ich.

»Sie übernehmen die Garantie?« fragte er, indem er die Nase ins Licht drehte.

»Ich übernehme«, antwortete ich und schneuzte sie kräftig.

»Ist sie auch wirklich ganz echt?« erkundigte er sich und berührte sie ehrfürchtig.

»Na, na«, sagte ich und drehte sie zur Seite.

»Und es gibt auch noch keine *Kopie* von ihr?« wollte er wissen, während er sie unter einem Mikroskop betrachtete.

»Keine«, sagte ich und reckte sie geradewegs in die Luft.

»Herrlich, herrlich!« rief er, ganz benommen von der Grazie dieser Bewegung.

»Tausend Pfund«, sagte ich.

»*Tausend* Pfund?« fragte er.

»Genau«, sagte ich.

»Tausend *Pfund?*« fragte er.

»Genau das«, sagte ich.

»Sie sollen sie haben«, sagte er, »was für ein Stück *virtù!*«

So überreichte er mir sofort einen Scheck und machte eine Skizze von der Nase. Ich mietete eine Wohnung in der Jermyn Street und schickte Ihrer Majestät die neunundneunzigste Auflage der ›Nasologie‹ mit einem Porträt des besagten Organs. Der Prinz von Wales, der freche kleine Schelm, lud mich zum Diner ein.

Wir waren allesamt Löwen des Tages und *recherchés.*

Da war ein Neuplatoniker, der Porphyrios, Iamblichos, Plotin, Proclus, Hierokles, Maximus von Tyrus und Syrianus zitierte.

Dann hatten wir einen Gentleman, der sich mit der menschlichen Vervollkommnung beschäftigte. Er zitierte Turgot, Price, Priestley, Condorcet, de Staël und den ›Ehrgeizigen

Gelehrten in schlimmen Umständen‹.

Da war Sir Possitief Paradox. Er äußerte sich dahin gehend, daß alle Narren Philosophen und alle Philosophen Narren seien.

Da gab es Ästheticus Ethix. Er sprach von Feuer, Einheit und Atomen, von Seelenspaltung und Vor-Existenz, von Affinität und Dissonanz, von Primitivintelligenz und Homöomerien.

Da war Theologos Theologimpel. Er redete von Eusebius und Arius, von Ketzerei und dem Konzil von Nicäa, von Puseyismus und Konsubstantialismus, von Homoousios und Homoiousios.

Dann war da M. Fricassée vom Rocher de Cancale. Er hielt Reden über Miroton aus roter Zunge, Blumenkohl mit *sauce velouté,* Kalbfleisch *à la St. Menehoult,* Marinaden *à la St. Florentin* und Orangengelee *en mosaïques.*

Da war Bibulus O'Krug. Er ließ sich aus über Latour und Markbrünnen, über Mousseaux und Chambertin, über Richebourg und St. George, über Haubrion, Léonville und Médoc, über Barac und Preignac, über Grâve und St. Péray. Über Clos de Vougeot konnte er nur den Kopf schütteln, und er konnte mit geschlossenen Augen Sherry von Amontillado unterscheiden.

Da war Signor Tintontintino aus Florenz. Er hielt Reden über Cimabué, über Arpino, Carpaccio und Agostino – über die Dunkelheit Caravaggios, den Liebreiz Albanos, die Farben Tizians, die ›Vrouwen‹ von Rubens und die Schelmereien von Jan Steen.

Da war der Rektor der Universität von Fummelpfusch. Er legte seine Ansichten dar, daß der Mond in Thrakien Bendis genannt wurde, in Ägypten Bast, in Rom Diana und in Hellas Artemis.

Dann war da ein Großtürke aus Konstantinopel. Ihn konnte man einfach nicht von der Meinung abbringen, daß die Engel Pferde wären, Hühner und Stiere; daß einer im sechsten Himmel 70 000 Köpfe habe und daß die Erde von einer himmelblauen Kuh mit unzähligen grünen Hörnern getragen werde.

Da war Delphinus Polyglott. Er legte uns dar, was aus den dreiundachtzig verlorenen Tragödien des Aischylos geworden sei, aus den vierundfünfzig Reden des Isäus und den dreihunderteinundneunzig des Lysias, den hundertundachtzig Abhandlungen des Theophrast, aus dem achten Buch des Apollonius über die Kegelschnitte, aus den Hymnen und Dithyramben Pindars und den fünfundvierzig Tragödien des jüngeren Homer.

Da war Ferdinand Fitzfossilus Feldspat. Er belehrte uns ausführlich über unterirdische Feuer und tertiäre Formationen, über gasförmige, flüssige und feste Zustände, über Quarz und Mergel, Schiefer und schwarzen Turmalin, Gips und Trapp, Talk und Kalk, Blende und Hornblende, Glimmer und Katzengold, Zyanit und Chalzedon, Mangan und was Sie sonst noch wollen.

Und dann war da ich selber. Ich sprach von mir selbst, von mir selbst, von mir selbst, von mir selbst, von der Nasologie meines Pamphlets und von mir selbst. Ich streckte meine Nase vor und redete von mir selbst.

»Ein prächtiger Mann, so gescheit!« sagte der Prinz.

»Superb!« meinten seine Gäste; und am nächsten Morgen erhielt ich Besuch von Ihrer Gnaden von B'hütmichgott.

»Werden Sie mit zu Almack kommen, Sie reizender Mensch?« fragte sie und kraulte mich unter dem Kinn.

»Auf Ehre«, sagte ich.

»Mit Nase und allem?« fragte sie.

»Wie ich leibe und lebe«, antwortete ich.

»Dann ist hier meine Karte, mein Lieber. Darf ich dann sagen, daß Sie wirklich kommen?«

»Teure Herzogin, von ganzem Herzen.«

»Ach nicht doch – aber von ganzer Nase?«

»Nicht ein Atom soll fehlen, meine Liebe«, gelobte ich. Und so drehte ich das Organ ein-, zweimal und befand mich schon bei Almack wieder.

Die Räume waren fast zum Ersticken überfüllt.

»Er kommt!« rief jemand auf der Treppe.

»Er kommt!« rief jemand weiter oben.

»Er kommt!« rief jemand auf der höchsten Stufe.

»Er ist gekommen!« rief die Herzogin. »Er ist gekommen, der kleine Schatz!« Und sie nahm mich bei den Händen und küßte mich dreimal auf die Nase.

Daraufhin kam es zu einer Sensation.

»*Diavolo!*« schrie Graf Capricornutti.

»*Dios guarda!*« murmelte Don Stiletto.

»*Mille tonneres!*« sagte der Fürst von Grenouille.

»*Tausend Teufel!*« grollte der Kurfürst von Bluttgenuck.

Das wurde unerträglich. Ich wurde ungehalten und drehte mich kurz zu Bluttgenuck um.

»Mein Herr!« so sagte ich zu ihm. »Sie sind ein Pavian!«

»Mein Herr!« erwiderte er nach einem Augenblick. »Donner und Blitz!«

Mehr blieb nicht zu sagen. Wir tauschten unsere Karten aus. Auf Chalk-Farm schoß ich ihm dann am nächsten Morgen die Nase ab – und besuchte dann meine Freunde.

»*Bête!*« sagte der erste.

»Narr!« sagte der zweite.

»Dummkopf!« sagte der dritte.

»Gimpel!« sagte der vierte.

»Tölpel!« sagte der fünfte.

»Esel!« sagte der sechste.

»Hau ab!« sagte der siebte.

All dies machte mich unwillig, und ich ging zu meinem Vater.

»Mein Vater«, fragte ich, »was ist denn nun mein endgültiges Ziel und Ende im Leben?«

»Mein Sohn«, sagte er, »es ist immer noch das Studium der Nasologie. Doch als du dem Kurfürsten die Nase abgeschossen hast, hast du über dein Ziel hinausgeschossen. Du besitzt eine schöne Nase, das ist unbestreitbar. Doch Bluttgenuck hat nun überhaupt keine mehr. Du wirst verdammt, und er wurde zum Helden des Tages. Ich gebe gerne zu, daß in dieser Stadt das Ausmaß der Berühmtheit in großem Maße von der Größe der Nase abhängt – doch, du lieber Gott! Eine Berühmtheit *ganz ohne* Nase – wer kann dagegen schon ankommen?«

Das unvergleichliche Abenteuer eines gewissen Hans Pfaall

Das Herz voll wilder Gedanken,
Ihr Herr in Sturm und Braus,
Mit glühendem Speer auf der Lüfte Heer,
So reite ich ins Weite hinaus.

Tom O'Bedlams Lied

Nach neuesten Berichten aus Rotterdam scheint diese Stadt sich augenblicklich in einem Zustand höchster philosophischer Aufregung zu befinden. Doch haben sich in der Tat Wunder ereignet, völlig unerwartet – völlig neu –, so überaus entgegengesetzt jeder vorgefaßten Meinung, daß bereits in kurzer Zeit – daran zweifle ich überhaupt nicht mehr – ganz Europa in Aufruhr sein, die gesamte Physik in Rebellion und jegliche Vernunft mit der Astronomie im Zank sein wird.

Man entnimmt den genannten Berichten, daß am soundsovielten des Monats Soundso (ich kenne das genaue Datum nicht) eine ungeheure Menschenmenge – zu einem nicht genauer bestimmten Zweck – sich auf dem großen Platz vor der Börse der reichen Stadt Rotterdam versammelt hatte. Es war – was für die Jahreszeit ungewöhnlich war – ein warmer Tag, es regte sich kaum ein Lufthauch, so daß die Menschen durchaus zufrieden waren, wenn ab und zu ein freundlicher Schauer für kurze Zeit aus den weißen Wolken auf sie niederging, die massig am blauen Firmament entlangzogen. Doch trotz alledem war an diesem Mittag eine leichte, aber deutliche Erregung unter den Versammelten zu bemerken. An die zehntausend Münder begannen zu plappern, und im nächsten Augenblick wandten sich zehntausend Gesichter zum Himmel, zehntausend Pfeifen fielen aus zehntausend Mundwinkeln, und es brach ein Geschrei los, das nur mit dem Rauschen des Niagara vergleichbar war und lang, laut und wild durch die ganze Stadt Rotterdam und ihre gesamte Umgebung hallte. Bald wurde der Grund für diesen Tumult klar. Hinter den riesigen geballten Wolkenmassen tauchte langsam ein seltsames, fremdartiges, allem Anschein nach solides, festes Gebilde im freien blauen Raum auf – ein Gebilde, das so merkwürdig geformt war, so völlig absonderlich zusammengesetzt war, daß die biederen Bürger, die mit offenem Mund darunter standen, sich dieses ganz und gar nicht erklären und gar nicht genug bestaunen konnten. Was mochte es nur sein? Im Namen aller Teufel von Rotterdam, welches Unheil mochte es ankündigen? Niemand wußte es, niemand konnte es sich denken, niemand – selbst nicht der Bürgermeister, Mijnheer Superbus von Wijkeknij – hatte die geringste Idee, wie man das Rätsel lösen könnte. Und so schob ein jeder, da man ja nichts anderes tun konnte, seine Pfeife wieder bedächtig in den Mundwinkel – die Augen konstant auf das Phänomen gerichtet –, paffte, hielt inne, machte ein paar wankende Schritte, seufzte bedeutungsvoll – und wankte dann wieder zurück, seufzte erneut, hielt wieder an und – paffte schließlich wieder.

In der Zwischenzeit jedoch senkte sich der Gegenstand, der so viel Neugier erregte und der Grund für so viel Tabaksqualm war, immer weiter auf die Stadt hinab. In wenigen Minuten war er so nah, daß man ihn genau betrachten konnte. Er sah aus wie ein – nun, er war tatsächlich eine Art Ballon; doch einen solchen Ballon hatte man mit Sicherheit in Rotterdam noch nicht gesehen. Denn wer hatte, möchte ich Sie fragen, schon einmal von einem Ballon gehört, der völlig aus schmutzigen Zeitungen hergestellt war? Bestimmt kein

Mensch in Holland. Und doch hier, genau unter der Nase der Versammelten – oder eher in einiger Entfernung über ihrer Nase – schwebte ein solches Ding wahrhaftig daher, und es war tatsächlich aus – ich habe es aus erster Quelle –, aus eben diesem Material, das bekanntlich noch nie zu einem ähnlichen Zweck gebraucht worden war. Dies war eine unerhörte Beleidigung für den Sinn der biederen Rotterdamer Bürger. Und was die Form des Phänomens anging – die war noch mehr zu tadeln. Denn sie glich mehr oder weniger nichts anderem als einer riesigen, umgestülpten Narrenkappe. Und diese Ähnlichkeit wurde auch nicht dadurch gemildert, daß – wie man bei näherer Betrachtung bemerkte – vom Scheitelpunkt des Gegenstands eine große Troddel herabhing und rund um den oberen Rand – d. h. die Kegelbasis – ein Kreis kleiner Instrumente, die Viehglocken glichen und ununterbrochen die Melodie von Betty Martin spielten. Doch es kam noch schlimmer. Am Ende dieser phantastischen Maschine hing – er war mit blauen Bändern wie bei einer Gondel befestigt – ein riesiger mausgrauer Biberhut mit übermäßig breitem Rand und einem halbkugelförmigen Kopfteil, das durch ein schwarzes Hutband und eine silberne Schnalle geschmückt war. Es ist allerdings bemerkenswert, daß die Bürger von Rotterdam beschworen, diesen Hut früher schon gesehen zu haben; und wahrhaftig – die gesamte Versammlung schien ihn mit einer gewissen Vertrautheit zu betrachten. Vrouw Grettel Pfaall dagegen ließ bei seinem Anblick einen Schrei der Überraschung ertönen und erklärte, das sei der Hut ihres guten Mannes. Dieser Umstand erregte nun noch mehr Aufsehen, weil besagter Pfaall vor fünf Jahren mit drei Gefährten plötzlich und unerklärlich aus Rotterdam verschwunden war und bis zum Zeitpunkt unserer Erzählung alle Bemühungen, etwas über ihr Schicksal zu erfahren, gescheitert waren. Ja, man hatte zwar vor kurzem an einer einsamen Stelle im Osten der Stadt einige Knochen gefunden, die als menschlich angesehen wurden und mit allerlei verschiedenem Plunder vermischt waren, und manche gingen sogar so weit, daß sie sich vorstellten, dort sei ein schändlicher Mord geschehen, dessen Opfer aller Wahrscheinlichkeit nach Hans Pfaall und seine Gefährten wären. Doch kehren wir zur Geschichte zurück.

Der Ballon (denn es handelte sich zweifellos um einen solchen) hatte sich nun bis auf circa 100 Fuß der Erde genähert, und der Insasse war nun für die Menge unten erkennbar. Dieser Insasse war nun wirklich ein sehr eigenartiges Individuum. Er konnte nicht größer als zwei Fuß sein. Doch diese Höhe – so gering sie auch sein mochte – hätte schon ausgereicht, um ihn aus dem Gleichgewicht zu bringen und über den Rand seiner winzigen Gondel stürzen zu lassen, wenn es da nicht einen kreisförmigen Reifen gegeben hätte, der an den Seilen der Gondel befestigt war und seine Brust umgab. Der Leib des kleinen Mannes war unverhältnismäßig breit und ließ seine ganze Figur äußerst widersinnig rundlich erscheinen. Seine Füße konnte man natürlich nicht sehen. Die Hände wiesen enorme Maße auf. Sein Haar war grau und hinten zu einem *queue* zusammengefaßt. Die krumme und rot entzündete Nase war bestürzend lang, die Augen waren voll, strahlend und scharf, Kinn und Wangen zwar vom Alter verrunzelt, doch aufgeschwemmt und aufgedunsen. Doch kein Teil des Kopfes wies auch nur die geringste Ähnlichkeit mit Ohren auf. Dieser merkwürdige kleine Mann trug einen losen Überrock aus himmelblauem Satin und enge, dazu passende Kniehosen, die an den Knien mit silbernen Schnallen geschlossen waren. Seine Weste war aus hellgelbem Material, auf einer Seite des Kopfes saß keck eine weiße Taftkappe, und um diese Aufmachung abzurunden, war ein blutrotes Seidentuch um seine Kehle gebunden, das fesch in einer phantasievoll gebundenen Schleife von fast unglaublichen Dimensionen auf seine Brust fiel.

Als er – wie bereits erwähnt – etwa 100 Fuß von der Erde entfernt war, schien der kleine alte Herr plötzlich Angst zu bekommen und nicht geneigt, sich *terra firma* noch weiter zu nähern. Daher schüttete er eine Menge Sand aus einem Leinensack, den er nur mit Mühe heben konnte, und hielt so sein Fahrzeug unmittelbar an. Daraufhin beeilte er sich sichtbar aufgeregt, eine Brieftasche aus Saffianleder aus einer Seitentasche seines Überrocks zu ziehen. Er wog sie argwöhnisch in der Hand, dann betrachtete er sie mit einem Ausdruck höchster Überraschung und war offensichtlich wegen ihres Gewichts erstaunt. Endlich öffnete er sie, nahm einen mit rotem Wachs versiegelten und mit rotem Zwirn verschnürten großen Brief heraus und ließ ihn genau vor die Füße von Bürgermeister Superbus von Wijkeknij fallen. Seine Exzellenz bückte sich sofort, um ihn aufzuheben. Der Luftschiffer jedoch zeigte immer noch das zuvor gefühlte Mißbehagen und hatte allem Anschein nach nichts anderes mehr in Rotterdam zu tun, denn er traf augenblicklich emsige Anstalten zur Abreise. Da er einen Teil seines Ballasts abwerfen mußte, um wieder aufzusteigen, trennte er sich ohne Zögern – und ohne ihren Inhalt gesondert auszuleeren – von einem halben Dutzend Säcke Sand, die leider – einer nach dem anderen – auf dem Rücken des Bürgermeisters landeten, so daß dieser sich vor den Augen ganz Rotterdams nicht weniger als sechs Mal überschlug. Man sollte allerdings nicht denken, daß der große Wijkeknij dem kleinen alten Mann diese Impertinenz ungestraft durchgehen ließ. Im Gegenteil – es heißt, er habe bei jeder der sechs Umdrehungen, die er machte, nicht weniger als ein halbes Dutzend sehr entschiedene und furiose Paffer aus seiner Pfeife getan, die er die ganze Zeit mit aller Kraft festhielt und an der er – Gott möge ihm dabei zur Seite stehen! – bis ans Ende seines Lebens festhalten will.

Mittlerweile stieg der Ballon wie eine Lerche, schwebte weit über die Stadt hinweg und verschwand schließlich gemächlich hinter einer Wolke – ganz ähnlich der, aus der er so sonderbar aufgetaucht war – und war somit den staunenden Blicken der guten Bürger von Rotterdam für immer entschwunden. Nun richtete sich die gesamte Aufmerksamkeit auf den Brief, dessen Niederkommen und die damit verbundenen Begleitumstände für die Person und die persönliche Würde seiner Exzellenz von Wijkeknij so fatal umstürzlerisch gewesen war. Der Beamte hatte jedoch während seiner zircumgyratorischen Bewegungen nie das wichtigste Problem aus den Augen verloren und für die Sicherstellung des Briefes Sorge getragen, der – wie sich herausstellte – genau in die richtigen Hände gefallen war, denn es zeigte sich, daß er an ihn selbst und an Professor Rummelbum in ihren Eigenschaften als Präsident und Vizepräsident der Rotterdamer Staatlichen Hochschule für Astronomie gerichtet war. Demgemäß wurde er von den beiden Würdenträgern an Ort und Stelle geöffnet, und in ihm fand sich die folgende außergewöhnliche und in der Tat sehr ernste Mitteilung:

An Ihre Exzellenzen von Wijkeknij und Rummelbum, den Präsidenten und Vizepräsidenten der Staatlichen Hochschule für Astronomie zu Rotterdam.

Eure Exzellenzen erinnern sich vielleicht an einen geringen Handwerker – Hans Pfaall mit Namen und von Beruf Blasebalgflicker –, der mit drei anderen vor etwa fünf Jahren auf anscheinend unerklärliche Weise aus Rotterdam verschwunden ist. Möge es Euren Exzellenzen gefallen – aber dieser besagte Hans Pfaall bin ich, der Schreiber dieses Briefs, selbst. Den meisten meiner Mitbürger ist bekannt, daß ich vierzig Jahre lang das kleine Backsteinhaus am Eingang der Gasse bewohnte, die Sauerkrautstraße heißt, nämlich bis zum Zeitpunkt meines Verschwindens. Meine Vorfahren wohnten dort schon seit Urzeiten – und sind – ebenso wie ich – immer dem respektablen und einträglichen Beruf des Blasebalgflikkers nachgegangen. Um ehrlich zu sein: Bis auf die letzten Jahre, als alle Leute mit einemmal einen politischen Fimmel bekamen, konnte man sich als achtbarer Bürger von Rotterdam keinen besseren Beruf als meinen eigenen wünschen oder verdienen. Man hatte einen guten Ruf, es mangelte nicht an Arbeit, und es fehlte auch nicht an Geld oder gutem Willen. Doch wie ich schon sagte, bald begannen wir, die Auswirkungen der Freiheit zu spüren, der langen, radikalen Reden und all dieser Dinge. Leute, die zuvor die besten Kunden der Welt waren, hatten nun auf einmal keine Zeit, auch nur an uns zu denken. Sie waren vollauf damit beschäftigt, Berichte über Revolutionen zu lesen und mit dem Fortschritt der gesunden Vernunft und dem Zeitgeist Schritt zu halten. Wollte man ein Feuer anzünden, reichte dazu eine Zeitung. Und je schwächer die Regierung wurde, desto länger hielten – daran hege ich keinen Zweifel – Eisen und Leder. Denn in kürzester Zeit gab es in ganz Rotterdam keinen einzigen Blasebalg mehr, der einen Nadelstich brauchte oder die Hilfe eines Hammers benötigte. Das war ein Zustand, der nicht auszuhalten war. Ich war bald arm wie eine Kirchenmaus, und weil ich Frau und Kinder versorgen mußte, wurde mir die Last schließlich unerträglich. Und ich verbrachte Stunden damit, darüber nachzusinnen, wie ich am besten meinem Leben ein Ende machen konnte. Drängende Gläubiger ließen mir allerdings nur wenig Muße zu solchem Nachdenken, denn mein Haus war buchstäblich von früh bis spät umlagert. Hauptsächlich waren es drei Kerle, die mir unerträglich lästig fielen, weil sie ständig vor meiner Tür standen und mir mit dem Gesetz drohten. Diesen dreien schwor ich bittere Rache, wenn ich jemals das Glück haben sollte, sie in meine Krallen zu bekommen. Ich glaube, allein die schöne Aussicht auf dieses Vergnügen hinderte mich daran, meinen Selbstmordplan auch wirklich unmittelbar in die Tat umzusetzen, indem ich mich mit einer Donnerbüchse erschoß. Ich hielt es jedoch für besser, die drei meinen Groll nicht fühlen zu lassen und sie so lange mit Versprechungen und schönen Worten abzuspeisen, bis sich eines Tages durch eine Schicksalsfügung eine Gelegenheit zur Rache ergab.

Eines Tages nun, als ich ihnen entwischt war und mich so elend fühlte wie nie, wanderte ich lange Zeit ziellos in den abgelegensten Straßen der Stadt umher, bis ich schließlich zufällig an die Ecke eines Buchstandes kam. Ein Stuhl für die Kunden stand daneben; ich betrachtete ihn, ließ mich mürrisch darauf nieder und griff, ohne eigentlich zu wissen, was ich tat, nach dem erstbesten Buch, das mir unter die Finger kam, und schlug es auf. Es stellte sich als eine kurze Abhandlung über Spekulative Astronomie heraus, die entweder von Professor Encke in Berlin oder einem Franzosen ähnlichen Namens verfaßt worden war. Nun war ich auf diesem Gebiet durchaus nicht unwissend, und so nahm mich der Inhalt des Büchleins immer mehr gefangen – tatsächlich las ich es zweimal durch, bis ich aus meiner Versunkenheit erwachte und mich in der Realität wiederfand. Um diese Zeit begann es bereits, dunkel zu werden, und so begann ich meinen Heimweg. Doch das Buch (zusammen mit einer mir kurz zuvor von einem Vetter aus Nantes als wichtiges Geheimnis mitgeteilten Entdeckung auf dem Gebiet der Pneumatik) hatte einen unvergeßlichen Eindruck auf mich gemacht, und so hing ich – während ich durch die dämmrigen Straßen schlenderte – noch lange und aufmerksam den wilden, mitunter kaum zu folgenden Gedankengängen des Autors nach. Einige Passagen nahmen meine Phantasie besonders gefangen. Je länger ich darüber nachdachte, desto heftiger wurde das Interesse, das in mir geweckt worden war. Die begrenzte Natur meiner allgemeinen Bildung und insbesondere meine Ignoranz auf allen naturwissenschaftlichen Gebieten machten mir dabei keine Sorgen, ich sei vielleicht nicht in der Lage, das Gelesene zu begreifen, und sie ließen mich auch nicht den zahlreichen unbestimmten Vorstellungen mißtrauen, die im Anschluß in mir wach wurden. Im Gegenteil, sie waren nur noch mehr Ansporn für meine Phantasie, und ich war töricht genug – oder vernünftig genug –, darüber nachzudenken, ob solche rohen, unausgegorenen Ideen, die bei Wirrköpfen als Instinkt oder Intuition gelten, vielleicht auch in ihrer innersten Wirkung all die Kraft, die Wirklichkeit und Wahrheit sowie andere Merkmale von Instinkt und Intuition besitzen könnten.

Es war schon spät, als ich nach Hause kam, und ich ging sofort ins Bett. Mein Geist war allerdings noch zu beschäftigt, als daß ich hätte schlafen können, und so verbrachte ich die ganze Nacht in tiefem Grübeln. Morgens stand ich ganz früh auf, eilte zu dem Buchhändler und gab das letzte bißchen Bargeld, das ich noch hatte, für Bücher über Mechanik und praktische Astronomie aus. Als ich diese sicher nach Hause gebracht hatte, verbrachte ich jeden freien Augenblick damit, sie zu lesen, und machte bald bei meinen Studien auf den genannten Gebieten solche Fortschritte, daß ich daran denken konnte, einen ganz besonderen Plan durchzuführen, den mir entweder der Teufel oder aber mein guter Engel eingegeben hatte. In dieser Zeit unternahm ich nebenbei alles mögliche, die drei Gläubiger zu besänftigen, die mich so ärgerten. Schließlich gelang es mir auch, indem ich zum einen genug von meinem Hausrat verkaufte, um ihre Ansprüche teilweise zu befriedigen, und indem ich ihnen zum anderen versprach, den Rest getreulich zu zahlen, sobald mein kleines Projekt gelungen wäre, das ich - so sagte ich ihnen - im Sinne hätte und ausführen wollte, wenn sie mir nur helfen würden. So gelang es mir relativ leicht (denn die drei waren wahre Ignoranten), sie für meine Zwecke zu gewinnen.

Nachdem die Dinge so geordnet waren, schaffte ich es mit Hilfe meiner Frau und unter größter Geheimhaltung und Umsicht, all mein noch verbliebenes Eigentum zu verkaufen und mir in kleinen Summen unter den verschiedensten Vorspiegelungen - und, das sage ich mit Scham, ohne auch nur daran zu denken, wie ich sie jemals zurückzahlen sollte - eine nicht unbeträchtliche Summe Bargeld zusammenzupumpen. Mit den so gewonnenen Mitteln machte ich mich dann daran, mir in Abständen große Mengen äußerst feinen Batists anzuschaffen, und zwar in Stücken von je zwölf Ellen Länge. Außerdem ausreichende Vorräte an Kautschukfirnis, einen großen und tiefen Weidenkorb, der nach Maß gefertigt war, und verschiedene andere Artikel, die zur Konstruktion und Ausstattung eines Ballons von außerordentlichen Maßen nötig waren. Meine Frau wies ich an, diesen Ballon so bald wie möglich zu fertigen, und ließ es dabei nicht an Belehrungen über Methode und Verfahrensweise mangeln. Ich selbst stellte in der Zwischenzeit aus dem Zwirn ein Netz von ausreichenden Maßen her, brachte einen Faßreifen und die nötigen Seile an und machte mich dann an den Kauf zahlreicher Instrumente und Materialien, die ich für Experimente in den oberen Bereichen der oberen Atmosphäre benötigte. Dann ergriff ich mehrere Gelegenheiten, um nachts fünf eisenbereifte Fässer an einen entlegenen Ort im Osten Rotterdams zu schaffen, von denen jedes rund 50 Gallonen faßte, sowie noch ein sechstes größeres; ferner sechs Zinnröhren von geeigneter Form, drei Zoll im Durchmesser und zehn Fuß lang; eine Menge einer *ganz bestimmten metallischen Substanz* beziehungsweise eines *Halbmetalls,* auf das ich nicht näher eingehen möchte; und ein Dutzend Korbflaschen mit einer *sehr gewöhnlichen Säure*. Das Gas, das sich aus den genannten Stoffen ergeben sollte, ist noch nie von jemand anderem als mir erzeugt worden - zumindest wurde es noch nie zu einem ähnlichen Zweck benutzt. Ich kann hier nur soviel sagen, daß es sich um einen *Stickstoffbestandteil* handelt, den man bislang nicht für reduzierbar hielt, und daß seine Dichte etwa 37,4mal *geringer ist als die des Wasserstoffs*. Es ist geschmacklos, doch nicht geruchlos; ist es rein, brennt es mit grünlicher Flamme, und es ist tödlich für alles tierische Leben. Das vollständige Geheimnis hier darzulegen wäre kein Problem, wenn es nicht (wie ich zuvor bereits angedeutet hatte) von Rechts wegen Eigentum eines Bürgers des französischen Nantes wäre, der es mir selbst nur unter gewissen Bedingungen enthüllte. Demselben Mann verdanke ich ebenfalls - ohne daß ich ihm allerdings etwas von meinen Absichten verraten hätte - eine Methode der Ballonkonstruktion, bei der die Membran eines bestimmten Tieres verwendet wird, die ein Entweichen von Gas nahezu unmöglich macht. Dieses Verfahren erschien mir allerdings insgesamt als zu kostspielig, und ich war mir nicht sicher, ob der von mir gewählte Batist mit einem Kautschuküberzug nicht genausogut wäre. Ich erwähne diesen Umstand deshalb, weil ich es für wahrscheinlich halte, daß die betreffende Person in Kürze eventuell mit dem neuartigen Gas und Material selbst einen Ballonaufstieg versuchen wird, und ich möchte sie nicht der Ehre berauben, eine einzigartige Erfindung gemacht zu haben.

An der Stelle, an der sich nach meinem Plan die kleineren Fässer bei der Ballonfüllung befinden sollten, grub ich klammheimlich fünf entsprechende kleine Löcher, die zusammen einen Kreis von 25 Fuß Durchmesser bildeten. Im Mittelpunkt dieses Kreises - dort wo das große Faß untergebracht werden sollte - grub ich ein weiteres, doch entsprechend tieferes Loch. In die kleineren Löcher versenkte ich je einen Behälter mit 50 Pfund und in das größere ein Faß mit 150 Pfund Kanonenpulver. Diese Behälter - und das Faß - verband ich durch verdeckte Feuerleitungen, und als ich das Ende einer circa vier Fuß langen Lunte in einen der Behälter gesteckt hatte, füllte ich das Loch auf und stellte das Faß darauf, wobei ich das andere Ende der Lunte etwa einen Zoll - doch fast nicht sichtbar - herausragen ließ. Im Anschluß daran füllte ich auch noch die restlichen Löcher und stellte die Fässer wie geplant darüber auf.

Außer diesen genannten Gegenständen brachte ich auch noch einen der von M. Grimm verbesserten Apparate zur Verdichtung der Luft zu meinem *dépôt* und versteckte ihn dort sorgfältig. Doch ich fand, dieses Gerät brauchte noch beträchtliche Veränderungen, bevor es für die von mir geplanten Zwecke geeignet war. Doch nach harter Arbeit und unermüdlicher Ausdauer hatte ich schließlich bei allen Vorbereitungen uneingeschränkten Erfolg. Bald war der Ballon vollendet. Er sollte mehr als vierzig Tausend Kubikfuß Gas fassen und würde mich nach meinen Berechnungen problemlos emportragen – und das nicht nur mit meiner gesamten Ausrüstung, sondern auch noch – wenn ich nur alles richtig machte – mit 175 Pfund Ballast. Er hatte drei Firnisüberzüge bekommen, und ich fand, daß der Batist sich in jeder Hinsicht mit Seide messen konnte, denn er war ebenso haltbar wie sie und dazu noch beträchtlich preisgünstiger.

Als nun endlich alles bereit war, zwang ich meine Frau zu dem Eid, über all meine Handlungen seit dem Tag meines ersten Besuchs bei dem Buchhändler absolutes Stillschweigen zu bewahren. Ich meinerseits gelobte ihr, so rasch wie möglich zurückzukehren, gab ihr das wenige Kleingeld, das mir noch geblieben war, und verabschiedete mich von ihr. Ich machte mir wegen ihr keine Sorgen. Sie war, was die Leute eine brave und fleißige Frau nennen, und konnte gut ohne mich zurechtkommen. Denn ich glaube – um ehrlich zu sein –, daß sie mich schon immer als Faulenzer betrachtete, einen bloßen Lükkenbüßer, nur nütze, um Luftschlösser zu bauen, und daß sie einigermaßen froh war, mich loszuwerden. Es war eine finstere Nacht, als ich mich von ihr verabschiedete und mit meinen drei Gläubigern, die mir so viel Kummer gemacht hatten und die ich als *aides-de-camp* mitnahm, auf einem Umweg den Ballon samt Gondel und Ausrüstung zu der Stelle brachte, an der die übrigen Sachen untergebracht waren. Letztere waren alle unversehrt, und ich machte mich sofort an die Arbeit.

Es war der erste April. Die Nacht, wie ich schon sagte, war düster, kein einziger Stern war zu sehen, und ein in Abständen immer wiederkehrender Nieselregen machte die Angelegenheit für uns recht ungemütlich. Meine Hauptsorge galt allerdings dem Ballon, der trotz des schützenden Firnisüberzugs durch die Nässe schwer wurde. Auch das Pulver lief Gefahr, beschädigt zu werden. Daher trieb ich meine drei Plagegeister an, eifriger daran zu arbeiten, um das Faß in der Mitte Eis zu schichten und die Säure der anderen Fässer umzurühren. Sie hörten nicht auf, mich mit Fragen zu quälen, was ich mit dieser Apparatur vorhätte, und machten ihrem Unwillen deutlich Luft, daß sie sich für mich so plagen müßten. Sie könnten (wie sie mich wissen ließen) durchaus nicht erkennen, was Gutes dabei herauskommen könnte, hier naß bis auf die Haut zu werden, nur um an einer so schauerlichen Beschwörung teilzunehmen. Mir wurde langsam etwas mulmig, und ich trieb die Arbeit mit aller Macht voran. Denn ich glaube fast, daß diese Idioten vermuteten, ich hätte einen Pakt mit dem Teufel geschlossen und meine augenblicklichen Handlungen seien nichts als ein höchst bedenkliches Gaukelspiel. Daher machte ich mir größte Sorgen, sie könnten in letzter Minute noch ausreißen. Doch dann konnte ich sie mit dem Versprechen beschwichtigen, ich würde alle ausstehenden Rechnungen begleichen, sobald ich nur mit dem gegenwärtigen Geschäft zu Ende gekommen wäre. Diese Reden legten sie natürlich auf ihre eigene Weise aus und bildeten sich zweifellos ein, daß ich bestimmt in den Besitz eines Vermögens an Bargeld kommen würde. Und solange ich ihnen nur alles bezahlte, was ich ihnen schuldete, und vielleicht noch ein wenig mehr für ihre geleisteten Dienste, war es ihnen – wie ich mir zu vermuten erlaubte – ziemlich gleichgültig, was hinterher aus meiner Seele oder meiner Leiche würde.

Nach etwa viereinhalb Stunden war ich der Meinung, daß genügend Gas in den Ballon geströmt war. Ich hängte die Gondel an und packte meine gesamte Ausrüstung hinein – ein Teleskop, ein mit wichtigen Abänderungen versehenes Barometer, ein Elektrometer, einen Kompaß, eine Magnetnadel, eine Uhr mit Sekundenzeiger, eine Glocke, ein Sprachrohr etc. etc. – desgleichen eine Glaskugel, die luftleer gemacht und sorgfältig mit einem Stopfen verschlossen war, und nicht zu vergessen den Kondensationsapparat, etwas ungelöschten

Kalk, eine Stange Siegelwachs, einen ausreichenden Wasservorrat und eine große Menge Proviant wie Pemmikan, der in relativ geringer Menge beträchtlichen Nährwert hat. Und zum guten Schluß brachte ich auch noch ein Paar Tauben und eine Katze in der Gondel unter.

Nun war es bereits fast Tagesanbruch, und es war meiner Meinung nach höchste Zeit zu verschwinden. Ich ließ wie zufällig eine Zigarre fallen, bückte mich, um sie aufzuheben, und nutzte diese Gelegenheit, das Luntenende, das – wie ich vorher erwähnt habe – ein wenig unter einem kleinen Faß hervorlugte, unbemerkt anzuzünden. Dieses Vorgehen entging den Blicken der drei Plagegeister völlig. Nun sprang ich in die Gondel, schnitt mit einem Ruck das einzige Seil durch, das die Gondel noch auf der Erde hielt, und stellte bald mit Vergnügen fest, daß ich mit fast unglaublicher Geschwindigkeit in die Höhe schoß und nicht nur den 175 Pfund schweren Ballast dabeihatte, sondern leicht auch noch einmal soviel hätte mitnehmen können. Als ich den Boden verließ, stand das Barometer auf 30 Zoll und das Thermometer auf 19 Grad. Kaum hatte ich aber eine Höhe von 50 Yards erreicht, als mit furchtbarem Donnergetöse und -gebrüll ein solcher Hurrikan aus Feuer, Kies und brennendem Holz und glühendem Metall und abgetrennten Gliedmaßen hinter mir herraste, daß mir das Herz stockte und ich vor Entsetzen bebend auf dem Boden meiner Gondel niedersank. Ich sah in der Tat, daß ich die Sache maßlos übertrieben hatte und daß die Hauptfolgen der Explosion erst noch kommen würden. Bei diesem Gedanken fühlte ich, wie mir innerhalb eines Sekundenbruchteils alles Blut in die Schläfen stieg, und unmittelbar danach – ich werde es nie vergessen – wurde die Nacht jäh von einer Erschütterung zerrissen – so entsetzlich, als ob der gesamte Himmel in Stücke gehen würde. Als ich später wieder Zeit zum Nachdenken hatte, konnte ich natürlich die extreme Heftigkeit der Explosion erklären, die mich getroffen hatte – denn ich war ja senkrecht über ihr gewesen, so daß ich mich in der Bahn ihrer größten Gewalt befand. Doch zu diesem Zeitpunkt beschäftigte mich nichts anderes als der Gedanke, mein Leben zu retten. Zunächst wurde der Ballon zusammengedrückt, dann dehnte er sich wie rasend aus, anschließend wirbelte er mit Übelkeit erregender Schnelligkeit im Kreis herum. Schließlich geriet er wie ein Betrunkener ins Schwanken und Wanken, und es riß mich über den Rand der Gondel, wo ich in furchtbarer Höhe – mit dem Kopf nach unten und dem Gesicht nach außen – an einer dünnen Seilschlinge hängenblieb, die etwa drei Fuß lang war und zufällig durch einen Riß im Weidengeflecht in Bodennähe heraushing und in der mein Fuß sich dank der Vorsehung verfangen hatte. Es ist unmöglich – ja, völlig unmöglich –, sich auch nur eine ungefähre Vorstellung von meiner grauenvollen Lage zu machen. Ich rang zuckend nach Atem – ein Schauer wie von schweren Fieberfrösten durchbebte jeden Nerv und Muskel meines Körpers – ich fühlte, wie meine Augen aus den Höhlen traten – ich verspürte einen entsetzlichen Brechreiz – und schließlich schwanden mir alle Sinne, und ich wurde ohnmächtig.

Wie lange ich in diesem Zustand war, kann ich wirklich nicht sagen. Es muß jedoch einige Zeit gewesen sein, denn als ich meine Lebensgeister zurückerhielt, stellte ich fest, daß der Tag bereits graute, der Ballon in schwindelnder Höhe über einer Wüste von Meer schwebte und weit und breit, von einem Rand des riesigen Horizonts bis zum anderen, keine Spur von Land zu sehen war. Meine Gefühle bei diesem Anblick waren allerdings keineswegs so verzweifelt und entsetzt, wie man annehmen sollte. Tatsächlich hatte die Gelassenheit, mit der ich meine Situation zu betrachten begann, etwas Wahnsinniges an sich. Ich hob eine Hand nach der anderen vor die Augen, besah sie verwundert und fragte mich, was wohl zu dieser Stellung der Adern und der schauerlichen schwarzen Farbe der Fingernägel geführt haben konnte. Danach untersuchte ich sorgfältig meinen Kopf, indem ich ihn mehrmals schüttelte und minuziös abtastete, und ich überzeugte mich davon, daß er nicht – wie ich schon halb vermutet hatte – größer war als mein Ballon. Anschließend fühlte ich noch höchst geschickt in meinen beiden Hosentaschen nach, und als ich das Fehlen eines Notizbuches und meines Zahnstocheretuis feststellte, bemühte ich mich, mir ihr Verschwinden zu erklären. Daß mir das nicht gelingen wollte, empfand ich als eine unsägliche Kränkung. Nun fiel mir auch auf, daß die Lage meines linken Fußgelenks mehr als unbequem war, und nach und nach dämmerte mir das volle Ausmaß meiner Situation. Doch seltsamerweise überfiel mich weder Staunen noch Erschrecken. Wenn ich überhaupt etwas empfand, dann war es eine Art kindischer, frohlockender Genugtuung über die Geschicklichkeit, die ich sofort entwickelte, um aus diesem Dilemma zu entkommen. Und nie hegte ich auch nur den geringsten Zweifel an meiner endgültigen Rettung. Einige Minuten verbrachte ich nun in tiefster Meditation. Ich erinnere mich noch deutlich, daß ich häufig die Lippen zusammenpreßte, den Zeigefinger an die Nase legte und auch noch andere Gesten und Grimassen machte, die Menschen zu machen pflegen, die zu Hause bequem in ihrem Sessel über intrigante und bedeutende Dinge nachdenken. Nachdem ich meine Gedanken meiner Meinung nach genug gesammelt hatte, bewegte ich mit größter Vorsicht und Behutsamkeit die Hände auf den Rücken und öffnete dort die große Eisenschnalle am Gürtel meiner Hosen. Diese Schnalle hatte drei Zinken, die etwas angerostet waren und sich daher nur schwierig im Gelenk drehen ließen. Ich schaffte es jedoch mit einiger Mühe, sie in einen rechten Winkel zum Rahmen der Schnalle zu bringen, und bemerkte freudig, daß sie stabil in dieser Position blieben. Ich hielt das so geschaffene Werkzeug zwischen den Zähnen und begann nun, meine Krawatte aufzubinden. Ich mußte mehrmals innehalten, ehe ich dies erfolgreich beenden konnte, doch schließlich hatte ich es geschafft. An einem Ende der Krawatte befestigte ich dann die Schnalle, und das andere Ende band ich mir zur größeren Sicherheit fest um das Handgelenk. Nun zog ich meinen Leib unter Einsatz gewaltigster Muskelanstrengung nach oben, und es gelang mir bereits beim ersten Versuch, die Schnalle über den Gondelrand zu werfen, wo sie sich, wie ich es geplant hatte, im Weidengeflecht verfing.

Mein Körper stand nun im Winkel von etwa fünfundvierzig Grad zur Gondelwand. Das sollte allerdings nicht so verstanden werden, daß ich nur diese fünfundvierzig Grad aus dem Lot war. Im Gegenteil, ich lag immer noch fast waagerecht zum Horizont, denn der nun erreichte Winkel meines Körpers hatte den Gondelboden beträchtlich nach außen gedrückt, so daß der Korb nun selbst schief hing: das war natürlich eine unmittelbare Bedrohung. Man darf nicht vergessen, wenn ich beim Sturz aus der Gondel einerseits mit dem Gesicht zum Ballon gefallen wäre, statt wie in Wirklichkeit mit dem Gesicht zur anderen Seite, und wenn andererseits das Seil, in dem sich mein Fuß verfangen hatte, zufällig über den oberen Rand statt durch einen Riß im Gondelboden gehangen hätte – dann wäre es problemlos vorstellbar, daß ich in jedem der erwähnten Fälle gewiß kaum in der Lage gewesen wäre, so viel zu erreichen, wie ich es bisher getan habe, und daß somit der Nachwelt höchst interessante Enthüllungen verborgen geblieben wären. Daher hatte ich jeden Grund, Dankbarkeit zu empfinden. Um allerdings die Wahrheit zu sagen, ich war noch viel zu benommen, um irgend etwas zu empfinden, und verharrte ungefähr eine Viertelstunde in dieser ungewöhnlichen Position, ohne auch nur die geringste Anstrengung zu unternehmen. Und dabei fühlte ich mich so außerordentlich heiter und vergnügt, daß es schon fast an Idiotie grenzte. Doch dieser Zustand ließ nur zu schnell wieder nach, und er wurde von Grauen und Bestürzung ersetzt, kombiniert mit dem Bewußtsein meiner völligen Hilflosigkeit und Verlorenheit. In der Tat hatte das Blut, das sich bisher in den Adern meines Kopfs und meiner Kehle gestaut und meinen Verstand mit Fieberwahn überschwemmt hatte, begonnen, sich wieder in seine gewohnten Bahnen zurückzuziehen, und die Klarheit, die mein Blick so für die Gefahr erhalten hatte, führte leider nun dazu, mir allen Mut, um ihr tapfer entgegenzutreten, und alle Selbstbeherrschung zu rauben. Doch glücklicherweise hielt diese Schwäche nicht lange an. Im rechten Augenblick kam mir noch Verzweiflung zu Hilfe, und mit wilden Zuckungen und Schreien warf ich mich in die Höhe, bis ich schließlich mit einem Griff, der einem Schraubstock glich, den ersehnten Rand zu fassen bekam, mich hinaufwand und am ganzen Körper bebend in die Gondel fiel.

Erst nach einiger Zeit, als ich mich wieder genug erholt hatte, konnte ich mich ordnungsgemäß auch um den Ballon kümmern. Ich untersuchte ihn äußerst sorgfältig und kam zu meiner Erleichterung zu dem Schluß, daß er unbeschädigt geblieben war. Meine Ausrüstung war völlig unversehrt, und ich hatte glücklicherweise weder Proviant noch Ballast verloren. Ich hatte natürlich alles so sicher verstaut, daß Unfälle solcher Art völlig ausgeschlossen waren. Als ich auf die Uhr schaute, sah ich, daß es die sechste Morgenstunde war, und das Barometer zeigte eine Höhe von 3¾ Meilen an. Auf dem Ozean unmittelbar unter mir konnte ich einen leicht länglichen Gegenstand erkennen, anscheinend so groß wie ein Dominostein und einem solchen auch in allen anderen Punkten sehr ähnlich. Ich richtete also mein Teleskop darauf und erkannte, daß es sich um ein britisches Kriegsschiff handelte, das mit 94 Geschützen ausgerüstet war und dicht am Wind in Richtung Südwesten durch die Wogen stampfte. Dieses Schiff war das einzige, was ich auf dem Ozean, am Himmel und an der Sonne, die schon lange aufgegangen war, sehen konnte.

Jetzt wird es höchste Zeit, daß ich Euren Exzellenzen Ziel und Zweck meiner Reise darlege. Eure Exzellenzen werden sich erinnern, daß verschiedene traurige Umstände in Rotterdam mich schließlich zu Selbstmordgedanken getrieben hatten. Es war allerdings nicht so, daß das Leben an sich mir zur Last geworden wäre; mein Ekel war in mehreren Schicksalsschlägen begründet, die mich heimsuchten und meine ohnehin schon schmerzhafte Lage fast unerträglich machten. In dieser Verfassung – leben wollend, doch des Lebens müde – fand meine Phantasie durch jenes bei dem Buchhändler gefundene Büchlein und die gerade zur rechten Zeit erfolgte Entdeckung meines Vetters aus Nantes ganz neue Perspektiven. Ich faßte schließlich einen Entschluß. Ich beschloß, von hinnen zu scheiden, doch weiter zu leben, der Welt Lebewohl zu sagen, doch weiterhin zu existieren – kurz und klar gesagt, ohne weitere Rätsel, ich beschloß, mit allen Mitteln, wenn ich es nur irgendwie schaffen könnte, einen *Weg zum Mond* zu finden. Damit nun niemand glaube, ich sei verrückter, als ich es tatsächlich bin, will ich sofort so genau wie möglich erklären, was mich zu dem Glauben brachte, daß ein solches Unternehmen – wenn auch zweifellos schwierig und gefährlich – für einen kühnen Geist durchaus nicht außerhalb der Grenzen des Möglichen sei.

Die genaue Entfernung des Mondes von der Erde war das erste, um das ich mich kümmern mußte. Die mittlere oder auch Durchschnittsentfernung zwischen den Zentren der beiden Planeten beträgt 59,9643 Erd-Äquatorialradien oder etwa 237 000 Meilen. Ich sagte mittlere oder Durchschnittsentfernung, man sollte jedoch nicht vergessen, daß die Mondbahn elliptisch ist – mit einer Exzentrizität von mindestens 0,05484 der größeren Halbachse der Ellipse selbst –, sich die oben erwähnte Entfernung, da das Erdzentrum in ihrem Brennpunkt liegt, also ganz beträchtlich verringerte, wenn ich es irgendwie schaffen könnte, den Mond in Erdnähe zu erreichen. Lassen wir diese Möglichkeit jedoch im Moment beiseite – es war jedenfalls gewiß, daß ich von den 237 000 Meilen den Radius der Erde – d. h. 4 000 – und den Radius des Mondes – d. h. 1 080 – abziehen mußte, wonach unter normalen Umständen nur noch eine Distanz von 231 920 Meilen zurückzulegen war. Und dies war meiner Meinung nach keine übermäßige Entfernung. Bei Reisen über Land wurden schon wiederholt Geschwindigkeiten von 60 Meilen pro Stunde erreicht; da kann man doch wohl auf eine noch viel höhere Schnelligkeit hoffen. Doch sogar bei diesen 60 Meilen würde ich nicht mehr als 16 Tage brauchen, um die Mondoberfläche zu erreichen. Eine ganze Reihe besonderer Umstände ließ mich jedoch vermuten, daß meine Durchschnittsreisegeschwindigkeit diese 60 Meilen pro Stunde möglicherweise erheblich überschreiten könnte, und da diese Erwägungen durchaus einen tiefen Eindruck auf mein Denken machten, werde ich später noch ausführlicher darauf eingehen.

Der nächste Punkt war noch viel bedeutender. Aus den Angaben des Barometers ersehen wir, daß wir bei Aufstiegen von der Erde in einer Höhe von 1000 Fuß etwa ein Dreißigstel der Gesamtmasse der atmosphärischen Luft hinter uns gelassen haben, daß wir bei 10 600 Fuß durch fast ein Drittel aufgestiegen sind und daß wir bei 18 000 Fuß – also etwa auf der Höhe des Cotopaxi-Gipfels – die Hälfte der atmosphärischen Stoffe oder doch jedenfalls die Hälfte des wiegbaren Luftmantels überwunden haben, der unsere Erde umgibt.

Man hat auch berechnet, daß in einer Höhe, die den hundertsten Teil des Erddurchmessers nicht übersteigt – d. h. nicht mehr als 80 Meilen –, die Luft so dünn sein muß, daß kein animalisches Leben darin existieren könnte und daß außerdem die feinsten Instrumente, die wir zum Messen der Atmosphäre besitzen, nicht mehr registrieren können, ob Atmosphäre vorhanden ist. Bei diesen Berechnungen behielt ich jedoch im Auge, daß sie sämtlich auf unserer experimentellen Kenntnis der Lufteigenschaften beruhen – und auf den mechanischen Gesetzen von Ausdehnung und Verdichtung der Luft, die in dem Bereich Geltung haben, der – relativ betrachtet – die *unmittelbare Erdumgebung* genannt werden kann. Gleichzeitig wird als eine unumstößliche Tatsache angesehen, daß animalisches Leben in unerreichbarer Erdferne im wesentlichen *anpassungsfähig* sei und sein müsse. Doch bei allen solchen Beweisführungen und Angaben handelt es sich um reine Analogieschlüsse. Die größte Höhe, die der Mensch je erreicht hat, betrug 25 000 Fuß, und diese wurde von den Herren Gay-Lussac und Biot bei ihrer aeronautischen Expedition erzielt. Dies aber ist, selbst bei den fraglichen 80 Meilen, immer noch eine bescheidene Zahl, und ich konnte den Gedanken nicht loswerden, daß darüber hinaus immer noch genügend Spielraum für Zweifel und Spekulationen blieb.

Tatsache ist allerdings: Wenn man zu einer bestimmten Höhe aufsteigt, ist die überwundene wägbare Luftmenge bei weiterem Aufsteigen keineswegs proportional zur zusätzlich gewonnenen Höhe (wie eindeutig aus den obigen Angaben hervorgeht), sondern steht in einem konstant abnehmenden Verhältnis zu ihr. Daraus kann man den Beweis ziehen, daß wir, so hoch wir auch steigen mögen, niemals – schlicht gesagt – eine Grenze erreichen werden, hinter der keinerlei Atmosphäre mehr vorhanden wäre. Ich folgerte daraus: Sie *muß vorhanden sein* – sie mag freilich nur noch in *unendlicher Verdünnung* vorhanden sein.

Andererseits war mir klar, daß es zahlreiche Argumente gab, die Existenz einer wirklichen und präzise festliegenden Begrenzung der Atmosphäre zu beweisen, hinter der es absolut keine Luft mehr gebe. Doch eine Tatsache, die von allen, die eine solche Grenze verfechten, nicht beachtet wurde, war meiner Meinung nach durchaus untersuchenswert – wenn auch nicht unbedingt dazu geeignet, sie ausgesprochen zu widerlegen. Vergleicht man der Reihe nach die Intervalle, in denen der Enckesche Komet in der Nähe der Sonne erscheint, und berücksichtigt man dabei genauestens alle Störungen, die von der Planetenanziehungskraft herrühren, so ergibt sich, daß die Perioden konstant abnehmen. Das bedeutet: Die Längsachse der elliptischen Kometenbahn wird langsam, doch völlig gleichmäßig immer kürzer. Nun müßte dies eben genau der Fall sein, wenn wir davon ausgehen, der Komet habe den Widerstand eines sehr dünnen ätherischen Mediums zu überwinden, das seine Bahn durchdringt. Denn es leuchtet ein, daß ein solches Medium dadurch, daß die Geschwindigkeit des Kometen abbremst, durch Schwächung seiner Zentrifugalkraft die zentripetale erhöht. Anders gesagt: Die Anziehungskraft der Sonne würde sich beständig stärker auswirken und der Komet bei jeder Umkreisung näher an sie herangezogen. Die in Rede stehende Veränderung läßt in der Tat keine andere Erkärung zu. Um es jedoch noch einmal zu sagen: Man hat beobachtet, daß der wirkliche Durchmesser der Nebelhülle unseres Kometen bei der Annäherung an die Sonne rasch abnimmt und bei der Entfernung vom Aphelium ebenso rasch wieder zunimmt. Ist es daher nicht zu entschuldigen, daß ich wie M. Valz zu der Annahme neigte, daß die Ursache für diese augenscheinliche Volumensverdichtung in der Kompression eben jenes ätherischen Mediums liege, das ich zuvor erwähnte und dessen Dichte in Relation zu seiner Sonnennähe steht? Auch jenes linsenförmige Phänomen, das Zodiakallicht genannt wird, sollte näher untersucht werden. Dieser Lichtschein, der besonders in den Tropen so wunderbar zu beobachten ist und den man nicht mit irgendeinem meteorischen Schimmer vergleichen kann, breitet sich schräg vom Horizont aus und folgt gewöhnlich der Richtung des Sonnenäquators. Meine Erklärung lautete: Es handelt sich dabei um eine Art dünner Atmosphäre, die sich von der Sonne ausbreitet – mindestens bis über die Bahn der Venus, wenn nicht sogar – wie ich annahm – noch unendlich weit darüber hinaus.[1] Ich konnte mir in der Tat nicht vorstellen, daß dieses Medium auf die Ellipsenbahn des Kometen oder den unmittelbaren Umkreis der Sonne beschränkt war. Dagegen schien es mir einleuchtend, daß es den ganzen Raum unseres Planetensystems durchdringt und sich um die Planeten herum zu dem verdichtet, was wir Atmosphäre nennen – vielleicht bei einigen davon durch geologische Gegebenheiten modifiziert. Das heißt in seinen Proportionen (oder seiner absoluten Beschaffenheit) verändert oder modifiziert – durch verflüchtigte Stoffe der betreffenden Himmelskörper.

Nachdem ich davon überzeugt war, gab es kein Zögern mehr für mich. Angenommen, ich stieß auf meiner Fahrt auf eine Atmosphäre, die im wesentlichen mit der der Erdoberfläche identisch war, so müßte ich meiner Meinung nach in der Lage sein, sie mit dem höchst sinnvollen Apparat des M. Grimm hinreichend für die Atmung verdichten zu können. Damit wäre das Haupthindernis für eine Mondreise ausgeräumt. Ich hatte nämlich beträchtliches Geld und viel Mühe darauf verwendet, den Apparat seinem Bestimmungszweck entsprechend umzubauen, und war zuversichtlich, ihn erfolgreich anwenden zu können – immer unter der Voraussetzung, ich konnte die Reise in einer vernünftigen Zeitspanne hinter mich bringen. Und das führt mich wieder auf den Aspekt der Geschwindigkeit zurück, die ich auf der Fahrt würde erreichen können.

Ballons entfalten bekanntlich – und das ist bewiesen – in der ersten Phase ihres Aufstiegs von der Erdoberfläche nur eine relativ bescheidene Geschwindigkeit. Nun beruht die Auftriebskraft völlig auf dem im Vergleich zur Gasfüllung des Ballons größeren Gewicht der Atmosphärenluft; und auf den ersten Blick erscheint es einem unmöglich, daß – wenn der Ballon höhersteigt und allmählich in Atmosphärenschichten mit schnell abnehmender Dichte gelangt –, also es erscheint einem völlig unlogisch, daß sich bei diesem Aufstieg seine ursprüngliche Geschwindigkeit noch steigern könnte. Auf der anderen Seite hatte ich in keinem Bericht über Ballonfahrten gelesen, daß etwa ein Abnehmen der absoluten Aufstiegsgeschwindigkeit festgestellt worden wäre; auch wenn dies doch der Fall hätte sein müssen, und wenn auch nur wegen des langsamen Ausströmens von Gas bei schlecht konstruierten und nur mit gewöhnlichem Firnis abgedichteten Ballons. Daher schien es durchaus, als sei die Wirkung eines solchen Verlusts einzig ein Gegengewicht zu der der Beschleunigung, die entstand, je weiter sich der Ballon vom Gravitationszentrum entfernte. Meine Überlegung war folgende: Vorausgesetzt, ich fand auf meiner Fahrt das von mir angenommene Medium, und angenommen, es war wirklich im wesentlichen das, was wir Atmosphärenluft nennen, dann konnte es nur wenig ausmachen, in welchem Verdünnungsgrad – und sei er auch noch so extrem – ich sie antraf – immer in Hinsicht auf das Problem der Reisegeschwindigkeit –, denn das Gas im Ballon würde nicht nur einer ähnlichen Verdünnung unterliegen (davon konnte ich so viel ablassen wie nötig, um ein Platzen zu vermeiden), sondern bei seiner Eigenschaft jedenfalls auch weiterhin spezifisch leichter bleiben als alle Verbindungen aus reinem Stickstoff und Sauerstoff. Daher bestand die Aussicht – ja, die starke Wahrscheinlichkeit –, daß ich bei meinem Aufstieg nie an einen Punkt gelangen würde, an dem das gemeinsame Gewicht meines enormen Ballons, des unvorstellbaren dünnen Gases darin, der Gondel und ihres gesamten Inhalts der durch sie verdrängten Luftmasse gleichkommen konnte. Und dies ist verständlicherweise die einzige Bedingung, die ein echtes Hindernis für meinen Höhenflug darstellen konnte. Doch selbst wenn ich einen solchen Punkt erreichen sollte, hatte ich immer noch die Möglichkeit, Ballast und anderes Gewicht von insgesamt fast 300 Pfund abzuwerfen. In der Zwischenzeit würde sich – in Relation zum Quadrat der Entfernung – die Gravitationskraft konstant verringern, und so könnte ich durchaus am Ende mit enorm erhöhter Geschwindigkeit in jene entfernten Regionen kommen, wo die Anziehungskraft des Mondes die der Erde aufhob.

Es gab jedoch noch eine andere Schwierigkeit, die mich einigermaßen beunruhigte. Man hat festgestellt, daß sich bei Ballonflügen in bedeutender Höhe neben Atemnot auch noch große Beschwerden bei Kopf und Leib einstellten, die häufig von Nasenbluten und anderen alarmierenden Symptomen begleitet wurden und proportional zur gewonnenen Höhe ständig lästiger wurden.[2] Dieser Gedanke war denn doch sehr unbehaglich. Mußte man nicht vermuten, daß sich diese Symptome steigern würden, bis sie zum Tod führten? Schließlich beantwortete ich die Frage doch mit Nein. Die genannten Beschwerden rühren vom fortschreitenden Nachlassen des auf den Körper einwirkenden gewohnten atmosphärischen Drucks her und infolgedessen von einer Ausdehnung der äußeren Blutgefäße – und nicht etwa von einer ausgesprochenen Auflösung des animalischen Systems wie im Fall von Atemschwierigkeiten, wo die atmosphärische Dichte für die nötige Erneuerung des Blutes in einer Herzkammer chemisch unzureichend ist. Solange diese Erneuerung noch stattfand, konnte ich daher keinen Grund sehen, warum das Leben nicht selbst in einem Vakuum weiter existieren konnte. Denn Ausdehnung und Kompression des Brustkastens – im allgemeinen Atmung genannt – stellen eine reine Muskeltätigkeit dar und sind die *Ursache*, nicht die *Wirkung* des Atmens. Kurzum, ich war davon überzeugt, daß der Körper sich an den Mangel an atmosphärischem Druck gewöhnen könnte und die anfänglichen Schmerzen auch wieder abnehmen müßten – und ich traute meiner eisernen Konstitution durchaus zu, diese ertragen zu können, solange sie anhielten.

Und so habe ich hier, möge es Euren Exzellenzen gefallen, einige Überlegungen dargestellt – wenn auch bei weitem nicht alle –, die mir den Plan einer Reise zum Mond eingaben. Nun will ich mich daranmachen, das Ergebnis meines in seiner Konzeption sicher kühnen und in der Geschichte der Menschheit völlig einzigartigen Unternehmens darzulegen.

Als ich die zuvor erwähnte Höhe erreicht hatte – d. h. 3¾ Meilen –, warf ich einige Federn aus der Gondel und stellte fest, daß ich immer noch einen leidlich schnellen Auftrieb hatte. Daher mußte ich keinerlei Ballast abwerfen. Darüber freute ich mich, denn ich wollte soviel Gewicht behalten, wie ich nur eben tragen konnte – aus dem einfachen Grund, daß ich ja nichts Sicheres über Gravitation des Mondes und auch nicht über die Dichte seiner Atmosphäre wußte. Bis jetzt hatte ich noch keine körperlichen Beschwerden entwickelt, ich atmete problemlos und hatte keinerlei Kopfweh. Die Katze lag höchst sittsam auf meinem Rock, den ich ausgezogen hatte, und blickte mit einer unbekümmerten Miene auf die Tauben. Diese, die ich an den Füßen festgebunden hatte, damit sie nicht wegflogen, waren eifrig dabei, Reiskörner aufzupicken, die ich für sie in der Gondel verstreut hatte.

Um zwanzig nach sechs zeigte das Barometer eine Höhe von 26 400 Fuß oder fast fünf Meilen. Die Aussicht war schier endlos. Übrigens kann jeder mit Hilfe der sphärischen Geometrie leicht errechnen, einen wie großen Teil der Erdoberfläche ich überschauen konnte. Die konvexe Oberfläche eines jeden Kugelsegments verhält sich zur Gesamtoberfläche der Kugel wie der Sinusversus des Segments zum Durchmesser der Kugel. In meinem Fall nun war der Sinusversus, d. h. die Dicke des unter mir liegenden Segments, etwa genauso groß wie meine Höhe beziehungsweise die Höhe des Betrachtungspunktes über der Oberfläche. »Wie fünf Meilen zu achttausend« sollte etwa das Verhältnis der für mich sichtbaren Erdfläche bezeichnen. In anderen Worten, ich sah immerhin ein Sechzehnhundertstel der Gesamtoberfläche des Globus. Die See wirkte glatt wie ein Spiegel, obwohl ich durch mein Teleskop erkennen konnte, daß sie tatsächlich äußerst bewegt war. Das Schiff konnte ich nicht mehr sehen, da es sich anscheinend in östlicher Richtung entfernt hatte. Langsam bekam ich nun in Abständen heftige Kopfschmerzen, besonders um die Ohren herum. Die Atmung war jedoch immer noch ziemlich ungehindert. Die Katze und die Tauben allerdings zeigten immer noch keine Zeichen irgendwelcher Beschwerden.

Um zwanzig vor sieben geriet der Ballon in eine breite, dichte Wolkenschicht, die mich insofern ärgerte, daß mein Kondensationsapparat beschädigt und ich selbst bis auf die Knochen naß wurde. Hierbei handelte es sicher um ein einmaliges Ereignis, denn ich hatte es nicht für möglich gehalten, daß es in dieser Höhe solche Wolken geben könne. Nun schien es mir geraten, zwei 5-Pfund-Stücke Ballast abzuwerfen, wonach mir ja immerhin noch 165 Pfund verblieben. Kaum hatte ich dies getan, hatte ich das Problem auch schon hinter mir und bemerkte, daß meine Aufstiegsgeschwindigkeit beträchtlich zugenommen hatte.

Einige Sekunden, nachdem ich die Wolke verlassen hatte, zuckte ein Blitz von extremer Helle durch ihre gesamte Länge und ließ sie in ihrer gesamten enormen Weite aufflammen wie einen brennenden Haufen Holzkohle. Man darf nicht vergessen, daß all dies am hellichten Tag geschah. Niemand – und sei er auch mit der lebhaftesten Phantasie begabt – kann sich vorstellen, was für einen Eindruck dieses Phänomen in einer dunklen Nacht hervorgerufen hätte. Wohl nur die Hölle könnte ein geeignetes Abbild sein. Doch mir standen jetzt schon die Haare zu Berge, als ich hinunterschaute in den gähnenden Abgrund und meine Einbildungskraft in den merkwürdig gewölbten Hallen, den roten Schluchten und den gespenstisch glühenden Klüften des grauenvollen und riesigen Feuers umherschweifte. Ich war in der Tat nur mit knapper Not entkommen. Wenn der Ballon auch nur eine winzige Kleinigkeit länger in der Wolke verblieben – d. h., hätte mich die lästige Nässe nicht veranlaßt, Ballast abzuwerfen –, so wäre wohl mein Untergang die Folge gewesen. Derartige Gefahren, die allerdings nur wenig beachtet werden, sind wahrscheinlich das Schlimmste, was man in einem Ballon erwarten kann. Doch zu dieser Zeit befand ich mich bereits in zu großer Höhe, als daß ich mir um diesen Punkt noch Sorgen hätte machen müssen.

Ich stieg nun rasch, und gegen sieben Uhr zeigte das Barometer eine Höhe von nicht weniger als 9½ Meilen. Nun wurde meine Atmung allmählich schwerer, und auch mein Kopf schmerzte heftig. Und nachdem ich eine Zeitlang eine Feuchtigkeit auf meinen Wangen gespürt hatte, entdeckte ich schließlich, daß es sich um Blut handelte, das ziemlich rasch aus meinen Ohren sickerte. Außerdem bereiteten mir auch die Augen Schwierigkeiten. Als ich einmal mit der Hand darüberstrich, kam es mir vor, als seien sie nicht wenig aus ihren Höhlen getreten, und ich sah alle Gegenstände in der Gondel, auch den Ballon selbst, verzerrt. Diese Symptome waren denn doch mehr, als ich erwartet hatte, und beunruhigten mich. In diesem kritischen Augenblick warf ich (höchst dummerweise und ohne nachzudenken) noch drei 5-Pfund-Stücke Ballast ab. Die dadurch gewonnene Beschleunigung meiner Fahrtgeschwindigkeit trug mich nun allzu rasch und ohne ausreichenden Übergang hoch in eine äußerst verdünnte Atmosphärenschicht, und das Resultat wäre um ein Haar für mich und meine Expedition das Ende gewesen. Ich bekam plötzlich einen Krampf, der mehr als fünf Minuten anhielt, und selbst als er allmählich wieder abklang, konnte ich nur in großen Abständen und nach Luft schnappend atmen. Und die ganze Zeit über bluteten meine Nase und Ohren stark und sogar die Augen ein wenig. Die Tauben sahen überaus jämmerlich aus, sie strengten sich gewaltig an, ihre Fesseln loszuwerden, und die Katze miaute elend und taumelte mit hängender Zunge in der Gondel hin und her, als sei sie vergiftet. Zu spät erkannte ich nun die übergroße Eile, mit der ich den Ballast über Bord geworfen hatte, und meine Aufregung wuchs ins Unermeßliche. Ich hatte nur noch den Tod vor Augen, und zwar einen Tod in wenigen Minuten. Die körperlichen Beschwerden, die mich befallen hatten, trugen nur noch dazu bei, mich unfähig zu machen, irgend etwas zur Erhaltung meines Lebens zu unternehmen. Ich hatte in der Tat kaum noch die Kraft zu denken, und meine Kopfschmerzen schienen immer mehr zuzunehmen. Ich merkte also, daß ich in Kürze meine Sinne verlieren würde, und griff schon nach einer der Ventilleinen, um den Abstieg zu beginnen, als ich für den Augenblick denn doch wieder von einem solchen Versuch abgeschreckt wurde, weil ich an den Streich dachte, den ich meinen drei Gläubigern gespielt hatte, und an die Konsequenzen für mich, falls ich zurückkehrte. Ich legte mich auf den Boden der Gondel und bemühte mich, meinen Verstand zu sammeln. Dies gelang mir schließlich so weit, daß ich beschloß, es mit einem Aderlaß zu versuchen. Ich besaß jedoch keine Lanzette und war wohl oder übel gezwungen, mich so gut wie möglich zu behelfen, indem ich die Klinge meines Federmessers benutzte, um eine Ader in meinem linken Arm zu öffnen. Das Blut begann zu fließen, und ich fühlte augenblicklich eine Erleichterung, und als ich ein halbes kleines Schüsselchen verloren hatte, waren die schlimmsten Symptome verschwunden. Trotzdem hielt ich es nicht angeraten, zu versuchen, wieder auf die Füße zu kommen. So lag ich, nachdem ich meinen Arm so gut wie möglich abgebunden hatte, noch circa eine Viertelstunde still. Am Ende dieser Zeit stand ich auf und empfand viel weniger eigentliche Schmerzen, als ich es in den letzten 1¼ Stunden meines Aufstiegs getan hatte. Die Atembeschwerden hatten jedoch nur sehr wenig abgenommen, und ich bemerkte, daß ich bald gezwungen sein würde, meinen Kondensator zu benutzen. Als ich nun einen Blick auf die Katze warf, die es sich wieder auf meinem Rock gemütlich gemacht hatte, stellte ich zu meiner grenzenlosen Überraschung fest, daß sie die Gelegenheit meines Unwohlseins ergriffen hatte, um einen Wurf von drei kleinen Kätzchen zur Welt zu bringen. Diese Vermehrung unserer Besatzung hatte ich nun gar nicht erwartet, doch das Ereignis kam mir nicht ungelegen. So hatte ich doch die Möglichkeit, zu erproben, ob die Vermutung, die mich hauptsächlich zu diesem Aufstieg veranlaßt hatte, wahr sei. Ich hatte gedacht, daß die gleichbleibende Gewöhnung an den Atmosphärendruck auf der Oberfläche der Erde hauptsächlich oder doch in bedeutendem Maße die Ursache jener Schmerzen und Beschwerden war, von denen animalisches Leben bei der Entfernung von dieser Oberfläche befallen wird. Sollte es sich herausstellen, daß die Kätzchen ebenso wie ihre Mutter zu leiden hatten, mußte ich meine Theorie als falsch ansehen. War dies aber nicht der Fall, hätte ich eine Bestätigung meiner Annahme gefunden.

Gegen acht Uhr hatte ich in der Tat eine Höhe von 17 Meilen über der Erde erreicht. Damit hielt ich es für bewiesen, daß meine Geschwindigkeit nicht nur weiter anstieg, sondern sich auch erhöht hätte, wenn ich keinen Ballast abgeworfen hätte. Die Kopf- und Ohrenschmerzen kehrten in Abständen zurück, und auch meine Nase blutete mitunter wieder. Doch im großen und ganzen litt ich weit weniger, als zu erwarten war. Das Atmen allerdings wurde von Minute zu Minute beschwerlicher, und bei jedem Atemzug krampfte sich meine Brust übel zusammen. Daher packte ich nun doch den Kondensator aus und bereitete ihn zum Gebrauch vor.

Der Blick auf die Erde war zu diesem Zeitpunkt meiner Reise wirklich atemberaubend. Im Westen, Norden und Süden breitete sich, so weit das Auge reichte, scheinbar grenzenlos die Fläche des anscheinend reglos glatten Ozeans aus, der mit jedem Augenblick tiefer und tiefer blau wurde. Ganz entfernt im Osten, dennoch klar erkennbar, erstreckten sich die Britischen Inseln, die gesamte Atlantikküste Frankreichs und Spaniens sowie ein kleines Stück des nordafrikanischen Kontinents. Einzelne Bauwerke ließen sich natürlich nicht erkennen, und auch die stolzesten Städte der Menschheit schienen völlig vom Angesicht der Erde verschwunden.

Was mich am Aussehen der Dinge unter mir am meisten erstaunte, war der Eindruck, daß die Oberfläche des Globus konkav gewölbt sei. Ich hatte mir, ohne weiter darüber nachzudenken, vorgestellt, ich müßte beim Aufstieg ihre tatsächliche Konvexität erkennen können. Doch nach etwas Überlegen konnte dieser Widerspruch aufgeklärt werden. Eine Schnur, die senkrecht von meinem Ballon zur Erde niedergelassen würde, hätte die Senkrechte eines rechtwinkligen Dreiecks geformt, dessen Basis vom rechten Winkel zum Horizont und dessen Hypotenuse vom Horizont bis zu meinem Standort verliefen. Doch meine Höhe war nichts im Vergleich zum Feld meiner Aussicht. In meinem Fall würden Basis und Hypotenuse des angenommenen Dreiecks, verglichen mit der Senkrechten, so lang sein, daß man sie fast für Parallelen halten könnte. Daher kommt es, daß Luftschiffer immer den Eindruck haben, der Horizont befinde sich *auf der gleichen Höhe* wie ihre Gondeln. Doch da der nun unmittelbar unter ihnen liegende Punkt sehr tief unten zu liegen scheint und dies ja auch wirklich tut, so scheint er natürlich auch tief unter dem Horizont zu liegen. So entsteht der Eindruck der Konkavität. Und dieser Eindruck muß natürlich anhalten, bis die Höhe in Relation zum Aussichtsfeld einen Wert erreicht, der den Anschein der Parallelität von Basis und Hypotenuse aufhebt.

Die beiden Tauben schienen zu dieser Zeit doch sehr zu leiden, und ich beschloß, ihnen die Freiheit zu geben. Zuerst band ich eine los, ein hübsches graugesprenkeltes Tierchen, und setzte sie auf den Rand der Gondel. Das schien sie allerdings gar nicht zu mögen. Sie schaute sich ängstlich um, schlug mit den Flügeln und gab lautes Gurren von sich, ließ sich aber durch nichts überreden, freiwillig von der Gondel wegzufliegen. So nahm ich sie schließlich auf und warf sie wohl sechs Ellen weit in die Luft. Sie versuchte jedoch in keinster Weise, sich in die Tiefe davonzumachen, wie ich es erwartet hatte, sondern bemühte sich nach Kräften, wieder in die Gondel zu kommen, während sie gleichzeitig sehr schrille und scharfe Rufe ausstieß. Schließlich landete sie erfolgreich wieder auf dem Gondelrand. Doch kaum war dies geschehen, da fiel ihr der Kopf auf die Brust, und sie fiel tot auf den Gondelboden. Die andere hatte mehr Glück. Denn um zu verhindern, daß sie dasselbe tat wie ihre Artgenossin und versuchte zurückzukommen, schleuderte ich sie mit aller Kraft nach unten in die Tiefe und beobachtete erfreut, daß sie mit hoher Geschwindigkeit weiter nach unten flog und dabei vollkommen natürlich und mühelos von ihren Flügeln Gebrauch machte. Sie war in kürzester Zeit außer Sicht, und ich zweifle nicht daran, daß sie gesund und munter ihr Zuhause erreichte. Pussi, die sich wieder deutlich von ihrem Unwohlsein erholt hatte, machte sich nun ein herzhaftes Mahl aus dem toten Vogel und legte sich dann sichtbar befriedigt schlafen. Ihre Kleinen waren quicklebendig und gaben bis jetzt überhaupt kein Zeichen irgendeines Unbehagens.

Um Viertel nach acht konnte ich nicht mehr ohne unerträglichste Schmerzen Luft holen, und so begann ich, die zum Kondensator gehörende Apparatur für die Gondel herzurichten. Diese Apparatur muß etwas näher erklärt werden, und ich möchte Eure Exzellenzen daran erinnern, daß es mir in erster Linie daran gelegen war, mich selbst und die Gondel völlig mit einer Barriere gegen die höchst verdünnte Atmosphäre zu umgeben, in der sich momentan mein Leben abspielte, wobei ich außerdem beabsichtigte, mit Hilfe meines Kondensators eine zum Atmen ausreichend verdichtete Atmosphäre ins Innere dieser Barriere einzulassen. Mit diesem Ziel vor Augen hatte ich einen sehr starken, absolut luftdichten und dennoch elastischen Kautschuksack vorbereitet. Gewissermaßen die gesamte Gondel sollte in diesen Sack gesteckt werden, der die entsprechenden Maße besaß. Das bedeutet, daß er über den Außenboden der Gondel gezogen wurde, dann an den Seiten in die Höhe und so fort, außen an den Seilen entlang und endlich bis oben an den Rand oder Reifen, an dem das Netzwerk befestigt war. Als ich die Hülle so um die Gondel gespannt und einen unten und ringsherum völlig abgeschlossenen Raum geschaffen hatte, mußte ich auch noch die obere Öffnung abdichten. Das konnte nur geschehen, indem ich den Stoff über den Halterungsreifen des Netzes nach innen zog – anders gesagt, zwischen Netzwerk und Reifen hindurch. Doch wenn das Netzwerk vom Reifen gelöst wurde, eben um ihn hindurchzulassen – wie sollte dann die Gondel gehalten werden? Das Netzwerk war nicht durchgehend am Reifen befestigt, sondern mit einer Reihe von Schlaufen oder Schlingen. Ich löste also immer nur einige dieser Schlingen, und die Gondel wurde von den übrigen gehalten. Hatte ich dann einen Teil des Stoffes vom oberen Sackrand hereingezogen, befestigte ich die Schlingen wieder – natürlich nicht am Reifen, was ja unmöglich war, da sich der Stoff nun dazwischen befand, sondern an zahlreichen großen Knöpfen, die etwa drei Fuß unterhalb des Sackrandes am Stoff selbst angebracht waren (die Abstände zwischen den Knöpfen entsprachen dabei genau den Abständen zwischen den Schlingen). Dann löste ich ein paar weitere Schlingen, zog ein weiteres Stück Stoff herein und verband dann die losen Schlaufen mit den entsprechenden Knöpfen. So konnte ich schließlich den ganzen oberen Sackrand zwischen Netzwerk und Reifen hereinholen. Es ist klar, daß der Reifen nun lose ins Gondelinnere hineinfiel und das ganze Gewicht der Gondel mit ihrem gesamten Inhalt nur noch von den Knöpfen gehalten wurde. Auf den ersten Blick könnte diese Befestigung wohl unzureichend erscheinen; doch dies war keineswegs der Fall, denn die Knöpfe hielten nicht nur selbst viel aus, sondern lagen außerdem so dicht beieinander, daß jeder nur einen Bruchteil des Gesamtgewichts tragen mußte. Selbst wenn Gondel und Inhalt dreimal so schwer gewesen wären, als sie es tatsächlich waren, hätte ich mir in dieser Hinsicht keine Sorgen gemacht. Nun hob ich den Reifen innerhalb der Kautschukhülle wieder fast auf seine frühere Höhe und stützte ihn durch drei leichte Stangen, die zu diesem Zweck gedacht waren. Das sollte natürlich dem Sack nach oben Spannung geben und den unteren Teil des Netzes an seiner Position halten. Jetzt mußte nur noch die Hüllenöffnung verschlossen werden. Und dies tat ich rasch, indem ich die Stoffalten zusammenraffte und innen mit einer Art feststehendem *tourniquet* dicht und sicher zusammendrehte.

In den Seiten der so um die Gondel gelegten Hülle waren drei runde Scheiben aus dikkem, klarem Glas eingesetzt, durch die ich problemlos in alle horizontalen Richtungen um mich schauen konnte. Die Bodenpartie des Stoffes hatte ebenso ein viertes Fenster, dem eine kleine Öffnung im Gondelboden entsprach. Dadurch konnte ich auch senkrecht nach unten blicken. Aufgrund der besonderen Art des Verschlusses und der dadurch resultierenden Stoffalten hatte ich allerdings keine ähnliche Vorrichtung oben anbringen können und mußte mich damit abfinden, daß mir Dinge, die sich genau über mir befanden, verborgen blieben. Das machte jedoch nur wenig aus; denn selbst wenn ich auch oben ein Fenster hätte anbringen können, hätte mich der Ballon selbst daran gehindert, es sinnvoll zu benutzen.

Ungefähr einen Fuß unter einem Seitenfenster befand sich eine runde Öffnung, die einen Durchmesser von etwa drei Zoll hatte und mit einem Messingstreifen eingefaßt war, der innen ein Schraubgewinde besaß. In diesen Ring wurde das große Kondensatorrohr eingeschraubt, während sich die Maschine selbst im Inneren der Kautschukkammer befand. Ein in der Maschine erzeugtes Vakuum sog durch dieses Rohr eine Menge der dünnen Außenatmosphäre ein und ließ sie dann verdichtet in die Kammer ab, wo sie sich mit der vorhandenen dünnen Luft vermischte. Geschah dies mehrmals, so füllte sich die Kammer allmählich mit einer Atmosphäre, die zur Atmung geeignet war. Natürlich verdarb sie in kurzer Zeit in einem so begrenzten Raum und war durch den häufigen Kontakt mit den Lungen verbraucht. Dann wurde sie durch ein kleines Ventil im Gondelboden abgelassen; wegen ihrer Dichte sank sie sofort automatisch in die dünnere Atmosphäre darunter. Um zu vermeiden, daß dabei plötzlich ein totales Vakuum in der Kammer entstünde, geschah diese Reinigung nie völlig auf einmal, sondern immer schrittweise nach und nach – das Ventil wurde nur für einige Sekunden geöffnet und sofort wieder geschlossen, bis ein oder zwei Pumpenbewegungen des Kondensators die verlorene Atmosphäre ersetzt hatten. Als Experiment setzte ich die Katze mit ihren Jungen in einen kleinen Korb und hängte diesen außerhalb der Gondel an einen Knopf, der sich am Boden befand, dicht neben dem Ventil, durch das ich sie, falls nötig, jederzeit füttern konnte. Damit ging ich ein geringes Risiko ein, aber ich war erfolgreich, indem ich mit einer der bereits erwähnten Stangen, die einen Haken hatte, von außen unter die Gondel langte, ehe ich die Öffnung der Kammer oben verschloß. Sobald verdichtete Luft in die Kammer gelangt war, waren Reifen und Stangen überflüssig, denn die Ausdehnung der eingeschlossenen Atmosphäre verlieh der Kautschukhülle eine gute Spannung.

Als ich mit diesen Vorbereitungen fertig war und die Kammer wie beschrieben gefüllt war, waren es nur noch 10 Minuten bis neun Uhr. In der ganzen Zeit, die ich in der beschriebenen Weise verbracht hatte, machte mir Atemnot furchtbare Schwierigkeiten. Und ich empfand bittere Reue wegen der Nachlässigkeit oder vielmehr Tollkühnheit, der ich mich schuldig gemacht hatte, als ich diese so wichtige Sache bis zum letzten Augenblick aufschob. Doch nachdem ich sie erst mal zum Arbeiten gebracht hatte, spürte ich auch schon bald die Wirkung meiner Erfindung. Endlich konnte ich wieder völlig frei und leicht atmen – und ja, warum sollte ich das auch nicht können? Auch die Feststellung, daß die Schmerzen, die mich bisher gequält hatten, sehr nachgelassen hatten, war eine angenehme Überraschung. Leichte Kopfschmerzen mit einem gewissen Gefühle der Fülle oder Schwellung an Handgelenken, Knien und Kehle waren fast alles, unter dem ich noch litt. So war es offensichtlich, daß der überwiegende Teil der Beschwerden, die durch das Nachlassen des atmosphärischen Drucks verursacht wurden, sich wie erwartet verloren hatte und daß ein Großteil der während der beiden letzten Stunden erfahrenen Qual einem Mangel an Atmung zuzuschreiben war.

Um zwanzig vor neun – d. h. kurz bevor ich die Öffnung der Kammer verschloß – erreichte das Barometer, das (wie bereits erwähnt) eine erweiterte Konstruktion hatte, seinen

Grenzstand und wurde unbrauchbar. Zuletzt hatte es eine Höhe von 132 000 Fuß oder 25 Meilen angezeigt, und dementsprechend überschaute ich zu diesem Zeitpunkt einen Bereich der Erde, der nicht kleiner als der 320. Teil ihrer gesamten Oberfläche war. Um neun Uhr konnte ich im Osten kein Land mehr sehen, doch bevor ich deswegen die Orientierung verlor, stellte ich noch fest, daß der Ballon schnell nach Nordnordwesten trieb. Der Ozean hatte immer noch seine anscheinende Konkavität unter mir, auch wenn die hin und her ziehenden Wolkenmassen häufig meinen Blick trübten.

Um halb zehn machte ich das Experiment, eine Handvoll Federn durch das Ventil nach draußen zu werfen. Sie schwebten nicht – wie erwartet – langsam abwärts, sondern stürzten *en masse* wie eine Kugel und mit der höchsten Geschwindigkeit in die Tiefe und waren in wenigen Sekunden nicht mehr zu sehen. Und schon bald wurde mir klar, daß die Atmosphäre ja schon viel zu dünn war, um auch nur Federn zu tragen, daß sie tatsächlich und nicht nur anscheinend höchst rasch hinabstürzten und daß ich nur durch die vereinigte Geschwindigkeit ihres Falls und meines Aufstiegs für kurze Zeit ins Stutzen kam.

Um zehn Uhr meinte ich, daß meine unmittelbare Aufmerksamkeit nur noch sehr wenig zu tun hatte. Alles verlief problemlos, und ich war davon überzeugt, daß der Ballon mit konstant wachsender Geschwindigkeit aufsteige, obwohl ich nun den fortschreitenden Höhengewinn gar nicht mehr registrieren konnte. Ich hatte überhaupt keine Pein oder Beschwerden mehr und eine bessere Stimmung als jemals seit meiner Abreise von Rotterdam, während ich bald meine verschiedenen Apparate überprüfte, bald die Atmosphäre in der Kammer regenerierte. Letzteres beschloß ich regelmäßig alle vierzig Minuten zu machen, eher zur Erhaltung meines Wohlbefindens als aus dem Grund, daß es unbedingt so häufig nötig wäre. In der Zwischenzeit konnte ich nicht anders, als mir alles mögliche über meine Reise vorzustellen. Meine Phantasie schweifte durch die wilden und traumhaften Bereiche des Mondes. Sie fühlte sich von allen Fesseln befreit und durchstreifte nach Herzenslust die ständig wechselnden Wunder eines schattenhaften und wandelbaren Landes. In einem Augenblick erblickte sie altersgraue und ehrwürdige Wälder, felsige Abgründe und Wasserfälle, die mit lautem Tosen in bodenlose Schluchten stürzten. Im nächsten fand ich mich jäh in stillen Mittagseinsamkeiten, in die niemals ein Wind eindrang und wo riesige Wiesen voller Mohn und schlanker lilienähnlicher Blumen sich in unendliche Fernen erstreckten, alles in Ewigkeit still und stumm und regungslos. Dann reiste ich weit fort in ein anderes Land, das ganz und gar ein einziger düsterer und unbestimmter See war, der von dämmrigen Wolken begrenzt wurde. Doch meine Phantasie bot meinem Hirn nicht nur solche Vorstellungen. Nur zu häufig wollten sich die finstersten und schaurigsten Schrecken meinem Geist aufdrängen, und die bloße Annahme ihrer Möglichkeit machte meine Seele in ihrem tiefsten Inneren zittern. Doch ich ließ es nicht zu, daß meine Gedanken länger bei solchen Spekulationen verharrten, denn ich war – und zu Recht, wie ich meine – überzeugt, daß die realen, handgreiflichen Gefahren meiner Reise nun wirklich groß genug seien, um meine ungeteilte Aufmerksamkeit zu erfordern.

Am Nachmittag gegen fünf Uhr war ich soeben damit beschäftigt, die Atmosphäre in der Kammer zu erneuern, und ich nahm die Gelegenheit wahr, die Katze und ihre Jungen durch das Ventil zu beobachten. Die Katze selbst schien erneut stark zu leiden, und ich schrieb ihre Beschwerden ohne Umschweife hauptsächlich der Atembeschwernis zu. Doch mein Experiment mit den Kätzchen war wirklich erstaunlich geraten. Ich hatte mich natürlich darauf eingestellt, daß sie auch ein gewisses Schmerzgefühl zeigen würden, wenn auch in geringerem Maß als ihre Mutter. Dies hätte bereits ausgereicht, meine Theorie zu bestätigen, daß bei der Frage, welchen atmosphärischen Druck man aushalten könne, Gewöhnung eine große Rolle spielte. Doch ich war völlig unvorbereitet darauf, bei genauerer Betrachtung festzustellen, daß sie offenbar bei bester Gesundheit waren, mit größter Leichtigkeit und völlig regelmäßig atmeten und nicht das kleinste Anzeichen irgendeines Unbehagens zeigten. Das alles konnte ich mir nur erklären, wenn ich meine Theorie erweiterte und davon ausging, daß die sehr verdünnte Atmosphäre rundum vielleicht doch nicht

– wie ich es angenommen hatte – chemisch unzulänglich für das animalische Leben sei und daß ein in einem solchen Medium geborener Mensch beim Atmen völlig unbehelligt bleiben könnte, obwohl er dagegen wohl ähnliche Qualen erleiden müßte, wie ich sie selbst vor kurzem durchgemacht hatte, wenn er in die dichteren Luftschichten der Erde gelangte. Ich habe es seither immer tief bedauert, daß ich um diese Zeit durch einen unglücklichen Zufall meine Katzenfamilie verlor und damit die Erkenntnisse, die mir ein fortgesetztes Experiment wohl gebracht hätte. Als ich nämlich meine Hand mit einem Napf Wasser für die Katzenmutter durch das Ventil schob, verfing sich mein Hemdsärmel in der Schlaufe, die den Korb trug, und löste ihn vom Knopf. Hätte sich das Ganze jäh in Luft aufgelöst, hätte es nicht schneller und plötzlicher aus meinen Augen verschwinden können. Zwischen der Loslösung des Korbs und seinem totalen Verschwinden mit allen Insassen konnte sicherlich nicht mehr als eine Zehntelsekunde vergangen sein. Meine guten Wünsche begleiteten ihn zur Erde, doch ich hatte verständlicherweise nicht viel Hoffnung, daß die Katze oder ihre Jungen noch eine Chance hätten, jemandem die Geschichte ihres Unglücks zu erzählen.

Um sechs Uhr bemerkte ich, daß im Osten ein tiefer Schatten über das für mich sichtbare Erdfeld zog und konstant mit großer Schnelligkeit vorrückte, bis er um fünf vor sieben die ganze, meinem Blick erkennbare Oberfläche in das Dunkel der Nacht gehüllt hatte. Doch bis die Strahlen der untergehenden Sonne aufhörten, den Ballon zu beleuchten, verging doch noch eine ganze Weile, und wenn ich dies auch voll erwartet hatte, bereitete es mir doch größtes Vergnügen. Es war deutlich, daß ich am Morgen das aufgehende Licht des Sterns viele Stunden früher sehen würde als die Bürger von Rotterdam, obwohl diese Stadt so viel weiter im Osten gelegen war, und daß ich entsprechend von Tag zu Tag, je weiter ich aufstieg, das Sonnenlicht länger und länger genießen durfte. Ich beschloß nun, ein Reisetagebuch zu führen und dabei die Tage fortlaufend auf vierundzwanzig Stunden zu rechnen, ohne Berücksichtigung der Zeit der Dunkelheit.

Um zehn Uhr befiel mich Müdigkeit, und ich entschloß mich, mich für den Rest der Nacht hinzulegen. Hier aber tauchte eine Schwierigkeit auf, die mir – so offensichtlich sie auch scheinen mag – in der Tat bis zu diesem Augenblick, von dem ich spreche, entgangen war. Wenn ich mich also, wie beabsichtigt, zur Ruhe begab – wie sollte dann in der Zwischenzeit die nötige Erneuerung der Atmosphäre in der Kammer vor sich gehen? Es wäre unmöglich gewesen, sie länger als höchstens eine Stunde zu atmen, und wenn man diesen Zeitraum gar auf 1¼ Stunde erhöhte, konnten die katastrophalsten Folgen eintreten. Die Überlegung über dieses Problem machte mich doch sehr unruhig; und man wird es vielleicht kaum glauben, doch die Sache – nach all den Gefahren, die ich glücklich überstanden hatte – erschien mir in einem so ernsten Licht, daß ich nahe daran war, alle Hoffnung auf einen Erfolg meines eigentlichen Vorhabens zu verlieren und mich mit der Notwendigkeit abzufinden, daß ich umkehren müßte. Doch dieses Schwanken dauerte nur einen Augenblick. Ich rief mir ins Gedächtnis, daß der Mensch ein Sklave der Gewohnheit sei und vieles in seinem alltäglichen Leben als wesentlich und wichtig ansieht, was es nur deshalb ist, weil er es sich zur Gewohnheit gemacht hat. Es war völlig klar, daß ich nicht ohne Schlaf auskommen konnte; doch ich konnte leicht so weit kommen, daß ich während der ganzen Zeit meines Ausruhens jede Stunde einmal geweckt wurde, ohne daß es mich beschwerte. Es würde höchstens fünf Minuten brauchen, die Atmosphäre gänzlich zu erneuern – und die eigentliche Schwierigkeit bestand darin, eine Methode zu finden, mich dafür im rechten Augenblick aus dem Schlaf zu wecken. Das aber war ein Problem, deren Lösung mir – wie ich gern zugebe – beträchtliches Kopfzerbrechen bereitete. Sicher, ich hatte auch schon von jenem Gelehrten gehört, der, um das Einnicken über seinen Büchern zu verhindern, eine Kupferkugel in der Hand hielt, die – wenn ihn einmal der Schlaf übermannen sollte – in eine Schale aus demselben Metall auf dem Boden neben seinem Stuhl fallen, ein lautes Krachen verursachen und so dazu dienen sollte, ihn aufzuschrecken. Mein eigenes Problem lag jedoch etwas anders und konnte auf diese Weise nicht gelöst werden; denn ich wollte ja gar nicht wach bleiben, sondern nur in regelmäßigen Intervallen aus dem Schlaf geweckt werden. Schließlich fand ich folgenden Ausweg, den ich bei all seiner Einfachheit im Augenblick der Entdeckung als eine Erfindung begrüßte, die man durchaus mit der des Teleskops, der Dampfmaschine und selbst des Buchdrucks vergleichen konnte.

Ich muß noch vorausschicken, daß der Ballon auf der nun erreichten Höhe seinen Kurs ganz gleichmäßig und ohne jede Abweichung fortsetzte und die Gondel ihm darum mit so großer Stetigkeit folgte, daß man unmöglich auch nur das kleinste Schwanken bemerken konnte. Dadurch wurde der Plan erleichtert, den ich nun in die Tat umsetzen wollte. Mein Wasservorrat an Bord befand sich in Fäßchen von je fünf Gallonen Fassungsvermögen, die fest um die Gondel herum angebracht waren. Eines davon band ich los; darauf nahm ich zwei Seile und spannte sie – links und rechts am Rand des Weidenkorbs befestigt – quer durch die Gondel, parallel im Abstand von circa einem Fuß, so daß sie eine Art Sims formten, auf den ich das Fäßchen stellte und horizontal vertäute. Etwa acht Zoll unter diesen Seilen und vier Fuß über dem Gondelboden brachte ich eine zweite ähnliche Vorrichtung an – doch diese war aus einem dünnen Brett, dem einzig geeigneten Stück Holz, das ich hatte. Auf dieses letztere nun stellte ich genau unter den einen Rand des Fäßchens einen kleinen Tonkrug. Direkt unter dem Krug bohrte ich das Fäßchen an und fügte einen spitz oder konisch zugeschnittenen Stöpsel aus weichem Holz in das Loch. Diesen Stöpsel stieß ich mehrmals so weit wie möglich in der Öffnung hin und her, bis er sie nach einigen Versuchen gerade so dicht verschloß, daß das Wasser, das aus dem Loch heraussickerte und in den Krug darunter fiel, diesen in einer Zeit von sechzig Minuten bis zum Rande füllte. Das war natürlich leicht und rasch bewerkstelligt, denn ich brauchte ja nur die einer bestimmten Zeitspanne entsprechende Menge abzumessen. Nachdem dies gelungen war, gab es kein Problem mehr, und was folgte, war offensichtlich. Ich bereitete mir ein Lager auf dem Gondelboden so, daß mein Kopf beim Schlafen direkt unter der Tülle des Kruges lag. Nach einer Stunde mußte der Krug voll sein und überlaufen, und zwar an der Tülle, die etwas tiefer war als der Rand. Und so konnte das Wasser gar nicht anders, als mir ins Gesicht zu tropfen. Da es immerhin aus einer Höhe von mehr als vier Fuß fiel, mußte es mich notwendigerweise augenblicklich aufwecken, selbst aus noch so tiefem Schlummer.

3. April. Der Ballon mußte eine fast immense Höhe erreicht haben, denn die Konvexität der Erde war jetzt verblüffend deutlich geworden. Unter mir im Meer sah ich einen Haufen schwarzer Flecken, die zweifelsohne Inseln waren. Der Himmel über mir war pechschwarz, und die Sterne strahlten brillant klar; das war allerdings schon seit meinem ursprünglichen Aufstieg immer der Fall gewesen. Fern im Norden nahm ich einen dünnen, weißen, grell glänzenden Strich oder Streifen am Rand des Horizonts wahr, und ich zögerte nicht, darin die südliche Eisgrenze des Polarmeeres zu erkennen. Meine Neugier war geweckt, denn ich hoffte, noch um einiges weiter nach Norden zu treiben, und konnte vielleicht irgendwann genau über dem Pol anlangen. Nur bedauerte ich es nun, daß meine große Höhe mir in diesem Fall nicht erlauben würde, einen so genauen Überblick zu bekommen, wie ich ihn mir wünschte. Ansonsten geschah an diesem Tag nichts Besonderes. Meine Apparate waren alle in konstant gutem Zustand, und der Ballon stieg weiterhin ohne merkliche Schwankungen. Die Kälte hatte stark zugenommen, und ich mußte mich fest in meinen warmen Überrock wickeln. Als Dunkelheit über die Erde fiel, ging ich zu Bett, obwohl meine Gondel noch Stunden danach in hellem Tageslicht war. Die Wasseruhr erfüllte pünktlich ihre Pflicht, und bis auf die periodischen Unterbrechungen schlief ich fest und tief bis zum nächsten Morgen.

4. April. Stand gesund und munter auf und bestaunte die einmalige Veränderung, die mit dem Aussehen des Meeres vor sich gegangen war. Es hatte im wesentlichen sein bisheriges tiefes Blau verloren und zeigte nun ein gräuliches Weiß, das mit seinem Schimmer die Augen blendete. Die Konvexität des Meeres war so deutlich geworden, daß es beinahe schien, als stürzten sämtliche fernen Wassermengen über den Horizont in einen unermeßlichen Abgrund hinab, und ich ertappte mich dabei, daß ich auf Zehenspitzen auf das Echo des mächtigen Wasserfalls lauschte. Die Inseln konnte ich nicht mehr sehen; dabei war es unmöglich zu sagen, ob es deswegen war, weil sie nun im Südosten hinter dem Horizont lagen oder weil sie einfach durch meine ständig zunehmende Höhe nicht mehr zu erkennen waren. Ich tendierte mehr zur letzten Erklärung. Der Eisrand des Nordens wurde immer deutlicher. Kälte gar nicht so stark. Weiter geschah nichts Wichtiges, und ich verbrachte den Tag mit Lesen - hatte ja genügend Bücher mitgenommen.

5. April. Sah das einzigartige Phänomen des Sonnenuntergangs, wobei fast die ganze sichtbare Oberfläche der Erde noch in Dunkelheit gehüllt war und blieb. Allmählich allerdings breitete sich das Licht ganz darauf aus, und ich sah den Eisstreifen im Norden wieder. Jetzt war er ganz klar und sah viel dunkler aus als das Wasser des Ozeans. Ich trieb offensichtlich darauf zu, und zwar mit hoher Geschwindigkeit. Glaubte, im Osten wieder einen Landstrich erkennen zu können, war mir aber nicht sicher. Wetter gemäßigt. Sonst am Tag nicht Bedeutendes. Ging früh schlafen.

6. April. Überrascht, den Eisrand und ein immenses Feld aus demselben Material in nur noch äußerst geringer Entfernung sehen zu können, das sich im Norden bis an den Horizont dehnte. Offensichtlich, daß der Ballon bald über dem Eismeer ankommen würde, wenn er seinen augenblicklichen Kurs beibehielt; kaum noch Zweifel meinerseits, schließlich den Pol zu sehen. Näherte mich den ganzen Tag über stetig dem Eis. Bei Einbruch der Nacht plötzlich und bedeutend eine Erweiterung meines Horizonts, bestimmt wegen der abgeflachten, sphäroidischen Gestalt der Erdkugel und der Tatsache, daß ich über den flachen Regionen in der Nähe des nördlichen Polarkreises ankam. Als schließlich die Dunkelheit über mir hereinbrach, ging ich sehr beklommen schlafen, denn ich befürchtete, den Gegenstand meiner großen Neugier dann zu überfliegen, wenn ich ihn nicht betrachten konnte.

7. April. Erhob mich frühzeitig und erblickte schließlich zu meiner größten Freude, was nur der Nordpol sein konnte. Da lag er - zweifellos - direkt unter meinen Füßen; doch ich hatte - ach! - mittlerweile eine solche Höhe gewonnen, daß ich nichts mehr mit Genauigkeit erkennen konnte. Wenn ich nach der Progression der Zahlen urteilte, die zu verschiedenen Zeiten zwischen sechs Uhr morgens des 2. April und zwanzig vor neun am selben Tag (als das Barometer aussetzte) meine Höhe angegeben hatten, ließ sich tatsächlich problemlos folgern, daß der Ballon jetzt - um vier Uhr am Morgen des 7. April - eine Höhe von sicherlich nicht weniger als 7 254 Meilen über dem Meeresspiegel erreicht hatte. Diese Höhe scheint vielleicht immens, doch die zugrundeliegende Schätzung ergab ein Resultat, das höchstwahrscheinlich weit unter dem eigentlichen Wert lag. Auf jeden Fall erblickte ich nun zweifellos die volle Breite des Erdäquators; die ganze nördliche Hemisphäre lag unter mir wie eine Karte; und der große Kreis des Äquators selbst bildete die Begrenzung meines Horizonts. Eure Exzellenzen mögen sich jedoch freundlicherweise vor Augen halten, daß die bisher noch unerforschten Regionen innerhalb des nördlichen Polarkreises, obwohl sie unmittelbar unter mir lagen und daher ohne jede Verkürzung sichtbar waren, sich dennoch zu weit von mir entfernt befanden und sich vergleichsweise zu winzig ausnahmen, um irgendwelche präzisen Beobachtungen machen zu können. Dennoch war das, was erkennbar war, einzigartig und aufregend. Im Norden des oben erwähnten riesigen Randstreifens, der mit wenigen Ausnahmen als die Grenze menschlicher Entdeckung in diesen Gebieten bezeichnet werden kann, breitet sich eine ununterbrochene oder jedenfalls fast ununterbrochene Eisfläche aus. Im Bereich der ersten paar Grade ist die Oberfläche merklich abgeflacht, dann fällt sie zu einer Ebene ab, und schließlich weist sie eine nicht unbedeutende Konkavität auf und endet am Pol selbst in einem scharf umrissenen kreisrunden Zentrum, dessen offensichtlichem Durchmesser beim Ballon ein Winkel von etwa 65 Sekunden gegenüberlag und dessen dunkle, in ihrer Intensität wechselnde Farbe jederzeit düsterer war als alle anderen Stellen der sichtbaren Hemisphäre und sich gelegentlich zu absoluter Schwärze verdichtete. Darüber hinaus konnte ich nichts weiteres Sicheres feststellen. Gegen zwölf war das kreisrunde Zentrum beträchtlich geschrumpft, und abends um sieben verschwand es völlig aus meinen Augen; da schwebte der Ballon über den westlichen Limbus des Eises und trieb rasch in Richtung Äquator weiter.

8. April. Bemerkte neben einer bedeutenden Veränderung in Farbe und Erscheinung der Erde auch eine merkliche Abnahme ihres scheinbaren Durchmessers. Die gesamte sichtbare Fläche zeigte eine bleich-gelbe Tönung in verschiedenen Nuancen und hatte an manchen Stellen einen Glanz erhalten, der dem Auge fast weh tat. Außerdem war mein Blick nach unten erheblich durch die Tatsache behindert, daß die dichte Atmosphäre in der Nähe der Erdoberfläche von Wolkenmassen durchsetzt war, die nur ab und an durch eine Lücke die Erde sehen ließen. Diese Sichtbehinderung hatte mich bereits die ganzen letzten 48 Stunden mehr oder weniger geärgert; doch meine augenblickliche enorme Höhe brachte die treibenden Dunstballen zwangsläufig dichter zusammen, und so nahmen natürlich die visuellen Probleme direkt proportional zur Aufstiegshöhe immer mehr zu. Dennoch konnte ich leicht erkennen, daß der Ballon jetzt über die Großen Seen des nordamerikanischen Kontinents hinwegschwebte und immer noch auf südlichem Kurs war, der mich bald in die Tropen bringen würde. Dieser Umstand konnte mich nur innerlich mit Befriedigung erfüllen, und ich begrüßte ihn als glückliches Omen eines endlichen Erfolgs. Tatsächlich hatte mich die Richtung, der ich bisher gefolgt war, mit Sorge erfüllt; denn es war offensichtlich, daß ich, wäre ich ihr noch viel länger gefolgt, keine Möglichkeit gehabt hätte, den Mond überhaupt zu erreichen, dessen Bahn zur Ekliptik nur in dem kleinen Winkel von 5° 8´ 48´´ geneigt ist. So merkwürdig, ja befremdlich es auch scheinen mag – erst jetzt ging mir allmählich auf, was für einen Fehler ich begangen hatte, als ich meine Abreise von der Erde nicht an einem Punkt in der Ebene der Mondellipse stattfinden ließ.

9. April. Heute erschien der Erddurchmesser wieder stark verkleinert, und die Farbe der Oberfläche nahm stündlich ein tieferes Gelb an. Der Ballon hielt konstant seinen Kurs nach Süden und erreichte um neun Uhr abends den Nordrand des Golfs von Mexiko.

10. April. Gegen fünf Uhr an diesem Morgen schreckte ich jäh aus dem Schlaf, und zwar wegen eines furchtbar lauten, krachenden Geräusches, das ich mir nicht erklären konnte. Es dauerte nur kurz, doch solange es anhielt, war es mit nichts vergleichbar, das ich aus meiner Erfahrung kannte. Unnötig zu sagen, daß ich äußerst bestürzt war, da ich im ersten Augenblick dachte, der Ballon müsse geplatzt sein. Ich untersuchte jedoch alle meine Apparate und konnte keinen Fehler entdecken. Verbrachte dann einen Großteil des Tages damit, über dieses so außerordentliche Ereignis nachzudenken, konnte aber nicht die geringste Erklärung dafür finden. Legte mich unzufrieden und mit großer Besorgnis und Aufregung schlafen.

11. April. Bemerkte eine verblüffende Abnahme des sichtbaren Erddurchmessers, allerdings gleichzeitig – heute erstmals bemerkbar – ein beträchtliches Wachsen des Mondes, der in nur wenigen Tagen voll sein würde. Jetzt erforderte es langwierige Mühen, um genügend atmosphärische Luft zur Erhaltung meines Lebens in der Kammer zu kondensieren.

12. April. Es hatte eine merkwürdige Änderung der Richtung des Ballons stattgefunden, die mir – wenn sie auch nicht völlig unerwartet war – die größte Freude bereitete. Als er auf seinem bisherigen Kurs etwa den 20. südlichen Breitengrad erreicht hatte, machte er im scharfen Winkel eine Wende nach Osten und folgte der neuen Richtung den ganzen Tag, wobei er fast, wenn auch nicht gänzlich, *an der exakten Ebene der Mondellipse* festhielt. Es war bemerkenswert, daß eine sehr spürbare Schwankung in der Gondel unmittelbar nach diesem Kurswechsel stattfand, die stundenlang mehr oder minder stark andauerte.

13. April. Wurde erneut durch eine Wiederholung des lauten, krachenden Geräusches alarmiert, das mich bereits am 10. unmäßig erschreckt hatte. Dachte lange darüber nach, war aber nicht in der Lage, einen befriedigenden Schluß zu ziehen. Starkes Abnehmen des Erddurchmessers, der nun unter einem Sichtwinkel von sehr wenig mehr als 25 Grad lag. Der Mond war gar nicht zu sehen, da er nahezu in meinem Zenit stand. Bewegte mich immer noch in der Ebene seiner Ellipse fort, aber nur wenig nach Osten.

14. April. Höchst schnelles Abnehmen des Erddurchmessers. War heute stark beeindruckt von dem Gedanken, daß der Ballon jetzt in der Tat auf der Apsidenlinie direkt zum Punkt des Perigäums steige - d. h., in anderen Worten, genau den Kurs einhalte, der ihn direkt an der Stelle auf den Mond treffen lassen mußte, an der die Mondbahn die größte Erdnähe besaß. Der Mond selbst stand direkt über mir und war daher unsichtbar für mich. Immer noch schwere Plackerei mit der Atmosphärenkondensation notwendig.

15. April. Jetzt konnte ich auf der Erde noch nicht einmal mehr mit Bestimmtheit die Umrisse von Kontinenten und Meeren ausmachen. Gegen zwölf Uhr hörte ich ein drittes Mal das furchtbare Geräusch, das mich schon vorher so erstaunt hatte. Diesmal dauerte es jedoch einige Augenblicke an und stieg noch in der Heftigkeit, solange es anhielt. Schließlich, während ich betäubt und von Schrecken ergriffen ein ich weiß nicht wie furchtbares Verderben erwartete, erzitterte die Gondel ganz gewaltig, und eine gigantische flammende Masse aus einem Stoff, den ich nicht erkannte, zog mit einem Klang von tausend Donnerschlägen brüllend und tosend an meinem Ballon vorbei. Nachdem sich meine Angst und mein Staunen einigermaßen gelegt hatten, kam ich problemlos zu dem Gedanken, es habe sich dabei um ein riesiges vulkanisches Bruchstück gehandelt, das von der Welt ausgeworfen wurde, der ich mich so rasch näherte, und höchstwahrscheinlich zu jener Stoffklasse gehörte, die man gelegentlich auf der Erde findet und in Ermangelung einer besseren Bezeichnung Meteorsteine nennt.

16. April. Als ich heute so gut wie möglich der Reihe nach durch die Seitenfenster nach oben schaute, sah ich höchst erfreut überall rund um den gewaltigen Ballon ein sehr schmales Stück der Mondscheibe hervorragen. Da wurde ich sehr aufgeregt, denn nun hatte ich keine Zweifel mehr, daß bald das Ende meiner gefährlichen Reise gekommen sei. In der Tat war die Mühe, die der Kondensator von mir verlangte, in fast erdrückendem Maß gewachsen und erlaubte es kaum noch, damit aufzuhören. An Schlaf konnte ich kaum noch denken. Mir wurde ganz übel davon, und mein Körper zitterte vor Erschöpfung. Die menschliche Natur konnte diesen Zustand heftigen Leidens nicht viel länger ertragen. Während der nun sehr kurzen Dunkelperiode kam wieder ein Meteorstein nahe an mir vorbei, und die Häufigkeit dieser Phänomene machte mich allmählich doch bang.

17. April. Dieser Morgen ist ein Markstein auf meiner Reise. Man wird sich noch daran erinnern, daß die Erde am 13. unter einem Winkel von 25 Grad lag. Am 14. hatte dieser sich stark verkleinert, am 15. ließ sich eine noch raschere Abnahme bemerken, und als ich mich in der Nacht zum 16. schlafen legte, hatte ich eben zuvor einen Winkel von nicht mehr als etwa sieben Grad und 15 Minuten gemessen. Wie groß mußte also meine Bestürzung sein, als ich am Morgen dieses 17. aus einem kurzen unruhigen Schlummer aufschreckte und die Fläche unter mir so plötzlich und wunderbar *vergrößert* fand, daß ihr scheinbarer Durchmesser unter einem Winkel von nicht weniger als 39 Grad lag! Ich war wie vom Donner gerührt! Es gibt keine Worte für eine nur annähernde Vorstellung von dem unermeßlichen, dem absoluten Grauen und Staunen, das mich ergriff, das mich beherrschte und förmlich überwältigte. Die Knie wurden mir weich - meine Zähne klapperten - mein Haar stand zu Berge. »Also ist der Ballon denn doch geplatzt!« Das war der erste wirre Gedanke, der mir durch den Kopf schoß: »Der Ballon ist wirklich und wahrhaftig geplatzt! - Ich falle - falle mit der wildesten, mit unvorstellbar schneller Geschwindigkeit! Nach der enormen Entfernung zu urteilen, die ich so rapide schon wieder zurückgelegt habe, kann es nicht länger als zehn Minuten dauern, bis ich auf der Erdoberfläche aufpralle und zu Nichts vergehe!« Doch allmählich sammelte ich meine Gedanken wieder zu ruhigem Überlegen. Ich hielt inne, ich dachte nach - und ich begann zu zweifeln. Es war schlechterdings unmöglich. Ich konnte gar nicht dermaßen schnell gefallen sein. Und wenn ich mich auch evident der Fläche unter mir näherte, so ging dies doch mit einer Geschwindigkeit vor sich, die in keinster Weise mit dem Rasen zu vergleichen war, das ich mir zu Anfang vorgestellt hatte. Dieser Gedanke beruhigte mein verstörtes Gemüt, und es gelang mir endlich, das Phänomen im rechten Licht zu sehen. In der Tat - die Angst mußte mir meinen klaren Kopf genommen haben, wenn ich nicht sehen konnte, wie sehr sich die Fläche unter mir im Aussehen von der Oberfläche unserer Mutter Erde unterschied. Letztere befand sich nun in Wirklichkeit über mir und wurde völlig vom Ballon verdeckt, während der Mond – jawohl, der Mond in seiner ganzen Herrlichkeit – unter mir zu meinen Füßen lag.

Die Betäubung und Verblüffung, die durch diesen außergewöhnlichen Wandel der Dinge in mir hervorgerufen worden war, war letztendlich von allen Geschehnissen auf meiner abenteuerlichen Reise das wahrscheinlich am wenigsten erklärliche. Denn das *bouleversement* an sich war ja nur natürlich und auch von mir erwartet als ein Ereignis, das zu erwarten war, sobald meine Reise an jenem Punkt ankam, wo die Anziehung des Trabanten die Anziehung des Planeten aufhob – oder, um es genauer auszudrücken, wo die Gravitation des Ballons gegenüber der Erde weniger stark wurde als seine Gravitation gegenüber dem Mond. Ich war allerdings gerade erst aus einem gesunden Schlaf erwacht, den meine Sinne noch nicht ganz abgeschüttelt hatten, als sie sich plötzlich mit diesem wirklich verwirrenden Phänomen auseinandersetzen mußten, das zwar erwartet, doch nicht in diesem Augenblick erwartet war. Die eigentliche Umdrehung war natürlich ganz leicht und allmählich geschehen, und es ist noch fraglich, ob ich sie, selbst wenn ich zum Zeitpunkt des Ereignisses wach gewesen wäre, im Inneren der Kammer überhaupt bemerkt hätte – d. h., ob sie sich in Form von Unbehagen oder Unordnung spürbar auf mich oder meine Apparate ausgewirkt hätte.

Fast überflüssig zu sagen, daß meine Aufmerksamkeit sich nun zuallererst auf die Betrachtung des allgemeinen physikalischen Aussehens des Mondes richtete, nachdem ich zu einer korrekten Einschätzung meiner Situation gekommen war und den Schrecken überwunden hatte, der sich mir lähmend auf die Seele gelegt hatte. Der Mond lag wie eine Landkarte unter mir. Und obwohl ich schätzte, daß er noch in beträchtlicher Entfernung lag, waren die Zacken seiner Oberfläche doch höchst überraschend und ganz unerklärlich scharf für mich erkennbar. Das vollständige Fehlen von Ozeanen oder Meeren, ja von Seen, Flüssen oder allen sonstwie gearteten Wasserläufen fiel meinem ersten Blick als das bemerkenswerteste Merkmal seiner geologischen Beschaffenheit auf. Und dennoch erblickte ich – so merkwürdig dies auch klingt – gleichzeitig gewaltige flache Regionen mit ausgesprochenem Alluvialcharakter, obwohl der bei weitem überwiegende Teil der sichtbaren Hemisphäre von zahllosen vulkanischen Bergen bedeckt war, die alle eine konische Form hatten und eher wie künstliche als wie natürliche Erhebungen wirken. Der höchste davon mißt nicht mehr als 3¾ Meilen in der Vertikalen; eine Karte der vulkanischen Gebiete der Campi Phlegræi würde allerdings Euren Exzellenzen eine bessere Vorstellung von der allgemeinen Oberfläche geben, als es eine bloße Beschreibung vermag, die ich Unwürdiger versuche. Der Großteil der Berge war im Zustand offensichtlicher Eruption, und ihr Wüten und ihre Gewalt wurden mir furchtbar deutlich durch das wiederholte Donnergetöse der zu Unrecht so genannten Meteorsteine, die nun mit immer fürchterlicherer Häufigkeit herauf- und an meinem Ballon vorbeiflogen.

18. April. Heute bemerkte ich ein enormes Anwachsen des scheinbaren Mondumfangs – und die offenbare Beschleunigung meines Niedergangs erfüllte mich langsam mit großer Besorgnis. Man wird sich erinnern, daß ich schon im frühen Stadium meiner Spekulationen über die Möglichkeiten einer Reise zum Mond eine in Relation zur Planetenmasse dichte Atmosphäre in seiner Umgebung als gegeben angenommen und in meine Berechnungen einbezogen hatte; trotz zahlreicher gegenteiliger Theorien und – um es hinzuzufügen – trotz eines allgemeinen Zweifels am Vorhandensein einer Mondatmosphäre schlechthin. Doch über das hinaus, was ich schon zu den Enckeschen Kometen und dem Zodiakallicht gesagt habe, wurde ich in meiner Meinung durch bestimmte Beobachtungen eines Herrn Schroeter aus Lilienthal bestätigt. Er beobachtete einen gerade zweieinhalb Tage alten Mond abends kurz nach Sonnenuntergang, bevor die dunkle Partie sichtbar war, und fuhr fort damit, bis sie sichtbar wurde. Die beiden Hörner schienen in eine äußerst feine und scharfe Verlängerung auszulaufen, von denen jede an ihrem äußersten Ende einen schwachen Abglanz von Sonnenstrahlen aufwies, bevor nur ein Teil der dunklen Hemisphäre sichtbar war. Bald darauf war der gesamte dunkle Limbus beleuchtet. Die Verlängerung der Hörner über den Halbkreis hinaus mußte meiner Meinung nach von einer Brechung der Sonnenstrahlen durch die Mondatmosphäre kommen. Ich berechnete auch die Höhe der Atmosphäre (die genügend Licht auf die dunkle Hemisphäre hin brechen konnte, um ein Zwielicht zu erzeugen, leuchtender als das von der Erde reflektierte Licht, wenn der Trabant etwa 32 Grad über Neumond hinaus ist), und zwar auf 1356 Pariser Fuß; entsprechend nahm ich 5376 Fuß als die größte Höhe, die die Sonnenstrahlung noch brechen könnte. Meine Gedanken zu diesem Gegenstand hatten überdies Bestätigung aus einem Abschnitt im 82. Band der Philosophischen Verhandlungen gefunden, in dem festgestellt wird, daß bei einer Verfinsterung der Jupiter-Satelliten der dritte von ihnen verschwand, nachdem er etwa eine oder zwei Sekunden lang undeutlich gewesen und der vierte von ihnen in der Nähe des Limbus nicht mehr erkennbar war.[3]

Was die Sicherheit meiner endgültigen Niederfahrt anging, so hatte ich mich natürlich ganz auf den Widerstand oder besser die Tragfähigkeit einer Atmosphäre verlassen, die die von mir angenommene Dichtigkeit besaß. Sollte sich nach alldem nun erweisen, daß ich mich im Irrtum befunden hatte, so hatte ich als Konsequenz, als Finale meines Abenteuers nichts Besseres zu erwarten, als an der schroffen Oberfläche des Satelliten in Atome zu zerschellen. Und nun hatte ich wirklich allen Grund zum Entsetztsein. Meine Entfernung zum Mond betrug vergleichsweise nur noch eine Kleinigkeit, während sich die nötige Plakkerei am Kondensator nicht im geringsten verringerte und ich kein Zeichen dafür finden konnte, daß die Dünne der Luft im Abnehmen begriffen sei.

19. April. Heute morgen gegen neun Uhr war die Oberfläche des Mondes schon beängstigend nahe und meine Sorge auf ein Höchstmaß gestiegen, da gab die Kondensatorpumpe endlich zu meiner größten Freude Anzeichen dafür, daß eine Veränderung in der Atmosphäre stattgefunden hatte. Gegen zehn hatte ich Grund zur Annahme, daß ihre Dichte wesentlich zugenommen hatte. Um elf Uhr war nur noch ganz wenig Arbeit am Apparat notwendig, und genau um zwölf Uhr wagte ich es nach einigem Zögern, das *tourniquet* zu lösen, und anschließend, als dies keine negativen Folgen hatte, öffnete ich die Kautschukkammer völlig und takelte sie von der Gondel ab. Ich hätte es voraussehen müssen – Krämpfe und heftige Kopfschmerzen waren die Folge dieses so überstürzten und gefährlichen Experiments. Doch diese und andere Probleme, die mit der Atmung verbunden sind, beschloß ich – weil sie auch nicht so groß waren, daß ich um mein Leben hätte fürchten müssen – so gut wie möglich zu ertragen. Denn ich konnte ja damit rechnen, daß sie auf der Stelle weichen würden, wenn ich erst einmal zu den dichteren Schichten in Mondnähe gelangte. Diese Annäherung geschah jedoch immer noch extrem schnell, und bald hatte ich die alarmierende Gewißheit, daß ich mich zwar nicht getäuscht hatte, als ich eine im Verhältnis zur Masse des Satelliten dichte Atmosphäre erwartete, aber im Irrtum war, als ich vermutete, daß diese Dichte – und wenn auch nur in umittelbarer Nähe zur Oberfläche – ausreichen würde, um das hohe Gewicht meiner Ballongondel zu tragen. Doch dies hätte zutreffen müssen, und zwar im gleichen Maße wie auf der Oberfläche, wenn es zutraf, daß die tatsächliche Körperschwere auf beiden Planeten im Verhältnis zur atmosphärischen Verdichtung stand. Mein jähes Stürzen bewies jedoch zur Genüge, daß dies nicht der Fall war. Warum es nicht der Fall war, läßt sich nur im Hinblick auf jene geologischen Störungen erklären, auf deren Möglichkeiten ich zuvor hingewiesen habe. Auf alle Fälle war ich nun dicht über dem Planeten und raste mit furchtbarer Geschwindigkeit darauf zu. Also warf ich als erstes meinen Ballast über Bord, dann meine Wasserfäßchen, anschließend meinen Kondensatorapparat und die Kautschukhülle und schließlich jeden nicht befestigten Gegenstand in der Gondel. Doch all das nützte nichts. Ich fiel immer noch mit grauenvoller Schnelligkeit, und ich war nur noch eine halbe Meile vom Boden entfernt. Da griff ich dann zum allerletzten Ausweg und schnitt, nachdem ich bereits meinen Rock, Hut und Stiefel ausgezogen hatte, die Gondel selbst vom Ballon ab, die nicht von unbedeutendem

Gewicht war. Nun klammerte ich mich mit beiden Händen am Netzwerk fest und hatte kaum Zeit zu bemerken, daß das ganze Land ringsum, so weit das Auge reichte, mit winzigen Behausungen dicht übersät war, als ich auch schon kopfüber mitten in eine phantastisch anmutende Stadt trudelte und in einer riesigen Menge häßlicher kleiner Leute landete, von denen auch nicht einer eine Silbe von sich oder sich die geringste Mühe gab, mir zu helfen, sondern die alle albern grinsend wie ein Haufen Idioten um mich herumstanden und mich und meinen Ballon scheel betrachteten und die Arme in die Seiten stemmten. Ich kehrte ihnen verachtungsvoll den Rücken und schaute nach oben zur Erde, die ich erst vor kurzem – und vielleicht für immer – verlassen hatte. Da sah ich sie wie einen riesigen, trübmatten Kupferschild von etwa zwei Grad Durchmesser starr und reglos oben am Himmel stehen, und einer ihrer Ränder wirkte, als sei er mit einer sichelförmigen Verzierung aus glänzendem Gold beschlagen. Es war keine Spur von Land oder Wasser zu sehen, und das Ganze war von veränderlichen Flecken bewölkt und mit tropischen und äquatorialen Zonen umgürtet.

So war ich denn – möge es Euren Exzellenzen gefällig sein – nach einer Reihe großer Ängste, unerhörter Gefahren und unvergleichlicher Überwindungen schließlich am neunzehnten Tag nach meiner Abreise von Rotterdam sicher am Bestimmungsort meiner Reise angekommen, der mit Sicherheit eigenartigsten und bedeutendsten Reise, die je von einem Erdenbürger vollendet, unternommen und geplant worden war. Doch die eigentliche Erzählung meiner Abenteuer kommt noch. Und wahrlich – Eure Exzellenzen mögen sich zu Recht denken, daß ich nach einem fünfjährigen Aufenthalt auf einem Planeten, der nicht nur durch seinen eigenen sonderlichen Charakter, sondern auch in seiner Eigenschaft als Satellit doppelt durch seine innige Verbindung mit der von Menschen bewohnten Welt das höchste Interesse beanspruchen darf, der Staatlichen Hochschule der Astronomie vertrauliche Mitteilungen machen kann, die eine noch weit größere Bedeutung haben als die – und seien sie noch so wunderbar – Einzelheiten der reinen *Reise*, die ein so glückliches Ende nahm. Und dies ist wahrhaftig der Fall. Ich habe viel, sehr viel, was ich nur zu gerne berichten würde. Ich kann vom Klima des Planeten erzählen, von seinem wunderbaren Wechsel zwischen Heiß und Kalt – zwischen ungemilderter Sonnenglut während der ersten zwei Wochen und mehr als polarem Frost in den anderen –, von einer konstanten Feuchtigkeitsübertragung (durch Destillation wie die *in vacuo*) vom sonnennächsten bis zum sonnenfernsten Punkt – von einer wechselnden Zone fließenden Wassers – von den Leuten selbst – von ihren Sitten, Gebräuchen und politischen Einrichtungen – von ihrem eigentümlichen Körperbau – von ihrer Häßlichkeit – von ihren fehlenden Ohren (nutzlosen Anhängseln in einer so eigenartig modifizierten Atmosphäre) – von ihrer daraus folgenden Unkenntnis der Redegabe – von ihrem Sprachersatz (einer schier einzigartigen Methode gegenseitiger Verständigung) – von der unbegreiflichen Beziehung zwischen jedem einzelnen Individuum auf dem Mond und einem entsprechenden auf der Erde (einer Beziehung, analog zu und abhängig von derjenigen, die zwischen den Umlaufbahnen von Planet und Satellit besteht, wodurch Leben und Schicksal der Bewohner des einen mit Leben und Schicksal der Bewohner des anderen dicht verwoben sind) – und schließlich und vor allem – wenn es Euren Exzellenzen gefällt – von jenen finsteren und schaudervollen Geheimnissen, die sich in den äußeren Regionen des Mondes verbergen – Regionen, die aufgrund der fast wunderbaren Übereinstimmungen zwischen der Achsenrotation des Satelliten und seiner siderischen Drehung um die Erde noch niemals bisher dem Forscherauge menschlicher Teleskope dargeboten waren und es auch – durch Gottes Barmherzigkeit – niemals sein werden. All dies und mehr – viel mehr – würde ich mit Freuden berichten. Doch um es kurz zu machen: Ich muß meinen Lohn dafür haben. Ich sehne mich nach einer Rückkehr in die Heimat und zu meiner Familie, und als Preis für alle weiteren Mitteilungen meinerseits – in Anbetracht des Lichts, das ich auf viele äußerst wichtige Zweige der Physik und Metaphysik werfen kann – muß ich darum bitten, daß Eure Exzellenzen sich für mich verwenden und mir Vergebung erlangen für das Verbrechen, dessen ich mich bei meiner Abreise aus Rotterdam schuldig gemacht habe, indem ich meine Gläubiger aus dem öffentlichen Leben entfernte. Dies ist der Zweck der gegenwärtigen Abhandlung. Ihr Überbringer, ein Bewohner des Monds, den ich überreden konnte, mein Bote zur Erde zu sein, und entsprechend unterrichtet habe, wird auf die gefällige Entscheidung Eurer Exzellenzen warten und dann mit dem fraglichen Pardon zurückkehren, wenn dieser sich nur irgendwie durchsetzen läßt.

Mit dem Ausdruck meiner ergebensten etc. etc. verbleibe ich Eurer Exzellenzen alleruntertänigster Diener

HANS PFAALL.

Als Professor Rummelbum die Lektüre dieses wahrlich außerordentlichen Dokuments beendet hatte, ließ er – so wird berichtet – im Überschwang seiner Überraschung die Pfeife zu Boden fallen, und Mijnheer von Wijkeknij, der seine Augengläser abgenommen, geputzt und dann in seine Tasche gesteckt hatte, vergaß sich und seine Würde so weit, daß er sich vor Staunen und Verwunderung gleich dreimal auf dem Absatz herumdrehte. Die Angelegenheit erlaubte keinen Zweifel mehr – ein Pardon würde gewährt werden. So schwor es wenigstens Professor Rummelbum mit einem Eide, und auch der illustre Wijkeknij dachte schließlich so, als er seinen Wissenschaftler-Bruder beim Arm nahm und ohne ein Wort eiligst zusah, daß er nach Hause kam, um die nun bevorstehenden Maßnahmen zu überdenken. Als sie jedoch die Tür der bürgermeisterlichen Wohnung erreicht hatten, wagte der Professor zu bemerken, daß nun, da der Bote es vorgezogen hätte zu verschwinden – zweifellos zu Tode erschrocken wegen der unbändigen Erscheinung der Rotterdamer Bürger –, die Verzeihung leider nur noch sehr wenig Nutzen habe, denn niemand außer einem Mann vom Mond werde es wagen wollen, eine so ungeheuer weite Reise anzutreten. Der Bürgermeister konnte sich der Wahrheit dieser zutreffenden und wissenschaftlich einwandfreien Beobachtung nicht verschließen, und so fand die ganze Sache ein plötzliches Ende. Allerdings nicht die Flut von Gerüchten und Spekulationen. Der Brief, den man veröffentlicht hatte, wurde Anlaß für äußerst kunterbuntes Gerede und Geschwätz. Ein paar ganz Schlaue machten sich sogar lächerlich, indem sie das Ganze als reinen Unsinn verschrien. Doch »Unsinn« ist meiner Meinung nach für diese Art von Leuten ein Sammelbegriff für einfach alles, was über ihren Horizont hinausgeht. Ich für meinen Teil kann nicht verstehen, auf welche Fakten man eine solche Anschuldigung stützen könnte. Doch wir wollen sehen, was man so sagt:

Erstens: Gewisse Spaßvögel in Rotterdam hätten eine gewisse besondere Antipathie gegen gewisse Bürgermeister und Astronome.

Zweitens: In der Nachbarstadt Brügge würde seit mehreren Tagen ein komischer kleiner Zwerg und Possenreißer vermißt, dem früher einmal wegen eines bösen Streichs beide Ohren dicht am Kopf abgeschnitten worden waren.

Drittens: Die Zeitungen, mit denen der kleine Ballon ganz beklebt war, wären holländi sche Blätter gewesen und könnten daher nicht vom Mond stammen. Sie wären schmutzig – sehr schmutzig – gewesen, und der Drucker Gluck wollte auf die Bibel schwören, daß sie in Rotterdam gedruckt waren.

Viertens: Hans Pfaall selbst, der trunksüchtige Schelm, und die drei Faulenzer, die Gläubiger genannt worden waren, seien gerade vor zwei oder drei Tagen noch in einer Vorstadtkneipe gesehen worden, wo sie mit den Taschen voller Geld ihre Heimkehr von einer kleinen Reise über das Meer gefeiert hätten.

Und schließlich: Es sei eine weitverbreitete – oder doch weitzuverbreitende – Meinung, daß die Hochschule der Astronomie in Rotterdam – genau wie alle anderen Hochschulen auf der ganzen Welt –, daß diese Hochschule in Hinsicht auf ihre Qualität, Größe und Weisheit – um es ganz gelinde auszudrücken – einen Schmarren wert sei.

Nachbemerkung

Strenggenommen gibt es nur wenig Ähnlichkeit zwischen der hier nacherzählten, sehr bescheidenen Skizze und der überall gefeierten »Mond-Geschichte« des Mr. Locke. Doch es handelt sich bei beiden um »Latein« (während die eine sich durchaus eines scherzhaften Tons befleißigt und die andere einen steifhosigen Ernst zeigt), und beide haben dasselbe Thema, den Mond, das sie darüber hinaus auch noch beide mit wissenschaftlichen Einzelheiten darzustellen versuchen – aus all diesen Gründen sieht sich der Autor des »Hans Pfaall« zur Selbstverteidigung zu der Feststellung gezwungen, daß sein eigenes *jeu d'esprit* im »Southern Literary Messenger« ungefähr drei Wochen vor dem Zeitpunkt erschienen ist, an dem Mr. L. mit dem seinen in der »New York Sun« begann. Nun meinten verschiedene New Yorker Blätter schon bald eine Ähnlichkeit zwischen den beiden zu erkennen – die wahrscheinlich gar nicht existiert; sie druckten den »Hans Pfaall« nach und kollationierten ihn mit dem »Mond-Schwindel«, um so den Schreiber des einen im Schreiber des anderen zu beweisen.

Da aber wirklich noch viel mehr Menschen auf den »Mond-Schwindel« hereingefallen sind als es zugeben wollten, wäre es hier vielleicht recht amüsant aufzuzeigen, warum sich eigentlich keiner hätte täuschen lassen dürfen, – d. h., auf die Punkte hinzuweisen, die ausreichend hätten zeigen müssen, um was es sich hier wahrhaftig handelt. Denn in der Tat, wenn auch eine sehr reiche Phantasie in dieser einfallsreichen Dichtung entfaltet wurde, es fehlte ihr doch wesentlich an der Kraft, die sie hätte haben können, wenn ihr Autor etwas aufmerksamer und genauer mit den Fakten und der allgemeinen Analogie umgegangen wäre. Die Tatsache, daß unser Publikum – und wenn auch nur für einen Moment – sich davon hinters Licht hat führen lassen, beweist nur die sagenhafte Ignoranz, die man leider überall antrifft, wenn es sich um Gegenstände astronomischer Natur dreht.

Die Entfernung des Mondes von der Erde beträgt rund 240 000 Meilen. Wenn wir herausfinden wollen, wie – scheinbar – nahe eine Linse uns den Satelliten (oder irgendeinen anderen entfernten Gegenstand) bringen kann, müssen wir natürlich nur die Distanz durch das Vergrößerungs- oder exakter des Raumdurchdringungsvermögen des Glases dividieren. Teilen wir 240 000 hierdurch (die wirkliche Mondentfernung), so erhalten wir 5⁵⁄₇ Meilen scheinbare Entfernung. Auf diese könnte man gar kein Lebewesen erkennen, um so weniger dann die winzigen Punkte, die in der Geschichte so ausführlich beschrieben werden. Mr. L. spricht davon, daß Sir John Herschel Blumen sah (*Papaver rhoeas* etc.) und sogar Gestalt und Farbe der Augen kleiner Vögel wahrnahm. Kurz vorher hat er dabei selbst bemerkt, daß die Linse Gegenstände von weniger als achtzehn Zoll Durchmesser nicht mehr darstellen könne. Doch selbst so sind – wie ich schon sagte – die Fähigkeiten des Glases bei weitem übertrieben. Nebenbei sollte man noch erwähnen, daß diese erstaunliche Linse angeblich in der Glashütte der Herren Hartley und Grant in Dumbarton entstanden sein soll, doch dieses Unternehmen der Herren H. und G. hatte bereits lange Jahre vor der Drucklegung des Schwindels den Betrieb eingestellt.

Auf Seite 13 der broschierten Ausgabe ist von einem »haarigen Schleier« die Rede, der die Augen einer Bisonart bedeckt, und der Autor sagt: »Unmittelbar ging es dem scharfsinnigen Dr. Herschel auf, daß dies von der Vorsehung weise so eingerichtet war, um die Augen des Tieres vor den großen Extremen von Licht und Dunkel zu schützen, denen alle Bewohner unserer Mondseite zeitweilig ausgesetzt sind.« Aber das kann nun wahrhaftig nicht als eine sonderlich »scharfsinnige« Bemerkung des Doktors angesehen werden. Die Bewohner unserer Mondseite haben allem Anschein nach überhaupt keine Dunkelheit, also kann von den erwähnten »Extremen« gar keine Rede sein. Ist die Sonne nicht anwesend, erhalten sie von der Erde ein Licht, das bei uns etwa dem Schein von dreizehn umwölkten Vollmonden entspräche.

Die ganze Topographie widerspricht trotz aller Beteuerungen, sie entspräche der Mondkarte Blunts, dieser und allen anderen Mondkarten – ja, in großen Teilen sogar sich selbst. Auch die Kompaßstriche sind in einem unentwirrbaren Durcheinander. Offenbar weiß der Schreiber nicht, daß sie bei einer Mondkarte ganz anders liegen als auf einer terrestrischen: der Osten links und so weiter.

Mr. L. – eventuell getäuscht durch die unbestimmten Bezeichnungen Mare Nubium, Mare Tranquillitatis, Mare Foecunditatis usw., die frühere Astronomen den dunklen Bereichen gegeben hatten – fühlte sich bemüßigt, uns viel über Ozeane und andere große Wasseransammlungen auf dem Mond zu erzählen. Dabei hat die Astronomie nun wirklich nichts entschiedener bewiesen als die Tatsache, daß es dort kein Wasser gibt. Bei dem Studium der Grenzlinie zwischen Licht und Schatten (bei zunehmendem Mond) stellte man an den Stellen, wo sie durch einen der dunklen Bereiche verläuft, einen rauhen und scharf gezackten Verlauf fest; wenn diese dunklen Flecken aus Flüssigkeiten beständen, müßte die Trennlinie logischerweise glatt sein.

Die Beschreibung der Flügel des Fledermaus-Menschen auf Seite 21 ist eine wörtliche Wiedergabe des Berichts von Peter Wilkins über die Schwingen seiner fliegenden Inselmenschen. Diese simple Tatsache hätte zumindest – so sollte man meinen – Verdacht erwecken müssen.

Auf Seite 23 lesen wir folgendes: »Was für einen wunderbaren Einfluß muß unser um 13mal größerer Globus auf diesen Satelliten ausgeübt haben, als er noch ein Embryo im Schoß der Zeit war, passiv untertan der chemischen Verwandtschaft!« Ein in der Tat bestechender Satz. Nur muß man leider dazu sagen, daß ein Astronom ihn wohl kaum zu Papier gebracht hätte – und schon gar nicht für ein wissenschaftliches Journal. Denn die Erde ist in dem hier beabsichtigten Sinn nicht nur 13, sondern 49mal größer als der Mond. Einen ähnlichen Einwand kann man gegen die gesamten Schlußseiten geltend machen, wo der philosophische Korrespondent auf einige Entdeckungen auf dem Saturn zu sprechen kommen will und dies mit einem fleißigen Schüleraufsatz über diesen Planeten einleitet; und dies war – man stelle sich vor! – für das Edinburger Wissenschaftliche Journal bestimmt!

Doch ganz besonders ist es ein Punkt, der eigentlich hätte klarmachen müssen, daß es sich um reine Fiktion handelt. Man stelle sich nur vor, man wäre wirklich in der Lage, Lebewesen auf der Mondoberfläche zu sehen – was würde wohl *als erstes* die Aufmerksamkeit eines Beobachters auf der Erde erwecken? Sicherlich weder ihre Gestalt oder Größe noch irgendeine andere solche Eigenart, sondern vor allem ihre seltsame Haltung. Es würde nämlich scheinen, als würden sie sich wie Fliegen an der Zimmerdecke bewegen – mit dem Kopf nach unten und den Beinen in der Höhe. Der *wirkliche* Beobachter würde wegen der Einzigartigkeit dieser Stellung sofort einen Überraschungslaut ausstoßen (auch wenn er schon vorher gewußt hätte, was ihn erwartet); der *fingierte* Beobachter hat das Phänomen nicht einmal erwähnt, sondern erzählt, daß er die betreffenden Kreaturen in voller Größe erblickt – und dabei ist doch leicht nachweisbar, daß er höchstens den Durchmesser ihrer Köpfe hätte sehen können!

Zum Schluß muß auch noch bemerkt werden, daß die Größe und besonders die Kraft der Fledermaus-Menschen (z. B. ihre Fähigkeit, in einer so dünnen Atmosphäre zu fliegen, falls der Mond überhaupt eine hat) zusammen mit den meisten anderen Phantasien hinsichtlich des tierischen und pflanzlichen Lebens allgemein sämtlichen analogieschlüssigen Urteilen über diese Themen widersprechen. Und Analogie wird hier nun einmal oft auf einen schlüssigen Beweis hinauslaufen. Es ist vielleicht kaum notwendig hinzuzufügen, daß alle Andeutungen über eine »Transfusion künstlichen Lichts auf das Brennpunktbild« etc. etc. (Anfang des Artikels), die Brewster und Herschel zugeschrieben werden, zu der Art blühender Phantasieprodukte gehören, die man schlicht und einfach als geschlagenen Quark bezeichnen darf.

Es gibt eine sehr reale und genau bestimmte Grenze für die optischen Entdeckungen unter den Sternen – eine Grenze, die man nur zu nennen braucht, um sie überzeugend begreiflich zu machen. Wenn es in der Tat allein auf die Herstellung großer Linsen ankäme, so wäre das menschliche Ingenium am Ende wohl doch der Aufgabe gewachsen, und wir könnten sie in jeder notwendigen Größe besitzen. Doch leider nimmt mit dem Anwachsen des Linsenformats und dementsprechend der Raumdurchdringungskraft das vom Gegenstand ausgehende Licht durch Streuung der Strahlung im gleichen Verhältnis ab. Und für dieses Übel hat der menschliche Geist noch kein Gegenmittel gefunden; denn ein Objekt wird nur sichtbar durch das Licht, das von ihm selbst ausgeht, sei es direkt oder reflektiert. Wenn also irgendein *»künstliches«* Licht für unseren Mr. Locke geleuchtet hätte, so hätte er gar nichts anders gekonnt, als dieses Licht höchstpersönlich – nun, nicht etwa auf das »Brennpunktbild«, sondern auf den anvisierten Gegenstand selbst zu werfen, und das heißt: *auf den Mond.* Die Berechnung war einfach: Wenn das von einem Stern ausgehende Licht durch Streuung so schwach wird wie das in einer klaren und mondlosen Nacht von allen Sternen ausgehende natürliche Licht, dann ist der Stern für irgendeinen praktischen Zweck schlicht nicht mehr sichtbar.

Das vor kurzem in England gebaute Teleskop des Earl of Rosse hat einen Spiegel mit einer Reflexionsfläche von 4071 Quadratzoll; das Herschelsche Teleskop hat nur 1 811. Der Hohlspiegel des Earl of Rosse mißt sechs Fuß im Durchmesser; am Rand ist er 5½ Zoll dick und in der Mitte 5. Er wiegt 3 Tonnen. Die Brennweite: 50 Fuß.

Ich habe vor kurzem ein seltsames und überraschend geistreiches kleines Büchlein gelesen, dessen Titelseite folgendermaßen lautet: *»L'Homme dans la lune, ou le Voyage Chimérique fait au Monde de la Lune, nouvellement découvert par Dominique Gonzales, Aventurier Espagnol, autrement dit le Courier volant. Mis en notre langue par J.B.D.A. Paris, chez François Piot, près la Fontaine de Saint Benoît. Et chez J. Goignard, au premier pilier de la grande salle du Palais, proche les consultations, MDCXLVIII.«* 176 Seiten.

Der Schreiber behauptet, sein Werk aus dem Englischen eines Mr. D'Avisson (Davidson?) übersetzt zu haben, doch seine Erklärung klingt ziemlich zweideutig. *»J'en ai eu«*, sagt er, *»l'original de Monsieur D'Avisson, médecin des mieux versez qui soient aujourd'huy dans la connaissance des Belles Lettres, et sur tout de la Philosophie Naturelle. Je lui ai cette obligation entre les autres, de m'avoir non seulement mis en main ce Livre en anglois, mais encore le Manuscrit du Sieur Thomas D'Anan, gentilhomme Eccossois, recommandable pour sa vertu, sur la version duquel j'advoue que j'ai tiré le plan de la mienne.«*

Nach einigen unbedeutenden Abenteuern im Stil eines Gil Blas, die die ersten dreißig Seiten füllen, erzählt der Autor dann, daß er auf einer Seereise erkrankt und die Mannschaft ihn zusammen mit einem schwarzen Diener auf der Insel St. Helena aussetzt. Um die Chancen auf Nahrungsgewinn zu erhöhen, trennen die beiden sich und leben so weit wie möglich voneinander entfernt. Das veranlaßt sie, sich Vögel abzurichten, die ihnen als Brieftauben dienen sollen. Allmählich lernen diese auch, Pakete mit einigem Gewicht zu transportieren – und dieses Gewicht wird schrittweise gesteigert. Schließlich wird die Idee entwickelt, die Kraft vieler Vögel zu vereinigen, damit sich mit ihrer Hilfe der Autor selbst in die Höhe erheben könnte. Dazu wird eine besondere Maschine erfunden, von der uns eine minuziöse Beschreibung gegeben wird und deren Anschaulichkeit durch einen Stahlstich noch erhöht wird. In diesem Stich sehen wir den Señor Gonzales mit Spitzenmanschetten und einer enormen Perücke, der rittlings auf etwas sitzt, das außerordentliche Ähnlichkeit mit einem Besenstiel hat, und sich mit Hilfe einer Menge wilder Schwäne (Ganzas) in die Lüfte hebt, von deren Schwänzen Schnüre zur Maschine hinabführen.

Das Hauptereignis der Erzählung unseres Señors beruht auf einer sehr wichtigen Tatsache, über die der Leser bis fast zum Ende des Buches im unklaren gelassen wird. Die Wildschwäne, mit denen er so vertraut geworden ist, waren nämlich gar nicht auf der Insel St. Helena beheimatet, sondern auf dem Mond. Von dort zogen sie nämlich seit Urzeiten alljährlich an einen Ort der Erde. Zur entsprechenden Jahreszeit kehrten sie jedoch dann wieder heim; und so geschieht es eines Tages, als unser Autor ihre Dienste soeben zu einer kurzen Reise über Land in Anspruch nimmt, daß er plötzlich und unerwartet zum Himmel getragen wird und in kürzester Zeit auf dem Satelliten ankommt. Hier stößt er neben anderen seltsamen Dingen auf den Fund, daß die Leute sich höchster Glückseligkeit erfreuen, daß sie kein Gesetz kennen, daß sie schmerzlos sterben, daß sie zwischen zehn und dreißig Fuß groß sind, daß sie fünftausend Jahre alt werden, daß sie einen Kaiser namens Irdonozur haben und daß sie sechzig Fuß hoch springen können, worauf sie dann - weil sie dort dem Einfluß der Schwerkraft entzogen sind - mit Hilfe von Fächerschwingen ganz gemütlich umherschweben.

Ich kann mich nicht enthalten, wenigstens ein Beispiel der allgemeinen Philosophie des Buches zu geben.

»Ich muß nun«, so schreibt unser Señor Gonzales, »vor allem beschreiben, wo ich mich befand. Alle Wolken lagen mir zu Füßen - beziehungsweise, sie breiteten sich - mit Verlaub - zwischen mir und der Erde aus. Was die Sterne angeht, so boten sie, da es *keine Nacht gab, wo ich mich befand, immer das gleiche Bild. Sie strahlten nicht wie üblich, sondern besaßen einen blassen Schein, fast wie der Mond am Morgen*. Doch einige waren sichtbar, und diese waren zehnmal größer (soweit ich das beurteilen konnte), als sie den Bewohnern der Erde erscheinen. Der Mond, der erst in zwei Tagen voll sein würde, war entsetzlich groß.

Ich darf nicht vergessen zu erwähnen, daß die Sterne nur auf der dem Mond zugewandten Seite des Globus zu sehen waren und daß sie um so größer wirkten, je näher sie ihm waren. Außerdem muß ich sagen, daß ich mich *immer unmittelbar zwischen Mond und Erde* befand, ob das Wetter ruhig war oder stürmisch. Ich bin davon aus zwei Gründen überzeugt: erstens, weil meine Vögel immer in schnurgerader Linie flogen, und zweitens, weil wir - wann immer wir eine Rast versuchten - immer sofort *unmerklich um die Erdkugel getragen wurden*. Denn ich halte die Meinung des Kopernikus, der sagt, sie höre nie auf, sich von Osten nach Westen zu drehen, nicht für die Äquinoktialpunkte für zutreffend, die allgemein Weltpole genannt werden, sondern nur für die Solstitialpunkte der Ekliptik - ein Problem, auf das ich später ausführlicher eingehen möchte, wenn ich die Muße habe, mein Gedächtnis hinsichtlich der Astrologie wieder aufzufrischen, die ich in jungen Jahren in Salamanca gelernt und seitdem wieder vergessen habe.«

Läßt man die kursiv gedruckten Schnitzer außer acht, ist das Buch nicht ohne gewisses Interesse, da es ein Beispiel der seinerzeit kursierenden astronomischen Ideen bietet. Und eine davon lautet, daß die »Schwerkraft« nur eine kurze Strecke über die Erdoberfläche hinausreichte, und daher wird unser Reisender denn auch dementsprechend »unmerklich um die Erdkugel getragen« und ähnliches.

Es gab noch andere »Reisen zum Mond«, doch besitzt keine höheren Verdienst als die eben angeführte. Die von Bergerac ist völlig belanglos. Im dritten Band des »American Quarterly Review« findet sich eine sehr angestrengte Kritik einer »Reise« der erwähnten Art; man kann allerdings nur schwer entscheiden, was der Kritiker nun eigentlich mehr klarmachen wollte - die Stupidität des besprochenen Buchs oder seine eigene absurde Unkenntnis der Astronomie. Ich habe den Titel des Werks vergessen, die Reisemittel aber waren derartig schlecht erfunden, daß sogar die Wildschwäne unseres Freundes Gonzales davor verblassen. Der Abenteurer findet rein zufällig beim Graben in der Erde ein merkwürdiges Metall, auf das der Mond eine starke Anziehung ausübt. Sofort baut er sich daraus eine Kiste, setzt sich hinein und gondelt ohne weitere Umstände darin hinauf zum Satelliten, kaum daß er sie von ihren Banden an die Erde befreit hat. Der »Flug des Thomas O'Rouke« dagegen ist ein nicht zu verachtendes *jeu d'esprit* und wurde ins Deutsche übertragen. Der Held, Thomas, war in der Tat Wildhüter bei einem Edelmann aus Irland, dessen Exzentrizitäten die Grundlage für das Buch wurden. Der »Flug« wird auf dem Rücken eines Adlers von Hungry Hill aus gestartet, einem hohen Berg am Ende der Bantry Bay.

In diesen diversen *brochures* ist durchweg Satire beabsichtigt: Hauptthema ist die Beschreibung lunarischer Sitten und Gebräuche, die mit unseren verglichen werden. Allerdings bemüht sich keine davon im geringsten um *Glaubwürdigkeit* bei den Details der Reise selbst. Die Autoren scheinen in jedem einzelnen Fall ausgesprochen armselig unterrichtet, was die Astronomie angeht. Der »Hans Pfaall« stellt im Gegensatz dazu insofern einen völlig ursprünglichen und originellen Entwurf dar, weil er immer die Wahrscheinlichkeit zu wahren versucht und – soweit das bizarre Thema es erlaubt – wissenschaftliche Prinzipien für die eigentliche Reise von der Erde zum Mond benutzt.

Anmerkungen

1 Das Zodiakallicht ist wahrscheinlich mit dem Phänomen identisch, das von den Alten *Trabes* genannt wurde. *Emicant Trabes quos docos vocant.* – Plinius, lib. 2, p. 26.

2 Seit der Erstveröffentlichung des ›Hans Pfaall‹ stellte ich fest, daß der durch den Nassau-Ballon überall berühmte Mr. Green und andere Aeronauten aus jüngster Zeit die diesbezüglichen Behauptungen Humboldts bestreiten und von einem Abnehmen der physischen Beschwerden sprechen – also genau mit der hier vorgestellten Theorie übereinstimmen.

3 Hevelius schreibt, er habe bei vollkommen klarem Himmel, wenn sogar Sterne der sechsten oder siebten Größenordnung sichtbar waren, mehrmals gefunden, daß bei gleicher Mondhöhe, bei gleicher Erdentfernung und mit ein und demselben ausgezeichneten Teleskop der Mond und seine Flecken durchaus nicht zu allen Zeiten gleich hell erschienen. Aus den Umständen der Beobachtung wird offenbar, daß die Ursache dieses Phänomens weder in unserer Luft, im Fernrohr, im Monde selbst noch etwa im Auge des Betrachters zu suchen ist, sondern in einem Etwas (einer Atmosphäre?), das um den Mond herum existierte.

Cassini machte häufig die Beobachtung, daß Saturn, Jupiter und die Fixsterne, wenn sie sich bei einer Verfinsterung in Mondnähe zeigten, ihre kreisrunde Gestalt in eine ovale veränderten; und bei anderen Verfinsterungen wieder stellte er überhaupt keinen Formwandel fest. Hieraus mag man annehmen, daß der Mond zu manchen Zeiten – dagegen zu anderen Zeiten nicht – von einer dichten Materie umgeben wird, in der die Strahlen der Sterne gebrochen werden.

König Pest

Eine nicht unallegorische Geschichte

Den Königen erlaubt die Gottheit leicht,
Was sie bei Lumpen nur abscheulich findet.

Buckhursts *Tragödie von Ferrex und Porrex*

Eines Nachts im Oktober, gegen zwölf Uhr, unter der ritterlichen Regierung Eduards III., waren zwei Seeleute aus der Mannschaft des Handelsschoners »Frei und Leicht«, der regelmäßig zwischen Sluys und der Themse verkehrte und nun in genanntem Fluß vor Anker lag, mächtig erstaunt, sich im Schankraum eines Bierhauses in der Gemeinde St. Andrews in London zu finden – das Bierhaus hatte das Bildnis des »Fidelen Jan Maat« zum Wahrzeichen.

Der Raum war, obwohl er rauchgeschwärzt war, eine bedrückend niedrige Decke hatte und sich ansonsten in nichts von all diesen Orten der damaligen Zeit unterschied, nichtsdestoweniger – nach der Meinung der bizarren, darin verstreut herumsitzenden Gruppen – für seinen Zweck durchaus leidlich geeignet.

Von diesen Gruppen waren meiner Ansicht nach unsere beiden Seeleute die interessanteste, wenn nicht sogar die auffälligste Gruppe.

Der eine, der älter zu sein schien und von seinem Kollegen, sprechend genug, »Legs« genannt wurde, war auch gleichzeitig der weitaus größere der beiden. Er konnte gut 6½ Fuß messen, und die Folge einer solch enormen Länge war wohl logischerweise ein gewohnheitsmäßiges Zusammenkrümmen der Schultern gewesen. Das Übermaß an Höhe wurde allerdings durch verschiedene Mängel in anderer Hinsicht mehr als ausgeglichen. Denn er war ganz unmäßig dürr und hätte in trunkenem Zustand – wie seine Kumpane versicherten – an der Mastspitze als Wimpel oder in nüchternem Zustand als Klüverbaum dienen können. Doch diese und ähnliche Scherze hatten anscheinend niemals auch nur irgendeine Wirkung auf die Lachmuskeln des Seemannes ausüben können. Mit hohen Bakkenknochen, großer Habichtsnase, fliehendem Kinn, hängendem Unterkiefer und enormen vorquellenden weißen Augen waren seine Gesichtszüge, wenn sie auch einen gewissen Ausdruck verbissener Gleichgültigkeit gegenüber den Dingen im allgemeinen zeigten, trotzdem ausgesprochen ernst und feierlich – und zwar auf eine Weise, die man auch nicht annähernd nachahmen oder beschreiben kann.

Der jüngere Matrose war in seinem ganzen Äußeren das genaue Gegenteil seines Gefährten. Ein Paar stämmiger Sichelbeine stützte seine vierschrötige, schwerfällige Gestalt, und seine ungewöhnlich kurzen und dicken Arme, die in beachtlichen Fäusten endeten, schwangen schlenkernd an seinen Seiten wie die Flossen einer Seeschildkröte. Schmale Augen von unbestimmter Farbe blinzelten tief in seinem Kopf. Seine Nase war in der Fleischmasse vergraben, die sein rundes, fülliges und purpurn angelaufenes Gesicht umgab; und seine dicke Oberlippe ruhte auf einer noch dickeren Unterlippe in einem Ausdruck gemütlicher Selbstzufriedenheit, der noch verstärkt wurde durch die Gewohnheit des Besitzers, von Zeit zu Zeit immer wieder darüberzulecken. Er betrachtete anscheinend seinen langen Schiffskameraden mit einer Mischung aus Spott und Staunen, und gelegentlich starrte er ihm ins Gesicht, wie die untergehende rote Sonne zu den Felsspitzen des Ben Nevis hinaufstarrt.

Die Wanderung dieses würdigen Paars durch die verschiedenen Schankstuben der Nachbarschaft in den früheren Stunden der Nacht waren immerhin recht abwechslungsreich und voller Ereignisse gewesen. Doch selbst das ansehnlichste Kapital reicht nicht ewig, und unsere beiden Freunde hatten sich mit nunmehr durchaus leeren Taschen in das gegenwärtige Wirtshaus gewagt.

Zu dem Zeitpunkt, an dem diese Geschichte eigentlich beginnt, saßen Legs und sein Kumpan, Hugh Tarpaulin, an einem großen Eichentisch in der Mitte des Raums, hatten die Ellenbogen darauf gesetzt und das Kinn in beide Hände gestützt. Sie beäugten aus der Dekkung eines riesigen Krugs unbezahlten »Doppelbocks« die drohenden Worte »Keine Kreide«, die zu ihrem Unmut und Erstaunen mit eben dem Mineral über der Tür angebracht worden waren, dessen Vorhandensein sie leugneten. Nicht, daß das Talent, Schriftzeichen entziffern zu können – ein Talent, das beim gemeinen Volk zu jener Zeit für kaum weniger kabbalistisch gehalten wurde als die Schreibkunst selbst –, auch nur einem der beiden Jünger Poseidons hätte vorgeworfen werden können. Doch um die Wahrheit zu sagen, in der Bildung der Buchstaben gab es einen gewissen Schwung – eine unbestimmte Neigung nach Lee –, der nach Ansicht der beiden Matrosen eine längere Schlechtwetterperiode ankündigte. Und so beschlossen sie sogleich (um es in Legs' eigenen allegorischen Worten auszudrücken), »alle Segel aufzugeien und schnellstens zu lenzen«.

Nachdem sie den letzten Rest des Biers angemessen entsorgt hatten und sich das kurze Wams sicher geschürzt hatten, unternahmen sie dann einen Ausfall zur Straße hin. Obwohl Tarpaulin zweimal in den Kamin schwankte, weil er ihn fälschlich für die Tür hielt, gelang ihnen doch am Ende eine glückliche Flucht – und um halb eins rannten unsere Helden, den Kopf voller Possen, um ihr Leben durch eine dunkle Gasse in Richtung St. Andrew's Stairs, wobei sie hitzig von der Wirtin des »Fidelen Jan Maat« verfolgt wurden.

Zur Zeit dieser merkwürdigen Geschichte – ebenso wie auch periodisch viele Jahre lang vorher und nachher – hallte ganz England, vor allem aber die Metropole, vom Angstschrei »Die Pest!« wider. Die Stadt war stark entvölkert – und in den schauerlichen Bezirken in der Nähe der Themse, in deren dunklen, schmalen und kotigen Gassen und Wegen der Dämon der Seuche seine Geburtsstätte gehabt haben sollte, schlichen nur noch Schrecken, Scheu und Aberglaube umher.

Durch königlichen Erlaß waren solche Viertel mit dem Bann belegt, und es war allen Personen bei Todesstrafe verboten, in ihre grauenhaft düstere Öde einzudringen. Doch weder der Erlaß des Monarchen noch die enormen Barrikaden, die an den Straßenzugängen errichtet worden waren, noch die Aussicht auf den scheußlichen Tod, der fast unausweichlich den armen Narren ereilen würde, dem keine Gefahr ein Abenteuer vermiesen kann, retteten die ausgeräumten und verlassenen Wohnungen davor, des Nachts geplündert und all solcher Gegenstände wie Eisen, Messing und Bleiwerk beraubt zu werden, die auch nur irgendeinen nützlichen Gewinn bringen könnten.

Vor allem fand man gewöhnlich, wenn jedes Jahr im Winter die Barrikaden geöffnet wurden, daß alle Schlösser, Riegel und geheimen Kellerräume nur sehr schwachen Schutz für jene umfangreichen Vorräte an Wein und Branntwein geboten hatten, die viele Händler der Gegend, weil ihre Auslagerung gefährlich und beschwerlich war, für die Zeit des Banns einer so ungenügenden Sicherheit anvertraut hatten.

Doch es gab nur wenige im schreckgepackten Volk, die solche Taten dem Wirken von Menschen zuschrieben. Die Bürgermenge hielt Seuchengespenster, Pestkobolde und Fieberdämonen für die Geister des Unheils; und es wurden oft Geschichten erzählt, die so blutrünstig waren, daß die Masse der verbotenen Gebäude schließlich vom Schrecken wie von einem Leichentuch eingehüllt war und die Plünderer selbst häufig von dem Grauen verjagt wurden, das ihre eigenen Verwüstungen erst geschaffen hatten. So war die gesamte enorme Fläche des durch Bann verbotenen Bezirks der Dunkelheit, der Stille, der Pestilenz und dem Tod überlassen.

Es handelte sich um eine der bereits erwähnten furchtbaren Barrikaden, die zur Begrenzung der Gegend aufgestellt wurden, auf der der Pestbann lag, die Legs und den würdigen Hugh Tarpaulin plötzlich in ihrem Fortkommen behinderte, als sie eine Gasse entlangtaumelten. Umkehr kam nicht in Frage, und es war keine Zeit zu verlieren, denn die Verfolger waren ihnen dicht auf den Fersen. Für zwei solcher Teerjacken reinsten Wassers war es ein Kinderspiel, am grob gefügten Plankenwerk hinaufzuklettern, und wie von Sinnen aufgrund der doppelten Aufregung, die ihnen das Fluchtmanöver und der Branntwein verlieh, sprangen sie ohne Zögern hinunter in den Sperrbezirk und hatten sich, indem sie mit Brüllen und gellendem Geschrei ihren Lauf fortsetzten, bald in den stinkenden und verworrenen winkligen Gassen verloren.

Wenn sie nicht längst schon über alle Vernunft hinaus berauscht gewesen wären, hätte ihre grausige Lage ihre schwindelig schwankenden Schritte lähmen müssen. Die Luft war kalt und nebelig. Die Pflastersteine waren aus ihrem Bett gelöst und lagen in wildem Chaos in den hohen, üppigen Gräsern, die um Füße und Knöchel aufsprossen. Verfallene Häuser versperrten die Straßen. Die übelsten und giftigsten Gerüche nahmen überall überhand. Und in jenem grausigen Licht, das selbst um Mitternacht noch unablässig von einer feuchtigen und verseuchten Atmosphäre ausstrahlt, konnte man in den Seitenpfaden und Gassen oder in den fensterlosen Behausungen die Leiche so manchen nächtlichen Plünderers faulen sehen, den die Pesthand gerade bei seinem Raub gepackt hatte.

Doch solche Bilder, Empfindungen oder Hindernisse haben nicht die Macht, den Lauf von Männern aufzuhalten, die – schon von Natur aus tapfer und zu diesem Zeitpunkt sogar noch übervoll von Kühnheit und »Doppelbock« – ohne Zagen und so gerade und aufrecht, wie ihr Zustand es gestattete, mitten in den Schlund des Todes taumelten. Voran – immer voran stakste der grimmige Legs und ließ die trostlos feierliche Öde erschallen und widerhallen von gellendem Heulen wie vom schrecklichen Kampfgebrüll der Indianer. Und voran, immer voran trollte der dicke, tolpatschige Tarpaulin, der sich an das Wams seines schnelleren Genossen hängte und dessen rastlose Anstrengungen auf dem Gebiet der Vokalmusik durch seinen aus der Tiefe seiner Stentorlunge hervorbrechenden, bullig röhrenden Baß noch weit übertraf.

Offenbar waren sie nun in der Hochburg der Pest angelangt. Mit jedem Schritt oder stürzenden Sprung wurde der Weg grausliger und schauriger, wurden die Gassen verschlungener und schmaler. Riesige Steine und Balken, die immer wieder von den fallenden Dächern über ihnen herunterstürzten, deuteten durch die tückisch-dumpfe Schwere ihres Aufpralls an, wie enorm hoch die umliegenden Häuser waren; es war wirkliche Mühe nötig, um sich einen Weg durch die zahlreichen Schutt- und Abfallhalden zu bahnen, und dabei geschah es durchaus nicht selten, daß die Hand an ein Skelett stieß oder auf einem noch fleischig weichen Leichnam ruhte.

Als nun die Matrosen gegen das Tor eines großen, drohend schaurigen Gebäudes taumelten, erhielt ein gellendes Heulen aus der Kehle des erregten Legs, das noch schriller als gewöhnlich war, drinnen ein Echo aus einer reißend schnellen Folge wilder, gelächterähnlicher, teuflischer Schreie. Das betrunkene Paar, nicht im geringsten eingeschüchtert von Lauten, die – von solcher Natur, zu einer solchen Zeit und an einem solchen Ort – einem weniger konstant flammenden Herzen sicherlich das Blut hätten gerinnen lassen, stürzte kopfüber gegen die Tür, brach sie auf und stolperte mit einer Flut von Flüchen mitten hinein in die Dinge.

Es stellte sich heraus, daß der Raum, in dem sie sich befanden, das Geschäftslokal eines Bestattungsunternehmers war. Doch in der Ecke des Bodens in der Nähe des Eingangs konnte man durch eine offene Falltür in eine lange Reihe von Weinkellerräumen hinuntersehen, deren Tiefen mit dem angemessenen Inhalt wohl ausgestattet waren, wie es der gelegentliche Krach zerspringender Flaschen andeutete. In der Mitte des Raums stand ein Tisch, von dessen Mitte ein riesiger Bottich aufragte, der anscheinend mit Punsch gefüllt war. Flaschen verschiedener Weine und anderer herzstärkender Mittel standen zusammen mit Humpen, Krügen und Kannen aller Arten und Formen in üppiger Fülle auf dem Tisch.

Um diesen herum saß auf Sargböcken eine sechsköpfige Gesellschaft. Und ich will mein möglichstes tun, um diese Gesellschaft einen nach dem anderen zu schildern.

Gegenüber dem Eingang und ein wenig höher als seine Kumpane saß eine Persönlichkeit, die der Präsident der Tafelrunde zu sein schien. Seine Figur war hager und groß, und Legs war bestürzt, als er in ihm eine Gestalt erblickte – die noch abgemagerter war als er selbst. Sein Gesicht war gelb wie Safran, doch keiner seiner Züge – mit einer einzigen Ausnahme – war so markant, daß er eine ausführliche Beschreibung verdiente. Dieser eine Zug war eine Stirn von so außergewöhnlicher und häßlicher Höhe, daß sie wie ein Barett oder eine Krone aus Fleisch aussah, die oben auf dem natürlichen Haupt saß. Sein Mund hatte Runzeln und war zu einem unheimlichen Ausdruck garstiger Güte gekräuselt. Seine Augen – wie auch die der ganzen Tafelrunde – waren vom Nebel der Trunkenheit glasig. Dieser Herr war von Kopf bis Fuß in ein üppig besticktes, schwarzseidenes Leichentuch gewandet, das seine Gestalt leger in der Art eines spanischen Mantels umhüllte. Sein Kopf war ganz mit schwarzen, düsteren Trauerfedern besteckt, die über seiner munteren und durchtriebenen Miene auf und nieder nickten, und in der rechten Hand hatte er ein enormes menschliches Schenkelbein, mit dem er anscheinend gerade ein Mitglied des Kreises durch Klopfen auf den Tisch zum Singen ermuntert hatte.

Ihm gegenüber und mit dem Rücken zur Tür saß eine Dame von nicht weniger außerordentlichem Charakter. Wenn sie auch genauso hochgewachsen war wie die soeben erwähnte Person, so konnte sie sich keineswegs über eine ähnlich unnatürliche Auszehrung beklagen. Sie befand sich anscheinend im letzten Stadium der Wassersucht. Ihre Gestalt ähnelte beinahe der des riesigen Puncheonfasses voll Oktoberbier, das mit eingeschlagenem Deckel in einer Zimmerecke dicht neben ihr stand. Ihr Antlitz war übermäßig rund, rot und füllig; und ihr Gesicht zeigte die gleiche Eigenart – oder vielmehr den Mangel an Eigenart, den ich bereits zuvor beim Präsidenten erwähnte; das soll bedeuten, nur ein einziger Zug ihres Gesichts war ausgeprägt genug, um gesondert beschrieben zu werden. Und tatsächlich stellte der scharfsinnige Tarpaulin sofort fest, daß man diese Feststellung auf jede einzelne Person am Tisch anwenden könne, denn jede schien ein Monopol auf einen besonderen Teil der Physiognomie zu haben. Bei der erwähnten Dame handelte es dabei um den Mund. Er begann am rechten Ohr und erstreckte sich als schauerlich abgründiger Schlund bis zum linken – und die kurzen Gehänge, die sie in den Ohrmuscheln trug, hüpften ständig in diese Öffnung. Sie unternahm jedoch alle Anstrengungen, den Mund geschlossen zu halten und erhaben dreinzuschauen, und war in ein frisch gestärktes und gebügeltes Totenhemd gekleidet, das dicht unter ihrem Kinn in einer gekräuselten Halskrause aus Batist endete.

Zu ihrer Rechten saß eine leicht klein geratene junge Dame, der sie sich gönnerhaft widmete. Dieses zarte kleine Wesen zeigte durch das Zittern seiner Lippen, die schwach hektischen Flecken, die seine ansonsten ganz bleierne Gesichtsfarbe tünchten, deutliche Anzeichen galoppierender Schwindsucht. Doch ein Flair von äußerstem *haut ton* durchdrang die gesamte Erscheinung; sie trug – anmutig und durchaus *dégagé* – ein weites und wunderschönes Sterbehemd aus feinstem indischem Schleierbatist. Ihr Haar fiel in Ringellöckchen über ihren Nacken, ein sanftes Lächeln umspielte ihren Mund. Doch ihre Nase, die äußerst lang, dünn, winkelig krumm, biegsam und mit Blasen bedeckt war, hing ihr tief über die Unterlippe hinab und machte ihre Züge der feinsinnigen Wendung, die ihr hin und wieder die Zunge entweder zur einen oder zur anderen Seite gab, einen gewissen zweideutigen Ausdruck.

Drüben auf der anderen Seite, links neben der wassersüchtigen Dame, saß ein kleiner aufgedunsener, röchelnder und gichtiger alter Mann, dessen Wangen wie zwei riesige Blasen voller Portwein auf den Schultern des Besitzers ruhten. Er schien mit seinen verschränkten Armen und einem bandagierten Bein, das er auf dem Tisch deponiert hatte, zu glauben, daß er zu Recht Anspruch auf einige Achtung habe. Anscheinend empfand er großen Stolz über jeden Zoll seiner persönlichen Erscheinung, doch es entzückte ihn offensichtlich noch mehr, mit seinem heiter aufgeputzten Überrock zu glänzen. Der hatte ihn bestimmt – um die Wahrheit zu sagen – nicht wenig Geld gekostet und war ihm sicherlich gut angepaßt worden – denn er war aus jenen wundersam bestickten Seidendecken gefertigt, die zu den glorreichen Wappenschildern gehören, die man in England und anderswo an auffallender Stelle in den Heimen verstorbener Adelsfamilien findet.

Neben ihm und zur Rechten des Präsidenten befand sich ein Herr in langen weißen Strümpfen und Baumwollhosen. Seine sterbliche Hülle wurde auf ganz lächerliche Weise von einem Anfall dessen erschüttert, was Tarpaulin als »Säuferwahnsinn« bezeichnete. Seine Kinnbacken, die frisch rasiert waren, waren mit einer Musselinbandage fest hochgebunden. Und da seine Arme ähnlich an den Handgelenken zusammengebunden waren, war er daran gehindert, sich allzu frei von den Getränken auf dem Tisch zu bedienen. Diese Vorsichtsmaßnahme war nach der Meinung Legs durch die besonders weinselige und versoffene Färbung seines Gesichts gerechtfertigt. Ein Paar erstaunlich großer Ohren allerdings, deren Fesselung man offenbar für unmöglich gehalten hatte, reckten sich wie Türme in die Atmosphäre des Raums und spitzten sich gelegentlich in Krämpfen, wenn ein Geräusch das Öffnen einer neuen Flasche verriet.

Als sechste und letzte saß ihm gegenüber eine Persönlichkeit von einzigartiger Steifheit, die – sie war von Lähmung befallen – in ihrer unbequemen Kleidung wirklich keine Behaglichkeit fühlen konnte. Dieser Herr war nämlich – ein ziemlich exemplarischer Fall – in einen neuen und recht ansehnlichen Mahagonisarg gekleidet. Dessen Oberteil oder Kopfende drückte auf das Haupt des Trägers und ragte wie eine Kapuze darüber auf, was dem gesamten Gesicht ein *air* unbeschreiblichen Reizes verlieh. In die Seiten hatte man Armlöcher geschnitten, weniger aus Gründen modischer Eleganz als eher aus Bequemlichkeitsüberlegungen. Und dennoch hinderte das Kleidungsstück seinen Besitzer daran, wie ein Gentleman aufrecht zu sitzen. So lag er in einem Winkel von 45 Grad an seine Bahre gelehnt, und zwei riesige, glotzende weiße Augen verdrehten ihr grausiges Weiß an die Decke – in reiner Verwunderung über ihre eigene scheußliche Ungeheuerlichkeit.

Vor jedem Mitglied der Gesellschaft lag ein Schädelteil, das ihm als Trinkgefäß diente. Über ihren Häuptern war ein menschliches Skelett aufgehängt, und zwar an einem Seil, das ihm um ein Bein gebunden und an einem Ring an der Decke befestigt worden war. Das andere Bein, das keine solche Fesseln trug, stand im rechten Winkel vom Körper ab; dadurch schwankte und wirbelte das ganze lockere und klapprige Gerippe nach der Laune jedes gelegentlichen Windstoßes herum, der seinen Weg in den Raum fand. In der Hirnhöhle dieses gräßlichen Dings lag ein Häufchen glühender Holzkohlen, die über die ganze Szene ein flackerndes und dennoch lebhaftes Licht warfen. Rundherum im Raum und vor der Fenstern dagegen waren allerlei Särge und andere, zum Geschäft eines Bestattungsunternehmers gehörende Waren hoch aufgestapelt und verhinderten, daß irgendein Strahl auf die Straße entkommen konnte.

Beim Anblick dieser ungewöhnlichen Gesellschaft und ihrer noch außerordentlicheren Paraphernalien benahmen sich unsere beiden Matrosen nicht mit dem Grad von Anstand, den man erwartet hätte. Legs lehnte sich an die Wand, neben der er gerade stand, ließ seinen Unterkiefer noch weiter als gewöhnlich herunterhängen und riß die Augen so weit wie möglich auf; Hugh Tarpaulin dagegen krümmte sich zusammen, bis seine Nase auf einer Höhe mit dem Tisch war, legte die Hände flach auf die Knie und brach in ein langes, lautes und lärmendes Lachen aus, das man nur als unmäßig und schlecht angebracht bezeichnen kann.

Ohne jedoch an einem so überaus ungesitteten Benehmen Anstoß zu nehmen, schenkte der lange Präsident den Eindringlingen ein äußerst liebenswürdiges Lächeln, nickte ihnen mit würdig erhabener Manier mit dem von schwarzen Federn gezierten Kopf zu, erhob sich und nahm beide am Arm, um sie zu ihren Sitzen zu geleiten, die einige andere Mitglieder der Gesellschaft in der Zwischenzeit für sie herbeigeschafft hatten. Legs hatte dagegen überhaupt nichts einzuwenden, sondern ließ sich nieder, während der galante Hugh seinen

Sargbock vom Kopfende der Tafel in die Nähe der schwindsüchtigen Dame im Sterbehemd rückte, sich äußerst munter an ihrer Seite darauf niederplumpsen ließ, sich einen Schädel roten Wein einschenkte und diesen auf das Gedeihen ihrer Bekanntschaft leerte. Diese Vermessenheit jedoch schien den steifen Herrn im Sarg entschieden zu verärgern, und es hätte zu ernsten Konsequenzen kommen können, wenn der Präsident nicht mit seinem Knochenknüppel auf den Tisch gepocht und die Aufmerksamkeit aller Anwesenden durch die folgende Rede abgelenkt hätte: »Es ist unsere Pflicht, zum gegenwärtigen glücklichen Anlaß ...« »Halt! Stopp!« unterbrach ihn an dieser Stelle Legs mit sehr ernster Miene. »Augenblick mal, sag ich! Erzählt uns doch erst mal, wer, zum Teufel, ihr alle eigentlich seid und was ihr hier treibt, so aufgetakelt wie der leibhaftige böse Feind, und wieso ihr euch hier mit dem Gesöff vollaufen laßt, daß mein ehrenwerter Freund, Will Wimble, der Leichenbestatter, hier für den Winter verstaut hat!«

Dieses unverzeihliche Stückchen Ungezogenheit riß die ursprüngliche Gesellschaft wie einen Mann halb von ihren Sitzen und entlockte ihr die gleiche reißend schnelle Folge wilder, teuflischer Schreie, die zuvor die Aufmerksamkeit der Seeleute erweckt hatten. Der Präsident jedoch gewann als erster seine Fassung zurück, wandte sich mit großer Würde zu Legs und hob von neuem an:

»Wir wollen alle verständige Neugier solch illustrer Gäste zufriedenstellen, auch wenn sie ungebeten sind. Wisset denn, daß ich in diesen Reichen der Herrscher bin und hier mit unbeschränkter Gewalt unter dem Titel ›König Pest der Erste‹ regiere.

Diese Räume, in denen Ihr zweifelsohne in lästerlicher Profanität das Geschäft des Bestattungsunternehmers Will Wimble vermutet – eines Mannes, den Wir nicht kennen und dessen plebejischer Name noch nie vor dieser Nacht Unser königliches Ohr belästigte –, diese Räume, so sagte ich, sind der Thronsaal Unseres Palastes und den Ratsversammlungen Unseres Königreichs und anderen heiligen und hocherhabenen Zwecken gewidmet.

Die edle Dame, die Uns gegenübersitzt, ist Königin Pest, Unsere durchlauchtigste Gemahlin. Die anderen hohen Personen, die Ihr seht, gehören alle zu Unserer Familie und tragen entsprechend ihren Titeln die Insignien des königlichen Geblüts – ›Seine Gnaden, der Erzherzog Pest-Beule‹ – ›Seine Gnaden, der Herzog Pest-Ilenz‹ – ›Seine Gnaden, der Herzog Buda-Pest‹ – und ›Ihre durchlauchtigste Hoheit, die Erzherzogin Ana-Pest‹.

Was nun«, so sprach er weiter, »Eure dringliche Frage nach ›Treiben‹ angeht, zu dem wir hier im Rat zusammensitzen, so mag man Uns vergeben, wenn Wir erwidern, daß dieses einzig und allein Unser privates und königliches Interesse zum Gegenstand hat und für niemanden anders auch nur die kleinste Bedeutung hat. Doch in Hinsicht auf die Ansprüche, zu denen Ihr Euch als Gäste und Fremde berechtigt fühlen mögt, wollen Wir noch erklären, daß Wir in dieser Nacht hier sind, um – nach Vorbereitung durch tiefe Forschung und peinlich genaue Untersuchung – den rätselhaften Geist, die unbegreifliche Natur und Eigenart jener unschätzbaren Reichtümer des Gaumens zu untersuchen, zu analysieren und ausführlich zu determinieren: nämlich der Weine, Biere und Liköre dieser entzückenden Hauptstadt. Und dies zum Zweck, nicht so sehr durch solches Tun Unsere eigenen Absichten zu fördern als vielmehr die Wohlfahrt des unterirdischen Herrschers, der Gewalt über uns alle hat, dessen Reich kein Ende hat und der heißt ›Tod‹.«

»Der den Teufel was heißt, Potz Davy Jones!« stieß an dieser Stelle Tarpaulin hervor, während er der Dame neben ihm einen Schädel voll Likör einschenkte und auch sich selber einen zweiten besorgte.

»Unheiliger Schelm!« schrie der Präsident und wandte seine Aufmerksamkeit nun dem würdigen Hugh zu. »Profaner und verfluchter Schurke! Wir haben gesagt, daß Wir – in Erwägung der Rechte, die Wir selbst bei deiner schmutzigen Person nicht verletzen wollen – uns herabließen, deine rüden und unbilligen Fragen zu beantworten. Trotzdem aber halten Wir es für Unsere Pflicht, dich und deinen Genossen für euer ruchloses Eindringen in Unsere Ratsversammlung zu bestrafen, und zwar in Form von je einer Gallone Portwein, nach deren Trinken, das auf einen einzigen Zug, mit gebeugten Knien und auf das Wohl

Unseres Königreichs geschehen muß, es euch freisteht, entweder weiter eures Wegs zu ziehen oder aber hier zu bleiben und zu den Privilegien Unserer Tafelrunde zugelassen zu werden, ganz wie es euch beliebt.«

»Es wäre absolut unmöglich«, antwortete Legs, der für das forsch gediegene Auftreten von König Pest dem Ersten anscheinend einigen Respekt empfand. Er erhob sich und stützte sich auf den Tisch und sprach: »Es wäre absolut unmöglich, Majestät mögen verzeihen, in meinem Raum noch auch nur ein Viertel jener Flüssigkeit unterzubringen, die Eure Majestät soeben erwähnten. Von all dem Zeug zu schweigen, das ich vormittags als Ballast an Bord genommen habe, auch nicht zu erwähnen, was ich an verschiedenen Bieren und Schnäpsen heute abend beim Anlaufen diverser Seehäfen geladen habe – gegenwärtig habe ich bei dem Unternehmen eine volle Ladung ›Doppelbock‹ eingenommen und ordnungsgemäß verzollt. Seid daher so gut, Majestät halten zu Gnaden, und nehmt den Willen für die Tat – denn nichts kann mich noch dazu bringen, auch nur noch einen einzigen Tropfen zu mir zu nehmen – und schon gar nicht einen Tropfen von jenem abscheulichen Gesöff, dessen Name ›Portwein‹ lautet.«

»Nun leg mal an«, unterbrach ihn Tarpaulin, der wegen der Länge der Rede seines Kumpans nicht weniger erstaunt war als wegen der darin ausgedrückten Weigerung. »Halt ein, auf der Stelle, du Teerjacke im Ruhestand! Und laß dir eins sagen, Legs, kein so 'n Gewäsch mehr! Mein Schiffsrumpf hat noch Platz, auch wenn ich zugeben muß, daß du ein wenig überlastig wirkst. Und was deinen Frachtanteil angeht, nun ja, so könnte ich den – ehe es hier einen Sturm gibt – schließlich auch noch mit in meinem Laderaum unterbringen, doch ...«

»Dieses Verfahren«, mischte sich hier der Präsident ein, »steht in keinster Weise im Einklang mit den Begriffen der Strafe und des Urteils, das eine medische Natur hat und weder abgeändert noch widerrufen werden kann. Die Bedingungen, die von Uns auferlegt werden, müssen auf den Buchstaben genau erfüllt werden, und das ohne Zaudern – anderfalls müssen wir das Dekret erlassen, daß ihr an Hacken und Nacken zusammengeschnürt werdet und als Rebellen – wie es sich für euch gehört – in jenem Oxhoft Oktoberbier ersäuft werdet!«

»Ein Urteil! Ein Urteil! Ein redliches und gerechtes Urteil! Eine glorreiche Entscheidung! Ein höchst würdiges und rechtes und heiliges Urteil!« brüllte die gesamte Pest-Familie mit einer Stimme. Der König runzelte die Stirn in unzähligen Falten, der gichtige kleine Alte schnaufte wie ein Blasebalg, die Dame im Totenhemd schwenkte ihre Nase hin und her, der Herr mit den Baumwollhosen spitzte seine Ohren, die Dame im Sterbehemd japste wie ein Fisch auf dem Trockenen, und der Mann im Sarg schließlich zog ein steifes Gesicht und verdrehte die Augen.

»Hu, hu, hu!« gluckste Tarpaulin, ohne die allgemeine Erregung zu beachten. »Hu, hu, hu! Hu, hu, hu! Hu, hu, hu! – Ich wollte sagen«, sagte er, »ich wollte soeben sagen, als Herr König Pest seinen Marlspiker dazwischenwarf – was die Sache mit dem Portwein angeht –, ob nun zwei oder drei Gallonen mehr oder weniger, das wäre ein Kinderspiel für ein dichtes und nicht überladenes Schiff wie mich! Doch wenn es darum geht, auf des Teufels Gesundheit zu trinken (Möge Gott ihm gnädig sein!) und vor Seiner Ungestaltigen Majestät zu knien – einem Herrn nebenbei, von dem ich weiß – und zwar so bestimmt, wie ich von mir weiß, daß ich ein Sünder bin –, daß er niemand anderer auf der Welt ist als Tim Wirrwarr, der Schauspieler! – also, das ist dann doch wohl eine ganz andere Sache und geht völlig über meinen Verstand!«

Es war ihm nicht erlaubt, seine Rede in Ruhe zu beenden. Bei der Erwähnung des Namens Tim Wirrwarr sprang die gesamte Versammlung auf.

»Verrat!« schrie Seine Majestät, König Pest der Erste.

»Verrat!« sprach der kleine Mann mit der Gicht.

»Verrat!« kreischte die Erzherzogin Ana-Pest.

»Verrat!« flüsterte der Mann mit dem hochgebundenen Kinn.

»Verrat!« grollte der Mann im Sarg.

»Verrat!« brüllte Ihre Majestät vom Großen Mund; und unmittelbar packte sie den unglücklichen Tarpaulin, der gerade damit begonnen hatte, sich einen Schädel voll Likör einzuschenken, am Sitz seiner Hosen, hob ihn in die Luft und ließ ihn ohne alle andere Förmlichkeit in das enorme offene Puncheonfaß mit seinem geliebten Bier fallen. Einige Sekunden tauchte er wie ein Apfel in einer Toddy-Terrine auf und ab, dann verschwand er schließlich in einem Strudel von Schaum, den sein Wehren und Ringen in der ohnehin schon schäumenden Flüssigkeit schnell erzeugt hatte.

Der lange Seemann besah sich die Schlappe seines Genossen allerdings nicht friedlich. Er stieß den König Pest durch die offene Falltür, schlug fluchend die Luke über ihm zu und trat dann mit einem langen Schritt in die Mitte des Raums. Dort riß er das Skelett herunter, das über dem Tisch hing, und schlug damit so effektiv und liebevoll um sich, daß er dem kleinen Herrn mit der Gicht erfolgreich den Schädel einschlug, als gerade das letzte Glänzen des Lichts im Raum erstarb. Dann stürmte er mit all seiner Kraft gegen das fatale Oxhoft voller Oktoberbier, und Hugh Tarpaulin und rollte es sofort immer wieder herum. Heraus stürzte eine wahre Flut von Flüssigkeit mit solcher Wildheit – solcher Wut –, ja so überwältigend, daß das gesamte Zimmer von einem Ende zum anderen überschwemmt wurde: Die vollbeladene Tafel stürzte um – die Sargböcke kippten um – der Bottich mit Punsch fiel in den Kamin – und die anwesende Weiblichkeit in Schreikrämpfe. In Stapeln zappelte Todeshausrat umher. Ballonflaschen, Humpen und Krüge vermischten sich in wüster *mêlée,* und Kruken und Karaffen lieferten sich mit Korbflaschen ein verzweifeltes Duell. Der Mann mit dem Säuferwahn ertrank auf der Stelle, der steife Herr segelte in seinem Sarg davon, und der siegreiche Legs stürzte mit der dicken Dame im Totenhemd, die er um die Hüfte gepackt hatte, auf die Straße hinaus und geradewegs zurück zur »Frei und Leicht« – und hinter ihm her, unter handlichen Segeln, keuchte und schnaufte, nachdem er drei- oder viermal geniest hatte, der grimme gewaltige Hugh Tarpaulin mit der Erzherzogin Ana-Pest.

Schatten – Eine Parabel

Ja! Ob ich schon wandre im Tal der Schatten.

Psalm Davids, 23, 4

Ihr, die Leser, weilt noch unter den Lebendigen, ich dagegen, der dies schreibt, werde dann bereits lange schon meines Wegs ins Reich der Schatten gegangen sein. Denn – wahrlich – seltsame Dinge werden geschehen, und Verborgenes wird offenbar werden, und viele Jahrhunderte werden vergehen, bis Menschen dieses mein Memorandum erblicken werden. Und selbst danach werden einige sich weigern, daran zu glauben, und andere, die es bezweifeln, doch solche, wenn auch nur wenige, die viel zum Nachdenken in diesen Zeichen finden werden, die ein Stylus ins Eisen geritzt hat.

Das Jahr war ein Jahr des Schreckens gewesen und von Gefühlen, die nachhaltiger als Schrecken waren, für die es aber auf unserer Welt noch keinen Namen gab. Denn es geschahen viele Zeichen und Omina, und die schwarze Pest hatte nah und fern, über Land und Meer ihre Schwingen gebreitet. Trotz alledem war es den Sternkundigen nicht verborgen geblieben, daß der Himmel schon lange voller böser Aspekte war. Und so wie auch einigen anderen war es mir, Oinos dem Griechen, klar, daß der Wechsel jenes 794jährigen Zyklus bevorstehe, bei dem mit dem Eintritt in den Widder der Planet Jupiter sich in Konjunktion mit dem roten Ring des furchtbaren Saturns vereinigen würde. Außerdem wurde, wenn ich mich nicht sehr täusche, diese ungewöhnliche Stimmung der Sphären durchaus bemerkbar, nicht nur im physischen Zustand der Erde, sondern auch in den Seelen der Menschen, ihren Betrachtungen und Gedanken.

Bei einigen Krügen Rotwein von Chios saßen wir, sieben an der Zahl, in einer stolzen Halle in der Mitte einer düsteren Stadt mit Namen Ptolemais. Es gab nur einen einzigen Eingang in unseren Raum durch eine hohe gewölbte Pforte aus Erz. Eine Pforte, die vom ehrenwerten Meister Corinnos entworfen und gefertigt und aufgrund seiner so großen Kunstfertigkeit von innen verschließbar war. Schwarze Vorhänge im ebenso düsteren Raum verbargen uns das Mondlicht, ebenso wie die geisternden Sterne und die menschenleeren Straßen – doch die Gedanken an das Übel ließen sich auf diese Weise nicht ausschließen. Es gab Dinge um und über uns, die ich nicht genau beschreiben kann – Dinge materieller und übersinnlicher Art – eine Bedrückung in der Luft – ein Gefühl des Erstikkens – der Angst – hauptsächlich aber jener furchtbare Zustand, den Nervöse so gut kennen, in dem die Sinne hellwach und überaus scharf sind und das Denken dagegen wie im Schlaf darniederliegt. Wie Blei lastete es auf uns. Auch unsere Gliedmaßen waren davon schwer – ebenso die Möbel, auch die Becher, aus denen wir tranken –, und alle Dinge waren dadurch niedergedrückt und gleichsam zu Boden gezogen – alle Dinge, mit der alleinigen Ausnahme der sieben Eisenlampen, die für Licht bei unserem Gelage sorgten. Ihre Lichtlinien richteten sich schlank und hoch auf und verharrten so beim Brennen – völlig bleich, suchtvoll regungslos. Und im Spiegel, den ihr Glanz auf der runden Tafel aus Ebenholz formte, an der wir saßen, konnten wir alle die Blässe unserer Gesichter erkennen und auch die flackernde Unruhe in den niedergeschlagenen Augen unserer Gefährten. Und dennoch lachten wir und waren fröhlich auf unsere Art – bei der es sich um Hysterie handelte. Wir sangen die Lieder Anakreons – die purer Wahnsinn sind – und tranken in tiefen Zügen – auch wenn uns der purpurfarbene Wein an Blut erinnerte. Denn es gab da noch jemanden im Raum, in Gestalt des jungen Zoilos. Er lag da tot und lang ausgestreckt im Leichentuch – der Genius der Szene und gleichzeitig ihr Dämon. Wehe! Er nahm nicht teil an unserer Fröhlichkeit. Höchstens sein von der Krankheit entstelltes Gesicht und seine Augen, deren hitziges Pestfeuer der Tod nur halbwegs gelöscht hatte, schienen ein solches Interesse an unserer Fröhlichkeit zu nehmen, wie es möglicherweise die Toten an der Fröhlichkeit derer haben, die vor dem Sterben stehen. Obwohl ich, Oinos, fühlte, daß die Augen des Verstorbenen auf mir ruhten, bemühte ich mich, ihren bitteren Ausdruck nicht zu bemerken. Ich blickte statt dessen standhaft in die Tiefe des Spiegels aus Ebenholz und sang mit lauter, tönender Stimme die Lieder des Sohnes von Teos. Doch meine Lieder verstummten nach und nach, und ihre Echos – sie rollten – grollten zwischen den schwarzen Vorhängen des Raums hin und her, wurden schwächer und nicht zu unterscheiden und verklangen dann völlig. Und siehe! aus den Falten der schwarzen Vorhänge, wo die Töne des Liedes abrissen, trat ein dunkler und konturenloser Schatten hervor – ein Schatten, wie ihn der Mond, wenn er tief am Himmel steht, von einer Menschengestalt werfen mag. Aber es war nicht der Schatten eines Menschen und auch nicht der eines Gottes oder von irgend etwas anderem Vertrauten. Nachdem er eine Weile in den Vorhängen verharrt hatte, kam er schließlich zur Ruhe und voll vor unsere Augen, auf der Oberfläche der Erzpforte. Doch der Schatten war vage und formlos und unbestimmt, und es war nicht der Schatten eines Menschen noch der irgendeines Gottes – weder eines griechischen Gottes noch eines chaldäischen Gottes und auch nicht eines ägyptischen Gottes. Der Schatten ruhte auf dem Eingang aus Erz und unter der Wölbung der Säulen der Pforte und regte sich nicht und sprach kein Wort. Er hielt nur dort an und verharrte. Die Pforte war – wenn ich mich recht erinnere – genau gegenüber den Füßen des jungen Zoilos – er im Leichentuch. Aber wir sieben, die dort versammelt waren, hatten zwar genau gesehen, wie der Schatten aus den Vorhängen hervorgetreten war, wagten jedoch nicht, ihn fest ins Auge zu fassen. Statt dessen senkten wir die Blicke zu Boden und schauten lieber in die Tiefe des Spiegels aus Ebenholz. Doch schließlich sprach ich, Oinos, einige halblaute Worte und fragte nach dem Wohnort des Schattens und auch nach seinem Namen. Darauf erwiderte der Schatten: »Ich heiße SCHATTEN, und meine Behausung liegt in der Nähe der Katakomben von Ptolemais, nahe den dämmerigen Ebenen von Helusion, die an den fauligen Charontischen Kanal angrenzen.« Und da sprangen wir sieben vor Grauen von unseren Sitzen auf und standen bebend und schaudernd und entsetzt da: Denn die Töne der Stimme des Schattens waren nicht die Töne eines einzelnen Wesens, sondern eine Vielzahl von Wesen, und ihre Kadenzen, die sich von Silbe zu Silbe unterschieden, klangen uns unklar in den Ohren – wie die gewohnten und so vertrauten Akzente von so vielen Tausenden gestorbener Freunde.

Vier Tiere in einem
Der Homo-Kameleopard

Chacun a ses vertus.
Crébillons »Xerxes«

Antiochus Epiphanes wird allgemein für den Gog des Propheten Hesekiel gehalten. Doch eigentlich müßte diese Ehre dem Kambyses erwiesen werden, dem Sohn des Kyros. Denn der Charakter des syrischen Monarchen hat es überhaupt nicht nötig, weiter ausgeschmückt zu werden. Seine Thronbesteigung – oder vielmehr seine widerrechtliche Machtergreifung im Jahre 177 vor Christus –, sein Versuch, den Tempel der Diana in Ephesus zu plündern – sein unerbittlicher Judenhaß – seine Schändung des Allerheiligsten – und sein elendiger Tod in Tabä nach einer chaotischen Regierungszeit von 12 Jahren sind wohlbekannte Umstände und darum von den Geschichtsschreibern seiner Zeit allgemein eher und sorgfältiger aufgeschrieben worden als die ruchlosen, feigen, grausamen, dummen und launenhaften Großtaten, die das Fazit seines Privatlebens und Rufes bildeten.

Wollen wir, wohlmeinender Leser, einmal annehmen, wir befänden uns im Jahre 3830, und wir verbringen ein paar Minuten damit, uns in die groteske Wohnstätte der Menschheit zu versetzen, nämlich die bemerkenswerte Stadt Antiochien. Gewiß gab es in Syrien und anderen Ländern noch ganze sechzehn Städte mit dem gleichen Namen – bis auf die eine, die ich hier besonders erwähne.

Doch unsere Stadt ist diejenige, die unter dem Namen Antiochia Epidaphnes bekannt ist, da sie in der Nähe des kleinen Fleckchens Daphne lag, an dem ein Tempel jener Gottheit stand. Sie wurde (obwohl dies strittig ist) von Seleukos Nikator erbaut, dem ersten König des Landes nach Alexander dem Großen, zum Gedenken an seinen Vater Antiochus und sofort zur Residenz des syrischen Königreichs. In der Blütezeit des römischen Weltreichs war sie der ständige Sitz des Prokonsuls der östlichen Provinzen, und viele Imperatoren der Königin der Städte (von denen man Commodus und Valens besonders erwähnen sollte) verbrachten hier den Großteil ihrer Zeit. Doch ich merke gerade, daß wir die Stadt selbst erreicht haben. Lassen Sie uns auf diese Festungszinne steigen und die Stadt und das sie umgebende Land betrachten.

»Welch breiter und strömender Fluß bahnt sich dort in zahllosen Wirbeln und Fällen seinen Weg – zunächst durch die bergige Wildnis und dann durch die der Gebäude?« Es ist der Orontes, und man sieht kein anderes Wasser als ihn, ausgenommen das Mittelmeer, das sich als breiter heller Spiegel in circa zwölf Meilen Entfernung nach Süden erstreckt. Jeder hat schon das Mittelmeer gesehen, doch nur wenige – lassen Sie mich das sagen – haben einen Blick auf Antiochien geworfen. Wenige – damit meine ich solche, die (wie Sie und ich) eine moderne Bildung genossen haben. Darum betrachten Sie nicht das Meer, sondern richten Sie Ihre Aufmerksamkeit auf das Häusermeer, das unter uns liegt. Sie erinnern sich, daß wir uns jetzt im Jahre der Welt 3830 befinden. Wäre es später – sagen wir beispielsweise im Jahre des Herrn 1845, könnten wir diesen außergewöhnlichen Anblick nicht genießen. Das Antiochien des 19. Jahrhunderts ist in einem beklagenswerten Verfallszustand – ich meine, es wird es sein. Zu dieser Zeit wird es völlig zerstört sein, und das dreimal durch drei aufeinanderfolgende Erdbeben. Tatsächlich wird das bißchen, das von ihrem vorherigen Selbst noch übrig ist, so trostlos und ruinös sein, daß der Patriarch seinen Sitz schon lange nach Damaskus verlegt hat. Ah, so ist's recht! Ich sehe, Sie nehmen meinen Rat an und nutzen Ihre Zeit so gut wie möglich, indem Sie Land und Stätten betrachten und Ihre

> Augen weiden
> Mit den Denkmälern und berühmten Dingen,
> So diese Stadt besitzt …

Oh, Entschuldigung! Ich vergaß, daß Shakespeare erst in 1750 Jahren schreiben wird. Doch – wird das Aussehen von Epidaphnes nicht der Bezeichnung *grotesk* gerecht, die ich ihm gab?

»Es ist gut befestigt – und in dieser Hinsicht sowohl der Natur als auch der Kunst verpflichtet.«

Sehr wahr.

»Dort sieht man eine erstaunliche Anzahl prächtiger Paläste.«

Die sieht man, ja.

»Und die vielen Tempel, kostbar und prächtig, können durchaus dem Vergleich mit den prachtvollsten des gesamten Altertums standhalten.«

All das muß ich anerkennen. Und doch gibt es dort eine wahre Unmenge von Lehmhütten und scheußlichen Behausungen. Wir können die wahre Flut von Unrat in allen Gassen nicht übersehen, und gäbe es nicht den betäubenden Duft heidnischen Weihrauchs, würden wir zweifellos den äußerst unerträglichen Gestank wahrnehmen. Haben Sie je so unleidlich enge Straßen und so wundersam hohe Häuser gesehen? Ihre Schatten werfen einen so düstren Schatten auf den Boden! Es ist gut, daß die Ampeln in den endlosen Kolonnaden den ganzen Tag über brennen, denn sonst herrschte hier die Finsternis Ägyptens zur Zeit seiner Verwüstung.

»Dies ist gewiß ein seltsamer Ort! Was ist das für ein einzigartiges Gebäude dort drüben? Sehen Sie! Es ragt hoch über allen anderen auf und liegt im Osten des Gebäudes, das ich für den Königspalast halte.«

Das ist der neue Tempel des Sonnengottes, der in Syrien unter dem Namen Elah Gabalah verehrt wird. Später wird ein äußerst berüchtigter römischer Imperator diesen Kult nach Rom bringen und seinen Beinamen davon ableiten, Heliogabalus. Ich wage zu behaupten, daß Sie wohl gern einen Blick auf die Gottheit des Tempels werfen möchten. Dazu brauchen Sie gar nicht zum Himmel emporzuschauen: ihre Sonnenheit weilt nicht dort. Zumindest nicht die Sonne, die von den Syrern angebetet wird. *Jenes* Gottwesen befindet sich im Gebäude dort drüben. Es wird in der Form eines großen Steinpfeilers verehrt, der oben in einen Kegel bzw. eine *Pyramide* ausläuft: eine Darstellung des Feuers.

»Hören Sie nur! Sehen Sie! Wer können denn diese lächerlichen Kreaturen sein, die da halb nackt mit bemalten Gesichtern schreiend und fuchtelnd die Menge bedrängen?«

Einige sind Marktschreier. Andere gehören zur Klasse der Philosophen. Doch der Großteil – besonders diejenigen, die die Menge mit Keulen bearbeiten – sind die vornehmsten Höflinge des Palasts: Sie führen pflichtbewußt irgendeinen lobenswerten Irrenhauseinfall ihres Herrschers aus.

»Doch was ist das? Himmel! In der Stadt wimmelt es von wilden Tieren! Was für ein furchtbares Schauspiel! Was für eine gefährliche Sonderbarkeit!«

Vielleicht furchtbar, wenn Sie drauf bestehen – doch gefährlich – nie! Wenn Sie sich die Mühe machen und genau hinsehen, werden Sie feststellen, daß jedes Tier ganz friedlich seinem Herrn folgt. Gewiß, einige werden an einem Strick um den Nacken geführt, doch dabei handelt es sich hauptsächlich um die kleineren und ängstlichen Spezies. Löwen, Tiger und Leoparden tragen überhaupt keine beschränkenden Fesseln. Man hat sie problemlos für ihre gegenwärtige Aufgabe abrichten können, und sie dienen ihren Herren als *valets de chambre*. Es gibt zwar – das ist wahr – auch Gelegenheiten, bei denen die Natur ihre verletzten Rechte rächt. Doch in diesen Fällen ist die Tatsache, daß ein Gewappneter gefressen oder ein heiliges Rind gewürgt wurde, von so geringem Gewicht, daß man in Epidaphnes kein Aufheben darum macht.

»Doch was höre ich da für einen ungewöhnlichen Tumult? Das muß doch selbst für Antiochien lauter Lärm sein! Er deutet auf einen Aufruhr von ungewöhnlichem Interesse hin.«

Ja – zweifelsohne. Der König hat ein neues Spektakel befohlen – eine Gladiatorenvorstellung im Hippodrom – oder eventuell das Hinrichten der skythischen Gefangenen – oder das Abbrennen seines neuen Palastes – oder das Einreißen eines hübschen Tempels – oder sogar ein Freudenfeuer aus einigen Juden. Das Getümmel wächst. Lachen steigt brüllend zum Himmel. Die Luft bebt von Mißklang der Holzblasinstrumente und schauerlich vom Geschrei von gewiß einer Million Kehlen. Lassen Sie uns zum Vergnügen hinunterklettern und nachschauen, was da vor sich geht. Hier entlang – passen Sie auf! Hier sind wir auf der Hauptstraße, die Straße des Timarchos heißt. Hier muß die menschliche Flut vorbeikommen, und es würde uns schwerfallen, uns dem Strom entgegenzustellen. Er ergießt sich aus der Gasse des Heraklides, die direkt vom Palast kommt. Demnach wird wohl der König selbst unter den Rasenden sein. Ja! Ich höre die Rufe des Herolds, der sein Kommen in der pompösen Ausdrucksweise des Ostens ankündigt. Wir können bestimmt einen raschen Blick auf ihn werfen, wenn er am Tempel des Asima vorbeikommt. Verstecken wir uns im Vestibül des Tempels; gleich ist er hier. In der Zwischenzeit können wir dieses Bildnis anschauen. Was es zeigt? Oh, den Gott Asima höchstpersönlich. Achten Sie darauf, daß er weder Lamm noch Ziege, noch Satyr ist; auch mit dem Pan der Arkadier hat er keine besondere Ähnlichkeit. Und dennoch schreiben – ach, ich bitte um Verzeihung – werden die Gelehrten künftiger Zeitalter dem Asima der Syrer all diese Erscheinungsformen geben. Setzen Sie doch Ihre Brille auf, und sagen Sie mir, wie er wirklich aussieht. Nun?

»Ach du lieber Gott – wie ein Affe!«

Genau – ein Pavian. Doch das tut seiner Göttlichkeit überhaupt keinen Abbruch. Sein Name leitet sich vom griechischen Simia ab – was für Narren Altertumsforscher doch sind! Doch sehen Sie! Sehen Sie! Da drüben läuft ein zerlumpter kleiner Kerl davon. Wo läuft er hin? Was schreit er da? Oh! Er sagt, daß der König sich im Triumph nähert; er trägt sein prunkvolles Staatsgewand; er ist gerade damit fertig geworden, ungefähr tausend gefesselte israelitische Gefangene mit eigener Hand zu töten! Für diese Heldentat rühmt ihn der Schurke bis in den Himmel! – Horch! Da kommt ein ganzer Trupp seiner Sorte. Die Kerle haben eine lateinische Hymne auf den Heldenmut des Königs verfaßt und tragen sie im Gehen vor.

Mille, mille, mille,
Mille, mille, mille,
Decollavimus, unus homo!
Mille, mille, mille, mille, decollavimus!
Mille, mille, mille!
Vivat qui mille mille occidit!
Tantum vini habet nemo
Quantum sanguinis effudit![1]

Das könnte man in etwa so paraphrasieren:

Tausend, tausend, tausend!
Lang lebe unser Herr!
Tausend, tausend, tausend!
Heil! Lang lebe er!
Tausend, tausend, tausend,
Die schlachtete er unverdrossen!
Tausend, tausend, tausend, tausend!

So viel Wein ist nie
In Syriens Monarchie
Geflossen – wie
Heut einer Blut vergossen!

»Hören Sie den Tusch der Trompeten?«

Ja, der König kommt näher! Sehen Sie! Das Volk ist fast außer sich vor Bewunderung und schaut in Verehrung zum Himmel. Er naht – da kommt er – er ist da!

»Wer? Wo? Der König? Ich sehe nichts! Könnte nicht sagen, daß ich irgend etwas sehe!«

Dann müssen Sie blind sein.

»Sehr gut möglich. Ich sehe immer noch nichts außer einem Haufen von Idioten und Wahnsinnigen, die eifrig bemüht sind, sich vor einem riesigen Kameleoparden in den Staub zu werfen und von seinen Hufen geküßt zu werden. Sehen Sie nur! Die Bestie hat zu Recht einen der Schreier des Pöbels niedergetrampelt – und noch einen – und noch einen – und noch einen. Also wirklich, ich kann nicht umhin, das Tier für den ausgezeichneten Gebrauch zu bewundern, den es von seinen Füßen macht!«

Pöbel? Was Sie nicht sagen! – Das sind die edlen und freien Bürger von Epidaphnes! Und »Bestie« sagten Sie? – Seien Sie vorsichtig, daß man Sie nicht hört! Sehen Sie denn nicht das jenes Tier das Antlitz eines Menschen hat? Ja, ja, mein Herr, dieser Kameleopard ist niemand anderes als Antiochus Epiphanes selbst, Antiochus der Erlauchte, König von Syrien und der mächtigste Autokrat des Ostens! Es stimmt zwar, daß man ihn mitunter auch Antiochus Epimanes – den Verrückten – nennt, doch das liegt allein daran, daß nicht alle Menschen in der Lage sind, seine Meriten richtig zu würdigen. Es ist auch wahr, daß er sich momentan in die Haut eines Tiers hüllt und sich bemüht, einen Kameleoparden zu spielen. Doch dies tut er nur, um seine Würde als König zu untermauern. Außerdem hat der Monarch eine gigantische Statur, und seine Kleidung ist daher weder unkleidsam noch zu weit. Wir können allerdings davon ausgehen, daß er sie nicht angelegt hätte, wenn nicht ein besonderer Anlaß vorläge. Wie zum Beispiel – Sie werden erlauben – das Hinmetzeln von tausend Juden. Mit welcher Würde der Monarch auf allen vieren schreitet! Sein Schwanz – sehen Sie – wird von seinen zwei Hauptkonkubinen Elline und Argelais getragen; und seine ganze Erscheinung wäre ungemein anziehend, wenn seine Augen nicht so hervorquellen würden, die ihm gewiß noch einmal aus dem Kopf fallen werden, und wenn sein Gesicht nicht diese merkwürdige Farbe hätte und infolge des ganzen Weins, den er zu sich genommen hat, absolut unbeschreiblich geworden ist. Gehen wir ihm nach zum Hippodrom, wohin er unterwegs ist, und lauschen wir dem Triumphlied, das er anstimmt:

Wo gibt's einen König wie Epiphanes?
Sagt schon – wo?
Wer ist ein König wie Epiphanes?
Bravo – bravo!
Keiner ist wie Epiphanes,
Aller Völker Wonne,
Der die Tempel niederreißt
Und löscht aus die Sonne!

Gut und kraftvoll gesungen! Der Pöbel schreit Heil – dem »Dichterfürsten« ebenso wie dem »Stolz des Ostens«, der »Wonne des Universums« und dem »prächtigsten aller Kameleoparden«. Da-Capo-Rufe belohnen seinen Erguß, und so – hören Sie? – singt er das Ganze noch einmal. Am Hippodrom angelangt, wird er mit dem Dichterkranze gekrönt, in weiser Voraussicht seines Sieges bei den kommenden Olympischen Spielen.

»Aber – beim Jupiter – was ist denn in der Menge hinter uns geschehen?«

Sie sagen, hinter uns? – Oh! Ah! – Ich sehe. Mein Freund, gut, daß Sie mich rechtzeitig darauf aufmerksam gemacht haben. Lassen Sie uns so schnell wie möglich an einen sicheren Ort gehen. Hier! Verstecken wir uns unter dem Bogen dieses Aquädukts, dann kann ich Ihnen sofort über den Ursprung des Tumults berichten. Es ist so gekommen, wie ich es befürchtet habe. Die einzigartige Erscheinung des Kameleoparden hat anscheinend die Anstandsgefühle verletzt, die bei den in der Stadt domestizierten Tieren allgemein gelten. Das Ergebnis war eine Meuterei. Wie dies bei solchen Ereignissen gewöhnlich so ist, werden nun alle menschlichen Bemühungen nichts nutzen, den rasenden Haufen zu bändigen. Es sind bereits mehrere Syrer gefressen worden; doch im allgemeinen scheinen die vierbeinigen Patrioten es darauf angelegt zu haben, den Kameleoparden zu verspeisen. Der »Dichterfürst« ist darum auch schon auf seinen Hinterbeinen und rennt um sein Leben. Seine Höflinge haben ihn verlassen, und auch seine Konkubinen sind ihrem ausgezeichneten Beispiel gefolgt. »Wonne des Universums«, du steckst in einer bösen Klemme! »Stolz des Ostens«, du läufst Gefahr, zerquetscht zu werden! Darum schau nicht so kläglich auf deinen Schwanz – muß er halt durch den Staub geschleift werden, daran kann man nichts ändern. Schau dich also nicht um, um ihn unvermeidlich erniedrigt zu sehen, sondern faß dir ein Herz, bewege die Beine mit Eifer und Kraft und renne zum Hippodrom! Denk daran, du bist Antiochus Epiphanes – Antiochus der Erlauchte! Ebenso der »Dichterfürst«, der »Stolz des Ostens«, die »Wonne des Universums« und der »prächtigste aller Kameleoparden«! Himmel! Welch riesige Geschwindigkeit du an den Tag legst! Was für eine Fähigkeit im Reißausnehmen du entwickelst! Lauf, mein Fürst! – Bravo, Epiphanes! – Gut gemacht, Kameleopard! – Ruhmreicher Antiochus! Er läuft! – Er springt! – Er fliegt! – Wie ein vom Katapult geschossener Pfeil nähert er sich dem Hippodrom! – Er springt! – Er schreit! – Er ist angekommen! Das ist dein Glück! Denn wärest du, o »Stolz des Ostens«, auch nur eine halbe Sekunde später am Tor des Amphitheaters angekommen, dann gäbe es in Epidaphnes kein Bärenjunges, das nicht wenigstens ein Stückchen von deiner Leiche bekommen hätte! Lassen Sie uns verschwinden – wir wollen uns verabschieden! Denn unsere empfindlichen Ohren könnten das wüste Getöse bestimmt nicht ertragen, das nun anheben wird, um das Entkommen des Königs zu feiern! Hören Sie nur! Es hat schon begonnen! Schaun Sie! Die ganze Stadt steht Kopf!

»Dies ist gewiß die menschenreichste Stadt des gesamten Ostens! Welch Völkergewirr! Was für ein Gemisch aller Stände und Alter! Welch eine Vielfalt von Sekten und Nationen! Was für ein Gewimmel von Gewändern! Welch ein Sprachen-Babel! Was für ein tierisches Geheul! Welche Klänge der Instrumente! Wie viele Philosophen!«

Kommen Sie, wir wollen gehen!

»Einen Augenblick noch, warten Sie! Ich sehe ein großes Gedränge im Hippodrom – was hat das zu bedeuten, bitte?«

Das? Oh, nichts Besonderes. Da die edlen und freien Bürger von Epidaphnes erklären, daß sie von der Redlichkeit, Tapferkeit, Weisheit und Göttlichkeit ihres Königs überzeugt sind, und weil sie außerdem noch Augenzeugen seiner soeben bewiesenen übermenschlichen Geschwindigkeit geworden sind, halten sie es für ihre billige Pflicht, seine Stirn (neben dem Dichterlorbeer) auch noch mit dem Siegerkranz im Langstreckenlauf zu bekränzen – einem Kranz, den er ja offensichtlich bei der nächsten Olympiade einfach gewinnen *muß* und dessen Lorbeer sie ihm darum schon jetzt im voraus verleihen.

Anmerkungen

1 Flavius Vopiscus erzählt, daß die hier angeführte Hymne vom Pöbel gegrölt wurde, als Aurelian im Sarmatischen Krieg mit eigener Hand 950 Feinde erschlug.

Eine Mystifikation

Potz Element, wenn das Eure »Passaden« und »Terzen« sind, mein Herr – die können mir gestohlen bleiben.

Ned Knowles

Der Baron Ritzner von Jung stammte aus einer adligen ungarischen Familie, deren Mitglieder alle (jedenfalls so weit, wie die Chroniken ins Altertum zurückreichten) mehr oder weniger merkwürdige Anlagen hatten – der Großteil besaß jene Art *grotesquerie* der Auffassung, welchen Tieck, ein Abkömmling des Hauses, so anschaulich, wenn auch nicht erschöpfend, gezeigt hat. Meine Bekanntschaft mit Ritzner nahm ihren Anfang auf dem prachtvollen Château Jung, in das mich eine Reihe spaßiger Abenteuer, die sich allerdings nicht zur Veröffentlichung eignen, in den Sommermonaten des Jahres 18— verschlagen hatte. Es war hier, daß ich seine Achtung gewann und ebenso – was mit mehr Schwierigkeiten verbunden war – Einsicht in sein Denken. In späteren Tagen vertiefte und klärte sich dieser Einblick, je enger unsere Verbindung wurde, die ihn überhaupt erst ermöglicht hatte. Und als wir uns nach einer Trennung von drei Jahren in G——n wieder trafen, war mir alles bekannt, was man über den Charakter des Baron Ritzner von Jung wissen mußte.

Ich erinnere mich noch gut an die wispernde Neugier, die seine Ankunft im Universitätsbezirk abends am 25. Juni erregte. Noch deutlicher habe ich in Erinnerung, daß, obwohl Jung bei allen Gesellschaften auf den ersten Blick als der »allermerkwürdigste Mann der Welt« bezeichnet wurde, niemand auch nur den geringsten Versuch unternahm, diese Ansicht zu begründen. Es lag so unbestreitbar auf der Hand, daß er ein Unikum war, daß man es für zu ungezogen gehalten hätte, zu erforschen, was seine einzigartige Wirkung ausmachte. Dieses Thema will ich jedoch für den Augenblick beiseite lassen und nur sagen, daß er vom ersten Moment an, als er den Boden der Universität betrat, begann, einen höchst umfassenden und despotischen Einfluß auf die Personen, Manieren, Gewohnheiten, Börsen und Neigungen der gesamten ihn umgebenden Gemeinschaft auszuüben, der gleichzeitig dennoch äußerst unbestimmt und völlig unerklärlich blieb. So wurde die kurze Zeit, in der er an der Universität weilte, praktisch eine eigene Ära in ihren Annalen und von allen möglichen Leuten aus allen möglichen Ständen, die ihr irgendwie zugehörten, als »jene ganz außerordentliche Epoche des Barons Ritzner von Jung« genannt.

Bei seiner Ankunft in G——n besuchte er mich in meiner Wohnung. Damals hatte er kein bestimmtes Alter – damit will ich sagen, daß es unmöglich war, aus allen von ihm persönlich gemachten Äußerungen sein wahres Alter zu erschließen. Er hätte ebenso gut fünfzehn wie fünfzig Jahre alt sein können. Und doch *war* er einundzwanzig Jahre und sieben Monate alt. Er war kein schöner Mann – eher das Gegenteil. Seine Gesichtszüge wirkten irgendwie eckig und grob. Er hatte eine hohe und völlig makellose Stirn, dagegen war die Nase eine stumpfe Knolle, und man konnte seine Augen nur groß, plump, glasig und ausdruckslos nennen. Man könnte noch mehr über den Mund sagen. Die Lippen waren leicht vorgestülpt und lagen so aufeinander, daß man sich kaum eine Vereinigung menschlicher Züge – und sei sie noch so vielgestaltig – vorstellen könnte, die so völlig und ausschließlich die Idee ungemilderten Ernstes, unveränderlicher Ruhe und Feierlichkeit ausdrückte.

Aus dem bisher Gesagten wird zweifellos deutlich, daß der Baron eine dieser eher selten anzutreffenden menschlichen Anomalien war, die Wissenschaftler der *Mystifikation* zum

Gegenstand ihres Studiums und Lebens machen. Eine sonderliche Denkungsart wies ihm fast von selber die Richtung für diese Wissenschaft, obwohl seine körperliche Erscheinung es ihm ungewöhnlich leicht machte, seine Vorstellungen zu verwirklichen. Ich glaube gerne, daß kein Student in G——n in jener rühmlichen Epoche, die nur unangemessen als »Herrschaft des Barons Ritzner von Jung« bezeichnet wird, jemals gänzlich das Geheimnis lüftete, das seinen Charakter umgab. Ja, es scheint mir in der Tat, daß niemand an der Universität – mit Ausnahme allein meiner Wenigkeit – auch nur den Gedanken hatte, er könnte auch nur in der Lage zu einem Scherz sein, sei es im Wort oder in der Tat. Da hätte man eher die alte Bulldogge am Gartentor, den Geist des Heraklit oder die Perücke des emeritierten Professors der Theologie beschuldigen können. Und dies war auch noch der Fall, als es überaus klar war, daß die empörendsten und unverzeihlichsten aller möglichen Streiche, Grillen und Possen, wenn auch nicht direkt von ihm selber, so doch immerhin auf seine Anregung und mit seiner schweigenden Billigung verübt wurden. Das Schöne, wenn ich es einmal so bezeichnen darf, seiner *art mystique* war jene vollendete Geschicklichkeit (die ihren Ursprung in einer intuitiven Kenntnis der menschlichen Natur hat – und in einer geradezu wunderbaren Selbstbeherrschung), durch die es ihm immer gelang, den Anschein zu wecken, all die Possen und Schwänke, die er inszenieren wollte, seien entweder trotz oder auch infolge der lobenswerten Anstrengungen geschehen, die er zu ihrer Verhinderung oder zur Erhaltung von Würde und Anstand der Alma mater unternommen hatte. Die tiefe, bitterliche, ja, die überwältigende Bekümmerung, die bei jedem solchen Scheitern seiner lobenswerten Bemühungen über sein Gesicht zog, ließ im Herzen seiner Kameraden nicht den geringsten Raum für Zweifel an seiner Redlichkeit – und wären diese ausgesprochene Skeptiker gewesen. Ebenso beachtenswürdig war auch die Geschicklichkeit, mit der er es schaffte, das eigentlich groteske stets vom Urheber auf das Opfer zu schieben – von seiner eigenen Person also auf die Ungereimtheiten, die er geschaffen hatte. Nie vor jenem Fall, von dem ich erzählen will, habe ich je erlebt, daß jemand den natürlichen Konsequenzen seiner Streiche stets auf so geheimnisvolle Art entkam. Man möchte es fast eine Anhänglichkeit des Possierlichen, eine Zuneigung zu seinem eigenen Charakter und seiner Person nennen. Mein Freund – konstant in eine Atmosphäre grillenhaftiger Wunderlichkeit gehüllt – schien nur den ernsten Seiten der Geselligkeit zu leben, und sogar sein eigener Haushalt hat nie auch nur einen einzigen Augenblick lang den Verdacht auf irgend etwas anderes als steife Gesetztheit, ja Erhabenheit mit dem Baron Ritzner von Jung gehabt.

In der Zeit seines Aufenthalts in G——n schien es, als liege der Dämon des *dolce far niente* wie ein Inkubus über der Universität. Es wurde jedenfalls nichts getan, außer Essen und Trinken und diverse närrische Kurzweil. Die Studentenwohnungen verwandelten sich in Kneipen, und keine von allen war so berühmt oder so fleißig besucht wie die des Barons. Unsere dortigen Trinkgelage waren zahlreich, laut und lang – und immer ereignisreich.

Einmal hatten wir unsere Sitzung bis fast zum Tagesanbruch ausgedehnt, und es war eine ungewöhnliche Menge Wein vertilgt worden. Die Gesellschaft bestand aus sieben oder acht Personen neben dem Baron und mir. Die meisten waren wohlhabende junge Herren mit hohen Verbindungen und sehr ausgeprägtem Familienstolz, und alle strahlten förmlich vor übertriebenem Ehrgefühl. Über das Duell vertraten sie alle die allerdeutschesten Ansichten. Solche Don-Quixote-Gefühle hatten vor kurzem durch einige Pariser Veröffentlichungen und außerdem drei oder vier verwegene und verhängnisvolle Zweikämpfe in G——n neuen Auftrieb erhalten, und so kreisten die Gespräche während des größten Teils der Nacht recht hitzig um dieses anscheinend wichtigste Thema der Zeit. Der Baron war ungewöhnlich schweigsam und nachdenklich gewesen und schien, als es auf den Morgen zuging, endlich aus seiner Teilnahmslosigkeit zu erwachen; er übernahm die Führung der Unterhaltung und hielt sich bei den Wohltaten und besonders der Schönheit des allgemein angenommenen Kodex der Waffengangetikette auf – so inbrünstig und beredsam, so ergreifend und innig, daß er bei allen Zuhörern die wärmste Begeisterung erweckte und mich selbst völlig erstaunte. Denn ich wußte sehr wohl, daß er im Innersten eben diese Dinge, um die er jetzt so intensiv rang, verspottete und besonders die *fanfaronnade* der Duelletikette so völlig verachtete, wie sie es verdiente.

Als ich mich einmal in einer Pause der Rede des Barons (einer Rede, von der ich meinen Lesern einen schwachen Begriff vermitteln möchte, indem ich sage, daß er gewisse Ähnlichkeit mit der siedenden, singenden, monotonen und doch musisch klingenden Predigerart von Coleridge besaß) umschaute, fielen mir im Gesicht eines der Teilnehmer an der Gesellschaft Anzeichen für mehr als das allgemeine Interesse der anderen auf. Dieser Herr – ich will ihn Hermann nennen – war ein Original in jeder Hinsicht, vielleicht außer des Umstands, daß er ein ausgemachter Narr war. Er hatte es jedoch geschafft, sich in einem gewissen Kreis an der Universität in den Ruf tiefen metaphysischen Denkens und – glaube ich – eines beachtlichen logischen Talents zu bringen. Er genoß großen Ruhm als Duellant, sogar in G——n. Ich habe die genaue Zahl der Opfer vergessen, die unter seinen Händen fielen, doch es waren nicht wenige. Er hatte zweifellos Mut, doch er war noch stolzer auf seine überaus genaue Kenntnis der Etikette des Duells sowie auf die spitzfindige Feinheit seines Ehrgefühls. Dies waren Dinge, die sein Steckenpferd waren und die er praktisch zu Tode ritt. Ritzner hatten diese Eigenarten auf seiner ständigen Suche nach dem Grotesken schon lange gereizt, ihm einen Streich zu spielen. Ich hatte dies jedoch noch nicht bemerkt, obwohl mir in diesem Augenblick klar war, daß mein Freund irgendeine Grille im Sinn hatte und Hermann zu seinem Opfer erkoren hatte.

Als der Baron in seinem Vortrag – oder vielmehr seinem Monolog – fortfuhr, sah ich, daß Hermann von Augenblick zu Augenblick aufgeregter wurde. Schließlich ergriff er selbst das Wort und brachte gegen einen Punkt, den R. hartnäckig vertreten hatte, einen Einwand vor und begründete ihn ausführlichst. Darauf antwortete der Baron wiederum des längeren (wobei er sich weiterhin übertrieben gefühlvoll ausdrückte), um dann – was mir reichlich abgeschmackt vorkam – mit ziemlichem Sarkasmus und Hohn zu schließen. Nun nahm das Steckenpferd des Herrn Hermann die Trense ins Maul, was mir durch das künstlich haarspalterische *farrago* seiner Antwort klar wurde. Ich erinnere mich deutlich an seine letzten Worte: »Ihre Ansichten – wenn Sie mir gestatten, das zu sagen, Baron von Jung – sind in vielen kritischen Punkten, obwohl sie in der Hauptsache korrekt sind, doch für Sie selbst und die Universität, der Sie angehören, recht schimpflich. In mancher Hinsicht sind sie keiner ernsten Antwort wert. Mein Herr, ich würde noch mehr sagen, wenn ich nicht befürchten müßte, Ihnen zu nahe zu treten ...« (An dieser Stelle lächelte der Sprecher sanft.) »Ich würde sagen, mein Herr, daß Ihre Ansichten nicht von der Art sind, wie man sie von einem Ehrenmann erwartet.«

Als Hermann diese zweideutige Rede beendet hatte, wandten sich die Augen aller dem Baron zu. Der wurde zunächst blaß, dann sehr rot. Er ließ sein Taschentuch fallen, und als er sich bückte, um es aufzuheben, konnte ich seine Züge sehen, die allen anderen am Tisch im Augenblick verborgen waren. Sein Antlitz funkelte praktisch vor durchtriebenem Vergnügen, einem Ausdruck, der sein eigentlicher Charakter war. Doch ich hatte diesen Ausdruck nie gesehen, außer wenn wir allein waren und er sich frei und ungezwungen gab. Im nächsten Augenblick jedoch stand er schon aufrecht vor Hermann. Und ich habe wahrlich noch nie zuvor eine derart vollständige Veränderung eines Gesichtsausdrucks gesehen. Einen Moment lang glaubte ich sogar, ich hätte seinen Ausdruck falsch gedeutet und er sei nüchtern und ernst. Denn es schien doch, als würde er vor leidenschaftlicher Erregung ersticken, und sein Gesicht war leichenblaß. Kurze Zeit schwieg er und strengte sich offenbar an, seine Erregung zu meistern. Als er dieses Ringen anscheinend erfolgreich gewonnen hatte, ergriff er eine Karaffe, die neben ihm stand, packte sie fest und sagte: »Die Sprache, Herr Hermann, die Sie mir gegenüber zu gebrauchen sich bemüßigt fühlten, ist in so vielen Details tadelnswert, daß ich weder Muße noch Lust habe, diese ausführlicher zu erklären. Daß meine Meinungen jedoch nicht von einer Art seien, wie man sie von einem Ehrenmann erwartet, ist eine so direkte Beleidigung, daß ich nur eine Möglichkeit habe, sie zu erwidern. Die Gegenwart dieser Gesellschaft jedoch sowie Ihre eigene – da Sie momentan mein Gast sind – erfordert trotz alledem eine gewisse Höflichkeit. Sie werden mir darum vergeben, wenn ich aufgrund solcher Erwägungen von den in vergleichbaren Fällen persönlicher Beleidigung unter Ehrenmännern üblichen Gepflogenheiten abweiche. Sie werden mir auch die geringe Beschwernis nachsehen, die ich Ihrer Phantasie bereiten werde, wenn ich Sie bitte, für einen Augenblick das Abbild Ihrer Person in jenem Spiegel dort als den leibhaftigen Herrn Hermann anzusehen. Wenn Sie dies getan haben, gibt es keine Schwierigkeiten mehr. Ich werde diesen Krug Wein über Ihrem Spiegelbild ausleeren und so den ganzen Geist, wenn schon nicht den genauen Buchstaben, der mir obliegenden Ahndung Ihrer Beleidigung erfüllen, obwohl die Notwendigkeit, Ihre wirkliche Person körperlich zu schädigen, vermieden wird.«

Mit diesen Worten schleuderte er die Karaffe mit Wein auf den Spiegel, der direkt gegenüber von Hermann hing; sie traf Hermanns Spiegelbild sehr präzise, und natürlich zerbrach das Glas. Die ganze Gesellschaft sprang auf und verabschiedete sich sofort und in aller Eile, mit der Ausnahme von Ritzner und mir. Als Hermann hinausging, flüsterte der Baron mir zu, ich solle ihm folgen und mich ihm zur Verfügung stellen. Ich stimmte dem zu, ohne allerdings zu wissen, was ich von der ganzen bizarren Angelegenheit halten sollte.

Der Duellant akzeptierte meine Vermittlung auf seine gewöhnliche Art, steif und *ultra recherché*, nahm mich beim Arm und führte mich in seine Wohnung. Ich konnte mir kaum verbeißen, ihm ins Gesicht zu lachen, als er mit dem größten Ernst anfing, mir das zu erklären, was er als den »besonders raffinierten Charakter« der ihm widerfahrenen Beleidigung bezeichnete. Nach einer ermüdenden Wortflut in seinem gewohnten Stil nahm er eine Reihe von muffigen Büchern zum Thema Duell vom Bücherregal und servierte mir eine Zeitlang ihren Inhalt, den er laut vorlas und dabei auf das ausführlichste erklärte. Ich kann mich nur noch an die Titel einiger Werke erinnern, die lauteten »Anordnung Philipps des Schönen zum Zweikampf«, »Theater der Ehre« von Favyn und ein Traktat »Über die Erlaubnis zum Duell« von D'Andiguier. Außerdem zeigte er mir, nicht ohne pompöses Gehabe, Brantômes »Duell-Memoiren«, erschienen in Köln im Jahre 1666 in den Typen der Elzevir-Presse – ein kostbarer und einzigartiger Velinband, mit schönem Rand und in Bindung von Derôme. Doch mit einer Miene mysteriösen Scharfsinns lenkte er meine Aufmerksamkeit besonders auf einen dicken Oktavband, abgefaßt in barbarischem Latein von einem gewissen Hédelin, einem Franzosen, und mit dem Titel *»Duelli Lex Scripta, et non, aliterque«*. Daraus las er mir eines der possierlichsten Kapitel vor, die es auf der Welt geben dürfte: *»Injuriæ per applicationem, per constructionem, et per se.«* Er behauptete, daß die Hälfte dieses Kapitels streng auf seinen eigenen, »besonders raffinierten« Fall zutreffe, obwohl ich kein Wort von dem ganzen Zeug verstand – auch nicht, wenn ein Preis darauf ausgesetzt gewesen wäre. Als er das Kapitel beendet hatte, klappte er das Buch zu und fragte, was nach meiner Meinung zu tun sei. Ich antwortete, ich hätte das größte Vertrauen in sein hohes Zartgefühl und würde mich an alles halten, was er vorschlüge. Diese Antwort schien ihm nicht wenig zu schmeicheln, und er setzte sich nieder, um ein Schreiben an den Baron abzufassen. Dieses lautete folgendermaßen:

Mein Herr!

Mein Freund Herr P-- wird Ihnen diese Zeilen überbringen. Ich halte es für meine Pflicht, Sie um sofortige Aufklärung der heute abend in Ihrer Wohnung stattgefundenen Vorfälle zu ersuchen. Sollten Sie nicht dazu bereit sein, so wird es Herrn P-- ein Vergnügen sein, mit einem Freund, den Sie nennen können, alle Vorbereitungen zu einem Treffen zu unternehmen.

Mit dem Ausdruck der vollkommenen Hochachtung

Ihr ergebenster Diener
JOHANN HERMANN

An den Baron Ritzner von Jung
18. August 18—.

Da ich nicht wußte, was ich sonst tun sollte, ging ich mit diesem Schreiben zu Ritzner. Er verbeugte sich, als er es in Empfang nahm, dann geleitete er mich mit würdiger Miene zu einem Sessel. Nachdem er Hermanns Zeilen gelesen hatte, schrieb er die folgende Antwort, die ich Hermann überbrachte:

Mein Herr!

Durch unseren gemeinsamen Freund Herrn P–– erhielt ich Ihre Zeilen vom heutigen Abend. Nach reiflicher Überlegung gebe ich offen zu, daß die Erklärung, die Sie fordern, wohl angebracht wäre. Des weiteren habe ich allerdings Schwierigkeiten (aufgrund der besonders raffinierten Natur unseres Streits und der persönlichen Beleidigung, die Ihnen von mir zugefügt wurde), die mir auferlegte Ehrenerklärung so in Worte zu fassen, daß alle minuziösen Anforderungen und alle unterschiedlichen Nuancen des Falles darin Erwähnung finden. Doch ich vertraue voller Hoffnung auf das extreme Feingefühl der Unterscheidung in Hinsicht auf Etikette, für das Sie schon lange und vorzüglich gerühmt werden. In der absoluten Gewißheit, Verständnis zu finden, darf ich mir daher gestatten, statt irgendwelcher eigener Gefühle zur Sache Sie auf die Äußerungen des Sieur Hédelin zu verweisen, die im neunten Paragraph des Kapitels *»Injuriæ per applicationem, per constructionem, et per se«* seines Werks *»Duelli Lex Scripta, et non; aliterque«* zu lesen sind. Die Schärfe Ihres Urteils in allen hier in Rede stehenden Fragen muß Sie, als einen Mann von Ehre, gewiß davon überzeugen, daß der reine Umstand meines Hinweisens auf diese bewunderungswürdige Stelle Ihrem Ersuchen um Aufklärung in jeder wünschbaren Art und Weise Genüge tun wird.

Mit dem Ausdruck tiefsten Respekts

Ihr gehorsamster Diener

VON JUNG

An den Herrn Johann Hermann

18. August 18—.

Als Hermann mit der Lektüre dieses Briefs begann, war sein Gesicht verdrossen. Doch ein Lächeln albernster Selbstgefälligkeit überflog seine Züge, als er zu dem Geschwafel mit den *Injuriæ per applicationem, per constructionem, et per se* kam. Als er zu Ende gelesen hatte, bat er mich mit dem mildesten Lächeln, doch Platz zu nehmen, während der das betreffende Traktat zu Rate ziehe. Er schlug die genannte Stelle auf und las mit großer Sorgfalt; darauf klappte er das Buch zu und teilte mir in meiner Eigenschaft als Vertrauensmann seinen Wunsch mit, dem Baron von Jung seine tiefsten, ja leidenschaftlichen Empfindungen zu überbringen und ihm außerdem zu versichern, daß die gegebene Aufklärung die vollständigste, ehrenhafteste und eindeutigste Genugtuung beinhalte.

Ich – von all dem höchst verwirrt – machte mich auf den Rückweg zum Baron. Er schien Herrn Hermanns freundlichen Brief selbstverständlich zu finden, und nach wenigen Worten normaler Konversation ging er in ein Nebenzimmer und brachte mir – wahrhaftig! – das unvermeidliche Büchlein *»Duelli Lex Scripta, et non; aliterque«*. Er gab es mir und forderte mich auf, mir doch einen Abschnitt anzusehen. Ich tat es, doch mit nur wenig Gewinn, denn ich konnte beileibe nicht die kleinste Spur von Sinn darin finden. Da nahm er selbst das Buch und las mir einen Abschnitt vor. Zu meiner Überraschung stellte sich das, was er las, als ein schauerlich absurder Bericht über ein Duell zwischen zwei Pavianen heraus. Und nun klärte er da Rätsel auf, indem er mir darlegte, daß der Band anscheinend nach dem Schema der Nonsens-Reime von Du Bartas geschrieben war; damit will ich sagen, die Sprache war sehr geistreich so gehalten, daß sie dem Ohr alle äußeren Anzeichen von Verständlichkeit, ja von Tiefe bot, während sie in Wirklichkeit überhaupt keinen Sinn machte. Der Schlüssel zum Geheimnis lag darin, jedes zweite oder dritte Wort abwechselnd auszulassen, wodurch eine Reihe alberner Spötteleien über ein Duell zu Tage kam, wie es in modernen Zeiten praktiziert wird.

Danach ließ der Baron mich wissen, daß er dieses Büchlein absichtlich zwei, drei Wochen vor dem Abenteuer dem Herrn Hermann in die Hände gespielt und mit Befriedigung aus dem allgemeinen Tenor der Unterhaltung geschlossen hätte, daß dieser es höchst aufmerksam studiert und unbeirrbar für ein ungewöhnlich verdienstvolles Werk gehalten habe. Auf diesen Fingerzeig hin machte er sich ans Werk. Und Hermann wäre eher tausend Tode gestorben, als zuzugeben, *nicht* alles zu verstehen und zu kennen, was jemals über das Duell geschrieben worden war.

LITTLETON BARRY

Siope

Eine Fabel im Stil der Psychological Autobiographists

Eidoysin d'oreon koryphai te kai pharanges
proones te kai charadrai.

Alkman 60 (10) 646

Die Zinnen der Berge schlummern;
Tale, Grat' und Höhlen, sie schweigen.

»Jetzt höre mir zu«, sprach der Dämon und legte mir seine Hand aufs Haupt. »Die Gegend, von der ich rede, ist trostlos. Sie liegt in Libyen an den Ufern des Flusses Zaire. Und dort gibt es weder Ruhe noch Stille.«

»Die Wasser des Flusses sind safranfarben und widrig in der Farbe; und sie fließen nicht vorwärts auf das Meer zu, sondern pulsieren dort am Ort, für immer und ewig unter dem roten Zyklopenauge der Sonne tummelt sich und zuckt krampfhaft die Flut. Das schlammige Flußbett entlang breiten sich auf beiden Seiten meilenweit bleiche Wüsteneien voller gigantischer Lilien, voller Wasserlilien. Sie seufzen sich an in ihrer Einsamkeit, die eine die andere. Sie recken die langen gespenstischen Hälse zum Himmel und nicken dann mit ihren immerwährenden Köpfen hin und her. Außerdem gibt es ein unbestimmtes Murmeln, das von irgendwo zwischen ihnen herkommt wie das Rauschen unterirdischen Wassers. Und sich seufzen sie an, die eine die andere.«

»Aber ihr Bereich ist begrenzt – durch den düsteren, den schrecklichen und hohen Wald. Die niedrigen Büsche dort sind in ständiger Bewegung, wie die Wellen der Hebriden. Und doch ist kein Lüftchen im Himmel, nirgendwo und niemals. Und die uralten Baumriesen wiegen sich stetig hierhin und dorthin und rauschen mit mächtigem Klang. Und immerzu fällt von ihren äußerst hohen Wipfeln der Tau, Tropfen um Tropfen. Und an ihren Wurzeln wachsen merkwürdig giftige Blumen und winden sich langsam im unruhigen Alptraumschlaf. Und über den Häuptern all dieser schnellt wie ein Strom ein aufdringliches Rauschen, ein grauliches Gewölk nach Westen, bis es schließlich außer Sicht rast, hinaus über die Feuermauern des Horizonts. Und doch ist kein Lüftchen im Himmel, nirgendwo und niemals. Und an den Ufern des Flusses Zaire gibt es keine Ruhe und auch keine Stille.«

»Es war Nacht, und es fiel Regen; im Fallen war er Regen, aber auf dem Boden war er reines Blut. Ich stand im Sumpf mitten unter den hohen Lilien, und der Regen fiel auf meinen Kopf – und die Lilien seufzten sich feierlich, einsam verlassen an – die eine die andere.«

»Da stieg plötzlich die Mondin auf, geisterte dünn durch den Nebel, und sie war karminrot. Da fiel mein Blick auf ein großes graues Gefels, das am Flußufer aufragte und nun vom Licht der Mondin erleuchtet wurde. Der Felsen war grau, gespenstisch und hoch – und der Felsen war grau. Auf der Wasserseite trug er Schriftzeichen, die in den Stein eingegraben waren. Und ich drang durch den Sumpf aus Wasserlilien vor, damit ich in Ufernähe gelangte und die Schriftzeichen lesen könnte. – Doch ich konnte sie nicht entziffern. So ging ich schon wieder zurück in den Sumpf, als mir schien, daß die Mondin noch satter rot geworden war, und ich drehte mich um und schaute noch einmal zum Felsen hin und auf die Schriftzeichen – und die Zeichen sagten VERLASSENHEIT.«

»Und ich richtete den Blick höher – da stand ein Mann auf der Felsspitze. Und ich verbarg mich in den Wasserlilien, damit ich sein Verhalten beobachten konnte. Der Mann war stattlich und hochgewachsen und trug einen Faltenumhang von den Schultern bis zu den Knöcheln, eine Toga des alten Roms. Und die Umrisse der Gestalt mochten undeutlich sein – doch seine Züge waren die Züge einer Gottheit. Denn die Mäntel der Nacht, des Nebels, der Mondin und des Taus hatten die Züge seines Gesichts nicht verdeckt. Seine Stirn war hoch wegen der vielen Gedanken; sein Blick wild vor Sorge, und den hageren Wangen entnahm ich Geschichten von Kummer und Ermüdung sowie des Mißfallens am Menschen und das Verlangen nach Alleinsein.«

»Und der Mann setzte sich auf den Felsen nieder, stützte den Kopf in die Hand und blickte hinunter auf die Verlassenheit. Er schaute hinunter in das niedrige ruhelose Buschwerk und hinan in die riesigen uralten Bäume und dann noch weiter hinan in den rauschenden Himmel und ins Karmin der Mondin. Und ich lag da und schmiegte mich in das Liliendikkicht und beobachtete das Verhalten des Mannes. Und der Mann zitterte in der Einsamkeit. Doch die Nacht schlich und schwand, und er saß dort auf dem Felsen.«

»Und der Mann wandte seine Aufmerksamkeit vom Himmel ab und spähte hinaus auf den trostlosen Fluß Zaire und die gelb wogenden Wasser und die blassen Legionen der gigantischen Lilien. Und der Mann lauschte den seufzenden Wasserlilien und dem Gemurmel, das aus ihnen hervorkam. Und ich lag in meinen Hinterhalt geschmiegt und beobachtete das Verhalten des Mannes. Und der Mann zitterte in der Einsamkeit. Doch die Nacht schlich und schwand, und er saß dort auf dem Felsen.«

»Da ging ich weiter in die morastige Einsamkeit hinein und watete weit in die Wildnis der Lilien hinein und rief nach den Flußpferden, die in sumpfiger Einsamkeit in den Sümpfen hausen. Und die Flußpferde hörten auf meinen Ruf und kamen wie Behemoth an den Fuß des Felsens und brüllten laut und schrecklich unter dem Mond. Und ich lag in meinen Hinterhalt geschmiegt und beobachtete das Verhalten des Mannes. Und der Mann zitterte in der Einsamkeit. Doch die Nacht schlich und schwand, und er saß dort auf dem Felsen.«

»Da sprach ich den Fluch des Aufruhrs über die Elemente. Und ein furchtbarer Orkan zog am Himmel auf, dort, wo es vorher keinen Wind gab. Und die Farbe des Himmels wurde durch die Stärke des Orkans häßlich – Regen schlug dem Mann aufs Haupt – und die Fluten des Flusses kamen auf – und der gesamte Fluß wurde zu Schaum gewirbelt – und die Wasserlilien schrien schrill in ihren Betten – und der Wald schien sich vor Wind auflösen zu wollen – und der Donner rollte – und die Blitze zuckten zahlreich – und der Felsen bebte in seinen Grundfesten. Und ich lag in meinen Hinterhalt geschmiegt und beobachtete das Verhalten des Mannes. Und der Mann zitterte in der Einsamkeit. Doch die Nacht schlich und schwand, und er saß dort auf dem Felsen.«

»Da wurde ich von Ärger ergriffen, und ich sprach den Fluch der *Stille* über den Fluß und die Lilien und den Wind und den Wald und den Himmel und den Donner und das Seufzen der Wasserlilien. Und der Fluch kam über sie, und *sie schwiegen*. Und die Mondin hielt ihren wankenden Gang zum Himmel an – und der Donner erstarb – und der Blitz flackerte nicht mehr auf – und die Wolken hingen reglos – und die Flut sank auf den gebührlichen Stand und blieb dort – und die riesigen Bäume unterbrachen ihr Schwanken – und die Wasserlilien seufzten nicht mehr – und man konnte kein Gemurmel mehr von ihnen hören – und auch nicht den Schatten eines Tons mehr aus der unendlichen vielseitigen Einöde. Und mein Blick fiel auf die Schriftzeichen auf dem Felsen, und siehe – sie hatten sich geändert –, und die Zeichen sagten STILLE.«

»Und meine Augen fielen auf das Gesicht des Mannes, und er war bleich vor Entsetzen. Und rasch hob er den Kopf von der Hand und trat vor an die Kante des Felsens und horchte. Aber aus der unendlichen vielseitigen Einöde war kein einziger Laut zu vernehmen, und die Zeichen am Felsen sagten STILLE. Und den Mann schauderte es, er wandte das Gesicht zur Seite und floh, weit fort, in aller Eile, so daß ich ihn bald aus den Augen verlor.«

Es gibt eine hübsche Geschichte in den Büchern der Magier – in den schwermütigen Folianten mit Eisenbeschlägen der Magier. Glorreiche Historien befinden sich dort, sage ich Euch noch einmal, vom Himmel und von der Erde und von der so mächtigen See – auch von den Genien, die über die See eingesetzt wurden, und über die Erde und über den luftigen Himmel. Auch gab es viele weise Sagen der Sybille. Man hörte von alters her allerheiligste Dinge von Blätterschattenzungen, die bei Dodona flüsterten – jedoch – so wahr Allah lebt! – die Geschichte, die der Dämon mir erzählte, während er neben mir in der Grabesnische hockte, erscheint mir die seltsamste von allen zu sein! Und als der Dämon seine Geschichte beendet hatte, fiel er vor Lachen beinahe in das Gewölbe der Grabnische. Ich aber konnte nicht mit dem Dämon lachen, und so verfluchte er mich, weil ich nicht lachen konnte. Und der Luchs, der immer und ewig in jener Grabesnische wohnt, kam aus ihr heraus, legte sich dem Dämon zu Füßen und schaute ihm ins Gesicht, unverwandt.

Ligeia

Und darin liegt der Wille, der nimmer stirbt.
Wer kennt die Mysteria des Willens samt seiner Macht?
Ist doch Gott selbst nur ein großer Wille,
der alle Dinge wegen seines großen Eiferns durchdringt.
Der Mensch steht den Engeln nach,
ja letztlich auch dem Tode selbst,
nur wegen der Schwäche seines so matten Willens.

Joseph Glanvill

Ich kann mich – und ginge es um mein Seelenheil – nicht daran erinnern, wie oder auch nur genau wann ich zuerst die Bekanntschaft der Lady Ligeia gemacht habe. Viele Jahre sind seitdem verflossen, und mein Gedächtnis ist erschöpft wegen der zahlreichen leidvollen Ereignisse. Oder es kann sein, daß ich mir diese Dinge jetzt nicht mehr vergegenwärtigen kann; denn wie es in Wahrheit ist, der Charakter meiner Geliebten, ihre seltene Bildung, der einzigartige und doch sanfte Typ ihrer Schönheit und endlich die verzaubernde, versklavende Überredungskraft ihrer halblauten musikalischen Stimme haben sich den Weg in mein Herz mit so verstohlenen Schritten gebahnt, daß sie für mich unbemerkbar und unverzeichnet blieben. Dennoch glaube ich, daß ich ihr zuerst und am häufigsten in einer großen, alten, verfallenden Stadt am Rhein begegnet bin. Von ihrer Familie – hat sie sicherlich geredet. Es steht außer Frage, daß sie aus grauester Vorzeit datiert. Ligeia! Ligeia! Vergraben – wie ich bin – in Studien einer Art, die mehr als alle anderen dazu geeignet ist, gegen Eindrücke aus der Außenwelt abzustumpfen, reicht dennoch dieses eine holde Wort – Ligeia – , vor meinem geistigen Auge das Bild ihrer wachzurufen, die nicht mehr ist. Und jetzt, da ich dies schreibe, kommt mir die Erkenntnis: daß ich ihren, die meine Freundin war und Anverlobte, die Partnerin meiner Studien wurde, ja schließlich das Weib meines Busens, Familiennamen *nie gekannt* habe! War dies eine spielerische Zumutung von seiten Ligeias? Oder war es eine bewußte Probe der Stärke meiner Zuneigung, daß ich in diesem Punkte keinerlei Fragen stellen sollte? Oder war es etwa eine Caprice meinerseits – eine wildromantische Opfergabe am Schrein der leidenschaftlichsten Ergebenheit? Aber an die Sache selbst erinnere ich mich nur zu gut – was wundert's, daß ich so völlig die näheren Umstände vergaß, die sie bewirkten oder begleiteten? Und in der Tat, wenn je der Geist, den man ROMANZE heißt – wenn je sie, die bleiche hinfällige ägyptisch dunstschwingige *Ashtophet* idololatrischen Angedenkens – die Schutzgöttin, wie man sagt, von Ehen übler Vorbedeutung ist –, dann ist sie nur zu sicher die Schutzgöttin meiner Ehe gewesen.

Einen Themenkreis gibt es jedoch, bei dem mein Gedächtnis nicht versagt – das ist das *Äußere* Ligeias. Sie war hochgewachsen, etwas sehr schlank – ja, in ihren letzten Tagen ausgesprochen mager. Umsonst würde ich versuchen, die Majestät, die gemache Ruhe ihrer Haltung zu schildern oder die unbegreifliche Leichtigkeit und Spannkraft ihres Gangs. Sie kam und ging wie ein Schatten. Nie bemerkte ich ihren Eintritt in mein abgesondertes Studio, ehe die teure Musik ihrer süß-gedämpften Stimme erklang und sie mir ihre marmorne Hand auf die Schulter legte. Keine andere Frau glich ihr in Schönheit des Angesichts. Es war das Strahlen eines Opiumtraums – eine Vision, luftiger, Geist erhöhender, göttlich wilder als alle Phantasien, die jemals die schlummernden Seelen der delischen Töchter umschwebten. Dennoch waren ihre Züge keineswegs von dem klassischen Ebenmaß, das man uns fälschlich in den klassischen Bildwerken der heidnischen Zeit zu schätzen gelehrt hat. »Es gibt keine höchstrangige Schönheit«, sagt Bacon, Lord Verulam, sehr richtig über sämtliche Formen und *Genera* des Schönen, »ohne eine gewisse *Fremdartigkeit* in ihren Proportionen.« Doch obwohl ich sah, daß Ligeias Züge kein klassisches Ebenmaß besaßen, obwohl ich erkannte, daß ihre Lieblichkeit einwandfrei »höchstrangig« war und fühlte, wieviel »Fremdartiges« hier durchschimmerte – trotzdem habe ich mich stets vergebens bemüht, besagte Unregelmäßigkeit zu finden oder meinen eigenen Eindruck des »Fremdartigen« auf seinen letzten Ursprung zurückzuführen. Ich studierte die Konturen der hohen und blassen Stirn – sie waren untadelig (was für ein kaltes Wort, um es auf eine so göttliche Majestät anzuwenden) –, ihre Haut, die mit dem reinsten Elfenbein wetteiferte – die hoheitsvolle Ausdehnung und Ruhe, die breite Sanftheit der Schläfen – und endlich das rabenschwarze, schimmernde, üppige und natürlich gelockte Haargeflecht, das die volle Ausdruckskraft des homerischen Beinamens »hyakinthos« klar vor Augen stellte. Mein Blick ruhte auf den zarten Umrissen ihrer Nase – und ich habe nirgends, außer in den anmutigen Medaillons der Hebräer, je eine ähnliche Perfektion erblickt. Hier wie dort die gleiche üppige Geglättetheit der Oberfläche, die gleiche kaum sichtbare Tendenz zum Aquilinen, die gleichen harmonisch geschwungenen Nüstern, die einen freien Geist verkündeten. Ich betrachtete den süßen Mund. Hier triumphierte in der Tat alles Himmlische – die prachtvolle Schwingung der kurzen Oberlippe – der wollüstig kissenhafte Schlummer der unteren – die spielenden Grübchen und die sprechende Farbe – die spiegelnden Zähne, die mit fast frappierender Brillanz jeden Schimmer des heiligen Lichts widergaben, den ihr heiteres, sanftes und dabei hinreißendes strahlendes Lächeln über sie ergoß. Ich blickte achtsam auf die Bildung des Kinns – und auch hier entdeckte ich alles wieder, das sanfte Breiten, die Weiche und Majestät, die Fülle und Vergeistertheit der Griechen – jene Konturen, die – wenn auch nur im Traum – der Gott Apoll dem Kleomenes, dem großen Sohn Athens, zeigte. Und dann schaute ich tief in die mächtigen Augen Ligeias.

Was Augen angeht, so haben wir keine Vorbilder aus der Antike. Und es kann sein, daß eben in den Augen meiner Geliebten jenes Geheimnis lag, das Lord Verulam anspricht. Sie waren meiner Meinung nach viel größer als die normalen Augen, die unser Geschlecht erhalten hat. Sie waren voller als die vollsten Augen der Gazellen des Stammes im Tal von Nourjahad. Doch es begab sich nur gelegentlich – in Momenten höchster Erregung –, daß diese Eigentümlichkeit an Ligeia mehr als nur leicht auffällig wurde. Und in diesen Momenten war ihre Schönheit (vielleicht erschien es auch nur meiner erhitzten Phantasie so) wie die Schönheit von Wesen, die entweder über oder doch abseits der Erde sind – wie die Schönheit der fabelhaftesten Houris der Türken. Die Farbe der Bälle war ein höchst schimmerndes Schwarz, und jettschwarze dichte Wimpern von beträchtlicher Länge hingen weit über sie hinab. Die leicht unregelmäßig geschwungenen Brauen hatten die gleiche Farbe. Die »Fremdartigkeit« aber, die ich in ihren Augen fand, war nicht von einer Art, die mit Form, Farbe oder Glanz der Einzelzüge zusammenhängt, und muß schließlich in ihrem *Ausdruck* gesucht werden. Ach, Wort ohne Bedeutung! – hinter dessen rein phonetischer Ausdehnung wir unsere Unwissenheit von so viel Spirituellem verbergen. Der Ausdruck von Ligeias Augen! Wie oft habe ich stundenlang darüber gegrübelt! Wie habe ich mich eine ganze Mittsommernacht bemüht, ihn zu ergründen! Was war es – dieses »tiefer als der Brunnen des Demokrits« –, das dort fern im Hintergrund der Pupillen meiner Geliebten lag? Was war es nur? Ich war wie besessen von der Leidenschaft des Entdeckens. Diese Augen! Diese mächtigen, schimmernden, göttlichen Bälle – sie wurden für mich das Zwillingsgestirn der Leda, und ich war der inbrünstigste, devoteste ihrer Beobachter.

Unter den zahlreichen unverstandenen Anomalien der Wissenschaft von der Seele ist kein Punkt so frappierend und aufregend wie der Umstand – der, wie ich glaube, von der Schulweisheit noch nicht einmal bemerkt wurde –, daß wir uns bei der Bemühung, uns etwas lang Vergessenes wieder ins Gedächtnis zu rufen, häufig ganz dicht am Rande des

Erinnerns befinden, ohne schließlich doch der Erinnerung selbst habhaft zu werden. Und wie oft habe ich so während meines konzentrierten Forschens in Ligeias Augen die volle Erkenntnis ihres Ausdrucks näher kommen gefühlt – näher kommen –, aber immer noch nicht ganz mein – und sich dann erneut weit entfernen! Und – seltsames, o seltsamstes Rätsel von allen – ich entdeckte in den gewöhnlichsten Objekten des Universums einen Großkreis von Analogien für diesen Ausdruck. Damit will ich sagen, daß im Anschluß an die Zeit, als Ligeias Schönheit in meinen Geist eingegangen war und dort regierte wie in einem Heiligenschrein, ich aufgrund so mancher Existenzen in der dinglichen Welt Gefühle empfand, wie ich sie grundsätzlich angesichts ihrer mächtigen leuchtenden Augen um mich und in mir fühlte. Aber ich konnte meine Empfindungen deswegen nicht näher definieren oder analysieren oder sie auch nur fester ins Auge fassen. Ich erblickte sie manchmal – wenn mir die Wiederholung erlaubt sei – beim Beobachten einer rasch wachsenden Weinranke – bei der Kontemplation einer Motte, eines Schmetterlings, einer Chrysalis, eines fließenden Wassers. Ich fühlte sie im Meer und beim Fallen eines Meteors. Ich spürte sie bei den Seitenblicken außergewöhnlich alter Leute. Und es gibt ein oder zwei Sterne am Himmel (besonders einen, ein Stern sechster Größe, doppelt und gleichzeitig veränderlich, er ist nahe dem Hauptstern der Leier) – bei denen ich jenes Gefühl bemerkte, wenn ich sie durch ein Teleskop betrachtete. Ich bin damit erfüllt worden bei bestimmten Klangfolgen von Saiteninstrumenten und auch an gewissen Stellen von Büchern. Unter den unzählbaren anderen Beispielen erinnere ich mich besonders an eines in einem Buch Joseph Glanvills, das es immer vollbrachte, mich mit jenem Gefühl zu inspirieren (vielleicht weil es so kurios ist – wer kann es sagen?):

»Und darin liegt der Wille, der nimmer stirbt. Wer kennt die Mysteria des Willens samt seiner Macht? Ist doch Gott selbst nur ein großer Wille, der alle Dinge wegen seines großen Eiferns durchdringt. Der Mensch steht den Engeln nach, ja letztlich auch dem Tode selbst, nur wegen der Schwäche seines so matten Willens.«

Die langen Jahre und das entsprechende Nachdenken haben mich allerdings in die Lage versetzt, eine entfernte Verbindung zwischen dieser Stelle des englischen Moralisten und einem Teilzug in Ligeias Charakter auszumachen. Die Hochgespanntheit des Gedankens, der Tat, der Rede ist bei ihr vielleicht ein Ergebnis oder zumindest ein Anzeichen jener gigantischen Willenskraft gewesen, die während unserer langen Bekanntschaft keine anderen und direkteren Beweise ihrer Existenz gegeben hat. Von allen Frauen, die ich je gekannt habe, fiel sie, die nach außen ruhige, die immer milde Ligeia, dem ungestüm andringenden Flügelschlag der tiefen Leidenschaft am heftigsten zum Opfer. Und von solcher Leidenschaft konnte ich mir nur dadurch eine Vorstellung machen, durch eben jene wundergleiche Expansion ihrer Augen, die mich immer entzückte und gleichzeitig erschreckte – durch die schier zauberische Melodie, Modulation, Deutlichkeit und Sanftheit ihrer tief gedämpften Stimme – und durch die rasende Energie (doppelt beeindruckend durch den Kontrast mit ihrer Redeweise) der wilden Worte, die sie gewöhnlich äußerte.

Ich hatte bereits Ligeias Wissen erwähnt: Es war enorm, wie ich es sonst nie bei einer Frau antraf. In den klassischen Sprachen war sie sehr bewandert; und was meine eigene Vertrautheit mit den europäischen Sprachen angeht, ich habe sie nie versagen hören. Um ehrlich zu sein – habe ich Ligeia bei irgendeinem Thema (und sei es das meist bewunderte – weil schlicht das absonderlichste – gerühmtester akademischer Gelehrsamkeit) *jemals* versagen sehen? Wie einzigartig – wie prickelnd aufregend hat sich gerade dieser Punkt im Wesen meiner Ehefrau in den letzten Jahren wieder in meine Erinnerung gedrängt! Ich habe gesagt, ihr Wissen sei so gewesen, wie ich es sonst nie bei einer Frau antraf – aber wo lebt und atmet der Mann, der – mit Erfolg – *all* die weiten Gebiete des ethischen, physikalischen und mathematischen Wissens durchquert hat? Damals habe ich nicht gesehen, was ich nun klar erkenne, daß Ligeias Errungenschaften gigantisch, erstaunlich waren. Immerhin war ich mir ihrer unendlichen Überlegenheit so weit bewußt, daß ich mich voll kindlichen Vertrauens ihrer Führung durch die chaotischen Weiten metaphysischer Untersuchungen überließ, mit denen ich in den ersten Jahren unserer Ehe zumeist beschäftigt war. Mit welchem Triumph – mit wie lebhaftem Entzücken – mit wieviel von all dem, was die Hoffnung Ätherisches hat – fühlte ich, wenn sie sich bei nur wenig gepflegten (und noch weniger gekannten) Studien über mich beugte – wie sich langsam, Schritt für Schritt die köstliche Aussicht immer mehr vor mir ausdehnte, deren langen, gorgonenprächtigen und noch ganz ungegangenen Pfad ich im Lauf der Zeit würde weitergehen dürfen, bis ans Ziel einer Weisheit, die zu himmlisch köstlich war, um nicht verboten zu sein!

Wie tief war also der Kummer, mit dem ich nach einigen Jahren meine begründeten Hoffnungen die Flügel breiten und davonfliegen sah! Ich war nur ein Kind ohne Ligeia, das in Umnachtung umhertappt und -tastet. Ihre Gegenwart, allein ihre Kommentare machten die zahlreichen Mysterien des Transzendentalen lebendig und hell, in die wir uns versenkten. Ohne den Glanz ihrer Augen wurden selbst Buchstaben, die ansonsten strahlend und golden waren, stumpfer als saturnisches Blei. Und nun schienen diese Augen wenig und immer weniger über den Seiten, über denen ich brütete. Ligeia erkrankte. Die wilden Augen loderten mit einer zu – mit einer allzu strahlenden Glorie. Die blassen Finger nahmen die Transparenz und wächserne Farbe des Grabes an, und die blauen Venen der hohen Stirn schwollen und sanken ungestüm im Takt schon der kleinsten Erregung. Ich sah, daß sie sterben mußte – und im Geiste rang ich verzweifelt mit dem grimmen Azrael. Und der Kampf meiner geliebten Frau war zu meinem Erstaunen sogar noch energischer als meiner. In ihrer festen Sernennatur war so viel gewesen, das mich hatte glauben lassen, der Tod berge für sie keinen Schrecken – doch weit gefehlt! Worte haben keine Kraft und können keine rechte Vorstellung vom wütenden Widerstand geben, mit dem sie gegen das Phantom ankämpfte. Ich stöhnte vor Seelenpein bei dem bemitleidenswerten Schauspiel. Ich hätte sie ja beschwichtigt – hätte ihr vernünftig zugesprochen –, doch angesichts der Intensität ihrer wilden Begier nach Leben – Leben – *nichts als Leben!* – wären Trost ebenso wie Verständnis der Gipfel an Torheit gewesen. Dennoch erschütterte nichts bis zum letzten Moment und beiden heftigsten Krämpfen und Konvulsionen ihres ungestümen Geistes die äußerliche Gelassenheit ihres Betragens. Ihre Stimme wurde noch sanfter – noch gedämpfter –, doch auf die wilde Bedeutung der so ruhig geäußerten Worte möchte ich lieber nicht eingehen. Mir schwindelte im Hirn, wenn ich verzückt einer mehr als sterblichen Melodie lauschte, Anmaßungen und Sehnsüchten, die Sterblichen zuvor unbekannt waren.

Daß sie mich liebte, würde ich nicht angezweifelt haben; und ich hätte mir auch ohne weiteres sicher sein können, daß in einem Busen wie dem ihren die Liebe ungleich der gewöhnlich so genannten Leidenschaft regierte. Doch erst im Tod bekam ich einen vollen Eindruck von der Stärke ihres Gefühls. In langen Stunden hielt sie meine Hand und ergoß vor mir das Überfließen eines Herzens, dessen mehr als leidenschaftliche Ergebenheit schon an Götzendienst grenzte. Womit hatte ich nur verdient, durch solche Geständnisse beseligt zu werden? Und womit hatte ich verdient, durch Abberufung meiner Geliebten in eben der Stunde verflucht zu werden, in der sie sie machte? Aber ich kann es nicht ertragen, weiter über diesen Gegenstand zu reden. Es sei mir erlaubt, mich darauf zu beschränken, daß ich in Ligeias mehr als weiblicher Hingabe an eine Liebe – wehe! Wie unverdient – einem Unwürdigen gespendet – endlich das Grundprinzip ihres Sehnens erkannte, ihrer so heftigen, ernstlichen Gier nach einem Leben, das ihr nun so rasend entschwand. Es ist dies wilde Sehnen – diese von Eifern volle Heftigkeit der Sucht nach Leben – *nichts als Leben* –, das ich nicht genau schildern kann – nicht in der Lage bin, es in klare Ausdrücke zu fassen.

Es war gerade um Mitternacht der Nacht, in der sie von mir ging, als sie mich herrisch zu sich winkte und mir auftrug, gewisse Verse wieder zu rezitieren, die sie selbst nur wenige Tage zuvor gedichtet hatte. Ich gehorchte. Es waren folgende Verse:

Der Sieger Wurm

Schau! eine Gala-Nacht;
Des öden Jahresend' Pläsier! –
Ein Engelhauf in Schleiertracht,
Beschwingt, mit Tränenzier,
Sitzt im Theater, dort zu sehen
Ein Stück von Furcht und Gier,
Und ein Blasorchester probt in Stößen, jähen,
Sphärenmusikmanier.

Mimen, sie murr'n und mümmeln leis',
Marionetten in Gott-Livreen,
Und kommen und irren im Kreis. –
Geheim, gestaltlos, ungesehn,
So führen Wesen die Regie,
Die auch die Bühne beliebig drehn;
Aus Kondorflügeln verstreuen sie
Unsichtbare Weh'n.

Vom närr'schen Spiel – seid unbesorgt –
Soll nichts vergessen sein!
Das Phantom nicht; nicht die Dauerjagd
All der Menge hinterdrein:
In sich selbst stets zurück läuft die Zirkelbahn
Und der Irrsinnsreih'n.
Das Thema: viel Sünde, mehr als von Wahn,
Doch hauptsächlich Schrecken und Pein.

Doch sieh, was ringelt sich zuletzt
Dort ein in der Menge Übermut?!
Ein blutrot Ding, das einsam bis jetzt
In der Kulisse ruht'.
Es windet sich! Es windet! – windet sich im Sturm,
An den Mimen es gütlich sich tut;
Und die Engel schluchzen, denn es lutscht der Wurm
Sich satt an Menschenblut.

Aus – aus gehn die Lichter all' aus. –
Über bebende Formen kommt alsbald –
Kommt stürmisch – ein Bahrtuch, o Graus! –
Der Vorhang herniedergewallt.
Und die Engel stehn auf; bleich, gedrückt,
Bestätigen sie den Verhalt:
›MENSCH‹ hieß das gesehene Stück,
Und der ›WURM‹ war die Siegergestalt.

»O Gott!« Ligeia schrie es halb, als ich diese Zeilen beendete, und sprang auf und reckte in einer krampfhaften Geste die Arme empor. »O Gott! O himmlischer Vater! Sollen die Dinge denn unwandelbar so sein? Soll dieser Sieger denn nicht einmal besiegt werden? Sind wir denn nicht Teil deines Wesens? Wer, wer kennt die Mysteria des Willens samt seiner Macht? Der Mensch steht den Engeln nach, *ja letztlich auch dem Tode selbst,* nur wegen der Schwäche seines so matten Willens.«

Und nun ließ sie, als ob sie erschöpft wäre vor Erregung, es zu, daß ihre weißen Arme an ihr herabfielen, und kehrte feierlich auf ihr Totenbett zurück. Und als sie ihren letzten Seufzer aushauchte, da entkam mit ihm ihren Lippen ein leises Murmeln. Ich legte mein Ohr an ihre Lippen und hörte erneut die Schlußworte jener Glanvill-Stelle: *»Der Mensch steht den Engeln nach, ja letztlich auch dem Tode selbst, nur wegen der Schwäche seines so matten Willens.«*

Sie starb – und ich war völlig zu Boden geschlagen vor Kummer und konnte die Öde und Einsamkeit meiner Behausung in der düsteren, verfallenden Stadt am Rhein nicht länger ertragen. Es mangelte mir nicht an dem, was die Welt Wohlstand nennt. Ligeia hatte mir mehr, erheblich mehr mitgebracht, als es Sterblichen gewöhnlich zuteil wird. Nach einigen wenigen Monaten schlaffen und ziellosen Umherwanderns, kaufte ich daher eine Abtei, die ich nicht näher charakterisieren will, in einer der wildesten und am wenigsten besuchten Gegenden des schönen England und ließ sie einigermaßen wohnlich machen. Die düstere, traurige Pracht des Baus, die fast barbarische Verwilderung des Grundstücks, die zahlreichen an beides geknüpften schwermütigen und altehrwürdigen historischen Erinnerungen waren weitgehend in Übereinstimmung mit den Gefühlen völligen Verlassenseins, die mich in diesen abgelegenen und unwirtlichen Landesteil getrieben hatten. Doch auch wenn das Äußere der Abtei – überall überhangen von grünem Verfall – nur wenig Veränderungen erlaubte, machte ich es mir in einer gewissen kindlichen Perversität – oder eventuell auch nur mit der schwachen Hoffnung, mich von meinem Leid abzulenken – im Inneren förmlich zur Berufung, einen schon mehr als königlichen Prunk zu entfalten. An so närrischen Dingen hatte ich bereits in meiner Kindheit Freude gefunden, und nun kam sie zurück, als sei ich vor Kummer wieder kindisch geworden. Ach, ich fühle durchaus, wieviel an beginnendem Wahnsinn man hätte entdecken können in der übermäßigen Pracht und Phantastik dekorativer Wandbehänge, in den feierlichen Bildwerken Ägyptens, den wilden Schwüngen der Leisten und Möbel, in den tollen Mustern der Teppiche aus büscheligem, langhaarigem Goldbrokat! Ich war zu einem regelrechten Sklaven in Opiumfesseln geworden, und all meine Unternehmungen und das, was ich in Auftrag gab, hatten etwas von der Farbe meiner Träume an sich. Doch die Zeit ist zu schade, um all diese Absurditäten aufzuzählen. Ich will nur von dem einen, ewig verfluchten Gemach reden, in das ich – in einem Augenblick geistiger Abwesenheit – als meine Braut vom Altar – als Nachfolgerin der unvergeßlichen Ligeia – sie führte, die blondhaarige, blauäugige Lady Rowena Trevanion von Tremaine.

Es gibt keinen Teil des Brautgemachs, sei es Architektur oder Dekoration, der nicht jetzt noch sichtbar vor mir stünde. Wo waren denn wohl die Seelen der hochmütigen Angehörigen der Braut, als sie – aus Hunger nach Gold – dem Mädchen, dem so geliebten Kind erlaubten, die Schwelle eines *so* geschmückten Zimmers zu überschreiten? Ich sagte bereits, daß ich mich an jedes Detail des Raums genau erinnere – obwohl ich allzu vergeßlich geworden bin, was die wichtigsten Dinge des Lebens angeht –, und hier in dem phantastischen Gepränge gab es weder Harmonie noch System, das dem Gedächtnis einen Anhalt hätte geben können. Der Raum lag in einem hohen Türmchen der burggleich gebauten Abtei, besaß einen pentagonalen Grundriß und beachtliche Geräumigkeit. Das einzige Fenster nahm die gesamte nach Süden gerichtete Wand des fünfseitigen Prismas ein – eine enorme, nicht unterteilte Scheibe aus venezianischem Glas –, aus einem einzigen bleigrauen Stück, so daß die hineinfallenden Strahlen – sei's von Sonne oder Mond – einen geisterhaften Lüsterglanz auf die Gegenstände im Inneren werfen mußten. Über den Oberrand dieses Riesenfensters zogen sich die Ranken eines alten Weinstocks, der die massige Turmmauer emporgeklettert war. Die Zimmerdecke war aus düster-schwarzem Eichenholz und ausschweifend hoch, gewölbt und bedeckt mit künstlichen Schnitzereien in wilden und grotesken Mustern, halb gotisch, halb druidisch. Von höchsten Punkt dieser melancholischen Wölbung hing an einer einzelnen langgliedrigen Goldkette eine mächtige Weihrauchlampe aus dem gleichen Metall von üppig durchbrochener sarazenischer Arbeit und so gefertigt, daß sich eine ununterbrochene Folge kunterbunter Flammen mit schlangenartiger Vitalität nach außen und nach innen ringelte.

An einzelnen Stellen standen einige wenige Ottomanen und goldene, orientalische Kandelaber – und dann gab es noch das Ruhebett – das Brautbett – nach indischem Vorbild mit einem Baldachin drüber wie ein Leichentuch. In jedem Winkel des Raums stand aufrecht ein riesiger Sarkophag aus schwarzem Granit aus den Königsgräbern gegenüber von Luxor, mit ehrwürdig sklupturenüberhäuften Deckeln, unvorstellbar anzuschauen. Doch die Hauptphantasterei – weh mir! – bestand in der Wandbekleidung des Zimmers. Die hohen Wände – riesig emporragend, ja im Grunde unproportioniert hoch – waren von oben bis unten mit schweren, breitfaltigen, massiv gewirkten Tapeten behangen – Tapeten aus einem Material, das sich ebenso auf dem Boden als Teppich wiederfand, als Bezug der Ottomanen und des Betts aus Ebenholz und endlich in dem prachtvollen Faltengerolle der Vorhänge, die das Fenster teilweise beschatteten. Das Material bestand aus dem schwersten Goldbrokat und war überall in unregelmäßigen Abständen mir arabesken Gestalten von circa einem Fuß Durchmesser gemustert, die jettschwarz und in den Stoff eingewebt waren. Doch diese Gestalten wirkten nur von einem bestimmten Punkt aus wie echte Arabesken. Durch einen heute überall bekannt gewordenen Trick (der sich sogar in entfernte Epochen des Altertums zurückverfolgen läßt) hatte man ihr Aussehen je nach Standpunkt anders gestaltet. Jemand, der den Raum betrat, sah sie zunächst einmal als schlichte Mißgestalten; ging man aber weiter, schwand dieser Eindruck nach und nach; und wenn der Besucher Schritt um Schritt seinen Ort im Raum veränderte, sah er sich umzingelt von einer endlosen Folge gespenstischer Bilder, wie sie zum Aberglauben des Nordmannes gehören oder im Schlaf schuldiger Mönche erscheinen. Diese phantasmagorische Wirkung wurde noch wesentlich dadurch verstärkt, daß immerzu ein starker künstlich erzeugter Wind hinter den Wandbehängen herstrich – was dem Ganzen eine scheußliche und wundersame Lebendigkeit gab.

In Räumen dieser Art – in einem Brautgemach dieser Art – verbrachte ich mit der Lady von Tremaine die unheiligen Stunden unseres ersten Ehemonats – verbrachte sie mit nur wenig Unruhe. Daß meine Frau sich vor der wilden Verdrossenheit meines Wesens fürchtete – daß sie mich mied und nur recht wenig liebte –, mußte ich wohl oder übel erkennen. Doch dies bereitete mir eher Vergnügen als alles andere. Denn ich verabscheute sie mit einem Haß, der eher zu einem Dämon gehörte als zu einem Menschen. All meine Gedanken flohen zurück (oh, mit welchem Grad der Reue!) zu Ligeia, der geliebten, der erhabenen, der schönen, der begrabenen. Ich schwelgte in Erinnerungen an ihre Reinheit, ihre Weisheit, ihr hohes ätherisches Wesen, ihre leidenschaftliche, ihre abgöttische Liebe. Nun endlich loderte mein Geist voll und frei von all und noch mehr als all den Feuern, mit denen ihr eigener gebrannt hatte. In den Euphorien meiner Opiumträume (denn ich war habituell in Fesseln und Banden der Droge) rief ich oft laut ihren Namen in die stille Nacht oder durch die winkligen Täler und Schluchten am Tage – als ob ich durch den wilden Eifer, die leidenschaftliche Feierlichkeit, die verzehrende Glut meines Sehnens nach der Dahingeschiedenen diese wieder auf die alten Wege der Erde zurückrufen könnte, die sie – ach, war es denn wirklich für immer? – verlassen hatte.

Zu Beginn des zweiten Monats unserer Ehe wurde die Lady Rowena von einer plötzlichen Krankheit befallen, von der sie sich nur allmählich erholte. Das sie verzehrende Fieber machte ihre Nächte unruhig, und im verworrenen Halbschlaf sprach sie von Geräuschen und Bewegungen innerhalb und außerhalb des Turmzimmers, die meiner Meinung nach nur einer in Unordnung geratenen Phantasie entsprangen oder vielleicht den gaukelnden, narrenden Wirkungen des Zimmers selbst. Schließlich begann ihre Genesung, dann ihre Gesundung. Doch es verging nur eine kurze Zeit, und eine zweite, heftigere Unpäßlichkeit warf sie erneut auf das Krankenbett, und von dieser Attacke erholte sich ihr von Natur aus zarter Leib nie mehr völlig. Ihre Beschwerden nahmen nach dieser Zeit einen alarmierenden Charakter an, und noch alarmierender waren die häufigen Anfälle, die der

Kunst sowie den größten Anstrengungen ihrer Ärzte spotteten. Gleichzeitig mit dieser Zunahme des chronischen Leidens, das anscheinend bereits zu festen Fuß bei ihr gefaßt hatte, mußte ich ebenso eine entsprechende Zunahme nervöser Reizbarkeit in ihrem Temperament feststellen sowie eine steigende Neigung, sich beim kleinsten Anlaß zu fürchten. Erneut sprach sie – diesmal häufiger und beharrlicher – von den Geräuschen – den leichten Geräuschen – und jenen ungewöhnlichen Bewegungen in den Falten der Wandbehänge, die sie schon früher angesprochen hatte.

Eines Nachts – es ging bereits auf den September zu – erzwang sie mit noch größerem Nachdruck als gewöhnlich meine Aufmerksamkeit für dieses unangenehme Thema. Sie war soeben aus unruhigem Schlaf erwacht, während ich unter Gefühlen von halb Angst, halb ungewissem Grauen dem Arbeiten ihrer abgemagerten Züge zugesehen hatte. Ich saß an der Seite ihres Ebenholzbettes auf einer der indischen Ottomanen. Sie richtete sich halb auf und sprach in eindringlich leisem Flüsterton von Geräuschen, die sie *eben jetzt* höre – von denen ich nichts vernahm –, von Bewegungen, die sie *eben jetzt* sähe – von denen ich jedoch nichts erblickte. Der Wind rauschte heftig hinter den Wandbehängen, und ich wollte ihr beweisen (was – ich will es zugeben – ich selbst nicht *ganz* glaubte), daß einerseits die fast unartikulierten Atemstöße und andererseits die so sachten Änderungen der Figuren an der Wand nichts anderes seien als die natürlichen Wirkungen der mechanisch ewig rauschenden Winde. Doch eine tödliche Blässe, die ihr Gesicht überzog, zeigte mir schon, daß meine Bemühungen einer Beschwichtigung vergebens wären. Ihr schien übel zu werden, und es war kein Diener in Rufweite. Ich erinnerte mich daran, wo eine Karaffe leichten Weins stand, den ihr die Ärzte verordnet hatten, und eilte durch das Zimmer, um ihn zu holen. Doch als ich in den Lichtkegel der Weihrauchlampe trat, zogen zwei Ereignisse überraschender Natur meine Aufmerksamkeit auf sich. Ich hatte gespürt, wie ein greifbares, doch unsichtbares Etwas an mir vorübergeschlüpft war, und außerdem sah ich, daß auf dem goldenen Teppich, genau im komplizierten Schimmern des Weihrauchlüsters, ein Schatten lag – ein schwacher unbestimmter Schatten –, wie man sich den Schatten eines Schattens vorstellen würde. Doch mir war wild zumute, denn ich war durch eine übermäßige Opiumdosis erregt, und so achtete ich kaum auf diese Dinge und erwähnte sie auch nicht gegenüber Rowena. Als ich den Wein gefunden hatte, durchquerte ich erneut den Raum, schenkte den Pokal voll und hielt ihn an die Lippen der hinsinkenden Lady. Sie hatte sich jedoch schon wieder halb erholt und nahm den Pokal selbst in die Hand, während ich auf die nahe Ottomane sank und meine Augen auf ihre Gestalt richtete. Und da geschah es, daß ich deutlich einen leichten Schritt hörte, quer über den Teppich zum Bett, und nur eine Sekunde später, als Rowena eben im Begriff war, den Pokal an die Lippen zu setzen, sah ich (oder meinetwegen träumte ich, daß ich's sah), daß wie aus einem unsichtbaren Quell tief in der Luft des Raums drei oder vier schwere Tropfen einer strahlend rubinroten Flüssigkeit in den Pokal fielen. Aber wenn ich dies auch sah – Rowena sah nichts dergleichen. Sie trank den Wein ohne Zögern, und ich enthielt mich, ihr gegenüber etwas zu erwähnen, das – wie ich mir sagte – letztendlich doch nur das Gaukelspiel einer lebhaften Phantasie gewesen sein mußte, deren Aktivität noch gesteigert wurde durch die Schreckhaftigkeit der Lady, das Opium und die späte Stunde.

Doch mir konnte nicht entgehen, daß unmittelbar auf das Fallen der Rubintropfen das Leiden meiner Gattin eine rapide Wendung zum Schlechteren nahm. Und am dritten Tag richteten die Hände ihrer Dienerinnen sie für die Gruft her, und am vierten Tag saß ich allein mit ihrem Leib im Leichentuch in dem phantastischen Gemach, das sie als Braut begrüßt hatte. Ich hatte vor mir wilde Wische, Schattengeflirre, das aus dem Opium geboren war. Mit unruhigen Augen starrte ich auf die Sarkophage in den Zimmerecken, auf die sich verändernden Figuren der Wandbehänge und auf das Geringel der kunterbunten Feuer in der Lampe über mir. Dann fiel mein Blick, als ich mir die Geschehnisse einer vergangenen Nacht ins Gedächtnis zurückrief, auf den Lichtfleck unter der Weihrauchlampe, wo ich die schwache Spur eines Schattens gesehen hatte. Sie war jedoch nicht mehr da, und ich atmete befreiter und richtete meine Augen auf die bleiche und starre Gestalt auf dem Bett. Da fielen tausend Erinnerungen an Ligeia über mich her – da kam mit der tosenden Heftigkeit einer Überschwemmung die ganze Summe jenes unnennbaren Wehes meines Herzens zurück, mit dem ich *sie* einst so aufgebahrt gesehen hatte. Die Nacht nahm ihren Verlauf, und ich saß immer noch – die Brust voller bitterer Gedanken an die eine einzig und über alles geliebte – und starrte auf den Körper Rowenas.

Es mag Mitternacht gewesen sein – oder vielleicht etwas früher oder später, denn ich hatte nicht auf die Zeit geachtet –, als ein Schluchzer, leise sanft und doch bestimmt, mich aus meinen Träumen aufschreckte. Ich spürte, daß er von dem Ebenholzbett kam – dem Todesbett. Ich lauschte mit überaus abergläubischem Entsetzen – doch der Laut wiederholte sich nicht. Ich strengte mich an, eine etwaige Bewegung des Leichnams zu erkennen – doch nichts die geringste war zu sehen. Dennoch – ich konnte mich nicht getäuscht haben. Ich *hatte* das Geräusch gehört, wie schwach es auch gewesen war, und meine Seele war geweckt worden. Beherzt und hartnäckig konzentrierte ich meine Aufmerksamkeit auf den Leib. Viele Minuten vergingen, bis ein Umstand eintrat, der Licht auf das Geheimnis werfen konnte. Schließlich wurde deutlich, daß ein schwacher, ein ganz leichter und kaum wahrnehmbarer Farbschimmer auf den Wangen aufgetaucht war und entlang der eingesunkenen kleinen Venen der Lider. Eine Mischung aus unbeschreiblichem Grauen und heiliger Scheu, für die es in der sterblichen Sprache kein angemessenes Wort gibt, ließ mein Herz stillstehen und meine Glieder erstarren, dort, wo ich saß. Doch endlich bewirkte ein Pflichtgefühl, daß ich die Herrschaft über mich zurückgewann. Ich konnte nicht länger bezweifeln, daß wir mit unseren Vorbereitungen zu hastig vorgegangen waren – daß Rowena noch lebte. Es mußte auf der Stelle etwas unternommen werden. Doch der Turm lag völlig abgesondert von dem Flügel der Abtei, in dem die Dienerschaft untergebracht war, es war keiner in Rufweite – ich hatte keine Möglichkeit, sie zu Hilfe zu rufen, ohne dabei den Raum für mehrere Minuten zu verlassen. Und das konnte ich wiederum nicht wagen. Deshalb begann ich allein meinen Kampf und mein Bemühen, den noch zögernden Geist zurückzubeschwören. Doch nach kurzer Zeit wurde offenbar, daß ein Rückfall eingetreten war: Die Farbe verschwand aus Wangen und Lidern und hinterließ eine Blässe, die noch bleicher als Marmor war, die Lippen schrumpften und verkniffen sich im geisterhaften Ausdruck des Todes, eine widerliche Kälte und Klammheit breitete sich rasch über den ganzen Körper aus, und unmittelbar danach war bereits die übliche starre Steifheit eingetreten. Ich fiel mit einem Schauder auf die Ottomane zurück, von der ich so jäh aufgeschreckt war, und gab mich erneut leidenschaftlich wachen Visionen von Ligeia hin.

So verging eine Stunde, bis ich (war dies möglich?) ein zweites Mal einen vagen Laut vernahm, der aus der Richtung des Bettes kam. Ich lauschte – mit übergroßem Grauen. Wieder kam der Laut – wie ein Seufzer. Ich eilte zum Leichnam und sah – sah deutlich – ein Zittern um die Lippen. Eine Minute später entspannten sie sich und gaben die helle Linie der Perlenzähne frei. Nun kämpfte in meiner Brust Bestürzung mit der heiligen Scheu, die bisher allein dort gewesen war. Ich fühlte meine Augen trübe, meinen Verstand irre werden, und es gelang mir nur mit einer gewaltigen Anstrengung, meine Kräfte für die Aufgabe zu sammeln, die mir die Pflicht so noch einmal gezeigt hatte. Ein Hauch von Rot lag nun stellenweise auf der Stirn, auf Wangen und Kehle, eine fühlbare Wärme durchzog die ganze Gestalt, ja – es war sogar ein leichter Herzschlag vorhanden. Die Lady *lebte*, und mit verdoppelter Anstrengung widmete ich mich der Aufgabe ihrer Wiederbelebung. Ich rieb und badete ihre Schläfen und Hände und nutzte jedes Mittel, das Erfahrung und eine nicht geringe medizinische Lektüre anregen konnten. Doch vergeblich. Ganz plötzlich floh die Farbe, der Puls stockte, die Lippen nahmen erneut den Ausdruck des Todes an, und nur einen Augenblick später besaß der Körper wieder die Eiseskälte, die bleigraue Farbe, die verspannte Starre, die eingesunkenen Konturen und alle sonstigen ekelerregenden Anzeichen eines Körpers, der schon so manchen Tag in der Gruft geruht hatte.

Und wieder versank ich in Visionen von Ligeia – und wiederum (ist es verwunderlich, daß es mich schaudert, während ich es schreibe?) – wiederum vernahmen meine Ohren einen schwachen Schluchzer vom ebenhölzernen Bett her. Doch warum soll ich im einzelnen die unbeschreiblichen Schrecken jener Nacht erzählen? Wieso ausführlich verkünden, wie sich dieses grausige Drama der Wiederbelebung ständig wiederholte, bis fast schon der Morgen graute? Wie jede schreckliche Rückkehr immer wieder nur in einem strengeren und scheinbar unwiderruflichen Tod endete? Wie jede Agonie den Eindruck eines Kampfes mit einem unsichtbaren Feind machte? Und wie auf jeden Kampf ich weiß nicht welch wilde Veränderungen im Aussehen des Leichnams folgten? Es sei mir erlaubt, zum Schluß zu kommen.

Der Großteil dieser furchtbaren Nacht war vergangen, und sie, die tot gewesen war, regte sich erneut – und diesmal heftiger als zuvor, obwohl sie aus einer Auflösung hochfuhr, die in ihrer äußeren Hoffnungslosigkeit entmutigender war als alle vorherigen. Ich hatte schon längst aufgehört zu kämpfen oder mich zu bewegen, verharrte vielmehr steif auf meiner Ottomane, eine hilflose Beute heftigster Gefühlswallungen, von denen eine extreme Scheu wahrscheinlich die am wenigsten schreckliche, die am wenigsten angreifende war. Ich wiederhole: Der Leichnam rührte sich, und diesmal heftiger als zuvor. Das Gesicht flammte mit außergewöhnlicher Energie auf in allen Farben des Lebens – die Glieder entspannten sich – und wären die Augenlider nicht noch so krampfhaft zusammengepreßt gewesen und hätten die Bandagen und das Grabgewand der Gestalt nicht noch ein Friedhofsaussehen verliehen, dann hätte ich mir einbilden können, daß Rowena sich diesmal endgültig von den Fesseln des Todes befreit hätte. Doch wenn ich diese Idee auch jetzt noch nicht völlig glauben konnte, so konnte ich doch nicht länger Zweifel empfinden, als sich drüben vom Bett etwas erhob und mit wankenden, schwachen Schritten, geschlossenen Augen und dem Verhalten eines im schweren Traum Befangenen – ein Etwas im Leichentuch keck und durchaus wahrhaftig bis in die Zimmermitte vorkam.

Ich bebte nicht – ich rührte mich nicht –, denn ein Haufen unbestimmter Eindrücke, die mit Aussehen, Wuchs, Gehaben der Gestalt verbunden waren und mir hastig durch den Kopf fuhren, hatte mich gelähmt – mich zu Stein erstarren lassen. Ich rührte mich nicht – doch ich starrte die Erscheinung an. Ein wahnsinniges Chaos war in meinen Gedanken – ein nicht zu beruhigender Tumult. Konnte dies tatsächlich die *lebendige* Rowena sein, die mir entgegenkam? Konnte es denn *überhaupt* Rowena sein – die blonde, blauäugige Lady Rowena Trevanion von Tremaine? Warum, *warum* nur sollte ich daran zweifeln? Die Bandagen lagen schwer um ihren Mund – aber warum konnte es denn nicht der Mund der atmenden Lady von Tremaine sein? Und die Wangen – da blühten die Rosen wie am Mittag ihres Lebens –, ja, das konnten in der Tat die reizenden Wangen der lebenden Lady von Tremaine sein. Und das Kinn mit den Grübchen der Gesunden – konnte das denn nicht das ihre sein? Aber – *war sie denn gewachsen während ihrer Krankheit?* Was für ein unbeschreiblicher Wahnsinn packte mich bei diesem Gedanken? Ein Sprung, und ich war bei ihren Füßen! Sie schreckte vor meiner Berührung zurück, und von ihrem Haupt lösten sich die geisterhaften Leichenbinden, die es behindert hatten. Und schon fluteten herab, in die rauschende Atmosphäre des Raums, unglaubliche Massen langen und aufgelösten Haares: *es war schwärzer als Rabenflügel um Mitternacht!* Und nun öffneten sich langsam *die Augen* der Gestalt, die vor mir stand. »Hier zumindest«, schrie ich laut, »kann ich mich nie – niemals täuschen – dies sind sie, die vollen und die schwarzen und die wilden Augen – meiner toten Liebe – der Lady – der Lady LIGEIA!«

Wie man einen Blackwood-Artikel schreibt

Im Namen des Propheten – Feigen! Feigen!!
Ruf eines türkischen Feigenhändlers

Ich vermute, daß jeder bereits von mir gehört hat. Mein Name ist Signora Psyche Zenobia. Eine Tatsache, sicherlich. Niemand anderes als meine Gegner nennen mich Sissy Snobbs. Mir wurde versichert, daß Sissy eine Verfälschung von Psyche ist, was Griechisch ist und »die Seele« bedeutet (und das bin ich in der Tat, ganz Seele), manchmal aber auch ein Schmetterling, was bestimmt auf meine Erscheinung anspielt – in dem neuen Kleid aus karmesinroter Atlasseide mit der himmelblauen arabischen Mantilla und dem grünen Saumbesatz und den sieben Falbeln aus orangen-rosettigen Aurikeln. Was nebenbei das Snobbs angeht – jeder, der auch nur einen Blick auf mich wirft, wird augenblicklich sehen, daß dies unmöglich mein Name sein kann! Fräulein Tabea Steckrübbe hat dieses Gerücht aus bloßem Neid verbreitet. Tabea Steckrübbe – wahrhaftig! Pfui der Elenden! Doch was kann man schon von einer rüpeligen Steckrübe erwarten! Ich frage mich, ob ihr das alte Sprichwort vom »Saft der Steckrübe usw.« wohl bekannt ist. (N.B.: Ihr bei nächster Gelegenheit stecken!) (N.B.: zweitens: Sie heftig an der Nase rübbeln!) Wo war ich gleich stehengeblieben? Ach ja! Also, mir ist ebenfalls versichert worden, daß Snobbs eine reine Verhunzung von Zenobia sei und daß Zenobia eine Königin gewesen sei (so wie auch ich eine bin; Dr. Fennigmacher nennt mich immer die Königin der Herzen) – und daß Zenobia wie auch Psyche gutes Griechisch sind und daß mein Vater ein »Böotier« war und ich folglich Anspruch auf unseren Familiennamen habe, der Zenobia lautet und nicht Snobbs. Niemand außer Tabea Steckrübbe nennt mich Syssilein Snobbs. Ich bin die Signora Psyche Zenobia.

Wie bereits gesagt, es wird wohl schon jeder von mir gehört haben. Denn ich bin schließlich jene Signora Psyche Zenobia, die als Korrespondentin des *»Bostoner Literaturanzeigers (mit Börsenteil und landwirtschaftlichem Anhang) zur Förderung der literarischen Anliegen der Vereinigten Staaten, der Telegraphie und Rassenforschung, des Umsatzes und der Menschlichkeit, mit Porträts und Figuren«* zu Recht gefeiert wurde. Diesen Titel hat sich Dr. Fennigmacher für uns ausgedacht, und er sagt, er wählte ihn, weil er so tönend und dick sei wie ein leeres Schnapsfaß. (Ein recht gewöhnlicher Mann mitunter – aber so tief!) Wir alle setzen die Initialen unserer Vereinigung hinter unsere Namen, nach dem schönen Brauch der KGSK – d. h. der Königlichen Gesellschaft der Schönsten Künste –, der VVEI, der Vereinigung zur Verbreitung Erhabener Ideen, und vieler anderer. Dr. Fennigmacher sagt, das doppelte V müsse eigentlich zu einem W für *Wind* zusammengefaßt werden und das E I sei als *Ei* zu lesen (doch das kann ich nicht glauben), und so stehe das VVEI eigentlich für Windei und nicht für Lord Broughams Gesellschaft – aber Dr. Fennigmacher ist ein so wunderlicher, grillenhafter Mensch, daß ich nie sicher bin, wann er die Wahrheit sagt. Jedenfalls fügen wir unserem Namen immer die Initialen BLABLABLAUSTRUMPF hinzu – d. h. Bostoner Literaturanzeiger (mit Börsenteil und landwirtschaftlichem Anhang) zur Förderung der literarischen Anliegen der Vereinigten Staaten, der Telegraphie und Rassenforschung, des Umsatzes und der Menschlichkeit, mit Porträts und Figuren – einen Buchstaben für jedes Hauptwort, und das nimmt sich gegenüber Lord Brougham recht ansehnlich aus. Dr. Fennigmacher will erkennen, daß diese Initialen exakt unseren Charakter wiedergeben – doch ich kann beim besten Willen nicht sehen, was er meint.

Trotz der guten Dienste des Doktors und der unaufhörlichen Bemühungen des Vereins,

Geltung zu erringen, wollte sich kein sonderlicher Erfolg einstellen, bis ich beitrat. Die Wahrheit ist – einige Mitglieder befleißigten sich eines zu lockeren Tons in ihren Erörterungen. Die Abhandlungen, die regelmäßig jeden Samstag abend gelesen werden, zeichneten sich weniger durch Tiefe als durch Possen aus. Sie waren nichts als Schaum und Wind, keine tiefschürfenden Untersuchungen urgründiger Dinge, ewiger Grundgedanken. Ja, es gab überhaupt keine tiefgründigen Untersuchungen. Einem so wichtigen Thema wie »Faß- und Paßlichkeit der Dinge« wurde keinerlei Aufmerksamkeit geschenkt. Kurz gesagt, es wurde schlicht nicht richtig schön geschrieben. Alles war halbherzig, seicht und flau – ach, wie flau! Keine Belesenheit, keine Tiefe, keine Metaphysik – nichts von dem, was ein Gebildeter Geistigkeit nennt und ein Ungebildeter als bloßen *cant* abtut. (Dr. Fennigmacher sagt, ich müßte *cant* mit einem großen »K« schreiben – aber das weiß ich besser.)

Als ich dem Verein beitrat, war es mein hauptsächliches Anliegen, einen besseren Stil im Denken und Schreiben einzuführen, und es ist nun weltweit bekannt, wie großartig mir dies gelungen ist. Wir veröffentlichen im BLABLABLAUSTRUMPF nun Abhandlungen – so hervorragend, wie man sie sonst nur im Blackwood findet. Ich nenne diesen Namen, da mir versichert wurde, daß man eben auf den Seiten dieses zu Recht so gefeierten Magazins den feinsten Stil auf allen Gebieten antrifft. Wir nehmen es uns nun bei all unseren Themen zum Vorbild und gewinnen damit rasch wachsende Achtung. Und schließlich und endlich ist es ja auch keine so große Schwierigkeit, einen Artikel von echtem Blackwood-Wesen zu schreiben, wenn man es nur richtig anfängt. Ich spreche natürlich nicht von den politischen Artikeln. Jeder weiß ja, wie *die* entstehen, seit Dr. Fennigmacher es erklärte. Anscheinend besitzt Mr. Blackwood eine große Schere und drei Lehrlinge, die für alle Handreichungen neben ihm stehen. Einer reicht ihm die »Times«, ein anderer den »Examiner« und der dritte »Gulleys Neues Kompendium des Rot-welschen«. Mr. B. schneidet nur aus und mischt alles miteinander. Und das ist schnell geschehen – nichts anderes als Examiner, Rotwelsch und Times – dann wieder Times, Examiner, Rotwelsch – und dann Rotwelsch, Times, Examiner.

Doch das Hauptverdienst des Magazins liegt in seinen vermischten Artikeln, deren beste unter einem Titel laufen, den Dr. Fennigmacher *Bizarrerien* nennt (was immer das auch heißen soll) und alle anderen *Intensitäten*. Dabei handelt es sich um eine Art zu schreiben, die ich schon lange geschätzt habe, obwohl mir erst bei meinem kürzlichen Besuch bei Mr. Blackwood, zu dem mein Verein mich schickte, die genaue dichterische Methodik klar wurde. Diese Methodik ist recht simpel, wenn auch nicht in gleichem Maß wie bei den politischen Artikeln. Auf meine Anfrage bei Mr. B., in der ich ihm die Wünsche unseres Vereins mitteilte, empfing er mich mit größter Höflichkeit, führte mich in sein Arbeitszimmer und klärte mich sehr erhellend über den ganzen Vorgang auf. »Meine liebe Dame«, begann er, ganz offensichtlich beeindruckt von meiner majestätischen Erscheinung – denn ich trug das Kleid aus karmesinroter Atlasseide mit dem grünen Saumbesatz und den sieben Falbeln aus orangen-rosettigen Aurikeln, »meine sehr werte Dame«, sagte er, »nehmen Sie Platz. Die Sache sieht so aus. Zunächst und vor allem muß Ihr Intensitäten-Schreiber ein Faß voll sehr schwarzer Tinte und eine sehr große Feder mit einem sehr stumpfen Kiel haben. Und – achten Sie auf meine Worte, Fräulein Psyche Zenobia!« fuhr er nach einer Pause beeindruckend kraftvoll und mit feierlichen Gebärden fort. »Passen Sie auf! Diese – Feder – darf – niemals – frisch geschnitten werden! Darin, meine Dame, liegt das Geheimnis und die Seele aller Intensitäten. Ja, ich wage, die Behauptung aufzustellen, daß noch kein Mensch – und wäre er das größte Genie – je mit einer guten Feder einen – Sie verstehen mich doch – guten Artikel geschrieben hat. Sie können es als bewiesen ansehen: Ist ein Manuskript leserlich, dann ist es nicht lesenswert. Das ist – sozusagen – der Leitartikel unseres Glaubensbekenntnisses, und wenn Sie dem nicht voll zustimmen können, so hat unsere Unterhaltung hier ein Ende.«

Er hielt inne. Ich wünschte selbstverständlich nicht, unsere Unterredung so schnell zu einem Ende kommen zu lassen, und stimmte seiner so einleuchtenden Theorie zu, deren

Wahrheit ich ja schon immer kannte. Er schien davon angenehm berührt und fuhr in seiner Belehrung fort. »Es mag etwas boshaft von mir erscheinen, Fräulein Psyche Zenobia, wenn ich Ihnen schlicht unsere Artikel oder Serien zum Studium und Vorbild empfehle, doch vielleicht darf ich Ihre Aufmerksamkeit auf einige wenige Beispiele lenken. Woll'n wir mal sehen! Da wäre zum einen der ›Lebendige Tote‹, ein famoses Stück! Darin beschreibt ein Herr, der versehentlich begraben wurde, bevor sein Geist den Körper verlassen hatte, seine Empfindungen – sehr geschmackvoll, gruselig, gefühlvoll, metaphysisch und sehr belesen. Sie hätten geschworen, der Autor sei in einem Sarg geboren und aufgewachsen. Dann hätten wir die ›Bekenntnisse eines Opiumessers‹ – sehr fein! – ein köstlicher Einfall – tiefe Philosophie – scharfe Beobachtungen – eine Fülle furiosen Feuers – und hübsch gewürzt mit manchen rechten Unverständlichkeiten. Das war eine schöne Flunkerei, und die Leute schluckten sie problemlos. Sie hielten um jeden Preis Coleridge für den Verfasser – doch das ist nicht der Fall. Der Artikel wurde – mit Unterstützung eines Humpens Gin und Wasser (heiß und ohne Zucker) – von meinem Lieblingspavian Genever geschaffen.« (Hätte jemand anderes als Mr. Blackwood dies gesagt, hätte ich es nicht glauben wollen.) »Dann war da der ›Unfreiwillige Experimentator‹ – die Geschichte eines Mannes, der in einen Backofen geriet und darin gebacken wurde, doch gesund und munter wieder aus ihm herausstieg, wenn er auch nur halbseitig gar war. Des weiteren hätten wir das ›Tagebuch eines verstorbenen Arztes‹, dessen Hauptvorzug in seinem schwülstigen Ton und leidlichen Griechisch liegt – die das Publikum beide zu schätzen wußte. Und schließlich hatte wir noch den ›Mann in der Glocke‹ – ein Artikel – nebenbei – Fräulein Zenobia, den ich Ihnen gar nicht warm genug ans Herz legen kann. Es handelt sich um die Geschichte eines jungen Mannes, der sich unter dem Klöppel einer Kirchenglocke schlafen legt und von ihrem Geläute anläßlich einer Beerdigung wieder geweckt wird. Das Dröhnen raubt ihm den Verstand, und in schöner Folgerichtigkeit zieht er sein Notizbuch und gibt einen Bericht seiner Sensationen. Sensationen – das ist überhaupt das Allerwichtigste. Falls Sie einmal ertränkt oder gehenkt werden, dann notieren Sie um Himmels willen Ihre Sensationen – die bringen Ihnen zehn Guineas pro Druckbogen ein! Wenn Sie mit Ihrem Schreiben große Wirkung erzielen wollen, Fräulein Zenobia, dann versäumen Sie es nicht, den Sensationen die sorgfältigste Aufmerksamkeit zukommen zu lassen.«

»Das werde ich gewiß nicht versäumen, Mr. Blackwood«, sagte ich.

»Gut!« erwiderte er. »Ich sehe, Sie sind eine Schülerin nach meinem Herzen. Doch nun ist es meine Aufgabe, Sie im Detail über die nötige Gestaltung dessen zu unterrichten, was man einen echten Blackwood-Artikel der Sensationsklasse nennen darf – von der Art also, die – wie Sie mir übelnehmen werden – man nur für die beste aller wirksamen Formen halten kann.

Die erste Notwendigkeit ist, daß Sie sich in eine solche Klemme begeben, wie sie noch nie ein anderer angetroffen hat. Der Backofen z. B. – das war ein echter Glückstreffer. Doch wenn Sie gerade keinen Ofen oder keine große Glocke zur Hand haben sollten, an die Sie sich hängen könnten, und wenn die Umstände nicht so günstig für Sie sind, daß Sie aus einem Ballon stürzen oder von einem Erdrutsch verschluckt werden oder hilflos in einem Kamin steckenbleiben, dann müssen Sie sich damit begnügen, sich halt ein ähnliches Unglück auszudenken. Ich würde freilich immer die Unterstützung durch wirkliche Ereignisse vorziehen. Nichts kann der Phantasie so sehr helfen wie die experimentelle Kenntnis des jeweiligen Falls. ›Die Wahrheit ist ein wunderlich Ding‹, das wissen Sie ja, ›wunderlicher noch als alle Erfindung‹ – und außerdem viel zweckdienlicher.« Hierauf versicherte ich ihm, daß ich ein Paar ausgezeichneter Strumpfbänder besäße und die nächste Gelegenheit ergreifen wolle, mich daran aufzuhängen.

»Gut!« sagte er, »tun Sie das. Obwohl das Aufhängen schon ziemlich abgenutzt ist. Vielleicht finden Sie ja noch etwas Besseres. Nehmen Sie eine Dosis von Brandeth-Pillen ein, und lassen Sie dann an Ihren Sensationen teilnehmen. Dennoch können sich meine Belehrungen auf jede Abart von Mißgeschick anwenden lassen, und es kann ja durchaus auf

Ihrem Heimweg geschehen, daß Ihnen jemand den Schädel einschlägt oder Sie von einem Omnibus überfahren oder von einem tollwütigen Hund gebissen werden oder Sie im Rinnstein ertrinken. Doch nun weiter.

Haben Sie Ihren Gegenstand gefunden, müssen Sie als nächstes Ton und Manier Ihrer Erzählung bedenken. Da gäbe es den belehrenden Ton, den enthusiastischen, den natürlichen – doch sie sind alle ziemlich banal. Doch dann gibt es noch den lakonischen oder trockenen Ton, der in letzter Zeit eigentlich in Mode gekommen ist. Er besteht aus kurzen Sätzen. Etwa so. Kann gar nicht zu bissig sein. Immer ein Punkt. Und niemals einen Abschnitt.

Weiterhin hätten wir den gehobenen, weitschweifigen, mit Anmerkungen reich versehenen Ton. Er wird besonders gern von einigen unserer besten Romanautoren verwendet. Bei ihm müssen sich die Worte in einem ständig quirlenden Wirbel befinden, wie ein Brummkreisel, und auch ein ähnliches Geräusch erzeugen, das sich hervorragend als Ersatz für den Sinn eignet. Dabei handelt es sich um den besten aller Stile: der, bei dem der Schreiber zu sehr in Eile ist, um zu denken.

Auch der metaphysische Ton macht sich gut. Wenn Sie nur genügend hochtrabende Wörter wissen – hier haben Sie die beste Gelegenheit. Reden Sie von Ionischen und Eleatischen Schulen – von Archytas, Gorgias und Alkmäon. Sprechen Sie über Objektivität und Subjektivität. Zögern Sie nicht, einen Mann wie Locke zu schmähen. Rümpfen Sie zunächst einmal ganz allgemein die Nase, und wenn Ihnen dabei eine ganz besonders alberne Bemerkung entschlüpft, strengen Sie sich auf keinen Fall an, sie auszumerzen, sondern machen Sie nur eine Fußnote dazu – mit dem Inhalt, daß Sie die obige tiefgründige Erfahrung der ›Kritk der reinen Vernunft‹ oder den ›Metaphysischen Anfangsgründen der Naturwissenschaft‹ verdanken. Das sieht gelehrt und belesen aus – und – und – und bezeugt Ihre Aufrichtigkeit.

Es gibt nun noch verschiedene andere Stile gleichen Wertes, doch ich will nur noch zwei nennen – den transzendenten und den heterogenen Ton. Der Vorteil des ersten liegt darin, daß er einen weit tieferen Blick in die Natur der Dinge wirft als sonst ein Mensch. Diese Sehergabe ist sehr wirkungsvoll, wenn man sie richtig zur Geltung bringen kann. Eine kurze Lektüre im ›Dial‹ wird Ihnen dies bestens vor Augen führen. In diesem Fall meiden Sie die fetten Worte, halten Sie die Ihren so bescheiden und schlicht wie möglich und schreiben Sie nur munter drauflos. Werfen Sie einen raschen Blick auf Channings Gedichte, und zitieren Sie, was er über einen *›fat little man with a delusive show of Can‹* sagt. Bringen Sie etwas über die himmlische Einheit unter. Doch verlieren Sie kein Wort über die höllische Zweiheit. Vor allem aber – studieren Sie *innuendo!* Deuten Sie alles nur an – sprechen Sie nichts deutlich aus. Wenn Sie von ›Brot und Butter‹ sprechen wollen, so sagen Sie dies um keinen Preis deutlich heraus! Sie können alles mögliche sagen, was ›Brot und Butter‹ in etwa nahekommt. Sie können auf Buchweizenkuchen anspielen oder sogar so weit gehen, eine Suppe aus Hafergrütze anzudeuten, doch wenn Sie wirklich Brot und Butter meinen, so passen Sie nur ja auf, mein *liebes* Fräulein Psyche, daß Ihnen da kein echtes ›Brot und Butter‹ entfährt!«

Ich versicherte ihm, ich würde es nie wieder aussprechen, solange ich lebte. Er küßte mich und sprach weiter:

»Was nun den heterogenen Ton angeht – dabei handelt es sich am Ende um eine wohldurchdachte Mischung gleicher Teile von allen anderen Stilen der Welt und vereinigt infolgedessen alles Tiefe, Große, Wunderliche, Reizvolle, Zweckdienliche und Schöne in sich.

Nehmen wir an, Sie haben über Ereignis und Ton entschieden. Dann müssen Sie nur noch den wichtigsten Teil – ja, eigentlich die Seele des ganzen Geschäfts – beachten: Ich meine die *Füllung*. Man kann nicht davon ausgehen, daß eine wirkliche Dame oder ein wirklicher Herr das Leben eines Bücherwurms geführt haben. Dennoch ist es hauptsächlich nötig, daß Ihr Artikel Gelehrsamkeit atmet oder mindestens den Anschein umfassender allgemeiner Belesenheit erweckt. Nun will ich Ihnen sagen, wie man dies ins Werk setzt.

Sehen Sie!« (An dieser Stelle nahm er drei oder vier recht gewöhnlich aussehende Bücher und öffnete sie aufs Geratewohl.) »Auf welche Seite welchen Buchs auf der Welt Ihr Auge auch fällt, Sie finden überall auf der Stelle einen Schwarm kleiner Schnitzel und Bröckchen, sei es des Belespritismus, sei es der Gelehrsamkeit, die einem Blackwood-Artikel genau die richtige Würze geben können. Sie können sich übrigens gern einige notieren, wenn ich sie vorlese. Ich werde dabei zwei Abteilungen unterteilen: erstens ›Reizvolle Tatsachen zur Herstellung von Gleichnissen‹ und zweitens ›Reizvollen Aussprüche zur allgemeinen Verwendung‹. Schreiben Sie!« – und ich schrieb, was er diktierte. »REIZVOLLE TATSACHEN ZUR HERSTELLUNG VON GLEICHNISSEN. ›Ursprünglich gab es nur drei Musen – Melete, Mneme, Aoide –, Nachdenken, Gedächtnis und Gesang.‹ Aus dieser kleinen Tatsache können Sie also, wenn Sie es nur richtig angehen, eine ganze Menge machen. Sie sehen, die Tatsache ist allgemein bekannt und sieht daher sofort sehr *recherché* aus. Sie müssen nur aufpassen und sie hübsch bieder *improviso* vorbringen.

Weiter. ›Der Fluß Alpheios floß unter dem Meer und trat wieder hervor, ohne daß die Reinheit seines Wassers getrübt worden wäre.‹ Nun, dies ist zwar eine ziemlich abgestandene Geschichte, doch wenn man sie hübsch herausputzt und auftischt, kann sie wieder so frisch wie nur je werden.

Hier – dies ist besser. ›Die persische Iris scheint für manche Menschen einen süßen und kräftigen Geruch zu haben, während sie für andere völlig geruchlos ist.‹ Fein, das ist geradezu köstlich! Drehen Sie das Ganze ein wenig, und es kann Wunder bewirken. Nun wollen wir noch ein Beispiel aus dem botanischen Bereich nehmen. Nichts schlucken Leute so wie das, vor allem wenn man noch ein wenig Latein dazututʹ. Schreiben Sie!

›Das *Epidendrum Flos Aeris* auf Java hat eine sehr schöne Blüte und bleibt frisch, ohne zu welken, wenn man es mit der Wurzel auszieht. Die Eingeborenen hängen es mit einer Schnur an die Decke und erfreuen sich jahrelang an seinem angenehmen Duft.‹ Prächtig! Das soll für die Gleichnisse reichen. Nun zu den ›Reizvollen Aussprüchen‹.

REIZVOLLE AUSSPRÜCHE. ›Der ehrwürdige chinesische Roman Ju-Kiao-Li.‹ Gut! Wenn Sie diese wenigen Worte mit etwas Geschick einfließen lassen, zeigen Sie Ihre intime Bekanntschaft mit Sprache und Literatur der Chinesen. Mit solcher Hilfe können Sie sogar das Arabische, Sanskrit oder Tschikasa fallenlassen. Doch es darf niemals ohne Spanisch, Italienisch, Deutsch, Latein oder Griechisch abgehen. Ich darf Ihnen von jedem ein kleines Beispiel geben? Jedes Bröckchen wird genügen, denn Sie müssen sich auf Ihren eigenen Witz verlassen, es dann in Ihren Artikel einzubauen. Schreiben Sie also!

›*Aussi tendre que Zaïre*‹ – so zart wie Zaire – Französisch. Spielt auf die häufige Redensart *la tendre Zaïre* an, aus der französischen Tragödie gleichen Namens. Lassen Sie sie geschickt einfließen, und Sie zeigen nicht nur Ihre Kenntnis der Sprache, sondern auch Ihre allgemeine Belesenheit und Geistigkeit. Sie können ja z. B. sagen, das Huhn, das Sie gegessen haben – und beschreiben Sie doch in einem Artikel, wie Sie an einem Hühnerknochen erstickt sind! –, sei nicht gerade *aussi tendre que Zaïre* gewesen. Schreiben Sie!

›*Ven muerte tan escondida,*
Que no te sienta venir,
Porque el plazer del morir
No me torne a dar la vida.‹

Das ist Spanisch – von Miguel de Cervantes. ›Komm, Tod, mit rascher Eile/damit ich Dein Kommen nicht fühle/damit nicht vor Wonne des Sterbens/ mir die Lebenskraft wiederkehrt.‹ Das können Sie ganz *à propos* einfließen lassen, wenn Sie wegen des Hühnerknochens in den letzten Zügen liegen. Wenn Sie weiter schreiben wollen!

›*Il pover' huomo che non sen' era accorto,*
Andava combattendo, ed era morto.‹

Sie haben es bemerkt – Italienisch – von Ariost. Es bedeutet, daß ein großer Held, dem es in der Hitze des Gefechts entgangen ist, daß er bereits ordentlich erschlagen wurde, weiterhin aufs kühnste kämpfte, obwohl er tot war. Die Anwendung in Ihrem eigenen Fall liegt klar auf der Hand – denn ich vertraue darauf, daß Sie, Fräulein Psyche, nicht verfehlen werden, noch mindestens 1½ Stunden Widerstand zu leisten, nachdem Sie an jenem Hühnerknochen erstickt sind. Schreiben Sie bitte weiter!

›*Und sterb' ich doch, so sterb' ich denn*
Durch sie – durch sie!‹

Das ist Deutsch – von Schiller – und bedeutet, was es bedeutet. Hier ist deutlich, daß Sie mit diesem Satz die *Ursache* Ihres Mißgeschicks ansprechen, das Huhn. Wahrhaftig – welcher Herr (oder auch welche Dame) würde – das möchte ich gern wissen – nicht sterben wollen für einen gemästeten Kapaun aus richtiger Molukkenzucht, gefüllt mit Kapern und Champignons – serviert in einer Salatschüssel – mit Orangengelee *en mosaïques!* Schreiben Sie! (Sie bekommen ihn übrigens in der beschriebenen Weise bei Tortoni serviert.) Schreiben Sie doch bitte!

Hier haben wir einen netten kleinen lateinischen Ausdruck, einen seltenen noch dazu (man kann ja gar nicht knapp und *recherché* genug mit seinem Latein sein; es wird schon zu gewöhnlich) – *ignoratio elenchi.* Er hat eine *ignoratio elenchi* begangen – d. h., er hat zwar Ihre Worte verstanden, aber nicht deren Sinn. Der Mensch war ein *Narr,* wie Sie sehen. Irgendein elender Bursche, an den Sie sich wandten, während Sie an Ihrem Hühnerbein würgten, und der also nicht verstand, wovon Sie redeten. Werfen Sie ihm die *ignoratio elenchi* ins Gesicht, und er ist auf der Stelle vernichtet. Sollte er es gar wagen, etwas zu erwidern, können Sie ihm von Lukan (hier haben wir ihn) bestellen, seine Rede sei bloße *anemonæ verborum,* also Anemonenworte. Die Anemone hat nämlich trotz aller Farbenpracht keinen Duft. Oder wenn er aufbrausen will, überfallen Sie ihn mit einem *insomnia Jovis* – d. h. Jupiters Träumeschäume –, ein Ausdruck, den Silius Italicus (hier, sehen Sie!) auf prahlerische und aufgeblasene Gedanken anwendet. Das sollte ihn gewiß bis ins Herz treffen. Er kann nur noch zu Boden stürzen und sterben. Doch schreiben Sie bitte weiter.

Aus dem Griechischen müssen wir etwas Hübsches nehmen – beispielsweise von Demosthenes.

Ανηρ ο φευγοεν και παλιν μακησεται.

Eine einigermaßen gute englische Übersetzung steht im Hudibras –

›For he that flies may fight again,
which he can never do that's slain.‹

Das wiederum heißt übersetzt:

›Wer flieht, kann erneut stehen seinen Mann,
was wer erschlagen ist, nicht mehr kann.‹

In einem Blackwood-Artikel macht sich nichts so gut wie Griechisch. Schon die bloßen Buchstaben haben etwas Tiefsinniges an sich. Beachten gnädige Frau doch nur die kecke Miene des Epsilon! Das Phi sieht aus, als wäre ein Bischof an ihm verlorengegangen! Gab es je etwas Durchtriebeneres als das Omikron? Und das geschniegelte Tau erst! Kurz und gut – nichts in einem echten Sensationsaufsatz kommt dem Griechischen gleich. In vorliegendem Fall ist die Anwendung so klar wie nur etwas. Platzen Sie nur – mit einem wilden Fluch und wie ein Ultimatum – heraus mit dem Satz – mitten ins Gesicht des nichtsnutzigen Tölpels, der Ihr klares, wenn auch von dem Hühnerknochen nicht völlig unbeeinflußtes Englisch nicht verstehen konnte! Er wird verstehen und verschwinden, darauf können Sie sich verlassen!«

Dies waren alle Belehrungen, die Mr. B. mir zu diesem Thema zugute kommen ließ, doch ich fühlte, sie würden vollkommen reichen. Zumindest war ich nun endlich in der Lage, einen echten Blackwood-Artikel zu schreiben, und ich beschloß, dies sofort in die Tat umzusetzen. Als ich mich verabschiedete, bot mir Mr. B. noch an, den geschriebenen Artikel zu kaufen. Doch weil er mir nur 50 Guineas pro Druckbogen anbot, hielt ich es für besser, ihn unserem Verein zu überlassen, als ihn für eine so knauserige Summe zu opfern. Doch trotz seines Geizes bewies der genannte Herr mir in allem anderen die vollste Hochachtung und behandelte mich in der Tat mit der größten Liebenswürdigkeit. Seine Abschiedsworte machten einen tiefen Eindruck auf mich, und ich hoffe, mich ihrer stets in Dankbarkeit zu erinnern.

»Mein teures Fräulein Zenobia«, sagte er, und es standen Tränen in seinen Augen. »Gibt es noch *irgend* etwas anderes, das ich tun könnte, um dem Erfolg Ihres löblichen Unternehmens zu helfen? Lassen Sie mich überlegen! Es kann schließlich geschehen, daß Sie so bald nicht die Chance haben, zu - zu - ertrinken oder - an einem Hühnerknochen zu ersticken oder - gehenkt zu werden - oder gebissen von - von - aber Moment! Da fällt mir eben ein, daß ich unten im Hof ein paar ausgezeichnete Bulldoggen habe - feine Burschen, versichere ich Ihnen -, wild, ja ungebärdig rasend - wirklich genau das Richtige für Ihr Geld -, sie sollten innerhalb von fünf Minuten (hier meine Uhr!) mit Ihnen fertig sein, mit sämtlichen Aurikeln - und bedenken Sie doch, welche reichen Empfindungen - welche Sensationen auf Sie warten! Hierher! Könnt ihr nicht hören! Tom! - Peter! Dick, du Gauner, laß doch die Hunde raus -« Doch da ich wirklich in großer Eile war und keinen Augenblick zu verlieren hatte, sah ich mich leider gezwungen, meinen Abschied zu beschleunigen, und dementsprechend verabschiedete ich mich *sofort* - vielleicht etwas hastiger (das will ich zugeben), als strenge Höflichkeit es sonst erlaubte.

Nachdem ich Mr. Blackwood verlassen hatte, bestand nun meine Hauptaufgabe darin, mich sofort - in getreuer Befolgnis seines Rats - einigen Gefahren auszusetzen, und mit dieser Absicht verbrachte ich den Großteil des Tages damit, in ganz Edinburgh auf der Suche nach verwegenen Abenteuern herumzuwandern - Abenteuer, die der Intensität meiner Gefühle und dem umfassenden Geist des Artikels angemessen waren, den ich schreiben wollte. Auf dieser Exkursion begleiteten mich ein schwarzer Diener, Pompeius, und mein Schoßhündchen Diana, das ich aus Boston mitgebracht hatte. Doch nicht vor dem späten Nachmittag war mein eifriges Bemühen von Erfolg gekrönt. Da geschah ein bedeutendes Ereignis, dessen Ergebnis und Substanz der nun folgende, im heterogenen Ton gehaltene Blackwood Artikel bietet.

In schlimmer Klemme – Die Sense der Zeit

Welch grimmes Geschick hat, Frau,
Euch dies getan?

Comus

Es war an einem friedlichen und stillen Nachmittag, als ich in der reizenden Stadt Edina umherspazierte. Lärm und Getümmel in den Straßen waren fürchterlich. Männer redeten. Frauen kreischten. Kinder schmatzten. Schweine quiekten. Karren ratterten. Schafe blökten. Kühe muhten. Pferde wieherten. Katzen miauten. Hunde tanzten. *Tanzten!* War es denn möglich? *Tanzten!* Ach, dachte ich, die Tage *meines* Tanzens sind vorbei! Das ist der Lauf der Welt! Wie viele trübe Erinnerungen werden nicht immer wieder im Gemüt reicher und beschaulich sinniger Geister aufwellen, besonders bei einem Genius, der verurteilt ist zum Immerwährenden, zum Ewigen, zum Alldauernden und – wie man sagen könnte – zum Alldauerhaften – ja, zum alldauerhaft Alldauernden – dem bitteren, quälenden, verwirrenden, dem – wenn mir der Ausdruck gestattet ist – sehr störenden Einfluß des heiteren, göttergleichen, himmlischen, des erhebenden, erhabenen und erhobenen, des reinigenden Effekts dessen, was zu Recht das beneidenswerteste, das wahrhaftig allerbeneidenswerteste – nein, das segensreichst schönste, das köstlichst entzückendst ätherischste, das hübscheste (wenn ich ein so kühnes Wort wagen darf) Ding (Verzeihung, geneigter Leser!) in der Welt genannt wird, ja im ganzen – doch meine Gefühle reißen mich fort. In solch einem Gemüt – wiederhole ich – welche Fülle von Erinnerungen wird nicht von den kleinsten Umstand aufgewühlt! Die Hunde tanzten! Ich – ich konnte es nicht! Sie hüpften munter – ich aber, ich weinte. Sie sprangen in die Luft – ich schluchzte laut. Ergreifendes Bild! – das es nicht verfehlen wird, dem klassisch gebildeten Leser die erlesene Stelle von der Faß- und Paßlichkeit der Dinge ins Gedächtnis zu rufen, mit der das dritte Buch des bewundernswerten und unschätzbaren chinesischen Romans beginnt, des Wau-Miau-Nie.

Auf meiner einsamen Wanderung durch die Stadt hatte ich zwei bescheidene, doch treue Begleiter. Diana, mein kleiner Pudel! Süßeste Kreatur! Sie hatte ein reizendes Haarbüschel über einem Auge und um den Hals höchst modisch ein blaues Band. Diana war nicht mehr als fünf Zoll hoch, doch ihr Kopf war um einiges größer als ihr Körper, und der außerordentlich kurz abgeschnittene Schwanz gab dem interessanten Tier ein *air* verletzter Unschuld, das es zum erklärten Liebling aller machte.

Und Pompeius, mein Neger! Holdester Gefährte! Wie könnte ich dich je vergessen? Ich hatte ihn am Arm genommen. Er war an die drei Fuß hoch (ich bin so gern genau) und vielleicht siebzig oder achtzig Jahre alt. Er hatte Sichelbeine und war recht beleibt. Man konnte seinen Mund nicht unbedingt klein nennen und seine Ohren nicht kurz. Doch seine Zähne waren wie Perlen und seine Augen köstlich weiß. Die Natur hatte ihm keinen Hals gegönnt, und seine Knöchel (wie es bei dieser Rasse allgemein der Fall) saßen mitten auf dem oberen Teil der Füße. Seine Kleidung war rührend einfach und bestand schlicht aus einem Stock von ungefähr zehn Zoll Höhe und einem fast neuen mausgrauen Überrock, der zuvor dem schlanken, stattlichen und berühmten Dr. Fennigmacher gehört hatte. Es war ein guter Überrock. Tadelloser Schnitt. Vortreffliche Arbeit. Der Rock war beinahe neu. Pompeius hielt ihn mit beiden Händen hoch, damit er nicht im Schmutz schleifte.

Wir waren zu dritt, und zwei Personen sind nun schon beschrieben worden. Doch da war noch eine Dritte, und diese Dritte war – ich selbst! Ich bin Signora Psyche Zenobia. Ich bin *nicht* Sissylein Snobbs. Ich habe eine gebietende Erscheinung. Zu der Zeit, von der ich spreche, trug ich ein karmesinrotes Satinkleid mit einer himmelblauen arabischen Mantilla. Das Kleid hatte einen grünen Saumbesatz und sieben zarte Falbeln in der Farbe der orangenen Aurikel. So war ich die Dritte im Bunde. Da war der Pudel. Da war Pompeius. Und da war ich selbst. Wir waren *drei*. So – heißt es – gab es ursprünglich nur drei Furien – Melitta, Mamma und Adele – Nachdenken, gutes Gedächtnis und Violinspiel.

Gestützt auf den Arm des ritterlichen Pompeius und in respektvoller Entfernung gefolgt von Diana, wanderte ich eine der volkreichen und sehr unterhaltsamen Straßen der nun verlassenen Stadt Edina entlang. Ganz plötzlich erblickten meine Augen eine Kirche – eine gotische Kathedrale – ungeheuer, ehrwürdig und mit einem gewaltigen Glockenturm, der bis in den Himmel ragte. Welcher Wahnsinn ergriff nun von mir Besitz? Was trieb mich meinem Schicksal in die Arme? Ich wurde von dem unbezwingbaren Verlangen überfallen, die schwindelnden Zinnen zu erklimmen und die unermeßliche Ausdehnung der Stadt zu bewundern. Die Tür der Kathedrale war einladend offen. Mein Schicksal besiegte mich. Schon trat ich durch das Unheil verkündende Portal. Wo war mein Schutzengel? Wenn es denn wirklich solche Engel gibt! *Wenn!* Schmerzliches Wort! Was für eine Welt von Mysterium, Zweifel und Bedeutung, von Ungewißheit ist von diesen vier Buchstaben umschlossen! Ich trat durch das Unheil verkündende Portal! Ich trat ein, und ohne meine orangenen Aurikel zu beschädigen, ging ich unter der Wölbung her und tauchte in der Vorhalle wieder auf. So – sagt man, floß einst der riesige Strom Alfredo, ganz unbeschädigt und ohne naß zu werden, unter dem Meere hin.

Ich glaubte, die Treppen nähmen nie ein Ende. Rundum! Ja, immer runder ging es rundum, hinauf, rundum, hinauf, rundum und immer weiter rund hinauf rundum, bis ich den Verdacht nicht mehr abschütteln konnte – wobei ich mit dem scharfsinnigen Pompeius einig war, auf dessen hilfreichen Arm ich mich mit dem Vertrauen alter herzlicher Zuneigung stützte – den Verdacht nicht mehr abschütteln konnte, sagte ich, daß das obere Ende der sich ununterbrochen in Spiralen weiterwindenden Wendeltreppe versehentlich oder gar absichtlich entfernt wurde. Ich hielt an, um Atem zu schöpfen, und da trat ein Ereignis ein, das zu wichtig und zu folgenschwer war – sowohl in moralischer als auch in metaphysischer Hinsicht –, um es unerwähnt zu lassen. Mir schien – nein, ich war mir der Wahrheit meiner Wahrnehmung sicher – ich konnte nicht irren – nein! Ich hatte bereits seit einiger Zeit die Bewegungen Dianas sorgsam und ängstlich beobachtet – ich *konnte*, sage ich, *mich nicht täuschen* –, Diana *witterte eine Ratte!* Unverzüglich lenkte ich Pompeius' Aufmerksamkeit darauf, und er – er stimmte meiner Meinung zu! So gab es denn keinen Raum mehr für einen Zweifel der Vernunft! Die Ratte war gewittert worden – und zwar von Diana! Himmel! Werde ich je die gespannte Erregung des Moments vergessen? Ach! Was ist denn der so gepriesene Intellekt des Menschen! Die Ratte! – da war sie – d. h., sie war da irgendwo. Diana roch die Ratte. Ich – ich konnte es nicht! So – heißt es – hat die preußische Iris für manche einen süßen und kräftigen Duft, während sie für andere völlig geruchlos ist.

Die Treppe lag nun hinter uns, und nur noch drei oder vier Stufen lagen zwischen uns und unserem hohen Ziel. Wir stiegen kräftig weiter, und nun blieb nur noch eine Stufe. Eine Stufe! Eine kleine, winzige Stufe! Von einer so kleinen Stufe im Treppenhaus des Lebens – welch riesige Mengen menschlichen Glücks und Elends hing oft von ihr ab! Ich dachte an mich selbst, an Pompeius und an das mysteriöse und unergründliche Schicksal, das um uns waltete. Ich dachte an Pompeius! – Ach, ich dachte an die Liebe! Ich dachte an die vielen trügerischen Stufen und die vielen Fehltritte, die schon begangen wurden und wohl immer wieder begangen werden. Ich beschloß, noch vorsichtiger und zurückhaltender zu sein. Ich gab seinen Arm frei und erstieg die verbleibende Stufe ohne seinen Beistand und erreichte die Glockenstube. Mein Pudel folgte mir, nur Pompeius blieb zurück. Ich stand ganz oben auf der Treppe und ermutigte ihn, sie ebenfalls zu erklimmen. Er streckte seine Hand nach mir aus und wurde leider dadurch gezwungen, seinen Überrock loszulassen. Hören denn die Verfolgungen der Götter nie auf? Der Rock fiel nieder, und Pompeius trat mit einem Fuß auf einen langen, schleppenden Rockschoß. Er stolperte und fiel – das war unvermeidlich. Er fiel nach vorn und mit seinem verwünschten Kopf mir direkt gegen die – gegen die Brust, wodurch ich der Länge nach auf den harten, dreckigen, verabscheuungswürdigen Boden der Glockenstube stürzte. Doch meine Rache kam sicher, rasch und vollkommen. Ich packte mit beiden Fäusten in seine Wolle, riß ihm eine Menge des schwarzen, krausen Zeugs aus und schleuderte es mit allen Zeichen von Verachtung von mir. Es fiel unter die Glockenseile und blieb dort liegen. Pompeius stand auf und sagte kein Wort. Doch er schaute mich mitleiderregend aus seinen großen Augen an und – seufzte. Götter! Was für ein Seufzer! Er schnitt mich ins Herz. Und dann das Haar – die Wolle! Hätte ich sie nur erreichen können, hätte ich sie mit meinen Tränen genetzt als Zeichen meiner Reue. Doch sie waren meinem Griff entzogen! Wie sie da so zwischen den Glockenseilen lag, sanft vom Wind berührt, da schien sie mir noch lebendig. Es schien mir, als bebe sie vor Unmut. So treibt auf Java – heißt es – das Happyendum Flos Aeris entzückende Blüten, die lebendig bleiben, wenn man sie mit den Wurzeln ausreißt. Die Eingeborenen hängen sie mit einem Bindfaden an die Decke und erfreuen sich noch jahrelang an ihrem Duft.

Unser Streit war nun begraben, und wir sahen uns nach einer Öffnung um, durch die man die Stadt Edina überblicken könnte. Fenster waren keine vorhanden. Das einzige Licht, das in die dämmerige Kammer fiel, drang durch eine quadratische Öffnung von etwa 1 Fuß Durchmesser, die etwa sieben Fuß über dem Boden war. Doch was kann die Energie eines wahren Genies nicht schaffen? Ich entschloß mich also, zu diesem Loch hochzuklettern. Ein wüster Haufen Räder, Drehlinge, Federn und anderes kabbalistisch anmutendes Maschinenwerk war dicht am Loch, und durch das Loch lief eine Eisenstange von der Maschinerie aus. Zwischen den Rädern und der Wand, in der das Loch war, war kaum genug Platz für mich – doch ich handelte mit dem Mut der Verzweiflung und beschloß emporzuklettern. Ich rief Pompeius zu mir.

»Du siehst dort die Öffnung, Pompeius. Ich will durch sie hindurchschauen. Du wirst dich hier genau unter das Loch stellen – so. Nun strecke eine Hand aus, Pompeius, so daß ich darauf steigen kann – so. Nun noch die andere Hand, Pompeius, und so werde ich auf deine Schultern kommen.«

Er tat alles, was ich von ihm verlangte, und als ich da hinaufgelangt war, stellte sich heraus, daß ich problemlos Kopf und Hals durch die Öffnung stecken konnte. Die Aussicht war überwältigend. Nichts konnte prächtiger sein. Ich unterbrach meine Betrachtung nur für einen Augenblick, um Diana zu schicklichem Verhalten zu ermahnen und Pompeius zu versichern, daß ich Rücksicht nehmen und mich auf seinen Schultern so angenehm wie möglich machen würde. Ich sagte ihm, ich wollte die zarteste Rücksicht auf seine Gefühle nehmen, eine Rücksicht *ossi tender que beefsteak*. Nachdem ich meinem treuen Freund so gerecht geworden war, widmete ich mich mit dem größten Behagen und reiner Begeisterung dem Genuß der Szene, die sich vor meinen Augen ausbreitete.

Doch ich will von einer längeren Beschreibung dieses Themas Abstand nehmen. Ich will die Stadt Edinburgh nicht beschreiben. Schließlich ist schon jeder in Edinburgh – dem klassischen Edina – gewesen. Ich will mich auf die *wesentlichen* Details meines eigenen bejammernswerten Abenteuers beschränken. Nachdem meine Neugier in bezug auf Ausdehnung, Lage und allgemeines Aussehen der Stadt einigermaßen befriedigt war, hatte ich Zeit, nachdenklich die Kirche, in der ich mich befand, und die anmutige Architektur des Turmes zu betrachten. Ich bemerkte, daß die Öffnung, durch die ich meinen Kopf gesteckt hatte, im Zifferblatt einer riesigen Uhr war und von der Straße wohl nicht größer als ein Schlüsselloch aussehen konnte, wie es sich bei französischen Taschenuhren findet. Sein Zweck bestand fraglos darin, dem Arm eines Wärters Platz zu geben, wenn es nötig war, die Zeiger der Uhr von innen zu verstellen. Ich bestaunte ebenfalls die gewaltigen Ausmaße dieser Zeiger, deren größter nicht weniger als zehn Fuß lang war und an seiner dicksten Stelle acht oder neun Zoll breit. Die Zeiger waren offensichtlich aus gediegenem Stahl und hatten scharfe Kanten. Als ich dies und noch einige andere Dinge zur Kenntnis genommen hatte, wandte ich meine Aufmerksamkeit wieder der prachtvollen Aussicht unter mir zu und verfiel in tiefes Sinnen.

Daraus wurde ich nach einigen Minuten plötzlich durch die Stimme des Pompeius gerissen, der erklärte, er könne es nicht länger aushalten, und mich bat, doch gütigerweise wieder herunterzukommen. Das war eine Zumutung, die jeglicher Vernunft entbehrte, und das ließ ich ihn auch in einer längeren Rede wissen. Er wagte eine Erwiderung, und diese zeigte nur eine völlige Verständnislosigkeit meiner Ideen. Folglich erzürnte ich und sagte ihm in deutlichen Worten, er sei ein Narr, er habe eine *ignorante elendige* begangen, seine Bemerkungen seien nur eine *Unsumme Bockmist* und seine Worte nicht mehr als *verbohrte Buschwindröschen*. Damit schien er zufriedengestellt, und ich konnte meine beschauliche Betrachtung wieder aufnehmen.

Etwa eine halbe Stunde nach dieser Auseinandersetzung wurde ich – tief versunken im himmlischen Anblick unter mir – von etwas sehr Kaltem erschreckt, das mich sanft im Nakken drückte. Ich muß nicht erst sagen, daß mich ein unbeschreibliches Gefühl der Bestürzung überfiel. Ich wußte Pompeius unter meinen Füßen, ich wußte, Diana saß auf meinen ausdrücklichen Befehl auf den Hinterbeinen in der entferntesten Ecke des Raums. Was konnte es sein? Als ich meinen Kopf vorsichtig zur Seite drehte, sah ich zu meinem größten Entsetzen, daß sich der riesige, schimmernde, säbelähnliche Minutenzeiger der Uhr in seinem stündlichen Umlauf *auf meinen Nacken herabgesenkt hatte!* Ich hatte – das war mir klar – keine Sekunde mehr zu verlieren. Sofort versuchte ich, meinen Kopf zurückzuziehen – doch zu spät! Es war nicht mehr möglich, mein Haupt aus dem Rachen dieser schrecklichen Falle zu reißen, in die ich so ahnungslos getappt war und die nun immer enger, immer enger wurde, mit einer Geschwindigkeit – zu furchtbar, um ihr Ende zu bedenken. Meine Seelenangst in diesem Augenblick übersteigt alle Beschreibungen. Ich warf die Hände hoch und strengte mich mit aller Kraft an, die schwere Eisenstange von mir zu schieben. Doch genausogut hätte ich versuchen können, die Kathedrale selbst anzuheben. Tiefer, tiefer, tiefer rückte der Stahl, enger und immer enger. Ich schrie Pompeius um Hilfe an, doch er erwiderte nur, ich hätte seine Gefühle verletzt, als ich ihn einen »Ignoramus elendigen« genannt hatte. Gellend rief ich nach Diana, doch sie antwortete nur mit »bau-wau-wau« – und daß ich ihr befohlen hätte, »sich um keinen Preis aus der Ecke zu bewegen«. So hatte ich von meinen Gefährten keine Rettung zu erwarten.

In der Zwischenzeit hatte die schwere und furchtbare *Sense der Zeit* (denn nun entdeckte ich die wörtliche Bedeutung dieses klassischen Ausspruchs) ihre Laufbahn weiter verfolgt, und es war auch nicht anzunehmen, daß sie damit aufhören würde. Tiefer und immer tiefer kam sie herab. Sie hatte ihre scharfe Schneide bereits einen ganzen Zoll in mein Fleisch gegraben, und meine Empfindungen wurden unklar und verworren. Mal erschien es mir, als sei ich in Boston bei dem stattlichen Dr. Fennigmacher, dann wieder war mir, als säße ich im Empfangssalon des Mr. Blackwood und erhalte seine unschätzbaren Belehrungen. Und dann wiederum kamen süße Erinnerungen an bessere und frühere Zeiten zurück, und ich dachte an jene glücklichen Tage, als die Welt noch keine Wüste und Pompeius noch nicht so grausam war.

Das Ticken der Maschine belustigte mich. Belustigte mich, sage ich, denn meine Gefühle grenzten nun an vollkommene Glückseligkeit, und die kleinsten Kleinigkeiten bereiteten mir Vergnügen. Das beständige Tick-tack, Tick-tack, Tick-tack der Uhr erschien meinen Ohren die melodischste Musik und beschwor sogar mitunter die Erinnerung an die angenehmen und überaus künstlichen Reden des Dr. Ollerpott herauf. Dann waren da die großen Zeichen auf dem Zifferblatt – wie gebildet, wie durchgeistigt sie aussahen! Eben jetzt begannen sie eine Mazurka zu tanzen, und ich meine, es war die Ziffer 5, die mich am meisten ergötzte. Sie war ganz offensichtlich eine Lady von Lebensart. Keine dieser Aufschneiderinnen – und ihre Bewegungen besaßen nichts Unfeines. Ihre Pirouette war einfach entzückend – sie wirbelte um ihren Scheitelpunkt. Ich strengte mich an, ihr einen Stuhl zu reichen, denn ich sah, daß sie ermüdet war von ihrer Mühe – und erst da, in diesem Augenblick, wurde mir meine bejammernswerte Lage wieder völlig klar. Wahrhaftig bejammernswert! Der Zeiger hatte sich schon zwei Zoll in meinen Hals gegraben. Meine Sinne erbebten in den erlesensten Qualen. Ich flehte und betete um den Tod, und in der Seelenpein des Augenblicks konnte ich es mir nicht versagen, die vorzüglichen Verse des Michel des Zehrwanstes zu zitieren:

»Wenn muerte, dann escondida.
Keiner tête di Sense wennse,
Park und Plätze demoliert,
Nornen turnen hasta la vista.«

Doch nun zeigte sich ein neuer Schrecken, und wahrhaftig einer, der die stärksten Nerven erschüttern konnte. Meine Augen waren nämlich, unter dem grausamen Druck der Maschine, ganz entschieden dabei, aus ihren Höhlen zu treten. Während ich noch darüber nachdachte, wie ich eventuell ohne sie auskommen könnte, fiel auch schon eines aus meinem Kopf, rollte an dem steilen Turm hinunter und blieb in der Regenrinne liegen, die das Dach des Hauptschiffs entlanglief. Der Verlust des Auges selbst war nicht so schlimm wie der arrogante Ausdruck von Unabhängigkeit und Verachtung, mit dem es mich betrachtete, als es entwichen war. Da lag es in der Rinne, direkt unter meiner Nase, und das Ansehen, das es sich gab, hätte man lächerlich nennen können, wäre dieser Ausdruck nicht noch durch einen schierer Abscheulichkeit übertroffen worden. Nie hat man zuvor solch Blinken und Zwinkern gesehen. Dieses Verhalten meines Auges in der Dachrinne war durch seine ausgesprochene Unverschämtheit und schamlose Undankbarkeit nicht nur geeignet, höchsten Zorn zu erregen, sondern mußte auch – wenn man an die Sympathie denkt, die immer zwischen den beiden Augen eines Kopfes herrscht, auch wenn sie noch so weit voneinander entfernt sind – extrem ungehörig wirken. Denn ich war nun so gezwungen, in einem fort zu blinken und zu zwinkern, ob ich dies wollte oder nicht – in exakter Übereinstimmung mit dem gemeinen Ding, das direkt unter meiner Nase lag. Doch bald bekam ich Erleichterung – durch das Ausfallen des anderen Auges. Es nahm im Fallen den gleichen Kurs (wahrscheinlich ein ausgemachtes Komplott) wie sein Kumpan. Nun rollten beide zusammen aus der Rinne, und ich war wahrhaftig froh, sie los zu sein.

Der Zeiger war mittlerweile 4½ Zoll tief in meinen Nacken eingedrungen, und es blieb nur noch, ein kleines Restchen Haut zu durchtrennen. Meine Gefühle waren vollkommene Seligkeit, denn ich fühlte, daß ich in wenigen Minuten endlich aus meiner mißlichen Lage befreit sein würde. Und in dieser Erwartung wurde ich nicht enttäuscht. Am Nachmittag, genau um fünf Uhr und fünfundzwanzig Minuten, war der riesige Stahlzeiger auf seiner furchtbaren Bahn weit genug fortgeschritten, um den letzten schmalen Rest meines Halses zu durchtrennen. Ich empfand überhaupt kein Bedauern, den Kopf, der mir zu guter Letzt eine solche Verlegenheit bereitet hatte, endgültig von meinem Leib Abschied nehmen zu sehen. Er rollte zunächst den Turm hinunter, dann verharrte er einige Augenblicke in der Dachrinne und nahm schließlich seinen Weg in einem steilen Sturz mitten auf die Straße hinab.

Ich will freimütig zugeben, daß meine Empfindungen jetzt einzigartig – nein, geheimnisvollst, verwirrendst und unbegrenzt waren. Meine Sinne weilten gleichzeitig hier und dort. In meinem Kopf stellte ich mir einerseits vor, daß ich, der Kopf, die eigentliche Signora Psyche Zenobia sei – andererseits war ich überzeugt, daß mir selbst, dem Körper, die wirkliche Identität gehöre. Um meine Gefühle in dieser Hinsicht zu klären, tastete ich in meiner Tasche nach dem Schnupftabak, doch als ich die Dose ergriff und wie gewöhnlich mir eine Prise des angenehmen Inhalts zuführen wollte, wurde mir augenblicklich mein sonderbarer Mangel deutlich, und ich warf die Dose nach unten meinem Kopf zu. Dieser nahm mit großer Befriedigung eine Prise und lächelte mir dankbar zu. Kurz darauf hielt er mit eine Rede, die ich jedoch ohne Ohren nur undeutlich hören konnte. Ich begriff allerdings so viel davon, daß er sich darüber wunderte, daß ich mir unter diesen Umständen noch wünschte, weiter am Leben zu bleiben. In seinen abschließenden Worten zitierte er die herrlichen Worte von A. Rost:

Ich dove hummel que non er' am Orto,
und dada kommt am ende der il Morto.

So verglich er mich mit dem Helden, der in der Hitze des Gefechts nicht bemerkte, daß er tot war, und fortfuhr, mit unendlicher Tapferkeit zu kämpfen. Nun existierte nichts mehr, was mich daran hinderte, von meinem hohen Standpunkt herabzusteigen, und so tat ich dies. Was es war, das Pompeius an meinem Aussehen so seltsam vorkam, habe ich allerdings nie genau herausgefunden. Der Kerl öffnete den Mund von einem Ohr zum anderen und kniff beide Augen zu, als wolle er Nüsse mit seinen Lidern knacken. Schließlich ließ er seinen Überrock fahren, machte einen Sprung zur Treppe und verschwand. Doch ich schleuderte dem Schurken die passionierten Worte von de Mostenes nach:

Anna, o pheigling, deibelwat machsduda.

Daraufhin wandte ich mich um zu dem Liebling meines Herzens, der einäugigen, zotteligen Diana. Doch ach! Was für eine grausige Vision mußten meine Augen da erblicken? War das eine *Ratte,* die ich dort in dieses Loch schleichen sah? Waren dies die teuren Gebeine meines kleinen Engels, den das Ungeheuer grausam aufgefressen hatte? Götter! Was sehen meine Augen? Ist das die entfleuchte Seele, der Geist, der Schatten meines geliebten Hundchens, den ich dort so düster anmutig in der Ecke sitzen sehe? Lausch! Er spricht und - Himmel - es ist von Schillern:

»Unsterblich dick, unsterblich dünn
durch sie - durch sie!«

Ach! Sind diese Worte denn nicht nur allzu wahr? Süßeste Kreatur! Auch *sie* hat sich geopfert - nur um meinetwillen. Hundelos, negerlos, kopflos - was bleibt der unseligen Signora Psyche Zenobia wohl jetzt noch übrig?

Ach - nichts! Es kommt zum Ende. Es ist aus.

Der Teufel im Glockenturm

Was hat die Glock' geschlagen?
Altes Sprichwort

Jedermann weiß, daß der holländische Marktflecken Vondervotteimittiss das schönste Plätzchen der Welt ist – oder, ach, nun *war*. Doch da es in einiger Entfernung von den breiten Heerstraßen liegt, so recht eigentlich »abwegig«, absonderlich abgesondert, sind unter meinen Lesern vielleicht nur wenige, welche ihm je einen Besuch machten. Zum Vorteil aller, welche dies versäumten, wird es daher wohl angeraten sein, daß ich näher darauf eingehe. Und dies ist in der Tat um so notwendiger, als ich – in der Hoffnung, zum Frommen seiner Bewohner die öffentliche Teilnahme zu gewinnen – hier eine Geschichte jener unsäglich schicksalhaften Ereignisse zu geben im Sinn habe, welche sich jüngst in seinen Mauern zugetragen. Niemand, der mich kennt, wird bezweifeln, daß die mir damit selbstauferlegte Pflicht nach besten Kräften erfüllt werden wird, und zwar mit all der strengen Unparteilichkeit, all jener behutsamen Umsicht im Betracht der Tatsachen und dem emsigen Anführen von Autoritäten, wodurch sich stets auszeichnen sollte, wer nach dem Titel eines Historikers trachtet.

Vermittels des vereinigten Beistandes von Medaillen, Manuskripten und Inschriften sehe ich mich imstande, die Behauptung zu vertreten, daß der Flecken Vondervotteimittiss seit seinem Anbeginn in ganz der nämlichen Lage und Beschaffenheit bestanden hat, welche er gegenwärtig noch bewahrt. Vom Zeitpunkt dieses seines Anbeginns jedoch vermag ich zu meiner Betrübnis nur mit jener *species* unbestimmter Bestimmtheit zu sprechen, mit welcher die Mathematiker sich zuzeiten in gewissen algebraischen Formeln zu behelfen gezwungen sind. Der Zeitpunkt, so darf ich im Betracht seiner Entlegenheit in grauem Altertum wohl sagen, kann nicht um weniger zurückliegen als jeglicher nur irgend nachweisbare Zeitraum.

Was nun die Ableitung des Namens Vondervotteimittiss anbelangt, so bekenne ich voller Schmerz, daß ich hier in gleicher Weise im Dunkeln gehe. Unter einer Unzahl von Meinungen zu diesem heiklen Punkte, welche teils scharfsinnig, teils gelehrt – aber auch von hinreichend gegenteiligen Qualitäten –, vermag ich nichts auszulesen, was für zufriedenstellend erachtet werden dürfte. Vielleicht wäre dem Einfall von Schnapsich, welcher mit der Deutung Krautrübs nahezu übereinstimmt, behutsam der Vorzug zu geben. Er lautet: »Vondervotteimittiss – Vonder, lege Donder – Votteimittis, quasi und Bliftids – Bliftids obsol: pro Blitze.« Diese Ableitung wird, um die Wahrheit zu sagen, gar noch unterstützt von einigen Spuren des elektrischen Fluidums, welche unverkennbar an der Turmspitze des Rathauses sichtbar sind. Ich darf es mir jedoch nicht herausnehmen, mich in einem Fall von solcher Bedeutung festzulegen, und muß daher all diejenigen Leser, welche es nach weiterer Erkenntnis dürstet, auf die *»Oratiunculæ de Rebus Præter-Veteris«* von Ohnfugger verweisen. Siehe auch Bockschütz *»De Derivationibus«*, S. 27 bis 5010 der Gotischen Folio-Ausg. (Handschrift in Rot-Schwarz; Schlagwort; keine Chiffre); – wozu gleichzeitig noch die eigenhändigen Marginalien von Blähewint mit den Sub-Kommentaren von Maulprasser beizuziehen wären.

Ungeachtet der Dunkelheit, welche mithin den Zeitpunkt der Gründung von Vondervotteimittiss und die Ableitung seines Namens umgibt, kann, wie ich im vorigen bereits ausführte, kein Zweifel daran bestehen, daß es stets und immer so bestanden hat, wie wir es in dieser Epoche vorfinden. Der älteste Mensch im Flecken vermag sich nicht des leisesten Unterschieds in der Erscheinung irgend nur eines seiner Teile zu entsinnen; und tatsächlich wird bereits die bloße Andeutung einer solchen Möglichkeit dortselbst als Beschimpfung betrachtet. Das Dorf ist in einem vollkommen kreisrunden Tale von wohl einer Viertelmeile Umfang gelegen und gänzlich von sanften Hügeln umgeben, deren Kuppen man noch nie zu überschreiten wagte. Hierfür wird der sehr gute Grund angegeben, man glaube nicht, daß auf der anderen Seite sich überhaupt nur irgend etwas befinde.

Rund an den Rändern des Tales (das ganz und gar eben und überall mit flachen Pflastersteinen versehen ist) zieht sich eine fortlaufende Reihe von sechzig kleinen Häusern hin. Da diese sämtlich die Rückseite den Hügeln zukehren, müssen sie natürlich zum Mittelpunkt der Ebene hinblicken, welcher just sechzig Ellen von der Haustür einer jeden Wohnung liegt. Jedes Haus hat vor sich einen kleinen Garten mit einem kreisrunden Pfade darin, einer Sonnenuhr und vierundzwanzig Kohlköpfen. Die Gebäude selbst sind einander so auf das Haar ähnlich, daß man das eine schier nicht vom anderen unterscheiden kann. Durch das ohne Maßen ehrwürdig hohe Alter bedingt, nimmt sich der architektonische Stil ein wenig wunderlich aus, doch wirkt er aus diesem Grunde nicht weniger überraschend malerisch. Die Bauten sind alle aus hartgebrannten kleinen Backsteinen ausgeführt, rot mit schwarzen Fugen, so daß die Mauern wie ein großes Schachbrett aussehen. Die Giebel weisen nach vorn, und über den Dachtraufen und über den Haupttüren gibt es Gesimse, so groß wie das ganze übrige Haus. Die Fenster liegen eng und tief, mit sehr winzigen Scheiben und einer Menge Rahmenwerk. Auf dem Dache findet sich eine riesige Masse Pfannen mit langen geschweiften Ohren. Das Holzwerk ist durchweg von dunkler Schattierung und trägt allerlei Schnitzereien, deren Muster freilich nur höchst geringe Abwechslung bieten; denn seit undenklichen Zeiten schon haben die Holzschnitzer von Vondervotteimittiss nie mehr als zwei Gegenstände zu schnitzen vermocht – eine Uhr und einen Kohlkopf. Doch diese vollbringen sie überaus vorzüglich und setzen sie, mit schier einziger Findigkeit, überall hin, wo sie nur Raum für den Schnitzstichel finden.

Die Wohnungen ähneln sich innen grad ebensowohl als außen, und die Möbel folgen sämtlich dem selben Vorbild. Die Böden bestehen aus viereckigen Ziegeln, die Stühle und Tische – mit ihren dünnen, krumm verschrobenen Beinchen und täppischen Hundepfoten – aus schwärzlichem Holz. Die Kaminsimse sind weit und hoch und tragen nicht nur allerlei Uhr- und Kohlkopfschnitzereien über der Vorderfront, sondern hoch oben in der Mitte gar eine richtige Uhr, die ein gewaltiges Ticken vollführt, und dazu auf jeder äußeren Ecke – gleichsam als Vorhut – einen Blumentopf, welcher einen Kohlkopf enthält. Zwischen jedem Kohl und der Uhr wiederum steht ein Porzellanmännlein, das einen gewaltigen Bauch hat, mit einem großen runden Loch darin, durch welches man das Zifferblatt einer kleinen Uhr erblickt.

Die Feuerstellen sind groß und tief, mit krumm und grimmig dreinblickenden Feuerböcken. Dort knastert ohne Unterlaß ein lebhaftes Feuer, und über ihm hängt ein ungeheurer Topf voll Sauerkraut und Schweinefleisch, welchem die gute Hausfrau stetig die emsigste Aufmerksamkeit angedeihen läßt. Sie selbst ist eine kleine, fette alte Dame, mit blauen Augen und einem roten Gesicht, und trägt eine ungeheure Haube, einem Zuckerhut ähnlich, welche mit purpurnen und gelben Bändlein geschmückt ist. Ihr Kleid besteht aus apfelsinenfarbenem Baumwollstoff und ist hinten sehr voll, an der Taille aber sehr knapp – und knapp tatsächlich auch in anderer Hinsicht noch, da es nicht weiter als bis zur Mitte der Beine herabreicht. Diese sind von einiger Dicke, was auch von den Fesseln zu sagen wäre, doch trägt sie, dieselben zu verdecken, ein feines Paar grüner Strümpfe. Ihre Schuhe, aus nelkenrosa Leder, sind ein jeglicher mit einem Knäuel gelber Bänder befestigt, welche zur Gestalt eines Kohlkopfs gebauscht sind. In der linken Hand hält sie eine kleine schwere holländische Uhr; in der Rechten schwingt sie einen Schöpflöffel für das Sauerkraut und Schweinefleisch. Ihr zur Seite steht eine fette bunte Katze mit einer vergoldeten Spielzeuguhr am Schwanz, welche »die Jungens« dortselbst aus Spaß befestigt haben.

Die »Jungens« sind selbst alle drei im Garten und mit dem Hüten des Schweins beschäftigt. Ein jeglicher von ihnen ist zwei Fuß hoch. Sie tragen dreieckige Hüte, purpurne Wämser, die ihnen nieder bis auf die Schenkel reichen, Kniehosen aus Bucksin, rotwollene Strümpfe, schwere Schuhe mit großen Silberschnallen und lange Überröcke mit großen Perlmutterknöpfen. Auch trägt ein jeder eine Pfeife im Mund und eine kleine klobige Uhr in der rechten Hand. Sie tun einen Zug und einen Blick auf die Uhr – dann wieder einen Blick auf die Uhr und wieder einen Zug. Das Schwein, welches dicklich beleibt und träge, ist jetzt damit beschäftigt, die Blättlein aufzulesen, die von den Kohlköpfen fallen, und dann und wann nach der vergoldeten Repetieruhr zu treten, welche die Schlingel auch an *seinem* Schwanze befestigt haben, damit es gleich hübsch aussehe wie die Katze.

Rechts von der Haustüre sitzt, in einem hochlehnigen, ledergepolsterten Armstuhl, der krumme Beine hat und Hundepfötchen wie die Tische, der Hausvater selbst. Er ist ein ungemein praller kleiner Herr, mit großen runden Augen und einem mächtigen Doppelkinn. Sein Anzug ähnelt dem eines Jungen, und ich brauche ihn mithin wohl nicht weiter zu beschreiben. Der ganze Unterschied besteht darin, daß seine Pfeife um einiges größer ist als die ihren und er mehr Dampf machen kann. – Wie sie hat auch er eine Uhr, doch trägt er dieselbe in seiner Tasche. Um die Wahrheit zu sagen, er hat auf einiges Wichtigere achtzugeben als bloß auf eine Taschenuhr, und was dies ist, will ich sogleich erklären. Er sitzt da, das rechte Bein über das linke Knie geschlagen, macht eine sehr ernsthafte Miene und hält stets wenigstens eines seiner Augen nachdrücklich auf einen gewissen bemerkenswerten Gegenstand in der Mitte der Talebene gerichtet.

Dieser Gegenstand ist im Turm des Rathauses befindlich. Die Räte der Stadt sind sämtlich sehr kleine, runde, ölige, intelligente Männer mit großen Tassenaugen und fetten Doppelkinnen, und sie tragen viel längere Röcke und viel größere Schuhschnallen als die gemeinen Bewohner von Vondervotteimittiss. Seit meinem Aufenthalt in dem Flecken hatten sie bereits verschiedentliche besondere Sitzungen und nahmen dabei die folgenden drei bedeutsamen Entschließungen an:

»Es ist falsch, den guten alten Gang der Dinge verändern zu wollen –«

»Nichts Erträgliches ist irgend anderswo unter der Sonne als in Vondervotteimittiss –«

»In Treue fest – so wollen wir zu unseren Uhren und Kohlköpfen halten.«

Über dem Sitzungsraum des Rates erhebt sich der Turm, und in dem Turm befindet sich der Glockenstuhl, der wiederum seit undenklichen Zeiten den Stolz und das Wunder des Ortes birgt – die große Uhr des Fleckens Vondervotteimittiss. Und diese ist der Gegenstand, auf welchem die Augen der alten Herren beharrlich ruhen, die da in den ledergepolsterten Armsesseln sitzen.

Die große Uhr hat sieben Zifferblätter – eines auf jeder der sieben Seiten des Turmes –, so daß sie sich von allen Enden bequem betrachten läßt. Ihre Zifferblätter sind groß und weiß, und ihre Zeiger schwer und schwarz. Es gibt eigens einen Mann im Glockenstuhl, dessen einzige Pflicht es ist, ihrer zu warten; doch diese Pflicht ist die glücklichste aller Pfründe, denn die große Uhr von Vondervotteimittiss hat, soweit man weiß, noch niemals irgendeiner Wartung bedurft. – Noch bis vor kurzem wäre die bloße Annahme solchen Dinges für Ketzerei betrachtet worden. Seit den entlegensten Zeiten des Altertums, von welchen die Archive künden, sind die Stunden stets recht und regelrichtig von der großen Glokke geschlagen worden. Und das war in der Tat auch bei all den anderen Uhren im Flecken der Fall. Nie war ein Ort, da die Zeit getreuer eingehalten wurde. Wenn der große Klöppel es für gekommen erachtete, »Zwölf Uhr!« zu sagen, so öffnete sein ganzes gehorsames Gefolge die Kehlen wie in eins und antwortete wie ein gewaltiges Echo. Kurz, die guten Bürger widmeten ihrem Sauerkraut gewiß Liebe genug, doch auf ihre Uhren waren sie förmlich stolz.

Leute, die sich des Besitzes einer Pfründe rühmen, stehen mehr oder weniger in Ansehen, und da der Glöckner von Vondervotteimittiss die glücklichste aller Pfründen innehat, steht er auch in dem glücklichsten Ansehen, welches nur irgend auf der Welt ein Mensch genießt. Er ist der Hauptwürdenträger des Fleckens, und sogar die Schweine blicken mit einer Empfindung der Ehrerbietung zu ihm auf. Seine Rockschöße sind *sehr* viel länger – seine Pfeife, seine Schuhschnallen, seine Augen und sein Bauch *sehr* viel größer als die betreffenden Besitztümer jedes anderen alten Herrn im Dorf; und was sein Kinn betrifft, so ist es nicht nur doppelt, sondern schier dreifach gefaltet.

So habe ich denn die glücklichen Umstände von Vondervotteimittiss ausgemalt: ach, daß ein so freundlich-sanftes Bild je einen solchen Wandel erfahren mußte!

Lange schon war ein Sprichwort unter den weisesten Einwohnern gegangen, daß »von über den Bergen nichts Gutes kommen« könne, und wirklich schien es, als wohne diesen Worten etwas vom Geist der Weissagung inne. Es war am vorgestrigen Tage, und fünf Minuten fehlten noch zum Mittag, als ein Gegenstand von sehr wunderlichem Aussehen auf der Kuppe der Hügelkette im Osten erschien. Ein solches Ereignis erweckte natürlich allenthalben Aufmerksamkeit, und sämtliche kleinen alten Herren, die in ihren ledergepolsterten Armsesseln saßen, wandten eines ihrer Augen mit einem Ausdruck der Bestürzung dem Phänomene zu, während sie das andere unverwandt auf die Uhr im Turme gerichtet hielten.

Um die Zeit, da nur noch drei Minuten bis Mittag fehlten, erkannte man in dem fraglichen komischen Gegenstand einen winzigen, fremdländisch aussehenden jungen Mann. Er stieg mit großer Geschwindigkeit die Hügel hernieder, so daß ihn bald jedermann recht wohl in Augenschein nehmen konnte. Wirklich, das war die geckenhafteste Person, die man je zu Vondervotteimittiss erblickt hatte. Seine Züge waren von dunkler Schnupftabakfarbe, und er hatte eine lange Hakennase, Erbsenaugen, einen weiten Mund und ein erlesenes Gebiß, welch letzteres er begierig gern zur Schau zu stellen schien, denn er grinste in einem fort von Ohr zu Ohr. Vor lauter Schnurr- und Backenbart war von seinem restlichen Gesicht kaum noch etwas zu sehen. Sein Kopf war unbedeckt und sein Haar geschickt geschmackvoll auf *papillotes* gewickelt. Sein Anzug bestand aus einem engsitzenden schwarzen Rock mit Schwalbenschwänzen (aus deren einer Tasche ein weißes Schnupftuch von außerordentlicher Länge flatterte), aus Kniehosen von schwarzem Cashmere, schwarzen Strümpfen und klumpig aussehenden Pumps mit riesigen Knäueln von Schuhbändern aus schwarzem Satin. Unter dem einen Arm trug er einen gewaltigen *chapeau de bras* und unter dem anderen eine Fiedel, die fast fünfmal so groß war als er selbst. In seiner linken Hand befand sich eine goldene Schnupfdose, welcher er, als er den Hügel hinunterhüpfte, allerlei bunte Kapriolen schlagend, mit einer Miene größtmöglicher Selbstzufriedenheit beständige Prisen entnahm. Gott steh uns bei! – das war ein Anblick für die ehrbaren Bürger von Vondervotteimittiss!

Offen gesagt – der Bursche hatte trotz seines Grinsens eine gar dreiste und finstere Sorte Gesicht; und da er nun geraden Weges und Kruppaden springend ins Dorf kam, erweckte die sonderbar klumpige Erscheinung seiner Pumps keinen geringen Verdacht, und manch ein Bürger, der ihn an diesem Tage erblickte, hätte wohl einiges darum gegeben, einmal unter das weiße Batist-Taschentuch lugen zu können, das so aufreizend aus der Tasche seines schwalbengeschwänzten Rockes hing. Doch was in der Hauptsache einen rechtschaffenen Unmut verursachte, war, daß der schurkische Geck, indem er hier einen Fandango tanzte und dort ein Rad schlug, nicht den entferntesten Sinn dafür zu haben schien, bei seinen Schritten *das rechte Zeitmaß* zu finden.

Die guten Leute des Fleckens fanden jedoch kaum Gelegenheit, ihre Augen zur Gänze offen zu bekommen, als der Bube auch schon, just da noch eine halbe Minute bis Mittag fehlte, mitten unter sie hineinplatzte, wie ich wohl sagen darf; hier mit einem *chassez* und dort mit einem *balancez;* und sich dann, nach einer *pirouette* und einem *pas de zéphyr,* mit einem wirbelnden Luftsprung hinauf in den Glockenturm des Rathauses schwang, wo der verdutzte Glöckner rauchend in einem Zustand der Würde und Bestürzung saß. Doch der kleine Lümmel packte ihn unverzüglich bei der Nase, versetzte derselben einen kräftigen Schwinger; knallte ihm den großen *chapeau de bras* auf den Kopf; trieb ihm denselben über

Augen und Mund hinab; und indem er sodann die große Fiedel hob, schlug er mit ihr so lange und tönend auf ihn ein, daß man, bei der Fettheit des Glöckners und der Hohlheit der Fiedel, darauf hätte schwören mögen, es schlage dort ein ganzes Regiment von Kontrabaß-Trommlern des Teufels Zapfenstreich im Glockenturm von Vondervotteimittiss.

Zu welchem verzweifelten Akt der Rache dieser verruchte Angriff die Einwohnerschaft am Ende noch aufgerufen hätte, besteht keine Kenntnis, wäre nicht der wichtige Umstand gewesen, daß es jetzt nur noch eine halbe Sekunde vor Mittag war. Die Glocke stand im Begriff zu schlagen, und es war eine Sache der absolutesten und vordringlichsten Notwendigkeit, daß jeder Mensch jetzt genau auf seine Uhr sah. Es war jedoch ersichtlich, daß just in diesem Augenblick der Bursche im Glockenstuhl sich etwas mit der Uhr zu tun anschickte, was zu tun er keinerlei Geschick und Beruf besaß. Doch als es nun zu schlagen begann, hatte niemand mehr Zeit, auf seine Streiche achtzugeben, denn alle mußten jetzt die Schläge der Glocke zählen, sowie sie nur erklangen. »Eins!« sagte die Glocke.

»Een!« echote jeder kleine alte Herr in jedem ledergepolsterten Armsessel von Vondervotteimittiss – »Een!« sagte ebenso seine Uhr; »een!« sagte die Uhr seiner Frau, und »een!« sagten die Uhren der Jungens und die kleinen vergoldeten Repetieruhren an den Schwänzen von Katze und Schwein.

»Zwei!« fuhr die große Glocke fort; und

»Twee!« wiederholten alle Wiederholer.

»Drei! Vier! Fünf! Sechs! Sieben! Acht! Neun! Zehn!« sagte die Glocke.

»Drie! Vier! Vijf! Zes! Zeven! Acht! Negen! Tien!« antworteten die anderen Uhren alle.

»Elf!« sagte die große.

»Elf!« stimmten all die kleinen Kerle bei.

»Zwölf!« sagte die Glocke.

»Twaalf!« erwiderten sie vollkommen zufrieden und ließen die Stimmen sinken.

»Twaalf, dat het!« sagten all die kleinen alten Herren und steckten ihre Uhren ein. Doch die große Glocke war noch nicht fertig mit ihnen.

»*Dreizehn!*« sagte sie.

»Potverdriedubbeltjes nog aan toe!« japsten da die kleinen alten Herren, indem sie ganz bleich wurden, ihre Pfeifen sinken ließen und alle rechten Beine von den linken Knien nahmen.

»Potverdriedubbeltjes!« stöhnten sie, »Dertien! Dertien! – Mijn God, het is al dertien uur!!«

Warum versuchen, die schreckliche Szene zu beschreiben, welche nun folgte? Ganz Vondervotteimittiss geriet augenblicklich in einen Zustand beklagenswertesten Aufruhrs.

»Wat is er mis met mijn buik?« brüllten alle Jungens, – »ik heb toch anders altijd honger om deze tijd!«

»Wat is er mis met mijn zuurkool?« schrien alle Frauen, »die is toch anders altijd gaar om deze tijd!«

»Wat is er mis met mijn pijp?« fluchten all die kleinen alten Herren, »Donder en bliksem! Die is heb toch anders altijd uit om deze tijd!« – und sie stopften die Pfeifenköpfe in großer Wut wieder neu, und in ihre Armsessel zurücksinkend, pafften sie nun so rasch und wild, daß im Nu das ganze Tal von undurchdringlichem Qualm erfüllt war.

Inzwischen wurden die Kappesköppe alle ganz rot im Gesicht, und es schien, als habe der Leibhaftige selbst von allem Besitz ergriffen, was die Gestalt einer Uhr hatte. Die Zeitmesser, die den Möbeln eingeschnitzt waren, gerieten wie verhext ins Tanzen, indessen jene auf den Kaminsimsen sich kaum halten konnten vor Tollheit und solch ein fortwährendes Dreizehn-Schlagen vollführten und derart mit den Pendeln hüpften und zappelten, daß es wahrhaft schaurig anzusehen war. – Doch schlimmer noch – weder die Katzen noch die Schweine konnten sich irgend länger noch mit dem Betragen der kleinen Repetieruhren an ihren Schwänzen abfinden und ahndeten es, indem sie im ganzen Ort Reißaus nahmen, scharrten und stießen, quiekten und kreischten, miauten und grunzten, den Leuten in die

Gesichter sprangen und unter die Röcke fuhren und schier das greulichste Getöse und Getümmel anrichteten, das ein vernünftiger Mensch sich nur vorzustellen vermag. Und der schurkische kleine Taugenichts im Turm tat sein Äußerstes, die Lage zu verschlimmern. Hin und wieder mochte man den Buben durch den Qualm erkennen. Da hockte er im Glokkenstuhle rittlings auf dem Glöckner, welcher flach auf dem Boden lag. In seinen Zähnen hielt der Elende den Glockenstrang, an dem er dauernd mit dem Kopfe ruckte und zuckte und somit einen solchen Lärm vollführte, daß mir noch jetzt die Ohren dröhnen, wenn ich daran denke. In seinem Schoße lag die große Fiedel, auf welcher er mit beiden Händen ohne jeden rechten Takt und Ton herumkratzte und sich dreist, der Laffe!, mit »Ach, Du lieber Augustin« produzierte.

Da die Dinge so überaus erbärmlich lagen, verließ ich die Stätte voller Ekel und rufe nun alle Liebhaber korrekten Zeitmaßes und feinen Krauts um Hilfe an. Laßt uns vereint nach jenem Flecken ziehen und dort der Dinge Ordnung dadurch wiederherstellen, daß wir den kleinen Burschen von dem Turm vertreiben.

Ein verbrauchter Mann

Eine Anekdote aus dem letzten Feldzug gegen die Bugaboo und Kickapoo

> Pleurez, pleurez, mes yeux, et fondez-vous en eau!
> La moitié de ma vie a mis l'autre au tombeau.
>
> Corneille

Ich kann mich im Augenblick nicht erinnern, wann oder wo ich zum erstenmal die Bekanntschaft jenes wahrhaft schneidigen Burschen machte, des Brigadegenerals h. c. John A. B. C. Smith. Ich weiß noch sicher, daß mich dem Herrn jemand *vorstellte* – bei irgendeiner öffentlichen Versammlung, so viel ist gewiß – in welcher es um höchstwichtige Dinge ging, ganz zweifellos – an diesem oder auch jenem Orte, davon bin ich überzeugt – dessen Namen mir unbegreiflicherweise entfallen ist. Tatsächlich war die Vorstellung auf meiner Seite mit hochgradig ängstlicher Verwirrung verbunden, welche es bewirkte, daß mir jeglicher bestimmte Eindruck von Zeit und Ort entging. Meine Konstitution ist von nervöser Beschaffenheit – ein Familienübel, welchem ich nicht abzuhelfen vermag. Schon der leiseste Anschein eines geheimnisvollen Umstandes jeglicher Art – den ich nicht genau erfassen kann – versetzt mich augenblicklich in einen Zustand bemitleidenswerter Erregung.

Es war etwas irgendwie Merkwürdiges – ja, *Merkwürdiges,* so schwächlich dieser Ausdruck auch meine volle Meinung wiedergibt – an der ganzen Individualität der in Rede stehenden Persönlichkeit. Er war vielleicht sechs Fuß groß und von einzigartiger gebietender Erscheinung. Ein *air distingué* durchdrang den ganzen Mann; es sprach von hoher Bildung und wies auf hohe Geburt hin. In Anbetracht des Betrachtungsgegenstandes – des Generals persönlicher Erscheinung nämlich – empfinde ich eine Art melancholischer Befriedigung dabei, ausführlich und genau zu sein. Sein Haupthaar hätte einem Brutus Ehre gemacht – nichts konnte reicher fluten oder einen strahlenderen Glanz besitzen. Es war von pechener Schwärze – welche gleichfalls die Farbe – oder eigentlich besser die Nicht-Farbe – seines unvergleichlichen Backenbartes war. Sie sehen, ich kann von diesem letzteren nicht ohne Begeisterung reden, ja, es ist wohl nicht zuviel gesagt, wenn ich behaupte, daß derselbe den ansehnlichsten Backenbart unter der Sonne darstellte. Jedenfalls umrahmte er – und überschattete zuzeiten teilweise – einen Mund, der ebenso nicht seinesgleichen hatte. Er barg das vollkommenste Ebenmaß und das herrlichste Weiß aller nur erdenklichen Zähne. Zwischen diesen ertönte bei jeder geziemender Gelegenheit eine Stimme von überwältigender Klarheit, Melodik und Kraft. Was nun die Augen anbetrifft, war meine Bekanntschaft erlesen ausgestattet. Jedes einzelne von ihnen war gleich ein ganzes Paar gewöhnlicher Sehorgane wert. Sie waren von tiefem Nußbraun, ungemein groß und leuchtend; und stets und immer zeigten sie diesen Hauch interessanter Schiefe, welche dem Ausdruck Bedeutsamkeit verleiht.

Die Brust des Generals war fraglos die prächtigste, die ich nur je erblickte. Und ginge es um Ihr Leben – Sie hätten nicht einen Fehler in ihrem wundervollen Ebenmaß entdecken können. Diese ausgesprochene Rarität wurde zum großen Vorteil noch von Schultern gekrönt, welche auf den Zügen des marmornen Apollo schier ein Erröten des Bewußtseins minderen Wertes hätten hervorrufen können. Ich habe eine Leidenschaft für schöne Schultern und darf wohl sagen, daß ich niemals zuvor welche von solcher Vollendung habe erschauen dürfen. Die Arme waren bewundernswürdig modelliert. Auch die unteren Gliedmaßen zeigten sich nicht weniger stattlich. Tatsächlich stellten sie das *Nonplusultra* guter Beine dar. Jeder Kenner in solchen Dingen gestand ihnen ihre Güte zu. Es war weder zuviel noch zuwenig Fleisch daran – sie waren weder grob noch zerbrechlich. Ich konnte mir keine anmutigere Linie vorstellen als die des *os femoris,* und an der Rückpartie der *fibula* fand sich eben jene angemessen zarte Wölbung, welche einer wohlgestalteten Wade zum Vorzug gereicht. Ich wünschte zu Gott, mein junger und begabter Freund Chiponchipino, der Bildhauer, hätte nur die Beine des Brigadegenerals ehrenhalber John A. B. C. Smith einmal sehen können!

Doch obgleich Männer von solch absolut stattlicher Erscheinung nicht eben so leicht und häufig zu finden sind wie Argumente oder Brombeeren, vermochte ich mich nicht davon zu überzeugen, daß jenes *bemerkenswerte* Etwas, auf das ich gerade angespielt – daß jenes wunderliche Fluidum von *je ne sais quoi,* das meine neue Bekanntschaft umgab –, durchaus nun oder gar einzig in der schier blendenden Pracht seiner körperlichen Ausstattung begründet sein sollte. Vielleicht war es vielmehr seinem *Lebensstile* zuzuschreiben – doch darf ich auch hierin nicht beanspruchen, im Recht zu sein. Es *war* eine Förmlichkeit, um nicht zu sagen Steifheit in seinem Verhalten – ein Grad von gemessener und, wenn mir der Ausdruck erlaubt ist, von rechtwinkliger Präzision, die jede seiner Bewegungen begleitete und, bei einer geringeren Gestalt wahrgenommen, allerdings wohl einigen Beigeschmack von Affektiertheit, Pomperei oder Gezwungenheit gehabt hätte, jedoch bei einem Herrn von so unbezweifelbarem Format bereitwillig als Reserve, *hauteur* – im lobenswerten Sinne –, kurz, als das ausgelegt wurde, was als Würde gewaltiger Proportionen angemessen ist.

Der geschätzte Freund, der mich bei dem General einführte, flüsterte mir einige Worte zum näheren Verständnis des Mannes in das Ohr. Er war ein *merkwürdiger* Mann – ein *sehr* merkwürdiger Mann – ja, wohl einer der *allermerkwürdigsten* Männer des Zeitalters. Auch bei den Damen stand er in besonderer Gunst – hauptsächlich auf Rechnung des hohen Ruhmes, den ihm sein Mut eingetragen hatte.

»In *diesem* Punkte steht er unbestritten da – tatsächlich ist er ein vollkommener Desperado – ein rechter Feuerfresser, da gibt es keinen Zweifel«, sagte mein Freund, indem er hier seine Stimme außerordentlich dämpfte und mich durch das Geheimnisvolle seines Tons erschauern ließ.

»Ein rechter Feuerfresser, da gibt es *keinen* Zweifel«. Hat *das,* wollte ich meinen, zu einiger Genüge in der letzten ungeheuerlichen Sümpfeschlacht mit den Bugaboo- und Kickapoo-Indianern gezeigt, weit unten im Süden.« (Hierbei riß mein Freund vielsagend die Augen auf.) »Grundgütiger Himmel! – Blut und Donner, soviel man nur will! – *Wunder* an Tapferkeit – haben doch sicher von ihm gehört? – Wissen Sie, daß er –«

»Alles, was recht ist – *das* ist ja eine Überraschung! Wie *geht* es Ihnen? – *sehr* erfreulich, Sie zu sehen!« unterbrach hier der General selbst, indem er meines Gefährten Hand ergriff, als er näher trat und sich steif, doch tief verbeugte, als ich ihm vorgestellt wurde. Ich dachte damals (und denke noch jetzt so), daß ich niemals eine klarere noch kraftvollere Stimme gehört, noch ein feineres Gebiß erblickt hätte: doch *muß* ich sagen, daß es mir leid war, gerade in dem Augenblicke unterbrochen zu werden, da mein Interesse, infolge des obenerwähnten Geflüsters und der dabei gefallenen Andeutungen, für den Helden des Bugaboo- und Kickapoo-Feldzuges in hohem Maße geweckt war.

Gleichwohl zerstreute die köstlich lichtvolle Konversation des Brigadegenerals John A. B. C. Smith bald vollkommen meinen Verdruß. Da mein Freund uns unmittelbar verließ, hatten wir ein recht langes *tête-à-tête,* und ich war davon nicht nur höchst angetan, sondern gewann daraus auch *wirkliche* – Belehrung. Nie zuvor vernahm ich einen flüssigeren Redner oder einen Menschen von größerer Gemeinbildung. Mit schicklicher Bescheidenheit vermied er es jedoch, das Thema zu berühren, das mir gerade damals eigentlich auf dem Herzen lag – ich meine die geheimnisvollen Umstände um den Kickapoo-Feldzug –, und auf meiner Seite verbot mir das, was ich als schönes Zartgefühl begreife, diese Frage anzusprechen; obschon ich in Wahrheit sehr versucht war, es zu tun. Ich bemerkte aber auch, daß der brave Soldat Themen von philosophischem Interesse den Vorzug gab und daß er besonderes Vergnügen daran nahm, sich zu dem rapiden Vormarsch der Erfindungen auf dem Gebiet der Mechanik zu äußern. Tatsächlich mochte ich ihn führen, wohin ich auch wollte – er kam unweigerlich wieder auf diesen Punkt zurück.

»Es gibt nichts, das dem überhaupt vergleichbar wäre«, sagte er etwa. »Wir sind ein wundervolles Volk und leben in einer wundervollen Zeit. Fallschirme und Eisenbahnen – Fußangeln und Selbstschußgewehre! Unsere Dampfboote fahren auf allen Meeren, und der Nassau-Ballon steht im Begriff, regelmäßige Reisen (Fahrpreis einer jeden Strecke nur zwanzig Pfund Sterling) zwischen London und Timbuktu zu machen. Und wer mag den ungeheuren Einfluß absehen – auf das gesellschaftliche Leben – auf die Künste – auf Handel – und auf Literatur –, welcher das unmittelbare Ergebnis der großen Prinzipien des Elektro-magnetismus sein wird! Und das ist noch nicht alles, seien Sie versichert! Dem Vormarsch der Mechanik sind keine Grenzen gesetzt. Die wundervollsten – die sinnreichsten – und lassen Sie mich hinzusetzen, Mr. – Mr. – Thompson, ich glaube, das war doch Ihr Name – lassen Sie mich hinzusetzen, sagte ich, die *nützlichsten* – die *allernützlichsten* mechanischen Einrichtungen schießen tagtäglich wie die Pilze aus dem Boden, wenn ich mich einmal so ausdrücken darf, oder – etwas figürlicher – springen wie – äh – Grashüpfer – wie Grashüpfer, Mr. Thompson – um uns auf und äh – äh – äh – um uns herum!«

Thompson ist nun gewiß nicht mein Name; doch bleibt es wohl unnötig zu sagen, daß ich General Smith mit nur noch stärkerem Interesse für den Mann verließ, mit begeisterter Meinung von seiner Unterhaltungsgabe und mit einem tiefen Bewußtsein der unschätzbaren Privilegien, deren wir uns erfreuen dürfen, indem wir in diesem Zeitalter der mechanischen Erfindungen leben. Meine Neugierde war jedoch durchaus nicht gänzlich befriedigt, und ich entschied, unter meinen Bekanntschaften unmittelbar weitere Nachforschungen anzustellen – einmal über den General selbst, sodann im besonderen aber auch hinsichtlich der ungeheuerlichen Ereignisse, *quorum pars magna fuit,* während des Bugaboo- und Kickapoo-Feldzuges.

Die erste Gelegenheit, welche sich bot und die *(horresco referens)* zu ergreifen ich nicht im mindesten Bedenken hatte, ergab sich in der Kirche von Hochwürden Doktor Drummummupp, woselbst ich mich eines schönen Sonntags einfand, just zur Predigtzeit, nicht nur im Kirchenstuhle, sondern gar noch an der Seite meiner geschätzten und mitteilsamen kleinen Freundin, Miss Tabitha T. Indem ich dort Platz genommen, beglückwünschte ich mich, und das wohlbegründet, zu dem recht schmeichelhaften Fortschritt meiner Bemühungen. Denn wußte nur irgendwer etwas über Brigadegeneral John A. B. C. Smith zu berichten, so war dies, ohne jeden Zweifel, Miss Tabitha T. Wir telegraphierten uns ein paar wenige Signale zu und begannen dann, *sotto voce,* ein lebhaftes *tête-à-tête.*

»Smith!« sagte sie, in Erwiderung auf mein sehr ernstliches Forschen; »Smith! – wie, doch nicht General John A. B. C.? Lieber Gott, ich dachte, Sie wären über ihn im Bilde! Unser wundervoll erfindungsreiches Zeitalter! Gräßliche Sache, das! – ein blutdürstiger Haufen Schurken, diese Kickapoos! – focht wie ein Held – Wunder der Tapferkeit – unsterblicher Ruhm. Smith! – Brigadegeneral John A. B. C.! – aber ja, Sie wissen doch, er ist der Mann – der Mensch – der –«

»Der Mensch«, unterbrach hier Doktor Drummummupp mit äußerst starker Stimme und mit einem Krach, der nahezu die Kanzel um unsere Ohren schlagen ließ, »der Mensch, vom Weibe geboren, lebet nur kurze Zeit, ist voll Unruhe, er erblüht und wird geschnitten wie eine Blume!« Ich fuhr in die äußerste Ecke des Kirchenstuhles zurück und erkannte aus den dräuenden Blicken des Geistlichen, daß der ungestüme Zorn, welcher beinahe der Kanzel verhängnisvoll geworden wäre, von dem Geflüster zwischen mir und der Dame erweckt worden war. Da ließ sich nun nichts ausrichten; so fügte ich mich denn mit Anstand und lauschte, in allen Märtyrerqualen hochwürdigen Schweigens, dem Rest jener sehr famosen Rede.

Der nächste Abend fand mich als etwas verspäteten Besucher im Rantipole-Theater, wo ich sogleich sicher war, meiner Neugierde Befriedigung zu schaffen, indem ich lediglich die Loge der Damen Arabella und Miranda Cognoscenti betrat, jener unvergleichlichen Muster von Gesprächigkeit und Allwissenheit. Climax, der herrliche Tragöde, spielte vor stark besuchtem Haus den Jago, und demzufolge erfuhr ich einige Schwierigkeit, meine Wünsche verständlich zu machen; besonders da unsere Loge sich gleich neben den Schiebekulissen befand und vollständig über die Bühne herausragte.

»Smith?« sagte Miss Arabella, als sie schließlich den Inhalt meiner Frage verstanden; »Smith? – ach, doch nicht General John A. B. C.?«

»Smith?« forschte auch Miranda träumerisch, »helf mir Gott, erblickten Sie jemals eine schönere Gestalt?«

»Nie, Madam, doch sagen Sie mir bitte –«

»Oder solch unnachahmliche Anmut?«

»Niemals, auf mein Wort! – aber erzählen Sie mir doch –«

»Oder eine so gerechte Würdigung von Theater-Effekten?«

»Madam!«

»Oder ein delikateres Gefühl für die wahren Schönheiten Shakespeares? Ach, bitte, sehn Sie sich doch nur dieses Bein an!«

»Zum Teufel!« – und ich wandte mich wieder ihrer Schwester zu.

»Smith?« sagte sie, »ach, doch nicht General John A. B. C.? Gräßliche Geschichte, nicht wahr? – schreckliche Schufte, diese Bugaboos – Wilde und so weiter – aber wir leben in einem wundervoll erfindungsreichen Zeitalter! – Smith! – o ja! großer Mann! – vollkommener Desperado – unsterblicher Ruhm – Wunder an Tapferkeit! – *Nie von ihm gehört?!«* (Letzteres als schriller Schrei.) »Herr des Himmels! – aber er ist doch der Mann – der –«

»– Mandragora,
Noch alle Schlummersäfte der Natur
Verhelfen je dir zu dem süßen Schlaf,
Den du noch gestern hattest!«

brüllte hier Climax mir direkt ins Ohr und schüttelte dabei fortwährend die Faust vor meinem Gesicht, auf eine Art, welche ich weder vertragen *konnte* noch *wollte.* Ich verließ die Damen Cognoscenti unverzüglich, begab mich geraden Weges hinter die Kulissen und verhalf dem elenden Schuft zu einer Tracht Prügel, von der ich zuversichtlich hoffte, daß er sich ihrer bis zum Tage seines Todes erinnern wird.

Auf der *Soirée* der reizenden Witwe, Mrs. Kathleen O'Trump, vertraute ich darauf, daß mir kein ähnliches Mißgeschick mehr widerfahren würde. So saß ich denn auch kaum mit meiner entzückenden Gastgeberin *vis-à-vis* am Kartentisch, als ich schon jene Fragen vortrug, deren Lösung für meinen Frieden so wesentlich geworden.

»Smith!« sagte meine Partnerin, »ach, doch nicht General John A. B. C.! Gräßliche Geschichte, nicht wahr? – Karo, sagten Sie? – fürchterliche Schurken, diese Kickapoos! – Wir spielen *Whist,* wenn es Ihnen gefällig ist, Mr. Tattle – allerdings, dies ist das Zeitalter der Erfindungen, dürfte man sagen – *das* Zeitalter *par excellence* – sprechen Sie Französisch? – oh, ein ganzer Held – vollkommener Desperado – *wirklich gar kein Herz,* Mr. Tattle? Das kann ich nicht glauben! – unsterblicher Ruhm und dergleichen – Wunder an Tapferkeit! Nie von ihm gehört?!?! – aber, mein Gott, er ist doch der Mann – der –«

»Mann? – *Kapitän* Mann?« kreischte hier irgendein kleiner weiblicher Eindringling aus der hintersten Ecke des Zimmers. »Reden Sie von Kapitän Mann und dem Duell? – oh, das *muß* ich hören – sagen Sie doch – sprechen Sie weiter, Mrs. O'Trump! fahren Sie doch fort!« Und fort fuhr sie, die gute Mrs. O'Trump – und verbreitete sich über einen gewissen Kapitän Mann, welcher entweder erschossen und gehängt worden war oder aber beides, erschossen und gehängt, hätte werden sollen. Ja! Mrs. O'Trump fuhr fort, und ich – ich fuhr davon. Es bestand keine Aussicht mehr, an diesem Abend noch irgend etwas über Brigadegeneral h.c. John A. B. C. Smith zu hören.

Doch tröstete ich mich mit der Überlegung, daß die Flutwelle des Mißglücks ja nicht ewig gegen mich anbranden würde, und so entschloß ich, abermals einen kühnen Vorstoß zum Gewinne neuer Nachricht bei der Abendgesellschaft der zierlichen Mrs. Pirouette zu unternehmen, jenes bestrickenden kleinen Engels.

»Smith!«, sagte Mrs. P., während wir zusammen in einem *pas de zéphyre* über das Parkett wirbelten, »Smith? – warum, aber doch nicht General John A. B. C.? Grausame Sache, was die Bugaboos da gemacht haben, nicht wahr? – schreckliche Kreaturen, diese Indianer! – setzen Sie Ihre *Füße* richtig! Ich muß mich Ihrer ja wirklich schämen – ein Mann von großem Mut, der arme Kerl! – aber dies ist ein wundervolles Zeitalter für Erfindungen! Ach Gott, ich bin ja gänzlich außer Atem – der reinste Desperado – Wunder der Tapferkeit – *nie gehört?!!* – das kann ich gar nicht fassen – ich muß mich setzen und Sie aufklären – Smith! – das ist der Mann – der –«

»Man-*Fred,* sage ich Ihnen!« schrie hier Miss Bas-Bleu mit schriller Stimme, als ich Mrs. Pirouette zu einem Sitz geleitete. »Hat man dergleichen schon gehört? Es heißt Man-*Fred,* sage ich, und keineswegs Man-*Friday.*« Hier winkte mir Miss Bas-Bleu in sehr rücksichtsloser Weise zu; und ich war genötigt, *nolens volens* Mrs. P. zu verlassen, um einen Disput über den Titel eines gewissen poetischen Dramas von Lord Byron zu schlichten. Obschon ich mit großer Eilfertigkeit verkündete, der wahre Titel wäre Man-*Friday* und bei weitem nicht etwa Man-*Fred,* war doch Mrs. Pirouette, als ich zurückkehrte, sie zu suchen, nicht mehr zu entdecken, und ich trat meinen Rückzug aus dem Haus voll sehr bitteren Grolls auf die ganze Sippschaft der Bas-Bleus an.

Die Dinge hatten nunmehr einen wirklich ernsten Aspekt gewonnen, und ich beschloß, nun unverzüglich bei meinem besonderen Freund, Mr. Theodor Sinivate, vorzusprechen; wußte ich doch, daß ich bei ihm so etwas wie eine endgültige Auskunft erlangen würde. »Smith?« sagte er, in seiner wohlbekannten Weise, die Silben zu dehnen; »Smi-i-i-ith? – ach, doch nicht etwa General John A. B. C.? Wilde Geschichte, das mit den Kickapo-o-o-os, nicht wahr? Sagen Sie nicht auch? – vollkommener Despera-a-a-ado – auf Ehre, ein wahrer Jammer! – wundervoll erfindungsreiches Zeitalter! – Wu-u-u-under an Tapferkeit! Nebenbei, haben Sie schon mal von Kapitän Ma-a-a-ann gehört?«

»Kapitän Mann soll verd…t sein!« sagte ich, »fahren Sie doch gütigst fort mit Ihrer Geschichte.«

»Hm! – äh – gerne! ist ganz *la même chose,* wie wir in Frankreich sagen. Smith, wie? Brigadegeneral John A. B. C.? Also hören Sie« – (hier fühlte er sich bemüßigt, recht umständlich den Finger an die Nase zu legen) – »hören Sie mal, Sie wollen mir doch nicht wirklich und wahrhaftig erzählen, Sie wüßten über diese Sache mit Smith nicht ebenso gut Bescheid wie ich, he? Smith? John A. B. C.? Ach du lieber Gott, das ist doch der Ma-a-ann –«

»*Mr.* Sinivate«, sagte ich flehentlich, »*was* ist er –? Der Mann in der Maske?«

»Aber nei-i-i-in!« erwiderte er mit weiser Miene, »und auch nicht der Mann im Mo-o-o-ond.«

Diese Antwort verstand ich als ausgesprochenen Affront und verließ im Augenblick das Haus, höchst aufgebracht und mit dem festen Entschluß, meinen Freund, Mr. Sinivate, für sein ungebührliches Betragen und seine Ungezogenheit baldigst zur Verantwortung zu ziehen.

Inzwischen jedoch verspürte ich keinerlei Neigung mehr, mich hinsichtlich der begehrten Auskünfte noch weiter foppen zu lassen. Nur eine einzige Zuflucht blieb mir noch. Ich mußte mich zur Quelle selbst begeben. Ich würde mich an den General selbst wenden und klipp und klar um eine Lösung dieses verruchten Geheimnisses nachsuchen. Hier im mindesten sollte es dann kein Entweichen in irgendwelche Zweideutigkeiten geben. Ich würde klar sein, hartnäckig, ja rücksichtslos – kurz wie der gewürzte Witz – und knapp wie Tacitus oder Montesquieu.

Es war noch früh, als ich vorsprach, und der General noch mit der Morgentoilette beschäftigt; doch gab ich ein dringliches Geschäft vor und wurde mithin unverzüglich von einem alten schwarzen Kammerdiener in sein Schlafgemach geführt. Als ich dasselbe betrat, blickte ich mich natürlich nach dem Bewohner um, bemerkte ihn jedoch nicht gleich. Es gab da nur ein umfangreiches und überaus wunderlich ausschauendes Bündel Etwas, das dicht vor meinen Füßen auf dem Boden lag, und da ich nicht gerade allerbester Laune war, beförderte ich es mit einem Tritt aus dem Wege.

»Hem! Ä-hem! Ein sehr ziviles Benehmen, möchte ich meinen!« sagte da das Bündel, mit einer Stimme, so winzig und so komisch schwach in ihrem Mischgeräusch aus Quieken und Gurgeln, wie ich sie mein Lebtag noch nie vernommen.

»Ä-hem! Wirklich ein bißchen sehr zivil, möchte ich bemerken.« Ich schrie vor Schrekken förmlich auf und wich jäh in den äußersten Winkel des Raumes zurück. »Gerechter Gott! mein werter Freund«, quietschte hier das Bündel von neuem, »was – was – was, ja also, was ist denn nur? Ich glaube, Sie kennen mich überhaupt nicht!«

Was sollte ich *dazu* sagen – was *konnte* ich dazu noch sagen? Ich stolperte zu einem Armsessel und harrte, mit stierem Blick und offenem Mund, der Lösung des Wunders.

»Das wäre wohl auch sonderbar, wenn Sie mich erkennen würden, nicht wahr? Pompeius, bring mir das Bein!« Hierauf reichte der Neger dem Bündel ein recht ansehnliches, bereits bekleidetes Korkbein, welches im Handumdrehen angeschraubt war – und nun stand das Bündel aufrecht vor meinen Augen.

»Das *war* schon ein blutiges Treffen«, fuhr das Ding wie im Selbstgespräch fort, »aber man muß nicht mit den Bugaboos und Kickapoos kämpfen, wenn man mit nur einer Schramme davonkommen will. Pompeius, würdest du mir jetzt gütigster Weise den Arm dort reichen. Thomas« (wieder mir zugewendet) »ist entschieden der beste Hersteller von Korkbeinen; doch sollten Sie je einen Arm wollen, mein werter Freund, so müssen Sie mir erlauben, Sie an Bishop zu empfehlen.« Hier schraubte Pompeius ihm einen Arm an.

»Da ist es ziemlich heiß hergegangen, darf man wohl sagen. Nun, du Hund, zieh mir doch meine Schultern und die Brust über! Pettit macht die besten Schultern, aber eine richtige Heldenbrust – da müssen Sie zu Ducrow gehen.«

»Heldenbrust?!« rief ich aus.

»Pompeius, wann bist Du *endlich* mit der Perücke soweit? Das Skalpieren ist eine ziemlich rauhe Prozedur, doch können Sie sich dann bei De L'Orme solch einen prächtigen Schopf besorgen.«

»Schopf?!«

»Her mit dir, Nigger, meine Zähne! Für ein Gebiß von dieser Güte wenden Sie sich am besten gleich an Parmly; hohe Preise, aber ausgezeichnete Arbeit. Ich habe da allerdings auch erlesene Exemplare verschluckt, als mir der riesenhafte Bugaboo seinen Flintenkolben ins Gesicht rammte.«

»Flintenkolben? Ins Gesicht gerammt?! – Beim Licht meiner Augen!!!«

»Richtig, meine Augen – hier, Pompeius, du Taugenichts, schraube sie ein! Diese Kickapoos fackeln nicht lange, die Augen auszustechen; aber ihm wird unrecht getan, diesem Dr. Williams; Sie können sich nicht vorstellen, wie gut ich mit den Augen seiner Fabrikation zu sehen vermag.«

Ich begann nun sehr klar zu erkennen, daß der Gegenstand vor mir nichts mehr und nichts weniger war als meine neue Bekanntschaft, Brigadegeneral h.c. John A. B. C. Smith. Die Verrichtungen des Negers hatten, das muß ich bekennen, eine wahrlich auffällige Veränderung in der persönlichen Erscheinung des Mannes hervorgerufen. Die Stimme freilich machte mich nicht wenig irre; doch selbst dies scheinbare Geheimnis war alsbald aufgeklärt.

»Pompeius, du schwarzer Schurke«, quietschte der General, »ich glaube wirklich, du willst mich heute ohne meinen Gaumen ausgehen lassen!«

Hierauf näherte sich der Neger, unter allerlei gemurmelten Entschuldigungen, seinem

Herrn, öffnete ihm mit der kundigen Miene eines Jockeys den Mund und brachte darin ein irgendwie doch recht sonderbar aussehendes Gerät an, und zwar so behende und geschickt, daß ich es kaum fassen konnte. Die Veränderung jedoch, die hierbei im gesamten Gesichtsausdruck des Generals vor sich ging, war eine unverzügliche und erstaunliche. Als er nunmehr wieder sprach, hatte seine Stimme jene reiche Melodik und Kraft wiedergewonnen, welche ich bei unserer ersten Begegnung bemerkt hatte.

»Gottverd... die Vagabunden!« sagte er in so klarem Ton, daß ich ob der Veränderung schier zurückprallte. »Diese Strolche! Sie haben meinem Mund nicht nur die Beißerchen ausgeschlagen, sondern machten sich auch noch die Mühe, mir wenigstens sieben Achtel der Zunge abzuschneiden. Aber was wirklich gute Artikel dieser Gattung betrifft, so findet in ganz Amerika Bonfanti nicht seinesgleichen. Ich kann Ihnen den Mann mit bestem Gewissen empfehlen« (hier machte der General mir eine Verbeugung), »und zwar mit dem höchsten Vergnügen.« Ich bezeigte mich für seine Freundlichkeit nach besten Kräften erkenntlich und nahm nun augenblicklich Abschied von ihm – hatte ich doch den wahren Stand der Dinge jetzt vollkommen verstanden, das volle Ausmaß des Geheimnisses, das mich so lange geplagt, jetzt begriffen. Es war ans Licht gebracht. Ein klarer Fall. Brigadegeneral h.c. John A. B. C. Smith war der Mann – *der Mann, der verbraucht worden war.*

Der Untergang des Hauses Usher

Son cœur est un luth suspendu;
Sitôt qu'on le touche il résonne.

Beranger, *Le Refus*

Einen ganzen langen, stillten, trüben, trostlosen und tief herbstlichen Tag hindurch war ich allein, zu Pferde, unter dem bedrückend lastenden Wolkenhimmel durch einen ungewöhnlich öden Landstrich dahingeritten; und kam endlich, da die Schatten des Abends sich anschickten heraufzuziehen, in die Nähe des melancholischen Hauses Usher. Ich kann es nicht erklären – doch schon der erste Anblick des Gemäuers bedrückte meine Seele mit unerträglicher Düsternis. Ich sage unerträglich, weil das Gefühl durch keine der halb angenehmen, weil poetischen Empfindungen gelindert wurde, mit denen die Seele gewöhnlich selbst die ernstesten Naturbilder des Trostlosen oder Schaurigen aufnimmt. Ich betrachtete die Szene vor mir – das Gebäude selbst und die eintönigen Ländereien, die öden Mauern, die blinden Fensteraugen, die wenigen wuchernden Binsenbüschel, die bleichen Stümpfe abgestorbener Bäume –, und der Anblick bereitete mir eine solche Beklemmung der Seele, daß ich kein anderes Gefühl auf Erden besser damit vergleichen könnte als den Nach-Traum des Opiumsüchtigen – das bittere Abgleiten in Nüchternheit und Alltag, dem Schauer, wenn der Schleier fällt. Etwas Eisiges lag in der Luft, ein Sinken, Mürbheit des Herzens, eine unerlöste Trübsal des Gedankens, die keine noch so gewaltsame Verfügung der Phantasie hochpeitschen konnte zu Erhabenheit, zu Größe. Was war es nur – und ich hielt grübelnd inne –, was versetzte mich beim Anblick des Hauses Usher in einen solchen wehrlos-nervösen Reizzustand? Dunkel schien dies Rätsel mir, ganz und gar verworren; auch konnte ich mich der Schattengestalten nicht erwehren, die mich bei meiner Grübelei bedrängten. Ich mußte mich schließlich mit der unbefriedigenden Schlußfolgerung begnügen, daß es zwar ganz ohne Zweifel Kombinationen von Dingen gibt, die, jedes für sich genommen, ganz einfacher Natur sind, daß also nur ihre Fügung eine solche Wirkung auf uns hat, daß aber die Analyse ihrer Wirkweise zu den Dingen zählt, die uns Sterblichen nicht gegeben sind. Möglich wäre es immerhin, so dachte ich, daß schon eine etwas andere Anordnung der Bildbestandteile hinreichen würde, seine Fähigkeit, unseren Sinn zu verdüstern, abzuschwächen oder sogar aufzuheben; diesem Gedanken folgend, lenkte ich mein Pferd an den steilen Rand eines sumpfigen, schwarz schimmernden Teiches, der, von keinem Hauch bewegt, neben dem Wohnhause lag, und spähte hinab – doch ein Schauer schüttelte mich, durchdringender noch als zuvor – auf das verzerrte und auf dem Kopfe stehende Spiegelbild der grauen Binsen, der gespenstischen Baumstümpfe und der blinden Fensteraugen.

Dennoch nahm ich mir vor, in diesem Haus der Düsternis einen Aufenthalt von mehreren Wochen zu nehmen. Sein Besitzer, Roderick Usher, war einer der engsten Freunde meiner Knabenzeit gewesen; doch waren viele Jahre vergangen, seit wir uns zuletzt gesehen hatten. Jüngst hatte mich aber, als ich mich in einem entlegenen Teil des Landes aufhielt, ein Brief erreicht – ein Brief von ihm –, dessen wild drängender Charakter keine andere als eine mündliche Beantwortung zuließ. Die Handschrift zeugte von nervöser Reizbarkeit. Der Briefschreiber berichtete von akutem körperlichem Unwohlsein, von geistiger Zerrüttung, die ihn ängstige, und von dem dringenden Wunsche, mich, seinen besten und in der Tat einzigen persönlichen Freund, wiederzusehen, da er hoffe, die Heiterkeit meiner Gesellschaft werde seinem Zustand etwas Erleichterung verschaffen. Es war der Ton, in dem all dies und vieles mehr gesagt war – die tief von Herzen kommende Bitte –, das mir kein Zögern erlaubte, und ich gehorchte daher unverzüglich dieser, wie ich bei mir dachte, höchst eigenartigen Aufforderung.

Obwohl wir als Jungen sogar recht enge und vertraute Kumpanen waren, wußte ich eigentlich nur wenig über meinen Freund. Seine außerordentliche Zurückhaltung schien ihm angeboren zu sein. Ich wußte jedoch, daß seine sehr alte Familie seit undenklichen Zeiten wegen einer eigentümlichen Verfeinerung der Seelenlage bekannt war, die über Generationen in vielen überspannten Kunstwerken Ausdruck gefunden hatte; in neuerer Zeit hatte sie sich in mancher Handlung großmütiger, doch unauffälliger Großzügigkeit niedergeschlagen sowie in der leidenschaftlichen Hingabe an die Musik, aber nicht in der Beschäftigung mit allgemein anerkannten und von jedermann erkennbaren Schönheiten dieser Kunst, sondern den wissenschaftlichen, theoretischen Problemen der Musik. Auch war mir die sehr bemerkenswerte Tatsache zu Ohren gekommen, daß der Stammbaum der Familie Usher, so altehrwürdig er auch sein mochte, im Laufe seiner Geschichte niemals einen dauernden Nebenzweig hervorgebracht hatte; mit anderen Worten, alle Generationen der Familie, von einer völlig unbedeutenden und sehr kurzfristigen Ausnahme abgesehen, stammten in direkter Linie voneinander ab. Es war dieser Mangel an Seitenlinien, dachte ich bei mir, während ich im Geiste den absoluten Einklang des Charakters der Gebäude mit dem Bild der Persönlichkeiten seiner Bewohner verglich und darüber spekulierte, welchen wechselseitigen Einfluß beide im Laufe der vielen Jahrhunderte wohl aufeinander ausgeübt hatten – dieser Mangel an Seitenlinien und die daraus resultierende und immer gleichbleibende, vom Vater auf den Sohne erfolgte Vererbung von Besitztum und Familiennamen. Beide identifizierten sich so miteinander, daß der ursprüngliche Name des Anwesens in die wunderliche und doppeldeutige Bezeichnung »das Haus Usher« übergegangen war – ein Name, der jedenfalls bei der Landbevölkerung in der Umgebung, die ihn benutzten, beides zu bezeichnen schien: die Familie und ihren Wohnsitz.

Ich erwähnte bereits, daß mein eher kindisches Experiment – der Blick hinab in den spiegelnden Teich – meinen ersten befremdlichen Eindruck noch vertieft hatte. Das Bewußtsein um das rasche Anwachsen meiner abergläubischen Furcht – denn wie sonst sollte ich das Gefühl nennen? – führte allein dazu, diese Furcht selbst zu verstärken. Denn solcher Art ist, wie ich längst weiß, das paradoxe Grundgesetz aller Empfindungen, deren Ursprung das Grauen ist. Und einzig dies hätte die Ursache sein können für eine seltsame Vorstellung, die in meiner Seele erstand, als ich meinen Blick von dem Spiegelbild zum Hause selbst hinauflenkte – eine Vorstellung, die in der Tat so lächerlich ist, daß ich sie hier nur erwähne, um eine Vorstellung von der Wirkmacht der Empfindungen zu geben, die mich bedrängten. Ich hatte meine Phantasie nämlich so übersteigert, daß ich mir einbildete, um das Haus und seine Ländereien hinge eine nur diesen eigentümliche Atmosphäre – ein Dunstkreis, der keinerlei Ähnlichkeit mit der Himmelsluft hatte, der aus den morschen Baumstümpfen emporquoll, aus dem Grau der Mauern und dem spiegelnd stummen Pfuhl, ein pesthafter, geheimnisvoller Dampf, trüb, schleierhaft, bleiern.

Ich schüttelte diese Vorstellung, die nur ein Traum gewesen sein konnte, von meinem Geiste ab und betrachtete eingehender die wirkliche Gestalt des Gebäudes. Der erste Eindruck schien der einer unmäßigen Veralterung zu sein. Im Lauf der Zeit war seine Farbe fast gänzlich verblaßt. Ein zarter Mauerschwamm hatte das komplette Äußere des Anwesens überzogen und hing wie ein zartes Gespinst von den Dachtraufen. Trotzdem wurde dadurch nicht der Eindruck hoher Baufälligkeit erweckt. Eingestürzt war das Mauerwerk an keiner Stelle, und der vollkommene Zusammenhalt der Oberfläche stand in krassem Widerspruch zu der bröckligen Beschaffenheit der einzelnen Steine. Darin erinnerte das Haus mich an die trügerische Gesundheit alten Holzwerks, das in irgendeinem unbetretenen Gewölbe viele Jahre lang vermodert, ohne daß je ein Lufthauch von außen es berührt. Außer dieser Andeutung weitreichenden Verfalls wies das Mauerwerk aber kaum Merkmale von

Zerstörung auf. Vielleicht hätte das Auge eines scharf prüfenden Betrachters noch einen kaum wahrnehmbaren Riß entdeckt, der unter dem Dach der Frontseite begann und im Zickzack die Mauer hinunterlief, bis er sich in den trüben Wassern des Teichs verlor.

Während ich all diese Beobachtungen aufnahm, ritt ich über einen kurzen Dammweg auf das Haus zu. Ein aufwartender Stallbursche nahm mein Pferd, und ich betrat den gotisch gewölbten Torbogen der Halle. Verstohlenen Schrittes und schweigend führte mich ein Kammerdiener durch viele dunkle und gewundene Gänge in das Arbeitszimmer seines Herrn. Vieles von dem, was ich auf dem Weg sah, trug dazu bei – ich weiß nicht wie –, das ungewisse Empfinden, von dem ich bereits sprach, noch zu steigern. Obwohl die Dinge um mich herum – das Schnitzwerk der Deckentäfelung, die düsteren Wandteppiche, der phantastische Waffenschmuck, der unter meinen Schritten leise klirrte – obwohl all dies Dinge waren oder zumindest zu der Art von Dingen gehörten, an die ich von Kindesbeinen an gewöhnt war, und obwohl ich nicht zögerte, mir zu versichern, daß mir all dies bekannt und vertraut war, so wunderte ich mich dennoch darüber, welch unheimliche Vorstellungen so alltägliche Bilder hervorrufen konnten. Auf einer der Treppen begegnete ich dem Hausarzt. Er trug, so dachte ich, eine Miene, die zugleich von Durchtriebenheit und Ratlosigkeit zeugte. Er grüßte mich zögerlich und schritt weiter. Aber schon riß der Kammerdiener einen Türflügel auf und führte mich hinein zu seinem Herrn.

Das Zimmer, in dem ich mich fand, war sehr groß und hochgewölbt. Die Spitzbogenfenster waren hoch und schmal und befanden sich in solch übermäßiger Höhe über den schwarzen Eichenholzdielen des Fußbodens, daß sie keinen Blick nach außen erlaubten. Ein schwacher Schimmer karminroten Lichts drang durch die vergitterten Scheiben herein und reichte gerade aus, die augenfälligeren Gegenstände des Gemachs erkennen zu lassen; doch mühte sich das Auge vergebens, bis in die entfernter liegenden Winkel des Zimmers vorzudringen oder in die düstren Wölbungen der gotischen Kreuzdecken. Dunkle Gobelins hingen an den Wänden. Die Einrichtung des Zimmers war überladen, unbehaglich, altväterlich und verschlissen. Bücher und Musikinstrumente lagen überall verstreut, doch auch das vermochte der Szene kein Leben einzuhauchen. Beim bloßen Atmen erspürte ich eine Atmosphäre von Gram und Sorge. Ein Hauch von ernster, tiefer, untilgbarer Schwermut umhüllte und durchdrang alles.

Bei meinem Eintritt erhob sich Usher von dem Sofa, auf dem er lang ausgestreckt gelegen hatte und grüßte mich mit warmer Lebhaftigkeit, die mir zuerst als übertriebene Herzlichkeit erschien – gleich der angestrengten Höflichkeit des verdrossenen Weltmannes. Ein Blick auf sein Gesicht überzeugte mich jedoch von seiner absoluten Aufrichtigkeit. Wir setzten uns, und einige Augenblicke lang betrachtete ich ihn, der schweigend dasaß, mit einem Gefühl von gleichzeitig Mitleid und Scheu. Nie hat wohl ein Mensch sich in so kurzer Zeit so schrecklich verändert wie Roderick Usher! Nur mit Mühe konnte ich mich davon überzeugen, daß dieses welke Wesen vor mir identisch war mit dem Gefährten meiner frühen Jugendjahre. Dabei hatte er schon immer ein bemerkenswertes Gesicht gehabt: die leichenblasse Haut; die großen, klaren und außergewöhnlich strahlenden Augen; die schmalen, bleichen, aber schön geschwungenen Lippen; die Nase von fein hebräischem Schnitt, doch mit für solche Formen ungewöhnlich breiten Nüstern; das fein modellierte Kinn, ein wenig kantiger Form, was einen Mangel an Willenskraft verriet; dazu weiches Haar von gespinsthafter Feinheit. Zusammen mit einer übermäßig hohen und breiten Stirn bildeten all diese Züge ein Gesicht, das man wohl nicht leicht vergessen konnte. Nun lag aber in der bloßen Übersteigerung des augenfälligsten Wesens eines jeden Einzelmerkmales und in der Übersteigerung des Ausdruckes, den ein jeder von ihnen von jeher schon getragen hatte, eine so große Veränderung, daß mir Zweifel kommen wollten, mit wem ich hier eigentlich sprach. Vor allem waren es die nun beinah gespenstische Blässe der Haut und der nunmehr unirdische Glanz seiner Augen, die mich erschreckten, ja mir Scheu einflößten. Auch hatte das seidige Haar ungehindert wuchern dürfen, und wie es in wilden, seltsam zart gewebten Fäden sein Gesicht mehr umflutete denn umrahmte, konnte ich dessen arabesken Ausdruck selbst beim besten Willen nicht mit dem herkömmlichen Bilde der Spezies Mensch in Verbindung bringen.

Im Gebaren meines Freundes fiel mir sogleich die Sprunghaftigkeit seiner Gestik auf, ein Mangel an innerer Stimmigkeit. Und schon bald erkannte ich, daß dies seinen Grund in einer nicht abreißen wollenden Reihe von ebenso frucht- wie kraftlosen Versuchen hatte, ein gewohnheitsmäßiges Zittern zu unterdrücken, eine übermäßige Reizbarkeit der Nerven. Auf etwas Derartiges war ich allerdings nicht nur aufgrund seines Briefes gefaßt, sondern auch durch Jugenderinnerungen an bestimmte Wesenszüge des Freundes sowie durch Schlußfolgerungen, die ich aus seiner eigentümlichen körperlichen und geistigen Verfassung gezogen hatte. Sein Gebaren war abwechselnd lebhaft und mürrisch. Seine Stimme wechselte zwischen unsicherem Beben, wenn die Lebensgeister ihn gänzlich verlassen hatten, und jähen Schüben energischer Knappheit – jener abrupten, gewichtigen, uneiligen, hohlklingenden Sprechweise und bleiern klingenden, perfekt modulierten Kehllauten, die man gelegentlich bei sinnlos Betrunkenen beobachten kann oder bei unheilbaren Opiumsüchtigen in den Stadien der größten Euphorie.

Solcherart sprach er also von dem Zweck meines Besuches, von seinem dringenden Verlangen, mich zu sehen, und von dem wohltätigen Einfluß, den er von mir erhoffte. Dabei kam er in einiger Ausführlichkeit darauf zu sprechen, was er für die Natur seiner Krankheit hielt. Es war, so sagte er, ein konstitutionelles und ererbtes Familienübel, ein Übel, für das ein Heilmittel zu finden er aufgegeben habe – nur eine nervöse Angegriffenheit, fügte er schnell hinzu, die gewiß bald vorübergehen werde. Sie äußere sich in einem ganzen Schwarm unnatürlicher Empfindungen. Als er diese mir nun im einzelnen nannte, war ich von einigen Aufzählungen seines Katalogs der Leiden gleichermaßen angezogen wie befremdet; vielleicht hatte aber auch die Manier seines Berichtes ihren Anteil an dieser Wirkung. Er litt sehr unter einer krankhaften Verfeinerung der Sinne: Nur die fadeste Nahrung war ihm erträglich; er konnte nur Kleider aus ganz bestimmten Stoffen tragen; jeglicher Blumenduft war ihm zuwider; selbst das schwächste Licht quälte seine Augen, und es gab nur wenige besondere Tonklänge, und auch die lediglich von Saiteninstrumenten, die ihn nicht mit Entsetzen erfüllten.

Geradezu sklavisch unterworfen aber fand ich ihn einer anormalen Angst. »Ich gehe zugrunde«, sagte er, »Ich *muß* an dieser beklagenswerten Narrheit zugrunde gehen. So und nicht anders werde ich umkommen. Ich fürchte die Ereignisse der Zukunft – nicht die Geschehnisse selbst, sondern ihre weiteren Wirkungen. Ich schaudere bei dem bloßen Gedanken an jeden noch so trivialen Vorfall, der meine unerträgliche Seelenerregung steigern könnte. Dabei fürchte ich wirklich nicht die Gefahr an sich, wohl aber ihren letztendlichen Effekt, das Grauen. In diesem entnervten, in diesem erbarmungswürdigen Zustand fühle ich, daß ich früher oder später beides, Vernunft und Leben, hingeben muß – verlieren werde im Kampf mit dem grimmen Schattenwesen FURCHT.«

Noch einen anderen sonderbaren Zug seiner geistigen Verfassung erfuhr ich aus abgerissenen und unbestimmten Andeutungen, die ich hie und da aufschnappte. So war er hinsichtlich des Hauses, das er bewohnte und seit Jahren nicht mehr verlassen hatte, in bestimmten abergläubischen Vorstellungen befangen, die sich auf einen Einfluß bezogen, über den er in so unbestimmten und schemenhaft abstrakten Worten redete, daß ich sie hier nicht wiedergeben kann. Diesen Einfluß hätten, wie er sagte, einige Besonderheiten in der bloßen Gestalt und im Material seines Stammsitzes infolge allzu langer Duldung auf seinen Geist erlangt – es sei also eine Macht, den das rein *Körperhafte* der grauen Mauern und Türme und des trüben Teiches, in den sie alle hinabstarrten, auf seine *Seelenlage* ausübe.

Er gestand jedoch, wenn auch zögernd, daß ein Großteil der eigentümlichen inneren Verdüsterung, unter der er litt, einer viel natürlicheren und handgreiflicheren Ursache zugeschrieben werden könne – der schweren und langwierigen Krankheit, ja dem offenbar nahe bevorstehenden Hinscheiden einer zärtlich geliebten Schwester, der einzigen Gefährtin langer Jahre, seiner letzten und einzigen Verwandten hier auf Erden. Ihr Ableben, so sagte er mit einer Bitterkeit, die ich niemals werde vergessen können, würde ihn (den Hoffnungslosen und Gebrechlichen) als den letzten des alten Geschlechts der Usher zurücklassen. Während er sprach, durchschritt Lady Madeline (so war ihr Name) langsam den Hintergrund des Gemaches und verschwand, ohne meine Anwesenheit beachtet zu haben. Ich betrachtete sie mit äußerstem Befremden, das von Furcht nicht frei war, und dennoch war es mir unmöglich, meine Empfindungen zu erklären. Ein Gefühl von Starre bemächtigte sich meiner, während ich ihren entschwindenden Schritten mit den Augen folgte. Als schließlich, nach einem quälenden Intervall, eine Türe hinter ihr ins Schloß fiel, suchte mein Blick unwillkürlich und eilig das Gesicht des Bruders. Aber dieser hatte sein Antlitz in seine Hände vergraben, und ich konnte nur wahrnehmen, daß seine dürren Finger, zwischen denen viele leidenschaftliche Tränen hindurchrannen, von noch gespenstischerer Blässe waren als gewöhnlich.

Das Leiden der Lady Madeline hatte der ärztlichen Kunst schon lange gespottet. Eine beständige Apathie, ein langsames Hinsiechen und häufige, wenn auch vorübergehende Anfälle von teilweise starrkrampfähnlicher Natur – so lautete die ungewöhnliche Diagnose. Bislang hatte sie tapfer dem Druck der Krankheit standgehalten und sich nicht von ihr ans Bett fesseln lassen. Aber bei Einbruch der Dunkelheit des Abends meiner Ankunft im Hause Usher unterlag sie – wie mir ihr Bruder noch in jener Nacht in unaussprechlicher Aufregung berichtete – der vernichtenden Macht des Zerstörers. So erfuhr ich, daß der eine flüchtige Anblick, den ich von ihr gehabt, wohl auch der letzte gewesen sein würde – daß Lady Madeline, wenigstens lebend, meinen Blicken für immer entzogen sein würde.

In den anschließenden Tagen erwähnten jedoch weder Usher noch ich ihren Namen mehr. Ich bemühte mich während dieser Zeit ernstlich darum, die Schwermut meines Freundes zu lindern. Wir lasen und malten zusammen; oder ich lauschte, wie im Traume, seinen wilden Improvisationen auf der Gitarre. Und wie mir eine immer inniger werdende Freundschaft Zutritt gewährte zu den tiefsten Klüften seines Inneren, mußte ich um so schmerzlicher erfahren, daß alle Versuche vergeblich sein würden, ein Gemüt aufzuheitern, dessen Düsternis ihm wie eine positive Eigenschaft innewohnte und alle Dinge der geistigen und physischen Welt mit nicht enden wollenden dunklen Strahlen überflutete.

Niemals werde ich die vielen feierlichen Stunden vergessen, die ich mit dem Herrn des Hauses Usher zubrachte; dennoch würde es mir nicht gelingen, eine exakte Vorstellung vom Charakter unserer Studien oder Beschäftigungen zu vermitteln, zu denen er mich verleitete. Eine übertriebene, geradezu krankhafte Vergeistigung warf auf all unser Tun ihren schwefligen Glanz. Seine langen improvisierten Totenklagen werden mir immer in den Ohren klingen. Unter anderem habe ich in schmerzlichster, quälendster Erinnerung eine eigentümliche Umkehrung und Paraphrase von Carl Maria von Webers letztem Walzer. Die Malereien, die seine rastlose Phantasie ausbrütete und die, Strich für Strich, zu immer neuen Unwägbarkeiten sich auswuchsen, ließen mich um so tiefer erschauern, als ich nicht recht wußte, worüber; von diesen Gemälden also (so lebhaft sie mir vor Augen stehen) könnte ich niemals mehr als nur einen kleinen Teil wiedergeben, jenen Teil, der sich dem geschriebenen Worte nicht völlig entzieht. Durch die große Einfachheit, ja Unverhülltheit seines Bildaufbaus fesselte er den Betrachtenden und schüchterte ihn ein. Wenn je ein Sterblicher Ideen gemalt hat, so war es Roderick Usher. Mich wenigstens überkam – unter den damals herrschenden Umständen – beim Anblick der reinen Abstraktionen, die der Hypochonder auf die Leinwand zu werfen verstand, ein so unbeschreibliches Gefühl ehrfürchtiger Beklemmung, wie ich es später, selbst bei Betrachtung der sicherlich glühenden, aber zu konkreten Träumereien Fuselis, auch nicht annähernd ähnlich empfunden habe.

Einer der phantasmagorischen Entwürfe meines Freundes, der nicht ganz so rigoros vom Geiste der Abstraktion durchdrungen war, mag hier, wenn auch unzulänglich, in Worten angedeutet werden. Es war ein kleines Bild und zeigte das Innere eines ungeheuer langen Gewölbes oder Tunnels von rechteckigem Querschnitt mit niedrigen, glatten und weißen Wänden, deren Glätte durch keinerlei Gegenstand aufgelockert wurde. Gewisse Einzelheiten der Zeichnung weckten und förderten den Eindruck, daß dieser Schacht sehr, sehr tief unter der Erde liege. Nirgends fand sich in diesem riesigen Schachte ein Ausweg, und keine Fackel noch andere künstliche Lichtquelle war wahrnehmbar; dennoch lag der Schacht in einem gleißenden Lichte, und das Ganze war in einen gespenstischen und widersinnigen Glanz getaucht.

Ich habe zuvor schon von der krankhaften Empfindlichkeit der Gehörnerven des Leidenden gesprochen, die ihm jegliche Musik, mit Ausnahme bestimmter Klangfolgen von Saiteninstrumenten, unerträglich machte. Vielleicht war es eben diese selbstgewählte Beschränkung nur auf die Gitarre allein, die seinem Vortrag so überwiegend phantastischen Charakter verlieh; aber die feurige Leichtigkeit der *Imprompti* konnte daraus allein schwerlich erklärt werden. Töne und Worte seiner wilden Phantasien (denn nicht selten begleitete er sein Spiel mit improvisierten Versgesängen) können nur das Ergebnis jener intensiven geistigen Anspannung und Konzentration gewesen sein, die nur den seltenen Augenblikken höchster, künstlich herbeigeführter Euphorie eigen waren. Der Wortlaut einer dieser Rhapsodien blieb mir besonders im Gedächtnis haften. Vielleicht war ihr Eindruck, so wie er sie vortrug, auf mich um so nachhaltiger, weil ich mir einbildete, daß eine unverkennbare Unterströmung an Doppelsinnigkeit mir zum ersten Male sichtbar werden ließ, wie bewußt doch Usher selbst seinen erhabenen Verstand auf seinem Throne wanken fühlte. Die Strophen mit dem Titel »Das Geisterschloß« lauteten fast genau (wenn nicht gar wörtlich) wie folgt:

In den grünsten unserer Täler,
Das von Engeln einst bewohnt,
Hat dereinst ein großer, heller,
Luftiger Palast gethront.
In dem Reich von Fürst »Gedanken«:
Er da stand!
Noch nie schwebten Seraphs Schwingen
Über halb so schönes Land.

Auf den Zinnen wogten Fahnen,
Goldhell, glorreich, sommerlich.
(Doch ist all dies lang vergangen
Und entschwunden ewiglich.)
Dereinst wehte in den Lüften
Eine leise Melodei,
Und es kosten linde Düfte
Um die Wälle der Bastei.

Wandrer in dem frohen Tale
Schauten in der Lichter Glanz
Geister sich wiegen in dem Saale,
Wo die Laute spielt zum Tanz.
In der Mitte dieser Geister,
Porphyrogen,
Thronte sanft, gelassen, heiter
Der Herrscher über diese Leh'n.

Mit Perlen und Rubinen prangend
Glüht golden noch des Schlosses Tor,
Durch welches wogten, wallend, wallend,

Leichten Schritts Echos hervor.
An ihnen war es nur zu singen,
Von des Herrschers weiser Güte,
Davon sollten ihre Stimmen klingen,
Daß ihr König sie behüte.

Doch nahten sich, in düstren Kleidern,
Müde Sorgen seinem Thron.
(Ach, macht Platz den Klageweibern,
Ihrem grellen Abschiedston.)
Vorbei ist alles Bunte, Hehre,
Das dem Schlosse Leben gab;
Davon blieb nun nichts als Leere:
Die alte Zeit trug man zu Grab.

Wandrer hör'n nun in dem Tale,
In der Fenster rotem Schein,
Ungeheuer in dem Saale
Hüpfend, kreischend, rasend schrei'n:
Aus dem Tor in bösem Rasen
Quillt ein ekles Volk hervor;
Und sein Mund ist wild vom Lachen:
Ein Lächeln bringt er nicht hervor.

Ich entsinne mich sehr gut, daß diese Ballade uns auf Gedankengänge brachte, in denen Usher eine Anschauung kundtat, die ich weniger wegen ihrer Originalität erwähne (auch andere Menschen haben so gedacht) als vielmehr wegen der Hartnäckigkeit, mit der er sie verfocht. Er vertrat die Meinung, daß Pflanzen über Empfindungsvermögen verfügten. Doch hatte die Vorstellung in seiner verwirrten Phantasie einen gewagteren Charakter angenommen, insofern, als sie sich – unter bestimmten Bedingungen – auch auf das Reich des Anorganischen bezog. Es fehlen mir die Worte, um die Tiefe dieser Überzeugung und die unbeirrte Hingabe meines Freundes an sie auszudrücken; doch hing sein Glaube (wie ich schon früher andeutete) eng mit den grauen Mauern des Sitzes seiner Ahnen zusammen. Die Bedingungen für solches Empfindungsvermögen waren hier, wie er sich vorstellte, erfüllt in der Methode der Übereinanderschichtung der Steine – in der Anordnung derselben wie auch in dem sie überwuchernden Pilzgeflecht, ferner in den morschen Bäumen, die das Haus umgaben, und vor allem in dem nie gestörten, unveränderten Bestehen dieser Anordnung und in ihrer Spiegelung in den stillen Wassern des Teiches. Der Beweis für eine solche Beseeltheit läge, so sagte er (und als er das aussprach, schrak ich zusammen), in der ganz allmählichen, jedoch unaufhaltsamen Bildung einer Wasser und Wällen eigenen Atmosphäre. Ihre Wirkung, fügte er hinzu, sei abzulesen am lautlosen, aber unabweisbaren und schrecklichen Einfluß, den sie seit Jahrhunderten auf das Geschick seiner Familie ausgeübt habe und die ihn zu dem gemacht habe, als den ich ihn jetzt erblicke – zu dem, was er geworden sei. Solche Anschauungen bedürfen keines Kommentars, und ich werde ihnen daher nichts hinzufügen.

Unsere Bücher – die Bücher, die jahrelang einen wichtigen Teil im Geistesleben des Kranken ausgemacht hatten – entsprachen, wie man sich wohl vorstellen kann, diesem phantastischen Charakter. Wir grübelten gemeinsam über solchen Werken wie »Vert-Vert« oder die »Chartreuse« von Gresset, dem »Belphegor« Machiavellis, »Himmel und Hölle« von Swedenborg, »Die unterirdische Reise des Nikolas Klimm« von Holberg, die »Chiromantien« von Robert Flud, Jean D'Indagine und De la Chambre, Tiecks »Reise ins Blaue« und dem »Sonnenstaat« Campanellas. Ein Lieblingsbuch war eine Ausgabe in Kleinoktav des

»Directorium Inquisitorum« verfaßt von dem Dominikaner Eymeric de Gironne, und im Pomponius Mela gab es Stellen über die alten afrikanischen Satyrn und Œgipane, vor denen Usher stundenlang träumend sitzen konnte.

Ich mußte an das schwärmerische Ritual dieses Werkes sowie seinen wahrscheinlichen Einfluß auf den Hypochonder denken, als eines Abends, nachdem er mir unvermittelt mitgeteilt hatte, daß Lady Madeline nicht mehr sei, seine Absicht äußerte, den Leichnam 14 Tage lang bis zur endgültigen Beerdigung in einem der zahlreichen Gewölbe innerhalb der Grundmauern des Gebäudes aufzubewahren. Die rein äußere Begründung, die er für dieses Vorgehen angab, war solcher Art, daß ich mich nicht berechtigt fühlte, sie in Frage zu stellen. Er, der Bruder, war (wie er mir mitteilte) zu diesem Entschluß gekommen aufgrund des ungewöhnlichen Charakters der Krankheit der Dahingeschiedenen, infolge gewisser eifriger und eindringlicher Fragen der behandelnden Ärzte und der abgelegenen und einsamen Lage der Familiengruft wegen. Ich will nicht leugnen, daß ich, wenn ich mir die sinistre Miene des Mannes in Erinnerung rief, dem ich am Tag meiner Ankunft im Hause Usher auf der Treppe begegnet war, wirklich nicht den Drang verspürte, einer Sache zu widersprechen, die ich nur als eine harmlose und keineswegs ungewöhnliche Vorsichtsmaßnahme ansah.

Auf Usher Bitten war ich ihm sogar eigenhändig bei den Zurichtungen für die vorläufige Bestattung behilflich. Nach der Einsargung des Leichnams trugen wir zwei ihn ganz alleine zu seiner Ruhestätte. Das Gewölbe, in dem wir ihn beisetzten (es war so lange nicht geöffnet worden, daß unsere Fackeln in der drückenden Atmosphäre fast erstickten und uns kaum gestatteten, unsere Umgebung zu betrachten), war eng, feucht und ohne jede Öffnung, die Licht eingelassen hätte, und lag in beträchtlicher Tiefe genau unter dem Teil des Hauses, in dem sich mein eigenes Schlafgemach befand. Es hatte in lang vergangenen Zeiten der Feudalherrschaft offenbar als Burgverlies für die übelsten Zwecke Verwendung gefunden und später als Lagerraum für Pulver oder sonst einen hochbrennbaren Stoff gedient, denn ein Teil seines Fußbodens sowie das ganze Innere eines langen Bogenganges, durch welchen wir das Gewölbe erreichten, war sorgfältig mit Kupfer ausgekleidet. Die Tür aus massivem Eisen war gleichermaßen geschützt. Als sie sich schwerfällig öffnete, ließ ihr ungeheures Gewicht sie unheimlich und durchdringend in den Angeln kreischen.

Nachdem wir unsere traurige Bürde an diesem Ort des Grauens auf Böcke niedergesetzt hatten, schoben wir den noch unverschraubten Deckel des Sarges ein wenig zur Seite und blickten ins Antlitz der Aufgebahrten. Eine frappierende Ähnlichkeit zwischen Bruder und Schwester fiel mir auf den ersten Blick ins Auge, und Usher, der vielleicht meine Gedanken erriet, murmelte ein paar Worte, denen ich entnahm, daß die Hingeschiedene und er Zwillinge gewesen waren und daß eine Seelenverwandtschaft zwischen ihnen bestand. Unsere Blicke ruhten jedoch nicht lange auf der Toten, denn wir konnten sie nicht ohne Scheu und Furcht betrachten. Das Leiden, das die Lady in der Blüte ihres Lebens zu Grabe gebracht hatte, hatte – wie es bei Erkrankungen kataleptischer Art nicht ungewöhnlich ist – auf Brust und Wangen den täuschenden Nachklang einer zarten Röte zurückgelassen und den Lippen jenes rätselhaft starre Lächeln gegeben, das so schrecklich ist bei Toten. Wir setzten den Deckel wieder auf, schraubten ihn fest, verriegelten die eiserne Tür und machten uns auf den beschwerlichen Weg hinauf in die kaum weniger düsteren Gemächer in den oberen Stockwerken.

Doch nun, nach einigen Tagen bittersten Grams, trat eine merkliche Änderung in der Natur der Geistesverwirrung meines Freundes ein. Sein gewohntes Verhalten änderte sich völlig. Er schweifte von Zimmer zu Zimmer mit eiligem, unsicherem und ziellosem Schritt. Die Blässe seines Gesichts – noch gespenstischer im Ton; das Leuchten seiner Augen – gänzlich erloschen; der rauhe Ton seiner Stimme – nicht mehr vernehmbar; statt dessen – ein Schwanken in seiner Stimme, ein Beben wie von namenlosem Entsetzen. In der Tat gab es Momente, in denen ich den Eindruck hatte, sein unablässig arbeitender Geist kämpfe mit irgendeinem lastenden Geheimnis, so als ringe er um den Mut zu dessen Bekenntnis.

Zu andern Zeiten wieder sah ich mich gezwungen, all das für die unerklärlichen Launen des Wahns zu halten, beobachtete ich ihn doch stundenlang ins Leere starren – und zwar mit dem Ausdruck tiefster Aufmerksamkeit, als lausche er irgendeinem eingebildeten Geräusch. Es war kein Wunder, daß sein Zustand mich erschreckte, mich sogar ansteckte. Ich fühlte, wie ganz allmählich, aber unaufhaltsam, seine phantastischen, aber suggestiven Wahnvorstellungen auf mich übergingen.

Besonders in der Nacht des siebenten oder achten Tages nach der Bestattung der Lady Madeline in dem Verliese, als ich mich sehr spät zum Schlafen zurückgezogen hatte, geschah es, daß ich die volle Gewalt solcher Empfindungen erfuhr. Kein Schlaf nahte sich meinem Lager, während Stunde um Stunde verrann. Ich bemühte mich, der Nervosität, die mich ergriffen hatte, durch klares Denken Herr zu werden. Ich suchte mich zu überzeugen, daß vieles – wenn nicht alles –, was ich fühlte, ein Effekt der düsteren Einrichtung meines Gemaches sei, ein Effekt der dunklen und zerschlissenen Wandteppiche, die, vom Atem eines nahenden Sturmes in Bewegung gehalten, sich an den Wänden schlängelten und unheimlich gegen die Verzierungen des Bettes raschelten. Aber meine Anstrengungen waren fruchtlos. Ein ununterdrückbares Zittern durchbebte langsam anschwellend meinen Körper, und schließlich lastete ein Alp von absolut grundlosem Entsetzen auf meinem Herzen. Keuchend rang ich mich frei aus seinem Bann und richtete mich in meinen Kissen auf; während ich angestrengt in das undurchdringliche Dunkel des Zimmers spähte, lauschte ich – der Grund dafür war mir selbst unerklärlich – auf gewisse dumpfe, unbestimmbare Laute, die, wenn der Sturm schwieg, in langen Abständen von wer weiß woher zu mir drangen. Übermannt von unbeschreiblichem und unerträglichem Grauen, warf ich mich hastig in die Kleider (fühlte ich doch, daß ich in dieser Nacht ohnehin keinen Schlaf mehr finden würde) und versuchte, mich aus meinem jammervollen Zustand aufzuraffen, indem ich rasch im Zimmer auf und ab ging.

Ich war nur ein paarmal so hin und her gegangen, als ein leichter Tritt auf einer benachbarten Treppe mich aufhorchen ließ. Ich erkannte ihn sofort als Ushers Schritt. Kaum einen Augenblick später klopfte er leise an meine Tür und trat mit einer Lampe in der Hand ein. Sein Gesicht war wie immer leichenhaft blaß – aber in seinen Augen lag nun eine Art irrer Heiterkeit, und eine offenbar nur mühsam gebändigte Hysterie lag in seinem Gebaren. Sein Verhalten entsetzte mich – doch alles schien erträglicher als diese fürchterliche Einsamkeit, unter der ich so lange schon gelitten – und so begrüßte ich sein Kommen mit einem Gefühl der Erleichterung.

»Und du hast es nicht gesehen?« fragte er unvermittelt, nachdem er einige Augenblicke schweigend um sich geblickt hatte. »Du hast es also nicht gesehen? Aber warte. Gleich!« Mit diesen Worten lief er, nicht ohne vorher seine Lampe sorgsam abgedunkelt zu haben, an eines der Fenster und öffnete es weit dem Sturm.

Die rasende Wut des tobenden Windes riß uns fast vom Boden empor. Es war wahrhaftig eine sturmgepeitschte und zugleich feierliche, prachtvolle Nacht, eine Nacht in Schrecken und Schönheit von ganz und gar eigner Art. Ganz in unserer Nachbarschaft mußte sich ein Wirbelwind erhoben haben, denn der Sturm änderte häufig und in Stößen seine Richtung. Die ungewöhnliche Dichte der Wolken (die so tief hingen, daß sie auf den Türmen des Hauses lasteten) verhinderte nicht die Wahrnehmung, daß sie in atemberaubendem Tempo aus allen Richtungen wie lebendig durcheinanderfuhren – ohne aber weiterzuziehen. Wie ich bereits sagte, selbst ihre ungewöhnliche Dichte hinderte uns nicht, dies wahrzunehmen, obwohl weder Mond noch Sterne sichtbar waren, nicht einmal das Zucken des Blitzes. Doch die Unterseiten der jagenden Wolkenmassen und alle uns umgebenden Dinge draußen im Freien glühten im unnatürlichen Lichte eines schwach strahlenden und deutlich sichtbaren, gasartigen Dunstes, der das Haus umgab und wie ein Leichentuch einhüllte.

»Du darfst – nein, du wirst das nicht sehen!« sagte ich schaudernd zu Usher, als ich ihn mit sanfter Gewalt vom Fenster weg zu einem Sitz hinzog. »Diese Erscheinungen, die dich so verstören, sind nichts Ungewöhnliches; es handelt sich um elektrische Phänomene –

vielleicht auch verdanken sie ihr gespenstisches Dasein den faulen Dünsten des Teiches. Wir wollen das Fenster schließen; die Luft ist kalt und wird dir schaden. Hier ist einer deiner Lieblingsromane. Ich will vorlesen, und du sollst zuhören; und so wollen wir diese fürchterliche Nacht zusammen herumbringen.«

Der alte Band, den ich zur Hand genommen hatte, war der »Mad Trist« von Sir Launcelot Canning, und mehr in traurigem Scherz als im Ernst hatte ich es Ushers Lieblingsbuch genannt; denn in Wahrheit konnte die phantasielose Geschwätzigkeit für den ätherischen und durchgeistigten Idealismus meines Freundes von nur geringem Interesse sein. Es war jedoch das einzige Buch, das ich zur Hand hatte. So gab ich mich der schwachen Hoffnung hin, die Aufregung des Hypochonders möge in dem Übermaß an Narretei Beruhigung finden (weist doch die Geschichte geistiger Zerrüttung viele solcher Paradoxe auf). Wenn ich nur nach dem Eindruck lebhafter, ja ostentativer Anteilnahme hätte urteilen dürfen, mit dem er meiner Erzählung folgte oder zu folgen schien, so hätte ich mich zu dem Erfolg meines Unternehmens beglückwünschen dürfen.

Ich war in der Erzählung bei der wohlbekannten Passage angelangt, in welcher Ethelred, der Held der »Trist«, nachdem er vergeblich versucht hatte, im Guten Einlaß in die Hütte des Eremiten zu finden, sich nun anschickt, den Eintritt durch Gewalt zu erzwingen. Wie man sich erinnern wird, heißt es hier in der Erzählung:

»Und Ethelred, der von Natur ein mannhafter Recke und nun, von der Macht des Weines befeuert, voller Kraft und Tatendurst war, wollte sich nicht länger damit begnügen, mit dem Einsiedler Zwiesprache zu halten, denn dieser war voller Tücke und Bosheit, sondern da er auf seinen Schultern schon den Regen fühlte und den herannahenden Sturm fürchtete, erhob er seinen Streitkolben und schaffte in den Türbohlen schnell Raum für seine gepanzerte Hand; und nun zog er derbe daran und riß und zerrte, schlug und hieb so wütend, daß das Krachen des dürren, hohlklingenden Holzes durch des ganzen Wald schallte und widerhallte.«

Am Ende dieses Satzes fuhr ich auf und hielt einen Moment inne, denn mir kam es nämlich so vor – obwohl ich mir alsgleich sagte, daß meine erhitzte Phantasie mich getäuscht haben mußte –, es kam mir so vor, als ob aus einem ganz entlegenen Teil des Hauses kaum wahrnehmbare Geräusche herdrängen, die ein vollkommenes, wenn auch ersticktes und dumpfes Echo hätten sein können von jenem Krachen und Bersten, welches Sir Launcelot so lebendig beschrieben hatte. Aber gewiß war es ein zufälliges Zusammentreffen eines Geräusches mit meinen Worten, das mich so erschreckt hatte innehalten lassen. Denn inmitten des Rappelns der Fensterrahmen und dem gewöhnlichen Lärm des immer stärker anschwellenden Sturmes war an diesem Geräusch gewiß nichts, was mich interessiert oder gestört haben sollte. Ich fuhr also in der Erzählung fort:

»Doch als der wackere Held Ethelred jetzt in die Tür trat, da erstaunte und ergrimmte er sehr, denn er fand keine Spur des niederträchtigen Einsiedlers, sondern sah statt seiner einen schuppenbewehrten und greulichen Drachen mit feuriger Zunge, der als Hüter vor einem goldenen Palast ruhte, dessen Fußboden ganz aus Silber war. Und an der Wand hing ein Schild aus schimmerndem Erz, in das die Inschrift gegraben war:

Wer hier den Zutritt hat gewonnen, dem sei ein hoher
Heldenpreis,
Wer den Drachen hat bezwungen, dem gebührt der
Schild als Preis.

Und Ethelred schwang seinen Streitkolben und schmetterte ihn auf den Schädel des Drachen, der vor ihm niederging und seinen faulen Atem aushauchte – mit einem Schrei so schrecklich, schrill und auch so markerschütternd, daß Ethelred sich gern die Ohren zugehalten hätte vor dem grauenhaften Ton, desgleichen nie zuvor vernommen wurde.«

Hier hielt ich plötzlich wieder inne – diesmal mit schaudernder Bestürzung –, denn es konnte nicht der geringste Zweifel daran bestehen, daß ich in diesem Augenblick (obschon es mir unmöglich war, die Richtung zu bestimmen) einen leisen und offenbar weit entfernten, doch gellenden, langgezogenen und höchst ungewöhnlichen kreischenden oder knarrenden Laut vernahm – genau so, wie meine Phantasie sich den natürlichen Schrei des Drachen ausgemalt hatte, den der Dichter beschrieb.

Wenngleich ich durch dies zweite und höchst ungewöhnliche Zusammentreffen gewiß äußerst erregt war und mich tausend widersprüchliche Gefühle bedrängten, von denen Erstaunen und höchstes Grauen die vornehmsten waren, so war ich dennoch geistesgegenwärtig genug, mir dies nicht anmerken zu lassen und alles zu vermeiden, was die nervöse Empfindlichkeit meines Gefährten noch hätte steigern können. Ich war keineswegs sicher, daß er die in Frage stehenden Geräusche überhaupt vernommen hatte; es war jedoch während der letzten Minuten eine sonderbare Veränderung in seinem Verhalten eingetreten. Er hatte mir ursprünglich direkt gegenüber gesessen, doch hatte er seinen Stuhl nach und nach herumgedreht, so daß er nun mit dem Gesicht zur Tür gewandt dasaß. Deshalb konnte ich seine Züge nur zum Teil erkennen. Ich sah aber, daß seine Lippen zitterten, als murmele er Unhörbares. Der Kopf war ihm auf die Brust gesunken. Und doch war ich mir sicher, daß er nicht schlief, denn seine Augen waren weit aufgerissen. Auch die Bewegung seines Körpers stand im Widerspruch zu der Vorstellung, daß er schlafen könne: Sein Oberkörper schaukelte unausgesetzt, aber sanft und einförmig hin und her. Nachdem ich all dies mit raschem Blick erfaßt hatte, nahm ich die Erzählung Sir Launcelots wieder auf, die folgendermaßen weitergeht:

»Und nun, da der Held der schrecklichen Wut des Drachen entronnen war, erinnerte er sich des ehernen Schildes, dessen Zauber ja nun gebrochen war, räumte das tote Untier beiseite und schritt über das silberne Pflaster des Schlosses kühn zu jener Stelle hin, wo der Schild hing. Der Schild aber harrte nicht, bis er angekommen, sondern fiel mit weithin dröhnendem Geklirr und Getöse zu seinen Füßen auf den Silberboden nieder.«

Kaum waren diese Worte über meine Lippen gekommen, da hörte ich – als sei in der Tat ein eherner Schild schwer auf einen silbernen Boden gestürzt – einen hohl und metallisch dröhnenden, aber offenbar gedämpften Widerhall. Völlig verstört sprang ich auf die Füße. Usher jedoch hielt in seiner regelmäßigen Schaukelbewegung nicht inne. Ich stürzte zu dem Stuhl, auf dem er saß. Sein Blick war stier nach vorne gerichtet, und er schien wie zu Stein erstarrt. Aber als ich die Hand auf seine Schulter legte, durchschauerte ein heftiges Zittern seinen ganzen Körper. Ein kränkliches Lächeln zuckte auf seinen Lippen, und ich sah, daß er halblaut, hastig und undeutlich vor sich hin brabbelte, als wisse er um meine Anwesenheit nicht. Ich beugte mich zu ihm herab und trank schließlich die schreckliche Bedeutung seiner Worte ein.

»Es nicht hören? Doch, ich höre es wohl, und ich habe es schon lang gehört. Lang – lang – lange Minuten, lange Stunden, lange Tage. Lang hab ich es gehört – aber ich wagte nicht … Ach, hab Mitleid mit mir Elendem! Ich wagte nicht, ich wagte nicht zu reden. *Lebend haben wir sie ins Grab gelegt.* Sagte ich nicht, daß meine Sinne scharf sind? Jetzt erst sage ich dir, daß ich ihre ersten schwachen Regungen im hohlen Sarge hörte. Ich hörte sie – vor langen, langen Tagen schon –, dennoch *wagte ich nicht* – ich wagte nicht zu reden! Und jetzt – heute nacht – Ethelred – haha! Das Aufbrechen der Tür des Einsiedlers und der Todesschrei des Drachens und das Dröhnen des Schildes!? Sage lieber gleich: das Bersten ihres Sarges, das Kreischen der eisernen Angeln ihrer Kerkertür und ihr qualvoll langsamer Weg durch den kupfernen Bogengang. Ach, wohin soll ich fliehen? Wird sie nicht gleich hier sein? Eilt sie nicht schon heran, mich ob meiner Hast zu tadeln? Höre ich nicht schon ihren Tritt auf der Treppe? Vernehme ich nicht schon den schweren und schrecklichen Schlag ihres Herzens? *Wahnsinniger! Ich sage dir, daß sie jetzt draußen vor der Türe steht!*«

Als läge in der übermenschlichen Kraft dieses Ausrufs die Macht eines Zaubers – so öffneten sich nun langsam, genau in diesem Augenblicke die riesigen alten Türflügel aus Ebenholz, auf die Usher hindeutete. Dies war das Werk des rasenden Sturmes. Doch draußen vor der Tür stand leibhaftig, in Leichentücher eingehüllt, die hohe Gestalt der Lady Madeline Usher! Blut war auf ihren weißen Gewändern, und Spuren eines erbitterten Kampfes waren überall auf ihrem abgezehrten Leibe zu erkennen. Einen Augenblick lang blieb sie zitternd und taumelnd auf der Schwelle stehen – dann fiel sie leise aufstöhnend ins Zimmer auf ihren Bruder – und in ihrem wilden Todeskampfe riß sie ihn entseelt mit sich zu Boden, ein Opfer des Grauens, das er ahnend vorweggenommen hatte.

Voll Grauen floh ich aus diesem Gemach und aus dem Haus. Draußen tobte der Sturm in seiner ganzen Wut. Als ich wieder Gewalt über mich gewann, kreuzte ich den alten Teichdamm. Ein unheimliches Licht schoß plötzlich quer über den Pfad, und ich wandte mich um, um zu sehen, woher ein so ungewöhnlicher Schimmer kommen möge. Hinter mir lag nämlich allein das große Anwesen und seine Schatten. Der Schimmer kam von dem untergehenden und blutroten Vollmond her, der nun hell durch den zuvor kaum wahrnehmbaren Riß schien, von dem ich bereits sagte, daß er vom Dach des Hauses bis zu seinen Grundmauern verlief. Während ich wie gebannt dorthin starrte, erweiterte sich der Spalt zusehends – ein wütender Atemstoß des Wirbelsturmes kam heran – und das volle Rund der Mondscheibe wurde plötzlich in der breit aufgerissenen Kluft sichtbar. Mein Geist wankte, als ich jetzt die mächtigen Mauern auseinanderbrechen sah – es folgte ein langes, tosendes Schreien, das der Stimme von tausend Wassern glich, und gleichgültig schweigend schloß sich der tiefe und trübe Teich über den Ruinen des Hauses Usher.

Die Unterredung zwischen Eiros und Charmion

Πυρ σοι προσοιοω
Feuer werd' ich Dir bringen

Euripides, *Andromache*

Eiros: Warum nennst Du mich Eiros?

Charmion: So wirst Du fortan stets genannt werden. Auch meinen irdischen Namen mußt du vergessen und zu mir sprechen als zu Charmion.

Eiros: Dies, wahrlich, ist kein Traum!

Charmion: Es gibt nicht Träume mehr bei uns; doch von diesen Mysterien ein andermal. Mich freut's, auf deinem Antlitz Lebensfrische und wachen Geist zu sehen. Der Schattenschleier wich bereits von deinen Augen. Sei nur getrost und fürchte nichts. Die Tage der Betäubung, die dir bestimmt waren, sie sind vorüber; und morgen will ich selbst dich in die Fülle der Freuden und Wunder deines neuen Seins geleiten.

Eiros: Wahr ist's, ich spüre keine Betäubung mehr, nicht im geringsten. Die wilde Benommenheit und das entsetzliche Dunkel, sie haben mich verlassen, und nicht mehr hör' ich den rasenden, rauschenden Schauderlaut, »wie die Stimme von vielen Wassern«. Doch sind meine Sinne noch verwirrt, Charmion, ob des begierigen Eifers, mit dem sie *das Neue* in sich aufnehmen.

Charmion: Das alles wird in wenigen Tagen vorüber sein; – doch versteh ich dich nur zu wohl und fühle mit dir. Es ist zehn irdische Jahre nun her, seit mir geschah, was dir zur Stunde geschieht, und doch hängt diese Erinnerung mir noch an. Gleichwohl hast du jetzt allen Schmerz erlitten, den du in Eden hier zu leiden haben wirst.

Eiros: In Eden?

Charmion: Ja, in Eden.

Eiros: Oh, mein Gott! – habe Mitleid mit mir, Charmion! – schier überschwer lastet die Majestät all dieser Dinge auf mir – des nun bekannten Unbekannten – der nun in der erhabenen und gewissen Gegenwart aufgegangenen spekulativen Zukunft.

Charmion: Klammere dich jetzt nicht mehr an solche Gedanken. Morgen wollen wir auch davon sprechen. Noch schwanket dein Geist; seine Erregtheit wird Linderung finden, wenn du dich schlichtem Erinnern widmest. Blicke nicht um dich noch vorwärts – sondern blicke zurück. Ich brenne vor Begierde, die Einzelheiten jenes ungeheuren Ereignisses zu vernehmen, welches dich unter uns schleuderte. Sprich mir davon. Laß uns von altvertrauten Dingen reden, in der altvertrauten Sprache der Welt, die das so gräßlich zugrunde ging.

Eiros: Ja, gräßlich, furchtbar gräßlich! – dies, wahrlich, ist kein Traum.

Charmion: Es gibt keine Träume mehr. Wurde ich sehr betrauert, mein Eiros?

Eiros: Betrauert, Charmion? – oh, wie so tief! Bis hin zu jener letzten Stunde aller Dinge hing eine Wolke düsterer Bekümmernis und inbrünstigen Schmerzes über dem Hause der Deinen.

Charmion: Und jene letzte Stunde – sprich von ihr. Bedenke, daß ja ich, bis auf das nackte Faktum der Katastrophe, nichts weiß. Als ich aus der Mitte der Menschheit schied und durch das Grab in die Nacht einging – damals, da ahnte man, wenn ich mich recht entsinne, rein nichts von dem großen, dem gräßlichen Verderben, welches nun über euch kam. Doch freilich, ich wußte nicht viel von der spekulativen Philosophie des Tages.

Eiros: Von dieser einen bestimmten Katastrophe ahnte man, wie du es sagst, rein gar nichts; doch analoges Mißglück war bei den Astronomen schon lange Zeit ein Gegenstand der Erörterung gewesen. Ich brauche dir wohl schwerlich zu erzählen, mein Freund, daß zu der Zeit noch, da du von uns gingst, sich die Menschen darauf geeinigt hatten, diejenigen Stellen in den meisten heiligen Schriften, welche von der endlichen Zerstörung aller Dinge durch Feuer reden, dahin zu verstehen, daß sie sich auf den Erdball allein bezögen. Doch in Beziehung auf den unmittelbaren Anlaß des Verderbens war die Spekulation seit jenem Wendepunkt im astronomischen Wissen, da die Kometen der Flammenschrecken entkleidet wurden, im Irrtum gewesen. Allgemein hatte sich die Auffassung durchgesetzt, daß diese Körper von sehr mäßiger Dichte seien. Man hatte beobachtet, wie sie die Satellitenmonde des Jupiter passierten, ohne die mindeste merkliche Veränderung für Masse und Bahn dieser Trabanten mit sich zu bringen. Längst schon betrachteten wir diese Wanderer als neblichte Schöpfungen von unvorstellbarer Dünnigkeit und hielten es für gänzlich ausgeschlossen, daß sie unserem massiven Globus, selbst im Falle einer Berührung, irgendeinen Schaden tun könnten. Doch solche Berührung stand nicht im mindesten Grade zu befürchten; denn die Elemente sämtlicher Kometen waren ja genau bekannt. Daß wir unter *ihnen* die Ursache für die angedrohte feuerliche Vernichtung würden zu suchen haben, hatte viele Jahre lang als eine unzulässige Idee gegolten. Doch Wunderglaube und wilde Phantasien waren in jüngster Zeit unter den Menschen in befremdlich starkem Maße aufgekommen; und obschon nur ganz wenige aus der Schar der Unwissenden von wirklicher Furcht befallen wurden, als die Astronomen einen *neuen* Kometen ankündigten, ward doch diese Ankündigung allgemein mit ich weiß nicht welcher Erregung und mit Mißtrauen aufgenommen.

Die Elemente des fremden Himmelskörpers wurden unmittelbar errechnet, und sämtliche Beobachter räumten alsbald ein, daß sein Pfad ihn, im Perihel, in allernächste Nähe der Erde bringen würde. Es gab gar zwei oder drei Astronomen, von freilich minderem Ruf und Namen, welche mit Nachdruck behaupteten, daß eine Berührung unvermeidlich wäre. Die Wirkung dieser Kunde auf das Volk vermag ich überhaupt nicht zu beschreiben. Ein paar kurze Tage lang wollte es einer Versicherung, welche sein Intellekt, nachdem er so lange nur mit selbstsüchtigen Betrachtungen beschäftigt gewesen, nicht zu fassen vermochte, einfach keinen Glauben schenken. Doch die Wahrheit einer lebenswichtigen Tatsache findet bald ihren Weg zur Einsicht selbst der größten Toren. So erkannten denn schließlich alle Menschen, daß die astronomische Wissenschaft nicht log, und erwarteten den Kometen. Seine Annäherung vollzog sich zuerst mit scheinbar gar nicht so großer Schnelle; auch war seine Erscheinung mitnichten von außergewöhnlichem Charakter. Seine Färbung bestand in einem trüb-matten Rot, und er hatte, soweit erkennbar, nur einen kleinen Schweif. Sieben oder acht Tage lang sahen wir seinen scheinbaren Durchmesser nicht wesentlich anwachsen, und nur eine teilweise Farbverschiebung ließ sich bemerken. Mittlerweile kamen alle gewöhnlichen Beschäftigungen der Menschen zum Erliegen, und das gesamte Interesse ging in einer immer mehr um sich greifenden, von den Philosophen entzündeten Diskussion über die Natur des Kometen auf. Selbst völlig vernagelte Ignoranten nötigten ihr träges Hirn zu diesbezüglichen Betrachtungen. Die Gelehrten aber weihten ihren Intellekt – ihre Seele – nun keineswegs etwa so bloß bedingten Zwecken wie der Beschwichtigung der Furcht oder der Stützung einer geliebten Theorie. Sie suchten – sie lechzten nach der rechten Einsicht. Sehnlich verlangte es sie nach dem besseren Wissen. Die *Wahrheit* stand auf in ihrer ganzen reinen Kraft und überwältigenden Majestät, und die Weisen beugten die Knie und beteten sie an.

Daß unserem Globus oder seinen Bewohnern aus der gefürchteten Berührung ein namhafter Schaden erwachsen würde, war eine Meinung, welche bei den Weisen stündlich an Boden verlor; und sie erhielten nun freie Erlaubnis, Vernunft und Phantasie der Menge zu lenken. Es wurde demonstriert, daß die Dichte des *Kometenkerns* noch weit geringer war denn die unseres dünnsten Gases; und die Tatsache, daß der Durchgang eines ähnlichen Gastes durch die Monde des Jupiters seinerzeit völlig schadlos verlief, war ein Punkt, auf den immer wieder mit Nachdruck hingewiesen wurde und der in großem Maße dazu diente, den allgemeinen Schrecken zu beschwichtigen. Theologen stürzten sich mit einem Eifer, welcher sich an ihrer Furcht entzündete, auf die biblischen Prophezeiungen und legten sie dem Volk mit einer Unmittelbarkeit und Schlichtheit aus, die man an ihnen überhaupt nicht mehr kannte. Das die endliche Vernichtung der Erde durch Feuersmacht geschehen müsse, ward aller Welt mit einer *verve* eingehämmert, daß man bald allenthalben davon überzeugt war; und daß die Kometen nicht aus feuriger Masse bestünden (was mittlerweile jedermann wußte), war eine Wahrheit, die alle doch in starkem Maße von der Befürchtung befreite, das geweissagte große Unheil werde jetzt über sie kommen. Bemerkenswert ist, daß die populären Vorurteile und Wahnvorstellungen in bezug auf Pestilenzen und Kriege – Wahnvorstellungen, wie sie sich bislang bei jedem Erscheinen eines Kometen unweigerlich einstellten – jetzt ganz unbekannt waren. Wie mit einer plötzlichen konvulsivischen Anstrengung hatte die Vernunft auf einmal den Aberglauben von seinem Throne gestoßen. Der schwächlichste Verstand noch hatte sich aus der gewaltigen Wichtigkeit, welche der Fall für jeden einzelnen besaß, Kraft geholt.

Was für mindere Übel aus der Berührung erwachsen könnten, ward zum Thema ausführlicher Diskussion. Die Gelehrten sprachen von leichten geologischen Störungen, von vermutlichen Änderungen im Klima und folglich der Vegetation; von möglichen magnetischen und elektrischen Einflüssen. Viele andrerseits hielten dafür, daß sich in gar keiner Weise irgend nur eine sicht- oder spürbare Wirkung zeigen werde. Derweil nun solche Diskussionen noch weitergingen, kam ihr Gegenstand schrittweise immer näher heran; sein scheinbarer Durchmesser wurde größer, und sein dumpfer Schimmer gewann an Glanz. Die Menschheit aber ward bleicher, da er kam. Alle irdischen Geschäfte ruhten.

Ein Umschwung in der allgemeinen Stimmung trat ein, als der Komet schließlich an Größe gewonnen hatte, wie sie noch keine der bislang überlieferten Heimsuchungen aufgewiesen. Nun ließen die Leute alle noch zögerlich gehegte Hoffnung fahren, die Astronomen könnten sich doch geirrt haben, und blickten der ganzen Gewißheit des Übels ins Auge. Was bisher noch chimärisch an ihrem Schrecken gewesen, ward nun zur vollen, unbegreiflichen Wirklichkeit. Auch den Wackersten unserer Rasse schlug heftig das Herz in der Brust. Ganz wenige Tage reichten jedoch hin, um selbst solche Empfindungen schier noch unerträglicher zu machen. Nicht länger mehr vermochten wir irgend *gewohnte* Gedanken mit dem fremden Himmelskörper zu beschäftigen. Seine *historischen* Attribute waren geschwunden. Sein Anblick lastete auf unserm Gemüt mit gräßlich *neuen* Erregungen. Wir sahen in ihm nicht mehr ein astronomisches Phänomen am Himmel, sondern einen Inkubus, der auf unseren Herzen, und einen Schatten, der auf unseren Hirnen drückend hockte. Mit schier unfaßlicher Geschwindigkeit hatte er den Charakter eines gigantischen, dünn flammenden Feuermantels angenommen, welcher sich von Horizont zu Horizont erstreckte.

Doch ein Tag, und die Menschen atmeten wieder mit größerer Freiheit. Es war klar, daß wir uns bereits mitten im Einfluß des Kometen befanden; doch wir lebten noch. Wir spürten sogar eine ungewöhnliche körperliche Elastizität und geistige Lebhaftigkeit. Die ausnehmende Dünnigkeit des Gegenstandes unserer Furcht war offenbar; denn alle Himmelskörper ließen sich noch klar durch ihn hindurch erkennen. Mittlerweile hatte sich unsere Vegetation sichtlich verändert; und aus diesem vorhergesagten Umstand gewannen wir neues Vertrauen zur vorausschauenden Gabe der Weisen. Ein wild-üppiger Blätterwuchs, zuvor noch nie bekannt, brach aus allem pflanzlich Ding hervor.

Mit jedem weiteren Tag noch kam das Übel unaufhaltsam näher. Es lag auf der Hand, daß sein Kern uns zuerst erreichen würde. Eine schlimme Veränderung war mit allen

Menschen vorgegangen; und das erste Empfinden von *Schmerz* ward zum wilden Signal für allgemeines Wehklagen und Grauen. Dieses erste Schmerzgefühl bestand in einer heftigen Beklemmung der Lunge und der Brust sowie einer unerträglichen Hauttrokkenheit. Es ließ sich nicht leugnen, daß unsere Atmosphäre von Grund aus in Mitleidenschaft gezogen war; die Konformation dieser Atmosphäre und die möglichen Modifikationen, denen sie vielleicht unterworfen war, wurden nun zum zentralen Thema der Diskussion. Man forschte, und das Ergebnis dieses Forschens fuhr in der Menschheit Herz wie ein elektrischer Schock des äußersten Grauens.

Es war schon lange bekannt, daß die Luft, welche uns umhüllte, aus einem Gemisch aus Sauerstoff und Stickstoff bestand, und zwar im Verhältnis von einundzwanzig Teilen Sauerstoff zu neunundsiebzig Teilen Stickstoff bei jedem Hundert Atmosphäre. Sauerstoff, Grundelement der Verbrennung und Mittler der Wärme, war absolut notwendig zur Erhaltung des animalischen Lebens und war das machtvollste und tatkräftigste Agens der Natur. Stickstoff dagegen war außerstande, animalisches Leben oder Flamme zu unterhalten. Ein unnatürliches Überhandnehmen von Sauerstoff würde, das hatte man ermittelt, in just einer solchen Erhöhung des animalischen Lebensgefühls resultieren, wie wir sie jüngst an uns erfahren hatten. Und was aus dieser Idee folgte, das war's, was solch heilige Scheu hervorgerufen hatte. Was würde das Ergebnis einer *totalen Extraktion* des Stickstoffs sein? Ein gigantischer Brand würde sich entzünden, unwiderstehlich, alles verschlingend, allverbreitet, unmittelbar – in allen ihren kleinsten und schrecklichen Einzelheiten die genaue Erfüllung der feuerlichen und Grauen einflößenden Drohung, welche die Prophezeiungen des Heiligen Buches enthalten.

Was soll ich dir, Charmion, noch das nun entfesselte Rasen der Menschheit malen? Jene Dünnigkeit der Kometenmaterie, welche uns vormals mit Hoffnung erfüllt hatte, ward nun zur Quelle bitterer Verzweiflung. In ihrem unfaßbar feinen Gascharakter erkannten wir nun klar Besiegelung und Ende unseres Schicksals. Derweil verging erneut ein Tag, und mit ihm schwand uns der letzte Hoffnungsschimmer. Wir rangen keuchend nach Atem, während die Luft sich mit reißender Schnelle zersetzte. Ungestüm brauste das rote Blut durch seine engen Kanäle. Ein wildes Fieberrasen ergriff von allen Menschen Besitz; und starr die Arme gegen den drohenden Himmel ausgestreckt, erzitterten sie und schrien laut. Doch nun hatte der Kern des Vernichters uns erreicht: noch hier in Eden schaudere ich, derweil ich davon spreche. Laß mich kurz es machen – kurz, wie der Untergang es war, der uns ereilte. Für einen Augenblick war alles ein wildes Geisterlicht allein, das alle Dinge heimsuchte und durchdrang. Dann – laß die Knie uns beugen, Charmion, vor der unendlichen Majestät des großen Gottes! –, dann kam ein dröhnender, allübertönender Laut, als wie aus SEINEM Munde selbst; derweil die ganze hangende Masse des Äthers, in welchem wir lebten, in einer riesigen Stichflamme aufging, zu einem Feuergebilde, für dessen unendlichen Glanz und Hitze die Engel selbst im hohen Himmel der reinen Erkenntnis nicht Wort noch Name mehr haben. So endete alles.

Warum der kleene Franzmann seine Hand in der Schlinge trägt

Dat steht ja selbstredend auf meiner Visitenkarte (der vornehmen ganz in rosa Glanzpapier), und jeder feine Herr kann, wenn er denn möchte, diese interessanten Worte lesen: »Sir Pathrick O'Grandison, Baronet, 39 Southampton Row, Russel Square, Bloomsbury«. Und wennse denn wissen wolln, wer dieses Musterbeispiel der guten Manieren und wichtigste Mann in ganz London ist – tja, dat bin wohl ich. Und da brauchen Sie sich gar nicht drüber zu wundern (und Ihre Nase auch nicht zu rümpfen), denn seit ich dat Malochen sein gelassen und mich dem Adel angeschlossen hab, bin ich auch ein feiner Herr. Pathrick lebt wie ein König, hat Bildung und die feine Art. Dat wär schon schön fürse, wennse sich den Baronet Pathrick O'Grandison mal angucken könnten, wie er inne Oooooooper geht oder für die Fahrt zum Hyde Park inne Kutsche steicht. Dat is, weil ich sone Bild von Mann bin, daß die Damen sich alle in mich vergucken. Schließlich bin ich ja in meinen Strümpfen schon annen Meterneunzich groß und rundum wohlgeraten. Und schließlich ist der kleene olle ausländische Franzmann von gegenüber nur knapp über nen Meter hoch, und den lieben langen Tag (da kann ja nix Gutes von kommen) glotzt er die hüsche Mistreß Tracle an, die meine eigene Nachbarin ist (Gott segne sie), meine ganz besonders liebe Bekannte. Der kleine Knilch ist ein alter Miesepeter, und seinen Arm hat er inner Schlinge, und dafür, wennse mich lassen, sach ich ihnen gerne den Grund.

Dat Ganze ist ziemlich simpel. Gleich am ersten Tag, als ich aus Connaught kam und die Witwe mich ausm Fenster auf der Staße sah, hatte ich sofort nen dicken Stein im Brett bei der hübschen Mistreß Tracle. Das war mir, ich schwör's bei Gott, auch sofort ganz klar. Zuerst riß sie das das Fenster weit auf, dann die Augen, und dann guckte sie durch ihr kleines goldenes Fernrohr, und der Teufel mag mich holen, wenn ihr eines Auge mir durch das Fernrohr nicht ganz klar zu verstehen gab: »Einen wunderschönen Morgen wünsch ich Ihnen, Sir Pathrick O'Grandison, Baronet. Sie sind wahrhaftig eine noble Erscheinung, mein Liebster, und Sie brauchen nur zu fragen, dann stehe ich mit all meinen Mitteln jederzeit zu Ihrer Verfügung.« Ich bin ja nun ein höflicher Mensch, also machte ich ihr meine schönste Verbeugung, und dann hob ich meinen Hut mit höchster Eleganz, zwinkerte ihr mit beiden Augen zu, und das sollte bedeuten: »Sie sind ein entzückendes Geschöpf, Mistreß Tracle, und möge ich im Moor versinken, wenn ich, Sir Pathrick O'Grandison, Baronet, nicht schon ganz bald Ihre tiefste Zuneigung gewinnen werde.«

Sofort am folgenden Morgen, als ich gerade überlegte, ob es nicht vielleicht doch am höflichsten wäre, der Witwe einen kleinen Liebesbrief zu schicken, kam der Bote mit einer eleganten Visitenkarte und sachte mir, daß der Name darauf (ich kann diese verschnörkelte Schrift nicht lesen, denn ich bin Linkshänder) war alles Monsjöör Graf dö Dingenskirchen Mätre dö Sonstwas, und diese ganzen zungenbrecherischen ausländischen Wörter waren der abartig lange Name des kleenen ausländischen Franzmanns von Gegenüber.

Und auf die Karte folgte sofort der kleene Halunke selbst, machte eine tiefe Verbeugung und sachte dann, er wär so frei, mir seinen Besuch abzustatten, und dann plapperte er rasend schnell drauflos, und ich hab nix verstanden, außer daß er mir in einem ganzen

Sack voll Lügen auch aufbinden wollte, daß er die Witwe Mistreß Tracle liebt und sie ihn genauso gerne mag.

Als ich das hörte, wurde ich ganz schön sauer, aber dann fiel mir wieder ein, daß ich schließlich Sir Pathrick O'Grandison, Baronet, bin und daß es nicht die feine Art ist, über dem Ärger die Höflichkeit zu vergessen; also sah ich über die Sache hinweg und sachte nichts dazu, und wir unterhielten uns ganz freundlich, so daß er nach einer Weile meinte, ich sollte doch mit ihm zu Witwe gehen, dann könnte er mich ihr gleich richtig vorstellen.

»Kann das denn sein?« sachte ich zu mir, »es hat doch niemand mehr Glück als du, Pathrick. Nun wolln wir doch mal sehn, in wen sich die Witwe verliebt – einen stattlichen Mann wie dich oder den kleinen Monsjöör Mätre Wasauchimmer.«

Und so gingen wir nach nebenan zur Witwe, und ihr Haus ist ja ganz elegant, mit Teppichen überall, Klavier und Harfe und allem möglichen in einer Ecke und in der anderen ein Sofa, das war ja ganz wunderbar, und darauf saß mein kleenes Engelchen, die Mistreß Tracle.

»Einen wunderschönen guten Morgen wünsch ich, Mrs. Thracle«, sachte ich, und dann legte ich eine derart elegante Verbeugung hin, daß es Sie ja völlig vonnen Socken gehauen hätte, wennse dat gesehn hätten.

»Näsel näsel uuuuuuh«, oder so was in der Richtung sachte der kleene ausländische Franzmann, »und dies, Mrs. Thracle«, sachte er dann, wirklich, tat er ehrlich, »dieser Herr ist der ehrbare Sir Pathrick O'Grandison, Baronet, und er ist mein bester Freund und Bekannter in der ganzen Welt.«

Und daraufhin steht die Witwe von ihrem Sofa auf und machte ja soooo einen hübschen Knicks, und dann setzt se sich wieder hin wie ein Engelchen, und dann, dat muß man sich mal vorstellen!, setzt der kleene unverschämte Monsjör Mätre Baguette sich einfach direkt neben sie. So was! Ich war ja so wütend, ich dachte, mir falln die Augen gleich ausm Kopf. Aber so leicht laß ich mich ja nich ausm Gefecht setzen, also setz ich mich einfach links neben die Dame. Und so bin ich mit dem Schurken quitt. Da hamse echt was verpaßt, denn als nächstes hab ich ihr dann so elegant mit beiden Augen zugezwinkert, da wär Ihnen ja das Herz bei aufgegangen.

Aber der kleene olle Franzmann hat da überhaupt nichts von mitgekriegt, der war ja so damit beschäftigt, die Dame selbst zu beeindrucken. »Näsel näsel uuuuuuh«, oder so was in der Richtung sachte er.

»Das hift dir auch nix, Alter«, dachte ich bei mir, und redete so schnell und so viel ich nur konnte, da sah ich die Dame bald völlig und komplett gebannt meinem reichen Wissen über die lieben heimatlichen Moore von Connaught lauschen. Und nach ner Weile hat se mich so lieb angelächelt, von einem Mundwinkel zum anderen, da wurd ich plötzlich ganz mutig und nahm die Spitze von ihrem kleinen Finger ganz vorsichtig in die Hand und blickte ihr gaaaaaaanz tief inne Augen.

Und stelln Se sich nur mal vor, wie entzückend mein liebes Engelchen ist, denn sobald sie doch merkte, daß ich ihren Finger am Halten war, nahm sie ihn sofort weg und steckte die Hand hinter ihren Rücken, grad so, als wollte sie sagen: »Nun mal sacht an, Sir Pathrick O'Grandison, das ist ja schon ein bißchen gewagt und nicht sehr höflich, meine Hand so direkt vor den Augen vonnem kleenen ausländischen Franzmann Monsjör Mätre dö Wasauchimmer zu drücken.«

Da hab ich ihr doch gleich noch mal zugezwinkert, nur daß se wußte, daß se bei mir mit so was rechnen muß, und dann hab ich ja ganz raffiniert meinen Arm am Sofarücken und so auch gleich am Rücken der Dame entlanggeschoben und bin dann auch gleich auf das liebe kleine Händchen getroffen, dat wartete da schon auf mich und schien doch durchaus willens, mich freundlich zu begrüßen, und da hab ichs dann auch gleich so einleitend ein kleines bißchen gedrückt, und was sach ich ihnen, da wurd ich doch umgehend gleich auf der Stelle zurückgedrückt! »Na, so was«, dacht ich mir, »Du, Sir Pathrick, bist doch wahrhaftig der schönste und glücklichste junge Mann, den Connaught je hervorgebracht hat!« Und dann hab ich das Händchen halt mal anständig gedrückt, und da antwortete die Dame doch mit einem mindestens genauso guten Drücken. Dabei hätten Se sich ja kaputtgelacht, denn im gleichen Moment strengte der kleen Monsjör Mätre dö Dingsda sich ja gleich noch mal soviel an. So viel angestrengtes »Näsel näsel uuuuuuh«, oder so was in der Richtung, mit dem er die Dame da zuquasselte, hat die Welt noch nich gesehn, und mich hätt ja der Schlag treffen können, als ich mit meinen eigenen Augen sah, wie er der Dame aus einem Auge zuzwinkerte. So was! Da war ich ja so was von sauer, so sauer war ich ja noch nie!

»Nun hörn Sie aber mal, Monsjör Mätre dö Dingsda«, sachte ich ganz höflich, »das ist aber nicht die feine Art und auch irgendwie für einen Mann in Ihrer Position gar nicht angebracht, die Dame auf diese Art anzustarren«, und gleichzeitig drückte ich doch gleich das liebe Händchen, daß sie auch verstand, was ich meinte, nämlich »Nun beschützt der gute Sir Pathrick dich, nicht wahr, mein Schatz?«, und zur Antwort kam gleich ein Drücken zurück, und das konnte doch nur heißen: »Recht so, Sir Pathrick, recht so, denn Sie sind doch ein wirklich feiner Herr, und das ist wahr«, und dann öffnete sie ihre Augen so weit, daß ich schon dachte, gleich falln sie ihr aus den Sockeln, und dann starrte sie erst den Franzmann ganz bitterböse an, und dann lächelte sie ganz hinreißend zu mir herüber.

»Soso«, sachte der Schurke, »soso näsel näsel uuuuuuh«, oder so was in der Richtung, und dann zog er seine Schultern hoch, bis sein Kopf fast dazwischen verschwand, und dann ließ er seine Mundwinkel abwärts gleiten, und dann sachte er gar nix mehr.

Aber nun war ich ja schon mal auf hundertachtzig, um so mehr, als der Franzmann die Witwe schon wieder anzwinkerte, und die Witwe drückte meine Hand, als wollte sie sagen »Nun retten Sie mich doch, Sir Pathrick O'Grandison, mein Held«, also fluchte ich laut und heftig und sachte:

»Sie kleener verflixter knoblauchfahniger ...«, und dann ein paar unfreundliche Wörter, und was meinense, was macht die Dame da? Springt doch einfach vom Sofa auf, als hätt was sie gebissen, und stürzt zur Tür hinaus, und ich schau ihr ganz verdattert nach. Wissense, ich hatte nämlich guten Grund zur Annahme, daß sie nicht wirklich im Ernst die Treppe hinuntergehen könnte, weil ich nämlich immer noch ihre Hand am Halten war, denn die hätt ich ja um keinen Preis losgelassen. Also sach ich:

»Hamse da nich nen kleenen Fehler gemacht, meine Dame? Kommense doch wieder her, dann geb ich ihnen auch ihr Händchen zurück.« Aber ich hörse nur die Treppe hinunterstürzen, als wär der Teufel hinter ihr her, und da dreh ich mich zum kleenen französischen Ausländer. Und was soll ich Ihnen sagen – das war seine kleene Pfote, die ich in der Hand hielt!

Und normalerweise hätt ich mich ja kaputtlachen können über sein dummes Gesicht, als er merkte, daß er nicht die Witwe beim Händchen hatte, sondern nur Sir Pathrick O'Grandison. So enttäuscht hat auf der ganzen Welt noch nie jemand dreingeguckt! Aber Sir Pathrick O'Grandison macht sich ja nix aus sonen kleinen Mißverständnissen. O nee.

Aber es ist leider schon wahr, daß, bevor ich die Flosse von dem kleenen Kerlchen losließ (und das war erst, nachdem der Diener der Dame uns beide die Treppe hinunter- und zur Tür hinausgeworfen hatte), ich sie so fest gedrückt hatte, daß sie aussah wie Himbeermus.

»Näsel näsel uuuuuuh«, oder so was in der Richtung sachte er, »Verrrrdammt!«

Und darum trägt er seine linke Hand nun in einer Schlinge.

William Wilson

What say of it? what say CONSCIENCE grim,
That spectre in my path?

Chamberlain, *Pharronida*

Es sei mir erlaubt, mich zum gegenwärtigen Zeitpunkt William Wilson zu nennen. Das mir jetzt vorliegende unbefleckte Blatt braucht nicht mit meinem wahren Namen beschmutzt zu werden. Der ist schon allzu sehr ein Gegenstand des Spotts – des Grauens – des Abscheus der ganzen Gattung. Haben nicht die unwilligen Winde seine beispiellose Schändlichkeit bis in die entferntesten Teile des Erdballs getragen? Oh, Ausgestoßener noch aus den verlassensten Ausgestoßenen! – bist Du der Erde nicht für immer tot? – ihren Ehrungen, ihren Blüten, ihrem goldenen Trachten? – und eine Wolke, dick, düster und grenzenlos, hängt sie nicht ewig zwischen Deinen Hoffnungen und dem Himmel?

Selbst wenn ich's könnte, möchte ich doch hier und heute nicht einen zusammenfassenden Bericht bringen über das unaussprechliche Elend, die unverzeihlichen Verbrechen meiner späteren Jahre. Jene Epoche – diese späteren Jahre – unterfingen sich einer jähen Eigenbewegung zu Gipfeln der Verworfenheit, über deren Ursprung Angaben zu machen lediglich meine gegenwärtige Absicht ist. Gewöhnlich wird der Mensch schrittweise schlechter. Von mir fiel schlagartig jedwede Tugend ab, gleich als ob ich einen Mantel auszöge. Von relativ trivialen Niederträchtigkeiten ging ich, mit den Schritten eines Giganten, zu Ungeheuerlichkeiten, schlimmer als Elah-Gabalus. Welcher Zufall – welch ein Ereignis das Übel herbeiführte und auslöste, sei hier dem geduldigen Leser berichtet. Der Tod rückt näher, und der Schatten, der ihm vorangeht, hat einen besänftigenden Einfluß auf meinen Geist geübt. Ich sehne mich bei meiner Wandrung im finstern Tal nach der Anteilnahme – beinah hätt' ich gesagt, nach dem Mitleid – meiner Mitmenschen. Gern würde ich es sehen, wenn sie glauben könnten, daß ich in gewissem Maße der Sklave von Umständen gewesen bin, die außerhalb menschlicher Kontrolle liegen. Wünschen würde ich, daß in den Einzelheiten, die zu liefern ich mich anschicke, sie inmitten der Wildernis meiner Verirrungen eine kleine Oase der *Unabwendbarkeit* für mich ausfindig machten. Einräumen hören möchte ich sie – was einzuräumen sie nicht umhin können – nämlich daß, obschon gleichgroße Versuchungen vordem existiert haben mögen, zumindest noch nie ein Mensch vor mir *so* versucht worden – gewißlich aber noch nie *so* gefallen ist. Und liegt es daran, daß noch nie einer so gelitten hat? Habe ich nicht buchstäblich wie in einem Traum dahingelebt? Und sterbe ich nun nicht, als ein Opfer des Grauens und Mysteriums der wildesten aller Visionen unterm Mond?

Ich bin der Abkömmling eines Geschlechtes, dessen Temperament, sei es ob seiner leichten Erregbarkeit, sei es ob seiner Bildkraft, allzeit Aufsehen erregt hat; und schon in frühester Kindheit soll ich zu erkennen gegeben haben, daß ich die Familienmerkmale voll und ganz erbte. Mit fortschreitendem Lebensalter entwickelten sie sich immer ausgeprägter und wurden, aus verschiedenen Gründen, eine Quelle ernster Beunruhigung für meine Freunde und positiven Schadens für mich selbst. Ich wurde eigenwillig, den wildesten Capricen ergeben, und überhaupt eine Beute der unlenksamsten Passionen. Meine Eltern, willensschwach und von ähnlich labiler Konstitution wie ich selbst, konnten nur wenig unternehmen, um die üblen Neigungen, die mich auszeichneten, in Schach zu halten. Einige schwächliche und ungeschickte Bemühungen in dieser Richtung endeten mit kompletten

Fehlschlägen ihrerseits, und ergo mit totalem Triumph meinerseits. Von da an war meine Stimme Gesetz im Hause; ich sah mich, in einem Alter, wo erst wenige Kinder des Gängelbandes ledig sind, der Leitung meines eigenen Willens überlassen; und wurde in allem, außer dem Namen nach, Herr meiner Handlungen.

Meine frühesten Erinnerungen an ein Schulleben sind mit einem großen, weitläufigen Elisabethanischen Gebäude in einer immer neblig wirkenden ländlichen Ortschaft Englands verknüpft, wo eine gewaltige Anzahl gigantischer knorriger Bäume herumstanden, und wo sämtliche Häuser im höchsten Grade altertümlich ausschauten. Wahrlich, es war ein traumhaftes und beruhigendes Fleckchen Erde, dieses ehrwürdige alte Städtchen. Jetzt, im Augenblick noch, spüre ich etwas wie die erfrischende Kühle seiner tiefschattenden Alleen; atme ich den Wohlgeruch seiner tausend zieren Gesträuche; durchschauert mich erneut, mit unerfindlichem Entzücken, der gewölbte tiefe Ton der Kirchenglocke, wie er, jedwede Stunde, verdrossen unversehens aufgrollend, Stille und Dämmerdunst durchbrach, in die das Maßwerk des gotischen Spitzturmes eingebettet und verschlafen dalag.

Vielleicht ziehe ich das mir höchstmögliche Maß an Lust, wie ich sie überhaupt jetzt noch zu empfinden imstande bin, aus dem Verweilen auf den minuziösen Erinnerungen an meine Schule und deren Angelegenheiten. Mir, der ich im tiefsten Elend walle – einem Elend, ach, nur allzu wirklich – wird man die Schwäche verzeihen, daß ich Linderung, sei sie noch so leicht und vorübergehend, in ein paar weitschweifigen Einzelheiten suche. Sie haben überdem – obschon ganz trivial, ja an sich sogar lachhaft – für mein Gefühl eine Art zufälliger Wichtigkeit angenommen, da sie gekoppelt sind mit einem Lebensabschnitt und einer Örtlichkeit, wo und wann ich nunmehr die ersten doppeldeutigen Warnzeichen jenes Schicksals erkenne, das mich späterhin so gänzlich überschattete. Man vergönne mir also die Erinnerung.

Das Gebäude war, wie ich bereits sagte, alt und unregelmäßig. Das Grundstück selbst beträchtlich groß; und eine hohe massive Ziegelmauer, gekrönt von einer Lage Mörtel mit Glasscherben, umgab die ganze Anlage. Diese gefängnismäßige Umwallung bildete die Grenze unseres Lebensraumes; was jenseits lag, bekamen wir nur dreimal die Woche zu sehen – einmal jeden Sonnabend nachmittag, wo man uns, beaufsichtigt von zwei Unterlehrern, einen kurzen Klassenspaziergang durch die angrenzenden Felder gestattete – und zweimal sonntags, wo wir auf die gleiche förmliche Weise zum Morgen- beziehungsweise Abendgottesdienst in die einzige Kirche des Dorfes geführt wurden. Unser Schulrektor war gleichzeitig der Pastor dieser Kirche. Wie unverändert tief war das Gefühl des Staunens und der Verblüfftheit, mit dem ich ihm, von unserem entlegenen Gestühl auf der Empore aus, zusah, wie er gemessen und feierlichen Schritts zur Kanzel hinaufstieg! Dieser ehrwürdige Mann, das Antlitz so bescheiden gütig, der Talar so schimmernd und geistlich niederwallend, die Perücke so korrekt gepudert, so steif und mächtig – konnte es derselbe sein, der jüngst noch mit saurer Miene und die Kleidung fleckig vom Schnupftabak, in der Hand die Rute, die drakonischen Gesetze des Internats vollstreckte? Oh, gigantisches Paradoxon, allzu maßlos ungeheuerlich, um je gelöst zu werden!

Wo die plumpe Mauer einen Knick machte, dräute ein noch plumperes Tor. Es war verbolzt und besät mit dicken eisernen Nieten, und überragt von schartigen Eisenzinken. Welch Gefühle heiliger Scheu flößte es uns ein! Nie tat es sich auf, es sei denn anläßlich der schon erwähnten drei regelmäßigen feierlichen Ein- und Auszüge; und dann, in jedem Knarren der starken Angeln, fand unsereins eine Fülle von Geheimnissen – eine ganze Welt von Stoff für ehrerbietige Bemerkungen oder für noch ehrerbietigere stille Betrachtungen.

Die ausgedehnte Einfriedung war von unregelmäßiger Form und schloß zahlreiche geräumige Nischen in sich, von denen drei oder vier der größten den Schulhof bildeten. Sie waren planiert, und der Boden mit feinem harten Kies bedeckt. Ich weiß noch genau, daß hier weder Bäume noch Bänke, noch sonst etwas Ähnliches sich fand. Selbstverständlich waren sie auf der Rückseite des Gebäudes gelegen. Nach vorn hinaus lag ein kleiner Vorgarten, bepflanzt mit Buchsbäumen und anderen Büschen, aber diese geheiligte Abteilung wurde von uns nur bei wirklich ganz seltenen Anlässen durchschritten – wie etwa bei der Aufnahme in die Schule oder beim endgültigen Abgang von derselben, oder allenfalls, wenn Verwandte oder Bekannte uns zu den Weihnachts- oder Sommerferien abholten, und wir freudenvoll den Weg nach Hause einschlugen.

Aber das Haus selbst! – was für ein kurioses altes Gebäude das war! – für mein Empfinden buchstäblich ein verzauberter Palast! Sie hatten tatsächlich kein Ende, seine Krümmungen und Windungen – und seine unbegreiflichen Raumaufteilungen nicht minder. Es war schwierig, zu irgendeinem Zeitpunkt mit Bestimmtheit zu entscheiden, in welchem seiner zwei Stockwerke man sich im Augenblick wohl befände. Von jeglichem Raum in jedweden anderen konnte man sicher sein, drei oder vier Stufen anzutreffen, sei es hinauf oder hinunter. Denn die seitlichen Abzweigungen erst waren unzählbar – unvorstellbar – und gingen derartig ineinander über, daß noch unsere korrektesten Vorstellungen von dem gesamten Herrenhaus sich nicht allzu sehr von denen unterschieden haben werden, die wir uns von der Unendlichkeit schlechthin machten. Zumindest bin ich während der fünf Jahre meines dortigen Aufenthaltes nie imstande gewesen, mit Bestimmtheit herauszubringen, in welch entfernte Ecke nun eigentlich der kleine Schlafsaal lag, der mir und einigen achtzehn oder zwanzig anderen Schülern zugewiesen war.

Das eigentliche Schulzimmer war das größte im Hause – ja, wie ich meinte, auf der ganzen Welt. Es war sehr lang, sehr schmal, und widerwärtig niedrig, mit gotischen Spitzbogenfenstern und einer Decke aus Eichenholz. In einer entlegenen und angsteinflößenden Ecke befand sich ein abgeteiltes Räumchen von acht oder zehn Quadratfuß, das »während der Unterrichtsstunden« das *Sanktum* unseres Rektors, des Ehrwürden Doktor Branby, bildete. Es handelte sich um eine solide Umfriedung mit einem massiven Türchen, das selbst während der Abwesenheit des »Dominie« zu öffnen wir auch unter der *peine forte et dure* unbedingt verweigert hätten. In den anderen Ecken befanden sich zwei ähnliche Verschläge – zugegebenermaßen weit weniger verehrt, aber immer noch kultgegenstandlich genug. Bei dem einen handelte es sich um den Katheder des Unterlehrers für Humanistik, bei dem anderen um das des Unterlehrers für Englisch und Mathematik. Über den ganzen Raum verstreut, kreuz und quer in endloser Unregelmäßigkeit, schwärzlich, alt und abgenutzt, aufs verwegenste von Türmen abgegriffener Bücher überragt, standen unzählige Schulbänke, die derart mit eingeschnitzten Monogrammen oder auch ganzen Namen, grotesken Figuren und anderweitigen Kraftakten des Taschenmessers übersät waren, daß sie das bißchen an ursprünglicher Form, die sie in längst vergangenen Tagen vielleicht besessen haben mochten, gänzlich eingebüßt hatten. Ein kolossaler Wasserzuber stand an dem einen, und eine Uhr von wundersamen Ausmaßen am anderen Ende des Raumes.

Umgeben von den massigen Mauern dieser altehrwürdigen Bildungsanstalt verbrachte ich, doch nicht etwa unter Langeweile oder Widerwillen, die Jahre des dritten Lustrums meines Daseins. Die fruchtbare Einbildungskraft der Kindheit bedarf ja keiner ereignisreichen Außenwelt, um sich zu beschäftigen oder zu unterhalten; und die scheinbar trübselige Monotonie der Schule war gesättigt mit intensiveren Erregungen, als meine reiferen Jünglingsjahre sie dem Luxus, oder mein volles Mannesalter sie dem Verbrechen abgewonnen haben. Immerhin muß ich annehmen, daß meine frühe geistige Entwicklung sehr ungewöhnlich – ja, sogar *outré* – verlief. Beim überwiegenden Teil der Menschheit hinterlassen die Ereignisse sehr früher Jahre im reifen Alter ja nur selten festumrissene Erinnerungsspuren. Alles ist grau und schattenhaft – ein schwaches und lückenhaftes Sichentsinnen – ein undeutliches Eingedenksein schwächlicher Genüsse und eingebildeter Pein. Bei mir ist das nicht so. Ich muß in meiner Kindheit mit der Energie eines Mannes dasjenige empfunden haben, was ich noch heute meinem Gedächtnis in so lebendigen, tiefen und dauerhaften Linien wie in den *exergues* karthagischer Denkmünzen eingeprägt finde.

Dabei, in Wahrheit – der Wahrheit, wie die Welt sie versteht – wie wenig Erinnerungswertes fiel doch eigentlich so an! Allmorgendlich das Aufwecken, allabendlich das Ins-Bett-Kommandiertwerden; das Auswendiglernen und Aufsagen; die regelmäßig wiederkehrenden freien Halbtage und Schulwanderungen, der Schulhof mit all seinem Tumult, seiner Kurzweil, und seinen Intrigen; – ihnen allen eignete, infolge eines längstverlernten mentalen Zaubertricks, eine wahre Wildnis von Empfindungen an, eine vor Ereignissen strotzende Welt, ein Universum vielfältigster Emotionen, von allerleidenschaftlichster und geistaufrührerischer Erregung. *»Oh, le bon temps que ce siècle de fer!«*

Ohne Ruhm zu melden war es so, daß Feuer, Begeisterung und Anmaßlichkeit meiner Veranlagung mich sehr bald zu einer Zentralfigur unter meinen Schulkameraden machten; und mir in zwar langsamer, aber ganz organischer Stundenfolge ein Übergewicht über alle verschafften, die nicht gerade beträchtlich älter als ich selbst waren; – über alle, mit einer einzigen Ausnahme. Diese Ausnahme bestand in der Person eines Mitschülers, der, obschon nicht mit mir verwandt, den gleichen Vor- und Zunamen wie ich selbst trug; – ein, um ehrlich zu sein, nicht gerade frappierender Umstand; denn, ungeachtet edler Abstammung, führte ich doch einen jener Allerweltsnamen, die infolge einer Art ersessenen Rechtes seit undenklichen Zeiten das gemeinschaftliche Eigentum des Mob zu sein scheinen. In dem hier vorliegenden Rechenschaftsbericht habe ich mich deshalb als William Wilson bezeichnet – ein fingierter Titel, aber dem richtigen nicht sehr unähnlich. Dieser mein Namensverwandter allein war es, der von allen, die im Schülerjargon »unseren Verein« ausmachten, sich herausnahm, mit mir in den Klassenfächern zu wetteifern – beim Sport und Toben auf dem Schulhof nicht minder – der es ablehnte, sowohl meinen Behauptungen absoluten Glauben zu schenken, als auch sich meinem Willen zu unterwerfen – kurzum, der meiner unbeschränkten Diktatur in jeder denkbaren Beziehung prinzipiell in die Quere kam. Und wenn es auf Erden einen unangefochtenen und offensichtlichen Despotismus gibt, dann ist das der Despotismus, den ein intelligenter und durchtriebener Junge über die weniger energischen Geister seiner Mitschüler ausübt.

Wilsons Rebellion war für mich eine Quelle der verwirrendsten Verlegenheiten; – um so mehr als ich, trotz aller Großsprecherei, mit der ich ihm und seinen Anmaßungen in der Öffentlichkeit entgegentrat, mich insgeheim vor ihm fürchtete; auch konnte ich nicht umhin, die Ebenbürtigkeit mit mir, die er so mühelos behauptete, als Beweis seiner eigentlichen Überlegenheit zu werten; denn nicht überholt zu werden, kostete mich einen ständigen Kampf. Gleichwohl erkannte besagte Überlegenheit – oder auch nur Ebenbürtigkeit – in Wirklichkeit niemand außer mir selbst; unsere sämtlichen Kameraden schienen infolge irgendeiner unerklärlichen Verblendung auch nicht entfernt dergleichen zu mutmaßen. Und sein Wettstreit, sein Widerstand, und speziell sein impertinentes und zähes Einmischen in meine Absichten, waren schließlich auch nicht minder verstohlen als gezielt. Des Ehrgeizes, und der passionierten Energie, die mich dazu anspornten und es mir ermöglichten, mich auszuzeichnen, schien er gleichermaßen bar. Was sein Rivalisieren überhaupt in Tätigkeit setzte, hätte meistens nur wie eine grillenhafte Lust, mich zu erstaunen, zu kränken, mir in die Quere zu kommen, gewirkt; wären dann nicht wieder Zeiten gewesen, wo ich, mit einem Gefühlsgemisch aus Verwunderung, Demütigung und Gereiztheit, wahrnehmen mußte, wie er seinen Kränkungen, seinen Beleidigungen, seinen Widerreden, eine gewisse, gänzlich unangebrachte und vor allem mir höchst unwillkommene Sorte von *Jovialität* mit beimischte. Mir blieb nur übrig anzunehmen, da ein so eigenartiges Gebaren einem vollendeten Eigendünkel entspringen müsse, der sich vulgärerweise als Gönnerhaftigkeit und Protektion gebärde.

Vielleicht ist es dieser letztere Zug in Wilsons Aufführung gewesen, der – im Verein mit unserer Namensgleichheit und dem rein zufälligen Umstand, daß wir am selben Tage in die Schule aufgenommen worden waren – in den oberen Klassen der Anstalt ein Gerücht in Gang setzte, wir seien Brüder. Nun kümmert man sich dort im allgemeinen nicht mit übermäßiger Sorgfalt um die Angelegenheiten der Junioren; und ich habe ja auch schon zuvor erwähnt, beziehungsweise erwähnen sollen, daß Wilson in keinem, auch nicht dem entferntesten Grade mit meiner Familie in Verbindung stand. Aber, zugegeben, wenn wir Brüder gewesen *wären,* hätten wir sogar Zwillinge sein müssen; denn ich habe, nach dem Abgang von Dr. Bransby's Internat, durch Zufall erfahren, daß mein Namensvetter am 19. Januar 1813 geboren sei – und das ist natürlich ein einigermaßen bemerkenswertes Zusammentreffen; denn besagter Tag ist genau der meiner eigenen Geburt.

Es mag befremdlich erscheinen, daß ich, der immerwährenden Beängstigung durch die Konkurrenz wie auch dem unerträglichen Widerspruchsgeist Wilsons zum Trotz, es dennoch nicht über mich bringen konnte, ihn nun uneingeschränkt zu hassen. Sicher, wir hatten fast jeden Tag unsere Streiterei, in der er mir zwar öffentlich die Palme des Sieges ließ; es jedoch auf irgendeine Weise fertigbrachte, bei mir den Eindruck zu erwecken, daß eigentlich er es sei, der sie verdient habe; trotzdem ließ ein Gefühl des Stolzes auf meiner, sowie eine wahrhafte Würde auf seiner Seite, uns immer auf dem Niveau eines »verbalen Schlagabtausches« bewegen; während es doch wahrlich so manche Züge beträchtlicher Geistesverwandtschaft zwischen uns gab, die bei mir beständig darauf hinarbeiteten, ein Gefühl zu erwecken, das zur Freundschaft zu reifen vielleicht einzig unsere falsche Stellung zueinander verhinderte. Es ist einigermaßen schwierig, meine wirklichen Gefühle ihm gegenüber zu definieren oder auch nur zu beschreiben. Sie bildeten ein buntscheckiges und ungleichartiges Gemisch – ein Schuß starrhalsiger Animosität, die sich noch nicht bis zum Haß ausgewachsen hatte, ein bißchen Achtung, mehr Respekt, sehr viel Furcht – und eine ganze Welt unbehaglicher Neugierde. Für einen Psychologen wird es unnötig sein, ergänzend hinzuzufügen, daß Wilson und ich die allerunzertrennlichsten Gefährten waren.

Zweifellos war es eben dieser anormale Stand der Dinge zwischen uns, daß alle meine Attacken auf ihn (und es waren ihrer viele, teils offene, teils versteckte) mehr in Gestalt von Hänseleien oder handgreiflichen Späßen daherkamen (die unter dem äußerlichen Anschein von bloßen Witzen weh genug taten), als daß sie sich zu ernsthafteren und entschiedenen Feindseligkeiten ausgebildet hätten. Doch meine Anschläge in diese Richtung waren keineswegs durchgängig von Erfolg begleitet, selbst wenn meine Pläne äußerst geschickt gesponnen waren; denn mein Namensvetter hatte in seinem Wesen viel von jener bescheidenen und ruhigen Strenge an sich, die sehr wohl das treffend Anzügliche des eigenen Schabernacks zu genießen weiß, selbst jedoch keine Achillesferse aufweist und sich schlichtweg nicht auslachen läßt. Ich konnte tatsächlich nur eine verwundbare Stelle ausfindig machen; und diese, die in einer physischen Eigenart bestand – vielleicht die Folge eines angeborenen Übels – würde von jedem anderen Widersacher geschont worden sein, der weniger als ich am Ende seines Witzes gewesen wäre. Mein Rivale litt an einer Schwäche der Kehlkopf- oder Rachenorgane, die ihn daran hinderten, seine Stimme jemals zu mehr als zu *einem sehr leisen Wispern* zu erheben. Und ich verschmähte nicht, aus diesem Gebrechen so viel armseligen Vorteil zu ziehen, als nur immer in meiner Macht lag.

Wilsons Vergeltungen kamen mannigfaltig und in gleicher Münze; und vor allem eine Form seiner Fopperei konnte mich über alle Maßen aufbringen. Wieso sein Scharfsinn überhaupt zuerst entdeckt haben mag, daß eine solch Nichtigkeit mich zu verletzen angetan sei, ist eine Frage, die ich nie zu lösen vermocht habe; aber, nach einmal gemachter Entdeckung, plagte er mich jedenfalls gewöhnlich damit. Ich habe nämlich immer eine Aversion gegen meinen unfeinen Familien- wie auch den nicht minder gewöhnlichen, wenn nicht gar plebejischen, Vornamen empfunden. Beide Klänge waren Gift in meinen Ohren; und als am Tage meiner Ankunft gar ein zweiter William Wilson in dem Institut eintraf, wurde ich von vornherein aufgebracht gegen ihn, und doppelt angewidert vom Namen selbst, weil ein Fremder ihn trug, der ab jetzt die Ursache seiner zwiefältigen Wiederholung sein würde; und dessen Angelegenheiten im normalen Ablauf des Schulgeschäftes aufgrund jener abscheulichen Übereinstimmung unvermeidlich oft mit meinen eigenen zusammengeworfen und verwechselt werden mußten.

Das also entstandene Gefühl der Schikane wurde mit jeglichem Umstand, der auf eine Ähnlichkeit, sei sie geistig oder körperlich, zwischen meinem Rivalen und mir hinzuweisen schien, immer stärker und stärker. Damals hatte ich noch gar nicht die bemerkenswerte Tatsache entdeckt, daß wir vom gleichen Alter seien; aber daß wir genau gleich groß waren, sah ich wohl; und ich bemerkte nicht minder, daß wir, was allgemeine Kontur der Gestalt und Schnitt der Gesichtszüge anbelangte, uns sogar auffallend ähnelten. Auch reizte mich das in den Oberklassen umlaufende Gerücht, das von einer Verwandtschaft zwischen uns wissen wollte, nicht wenig. Mit einem Wort: nichts konnte mich ernstlicher aufbringen, (obschon ich das aufs peinlichste zu verhehlen suchte), als die leiseste Anspielung darauf, daß zwischen uns etwelche Ähnlichkeit hinsichtlich Charakter, Äußerem oder Benehmen bestünde. Dabei hatte ich wirklich keinen Grund anzunehmen, daß (jene Hypothese einer Verwandtschaft, und Wilsons eigene Person beiseite gesetzt) unsere Ähnlichkeit jemals Gesprächsgegenstand der Schulkameraden, oder überhaupt nur von ihnen bemerkt worden sei. Daß *er* sie in ihrer ganzen Tragweite, und zwar genau so fasziniert wie ich selbst, bemerkt hatte, war außer aller Frage; aber daß er sich aus solchem Sachverhalt ein derart fruchtbares Betätigungsfeld für Schikanen zu schaffen vermochte, kann, wie ich zuvor schon sagte, nur seinem weit überdurchschnittlichen Scharfsinn zugesprochen werden.

Sein Trick bestand darin, daß er mich hundertprozentig zu imitieren unternahm, sowohl was Ausdrücke als auch Gebärdung anbelangt; und meisterlich führte er seine Rolle durch. Meinen Anzug zu kopieren war eine Kleinigkeit, meine Haltung und allgemeines Benehmen eignete er sich ohne Schwierigkeiten an; ja, seinem angeborenen Gebrechen zum Trotz, entging ihm selbst meine Stimme nicht. Zwar die lautere Sprechweise versuchte er natürlich gar nicht erst; aber der ganze Tonfall, er war identisch; und seine eigentümliches Gewisper, *es wurde schlechthin das Echo meines eigenen!*

Wie sehr dies so *con amore* ausgeführte Porträt mir zur Last fiel, (denn als eine Karikatur konnte man es füglich nicht bezeichnen), will ich jetzt nicht weiter zu beschreiben unternehmen. Ich hatte lediglich einen Trost – in dem Umstand, daß die Imitation anscheinend einzig von mir allein bemerkt wurde; und ich nur das wissende und seltsam sarkastische Gelächel meines Namensverwandten selbst zu erdulden hatte. Zufrieden damit, in *meinem* Busen die beabsichtigte Wirkung hervorgebracht zu haben, schien er heimlich in sich hinein zu kichern ob des mir beigebrachten Stachels; blieb aber ansonsten bezeichnend uninteressiert an dem öffentlichen Beifall, den der Erfolg seiner witzigen Unternehmungen ihm doch so leicht eingetragen haben könnte. Daß man in der Schule tatsächlich weder seine Absicht spürte, noch ihre vollendete Durchführung wahrnahm und an der Verhöhnung sich beteiligte, war mir, so manchen ängstlichen Monat hindurch, ein Rätsel, das ich nicht zu lösen vermochte. Vielleicht machte der *stufenweise Aufbau* seiner Maske sie nicht so geschwind wahrnehmbar; oder aber, und das ist das Wahrscheinlichere, ich schuldete meine Sicherheit der Meisterschaft des Maskenbildners, der die Signatur (das bei einem Gemälde das einzige ist, was Stumpfgeistige entdecken) verschmähte, dafür aber vollendet den Geist seines Originals wiedergab, mir zum individuellen Bespiegeln und Verdruß.

Ich habe bereits mehr als einmal von der widerlichen begönnernden Haltung gesprochen, die er mir gegenüber annahm, und von seiner häufigen, zudringlichen Einmischung in meinen Willen. Diese Einmischung nahm oftmals den unangenehmen Charakter eines Rates an; eines Rates, nicht offen gegeben, sondern nur in Winken und halben Andeutungen bestehend. Ich empfing ihn mit einem Widerwillen, der an Stärke gewann, wie ich an Jahren zunahm. Immerhin möchte ich ihm, nach so langer Zeit, die simple Gerechtigkeit erweisen und es zu Protokoll geben, wie ich mich nicht einer Gelegenheit entsinnen kann, daß die Einflüsteterungen meines Rivalens im Sinne jener Torheiten gelautet hätten, die seinem jugendlichen Alter und seiner scheinbaren Unerfahrenheit doch so gemäß gewesen wären; daß zumindest sein sittliches Gefühl, (wenn nicht gar seine Begabung allgemein, und Weltklugheit überhaupt), weit ausgebildeter war, als mein eigenes; und daß ich heut vielleicht ein besserer und folglich glücklicherer Mann sein könnte, hätte ich weniger häufig die Ratschläge von mir gewiesen, wie sie sich mir in jenen bedeutsamen Wispern zum Ausdruck brachten, die ich damals nur zu sehr von Herzen haßte und allzu bitterlich verachtete.

Wie die Dinge lagen, wurde ich endlich störrisch bis zum Exzeß unter seiner leidigen

Beaufsichtigung, und zeigte meinen Groll ob dessen, was ich als unerträgliche Anmaßung empfand, von Tag zu Tag immer offener. Ich habe gesagt, daß während der ersten Jahre unseres Zusammenlebens als Schulkameraden meine Gefühle ihm gegenüber leichthin zu echter Freundschaft hätten reifen können; in den letzten Monaten meines Institutsaufenthaltes jedoch, obschon die Aufdringlichkeit seines bisherigen Gehabens zweifellos in gewissem Grade an Intensität verloren hatte, nahmen meine Gefühle, in ungefähr gleichem Verhältnis, so ziemlich den Charakter echten Hasses an. Bei einem Anlaß merkte er das auch, wie ich glaube, und mied mich daraufhin; beziehungsweise machte wieder ein Schauspiel daraus, mich zu meiden.

Es muß, wenn ich mich recht erinnere, um dieselbe Zeit gewesen sein, daß ich anläßlich eines heftigen Wortwechsels mit ihm, in dessen Verlauf er weniger auf der Hut war und mit einer seiner Natur sonst fremden Offenheit sprach und vorging, in seinem Tonfall, seinen Mienen, seinem allgemeinem Auftreten, ein Etwas entdeckte, oder zu entdecken wähnte, das mich erst stutzen machte, und dann insofern aufs tiefste zu interessieren begann, als es mir matte optische Eindrücke meiner frühesten Kindheit wieder in den Sinn brachte – wildverworrene Erinnerungen aus einer Zeit, da die Erinnerungsfähigkeit selbst noch ungeboren war. Ich kann das auf mich eindringende Gefühl nicht besser beschreiben, als wenn ich sage, wie ich nur unter Schwierigkeiten die Einbildung abzuschütteln vermochte, mit dem Wesen, das da vor mir stand, in sehr weit zurückliegenden Zeiträumen schon einmal bekannt gewesen zu sein – auf irgendeinem, schier unendlich fernen Punkt der Vergangenheit. Die Täuschung zerging jedoch ebenso schnell wieder, wie sie gekommen war; und ich tue ihrer auch nur deshalb Erwähnung, um den Tag der letzten Unterredung, die ich dort mit meinem kuriosen Namensvetter hatte, zu charakterisieren.

Das mächtige alte Haus, mit seinen zahllosen Unterteilungen, hatte mehrere große, miteinander in Verbindung stehende Zimmer, wo die überwiegende Zahl der Schüler schlief. Überdies gab es jedoch (wie bei einem derart wunderlich entworfenen Gebäude schlechthin unvermeidlich) viele kleine Winkel und Ecken, den architektonischen Abfall gleichsam; und auch sie hatte die ökonomische Findigkeit Dr. Bransby's als Schlafkammern herzurichten gewußt; obgleich sie, da es sich um bloße Alkoven handelte, nur ein einzelnes Individuum aufzunehmen vermochten. Und von diesen kleinen Räumchen hatte eins Wilson inne.

Eines Nachts, gegen Ende meines fünften Jahres an der Schule, und unmittelbar nach dem eben erwähnten Wortwechsel, nachdem ich gewiß sein konnte, daß jedermann in Schlaf versunken sei, erhob ich mich vom Bett, und stahl mich, die Lampe in der Hand, durch Labyrinthe enger Korridore, aus meinem eigenen Schlafraum zu dem meines Rivalen. Ich hatte lang schon eines jener bösartigen Pröbchen von handgreiflich groben Späßen auf seine Kosten vorbereitet, in denen mir bisher so durchweg wenig Erfolg beschieden gewesen. Ich hatte die Absicht, nunmehr meinen Anschlag in die Tat umzusetzen, und war entschlossen, ihm der Bosheit, die sich in mir aufgestaut hatte, vollen Anteil zu geben. Als ich seinen Alkoven erreicht hatte, trat ich lautlos hinein; die Lampe, mit einem Blendschirm davor, blieb draußen. Ich tat einen Schritt nach vorn, und lauschte dem ruhevollen Gang seines Atmens. Seines festen Schlafes sicher, drehte ich wieder um, nahm die Leuchte, und näherte mich mit ihr erneut der Bettstatt. Sie war von dichten Gardinen verhangen, die ich, in Verfolgung meines Planes, langsam und leise zurückzog; so daß die Lichtstrahlen hell auf den Schläfer fielen, und meine Blicke, im selben Moment, auf sein Angesicht. Ich schaute; – und sogleich erstarrte ich, wie vereist. Meine Brust hob sich, meine Knie zitterten, mein ganzer Geist wurde wie besessen von gegenstandslosem aber unerträglichem Entsetzen. Nach Atem ringend, führte ich die Lampe tiefer, in noch nähere Nachbarschaft des Gesichtes. Waren das – *das* die Züge Wilsons?! Sicher, ich sah ja, daß es die seinen waren; aber es schüttelte mich wie Fieberfrost ob der Einbildung, daß sie es nicht seien. Was *hatten* sie denn an sich, daß es mich in solchem Maß bestürzt machte? Ich starrte; – während meinem Hirn vor einer Vielheit unzusammenhängender Gedanken schwindelte. So sah er doch nicht – nein; *so* garantiert nicht – in seinen wachen Stunden, wenn er lebte, aus. Derselbe Name! dieselben Umrißformen der Gestalt! derselbe Tag der Ankunft im Institut! Und dann sein stures und sinnloses Nachäffen meines Gangs, meiner Stimme, meiner Angewohnheit und meinem ganzen Gehabe! Lag es denn wirklich im Bereich menschlicher Möglichkeit, daß das, *was ich jetzt erblickte,* lediglich das Ergebnis langanhaltender Übung solch sarkastischen Imitierens war? Völlig verstört, von Schauern überlaufen, löschte ich meine Lampe, zog mich lautlos aus der Kammer zurück; und verließ, ohne Verzug, die Hallen jener alten Bildungsanstalt, um sie niemals wieder zu betreten.

Nach dem Verstreichen einiger Monate, in denen ich mich daheim dem schieren Müßiggang überließ, fand ich mich als Höherer Schüler in Eton wieder. Die kurze Zwischenzeit hatte ausgereicht, um meine Erinnerung an die Ereignisse bei Dr. Bransby abzuschwächen; oder zumindest doch bezüglich der Natur der Gefühle, mit denen ich ihrer gedachte, eine ganz erhebliche Veränderung herbeiführten. Die Wahrheit – das Tragische – des Dramas war geschwunden. Ich konnte nun schon die Besonnenheit aufbringen, das Zeugnis meiner Sinne anzuzweifeln; und selten nur blickte ich überhaupt auf das Erlebte zurück, nicht ohne mich gleichzeitig über das Ausmaß menschlicher Leichtgläubigkeit zu wundern, und nicht ohne ein Lächeln ob der Lebhaftigkeit und Kraft der Einbildung, die ich als Erbteil übernommen hatte. Auch war die Art des Lebens, das ich in Eton führte, wenig dazu angetan, diese spezielle Sorte Skeptizismus abzuschwächen. Der Strudel von Torheiten, in den ich mich dort so unvermittelt und so unbekümmert stürzte, wusch alle meine vergangenen Stunden bis auf winzige Schaumreste von mir, verschlang sogleich jedweden nachhaltigen oder ernsthaften Eindruck, und ließ dem Gedächtnis nur den flüchtigen Aushub von etwas wie einem früheren Dasein.

Ich bin jedoch nicht willens, hier den Kurs aufzuzeichnen, den meine erbärmliche Liederlichkeit nahm – eine Liederlichkeit, die den Gesetzen Hohn sprach, während sie gleichzeitig die Wachsamkeit des Lehrkörpers geschickt umging. Drei törichte, ohne jeden positiven Gewinn verbrachte Jahre hatten lediglich die Tendenz zum Laster in mir befestigt; allerdings auch, in einigermaßen ungewöhnlichem Grade, mein körperliches Wachstum befördert; als ich einmal, nach einer Woche seelenloser Völlerei, den engeren Zirkel meiner im Wüsten fortgeschrittensten Mitstudenten zu einer heimlichen Trinkorgie in meine Räumlichkeiten einlud. Wir trafen uns nachts, zu später Stunde; denn es war ungeschriebenes Gesetz, daß unsere Ausschweifungen sich bis zum Morgen hinzuziehen hatten. Der Wein floß in Strömen, auch bestand kein Mangel an anderweitigen, womöglich noch gefährlicheren, Versuchungen; so daß, als unsere rasenden Extravaganzen auf dem Höhepunkt waren, im Osten bereits der Morgen schwach zu grauen begann. Bis zur Tollheit erhitzt von Trunk und Kartenspiel, war ich just dabei, einen Toast von mehr als üblicher Ruchlosigkeit auszubringen, als meine Aufmerksamkeit plötzlich durch ein heftiges, obschon nur teilweises Aufreißen der Zimmertür, und durch die eindringliche Stimme eines Dieners von außen abgelenkt wurde. Er informierte mich, daß jemand, der anscheinend große Eile hätte, mich im Vorraum zu sprechen verlange.

In meiner wilden alkoholischen Erregung ergötzte mich die unerwartete Unterbrechung mehr als sie mich überraschte. Ich stolperte sogleich voran, und ein paar Schritte brachten mich zum Vestibül des Hauses. In dem niedrigen und engen Raum dort hing keine Lampe; und zur Zeit hatte überhaupt keinerlei Licht Zutritt, abgesehen von dem äußerst schwachen Dämmerschein, der seinen Weg durch das halbkreisförmige Fenster nahm. Als ich den Fuß über die Schwelle setzte, wurde ich der Gestalt eines Jünglings gewahr, von annähernd meiner eigenen Größe, und angetan mit einem weißen Schoßrock aus Kerseymere von neumodischem Schnitt, wie ich ihn im Moment ebenfalls trug. Soviel zu erkennen setzte die kärgliche Beleuchtung mich in die Lage; aber die Züge seines Gesichtes konnte ich nicht unterscheiden. Nachdem ich eingetreten war, kam er hastig auf mich zugeschritten, bemächtigte sich mit einer Geste verdrießlicher Ungeduld meines Armes, und wisperte gleichzeitig die Worte »William Wilson!« in mein Ohr.

Ich war im Handumdrehen vollkommen nüchtern.

In der ganzen Art des Fremdlings, und dem zitternden Drohen seines erhobenen Fingers, wie er ihn zwischen meinen Augen und das Licht hielt, lag ein Etwas, das mich mit uneingeschränkter Bestürzung erfüllte; aber das war es noch nicht einmal, was mich so heftig bewegte. Es war das feierlich Mahnungsträchtige in der eigentümlich leisen zischelnden Aussprache; es war vor allem der Charakter, der Tonfall, die *Klangfarbe* dieser weniger simplen und vertrauten, *aber gewisperten,* Silben, bei denen mich ein tausendfältiger Schwarm von Erinnerungen an vergangene Tage überkam, und meine Seele traf wie der Stromstoß einer galvanischen Batterie. Bevor ich noch den Gebrauch meiner Sinne wieder erlangte, war er schon gegangen.

Obgleich dieser Vorfall nicht verfehlte, einen lebhaften Eindruck auf meine unordentliche Einbildungskraft zu machen, erwies dieser sich doch als ebenso vorübergehend wie lebhaft. Zugegeben, ein paar Wochen hindurch war ich mit ernstlichen Nachforschungen beschäftigt oder hüllte mich in eine Wolke morbider Grübeleien. Ich unternahm nicht etwa, meinem Wahrnehmungsvermögen hinsichtlich der Identität des merkwürdigen Wesens, das sich so ausdauernd in meine Angelegenheiten einmischte und mir mit seiner aufdringlichen Beratung beschwerlich fiel, auch nur das Geringste vorzumachen. Aber wer und was war dieser Wilson? – woher kam er? – und was waren seine Absichten? Über nicht einen dieser Punkte konnte ich Befriedigendes in Erfahrung bringen; nur das gelang mir, mit Bezug auf ihn festzustellen: daß ein unvorhergesehenes Ereignis in seiner Familie seine Abberufung von Dr. Bransby's Internat bewirkt hatte; und zwar am Nachmittag desselben Tages, an dem ich damals durchgegangen war. Aber binnen kürzester Zeit hörte ich auf, über den Gegenstand nachzudenken, da alle meine Aufmerksamkeit von dem geplanten Abgang zur Universität Oxford in Anspruch genommen wurde. Ich übersiedelte auch bald dorthin; und die gedankenlose Eitelkeit meiner Eltern stattete mich mit einer Garderobe und einem jährlichen Wechsel aus, die es mir von vornherein ermöglichten, dem Luxus, der meinem Herzen schon so teuer geworden war, nach Belieben zu frönen, – in Geldverschwendung zu wetteifern mit den überheblichsten Erben der reichsten Earls von Großbritannien.

Angeregt durch solche Hilfsmittel zum Laster, brach mein angeborenes Temperament mit verdoppelter Brunst hervor; und ich setzte in der wahnwitzigsten Verblendung meiner Schwelgereien selbst die simpelsten Regeln von Klugheit und Anstand beiseite. Aber es wäre absurd, auf Einzelheiten meiner Extravaganzen zu verweilen. Es möge genügen, daß ich unter Verschwendern Herodes übertraf; und, indem ich einer Vielzahl neuer Tollheiten einen Namen gab, der langen Liste an Lastern, die damals in der verkommensten Universität Europas gang und gäbe waren, ein nicht unerhebliches Supplement hinzufügte.

Immerhin konnte es, selbst an einem solchen Ort, schwerlich glaubhaft erscheinen, daß ich, als Gentleman, so tief gesunken sein sollte, um mich mit den niederträchtigsten Kniffen des gewerbsmäßigen Spielers bekannt zu machen, und sie, nachdem ich es in seiner verächtlichen Kunst zur Meisterschaft gebracht hätte, denn auch regelmäßig anwenden würde, als ein Mittel, meine sowieso schon enormen Einkünfte auf Kosten der naiveren unter meinen Mitstudenten noch weiter zu vermehren. Nichtsdestoweniger war dies der Fall. Und zweifellos ist es eben die blanke Ungeheuerlichkeit solcher Versündigung gegen jedes männliche und ehrenhafte Empfinden gewesen, was die Haupt-, wenn nicht gar die einzige Erklärung für die Straflosigkeit liefert, mit der ich mein Unwesen derart treiben konnte. Denn wer, selbst unter meinen verkommensten Kumpanen, hätte nicht eher das klarste Zeugnis seiner eigenen Sinne abgestritten, als ihn solcher Praktiken für fähig zu halten, ihn den munteren, biederen, freigebigen William Wilson – den nobelsten und großzügigsten Studenten in ganz Oxford – ihn, dessen Streiche (wie seine Schmarotzer es formulierten) doch lediglich Streiche der Jugend und einer ausgelassenen Laune – dessen Irrgänge doch nur unnachahmliche Schnurren – dessen schwärzeste Laster nichts als liebenswürdige Unachtsamkeit und fesche Extravaganz wären.

Zwei Jahre war ich nunmehr auf diese Weise erfolgreich tätig gewesen, als an der Universität ein frisch geadelter junger Parvenu namens Glendinning erschien – dem Gerücht nach reich wie Herodes Atticus –, der seine Reichtümer angeblich auch ebenso leicht erworben. Ich hatte bald heraus, daß er etwas dümmlich war, und erkor ihn mir selbstredend zum geeigneten Gegenstand meiner Fingerfertigkeit. Ich machte, daß wir uns häufig beim Spiel gegenübersaßen, und brachte es nach gewohnter Spielertaktik zuwege, ihn zunächst beträchtliche Summen gewinnen zu lassen, um ihn desto sicherer in meine Garne zu lokken. Zu guter Letzt, als mein Opfer reif war, trafen wir uns (meinerseits mit der vollen Absicht, daß dieses Treffen endgültig und entscheidend sein sollte) in der Wohnung Mr. Prestons, eines mit uns beiden gleichermaßen auf vertrautem Fuß verkehrenden Mitstudenten; der allerdings, um ihm Gerechtigkeit widerfahren zu lassen, auch nicht den entferntesten Verdacht dessen hegte, was ich im Schilde führte. Um dies besser zu bemänteln, war es mir zu veranstalten gelungen, daß sich im ganzen unserer acht oder zehn dort versammelten; und vor allem hatte ich besondere Sorge dafür getragen, daß die Karten scheinbar gänzlich durch Zufall aufs Tapet gebracht, ja womöglich auf den Vorschlag des auserkorenen Gimpels selbst zurückgehen sollten. Um ein widerliches Thema kurz abzutun: nicht eine der niedrigen Finessen war übersehen worden, wie sie bei ähnlichen Anlässen gebräuchlich sind, daß man mit Recht staunen kann, wie sich überhaupt noch jemand findet, der töricht genug ist, auf sie hineinzufallen.

Wir hatten unsere Sitzung schon bis tief in die Nacht ausgedehnt, und ich hatte endlich das Manöver vollbracht, Glendinning als einzigen Gegner mir gegenüber zu haben. Das Spiel war gleichfalls meine Spezialität, *écarté*. Der Rest der Gesellschaft, von der Höhe unserer Einsätze gefesselt, hatte sein eigenes Spiel eingestellt, und umstand uns als Zuschauer. Der *Parvenu*, den ich im früheren Verlauf des Abends durch meine Listen und Ränke dazu gebracht hatte, schwer zu trinken, mischte, gab und spielte nunmehr auf eine wild nervöse Art, die sich durch seine Trunkenheit zum Teil, obschon, wie mir dünkte, gänzlich doch wohl nicht erklären ließ. Innerhalb kürzester Zeit schuldete er mir eine erhebliche Summe, als er, nach einem neuerlichen, tiefen Zug Portwein, genau das tat, womit ich längst kalt gerechnet hatte – er schlug vor, unsere sowieso schon unsinnigen Einsätze zu verdoppeln. Nach einem gut gemimten Anschein von Widerstreben, und nicht, bevor ich ihn durch meine wiederholten Weigerungen zu einigen ärgerlichen Worten verleitet hatte, die meiner Einwilligung noch einen Anstrich von Pikanz gaben, willigte ich endlich ein. Das Resultat bewies selbstredend nur, wie umfassend ich die Beute in meinen Netzen hatte: innerhalb weniger als einer Stunde waren seine Schulden vervierfacht. Seit einiger Zeit schon hatte sein Gesicht nach und nach die ihm vom Wein verliehene blühende Farbe zu verlieren begonnen; aber nunmehr bemerkte ich zu meinem Erstaunen, daß sie einer wahrhaft fürchterlichen Blässe Platz gemacht hatte. Zu meinem Erstaunen, sage ich. Glendinning sei, hatte es auf meine mehrfachen eifrigen Erkundigungen immer geheißen, unermeßlich reich; und die Summen, die er bis jetzt verloren hatte, konnte, obwohl an sich erheblich genug, ihn meiner Ansicht nach sehr ernstlich nicht behelligen, viel weniger ihn derart heftig angreifen. Daß ihn der eben hinuntergestürzte Wein überwältigt habe, war mein nächstliegender und plausibler Gedanke; und, mehr im Hinblick auf die Aufrechterhaltung meines persönlichen Rufes in den Augen der Anwesenden als aus einem weniger eigennützigen Motiv, schickte ich mich eben an, mit Entschiedenheit auf Einstellung des Spieles zu dringen, als einige Ausdrücke der Zuschauer in meiner Nähe, sowie ein unterdrückter Ausruf seitens Glendinnings, der äußerste Verzweiflung zum Ausdruck brachte, mir zu verstehen gaben, daß ich seinen totalen Ruin bewirkt hätte; und zwar unter Umständen, die, indem sie ihn zum Gegenstand des Mitleids von jedermann machten, dazu hätten angetan sein sollen, ihn vor den bösen Schlichen selbst eines Teufels zu bewahren.

Wie ich mich nun eventuell des weiteren hätte verhalten können, ist schwer zu sagen. Der bemitleidenswerte Zustand des Geprellten hatte eine Atmosphäre von finsterer Verlegenheit über alles verbreitet; und einige Augenblicke lang herrschte ein tiefes Schweigen, während dessen ich nicht umhin konnte zu fühlen, wie mir ob der vielen verächtlichen oder zumindest tadelnden Blicke, welche die weniger Verworfenen der Gesellschaft scharf auf mich richteten, die Wangen brannten. Ich will sogar zugeben, daß ein unerträgliches Gewicht der Beklemmung durch die plötzliche und ganz außerordentliche Unterbrechung für einen kurzen Moment von meiner Brust genommen wurde. Die schwere, breite Flügeltür des Raumes wurde unversehens aufgestoßen, in ihrer ganzen Weite, mit einem Ungestüm, so kraftvoll und drängend, daß es, wie durch Magie, jede Kerzenflamme im Zimmer auslöschte. In ihrem verlöschenden Licht konnten wir gerade noch wahrnehmen, daß ein Fremder eingetreten war, ungefähr von meiner Größe, einen Mantel dicht um sich geschlagen. Obwohl die Finsternis nicht vollkommen war, konnten wir nur mehr *fühlen,* daß er in unserer Mitte stand. Bevor sich noch einer von uns von dem unsäglichen Erstaunen erholen konnte, in das dergleichen Unmanierlichkeit alle gestürzt hatte, vernahmen wir schon die Stimme des Eindringlings.

»Meine Herren«, sagte er in einem leisen, sehr deutlichen und unvergeßlichem *Wispern,* daß mich bis ins innerste Mark erschauern ließ, »meine Herren, ich entschuldige mich nicht erst ob solchen Benehmens, denn ich erfülle, indem ich mich so benehme, lediglich eine Pflicht. Sie sind zweifellos über den wahren Charakter der Person nicht im Bilde, die Lord Glendinning heute nacht eine namhafte Summe Geld im *écarté* abgenommen hat. Ich will Ihnen deshalb in ebenso rasches wie entscheidendes Mittel an die Hand geben, sich diese sehr notwendige Einsicht zu verschaffen. Wollen Sie bitte in aller Muße und Bequemlichkeit einmal das Innenfutter seines linken Ärmelaufschlages inspizieren, oder auch die diversen kleinen Päckchen, die sich womöglich in den etwas sehr geräumigen Taschen seines gestickten Morgenrocks antreffen lassen.«

So tief war die Stille, während er sprach, daß man eine Stecknadel hätte zu Boden fallen hören können. Kaum geendet, nahm er bereits wieder seinen Abgang, und zwar ebenso unvermittelt, wie er eingetreten war. Kann ich – soll ich meine Empfindungen schildern? – muß ich sagen, wie ich alle Schrecken der Verdammten fühlte? Soviel steht fest, daß mir wenig Zeit zum Überlegen gelassen wurde. Viele Hände ergriffen mich rauh auf der Stelle; auch wurden unverzüglich wieder Lichter herbeigeschafft. Eine Leibesvisitation erfolgte. Im Futter meines Ärmelaufschlages wurden sämtliche beim *écarté* geltenden Hofkarten gefunden; und in den Taschen meines Morgenrockes mehrere Pakete Spielkarten, Faksimiles der sonst bei unseren Zusammenkünften auch benutzten – mit der einen Ausnahme, daß die meinigen von der Art waren, die der Eingeweihte *arrondées* nennt, bei denen die Honneurs ganz leicht konvex an der Schmal-, die niedrigen Karten leicht konvex an den Längsseiten sind. Bei solcher Anordnung wird es dem zu Prellenden, der üblicherweise der Länge nach vom Pack abhebt, unweigerlich widerfahren, daß er seinem Gegner ein Honneur aufdeckt; während der Falschspieler, welcher der Breite nach abhebt, mit derselben Wahrscheinlichkeit für sein Opfer nichts aufdeckt, was beim Spiel irgend nennenswert zählte.

Jeder laute Ausbruch der Entrüstung auf diese Entdeckung hin wäre mir weniger empfindlich gewesen, als die schweigende Verachtung, die sarkastische Gelassenheit, mit der man sie zur Kenntnis nahm.

»Mr. Wilson«, sagte unser Gastgeber, und bückte sich dabei, um einen überaus luxuriösen Mantel aus seltenstem Pelz aufzuheben, der zu seinen Füßen lag, »Mr. Wilson, das ist wohl Ihr Eigentum.« (Die Witterung war kalt; und ich hatte beim Verlassen meines Zimmers einen Mantel über meinen Morgenrock geworfen, den ich dann, nach Erreichen des Schauplatzes, abgelegt hatte.) »Ich nehme an, es wird überflüssig sein, hier (und er musterte mit bitterem Lächeln die Falten des Kleidungsstückes) nach weiteren Belegen Ihrer Geschicklichkeit zu suchen. Wir haben ja auch wahrlich genügend davon gehabt. Sie werden, wie ich hoffe, die Notwendigkeit einsehen, Oxford zu verlassen – auf jeden Fall aber meine Wohnung, und zwar sofort.«

Erniedrigt, bis in den Staub gedemütigt, wie ich damals war, wäre es durchaus wahrscheinlich gewesen, daß ich seine beißende Rede auf der Stelle durch Tätlichkeiten geahndet hätte, wenn nicht im selben Augenblick meine Aufmerksamkeit durch einen Umstand der allerfrappierendsten Art gänzlich gefangen genommen gewesen wäre. Der Mantel, den ich angehabt, hatte aus einer sehr raren Pelzart bestanden, wie rar, wie übertrieben kostbar, wage ich gar nicht zu sagen. Auch seine Machart ging auf meinen eigenen phantastischen Entwurf zurück; denn ich war in Dingen dieser nichtigen Art in einem Maße wählerisch, daß es an die absurdeste Geckenhaftigkeit streifte. Als deshalb Mr. Preston mir denjenigen hinhielt, den er nahe der Flügeltür des Zimmers vom Boden aufgerafft hatte, war es mit einem fast an Grausen grenzenden Erstaunen, daß ich meinen eigenen bereits über meinem Arm hängen sah, (wohin ich ihn zweifellos unwillkürlich gelegt hatte), und daß der mir jetzt dargereichte nicht mehr und nicht weniger war, als sein genaues Gegenstück, bis in jegliche, auch die winzigste nur denkbare Kleinigkeit. Das sonderbare Wesen, das mich so verhängnisvoll bloßgestellt hatte, war, wie ich mich erinnerte, in einen Mantel gehüllt gewesen; und kein anderes Mitglied unserer Gesellschaft, mit Ausnahme meiner selbst, hatte ansonsten einen getragen. Einen letzten Rest Geistesgegenwart bewahrend, nahm ich den mir von Preston dargebotenen entgegen; legte ihn, unbeachtet, über meinen eigenen, verließ das Zimmer mit einer Miene trotziger Verachtung; und trat gleich am folgenden Morgen, ehe der Tag noch aufdämmerte, eine überstürzte Reise von Oxford nach dem Kontinent an, schier halb tot vor Schrecken und Scham.

Ich floh vergebens. Mein böses Geschick verfolgte mich gleichsam frohlockend, und bewies mir alsbald, daß die Ausübung seiner geheimnisvollen Herrschaft nur erst im Anfang stünde. Kaum hatte ich Fuß gefaßt in Paris, als mir auch schon frische Beweise für das abscheuliche Interesse gebracht wurden, das dieser Wilson an meinen Angelegenheiten nahm. Die Jahre gingen dahin, und ich erfuhr keinerlei Erleichterung. Der Schuft! – wie trat er nicht zur allerungelegensten Zeit, dafür aber mit wie gespenstischer Zudringlichkeit wieder, in Rom zwischen mich und den Gegenstand meines Ehrgeizes! Ebenso in Wien – in Berlin – und in Moskau! Welcherorts, wahrlich, hätte ich nicht *bittersten* Grund gehabt, ihn herzinniglich zu verfluchen? Vor seiner unerforschlichen Tyrannei floh ich von Panik gepackt so weit als möglich, wie vor einer Seuche; floh zu den äußersten Enden der Welt – *und floh doch vergebens*.

Und wieder, immer wieder, in geheimen Aussprachen mit mir selbst, stellte ich mir die Fragen: »Wer ist er? – woher kommt er? – und was sind seine Absichten?« Aber keine Antwort stellte sich ein. Und anschließend analysierte ich minutiös die Art und die Methoden, und die bezeichnenden Züge seiner impertinenten Aufseherrolle. Aber selbst so ergab sich äußerst wenig, auf das man irgendwelche Schlüsse hätte ziehen können. Das eine war natürlich auffallend, daß in keinem der zahlreichen Fälle, in denen er letzthin meinen Pfad gekreuzt, er anderes im Sinn gehabt hätte, als um Pläne zu hintertreiben oder Handlungen zu vereiteln, die vermutlich böses Unheil zur Folge gehabt hätten, wäre mir ihre Durchführung gelungen. Wahrlich, armselige Rechtfertigung für so viel gebieterisch angemaßte Autorität! Armselige Entschädigung, um mir derart hartnäckig, derart beleidigend, das naturgegebene Recht auf Handlungsfreiheit zu verkümmern!

Auch hatte ich gezwungenermaßen zur Kenntnis nehmen müssen, wie mein Quälgeist es schon seit sehr langer Zeit fertigzubringen verstand, daß ich, während er seine diversen Eingriffe in meine Willensakte ausübte, auch nicht einen Moment mehr seine Gesichtszüge zu sehen bekam; (obschon er eine andere Grille, nämlich genau identisch mit mir gekleidet zu gehen, aufs peinlichste und mit wahrhaft wundersamer Fertigkeit beibehielt). Mochte nun Wilson sein, was er wollte: *dies* zumindest war ja doch wohl die blanke Affektiertheit, wenn nicht gar Albernheit. Konnte er sich etwa auch nur einen Moment lang einbilden, daß ich in dem Mahner von Eton – dem Vernichter meiner Ehre zu Oxford – in ihm, der meinen Bestrebungen in Rom in die Quere kam, meiner Rache in Paris, meiner leidenschaftlichen Liebe in Neapel, oder in Ägypten dem, was er, völlig schief, als meine Habsucht bezeichnete – daß ich in diesem, meinem Erzfeind und bösen Genius, etwa nicht den William Wilson meiner ersten Schultage erkennen würden – den Namensvetter, den Kameraden, den Rivalen – den gehaßten und gefürchteten Rivalen bei Dr. Bransby? Ausgeschlossen! – Aber ich eile zur letzten, verhängnisvollen Szene des Dramas.

Soweit hatte ich seine gebieterische Herrschaft praktisch untätig über mich ergehen lassen. Das Empfinden tiefer Ehrfurcht, womit ich den hohen sittlichen Charakter, die majestätische Weisheit, die scheinbare Allgegenwärtigkeit und Allmacht Wilsons zu betrachten gewohnt war, und wozu noch ein Gefühl ausgesprochenen Grauens hinzutrat, mit dem gewisse andere Züge in seinem ganzen Wesen und Auftreten mich erfüllten, hatte sich bisher in dem Sinne ausgewirkt, mir die Idee meiner eigenen absoluten Schwäche und Hilflosigkeit einzuhämmern, und mir eine unbedingte, obwohl von bitterlichem Widerstreben begleitete Unterwerfung unter seine willkürliche Herrschaft nahezulegen. Aber in der letzten Zeit hatte ich mich hundertprozentig dem Weine verschrieben; und dessen tollmachender Einfluß auf mein mir vererbtes Temperament ließ mich einer Beaufsichtigung mehr und mehr überdrüssig werden. Ich fing an zu murren – zu stutzen – Widerstand zu leisten. Und, war es nur Einbildung, die mich zu dem Glauben bewog, daß mit dem Anwachsen meiner eigenen Festigkeit, die meines Quälgeistes eine genau entsprechende Abnahme erführe? Sei dem, wie es wolle; ich begann jedenfalls ab nun von neuer Hoffnung durchglüht zu werden, und nährte endlich heimlich in Gedanken den festen und verzweifelten Entschluß, mich dieser Sklaverei nicht länger zu unterwerfen.

Es war in Rom, zur Zeit des Carnevals von 18—, daß ich an einer Maskerade im Palazzo des neapolitanischen Herzoges Di Broglio teilnahm. Ich hatte mich noch unmäßiger als gewöhnlich den Verlockungen des Weinkellers überlassen; was zur Folge hatte, daß die stikkende Atmosphäre der überfüllten Räume mich über die Maßen behelligte. Auch trug die Schwierigkeit, mir meinen Weg durch all das gesellschaftliche Labyrinth zu bahnen, nicht wenig zur Verschlechterung meiner Laune bei; war ich doch (man erlasse mir das Geständnis, mit welch unwürdigem Motiv) eifrigst auf der Suche nach der jungen, der lustigen, der schönen Gattin des alten und halbkindischen Di Broglio. Mit einer allzu leichtfertigen Vertraulichkeit hatte sie mir zuvor das Geheimnis zukommen lassen, in welche Maske verkleidet sie erscheinen würde; und ich, der ihrer Person flüchtig ansichtig geworden war, beeilte mich nunmehr, mir Bahn zu brechen, um in ihre Gegenwart zu gelangen. In diesem Augenblick fühlte ich, wie eine leichte Hand sich mir auf die Schulter legte, und vernahm wieder das unvergeßliche, leise, schändliche Wispern in meinem Ohr.

In einem wahren Tobsuchtsanfall von Wut fuhr ich herum zu ihm, der mich dergestalt unterbrochen hatte, und packte ihn heftig am Kragen. Er war, wie schon erwartet hatte, mit einem Kostüm angetan, welches das meinige hätte sein können; eine spanische *capa* also, aus blauem Samt, um die Taille zusammengehalten von einem purpurroten Gurt, darin ein Stoßdegen. Sein Gesicht war gänzlich hinter einer Maske aus schwarzer Seide verborgen.

»Du Schuft!« sagte ich, mit einer Stimme, heiser von Wut, und jede Silbe, die ich hervorbrachte, gab meiner Raserei neuen Brennstoff; »Du Schuft! Betrüger! Verwünschter Bube! Du sollst nicht – sollst *mir nicht* bis zum Tode auf Schritt und Tritt nachspüren! Folge mir, oder ich ersteche Dich hier auf der Stelle!« – und ich erzwang mir einen Weg aus dem Ballsaal, in ein kleines angrenzendes Vorzimmer – wobei ich ihn mit mir schleifte, ohne daß er Widerstand leisten konnte oder wollte.

Beim Eintreten schleuderte ich ihn wutvoll von mir. Er stolperte gegen die Wand; während ich mit einem Fluche die Tür schloß, und ihm zu ziehen befahl. Er zauderte nur einen Augenblick; dann, mit einem kaum vernehmbaren Seufzen, zog er schweigend, und nahm Verteidigungsstellung an.

Unser Kampf war jedoch nur kurz. Ich war außer mir von jeglicher Art wildester Erregung, und fühlte in meinem Arm die Energie und Macht einer Armee. Binnen weniger Sekunden hatte ich ihn durch schiere Kraft an die getäfelte Wand getrieben; und rannte ihm, dem mir dergestalt auf Gnade und Ungnade Preisgegebenen, den Degen mit brutaler Wildheit in die Brust, und mehrfach durch und durch.

Im gleichen Augenblick probierte jemand außen die Klinke der Tür. Ich beeilte mich, eine unberufene Einmischung zu verhindern; und kehrte dann unverzüglich zu meinem sterbenden Widersacher zurück. Aber welche von Menschen gesprochene Sprache kann *das* Erstaunen, *das* Entsetzen annähernd wiedergeben, das bei dem Schauspiel, das sich meinem Auge darbot, Besitz von mir ergriff? Der kurze Zeitraum, wo ich den Blick abwandte, hatte anscheinend hingereicht, eine durchgreifende Veränderung der Zimmereinrichtung am oberen, entfernteren Ende zu bewirken. Ein hoher Spiegel – so schien es mir zuerst in meiner Verwirrung – stand nunmehr dort, wo vordem keiner sichtbar gewesen war; und als ich, in einem Übermaß von Grausen, darauf zutrat, kam mir mein eigenes Bild entgegen, aber ganz bleich im Gesicht und blutbespritzt, auch schwächlichen, wankenden Ganges.

So schien es, sag ich, doch so war es nicht. Es war mein Widersacher – war Wilson, der da vor mir stand, im Todeskampf seines Vergehens. Seine Maske und sein Umhang lagen, wie er sie von sich geworfen hatte, auf dem Boden. Und es war kein Faden in all seiner Kleidung – nicht eine Linie in all den scharfgeprägt und unverwechselbaren Zügen seines Gesichtes, die nicht, bis in die absoluteste Identität, *die meinigen* gewesen wären!

Es war Wilson; aber er sprach mitnichten länger im Wisperton, und ich hätte mir leicht einbilden können, ich selbst sei es, der redete, als er die Worte formte:

»*Du hast gesiegt, und ich trete ab. Doch von nun an bist auch Du tot – tot für die Welt, für Himmel und Hoffen. In mir warst Du am Leben – nun, in meinem Tode, schau in diesem Bild, das Dein eigenes ist, wie gänzlich Du Dich selbst gemordet hast.*«

Der Geschäftsmann

Methode ist die Seele des Geschäftes.
Altes Sprichwort

Ich bin Geschäftsmann. Ein methodischer Mensch. Methode ist schließlich *die* Sache. Doch gibt es niemanden, den ich herzlicher verachte als diese exzentrischen Narren, die von Methode schwatzen, ohne sich darauf zu verstehen; indem sie sich streng zwar an ihren Buchstaben halten und doch ihrem Geiste Gewalt antun. Diese Kerle stellen dauernd die abwegigsten Sachen an – und zwar auf eine Weise, welche sie als ordentlich und systematisch bezeichnen. Aber – so meine ich – gerade darin liegt ein ausgesprochener Widersinn. Wahre Methode bezieht allein das Gewöhnliche und deutlich Einleuchtende ein und kann auf alles andere nicht angewendet werden. Welche entschiedene Vorstellung ließe sich denn schon mit Ausdrücken verbinden wie »ein methodischer Fatzke« oder »ein systematischer Irrwisch«?

Meine Bemerkungen zu diesem Gegenstand möchten wohl kaum so klar ausgefallen sein, wie sie es sind, wäre mir nicht ein glücklicher Zufall widerfahren, als ich noch ein sehr kleiner Junge war. Eine gutherzige alte irische Amme (welche ich in meinem letzten Willen darob nicht vergessen werde) nahm mich eines Tages, da ich einmal mehr Lärm vollführte, als notwendig war, bei den Fersen hoch, schwang mich zwei oder drei Male herum, während sie mich einen »quengeligen kleinen Gecken« nannte, und schlug sodann mit meinem Kopf auf den Bettpfosten los. Dies entschied, so glaube ich, mein Schicksal und legte den Grundstein zu meinem Glück. Eine Beule nämlich wuchs augenblicklich an meinem Vorderhaupt und entwickelte sich in der Folge zu einem so ansehnlichem Organ der *Ordnung*, wie man es nur bei schönstem Sommerwetter sehen wird. Daher denn auch der ausgesprochene Appetit auf System und Regelrechtigkeit, welcher mich zu dem ausgezeichneten Geschäftsmanne gemacht hat, der ich bin.

Wenn es irgend etwas auf Erden gibt, das ich hasse, so ist es ein Genie. Diese Personen sind allesamt abgefeimte Esel – und für diese Regel gibt es keinerlei Ausnahme. Vor allem kann man aus einem Genie keinen Geschäftsmann machen – so wenig als Geld aus einem Juden oder Muskatnüsse aus Piniolen. Diese Kreaturen lassen sich dauernd plötzlich auf irgendeine phantastische Beschäftigung ein oder eine lächerliche Spekulation, welche vollkommen im Widerspruch zur Zwecklichkeit aller Dinge steht, und betreiben keinerlei Geschäft, das man überhaupt als ein solches betrachten dürfte. Mithin lassen sich diese Charaktere unmittelbar an der Natur ihrer Tätigkeiten erkennen: Erblicken Sie nur je einen Mann, welcher sich als Kaufmann etabliert oder als Fabrikant, oder in einen Baumwoll- oder Tabakhandel einsteigt (oder ein ähnlich exzentrisches Gewerbe), welcher Kurzwarenkrämer wird oder Seifensieder oder irgend sonst etwas von der Sorte, oder sich als Advokat ausgibt oder als Grobschmied oder als Arzt – oder was immer nur abwegig genug wäre –, so mögen Sie ihn getrost für ein Genie betrachten; und dann ist er, nach der Regel, ein Esel.

Nun bin ja ich in keiner Beziehung ein Genie, sondern ein regelrechter Geschäftsmann. Mein Tage- wie mein Hauptbuch werden dies im Nu erweisen. Sie sind gar wohl geführt, das muß ich selber sagen. Und was die meinem Wesen eigene Akkuratesse und Pünktlichkeit betrifft, so bin ich schlechthin nicht zu schlagen. Überdies sind meine Tätigkeiten stets darauf eingerichtet, in harmonischem Einklang mit den gemeinen Gewohnheiten meiner

Nebenmenschen zu stehen. Was dies betrifft, fühle ich mich keineswegs auch nur im mindesten meinen überaus schwachsinnigen Eltern verpflichtet, welche zweifellos am Ende noch gar ein abgefeimtes Genie aus mir gemacht hätten, wäre nicht mein Schutzengel rechtzeitig zu meiner Errettung gekommen. In Biographien steht immer die Wahrheit, in Autobiographien gar der Wahrheiten lauterste. Doch darf ich kaum hoffen, Glauben zu finden, wenn ich – mit feierlichstem Nachdruck freilich – konstatiere, daß mein nichtswürdiger Vater mich, da ich eben fünfzehn geworden, in das Kontor eines Menschen steckte, welchen er als einen »angesehenen Handelsmann und Kommissionär, der tolle Geschäfte macht« bezeichnete. Ein toller Unsinn das! Nun ja, die Folge dieses geistesschwachen Einfalls war denn auch, daß ich nach zwei oder drei Tagen schon zu meiner stumpfsinnigen Familie heimgeschickt werden mußte, und zwar in höchst fieberndem Zustande und mit den heftigsten und gefährlichsten Schmerzen in meinem Vorderhaupt, rings um mein Ordnungsorgan. Fast war es um mich geschehen: Sechs Wochen lang mußte ich schier mit dem Tode ringen – die Ärzte gaben mich auf – und dergleichen mehr. Doch litt ich auch sehr, so war ich trotzdem im wesentlichen nur froh. Ich war dem Schicksal entgangen, ein »angesehener Handelsmann und Kommissionär, der tolle Geschäfte macht« zu werden, und fühlte Dankbarkeit für den Auswuchs, welcher das Mittel meiner Rettung gewesen, und für jenes gemütvolle Weib, das mir ursprünglich zu diesem Vorteil verholfen.

Die meisten Knaben gehen mit zehn oder zwölf Jahren von zu Hause fort, aber ich wartete damit, bis ich sechzehn war. Ich weiß nicht, ob ich selbst dann schon gegangen wäre, hätte ich nicht zufällig meine alte Mutter darüber reden hören, man wolle mich meinen Weg im Lebensmittelhandel machen lassen. Im Lebensmittelhandel! Man stelle sich vor! Also entschloß ich mich, das Haus zu verlassen und mich einem *anständigen* Beruf zu widmen, ohne des längeren mehr nach der Pfeife dieser exzentrischen alten Leute zu tanzen und Gefahr zu laufen, am Ende noch gar zu einem Genie gemacht zu werden. Gleich beim ersten Bemühen in diesem Plane winkte mir der angenehmste Erfolg, und als ich beinahe achtzehn war, machte ich ausgedehnte und einträgliche Geschäfte als Wandelreklame in der Bekleidungsbranche.

Einzig durch jenes unbeugsame Festhalten am System, welches meinen hervorragendsten Wesenszug bildet, war ich in den Stand gesetzt, die beschwerlichen Pflichten dieser Profession zu erfüllen. Peinlichste Methodik kennzeichnete meine Handlungen ebensowohl als meine Berechnungen. In meinem Falle war es Methode – nicht Geld –, was den Mann machte (wenigstens alles das an ihm, was nicht der Schneider machte, welchem ich diente). Jeglichen Morgen um neun sprach ich bei dem genannten Individuum nach den Kleidungsstücken des Tages vor. Um zehn Uhr befand ich mich auf irgendeiner eleganten Promenade oder an anderer Stätte öffentlichen Vergnügens. Die präzise Regelmäßigkeit, mit welcher ich meine ansehnliche Person nach allen Richtungen drehte und wendete, um auf diese Art jeden Teil meines Anzuges erfolgreich ins rechte Licht zu rücken, gereichte mir bei allen Kennern in der Branche zur Bewunderung. Nie ging der Mittag vorüber, ohne daß ich einen Kunden zum Hause meiner Prinzipale brachte, der Herren Raff und Reibach, Schneidermeister. Ich sage dies mit Stolz, aber auch mit Tränen in den Augen: Den schnödesten Undank ließ mich diese Firma ernten. Die kleine Berechnung, derentwegen wir uns stritten und schließlich auseinandergingen, kann in keinem Punkte für übertrieben angesehen werden – von Herrschaften jedenfalls, welche wirklich in der Natur des Geschäfts bewandert sind. Daher vermittelt es mir das Gefühl nicht geringer stolzer Genugtuung, daß ich den Betrachter selber urteilen lassen kann. Meine Rechnung lautete folgendermaßen:

Peter Proffit, Wandelreklame
An die Herren Raff & Reibach, Schneidermeister, allhier.

10. Juli	Promenade, wie üblich; Kunden beigeschafft	–,25
11. Juli	dto.	–,25

12. Juli	Lüge zweiter Klasse; verdorbenes schwarzes Tuch für dunkelgrün verkauft	-,25
13. Juli	Lüge erster Klasse; Extra-Ausführung und nach Maß; moulinierten Halbatlas als schwarzes Feintuch empfohlen	-,75
20. Juli	Papierhemdkragen oder Vorhemd gekauft; funkelnagelneu, um grauen Flausrock ansehnlicher herauszuputzen	-,02
15. Aug.	Doppelt wattierten Gehrock getragen (bei 106° R im Schatten)	-,25
16. Aug.	Drei Stunden auf einem Beine gestanden, um neumodische Steghose vorzuführen; 12 ½ cents pro Bein und Stunde	-,37
17. Aug.	Promenade, wie üblich; großen Kunden beigeschafft (beleibter Mann)	-,50
18. Aug.	dto. (mittlere Größe)	-,25
19. Aug.	dto. (klein und schlechter Zahler)	-,06

Der zumeist umstrittene Punkt in dieser Abrechnung war der Betrag von zwei Pennies für das Vorhemd. Mein Ehrenwort darauf: Es war wirklich kein unvernünftiger Preis für das Stück. Handelte es sich doch um eines der saubersten und adrettesten kleinen Vorhemdchen, welche ich je erblickte. Und ich habe guten Grund zu glauben, daß es den Verkauf von drei Flausröcken bewirkte. Der ältere Partner der Firma jedoch wollte mir nur einen Penny der Auslage gelten lassen und machte sich anheischig zu beweisen, wie man doch ganze vier Stück von selbem Maße zur gleichen Zweckdienlichkeit aus einem Bogen Propatriapapier gewinnen könnte. Doch ist es unnötig zu sagen, daß ich in dieser Sache auf dem prinzipiellen Standpunkt beharrte. Geschäft ist schließlich Geschäft und sollte dementsprechend geschäftlich abgemacht werden. Es lag doch keinerlei *System* darin, mich um einen Penny zu beschwindeln (ein klarer Betrug um 50 Prozent); nichts von *Methode*, in welchem Betrachte auch immer. So verließ ich umgehend meine Stellung bei den Herren Raff und Reibach und verlegte mich auf das Verschandelungsgeschäft – von allen gewohnlichen Beschäftigungen eine der lukrativsten, achtbarsten und unabhängigsten.

Meine strenge Redlichkeit und Sparsamkeit sowie meine rigorosen Geschäftsgewohnheiten kamen hier einmal mehr zum Zuge. Ich fand mich einen blühenden Handel treiben und wurde bald eine hervorragende Figur an der Börse. Die Wahrheit ist: Ich verzettelte mich niemals in flausenhafte Oberflächlichkeiten, sondern schlenderte im guten alten vernünftigen Trott des Berufes dahin – eines Berufes, welchem ich mich zweifellos noch zur gegenwärtigen Stunde widmen würde, wäre nicht ein kleiner Unfall geschehen, der mir im Ablauf einer der gewöhnlichen Geschäftsoperationen widerfuhr. Wann immer nur ein reicher alter Filz oder ein üppig ausgestatteter Erbe oder eine bankrotte Gesellschaft auf den Gedanken verfällt, einen Palast zu errichten, gibt es in der ganzen Welt nichts Schöneres, als ihnen dabei ein Bein zu stellen. Das weiß ja jeder leidlich intelligente Mensch. Tatsächlich ist eben dieses die Basis des Verschandelungsgeschäfts. Also, sobald ein Bauvorhaben seitens einer dieser Herrschaften gehörig in Gang gekommen ist, sichern wir Kaufmänner uns ein nettes Eckchen des fraglichen Bauplatzes oder ein vorzügliches Grundstückchen nebenan oder gegenüber. Hierauf fassen wir uns schlicht in Geduld, bis der Palast halb fertig ist, und dann bezahlen wir irgendeinen stilvollen Architekten, uns gleich hart an der Grenze einen zierlichen Lehmschuppen, eine neuenglische oder holländische Pagode, einen Schweinestall oder eine feine kleine phantastische Scheune nach allerneuestem Eskimo-, Kickapu- oder Hottentottenstil hinzusetzen. Selbstredend sind wir außer allem Stande, diese Bauwerke unter einer Superdividende von fünfhundert Prozent abzureißen, gerechnet auf die Grundkosten von Platz und Putz und Plunder. *Können* wir anders? Ich stelle die Frage. Ich stelle sie an Geschäftsmänner. Es wäre irrational anzunehmen, wir könnten. Und doch gab es da eine schurkische Gesellschaft, welche mich ersuchte, eben dies zu tun – eben diese irrationale Annahme zu erfüllen! Natürlich würdigte ich ihren absurden Vorschlag keiner Antwort. Doch empfand ich es als Pflicht, noch in der selbigen Nacht hinzugehen und ihren gesamten Palast mit Lampenruß zu schwärzen. Für diese Tat steckten mich die unzurechnungsfähigen Lümmel alsbald hinter Gitter. Und die Herren aus der Verschandelungsbranche waren kurzsichtig genug, ihre Verbindungen mit mir zu lösen, als ich wieder herauskam.

Das Geschäft der tätlichen Beleidigungen, zu welchem ich mich nunmehr – um meinen Unterhalt zu finden – entschließen mußte, war im Betracht der zarten Natur meiner Konstitution eigentlich wenig passend; doch begab ich mich auch darin guten Mutes an die Arbeit und fand meine Rechnung, hier wie schon zuvor, wiederum in jenen unnachgiebigen Gepflogenheiten methodischer Akkuratesse, welche mir von jener prächtigen alten Amme eingehämmert worden waren – wahrlich, ich müßte der niedrigste Mensch sein, wollte ich sie in meinem Testament nicht wohl bedenken. Indem ich, wie gesagt, das strikteste System in all meinen Händeln beobachtete und eine wohlgeordnete Buchführung unterhielt, war ich in den Stand gesetzt, mannigfache ernstliche Schwierigkeiten zu überwinden und mich am Ende recht leidlich in diesem Beruf zu etablieren. Die Wahrheit ist, daß nur wenige Individuen, in welcher Branche immer, ein schlaueres Geschäftchen machten denn ich. Am besten schreibe ich rasch einmal eine Seite oder so aus meinem Tagebuch ab. Dies wird mir die Notwendigkeit ersparen, dauernd nur in mein eigenes Horn zu blasen – eine durchaus verächtliche Übung, welcher sich kein hochgesinnter Mensch schuldig machen wird. Nun, das Tagebuch ist ein Ding, das niemals lügt.

1. Jan. – Neujahrstag. Schnauzer auf der Straße getroffen, total blau. NB: klappt. Bartsch begegnet, kurz danach. Stockbesoffen. NB: wird auch anbeißen. Beide Herren ins Hauptbuch eingetragen und jedem ein laufendes Schuldkonto eröffnet.

2. Jan. – Schnauzer an der Börse getroffen; ging auf ihn zu und trat ihm auf die Zehen. Er die Faust geballt und mich niedergeschlagen. Ausgezeichnet! Stand wieder auf. Paar geringfügige Schwierigkeiten mit Beutelschnitt, meinem Anwalte. Ich will 1000 Schadenersatz, aber er sagt, für so ein einfaches Niederschlagen kriegen wir aus denen nicht mehr als 500 heraus. NB: muß den Beutelschnitt loswerden – überhaupt kein *System*.

3. Jan. – Ins Theater gegangen, um auf Bartsch zu lauern. Sah ihn in einer Seitenloge sitzen, zweiter Rang, zwischen einer fetten Dame und einer mageren. Glotzte die ganze Gesellschaft durch ein Opernglas an, bis ich die fette Dame erröten und mit B. flüstern sah. Ging dann hinüber in die Loge und brachte meine Nase in Reichweite seiner Hand. Wollte aber partout nicht dran ziehen – nichts zu machen. Nase geschneuzt und nochmals versucht – wieder nichts. Setzte mich dann hin und blinkerte der dürren Dame zu, als ich die hohe Genugtuung hatte, von ihm beim Genick gepackt, emporgehoben und hinunter ins Parterre geschmissen zu werden. Hals verrenkt und rechtes Bein vortrefflich zerschmettert. Begab mich in hoher Freude nach Hause, trank eine Flasche Champagner und buchte den jungen Mann mit 5000. Beutelschnitt meint, es klappt.

15. Feb. – Fall von Herrn Schnauzer durch Vergleich erledigt. Betrag: 50 Cents. Ins Journal eingetragen.

16. Feb. – Gegen Bartsch, den Schurken, verloren; machte mir ein Geschenk von fünf Dollar. Prozeßkosten vier Dollar fünfundzwanzig. Nettogewinn – siehe Journal – fünfundsiebzig Cents.

Nun, damit hätten wir innerhalb sehr kurzer Zeit einen klaren Gewinn von nicht weniger als einem Dollar fünfundzwanzig Cents – und das alleine in den Fällen Schnauzer und Bartsch. Und ich versichere feierlich, daß diese Auszüge meinem Tagebuche aufs Geratewohl entnommen sind.

Es geht freilich ein altes Sprichwort, und ein wahres dazu, daß Geld nichts sei im Vergleich zur Gesundheit. So fand ich die Anforderungen des Berufes doch zu reichlich für meine zarte Körperbeschaffenheit. Und da ich zuletzt gar entdeckte, daß unter dem dauernden Niederschlagen meine äußere Erscheinung recht sehr gelitten hatte, so daß ich gar nicht mehr wußte, was ich daraus machen sollte, und daß meine Freunde, trafen sie mich auf der Straße, überhaupt nicht mehr erkannten, daß ich Peter Proffit war, wollte es mir als der ratsamste Ausweg erscheinen, den ich wählen könnte, die Branche meiner geschäftlichen Tätigkeit zu wechseln. Ich wandte meine Aufmerksamkeit daher dem Berufe des Dreckspritzens zu und wirkte einige Jahre lang in demselben.

Das Schlimmste an dieser Beschäftigung ist, daß zu viele Leute daran Geschmack finden, und die Konkurrenz ist infolgedessen schier unmäßig. Jeder hergelaufene Ignorant, der findet, daß er nicht in genügender Menge Verstand besitzt, um seinen Weg als Wandelreklame zu machen oder als Verschandelfant oder als tätlicher Beleidiger, bildet sich natürlich ein, als Dreckspritzer könnte es ihm glücken. Aber nie wurde eine irrigere Meinung gefaßt als jene, daß es zum Dreckverspritzen keines Gehirns bedürfe. Insonderheit ist in diesem Fach nichts ohne *Methode* auszurichten. Ich selber lag diesem Geschäft ja nur en détail ob. Doch meine alten *systematischen* Gewohnheiten brachten mich rasch und ganz nach Wunsch voran. Zuerst einmal wählte ich mir mit großem Bedacht meine Straßenkreuzung aus, und niemals setzte ich fortan auf irgend nur einen andern Platz der Stadt einen Besen. Auch trug ich Sorge, stets eine nette kleine Pfütze bei der Hand zu haben, welche ich im Augenblick erreichen konnte. Mit diesen Mitteln wurde ich rasch als ein vertrauenswürdiger Mann bekannt. Und damit ist, Sie können es mir glauben, im Geschäftsleben bereits die halbe Schlacht gewonnen. Niemand verfehlte je, mir einen Kupfer zuzuwerfen, und gelangte so über meine Kreuzung mit sauberen Beinkleidern. Und da meine Geschäftsgepflogenheiten in diesem Betracht hinreichend verstanden wurden, begegnete ich nie einem Versuch, mich zu betrügen. Andernfalls hätte ich mir dergleichen auch nicht gefallen lassen. Da ich selber niemanden je betrog, litt ich es nun auch nicht, daß jemand gar aus mir einen Narren machte. Den betrügerischen Machenschaften der Banken konnte ich natürlich nicht Einhalt gebieten. Ihre Zahlungseinstellung brachte mich in enorme Verlegenheiten. Doch sind ja diese Institute keine Individuen, sondern Gesellschaften. Und Gesellschaften haben, das ist nur zu wohl bekannt, weder Körper, die man treten, noch Seelen, welche man in die Verdammnis hinabwünschen könnte.

Ich machte in diesem Geschäft ein schönes Geld, als ich, in einem üblen Augenblick, Veranlassung fand, es mit der Kötersudelei zu vertauschen – einer irgendwie verwandten, doch keineswegs so angesehnen Profession. Mein Standort war gewißlich ausgezeichnet, da er zentral gelegen, und ich hatte gar prächtige Wichse und Bürsten. Auch war mein kleiner Hund von bester Mästung, ein Prachtstück, und aufs trefflichste abgerichtet. Er stand bereits längere Zeit im Geschäft und – das darf ich wohl sagen – verstand sich auf dasselbe. Im allgemeinen verlief die Sache folgendermaßen: Pompejus saß, nachdem er sich recht ausgiebig im Schmutz gewälzt, voller Erwartung an der Ladentüre, bis er einen feinen Herrn bemerkte, welcher sich in glänzenden Stiefeln näherte. Ihm zu begegnen, setzte er sich alsbald in Bewegung und rieb seine Wolle zu ein oder zwei Malen an den langschaftigen Wellingtons. Darauf fluchte der Herr recht gründlich und blickte sich nach einem Stiefelputzer um. Als welcher sogleich ich ihm ins Auge fiel, samt Wichse und Bürsten. Im Handumdrehen war das Werk getan und ein Sixpence verdient. Dies machte sich eine Weile lang recht gut. Und in der Tat war nicht ich der Geizhals, sondern mein Hund war es. Ein Drittel des Gewinnes gewährte ich ihm, doch hatte er sich übel beraten lassen, auf der Hälfte zu bestehen. Dazu konnte ich mich nicht bereit finden – so entzweiten wir uns und gingen auseinander.

Als nächstes versuchte ich eine Zeit meine Hand im Spielen der Drehorgel, und ich darf sagen, daß ich auch darin recht wohl auf meine Kosten kam. Es ist dies ein einfaches und redliches Geschäft, welches keine besonderen Fähigkeiten erfordert. Man bekommt einen solchen Leierkasten um einen bloßen Pappenstiel, und um ihn angemessen zu präparieren, hat man lediglich das Getriebe zu öffnen und demselben mit einem Hammer drei oder vier wohlgezielte Schläge zu versetzen. Das veredelt den Ton des Dinges für Geschäftszwecke mehr, als man sich vorstellen kann. Ist es getan, so hat man lediglich dahinzuspazieren, den Leierkasten auf dem Rücken, bis man ausgelaugte Lohe auf der Straße erblickt und einen Türklopfer, der mit Wildleder umwickelt ist. Dann hält man an und leiert los, und dabei macht man ein Gesicht, als habe man die Absicht, noch bis zum Jüngsten Tage derart weiterzuleiern. Alsbald nun öffnet sich ein Fenster, und jemand wirft einen Sixpence heraus, verbunden mit der Aufforderung »Sei still, und verschwinde«. Nun sehe ich gar wohl, daß manche Leierer es tatsächlich fertiggebracht haben, für diese Summe zu »verschwinden«. Doch ich für meinen Teil fand die notwendige Kapitalauslage doch zu hoch, um mir das »Verschwinden« unter einem Schilling erlauben zu dürfen.

Bei dieser Betätigung machte ich einen guten Schnitt. Doch war ich irgendwie nicht ganz zufrieden dabei und gab sie darum am Ende auf. Die Wahrheit ist, ich litt unter dem Nachteil, keinen Affen zu besitzen – und die amerikanischen Straßen sind doch *so* dreckig, und der demokratische Pöbel ist *so* zudringlich und wimmelt nur so von böswilligen verd...ten kleinen Rangen! Ich war nun einige Monate lang ohne Beschäftigung, doch schließlich gelang es mir infolge pausenlos strebender Bemühungen, mir eine Stellung in der Schwindelpost zu beschaffen. Die hier obliegenden Pflichten sind durchaus einfach und insgesamt gar nicht einmal uneinträglich. Zum Beispiel: Sehr früh am Morgen hatte ich mein Bündel falscher Briefe herzustellen. Auf das Innenblatt eines jeden waren ein paar wenige Zeilen zu kritzeln – zu irgendeinem Gegenstande, welcher mir als nur hinreichend mysteriös erschien – und sodann sämtliche Episteln mit Tom Dobson oder Bobby Tompkins oder ähnlich zu unterzeichnen. Wenn ich sie sodann alle zugeklebt und versiegelt hatte sowie mit Schwindelpostmarken versehen (von New Orleans, Bengalen, Botany Bay oder irgendeinem anderen Orte, welcher weit genug entlegen), trat ich alsbald meinen täglichen Rundgang an, und zwar als wäre ich in sehr großer Eile. Stets sprach ich bei den großen Häusern vor, um die Briefe abzuliefern und das Strafporto zu kassieren. Niemand nimmt Anstand, für einen Brief zu zahlen – besonders gar für einen Doppelbrief. Die Leute sind ja *solche* Narren! Es bereitete keinerlei Beschwerlichkeit, um eine Ecke zu verschwinden, ehe man Zeit gefunden hatte, die Briefe zu öffnen. Das Schlimmste bei diesem Berufe war nur, daß ich so reichlich und so rasch zu laufen hatte und häufig meine Route verändern mußte. Außerdem litt ich unter ernstlichen Gewissensbissen. Ich kann es nicht ertragen, unschuldige Individuen gröblich beschimpft zu hören – und die Art, wie die ganze Stadt alsbald Tom Dobson und Bobby Tompkins verfluchte, war wirklich schauerlich anzuhören. Voller Abscheu wusch ich diese Sache von meinen Händen.

Meine achte und letzte Spekulation erfolgte im Wege der Katzenzucht. Diese erwies sich mir als ein höchst angenehmes und einträgliches Geschäft, das zudem keinerlei Mühsal mit sich brachte. Das Land, man weiß es wohl, ist ja von Katzen förmlich überflutet und verheert – und ihre Zahl hat in letzter Zeit derart zugenommen, daß eine Petition um Linderung des Übels, von zahlreichen und höchst achtbaren Persönlichkeiten unterzeichnet, bei der letzten denkwürdigen Sitzung der gesetzgebenden Versammlung vorgelegt wurde. Das Repräsentantenhaus war zu dieser Zeit ganz ungewöhnlich wohlunterrichtet, und nachdem es viele andere weise und heilsame Verordnungen erlassen, krönte es dieselben allesamt noch mit dem Katzengesetz. In seiner ursprünglichen Form setzte dieses eine Prämie für Katzen*köpfe* aus (vier Pence das Stück), doch der Senat verstand es, den Hauptabsatz dahin zu ändern, daß die »Köpfe« durch »Schwänze« ersetzt wurden. Diese Änderung war so offenbar wohlangebracht, daß das ganze Haus seine Zustimmung gab.

Sobald nun der Gouverneur das Gesetz unterzeichnet, steckte ich mein gesamtes Vermögen in den Ankauf von Maunzern und Miezen. Zuerst vermochte ich zu ihrem Unterhalt lediglich Mäuse aufzubringen (welche billig sind), doch erfüllten sie die Mahnung der Heiligen Schrift in so herrlichem Maße, daß ich es schließlich für das beste Verfahren erachtete, großzügig zu sein, und sie Austern und Schildkröten schmausen ließ. Ihre Schwänze bringen mir nun, zum gesetzlich festgesetzten Preis, ein gutes Einkommen. Denn ich habe einen Weg entdeckt, wie ich mit Hilfe von Makassar-Öl drei Ernten im Jahr erzielen kann.

Auch entzückt mich die Tatsache, daß die Tiere sich recht bald an die Sache gewöhnen und es am Ende gar begrüßen, entledigten Schwanzes einherzugehen. Ich betrachte mich daher als einen gemachten Mann, und stehe derzeit in Verhandlungen über einen Landsitz am Hudson.

Der Massenmensch

Ce grand malheur, de ne pouvoir être seul.
La Bruyère

»Es läßt sich nicht lesen.« Dies wurde einmal treffend von einem gewissen deutschen Buche gesagt. So manche Geheimnisse gibt es, die lassen sich einfach nicht aussprechen. Da sterben Menschen nächtlich in ihren Betten; sie klammern sich an die Hände geisterhafter Beichtväter, sie blicken ihnen jammerbang ins Auge – und sterben doch verzweiflungsvollen Herzens und mit verkrampfter Kehle ob der Gräßlichkeit all der Mysterien, die sich nun nicht und nicht enthüllen lassen wollen. Ach, manchmal nimmt das menschliche Gewissen so grauenschwere Bürde auf, daß sie am Ende nur ins Grab kann wieder abgeworfen werden. Im eigentlichen Sinne bleibt denn auch ein jegliches Verbrechen ohne Klärung.

Vor noch nicht langer Zeit, bei Anbruch eines Abends im Herbste, saß ich am großen Bogenfenster eines bekannten Kaffeehauses in London. Einige Monate lang hatte ich mich bei schlechter Gesundheit befunden, doch war ich nun wieder auf dem Wege der Besserung, und indessen mir die Kräfte zurückkehrten, fand ich mich in einer jener glückhaften Stimmungen, welche so gänzlich das Gegenteil von Abgestumpftheit sind, Stimmungen wachster Sinnenfreude, wo der Schleier vom geistigen Auge fällt und der Intellekt sich mächtig über seinen Alltag erhebt – so hoch, wie der lebhafte und doch lautere Verstand Leibnizens über das wilde und windige Schwadronieren des Gorgias. Schon das bloße Atmen war ein Lust. Und selbst den ausgesprochenen Quellen des Leides wußte ich Freudigkeit abzugewinnen. Ich empfand ein gelassenes, doch reges und waches Interesse an allen Dingen um mich herum. Eine Zigarre im Mund und eine Zeitung auf dem Schoß, so hatte ich mich über den größeren Teil des Nachmittages hin vergnügt; ich hatte ein bißchen in den Anzeigen gestöbert, dann wieder die bunt gemischte Gesellschaft im Raume inspiziert und schließlich durch die rauchgetrübten Scheiben auf die Straße geblickt.

Auf dieser Straße spielt sich der Hauptverkehr der City ab, und den ganzen Tag schon war sie überaus belebt gewesen. Doch als die Dunkelheit hereinbrach, nahm das Gedränge mit jedem Augenblick zu. Als schließlich die Laternen in vollem Licht aufflammten, rauschte die Bevölkerung in pausenloser dichter Doppelflut an der Türe vorüber. Zu dieser besonderen Stunde hatte ich mich noch nie zuvor in ähnlicher Situation befunden. Das tumultartige Meer von Menschenköpfen erfüllte mein Gemüt daher mit köstlicher, noch nie gekannter Bewegung und Erregung. Bald schon erlosch meine Teilnahme für die Vorgänge im Innern des Gasthauses, und ich versank in der Betrachtung des Schauspiels draußen.

Anfangs nahmen meine Gedanken eine abstrakte und verallgemeinernde Richtung. Ich sah die Passanten erst nur mehr in der Masse und betrachtete sie als Herdentiere. Bald aber ging ich zu Einzelheiten über und studierte mit minuziösem Interesse die ungezählten Varietäten in Gewand und Gestalt, in Gangart und Gebaren, Gesicht und Gestik.

Bei weitem die größere Zahl der Vorübergehenden zeigte ein zufrieden geschäftiges Gehaben und schien allein daran zu denken, sich einen Weg durch das Gedränge zu bahnen. Ihre Stirnen waren gefaltet, und ihre Augen rollten flink-behende. Wurden sie von Mitpassanten angestoßen, so legten sie keinerlei Zeichen von Ungehaltenheit an den Tag, sondern ordneten ihre Kleidung und eilten weiter. Andere, eine insgleichen zahlreich vertretene Klasse, waren rastlos in ihren Bewegungen, hatten rote, hitzige Gesichter und redeten und gestikulierten mit sich selbst, wie wenn sie Einsamkeit gerade inmitten der ganzen Menschenmassen rings umher empfänden. Wurden sie aufgehalten in ihrem Lauf, so hörten diese Leute plötzlich auf zu murmeln, doch doppelten sie ihre Gestikulation und warteten mit einem abwesenden und übertriebenen Lächeln auf den Lippen, daß die Personen, die sie hinderten, doch weitergingen. Und wurden sie gestoßen, so verbeugten sie sich überschwenglich tief vor denen, welche sie gestoßen hatten, und schienen überwältigt von Verwirrung. – Über das hinaus, was ich hier anmerkte, hatten diese beiden großen Gruppen nichts wirklich Charakteristisches an sich. Ihre Kleidung war von jener Sorte, die man als »anständig« bezeichnet. Sie waren zweifelsohne Adlige, Kaufleute, Advokaten, Krämer und Börsenjobber – die Eupatriden und die Durchschnittler der Gesellschaft – Menschen mit Muße und Menschen, die betriebsam mit eigenen Angelegenheiten beschäftigt waren – die ihren Geschäften auf eigene Verantwortung nachgingen. Sie konnten mir keine sonderliche Aufmerksamkeit abringen.

Auffällig aber zeigte sich die Zunft der Schreiber und Ladendiener: Bei ihnen konnte ich zwei bemerkenswerte Gruppen unterscheiden. Da waren einmal die unteren Vertreter, die Handlanger von Kramläden und Hehlernestern – junge Herren mit schmucken Röcken, blitzenden Stiefeln, wohlgeöltem Haar und hochmütig aufgeworfenen Lippen. Ließ man eine gewisse Geschmeidigkeit außer acht, die sich in Ermangelung eines besseren Wortes »Ladendienerei« nennen ließe, so konnte man den Eindruck haben, das Benehmen dieser Leute sei ein getreues Faksimile dessen, was vor zwölf oder achtzehn Monaten der Gipfelpunkt des guten Tones gewesen war. Sie trugen die abgelegten Manieren der Nobelwelt sozusagen auf; darin liegt, meiner Meinung, die beste Definition dieser Klasse.

Die Gruppe der höheren Angestellten, der Jungs aus gutem altem Hause, soliden Firmen zugehörig, war einfach unverkennbar. Sie erkannte man an ihren auf bequemen Sitz gearbeiteten Röcken und Hosen aus Schwarz oder Braun, an den weißen Krawatten und Westen, dem breiten, gediegenen Schuhwerk und den dicken Strümpfen oder Gamaschen. Sie alle hatten leicht schon kahle Köpfe von denen das rechte Ohr, lange als Federhalter benutzt, auf eine wunderlich spitzige Weise abstand. Ich bemerkte noch, daß sie ständig mit beiden Händen den Hut abnahmen oder wieder aufsetzten und Taschenuhren trugen, mit kurzen Goldketten von schwerer alter Arbeit. Sie strahlten etwas ausgesprochen Honoriges aus – gesetzt, man kann dergleichen überhaupt bewußt nach außen zur Schau stellen.

Im weiteren entdeckte ich eine Menge flotter Existenzen, die – so ließ sich unschwer erkennen – zu der famosen Rasse der Taschenmarder gehörten, von denen alle Großstädte geplagt werden. Ich betrachtete mir diese feinen Leute mit viel Neugier und fand es schwierig, mir vorzustellen, wie ein echter Gentleman sie auch nur einen Augenblick lang als echte Gentlemen sollte verkennen können. Ihre klotzig-protzigen Manschetten und dazu ihre reichlich dick aufgetragenen Biedermienen müßten sie eigentlich auf dem Fleck verraten.

Die Spieler und Spekulanten, von denen ich nicht wenige erspähte, ließen sich gar noch leichter erkennen. Sie trugen alle möglichen Kostüme, von dem des rücksichtslosen Gauners, mit Samtweste, modischem Halstuch, vergoldeten Ketten und filierten Knöpfen, bis zu dem des betont schmucklosen Geistlichen, der natürlich über jeglichem Verdachte hocherhaben war. Doch alle waren sie kenntlich an einer gewissen Dunkelbräune ihres klitschig gedunsenen Gesichts, an einer schlierigen Trübe des Blicks und an den bläßlichen, zusammengepreßten Lippen. Überdem hatten sie noch zwei weitere Merkmale an sich, an denen ich sie jederzeit ausmachen konnte: einen behutsam gedämpften Ton bei Unterhaltungen, und die Angewohnheit, den Daumen in einer Weise rechtwinklig von den anderen Fingern abzuspreizen, die schon recht ungewöhnlich war. Im Verein mit diesem Schwindlervölkchen bemerkte ich sehr häufig eine Sorte Menschen, die zwar von etwas anderem Habit, doch Vögel von ganz ähnlicher Gattung waren: Man darf sie vielleicht als jene Ehrenmänner definieren, welche von ihren Geistesgaben leben. Sie scheinen in zwei Bataillonen über die Öffentlichkeit herzufallen – als Dandys und als Militärs. Die Hauptmerkmale der ersten Kaste bestehen aus langen Locken und einem permanenten Lächeln; die der zweiten aus Schnürenröcken und finster gerunzelten Stirnen.

Weiter abwärts auf der Leiter dessen, was man so »die feine Art« nennt, fand ich dann mancherlei Erscheinungen, angesichts deren sich mein Grübeln verdüsterte und vertiefte. Ich sah jüdische Händler, in deren Gesichtern Habichtaugen blitzten, aber jeder andere Zug darin einzig den Ausdruck kriecherischer Unterwürfigkeit trug; dreiste berufsmäßige Straßenbettler, die scheele Blicke auf die Armen besserer Herkunft warfen, welche allein von Verzweiflung um eine milde Gabe in die Nacht hinaus getrieben wurden; schwache und bleiche Invaliden, auf die der Tod schon die Hand gelegt hatte und die linkisch durch die Menge hin schwankten und flehentlich in jedermanns Gesicht blickten, als suchten sie darin irgendeine Tröstung, die der Zufall bringen mochte und doch schon längst verloren war; sittsame junge Mädchen, die von langer und lähmender Arbeit in ein freudloses Zuhause zurückkehrten und traurigen Auges eher denn indigniert vor den Blicken von Rohlingen zurückschauderten, mit denen sie unvermeidlich gar in direkte Berührung kamen; Bürgerfrauen aller Arten und Alter – die unzweifelhafte Schönheit im Lenz ihrer Weiblichkeit, die einem die Statue im Lukian einfallen ließ, mit der Oberfläche aus parischem Marmor und dem Inneren voller Unrat – die verrunzelte, juwelenbehängte und schminkebesudelte alte Vettel mit ihren krampfhaften Anstrengungen, jung zu erscheinen – das bloße Kind von noch unreifen Formen, das doch, bei solcher Umgebung, lange schon erfahren war in den fürchterlichen Gefallsüchten des Gewerbes und glüht vor rasendem Ehrgeiz, es den Älteren im Laster gleichzutun; Betrunkene, zahllos und unbeschreiblich – manche in Fetzen und Lumpen, taumelnd, lallend, mit zerschlagenen Visagen und glanzlosen Augen – manche in ganzen, doch schmutzigen Kleidern, mit leicht unsicherem Scharwenzelschritt, dicken sinnlichen Lippen und derben roten Gesichtern – andere in Stoffe gekleidet, die einst gewiß einmal gut gewesen und selbst jetzt noch peinlich sauber gebürstet waren – Menschen, die mit schon fast unnatürlich festem und federndem Schritt dahingingen, deren Züge jedoch erschreckend bleich, deren Augen gräßlich wild und gerötet waren und die, indessen sie durch die Menge wandelten, mit fahrigen Fingern nach jedem Gegenstande griffen, der in ihre Reichweite kam; außerdem Pastetenhändler, Lastträger, Kohlenschlepper und Schornsteinfeger; Orgeldreher, Gaukler mit Äffchen und Balladenhändler, Verkäufer sowohl als Sänger; abgerissene Handwerker und erschöpfte Arbeiter jeglicher Schattierung. Und sie alle erfüllt von einer geräuschvollen und zügellosen Munterkeit, die mißtönend ans Ohr scholl und das Auge schmerzhaft berührte.

Je tiefer die Nacht herniedersank, desto mehr vertiefte sich meine Teilnahme für dies Schauspiel; denn nicht nur wandelte sich derweil der allgemeine Charakter der Menge wesentlich (die sanfteren Züge verloren sich, schrittweise, je mehr die ordentlichen, gesitteten Leute verschwanden, und schärfer trat das Abstoßende hervor, als nun die späte Stunde jede Art von Laster aus seiner Höhle kriechen ließ), sondern die Strahlen der Gaslaternen hatten, zu Anfang schwach noch in ihrem Ringen mit dem sterbenden Tag, jetzt schließlich die Übermacht gewonnen und warfen über jegliches Ding einen launenhaften und grellhellen Schein. Alles war dunkel und doch zugleich voll Glanz – wie jenes Ebenholz, mit welchem man den Stil des Terullian verglichen hat.

Die wilden Wirkungen des Lichts brachten mich dazu, den einzelnen Gesichtern nachzuspüren; und obgleich die reißende Schnelle, mit welcher die Lichterwelt vor dem Fenster dahinflitzte, mich hinderte, mehr als einen kurzen Augenblick auf jede Physiognomie zu erhaschen, schien es mir doch, in jener besonderen Geistesverfassung, als könnte ich häufig selbst in diesem kurzen Moment die Geschichte langer Jahre lesen.

Die Stirn ans Glas gepreßt, war ich damit beschäftigt, die flutende Masse zu mustern, als mir plötzlich das Gesicht in den Blick kam (das eines abgelebten alten Mannes von wohl fünfundsechzig oder siebzig Jahren) – ein Gesicht, welches aufgrund der absoluten Idiosynkrasie seines Ausdrucks sogleich meine ganze Aufmerksamkeit fesselte und in sich hineinsog. Nie jemals hatte ich etwas gesehen, das diesem Ausdruck auch nur entfernt ähnlich war. Ich erinnere mich noch wohl, daß mein erster Gedanke bei diesem Anblick war, daß Retzsch es (hätte er es geschaut) bei weitem seinen eigenen bildlichen Inkarnationen des

Erzfeindes würde vorgezogen haben. Indessen ich es noch während der knappen Zeitspanne, die mir zum Betrachten blieb, irgendwie in seiner Aussage zu analysieren bemüht war, befielen meinen Geist – ganz wirr und paradox – Vorstellungen von riesiger Geisteskraft; von Vorsicht, Filzigkeit; von Geiz; von Herzenskühle; von Bosheit, Blutdurst, Triumph; von Fröhlichkeit und exzessivem Schrecken; von intensiver, äußerster Verzweiflung. Ich fühlte mich ganz sonderbar erregt, verstört und fasziniert. »Welch eine wilde Geschichte«, sprach ich zu mir selbst, »mag in dieser Brust bewahrt liegen?« Dann überkam mich ein forderndes Verlangen, den Mann im Auge zu gehalten – mehr über ihn zu erfahren. Hastig legte ich meinen Überrock an, ergriff Hut und Stock, trat auf die Straße hinaus und drängte mich in der Richtung, die ich ihn hatte nehmen sehen, durch die Menge; denn er war bereits verschwunden. Nach einigen kleinen Schwierigkeiten bekam ich ihn schließlich wieder zu Gesicht, näherte mich ihm und folgte ihm auf den Fersen, doch in aller Vorsicht, damit er nicht auf mich aufmerksam wurde.

Ich hatte nun eine gute Gelegenheit, ihn mir genau zu betrachten: Er war von kurzer Statur, sehr dünn und anscheinend ziemlich schwach. Seine Kleider waren, ganz allgemein gesehen, schmutzig und zerlumpt; doch wenn er dann und wann in den strengen Schein einer Laterne geriet, erkannte ich, daß seine Wäsche, wenngleich wohl dreckig, doch aus feinem Gewebe bestand; und täuschte mich mein Auge nicht, so erblickte ich einmal flüchtig durch einen Riß in der fest zugeknöpften und offenbar aus zweiter Hand stammenden *roquelaure*, die ihn umhüllte, einen Diamanten und einen Dolch. Diese Beobachtungen erhöhten meine Neugier, und ich beschloß, dem Fremden zu folgen, wohin er immer auch gehen mochte.

Es war nun völlig Nacht geworden, und über der ganzen Stadt hing dicker feuchter Nebel, der bald in hartnäckigen und schweren Regenfall überging. Dieser Wetterumschlag hatte eine wunderliche Wirkung auf die Menge, die vom ersten bis zum letzten augenblicklich in neue Bewegung geriet und sich mit einem Heer von Regenschirmen überdachte. Das Schieben, Stoßen und Summen wuchs zu zehnfachem Maße an. Was mich selber betraf, so achtete ich des Regens nicht sonderlich – obwohl das Lauern kaum überwundenen Fiebers in mir dieses Vergnügen keineswegs ganz ungefährlich machte. Mir ein Taschentuch vor den Mund bindend, schritt ich rüstig weiter. Eine halbe Stunde lang bahnte sich der alte Mann mit Schwierigkeit seinen Weg durch das Getümmel der großen Verkehrsstraße; und ich ging hinter ihm her, ihm immer dicht auf den Fersen, aus Angst, ich könnte ihn sonst aus den Augen verlieren. Da er nicht ein einziges Mal den Kopf wandte, um zurückzublikken, bemerkte er mich nicht. Nach einer Weile bog er in eine Querstraße ein, in welcher, obschon es auch hier von Menschen wimmelte, kein solches Gedränge herrschte wie auf der Hauptstraße, die wir verlassen hatten. Hier zeigte sein Verhalten jähen Wandel. Er ging langsamer und weniger zielstrebig denn zuvor – viel zögernder. Er kreuzte wiederholt die Fahrbahn ohne ersichtlichen Zweck; und immer noch war das Gemenge so dicht, daß ich bei einer jeden derartigen Bewegung genötigt war, ihm auf dem Fuße zu folgen. Die Straße war lang und eng, und nahezu eine Stunde bewegte er sich darauf hin, während welcher Zeit sich die Passantenanzahl allmählich verringert hatte, bis nur noch etwa so viele da waren, wie man gewöhnlich zu Mittag auf dem Broadway in der Nähe des Parks erblickt – so groß noch ist der Unterschied in der Bevölkerungsdichte zwischen London und der menschenreichsten Stadt Amerikas. Wir bogen nun ein zweites Mal ab und kamen auf einen strahlend beleuchteten und von Leben überfluteten Platz. Und da kehrte das alte Verhalten des Fremden zurück. Das Kinn fiel ihm auf die Brust, indessen unter der gerunzelten Stirne her die Blicke spitzig nach allen Richtungen auf die Menge übersprangen, die ihn umrann. Beharrlich und verbissen bahnte er sich seinen Weg. Ich war jedoch überrascht, als er, nachdem der Platz nun einmal im Kreise umschritten war, sich wendete und auf seiner eigenen Spur zurückging. Schier noch mehr aber staunte ich, als er denselben Weg verschiedene Male wiederholt zurücklegte – wobei er mich einmal fast entdeckt hätte, als eine Wendung gar so plötzlich kam.

Mit dieser Leibesübung brachte er eine weitere Stunde hin, an deren Ende uns weit weniger Passanten störend in den Weg traten denn zu Anfang. Es regnete reichlich; die Luft war kühl; die Menschen suchten ihre Häuser auf. Mit einer Geste der Ungeduld bog der Wanderer in eine Seitenstraße ab, die vergleichsweise verlassen lag. Auf dieser eilte er wohl eine Viertelmeile weit so rührig hin, wie ich es einem so betagten Manne im Traume nicht zugetraut; ich hatte manche Mühe, ihm zu folgen. Ein paar Minuten Eilens ließen uns auf einen großen und betriebsamen Basar gelangen, mit dessen Örtlichkeiten der Fremde wohlvertraut schien und wo sein früheres Gebaren sich wieder einstellte: ganz ziellos her und hin – so bahnte er sich seinen Weg quer durch den Schwarm der Kunden und Verkäufer.

Während der anderthalb Sunden, die wir an dieser Stätte zubrachten, bedurfte es mancher Vorsicht meinerseits, in seiner Nähe zu bleiben, ohne seine Obacht zu erregen. Glücklicherweise trug ich ein Paar Kautschuküberschuhe und konnte mich also vollkommen lautlos bewegen. Nicht einen Augenblick lang merkte er, daß ich ihm nachlauerte. Er betrat Laden um Laden, doch erfragte er keinerlei Preis: Kein Wort kam über seine Lippen, und nur ein wildes und leeres Starren richtete sich auf die ausliegenden Waren. Ich war nun förmlich bestürzt ob dieses Betragens und faßte den strikten Entschluß, mich nicht eher von ihm zu trennen, als bis ich mir ein einigermaßen zufriedenstellendes Bild von ihm gemacht hätte.

Eine laut dröhnende Glocke schlug elf, und rasch verließ die Menge nun den Basar. Ein Ladenbesitzer stieß beim Vorlegen eines Gitters den alten Mann, und einen Moment lang sah ich, wie ihn ein heftiger Schauer schüttelte. Er stürzte auf die Straße hinaus, blickte sich einen Augenblick lang ängstlich um und lief dann mit unglaublicher Behendigkeit durch mehrere gewundene und menschenleere Gassen, bis wir erneut bei der großen Verkehrsstraße herauskamen, von der wir unsern Ausgang genommen – der Straße des Kaffeehauses. Diese bot jedoch jetzt ein gänzlich verändertes Aussehen. Noch strahlte sie im Glanz der Gaslaternen; doch der Regen fiel wütender nieder, und nur wenige Menschen waren noch zu sehen. Der Fremde wurde bleich. Verdrossen tat er ein paar Schritte auf der einst belebten Avenue; dann schlug er, mit einem schweren Seufzen, die Richtung zum Flusse ein und kam am Ende nach mannigfaltigen Umwegen vor eines der großen Theater der Stadt. Dort wollte man eben schließen. Das Publikum drängte aus den Türen. Ich sah den alten Mann keuchen, wie wenn er nach Atem ränge, als er sich nun mitten in die Menge warf. Doch meinte ich zu erkennen, daß die tiefe Seelenpein auf seinen Zügen einigermaßen nachgelassen habe. Sein Kopf sank wieder auf die Brust. Er sah so aus wie anfangs, da ich ihn getroffen. Ich bemerkte, daß er die nämliche Richtung einschlug, welche die größere Masse des Publikums genommen – doch im ganzen blieb ich ratlos, wie ich mir sein wunderliches Tun deuten solle.

Doch nicht lange, so verlief sich die Gesellschaft allmählich, und seine frühere Unschlüssigkeit und Verdrießlichkeit stellte sich wieder ein. Eine Zeitlang blieb er dicht hinter einer Gruppe von zehn oder zwölf Zechbrüdern; aber auch diese zerstreuten sich einer nach dem anderen, bis nur noch drei in einer engen und wenig belebten, düsteren Gasse beisammen waren. Der Fremde hielt inne und schien einen Augenblick lang in Gedanken verloren; dann schlug er mit allen Anzeichen innerer Erregung hastigen Schritts einen Weg ein, der uns in die Außenbezirke der City brachte, in Gegenden, gänzlich verschieden von den bisher durchstreiften. Es handelte sich um das übelste, ungesündeste Viertel von London, wo allem und jedem der schlimme Geruch jammervollster Armut und verzweifeltsten Verbrechens anhaftete. Im trüben Licht einer gelegentlichen Laterne erblickte man große, altertümliche, wurmzerfressene Wohngehäuse aus Holz, die ihrem Einsturz entgegenwankten und ein so kraus verschachteltes Durcheinander bildeten, daß kaum die Andeutung einer Passage zwischen ihnen erkennbar war. Die Pflastersteine lagen regellos umher, von stark wucherndem Gras aus ihrem Bett gedrängt. Grauenhafter Schmutz faulte in den eingedämmten Gossen. Die ganze Atmosphäre war mit Trostlosigkeit geschwängert. Doch als wir weiter vordrangen, lebten die Laute menschlichen Treibens wieder auf, und schließlich ließen sich größere Banden der verkommensten Londoner Bevölkerung sehen, schwankend in bezechtem Taumel. Die Lebensgeister des alten Mannes flackerten erneut auf, wie eine Lampenflamme kurz vor dem Verlöschen. Noch einmal schritt er federnden Trittes aus. Da plötzlich, wir bogen eben um eine Ecke, brach uns ein blendender Lichtschein ins Gesicht, und wir standen vor einem der ungeheuren Stätten der Intemperanz – vor einem der Tempel des Dämons Alkohol.

Nun dämmerte schon fast der Tag herauf; doch immer noch drängte eine Anzahl erbärmlich Trunkener zum aufgeprunkten Portale ein und aus. Mit einem halben Freudenschrei bahnte sich der alte Mann einen Weg hinein, gewann mit einem Schlag sein bekanntes Gebaren wieder und schritt ohne jedes ersichtliche Ziel im Gedränge hin und her. Doch war er dieser Beschäftigung noch nicht lange nachgegangen, da zeigte ein Hasten nach den Türen, daß der Wirt für diese Nacht schließen wollte. Es war etwas Ärgeres noch denn Verzweiflung, was ich nun auf den Zügen des sonderlichen Wesens wahrnahm, dem ich so standhaft nachgegangen war. Doch keinen Augenblick lang zögerte er in seinem Lauf, sondern lenkte seine Schritte alsbald in irrer Unermüdlichkeit dem Herzen des mächtigen London wieder zu. In langen Eilschritten floh er dahin, indessen ich ihm voller Bestürzung folgte, entschlossen, nicht von einer Untersuchung zu lassen, für welche ich nun ein alles verzehrendes Interesse empfand. Die Sonne stieg herauf, derweil wir dahineilten, und als wir einmal mehr auf das dichteste Gewühl der bevölkerungsreichen Stadt stießen, die Straße des bekannten Gasthauses, bot sich ein Anblick von Menschenwirrwarr und Geschäftigkeit, der dem vom Abend vorher schwerlich nachstand. Und hier, inmitten des immer stärker werdenden Gewühls, blieb ich beharrlich und ausdauernd bei meiner Verfolgung des Fremden. Doch wie zuvor schon wanderte er auf und nieder und wich während des ganzen Tages nicht aus dem Getümmel jener Straße. Und als dann die Schatten des zweiten Abends kamen, war ich zu Tode erschöpft. Ich hielt an. Ich trat dem Wanderer mitten in den Weg und starrte ihm beharrlich ins Gesicht. Doch nahm er keinerlei Notiz von mir, sondern schritt weiter in feierlichem Gang, indessen ich davon abstand, ihm noch weiter zu folgen. In Gedanken versunken blieb ich zurück. »Dieser alte Mann«, sagte ich schließlich, »ist das Urbild und der Genius tiefer Schuld. Er bringt es nicht über sich, allein zu sein. *Er ist der Massenmensch.* Es wäre fruchtlos, ihm hinfort zu folgen. Denn weder über ihn noch über seine Taten werde ich mehr erfahren. Im Buche des bösesten Herzens auf der Welt steht mehr geschrieben denn im *Hortulus Animae,* und vielleicht ist es nur eine der großen Gnadengaben Gottes, daß es ›sich nicht lesen läßt‹.«

Die Mordtaten in der Rue Morgue

> Welches Lied die Sirenen sangen oder welchen Namen Achilles trug, als er sich unter den Frauen verbarg, kein noch so verwirrendes Rätsel liegt außerhalb aller Vermutungen!
>
> Sir Thomas Browne

Die geistigen Fähigkeiten, die wir als analytische bezeichnen, sind selbst der Analyse nur in geringem Umfange zugänglich. Wir vermögen sie nur in ihren Leistungen zu würdigen. Ihrem Besitzer bedeuten sie, sind sie in ungewöhnlichem Maße vorhanden, stets eine Quelle lebhaftester Befriedigung. Wie der Starke sich seiner physischen Kräfte freut und sich an solchen Aufgaben ergötzt, die seine Muskeln in Anspruch nehmen, so brüstet sich der Analytiker mit seinen geistigen Talenten des Entwirrens schwieriger Situationen. Die trivialste Beschäftigung, die ihm Gelegenheit gibt, seine Künste zu zeigen, macht ihm Vergnügen. Er hat Freude an Rätseln, Geheimnissen und Hieroglyphen und widmet ihrer Entzifferung einen im Verhältnis zur Alltäglichkeit der Aufgabe übernatürlichen Scharfsinn. Seine Erfolge, die er dem Wesen seiner Methode verdankt, atmen in Wahrheit den Geist der Intuition.

Die Möglichkeiten einer Lösung finden vielleicht eine starke Förderung durch das Studium der Mathematik und insbesondere deren höchste Zweige, die wir ungerechterweise und nur im Hinblick auf ihre entgegengesetzten Operationen gleichsam par excellence Analysis nennen. Aber Rechnen heißt noch nicht Analysieren. So beschäftigt sich der Schachspieler mit dem einen, ohne das andere zu beabsichtigen. Deshalb wird das Schachspiel in seinen Auswirkungen auf die geistigen Fähigkeiten weitgehend mißverstanden. – Es liegt mir ferne, eine Abhandlung schreiben zu wollen; nur einige aufs Geratewohl angestellte Beobachtungen seien hier einer etwas eigentümlichen Erzählung vorangeschickt. Bei dieser Gelegenheit wage ich zu behaupten, daß sich die höchste Kraft des nachdenkenden Geistes weitaus entschiedener und nützlicher bei dem schlichten Damespiel betätigt, als sie dies bei den ausgeklügelten Spitzfindigkeiten des Schachs vermag. In diesem mit den verschiedenen und veränderlichen Werten seiner Figuren und ihren durchaus unterschiedlichen und bizarren Bewegungen halten wir – ein nicht ungewöhnlicher Irrtum – das, was nur kompliziert ist, fälschlich für tiefsinnig. Bei diesem Spiel ist die Aufmerksamkeit von höchster Bedeutung. Ein Augenblick der Ermattung oder auch ein zufälliges Versehen bedeuten einen Nachteil oder gar die Niederlage. Die möglichen Züge sind mannigfacher und verwickelter Natur, die Folgen solcher Versehen sind vielfältiger Art, und in neun von zehn Fällen ist es der konzentrierte Spieler, der über den scharfsinnigeren siegt. Beim Damespiel, wo im Gegensatz hierzu die Züge gleichartig und ohne große Vielfalt sind, ist die Möglichkeit der Unachtsamkeit geringer, und die reine Aufmerksamkeit wird weniger in Anspruch genommen. Ein Vorteil, der einer Partei zugute kommt, wird durch überlegenen Scharfsinn errungen. Nehmen wir – um weniger abstrakt zu sein – ein Spiel an, in dem von den Figuren nur noch vier Damen übriggeblieben sind und wo natürlich kein Versehen zu erwarten ist. Es versteht sich von selbst, daß hier, wo beide Spieler gleich stark sind, der Sieg nur durch einen sehr ausgeklügelten Zug, das Ergebnis einer großen geistigen Anstrengung zu erringen ist. Aller gewöhnlichen Hilfsmittel beraubt, versetzt sich der Analytiker in die Gedankengänge seines Gegners, identifiziert sich mit ihm und erkennt so nicht selten mit einem Blick die einzige – bisweilen tatsächlich verblüffend einfache – Möglichkeit, mit der er ihn zu einem Fehler oder einer falschen Überlegung verleitet.

Whist ist seit langem berühmt wegen seines Einflusses auf die Macht der Kalkulation, und wir kennen Männer von höchstem Geist, die hierin ein unerklärliches Vergnügen gefunden haben, wogegen sie Schach als uninteressant ablehnen. Zweifellos gibt es nichts Ähnliches, das in so großem Maße die Möglichkeit zur Analyse bietet. Der beste Schachspieler in der ganzen Christenheit mag etwas mehr sein als ein ausgezeichneter Spieler, aber die Versiertheit im Whist bringt Erfolgsmöglichkeiten in allen wichtigen Unternehmungen, in denen Geist sich mit Geist mißt. Wenn ich Versiertheit sage, so meine ich die Vervollkommnung im Spiel, welche die Beherrschung all der Möglichkeiten in sich schließt, die einen rechtmäßigen Vorteil mit sich bringen. Diese sind nicht nur zahlreich, sondern auch vielfältiger Art und ruhen oft in den Schlupfwinkeln der Überlegungen, die dem gewöhnlichen Verstande nicht zugänglich sind. Aufmerksam beobachten heißt genau im Gedächtnis behalten. Soweit vermag auch der konzentrierte Schachspieler beim Whist zu bestehen, während die Regeln Hoyles – die auf dem reinen Mechanismus des Spieles beruhen – ausreichend und allgemein verständlich sind. Ein zuverlässiges Gedächtnis und ein Verfahren »nach dem Buch« sind das, was man allgemein als Voraussetzung für ein gutes Spiel ansieht. Aber über die reinen Spielregeln hinaus ist die Geschicklichkeit des Analytikers von größter Bedeutung. In aller Schweigsamkeit macht er eine Menge Beobachtungen und Folgerungen. Das gleiche tun vielleicht auch seine Mitspieler, und der Unterschied im Ausmaß der erzielten Aufschlüsse liegt nicht so sehr im Gehalt seiner Folgerungen als im Werte seiner Beobachtungen. Die notwendigen Fähigkeiten bestehen in dem, was er zu beobachten hat. Unser Spieler legt sich keineswegs Beschränkungen auf, aber da das Spiel das Objekt ist, lehnt er es ab, aus Dingen Schlüsse zu ziehen, die außerhalb des Spieles liegen. Er studiert die Mienen seiner Mitspieler und vergleicht sie sorgsam mit denen jedes seiner Gegner. Er betrachtet jedes einzelnen Art, die Karten in der Hand zu ordnen, zählt Trumpf auf Trumpf und Figur auf Figur in den Blicken, mit denen ihre Besitzer sie betrachten. Jede Änderung in den Gesichtszügen vermerkt er im Laufe eines Spiels und sammelt einen Schatz von Vermutungen aus den wechselnden, Gewißheit, Überraschung, Triumph oder Enttäuschung verratenden Mienen. Aus der Art, wie der Partner einen Stich aufnimmt, schließt er, ob dieser in der Folge einen weiteren zu machen in der Lage ist. Eine Finte erkennt er an der Art, wie die Karte auf den Tisch geworfen wird. Ein gelegentliches oder unbeabsichtigtes Wort, das zufällige Fallenlassen oder Umwenden einer Karte und die dabei an den Tag gelegte Ängstlichkeit oder Sorglosigkeit im Verbergen, das Zählen und Ordnen der Stiche, Verlegenheit, Zögern, Eifer oder Bestürzung – das alles liefert seiner offenbar anschaulichen Wahrnehmung Kennzeichen für die wirkliche Situation. Sind erst zwei oder drei Runden gespielt, so ist er vollkommen über jeden seiner Mitspieler orientiert und vermag seine Karten mit so absoluter Sicherheit auszuspielen, als wenn die übrigen Partner die ihrigen offen aufgelegt hätten.

Die Kunst der Analyse sollte nicht mit einfachem Scharfsinn verwechselt werden, denn wenn auch der Analytiker notwendigerweise scharfsinnig ist, so ist doch der Scharfsinnige bemerkenswerterweise unbegabt für die Analyse. Die den Scharfsinn allgemein kennzeichnenden konstruktiven und kombinierenden Fähigkeiten, für welche die Phrenologen – irrtümlicherweise, wie ich glaube – ein besonderes Organ angenommen haben, indem sie ihn als ursprüngliche Begabung ansehen, sind in so vielen Fällen bei solchen Menschen festgestellt worden, deren Intellekt im übrigen an Verstandesschwäche grenzte, daß sie den Moralgelehrten zu umfangreichen Untersuchungen Veranlassung gegeben haben. Zwischen Scharfsinn und analytischer Begabung existiert in der Tat ein weit größerer Unterschied als zwischen Phantasie und Vorstellungsvermögen, indes von äußerst gleichartigem Charakter. Tatsächlich läßt sich feststellen, daß die Scharfsinnigen stets phantasievoll sind und die mit einem wirklichen Vorstellungsvermögen Begabten nie etwas anderes als analytische Talente besitzen.

Die folgende Geschichte wird dem Leser diese meine Behauptungen in etwa erläutern.

Während meines Aufenthaltes in Paris im Frühjahr und zu Beginn des Sommers 18 .. machte ich die Bekanntschaft eines gewissen Herrn C. Auguste Dupin. Dieser junge Mann stammte aus einer sehr guten, man kann wohl sagen, berühmten Familie, war aber infolge verschiedener unglücklicher Umstände so in Armut geraten, daß seine Willenskraft ihr unterlag und er aufhörte, sich zu regen und sich um die Wiedergewinnung seines Vermögens zu bemühen. Das Wohlwollen seiner Gläubiger hatte ihm einen kleinen Rest seines Erbes erhalten, und mit den hieraus fließenden Einkünften vermochte er durch sparsamste Wirtschaft das Notwendigste für seinen Lebensunterhalt zu bestreiten, ohne sich um das Überflüssige Gedanken zu machen. Bücher waren in der Tat sein einziger Luxus, und daran ist in Paris leicht zu kommen.

Wir trafen uns das erstemal in einem düsteren Bücherladen in der Rue Montmartre, wo wir beide zufälligerweise nach dem gleichen seltenen und interessanten Buche suchten und so in nähere Beziehungen zueinander kamen. Wir sahen uns wiederholt wieder, und ich empfand ein lebhaftes Interesse an den Schicksalen seiner Familie, die er mir mit dem ganzen Freimut schilderte, dessen ein Franzose fähig ist, wenn er von sich selbst spricht. Seine Belesenheit setzte mich in Erstaunen, und vor allem begeisterte mich die wilde Inbrunst und lebendige Frische seiner Phantasie. Auf der Suche nach Objekten, wie ich sie brauchte, fühlte ich damals in Paris, daß die Gesellschaft eines solchen Menschen mir unbezahlbar war, und diese Empfindung vertraute ich ihm freimütig an. Schließlich kamen wir überein, während meines Pariser Aufenthaltes zusammen zu wohnen, und da meine wirtschaftlichen Verhältnisse etwas weniger schwierig waren als die seinigen, so verblieb mir die Sorge für Wohnung und Ausstattung in dem unserer gemeinsamen Gemütsstimmung entsprechenden, etwas phantastisch düsteren Stil eines vom Zahn der Zeit zernagten und aus irgendwelchen uns nicht interessierenden Gründen seit langem verlassenen und seinem Zusammensturz langsam entgegengehenden Bauwerkes in einem abgelegenen und einsamen Teile des Faubourg St. Germain.

Hätte die Welt von unserem Leben an diesem Ort erfahren, sie hätte uns sicherlich als Narren, wenn auch wohl harmloser Art, angesehen. Unsere Abgeschlossenheit war vollkommen, und wir empfingen keinerlei Besuche. In der Tat hielt ich diesen unseren Zufluchtsort vor allen meinen Bekannten geheim, und Dupin war selbst schon seit vielen Jahren in Paris unbekannt. Wir lebten nur für uns selbst.

Es war eine Laune meines Freundes – wie soll ich es sonst nennen? –, in die Nacht um ihrer selbst willen verliebt zu sein, und dieser Bizarrerie wie allen seinen anderen überließ ich mich, indem ich mich seinen sonderbaren Grillen vollkommen willenlos anheimgab. Die finstere Gottheit war zwar nicht geneigt, dauernd Wohnung bei uns zu nehmen, aber wir vermochten es, uns ihre Gegenwart vorzutäuschen. Beim ersten Morgengrauen schlossen wir die schweren Fensterläden unseres alten Gebäudes und entzündeten einige Wachskerzen, die stark duftend ein geisterhaftes schwaches Licht verbreiteten. Mit ihrer Hilfe versenkten wir uns in Träumereien, lasen, schrieben und unterhielten uns, bis die Uhr uns den Anbruch der wirklichen Dunkelheit ankündigte. Dann brachen wir auf, wanderten Arm in Arm durch die Straßen und setzten die Unterhaltungen des Tages fort. Bis zu später Stunde schweiften wir umher, suchten in den wilden Lichtern und Schatten der Großstadt diese unendliche geistige Erregung, die eine ruhige Beobachtung zu vermitteln vermag.

Bei solchen Gelegenheiten konnte ich nicht umhin – obwohl sein reicher idealer Sinn mich dies hätte erwarten lassen müssen –, bei Dupin eine eigentümliche analytische Begabung zu bemerken und zu bewundern. Er schien auch ein eifriges Vergnügen an den Tag zu legen, diese Talente, wenn auch nicht zur Schau zu stellen, so doch anzuwenden, und zögerte nicht, mir die dabei empfundene Befriedigung zum Ausdruck zu bringen. Mit leisem innerlichem Lachen brüstete er sich mir gegenüber damit, die meisten Menschen trügen ein Fenster in der Brust, und solche Behauptungen pflegte er mit unmittelbaren und verblüffenden Beweisen seiner eingehenden Kenntnis von meinem Inneren zu unterstreichen. In solchen Augenblicken war sein Miene kühl und abstrakt, seine Augen ausdrucksleer, und seine Stimme, sonst ein volltönender Tenor, erhob sich zu einem schrillen Diskant, der ohne die Bedachtsamkeit und Genauigkeit seiner Aussprache verdrießlich geklungen hätte. Beobachtete ich ihn in dieser Laune, so verweilte ich oft in Gedanken bei der alten philosophischen Anschauung von der Zwiespältigkeit des Seelenlebens und unterhielt mich mit dem Gedanken an einen doppelten Dupin, einen schöpferischen und einen zerstörenden.

Nach dem eben Gesagten nehme man aber nicht an, ich hätte die Absicht, hier in allen Einzelheiten ein Geheimnis zu enthüllen oder einen Roman zu schreiben. Was ich in dem Franzosen schildere, war nur der Ausfluß eines erregten oder vielleicht auch krankhaften Geistes. Ein Beispiel wird am besten einen Begriff von der Art seiner Bemerkungen in der fraglichen Zeit vermitteln.

Eines Nachts schlenderten wir eine lange und schmutzige Straße in der Nähe des Palais Royal hinunter. Beide offenbar mit unseren eigenen Gedanken beschäftigt, hatten wir während der Zeit von etwa einer Viertelstunde auch nicht eine Silbe miteinander gesprochen. Plötzlich rief Dupin aus: Er ist ein sehr kleiner Bursche, das ist wahr, und würde viel besser in das Théâtre des Variétés passen!«

»Zweifellos«, entgegnete ich unwillkürlich, ohne anfangs – so sehr war ich in meine Gedanken versunken – darauf zu achten, in welch außerordentlichem Maße der Sprecher mit meinen Gedanken übereinstimmte. Einen Augenblick später faßte ich mich wieder und war aufs tiefste erstaunt.

»Dupin«, sagte ich ernst, »das geht über meine Begriffe! Ich muß sagen, daß ich überrascht bin und kaum meinen Sinnen traue! Wie konnten Sie das wissen? Ich dachte wirklich an ...« Hier unterbrach ich mich, um jeden Zweifel zu beseitigen, ob er wirklich meine Gedanken erraten hätte.

»... an Chantilly!« erwiderte er, »warum unterbrechen Sie sich? Sie bemerkten doch selbst, daß seine zwergenhafte Figur ihn für die Tragödie ungeeignet macht!«

Das war genau der Inhalt meiner Gedanken. Chantilly war ein bühnentoll gewordener ehemaliger Flickschuster aus der Rue St. Denis, der sich in der Rolle des Xerxes in Crébillons gleichnamiger Tragödie versucht und zu seinem Schmerz eine notorisch schlechte Kritik erfahren hatte.

»Sagen Sie mir um Himmels willen«, rief ich aus, »mit welcher Methode, wenn eine solche dabei ist, Sie meine Seele so ergründen konnten!« Tatsächlich war ich weit mehr überrascht, als ich eingestehen wollte.

»Es war der Obsthändler«, entgegnete mein Freund, »der Sie zu diesem Resultat veranlaßte, daß der Stiefelflicker nicht groß genug sei für den Xerxes et id genus omne!«

»Der Obsthändler? Sie überraschen mich! Ich kenne überhaupt keinen Obsthändler!«

»Der Mann, der gegen Sie anlief, als wir vor etwa einer Viertelstunde in diese Straße hier einbogen.«

Ich entsann mich, daß in der Tat ein Obsthändler, der einen großen Korb mit Äpfeln auf dem Kopf trug, mich unglücklicherweise beinahe umgeworfen hätte, als wir aus der Rue C... in den Durchgang einbogen, in dem wir uns gerade befanden. Aber was das mit Chantilly zu tun hatte, vermochte ich mir nicht vorzustellen.

Es war keinerlei Andeutung von Scharlatanerie in Dupins Wesen, als er entgegnete: Ich will es Ihnen erklären, und damit Sie alles genau verstehen, will ich zuerst den Weg Ihrer Gedanken zurückverfolgen von dem Augenblick an, in dem wir miteinander sprechen, bis zu dem fraglichen Zusammenstoß mit dem Obsthändler. Die größeren Glieder der Kette sind: Chantilly, Orion, Dr. Nichols, Epikur, Stereotomie, die Pflastersteine, der Obsthändler!«

Es gibt wenig Menschen, die nicht zu irgendeiner Zeit ihres Lebens sich damit vergnügt haben, die Schritte zu verfolgen, die sie mit den einzelnen Schlüssen ihrer Gedanken getan haben. Diese Beschäftigung ist bisweilen hochinteressant, und derjenige, der es erstmalig versucht, ist erstaunt über den scheinbar grenzenlosen Abstand und die Zusammenhanglosigkeit zwischen Ausgangspunkt und Ziel. So groß war denn auch meine Überraschung, als ich den Franzosen so reden hörte, wie er es gerade tat, und nicht umhin konnte, zuzugeben, daß er recht hatte. Er fuhr fort:

»Wir sprachen gerade von Pferden, wenn ich mich recht entsinne, als wir die Rue C... verließen. Das war unser letztes Gesprächsthema. Als wir in diese Straße einbogen, streifte uns in großer Eile ein Obsthändler, der einen großen Korb auf dem Kopfe trug und Sie an einer Stelle, wo der Fahrdamm ausgebessert werden sollte, auf einen Haufen Pflastersteine stieß. Sie traten auf eines der losen Stücke, glitten aus und vertraten sich den Knöchel. Dabei schienen Sie ungehalten oder böse, murmelten einige Worte, warfen einen Blick auf den Steinhaufen zurück und gingen dann schweigend weiter. Im einzelnen habe ich nicht darauf geachtet, was Sie taten. Aber seit langer Zeit ist Beobachten für mich eine Art von Lebensnotwendigkeit geworden.

Sie hielten die Augen auf den Boden gesenkt und blickten mit verdrießlicher Miene nach den kleinen Löchern und Wagenspuren im Pflaster, so daß ich sah, daß Sie noch an die Steine dachten, bis wir an die kleine Allee Lamartine kamen, die versuchsweise mit ineinandergreifenden und vernieteten Klötzen gepflastert ist. Hier hellten sich Ihre Mienen auf, und ich sah Sie Ihre Lippen bewegen und hörte Sie das Wort Stereotomie murmeln, ein Ausdruck, der sich leicht auf diese Art Pflaster anwenden läßt. Ich wußte, daß Sie das Wort Stereotomie nicht aussprechen konnten, ohne an irgendwelche mit Atomen zusammenhängende Dinge und so denn auch an die Theorien des Epikur zu denken, und da ich bei unserer Unterhaltung vor nicht allzu langer Zeit daran erinnerte, wie einfach, aber wie wenig beachtet die unbestimmten Vermutungen des edlen Griechen in der späteren Nebelkosmogonie ihre Bestätigung gefunden haben, so hatte ich das Empfinden, Sie könnten nicht umhin, Ihren Blick zu dem großen Orionnebel zu erheben, und erwartete mit Sicherheit, daß Sie es täten. Sie blickten tatsächlich empor, und so war ich dessen sicher, daß ich Ihnen richtig gefolgt war. In der bitteren Tirade in der gestrigen Nummer des »Musée«, in welcher der Satiriker einige hämische Anspielungen auf die Namensänderung des Flickschusters machte, als er sich den Kothurn anmaßte, wurde ein lateinischer Vers zitiert, über den wir schon des öfteren gesprochen haben. Ich meine die Zeile:

Perdidit antiquum litera prima sonum.

Ich hatte Ihnen gesagt, dies bezöge sich auf Orion, der früher Urion genannt worden sei, und wegen einer gewissen Pikanterie, die mit dieser Erklärung verknüpft war, mußte ich annehmen, daß Sie sie nicht vergessen hatten. Deshalb war ich mir darüber im klaren, daß Sie die beiden Begriffe Orion und Chantilly unfehlbar miteinander in Verbindung bringen würden. Daß Sie es taten, erkannte ich an dem Lächeln, das um Ihre Lippen spielte. Sie erinnerten sich der Aufopferung des armen Schuhflickers. Bis dahin waren Sie gebeugten Hauptes einhergegangen, dann aber sah ich Sie sich zu Ihrer vollen Größe aufrichten. Ich war mir dessen sicher, daß Sie an die zwergenhafte Gestalt Chantillys dachten. An diesem Punkt unterbrach ich Sie mit der Bemerkung, er sei in der Tat ein sehr kleiner Kerl, dieser Chantilly, der sich besser im Théâtre des Variétés ausmache.«

Nicht lange nach dieser Begebenheit erregte beim Lesen der Abendausgabe der »Gazette des Tribuneaux« die folgende Nachricht unsere Aufmerksamkeit:

»Außergewöhnliche Mordtaten. – Heute morgen gegen drei Uhr wurden die Bewohner des Quartiers St. Roch durch wiederholte fürchterliche Schreie aus dem Schlaf aufgeschreckt. Diese drangen offenbar aus dem vierten Stockwerk eines Hauses in der Rue Morgue, das, wie man wußte, nur von einer gewissen Madame L'Espanaye und ihrer Tochter Mademoiselle Camille L'Espanaye bewohnt war. Nach einiger Verzögerung, die durch vergebliche Versuche entstand, auf normalem Wege Zutritt zu finden, wurde die Tür mit einer Brechstange geöffnet, und acht oder zehn Nachbarn, begleitet von zwei Gendarmen, traten ein. Zu diesem Zeitpunkt hatten die Schreie aufgehört, als aber die Leute die ersten Treppenstufen hinaufstürzten, waren zwei oder mehr rauhe Stimmen zu unterscheiden, die sich in einem zornigen Wortwechsel befanden und aus dem oberen Teil des Hauses zu dringen schienen. Als man den zweiten Treppenabsatz erreichte, hatten auch diese Geräusche wieder aufgehört, und alles blieb vollkommen still. Die Gesellschaft verteilte sich und eilte von Zimmer zu Zimmer. Ein großes Hinterzimmer im vierten Stockwerk, dessen Tür von innen mit dem Schlüssel verschlossen war, wurde mit Gewalt geöffnet. Dabei bot sich ein Anblick, der alle Anwesenden mit ebensoviel Entsetzen wie Erstaunen erfüllte.

Der Raum befand sich in der wildesten Unordnung, die Möbel waren zerbrochen und nach allen Richtungen hin durcheinandergeworfen. In der Ecke stand eine Bettstelle, das Bett war herausgerissen und in die Mitte des Raumes auf den Fußboden geworfen. Auf einem Stuhl lag ein blutiges Rasiermesser, auf dem Herd zwei oder drei lange und dicke graue Menschenhaarsträhnen, ebenfalls blutbefleckt und offenbar mit den Wurzeln ausgerissen. Auf dem Fußboden fanden sich vier Napoleons, ein Topas-Ohrring, drei große silberne Löffel, drei kleinere aus Neusilber und zwei Beutel mit etwa viertausend Franken in Gold. Die Schiebladen einer Kommode standen offen und waren augenscheinlich geplündert, obwohl viele Gegenstände noch daringeblieben waren. Unter dem Bett – nicht unter der Bettstelle – entdeckte man eine kleine eiserne Kassette, sie war offen, und der Schlüssel steckte noch darin. Außer einigen alten Briefen und anderen Papieren von geringem Wert enthielt sie nichts.

Von Madame L'Espanaye war keine Spur zu entdecken. Da man auf dem Herd eine ungewöhnliche Menge Ruß feststellte, suchte man im Kamin und zog entsetzlicherweise mit dem Kopf nach unten die Leiche der Tochter daraus hervor, die durch die enge Öffnung ziemlich hoch in diesen hinaufgezwängt worden war. Der Körper war noch warm. Die Untersuchung ergab zahlreiche Hautabschürfungen, die zweifellos durch die Gewalt verursacht worden waren, mit der man sie hineingestoßen und wieder herausgezogen hatte. Auf ihrem Gesicht befanden sich einige tiefe Schrammen und am Hals blutunterlaufene Stellen mit tiefen Spuren von Fingernägeln, als ob die Verstorbene erwürgt worden wäre.

Nach einer ergebnislosen Durchsuchung aller Teile des Hauses begab man sich auf einen kleinen gepflasterten Hof an der Rückseite des Gebäudes, wo man die Leiche der alten Dame liegen fand. Ihr Hals war so vollkommen durchschnitten, daß bei einem Versuch, sie hochzuheben, der Kopf herabfiel. Der Körper wie auch der Kopf, und insbesondere dieser, waren in furchtbarer Weise bis zur Unkenntlichkeit entstellt.

Für dieses gräßliche Geheimnis hat man, wie wir annehmen, bis jetzt noch nicht die geringste Erklärung gefunden.«

Die Ausgabe des folgenden Tages brachte folgende weitere Nachrichten:

»Die Tragödie in der Rue Morgue. – Im Zusammenhang mit dieser außergewöhnlichen und schrecklichen Affäre – das Wort ›affaire‹ hat im Französischen eine weitaus ernstere Bedeutung als bei uns – hat man zahlreiche Personen vernommen, ohne daß irgendein Licht in das Dunkel gefallen wäre. Wir geben in nachfolgendem die Aussagen der Zeugen wieder:

Pauline Dubourg, Wäscherin, sagt aus, sie habe die Verstorbenen seit drei Jahren gekannt und während dieser Zeit ihre Wäsche besorgt. Die alte Dame und ihre Tochter schienen in gutem Einvernehmen miteinander zu leben und sehr liebevoll zueinander zu sein. Sie waren sehr pünktliche Zahler. Über ihre Gewohnheiten und ihre Lebensweise wußte sie nichts auszusagen. Sie glaubte, Madame L. verdiene sich ihren Lebensunterhalt mit Wahrsagen. Man nahm an, daß sie Ersparnisse besitze. Niemals habe sie irgend jemand in der Wohnung angetroffen, wenn sie die Wäsche abgeholt oder zurückgebracht habe, und war überzeugt, daß sie keine Dienstboten hatten. Im ganzen Hause schienen sich, außer im vierten Stock, keine Möbel zu befinden.

Pierre Moreau, Tabakhändler, sagt aus, er habe seit etwa vier Jahren regelmäßig kleine Mengen Tabak und Schnupftabak an Frau L'Espanaye verkauft. Er ist in der Nachbarschaft geboren und hat immer hier gewohnt. Die Verstorbene und ihre Tochter bewohnten seit mehr als sechs Jahren das Haus, in dem die Leichen gefunden wurden. Es war früher von einem Juwelier bewohnt, der die oberen Räume an verschiedene Personen vermietete. Das Haus war Eigentum der Madame L'Espanaye. Sie war nicht einverstanden mit der Art, wie ihr Mieter das Grundstück benutzte, und zog selbst hinein, ohne einen Teil davon zu vermieten. Die alte Dame war etwas kindisch. Die Tochter hat der Zeuge während der sechs Jahre etwa fünf- oder sechsmal gesehen. Die beiden lebten sehr zurückgezogen – sie galten für wohlhabend. Er habe die Nachbarn davon reden hören, Madame L'Espanaye beschäftige sich mit Wahrsagen, aber er habe es nicht geglaubt. Mit Ausnahme der alten Dame und ihrer Tochter, ein- oder zweimal einem Gepäckträger und acht- oder zehnmal einem Arzt habe er niemals einen Menschen das Haus betreten sehen.

Zahlreiche andere Personen aus der Nachbarschaft gaben gleichlautende Aussagen ab. Niemand wußte etwas von einem Menschen, der das Haus regelmäßig aufgesucht hätte. Ebensowenig wußte jemand etwas darüber zu sagen, ob Madame L. und ihre Tochter irgendwelche Beziehungen unterhielten. Die Fensterläden der Vorderfront waren selten geöffnet, die der Rückseite mit Ausnahme derer des großen Hinterzimmers stets geschlossen. Das Haus befand sich in gutem Zustande und war nicht sehr alt.

Isidore Muset, Gendarm, sagt aus, er sei gegen drei Uhr morgens zu dem Hause hingerufen worden und habe etwa zwanzig oder dreißig Personen an der Haustür angetroffen, die versucht hätten, sich Eingang zu verschaffen. Schließlich habe er sie mit seinem Seitengewehr, nicht mit einer Brechstange, geöffnet. Das habe ihm keine große Mühe gemacht, da die zweiflügelige Tür weder oben noch unten verriegelt gewesen sei. Das Geschrei tönte fort, bis die Tür erbrochen war, und verstummte dann plötzlich. Es schienen laute und langgezogene – keine kurzen und schnellen – Schreie einer oder mehrerer Personen in großer Todesangst zu sein. Der Zeuge eilte als erster die Treppen hinauf. Als er den ersten Treppenabsatz erreichte, hörte er zwei Stimmen in lautem und zornigem Wortwechsel, die eine war eine rauhe, die andere eine schrillere, sehr sonderbare Stimme. Einzelne Worte der ersteren, offenbar der eines Franzosen, vermochte er nicht zu unterscheiden. Offenbar war es keine Frauenstimme. Die Worte ›sacré‹ und ›diable‹ konnte er verstehen. Die schrille Stimme war die eines Ausländers, ob eines Mannes oder einer Frau, war nicht zu unterscheiden. Auch was gesprochen wurde, vermochte er nicht zu erkennen, aber die Sprache schien Spanisch zu sein. Der Zustand des Raumes und der Leichen wurde vom Zeugen so beschrieben, wie wir gestern berichtet haben.

Henri Duval, ein Nachbar, seines Berufes Silberschmied, sagt aus, er sei einer der ersten gewesen, die das Haus betreten hätten. Er bestätigte im allgemeinen Musets Aussagen. Sobald sie sich Eingang verschafft hätten, hätten sie die Tür wieder verschlossen, um die Menschenmenge draußen zu halten, die sich trotz der späten Stunde sehr schnell angesammelt hätte. Die schrille Stimme war, wie der Zeuge annimmt, die eines Italieners. Er war überzeugt, daß es kein Franzose war. Mit Gewißheit vermochte er nicht auszusagen, daß es eine männliche Stimme war; es konnte auch eine weibliche sein. Er versteht kein Italienisch. Worte konnte er nicht unterscheiden, war aber, nach der Betonung zu urteilen, überzeugt, daß der Sprecher ein Italiener war. Madame L'Espanaye und ihre Tochter hatte er gekannt und öfters mit beiden gesprochen. Er war überzeugt, daß die schrille Stimme nicht die einer der beiden Verstorbenen war.

Odenheimer, Gastwirt. Dieser Zeuge hat seine Aussage freiwillig gemacht. Da er kein Französisch spricht, wurde er durch einen Dolmetscher vernommen. Er ist geborener Amsterdamer. Zu der Zeit, als die Schreie ertönten, kam er gerade an dem Hause vorüber. Sie dauerten mehrere Minuten – vielleicht zehn – lang und laut, furchtbar und qualvoll. Er gehört zu denen, die in das Haus eindrangen, und bestätigt die vorhergehenden Aussagen in jeder Weise mit einer Ausnahme. Er ist überzeugt, daß die schrille Stimme die eines Mannes, eines Franzosen war. Die einzelnen Worte konnte er nicht unterscheiden. Sie waren laut und schnell – ungleichmäßig – offenbar in Angst wie auch im Zorn hervorgestoßen.

Die Stimme war barsch – weniger schrill als barsch. Er vermochte sie keineswegs schrill zu nennen. Die rauhe Stimme wiederholte mehrmals die Worte ›sacré‹, ›diable‹ und ›mon Dieu‹.

Jules Mignaud, Bankier von der Firma Mignaud & Fils, Rue Deloraine, und zwar ist es der ältere Mignaud. Madame L'Espanaye besaß einiges Vermögen. Sie hatte bei seiner Bank im Frühjahr des Jahres … (vor etwa acht Jahren) ein Konto eingerichtet und des öfteren kleinere Summen eingezahlt. Niemals hatte sie etwas abgehoben, bis sie drei Tage vor ihrem Tode die Summe von viertausend Franken für sich entnahm, die in Gold ausgezahlt und ihr durch einen Boten ins Haus gebracht wurde.

Adolphe Lebon, Angestellter bei Mignaud & Fils, sagt aus, er habe an dem fraglichen Tage gegen Mittag Madame L'Espanaye mit den viertausend Franken in zwei Beuteln in ihre Wohnung begleitet. Als die Tür geöffnet wurde, sei Mademoiselle L'Espanaye erschienen und habe ihm den einen der Beutel aus der Hand genommen, während er der alten Dame den anderen übergab. Dann habe er sich verabschiedet und sei weggegangen. Er habe zu dieser Zeit keinen Menschen auf der Straße gesehen. Es ist eine sehr stille Nebenstraße.

William Bird, Schneider, sagt aus, er habe zu den Leuten gehört, die in das Haus eingedrungen seien. Er ist Engländer und lebt seit zwei Jahren in Paris. Er war einer der ersten, die die Treppen hinaufgestiegen sind, und hat die streitenden Stimmen gehört. Die grobe Stimme war die eines Franzosen. Einige Worte konnte er verstehen, kann sich aber nicht auf alle besinnen. Deutlich hat er verstanden ›sacré‹ und ›mon Dieu‹. Gleichzeitig hat er ein Geräusch gehört, als wenn sich zwei Menschen balgten – ein Ton wie ein Scharren und Raufen. Die schrille Stimme war sehr laut – lauter als die rauhe. Er ist überzeugt, daß es kein Engländer war. Es kann ein Deutscher gewesen sein. Vielleicht war es eine Frau. Deutsch versteht er nicht.

Vier der obengenannten Zeugen bekundeten bei einer erneuten Vernehmung, daß die Tür des Raumes, in dem die Leiche der Mademoiselle L'Espanaye gefunden wurde, von innen verschlossen war, als die Leute hinzukamen. Alles war vollkommen still – weder Seufzer noch irgendein Geräusch anderer Art war zu vernehmen. Als die Tür aufgebrochen wurde, war niemand zu sehen. Die Fenster des Vorder- und Hinterzimmers waren geschlossen und von innen fest verriegelt. Eine Tür zwischen den beiden Räumen war zugedrückt, aber nicht verschlossen. Die Tür, die von dem Vorderzimmer zum Flur hinführte, war verriegelt, und der Schlüssel steckte innen. Ein kleines Zimmer an der Vorderseite des Hauses im vierten Stock am Ende des Flurs war offen und die Tür nur angelehnt. Dieser Raum war mit alten Betten, Koffern und dergleichen angefüllt. Sie wurden sorgfältig herausgenommen und durchsucht. Mit langen Besen fuhr man in den Kaminen auf- und abwärts. Das Haus war vierstöckig mit Dachstuben (mansardes). Eine Falltür, die zum Dach hinführte, war sorgfältig zugenagelt und schien seit Jahren nicht geöffnet zu sein. Die Zeit zwischen dem Ertönen der Schreie und dem Aufbrechen der Zimmertür wird von den Zeugen verschieden lang angegeben. Einige behaupten, es seien höchstens drei – andere, es seien mindestens fünf Minuten gewesen. Die Tür ließ sich nur schwer öffnen.

Alfonso Garcio, Leichenbesorger, sagt aus, daß er in der Rue Morgue wohnt. Er ist geborener Spanier und gehört zu denen, die in das Haus eingedrungen sind. Er ist nicht mit die Treppen hinaufgestiegen. Er ist nervös und fürchtet sich vor den Folgen der Aufregung. Die streitenden Stimmen hat er gehört. Die rauhe Stimme war die eines Franzosen. Was er sagte, vermochte er nicht zu unterscheiden. Die schrille Stimme war die eines Engländers – davon ist er überzeugt. Er versteht zwar kein Englisch, aber er urteilt nach dem Tonfall.

Alberto Montani, Zuckerbäcker, gibt an, er habe sich unter den ersten befunden, welche die Treppen hinaufstiegen. Er hörte die fraglichen Stimmen. Die rauhe war die eines Franzosen. Er verstand mehrere ihrer Worte. Der Sprecher schien jemanden zur Rede zu stellen. Was die schrille Stimme sagte, vermochte er nicht zu unterscheiden. Sie sprach schnell und ungleichmäßig. Er glaubt, diese Stimme habe einem Russen gehört. Die Zeugenaussagen wurden im übrigen von ihm bestätigt. Er ist Italiener und hat sich niemals mit einem geborenen Russen unterhalten.

Mehrere Zeugen bestätigen bei einer erneuten Vernehmung, die Kamine in allen Räumen des Hauses seien zu eng, um einem menschlichen Wesen den Zutritt zu gestatten. Unter ›Besen‹ sind zylinderförmige Kehrbesen zu verstehen, wie sie die Schornsteinfeger benutzen. Derartige Besen wurden durch jeden Schornstein im Hause hin und her gezogen. Es besteht auch kein hinterer Aufgang, über den jemand das Haus hätte verlassen können, während die Leute die Treppe heraufkamen. Der Körper der Mademoiselle L'Espanaye war so fest in dem Kamin hineingezwängt, daß es nur den vereinten Kräften von vier oder fünf Leuten gelang, ihn herauszuziehen.

Paul Dumas, Arzt, sagt aus, er sei gegen Tagesanbruch herbeigerufen worden, um die Leichen zu besichtigen. Sie lagen beide auf der Matratze des Bettes in dem Zimmer, wo man Mademoiselle L'Espanaye gefunden hatte. Die Leiche der jungen Frau wies zahlreiche stark blutunterlaufene Stellen und Abschürfungen auf. Das erklärt sich offenbar in ausreichendem Maße aus der Tatsache, daß sie in den Kamin hineingezwängt worden war. Der Hals war stark zerkratzt. Unterhalb des Kinns befanden sich einige tiefe Schrammen und eine Reihe blauer Flecken, die offenbar von Fingereindrücken herrührten. Das Gesicht war entsetzlich verfärbt und die Augen aus ihren Höhlen getreten. Die Zunge war halb durchgebissen. Eine breite Quetschung befand sich in der Gegend der Magengrube, die vermutlich durch den Druck eines Knies verursacht war. Nach der Meinung von Dr. Dumas war Mademoiselle L'Espanaye durch eine oder mehrere unbekannte Personen erdrosselt worden. Das linke Schienbein wie auch alle Rippen der linken Seite waren gebrochen. Der ganze Körper war schrecklich blutunterlaufen und verfärbt. Es war nicht möglich, zu sagen, wie das Verbrechen vor sich gegangen war. Ein schwerer Holzknüppel oder ein breites Eisenstück, vielleicht auch ein Stuhl, irgendeine große, schwere, stumpfe Waffe in der Hand eines sehr starken Mannes konnte solche Verletzungen hervorrufen. Eine Frau hätte derartige Schläge mit solch einer Waffe nicht führen können. Der Kopf der alten Frau war, als der Zeuge sie sah, vollkommen vom Körper abgetrennt und ebenfalls übel zugerichtet. Offenbar war die Kehle mit irgendeinem sehr scharfen Instrument, vielleicht mit einem Rasiermesser, durchgeschnitten.

Alexandre Etienne, Arzt, war mit Dr. Dumas zur Besichtigung der Leichen gerufen worden und bestätigte dessen Zeugnis und Ansichten.

Weiter wurde nichts von Bedeutung ermittelt, obwohl noch mehrere Personen vernommen wurden. Ein derart geheimnisvoller und in allen Einzelheiten so verworrener Mordfall hat sich bis zum heutigen Tage in Paris noch nicht ereignet, wenn tatsächlich überhaupt ein Mord vorliegt. Die Polizei ist völlig ratlos, bei derartigen Gelegenheiten ein ungewöhnlicher Fall. Indes ist noch nicht die geringste Spur vorhanden, die zur Lösung des Rätsels führen könnte.«

Die Abendausgabe des Blattes stellte fest, daß im Quartier St. Roch immer noch die größte Aufregung herrschte, daß das fragliche Gebäude erneut auf das sorgfältigste durchsucht worden war und neue Zeugenvernehmungen stattgefunden hatten, ohne indes zu einem Ergebnis zu führen. Eine Nachschrift besagte, Adolphe Lebon sei verhaftet und ins Gefängnis eingeliefert worden, obwohl außer den bereits gemeldeten Tatsachen nichts bekannt war, was ihn hätte belasten können.

Dupin schien an dem Verlauf dieser Angelegenheit ein besonderes Interesse zu nehmen, wenigstens schloß ich dies aus seinem Benehmen, denn er äußerte sich nicht dazu. Lediglich auf die Meldung von Lebons Verhaftung hin fragte er mich nach meiner Meinung über die Mordtaten. Ich vermochte mich nur der Ansicht von ganz Paris anzuschließen, daß es sich um ein unlösbares Geheimnis handele, und sah keinen Weg, wie es möglich sein sollte, dem Mörder auf die Spur zu kommen.

»Wir dürfen die Möglichkeiten nicht nach diesen oberflächlichen Vernehmungen beurteilen«, entgegnete Dupin. »Die Pariser Polizei, die man als so scharfsinnig preist, ist verschlagen, sonst nichts. Sie hat keinerlei Methode in ihrer Arbeitsweise außer der, die ihr der Augenblick eingibt. Sie prunkt mit einer Menge von Maßnahmen, aber oft sind sie so unangebracht, daß wir an Monsieur Jourdain denken müssen, der nach seinem Hausrock ruft, ›pour mieux entendre la musique‹. Die von ihr erzielten Resultate sind nicht selten überraschend, aber meist einfach mit Fleiß und Aktivität zuwege gebracht. Läßt sich mit diesen Eigenschaften nichts erreichen, so bleibt sie mit ihren Methoden erfolglos. Vidocq zum Beispiel hatte Glück mit seinen Mutmaßungen und viel Ausdauer. Aber da er nicht gelernt hatte, nachzudenken, irrte er sich immer wieder bei seinen angestrengten Nachforschungen. Er verlor die Übersicht, weil er sich den Gegenstand seiner Untersuchung zu nahe vor Augen hielt. So sah er vielleicht einen oder zwei Punkte mit außerordentlicher Klarheit, aber das Ganze verlor er aus den Augen. Man schaut zu sehr in die Tiefe, und dabei liegt die Wahrheit ja nicht immer in einem Brunnen! Tatsächlich glaube ich, daß sie in unserem Falle stets an der Oberfläche liegt. In den Tälern, wo wir sie suchen, liegt das Dunkel, und nicht auf den Bergeshöhen, wo wir sie finden. Wie man sich irren kann, erkennen wir, wenn wir den Sternhimmel anschauen. Betrachten wir ein Sternbild von der Seite, indem wir ihm den äußeren Rand der Netzhaut zuwenden, der für schwache Lichtwirkungen viel empfindlicher ist als der innere, so vermögen wir seinen Schein am besten wahrzunehmen, und dieser Schein wird trübe in dem Maße, in dem wir ihm den Blick voll zuwenden. Eine größere Anzahl von Strahlen dringt natürlich im letzteren Falle ins Auge, aber im ersteren ist die Aufnahmefähigkeit bedeutend verfeinert. Mit übermäßiger Tiefe verwirren und schwächen wir unsere Gedanken, und mit einem zu intensiven, zu konzentrierten und zu unmittelbaren Hinschauen vermögen wir es sogar fertigzubringen, daß die Venus vom Firmament verschwindet.

Was die Mordtaten betrifft, so wollen wir einige Nachforschungen anstellen, ehe wir uns ein Urteil darüber bilden. Eine Untersuchung wird uns unterhalten« – ich hatte das Empfinden, daß dieser Ausdruck in diesem Zusammenhang sonderbar wirkte, sagte aber nichts –, »und außerdem ist mir Lebon einmal gefällig gewesen. Dafür will ich nicht undankbar sein. Wir wollen uns das Haus mit eigenen Augen ansehen. Ich kenne den Polizeipräfekten G. und werde ohne Schwierigkeiten die notwendige Erlaubnis erhalten.«

Die Erlaubnis wurde erteilt, und wir begaben uns sofort in die Rue Morgue. Dies ist eine der armseligen Verbindungsstraßen zwischen der Rue Richelieu und der Rue St. Roch. Es war spät am Nachmittag, als wir dort ankamen, denn wir hatten einen weiten Weg von unserer Wohnung bis in diesen Stadtteil. Das Haus war schnell gefunden, denn es standen immer noch zahlreiche Menschen auf der gegenüberliegenden Straßenseite, die in einer unbefriedigten Neugierde zu den geschlossenen Fensterläden hinaufstarrten. Es war ein gewöhnliches Pariser Wohnhaus mit einem Torweg, an dessen einer Seite sich eine verglaste Wachkabine mit einem Schiebefenster, die ›loge du concierge‹ befand. Ehe wir eintraten, gingen wir die Straße entlang, bogen in eine Quergasse ein und wandten uns dann noch einmal seitwärts, so daß wir an die Rückseite des Hauses gelangten. Währenddessen beobachtete Dupin die ganze Nachbarschaft wie auch das Haus mit einer angestrengten Aufmerksamkeit, für die ich keinerlei Grund zu finden vermochte. Wir wandten unsere Schritte zurück und kamen wieder an die Front des Hauses. Dort läuteten wir und wurden, nachdem wir unsere Genehmigung vorgewiesen hatten, von den diensttuenden Beamten eingelassen. Wir stiegen hinauf in das Zimmer, wo die Leiche der Mademoiselle L'Espanaye gefunden worden war und wo beide Verstorbene noch lagen. Die Unordnung in dem Raum war, wie üblich, unverändert geblieben. Ich sah nichts anderes, als was in der ›Gazette des Tribuneaux‹ berichtet worden war. Dupin untersuchte alles einschließlich der Leichen der beiden Opfer. Dann gingen wir in die anderen Räume und auf den Hof. Ein Gendarm begleitete uns. Diese Nachforschungen beschäftigten uns bis zum Einbruch der Dunkelheit. Dann gingen wir nach Hause. Auf diesem Wege hielt sich mein Begleiter für kurze Zeit in der Geschäftsstelle einer Tageszeitung auf.

Ich habe schon gesagt, daß die sonderbaren Einfälle meines Freundes mannigfacher Art waren, und daß ›je le ménageais‹ – dafür gibt es keinen entsprechenden Ausdruck in unserer Sprache. Nun gefiel er sich darin, bis zum Mittag des nächsten Tages jede Unterhaltung über den Mordfall abzulehnen. Dann fragte er mich plötzlich, ob mir bei diesem abscheulichen Anblick nichts ›Besonderes‹ aufgefallen sei. In seiner Betonung des Wortes ›Besonderes‹ lag etwas, was mich, ohne daß ich wußte warum, erschaudern ließ.

»Nein, nichts Besonderes«, entgegnete ich, »wenigstens nicht mehr, als wir beide in der Zeitung gelesen haben.«

»Die ›Gazette‹«, erwiderte er, »ist, wie ich fürchte, nicht auf das ungewöhnlich Grauenvolle der Tat eingegangen. Aber lassen wir die unnütze Meinung dieses Artikels beiseite. Es scheint mir, daß dieses Geheimnis uns aus einem Grunde unlösbar erscheint, der es uns leicht aufklären lassen könnte – ich meine den außergewöhnlichen Charakter der Tat. Die Polizei ist durch das anscheinende Fehlen eines Motivs verwirrt – nicht durch diesen Mord selbst, sondern durch die Scheußlichkeit der Tat. Überdies ist sie ratlos über die Unmöglichkeit, die streitenden Stimmen mit den Tatsachen in Einklang zu bringen, daß in den oberen Räumen außer der ermordeten Mademoiselle L'Espanaye niemand entdeckt wurde, und daß keine Möglichkeit bestand, das Haus unbemerkt von den die Treppe heraufkommenden Leuten zu verlassen. Die wilde Unordnung in dem Zimmer, die kopfabwärts in dem Kamin steckende Leiche, die furchtbaren Verstümmelungen des Körpers der alten Dame, diese Beobachtungen zusammen mit den vorhin erwähnten und anderen, auf die ich nicht einzugehen brauche, haben genügt, die Tatkraft zu lähmen und den vielgepriesenen Scharfsinn der Verwaltungsbeamten irrezuführen. Sie sind in den groben, aber häufigen Fehler verfallen, das Ungewöhnliche mit dem Sinnlosen zu verwechseln, aber gerade diese Abweichungen vom Alltäglichen sind es, die dem Verstande, wenn überhaupt, den Weg zur Wahrheit weisen. Bei Untersuchungen, wie wir sie jetzt anstellen, sollte man nicht fragen: Was ist vorgefallen?, sondern: Was ist vorgefallen, das sich bis jetzt noch niemals ereignet hat? Tatsächlich entspricht die Leichtigkeit, mit der ich zum Ziele kommen werde oder die Aufhellung des Geheimnisses bereits gefunden habe, seiner scheinbaren Unlösbarkeit in den Augen der Polizei.«

Stumm vor Erstaunen starrte ich den Sprecher an.

»Ich erwarte jetzt«, fuhr er mit einem Blick auf die Tür unseres Wohnraumes fort – »ich erwarte jetzt eine Person, die zwar die Metzelei nicht selbst begangen hat, aber doch in gewissem Maße damit in Zusammenhang steht. Am schlimmsten Teil des begangenen Verbrechens ist sie wahrscheinlich schuldlos. Ich hoffe, mit dieser Annahme recht zu haben, denn darauf habe ich meine Erwartung aufgebaut, das ganze Rätsel lösen zu können. Ich erwarte den Mann jeden Augenblick hier, in diesem Raum. Es ist möglich, daß er nicht kommen wird, aber die Wahrscheinlichkeit besteht, daß er kommt. Sollte er kommen, so wird es nötig sein, ihn sich vom Leibe zu halten. Hier sind Pistolen. Wir beide wissen damit umzugehen, wenn die Umstände es erfordern.«

Ich nahm die Pistolen fast ohne zu wissen, was ich tat, und ohne zu glauben, was ich hörte, während Dupin wie in einem Selbstgespräch weiterredete. Ich habe seine abstrakte Art bei solchen Gelegenheiten bereits erwähnt. Seine Ausführungen waren an mich gerichtet, aber seine Stimme, wenn auch keineswegs laut, klang doch so, wie wenn man mit jemand aus großer Entfernung spricht. Sein ausdrucksleerer Blick war auf die Wand gerichtet.

»Daß die streitenden Stimmen«, fuhr er fort, »die von den Leuten auf der Treppe gehört wurden, nicht von den Frauen selbst herrührten, ist durch die Zeugenvernehmungen durchaus bewiesen. Das enthebt uns jeden Zweifels über die Frage, ob die alte Dame zuerst die Tochter umgebracht und dann Selbstmord begangen haben könnte. Ich erwähne das nur aus Gründen der Methode, denn die Kräfte der Madame L'Espanaye würden bei weitem nicht ausgereicht haben, die Leiche ihrer Tochter so in den Kamin hineinzustecken, wie sie gefunden wurde. Auch die Art der Verletzungen an ihrem eigenen Körper schließt den Gedanken an einen Selbstmord vollkommen aus. Es muß also ein Mord durch irgendwelche dritte Personen begangen worden sein, und die Stimmen dieser dritten Personen waren die, deren Streit gehört wurde. Nun wollen wir nicht die gesamten Zeugenaussagen über die Stimmen, sondern das untersuchen, was an diesen Aussagen sonderbar war. Haben Sie irgend etwas Besonderes daran beobachtet?«

Ich bemerkte, daß, während alle Zeugen darin übereinstimmten, die rauhe Stimme sei die eines Franzosen gewesen, die Ansichten bezüglich der schrillen oder, wie einer von ihnen sie nannte, der barschen Stimme durchaus voneinander abwichen.

»Das waren die Zeugenaussagen selbst«, entgegnete Dupin, »aber es war nicht das Außergewöhnliche an den Aussagen. Sie haben nichts Besonderes beobachtet. Und doch war etwas Besonderes zu beobachten. Die Zeugen stimmten bezüglich der rauhen Stimme überein, darüber herrschte nur eine Meinung. Was aber die schrille Stimme betrifft, so ist das Besondere nicht, daß sie voneinander abweichen, sondern daß ein Italiener, ein Engländer, ein Spanier, ein Holländer und ein Franzose versuchen, sie zu beschreiben und jeder von ihnen sie die eines Ausländers nennt. Jeder einzelne ist überzeugt, daß es nicht die Stimme eines seiner Landsleute war. Jeder hält sie nicht für die Stimme des Angehörigen eines Volkes, dessen Sprache er selbst versteht, sondern im Gegenteil: Der Franzose nimmt an, es sei die Stimme eines Spaniers gewesen, und ›er hätte wohl einige Worte unterscheiden können, wenn er Spanisch könnte‹. Der Holländer behauptet, sie habe einem Franzosen gehört, aber der Bericht besagt, ›da der Zeuge kein Französisch verstand, wurde er durch einen Dolmetscher vernommen‹. Der Engländer glaubt, die Stimme ist die eines Deutschen und ›versteht kein Deutsch‹. Der Spanier ›ist überzeugt‹, daß es die eines Engländers war, aber ›er urteilt nach dem Tonfall, denn er versteht nichts von Englisch‹. Der Italiener glaubt, es ist die Stimme eines Russen, aber er hat sich niemals mit einem geborenen Russen unterhalten. Ein zweiter Franzose weicht in seiner Aussage von der des ersten ab und glaubt fest, daß die Stimme die eines Italieners war; obwohl er die Sprache nicht versteht, ist er, wie der Spanier auf Grund des Tonfalles davon überzeugt. Nun, wie seltsam ungewöhnlich muß diese Stimme gewesen sein, die zu solchen Zeugenaussagen Veranlassung geben konnte – in deren Tonfall sogar Angehörige der fünf großen Völker Europas nichts Vertrautes wiederzuerkennen vermochten! Sie werden vielleicht entgegnen, es sei die Stimme eines Asiaten – oder eines Afrikaners gewesen. Weder Asiaten noch Afrikaner befinden sich in übergroßer Zahl in Paris. Ohne indes diesen Einwand zurückzuweisen, will ich lediglich Ihre Aufmerksamkeit auf drei Punkte lenken. Die Stimme wird von einem der Zeugen ›eher barsch als schrill‹ genannt. Zwei andere bezeichnen sie als ›schnell und ungleichmäßig‹. Keiner der Zeugen erwähnt ein Wort – oder einen wortähnlichen Laut, den er habe unterscheiden können.

Ich weiß nicht«, fuhr Dupin fort, »welchen Eindruck ich bisher auf Ihr eigenes Verständnis gemacht habe, indes nehme ich keinen Anstand zu sagen, daß gerade dieser Teil der Zeugenaussagen – der über die rauhe und die schrille Stimme – geeignete Schlüsse zuläßt, die genügen, einen Verdacht zu erregen, der für jedes weitere Vorgehen in der Aufklärung des Geheimnisses richtunggebend ist. Ich sage ›geeignete Schlüsse‹, aber damit drücke ich das, was ich meine, nicht richtig aus. Ich will damit sagen, daß diese Schlüsse die allein geeigneten sind, und daß dieser Verdacht daraus unvermeidlich als das einzige Ergebnis folgert. Um welchen Verdacht es sich handelt, will ich indes jetzt noch nicht sagen. Ich bitte Sie nur, zu beachten, daß er in mir zwingend genug war, um meinen Nachforschungen am Tatort eine bestimmte Form – eine gewisse Richtung – zu geben.

Wir wollen uns in Gedanken dorthin versetzen. Was haben wir da zuerst zu suchen? Den Weg, welchen die Mörder zum Entkommen benutzt haben. Es ist nicht zuviel behauptet, wenn wir sagen, daß niemand unter uns an übernatürliche Vorkommnisse glaubt. Madame und Mademoiselle L'Espanaye wurden nicht durch Geister ermordet. Die Täter waren irdische Wesen und entkamen auf ganz irdische Weise. Wie aber? Glücklicherweise gibt es nur eine Art, über diesen Punkt Überlegungen anzustellen, und diese Art muß uns zu einem endgültigen Ergebnis führen. Wir wollen die Möglichkeiten zum Entkommen eine nach der anderen prüfen. Es ist klar, daß sich die Mörder in dem Raum, in dem Mademoiselle L'Espanaye gefunden wurde, oder doch wenigstens in dem angrenzenden Raum befanden, als die Leute die Treppe heraufkamen. Es sind also nur diese beiden Räume, wo wir einen Ausgang zu suchen haben. Die Polizei hat den Fußboden, die Decke und das Mauerwerk der Wände in jeder Weise untersucht, kein geheimer Ausgang hätte ihrer Aufmerksamkeit entgehen können. Aber da ich ihren Augen nicht traute, habe ich mit meinen eigenen untersucht. Es bestand tatsächlich kein geheimer Ausgang. Beide Türen, die aus den Räumen auf den Flur hinausführten, waren fest verschlossen, und die Schlüssel steckten innen. Nun wollen wir uns die Kamine anschauen. Diese haben zwar oberhalb der Feuerstellen die gewöhnliche Weite von etwa acht oder zehn Fuß, sind aber in ihrer ganzen Höhe nicht weit genug, um eine große Katze durchzulassen. Da also, wie schon gesagt, eine Flucht auf diesem Wege unmöglich ist, bleiben uns nur die Fenster. Durch die der Vorderseite konnte niemand entkommen sein, ohne von der Menge auf der Straße bemerkt zu werden. Die Mörder mußten also durch die der Rückseite entflohen sein. Da wir nun auf so unzweideutige Weise zu einem solchen Resultat gekommen sind, so können wir dieses vernünftigerweise nicht als anscheinend unmöglich ablehnen. Es bleibt uns nichts anderes übrig, als zu beweisen, daß diese anscheinende ›Unmöglichkeit‹ in Wirklichkeit keine solche ist.

In dem Raume befinden sich zwei Fenster. Das eine ist durch kein Möbelstück verstellt und vollständig sichtbar. Der untere Teil des anderen ist durch das Kopfstück der schwerfälligen Bettstelle verdeckt, die dicht dagegen geschoben ist. Das erstere wurde von innen fest verriegelt vorgefunden. Es widerstand der äußersten Kraftanstrengung derer, die es zu öffnen versuchten. In die linke Seite seines Rahmens war ein tiefes Loch gebohrt, und darin steckte fast bis zum Kopf ein starker Nagel. Bei der Untersuchung des anderen Fensters fand ich einen ähnlichen Nagel ähnlich angebracht, und ein kräftiger Versuch, dieses Fenster hochzuheben, schlug ebenfalls fehl. Damit war die Polizei überzeugt, daß nach dieser Seite hin niemand den Raum verlassen hatte, und darum hatte man es für überflüssig gehalten, die Nägel herauszuziehen und die Fenster zu öffnen.

Meine Untersuchung war etwas eingehender, und zwar aus dem eben erwähnten Grunde, denn hier war, wie ich wußte, zu beweisen, daß alle anscheinenden Unmöglichkeiten in Wirklichkeit keine solchen waren!

Ich schloß folgendermaßen – a posteriori: Die Mörder *sind* aus einem dieser Fenster entkommen. Wenn dies so war, so konnten sie die Fenster nicht wieder von der Innenseite verriegeln, wie sie vorgefunden wurden – eine Erwägung, die infolge ihrer Offensichtlichkeit den Nachforschungen der Polizei in dieser Richtung ein Ziel setzte. Aber die Fenster waren tatsächlich verriegelt. Sie mußten also imstande sein, sich selbsttätig zu schließen. Vor diesem Schluß gab es keinen Ausweg. Ich trat also zu dem freiliegenden Fenster, zog unter einigen Schwierigkeiten den Nagel heraus und versuchte, den Flügel hochzuschieben. Er widerstand allen meinen Anstrengungen, wie ich vorausgesehen hatte. Es mußte also, wie ich jetzt wußte, eine verborgene Feder vorhanden sein, und diese Bestätigung meiner Gedanken überzeugte mich, daß meine Voraussetzungen zum mindesten richtig waren, wie rätselhaft auch die Tatsache der Nägel war. Eine sorgfältige Untersuchung führte auch bald zu der Entdeckung der verborgenen Feder. Ich drückte darauf, versagte mir es aber, zufrieden mit meiner Entdeckung, das Fenster hochzuschieben.

Ich steckte den Nagel wieder an seinen alten Platz und betrachtete ihn aufmerksam. Eine Person, die durch das Fenster hinausgestiegen war, hätte dieses hinter sich schließen können, und die Feder wäre wieder zugesprungen. Der Nagel allerdings wäre nicht wieder an seinen Platz gekommen. Der Schluß war klar und das Feld meiner Untersuchungen aufs neue enger begrenzt. Die Mörder *mußten* durch das andere Fenster entkommen sein. Angenommen, die Federn waren, wie zu vermuten war, an beiden Fenstern die gleichen, so mußte sich an den Nägeln oder zum mindesten an der Art ihrer Befestigung ein Unterschied zeigen. Ich stieg auf die Matratze der Bettstelle und schaute mir über das Kopfende hinweg das Fenster genau an. Ich griff mit meiner Hand hinter das Bett und entdeckte und betätigte mit Leichtigkeit die Feder, die, wie ich vermutet hatte, der des Nachbarfensters durchaus glich. Dann schaute ich mir den Nagel an. Er war ebenso kräftig wie der andere und anscheinend ebenso angebracht und fast bis zum Kopf hineingeschlagen.

Nun werden Sie sagen, ich sei verwirrt gewesen. Wenn Sie das aber glauben, müssen Sie die Art der Folgerungen mißverstanden haben. Um einen sportlichen Fachausdruck zu gebrauchen, ich hatte noch keinen einzigen Minuspunkt aufzuweisen und die Fährte noch keinen Augenblick lang verloren. Kein einziges Glied der Kette wies einen Bruch auf. Ich hatte das Geheimnis bis zum letzten verfolgt, und dieses letzte war der Nagel. Er hatte, wie ich schon sagte, in jeder Hinsicht das gleiche Aussehen wie sein Kamerad in dem anderen Fenster, aber diese Tatsache war eine absolute Nichtigkeit – so folgerichtig sie auch zu sein scheint –, verglichen mit der Überlegung, daß sich an dieser Stelle der Schlüssel befinden mußte. ›Mit dem Nagel muß etwas nicht in Ordnung sein‹, sagte ich mir. Ich zog daran, und der Kopf mit einem etwa viertelzollangen Ende des Schaftes blieb in meinen Händen. Der Rest steckte in dem Loch, wo er abgebrochen war. Der Bruch war alt, denn die Bruchstellen waren verrostet und offenbar durch einen Hammerschlag verursacht, der den Nagel teilweise in den unteren Fensterrahmen hineingetrieben hatte. Ich steckte nun dieses Stück wieder sorgfältig in das Loch, aus dem ich es herausgezogen hatte, und es sah wieder aus wie ein vollständiger Nagel – die Bruchstelle war unsichtbar. Als ich die Feder betätigte, vermochte ich den Fensterflügel leicht um einige Zoll hochzuschieben. Der Nagelkopf ging mit und blieb fest in seiner Lage stecken. Ich schloß das Fenster wieder, und es sah wieder aus, als sei der Nagel ganz.

Soweit war also das Rätsel gelöst. Der Mörder war durch das Fenster entkommen, das sich hinter dem Bett befand. Durch sein eigenes Gewicht war das Fenster zugefallen – oder vielleicht mit Absicht geschlossen – und durch die Feder verriegelt worden; der Halt dieser Feder war von der Polizei irrtümlicherweise mit dem des Nagels verwechselt worden, so daß man eine weitere Untersuchung für unnötig hielt.

Die nächste Frage ist die: Wie wurde der Abstieg bewerkstelligt? Über diesen Punkt hatte ich mir bei meinem Gang mit Ihnen um das Gebäude bereits Gewißheit verschafft. In einer Entfernung von etwa fünf und einem halben Fuß von dem fraglichen Fenster befindet sich ein Blitzableiter. Von diesem aus wäre es für jeden unmöglich gewesen, die Fenster zu erreichen oder gar hineinzusteigen. Ich bemerkte aber, daß die Fensterläden im vierten Stockwerk von der besonderen Art waren, welche die Pariser Tischler ›ferrades‹ nennen – eine Art, die man heutzutage nur noch sehr selten verwendet, die man aber oft an sehr alten Häusern in Lyon und Bordeaux findet. Sie haben die Form einer gewöhnlichen Tür – einer einfachen, nicht einer zweiflügeligen –, nur ist die untere Hälfte aus Latten als offenes Gitterwerk hergestellt und bietet so einen ausgezeichneten Halt für die Hände. In diesem Falle sind die Läden volle drei und einen halben Fuß breit. Als wir sie von der Rückseite her sahen, waren sie beide etwa halb offen, das heißt, sie standen in einem rechten Winkel zur Mauer. Vermutlich hat die Polizei ebenso wie ich die Rückseite des Hauses in Augenschein genommen. Wenn sie aber diese ›ferrades‹ so in der Richtung auf ihre Kante sah – und das mußte sie –, so vermochte sie dabei deren große Breite nicht wahrzunehmen oder zog sie doch auf keinen Fall richtig in Betracht. Da sie nun einmal zu der Überzeugung gekommen war, daß auf dieser Seite ein Entkommen nicht möglich war, so hatte sie sich hier natürlich mit einer sehr oberflächlichen Untersuchung begnügt. Indes war es mir klargeworden, daß der Laden, der zu dem Fenster am Kopfende des Bettes gehörte, bis auf zwei Fuß an den Blitzableiter heranreichte, wenn er vollständig an die Mauer zurückgeschlagen war. Ebenso war es mir klar, daß mit einem ungewöhnlichen Maße von Geschicklichkeit und Mut auf diese Weise ein Zugang von dem Blitzableiter her zu dem Fenster möglich war. Indem er über die Entfernung von zwei und einem halben Fuß hinwegreichte – wir nehmen nun an, daß der Laden in seiner ganzen Breite geöffnet war –, konnte ein Räuber in dem Gitterwerk wohl festen Halt finden. Ließ er dann den Blitzableiter los und stemmte seine Füße gegen die Mauer, so vermochte er, indem er sich kräftig abstieß, dem Laden einen solchen

Schwung zu geben, daß dieser sich schloß. Nehmen wir an, daß das Fenster gleichzeitig offen stand, so konnte er sich so in das Zimmer hineinschwingen.

Ich bitte Sie ausdrücklich, sich zu vergegenwärtigen, daß ich von einem sehr ungewöhnlichen Grad von Geschicklichkeit gesprochen habe, der zu einem so schwierigen und kühnen Unternehmen gehört. Es ist meine Absicht, erstens Ihnen zu zeigen, daß sich die Sache durchaus so zugetragen haben kann, zweitens und in der Hauptsache, Ihnen den ganz außerordentlichen, fast übernatürlichen Grad von Gewandtheit zum Bewußtsein zu bringen, der dazu gehört, dies zu bewerkstelligen.

Sie werden zweifellos sagen, ich solle – wenn ich mich eines juristischen Fachausdrukkes bedienen darf –, ›um meinen Fall durchzufechten‹, diese Gewandtheit eher zu gering als im rechten Maße einschätzen. Das mag vor Gericht üblich sein, ist aber vom Standpunkt der Vernunft aus betrachtet nicht richtig. Mein letztes Ziel ist die Wahrheit. Meine unmittelbare Absicht ist die, Sie dazu zu veranlassen, diese wirklich ungewöhnliche Gewandtheit, von der ich eben sprach, mit dieser sehr sonderbaren schrillen oder barschen Stimme in Verbindung zu bringen, über deren Nationalität sich nicht zwei Zeugen einigen konnten und in deren Äußerungen keinerlei Wortbildung zu unterscheiden war.«

Bei diesen Worten Dupins ging mir blitzartig eine unbestimmte und halb Gestalt annehmende Vorstellung von dem, was er meinte, durch den Kopf. Mir schien, als sei ich auf dem Wege, ihn zu verstehen, so wie man bisweilen glaubt, sich einer Sache zu erinnern, ohne sich schließlich doch darauf besinnen zu können. Mein Freund fuhr in seinen Ausführungen fort:

»Sie sehen«, sagte er, »daß ich die Frage nach dem Ausgang in die nach dem Zutritt umgekehrt habe. Ich beabsichtigte damit zu beweisen, daß beide an derselben Stelle in gleicher Weise bewerkstelligt wurden. Wir wollen nun zum Inneren des Raumes zurückkehren und die Lage dort in Augenschein nehmen. Die Schiebladen der Kommode sind, wie berichtet wurde, geplündert worden, obwohl noch verschiedene Gegenstände darin lagen. Dieser Schluß ist töricht. Das ist eine reine Vermutung, und zwar eine dumme und nichts anderes. Woher wissen wir, daß die Gegenstände, die sich in den Schiebladen befanden, nicht alle waren, die diese ursprünglich enthalten haben? Madame L'Espanaye und ihre Tochter lebten äußerst zurückgezogen – hatten niemals Gäste – gingen selten aus – hatten zahlreiche Kleidungsstücke, nur wenig in Benutzung. Was man vorfand, war zum mindesten so gut, wie man es im Besitz dieser beiden Damen vermuten konnte. Wenn ein Dieb etwas wegnahm, warum nahm er nicht das Beste – warum nicht alles? Kurz, warum ließ er viertausend Franken in Gold liegen, um sich mit einem Bündel Wäsche abzuschleppen? Das Gold i s t liegengeblieben. Fast die ganze von dem Bankier Monsieur Mignaud erwähnte Summe wurde in Beuteln auf dem Fußboden gefunden. Ich möchte deshalb, daß Sie aus Ihren Überlegungen den törichten Gedanken eines ›Beweggrundes‹ verbannen, der in den Gehirnen der Polizei durch die in den Zeugenaussagen erwähnte Tatsache entstanden ist, daß an der Tür des Hauses Geld abgegeben wurde. Zehnmal merkwürdigere Zufälligkeiten als diese – die Ablieferung des Geldes und der Mord am Empfänger drei Tage später – erleben wir alle in jeder Stunde unseres Lebens, ohne auch nur einen Augenblick lang darüber nachzudenken. Zufälligkeiten sind im allgemeinen Steine, über welche alle die Denker stolpern, die nichts von der Wahrscheinlichkeitslehre wissen – dieser Theorie, der die wichtigsten Gegenstände menschlichen Forschens ihre glänzendsten Aufklärungen verdanken. Wäre im gegenwärtigen Falle das Gold verschwunden, so wäre die Tatsache, daß es drei Tage vorher abgeliefert wurde, mehr als eine Zufälligkeit gewesen. Dann würde dies den Gedanken eines Beweggrundes gestärkt haben. Wollen wir aber unter den gegebenen Umständen das Gold als das Motiv zu dieser Tat ansehen, so müssen wir den Täter für einen so unentschlossenen Narren halten, daß er sein Gold und damit seinen Beweggrund im Stich gelassen hat.

Wollen wir uns nun die Punkte vor Augen halten, auf die ich Ihre Aufmerksamkeit hingewiesen habe – die sonderbare Stimme, die ungewöhnliche Gewandtheit und das überraschende Fehlen jeden Motives bei einer Mordtat von so einmaliger Abscheulichkeit –, und uns dann der Metzelei selbst zuwenden. Hier wird eine Frau mit bloßer Hand erdrosselt und mit dem Kopf nach unten in einen Kamin gezwängt. Gewöhnliche Mörder pflegen so nicht zu handeln. Am wenigsten pflegen sie so mit ihrem Opfer zu verfahren. In der Art, wie die Leiche in den Kamin gezwängt war, liegt, wie Sie zugeben werden, etwas ganz Außergewöhnliches, etwas mit unserem allgemeinen menschlichen Empfinden durchaus Unvereinbares, selbst wenn wir annehmen, daß die Täter völlig verkommene Subjekte waren. Bedenken Sie auch, welche Kräfte dazu gehört haben, den Körper in eine solche Öffnung so hineinzuzwängen, daß es erst den vereinten Kräften von mehreren Personen gelang, ihn wieder herauszuziehen!

Beachten wir nun die anderen Anzeichen für die Anwendung einer geradezu wunderbaren Körperkraft. Auf der Feuerstelle lagen dicke Strähnen – sehr dicke Strähnen – grauen Menschenhaares, die mit der Wurzel ausgerissen waren. Sie sind sich dessen bewußt, welch großer Kraft es bedarf, nur zwanzig oder dreißig Haare gleichzeitig vom Kopf zu reißen. Sie haben die fraglichen Strähnen ebenso wie ich selbst gesehen und wissen, daß an ihren Wurzeln gräßlicherweise Kopfhaut- und Fleischfetzen hingen, die mit unheimlicher Gewalt mit etwa einer halben Million von Haaren herausgerissen worden waren. Die Kehle der alten Dame war nicht nur durchschnitten, sondern der Kopf vollständig vom Körper getrennt – und das Werkzeug war nur ein Rasiermesser! Ich bitte Sie, die brutale Wildheit all dieser Taten zu beachten. Von den blutunterlaufenen Stellen am Körper der Madame L'Espanaye will ich nicht reden. Dr. Dumas und sein werter Kollege, Dr. Etienne, haben erklärt, sie seien durch irgendein stumpfes Instrument hervorgerufen, und soweit sind diese beiden Herren vollkommen im Recht. Das stumpfe Instrument war natürlich das Steinpflaster des Hofes, auf welches das Opfer aus dem Fenster gefallen ist, das sich hinter dem Bett befindet. Dieser Gedanke, so einfach er uns jetzt erscheint, ist der Polizei aus dem gleichen Grunde entgangen wie die Breite der Fensterläden, denn das Vorhandensein der Nägel hat ihre Überlegungen vollkommen gegenüber der Möglichkeit verschlossen, daß die Fenster überhaupt geöffnet worden sind.

Stellen Sie sich nun zu all diesen Dingen die sonderbare Unordnung in den Zimmern vor, so können wir als Resultat folgendes zusammenfassen: eine erstaunliche Gewandtheit, übermenschliche Kräfte, eine brutale Wildheit, eine grundlose Metzelei, eine der menschlichen Natur durchaus fremde ›Grotesquerie‹ an Grauen und eine Stimme, die in ihrem Tonfall den Ohren von Leuten verschiedenster Nationalität fremd klingt und jede vernünftige Wortbildung vermissen läßt. Zu welchem Ergebnis kommen Sie da? Welchen Eindruck habe ich auf Ihre Phantasie gemacht?«

Mich überlief ein Schauer, als Dupin diese Frage an mich richtete. »Ein Wahnsinniger«, erwiderte ich, »hat diese Tat begangen, ein Tobsüchtiger, der aus irgendeinem Irrenhaus entkommen ist!«

»In gewisser Beziehung«, entgegnete er, »ist Ihre Idee nicht von der Hand zu weisen. Aber die Stimmen Wahnsinniger gleichen selbst in ihren wildesten Anfällen nicht dieser eigenartigen Stimme, die von der Treppe her gehört wurde. Wahnsinnige gehören immer irgendeinem Volk an, und ihre Sprache zeigt, wenn sie auch in ihren einzelnen Worten zusammenhanglos ist, doch immer eine gewisse Wortbildung. Überdies haben Wahnsinnige nicht solches Haar wie ich hier in der Hand halte. Dieses kleine Büschel habe ich aus den festverkrampften Fingern der Madame L'Espanaye gelöst. Sagen Sie mir doch, was Sie davon halten?«

»Dupin!« erwiderte ich vollkommen erschüttert, »dieses Haar ist sehr sonderbar – das ist kein Menschenhaar!«

»Ich habe nicht behauptet, daß es das ist«, entgegnete er. »Aber ehe wir diesen Punkt entscheiden, werfen Sie bitte einen Blick auf diese kleine Skizze, die ich auf diesem Blatt entworfen habe. Sie gibt das wieder, was in einem Teil der Zeugenaussagen als ›blutunterlaufene Stellen und tiefe Spuren von Fingernägeln‹ auf dem Hals der Mademoiselle

L'Espanaye und in anderen – denen der Arzte Dumas und Etienne – als ›eine Reihe von blauen Flecken, die offenbar von Fingereindrücken herrühren‹, beschrieben wurde.

Sie werden feststellen«, fuhr mein Freund fort, indem er das Papier vor uns auf dem Tisch ausbreitete, »daß diese Zeichnung den Eindruck eines starken und festen Zupackens wiedergibt. Da ist kein Nachgeben zu erkennen. Jeder Finger hat – möglicherweise bis zum Tode des Opfers – den furchtbaren Griff festgehalten, mit dem er sich anfangs eingekrallt hat. Versuchen Sie nun, alle Ihre Finger gleichzeitig auf die entsprechenden Stellen zu setzen, wie Sie sie hier sehen.«

Ich versuchte es vergebens.

»Wir stellen den Versuch vielleicht falsch an«, sagte er, »das Papier liegt in einer ebenen Fläche, aber der menschliche Hals ist zylindrisch. Hier ist ein Holzklotz, der ungefähr die Form des Halses hat. Wickeln Sie die Skizze darum und versuchen Sie es noch einmal.«

Ich wiederholte meinen Versuch, aber die Schwierigkeit war noch deutlicher als vorher. »Das sind«, sagte ich, »nicht die Spuren einer Menschenhand!«

»Lesen Sie nun«, erwiderte Dupin, »diese Stelle hier im ›Cuvier‹«.

Es war eine genaue anatomische und allgemeine Beschreibung des großen rostfarbigen Orang-Utans von den ostindischen Inseln. Die riesenhafte Gestalt, die ungewöhnliche Kraft und Gewandtheit, die furchtbare Wildheit und der Nachahmungstrieb dieser Säugetiere sind allgemein genügend bekannt. Mit einem Male war mir der grauenhafte Mord klar.

»Die Beschreibung der Finger«, sagte ich, nachdem ich zu Ende gelesen hatte, »stimmt genau mit dieser Zeichnung überein. Kein anderes Lebewesen als nur ein Orang-Utan der hier beschriebenen Art konnte, wie ich wohl sehe, diese Fingerspuren hinterlassen, wie Sie sie gezeichnet haben. Auch dieses Büschel lohfarbener Haare entspricht denen des von Cuvier beschriebenen Tieres. Aber die Einzelheiten dieses furchtbaren Geheimnisses sind mir immer noch unklar. Außerdem wurden zwei Stimmen gehört, die sich in einem Wortwechsel befanden, und eine von ihnen war fraglos die eines Franzosen!«

»Richtig! Und Sie werden sich an einen Ausruf dieser Stimme erinnern, der übereinstimmend von allen Vernommenen gehört wurde, den Ausruf ›mon Dieu!‹ Dieser wurde unter den angegebenen Umständen von einem der Zeugen – dem Zuckerbäcker Montani – als ein Ausdruck des Vorwurfes und der Zurechtweisung charakterisiert. Auf diese beiden Worte habe ich in der Hauptsache meine Hoffnungen für eine vollständige Lösung des Rätsels gesetzt. Ein Franzose hatte von dem Mord Kenntnis. Möglicherweise – tatsächlich. Weit mehr als wahrscheinlich – war er an der blutigen Tat, die hier geschah, unbeteiligt. Der Orang-Utan wird ihm entflohen sein. Er hat ihn vielleicht bis zu dem Zimmer verfolgt, aber unter diesen aufregenden Umständen wird er ihn nicht wieder haben einfangen können. Er befindet sich noch in Freiheit. Ich will diese Vermutungen nicht weiterspinnen – sie anders zu nennen, habe ich kein Recht –, da die nebelhaften Gedanken, auf denen sie beruhen, kaum genügend tief sind, daß ich sie selbst zu begreifen, geschweige denn einem anderen verständlich zu machen vermag. Wir wollen sie also Vermutungen nennen und in diesem Sinne auch von ihnen sprechen. Wenn der fragliche Franzose, wie ich vermute, tatsächlich an diesen Scheußlichkeiten unschuldig ist, so wird diese Anzeige, die ich gestern abend auf unserem Heimwege in der Geschäftsstelle der ›Monde‹ aufgegeben habe – ein Blatt, das den Interessen der Seefahrt dient und bevorzugt von Seeleuten gelesen wird –, ihn veranlassen, hierher in unsere Wohnung zu kommen.«

Er überreichte mir ein Zeitungsblatt und ich las: ›Eingefangen – im Bois de Boulogne in den frühen Morgenstunden des ... – dem Morgen nach dem Mord – ein sehr großer lohfarbener Orang-Utan der Borneo-Art. Der Eigentümer – der, wie festgestellt wurde, Seemann auf einem Malteser Schiff ist – kann gegen hinreichende Ausweisung und Erstattung der geringen Kosten für das Einfangen und Aufbewahren das Tier wieder abholen im Faubourg St. Germain, Rue ... Nr. ... dritter Stock.‹

»Wie konnten Sie denn wissen«, fragte ich, »daß dieser Mann Seemann ist und zu einem Malteser Schiff gehört?«

»Ich weiß es wirklich nicht«, entgegnete Dupin, »und bin auch nicht sicher, daß es so ist. Immerhin, habe ich hier ein Stückchen Band, das, nach seiner Form und seiner Schmierigkeit zu urteilen, dazu gedient hat, das Haar in solch einen langen Zopf zu binden, wie ihn die Seeleute lieben. Außerdem können einen solchen Knoten wie diesen hier außer einem Seemann nur wenige Menschen knüpfen, und dieser ist eine Malteser Eigentümlichkeit. Ich habe das Band am Fuß des Blitzableiters gefunden. Einer der Verstorbenen kann es nicht gehört haben. Nun, wenn ich mit meinem Schluß, den ich aus dem Band ziehe, daß der Franzose ein Seemann von einem Malteser Schiff war, unrecht habe, so kann ich mit dem, was ich in der Anzeige geschrieben habe, nicht viel Schaden angerichtet haben. Habe ich mich geirrt, so wird er nur annehmen, ich sei durch irgendwelche Umstände getäuscht worden, denen nachzuforschen er sich nicht bemühen wird. Habe ich aber recht, so ist viel gewonnen. Da er ein, wenn auch unschuldiger Mitwisser der Mordtaten ist, so wird der Franzose natürlich zögern, auf die Anzeige zu antworten und seinen Orang-Utan zurückzuverlangen. Er wird sich dann sagen: Ich bin unschuldig, ich bin arm, mein Orang-Utan ist sehr wertvoll, für einen Menschen in meiner Lage ein Vermögen, warum soll ich dieses aus müßiger Angst vor einer Gefahr verlieren? Hier ist er, in greifbarer Nähe. Er ist im Bois de Boulogne eingefangen worden, in großer Entfernung vom Tatort dieser Metzelei. Wie kann jemand annehmen, dieses unvernünftige Tier könne der Täter sein? Die Polizei ist ratlos, sie hat nicht den geringsten Anhaltspunkt. Sollte sie tatsächlich dem Tier auf die Spur kommen, so wäre es doch unmöglich, mir nachzuweisen, daß ich etwas von dem Mord weiß oder mir auf Grund dessen, daß ich etwas davon weiß, mir eine Schuld zuzuschieben. Vor allem bin ich erkannt. Der Anzeigende bezeichnet mich als den Eigentümer des Tieres. Ich weiß nicht, wie weit seine Kenntnisse reichen. Wenn ich es unterlasse, mein Recht an einem solchen Wertgegenstand geltend zu machen, von dem man weiß, daß ich der Eigentümer bin, so würde ich zum mindesten einen Verdacht auf das Tier lenken. Es kann aber nicht meine Absicht sein, irgendwelche Aufmerksamkeit auf mich oder auf das Tier zu lenken. Ich werde auf die Anzeige antworten, meinen Orang-Utan abholen und ihn festhalten, bis ›Gras über die Sache gewachsen ist‹.«

In diesem Augenblick hörten wir Schritte auf der Treppe.

»Halten Sie Ihre Pistolen bereit«, bemerkte Dupin, »aber benutzen Sie sie nicht und zeigen Sie sie auch nicht, ehe ich Ihnen ein entsprechendes Zeichen gebe.«

Die Haustür war offengeblieben, der Besucher war ohne zu läuten eingetreten und hatte mehrere Stufen der Treppe erstiegen. Nun schien er zu zögern. Gleich hörten wir ihn wieder hinabsteigen. Dupin ging schnell auf die Tür zu, als wir ihn erneut heraufkommen hörten. Ein zweites Mal kehrte er nicht um, sondern kam mit entschlossenen Schritten herauf und klopfte an unserer Zimmertür.

»Herein!« sagte Dupin in ruhigem und freundlichem Ton.

Ein Mann trat ein. Es war ein Seemann, ohne Zweifel – ein hochgewachsener, stämmiger und kräftiger Mensch, mit einer gewissen verwegenen, aber keineswegs abstoßenden Haltung. Sein sonnengebräuntes Gesicht war mehr als zur Hälfte von einem Schnurrbart und Backenbart bedeckt. Er trug einen schweren Eichenknüppel, war aber im übrigen unbewaffnet. Mit einer linkischen Verbeugung wünschte er uns einen guten Abend in einem Französisch, das zwar etwas neuchatelisch klang, aber doch seinen Pariser Ursprung erkennen ließ.

»Nehmen Sie Platz, mein Freund«, sagte Dupin. »Ich nehme an, Sie kommen wegen des Orang-Utans. Auf mein Wort, ich beneide Sie wegen dieses Tieres. Ein bemerkenswert schönes und zweifellos auch sehr wertvolles Tier! Wie alt schätzen Sie ihn wohl?«

Der Seemann atmete tief auf, wie ein Mann, der sich von einer unerträglichen Last befreit fühlt, und antwortete dann in festem Ton: »Ich vermag es nicht zu sagen. Aber er kann nicht älter sein als vier oder fünf Jahre. Haben Sie ihn hier?«

»Oh, nein! Wir haben hier keine Möglichkeit, ihn gefangenzuhalten. Er ist in einem Mietstall in der Rue Dubourg, ganz in der Nähe. Sie können ihn morgen früh abholen. Sie sind natürlich in der Lage, sich als Eigentümer auszuweisen?«

»Gewiß, Herr, das kann ich.«

»Es tut mir leid, mich von ihm trennen zu müssen«, entgegnete Dupin.

»Ich möchte nicht, daß Sie alle diese Unannehmlichkeiten umsonst hatten, Herr«, erwiderte der Mann. »Das kann ich nicht erwarten. Ich will gerne einen Finderlohn bezahlen für das Tier – sozusagen etwas Entsprechendes.«

»Gut!« entgegnete mein Freund, »das ist sehr schön. Lassen Sie mich nachdenken! – Was möchte ich haben? Oh, ich will es Ihnen sagen. Mein Finderlohn soll das sein: Sie sollen mir alles sagen, was Sie über die Mordtaten in der Rue Morgue wissen.«

Diese letzten Worte sprach Dupin leise und ruhig aus. Genau so ruhig ging er zur Tür, schloß sie ab und steckte den Schlüssel in die Tasche. Dann zog er eine Pistole aus der Tasche und legte sie ohne die geringste Erregung auf den Tisch.

Des Seemannes Gesicht färbte sich dunkelrot, als wolle er ersticken. Er sprang auf und griff nach seinem Knüppel, aber im nächsten Augenblick sank er auf seinen Sitz zurück, zitterte heftig und wurde bleich wie der Tod. Er sprach kein Wort, und ich bedauerte ihn im Grunde meines Herzens.

»Mein Freund«, sagte Dupin in freundlichem Ton, »Sie erregen sich ohne Grund – tatsächlich! Wir wollen Ihnen durchaus nicht schaden. Ich versichere Ihnen als Edelmann und als Franzose, wir tun Ihnen nichts zuleide! Ich weiß ganz genau, daß Sie an den schauderhaften Vorgängen in der Rue Morgue unschuldig sind. Ich will aber keineswegs leugnen, daß Sie in gewisser Beziehung darein verwickelt sind. Aus dem, was ich sage, erkennen Sie, daß ich mich über diese Sache in einer Weise habe informieren können, die Ihnen vielleicht nicht im Traume eingefallen ist. Nun steht die Sache so: Sie haben nichts getan, was Sie hätten vermeiden können – gewiß nichts, was Sie schuldig macht. Sie haben nichts entwendet, was Sie leicht ungestraft hätten tun können. Sie haben nichts zu verbergen und haben auch keinen Grund dazu. Andererseits haben Sie aber eine Ehrenpflicht, alles zu sagen, was Sie wissen. Ein Unschuldiger ist verhaftet worden und ist des Verbrechens beschuldigt, dessen Täter Sie namhaft machen können.«

Der Seemann hatte, während Dupin sprach, seine Geistesgegenwart durchaus wiedergewonnen. Aber sein ursprüngliches verwegenes Auftreten war verschwunden.

»So helfe mir Gott«, sagte er nach einer kurzen Pause, »ich werde Ihnen alles sagen, was ich über diese Sache weiß, aber ich glaube, Sie werden nicht die Hälfte von dem glauben, was ich Ihnen erzähle. Ich wäre tatsächlich verrückt, wenn ich es selbst glaubte. Aber trotzdem bin ich unschuldig, und ich will mir die Sache vom Herzen reden, selbst wenn ich drum sterben müßte.«

Was er berichtete, war kurz folgendes: Er hatte kürzlich eine Reise nach dem indischen Archipel gemacht. Eine Gesellschaft, zu der er gehörte, landete in Borneo und machte zum Vergnügen eine Expedition in das Innere des Landes. Er selbst und ein Kamerad hatten den Orang-Utan gefangen. Nachdem sein Kamerad gestorben war, blieb das Tier in seinem alleinigen Besitz. Nach vielen Unannehmlichkeiten, die ihm die unzähmbare Wildheit des Gefangenen auf der Heimreise verursachte, gelang es ihm schließlich, das Tier in seiner eigenen Wohnung in Paris unterzubringen, wo er es, um sich nicht einer unwillkommenen Neugierde seiner Nachbarn auszusetzen, sorgfältig eingeschlossen hielt, bis eine Wunde ausgeheilt war, die es sich an Bord des Schiffes durch einen Splitter im Fuß zugezogen hatte. Dann wollte er es verkaufen.

Als er in der Nacht oder besser gesagt in den Morgenstunden des Mordtages von einer Seemannsfestlichkeit nach Hause zurückkehrte, stellte er fest, daß das Tier aus einer anliegenden Kammer, wo er es, wie er glaubte, sicher eingeschlossen hatte, entkommen und in sein Schlafzimmer eingebrochen war. Ein Rasiermesser in der Hand und vollkommen eingeseift saß es vor einem Spiegel und versuchte, sich zu rasieren, wie es dies zweifellos bei seinem Herrn durch das Schlüsselloch der Kammer beobachtet hatte. Erschreckt über den Anblick einer so gefährlichen Waffe in den Händen eines so wilden Tieres, das so geschickt damit umzugehen wußte, war der Mann für einige Augenblicke ratlos. Indes war es ihm bisher stets gelungen, das Tier selbst in seiner größten Wut mit einer Peitsche zur Ruhe zu bringen, und dazu griff er nun. Als er diese erblickte, sprang der Orang-Utan plötzlich durch die Zimmertür hinaus die Treppe hinunter und entkam durch ein unglücklicherweise offenstehendes Fenster auf die Straße.

Der Franzose folgte ihm verzweifelt. Der Affe hielt von Zeit zu Zeit an, um sich umzuschauen und mit dem Rasiermesser, das er immer noch in der Hand hielt, seinem Verfolger entgegenzufuchteln, bis dieser an ihn herangekommen war, und dann weiterzuflüchten. So dauerte diese Jagd eine ganze Weile an. Die Straßen lagen in tiefer Ruhe, denn es war gegen drei Uhr morgens. Als sie eine Straße an der Rückseite der Rue Morgue entlang kamen, wurde der Flüchtling auf einen Lichtschein aufmerksam, der aus dem Zimmer der Madame L'Espanaye im vierten Stock ihres Hauses schimmerte. Er stürzte auf das Haus zu, entdeckte den Blitzableiter, kletterte mit unglaublicher Gewandtheit hinauf, ergriff den Fensterladen, der bis an die Mauer zurückgeschlagen war, und schwang sich damit direkt auf das Kopfende des Bettes. Der ganze Vorgang spielte sich in kaum einer Minute ab. Der Fensterladen wurde wieder aufgestoßen, als der Orang-Utan in das Fenster hineinsprang.

Der Seemann war überrascht und erfreut. Nun hoffte er zuversichtlich, das Tier wieder einzufangen, denn aus dieser Falle, in die es gegangen war, konnte es wohl nur über den Blitzableiter wieder entkommen und beim Herabsteigen leicht gefaßt werden. Andererseits hatte er allen Grund zu Befürchtungen, was es in dem Hause wohl anstelle. Die letztere Überlegung veranlaßte den Mann, dem Flüchtling weiter zu folgen. Ein Blitzableiter läßt sich leicht ersteigen, besonders von einem Seemann. Als er bis zur Höhe des Fensters gekommen war, das weitab zu seiner Linken lag, kam er nicht weiter. Er vermochte sich nur so weit hinüberzubeugen, daß er einen Blick in das Innere des Raumes werfen konnte, und dieser Blick ließ ihn vor Schrecken beinahe den Halt verlieren. Nun erklangen diese entsetzlichen Schreie in die Nacht hinaus, durch welche die Bewohner der Rue Morgue aus dem Schlummer aufgeschreckt wurden. Madame L'Espanaye und ihre Tochter waren, in Nachtgewänder gehüllt, offenbar damit beschäftigt gewesen, einige Papiere in der bereits erwähnten eisernen Kassette zu ordnen, die in der Mitte des Raumes stand. Sie war geöffnet, und ihr Inhalt lag daneben auf dem Fußboden. Die Opfer mußten dem Fenster den Rücken zugewendet haben, und in der Zeit zwischen dem Eindringen des Tieres und den Schreien war es vermutlich nicht bemerkt worden. Das Zuschlagen des Fensterladens mochte man dem Wind zugeschrieben haben.

Als der Seemann hineinblickte, hatte das riesenhafte Tier Madame L'Espanaye an den Haaren ergriffen – die sie, da sie sich gerade kämmte, lose herabhängen hatte – und fuchtelte, indem es die Gebärden des Rasierens machte mit dem Rasiermesser vor ihrem Gesicht herum. Die Tochter lag bewegungslos am Boden, sie war ohnmächtig geworden. Die Schreie und die Abwehrbewegungen der alten Dame – wobei ihr das Haar ausgerissen wurde – hatten den Erfolg, daß sich das bis dahin wahrscheinlich friedliche Gebaren des Orang-Utans in Wut verwandelte. Mit einem Streich seines starken Armes trennte er ihr den Kopf fast vom Körper. Der Anblick des Blutes steigerte seine Wut zur Raserei. Zähnefletschend und mit sprühenden Augen stürzte er sich auf den Körper des Mädchens, krallte seine furchtbaren Klauen um ihren Hals und hielt sie fest, bis sie den Geist aufgab. In diesem Augenblick fielen seine wild umher irrenden Blicke auf das Kopfende des Bettes, über dem das Gesicht seines Herrn, starr vor Schrecken, sichtbar war. Die Wut des Tieres, das ohne Zweifel an die gefürchtete Peitsche dachte, verwandelte sich in Angst. In dem Bewußtsein, daß er Strafe verdient hatte, schien er die Spuren seiner blutigen Taten verbergen zu wollen. Erregt sprang er im Zimmer umher, warf die Möbel um, zerbrach sie mit seinen Sprüngen und riß das Bett aus der Bettstelle. Schließlich ergriff er zuerst die Leiche der Tochter und stopfte sie in den Kamin, wo sie später aufgefunden wurde, und dann die der alten Dame, die er kopfüber aus dem Fenster warf.

Als sich der Affe mit seinem verstümmelten Opfer dem Fenster näherte, fuhr der Seemann entsetzt zurück und floh, mehr hinuntergleitend als kletternd, entsetzt nach Hause, voller Furcht vor den Folgen dieser Metzelei und in seinem Schrecken ohne weitere Gedanken über das Schicksal des Orang-Utans. Die Worte, welche die Leute auf der Treppe gehört hatten, waren die Schreckensrufe des Franzosen, unterbrochen von dem teuflischen Schnattern des Tieres.

Ich brauche kaum noch etwas hinzuzufügen. Der Orang-Utan muß über den Blitzableiter aus dem Zimmer entkommen sein, gerade ehe die Tür erbrochen wurde, und das Fenster hinter sich zugeworfen haben. Kurz darauf wurde er von dem Eigentümer selbst wieder eingefangen, der ihn für eine große Summe an den ›Jardin des Plantes‹ verkaufte. Lebon wurde sofort in Freiheit gesetzt, nachdem wir den wirklichen Sachverhalt – mit einigen Kommentaren von seiten Dupins – auf dem Büro des Polizeipräfekten berichtet hatten. Dieser Beamte war zwar meinem Freunde durchaus wohlgesonnen, vermochte aber seinen Ärger über den Verlauf dieser Angelegenheit nicht zu verbergen und äußerte einige sarkastische Bemerkungen, wie gut es sei, wenn sich jeder um seine eigenen Dinge kümmere.

»Laß ihn reden«, sagte Dupin, der eine Entgegnung nicht der Mühe wert erachtet hatte. »Laß ihn schwätzen, es wird sein Herz erleichtern! Ich bin zufrieden, ihn auf seinem eigenen Felde geschlagen zu haben. Indes ist die Tatsache, daß er bei der Lösung dieses Rätsels versagt hat, gar nicht so zu verwundern, wie er glaubt. Denn in Wirklichkeit ist unser guter Präfekt zu schlau, um scharfsinnig zu sein. In seiner Weisheit liegt keine Kraft. Sie ist nur Kopf ohne Körper, wie die Bilder der Göttin Laverna – oder noch besser, nur Kopf und Schultern wie ein Stockfisch. Aber trotz allem ist er ein guter Kerl! Ich schätze ihn besonders wegen seiner Kunst, sich zu verstellen, der er seinen Ruf verdankt, scharfsinnig zu sein. Ich meine seine Art, ›de nier ce qui est, et d'expliquer ce qui n'est pas!‹«

Ein Sturz in den Malstrom

> Die Wege Gottes in der Natur als auch in der Vorsehung sind nicht wie unsere Wege; noch vermögen die Gleichnisse, welche wir uns bilden, nur irgend die Unermeßlichkeit, Unergründlichkeit und Unerforschbarkeit Seiner Werke zu fassen, die eine Tiefe in sich tragen – abgründiger denn der Brunnen Demokrits.
>
> Joseph Glanville

Wir hatten jetzt den Gipfel des höchsten Klippenfelsens erreicht. Einige Minuten lang schien der alte Mann zu sehr ermattet, um zu sprechen.

»Es ist noch gar nicht so lange her«, sagte er schließlich, »da hätte ich Sie so gut wie der jüngste meiner Söhne auf diesem Weg geleitet; doch dann, vor jetzt drei Jahren, hatte ich ein Erlebnis, wie es zuvor noch keinem Sterblichen widerfuhr – oder zumindest wie es kein Mensch je überlebte, um davon Kunde zu geben – und die sechs Stunden tödlichen Grauens, die ich da erduldete, haben mir Leib und Seele gebrochen. Sie denken gewiß, ich sei ein sehr alter Mann – doch bin ich's nicht. Weniger als eines einzigen Tages bedurfte es, um dieses Haar von pechener Schwärze in Weiß zu verwandeln, um meine Glieder erschlaffen und meine Nerven schwach werden zu lassen, so daß ich zittere bei der geringsten Anstrengung und schon ein Schatten mir Furcht macht. Sehen Sie, kaum kann ich über diese kleine Klippe blicken, ohne daß Schwindel mich befällt.«

Die »kleine Klippe«, an deren Rand er sich so unbesorgt zum Ausruhen hingeworfen hatte, daß der schwerere Teil seines Körpers überhing, indessen vorm Fall ihn nur der Stützhalt bewahrte, welchen sein Ellenbogen an der äußersten und schlüpfrigen Kante gefunden – diese »kleine Klippe« erhob sich, eine lotrecht freie Zinne von schwarz glänzendem Gestein, wohl fünfzehn- bis sechzehnhundert Fuß hoch aus der Felswelt unter uns. Nichts hätte mich dazu gebracht, ihrem Rande auch nur auf ein halbes Dutzend Ellen nahe zu kommen. Wahrlich, mich regte schon die gefährliche Lage meines Gefährten so heftig auf, daß ich in voller Länge auf den Boden fiel, mich an die Büsche ringsum klammerte und nicht einmal wagte, zum Himmel aufzublicken – derweil ich vergeblich mich von der Vorstellung freizumachen bemühte, den Grundfesten des Berges drohe Gefahr vom Toben der Winde. Lange währte es, ehe meine Vernunft mir hinreichend Mut gemacht, daß ich aufsitzen und in die Ferne blicken konnte.

»Das sind Einbildungen, über die Sie wegkommen müssen«, sagte mein Begleiter. »Denn ich brachte Sie hierher, damit Sie den bestmöglichen Blick auf die Szene jenes Erlebnisses hätten, das ich erwähnte – und damit die Stelle grade unter Ihrem Auge liege, während ich Ihnen die ganze Geschichte erzähle.«

»Wir befinden uns«, fuhr er in der umständlich eingehenden Art fort, die eine Eigenheit von ihm war, »wir befinden uns hier nahe an der norwegischen Küste – auf dem achtundsechzigsten Breitengrad – in der großen Provinz Nordland – und im trostlosen öden Bereich der Lofoten. Der Berg, auf dessen Gipfel wir sitzen, ist Helseggen, der Umwölkte. Nun richten Sie sich ein wenig höher auf – halten Sie sich am Grase fest, wenn Ihnen schwindelt – so, und blicken Sie nun über den Dunstgürtel unter uns hinweg weit auf die See hinaus.«

Schwankend blickte ich hin und gewahrte eine unermeßliche Fläche Ozean, dessen Wasser eine so tintenfinstere Tönung trugen, daß mir sogleich des nubischen Geographen

Bericht vom *Mare Tenebrarum* in den Sinn kam. Ein Panorama, öde und elender als dieses, vermag keines Menschen Phantasie sich zu erdenken. Zur Rechten und zur Linken, soweit das Auge reichte, streckten sich wie Grenzwälle der Welt Reihen von schaurig schwarzen und schroff steilen Klippen, deren düstres Wesen noch eindringlicher ward durch die Brandung, welche sich mit weißem und gräßlich geisterlichem Schäumen daran aufbäumte, unaufhörlich heulend und kreischend. Direkt gegenüber dem Vorgebirge, auf dessen Gipfel wir uns befanden, in einer Entfernung von einigen fünf oder sechs Meilen, war draußen in der See ein kleines, öde wirkendes Eiland sichtbar; oder vielmehr ließ sich seine Lage inmitten der Wirbelwildnis der Widersee, die es umbrandete, erkennen. Wohl zwei Meilen näher zum Land hin stieg ein anderes, kleineres daraus auf, fürchterlich steinig und unfruchtbar, umgeben von einem unregelmäßigen Zahnkranz finsterer Felsen.

»Das Eiland dort in der Ferne«, nahm der alte Mann seine Rede wieder auf, »wird von den Norwegern Vurrgh genannt. Jenes in der Mitte ist Moskoe. Eine Meile nordwärts dort liegt Ambaaren. Drüben haben wir dann Islesen, Hotholm, Keildhelm, Suarven und Buckholm. Weiter entfernt – zwischen Moskoe und Vurrgh – liegen Otterholm, Flimen, Sandflesen und Stockholm. Das sind alles richtige Namen – doch warum man es für notwendig gehalten hat, sie diesen Stätten überhaupt zu geben, geht über mein wie wohl auch Ihr Verständnis. Hören Sie etwas? Sehen Sie irgendeine Veränderung im Wasser?«

Wir befanden uns nun etwa zehn Minuten auf der Spitze des Helseggen, zu welchem wir vom Inselinneren aus aufgestiegen waren, so daß wir keinerlei Blick auf das Meer hatten gewinnen können, bis wir oben angelangt waren und es plötzlich in seiner ganzen Gewalt vor uns lag. Während der alte Mann noch sprach, vernahm ich ein lautes und stetig wachsendes Tönen, ähnlich dem Urgebrüll einer Riesenherde von Büffeln der amerikanischen Prärie; und im nämlichen Augenblick gewahrte ich, wie unter uns das, was die Seeleute das »Schlagen« des Ozeans nennen, sich rasend rasch in eine Strömung wandelte, die ostwärts verlief. Und da ich noch schaute, nahm diese Strömung eine reißende Geschwindigkeit an. Jeder Augenblick vermehrte ihre Eile – ihr ungestümes Toben. Innerhalb von fünf Minuten war die ganze See bis hin nach Vurrgh zu unbezwinglicher Wildheit aufgepeitscht. Doch zwischen Moskoe und der Küste hatte der Aufruhr seine wüsteste Gewalt. Hier barst das ungeheure, in tausend widerstreitenden Stromrinnen zernarbte und verschrammte Bett der Wasser ganz plötzlich in wahnsinnigen Wirbeln auseinander – die Massen brodelten auf, kochten, zischten; kreiselten in zahllosen, gigantischen Strudeln; und alles wirbelte und stürzte ostwärts hin mit einer Schnelligkeit, die man bei Wasser sonst nur bei jähen, steilen Fällen trifft.

Ein paar Minuten später, und eine neuerliche radikale Verwandlung kam über die Szene. Die allgemeine Oberfläche glättete sich etwas, und einer nach dem andern schwanden die Strudel; indessen wurden ungeheure Schaumstreifen sichtbar, wo vorher gar keine Gischt zu sehen war. Diese Streifen breiteten sich schließlich auf riesige Entfernung aus, vereinigten sich, nahmen die Kreiselbewegung der abgeflachten Strudel in sich auf und schienen den Keim eines neuen, weit mächtigeren Wirbels zu bilden. Plötzlich – ganz plötzlich – nahm dieser in einem Kreise von mehr als einer Meile Durchmesser bestimmtes und entschiedenes Dasein an. Den Grenzrand des Strudels bildete ein breiter Gürtel von schimmernd stäubendem Wasserschaum; doch kein Teilchen davon schlüpfte in das Maul des fürchterlichen Trichters, dessen Inneres – so weit das Auge zu dringen vermochte – eine glatte, glänzende pechschwarze Wand von Wasser war, gegen den Horizont in einem Winkel von wohl fünfundvierzig Graden geneigt: Sie wirbelte schwindelerregend hin und her in schwankender Bewegung und stieß zu den Winden empor einen schauerlichen Stimmlaut, halb Schrei, halb ein röhrendes Brüllen, wie es nicht einmal der mächtige Niagara-Katarakt je in seiner Agonie zum Himmel schickt.

Der Berg erzitterte bis in die Grundfesten, und der Felsen geriet ins Schaukeln. Ich warf mich auf das Gesicht und klammerte mich im Übermaße meines Nervenaufruhrs an das spärliche Gras.

»Dies«, sprach ich schließlich zu dem alten Manne, »dies *kann* nichts anderes sein denn der große Wirbel des Malstroms.«

»So wird er bisweilen genannt«, erwiderte er. »Wir Norweger nennen ihn den Moskoestrom – nach der Insel Moskoe dort in der Mitte.«

Die gewöhnliche Beschreibung dieses Strudels hatte mich in gar keiner Weise auf das vorbereitet, was ich hier sah. Die des Jonas Ramus, welche vielleicht von allen die eingehendste ist, vermag nicht die leiseste Vorstellung zu vermitteln – vom Großartigen nicht, noch vom so Grausigen der Szene – noch von dem wild verwirrenden Gefühl des *Niegeschauten,* das den Betrachter packt. Ich weiß nicht sicher, von welchem Aussichtspunkte der genannte Schriftsteller darauf hinblickte, auch nicht, zu welcher Tageszeit es war; doch weder kann es vom Gipfel des Helseggen geschehen sein, noch während eines Sturms.

Gleichwohl befinden sich in seiner Beschreibung einige Passagen, die um ihrer Einzelheiten willen hier angeführt werden mögen, wenn sie auch bei weitem zu schwach sind, um einen Eindruck von dem Schauspiel zu vermitteln.

»Zwischen Lofoten und Moskoe«, sagt er, »beträgt die Wassertiefe zwischen sechsunddreißig und vierzig Faden; doch auf der anderen Seite, gegen Ver zu (Vurrgh) nimmt diese Tiefe derart ab, daß kein Seeschiff genügend Fahrwasser findet, ohne Gefahr zu laufen, an den Felsen zu zerschellen, was selbst bei ruhigstem Wetter geschieht. Zur Flutzeit rast der Strom mit tobender Schnelle zwischen Lofoten und Moskoe dem Lande zu; doch selbst wenn er dann ins Meer zurück verebbt, kommt seinem Brüllen noch der lauteste und fürchterlichste Katarakt kaum gleich; noch meilenweit vernimmt man sein Brausen, und die Strudel oder Trichterschlünde sind von solchem Ausmaß und von solcher Tiefe, daß sie ein Schiff, welches in den Bereich ihres Sogs gerät, unweigerlich verschlucken und auf den Grund hinunterreißen, um es dort auf den Felsen in Stücke zu zerschlagen; und wenn dann das Toben der Wasser nachläßt, werden die Trümmer wieder emporgeschleudert. Doch diese Ruhepausen treten nur beim Wechsel von Ebbe und Flut ein sowie bei stillem Wetter, und gerade eine Viertelstunde dauern sie, dann setzt das Wüten schrittweise wieder ein. Wenn der Strom am wildesten tobt und sein Rasen noch von einem Sturm verstärkt wird, ist es gefährlich, ihm auch nur auf eine norwegische Meile nahe zu kommen. Boote, Jachten und Seeschiffe sind von ihm mitgerissen worden, wenn sie sich nicht vorsahen, noch ehe sie in seine Reichweite gerieten. Häufig auch geschieht es, daß Walfische sich der Strömung zu weit nähern und von ihrer Gewalt mitgezogen werden; und unbeschreiblich dann ist das Heulen und Brüllen und Blöken, welches sie bei ihren fruchtlosen Anstrengungen, sich freizumachen, von sich geben. Einmal ward ein Bär, der von Lofoten nach Moskoe zu schwimmen versuchte, vom Strom gepackt und niedergezogen; er brüllte so entsetzlich, daß man es noch an der Küste hörte. Große Stämme von Föhren und Fichten schossen, nachdem sie der Strudelstrom verschlungen, wieder empor und waren dermaßen zerschlagen und zerrissen, daß es aussah, als wüchsen Borsten auf ihnen. Dies zeigt mit Deutlichkeit, daß der Grund aus gezacktem Fels besteht, auf welchem sie hin und her gewirbelt werden. Dieser Strom wird geregelt von Flut und Rückflut des Meeres – denn gleichbleibend alle sechs Stunden steigt und sinkt das Wasser. Im Jahre 1645 früh am Morgen des Sonntags Sexagesimae wütete er mit solchem Tosen und Rasen, daß an der Küste sogar die Steinmauern der Häuser zusammenbrachen.«

Was die Tiefe des Wassers betrifft, so vermochte ich nicht einzusehen, wie diese überhaupt in der unmittelbaren Nähe des Strudels sicher sollte ermittelt worden sein. Die »vierzig Faden« können sich einzig auf die dicht an die Küste von Moskoe oder Lofoten reichenden Teile des Stromrinne beziehen. In der Mitte des Moskoestroms muß die Tiefe unermeßlich größer sein. Für diese Tatsache bedarf es keines besseren Beweises, als ihn ein einziger seitlicher Blick in den Abgrund des Trichterwirbels bietet, wie man ihn vom höchsten Felsen des Helseggen aus haben kann. Als ich von dieser Gipfelzinne auf den heulenden Phlegethon unten niederblickte, konnte ich mich doch eines Lächelns nicht erwehren, dachte ich an die Einfalt, mit welcher der biedere Jonas Ramus, gerade um rechte

Unglaublichkeiten aufzutischen, seine Geschichten von den Walen und dem Bären erzählt; denn mir erschien es tatsächlich als etwas ganz Selbstverständliches, daß selbst die größten Linienschiffen von heute, gerieten sie in den Bereich jenes tödlichen Sogs, ihm gleich so wenig widerstehen können als eine Feder dem Hurrikan und sie sogleich darin verschwinden müßten.

Die Versuche, das Phänomen zu erklären – und einige davon waren mir, so entsinne ich mich, beim Lesen hinreichend plausibel vorgekommen – erschienen mir nun in ganz anderem und unbefriedigendem Lichte. Die allgemein vertretene Auffassung geht dahin, es habe dieser Strudel ebenso als drei kleinere zwischen den Ferroe-Inseln »nichts anderes zur Ursache denn den Zusammenprall der bei Flut und Ebbe steigenden und fallenden Wassermassen mit einem Grat von Klippen und Riffen, welcher sie aufhält und beengt, so daß sie dann wie ein Katarakt herniederstürzen; je höher mithin die Flut steigt; desto tiefer muß der Fall sein, und das natürliche Ergebnis all dessen ist ein Wirbelschlund oder Strudel, dessen gewaltige Sogkraft aus kleineren Experimenten genügend bekannt ist«. So formuliert es die *Encyclopaedia Britannica.* Kircher und andere bilden sich ein, daß es im Zentrum der Rinne des Malstroms einen Abgrund gebe, der den ganzen Erdball durchdringe und in irgendeiner sehr entlegenen Gegend wieder münde – mit einiger Entschiedenheit wird in einem Falle der Bottnische Meerbusen genannt. Diese an und für sich recht müßige Meinung war es jedoch, welcher sich meine Phantasie jetzt, da ich hinabblickte, am ehesten zuneigte; und als ich sie meinem Führer erwähnte, überraschte es mich doch einigermaßen, von ihm zu hören, daß sie keineswegs die seine sei, ob sie schon die fast einhellige Ansicht der Norweger vom Gegenstande bilde. Die erste Erklärung bekannte er sich unfähig zu begreifen; und hierin pflichtete ich ihm bei – denn mag sie sich auf dem Papiere auch schlüssig ausnehmen, so wird sie angesichts des donnernden Schlundes doch gänzlich unverständlich, ja absurd.

»Sie haben nun einen guten Blick auf den Wirbel gehabt«, sagte der alte Mann, »und wenn Sie um diesen Felsen kriechen wollen, so daß wir uns unter dem Winde befinden und das Brüllen des Wassers gedämpfter vernehmen, so möchte ich Ihnen wohl eine Geschichte erzählen, die Sie überzeugen wird, daß ich mich mit dem Moskoestrom doch einigermaßen auskenne.«

Ich suchte die gewünschte Stelle auf, und er fuhr fort. »Ich und meine beiden Brüder besaßen einst eine Siebzig-Tonnen-Schmacke mit Schoner-Takelung; mit ihr pflegten wir zwischen den Inseln hinter Moskoe, nahe Vurrgh, auf Fischfang zu gehen. In allen heftigen Strudelstömungen des Meeres ist zu passenden Gelegenheiten gut fischen, wenn man nur den Mut zum Wagnis hat; doch unter allen Küstenbewohnern der Lofoten waren wir drei die einzigen, welche es sich zum regelmäßigen Geschäfte machten, nach den Inseln auszufahren. Die gewöhnlichen Fischgründe liegen ein großes Stück tiefer im Süden. Dort kann man ohne viel Gefahr zu allen Stunden einen Fang tun, und deshalb werden diese Plätze auch vorgezogen. Die von uns gewählten Stellen hier drüben zwischen den Felsen liefern jedoch nicht nur die feinste Varietät, sondern auch weit größeren Überfluß, so daß wir oftmals an einem einzigen Tage gewannen, was die Furchtsameren vom Handwerk in einer ganzen Woche nicht zusammenkratzen konnten. Tatsächlich machten wir aus der Sache eine desperate Spekulation: An Stelle der Arbeit trat die Lebensgefährdung, und Mut entsprach dem Kapital.

Wir hatten die Schmacke in einer kleinen Bucht liegen, fünf Meilen wohl küstenauf von hier; und bei schönem Wetter benutzten wir dann immer die fünfzehn Minuten Stillwasser, um über die Hauptrinne des Moskoestroms zu stoßen, weit oberhalb des Wirbels, und dort irgendwo nahe Otterham oder Sandflesen, wo die Strömungen nicht so heftig sind als anderswo, Anker zu werfen. Hier blieben wir dann, bis die Zeit des Stillwassers fast wieder da war; daraufhin lichteten wir den Anker und segelten heimwärts. Nie begaben wir uns auf diese Expedition, ohne einen beständigen Seitenwind für Ausfahrt und Heimkehr zu haben – einen, von dem wir sicher wissen konnten, daß er uns auch auf der Rückstrecke nicht im Stich lassen würde; selten unterlief uns in diesem Punkte eine Fehlrechnung. Zweimal während ganzer sechs Jahre waren wir gezwungen, einer tiefen Windstille wegen die ganze Nacht durch vor Anker zu liegen, was gerade hier in der Gegend tatsächlich selten vorkommt; und einmal hatten wir nahezu eine Woche lang in den Fischgründen zu bleiben, wo wir fast verhungert wären, einer Sturmbrise wegen, die bald nach unserer Ankunft aufkam und die Stromrinne zu sehr aufwühlte, als daß an Heimfahrt zu denken war. Bei dieser Gelegenheit wären wir trotz allem noch auf das offene Meer hinausgetrieben worden (denn die Wirbel warfen uns so heftig herum, daß wir schließlich triftig wurden und vor Anker trieben), wären wir nicht in eine der zahllosen Gegenströmungen geraten, welche – heute da und morgen wieder fort – uns in den Schutz von Flimen brachte, wo wir zum guten Glück anlegen konnten.

Ich vermag nicht auch nur den zwanzigsten Teil der Schwierigkeiten schildern, mit denen wir in den Gründen zu ringen hatten – es ist ein schlimmer Aufenthalt dort, selbst bei gutem Wetter – und das Passieren des Moskoestroms selbst war immer ein Spießrutenlaufen, das wir so eben ohne Unfall überstanden: Obschon mir zu Zeiten das Herz bis zum Hals geschlagen hat, wenn wir zufällig das Stillwasser um eine Minute oder so verfehlten. Manchmal war der Wind nicht ganz so stark, als wir bei Abfahrt gedacht, und dann machten wir etwas langsamere Fahrt, als uns lieb sein konnte, während sich die Schmacke in der Strömung schwerer lenken ließ. Mein ältester Bruder hatte einen Sohn von achtzehn Jahren, und ich selber besaß zwei kräftige Jungen. Die wären uns zu solchen Zeiten eine große Hilfe gewesen, an den Rudern sowohl als auch hernach beim Fischen; doch wenn wir selber auch das Risiko eingingen, so hatten wir nicht das Herz, das junge Blut der Gefahr auszusetzen, denn schließlich und endlich war es eine furchtbare Gefahr, das mögen Sie mir glauben.

In ein paar Tagen nun jährt sich jenes Erlebnis zum dritten Mal, von dem ich Ihnen erzählen will. Es war am zehnten Juli 18—, einem Tage, welchen die Leute in diesem Teile der Welt wohl niemals vergessen werden – denn es blies da der schrecklichste Orkan, der jemals aus den Himmeln niederfuhr. Und doch hatten wir über den ganzen Morgen hin und tatsächlich noch bis spät in den Nachmittag eine sanfte und beständige Brise aus Südwest, und strahlende Sonne schien, so daß selbst die ältesten Seeleute unter uns nicht vorhersehen konnten, was dann folgen sollte.

Wir drei – meine beiden Brüder und ich – waren gegen zwei Uhr nach Mittag zu den Inseln ausgefahren und hatten bald die Schmacke randvoll feinster Fische, welche – das fiel uns allen auf – an diesem Tage in weit reichlicheren Schwärmen auftraten, als es uns je widerfahren war. Es war, *nach meiner Uhr,* gerade sieben, als wir den Anker lichteten und die Heimfahrt antraten, um die schlimmste Strecke des Stroms bei Stillwasser hinter uns zu bringen, das – so wußten wir – um acht Uhr einsetzen mußte.

Bei frischem Wind von Steuerbord gingen wir unter Segel und glitten eine Zeitlang mit tüchtiger Geschwindigkeit dahin, ohne auch nur im Traum an eine Gefahr zu denken, denn tatsächlich sahen wir nicht den leisesten Grund, uns zu besorgen. Da aber wurden wir ganz plötzlich von einer Brise, welche vom Helseggen herüberkam, backbord getrieben. Dies war höchst ungewöhnlich – war uns noch nie zuvor geschehen – und ich begann, mich ein wenig unbehaglich zu fühlen, ohne aber eigentlich genau den Grund dafür zu wissen. Wir gingen nun an den Wind, doch konnten wir der Strudel wegen nicht im mindesten aufkreuzen, und schon stand ich im Begriff, die Rückkehr zur Ankerstelle vorzuschlagen, als wir bei einem Blick nach achtern den ganzen Horizont von einer einzigen kupferdunklen Wolke bedeckt sahen, die mit bestürzender Geschwindigkeit heraufzog.

In der Zwischenzeit hatte sich die Brise, die uns entgegengeblasen, gänzlich wieder gelegt, und tiefe Windstille umfing uns, in der wir richtungslos umhertrieben. Doch dieser Zustand hielt nicht einmal lange genug an, um uns Zeit zu lassen, darüber nachzudenken. In weniger als einer Minute war der Sturm über uns – in weniger als zweien hatte sich der Himmel vollständig überzogen – und hierdurch wie durch die jagenden Gischtflocken wurde es plötzlich so finster, daß wir einander in der Schmacke nicht mehr erkennen konnten.

Die Beschreibung des Orkans, wie er damals losbrach, auch nur zu versuchen, wäre Torheit. Der älteste Seemann in Norwegen hat ähnliches nie erlebt. Wir hatten die Segel zwar geborgen, ehe es uns richtig packte; doch schon beim ersten Stoße gingen unsere beiden Masten über Bord, als seien sie abgesägt worden; und der Hauptmast nahm meinen jüngsten Bruder mit sich, der sich zu seiner Sicherheit daran festgebunden hatte.

Unser Fahrzeug war das federleichteste Ding, das je auf dem Wasser schwamm. Es besaß ein vollkommenes Glattdeck mit nur einer einzigen schmalen Luke nahe am Bug, und diese pflegten wir regelmäßig zu verschalken, wenn es über den Strom ging, zur Vorsicht, falls es Sturzseen geben sollte. Wäre dieser Umstand nicht gewesen, wir wären auf der Stelle weggesackt – denn einige Augenblicke lang lagen wir jetzt vollständig unter Wasser begraben. Wie mein älterer Bruder dem Verderben entging, kann ich nicht sagen, denn nie mehr fand ich Gelegenheit, es in Erfahrung zu bringen. Was mich selbst betraf, so warf ich mich, kaum daß ich das Focksegel hatte fahren lassen, flach auf Deck, die Füße gegen den schmalen Dollbord des Bugs gestemmt, während meine Hände einen Ringbolzen nah am Fuße des Fockmastes packten. Es war bloßer Instinkt, der mich dies zu tun trieb – was zweifellose das beste war, das ich tun konnte – denn zum Denken kam ich in meiner Benommenheit gar nicht mehr.

Einige Augenblicke lang waren wir, wie gesagt, vollkommen überflutet, und während dieser ganzen Zeit hielt ich den Atem an und klammerte mich an den Bolzen. Als ich es nicht mehr länger ertragen konnte, richtete ich mich, ohne indes die Hände von meinem Halt zu lassen, auf den Knien empor und bekam so den Kopf frei. In diesem Moment schüttelte sich unser kleines Schiff, wie es ein Hund tut, wenn er aus dem Wasser kommt, und befreite sich so in einigem Maße von den Sturzseen. Ich unternahm nun den Versuch, der Erstarrung Herr zu werden, die mich überkommen hatte, und meine Sinne zu sammeln, um zu sehen, was sich tun ließ. Da fühlte ich, wie jemand meinen Arm packte. Es war mein älterer Bruder, und mein Herz tat einen Sprung vor Freude, denn ich hatte schon für sicher genommen, daß er über Bord gewaschen sei. Doch im nächsten Augenblick schon wandelte sich all diese Freude in Entsetzen, denn er brachte seinen Mund nah an mein Ohr und schrie mir das eine Wort zu: ›Moskoestrom!‹

Niemand wird jemals wissen, welche Empfindungen mich in diesem Augenblick durchfuhren. Ich erbebte von Kopf zu Fuße, als schüttelte mich ein Anfall der heftigsten Fieberschauer. Ich wußte nur zu gut, was er mit diesem einen Worte meinte. Ich wußte, was er mir begreiflich machen wollte: Bei dem Wind, der uns jagte, trieben wir geradewegs dem Strudel des Malstroms zu, und nichts mehr konnte uns retten!

Ich sagte bereits, daß wir stets, so oft wir über die Stromrinne kreuzten, ein weites Stück oberhalb des Wirbels segelten, selbst bei ruhigstem Wetter, und daß wir dann zu warten und so genau als möglich das Stillwasser abzupassen hatten. Doch jetzt trieben wir auf den Trichterschlund selber zu, und das in einem Hurrikan wie diesem! ›Wir werden gewiß gerade zur Stillwasserzeit dort anlangen‹, dachte ich, ›darin liegt noch ein wenig Hoffnung.‹ Doch im nächsten Augenblick schalt ich mich einen Narren, daß ich überhaupt noch von Hoffnung träumte. Ich wußte nur zu wohl, daß wir verdammt waren, und wären wir zehnmal auch ein Neunzigkanonenschiff gewesen.

Um diese Zeit hatte das anfängliche Wüten des Sturmes nachgelassen, oder vielleicht empfanden wir es nur nicht mehr so stark, da wir nun vor Topp und Takel liefen; jedenfalls aber wuchsen nun die Wogen, die zuerst vom Winde niedergehalten worden waren und flach und schäumend lagen, zu wahren Bergen auf. Auch war mit dem Himmel eine sonderbare Veränderung vorgegangen. Rundum in jeder Richtung zeigte er sich noch immer so schwarz wie Pech, doch nahezu senkrecht über uns barst ganz plötzlich ein kreisrundes Loch auseinander, durch das der klare Himmel blickte – so klar, wie ich ihn noch niemals geschaut – und mit einem tiefen, lichten Blau. Mitten darin erstrahlte der volle Mond mit einem mir unvertrauten Glanze. Er beleuchtete alles um uns herum mit der größten Deutlichkeit – doch, oh weh!, welch ein Schauspiel ward da nun in seinem Lichte sichtbar!

Ich unternahm jetzt einen oder zwei Versuche, mit meinem Bruder zu sprechen – doch auf seltsame Weise, mir unbegreiflich, hatte der Lärm so zugenommen, daß ich ihm nicht ein einziges Wort zu Gehör zu bringen vermochte, obschon ich ihm mit der äußersten Stimmstärke ins Ohr schrie. Da schüttelte er den Kopf, und sein Gesicht war bleich als wie der Tod, als er nun einen seiner Finger hochhielt, wie wenn er sagen wollte: ›Horch!‹

Zuerst vermochte ich nicht auszumachen, was er meinte, aber bald blitzte ein gräßlicher Gedanke in mir auf. Ich zog meine Uhr aus dem Täschchen meiner Hose. Sie ging nicht mehr. Ich starrte im Mondlicht auf ihr Zifferblatt und brach dann in Tränen aus, als ich sie weit hinaus ins Meer schleuderte. *Sie war um sieben Uhr abgelaufen!* Wir hatten die Stillwasserzeit schon überschritten, und der Wirbel des Stroms raste in voller Wut!

Wenn ein Schiff gut gebaut ist, angemessen ausgerüstet und nicht zu tief befrachtet, scheinen die Wellen, wenn es zügige Fahrt hat, stets unter ihm herzuschlüpfen – was der Landratte ganz merkwürdig vorkommt; man nennt das in der Seemannssprache ›reiten‹.

Nun, bis hierher waren wir ganz wacker über die Dünung geritten. Doch jetzt geschah es, daß uns eine gigantische Woge gerade unter der Gillung faßte und mit sich emporriß – höher und immer höher, als ginge es bis in den Himmel hinauf! Nie hätte ich geglaubt, daß Wellen solche Höhen erreichen können. Und nieder ging es dann wieder mit einem Schwung, einem Schlittern und einem jähen Sturz, daß es mich Übelkeit fühlen ließ und Schwindel, als fiele ich im Traum von einem himmelhoch ragenden Bergesgipfel. Doch derweil wir noch oben waren, hatte ich einen raschen Blick in die Runde geworfen – und dieser eine Blick sagte mir alles zur Genüge. Innerhalb eines Augenblicks erfaßte ich deutlich unsere Lage. Der Strudel des Moskoestroms lag wohl eine Viertelmeile gerade vor uns. Doch war dies so wenig der alltägliche Malstrom, als der Wirbel, wie Sie ihn jetzt sehen, einem Mühlgerinne gleicht. Hätte ich nicht gewußt, wo wir uns befanden und was unser wartete, ich hätte die Stelle überhaupt nicht mehr wiedererkannt. Wie sie da vor mir lag, schloß ich vor Grauen unwillkürlich die Augen. Wie in einem Krampf preßten sich die Lider zusammen.

Es konnte nicht mehr denn zwei Minuten später sein, als wir plötzlich spürten, wie der Wellengang nachließ, und Schaum uns umhüllte. Das Schiff machte eine scharfe Halbdrehung nach Backbord und schoß dann wie ein Blitzstrahl in der neuen Richtung fort. Im selben Moment ging das Brüllgeräusch des Wassers vollkommen in einer Art schrillen Kreischens unter – wie Sie es sich vielleicht vorstellen können, wenn Sie sich die Ventile vieler tausend Dampfschiffe denken, die allesamt zugleich ihren Dampf entweichen lassen. Wir befanden uns nun in dem Brandungsgürtel, welcher den Wirbel allezeit umgibt. Ich dachte natürlich, im nächsten Augenblick würden wir in den Abgrund rasen, in den wir aufgrund der furchtbaren Geschwindigkeit, mit welcher wir dahingerissen wurden, nur undeutlich hinabblicken konnten. Es schien, als tauche das Schiff überhaupt nicht mehr in die Wogen, als sause es vielmehr wie eine Luftblase auf der Oberfläche der Flut dahin. Sein Steuerbord war dem Strudel zugekehrt, und an Backbord stieg die Wassermasse empor, die wir hinter uns gelassen. Sie stand wie eine ungeheure kreisende Wand zwischen uns und dem Horizont.

Es mag wohl sonderbar erscheinen, doch jetzt, wo wir uns mitten im Rachen des Schlundes befanden, fühlte ich mich gefaßter als zuvor, wo wir nur auf ihn zutrieben. Nachdem ich mich einmal damit abgefunden, daß keine Hoffnung mehr sei, ward ich eines Großteils jenes Schreckens ledig, der mich zu Anfang ganz entmutigt hatte. Ich nehme an, es war Verzweiflung, was mir die Nerven spannte.

Es mag wie Prahlerei anmuten, doch was ich Ihnen erzähle, ist die Wahrheit: Ich begann, mir Gedanken zu machen, welch herrliche Sache es doch sei, einen solchen Tod zu finden, und wie kindisch von mir, angesichts einer so wundersamen Offenbarung von Gottes Macht an ein so jämmerliches Ding wie mein eigenes bißchen Leben zu denken. Ich glaube gar, ich wurde rot vor Scham, als diese Vorstellung mir durchs Hirn zuckte. Nach einer Weile bemächtigte sich meiner die lebhafteste Neugierde, den Strudel selbst zu schauen. Ich verspürte geradezu den *Wunsch,* seine Tiefen zu erforschen, mochte es mich auch das Opfer kosten, das ich zu bringen im Begriffe stand. Mein hauptsächlicher Kummer war nur, daß es mir nie mehr gegeben sein sollte, meinen alten Gefährten an der Küste von den Geheimnissen zu erzählen, welche ich schauen würde. Das waren zweifellos wunderliche Grillen im Geiste eines Menschen, den solch äußerste Not umfing. Oft schon dachte ich seither, es könnte jenes Kreisen des Schiffes um den Schlund mir doch den Kopf ein wenig verwirrt haben.

Noch einen anderen Umstand gab es, der dazu half, meine Selbstbeherrschung wiederherzustellen: dieser war das Verstummen des Windes, welcher uns in unserer gegenwärtigen Lage nicht mehr erreichen konnte. Denn wie Sie selber sahen, liegt der Brandungsgürtel erheblich tiefer als die allgemeine Meeresfläche, und diese letztere türmte sich nun neben uns auf, ein hoher schwarzer Gebirgsgrat. Wenn Sie niemals bei heftigem Sturm auf See gewesen sind, so können Sie sich gar keinen Begriff machen von der Geistesverwirrung, die Wind und Wassergischt im Vereine anrichten. Sie werden blind davon, Sie werden taub, es würgt Sie an der Kehle, und alle Kraft zu handeln oder zu denken schwindet Ihnen dahin. Wir freilich waren dieser Plagen jetzt in großem Maße ledig – ganz wie man zum Tode verdammten Verbrechern im Gefängnis winzige Vergünstigungen gewährt, welche ihnen vorenthalten wurden, derweil ihr Urteilsspruch noch ungewiß war.

Wie oft wir in der Brandung die Runde machten, läßt sich unmöglich sagen. Wir rasten wohl eine Stunde lang herum und immer herum, fliegend eher denn treibend; und schrittweise gerieten wir mehr und mehr in die Mitte des brandenden Rings und näher und näher dann an seinen entsetzlichen Innenrand. Diese ganze Zeit über hatte ich den Bolzen nicht losgelassen. Mein Bruder befand sich auf dem Hinterschiff und hielt sich an einem kleinen, leeren Wasserfasse fest, das unter der Gillung sicher vertäut worden und das einzige Ding an Deck war, welches nicht über Bord gegangen, als der erste Stoß des Sturms uns traf. Nun wir uns aber dem Rand des Trichterloches näherten, ließ er seinen Halt an diesem Fasse fahren und stürzte sich auf den Ring, von dem er in seiner wahnwitzigen Todesangst meine Hände gewaltsam zu lösen suchte, denn der Bolzen war nicht groß genug, um uns beiden sicheren Griff zu bieten. Niemals empfand ich tieferen Schmerz als in dem Augenblick, da ich ihn diese Tat versuchen sah – obschon ich wußte, daß er nicht mehr seiner Sinne Herr war: ein Rasender, verrückt vor schierer Furcht. Doch lag mir nichts daran, mit ihm um diesen Punkt zu ringen. Wußte ich doch, daß es keinen Unterschied mehr machte, ob einer von uns sich überhaupt noch festhielt; so ließ ich ihm den Bolzen und kroch nach achtern zu dem Fasse hin. Dies ließ sich ohne große Beschwer vollbringen, denn die Schmacke flog gleichmäßig genug herum und auf glattem Kiele – nur mit dem riesigen Schwung des Wirbels schwankte sie mit. Kaum hatte ich in meiner neuen Lage sicheren Halt gefunden, da gab es einen wilden Ruck nach Steuerbord, und kopfüber schossen wir in den Abgrund hinab. Ich murmelte noch ein Stoßgebet zu Gott und dachte, nun sei alles vorüber.

Als mich die Wucht des Sturzes mit ganzer Übelkeit durchfuhr, hatte ich mich instinktiv nur um so fester an das Faß geklammert und die Augen geschlossen. Einige Sekunden lang wagte ich nicht, sie zu öffnen – derweil ich in jedem Bruchteil des Endes gewärtig war und mich wunderte, daß ich nicht bereits im Todesringen mit dem Wasser lag. Doch die Sekunden verstrichen, eine um die andere. Ich lebte noch. Das Gefühl des Fallens hatte aufgehört. Die Bewegung des Schiffes schien ganz die nämliche zu sein, die sie zuvor gewesen, droben in der kreisenden Gischt. Nur daß es jetzt mehr auf der Seite lag. Ich faßte Mut und blickte einmal mehr noch auf die Szene.

Nie werde ich das Empfinden von Grauen, Schrecken und Bewunderung vergessen, mit dem ich um mich sah. Das Schiff schien wie durch Magie auf halber Höhe an der Innenfläche eines Trichters von riesigem Umfang und fürchterlicher Tiefe zu hängen, dessen vollkommen glatte Wand man leicht hätte für Ebenholz halten können, wäre nicht die bestürzende Geschwindigkeit gewesen, mit welcher sie im Kreise wirbelte, und der schimmernd geisterhafte Schein, der davon ausging, als die Strahlen des Vollmondes durch jenes Kreisloch in den Wolken, das ich bereits beschrieb, in einer Flut von goldenem Glanz an den schwarzen Wänden hinströmten, hinab bis in den innersten und untersten Schlund des Abgrundes.

Anfänglich war ich viel zu verwirrt, um zu irgendeiner präzisen Beobachtung zu kommen. Der allgemeine Ausbruch schreckenwerdender Größe war alles, was ich wahrnahm. Als ich mich jedoch ein wenig wieder gefangen, fiel mein Blick ganz wie von selbst nach unten. Bei der Lage, in welcher die Schmacke an der schiefen Wasserwand des Kraters hing, hatte ich in dieser Richtung ungehinderte Sicht. Wir fuhren noch immer auf glattem Kiele – das heißt, das Deck bildete eine parallele Ebene zum Wasserspiegel – doch dieser letztere hatte eine Neigung von mehr denn fünfundvierzig Grad, so daß wir zum Kentern zu liegen schienen. Gleichwohl konnte ich nicht umhin, die Feststellung zu machen, daß ich unter diesen Umständen kaum mehr Schwierigkeit hatte, meinen Halt mit Händen und Füßen zu behaupten, als wenn wir uns in waagrechter Lage befunden hätten; und dies, so nehme ich an, lag in der Geschwindigkeit begründet, mit welcher wir uns im Kreise drehten.

Die Strahlen des Mondes schienen den untersten Grund des gähnenden Schlundes zu suchen; doch immer noch vermochte ich mit Bestimmtheit nichts zu erkennen, denn alles dort unten war eingehüllt von einem dichten Nebelschleier, über dem sich ein herrlicher Regenbogen wölbte – der schmalen und schwanken Brücke gleich, von welcher die Muslime sagen, sie sei der einzige Pfad zwischen Zeit und Ewigkeit. Dieser Nebel bzw. diese Sprühgischt ward ohne Zweifel vom Zusammenprall der gewaltigen Wände des Trichters verursacht, denn auf dem Grunde trafen sie sich alle. Doch den Gellschrei, der aus diesem Nebel zu den Himmeln aufstieg, wage ich gar nicht zu beschreiben; schon der Versuch geht über meine Kräfte.

Unser erstes Abgleiten vom Brandungsgürtel droben in den Schlund hatte uns eine beträchtliche Strecke an der Wasserwand niederfahren lassen. Doch dann sanken wir keineswegs in der selben Weise weiter. Wir rasten herum und immer wieder herum – doch nicht in gleichförmiger Bewegung sondern in schwindelnden Schwüngen und Zuckungen, welche uns manchmal nur ein paar hundert Ellen weit, manchmal aber nahezu um den ganzen Wirbelkreis trieben. Nach unten gerieten wir bei jeder Umdrehung zwar nur langsam, doch immerhin sehr merklich.

Als ich um mich blickte auf die weite Wüste aus flüssiger Ebenholzmasse, von der wir dahingetragen wurden, erkannte ich, daß unser Schiff nicht der einzige Gegenstand in der Umarmung des Wirbels war. Über wie unter uns waren Schiffstrümmer sichtbar, große Mengen Bauholz und Baumstämme, dazu viele kleinere Artikel wie etwa Stücke von Hausrat, zerbrochene Kisten, Fässer und Stabholz. Ich habe bereits die unnatürliche Neugierde beschrieben, welche an die Stelle meines ursprünglichen Entsetzens getreten war. Sie schien in mir gar noch zu wachsen, je mehr und mehr ich mich meinem furchtbaren Verhängnisse näherte. Ich begann jetzt, mit absonderlichem Interesse die zahlreichen Gegenstände zu betrachten, die in unserer Gesellschaft mit dahintrieben. Ich muß einfach irrsinnig gewesen sein, denn es kam so weit, daß ich eine Art amüsante Kurzweil darin suchte, Spekulationen über die verschiedenen Geschwindigkeiten anzustellen, mit denen sie dem Gischtpfuhl tief dort unten zutrudelten. ›Dieser Föhrenstamme‹, so fand ich mich einmal reden, ›wird gewiß das nächste Ding sein, das den grausigen Sprung tut und verschwindet.‹ Und dann war ich geradezu enttäuscht, als ich sah, wie das Wrack eines holländischen Kauffahrers ihn überholte und vor ihm hinabging. Nachdem ich mich schließlich mit einer ganzen Reihe Mutmaßungen dieser Art abgegeben und jedesmal geirrt hatte, brachte mich diese Tatsache – das Faktum meiner ständigen Fehlschätzung – auf einen Gedankengang, der meine Glieder erneut erzittern und mein Herz wie rasend schlagen ließ.

Es war nicht etwa ein neuerlicher Schrecken, der mich so befiel, sondern vielmehr – und weitaus erregender – ein Dämmerschein von *Hoffnung*. Diese stieg zum Teil aus der Erinnerung auf, zum Teil aus meinen gegenwärtigen Beobachtungen. Ich rief mir die große Vielfalt des Strandguts in den Sinn, welches die Küste von Lofoten bedeckte: verschlungen einst vom Moskoestrom, dann wieder ausgespien. Bei weitem der größere Teil der Gegenstände war in der ungewöhnlichsten Weise zerschmettert – war derart zerschunden und zerschürft, daß es aussah, als sei er über und über mit Splittern gespickt; doch dann erinnerte ich mich deutlich, daß ein anderer Teil wiederum nicht im mindesten entstellt war. Nun vermochte ich mir diesen Unterschied nicht anders zu erklären als mit der Annahme, daß die zerfetzten Trümmer die einzigen seien, welche bis zum Grunde hinabgeschlungen worden – indessen die anderen so spät nach Eintritt der Gezeiten in den Sog geraten oder aus irgendeinem Grunde so langsam hinuntergetrieben, nachdem sie hineingeraten, daß sie den Grund nicht mehr erreichten, ehe Flut oder Ebbe wieder umschlugen. In beiden Fällen hielt ich es für möglich, daß sie wieder an die Oberfläche des Meeres emporgewirbelt werden könnten, ohne das Schicksal jener Trümmer zu erleiden, welche früher in den Sog gezogen oder rascher verschlungen worden waren. Ich machte zugleich drei wichtige Beobachtungen: die erste war, daß Körper rapider niedersanken, je größer sie waren; die zweite, daß bei zwei Körpern gleicher Masse, von denen die eine sphärischer, die zweite beliebig anderer Gestalt war, der sphärischen die höhere Sinkgeschwindigkeit eignete; die dritte schließlich, daß von zwei Massen gleicher Größenordnung, deren eine zylindrisch, deren andere aber beliebig anders geformt war, der Zylinder langsamer hinabgesogen ward. Nachdem ich entronnen, habe ich später verschiedentliche Gespräche über dieses Thema mit einem alten Schulmeister in unserer Gegend hier gehabt. Er war es, der mich die Worte *zylindrisch* und *sphärisch* zu gebrauchen lehrte. Er hat mir auch erklärt – obschon ich die Erklärung wieder vergessen – wie das, was ich beobachtete, tatsächlich ganz natürlich aus den Formen der treibenden Trümmer resultierte; und er zeigte mir, wie es kam, daß ein im Strudel kreisender Zylinder dem Sog mehr Widerstand entgegensetzte und sich mit größerer Schwierigkeit hinabziehen ließ als ein gleichmassiger Körper beliebig anderer Gestalt.[1]

Ein überraschender Umstand trug beträchtlich dazu bei, diese Beobachtungen zu bekräftigen, und ließ mich danach trachten, sie mir zunutze zu machen; bei jeder Runde nämlich kamen wir an irgendwelchen Gegenständen vorüber, einem Fasse, einer Segelstange oder einem Schiffsmast, und da zeigte es sich, daß viele dieser Dinge, welche anfangs, da ich meine Augen zum erstenmal über den Wundern des Wirbels öffnete, auf gleicher Ebene mit uns gewesen waren, nunmehr hoch über uns hingen und sich von ihrer ursprünglichen Höhenlage nur ganz wenig fortbewegt zu haben schienen.

Da war ich denn keinen Augenblick länger im Ungewissen, was zu tun sei. Ich beschloß, mich furchtlos an dem Wasserfasse festzubinden, an dem ich mich noch immer hielt, es von der Gillung loszuschneiden und mich mit ihm in die Fluten zu stürzen. Mit Zeichen zog ich meines Bruders Aufmerksamkeit an mich, wies auf die treibenden Fässer, welche in unsere Nähe kamen, und tat alles, was in meiner Macht stand, ihm mein Vorhaben begreiflich zu machen. Ich meinte schließlich auch, er habe mich verstanden, doch ob dies nun der Fall war oder nicht, er schüttelte verzweiflungsvoll den Kopf und weigerte sich, von seinem Halt an dem Ringbolzen zu lassen. Es war unmöglich, ihn zu erreichen. Keinen Verzug mehr duldete die Not; und so überließ ich ihn denn, obschon sich mir das Herz zusammenkrampfte, seinem Geschick, band mich mit Hilfe der Stränge, welche es an der Gillung hielten, an dem Fasse fest und stürzte mich mit ihm in die See, ohne nun auch nur einen Augenblick länger zu zaudern.

Das Ergebnis war gerade so, wie ich es mir erhofft hatte. Da ich selber es bin, der Ihnen dies alles jetzt erzählt – da Sie sehen, daß ich entrann, und da Sie auch bereits erfahren haben, auf welche Weise ich entkam, und mithin bereits alles wissen, was ich des weiteren noch zu sagen hätte – will ich meine Geschichte nun rasch zum Ende bringen. Es mochte etwa eine Stunde wohl verflossen sein, nachdem ich meine Schmacke verlassen, da wirbelte sie, jetzt schon tief unter mir, in rascher Folge drei- oder viermal wild im Kreis herum und stürzte, meinen geliebten Bruder mit sich nehmend, kopfüber ganz plötzlich und für immer hinab in das gischtende Chaos. Das Faß, an welchem ich hing, sank nur sehr wenig über die Mitte zwischen dem Grunde des Schlundes und der Stelle hinaus, an der ich über Bord gesprungen, als eine große Veränderung mit dem Wirbel vor sich ging. Die Neigung der riesigen Trichterwand ward flacher und flacher mit jedem Augenblick. Schrittweise verlor das Kreisen des Strudels mehr und mehr an Heftigkeit. Langsam und allmählich schwand der Schaum und auch der Regenbogen, und schwerfällig schien der Boden des Abgrundes zu steigen. Der Himmel war klar, die Winde hatten sich gelegt, und leuchtend ging im Westen der Vollmond unter, als ich mich auf dem Meere treiben fand, im Angesicht der Küste von Lofoten und an der Stelle, wo der Strudelpfuhl des Moskoestroms *gewesen war.* Die Stillwasserzeit war gekommen – doch immer noch hob sich die See in bergeshohen Wogen von der Wirkung des vergangenen Orkans. Heftig war ich in die Stromrinne gerissen und innerhalb weniger Minuten an der Küste hin zu den Gründen der Fischer getragen. Ein Boot nahm mich auf – halb tot, wie ich war, vor Erschöpfung – und nun, da die Gefahr vorüber, der Sprache nicht mehr mächtig im Gedenken an ihre Schrecken. Die mich an Bord zogen, waren meine alten Kumpane und täglichen Gefährten, doch sie kannten mich so wenig, als sie einen Wanderer aus dem Geisterreiche erkannt hätten. Mein Haar, am Tage zuvor noch rabenschwarz, war weiß geworden, wie Sie es jetzt sehen. Auch hatte sich der ganze Ausdruck meiner Züge verändert. Ich erzählte mein Geschichte – doch niemand glaubte mir. Jetzt habe ich sie Ihnen erzählt – aber ich darf kaum erwarten, daß sie ihr mehr Vertrauen schenken als die fröhlichen Fischer von Lofoten.«

Anmerkungen

1 Siehe dazu Archimedes, *De Incidentibus in Fluido,* Lib. 2.

Das Eiland und die Fee

Nullus enim locus sine genio est.
Servius, zu Aen. V, 95

»*La musique*«, sagt Marmontel in jenen ›Contes Moraux‹, die bisher so beharrlich mit ›Moralische Erzählungen‹ übersetzt wurden, dem darin vorherrschenden Esprit gleichsam zum Hohn – »*la musique est le seul des talents qui jouissent de lui-même; tous les autres veulent des témoins.*« Ihm ist hier zweierlei durcheinandergeraten: der Lustgewinn aus süßen Tönen und die Fähigkeit, solche hervorzubringen. Nicht mehr als sonst irgendein *Talent* gewährt auch das musikalische vollen Genuß, selbst dort, wo keine zweite Partei vorhanden ist, die Ausübung zu würdigen. Und auch hat sie mit anderen Talenten durchaus gemein, daß sie *Leistungen* hervorbringt, die man in der Einsamkeit sehr wohl voll und ganz genießen kann. Der hier zugrunde liegende Gedanke, den der Verfasser sich entweder selbst nicht bis ins letzte klar gemacht, oder aber dessen korrekte Formulierung er der Pointensucht seiner Nation zum Opfer gebracht hat, ist zweifellos der folgende – sehr vertretbare – gewesen: Die höchste Gattung der Musik wird dann am nachhaltigsten gewürdigt, wenn wir vollkommen alleine sind. In dieser Form dürfte die These sogleich von denen zugestanden werden, die die Lyra um ihrer selbst ebenso wie um ihrer spirituellen Möglichkeiten willen lieben. Aber es gibt noch einen anderen Genuß, der innerhalb der Reichweite von uns gefallenen Sterblichen liegt – und vielleicht ist dies der einzige, der in noch höherem Maße als die Musik auf der zusätzlichen Würze der Abgeschiedenheit beruht. Ich meine das Glücksgefühl, das wir beim Betrachten von Landschaften empfinden. Wahrlich, der Mensch, der hier auf Erden Gottes Pracht so recht sehen will, muß diese Pracht in Einsamkeit erschauen. Mir wenigstens ist die Gegenwart menschlicher Wesen sowie Lebens in jeder anderen Gestalt als der jener grünen Kreaturen, die dem Erdreich entwachsen und die stimmlos sind, ein Flecken auf einer Landschaft, der den Genius der Szene stört. Betrachte ich doch gerne die dunklen Talgründe und die grauen Felsen, das schweigende Lächeln der Wasserscheiben und die Wälder, unruhig seufzend in Dämmerträumen, auch die wachsam stolzen Berge, die auf all das herabschauen; nichts anderes betrachte ich lieber als die riesigen Einzelglieder eines belegten und empfindenden mächtigen Ganzen – eines Ganzen, dessen Gestalt (die des Sphäroids) die vollkommenste und umfassendste von allen ist; dessen Weg inmitten von Planetengeschwistern dahinführt; dessen schüchterne Gehilfin Luna, dessen unmittelbarer Souverän Sol ist; dessen Dasein Ewigkeit heißt; dessen Denken das einer Gottheit und dessen Genuß Wissen ist; dessen Bestimmung sich im Unendlichen verliert; und dessen Kenntnis von uns selbst vergleichbar sein wird mit der Kenntnis, die wir von den *animalculae* haben, wie sie wohl unser Hirn behelligen – ein Wesen, das wir folglich als rein unbelebt und anorganisch betrachten; ganz auf die Weise, wie besagte *animalculae* uns wohl betrachten werden.

Unsere Teleskope nicht minder als unsere mathematischen Analysen bestätigen uns in jeglicher Beziehung (das heuchlerische Rotwelsch des unwissenderen Teiles der Priesterschaft einmal beiseite gelegt), daß Raum und Masse eine Sache von Belang und Bedeutung in den Augen des Allmächtigen sei. Die Bahnen, auf denen sich die Sterne bewegen, sind so angelegt, daß sich die größtmögliche Zahl von Körpern bei der möglichst geringsten Gefahr eines Zusammenstoßes darauf ergehen kann. Die Gestalt dieser Körper ist genau diejenige, die bei einer gegebenen Oberfläche den größtmöglichen Inhalt in sich aufnimmt – während diese Oberflächen selbst wiederum so untergliedert sind, um eine dichtere Besiedelung zu erlauben, als es auf einer gleich großen, aber anders unterteilten Oberfläche möglich wäre. Und dagegen, daß Masse bei Gott von Bedeutung sei, wäre auch das kein Argument, daß der Raum selbst unendlich ist. Es könnte doch durchaus eine Entsprechung von Materie geben, ihn zu füllen. Da wir weiterhin klar erkennen, daß es sich bei der Belebtheit der Materie um ein Konstruktionsprinzip (sogar DAS Konstruktionsprinzip – soweit unsere Einsicht reicht) der Gottheit handelt, dürfte es kaum logisch sein, es sich auf die Bereiche des Kleinen beschränkt vorzustellen, wo wir es täglich antreffen, und sich nicht auf die des Erhabenen zu erstrecken. Da wir Weltenkreise in Weltenkreisen wahrnehmen – ohne Ende – die aber sämtlich um ein sehr weit entferntes Zentrum rotieren, welches eben die Gottheit ist, dürften wir nicht analog hierzu annehmen, daß auf gleiche Weise Leben von Leben umschlossen existiert, das kleinere innerhalb des größeren und alle zusammen im Göttlichen Geiste? Kurzum, wir irren infolge von Selbstüberschätzung aufs unsinnigste, wenn wir den Menschen, ob nun seiner zeitlichen oder zukünftigen Bestimmung nach, für bedeutsamer im Universum erachten als jene weitgedehnte Erdenscholle, die er bebaut und in seinem Hochmut geringschätzt und der er eine Seele aus keinem profunderen Grunde abspricht, als weil er ihr Wirken nicht wahrnehmen kann.[1]

Solche und ähnliche wunderliche Einfälle mehr – ob zwischen Bergen oder tief in Wäldern, ob an Wasserläufen oder am Meeresstrand – haben meinen Betrachtungen eigentlich schon immer eine Färbung von dem gegeben, was die Welt der Alltägler sicherlich als ›phantastisch‹ bezeichnen würde. Meine Wanderungen inmitten solcher Umgebungen sind viele gewesen, auch lang und weit und oftmals einsam unternommen. Die Anteilnahme, mit der ich durch so manches dämmernd tiefe Tal geschweift bin oder lange in das Himmelsspiegelbild heller Seen gestaunt habe, ist eine gewesen, die der Gedanke, daß ich allein so schweifte und staunte, noch erheblich gesteigert hat. Wie hieß doch jener schnippische Franzose, der mit Anspielung auf das bekannte Zimmermannsche Buch gesagt hat, daß die Einsamkeit ein gar wunderbarer Zustand sei, *»mais il faut quelqu'un pour vous dire, que la solitude est une belle chose«?* Nichts gegen den Ausspruch als solchen, aber von der behaupteten Notwendigkeit kann keine Rede sein.

Auf einer von diesen beschriebenen einsamen Fußreisen war es – in einem Hochland, weit von hier: Bergzug verschränkt mit Bergzug, zwischen denen sich allerorten düstere Wasserläufe dahinringelten oder kleine Seen schwermütig schlummerten, daß ich von ungefähr an ein Flüßchen geriet, in dem ein Eiland lag. Mitten im blättersatten Juni stieß ich unversehens so darauf und warf mich auf den Rasen, unter die Ruten eines unbekannten duftenden Strauches, auf daß ich wachen Auges träumen möchte, während ich das Bild vor mir sinnend erwöge. Ich fühlte, daß ich es nur so angemessen würdigen könne – entsprechend dem Charakter der ›Erscheinung‹, die es trug.

Auf allen Seiten – Westen ausgenommen, wo die Sonne sich eben zum Sinken anschickte – ragten die tiefen Wände des Hochwalds auf. Der kleine Fluß, der einen scharfen Knick in seinem Lauf machte und infolgedessen unvermittelt dem Blick entschwand, schien aus seinem Talgefängnis keinen Ausgang zu haben, vielmehr von dem tiefgrünen Laubwerk des Baumbestandes im Osten wie aufgesaugt zu werden – während im gegenüberliegenden Himmelssektor (so wenigstens schien es mir, da ich ausgestreckt lag und den Blick höher richtete) lautlos aber unaufhaltsam ein voller rotgoldener Wasserfall, gespeist aus himmlischen Sonnenuntergangsquellen, herabzugießen schien.

Schier mittwärts der begrenzten Aussicht, die mein träumerisch schweifender Blick umfaßte, ruhte – verschwenderisch begrünt – ein kleines kreisrundes Eiland auf dem Busen der Flut, wo

Ufer und Schatten sich vermengt
und wie im Äther schwebend hängt –

und so spiegelgleich war das glatte Wasser, daß es schwerlich möglich gewesen wäre, anzugeben, an welchem Punkt der Böschung des smaragdenen Rasens sein kristallenes Reich genau begann.

Mein Standpunkt hier ermöglichte mir, mit einem Blick beide Enden des Eilands, das östliche wie das westliche, zu umspannen. Eine eigentümlich ausgeprägte Unterschiedlichkeit in ihrem Habitus fiel mir auf: das Westende war ein einziger strahlender Harem von Gartenschönheit; da glühte und blühte es unter dem Blick des schelmisch auf die Seite gelegten Sonnenhauptes und lachte förmlich vor Geblümtheit. Das Gras war dort kurz und federnd, süßduftend und asphodeldurchsetzt. Die Bäume waren aufrecht, froh, geschmeidig; licht und schlank und reizvoll; orientalisch von Gestalt und Blattwerk; mit Rinden, seidig schimmernd und buntgescheckt. Ein Hochgefühl von Leben und Freude schien über dem Ganzen zu liegen. Und obschon keine Himmelsgegend auch nur ein Lüftchen sandte, wirkte doch alles dort schwebend regsam infolge des sanften Hin und Her zahlloser Schmetterlinge, die mühelos auch als flügge Tulpen zu denken gewesen wären.[2]

Das östliche Ende des Eilands war unter schwärzestem Schatten verschüttet. Dunkle, doch schöne und friedvolle Düsterkeit durchdrang hier alle Dinge. Die Bäume waren finster von Farbe und leidtragend in Haltung und Gestalt – verkrümmter Gebärdung, trüb feierlich gespenstisch, darob dem Betrachter Gedanken an Sterblichkeit und Kummer und vorzeitigen Tod kamen. Das Gras im Grund hatte die tiefere Färbung der Zypresse, und die Spitzen seiner Lanzetten hingen schwunglos; und hier und dort dazwischen wurde so manch ungute kleine Hügelung erkennbar, flach und schmal und gar nicht so lange, bei der man an Gräber dachte, was es sicher nicht war, obwohl allüberall und auch zwischendurch es wie Raute klomm und wie Rosmarin. Der Schatten der Bäume fiel schwer über das Wasser und schien sich darin zu begraben, die Tiefen des Elements zu durchtränken mit Finsternis. Ich bildete mir ein, wie jedweder Schatten im Takte und Abertakte des Sonnenunterganges sich mürrisch löse vom Strom; während den Stämmen fortwährend weitere Schatten entgingen und den Platz ihrer Vorgänger einnähmen, der also wasserbestatteten.

Diese Idee, nachdem sie erst einmal von meiner Phantasie Besitz ergriffen hatte, regte mich mächtig an, und ich verlor mich stracks in Traumgrübeleien. »Wenn je ein Eiland verzaubert war«, sprach ich zu mir, »dann ist es dies. Hier ist der heimliche Aufenthalt der paar guten Feen, die nach der über ihr Geschlecht hereingebrochenen Katastrophe noch übrig sind. Sind diese grünen Grabstätten ihre? Oder geben sie ihre süßen Geister überhaupt so auf, wie ein Mensch den seinen? Nehmen sie, wenn es ans Sterben geht, nicht vielmehr gramvoll ab, und geben der Gottheit ihre Daseinssumme wieder, Stück um Stück; ähnlich wie jene Bäume dort Schatten auf Schatten abgeben und so ihre Wesenheit erschöpfen bis zur Auflösung? Was der abnehmende Baum dem Wasser ist, das seinen Schatten aufschlürft und schwärzer wird ob der gemachten Beute, könnte durchaus das Leben der Fee dem Tode sein, der es gierig verschlingt.«

Während ich halbgeschlossenen Auges solcherlei sann; während die Sonne gebieterisch schnell zur Rüste ging und kleine Strudel geschwind das Eiland umrundeten – auf ihren Zwirbeltürmchen große, wirre, weiße Schuppen von Sykomorenrinde tragend; wassergeschunkelte Schuppen, in die eine feurige Einbildungskraft mühelos alles Beliebige hätte hineindeuten können – während ich dergestalt ruhend sann, erschien es mir, wie wenn die Figur einer jener Feen, über die ich eben noch gedankenspielt hatte, aus dem Lichtraum am Westend des Eilands, zögernd den Weg hinein nähme in die Dunkelheit. Aufgerichtet stand sie in einem wunderlich gebrechlichen kleinen Kanu, und das, womit sie es antrieb, war nur der schlanke Geist eines Ruders. Solange sie sich im Einflußbereich der listig zögernden Strahlung befand, sprach es wie hohe Freude aus ihrer ganzen Gebärdung – doch Kummer verunstaltete sie, als sie durch die Schatten weiterzog. Langsam glitt sie dahin; umrundete endlich das Eiland und trat neuerlich ein in die Bereiche des Lichts. »Der Umlauf, den die Fee soeben vollbracht hat«, theoretisierte ich sinnend fort, »entspricht dem kurzen Kreis eines Jahres ihres Daseins. Sie hat ihren Winter durchschifft und auch ihren Sommer. Sie ist ein Jahr näher am Tode.« Denn es war mir wohl nicht entgangen, daß bei ihrem Eintritt in die Schatten ihr eigener von ihr abfiel und von dem finsteren Wasser eingeschlungen wurde, dessen Schwärze darob vertieft noch wurde.

Und neuerlich kam das Boot in Sicht, und mit ihm die Fee. Aber in der Haltung dieses Zauberwesens sprach sich größere Sorge aus, und mehr Unsicherheit, und weniger von elastischer Ekstase. Wiederum floß sie dahin aus Licht in Dunkelheit (die sich zunehmend vertiefte), und einmal mehr entfiel ihr ein Schatten hinein in die ebenhölzerne Flüssigkeit und wurde aufgesaugt in deren Schwärze. Und wieder und wieder beschrieb sie ihre Kreisbahn ums Eiland herum, während die Sonne hinab rauschte in Schlummerkammern; jedesmal, wenn sie wieder heraustrat ins Licht, sprach ihre Gestalt von größerem Kummer (während der Schimmer stets schwächlicher wurde und matter und undeutlicher); wenn sie in die Finsternis getragen wurde, verarmte sie jedesmal um einen dichteren Schatten, den es sogleich in schwärzere Düsternis schwemmte. Aber zu schlechter Letzt, da die Sonne endgültig Abschied genommen, lenkte die Fee, nunmehr ein bloßer Schatten noch ihres ehemaligen Selbst, trostlos mit ihrem Boot ein in die ebenhölzern flutenden Reiche – und daß sie wieder daraus aufgetaucht wäre, weiß ich nicht mehr zu sagen: denn Dunkelheit befiel alle Dinge, und ich sah ihre magische Figur nimmermehr.

Anmerkungen

1 Pomponius Mela sagte in seiner Abhandlung *De Situ Orbis* anläßlich der Erwähnung der Gezeiten: ›Entweder ist die Welt ein großes Tier, oder aber …‹

2 Florem putares nare per liquidum aethera. (COMMIRE)

Das Gespräch zwischen Monos und Una

Zukünftig ist dies alles.
Sophokles, *Antigone*

Una: Wiedergeboren?

Monos: Ja, schönste und geliebteste Una, ›wiedergeboren‹. Dies war das Wort, über dessen mystischem Sinne ich so lange nachgesonnen, verschmäht ich doch die Erklärung der Priesterschaft – bis mir der Tod denn selber das Geheimnis löste.

Una: Der Tod!

Monos: Wie seltsam, süße Una, doch meine Worte aus dir widerklingen. Auch bemerke ich ein Zögern in deinem Schritt – eine freudige Unruhe in deinen Augen. Du bist verwirrt und bedrückt ob der majestätischen Neuheit des Ewigen Lebens. Ja, es war der Tod, davon ich sprach. Und wie so eigentümlich klingt das Wort nun hier, das ehemals nur Schrecken brachte den Herzen – das wie ein Mehltau fiel auf alle Wonnen!

Una: Ach, der Tod, das Gespenst, das Gast war auf allen Festen! Wie oft nicht, Monos, verloren wir uns in Mutmaßungen über sein Wesen! Wie so geheimnisvoll nicht trat er auf, Einhalt gebietend allem menschlichen Entzücken, und sprach sein Wort: ›Bis hierher und nicht weiter!‹ Die tiefe Liebe, mein innig einziger Monos, die beiden uns brannte in der Brust – wie leer nicht war im Glücksgefühle ihres ersten Sprießens, wie eitel nicht unser Hoffen, es werde unser Glück mit ihrer Stärke erstarken! Ach! Wie es wuchs, so wuchs auch in unseren Herzen die Furcht vor jener bösen Stunde, die eilends näher kam, auf immer uns zu trennen. So ward zu lieben Qual im Lauf der Zeit; Haß wäre eine Gnadengunst gewesen.

Monos: Sprich hier nicht mehr von diesen Kümmernissen, teure Una – mein, mein, auf immer nun!

Una: Doch die Erinnerung an vergangenen Kummer – ist sie nicht Freude in der Gegenwart? Viel hab ich noch zu reden von den Dingen, die das gewesen sind. Vor allem brenne ich darauf zu wissen, was dir geschah auf deinem Weg im dunklen Tale und Schatten.

Monos: Und wann je tat die strahlende Una an ihren Monos vergebens eine Bitte? Getreulich will ich gerne alles berichten – doch an welchem Punkte soll die so unheimliche Erzählung beginnen?

Una: An welchem Punkte?

Monos: Du sagst es.

Una: Monos, ich verstehe dich. Im Tode haben wir beide des Menschen Neigung erkannt, das Unbestimmbare zu bestimmen. Daher denn will ich nicht sagen – beginne mit dem Moment, wo dir das Leben erlosch – sondern mit jenem traurig bösen Augenblick, da das Fieber von dir abließ und du in reg- und atemlose Starre sankst und ich mit den fühlenden Fingern der Liebe die bleichen Lider dir schloß.

Monos: Zuvor, meine Una, ein Wort noch über des Menschen allgemeine Lage zu jenem Zeitpunkt. Du wirst dich entsinnen, daß einer oder zwei der Weisen unter unseren Vorvätern – Weisen in Wahrheit, obschon auch nicht in den Augen der Welt – es gewagt hatten, die Berechtigung der Begriffs ›Verbesserung‹ in Zweifel zu ziehen, wo er auf das Fortschreiten unserer Zivilisation angewendet ward. In jedem der fünf oder sechs Jahrhunderte, welche unserer Auflösung unmittelbar vorausgingen, gab es Zeiten, da ein kraftvoller Intellekt aufstand und kühn um jene Grundgedanken rang, deren Wahrheit nun unserem aller Fesseln entrafften Geist so vollkommen klar erscheint – Grundgedanken, die unserem Volk hätten lehren sollen, sich lieber der Führung der Naturgesetze zu unterwerfen, denn den Versuch zu machen, über sie Gewalt zu üben. In langen Zeitabständen traten große Geister auf, die jeden Fortschritt in der praktischen Wissenschaft als einen Rückgang bezüglich der wahren Nützlichkeit betrachteten. Gelegentlich tat der poetische Intellekt – jener Intellekt, welcher unserm jetzigen Gefühle nach der höchste überhaupt gewesen ist; da jene Wahrheiten, die für uns von der dauerndsten Wichtigkeit waren, nur von jener *Analogie* erreicht werden konnten, welche einzig und allein zu der Imagination in Beweisestönen spricht, doch für den hilflosen Verstand von keinem Gewichte ist – gelegentlich tat dieser poetische Intellekt einen Schritt weiter bei der Entwicklung und Entfaltung der vagen Idee des Philosophischen und fand in der mystischen Parabel, die vom Baum der Erkenntnis erzählt und von seiner verbotenen Frucht, der todbringenden, einen deutlichen Fingerzeig, daß Erkenntnis dem Menschen nichts taugt im infantilen Zustande seiner Seele. Und diese Männer, die Dichter, im Leben und im Sterben ein Gespött allen »Utilitariern« – rohen Pedanten, welche sich einen Titel anmaßten, der rechtens eigentlich nur den von ihnen so Verachteten zugekommen wäre – diese Männer, die Dichter, sinnen sehnsuchtsvoll, doch gar nicht ohne Weisheit, den alten Tagen nach, da unsere Bedürfnisse so einfach waren als unsere Freuden hell: den Tagen, da *Lust* noch ein unbekanntes Wort war, so tief und feierlich tönend klang in uns das Glück – freudigen, wonnevollen Tagen, da blaue Ströme ungedämmt zwischen unabgeholzten Hügeln sich hinzogen, weit fort in urzeitliche, duftende, noch nie erforschte Waldeseinsamkeiten.

Doch diese noblen Ausnahmen von der allgemeinen Mißregel dienten nur dazu, die letztere durch Opposition zu bestärken. Ach! Denn wir waren auf den übelsten von all unseren üblen Tagen gekommen. Die große »Bewegung« – so lautete die prachtvolle Bezeichnung – ging weiter: ein krankhafter Tumult, krankhaft an Geist und Gestalt. Die Kunst – die Künste – ihr Haupt erhob sich mächtig, und einmal auf dem Thron legten sie dem Intellekt, welchem sie ihre Erhebung zur Macht verdankten, Ketten an. Der Mensch aber, da er die Majestät der Natur nun einmal anerkennen mußte, verfiel in kindisches Jauchzen ob der erlangten und immer noch zunehmenden Herrschaft über ihre Elemente. Und derweil er dahinstolzierte, ein Gott in seiner eigenen Einbildung, kam eine lächerliche Blödigkeit über ihn. Wie aus dem Ursprung seiner Zerrüttung vermutet werden mag, befiel ihn nun der Wahn der Systematik und der Abstraktion; er hüllte sich in Allgemeinheiten ein. Unter anderen verqueren Ideen gewann auch die der allgemeinen Gleichheit Boden; und im Angesicht der Analogie und Gottes – zum Trotze der laut warnenden Stimme der Gradationsgesetze, welche so sichtbar alle Dinge im Himmel und auf Erden durchdringen – wurden wilde Versuche mit einer allbeherrschenden Demokratie angestellt. Doch dieses Übel entsprang notwendigerweise dem Grundübel – der Erkenntnis. Nicht konnte der Mensch beides: wissen und unterliegen. Derweil erhoben sich ungeheure qualmende Städte, schier ohne Zahl. Grünendes Laub verdorrte im heißen Atem der Schlote. Das schöne Gesicht der Natur ward entstellt, wie von den Verheerungen einer ekelhaften Krankheit. Und mich dünkt, süße Una, unser schlummernder Sinn für das Gewaltsame und das Weithergeholte hätte uns eigentlich hier Einhalt gebieten müssen. Doch nun erscheint es, daß wir mit der Pervertierung unseres Geschmacks oder vielmehr mit der blinden Vernachlässigung seiner Ausbildung in den Schulen nur unseren eigenen Untergang herbeigeführt hatten. Denn wahrlich, in diesem entscheidenden Krisenaugenblick war es allein der Geschmack – jene Fähigkeit, welche eine Mittel- und Mittlerposition zwischen dem reinen Intellekt und dem moralischen Empfinden innehat und niemals ungestraft mißachtet wird – in diesem Augenblick war es einzig und allein der Geschmack, der uns sanft hätte zurückführen können zu Schönheit, Natur und Leben. Doch ach des reinen Denkergeistes Plato und seiner erhabenen Einsicht! Ach jener μουσικη, welche er zu Recht für ein umfassendes Mittel zur Bildung der Seele ansah! Ach! Wehe, wehe, daß sie uns entschwunden! Denn beide taten uns gerade damals bitterlich not, als beide so ganz vergessen waren oder verachtet.[1]

Pascal, ein Philosoph, den wir beide lieben, hat gesagt, und wie wahr! – *»tout notre raisonnement se réduit à ceder au sentiment«;* und es ist nicht möglich, daß das Gefühl für das Natürliche doch, hätte die Zeit es zugelassen, sein altes Übergewicht über die strenge mathematische Räson der Schulen wiedergewonnen hätte. Vorzeitig herbeigeführt durch Unmäßigkeit in der Erkenntnis aber brach das Greisenalter der Welt herein. Die Masse der Menschheit jedoch sah es nicht – oder wollte es bei all ihrem lustigen, doch glücklosen Dahinleben nicht wahrhaben, Mich selber aber hatten die geschichtlichen Zeugnisse der Erde gelehrt, als den Preis der höchsten Zivilisation den Sturz ins tiefste Verderben zu erwarten. Ich hatte ein Vorwissen um unser Geschick aus der Vergleichung Chinas geschöpft, des einfachen und dauernden, mit Assyrien, dem Architekten, mit Ägypten, dem Astrologen, und mit Nubien, das kunstreicher war denn sie beide – die ungestüme Mutter aller Künste. In der Geschichte[2] dieser Regionen traf ich auf einen Lichtstrahl aus der Zukunft. Bei der eigentümlichen, ganz besonderen Artifizialität der drei letztgenannten handelte es sich um lokale Krankheitserscheinungen der Erde, und in ihrem gleich so eigentümlichen und besonderen Untergange sahen wir lokale Heilmittel angewendet; doch für die im Großen infizierte Welt wollte sich mir kein Regenerationsmittel zeigen, es sei denn der Tod. Da aber die Menschheit an sich nicht ihren Untergang finden sollte, sah ich: sie müßte *wiedergeboren* werden.

Und nun geschah es, Schönste und Allerliebste, daß wir uns Geist und Seele täglich in Träume hüllten. Nunmehr geschah es, daß in der Dämmerung wir von den Tagen sprachen, die da kommen sollten, wo die von den Narben der Kunst gezeichnete Oberfläche der Erde, nachdem sie jene Läuterung[3] erfahren, welche allein ihre rechtwinkligen Unflätigkeiten zu tilgen vermochte, sich neulich schmücken würde mit dem frischen Grün, den Bergeshängen und den lächelnden Wassern des Paradieses und würde endlich wieder eine schickliche Wohnstätte werden dem Menschen: dem Menschen, den Tod geläutert – dem Menschen, dessen nun erhaben-erhobenem Intellekt Erkenntnis nicht mehr Gift war – dem erlösten, erneuerten, glückseligen und nun unsterblichen, doch immer noch *körperlichen* Menschen.

Una: Recht wohl entsinne ich mich dieser Unterhaltungen, lieber Monos. Doch der Zeitpunkt des feuerlichen Unterganges war nicht so nahe, als wir es glaubten und die Verderbnis, auf welche du wiesest, uns mit Gewißheit zu verbürgen schien. Die Menschen lebten; und starb ein jeglicher seinen eigenen Tod. Du selber siechtest hin und sankst ins Grab. Und eilig folgte dir deine getreue Una dorthin nach. Und ob schon das Jahrhundert, das derweil verstrich und dessen Beschluß uns heute erneut zusammenbringt, unsere schlummernden Sinne mit keiner Ungeduld ob seiner Dauer quälte, so war es, mein Monos, ja doch ein ganzes Jahrhundert.

Monos: Sag lieber, ein Punkt in der vagen Unendlichkeit. Ganz fraglos war es schon in der späten, kindischen Greisenzeit der Erde, daß ich starb. Matten Herzens ob so vieler Ängste, welche ihren Ursprung im allgemeinen Aufruhr hatten und Ruin, erlag ich dem wütenden Fieber. Nach ein paar wenigen Tagen der Qual und vielen des traumverlorenen Deliriums voller Ekstase, dessen Manifestationen du fälschlich für Schmerzen nahmst, derweil ich mich so sehnte, doch es nicht imstande war, dir darob die Augen zu öffnen – nach einigen Tagen kam über mich, wie du es sagtest, eine reg- und atemlose Starre; und die mich umstanden, nannten das den *Tod.*

Worte sind ungewisse Dinge. Mein Zustand raubte mir nicht das Empfindungsvermögen. Er ähnelte für mich ganz dem tiefen Ruhegefühl eines Menschen, der lange und fest geschlummert hat, nun reglos hingestreckt im Mittsommermittage liegt und langsam beginnt, sich ins Bewußtsein zurückzutasten – aus bloßer Schlafgenügsamkeit, und ohne von äußeren Störungen aufgeweckt zu sein.

Ich atmete nicht mehr. Der Puls stand still. Die Herzensschläge hatten aufgehört. Die Willenskraft war nicht von mir gewichen, doch war sie ohne Macht. Die Sinne waren ungewöhnlich tätig, doch dies in ganz exzentrischer Weise – denn oftmals übernahm der eine aufs Geratewohl des anderen Funktionen. Geschmackssinn und Geruchssinn waren unentwirrbar ineinander verwickelt und wurden zu einem Gefühl, abnorm und intensiv. Das Rosenwasser, mit welchem deine Zartheit mir zuletzt die Lippen genetzt hatte, schuf mir süße Phantasien von Blumen – phantastischen Blumen, weit lieblicher als alles, was je auf der alten Erde erwuchs, obschon wir ihre Urbilder hier um uns blühen sehen. Die Augenlider, transparent und blutlos, boten dem Blick durchaus keine vollständige Behinderung. Da Willenskraft nichts mehr ausrichtete, konnten die Augäpfel sich nicht mehr in den Höhlen bewegen – doch waren alle Gegenstände innerhalb des Bereichs der Sichthemisphäre mit mehr oder minderer Deutlichkeit zu sehen; wobei die Strahlen, die auf die äußere Netzhaut oder in den Winkel des Auges fielen, eine lebhaftere Wirkung hervorriefen als jene, welche auf die Vorderfläche trafen. Doch im ersteren Falle war diese Wirkung so ganz und gar anormal, daß ich sie nur als Klang empfand – als Wohlklang oder Mißklang – je nachdem, ob die Gegenstände, welche sich zu meiner Seite befanden, licht oder dunkel verschattet waren – und ob sie rundlichen Umriß hatten oder eckigen. Zu gleicher Zeit befand sich, obschon einigermaßen überreizt, mein Gehör doch ganz regulär in Tätigkeit – es nahm wirkliche Klänge mit ebenso haarscharfer Präzision als auch Empfindlichkeit auf. Eine eigentümlichere Modifikation dagegen hatte der Tastsinn erfahren. Er nahm die sich ihm bietenden Eindrücke nur langsam, ja fast widerstrebend auf, hielt jedoch hartnäckig daran fest; und stets dann mündeten sie in ein Gefühl der höchsten körperlichen Lust. So auch der Druck, den deine süßen Finger auf meine Augenlider übten: Zu Anfang nahm ich ihn nur visuell wahr, doch schließlich dann, lange nachdem sie sich schon wieder entfernt hatten, erfüllte er mein ganzes Sein mit einem schier unermeßlichen sinnlichen Entzücken. Ich sage: mit einem sinnlichen Entzücken. All mein Wahrnehmungen waren rein sinnlich. Die Materialien, welche dem passiven Hirn von den Sinnen zugeleitet wurden, erfuhren nicht im mindesten Grade irgendeine Aus- und Umgestaltung durch den abgestorbenen Verstand. Schmerz fühlte ich nur ganz wenig, Lust dagegen sehr viel. Doch geistig nahm ich weder Schmerz noch Lust wahr. So flutete auch dein wildes Schluchzen mit all seinen Trauerkadenzen in mein Ohr, und ich spürte jede Schattierung des Klagetons darin; doch waren es sänftlich weiche musikalische Klänge; sie teilten der erloschenen Vernunft nichts von den Schmerzen mit, die ihnen das Leben gaben. Und während die schweren Tränen, die unablässig auf mein Gesicht niederfielen, den Umstehenden von einem Herzen sprachen, das brach, erzitterte jede Fiber meines Leibes vor ekstatischer Verzückung. Und dies war tatsächlich der *Tod,* von dem diese Umstehenden ehrfürchtig und leise flüsternd sprachen; indessen du, süße Una, mit lauten wehen Klagen.

Sie kleideten mich für den Sarg – drei oder vier dunkle Gestalten, welche betriebsam her und hin glitten. Wenn sie meine direkte Sehlinie kreuzten, nahm ich sie als Gestalten wahr. Doch wichen sie zur Seite aus, so wandelte sich ihr Bild in die Vorstellung von Schreien, Seufzern und anderen gräßlichen Ausdrucksweisen von Grauen, Entsetzen oder Weh. Du ganz allein, gehüllt in dein weißes Gewand, du bliebst, wohin du dich auch wandtest vor meinem Blick, ein reiner, harmonischer Wohlklang.

Der Tag verging. Als sein Licht in Dämmerungen schwand, befiel ein vages Unbehagen mich – eine Ängstlichkeit, ganz wie sie der Schläfer empfindet, wenn unablässig dunkel-schlimme Laute aus der Wirklichkeit an sein Ohr dringen – leise ferner, feierlicher Glockentton in langen, aber gleichen Intervallen, vermischt mit schwermutsvoller Träumerei. Die Nacht brach an – und mit ihren Schatten kam schwere Unruhe über mich. Sie lastete als ein dumpfes Gewicht auf meinen Gliedern, zum Greifen gegenständlich. Und es erscholl dazu ein Jammerlaut, nicht unähnlich fernem Brandungswiderhall, nur dichter und stetiger. Er hatte mit dem ersten Zwielicht begonnen, und dann an Stärke und mit dem Dunkel zugenommen. Plötzlich aber wurden Lichter in den Raum gebracht, und alsbald ward dieser Widerhall zerrissen in einzelne, unregelmäßig einsetzende Ausbrüche desselben Lauts, nur daß er jetzt weniger trostlos klang und weniger deutlich. Der lastende Druck wurde erheblich leichter. Und von den Flammen einer jeden Lampe (denn ihrer waren viele in dem Raum) flutete ungebrochen in meine Ohren herab ein Lied von melodischer Monotonie. Und als nun du, liebe Una, an das Bett tratest, auf welchem ich ausgestreckt lag, und setztest dich sanft mir zur Seite und preßtest auf die Stirne mir die süßen, duftenden Lippen, da erwachte zitternd in der Brust mir, untermischt mit den bloß körperlichen Empfindungen, welche die Umstände hervorgerufen hatten, ein Etwas, verwandt dem Empfinden selber – ein Gefühl, das deine tiefe Liebe und Bekümmernis halb wahrnahm nur, halb aber auch erwiderte. Doch faßte dies Gefühl nicht Wurzel im pulslosen Herzen und schien tatsächlich eher ein Schatten zu sein denn eine Wirklichkeit; und rasch auch schwand es dahin: zuerst in äußerste Ruhe, und dann ganz wie zuvor, in rein sinnliche Lust.

Und nun schien es auf einmal, als seien mir aus dem Trümmerchaos der gewöhnlichen Sinne ein sechster, allvollkommener erstanden. Ihn einzusetzen, bereitete mir ein wildes Entzücken – doch ein Entzücken, immer noch körperlich, insofern als der Verstand keinen Teil daran hatte. Im animalischen Leibe hatte jede Bewegung aufgehört. Kein Muskel zitterte, kein Nervenstrang zuckte, in keiner Arterie klopfte mehr das Blut. Jedoch in meinem Hirn, so schien es, war *Jenes* aufgesprossen, wovon der bloß menschlichen Intelligenz keine Worte auch nur einen undeutlichen Begriff zu geben vermöchten. Laß mich es ein geistiges Pendelpulsieren nennen. Es war die innerliche Verkörperung von des Menschen abstrakter Idee der *Zeit*. Durch die absolute Egalisierung dieser Bewegung – oder einer wie dieser – waren die Zyklen der Körper am Firmament selber einmal in Übereinstimmung gebracht worden. Durch sie nun war ich in den Stand gesetzt, die Unregelmäßigkeiten der Uhr auf dem Kamine sowie der Taschenuhren der Anwesenden zu ermessen. Ihr Ticken drang sonor an meine Ohren. Die leichteste Abweichung vom rechten Maß – und solche Abweichungen waren allüberall – berührten mich gerade so wie Verletzungen einer abstrakten Wahrheit auf Erden normalerweise auf das sittliche Empfinden wirken. Obschon nicht zwei von den Zeitmessern in der Kammer in ihrem Sekundenschlag akkurat übereinstimmten, hatte ich doch keine Schwierigkeit, den Klang und entsprechend die Zeitfehler eines jeden beständig zu vermerken. Und dies – diese scharfe, vollkommene, ganz in sich selbst ruhende Empfindung von *Dauer* – diese Empfindung, welche (in einer Weise, wie sie der Mensch sich nicht entfernt hätte vorstellen können) unabhängig von jeglicher Ereignisfolge da war – diese Idee – dieser sechste Sinn, der sich aus der Asche der restlichen erhob, war der erste offenbare und gewisse Schritt der zeitlosen Seele über die Schwelle der zeitlichen Ewigkeit.

Es war Mitternacht; und immer noch saßest du an meiner Seite. Alle anderen waren aus der Kammer des Todes gewichen. Sie hatten mich in den Sarg gelegt. Die Lampen brannten flackernd; ich spürte dies an der Zittrigkeit der monotonen Melodien. Doch plötzlich ließen diese Klänge in Deutlichkeit und Stärke nach. Schließlich hörten sie auf. Der Duft in meinen Nüstern starb dahin. Keine Formen mehr erstanden vor meinem Gesicht. Der lastende Druck der Finsternis hob sich von meinem Busen. Ein dumpfer Schlag, wie von Elektrizität, durchfuhr meinen Leib und ward von einem totalen Mangel an Kontaktgefühl gefolgt. All das, was der Mensch »Sinn« genannt hat, ging in dem einen, einzigen Wesensbewußtsein auf und in der einen, einzigen, unablässigen Empfindung von Dauer. Den sterblichen Leib hatte endlich die Hand des tödlichen *Verfalls* getroffen.

Doch war nicht alles Empfinden von mir gewichen. Denn einige der Funktionen von Bewußtsein und Gefühl, soweit sie mir verblieben waren, erfüllte nun eine lethargische Intuition. Ich spürte durchaus, welch grauenvoller Wechsel jetzt mit meinem Fleische vorging, und wie der Träumer zuweilen der körperlichen Gegenwart eines, der sich über ihn beugt, gewahr ist, so, süße Una, fühlte auch ich noch immer, daß du an meiner Seite saßest. Insgleichen teilten sich mir, als der Mittag des zweiten Tages kam, jene Bewegungen mit, welche dich von meiner Seite entfernten, welche mich in den Sarg einschlossen, welche mich in den Leichenwagen schoben, welche mich zum Grabe trugen, welche mich hinabsenkten in die Grube, welche schwer die Erde auf mich häuften, und welche mich so, in Finsternis und Verfäulnis, dem traurig-feierlichen Schlummer überließen mit dem Wurm.

Und hier, in dem Verliese, das nur wenige Geheimnisse zu enthüllen hat, da strichen die Tage dahin, die Wochen, die Monde. Und mit Sorgfalt gab die Seele auf jede Sekunde acht, die da floh, und verzeichnete ohne Mühe ihre Flucht – ohne Mühe und ohne Sinn und Zweck.

Ein Jahr verging. Das Seinsbewußtsein war mit jeder Stunde weniger deutlich geworden, und ein bloßer Örtlichkeitssinn hatte sich in starkem Maße seiner Stelle bemächtigt. Langsam ging die Idee des Seins in der des Ortes auf. Der enge Raum, der unmittelbar das umgab, was einst der Leib gewesen, ward nun zum Leibe selbst. Schließlich – wie es oft den Schläfern widerfährt (und einzig der Schlaf und seine Welt geben ein Bild des *Todes*) – wie es auf Erden wohl manchmal dem tief Schlummernden widerfuhr, wenn irgendein jähes Licht ihn halb ins Erwachen aufscheuchte, doch halb im Traum eingehüllt ihn ließ – so traf auch mich schließlich in der engen Umarmung des Schattens jenes Licht, welches allein die Macht hätte haben mögen, mich auffahren zu lassen – das Licht der dauernden *Liebe*. Männer mühten sich an dem Grabe, darin ich im Dunkel lag. Sie warfen die feuchte Erde auf. Hinab auf mein modernd Gebein senkten sie Unas Sarg.

Und wieder war alles nun leer. Das Nebellicht war erloschen. Zitternd verebbte der matte Schauder in Ruhe. Lustra ging dahin. Staub kehrte wieder zu Staub. Der Wurm fand nicht länger mehr Nahrung. Das Seinsgefühl schwand schließlich ganz und gar, und an seiner Statt – an Statt aller Dinge – herrschten, mächtig und ewig, die Autokraten *Ort* und *Zeit*. Dem aber, was nicht war – was nicht Gestalt mehr hatte – noch Gedanken – was ohne Empfindung war – und seelenlos, daran Materie keinen Teil mehr hatte – all dieser Nichtigkeit, doch auch Unsterblichkeit, war immer noch das Grab Heimat und Haus – und waren die nagenden Stunden Gefährten.

Anmerkungen

1 »Nur schwerlich wird man eine bessere [Erziehungsmethode] entdecken denn jene, welche von der Erfahrung so vieler Zeitalter bereits entdeckt ward; sie aber besteht, so dar man zusammenfassen, in diesem: Gymnastik für den Leib – und *Musik* für die Seele.« (›Staat‹, Buch 2) – »Aus diesem Grunde ist eine musikalische Erziehung höchst wesentlich; denn sie läßt Rhythmus und Harmonie ins Innerste der Seele eindringen, worinnen beides unveräußerlich Wohnung nimmt, sie mit *Schönheit* erfüllt und den Menschen zum *Schön und guten Geiste* macht … Er wird fortan das *Schöne* preisen und bewundern: wird es mit Freuden in seine Seele aufnehmen, wird sich davon ernähren und *seine eigene Lage ihm assimilieren*.« (id, Buch 3) – ›Musik‹ (μουσικη) hatte freilich eine weit umfassendere Bedeutung bei den Athenern. Man verstand darunter nicht nur die Harmonie von Zeitmaß und Melos, sondern insgleichen auch die poetische Diktion, den Empfindungsreichtum und das Schaffen überhaupt, ein jedes Wort in seinem weitesten Sinne genommen. Das Studium der *Musik* bildete daher tatsächlich bei ihnen eine allgemeine Kultivierung des Geschmacks – also desjenigen Sinnes, welcher das *Schöne* erkennt – im Gegensatz zum Verstande, der einzig mit dem *Wahren* zu schaffen hat.

2 *Geschichte, ›Historie‹* ist abgeleitet von istorein – erforschen, erfahren; weiterberichten.

3 Das Wort *›Purifikation‹* (Läuterung) scheint hier mit Bezug auf seine Wurzel im griechischen pur (Feuer) gebraucht zu sein.

Wer kann sich retten vor des Teufels Wetten?

Eine Geschichte mit Moral

»*Con tal que las costumbres de un autor*«, sagt Don Thomas de las Torres in der Vorrede zu seinen »Verliebten Gedichten«, »*sean puras y castas, importa muy poco que no sean igualmente severas sus obras*« – was in schlichten Worten besagt: Gesetzt, die Moral eines Autors ist persönlich nur recht rein und lauter, so tut die seiner Bücher nichts zur Sache. Wir nehmen an, daß Don Thomas für diese Behauptung jetzt im Fegefeuer sitzt. Und es wäre, in Anbetracht poetischer Gerechtigkeit, ein durchaus gescheiter Einfall, wollte man ihn dort einbehalten, bis seine »Verliebten Gedichte« vergriffen sind oder endgültig aus Mangel an Lesern beiseite getan. Sollte doch, wahrlich, jede Dichtung eine Moral haben. Und, was zum Falle mehr Beweis noch ist, es haben ja die Kunstrichter auch festgestellt, daß jede Dichtung wirklich eine hat! Philipp Melanchthon schrieb, es ist einige Zeit her, einen Kommentar zur »Batrachomyomachia« und wies nach, des Dichters Gegenstand sei gewesen, Widerwillen gegen den Aufruhr zu erwecken. Pierre La Seine geht einen Schritt weiter und zeigt auf, die Absicht habe bestanden, jungen Männern Mäßigkeit im Essen und Trinken nahezulegen. Insgleichen hat sich auch Jacobus Hugo an der Überzeugung gütlich getan, daß Homer mit Euenis auf den Johann Calvon habe anspielen wollen; mit Antinoos auf den Martin Luther; mit den Lotophagen auf ganz allgemein die Protestanten; und mit den Harpyien auf die guten Holländer. Unsere moderneren Scholiasten sind gleicherweise scharfsinnig. Die Herrschaften zeigen einen verborgenen Tiefsinn in den »Antediluvians« auf, eine Parabel im »Powhatan«, ganz neue Aspekte im »Cock Robin« und transzendentale Philosophie im »Hop O' My Thumb«. Kurzum, es ist bewiesen, daß kein Mensch sich zum Schreiben hinsetzen kann ohne die allertiefsinnigsten Pläne. Damit wird den Autoren im allgemeinen nun ja recht viel Mühsal erspart. Ein Romanschreiber beispielsweise braucht sich um seine Moral den Kopf nicht zu zerbrechen. Sie ist ja da – das heißt, sie muß ja irgendwo stecken – und die Dame Moral als auch die Herren Kunstrichter mögen sich nur selber darum kümmern. Wenn nur erst die rechte Zeit gekommen ist, wird alles, was der edle Mann beabsichtigte – und wohl auch alles, was er nicht beabsichtigte – ans Licht gebracht werden; im »Dial« oder im »Down-Easter«, schönstens vereint mit all dem, was er ganz offenbar zu beabsichtigen beabsichtigte: So daß am Ende denn auch alles ganz herrlich passend ist.

Es gibt mithin keinerlei gerechte Ursache zu der gegen mich von seiten einiger gewisser Ignoramusen gerichteten Beschwerde, ich hätte nie eine moralische Geschichte – oder präziser: eine Geschichte mit Moral – geschrieben. Ach nein, sie sind nur noch nicht richtig künstlich genug zu Werke gegangen, die Herren Kritiker, um mich ans Licht zu bringen und meine Moralen *darzulegen*. Das ist das ganze Geheimnis! Später einmal wird sie das »Nordamerikanische Quarkdahlsblatt« ob ihres Stumpfsinnes beschämen. Inzwischen offeriere ich – des Vollzuges harrend – und um den gegen mich geschleuderten Anklagen die Spitze zu nehmen – die nachstehende traurige Historie: eine Geschichte, hinsichtlich deren unverkennbarer Moral keinerlei Zweifel bestehen kann, da ein jeder, der dieselbe zu ermitteln trachtet, in den Stand gesetzt ist, sie in den großen Buchstaben zu lesen, welche den Titel der Erzählung bilden. Es sollte mir Anerkennung entgegengebracht werden für diese Erfindung – eine weitaus weisere Idee als die des La Fontaine oder anderer, welche die Wirkung, auf deren Vermittlung sie es abgesehen, stets bis zum letzten Augenblicke sparen, um sie erst dann zu schlechter Letzt in ihre Fabeln listig einzufädeln.

Defuncti iniuria ne afficiantur war eines der zwölf Gebote, und *De mortuis nil nisi bonum* ist eine treffliche Weisung – selbst wenn der betreffliche Tote auch nur ein Gefäßchen schalen Dünnbiers gewesen wäre. Es ist daher denn auch nicht meine Absicht, etwa meinen verblichenen Freund Toby Dammit schmähen zu wollen. Er war ein rechter Schwerenöter, das ist wahr, und einen solchen Tod hat er erlitten. Doch war er selber für seine Laster nicht zu schelten. Sie erwuchsen aus einem persönlichen Defekte seiner Frau Mutter. Diese tat ihr Bestes, ihn während seiner zarten Kindheit zu züchtigen – denn Pflichten waren, nach ihrem wohlgeregelten Verstande, stets auch Vergnügungen; und kleine Kinder können ja, wie harte Steaks oder die modernen griechischen Ölbäume, durch Schlagen nur gewinnen. Doch – arme Frau – sie hatte das Mißgeschick, linkshändig zu sein. Ein Kind, von linker Hand mit Schlägen behandelt, wäre wohl besser doch ganz unbehandelt geblieben. Die Welt dreht sich von rechts nach links. Es geht mithin nicht an, ein Kleinkind von links nach rechts zu hauen. Wenn jeder Schlag in der gebührlichen Richtung eine üble Neigung austreibt, so folgt doch wohl daraus, daß jeder entgegengesetzt verabreichte Hieb ein gut Teil Bosheit hineintreibt. Ich war des öfteren in Person anwesend bei Tobys Züchtigungen, und selbst schon an der Weise, wie er sich zur Wehr setzte, konnte ich erkennen, daß er mit jeglichem Tage böser und verderbter ward. Zuletzt gar sah ich, durch die Tränen in meinen Augen, daß es hoffnungslos stand für den Schelm. Eines Tages, als sein Gesicht vermittels anhaltender Faustschläge eine solche Schwärze angenommen hatte, daß man ihn fälschlich hätte leicht für einen kleinen Afrikaner halten mögen, und keine andere Wirkung erreicht worden war, als daß er sich in abstoßendem Kampf am Boden wand, vermochte ich es nicht länger zu ertragen, sondern fiel alsbald auf meine Knie nieder und weissagte, meine Stimme erhebend, seinen Untergang.

Tatsache ist, daß seine Frühreife im Laster erschreckend war. Im Alter von fünf Monaten bereits pflegte er in derart heftige Gemütszustände zu geraten, daß ihm die Sprache versagte. Mit sechs Monaten ward er einmal von mir ertappt, wie er ruchlos an einem Pack Spielkarten knabberte. Mit sieben Monaten hatte er es sich zu stehenden Gewohnheit gemacht, die weiblichen Kleinkinder zu haschen und zu küssen. Mit acht Monaten weigerte er sich rücksichtslos, dem Mäßigkeitsvereine seine Unterschrift zu geben. So wuchs er denn an Monaten wie an Missetaten; bis er, zu Ende des ersten Jahres, nicht nur darauf bestand, *moustaches* zu tragen, sondern auch die höchst unheiligen Neigungen gefaßt hatte, zu fluchen und Schimpfwörter zu gebrauchen sowie seine Behauptungen mit Wetten zu unterstützen.

Durch diese letzte, eines Gebildeten wahrlich unwürdige Gewohnheit ereilte ihn denn auch der Untergang, welchen ich ihm geweissagt hatte. Der üble Brauch war »mit seinem Wachsen gewachsen und mit seiner Stärke stark geworden«, so daß er, als er auf die Mannesjahre zuging, kaum noch einen Satz zu äußern vermochte, ohne ihn mit einer Wettaufforderung zu spicken. Nicht daß er sich nun *wirklich* zu einem Einsatz verstand – oh nein. Ich will meinem Freund die Gerechtigkeit widerfahren lassen zu sagen, daß er sich eher noch aufs Eierlegen verstanden hätte. Die Sache war ihm eine bloße Formel – weiter nichts. Seine Kundgebungen waren mit keinerlei Bedeutung verbunden. Sie waren schlicht – wenn nicht überhaupt nur unschuldige Füllsel – so doch phantastische Phrasen, bestimmt, den Satz zu runden – weiter nichts. Wenn er sagte »Ich wette mit dir um dies und das«, so dachte niemand je ernstlich daran, ihn beim Wort zu nehmen. Aber dennoch konnte ich den Gedanken nicht von mir weisen, daß es meine Pflicht sei, ihn zum Schweigen zu bringen. Die Angewohnheit war eine unmoralische, und dies setzte ich ihm auseinander. Sie war auch pöbelhaft – dies bat ich ihn, mir zu glauben. Sie wurde von der Gesellschaft mißbilligt – damit sagt ich nichts denn die Wahrheit. Sie war durch Kongreßbeschluß verboten – hierbei hatte ich nicht die leiseste Absicht, eine Lüge auszusprechen. Ich machte ihm alle möglichen Vorhaltungen – doch umsonst. Ich wurde nachhaltiger – vergebens. Ich flehte – er lächelte. Ich flennte – er lachte. Ich predigte – er grinste nur höhnisch. Ich drohte – da fluchte er schon wieder. Ich versetzte ihm einen Tritt mit dem Fuße – er rief nach der Polizei. Ich zog ihn an der Nase – da schneuzte er dieselbe höchst unfein und erbot sich, dem Teufel seinen Kopf zu verwetten, daß ich es nicht wagen würde, das nämliche Experiment ein weiteres Mal zu versuchen.

Armut war ein anderes Laster, welches die besondere körperliche Mangelhaftigkeit von Dammits Mutter auf den Sohn vererbt hatte. Er war aufs abscheulichste arm; und dies muß zweifelsohne als Grund dafür gesehen werden, daß seine floskelartigen Wetten selten eine pekuniäre Wendung nahmen. Niemals, auf mein Wort, vernahm ich von ihm eine Redefigur wie »Ich wette einen Dollar«. Gewöhnlich sagte er »Ich wette, was Sie wollen« oder »Was wetten Sie – ich halte« oder »Ich wette einen Dreck« oder eben »Ich verwette dem Teufel meinen Kopf«. Die letztere Form schien ihm am besten zu behagen – vielleicht weil sie das geringste Risiko in sich beschloß. Denn Dammit war geradezu unmäßig sparsam und knauserig geworden. Hätte ihn jemand beim Wort genommen, so wäre, da sein Kopf nur klein, auch der Verlust nur ein kleiner gewesen. Doch sind dies meine eigenen Überlegungen, und keineswegs bin ich sicher, ob ich sie ihm mit Fug auch unterstellen darf. Jedenfalls stieg die in Rede stehende Phrase täglich in seiner Gunst, ungeachtet der groben Unschicklichkeit, welche darin liegt, sein Gehirn wie Banknoten zu verwetten; doch dies war ein Punkt, den zu begreifen meines Freundes verderbte Gemütsart nicht zulassen wollte. Am Ende stand er von allen anderen Formen eines Einsatzes ab und widmete sich der Verwettung seines Kopfes mit einer so hartnäckigen und ausschließlichen Hingebung, daß es mir nicht minder mißfiel, als es mich überraschte. Ich empfinde stets einigen Unmut über Erscheinungen, für die ich keine Erklärung finden kann. Geheimnisse nötigen den Menschen zum Denken und schädigen mithin die Gesundheit. Die Wahrheit ist, es gab da etwas in dem Gebaren, mit welchem Mr. Dammit seinem anstößigen Wetterbieten Ausdruck verlieh – etwas in der Art seiner Kundgebung – welches zuerst durchaus interessierte, mir hernach jedoch Beschwerde bereitete; etwas, das, in Ermangelung eines entschiedeneren Ausdrucks – *wunderlich* zu nennen mir gestattet sein möge, das jedoch Mr. Doleridge mystisch, Mr. Kant pantheistisch, Mr. Carlyle twistisch und Mr. Emerson hyperquizzitistisch genannt haben würde. Allmählich gefiel dasselbe mir ganz und gar nicht mehr. Mr. Dammits Seele befand sich in einem gefährlichen Zustand. Ich beschloß, meine ganze Beredsamkeit ins Spiel zu bringen, sie zu erretten. Ich gelobte, ihm so zu dienen, wie St. Patrick nach Mitteilung der irischen Chronik der Kröte diente, das heißt, »in ihm ein Bewußtsein für seine Lage zu wecken«. Dieser Aufgabe widmete ich mich unverzüglich. Einmal mehr verlegte ich mich auf heilsame Ermahnungen. Einmal mehr noch sammelte ich meine Kräfte zu einem endlichen Versuch, ihm sein so schnödes Laster zu verweisen.

Als ich mit meiner Strafpredigt zu Ende gekommen, legte Mr. Dammit ein höchst zweifelhaftes Betragen an den Tag. Einige Augenblicke lang verblieb er schweigend, indem er mir nur forschend in das Gesicht blickte. Doch alsbald warf er den Kopf auf die eine Seite und hob die Brauen zu außerordentlicher Höhe. Dann breitete er seine Handflächen aus und zuckte die Achseln. Dann zwinkerte er mit dem rechten Auge. Dann wiederholte er dies Verfahren mit den linken. Dann schloß er sie beide fest. Dann öffnete er sie wieder so überaus weit, daß ich mich ernstlich um die Folgen besorgte. Dann fand er sich, indem er seinen Daumen an die Nase lege, bemüßigt, mit den restlichen Fingern eine unbeschreibliche Bewegung zu vollführen. Zuletzt nun ließ er sich, die Arme in die Seiten gestemmt, zu einer Erwiderung herbei.

Ich vermag meinem Gedächtnis nur noch die Hauptpunkte seines Vortrages zu entnehmen. Er würde, so ließ er mich wissen, mir sehr verbunden sein, wollte ich gütigerweise meinen Mund nunmehr geschlossen halten. Er wünsche keinerlei Rat von meiner Seite. Er verachte meine Insinuationen. Er sei alt genug, selbst auf sich achtzugeben. Hielte ich ihn etwa immer noch für das Kleinkind Dammit? Wolle ich gar nur irgend etwas wider seinen Charakter sagen? Sei meine ganze Absicht, ihn zu beleidigen? Ja, sei ich, rundheraus gefragt, ein barer Narr? Kurzum – ob wohl mein mütterliches Elternteil überhaupt meiner Abwesenheit vom häuslichen Herde gewahr geworden sei? Diese letztere Frage stelle er mir als einem wahrheitsliebenden Manne, und er mache sich verbindlich, sich an meine Antwort zu halten. So heische er denn nochmals ausdrückliche Auskunft, ob meine Mutter wisse, daß ich ausgegangen sei. Meine Verwirrung, so sagte er, verrate mich, und er sei willens, dem Teufel seinen Kopf zu verwetten, sie wisse *nichts!*

Mr. Dammit ließ mir keinen Raum zu einer Entgegnung. Indem er sich auf dem Absatz herumdrehte, verließ er meine Gegenwart mit würdelosem Ungestüm. Doch war es gut für ihn, daß er dies tat. Meine Gefühle waren tief verwundet. Selbst mein Zorn war erregt worden. Denn dies eine Mal hätte ich gar wohl auf sein schmähliches Wetterbieten eingehen mögen. Ich würde für den Erzfeind Mr. Dammits kleinen Kopf gewonnen haben – denn die Sache ist die: Meine Mutter hatte sehr wohl Kenntnis von meiner nur zeitweiligen Entfernung vom elterlichen Hause.

Doch *Khoda schifa midehad* – der Himmel gibt Linderung – wie die Muslime sagen, wenn man ihnen auf die Zehen tritt. Es geschah im Verfolge meiner Pflichterfüllung, daß ich beleidigt worden war, und so trug ich die Schmähung wie ein Mann. Gleichwohl wollte es mir nun doch scheinen, als hätte ich, im Falle dieses erbarmungswürdigen Individuums, alles getan, was füglich von mir verlangt werden konnte, und ich beschloß, ihm nicht länger mit meinem Ratschlag beschwerlich zu fallen, sondern ihn sich selbst und seinem Gewissen zu überantworten. Doch ob ich schon davon abstand, ihm meine Beratung aufzudrängen, vermochte ich doch nicht, seiner Gesellschaft gänzlich zu entsagen. Ja, ich ging so weit, einigen seiner minder sträflichen Neigungen willfährig zu sein. Es gab Zeiten, da ich mich seine boshaften Scherze preisen fand – tränenden Auges freilich, wie es Feinschmeckern mit dem Senfe geht: So zutiefst schmerzte es mich, seine üblen Reden zu vernehmen.

Eines schönen Tages, da wir Arm in Arm zusammen spaziert waren, führte uns unser Weg in der Richtung eines Flusses. Dort gab es eine Brücke, und wir beschlossen, sie zu überschreiten. Sie trug eine Bedachung zum Zweck des Schutzes vor dem Wetter, und der Bogengang war, da nur mit wenigen Fenstern versehen, somit höchst unbequemlich dunkel. Als wir den Durchgang betraten, legte sich mir der Gegensatz zwischen dem Funkeln draußen und dem Dunkel hier drinnen sogleich schwer aufs Gemüte. Nicht so jedoch auf das des unglücklichen Dammit, der sich erbot, dem Teufel seinen Kopf zu verwetten, daß ich hüftlahm sei. Er schien sich ungewöhnlich guter Laune zu erfreuen. Eine schier maßlose Munterkeit war ihm eigen – der Art, daß in mir ein peinlicher Verdacht aufstieg: Es scheint nicht unmöglich, daß ihn die Transzendenteln plagten! Ich bin jedoch in der Diagnose dieses Leidens nicht wohl genug bewandert, um mir Entschiedenheit über diesen Punkt sprechen zu können. Und unglücklicherweise war keiner meiner Freunde vom »Dial« zugegen. Ich trage meinen Gedanken, dessen ungeachtet, um einer gewissen Sorge gröblicher Gaukeleien willen vor, welche meinen armen Freund zu bedrängen schienen und ihn dahin brachten, schier einen Narren aus sich zu machen. Nichts wollte ihm zupaß kommen, als zu springen und sich zu schlängeln und zu drängeln, drunter und drüber, was ihm auch in den Weg kam, und dabei – einmal lispelnd, einmal laut – alle möglichen wunderlichen Worte, kleine und große, von sich zu geben, wobei er jedoch stets das ernsteste Gesicht von der Welt bewahrte. Ich vermochte zu keinem Entschluß zu kommen, ob ich ihm nun einen Fußtritt oder aber mein Mitleid zuteil werden lassen sollte. Nachdem wir schließlich die Brücke annähernd ganz passiert hatten, gelangten wir an das Ende des Fußweges, als sich unserem Weiterkommen ein Drehkreuz von einiger Höhe entgegenstellte. Durch dieses nahm ich gemächlich meinen Weg, indem ich es, wie üblich, herumdrehte. Doch diese Drehung wollte nicht in die bereits genug verdrehte Stimmung des Mr. Dammit passen. Bestand er doch darauf, das Kreuz zu überspringen, und sagte, er mache sich anheischig, darüber in der Luft noch einen Purzelbaum zu vollführen. Nun, dieses hielt ich, ganz gewissenhaft gesprochen, für recht unmöglich. Die besten Purzelbäume aller Stilarten wurden von meinem geehrten Freunde Mr. Carlyle geschlagen, und es wollte mir einfach nicht eingehen, daß Toby Dammit es ihm sollte gleichtun können. In wohlgesetzter Rede teilte ich ihm dieserhalb mit, daß eines Prahlhanses Stimme aus ihm spreche und er sein Wort gewißlich nicht werde einlösen können. Dies sollte ich hernach mit Grund bedauern: denn nun erbot er sich sogleich, dem *Teufel seinen Kopf zu verwetten*, daß er es doch vermöchte.

Ich setzte eben zu einer Erwiderung an, um ihm, ungeachtet meines letzthin gefaßten Vorsatzes, erneute Einreden gegen sein sündiges Erbieten zu widmen, als ich, eng neben meinem Ellenbogen, ein leichtes Hüsteln vernahm, das recht wohl klang wie der seufzende Ausruf »Ähem!«. Ich stutzte und sah mich voller Überraschung um. Mein Blick fiel schließlich in einen Winkel im Fachwerk der Brücke und auf die Gestalt eines lahmen alten Herren von ehrwürdigem Äußern. Nichts konnte überhaupt hochwürdiger sein als seine ganze Erscheinung. Denn er trug nicht nur einen Anzug ganz aus Schwarz, sondern sein Hemd war vollkommen sauber und der Kragen sehr gefällig über eine weiße Krawatte geschlagen, während sein Haar vorne gescheitelt verlief wie bei einem Mädchen. Seine Hände waren gedankenvoll über dem Leibe gefaltet, und seine Augen mit Bedacht im Haupt himmelwärts verdreht.

Indem ich ihn nun angelegentlicher betrachtete, bemerkte ich, daß er über seinen Beinkleidern eine schwarze Schürze trug. Dies war etwas, was mir doch recht seltsam erschien. Ehe ich jedoch die Muße fand, eine Bemerkung zu einem so eigentümlichen Umstand zu machen, unterbrach er mich mit einem erneuten »Ähem!«.

Auf diese Äußerung zu antworten, war ich nicht unmittelbar vorbereitet. Tatsache ist, daß Bemerkungen dieser lakonischen Natur so gut wie überhaupt nicht zu beantworten sind. Ich habe eine gewisse Vierteljahreszeitschrift gekannt, welcher vor dem ihr zugerufenen Worte »Quatsch!« schier die Sprache versagte. Mithin schäme ich mich nicht zu sagen, daß ich mich zu Mr. Dammit nach Beistand umwandte.

»Dammit«, sprach ich, »was ist mit Ihnen? Hören Sie denn nicht? Der Herr hier sagt ›Ähem!‹«. Ich blickte mit einiger Strenge auf meinen Freund, während ich ihn solchermaßen anredete. Denn, um die Wahrheit zu sagen, ich fühlte mich besonders irritiert, und wenn ein Mann in dieser Weise irritiert ist, so muß er die Stirne runzeln und recht unbändig dreinblicken, oder sein Gesicht läuft beträchtliche Gefahr, dem eines Schafes zu gleichen. »Dammit«, äußerte ich – und es klang so ziemlich wie ein Fluch, obgleich nichts meinen Gedanken ferner lag, als etwa ihm Verdammnis anzuwünschen – »Dammit, der Herr hier sagt ›Ähem!‹«, wiederholte ich eindringlich.

Ich unternehme ja gar nicht den Versuch, meine Bemerkung nun als besonders markanten Tiefsinn zu verteidigen. Ich hielt sie selber nicht dafür; doch habe ich die Erfahrung gemacht, daß die Wirkung unserer Reden sich durchaus nicht immer direkt proportional zu ihrer Bedeutsamkeit in unseren eigenen Augen verhält. Hätte ich freilich Mr. D. mit einer Paixhans-Bombe kurz und klein gesprengt oder ihm mit den »Dichtern und Dichtungen Amerikas« den Schädel eingeschlagen – er hätte wohl kaum mehr die Fassung verlieren können denn nun, da ich ihn mit so schlichten Worten ansprach: »Dammit, was ist mit Ihnen? Hören Sie denn nicht? Der Herr hier sagt ›Ähem!‹«.

»Sie täuschen sich auch nicht?« keuchte er schließlich, nachdem sein Gesicht mehr die Farben gewechselt hatte als ein Pirat, eine nach der anderen, wenn er von einem Kriegsschiff gejagt wird. »Sind Sie sicher, daß er *das* sagte? Nun, so weiß ich denn jedenfalls Bescheid und kann auch gleich ein beherztes Gesicht dazu machen. Auf denn also – Ähem!«

Auf dies hin schien der alte Herr recht angenehm berührt – Gott allein weiß, warum. Er verließ seinen Standort im Winkel der Brücke, humpelte mit gleichwohl anmutiger Bewegung heran, faßte Dammit bei der Hand, um dieselbe herzlich zu schütteln, indem er ihm die ganze Zeit über mit einem Ausdruck der unverfälschtesten Huld, welche dem menschlichen Geiste nur vorstellbar, in das Gesicht blickte.

»Ich bin ganz sicher, sie werden gewinnen, Dammit«, sagte er mit dem allerfreimütigsten Lächeln, »doch sind wir verpflichtet, Sie wissen es, eine Probe zu machen, der bloßen Form halber.«

»Ähem!« erwiderte mein Freund, indem er mit einem tiefen Seufzer seinen Rock ablegte, sich ein Taschentuch um die Hüfte wand und dadurch, daß er die Augen himmelwärts drehte und seine Mundwinkel herabhängen ließ, eine schier unerklärliche Veränderung in seinen Zügen hervorrief – »Ähem!« Und »Ähem!« sagte er nach einer Pause abermals. Und kein anderes Wort als dieses »Ähem!« vernahm ich je danach noch aus seinem Munde. »Sieh an«, so dachte ich, ohne diesem freilich einen vernehmlichen Ausdruck zu leihen, »dies ist ja eine ganz bemerkenswerte Schweigsamkeit auf Seiten Toby Dammits, und ohne Zweifel stehen wir vor einer Folge seiner Redseligkeit bei einem früheren Anlaß. Ein Extrem bedingt das andere. Ich frage mich nur, ob er wohl die vielen unbeantworteten Punkte des Verhörs vergessen hat, welches er mit mir am Tage, da ich ihm meine letzte Strafpredigt hielt, so geläufig anstellte? Jedenfalls – von den Transzendenteln ist er jetzt kuriert.«

»Ähem!« erwiderte hier Toby, ganz als hätte er meine Gedanken gelesen, und dabei blickte er drein wie ein sehr altes dösendes Schaf.

Der alte Herr ergriff ihn nun beim Arme und geleitete ihn tiefer in den Schatten der Brükke – einige wenige Schritte vom Drehkreuz zurück.

»Mein guter Junge«, sagte er, »es soll mir eine Gewissenssache sein, Ihnen so viel Anlauf zu gestatten. Warten Sie hier, bis ich meinen Platz bei dem Kreuze eingenommen habe, damit ich sehen kann, ob Sie auch mit Anstand – und vortrefflich – hinüberkommen und keine Schwingung des Purzelbaumes auslassen. Der bloßen Form halber, verstehen Sie. Ich werde dann rufen ›eins, zwei, drei uns los!‹. Bei dem Worte ›los‹ springen Sie!«

Hierauf nahm er seine Stellung am Kreuze ein, verhielt einen Augenblick, wie in tiefes Nachdenken versunken, sah dann auf und, so dachte ich, lächelte ganz leicht. Dann band er sich die Schürze fester, warf noch einen langen Blick auf Dammit und rief schließlich – wie vereinbart – die Worte:

»Eins – zwei – drei – und los!«

Pünktlich bei dem Worte »los« setzte mein armer Freund sich in Galopp. Der Stiel des Drehwerks ragte nicht sonderlich hoch hinaus, wie der von Mr. Lord – doch stand er auch nicht ganz so niedrig, wie der von Mr. Lords Rezensenten – so nahm ich denn im Ganzen doch für sicher an, daß Dammit darüber wegkommen werde. Und wenn es ihm nun nicht gelingen wollte? Ah, das war die Frage – was geschah, wenn es ihm nicht gelang? »Welches Recht«, so sprach ich, »hat eigentlich dieser alte Herr, einen anderen Herren zum Springen zu bewegen? Dieser kleine alte Wirrkopf – wer *ist* er denn, daß er es wagen dürfte? Würde er *mich* zum Sprunge auffordern, ich würde es *nicht* tun, das ist völlig klar, und mir ist es gleich, wer *zum Teufel er wäre!*« Die Brücke, das sagte ich bereits, hatte eine bogenförmige Wölbung und war in einer ganz lächerlichen Weise überdacht, und die ganze Zeit gab es darunter ein höchst unangenehmes Echo – ein Echo, wie ich es noch nie zuvor so sonderbar gefunden hatte als jetzt, da ich die vier letzten Worte meiner Rede äußerte.

Doch was ich sagte, was ich dachte oder hörte, nahm kaum nur einen Augenblick in Anspruch. In weniger denn fünf Sekunden nach dem Start hatte mein armer Toby den Sprung getan. Ich sah ihn höchst behende rennen und gewaltig vom Boden der Brücke abspringen, wobei er, als er hoch gekommen, aufs beachtlichste die Beine schwang. Ich sah ich hoch in der Luft. Der Purzelbaum kam bewunderungswürdig gerade über der Spitze des Drehkreuzes zustande. Und natürlich schien es mir nun ein ungewöhnlicher Sonderfall zu sein, daß er seinen Sprung nicht fortsetzte. Aber das alles war die Sache eines Augenblickes, und ehe ich noch Muße zu tiefgründigen Überlegungen fand, kam Mr. Dammit wieder nieder und flach auf seinen Rücken zu liegen, auf der selben Seite, von welcher er abgesprungen. Im gleichen Augenblick sah ich den Herren in äußerster Eile davonhüpfen, indem er in seiner Schürze etwas, das aus der Dunkelheit des Bogens gerade über dem Drehkreuz schwer hineingefallen, geschickt aufgefangen und hineingewickelt hatte. Über all diesem war ich sehr erstaunt. Doch blieb mir kein Raum zu weiterer Erwägung, denn Mr. Dammit lag ganz sonderbar still, und ich schloß daraus, daß seine tiefsten Empfindungen verletzt sein müßten und er meines Beistandes bedürftig sei. Ich eilte zu ihm und fand nun allerdings, daß er etwas erlitten hatte, was man wohl eine ernstliche Verletzung nennen darf. Die Wahrheit nämlich ist, er war seines Kopfes verlustig gegangen, und trotz aller emsigen Suche vermochte ich denselben nirgends aufzufinden. So beschloß ich denn, den Armen heimzuschaffen und nach den Homöopathen zu senden. Doch unterdessen durchfuhr mich ein Gedanke, und ich stieß ein nebenstehendes Fenster der Brücke auf, als mir schon wie ein Blitz die ganze traurige Wahrheit aufging. In Höhe von wohl fünf Fuß über dem Drehkreuz ragte, zur Stütze des Gewölbes, quer über dem Fußpfade ein flacher Eisenbalken hin, dessen Breite waagerecht lag und der zu einer ganzen Reihe gehörte, welche das Gefüge in seiner gesamten Ausdehnung festigte. Ganz offenbar schien der Hals meines unglücklichen Freundes präzise mit der Kante dieser Strebe in Berührung gekommen zu sein.

Er überlebte diesen schrecklichen Verlust nicht lange. Die Homöopathen konnten ihm gar nicht wenig genug Arznei verabreichen, und das Wenige, das sie hergaben, zögerte er auch noch zu nehmen. So wurde es am Ende schlimmer noch mit ihm, und schließlich verstarb er gar, allen aufrührerischen Lebenden zur heilsamen Belehrung. Ich betaute sein Grab mit meinen Tränen, brachte in seinem Familien-Wappenschilde einen Schrägbalken an und schickte, bezüglich der allgemeinen Auslagen zu seiner Beerdigung, meine sehr maßvolle Rechnung den Transzendentalisten ein. Die Schurken verweigerten jedoch die Bezahlung. So ließ ich Mr. Dammit unverzüglich wieder ausgraben und verkaufte ihn als Hundefraß.

Eleonora

Sub conservatione formae specificae salva anima.

Raimundus Lulus

Ich entstamme einem Geschlecht, das berufen ist ob der Stärke seiner Phantasie und der Glut seiner Leidenschaft. Manche Leute haben mich verrückt genannt. Aber die Frage ist so ausgemacht noch nicht, nach ja oder nein, ob es sich beim Wahnsinn nicht etwa um die luftig-stolzeste Mentalität handelt – ob vieles, das glorreich – ob alles, was profund – nicht vielleicht doch nur dem angegriffenen Denken entspringen könnte – Geisteszuständen, wo eine einzelne Stimmung auf Kosten des gesamten psychischen Apparates mächtig übersteigert ist. Die, welche bei Tage träumen, haben Kenntnis von manchen Dingen, die denen entgehen, die nur bei Nacht zu träumen pflegen. In ihren dämmergrauen Visionen werden ihnen Ausblicke in die Ewigkeit zuteil, und erwachend erkennen sie – bebend vor Entzücken – daß sie in die Außenränder des großen Geheimnisses eingedrungen waren. So lernen sie, in unregelmäßigen Abständen, ein weniges von der Weisheit, die aus dem Guten stammt, und mehr von jenem bloßen Hirnwissen, das vom Übel ist. Sie wagen sich, ob noch so steuer- und kompaßlos, hinaus in den weiten Ozean des ›lux ineffabilis‹, und das gleiche gilt für sie wie für die Abenteurer des nubischen Geographen: »Agressi sunt mare tenebrarum, quid in eo esset exploraturi.«

Schön. Wollen wir es also so ausdrücken, daß ich verrückt bin. Zumindest räume ich ein, daß zwei deutlich verschiedene Zustände meines geistigen Daseins vorhanden sind: einmal der Zustand klarer Vernunft, über den es kein Disputieren gibt und dem die Erinnerung an Ereignisse zugeordnet ist, welche die erste Epoche meines Lebens bilden – sowie ein Zustand dubioser Schattenhaftigkeit, der zur Gegenwart gehört sowie dem Gedenken an das, was die zweite große Ära meines Daseins ausmacht. Deshalb kann man dem, was ich aus der früheren Periode erzählen werde, bedingungslosen Glauben schenken; aber dem, was ich aus der späteren Zeit berichte, kann jeder nur soweit vertrauen, wie es ihm gut dünkt. Auch darf man es ganz bezweifeln. Oder wer es nicht bezweifeln kann, mag er den Ödipus dieses Rätsels spielen.

Sie, die ich als Jüngling liebte und von der ich jetzt ruhig und mit klarem Kopfe diese Erinnerungen zu Papier bringe, war die einzige Tochter der einzigen Schwester meiner längst verstorbenen Mutter. Eleonora war der Name meiner Cousine. Wir hatten immer beieinander gewohnt, unter einer tropischen Sonne im Tal des vielfarbigen Grases. Ohne einen Führer kam keine Fußtritt jemals diesem Talgrund zu nahe; denn er lag weit und hoch hinaus, inmitten einer Kette gigantischer Hügel, die ihn rundum überhängend umstanden, und dem Sonnenlicht den Zutritt wehrten zu seinen lieblichsten Schlupfwinkeln. Kein begangener Pfad verlief in seiner Nachbarschaft und um unser beglücktes Heim zu erreichen, hätte man mit starken Armen das Laubwerk vieler tausend Hochwaldstämme beiseite drängen und die Pracht von Millionen duftender Blumen zu Tode stampfen müssen. Dies bewirkte, daß wir allein lebten, ohne Kenntnis der Welt außerhalb des Talgrundes – ich, meine Kusine und ihre Mutter.

Aus den undeutlichen Bereichen jenseits der Berge, am oberen Ende unserer umcircten Domäne, schlich ein schmaler und tiefer Fluß hervor, klarer als alles, abgesehen von Eleonorens Augen; er wand sich labyrinthischen Laufes verstohlen dahin, bis er endlich durch einen schattigen Schlund davonfloß, zwischen Hügeln, noch dämmriger denn die, durch welche er bei uns eingetreten war. Wir hießen ihn den ›Fluß des Schweigens‹; denn sein Fließen schien einlullende Wirkung zu besitzen. Keinerlei Murmeln entstand in seinem Bette, und so sanft wanderte er dahin, daß die perlmutternen Kiesel tief unten auf seinem Grund, auf denen unsere Blicke gerne weilten, sich niemals bewegten, vielmehr in regloser Genüge ruhten, ein jeglicher an seinem Rastort, herrlich schimmernd immerdar.

Die Ränder des Flüßchens, wie auch die der vielen flirrenden Wasserrillchen, die auf umschweifenden Wegen in ihn, ihren Hauptkanal, einmündeten – und die Böschungen, die sich vom Ufer ins Wasser hinab erstreckten, bis sie schier das Kieselbett im Grunde erreichten – diese freien Räume sowie die ganze Fläche des Talgrundes vom Fluß bis hin zu den Bergen, die ihn umgürteten, waren ein einziger Teppich von weichem grünen Gras: dicht, kurz, vollendet und vanilleduftend, und dennoch durchweg gesprenkelt vom gelben Hahnenfuß, dem weißen Maßliebchen, der purpurnen Viola und dem rubinroten Asphodill, daß all der Überschwang an Schönheiten mit lautem Ton zu unseren Herzen sprach, von Gottes Pracht und Liebe.

Und hier und dort auf diesem Rasengrund, in Hainen, schossen – Wildnissen in Träumen gleich – phantastische Bäume auf, deren hochschlanke Stämme nicht aufrecht standen, wohl aber anmutig schräge dem Licht zustrebten, das zur Mittagszeit in unser Talzentrum hereinlugte. Ihre Rinde war schöngescheckt und glänzte lebhaft, bald wie Ebenholz bald wie Silber, und war glatter als alles, es seien denn Eleonorens Wangen; so daß, wäre nicht das Smaragdgrün großer Blätter gewesen, das sich von ihren Wipfeln in langen schlanken Linien herabzog und mit den Zefirn tändelte, man sie für jene Superschlangen Syriens hätte halten können, die ihrem Souverän der Sonne huldigten.

Hand in Hand durch dieses Tal, fünfzehn ganze Jahre lang, schweifte ich mit Eleonora, bevor die Liebe in unsere Herzen einzog. An einem Abend war es – das dritte Lustrum ihres Lebens nahte sich dem Ende, und von meinem eigenen das vierte – daß wir eng umschlungen unter den pythongleichen Stämmen am Fluß des Schweigens saßen, in sein Gewässer niederschauend, wo sich unsere Spiegelbilder befanden. Wir wechselten nicht Reden mehr den Rest des ganzen süßen Tages; und auch am nächsten Morgen noch gelangen uns die Worte bebend nur und karg. Wir hatten den Gott Eros aus jener Welle beschworen, und fühlten nun, wie er die Feuerseelen unserer Vorväter in uns entfachte. Die Leidenschaften, die unser Geschlecht jahrhundertelang gekennzeichnet hatten, bedrängten uns zusammen mit den wunderlichen Phantastereien, für die es stets gleichermaßen bekannt gewesen war, und unter dem vereinten Zauber der beiden breitete sich ein Delirium von Entzücken über das Tal des vielfarbigen Grases. Verwandlung befiel alle Dinge: Sternförmige, fremdfunkelnde Blumen brachen aus den Rinden der Stämme, wo man zuvor nichts von Blüten gewußt hatte. Die Tönung des grünen Teppichs vertiefte sich, und wie die weißen Maßliebchen sich eins nach dem anderen zurückzogen, da schoß an ihrer Stelle, in Büscheln zu Zehnen, rubinroter Asphodill in die Höhe. Und Leben erwachte auf unseren Wegen: Der lange Flamingo, ansonsten hier ungekannt, mit farbenprächtigen Vögeln in seinem Gefolge, blähte sein Scharlachgefieder prunkend vor uns auf; von Gold- und Silberfischen wimmelte plötzlich der Fluß, aus dessen Grund sich nach und nach Murmeln zu erheben begannen; bis es am Ende anschwoll zu einer einlullenden Melodie, himmlischer als die der Äolsharfe – süßer als alles, es sei denn Eleonorens Stimme. Und nunmehr flutete auch eine umfängliche Wolke heran, die wir lang schon in Hespers Bereichen gewahrt hatten, ganz schimmernd vor Gold und Karmin, und senkte sich friedvoll auf uns herab, Tag um Tag, tiefer und tiefer, bis ihre Ränder auf den Spitzen der Berge ruhten, deren Dämmerkeit darob in lauer Herrlichkeit verwandelt wurde, und die uns wie für ewig einschloß in ein magisches Gefängnis aus Glanz und Größe.

Die Lieblichkeit Eleonorens war die der Seraphim; doch war sie eine Maid, natürlich und unschuldig wie das kurze Leben, das sie zwischen Blumen geführt hatte. Kein Arg verhehlte künstlich die Liebesglut, die ihr Herz belebte, vielmehr ergründete sie im Verein mit mir seine innersten Winkel, wenn wir uns zusammen im Tal des vielfarbigen Grases ergingen, und die gewaltigen Veränderungen besprachen, die letzthin darin stattgefunden hatten.

Schließlich, von einem Tage an, da sie unter Tränen der letzten trüblichen Veränderung gedacht hatte, die das unausweichliche Los allen Menschentums ist, begann sie, auch weiterhin nur dies eine traurige Thema zu beklagen und es in all unsere Unterredungen einzuweben. Gleichwie in den Liedern des Sängers von Schiras dieselben Bilder sich wiederholen, immer und immer wieder in jeder denkbar eindrucksvollen Abwandlung und Wortwendung.

Sie war sich bewußt, daß der Finger des Todes ihren Busen angerührt hatte – daß der Ephemeris gleich sie nur deshalb von so vollendeter Lieblichkeit geschaffen war, um zu sterben. Aber die Schrecken des Grabes bestanden für sie einzig in dem einen Gedankengang, den sie mir eines Abends bei Zwielicht enthüllte, am Ufer des Flusses des Schweigens. Nur die Vorstellung bekümmerte sie, wie ich – nachdem ich sie im Tal des vielfarbigen Grases bestattet hätte – für immer seine glücklichen Bezirke verlassen und meine Liebe, die jetzt so leidenschaftlich ihr gehörte, auf ein Mädchen der äußeren, der alltäglichen Welt übertragen würde. Da warf ich mich an Ort und Stelle hastig zu Eleonorens Füßen nieder und machte mich ihr und dem Himmel zu einem Gelübde erbötig: daß ich mich niemals durch Heirat einer Tochter dieser Erde verbinden – in keiner Weise ihrer teuren Erinnerung mich abtrünnig erweisen wollte, oder dem Angedenken der hingebenden Zuneigung, mit der sie mich gesegnet hatte. Und ich rief den mächtigen Herren des Weltalls zum Zeugen der frommen Feierlichkeit meines Gelübdes an. Und der Fluch, den ich – sollte ich meinem Versprechen je treulos sein – mir von IHM erbat und von ihr, einer Heiligen dann in Helusion, schloß eine Strafe von so ausbündig großem Grausen in sich, das es mir nicht erlaubt, hier davon zu berichten. Und die strahlenden Augen Eleonorens wurden strahlender ob meiner Worte; und sie seufzte, wie wenn eine tödliche Bürde ihrer Brust genommen wäre. Und sie bebte sehr und weinte bitterlich, aber sie nahm mein Gelübde an – denn was war sie anderes als ein Kind? Es machte ihr das Sterbebett leicht; und sie sagte zu mir, nicht viele Tage darauf, während sie ruhig verschied, daß ob dessen, was ich zum Trost ihres Geists auf mich genommen hätte, sie in eben diesem Geist, wenn sie dahingegangen sei, über mich wachen, auch – falls ihr solches gewährt sein sollte – mich sichtbarlich in der Stille der Nacht besuchen wolle. Sollte derlei jedoch außerhalb der Macht der Seelen im Paradiese stehen, wolle sie mir zumindest häufige Zeichen ihrer Gegenwart geben: mir zuseufzen in Abendwinden, oder die Luft, die ich atmete, mit Wohlgerüchen füllen aus den Weihrauchgefäßen der Engel. Und mit solchen Worten auf den Lippen gab sie ihr unschuldiges Leben auf und bereitete der ersten Epoche des meinigen ein Ende.

Soweit habe ich getreulich ausgesagt. Aber nun, da ich die Sperre passiere, die der Tod meiner Geliebten bildete, quer über den Pfad der Zeit, und übergehe zu dem zweiten großen Abschnitt meines Daseins, fühle ich, daß es sich wie Schatten über mein Hirn senkt; und ich mißtraue seiner vollen Zurechnungsfähigkeit und meinem Bericht. Aber laßt mich weitergehen: Jahre schleppten sich zähe dahin, und immer noch weilte ich im Tale des vielfarbigen Grases. Aber zum zweiten Mal kam Veränderung über alle Dinge: Die sterngestaltigen Blumen zogen sich in die Stämme der Bäume zurück und erschienen nicht wieder. Die Tönung der grünen Teppichs verblaßte, und einer nach dem anderen schrumpften die rubinroten Asphodille dahin; an ihrer Statt erschienen, in Büscheln von Zehnen, Dunkelviolen augengleich, die sich beklommen verdrehten, immerfort mit Tau beschwert. Und Leben floh von unseren Pfaden, denn der lange Flamingo blähte nicht länger sein Scharlachgefieder prunkend vor uns auf, sondern schwebte traurig aus dem Tal den Hügeln zu, samt all den farbenprächtigen Vögeln, die in seinem Gefolge erschienen waren; und die gold-silbernen Fische schwammen davon, zum Schlunde am unteren Ende unsere Domäne hinaus, und bedeckten den süßen Flußlauf niemals wieder. Und die einlullende Melodie, die sanfter gewesen war als Wind in Äolsharfen und himmlischer als alles, es sei denn Eleonorens Stimme, starb nach und nach dahin, vermurmelte leiser und leiser, bis daß der Fluß endlich und endgültig wieder in sein ursprünglich feierliches Schweigen verfiel. Und zuletzt schließlich begann die umfängliche Wolke sich zu heben, überließ die Höhen der Berge ihrem vormaligen Dämmerneutrum, zog sich zurück in die Bereiche Hespers, und nahm mit sich die golden schimmernde Pracht vom Tal des vielfarbigen Grases.

Aber die Versprechen Eleonorens waren nicht vergessen; denn ich vernahm Säuseln wie das Schwingen von Weihrauchgefäßen der Engel; und immer wieder flutete es gleich Strömen heiligen Duftes durch das Tal; und in einsamen Stunden, wenn mein Herz schwerer schlug, kam ein Wind, der mir die Stirne kühlte, wie mit linden Seufzern geladen; und unentzifferbares Murmeln füllte oft die Nachtluft. Einmal – wehe, ein Mal nur! – erweckte mich aus einem Schlummer, er war wie Todesschlummer, der leichte Druck von Geisterlippen auf den meinen.

Aber die Leere in meinem Herzen wollte sich selbst so nicht ausfüllen lassen. Ich schmachtete nach jener Liebe, die es vorher bis zum Überfließen erfüllt hatte. Es kam der Zeitpunkt, da das Tal mich zu peinigen begann: eben ob seiner Erinnerungen an Eleonora, und ich verließ es für immer, für die Eitelkeiten und die Turbulenzen der Welt.

Ich kam zu mir inmitten einer fremden Stadt; wo alle Dinge dazu angetan schienen, aus meinem Erinnern die süßen Träume zu löschen, die ich so lange geträumt hatte im Tal des vielfarbigen Grases. Der Pomp und das Gepränge einer stolzen Hofhaltung, das Irrgeklirr von Waffen und die strahlende Lieblichkeit der Frauen verwirrten und vergifteten meine armen Sinne. Aber noch hatte meine Seele sich ihrem Gelübde treu erwiesen, und die Zeichen der Nähe Eleonorens wurden mir auch fürderhin zuteil in den stillen Stunden des Nacht. Plötzlich jedoch endeten solche Manifestationen; und die Welt verdunkelte sich vor meinen Augen. Ich stand entgeistert ob der feurigen Gedanken, die mir kamen – der schrecklichen Versuchung, die von mir Besitz ergriffen; denn aus einem sehr fernen, unbekannten Land erschien am munteren Hofe des Königs, dem ich diente, eine Maid, deren Schönheit sich mein abtrünnig Herz gleich gänzlich unterwarf – vor deren Schemel ich mich kampflos niederbeugte, in der hitzigsten, der unterwürfigsten Glut der Liebe. Ja, wahrlich, was war meine Leidenschaft für das Mädchenkind vom Tal gewesen, verglichen mit der Glut, der Raserei, der geist-erhöhenden Ekstase von Anbetung, in der ich meine ganze Seele zu den Füßen der ätherischen Ermengarde in Tränen verströmte? Oh, strahlend war der Seraph Ermengarde! Und dieses Wissen ließ mir keinen Raum für anderes. Oh, himmlisch war der Engel Ermengarde! Und wenn ich niederschaute in die Tiefen ihrer erinnerungsschweren Augen, dann dachte ich nur an diese – und *an sie*.

Ich ehelichte sie – und scheute nicht den Fluch, den ich damit herabzog. Auch ward seine Bitternis nicht an mir gerächt. Und einmal – aber wiederum ein Mal nur zur Nachtstille – kamen durch mein Fenstergitter die linden Seufzer, die mich lang gemieden, und sie wurden zur vertrauten, süßen Stimme, die da hauchten:

»Schlummere in Frieden! Denn der Geist der Liebe wirkt und waltet, und indem Du an Dein leidenschaftlich Herz sie schlossest, die da heißt Ermengarde, warst Du – aus Gründen, die Dir einst im Himmel kund werden sollen – absolviert von den Gelübden, die Du ihr tatest, Eleonoren.«

Drei Sonntage in einer Woche

»Du hartherziger, barbarischer, eigensinniger, mürrischer, grämlicher, muffiger, dämlicher alter Wirrkopf!« sprach ich in Gedanken eines Nachmittages zu meinem Großonkel Rumgudgeon – und schüttelte im Geist die Faust gegen ihn.

Im Geist nur. Denn tatsächlich bestand dann eine ganz kleine Diskrepanz zwischen dem, was ich wirklich sagte, und dem, was zu sagen ich den Mut nicht hatte – zwischen dem, was ich tat, und dem, was zu tun mich doch ziemlich gelüstete.

Als ich die Tür zum Wohnzimmer öffnete, saß der alte Dickwanst da, die Füße auf dem Kaminsims und einen Humpen Portwein in der Pfote, und plagte sich weidlich, der Aufforderung des Liedes nachzukommen –

Remplis ton verre vide!
Vide ton verre plein!

»Mein *teurer* Onkel«, hob ich an, indem ich die Türe behutsam schloß und mich ihm mit dem allersanftesten Lächeln näherte, »Sie sind stets so *sehr* gütig und aufmerksam und haben Ihr Wohlbefinden auf so vielerlei – so *überaus* mannigfaltige Weise bewiesen – daß – daß ich das Empfinden habe, Ihnen den gewissen kleinen Punkt lediglich noch einmal andeuten zu müssen, um sogleich alsdann in den Genuß Ihrer vollen Einwilligung zu gelangen.«

»Hmm!« sagte er, »guter Junge! Fahre fort!«

»Ich bin sicher, mein teuerster Onkel (du verwünschter alter Schuft!), daß Sie nicht wirklich im Ernste die Absicht hegen, sich meiner Verbindung mit Kate zu widersetzen. Es ist dies bloß ein Scherz von Ihnen, ich weiß – Haha! Ha! –, welch köstlicher Spaßvogel Sie doch zuzeiten sind!«

»Haha! Ha!« sagte er, »dich soll doch gleich – jawohl!«

»Gewiß – natürlich! Ich wußte doch, Sie scherzten nur. Nun, Onkel, Kate und ich haben zur Stunde nur den einen Wunsch, Sie möchten uns gütigerweise Ihren Rat zukommen lassen – bezüglich des Zeitpunktes –, Sie verstehen, Onkel – kurz gesagt, wir wüßten gerne, wann es Ihnen selber am besten konvenieren würde, daß die Hochzeit – äh, ja, stattfände – wenn Sie verstehen …«

»Was soll sie finden, du Schuft? Was meinst du damit? Warte doch erst einmal, ob sie überhaupt sucht!«

»Hahaha – Hehehe – Hohoho – Huhuhu! – das ist gut, oh! Oh – das ist famos! So ein Witz, nein wirklich … Aber im Augenblick, Onkel, verstehen Sie, möchten wir gar nichts weiter, als daß Sie uns den genauen Zeitpunkt nennen.«

»Ah! Den genauen Zeitpunkt?«

»Ja, Onkel – das heißt, wenn es Ihnen gelegen wäre.«

»Würde es dir nicht genügen, Bobby, wenn ich es einfach dem Zufall überließe – wenn ich zum Beispiel sagte, irgendwann innerhalb eines Jahres oder so? Oder *mußt* du es nun unbedingt ganz genau wissen?«

»Wenn Sie so gütig sein wollten, Onkel – bitte genau.«

»Na schön, also dann. Bobby, mein Junge – du bist ein schlauer Bursche, nicht wahr? Da du nun unbedingt den genauen Zeitpunkt wissen *mußt,* will ich – nun, will ich dir dieses eine Mal den Gefallen tun.«

»Bester Onkel!«

»Still, mein Lieber!« – meine Stimme übertönend – »Ich will dir dieses eine Mal den Gefallen tun. Du sollst meine Einwilligung haben – und die Zechinen dazu, die dürfen wir ja nicht vergessen, was? Laß mal sehen ... wann wollen wir denn sagen? Heute ist Sonntag, stimmt doch, oder? Nun schön, also du sollst verheiratet sein, sobald – gib acht –, genau dann, *wenn drei Sonntage zusammen auf eine Woche fallen!* Hast du gehört, mein Lieber? Was gaffst du mich so an? Ich sage, du sollst Kate und ihre Zechinen bekommen, wenn drei Sonntage zusammen auf eine Woche fallen – aber nicht eher, du junger Taugenichts –, keinen Tag eher, und wenn es mein Tod wäre. Du kennst mich – *ich bin ein Mann von Wort!* Und nun – verschwinde!« Hier leerte er seinen Humpen Portwein, indessen ich voller Verzweiflung aus dem Raum stürzte.

Mein Großonkel Rumgudgeon war ein richtiger Gentleman, *»a fine old English gentleman«*, doch anders als der im Liede hatte er seine schwachen Punkte. Er war ein kleines, fettes, aufgeblasenes, launisches, halbkreisförmiges Etwas mit einer roten Nase, einem dikken Schädel, einer gespickten Börse und einer hohen Meinung von seiner eigenen Wichtigkeit. Mit dem besten Herzen von der Welt brachte er es doch durch eine alles beherrschende Widerspruchssucht fertig, bei allen, die ihn nur oberflächlich kannten, in den Ruf eines knickrigen Nörglers zu kommen. Gleich vielen trefflichen Menschen schien er von einem regelrechten Quälgeist besessen, dessen Eskapaden man leicht, auf einen zufälligen Blick hin, als Übelwollen mißdeuten konnte. Auf jegliches Ansinnen antwortete er erst einmal mit einem entschiedenen »Nein!«; doch am Ende – das allerdings meist lange, lange auf sich warten ließ – gab es eigentlich nur verschwindend wenige Bitten, die er endgültig abgeschlagen hätte. Gegen alle Attacken auf seinen Beutel setzte er sich auf höchst derbe Weise zur Wehr. Doch der Betrag, den man ihm schließlich abpreßte, stand allgemein in direktem Verhältnis zur Dauer der Belagerung und zur Verstocktheit seines Widerstandes. Zu wohltätigen Zwecken gab niemand großzügiger und zugleich mit größerem Widerwillen. Für die schönen Künste – und besonders die *belles lettres*, hegte er eine gründliche Verachtung. Die hatte ihm Casimir Périer eingeblasen, dessen unverschämte kleine Fragephrase *»A quoi un poète est-il bon?«* er in sehr drolliger Aussprache als ein *Nonplusultra* logischen Witzes zu zitieren pflegte. So hatte auch meine eigene Neigung zu den Musen sein ganzes Mißvergnügen erregt. Eines Tages, als ich ihn um eine neue Horaz-Ausgabe bat, versicherte er mir, die Übersetzung von *»Poeta nascitur non fit«* laute einfach »Poeten sind naseweise Nichtsnutze« – eine Bemerkung, die ich ihm sehr übelnahm. Seine Abneigung gegen »die Humanoria« war ebenfalls in letzter Zeit stark angewachsen, und zwar für eine Begeisterung für etwas, das er als Naturwissenschaft ansah. Er war nämlich auf der Straße von jemandem angesprochen worden, der ihn fälschlicherweise für keinen Geringeren als Doktor Dubble L. Dee hielt, den Professor für Quacksalber-Physik. Dies zündete in ihm wie ein Funke. Und eben zur Zeit dieser Geschichte – denn eine Geschichte wird schließlich noch daraus – war mein Großonkel Rumgudgeon ansprechbar und friedfertig nur auf Punkte hin, die zufällig mit den Kapriolen des von ihm gerade gerittenen Steckenpferdes in Einklang standen. Im übrigen lachte er mit Armen und Beinen, und seine politischen Ansichten waren halsstarrig und von praktischer Unkompliziertheit. Mit Horsley war er der Ansicht, daß »fürs Volk die Gesetze zu nichts anderem da sind als zum Gehorchen«.

Ich hatte mein Leben lang bei dem alten Herren gelebt. Sterbend hatten meine Eltern mich ihm vermacht – ein wahrlich reiches Legat. Ich glaube, der alte Schurke schätzte mich wie sein eigenes Kind – fast oder gar ganz so wie seine geliebte Kate; doch letzten Ende war es ein Hundeleben, das er mich führen ließ. Vom ersten bis zum fünften Lebensjahre bestand meine Erziehung aus Prügel, die er mir mit schöner Regelmäßigkeit verabreichte. Von fünf bis fünfzehn drohte er mir stündlich mit der Besserungsanstalt. Von fünfzehn bis zwanzig verging nicht ein Tag, an dem er mir nicht in Aussicht stellte, mich aus seinem Testamente zu streichen. Ich war ein rechter Tunichtgut, das ist ja wahr – doch gehörte das nun einmal zu meinem Naturell –, und ich war es aus redlichster Überzeugung. In Kate jedoch besaß ich eine Freundin, die mit mir durch dick und dünn ging, und das wußte ich.

Sie war ein gutes Mädchen und ließ mich in überaus süßen Worten wissen, daß ich sie jederzeit haben könne (mitsamt »Zechinen« und allem), wenn es mir nur gelänge, meinem Großonkel Rumgudgeon die notwendige Einwilligung abzuluchsen. Armes Ding! Sie war kaum fünfzehn, und ohne seine Zustimmung ließ sich an ihr kleines in Staatspapieren angelegtes Vermögen nicht eher herankommen, als bis fünf unabsehbare Sommer ihre träge Länge vorübergeschleppt hatten. Was sollte man tun? Mit fünfzehn, oder selbst mit einundzwanzig (denn *ich* hatte jetzt meine fünfte Olympiade bereits hinter mich gebracht), erscheinen einem fünf Wartejahre gut und gerne so lang wie fünfhundert. Vergeblich hatten wir dem alten Herren mit unablässigen Bitten zugesetzt. Hier lag eine *pièce de résistance* vor (wie die Herren Ude und Carème sagen würden), die seiner verdrehten Laune auf das Haar entsprach. Selbst Hiob wäre schließlich aus der Haut gefahren, hätte er mit ansehen müssen, wie der alte Mäusefänger mit uns armen bejammernswerten Mäuslein umsprang. Im Herzen ersehnte er dabei nichts brennender denn unsere Verbindung. Längst schon hatte er sich hierzu entschlossen. Ja, er hätte noch zehntausend Pfund aus seiner eigenen Tasche dreingegeben (Kate hatte *ihr eigenes* Vermögen), wäre ihm nur irgend etwas Entschuldigungsähnliches eingefallen, das ihm erlaubte, unseren so natürlichen Wünschen zu willfahren. Aber dann waren wir so unklug gewesen, das Thema *von uns aus* aufs Tapet zu bringen. Sich unter solchen Umständen nicht zu widersetzen, ging einfach – so verstehe ich's – über seine Kräfte. Ich sagte bereits, daß er seine schwachen Punkte hatte; doch wenn ich davon spreche, so darf man das nicht so verstehen, als bezöge ich mich damit auf seine Widerborstigkeit: denn *die* war durchaus eine seiner Stärken. *»Assurément ce n'était pas son faible.«* Wenn ich seine Schwäche erwähne, so spiele ich vielmehr auf einen bizarren Altweiber-Aberglauben an, in dem er gefangen war. Er hielt es nämlich ganz groß mit Träumen, Vorahnungen und Zeichen – und was dergleichen Geschwätz mehr ist. Dazu kam eine ganz unmäßige Kleinlichkeit in puncto Ehrensachen, und ohne Zweifel war er, auf seine eigene Weise freilich, ein Mann von Wort. Tatsächlich war dies eines seiner Steckenpferde. Den Geist seiner Gelübde in den Wind zu schlagen machte ihm nicht die mindesten Skrupel, doch der Buchstabe war eine unverletzliche Fessel. Diese letztere Eigentümlichkeit in seinem Wesen war es nun, aus welcher Kates Gewitztheit eines schönen Tages, nicht lange nach unserer Unterredung im Speisezimmer, einen ganz und gar unerwarteten Vorteil für uns zu gewinnen verstand; und nachdem ich nun nach der Mode aller modernen Barden und Redner die ganze Zeit, die mir zu Gebote steht, und nahezu auch allen Raum, den ich zur Verfügung habe, mit den *prolegomena* vertan habe, will ich in wenigen Worten zusammenfassen, was den eigentlichen Kern der ganzen Geschichte ausmacht.

Wie es die Schicksalsschwestern wollten, gab es unter den zur See fahrenden Bekannten meiner Verlobten zwei Herren, die soeben den Fuß an Englands Gestade gesetzt hatten, nachdem ein jeder von ihnen ein ganzes Jahr lang auf Auslandsreisen gewesen war. In Gesellschaft dieser Herren statteten meine Cousine und ich nach vorangegangener Abrede Onkel Rumgudgeon einen Besuch ab, und zwar am Nachmittag des zehnten Oktobers, einem Sonntag – gerade drei Wochen nach jener denkwürdigen Entscheidung, die unseren Hoffnungen so grausam den Garaus gemacht hatte. Eine halbe Stunde lang etwa verlief die Konversation in den gewöhnlichen Bahnen; schließlich aber brachten wir es ganz ungezwungen doch zuwege, ihr die folgende Wendung zu geben:

Kapitän Pratt: »Nun, ich bin ein ganzes Jahr fort gewesen. Grad ein volles Jahr heut, bei meinem Leben – lassen Sie mich sehen! Ja! Heute ist der zehnte Oktober. Sie erinnern sich doch, Mr. Rumgudgeon? Heute genau vor einem Jahr kam ich bei Ihnen vorbei, um mich zu verabschieden. Und nebenbei – es sieht doch wirklich schon wie eine richtige Koinzidenz aus, nicht wahr, daß unser Freund hier, Kapitän Smitherton, ebenfalls genau ein Jahr lang abwesend war – auf den Tag genau ein Jahr?«

Smitherton: »Jawohl! Das stimmt aufs Haar. Sie werden sich entsinnen, Mr. Rumgudgeon, daß ich mit Kapitän Pratt genau an diesem Tage vor einem Jahr bei Ihnen vorsprach, um meine Abschiedsvisite zu machen.«

Onkel: »Ja, ja, ja – ich erinnere mich genau –, das ist ja wirklich ganz sonderbar! Sie beide genau ein Jahr fort. Eine sehr seltene Koinzidenz, wahrlich! Just das, was Doktor Dubble L. Dee ein außerordentliches Zusammentreffen von Ereignissen nennen würde. Doktor Dub…«

Kate (ihm ins Wort fallend): »Gewiß, Papa, es ist wirklich recht sonderbar, aber hinzu kommt noch, daß Kapitän Pratt und Kapitän Smitherton ja gar nicht zusammen dieselbe Route fuhren, und das macht einen Unterschied, wie du weißt.«

Onkel: »Was denn – ich weiß gar nichts dergleichen, du vorlauter Schreihals! Was gibt es denn da zu wissen? Ich meine, es macht die Sache bloß noch merkwürdiger. Doktor Dubble L. Dee …«

Kate: »Aber Papa, Kapitän Pratt fuhr um Kap Horn, und Kapitän Smitherton umsegelte das Kap der Guten Hoffnung.«

Onkel: »Gewiß doch! Der eine fuhr nach Osten und der andere nach Westen, du Schlaumeier, und beide sind sie um die ganze Welt gekommen. Übrigens ist Doktor Dubble L. Dee …«

Ich (rasch einfallend): »Kapitän Pratt, Sie müssen morgen zu uns kommen und den Abend bei uns verbringen – Sie und Smitherton –, Sie können uns dann alles von Ihrer Reise erzählen, wir spielen noch eine Partie Whist, und …«

Pratt: »Whist, mein Lieber? Sie vergessen sich. Morgen ist Sonntag. Vielleicht an einem anderen Abend …«

Kate: »Aber nein, wirklich. Ganz so schlecht ist Robert ja nun doch nicht. Heute ist Sonntag.«

Onkel: »Gewiß, gewiß!«

Pratt: »Ich bitte Sie beide um Verzeihung, aber ich kann mich doch nicht derart irren! Ich weiß genau, daß morgen Sonntag ist, denn …«

Smitherton (sehr überrascht): »Was reden Sie da nur alle? War denn nicht gestern Sonntag? Das möchte ich doch wirklich gerne wissen.«

Alle: »Gestern? Aber nein – da sind Sie im Irrtum.«

Onkel: »Heute ist Sonntag, sage ich – habe ich etwa nicht recht?«

Pratt: »Oh, nein. Morgen ist Sonntag!«

Smitherton: »Sie sind allesamt verrückt – jeder einzelne von Ihnen. So sicher ich weiß, daß ich hier auf diesem Stuhl sitze, so felsenfest weiß ich auch, daß gestern Sonntag war.«

Kate (heftig aufspringend): »Ich hab es – ich hab die Erklärung für alles! Papa, jetzt kommt die Strafe für – für – du weißt schon, was. Laßt mir Ruhe, und ich will alles in einer Minute aufklären. Tatsächlich ist das Ganze eine höchst einfache Sache. Kapitän Smitherton sagt, gestern sei Sonntag gewesen: So war es auch, er hat recht! Vetter Bobby, Onkel und ich stellen fest, daß heute Sonntag ist: So ist's, wir haben auch recht! Kapitän Pratt schließlich behauptet, erst morgen wäre Sonntag: Gewiß, auch er hat recht! Tatsache ist, wir haben alle recht, und so sind *drei Sonntage zusammen auf eine Woche gefallen*.«

Smitherton (nach einer Pause): »Also, mein lieber Pratt, da hat uns Kate aber ganz schön erwischt. Was für Narren wir doch beide sind! Mr. Rumgudgeon, die Sache steht so: Die Erde hat, Sie wissen es, vierundzwanzigtausend Meilen Umfang. Nun wirbelt dieser Erdglobus um seine eigene Achse. Er kreist – er dreht sich also in genau vierundzwanzig Stunden um eben diese vierundzwanzigtausend Meilen von Westen nach Osten. Verstehen Sie, Mr. Rumgudgeon?«

Onkel: »Das schon – gewiß – Doktor Dubble …«

Smitherton (seine Stimme übertönend): »Schön, Sir. Die Drehung erfolgt also mit einer Geschwindigkeit von tausend Meilen in der Stunde. Nun nehmen wir einmal an, ich würde von der hiesigen Position aus tausend Meilen nach Osten segeln. Natürlich komme ich damit dem Sonnenaufgang hier in London um gerade eine Stunde zuvor. Ich sehe die Sonne eine Stunde eher aufgehen als Sie. Bewege ich mich nun in der nämlichen Richtung weitere tausend Meilen, so habe ich den Sonnenaufgang zwei Stunden vorher – nochmals tausend, und es sind schon drei Stunden, und so geht es immer weiter, bis ich den Globus vollständig umrundet habe und wieder an diesem Fleck angelangt bin: dann habe ich vierundzwanzigtausend Meilen nach Osten zurückgelegt und bin dem Londoner Sonnenaufgang um nicht weniger als vierundzwanzig Stunden voraus; das heißt, ich habe vor ihrer Zeit einen ganzen Tag Vorsprung. Verstanden, eh?«

Onkel: »Aber Doktor Dubble L. Dee ...«

Smitherton (mit sehr lauter Stimme): »Kapitän Pratt hingegen war, segelte er von dieser Position aus tausend Meilen westwärts, eine Stunde - bzw., segelte er vierundzwanzig Meilen westwärts, vierundzwanzig Stunden oder einen ganzen Tag *hinter* der Londoner Zeit zurück. Und so war denn bei mir schon gestern Sonntag - Sie aber feiern ihn heute -, und für Pratt wird es erst morgen soweit sein. Woraus sich ergibt, Mr. Rumgudgeon, daß wir *alle recht haben.* Denn es läßt sich keinerlei philosophischer Grund angeben, weshalb die Auffassung eines von uns vor der des anderen Vorrang haben sollte.«

Onkel: »Meiner Seel! Na, Kate - Bobby? Ich muß schon sagen, dies ist wirklich so etwas wie eine Strafe für mich, ganz wie ihr es gesagt habt. Aber ich bin ein Mann von Wort - *das merkt euch!* Wenn es dir recht ist, Junge, so sollst du sie denn haben (Zechinen und alles). Reingefallen, wahrhaftig! Drei Sonntage hintereinander! Ich will doch einmal gehn und sehen, was Dubble L. Dee *dazu* sagt.«

Das ovale Porträt

Das Château, in welches mein Diener gewaltsam eingedrungen – denn lieber hatte er dies gewagt, als mich in meinem desperat verwundeten Zustand im Freien nächtigen zu lassen – war eines jener Bauwerke von vermischter Düsternis und Hoheit, wie sie seit langen Zeiten in den Apenninen dräuen, in Wirklichkeit nicht minder denn in der Phantasie von Mrs. Radcliffe. Allem Erscheinen nach war es vorübergehend und ganz kürzlich erst verlassen worden. Wir richteten uns in einem der kleinsten und am wenigsten üppig ausgestatteten Gemächer ein. Es lag in einem entlegenen Turme des Gebäudes. Sein Zierwerk war wohl reich, doch schon uralt und verfallen. Seine Mauern waren mit Wandteppichen behangen, und ihr Schmuck bestand aus mannigfaltigen und vielgestaltigen Wappentrophäen, zusammen mit einer ungewöhnlich großen Zahl von überaus beseelten modernen Malereien in Rahmen von reich goldner Arabeske. Diese Gemälde, welche nicht nur an den Hauptflächen der Wände hingen, sondern auch in den vielen, von der bizarren Architektur des Château bedingten Winkeln, diese Gemälde mit tiefstem Interesse zu betrachten, hatte ich mich vielleicht mein beginnendes Delirium bestimmt. So daß ich Pedro bat, die schweren Fensterläden des Raumes zu verschließen – denn Nacht war nun bereits – die Flammenzungen eines wuchtigen Kandelabers zu entzünden, welcher zu Häupten meines Bettes stand, und weit die befransten Vorhänge von schwarzem Samte auseinanderzuschlagen, welche das Bett selber einhüllten. Ich wünschte dies alles getan, damit ich mich – wenn nicht dem Schlafe, so doch dafür zumindest der Betrachtung dieser Bilder widmen konnte und der Lektüre eines schmalen Bändchens, das auf dem Kissen sich gefunden und eine Kritik und Beschreibung der Bilder zum Inhalt hatte.

Lange, lange las ich – und mit Andacht schaute ich. Eilig und köstlich flogen die Stunden dahin, die tiefe Mitternacht kam. Die Stellung des Kandelabers mißfiel mir, doch mochte ich meinen schlummernden Diener nicht stören und stellte darum, indem ich unter Beschwernis meine Hand ausstreckte, mir lieber selbst den Leuchter so, daß seine Strahlen voller auf die Seiten fielen.

Aber dies hatte eine gänzlich unvoraussehbare Wirkung. Der Flammenschein der zahlreichen Kerzen (denn ihrer waren viele) ergoß sich nun in eine Nische des Gemachs, über welche bislang einer der Bettpfosten tiefen Schatten geworfen hatte. So sah ich jäh denn in lebhaftem Lichte ein Bildnis, das sich zuvor gar nicht hatte bemerken lassen. Es war das Porträt eines eben zum Weibe reifenden jungen Mädchens. Nur kurz, fast hastig blickte ich über das Gemälde hin, dann schloß ich die Augen. Warum ich dieses tat, war meinem eigenen Begreifen selber im ersten Augenblicke nicht ersichtlich. Doch während meine Lider noch geschlossen blieben, umgingen die Gedanken meinen Grund dafür, daß ich sie so geschlossen. Es war eine impulsive Bewegung gewesen, um Zeit zum Nachdenken zu gewinnen – um mich zu vergewissern, daß meine Vision mich nicht getäuscht habe – um meine Phantasien zu beschwichtigen und zu bändigen, damit ein nüchterner und gewisserer Blick dann möglich ward. Ein paar Augenblicke später sah ich erneut und wie gebannt auf das Bild.

Daß ich nun richtig sähe, konnte und wollte ich nicht bezweifeln; denn schon das erste Blitzen des Kerzenscheines auf dem Ölgemälde hatte, so war es mir, die träumerische Betäubung zerstreut, die über meine Sinne gesunken, und mich alsbald in waches Leben aufschrecken lassen.

Das Porträt – so habe ich bereits gesagt – war das eines jungen Mädchens. Es zeigte lediglich Kopf und Schultern, in jener Technik ausgeführt, die fachsprachlich *vignette* heißt;

im Stil sehr ähnlich den Köpfen, wie sie Sully mit Vorliebe malt. Die Arme, der Busen und selbst die Spitzen des glänzenden Haares schmolzen unmerklich in den vagen, doch tiefen Schatten, welcher den Hintergrund des Ganzen bildete. Der Rahmen war oval, reich vergoldet und von moreskem Filigran. Als Kunstgebilde konnte gleich gar nichts bewunderungswürdiger sein denn das Gemälde selbst. Doch war es nicht die Ausführung der Arbeit, noch die unsterbliche Schönheit der gemalten Züge gewesen, was mich so plötzlich und so vehement bewegte. Am allerwenigsten gar ließ sich denken, daß meine Phantasie aufgescheucht aus halbem Schlafgedämmer den Kopf sollte fälschlich für den eines lebendigen Menschen gehalten haben. Die Eigentümlichkeiten der Darstellung, der Vignettierung und des Rahmens hätte, das sah ich jetzt sogleich, einen solchen Gedanken augenblicklich verbannen müssen; ja – hätten schon verhindert, ihm auch nur momentanlang Raum zu geben. Indem ich ernstlich über diese Punkte hindachte, blieb ich wohl eine Stunde lang halb sitzend, halb zurückgelehnt vor dem Porträt, mein Sehen fest darauf gerichtet. Schließlich doch sank ich – befriedigt, das wahre Geheimnis seiner Wirkung geschaut zu haben – im Bett zurück. Des Bildes Zauber hatte sich mir entdeckt: in einer absoluten Lebensähnlichkeit des Ausdrucks, die anfangs nur verblüffend, mich schließlich überwältigte, verstörte und entsetzte. Mit tiefem und mit ehrfurchtsvollem Grauen brachte ich den Kandelaber an seinen früheren Platz zurück. Nachdem die Ursache meiner heftigen Erregung so dem Blick entzogen war, suchte ich begierig in dem Bändchen nach, das die Gemälde und ihre Geschichte behandelte. Die Nummer aufschlagend, welche das ovale Porträt bezeichnete, las ich dort die vagen und wunderlichen Sätze, die hier folgen:

»Sie war eine Jungfrau von seltenster Schönheit, und der heitre Sinn, der sie erfüllte, stand ihrem Liebreiz in nichts nach. Doch übel war die Stunde, da sie den Maler sah, ihn liebte und sein Weib ward. Er, leidenschaftlich, strebsam und von strengem Ernste, er besaß in seiner Kunst schon eine Braut. Und sie – ein Mädchen von seltenster Schönheit und einer Heiterkeit, die ihrer Schönheit in nichts nachstand; ganz Licht und Lächeln war sie, und fröhlich wie das junge Reh; sie liebte, pflegte, hegte alle Dinge; sie haßte nur die Kunst, die ihr Rivalin war; sie fürchtete nur die Palette und die Pinsel und andere widerwärtige Instrumente, die ihr den Anblick des Geliebten raubten. So war es ein schrecklich Ding für diese junge Frau, als sie den Maler von seinem Begehren sprechen hörte, auch sie, sie selbst zu porträtieren. Doch sie schickte sich in Demut darein und saß holdselig viele Wochen lang im dunklen hohen Turmgemach, wo das Licht einzig von droben herab auf die bleiche Leinwand tropfte. Doch er, der Maler, berauschte sich an seinem Werke, das von Stunde zu Stunde und von Tag zu Tag seinen Fortgang nahm. Er war ein leidenschaftlicher und wilder und mürrisch-launenhafter Mann, der sich in Träumereien ganz verlor; so daß er nicht sehen wollte, wie das Licht, das da so geisterhaft in jenen abgelegenen Turm hinabfiel, Gesundheit und Lebensgeister seiner jungen Frau verwelken ließ, die – allen außer ihm ersichtlich – dahinschwand. Doch weiter lächelte sie und immer weiter, und ohne Klage, denn sie sah, daß der Maler (der hohen Ruhm genoß) ein heftiges und brennendes Vergnügen an seinem Werke nahm und Tag und Nächte an der Arbeit war, sie abzumalen, sie, die ihn so liebte, doch die tagtäglich mehr an Mut verlor und schwächer ward. Und manche wahrlich, die das Porträt geschaut, sprachen von seiner Ähnlichkeit in leisen Worten wie von einem gewaltigen Wunder und einem Beweise von nicht weniger der Macht des Malers denn seiner tiefen Liebe zu der, welche er so ausnehmend wohl abbildete. Doch als die Arbeit schließlich dem Ende näher kam, ward niemand mehr im Turme zugelassen; denn der Maler war wild geworden im Gluteifer um sein Werk, und selbst die Züge seines Weibes zu betrachten, hob er die Augen selten nur noch von der Leinwand ab. Und er wollte nicht sehen, wie die Tönungen, die er darauf verteilte, den Wangen des Wesens entzogen wurden, das da neben ihm saß. Und als dann viele Wochen vorübergestrichen waren und wenig mehr zu tun blieb, noch ein Pinselstrich am Munde – ein Tupfen dort am Auge; da flackerte der Geist des Mädchens noch einmal auf wie die Flamme in der Leuchterhülse. Und dann war der Pinselstrich getan und der Farbtupfer angebracht; und einen Augenblick lang stand der Maler versunken vor dem Werk, das er geschaffen; im nächsten aber, während er noch starrte, befiel ein Zittern ihn und große Blässe. Entsetzen packte ihn, und mit lauter Stimme rief er: ›Wahrlich, das ist das Leben selbst!‹ und warf sich jäh herum, die Geliebte zu schauen: *Sie war tot!*«

Die Maske des Roten Todes

Schon lange wütete der »Rote Tod« im Lande. Noch nie war eine Seuche so verhängnisvoll und so furchtbar gewesen. Blut war ihr Avatar und ihr Siegel – die Farbe und der Schrecken des Blutes. Es begann mit stechenden Schmerzen und plötzlichem Schwindel, dann folgten starke Blutungen aus allen Poren und schließlich die gänzliche Auflösung. Die scharlachroten Flecken auf dem Körper und insbesondere auf dem Gesicht des Opfers waren das Zeichen des Bannes, der es ausschloß von der Hilfsbereitschaft und der Anteilnahme seiner Mitmenschen. Ansteckung, Verlauf und Ende der Krankheit waren das Werk einer halben Stunde.

Aber Prinz Prospero war glücklich, furchtlos und klug. Als sein Reich zur Hälfte entvölkert war, erwählte er sich unter den Rittern und Damen seines Hofstaates tausend muntere und leichtherzige Freunde, und mit ihnen zog er sich in die tiefe Einsamkeit eines seiner befestigten Schlösser zurück. Es war ein weitläufiges und großartiges Bauwerk, eine Schöpfung nach des Prinzen eigenem exzentrischen und für das Erhabene empfänglichen Geschmack. Eine mächtige und hohe Mauer umgab es, durch welche eiserne Tore Einlaß gewährten. Nachdem der Hofstaat seinen Einzug gehalten hatte, brachte man Schmiedefeuer und schwere Hämmer herbei und schmiedete die Riegel zu. So wollte man dem plötzlichen Anfall der Verzweiflung den Eintritt und dem Unverstand den Ausgang verwehren. Das Schloß war reichlich mit Lebensmitteln versehen. Solche Vorsorge machte es den Höflingen leicht, einer Ansteckung zu entgehen. Die Außenwelt mochte selbst für sich sorgen. Mittlerweile wäre jedes Trauern und Grübeln Torheit gewesen. Der Prinz hatte für jegliche Art von Belustigung Sorge getragen. Da waren Possenreißer und Stegreifdichter, Tänzer und Musikanten, Schönheit und Wein! Das alles war da und dazu die Wohlgeborgenheit! Und draußen war der »Rote Tod«.

Es war gegen das Ende des fünften oder sechsten Monats dieser Abgeschlossenheit, während draußen die Pest noch auf das grausamste wütete, als Prinz Prospero für seine tausend Freunde ein Maskenfest von ungewöhnlicher Prächtigkeit veranstaltete.

Diese Maskerade bot einen Anblick von ausnehmender Prächtigkeit. Doch zuerst laßt mich von den Räumlichkeiten reden, in denen sie stattfand. Es waren ihrer sieben – eine königliche Flucht! In vielen Palästen indes würde diese einen weiten und geraden Durchblick geboten haben, während die Flügeltüren bis fast zu den beiderseitigen Wänden zurückgeschoben waren, so daß sich dem Auge durch ihre ganze Weite kein Hindernis bot. Ganz anders hier, wie man es bei des Fürsten Vorliebe für das Bizarre wohl erwarten konnte. Die Räume folgten so unregelmäßig aufeinander, daß der Blick stets nur einen zu überschauen vermochte. Alle zwanzig oder dreißig Meter bot sich nach einer scharfen Wendung ein neuer Anblick. Rechts und links in der Mitte einer jeden Wand befand sich ein schmales hohes gotisches Fenster, das auf einen geschlossenen Gang hinausführte, der den Windungen der Zimmerflucht folgend an dieser entlanglief. Die Fenster bestanden aus buntem, mit dem vorherrschenden Farbton der entsprechenden Raumdekoration übereinstimmendem Glase. So war das Zimmer am äußeren östlichen Ende blau, und entsprechend strahlend blau waren seine Fenster. Das zweite war purpurrot in seinen Ornamenten und Tapeten, und purpurrot waren auch die Fensterscheiben. Das dritte war ganz in Grün gehalten, und ebenso waren seine Fenster. Das vierte war orange in Ausstattung und Beleuchtung, das fünfte weiß und das sechste violett. Der siebente Raum war dicht verhangen mit schwarzem Samt, der in schweren Falten von der Decke über die Wände bis zu dem mit schwarzen Teppichen belegten Fußboden herniederfiel. Hier waren die Fenster scharlachfarben – in tiefem blutigem Rot. In keinem der sieben Räume befand sich unter der Menge des allenthalben verstreuten und von der Decke herabhängenden Goldschmuckes ein Leuchter oder ein Kandelaber. Ein Licht, das von Lampen oder Kerzen ausstrahlte, war in dieser ganzen Zimmerflucht nicht zu finden. Aber in den Gängen, die an den Gemächern entlangliefen, stand gegenüber jedem Fenster ein mächtiger Dreifuß. Dieser trug ein flammendes Kohlenbecken, das seine Strahlen durch das farbige Glas sandte und das Gemach mit blendendem Licht erfüllte. Das hatte eine Vielfalt festlicher und phantastischer Bilder zur Folge. In dem westlichen oder schwarzen Zimmer indessen verursachten die durch die blutroten Scheiben gefärbten und auf den schwarzen Wandbehängen spielenden Strahlen des Feuers so wahrhaft geisterhafte Wirkungen und verliehen den Gesichtern der Eintretenden ein so wildes Aussehen, daß nur wenige aus der Gesellschaft sich erkühnten, ihren Fuß über seine Schwelle zu setzen.

An der westlichen Wand dieses Gemaches befand sich eine riesengroße Uhr aus Ebenholz. Ihr Pendel schwang mit einem dumpfen, schweren, eintönigen Laut hin und her, und wenn der Minutenzeiger das Zifferblatt einmal umkreist hatte und der Stundenschlag ertönte, dann drang aus den ehernen Lungen des Uhrwerks ein klarer, lauter und tiefer Ton von außerordentlichem Wohlklang, aber zugleich auch von solcher seltsam eindringlichen Eigenart, daß bei jedem Stundenschlag die Musiker des Orchesters einen Augenblick lang ihr Spiel unterbrachen, um diesem Klang zu lauschen. So mußten auch die Tanzenden einen Augenblick innehalten, und ein kurzes Mißbehagen lief durch die ganze fröhliche Gesellschaft. Und während der Schlag der Uhr noch durch den Raum schwang, sah man die Ausgelassensten erbleichen und die Älteren und Gesetzteren wie im Traum oder in Gedanken versunken mit der Hand über ihre Stirn streichen. War indes das Echo verklungen, so scholl wieder ein heiteres Lachen durch die Gesellschaft. Die Musikanten schauten sich gegenseitig an, lächelnd über ihre eigene Erregtheit und Narrheit. Flüsternd schworen sie sich zu, vom nächsten Stundenschlag sich nicht wieder in dieser Weise verwirren zu lassen. Und dann nach Ablauf von weiteren sechzig Minuten – die dreitausendsechshundert Sekunden der fliehenden Zeit bedeuten – erscholl ein neuer Stundenschlag und verursachte die gleiche Mißstimmung, Verwirrung und Nachdenklichkeit wie vorher.

Aber trotz alledem war es ein fröhliches und prächtiges Fest. Der Fürst hatte einen eigenartigen Geschmack. Er besaß ein feines Auge für Farben und ihre Wirkungen. Alles, was nur deshalb für schicklich galt, weil es Mode war, verachtete er. Seine Pläne waren kühn und eigenwillig, und seine Entwürfe schimmerten in fremdartiger Glut. Einige mochten ihn für verrückt halten. Seine Freunde wußten, daß er es nicht war. Man mußte ihn hören, sehen und mit ihm in nähere Verbindung treten, um davon überzeugt zu sein, daß er es nicht war.

Gelegentlich dieses großen Festes hatte er die bewegliche Dekoration dieser sieben Räume größtenteils selbst angeordnet, und sein Geschmack war für den Charakter der Maskenkostüme richtunggebend gewesen. Sie waren gewiß grotesk mit vielerlei Glanz und Schimmer, Pikanterie und Phantasie – viel von dem, was man seither in »Hernani« gesehen hat. Da sah man arabeske Figuren mit seltsam bewegten Gliedern, phantastische Traumgebilde, wie von Wahnsinnigen erdacht, viel Schönes, viel Mutwilliges, viel Bizarres, einiges Furchterregende und nicht wenig, das abstoßend wirkte. Auf und ab stolzierten sie durch die sieben Räume, in der Tat eine Vielfalt von Traumbildern. Und während sie – die Traumbilder – so einherwogten, leuchteten sie wider in den Farbtönen der Räume, und der wilde Rhythmus des Orchesters schien wie das Echo ihrer Schritte. Und dazwischen erklingen die Schläge der Ebenholzuhr in dem samtausgeschlagenen Gemach – und alles wird still, alles schweigt zu ihrer Stimme. Die Traumbilder stehen erstarrt auf ihren Plätzen. Aber kaum ist der Widerhall der Schläge verklungen – nur einen Augenblick haben sie gewährt –, so flutet ein leichtes, halbunterdrücktes Lachen hinter ihnen her durch die Räume, und wieder schwillt die Musik an, die Traumbilder leben wieder auf und wogen hin und her, lustiger als vorher im Widerschein des Lichtes, das von den Dreifüßen her durch die bunten Fenster hereinstrahlt. Aber das Zimmer, das von den sieben am weitesten nach Westen liegt, wagt keine der Masken zu betreten. Die Nacht schreitet fort, ein rötliches Licht flutet durch die blutfarbenen Scheiben, und die Schwärze der düsteren Draperie wird in erschreckender Weise deutlich. Wer seinen Fuß auf den schwarzen Teppich setzt, dem klingt von der nahen Ebenholzuhr der dumpfe Laut feierlicher und eindringlicher entgegen als irgendeiner, der an das Ohr all derer dringt, die sich weiter ab in den anderen Räumen der Fröhlichkeit ergeben.

Diese anderen Gemächer indes waren voll drängender Fülle, und in ihnen schlug geisterhaft pulsend das Herz des Lebens. Und rauschend nahm das Fest seinen Fortgang, bis schließlich die Uhr die Mitternachtsstunde verkündete. Und die Musik schwieg still, wie ich bereits erwähnte, und die Tanzenden hielten inne, und es war eine unbehagliche Unterbrechung allenthalben wie vorher. Aber nun waren es zwölf Schläge, die von der Uhr herklangen, und so kam es, daß die Besinnlichen unter den Feiernden noch mehr Zeit zu ernsteren Gedanken fanden, und es geschah, daß, noch ehe das letzte Echo des letzten Stundenschlages in Schweigen versunken war, mancher unter der Menge sich der Gegenwart einer Maske bewußt wurde, die bisher der Aufmerksamkeit eines jeden einzelnen entgangen war. Als das Gerücht von der Anwesenheit dieses neuen Gastes die Runde gemacht hatte, erhob sich schließlich in der ganzen Gesellschaft ein Gemurmel der Überraschung, der Furcht, des Schreckens und des Abscheues.

In einer so phantastisch maskierten Gesellschaft, wie ich sie geschildert habe, konnte nur eine ganz außergewöhnliche Erscheinung, wie man sich denken kann, solches Aufsehen erregen. Allerdings war die Maskenfreiheit dieser Nacht uneingeschränkt, aber diese Gestalt hätte selbst den Herodes übertroffen, und des Prinzen großzügige Anordnungen hatte sie außer acht gelassen. Auch im Herzen des Unbekümmertsten gibt es Saiten, die nicht ohne Erschütterung zu berühren sind, und selbst für denjenigen, dem Leben und Tod nur Scherz bedeutet, läßt sich mit gewissen Dingen nicht spielen. Die ganze Gesellschaft schien im tiefsten Innern zu empfinden, daß Kostüm und Betragen dieses Fremdlings weder Witz noch Schicklichkeit verrieten. Seine Gestalt war hoch und hager und vom Kopf bis zu den Füßen in Leichengewänder gehüllt. Die Maske, unter der sich das Gesicht verbarg, war so dem starren Antlitz eines Leichnams nachgebildet, daß es der genauesten Untersuchung kaum gelang, die Täuschung zu entdecken. Dies alles hätte die tolle Festgesellschaft wenn auch nicht gebilligt, so doch geduldet, wäre nicht der Vermummte so weit gegangen, die Merkmale des Roten Todes anzulegen. Seine Gewänder waren mit Blut befleckt – und seine breite Stirn wie auch sein Antlitz trugen die scharlachroten Zeichen des Entsetzens.

Als des Prinzen Prospero Augen auf dieses gespenstige Bild fielen, das mit langsamen und feierlichen Schritten, wie um seine Rolle vollendet zu spielen, zwischen den Tanzenden auf und ab stolzierte, sah man ihn im ersten Augenblick unter heftigen Schauern des Schreckens oder auch des Abscheus zusammenzucken. Dann aber überflog Zornesröte seine Stirn.

»Wer wagt es«, fragte er rauh die ihn umgebenden Höflinge, »wer wagt es, uns mit solchen gotteslästerlichen Scherzen zu beleidigen? Ergreift ihn und reißt ihm die Maske ab, auf daß wir erfahren, wen wir bei Sonnenaufgang von den Zinnen der Burg hängen sehen werden!«

Es war das östliche oder blaue Zimmer, in dem der Prinz sich befand, als er diese Worte sprach. Laut und klar tönten sie durch die sieben Gemächer, denn der Prinz war ein kühner und starker Mann, und die Musik war auf einen Wink seiner Hand verstummt.

Es war der blaue Raum, in dem sich der Prinz im Kreise einiger erbleichender Höflinge befand. Zu Anfang, als er so sprach, war der leise Laut einer Bewegung zu erkennen, der von dieser Gruppe zu dem Eindringling hinlief. Dieser befand sich in diesem Augenblick gerade in der Nähe und trat mit bedachtsamen und stolzen Schritten auf den Sprecher zu. Aber in einer gewissen, nicht zu benennenden Scheu, die allen Anwesenden diese tolle Vermessenheit des Vermummten einflößte, fand sich niemand, der es wagte, Hand an ihn zu legen. So schritt er ungehindert in kurzem Abstand an des Prinzen Gestalt vorüber, und während die gesamte große Gesellschaft wie auf einen Befehl hin aus der Mitte der Räume zu den Wänden hin zurückwich, setzte er ohne Unterbrechung mit dem gleichen, feierlich gemessenen Schritt, den man bereits anfangs an ihm bemerkt hatte, seinen Weg durch die Räume hin fort, aus dem blauen in den purpurfarbenen, durch den purpurfarbenen in den grünen, durch den grünen in den orangefarbenen, durch diesen in den weißen und dann in den violetten, noch ehe eine entschiedene Bewegung geschah, ihn aufzuhalten. Dann aber stürzte Prinz Prospero, sinnlos vor Wut und Scham über seine augenblickliche Feigheit, durch die Gemächer, aber niemand folgte ihm, denn ein tödlicher Schrecken hatte alle ergriffen. In der Hand schwang er einen gezogenen Dolch und hatte die vor ihm herwandelnde Gestalt bis auf drei oder vier Fuß erreicht, als diese gerade das schwarze Gemach betreten hatte und sich plötzlich gegen ihren Verfolger hin umwandte. Ein gellender Schrei – der Dolch fiel blinkend auf den schwarzen Teppich, auf den im gleichen Augenblick Prinz Prospero entseelt niederstürzte. Mit dem Mute wilder Verzweiflung stürzte sich eine Schar der Festgenossen in das schwarze Gemach, um den Vermummten zu ergreifen, der hochaufgerichtet und regungslos im Schatten der Ebenholzuhr stand. In unaussprechlichem Entsetzen schrien sie auf, als sie die Grabgewänder und die Leichenmaske, die sie mit rauher Gewalt ergriffen hatten, leer und hohl fanden.

Jetzt erkannte man die Anwesenheit des ›Roten Todes‹! Wie ein Dieb in der Nacht war er gekommen. Einen nach dem anderen der Feiernden raffte er dahin in den blutbefleckten Festsälen, und jeder starb da, wo er in verzweifelter Verzerrung niedersank. Und der Gang der Ebenholzuhr stockte so wie das Leben des letzten der Festgenossen verrann. Die Dreifüße erloschen, und mit dem ›Roten Tod‹ traten Finsternis und Verwesung ihre Herrschaft an.

Der Landschaftsgarten

Der Garten glich einer schönen Dame,
  Die lag, als ob sie schliefe in Entzücken
Und ihre Augen gegen die weiten Himmel geschlossen hatte;
  Die blauen Felder des Himmels waren präzise
  In einem großen Kreis angeordnet, der mit Blumen des Lichts
    bepflanzt war:
Die Blumen de luce und die runden Funken des Taus,
Die an ihren azurnen Blättern hingen, erschienen
Wie die funkelnden Sterne, die im abendlichen Blau strahlen.

Giles Fletcher

Nie lebte ein bemerkenswerterer Mann als mein Freund, der junge Ellison. Er war bemerkenswert in der gesamten und konstanten Fülle guter Gaben, die das Schicksal über ihm ausschüttete. Von der Wiege bis zum Grab trug ihn eine Woge reinsten Wohlstands entlang. Und ich benutze das Wort Wohlstand nicht in seinem rein weltlichen oder äußerlichen Sinne. Ich meine es als Synonym für Glück und Freude. Die Person, über die ich spreche, schien zu dem Zweck geboren zu sein, die wilden Doktrinen von Turgot, Price, Priestley und Condorcet ahnen zu lassen – das durch einzelne Augenblicke zu exemplifizieren, was als bloße Chimäre der Perfektionisten angesehen wurde. Im kurzen Leben Ellisons habe ich meiner Meinung nach das Dogma widerlegt gesehen – daß in der physischen und spirituellen Natur des Menschen ein verborgenes Prinzip liegt, der Gegenspieler der Glückseligkeit. Eine eingehende und sorgfältige Studie seiner Laufbahn ließ mich verstehen, daß das Unglück der Menschheit im allgemeinen von der Verletzung einiger simpler Gesetze der Humanität herrührt; daß wir als Spezies die bisher ungegossenen Elemente der Zufriedenheit besitzen; und daß es selbst bei der gegenwärtigen Blindheit und Dunkelheit in bezug auf jede Vorstellung von der großen Frage der sozialen Bedingungen für den Menschen als Individuum nicht unmöglich ist, unter bestimmten ungewöhnlichen und höchst glücklichen Umständen glücklich zu sein.

Mit Ansichten wie diesen war mein junger Freund völlig durchdrungen. Und daher ist es besonders beachtenswert, daß die ununterbrochene Freude, die sein Leben so auszeichnete, zum größten Teil das Ergebnis von Vorherbestimmung war. Es ist tatsächlich offensichtlich, daß Mr. Ellison bei weniger instinktiver Philosophie, die mitunter so gut an die Stelle der Erfahrung tritt, durch eben die außergewöhnlichen Erfolge seines Lebens in den allgemeinen Strudel des Elends gestürzt wäre, der sich vor denen auftut, die so besonders ausgestattet sind. Doch ich will jetzt keine Abhandlung über das Glück schreiben. Die Vorstellungen meines Freundes können in wenigen Worten zusammengefaßt werden. Er erlaubte nur vier unveränderliche Gesetze – oder eher elementare Prinzipien – der Glückseligkeit. Das für ihn wichtigste war (wirklich!) das schlichte und rein physische Gesetz von Leibesertüchtigung an frischer Luft. »Gesundheit«, sagte er, »die auf andere Weise als diese erworben wurde, ist dieses Namens nicht wert.« Er verwies auf die Landarbeiter – die einzigen Menschen, die als Klasse sprichwörtlich glücklicher sind als andere – und dann auf die ekstatischen Glückserlebnisse der Fuchsjagden. Sein zweites Prinzip war die Liebe zu Frauen. Das dritte war Verachtung von Ehrgeiz. Sein viertes war Gegenstand unaufhörlichen

Strebens; und er war davon überzeugt, daß das Ausmaß des Glücks proportional zur Spiritualität dieses Gegenstands war.

Ich sagte bereits, daß Ellison sich durch die kontinuierliche Fülle der guten Gaben auszeichnete, die das Schicksal über ihm ausschüttete. Er übertraf alle an persönlicher Anmut und Schönheit. Sein Intellekt war von der Art, für die der Erwerb von Wissen nicht so sehr Mühe, sondern eher Notwendigkeit und Eingebung war. Seine Familie gehörte zu den nobelsten im Empire. Seine Braut war die liebreizendste und ergebenste aller Frauen. Sein Vermögen war immer umfangreich gewesen; doch mit Erreichen des 21. Lebensjahres wurde einer jener außergewöhnlichen Schicksalsstreiche offenbar, die die gesamte soziale Welt, in der sie spielen, aufschreckt und selten nicht dazu führen, daß die moralische Einstellung ihres Opfers völlig umgedreht wird. Es scheint, daß etwa 100 Jahre vor Mr. Ellisons Erreichen der Volljährigkeit in einer entfernten Provinz ein Mr. Seabright Ellison verstorben war. Dieser Gentleman hatte ein fürstliches Vermögen erworben und, da er keine unmittelbaren Verwandten besaß, sich die Laune gestattet, sein Vermögen über ein weiteres Jahrhundert nach seinem Tode anwachsen zu lassen. Er hatte detaillierte und kluge Anweisungen zu den verschiedenen Investitionen hinterlassen und vererbte die Gesamtmenge dem nächsten Blutsverwandten, der den Namen Ellison trug und am Ende der 100 Jahre am Leben war. Es waren viele Versuche unternommen worden, dieses einzigartige Testament für ungültig erklären zu lassen; ihr Ex-post-facto-Charakter ließ sie scheitern; doch es war die Aufmerksamkeit einer eifersüchtigen Regierung erweckt worden, und schließlich wurde eine Verfügung erlassen, die ähnliche Akkumulationen in Zukunft verbot. Diese Verfügung hinderte jedoch den jungen Ellison nicht daran, an seinem 21. Geburtstag zum Erben seines Vorfahren Seabright zu werden und in den Besitz eines Vermögens von *vierhundertundfünfzig Millionen Dollar* zu kommen.[1]

Als schließlich bekannt wurde, ein wie riesiges Vermögen er geerbt hatte, gab es natürlich vielerlei Spekulation über die Art, wie es ausgegeben werden konnte. Die gigantische Höhe und die unmittelbar verfügbare Art der Summe blendete und verwirrte all diejenigen, die darüber nachdachten. Der Besitzer jeder *nennenswerten* Summe Geld konnte tausend verschiedene Dinge damit machen. Mit Reichtümern, die nur die aller anderen Bürger überstieg, könnte man sich leicht im Überfluß den modischen Extravaganzen der Zeit hingeben; oder sich mit politischen Intrigen beschäftigen; oder nach einem Ministerposten streben; oder leuchtende Beispiele der Tugend leisten; oder den großzügigen Gönner von Literatur und Kunst spielen; oder seinen Namen umfassenden wohltätigen Vereinigungen überlassen. Doch bei dem unvorstellbaren Reichtum, der sich im tatsächlichen Besitz des jungen Erben befand, wurden diese Möglichkeiten und alle gewöhnlichen Gegenstände als unangemessen angesehen. Man nahm Zuflucht zu Zahlen; und die Zahlen trugen nur noch zur Verwirrung bei. Es kam heraus, daß selbst bei nur drei Prozent das jährliche Einkommen des Erbes sich auf nicht weniger als dreizehn Millionen und fünfhunderttausend Dollar belief; das sind eine Million und hundertundfünfundzwanzigtausend pro Monat; oder sechsunddreißigtausendneunhundertundsechsundachtzig pro Tag; oder eintausendfünfhundertundeinundvierzig für jede Minute, die vorbeiflog. So wurden alle Mutmaßungen hinfällig. Man wußte einfach nicht, was man sich vorstellen sollte. Es gab sogar Leute, die annahmen, daß Mr. Ellison sich auf der Stelle wenigstens zwei Drittel seines Vermögens als einer völlig überflüssigen Opulenz entledigen und ganze Truppen von Verwandten durch die Aufteilung seiner Superwohlhabenheit reich machen würde.

Ich dagegen war in keinster Weise überrascht, als ich sah, daß er schon lange zu einem Entschluß gekommen war hinsichtlich der Sache, die zu solchen Diskussionen unter seinen Freunden geführt hatte. Noch war ich erstaunt über die Art seines Entschlusses. Er war im weitesten und edelsten Sinn des Wortes ein Poet. Er verstand außerdem den wahren

Charakter, die hehren Ziele, die erhabene Majestät und Würde des poetischen Gefühls. Er fühlte instinktiv, daß die rechte Befriedigung dieses Gefühls in der *Schaffung neuer Formen von Schönheit* lag. Einige Besonderheiten entweder in seiner frühen Ausbildung oder in der Art seines Intellekts hatten all seine ethischen Spekulationen mit dem gefärbt, was als Materialismus bezeichnet wird. Und diese Tendenz war es vielleicht, die ihn unbemerkt dazu führte anzunehmen, daß das vorteilhafteste, wenn nicht das einzig legitime Feld für die Ausübung dieses poetischen Gefühls in der Schaffung neuartiger Stimmungen rein *physischer* Schönheit liege. So geschah es, daß er weder Musiker noch Poet wurde; wenn wir letzteres Wort in seiner alltäglichen Akzeptanz anwenden. Oder es kann sein, daß er keins von beiden wurde, weil er seiner Vorstellung folgte, die ich bereits erwähnt habe – der Vorstellung, daß in der Verachtung des Ehrgeizes eines der grundlegenden Prinzipien der Glückseligkeit auf Erden liegt. Ist es nicht möglich, wenn jemand mit einem hohen Grad an Genie notwendigerweise ehrgeizig sein muß, jemand mit dem höchsten Grad unvermeidlich über dem stehen muß, was man Ehrgeiz nennt? Und kann es nicht so geschehen, daß größere Geister als Milton zufrieden »stumm und unbekannt« blieben? Ich bin der Meinung, daß die Welt bis jetzt nicht erkannt hat und – falls nicht eine Reihe von Unfällen den edelsten Verstand in furchtbarste Erschöpfung treibt – es nie erkennen wird, das volle Ausmaß triumphierender Ausführung in den üppigeren Kunstproduktionen, zu denen die menschliche Natur durchaus fähig ist.

Mr. Ellison wurde weder Musiker noch Poet, obwohl es niemanden gab, der mehr von Musik und den Musen bezaubert war. Unter anderen Umständen als denen, die ihn befallen hatten, wäre er vielleicht ein Maler geworden. Der Bereich der Bildhauerei war – obwohl seiner Natur nach streng poetisch – zu begrenzt in Umfang und Konsequenzen, um seine Aufmerksamkeit zu beanspruchen. Und nun habe ich bereits alle Bereiche erwähnt, in denen es selbst das toleranteste Verständnis des poetischen Gefühls für möglich hält, daß dieses Gefühl sich verbreitet. Ich meine den freisten öffentlichen oder anerkannten Begriff des »poetischen Gefühls«. Doch Mr. Ellison stellte sich vor, daß der reichste, der völlig natürlichste und geeignetste Bereich schmählich vernachlässigt worden war. In keiner Definition wurde der *Landschaftsgärtner* als Poet erwähnt; und doch konnte mein Freund nicht umhin zu erkennen, daß die Schaffung eines Landschaftsgartens der wahren Muse die prächtigsten Möglichkeiten bot. Hier fand sich in der Tat das schönste Feld für die Zurschaustellung von Erfindung oder Phantasie in den endlosen Kombinationen der Formen neuartiger Schönheit; die Elemente, die in die Kombinationen eingingen, waren schließlich immer und in der Mehrzahl die prächtigsten, die man auf der Erde fand. In der vielfältigen Form des Baums und den vielfältigen Farben der Blumen erkannte er die direktesten und kraftvollsten Bemühungen der Natur um physische Schönheit. Und in der Richtung oder Konzentration der Bemühung oder eher noch in der Anpassung an die Augen, die sie hier auf Erden erblicken sollten, erkannte er, daß er nur die besten Mittel bei der Erfüllung seiner Bestimmung zum Poeten anwenden sollte.

»Ihre Anpassung an die Augen, die sie hier auf Erden erblicken sollten.« In seiner Erklärung dieses Satzes löste Mr. Ellison viel von dem, was mir immer ein Rätsel erschien. Ich meine die Tatsache (die nur von den Unwissendsten bestritten wird), daß es in der Natur nicht solche Landschaftskombinationen gibt, wie sie der geniale Maler schaffen kann. Kein Paradies erstrahlte je in Realität, wie sie von den Leinwänden Claudes herableuchteten. In der liebreizendsten natürlichen Landschaft findet sich immer ein Defekt oder ein Exzeß – viele Exzesse oder Defekte. Während die einzelnen Teile für sich genommen im allgemeinen das größte Können des Künstlers übertreffen, kann das Arrangement der Teile immer noch verbessert werden. Kurz gesagt, es gibt keine Position, von der aus ein künstlerisches Auge nicht etwas Beleidigendes finden würde in dem, was technisch als die Komposition einer Naturlandschaft bezeichnet wird. Und dennoch – wie unverständlich ist dies! In allen anderen Angelegenheiten werden wir zu Recht dazu angehalten, die Natur als erhaben anzusehen. Wir können uns in einem Vergleich mit ihren Einzelheiten nicht messen. Wer kann sich schon anmaßen, die Farben der Tulpe zu imitieren oder die Proportionen des Maiglöckchens? Die Kritik, die von Bildhauerei oder Porträtmalerei sagt, daß »Natur eher zu verstärken als zu imitieren ist«, befindet sich im Irrtum. Keine bildnerische oder bildhauerische Kombination von Punkten menschlicher Schönheit erreicht mehr, als sich an die lebendige und atmende menschliche Schönheit anzunähern, die unseren Alltag erhellt. Byron, der oft irrte, war nicht im Irrtum, als er sagte:

Ich habe mehr lebende Schönheit, reif und wahr,
gesehen als all der Nonsens ihrer steinernen Ideale.

Nur in der Landschaft ist das Prinzip der Kritik wahr. Und weil man seine Wahrheit hier fühlte, wurde sie im Geist der Generalisierung auf alle Bereiche der Kunst für zutreffend erklärt. Ich sage, weil man seine Wahrheit hier *fühlte*. Denn das Gefühl ist keine Heuchelei und kein Hirngespinst. Die Mathematiker besitzen nicht mehr absolute Beweise, als sie das Gefühl ihrer Kunst dem Künstler gibt. Er glaubt nicht nur, sondern weiß es sicherlich, daß solche augenscheinlich willkürlichen Arrangements von Materie oder Form allein die wahre Schönheit ausmachen. Doch seine Gründe sind noch nicht ausgereift. Es erfordert eine wesentlich gründlichere Analyse, als sie die Welt je gesehen hat, sie voll zu untersuchen und auszudrücken. Dennoch wird er in seinen instinktiven Meinungen bestätigt durch die Übereinstimmung all seiner Standesgenossen. Sei eine Komposition fehlerhaft; sei eine Korrektur gefunden im bloßen Arrangement ihrer Form; man lege diese Korrektur jedem Künstler auf der Welt vor; und jeder würde ihre Notwendigkeit bestätigen. Und sogar noch mehr: Als Abhilfe der fehlerhaften Komposition würde jedes Mitglied der Bruderschaft auf sich allein gestellt dieselbe Korrektur *vorschlagen*.

Ich wiederhole, daß nur in Landschaftsarrangements oder -zusammenstellungen die physische Natur »erhöht« werden kann und daß die Möglichkeit der Verbesserung in diesem Punkt bisher immer ein Rätsel für mich war, das ich nicht lösen konnte. Es war Mr. Ellison, der als erster vorschlug, daß das, was wir als Verbesserung oder Erhöhung der natürlichen Schönheit ansehen, tatsächlich nur den sterblichen oder menschlichen Blickpunkt berücksichtigte; daß jede Veränderung oder Störung der primitiven Landschaft einen Makel im Bild hervorrufen könnte, falls wir uns vorstellten, daß dieses Bild von weitem aus den Tiefen des Himmels betrachtet würde. »Es ist leicht verständlich«, sagt Mr. Ellison, »daß das, was ein aus der Nähe betrachtetes Detail verbessern mag, gleichzeitig einen *allgemeinen* und aus der Distanz betrachteten Effekt beeinträchtigen kann.« Er sprach mit Wärme über dieses Thema: Er betrachtete nicht so sehr seine unmittelbare oder offensichtliche Bedeutung (die gering ist), sondern eher das Wesen der Schlüsse, zu denen es führen könnte, oder der begleitenden Vorschläge, die es untermauern oder unterstützen könnte. Es *mag* eine Klasse von Wesen geben, die einst menschlich waren, doch nun für die Menschheit unsichtbar sind, für deren Prüfung und deren verfeinerte Wertschätzung des Schönen – mehr als für die unsrige – Gott den großartigen Landschaftsgarten der *ganzen Erde* erschaffen hat.

Im Verlauf unserer Diskussion ergriff mein junger Freund die Gelegenheit, einige Passagen eines Autors zu zitieren, der dieses Thema gut behandelt haben sollte.

»Es gibt«, so schreibt er, »eigentlich nur zwei Stile der Landschaftsgärtnerei, den natürlichen und den künstlichen. Der eine versucht, an die ursprüngliche Schönheit des Landes zu erinnern, indem er seine Mittel an die Umgebungslandschaft anpaßt, Bäume in Harmonie mit den Hügeln oder Ebenen des benachbarten Landes pflanzt; jene hübschen Bezüge von Größe, Proportion und Farbe entdeckt und zum Tragen bringt, die dem gewöhnlichen

Betrachter entgehen, sich jedoch dem erfahrenen Naturstudenten überall offenbaren. Das Ergebnis der natürlichen Landschaftsgärtnerei erkennt man eher an der Abwesenheit aller Fehler und Ungereimtheiten – im Überwiegen einer wunderschönen Harmonie und Ordnung – als in der Schaffung irgendwelcher besonderen Wunder oder Mirakel. Der künstliche Stil besitzt so viele Variationen, wie es Geschmäcker gibt, die befriedigt werden wollen. Er besitzt eine gewisse Verwandtschaft mit der Architektur. Da wären die hoheitsvollen Alleen und Lustschlößchen von Versailles, italienische Terrassen und ein vielfältiger altenglischer Stil, der mit dem amerikanischen gotischen oder dem englischen elisabethanischen Stil zusammenhängt. Was immer man gegen die Mißhandlungen der künstlichen Landschaftsgärtnerei sagen mag, eine Mischung reiner Kunst in einer Gartenkulisse gibt einem Garten große Schönheit. Es ist teils schön fürs Auge durch die Ordnung und das Design und teils moralisch. Eine Terrasse mit einer alten moosbedeckten Balustrade ruft einem sofort die schönen Gestalten vor die Augen, die einst dort wandelten. Die kleinste Zurschaustellung von Kunst ist ein Zeichen von Pflege und menschlichem Interesse.«

»Aus dem, was ich bisher sagte«, sagte Mr. Ellison, »können Sie verstehen, das ich die hier ausgedrückte Meinung des ›an die ursprüngliche Schönheit des Landes Erinnerns‹ ablehne. Die ursprüngliche Schönheit ist niemals so großartig wie das, was man einführen kann. Natürlich hängt viel von der Wahl eines Ortes mit *Möglichkeiten* ab. Was über das ›Entdekken und Zum-Tragen-Bringen jener hübschen Bezüge von Größe, Proportion und Farbe‹ gesagt wurde, ist vages Gerede, das viel oder wenig bedeuten kann – oder gar nichts – und keine Anleitung bietet. Daß das wahre ›Ergebnis der natürlichen Landschaftsgärtnerei eher an der Abwesenheit aller Fehler und Ungereimtheiten als in der Schaffung irgendwelcher besonderen Wunder oder Mirakel‹ zu sehen ist, ist eine These, die besser zur mürrischen Anerkennung der Herde als zu den wilden Träumen eines Manns mit Genie paßt. Der angedeutete Verdienst ist bestenfalls negativ und bezieht sich auf die holprige Kritik, die in der Literatur Addison zu einer Apotheose verhelfen würde. Tatsächlich verhält es sich so, daß, während jener Verdienst, der im bloßen Vermeiden eines Fehlers besteht, direkt das Verständnis anspricht und somit in *Regeln* angedeutet werden kann, der höhere Wert, der in Erfindung oder Schöpfung flammt und atmet, nur an seinen Ergebnissen erkannt werden kann. Regeln gelten nur für die vortrefflichen Leistungen in der Vermeidung – für die Tugenden, die versagen oder einschränken. Darüber hinaus kann die kritische Kunst nur andeuten. Wir können unterrichtet werden, wie wir eine Odyssee aufbauen müssen, doch vergeblich wird man uns sagen, *wie* wir einen ›Sturm‹, ein ›Inferno‹, einen ›Gefesselten Prometheus‹, eine ›Nachtigall‹ wie die von Keats oder eine ›Gefühlvolle Pflanze‹ wie die von Shelley ersinnen. Doch wenn es getan ist, das Wunder vollbracht ist, schon wird die Fähigkeit zur Wertschätzung universell. Die Sophisten der negativen Schule, die aufgrund ihrer Unfähigkeit zur Schöpfung die Schöpfung verspottet haben, sind nun unter denen zu finden, die am lautesten applaudieren. Was im Puppenstadium des Prinzips ihren prüden Verstand beleidigte, verfehlt in seiner Reife nie, ihrem Instinkt für das Schöne oder das Erhabene Bewunderung abzuverlangen.«

»Die Bemerkungen unseres Autors zum künstlichen Stil der Gärtnerei«, fuhr Mr. Ellison fort, »sind weniger zu beanstanden. ›Eine Mischung reiner Kunst in einer Gartenkulisse gibt einem Garten große Schönheit.‹ Das stimmt; und ebenso die Erwähnung des menschlichen Interesses. Ich wiederhole, daß das hier Ausdruck findende Prinzip unwandelbar ist; doch selbst darüber hinaus *mag* es noch etwas geben. Es mag einen Gegenstand geben, der voll mit dem angedeuteten Prinzip übereinstimmt – ein Gegenstand, der mit den gewöhnlich der Menschheit zur Verfügung stehenden Mitteln unerreichbar ist, der jedoch, falls er erreicht würde, dem Landschaftsgarten einen Charme verliehe, der den unermeßlich überträfe, den reines menschliches Interesse ihm geben könnte. Der wahre Poet mit sehr außergewöhnlichen Finanzmitteln könnte möglicherweise, obwohl er die notwendige Idee von

Kunst oder Interesse oder Kultur beibehält, seine Entwürfe unmittelbar mit einem Ausmaß und einer Neuartigkeit von Schönheit erfüllen und das Gefühl einer spirituellen Einmischung vermitteln. Man wird erkennen, daß er mit einem solchen Resultat alle Vorteile von Interesse oder Design sichert und gleichzeitig sein Werk vor aller Härte und Technik der Kunst bewahrt. In der rauhsten Wildnis – in der wildesten Kulisse reinster Natur – ist die Kunst eines Schöpfers erkennbar; doch diese Kunst ist nur der Reflexion offenbar, sie hat in keiner Hinsicht die offensichtliche Kraft eines Gefühls. Wenn wir uns nun diesen Sinn eines Allmächtigen Entwurfs in einem meßbaren Maße harmonisiert vorstellen, wenn wir eine Landschaft annehmen, deren kombinierte Fremdartigkeit, Weite, Endgültigkeit und Großartigkeit den Teil von Intelligenzen mit der Vorstellung von Kultur oder Pflege oder Überwachung inspirieren, die der menschlichen ähnlich, doch überlegen sind – dann wird das Gefühl des Interesses gewahrt, während man die Kunst die Form einer Zwischen- oder Zweitnatur annehmen läßt – einer Natur, die nicht Gott ist noch eine Emanation Gottes, die jedoch immer noch Natur ist in dem Sinne, daß sie das Ergebnis der Engel ist, die zwischen dem Menschen und Gott schweben.«

Es war in der Widmung seines gigantischen Reichtums an die praktische Verkörperung einer solchen Vision – in Leibesertüchtigung an der frischen Luft, die einer persönlichen Ausrichtung seiner Pläne entstammte – im kontinuierlichen und unaufhörlichen Gegenstand, den diese Pläne bieten – in der Verachtung des Ehrgeizes, die es ihm ermöglichte, mehr zu fühlen als vorzutäuschen – und schließlich in der Gesellschaft und Zuneigung einer zärtlichen Ehefrau, daß Ellison glaubte, eine Verschonung von den gewöhnlichen Sorgen der Menschheit zu finden (und auch fand), mit einem weit größeren Maß an wirklicher Glückseligkeit, als es je in den berauschten Tagträumen de Stäels glühte.

Anmerkungen

1 Ein ähnliches Vorkommnis ereignete sich vor nicht langer Zeit in England. Der Name des glücklichen Erben (der noch am Leben ist) lautet Thelluson. Ich las zuerst darüber im Reisebuch des Prinzen Pückler-Muskau. Er nennt eine Summe von neunzig Millionen Pfund und vermerkt mit Nachdruck, daß »in der Betrachtung einer so riesigen Summe und des Nutzens, den man mit ihr erwerben könne, etwas Erhabenes liege«. Um dem Ton dieses Artikels zu entsprechen, folgte ich der Aussage des Prinzen – einer zweifelsohne grob übertriebenen.

Grube und Pendel

> Impia tortorum longas hic turbo furores
> Sanguinis innocui, non satiata, aluit.
> Sospite nunc patria, bracto nunc funeris antro,
> Mors ubi dira fuit vita salusque patent.
>
> Vierzeiler, verfaßt für ein Markttor,
> das auf dem Gelände des Jakobinerklub-
> Hauses in Paris errichtet werden sollte.

Ich war geschwächt und krank – zu Tode krank von all der langen Qual; und als man mich schließlich losband und ich mich setzen durfte, da fühlte ich, wie mir die Sinne schwanden. Das Urteil – das gefürchtete Todesurteil – war das letzte, was noch bestimmt umrissen meine Ohren erreichte. Danach schien der Klang der inquisitorischen Stimmen in einem träumerisch verschwommenen Summen zu verschmelzen. Es weckte mir in meiner Seele die Empfindung eines *Kreisens* – wohl weil es sich in der Phantasie mit dem Bilde eines murmelnden Mühlrades verband. Doch dies nur kurze Zeit; denn bald hörte ich nichts mehr. Aber eine Weile noch *sah* ich. Oh, in welch schreckensvoller Überschärfe! Ich sah der schwarzgewandeten Richter Lippen. Sie schienen mir kahlweiß – noch weißer denn das Blatt, auf das ich diese Worte setze – und schier bis zur Groteske schmal; schmal vor verbissener Festigkeit – vor unverrückbarer Entschlossenheit – vor grausamer Verachtung aller menschlicher Qualen. Ich sah, wie die Beschlüsse, die mir Schicksal waren, anhaltend immer noch von diesen Lippen flossen. Ich sah sie sich beim Todesspruch verzerren. Ich sah, wie sie die Silben meines Namens formten; und Schauder überrann mich, weil daraufhin kein Laut erklang. Ich sah auch, binnen weniger Momente voll irren Grauens, das sachte und fast unwahrnehmliche Wehen der schwarzen Vorhänge, welche die Wände des Raumes verhüllten. Und dann fiel mein Blick auf die sieben hohen Kerzen, die auf dem Tisch standen. Zunächst trugen sie das Gewand der Barmherzigkeit: wie weiße schlanke Engel, die mich retten wollten; doch dann, ganz unvermittelt, überwältigte ein tödlicher Ekel meinen Geist, und ich fühlte jede Faser meines Körpers erschauern, so als hätte ich den Draht einer galvanischen Batterie berührt. Im selben Augenblick verwandelten sich jene engelhaften Gestalten in absurde Gespenster mit flammenden Köpfen. Und ich sah, daß ich von ihnen keine Hilfe zu erwarten hatte. Dann stahl sich, gleich der Musik eines vollklingenden Tones, der Gedanke in meine Seele, welch süße Ruhe wohl im Grabe zu finden sei. Der Gedanke kam ganz sachte und verstohlen, und es schien mir eine lange Zeit zu vergehen, bis ich seine Bedeutung gänzlich erfaßte; doch gerade in dem Augenblick, als mein Geist ihn schließlich restlos in sich aufgenommen und erwogen hatte, verschwanden vor meinen Augen die Gestalten der Richter wie durch Zauberhand; die hohen Kerzen versanken ins Nichts, ihre Flammen erstarben ganz und gar; die Schwärze der Dunkelheit trat dazwischen; und jegliche Empfindung schien verschlungen in einem wirbelnden, rasenden Fall in die Tiefe, so als stürze die Seele in den Hades hinab. Dann herrschte Schweigen. Stille und Nacht allüberall.

Mir waren die Sinne geschwunden. Doch will ich damit nicht sagen, daß ich alles Bewußtsein verloren hatte. Was mir davon verblieb, werde ich nicht zu definieren versuchen, noch gar zu beschreiben; doch war nicht alles verloren. Im tiefsten Schlummer – nein! Im Fieberwahn – nein! In der Ohnmacht – nein! Im Tode – nein! Selbst im Grabe ist *nicht alles* verloren. Sonst gäbe es für die Menschen keine Unsterblichkeit. Indem wir aus dem Schlafe erwachen, war er auch noch so selbstvergessen, durchbrechen wir das hauchdünne Gewebe irgendeines Traumes. Doch nur eine Sekunde später (so überaus verletzlich mag dies Gespinst gewesen sein) erinnern wir uns nicht, geträumt zu haben. In der Rückkehr zum Leben, die einer Ohnmacht folgt, gibt es zwei Stufen: In der ersten erwachen die Sinne des Geistigen, die mentalen wie die spirituellen; in der zweiten wird das Physische bewußt, die Existenz. Es scheint wahrscheinlich, daß bei Erreichen der zweiten Stufe – gesetzt, wir könnten uns dann der Gefühle der ersten Stufe noch entsinnen – aus diesen Eindrücken reiche Erinnerungen an den Abgrund darunter sprechen würden. Und dieser Abgrund ist – was? Wie wenigstens sollen wir seine Schatten von denen der Gruft unterscheiden? Und wenn die Eindrücke dessen, was ich die erste Stufe genannt habe, auch nicht beliebig in die Erinnerung zurückzuholen sind, kommen sie denn nicht doch nach langer Schweigezeit ganz plötzlich ungerufen wieder herauf, indessen wir uns verwundern, woher sie stammen mögen? Wer nie die Ohnmacht kannte, wird auch nie im Glühen der Kohlen seltsame Paläste finden und schauerlich vertrauliche Gesichter; nie wird er die schmerzlichen, inmitten der Luft schwebenden Visionen erblicken, die zu sehen der Menge nicht gegeben ist; er wird nicht verweilen, um den Duft einer neuartigen Blüte zu erwägen – sein Geist hält nicht verwundert inne über der Bedeutung einer musikalischen Melodie, die noch nie zuvor seine Aufmerksamkeit erregt hat.

Inmitten häufiger und tiefgesinnter Mühen, mich zu erinnern, inmitten ernsten Ringens um ein Zeichen von jenem Zustand des scheinbaren Nichts, in den meine Seele versunken, hat es Momente gegeben, da mir Gelingen träumte; traten kurze (ach wie so kurze!) Augenblicke ein, da ich Erinnerungen heraufbeschwor, die sich – im späteren Lichte der Vernunft gesehen – gewißlich nur auf jenen Zustand scheinbaren Unbewußtseins beziehen konnten. Diese Erinnerungsfetzen erzählen, schattenhaft flüchtig, von ragenden Gestalten, die mich aufhoben und schweigend abwärts trugen – tief abwärts – immer tiefer – bis schon beim bloßen Gedanken, es gehe in bodenlose Tiefe hinab, ein gräßliches Schwindelgefühl mich erfaßte. Sie erzählen auch von einem vagen Grausen, das sich in meinem Herzen ausbreitete, weil eine solch unnatürliche Stille von ihm Besitz ergriffen hatte. Dann durchströmte ein Gefühl plötzlicher Bewegungslosigkeit ein jegliches Ding; als hätten jene, die mich in die Tiefe trugen (ein Gespensterzug!), in ihrem Abstieg des Grenzenlosen Grenzen überschritten und müßten nun von der Beschwerlichkeit ihres Tuns ruhen. Nach diesem erinnere ich mich an etwas Schlaffes und Dumpfes; und dann ist alles *Wahnsinn* – der Wahnsinn eines bohrenden Erinnerns, das sich mit Dingen quält, die ihm verboten sind.

Ganz plötzlich aber kam in meine Seele Bewegung und Klang zurück – das tumultvolle Stoßen des Herzens und – mir im Ohr widerhallend – der Schall seines Schlages. Dann eine Pause: Alles ist blaß und kahl. Dann wieder Laut, Bewegung – sogar Gefühl: Ein Jucken läuft durch meinen Leib. Danach nur noch das Bewußtsein, daß ich existiere, gedankenleer – der Zustand hielt länger an. Jäh und plötzlich: Denken und Schreckensschauer und quälerisches Mühen, mein wirkliches Befinden zu erfassen. Dann ein heißes Sehnen nach Empfindungslosigkeit, der Wunsch, darin zu versinken. Schließlich ein rauschendes Wiederaufleben der Seele – und es gelingt mir, angestrengt, mich zu bewegen. Und nun erinnere ich mich voll an alles: an den Prozeß, die Richter, das Urteil, die schwarzen Vorhänge, meine Schwäche und an die Ohnmacht. Dann gänzliche Vergeßlichkeit für jegliches Danach; für all das, was zu späterer Stunde durch wiederholte Anstrengungen verschwommen mir wieder ins Gedächtnis kehrte.

Bis jetzt hatte ich meine Augen nicht geöffnet. Ich spürte, daß ich auf dem Rücken lag, ohne Fesseln. Ich streckte meine Hand aus, und sie fiel schwer auf etwas Feuchtes und Hartes. Dort ließ ich sie lange Zeit liegen, während ich mich bemühte, mir vorzustellen, wo und *was* ich sein könnte. Ich sehnte mich danach, die Augen zu öffnen; und doch wagte ich es nicht. Ich hatte Angst vor dem ersten Blick auf das, was mich umgab. Es war nicht so, als hätte ich mich davor gefürchtet, grauenhafte Dinge zu entdecken, sondern es schauderte mir vielmehr vor der Möglichkeit, es könne *gar nichts* zu sehen geben. Schließlich – mit einer wilden Verzweiflung im Herzen – öffnete ich rasch die Augen. Meine schlimmsten Befürchtungen wurden nun bestätigt. Die Schwärze einer unendlichen Nacht umgab mich. Ich rang nach Atem. Die Dichte der Dunkelheit schien mich niederdrücken und ersticken zu wollen. Die Luft war von unerträglicher Schwüle. Ich blieb reglos liegen und versuchte, meinen Verstand zu benutzen. Ich rief mir das Vorgehen der Inquisition ins Gedächtnis und bemühte mich, aus diesem Wissen meine tatsächliche Lage zu ermitteln. Das Urteil war gesprochen, und es schien mir, als sei seitdem eine sehr lange Zeit verstrichen. Doch nicht einen Augenblick lang hielt ich mich für tot. Solch eine Mutmaßung ist, ungeachtet dessen, was wir in Romanen lesen, völlig unvereinbar mit dem wirklichen Leben. Wo aber war ich und in welchem Zustand? Die zum Tode Verurteilten, das wußte ich, wurden für gewöhnlich während der *autos-da-fé* hingerichtet, und eine davon war in derselben Nacht abgehalten worden, die auf meine Gerichtsverhandlung folgte. Hatte man mich zurück in meinen Kerker geworfen, um die nächste Opferung abzuwarten, die erst in einigen Monaten stattfinden würde? Dies, so erkannte ich sofort, konnte nicht sein. Man hatte nach sofortigen Opfern verlangt. Darüber hinaus hatte mein Kerker genau wie alle anderen Zellen, die man in Toledo für Verurteilte bereithielt, einen Steinboden, und dort hatte auch das Tageslicht nicht gänzlich gefehlt.

Ein furchtbarer Gedanke ließ plötzlich das Blut in einem Schwall zu meinem Herzen fluten, und einen kurzen Augenblick lang fiel ich erneut zurück in die Bewußtlosigkeit. Nachdem ich wieder zu mir gekommen war, sprang ich unverzüglich auf die Füße, am ganzen Körper krampfartig zitternd. Ich streckte wild meine Arme in alle Richtungen, in die Höhe und um mich herum. Ich spürte nichts; doch graute mir davor, mich auch nur einen Schritt zu bewegen, aus Furcht, ich könnte an die Wände eines Grabes stoßen. Schweiß brach mir aus jeder Pore und stand in kalten dicken Tropfen auf meiner Stirn. Die Qual der Ungewißheit ward schließlich unerträglich, und vorsichtig bewegte ich mich fort, die Arme ausgestreckt, indessen mir die Augen in der Hoffnung, doch einen schwachen Schimmer von Licht zu erspähen, schier aus den Höhlen traten. Schritt um Schritt tat ich ins Dunkel vor; doch alles blieb Schwärze und Leere. Da atmete ich freier. Schien es mir doch, daß wenigstens nicht das gräßlichste aller Geschicke meiner harrte.

Und nun, da ich noch weiter vorsichtig Schritt um Schritt ins Dunkel trat, drangen mir plötzlich wohl tausend unbestimmte Gerüchte von den Schrecken Toledos in die Erinnerung. Sonderbare Dinge hatte man sich von den Verliesen erzählt – ich hatte sie stets für Fabeln gehalten – Dinge jedoch, schier unerhört und viel zu schauerlich, als daß man sie anders denn im Flüstertone wiederholen könnte. Hatte man mich bisher am Leben gelassen, damit ich hier in dieser unterirdischen Welt der Finsternis Hungers sterben sollte; oder welches, vielleicht noch fürchterlichere, Schicksal erwartete mich sonst? Daß am Ende der Tod stehen werde, und zwar ein Tod von mehr denn üblicher Grausamkeit, durfte ich nicht bezweifeln; denn nur zu wohl kannte ich den Charakter meiner Richter. Die Art nur und die Stunde waren es, was mich verstörte und in Unruhe versetzte.

Meine ausgestreckten Hände stießen schließlich auf ein festes Hindernis. Es war eine Wand, dem Anschein nach aus Stein gemauert – sehr glatt, sehr schlüpfrig und kalt. Ich folgte ihrem Verlauf – in behutsamen Schritten und mit all dem Mißtrauen, welches gewisse ältere Erzählungen mir eingeflößt hatten. Dies Vorgehen brachte mir allerdings keinerlei Gewißheit über die Ausmaße meines Kerkers. Denn recht wohl mochte ich im Kreise gehen und – ohne dessen bewußt zu werden – zu dem Punkte zurückkehren, von dem ich ausgegangen; so vollkommen einförmig schien die Wand. Ich suchte daher nach dem Messer, welches in meiner Tasche gewesen war, als man mich vor die Inquisition führte; doch es war fort; man hatte meine Kleider mit einem Kittel aus derbem Leinenstoff vertauscht. Mein Gedanke war gewesen, die Klinge in eine der winzigen Fugen des Mauerwerks zu treiben, um auf diese Weise meinen Ausgangspunkt kenntlich zu machen. Die Verlegenheit, in der ich mich nun befand, war gleichwohl nur geringfügig, obschon sie mir bei der Wirrnis meiner Phantasie zu Anfang unüberwindlich schien. Ich riß einen Streifen vom Saum des Kittels ab und legte das Stück in voller Länge und rechtwinklig zur Mauer auf den Boden. Wenn ich mich nun rundum an den Wänden meines Gefängnisses entlangtastete, mußte ich am Ende des Weges unfehlbar wieder bei diesem Fetzen anlangen. So wenigstens dachte ich: doch ich hatte nicht mit der Ausdehnung des Kerkers gerechnet, beziehungsweise mit meiner eigenen Schwäche. Der Boden war feucht und glitschig. Nur ein paar schwankende Schritte hatte ich getan, da strauchelte ich schon und stürzte hin. Meine unsägliche Erschöpfung ließ mich ausgestreckt liegenbleiben; und nicht lange lag ich, so übermannte mich der Schlaf.

Als ich erwachte und einen Arm ausstreckte, fand ich neben mir einen Laib Brot und einen Krug mit Wasser. Ich war viel zu erschöpft, um über diesen Umstand weiter nachzudenken: ich aß und trank voller Gier. Kurz darauf nahm ich meinen Rundgang längs der Mauer meines Gefängnisses wieder auf, und mit viel Mühsal kam ich schließlich an den Fetzen Leinenstoff zurück. Bis zu dem Zeitpunkt, da ich hinfiel, hatte ich zweiundfünfzig Schritte gezählt, und als ich meine Wanderung fortsetzte, zählte ich noch achtundvierzig weitere – erst dann erreichte ich den Stoffstreifen wieder. Es waren also hundert Schritte insgesamt. Wenn ich zwei davon auf eine Elle rechnete, so mußte das Verlies wohl fünfzig Ellen im Umkreis messen. Freilich war ich auf zahlreiche Winkel in der Mauer gestoßen, und so vermochte ich mir doch keine rechte Vorstellung von der Gestalt des Höhlengewölbes zu bilden. Eine Höhle aber war es wohl, daran ließ sich kaum zweifeln.

Ich hatte bei diesen Untersuchungen gar kein eigentliches Ziel im Sinne – gewißlich keine Hoffnung. Nur unbestimmte Neugier trieb mich, sie fortzusetzen. Die Mauer verlassend beschloß ich, das Gelaß zu durchqueren. Zuerst bewegte ich mich mit äußerster Vorsicht, denn der Boden, obgleich dem Anschein nach aus festem Material gefügt, war trügerisch in seiner Glitschigkeit. Schließlich jedoch faßte ich mir ein Herz und zögerte nicht mehr, rüstig auszuschreiten; wobei ich bemüht war, in möglichst gerader Linie hinüberzukommen. In dieser Weise hatte ich wohl einige zehn oder zwölf Schritte getan, als sich der Rest des losgerissenen Kittelsaums zwischen meinen Beinen verwickelte. Ich trat darauf und stürzte heftig aufs Gesicht.

In der Verwirrung, die dieser Sturz mit sich brachte, erfaßte ich nicht sogleich einen recht erschreckenden Umstand, welcher allerdings ein paar Sekunden später, und während ich noch hingestreckt dalag, meine ganze Aufmerksamkeit in Anspruch nahm. Es war nämlich so: Mein Kinn ruhte auf dem Boden des Gefängnisses, doch meine Lippen wie auch die ganze Oberpartie des Kopfes lagen nirgends auf, obwohl sie anscheinend weniger erhoben waren denn das Kinn. Zur gleichen Zeit schien meine Stirne in einem feuchtkalten Dunst gebadet, und der unverwechselbare Geruch verfaulter Schwämme stieg mir in die Nüstern. Ich streckte den Arm aus und stellte voller Schauder fest, daß ich hart am Rand einer kreisrunden Grube niedergefallen war, von deren Ausdehnung ich mir im Augenblick natürlich keinerlei Vorstellung bilden konnte. Ich tastete am Mauerwerk direkt unterhalb der Kante hin, und es gelang mir, einen kleinen Brocken loszumachen, den ich in den Abgrund fallen ließ. Sekundenlang lauschte ich, wie es widerhallte, wenn er gegen die Seitenwände des Abgrundes schlug; dann schließlich gab es einen dumpfen Plumps in Wasser, gefolgt von lauten Echowellen. Im nämlichen Augenblick vernahm ich einen Schall, der dem hastigen Öffnen und ebenso raschen Wiederzuschlagen einer Türe hoch oben über mir glich, indessen ein schwächlicher Lichtschimmer jäh durch das Dunkel blitzte, um ebenso schnell wieder zu verblassen.

Klar sah ich nun, welches Los man mir bestimmt hatte, und ich pries mich glücklich ob des eben noch rechtzeitigen Unfalls, der mich meinem Schicksal hatte entrinnen lassen. Wäre ich nur einen Schritt später hingestürzt, so hätte mich die Welt nicht mehr gesehen. Und der Tod, dem ich so haarscharf entgangen, war von jener Art, welche ich stets als erfabelt und gegenstandslos betrachtet hatte, wenn mir Geschichten über die Inquisition zu

Ohren kamen. Man ließ den Opfern der Tyrannei die Wahl zwischen einem Ende unter den entsetzlichsten Leibesqualen und einem Tode voller fürchterlichster geistiger Schrecken. Mich hatte man für den letzteren aufgespart. Von langem Leiden waren meine Nerven so zerrüttet, daß ich schließlich beim Klang meiner eigenen Stimme erzitterte und in jeder Hinsicht ein lohnendes Objekt für die Tortur geworden war, die meiner harrte.

Schaudernd am ganzen Leibe tastete ich mich zur Mauer zurück. Ich war entschlossen, lieber dort zugrunde zu gehen, als mich dem lauernden Grauen der Brunnenschächte auszusetzen, von denen mir meine Phantasie nun eine ganze Reihe an allen möglichen Stellen meines Kerkers vorspiegelte. In anderer Geistesverfassung hätte ich vielleicht den Mut gefunden, mein Elend durch einen raschen Sprung in einen dieser Abgründe zu enden. Doch jetzt war ich der allerärgste Feigling. Auch konnte ich nicht vergessen, was ich über diese Schächte gelesen hatte – daß nämlich ein *rasches* Auslöschen des Lebens keineswegs zu ihrer grauenvollen Bestimmung gehörte.

Heftige Gemütsbewegung hielt mich viele Stunden wach. Doch am Ende dann schlummerte ich wieder ein. Beim Aufwachen fand ich, wie schon zuvor, an meiner Seite einen Laib Brot und einen Krug mit Wasser. Ein brennender Durst verzehrte mich, und ich leerte das Gefäß auf einen Zug. Es mußte ein Giftgemisch enthalten haben, denn kaum hatte ich getrunken, so befiel mich unwiderstehliche Schläfrigkeit. Ich sank in tiefen Schlummer – in todesähnlichen Schlaf. Wie lange er gedauert, wußte ich nicht. Doch als ich dann wieder die Augen öffnete, war meine Umgebung mir sichtbar geworden. In einem seltsam schwefelfarbigen Schein, dessen Ursprung mir anfangs verborgen blieb, vermochte ich Ausmaß und Anlage des Gefängnisses zu überschauen.

In seiner Größe hatte ich mich beträchtlich getäuscht. Der gesamte Umfang der Mauerwände betrug nicht über fünfundzwanzig Ellen. Einige Minuten lang rief diese Tatsache eine Fülle eitler Sorgen in mir wach – wahrlich *eitler* Sorgen! Denn was konnte unter den schrecklichen Umständen, in denen ich mich befand, geringere Bedeutung haben denn die Maße meines Kerkers? Doch meine Seele nahm ein ganz widersinniges Interesse an allen möglichen Kleinigkeiten, und geradezu hartnäckig plagte ich mich mit der Frage, wieso mir wohl bei meiner Berechnung ein solcher Irrtum habe unterlaufen können. Die Wahrheit ging mir schließlich blitzartig auf. Bei meinem ersten Erkundungsversuch hatte ich, bis zu dem Zeitpunkt, da ich hinstürzte, zweiundfünfzig Schritte gezählt; da mußte ich dem Stofflappen bereits auf einen Schritt oder zwei nahe gewesen sein. Denn tatsächlich hatte ich meinen Rundgang um die Höhle nahezu vollendet. Ich schlief dann ein, und beim Erwachen muß ich wohl einfach meine Schritte zurück gelenkt haben – wodurch mir der Weg rundum nahezu doppelt so lang erschien als er in Wirklichkeit war. Meine Geistesverwirrung ließ mich nicht bemerken, daß ich bei Antritt meines Ganges die Mauer zur Linken gehabt hatte, indessen sie sich am Ende dann rechterhand befand.

Auch hinsichtlich der Baugestalt des Verlieses war ich einem Irrtum erlegen. Als ich mich an den Wänden hintastete, hatte ich zahlreiche Winkel gefunden und daraus den Eindruck großer Unregelmäßigkeit gewonnen. So mächtig wirkt totale Finsternis auf einen, der aus Betäubung oder Schlaf erwacht! Die Winkel waren schlicht und einfach ein paar geringfügige Vertiefungen oder Nischen, die in unregelmäßigen Abständen auftraten. Im Ganzen hatte das Gefängnis quadratischen Grundriß. Was ich für Mauerwerk gehalten, schien mir nun Eisen zu sein oder irgendein anderes Metall; die Wände bestanden aus riesigen Platten, deren Fugen oder Nahtstellen die genannten Vertiefungen bildeten. Die gesamte Oberfläche dieser metallenen Umfassungsmauer war besudelt mit Abbildungen all jener gräßlichen und abstoßenden Einfälle, die der abergläubischen Grabesphantasie der Mönche entsprungen sind. Teufelsgestalten, drohend fratzenhaft neben Gerippen, und andere realere Schreckensbilder bedeckten und entstellten die Wände. Ich bemerkte, daß die Umrisse dieser Monstrositäten noch hinreichend deutlich waren, indessen die Farben verblaßt und verschwommen schienen, als habe eine feuchte Atmosphäre hier ihre Wirkung getan. Ich sah mir nun auch den Boden an, der aus Stein bestand. Im Mittelpunkt gähnte das kreisrunde Loch, dessen abgrundtiefem Rachen ich entkommen war. Doch war es das einzige in diesem Kerker.

All dies vermochte ich nur sehr undeutlich und mit viel Mühe zu erkennen; denn während des Schlafes hatte sich meine Situation beträchtlich verändert. Ich lag jetzt auf dem Rücken, lang ausgestreckt und einer Art niedrigem Rahmengestell aus Holz. Mit einem langen Riemen, der einem Sattelgurt ähnelte, hatte man mich darauf festgeschnallt. Er umschlang mir in zahlreichen Windungen Glieder und Leib, so daß ich einzig den Kopf noch bewegen konnte und meinen linken Arm so weit gerade, daß es mir unter großem Kraftaufwand möglich war, mich aus der irdenen Schüssel, die neben mir auf dem Boden stand, mit Nahrung zu versorgen. Zu meinem Schrecken sah ich, daß man den Wasserkrug fortgenommen hatte. Ich sage »zu meinem Schrecken«, denn ein schier unerträglicher Durst verzehrte mich. Diesen Durst zu reizen, hatte offenbar in der Absicht meiner Verfolger gelegen, denn das Gericht in der Schüssel bestand aus scharf gewürztem Fleisch.

Aufwärts blickend musterte ich nun die Decke meines Gefängnisses. Sie befand sich einige dreißig oder vierzig Fuß hoch über mir und besaß die etwa gleiche Struktur wie die Seitenmauern. Auf einer der Plattentafeln fesselte eine sehr sonderbare Figur meine ganze Aufmerksamkeit. Es war das gemalte Bild der Zeit, wie sie üblicherweise dargestellt wird. Doch statt der Sense hielt sie etwas in Händen, das auf den ersten Blick hin wie ein ungeheures Pendel aussah, wie man es an altertümlichen Standuhren sieht. Allerdings hatte diese Vorrichtung etwas an sich, das mich trieb, sie aufmerksamer zu betrachten. Indessen ich so hinaufstarrte (denn das Bild befand sich senkrecht über mir), bildete ich mir auf einmal ein, ich sähe eine Bewegung. Im nächsten Augenblick schon wurde dieser Gedanke zur Gewißheit. Kurz und langsam schwang das Pendel hin und her. Ich sah ihm einige Minuten mit leichtem Angstgefühl zu, doch war ich weitaus mehr erstaunt. Schließlich aber ward ich müde, das öde Hin und Her zu betrachten. Ich wandte meine Augen den anderen Gegenständen in der Zelle zu.

Ein schwaches Geräusch ließ mich aufmerken, und als ich auf den Boden blickte, sah ich mehrere grausig große Ratten darüberhuschen. Sie waren aus dem Brunnen gekommen, der direkt rechts in meinem Blickfeld lag. Und gerade jetzt, da ich hinübersah, strömten sie in Scharen herauf, ein gieriges Gewimmel, das der Fleischgeruch angelockt hatte. Es bedurfte vieler Mühe und Anstrengung, sie von meiner Schüssel zu verjagen.

Eine halbe, vielleicht auch eine ganze Stunde mochte verstrichen sein (mein Zeitgefühl war nur noch unvollkommen), da richtete sich mein Blick wieder in die Höhe. Was ich nun sah, verwirrte und bestürzte mich zutiefst. Das Pendel schwang nun um nahezu eine Elle weiter aus. Auch die Geschwindigkeit hatte sich – eine natürliche Folge – beträchtlich erhöht. Doch was mich am meisten verstörte, war die Erkenntnis, daß das Pendel sich merklich *gesenkt* hatte. Ich bemerkte – mit welchem Entsetzen bedarf wohl keiner eigenen Erklärung – daß sein unteres Ende von einer Halbmondsichel aus glitzerndem Stahl gebildet war, die von Spitze zu Spitze wohl einen Fuß in der Länge maß; die Spitzen waren nach oben gebogen, und der Bogen unten schien so scharf zu sein wie die Schneide eines Rasiermessers. Gleichfalls wie ein Messer mutete es massig und schwer an, denn nach oben zu verbreiterte sich die Schneidekante zu einem festen und starken Rücken. Es hing am Ende einer gewichtigen Bronzestange, und das Ganze *zischte,* als es durch die Luft schwang.

Nun konnte ich nicht länger zweifeln, welches Schicksal mir die geniale Marterphantasie der Mönche zugedacht hatte. Die Schergen der Inquisition hatten erfahren, daß mir die Grube nicht verborgen geblieben war – *die Grube,* deren Schrecken für einen so verstockten Ketzer wie mich bestimmt war – *die Grube,* Sinnbild der Hölle, die das Gerücht als aller Qualen Ultima Thule betrachtete. Bloße Zufälle nur hatten meinen Sturz in diesen Abgrund verhindert. Ich wußte, daß Überraschung, daß blindes Hineintappen in die Folterfalle ein wichtiges Moment im grausig-grotesken Plan dieser Kerkertode bildete. Nachdem ich nun leider nicht hinabgestürzt war, konnte es nicht mehr in der Absicht dieser Teufel liegen, mich gewaltsam in den Abgrund zu treiben. Dieser Tod hatte nicht seinesgleichen, und so erwartete mich also ein anderes und milderes Ende. Milder! In all meiner Qual mußte ich doch fast lächeln, als ich bedachte, wie sonderbar sich ein solcher Ausdruck in meiner Lage ausnahm.

Was soll ich viel erzählen von den langen, langen Stunden mörderischen Grauens, während welcher ich die sausenden Schwingungen des Stahles zählte? Zoll um Zoll – Streich um Streich – so langsam, daß es nur in Abständen merklich war, die mir wie Ewigkeiten schienen – senkte sich das Pendel tiefer und tiefer! Tage verstrichen – es mag sein, daß viele Tage verstrichen – ehe es so dicht über mir schwang, daß mich sein beißender Atem traf. Der Geruch des geschärften Stahles drang mir in die Nüstern. Ich betete – ich quälte den Himmel mit meinen Flehen um ein rasches Sinken des Pendels. Rasender Wahnsinn packte mich, und mit aller Kraft versuchte ich, mich aufzubäumen gegen die grausige Säbelsichel, damit ihr Streich mich eher erreichte. Und dann kam plötzlich Stille über mich, und lächelnd lag ich unter dem gleißenden Tode und schaute ihm zu wie ein Kind einem seltenen Spielzeug.

Ein weiteres Mal umfing mich tiefe Bewußtlosigkeit; doch sie währte nur kurze Zeit. Aber als mir die Lebensgeister zurückkehrten, hatte sich das Pendel nicht merklich gesenkt. Freilich mag sie ebensogut auch lange gedauert haben, denn ich wußte ja, es wachten Teufel über mir, die meine Ohnmacht beobachtet und das Schwingen ganz nach Belieben zum Stillstand gebracht haben konnten. Auch fühlte ich mich, da ich wieder zu mir gekommen, sehr – ja unaussprechlich – krank und schwach, als liege die Entkräftung langen Siechtums hinter mir. Selbst jetzt jedoch, inmitten all der Qualen, verlangte die menschliche Natur nach Nahrung. Unter Mühe und Schmerzen streckte ich den linken Arm so weit aus, wie meine Bande es zuließen, und griff nach dem schmalen Essensrest, den mir die Ratten übriggelassen. Als ich ein Bißchen davon mir zwischen die Lippen schob, huschte – noch fast gestaltlos – ein Gedanke der Freude, der Hoffnung durch mein Hirn. Doch was hatte *ich* mit Hoffnung zu schaffen? Es war, so sagte ich, ein noch fast gestaltloser Gedanke – dergleichen der Mensch gar viele hat, ohne daß sie sich je vollenden. Ich fühlte nur, daß Freude darin war – und Hoffnung. Doch ebenso spürte ich auch, daß er vergangen war, ehe er sich klar gezeigt hatte. Vergebens kämpfte ich, ihn zu vollenden – ihn wiederzugewinnen. Das lange Leiden hatte alle Geisteskräfte, die mir gewöhnlich eigen, fast zunichte gemacht. Ich war verblödet, war ein Idiot.

Das Pendel schwang rechtwinklig quer über meinen lang ausgestreckten Körper hin. Ich sah, die Sichel war bestimmt, mich in der Herzgegend zu treffen. Sie würde den Leinenstoff meines Kittels aufschürfen – sie würde zurück schwingen und ihr Werk fortsetzen; weiter – immer weiter. Ungeachtet ihrer schrecklichen Schwingungsweite (von einigen dreißig Fuß oder mehr) und der zischenden Wucht ihres Niedersausens, die recht wohl hingereicht hätte, die eisernen Kerkerwände selber zu zerschneiden, würde doch das Aufreißen meines Kittels alles sein, was sie innerhalb der nächsten Minuten bewirkte. Und bei diesem Gedanken hielt ich inne. Ich wagte nicht, darüber hinaus zu denken. Mit so verbohrter Inbrunst hielt ich an ihm fest – als könnte ich damit das stählerne Verhängnis über mir selbst an dieser Stelle aufhalten. Ich zwang mich, über den Klang der Sichel nachzusinnen, der entstehen würde, wenn sie dann über mein Gewand fuhr – die eigentümlich prickelnde Wirkung mir vorzustellen, welche die Reibung von Tuch auf die Nerven ausübt. All diese Nichtigkeiten beschäftigte meine Gedanken, bis mir die Zähne knirschten.

Und unaufhörlich tiefer senkte sich das Pendel! Ich fand ein wahnwitziges Vergnügen daran, die Geschwindigkeit der senkrechten Bewegung mit jener der waagerechten zu vergleichen. Nach rechts – nach links – herüber und hinüber – mit dem sausenden Kreischen einer verdammten Seele; meinem Herzen zu mit dem heimlichen Schleichschritt eines Tigers! Abwechselnd lachte ich und heulte ich auf, je nachdem welche Vorstellung in meinen Gedanken die Oberhand gewann.

Und nieder kam das Pendel – unbarmherzig! Schon schwang es drei Zoll weit über meiner Brust. Ich rang nach Kräften, wild, meinen linken Arm zu befreien. Dieser war frei nur vom Ellbogen bis zur Hand. Mit Mühe und Not vermochte ich die letztere von der Schüssel neben mir zum Munde zu führen, doch weiter nicht. Wäre es mir gelungen, die Fesseln über dem Ellbogen zu sprengen, so hätte ich das Pendel ergriffen und versucht, es zum Stillstand zu bringen. Doch ebenso wohl hätte ich es wagen können, einer Lawine Einhalt zu gebieten!

Und tiefer – stetig tiefer – unentrinnbar tiefer! Bei jeder Schwingung bäumte ich mich auf und rang nach Luft. Ein krampfartiger Schauder überlief bei jedem neuen Schwung meinen Leib. Meine Augen folgten dem Auf- und Niedersausen mit der Begier, der fadesten Verzweiflung; sie schlossen sich im Krampf, wenn es hernieder kam, obschon der Tod eine – oh, wie unsagbare – Erlösung gewesen wäre! Doch gleichwohl bibberte mir jede Faser bei dem Gedanken, wie schon ein leichtes Sinken der Maschinerie die scharfe, funkelnde Axt auf meine Brust stürzen lassen würde. Es war die *Hoffnung*, die meine Nerven zum Erzittern trieb – den Leib zum Schaudern. Es war die *Hoffnung* – die Hoffnung, die noch über die Folter triumphiert, deren Flüstern selbst zum Tode Verurteilte noch in den Kerkern der Inquisition erreicht.

Ich sah, daß einige zehn oder zwölf Schwingungen den Stahl nun unweigerlich mit meinem Kittel in Berührung bringen würden. Mit dieser Feststellung kam ganz plötzlich die gesamte Ruhe der Verzweiflung über mich. Zum ersten Mal seit vielen Stunden wieder – vielleicht seit Tagen – *dachte* ich. Da ging mir jetzt denn auf, daß die Riemenfessel – der Sattelgurt, wie ich sagte – mich *in einem Stück* umschlang. Ich war mit keinem anderen Strick gebunden. Der erste Streich der rasiermesserscharfen Sichel über irgendeine Stelle der Fessel würde sie dort so weit lösen, daß ich mich mit der linken Hand aus der Umschlingung befreien können müßte. Doch wie entsetzlich war in solch einem Falle die Nähe des Stahls! Wie tödlich mußte selbst das kleinste Zucken enden! War es überdem wahrscheinlich, daß die Folterknechte diese Möglichkeit übersehen und ihr nicht vorgebeugt haben sollten? War es anzunehmen, daß die Fessel gerade in der Spur des Pendels über meine Brust lief? Voller Angst, meine schwache und – wie es mir schien – letzte Hoffnung zuschanden werden zu sehen, hob ich so weit den Kopf, daß ich einen bestimmten Blick auf meine Brust tun konnte. Der Gurt umschlang meine Glieder und meinen Leib in dichten Windungen schier überall – *nur dort nicht, wo die vernichtende Sichel auftreffen mußte!*

Kaum hatte ich meinen Kopf in die ursprüngliche Lage zurücksinken lassen, da blitzte etwas in meinem Hirn auf, das ich nicht besser zu beschreiben vermag denn als die Gestalt jenes fast noch gestaltlosen Rettungsgedankens, von dem ich bereits gesprochen hatte und der mir nur in unbestimmtem Umriß sichtbar geworden war, als ich meinen brennenden Lippen Nahrung zuführte. Nun war die Idee mir ganz gegenwärtig – noch immer schwach, kaum definitiv – doch war sie da und blieb! Alsbald denn ging ich, mit der nervigen Tatkraft der Verzweiflung, an den Versuch, sie zu verwirklichen.

Viele Stunden lang schon hatte die unmittelbare Umgebung des niedrigen Holzgestells, auf dem ich lag, buchstäblich von Ratten gewimmelt. Sie waren wild, dreist, beutegierig; und ihre roten Augen glitzerten mich an, als warteten sie nur darauf, daß meine Bewegungen aufhörten, um sich sodann alsbald auf mich zu stürzen. »Von welcher Nahrung«, dachte ich, »haben sie wohl in dem Brunnenschacht gelebt?«

Trotz aller meiner Anstrengungen, sie zu hindern, hatten sie den gesamten Inhalt der Schüssel bis auf einen schmalen Rest verschlungen. Ich war dazu übergegangen, beständig die Hand über dem Napf hin und her zu schwenken. Doch schließlich hatte die unbewußte Einförmigkeit der Bewegung diese um ihre Wirkung gebracht. In ihrer Gefräßigkeit schlugen die widerlichen Tiere häufig die scharfen Fangzähne in meine Finger. Mit den Überbleibseln der öligen und kräftig duftenden Fleischspeise rieb ich nun meine Fesseln überall ein, wo ich sie erreichen konnte; dann hob ich die Hand vom Boden und lag mit angehaltenem Atem da.

Anfang waren die gierigen Tiere beunruhigt und erschrocken über die Veränderung – über das Stoppen der Bewegung. Sie fuhren bestürzt zurück; viele suchten den Brunnen wieder auf. Doch das währte nur einen Augenblick. Ich hatte nicht umsonst auf ihre Gefräßigkeit gezählt. Als sie merkten, daß ich ohne Regung blieb, sprang eine, sprangen zwei der dreistesten auf das Gestell und schnupperten an der Fessel. Dies schien das Signal für einen allgemeinen Ansturm. In hellen Scharen stürzten sie aus dem Brunnenloch herbei. Sie hängten sich an das Holz – sie stürmten das Gestell und warfen sich zu Hunderten auf mich. Die gemessene Bewegung des Pendels störte sie nicht im mindesten. Sie wichen seinen Schwingungen aus und machten sich begierig über die eingeschmierte Fessel her. Sie drangen auf mich ein –sie wimmelten über mich hin – in dauernd wachsenden geballten Haufen. Sie wanden sich über meiner Kehle; ihre kalten Schnauzen befühlten mein Gesicht; halb war ich erstickt unter ihrem würgenden Druck. Ein Ekel, für den die Welt keinen Namen hat, preßte mir die Brust zusammen und jagte eisige Schauer durch mein Herz. Doch wußte ich es: Eine Minute noch, und das Ringen würde eine Ende finden. Ganz deutlich spürte ich schon, wie die Fessel sich löste. Ich wußte, daß sie an mehr als einer Stelle bereits zernagt sein mußte. Mit übermenschlicher Beherrschung lag ich *still.*

Meine Berechnungen hatten mich nicht getäuscht – noch hatte ich umsonst geduldet. Ich fühlte endlich, daß ich frei war. Der Gurt hing mir in Fetzen vom Leibe. Doch schon bedrängte mir der Streich des Pendels die Brust. Es hatte den Stoff meines Gewandes geteilt. Es hatte das Leinzeug darunter durchschnitten. Zweimal noch schwang es aus, und ein scharfer Schmerz fuhr mir durch alle Nerven. Doch der Moment der Rettung war gekommen. Auf ein Schwenken meiner Hand hin fuhren meine Befreier in ungestümem Getümmel auseinander. In gleichmäßiger Bewegung – vorsichtig, schaudernd, langsam – glitt ich aus der Umschlingung der Fessel auf die Seite und aus der Reichweite der sausenden Sichel. Für den Augenblick wenigstens *war ich frei.*

Frei! Und im Klauengriff der Inquisition! Kaum war ich von meinem hölzernen Schrekkensbette auf den Steinboden des Gefängnisses getreten, als die höllische Maschinerie in ihrer Bewegung innehielt und ich gewahrte, wie sie von unsichtbarer Kraft durch die Decke emporgezogen wurde. Dies war eine Lehre, welche ich mir verzweifelt zu Herzen nahm. Ganz eindeutig wurde jede meiner Bewegungen belauert. Frei! Ach – ich war nur dem Tode, war nur einer Art der Folter entronnen, um Schlimmerem als dem Tod und schlimmeren Qualen anheim zu fallen. Bei diesem Gedanken glitten meine Blicke verstört an den Schranken von Eisen rundum entlang, die mich umschlossen. Etwas Ungewöhnliches – eine Veränderung, welche ich anfangs noch gar nicht hätte bezeichnen können – war mit dem Raum vor sich gegangen; das zeigte sich unverkennbar. Minuten träumerischen, wie gelähmten Sinnens lang plagte mein Argwohn sich mit vergeblichen, zusammenhanglosen Mutmaßungen ab. Während dieser Zeit gewahrte ich zum ersten Mal den Ursprung des schwefligen Lichtes, welches die Zelle erhellte. Es ging von einer Ritze aus, die – wohl einen halben Zoll breit – rund um das ganz Gefängnis an der Basis der Wände verlief und den Eindruck erweckte, ja tatsächlich bewies, daß diese vollkommen vom Boden getrennt waren. Ich mühte mich, durch die Öffnung zu spähen, doch war das natürlich vergebens.

Als ich mich von dem Versuche erhob, ging mir mit einem Male das Geheimnis der Veränderung in der Kammer auf. Ich erzählte bereits, daß – obwohl die Umrisse der Figuren an den Wänden hinreichende Deutlichkeit hatten – die Farben doch verblaßt und verschwommen schienen. Diese Farben hatten nun angefangen zu leuchten und gewannen von Augenblick zu Augenblick einen erschreckend grellen Glanz, welcher den gespenstischen und teuflischen Bildnissen ein Aussehen verlieh, geeignet, selbst stärkere Nerven denn meine eigenen erschauern zu lassen. Dämonische Augen voll wilder und gräßlicher Lebendigkeit funkelten mich von überall her an, wo vorher nichts zu sehen gewesen war, und glommen in so bleichem Feuerschimmer, daß ich meine Phantasie nicht mehr zu zwingen vermochte, sie für unwirklich zu halten.

Unwirklich! Noch rang ich keuchend nach Atem, da stieg ein Dunstgeruch von erhitztem Eisen mir in die Nase! Ein erstickender Qualm durchdrang die Kerkerzelle! Und glühender glommen in jedem Augenblick die Augen, die ringsherum auf meine Qualen blickten! Ein tiefer getöntes Rot noch ergoß sich über die gemalten Greuel. Mein Herzschlag raste! Ich lechzte schnappend nach Luft! Kein Zweifel konnte mehr bestehen an der Absicht meiner Peiniger – oh! der unerbittlichsten! Oh! der besessensten der Menschheit! Ich wich vor dem glühenden Metall in die Mitte der Zelle zurück. Und mitten in der feuerlichen Vernichtung, die mir drohte, kam der Gedanke an die Kühle des Brunnens wie Balsam über meine Seele. Ich eilte an seinen tödlichen Rand. Ich warf einen bohrenden Blick in die Tiefe. Der Schein, der von der flammenden Decke niederfiel, erhellte seine innersten Winkel. Doch einen wilden Moment lang weigerte sich mein Geist, die Bedeutung dessen zu fassen, was ich sah. Gewaltsam bahnte es sich in meine Seele – es brannte sich schließlich in mein erschauerndes Gehirn. Oh – hätte ich Worte, könnte ich es nur beschreiben! Oh, Grauen! Nur nicht dies! Mit einem Schrei fuhr ich von der Kante zurück. Ich begrub mein Gesicht in meinen Händen – und weinte bitterlich.

Die Hitze nahm rasend zu, und zitternd wie in einem Anfall von Fieberfrost blickte ich noch einmal empor. Da hatte sich die Zelle abermals verändert – und diesmal lag die Veränderung sichtbar in der *Form*. Wie vorher war es zu Anfang ganz vergeblich, daß ich mich bemühte, zu übersehen oder zu verstehen, was vor sich ging. Doch nicht lange ward ich im Zweifel gelassen. Mein zweifaches Entkommen hatte die Rache der Inquisition beschleunigt. Nicht länger mehr sollte der König der Schrecken mit sich scherzen lassen. Der Raum war quadratisch gewesen. Nun aber sah ich, daß zwei seiner eisernen Winkel spitzer geworden waren – die beiden anderen entsprechend stumpf. Die schreckliche Verschiebung wuchs mit einem leisen rasselnden oder ächzenden Geräusch. Im Augenblick hatte sich der Grundriß des Raumes in einen Rhombus verwandelt. Doch dabei blieb es nicht – und ich hatte auch weder gehofft noch ersehnt, daß es dabei bleibe. Ich hätte die rotglühenden Wände meine Brust wie ein Gewand der ewigen Ruhe umklammern lassen können. »Tod«, sprach ich, »Tod – nur den nicht in der Grube!« Narr, der ich war! Hätte ich nicht wissen können, daß gerade *in die Grube* mich zu treiben, der Zweck der brennenden Wände war? Konnte ich denn ihrem Glühen widerstehen? Oder konnte ich etwa gar dem ehernen Drukke Stand halten? Schon ward der Rhombus flacher, immer flacher – mit einer Geschwindigkeit, die mir nicht mehr Zeit zum Überlegen ließ. Sein Mittelpunkt – und somit die breiteste Stelle – lag direkt über dem gähnenden Abgrund. Ich fuhr zurück davor – doch die sich verengenden Wände trieben mich unwiderstehlich darauf zu. Schließlich besaß mein versengter und schmerzgekrümmter Leib nicht einen Zoll mehr Fußhalt auf dem sicheren Boden der Zelle. Da gab ich den Kampf denn auf. Doch die Qual meiner Seele machte sich Luft in einem einzigen langen, lauten, letzten Schrei der Verzweiflung. Ich fühlte es, ich wankte, die Kante – ich wandte die Augen ab –

Da scholl es verworren heran – ein Summen von Stimmen! Da rauschte ein lauter Tusch von vielen Trompeten! Da rollte ein rauhes Grollen als wie von tausend Donnern! Die feurigen Wände wichen! Ein ausgestreckter Arm ergriff den meinen, da mir eben die Sinne schwanden und der Abgrund mich umfing. Es war der Arm von General Lasalle. Die französische Armee hatte Toledo besetzt. Die Inquisition war in den Händen ihrer Feinde.

Das verräterische Herz

Wirklich! Nervös – sehr, furchtbar nervös war ich damals und bin es noch. Aber warum wollen Sie behaupten, ich sei wahnsinnig? Die Krankheit hatte meine Sinne geschärft, nicht zerstört oder verwirrt. Vor allen Dingen war mein Gehör sehr fein. Ich hörte alles im Himmel und auf Erden. Ich hörte mancherlei in der Hölle. Und das sollte Wahnsinn sein? Hören Sie zu! Und achten Sie darauf, wie vernünftig – wie ruhig ich Ihnen die ganze Geschichte erzählen kann!

Ich vermag es nicht zu sagen, wie mir der Gedanke zuerst in den Sinn kam. Aber einmal aufgetaucht, verfolgte er mich Tag und Nacht. Eine Absicht war nicht vorhanden, Leidenschaft lag nicht vor. Ich liebte den Alten. Er hatte mir nie etwas zuleide getan, nie habe ich eine Kränkung von ihm erfahren. An seinem Gold hatte ich kein Interesse. Ich glaube, es war sein Auge! Ja, das war es! Das eine seiner Augen erinnerte an das eines Geiers – ein blaßblaues Auge mit einem Häutchen darüber. Stets, wenn es mich anstarrte, stockte mein Blut, und so kam mir nach und nach, ganz allmählich der Gedanke, den alten Mann ums Leben zu bringen und so für immer dieses Auge loszuwerden.

Das ist also der Kernpunkt. Sie halten mich für verrückt! Verrückte wissen von nichts. Aber mich hätten Sie sehen sollen, wie klug ich vorging, mit welcher Behutsamkeit, mit welchen Überlegungen und Verstellungen ich zu Werke ging! Nie zuvor war ich freundlicher zu dem Alten als in der Woche, bevor ich ihn umbrachte. Und jede Nacht um Mitternacht drückte ich die Klinke seiner Tür nieder und öffnete sie – oh, so leise! Und wenn die Öffnung für meinen Kopf weit genug war, dann steckte ich eine geschlossene Blendlaterne hindurch, so dicht abgeblendet, daß kein Schimmer hervordrang, und dann schob ich meinen Kopf hinterher. Oh, Sie hätten gelacht, wenn Sie gesehen hätten, wie listig ich ihn hineinsteckte. Ich bewegte ihn langsam, ganz, ganz langsam, um den Schlaf des Alten nicht zu stören. Eine ganze Stunde brauchte ich, um meinen Kopf so weit durch den Spalt hindurchzustecken, daß ich ihn auf seinem Bett liegen sehen konnte. Ha! Wäre ein Wahnsinniger so klug gewesen? Und dann, wenn mein Kopf im Zimmer drin war, öffnete ich die Laterne vorsichtig – oh, so vorsichtig! Vorsichtig, denn die Scharniere knarrten, öffnete ich sie, daß gerade ein einziger dünner Strahl auf das Geierauge fiel. Und das tat ich sieben lange Nächte, immer gerade um Mitternacht, aber ich fand das Auge stets geschlossen, und so war es unmöglich, die Tat zu vollbringen, denn es war nicht der Alte, sondern sein böses Auge, was mich ärgerte. Und jeden Morgen bei Tagesanbruch ging ich kühn in sein Zimmer und sprach mutig mit ihm, nannte ihn in herzlichem Tone beim Namen und erkundigte mich, wie er die Nacht verbracht habe. Sie sehen, es hätte ein sehr scharfsinniger Alter sein müssen, um zu argwöhnen, daß ich jede Nacht gerade um zwölf, während er schlief, zu ihm hineinschaute.

In der achten Nacht war ich noch behutsamer als sonst, als ich die Tür öffnete. Der Minutenzeiger einer Uhr bewegt sich schneller, als meine Hand es tat. Niemals vor dieser Nacht hatte ich das Ausmaß meiner Kräfte – und meines Scharfsinnes empfunden. Kaum vermochte ich mein Triumphgefühl zu unterdrücken. Daran zu denken, daß ich es war, der nach und nach die Tür öffnete und er nicht einmal im Traume etwas von meinem geheimen Tun und Denken ahnte! Ich lachte innerlich bei dem Gedanken, und vielleicht hörte er mich, denn plötzlich bewegte er sich im Bett, als wenn er stutzte. Nun werden Sie denken, ich hätte mich zurückgezogen – aber nein! Sein Zimmer lag pechschwarz in tiefer Dunkelheit – denn die Fensterläden waren aus Furcht vor Einbrechern fest verschlossen –, so wußte ich, daß er die geöffnete Tür nicht sehen konnte, und drückte sie sachte, sachte weiter auf.

Ich hatte meinen Kopf hineingeschoben und war im Begriff, die Laterne zu öffnen, als mein Daumen an dem Blechverschluß abglitt und der Alte mit dem Ausruf im Bett auffuhr: »Wer ist da?«

Ich verhielt mich ganz ruhig und sagte nichts. Eine ganze Stunde lang bewegte ich keinen Muskel, und während dieser Zeit vernahm ich nicht, daß er sich niederlegte. Er saß noch aufrecht im Bett und horchte – gerade so, wie ich es Nacht für Nacht getan habe, wenn ich auf die Totenuhr in der Wand horchte.

Dann hörte ich ein leises Seufzen und wußte, daß es das Seufzen eines tödlichen Schrekkens war. Es war kein Seufzen vor Schmerz oder Kummer – o nein! – es war der leise, unterdrückte Laut, der aus der Tiefe der Seele emporsteigt, wenn sie von der Last der Furcht erdrückt wird. Ich kannte diesen Ton sehr gut. Manche Nacht, gerade um Mitternacht, wenn alle Welt schlief, hatte er sich meiner eigenen Brust entrungen und mit seinem fürchterlichen Echo den Schrecken, der mich quälte, noch vertieft. Ich sage, ich kannte ihn gut. Ich wußte, was der Alte empfand, und bemitleidete ihn, obwohl ich innerlich von Herzen frohlockte. Ich wußte, daß er seit dem ersten leisen Geräusch, bei dem er sich im Bett bewegt hatte, wach lag. Seine Furcht hatte ihn seitdem überwältigt. Er hatte versucht, sich einzubilden, sie sei grundlos, aber er vermochte es nicht. Er hatte sich vorgeredet, »es ist nichts anderes als der Wind im Schornstein – es ist nur eine Maus, die über den Fußboden läuft«, oder »es ist nur ein Heimchen, das ein einziges Mal gezirpt hat«. Ja, er hatte versucht, sich mit diesen Vorstellungen zu beruhigen. Aber er hatte festgestellt, daß alles vergebens war. Alles vergebens, da der Tod sich ihm näherte und ihn mit seinem schwarzen Schatten beschlich, um sein Opfer einzuhüllen. Und es war der finstere Einfluß dieses unsichtbaren Schattens, der ihn – obwohl er nichts sah noch hörte – die Gegenwart meines Kopfes im Raum fühlen ließ.

Als ich eine lange Zeit sehr geduldig gewartet hatte, ohne ihn sich niederlegen zu hören, beschloß ich einen kleinen – einen ganz, ganz kleinen Spalt in der Laterne zu öffnen. So öffnete ich sie – Sie können es sich nicht vorstellen, wie leise, leise –, bis endlich ein einzelner matter Strahl, wie der Faden einer Spinne, aus dem Spalt hervorschoß und auf das Geierauge fiel.

Es war geöffnet – weit, weit geöffnet –, und ich wurde wütend, als ich es erblickte. Ich sah es ganz deutlich – ganz mattblau mit einem gräßlichen Schleier darüber, der mir das Mark in den Knochen erstarren ließ. Aber nichts anderes von des Alten Gesicht oder Gestalt vermochte ich zu unterscheiden, da ich den Strahl instinktiv genau auf diesen verfluchten Flecken richtete.

Und nun – habe ich Ihnen nicht gesagt, daß das, was Sie irrtümlicherweise für Wahnsinn halten, nichts anderes war als übergroße Schärfe der Sinne? –, nun sage ich Ihnen, drang ein leiser gedämpfter schneller Laut an mein Ohr wie der einer Uhr, die man in Watte eingehüllt hat. Diesen Laut kannte ich zu gut. Es war der Herzschlag des Alten. Er steigerte meine Wut, wie der Trommelwirbel den Mut eines Soldaten anfacht.

Aber auch jetzt noch hielt ich mich zurück und blieb still. Ich atmete kaum. Die Laterne hielt ich unbeweglich. Ich versuchte, wie ruhig ich den Strahl auf das Auge richten konnte. Inzwischen schwoll das höllische Trommeln des Herzens an. Mit jedem Augenblick wurde es schneller und schneller, lauter und lauter. – Verstehen Sie mich wohl? Ich habe Ihnen gesagt, ich sei nervös. Ich bin es tatsächlich. Und nun in der Totenstunde der Nacht, inmitten der fürchterlichen Stille dieses alten Hauses versetzte mich ein so seltsamer Laut wie dieser in einen maßlosen Schrecken. Indes hielt ich noch eine Minute länger an mich und blieb ruhig. Aber das Schlagen wurde lauter und lauter! Ich dachte, das Herz müßte zerspringen. Und nun ergriff mich eine neue Angst – der Laut möchte von einem Nachbarn gehört werden! Des Alten Stunde hatte geschlagen! Mit einem lauten Schrei riß ich die Laterne auf und sprang in den Raum. Er kreischte einmal – einmal nur auf! In einem Augenblick zerrte ich ihn auf den Fußboden und warf das schwere Bettzeug über ihn. Dann lächelte ich vergnügt, als ich sah, daß die Tat soweit gelungen war. Aber noch einige Minuten lang schlug das Herz mit gedämpftem Ton. Das störte mich aber nicht. Durch die Mauern war es nicht zu hören. Schließlich hörte es ganz auf. Der alte Mann war tot. Ich nahm das Bett weg und untersuchte die Leiche. Ja, er war tot, mausetot. Ich legte meine Hand auf das Herz und ließ sie dort einige Minuten lang ruhen. Es klopfte nicht mehr. Er war mausetot. Sein Auge würde mich nicht länger mehr ärgern.

Wenn Sie noch denken, ich sei wahnsinnig, so werden Sie das nicht länger tun, wenn ich Ihnen die kluge Vorsicht schildere, mit der ich den Körper versteckte. Die Nacht verstrich, und ich arbeitete hastig, aber leise. Zuerst zerlegte ich die Leiche. Ich schnitt den Kopf, die Arme und die Beine ab.

Dann nahm ich drei Dielen des Fußbodens heraus und legte alles zwischen die Querbalken. Dann legte ich die Bretter vorsichtig und sorgfältig wieder an ihre Stelle, daß kein menschliches Auge – nicht einmal das seinige – etwas Unrechtes hätte entdecken können. Es war nichts auszuwaschen, kein Fleck irgendeiner Art, nicht ein Blutspritzer. Dazu war ich zu vorsichtig gewesen. Alles hatte ich in einer Bütte aufgefangen – ha, ha!

Als ich mit diesen Arbeiten zu Ende war, war es vier Uhr – genau so dunkel wie um Mitternacht. Als die Glocke die Stunde schlug, klopfte es an der Haustür. Leichten Herzens ging ich hinunter zu öffnen – denn was hatte ich nun zu fürchten? Drei Männer traten ein, die sich mit vollendeter Höflichkeit als Polizeibeamte vorstellten. Ein Nachbar hätte während der Nacht einen Schrei gehört. Man habe Verdacht gehabt, es sei nicht mit rechten Dingen zugegangen, und die Polizei benachrichtigt. Sie – die Beamten – seien beauftragt, der Sache auf den Grund zu gehen.

Ich lächelte – was hatte ich zu befürchten? Ich begrüßte die Herren. Den Schrei, entgegnete ich, hätte ich selbst im Traume ausgestoßen. Der Alte, bemerkte ich, sei unterwegs, über Land. Ich führte meine Besucher durch das ganze Haus. Ich forderte sie auf zu suchen – gut zu suchen. Schließlich führte ich sie in sein Zimmer. Ich zeigte ihnen seine Schätze, wohlverwahrt und unberührt. Im Rausch meiner Zuversicht brachte ich Stühle in den Raum und bat sie, sich hier von ihren Anstrengungen auszuruhen, während ich selbst in der wilden Kühnheit meines vollkommenen Triumphes meinen eigenen Stuhl gerade auf den Platz stellte, unter dem der Leichnam meines Opfers ruhte.

Die Beamten waren zufriedengestellt. Mein Benehmen hatte sie überzeugt. Ich fühlte mich merkwürdig wohl. Sie nahmen Platz, und während ich freundlich antwortete, plauderten sie von alltäglichen Dingen. Aber bald fühlte ich, wie ich blaß wurde, und wünschte, sie würden gehen. Mein Kopf schmerzte, und ich glaubte, ein Klingen in den Ohren zu vernehmen. Aber sie blieben sitzen und plauderten weiter. Das Klingen wurde deutlicher, es klang weiter und wurde immer deutlicher. Ich plauderte eifriger, um das Gefühl loszuwerden, aber es hielt an und wurde immer bestimmter, bis ich schließlich feststellte, daß der Laut nicht in meinem Ohr war.

Zweifellos wurde ich nun sehr bleich. Aber ich sprach noch fließender und mit erhobener Stimme weiter. Trotzdem schwoll der Ton an, und was konnte ich tun? Es war ein tiefer, dumpfer, schneller Ton, gerade so wie der einer Uhr, die man in Watte eingehüllt hat. Ich rang nach Atem – und doch hörten die Beamten nichts. Ich sprach schneller, lebhafter, doch das Geräusch nahm ständig zu. Ich erhob mich und stritt über Kleinigkeiten mit erhobener Stimme und heftigen Gebärden, aber das Geräusch nahm ständig zu. Warum gingen sie nicht? Ich lief mit schweren Schritten hin und her, als brächten mich die Bemerkungen der Männer zur Raserei – aber das Geräusch nahm ständig zu. O Gott, was sollte ich tun? Ich schäumte – raste – fluchte! Ich schwang den Stuhl, auf dem ich gesessen hatte und stieß ihn auf die Dielen, aber das Geräusch übertönte alles und nahm ständig zu. Es wurde lauter – lauter – lauter! Und die Männer plauderten immer noch und lächelten. War es möglich, daß sie es nicht hörten? Allmächtiger Gott! – Nein, nein! – Sie hörten – sie ahnten – sie wußten es! Sie machten sich lustig über mein Entsetzen! Das dachte ich und denke es noch. Aber alles andere war dieser Todesangst vorzuziehen! Alles andere war erträglicher als dieser Hohn! Dieses heuchlerische Lächeln vermochte ich nicht länger zu ertragen! Ich fühlte es, ich mußte schreien oder sterben! – Und nun wieder! – Horch! Lauter! Lauter! Lauter! Lauter!

»Ihr Schurken!« kreischte ich auf, »verstellt euch nicht länger! Ich gebe zu, daß ich es getan habe! – Reißt die Dielen auf! – Hier, hier! – Es ist der Schlag seines verfluchten Herzens!«

Das Geheimnis um Marie Roget[1]

Eine Fortsetzung zu den »Morden in der Rue Morgue«

> Es gibt eine Reihe idealistischer Begebenheiten, die der Wirklichkeit parallel läuft. Selten fallen sie zusammen. Menschen und Zufälle modifizieren gewöhnlich die idealistische Begebenheit, so daß sie unvollkommen erscheint und ihre Folgen gleichfalls unvollkommen sind. So bei der Reformation; statt des Protestantismus kam das Luthertum hervor.
>
> Novalis[2], »Moral-Ansichten«

Nur wenige Menschen gibt es, selbst unter den ruhigsten Denkern, die nicht gelegentlich ein vager, doch Schrecken weckender Halbglaube an das Übernatürliche erschaudern ließ, wenn ihnen *Koinzidenzen* von so augenscheinlich wundersamem Charakter begegneten, daß der Verstand sie einfach nicht mehr als ein Zusammentreffen bloßer Zufälle zu akzeptieren bereit war.

Solche Empfindungen – denn der Halbglaube, von dem ich hier spreche, besitzt in keinem Falle die Vollkraft des *Gedankens* –, solche Empfindungen also lassen sich selten gänzlich unterdrücken, es sei denn, man beruft sich auf die Lehre vom Zufall oder, wie der Terminus technicus lautet, die Wahrscheinlichkeitsrechnung. Nun ist diese Rechnung ihrem Wesen nach pure Mathematik; und so haben wir hier den anomalen Fall, daß die allerexaktesten Begriffe, welche die Wissenschaft zu bieten hat, ausgerechnet im verschwommensten und am wenigsten greifbaren Bereich der Spekulation Anwendung finden.

Die außergewöhnlichen Einzelheiten, die ich nun der Öffentlichkeit zugänglich zu machen aufgerufen bin, bilden – wie man bald sehen wird –, was die zeitliche Abfolge betrifft, die primäre Phase einer Reihe von kaum faßlichen Koinzidenzen, deren sekundäre oder Schlußphase alle Leser an dem Morde der Mary Cecilia Rogers, der jüngst zu New York geschah, wiedererkennen werden.

Als ich mich vor etwa einem Jahr in einem Artikel des Titels »Die Morde in der Rue Morgue« bemühte, einige sehr bemerkenswerte Züge im geistigen Charakter meines Freundes, des Chevaliers C. Auguste Dupin, zu schildern, hätte ich nicht damit gerechnet, daß ich das Thema jemals wieder aufzugreifen mich bemüßigt fühlen würde. Diese Charakterbeschreibung bildete meinen Plan; und dieser Plan fand im Zuge der seltsamen Umstände, welche Dupins Eigenart weiter ins Licht rückten, volle Erfüllung. Zwar hätte ich noch weitere Beispiele anführen können, doch deutlicher wäre der Beweis auch dadurch nicht zu erbringen gewesen. Nun haben mich jedoch einige Begebnisse der jüngsten Zeit in ihrer überraschenden Entwicklung dazu getrieben, noch einige weitere Einzelheiten darzulegen, die freilich Gedanken an ein erzwungenes Geständnis wachrufen mögen. Doch angesichts dessen, was mir letzthin zu Ohren gekommen ist, wäre es in der Tat befremdlich, wollte ich mich weiterhin darob in Schweigen hüllen, was ich vor so langer Zeit hörte und sah.

Als er die tragischen Ereignisse um den Tod der Madame L'Espanaye und ihrer Tochter hinreichend erforscht hatte, wandte sich der Chevalier augenblicklich von der Affäre ab und verfiel wieder in seine alte Gewohnheit der Stimmungsschwankungen unterworfenen Tagträumerei. Da ich Ablenkungen zuzusprechen stets geneigt bin, schloß ich mich bereitwillig seinen Grillen an; und indem wir weiterhin unsere Zimmer im Faubourg Saint-Germain bewohnten, ließen wir die Zukunft den Winden und schlummerten gelassen in der Gegenwart, die wirre Welt, die uns umgab, in Träume spinnend.

Doch diese Träume blieben von Unterbrechungen nicht verschont. Man wird wohl annehmen, daß die Rolle, die mein Freund in dem Drama in der Rue Morgue gespielt hatte, die Phantasie der Pariser Polizei beflügelt hatte. Bei Ihren Emissären war der Name Dupin zum festen Begriff geworden. Da der simple Charakter jener induktiven Schlüsse, mit deren Hilfe das Geheimnis gelöst worden war, mit Ausnahme von mir keinem Menschen (nicht einmal dem Präfekten) erklärt worden war, ist es natürlich keine Überraschung, daß man die Geschehnisse für kaum weniger als ein Wunder ansah beziehungsweise daß des Chevaliers analytische Fähigkeiten ihm den Ruf verschafften, mit Intuition begabt zu sein. Seine Offenheit hatte ihn gewiß dazu veranlaßt, einem jeden, der ihn darauf angesprochen, ein solches Vorurteil auszureden; doch sein träges Temperament ließ keine weitere Erörterung eines Gegenstandes zu, der für ihn längst jedes Interesse verloren hatte. So geschah es also, daß die gesamte staatliche Ordnungsmacht zu ihm wie zu einem Leitstern aufschaute; und es waren der Fälle nicht wenige, in denen die Präfektur den Versuch unternahm, seine Dienste in Anspruch zu nehmen. Einer der bemerkenswertesten war der des Mordes an einem jungen Mädchen namens Marie Rogêt.

Das Ereignis trug sich etwa zwei Jahre nach der Bluttat in der Rue Morgue zu. Marie, deren Tauf- und Zuname aufgrund ihrer Ähnlichkeit mit denen des unglückseligen »Zigarrenmädchens« sogleich Aufmerksamkeit erregen werden, war die einzige Tochter der Witwe Estelle Rogêt. Der Vater war schon während der Kindertage des Mädchens verstorben, und seit dem Zeitpunkt seines Dahinscheidens bis etwa 18 Monate vor der Schreckenstat, die den Gegenstand unserer Erzählung bildet, hatten Mutter und Tochter zusammen in der Rue Pavée Sainte Andrée[3] gewohnt, wo Madame mit der Hilfe der Marie eine Pension unterhielt. So gingen die Dinge ihren Lauf, bis die Tochter ihr zweiundzwanzigstes Jahr erreicht hatte und ihre große Schönheit die Aufmerksamkeit eines Parfümiers auf sich zog, der eines der Ladengeschäfte im Erdgeschoß des Palais Royal innehatte und dessen Kundschaft in der Hauptsache aus den desperaten Abenteurern bestand, die jene Gegend unsicher machen. Monsieur Le Blanc[4] war es nicht entgangen, daß es für seine Parfümerie durchaus von Vorteil sei, wenn ein so reizendes Mädchen dort anzutreffen sei; und seine freizügigen Vorschläge wurden von Marie mit Begeisterung, von Madame freilich erst nach einigem Zögern angenommen.

Die Erwartungen des Ladenbesitzers erfüllten sich aufs beste, und bald hatten die Reize der kecken *Grisette* seine Räumlichkeiten stadtbekannt gemacht. Kaum ein Jahr war sie jedoch bei ihm in Stellung gewesen, als ihre Bewunderer durch ihr plötzliches Verschwinden aus dem Laden in Verwirrung versetzt wurden. Monsieur Le Blanc war nicht imstande, ihre Abwesenheit zu erklären, und Madame Rogêt verging fast vor Sorge und Schrecken. Die Tagespresse griff die Sache sofort auf, und schon stand die Polizei im Begriff, ernsthafte Nachforschungen anzustellen, als eines schönen Morgens, nach Verlauf einer Woche, Marie bei bester Gesundheit, doch mit einer vom Kummer gezeichneten Verhaltenheit wieder hinter dem ihr angestammten Ladentisch ihre übliche Position einnahm. Selbstverständlich wurden alle Befragungen, abgesehen von jenen privaten Charakters, unverzüglich eingestellt. Monsieur Le Blanc beteuerte zwar nach wie vor seine Ahnungslosigkeit, Marie aber antwortete, gemeinsam mit Madame, auf alle Fragen, daß sie die letzte Woche im Hause von Verwandten auf dem Lande verbracht hatte. So verlief die Affäre bald im Sande und geriet allgemein in Vergessenheit, denn das Mädchen verließ nach kurzer Zeit endgültig die Parfümerie, offenbar um sich von der zudringlichen Neugierde zu befreien, und suchte Zuflucht im Hause ihrer Mutter in der Rue Pavée Sainte Andrée.

Es geschah wohl fünf Monate nach dieser Heimkehr, daß ihre Freunde zum zweiten Male durch ihr abruptes Verschwinden in Sorge versetzt wurden. Drei Tage vergingen, ohne daß man das mindeste von ihr hörte. Am vierten aber fand man ihre Leiche in der

Seine[5] treiben – nahe dem Ufer, das dem Quartier der Rue Sainte Andrée gegenüberliegt, und an einer Stelle, die nicht weit von der einsamen Gegend der Barrière du Roule[6] entfernt ist.

Die Scheußlichkeit dieses Mordes (denn daß es sich um nichts anderes handeln konnte, war gleich augenscheinlich), die Jugend und Schönheit des Opfers, und vor allem ihre Bekanntheit wirkten zusammen und erzeugten eine heftige Erregung in den Gemütern der empfindsamen Pariser Bürger. Ich wüßte keinen anderen Vorfall zu nennen, der eine so umfassende und heftige Wirkung hervorgebracht hätte. Mehrere Wochen lang vergaß man über der Erörterung dieses einen fesselnden Themas selbst die wichtigsten politischen Geschehnisse des Tages. Der Präfekt unternahm außergewöhnliche Anstrengungen; und natürlich wurden sämtliche Kräfte der Pariser Polizei bis zum letzten Mann aufgeboten.

Als der Körper entdeckt worden war, hatte man nicht daran gezweifelt, daß der Mörder den sofort gegen ihn angestellten Nachforschungen nicht länger als höchstens ein paar Tage würde entgehen können. So verstrich eine ganze Woche, bis man es für nötig erachtete, eine Belohnung auszusetzen, und selbst dann wurde die Summe auf eintausend Francs beschränkt. Inzwischen ging die Investigation mit Entschiedenheit – wenn auch nicht immer mit Verstand – voran, und zahlreiche Personen wurden ergebnislos vernommen; indessen steigerte die fortdauernde Ergebnislosigkeit der Untersuchungen die Aufgebrachtheit der Bevölkerung ganz ungemein. Am Ende des zehnten Tages hielt man es für angeraten, die ursprünglich ausgesetzte Belohnung zu verdoppeln; und als schließlich auch die zweite Woche ins Land gegangen war, ohne zu irgendwelchen Aufdeckungen zu führen, und das Vorurteil, das in Paris immer gegen die Polizei besteht, sich in mehreren ernsten *émeutes* geäußert hatte, nahm es der Präfekt endlich auf sich, die Summe von zwanzigtausend Francs »für die Überführung des Meuchelmörders« auszusetzen – beziehungsweise, falls es sich ergeben sollte, daß mehr als einer in die Tat verwickelt war, »für die Überführung eines der Meuchelmörder«. In der Proklamation, welche die Belohnung in Aussicht stellte, wurde auch jedem etwaigen Komplizen, der gegen seine Spießgesellen aussagen würde, volle Straffreiheit versprochen; und überall, wo diese Bekanntmachung erschien, war noch das private Plakat eines Bürgerkomitees beigefügt, das zusätzlich zu der vom Präfekten verheißenen Summe weitere zehntausend Francs in Aussicht stellte. Die gesamte Belohnung belief sich also auf nicht weniger als dreißigtausend Francs, was man für einen außerordentlichen Aufwand ansehen darf, erwägt man die bescheidene gesellschaftliche Stellung des Mädchens und die Tatsache, daß Greuel wie die beschriebenen in großen Städten zuhauf geschehen.

Nun zweifelte niemand mehr daran, daß sich das dunkle Geheimnis der Mordtat bald lichten würde. Doch obgleich ein oder zwei Verhaftungen erfolgten, die Aufklärung versprachen, wurde doch nichts zutage gebracht, was den Verdacht zu rechtfertigen vermocht hätte; und so wurden die Betreffenden alsbald wieder auf freien Fuß gesetzt. Es mag wohl sonderbar erscheinen, aber auch die dritte Woche nach der Entdeckung des Leichnams verging, und sie verging ohne den Fall im mindesten zu erhellen, ehe auch nur ein Gerücht von den Geschehnissen, welche die öffentlichen Gefühle derart in Wallung gebracht hatten, Dupins und meine Ohren erreichte. Vertieft in Untersuchungen, die beinahe unsere ganze Aufmerksamkeit in Anspruch nahmen, hatte seit fast einem Monat keiner von uns das Haus mehr verlassen, noch einen Besucher empfangen, noch auf die politischen Leitartikel der Tageszeitungen mehr als einen flüchtigen Blick geworfen. Die erste Nachricht von dem Morde ward uns von G— in persona überbracht. Am frühen Nachmittag des dreizehnten Juli 18— stattete er uns einen Besuch ab und blieb bis spät in die Nacht. Er war erzürnt ob der Erfolglosigkeit all seiner Anstrengungen, die Täter aufzuspüren. Seine Reputation – so sprach er mit typischem Pariser Flair – stehe auf dem Spiele. Selbst seine persönliche Ehre sei gefährdet. Das Auge der Öffentlichkeit ruhe auf ihm; und es gebe tatsächlich kein Opfer, daß er nicht zu bringen willens wäre, wenn es nur der Entwirrung des geheimnisvollen Geflechts dienen würde. Er beschloß seine ein wenig drollig anmutende Ansprache mit einem Kompliment über etwas, das er Dupins *Taktgefühl* zu nennen beliebte, und machte ihm einen unverblümten und wahrhaft freizügigen Vorschlag, den näher zu enthüllen ich mich nicht berechtigt fühle, der aber zum eigentlichen Gegenstand meiner Erzählung ohnehin nicht weiter in Beziehung steht.

Das Kompliment wies mein Freund zurück, so gut er's vermochte, den Vorschlag nahm er aber augenblicklich an, obwohl dessen Vorteile ausgesprochen provisorisch waren. Nachdem nun dieser Punkt geregelt war, stürzte sich der Präfekt unverzüglich in Darlegungen seiner eigenen Ansichten, die er mit langen Erläuterungen über die Beweislage spickte, deren wir noch nicht habhaft geworden waren. Er hielt uns einen umfangreichen und zweifelsohne klugen Vortrag, indessen ich nur gelegentlich einen kurzen Einwurf riskierte und die Nacht schläfrig dahinschlich. Dupin, der ungerührt in seinem angestammten Armstuhl saß, war die Verkörperung achtungsvoller Aufmerksamkeit. Er setzte während der ganzen Zusammenkunft seine Brille nie ab, und der eine oder andere Blick hinter ihre grünen Gläser reichte aus, um mich davon zu überzeugen, daß er sich während der ganzen sieben oder acht bleifüßernen Stunden, die dem Abschied des Präfekten vorausgingen, einem stillen, doch deshalb keineswegs weniger erholsamen Schlafe widmete.

Am Morgen verschaffte ich uns bei der Präfektur eine umfassende Übersicht sämtlicher bis dato ans Licht gebrachten Indizien sowie bei verschiedenen Zeitungsredaktionen ein Exemplar jeder Ausgabe, von der ersten bis zur letzten, in der irgendeine entscheidende Nachricht zu dieser traurigen Angelegenheit veröffentlicht worden war. Entledigt all dessen, was bereits eindeutig widerlegt worden war, ergab sich folgendes Bild:

Marie Rogêt verließ die Wohnung ihrer Mutter in der Rue Pavée Sainte Andrée am Sonntag morgen, dem zweiundzwanzigsten Juni 18—, gegen neun Uhr. Beim Fortgehen machte sie einem Monsieur Jacques St. Eustache[7] (und nur ihm) gegenüber die Bemerkung, sie habe die Absicht, den Tag bei einer Tante zu verbringen, die in der Rue des Drômes wohnte. Die Rue des Drômes ist eine kurze und schmale, wenngleich recht belebte Straße unweit des Flußufers und etwa zwei Meilen (gerechnet nach dem direktesten Wege) von der Pension der Madame Rogêt entfernt. St. Eustache war der Anverlobte Maries und logierte in der Pension, wo er auch seine Mahlzeiten einnahm. Er hatte seine Verlobte abmachungsgemäß bei Einbruch der Dämmerung abholen und nach Hause geleiten sollen. Am Nachmittag jedoch setzte heftiger Regen ein; und in der Annahme, sie werde bei ihrer Tante bleiben wollen (wie sie es unter ähnlichen Umständen in der Vergangenheit getan hatte), hielt er es nicht für nötig, sein Versprechen zu halten. Als nun die Nacht hereinbrach, hörte man Madame Rogêt (eine gebrechliche alte Dame und bereits in ihrem siebzigsten Lebensjahr) die Befürchtung äußern, sie werde »Marie wohl niemals wiedersehen«; doch fand diese Bemerkung damals nur wenig Beachtung.

Am Montag erhielt man die Gewißheit, daß das Mädchen überhaupt nicht in der Rue des Drômes eingetroffen war, und als der Tag ohne ein Lebenszeichen von ihr vorüberging, wurde an verschiedenen Punkten in der Stadt und Umgebung eine ergebnislose Suche in Gang gesetzt. Doch erst am vierten Tage nach ihrem Verschwinden kam ihr Schicksal ans Licht. An diesem Tage nämlich (Mittwoch, dem 25. Juni) wurde ein Monsieur Beauvais[8], der zusammen mit einem Freund in der Nähe der Barrière du Roule am Seine-Ufer, das der Rue Pavée Sainte Andrée gegenüberliegt, nach Marie gesucht hatte, benachrichtigt, es sei soeben eine Leiche an Land gezogen worden, und zwar von einigen Fischern, die sie im Flusse treibend gefunden. Als Beauvais sich den Leichnam ansah, identifizierte er ihn erst nach einigem Zögern als den des Parfümeriemädchens. Sein Freund hingegen erkannte sie auf der Stelle.

Das Gesicht war mit dunklem Blute bedeckt, das augenscheinlich aus dem Mund geflossen war. Schaum, wie er sich üblicherweise bei Ertrunkenen findet, war nicht zu entdekken. An der Kehle befanden sich Quetschungen und Fingereindrücke. Die Arme waren über der Brust verschränkt und starr. Die rechte Hand war zur Faust geballt, die linke teilweise offen. Am linken Handgelenk befanden sich zwei rundum laufende Hautabschürfungen, anscheinend das Ergebnis von Stricken oder einem Strick, der mehrfach herumgeschlungen gewesen sein mußte. Ein Teil des rechten Handgelenks war ebenfalls stark abgeschürft, wie auch der Rücken über die ganze Länge hin, besonders aber an den Schulterblättern. Wohl hatten die Fischer den Körper, als sie ihn ans Ufer brachten, an einem Seil festgebunden, doch war von diesem keine der Verwundungen verursacht worden. Der Hals war stark angeschwollen. Schnitte oder Quetschungen, die von Schlägen hätten verursacht werden können, waren nicht zu finden. Um den Hals fand man ein Stück Spitze, welches so eng geschlungen war, daß es dem Blick zunächst verborgen blieb; es war zur Gänze im Fleisch begraben und mit einem Knoten festgezogen, der genau hinter dem rechten Ohr lag. Dies allein hätte gereicht, um den Tod herbeizuführen. Das ärztliche Zeugnis erwähnte mit Nachdruck den tugendhaften Charakter der Verstorbenen; es sei ihr, so hieß es, schändlich Gewalt angetan worden. Der Leichnam war, als man ihn fand, in einem Zustande, der ihren Freunden eine Identifizierung ohne weiteres ermöglichte. Die Bekleidung war an mehreren Stellen zerrissen und auch sonst in einiger Unordnung. Im Oberkleide war ein Streifen von etwa einem Fuß Breite vom unteren Saum bis zur Hüfte aufwärts aus-, jedoch nicht abgerissen worden. Diesen Streifen hatte man dreimal um die Taille geschlungen und auf dem Rücken durch eine Art Knoten festgemacht. Die Wäsche unmittelbar unter dem Kleide war von feinem Nesseltuch, und hieraus hatte man einen achtzehn Zoll breiten Streifen ganz herausgerissen, und zwar gleichmäßig und mit großer Sorgfalt. Ihn fand man lose um den Hals geschlungen und mit einem robusten Knoten gesichert. Über diesem Nesseltuchstreifen und dem aus Spitze waren noch die Bänder eines Hutes geknüpft; der Hut hing daran. Der Knoten, mit welchem die Hutbänder zusammengebunden waren, stammte nicht von der Hand einer Dame; es handelte sich vielmehr um einen Schleifen- oder Seemannsknoten.

Nach der Identifizierung ward der Leichnam nicht, wie gewöhnlich, nach der Morgue gebracht (denn diese Formalität war überflüssig), sondern in aller Eile nicht weit von der Stelle, wo man ihn an Land gebracht hatte, bestattet. Durch die Bemühungen Beauvais' wurde die Angelegenheit geflissentlich vertuscht, soweit dies möglich war; und einige Tage zogen ins Land, ehe die Öffentlichkeit sich zur Sprache meldete. Endlich griff ein Wochenjournal die Sache auf[9]; die Leiche wurde exhumiert und eine neuerliche Untersuchung angeordnet, doch nichts kam ans Licht, was nicht bereits bekannt gewesen wäre. Die Kleidungsstücke wurden nun jedoch der Mutter und Freunden der Verstorbenen vorgelegt und zweifelsfrei als jene wiedererkannt, die das Mädchen bei seinem Weggang aus dem Haus der Mutter getragen.

Unterdessen wuchs die Erregung stündlich. Mehrere Personen wurden arretiert und wieder auf freien Fuß gesetzt. Insbesondere St. Eustache stand unter Verdacht; und zu Anfang wußte er auch keine überzeugende Auskunft über seinen Aufenthaltsort an jenem Sonntag zu geben, an welchem Marie ihr Haus verlassen. Später unterbreitete er jedoch Monsieur G— eidesstattliche Zeugnisse, die in befriedigender Weise für jede Stunde des in Frage stehenden Tages Rechenschaft abgaben. Als nun die Zeit verstrich und keine Entdeckung folgte, machten wohl tausend einander widersprechende Gerüchte die Runde, und die schreibende Zunft erging sich nicht faul in allerlei Mutmaßungen. Darunter fand der Einfall am meisten Beachtung, daß Marie Rogêt noch am Leben sei, daß es sich bei dem in der Seine entdeckten Leichnam nicht um den ihren, sondern um den einer anderen Unglücklichen handelte. Man wird es als angebracht betrachten, daß ich dem geschätzten Leser einige Passagen unterbreite, in welchen die erwähnte Vermutung Ausdruck findet. Diese Auszüge sind getreue Übersetzungen aus »L'Etoile«[10], einem im allgemeinen mit viel Geschick redigierten Blatt.

»Mademoiselle Rogêt verließ das Haus ihrer Mutter am Morgen des Samstags, dem 22. Juni 18—, mit der vorgeblichen Absicht, ihre Tante oder irgendeine andere Verwandte in der Rue des Drômes besuchen zu wollen. Von dieser Stunde an hat sie niemand mehr nachweislich gesehen. Keinerlei Spur oder Kunde von ihr liegt vor ... Auch hat sich bis zum jetzigen Zeitpunkt keine Person gemeldet, die sie am fraglichen Tag, nachdem sie das mütterliche Haus verlassen, überhaupt noch gesehen hätte. Obgleich auch keinerlei Beweise vorzubringen sind, daß Marie Rogêt am Sonntag, dem 22. Juni, *nach* neun Uhr noch unter den Lebenden weilte, so steht doch eines mit Sicherheit fest: Bis zu dieser Stunde war sie am Leben. Am Mittwoch gegen zwölf Uhr ward nun ein weiblicher Leichnam aufgefunden, der am Ufer der Barrière du Roule vorbeitrieb. Dies begab sich, selbst wenn wir davon ausgehen, Marie Rogêt sei innerhalb von drei Stunden, nachdem sie das Haus ihrer Mutter verlassen, in den Fluß geworfen worden, erst drei Tage nach dem Zeitpunkt, da sie ihr Heim verließ – auf die Stunde genau drei Tage. Aber es wäre närrisch, anzunehmen, daß der Mord (wenn überhaupt ein Mord an ihrem Leibe begangen wurde) hätte rasch genug zu Ende gebracht werden können, um es ihren Mördern zu ermöglichen, den Leib noch vor Mitternacht den Fluten anheimfallen zu lassen. Wer sich so infamer Verbrechen schuldig macht, sucht die Dunkelheit eher denn das Licht ... Wir sehen also: Wenn es sich bei dem im Fluß gefundenen Leichnam wirklich um den der Marie Rogêt gehandelt hat, so konnte er bestenfalls zweieinhalb – allerhöchstens drei – Tage im Wasser gelegen haben. Alle Erfahrungen in diesem Bereich belegen aber, daß es bei Ertrunkenen – oder bei Leichen, die unmittelbar nach ihrem Ableben in das Wasser geworfen wurden – sechs bis zehn Tage dauert, bis der Verwesungsprozeß weit genug fortgeschritten ist, um sie wieder an die Wasseroberfläche zu bringen. Selbst wo eine Kanone über einer Wasserleiche abgefeuert wird und diese emporkommt, noch ehe sie fünf oder sechs Tage drunten gelegen, sinkt sie wieder, wenn man nicht auf sie einwirkt. Es stellt sich nun folgende Frage: Was hätte in diesem Falle ein Abweichen von der regulären Ordnung der Natur verursachen sollen? ... Wenn der Körper in seinem verstümmelten Zustande bis Dienstag nacht am Ufer gelegen hätte, so würde man dort irgendeine Spur der Mörder finden. Es ist auch zweifelhaft, ob der Körper überhaupt so schnell wieder aufgetaucht wäre, selbst wenn man ihn erst zwei Tage nach dem Tode hineingeworfen hätte. Und ferner ist es überaus unwahrscheinlich, daß Schurken, die einen Mord wie den hier hypothetisierten begangen haben, den Körper ohne jedes Gewicht, das ihn zum Sinken gebracht hätte, ins Wasser geworfen hätten, wo sich dergleichen Vorsichtsmaßnahmen doch ohne weiteres hätten treffen lassen.«

Der Redakteur trägt weiterhin seine These vor, der Leichnam müsse »nicht nur drei Tage, sondern – wenigstens – fünf mal drei Tage« im Wasser gelegen haben, sei er doch schon so weit im Zustand der Verwesung begriffen gewesen, daß Beauvais große Schwierigkeiten gehabt hatte, ihn zu identifizieren. Der letzte Punkt ward jedoch in vollem Umfang widerlegt. Ich fahre mit der Übersetzung fort:

»Welches sind nun aber die Tatsachen, auf die sich M. Beauvais beruft, wenn er angibt, er habe keine Zweifel daran gehabt, daß es sich bei der Leiche um Marie Rogêt handelte? Er schlitzte den Ärmel ihres Kleides auf und sagt, er habe Kennzeichen gefunden, die ihm als Beweis ihrer Identität genügen. Die Öffentlichkeit nahm allgemein an, daß diese Kennzeichen in irgendwelchen Narben bestanden hätten. Er rieb den Arm ab und fand *Haare* darauf – ein Beweis, der unserem Gutdünken nach so unbestimmt und vage ist, wie man sich nur denken kann, und so wenig zwingend, wie es die Tatsache wäre, daß man überhaupt einen Arm in dem Ärmel fand. M. Beauvais kehrte in jener Nacht nicht zurück, sondern sandte – es war Mittwoch abend um sieben Uhr – eine Nachricht an Madame Rogêt, die besagte, daß die Untersuchungen zum Verbleib ihrer Tochter nach wie vor ihren Fortgang nähmen. Wenn wir gelten lassen, daß Madame Rogêt aufgrund ihrer fortgeschrittenen Jahre und des Kummers nicht in der Lage war, sich zum Ort des Geschehens zu begeben (was ein großzügiges Zugeständnis bedeutet), so hätte doch gewiß jemand da sein müssen, der es für der Mühe wert gehalten hätte, hinzugehen und der Untersuchung beizuwohnen, wäre man wirklich der Ansicht gewesen, es sei tatsächlich die Leiche Maries. Doch keiner ging hin. In der Rue Pavée Sainte Andrée hörten selbst die Bewohner des betroffenen Hauses nicht das mindeste über die Angelegenheit. M. St. Eustache, der Galan und zukünftige Gatte Maries, der im Haus ihrer Mutter logierte, gibt an, er habe erst am nächsten Morgen erfahren, daß die Leiche seiner Verlobten gefunden worden sei, als nämlich M. Beauvais zu ihm ins Zimmer trat und ihn einweihte. Bei einer solchen Nachricht dünkt es uns doch eigentümlich, wie überaus beherrscht sie aufgenommen wurde.«

In dieser Weise bemühte sich das Journal, den Eindruck zu erwecken, es sei auf seiten der Marie Nahestehenden eine Gleichgültigkeit zutage getreten, die schlichtweg unvereinbar sei mit der Annahme, daß diese Personen von der Identität des grausigen Fundes überzeugt seien. Die Andeutungen lassen sich wie folgt zusammenfassen: daß Marie sich mit dem stillschweigenden Einverständnis ihrer Freunde aus der Stadt entfernt habe, und zwar aus Gründen, die gegen ihre keusche Mädchentugend sprachen, und daß nämliche Freunde bei der Entdeckung eines Leichnams in der Seine, der dem Mädchen nicht ganz unähnlich schien, flugs die Gelegenheit genutzt hatten, der Öffentlichkeit vorzugaukeln, man glaube tatsächlich an Maries Tod. Aber »L'Etoile« war wieder einmal voreilig gewesen. Es wurde mit der gebotenen Eindeutigkeit bewiesen, daß die vermeintliche Gleichgültigkeit keineswegs bestand; daß die alte Dame vielmehr über die Maßen schwach und erschüttert war, so daß sie nicht einmal den geringsten Verpflichtungen nachzukommen in der Lage war; und daß St. Eustache, weit entfernt davon, die Nachricht kühl aufnehmend, vor Kummer fast den Verstand verlor und sich so rasend gebärdete, daß M. Beauvais einen Freund und Verwandten bewog, auf ihn achtzugeben und zu verhindern, daß er etwa der Untersuchung beiwohne, wenn die Leiche exhumiert würde. Und obgleich »L'Etoile« darüber hinaus noch die Feststellung anbrachte, der Leichnam sei auf Kosten der Öffentlichkeit erneut bestattet worden, die Familie habe ein günstiges Angebot für ein privates Begräbnis entschieden zurückgewiesen und kein Mitglied der Verwandtschaft habe der Zeremonie beigewohnt, obgleich, wie ich bereits sagte, dies alles von »L'Etoile« zur Förderung der Auffassung, die das Blatt durchzusetzen sich bemußigte, behauptet wurde, ward doch ein jeder einzelne Punkt gründlich widerlegt. In einer der nachfolgenden Nummern unternahm die Zeitung den Versuch, den Verdacht auf Beauvais selbst zu lenken. Der Redakteur sagt dazu:

»Nun gewinnt die Sache jedoch ein anderes Gesicht. Es wird uns mitgeteilt, M. Beauvais habe bei einer Gelegenheit, als er eben ausgehen wollte, gegenüber einer Madame B—, die gerade im Haus der Madame Rogêt weilte, geäußert, man erwarte dort einen Gendarm, und sie, Madame B., dürfe diesem nicht das mindeste sagen, bis er selbst zurückkehre, sondern müsse ihm die Sache überlassen ... Wie die Dinge gegenwärtig stehen, scheint die ganze Sache im Kopfe des M. Beauvais eingesperrt zu sein. Nicht ein einziger Schritt kann ohne M. Beauvais vonstatten gehen, denn welchen Weg auch immer man geht, stets trifft man auf ihn ... Aus irgendeinem Grunde beschloß er, niemand außer ihm solle mit den Vorgängen das mindeste zu schaffen haben, und die männlichen Verwandten hat er, laut deren eigener Aussage, auf höchst merkwürdige Weise aus dem Weg zu drängen gewußt. Auch scheint es ihm stark widerstrebt zu haben, den Verwandten einen letzten Blick auf den Leichnam zu gestatten.«

Durch die folgende Tatsache fand der in solcher Manier auf Beauvais geworfene Verdacht weitere Nahrung. Ein Besucher, der in seiner Abwesenheit wenige Tage vor des Mädchens Verschwinden zu seinem Bureau gekommen war, hatte im Schlüsselloch der Tür eine Rose bemerkt und auf einer Schiefertafel, die unweit davon hing, den Namen »Marie« gesehen.

Der allgemeine Eindruck schien – soweit wir dies aus den Zeitungen zu schließen vermögen – dahin zu gehen, daß Marie das Opfer einer ganzen *Bande* von Verbrechern geworden sei – daß diese sie über den Fluß geschleppt, mißhandelt und sodann ermordet hätten. »Le Commerciel«[11], ein Druckwerk von einigem Einfluß, gab sich redlich Mühe, diese Volksmeinung zu widerlegen. Ich zitiere einen oder zwei Abschnitte aus seinen Spalten:

»Wir sind der Überzeugung, daß die Nachforschungen bisher insofern der falschen

Fährte gefolgt sind, als sie sich auf die Barrière du Roule konzentrieren. Es ist unmöglich, daß eine Person, die Tausenden so wohlbekannt war wie diese junge Frau, durch ganze drei Stadtteile gegangen sein soll, ohne daß sie auch nur ein Mensch gesehen hätte; und hätte sie jemand gesehen, so würde er sich gewiß daran erinnern, denn sie weckte bei allen, die sie kannten, Interesse. Auch ging sie zu einer Zeit aus, da die Straßen voller Menschen waren … Es ist also außerhalb jeglicher Vorstellung, daß sie zur Barrière du Roule oder zur Rue des Drômes gegangen sein könnte, ohne von mindestens einem Dutzend Personen erkannt worden zu sein; doch niemand hat sich gemeldet, der sie außerhalb des mütterlichen Hauses gesehen hätte, und es gibt nicht den mindesten Beweis dafür, daß sie überhaupt ausging – abgesehen von der Aussage, die sich auf diesbezüglich von ihr geäußerte *Absichten* bezieht. Ihr Kleid war zerrissen, ein Fetzen um sie geschlungen und verknotet; auf diese Weise konnte man den Körper tragen wie ein Bündel. Wäre der Mord an der Barrière du Roule begangen worden, so hätte keinerlei Notwendigkeit für eine solche Maßnahme bestanden. Die Tatsache, daß der Leichnam in der Nähe der Barrière im Wasser trieb, beweist noch lange nicht, daß er auch just an dieser Stelle hineingeworfen wurde … Aus einem der Unterröcke des unglücklichen Mädchens wurde ein Stück von zwei Fuß Länge und einem Fuß Breite herausgerissen und ihr um Kinn und Hinterkopf gebunden, vermutlich um sie am Schreien zu hindern. Das konnten nur Kerle tun, die kein Taschentuch besaßen.«

Ein oder zwei Tage vor dem Besuch des Präfekten bei uns war der Polizei jedoch eine wichtige Information zugespielt worden, die zumindest den Hauptteil der Argumentation des »Commerciel« über den Haufen zu werfen schien. Zwei kleine Knaben, Söhne einer Madame Deluc, durchstreiften die Waldungen unweit der Barrière du Roule und drangen dabei zufällig in ein dichtes Dickicht vor, worin drei oder vier Felsbrocken lagen, die eine Art Sitz mit Lehne und Fußbank bildeten. Auf dem oberen Stein lag ein weißer Unterrock; auf dem zweiten ein seidenes Umschlagtuch. Auch ein Sonnenschirm, Handschuhe und ein Taschentuch wurden hier gefunden. Auf dem Taschentuch stand der Name »Marie Roget«. An den Brombeersträuchern ringsherum wurden Kleidungsfetzen entdeckt. Der Boden war zertrampelt, die Zweige der Büsche abgeknickt, und alles deutet darauf hin, daß hier ein Kampf stattgefunden habe. Zwischen dem Dickicht und dem Flußufer waren die Umzäunungen niedergetreten, und der Boden wies Spuren einer schweren Last auf, die darüber hinweggezogen worden war.

Ein Wochenjournal, »Le Soleil«[12], brachte die folgenden Kommentare, die lediglich ein Echo der gesamten Pariser Presse waren:

»Die Gegenstände haben ganz augenscheinlich mindestens drei oder vier Wochen dort gelegen; sie waren durch Regeneinwirkung stark vermodert und klebten zusammen. Das Gras war ringsum aufgesprossen und hatte einige der Sachen bereits überwuchert. Die Gewebefäden des robusten Seidenbezugs des Sonnenschirms waren innen bereits verfilzt. Der obere Teil, wo der Schirm zusammengeklappt und gefaltet worden war, erwies sich als gänzlich vermodert und verrottet und zerriß, als er geöffnet wurde … Die durch die Büsche herausgerissenen Stücke ihres Kleides waren etwa drei Zoll breit und sechs Zoll lang. Eines davon war der Saum des Kleides und wies Flickstellen auf; das andere Stück stammte vom Rock selbst, nicht vom Saum. Beide sahen aus, als seien sie abgerissen worden, und hingen an dem Dornbusch, etwa einen Fuß über dem Boden … Es gibt daher keinen Zweifel, daß man den Ort des entsetzlichen Verbrechens entdeckt hat.«

Im Anschluß an diese Entdeckung kam neues Beweismaterial ans Licht. Madame Deluc sagte aus, daß sie unweit des Flußufers, gegenüber der Barrière du Roule, eine Straßenschenke betreibe. Die Gegend ist in ganz besonderem Maße einsam. An Sonntagen treibt sich dort allerlei Lumpengesindel aus der Stadt herum, das in Booten über den Fluß setzt. An dem fraglichen Sonntage nun kam gegen drei Uhr nachmittags ein junges Mädchen in Begleitung eines jungen Mannes von dunkler Gesichtsfarbe in die Schenke. Beide blieben einige Zeit. Als sie fortgingen, schlugen sie den Weg zu einigen dichten Wäldern in der

Nähe ein. Madame Deluc fiel das Kleid des Mädchens auf, denn es ähnelte einem von einer verstorbenen Verwandten gern getragenen. Besonders ein Umschlagtuch zog ihre Aufmerksamkeit auf sich. Bald nach dem Fortgang des Paares trat eine Bande von Radaubrüdern auf den Plan, gebärdete sich lärmend, aß und trank, ohne zu zahlen, folgte dann der Route, die der junge Mann und das Mädchen genommen, kehrte bei Dämmerung zu der Schenke zurück und überquerte den Fluß in augenscheinlicher Eile.

Bald nach Einbruch der Dunkelheit am selben Abend vernahmen Madame Deluc wie auch ihr ältester Sohn in der Umgebung der Schenke die Schreie einer Frau. Die Schreie waren heftig, doch kurz. Madame Deluc erkannte nicht nur das Umschlagtuch wieder, das in dem Dickicht gefunden worden war, sondern auch das Kleid, das der Leichnam getragen. Ein Omnibuskutscher namens Valence[13] gab nun ebenfalls zu Protokoll, daß er Marie Rogêt am fraglichen Sonntag in Gesellschaft eines jungen Mannes von dunkler Gesichtsfarbe mit einer Fähre über den Fluß habe setzen sehen. Er, Valence, kannte Marie, und hatte sich in ihrer Identität ganz gewiß nicht getäuscht. Die in dem Dickicht gefundenen Gegenstände wurden allesamt von Maries Verwandten identifiziert.

Die Einzelheiten der Beweise und Auskünfte, die ich auf Anregung Dupins aus den Zeitungen zusammentrug, enthielten nur noch einen weiteren Punkt, doch dieser war allem Anschein nach von entscheidender Bedeutung. Unmittelbar nach der oben beschriebenen Entdeckung der Kleidungsstücke fand man nämlich in der Nähe der Stelle, in der nunmehr alle den Schauplatz der Bluttat vermuteten, den leblosen oder doch nahezu leblosen Körper von St. Eustache, Maries Verlobtem. Eine Phiole mit der Aufschrift »Laudanum« lag leer neben ihm. Sein Atem bewies, daß er das Gift genommen hatte. Er starb, ohne ein Wort zu äußern. An seiner Person fand man einen Abschiedsbrief, der kurz von seiner Liebe zu Marie sprach und auf seine selbstmörderische Absicht verwies.

»Ich brauche Ihnen wohl kaum zu sagen«, meinte Dupin, als er die Durchsicht meiner Notizen beendet hatte, »daß dieser Fall sehr viel verwickelter ist als jener in der Rue Morgue, von dem er vor allem in einer bedeutenden Hinsicht abweicht. Hier liegt, bei aller Widerwärtigkeit, ein *gewöhnliches* Verbrechen vor. Nichts daran ist besonders *outré*. Es wird Ihnen aufgefallen sein, daß man aus diesem Grunde das Geheimnis als ein leicht zu lösendes betrachtete, wohingegen man es vielmehr – aus ebendiesem Grunde – für schwer lösbar hätte halten sollen. So erachtete man es zunächst als gänzlich unnötig, eine Belohnung auszuschreiben. Die Schergen des Präfekten vermochten durchaus sogleich zu begreifen, wie und wann eine solche Bluttat *möglicherweise* hätte begangen werden *können*. Sie waren imstande, sich in ihrer Phantasie den Hergang – viele Möglichkeiten des Hergangs – und ein Motiv – viele Motive – auszumalen; und weil es nicht von der Hand zu weisen war, daß eine dieser zahlreichen Möglichkeiten von Hergang und Motiv hier vorliegen *konnte*, haben sie's flugs als bewiesen betrachtet, daß eine auch *tatsächlich* vorlag. Doch die Leichtigkeit, mit der man zu diesen verschiedenen Ideen gelangte, und die schiere Plausibilität, die eine jede davon aufwies, wären besser als Hinweis auf die Schwierigkeiten verstanden worden, welche die Aufklärung des Falls behindern würden, denn als Indizien für eine leichte Lösbarkeit. Ich habe bereits in der Vergangenheit die Beobachtung gemacht, daß die Vernunft sich, wenn überhaupt, ihren Weg bei der Suche nach der Wahrheit anhand der Abweichungen vom Gewöhnlichen ertastet und daß sich in Fällen wie dem vorliegenden nicht so sehr die Frage ›Was ist geschehen?‹ stellt als vielmehr ›Was ist hier geschehen, was sich zuvor noch nie ereignet hat?‹ Bei den Untersuchungen im Hause der Madame L'Espanaye[14] waren die Beamten von G— ob des ausgesprochen Ungewöhnlichen des Falls entmutigt und verwirrt, und gerade dies hätte einem wohlgeregelten Intellekt das sicherste Zeichen für den bevorstehenden Erfolg bedeutet; wohingegen derselbe Intellekt angesichts des nur allzu gewöhnlichen Charakters der Tatsachen, die sich dem Auge im Fall des Parfümerie-Mädchens boten, schier hätte verzweifeln können, wenngleich die Beamten der Präfektur nichts als ein leichtes Spiel zu haben glaubten.

»Im Falle der Madame L'Espanaye und ihrer Tochter bestand von Anfang unserer Untersuchungen an nicht der mindeste Zweifel, daß ein Mord begangen worden sei. Der Gedanke an Selbstmord entfiel von vornherein. Auch hier können wir gleich zu Beginn jede derartige Vermutung ausräumen. Der an der Barrière du Roule aufgefischte Körper wurde unter Umständen gefunden, die uns keinen Raum lassen, in diesem wichtigen Punkt auch nur zu schwanken. Nun ist aber gemunkelt worden, der entdeckte Leichnam sei nicht der Marie Rogêts, und für die Überführung ihres Mörders oder ihrer Mörder wurde ja die Belohnung ausgesetzt, auf die hin – und einzig auf die hin – wir unser Übereinkommen mit dem Präfekten trafen. Wir kennen diesen edlen Herrn beide zur Genüge. Es empfiehlt sich sicher nicht, ihm allzuviel Vertrauen zu schenken. Ob wir nun bei unseren Untersuchungen von dem gefundenen Körper ausgehen, tatsächlich einen Mörder aufspüren und letzten Endes zu der Erkenntnis gelangen, daß es sich bei der Leiche doch um ein anderes Individuum als Marie handelt, oder ob wir zugrunde legen, daß Marie noch am Leben sei und sie dann finden, aber eben lebend finden, nicht etwa ermordet – in beiden Fällen vergeuden wir unsere Mühe; denn es ist ja Monsieur G—, mit dem wir es zu tun haben. So ist es denn schon um unser selbst, wenn nicht um der Gerechtigkeit willen unerläßlich, daß wir zuallererst einmal hinsichtlich der Identität der Leiche eine unerschütterliche Übereinstimmung mit der Marie Rogêt feststellen.

»Für die Öffentlichkeit haben die Argumente von ›L'Etoile‹ Gewicht gehabt; und daß besagtes Journal selbst von ihrer Bedeutung überzeugt ist, geht schon aus der Art und Weise hervor, in welcher es einen seiner Aufsätze zum Thema beginnt: ›Verschiedene Tageszeitungen‹, so ist da zu lesen, ›sprechen von dem schlüssigen und beweiskräftigen Artikel in unserer Montagsausgabe.‹ Für mich beweist dieser Artikel freilich nicht viel mehr als den Eifer des Verfassers. Wir wollen jedoch nicht vergessen, daß es unseren Zeitungen weniger darum geht, die Sache der Wahrheit zu fördern, als vielmehr darum, eine Sensation zu kreieren, d. h., Aufsehen zu erwecken. Für die gerechte Sache tun sie nur dann etwas, wenn dadurch der beschriebene Effekt erzielt wird. Dem Blatt, das einfach in die allgemeine Meinung einstimmt (so begründet diese Meinung auch sein mag), bringt die Masse keinen Glauben entgegen. Die Mehrheit der Menschen betrachtet als tiefsinnig nur jenen, der sich in *scharfem Widerspruch* zur allgemeinen Ansicht befindet. In der Kunst des Reflektierens nicht weniger als in der Literatur erfreut sich das Epigramm der unmittelbarsten und umfassendsten Wertschätzung. In beiden Bereichen hat jedoch auch das Allergeringste Verdienst.

»Ich will damit sagen, daß es eher das Gemisch aus Epigramm und Melodrama als wirkliche Plausibilität ist, was ›L'Etoile‹ die Idee gab, Marie Rogêt sei noch immer am Leben, und das diesem Einfall beim Publikum eine wohlwollende Aufnahme sicherte. Untersuchen wir doch einmal die wichtigsten Punkte der Argumentation des Journals, indem wir uns bemühen, der Zusammenhangslosigkeit zu entgehen, mit welcher sie ursprünglich vorgetragen wurden.

»Das erste Ziel des Verfassers ist, anhand der Kürze der Zeit, die zwischen Maries Verschwinden und der Entdeckung des im Wasser treibenden Leichnams lag, aufzuzeigen, daß diese Leiche nicht Marie sein konnte. Eine solche Auffassung muß mithin sogleich gestützt werden, indem die erwähnte Zwischenzeit soweit als möglich reduziert wird. In der Hast, dieses Ziel zu erreichen, stellt der Schreiber überaus voreilig eine reine Annahme an den Beginn seiner Argumentation. ›Aber es wäre närrisch, anzunehmen‹, so schreibt er, ›daß der Mord (wenn überhaupt ein Mord an ihrem Leibe begangen wurde) hätte rasch genug zu Ende gebracht werden können, um es ihren Mördern zu ermöglichen, den Leib noch vor Mitternacht den Fluten anheimfallen zu lassen.‹ Da fragen wir denn gleich und ganz selbstverständlich: *wieso?* Wieso wäre es närrisch, anzunehmen, daß der Mord *innerhalb von fünf Minuten,* nachdem Marie das Haus der Mutter verlassen hatte, begangen worden sei? Wieso wäre es närrisch, anzunehmen, daß der Mord zu irgendeiner bestimmten Tageszeit begangen worden sei? Es hat doch Morde stets zu allen Stunden gegeben. Hätte aber die Tat in irgendeinem Augenblick am Sonntag zwischen neun Uhr morgens und einer Viertelstunde vor Mitternacht stattgefunden, so wäre durchaus noch Zeit genug gewesen, ›den Leib noch vor Mitternacht den Fluten anheimfallen zu lassen‹. Diese Annahme läuft also genau darauf hinaus, daß der Mord überhaupt nicht am Sonntag begangen worden sei – und wenn wir ›L'Etoile‹ diese Annahme erlauben wollen, so können wir ihm ebensogut jegliche beliebige Freiheit zugestehen. Der Abschnitt, der mit den Worten ›Aber es wäre närrisch, anzunehmen, daß der Mord ...‹ beginnt, *könnte* – und das ist immerhin vorstellbar – im Gehirn des Verfassers folgendermaßen gelautet haben: ›Aber es wäre närrisch, anzunehmen, daß der Mord (wenn überhaupt ein Mord an ihrem Leibe begangen wurde) hätte rasch genug zu Ende gebracht werden können, um es ihren Mördern zu ermöglichen, den Leib noch vor Mitternacht den Fluten anheimfallen zu lassen; es wäre ganz närrisch, sagen wir, dies alles anzunehmen *und* zu gleicher Zeit zu vermuten (wie wir's zu tun entschlossen sind), daß der Leib nicht *nach Mitternacht* den Fluten anheimgefallen sei‹ – ein Satz, der an sich schon hinreichend unschlüssig ist, doch noch immer nicht ganz so unsinnig wie der gedruckte.

»Wäre es also meine Absicht«, so fuhr Dupin fort, »gegen diesen Auszug aus der Argumentation des ›L'Etoile‹ Beweise vorzubringen, so könnte ich es gut und gern bei dem Bisherigen bewenden lassen. Doch nicht ›L'Etoile‹ ist es, mit dem wir uns hier beschäftigen, sondern die Wahrheit. Der fragliche Satz hat so, wie er dasteht, nur eine einzige Bedeutung, und diese Bedeutung habe ich in aller Klarheit dargestellt. Es ist aber von größter Wichtigkeit, daß wir hinter den bloßen Worten nach dem Gedanken forschen, den diese Worte offensichtlich zum Ausdruck bringen sollten, wenn dieses Anliegen auch mißlang. Es war die Absicht des Journalisten, darzulegen, es sei, zu welcher Tages- oder Nachtzeit am Sonntag dieser Mord auch begangen wurde, doch unwahrscheinlich, daß die Täter es gewagt haben sollten, die Leiche noch vor Mitternacht zum Fluß zu schaffen. Und hierin liegt nun tatsächlich die Annahme, die mir so sehr widerstrebt. Es wird einfach angenommen, daß der Mord an einem Ort und unter Umständen begangen worden sei, die es notwendig machten, die Leiche zum Fluß zu *tragen*. Nun, die Mordtat hätte doch am Flußufer stattfinden können oder auf dem Flusse selbst; und welche Tages- oder Nachtzeit man auch als gegeben betrachtet, in jedem Falle wäre es die naheliegendste und unmittelbarste Methode der Entledigung gewesen. Sie werden verstehen, daß ich hier nicht das Szenario aufzeige, das mir selbst als das wahrscheinlichste erscheint oder mit meiner eigenen Meinung übereinstimmt. Meine Darlegung hat bisher keinerlei Bezug zu den *Tatsachen* des Falles. Ich möchte lediglich vor der ganzen Grundeinstellung warnen, die aus der *vorgeblichen Lösung* des ›L'Etoile‹ spricht, indem ich Ihre Aufmerksamkeit darauf lenke, wie ausgesprochen einseitig schon die Voraussetzungen betrachtet werden.

»Nachdem das Journal solcherart eine Grenze abgesteckt hat, die zu seinen eigenen vorgefaßten Meinungen paßt, indem es schlicht annahm, die Leiche Maries könne – wenn es denn ihre Leiche sei – nur sehr kurze Zeit im Wasser gelegen haben, fährt es in seiner Darstellung fort:

›Alle Erfahrungen in diesem Bereich belegen aber, daß es bei Ertrunkenen – oder bei Leichen, die unmittelbar nach ihrem Ableben in das Wasser geworfen wurden – sechs bis zehn Tage dauert, bis der Verwesungsprozeß weit genug fortgeschritten ist, um sie wieder an die Wasseroberfläche zu bringen. Selbst wo eine Kanone über einer Wasserleiche abgefeuert wird und diese emporkommt, noch ehe sie fünf oder sechs Tage drunten gelegen, sinkt sie wieder, wenn man nicht auf sie einwirkt.‹

»Diese Versicherungen sind stillschweigend von sämtlichen Blättern in Paris hingenommen worden, mit Ausnahme von ›Le Moniteur‹[15]. Das letztere Blatt bemüht sich, jene eine Stelle in dem Abschnitt zu bestreiten, in der von ›Ertrunkenen‹ die Rede ist, und zitiert dazu fünf oder sechs Fälle, in denen die Körper von bekanntermaßen Ertrunkenen schon nach kürzerer Zeit, als ›L'Etoile‹ so hartnäckig behauptet, an der Oberfläche treibend vorgefunden wurden. Aber es ist etwas überaus Unphilosophisches an diesem Versuch des ›Moniteur‹, die allgemeine Behauptung des ›L'Etoile‹ durch die Wiedergabe einiger besonderer Fälle zu widerlegen, die dieser Behauptung entgegenstehen. Selbst wenn es möglich gewesen wäre, ganze fünfzig statt nur fünf Beispiele dafür anzuführen, daß Ertrunkene bereits nach zwei oder drei Tagen wieder emporgetaucht seien, so hätte man füglich auch in diesen fünfzig Beispielen immer noch die Ausnahmen von ›L'Etoiles‹ Regel sehen dürfen, solange die Regel selbst nicht widerlegt war. Läßt man aber die Regel gelten (und ›Le Moniteur‹ bestreitet diese ja nicht, versteift sich lediglich auf deren Ausnahmen), so muß man sich wohl damit abfinden, daß ›L'Etoiles‹ Argumentation ihre volle Kraft behält; denn diese Argumentation erhebt ja keinen Anspruch, mehr in Frage zu stellen als die Wahrscheinlichkeit, daß der Körper nach weniger als drei Tagen wieder an die Oberfläche gekommen sei. Und dieser fragliche Punkt wird so lange die Position von ›L'Etoile‹ bestärken, als die so kindisch aufgeführten Gegenbeispiele nicht in ausreichender Anzahl vorhanden sind, um eine gegenteilige Regel aufzustellen.

»Sie werden gleich sehen, daß alle Argumentation zu diesem Kapitel – wenn überhaupt gegen irgend etwas – gegen die Regel selbst angehen sollte; und zu diesem Zweck wollen wir einmal grundsätzlich die *Berechtigung* dieser Regel untersuchen. Im allgemeinen ist der menschliche Körper weder wesentlich leichter noch wesentlich schwerer als das Wasser der Seine; das heißt, das spezifische Gewicht des menschlichen Körpers in seiner natürlichen Kondition entspricht etwa dem Volumen von Süßwasser, das er verdrängt. Die Körper von gewichtigen und korpulenten Personen mit dünnen Knochen, und allgemein von Frauen, sind leichter als die von mageren und grobknochigen Menschen und von Männern; und das spezifische Gewicht von Flußwasser unterliegt in gewissem Maße auch dem Einfluß der Gezeiten vom Meere her. Doch selbst wenn wir die Gezeiten aus dem Spiel lassen, läßt sich sagen, daß auch in Süßwasser nur *sehr* wenige menschliche Körper *ohne fremdes Zutun* sinken. Beinahe jedem, der in einen Fluß fällt, ist es möglich, sich an der Oberfläche zu halten, wenn er das spezifische Gewicht des Wassers leidlich mit seinem eigenen im Gleichgewicht hält – das heißt, wenn er den ganzen Körper bis auf einen geringstmöglichen Rest untertauchen läßt. Die richtige Lage für einen, der nicht schwimmen kann, ist die aufrechte Haltung des Fußgängers an Land, wobei der Kopf ganz zurückgelegt und so weit eingetaucht ist, daß einzig Mund und Nase noch über Wasser liegen. Unter solchen Umständen wird man sehen, daß man sich ohne Schwierigkeit und ohne Anstrengung an der Oberfläche halten kann. Es liegt jedoch auf der Hand, daß in einem Fall, wo zwei Gewichte, nämlich das des Körpers und das der von ihm verdrängten Wassermasse, sich so akkurat im Gleichgewicht befinden, schon eine Kleinigkeit dem einen davon ein Übergewicht verschaffen kann. Ein Arm zum Beispiel, aus dem Wasser in die Höhe gestreckt und somit seines Haltes beraubt, stellt ein zusätzliches Gewicht dar, das bereits ausreicht, den ganzen Kopf unter Wasser zu drücken, wohingegen die zufällige Unterstützung durch ein Stück Holz und in die Lage versetzt, den Kopf so weit zu heben, daß wir Umschau halten können. Nun ist es so, daß jeder, der des Schwimmens nicht gänzlich mächtig ist, unweigerlich die Arme emporwirft und den Versuch macht, den Kopf in seiner gewöhnlichen senkrechten Lage zu halten. Das Ergebnis ist, daß Mund und Nase untertauchen und bei den Anstrengungen, Atem zu schöpfen, Wasser in die Lunge dringt. Vieles gerät auch in den Magen, und der ganze Körper wird um die Gewichtsdifferenz zwischen der Luft, die diese Höhlung ursprünglich füllte, und der Flüssigkeit, welche sie nun verdrängt, schwerer. Diese Differenz – das darf als allgemeingültige Regel betrachtet werden – reicht aus, einen Körper zum Sinken zu bringen; sie reicht freilich nicht aus im Falle von Individuen mit zartem Knochenbau und einer abnormen Masse von schlaffem Fleisch oder Fett. Solche Menschen treiben selbst nach dem Ertrinken an der Oberfläche.

»Gehen wir nun davon aus, der Leichnam sei auf den Grund des Flusses gesunken, so wird er dort bleiben, bis aus irgendeiner Ursache sein spezifisches Gewicht wieder geringer wird als das der von ihm verdrängten Wassermasse. Diese Wirkung tritt beispielsweise durch Verwesung ein. Ergebnis der Verwesung ist die Bildung von Gas, welches das Zellengewebe und alle Hohlräume aufquellen läßt und jenes *aufgedunsene* Aussehen bewirkt, dessen Anblick so grauenerregend ist. Wenn dies Aufquellen so weit fortgeschritten ist, daß die Raumfülle des Leichnams wesentlich zugenommen hat, ohne daß Masse oder Gewicht entsprechend anwuchsen, so wird sein spezifisches Gewicht geringer als das des verdrängten Wassers, und er dringt alsbald an die Oberfläche. Freilich wird der Verwesungsprozeß von zahllosen Umständen beeinflußt – wird beschleunigt oder verlangsamt von zahlreichen Aspekten; etwa von Hitze oder Kälte der jeweiligen Jahreszeit, von Mineralgehalt und Reinheit des Wassers, von dessen Tiefe oder Seichtigkeit, Strömung oder Stagnation, von der Körperbeschaffenheit des Toten, seiner gesundheitlichen Verfassung vor dem Tode und so weiter. Es liegt folglich auf der Hand, daß wir in keinem Fall mit auch nur annähernder Genauigkeit den Zeitpunkt bestimmen können, zu dem die Leiche aufgrund der Verwesung wieder auftauchen wird. Unter gewissen Bedingungen kann dies Ergebnis innerhalb einer Stunde eintreten; unter anderen findet er womöglich überhaupt nicht statt. Es gibt chemische Extrakte, durch welche der Leib *für immer* vor Zerfall bewahrt werden kann; einer davon ist das Bichlorid des Quecksilbers. Doch abgesehen von der Verwesung kann im Magen – und das geschieht sehr häufig – durch Gärung vegetabilischer Stoffe (beziehungsweise in anderen Hohlräumen aus anderen Gründen) eine Gasbildung eintreten, die ausreicht, den Leib so aufzutreiben, daß er an die Oberfläche gelangt. Die Wirkung, welche durch Abfeuern einer Kanone erzielt wird, beruht auf dem einfachen Prinzip der Erschütterung. Sie kann den Leichnam entweder aus dem weichen Schlamm oder Schlick lösen, in den er eingebettet ist, und ihm so das Aufsteigen ermöglichen, falls andere Wirkenskräfte bereits Vorarbeit geleistet haben; oder sie verringert die Festigkeit der faulenden Teile des Zellgewebes, wodurch die Höhlungen sich unter dem Einfluß des Gases weiter auszudehnen vermögen.

»Nachdem wir nun die gesamte Philosophie des Themas ausgearbeitet haben, können wir mit ihrer Hilfe ohne weiteres die Behauptungen in ›L'Etoile‹ überprüfen. ›Alle Erfahrungen in diesem Bereich belegen aber, daß es bei Ertrunkenen – oder bei Leichen, die unmittelbar nach ihrem Ableben in das Wasser geworfen wurden – sechs bis zehn Tage dauert, bis der Verwesungsprozeß weit genug fortgeschritten ist, um sie wieder an die Wasseroberfläche zu bringen. Selbst wo eine Kanone über einer Wasserleiche abgefeuert wird und diese emporkommt, noch ehe sie fünf oder sechs Tage drunten gelegen, sinkt sie wieder, wenn man nicht auf sie einwirkt.‹

»Dieser gesamte Abschnitt muß nun als ein wirres Geflecht aus mangelnder Konsequenz und Zusammenhangslosigkeit erscheinen. ›Alle Erfahrungen in diesem Bereich‹ belegen denn mitnichten, daß es bei ›Ertrunkenen sechs bis zehn Tage dauert, bis der Verwesungsprozeß weit genug fortgeschritten ist, um sie wieder an die Wasseroberfläche zu bringen‹. Sowohl Wissenschaft als auch Erfahrung zeigen vielmehr, daß der Zeitpunkt des Heraufkommens unbestimmt ist und notwendigerweise sein muß. Wenn überdies ein Körper durch Abfeuern einer Kanone an die Oberfläche gestiegen ist, so sinkt er keineswegs wieder, ›wenn man nicht auf ihn einwirkt‹, nicht eher jedenfalls, als die Zersetzung so weit fortgeschritten ist, daß sie es dem angesammelten Gase ermöglicht zu entweichen. Doch ich möchte Ihr Augenmerk auf die Unterscheidung lenken, die hier zwischen ›Ertrunkenen‹ und ›Leichen, die unmittelbar nach ihrem Ableben in das Wasser geworfen wurden‹ gemacht wird. Obschon der Schreiber den Unterschied ausdrücklich gelten läßt, ordnet er doch beides derselben Kategorie zu. Ich habe aufgezeigt, wie es dazu kommt, daß der Körper eines ertrinkenden Menschen spezifisch schwerer wird als sein Wasservolumen, und daß er überhaupt nicht untergehen würde, wäre nicht sein Kampf, bei dem er die Arme aus dem Wasser emporstreckt, und sein Atemringen unter der Oberfläche – ein Unterfangen, das nun auch noch Wasser in die Lungenräume dringen läßt, welche ursprünglich mit Luft angefüllt waren. Aber dieses Kämpfen und Atemringen entfällt ja naturgemäß bei ›Leichen, die unmittelbar nach ihrem Ableben in das Wasser geworfen wurden‹. Mithin würde in diesem Fall der Körper *grundsätzlich nicht untersinken* – eine Tatsache, die ›L'Etoile‹ ganz offensichtlich unbekannt ist. Erst wenn die Verwesung sehr weit fortgeschritten wäre – wenn sich das Fleisch bereits in starkem Maße von den Knochen gelöst hätte –, dann, und *erst dann* würde der Leichnam unserem Blick entschwinden.

»Und was haben wir nunmehr von der Argumentation zu halten, daß der gefundene Körper deswegen nicht Marie Rogêts sein könne, weil erst drei Tage verstrichen waren, als man den Körper im Wasser treibend vorfand? Als weiblicher Leichnam ist er, falls Ertrinken die Todesursache war, möglicherweise nie gesunken; beziehungsweise wenn er versank, hätte er durchaus innerhalb von vierundzwanzig Stunden oder weniger wieder erscheinen können. Doch kein Mensch nimmt an, sie sei ertrunken; und wenn sie also starb, ehe sie in den Fluß geworfen wurde, so hätte man sie praktisch jederzeit danach an der Wasseroberfläche treibend vorfinden können.

»›Aber‹, sagt nun ›L'Etoile‹, ›wenn der Körper in seinem verstümmelten Zustande bis Dienstag nacht am Ufer gelegen hätte, so würde man dort irgendeine Spur der Mörder finden.‹ Hier fällt es im ersten Augenblick schwer, die Absicht des Schreibers zu erkennen. Er meint etwas vorwegzunehmen, was seiner Vorstellung nach ein Einwand gegen seine Theorie wäre, nämlich: daß der Körper erst zwei Tage lang an Land gelegen habe und dort ziemlich rasch verwest sei – schneller, als wenn er im Wasser gewesen wäre. Man geht davon aus, daß er in diesem Falle immerhin bereits am Mittwoch an der Oberfläche hätte erscheinen *können* und daß dies einzig unter solchen Umständen möglich wäre. Der Schreiber hat es demgemäß nur zu eilig, aufzuzeigen, daß die Leiche nicht an Land gelegen habe; denn wäre dies der Fall gewesen, ›so würde man dort irgendeine Spur der Mörder finden‹. Ich nehme an, Ihr Lächeln gilt diesem *sequitur.* Sie können nicht begreifen, weshalb die bloße *Dauer der Anwesenheit* der Leiche am Ufer die Spuren der Mörder hätte vermehren sollen. Auch ich vermag dies nicht einzusehen.

›Und ferner ist es überaus unwahrscheinlich, daß Schurken, die einen Mord wie den hier hypothetisierten begangen haben, den Körper ohne jedes Gewicht, das ihn zum Sinken gebracht hätte, ins Wasser geworfen hätten, wo sich dergleichen Vorsichtsmaßnahmen doch ohne weiteres hätten treffen lassen.‹ Betrachten Sie doch einmal diese lachhafte Gedankenverwirrung! Niemand – nicht einmal ›L'Etoile‹ – bestreitet, daß an dem *gefundenen Körper ein* Mord begangen wurde. Zu augenfällig sind die Zeichen roher Gewalt. Nun hat unser Denker hier bloß die Absicht, aufzuzeigen, daß dieser Körper nicht der Maries sei. Er bemüßigt sich zu beweisen, daß *Marie* nicht ermordet wurde – nicht aber, daß die Leiche es nicht sei. Doch seine Beobachtung unterstützt nur den letzteren Punkt. Hier ist eine Leiche, an der keinerlei Senkgewicht befestigt wurde. Mörder, die sie hineinwarfen, hätten nicht versäumt, ein solches Gewicht an ihr anzubringen. Folglich wurde sie nicht von Mördern hineingestoßen. Dies ist alles, was bewiesen wird – wenn überhaupt etwas bewiesen wird. Die Frage nach der Identität wird nicht einmal angeschnitten, und ›L'Etoile‹ hat all die Anstrengungen nur unternommen, um wegzudiskutieren, was gerade einen Augenblick zuvor anerkannt wurde. ›Wir sind vollkommen überzeugt‹, ist da zu lesen, ›daß der gefundene Körper der einer ermordeten weiblichen Person ist.‹

»Dies ist übrigens nicht der einzige Fall, selbst in dieser Kategorie des Themas, wo unser Denker unwissentlich sich selbst widerlegt. Sein offenbares Anliegen, so habe ich bereits bemerkt, war darauf ausgerichtet, die Zeit, die zwischen Maries Verschwinden und der Entdeckung des Leichnams verstrich, soweit wie möglich zu reduzieren. Dennoch aber beruft er sich hartnäckig darauf, daß kein Mensch das Mädchen mehr sah, nachdem es das mütterliche Haus verlassen. ›Obgleich auch keinerlei Beweise vorzubringen sind, daß Marie Rogêt am Sonntag, dem 22. Juni, *nach* neun Uhr noch unter den Lebenden weilte ...‹ Da seine Argumentation offensichtlich einseitig ist, hätte er wenigstens diese Sache außer acht lassen sollen; denn hätte sich ergeben, daß doch jemand Marie nach ihrem Verschwinden – sagen wir am Montag oder Dienstag – gesehen hatte, so wäre dadurch das in Rede stehende Zeitintervall erheblich reduziert worden und damit, laut seiner eigenen Schlußfolgerung, auch die Wahrscheinlichkeit, daß die Leiche diejenige der *Grisette* sei. Nichtsdestoweniger ist es recht belustigend zu bemerken, daß ›L'Etoile‹ auf diesem Punkt beharrt, in der festen Überzeugung, er sei der allgemeinen Argumentation förderlich.

»Führen Sie sich nun nochmals den Abschnitt dieser These vor Augen, der sich auf die Identifizierung des Leichnams durch Beauvais bezieht. Was das *Haar* auf ihrem Arm betrifft, so ist ›L'Etoile‹ offensichtlich unredlich gewesen. M. Beauvais ist schließlich kein Idiot, er hätte also nie und nimmer bei der Identifizierung der Leiche lediglich vorbringen können, daß *Haare auf ihrem Arm* gewesen seien. Das trifft ja nun auf alle Arme zu. Die *Allgemeinheit* der Ausdrucksweise in ›L'Etoile‹ ist schlicht eine Verzerrung der Aussage des Zeugen. Er muß von irgendeiner *Besonderheit* gesprochen haben, die er an besagtem Haar fand. Dabei muß es sich um eine Besonderheit der Farbe, Menge, Länge oder Lage gehandelt haben.

»›Ihr Fuß‹, sagt das Journal, ›war klein – nun, das sind Tausende von Füßen. Ihr Strumpfband ist keinerlei Beweis – ebensowenig ihr Schuh, denn Schuhe und Strumpfbänder werden paketweise verkauft. Dasselbe darf man auch von den Blumen an ihrem Hute sagen. Eine Sache, auf welcher M. Beauvais hartnäckig besteht, ist, daß die Schließe an dem gefundenen Strumpfbande versetzt worden war, um es enger zu machen. Auch das besagt rein gar nichts, denn die meisten Frauen finden es schicklich, ein Paar Strumpfbänder mit nach Hause zu nehmen und sie dort den Gliedmaßen, die sie umschließen sollen, entsprechend anzupassen, anstatt sie gleich beim Kaufe im Laden anzuprobieren.‹ Hier fällt es wirklich schwer, sich vorzustellen, daß der Schreiber es ernst gemeint habe. Hätte M. Beauvais bei seiner Suche nach dem Körper Maries eine Leiche entdeckt, deren allgemeine Gestalt und Erscheinung dem vermißten Mädchen entsprach, so wäre er (von der Kleidungsfrage einmal abgesehen) durchaus berechtigt gewesen, zu dem Schluß zu kommen, seine Suche habe Erfolg gehabt. Wenn er nun zusätzlich zum Punkte der allgemeinen Gestalt und Form noch eine Eigentümlichkeit der Behaarung auf dem Arme fand, die er an der lebenden Marie bemerkt hatte, so mochte dies seine Meinung mit Fug noch bestärken; und das Wachsen solcher Gewißheit dürfte wohl im Verhältnis zur Eigentümlichkeit oder Ungewöhnlichkeit des Behaarungsindizes gestanden haben. Wenn nun die Füße Maries klein waren, und die der Leiche waren es auch, so wüchse die Wahrscheinlichkeit, daß der Körper derjenige Maries sei, nicht bloß in arithmetischem, sondern in geometrischem und akkumulativem Verhältnis. Fügen Sie all diesem noch Schuhe hinzu, wie Marie sie am Tage ihres Verschwindens bestätigtermaßen getragen, so vergrößern Sie – mögen diese Schuhe auch stets ›paketweise‹ verkauft werden – die Wahrscheinlichkeit bis zu einem an Gewißheit grenzenden Maße. Was an sich noch kein Identitätsbeweis wäre, wird durch sein Zusammenwirken mit anderen Kennzeichen im höchsten Grade beweiskräftig. Nun fehlt eigentlich nur noch, daß die Blumen vom Hute mit jenen übereinstimmen, die das vermißte Mädchen trug, und wir sind am Ende der Suche angelangt. Selbst wenn dies nur für *eine* Blume zuträfe, so wären wir am Ende unserer Suche angelangt – wie denn erst bei zweien, dreien oder gar noch mehr? Jede weitere vervielfacht die Beweissicherheit, *addiert* nicht nur Beweis zu Beweis, sondern multipliziert mit Hunderten und Tausenden. Lassen Sie uns nun an der Verstorbenen noch dieselben Strumpfbänder entdecken, wie sie die Lebende benutzte, so wäre es geradezu töricht, noch weiterzugehen. Doch diese Strumpfbänder wurden, so fand man, zum Versetzen der Schließe verengt, und zwar genau auf die Art, wie Marie die ihren verengt hatte, bevor sie das Haus verließ. Da wäre es doch schlichtweg Wahnsinn oder Heuchelei, noch länger zu zweifeln. Was ›L'Etoile‹ bezüglich dieser Verkürzung der Strumpfbänder sagt, nämlich daß es sich um eine ganz und gar nicht ungewöhnliche Methode handle, weist lediglich darauf hin, wie weit sich das Blatt in seinem Irrtum verstiegen hat. Die elastische Beschaffenheit des Strumpfbandes demonstriert für sich schon das *Ungewöhnliche* der Verkürzung. Was darauf ausgerichtet ist, sich selbst anzupassen, bedarf naturgemäß nur in den seltensten Fällen zusätzlicher Anpassung. Es muß im striktesten Sinne des Wortes ein Zufall gewesen sein, der Marie dazu nötigte, die beschriebene Verengung an ihren Strumpfbändern vorzunehmen. Sie allein schon hätten ihre

Identität ausreichend erwiesen. Nun ist es aber beileibe nicht so, daß man nur die Strumpfbänder des vermißten Mädchens an der Leiche fand oder ihre Schuhe, oder ihren Hut, oder die Blumen an demselben, oder die Form ihrer Füße, oder ein besonderes Merkmal an ihrem Arm, oder ihre allgemeine Gestalt und Erscheinung – es steht vielmehr so, daß die Leiche diese Erkennungszeichen *alle zusammen* aufwies. Könnte man wirklich annehmen, daß der Herausgeber von ›L'Etoile‹ nach all diesen Beweisen noch immer Zweifel hegte, so bedürfte es in seinem Falle gewiß nicht noch einer Kommission *de lunatico inquirendo*. Er betrachtete es als besonders scharfsinnig, das Geschwätz der Advokaten nachzuahmen, die sich meisthin damit begnügen, die steifen Vorschriften der Gerichte nachzuplappern. Ich möchte bei dieser Gelegenheit doch bemerken, daß vieles von dem, was ein Gericht als Beweis ablehnt, für den Intellekt den allerbesten Beweis darstellt. Denn das Gericht, das sich bei der Beweisführung nach den allgemeinen Grundsätzen richtet – den anerkannten und schwarz auf weiß *verbuchten* Prinzipien –, ist wenig geeignet, bei besonderen Anlässen von diesen Grundsätzen abzuweichen. Und das unerschütterliche Festhalten am Prinzip, verbunden mit rigoroser Mißachtung der von diesem abweichenden Ausnahme, ist ja wohl ein sicherer Weg, bei der Wahrheitsfindung das größtmögliche Maß zu erreichen – zumal auf lange Sicht. *En masse* hat die Praxis mithin durchaus etwas wissenschaftlich Kluges für sich; doch nicht minder gewiß ist, daß im individuellen Falle ungeheure Irrtümer aus ihr erwachsen.[16]

»Bezüglich der auf Beauvais gerichteten Anschuldigungen werden Sie wohl bereit sein, sie in einem Atemzug abzuweisen. Sie haben bereits den Charakter des guten Mannes erkundet. Er ist ein *Wichtigtuer,* dem allerlei romantische Schimären, aber wenig sinnvolle Ideen im Kopf umherschwirren. Wer so veranlagt ist, wird sich bei Gelegenheit einer wirklichen Aufregung leicht so benehmen, daß er sich in den Augen des Übergenauen oder Übelgesinnten selbst in Verdacht bringt. M. Beauvais hatte (wie aus Ihren Notizen hervorgeht) einige persönliche Unterredungen mit dem Herausgeber von ›L'Etoile‹ und erzürnte diesen, indem er die Meinung zu äußern wagte, der gefundene Leichnam sei – ungeachtet der Theorie des Herausgebers – schlicht der Maries. ›Hartnäckig bleibt er bei seiner Behauptung‹, so das Blatt, ›der Leichnam sei derjenige Maries, ohne jedoch – von den Einzelheiten, die wir kommentierten, einmal abgesehen – auch nur einen Umstand nennen zu können, der andere überzeugen könnte.‹ Ohne daß wir wieder auf die Tatsache zurückkommen möchten, daß sich ein prägnanterer Beweis, ›der andere überzeugen könnte‹, überhaupt nicht hätte anführen lassen, sei doch immerhin bemerkt, daß es sehr wohl verständlich wäre, wenn ein Mann in einem Falle dieser Art von etwas fest überzeugt wäre, ohne dabei imstande zu sein, auch nur einen einzigen, für eine andere Partei verbindlichen Grund für seine Überzeugung vorzubringen. Nichts ist unbestimmter als die Eindrücke, mit denen sich individuelle Identität verbindet. Jedermann erkennt seinen Nachbarn wieder, doch trifft es sich selten, daß einer dann auch in der Lage ist, *einen Grund* für dieses Erkennen anzugeben. Der Herausgeber von ›L'Etoile‹ hatte keinerlei Recht, sich über M. Beauvais' unbegründete Überzeugung zu ereifern.

»Die verdächtigen Umstände, mit denen dem guten Mann so zugesetzt wird, passen – so wird man finden – weit besser zu meiner Hypothese, daß wir es hier mit einem etwas *wirren Wichtigtuer* zu tun haben, denn zu den Anschuldigungen unseres Denkers in der Redaktion. Machen wir uns einmal die nachsichtigere Interpretation zu eigen, so wird es uns kaum schwerfallen zu verstehen, was es mit der Rose im Schlüsselloch auf sich hatte; dem Namen ›Marie‹ auf der Tafel; der Behauptung, er habe ›die männlichen Verwandten auf höchst merkwürdige Weise aus dem Weg zu drängen gewußt‹; seinem Widerstreben, ›den Verwandten einen letzten Blick auf den Leichnam zu gestatten‹; seiner Warnung gegenüber der Madame B—, sich mit den erwarteten *Gendarmes* auf keinerlei Unterhaltung einzulassen, bis er, Beauvais, zurückkehre; und endlich seinem offenbaren Entschluß, ›niemand außer ihm solle mit den Vorgängen das mindeste zu schaffen haben‹. Es scheint mir außer Frage zu stehen, daß auch Beauvais Marie umwarb; daß sie mit ihm kokettierte; und daß er ehrgeizig bestrebt war, als ihr ganz intimer Freund und Vertrauter zu gelten. Ich werde zu diesem Punkte nichts weiter sagen; und da das vorliegende Beweismaterial die Behauptung von ›L'Etoile‹ bezüglich der *Gleichgültigkeit* auf seiten der Mutter und der anderen Verwandten voll widerlegt – einer Gleichgültigkeit, die unvereinbar wäre mit ihrer angenommenen Überzeugung, daß der Leichnam der des Parfümerie-Mädchens sei –, werden wir nunmehr fortschreiten, ganz als sei die Frage der Identität zu unserer vollkommensten Zufriedenheit geklärt.«

»Und was«, fragte ich an dieser Stelle, »halten Sie von den Ansichten des ›Le Commerciel‹?«

»Daß sie im wesentlichen mehr Beachtung verdienen als alles, was sonst zu dem Thema verbreitet worden ist. Die aus den Prämissen hergeleiteten Schlüsse sind wissenschaftlich einwandfrei und scharfsinnig; freilich gründen sich die Prämissen in mindestens zwei Fällen auf unzureichende Beobachtung. ›Le Commerciel‹ möchte vermitteln, Marie sei nicht weit vom Hause ihrer Mutter von irgendeiner Bande schändlicher Raufbolde aufgegriffen worden. ›Es ist unmöglich, daß eine Person, die Tausenden so wohlbekannt war wie diese junge Frau, durch ganze drei Stadtteile gegangen sein soll, ohne daß sie auch nur ein Mensch gesehen hätte.‹ Das ist der Gedanke eines Mannes, der seit langem in Paris ansässig ist – der im öffentlichen Leben steht – und dessen Stadtgänge sich zumeist auf die Bezirke der öffentlichen Gebäude beschränken. Ihm ist bewußt, daß er selten von seinem eigenen Bureau aus auch nur ein Dutzend Häuserblocks gehen kann, ohne erkannt und angesprochen zu werden. Und da er um die ungefähre Anzahl seiner Bekannten weiß, vergleicht er sein Bekanntsein mit dem des Parfümerie-Mädchens, findet keinen besonderen Unterschied und gelangt alsbald zu dem Schlusse, daß sie bei ihren Gängen im gleichen Maße auf Bekannte hätte treffen müssen wie er bei den seinen. Dies könnte aber nur dann der Fall sein, wenn ihre Gänge von demselben unveränderlichen und methodischen Charakter gewesen wären und durch die nämliche durchaus begrenzte Gegend geführt hätten wie seine eigenen. Er macht seine Wege in regelmäßigen Abständen innerhalb eines ganz unbestimmten Umkreises, und dabei mangelt es ihm nicht an Begegnungen mit Leuten, die schon um des gemeinsamen Interesses willen, welches seine und ihre Beschäftigungen mit sich bringen, seiner Person Beachtung schenken. Die Gänge Maries aber dürften im allgemeinen doch unberechenbarer gewesen sein. In diesem besonderen Falle kann es als im höchsten Maße wahrscheinlich betrachtet werden, daß sie erst recht einen Weg wählte, der noch weiter als durchschnittlich von dem ihr gewohnten abwich. Die Parallele, welche ›Le Commerciel‹ unseren Vorstellungen nach im Auge gehabt haben muß, ließe sich nur dann halten, wenn beide Personen die ganze Stadt durchquert hätten. In diesem Fall, und unter der zusätzlichen Voraussetzung, daß beider Bekanntenkreis gleich groß wäre, könnte man auch davon ausgehen, daß beide dieselbe Anzahl von Begegnungen hätten. Ich für meinen Teil halte es nicht nur für möglich, sondern schon für mehr als wahrscheinlich, daß Marie – und zwar zu jeder beliebigen Zeit – einen der vielen Wege zwischen ihrer eigenen Wohnung und der ihrer Tante zurückgelegt haben kann, ohne auch nur einen einzigen Menschen zu treffen, den sie kannte oder dem sie bekannt war. Wollen wir diese Frage im vollen und rechten Lichte sehen, so müssen wir uns nachhaltig vor Augen halten, welch großes Mißverhältnis besteht zwischen den persönlichen Bekannten selbst der berühmtesten Persönlichkeiten in Paris und der Pariser Gesamtbevölkerung.

»Doch wieviel Beweiskraft das Argument des ›Commerciel‹ auch immer noch entwikkeln mag, entschieden geschwächt wird es doch, wenn wir *die Stunde* in Betracht ziehen, da Marie das Haus verließ. ›Auch ging sie zu einer Zeit aus‹, sagt ›Le Commerciel‹, ›da die Straßen voller Menschen waren‹. Aber mitnichten! Es war neun Uhr morgens. Nun sind die Straßen an jedem Tage der *Woche außer am Sonntag* um neun Uhr morgens ein einziges Menschengewimmel – das ist wohl war. Aber am Sonntag um neun Uhr befindet sich die Bevölkerung in den Häusern und *bereitet sich auf den Kirchgang vor.* Keinem seine Umgebung mit wachen Augen betrachtenden Menschen kann es entgangen sein, wie verlassen die Stadt an jedem Sonntag von etwa acht bis zehn Uhr morgens daliegt. Zwischen zehn und elf wimmeln die Straßen dann wieder, aber zur genannten frühen Stunde sind sie leer.

»Es gibt aber noch einen weiteren Punkt, wo von seiten des ›Commerciel‹ mangelhafte Beobachtung vorzuliegen scheint. ›Aus einem der Unterröcke des unglücklichen Mädchens‹, so heißt es da, ›wurde ein Stück von zwei Fuß Länge und einem Fuß Breite herausgerissen und ihr um Kinn und Hinterkopf gebunden, vermutlich um sie am Schreien zu hindern. Das konnten nur Kerle tun, die kein Taschentuch besaßen.‹ Ob diese Idee begründet ist oder nicht, werden wir hernach herauszufinden uns bemühen; für den Augenblick wollen wir nur festhalten, daß der Herausgeber bei dem Ausdruck ›Kerle, die kein Taschentuch besaßen‹ offensichtlich an die niedrigste Gattung von Lumpen dachte. Nun sind aber gerade dies die Leute, bei denen man stets Taschentücher finden wird, selbst wenn sie nicht einmal ein Hemd am Leib haben. Sie müssen doch selbst schon Gelegenheit gehabt haben zu bemerken, wie absolut unentbehrlich dem eingefleischten Vagabunden in den letzten Jahren das Taschentuch geworden ist.«

»Und was sollen wir von dem Artikel in ›Le Soleil‹ halten?« fragte ich.

»Daß es ein wahrer Jammer ist, daß sein Verfasser nicht als Papagei geboren wurde – in welchem Falle er das berühmteste Exemplar seiner Art gewesen wäre. Er hat einfach nur die individuellen Einzelheiten der bereits veröffentlichten Meinung nachgeplappert, indem er sie mit lobenswertem Fleiß aus diesem Blatte und jenem zusammenklaubte. ›Die Gegenstände haben ganz augenscheinlich mindestens drei oder vier Wochen dort gelegen ...‹, sagt er, und weiterhin: ›Es gibt daher *keinen Zweifel,* daß man den Ort des entsetzlichen Verbrechens entdeckt hat.‹ Die Tatsachen, die ›Le Soleil‹ hier wiederholt, sind allerdings weit davon entfernt, meine Zweifel in dieser Sache zu zerstreuen, und wir wollen sie anschließend in Verbindung mit einer anderen Komponente des Themas einer genaueren Untersuchung unterziehen.

»Gegenwärtig haben wir uns mit anderen Fragen zu befassen. Es kann Ihnen nicht entgangen sein, mit welcher extremen Nachlässigkeit der Leichnam examiniert wurde. Gewiß, die Frage der Identität war schnell entschieden – oder hätte es doch zumindest sein sollen; aber es gab ja noch andere Punkte zu ermitteln. War der Körper in irgendwelcher Hinsicht *beraubt* worden? Hatte die Verstorbene irgendwelche Schmuckgegenstände getragen, als sie das Haus verließ? Und wenn ja, waren diese noch vorhanden, als man die Leiche fand? Das sind doch wichtige Fragen, die von der Beweisaufnahme überhaupt nicht berührt wurden; und es gibt noch andere von ähnlicher Bedeutung, denen man bislang keinerlei Beachtung schenkte. Wir müssen uns bemühen, hier unsere eigenen Untersuchungen anzustellen. Auch der Fall von St. Eustache muß erneut betrachtet werden. Ich habe diesen Menschen zwar nicht in Verdacht, doch wollen wir ganz methodisch vorgehen. Wir werden also nachprüfen, ob sich die eidesstattlichen Aussagen, die er bezüglich seines Aufenthalts am Sonntag tat, über jeden Zweifel hinaus erhärten lassen. Aussagen dieser Art enthalten nur zu oft eine absichtliche Irreführung. Sollte daran jedoch alles in Ordnung sein, so kann St. Eustache aus unseren Nachforschungen ausscheiden. Sein Selbstmord ist – so sehr er auch den Verdacht unterstreichen würde, fänden sich Unwahrheiten in seiner Aussage – ohne solche Unwahrheiten in keiner Weise rätselhaft, noch müßte er uns veranlassen, von der geraden Linie unserer Analyse abzuweichen.

»Im folgenden wollen wir nun, so schlage ich vor, den zentralen Bereich der Tragödie verlassen und unsere Aufmerksamkeit auf ihre Randbereiche lenken. Es ist nicht der geringste Fehler bei Untersuchungen wie dieser, daß man sie allzu ausschließlich auf das Unmittelbare und Nächstliegende richtet unter gänzlicher Mißachtung der Nebenumstände. Es ist die üble Praxis der Gerichte, Beweisführung und Verhör streng im Rahmen dessen zu halten, was dem Anschein nach unmittelbare Relevanz besitzt. Doch die Erfahrung hat gezeigt, und wahre Philosophie wird es stets beweisen, daß ein großer, vielleicht der überwiegende Teil der Wahrheit aus dem scheinbar Irrelevanten gewonnen wird. Im Geiste, wenn nicht gar nach dem Buchstaben dieses Prinzips, hat sich die moderne Wissenschaft entschlossen, *mit dem Unvorhergesehenen zu rechnen.* Aber vielleicht verstehen Sie mich nicht. Die Geschichte des menschlichen Wissens hat so lückenlos gezeigt, daß wir gerade den nebensächlichen, zufällig anfallenden Ereignissen die allermeisten und wertvollsten Entdeckungen verdanken, daß es schließlich schlicht zur Notwendigkeit wurde, für die Zukunft hieraus einen Nutzen zu ziehen und Erfindungen, die aus dem Ungefähr kommen können und außerhalb des Bereichs gewöhnlicher Erwartung liegen, die breiteste Berücksichtigung zu schenken. Es ist nicht mehr philosophisch, das zugrunde zu legen, was vom Sichtvermögen einer früheren Zeit begrenzt wurde. Der Zufall ist als ein Teil des Unterbaus anerkannt worden. Wir machen ihn zum Gegenstand absoluter Berechnung. Wir unterwerfen das Unvorhergesehene und das Ungeahnte den mathematischen Formeln der Wissenschaft.

»Ich wiederhole – es ist schon mehr als eine Tatsache, daß der überwiegende Teil aller Wahrheit aus den Nebensächlichkeiten gewonnen worden ist; und es geschieht nur in Übereinstimmung mit dem Geiste des in dieser Tatsache enthaltenen Prinzips, daß ich im gegenwärtigen Falle von dem abgetretenen und bislang unfruchtbaren Boden des Ereignisses selbst zu den zeitgleichen Umständen überwechsle, die es umgeben. Während nun Sie sich um die Überprüfung der Zeugenaussagen kümmern, werde ich mir noch einmal die Zeitungen vornehmen, und zwar in einer etwas allgemeineren Manier, als Sie es taten. Bisher haben wir nur das Feld unserer Nachforschungen erkundet, doch müßte es wirklich sonderbar zugehen, würde uns nicht eine umfassende Durchsicht der öffentlichen Blätter, wie ich sie vorhabe, doch noch auf einige winzige Details bringen, welche unserem Forschen nun auch eine *Richtung* weisen könnten.«

Dupins Anregungen folgend, machte ich mich an eine gewissenhafte Überprüfung der Zeugenaussagen. Das Ergebnis war die feste Überzeugung, daß sie stichhaltig seien und daß man folglich St. Eustache zu Unrecht im Verdacht gehabt habe. Inzwischen beschäftigte mein Freund sich mit der Durchsicht der verschiedenen Zeitungen, und zwar mit einer, so wollte mir scheinen, ganz und gar ziellosen Genauigkeit. Nachdem darüber eine Woche vergangen war, legte er mir die folgenden Auszüge vor:

»Vor etwa dreieinhalb Jahren entstand durch das Verschwinden derselben Marie Rogêt aus der Parfümerie von Monsieur Le Blanc im Palais Royal schon einmal einige Verwirrung, die mit der gegenwärtigen viel Ähnlichkeit hat. Nach Ablauf einer Woche jedoch erschien das Mädchen wieder an seinem gewohnten *Comptoir,* so wohl wie immer, mit Ausnahme einer leichten Blässe, die man bislang an ihr nicht gekannt hatte. Monsieur Le Blanc und die Mutter gaben die Auskunft, sie sei lediglich bei einer Freundin auf dem Lande zu Besuch gewesen; und die ganze Angelegenheit wurde eilends vertuscht. Wir gehen davon aus, daß die gegenwärtige Abwesenheit des Mädchens einen mutwilligen Streich der nämlichen Natur darstellt und daß wir Marie nach Ablauf einer Woche oder vielleicht eines Monats wieder unter uns haben werden.« – *»Abendblatt«,* Montag, 23. Juni.[17]

»Eine Abendzeitung vom gestrigen Tage nimmt Bezug auf ein früheres geheimnisvolles Verschwinden von Mademoiselle Rogêt. Es ist nun wohlbekannt, daß diese während der Woche ihrer Abwesenheit von Le Blancs Parfümerie in Gesellschaft eines jungen Marineoffiziers war, der für seinen liederlichen Lebenswandel hinreichend bekannt ist. Ein Streit, so wird vermutet, führte, eine glückliche Fügung des Schicksals, zu ihrer Rückkehr nach Hause. Wir haben den Namen des in Rede stehenden Lothario, der gegenwärtig in Paris stationiert ist, sehen aber aus naheliegenden Gründen davon ab, denselben öffentlich zu nennen.« – *»Le Mercure«,* Dienstag morgen, 24. Juni.[18]

»Eine Gewalttat von entsetzlichstem Charakter wurde vorgestern in der Nähe unserer Stadt verübt. Ein Herr, welcher sich in Begleitung von Frau und Tochter befand, erbat in der Dämmerung die Dienste von sechs jungen Männern, die müßig in Ufernähe auf der Seine umherruderten, und ließ sich von ihnen über den Fluß verbringen. Als sie die gegenüberliegende Seite erreicht hatten, stiegen die drei Passagiere aus, und eben hatten sie sich so weit entfernt, daß sie das Boot nicht mehr sahen, als die Tochter entdeckte, daß sie ihren Sonnenschirm darin zurückgelassen hatte. Sie kehrte um, ward von der Bande ergriffen, hinaus auf den Strom geschafft, geknebelt, auf brutalste Weise mißhandelt und schließlich nicht weit von der Stelle, an der sie zuerst mit ihren Eltern das Boot betreten hatte, an Land gesetzt. Die Schurken sind noch nicht gefaßt worden, doch ist die Polizei ihnen auf der Spur, und einige von ihnen werden bald ergriffen werden.« – »*Morgenblatt*«, 25. Juni.[19]

»Wir haben ein oder zwei Nachrichten empfangen, welche darauf abzielen, die Schuld an dem jüngst begangenen Verbrechen Mennais[20] zuzuschreiben; da dieser Herr bei der gerichtlichen Untersuchung aber voll entlastet wurde und die Argumente unserer verschiedenen Korrespondenten mehr Eifer als Denkschärfe bezeugen, halten wir es nicht für angebracht, sie publik zu machen.« – »*Morgenblatt*«, 28. Juni.[21]

»Uns wurden mehrere in recht forschem Ton gehaltene schriftliche Mitteilungen zugespielt, die offenbar von verschiedenen Quellen stammen und so weit gehen, es als sichere Tatsache darzustellen, daß die unglückliche Marie Rogêt das Opfer einer der zahllosen Gesindelbanden geworden sei, welche an Sonntagen die Umgebung der Stadt unsicher machen. Unsere eigene Meinung ist entschieden für diese Annahme. Wir werden bemüht sein, einigen dieser Argumente demnächst in unseren Spalten Raum zu geben.« – »*Abendblatt*«, Dienstag, 31. Juni.[22]

»Am Montag sah ein im Dienste der Zollbehörden stehender Bootsknecht ein leeres Boot die Seine hinabtreiben. Die Segel lagen innen auf dem Boden. Der Schiffer bugsierte es zur Bootsabfertigung. Dort war es jedoch am nächsten Morgen verschwunden, ohne daß einer der Beamten etwas bemerkt hätte. Das Steuerruder befindet sich gegenwärtig noch auf dem Bootsamte.« – »*Le Diligence*«, Donnerstag, 26. Juni.[23]

Beim Lesen dieser verschiedenen Auszüge schien mir ihr Inhalt nicht nur irrelevant, sondern ich vermochte auch keinerlei Zusammenhänge zu erkennen, welche sich zu dem uns gegenwärtig beschäftigenden Fall hätten erstellen lassen. So wartete ich, daß mir Dupin einige Erklärungen geben würde.

»Es ist im Augenblick nicht meine Absicht«, sagte er, »mich bei dem ersten und zweiten dieser Auszüge aufzuhalten. Ich habe sie uns hauptsächlich deshalb aufgeschrieben, um Ihnen die außerordentliche Nachlässigkeit der Polizei vor Augen zu führen, die – soweit ich den Präfekten recht verstanden habe – in keinster Weise irgendwelche Anstrengungen unternommen hat, den hier erwähnten Marineoffizier einmal ins Verhör zu nehmen. Doch ist es schiere Narretei zu sagen, es könne zwischen dem ersten und dem zweiten Verschwinden Maries keine *vermutbare* Verbindung bestehen. Nehmen wir nun einmal an, das erste Fortlaufen habe mit einem Streit zwischen den Liebenden geendet und mit der Heimkehr des verführten Mädchens. Wir sind jetzt vorbereitet, hinter einem zweiten Fortlaufen (falls wir sicher annehmen können, daß es sich darum gehandelt hat) eher eine neuerliche Annäherung des Verführers zu vermuten als etwa den Antrag eines zweiten Mannes – wir sind vorbereitet, darin eher ein Wiederaufflackern der alten *Amour* zu erblicken als den Beginn einer neuen. Die Chancen stehen zehn zu eins, daß der Mann, der schon einmal mit Marie auf und davon ging, ihr dasselbe ein zweitesmal vorschlug – das ist wesentlich wahrscheinlicher, als daß etwa ihr, die schon einmal einem solchen Vorschlage folgte, nun von einem anderen Manne dasselbe angetragen ward. Und lassen Sie mich hier Ihre Aufmerksamkeit auf die Tatsache lenken, daß die Zeit, die zwischen dem ersten erwiesenen und dem zweiten mutmaßlichen Fortlaufen verstrich, gerade ein paar wenige Monate mehr beträgt als die allgemeine Dauer der Kreuzfahrten unserer Marinesoldaten. Hatte den Liebhaber bei seiner ersten Schurkentat vielleicht die Notwendigkeit zur Unterbrechung gezwungen, auf Fahrt zu gehen, und hat er dann nach der Rückkehr gleich die erste Gelegenheit ergriffen, die niedrigen Absichten erneut zu verfolgen, welche noch nicht – oder doch zumindest nicht *durch ihn* – in die Tat umgesetzt worden waren? Von all diesen Dingen wissen wir nichts.

»Sie werden nun freilich sagen, im zweiten Falle handele es sich ja nun nicht um ein

Fortlaufen, wie wir es uns vorstellen. Gewiß, das ist wohl wahr – doch dürfen wir sagen, es habe auch die – lediglich vereitelte – Absicht nicht bestanden? Neben St. Eustache und allenfalls noch Beauvais finden wir keine anerkannten, keine offenen, keine achtbaren Verehrer Maries. Von keinem anderen ist je die Rede. Wer aber ist dann der heimliche Liebhaber, von dem die Verwandten *(zumindest die meisten von ihnen)* so gar nichts wissen, den aber Marie am Morgen des Sonntags trifft und der ihr Vertrauen in derartigem Maße genießt, daß sie nicht zögert, mitten im einsam gelegenen Gehölz der Barrière du Roule bei ihm zu bleiben, bis die Schatten des Abends herniedersteigen? Wer ist jener heimliche Liebhaber, frage ich also, von dem zumindest *die meisten* Verwandten nichts wissen? Und was bedeutet die merkwürdige Prophezeiung, die Madame Rogêt am Morgen von Maries Fortgehen machte – ›Ich fürchte, ich werde Marie wohl niemals wiedersehen‹?

»Doch wenn wir uns schon nicht vorstellen können, daß Madame Rogêt in den Plan ihrer Tochter eingeweiht war, dürfen wir nicht zumindest vermuten, daß ein solcher Plan auf seiten des Mädchens bestand? Als sie das Haus verließ, gab sie zu verstehen, daß sie ihre Tante in der Rue des Drômes besuchen wolle, und St. Eustache ward gebeten, sich dort bei Einbruch der Dunkelheit einzufinden. Nun spricht diese Tatsache auf den ersten Blick strikt gegen meine Deutung – doch lassen Sie uns einmal nachdenken. Daß sie sich *tatsächlich* mit irgendeinem Begleiter traf, mit ihm über den Fluß setzte und erst spät, nämlich um drei Uhr nachmittags, die Barrière du Roule erreichte, ist bekannt. Doch indem sie sich solcherart dazu bereit erklärte, diesen Menschen zu begleiten (mit welcher Absicht auch immer, ob nun ihre Mutter davon wußte oder nicht), mußte sie doch daran gedacht haben, welches Vorhaben sie beim Verlassen des Hauses angegeben hatte und wie sich folglich Überraschung und Argwohn im Herzen ihres anverlobten Verehrers St. Eustache regen würden, wenn er mit der Intention, sie abzuholen, zur vereinbarten Stunde in der Rue des Drômes erscheinen und finden würde, daß sie nicht dort gewesen sei, und wenn er überdies mit seiner beunruhigenden Kunde zur Pension zurückkehrte und feststellen mußte, daß sie dort noch nicht erschienen sei. Sie muß dies alles doch bedacht haben, meine ich. Sie muß den Kummer St. Eustaches, den Argwohn aller anderen vorausgesehen haben. Es konnte ihr doch nicht daran gelegen sein, bei ihrer Rückkehr diesem Argwohn begegnen zu müssen; freilich wird ebendieser Argwohn sogleich zum Punkt geringfügigster Bedeutung für sie, wenn wir voraussetzen, daß sie keineswegs beabsichtigte zurückzukehren.

»Wir dürfen uns wohl vorstellen, daß ihre Gedanken folgendermaßen waren: ›Ich soll mit einem gewissen Manne zusammentreffen, um mit ihm auf und davon zu gehen, oder aus anderen Gründen, die nur mir bekannt sind. Es ist notwendig, daß keine Möglichkeit bleibt, uns darin zu stören – wir brauchen genügend Zeit, um etwaiger Verfolgung zu entkommen –, ich werde also zu verstehen geben, daß ich meine Tante in der Rue des Drômes zu besuchen und bei ihr den Tag zu verbringen beabsichtige – ich werde St. Eustache anweisen, mich nicht vor der Dunkelheit abzuholen –, auf diese Weise erklärt sich meine Abwesenheit von zu Hause für die längstmögliche Zeit, ohne Argwohn oder Unruhe zu wecken, und ich gewinne mehr Spielraum, als dies durch irgendeinen Vorwand möglich wäre. Wenn ich St. Eustache bitte, mich bei Dunkelheit abzuholen, wird er mit Sicherheit nicht früher erscheinen; doch wenn ich es ganz unterlasse, ihn darum zu bitten, so verringert sich die Zeit, die mir zum Entkommen bleibt, denn man wird erwarten, daß ich früher heimkomme, und durch mein Ausbleiben in Unruhe geraten. Wenn es nun überhaupt meine Absicht wäre zurückzukehren – wenn ich nichts weiter im Sinn hätte, als mit dem in Rede stehenden Manne ein wenig umherzuspazieren –, so wäre die Bitte an St. Eustache, mich abzuholen, nicht gerade klug von mir; denn wenn er dann erscheint, muß er ja feststellen, daß ich ein falsches Spiel mit ihm getrieben habe – eine Tatsache, über die ich ihn vielleicht auf immer in Unwissenheit halten kann, wenn ich das Haus verlasse, ohne ihm meine Absichten mitzuteilen, wenn es mir denn gelänge, vor Mitternacht zurückzukehren, und wenn ich dann erst angebe, ich sei bei meiner Tante in der Rue des Drômes zu Besuch gewesen. Doch da es nun meine Absicht ist, überhaupt nicht zurückzukehren – oder jedenfalls für einige Wochen nicht – zumindest nicht, ehe gewisse Heimlichkeiten stattgefunden haben –, ist der Zeitgewinn der einzige Punkt, dem ich jetzt noch Beachtung schenken muß.‹

»Sie haben anhand der Notizen bemerkt, daß die allgemeine Auffassung bezüglich dieser traurigen Angelegenheit von Anfang an dahin ging, das Mädchen sei das Opfer einer Bande von Strolchen gewesen. Nun ist aber die Volksmeinung unter gewissen Bedingungen nicht zu verachten. Wenn sie aus sich selbst heraus entsteht – sich in ganz spontaner Weise manifestiert –, dürfen wir darin ein Analogon zu jener *Intuition* sehen, welche die Idiosynkrasie des genialen Individuums darstellt. In neunundneunzig von hundert Fällen würde ich mich an ihre Entscheidung halten. Doch ist dabei zu bedenken, daß wir keinerlei deutliche Spuren von *Suggestion* feststellen. Die betreffende Meinung muß ganz und gar in der Öffentlichkeit gewachsen sein; den Unterschied zu erkennen und darzustellen ist oftmals überaus schwierig. Im vorliegenden Falle scheint es mir, daß diese ›öffentliche Meinung‹ bezüglich einer *Bande* doch beeinflußt worden ist von dem ganz nebensächlichen Vorfall, dessen Beschreibung sich im dritten meiner Auszüge findet. Ganz Paris ist in Aufregung, weil man den Leichnam Maries entdeckt hat, eines jungen, schönen und stadtbekannten Mädchens. Dieser Leichnam wurde im Flusse treibend aufgefunden und wies Anzeichen von Gewalt auf. Nun wird der Öffentlichkeit aber zur gleichen – oder doch etwa zur gleichen – Zeit, wo der Mord an dem Mädchen stattgefunden hat, bekanntgegeben, daß eine weitere Gewalttat, ihrer Art, wenn auch nicht ihrem Ausmaß nach derjenigen ähnlich, welcher die Verstorbene zum Opfer fiel, von einer Bande junger Strolche an einem zweiten Mädchen begangen worden sei. Ist es da verwunderlich, daß die eine bekanntgewordene Untat das Volksurteil über die andere, noch ungeklärte, mit beeinflußte? Dieses Urteil suchte nach Orientierung, und die bekannte Schandtat schien eine solche doch so passend zu bieten! Marie wurde gleichfalls im Flusse gefunden; und wurde nicht eben an diesem Flusse auch die andere Tat begangen? Die Verbindung zwischen den beiden Ereignissen hatte so viel scheinbare Eindeutigkeit an sich, daß es wahrhaft verwunderlich wäre, wenn die Bevölkerung es unterlassen hätte, dieselbe zu erkennen und sich daran zu halten. In Wirklichkeit freilich ist die Tatsache, daß jenes erste Verbrechen auf diese bestimmte Weise begangen wurde, wenn überhaupt ein Beweis, dann dafür, daß das andere, welches nahezu um die gleiche Zeit stattfand, auf die nämliche Weise *nicht* hat begangen werden können. Es wäre ja wirklich ein Wunder gewesen, sollte es, während eine Bande von Strolchen an einem ganz bestimmten Orte eine höchst unerhörte Freveltat beging, noch eine weitere, ähnliche Bande gegeben haben an ähnlichem Orte, in derselben Stadt, unter denselben Umständen, mit denselben Mitteln, welche genau zur selben Zeit ein grauenhaftes Verbrechen genau derselben Art beging! Doch an was sonst kann uns die so sichtbar vom Zufall beeinflußte Meinung der Bevölkerung glauben lassen – wenn nicht eben eine solche höchst erstaunliche Koinzidenz?

»Bevor wir nun weitergehen, wollen wir uns doch noch dem angeblichen Schauplatz der Mordtat im Gehölz bei der Barrière du Roule widmen. Dieses Gehölz liegt, obgleich es dicht ist, in enger Nachbarschaft einer Landstraße. Drinnen fanden sich drei oder vier große Steine, die eine Art Sitz mit Lehne und Fußbank bildeten. Auf dem oberen Stein ward ein weißer Unterrock entdeckt; auf dem zweiten ein seidenes Umschlagtuch. Auch ein Sonnenschirm, Handschuhe und ein Taschentuch wurden hier gefunden. Das Taschentuch trug den Namen ›Marie Rogêt‹. Kleidungsfetzen wurden an den Brombeersträuchern rundum entdeckt. Der Boden war zertrampelt, die Zweige der Büsche abgeknickt, und alles deutet darauf hin, daß hier ein Kampf stattgefunden habe.

»Ungeachtet des Beifalls, mit dem die Entdeckung in dem Dickicht von der Presse aufgenommen wurde, und der Einmütigkeit, mit der man annahm, dieselbe bezeichne den wirklichen Schauplatz der Bluttat, muß doch zugegeben werden, daß es einen sehr guten Grund zum Zweifel gab. Daß es sich hier um den Tatort handle, mag ich glauben oder auch nicht

– doch zum Zweifel gab es in jedem Falle einen hervorragenden Grund. Hätte der *wahre* Schauplatz, wie ›Le Commerciel‹ vertrat, in der Nachbarschaft der Rue Pavée St. Andrée gelegen, so hätten die Täter – immer angenommen, daß sie noch in Paris weilten – naturgemäß einen Schrecken bekommen, als sie erkennen mußten, daß sich die öffentliche Aufmerksamkeit so scharfsinnig auf die rechte Fährte richtete; und bei gewissen Mentalitäten hätte sich alsbald der Gedanke eingestellt, daß nun einige Anstrengung notwendig sei, diese Aufmerksamkeit wieder abzulenken. Und da nun das Gehölz bei der Barrière du Roule ohnehin schon im Verdacht stand, mochte somit ganz natürlich der Plan gefaßt werden, die Gegenstände eben dort hinzulegen, wo man sie letztlich fand. Es gibt keinen Beweis, obgleich ›Le Commerciel‹ annimmt, daß diese Gegenstände länger als ein paar Tage in dem Dickicht gelegen hätten; wobei aus den Umständen doch recht deutlich hervorgeht, daß sie dort, ohne Aufmerksamkeit zu erregen, nicht die ganzen zwanzig Tage gelegen haben können, die zwischen jenem unglücklichen Sonntag und dem Nachtmittage, wo sie von den Knaben gefunden wurden, verstrichen. ›Sie waren durch Regeneinwirkung stark *vermodert*‹, sagt ›Le Soleil‹ und macht sich damit die Meinungen seiner Vorgänger zu eigen, ›und klebten zusammen. Das Gras war ringsum aufgesprossen und hatte einige der Sachen bereits überwuchert. Die Gewebefäden des robusten Seidenbezugs des Sonnenschirms waren innen bereits verfilzt. Der obere Teil, wo der Schirm zusammengeklappt und gefaltet worden war, erwies sich als gänzlich vermodert und verrottet und zerriß, als er geöffnet wurde.‹ Was nun das Gras angeht, welches ›ringsum aufgesprossen war und einige der Sachen bereits überwuchert‹ hatte, so steht fest, daß diese Tatsache einzig durch die Aussagen und damit durch das Gedächtnis zweier kleiner Knaben hat belegt werden können; denn diese Knaben nahmen die Gegenstände mit sich und brachten sie nach Hause, noch ehe sie von dritter Seite gesehen worden wären. Doch Gras wächst nun mal, besonders bei warmem und feuchtem Wetter (wie es zur Zeit des Mordes herrschte), seine zwei bis drei Zoll an einem einzigen Tag. Ein Sonnenschirm, der auf dem frischen Boden liegt, kann von dem aufsprießenden Gras durchaus innerhalb einer einzigen Woche vollständig dem Blick entzogen sein. Und nehmen wir nun noch den *Moder,* auf dem ›Le Soleil‹ derart hartnäckig besteht, daß das Wort in dem eben zitierten kurzen Abschnitt wiederholt verwendet wird – weiß der Verfasser denn wirklich nicht, worum es sich bei diesem *Moder* handelt? Muß man ihm erst sagen, daß es eine der vielen Sorten *Fungus* ist, deren üblichstes Merkmal darin besteht, daß er innerhalb von vierundzwanzig Stunden aufwuchert und wieder vergeht?

»So sehen wir denn auf einen Blick, daß alles, was höchst triumphierend zur Stützung des Einfalls vorgebracht wurde, die Gegenstände hätten ›ganz augenscheinlich mindestens drei oder vier Wochen dort gelegen‹, absolut gegenstandslos ist, sobald man nach tatsächlichen Beweisen fragt. Andererseits ist es überaus schwer zu glauben, die Gegenstände könnten in dem Dickicht länger als eine einzige Woche gelegen haben – länger als von einem Sonntag zum nächsten. Wer sich auch nur einigermaßen in der Umgebung von Paris auskennt, der weiß, wie außerordentlich schwierig es ist, dort *Abgeschiedenheit* zu finden, ohne sich recht weit von den Vororten zu entfernen. So etwas wie einen noch unerforschten oder auch nur selten frequentierten Winkel inmitten der Wälder und Wäldchen kann man sich ja nicht einen Augenblick mehr vorstellen. Lassen Sie doch einmal einen, der im Herzen ein Freund der Natur, von seiner Pflicht jedoch an den Staub und die Hitze dieser großen Metropole gekettet ist – lassen Sie also einen solchen einmal den Versuch machen, selbst während der Wochentage seinen Durst nach Einsamkeit inmitten der Schauspiele lieblicher Natur zu stillen, welche uns unmittelbar umgeben. Bei jedem zweiten Schritt wird er den aufkommenden Zauber von der Stimme und dem persönlichen Eindringen irgendeines Lümmels oder einer Gesellschaft zechender Strolche gestört finden. Noch unter dem dichtesten Blätterdach wird er die Einsamkeit vergeblich suchen. Hier gerade sind die Schlupfwinkel, wo sich das Gesindel am liebsten herumtreibt – hier sind die Tempel am meisten entweiht. Mit Ekel im Herzen wird der Wanderer zurückfliehen ins beschmutzte

Paris – als den weniger widerlichen, weil weniger widersinnigen Pfuhl der Verderbnis. Doch wenn die Umgegend der Stadt schon während der Arbeitstage der Woche so sehr belagert ist, wieviel mehr dann erst am Sonntag! Denn gerade dann sucht der Rabauke aus der Stadt, befreit von den Ansprüchen der Arbeit oder beraubt der gewöhnlichen Gelegenheiten zum Verbrechen, die Randgebiete auf, nicht etwa aus Liebe zum Ländlichen, denn das verachtet er aus tiefstem Herzen, sondern um den Zwängen und Konventionen der Gesellschaft zu entkommen. Er sehnt sich weniger nach der frischen Luft und den grünen Bäumen als nach der gänzlichen *Ungebundenheit* des Landes. Hier, in der Schenke an der Landstraße oder unter dem Blätterdach der Wälder, von keinerlei Blicken gehindert, es sei denn, denen seiner Trinkbrüder, gibt er sich all den wahnsinnigen Ausschweifungen einer falschen Fröhlichkeit hin – dem Ergebnis von Zügellosigkeit und Branntwein. Ich sage nur, was jedem leidenschaftslosen Beobachter einleuchten muß, wenn ich wiederhole, daß man den Umstand, daß die in Rede stehenden Gegenstände in *irgendeinem* Gehölz in der unmittelbaren Umgebung von Paris länger als von einem Sonntag zum anderen unentdeckt gelegen haben sollten, schlicht und einfach als Wunder betrachten müßte.

»Doch es gibt hinreichend Gründe für den Verdacht, daß die Gegenstände in dem Gehölz drapiert wurden, mit dem Zweck, die Aufmerksamkeit vom wirklichen Schauplatz der Untat abzulenken. Und nun erlauben Sie mir zuerst einmal den Hinweis auf das *Datum* der Entdeckung nämlicher Gegenstände. Vergleichen Sie dasselbe mit dem Datum des fünften Auszuges, den ich aus den Zeitungen entnahm. Sie werden finden, daß die Entdeckung fast unmittelbar auf jene dringenden Zuschriften folgte, welche dem Abendblatt zugingen. Diese Zuschriften zielten, obschon verschieden formuliert und augenscheinlich aus unterschiedlichen Quellen stammend, doch allesamt auf denselben Punkt – nämlich darauf, eine Bande für die Schandtat verantwortlich zu machen und die Aufmerksamkeit auf die Gegend der Barrière du Roule als Tatort zu lenken. Nun ist hier die Situation natürlich nicht die, daß die Gegenstände etwa infolge dieser Zuschriften oder infolge der von ihnen geweckten öffentlichen Aufmerksamkeit von den Knaben gefunden wurden, sondern es ist vielmehr zu argwöhnen, daß die Gegenstände nur deshalb nicht eher von den Knaben gefunden wurden, weil sie sich eben gar nicht in dem Dickicht befanden, sondern erst zu dem Zeitpunkt (oder etwas früher), da die Zuschriften bei der Zeitung eingingen, von den verbrecherischen Verfassern nämlicher Nachrichten dort hingelegt wurden.

»Dieses Gehölz war nun durchaus einzig in seiner Art. Es war ungewöhnlich dicht. Im Innern seiner von der Natur umwallten Abgeschiedenheit lagen drei außerordentliche Steine, *die eine Art Sitz mit Lehne und Fußbank bildeten.* Und dieses so kunstvolle Dickicht befand sich in unmittelbarer Nachbarschaft – *nur wenige Ruten entfernt* – der Wohnung der Madame Deluc, deren Knaben das Buschwerk ringsum auf der Suche nach Sassafrasrinde zu durchforsten pflegten. Wäre es denn übereilt, wenn ich wettete – und zwar eintausend zu eins –, daß für diese Jungen nie auch nur ein Tag verging, an dem sie sich nicht in der schattenreichen Halle versteckten und auf ihrem natürlichen Throne Platz nahmen? Wer gegenüber einer solchen Wette zögerte, ist entweder nie selbst ein Knabe gewesen, oder er hat die Natur des Jugendalters vergessen. Ich wiederhole – es ist überaus schwer begreiflich, daß die Gegenstände unbemerkt in dem Dickicht gelegen haben sollten; und es besteht Anlaß zu dem Verdacht – trotz aller starrsinnigen Ignoranz von seiten von ›Le Soleil‹ –, daß sie erst zu einem verhältnismäßig späten Zeitpunkt am Fundort arrangiert worden seien.

»Doch diese letztere Überzeugung stützen noch weitere und schwerwiegendere Gründe, als ich bislang vorgetragen habe. Lassen Sie mich hierzu Ihre Aufmerksamkeit auf das höchst künstliche Arrangement der Gegenstände richten. Auf dem *oberen* Stein lag ein weißer Unterrock; auf dem *zweiten* ein seidenes Umschlagtuch; ringsum verstreut waren ein Sonnenschirm, Handschuhe und ein Taschentuch, welches den Namen ›Marie Rogêt‹ trug. Hier haben wir genau solch eine Anordnung, wie sie ein nicht allzu kluger Mensch vornehmen würde, wenn er die Dinge auf möglichst *natürliche* Weise zu arrangieren wünschte.

Tatsächlich handelt es sich aber um alles andere als ein *wirklich* natürliches Arrangement. Ich für meinen Teil hätte die Sachen lieber allesamt zertrampelt auf dem Boden liegenlassen. Bei der Enge jener Laube kann man sich doch kaum ausmalen, daß Unterrock und Umschlagtuch so unversehrt ihren Platz auf den Steinen behauptet haben sollten, während ringsumher mehrere Menschen einen erbitterten Kampf ausfochten. ›Alles deutet darauf hin‹, so heißt es, ›daß hier ein Kampf stattgefunden habe. Der Boden war zertrampelt, die Zweige der Büsche abgeknickt‹ – doch Unterrock und Umschlagtuch fand man, als seien sie von all dem gänzlich unberührt geblieben. ›Die durch die Büsche herausgerissenen Stükke ihres Kleides waren etwa drei Zoll breit und sechs Zoll lang. Eines davon war der Saum des Kleides und wies Flickstellen auf; das andere Stück stammte vom Rock selbst, nicht vom Saum. Beide *sahen aus, als seien sie abgerissen worden.*‹ Hier hat sich ›Le Soleil‹ unwillentlich einer überaus aufschlußreichen Wendung bedient. Die beschriebenen Stücke sehen in der Tat ›wie abgerissene Streifen aus‹; nur daß sie mit Absicht ausgerissen wurden und von Hand. Es ist einer der seltensten Zufälle, daß von einem Kleidungsstück wie dem fraglichen ein Stück durch die Wirkung *eines Dorns* ›abgerissen‹ wird. Es liegt nämlich in der Natur solcher Gewebe, daß ein Dorn oder Nagel, der sich darin verfängt, einen rechten Winkel hineinreißt – das heißt zwei längliche Risse entstehen läßt, die im rechten Winkel zueinander verlaufen und an dem Punkte zusammentreffen, wo der Dorn eingedrungen ist. Doch es ist kaum vorstellbar, daß aus solcher Ursache ein Stück ›abgerissen‹ werde. Mir selbst ist dies sicher noch nie vorgekommen, und Ihnen wohl auch nicht. Um von einem derartigen Gewebe ein Stück *abzureißen,* bedarf es in fast jedem Falle zweier verschiedener Kräfte, die in unterschiedlichen Richtungen wirken. Wenn das Gewebe zwei Ränder besäße – wenn es sich zum Beispiel um ein Taschentuch handelte, von dem man einen Streifen abzureißen wünschte, dann – aber nur dann – würde die eine Kraft dem Zweck genügen. Doch im vorliegenden Falle haben wir es mit einem Kleid zu tun, welches nur einen Rand besitzt. Aus seinem Innern, wo keinerlei Rand verläuft, ein Stück herauszureißen, vermöchten Dornen nur durch ein Wunder zu bewerkstelligen, und ein einzelner Dorn könnte es sicher nicht zuwege bringen. Doch selbst an einem Randstück wären zwei Dornen nötig, von denen der eine in zwei verschiedene Richtungen, der andere nur in einer wirken müßte. Und dies auch nur unter der Voraussetzung, daß der Rand nicht eingesäumt wäre. Ist er es doch, so ließe sich nahezu gar nichts ausrichten. Wir sehen mithin die mannigfaltigen und großen Widerstände, die dem ›Abreißen‹ von Stoffstücken durch die Wirkung von ›Dornen‹ entgegenstehen, und verlangt von uns zu glauben, nicht nur ein Stück, sondern gleich mehrere seien auf diese Weise abgerissen worden. ›Eines davon war‹, so heißt es auch noch, ›der Saum des Kleides.‹ Ein weiteres Stück *›stammte vom Rock selbst, nicht vom Saum‹* – das heißt, es wurde durch die Einwirkung der Dornen vollständig aus dem randlosen Innern des Kleides gerissen! Da bleibt mir nur zu sagen: Wer hier nicht mitglaubt, darf wohl auf Vergebung hoffen! Doch zusammengenommen bilden diese Dinge vielleicht einen vernünftigeren Grund zum Verdacht als der verblüffende Umstand, daß die Gegenstände überhaupt von irgendwelchen *Mördern,* die genügend Umsicht besaßen, an die Entfernung des Leichnams zu denken, in diesem Dickicht zurückgelassen sein sollten. Aber Sie hätten mich gänzlich mißverstanden, wenn Sie dächten, ich wollte hier etwa *bestreiten,* daß dieses Dickicht trotz alledem den Schauplatz der Greueltat darstellte. Es mag hier durchaus ein Unrecht geschehen sein – oder wahrscheinlicher noch ein Unglücksfall bei der Schenke der Madame Deluc. Doch ist dies tatsächlich ein Punkt von geringer Bedeutung. Unsere Ermittlungen gelten ja nicht der Entdeckung des Tatortes, sondern sollen die Mörder selbst ans Tageslicht bringen. Was ich hier vorgetragen habe, geschah ungeachtet der peinlich-kleinlichen Präzision, mit welcher ich es darlegte, zum ersten wohl mit dem Ziel, Ihnen die Torheit der so übereilten und selbstsicheren Behauptungen von ›Le Soleil‹ vor Augen zu bringen, zum zweiten und hauptsächlich aber, Sie hinsichtlich jenes zweifelhaften Punktes, der Mord sei – oder sei nicht – das Werk einer *Bande* gewesen, auf dem allernatürlichsten Wege noch weiter nachdenklich zu machen.

»Wir wollen nun diese Frage wiederaufnehmen, indem wir auf die empörenden Einzelheiten zurückkommen, welche der Gerichtsarzt bei der Leichenschau feststellte. Was die *Folgerungen* hinsichtlich der Anzahl der beteiligten Schurken betrifft, die er publiziert hat, so muß nur gesagt werden, daß sie von sämtlichen Anatomen, die in Paris Rang und Namen haben, mit vollem Recht als unzutreffend und vollkommen jeder Grundlage entbehrend verlacht worden sind. Nicht, daß die Sache so nicht hätte geschehen *können*, wie da gefolgert wurde, sondern daß es keinerlei Grund für eine solche Folgerung gegeben hat: Gab es nicht einen stärkeren Grund für eine andere Folgerung?

»Befassen wir uns jetzt einmal mit den ›Spuren eines Kampfes‹, und gestatten Sie mir die Frage, was denn diese Spuren eigentlich demonstriert haben sollen. Eine Bande. Aber bewiesen sie nicht eher noch, daß hier gar keine Bande am Werk gewesen sein kann? Was für ein *Kampf* soll da wohl stattgefunden haben? Ein Kampf, der so heftig und anhaltend war, daß er ringsum in allen Himmelsrichtungen seine ›Spuren‹ hinterließ – zwischen einem schwachen und wehrlosen Mädchen und besagter *Bande* von Missetätern, die durch alle Köpfe spukt! Ein stilles Zupacken einiger derber Arme, und alles wäre vorüber gewesen. Das Opfer hätte ihnen absolut widerstandslos zu Willen sein müssen. Ferner sollten Sie sich hier vor Augen halten, daß die Argumente, die gegen das Dickicht als Schauplatz vorgebracht wurden, in der Hauptsache nur dann zutreffend sind, wenn es sich um den Schauplatz einer von *mehr als einer einzigen Person* begangenen Tat handelte. Wenn wir aber von einem einzigen Gewalttäter ausgehen, so können wir – und nur so – begreifen, daß der Kampf von so heftiger und obstinater Natur war, daß er sichtbare ›Spuren‹ hinterließ.

»Und noch einmal: Ich habe bereits erwähnt, wie verdächtig die Tatsache ist, daß die fraglichen Gegenstände überhaupt in dem Dickicht, wo man sie fand, liegengelassen wurden. Es scheint doch fast unmöglich, daß diese Schuldbeweise dort rein zufällig sollten belassen worden sein, wo man sie letztlich entdeckte. Den Leichnam selbst wegzuschaffen war Geistesgegenwart genug vorhanden (so jedenfalls nimmt man an); und doch durfte ein noch klarerer Beweis als dieser Leichnam (dessen Züge wohl rasch von der Verwesung zerstört worden wären) so auffällig am Tatort liegenbleiben! Ich denke da an das Taschentuch mit dem *Namen* der Verstorbenen. Wenn dies ein Versehen war, so unterlief es doch gewiß nicht einer ganzen *Bande*. Denkbar wäre es nur als der Fehler eines einzelnen. Lassen Sie uns also sehen: Ein einzelner Mensch hat den Mord begangen. Nun ist er allein mit dem Geiste der Verschiedenen. Das Grauen erfaßt ihn, als er sieht, was da reglos vor ihm liegt. Der Wahn seiner rasenden Leidenschaft ist vorüber, und das natürliche Entsetzen ob seiner Tat ergreift Besitz von seinem Herzen. Er besitzt nicht jene Zuversicht, welche die Gegenwart einer Vielzahl von Menschen unweigerlich verleiht. Er ist *allein* mit der Toten. Er zittert und ist verwirrt. Doch nun steht er vor der Notwendigkeit, sich des Leichnams zu entledigen. Er trägt ihn zum Flusse und läßt die übrigen Schuldbeweise hinter sich zurück; denn es ist schwer, wenn nicht gar unmöglich, die ganze Last auf einmal fortzuschaffen, und leicht wird es sein, zurückzukehren und das übrige zu holen. Doch bei seinem mühseligen Wege zum Wasser verdoppeln sich die Ängste in ihm. Die Laute des Lebens umgeben seinen Pfad. Ein dutzendmal wohl glaubt er den Schritt eines Beobachters zu hören – oder hört ihn gar wirklich. Selbst die Lichter, die von der Stadt herüberschimmern, ängstigen ihn. Doch zeitig noch, und nach langen und häufigen Pausen tiefer Seelenpein, erreicht er des Flusses Ufer und entledigt sich seiner grausigen Last – vielleicht mit Hilfe eines Bootes. Doch *nun* – welche Schätze hätte die Welt zu bieten – mit welcher Rache wüßte sie zu drohen –, daß sie es vermöchte, den einsamen Mörder zur Rückkehr zu bewegen, zur Rückkehr über jenen mühseligen und gefahrvollen Pfad hin zum Gehölz und seinen blutigschaurigen Erinnerungen? Nein, er kehrt *nicht* zurück, mögen die Folgen auch sein, wie sie wollen. Er *könnte* gar nicht zurück, selbst wenn er wollte. Sein einziger Gedanke ist, nur schnell zu entkommen. Auf *immer* wendet er dem schrecklichen Gebüsch den Rücken zu und flieht wie von Furien gejagt.

»Doch wie steht es da mit der Bande? Ihre Anzahl würde sie mit Zuversicht erfüllt haben, wenn es dem abgefeimten Schurken je an Zuversicht gebrechen sollte; und nur aus Schurken dieser Sorte bilden sich Banden, als deren Werk man auch diesen Mordfall betrachtet. Ihre Anzahl hätte, so sagte ich, den konfusen und kopflosen Schrecken verhindert, der nach meiner Vorstellung den einzelnen Mann lähmte. Können wir uns auch bei einem, zweien oder gar dreien ein Versehen denken – ein vierter hätte Abhilfe geschaffen. Zusammen hätten sie nichts zurückgelassen; denn ihre Anzahl hätte sie in den Stand gesetzt, *alles* auf einmal zu tragen. Eine Notwendigkeit zur Rückkehr hätte also gar nicht bestanden.

»Erwägen Sie nun den Umstand, daß im ›Oberkleide‹ der Aufgefundenen ›ein Streifen von etwa einem Fuß Breite vom unteren Saum bis zur Hüfte aufwärts aus-, jedoch nicht abgerissen, dann dreimal um die Taille geschlungen und auf dem Rücken durch eine Art Knoten festgemacht‹ worden war. Dies geschah offenbar zu dem Zweck, eine Tragschlaufe zu schaffen, mit deren Hilfe sich der Körper fortbringen ließ. Aber wären wohl *mehrere* Männer auch nur im Traum auf ein solches Hilfsmittel verfallen? Für drei oder vier hätten die Gliedmaßen der Leiche nicht nur einen ausreichenden, sondern den besten Halt überhaupt abgegeben. Die Vorrichtung war der Einfall eines einzelnen; und dies bringt uns zu der Tatsache, daß ›zwischen dem Dickicht und dem Flußufer die Umzäunungen niedergetreten waren und der Boden Spuren einer schweren Last aufwies, die darüber hinweggezogen worden war‹! Aber würden wohl *mehrere* Männer sich die überflüssige Mühe aufgebürdet haben, einen Zaun umzubrechen, nur um einen Leichnam durchzuzerren, den sie jederzeit leicht hätten *hinüberheben* können? Würden überhaupt mehrere Männer eine Leiche derart hinter sich hergeschleift haben, daß so eindeutige *Spuren* davon zurückblieben?

»Und hier müssen wir uns noch einer Bemerkung des ›Commerciel‹ widmen, einer Bemerkung, zu welcher ich bereits einigermaßen Stellung bezogen habe. ›Aus einem der Unterröcke des unglücklichen Mädchens‹, so schreibt das Journal, ›wurde ein Stück von zwei Fuß Länge und einem Fuß Breite herausgerissen und ihr um Kinn und Hinterkopf gebunden, vermutlich um sie am Schreien zu hindern. Das konnten nur Kerle tun, die kein Taschentuch besaßen.‹ Ich habe bereits die Vermutung ausgesprochen, daß ein echter Strolch *niemals* ohne Taschentuch sei. Doch nicht diese Tatsache ist es, auf die ich nun im besonderen hinweisen möchte. Daß die Bandage durchaus nicht in Ermangelung eines Taschentuchs zu dem Zwecke Verwendung fand, den ›Le Commerciel‹ sich vorstellt, geht daraus hervor, daß ja ein Taschentuch in dem Gehölz zurückgelassen wurde; und daß die Absicht nicht bestanden hat, dadurch ›Schreie zu verhindern‹, erhellt die Tatsache, daß man die Bandage dem Taschentuch vorzog, welches dem Zweck sonst viel besser entsprochen hätte. Doch der Wortlaut der Zeugenaussage beschreibt den fraglichen Stoffstreifen als ›lose um den Hals geschlungen und mit einem robusten Knoten gesichert‹. Diese Worte sind vage genug, doch weichen sie wesentlich ab von der Formulierung des ›Commerciel‹. Der Streifen war achtzehn Zoll breit, und bestand er auch aus Nesseltuch, so würde er doch, der Länge nach gefaltet oder zusammengedreht, ein recht festes Band gebildet haben. Und so zusammengedreht wurde er ja gefunden. Ich ziehe nun den folgenden Schluß: Nachdem der einsame Mörder den Leichnam ein Stück weit getragen hatte (von dem Gehölze oder sonstwoher), und zwar mit Hilfe der Stoffschlaufe, die er um die Taille gewunden und *verknotet* hatte, stellte er fest, daß bei dieser Art des Tragens die Last doch über seine Kräfte gehe. Er beschloß also, seine Bürde hinter sich herzuschleifen – daß er das tat, geht ja aus den Beweismaterialien einhellig hervor. War dies seine Absicht, so ergab sich daraus aber die Notwendigkeit, irgend etwas Strickähnliches an einer der Extremitäten zu befestigen. Dafür war der Hals am besten geeignet, denn dort würde der Kopf das Abgleiten der Schlinge verhindern. Und nun besann sich der Mörder zweifellos auf die Schlaufe, die er um die Lenden der Leiche geschlungen hatte. Sie würde er jetzt verwendet haben, wäre sie nicht so fest angezogen gewesen und hätte ihn der Knoten nicht behindert sowie die Überlegung, daß der Streifen ja gar nicht von dem Kleide ›abgerissen‹ worden war. Da fiel es leichter, einen neuen Streifen aus dem Unterrock zu reißen. Das tat er, befestigte den Streifen um den Hals und schleifte so sein Opfer zum Ufer des Flusses. Daß diese ›Bandage‹, die nur mit einiger Zeit und Mühe herzustellen war und dabei dem Zweck nur unvollkommen genügte – daß diese Bandage überhaupt Verwendung fand, demonstriert deutlich, daß die Notwendigkeit dazu sich aus Umständen ergab, die erst zu einem Zeitpunkt eintraten, da das Taschentuch nicht mehr zur Verfügung stand – also, gemäß unserer Vorstellung, nach Verlassen des Dickichts (falls es sich um dieses Dickicht handelte) und auf dem Wege zwischen demselben und dem Fluß.

»Aber, so werden Sie einwenden, die Zeugenaussage von Madame Deluc (!) weist doch ausdrücklich darauf hin, daß sich eine *Bande* genau oder doch ungefähr zum Zeitpunkt des Mordes in der Umgebung des Gehölzes herumgetrieben hat. Das will ich nicht bestreiten. Es nähme mich nicht weiter wunder, wenn sich ein ganzes *Dutzend* Banden, wie sie Madame Deluc beschrieben hat, genau oder doch ungefähr zum Zeitpunkt dieser Tragödie in der Gegend der Barrière du Roule herumgetrieben hat. Aber die Bande, welche den entschiedenen Tadel sowie das allerdings etwas säumige und reichlich zweifelhafte Zeugnis von Madame Deluc auf sich herabbeschworen hat, ist die einzige Bande, von welcher uns die ehrliche und gewissenhafte Dame zu melden weiß, sie habe ihr den Kuchen weggegessen und den Brandy weggetrunken, ohne sich darum zu scheren, die Rechnung zu begleichen. *Et hinc illæ iræ?*

»Doch wie lautet denn nun eigentlich die genaue Aussage von Madame Deluc? ›Eine Bande von Radaubrüdern trat auf den Plan, gebärdete sich lärmend, aß und trank, ohne zu zahlen, folgte dann der Route, die der junge Mann und das Mädchen genommen, kehrte bei Dämmerung zu der Schenke zurück und überquerte den Fluß in augenscheinlicher Eile.‹

»Nun, diese ›augenscheinliche Eile‹ erschien der guten Madame Deluc möglicherweise *größer*, als sie es tatsächlich war; denn immer noch trauerte die Wirtin ausführlich ihren geschändeten Kuchen und Bieren nach – Kuchen und Bieren, auf deren Bezahlung sie im stillen immer noch hoffen mochte. Warum hätte sie sonst solchen Nachdruck auf die *Eile* legen sollen, wo doch die *Dämmerung* schon herangekommen war? Es ist gewiß nichts Verwunderliches daran, daß eine Bande von Strolchen sich mit einiger Hast auf den Heimweg macht, wenn ein breiter Fluß in kleinen Booten zu überqueren ist, wenn ein Sturm bevorsteht und wenn die Nacht *herannaht*.

»Ich sage *herannaht*, denn angebrochen war die Nacht ja noch nicht. Es herrschte lediglich *Dämmerung*, als die unschickliche Hast dieser ›Radaubrüder‹ den nüchternen Sinn der Madame Deluc so sehr kränkte. Nun haben wir aber gehört, daß an ebendiesem Abende sowohl Madame Deluc als auch ihr ältester Sohn ›in der Umgebung der Schenke die Schreie einer Frau vernahmen‹. Und mit welchen Worten bezeichnet Madame Deluc den Zeitpunkt an jenem Abend, da sie die Schreie hörte? Es war *›bald nach Einbruch der Dunkelheit‹*, sagt sie. Aber bald nach Dunkelheit ist zumindest *Dunkelheit;* wohingegen ›Dämmerung‹ ebenso gewiß noch zum Tageslicht gehört. So ist hinreichend bewiesen, daß die Bande die Barrière du Roule verließ, noch *ehe* jene Schreie von Madame Deluc erlauscht (?) wurden. Und obschon in all den vielen Wiedergaben der Zeugenaussagen die wichtigen Ausdrücke entschieden und unveränderlich angewendet werden, so hat doch bislang keines der öffentlichen Journale wie auch keiner der Schergen der Polizei von der klaren Diskrepanz auch nur die mindeste Notiz genommen.

»Ich werde den Argumenten gegen eine *Bande* nur noch eines hinzufügen; doch dieser eine Punkt hat, zumindest nach meinem eigenen Dafürhalten, unwiderlegliches Gewicht. Unter Umständen wie den gegebenen, wo eine hohe Belohnung ausgesetzt und jedem Kronzeugen volle Straffreiheit zugesichert ist, ließe sich auch nicht einen Moment lang glauben, daß nicht schon lange irgendein Mitglied der Bande – ob sie nun aus rohen Strolchen bestünde oder eine bloße Gruppe von gewöhnlichen Männern wäre – seine Komplizen verraten hätte. Bei jedem einzelnen, der zu solch einer Bande gehört, ist die *Angst vor Verrat* größer als die Gier nach Belohnung oder die Sorge um die eigene Straffreiheit. Er verrät mit Eifer und beizeiten, bloß damit *er selbst nicht verraten werde.* Daß das Geheimnis bis heute nicht enthüllt wurde, ist der allerbeste Beweis dafür, daß es tatsächlich ein Geheimnis ist. Die Schrecken dieser furchtbaren Tat sind nur einem oder zwei lebenden Menschen bekannt – außer Gott.

»Lassen Sie uns nun die spärlichen und doch einwandfreien Früchte unserer langen Analyse zusammentragen. Wir sind zu der Auffassung gekommen, daß hier entweder ein unglückseliger Unfall vorliegt, geschehen unter dem Dache von Madame Deluc, oder aber ein Mord, begangen in jenem Gehölzdickicht an der Barrière du Roule, und zwar von einem Liebhaber oder zumindest einem intimen und heimlichen Freunde der Verschiedenen. Der Freund ist von dunkler Gesichtsfarbe. Diese Gesichtsfarbe, die Tragschlaufe und der ›Seemannnsknoten‹, mit dem die Hutbänder zusammengebunden waren, deuten auf einen Mann der See. Daß er mit der Verstorbenen Umgang hatte – einem lebenslustigen, doch nicht verdorbenen jungen Mädchen – zeigt, daß er mehr als nur ein gemeiner Matrose war. Dies bestätigen auch die dringenden Zuschriften an die Journale weitgehend: Sie sind in gutem Stile abgefaßt. Der Umstand, daß Marie – wie ›Le Mercure‹ berichtet – schon einmal abgängig war, legt den Gedanken nahe, in diesem Seemann jenen ›Marineoffizier‹ zu erblicken, von dem bekannt ist, daß er die Unglückliche seinerzeit zum erstenmal zu unrechter Handlung verleitete.

»Und hierzu paßt nun der Gedanke, daß jener Mann mit der dunklen Gesichtsfarbe nach wie vor verschwunden ist. Lassen Sie mich zwischendurch noch einmal bemerken, daß der Teint jenes Mannes dunkel ist; es war keine gewöhnliche Sonnenbräune, welche den *einzigen* Punkt bildete, in dem Valence und Madame Deluc übereinstimmten. Doch warum ist dieser Mann nicht auffindbar? Ward er von der Bande ermordet? Und wenn ja, warum gibt es dann nur Spuren von dem getöteten Mädchen? Wir müssen doch davon ausgehen, daß der Schauplatz für beide Verbrechen derselbe war. Und wo ist seine Leiche? Die Mörder würden sich doch höchstwahrscheinlich beider auf die gleiche Weise entledigt haben. Doch man könnte vielleicht sagen, daß dieser Mann noch am Leben ist und aus Angst, man könnte ihn des Mordes bezichtigen, davor zurückschreckt, sich zu melden. Diese Erwägung bestimmt vermutlich zur Zeit – in diesem späten Stadium des Falles – sein Verhalten, denn inzwischen haben ja Zeugen ausgesagt, daß er mit Marie gesehen wurde; jedoch zur Tatzeit bestand zu dieser Befürchtung keinerlei Grund. Ein Unschuldiger hätte im ersten Antrieb die Bluttat gemeldet und bei der Identifizierung der Missetäter mitgeholfen. Das hätten ihm die Regeln der Klugheit geboten. Man hatte ihn mit dem Mädchen gesehen. Er hatte mit ihr in einem offenen Fährboot den Fluß überquert. Die Anzeige der Mörder wäre selbst einem Idioten als sicherstes und einziges Mittel erschienen, sich selbst von dem Verdacht reinzuwaschen. Wir können uns einfach nicht vorstellen, daß er an der Bluttat jenes unglückseligen Sonntagabends unschuldig sein *und* gar nichts davon wissen sollte. Doch einzig unter solchen Umständen wäre es verständlich, daß er – falls er überhaupt noch am Leben ist – die Anzeige der Mörder unterließ.

»Und welche Mittel sind uns nun gegeben, die Wahrheit zu ergründen? Wir werden sehen, wie sie sich bei unserem weiteren Vorgehen vervielfältigen und weiter klären werden. Lassen Sie uns doch das erste Fortlaufen der Marie von Grund auf untersuchen. Wir müssen die ganze Geschichte dieses ›Offiziers‹ kennen, seine gegenwärtigen Umstände wie auch seinen Aufenthalt zur genauen Zeit des Mordes. Ferner müssen wir die verschiedenen Zuschriften, welche beim Abendblatte eingingen und worin die Schuld einer Bande zugeschoben wird, sorgfältig miteinander vergleichen. Ist dies geschehen, so müssen wir diese Schriftstücke auf Stil und Handschrift hin mit jenen vergleichen, welche zu einem früheren Zeitpunkte dem Morgenblatt gesandt wurden und so vehement auf die Schuld von Mennais bestehen. Und haben wir auch das erledigt, so müssen wir diese verschiedenen Skripte wiederum mit der bekannten Handschrift des Offiziers vergleichen. Bemühen wir uns darüber hinaus, durch nochmalige Befragung der Madame Deluc und ihrer Knaben wie auch des Kutschers Valence einiges mehr über die persönliche Erscheinung und das Auftreten des ›Mannes von dunkler Gesichtsfarbe‹ zu erfahren. Geschickt gestellte Fragen dürften nicht verfehlen, hier und da zu diesem besonderen Punkte (oder zu anderen) Informationen zu gewinnen – Informationen, von denen die Betreffenden selber vielleicht gar nicht wissen, daß sie sie besitzen. Und gehen wir nun auch den Spuren des *Bootes* nach, welches am Montag morgen, dem dreiundzwanzigsten Juni, von dem Bootsknecht aufgefunden und dann unter Zurücklassung des *Steuerruders* nicht lange vor der Entdeckung des Leichnams wieder von der Bootsabfertigung verschwand, ohne daß der diensthabende Beamte etwas davon merkte. Wenn wir nur vorsichtig und beharrlich genug vorgehen, muß sich dieses Boot unweigerlich finden lassen; denn es kann nicht nur von dem Knechte, welcher es entdeckte, identifiziert werden, sondern wir haben ja auch noch das Steuerruder. Wer ein ruhiges Gewissen hat, dürfte wohl kaum das Steuerruder *eines Segelbootes* so ohne weiteres im Stiche lassen. Und hier lassen Sie mich innehalten, um eine weitere Frage aufzuwerfen. Daß dieses Boot gefunden worden sei, wurde durch keinerlei *Anzeige* bekanntgemacht. Man schaffte es stillschweigend zum Bootsamt, und stillschweigend verschwand es dort wieder. Doch der Eigentümer oder Mieter – wie konnte er zu so früher Stunde am Dienstag morgen, ohne daß eine Anzeige erschienen war, schon unterrichtet sein, wo das am Montag aufgegriffene Boot zu finden war, wenn wir uns nicht vorstellen, daß er in irgendeiner Verbindung zur *Marine* stand – daß beständiger persönlicher Kontakt ihm auch die kleinsten Vorkommnisse dort, die wichtigsten Lokalneuigkeiten zur Kenntnis brachte?

»Als ich davon sprach, wie der einsame Mörder seine Bürde zum Ufer schleppte, deutete ich bereits die Wahrscheinlichkeit an, daß er sich eines Bootes bedient habe. Wir müssen uns nun überzeugen, ob Marie tatsächlich aus einem Boote ins Wasser gestürzt wurde. Das dürfte mit Sicherheit der Fall gewesen sein. Dem seichten Wasser am Ufer konnte man den Leichnam ja nicht gut anvertrauen. Die seltsamen Male auf Rücken und Schultern des Opfers lassen an die Bodenrippen eines Bootes denken. Daß der Körper ohne Ballast gefunden wurde, bestärkt ebenfalls diese Idee. Hätte man ihn vom Ufer aus hineingeworfen, so hätte man zuvor gewiß ein Gewicht befestigt. Wir können uns das Fehlen eines solchen nur durch die Annahme erklären, daß der Mörder versäumt hatte, sich damit zu versehen, bevor er vom Ufer abstieß. Als er dann den Leichnam den Fluten übergab, hat er fraglos seine Nachlässigkeit bemerkt; doch da ließ sich keine Abhilfe mehr schaffen. Jedes Risiko wäre jetzt einer Rückkehr an das verfluchte Ufer vorgezogen worden. Nachdem er sich seiner grausigen Fracht entledigt hatte, hastete der Mörder zur Stadt zurück. Dort, an irgendeiner dunklen Uferstelle, sprang er endlich an Land. Doch das Boot – konnte er das noch sichern? Ach nein, er war ja in viel zu großer Eile, um an solche Dinge noch zu denken. Außerdem fühlte er vielleicht, daß er mit der Befestigung des Bootes am Pier einen Beweis gegen sich selbst gesichert hätte. Naturgemäß mußte es sein Bestreben sein, so weit wie möglich alles von sich zu werfen, was zu seinem Verbrechen in Beziehung stand. Er hat wohl nicht nur fluchtartig die Landestelle verlassen, sondern konnte es auch nicht riskieren, daß *das Boot* dort zurückblieb. So stieß er es gewiß in die Strömung zurück. Lassen Sie uns nun unserer Phantasie folgen. Am Morgen wird der Schurke von maßlosem Entsetzen gepackt, als er erfährt, daß sein Boot aufgegriffen worden ist und sich an einem Orte in Gewahrsam befindet, den er alltäglich aufzusuchen pflegt – an einem Orte, den aufzusuchen ihn vielleicht gar seine Pflicht nötigt. In der nächsten Nacht schafft er es fort, *ohne eine Frage nach dem Steuerruder zu wagen.* Wo aber ist das steuerlose Boot nun? Das zu entdecken sollte eines unserer vorrangigsten Ziele sein. Mit der ersten Spur, die sich uns zeigt, wird der Tag des Erfolges anbrechen. Dieses Boot soll uns mit einer Geschwindigkeit, die uns selbst überraschen wird, zu dem führen, der es um Mitternacht an jenem schicksalsträchtigen Sonntag benutzte. Bestätigung wird sich zu Bestätigung fügen, und der Mörder kann uns nicht mehr entkommen.«

(Aus Gründen, die wir nicht näher ausführen wollen, die aber vielen Lesern wohl einleuchten mögen, haben wir uns die Freiheit genommen, aus dem uns übergebenen Manuskripte hier jenen Abschnitt fortzulassen, welcher die Verfolgung der durch Dupin gewonnenen, sichtlich flüchtigen Fingerzeige im Detail beschreibt. Wir halten es lediglich für angebracht, in der gebotenen Kürze darzustellen, daß man zu dem gewünschten Ergebnis gelangte und daß der Präfekt, wenngleich mit Widerstreben, die Bedingungen seiner Übereinkunft mit dem Chevalier getreulich erfüllte. Mr. Poes Arbeit schließt mit den folgenden Worten. – Die Herausgeber.[24])

Man möge mich recht verstehen: Ich spreche von Koinzidenzen, und *nichts weiter*. Was ich weiter oben zu diesem Thema sagte, muß genügen. Ich selbst glaube in meinem Herzen an nichts Übernatürliches. Daß die Natur und Gott zweierlei sind, wird kein denkender Mensch bestreiten. Daß der Schöpfer seine Schöpfung ganz nach Willen kontrollieren oder modifizieren kann, steht gleichfalls außer Frage. Ich sage »nach Willen«, denn um den Willen geht es hier, und nicht, wie eine aberwitzige Logik angenommen hat, um Macht. Es ist durchaus nicht so, daß die Gottheit ihre Gesetze nicht modifizieren *könnte,* sondern wir beleidigen sie, wenn wir uns eine mögliche Notwendigkeit solcher Modifikation vorstellen. In ihrem Ursprung bereits waren diese Gesetze darauf angelegt, *alle* Zufallsmöglichkeiten zu umfassen, welche noch in der Zukunft liegen mochten. Für Gott ist alles Geschehen ein *Jetzt.*

So wiederhole ich denn, daß ich von diesen Dingen einzig als Koinzidenzen spreche. Und ferner: Man wird aus dem, was ich berichte, ersehen, daß zwischen dem Schicksal der unglücklichen Mary Cecilia Rogers, soweit dieses Schicksal bekannt ist, und dem einer Marie Rogêt bis zu einem gewissen Abschnitt in ihrer Geschichte eine Parallelität bestanden hat, vor deren wunderbarer Exaktheit der Verstand, überdenkt er sie recht, in Verlegenheit gerät. Ich sage, all dies wird man selten sehen. Aber nicht einen Augenblick lang gebe man sich der Vermutung hin, es sei beim weiteren Fortgang meiner traurigen Erzählung von Marie, das heißt von dem eben erwähnten Abschnitt an, und indem ich das Geheimnis, welches sie umhüllte, bis zu seinem *dénouement* nachging, insgeheim meine Absicht gewesen, auf eine mögliche Ausweitung der Parallele hinzuweisen oder auch nur anzudeuten, daß die in Paris zur Entdeckung des Mörders einer *Grisette* angewendeten Maßnahmen oder überhaupt nur Maßnahmen, welche auf ähnliche Schlußfolgerungen gegründet wären, nun auch zu irgend ähnlichem Ergebnis führen würden.

Denn was den letzten Teil der Vermutung betrifft, so sollte man sich vor Augen halten, daß die allergeringste Abweichung in den Grundfakten der beiden Fälle höchst gewichtige Fehlschlüsse bedingen könnte, indem sie die beiden Geschehensverläufe auseinanderlenkte; ganz wie in der Arithmetik ein Versehen, welches für sich genommen gar nicht weiter ins Gewicht fällt, schließlich dank der Multiplikation an allen Ecken und Enden des Rechnungsvorgangs ein Ergebnis zeitigt, das von dem ersten Wert enorm abweicht. Und hinsichtlich des ersten Teils dürfen wir nicht aus dem Blick verlieren, daß gerade die Wahrscheinlichkeitsrechnung, auf die ich mich bezogen habe, jeden Gedanken an eine Ausweitung der Parallele verbietet – und zwar mit um so strengerer und entschiedenerer Bestimmtheit verbietet, als diese Parallele ja bereits über eine reichlich weite Strecke hin exakt gegeben war. Dies ist einer jener anomalen Lehrsätze, die sich anscheinend auf alles andere denn mathematisches Denken beziehen, und doch ist es einer, den einzig ein Mathematiker in seinem vollen Umfang zu begreifen vermag. Nichts ist beispielsweise komplizierter, als den bloßen Durchschnittsleser davon zu überzeugen, daß die Tatsache, daß ein Spieler beim Würfeln zweimal nacheinander Sechsen geworfen hat, genügend Grund gibt, auch die größte, noch so ungleiche Wette einzugehen, daß nun bei einem dritten Versuche keine Sechs mehr fallen würde. Schon eine Andeutung in dieser Richtung wird vom Intellekt alsbald zurückgewiesen. Es will also nicht einleuchten, daß die beiden Würfe, die nun abgeschlossen sind und absolut der Vergangenheit angehören, Einfluß auf den Wert haben sollten, der ausschließlich in der Zukunft liegt. Die Aussicht, Sechsen zu würfeln, scheint genauso groß oder klein geblieben zu sein, wie sie es zu jeder beliebigen Zeit war – d. h., sie scheint einzig dem Einfluß der verschiedenen anderen Würfe zu unterliegen, welche sich mit dem Würfel sonst noch tun lassen. Und dies ist eine Überlegung, die so überaus einleuchtend ist, daß Versuche, ihr die Berechtigung streitig machen zu wollen, überwiegend mit einem spöttischen Lächeln abgetan werden – statt mit achtungsvoller Aufmerksamkeit. Auf den darin liegenden Irrtum – einen groben Irrtum, der schon viel Unfug und Unheil angerichtet hat – weiter einzugehen, kann ich mir innerhalb der mir gegenwärtig gegebenen Schranken nicht herausnehmen; und für den philosophisch-wissenschaftlich Denkenden bedarf es dessen auch nicht. Es soll also genügen zu sagen, daß er ein Glied bildet in einer endlosen Kette von Fehlern, die auf dem Pfade der Vernunft entstehen, da letztere dazu neigt, Wahrheit nur im Detail zu suchen.

Anmerkungen

1 Beim Erstabdruck der »Marie Roget« wurden die im folgenden beigefügten Fußnoten für überflüssig gehalten, doch da nun seit der Tragödie, auf welcher die Erzählung fußt, mehrere Jahre verstrichen sind, ist es wohl angeraten, sie anzufügen und darüber hinaus einige erklärende Worte zum zugrunde liegenden Plan zu sagen. Ein junges Mädchen, *Mary Cecilia Rogers*, wurde in der Nähe von New York ermordet, und obgleich ihr Tod eine heftige und lang anhaltende Aufregung bewirkte, waren die ihn umgebenden Rätsel zu der Zeit, da die vorliegende Arbeit zu Papier gebracht und veröffentlicht wurde (November 1842) immer noch ungelöst geblieben. Hierin ist der Autor – unter der Vorspiegelung, das Schicksal einer Pariser *Grisette* zu erzählen – in peinlicher Detailtreue den wesentlichen Tatsachen des wirklichen Mordfalls Mary Rogers gefolgt, wobei nur unwesentliche Nebensächlichkeiten eine gewisse Modifizierung erfuhren. So ist die gesamte Beweisführung der Prosahandlung auf die wahren Begebenheiten anwendbar, und einziges Ziel der Untersuchung war es, die Wahrheit zu erforschen. Das »Geheimnis um Marie Roget« wurde fern vom Schauplatz der Greueltat abgefaßt, und der Autor konnte sich dabei einzig mittels der Zeitungen kundig machen. So entging ihm vieles, was er sich hätte zunutze machen können, wäre er an Ort und Stelle gewesen, um die lokalen Umstände in Augenschein zu nehmen. Doch mag hier die Bemerkung nicht ganz unangebracht sein, daß die Geständnisse von *zwei* Personen (deren eine die Madame Deluc der Erzählung ist), abgelegt zu verschiedenen Zeiten und lange nach der Veröffentlichung, nicht nur die allgemeine Schlußfolgerung vollauf bestätigten, sondern auch sämtliche hypothetischen Details, aus denen diese Schlußfolgerung erwachsen war.

2 Pseudonym des Friedrich Leopold von Hardenberg.

3 Nassau Street.

4 Anderson.

5 Hudson.

6 Weehawken.

7 Payne.

8 Crommelin.

9 Der New Yorker »Mercury«.

10 Der New Yorker »Brother Jonathan«, herausgegeben von H. Hastings Weld.

11 Das New Yorker »Journal of Commerce«.

12 Die »Saturday Evening Post«, Philadelphia, herausgegeben von C. I. Peterson.

13 Adam.

14 Siehe »Die Morde in der Rue Morgue«.

15 Der New Yorker »Commercial Advertiser«, herausgegeben von Oberst Stone.

16 »Eine Theorie, welche sich auf die spezifischen Eigenschaften eines Gegenstandes gründet, vereitelt seine Aufschlüsselung nach ihren Zweckbegriffen; und wer Themen nur im Zusammenhang mit ihren Ursachen betrachtet, hört auf, sie nach ihren Ergebnissen zu beurteilen. So zeigt die Jurisprudenz einer jeden Nation, daß das Gesetz immer dann aufhört, Gerechtigkeit darzustellen, wenn es zur Wissenschaft und zum System wird. Die Irrtümer, in welche ein blinder Prinzipienglaube das gemeine Recht führt, lassen sich unschwer daran ablesen,

wie oft die Gesetzgebung gezwungen war, das Billigkeitsrecht wiederherzustellen, das ihr Schema verloren hatte. »Landor.«

17 Der New Yorker »Express«.

18 Der New Yorker »Herald«.

19 Der New Yorker »Courier and Inquirer«.

20 Mennais gehörte zu jenen, die ursprünglich verdächtigt und verhaftet wurden; man ließ ihn jedoch aus Mangel an Beweisen wieder frei.

21 Der New Yorker »Courier and Inquirer«.

22 Die New Yorker »Evening Post«.

23 Der New Yorker »Standard«.

24 Von »Snowden's Lady's Companion«.

Der Goldkäfer

Vor vielen Jahren unterhielt ich eine enge Freundschaft mit einem gewissen William Legrand. Er stammte aus einer alten Hugenottenfamilie und hatte ursprünglich in guten Verhältnissen gelebt. Durch eine Reihe von Fehlschlägen aber war er in Not geraten. Um allen Demütigungen zu entgehen, die seinem Unglück auf dem Fuße folgten, verließ er seine Vaterstadt New Orleans, um sich auf der Sullivan-Insel in der Nähe von Charleston in Südkarolina niederzulassen.

Dies ist eine einsame, etwa drei Meilen lange Insel, die fast nur aus dem Sande des Meeres besteht. Ihre Breite beträgt an keiner Stelle mehr als eine Viertelmeile. Vom Festlande ist sie durch einen kaum erkennbaren Sund voller Schilf und Schlamm, dem Lieblingsversteck zahlloser Sumpfhühner, getrennt. Die Vegetation ist, wie man sich denken kann, spärlich. Oder doch wenigstens nur zwergenhaft. Man sieht dort keinen Baum von bemerkenswerter Höhe. Am westlichen Ende bei Fort Moultrie erheben sich einige erbärmliche Fachwerkhäuser. Sie werden in den Sommermonaten von denen bewohnt, die vor dem Charlestoner Staub und Fieber flüchten. Hier entdeckt man tatsächlich einige struppige Zwergpalmen. Im übrigen ist die ganze Insel mit Ausnahme dieser Westspitze und eines Streifens harten, weißen Sandes an der Seeseite mit einem dichten Unterholz der von den englischen Gartenbaukünstlern so sehr gepriesenen süßen Myrte bewachsen. Das Gestrüpp erreicht hier oft eine Höhe von fünfzehn oder zwanzig Fuß und bildet ein fast undurchdringliches Dickicht, das die Luft mit seinem Duft erfüllt.

In der tiefsten Einsamkeit dieses Dickichts, nicht weit ab von der östlichen, abgelegensten Spitze der Insel hatte sich Legrand eine Hütte gebaut, die er bewohnte, als ich durch einen Zufall zum ersten Male seine Bekanntschaft machte. Daraus entwickelte sich bald eine Freundschaft, denn vieles an diesem Einsiedler vermochte mein Interesse und meine Hochachtung für ihn zu wecken. Ich stellte fest, daß er eine gute Erziehung und ungewöhnliche Geistesgaben besaß, aber er war ein Misanthrop und von widerstrebenden Launen wechselnder Begeisterung und Schwermut beherrscht. Er besaß zahlreiche Bücher, benutzte sie aber nur selten. Seine Hauptvergnügungen waren Jagen und Fischen, am Strande und in den Myrten umherzustreifen und Muscheln oder Insekten zu sammeln. Besonders was diese betrifft, hätte seine Sammlung den Neid eines Swammerdamm erregen können. Auf seinen Ausflügen begleitete ihn gewöhnlich ein alter Neger namens Jupiter. Dieser war von der Familie vor ihrem wirtschaftlichen Niedergang freigelassen worden, hatte sich aber weder durch Drohungen noch durch Versprechungen von dem abbringen lassen, was er als sein Recht betrachtete, nämlich die Schritte seines jungen »Massa Will« zu überwachen. Vermutlich hatten Legrands Verwandte, die ihn für etwas verrückt hielten, Jupiter diese Hartnäkkigkeit beizubringen vermocht, um so den Wanderer zu überwachen und zu behüten.

*

Die Winter in den Breiten der Sullivan-Insel sind nie sehr streng, und im Herbst benötigt man nur selten ein Feuer. Um die Mitte des Oktober 18 . . brachte indes ein Tag eine bemerkenswert empfindliche Kühle. Gerade vor Sonnenuntergang bahnte ich mir meinen Weg durch das immergrüne Gestrüpp zur Hütte meines Freundes, den ich seit mehreren Wochen nicht besucht hatte. Ich hielt mich damals in Charleston auf, neun Meilen von der Insel entfernt, und die Schwierigkeiten des Hin- und Rückweges waren weit größer als heutzutage. Bei der Hütte angekommen, klopfte ich an, wie ich es gewohnt war, und suchte, als ich keine Antwort erhielt, nach dem Schlüssel, dessen Versteck ich kannte, öffnete und trat ein. Ein hübsches Feuer flackerte auf dem Herd. Das war etwas Neues und keineswegs unangenehm. Ich legte meinen Überrock ab, zog einen Armstuhl an die knisternden Holzklötze und erwartete geduldig die Rückkehr meines Gastgebers.

Bald nach Einbruch der Dunkelheit kamen sie an und bewillkommneten mich aufs herzlichste. Jupiter grinste von einem Ohr zum anderen und machte sich daran, zum Abendbrot einige Sumpfhühner zuzubereiten. Legrand hatte einen seiner Anfälle – wie soll ich es anders nennen? – von Begeisterung. Er hatte ein unbekanntes Schalentier, eine neue Art, entdeckt und noch mehr, er hatte mit Jupiters Hilfe einen Skarabäus gejagt und auch gefangen, den er für vollkommen unbekannt hielt. Meine Ansicht darüber sollte ich aber erst am nächsten Morgen äußern.

»Und warum nicht heute abend?« fragte ich, indem ich meine Hände an der Glut rieb und dabei das ganze Geschlecht der Skarabäen zum Teufel wünschte.

»Ach, wenn ich nur gewußt hätte, daß du hier bist!« entgegnete Legrand. Aber ich habe dich so lange nicht gesehen, und wie konnte ich es ahnen, daß du mir gerade heute abend einen Besuch machst? Auf dem Heimweg traf ich Leutnant G. vom Fort und lieh ihm dummerweise den Käfer. So kannst du ihn vor morgen nicht sehen. Bleibe über Nacht hier, und ich schicke Jup bei Sonnenaufgang fort, um den Käfer zurückzuholen. Es ist der hübscheste, den ich je gesehen habe.«

»Was, der Sonnenaufgang?«

»Unsinn! Nein! – Der Käfer! Er ist leuchtend goldfarben – etwa so groß wie eine Hickorynuß – mit zwei pechschwarzen Flecken an dem einen Ende des Rückens und einem anderen etwas größeren am anderen. Die Fühler sind …«

»Da is' kein Blech an ihm, Massa Will, ich sage dir«, unterbrach ihn Jupiter, »der Käfer is' ein gollen Käfer, stark jedes Stück an ihn, inwendig un' alles, außer sein Flügel, nie ich fühlen halb so schwer ein Käfer in mein Leben!«

»Gut, wenn es wirklich so ist, Jup«, erwiderte Legrand mit etwas mehr Ernst, als die Sache wert war, »ist das ein Grund, die Vögel anbrennen zu lassen? Die Färbung«, hier wandte er sich wieder an mich, »ist allerdings ganz dazu angetan, Jupiters Idee zu rechtfertigen. Du hast sicher noch nie einen solchen glänzenden Metallschimmer gesehen, wie ihn diese Flügelschalen ausstrahlen – aber das kannst du erst morgen beurteilen. Mittlerweile will ich dir einen Begriff von seiner Form geben.« Mit diesen Worten setzte er sich an einen kleinen Tisch, auf dem sich Tinte und Feder, aber kein Papier fand. Er blickte in die Schieblade, fand aber keins.

»Macht nichts«, sagte er schließlich, »das hier tut's!« und zog aus seiner Rocktasche einen Fetzen, wie mir schien, von sehr schmutzigem, feinem Kanzleipapier, und entwarf darauf mit der Feder eine rohe Skizze. Währenddessen behielt ich, da mir fröstelte, meinen Platz am Feuer bei. Als die Zeichnung fertig war, reichte er sie mir herüber, ohne sich zu erheben. Während ich sie annahm, ließ sich ein lautes Knurren hören, dem ein Kratzen an der Tür folgte. Jupiter öffnete, und ein großer Neufundländer, der Legrand gehörte, stürzte herein, sprang gegen meine Schultern und überschüttete mich mit Zärtlichkeiten, denn ich hatte mich ihm schon bei früheren Besuchen des öfteren gewidmet. Als er seine Luftsprünge beendet hatte, blickte ich auf das Papier und war, ehrlich gesagt, nicht wenig überrascht über das, was mein Freund da gezeichnet hatte.

»Ja«, sagte ich, nachdem ich es einige Minuten lang betrachtet hatte, »das muß ich zugeben, das ist allerdings ein seltsamer und durchaus neuer Skarabäus! So etwas habe ich bisher noch nicht gesehen – es sei denn ein Schädel oder ein Totenkopf, dem es mehr gleicht als allem, was mir unter die Augen gekommen ist.«

»Ein Totenkopf«, wiederholte Legrand, »– hm, ja, gut – auf dem Papier hat es einige Ähnlichkeit damit, zweifellos! Die beiden oberen schwarzen Punkte sehen aus wie Augen, nicht wahr, und der längere am unteren Ende wie ein Mund – und das Ganze hat eine ovale Form!«

»Vielleicht«, entgegnete ich, »aber Legrand, ich fürchte, du bist kein großer Künstler! Ich muß warten, bis ich den Käfer selbst sehe, wenn ich mir ein Bild von seiner Gestalt machen soll!«

»Nun ja, ich weiß nicht«, sagte er ein wenig ärgerlich, »ich zeichne ganz leidlich, sollte es wenigstens können, habe gute Lehrer gehabt und bilde mir ein, kein Dummkopf zu sein.«

»Aber, alter Knabe, da machst du Spaß«, erwiderte ich, »das ist ein ganz passabler Schädel – ich kann sogar sagen, das ist ein ganz ausgezeichneter Schädel, wie man sich solche anatomischen Musterstücke vorstellt –, und dein Skarabäus muß in der Tat der verrückteste Skarabäus von der Welt sein, wenn er ihm gleicht. Da werden wir wohl einen aufregenden Aberglauben auf diese Andeutung hin erleben! Ich nehme an, du wirst den Käfer Scarabaeus caput hominis oder so ähnlich nennen! Es gibt ja viele derartige Bezeichnungen in der Naturgeschichte. Aber wo sind die Fühler, von denen du sprachst?«

»Die Fühler!« sagte Legrand, der sich bei der ganzen Sache auf eine unerklärliche Weise erhitzte. »Ich bin überzeugt, du mußt die Fühler sehen! Ich habe sie so deutlich gezeichnet, wie sie am Original zu sehen sind, und nehme an, das genügt!«

»Ja, ja«, entgegnete ich, vielleicht hast du das tatsächlich, aber ich sehe sie nicht!« Damit reichte ich ihm das Papier ohne weitere Bemerkungen zurück, denn ich wollte ihn nicht noch mehr aus der Fassung bringen. Aber ich war überrascht von der Wendung, welche die Sache nahm. Seine schlechte Laune verwirrte mich, und in der Skizze des Käfers waren wirklich keine Fühler zu sehen. Das Ganze hatte tatsächlich große Ähnlichkeit mit den gewöhnlichen Umrissen eines Totenkopfes.

Übellaunig nahm er das Blatt zurück und wollte es zusammenknüllen, vermutlich, um es ins Feuer zu werfen, als nach einem zufälligen Blick auf die Zeichnung plötzlich etwas seine Aufmerksamkeit zu fesseln schien. Im gleichen Augenblick errötete sein Gesicht heftig, um im nächsten ebensosehr zu erblassen. Einige Minuten lang saß er da und betrachtete die Skizze auf das genaueste. Schließlich erhob er sich, nahm eine Kerze vom Tisch und ging in die äußerste Ecke des Raumes, wo er sich auf einer Seemannskiste niederließ. Hier fuhr er fort, das Papier ärgerlich zu untersuchen, indem er es nach allen Seiten drehte. Er sagte keinen Ton, und sein ganzes Benehmen versetzte mich in höchstes Erstaunen. Indes hielt ich es für richtiger, seine wachsende Mißstimmung nicht noch durch irgendwelche Bemerkungen zu verschlimmern. Jetzt zog er eine Brieftasche aus seinem Rock, legte das Papier sorgfältig hinein und verschloß beides in einem Schreibtisch. Er wurde noch ernsthafter, und seine ursprüngliche begeisterte Stimmung war vollkommen vergangen, aber er schien weniger mürrisch als geistesabwesend. Je mehr der Abend fortschritt, um so mehr verspann er sich in Träumereien, aus denen ich ihn mit keinem Scherz aufzurütteln vermochte. Ich hatte vorgehabt, die Nacht in der Hütte zu verbringen, wie ich es schon öfter getan hatte. Als ich aber meinen Gastgeber in dieser Laune sah, zog ich es vor, mich zu verabschieden. Er hielt mich nicht zurück, als ich wegging, aber er schüttelte meine Hand mit ungewöhnlicher Herzlichkeit.

*

Es war etwa einen Monat später – ich hatte während dieser Zeit nichts von Legrand gesehen –, als ich in Charleston den Besuch seines Dieners Jupiter erhielt. Nie zuvor hatte ich den guten alten Neger so niedergeschlagen gesehen, und ich fürchtete, meinem Freund sei etwas Ernsthaftes zugestoßen.

»Nun, Jup«, sagte ich, »was ist denn los? Wie geht es deinem Herrn?«

»Ach, um zu sagen wahr, er nich' so sehr gut, wie könnte sein!«

»Nicht gut? Das tut mir wirklich leid zu hören! Worüber klagt er denn?«

»Ja, das is' es! Er nie klagt über nix, aber er sehr krank trotzdem.«

»Sehr krank, Jupiter? – Warum hast du das nicht sofort gesagt? Liegt er denn zu Bett?«

»Nein, das nich'! – Er sich fühlt gar nich' – das is' gerade, wo der Schuh drückt! – Ich habe gedacht, es muß sein sehr schlimm mit arm Massa Will!«

»Jupiter, ich möchte ja sehr gerne verstehen, was du da erzählst! Du hast gesagt, dein Herr sei krank. Hat er nicht gesagt, was ihm fehlt?«

»Ach, Massa, das kein Zweck, nachdenken über das! – Massa Will sagt, nix is' mit ihm! Aber was dann macht, er immer gehen un' auf Weg gucken, Kopf tief un' Schultern hoch un' weiß wie Gans? – Un' dann er machen Siffer alle Zeit –«

»Macht was, Jupiter?«

»Machen Siffer mit die Bilder auf Tafel – so komische Bilder, ich nie gesehen. Is' für Angst kriegen, sag ich! Muß haben mächtig scharf Augen auf ihn. Neulich er entwischt, ehe Sonne da un' weg für ganzen heiligen Tag. Ich haben abgeschnitten dicken Stock für ihn, geben Teufelstracht Prügel, wenn er kommen zurück. Aber ich verrückt, daß ich nich' Herz gehabt nach allem – er gucken so sehr traurig!«

»Nun? – Was? – Ach ja! Aber ich glaube doch, es ist besser, du bist nicht so streng mit dem armen Kerl! Du darfst ihn nicht prügeln, Jupiter, er kann es bestimmt nicht vertragen. Aber kannst du dir nicht denken, was ihn so krank oder so anders gemacht hat? Ist denn irgend etwas Unangenehmes passiert, seitdem ich bei euch war?«

»Nein, Massa, da is' nix unangenehm seitdem – war vordem, ich fürchte –, war denselben Tag, du warst da!«

»Ach, was meinst du denn?«

»Ja, Massa, ich meine den Käfer, denke ich jetzt!«

»Den was?«

»Den Käfer! Ich ganz sicher, daß gollen Käfer Massa Will irgendwo beißen in Kopf!«

»Und wie kommst du zu einer solchen Annahme, Jupiter?«

»Krallen genug, Massa, un' auch Mund! Ich nie sehen so ein Teufelskäfer. Er kneifen un' beißen alles, was kommen nahe an ihn. Massa Will ihn zuerst fangen, aber schnell ihn lassen los, sage ich, denn war Zeit, sonst sicher beißen. Ich nich' mag sehen den Käfer sein Mund un' nich' nehmen ihn mit mein Finger, aber ich fangen ihn mit ein Stück Papier, das ich finden. Ich ihn aufnehmen mit Papier un' stopfen Stück davon in sein Mund, so es gewesen!«

»Und du glaubst, das Biest hat deinen Herrn richtig gebissen, und er ist krank davon geworden?«

»Ich nich' glauben nix davon – ich weiß. Was machen, er träumen von das Goll so viel, wenn nich' is', weil er gebissen von den gollen Käfer? Is' gesagt von gollen Käfers so was!«

»Aber woher weißt du, daß er von Gold träumt?«

»Wie ich weiß? Warum er sprechen davon, wenn er schlafen? Das is', was ich weiß!«

»Gut, Jup, vielleicht hast du recht, aber welchem Glücksumstand verdanke ich heute die Ehre deines Besuches?«

»Was is' das, Massa?«

»Hast du mir von Herrn Legrand eine Nachricht zu überbringen?«

»Nein, Massa, ich bringen dies hier Brief!« und damit übergab er mir einen Zettel folgenden Inhaltes:

»Mein Lieber, warum habe ich Dich so lange nicht gesehen? Ich hoffe, daß Du nicht so närrisch bist, wegen irgendeiner kleinen Schroffheit meinerseits beleidigt zu sein. Aber das ist ja unwahrscheinlich. Seit ich Dich das letztemal sah, hatte ich allen Grund zur Besorgnis. Ich muß Dir etwas mitteilen, weiß aber kaum, wie ich es erzählen soll oder ob ich alles sagen kann. Ich bin einige Tage lang nicht ganz wohl gewesen, und der arme alte Jup plagt mich mehr, als ich ertragen kann, mit seiner wohlgemeinten Fürsorge. Kannst Du Dir vorstellen, hat er doch dieser Tage einen riesigen Stock fertiggemacht, um mich damit zu züchtigen, wenn ich es mir einfallen lasse, auszureißen und den Tag solo in den Hügeln auf dem Festlande zu verbringen. Ich glaube tatsächlich, nur meine bösen Blicke haben mir eine Tracht Prügel erspart.

Seitdem wir uns das letztemal sahen, habe ich für meine Sammlung nichts gefunden.

Wenn Du es irgendwie möglich machen kannst, dann komm mit Jupiter herüber – komm wirklich! Ich möchte Dich heute abend wegen eines Geschäftes von großer Wichtigkeit sprechen. Ich versichere Dir, es ist von großer Wichtigkeit.

Stets der Deine.

WILLIAM LEGRAND.«

Irgend etwas im Tone dieses Briefes verursachte mir eine große Besorgnis. Sein ganzer Stil unterschied sich vollkommen von dem, den Legrand im allgemeinen schrieb. Was mochte er träumen? Welche neue Grille hatte sich in seinem reizbaren Gehirn festgesetzt? Welches »Geschäft von größter Wichtigkeit« mochte er vorhaben? Jupiters Bericht über ihn verhieß nichts Gutes. Der fortgesetzte Druck seines Mißgeschicks hatte wohl, wie ich befürchtete, den Geist meines Freundes verwirrt. Deshalb zögerte ich keinen Augenblick und machte mich fertig, den Neger zu begleiten.

Als wir am Ufer ankamen, fand ich eine Sense und drei Spaten, alle offenbar neu, am Boden des Bootes liegen, das wir besteigen wollten.

»Was hat das zu bedeuten, Jup?« fragte ich.

»Sens, Massa, und Spat!«

»Allerdings, aber was soll das Zeug hier?«

»Das de Sens un' de Spat, was Massa Will warten, ich kaufen für ihn in de Stadt, un' ich haben geben für ihn ein Teufels viel Geld!«

»Aber in aller Geister Namen, was will denn dein ›Massa Will‹ mit Sense und Spaten?«

»Das is' mehr, als ich weiß, un' Teufel hol mich, ich nich' weiß, ob das mehr is', als er weiß auch, aber das alles kommen von den Käfer!«

Ich kam zu der Überzeugung, daß aus Jupiter nichts Gescheites herauszuholen war, denn sein ganzes Sinnen war von »den Käfer« in Anspruch genommen. So stieg ich ins Boot und setzte das Segel. Mit einer netten steifen Brise liefen wir bald in die kleine Bucht im Norden von Fort Moultrie ein, und ein Weg von etwa zwei Meilen brachte uns zu der Hütte. Es war etwa drei Uhr nachmittags, als wir ankamen. Legrand erwartete uns ungeduldig. Er ergriff meine Hand mit einer Hast, die mir auffiel und meinen Verdacht nur noch verstärkte. Sein Gesicht war leichenblaß und seine tiefliegenden Augen glänzten in einem unnatürlichen Schimmer. Ich erkundigte mich nach seinem Befinden und fragte ihn dann, da mir nichts Besseres einfiel, ob er den Skarabäus von Leutnant G. schon zurückerhalten habe.

»O ja«, erwiderte er heftig errötend, »ich habe ihn am nächsten Morgen zurückbekommen, nichts könnte mich veranlassen, mich von diesem Skarabäus zu trennen. Weißt du, daß Jupiter vollkommen recht hat damit?«

»Womit?« frage ich mit einer trüben Ahnung im Herzen.

»Mit seiner Annahme, daß der Käfer aus purem Gold besteht!« Dies sagte er mit einem so tiefernsten Gesicht, daß ich mich unglaublich betroffen fühlte.

»Der Käfer wird mein Glück machen«, fuhr er mit triumphierendem Lächeln fort, er wird mir meinen Familienbesitz wiederbeschaffen. Ist das verwunderlich, wenn ich ihn so hoch einschätze? Da das Schicksal ihn mir geschenkt hat, brauche ich ihn nur richtig zu gebrauchen, um zu dem Gelde zu kommen, zu dem er der Wegweiser ist. Jupiter, bring' den Skarabäus!«

»Was, den Käfer, Massa? Ich lieber nix zu tun haben mit den Käfer. Du müssen ihn selbst nehmen!« Darauf erhob sich Legrand mit ernster und feierlicher Miene und nahm das Tier aus einem Glaskästchen, in dem es eingeschlossen war. Es war ein wundervoller Skarabäus und damals bei den Fachleuten noch unbekannt – vom wissenschaftlichen Standpunkt aus allerdings ein Stück von großem Wert. An dem einen Ende des Rückens befanden sich zwei runde schwarze Flecken und am anderen ein länglicher. Die Flügeldekken waren ausnehmend hart und glänzend und sahen aus wie poliertes Gold. Das Insekt war bemerkenswert schwer, und wenn ich dies alles in Betracht zog, so konnte ich Jupiter wegen seiner Meinung keinen Vorwurf machen. Was Legrand allerdings veranlaßte, diese Ansicht zu teilen, vermochte ich um mein Leben nicht zu sagen.

»Ich habe dich holen lassen«, fuhr er in feierlichem Ton fort, als ich den Käfer genügend betrachtet hatte, »ich habe dich holen lassen, damit du mir mit Rat und Tat beistehst, den Fingerzeigen des Schicksals und dieses Käfers zu folgen, der ...«

»Mein lieber Freund«, unterbrach ich ihn laut, »du bist offenbar krank und solltest etwas mehr auf dich achten. Leg dich zu Bett, und ich bleibe ein paar Tage hier, bis du es überstanden hast. Du hast Fieber und ...«

»Fühle meinen Puls!« entgegnete er.

Ich tat es und fand, um ehrlich zu sein, nicht das geringste Anzeichen von Fieber.

»Du kannst aber trotzdem krank sein, ohne Fieber zu haben. Gestatte mir dieses eine Mal, dir Vorschriften zu machen. Erstens gehst du zu Bett, sodann ...«

»Du irrst dich«, unterbrach er mich. »Ich fühle mich so wohl, wie es in der Erregung, unter der ich gerade leide, nur möglich ist. Wenn du es wirklich gut mit mir meinst, so erlöse mich von dieser Erregung!«

»Wie soll das geschehen?«

»Sehr einfach! Ich unternehme gemeinsam mit Jupiter eine Expedition zu den Hügeln auf dem Festlande, und hierzu benötigen wir die Hilfe eines Menschen, auf den wir uns verlassen können. Du bist der einzige, dem wir vertrauen. Ob wir nun Erfolg haben oder nicht, die Erregung, die du jetzt an mir bemerkst, wird auf jeden Fall verschwinden.«

»Ich möchte dir gerne in jeder Weise gefällig sein«, entgegnete ich, »aber willst du damit sagen, daß dieser Teufelskäfer irgend etwas mit deiner Expedition zu den Hügeln zu tun hat?«

»In der Tat!«

»Dann, Legrand, kann ich mich an einem so verrückten Unternehmen nicht beteiligen.«

»Das tut mir leid – sehr leid –, aber dann müssen wir es allein versuchen.«

»Allein versuchen! Das ist ja Wahnsinn! Aber halt, wie lange wollt ihr denn wegbleiben?«

»Vielleicht die ganze Nacht! Wir gehen sofort los und sind auf jeden Fall bei Sonnenaufgang zurück!«

»Und willst du mir auf Ehrenwort versprechen, daß, wenn diese deine Laune vorüber und das Käfergeschäft – guter Gott! – zu deiner Befriedigung erledigt ist, du nach Hause zurückkehren und meinem Rat wie dem deines Arztes unbedingt Folge leisten willst?«

»Ja, das verspreche ich dir, und nun laß uns vorwärtsmachen, denn wir haben keine Zeit zu verlieren.«

Schweren Herzens begleitete ich meinen Freund. Wir brachen gegen vier Uhr auf, Legrand, Jupiter, der Hund und ich. Jupiter trug die Sense und die Spaten – er bestand darauf, sie alle zu tragen, mehr aus Furcht, wie mir schien, eines der Werkzeuge in Reichweite seines Herrn lassen zu müssen, als aus übergroßem Eifer oder Gefälligkeit. Seine Laune war mürrisch bis zum äußersten, und auf dem ganzen Wege brachte er keine anderen Worte als »dieser verfluchte Käfer« über seine Lippen. Ich für meinen Teil war mit ein paar Blendlaternen beladen, während Legrand sich mit dem Skarabäus begnügte, den er am Ende eines Stückchens Peitschenschnur befestigt hatte und während des Gehens mit der Miene eines Geisterbeschwörers hin und her schwenkte. Während ich dies beobachtete – ein offensichtlicher Beweis für mich von der Geistesverwirrung meines Freundes –, vermochte ich mich kaum der Tränen zu erwehren. Doch hielt ich es für richtiger, mich wenigstens für den Augenblick seiner Laune zu fügen, ehe ich energischere Maßnahmen mit Aussicht auf Erfolg ergreifen konnte. Inzwischen versuchte ich vergebens, ihn über den Zweck der Expedition auszuhorchen. Nachdem es ihm gelungen war, mich zu seiner Begleitung zu überreden, schien er nicht geneigt zu sein, sich über irgendein Thema von geringerer Wichtigkeit mit mir zu unterhalten, und auf alle meine Fragen geruhte er keine andere Antwort zu geben als: »Wir werden sehen!«

Wir überquerten den Sund an der Spitze der Insel mit Hilfe eines Kahnes und schlugen, nachdem wir die Höhen an der Festlandküste erstiegen hatten, einen Weg in nordwestlicher Richtung ein, der uns durch einen ausnehmend wilden und öden Landstrich führte, wo sich keine menschliche Spur zeigte. Legrand führte uns mit entschiedener Sicherheit und hielt nur hier und da einen Augenblick an, um sich an bestimmten Kennzeichen im Gelände zu orientieren, die er offenbar schon bei früheren Gelegenheiten festgestellt hatte. Auf diese Weise marschierten wir etwa zwei Stunden lang, und die Sonne versank gerade hinter dem Horizont, als wir in eine Gegend kamen, die unendlich unheimlicher war als alles, was ich je vorher in meinem Leben gesehen hatte. Es war eine Art Tafelland, am Fuße eines fast unbesteigbaren Hügels, der von unten bis hinauf zum Gipfel dicht bewaldet und mit riesigen Felsblöcken besät war, die lose auf dem Boden zu liegen schienen und oft nur durch die Bäume, an deren Stämmen sie lagen, daran gehindert wurden, ins Tal hinabzustürzen. Tiefe Schluchten in verschiedenen Richtungen gaben der Szene einen Anstrich von noch finsterer Feierlichkeit.

Die natürliche Hochebene, zu der wir emporstiegen, war mit Brombeeren dicht überwuchert, durch die wir, wie wir bald feststellen mußten, uns den Weg nur mit der Sense bahnen konnten. Auf Anweisung seines Herrn ebnete Jupiter uns einen Pfad bis an den Fuß eines riesigen Tulpenbaumes, der zusammen mit etwa acht oder zehn Eichen auf der Höhe stand und sie wie auch alle anderen, die ich jemals vorher in meinem Leben gesehen habe, in der Schönheit seines Laubes wie auch in der riesigen Ausdehnung seiner Krone und der ganzen Majestät seines Anblickes übertraf. Als wir bei dem Baum ankamen, wandte sich Legrand an Jupiter und fragte ihn, ob er sich getraue, ihn zu ersteigen. Der Alte schien über diese Frage etwas verwirrt und zögerte einige Augenblicke mit der Antwort. Schließlich näherte er sich dem mächtigen Stamm, ging langsam um ihn herum, betrachtete ihn umständlich und aufmerksam und sagte dann, nachdem er seine Untersuchung beendet hatte: »Ja, Massa, Jup klettert auf jeden Baum, er immer sehn in Leben!«

»Dann rauf mit dir, so schnell wie möglich, denn sonst wird es zu dunkel, um das zu sehen, was wir vorhaben!«

»Wie weit muß aufklettern, Massa?« wollte Jupiter wissen.

»Steig erst mal den Hauptstamm hoch, dann sage ich dir, wie du weiterklettern sollst, und – halt – hier nimm den Käfer mit!«

»Den Käfer, Massa Will? – Den gollen Käfer?« schrie der Neger. »Auf den Baum? – Verflucht, wenn ich tu!«

»Wenn du Angst hast, Jup, ein so großer starker Neger wie du, einen so kleinen harmlosen toten Käfer zu halten – wenn du dazu zu bange bist, ihn mit hinaufzunehmen, muß ich dir mit dieser Schippe den Schädel einschlagen!«

»Was is' denn, Massa?« entgegnete Jup, offenbar beschämt und willfährig. »Immer wollen machen Lärm mit alte Nigger! – War nur Spaß jetzt! Was mich machen den Käfer?« Damit nahm er das Ende der Schnur vorsichtig in die Hand und machte sich, das Insekt so weit von sich entfernt haltend, als es die Umstände gestatteten, an das Besteigen des Baumes.

In seiner Jugend hat der Tulpenbaum – Liliodendron Tulipiferum –, der prächtigste aller amerikanischen Waldbäume, einen eigentümlichen glatten Stamm und erhebt sich oft ohne seitliche Äste zu großer Höhe. In größerem Alter wird die Rinde dann knorrig und rissig, und es bilden sich auf dem Stamm zahlreiche Unebenheiten. Infolgedessen bietet das Besteigen nur scheinbare Schwierigkeiten. Indem er die mächtige Säule so dicht wie möglich mit seinen Armen und Beinen umklammerte, mit den Händen nach irgendwelchen Vorsprüngen suchte und seine nackten Zehen in andere hineinstemmte, wand sich Jupiter, nachdem er ein- oder zweimal beinahe hinabgestürzt wäre, in die erste große Astgabelung hinauf, womit er seine Aufgabe als im wesentlichen gelöst zu betrachten schien. Das Gefährliche des Unternehmens war damit auch tatsächlich überstanden, wenn sich der Kletterer auch einige sechzig oder siebzig Fuß über dem Erdboden befinden mochte.

»Wohin muß nun, Massa Will?« wollte er wissen.

»Nimm den stärksten Ast, den auf dieser Seite«, rief Legrand. Der Neger gehorchte unverzüglich und stieg anscheinend ohne Schwierigkeiten höher und höher, bis durch das dichte, ihn umgebende Laub von seiner stämmigen Gestalt keine Spur mehr zu sehen war. Nur seine Stimme war zu vernehmen, als er rief: »Wieviel weiter muß gehen nun?«

»Wie hoch bist du hinauf?« fragte Legrand.

»Eben so hoch«, erwiderte der Neger, »ich kann sehen Himmel durch Spitze von den Baum.«

»Kümmre dich nicht um den Himmel und gib acht, was ich dir jetzt sage! Sieh den Stamm hinunter und zähle die Äste an dieser Seite unter dir! Wie viele Äste hast du erstiegen?«

»Ein, zwei, drei, vier, fief - ich steigen fief dicke Ast diese Seite!«

»Dann geh noch einen Ast höher!«

Nach wenigen Minuten hörten wir seine Stimme verkünden, daß der siebte Ast erreicht war.

»Nun, Jup«, schrie Legrand offensichtlich stark erregt, »nun arbeite dich auf diesem Ast vorwärts, so weit du kannst. Wenn du etwas Merkwürdiges siehst, so sage es mir!«

Wenn ich bis dahin noch die geringsten Zweifel an der Geistesverwirrung meines Freundes hegen konnte, so waren diese nun endgültig beseitigt. Ich mußte annehmen, daß er wahnsinnig geworden war und machte mir ernstliche Sorgen, wie ich ihn nach Hause bringen sollte. Während ich mir noch überlegte, was am besten zu tun sei, ließ sich Jupiters Stimme wieder hören.

»Ich Angst, gehen auf den Ast sehr weit - is' ganz tot Ast überall!«

»Was sagst du, der Ast ist tot?« schrie Legrand mit zitternder Stimme.

»Ja, Massa, is' tot wie Türnagel, is' ganz sicher tot.«

»Was um Himmels willen soll ich nun tun?« fragte Legrand offenbar aufs tiefste bestürzt.

»Tun?« sagte ich, froh darüber, ein Wort sagen zu können. »Komm nach Hause und leg dich zu Bett. Komm nun und sei vernünftig, es ist spät geworden und überdies, denk an dein Versprechen.«

»Jupiter«, schrie er, ohne mich im geringsten zu beachten, »hörst du mich?«

»Ja, Massa Will, hören dich ganz gut.«

»Untersuch' das Holz genau mit dem Messer und sieh zu, ob es sehr morsch ist!«

»Morsch is', Massa, sicher«, erwiderte der Neger nach einigen Augenblicken, »aber nich' so sehr morsch, als könnte sein. Kann versuchen klein Stück weiter auf Ast ich allein, is' wahr.«

»Du allein? Wie meinst du das?«

»Meine Käfer. Is' sehr schwere Käfer. Denke ich, werfen runter ers', dann Ast nich' brechen mit Gewicht von nur ein Neger.«

»Du verfluchter Schuft!« schrie Legrand offenbar erleichtert aufatmend. »Warum erzählst du mir diesen Unsinn! Wenn du den Käfer fallen läßt, drehe ich dir den Hals um! Paß auf, Jupiter, hörst du mich?«

»Ja, Massa, is' nich' nötig, anbrüllen arm Neger so!«

»Schon gut! Dann hör jetzt mal zu! Wenn du jetzt versuchen willst, auf dem Ast so weit vorwärts zu kriechen wie du dich sicher fühlst, und den Käfer nicht fallen läßt, schenke ich dir einen Silberdollar, sobald du wieder unten bist.«

»Ich gehen, Massa Will, tatsächlich ich tun«, erwiderte der Neger, ohne zu zögern, »ganz bis an End' jetzt!«

»Bis am Ende!« rief Legrand leise aus. »Sagtest du, du bist ganz am Ende des Astes?«

»Bald sein am End', Massa. Oooh! Heilige Himmel! Was's das hier auf Baum?«

»Nun«, schrie Legrand aufs höchste erfreut, »was ist es denn?«

»Nun, is' nur Schädel! Jemand haben vergessen sein Kopf auf Baum, und Krähen haben jedes Stückchen Fleisch aufgepickt davon.«

»Ein Schädel, sagst du? Wunderbar! Wie ist er denn auf dem Ast festgemacht? Woran hängt er?«

»Fest genug, Massa. Muß sehen. Oh, so komische Sache! Is' große dicke Nagel in Schädel, damit festgemacht an Ast.«

»Gut, Jupiter, nun tu' genau das, was ich dir sage – hörst du?«

»Ja, Massa.«

»Also, gib acht! – Such einmal das linke Auge des Schädels!«

»Hmm, oh, das's gut! Is' linke Aug' überhaupt nich' mehr da!«

»Verfluchter Idiot! Kannst du deine rechte Hand von der linken unterscheiden?«

»Ja, ich weiß – weiß alles davon –, das is' linke Hand, mit die ich hacke auf Holz!«

»Ja, natürlich, du bist ja Linkser, und dein linkes Auge ist auf derselben Seite wie deine linke Hand. Jetzt wirst du, wie ich annehme, auch das linke Auge des Schädels finden oder doch die Stelle, wo das linke Auge gewesen ist. Hast du sie gefunden?«

Es folgte eine lange Pause. Schließlich fragte der Neger: »Is' linke Aug' von Schädel auf selbe Seite wie linke Hand von Schädel auch? – Aber Schädel hat nich' bißchen von Hand überhaupt – macht nix – hab gefunden linke Aug' jetzt – hier linke Aug! Was soll tun mit?«

»Jetzt laß den Käfer hindurchfallen, so weit die Schnur reicht, aber sei vorsichtig und laß die Schnur nicht los.«

»All das getan, Massa Will, ganz leichte Sach' das, stecken den Käfer durch Loch. Paß auf, Käfer kommen runter.«

Während dieses ganzen Zwiegespräches war von Jupiter selbst nichts zu sehen, aber der Käfer, den er herunterließ, wurde am Ende der Schnur sichtbar und glänzte wie eine goldene Kugel in den letzten Strahlen der untergehenden Sonne, die den Hügel, auf dem wir standen, mit mattem Schein beleuchtete. Der Skarabäus hing ganz deutlich unter den Zweigen, und wenn er jetzt heruntergefallen wäre, wäre er vor unseren Füßen zur Erde gekommen. Legrand ergriff sofort die Sense und säuberte mit ihr einen kreisrunden Platz von etwa drei oder vier Yards Durchmesser gerade unterhalb des Insekts. Dann befahl er Jupiter, die Schnur loszulassen und von dem Baum herunterzukommen.

Sorgfältig schlug mein Freund genau an der Stelle, wo der Käfer zur Erde gefallen war, einen Pflock in den Boden und zog dann ein Meßband aus der Tasche. Das eine Ende befestigte er an der Stelle des Baumstammes, die dem Pflock am nächsten war. Dann rollte er es ab bis an den Pflock und weiter in der durch die beiden Punkte, den Baum und den Pflock, bestimmten Richtung bis auf eine Entfernung von fünfzig Fuß, während Jupiter das Gestrüpp mit der Sense entfernte. An der so erreichten Stelle wurde ein weiterer Pflock eingeschlagen und um ihn herum ein Kreis von etwa vier Fuß im Durchmesser beschrieben. Dann nahm er einen Spaten, reichte Jupiter und mir je einen weiteren, und forderte uns auf, so schnell wie möglich zu graben.

Offen gestanden, war diese Beschäftigung nie nach meinem Geschmack gewesen, und gerade in diesem Augenblick hätte ich mich gar zu gerne davor gedrückt, denn die Nacht brach herein, und nach den bisherigen Anstrengungen fühlte ich mich sehr müde. Doch sah ich keine Möglichkeit, dieser Arbeit zu entgehen, und wollte auch die gute Laune meines Freundes nicht durch eine Weigerung stören. Hätte ich mich auf Jupiters Hilfe verlassen können, so würde ich keinen Augenblick gezögert haben, den Irren mit Gewalt nach Hause zu bringen, aber ich kannte des alten Negers Ansichten viel zu gut, um hoffen zu können, er werde mich in einem Streit mit seinem Herrn, ganz gleich unter welchen Umständen, unterstützen. Ich zweifelte nicht daran, daß dieser von einer der zahllosen südländischen abergläubischen Ansichten über vergrabene Schätze besessen und in seiner Phantasie durch den Fund des Skarabäus oder vielleicht auch durch Jupiters hartnäckige

Bemerkungen von dem »Käfer aus reinem Gold« bestärkt worden war. Ein zum Irrsinn veranlagter Geist mußte durch derartige Vorstellungen verführt werden – besonders wenn sie mit vorgefaßten Lieblingsideen übereinstimmten –, und dabei erinnerte ich mich der Aussprüche des armen Burschen, der Käfer sei »der Wegweiser zu seinem Glück«. Im ganzen war ich tiefbetrübt und verwirrt, machte aber aus der Not eine Tugend – gutwillig mitzugraben, um desto eher den Phantasten durch den Augenschein von seiner irrigen Ansicht abzubringen.

Die Laternen wurden angezündet, und wir machten uns mit einem Eifer an die Arbeit, die einer vernünftigeren Sache würdig gewesen wäre. Als so der Lichtschein auf unsere Gestalten und unser Werkzeug fiel, konnte ich mich des Gedankens nicht erwehren, eine wie malerische Gruppe wir darstellten und wie seltsam und verdächtig unsere Arbeit einem zufällig des Weges Kommenden hätte erscheinen müssen.

Ohne Unterbrechung gruben wir etwa zwei Stunden lang. Es wurde kaum gesprochen, und nur der Hund, der sich ausnehmend für unsere Arbeit interessierte, störte uns immer wieder durch sein Bellen. Schließlich wurde er so laut, daß wir fürchteten, der Lärm könne irgendwelche in der Gegend umherstreifende Wanderer herbeilocken – vielmehr war dies die Befürchtung Legrands. Ich für meinen Teil hätte mich über eine solche Störung erfreut, die mich in die Lage versetzt hätte, meinen Phantasten nach Hause zu bringen. Schließlich wurde dem Lärm durch Jupiter ein entschiedenes Ende gemacht, als er wütend aus dem Loch stieg und dem Vieh mit seinem Hosenträger die Schnauze zuband, worauf er mit tiefem Grunzen an seine Arbeit zurückkehrte.

Nach der angegebenen Zeit hatten wir eine Tiefe von fünf Fuß erreicht, und immer noch zeigte sich keine Spur von einem Schatz. Wir machten eine Pause, und ich begann zu hoffen, die Komödie nehme nun ein Ende. Indes wischte sich Legrand, obwohl sichtlich verstimmt, gedankenvoll die Stirn und machte sich wieder an die Arbeit. Wir hatten bereits den ganzen Kreis von vier Fuß Durchmesser ausgehoben. Jetzt vergrößerten wir ihn noch und gingen weitere zwei Fuß tiefer. Immer noch zeigte sich nichts. Schließlich kletterte der Goldsucher, den ich aufs tiefste bemitleidete, mit dem Ausdruck bitterster Enttäuschung auf seiner Miene aus dem Loch heraus und zog langsam und zögernd seinen Rock wieder an, den er bei Beginn der Arbeit abgelegt hatte. Währenddessen hütete ich mich, irgendeine Bemerkung zu machen. Auf ein Zeichen seines Herrn hin begann Jupiter das Werkzeug einzusammeln. Dann wurde der Hund losgebunden, und wir traten in tiefem Schweigen den Heimweg an.

Wir hatten etwa ein Dutzend Schritte getan, als Legrand mit einem lauten Fluch auf Jupiter zusprang und ihn am Kragen packte. Der überraschte Neger riß Augen und Mund weit auf, ließ das Werkzeug fallen und sank in die Knie.

»Du Schuft«, fuhr Legrand ihn, zwischen den Zähnen zischend, an, »du verfluchter schwarzer Halunke, sprich, antworte auf der Stelle ohne Umstände, wo, wo ist dein linkes Auge?«

»O mein Gott, Massa Will, is' das nich' ganz bestimmt mein linke Aug'?« heulte der erschrockene Jupiter, indem er seine Hand auf sein rechtes Sehorgan legte und sie krampfhaft darauf preßte, als fürchte er, sein Herr wolle es ihm ausreißen.

»Ich ahnte es – ich wußte es! Hurra!« jubelte Legrand, ließ den Neger los und machte einige Freudensprünge zum größten Erstaunen seines Dieners, der sich von den Knien erhob und sprachlos bald seinen Herrn, bald mich anstarrte.

»Komm, wir müssen zurück!« rief dieser, das Spiel ist noch nicht verloren!« und wandte sich wieder dem Tulpenbaum zu.

»Jupiter«, sagte er, als wir an dessen Fuß angelangt waren, »war der Schädel mit dem Gesicht nach außen oder gegen den Ast hin gedreht angenagelt?«

»Gesicht war außen, Massa, so daß Krähen gut an Augen können ohne Mühe.«

»Also gut, war es nun dieses Auge oder das, wo du den Käfer hindurch hast fallen lassen?« Bei diesen Worten berührte Legrand jedes einzelne von Jupiters Augen.

»War das Aug', Massa – linke Aug' – grad' wie du sagen«, und dabei wies der Neger wieder auf sein rechtes Auge.

Darauf versetzte mein Freund, in dessen Irrsinn ich nun gewisse Anzeichen von System erkannte oder doch zu erkennen glaubte, den Pflock, der die Stelle bezeichnete, an welcher der Käfer zur Erde gefallen war, um etwa drei Zoll von seinem alten Platz nach Westen. Dann zog er das Bandmaß wie das erstemal von der dem Pflock zunächst gelegenen Stelle des Stammes zu diesem hin und weiter über ihn hinaus in gerader Linie auf eine Entfernung von fünfzig Fuß aus. Hier bezeichnete er einen Punkt, der mehrere Yards von der Stelle entfernt war, an der wir gegraben hatten.

Rings um diesen neuen Punkt wurde dann ein etwas größerer Kreis als der frühere gezogen, und dann begannen wir wieder unsere neue Arbeit mit dem Spaten. Trotz meiner furchtbaren Müdigkeit, aber ohne daß ich mir darüber klarzuwerden vermochte, was eine solche Veränderung veranlaßt haben konnte, empfand ich keinen so großen Widerwillen mehr gegen diese Tätigkeit. Ein unerklärliches Interesse, ja eine gewisse Aufregung ergriff mich. Vielleicht lag in dem ganzen absonderlichen Unternehmen Legrands irgend etwas – eine Art von Folgerichtigkeit oder Überlegung, die auf mich einen großen Eindruck machte. Ich grub eifrig und ertappte mich hin und wieder dabei, mit offenbar erwartungsvollen Blikken nach dem eingebildeten Schatz Ausschau zu halten, dessen Vision meinem unglücklichen Freunde den Verstand verwirrt hatte. Nachdem wir so etwa anderthalb Stunden gearbeitet hatten, währenddessen ich meinen grillenhaften Gedanken nachhing, wurden wir plötzlich wieder durch ein heftiges Bellen des Hundes gestört. Während seine frühere Unruhe offenbar nur einem Spielbedürfnis oder einer Laune entsprungen war, klang sein Bellen dieses Mal ausgesprochen böse und wütend. Jupiters Versuchen, ihn wieder zu fesseln, setzte er einen erbitterten Widerstand entgegen. Er sprang in das Loch und scharrte mit seinen Pfoten wie toll den Erdboden auf. Nach wenigen Sekunden hatte er eine Menge menschlicher Knochen ausgegraben, die zusammen zwei vollständige Skelette bildeten und zwischen denen einige Metallknöpfe und die augenscheinlichen Reste vermoderter Kleidungsstücke lagen. Ein oder zwei Spatenstiche brachten die Klinge eines spanischen Dolches zum Vorschein, und als wir weitergruben, fanden wir drei oder vier goldene und silberne Münzen.

Bei ihrem Anblick war Jupiters Freude kaum zu bändigen, aber die Mienen seines Herrn zeigten einen Ausdruck größter Enttäuschung. Indes drängte er uns, unsere Anstrengungen fortzusetzen, und kaum hatte er diese Worte ausgesprochen, als ich stolperte und vorneüber fiel, da ich mich mit der Spitze meines Stiefels in einem eisernen Ring verfangen hatte, der halbverdeckt in der losen Erde steckte.

Nun arbeiteten wir mit erneutem Eifer weiter, und nie wieder habe ich zehn Minuten größerer Erregung erlebt. Währenddessen hatten wir eine längliche Holzkiste freigelegt, die, aus ihrer vollständigen Unversehrtheit und erstaunlichen Härte zu schließen, in irgendeiner Weise, vielleicht mit Quecksilberchlorid, konserviert worden war. Sie war dreieinhalb Fuß lang, drei Fuß breit, zweieinhalb Fuß tief und durch vernietete schmiedeeiserne Bänder, die sie wie eine Art Gitterwerk von allen Seiten umgaben, fest zusammengehalten. Zu beiden Seiten befanden sich am oberen Rande je drei eiserne Ringe, insgesamt sechs, mittels derer sechs Personen sie bequem tragen konnten. Unseren vereinten äußersten Anstrengungen gelang es jedoch nur, sie um ein Geringes von der Stelle zu rücken. So sahen wir ein, daß es für uns unmöglich war, eine solche Last fortzubringen. Glücklicherweise bestand der einzige Verschluß des Deckels nur in zwei Riegeln. Zitternd und keuchend vor Aufregung schoben wir sie zurück. Ein Schatz von unbeschreiblichem Wert lag schimmernd vor unseren Augen. Im Schein der Laterne blitzte und leuchtete es uns entgegen aus einem wirren Haufen von Gold und Juwelen, der uns im wahren Sinne des Wortes die Augen blendete.

Die Gefühle, mit denen ich dieses alles anstarrte, vermag ich nicht zu schildern. Ich war vor Staunen überwältigt. Legrand erschien erschöpft vor Aufregung und sprach fast kein

Wort. Jupiters Mienen zeigten einige Minuten lang eine so tödliche Blässe, wie dies bei einem Neger überhaupt möglich ist. Er schien betäubt – wie vom Blitz getroffen. Plötzlich fiel er in dem Loch auf seine Knie und indem er seine nackten Arme bis über die Ellenbogen in dem Golde vergrub, ließ er sie darin ruhen, wie um den Luxus eines solchen Bades zu genießen. Schließlich seufzte er tief vor sich hin: »Un' das all' kommen von den gollen Käfer, den dummen, gollen Käfer! Den armen, kleinen, gollen Käfer, den ich schimpfen in so dumme Manier! – Schäms' dich nich', Nigger? Sag' mir das!«

Schließlich sah ich mich genötigt, Herrn und Diener aufzurütteln, um den Schatz in Sicherheit zu bringen. Es war spät geworden, und wir mußten uns beeilen, wenn wir vor Tagesanbruch alles nach Hause bringen wollten. Es war schwierig zu sagen, was geschehen sollte, und wir verbrachten eine Menge Zeit mit Überlegungen, so verwirrt waren wir alle. Schließlich erleichterten wir den Kasten, indem wir ihn um zwei Drittel seines Inhaltes entleerten, so daß wir ihn unter einigen Schwierigkeiten aus der Grube herausheben konnten. Die herausgenommenen Dinge verbargen wir unter dem Gestrüpp und ließen den Hund zur Bewachung dabei zurück, den Jupiter noch eindringlich ermahnte, sich unter keinen Umständen von der Stelle zu rühren oder einen Laut von sich zu geben, ehe wir zurückgekehrt seien. Dann machten wir uns mit der Kiste eilig auf den Heimweg und erreichten die Hütte unter den größten Anstrengungen gegen ein Uhr morgens. Erschöpft wie wir waren, vermochten wir uns nicht sofort wieder an die Arbeit zu begeben. Wir rasteten bis zwei Uhr und stärkten uns. Dann brachen wir erneut nach den Hügeln hin auf, bewaffnet mit drei starken Säcken, die wir glücklicherweise vorgefunden hatten. Kurz vor vier Uhr kamen wir wieder bei der Grube an, verteilten den Rest der Beute möglichst gleichmäßig auf uns und machten uns, ohne die Löcher wieder zuzuwerfen auf den Weg zur Hütte, wo wir, gerade als im Osten die erste Morgendämmerung über die Baumgipfel schimmerte, zum zweiten Male unsere goldene Last absetzten.

Jetzt waren wir mit unseren Kräften vollkommen zu Ende, aber unsere tiefe Erregung ließ uns keine Ruhe finden. Nach einem unruhigen Schlummer von etwa drei oder vier Stunden Dauer erhoben wir uns wie auf Verabredung gleichzeitig wieder, um unsere Schätze einer Prüfung zu unterziehen.

Die Kiste war bis zum Rande gefüllt gewesen, und wir verbrachten den ganzen Tag und den größten Teil der folgenden Nacht damit, ihren Inhalt zu untersuchen. Alles lag in vollkommener Unordnung aufeinandergehäuft. Nachdem wir den Inhalt sorgfältig geordnet hatten, stellten wir einen Wert von weit größerem Ausmaße fest, als wir vorher vermutet hatten. An Münzen fanden sich über vierhundertfünfzigtausend Dollar, wobei wir den Wert der einzelnen Stücke abschätzten, so gut wir dazu in der Lage waren. Kein einziges Silberstück befand sich darunter, alles war Gold älteren Datums: französisches, spanisches, deutsches Geld, einige englische Guineen und mehrere Geldsorten, die wir nie zuvor gesehen hatten. Einige sehr große und schwere Münzen waren so abgegriffen, daß wir von ihrer Prägung nichts mehr zu erkennen vermochten. Amerikanisches Geld fehlte vollkommen. Der Wert der Juwelen war für uns weit schwieriger zu schätzen. Diamanten – einige darunter von besonderer Größe und Schönheit – waren insgesamt hundertzehn vorhanden und kein einziger kleiner unter ihnen, achtzehn Rubinen von bemerkenswertem Feuer, dreihundertzehn Smaragde – alle von auserlesener Schönheit – einundzwanzig Saphire und ein Opal. Alle Steine waren aus der Fassung gebrochen und lagen lose in der Kiste. Die Fassungen selbst, die wir unter dem übrigen Golde fanden, schienen mit einem Hammer zerschlagen worden zu sein, offenbar um eine Identifizierung zu verhindern. Daneben fand sich eine große Menge schweren Goldschmuckes: nahezu zweihundert massive Finger- und Ohrringe, reiche Ketten, dreißig an der Zahl, soweit ich mich entsinne, achtunddreißig große und schwere Kruzifixe, fünf große Weihrauchfässer von beträchtlichem Wert, eine mächtige goldene Punschbowle mit ziseliertem Weinlaub und bacchantischen Figuren reich geschmückt, zwei Degengriffe in ausgezeichneter Treibarbeit und viele andere kleinere Dinge, deren ich mich nicht mehr entsinne. Alle diese Kostbarkeiten wogen mehr als dreihundertfünfzig Pfund, darin waren hundertsiebenundneunzig goldene Uhren nicht einbegriffen, unter denen sich drei befanden, deren jede einzelne fünfhundert Dollar wert war. Viele von ihnen waren sehr alt und als Uhren nicht mehr zu gebrauchen, da ihre Werke mehr oder weniger verrostet waren, aber alle Gehäuse waren mehr oder weniger mit Juwelen geschmückt und von großem Wert. In dieser Nacht schätzten wir den gesamten Inhalt der Kiste auf anderthalb Millionen Dollar. Beim späteren Verkauf der Juwelen – einige hatten wir für den eigenen Gebrauch zurückbehalten – stellte sich heraus, daß wir den Schatz um ein beträchtliches zu gering veranschlagt hatten.

*

Endlich waren wir mit unserer Untersuchung fertig, und die außerordentliche Erregung, in der wir uns während der letzten Stunden befunden hatten, war abgeklungen. Legrand sah, daß ich vor Ungeduld beinahe starb, die Lösung dieses absonderlichen Rätsels zu erfahren, und so begann er, mir die damit verknüpften Umstände im einzelnen zu berichten.

»Du erinnerst dich«, hub er an, »des Abends, als ich dir die rohe Skizze des Skarabäus zeigte. Du weißt sicher auch noch, wie ungehalten ich war, als du auf der Meinung bestandest, meine Zeichnung gleiche einem Totenkopf. Anfangs glaubte ich, du machtest einen Scherz, dann erinnerte ich mich der eigentümlichen Flecken auf dem Rücken des Insekts und gab zu, daß deine Bemerkung tatsächlich nicht ganz unbegründet sei. Immerhin ärgerte mich dein Spott über meine Zeichenkunst – denn ich bilde mir ein, zeichnen zu können, und wollte den Fetzen Pergament, als du ihn mir zurückgabst, ärgerlich zusammenknüllen und ins Feuer werfen.«

»Den Fetzen Papier, meinst du!« unterbrach ich ihn.

»Nein, es sah zwar aus wie Papier, und zuerst hielt ich es auch dafür, als ich aber darauf zeichnete, entdeckte ich plötzlich, daß es ein Stück sehr dünnen Pergaments war, und zwar war es, wie du dich entsinnst, vollkommen verschmutzt. Nun, gerade, als ich es zusammenknüllen wollte, fiel mein Blick auf die Skizze, die du dir angeschaut hattest, und du kannst dir mein Erstaunen vorstellen, als ich gerade an der Stelle, wo ich, wie mir schien, die Zeichnung des Käfers gemacht hatte, das Bild eines Totenkopfes entdeckte. Im ersten Augenblick war ich zu überrascht, um exakt nachdenken zu können. Ich wußte, daß meine Zeichnung im einzelnen vollkommen verschieden von dieser war, obwohl eine gewisse Ähnlichkeit in den Umrissen bestand. Sofort ergriff ich eine Kerze und setzte mich in die andere Ecke des Raumes, um das Pergament genauer zu untersuchen. Als ich es umdrehte, fand ich auf der Rückseite meine eigene Skizze genau so, wie ich sie gemacht hatte. Zuerst war ich nur überrascht über die wirklich erstaunliche Ähnlichkeit der Umrisse und über den Zufall, daß auf der anderen Seite des Pergaments, ohne daß ich etwas davon wußte, unmittelbar unter meiner Käferzeichnung ein Schädel abgebildet war und daß dieser Schädel nicht nur in seinen Umrissen, sondern auch in der Größe meiner Skizze so sehr glich. Ich sage, dieser einfache Zufall verwirrte mich eine Zeitlang vollkommen. Das ist die gewöhnliche Wirkung solcher Zufälligkeiten. Der Geist bemüht sich, einen Zusammenhang, eine Folge von Ursache und Wirkung ausfindig zu machen, und wird, da ihm dies nicht gelingt, für einen Augenblick wie gelähmt. Als ich mich aber von dieser Verwirrung wieder erholte, da dämmerte in mir nach und nach eine Gewißheit auf, die mich fast noch mehr verblüffte als dieser Zufall. Ich begann, mich ganz genau zu entsinnen, daß sich keine Zeichnung auf dem Pergament befunden hatte, als ich meinen Skarabäus darauf skizzierte. Bald war ich dessen vollkommen sicher, denn ich hatte mir erst die eine und dann die andere Seite angeschaut, um mir die sauberste Stelle auszusuchen. Wäre der Schädel darauf gewesen, so hätte ich ihn natürlich nicht übersehen. Dies war tatsächlich ein Geheimnis, das zu erklären ich mich nicht fähig fühlte. Aber schon damals schien sich in den innersten und geheimsten Winkeln meines Verstandes ein glühwürmchenfeines Leuchten der Wahrheit zu entzünden, die das Abenteuer der vergangenen Nacht in so glänzender Weise bestätigt hat. Sofort erhob ich mich und wies, indem ich das Pergament sorgfältig wegschloß, alle weiteren Überlegungen von mir, bis ich allein wäre.

Als du gegangen warst und Jupiter in tiefem Schlaf lag, machte ich mich an eine mehr methodische Untersuchung der Sache. Zuerst überlegte ich mir die Umstände, unter denen das Pergament in meine Hände gekommen war. Die Stelle, wo wir den Skarabäus entdeckten, lag an der Festlandsküste. Als ich ihn aufheben wollte, versetzte er mir einen scharfen Biß, so daß ich ihn wieder fallen ließ. Jupiter sah sich, ehe er das Insekt ergriff, das auf ihn zugeflogen war, vorsichtshalber nach einem Blatt oder dergleichen um, um es damit festzuhalten. Dabei fielen unser beider Augen gleichzeitig auf den Fetzen Pergament, den ich damals für Papier hielt. Er lag halb vergraben im Sand, und nur eine Ecke davon schaute daraus hervor. In der Nähe der Stelle, wo wir ihn fanden, entdeckte ich die Reste eines Schiffsrumpfes, offenbar des Beibootes eines Schiffes. Das Wrack mußte schon sehr lange dort liegen, denn eine Ähnlichkeit mit Bootsplanken war kaum noch zu erkennen.

Nun, Jupiter ergriff das Pergament, wickelte den Käfer hinein und reichte ihn mir. Bald darauf wandten wir uns heimwärts, und auf dem Wege traf ich Leutnant G. Ich zeigte ihm das Insekt, und er bat mich, es mit nach dem Fort nehmen zu dürfen. Da ich einverstanden war, steckte er es sofort in seine Westentasche ohne das Pergament, in das es eingewickelt gewesen war und das ich in der Hand hielt, während er das Tier betrachtete. Vielleicht fürchtete er, ich werde meine Ansicht ändern, und hielt es für besser, die Beute sofort in Sicherheit zu bringen – du kennst ja seine Begeisterung für alles, was mit Naturwissenschaft zusammenhängt. Gleichzeitig muß ich, ohne dessen bewußt zu sein, das Pergament in meine eigene Tasche gesteckt haben.

Du entsinnst dich, daß ich an den Tisch ging, um den Käfer zu skizzieren, und an der Stelle, wo Papier zu liegen pflegte, keins fand. Ich schaute vergebens in der Schieblade nach und suchte dann in meinen Taschen nach einem alten Brief, als mir das Pergament in die Hand fiel. Ich muß dir das alles im einzelnen erzählen, denn die Umstände machten einen tiefen Eindruck auf mich.

Du wirst mich ohne Zweifel für einen Phantasten halten, aber damals schon hatte ich eine Art Zusammenhang entdeckt. Zwei Glieder einer großen Kette hatte ich bereits aneinandergefügt. Da lag ein Boot am Strande des Meeres und nicht weit davon ein Pergament – kein Papier – und darauf gezeichnet ein Schädel. Du wirst natürlich fragen: Wo besteht da ein Zusammenhang? Ich antworte, der Schädel oder Totenkopf ist das bekannte Sinnbild der Seeräuber. Die Totenkopfflagge wurde bei allen ihren Unternehmungen gehißt.

Ich sage, der Fetzen war Pergament und kein Papier. Pergament ist haltbar, so gut wie unvergänglich. Dinge von geringerer Wichtigkeit schrieb man selten auf Pergament, und nur zum Schreiben oder Zeichnen ist es nicht annähernd so gut geeignet wie Papier. Diese Überlegung verlieh dem Totenkopf eine gewisse Bedeutung. Ebenso auffällig erschien mir die Form des Pergaments. Obwohl durch irgendeinen Zufall eine Ecke davon abhanden gekommen war, ließ sich feststellen, daß es ursprünglich von länglichem Format gewesen war. Es war offenbar gerade so ein Zettel, wie man ihn für eine Notiz benutzt, für eine Bemerkung, die man lange aufbewahren und im Gedächtnis behalten will.«

»Aber«, unterbrach ich ihn, »du sagst doch, der Schädel war nicht auf dem Pergament, als du die Käferskizze darauf machtest. Wie kommst du dazu, eine Beziehung zwischen dem Boot und dem Schädel anzunehmen, da der letztere, wie du selbst zugibst – weiß Gott, wie oder durch wen – gezeichnet wurde, nachdem du den Skarabäus skizziert hattest?«

»Ja, darauf geht das ganze Geheimnis hinaus, obwohl mir dieser Punkt nur wenig Mühe machte, das Rätsel zu lösen. Ich war meiner Sache sicher, und das Resultat mußte ganz einfach sein. So überlegte ich mir z. B. folgendes: Als ich den Skarabäus zeichnete, war kein Schädel auf dem Pergament sichtbar. Nachdem die Skizze fertig war, reichte ich sie dir hinüber und beobachtete dich genau, bis du sie mir zurückgabst. Du hast also den Schädel nicht gezeichnet, und ein anderer, der es hätte tun können, war nicht zugegen. Es geschah also nicht mit menschlicher Hilfe, und doch geschah es.

An diesem Punkte meiner Überlegungen bemühte ich mich, und es gelang mir auch, mir mit absoluter Genauigkeit jede Einzelheit in der fraglichen Zeit zu vergegenwärtigen. Das Wetter war unfreundlich – welch ein seltener und glücklicher Zufall! –, und auf dem Herd flackerte ein Feuer. Ich war erhitzt von den Anstrengungen des Weges und saß am Tisch. Du hattest dir einen Stuhl an den Kamin gezogen. Gerade, als ich dir das Pergament in die Hand gab und du es anschauen wolltest, kam Wolf, mein Neufundländer herein und sprang an dir empor. Mit der linken Hand streicheltest du ihn und wehrtest ihn ab, während deine rechte, die das Blatt hielt, unwillkürlich zwischen deine Knie sank und so der Glut sehr nahe kam. Einen Augenblick lang fürchtete ich, es würde Feuer fangen, und wollte dich gerade warnen, aber ehe ich den Mund öffnen konnte, hattest du es zurückgezogen und warst dabei, es zu betrachten. Nachdem ich mir alle diese Einzelheiten durch den Kopf hatte gehen lassen, zweifelte ich keinen Augenblick mehr daran, daß es die Hitze gewesen war, die den Schädel zum Vorschein gebracht hatte, dessen Zeichnung ich auf dem Pergament entdeckte. Es ist dir ja wohl bekannt, daß es schon seit undenkbaren Zeiten Chemikalien gibt, mit denen man auf Papier oder Pergament schreiben kann, so daß die Schriftzeichen erst sichtbar werden, wenn man sie erhitzt. So benutzt man bisweilen Lasurblau in Königswasser gelöst und mit der vierfachen Menge Wasser verdünnt, wodurch man eine grüne Tinte erhält, in Salpetergeist gelöster Glanzkobalt ergibt eine rote. Diese Farben verschwinden in mehr oder weniger kurzer Zeit, wenn man in der Kälte damit geschrieben hat, werden aber beim Erwärmen wieder sichtbar.

Nun untersuchte ich den Totenkopf aufs sorgfältigste. Seine äußeren Ränder – die der Zeichnung in der Nähe der Kante des Blattes – waren bedeutend schärfer als die anderen. Es war klar, daß die Hitze unvollkommen oder ungleichmäßig gewirkt hatte. Sofort zündete ich ein Feuer an und erhitzte jede Stelle des Pergamentes an der Glut. Anfangs erreichte ich damit nur, daß die schwächeren Linien des Schädels stärker sichtbar wurden. Als ich das Experiment aber fortsetzte, wurde in einer Ecke des Zettels gerade diagonal gegenüber der Stelle, wo der Totenkopf abgebildet war, eine Zeichnung sichtbar, die ich zuerst für eine Ziege hielt, bei genauer Untersuchung stellte ich aber fest, daß es ein Zicklein sein sollte.«

»Hahaha!« lachte ich, »sicherlich habe ich kein Recht, dich auszulachen, denn anderthalb Millionen sind eine zu ernsthafte Sache, um sich darüber lustig zu machen – aber damit findest du kein drittes Glied zu deiner Kette; zwischen deinen Seeräubern und einer Ziege wirst du keinen Zusammenhang finden! Seeräuber, weißt du, haben nichts mit Ziegen zu tun, die gehören in die Landwirtschaft!!«

»Aber ich sage dir doch, die Zeichnung stellte keine Ziege dar!«

»Gut, also ein Zicklein! Das ist fast dasselbe.«

»Fast, aber nicht ganz!« entgegnete Legrand. »Hast du schon einmal etwas von einem Kapitän Kidd gehört? Kid ist das englische Wort für Zicklein. Die Tiergestalt erschien mir sofort wie eine Art Wortspiel oder eine hieroglyphische Unterschrift, denn seine Stellung auf dem Pergament brachte mich auf diese Idee. Der Totenkopf in der Ecke gegenüber glich ebenso einem Stempel oder Siegel. Allerdings fehlte alles übrige – der Hauptbestandteil meines eingebildeten Dokumentes –, der Text zum Ganzen, und das brachte mich sehr aus der Fassung.«

»Ich nehme an, du erwartetest einen Brief zwischen Stempel und Unterschrift zu finden.«

»Irgend etwas dieser Art! Auf jeden Fall vermochte ich mich des Gefühls nicht zu erwehren, daß dieses alles ein riesenhaftes Glück bedeutete. Ich kann kaum sagen, warum. Vielleicht war es doch mehr ein Wunsch als eine richtige Überzeugung. Aber glaubst du, daß Jupiters dummes Geschwätz, der Käfer bestehe aus purem Gold, meine Phantasie merklich beeinflußt hat? Und diese Reihe von Zufälligkeiten und Zusammentreffen – das alles war so außergewöhnlich! Hast du bemerkt, welch ein reiner Zufall es war, daß sich das alles an dem einen Tage des Jahres ereignete, an dem es so kühl war, daß wir Feuer machten und daß ich ohne das Feuer oder ohne das Dazwischenkommen des Hundes gerade in dem Augenblick, als er erschien, niemals etwas von dem Totenkopf erfahren und niemals in den Besitz des Schatzes gekommen wäre?«

»Ja, aber sprich weiter, ich vergehe vor Ungeduld!«

»Nun ja, du hast sicher schon von den vielen Geschichten gehört – den tausend unklaren Gerüchten, die über Geldsummen umgehen, die Kidd und seine Leute irgendwo an der Atlantikküste vergraben haben sollen. Daß sie sich so lange und hartnäckig hielten, konnte meines Erachtens nur daher kommen, daß die Schätze noch vergraben waren. Hätte Kidd seine Beute für eine Zeitlang versteckt und sie später wieder an sich genommen, so würden sich diese Gerüchte wohl kaum in dieser unveränderten Form bis auf den heutigen Tag erhalten haben. Du siehst, daß alle Erzählungen von Goldsuchern, aber keine von Goldfindern berichten. Hätte der Pirat sein Gold wiedergeholt, so wäre davon eine Nachricht durchgesickert. Es scheint mir, daß irgendein Zufall – sagen wir der Verlust einer Notiz über die Stelle des Verstecks – es ihm unmöglich gemacht hat, es wiederzufinden und daß dieser Zufall seinen Leuten bekannt wurde, die vielleicht sonst niemals etwas von dem verborgenen Schatz erfahren hätten. Sie versuchten nun – ohne einen entsprechenden Hinweis natürlich vergebens –, ihn wiederzufinden, und sie waren es wohl, welche die Veranlassung für die Entstehung und Verbreitung dieser jetzt allgemein bekannten Erzählungen wurden. Hast du nie etwas von großen Schätzen gehört, die hier an der Küste vergraben sein sollen?«

»Niemals!«

»Aber daß Kidd riesenhafte Reichtümer aufgehäuft hatte, ist allgemein bekannt. Ich war also davon überzeugt, daß sie noch in der Erde steckten, und du wirst dich kaum wundern, wenn ich dir sage, daß ich eine Hoffnung empfand, die fast an Sicherheit grenzte, daß dieses auf so seltsame Weise gefundene Pergament eine verlorene Nachricht über den Ort des Verstecks enthielt.«

»Aber was hast du weiter gemacht?«

»Ich schürte das Feuer zu größerer Hitze und hielt das Pergament wieder daran, aber es zeigte sich nichts. Dann kam mir der Gedanke, die Schmutzschicht könne an diesem Mißerfolg Schuld haben. So reinigte ich das Blatt sorgfältig, indem ich warmes Wasser darüber goß. Dann legte ich es, den Schädel nach unten, in eine Blechpfanne und setzte diese auf das Holzkohlenfeuer. Nach wenigen Minuten war die Pfanne vollkommen heiß. Ich nahm den Zettel heraus und fand ihn zu meiner größten Freude an mehreren Stellen mit Zeichen bedeckt, die offenbar in Linien angeordnet waren. Ich legte ihn noch einmal in die Pfanne und ließ ihn eine weitere Minute darin liegen. Dann nahm ich ihn heraus, und das Resultat war das, was du hier siehst.«

Damit legte Legrand das Pergament vor mich hin, das er inzwischen wieder erhitzt hatte. In groben Strichen erschienen zwischen dem Totenkopf und der Ziege in roter Farbe die folgenden Zeichen:

53§§ + 305))6¥;4826)4§);806¥;48 + 8 × 60))85;
1§(;:§¥8 + 83(88)5¥ + ;46(;88¥96¥?;8)¥§(;485);
5¥ + 2:¥§(;4956¥2(5¥–4)8 × 8¥;4069285);)6 + 8
4§§;1(§9;48081;8:8§1;48 + 85;4)485 + 528806¥8
1(§9;48;(88;4(§?34;48)4§;161;:188;§?;

»Aber«, entgegnete ich, indem ich ihm den Zettel zurückgab, »damit bin ich genau so klug wie vorher, und wenn auf die Lösung des Rätsels hin alle Juwelen von Golkonda meiner warteten, so wäre ich gewiß nicht in der Lage, sie zu erwerben.«

»Und trotzdem«, erwiderte Legrand, »ist die Lösung keineswegs so schwierig, wie du dir beim ersten flüchtigen Anschauen vielleicht einbildest. Sie stellen, wie man sich leicht denken kann, eine Geheimschrift vor, das heißt also, sie haben einen gewissen Sinn. Aber nach all dem, was man von Kidd weiß, kann ich ihn nicht für fähig halten, eine besonders schwierige Geheimschrift zu entsinnen. Ich überlegte mir, daß es eine von der einfachen Art sein mußte – die immerhin für die ungebildeten Matrosen ohne Schlüssel völlig unlösbar war.«

»Und du hast sie tatsächlich gelöst?«

»Ganz leicht! Ich habe andere gelöst, die zehntausendmal schwieriger waren. Die Verhältnisse und eine gewisse Neigung dazu haben es mit sich gebracht, daß ich an solchen Rätseln Interesse gewann, und es ist wohl zu bezweifeln, ob der menschliche Geist überhaupt in der Lage ist, irgendeine Aufgabe dieser Art zu ersinnen, die nicht auch von einem Menschen mit entsprechender Begabung gelöst werden könnte. Tatsächlich machte mir die Entzifferung kaum Schwierigkeiten, nachdem ich erst einmal erkannt hatte, daß es sich um zusammenhängende und lesbare Schriftzeichen handelte.

Bei der gegenwärtigen wie bei allen anderen Geheimschriften betrifft die erste Frage die Sprache, in der sie verfaßt ist. Denn alle Auflösungsgrundsätze, wenigstens soweit es sich um einfachere Systeme handelt, beruhen auf dem Wesen des betreffenden Idioms und ändern sich entsprechend. Im allgemeinen gibt es keinen anderen Weg als den, versuchsweise alle wahrscheinlichen Sprachen, die man kennt, zugrunde zu legen, bis man die richtige gefunden hat. Indes waren wir bei der vorliegenden Geheimschrift durch die Unterschrift dieser Mühe enthoben. Das Wortspiel mit dem Namen ›Kidd‹ ist nur im Englischen möglich. Ohne diese Überlegung hätte ich meine Versuche mit Spanisch und Französisch beginnen müssen, denn in einer dieser Sprachen hätte ein Geheimnis dieser Art von einem Seeräuber der spanischen Meere natürlicherweise am ehesten geschrieben sein können. Wie die Dinge lagen, mußte ich annehmen, daß es eine englische Geheimschrift war.

Wie du siehst, bestehen zwischen den einzelnen Wörtern keine Zwischenräume. Im anderen Falle wäre die Aufgabe verhältnismäßig einfach gewesen. Dann hätte ich damit begonnen, die kürzesten Wörter zusammenzustellen und zu analysieren. Hätte ich ein nur aus einem Buchstaben bestehendes Wort gefunden – was leicht möglich ist, wie etwa a: ›ein‹ oder I: ›ich‹ – so wäre ich sicher gewesen, ans Ziel zu kommen. Da aber keine Zwischenräume vorhanden sind, so mußte ich zuerst die häufigsten und dann die weniger häufigen Buchstaben zusammenstellen. Indem ich alle zählte, kam ich zu folgender Tabelle:

Von dem Zeichen	8	gab	es	33
	;	„	„	26
	4	„	„	19
	§	„	„	16
	¥	„	„	13
	5	„	„	12
	6	„	„	11
	(	„	„	10
	)	„	„	14
+ und	1	„	„	8
	0	„	„	6
9 und	2	„	„	5
: und	3	„	„	4
	?	„	„	3
	×	„	„	2
	–	„	„	1

Nun ist im Englischen der am meisten vorkommende Buchstabe das e. Dann folgen in der Reihenfolge ihrer Häufigkeit a, o, i, d, h, n, r, s, t, u, y, c, f, g, l, m, w, b, k, p, q, x, z. Das e herrscht in so bemerkenswerter Weise vor, daß man kaum einen Satz findet, in dem es nicht der auffälligste Buchstabe ist.

Hier haben wir also schon gleich zu Beginn die Grundlage zu mehr als einer reinen Vermutung. Die Anwendung unserer Tabelle ist klar, aber bei dieser besonderen Geheimschrift werden wir sie nur in einzelnen Fällen zur Hilfe nehmen. Da unser vorherrschendes Zeichen die 8 ist, beginnen wir damit, sie als das e des natürlichen Alphabets anzusehen. Um diese Annahme zu überprüfen, schauen wir nach, ob die 8 des öfteren paarweise vorkommt, denn das doppelte e ist im Englischen sehr häufig, so z. B. in Worten wie ›meet‹, ›fleet‹, ›speed‹, ›seen‹, ›been‹, ›agree‹ usw. Hier finden wir es nicht weniger als fünfmal doppelt, obgleich der Text nur kurz ist.

Setzen wir also für die 8 ein e. Nun ist von allen Wörtern in dieser Sprache das ›the‹ am häufigsten. Schauen wir also nach, ob sich nicht des öfteren Wiederholungen von drei bestimmten Zeichen, deren letztes die 8 ist, in der gleichen Ordnung finden. Treffen wir solche Zeichen in gleicher Zusammensetzung wiederholt an, so bedeuten sie höchstwahrscheinlich das Wort ›the‹. Wie die Untersuchung ergibt, finden wir eine solche Gruppe nicht weniger als siebenmal, und zwar handelt es sich um die Zeichen ;48. So können wir also annehmen, daß das ; ein t, die 4 ein h und die 8 ein e bedeutet, womit das letztere erneut bestätigt wird. Damit haben wir einen großen Schritt vorwärts getan.

Haben wir so ein einzelnes Wort ermittelt, so sind wir damit in der Lage, etwas sehr Wichtiges zu finden, nämlich Anfänge und Endungen mehrerer anderer Worte. Laß uns z. B. nur eine Stelle nehmen, in der die Gruppe ;48 erscheint – ungefähr am Ende des Textes. Wir wissen, daß das unmittelbar darauffolgende ; der Anfang eines Wortes ist, und von den sechs auf das ›the‹ folgenden Buchstaben kennen wir nicht weniger als fünf. Diese Buchstaben wollen wir aufschreiben und zwischen den bekannten für den unbekannten einen Zwischenraum lassen – so:

t eeth.

Das th können wir weglassen, denn es gehört nicht zu dem Wort, das mit t beginnt. Wenn wir nämlich alle Buchstaben des Alphabets durchprobieren, so werden wir doch feststellen, daß sich damit kein Wort bilden läßt, das mit th endet. Wir beschränken uns also auf

t ee.

Nehmen wir nun wieder das Alphabet zur Hilfe, so finden wir das Wort ›tree‹ als einzige Möglichkeit. Damit kommen wir zu dem Buchstaben r, den das Zeichen (darstellt, und kennen jetzt in richtiger Zusammensetzung die Worte ›the tree‹.

Hinter diesen Worten folgt in kurzem Abstande wieder die Gruppe ;48, die wir mit dem Vorhergehenden in Verbindung bringen. Damit erhalten wir die Zusammensetzung:

the tree ;4(§?34 the

oder, wenn wir die uns bereits bekannten Buchstaben einsetzen,

the tree thr§?3h the.

Lassen wir die Stellen frei, wo die unbekannten Zeichen stehen oder setzen Punkte an ihre Stelle, so ergibt das:

the tree thr...h the,

wobei sich uns das Wort ›through‹ ohne weiteres aufdrängt. Diese Entdeckung bringt uns drei neue Buchstaben ein: o, u und g, dargestellt durch die Zeichen §, ? und 3.

Sehen wir uns nun das Schriftstück auf Zusammenstellungen bekannter Zeichen an, so finden wir nicht weit hinter dem Anfang die Gruppe

83(88, das heißt also egree,

das offenbar der Schluß des Wortes ›degree‹ ist und uns einen neuen Buchstaben: d, liefert, dargestellt durch das Zeichen +.

Vier Buchstaben hinter dem Wort ›degree‹ entdecken wir die Kombination

;48(;88.

Übersetzt, soweit die Zeichen bekannt sind, und der Rest wie vorhin durch Punkte ersetzt, ergibt dies

th.rtee,

eine Zusammensetzung, die unmittelbar an das Wort ›thirteen‹ erinnert und uns die neuen Buchstaben i und n liefert, die durch die Zeichen 6 und ∞ versinnbildlicht sind.

Zu Beginn der Geheimschrift finden wir die Gruppe

53§§ +

die, wie vorhin übersetzt, ›good‹ ergibt. Daraus entnehmen wir, daß der erste Buchstabe ein A ist und die beiden ersten Worte ›A good‹ heißen.

Nun wird es Zeit, daß wir unsern Schlüssel, soweit wir ihn ermittelt haben, in eine Tabelle ordnen, um Verwirrung zu vermeiden. Er sieht dann folgendermaßen aus:

5	bedeutet	a
+	„	d
8	„	e
3	„	g
4	„	h
6	„	i
∞	„	n
§	„	o
(	„	r
)	„	s
;	„	t

Wir haben also nicht weniger als zehn der wichtigsten Buchstaben, und es wird unnötig sein, auf die weiteren Einzelheiten der Lösung einzugehen. Ich habe genug gesagt, um dich davon zu überzeugen, daß Geheimschriften dieser Art leicht zu entziffern sind, und dir einen Begriff davon zu geben, wie dies geschieht. Aber du kannst mir glauben, daß die vor uns liegende zu den einfachsten Arten von Geheimschriften gehört. Nun muß ich dir noch die vollständige Übersetzung der Zeichen auf dem Pergament mitteilen, wie ich sie entziffert habe. Sie lautet:

›A good glass in the bishop's hostel in the devil's seat forty-one degrees and thirteen minutes northeast and by north main branch seventh limb east side shoot from the left eye of the death's-head a bee line from the tree through the shot fifty feet out.‹ – Ein gutes Glas in des Bischofs Hotel im Teufelsstuhl einundvierzig Grad und dreizehn Minuten Nordost zu Nord Hauptast siebter Zweig Ostseite fälle ein Lot aus dem linken Auge des Totenkopfes eine schnurgerade Linie von dem Baum durch das Lot fünfzig Fuß hinaus.«

»Aber«, entgegnete ich, »mir erscheint das Rätsel noch ebenso schleierhaft wie vorher. Wie ist es möglich, aus all diesem Kauderwelsch wie ›Teufelsstuhl‹, ›Totenkopf‹ und ›Bischofs Hotel‹ einen vernünftigen Sinn herauszufinden?«

»Ich gebe zu«, erwiderte Legrand, »daß die Sache auf den ersten Blick ernst ausschaut. Mein erstes Bemühen war nun, den Satz in seine natürlichen, vom Schreiber beabsichtigten Bestandteile zu zerlegen.«

»Du meinst die Satzzeichen?«

»So etwas Ähnliches!«

»Wie hast du das denn fertiggebracht?«

»Ich machte mir klar, daß der Schreiber damit, daß er seine Worte ohne Absatz hintereinandersetzte, die Absicht verfolgte, die Lösung noch mehr zu erschweren. Nun, ein nicht allzu scharfsinniger Mensch wird in solchen Fällen leicht des Guten zuviel tun. Kommt er im Verlauf seiner Arbeit an eine Stelle, die natürlicherweise eine Pause oder einen Punkt verlangt, so wird er geneigt sein, hier seine Zeichen noch mehr als gewöhnlich aneinanderzuschieben. Wenn du dir das Manuskript daraufhin anschaust, so wirst du leicht fünf solcher Stellen ungewöhnlich engen Zusammenrückens entdecken können. Danach habe ich mich gerichtet und den Text folgendermaßen abgeteilt:

›Ein gutes Glas in des Bischofs Hotel im Teufelsstuhl – einundvierzig Grad und dreizehn Minuten Nordost zu Nord – Hauptast siebter Zweig Ostseite – fälle ein Lot aus dem linken Auge des Totenkopfes – eine schnurgerade Linie von dem Baum durch das Lot fünfzig Fuß hinaus.‹«

»Ja, aber auch damit wird mir die Sache nicht klarer.«

»Mir war sie auch einige Tage lang nicht klar«, entgegnete Legrand. »Währenddessen erkundigte ich mich in der Umgebung der Sullivan-Insel nach einem Bauwerk, das unter dem Namen ›Bishop's hotel‹ bekannt war, denn die veraltete Form ›hostel‹ konnte ich ja ohne weiteres übergehen. Als ich damit keinen Erfolg hatte und gerade zu dem Entschluß gekommen war, den Kreis meiner Nachforschungen weiter zu ziehen und planmäßiger vorzugehen, kam mir eines Morgens plötzlich der Gedanke, dieses ›Bishop's hotel‹ könne irgendwie mit einer alten Familie Bessop zusammenhängen, die vor langer Zeit etwa vier Meilen weit nördlich der Insel ein Gutshaus besessen hatte. Ich ging also hinüber zu der Farm und zog dort bei den alten Negern Erkundigungen ein. Schließlich erfuhr ich von einer sehr alten Frau, es gebe eine Stelle, die, wie sie gehört habe, ›Bessop's Castle‹ – Bessops Burg – genannt werde. Sie könne mich dahin führen, aber es sei weder eine Burg noch ein Hotel, sondern nur ein hoher Felsen.

Ich versprach ihr, sie für ihre Mühe zu entschädigen, und nach einigen Einwendungen willigte sie ein, mich zu der Stelle hinzuführen. Wir fanden sie ohne Schwierigkeit, und als ich sie weggeschickt hatte, machte ich mich daran, mir den Ort näher anzuschauen. Die ›Burg‹ bestand nur aus einer unregelmäßigen Anhäufung von Klippen und Felsen, deren einer sich durch seine Höhe und seine isolierte Stellung wie seine eindrucksvolle Gestalt auffiel. Ich stieg hinauf und war dann zunächst ratlos, was weiter geschehen sollte.

Während ich so in Gedanken versunken dasaß, fiel mein Blick auf einen schmalen Vorsprung an der Ostseite des Felsen, etwa einen Yard unterhalb der Stelle, wo ich mich befand. Dieser Vorsprung ragte vielleicht achtzehn Zoll weit hervor und war kaum einen Fuß breit. Eine Nische über ihm in der Felswand gab ihm eine entfernte Ähnlichkeit mit einem der Lehnstühle, wie sie unsere Großeltern benutzten. Ich zweifelte keinen Augenblick daran, daß dies der ›Teufelsstuhl‹ des Manuskriptes war, und nun glaubte ich, dem Rätsel auf die Spur zu kommen.

Das ›gute Glas‹ konnte nichts anderes als ein Fernglas bedeuten, denn das Wort ›Glas‹ wird von Seeleuten kaum in anderem Sinne gebraucht. Hier benötigte ich also ein Fernglas und einen bestimmten Punkt, von dem aus es zu benutzen war, und von dem ich nicht abweichen durfte. Ich zögerte auch keinen Augenblick, anzunehmen, daß die Ausdrücke ›einundvierzig Grad und dreizehn Minuten‹ bzw. ›Nordost zu Ost‹ Hinweise für die Richtung des Glases bedeuteten. Höchst erregt über diese Entdeckungen eilte ich nach Hause, um mir ein Fernglas zu besorgen, und kehrte damit zu dem Felsen zurück.

Ich ließ mich zu dem Vorsprung hinunter und stellte fest, daß ich nur in einer ganz bestimmten Stellung darauf sitzen konnte. Dies bestärkte mich in der vorher gefaßten Ansicht. Dann nahm ich das Fernrohr ans Auge. Natürlich konnten die ›einundvierzig Grad und dreizehn Minuten‹ nur die Erhöhung über dem Horizont bedeuten, denn die seitliche Richtung war eindeutig durch die Worte ›Nordost zu Ost‹ angegeben. Diese ermittelte ich mit Hilfe eines Taschenkompasses, und indem ich das Glas in einem annähernden Winkel von einundvierzig Grad hob, bewegte ich es sorgfältig auf- und abwärts, bis meine Aufmerksamkeit durch eine runde Öffnung im Laubwerk eines hohen Baumes gefesselt wurde, der seine Nachbarn um ein beträchtliches überragte. In der Mitte dieser Lücke gewahrte ich einen hellen Fleck, konnte aber anfangs nicht sehen, was es war. Ich stellte das Glas schärfer ein und erkannte ihn nun als einen menschlichen Schädel.

Diese Entdeckung ließ mich zuversichtlich annehmen, daß das Rätsel gelöst sei, denn die Ausdrücke ›Hauptast‹, ›siebter Zweig‹, ›Ostseite‹ konnten sich nur auf die Lage des Schädels auf dem Baum beziehen, während das ›Lot‹ in bezug auf den vergrabenen Schatz nur eine Erklärung zuließ. Ich nahm an, daß ich aus dem linken Auge des Schädels eine Kugel fallen lassen, dann eine gerade Linie von der nächsten Stelle des Stammes durch das ›Lot‹ – die Stelle, wo die Kugel zur Erde gefallen war – ziehen und auf fünfzig Fuß verlängern mußte. Dadurch fand ich einen Punkt, unter dem, wie ich es zum mindesten für nicht ausgeschlossen hielt, ein wertvoller Schatz verborgen lag.«

»Das alles«, unterbrach ich ihn, »ist durchaus klar und ebenso geistreich wie einfach und einleuchtend. Und was geschah dann, nachdem du das ›Bishop's hotel‹ verlassen hattest?«

»Nun, ich prägte mir den Baum aufs sorgfältigste ein und ging dann nach Hause. In dem Augenblick, in dem ich den ›Teufelsstuhl‹ verließ, verschwand auch die runde Öffnung, und ich vermochte keinen Schimmer mehr davon zu entdecken, so viel ich mich auch drehte. Das Scharfsinnigste bei diesem ganzen Geschäft scheint mir die Tatsache zu sein – denn wiederholte Versuche haben mich davon überzeugt, daß es eine Tatsache ist –, daß die fragliche runde Öffnung von keinem anderen erreichbaren Punkt aus sichtbar ist, als nur von dem schmalen Vorsprung an der Stirnseite des Felsen.

Bei dieser Expedition nach dem ›Bishop's Hotel‹ hatte Jupiter mich begleitet, der zweifellos in den vergangenen Wochen meine Geistesabwesenheit beobachtet hatte und sich bemühte, mich nicht allein zu lassen. Aber am nächsten Tage stand ich sehr früh auf, und es gelang mir, ihm zu entwischen. Ich ging in die Berge, um den Baum zu suchen, den ich auch nach vieler Mühe fand. Als ich bei Einbruch der Nacht nach Hause kam, wollte mein Diener mich verprügeln. Den Rest des Abenteuers kennst du, glaube ich, so gut wie ich selbst.«

»Ich nehme an«, sagte ich, »beim ersten Ausgrabungsversuch hattest du die richtige Stelle verfehlt, weil Jupiter dummerweise den Käfer durch das rechte statt durch das linke Auge des Schädels hat fallen lassen.«

»So ist es. Dieser Fehler machte einen Unterschied von etwa zwei und einem halben Zoll beim ›Lot‹ – das heißt also in der Stellung des Pflockes in der Nähe des Baumes. Wäre der Schatz unter dem ›Lot‹ versteckt gewesen, so wäre das ohne große Bedeutung gewesen. Aber das ›Lot‹ und gleichzeitig der nächstgelegene Punkt am Baum waren zwei Punkte, um die Richtung festzulegen, und der Fehler, der zu Beginn so unbedeutend war, vergrößerte sich natürlich mit der Entfernung, so daß wir fünfzig Fuß weit vollkommen von der Spur abgekommen waren. Hätte ich nicht die feste Überzeugung gehabt, daß der Schatz hier irgendwo vergraben war, so hätten wir die ganze Arbeit vergebens getan.«

»Aber deine hochtrabenden Reden und dein sonderbares Geschwenke mit dem Käfer – das war doch sehr auffällig! Ich war überzeugt, du seiest verrückt geworden. Und warum hast du den Käfer statt einer Kugel von dem Schädel herunterfallen gelassen?«

»Ja, um ehrlich zu sein, ich hatte mich irgendwie über deine offensichtlichen Zweifel an meinem gesunden Menschenverstand geärgert und mir vorgenommen, dich auf meine Weise mit einer kleinen Mystifikation zu bestrafen. Deshalb habe ich den Käfer geschwenkt und ihn von dem Baum herunterfallen lassen. Deine Beobachtung, daß er ausnehmend schwer sei, hatte mich auf diese Idee gebracht.«

»Ja, ich verstehe! Nur ein Punkt ist mir noch unklar. Wie kam es, daß wir die Skelette in der Grube fanden?«

»Das ist eine Frage, auf die ich nicht mehr zu antworten weiß als du selbst. Dafür scheint es indes nur eine glaubhafte Erklärung zu geben, obwohl es zu furchtbar ist, eine solche Grausamkeit zu glauben, wie ich sie vermute. Es ist klar, daß Kidd – wenn Kidd, woran ich keineswegs zweifle, diesen Schatz wirklich vergraben hat – bei diesem Unternehmen irgendwelche Hilfe in Anspruch genommen hat. Nachdem die Arbeit getan war, mag ihm vielleicht der Gedanke gekommen sein, es sei zweckmäßig, sich aller Mitwisser an seinem Geheimnis zu entledigen. Vielleicht genügten ein paar Schläge mit der Hacke, während seine Helfer in der Grube beschäftigt waren, vielleicht waren es auch einige mehr – wer kann das sagen?«

Der schwarze Kater

Für die höchst schauerliche und doch so schlichte Erzählung, die ich hier niederzuschreiben mich anschicke, erwart' ich weder noch erbitt' ich Glauben. Toll wahrlich müßte ich sein, darauf zu rechnen – in einem Fall, wo sich ja selbst die eignen Sinne sträuben, das Wahrgenommene für wahr zu nehmen. Doch toll bin ich gewiß nicht – und gewiß auch träum' ich nicht. Aber nun sterb' ich morgen, und so wollte ich heute noch meine Seele erleichtern. Mein Zweck ist dabei geradheraus der, in offener, kurz- und bündiger Weise und ohne Drumherum eine Reihe von bloßen Alltagsereignissen vor der Welt auszubreiten. In ihren Folgen haben diese Ereignisse mich entsetzt – mich gefoltert –, mich innerlich zerrüttet und zerstört. Doch will ich nicht versuchen, sie zu deuten. Mir selber haben sie kaum anderes als Grauen gebracht – vielen dagegen werden sie wohl weniger entsetzlich denn baroques vorkommen. Vielleicht ja findet sich hiernach auch ein Verstand, der meine Phantasmen aufs Banale zurückführt – ein Kopf, der ruhiger, der logischer und der weniger erreglich ist als meiner und der in den Umständen, die ich mit Grauen hier erzähle, nichts mehr erblickt denn eine gewöhnliche Folge von ganz natürlichen Ursachen und Wirkungen.

Von Kindheit auf schon war ich bekannt für mein lenksames und menschenliebendes Wesen. Meine Herzensweichheit gar trat so auffällig hervor, daß ich darob von meinen Kameraden oft gehänselt wurde. Ich liebte vor allem die Tiere, und der Nachsicht meiner Eltern verdankte ich's, daß in unserem Haus zahlreiche vierbeinige Gefährten um mich waren. Mit ihnen verbrachte ich den größten Teil meiner Zeit, und kein größeres Glück kannt' ich, als sie füttern und streicheln zu dürfen. Diese Charaktereigenart wuchs mit mir, und da ich zum Manne geworden, bildete sie mir eine der Hauptquellen der Freude. Allen denen, die einmal Zuneigung zu einem treuen und klugen Hunde hegten, brauche ich wohl kaum eigens die Natur beziehungsweise die Intensität der Befriedigung zu erklären, welche daraus erwächst. Es liegt etwas in der selbstlosen und aufopfernden Liebe der unvernünftigen Kreatur, das greift einem jeden ans Herze, der häufig Gelegenheit hatte, die wenig wertvolle Freundschaft und flüchtige Treue des bloßen Menschen zu erproben.

Ich heiratete früh und war glücklich, in meinem Weibe eine durchaus verwandte Seele zu finden. Da sie meine Liebe zu Haustieren bemerkte, versäumte sie keine Gelegenheit, uns solche der reizendsten Art anzuschaffen. Wir hatten Vögel, Goldfische, einen schönen Hund, Kaninchen, ein kleines Äffchen, und einen Kater.

Dieser letztere war ein bemerkenswert schönes und großes Tier, vollkommen schwarz und in geradezu erstaunlichem Maße klug. War von seiner Intelligenz die Rede, so spielte meine Frau, die im Herzen von rechtem Aberglauben angefochten wurde, des öfteren auf den alten Volksglauben an, welcher alle schwarzen Katzen als verkleidete Hexen betrachtete. Nicht, daß es ihr je ernst mit diesem Punkt gewesen wäre; ich erwähne die Sache überhaupt aus keinem besseren Grunde als dem, daß sie mir zufällig just eben ins Gedächtnis kam.

Pluto – so hieß der Kater – war mein Spielkamerad und mir von allen Haustieren am liebsten. Ich allein fütterte ihn, und er begleitete mich auf allen meinen Gängen durch das Haus. Mit Mühe nur konnte ich ihn daran hindern, mir auch noch durch die Straßen zu folgen.

Unsere Freundschaft dauerte in dieser Weise mehrere Jahre fort, während welcher mein allgemeines Temperament und Wesen – durch das Wirken des Bösen Feindes Ausschweifung – (schamrot gesteh' ich's) eine radikale Veränderung zum Schlimmen erfuhr. Von Tag zu Tage wurde ich übellauniger, reizbarer und rücksichtsloser gegenüber den Gefühlen anderer. Ich ließ mich hinreißen, maßlose Worte gegen mein Weib zu gebrauchen. Schließlich tat ich ihr gar Gewalt an. Auch meine Haustiere bekamen natürlich den Wechsel in meiner Gemütsart zu spüren. Ich vernachlässigte sie nicht nur, ich mißhandelte sie. Für Pluto hatte ich just noch soviel Rücksicht, daß ich ihn wenigstens nicht mutwillig quälte, indessen ich den Kaninchen, dem Affen oder gar dem Hunde ohne Skrupel schlimm zusetzte, wenn sie mir einmal durch Zufall oder aus Zuneigung in den Weg kamen. Doch mein Leiden – und welches Leiden ist dem Alkohol gleich? –, es wuchs und ward übergewaltig; und schließlich begann selbst Pluto, der jetzt langsam in die Jahre kam und infolgedessen ein bißchen launisch wurde, die Wirkungen meiner inneren Zerrüttung zu erfahren.

Eines Nachts, da ich, schwer berauscht, von einem meiner Rundzüge durch die Stadt nach Hause kam, bildete ich mir ein, der Kater meide meine Nähe. Ich packte ihn – da brachte er mir, erschrocken ob meiner Heftigkeit, mit seinen Zähnen eine leichte Wunde an der Hand bei. Augenblicklich ergriff eine dämonische Wut von mir Besitz. Ich kannte mich selbst nicht mehr. Das, was einmal meine Seele gewesen, schien mir wie mit einem Schlage aus meinem Körper entwichen; und eine mehr denn teuflische, vom Gin genährte Bosheit durchzuckte schaudernd jede Faser meines Leibes. Ich zog ein Federmesser aus der Westentasche, öffnete es, packte das arme Vieh bei der Kehle und schnitt ihm kalten Blutes eines seiner Augen aus der Höhle! Ich werde rot, ich brenne, schaudere, während ich diese verdammenswerte Scheußlichkeit niederschreibe.

Als mit dem Morgen – da der Schlaf die Dunstwallungen der nächtlichen Ausschweifung verscheucht hatte – die Vernunft wiederkehrte, durchrann mich ein Gefühl aus Grauen, halb und halb aus Reue ob des Verbrechens, dessen ich schuldig geworden; doch war es bestenfalls ein schwaches und schwankend zweideutiges Empfinden, das meine Seele unberührt ließ. Ich stürzte mich aufs neue in Exzesse und hatte bald im Weine jede Erinnerung an die Tat ertränkt.

Derweil erholte sich der Kater langsam wieder. Die Höhle des verlornen Auges bot, das muß ich sagen, einen wahrhaft fürchterlichen Anblick, doch Schmerzen schien das Tier nicht mehr zu leiden. Es lief ganz wie gewöhnlich durch das Haus, doch floh's, wie zu erwarten, in äußerstem Entsetzen, wenn ich näherkam. Noch hatt' ich immer soviel Herz in mir, daß mich's betrübte, diese offensichtliche Abneigung von einem Tiere zu erfahren, das mich einst so geliebt hatte. Doch dieses Empfinden machte bald Gereiztheit Platz. Und dann kam, wie um mich endgültig zu vernichten, der Geist der PERVERSHEIT über mich. Diesen Geist hat die Philosophie noch gar nicht zur Kenntnis genommen. Doch so gewiß ich bin, daß meine Seele lebt, nicht weniger bin ich's, daß die Perversheit einer der Urantriebe des menschlichen Herzens ist – eine der unteilbaren Grundfähigkeiten oder -empfindungen, welche dem Charakter des Menschen die Richtung weisen. Wer hat sich nicht schon hundertmal dabei ertappt, daß er eine niederträchtige und törichte Tat aus keinem anderen Grunde beging denn aus dem Bewußtsein, daß sie ihm verboten sei? Verspüren wir denn nicht – wider all unser bestes Wissen – die fortwährende Neigung, das zu verletzen, was Gesetz ist, bloß weil wir es als solches begreifen? Dieser Geist der Perversheit kam, sag' ich, über mich, um mich unwiderruflich zu vernichten. Es war dies unerforschliche Verlangen der Seele, sich selbst zu quälen – der eigenen Natur Gewalt anzutun – unrecht zu handeln allein um des Unrechts willen –, das mich drängte, die dem harmlosen Tiere zugefügte Unbill fortzusetzen und schließlich zu vollenden. Eines Morgens legte ich ihm im Zustand äußerster Klarheit eine Schlinge um den Hals und hängte es am Aste eines Baumes auf – erhängte es, indessen mir die Tränen aus den Augen strömten und die bitterste Reue mir das Herz zerriß – erhängte es, nur weil ich wußte, daß es mich geliebt hatte, und weil ich fühlte, es hatte mir keinerlei Grund zum Ärgernis gegeben – erhängte es, weil ich wußte, daß ich damit eine Sünde beging – eine Todsünde, die meine unsterbliche Seele so gefährden mußte, daß – wenn das möglich wäre – selbst die unendliche Gnade des Allbarmherzigen und Schrecklichen Gottes sie vielleicht nicht mehr zu retten vermochte.

In der Nacht nach jenem Tage, an dem die grausame Tat geschehen war, fuhr ich aus dem Schlaf und hörte »Feuer!« rufen. Die Vorhänge meines Bettes standen in Flammen. Schon brannte das ganze Haus. Mit großer Mühe nur vermochten mein Weib, eine Dienerin und ich selbst dem Glutmeer zu entkommen. Die Zerstörung war vollständig. Mein ganzer weltlicher Reichtum war dahin, und fortan überließ ich mich der Verzweiflung.

Mich ficht die Versuchung nicht an, hier etwa zwischen dem Unglück und meiner Untat eine Beziehung wie von Ursache und Wirkung herstellen zu wollen. Doch lege ich eine Kette von Tatsachen dar, und darin soll, so wünsch' ich's, nicht das Kleinste fehlen, das möglicherweise ein Glied wäre. Am Tage nach dem Feuer besichtigte ich die Ruinen. Die Mauern waren – bis auf eine – eingestürzt. Diese eine stellte sich als nicht sehr dicke Innenwand heraus, die sich etwa in der Mitte des Hauses befand und an der das Kopfende meines Bettes gestanden hatte. Der Stuckverputz hatte hier in großem Maße dem Wirken des Feuers widerstanden – eine Tatsache, welche ich dem Umstand zuschrieb, daß er kürzlich erst frisch aufgetragen worden war. Um diese Mauer hatte sich eine dichte Menschenmenge versammelt, und viele Leute schienen mit sehr eifriger und minuziöser Aufmerksamkeit eine ganz bestimmte Stelle zu untersuchen. Die Worte »sonderbar!«, »eigenartig!« und andere ähnliche Ausrufe erregten meine Neugierde. Ich trat näher und erblickte, ganz als sei es ein Basrelief, in die weiße Fläche gegraben, die Gestalt einer riesigen Katze. Sie bot einen geradezu verblüffend lebensechten Eindruck. Um den Hals des Tieres war ein Strick geschlungen.

Beim ersten Anblick dieser geisterhaften Erscheinung – denn für ein andres konnte ich's kaum ansehn – geriet ich vor Verwundern und Entsetzen schier außer mich. Doch dann kam kühlere Erwägung mir zur Hilfe. Die Katze hatte, so entsann ich mich, in einem an das Haus angrenzenden Garten gehangen. Auf den Feueralarm hin hatte sich dieser Garten unmittelbar mit Menschen gefüllt – und einige aus der Menge mußten dann wohl das Tier vom Baume geschnitten und durch ein offnes Fenster in meine Kammer geworfen haben. Dies war vermutlich in der Absicht geschehen, mich aus dem Schlaf zu wecken. Der Fall der anderen Wände hatte dann das Opfer meiner Grausamkeit in den frisch aufgetragenen Verputz gedrückt; dessen Kalk schließlich im Vereine mit den Flammen und dem von dem Kadaver entwickelten Ammoniak das Abbild so zustande brachte, wie ich's sah.

Obschon ich solcherart meiner Vernunft, wenn nicht gar meinem Gewissen gegenüber recht rasch eine Erklärung für den Tatbestand, den ich soeben geschildert, bereit hatte, so verfehlte derselbe doch nicht, einen tiefen Eindruck auf meine Phantasie zu machen. Monatelang vermochte ich mich nicht vom Trugbild der Katze zu befreien; und während dieser Zeit kehrte in meinen Geist ein Halbgefühl zurück, das Reue schien, doch aber keine war. Es kam so weit, daß ich Bedauern empfand über den Verlust des Tieres und mich in den elenden Kaschemmen, deren häufiger Besuch mir jetzt zur Gewohnheit geworden war, nach einem anderen Haustiere von gleicher Art und einigermaßen gleicher Erscheinung umsah, das seinen Platz einnehmen sollte.

Eines Nachts, da ich halbbetäubt in einer schon mehr als bloß verrufenen Spelunke hockte, war meine Aufmerksamkeit ganz plötzlich auf ein schwarzes Etwas gelenkt, welches oben auf einem der gewaltigen Oxhofts voll Gin oder Rum ruhte, aus denen in der Hauptsache die Ausstattung der Raumes bestand. Ich hatte schon einige Minuten lang unverwandt auf dieses Oxhofts gestarrt, und was mich nun überraschte, war die Tatsache, daß mir das Etwas oben darauf bislang gänzlich entgangen war. Ich trat heran und berührte es mit der Hand. Es war ein schwarzer Kater – ein sehr großes Tier – genauso groß wie Pluto und ihm in jeder Hinsicht ganz ungeheuer ähnlich – bis auf einen Punkt. Pluto hatte nicht ein weißes Haar an seinem Leibe besessen; doch dieser Kater trug vorn einen großen, obschon unbestimmten weißen Flecken, welcher nahezu die ganze Brustpartie bedeckte.

Auf meine Berührung hin erhob er sich unmittelbar, schnurrte laut, schmiegte sich an meine Hand und schien über meine Aufmerksamkeit recht entzückt zu sein. Dies war genau das Tier, das ich suchte. Ich erbot mich sogleich, es dem Wirte abzukaufen; doch der Mensch erhob gar keinen Anspruch darauf – wußte gar nichts davon –, hatt' es noch nie zuvor auch nur gesehen.

Ich setzte mein Streicheln fort, und als ich mich fertig machte, um heimzugehen, bezeigte das Tier den deutlichen Willen, mich zu begleiten. Das verwehrte ich ihm nicht, und so gingen wir nebeneinander her, wobei ich mich gelegentlich bückte und ihm das Fell tätschelte. Als es das Haus erreichte, fühlte es sich dort sogleich heimisch und ward in kurzer Zeit der Liebling meiner Frau.

Was mich betrifft, so spürte ich bald eine heftige Abneigung gegen das Tier in mir aufsteigen. Dies war grad das Gegenteil dessen, was ich mir eigentlich erwartet hatte, doch – ich weiß nicht, wie es kam und warum es so war – seine offensichtliche Liebe zu mir bereitete mir Ekel und Verdruß. Ganz langsam und allmählich verwandelten sich diese Empfindungen in bitteren Haß. Ich mied die Kreatur, wo ich's nur konnte, wobei mich eine gewisse Scham und die Erinnerung an meine frühere grausame Tat daran hinderten, ihr körperlich ein Leid anzutun. Wochenlang bekam sie weder Schläge noch irgend andere schwere Mißhandlungen von mir zu spüren; aber Schritt für Schritt – ganz langsam – kam's dahin, daß ich sie nur mit unaussprechlichem Widerwillen noch betrachten konnte und schweigend ihre verhaßte Gegenwart floh wie den Hauch der Pestilenz.

Was ohne Zweifel meinen Hass auf das Tier begünstigte, war – an dem Morgen, nachdem ich es mit heimgebracht – die Entdeckung, daß es ganz ebenso wie Pluto eines seiner Augen eingebüßt hatte. Dieser Umstand machte es jedoch um so teurer für mein Weib, das, wie ich schon gesagt hatte, in hohem Grade jene Menschlichkeit des Fühlens besaß, welche einst mein eigenes Wesen ausgezeichnet und die Quellen vieler meiner schlichtesten und reinsten Freuden gebildet hatte.

Mit meiner Aversion gegen diesen Kater jedoch schien gleichzeitig seine Vorliebe für mich zu wachsen. Stets folgte er meinen Spuren mit einer Hartnäckigkeit, welche dem Leser begreiflich zu machen schwerfallen würde. Wann immer ich mich irgendwo niederließ, kroch er unter meinen Stuhl, um sich dort hinzukuscheln, oder sprang mir auf die Knie, um mich mit seinen widerwärtigen Liebkosungen zu bedecken. Erhob ich mich, um zu gehen, so geriet er mir zwischen die Füße und brachte mich dadurch fast zu Fall, oder er schlug mir seine langen und scharfen Krallen in meinen Anzug und kletterte mir in dieser Weise zur Brust hinauf. Obschon es mich zu solchen Zeiten verlangte, ihn mit einem Hieb zu erschlagen, hielt mich doch immer wieder etwas davon ab: zum Teil war's die Erinnerung an mein früheres Verbrechen, doch in der Hauptsache – ich will's nur gleich gestehen – war's regelrechte Furcht vor diesem Tiere. Es war dies freilich durchaus keine Furcht vor körperlichem Schaden – und doch wieder wäre ich verlegen, wie anders ich's beschreiben sollte. Fast ist es mir genierlich zu bekennen – ja, selbst in dieser Verbrecherzelle hier, befällt mich nachgerade Scham bei dem Geständnis, das all das Entsetzen und Grauen, welches das Tier mir eingeflößt hatte, recht eigentlich erhöht noch worden war durch ein Hirngespinst, welches man sich trügerischer kaum vorzustellen vermag. Mehr denn einmal hatte meine Frau mein Augenmerk auf die Bildung jenes Flecks von weißem Haar gelenkt, von welchem ich zuvor schon berichtet hatte und das den einzigen Unterschied zwischen dem fremden, neuen Tiere und jenem, das ich umgebracht, ausmachte. Der Leser wird sich erinnern, daß dieser Fleck, wennschon groß, ursprünglich sehr unbestimmt gewesen war; doch nach und nach, ganz allmählich – ja, fast kaum wahrnehmbar, so daß meine Vernunft sich lange Zeit mühte, das Ganze als phantastisch abzutun – hatte er am Ende einen schauerlich eindeutigen Umriß angenommen. Es war nun die Darstellung eines Gegenstandes, den zu nennen es mich graut – und um dessentwillen ich vor allem Angst und Ekel litt und gern des Untiers mich entledigt hätte, hätt ich's nur gewagt! – es war nun, sage ich, das Abbild eines scheußlichen, gespensterlichen Dinges – es war das Bild des GALGENS! – oh, grausig, gräßlich Werkzeug des Entsetzens und des Verbrechens – der Seelenangst – des Todes!

Und nun erst wahrlich übertraf mein Elend den ganzen Jammer menschlicher Natur. Und nur ein unvernünftiges Geschöpf – dess' Artgenossen ich verachtungsvoll getötet –, ein rohes Vieh vollbracht' es, mir – mir, einem Menschen, geschaffen nach dem Bild des höchsten Gottes – so viel unsägliches, so unerträgliches Leiden zu bereiten! Ach! nicht bei Tage noch bei Nacht erfuhr ich mehr die Segnungen der Ruhe! Bei Tage ließ die Kreatur mich nicht mehr einen Augenblick allein; und in der Nacht fuhr ich aus unaussprechlich grausigen Angstträumen wohl stündlich auf, nur um den Atem des Dinges heiß auf dem Gesicht zu spüren und sein erdrückendes Gewicht – das eines fleischgewordenen Albs, den abzuschütteln ich die Kraft nicht hatte – nun auch im Wach-Sein ewig auf dem Herzen!

Unter dem Druck von Qualen wie diesen mußte der schwache Rest des Guten in mir kapitulieren. Böse Gedanken wurden meine einzigen Vertrauten – die finstersten und schlimmsten aller Gedanken. Die Verdrießlichkeit meines gewöhnlichen Naturells wuchs zum Haß auf alle Dinge und die ganze Menschheit; indessen mein Weib als ach! die stillste aller Dulderinnen klaglos all die häufigen, jähen und unbezwinglichen Ausbrüche der Wut über sich ergehen ließ, denen ich mich blind und rücksichtslos hingab.

Eines Tages begleitete sie mich auf irgendeinem Haushaltsgange in den Keller des alten Gebäudes, das unsere Armut uns zu bewohnen zwang. Der Kater folgte mir die steilen Stufen hinab, und als ich seinetwegen einmal fast der Länge nach hingeschlagen wäre, packte mich eine unsägliche Wut. Mit einemmal hatte ich in meinem Grimm die kindische Furcht vergessen, welche meiner Hand bis hierher Einhalt geboten; ich packte eine Axt, holte aus und führte einen Streich nach dem Tiere, der es gewiß im Augenblick niedergestreckt, hätte er so getroffen, wie ich's wünschte. Doch dieser Schlag ward von der Hand meines Weibes aufgehalten! Ob dieser Einmischung wandelte sich meine Wut in mehr denn dämonisches Rasen: Ich entzog meinen Arm ihrem Griffe und grub ihr die Axt ins Hirn. Ohne auch nur einen Seufzer fiel sie auf dem Fleck tot nieder.

Kaum war diese scheußliche Mordtat vollbracht, so begab ich mich alsbald voller Überlegung ans Werk, den Leichnam zu verbergen. Ich wußte nun, daß ich ihn weder bei Tage noch bei Nacht nach Hause bringen durfte, ohne Gefahr zu laufen, von den Nachbarn bemerkt zu werden. Mancherlei Projekte kamen mir in den Sinn. Eine Zeitlang dachte ich daran, die Leiche in winzige Stücke zu schneiden und diese durch Feuer zu vernichten. Ein andermal faßte ich den Entschluß, im Kellerboden ein Grab dafür auszuheben. Dann wieder erwog ich, sie in den Brunnen im Hof zu werfen – sie unter den üblichen Vorkehrungen wie eine Handelsware in eine Kiste zu packen und diese dann durch einen Dienstmann aus dem Hause schaffen zu lassen. Schließlich verfiel ich auf etwas, das ich für den weit besseren Ausweg hielt als das bisherige. Ich beschloß, die Leiche im Keller einzumauern – ganz, wie's die Mönche im Mittelalter mit ihren Opfern getan haben sollen.

Für einen Zweck wie diesen war der Keller recht gut geeignet. Seine Wände bestanden aus ziemlich lockerem Mauerwerk und waren erst kürzlich mit einem groben Mörtel verputzt worden, dessen Hartwerden die dumpfe Feuchtigkeit der Atmosphäre verhindert hatte. Überdem befand sich an einer der Mauern ein Vorsprung, bedingt durch einen blinden Schornstein oder Kamin, und ihn hatte man aufgefüllt und dem übrigen Keller angeglichen. Ich hegte keinen Zweifel, daß ich an dieser Stelle leicht die Ziegel entfernen, den Leichnam hineinbringen und das Ganze wieder aufmauern könnte wie zuvor, ohne daß hernach noch ein Auge irgend Verdächtiges würde wahrnehmen können.

Und in dieser Berechnung sah ich mich auch nicht getäuscht. Mit der Hilfe einer Brechstange entfernte ich die Ziegel, und nachdem ich den Körper sorgfältig an die Innenwand gelehnt hatte, stützte ich ihn in dieser Haltung ab und führte sodann ohne viel Schwierigkeit die ganze Mauer wieder auf, wie sie ursprünglich bestanden hatte. Mörtel, Sand und Mauerwolle hatte ich bereits unter allen möglichen Vorsichtsmaßregeln besorgt; so rührte ich jetzt einen Verputz an, der von dem alten nicht zu unterscheiden war und strich ihn sehr vorsichtig auf das neue Mauerwerk. Als ich damit fertig war, fand ich alles zu meiner Zufriedenheit gelungen. Man sah der Mauer auch nicht die mindeste Veränderung an. Der

Schutt auf dem Boden wurde mit peinlichster Sorgfalt aufgekehrt. Ich blickte triumphierend in die Runde und sprach zu mir selbst: »Also hier wenigstens ist meine Mühe nicht vergeblich gewesen.«

Mein nächster Schritt bestand darin, nach dem Tiere Ausschau zu halten, das die Ursache so vielen Elends gewesen war, denn ich hatte mich inzwischen fest entschlossen, es zu Tode zu bringen. Wär' ich in diesem Augenblick imstande gewesen, es zu erreichen, sein Schicksal wäre besiegelt gewesen; doch, wie es schien, war das verschlagene Biest ob der Heftigkeit meines früheren Wutanfalls in Unruhe geraten und vermied es, mir bei meiner gegenwärtigen Gemütslage über den Weg zu kommen. Es ist unmöglich zu beschreiben oder sich auch nur vorzustellen, welch beseligendes, welch tiefes Gefühl der Erleichterung mir die Abwesenheit der verhaßten Kreatur im Busen schuf. Sie trat die ganze Nacht nicht in Erscheinung – und somit war es mir, seit ich sie damals mit ins Haus gebracht, für eine Nacht zum mindesten gegeben, gesund und seelenruhig auszuschlafen; jawohl, zu schlafen – selbst noch mit der Last des Mordes auf der Seele!

Der zweite und der dritte Tag vergingen, und immer noch erschien mein Quälgeist nicht. Oh, endlich wieder atmete ich als freier Mensch! Das Untier war vor Schreck für immer aus dem Haus geflohen! Ich würd' es nimmer wiedersehen müssen! Ich taumelte vor Glück! Die Sorge vor den Folgen meiner finstren Tat störte mich dabei nur wenig. Wohl war es zu einigen Vernehmungen gekommen, doch hatte ich alle Fragen prompt und glatt beantwortet. Sogar eine Hausdurchsuchung war schließlich vorgenommen worden – aber zu entdekken war natürlich nichts. Ich betrachtete mein Zukunftsglück als gesichert.

Am vierten Tage nach dem Meuchelmord kam sehr unerwarteterweise eine Gruppe Polizisten in das Haus und ging abermals daran, das ganze Grundstück gründlichst zu durchsuchen. Sicher jedoch, daß mein Versteckort unauffindbar sei, empfand ich nicht die mindeste Beunruhigung. Die Beamten baten mich mit einiger Bestimmtheit, sie auf ihrem Rundgang zu begleiten. Sie ließen keinen Winkel, keine Ecke unbehelligt. Schließlich stiegen sie, zum dritten oder vierten Male schon, in den Keller hinab. Ich zuckte nicht mit der Wimper. Mein Herz schlug ganz so ruhig wie bei einem Menschen, der in unschuldigem Schlummer liegt. Ich durchmaß den Keller von einem Ende zum anderen. Ich verschränkte die Arme über der Brust und schritt in völliger Gelassenheit auf und ab. Die Polizei war ganz und gar zufriedengestellt und schickte sich zum Gehen an. Da war die Freude in meinem Herzen zu mächtig, als daß ich sie hätte zurückhalten können. Ich brannte darauf, meinem Triumph Ausdruck zu geben, und sei's mit einem Wort nur, um sie in ihrer Überzeugung von meiner Schuldlosigkeit doppelt sicherzumachen.

»Meine Herren«, sagte ich dann schließlich, als die Gesellschaft bereits die Stufen erklomm, »ich bin entzückt, Ihre schlimmen Verdächtigungen entkräftet zu haben. Ich wünsche Ihnen alles Gute und ein bißchen mehr Höflichkeit. Übrigens, meine Herren, das Haus – dies Haus hier – ist doch ein sehr solider Bau, finden Sie nicht auch?« (In meinem irren Verlangen, irgend etwas leichten Sinns zu sagen, wußte ich kaum noch, was ich da eigentlich redete.) »Ja, ich darf wohl sagen, ein geradezu prachtvoll solider Bau! Diese Wände – ah, Sie wollen schon gehen, meine Herren? – diese Wände – alles grundmassive Mauern — « Und damit pochte ich, aus bloßem wahnwitzigen Übermut, mit einem Stocke, den ich in der Hand hielt, genau auf diejenige Stelle des Ziegelwerkes, die den Leichnam meines Herzensweibes verbarg.

Doch möge mich Gott beschirmen und beschützen vor den Fängen des Erzfeindes! Noch waren meine Schläge nicht in der Stille verhallt, da schallte es mir Antwort aus dem Grabesinneren! – ein Stimmlaut – wie ein Weinen, erst gedämpft, gebrochen, dem Wimmern eines Kindes gleich, doch dann – dann schnell anschwellend in ein einziges, grelles, lang anhaltendes Geschrei – ein Heulen – ein Klag-Geschrill, aus Grauen halb und halb aus Triumph gemischt, so widermenschlich und so gegen die Natur, daß es nur aus der Hölle selbst heraufgedrungen sein konnte, vereinigt aus den Kehlen der Verdammten in ihrer Pein und der Dämonen, die ob der Qualen jauchzen und frohlocken.

Was soll ich noch von meinen eigenen Gedanken berichten! Mit schwindenden Sinnen taumelte ich zur gegenüberliegenden Wand hinüber. Einen Augenblick blieben die auf der Treppe reglos, im Unmaß des Entsetzens und des Grauens. Doch schon im nächsten mühten sich ein Dutzend derbe Arme an der Mauer. Sie fiel zusammen. Der Leichnam, schon stark verwest und von Blut rünstig, stand aufrecht vor den Augen der Betrachter. Auf seinem Kopfe aber saß, mit rot aufgerissenem Rachen und feuersprühendem Einauge, die scheußliche Bestie, deren Verschlagenheit mich zum Morde verführt und deren anklagende Stimme mich dem Henker ausgeliefert hatte. Ich hatte das Untier mit ins Grab gemauert!

Diddeln
oder
Das Schwindeln als eine der exakten Wissenschaften betrachtet

Hei, diddel diddel,
die Katz und die Fiddel.

Seit Anbeginn der Welt gab es zwei Jeremiasse. Der eine schrieb eine Jeremiade über das Wuchern und hieß Jeremy Bentham. Er wurde von John Neal ausgiebig bewundert und war ein großer Mann im kleinen Stil. Der andere war ein großer Mann im *großen* Stil – ich möchte fast sagen, im größtmöglichen Stil. Denn er gab der wichtigsten Exakten Wissenschaft ihren Namen, und noch heute wird jeder »Jeremy Diddler« genannt, der es in ihr zu etwas gebracht hat.

Das Wort »Diddeln« – man sagt auch »dingsen« oder sogar »dingsendingsen« – soll uns nicht lange rätselhaft bleiben: es handelt sich dabei um nicht mehr und nicht weniger als »Schwindeln«. Doch an diesem Punkt kommen wir bereits ins Stocken, denn die Tatsache, die Sache, das Schwindeln an sich kann man nur schwierig definieren. Wir können die fragliche Tätigkeit allerdings leidlich definieren, wenn wir – tja, nicht die Tätigkeit an sich, das Schwindeln selbst, sondern den Menschen definieren – als das Lebewesen, das schwindelt. Wenn Plato diese Idee gehabt hätte, hätte er sich die böse Blamage mit dem gerupften Huhn ersparen können.

Man quälte nämlich einst den Philosophen mit der gar nicht so abwegigen Frage, warum ein gerupftes Huhn, das doch ganz klar ein »Wesen mit zwei Beinen ohne Federn« sei, denn wohl (nach seiner eigenen Definition) kein Mensch sei. Mit so verqueren Fragen soll man mir ja nicht kommen. Der Mensch ist »das schwindelnde Tier«, und außer dem Menschen gibt es kein anderes schwindelndes Lebewesen. Um mich davon abzubringen, müßte man schon einen ganzen Stall gerupfter Hühner heranschaffen.

Das Wesentliche, das Nasenloch, das Grundprinzip des Diddelns oder Schwindelns findet sich in der Tat nur bei jener Art Geschöpfe, die Röcke oder Hosen tragen. Die Krähe stiehlt, der Fuchs ist verschlagen, das Wiesel überlistet, doch der Mensch schwindelt. Das Schwindeln ist geradezu sein Schicksal. Der Dichter sagt: »Der Mensch ist zum Trauern geschaffen.« Ganz und gar nicht – zum Schwindeln ist er geschaffen. Das Schwindeln ist sein Lebenszweck und Lebensziel. Und genau aus diesem Grund sagen wir, wenn uns jemand beschwindelt, er habe es ›geschafft‹.

Genau betrachtet ist das Schwindeln ein Kompositum, dessen Inhaltsstoffe Präzision, Zweckdenken, Ausdauer, Findigkeit, Kühnheit, Nonchalance, Originalität, Dreistigkeit und *Grinsen* sind.

Präzision: Der Schwindler ist penibel. Seine Aktivitäten finden immer in einem überschaubaren Rahmen statt. Er betreibt einen ausgesprochenen Kleinhandel: Ware nur gegen Bargeld oder beglaubigte Wechsel. Falls er je versucht sein sollte, im großen Stil zu spekulieren, verliert er auf der Stelle seine eigentümlichen Charakteristika und wird zu dem, was wir einen ›Finanzier‹ nennen. Letzteres Wort repräsentiert zwar die Schwindelidee in jeder Hinsicht, doch der Maßstab stimmt nicht mehr. So könnte man einen Schwindler als einen Bankier in petto ansehen – eine Finanzoperation als einen Schwindel im Brobdingnag-Format. Das eine ist für das andere wie Humor zu ›Flaccus‹ – wie ein Mastodon zur Maus – wie der Schweif eines Kometen zum Ringelschwanz eines Schweins.

Zweckdenken: Das Leitmotiv des Schwindlers ist der Eigennutz. Er lehnt es ab, allein um des reinen Schwindelns wegen zu schwindeln. Er hat nur ein Ziel vor Augen: seine eigene Tasche – und Ihre. Er wartet immer auf die große Chance. Er kümmert sich nur um Nummer eins, sich selbst. Sie sind immer Nummer zwei und müssen sehen, wo Sie bleiben.

Ausdauer: Der Schwindler ist hartnäckig. Er ist nicht leicht zu entmutigen. Selbst wenn alle Stricke reißen, verliert er nicht die Ruhe. Er verfolgt sein Ziel standhaft, und

ut canis a corio nunquam absterrebitur uncto,

so läßt auch er nie von seiner Beute ab.

Findigkeit: Der Schwindler hat extrem geniale Ideen. Er besitzt einen konstruktiven Sinn, raffinierte Pläne sind seine Stärke. Er sucht seinen Weg mit List und Tücke. Wenn er nicht Alexander wäre, müßte er Diogenes sein. Wenn er kein Schwindler wäre, würde er patentierte Rattenfallen bauen oder Forellen angeln.

Kühnheit: Schwindler sind Draufgänger. Sie sind kühn. Schwindler überziehen sogar Afrika mit Krieg, sie nehmen jede Festung im Sturm. Sie würden sich nicht vor den Dolchen der Frey-Herren fürchten. Wäre er etwas schlauer gewesen, hätte Dick Turpin einen guten Schwindler abgegeben. Hätte er etwas weniger gelogen, Daniel O'Connell gleichfalls. Und mit zwei Pfund mehr Gehirn hätte es sogar Karl der Zwölfte fertigbringen können.

Nonchalance: Der Schwindler erscheint vollkommen lässig. Er hat keine Nerven, hat nie welche gehabt. Er läßt sich nie zu etwas hinreißen. Will man ihn aus dem Häuschen geraten sehen, muß man ihn schon eigenhändig vor die Tür setzen. Er ist kalt – eiskalt. Er ist gelassen – »gelassen wie ein Lächeln Lady Burys«. Er ist die Ruhe selbst und benimmt sich völlig zwanglos – zwanglos wie ein alter Handschuh oder die Jungfrauen des antiken Baiae.

Originalität: Der Schwindler ist originell – das macht er sich zum Prinzip. Seine Gedanken sind seine eigenen. Er empfände es als Schande, die eines anderen zu verwenden. Ein abgenutzter Trick ist ihm ein Greuel. Ich bin mir sicher, er würde einen Geldbeutel wieder zurückgeben, wenn er erkennen müßte, daß er sie durch einen nicht originellen Schwindel an sich gebracht hätte.

Dreistigkeit: Der Schwindler ist ein unverfrorener Schurke, ein Prahlhans und Schwadroneur. Er stemmt die Arme in die Hüften. Er steckt die Hände in die Hosentaschen. Er grinst Ihnen höhnisch ins Gesicht. Er tritt einem auf die Hühneraugen. Er schnappt Ihnen das Essen weg, säuft Ihnen den Wein weg, pumpt Sie an, zieht Sie an der Nase, tritt Ihren Hund und küßt Ihre Frau.

Grinsen: Der *wahre* Schwindler bringt alles grinsend zu Ende. Doch das sieht keiner außer ihm selbst. Er grinst, wenn sein Tagewerk vollbracht ist – wenn seine ihm auferlegten Arbeiten erledigt sind –, nachts in seiner eigenen Kammer – und völlig zu seinem eigenen Vergnügen. Er geht nach Hause. Er schließt die Tür ab. Er zieht sich aus. Er bläst die Kerze aus. Er geht ins Bett, legt den Kopf aufs Kissen. Und erst dann, wenn all dies getan ist, *grinst* der Schwindler. Und das ist keine Hypothese, sondern ist völlig selbstverständlich. Ich urteile *a priori:* Ohne ein solches Grinsen wäre ein Schwindel kein Schwindel.

Der Ursprung des Schwindelns oder Diddelns muß in der Kindheit der menschlichen Rasse gesucht werden. Adam war wahrscheinlich der erste Schwindler. Auf alle Fälle können wir die Wissenschaft bis ins graue Altertum zurückverfolgen. Die Menschen der jüngeren Zeit haben sie allerdings zu einer Vollendung entwickelt, von der unsere dickschädeligen Ahnen nicht mal hätten träumen können. Daher will ich mich nicht lange mit den ›alten Sprichwörtern‹ aufhalten, sondern lieber darauf beschränken, knapp einige ›modernere Beispiele‹ wiederzugeben.

Ein sehr guter Schwindel wäre beispielsweise dieser: Eine Hausfrau braucht ein Sofa, besucht verschiedene Möbellager und wird dabei beobachtet. Schließlich findet sie eines, das eine ausgezeichnete Auswahl hat. Eine höfliche und redegewandte Person empfängt sie an der Tür und bittet sie herein. Sie schaut sich um und sieht bald ein Sofa, das ihre Vorstellungen erfüllt. Als sie sich nach dem Preis erkundigt, stellt sie freudig überrascht fest, daß er um zwanzig Prozent niedriger ist als erwartet. Sie macht den Kauf schnellstens perfekt, erhält eine Rechnung und Quittung, hinterläßt ihre Adresse, bittet um alsbaldige Zustellung des erworbenen Gegenstands und verläßt den Laden, wobei sie vom Ladeninhaber mit zahlreichen Verbeugungen verabschiedet wird. Der Abend kommt, aber kein Sofa. Auch der nächste Tag verstreicht, ohne daß sich das Sofa blicken läßt. Sie schickt einen Diener, der sich nach dem Grund der Verzögerung erkundigen soll. Und da wird die ganze Transaktion abgestritten. Es wurde überhaupt kein Sofa verkauft – und Geld wurde auch nicht empfangen, denn das hat sich ein Schwindler eingesteckt, der mal eben den Ladeninhaber spielte.

Unsere Möbellager sind schließlich so gut wie unbewacht und bieten sich geradezu für einen solchen Kniff an. Kunden kommen herein, besichtigen die Waren und gehen wieder – unbemerkt und ungesehen. Wenn einer etwas kaufen oder sich nach dem Preis eines Gegenstands erkundigen will, so gibt es ja eine Glocke – und das wird für vollkommen ausreichend gehalten.

Auch der folgende Schwindel ist nicht schlecht. Ein gut angezogener Mann betritt einen Laden, kauft etwas im Wert von einem Dollar, stellt zu seinem Ärger fest, daß er seine Brieftasche in einem anderen Rock zu Hause gelassen haben muß, und sagt zu dem Ladenbesitzer:

»Mein Guter, das macht nichts! Sie haben doch die Freundlichkeit, mir das Paket nach Hause bringen zu lassen? Aber – Moment! Ich glaube, selbst dort habe ich kein Kleingeld unter einer 5-Dollar-Note. Also, könnten Sie eventuell gleich vier Dollar Wechselgeld mit dem Paket schicken?«

»Sehr wohl, mein Herr«, erwidert der Ladeninhaber, der sofort eine hohe Meinung von der Ehrlichkeit seines Kunden bekommt. »Ich kenne Typen«, sagt er zu sich selbst, »die hätten die Ware einfach mitgenommen und versprochen, am Nachmittag wieder vorbeizukommen und den Dollar zu bezahlen.«

Nun wird ein Laufjunge mit dem Paket und Wechselgeld losgeschickt. Zufällig begegnet ihm aber auf dem Weg der Kunde und ruft aus:

»Ah! Da ist ja mein Paket, sehe ich – ich dachte, das wäre schon lange bei mir zu Hause. Dann lauf mal gleich los! Meine Frau, Mrs. Trotter, wird dir die fünf Dollar geben, ich habe schon entsprechende Anweisungen gegeben. Das Wechselgeld könntest du allerdings gleich mir geben – ich brauche etwas Silber für die Post. Sehr gut. Eins, zwei – na, ist das auch ein echter Vierteldollar? – drei, vier – stimmt genau! Sag nur Mrs. Trotter, daß du mich unterwegs getroffen hast. Jetzt lauf aber! Und nicht bummeln unterwegs!«

Der Junge bummelt auch ganz bestimmt nicht – aber er braucht dennoch sehr lange, bis er von seinem Botengang zurückkommt – denn eine Dame mit Namen Mrs. Trotter hat sich nirgendwo finden lassen. Er tröstet sich allerdings damit, daß er nicht so dumm gewesen ist, die Ware dazulassen, ohne das Geld bekommen zu haben, und als er mit selbstzufriedener Miene wieder in den Laden kommt, ist er indigniert und sehr verletzt, als sein Vorgesetzter ihn fragt, was denn mit dem Wechselgeld passiert ist.

Der nächste Schwindel ist wirklich ganz einfach. Der Kapitän eines Schiffes, das soeben Segel setzen will, erhält von einer amtlich aussehenden Person eine außergewöhnlich bescheidene Rechnung über städtische Gebühren. Er ist froh, so günstig davonzukommen, und in Anspruch genommen von tausenderlei Aufgaben, die alle gleichzeitig auf ihn einstürmen, begleicht er die Rechnung auf der Stelle. Unglücklicherweise wird ihm aber fünfzehn Minuten später eine zweite und gar nicht so bescheidene Rechnung präsentiert – von einem Individuum, das ihm bald klarmacht, daß der erste Geldeintreiber ein Schwindler war und die erste Rechnung ein Schwindel.

Und hier gleich noch eine ähnliche Geschichte. Ein Dampfer legt soeben vom Pier ab.

Da sieht man einen Reisenden, der – einen Koffer in der Hand – in allerhöchster Hast auf die Anlegestelle zurennt. Urplötzlich hält er an, bückt sich und hebt aufgeregt etwas vom Boden auf. Es handelt sich um eine Brieftasche, und – »Hat jemand seine Brieftasche verloren?« ruft er. Nun kann zwar niemand sagen, er hätte die seine verloren, doch die Aufregung wird größer, als sich der Inhalt als wertvoll erweist. Der Dampfer jedoch darf nicht länger aufgehalten werden.

»Zeit und Gezeiten nehmen keine Rücksicht auf die Menschen«, sagt der Kapitän.

»Um Himmels willen, warten Sie doch nur ein paar Minuten«, erwidert der Finder, »der Eigentümer muß sich doch jeden Moment melden.«

»Ich kann nicht warten!« erklärt der Mann kategorisch. »Kommen Sie schon an Bord, hören Sie?«

»Was soll ich nur machen?« fragt der Finder in großer Bedrängnis. »Ich bin dabei, das Land für einige Jahre zu verlassen, und kann nicht einfach mit gutem Gewissen eine so große Summe behalten. Verzeihen Sie, mein Herr«, mit diesen Worten wendet er sich an einen Herrn, der an Land steht, »aber Sie sehen wie ein ehrlicher Mann aus. Können Sie mir den Gefallen tun und diese Brieftasche verwahren – ich weiß, Sie sind vertrauenswürdig – und eine Anzeige aufgeben? Sehen Sie, die Banknoten machen eine beträchtliche Summe aus. Der Eigentümer wird zweifellos darauf bestehen, Sie für Ihre Mühe zu entschädigen –«

»*Mich?* – Aber nicht doch, mein Herr! *Sie* haben die Brieftasche doch gefunden!«

»Nun, wenn Sie darauf bestehen – dann nehme ich mir eben eine kleine Belohnung heraus – nur damit Sie keine Skrupel haben. Sehen wir mal – oh, das sind ja lauter Hunderter! Du meine Güte! Ein ganzer Hunderter wäre wirklich zu viel, so viel darf ich nicht nehmen – Fünfzig müßten genügen —«

»Schluß jetzt!« ruft der Kapitän. »Kommen Sie schon!«

»Aber – ich kann einen Hunderter nicht wechseln, und schließlich sollten doch lieber *Sie* —«

»Leinen los!« ruft der Kapitän.

»Macht nichts!« schreit der Herr an Land, der inzwischen seine eigene Brieftasche durchsucht hat. »Das macht doch nichts! Ich bringe das schon in Ordnung! Hier ist ein Fünfziger der Bank von Nordamerika – werfen Sie mir die Tasche herüber!«

Und der ach so gewissenhafte Herr nimmt deutlich erleichtert den Fünfziger und wirft dem Herrn an Land wie gewünscht die Brieftasche zu – und unter Rauchen und Zischen legt der Dampfer ab. Doch schon eine halbe Stunde nach seiner Abfahrt stellt sich heraus, daß die ›beträchtliche Summe‹ eine ›Vorspiegelung falscher Tatsachen‹ und die ganze Angelegenheit ein ausgemachter Schwindel ist.

Recht kühn ist auch das folgende Schwindelmanöver. Eine religiöse Zusammenkunft oder etwas ähnliches soll an einem bestimmten Ort im Freien abgehalten werden, zu dem man nur über eine Brücke gelangen kann. Ein Schwindler postiert sich nun auf der Brücke und setzt mit der gebotenen Höflichkeit alle Passanten von dem neuen Landesgesetz in Kenntnis, das einen Zoll für die Benutzung festgesetzt habe; und zwar seien für jeden Fußgänger ein Cent, für Esel und Pferde zwei und so weiter und so fort zu entrichten. Manch einer murrt wohl, doch alle fügen sich schließlich, und als der Schwindler sich auf den Heimweg macht, ist er um fünfzig oder sechzig Dollar reicher – die freilich sauer verdient sind, denn von einer großen Menschenmenge Zoll einzunehmen ist ein anstrengendes Geschäft.

Ein artiger Schwindel ist der folgende. Ein Freund ist im Besitz einer Wechselverschreibung des Schwindlers, die ordnungsgemäß auf den gewöhnlichen rotgedruckten Formularen ausgefüllt und unterschrieben ist. Nun kauft sich der Schwindler ein oder zwei Dutzend dieser Vordrucke, und jeden Tag stippt er eines davon in seine Suppe, läßt seinen Hund danach springen und überläßt es ihm schließlich als *bonne bouche*. Wird nun ein Wechsel fällig, so spricht der Schwindler in Begleitung seines Hundes bei dem Freunde vor und bringt dort die Rede auf die Schuldverschreibung. Der Freund holt diese aus seinem Sekretär hervor und hat bereits die Hand ausgestreckt, um sie dem Schwindler zu überreichen, als dessen Hund mit einem jähen Satz danach springt und sie ohne Umschweife verschlingt. Der Schwindler selbst ist nicht nur überrascht, sondern verärgert, ja empört über das unvernünftige Betragen des Hundes und bringt seine vollkommene Bereitschaft zum Ausdruck, seine Schulden sofort zu begleichen, wenn der Beweis dafür wieder ans Tageslicht kommen sollte.

Ein Schwindel kleinen Stils folgt nun. Eine Dame wird auf der Straße von einem Komplizen des Schwindlers beleidigt. Der Schwindler selbst eilt nun zu ihrem Beistande hinzu, und nachdem er seinem Freunde eine saftige Tracht Prügel verabreicht hat, besteht er darauf, die Dame bis an die Haustür zu begleiten. Dort macht er ihr, die Hand auf dem Herzen, eine Verbeugung und verabschiedet sich auf die allerhöflichste Weise. Sie versucht ihn, den Erretter, nun davon zu überzeugen, mit ihr einzutreten und sich ihrem älteren Bruder und ihrem Herrn Papa vorzustellen. Doch mit einem Seufzen lehnt er ab. »Gibt es denn keine Möglichkeit«, murmelt sie da, »die mir erlaubte, Ihnen meine Dankbarkeit zu bezeugen, werter Herr?«

»Nun ja, gnädige Frau, da gäbe es schon was. Wenn Sie die Güte haben wollen, mir ein paar Schillinge zu leihen?«

Im ersten Augenblick möchte die Dame vor Schreck am liebsten auf der Stelle in Ohnmacht sinken. Doch dann besinnt sie sich; sie öffnet ihre Börse und entnimmt ihr das Bargeld. Nun ist dies, wie ich bereits bemerkte, ein Schwindel kleinen Stils, denn die Hälfte der geborgten Summe ist ja an den Ehrenmann zu zahlen, der die Mühe hatte, die Beleidigung zu inszenieren – und obendrein noch stillhalten und sich verprügeln lassen.

In ebenfalls eher kleinem, doch immerhin wissenschaftlichen Rahmen hält sich der folgende Schwindel. Der Schwindler begibt sich an die Theke einer Schenke und verlangt ein paar Rollen gesponnenen Tabaks. Sie werden ihm übergeben, und nachdem er einen flüchtigen Blick darauf geworfen hat, sagt er:

»Dieser Tabak gefällt mir nicht besonders. Hier, nehmen Sie ihn zurück und geben Sie mir statt dessen ein Glas Brandy mit Wasser.« Der Brandy wird ihm hingestellt; er trinkt ihn aus und geht dann gemächlich zur Tür. Doch die Stimme des Wirts hält ihn auf: »Ich glaube, mein Herr, Sie haben vergessen, Ihren Brandy mit Wasser zu bezahlen!«

»Meinen Brandy mit Wasser zu bezahlen? Aber was denn, ich habe Ihnen doch den Tabak für den Brandy gegeben! Was wollen Sie denn noch?«

»Aber mein Herr, wenn Sie erlauben, ich erinnere mich nicht, daß Sie für den Tabak gezahlt hätten.«

»Was wollen Sie damit sagen, Sie Schurke? Habe ich Ihnen denn etwa den Tabak nicht zurückgegeben? Ist das da nicht Ihr Tabak, der dort liegt? Bilden Sie sich etwa ein, ich bezahle für etwas, das ich gar nicht genommen habe?«

»Aber, mein lieber Herr«, antwortet der Gastwirt, nun ziemlich ratlos, »aber ...«

»Kein Aber, mein Herr«, unterbricht ihn der Schwindler, scheinbar äußerst entzürnt; und als er nun das Weite sucht, wirft er krachend die Tür hinter sich zu. »Lassen Sie mich mit Ihrem Aber zufrieden, mein Herr, und mit Ihren billigen Tricks, Reisende auszunehmen.«

Hier folgt nun ein weiterer gerissener Schwindel, der sich nicht zuletzt durch seine Einfachheit empfiehlt. Wenn in einer großen Stadt eine Geldbörse oder Brieftasche verlorengeht, läßt der Verlierer in *einer* der Tageszeitungen eine Anzeige mit ausführlicher Beschreibung erscheinen. Worauf nun unser Schwindler die *Tatsachen* dieser Anzeige kopiert und dabei nur die Überschrift, die allgemeine Ausdrucksweise und die *Adresse* verändert. Das Original zum Beispiel ist lang und weitschweifig, es trägt die Überschrift »Brieftasche verloren!« und bittet darum, den Gegenstand, sollte er gefunden werden, in der Tom Street Nr. 1 abzugeben. Die Kopie ist kurz und bündig, trägt als Überschrift nur das Wort »Verloren«

und bezeichnet die Dick Street Nr. 2 oder die Harry Street Nr. 3 als den Ort, wo man den Eigentümer antreffen könne. Darüber hinaus wird sie in wenigsten fünf oder sechs Tageszeitungen veröffentlicht, während sie dem Original nur darin nachsteht, daß sie ein paar Stunden später erscheint. Sollte sie zufällig von dem Manne, der seine Börse wirklich einbüßte, gelesen werden, so würde dies wohl kaum den Verdacht in ihm wecken, die Sache habe irgendeinen Bezug zu seinem eigenen Mißgeschick. Aber natürlich liegen die Chancen nun fünf oder sechs zu eins, daß der Finder sich zu der vom Schwindler genannten Adresse begibt – statt zu der, welche der rechtmäßige Besitzer nannte. Der Schwindler zahlt seine Belohnung, steckt den Schatz in die Tasche und bricht alsbald seine Zelte ab.

Ganz ähnlich liegt auch dieser Schwindel. Eine distinguierte Dame hat irgendwo auf der Straße einen Diamantring von hohem Wert verloren. Um ihn wiederzugewinnen, bietet sie vierzig oder fünfzig Dollar Belohnung. In ihrer Anzeige gibt sie eine überaus detaillierte Beschreibung des Schmuckstücks und seiner Fassung und erklärt, daß der Finder, würde er den Ring in der Avenue Nummer so-und-so abgeben, die Belohnung sofort erhalten solle, ohne daß ihm auch nur eine einzige Frage gestellt werden würde. Als nun ein oder zwei Tage später die Dame einmal aushäusig ist, hört man ein Läuten vor der Tür; ein Diener erscheint; die Dame des Hauses wird gewünscht, doch ist sie leider ausgegangen, auf welche überraschende Mitteilung hin der Besucher sein bitteres Bedauern ausdrückt. Sein Geschäft ist von großer Bedeutung und betrifft die Dame persönlich. Tatsächlich hatte er das Glück, ihren Diamantring zu finden. Aber vielleicht wäre es doch am besten, wenn er ein andermal wieder vorspräche. »Aber keineswegs!« sagt nun der Diener; und »Keineswegs!« sagen auch die Schwester der Dame sowie ihre Schwägerin, die sogleich herbeigeholt worden sind. Unter mancherlei aufgeregtem Kreischen wird der Ring identifiziert, die Belohnung ausgezahlt und der Finder beinahe zur Tür hinausgeworfen. Dann kehrt die Dame zurück und bringt nun doch einige Unzufriedenheit zum Ausdruck, denn ganz zufällig haben Schwester und Schwägerin vierzig oder fünfzig Dollar für eine Fälschung ihres Ringes bezahlt – eine Fälschung, die aus echtem Talmi und Glaspaste besteht.

Doch wie in Wirklichkeit das Schwindeln oder Diddeln nie ein Ende hat, so würde auch dieses Essay keines finden, sollte ich auch nur auf die Hälfte der Variationen und Modulationen andeutungsweise eingehen, deren diese Wissenschaft fähig ist. Ich muß meinen Aufsatz gewaltsam zu Ende bringen und kann dies nicht besser tun als damit, daß ich summarisch von einem sehr bescheidenen, aber vollkommen durchdachten Schwindel berichte, zu dessen Bühne unsere Stadt vor nicht allzu langer Zeit wurde, und der hernach in anderen, noch leichtgläubigeren Städten der Union wiederholt worden ist. Ein Herr in mittlerem Alter kommt aus unbekannter Gegend in die Stadt. Er ist bemerkenswert pedantisch, vorsichtig, gesetzt und umsichtig in seinem Auftreten. Seine Kleider sind peinlich sauber, jedoch einfach, prunklos, bescheiden. Er trägt eine Krawatte, eine weite Jacke, bei welcher der Schneider auf nichts als Bequemlichkeit geachtet hat, dicksohlige, behaglich aussehende Schuhe und steglose Pantalons. Sein ganzes Erscheinungsbild ist das eines wohlhabenden, nüchternen, methodischen und respektablen Geschäftsmannes *par excellence*. Ein Vertreter jener Sorte von Menschen, hinter deren rauher Schale sich ein weicher Kern verbirgt, wie sie in Komödien oft auftreten – Burschen, bei denen jedes Wort so gut wie bares Geld ist und die dafür bekannt sind, daß sie mit der einen Hand Giuneen für wohltätige Zwecke ausgeben, während sie mit der anderen – sobald es allein ums Geschäft geht – noch den kleinsten Bruchteil eines Hellers erbarmungslos eintreiben.

Der Herr verursacht allerlei Wirbel, bis endlich ein Logierhaus es ihm rechtmachen kann. Er kann keine Kinder leiden. Er ist Ruhe gewohnt. Seine Gepflogenheiten sind methodisch – und am liebsten würde er bei einer privaten und achtbaren kleinen Familie von gottesfürchtiger Gesinnung einziehen. Die Bedingungen spielen jedoch gar keine Rolle – nur muß er darauf bestehen, seine Rechnung am Ersten jeden Monats zu begleichen (wir haben gerade den Zweiten), und er bittet seine Wirtin, als er denn schließlich eine gefunden hat, die seinen Wünschen entspricht, doch ja auf gar keinen Fall seine Anweisungen zu diesem Punkte zu vergessen – sondern Rechnung *und* Quittung präzise um zehn Uhr am *ersten* Tage eines jeden Monats hereinzureichen und beides unter gar keinen Umständen etwa bis zum zweiten liegen zu lassen.

Sind diese Vereinbarungen getroffen, so mietet unser Geschäftsmann sich ein Büro in einem eher angesehenen denn eleganten Viertel der Stadt. Denn nichts gibt es, das er mehr verachtet als den bloßen Schein. »Wo viel Rummel gemacht wird«, sagt er, »da steckt selten etwas wirklich Solides dahinter.« – eine Bemerkung, bei der es seine Wirtin bis auf den Grund ihrer Seele durchschauert, so daß sie auf der Stelle zum Stift greift und das Zitat in ihre große Familienbibel einträgt – auf den breiten Rand bei den Weisheiten Salomons.

Der nächste Schritt besteht darin, in etwa der folgenden Weise in den wichtigsten Geschäfts-Groschenblättern der Stadt zu inserieren – die »Pfennigblätter« werden als »nicht respektabel« bezeichnet und gemieden – und auch weil sie für alle Anzeigen Vorauskasse verlangen. Unserem Geschäftsmann ist es eine Ehrensache, nie eine Leistung zu bezahlen, bevor sie getan ist.

»GESUCHT! – Die Unterzeichneten, welche im Begriffe stehen, in dieser Stadt eine ausgedehnte geschäftliche Tätigkeit zu entfalten, bedürfen der Dienste von drei oder vier intelligenten und sachverständigen Sekretären, denen ein großzügiges Gehalt winkt. Erwartet werden die allerbesten Referenzen, wobei weniger auf geschäftliche Befähigung als vielmehr auf Integrität geachtet wird. Da allerdings die vorgesehenen Aufgaben hohe Verantwortlichkeit einschließen und große Summen Geldes notwendigerweise durch die Hände solcher Angestellten gehen müssen, erachtet man es als ratsam, von jedem beschäftigten Sekretär eine Hinterlegung von fünfzig Dollar zu verlangen. Es sollte sich daher niemand melden, der nicht bereit ist, diese Summe im Besitz der Unterzeichneten zu belassen und der nicht seine moralische Integrität durch in jeder Weise zufriedenstellende Zeugnisse belegen kann. Jungen Herren mit gottesfürchtiger Gesinnung wird der Vorzug gegeben. Bewerber wollen zwischen zehn und elf Uhr vormittags und vier und fünf Uhr nachmittags vorstellig werden bei den Herren

BOGS, HOGS, LOGS, FROGS & CO.
Dog Street Nr. 110.«

Bis zum Einunddreißigsten des Monats hat diese Anzeige einige fünfzehn oder zwanzig junge Herren von gottesfürchtiger Gesinnung im Büro der Herren Bogs, Hogs, Logs, Frogs & Companie vorsprechen lassen. Doch unser Geschäftsmann hat nicht die geringste Eile, mit auch nur einem von ihnen einen Vertrag abzuschließen – wird doch kein Geschäftsmann jemals eine überstürzte Entscheidung treffen –, und erst nachdem ein jeder der jungen Herren *in puncto* gottesfürchtiger Gesinnung auf das strengste geprüft worden ist, wird er engagiert, und man quittiert ihm die fünfzig Dollar, die zur angemessenen Absicherung der ehrenwerten Firma Bogs, Hogs, Logs, Frogs & Companie dienen. Am Morgen des ersten Tages des nächsten Monats präsentiert die Wirtin *nicht,* wie versprochen, pünktlich ihre Rechnung – ein Stück Nachlässigkeit, für das sie das Oberhaupt des auf »ogs« endenden Hauses ohne Zweifel gescholten haben würde, hätte er sich bewegen lassen, auch nur einen Tag länger zu diesem Zwecke in der Stadt zu verweilen.

Wie das so ist, haben die Konstabler mit dieser Geschichte viel Kummer gehabt; sie rannten her und rannten hin, und am Ende konnten sie doch nichts weiter tun, als unserem Geschäftsmann höchst emphatisch für ein »Henneknie« zu erklären – was so mancher dahingehend deutet, man hätte damit zum Ausdruck bringen wollen, er sei tatsächlich »n.e.i« – worunter wiederum vermutlich der sehr klassische Satz »non est inventus« verstanden werden darf. Inzwischen sind die jungen Herren allesamt nicht mehr ganz so gottesfürchtig gesinnt wie zuvor, indessen sich die Wirtin für einen Schilling das allerbeste Radiergummi kauft und damit sorgfältig den Bleistifteintrag tilgt, den irgendein Narr in ihrer großen Familienbibel hinterlassen hat – auf dem breiten Rand der Weisheiten Salomons.

Morgen am Wissahiccon

Die Landschaft Amerikas ist häufig – sowohl allgemeinen als auch im Detail – mit der der alten Welt – und dann besonders mit Europa – verglichen. Und die Fans der einzelnen Regionen stehen sich weder an Begeisterung noch an Widerspruch nach. Diese Diskussion wird wohl nicht so bald zu einem Ende gebracht werden, denn obwohl schon viele Argumente für die verschiedenen Seiten vorgebracht wurden, bleibt doch immer noch eins zu sagen.

Die Auffälligsten unter den britischen Touristen, die einen Vergleich gewagt haben, scheinen zu glauben, daß unsere Nord- und Ostküste alles von Amerika, oder zumindest von den Vereinigten Staaten ist, was erwähnenswert ist. Sie sagen nur wenig – denn sie haben noch weniger gesehen – über die atemberaubend schönen Landschaften des Landesinneren in einigen Gegenden im Westen oder Süden – zum Beispiel das riesige Tal von Louisiana – in dem die wildesten Träume vom Paradiese wahr geworden sind. Zum größten Teil begnügen sich diese Reisenden damit, in Eile die natürlichen *Löwen* des Landes zu bewundern – den Hudson, Niagara, die Catskills, Harper's Ferry, die Seen von New York, den Ohio, die Prärien und den Mississippi. Diese sind in der Tat selbst für den Reisenden bewunderungswürdig, der soeben den von Burgen strotzenden Rhein befahren hat oder entlang

des blauen Rauschens der pfeilschnellen Rhône

wanderte; doch dies ist noch lange nicht alles, was wir besitzen. In der Tat möchte ich so weit gehen festzustellen, daß es unzählige ruhige, versteckte und kaum erforschte Ecken innerhalb der Vereinigten Staaten gibt, die von einem wahren Künstler oder dem erfahrenen Liebhaber des Großen und Schönen unter Gottes Werken all den zuvor erwähnten allgemein anerkannten Landschaften vorgezogen werden.

Tatsächlich liegen die wahren Eden unseres Landes weit entfernt von den gewohnten Routen unserer eigenen höchst aufmerksamen Reisenden – um wie weiter entfernt dann für den Ausländer, der mit seinem Verleger daheim ausgemacht hat, eine bestimmte Menge an Wörtern an Kommentar über Amerika in einer festgesetzten Zeitspanne zu liefern! Diese Erwartungen kann er nur erfüllen, wenn er mit dem Notizbuch in der Hand durch die ausgetretenen Landschaften rast!

Ich erwähnte soeben das Tal von Louisiana. Dies ist vielleicht von allen Gebieten natürlicher Schönheit die schönste. Die ausschweifendste Phantasie kann von seiner überschäumenden Schönheit noch Inspiration erhalten. Und Schönheit ist in der Tat sein einziger Charakterzug. Es besitzt wenig, oder eher nichts, Erhabenes. Sanfte Bodenwellen, verwoben mit phantastisch kristallklaren Strömen, deren Ufer von Blumen gesäumt sind und vor einem Waldhintergrund stehen, der selbst gigantisch, schimmernd, vielfarbig ist und vor fröhlichen Vögeln und süßen Düften strotzt – diese Merkmale führen im Tal von Louisiana zu einer der üppigsten Naturlandschaften der Welt.

Doch selbst in dieser entzückenden Gegend erreicht man die hübscheren Teile nur über Nebenpfade. Tatsächlich muß der Reisende in Amerika, der noch die schönsten Landschaften finden will, diese nicht per Eisenbahn, Dampfer, Postkutsche, eigener Kutsche und auch nicht auf dem Pferderücken suchen – sondern zu Fuß. Er muß *wandern*, über Klüfte springen, seinen Hals an Abgründen riskieren – sonst entgehen ihm die wahrhaftigsten, üppigsten und unbeschreiblichsten Glanzstücke des Landes.

Solche Notwendigkeit besteht dagegen im größten Teil Europas nicht. In England zum Beispiel ist man überhaupt nicht davon betroffen. Der unerfahrenste Tourist kann dort jede sehenswerte Ecke besuchen, ohne dabei seine Seidenstrümpfe in Gefahr zu bringen, da alle Sehenswürdigkeiten und die Wege, die zu ihnen führen, so wohl bekannt sind. Solche Unterschiede sind nie recht bedacht worden bei Vergleichen der Landschaften der Alten und der Neuen Welt. Die gesamte Schönheit der ersteren wird nur mit den bekannteren Teilen der letzteren und bei weitem nicht mit ihren besten Beispielen der Landschaftsschönheit verglichen.

Eine Flußlandschaft hat fraglos alle Hauptelemente der Schönheit in sich und war seit ältester Zeit das Lieblingsmotiv der Dichter. Doch vieles davon rührt von der Tatsache her, daß Reisen über Flüsse nun mal so viel leichter sind als durch bergiges Gebiet. In gleicher Weise haben in allen Ländern große Flüsse, weil sie eben Hauptverkehrsstraßen waren, den Großteil der Bewunderung eingeheimst. Sie wurden von mehr Menschen gesehen und waren daher häufiger Gesprächsthema als weniger wichtige, doch oft interessantere Ströme.

Ein einzigartiges Beispiel für meine Theorie findet sich im Wissahiccon, einem Flüßchen (denn mehr kann man es wirklich nicht nennen), das in den Schuylkill fließt, etwa sechs Meilen westlich von Philadelphia. Nun ist der Wissahiccon so bemerkenswert in seinem Liebreiz, daß er – flösse er in England – zum Thema jedes Barden würde und zum Hauptthema aller Menschen, wenn man das Land zu seinen Seiten nicht sogar zu exorbitanten Preisen in kleinen Parzellen als Baugrundstücke an die Wohlhabenden verkaufen würde. Und doch geschah es erst in den letzten Jahren, daß überhaupt jemand vom Wissahiccon hörte, während der breitere und schiffbarere Strom, in den er einfließt, schon lange als eines der schönsten Beispiele für amerikanische Flußlandschaften gefeiert wurde. Der Schuylkill, dessen Schönheit weit übertrieben wurde und dessen Ufer – zumindest in der Gegend von Philadelphia – marschig sind wie die des Delaware, ist als Gegenstand des pittoresken Interesses mit dem bescheideneren und weniger berühmten Flüßchen, von dem wir reden, überhaupt nicht zu vergleichen.

Erst als Fanny Kemble in ihrem drolligen Buch über die Vereinigten Staaten den Philadelphiern die seltene Schönheit eines Flusses zeigte, der vor ihrer Haustür lag, begannen einige abenteuerlustige Wanderer aus der Gegend zu vermuten, daß sie auch existierte. Doch als das »Journal« nun allen die Augen öffnete, gewann der Wissahiccon – zu einem bestimmten Grad – an Berühmtheit. Ich sage »zu einem gewissen Grad«, denn die wahre Schönheit des Flusses liegt weit über der Route der Jäger nach dem Pittoresken aus Philadelphia, die sich nur selten mehr als ein, zwei Meilen über die Mündung des Flüßchens hinaus, wagen – und zwar aus dem ausgezeichneten Grund, weil hier die Postkutschenstraße aufhört. Ich würde dem Abenteuerlustigen empfehlen, der die attraktiveren Punkte dieser Landschaft sehen will, die Ridge Road zu nehmen, die von der Stadt nach Westen führt, bis er die zweite Abzweigung nach dem Sechsmeilenstein erreicht, und dann dieser Abzweigung bis zum Ende der Straße zu folgen. Denn so kommt er an den Wissahiccon an einem seiner schönsten Punkte, und er kann von dort entweder ein Boot nehmen oder die Ufer entlangwandern, stromaufwärts oder -abwärts. Beide Richtungen sind lohnenswert.

Ich habe bereits erwähnt – oder sollte es zumindest haben –, daß das Flüßchen nicht breit ist. Seine Ufer sind überwiegend steil und bestehen aus hohen Hügeln, die in Ufernähe von edlen Büschen bewachsen und auf größeren Höhen von einigen der prächtigsten Waldbäume Amerikas gekrönt, unter denen der *liriodendron tulipiferum* am meisten auffällt. Die direkte Ufernähe ist jedoch aus Granit, entweder mit scharfen Konturen oder moosbedeckt, gegen die das Wasser mit sanftem Strömen schlägt, wie die blauen Wellen des Mittelmeers gegen die Marmorstufen der Paläste. Gelegentlich erstreckt sich vor den Klippen ein kleines Plateau mit üppigen Kräutern – der ideale pittoreske Ort für ein kleines Cottage und einen Garten, der jede Phantasie befriedigt. Die Flußwindungen sind zahlreich und scharf, wie dies bei steilen Ufern häufig der Fall ist, und so erhält das Betrachterauge den Eindruck, daß es sich hier vielmehr um eine Folge kleiner Seen oder – genauer gesagt – Bergseen handelt. Doch der Wissahiccon sollte jedoch nicht wie »der schöne Melrose« im Mondschein oder bei bewölktem Himmel besucht werden, sondern in hellstem Sonnenschein am Mittag, denn die Enge der Schluchten, die er durchfließt, die Höhe der Hügel zu beiden Seiten und die Dichte des Laubwerks schaffen zusammen eine Düsternis, wenn nicht sogar eine absolute Trübsinnigkeit, die von der wahren Schönheit der Landschaft ablenken könnte, würde sie nicht von hellem Tageslicht gemildert.

Vor kurzem besuchte ich den Strom auf dem erwähnten Wege und verbrachte den Großteil eines schwülen Tages damit, in einem Boot auf ihm zu treiben. Allmählich überwältigte die Hitze mich, und ich ergab mich der Wirkung der Landschaft und des Wetters und des sanften Strömens und sank in einen Halbschlaf, in dem meine Phantasie mir Visionen des Wissahiccon in vergangenen Tagen zeigte – jener »guten alten Zeit«, in denen es noch keinen Dämon Motor gab, als von Picknicks noch nicht einmal geträumt wurde, als »Wasserrechte« weder ver- noch gekauft wurden und als der rote Mann noch allein mit dem Elch über die Hügelkämme streifte, die über mir aufragten. Und während langsam diese Vorstellungen meinen Geist erfüllten, hatte der träge Fluß mich Zentimeter für Zentimeter um ein Vorgebirge herumgetragen, und ich erhielt einen Blick auf das nächste in einer Entfernung von vierzig bis fünfzig Metern. Es handelte sich um ein steiles felsiges Kliff, das sich weit über den Fluß erstreckte. Was ich auf diesem Kliff erblickte, erschreckte oder erstaunte mich zunächst nicht, obwohl es für den Ort und die Jahreszeit äußerst außergewöhnlich war – derartig stimmte es mit den Halbschlafphantasien überein, die mich gefangenhielten. Ich sah – oder träumte, daß ich sah – am äußersten Rand des Abgrunds, mit ausgestrecktem Hals, aufgestellten Ohren und einem allgemeinen Ausdruck tiefer und melancholischer Neugierde – einen der ältesten und kühnsten genau der Elche, die neben dem roten Mann meine Vision belebt hatten.

Ich sagte, daß die Erscheinung mich für einige Augenblicke weder erschreckte noch erstaunte. Während dieser Zeit war meine ganze Seele nur mit großem Mitgefühl erfüllt. Ich stellte mir vor, daß der Elch sich beklagte und ebenso wunderte über die offensichtlichen Veränderungen zum Schlimmeren, die den Fluß und seine Umgebung in den letzten Jahren unter der harten Hand des Utilitarismus befallen hatten. Doch eine leichte Bewegung des Tierkopfes zerstörte meinen Traumzustand augenblicklich und brachte mir die Einzigartigkeit meines Erlebnisses zu Bewußtsein. Ich erhob mich im Boot auf ein Knie, und während ich noch überlegte, ob ich meine Fahrt stoppen oder mich näher an den Gegenstand meines Staunens herantreiben lassen sollte, hörte ich die Worte »Pst!«, »Pst!«, die rasch und doch vorsichtig aus einem Gebüsch kamen. Unmittelbar danach tauchte ein Schwarzer aus dem Dickicht auf, der die Zweige sanft zur Seite schob und behutsam vorwärts kam. In einer Hand hatte er etwas Salz, und er streckte sie dem Elch entgegen, während er sich sachte näherte. Das edle Tier war zwar etwas unruhig, machte jedoch keine Anstalten zur Flucht. Der Schwarze näherte sich weiter, bot dem Elch das Salz an und sprach einige Worte der Ermutigung oder Versöhnung. Und da neigte der Elch den Kopf und stampfte mit dem Huf, und dann legte er sich ruhig nieder, und ein Halfter wurde ihm angelegt.

Und so endete meine romantische Begegnung mit dem Elch. Er war ein Haustier von hohem Alter und großer Zahmheit und gehörte einer englischen Familie, die in der Nähe eine Villa besaß.

Die Augengläser

Vor vielen Jahren pflegte man den Gedanken an eine »Liebe auf den ersten Blick« ins Lächerliche zu ziehen. Aber sowohl diejenigen, die ernster Gedanken, wie auch solche Menschen, die tiefer Empfindungen fähig sind, haben stets ihre Möglichkeit verteidigt. Die moderne Forschung auf dem Gebiete des ethischen Magnetismus oder der Magnetoästhetik rechnen in der Tat mit der Möglichkeit, daß die natürlichsten und infolgedessen auch wahrhaftigsten und heftigsten aller menschlichen Leidenschaften solche sind, die im Herzen wie durch elektrische Beeinflussung entstehen – kurz, daß die offensichtlichsten und dauerhaftesten der seelischen Fesseln diejenigen sind, die durch einen Blick geschmiedet werden. Das Bekenntnis, das ich hiermit ablegen will, wird die bereits fast zahllosen Beweise für die Richtigkeit dieser Behauptung um einen neuen vermehren.

Meine Erzählung verlangt, daß ich etwas ausführlich bin. Ich bin noch sehr jung – noch nicht zweiundzwanzig Jahre alt. Mein gegenwärtiger Name ist weitverbreitet und fast plebejisch zu nennen, nämlich Simpson. Ich sage »gegenwärtig«, denn erst seit kurzer Zeit nenne ich mich so, da ich diesen Namen im letzten Jahr gesetzlich angenommen habe, um eine bedeutende Erbschaft anzutreten, die mir ein entfernter Verwandter, der wohlgeborene Herr Adolphus Simpson, hinterlassen hat. Das Vermächtnis machte mir die Annahme des Namens meines Erblassers – des Familiennamens, nicht des Vornamens – zur Pflicht. Mein Vorname ist Napoleon Bonaparte – oder vielmehr ist das mein erster und mein zweiter Rufname.

Den Namen Simpson habe ich nur mit einigem Widerstreben angenommen, denn auf meinen wirklichen Vatersnamen Froissart war ich verzeihlicherweise sehr stolz, da ich eine Abstammung von dem berühmten Verfasser der »Chronique« nachweisen zu können glaubte. Da ich gerade von Namen spreche, will ich beiläufig eine einzigartige klangliche Übereinstimmung unter den Namen einiger meiner unmittelbaren Vorfahren erwähnen. Mein Vater war ein Monsieur Froissart aus Paris. Seine Frau, meine Mutter, die er heiratete, als sie fünfzehn Jahre alt war, war eine Mademoiselle Croissart, die älteste Tochter des Bankiers Croissart. Dessen Frau wiederum, bei ihrer Verheiratung erst sechzehn Jahre alt, war die älteste Tochter eines gewissen Victor Voissart. Monsieur Voissart hatte seltsamerweise eine Dame ähnlichen Namens, eine Mademoiselle Moissart geheiratet! Sie war ebenfalls fast noch ein Kind, als sie sich verehelichte, und ihre Mutter Madame Moissart war erst vierzehn, als sie zum Altar geführt wurde. Diese frühen Heiraten sind in Frankreich nichts Ungewöhnliches. Hier kommen nun die Namen Moissart, Voissart, Croissart und Froissart alle in der direkten Vorfahrenlinie vor. Mein eigener Name wurde indes, wie ich schon sagte, durch eine gerichtliche Verfügung Simpson, und zwar unter so viel Widerstreben meinerseits, daß ich eine Zeitlang tatsächlich zögerte, ein Vermächtnis anzunehmen, an das diese unnütze und ärgerliche Bedingung geknüpft war.

An persönlichen Gaben mangelt es mir keineswegs. Im Gegenteil glaube ich, daß ich wohlgestaltet bin und das besitze, was neun Zehntel der Menschen ein ansehnliches Äußeres nennen. Ich bin fünf Fuß und elf Zoll groß, mein Haar ist schwarz und lockig, meine Nase wohlgebildet, meine Augen sind groß und grau, und obgleich sie in der Tat in einem sehr unangenehmen Maße schwach sind, würde man nach ihrem Äußern keinen solchen Fehler an ihnen vermuten. Indes hat diese Schwäche mich selbst oft sehr gestört, und ich habe zu jedem Mittel Zuflucht genommen – mit Ausnahme von Augengläsern. Jung und hübsch, wie ich war, mochte ich sie natürlich nicht und weigerte mich entschieden, welche zu tragen. Ich kenne in der Tat nichts, was das Aussehen eines jungen Menschen so entstellt und jedem Gesicht ein so ernsthaftes, wenn nicht gar scheinheiliges und altes Aussehen gibt. Auf der anderen Seite gibt eine Lorgnette geradezu den Anschein von Geckenhaftigkeit und Affektiertheit. Bis dahin hatte ich mich, so gut es ging, ohne eine solche beholfen. Aber das ist schon zuviel von diesen rein persönlichen Einzelheiten, die im Grunde von geringer Bedeutung sind. Ich will mich darauf beschränken, noch zu bemerken, daß ich ein sanguinisches Temperament besitze, voreilig, hitzig, begeisterungsfähig – und Zeit meines Lebens ein großer Frauenverehrer gewesen bin.

*

Eines Abends im vergangenen Winter betrat ich in Begleitung meines Freundes Mister Talbot eine Loge im P.-Theater. Es war ein Opernabend, und der Theaterzettel versprach eine seltene Darbietung, so daß das Haus außergewöhnlich gut besetzt war. Wir hatten uns zur rechten Zeit eingefunden, mußten uns aber doch unter einigen Schwierigkeiten den Weg zu den für uns reservierten Vorderplätzen bahnen.

Zwei Stunden lang widmete mein Begleiter, ein musikalischer fanatico, seine ungeteilte Aufmerksamkeit der Bühne, während ich mich damit unterhielt, das Publikum zu beobachten, das in der Hauptsache aus den besten Kreisen der Stadt bestand. Nachdem ich dessen müde geworden war, wandte ich meine Augen der Primadonna zu, als meine Aufmerksamkeit durch eine Erscheinung in einer der Logen gefesselt wurde, die meiner Beobachtung entgangen war.

Sollte ich tausend Jahre alt werden, niemals werde ich die außerordentliche Erregung vergessen, mit der ich diese Gestalt betrachtete. Es war die erlesenste Frauenerscheinung, die ich je gesehen hatte. Das Gesicht war so weit der Bühne zugewandt, daß ich es einige Minuten lang nicht sehen konnte, aber ihre Formen waren göttlich. Kein anderes Wort vermag ihr herrliches Ebenmaß auszudrücken – und selbst der Ausdruck ›göttlich‹ erscheint mir lächerlich schwach, wenn ich ihn niederschreibe.

Die Magie einer lieblichen Frauengestalt – der Zauber weiblicher Anmut – ist jederzeit eine Macht gewesen, der ich nicht widerstehen zu können glaubte. Aber dies hier war die verkörperte, fleischgewordene Grazie, das beau idéal meiner wildesten und begeistertsten Vorstellungen. Die Gestalt war, soweit die Brüstung der Loge dies zu erkennen gestattete, etwas über mittelgroß und näherte sich dem Majestätischen, ohne dies wirklich zu erreichen. Sie war von einer vollendeten Fülle und Haltung. Der Kopf, der nur von hinten sichtbar war, wetteiferte in seinen Umrissen mit dem einer griechischen Psyche und war eher enthüllt als verdeckt durch einen Kopfputz von gaze aérienne, der mich an den ›ventus textilis‹ des Apulejus erinnerte. Der rechte Arm ruhte auf der Brüstung der Loge und erregte mit seinem ausgesuchten Ebenmaß jeden Nerv in mir. Sein oberer Teil war verhüllt von einem dieser jetzt modernen, nur wenig bis unterhalb des Ellenbogens reichenden losen offenen Ärmel. Darunter befand sich unter einem hauchdünnen Überwurf ein anderer enganliegender und mit einer reichen Spitzenmanschette umsäumter, der anmutig über ihren Handrücken fiel und nur die zarten Finger sehen ließ, an denen ein Brillantring von, wie ich sah, außerordentlichem Wert funkelte. Die wunderbare Rundung des Handgelenks hob ein Armband hervor, das durch eine prächtige, juwelengeschmückte Agraffe geschlossen war und in unmißverständlicher Weise von dem Reichtum und dem gewählten Geschmack der Trägerin kündete.

Mindestens eine halbe Stunde lang starrte ich wie versteinert zu dieser königlichen Erscheinung hinüber, währenddessen ich die volle Macht und Wahrheit all dessen empfand, was über die ›Liebe auf den ersten Blick‹ gesagt und gesungen worden ist. Meine Gefühle waren durchaus verschieden von all denen, die ich bis dahin in der Gesellschaft der gefeierten Vertreterinnen weiblicher Anmut empfunden hatte. Eine unerklärliche und, wie ich gestehen muß, magnetische Wechselwirkung von Seele zu Seele schien nicht nur meinen Blick, sondern die ganze Gewalt meines Denkens und Empfindens an diese wunderbare

Gestalt vor mir zu fesseln. Ich sah – ich fühlte – ich erkannte, daß ich tief, sinnlos, unwiderruflich verliebt war und das sogar, noch ehe ich das Gesicht der Geliebten gesehen hatte. So heftig war in der Tat die Leidenschaft, die mich verzehrte, daß ich überzeugt war, sie werde nur wenig, wenn überhaupt, an Stärke verlieren, wenn die Gesichtszüge, die ich vorerst noch nicht erblickt hatte, nur gewöhnlicher Art waren. So außerordentlich ist die Natur der einzig wahren Liebe, der Liebe auf den ersten Blick, und so wenig hängt sie in Wirklichkeit von den äußeren Umständen ab, die sie allein hervorzurufen und zu beherrschen scheinen.

Während ich so in Bewunderung dieser reizenden Erscheinung hingerissen war, ließ sie eine plötzliche Unruhe im Zuschauerraum ihren Kopf etwas mehr zu mir hinwenden, so daß ich ihr ganzes Profil erblickte. Seine Schönheit überstieg noch meine Erwartungen – und doch war etwas darin, was mich enttäuschte, ohne daß ich mir zu sagen vermochte, worin dies bestand. Ich sage ›enttäuschte‹, aber das ist nicht das richtige Wort. Meine Empfindungen waren gleichzeitig beruhigt und erregt. Sie genossen weniger in Begeisterung und mehr in ruhigem Entzücken – in entzückter Ruhe. Diese Empfindung wurde vielleicht durch die madonnenhaften und mütterlichen Züge dieses Antlitzes hervorgerufen, und doch begriff ich, daß sie nicht allein darin ihren Ursprung haben konnte. Es war etwas anderes – etwas Rätselhaftes, das ich nicht zu ergründen vermochte –, ein Ausdruck in diesen Zügen, der mich leicht verwirrte, während er mein Interesse auf das Höchste erregte. In der Tat befand ich mich gerade in der geistigen Verfassung, die einen jungen und empfänglichen Menschen zu jeder Art Extravaganz fähig macht. Wäre die Dame allein gewesen, so wäre ich zweifellos in ihre Loge eingedrungen und hätte sie unter allen Umständen angesprochen. Aber glücklicherweise befand sie sich in Gesellschaft zweier Begleiter, eines Herrn und einer auffallend schönen jungen Frau, die allem Anschein nach einige Jahre jünger war als sie selbst.

In meinem Innern erwog ich tausend Pläne, wie ich es später erreichen könne, der älteren Dame vorgestellt zu werden oder für den Augenblick ihre Schönheit deutlicher betrachten zu können. Ich würde meinen Platz mit einem anderen, ihr näheren Platz vertauscht haben, aber die volle Besetzung des Theaters machte das unmöglich, und die strengen Gesetze untersagten neuerdings den Gebrauch des Opernglases auf das entschiedenste, selbst wenn ich so glücklich gewesen wäre, eins bei mir zu haben. Aber das war nicht der Fall, und so war ich voller Verzweiflung.

Schließlich bedachte ich mich darauf, meinen Begleiter anzusprechen.

»Talbot«, sagte ich, »Sie haben ein Opernglas! Darf ich es einmal haben?«

»Ein Opernglas? Nein! Was, glauben Sie, soll ich mit einem Opernglas?« Damit wandte er sich ungeduldig wieder der Bühne zu.

»Aber Talbot«, fuhr ich fort, indem ich ihn an der Schulter zupfte, »hören Sie doch! Sehen Sie die Proszeniumsloge? – Dort! Nein, die nächste! – Haben Sie je eine so reizende Frau gesehen?«

»Sie ist sehr schön, ohne Zweifel«, entgegnete er.

»Ich bin neugierig, wer sie wohl sein mag.«

»Aber in aller guter Geister Namen, Sie wissen nicht, wer das ist? ›Sie nicht kennen, heißt sich selbst unwissend nennen!‹ Das ist die berühmte Madame Lalande – die Schönheit des Tages par excellence und der Gesprächsstoff der ganzen Stadt. Ungeheuer reich, dazu Witwe – eine große Partie –, gerade von Paris herübergekommen!«

»Kennen Sie sie?«

»Ja, ich habe die Ehre!«

»Wollen Sie mich vorstellen?«

»Gewiß – mit dem größten Vergnügen! Wann soll es sein?«

»Morgen um eins! Ich hole Sie bei B… ab!«

»Sehr gut, und nun halten Sie den Mund, wenn es geht!«

Was dieses letztere betraf, mußte ich Talbots Rat folgen, denn gegenüber allen weiteren Fragen und Versuchungen blieb er hartnäckig taub und beschäftigte sich nur noch mit den Vorgängen auf der Bühne.

Inzwischen hielt ich meine Augen an Madame Lalande gefesselt und hatte schließlich das Glück, einen vollen Anblick ihres Gesichtes genießen zu können. Es war ausnehmend lieblich, was mir natürlich mein Herz schon vorher gesagt hatte, auch wenn mich Talbot in diesem Punkte nicht aufgeklärt hätte –, und doch blieb dieses unverständliche Etwas, das mich verwirrte. Schließlich kam mir zu Bewußtsein, daß ich von einem gewissen Zug von Ernst, Traurigkeit oder noch eher von Müdigkeit beeindruckt war, der diesem Gesicht etwas von seiner Jugend und Frische nahm, um ihm eine seraphische Zartheit und Majestät zu verleihen und es so natürlich für mein begeistertes und romantisches Gemüt zehnfach interessant zu machen.

Während so meine Augen sich ergötzten, erkannte ich schließlich zu meiner größten Bestürzung an einem fast unbemerklichen Stutzen von seiten der Dame, daß sie plötzlich die Eindringlichkeit meiner Blicke gewahr geworden war. Indes war ich restlos verzaubert und vermochte selbst für einen Augenblick meine Augen nicht abzuwenden. Sie wandte ihr Gesicht ab, und wieder sah ich nur die gemeißelten Umrisse ihres Kopfes. Nach einigen Minuten drehte sie, wie von Neugierde getrieben, zu sehen, ob ich noch hinblickte, ihr Gesicht langsam herum und begegnete aufs neue meinen glühenden Blicken. Sofort senkten sich ihre großen dunklen Augen, und eine tiefe Röte bedeckte ihre Wangen. Aber wie groß war mein Erstaunen, als ich bemerkte, daß sie nicht nur ihren Kopf nicht wieder abwandte, sondern tatsächlich eine Lorgnette von ihrem Gürtel nahm, sie hob und einstellte, um mich damit mehrere Minuten lang aufmerksam und ungezwungen zu beobachten.

Wäre ein Donnerkeil zu meinen Füßen niedergestürzt, ich hätte nicht überraschter sein können – indes nur überrascht –, keineswegs auch nur im geringsten beleidigt oder abgestoßen, wenn auch ein so kühnes Benehmen bei einer anderen Frau mich zu kränken oder abzustoßen geeignet gewesen wäre. Aber das Ganze geschah mit so viel Ruhe – mit so viel Nonchalance, so viel Harmonie, mit einem so offenbaren Ausdruck bester Erziehung, kurz, daß nichts von Unverschämtheit zu bemerken war und ich nur Bewunderung und Überraschung empfand.

Ich beobachtete, daß sie nach dem ersten Erheben des Glases von der kurzen Betrachtung meiner Person befriedigt war und das Instrument wieder senkte, als sie es wie auf einen zweiten Gedanken hin wieder hob und fortfuhr, mich mit gespannter Aufmerksamkeit mehrere Minuten lang – fünf Minuten zum mindesten, des bin ich sicher – zu mustern.

Dieses in einem amerikanischen Theater so auffällige Benehmen fand allgemeine Beachtung und veranlaßte eine Bewegung und ein Gemurmel im Publikum, das mich für einen Augenblick in Verwirrung versetzte, aber in den Zügen der Madame Lalande keinen sichtlichen Eindruck hinterließ.

Nachdem sie ihre Neugierde befriedigt hatte – wenn es eine solche war –, ließ sie das Glas sinken und widmete ihre Aufmerksamkeit wieder der Bühne. Dabei wandte sie mir wieder wie vorher ihr Profil zu. Ich fuhr unablässig fort, sie zu beobachten, obwohl ich mir der Ungezogenheit meines Tuns voll bewußt war. Jetzt sah ich, wie sie langsam und unauffällig den Kopf wandte, und kam bald zu der Überzeugung, daß die Dame, während sie sich so stellte, als blicke sie auf die Bühne, tatsächlich mich betrachtete. Es bedarf keiner Erwähnung, welchen Eindruck dieses Verhalten von seiten einer so bezaubernden Frau auf meine erregte Phantasie ausübte.

Nachdem sie mich so vielleicht eine Viertelstunde lang beobachtet hatte, wandte sich das reizende Ziel meiner Leidenschaft dem Herrn zu, der sie begleitete, und ich sah, während sie sprach, deutlich an beider Blicken, daß ihre Unterhaltung mich betraf.

Schließlich blickte Madame Lalande wieder zur Bühne hin und schien einige Minuten lang von der Vorstellung gefesselt zu sein. Danach indes fand ich mich in höchste Erregung versetzt, als ich sie ein zweites Mal das Glas, das ihr zur Seite hing, öffnen und sich mir wie vorher voll zuwenden sah, worauf sie mich, ohne auf das neuerliche Gemurmel im Zuschauerraum zu achten, mit der gleichen wunderbaren Ruhe von Kopf bis zu den Füßen musterte, die mich vorher so entzückt und verwirrt hatte.

Dieses außergewöhnliche Benehmen, das mich in ein vollkommenes Fieber der Erregung, in einen wirklichen Liebeswahnsinn versetzte, war indes eher dazu angetan, mich zu ermutigen, als mich aus der Fassung zu bringen. In der irrsinnigen Glut meiner Anbetung vergaß ich alles neben der Gegenwart und der majestätischen und reizenden Schönheit des Bildes, das sich meinem Blick bot. Ich erwartete einen Augenblick, in dem ich das Publikum mit der Oper beschäftigt glaubte, und machte ihr, als ich endlich einen Blick von Madame Lalande erhaschte, von weitem eine leichte, aber nicht mißzuverstehende Verbeugung.

Sie errötete tief und wandte den Blick ab. Dann schaute sie langsam und vorsichtig umher, offenbar um sich zu vergewissern, ob mein unbesonnenes Tun bemerkt worden sei, und wandte sich dem Herrn zu, der an ihrer Seite saß.

Nun empfand ich brennend das Unschickliche meines Benehmens und erwartete nichts Geringeres als eine unmittelbare Bloßstellung, während mir Visionen von Pistolenläufen in früher Morgenstunde blitzschnell und unbehaglich durch den Kopf gingen. Indes war ich aufs höchste und unmittelbar erleichtert, als ich sah, wie die Dame dem Herrn nur wortlos einen Theaterzettel reichte. Indes vermag sich der Leser nur eine schwache Vorstellung von meinem Erstaunen – von meiner tiefen Überraschung, meiner wahnsinnigen Verwirrung des Herzens und der Seele zu machen, als sie, nachdem sie verstohlen umhergeblickt hatte, ihre strahlenden Augen voll und ruhig auf mir ruhen ließ und dann mit einem schwachen Lächeln, das eine glänzende Reihe ihrer Perlenzähne sehen ließ, zweimal deutlich und unzweifelhaft bejahend mit dem Kopf nickte.

Es erübrigt sich natürlich, bei meiner Freude, meinem Entzücken, der grenzenlosen Begeisterung meines Herzens länger zu verweilen. Wenn irgend jemand wahnsinnig war vor überströmendem Glück, so war ich es in diesem Augenblick. Ich liebte! Das war meine erste Liebe – das fühlte ich! Es war höchste, unbeschreibliche Liebe! Es war »Liebe auf den ersten Blick«, und auf den ersten Blick war sie gewürdigt und erwidert worden!

Ja, erwidert! Wie und warum sollte ich einen Augenblick lang daran zweifeln? Welche andere Deutung fand ich für ein solches Benehmen von seiten einer so schönen, so reichen, offenbar so gebildeten, so gut erzogenen Dame in einer solchen gesellschaftlichen Stellung, in jeder Beziehung so durchaus achtbar, wie es – das empfand ich mit vollkommener Gewißheit – Madame Lalande war. Ja, sie liebte mich! Sie erwiderte die Begeisterung meiner Liebe mit einem ebenso blinden, ebenso vorurteilslosen, ebenso wenig berechnenden, ebenso hingebenden und ebenso äußerst maßlosen Enthusiasmus, wie ich selbst ihn empfand. Diese entzückenden Phantasien und Gedanken wurden indes durch das Fallen des Vorhangs unterbrochen. Das Publikum erhob sich, und der übliche Tumult überraschte mich unmittelbar. Eilig verließ ich Talbot und bemühte mich, mir einen Weg in die Nähe von Madame Lalande zu bahnen. Als mir dies infolge des Gedränges mißlang, gab ich die Jagd schließlich auf und wandte meine Schritte heimwärts. In meinem Mißgeschick, nicht einmal den Saum ihres Gewandes berührt zu haben, tröstete ich mich mit dem Gedanken, daß ich von Talbot am nächsten Morgen in aller Form vorgestellt werden sollte.

Dieser Morgen war endlich da, das heißt, nach einer langen und ermüdenden Nacht voller Ungeduld graute schließlich der Tag. Und dann krochen die Stunden bis ›eins‹ im Schneckentempo, öde und zahllos! Aber auch Stambul, sagt man, hat einmal ein Ende, und so ging auch dieses lange Warten vorüber. Die Uhr schlug eins, und als das letzte Echo verklang, machte ich mich auf den Weg nach dem B...schen Hause und fragte nach Talbot.

»Ausgegangen!« erwiderte der Diener – es war Talbots eigener!

»Ausgegangen!« wiederholte ich, indem ich ein paar Schritte rückwärts taumelte. »Hör zu, mein Junge, das ist unmöglich. So kommen wir nicht weiter! Mister Talbot ist nicht ausgegangen! Was soll das bedeuten?«

»Nichts, mein Herr! Aber Mister Talbot ist nicht da. Das ist alles. Er ist gleich nach dem

Frühstück nach S... geritten und hat hinterlassen, er werde vor einer Woche nicht wieder in der Stadt sein.«

Versteinert vor Zorn und Schrecken stand ich da. Ich versuchte etwas zu erwidern, aber meine Zunge versagte den Dienst. Schließlich wandte ich mich wutverzerrt auf dem Absatz um, in meinem Innern die ganze Sippe Talbot in die tiefste Hölle verwünschend. Offenbar hatte mein rücksichtsvoller Freund, il fanatico, seine Verabredung mit mir vollkommen vergessen, ebenso schnell vergessen, wie sie getroffen war. Er war immer sehr großzügig bezüglich seiner Versprechungen! Da war nichts zu machen. So verschluckte ich meinen Ärger, so gut es ging, und schlenderte in übler Laune umher. Dabei richtete ich an jeden Bekannten, den ich traf, vergebliche Fragen über Madame Lalande. Vom Hörensagen kannten sie sie alle, wie ich feststellte – viele vom Ansehen. Aber sie war erst seit einigen Wochen in der Stadt, und infolgedessen waren es nur wenige, die sich ihrer persönlichen Bekanntschaft rühmen konnten. Diese wenigen, ihr überdies noch verhältnismäßig fremden Menschen konnten oder wollten sich nicht die Freiheit nehmen, mich bei einem förmlichen Morgenbesuch vorzustellen. Während ich so verzweifelt dastand und mich mit einem Trio meiner Freunde über den Gegenstand meiner verzehrenden Liebe unterhielt, geschah es, daß dieser selbst vorüberfuhr.

»So wahr ich lebe, da ist sie!« schrie der eine von uns.

»Unübertrefflich schön!« rief der zweite.

»Ein Engel auf Erden!« entfuhr es dem dritten.

Ich blickte auf, und in einem offenen Wagen, der die Straße herab uns näherkam, saß die entzückende Erscheinung aus der Oper, begleitet von der jüngeren Dame, die in ihrer Loge bei ihr gewesen war.

»Auch ihre Begleiterin sieht erstaunlich gut aus«, bemerkte derjenige aus unserem Trio, der zuerst gesprochen hatte.

»Überraschend!« erwiderte der zweite. »Immer noch eine glänzende Erscheinung! Aber Kunst tut Wunder. Auf mein Wort, sie sieht besser aus als vor fünf Jahren in Paris. Immer noch eine schöne Frau, finden Sie nicht, Froissart –, Simpson, wollte ich sagen!?«

»Immer noch!« entgegnete ich, »und warum sollte sie das nicht sein? Aber verglichen mit der jungen Schönen ist sie ein Nachtlicht neben dem Abendstern – ein Glühwürmchen neben dem Antares!«

»Hahaha! – Simpson, Sie haben ein erstaunliches Gefühl, Entdeckungen zu machen – wirklich originelle, meine ich!« und damit trennten wir uns, während einer aus dem Trio einen lustigen Schlager zu summen begann, von dem ich nur die beiden Zeilen aufschnappte:

Ninon, Ninon, Ninon à bas – –
A bas Ninon de Lanclos!

Während dieser kleinen Szene hatte indes eines sehr dazu beigetragen, mich zu trösten, wenn es auch die Leidenschaft noch mehr schürte, von der ich verzehrt wurde. Als der Wagen der Madame Lalande an unserer Gruppe vorüberrollte, hatte ich beobachtet, daß sie mich erkannte und, mehr noch als das, mich mit dem seraphischsten Lächeln, das ich mir vorzustellen vermochte, einem nicht mißzudeutenden Zeichen des Wiedererkennens beglückt.

Für eine Vorstellung indes mußte ich alle Hoffnung fahrenlassen, bis Talbot daran dachte, vom Lande zurückzukehren. In der Zwischenzeit besuchte ich hartnäckig jede renommierte Vergnügungsstätte und hatte schließlich in dem Theater, in dem ich sie das erstemal gesehen hatte, das außerordentliche Glück, sie wiederzusehen und Blicke mit ihr zu tauschen. Das geschah indes erst nach Verlauf von zwei Wochen. Jeden Tag in dieser Zeit hatte ich in Talbots Wohnung nach ihm gefragt und war jedesmal wieder über das ewige »Noch nicht zurückgekehrt« seines Dieners erneut in Wut geraten.

So war ich an dem fraglichen Abend in einem Zustande, der fast an Wahnsinn grenzte. Madame Lalande, so hatte man mir gesagt, war Pariserin – war erst kürzlich aus Paris herübergekommen. Konnte sie nicht plötzlich dorthin zurückkehren? – zurückkehren, ehe Talbot nach Hause kam? – Und war sie für mich dann nicht für immer verloren? Der Gedanke war zu furchtbar, als daß ich ihn zu ertragen vermochte. Da mein Lebensglück auf dem Spiel stand, beschloß ich also, mit männlicher Entschlossenheit zu handeln. Mit einem Wort, als die Vorstellung zu Ende war, verfolgte ich die Dame bis zu ihrer Wohnung, merkte mir ihre Anschrift und sandte ihr am nächsten Morgen einen ausführlichen und sorgfältig verfaßten Brief, in dem ich ihr mein ganzes Herz ausschüttete.

Ich sprach kühn, freimütig – mit einem Wort, ich sprach mit Leidenschaft. Ich verbarg nichts – nichts sogar von meinen Schwächen. Ich spielte auf die romantischen Umstände unserer ersten Begegnung an – sogar auf die Blicke, die wir gewechselt hatten. Ich ging so weit, zu sagen, ich sei von ihrer Liebe überzeugt. Diese Überzeugung und die Glut meiner Verehrung führte ich als zwei Entschuldigungsgründe an für mein sonst unverzeihliches Benehmen. An dritter Stelle erwähnte ich meine Furcht, sie könne die Stadt verlassen, ehe sich mir eine Gelegenheit zu einer förmlichen Vorstellung biete. Diesen begeistertsten Brief, der je geschrieben wurde, schloß ich mit einer freimütigen Darstellung meiner Verhältnisse – meines Reichtums – und damit, daß ich ihr mein Herz und meine Hand anbot.

In todesängstlicher Hoffnung erwartete ich die Antwort. Nach einer Zeit, die mir wie ein Jahrhundert erschien, traf sie ein.

Ja, sie traf wirklich ein! So romantisch dies alles erscheinen mag, ich erhielt tatsächlich einen Brief von Madame Lalande – der schönen, reichen, vergötterten Madame Lalande. Ihre Augen – ihre wunderbaren Augen hatte ihr edles Herz nicht Lügen gestraft. Als echte Französin, die sie war, hatte sie dem freimütigen Gebot ihrer Vernunft, dem edlen Trieb ihrer Natur gehorcht und die konventionelle Prüderie der Welt verachtet. Sie hatte mein Ansinnen nicht von sich gewiesen. Sie hatte sich nicht in Stillschweigen gehüllt. Sie hatte meinen Brief nicht ungeöffnet zurückgehen lassen. Sie hatte mir sogar als Antwort von ihrer eigenen zarten Hand einen Brief folgenden Inhalts gesandt:

»Monsieur Simpson wird pardonne mich, wenn ich nicht versteh die schöne Sprach von seine contrée so gut wie will. Es ist erst kurz, daß ich ankomme und noch nicht habe opportunité zu – l'étudier. Mit diese Entschuldigung für die manière ich will nun sagen, daß – hélas! Monsieur Simpson haben erraten nur zu wahr. Muß ich sagen mehr? Hélas! Bin ich nicht schon bereit, sprechen zu viel?

EUGÉNIE LALANDE.«

Diese edelmütigen Zeilen küßte ich millionenmal und beging jedenfalls gleichzeitig noch tausend andere Torheiten, die meinem Gedächtnis entfallen sind. Noch kehrte Talbot nicht zurück. Hätte er sich auch nur die geringste Vorstellung von den Leiden machen können, die seine Abwesenheit seinem Freunde verursachte, sicherlich wäre er in seiner mitfühlenden Art schnellstens herbeigeeilt, mich zu trösten. Indes er kam noch immer nicht. Ich schrieb. Er antwortete, er sei durch dringende Geschäfte abgehalten, aber er werde in Kürze zurückkommen. Er bat mich, nicht zu ungeduldig zu sein, mein Entzücken zu mäßigen, beruhigende Bücher zu lesen, nur leichten Rheinwein zu trinken und meine Zuflucht zu den Tröstungen der Philosophie zu nehmen. Der Narr! Wenn er nicht selbst kommen konnte, warum in aller guter Geister Namen legte er keinen Empfehlungsbrief für mich bei? Ich schrieb erneut und bat ihn, sogleich einen solchen abzusenden. Mein Brief wurde mir von seinem Diener mit den folgenden, mit Bleistift auf die Rückseite geschriebenen Zeilen zurückgesandt. Der Halunke war seinem Herrn auf das Land hin nachgereist.

»Hat S… gestern verlassen, Aufenthalt unbekannt. Sagte nicht, wohin und wann zurück.

Ich dachte, es sei das beste, den Brief zurückzusenden, da ich Ihre Handschrift erkenne, und da Sie stets mehr oder weniger in Eile sind.

Ihr ergebener
Stubbs.«

Ich brauche nicht zu sagen, daß ich daraufhin beide, Herrn und Diener, zu den höllischen Geistern verwünschte. Aber mit Zorn war nichts getan, und Jammern brachte keinen Trost.

Indes besaß ich noch eine Hilfe in meiner angeborenen Kühnheit. Bis dahin hatte sie mir gute Dienste getan, und nun beschloß ich, sie mir zur Erreichung meines Zieles zunutze zu machen. Welche Formlosigkeit konnte ich mir überdies nach dem Briefwechsel zwischen uns noch zuschulden kommen lassen, die von Madame Lalande als unschicklich hätte empfunden werden können? Seit der Briefangelegenheit hatte ich mir angewöhnt, ihr Haus zu beobachten, und dabei entdeckt, daß sie in der Abenddämmerung, nur von einem livrierten Neger begleitet, auf einem öffentlichen Platz unter ihren Fenstern einen Spaziergang zu machen pflegte. Hier unter den üppigen, schattigen Bäumen, im grauen Schimmer eines milden Sommerabends nahm ich die Gelegenheit wahr und sprach sie an.

Um den sie begleitenden Diener desto besser täuschen zu können, tat ich dies mit der sicheren Miene eines alten vertrauten Bekannten. Mit der Geistesgegenwart der echten Pariserin ging sie darauf ein und streckte mir zur Begrüßung die bezauberndste kleine Hand entgegen. Der Diener blieb zurück, und mit übervollem Herzen sprachen wir lange und rückhaltlos von unserer Liebe.

Da Madame Lalande das Englische noch weniger fließend sprach, als sie es schrieb, mußten wir uns auf französisch unterhalten. In dieser anmutigen, so für die Leidenschaft geeigneten Sprache ließ ich der Begeisterung meines Gemütes freien Lauf und drang mit aller mir zur Verfügung stehenden Beredsamkeit in sie, zu einer unverzüglichen Heirat ihre Einwilligung zu geben.

Zu dieser meiner Ungeduld lächelte sie und machte die alten Einwände der Schicklichkeit geltend, diesen Popanz, der so viele zurückschreckt, bis das Glück für immer vorüber ist. Unklugerweise hätte ich, bemerkte sie, meinen Wunsch, sie kennenzulernen, unter meinen Freunden herumgetragen, und so sei es unmöglich, den Tag unserer ersten Bekanntschaft zu verheimlichen. Errötend spielte sie damit darauf an, wie außerordentlich neu diese noch war. Eine unverzügliche Heirat sei nicht angebracht – sei unschicklich – sei unerhört! All dies brachte sie mit einer reizend naiven Miene vor, die mich entzückte, während sie mich gleichzeitig betrübte und überzeugte. Sie ging sogar so weit, mir lächelnd Voreiligkeit, Unbesonnenheit vorzuwerfen, und bat mich zu bedenken, daß ich in Wirklichkeit nicht einmal wisse, wer sie sei, in welchen Verhältnissen und welcher gesellschaftlichen Stellung sie lebe. Seufzend bat sie mich, meinen Antrag noch einmal zu bedenken, und nannte meine Liebe eine Verblendung, eine Laune, eine Einbildung oder Augenblicksneigung, eine oberflächliche und vergängliche Regung eher der Phantasie als des Herzens. Während sie dies alles vorbrachte, senkten sich die milden Schatten der Dämmerung mehr und mehr auf uns hernieder – und dann machte sie mit einem zarten Druck ihrer feenhaften Hand das ganze soeben errichtete Gebäude von Einwänden in einem süßen Augenblick wieder zunichte.

Ich antwortete, so gut ich es vermochte – so gut es nur ein ehrlich Liebender vermag. Lange und inständig sprach ich von meiner Verehrung, von meiner Leidenschaft, von ihrer ausnehmenden Schönheit und von meiner begeisterten Bewunderung. Schließlich erwähnte ich mit überzeugender Kraft die Gefahren, die der Weg der Liebe mit sich bringt, dieser Weg, der niemals ohne Hindernis dahinläuft, und schloß daraus auf die Gefahr, die mit einer unnötigen Verlängerung dieses Weges verbunden war.

Dieser letzte Einwand schien endlich die Unbeugsamkeit ihres Entschlusses zu brechen. Sie gab nach; aber, bemerkte sie, es gebe noch ein Hindernis, das ich, wie sie sicher fühle, noch nicht genügend bedacht habe. Darüber zu sprechen, sei besonders für eine Frau eine delikate Angelegenheit, indes sehe sie, daß sie damit ihren Empfindungen ein Opfer bringen müsse. Aber für mich wolle sie jedes Opfer bringen. Damit machte sie eine Anspielung auf die Frage des Alters. Sei ich mir denn im klaren – vollkommen im klaren darüber, welcher Altersunterschied zwischen uns bestehe? Daß das Alter des Mannes um einige Jahre – bis zu fünfzehn oder zwanzig – höher sei als das der Frau, werde von der Welt als erlaubt, ja als passend angesehen. Aber sie sei stets der Überzeugung gewesen, daß die Frau niemals älter als der Mann sein dürfe. Ein so unnatürlicher Unterschied sei leider allzuoft die Veranlassung zu einem unglücklichen Leben. Nun habe sie erfahren, daß ich nicht über zweiundzwanzig Jahre alt sei, und ich habe vielleicht nicht beachtet, daß die Lebensjahre meiner Eugénie hierüber ganz beträchtlich hinausgingen.

Diese Worte bewiesen einen Seelenadel, eine würdevolle Aufrichtigkeit, die mich entzückte und bezauberte, die meine Fesseln auf ewig festschmiedete. Kaum vermochte ich die Begeisterung zu verbergen, die mich erfüllte.

»Meine süßeste Eugénie«, rief ich aus, »was bedeutet dies alles, was Sie da sagen? Ihr Alter übersteigt in gewissem Maße das meinige. Aber was besagt das? Die Sitten der Welt sind so voller konventioneller Narrheiten. Welcher Unterschied besteht zwischen einem Jahr und einer Stunde für zwei Menschen, die sich so lieben wie wir beide? Ich bin zweiundzwanzig, wie Sie sagen – zugegeben! Ebensogut können Sie sagen, ich sei dreiundzwanzig. Nun, Sie selbst, meine teuerste Eugénie, können nicht älter sein als – können nicht älter sein als – nicht älter als – als – als – als –«

Hier unterbrach ich mich einen Augenblick in der Erwartung, Madame Lalande werde mir ins Wort fallen und ihr wirkliches Alter nennen. Aber eine Französin ist selten so deutlich und hat als Antwort auf eine verwirrende Frage stets eine passende kleine Ausflucht zur Hand. In diesem Augenblick ließ Eugénie, nachdem sie schon eine Weile vorher in ihrem Halsausschnitt etwas zu suchen schien, ein Miniaturporträt auf den Rasen fallen. Ich hob es sofort auf, um es ihr zu reichen.

»Behalten Sie es«, sagte sie mit ihrem bezauberndsten Lächeln, »behalten Sie es um meinetwillen, um deretwillen, die es zu schmeichelhaft darstellt. Überdies werden Sie auf der Rückseite vielleicht auch die Antwort finden, die Sie suchen. Aber jetzt wird es schon etwas zu dunkel sein – indes können Sie es morgen mit Muße betrachten. Inzwischen sollen Sie mich heute abend nach Hause begleiten. Meine Freunde veranstalten eine kleine musikalische Abendgesellschaft, und ich kann Ihnen einen guten Gesang versprechen. Wir Franzosen nehmen es nicht gar so genau wie Ihr Amerikaner, und ich werde Sie ohne Schwierigkeit als alten Bekannten hineinschmuggeln können.«

Mit diesen Worten nahm sie meinen Arm, und ich begleitete sie nach Hause. Die Wohnung war sehr vornehm und, wie ich glaube, sehr geschmackvoll eingerichtet. Indes vermag ich über diesen letzteren Punkt kaum ein Urteil abzugeben, denn es war gerade dunkel geworden, als wir ankamen, und in den besseren amerikanischen Häusern trifft man in der heißen Jahreszeit während dieser angenehmsten Stunde des Tages selten Licht an. Etwa eine Stunde später wurde eine einzige Lampe in den Hauptempfangssalon gebracht. Dieser Raum war, wie ich erkennen konnte, sehr geschmackvoll, ja mit großer Pracht eingerichtet. Indes blieben zwei anstoßende Räume, in denen sich die Gesellschaft hauptsächlich aufhielt, während des ganzen Abends in ein angenehmes Dämmerlicht gehüllt. Dies ist eine wohlverständliche Sitte, die der Gesellschaft wenigstens die Wahl zwischen Licht und Schatten überläßt und die unsere Freunde von jenseits des Wassers sich nur zu gerne zunutze machten.

Der so verbrachte Abend war fraglos der köstlichste meines Lebens. Madame Lalande hatte hinsichtlich der musikalischen Talente ihrer Freunde nicht zuviel versprochen, und nur in Wien habe ich jemals in privaten Kreisen einen so ausgezeichneten Gesang wie den hier gebotenen gehört. Die Instrumentalvorträge waren mannigfacher Art und bekundeten großes Talent. Gesungen wurde hauptsächlich von Damen, und keine unter ihnen machte ihre Sache nicht wenigstens gut. Als schließlich dringend nach »Madame Lalande« gerufen wurde, erhob sie sich ohne Einwendung oder Ziererei von der Chaiselongue, auf der sie an meiner Seite gesessen hatte, und begab sich, begleitet von einem oder zwei Herren und von ihrer Begleiterin aus der Oper in den Hauptempfangssalon. Ich hätte sie gerne selbst begleitet, hatte indes die Empfindung, daß ich unter den Umständen, unter denen ich in das Haus eingeführt worden war, besser daran tat, unbeachtet dort zu bleiben, wo ich war. So war ich zwar des Vergnügens beraubt, sie zu sehen, aber nicht, sie singen zu hören.

Der Eindruck, den sie auf die Gesellschaft ausübte, schien elektrisierend zu sein – indes war die Wirkung auf mich selbst noch eine weit tiefere. Ich weiß nicht, wie ich diese auch nur annähernd beschreiben soll. Teilweise rührte sie fraglos von dem Gefühl der Liebe her, das mich erfüllte, hauptsächlich aber aus meiner Überzeugung von dem außerordentlich feinen Empfinden der Sängerin. Keine Künstlerin hätte eine Arie oder ein Rezitativ mit leidenschaftlicherem Ausdruck vortragen können, als sie es tat. Die Art, wie sie die Romanze aus »Othello« vortrug, der Ton, mit dem sie die Stelle »Sul mio sasso« aus den »Capuletti« wiedergab, klingen noch heute in meinem Gedächtnis nach. In ihren tieferen Tonlagen war sie durchaus wunderbar. Ihre Stimme umfaßte volle drei Oktaven vom tiefen Alt-d bis zum hohen Sopran-d, und obwohl sie durchaus in der Lage gewesen wäre, den Raum des San-Carlo-Theaters auszufüllen, meisterte sie mit größter Exaktheit jede Schwierigkeit der stimmlichen Komposition – steigende und fallende Skalen, Kadenzen oder Fiorituri. Im Finale der »Nachtwandlerin« wußte sie den Worten:

Ah, non giunge uman pensiero
al contento ond' io son piena!

eine ganz außerordentliche Wirkung zu verleihen.

Hier variierte sie, indem sie die Malibran nachahmte, den Originalsatz Bellinis, indem sie ihre Stimme bis zum Tenor-g herabsinken ließ, um dann in einem schnellen Übergang das zweigestrichene g anzuschlagen und damit ein Intervall von zwei Oktaven zu überspringen.

Nach diesem Wunder gesanglicher Leistung erhob sie sich vom Klavier und nahm ihren Sitz an meiner Seite wieder ein, worauf ich ihr mit Worten höchster Begeisterung mein Entzücken über ihre Kunst zum Ausdruck brachte. Von meiner Überraschung sagte ich nichts, und doch war ich aufrichtig überrascht, denn eine gewisse Schwäche oder vielmehr eine merkliche zitternde Unsicherheit in der gewöhnlichen Unterhaltung hatte mich im voraus annehmen lassen, sie werde im Gesang keine besonders beachtliche Fertigkeit zeigen.

Nun unterhielten wir uns ohne Unterbrechung lange, ernsthaft und vollkommen offenherzig miteinander. Sie ließ sich von mir vieles aus meinem bisherigen Leben berichten und lauschte mit atemloser Aufmerksamkeit jedem Worte meiner Erzählung. Ich verbarg nichts – ich fühlte, ich hatte ein Recht darauf, nichts vor ihrer vertrauenden Zuneigung zu verbergen. Durch ihre Aufrichtigkeit in dem delikaten Punkt ihres Alters ermutigt, äußerte ich mich nicht nur mit vollkommener Freimütigkeit im einzelnen über meine vielen kleinen Untugenden, sondern legte ein volles Geständnis ab über all die moralischen und sogar die physischen Unzulänglichkeiten, deren Enthüllung einen soviel größeren Mut verlangt und soviel sicherer ein Beweis von Liebe ist. Ich brachte die Unbesonnenheiten meiner Studienzeit zur Sprache – meine Extravaganzen, meine Trinkgelage, meine Schulden, meine Liebeleien. Ich ging sogar so weit, von einem leichten hektischen Husten zu sprechen, der mich eine Zeitlang gequält hatte, von meinem chronischen Rheumatismus, von einem Zwicken ererbter Gicht und schließlich von der unangenehmen und lästigen, aber bisher sorgsam verheimlichten Schwäche meiner Augen.

»Was diesen letzten Punkt betrifft«, sagte Madame Lalande lachend, »so sind Sie sicherlich unklug gewesen, ihn zu bekennen. Denn ohne dieses Geständnis würde, des bin ich sicher, niemand Ihnen dies vorgeworfen haben. Übrigens«, fuhr sie fort, »erinnern Sie sich – und dabei bemerkte ich trotz der Dunkelheit des Raumes ein deutliches Erröten auf ihren

Wangen –, »erinnern Sie sich, mon cher ami, an dieses kleine Augenglas, das hier an meinem Halse hängt?«

Mit diesen Worten drehte sie dieselbe Lorgnette zwischen den Fingern, die mich in der Oper so in Verwirrung gebracht hatte.

»Ach ja, wie gut erinnere ich mich seiner!« rief ich aus, indem ich leidenschaftlich die zarte Hand drückte, die mir das Glas zum Betrachten hinreichte. Es war ein kompliziertes prächtiges Spielzeug, reich ziseliert und filigriert und, wie ich selbst bei der schwachen Beleuchtung feststellen konnte, von wertvollen Juwelen schimmernd.

»Eh bien, mon ami«, fuhr sie mit einer gewissen Eindringlichkeit fort, die mich überraschte – »eh bien, mon ami, Sie haben mich ernstlich um eine Gunst gebeten, die Sie als unschätzbar zu bezeichnen beliebten. Sie haben mich auf morgen um meine Hand gebeten. Wenn ich nun Ihren dringenden Bitten – und wenn ich es sagen darf, der Stimme meines Herzens – folge, bin ich dann nicht berechtigt, von Ihnen eine ganz – ganz kleine Gefälligkeit als Gegenleistung zu erbitten?«

»Nennen Sie sie«, rief ich mit einem Eifer aus, der beinahe die Aufmerksamkeit der Gesellschaft auf uns gezogen hätte, und nur ihre Gegenwart vermochte mich daran zu hindern, mich ihr ungestüm zu Füßen zu werfen. »Nennen Sie sie, meine Geliebte, meine Eugénie, meine Einzige! – Nennen Sie sie – ach, sie ist schon gewährt, noch ehe sie ausgesprochen ist!«

»So überwinden Sie, mon ami«, entgegnete sie, »der Eugénie zuliebe, die Sie anbeten, diese kleine Schwäche, die Sie zuletzt gestanden haben – diese mehr moralische als physische Schwäche – und die, lassen Sie es mich Ihnen versichern, dem Adel Ihres wirklichen Wesens so wenig entspricht, die so unvereinbar ist mit der sonstigen Aufrichtigkeit Ihres Charakters und die, wenn Sie sich weiter von ihr beherrschen lassen, Sie sicherlich früher oder später in eine sehr unangenehme Lage bringen wird. Mir zuliebe sollen Sie diese Affektiertheit überwinden, die Sie, wie Sie selbst zugeben, zu der nichteingestandenen oder stillschweigenden Verleugnung Ihrer Sehschwäche verleitet. Denn Sie leugnen diese Schwäche tatsächlich, indem Sie sich weigern, die zu ihrer Behebung üblichen Mittel anzuwenden. Sie verstehen, daß ich damit den Wunsch ausdrücken will, Sie sollen Augengläser tragen. Doch – still – Sie haben ja schon versprochen – mir zuliebe –, sie zu tragen. Nehmen Sie dieses kleine Spielzeug hier. Als Hilfsmittel zum Sehen ist es wunderbar, wenn auch als Wertgegenstand nicht so sehr kostbar. Schauen Sie, durch eine geringfügige Veränderung – so oder so – läßt es sich als Brille benutzen oder als Lorgnette in der Rocktasche tragen. In der ursprünglichen und gebräuchlicheren Form haben Sie ja schon eingewilligt, es mir zuliebe zu tragen.«

Muß ich zugeben, daß mich dieses Verlangen in nicht geringem Maße verwirrte? Aber die daran geknüpfte Bedingung stellte jedes Zögern natürlich außer Frage.

»Es sei!« rief ich mit aller mir in diesem Augenblick zu Gebote stehenden Begeisterung aus. »Es sei! – Von ganzem Herzen soll es geschehen! Ihnen zuliebe opfere ich jede Empfindung. Heute nacht werde ich dieses teure Augenglas als Lorgnette auf dem Herzen tragen. Morgen aber, mit dem frühesten Dämmerlicht des Tages, der mir das Glück bringt, Sie mein Weib nennen zu dürfen, werde ich es auf meine – auf meine Nase setzen und es in dieser weniger romantischen und weniger eleganten, aber sicher angebrachteren Weise stets da tragen, wie Sie es wünschen.«

Nun wandte sich unsere Unterhaltung den Einzelheiten unserer Vorkehrungen für den morgigen Tag zu. Talbot war, wie ich von meiner Verlobten erfuhr, gerade in die Stadt zurückgekehrt. Ich sollte ihn sofort aufsuchen und dazu einen Wagen beschaffen. Die Soirée würde kaum vor zwei Uhr zu Ende sein, und zu dieser Stunde sollte der Wagen vor der Tür stehen. In dem Trubel, der durch das Aufbrechen der Gesellschaft verursacht wurde, konnte Madame Lalande leicht unbemerkt darin Platz nehmen. Dann wollten wir zu der Wohnung eines Geistlichen fahren, der uns erwartete, dort heiraten, Talbot irgendwo absetzen und zu einer kleinen Reise nach dem Osten aufbrechen, um es der Gesellschaft zu Hause zu überlassen, sich die Gedanken von der Sache zu machen, die sie für richtig hielt.

Nachdem wir dieses alles besprochen hatten, verabschiedete ich mich unverzüglich, um Talbot aufzusuchen. Indes konnte ich es nicht unterlassen, auf dem Wege eine Gaststätte aufzusuchen, um mir die Miniatur anzuschauen, und dabei bediente ich mich der mächtigen Hilfe der Augengläser. Unbeschreiblich schön war dieses Antlitz! Diese großen leuchtenden Augen! – Diese stolze griechische Nase! Diese dunklen überreichen Locken! »Oh!« jubelte ich innerlich, »das ist in der Tat das sprechende Bild meiner Geliebten!« Ich wandte es um und entdeckte die Worte »Eugénie Lalande – siebenundzwanzig Jahre und sieben Monate alt«.

Ich fand Talbot zu Hause und beeilte mich, ihn von meinem Glück in Kenntnis zu setzen. Natürlich zeigte er höchstes Erstaunen, aber er wünschte mir von ganzem Herzen Glück und bot mir jede in seinen Kräften stehende Hilfe an. Kurz, wir führten unseren Plan aufs Wort aus, und um zwei Uhr morgens, genau zehn Minuten nach der Trauungszeremonie, fand ich mich mit Madame Lalande – mit Mrs. Simpson, wollte ich sagen – in einem geschlossenen Wagen und fuhr in großer Eile in Richtung Nordnordost zu Nord zur Stadt hinaus.

Da wir die ganze Nacht über unterwegs bleiben sollten, hatte Talbot angeordnet, daß wir in C…, einem etwa zwanzig Meilen von der Stadt entfernten Dorf, zum ersten Male Station machten, um dort ein Frühstück einzunehmen und etwas zu ruhen, ehe wir unsere Reise fortsetzten. So hielt der Wagen um vier Uhr pünktlich beim ersten Gasthof an. Ich half meiner angebeteten Frau heraus und bestellte sofort das Frühstück. Inzwischen wurden wir in ein kleines Zimmer geführt und nahmen Platz.

Es war nun, wenn auch noch nicht vollkommen, so doch beinahe hell geworden, und als ich so voller Entzücken auf den Engel an meiner Seite blickte, kam mir plötzlich der eigenartige Gedanke, daß dies seit meiner Bekanntschaft mit der gefeierten Schönheit der Madame Lalande in der Tat das erste Mal war, daß mir eine Betrachtung dieser Schönheit aus der Nähe und bei Tageslicht vergönnt war.

»Und nun, mon ami«, sagte sie, indem sie meine Hand ergriff und so meine Gedanken unterbrach, »und nun, mon cher ami, nachdem wir nun unlöslich miteinander verbunden sind – nachdem ich deinem leidenschaftlichen Verlangen nachgegeben und meinen Teil unseres Abkommens erfüllt habe, nehme ich an, du hast nicht vergessen, daß auch du einer kleinen Bitte nachzukommen hast – einem kleinen Versprechen, das du doch sicherlich halten wirst! Ach, laß mich – laß mich nachdenken! Ja, ich erinnere mich genau der Worte, des teuren Versprechens, das du vergangene Nacht deiner Eugénie gegeben hast! Hör zu! ›Es sei! – Von ganzem Herzen soll es geschehen! Ihnen zuliebe opfere ich jede Empfindung. Heute nacht werde ich dieses teure Augenglas als Lorgnette auf dem Herzen tragen. Morgen aber, mit dem frühesten Dämmerlicht des Tages, der mir das Glück bringt, Sie mein Weib nennen zu dürfen, werde ich es auf meine – meine Nase setzen und es in dieser weniger romantischen und weniger eleganten, aber sicher angebrachteren Weise stets da tragen, wie Sie es wünschen.‹ Genau so waren doch deine Worte, mein geliebter Gatte, oder nicht?«

»Das waren sie«, erwiderte ich, »du hast ein ausgezeichnetes Gedächtnis, und sicherlich, meine schöne Eugénie, besteht keine Veranlassung meinerseits, mich der Erfüllung dieses geringfügigen Versprechens zu entziehen, das darin enthalten ist. Sieh, schau her, da sind sie, nicht wahr!« und nachdem ich die Gläser in die Form einer Brille gebracht hatte, setzte ich sie sorgfältig auf, während Madame Simpson ihren Hut zurechtrückte und mit gekreuzten Armen aufgerichtet in einer steifen und gezwungenen und doch irgendwie nachlässigen Haltung dasaß.

»Gott sei mir gnädig!« rief ich in demselben Augenblick aus, als das Brillengestell auf meiner Nase saß. »Du mein – Gott sei mir gnädig! Was ist denn mit dieser Brille los?« Damit nahm ich sie schnell wieder ab und wischte sie sorgfältig mit meinem seidenen Taschentuch, um sie dann wieder aufzusetzen.

Aber wenn mich im ersten Augenblick etwas überraschte, so steigerte sich dies im zweiten zum Erstaunen – und dieses Erstaunen war tief – war außerordentlich –, war, wie ich wohl sagen konnte, erschreckend. Was, in aller Teufel Namen, bedeutete das? Konnte ich meinen Augen trauen? Konnte ich? – das war die Frage! War das – war das – war das Rouge? Und waren das – waren das – waren das Runzeln im Gesicht Eugénie Lalandes? Und, o Jupiter und alle Götter und Göttinnen, große und kleine! – was – was – was – was war mit ihren Zähnen geschehen?! Heftig schleuderte ich die Brille zu Boden, sprang auf meine Füße und stand, die Arme in die Seiten gestemmt, zähneknirschend und schäumend, aber gleichzeitig, in höchstem Maße sprachlos und hilflos vor Schrecken und Wut vor Mrs. Simpson in der Mitte der Stube.

Nun habe ich schon erzählt, daß Madame Eugénie Lalande – oder vielmehr Simpson – das Englische nur wenig besser sprach, als sie es schrieb, und aus diesem Grunde versuchte sie im allgemeinen nicht, es zu sprechen. Aber die Erregung vermag eine Frau zum Äußersten zu bringen, und in diesem Falle brachte sie Mrs. Simpson dazu, die Unterhaltung in einer Sprache zu führen, die sie nicht vollkommen beherrschte.

»Nun, Monsieur«, sagte sie, indem sie mich einige Augenblicke lang mit offensichtlich großem Erstaunen anblickte, »nun, Monsieur, vaas-dänn, vaas-dänn los? Is' daas die danse von de Saint Vitusse, vaas Sie 'aben? Vänn nicht vollen mich, varuhm kaufen Kaatz im Saak?«

»Du Elende!« rief ich aus, als ich wieder zu Atem kam, »du – du – du gemeine alte Hexe!«

»Exe – alt? – Mich nicht so serr alt trotzdemm! Mich nicht ein einzige Tak merr als sweienackzig Jahr!«

»Zweiundachtzig!« stieß ich hervor, indem ich auf die Wand zuwankte. »Zweiundachtzighunderttausend Affen! Die Miniatur besagte siebenundzwanzig Jahre und sieben Monate!«

»Ganz sicher – daas is' so! Serr wahr! Aber diese Portrait is' genommen vor diese fünfunfünfzig Jahr. Vään ich geh 'eiratten meine seconde Maan Monsieur Lalande, da ich 'aben nehmen de Portrait für meine Tochter von meine erste Maan, Monsieur Moissart.«

»Moissart«, erwiderte ich.

»Ja, Moissart«, entgegnete sie, meine Aussprache nachahmend, die, ehrlich gesagt, nicht gerade die beste war. »Und vaas dään? Vaas Sie vissen von de Moissart?«

»Nichts, du alte Vogelscheuche! – Ich weiß wirklich nichts von ihm. – Nur einen Vorfahren dieses Namens hatte ich vor langer Zeit.«

»Diese Nam'! Un' vaas du 'aben su sag' von diese Nam'? Is' serr gutte Nam'. Un' auch Voissart – daas is' serr gutte Nam' auch! Meine Tochter Mademoiselle Moissart, sie ge'eiratt von Monsieur Voissart, un' de Nam' is' beide serr respectable Nam'!«

»Moissart!« rief ich aus, »und Voissart! Was meinen Sie denn?«

»Vaas ich mein'? Ich mein' Moissart un' Voissart, un' darum ich mein' Croissart un' Froissart auch, vään ich nur denken, es richtik mein'. Tochter von mein' Tochter, Mademoiselle Voissart sie ge'eiratt' von Monsieur Croissart un' Enkeltochter von mein' Tochter, Mademoiselle Croissart sie ge'eiratt' von Monsieur Froissart, un' ich denken, du sagen, daß is' nicht serr respectable Nam'!«

»Froissart!« entgegnete ich, indem mir schwach wurde. »Ach wirklich, sagten Sie nicht Moissart – und Voissart – und Croissart – und Froissart?«

»Ja!« erwiderte sie, indem sie sich in ihrem Stuhl zurücklehnte und ihre Füße von sich streckte. »Ja, Moissatt un' Voissart un' Croissart un' Froissart. Abber Monsieur Froissart war serr groß, was ihr nennen: Narr – er war serr groß Eigensinn wie du selbst – er gehen weg von la belle France, kommen nach diese serr stupide Amérique, un' vään er kommen hier, er haben serr, serr stupide Sohn, so ich hör. Abber ich noch nicht 'aben ge'abt de plaisir zu treffen mit ihm, nicht ich noch mein Begleitung, Madame Stephanie Lalande. Sein Nam' is' Napoléon Bonaparte Froissart, un' ich denken, du sagen, daas is' nicht serr respectabler Nam' auch!«

Entweder war es die Länge oder der Inhalt dieser Rede, die Mrs. Simpson in eine außerordentliche Erregung versetzte, und nachdem sie mit großer Mühe zu Ende gekommen war, sprang sie wie verhext von ihrem Sitz auf, wobei sie eine ganze Sammlung von Wattierungen zur Erde fallen ließ. Einmal auf den Füßen, fletschte sie das Zahnfleisch, fuchtelte mit den Armen, streifte die Ärmel hoch und schüttelte die Fäuste gegen mich. Dann schloß sie die Vorstellung damit, daß sie ihren Hut und damit eine riesengroße Perücke des feinsten und prachtvollsten schwarzen Haares vom Kopfe riß, das Ganze mit einem Schrei auf den Boden schleuderte und in einem Ausbruch von Raserei und Wut darauf herumtrampelte und einen Fandango darauf tanzte.

Inzwischen sank ich entsetzt in den Stuhl, aus dem sie sich erhoben hatte. »Moissart und Voissart«, widerholte ich ahnungsvoll, während sie einen ihrer Haken schlug, und »Croissart und Froissart«, als sie einen anderen vollendete. – »Moissart und Voissart und Croissart und Napoleon Bonaparte Froissart! Oh, du unsagbar alte Schlange! Das bin ich – ich – hörst du, ich bin es!« hier kreischte ich mit höchster Stimme auf, »– ich bin es! Ich bin Napoleon Bonaparte Froissart! und ich will für ewig verflucht sein, wenn ich nicht meine eigene Ur-Urgroßmutter geheiratet habe!«

Madame Eugénie Lalande, quasi Simpson – früher Moissart – war allen Ernstes meine Ur-Urgroßmutter. In ihrer Jugend war sie sehr schön gewesen und hatte selbst mit zweiundachtzig Jahren ihre majestätische Größe, die bildnishaften Umrisse ihres Kopfes, die feinen Augen und die griechische Nase ihrer Mädchenzeit bewahrt. Damit, mit Puder, Rouge, falschem Haar, falschen Zähnen, einer falschen Tournure und den geschicktesten Pariser Putzmacherkünsten brachte sie es fertig, unter den un-peu-passée-Schönheiten der französischen Hauptstadt einen beachtlichen Platz zu behaupten. In dieser Hinsicht mochte sie beinahe das Ebenbild der berühmten Ninon de Lanclos sein.

Sie war ungeheuer reich und in ihrer zweiten Ehe kinderlos verwitwet. Dann hatte sie sich auf meine Existenz in Amerika besonnen und, um mich zu ihrem Erben zu machen, in Begleitung einer ausnehmend liebreizenden entfernten Verwandten ihres zweiten Gatten, einer Madame Stephanie Lalande, die Vereinigten Staaten besucht.

In der Oper hatte ich durch mein Anstarren die Aufmerksamkeit meiner Ur-Urgroßmutter erregt und war ihr, als sie mich durch ihr Augenglas beobachtete, durch eine gewisse Familienähnlichkeit aufgefallen. Nachdem ich so ihr Interesse geweckt hatte und sie wußte, daß der Erbe, den sie suchte, sich in der Stadt aufhielt, erkundigte sie sich ihrerseits über mich. Der Herr in ihrer Begleitung kannte mich von Ansehen und sagte ihr, wer ich sei. Die so erhaltene Auskunft veranlaßte sie, ihre Beobachtung wieder aufzunehmen, und diese Beobachtung war es, die mich so ermutigte, daß ich mich in der bereits geschilderten, abgeschmackten Form benahm. Indes erwiderte sie meine Verneigung unter dem Eindruck, ich habe durch irgendeinen sonderbaren Zufall erfahren, wer sie sei. Als ich, durch meine schwachen Augen und die Toilettenkünste hinsichtlich des Alters und der Reize der fremden Dame getäuscht, Talbot so begeistert fragte, wer sie sei, nahm er natürlich an, ich meine die jüngere Schönheit, und gab mir die wahrheitsgemäße Auskunft, sie sei »die gefeierte Witwe Madame Lalande«.

Am nächsten Morgen begegnete meine Ur-Urgroßmutter auf der Straße Talbot, einem alten Pariser Bekannten, und die Unterhaltung wandte sich natürlich bald zu mir. Man sprach von der Schwäche meiner Augen, denn diese war allgemein bekannt, obwohl ich von dieser Tatsache nichts wußte, und meine gute alte Verwandte entdeckte zu ihrem Kummer, daß sie sich mit der Annahme, ich hätte sie erkannt, getäuscht hatte, und daß ich mich selbst zum Narren gemacht hatte, indem ich öffentlich im Theater einer alten unbekannten Frau den Hof machte. Um mich für diese Torheit zu bestrafen, schmiedete sie mit Talbot ein Komplott. Er ging mir geflissentlich aus dem Wege, um eine Vorstellung zu vermeiden. Meine Nachforschungen auf der Straße nach »der liebreizenden Witwe, Madame Lalande« wurden natürlich auf die jüngere Dame bezogen, und so läßt sich die Unterhaltung mit den drei Herren und ihre Anspielung auf Ninon de Lanclos, als ich sie kurz nach dem Verlassen von Talbots Wohnung traf, leicht erklären. Es bot sich mir keine Gelegenheit, Madame Lalande bei Tageslicht aus der Nähe zu sehen, und bei ihrer musikalischen Soirée hinderte mich meine einfältige Schwäche, mit der ich die Hilfe eines Augenglases ablehnte, tatsächlich daran, ihr Alter zu entdecken. Als »Madame Lalande« zum Singen aufgefordert wurde, war damit die jüngere Dame gemeint, und sie war es, die sich erhob, um der Aufforderung nachzukommen. Meine Ur-Urgroßmutter hatte sich, um die Täuschung weiterzutreiben, im gleichen Augenblick erhoben, um sie im Hauptempfangssalon auf dem Klavier zu begleiten. Hätte ich mich entschlossen, ihr dorthin zu folgen, so hatte sie beabsichtigt, mir einzureden, es sei schicklicher, wenn ich da bleibe, wo ich war, aber meine eigene Klugheit machte dies überflüssig. Der Gesang, den ich sehr bewunderte und der mich in meiner Überzeugung von der Jugend meiner Angebeteten bestärkte, wurde von Madame Stephanie Lalande vorgetragen. Das Augenglas wurde mir geschenkt, um den Spaß mit einer Zurechtweisung zu verbinden und mir mit der Lehre, die mir die Enttäuschung sein sollte, zugleich einen Stich zu versetzen. Damit bot sich dann auch die Gelegenheit zu jener Lektion über die Affektiertheit, mit der ich besonders bedacht wurde. Ich brauche kaum zu erwähnen, daß die alte Dame die von ihr in diesem Instrument benutzten Gläser gegen ein Paar für mein Alter besser geeignete hatte vertauschen lassen. Sie paßten mir in der Tat bis aufs I-Pünktchen.

Der Geistliche, der den fatalen Bund nur zum Schein gesegnet hatte, war ein guter Freund Talbots und kein Priester. Überdies war er ein ausgezeichneter Fahrer und kutschierte, nachdem er seinen Talar mit einem Überrock vertauscht hatte, die Droschke mit dem »glücklichen Paar« zur Stadt hinaus. Talbot nahm an seiner Seite Platz. So steckten diese beiden Schelme unter einer Decke und amüsierten sich damit, durch ein halbgeöffnetes Fenster von der Hinterstube des Gasthofes aus grinsend die Lösung des Dramas zu beobachten. Ich glaube, ich muß den beiden doch noch eine Forderung zugehen lassen!

Nach all dem bin ich also nicht der Mann meiner Ur-Urgroßmutter, und dieser Gedanke bereitet mir eine unendliche Erleichterung, aber ich bin der Gatte von Madame Lalande – von Madame Stephanie Lalande –, mit der mich zu verheiraten meine gute alte Verwandte sich die größte Mühe gegeben und die mich überdies zu ihrem alleinigen Erben bestimmt hat für den Fall, daß sie stirbt – wenn sie das jemals tun sollte. Um damit zu schließen: Ein für allemal habe ich mit Billets doux Schluß gemacht und lasse mich auch niemals mehr ohne Brille sehen!

Eine Geschichte aus den rauhen Bergen

Im Herbst des Jahres 1827, ich wohnte damals nach Charlottesville, Virginia, machte ich zufällig die Bekanntschaft eines Herrn Augustus Bedloe. Dieser junge Gentleman war bemerkenswert in jeder Hinsicht und erweckte in mir eine tiefe Teilnahme und Neugier. Ich fand es unmöglich, mir sein Wesen, sein Verhalten zu erklären, das geistige wie auch physische. Von seiner Familie konnte ich keinerlei zufriedenstellende Auskunft erhalten. Woher er kam, erfuhr ich nie genau. Ich nannte ihn einen jungen Gentleman – doch selbst an seinem Alter war etwas, was mich in nicht geringem Maße stutzig machte. Er *wirkte* jung und liebte es, im Gespräch seine Jugend zu betonen. Doch manchmal gab es Momente, in denen es mir nicht schwer gefallen wäre, ihn mir als hundert Jahre alt vorzustellen. Aber am sonderlichsten war wohl seine persönliche Erscheinung. Er war ganz einzigartig lang und hager. Ging stark gebeugt. Seine Gliedmaßen wirkten dürr und abgezehrt. Die Stirn war breit und niedrig. Sein Teint absolut blutlos. Der Mund groß und flexibel. Und seine Zähne waren zwar gesund, doch in so wilder Weise unregelmäßig, wie nur selten bei einem Menschen gesehen. Der Ausdruck seines Lächelns jedoch war keineswegs etwas mißfällig, wie man annehmen könnte. Es zeigte nur keinerlei Wandlungsfähigkeit. Es war voller tiefer Schwermut. Voll niemals wechselnder, nie endender Düsternis. Seine Augen waren enorm groß. Und rund wie die einer Katze. Auch verengten und erweiterten sich die Pupillen bei wachsendem beziehungsweise abnehmendem Licht ganz so, als man es bei den Vertretern der Katzengattung beobachtet. In Augenblicken der Erregung trat in sie schier unfaßlicher Glanz. Da schien ein Strahlen von ihnen auszugehen, nicht reflektiertes, sondern Eigenlicht, wie eine Kerze oder die Sonne es entsendet. Doch gewöhnlich blickten sie so schal, verschleiert und stumpf, daß einem unwillkürlich der Gedanke an die Augen eines lang begrabenen Leichnams kam.

Diese Sonderlichkeiten seines Wesens bereiteten ihm selber offenbar viel Verdruß. Ständig spielte er in halb erklärender, halb entschuldigender Weise darauf an, was mich anfangs durchaus peinlich berührte. Bald jedoch schon war ich daran gewöhnt, und mein Unbehagen schwand. Es schien sein Vorsatz zu sein, nicht so sehr direkt zu behaupten, doch immerhin anzudeuten, daß er körperlich nicht immer gewesen, was er nun war. Daß eine Reihe neuralgischer Attacken eine mehr denn gewöhnliche Schönheit seines Leibes erst zu dem gemacht, was ich heute sah. Ein Arzt namens Templeton hatte ihn jahrelang betreut. Er war ihm in Saratoga begegnet und hatte dort von dessen Fürsorge große Wohltat empfangen; oder zumindest vermeinte er dies. Dies hatte dazu geführt, daß Bedloe, der begütert war, mit Dr. Templeton eine Übereinkunft getroffen hatte, wonach letzterer, gegen eine großzügig bemessene Jahresentschädigung, einwilligte, seine Zeit und ärztliche Erfahrung ausschließlich der Sorge um den Kranken zu widmen.

Dr. Templeton war in seinen jüngeren Jahren weit herumgekommen und in Paris ein Anhänger der Lehre Mesmers geworden. So war es durchweg mit der Hilfe magnetischer Remedien geschehen, daß er die heftigen Schmerzen seines Patienten erfolgreich hatte erleichtern können. Und dieser Erfolg hatte letzterem natürlich ein gewisses Maß an Vertrauen zu den Anschauungen eingeflößt, auf welchen diese Heilungsmittel gründeten. Der Doktor hingegen war wie alle Enthusiasten mit einem Eifer bemüht gewesen, seinen Schüler vollends zu bekehren, und hatte schließlich sein Ziel insoweit auch erreicht, als er ihn bewegen konnte, sich zahlreichen Experimenten zu unterziehen. Durch häufiges Wiederholen dieser Experimente nun hatte sich etwas ergeben, das in unseren Tagen gewöhnlich genug geworden ist. In der Zeit, von der ich schreibe, war dies jedoch selten bekannt. Ich will sagen, daß zwischen Dr. Templeton und Bedloe nach und nach ein entschiedener und stark ausgeprägter *rapport,* eine magische Beziehung, entstanden war. Daß dies über die Grenzen der einfachen hypnotischen Kraft, also der Fähigkeit, Schlaf hervorzurufen, hinausging, wage ich nicht zu behaupten. Fest steht aber, daß diese Kraft selbst große Intensität erlangt hatte. Es war dem Mesmeristen beim ersten Versuch vollständig mißglückt, auf magnetischem Wege Schlafsucht zu induzieren. Der fünfte und sechste brachte, nach hartnäckigem Bemühen, einen allerdings doch nur partiellen Erfolg. Erst der zwölfte wurde zum vollen Triumph. Hiernach erlag der Wille des Patienten dem des Arztes rasch. Und als ich zum erstenmal die beiden Herren kennenlernte, war es bereits so, daß der Schlaf sich fast augenblicklich durch die bloße Willensäußerung des Operateurs einstellte. Selbst wenn dem Kranken seine Gegenwart gar nicht bewußt war. Erst heute, im Jahre 1845, wo ähnliche Begebenheiten tagtäglich von Tausenden bezeugt werden, habe ich den Mut, diesen unmöglich anmutenden Umstand als ernstliche Tatsache zu berichten.

Bedloe war äußerst empfindsam, leicht erregbar und voller Überschwang. Er besaß eine einzigartig lebhafte und schöpferische Vorstellungskraft. Diese wurde zweifellos noch zusätzlich durch den Gebrauch von Morphium verstärkt. Er nahm es in so großen Mengen, daß er ohne vermutlich nicht mehr hätte existieren können. Es war seine Gewohnheit, allmorgendlich gleich nach dem Frühstück eine erhebliche Dosis davon einzunehmen. Oder vielmehr gleich nach einer Tasse starken Kaffees, denn er aß vormittags nichts. Danach begab er sich, allein oder in Begleitung seines Hundes, auf einen langen Streifzug durch die Kette von wilden und öde verlassenen Hügeln, die westlich und südlich von Charlottesville liegen und dort mit dem Namen Rauhe Berge bezeichnet werden.

An einem trüben, warmen, nebligen Tag, gegen Ende November, während des wunderlichen *Interregnum* zwischen den Jahreszeiten, das in Amerika als ›Indian Summer‹ bezeichnet wird, brach Mr. Bedloe wie gewöhnlich nach den Hügeln auf. Der Tag verstrich, und er kehrte nicht zurück.

Gegen acht Uhr abends, nachdem uns seine lange Abwesenheit allmählich doch ernste Sorgen machte, standen wir eben im Begriff, uns nach ihm auf die Suche zu begeben, als er ganz unerwartet wieder in Erscheinung trat. Er war unversehrt, wenn nicht in besserer Verfassung als sonst üblich. Der Bericht, den er uns von seinem Ausflug und den Ereignissen gab, die ihn so lange aufgehalten, war in der Tat höchst eigenartig.

»Sie werden sich erinnern«, sprach er, »daß es gegen neun Uhr heute morgen war, als ich Charlottesville verließ. Ich lenkte meine Schritte unmittelbar den Bergen zu und betrat gegen zehn eine Schlucht, die mir vollständig neu war. Ich folgte den Windungen des Engpasses. Die Szenerie, die sich auf allen Seiten bot, war zwar nicht großartig, so doch unbeschreiblich und hatte etwas Fesselndes von Ödnis und Verlassenheit an sich. Die Einsamkeit schien gänzlich unberührt. Ich konnte mich des Eindrucks nicht erwehren, daß all die grünen Soden und grauen Felsen, auf denen ich dahinschritt, noch nie zuvor von eines Menschen Fuß betreten worden seien. So abgeschieden, ja fast unzugänglich, es sei denn durch eine Reihe von Zufällen, liegt der Eingang der Kluft, daß es keineswegs unmöglich ist, daß ich der erste Abenteurer war. Der erste und einzige, der jemals ihre verborgenen Tiefen durchdrang.

»Der dicke und eigentümliche Nebel beziehungsweise Dunst, der typisch für den Indian Summer ist und nun schwer über allen Gegenständen hing, diente zweifellos dazu, die vagen Eindrücke zu vertiefen, welche diese Gegenstände mir erschufen. Der Dampfschleier war so dicht, daß ich von dem Pfad vor mir zu keiner Zeit mehr denn ein Dutzend Ellen zu sehen vermochte. Der Weg verlief in bizarren Windungen, und da die Sonne nicht mehr zu erspähen war, verlor ich bald jeden Sinn für die Richtung, in welcher ich wanderte. Unterdessen tat das Morphium seine gewöhnliche Wirkung und verlieh der gesamten Außenwelt ein fesselndes Interessant-Sein. Im leisen Zitterrascheln eines Blatts, im Farbschatten eines Grashalms, im Formgebild des Kleeblatts, im Summen einer Biene, im Schimmern eines Tautropfens, im Hauch des Winds, in den linden Düften, die vom Walde herüberstrichen, in all diesem tat sich eine ganze Welt von Suggestionen auf. All diesem entstieg ein bunter Zug von rhapsodischen und unmethodischen Gedanken.

»Diesen hingegeben, wanderte ich wohl stundenlang dahin, derweil der Nebel um mich sich so sehr verdichtete, daß ich am Ende gezwungen war, mir meinen Weg regelrecht zu ertasten. Auf einmal fiel mich ein unbeschreibliches Unbehagen, eine Art nervösen Zauderns und Schauderns. Kaum wagte ich noch einen Fuß vor den anderen zu setzen, aus Furcht, in einen Abgrund zu stürzen. Auch erinnerte ich mich an wunderliche Geschichten, die man von den Rauhen Hügeln berichtete, und von den grausam wilden Menschen, die in den Hainen und Höhlen der Hügel hausen sollen. Eine Unzahl vager Einbildungen bedrängte und bedrückte mich, Einbildungen, die mich deshalb so verstörten, *weil* sie so vage waren. Da plötzlich wurde meine Aufmerksamkeit von lautem Trommelschlag gefesselt.

»Dies verwirrte mich natürlich über alle Maßen. Eine Trommel in diesen Bergen – davon hatte man noch nie vernommen! Ich hätte nicht mehr erstaunen können, wäre die Posaune des Erzengels erschollen. Doch ein neues und schier bestürzenderes Phänomen schuf mir alsbald Interesse und Verwirrung. Ein wilder Rassel- oder Klirrlaut, wie von einem Bunde großer Schlüssel, drang in mein Ohr. Im selben Augenblick stürzte mit einem grellen Schrei ein dunkelgesichtiger und halbnackter Mann an mir vorüber. Er kam mir dabei so nahe, daß ich seinen heißen Atem auf meinem Gesicht spürte. Er trug in einer Hand ein Instrument, bestehend aus einer Reihe von Stahlringen, welche er im Laufen heftig schüttelte. Kaum war er im Nebel verschwunden, als mit offenem Maul und glühenden Augen ein riesenhaftes Tier heranstürmte und ihm nachlechzte. Es war eine Hyäne.

»Der Anblick dieses Ungeheuers schockierte mich nicht, vielmehr milderte es meine Schrecken. Nun war ich überzeugt, träumen zu müssen. Alsbald mühte ich mich, mich wieder zu wachem Bewußtsein zu bringen. Beherzt und energisch schritt ich vorwärts. Ich rieb mir die Augen und stieß laute Rufe aus. Ich zwickte mir die Glieder. Als ich eine Quelle erblickte, bückte ich mich, um Hände, Stirn und Nacken mit Wasser zu benetzen. Dies schien die zweifelhaften Wahrnehmungen, welche mich bisher belästigt, zu verscheuchen. So erhob ich mich und schritt guten Mutes und selbstzufrieden auf meinem unbekannten Wege fort.

»Als mich schließlich die Anstrengung und eine gewisse drückende Dichtigkeit der Atmosphäre müde gemacht, ließ ich mich unter einem Baum nieder. Da brach ein matter Schimmer Sonnenschein durch, und der Blätterschatten des Baums fiel schwach, doch deutlich auf den Rasengrund. Auf diesen Schatten starrte ich verwundert wohl viele Minuten lang. Seine Form versetzte mich in maßloses Erstaunen. Ich blickte empor. Es handelte sich bei dem Baum um eine Palme.

»Nun erhob ich mich voller Hast und in einem Zustand furchtbarer Erregung. Ich war mir bewußt, daß ich nicht träumen konnte. Ich sah, ich fühlte, daß ich vollständige Herrschaft über meine Sinne besaß. Diese Sinne brachten meiner Seele nun eine Welt von neuer einzigartiger Empfindung. Urplötzlich wurde die Hitze unerträglich. Ein sonderbarer Duft beschwerte die Brise. Ein laues, beständiges Murmeln, wie es von einem breiten, doch sanft fließenden Strom ausgeht, drang an mein Ohr – untermischt mit dem eigentümlichen Stimmgesumm einer ungezählten Menschenmenge.

»Während ich noch lauschte, im Unmaß meiner Verwunderung, die ich nicht zu beschreiben versuchen muß, trug ein starker und kurzer Windstoß die Nebel hinweg, als habe ein Zauberer seinen Stab geschwungen.

»Ich fand mich am Fuße eines hohen Berges und blickte auf eine weite Ebene nieder, durch die sich ein majestätischer Strom wand. Am Ufer des Flusses lag eine morgenländisch anmutende Stadt, wie aus einem Arabischen Märchen, doch von einem Charakter, schier einzigartiger noch als jede in diesen Märchen beschriebene. Von hoch über dem Häusermeer, wo ich stand, vermochte ich jedes Winkelchen und Eckchen zu erkennen, als sei es auf einer Karte ausgezeichnet. Die Straßen schienen zahllos und kreuzten einander unregelmäßig in allen Richtungen. Es waren eher langgewundene Alleen denn Straßen, und es wimmelte auf ihnen förmlich von Menschen. Die Häuser boten einen wild malerischen Anblick. Auf allen Seiten zeigte sich eine wahre Wildnis von Balkonen, Veranden, Minarehs, von Nischen und phantastisch geschnitzten Erkern. Basare waren im Überfluß vorhanden. Darin lag eine Fülle und Vielfalt an Waren aus – Seide, Musselin, das schimmernde Handwerk der Messerschmiede, die allerherrlichsten Juwelen und Edelsteine. Überdies erblickte man überall Banner und Palankine, Sänften mit dicht verschleierten vornehmen Damen, prächtig herausgeputzte Elefanten, grotesk geformte Götzenbilder, Trommeln, Fahnen und Gongs, Speere und silbern- oder goldglänzende Keulen. Und inmitten der Menge und des Tumults, der Verwirrung und Konfusion – inmitten der Unzahl schwarzer und gelber Menschen in Turban und Robe und mit wallendem Bart zogen endlose Scharen von heiligen, mit Kopfbändern geschmückte Stiere. Zugleich kletterten wahre Legionen von schmutzigen, doch heiligen Affen schnatternd und schreiend an den Gesimsen der Moscheen entlang oder turnten an den Minarehs und Erkern. Unzählige Stufen führten von den wimmelnden Straßen hinab zum Ufer des Stroms und seinen Badeplätzen. Der Fluß selbst schien sich indessen nur mit Schwierigkeit durch die riesigen Flotten von schwerbeladenen Schiffen, die weit und breit seine Oberfläche bedeckten, zu bahnen. Jenseits der Grenzen der Stadt ragten in dichten Gruppen majestätisch die Palme und die Kokos auf, mit anderen gigantisch und unheimlich zauberhaften Bäumen von gewaltigem Alter. Hier und dort mochte man ein Reisfeld erblicken, die strohgedeckte Hütte eines Bauern, eine Zisterne, vereinzelte Tempel, ein Zigeunerlager oder ein einzelnes anmutiges Mädchen, das sich mit einem Kruge auf dem Kopf zum Ufer des prächtigen Stroms begab.

»Sie werden nun natürlich sagen, daß ich träumte. Doch das war nicht der Fall. Was ich erblickte, was ich hörte, was ich empfand und was ich dabei dachte, das alles hatte nichts von der unmißverständlichen Eigentümlichkeit des Traumes an sich. Das alles war von strenger Konsequenz. Zuerst noch stellte ich voller Zweifel eine Reihe von Testversuchen an, um herauszufinden, ob ich wirklich wach sei. Doch diese überzeugten mich bald, daß ich es wahrhaftig war. Es ist ja so: Wenn einer träumt und in seinem Traum argwöhnt, er träume, so versäumt dieser Argwohn *nie, sich zu bestätigen.* Und augenblicklich wacht der Schlafende auf. So irrt Novalis nicht, wenn er sagt, wir stünden immer »nah vor dem Erwachen, wenn wir träumen, daß wir träumen«. Hätte ich die Vision, wie ich sie beschreibe, ohne den Verdacht gehabt, sie sei ein Traum, dann hätte sie durchaus auch wohl ein Traum sein können. Doch da sie sich so und nicht anders zutrug und ich ihr mit Argwohn und Prüfungen begegnete, bin ich gezwungen, sie anderen Phänomenen zuzurechnen.«

»Darin möchte ich Ihnen auch nicht einmal unrecht geben«, bemerkte Dr. Templeton, »doch fahren Sie fort. Sie erhoben sich und stiegen in die Stadt hinunter.«

»Wahrhaftig – ich erhob mich«, fuhr Bedloe fort, indem er den Doktor mit tiefem Erstaunen betrachtete. »Wie Sie sagen, erhob ich mich und ging in die Stadt hinunter. Auf meinem Wege geriet ich in eine immense Menschenmenge, die sich durch alle Straßen auf ein einziges Ziel hinbewegte und in ihrem Gebaren wildeste Erregung zur Schau stellte. Urplötzlich, ich kann mir kaum erklären wie, packte mich ein brennendes persönliches Interesse an dem, was da vor sich ging. Mir war auf einmal, als hätte ich eine wichtige Rolle zu spielen, ohne daß mir jedoch klar war, worin sie bestand. Gegen die Menschenmasse um mich herum empfand ich bald ein tiefes Gefühl der Animosität. Ich zog mich aus ihrer Mitte zurück, und rasch erreichte ich auf einem Umweg die Stadt. Hier herrschte wilder Tumult. Eine kleine Gruppe von Männern, halb indisch und halb europäisch gewandet, die von einem teils britisch uniformierten Mann befehligt wurde, war handgreiflich gegen den Pöbel vorgegangen, der sich lärmend zusammengerottet hatte. Ich schloß mich der schwächeren Partei an, indem ich mich der Waffen eines gefallenen Offiziers bemächtigte und wildentschlossen kämpfte. Ich weiß nicht, gegen wen. Bald jedoch mußten wir der Übermacht weichen und in einer Art Kiosk Zuflucht suchen. Dort verbarrikadierten wir uns und waren zunächst einmal sicher. Durch ein Loch im Dachbau des Kiosks erblickte ich eine ungeheure Menschenmenge, die in unbändigem Rasen einen stolzen, nach dem Fluß hinausgebauten Palast umzingelte. Nicht lange, so ließ sich aus einem der oberen Fenster dieses Palasts mithilfe eines aus den Turbanen seiner Diener geknüpften Stranges ein weibisch furchtsam anmutender Mann herab. Er entkam mit einem Boot an das gegenüberliegende Ufer des Stroms.

»Und nun ergriff ein neues Ziel Besitz von meiner Seele. Ich sprach ein paar hastige, doch entschlossene Worte zu meinen Gefährten. Nachdem es mir gelungen war, ein paar wenige von ihnen für meine Zweck zu gewinnen, verließen wir in einem heftigen Ausfall den Kiosk. Wir warfen uns mitten in die Menge, die ihn umbrandete. Zunächst wich sie vor uns zurück. Dann sammelte sie sich wieder, focht wie rasend und mußte erneut zurück. Derweilen wurden wir von dem Kiosk weit abgedrängt und gerieten zu unserer Verwirrung und Bestürzung in enge Straßen und Gassen zwischen hohe, überhängende Häuser, in deren abgelegene Winkel noch nie ein Sonnenstrahl gefallen war. Der Pöbel drang stürmisch auf uns ein; schier unablässig flogen seine Speere, und wahre Schwärme von Pfeilen überschütteten uns. Diese letzteren waren sehr bemerkenswert: Sie ähnelten in mancherlei Hinsicht dem gewundenen Kris der Malaien. Sie sollten den Leib einer kriechenden Schlange nachbilden, waren lang und schwarz und hatten an der Spitze einen vergifteten Widerhaken. Einer von ihnen traf mich in die rechte Schläfe. Ich taumelte und fiel. Im Augenblicke überkam mich fürchterliche Übelkeit. Ich rang – ich keuchte – ich starb.«

»Nun«, sagte ich lächelnd, »*jetzt* werden Sie wohl kaum noch darauf bestehen wollen, Ihr ganzes Abenteuer sei *kein* Traum gewesen. Oder wollen Sie uns ernstlich erzählen, daß Sie tot seien?«

Als ich diese Worte sprach, erwartete ich natürlich, daß Bedloe mir auf irgendeine witzige Weise antworten werde. Doch zu meinem Erstaunen zögerte er, ein Zittern befiel ihn, er wurde erschreckend bleich und blieb still und stumm. Ich blickte zu Templeton hinüber. Der saß in seinem Stuhl, starr und steif, und seine Zähne klapperten. Seine Augen traten ihm aus den Höhlen. »Fahren Sie fort!« sagte er schließlich mit heiserer Stimme zu Bedloe.

»Minutenlang«, so nahm der letztere seinen Bericht wieder auf, »minutenlang empfand ich, fühlte ich nichts denn Dunkelheit und Nicht-Sein, verbunden mit dem Bewußtsein des Todes. Dann schließlich war mir, als zucke mir ein heftiger und jäher Schock durch die Seele, wie von Elektrizität. Mit ihm zugleich durchdrang mich ein Gefühl von Spannkraft und Licht. Dies letztere empfand ich, ohne daß ich es sah. Im Augenblick schien ich mich vom Boden zu erheben. Doch ich besaß kein körperliches, kein sichtbares, hörbares, greifbares Vorhandensein. Die Menge war verschwunden. Der Tumult verebbt. Die Stadt befand sich in verhältnismäßiger Ruhe. Unter mir lag mein Leichnam mit dem Pfeil in der Schläfe, der ganze Kopf verschwollen und entstellt. Doch all das fühlte ich nur, ich sah es nicht. Ich nahm an nichts Interesse. Selbst der Leichnam schien mir als ein Etwas, mit dem ich nicht das mindeste zu schaffen hatte. Ich war gänzlich ohne Willenskraft, doch fühlte ich mich in Bewegung gesetzt. Gleichsam schwerelos, fast wie auf Flügeln, trug es mich aus der Stadt. Auf demselben Umweg, auf welchem ich sie betreten. Und kaum hatte ich jene Stelle in der Bergesschlucht erreicht, wo mir die Hyäne begegnet war, da erfuhr ich erneut einen Schock wie von einer galvanischen Batterie. Das Gefühl der Schwere, des Willens, der Körperlichkeit kehrte zurück. Ich wurde wieder zu dem, was ich ursprünglich gewesen und lenkte meine Schritte heimwärts. Doch das Geschehne hatte nichts von seiner Lebendigkeit verloren. Und selbst jetzt noch vermag ich es nicht, meinen Verstand zu der Ansicht zu nötigen, dies alles sei nur ein Traum gewesen.«

»Das war es auch nicht«, sprach Templeton in diesem Augenblick mit tief feierlichem Ausdruck. »Wiewohl es schwer sein würde zu sagen, wie anders man es nennen sollte. Lassen wir es bei der Annahme, daß die Seele des Menschen von heute an der Schwelle zu erstaunlichen psychischen Entdeckungen steht. Mit dieser Annahme wollen wir zufrieden sein. Was den Rest betrifft, so habe ich eine Erklärung. Hier ist eine Aquarell-Zeichnung: Ich hätte sie Ihnen schon früher zeigen sollen, doch hielt mich ein wohl verantwortliches Gefühl des Grauens bislang davon ab.«

Wir blickten auf das Bild, das er uns bot. Ich konnte nichts von außergewöhnlichem Charakter daran sehen, doch seine Wirkung auf Bedloe war gewaltig. Fast schwanden ihm die Sinne, da er's sah. Und dennoch war es nichts als ein Miniatur-Porträt, das seine eigenen, sehr bemerkenswerten Züge wiedergab. Allerdings von wundersam akkurater Ausführung, dies jedenfalls dachte ich, als ich es mir betrachtete.

»Sie werden«, sagte Templeton, »das Entstehungsdatum dieses Bildes lesen können. Es steht kaum sichtbar hier in dieser Ecke – 1780. In diesem Jahre wurde das Porträt abgenommen. Es ist das Ebenbild eines toten Freundes, eines gewissen Mr. Oldeb, dem während der Amtszeit von Warren Hastings zu Kalkutta meine innige Ergebenheit gehörte. Ich zählte damals gerade erst zwanzig Jahre. Als ich Sie, Mr. Bedloe, in Saratoga zum erstenmal erblickte, da war es die wundersame Ähnlichkeit zwischen Ihnen und diesem Bild, die mich bewog, mich Ihnen zu nähern, Ihre Freundschaft zu suchen und jene Abmachungen mit Ihnen zu treffen, in deren Folge ich Ihr ständiger Begleiter wurde. Dies zu bewirken, trieb mich zum Teil, und vielleicht in der Hauptsache, die kummervolle Erinnerung an den Verblichenen, doch andererseits eine nagende und durchaus schaudervolle Neugier bezüglich Ihrer selbst.

»Mit Ihrer Vision, welche sich Ihnen inmitten der Hügel bot, haben Sie die indische Stadt Benares beschrieben, gelegen am Heiligen Strome. Der Aufruhr, der Kampf, das Massaker waren tatsächliche Ereignisse beim Aufstand des Cheyte Sing, der im Jahre 1780 stattfand und bei dem Hastings in drohende Lebensgefahr geriet. Der Mann, der an dem aus Turbanen geknüpften Seil entkam, war Cheyte Sing selbst. Die Männer am Kiosk waren Sepoys und britische Offiziere unter der Führung von Hastings. Zu ihnen gehörte auch ich, und ich tat alles, was ich konnte, um den tollkühnen und verhängnisvollen Ausfall des Offiziers zu verhindern, der dann im Straßengewühl durch den vergifteten Pfeil eines Bengalen fiel. Dieser Offizier war mein liebster Freund. Es war Oldeb. Aus diesen Manuskripten« (hier zog der Sprecher ein Notizbuch hervor, in welchem offenbar mehrere Seiten frisch beschrieben worden waren) »werden Sie ersehen, daß zu genau dem Zeitpunkt, da in den Bergen diese Dinge vor Ihre Einbildung traten, ich hier zu Haus beschäftigt war, sie zu Papier zu bringen.«

Etwa eine Woche nach diesem Gespräch erschien in einer Charlottesviller Zeitung der folgende Artikel:

»Wir haben die schmerzliche Pflicht, das Hinscheiden von Mr. Augustus *Bedlo* zu vermelden, einem vortrefflichen Manne, der durch sein liebenswürdiges Wesen und viele Tugenden den Bürgern von Charlottesville seit langem teuer war.

»Mr. B. litt bereits seit mehreren Jahren an Neuralgie, und oftmals schon drohte diese Krankheit einen verhängnisvollen Verlauf zu nehmen. Doch kann sie nur als mittelbare Ursache seines Hinscheidens angesehen werden. Die unmittelbare Ursache stellt eine seltsame Einzigheit dar. Bei einer Exkursion in die Rauhen Berge vor erst wenigen Tagen hatte sich der Verstorbene eine leichte Erkältung und Fieber zugezogen, und ein starker Blutandrang im Kopfe setzte ein. Um dies zu lindern, nahm Dr. Templeton zu einem örtlichen Aderlasse Zuflucht. Blutegel wurden an den Schläfen angesetzt. Doch in erschreckend kurzer Zeit verstarb der Patient, und es stellte sich heraus, daß in das Gefäß, welches die Blutegel enthielt, durch Zufall eine der giftigen wurmartigen *sangsues* geraten war, die hin und wieder in den umliegenden Teichen gefunden werden. Dieses Tier saugte sich an einer kleinen Arterie in der rechten Schläfe fest. Seine starke Ähnlichkeit mit dem medizinischen Blutegel ließ den Irrtum unbemerkt bleiben, bis es zu spät war.

»N. B. – Die giftige *sangsue* von Charlottesville läßt sich vom medizinischen Blutegel stets durch ihre Schwärze unterscheiden, dann aber auch besonders durch ihre gewundenen oder wurmartigen Bewegungen, welche denen einer Schlange überaus ähnlich sehen.«

Ich unterhielt mich gerade mit dem Herausgeber des in Rede stehenden Blattes über diesen bemerkenswerten Unfall, als mir die Frage in den Sinn kam, wie es geschehen sei, daß man den Verstorbenen als *Bedlo* angegeben habe.

»Ich nehme an«, sagte ich, »Sie haben einen Gewährsmann für diese Schreibweise, doch war ich eigentlich stets der Meinung, der Name schreibe sich mit einem *e* am Ende.«

»Einen Gewährsmann? Aber nein,« erwiderte er. »Es handelt sich um einen bloßen Druckfehler. Der Name Bedloe schreibt sich in der ganzen Welt mit einem *e* am Ende. Nie im Leben noch sah ich ihn anders buchstabiert als so.«

»Dann«, murmelte ich, als ich mich auf dem Absatz umwandte, »dann hat sich wahrhaftig wieder einmal bestätigt, daß eine einzige Wahrheit wunderlicher ist als alle Erfindung. Denn Bedlo ohne *e*, das ist doch nichts anderes als ein umgekehrtes Oldeb? Und da erzählt mir dieser Mann, es handle sich um einen Druckfehler!«

Der Ballon-Jux

(VERBLÜFFENDE NACHRICHTEN PER EXPRESS VIA NORFOLK! – Atlantik in drei Tagen überquert! Riesentriumph für Mr. Monck Mason und seine Flugmaschine! – Mr. Mason, Mr. Robert Holland, Mr. Henson, Mr. Harrison Ainsworth und vier andere nach einer Reise von fünfundsiebzig Stunden von Land zu Land im Steuer-Ballon ›Victoria‹ auf Sullivan's Island bei Charleston, Süd-Carolina, eingetroffen! Sonderbericht über alle Einzelheiten der Reise!

Das nachfolgende Jeu d'esprit *mit der obenstehenden Überschrift in prunkvollen Versalien, wohlversehen mit Ausrufungszeichen, erschien tatsächlich erstmals in der* New York Sun, *einer Tageszeitung, und erfüllte daselbst vollauf den Zweck, während der paar Stunden von einer Charleston-Post zur andern sämtlichen quidnuncs einen Brocken vorzuwerfen, der ihnen rechte Verdauungsschwierigkeiten bereitete. Die Nachfrage nach dem ›einzigen Blatte, welches über die Neuigkeit berichtete‹, grenzte ans schier Wunderbare; und wenn die ›Victoria‹ besagte Reise (wie manche steif und fest behaupten) in Wirklichkeit auch ganz und gar nicht unternommen hat, so dürfte sich doch schwerlich ein Grund anführen lassen, weshalb ihr dieselbe nicht hätte gelungen sein können.)* E. A. P.

Endlich ist das große Problem gelöst! Die Luft hat sich, gleich der Erde und dem Meer, der Wissenschaft unterworfen und wird nun bald der Menschheit ganz gewöhnliche und bequeme Verkehrswege bieten. *Der Atlantik ist wirklich und wahrhaftig in einem Ballon überquert worden!* und dies zudem ohne Schwierigkeit – ohne irgend ersichtliche große Gefahr – bei gänzlicher Kontrolle über die Maschine – und innerhalb der unfaßbar kurzen Zeit von fünfundsiebzig Stunden von Küste zu Küste! Durch die Tatkraft eines Agenten in Charleston, Süd-Carolina, sind wir in den Stand gesetzt, als erste Zeitung dem Publikum einen eingehenden Bericht über diese höchst außergewöhnliche Reise vorzulegen, welche zwischen Samstag, dem 6. laufenden Monats, um elf Uhr vormittags, und zwei Uhr nachmittags am Dienstag, dem 9. dieses, unternommen ward – und zwar von Sir Everard Bringhurst; Mr. Osborne, einem Neffen von Lord Bentinck; Mr. Monck Mason und Mr. Robert Holland, den wohlbekannten Aeronauten; Mr. Harrison Ainsworth, Autor des *Jack Shepherd* etc.; und Mr. Henson, dem Projektor der kürzlich verunglückten Flugmaschine – dazu zwei Seeleute aus Woolwich – alles in allem also acht Personen. Auf die weiter unten angeführten Einzelheiten darf man sich vollauf verlassen: sie sind insofern in jeder Hinsicht authentisch und korrekt, als sie – mit einer unbedeutenden Ausnahme – *verbatim* aus den vereinigten Tagebüchern der Herren Monck Mason und Harrison Ainsworth übernommen wurden, deren gefälligem Entgegenkommen unser Agent überdem für zahlreiche mündliche Auskünfte, die den Ballon selbst, seine Konstruktion und andere Gegenstände von Interesse betreffen, verpflichtet ist. Die einzige Veränderung in dem erhaltenen Manuskripte ward in der Absicht vorgenommen, den eilig abgefaßten Bericht unseres Agenten Mr. Forsyth in eine zusammenhängende und faßliche Form zu bringen.

DER BALLON

»Zwei sehr entschiedene Fehlschläge in letzter Zeit – nämlich die von Mr. Henson und Sir George Cayley – hatten das öffentliche Wohlwollen der Luftschiffahrt gegenüber auf eine harte Probe gestellt. Mr. Hensons Plan (welcher zu Anfang sogar von Männern der Wissenschaft für durchaus erfolgversprechend gehalten wurde) gründete auf dem Prinzip einer schiefen Ebene, die von einer Anhöhe aus vermittels einer äußerlichen Kraft in Bewegung gesetzt werden sollte, und zwar durch die fortgesetzte Umdrehung von gegen den Wind gestellten, in Form und Anzahl dem Windrade einer Mühle ähnelnden Flügeln. Doch leider zeigten alle Versuche, welche man mit Modellen auf der Adelaide-Galerie unternahm, daß die Tätigkeit dieser Fächer die Maschine nicht nur nicht vorantrieb, sondern tatsächlich ihren Flug behinderte. Die einzige Antriebskraft, die dabei wirksam wurde, bestand in dem aus der Neigung der schiefen Ebene gewonnenen *impetus;* und dieser *impetus* trug die Maschine weiter, wenn die Flügel sich in Ruhe befanden, als wenn sie in Bewegung waren – eine Tatsache, die ihre Unnützlichkeit hinreichend demonstriert; und bei Fehlen der antreibenden und damit zugleich der *tragenden* Kraft mußte das ganze Gebilde notwendigerweise abstürzen. Diese Einsicht brachte Sir George Cayley auf den Gedanken, doch einen Propeller lediglich an einer Maschine anzubringen, die sich unabhängig davon aus eigener Kraft in der Luft zu halten vermochte – mit einem Wort: an einem Ballon; welche Idee freilich neu beziehungsweise originell nur insofern ist, als sie von Sir George in ganz eigener Weise auf die Praxis angewendet wurde. Ein Modell seiner Erfindung stellte er beim Polytechnischen Institute aus. Das Prinzip oder besser die Kraft des Antriebs war auch hier unterbrochenen Flächen oder Flügeln zugewiesen, die in Umdrehung versetzt wurden. Vier solcher Flügel waren vorhanden, doch stellten sie sich als vollkommen untauglich heraus, den Ballon zu bewegen oder seiner Aufstiegskraft Vorschub zu leisten. Das ganze Projekt war mithin ein vollendeter Fehlschlag.

»Bei dieser kritischen Lage der Dinge geschah es, daß Mr. Monck Mason (dessen Reise im ›Nassau‹-Ballon von Dover nach Weilburg im Jahre 1837 so viel Aufsehen erregte) auf den Gedanken kam, sich das Prinzip der Archimedischen Schraube für den Zweck der Fortbewegung durch die Luft zunutze zu machen, indem er das Versagen der Apparaturen von Mr. Henson und Sir George Cayley sehr richtig der Tatsache zuschrieb, daß die voneinander unabhängigen Flügel eine durchbrochene Fläche bildeten. Er unternahm das erste öffentliche Experiment in den Willis'schen Räumen, brachte sein Modell hernach dann aber zur Adelaide-Galerie.

»Wie Sir George Cayleys Ballon war auch sein eigener ein Elipsoid. Seine Länge betrug dreizehn Fuß sechs Zoll – die Höhe sechs Fuß acht Zoll. Er enthielt gegen dreihundertundzwanzig Kubikfuß Gas, welches, wenn reiner Wasserstoff, beim ersten Aufblasen, ehe noch das Gas Zeit hat, sich zu verschlechtern oder zu entweichen, einundzwanzig Pfund tragen würde. Das Gesamtgewicht von Maschine und Apparat belief sich auf siebzehn Pfund – somit blieben noch etwa vier Pfund Spielraum. Unter dem Mittelpunkte des Ballons war ein Rahmen aus leichtem Holz von etwa neun Fuß Länge angebracht und in der gewöhnlichen Weise durch ein Netzwerk mit dem Ballon selbst vertäut. Ein Weidenkorb hing als Gondel an diesem Rahmengestell.

»Die Schraube besteht aus einer achtzehn Zoll langen Achse aus hohlem Messingrohr, durch welches sich, an einer zu fünfzehn Grad geneigten Halbspirale, eine Reihe von Stahldraht-Radien bewegt, die zwei Fuß Länge haben und mithin an jeder Seite einen Fuß vorstehen. Diese Radien sind an den Außenenden durch zwei Bänder aus plattgewalztem Draht verbunden – in dieser Weise bildet das Ganze das Grundgerüst der Schraube, vervollständigt durch einen Überzug aus geölter Seide, die in Dreieckstreifen geschnitten und so straff gespannt ist, daß sie eine leidlich gleichmäßige Fläche darstellt. An jedem Ende ihrer Achse wird diese Schraube von Trägern aus hohlem Messingrohr gehalten, die sich vom Reifen niedersenken. In den untern Enden dieser Rohre befinden sich Löcher, in welchen sich die Zapfen der Achse drehen. Von demjenigen Ende der Achse, das der Gondel am nächsten ist, verläuft eine Stahlwelle, welche die Schraube mit dem Getriebe eines in der Gondel montierten Federwerks verbindet. Durch die Kraft dieser Feder wird die Schraube dazu gebracht, sich mit großer Schnelligkeit zu drehen, wodurch wiederum das Ganze in eine progressive Bewegung gerät. Mit der Hilfe des Steuerruders ließ sich die Maschine bequem in jede Richtung lenken. Die Feder besaß große Kraft, verglichen mit ihren Außenmaßen, war sie's doch imstande, bei einem Federhaus von vier Zoll Durchmesser schon nach der ersten Drehung ganze fünfundvierzig Pfund zu heben, welche Leistung schrittweis' wuchs, je mehr sie aufgezogen wurde. Sie wog insgesamt acht Pfund sechs Unzen. Das Steuerruder war ein leichter Rahmen aus Bambusrohr, mit Seide bespannt und etwa wie ein Rakett gestaltet; es hatte gegen drei Fuß Länge, und seine größte Breite betrug einen Fuß. Sein Gewicht machte rund zwei Unzen. Es konnte *flach* gestellt und aufwärts oder niederwärts gerichtet werden, sowohl als nach der Rechten oder Linken, und erlaubte somit den Aeronauten, den Widerstand der Luft, welchen es in geneigter Stellung während der Fahrt erzeugen mußte, nach jeder Seite zu verlagern, auf die er einzuwirken wünschen mochte, wodurch er den Ballon bestimmte, die entgegengesetzte Richtung zu nehmen.

»Dieses Modell (welches wir aus Zeitmangel notwendig nur in unvollkommener Weise beschrieben haben) ward auf der Adelaide-Galerie in Tätigkeit gesetzt, und es erzielte dort eine Geschwindigkeit von fünf Meilen in der Stunde; trotzdem erweckte es, befremdlich zu vermelden, sehr wenig Interesse im Vergleich zu der frühern, recht komplizierten Maschine von Mr. Henson – so beharrlich ist die Welt geneigt, ein jegliches zu verachten, was seinem äußern Schein nach Simples an sich hat. Den großen Wunschtraum von der gelenkten Luftschiffahrt zu erfüllen, bedurfte es nach allgemeiner Ansicht auf jeden Fall der überaus komplizierten Anwendung irgendeines ungewöhnlich tiefgründigen Prinzips der Dynamik.

»So wohlzufrieden jedoch war Mr. Mason mit dem endlichen Erfolge seiner Erfindung, daß er beschloß, wenn möglich auf der Stelle einen Ballon von hinreichender Leistungsfähigkeit zu konstruieren, um dem Problem durch eine längere Reise auf den Grund zu kommen; die ursprüngliche Absicht ging dahin, auch diesmal, wie zuvor im ›Nassau‹-Ballon, den Britischen Kanal zu überqueren. Um seine Pläne auszuführen, erstrebte und erlangte er die Protektion von Sir Everard Bringhurst und Mr. Osborne, zwei Herren, wohlbekannt für ihre wissenschaftliche Aufgeschlossenheit und im besondern für das Interesse, das sie stets am Fortschritt der Luftschiffahrtskunst genommen. Das Unternehmen ward, auf Wunsch von Mr. Osborne, zutiefst geheimgehalten vor der Öffentlichkeit – womit die einzigen Personen, die mit dem Vorhaben vertraut, jene waren, welche unmittelbar mit der Konstruktion der Maschine betraut waren; diese wurde (unter der Oberaufsicht von Mr. Mason, Mr. Holland, Sir Everard Bringhurst und Mr. Osborne) auf dem Landsitz des letztgenannten Herrn nahe Penstruthal in Wales gebaut. Mr. Henson wurde, begleitet von seinem Freunde Mr. Ainsworth, am letzten Samstag zu einer vertraulichen Besichtigung des Ballons zugelassen; dabei trafen die beiden Herren endgültige Verabredungen, sich an dem Abenteuer zu beteiligen. Wir sind nicht unterrichtet, aus welchem Grunde auch die beiden Seeleute noch hinzugezogen wurden, doch in ein oder zwei Tagen werden wir unseren Lesern auch die minuziösesten Einzelheiten dieser denkwürdigen Reise mitteilen können.

»Der Ballon ist aus Seide zusammengesetzt und mit dem flüssigen Gummi Kautschuk gefirnist. Er besitzt riesige Maße, enthält er doch mehr denn 40 000 Kubikfuß Gas; doch da an Stelle des kostspieligern und unbequemern Wasserstoffs Kohlengas Verwendung fand, beträgt die Tragkraft der Maschine bei voller Füllung und unmittelbar nach dem Aufblasen nicht mehr denn etwa 2500 Pfund. Das Kohlengas ist nicht nur erheblich billiger, sondern auch leicht zu beschaffen und zu handhaben.

»Das Verdienst, es für die Zwecke der Luftschiffahrt allgemein nutzbar gemacht zu haben, gebührt Mr. Charles Green. Bis zu seiner Entdeckung war der Prozeß der Ballonfüllung nicht nur überaus kostspielig, sondern auch ungewiß. Zwei und selbst drei Tage sind häufig mit fruchtlosen Versuchen vergeudet worden, die erforderliche Menge Wasserstoff zu besorgen, der dann auch noch aufgrund seiner außerordentlichen Feinheit und seiner chemischen Verwandtschaft mit der umgebenden Atmosphäre die starke Neigung besaß, aus dem Ballon zu entweichen. In einer Hülle, welche hinreichend dicht wäre, um ihren Kohlengasinhalt sechs Monate lang unverändert in Qualität oder Quantität zu halten, könnte eine gleiche Menge Wasserstoff nicht einmal sechs Wochen in entsprechender Reinheit bewahrt werden.

»Da die Tragkraft auf 2500 Pfund geschätzt wurde und aber das vereinigte Gewicht der Reisegefährten sich nur auf 1200 belief, blieb ein Überschuß von 1300, von denen wiederum 1200 für Ballast genutzt wurden – verteilt auf Säcke verschiedener Größe, auf denen die jeweiligen Gewichtszahlen vermerkt wurden – für Tauwerk, Barometer, Teleskope, Fässer mit Proviant für vierzehn Tage, Wasserfäßchen, Mäntel, Reisetaschen und alle möglichen anderen unerläßlichen Gegenstände, darunter ein Kaffee-Wärmer, der sinnreich so ersonnen war, daß er das Wärmen des Kaffees mit Hilfe von gelöschtem Kalk gestattete und damit, falls man es für angebracht halten sollte, gänzlich ohne Feuer auskommen ließ. All diese Dinge waren, mit Ausnahme des Ballasts und einiger weniger Kleinigkeiten, an dem Reifen über der Gondel aufgehängt. Im Verhältnis ist die Gondel selbst viel kleiner und leichter als diejenige, welche an dem Modellballon befestigt war. Sie besteht aus leichtem Korbgeflecht und ist erstaunlich haltbar für eine so gebrechlich anmutende Maschine. Ihr Rand liegt etwa vier Fuß hoch. Das Steuerruder wiederum ist hier sehr viel größer als beim Modell; dafür ist die Schraube beträchtlich kleiner. Zur Ausrüstung des Ballons gehört ferner ein Dregganker und ein Leitseil; welch letzteres von ganz unentbehrlicher Bedeutung ist. Für diejenigen unserer Leser, denen die Einzelheiten der Luftschiffahrt nicht geläufig sind, werden hier ein paar Worte zur nähern Erklärung notwendig sein.

»Sobald der Ballon sich in die Lüfte erhebt, ist er dem Einfluß mannigfacher Umstände unterworfen, welche dahin wirken, eine Veränderung in seinem Gewichte zu schaffen, und somit seine Aufstiegskraft vermehren oder verringern. Zum Beispiel mag es einen Niederschlag von Tau auf der Seide geben, der sogar mehrere hundert Pfund ausmachen kann; dann hat man Ballast abzuwerfen, oder die Maschine müßte an Höhe verlieren. Ist man dieses Ballasts nun ledig und tritt klarer Sonnenschein ein, welcher den Tau verdunsten läßt und zugleich das Gas in der Seide ausdehnt, so wird das Ganze wiederum rapide ansteigen. Um diesem Aufstieg Einhalt zu gebieten, bleibt (oder vielmehr *blieb* – bis Mr. Green das Leitseil erfand) nichts anderes übrig, als durch das Ventil Gas abzulassen; doch der Verlust von Gas bedeutet eine entsprechende allgemeine Einbuße an Aufstiegskraft, so daß auch der bestkonstruierte Ballon innerhalb einer vergleichsweise kurzen Zeit notwendigerweise all seine Mittel erschöpfen muß und wieder zur Erde kommt. Dies war bislang das große Hindernis für längere Reisen.

»Das Leitseil nun schafft bei dieser Schwierigkeit in der denkbar einfachsten Weise Abhilfe. Es besteht lediglich aus einem sehr langen Tau, welches man von der Gondel nachschleppen läßt und dessen Wirkung darin liegt, daß es den Ballon verhindert, seine Höhe in irgend wesentlichem Grade zu ändern. Sollte zum Beispiel ein Feuchtigkeitsniederschlag auf der Seidenhülle sein und die Maschine infolgedessen zu sinken beginnen, so besteht keinerlei Notwendigkeit, Ballast abzuwerfen, um die Gewichtszunahme auszugleichen, denn dieser wird in genau angemessenem Verhältnis dadurch abgeholfen beziehungsweise entgegengewirkt, daß von dem herabhängenden Seil grad so viel als notwendig auf den Erdboden zu liegen kommt. Wenn andererseits etwelche Umstände unangemessene Leichtigkeit und folglich ein Aufsteigen in größere Höhen bewirken sollten, so wird diese Leichtigkeit alsbald durch das zusätzliche Gewicht des von der Erde aufgehobenen Seiles ausgeglichen. Mithin kann der Ballon weder steigen noch fallen, es sei denn innerhalb sehr enger Grenzen, und seine Mittel bleiben, ob Gas, ob Ballast, verhältnismäßig ungemindert. Überquert er eine ausgedehnte Wasserfläche, so wird es notwendig, Fäßchen aus Kupfer oder Holz zu verwenden, gefüllt mit flüssigem Ballast, der von leichterer Natur ist als Wasser. Diese schwimmen auf dem Element und dienen allen Zwecken, die an Land ein bloßes Seil erfüllt. Eine weitere hochwichtige Aufgabe des Leitseils besteht darin, die Richtung des Ballons anzuzeigen. Das Tau wird, ob an Land oder auf See, stets nachgeschleppt, während der Ballon frei ist; folglich ist der letztere ihm immer voraus, gesetzt, er bewegt sich nur irgendwie von der Stelle: vergleicht man daher mit der Hilfe des Kompasses die relativen

Positionen beider miteinander, so läßt sich stets der *Kurs* feststellen. In der nämlichen Weise zeigt der Winkel, den das Seil mit der lotrechten Achse der Maschine bildet, die *Geschwindigkeit* an. Wenn gar kein Winkel da ist – in andern Worten, wenn das Seil senkrecht herabhängt, so steht der gesamte Apparat still; doch je größer der Winkel ist, das heißt je weiter der Ballon dem Seilende voraustreibt, desto größer ist die Geschwindigkeit – und umgekehrt.

»Da die ursprüngliche Absicht bestand, den Britischen Kanal zu überqueren und so nahe bei Paris als eben möglich niederzugehen, hatten sich die Reisenden vorsorglich mit Pässen für alle Teile des Kontinents versehen, worin ganz wie im Falle des ›Nassau‹-Unternehmens die Natur der Expedition spezifiziert und den Abenteurern Befreiung von den üblich-amtlichen Formalitäten erteilt wurde; unerwartete Ereignisse machten diese Pässe jedoch überflüssig.

»Mit der Füllung des Ballons wurde am Samstag, dem 6. des Monats, früh morgens bei Tagesanbruch in aller Ruhe begonnen, und zwar im Hofe von Weal-Vor House, dem etwa eine Meile von Penstruthal in Nord-Wales liegenden Landsitz Mr. Osborne's; und als um sieben Minuten nach elf alles zur Abfahrt bereit war, ließ man den Ballon los, der sich sanft, doch stetig in nahezu südlicher Richtung erhob; dabei wurde in der ersten halben Stunde weder von der Schraube noch vom Steuerruder Gebrauch gemacht. Wir geben nunmehr dem Tagebuch das Wort, wie es von Mr. Forsyth aus den vereinigten Manuskripten von Mr. Monck Mason und Mr. Ainsworth abgeschrieben wurde. Das Hauptstück des Journales zeigt die Handschrift von Mr. Mason, während das jedem Eintrag angehängte *postscriptum* von Mr. Ainsworth stammt, der einen noch eingehenderen und zweifelsohne höchst spannenden und aufschlußreichen Reisebericht in Vorbereitung hat und in Kürze der Öffentlichkeit vorlegen will.«

DAS TAGEBUCH

»*Samstag, 6. April.* Nachdem alle Vorbereitungen, die uns noch hätten in Verlegenheit setzen können, über Nacht erledigt worden waren, begannen wir an diesem Morgen bei Tagesanbruch mit der Füllung; doch aufgrund eines dicken Nebels, welcher die Falten der Seidenhülle behinderte und die Handhabung erschwerte, wurden wir nicht vor nahezu elf Uhr damit fertig. Lösten dann in bester Laune die Haltetaue und erhoben uns sanft, doch beständig mit einer leichten Brise aus Nord, welche uns in Richtung des Britischen Kanals trug. Fanden die Auftriebskraft größer denn erwartet; und als wir höher stiegen und so aus dem Bereich der Klippen kamen und mehr in den der warmen Sonnenstrahlen, ward unser Aufstieg sehr schnell. Ich wünschte jedoch nicht, bereits zu einem so frühen Zeitpunkt des Abenteuers Gas zu verlieren, und beschloß mithin, fürs erste weiterzusteigen. Bald entrollten wir unser Leitseil; doch selbst noch als wir es gänzlich von der Erde abgehoben hatten, ging es geschwinde mit uns nach oben. Der Ballon stieg ungewöhnlich gleichmäßig und bot einen herrlichen Anblick. Etwa zehn Minuten nach dem Start zeigte das Barometer eine Höhe von 15 000 Fuß an. Das Wetter war bemerkenswert schön, und die Landschaft unter uns – eine höchst romantische, von wo man sie auch besieht – machte jetzt einen besonders erhabenen Eindruck. Die zahlreichen tiefen Bergschluchten wirkten aufgrund der dichten Dünste, welche sie erfüllten, wie Seen, und die Gipfelzinnen und Felsspitzen, die sich im Süd-Osten wüst unentwirrbar türmten, ähnelten nichts so sehr als den gigantischen Städten des morgenländischen Märchens. Wir näherten uns mit Schnelle den Bergen im Süden, doch unsere Höhe, mehr denn hinreichend, befähigte uns, sie in Sicherheit zu passieren. In wenigen Minuten schwebten wir hochelegant darüber weg; und Mr. Ainsworth sowie die Seeleute waren überrascht, wie scheinbar gering ihre Höhe von der Gondel aus wirkte; das macht, daß bei großer Erhebung in einem Ballon die Unebenheiten des Geländes drunten stark nivelliert erscheinen, bis zu einer vermeintlich nahezu planen Fläche. Als wir um halb zwölf immer noch fast südlich forttrieben, gewannen wir unseren ersten

Blick auf den Bristol-Kanal; und fünfzehn Minuten später zeigte sich unmittelbar unter uns die Brandung an der Küste, und wir befanden uns richtig draußen über dem Meere. Nunmehr beschlossen wir, genügend Gas abzulassen, um unser Leitseil mit den daran befestigten Bojen zu Wasser zu bringen. Dies war rasch geschehen, und wir begannen langsam zu sinken. Nach etwa zwanzig Minuten tauchte unsere erste Boje ein, und beim Auftreffen der zweiten wenig später blieben wir dann auf gleichmäßiger Höhe. Wir alle waren nun eifrig darauf erpicht, die Wirksamkeit des Steuerruders und der Schraube zu testen, und so setzten wir beide alsbald in Bereitschaft, mit dem Zweck, unsere Richtung mehr nach Osten zu verlegen, auf Paris zu. Mit Hilfe des Ruders gelang uns augenblicklich der notwendige Richtungswechsel, und unser Kurs verlief nun nahezu im rechten Winkel zum Winde, worauf wir die Feder der Schraube in Bewegung setzten und voller Freude feststellten, daß sie uns ganz nach Wunsch mit Leichtigkeit voranbrachte. Hiernach brachen wir in ein neunmaliges herzliches Hurra aus und ließen eine Flasche ins Meer fallen, in welcher ein Streifen Pergament mit einem Kurzbericht über das Prinzip der Erfindung enthalten war. Kaum jedoch waren wir mit unseren Freudenbezeugungen zu Ende gekommen, als ein unvorhergesehener Zufall eintrat, welcher uns in nicht geringem Maße entmutigte. Die Stahlstange, welche die Feder mit dem Propeller verband, ward plötzlich (durch ein Schwanken der Gondel, verursacht von einer jähen Bewegung eines der beiden Seeleute, die wir mitgenommen hatten) aus ihrer Halterung am Gondelende gestoßen und hing nun außerhalb unserer Reichweite baumelnd am Achszapfen der Schraube. Während wir uns noch mühten, ihrer wieder habhaft zu werden, was unsere Aufmerksamkeit gänzlich in Anspruch nahm, gerieten wir in eine starke Windströmung aus Ost, welche uns mit reißend wachsender Gewalt auf den Atlantik zutrug. Bald wurden wir mit einer Geschwindigkeit von gewiß nicht weniger denn fünfzig oder sechzig Meilen in der Stunde aufs Meer hinausgetrieben, so daß wir uns einige vierzig Meilen nördlich von Kap Clear befanden, ehe wir die Stange in Sicherheit gebracht und Zeit hatten, darüber nachzudenken, wie es nun eigentlich um uns stand. Da machte nun Mr. Ainsworth einen außerordentlichen, doch für meinen Geschmack keineswegs unvernünftigen oder schimärischen Vorschlag, bei welchem ihm augenblicklich Mr. Holland sekundierte – nämlich: wir sollten uns doch die steife Brise, die uns dahintrug, zunutze machen und, anstatt uns nach Paris zurückzulavieren, einen Versuch unternehmen, die Küste von Nordamerika zu erreichen. Nach kurzem Bedenken erteilte ich bereitwillig meine Zustimmung zu diesem kühnen Vorhaben, welches (sonderbarerweise) einzig bei den beiden Seeleuten auf Abwehr stieß. Als die stärkere Partei überwanden wir jedoch ihren Widerstand und behielten entschlossen unseren Kurs bei. Wir steuerten genau nach Westen; doch da das Nachschleppen der Bojen unser Fortkommen wesentlich behinderte und wir den Ballon ja für Auf- und Abstieg gleicherweise reichlich in der Gewalt hatten, warfen wir zuerst einmal fünfzig Pfund Ballast ab und holten dann (mit Hilfe einer Winde) so viel von dem Seile ein, als nötig war, es frei über der Meeresfläche hängen zu lassen. Die Wirkung dieses Manövers zeigte sich unmittelbar in einer gewaltigen Steigerung unserer Reisegeschwindigkeit, und als die Brise auffrischte, flogen wir mit nahezu unfaßlicher Schnelle dahin, wobei das Leitseil hinter der Gondel dreinflatterte wie ein Wimpel an einem Seeschiffe. Müßig zu erwähnen, daß wir die Küste in allerkürzester Zeit aus den Augen verloren hatten. Wir zogen über unzählige Schiffe aller Arten dahin, von denen ein paar wenige sich mühten aufzukreuzen, die meisten aber beigedreht lagen. Bei allen riefen wir an Bord die größte Aufregung hervor – eine Aufregung, an der wir selber rechten Gefallen fanden, besonders unsere beiden Seehelden, die nunmehr unter dem Einfluß eines guten Schlucks Wacholderbranntwein entschlossen schienen, alle Skrupel oder Befürchtungen in den Wind zu schlagen. Viele der Schiffe feuerten Signalkanonen ab, und auf allen grüßte man uns mit lauten Hurra-Rufen (die überraschend deutlich zu uns heraufdrangen) und mit dem Schwenken von Mützen und Taschentüchern. In dieser Weise ging es den ganzen Tag lang ohne wesentlichen Zwischenfall weiter, und als die Schatten der Nacht sich um uns schlossen, unternahmen wir eine grobe Schätzung der zurückgelegten Strecke. Sie konnte nicht weniger denn fünfhundert Meilen betragen haben, wahrscheinlich war es viel mehr. Der Propeller wurde pausenlos in Tätigkeit gehalten und trug ganz ohne Zweifel wesentlich zu unserem Fortkommen bei. Als die Sonne unterging, verwandelte sich die Brise in einen wahren Hurrikan, und der Ozean unter uns war aufgrund seines Phosphoreszierens klar zu sehen. Die ganze Nacht durch blies der Wind aus Ost: für uns ein prächtiges Omen des Gelingens. Wir litten nicht wenig unter der Kälte, und die feuchte Dumpfigkeit der Atmosphäre war alles andere als angenehm, doch bot uns die Geräumigkeit der Gondel genügend Platz, uns niederzulegen, und mit der Hilfe von Mänteln und ein paar Decken ging alles leidlich wohl.

P. S. (von Mr. Ainsworth). – Die letzten neun Stunden sind fraglos die aufregendsten meines Lebens gewesen. Ich kann mir nichts Erhebenderes vorstellen als die unerhörte Gefahr und Neuheit eines Abenteuers wie des gegenwärtigen. Geb's Gott, daß es gelinge! Nicht der bloßen Sicherheit meiner unbedeutenden Person wegen erbitte ich den Erfolg, ich flehe um der menschlichen Erkenntnis und der großen Siegesfreude willen. Dabei ist dieses Kunststück so offensichtlich durchführbar, daß wunderlich mich einzig dies dabei bedünkt: weshalb die Menschen sich so lang bedachten, den Versuch zu wagen. Eine einzige steife Brise, wie sie uns jetzt so günstig begegnete – laßt einen solchen Sturm einen Ballon nur vier oder fünf Tage (und diese Brisen dauern oftmals länger) vorwärtswirbeln, und der Reisende wird in dieser Zeit gar leicht von Küste zu Küste getragen werden. Bei solch einem Wind wird der breite Atlantik zum bloßen See. Besonders betroffen bin ich grad jetzt ob des erhabnen Schweigens, welches ganz ungeachtet seines Tobens auf dem Meere unter uns herrscht; kein andres Phänomen, das sich uns zeigt, vermag so zu ergreifen. Kein Laut dringt von den Wassern auf zum Himmel. Der ungeheure flammende Ozean windet sich in Qualen, doch seine Qual bleibt stumm und ohne Klage. Die bergeshohen Sturzseen lassen an zahllose gigantische Unholde denken, die in lautloser, ohnmächtiger Agonie miteinander ringen. In einer Nacht, wie's diese für mich ist, *lebt* ein Mann – lebt er ein ganzes Jahrhundert ordinären Lebens –, und ganz gewiß nicht würde ich dies packende Entzücken für das eines ganzen Jahrhunderts gewöhnlicher Existenz hingeben mögen.

»*Sonntag, 7. April* (Mr. Mason's MS.) – An diesem Morgen war der Sturm von zehn auf acht oder neun Knoten Stärke zurückgegangen (für ein Schiff auf See), und diese Brise trägt uns nun mit einer Geschwindigkeit von vielleicht dreißig Meilen in der Stunde oder mehr dahin. Der Wind ist freilich ganz beträchtlich nach Norden umgeschlagen, und wir halten jetzt, bei Sonnenuntergang, genauen West-Kurs ein, hauptsächlich mit der Hilfe von Schraube und Steuerruder, die beide ihren Zweck nicht besser erfüllen könnten. Ich betrachte unser Vorhaben als durchaus erfolgreich und meine, daß die Einhaltung eines jeglichen Kurses in der Luftschiffahrt (gesetzt, man hat nicht eben gegen einen Sturm zu kämpfen) fürder keine Probleme mehr bietet. Wohl hätten wir uns gestern kaum gegen den starken Wind durchsetzen können; doch erforderlichen Falles wäre es uns freigestanden, uns durch weitern Aufstieg aus seinem Einflußbereich zu bringen. Gegen eine mittlere steife Brise läßt sich aber, davon bin ich überzeugt, durchaus mit dem Propeller ankommen. Heute mittag gingen wir, indem wir Ballast abwarfen, auf eine Höhe von nahezu 25 000 Fuß. Dies geschah in der Absicht, eine direktere Luftströmung zu suchen, doch fanden wir keine, die so günstig war als die, worin wir uns jetzt befinden. Wir haben Gas im Überfluß, um über diesen kleinen Teich zu kommen, und sollte unsre Reise auch drei Wochen dauern. Mir ist ums Resultat nicht im geringsten bange. Die Schwierigkeit des Unternehmens wurde bislang ganz befremdlich übertrieben und falsch eingeschätzt. Ich kann mir meine Strömung wählen, und sollte ich ja *alle* Luftströme gegen mich haben, so vermag ich immer noch mit dem Propeller hinlänglich voranzukommen. An mitteilenswerten Zwischenfällen geschah nichts weiter. Die Nacht verspricht gutes Wetter.

»P. S. (von Mr. Ainsworth). – Ich habe nur wenig zu berichten, außer der Tatsache (einer für mich sehr überraschenden), daß ich in einer Höhe, die der des Cotopaxi entspricht, weder besondere Kälte, noch Kopfschmerz, noch Atemnot verspürte; nicht anders ging es, wie ich sehe, Mr. Mason, Mr. Holland und Sir Everard. Mr. Osborne klagte über Brustbeklemmung – doch ging dies bald vorüber. Wir sind den ganzen Tag über mit großer Geschwindigkeit geflogen und müssen bereits mehr als den halben Weg über den Atlantik zurückgelegt haben. Wieder begegneten uns unten einige zwanzig oder dreißig Schiffe von verschiedener Art, und alle zeigten freudiges Verwundern. Den Ozean in einem Ballon zu überqueren, ist letzten Endes gar nicht so sehr schwierig. *Omne ignotum pro magnifico.* Notabene: bei einer Höhe von 25 000 Fuß erscheint der Himmel nahezu schwarz, und die Sterne sind deutlich sichtbar; hingegen wirkt das Meer als Fläche keineswegs konvex (wie man doch annehmen sollte), sondern absolut und eindeutig *konkav.*[1]

»*Montag, 8. April* (Mr. Mason's MS). – Heute morgen hatten wir wieder etwas Ärger mit der Propellerstange, die vollkommen umgewandelt werden muß, will man nicht mit einem ernstlichen Unglücksfall rechnen – ich meine dabei aber nur die Stahlstange, nicht die Flügel; die letzteren sind perfekt. Der Wind blies den ganzen Tag über ständig und stark aus Nordost, und insofern scheint das Glück uns weiterhin begünstigen zu wollen. Kurz vor Tage wurden wir alle etwas von einigen sonderbaren Geräuschen und Erschütterungen im Ballon alarmiert, welche mit dem offenbar rapiden Absinken der ganzen Maschine einhergingen. Diese Phänomene wurden durch die Expansion des Gases verursacht, durch das Anwachsen der Hitze in der Atmosphäre und das folgliche Bersten der winzigen Eispartikelchen, mit denen sich das Netzwerk während der Nacht überzogen hatte. Wir warfen dann verschiedene Flaschen zu den Schiffen drunten hinunter. Sahen, wie eine davon aufgefischt wurde – von einem großen Schiffe, das allem Anschein nach zur New Yorker Postlinie gehörte. Bemühten uns, den Namen auszumachen, konnten ihn aber nicht mit Sicherheit erkennen. Mr. Osborne's Teleskop zeigte ein Wort wie ›Atalanta‹ oder ähnlich. Es ist jetzt zwölf Uhr nachts, und immer noch treiben wir mit rapidem Tempo nahezu westwärts. Das Meer zeigt ein besonders starkes phosphoreszierendes Leuchten.

»P. S. (von Mr. Ainsworth). – Es ist jetzt zwei Uhr früh und, soweit ich urteilen kann, fast windstill – doch macht es rechte Schwierigkeit, diesen Punkt genau zu bestimmen, da wir uns so gänzlich *mit* der Luft bewegen. Ich habe, seit wir Wheal-Vor verließen, kein Auge zugetan, doch kann ich's nun nicht länger aushalten und muß ein Schläfchen machen. Es dürfte aber nicht mehr weit sein bis zur amerikanischen Küste.

»*Dienstag, 9. April* (Mr. Ainsworth's MS). – *Ein Uhr mittags. Vor unseren Augen breitet sich die flache Küste von Süd Carolina.* Das große Problem ist gelöst. Wir haben den Atlantik überquert – haben ihn leicht und elegant in einem Ballon überquert! Preis sei Gott! Wer dürfte hiernach noch sagen, es gebe ein Ding der Unmöglichkeit?«

Hier endet das Tagebuch. Einige Einzelheiten der Landung wurden unserem Mr. Forsyth jedoch von Mr. Ainsworth mitgeteilt. Es herrschte nahezu völlige Windstille, als die Reisenden die Küste zu Gesicht bekamen, die unmittelbar von den beiden Seeleuten und von Mr. Osborne erkannt wurde. Da der letztgenannte Herr Bekannte in Fort Moultrie hatte, wollte man kurzentschlossen dort in der Nachbarschaft niedergehen. Der Ballon wurde über den Strand gebracht (da gerade Ebbe herrschte und der Sand fest, glatt und trefflich für die Landung geeignet war); man ließ den Dregganker fallen, und er fand auch alsogleich sicheren Halt. Die Bewohner der Insel und des Forts drängten natürlich herbei, den Ballon zu sehen; doch machte es die größte Schwierigkeit, bei ihnen mit der Erzählung von der tatsächlichen Reise – *der Überquerung des Atlantiks* – Glauben zu finden. Der Anker faßte Grund genau um zwei Uhr mittags, und somit ward die Reise insgesamt in fünfundsiebzig Stunden vollendet – oder eher noch weniger, wenn man von Küste zu Küste rechnete. Kein ernstlicher Zufall hatte sich ereignet. Keine wirkliche Gefahr war zu irgendeiner Zeit zu fürchten gewesen. Der Ballon wurde ohne jede Beschwernis geleert und sichergestellt; und als das Manuskript, aus dem wir diese Erzählung zusammenstellten, von Charleston abging, weilte die Gesellschaft noch immer in Fort Moultrie. Über die weiteren Absichten der Herren bestand noch keine Gewißheit; doch dürfen unsere Leser, das können wir zuverlässig versprechen, entweder am Montag oder spätestens im Laufe des folgenden Tages diesbezügliche Nachrichten erwarten.

Dies ist unzweifelhaft die erstaunlichste, die interessanteste und die wichtigste Unternehmung, die je vom Menschen bewältigt oder auch nur in Angriff genommen wurde. Welche großartigen Ereignisse ihr noch folgen mögen – es wäre müßig, das jetzt schon im mindesten absehen zu wollen.

Anmerkungen

* Anmerkung: – Mr. Ainsworth hat nicht versucht, eine Erklärung für dieses Phänomen zu finden, das dabei doch durchaus erklärlich ist. Denkt man sich aus einer Erhebung von 25 000 Fuß eine Linie senkrecht zur Oberfläche der Erde (oder des Meeres) nieder, so bildet diese Linie die Senkrechte eines rechtwinkligen Dreiecks, dessen Basis vom rechten Winkel zum Horizont und dessen Hypothenuse vom Horizont zum Ballon verlaufen würde. Doch die 25 000 Fuß Höhe sind wenig oder nichts im Vergleich zur Weite des Gesichtsfeldes. In anderen Worten, Basis und Hypothenuse des angenommenen Dreiecks würden, verglichen mit der Höhensenkrechten, so lang sein, daß man sie als nahezu parallel ansehen könnte. Auf diese Weise müßte der Aeronaut den Eindruck haben, der Horizont befinde sich *auf einer Ebene* mit seiner Gondel. Doch da der Fußpunkt der gedachten Höhensenkrechten in riesiger Tiefe unter ihm nicht nur zu liegen scheint, sondern tatsächlich ja liegt, scheint derselbe natürlich ebenfalls tief unter dem Horizonte zu liegen. Daher denn der Eindruck der *Konkavität;* und dieser Eindruck muß bleiben, bis die Position des Ballons ein solches Verhältnis zur Weite der Horizontaussicht erreicht hat, daß der scheinbare Parallelismus von Basis und Hypothenuse verschwindet – worauf der Erde wirkliche Konvexität augenfällig werden muß.

Das vorzeitige Begräbnis

Es gibt gewisse Themen, welche zwar allseits auf großes Interesse stoßen, doch aber zu schauerlich sind, als daß sie in die höhere Literatur Eingang finden könnten. Der bloße Romantiker muß sie umgehen, wenn er nicht verletzen will oder abstoßen. Sie lassen sich nur da geziemend behandeln, wo Ernst und Majestät der Wahrheit sie heiligen und tragen. Wir gruseln uns zum Beispiel, mit einem Höchstmaß an ›lustvollem Schauder‹ bei den Berichten vom Übergang über die Beresina, vom Erdbeben zu Lissabon, von der Pest in London, vom Massaker der Bartholomäus-Nacht oder vom Ersticken der hundertunddreiundzwanzig Gefangenen im Schwarzen Loch zu Kalkutta. Doch in all diesen Berichten ist es die Tatsache, die Wirklichkeit, das Historische, was uns erregt. Wäre es Erfindung, so würden wir alsbald darüber die Nase rümpfen.

Ich habe hier nur ein paar der herausstehenden Unglücksfälle erwähnt, die uns überkommen sind. Doch bei diesen ist es das Ausmaß nicht weniger als der Charakter des Unglücks, was unsere Phantasie so stark beeindruckt. Ich muß den Leser wohl nicht daran erinnern, daß ich aus dem langen und unheimlichen Kataloge menschlichen Elendes gar leicht hätte manchen Einzelfall auswählen können, der ein tieferes Leid in sich birgt als irgendeine von diesen ungeheuren Massenkatastrophen. Denn wahrlich, das furchtbarste Unheil, das äußerste, letzte Weh, das trifft den einzelnen, nicht die Gemeinschaft. Und daß die gräßlichen Extreme der Seelenqual vom Menschen als Person ertragen werden, doch nicht vom Menschen als Gemeinschaft – dafür wollen wir einem barmherzigen Gott danken!

Lebendigen Leibes begraben zu werden, ist fraglos das schrecklichste dieser Extreme, das je einem Sterblichen widerfahren kann. Daß dies häufig schon, sehr häufig vorgekommen ist, wird wohl kaum ein Denkender bestreiten können. Die Grenzen, die das Leben vom Tode scheiden, sind besten Falles schattenhaft und vage. Wer kann sagen, wo das eine endet und das andere beginnt? Wir wissen, es gibt Krankheiten, bei welchen ein totales Erlöschen aller sichtbaren Lebensfunktionen eintritt. Wo dies Erlöschen doch bloß ein Aussetzen, eine Suspension im wahrsten Sinne des Wortes ist. Ein zeitweiliges Pausieren des rätselhaften Mechanismus. Ist eine Zeit verstrichen, so setzt ein unsichtbar geheimnisvolles Prinzip das magische Getriebe, das wunderbare Räderwerk wieder in Bewegung. Das Silberband war nicht auf immer gelöst, noch die goldene Schüssel unwiederbringlich zerbrochen. Doch wo war unterweil die Seele, wo?

Aber ganz abgesehen einmal von dem unvermeidlichen Schlusse *a priori,* daß solche Ursachen auch entsprechende Wirkung zeigen müssen, daß solche wohlbekannten Fälle von Lebens-Suspension, also Scheintod, natürlicherweise dann und wann eine vorzeitige Bestattung zur Folge haben müssen, abgesehen von dieser Überlegung besitzen wir das unmittelbare Zeugnis der medizinischen als auch der gewöhnlichen Erfahrung als Beweis dafür, daß eine Unzahl solcher Beerdigungen stattgefunden hat. Ich könnte sogleich, wenn notwendig, ein rundes Hundert einwandfrei beglaubigter Fälle anführen. Ein sehr bemerkenswerter solcher Fall, dessen Umstände manchen meiner Leser vielleicht noch frisch in Erinnerung sind, ereignete sich noch vor gar nicht langer Zeit in der benachbarten Stadt Baltimore, wo er in weiten Kreisen eine heftige schmerzliche Aufregung hervorrief. Die Gattin eines der angesehensten Bürger, eines ausgezeichneten Advokaten und Mitglieds des Kongresses, wurde jedes Jahr von einer rätselhaften Krankheit befallen, die alle Kunst der Ärzte vollkommen zuschanden machte. Nach vielem Leiden endlich schied sie dahin. Das heißt, man glaubte, sie sei gestorben. Tatsächlich hegte niemand irgendeinen Argwohn, noch zeigte sich ein

Grund zu dem Verdacht, sie sei nicht wirklich tot. Sie bot all die gewöhnlichen Anzeichen des Todes. Ihr Gesicht nahm das übliche verkniffene und eingesunkene Aussehen an. Die Lippen zeigten die bekannte Marmorblässe. Die Augen waren glanzlos. Der Leib war erkaltet. Der Pulsschlag war verstummt. Drei Tage lang ließ man sie unbestattet. In dieser Zeit trat eine steinerne Starre ein. Um es kurz zu machen – als schließlich das, was man für Verwesung hielt, rapide fortschritt, wurde die Beerdigung eilig betrieben.

Die Dame wurde in ihrer Familiengruft beigesetzt, die drei Jahre lang ungestört blieb. Nach Ablauf dieser Zeit aber wurde sie geöffnet, um einen weiteren Sarkophag aufzunehmen. Und ach! Welch grauenvoller Schlag erwartete den Ehegatten da, der selbst die Türe öffnete. Als die Portale auseinanderschwangen, fiel ihm ein weißgekleidetes Etwas in die Arme. Es war das Skelett seines Weibes im noch nicht vermoderten Totenhemd.

Eine sorgfältige Nachforschung ergab, daß die Dame innerhalb von zwei Tagen nach ihrer Bestattung wieder zum Leben erwacht war und daß der Sarg aufgrund ihres angestrengten Ringens darin von seinem Sockel oder Gestell zu Boden gestürzt sein mußte. Dort war er zerbrochen, so daß sie sich daraus befreien konnte. Eine Lampe, die mit Öl gefüllt versehentlich in dem Gewölbe zurückgelassen worden war, fand man leer. Doch mag es immerhin sein, daß Verdunstung den Brennstoff verzehrte. Auf der obersten der Stufen, welche in die Schreckenskammer hinabführten, lag ein großes Bruchstück des Sargs, mit dem die Unglücksselige anscheinend versucht hatte, durch Schläge gegen die Tür Aufmerksamkeit zu erwecken. Dabei waren ihr vermutlich die Sinne geschwunden, oder vielleicht starb sie auch dabei aus schierem Entsetzen. Im Fallen verfing sich dann ihr Leichenhemd in irgendwelchem vorragenden Eisenwerk. So blieb sie hängen, und so hängend verweste sie.

Im Jahre 1810 trug sich in Frankreich ein Fall von lebendiger Bestattung zu. Die Umstände dieses Vorfalls scheinen die Behauptung zu erhärten, daß in der Tat die Wahrheit seltsamer sei als alle Erfindung. Die Heldin der Geschichte war eine Mademoiselle Victorine Lafourcade, ein junges Mädchen aus bester Familie, wohlhabend und von großer persönlicher Schönheit. Unter ihren zahllosen Bewerbern befand sich auch Julien Bossuet, ein armer Pariser *littérateur* oder Journalist. Sein Talent und seine allgemeine Liebenswürdigkeit hatten ihn der Aufmerksamkeit der Erbin empfohlen, welche ihn, so scheint es, alsbald innig liebte. Doch aufgrund des Stolzes auf ihre Geburt entschied sie, ihn abzuweisen und einem Monsieur Renelle, einem Bankier und Diplomaten von einigem Ruhm und Range ihre Hand zu reichen. Nach der Hochzeit jedoch wurde sie von diesem Herrn vernachlässigt und ausgesprochen schlecht behandelt. Nachdem sie nun ein paar jammervolle Jahre mit ihm verbracht hatte, starb sie. Oder zum mindesten doch ähnelte ihr Zustand in einer Weise dem Tode, daß jeder, der sie sah, davon getäuscht wurde. Man setzte sie bei – nicht in einer Gruft, sondern in einem gewöhnlichen Grabe auf dem Kirchhof ihres Geburtsdorfes. Voller Verzweiflung und noch immer erfüllt von der Erinnerung an eine tiefe Neigung reist nun der Liebhaber aus der Hauptstadt in die entlegene Provinz, in der das Dorf liegt. Er hat es sich in den romantischen Sinn gesetzt, die Leiche auszugraben und sich in den Besitz ihrer üppigen Locken zu bringen. Er kommt zum Grab. Um Mitternacht hebt er den Sarg heraus, öffnet ihn und ist gerade dabei, die Haare abzutrennen, als er in jähem Schrekken innehält. Die Geliebte hat plötzlich die Augen aufgeschlagen. Man hatte sie wahrhaftig lebendig begraben. Doch war die Lebenskraft noch nicht vollkommen geschwunden. Die Zärtlichkeiten ihres Liebhabers erweckten sie aus ihrer Lethargie, die man als den Tod angesehen hatte. Wie schier von Sinnen trug er sie zu seinem Logis im Dorfe. Hier wandte er gewisse machtvolle Stärkungsmittel an, welche ihm von nicht geringer medizinischer Erfahrung angeraten wurden. Am Ende lebte sie denn wieder auf. Sie erkannte ihren Erretter. Sie blieb bei ihm, bis nach und nach voll ihre ursprüngliche Gesundheit wiederhergestellt war. Ihr Frauenherz war nicht von Stein, und dieser letzte Liebesbeweis genügte, es zu erweichen. Zu ihrem Gatten kehrte sie nicht mehr zurück, sondern verheimlichte ihm ihre Auferstehung und floh mit ihrem Geliebten nach Amerika. Zwanzig Jahre danach kamen die beiden wieder nach Frankreich, in der Überzeugung, die Zeit habe die Erscheinung der Dame so verändert, daß ihre Freunde sie nicht wiederzuerkennen vermochten. Doch sie irrten. Schon beim ersten Zusammentreffen erkannte Monsieur Renelle sein Weib und machte Ansprüche geltend. Diese Ansprüche wies sie zurück. Ein Gerichtshof gab ihr darin Recht und entschied, daß die besonderen Umstände, gemeinsam mit den seither vergangenen langen Jahren nicht nur nach dem Rechte der Billigkeit, sondern auch nach dem Gesetz die Ansprüche des Gatten auf immer hätten erlöschen lassen.

Das Leipziger ›Chirurgische Journal‹, eine Zeitschrift von hohem Ruf und Ansehen, die unsere amerikanischen Verlagsbuchhändler wohl übersetzen und nachdrucken lassen sollten, berichtet in einer seiner letzten Nummern von einem sehr betrüblichen Ereignis aus dem uns hier beschäftigenden Bereich.

Ein Offizier der Artillerie, ein Mann von hünenhafter Gestalt und robuster Gesundheit, wurde von einem unwilligen Pferd abgeworfen. Dabei zog er sich eine so schwere Kontusion am Kopf zu, daß er auf der Stelle sein Bewußtsein verlor. Der Schädel zeigte eine leichte Fraktur, doch schien keine unmittelbare Gefahr zu bestehen. Die Trepanation verlief erfolgreich. Man ließ den Kranken zur Ader und wendete viele andere der gewöhnlichen Mittel zu seiner Erleichterung an. Schrittweise jedoch verfiel er in einen immer trostloseren Zustand der Betäubung. Schließlich hielt man dafür, daß er gestorben sei.

Es herrschte schwüle Witterung. Man begrub ihn deshalb hastig auf einem der öffentlichen Friedhöfe. Das Leichenbegängnis fand an einem Donnerstage statt. Am Sonntag darauf wimmelten die Friedhofsgefilde wie üblich von Besuchern. Gegen Mittag erhob sich eine gewaltige Aufregung ob der Erklärung eines Bauern, er habe, während er am Grab des Offiziers gesessen sei, ganz deutlich eine heftige Bewegung der Erde gespürt. Gerade so, als ringe darunter ein Mensch um sein Leben. Anfänglich schenkte man den Behauptungen des Mannes nur wenig Aufmerksamkeit. Doch sein offenbares Entsetzen und die störrische Verbissenheit, mit der er auf seiner Geschichte bestand, zeigten am Ende ihre natürliche Wirkung auf die Menge. Man schaffte eilends Spaten herbei, und innerhalb weniger Minuten war das flach ausgehobene Grab so weit geöffnet, daß der Kopf des beerdigten Offiziers zu sehen war. Er war allem Anschein nach tot. Doch er saß aufrecht in seinem Sarg, dessen Deckel er bei seinen wilden Anstrengungen, sich zu befreien, teilweise nach oben gedrückt hatte.

Man schaffte ihn nun alsbald in das nächste Hospital. Dort wurde erklärt, er sei tatsächlich noch am Leben, wenn auch in asphyktischem Zustand. Erst nach mehreren Stunden kam er wieder zu sich, erkannte befreundete Menschen und berichtete stockend von seinen Qualen im Grab.

Aus dem, was er erzählte, wurde klar, daß er noch länger als eine Stunde nach seiner Inhumierung das Bewußtsein gehabt haben mußte, am Leben zu sein, ehe Ohnmacht ihn überkam. Das Grab war achtlos und locker mit überaus porösem Erdreich gefüllt worden, so daß etwas Luft eindringen konnte. Er hörte die Schritte der Menge zu seinem Haupt und mühte sich seinerseits, sich ihr vernehmlich zu machen. Es war das Getümmel auf den Friedhofswegen, so sagte er, das ihn offenbar aus tiefem Schlafe geweckt hatte. Doch kaum noch habe er sich wachend befunden, da seien ihm die grauenvollen Schrecken seiner Lage voll zu Bewußtsein gekommen.

Der Patient kam wieder gut zu Kräften und schien sich auf dem Wege der völligen Genesung zu befinden. Schließlich fiel er jedoch den Quacksalbereien medizinischer Experimente zum Opfer, man wendete die galvanische Batterie an, und er verschied ganz plötzlich in einen jener ekstatischen Paroxysmen, die bei dieser Behandlung gelegentlich auftreten.

Die Erwähnung der galvanischen Batterie bringt mir einen wohlbekannten und sehr außergewöhnlichen Fall zu unserem Thema in Erinnerung, bei dem sich ihre Tätigkeit als Mittel erwies, einem jungen Londoner Anwalt, welcher zwei Tage lang im Grab gelegen, wieder zum Leben zu erwecken. Dies trug sich im Jahre 1831 zu und war damals eine wahre Sensation, wo immer man darüber debattierte.

Der Patient, Mr. Edward Stapleton, war allem Anschein nach gestorben. Und zwar an Typhus-Fieber, welches derart anomale Symptome mit sich brachte, daß die Neugier seiner medizinischen Betreuer geweckt war. Bei seinem vermeintlichen Hinscheiden wurden seine Freunde gebeten, in eine Obduktion seines Leichnams einzuwilligen. Sie lehnten es jedoch ab, ihre Erlaubnis zu geben. Und wie es im Falle solcher Weigerungen oft geschieht, beschließen die praktischen Männer daraufhin, den Körper heimlich wieder auszugraben und in aller Muße auseinanderzunehmen. Leicht wurden Vereinbarungen mit einer der zahllosen Vereinigungen von Leichenräubern getroffen, von denen London nur so wimmelt. In der dritten Nacht nach dem Begräbnis wurde der vermeintliche Leichnam aus einem acht Fuß tiefen Grabe gehoben und in den Operationsraum eines Privathospitals gebracht.

Man hatte tatsächlich bereits einen nicht unbeträchtlichen Schnitt in den Unterleib vorgenommen, als die frische und ganz unverweste Erscheinung der Leiche eine Anwendung der Batterie nahelegte. Ein Experiment folgte dem anderen, und die gewöhnlichen Wirkungen stellten sich ein, ohne außerordentliche Ergebnisse zu zeitigen. Nur daß, bei ein oder zwei Gelegenheiten, die konvulsivischen Zuckungen einen mehr denn üblichen Grad an Lebensähnlichkeit zeigten.

Es wurde spät. Schon dämmerte der Tag. Man hielt es schließlich für ratsam, zur Sektion zu schreiten. Ein Student jedoch war besonders darauf erpicht, eine eigene Methode zu erproben, und bestand darauf, die Batterie noch an einen der Brustmuskel anzuschließen. Man brachte einen derb klaffenden Schnitt an und schloß in alle Eile einen Draht an. Da erhob sich der Patient auf einmal in einer jähen, doch ganz und gar nicht zuckungsähnlichen Regung vom Tisch, trat in die Mitte des Raums, starrte sekundenlang ängstlich in die Runde und – sprach! Was er sagte, war nicht verständlich, doch es waren Worte. Die Silbenbildung ließ sich nicht verkennen. Nachdem er gesprochen, stürzte er zu Boden.

Einige Augenblicke waren alle wie gelähmt vor Grauen. Doch bald erlangten die Anwesenden ihre Geistesgegenwart zurück. Man sah, daß Mr. Stapleton am Leben, wenn auch nicht bei Bewußtsein war. Nachdem man ihm Äther verordnet hatte, erholte er sich rasch und war der Gesellschaft seiner Freunde wiedergegeben. Man enthielt ihnen jedoch alle Kenntnis von seiner Erweckung vor, bis ein Rückfall nicht länger zu befürchten stand. Ihre Verwirrung, ihr Erstaunen, mag man sich leicht vorstellen.

Was an diesem Vorfall am meisten erschüttert und erschauern läßt, ist die Aussage des Mr. S. Er erklärt nämlich, er sei zu keinem Zeitpunkt gänzlich ohne Empfindung gewesen, sondern habe vielmehr dumpf und verworren alles wahrgenommen, was ihm widerfuhr, von dem Augenblick, da die Ärzte ihn *für tot* erklärten, bis hin zu dem, da er im Hospital ohnmächtig zu Boden sank. »Ich bin am Leben«, waren die unverstandenen Worte, die er sich in seiner äußersten Not abgerungen hatte, als er sich im Sektionsraum wiederfand.

Es wäre keine leichte Sache, Geschichten wie diese in vielfacher Zahl hier zu bringen. Doch ich will darauf verzichten. Dies ist nicht nötig, wenn man die Tatsache belegen will, daß vorzeitige Bestattungen vorgekommen sind. Wenn wir uns überlegen, wie überaus selten es nach der Lage der Dinge in unserer Macht steht, sie zu entdecken, so müssen wir zugeben, daß sie möglicherweise sogar *häufig* ohne unsere Kenntnis stattfinden. In Wahrheit wird kaum je ein Friedhof zu irgendeinem Zwecke in großem Umfang aufgegraben, ohne daß man Skelette in Stellungen fände, die den allerfüchterlichsten Verdacht nahelegen.

Fürchterlich ist allein schon der Verdacht, doch fürchterlicher noch ein solches Schicksal! Man darf wohl ohne Zögern behaupten, daß *kein* Ereignis so entsetzlich dazu angetan ist, das Äußerste und Letzte an körperlicher und geistiger Qual hervorzurufen, als es die Bestattung vor dem Tode ist. Der unerträgliche Druck auf die Lungen, die erstickenden Dünste der feuchten Erde, das Kleben der Totenkleider, die unnachgiebige Umarmung des engen Hauses, die Schwärze der absoluten Nacht, die wie ein Meer überwältigende Stille, die unsichtbare, doch so greifbare Gegenwart des Eroberers Wurm. All dies, zusammen mit den Gedanken an die Luft und das Gras dort über uns, mit der Erinnerung an liebe Freunde, die herbeieilen würden, uns zu erretten, wenn sie nur von unserem Schicksal wüßten, und mit dem Bewußtsein, daß *nichts* sie je von diesem Schicksal unterrichten kann, daß unser hoffnungsloses Teil das der wirklich Toten ist – diese Erwägungen erfüllen das immer noch pochende, zuckende Herz mit unvorstellbarem Entsetzen. Es gibt nichts Furchtbareres auf dieser Erde, nichts halb so Gräßliches kann uns von den Reichen der untersten Hölle träumen. Und so besitzen denn alle Erzählungen zu diesem Thema ein tiefes Interesse. Ein Interesse, das aufgrund des geheiligten Grauens, das von dem Thema selbst ausgeht, eigentümlicherweise und auch ganz zu Recht von unserer Überzeugung abhängig ist, daß uns *die Wahrheit* erzählt werde. Was ich nun zu berichten habe, beruht auf meiner eigenen Kenntnis, auf meiner eigenen gewissen und persönlichen Erfahrung.

Mehrere Jahre lang hatten mich Anfälle jenes eigenartigen Übels heimgesucht, welches die Ärzte aus Ermangelung eines entschiedeneren Titels Katalepsie – Starrsucht – nennen. Die unmittelbaren als auch prädisponierenden Ursachen sowie die Diagnose dieses Leidens sind noch immer rätselhaft und unsicher. Sein äußerer Charakter dagegen ist hinreichend bekannt. Es scheint hauptsächlich dem Grade nach zu variieren. Manchmal liegt der Patient nur einen Tag lang oder sogar noch kürzer in einer Art verstärkter Lethargie. Er ist empfindungs- und bewegungslos. Doch der Pulsschlag seines Herzens läßt sich immer noch schwach vernehmen. Spuren von Körperwärme bleiben erhalten. Ein winziges Bißchen Farbe hält sich im Mittelpunkt der Wange. Wenn man einen Spiegel vor den Mund hält, kann man eine schlaffe, ungleichmäßige und flackernde Tätigkeit der Lungen entdecken. Bei wieder anderen hat die Trance eine Dauer von Wochen, ja gar von Monaten. Dabei sind die genaueste Untersuchung und die exaktesten medizinischen Tests nicht imstande, einen wesentlichen Unterschied zwischen dem Zustande des Leidenden und dem wahrzunehmen, was wir unter dem absoluten Tode verstehen. Gewöhnlich bleibt er vor verfrühter Bestattung einzig deswegen bewahrt, weil seine Freunde wissen, daß er schon einmal von Katalepsie befallen war, und weil sie folglich Argwohn hegen, es könne sich auch diesmal darum handeln. Vor allem schließlich weil sich keinerlei Verwesungserscheinungen zeigen. Glücklicherweise schreitet die Krankheit nur langsam fort. Die ersten Anzeichen sind recht ausgeprägt und unzweideutig. Die Anfälle werden allmählich immer heftiger und dauern jedesmal länger als zuvor. Darin liegt die erste Sicherung gegenüber einer versehentlichen Inhumierung. Der Unglückselige, dessen *erster* Anfall gleich so stark wäre, wie man ihn gelegentlich sieht, würde so gut wie unvermeidlich lebend dem Grabe überantwortet werden.

Mein eigener Fall unterschied sich in keiner wichtigen Einzelheit von den Modellfällen der medizinischen Literatur. Manchmal verfiel ich ohne einen ersichtlichen Grund in einen Zustand halber Ohnmacht oder Bewußtlosigkeit. Und in diesem Zustand – ohne Schmerzen, ohne die Fähigkeit, mich zu regen oder zu denken, doch mit einem dumpfen lethargischen Bewußtsein des Lebens und der Gegenwart der mich Umgebenden – in diesem Zustand blieb ich, bis die Krisis des Leidens mir ganz plötzlich die volle Besinnung wiedergab. Zu anderen Zeiten traf mich der Anfall jäh wie aus heiterem Himmel. Mir wurde übel, Benommenheit überkam mich, Frostgefühl und Schwindel. Auf einmal stürzte ich der Länge nach zu Boden. Dann war wochenlang alles leer und schwarz und schweigend. Das Nichts wurde zum Universum. Vollständigere Vernichtung konnte nicht mehr sein. Aus diesen letzten Attacken erwachte ich jedoch relativ langsam – verglichen damit, wie plötzlich er mich überkommen hatte. Just wie der Tag dem freund- und heimatlosen Bettler dämmert, wenn er in einer langen, desolaten Winternacht durch die Straßen gestrichen ist, just so säumig und matt, doch aber auch wieder heiter und beglückend kehrte das Licht der Seele mir wieder.

Abgesehen von dieser Neigung zur Starrsucht schien meine allgemeine Gesundheit jedoch gut zu sein. Ich vermochte auch nicht zu erkennen, daß sie von der einen ernsten Krankheit im mindestens beeinträchtigt worden wäre. Es sei denn in der Tat, man wollte eine Eigentümlichkeit meines gewöhnlichen *Schlafes* als Folge dieser Krankheit ansehen. Erwachte ich nämlich aus meinem Schlummer, so vermochte ich niemals sogleich, ganz Herr meiner Sinne zu werden. Ich lag stets noch minutenlang voller Verwirrung und Verstörung da, wobei meine Denkfähigkeit im allgemeinen und insbesondere mein Gedächtnis sich in einem Zustand absolut erstarrter Untätigkeit befand.

Bei allem, was ich erduldete, war kein körperliches Leiden, doch eine Unendlichkeit geistiger Qual. Meine Einbildungskraft wurde zu einer wahren Grabesphantasie. Ich sprach von »Würmern, Grüften und von Epitaphen«. Ich verlor mich in Todesträumereien. Der Gedanke an ein vorzeitiges Begrabenwerden ergriff von meinen Gedanken dauernden Besitz. Die gräßliche Gefahr, die mich bedrohte, verfolgte mich bei Tage und bei Nacht. Bei Tage kämpfte ich ohne Unterlaß gegen die Folter meiner Grübeleien. Des Nachts erlag ich ihr. Wenn grimm und häßlich Finsternis das Erdreich bedeckte, dann ließ mich jeder Gedanke wie ein Schock erschauern, ließ mich erbeben wie die zitternden Federn auf dem Leichenwagen. Und wenn die Natur das Wachsein nicht länger ertragen konnte, gab ich mich nur unwillig dem Schlafe hin. Es grauste mir bei der Vorstellung, ich könnte mich beim Erwachen als Grabesbewohner wiederfinden. Und wenn ich dann endlich in Schlummer versank, so war es nur, um sogleich in eine Welt von Wahngebilden zu stürzen, über welcher mit riesig schwarzen Schwingen allmächtig der eine Gedanke schwebte – der an Begräbnis und Grab.

Aus unzähligen Bildern der Düsterheit, welche mich so in Träumen heimsuchten, erlese ich zum Zeugnis hier nur ein einziges. Mir war, ich wäre in kataleptische Trance von mehr denn gewöhnlicher Dauer und Tiefe versunken. Da plötzlich legte sich mir eine eisige Hand auf die Stirn, und eine Stimme flüsterte voller Ungeduld: »Erhebe dich!«

Ich richtete mich auf. Das Dunkel war endlos. Ich konnte die Gestalt dessen, der mich gerufen, nicht erkennen. Auch war ich nicht imstande, mich der Zeit zu entsinnen, da ich in Trance gefallen war, noch des Orts, an dem ich mich dann wiederfand. Während ich reglos blieb und mich angestrengt bemühte, meine Gedanken zu sammeln, ergriff die kalte Hand mich heftig am Gelenk und schüttelte es heftig. Wieder erscholl die Stimme:

»Erhebe dich! Vernahmst du nicht mein Gebot?«

»Und wer«, begehrte ich zu wissen, »gebot mir?«

»Ich habe keinen Namen dort, wo ich hause«, erwiderte die Stimme voller Gram. »Ich war einst sterblich, doch bin nun Dämon. Ich habe kein Erbarmen, doch bin elend. Du fühlst, daß ich schaudere. Du hörst, wie mir die Zähne klappern, wenn ich spreche, doch ist das nicht der schüttelnde Frost der Nacht. Der Nacht ohne Ende. Doch diese Gräßlichkeit ist unerträglich. Wie kannst *du* ruhig schlafen? Ich kann nicht ruhen, hör ich den Aufschrei dieser großen Qualen. Und was ich sehe, ist mehr, als ich ertrage. Erhebe dich! Komm mit mir hinaus in die Nacht und laß mich deinem Blick die Gräber weisen. Ist es nicht ein Schauerspiel des Leids? Sieh hin!«

Ich blickte hin. Die unsichtbare Gestalt, die mich immer noch am Handgelenk hielt, hatte die Gräber der ganzen Menschheit aufspringen lassen. Von jedem ging der schwache Phosphorschimmer der Verwesung aus. Ich konnte in die innersten Winkel sehen und sah dort die Leiber in ihren Laken, im traurigfeierlichen Schlummer mit dem Wurm. Doch ach! Die wirklich schliefen, waren um viele weniger als die, die keinen Schlummer fanden. Es war da ein schwaches Ringen, und es war allgemeine und schlimme Unrast. Aus den Tiefen der zahllosen Gruben und Grüfte drang voller Schwermut das Rascheln der Gewänder der Begrabenen. Und auch von denen, die da friedlich zu ruhen schienen, hatte eine schier ungeheure Zahl in mehr oder minder starkem Ausmaße die starre und unbequeme Lage verändert, in welcher sie ursprünglich begraben worden. Und da ich noch schaute, sprach die Stimme abermals und sagte;

»Ist dies nicht ein jammervoller Anblick?«

Doch ehe ich noch eine Antwort finden konnte, hatte die Gestalt mein Handgelenk losgelassen. Die Phosphorlichter erloschen, die Gräber schlossen sich wieder mit jähem

Schlage. Von ihnen erhob sich darauf ein Tumult verzweifelter Schreie, die da wiederholten:

»Ist dies nicht ein jammervoller Anblick?«

Phantasien wie diese, die mich zur Nachtzeit heimsuchten, ließen mich auch nicht mehr los, wenn ich wach war. Meine Nerven verloren vollkommen ihre Widerstandsfähigkeit, und ich fiel einem unablässigen Grauen zur Beute. Ich zögerte, auszureiten, spazieren zu gehen oder mir sonstwie Bewegung zu machen, die mich von zu Hause fortführen konnte. Tatsächlich wagte ich mich nicht mehr aus der unmittelbaren Nähe jener, die von meiner Anlage zur Katalepsie wußten – aus lauter Angst, ich könnte wieder einen meiner Anfälle erleiden und würde dann, ehe man sich meines wirklichen Zustandes bewußt geworden, begraben werden. Ich setzte Zweifel in die Sorgfalt, die Treue meiner engsten Freunde. Ich fürchtete, sie könnten sich vielleicht bei einer Starre von mehr denn gewohnter Dauer bewegen lassen, mich für tot zu halten. Ich ging sogar so weit, zu befürchten, sie könnten am Ende froh sein, wenn eine längere Attacke ihnen hinreichenden Vorwand bot, sich meiner auf immer zu entledigen, da ich doch so viel Mühe und Ärger bereitete. So sehr sie sich bemühten, mich mit den feierlichsten Versprechungen zu beschwichtigen, es war vergebens. Ich verlangte ihnen die heiligsten Schwüre ab, daß sie mich unter gar keinen Umständen bestatten lassen würden, ehe die Zersetzung meines Körpers so weit fortgeschritten, daß weitere Erhaltung unmöglich wäre. Und selbst dann noch wollten meine Todesängste auf keine Stimme der Vernunft hören, wollten keine Tröstung annehmen. Ich traf eine Reihe sorgfältiger Vorsichtsmaßnahmen. Unter anderem ließ ich die Familiengruft so umbauen, daß sie sich leicht von innen öffnen ließ. Der leiseste Druck auf einen langen Hebel, der tief ins Innere des Gewölbes reichte, mußte die eisernen Portale aufspringen lassen. Auch gab es Vorrichtungen für den freien Zutritt von Luft und Licht sowie passende Behältnisse für Nahrung und Wasser innerhalb unmittelbarer Reichweite des Sarges, der für meinen Leib bestimmt war. Dieser Sarg war weich gepolstert und hatte einen Deckel, der nach dem Prinzip der Grufttür gefertigt war, dazu noch Federn, welche so angebracht waren, daß die schwächste Bewegung hinreichen mußte, dem Körper die Freiheit zu geben. Neben all dem war auf dem Dache des Gruftbaus noch eine große Glocke aufgehängt, deren Läuteseil durch ein Loch im Sarg niederreichen und an einer der Hände des Leichnams festgebunden werden sollte. Doch ach! Was nützt dem Menschen alle Wachsamkeit gegen sein Geschick? Nicht einmal diese wohlersonnenen Sicherheitsvorkehrungen waren dazu ausreichend, vor den unsäglichen Qualen, lebendig begraben zu sein, einen armen Schelm zu bewahren, dem diese Qualen sein Schicksal vorherbestimmt hatte!

Und dann kam ein Zeitpunkt, wie er schon oft zuvor gekommen war, da tauchte ich aus totaler Bewußtlosigkeit ins erste schwache und unbestimmte Daseinsempfinden auf. Langsam, wie eine Schildkröte kriechend, nahte sich mir das blaßgraue Dämmern des seelischen Tages. Ein stumpfes Unbehagen. Ein apathisches Dulden dumpfer Pein. Kein Wollen, kein Hoffen, kein Bemühen. Erst nach langer Zeit, ein Klingen in den Ohren, dann nach noch längerer Zeit, ein prickelndes oder kribbelndes Gefühl in den Extremitäten. Dann, scheinbar ewig dauernd, angenehme Ruhe, während welcher die erwachenden Empfindungen mit Macht dem Gedanken zustreben. Dann wieder kurzes Versinken in das Nicht-Sein. Dann plötzliches Genesen. Schließlich das leichte Erzittern eines Augenlids und unmittelbar darauf ein elektrischer Schock des Entsetzens, tödlich und unbestimmt, welcher das Blut in Strömen von den Schläfen zum Herzen treibt. Und nun die erste entschiedene Anstrengung, zu denken. Und nun das erste Bemühen, sich zu erinnern. Und nun ein teilweiser, nurmehr erst winzig flüchtiger Erfolg. Und nun hat das Gedächtnis seine Herrschaft so weit wiedergewonnen, daß ich in einigem Maße meines Zustandes gewahr werde. Ich fühle, daß ich nicht aus gewöhnlichem Schlaf erwache. Ich entsinne mich, ich hatte einen Anfall von Katalepsie. Und nun endlich wird mein schaudernder Geist, wie von einem heranschäumenden Ozean von der einen gräßlichen Gefahr überwältigt – von dem einen gespenstischen und alles beherrschenden Gedanken.

Minutenlang, nachdem diese Vorstellung von mir Besitz ergriffen, blieb ich regungslos. Und warum? Ich konnte einfach den Mut nicht aufbringen. Ich wagte es nicht, die Anstrengung zu unternehmen, welche mir Klarheit über mein Schicksal bringen sollte. Und doch gab es ein Etwas in meinem Herzen, das mir zuflüsterte, *es sei gewiß*. Verzweiflung, von einem Ausmaß, wie keine andere Art des Elends sie je ins Leben rufen kann. Verzweiflung allein drängte mich nach langer Unschlüssigkeit, die schweren Lider meiner Augen zu heben. Ich tat es. Es war dunkel. Alles dunkel! Ich wußte, der Anfall war vorüber. Ich wußte, daß ich die Krisis meines Übels schon lange hinter mir hatte. Ich wußte, daß ich mein Sehvermögen jetzt vollständig wiederbesaß. Doch es war dunkel, alles ringsum war dunkel. Es herrschte tiefe, schwarze, strahlenlose Nacht, die ewig währet.

Ich mühte mich zu schreien. Meine Lippen und meine trockene Zunge bewegten sich konvulsivisch bei dem Versuch. Doch kein Stimmlaut entkam den hohlen Lungen, die unter dem Druck eines auf ihnen lastenden Berges bei jedem Atemholen, jedem Nach-Atem-Ringen keuchten und mit dem Herzen zuckend klopften.

Die Bewegung des Kinns, die dieser Versuch, laut aufzuschreien, mit sich brachte, zeigte mir, daß es hochgebunden worden war, wie es bei den Toten üblich ist. Auch fühlte ich, daß ich auf irgend etwas Hartem und meine Seiten von etwas Ähnlichem zusammengepreßt wurden. Bis hierher hatte ich noch nicht gewagt, auch nur ein Glied zu regen. Doch jetzt warf ich mit einer heftigen Bewegung die Arme in die Höhe, die mit gekreuzten Gelenken lang ausgestreckt gelegen hatten. Sie trafen auf festes Holz, welches sich in einer Höhe von nicht mehr als sechs Zoll über meinem Gesicht befand. Ich konnte nicht länger zweifeln, daß ich in einem Sarg ruhte.

Und nun, mitten in meinem unendlichen Elend, erschien mir der Cherub Hoffnung. Ich gedachte der Vorsichtsmaßnahmen, die ich getroffen. Ich krümmte, wand mich und strengte mich krampfhaft an, den Deckel gewaltsam aufzubringen. Er wollte sich nicht bewegen. Ich tastete meine Handgelenke nach dem Läuteseil ab – es war nirgends zu finden. Da entfloh der Tröster auf immer. Eine schier noch grimmere Verzweiflung trat die Herrschaft an. Denn ich konnte nicht umhin, das Fehlen der Polsterungen zu bemerken, die ich so sorgsam vorbereitet hatte. Dann auch trat mir plötzlich der starke, eigentümliche Geruch von feuchter Erde in die Nase. Die Schlußfolgerung drängte sich mir unweigerlich auf, daß ich mich *nicht* in meiner Gruft befand. Ich hatte einen Trance-Anfall gehabt, derweil ich von zu Hause abwesend war, unter Fremden. Wann oder wo, daran konnte ich mich nicht erinnern. Sie waren es gewesen, die mich verscharrt hatten wie einen Hund. Mich eingenagelt in einen ganz gemeinen Sarg und mich tief, tief und für immer und ewig in irgendein gewöhnliches *Grab* geworfen hatten.

Als diese furchtbare Überzeugung bis in die innersten Kammern meiner Seele vorgedrungen waren, unternahm ich noch einmal mit allen Kräften einen letzten Versuch, laut aufzuschreien. Und bei diesem zweiten Versuch war mir Erfolg beschieden. Ein langer wilder Schrei, ein Gellen der Qual hallte durch die Reiche der unterirdischen Nacht.

»Hallo! Nanu, was ist denn?«, kam als Erwiderung eine barsche Stimme.

»Zum Teufel nochmal, was ist denn jetzt bloß wieder los!« rief eine zweite.

»Raus da, verschwinde!« ließ sich eine dritte vernehmen.

»Was soll das heißen, hier rumzujaulen wie ein angestochenes Schoßhündchen?« brummte eine vierte. Und hierauf wurde ich von einer Gruppe von derb dreinblickenden Individuen gepackt und mehrere Male lang ohne feierliche Umstände durchgerüttelt. Sie rissen mich nicht aus dem Schlummer, denn ich war hellwach, als ich schrie. Wohl aber brachten sie mich wieder in den vollen Besitz meines Gedächtnisses.

Dieses Abenteuer zog sich nahe Richmond, Virginia, zu. Begleitet von einem Freund hatte ich mich auf einem Jagdausflug ein paar Meilen den James River an seinen Ufern hinabbegeben. Die Nacht brach herein, und wir wurden von einem Sturm überrascht. Die Kajüte einer kleinen Schaluppe, die im Strom vor Anker lag und Gartenerde geladen hatte, bot uns den einzig verfügbaren Schutz. Wir fanden uns so gut als möglich damit ab und verbrachten die Nacht an Bord. Ich schlief in einer der beiden einzigen Kojen des Schiffes. Und wie die Kojen einer Schaluppe von sechzig oder siebzig Tonnen aussehen, bedarf kaum der Beschreibung. Die von mir belegte besaß keinerlei Bettzeug. Ihre äußerste Breite betrug achtzehn Zoll. Boden und Deck hatten genau den gleichen Abstand. Ich fand es über die Maßen schwierig, mich hineinzuzwängen. Dennoch schlief ich fest und gesund. Meine ganze Vision, denn es war weder ein Traum noch ein Alptraum, entstand natürlicherweise aus den Umständen meiner Lage, aus meiner gewöhnlichen Gedankenrichtung und aus der bereits kurz erwähnten Schwierigkeit, die es mir noch längere Zeit nach dem Erwachen aus dem Schlummer bereitete, meine Sinne zu sammeln und vor allem mein Gedächtnis wiederzugewinnen. Die Männer, die mich schüttelten, waren die Besatzung der Schaluppe und ein paar zum Entladen bestellte Arbeiter. Von der Ladung selbst kam der erdige Geruch. Die Binde um mein Kinn war ein seidenes Taschentuch, welches ich mir in Ermangelung meiner gewöhnlichen Nachtmütze um den Kopf geschlungen hatte.

Die Qualen, die ich ausgestanden, waren für den Augenblick jedoch unzweifelhaft denen gleich, die ich in einem wirklichen Grabe erlitten hätte. Sie waren fürchterlich. Sie waren unvorstellbar gräßlich. Doch aus dem Übel ging das Gute hervor, denn gerade ihr Übermaß bewirkte in meinem Geist eine unvermeidliche Wandlung. Meine Seele gewann an Kraft, an Gleichmut. Ich ging auf Reisen. Ich schaffte mir herzhafte Bewegung. Ich atmete die freie Himmelsluft. Ich dachte wieder an andere Dinge denn den Tod. Ich legte meine medizinischen Bücher weg. *Buchan* verbrannte ich. Ich las keine *Nachtgedanken* mehr, keinen Schwulst über Kirchhöfe, keine Gruselgeschichten – *so wie diese hier*. Kurzum ich war ein neuer Mensch und führte eines Menschen Leben. Seit jener denkwürdigen Nacht gab ich auf immer meiner Grabesfurcht Valet. Mit ihr verschwand auch die Neigung zur Katalepsie, die vielleicht weniger ihre Ursache denn vielmehr ihre Folge gewesen war.

Es gibt Augenblicke, wo die Welt unserer traurigen Menschheit selbst für das nüchterne Auge der Vernunft einer Hölle Gestalt annehmen kann. Doch ist die Vorstellungskraft des Menschen nicht Carathis, daß es ihr erlaubt wäre, ungestraft eine jegliche ihrer Höhlen zu erforschen.

Ach! Die gräßliche große Schar der Grabesschrecken darf leider ganz und gar nicht als Phantasiegebild betrachtet werden. Doch wie die Dämonen, in deren Gesellschaft Afrasiab seine Reise den Oxus hinab unternahm, müssen sie schlafen, oder sie werden uns verschlingen – muß man sie schlummern lassen, oder wir gehen zugrunde.

Die Macht der Worte

OINOS: Verzeihe, Agathos, die Schwäche eines Geistes, dem die Unsterblichkeit grad eben erst neue Schwingen lieh.

AGATHOS: Du sprachest nichts, mein Oinos, dafür Verzeihung erbeten sein müßte. Nicht einmal hier ist Erkenntnis ein Ding der Intuition. Um Weisheit frage die Engel frei, auf daß sie dir geschenkt werden.

OINOS: Doch in diesem Dasein, träumt' ich, würde ich auf einmal aller Dinge wissend sein und würde glückselig sein in eins durch dieses Wissen um alles.

AGATHOS: Ah, nicht in der Erkenntnis liegt das Glück, sondern im Erwerb der Erkenntnis! Im ewigen Erkennen finden wir ewigen Segen; doch aber alles zu wissen, wäre ein teuflischer Fluch.

OINOS: Weiß aber nicht der Allerhöchste alles?

AGATHOS: Das muß (da er ja auch der Allerglücklichste ist) das Eine sein, um das selbst ER nicht weiß.

OINOS: Doch da wir ja stündlich an Erkenntnis gewinnen, müssen am Ende nicht alle Dinge erkannt sein?

AGATHOS: Sieh nieder in die abgrundtiefen Fernen! – versuche deinem Blick eine Gasse zu bahnen, hinab in die Unermeßlichkeit der Sternenbilder, durch deren Weiten wir also dahinfliegen, hier – und da – und dort! Selbst das geistige Schauen, wird ihm nicht allerorten Einhalt getan von den ununterbrochenen goldenen Mauern des Universums? – den Mauern aus Myriaden von strahlenden Körpern, welche die bloße Anzahl für den Blick hat zur Einheit verschmelzen lassen?

OINOS: Klar jetzt erkenn' ich's: die Unendlichkeit der Materie ist kein Traum.

AGATHOS: Es gibt keine Träume in Eden – doch geht ein Flüstern hier, es liege dieser Materienunendlichkeit einziger Zweck darin, der Seele unerschöpfliche Quellen zu schaffen, daran sie ihren *Wissensdurst* stillen mag, welcher auf ewig unstillbar in ihr ist – denn ihn löschen hieße, der Seele Selbst auslöschen. Frage mich denn, mein Oinos, frei und ohne Furcht. Komm! wir wollen die laute Harmonie der Plejaden zur Linken lassen und herniederfahren vom hohen Throne zu den Sternenwiesen jenseits des Orion, wo statt Veilchen, Stiefmütterchen und Herzenstrost, die Beete der dreifachen und dreifarbenen Sonnen liegen.

OINOS: Und nun, Agathos, da wir dahinfliegen, unterweise mich! sprich mir in den vertrauten Tönen der Erde! Ich habe nicht verstanden, was du mir, grad eben, von Art und System dessen andeutetest, was wir, als wir noch sterblich, Schöpfung zu nennen gewohnt waren. Willst du denn etwa sagen, der Schöpfer sei nicht Gott?

AGATHOS: Ich wollte sagen, daß die Gottheit nicht erschaffe.

OINOS: Erkläre!

AGATHOS: Einzig im Anfang erschuf sie. Die scheinbaren Geschöpfe, welche jetzt fortwährend und unablässig, hin durch das ganze Universum, ins Da-Sein treten, können nur als mittelbares oder indirektes, nicht aber als direktes oder unmittelbares Ergebnis der Göttlichen Schöpferkraft angesehen werden.

OINOS: Unter den Menschen, mein Agathos, würde man diesen Gedanken für häretisch im Extrem halten.

AGATHOS: Unter den Engeln, mein Oinos, sieht man: er ist einfach wahr.

OINOS: So weit noch kann ich dich begreifen – daß gewisse Operationen dessen, was wir Natur nennen, oder Die Naturgesetze, unter gewissen Bedingungen das entstehen lassen, was in jeder Weise als Schöpfung *erscheint*. Kurz vor dem endlichen Untergange der Erde gab es, wie ich mich recht wohl entsinne, viele sehr erfolgreiche Experimente auf einem Gebiet, welches manche Philosophen schwach genug waren, als die Erschaffung von *animalculae* zu bezeichnen.

AGATHOS: Die Fälle, von denen du redest, waren in der Tat Beispiele der sekundären Schöpfung – und gehörten der *einzigen* Schöpfungsart an, welche es stets gegeben hat, seit das erste Wort das erste Gesetz ins Dasein rief.

OINOS: Sind nicht die Sternenwelten, die aus dem Schlunde des Nichts allstündlich hinausbersten in die Himmel – sind diese Sterne, Agathos, nicht unmittelbar das Werk der Hände des Herrschers?

AGATHOS: Ich will mich mühn, mein Oinos, dich Schritt um Schritt zu der Vorstellung zu führen, die ich im Sinne habe. Dir ist recht wohl bekannt, daß gleichso wie kein Gedanke vergehen kann, auch keine Tat ohne unendlich fortwirkende Folge ist. Wir bewegten zum Beispiel die Hände, als wir noch auf Erden wohnten, und durch solches Tun versetzten wir die Atmosphäre, die sie umgürtete, in Schwingung. Diese Schwingung wirkte grenzenlos weit fort, bis sie ihren Impuls einem jeden Teilchen der Erdenluft mitgeteilt hatte, welche hinfort *und auf ewig* von der einen Bewegung der Hand beeinflußt war. Diese Tatsache war den Mathematikern unseres Globus durchaus bekannt. Tatsächlich machten sie die besondern Wirkungen, die durch besondere Impulse in dem Fluidum entstanden waren, zum Gegenstand exakter Berechnung – so daß es leicht ward zu bestimmen, in präzis welcher Zeit ein Impuls von gegebener Stärke den Erdball umgreifen und ein jedes Atom der Atmosphärenhülle (auf immer) beeinflussen würde. Umgekehrt bereitete es ihnen keine Schwierigkeit, von einer gegebenen Wirkung aus, und unter gegebenen Bedingungen, den Stärkegrad des ursprünglichen Impulses zu bestimmen. Nun sahen die Mathematiker, daß die Folgen eines jeden gegebenen Impulses absolut endlos waren – sie sahen, daß einem Teil von diesen Folgen mit Hilfe der algebraischen Analysis akkurat auf die Spur zu kommen war – sie sahen auch die Leichtigkeit des umgekehrten Verfahrens – und so sahen sie zu gleicher Zeit, daß diese Art von Analysis in sich selber die Möglichkeit zu unbegrenztem Fortgange trug – daß sich für ihre Fortführung und Anwendbarkeit keinerlei Grenzen denken ließen, es seien denn die, welche im Intellekte dessen lagen, der sie fortführte oder anwendete. Doch an diesem Punkte verharrten unsere Mathematiker.

OINOS: Und warum, Agathos, hätten sie weitergehen sollen?

AGATHOS: Weil es jenseits noch einige Betrachtungen von tiefem Interesse gab. Von dem, was sie wußten, ließ sich deduzieren, daß es für ein Wesen von unbegrenztem Verstande – also eines, vor dem die algebraische Analysis *in ganzer Vollkommenheit* ausgebreitet lag – keine Schwierigkeit geben konnte, jedem Impuls, welcher der Luft erteilt ward – und durch die Luft dem Äther –, bis hin zu seinen fernsten Konsequenzen zu jedem sei's unendlich weit entlegnen Zeitpunkte zu verfolgen. Tatsächlich läßt sich nachweisen, daß jeder derartige Impuls, *der Luft mitgeteilt, am Ende* ein jegliches Ding, welches *innerhalb des Universums* existiert, beeinflussen muß; – und das Wesen von unbegrenztem Verstande – das Wesen, das wir uns vorgestellt haben – könnte die fernen Schwingungswellen des Impulses verfolgen – könnte ihnen aufwärts und vorwärts folgen bei ihrem Einfluß auf alle Teilchen der gesamten Materie aufwärts und vorwärts und ewig weiter bei ihrer Modifikation der alten Formen – oder in anderen Worten, *bei ihrer Erschaffung von Neuem* – bis es, das Wesen, sie – *zuletzt nun einflußlos* zurück vom Throne der Gottheit reflektiert fände. Und nicht nur könnte solch ein Wesen dies tun, sondern zu jeder Zeit, wo man ihm ein gegebenes Resultat vorlegte – wo zum Beispiel einer dieser zahllosen Kometen sich ihm zur Prüfung stellte –, würde es ihm ein Leichtes sein, mit Hilfe der rückläufigen Analyse zu bestimmen, durch welchen ursprünglichen Impuls dies Ergebnis zustande kam. Diese analytische Kraft in ihrer absoluten Vollkommenheit und Fülle – diese Fähigkeit, zu *allen* Zeiten *alle* Wirkungen auf *alle* Ursachen zurückzuführen – ist natürlich das Vorrecht der Gottheit allein – doch in jeder Gradstufung, ausgenommen nur die absolute Vollkommenheit, wird die Kraft selbst vom ganzen großen Heere der Engelischen Intelligenzen ausgeübt.

OINOS: Doch du sprichst lediglich von Impulsen, welche auf die Luft einwirken.

AGATHOS: Wenn ich von der Luft sprach, so bezog ich mich einzig auf die Erde: – doch die allgemeine Behauptung meint Einwirkungen auf den Äther – welcher, da er, und er allein, den gesamten Raum durchdringt, mithin das große *Medium der Schöpfung* darstellt.

OINOS: Dann erschafft also alle Bewegung, von welcher Natur sie auch sei?

AGATHOS: Sie muß es: doch eine wahre Philosophie hat lange schon gelehrt, die Quelle aller Bewegung sei der Gedanke – und die Quelle aller Gedanken sei —

OINOS: – – Gott.

AGATHOS: Ich habe, Oinos, zu dir als zu einem Kinde der schönen Erde gesprochen, welche jüngst zugrunde ging, und ich sprach von Einwirkungen auf die Atmosphäre der Erde.

OINOS: Das tatest du, ja.

AGATHOS: Und derweil ich so sprach, kreuzte da nicht ein Gedanke dein Hirn – der Gedanke an die *physikalische Macht* der Worte? Ist denn nicht jedes Wort für die Luft ein Impuls?

OINOS: Doch warum, Agathos, weinst du? – und warum – oh, warum sinken dir die Schwingen, da wir über diesen schönen Stern hinschweben – der da der grünste ist und doch der schrecklichste von allen, denen wir auf unserem Fluge begegneten? Seine leuchtenden Blumen wirken auf mich wie ein zaubrischer Traum – doch seine wilden Vulkane wie die Leidenschaften eines aufgewühlten Herzens.

AGATHOS: Sie *sind's!* – sie *sind es!* Dieser wilde Stern – es ist nun drei Jahrhunderte her, seit ich ihn – mit gefalteten Händen und strömenden Augen zu den Füßen meiner Geliebten – durch ein paar wenige brennende Worte ins Leben rief. Seine leuchtenden Blumen sind die teuersten aller unerfüllten Träume, und seine rasenden Vulkane sind die Leidenschaften eines aufgewühlten und heillosen Herzens!

Mesmerische Offenbarung

Welche Zweifel auch immer die rationale *Erklärung* des Mesmerismus umgeben mögen, seine verblüffenden *Fakten* sind heute fast weltweit anerkannt. Die an diesen letzteren noch zweifeln, sind bloß wieder die ewigen berufsmäßigen Zweifler – eine nichtsnutzige und wenig reputierliche Sippschaft. Man kann sich wirklich keine größere Zeitvergeudung vorstellen, als zu *beweisen,* heutigentags zu beweisen, daß der Mensch durch bloße Willensausübung imstande ist, seinen Mitmenschen in einen abnormen Zustand zu versetzen, dessen Erscheinungsbild überaus ähnlich dem des *Todes* sieht – oder zumindest doch erheblich ähnlicher als dem irgend eines anderen normalen Zustandes innerhalb unseres Erfahrungsbereichs; daß die solcherart beeinflußte Person während dieses Zustands die äußeren Sinnesorgane nur unter Anstrengung, und dann auch nur schwächlich, benutzt, doch mit unendlich feinerem Wahrnehmungsvermögen, und durch als unbekannt geltende Kanäle Dinge erspürt, die außerhalb der Kontrolle der Körperorgane liegen; daß überdies seine intellektuellen Fähigkeiten ganz wundersam gestärkt werden; daß ihn ein inniges Band der Sympathie mit der Person verbindet, die ihn derart beeinflußt; und schließlich, daß seine Empfänglichkeit für diesen Einfluß wächst, je häufiger er auf ihn ausgeübt wird, derweil, im nämlichen Verhältnis, das dadurch hervorgerufene Befinden entschiedener und prägnanter wird.

Dies alles – und das heißt in groben Zügen: die Gesetze des Mesmerismus – umständlich zu demonstrieren, wäre, sage ich, ein unnützes Unterfangen; und ganz gewiß werde ich meine Leser heute nicht mit einer so überflüssigen Demonstration behelligen. Was mir gegenwärtig vorschwebt, ist wahrhaftig etwas sehr anderes. Mich treibt es, einer ganzen Welt von Vorurteilen zum Trotz, und ohne jeden Kommentar meinerseits, ein sehr bemerkenswertes Gespräch wiederzugeben, das zwischen einem Hypnotisierten und mir stattfand.

Ich pflegte die in Rede stehende Person (Mr. Vankirk) bereits seit längerem zu mesmerisieren, und die übliche überschärfte Empfänglichkeit und Exaltation des mesmerischen Wahrnehmungsvermögens hatten sich eingestellt. Monatelang schon kämpfte er mit einer verstärkten Lungenschwindsucht, deren immer qualvollere Auswirkungen sich durch meine Manipulationen hatten lindern lassen; und in der Nacht zum Mittwoch, dem fünfzehnten des laufenden Monats, wurde ich an sein Lager gerufen.

Der Kranke litt unter stechenden Schmerzen in der Herzgegend und atmete nur mit großer Schwierigkeit: alle Symptome von Asthma waren gegeben. Bei Krämpfen wie diesen hatte er gewöhnlich von einem Senfpflaster Linderung erfahren, welches er auf die Nervenzentren legte, doch heute nacht war dies vergebens versucht worden.

Als ich sein Zimmer betrat, begrüßte er mich mit einem heiteren Lächeln, und wiewohl er offenbar viel körperliche Pein litt, schien er sich geistig doch bei rechter Frische zu befinden.

»Ich schickte heute nacht nach Ihnen«, sagte er, »nicht so sehr, weil es mich nach Ihrem Beistand bei meinen körperlichen Leiden verlangte, als vielmehr Sie mir Ruhe und Gewißheit bezüglich einiger psychischer Eindrücke geben, welche mir in letzter Zeit viel Staunen und Bestürzung verursachten. Ich muß Ihnen nicht eigens sagen, wie skeptisch ich bislang einem Gegenstand wie der Unsterblichkeit der Seele gegenübergestanden habe. Ich kanns nun nicht bestreiten, daß es tief in mir, gleichsam in eben jener Seele, die ich so lang geleugnet habe, allzeit bereits ein vages Halbgefühl gab, daß sie existiere. Doch dieses Halbgefühl gedieh zu keiner Zeit zur wirklichen Überzeugung. Mit der Vernunft in mir hatte es nichts zu schaffen. Alle Versuche logischer Erforschung endeten denn auch damit, daß ich skeptischer war denn zuvor. Man hatte mir geraten, Cousin zu studieren. Ich tats und nahm mir nicht nur seine eigenen Werke vor, sondern auch die seiner europäischen und amerikanischen Nachbeter. So geriet mir zum Beispiel der *Charles Elwood* von Mr. Brownson in die Hände. Ich las das Buch mit tiefer Aufmerksamkeit. Im Ganzen fand ich's logisch, doch unglücklicherweise bildeten gerade die Teile, welche logisch nicht ganz hieb- und stichfest waren, die Grundargumentation des zweifelnden Helden. Bei seinem Resümee dann schien es mir am Tage, daß der wackere Denker nicht einmal sich selbst erfolgreich überzeugt habe. Sein Ende hatte schlicht und einfach seinen Anfang vergessen, wie beim Commonwealth des Trinculo. Kurz gesagt, ich brauchte wahrlich nicht lange, um zu erkennen, daß der Mensch, soll er intellektuell von seiner eigenen Unsterblichkeit überzeugt werden, diese Überzeugung niemals durch die bloßen Abstraktionen gewinnen wird, welche bei den Moralisten Englands, Frankreichs und Deutschlands so lange in Mode gewesen sind. Abstraktionen mögen ja ganz amüsant sein und auch einen gewissen Studienwert besitzen, aber der Geist kann mit ihnen nicht viel anfangen. Hier auf Erden wenigstens, davon bin ich überzeugt, wird die Philosophie uns allezeit vergebens aufrufen, Wesenseigenschaften, Qualitäten als Dinge anzusehen. Der Wille mag sich darein finden – die Seele – der Intellekt nimmer.

»So wiederhole ich denn, daß ich nur halb fühlte, doch niemals mit dem Intellekt glaubte. Nun ist aber neuerdings eine gewisse Vertiefung des Gefühls eingetreten, und zwar hat es sich dem, was die Vernunft akzeptieren könnte, so weit genähert, daß ich es regelrecht schwierig finde, noch zwischen beiden zu unterscheiden. Ich weiß auch durchaus eine Erklärung dafür, nämlich die: daß diese Wirkung ganz einfach auf den mesmerischen Einfluß zurückzuführen ist. Ich kann, was ich meine, nicht besser erklären als mit der Hypothese, daß die mesmerische Exaltation mich in den Stand setzt, eine Schlußfolgerungsreihe zu erspüren, welche im Bereich meines abnormen Befindens völlig überzeugt, jedoch – gemäß des mesmerischen Erscheinungsbildes – nicht in meinen Normalzustand herüberreicht, es sei denn durch ihre *Wirkungen*. In der Hypnose sind das Denken und der aus ihm gezogene Schluß – die Ursache und ihre Wirkung – gemeinsam gegenwärtig. In meinem natürlichen Zustand, in welchem die Ursache verschwindet, unwahrnehmbar wird, bleibt einzig, und vielleicht auch nur partiell, die Wirkung.

»Diese Erwägungen haben mich nun auf den Gedanken gebracht, es könnte einige gute Resultate erbringen, würde mir, während ich mesmerisiert bin, einmal eine Reihe von Fragen vorgelegt. Sie haben oftmals schon die tiefe Selbsterkenntnis bemerkt, die der Hypnotisierte zeigt – die ausgedehnte Kenntnis, welche er auf allen Gebieten entfaltet, die irgendwie mit dem mesmerischen Befinden selbst in Zusammenhang stehen – vielleicht verhilft uns diese Selbsterkenntnis zu Fingerzeigen, aus denen sich ein Katechismus zusammenstellen läßt.«

Natürlich willigte ich sogleich ein, dieses Experiment vorzunehmen. Ein paar wenige Striche versetzten Mr. Vankirk in den mesmerischen Schlaf. Er atmete alsbald mit größerer Leichtigkeit und schien an keinerlei körperlichen Beschwerden zu leiden. Und nun entstand das folgende Gespräch (wobei V. im Dialog den Patienten und P. mich selbst darstellt):

P: Schlafen Sie?
V: Ja – nein; mein Schlaf könnte fester sein.
P: *(nach ein paar weiteren Strichen)* Schlafen Sie jetzt?
V: Ja.
P: Wie, glauben Sie, wird Ihre gegenwärtige Krankheit enden?
V: *(nach langem Zögern und in einem Ton, als bereite ihm das Sprechen große Anstrengung)* Ich muß sterben.
P: Und ist Ihnen der Gedanke an den Tod sehr schmerzlich?

V: *(überaus rasch)* Nein – nein!
P: Freuen Sie sich gar über die Aussicht?
V: Wenn ich in wachem Zustand wäre, würde mir der Tod willkommen sein, doch jetzt gilt er mir nichts. Das mesmerische Befinden ist dem Tode so nahe, daß es mich befriedigt.
P: Ich wünschte, Sie wollten sich näher erklären, Mr. Vankirk.
V: Das will ich gern, doch erforderte es eine Anstrengung, die, so fühl ich's, im Augenblick über meine Kräfte geht. Sie fragen mich nicht in der rechten Weise.
P: Was denn soll ich Sie fragen?
V: Sie müssen mit dem Anfang beginnen.
P: Mit dem Anfang! – ja, doch wo ist der Anfang?
V: Sie wissen es: der Anfang – das ist Gott. *(Dies ward mit leiser, schwankender Stimme gesprochen und mit allen Anzeichen der tiefsten Ehrfurcht.)*
P: Was denn ist Gott?
V: *(nach langen Minuten des Zögerns)* Ich kanns nicht sagen.
P: Ist Gott nicht Geist?
V: Da ich noch wachend war, wußte ich, was Sie mit dem Wort ›Geist‹ meinten, doch jetzt erscheint's mir einzig als ein Wort – Wörter, wie's etwa ›Wahrheit‹, ›Schönheit‹ sind – ein Eigenschaftswort, meine ich.
P: Und ist denn Gott nicht immateriell?
V: Nein – denn es gibt nichts Immaterielles – das ist bloß ein Wort. Was nicht Materie ist, das existiert nicht – insofern nicht Qualitäten Dinge sind.
P: Ist Gott denn immateriell?
V: Nein.
(Diese Antwort verblüffte mich doch einigermaßen.)
P: Was dann ist er?
V: *(nach einer langen Pause und mit kaum vernehmlicher Stimme)* Ich verstehe – doch ist das schwer zu formulieren. *(eine weitere lange Pause)*. Er ist nicht Geist, denn er existiert. Auch ist er nicht Materie in dem Sinne, *wie Sie's begreifen*. Aber es gibt *Gradationen* von Materie, von denen der Mensch nichts weiß; das Gröbere treibt das Feinere, das Feinere durchdringt das Gröbere. Die Atmosphäre zum Beispiel treibt das elektrische Prinzip, indessen das elektrische Prinzip die Atmosphäre durchdringt. Diese Gradationen der Materie nehmen an Dünn- oder Feinheit zu, bis wir schließlich zu einer *partikellosen* – das heißt, nicht mehr aus Teilchen bestehenden – unteilbaren Materie kommen; und hier ist das Gesetz von Antrieb und Durchdringung modifiziert. Die letzte, nicht mehr in Teilchen auflösbare Materie durchdringt nicht nur alle Dinge, sondern ist auch aller Dinge Antrieb und ist mithin das Alles in sich selbst. Diese Materie ist Gott. Was die Menschen mit dem Wort ›Gedanke‹ zum Ausdruck bringen, ist diese Materie in Bewegung.
P: Die Metaphysiker behaupten, alles Handeln sei zurückführbar auf Bewegung und Denken und das letztere sei ein Ursprung des ersteren.
V: Ja, und nun erkenne ich die Wirrnis dieser Vorstellung. Bewegung ist das Handeln des *Geistes*, nicht des *Denkens*. Was aber die Menschen Geist nennen, das ist (soweit wir es mit unseren Begriffen zu fassen vermögen) die unteilbare Materie, also Gott, im Ruhezustand. Und die Kraft zur Selbstbewegung, zum Eigenantrieb (in der Wirkung äquivalent mit der menschlichen Willenskraft), ist bei der unteilbaren Materie das Ergebnis ihres Eins-Seins und ihrer Allwirksamkeit; *wie*, das weiß ich nicht und werde ich, wie ich jetzt klar sehe, auch niemals wissen. Doch die in Bewegung gebrachte unteilbare Materie – in Bewegung gebracht durch ein Gesetz oder eine Qualität, die in ihr selbst existiert – ist Denken.
P: Können Sie mir keinen präziseren Begriff von dem geben, was Sie unter unteilbarer Materie verstehen?

V: Die Materien, von welchen der Mensch Kenntnis hat, entziehen sich in ihrer Gradation den Sinnen. Wir haben da zum Beispiel ein Metall, ein Stück Holz, einen Wassertropfen, die Atmosphäre, ein Gas, eine Wärmeeinheit, die Elektrizität, den Licht spendenden Äther. Nun bezeichnen wir all diese Dinge als Materie und begreifen alle Materie in einer einzigen allgemeinen Definition; aber trotzdem liegen keine zwei Begriffe im Wesen weiter auseinander als der, den wir von einem Metall bilden, und das Bild, welches wir uns vom Licht fortpflanzenden Äther machen. Wenn wir uns dem letzteren nähern, so empfinden wir fast unwiderstehliche Neigung, ihn als Geist zu klassifizieren oder als Nihilität. Die einzige Betrachtungsweise, welche uns davon zurückhält, ist unsere Auffassung, daß er atomare Struktur habe; und selbst hier sind wir auf unseren Begriff vom Atom als einem Etwas von unendlicher Kleinheit, Dichtigkeit, Greifbar- und Gewichtigkeit angewiesen. Zerstören wir die Idee der atomischen Struktur, so sind wir alsbald nicht mehr in der Lage, den Äther als Einheit zu betrachten, oder zumindest als Materie. In Ermangelung eines besseren Wortes möchten wir ihn vielleicht als Geist terminieren. Gehen wir nun einen Schritt über den Licht fortpflanzenden Äther hinaus – stellen wir uns eine Materie vor, welche um so vieles dünner und feiner als der Äther ist, als dieser Äther dünner und feiner ist denn das Metall, so kommen wir (allen Schuldogmen zum Trotz) sogleich zu einer einheitlichen Masse – einer partikellosen, unteilbaren Materie. Denn wenn wir den Atomen selbst auch unendliche Kleinheit zugestehen mögen, so wäre es doch absurd, ein Gleiches von den Räumen zwischen ihnen zu denken. Es gibt einen Punkt – es gibt einen Grad von Dünnheit und Feinheit, bei dem die Interspatien, wofern die Atome in hinreichender Anzahl vorhanden sind, verschwinden müssen und die Masse absolut verschmelzen muß. Doch wenn wir nun die falsche Vorstellung von der atomischen Struktur beiseite geräumt haben, so gleitet die Natur der Masse unweigerlich in Richtung dessen, was wir als Geist begreifen. Es ist jedoch klar, daß sie in gerade ebenso vollem Umfang Materie bleibt als zuvor. In Wahrheit läßt sich Geist unmöglich begreifen, da es unmöglich ist, sich ein Etwas vorzustellen, was nicht ist. Wenn wir uns schmeicheln, uns eine Vorstellung von seinem Wesen gebildet zu haben, so haben wir unseren Verstand lediglich mit dem Begriff der unendlich verdünnten und verfeinerten Materie getäuscht.

P: Nun scheint mir aber dem Gedanken eines absoluten Verschmelzens ein unüberwindbares Hindernis im Wege zu sein – und dies besteht in dem sehr geringen Widerstand, welchen die Himmelskörper auf ihren Umläufen durch den Raum erfahren, einem Widerstand, der zwar, wie jetzt erwiesen ist, in *einigem Grade* besteht, doch gleichwohl so geringfügig ist, daß ihn selbst der Scharfsinn eines Newton ganz und gar übersah. Wir wissen, daß der Widerstand von Körpern in der Hauptsache im Verhältnis zu ihrer Dichte steht. Absolutes Verschmelzen ist absolute Dichtigkeit. Wo keine Interpatien mehr sind, kann auch kein Nachgeben mehr sein. Ein Äther von absoluter Dichte würde der Fortbewegung eines Sterns einen unendlich wirksameren Einhalt tun, als es ein Äther von noch so hartem Stein tun könnte.

V: Ihr Einwand ist mit einer Leichtigkeit zu widerlegen, welche geradezu im direkten Verhältnis zu seiner scheinbaren Unwiderlegbarkeit steht. – Was die Fortbewegung des Sternes betrifft, so kann es gar keinen Unterschied machen, ob der Stern den Äther passiert *oder der Äther den Stern*. Es gibt kaum einen weniger erklärlichen astronomischen Irrtum denn jenen, welcher die bekannte Verzögerung der Kometen mit der Vorstellung in Einklang bringt, daß sie einen Äther passieren: Denn wie dünn man diesen Äther auch immer annähme, er würde jedenfalls allen siderischen Umläufen in weitaus kürzerer Zeit Einhalt tun, als jene Astronomen sie gelten lassen, welche sich redliche Mühe gegeben haben, über einen sie unbegreiflich dünkenden Punkt hinwegzugehen. Die tatsächlich ermittelte Verzögerung entspricht andererseits etwa einem Wert, wie man ihn von der *Reibung* des Äthers im Augenblick des Durchgangs durch den Himmelskörper erwarten dürfte. Im einen Falle wirkt die Verzögerungskraft nur momentlang und dann in voller Intensität – im anderen wächst sie endlos immer weiter an.

P: Liegt nicht in all diesem – in dieser Identifikation der bloßen Materie mit Gott – ein großer Disrespekt?
(Ich mußte diese Frage wiederholen, ehe der Hypnotisierte voll verstanden hatte, was ich meinte.)

V: Vermögen Sie mir zu sagen, warum der Materie weniger Achtung zukommen sollte denn dem Geiste? Aber Sie vergessen ganz, daß die Materie, von welcher ich rede, in jeder Hinsicht doch genau dem ›Geist‹ der Schulen entspricht (in welchem Sinne Sie das Wort auch nehmen), jedenfalls was ihre/seine hohe Kapazität angeht, *und* überdem zugleich der ›Materie‹ ebendieser Schulen. Gott ist, mit all den Kräften, welche dem Geiste zugeschrieben werden, nichts als der höchste, vollkommenste Grad der Materie.

P: Sie haben dann behauptet, die unteilbare Materie im Bewegungszustand sei der Gedanke?

V: Im allgemeinen ist diese Bewegung der universale Gedanke des universalen Geistes. Dieser Gedanke erschafft. Alle erschaffenen Dinge sind nichts denn die Gedanken Gottes.

P: Sie sagen ›im allgemeinen‹.

V: Ja. Der universale Geist ist Gott. Für neue Individuen ist *Materie* notwendig.

P: Doch sie sprechen von ›Geist‹ und ›Materie‹ ganz so, als die Metaphysiker es tun.

V: Ja – um etwaiger Verwirrung vorzubeugen. Wenn ich ›Geist‹ sage, so meine ich die letzte, die unteilbare Materie; unter ›Materie‹ aber begreife ich die gesamte übrige.

P: Sie sagten eben, daß ›für neue Individuen Materie notwendig‹ sei.

V: Ja; denn Geist, unverkörpert existierend, ist bloß Gott. Um individuelle, denkende Wesen zu erschaffen, war es notwendig, Teile des göttlichen Geistes Fleisch werden zu lassen. So wird der Mensch individualisiert. Entkleidet der körperlichen Investitur wäre er Gott. Die Einzelbewegung der Fleisch gewordenen Teile der unteilbaren Materie nun ist der Gedanke des Menschen; wie die Bewegung des Ganzen der Gedanke Gottes ist.

P: Sie sagen, seines Leibes entkleidet werde der Mensch Gott sein?

V: *(nach langem Zögern)* Das kann ich nicht gesagt haben; das ist eine Absurdität.

P: *(nimmt Einblick in seine Notizen)* Sie sagten wörtlich: ›Entkleidet der körperlichen Investitur wäre der Mensch Gott.‹

V: Und dies ist wahr. Der Mensch, solcherart entkleidet, *würde* Gott sein – würde entindividualisiert sein. Doch das kann er niemals sein – das *wird* er zum mindesten niemals sein –, denn sonst müßten wir uns ein Handeln Gottes vorstellen, welches sich selbst wieder aufhebt – ein zweckloses und unnützes Handeln. Der Mensch ist Geschöpf. Geschöpfe aber sind Gedanken Gottes. Es ist die Natur des Gedankens, irrevozierbar zu sein.

P: Das fasse ich nicht. Sie sagen, der Mensch werde nie seinen Leib ablegen?

V: Ich sage, er wird niemals körperlos sein.

P: Erklären Sie.

V: Es gibt zwei Körper – den rudimentären und den vollkommenen; entsprechend den beiden Zustandsformen von Raupe und Schmetterling. Was wir ›Tod‹ nennen, ist nur die schmerzvolle Metamorphose. Unsere gegenwärtige Inkarnation bildet nur ein Anfangsstadium, ein Vorbereitendes, Einstweiliges. Erst die Zukunft bringt uns die Vollendung, das Letzte, die Unsterblichkeit. Erst das letzte Leben erfüllt unsere Bestimmung.

P: Doch die Metamorphose der Raupe liegt uns greifbar vor Augen.

V: Uns – ja, gewiß – doch nicht der Raupe selbst. Die Materie, aus welcher ihr rudimentärer Leib besteht, liegt innerhalb des Erkenntnisbereichs der Organe dieses Leibes; beziehungsweise, ein wenig deutlicher, unsere rudimentären Organe sind genau auf die Materie eingerichtet, aus welcher der rudimentäre Leib gebildet ist; nicht aber auf die, welche den letzten, den ewigen bilden wird. Der ewige Leib entzieht sich unseren rudimentären Sinnen, und wir erkennen einzig die äußere Hülle, die im Verscheiden von der inneren Gestalt abfällt; nicht aber diese innere Gestalt selbst; – sie wird erst, ebenso wie die Hülle, jenen merklich, welche das letzte, das ewige Leben erlangten.

P: Sie haben oftmals gesagt, das mesmerische Befinden sei dem Tode sehr ähnlich. Wie soll ich dies verstehen?

V: Wenn ich sage, es ist dem Tode sehr ähnlich, so meine ich damit, daß es dem ewigen Leben nahe ist; denn wenn ich in Trance versetzt bin, befinden sich die Sinne meines rudimentären Lebens im Zustand der Untätigkeit, und ich erschaue die außer mir liegenden Dinge unmittelbar, ohne die Hilfe von Organen, durch ein Medium, welches mir im letzten, ewigen, un-organischen Leben eigen und dienstbar sein wird.

P: Sagten Sie ›un-organisch‹?

V: Ja; die Organe sind Einrichtungen, welche das Individuum für ganz bestimmte Klassen und Formen der Materie empfänglich machen – unter Ausschluß anderer Klassen und Formen. Die Organe des Menschen entsprechen nach Anlage und Möglichkeiten ganz seinem rudimentären Zustand – und nur ihm; erst das letzte, das ewige Leben ist unorganisch, ist ohne alle Organe und bringt das letzte, unbegrenzte Erkennen – bis auf einen Punkt: die Willenskraft Gottes –, das heißt, die Bewegung der unteilbaren Materie. Sie werden einen deutlichen Begriff vom unteilbaren Leibe gewinnen, wenn Sie sich vorstellen, er sei zur Gänze Hirn. Das ist er zwar *nicht;* doch eine Vorstellung dieser Art wird Sie näher an das Begreifen dessen heranführen, was er wirklich ist. Ein leuchtender Körper teilt dem Licht fortpflanzender Äther Schwingung mit. Die Schwingungen erzeugen ähnliche auf der Retina; diese ähnlichen wiederum geben abermals ähnliche an den Sehnerv weiter. Der Nerv vermittelt ähnliche dem Gehirn; das Gehirn insgleichen ähnliche der unteilbaren Materie, welche es durchdringt. Die Bewegung dieser letzteren ist Gedanke; dessen erste Wellenbewegung bildet die Wahrnehmung. Auf diese Weise steht der Geist des rudimentären Lebens mit der Außenwelt in Verbindung; und diese Außenwelt ist, für das rudimentäre Leben, begrenzt – durch die Idiosynkrasie seiner Organe. Doch im letzten, ewigen, un-organischen Leben erreicht die Außenwelt den gesamten Körper (welcher, wie ich schon sagte, aus einer dem Hirn verwandten Substanz besteht), und nichts tritt dazwischen denn ein Äther, unendlich dünner und feiner noch als selbst der Licht fortpflanzende; und im Einklang mit diesem Äther schwingt der ganze Leib und setzt die unteilbare Materie in Bewegung, die ihn durchdringt. Das Fehlen jeglicher idiosynkratischen Organe ist es daher, welchem wir die nahezu unbegrenzte Wahrnehmungsfähigkeit des ewigen Lebens zuschreiben müssen. Für die rudimentären Wesen sind die Organe der Käfig, welcher sie notwendig umfängt, bis sie flügge geworden sind.

P: Sie sprechen von rudimentären ›Wesen‹. Gibt es denn andere rudimentäre denkende Existenzen außer dem Menschen?

V: Die unermeßliche Ballung von dünner und feiner Materie zu Nebeln, Planeten, Sonnen und zu anderen Körpern, welche weder Nebel, noch Sonnen, noch Planeten sind, besteht zu dem einzigen Zweck, einer unendlichen Zahl von rudimentären Wesen für die Idiosynkrasie ihrer Organe *Nahrung* zu schaffen. Wäre nicht die Notwendigkeit des rudimentären, dem ewigen Leben vorangehenden Lebens, so würde es solche Körper gar nicht geben. Einen jeden von ihnen bewohnt eine ganz bestimmte Varietät von organischen, rudimentären denkenden Wesen. Bei allen variieren die Organe je nach den Charakteristika der bewohnten Stätte. Beim Tode, also bei der Metamorphose, erfreuen sich diese Geschöpfe des ewigen, letzten Lebens – der Unsterblichkeit – und der Erkenntnis aller Dinge *außer dem einen* – und handeln und bewegen sich allüberall durch bloßen Willensakt: – sie bewohnen – ja, nicht die Sterne, welche uns als die einzigen

Greifbarkeiten erscheinen, um deren Akkomodation willen, so bilden wir uns in unserer Blindheit ein, der Raum eigens geschaffen sei – sondern den *Raum selbst* – jene Unendlichkeit, von deren wahrlich wesenhafter Weite der Schein der Sterne verschlungen wird und verschluckt – also daß sie vergehen vor dem Angesichte der Engel und sind ein Nichts.

P: Sie sagen, ›wäre nicht die *Notwendigkeit* des rudimentären Lebens‹, so würde es gar keine Sterne geben. Doch warum diese Notwendigkeit?

V: Im anorganischen Leben, ebenso als in der anorganischen Materie allgemein, gibt es nichts, was das Wirken des einen schlichten, einzigen, einmaligen Gesetzes behindern könnte – das der Göttlichen Willenskraft. Um aber eine solche Behinderung zu schaffen, wurde das organische Leben und die organische Materie (die komplexe, substantiell dichte, von Gesetzen beschränkte) konzipiert.

P: Doch noch einmal – warum denn mußte diese Behinderung überhaupt erst geschaffen werden?

V: Das Ergebnis eines unverletzt wirkenden Gesetzes ist Vollkommenheit – Recht – negative Glückseligkeit. Wird das Gesetz verletzt, so resultiert daraus Unvollkommenheit, Unrecht, positives Leid. Durch die Behinderungen, welche aus der Vielfältigkeit, Komplexität und Substantialiät der Gesetzmäßigkeiten des organischen Lebens und der organischen Materie erwachsen, wird die Verletzung des Gesetzes bis zu einem gewissen Ausmaße erst praktikabel gemacht. So ist das Leid, das im anorganischen Leben unmöglich ist, möglich im organischen.

P: Aber warum muß das Leid möglich sein? Welchem guten Sinn und Endzweck soll es dienen?

V: Alle Dinge sind entweder gut oder böse erst durch Vergleich. Eine hinreichende Analyse würde erweisen, daß Lust in allen Fällen nur der Gegensatz von Leid ist. Positive, absolute Lust ist eine bloße Idee. Um an irgendeinem Punkte glücklich zu sein, müssen wir zuvor einmal an nämlichem gelitten haben. Niemals gelitten zu haben hieße auch, niemals selig gewesen zu sein. Es ward gezeigt, daß es im anorganischen Leben Leid nicht geben kann; daher denn die Notwendigkeit des organischen. Das Leid dieses Lebens auf Erden ist die einzige Basis, auf welcher die Seligkeit jenes Lebens im Himmel gründet.

P: Da ist nun noch einer Ihrer Ausdrücke, den ich unmöglich zu begreifen vermag – ich meine ›die wahrlich *wesenhafte* Weite der Unendlichkeit‹.

V: Daß Sie's nicht fassen, kommt vermutlich daher, daß Sie keine hinreichend generische Vorstellung von den Begriffen ›Wesen‹, ›Substanz‹, ›Wirklichkeit‹ usw. besitzen. Dies ›Wesen‹ dürfen wir nicht als eine Qualität betrachten, sondern müssen es als Empfindung sehen: – es ist, bei denkenden Existenzen, die Wahrnehmung der Adaptation von der Materie an ihre, der Existenzen, Organisation. Es gibt auf der Erde viele Dinge, welche die Bewohner der Venus eine Nichtigkeit bedrücken würden – und viele Dinge auf der Venus, dort sichtbar und handgreiflich, die überhaupt als existent anzuerkennen man uns wohl schwerlich zu bewegen vermöchte. Doch für die anorganischen Wesen – für die Engel – ist die gesamte unteilbare Materie Substanz und Wirklichkeit; das heißt, das Ganze dessen, was wir ›Raum‹ nennen, besitzt für sie unzweifelhafte Substantialität; die Sterne derweil entgehen gerade aufgrund dessen, was wir als ihre Materialität ansehen, der engelischen Sinneswahrnehmung – ganz wie die unteilbare Materie eben durch das, was wir als Immaterialität betrachten, sich der organischen entzieht.

Als der Hypnotisierte diese letzteren Worte mit schwacher Stimme vorbrachte, gewahrte ich in seinen Zügen einen eigenartigen Ausdruck, welcher mich einigermaßen beunruhigte und mir Anlaß gab, ihn alsbald aufzuwecken. Doch kaum hatte ich dies getan, da sank er mit einem licht heiteren Lächeln, welches sein ganzes Antlitz überstrahlte, in die Kissen zurück und verschied. Ich bemerkte, daß in weniger als einer Minute hernach sein Leichnam starr wie Stein geworden war. Seine Stirn hatte die Kälte des Eises. So hätte sie sich normalerweise erst anfühlen dürfen, nachdem bereits längere Zeit Asraels drückende Hand darauf gelegen. Sollte ich's glauben, daß des Mesmerisierten Stimme während des ganzen letzteren Teiles seines Vortrags schon aus dem Reich der Schatten zu mir hergedrungen sei? Wer will das sagen …

Die längliche Kiste

Vor einigen Jahren nahm ich einmal auf dem schönen Postschiff »Independence«, Kapitän Hardy, Passage von Charleston, Süd-Carolina, mit nach der Stadt New York. Wir sollten am Fünfzehnten des Monats (Juni) unter Segel gehen, wenn das Wetter es zuließ; und am vierzehnten begab ich mich an Bord, um in meiner Kajüte noch einige Angelegenheiten zu ordnen.

Ich fand, daß wir ziemlich viele Passagiere haben würden, darunter eine ungewöhnliche Anzahl Damen. Auf der Liste standen diverse Bekannte von mir; und unter anderen Namen las ich mit Freude den von Mr. Cornelius Wyatt, einem jungen Künstler, für den ich ein Gefühl warmer Freundschaft hegte. Er hatte mit mir zusammen an der C—— Universität studiert, wo wir sehr viel miteinander verkehrten. Er besaß das gewöhnliche Temperament genialer Menschen und war ein Gemisch aus Menschenhaß, Empfindsamkeit und Enthusiasmus. Mit diesen Eigenschaften vereinigte er das wärmste und treueste Herz, das je in einer Menschenbrust geschlagen.

Ich bemerkte, daß sein Name auf den Schildern *dreier* Kajüten stand; und als ich erneut in der Passagierliste nachsah, fand ich heraus, daß er für sich selbst, seine Gattin und zwei Schwestern – seine eigenen – Passage genommen hatte. Nun boten die Kajüten durchaus genügend Raum, und jede besaß zwei Kojen, eine über der andern. Diese Kojen waren natürlich so überaus schmal, daß sie für mehr als eine Person nicht ausreichten; gleichwohl wollte es mir nicht in den Kopf, warum vier Personen *drei* Kajüten brauchten. Ich befand mich damals just in einer jener verdrießlichen Geistesverfassungen, die einen Menschen neugierig nach allen möglichen Kleinigkeiten machen: Und mit Beschämung gestehe ich, daß ich mich im Hinblick auf die überzählige Kajüte in mancherlei ungezogenen und abgeschmackten Vermutungen erging. Die Sache ging mich ja gar nichts an; doch mit darum nicht geringerer Hartnäckigkeit beschäftigte ich mich damit, nach einer Lösung des Rätsels zu suchen. Endlich gelangte ich zu einem Schlusse, bei welchem es mich nur verwunderte, daß ich nicht früher darauf verfallen war. ›Natürlich! – Ein Dienstmädchen ist dabei‹, sagte ich; ›was für ein Narr ich doch bin, daß ich nicht eher an eine so einleuchtende Lösung gedacht habe!‹ Und dann konsultierte ich noch einmal die Liste – um daraus klar zu ersehen, daß *keine* Bedienung mit den Herrschaften kommen würde: obschon in der Tat ursprünglich die Absicht bestanden hatte, eine mitzubringen – die Worte ›und Dienstmädchen‹ waren zuerst hingeschrieben und dann durchgestrichen worden. ›Oh, sicherlich handelt es sich um Extra-Gepäck‹, sagte ich mir nun – ›um irgend etwas, das er nicht im Lagerraum wissen möchte – etwas, das er unter eigener Aufsicht behalten will – ah, ich hab' es – ein Gemälde oder dergleichen – und das war's denn auch, worüber er mit Nicolino, dem italienischen Juden, gehandelt hat.‹ Dieser Gedanke stellte mich zufrieden, und für den Augenblick gab ich meiner Neugier den Laufpaß.

Die beiden Schwestern Wyatts kannte ich sehr gut. Sie waren höchst liebenswerte und tüchtige Mädchen. Geheiratet aber hatte er erst vor kurzem, weshalb ich seine Gattin noch nie zu Gesicht bekommen hatte. Er hatte allerdings oft in meiner Gegenwart von ihr gesprochen, und zwar in den höchsten Tönen jener Begeisterung, die man von ihm gewohnt war. Nach seiner Beschreibung war sie außergewöhnlich schön, geistreich und gebildet. So gelüstete es mich nicht wenig, ihre Bekanntschaft zu machen.

An dem Tage, da ich mich auf das Schiff begab, dem Vierzehnten, sollten auch Wyatt und seine Begleitung eintreffen – so ließ mich der Kapitän wissen. Und in der Hoffnung, der jungen Frau vorgestellt zu werden, wartete ich eine Stunde länger an Bord, als ich zunächst beabsichtigt hatte. Doch da kam eine Entschuldigung. ›Mrs. W. war ein wenig unpäßlich und sieht sich leider nicht in der Lage, vor morgen, zur Stunde der Abreise, an Bord zu gehen.‹

Als der Morgen gekommen war, machte ich mich von meinem Hotel zum Pier auf den Weg. Unterwegs traf ich Kapitän Hardy, der mir mitteilte, ›umständehalber‹ (eine stupide, doch bequeme Redensart) ›müsse sich die Abfahrt der »Independence« noch um ein oder zwei Tage verzögern. Er werde aber, wenn alles soweit sei, herschicken und es mich wissen lassen.‹ Dies kam mir sonderbar vor, denn es wehte eine frische südliche Brise. Doch da die ›Umstände‹ partout nicht zum Vorschein kommen wollten, so hartnäckig ich ihn auch danach fragte, blieb mir nichts weiter übrig, als wieder umzukehren und meine Ungeduld mit Muße zu verwinden.

Ich empfing die erwartete Botschaft vom Kapitän erst nach fast einer ganzen Woche. Schließlich aber traf sie dann doch ein, und ohne weiteren Verzug begab ich mich an Bord. Das Schiff wimmelte von Passagieren, und überall herrschte jenes hastende Durcheinander, das bei der Abreise eines Schiffes nur gewöhnlich ist. Wyatt und seine Begleitung trafen etwa zehn Minuten nach mir ein. Da waren denn die beiden Schwestern, die junge Frau und der Künstler selbst – letzterer hatte gerade wieder einen seiner üblichen Anfälle von Misanthropie. Ich war dergleichen jedoch viel zu wohl gewohnt, als daß ich sonderlich darauf geachtet hätte. Er stellte mich nicht einmal seiner Frau vor; dies oblag nun notgedrungenerweise seiner Schwester Marian – einem sehr lieben und intelligenten Mädchen, das uns in wenigen hastigen Worten miteinander bekannt machte.

Mrs. Wyatt war dicht verschleiert, und als sie, mir für meine Verbeugung zu danken, ihren Schleier lüftete, war ich doch – das muß ich gestehen – etwas erschüttert. Größer noch wäre jedoch mein Erstaunen gewesen, hätte mich nicht die Erfahrung gelehrt, den enthusiastischen Beschreibungen meines Freundes, des Künstlers, nicht allzu blind zu vertrauen, wenn er sich in Kommentaren zur Lieblichkeit des Weibes erging. Sobald das Thema Schönheit zur Sprache kam, entschwebte er – das wußte ich wohl – mit Leichtigkeit in die Regionen des pursten Ideals.

Die Wahrheit ist: Ich konnte nicht umhin, Mrs. Wyatt für eine ausgesprochen unansehnliche Frau zu halten. War sie auch nicht regelrecht häßlich, so fehlte doch daran nicht allzu viel. Sie war jedoch nach erlesenem Geschmack gekleidet – und so zweifelte ich denn nicht, daß sie meines Freundes Herz durch die dauerhafteren Liebreize von Intellekt und Seele gefangengenommen habe. Sie sprach nur wenige Worte und ging dann mit Mr. W. in ihre Kajüte.

Nun kehrte meine alte Neugier doch zurück. Ein Dienstmädchen war nicht mitgekommen – daran ließ sich nicht rütteln. So hielt ich denn nach dem Extra-Gepäck Ausschau. Nach einer Weile erschien am Pier ein Karren mit einer länglichen Kiste aus Kiefernholz, die anscheinend das einzige war, auf das man gewartet hatte. Unmittelbar danach gingen wir unter Segel, und in kurzer Zeit waren wir sicher über die Barre weg und lagen nach See hinaus.

Die fragliche Kiste hatte, so sagte ich, längliche Gestalt. Sie maß etwa sechs Fuß in der Länge und zweieinhalb in der Breite. Ich sah sie mir aufmerksam an und bin in solchen Dingen gern genau. Nun war diese Form doch recht sonderbar; und kaum hatte ich sie gesehen, da rechnete ich es mir doch zur Ehre an, so zutrefflich geraten zu haben. Ich war, so wird man sich erinnern, zu dem Schluß gekommen, das Extra-Gepäck meines Freundes, des Künstlers, werde am Ende wohl aus Bildern oder zumindest einem Bild bestehen. Denn ich wußte, er hatte diverse Wochen lang mit Nicolino in Verhandlung gestanden. Und nun war hier eine Kiste, welche ihrer Gestalt nach eigentlich gar nichts anderes in der Welt enthalten konnte als eine Kopie von Leonardos ›Abendmahl‹; und eben eine Kopie dieses ›Abendmahls‹, ausgeführt von Rubini dem Jüngeren zu Florenz, hatte sich, wie mir schon vor geraumer Zeit zu Ohren gekommen, im Besitz Nicolinos befunden. Diesen Punkt erachtete ich mithin für ausreichend entschieden. Ich mußte doch kichern, als ich an meinen

Scharfsinn dachte. Es war meines Wissens das erstemal, daß Wyatt mir eines seiner künstlerischen Geheimnisse vorenthielt. Doch hier hatte er offensichtlich die Absicht, mir ein Schnippchen zu schlagen und ein schönes Bild direkt unter meiner Nase nach New York zu schmuggeln – in der Erwartung, mir sei die ganze Sache unbekannt. Ich beschloß, ihn jetzt und später ausgiebig damit zu foppen.

Eines jedoch bereitete mir nicht geringes Kopfzerbrechen. Die Kiste ging *nicht* in die Extra-Kajüte. Sie wurde in Wyatts eigener deponiert. Und dort blieb sie dann auch und nahm fast den ganzen Boden ein – zweifellos zur beträchtlichen Unbequemlichkeit des Künstlers und seiner Gattin. Dies um so mehr, als der Teer oder die Farbe, mit welcher sie in ausladenden Großbuchstaben beschriftet war, einen scharfen, unangenehmen und für *mein* Empfinden ausgesprochen widerwärtigen Geruch ausströmte. Auf den Deckel waren die Worte gemalt – ›Mrs. Adelaide Curtis, Albany, New York, Fracht von Cornelius Wyatt, Esq. Hier oben! Vorsicht! Nicht stürzen!‹

Nun wußte ich wohl, daß Mrs. Adelaide Curtis in Albany die Schwiegermutter des Künstlers war. Doch dann wieder sah ich die ganze Adresse für eine Mystifikation an, speziell zu meiner Irreführung bestimmt. Natürlich kam ich zur Überzeugung, daß Kiste und Inhalt niemals weiter nach Norden gelangen würden als zum Studio meines misanthropischen Freundes, in der Chambers Street, New York.

Die ersten drei oder vier Tage hatten wir schönes Wetter, obwohl wir scharf mit dem Winde segelten, der in Nordrichtung umgeschlagen war, unmittelbar nachdem wir die Küste aus den Augen verloren hatten. Die Passagiere befanden sich mithin bei bester Stimmung und zeigten gesellige Neigungen. Wyatt und seine Schwestern muß ich dabei jedoch ausnehmen: Sie benahmen sich der übrigen Gesellschaft gegenüber steif und – diesen Eindruck konnte ich nicht abweisen – geradezu unhöflich. Wyatts Verhalten hatte ich dabei gar nicht einmal so sehr im Auge. Er war düsteren Gemüts, womöglich stärker noch als sonst. Er benahm sich sogar ausgesprochen *grämlich*. Doch bei ihm war mir dergleichen Exzentrität nichts Neues. Für die Schwestern jedoch konnte ich keine Entschuldigung finden. Sie schlossen sich während des größeren Teils der Fahrt in ihren Kajüten ein und weigerten sich bestimmt, obwohl ich wiederholt darauf drängte, mit irgendeinem Menschen an Bord zu verkehren.

Mrs. Wyatt zeigte sich dagegen wesentlich liebenswürdiger. Sie war sogar recht *geschwätzig*, und Geschwätzigkeit ist auf See keine kleine Empfehlung. Förmlich im Handumdrehen hatte sie sich mit den meisten Damen angefreundet; und zu meinem gründlichen Erstaunen legte sie eine kaum mißverständliche Neigung an den Tag, mit den Männern zu kokettieren. Sie amüsierte uns alle sehr. Ich sage ›amüsierte‹ – doch weiß eigentlich gar nicht, wie ich das Wort erklären soll. Die Wahrheit ist, ich fand bald heraus, daß man öfter *über* Mrs. Wyatt lachte, als *mit* ihr. Die Herren äußerten sich nur wenig über sie. Die Damen aber machten schon nach kurzer Zeit keinen Hehl mehr aus ihrem Urteil und nannten sie ›ein gutherziges Ding von ziemlich indifferentem Aussehen, völlig ungebildet und ausgesprochen gewöhnlich‹. Die Frage war nun, wie Wyatt eine solche Verbindung hatte eingehen können. Im allgemeinen hielt man Reichtum für die Lösung – doch dieser Grund entfiel völlig, das wußte ich. Wyatt hatte mir erzählt, daß sie keinen Dollar hätte, noch irgendetwas in Aussicht, aus welcher Quelle immer. ›Er habe sie,‹ so sagte er, ›aus Liebe geheiratet, und zwar einzig aus Liebe; und seine junge Frau sei seiner Liebe auch mehr denn wert.‹ Wenn ich an diese Äußerung vonseiten meines Freundes dachte, wurde mir ganz unbeschreiblich zumute. Konnte es möglich sein, daß er langsam den Verstand verlor? Was sollte ich sonst davon halten? Er, der ein so feingebildeter Mensch war, so geistvoll, so wählerisch, der einen so empfindlichen Blick für das Mangel- und Makelhafte besaß und so süchtig nach allem Schönen war! Gewiß, die Dame schien ja *ihm* sehr zugetan zu sein. Dies gerade in seiner Abwesenheit, wo sie sich durch permanentes Zitieren dessen, was ›ihr geliebter Gatte, Mr. Wyatt‹ gesagt hatte, lächerlich machte. Das Wort ›Gatte‹ schien ihr immerdar und ewig – um einen ihrer feinsinnigen Ausdrücke zu verwenden –, immerdar und ewig ›auf der Zungenspitze‹ zu liegen. Doch bemerkten alle an Bord, daß *er* sie in auffälliger Weise mied und sich meistenteils allein in seiner Kajüte einschloß. Ja, man konnte sogar sagen, daß er sich überhaupt nur dort aufhielt, während er seiner Frau volle Freiheit ließ, sich nach Belieben in der Hauptkabine mit der allgemeinen Gesellschaft zu amüsieren. Aus allem, was ich sah und hörte, schloß ich, daß der Künstler durch eine unbegreifliche Schicksalslaune oder vielleicht in einem Anfall enthusiastischer und allzu phantastischer Leidenschaft veranlaßt worden sei, sich mit einer Person zu verbinden, die absolut unter ihm stand. Und daß sich nun das natürliche Ergebnis, alsbaldiger und völliger Ekel, eingestellt habe. Ich bedauerte ihn aus Herzensgrunde. Doch konnte ich ihm deswegen nicht seine Verschlossenheit in Sachen des ›Abendmahls‹ verzeihen. Dafür wollte ich mich bei Gelegenheit noch rächen.

Eines Tages kam er an Deck. Wie ich es von früher gewohnt war, nahm ich seinen Arm und schlenderte mit ihm auf und ab. Die düstere Stimmung jedoch (die mir unter den gegebenen Umständen ganz natürlich vorkam) schien noch nicht im mindesten von ihm gewichen. Er sprach wenig. Und dies wenige kam in mürrischem Ton und mit offenbarer Anstrengung heraus. Ich wagte einen oder zwei kleine Scherze. Er versuchte ein Lächeln, bei dem es einen wahrhaft jammern konnte. Armer Kerl! Wenn ich an seine Frau dachte, kam es mir doch verwunderlich vor, daß er überhaupt noch einen Anschein von Frohsinn auf seine Züge bringen konnte. Schließlich wagte ich einen Gegenstoß. Ich beschloß, eine Reihe von versteckten Anspielungen hinsichtlich der länglichen Kiste loszulassen. So wollte ich ihm nach und nach zu erkennen geben, daß ich keineswegs ganz ahnungslos die Zielscheibe oder das Opfer seiner kleinen lustigen Mystifikation war. Meine erste Bemerkung sollte wie eine verdeckte Batterie das Feuer eröffnen. Ich sagte irgend etwas über die ›sonderbare Gestalt der Kiste‹. Und während ich diese Worte sprach, lächelte ich wissend, zwinkerte ihm zu und stieß ihm mit dem Zeigefinger sanft gegen die Rippen.

Die Art und Weise, in der Wyatt diese harmlose Neckerei aufnahm, überzeugte mich jedoch davon, daß er wahnsinnig sein mußte. Zuerst starrte er mich an, als vermöge er den Witz meiner Bemerkung nicht zu verstehen. Als es ihm langsam dämmerte, schienen ihm die Augen aus den Höhlen treten zu wollen. Anschließend wurde er zunächst rot, dann erbleichte er. Dann brach er, so als amüsiere ihn meine Andeutung aufs höchste, in lautes und lärmendes Gelächter aus. Dies hielt zu meiner Bestürzung wohl zehn Minuten an und wurde immer gewaltiger. Zum Schluß fiel er flach und schwer aufs Deck. Als ich herbeieilte, ihm aufzuhelfen, war er allem Anschein nach *tot*.

Ich rief um Hilfe. Mit Müh und Not brachten wir ihn endlich wieder zu sich. Beim Wiedererwachen redete er einige Zeit lang ganz unzusammenhängend vor sich hin. Schließlich ließen wir ihn zur Ader und schafften ihn ins Bett. Am nächsten Morgen hatte er sich wieder ganz erholt, so weit jedenfalls, als seine körperliche Gesundheit betroffen war. Von seinem Geisteszustand sage ich natürlich nichts. Ich ging ihm während der restlichen Fahrt aus dem Weg. Dies tat ich auf Rat des Kapitäns, der meine Ansichten bezüglich des Wahnsinns meines Freundes zu teilen schien. Er warnte mich jedoch, irgend jemand an Bord gegenüber etwas davon verlauten zu lassen.

Unmittelbar nach diesem Anfall Wyatts ereigneten sich mancherlei Umstände, die dazu beitrugen, die Neugier, von welcher ich bereits besessen, noch zu verstärken. Unter anderem geschah folgendes: Ich war nervös gewesen, hatte zuviel starken grünen Tee getrunken und schlief infolgedessen nachts dann auch schlecht. Man kann sagen, daß ich zwei Nächte lang kaum zum Schlafen kam. Nun ging meine Kajüte auf den Gesellschafts- oder Speiseraum hinaus, wie alle Einzelkabinen an Bord. Wyatts Räume aber lagen weiter achtern und grenzten an eine Kabine, die von der Hauptkabine durch eine leichte Schiebetür getrennt worden war. Diese blieb selbst bei Nacht stets unverschlossen. Da wir fast dauernd vor dem Winde segelten und die Brise nicht eben schwächlich wehte, krängte das Schiff stark nach Lee. Immer wenn die Steuerbordseite nach Lee hing, glitt die Schiebetür zwischen den Kabinen auf und blieb offen, da niemand sich die Mühe machte, aufzustehen und sie zu schließen. Doch meine Koje lag so, daß ich, wenn meine eigene Kajütentür ebenso offen stand (und meine Tür war wegen der Hitze stets geöffnet), ganz deutlich in die hintere Kabine blicken konnte. Und zwar genau in jene Ecke, in der die Kajüten von Mr. Wyatt lagen. Während der beiden (*nicht* aufeinanderfolgenden) Nächte, in denen ich wach lag, sah ich ganz klar, wie Mrs. W. sich gegen elf Uhr jede Nacht aus der Kajüte stahl und den Extra-Raum betrat, wo sie bis Tagesanbruch blieb. Dann wurde sie von ihrem Gatten gerufen und kehrte zurück. Daß sie praktisch schon getrennt lebten, lag also auf der Hand. Sie hatten getrennte Zimmer – zweifellos im Gedanken an eine Scheidung auf Dauer. Hiermit war dann ja auch das Geheimnis der zusätzlichen Kabine geklärt. So dachte ich.

Aber noch ein anderer Umstand beschäftigte mich stark. Während der beiden durchwachten Nächte und unmittelbar nachdem Mrs. Wyatt in der Kabine verschwunden war, wurde ich gewisser merkwürdiger behutsamer Geräusche in der ihres Gatten gewahr. Nachdem ich eine Zeitlang aufmerksam gelauscht hatte, gelang es mir schließlich vollkommen, mir ihre Bedeutung zu erklären. Die Laute wurden von dem Künstler verursacht, der mit Hilfe von Stemmeisen und Holzhammer die längliche Kiste aufhebelte. Die Schläge wurden offenbar durch irgend etwas Weiches aus Wolle oder Baumwolle gedämpft beziehungsweise abgemildert.

Während ich nun so lauschte, bildete ich mir ein, genau den Augenblick unterscheiden zu können, da er den Deckel ganz lose hatte, und gleichfalls bestimmen zu können, wann er ihn herabnahm und auf die untere Koje in seinem Zimmer legte. Letzteres erkannte ich zum Beispiel an den leichten Schlag-geräuschen, die entstanden, als der Deckel gegen die hölzernen Kanten der Bettstelle stieß. Wyatt bemühte sich nämlich, ihn *äußerst* behutsam niederzulegen. Und auf dem Boden war kein Platz dafür. Danach trat Totenstille ein. Beide Male vernahm ich nichts weiter, bis fast der Tag anbrach. Es sei denn vielleicht, ich sollte ein leises Schluchzen oder Murmeln erwähnen, welches jedoch so unterdrückt war, daß man es kaum hörte. Wenn nicht all diese letztgenannten Laute mir von meiner Phantasie vorgegaukelt wurden. Ich sagte, sie klangen *wie* Schluchzen und Seufzen – doch natürlich konnten sie weder das eine noch das andere sein. Eher noch möchte ich annehmen, daß ich Ohrenklingen hatte. Zweifellos ließ Mr. Wyatt, wie es nun einmal seine Art war, bloß einem seiner Steckenpferde die Zügel schießen, indem er in einem Anfall von künstlerischem Enthusiasmus schwelgte. Er hatte die längliche Kiste geöffnet, um seine Augen an dem Bilderschatz zu weiden. Dabei aber gab es ja nun wirklich nichts zu schluchzen. So wiederhole ich, daß es sich wohl um einen Auswuchs meiner Phantasie handelte, die durch den grünen Tee des guten Kapitän Hardy ein bißchen durcheinander geraten war. Just als dann in den *beiden* Nächten, von denen ich spreche, der Morgen graute, vernahm ich deutlich, wie Mr. Wyatt den Deckel wieder auf die längliche Kiste legte und mit gedämpften Hammerschlägen die Nägel wieder befestigte. Nachdem er dies getan, trat er voll angekleidet aus seiner Kajüte und ging daran, Mrs. Wyatt aus der ihren zu rufen.

Wir waren sieben Tage auf See gewesen und eben an Kap Hatteras vorüber, da kam ein schwerer Sturmwind aus Südwesten auf. Wir waren einigermaßen darauf vorbereitet, denn schon seit geraumer Zeit hatte sich das Wetter bedrohlich gestaltet. Alles wurde geborgen, unten wie in der Takelung. Als der Wind beständig auffrischte, drehten wir schließlich unter doppelt gerefftem Besan- und Vormarssegel bei.

In diesem Trimm fuhren wir vierundzwanzig Stunden lang sicher dahin, wobei sich das Schiff in mancherlei Hinsicht als äußerst seetüchtig erwies. Wasser schöpfte es in kaum nennenswertem Maße. Am Ende dieser Periode aber hatte sich die Kühlte zum Ozean verstärkt. Unser Achtersegel zerriß in tausend Fetzen. Wir gerieten so tief in ein Wellental, daß in unmittelbarer Folge mehrere gewaltige Sturzseen über uns hereinbrachen. Bei diesem Unglück verloren wir drei Männer, die mitsamt der Kombüse von Bord gingen, und nahezu die ganze Backbordreling. Kaum hatten wir uns wieder gefaßt, da ging das Vormarssegel in Fetzen. Wir mußten ein Sturm-Stagsegel aufziehen. Mit diesem ging nun alles einige Stunden recht gut, denn das Schiff lag nun viel beständiger auf den Wellen als zuvor.

Die Sturmbrise hielt jedoch weiter an, und wir entdeckten keinerlei Anzeichen eines Nachlassens. Die Takelage hatte außerdem eine schlechte Anordnung und war schon überstraff gespannt. Am dritten Tage des Sturms, gegen fünf Uhr nachmittags, ging bei einem schweren Ruck nach Luv der Kreuzmast über Bord. Eine Stunde oder länger versuchten wir vergebens, uns seiner zu entledigen, denn das Schiff rollte und schlingerte gewaltig. Doch ehe uns dies gelungen, kam der Zimmermann achtern und meldete vier Fuß Wasser im Raum. Zu allem Unglück mußten wir nun auch noch feststellen, daß die Pumpen verstopft und so gut wie unbrauchbar waren.

Alles war ein einziges verzweifeltes Durcheinander. Doch man unternahm noch einen angestrengten Versuch, das Schiff dadurch zu erleichtern, daß man soviel Fracht wie möglich über Bord warf und die beiden noch verbliebenen Masten umlegte. Dies gelang schließlich auch. Doch noch immer war man nicht imstande, auch nur das geringste an den Pumpen zu tun. In der Zwischenzeit hatte sich nun das Leck beängstigend schnell vergrößert.

Bei Sonnenuntergang hatte der Sturm stark nachgelassen. Als sich mit ihm auch der Seegang milderte, hegten wir noch die schwache Hoffnung, uns in die Boote retten zu können. Gegen acht Uhr abends riß der Wind die Sturmwolken mit sich hinweg, und wir hatten den Vorteil des vollen Mondes. Dies war ein rechtes Glück, das unserem sinkenden Mut wieder wahrlich Auftrieb gab.

Nach unglaublichen Mühen gelang es uns schließlich, die Pinasse ohne wesentlichen Zwischenfall zu Wasser zu lassen. In ihr brachten wir die gesamte Mannschaft und die meisten Passagiere unter. Diese Gruppe fuhr augenblicklich ab und gelangte endlich am dritten Tag nach dem Schiffbruch nach mannigfachen Leiden sicher nach Ocracoke Inlet.

Vierzehn Passagiere blieben mit dem Kapitän an Bord; entschlossen, ihr Schicksal der Jolle am Heck anzuvertrauen. Wir ließen sie auch ohne Schwierigkeit zu Wasser, obwohl es uns nur durch ein Wunder gelang, sie am Umschlagen und Sinken zu hindern. Sobald wir sie flott gemacht hatten, nahm sie den Kapitän und seine Frau, Mr. Wyatt und Begleitung, einen mexikanischen Offizier mit Frau und vier Kindern sowie mich selbst mit einem Diener auf.

Natürlich hatten wir keinerlei Platz, außer ausgesprochen notwendiger Geräte, etwas Verpflegung und den Kleidern, die wir auf dem Leibe trugen, noch etwas anderes mitzunehmen. Niemand dachte daran, auch nur zu versuchen, mehr zu retten. Wie groß mußte deshalb das Erstaunen aller sein, als Mr. Wyatt – wir waren gerade ein paar Fäden weit gekommen – plötzlich in den Achtersitzen aufstand und kühl von Kapitän Hardy verlangte, das Boot solle zurück zum Schiff gesteuert werden, um seine längliche Kiste aufzunehmen!

»Setzen Sie sich, Mr. Wyatt«, erwiderte der Kapitän bestimmt, »Sie werden uns zum Kentern bringen, wenn Sie nicht ganz still sitzen. Unser Dollbord taucht schon fast ins Wasser.«

»Die Kiste!« schrie Mr. Wyatt, immer noch stehend – »die Kiste, sage ich! Kapitän Hardy, Sie können – Sie werden mich nicht zurückweisen. Das Gewicht macht doch kaum etwas aus – eigentlich gar nichts. Nicht das mindeste! Bei der Mutter, die Ihnen das Leben schenkte, bei der himmlischen Liebe, bei Ihrer Hoffnung auf Heil beschwöre ich Sie – flehe ich Sie an: Kehren Sie um, und holen Sie die Kiste!«

Einen Augenblick lang schien es, als wolle der Kapitän sich von dem innigen Bitten des Künstlers erweichen lassen. Doch dann erwiderte er entschlossen:

»Mr. Wyatt, Sie sind verrückt. Ich kann Ihre Bitte nicht erfüllen. Setzen Sie sich hin, oder das Boot wird kentern. Halt! Haltet ihn zurück! Er will über Bord! Da, ich wußte es, er ist über Bord.«

In dem Moment sprang Mr. Wyatt tatsächlich aus dem Boot. Da wir uns noch im Windschatten des Wracks befanden, gelang es ihm, wenn auch mit fast übermenschlicher Anstrengung, an einem Seil Halt zu finden, das von der Fockruste herabhing. Im nächsten Augenblick war er an Bord und stürzte schnell hinter in die Kabine.

Mittlerweile waren wir achteraus getrieben, und da uns das Schiff nun keinen Windschutz mehr bot, waren wir der gewaltigen, immer noch hochwogenden See auf Gnade und Verderb ausgeliefert. Wir mühten uns wohl, noch einmal zurückzukehren, doch unser kleines Boot war dem Sturm vollends ausgeliefert. Mit einem Blick erkannten wir, daß das Schicksal des unglückseligen Künstlers besiegelt war.

Indessen unsere Entfernung vom Wrack nun rasend schnell wuchs, sahen wir, wie der Verrückte (denn einzig dafür konnten wir ihn halten) bei der Kajütentreppe auftauchte und tatsächlich mit einem fast übermenschlichen Kraftaufwand die längliche Kiste mit sich schleppte. Während wir noch aufs äußerste erstaunt hinstarrten, schlang er rasend schnell einen dreizölligen Strick mehrere Male um die Kiste und dann um seinen Leib. Im nächsten Augenblick waren dann Mensch und Kiste im Meer verschwunden. Plötzlich und auf immer.

Eine Weile noch ließen wir trauernd die Ruder ruhen, die Augen immer noch auf diese Stelle gerichtet. Schließlich legten wir uns nach Kräften in die Riemen. Wohl eine Stunde lang brach keiner das Schweigen. Dann endlich wagte ich eine Bemerkung:

»Haben Sie gesehen, Kapitän, wie plötzlich er sank? Das war doch eine überaus sonderbare Sache! Ich muß gestehen, ich hoffte doch, man werde ihn noch retten können. Auch als ich sah, wie er sich an der Kiste festband und mit ihr in die Fluten stürzte.«

»Er mußte einfach sinken«, erwiderte der Kapitän, »und zwar wie eine Kanonenkugel. Doch bald wird er wieder nach oben kommen. *Doch nicht eher, als das Salz sich gelöst hat.*«

»Das Salz?!« stieß ich hervor.

»Still!« sagte der Kapitän, während er auf Gattin und Schwester des Verschiedenen verwies. »Wir müssen diese Dinge zur gegebenen Zeit einmal besprechen.«

Wir litten viel und entkamen mit knapper Not. Doch das Schicksal meinte es gut mit uns. Mit uns und unseren Gefährten in der Pinasse. Endlich gelangten wir nach vier Tagen voller Qual mehr tot als lebendig am Strand gegenüber Roanoke Island an. Hier blieben wir eine Woche, ohne von Küstenräubern belästigt zu werden, und konnten schließlich Passage nach New York bekommen.

Etwa einen Monat nach dem Verlust der »Independence‹ begegnete ich auf dem Broadway zufällig Kapitän Hardy. Natürlich wandte sich unser Gespräch sogleich dem Unglücksfall zu und besonders dem traurigen Schicksal des armen Wyatt. Dabei erfuhr ich die folgenden Einzelheiten.

Der Künstler hatte für sich selbst, seine Frau, zwei Schwestern und eine Dienerin Passage genommen. Die Frau war tatsächlich, wie er sie uns dargestellt hatte, eine überaus liebreizende und gebildete Dame. Am Morgen des vierzehnten Juni aber (dem Tag, da ich zum erstenmal das Schiff aufsuchte) wurde sie plötzlich krank und starb. Der junge Gatte geriet schier außer sich vor Schmerz. Doch Umstände machten es ihm unmöglich, seine Reise nach New York aufzuschieben. Nun war es einerseits notwendig, der Schwiegermutter den Leichnam seiner angebeteten Frau zu bringen. Andererseits kannte er wohl das allgemeine Vorurteil, das ihn hindern würde, dies in aller Offenheit zu tun. Neun Zehntel der Passagiere hätten eher das Schiff verlassen, als daß sie mit einer Leiche zusammen gereist wären.

In diesem Dilemma verfiel Kapitän Hardy auf die Lösung, daß die Tote teilweise einbalsamiert und zusammen mit einer großen Menge Salz in eine Kiste von passenden Maßen gepackt und als Stückgut an Bord gebracht werden sollte. Nichts durfte vom Tod der Dame verlauten. Da man aber wußte, daß Mr. Wyatt auch für seine Gattin Passage genommen hatte, war es notwendig, daß jemand für die Dauer der Reise ihre Stelle einnahm. Hierzu ließ sich die Kammerzofe der Verstorbenen leicht bewegen. Die Extra-Kajüte, zu Lebzeiten der Herrin ursprünglich für dieses Mädchen gemietet, wurde nun einfach beibehalten. Darin schlief die Pseudo-Gattin natürlich jede Nacht. Bei Tage spielte sie, so gut sie es vermochte, die Rolle ihrer Herrin. Man hatte sich vorher natürlich sorgfältig vergewissert, daß keiner der Passagiere an Bord sie persönlich kannte.

Mein eigener Irrtum entsprang verständlicherweise einem zu sorglosen, zu neugierigen und viel zu impulsiven Temperament. Doch in letzter Zeit ist es eine Seltenheit geworden, daß ich des Nachts gesunden Schlaf finde. Ein Gesicht verfolgt mich. Ich mag mich drehen und wenden, wie ich will. Da ist dieses hysterische Lachen, das mir wohl ewig in den Ohren klingen wird.

Der Engel des Sonderbaren – Eine Extravaganz

Es war an einem frostigen November-Nachmittag. Ich hatte just ein ungewöhnlich herzhaftes Mahl zu mir genommen, bei dem die dyspeptische *truffe* keine unwesentliche Rolle spielte, und saß nun allein im Speisezimmer, die Füße auf dem Kamingitter und unter meinen Ellbogen einen kleinen Tisch, den ich näher zum Feuer gerückt hatte und auf dem nun diverse Flaschen meiner harrten, als Ersatz einer Nachspeise: Wein, Liqueur und Schnaps. Am Morgen hatte ich verschiedentlicher Lektüre gepflogen: Glovers ›Leonidas‹, Wilkies ›Epigoniade‹, Lamartines ›Pilgerreise‹, Barlows ›Columbiade‹, Tuckermanns ›Sizilien‹ und Griswolds ›Denkwürdigkeiten‹; ich bin daher durchaus bereit zu gestehen, daß ich mich ein bißchen dösig fühlte. Ich strengte mich an, mit Hilfe einer hochmögenden Dosis Lafitte wieder auf die Beine zu kommen, und als dies alles nichts fruchten wollte, griff ich voller Verzweiflung nach einem herumliegenden Zeitungsblatt. Nach gründlichem Studium der Rubriken ›Zu vermieten‹, ›Entlaufene Hunde‹ und anschließend noch der beiden Spalten ›Entflohene Ehefrauen und Dienstboten‹, nahm ich mit Todesverachtung den redaktionellen Teil in Angriff, las ihn von Anfang bis Ende, ohne auch nur eine Silbe zu verstehen, sah gefaßt der Möglichkeit ins Auge, es könnte sich um Chinesisch handeln, und las ihn also noch einmal, von Anfang bis zum Ende, doch mit keinerlei befriedigenderm Resultate. Schon stand ich im Begriff,

Dies Folio von vier Seiten, glücklich' Werk,
Das selbst die Kritiker nicht kritisieren,

voller Ekel von mir zu schleudern, als meine Aufmerksamkeit vom Anblick der folgenden Zeilen ein wenig gehoben wurde:

»Die Wege zum Tode sind vielfältig und wunderlich. Ein Londoner Blatt berichtet vom Ableben eines Menschen, das aus recht einzigartiger Ursache erfolgte. Er beschäftigte sich eben mit ›Pfeilblasen‹, einem Spiel, welches darin besteht, daß man eine lange, mit etwas Kammgarn umsponnene Nadel durch ein Blechröhrchen nach einer Zielscheibe bläst. Nun steckte er aber die Nadel in das verkehrte Ende des Rohrs, und indem er heftig Luft holte, um den Bolzen mit aller Kraft hinauszustoßen, fuhr ihm derselbe in die Kehle. Er geriet in die Lunge und führte nach wenigen Tagen zum Tode des Mannes.«

Als ich dies überlesen, bemächtigte sich meiner große Wut, ohne daß ich eigentlich genau wußte, warum. »Diese Meldung«, rief ich aus, »ist eine abscheuliche Fälschung – eine ganz armselige Zeitungsente – Abschaum der Phantasie eines jämmerlichen Zeilenschinders – eines nichtswürdigen Artikelschmierers aus Cockney-Land! Diese Kerls kennen die überspannte Leichtgläubigkeit des Zeitalters und setzen ihr ganzes bißchen Witz darein, sich alle möglichen Unwahrscheinlichkeiten aus den Fingern zu saugen – sonderbare Vorkommnisse, wie sie's nennen; doch für einen wägenden Geist (wie den meinen«, setzte ich, in Parenthese, hinzu, indem ich, ganz unbewußt, den Zeigefinger an die Nase legte), »für einen kritischen Verstand, wie er mir selber eignet, liegt es sogleich am Tage, daß das wundersame Überhandnehmen all dieser ›Sonderbaren Vorkommnisse‹ in letzter Zeit bei weitem das Allersonderbarste daran ist. Ich für meinen Teil habe die Absicht, von nun an grundsätzlich nichts mehr zu glauben, was irgend nur ›Einzigartiges‹ an sich hat.«

»Ja, Heilichäs naa, wos bis' du doch für a Depp!« entgegnete mir da eine der merkwürdigsten Stimmen, die ich je vernahm. Zuerst hielt ich sie schlicht für ein Ohrensausen – der Art, wie es einem zuweilen widerfährt, wenn man zu tief ins Glas geblickt hat, – doch beim zweiten Gedanken schon wollte sie mir eher jenem Geräusche ähneln, das von einem leeren Fasse ausgeht, wenn man mit einem Knüttel daran schlägt; und in der Tat hätte ich mich mit dieser Erklärung wohl beschieden, wäre nicht die Artikulation der Silben und Worte gewesen. Nun bin ich keineswegs von nervöser Natur, und die sehr wenigen Gläser Lafitte, die ich zu mir genommen, gereichten zudem meinem Mute eher zur Stärkung, so daß ich keinerlei Unruhe spürte, sondern lediglich gelassen den Blick erhob und mich mit Sorgfalt im Raume nach dem Eindringling umsah. Doch war ich's nicht im Stande, auch nur das mindeste zu entdecken.

»Hoh!« ließ sich da die Stimme erneut vernehmen, als ich in meiner Inspektion fortfuhr, »du mußt ja säuisch bäsuffn sei, deß d' mich net sichst, wu ich doch doo gleich neber dir höck'.«

Hierauf entschloß ich mich, einen geraden Blick in Richtung meiner Nase zu tun, und siehe da, grad vor mir, dort am Tische, saß eine Persönlichkeit, wie sie wohl noch nie beschrieben wurde, wennschon sie unbeschreiblich durchaus nicht ist. Ihr Leib war ein Wein-Butt oder ein RumPuncheon oder irgend etwas der Art und bot einen förmlich Falstaffischen Anblick. An ihrem Unterleibe waren zwei Herings-Fäßchen angesetzt, die sämtlichen Zwecken der Beine zu genügen schienen. Als Arme baumelten am obern Teil des Leibgehäuses zwei leidlich lange Flaschen, die Hälse auswärts gerichtet als Hände. Was schließlich den Kopf betraf, von dem das Monstrum beherrscht ward, so erblickte ich einzig eine jener hessischen Feldflaschen, welche großen Schnupftabakdosen, mit einem Loch in der Mitte des Deckels, ähnlich sehen. Diese Feldflasche (mit einem Trichter obendrauf, der wie eine Reitermütze fesch-schlampig über die Augen gezogen war) saß mit der Randkante auf dem fässernen Leib, das Loch mir zugekehrt; und durch dieses Loch, das runzelig und verkniffen wirkte wie der Mund einer sehr pedantischen alten Jungfer, entsendete das Geschöpf jene brummelnden und grummelnden Geräusche, mit welchen es offenbar die Absicht faßlicher Mitteilung verband.

»Ich hobs ja gsocht«, so wiederholte es, »du mußt säuisch bäsuffn sei, deß d' doohöckst und mich net sitzen sichst; und ich soch der, du mußt noch närrischer sei als a Gaas, deß d' net glabst, wos im Druck gädruckt is. Is alläs die reina Wohrheit – des issäs – jeds Wort dävon is wohr.«

»Wer sind Sie, bitte?« gab ich voller Würde zurück, wenngleich doch einigermaßen verdutzt; »wie sind Sie hierher gekommen? und was ist, wenn's beliebt, der Sinn Ihrer Rede?«

»Wie ich doo herkumma bin«, erwiderte die Gestalt, »des geht dich an Dreck oo; und wos der Sinn vo meinä Red' is, so red' ich, wos und wie mer's paßt; und wer ich bin – des issäs ja grod, weswegn ich herkumma bin, deß de's nochät selber sichst.«

»Sie sind ein betrunkener Vagabund«, sagte ich, »und ich werde läuten und meinen Diener anweisen, Sie auf die Straße zu setzen.«

»He! he! he!« rief der Bursche, »hu! hu! hu! – des brings' du long net fertich!«

»Nicht fertig?« fragte ich, »wie meinen Sie das? – was soll ich nicht fertigbringen können?«

»Läut' halt amol«, erwiderte er, indem sein kleiner garstiger Mund sich an einem Grinsen versuchte.

Auf dieses hin unterzog ich mich der Anstrengung, auf meine Beine zu kommen, um meiner Drohung die Tat folgen zu lassen; doch der Rüpel langte ganz einfach gemächlich über den Tisch und versetzte mir mit einem seiner Flaschenhälse einen derartigen Stups vor die Stirn, daß ich sogleich wieder in meinen Armstuhl zurückbefördert ward, von dem ich mich zur Hälfte schon erhoben. Ich war ausgesprochen verblüfft und, für einen Augenblick, so ziemlich ratlos, was zu tun sei. Inzwischen setzte der Eindringling sein Gewäsch fort.

»Do sichst es«, so sagte er, »stillhöckn is des besta; und etzet kost äs aa wissn, wer ich bin. Schau mich oo! Schau her! Ich bin dä *Engl von'n Sonderbarn.*«

»Und selber wahrlich sonderbar genug«, wagte ich zu erwidern; »bislang war ich stets von der Ansicht befangen, ein Engel hätte Flügel.«

»Flügl?« schrie er da, gar höchstlich aufgebracht, »wos soll ich'n bloß mit Flügl? Jessäs naa, ja glabst'n du, ich bin a Gögerla?«

»Nein-oh nein!« entgegnete ich sehr bestürzt, »ein-ein Huhn sind Sie nicht – gewiß nicht.«

»No olso, nochät höck still und bänimm dich, sons' krichs' d' nuch aana nei der Goschen. Die Göger, die hom Flügl, und die Euln hot Flügl, und dä Kobold hot Flügl, und dä Oberteufl hot aa Flügl. Die Engl ober hom kaa Flügl, und ich bin dä *Engl von'n Sonderbarn.*«

»Und gegenwärtig führen Sie welche Geschäfte zu mir –?«

»Gschäfter!« stieß das Ding hervor, »wos bist fei für a blöder Hunt, deß d' an Schentlmänn und Engl noch sein' Gschäftn frochst!«

Diese Sprache überstieg doch so ziemlich das Maß dessen, was ich vertragen konnte, selbst von seiten eines Engels; so faßte ich mir denn ein Herz, ergriff ein Salzfaß, das innerhalb meiner Reichweite stand, und schleuderte es nach des Eindringlings Haupt. Doch entweder wußte er auszuweichen, oder ich hatte nicht akkurat gezielt; jedenfalls erreichte ich nichts, als daß die Kristallscheibe zu Bruch ging, die das Zifferblatt der Uhr auf dem Kaminsims bedeckte. Was den Engel betrifft, so tat er seine Meinung von meinem Angriff dadurch kund, daß er mir zu zwei oder drei weitern Malen hart wie zuvor gegen die Stirne stieß. Dies ließ mich augenblicklich demütig werden, und fast schäme ich mich zu bekennen, mir traten – sei's vor Schmerz oder Verdruß – ein paar Tränen in die Augen.

»Ja Sackrament nuch amol«, sagte da der Engel des Sonderbaren, von meinem Elend offensichtlich sehr besänftigt; »Heilichäs, der Moo is entweder ganzägor bäsuffn oder sehr bätrübt. Du mußt net so a starks Zeuch saufn, du mußt halt a Wasser nei dein' Wein tun. Geh zu, trink des doo, sei halt braav – und grein' nimmer!«

Hierauf füllte der Engel des Sonderbaren meinen Humpen (der etwa noch zu einem Drittel Portwein enthielt) mit einer farblosen Flüssigkeit nach, die einer seiner Handflaschen entströmte. Ich bemerkte, daß diese Flaschen Etiketten um die Hälse trugen und daß auf diesen Etiketten geschrieben stand: ›Kirschenwasser‹.

Die rücksichtsvolle Freundlichkeit des Engels stimmte mich in nicht geringem Maße weich; und mit dem Beistand des Wassers, mit welchem er meinen Portwein mehr denn einmal verdünnte, gewann ich am Ende genügend Gleichmut wieder, um seinem sehr außergewöhnlichen Diskurs zu lauschen. Ich will keinen Anspruch erheben, alles wiedergeben zu können, was er mir erzählte, doch erntete ich aus seiner Rede die Erkenntnis, daß er der Genius sei, welcher über die *contretemps* der Menschheit gesetzt und dessen Geschäft es war, all jene sonderbaren Vorkommnisse zu Wege zu bringen, welche den Skeptiker immer wieder verblüffen. Ein- oder zweimal wurde er, als ich so kühn war, meine vollkommene Ungläubigkeit hinsichtlich seiner Prätentionen zum Ausdruck zu bringen, tatsächlich sehr ärgerlich, so daß ich es schließlich für die weisere Taktik erachtete, überhaupt nichts mehr zu sagen und ihn ganz nach Gusto fortfahren zu lassen. Dies tat er denn auch ausführlich, des längern und des breitern, indessen ich mich nur in meinem Stuhl zurücklehnte, die Augen geschlossen, und mich damit vergnügte, Rosinen zu kauen und die Stengelchen im Zimmer umherzuschnipsen. Doch bald geschah es, daß der Engel plötzlich dies Betragen meinerseits als ein Zeichen von Mißachtung auslegte. Er sprang in schrecklichem Ungestüm auf, riß sich den Trichter über die Augen nieder, stieß einen ellenlangen Fluch hervor, äußerte sodann eine Drohung, welche ich nicht ganz genau verstand, machte mir schließlich eine Verbeugung und empfahl sich, indem er mir, mit den Worten des Erzbischofs im Gil-Blas, »*beaucoup de bonheur et un peu plus de bon sens*« wünschte.

Dieser Abgang verschaffte mir denn doch Erleichterung. Die sehr wenigen Gläser Lafitte, die ich zu mir genommen, hatten mich etwas schläfrig gestimmt, und ich verspürte die Neigung, ein Nickerchen von einigen fünfzehn oder zwanzig Minuten zu machen, wie es nach dem Essen meine Gewohnheit ist. Um sechs hatte ich eine Verabredung von Wichtigkeit, welche pünktlich einzuhalten ganz unerläßlich war. Die Versicherungspolice meines Wohnhauses war am Tag zuvor abgelaufen; und da einige Strittigkeiten aufgekommen, hatten wir vereinbart, daß ich um sechs die Direktoren-Kommission der Gesellschaft aufsuchen sollte, um die Bedingungen einer Erneuerung auszuhandeln. Als ich nun einen kurzen Blick nach der Uhr auf dem Kaminsims warf (denn ich fühlte mich zu schläfrig, um meine Taschenuhr hervorzuziehen), hatte ich das Vergnügen festzustellen, daß mir noch ganze fünfundzwanzig Minuten frei blieben. Es war halb sechs; zum Versicherungs-Bureau konnte ich gut und gern in fünf Minuten gelangen; und meine gewöhnlichen nachmahlzeitlichen Siestas hatten erfahrenermaßen nie die Dauer von fünfundzwanzig Minuten überschritten. Ich fühlte mich daher leidlich sicher und gab mich abermals dem Schlummer hin.

Nachdem ich diesen zu meiner Zufriedenheit beendet, blickte ich erneut nach dem Zeitmesser hin und war nun doch fast geneigt, an die Möglichkeit sonderbarer Vorkommnisse zu glauben, mußte ich doch feststellen, daß ich, statt meiner gewöhnlichen fünfzehn oder zwanzig Minuten, nur deren drei mit Dösen verbracht hatte; denn noch fehlten siebenundzwanzig an der verabredeten Stunde. Ich legte mich also wieder auf das Ohr und erwachte schließlich abermals, als es, zu meiner ausgesprochenen Bestürzung, immer noch drei Minuten nach halb sechs war. Nun sprang ich auf, die Uhr zu untersuchen, und fand, daß sie ihren Lauf eingestellt hatte. Meine Taschenuhr unterrichtete mich, daß es bereits halb acht war; und da ich somit zwei Stunden geschlafen hatte, war es für die Verabredung natürlich zu spät geworden. »Das macht nichts«, sagte ich; »morgen früh kann ich ja im Bureau vorsprechen und mich entschuldigen; inzwischen will ich doch sehn, was mit der Uhr sein mag.« Ich untersuchte sie und entdeckte, daß einer der Rosinenstengel, die ich, während der Engel des Sonderbaren mir seinen Vortrag hielt, im Zimmer umhergeschnipst hatte, durch die zersplitterte Kristallscheibe geflogen war, sich – wunderlich genug – im Schlüsselloch niedergelassen und, indem er mit dem einen Ende ein wenig hervorsah, den Lauf des Minutenzeigers aufgehalten hatte.

»Ah!« rief ich da, »ich sehe, wie es steht. Diese Sache spricht für sich selber. Ein ganz natürliches Mißgeschick, wie es nun einmal hin und wieder vorkommt!«

Ich schenkte der Sache keine weitere Beachtung und begab mich zur gewöhnlichen Stunde zu Bett. Hier nun sank ich, nachdem ich eine Kerze auf ein Lesepult zu Häupten des Bettes gestellt und einen Versuch unternommen hatte, ein paar Seiten der ›Allgegenwart der Gottheit‹ durchzulesen, unglücklicherweise in weniger denn zwanzig Sekunden in Schlaf, indessen das Licht brennen blieb, wie es brannte.

Meine Träume wurden schier schreckenerregend von Visionen des Engels des Sonderbaren verstört. Mir däuchte, er stünde am Fußende der Lagerstatt, schlüge die Vorhänge zur Seite und drohte mir, mit dem löchern hohlen, abscheulichen Dröhngetöne eines Rum-Fasses, die bitterste Rache für die Mißachtung an, mit welcher ich ihn behandelt hatte. Er beschloß seinen bombastischen Wortschwall, indem er seine Trichter-Mütze herabriß, mir die Röhre in den Schlund stieß und mich mit einem Ozean von Kirschenwasser überschwemmte, welches sich, in schier endloser Flut, aus einer der ihm als Arme dienenden, langhalsigen Flaschen ergoß. Meine Seelenqual wurde schließlich unerträglich, und ich erwachte just rechtzeitig, um noch eben zu bemerken, daß eine Ratte mit der brennenden Kerze vom Lesepult davonrannte, doch nicht mehr zeitig genug, sie zu verhindern, damit durch ein Loch zu entkommen. Sehr bald schon stieg mir ein scharfer, stickiger Geruch in die Nüstern: im Haus, so erkannte ich deutlich, war Feuer ausgebrochen. In wenigen Minuten fuhr der Flammenschein mit Macht hervor, und innerhalb unglaublich kurzer Zeit war das ganze Gebäude in eine Lohe eingehüllt. Durchs Fenster aus meinem Zimmer zu entweichen, war, was mir noch blieb. Die Menge, die sich eingefunden hatte, besorgte geschwind eine lange Leiter und legte sie an. Mit ihrer Hilfe stieg ich eilig nieder und befand mich scheinbar schon in Sicherheit, als ein riesiges Schwein, an dessen tonnigem Leibe und tatsächlich ganzem *air* und Physiognomie ein Etwas war, das mich an den Engel des Sonderbaren erinnerte – als dieses Schwein, so sagte ich, das bis jetzt ganz friedlich im Schlamm geschlummert hatte, sich urplötzlich in den Kopf setzte, daß seine linke Schulter dringend der Kratzung bedürfe, und nun keinen passendern Reib-Pfosten finden konnte als den, welchen der Fuß der Leiter darstellte. Im Augenblick ward ich herabgestürzt und hatte das Unglück, mir den Arm zu brechen.

Dieser Unfall, verbunden mit dem Verlust meiner Versicherung und dem noch ernsteren Verlust meines Haars, das mir zur Gänze vom Feuer weggesengt worden war, machte mich für ernste Stimmungen empfänglich, so daß ich mich schließlich entschloß, ein Weib zu nehmen. Es gab da eine reiche Witwe, untröstlich über dem Verlust ihres siebenten Ehegesponses, und ihrer wunden Seele bot ich den Balsam meiner Schwüre. Und widerstrebend schenkte sie meinen Bitten Gehör. Ich kniete in Dankbarkeit und Anbetung zu ihren Füßen nieder. Sie errötete und neigte ihre üppigen Locken zu näherer Berührung über die, mit welchen mich Grandjean einstweilen ausgestattet hatte. Ich weiß nicht, wie es zuging, daß sie sich verwickelten; doch taten sie's jedenfalls. Ich erhob mich mit kahl glänzendem Schädel, perückenlos; sie voller Widerwille und Wut, halb unter fremdem falschen Haar begraben. So endeten meine Hoffnungen auf die Witwe durch einen Unfall, wie er sich gewißlich nicht hatte voraussehen lassen, den jedoch die natürliche Folge der Geschehnisse mit sich gebracht.

Ohne jedoch zu verzweifeln, unternahm ich nunmehr die Belagerung eines weniger unversöhnlichen Herzens. Und wieder waren die Parzen mir für kurze Zeit geneigt; doch kam mir dann erneut ein geringfügiger Zufall dazwischen. Als ich einmal die mir Anverlobte auf einer Straße traf, auf welcher die *élite* der Stadt sich drängte, eilte ich eben, sie mit einer meiner wohl- ja bestüberlegten Verbeugungen zu begrüßen – da ließ mich ein winziger Fremdkörper, welcher mir in den Augenwinkel geriet, für den Moment vollkommen erblinden. Ehe ich noch mein Sehvermögen wiedergewinnen konnte, war die Dame meines Herzens verschwunden – irreparabel beleidigt über mein grußloses Vorübergehen, das sie als eine vorbedachte Ungezogenheit von mir zu betrachten sich nicht nehmen ließ. Während ich noch dastand, ganz verwirrt ob der Plötzlichkeit dieses übeln Zufalls (welcher immerhin ja einem Jeden unter der Sonne hätte widerfahren können) und nach wie vor meiner Sehkraft nicht mächtig, ward ich ganz plötzlich vom Engel des Sonderbaren angesprochen, der mir seine Hilfe antrug, und zwar mit einer Höflichkeit, welche zu erwarten ich keinerlei Grund hatte. Er untersuchte mein gestörtes Auge mit großer Zartheit und Geschicklichkeit, teilte mir mit, ich hätte einen guten Tropfen darin (was immer er mit dem ›Tropfen‹ meinen mochte), entfernte ihn und verschaffte mir Erleichterung.

Ich fand nun, es sei an der Zeit zu sterben (da das Schicksal es derart darauf angelegt hatte, mich zu verfolgen), und nahm mithin denn meinen Weg zum nächsten Flusse. Nachdem ich mich hier meiner Kleider entledigt (denn es gibt keinen Grund, weshalb wir nicht sterben könnten, wie wir geboren wurden), stürzte ich mich kopfüber in die Strömung; einziger Zeuge meines Geschicks war eine einzelne Krähe, welche sich hatte verführen lassen, von brandy-gesättigtem Mais zu essen, und so von ihren Gefährten weggewankt war. Kaum war ich nun in das Wasser getaucht, so setzte es sich dieser Vogel in den Kopf, mit dem unentbehrlichsten Stück meiner Gewandung davonzufliegen. Indem ich daher fürs erste meine Selbstmordabsichten hintansetzte, schlüpfte ich einfach mit meinen untern Extremitäten in die Ärmel meines Rockes und machte mich mit all der Flinkheit, die der Fall erforderte und seine Umstände zulassen wollten, an die Verfolgung der Verbrecherin. Doch des Geschickes Mächte wollten mir immer noch nicht wohl. Eben rannte ich in voller Geschwindigkeit dahin, die Nase in die Luft gestreckt und Blick und Sinn auf nichts gerichtet denn die Diebin meines Beinkleides, da bemerkte ich plötzlich, daß meine Füße nicht mehr auf *terra firma* gingen; Tatsache ist, ich geriet über einen Abgrund und wäre unweigerlich hinabgestürzt und in Stücke zerschellt, hätte ich nicht zum guten Glück noch das Ende eines langen Leitseils ergreifen können, das von einem vorüberziehenden Ballon herniederhing.

Kaum hatte ich meine Besinnung in ausreichendem Maße wiedergewonnen, um die schlimme Klemme voll zu fassen, in der ich steckte - oder vielmehr hing, da strengte ich auch schon alle Kraft meiner Lungen an, besagte Klemme dem Aeronauten über mir zur Kenntnis zu bringen. Doch lange Zeit mühte ich mich vergebens. Entweder konnte der Narr mich nicht bemerken, oder er wollte nicht, der Schurke. Unterweil erhob sich der Apparat rapide in die Höhe, indessen meine Kräfte, womöglich noch rapider, abnahmen. Schon war ich nahe daran, mich resigniert in mein Schicksal zu finden und gemächlich ins Meer hinabzustürzen, als meine Lebensgeister jäh von neuem belebt wurden, indem ich nämlich von oben eine hohle Stimme vernahm, welche gemütlich müßig eine Opernarie zu summen schien. Ich sah auf und erkannte den Engel des Sonderbaren. Er lehnte mit verschränkten Armen über dem Rand des Ballonkorbs; und mit einer Pfeife im Mund, aus welcher er in aller Muße paffte, schien er sich in bestem Einvernehmen mit sich und der Welt zu befinden. Ich war zu erschöpft, um zu sprechen; so sah ich ihn denn nur mit einem flehentlichen Blicke an.

Einige Minuten lang sagte er nichts, obschon er mir voll in das Gesicht blickte. Schließlich schob er sorgfältig seine Meerschaumpfeife vom rechten in den linken Mundwinkel und geruhte alsdann, das Wort an mich zu richten.

»Ja wer bist'n du?« fragte er, »und wos zän Teufl meggst'n du do?«

Auf dieses Stücklein Unverschämtheit, Grausamkeit und Heuchelei vermochte ich nur dadurch zu antworten, daß ich ein einziges Wort hervorstieß: »Hilfe!«

»Hiiil-fää?« echote der Lümmel - »naa, des host der so gädocht! Do is die Flaschn - hilf der när selbär und fohr nei der Höll'!«

Mit diesen Worten ließ er eine schwere Flasche Kirschenwasser fallen, welche mir, da sie präzise mitten auf meinen Scheitel traf, das Gefühl vermittelte, der Schädel wäre mir kurz und klein geschlagen. Unter dem Eindruck dieser Vorstellung stand ich eben im Begriff, meinen Halt fahren zu lassen und mit Anstand meinen Geist aufzugeben, als ein Schrei des Engels mir Einhalt tat.

»Halt amol!« so sagte er; »etzet derrenn dich fei net! Willst du vleicht noch die ander Flaschn - oder bist etz wieder klaar und gscheit worden?«

Ich beeilte mich, hierauf zweimal den Kopf zu bewegen - einmal verneinend, zum Zeichen, daß ich es vorziehen würde, gegenwärtig der anderen Flasche zu entraten, und zum zweiten bejahend, um damit auszudrücken, daß ich in der Tat nüchtern geworden und zu schierer Vernunft gekommen sei. Hierdurch besänftigte ich den Engel ein wenig.

»Und du glabst etz«, so forschte er, »glabst etz endlich 0o der Möglichkeit von'n Sonderbarn?«

Wiederum nickte ich mit dem Kopfe Zustimmung. »Und du glabst aa oo *mich,* den Engl von'n Sonderbarn?« Ich nickte erneut.

»Und gibst äs zu, deß d' a blöder Saufkopf bist und närrisch nuch aa?«

Auch darauf antwortete ich mit einem Nicken.

»No long halt mit deinä rechtn Hand nei deinä linkn Hosntaschn - zän Zeichn, daß d' dich den Engl von'n Sonderbarn ganzägor unterwerfn tust!«

Diese Weisung zu erfüllen, fand ich - aus naheliegenden Gründen - unmöglich. Erstens war mein linker Arm beim Fall von der Leiter gebrochen, und hätte ich denn meinem Halt mit der rechten Hand entsagt, so wäre ich gleich ganz und gar abgefahren. Zweitens standen mir meine Hosen erst wieder zur Verfügung, wenn wir die Krähe beim Schlafittchen hatten. Ich war daher - zu meinem größten Bedauern - genötigt, verneinend den Kopf zu schütteln - in der Absicht, dem Engel solchermaßen bekanntzugeben, daß ich es, im gegenwärtigen Augenblick, nicht für tunlich hielte, seinem ansonsten gewiß sehr vernünftigen Ansinnen zu entsprechen! Doch kaum hatte ich mein Kopfschütteln beendet, da -

»Nochät fohr halt nei der Höll'!« brüllte der Engel des Sonderbaren.

Indem er diese Worte prononcierte, zog er ein scharfes Messer über das Leitseil, an welchem ich hing, und da wir eben zufälliger Weise über meinem eignen Hause waren (das während meiner Irrfahrten recht ansehnlich wieder aufgebaut worden), traf es sich, daß ich kopfüber im weiten Kamin niedertrudelte und mitten auf dem häuslichen Herde im Speisezimmer landete.

Als ich wieder zu mir kam (denn der Sturz hatte mich doch reichlich benommen), fand ich, daß es etwa vier Uhr morgens war. Ich lag ausgestreckt da, wo ich aus dem Ballon niedergefallen war. Mein Kopf räkelte sich in der Asche eines erloschenen Feuers, indessen meine Füße auf dem Wrack eines zerschellten kleinen Tisches ruhten und inmitten der Fragmente eines vermischten Desserts, darunter eine Zeitung, diverse zerbrochene Gläser und Flaschen, sowie ein leerer Henkelkrug Schiedamer Kirschenwasser. So rächte sich der Engel des Sonderbaren.

Du bist der Mann!

Ich will nun den Ödipus spielen für das Rätsel von Schwetzerdorf. Ich will Ihnen – denn ich allein vermags – das Geheimnis der Maschinerie aufklären, die das Wunder von Schwetzerdorf bewirkte – das eine, das echte, das anerkannte, das unbestrittene, das unbestreitbare Wunder, das dem Unglauben unter den Schwetzerdörflern ein entschiedenes Ende bereitete und alle Sinnlich-Gesinnten, die zuvor noch skeptisch zu sein gewagt hatten, zum rechten Glauben der Großmütter bekehrte.

Dies Ereignis – und ich bitte zu entschuldigen, wenn ich unpassenderweise leichtfertig klingen sollte – trug sich im Sommer des Jahre 18.. zu. Herr Barnabas Ehrenwert – einer der wohlhabendsten und angesehensten Bürger des Fleckens – wurde seit mehreren Tagen vermißt, und die Umstände ließen den Verdacht aufkommen, es könnte ihm etwas Übles zugestoßen sein. Herr Ehrenwert war, sehr früh am Samstagmorgen, zu Pferde von Schwetzerdorf mit der ausdrücklichen Absicht aufgebrochen, nach *** zu reiten, einer etwas fünfundzwanzig Kilometer entfernten Stadt, um noch am Abend des selbigen Tages zurückzukehren. Zwei Stunden nach seiner Abreise jedoch kehrte sein Pferd allein zurück, ohne ihn und ohne die Satteltaschen, die man dem Tier beim Aufbruch auf den Rücken geschnallt hatte. Es war zudem verwundet und mit Schlamm bedeckt. Diese Umstände lösten natürlich große Unruhe unter den Freunden des Vermißten aus; und als dieser am Sonntagmorgen immer noch nicht wieder aufgetaucht war, erhob sich der ganze Flecken en masse und zog los, nach seinem Leichnam zu suchen.

Der Eifrigste dabei, der diese Suche in Gang setzte, war der Busenfreund von Herrn Ehrenwert – ein Herr Karl-Heinz Gutkerl oder, wie er allgemein genannt wurde, »Karl Gutkerl« oder »unser alter Karl Gutkerl«. Ob es sich nun um eine wundersame Koinzidenz handelt, oder ob gar der Name selbst eine unmerkliche Wirkung auf den Charakter besitzt, habe ich nie mit Sicherheit in Erfahrung bringen können; doch fraglos ist es ein Faktum, daß es noch nie einen Menschen mit dem Namen Karl gegeben hat, der nicht ein offener, männlicher, ehrlicher, gutmütiger und aufrichtiger Kerl war, mit einer volltönend klaren Stimme, die zu hören eine Wohltat war, und Augen, die einem stets gerade ins Gesicht blickten, ganz als wollten sie sagen: »Ich habe ein reines Gewissen, fürchte niemanden und bin gänzlich darüber erhaben, eine gemeine Tat zu tun.« Und so hören denn auch unfehlbar alle herzigen, heiteren Statisten bei der Bühne auf den Namen Karl.

Obschon nun »unser alter Karl Gutkerl« noch nicht länger als sechs Monate oder so ungefähr in Schwetzerdorf weilte, und niemand das Geringste von ihm wußte, ehe er sich in der Nachbarschaft angesiedelt hatte, so war es ihm doch nicht schwergefallen, die Bekanntschaft sämtlicher angesehenen Leute im Flecken zu machen. Nicht einer unter ihnen war unter den Männern, der nicht zu jeder Zeit sein bloßes Wort für tausend genommen hätte; und was die holde Weiblichkeit betrifft, so ist gleich gar nicht zu sagen, was sie ihm nicht alles zu Gefallen getan hätte. Und das kam nur daher, daß er auf den Namen Karl getauft war und, konsequenterweise, jenes freimütige Gesicht besaß, das schon sprichwörtlich das »allerbeste Empfehlungsschreiben« ist.

Ich habe bereits gesagt, daß Herr Ehrenwert einer der angesehendsten Männer von Schwetzerdorf war, und zweifelsfrei war er der wohlhabendste, während »unser alter Karl Gutkerl« mit ihm auf so vertrautem Fuße stand, wie wenn er sein eigener Bruder gewesen wäre. Die beiden alten Herren wohnten unmittelbar benachbart, und obwohl Herr Ehrenwert nur selten, wenn überhaupt, »unseren alten Karl Gutkerl« besuchte und niemals, soweit bekannt, eine Mahlzeit in seinem Haus einnahm, so verhinderte dies die beiden doch nicht, eine überaus intime Freundschaft zu pflegen, wie ich eben bemerkte; denn nie ließ »unser alter Karl Gutkerl« einen Tag verstreichen, ohne drei- oder viermal bei seinem Nachbarn einzutreten, um nachzusehen, wie es ihm so ginge, und sehr oft blieb er dann zum Frühstück oder zum Tee und fast immer zum Mittagessen; und was für Massen Wein bei so einer Sitzung dann von den beiden Schlitzohren vertilgt wurden, das wäre wirklich schwer genau zu bestimmen. »Unseren alten Karls« Lieblingsgetränk war Château Margaux, und Herrn Ehrenwert tats ganz offenbar von Herzen wohl, ihn dem alten Knaben durch die Kehle rinnen zu sehen, eine Viertelgallone nach der anderen; so daß er eines Tages, als der Wein ihnen schon etwas zu Kopfe gestiegen war, wo ihm – in ganz natürlicher Konsequenz – der Verstand entsprechend Platz gemacht hatte, seinem Freunde auf den Rücken klopfte und sprach: »Ich sag dir's, wie's ist, alter Knabe, du bist – bei allen Göttern! – der beste Kumpel, der mir nur je mein Lebtag über'n Weg gekommen ist; und weil du das Weinchen nun gar so gerne schlürfst, wo will ich doch gleich verdammt sein, wenn ich dir nicht eine große Kiste Château Margaux schenken muß! Hol' mich der Henker« – (Herr Ehrenwert hatte die üble Gewohnheit des Fluchens, obwohl er selten über Ausdrücke hinausging wie »Hol' mich der Henker« oder »Herr Gott nochmal« oder »Potz-Teufel«) – »Hol' mich der Henker«, sagte er, »wenn ich nicht heute nachmittag noch eine Bestellung auf eine Doppelkiste vom Besten, was man kriegen kann, zur Stadt schicke, und die werd' ich dir schenken, jawohl! – Du brauchst jetzt gar nichts zu sagen – ich schenk' sie dir, sag' ich, und damit basta; paß nur auf – einen schönen Tages, wenn du am wenigsten damit rechnest, kommt sie dir ins Haus!« Ich erwähne diese kleine Freigiebigkeit von Herrn Ehrenwert nur, um Ihnen darzutun, welch ein inniges Verständnis zwischen den beiden Freunden herrschte.

Nun, als man an dem fraglichen Sonntagmorgen zu der klaren Überzeugung kam, daß Herrn Ehrenwert etwas Übles zugestoßen sein müsse, sah ich niemanden so tief davon betroffen wie »unseren alten Karl Gutkerl«. Als er zum erstenmal hörte, das Pferd sei ohne seinen Herrn heimgekommen und ohne seines Herrn Satteltaschen, und es sei ganz blutig von einem Pistolenschusse, der dem armen Tier glatt durch die Brust gegangen wäre, ohne es gänzlich zu töten – als er dies alles hörte, erbleichte er, als wäre der Vermißte sein eigener teurer Bruder oder Vater gewesen, und zitterte und erschauerte am ganzen Leibe, wie von Schüttelfrost gepackt.

Zuerst war er viel zu sehr von Kummer überwältigt, um überhaupt etwas zu unternehmen oder einen Plan zu fassen, nach dem gehandelt werden konnte; und so plagte er sich lange Zeit damit ab, Herrn Ehrenwerts anderen Freunden auszureden, großes Getöse um die Sache zu machen, denn er hielt es für das beste, ein Weilchen abzuwarten – so eine Woche oder zwei – und zu sehen, ob irgend etwas passieren oder Herr Ehrenwert auf natürliche Weise wieder zum Vorschein kommen und erklären würde, aus welchen Gründen er sein Pferd vorausgeschickt habe. Ich denke, Sie haben diesen Hang zum Zaudern oder Aufschieben schon oft bei Menschen bemerkt, die ein schlimmer Kummer niederdrückt. Ihre Geisteskräfte scheinen wie betäubt, so daß sie einen Graus vor allem haben, was irgendwie Aktivität verlangt, und in aller Welt nichts lieber tun, als gemächlich im Bette liegen und ihrem »Kummer zu frönen«, wie's die alten Damen ausdrücken – das heißt, über ihren Schmerz nachzugrübeln.

Die Leute von Schwetzerdorf hatten tatsächlich eine so hohe Meinung von der Weisheit und dem Taktgefühl des »guten alten Karls«, daß sie zum größten Teil geneigt waren, ihm beizupflichten und kein großes Getöse um die Sache zu machen, »bis irgend etwas passieren würde«, wie der ehrenwerte alte Herr es ausdrückte; und ich glaube, dabei hätte man es schließlich allgemein belassen, wäre nicht Herr Ehrenwerts Neffe auf so verdächtige Weise dazwischengekommen, ein junger Mann von recht liederlichen Manieren und auch sonst ziemlich schlechtem Charakter. Dieser Neffe, er hieß Pfennigfeder, wollte in punkto »ruhig abwarten« keine Vernunft annehmen, sondern bestand darauf, unmittelbare Nachforschungen nach dem »Leichnam des Ermordeten« anzustellen. Dies war der Ausdruck, den er gebrauchte; und Herr Gutkerl bemerkte dazu mit Schärfe, es wäre das doch »ein recht eigenartiger Ausdruck, um nicht mehr zu sagen«. Diese Bemerkung des »guten alten Karls« hatte jedoch beträchtliche Wirkung auf die Menge; und einer stellte, so hörte man, sehr nachdrücklich die Frage, »wie es wohl käme, daß der junge Herr Pfennigfeder so innig vertraut mit den Umständen wäre, die mit seines reichen Onkels Verschwinden in Zusammenhang ständen, daß er sich berechtigt fühle, ganz unzweideutig und bestimmt von einem ›Ermordeten‹ zu reden«. Hierauf entstand ein bißchen Zank und Wortgeplänkel zwischen verschiedenen Leuten und besonders zwischen dem »guten alten Karl« und Herrn Pfennigfeder - obwohl dergleichen nun wirklich nichts sonderlich Neues war, denn schon seit drei oder vier Monaten hatte nur wenig Zuneigung zwischen den beiden Parteien bestanden, und einmal war es gar so weit gekommen, daß Herr Pfennigfeder tatsächlich seines Onkels Freund zu Boden geschlagen hatte - um irgendeiner angeblich unmäßigen Freiheit willen, die sich der Letztere in des Onkels Hause, zu dessen Bewohnern der Neffe zählte, herausgenommen hatte. Bei dieser Gelegenheit soll sich der »gute alte Karl« mit exemplarischer Sanftmut und christlicher Milde benommen haben. Er stand nach dem Schlage wieder auf, ordnete seine Kleider und unternahm nicht den allermindesten Versuch, dem anderen mit Gleichem zu vergelten - sondern murmelte nur ein paar Worte vor sich hin, dem Sinne nach, er werde »bei der ersten Gelegenheit summarisch Rache nehmen« - ein nur natürlicher und sehr gerechter Ausbruch des Zorns, der jedoch nichts zu besagen hatte und zweifellos ebenso rasch wieder vergessen war, wie er sich Luft gemacht hatte.

Wie immer es aber mit diesen Sachen stand (die gar nichts mit dem nunmehr umstrittenen Punkte zu tun hatten) - ganz sicher ist jedenfalls, daß die Leute von Schwetzerdorf schließlich, und zwar vornehmlich durch die Überredungskunst Herrn Pfennigfeders, zu dem Entschluß kamen, sich über das angrenzende Land zu zerstreuen und nach dem verschwundenen Herrn Ehrenwert zu suchen. Ich sagte, sie kamen zuerst einmal zu diesem Entschluß. Nachdem dann endgültig entschieden war, daß eine Suche unternommen werden sollte, verstand es sich fast von selbst, daß die Suchenden sich zur gründlicheren Erforschung der ringsum liegenden Regionen zerstreuen - das heißt, in Gruppen aufteilen - sollten. Vergessen habe ich jedoch, mit welchem findigen Gedankengang »der gute alte Karl« es schließlich vollbrachte, die Gemeinde zu überzeugen, es wäre doch dies der unbesonnenste Plan, nach dem man nur vorgehen könnte. Aber zu überzeugen vermochte er sie jedenfalls allesamt - mit Ausnahme von Herrn Pfennigfeder; und am Ende wurde verabredet, daß eine Suche, und zwar mit Sorgfalt und aller Gründlichkeit, von den Bürgern en masse unternommen und »der gute alte Karl« dabei höchstselbst den Anführer machen sollte.

Was das betraf, so hätte man keinen besseren Pionier haben können als »den guten alten Karl«, von dem jedermann wußte, daß er das Auge eines Luchses besaß; doch obschon er sie in alle möglichen abgelegenen Löcher und Winkel führte, auf Wegen, von deren Existenz in der Nachbarschaft niemand auch nur eine Ahnung besaß, und obgleich die Suche nahezu eine Woche lang pausenlos bei Tag und Nacht betrieben ward, konnte doch keine Spur von Herrn Ehrenwert ausgemacht werden. Wenn ich »keine Spur« sage, so darf man das freilich nicht buchstäblich nehmen; denn »Spuren« waren gewiß in einigem Maße vorhanden. Die des armen feinen Herrn hatten sich an den (unverwechselbaren) Hufeindrükken seines Pferdes bis zu einer Stelle verfolgen lassen, die etwa drei Meilen östlich des Fleckens an der zur Stadt führenden Hauptstraße lag. Hier bog die Fährte in einen Seitenpfad ab, der durch ein Stück Waldgelände lief, um dann wieder auf die Hauptstraße zu münden und so etwa eine halbe Meile der regulären Entfernung abzuschneiden. Indem sie nun den Hufspuren des Weges folgte, gelangte die Gesellschaft schließlich an einen Tümpel mit stehendem Wasser, rechts vom Pfad halb im Gestrüpp verborgen, und jenseits dieses Pfuhls war nicht das mindeste von einer Spur mehr zu erblicken. Freilich mußte, so zeigte es sich, hier ein Kampf irgendwelcher Art stattgefunden haben, und es schien, als sei ein großer und schwerer Körper, viel größer noch und schwerer als der eines Menschen, vom Weg herüber nach dem Tümpel geschleift worden. Dieser letztere ward zweimal sorgfältig durchdreggt; doch fand man nichts; und schon wollte die Gesellschaft daran verzweifeln, noch zu einem Resultat zu kommen, und ihrer Wege ziehen, als die Vorsehung Herrn Gutkerl den Gedanken eingab, wie nützlich es doch wäre, würde man das Wasser einmal ganz und gar ablassen. Diese Idee wurde unter Beifall aufgegriffen, und »der gute alte Karl«, der scharfsinnige Denker, mit zahlreichen Komplimenten bedacht. Da viele der Bürger gleich Spaten mitgebracht hatten, in der Annahme, sie möchten vielleicht aufgefordert werden, eine Leiche auszugraben, war der Abfluß leicht und rasch geschaffen; und kaum ließ sich der Grund erblicken, so entdeckte man mitten im noch verbliebenen Schlamm eine schwarze Weste aus Seidensamt, die nahezu jeder der Anwesenden augenblicklich als Eigentum von Herrn Pfennigfeder erkannte. Diese Weste war stark zerrissen und mit Blut befleckt, und in der Gesellschaft befanden sich mehrere Personen, die sich mit Bestimmtheit erinnerten, sie sei von ihrem Besitzer just an jenem Morgen getragen worden, da Herr Ehrenwert nach der Stadt aufbrach; indessen wieder andere bereit waren, auf Wunsch mit ihrem Eide zu bezeugen, daß Herr Pfennigfeder das fragliche Kleidungsstück nicht einen Augenblick lang während des restlichen denkwürdigen Tages mehr getragen habe; und niemand ließ sich finden, der ausgesagt hätte, es überhaupt noch irgendwann nach Herrn Ehrenwerts Verschwinden an der Person des Herrn Pfennigfeder gesehen zu haben.

Die Sache sah für Herrn Pfennigfeder nun doch recht ernst aus, und man konnte – als eine unzweifelhafte Bekräftigung des gegen ihn aufkeimenden Verdachts – bemerken, wie er überaus bleich ward und auf die Frage, was er denn zu seiner Verteidigung vorzubringen habe, gleich gänzlich unfähig war, auch nur ein Wort zu äußern. Herauf zogen sich die wenigen Freunde, die ihm bei seinem ausschweifenden Wandel noch verblieben waren, alsbald bis auf den letzten Mann von ihm zurück und schrien gar noch eifriger als seine alten und erklärten Feinde nach seiner augenblicklichen Festnahme. Doch auf der anderen Seite erstrahlte die Großherzigkeit des Herrn Gutkerl aufgrund des Kontrasts in um so strahlenderen Glanze. Er hielt eine warme und dringlich beredsame Verteidigung Herrn Pfennigfeders, in welcher er mehr denn einmal darauf anspielte, wie doch er selbst in seines Herzens Lauterkeit dem wilden jungen Herrn – »dem Erben des verehrten Herrn Ehrenwert« – die schmähliche Behandlung verziehen habe, die er (der junge Herr), ganz zweifelsohne in der Hitze jäher Leidenschaft, für angebracht gehalten, ihm (Herrn Gutkerl) angedeihen zu lassen. Er (Herr Gutkerl) habe ihm denn auch, so führte er aus, von Herzensgrunde vergeben; und was nun ihn (Herrn Gutkerl) betreffe, der weit davon entfernt sei, den sich aus den Umständen ergebenden Verdacht auf die Spitze zu treiben, wie es, das sage er voller Bedauern, tatsächlich ja gegen Herr Pfennigfeder geschehen sei – er (Herr Gutkerl) werde keine Anstrengung scheuen, soweit es nur in seinen Kräften stünde, er werde die ganze geringe Beredsamkeit aufwenden, die in seinem Besitze sei, um – um – um die schlimmsten Züge dieser wirklich überaus bestürzenden Obliegenheit zu – zu – zu mildern, soweit er es nur immer mit seinem Gewissen vereinbaren könne.

In dieser schönen Weise fuhr Herr Gutkerl eine gute halbe Stunde lang fort, zu höheren Ehre seines Verstandes wie seines Herzens; doch Menschen von so warmer Herzlichkeit haben selten Geschick in ihren Bemerkungen – wie verrennen sie sich in alle möglichen Mißgriffe, contre-temps und mal- à-propos-ismen – alles im hitzigen Ungestüm seines Eifers, einen Freund zu retten – und richten dessen Sache damit nur, oft in der freundlichsten Absicht von der Welt, unendlich mehr Schaden an, denn daß sie ihr förderlich sind.

Zu solchem Ende kam es denn auch bei aller Beredsamkeit des »guten alten Karls« im vorliegenden Falle; denn obschon er sich redlich zu Gunsten des Verdächtigen plagte, geschah es doch irgendwie, so oder so, daß jede Silbe, die er von sich gab (und deren unmittelbarer Zweck doch ganz gewiß nicht, es sei denn unbewußt, darauf gerichtet war, den Sprecher in der guten Meinung des Auditoriums zu erheben), die Wirkung hatte, den bereits an dem Manne, dessen Sache er führte, haftenden Verdacht noch zu vertiefen und gegen ihn die Volkswut zu entfesseln.

Einer der unverantwortlichsten Fehler, die der Redner beging, war die Bemerkung, der

Verdächtige sei »der Erbe des ehrenwerten guten feinen Herrn Ehrenwert«. Denn daran hatten die Leute bis dahin wirklich überhaupt noch nicht gedacht. Es war ihnen lediglich in Erinnerung, daß der Onkel (der außer seinem Neffen keinen lebenden Anverwandten besaß) ein oder zwei Jahre zuvor gewisse Drohungen über Enterbung geäußert hatte, und darum hatten sie diese Enterbung stets als abgemachte Sache betrachtet – so redlich dachten die Schwetzerdörfler: ein Völkchen ohne Falsch. Doch des »guten alten Karl« Bemerkung veranlaßte sie nun alsogleich, über diesen Punkt nachzusinnen, und führte ihnen die Möglichkeit vor Augen, es könnten diese Drohungen am Ende gar nichts mehr als eben bloß Drohungen gewesen sein. Und stracks erhob sich hierauf die naheliegende Frage des cui bono? – das heißt in all unseren famosen Romanen und auch sonstwo – in all unseren famosen Romanen sage ich, von Bulwer und Dickens bis hin zu Dreigroschenheftling und Schundschreibermann, heißen die beiden kleinen lateinischen Worte cui bono? hartnäkkig »zu welchem Zweck?« oder (als wäre es dasselbe wie quo bono) »zu welchem Nutzen?«. Ihre wahre Bedeutung ist nichtsdestoweniger »zu wessen Vorteil?«. Cui – wem; bono – dienst's zum Gewinne? Das ist ein reiner Rechtsausdruck – und genau in Fällen anwendbar wie dem, der hier zur Debatte steht: wo nämlich die Frage, mit welcher Wahrscheinlichkeit jemand als Täter einer Tat in Frage komme, davon abhängt, wieweit dem Betreffenden ein Gewinn aus dem Begehen der Tat entstehe. Im vorliegenden Falle nun betraf die Frage cui bono? ganz entschieden Herrn Pfennigfeder. Sein Onkel hatte ihn, nachdem er erst ein Testament zu seinen Gunsten aufgesetzt, mit der Enterbung gedroht. Aber er hatte die Drohung nicht wirklich wahrgemacht; das ursprüngliche Testament, so zeigte sich, war nicht geändert worden. Wäre es umgestoßen worden, so käme als einzig denkbares Mordmotiv auf seiten des Verdächtigen ordinäre Rachsucht in Betracht; und selbst dieser hätte die Hoffnung entgegengewirkt, vielleicht doch wieder vom Onkel in Gnaden aufgenommen zu werden. Da aber das Testament unverändert blieb, indessen aber die Drohung, es zu ändern, unverändert über dem Haupte des Neffen schwebte, zeigt sich sogleich der stärkstmögliche Beweggrund für die Bluttat; und zu diesem Schluß gelangten denn auch, sehr scharfsinnig, die ehrenwerten Bürger des Dorfes an der Schwetz.

Entsprechend wurde Herr Pfennigfeder vom Fleck weg verhaftet, und die Menge machte sich, nach einigem weiteren Suchen, auf den Heimweg, den Beschuldigten in Gewahrsam mitführend. Auf dem Wege jedoch trat ein weiterer Umstand ein, geeignet, den gefaßten Verdacht zu bestärken. Herr Gutkerl, den der Eifer trieb, stets der Gesellschaft ein wenig im voraus zu sein, lief plötzlich, so sah man, ein paar Schritte vor, bückte sich, und hob dann augenscheinlich einen kleinen Gegenstand aus dem Grase auf. Nachdem er ihn hastig untersucht, bemerkte man insgleichen, daß er einen halben Versuch machte, ihn in seiner Rocktasche zu verbergen, doch ward diese Handlung erspäht, wie ich schon sagte, und folglich verhindert, und da stellte sich denn der aufgehobene Gegenstand als ein spanisches Messer heraus, welches alsbald ein Dutzend Personen als Eigentum von Herrn Pfennigfeder erkannten. Zudem waren seine Initialen auf dem Griff eingraviert. Die Klinge dieses Messers war aufgeklappt und blutig.

Nun blieb kein Zweifel mehr an der Schuld des Neffen, und unmittelbar nach Eintreffen in Schwetzerdorf ward er zum Verhör vor den Magistrat gebracht.

Hier nahm die Sache erneut eine höchst ungünstige Wendung. Als der Gefangene befragt wurde, was er am Morgen nach Herrn Ehrenwerts Verschwinden getrieben habe, besaß er vollends die Kühnheit einzugestehen, er sei an eben jenem Morgen mit seiner Büchse auf die Pirsch gegangen, und zwar in der unmittelbaren Umgebung des Tümpels, wo die blutbefleckte Weste durch den Scharfsinn von Herrn Gutkerl entdeckt worden war.

Dieser Letztere trat nun vor, und mit Tränen in den Augen bat er um die Erlaubnis, aussagen zu dürfen. Ein strenges Pflichtgefühl, so sprach er, nicht weniger gegenüber seinem Schöpfer als seinen Mitmenschen, erlaube ihm nicht länger, schweigend zu verharren. Bislang habe das aufrichtigste Wohlwollen für den jungen Mann (ganz ungeachtet der üblen Behandlung, welcher der Letztere ihm, Herrn Gutkerl, habe angedeihen lassen) ihn bewogen, jede Annahme zu setzen, die seine Phantasie ihm nur eingegeben, um doch irgendwie zu rechtfertigen, was an den so ernstlich wider Herrn Pfennigfeder zeugenden Umständen verdächtig scheine; doch diese Umstände seien nun insgesamt denn doch zu überwältigend, zu verdammend; da wolle er nicht länger zaudern – wolle er alles sagen, was er wisse, obgleich es ihm selbst (Herrn Gutkerl) schier das Herz entzwei reißen werde. Er fuhr dann fort auszusagen, es habe am Nachmittag, der Herrn Ehrenwerts Abreise nach der Stadt vorausging, der ehrenwerte gute feine Herr Ehrenwert vor seinen (Herrn Gutkerls) Ohren seinem Neffen gegenüber erwähnt, der Grund seiner Reise zur Stadt am folgenden Morgen sei der, bei der »Arbeiter- und Bauernbank« eine ungewöhnlich große Geldsumme einzulegen; wobei besagter Herr Ehrenwert dem besagten Neffen auf das bestimmteste auch seinen unwiderruflichen Entschluß erklärt habe, das ursprüngliche Testament umzustoßen und ihn leer ausgehen zu lassen. Er (der Zeuge) appellierte nun feierlich an den Angeklagten, er möge sich deutlich äußern, ob die Aussage, die er (der Zeuge) soeben getan, in jeder wesentlichen Einzelheit die Wahrheit sei oder nicht. Sehr zum Erstaunen aller Anwesenden räumte Herr Pfennigfeder offen ein, sie sei es.

Der Richter hielt es nun für seine Pflicht, ein paar Konstabler auszusenden, um das Zimmer des Angeklagten im Hause des Onkels durchsuchen zu lassen. Von dieser Suche kehrten sie fast unmittelbar mit der wohlbekannten, stahlgefaßten braunledernen Brieftasche zurück, die der alte Herr seit Jahren bei sich zu tragen pflegte. Ihr wertvoller Inhalt war jedoch entwendet, und der Richter plagte sich vergeblich, dem Gefangenen ein Geständnis zu entringen, welchen Gebrauch er von dem Raube gemacht oder an welchem Ort er ihn verborgen habe. Tatsächlich leugnete Herr Pfennigfeder hartnäckig jede Kenntnis von der Sache. Die Konstabler entdeckten aber zwischen Bett und Leinenzeug des unglücklichen Mannes ein Hemd und ein Halstuch – beide mit den Initialen seines Namens gezeichnet und beide scheußlich mit dem Blute des Opfers beschmiert. In diesem kritischen Augenblick wurde gemeldet, das Pferd des Ermordeten sei soeben im Stalle an den Folgen der Wunde verschieden, die es empfangen, und Herr Gutkerl schlug vor, es möchte doch sofort eine Leichenöffnung an dem Tiere vorgenommen werden, um nach Möglichkeit ein Geschoß zu entdecken. Dieser Vorschlag wurde befolgt; und wie um die Schuld des Angeklagten über alle Zweifel hinaus zu demonstrieren, war es Herrn Gutkerl nach gewissenhafter Suche im Brustkorb des Pferdes gelungen, eine Kugel von ganz außerordentlicher Größe zu entdecken und zu entfernen, die – wie sich bei einer Probe herausstellte – haargenau dem Kaliber von Herrn Pfennigfeders Büchse entsprach, indessen sie für die Waffen jeder anderen Person im Flecken oder seiner Nachbarschaft viel zu groß war. Um den Tatbestand jedoch noch sicherer werden zu lassen, entdeckte man zudem, daß diese Kugel rechtwinklig zur gewöhnlichen Sutur einen Riß oder eine Schramme aufwies; und bei genauerer Untersuchung paßte dieser Riß präzise zu einer zufälligen Grat oder Erhöhung in einem Paar Gießformen, die vom Angeklagten als sein Eigentum anerkannt wurden. Kaum war diese Kugel gefunden, so lehnte es der untersuchende Dorfrat ab, sich irgend weitere Bezeugung anzuhören, und überantwortete den Gefangenen dem Strafgericht – indem er es entschieden abwies, in diesem Falle Kaution zuzulassen, obschon sich Herr Gutkerl sehr warm gegen diese Härte wandte und sich erbot, selbst die Bürgschaft in jeder geforderten Höhe zu leisten. Diese Großzügigkeit des »guten alten Karl« stimmte nur zu wohl mit dem ganzen Tenor seines liebenswürdigen und ritterlichen Verhaltens überein, das er stets bewiesen, solange er nur in Schwetzerdorf weilte. Im vorliegenden Fall ließ sich der ehrenwerte Mann so vollkommen hinreißen von der überquellenden Wärme seines Mitgefühls, daß es schien, als habe er, als er sich für seinen jungen Freund zum Bürgen anbot, gänzlich vergessen, daß ja er selbst (Herr Gutkerl) in der ganzen Welt nicht für einen einzigen Groschenwert Eigentum besaß.

Was den Angeklagten vor dem Strafgericht erwartete, läßt sich unschwer voraussehen. Unter den lauten Verwünschungen von ganz Schwetzerdorf wurde Herrn Pfennigfeder bei der nächsten Gerichtssitzung der Prozeß gemacht, und so bruch- und lückenlos zeigte sich die Kette der Indizien (bestärkt zudem noch von diversen zusätzlich verdammenden Tatsachen, die dem Gerichte vorzuenthalten Herr Gutkerl seine empfindsame Gewissenhaftigkeit verbot), daß die Geschworenen, ohne ihre Sitze zu verlassen, unmittelbar ihren Spruch fällten: »Schuldig des Mordes im ersten Grade.« Bald danach empfing der unglückliche Schelm das Todesurteil und wurde in das Landesgefängnis geschafft, um daselbst die unerbittliche Rache des Gesetzes zu erwarten.

Inzwischen hatte der »gute alte Karl Gutkerl« sein nobles Verhalten den ehrbaren Bürgern des Fleckens doppelt teuer gemacht. Er wurde zehnmal so beliebt als je; und in natürlicher Folge der Gastfreundlichkeit, mit der er behandelt wurde, mäßigte er, gleichsam notgedrungenerweise, die äußerst knauserigen Gewohnheiten, zu denen ihn seine Armut bislang getrieben, und sehr häufig nun hielt er kleine réunions in seinem eigenen Hause, wo Witz und Lustigkeit zuoberst herrschten – gedämpft natürlich etwas vom gelegentlichen Gedenken an das widrige und betrübliche Schicksal, welches über dem Neffen des Mannes schwebte, der – vielbeweint, nun selig – des generösen Gastgebers Busenfreund gewesen war.

Eines schönen Tages überraschte diesen hochherzigen alten Herrn recht gefällig das Eintreffen des folgenden Briefes:

Herrn Karl Gutkerl, Wohlgeb.,
Schwetzerdorf
Betr.: Chat. Mar. A – Nr. 1
6 Dtzd. Fl.
Absender: S.F.M. & Co.

Sehr geehrter Herr!
In Erledigung eines Auftrages, welcher unserer Firma vor etwa zwei Monaten von unserem geschätzten Korrespondenten Herrn Barnabas Ehrenwert zuging, haben wir die Ehre, heute morgen an Ihre Adresse eine Doppelkiste Chateau-Margaux, Sorte Antilope, violettes Siegel, abzusenden. Kiste numeriert und bezeichnet wie oben.

Wir verbleiben, geehrter Herr,
mit dem Ausdruck
vorzüglicher Hochachtung.
Schwins, Frosch, Moor & Co.

—, den 21. Juni 18—
PS: Die Kiste wird Sie einen Tag nach Empfang dieses Schreibens per Fracht erreichen. Unsere Empfehlung an Herrn Ehrenwert.
S.F.L. & Co.

Tatsache ist, daß Herr Gutkerl seit dem Tode von Herrn Ehrenwert jegliche Erwartung aufgegeben hatte, je noch den versprochenen Chateau-Margaux zu empfangen; so sah er nun darin eine Art von besonderem Walten der Vorsehung zu seinem Frommen. Er war natürlich hochentzückt und lud in seiner überschwenglichen Freude auf den folgenden Tag eine große Gesellschaft von Freunden zu einem petit souper, um mit ihnen des guten alten Herrn Ehrenwert Geschenk anzuzapfen. Nicht daß er etwas vom »guten alten Herrn Ehrenwert« sagte, als er die Einladungen ausgehen ließ. Tatsächlich machte er sich allerlei Gedanken und beschloß, gleich überhaupt nichts zu sagen. Niemandem gegenüber erwähnte er – wenn ich mich recht entsinne –, daß er Chateau-Margaux geschenkt erhalten habe. Er bat lediglich seine Freunde, zu ihm zu kommen und ihm eine bemerkenswert feine Qualität mit köstlicher Blume trinken zu helfen, die er sich vor ein paar Monaten aus der Stadt bestellt habe und morgen in Empfang nehmen werde. Ich habe mir oft den Kopf darüber zerbrochen, wieso wohl »der gute alte Karl« sich entschlossen hatte, nichts davon verlauten zu lassen, daß der Wein von seinem alten Freunde stamme, doch konnte ich den Grund für sein Schweigen nie genau erkennen, obwohl er zweifellos einen ausgezeichneten und sehr edelmütigen Grund dafür hatte.

Der nächste Tag kam schließlich heran, und mit ihm nahte Herrn Gutkerls Haus eine umfangreiche und hochachtbare Gesellschaft. Tatsächlich war die halbe Ortschaft da – ich selbst mit darunter –, doch sehr zum Verdrießen des Gastgebers traf der Chateau-Margaux nicht ein, bis die Zeit bereits vorgerückt war und die Gäste dem üppigen Abendessen, das »der gute alte Karl« aufgetischt, ausgiebig zugesprochen hatten. Doch dann kam er endlich an – da stand die Kiste, riesig groß –, und weil die ganze Gesellschaft sich in überaus guter Laune befand, wurde nem. con. entschieden, man sollte sie auf den Tisch heben und alsogleich ihren Inhalt freilegen.

Kaum gesagt, so geschehen. Ich legte helfend Hand mit an; und im Nu hatten wir die Kiste auf dem Tisch, mitten zwischen all den Flaschen und Gläsern, von denen nicht wenige im Getümmel zu Bruche gingen. »Der gute alte Karl«, der ganz hübsch betrunken war und überaus rot im Gesichte, nahm nun mit einer Miene blasierter Würde am Haupt der Tafel Platz und hämmerte wild mit einer Karaffe darauf herum, indem er auf diese Weise die Gesellschaft aufrief, »während der feierlichen Enthüllung des Schatzes« Ordnung zu bewahren.

Nach einigem Gebrüll ward volle Ruhe wiederhergestellt, und es folgte – wie es so oft in ähnlichen Fällen geschieht – eine tiefe und auffallende Stille. Der Aufforderung, den Deckel aufzubrechen, kam ich natürlich »mit dem größten Vergnügen« nach. Ich setzte ein Stemmeisen an, und indem ich ein paarmal mit einem Hammer darauf schlug, flog der Kistendekkel plötzlich herunter, und heraus sprang – in sitzender Stellung – dem Gastgeber grad gegenüber – im selben Augenblick die zerschundene, blutige und nahezu schon verweste Leiche des ermordeten Herrn Ehrenwert selbst. Ein paar Momente lang glotzte sie stier und bekümmert mit ihren faulig matten Augen voll Herrn Gutkerl ins Gesicht, äußerte langsam, doch klar und nachdrucksvoll die Worte »Du bist der Mann!« – und fiel dann, wie vollkommen zufriedengestellt, über die Seitenwandung der Kiste und streckte zitternd die Glieder auf dem Tische aus.

Die Szene, die nun folgte, geht gänzlich über alle Beschreibung. Ein schreckliches Drängen nach Türen und Fenstern entstand, und viele der robustesten Menschen im Raum fielen vor schierem Entsetzten sogleich in Ohnmacht. Doch nach dem ersten wilden, schrillen Ausbruch des Schreckens richteten sich alle Augen auf Herrn Gutkerl. Und wenn ich tausend Jahre lebte, nie könnte ich die schon mehr als mörderische Seelenqual vergessen, die sich auf seinem gräßlich geisterbleichen, soeben noch von Trunkenheit und Triumph geröteten Gesichte malte. Mehrere Minuten lang saß er steif und starr da wie ein Marmorbild; in ihrer stieren Blickesleere schienen seine Augen wie nach innen gewendet und versunken in die Betrachtung seiner eigenen elenden Mörderseele. Schließlich geschah es, daß ihr Ausdruck jäh wieder in die Außenwelt herausblitzte, und mit einem plötzlichen Satz sprang er vom Stuhle auf und stürzte schwer mit Kopf und Schultern auf den Tisch, und in Berührung mit dem Leichnam stieß er in reißender Schnelle ein ausführliches Geständnis des scheußlichen Verbrechens hervor, für welches Herr Pfennigfeder im Gefängnis saß, zum Tode verurteilt.

Was er erzählte, war im wesentlichen dies: – Er folgte seinem Opfer bis zur Nähe des Tümpels; erschoß dort das Pferd mit einer Pistole; tat den Reiter mit dem Kolben ab; setzte sich in den Besitz der Brieftasche; und in dem Glauben, das Pferd sei tot, schleifte er es mit großer Anstrengung in das Gestrüpp bei dem Tümpel. Auf sein eigenes Tier schlang er den Leichnam von Herrn Ehrenwert und schaffte ihn solcherart weit weg durch die Wälder zu einem sicheren Versteck.

Die Weste, das Messer, die Brieftasche und die Kugel waren von ihm selbst an ihren Fundorten in der Absicht manipuliert worden, sich an Herrn Pfennigfeder zu rächen. Insgleichen hatte er die Entdeckung des blutbefleckten Halstuchs und Hemdes arrangiert.

Gegen Ende des schauerlichen Berichts wurden die Worte des schuldigen Wichtes stammlig und hohl. Als das Geständnis dann endlich ganz heraus war, stand er auf, taumelte vom Tisch zurück und – stürzte tot zu Boden.

Die Mittel, mit denen dies noch eben zur günstigen Stunde abgelegte Geständnis erpreßt ward, waren – wenngleich recht wirksam – tatsächlich recht simpel. Herrn Gutkerls unmäßige Freimütigkeit hatte mich angewidert und gleich zu Anfang meinen Verdacht erweckt. Ich war dabei, als Herr Pfennigfeder ihn geschlagen, und der teuflische Ausdruck, der damals auf seinem Gesicht erschien, wenngleich auch nur für einen Augenblick, gab mir die Gewißheit, daß seine Rachedrohung so unnachsichtig als möglich in Erfüllung gehen werde. Ich war mithin vorbereitet, die Manöver des »guten alten Karl« in einem sehr anderen Lichte zu sehen, als es die guten Schwetzerdörfler taten. Ich erkannte sogleich, daß all die belastenden Entdeckungen mehr oder minder direkt von ihm selbst herrührten. Doch die Tatsache, die mir für den wahren Stand des Falles deutlich die Augen öffnete, war die Geschichte mit der Kugel, die Herr Gutkerl im Kadaver des Pferdes fand. Ich hatte nicht – wie die Schwetzerdörfler – vergessen, daß zwei Wundlöcher vorhanden gewesen waren, nämlich eines, wo das Geschoß in die Brust des Pferdes eingedrungen, und eines, wo es wieder herausgetreten war. Wenn es denn also in dem Tiere gefunden wurde, nachdem es dieses doch wieder verlassen, so mußte es – das sah ich klar – von der Person, die es fand, dort hingebracht worden sein. Das blutige Hemd und Halstuch bestätigten mir den Gedanken, den mir die Kugel eingab; denn das Blut erwies sich bei der Untersuchung als kapitaler Rotwein und nichts mehr. Als ich über all das nun nachsann und auch die seit kurzem bedeutend gewachsene Freigiebigkeit und Verschwendung auf seiten Herrn Gutkerls bedachte, faßte ich einen Argwohn, der nicht im mindesten dadurch schwächer ward, daß ich ihn gänzlich für mich selbst behielt.

Inzwischen unternahm ich auf eigene Faust eine rigorose Suche nach Herrn Ehrenwerts Leichnam, und zwar suchte ich, aus guten Gründen, in Gegenden, die so weit als möglich denen abgelegen waren, zu denen Herr Gutkerl seine Partei geführt hatte. Das Resultat war, daß ich nach einigen Tagen auf einen alten ausgetrockneten Brunnenschacht stieß, der fast ganz verborgen im Gestrüpp lag; und hier, auf seinem Grund, entdeckte ich, was ich suchte. Nun hatte ich zufällig von Anfang bis Ende das Gespräch zwischen den beiden Freunden mitangehört, in dem es Herr Gutkerl fertiggebracht hatte, seinen Gastgeber so weit zu beschwatzen, daß er ihm eine Kiste Chateau-Margaux versprach. Auf diesen Wink hin ging ich denn ans Werk. Ich besorgte mir ein steifes Stück Fischbein, stieß es dem Leichnam durch die Speiseröhre nieder und deponierte ihn sodann in einer alten Weinkiste, indem ich darauf bedacht war, mit dem Körper zugleich auch das Fischbein zusammenzukrümmen. In dieser Weise hatte ich kräftig auf den Deckel zu drücken, um ihn niederzuhalten, während ich ihn mit Nägeln sicherte; und natürlich berechnete ich voraus, daß er, sobald diese letzteren entfernt würden, auffliegen und der Körper hervorschießen würde.

Nachdem ich die Kiste solcherart vorgerichtet, bezeichnete, numerierte und adressierte ich sie, wie bereits erzählt; sodann setzte ich im Namen der Weinhändler, mit denen Herr Ehrenwert zu tun gehabt, einen Brief auf und erteilte meinem Diener Instruktionen, die Kiste auf ein von mir selbst gegebenes Signal hin auf einer Schubkarre vor Herrn Gutkerls Haustüre zu schaffen. Was die Worte betraf, die der Leichnam nach meinem Plane von sich geben sollte, so verließ ich mich zuversichtlich auf mein bauchrednerisches Talent; tur ihre Wirkung rechnete ich auf das Gewissen des Mordbuben.

Ich denke, es bleibt nichts weiter zu erklären. Herr Pfennigfeder ward auf der Stelle freigelassen, erbte das Vermögen seines Onkels, ließ sich die schlimme Erfahrung zur Lehre dienen, besserte seinen Lebenswandel und führte glücklich stets danach ein neues Leben.

Das literarische Leben des Herrn Thingum Bob, Hochwohlgeboren

Frühern Herausgebers des ›Grunzerumfummel‹

VON IHM SELBST

Ich komme allmählich in die Jahre, und da mir bekannt ist, daß Shakespeare und Mr. Emmons verstorben sind, ist die Möglichkeit nicht von der Hand zu weisen, daß wohl auch ich dereinstmals sterben werde. Es ist mir daher beigefallen, daß ich mich nun eigentlich vom Felde der Literatur zurückziehen und auf meinen Lorbeeren ausruhen könnte. Doch habe ich den Ehrgeiz, die Niederlegung meines literarischen Szepters der Nachwelt durch ein bedeutendes Vermächtnis anzuzeigen; und vielleicht kann ich nichts Besseres für sie tun, als ihr Nachricht von meiner frühern Laufbahn zu geben. In der Tat ist mein Name so lange und nachhaltig vor dem öffentlichen Auge gewesen, daß ich nicht nur gewillt bin, das völlig Natürliche des Interesses anzuerkennen, das er allenthalben erregt hat, sondern mich auch gern bereit finde, die extreme Neugierde, welche er erweckte, zu befriedigen. Tatsächlich ist es ja nicht mehr denn nur eine Pflicht dessen, der Größe errang, bei seinem Aufstieg Marksteine hinter sich zu lassen, welche andern den Weg zur Größe weisen möchten. Die Absicht der vorliegenden Abhandlung (die ›Memoranda zur Beförderung der Amerikanischen Literatur‹ zu nennen mir vorschwebte) ist daher, genauen Bericht von jenen bedeutsamen, wenn auch noch schwachen und schwanken ersten Schritten zu geben, mit denen ich schließlich den hohen Pfad zum Gipfel menschlichen Ruhmes bezwang.

Von eines Menschen *sehr* verflossenen Vorfahren des breitern zu reden, ist überflüssig. Mein Vater, Thomas Bob, Hochwohlgeboren, stand lange Jahre auf der Höhe seiner Profession, welche die eines Barbiers war, in der Stadt Geckenhausen. Sein Salon war der Treffpunkt aller ersten Kreise am Ort und in Sonderheit des Redaktionsverbandes – einer Körperschaft, welche überall um sich herum die größte Ehrfurcht und Scheu einflößt. Was mich selbst betrifft, so betrachtete ich ihre Mitglieder schier als Götter und trank mit Begier die reiche Weisheit und allen Witz in mich hinein, welche Gaben unaufhörlich im Verlaufe dessen, was man füglich ›Einseifen‹ nennt, von ihren erlauchten Lippen troffen. Mein erster Augenblick ausgesprochener Inspiration muß auf jenen ewig-denkwürdigen Zeitpunkt datiert werden, da der Leiter der ›Dasselfliege‹, in den Pausen des soeben erwähnten hochwichtigen Prozesses, mit lauter Stimme vor dem Konklave unserer Lehrjungen ein unnachahmliches Gedicht zu Ehren des ›Einzig Echten Bobschen Öles‹ rezitierte (so genannt nach seinem begabten Erfinder, meinem Vater), für welchen Erguß der Herausgeber der besagten ›Fliege‹ von der Firma Thomas Bob & Cie., Barbiersalon, Bedarfsartikel aller Art, mit königlicher Freigiebigkeit belohnt ward.

Der Genius der dem ›Bobschen Öl‹ gewidmeten Stanzen hauchte mir zuerst, so sagte ich, den göttlichen *afflatus* ein. Augenblicklich entschloß ich mich, ein großer Mann zu werden und damit zu beginnen, indem ich ein großer Dichter wurde. Es war noch an *jenem* Abend, daß ich zu den Füßen meines Vaters auf die Knie niederfiel.

»Vater«, so sprach ich, »vergeben Sie mir! – doch ich habe eine Seele, die steht mir nach Höherem denn nach Seifenschaum. Es ist mein heiliger Vorsatz, den Laden dranzugeben. Gern würde ich Herausgeber – gern würde ich Dichter –, ich würde gern Stanzen über das ›Bobsche Öl‹ erdichten. Vergeben Sie mir und leihen Sie mir Ihren Beistand auf dem Weg zur Größe!«

»Mein teurer Thingum«, erwiderte mein Vater (ich hatte in der Taufe diesen Vornamen nach dem eines wohlhabenden Verwandten empfangen) – »mein teurer Thingum«, sagte er, indem er mich an den Ohren vom Boden emporzog – »Thingum, mein Junge, du bist ein Prachtsmensch und, hinsichtlich des Besitzes einer Seele, das schiere Ebenbild deines Vaters. Auch hast du einen ungeheuern Kopf, und wahrlich, er muß eine große Menge Gehirn enthalten. Lange schon sah ich dies, und deshalb hatte ich Gedanken, einen Advokaten aus dir zu machen. Doch ist dies Geschäft recht unanständig geworden, und das eines Politikers macht sich nicht bezahlt. Im Ganzen ist dein Urteil also weise – das Gewerbe eines Herausgebers ist das beste –, und wenn du zu gleicher Zeit auch noch Dichter sein kannst – wie es die meisten Herausgeber nebenbei sind –, ja, dann wirst du zwei Fliegen mit einer Klappe schlagen. Um dich im Anfang der Dinge zu ermutigen, will ich dir eine Dachstube gewähren; dazu Feder, Tinte und Papier; ein Reimlexikon; und ein Exemplar der ›Dasselfliege‹. Ich nehme an, mehr wirst du kaum verlangen.«

»Ich wäre ein undankbarer Schurke, täte ich's«, erwiderte ich mit Begeisterung. »Ihre Generosität ist eine grenzenlose. Ich werde sie Ihnen dadurch vergelten, daß ich Sie zum Vater eines Genies mache.«

So endete meine Unterredung mit dem besten der Menschen, und unmittelbar nachdem ich ihn verlassen, widmete ich mich mit Eifer meinen dichterischen Bemühungen; denn auf diese hauptsächlich gründeten sich meine Hoffnungen, dermaleinst zum Redakteursessel aufzusteigen.

Bei meinen ersten schöpferischen Versuchen mußte ich freilich feststellen, daß mir die Stanzen über das ›Bobsche Öl‹ nur eher hinderlich waren. Ihr Glanz blendete mich mehr, als daß er mich erleuchtete. Die Betrachtung ihrer Herrlichkeit gereichte mir natürlich zur Entmutigung, verglich ich sie mit meinen eignen Frühgeburten; so mühte ich mich lange Zeit vergebens. Schließlich kam meinem Kopfe eine jener köstlich schöpferischen Ideen ein, welche eben zuweilen das Hirn eines genialen Menschen durchdringen. Sie bestand im Folgenden – oder wurde vielmehr folgendermaßen ins Werk gesetzt. Aus dem Plunder eines alten Bücherstandes, in einem sehr entlegnen Winkel der Stadt, holte ich mir verschiedene altertümliche und völlig unbekannte oder vergessene Bände zusammen. Der Händler ließ sie mir für einen Pappenstiel. Aus einem davon, welcher die Übersetzung von eines gewissen Dantes »Inferno« zum Inhalt hatte, kopierte ich mir auf bemerkenswert geschickte und saubere Weise einen langen Abschnitt über einen Mann Namens Ugolino, der einen ganzen Pack Bälger besaß. Aus einem andern, welcher eine gute Menge alter Stücke enthielt, verfaßt von einer Person, deren Namen ich vergessen, extrahierte ich auf dieselbe Weise und mit derselben Sorgfalt ein Schock Verszeilen über »Engel« und »herumstehende Boten Gottes« und einen »Kobold« und dergleichen mehr. Aus einem dritten, welcher das Dichtwerk irgendeines blinden Menschen war, eines Griechen oder eines Choctaw – ich habe nicht die Muße, mir jede Kleinigkeit genau zu merken –, nahm ich etwa fünfzig Verse, die mit dem wüsten Zorn eines gewissen Paläologen »Achilles« oder ähnlich begannen. Aus einem vierten, welcher – wie ich mich erinnere – ebenfalls das Werk eines Blinden war, wählte ich eine Seite oder zwei, auf denen dauernd von »Heil« und »heilgem Licht« die Rede ging; und wenn es auch einem Blinden nun wirklich kaum ansteht, über Fragen der Beleuchtung zu schreiben, so waren die Verse doch in ihrer Art recht ordentlich.

Nachdem ich diese Dichtwerke säuberlich abgeschrieben hatte, zeichnete ich ein jedes von ihnen mit ›Oppodeldoc‹ (einem schön tönenden Namen), und indem ich wiederum jedes sorgsam in einen gesonderten Umschlag steckte, versandte ich sie, mit dem Ersuchen um schleunigen Abdruck und prompte Bezahlung, an die vier vornehmsten Zeitschriften. Das Ergebnis dieses wohlerwogenen Plans jedoch (dessen Gelingen mir im spätern Leben viel Ungemach erspart hätte) diente mir zu der Überzeugung, daß manche Herausgeber sich nicht prellen lassen, und versetzte meinen eben zart keimenden Hoffnungen (wie man in der Stadt der Transzendentalisten sagt) den *coup-de-grâce* (wie man in Frankreich sagt).

Die Sache ist die, daß jede, aber auch jede einzelne der in Rede stehenden Zeitschriften

Herrn ›Oppodeldoc‹ im ›Monatlichen Briefkasten‹ einen vollkommenen Verriß widmete. Das ›Quarkdahlsblatt‹ ließ ihm seine Abreibung in der folgenden Weise zuteil werden:

»›Oppodeldoc‹ (wer immer das ist) hat uns eine lange *tirade* über einen Wahnsinnigen eingesandt, welchen er ›Ugolino‹ nennt – einen Mann mit einer großen Menge Kinder, die man allesamt gründlich hätte verhauen und unter Entzug des Nachtmahls ins Bett stecken sollen. Die Sache ist ganz unmäßig zahm – um nicht zu sagen flach. ›Oppodeldoc‹ (wer immer das ist) gebricht es an jeglicher Phantasie – und Phantasie ist, unsrer bescheidenen Meinung nach, nicht nur die Seele der POESIE, sondern schier ihr Herz. ›Oppodeldoc‹ (wer immer das ist) besitzt die Kühnheit, für sein Gequake ›schleunigen Abdruck und prompte Bezahlung‹ von uns zu heischen. Wir drucken weder, noch kaufen wir gar irgend Zeug der Sorte. Kein Zweifel kann freilich sein, daß er mit all dem Gewäsche, das er noch zusammenkritzeln kann, beim ›Specktakel‹, beim ›Bäuerischen Courier‹ oder beim ›Grunzerumfummel‹ reißenden Absatz finden würde.«

All dieses, das wird man zugestehen müssen, war für ›Oppodeldoc‹ ausgesprochen hart – doch der unfreundlichste Hieb bestand darin, das Wort POESIE in Kapitälchen zu setzen. In jenen sechs hervorstechenden Buchstaben welch eine Welt von Bitternis liegt nicht darin beschlossen!

Doch mit gleicher Härte ward ›Oppodeldoc‹ vom ›Specktakel‹ gepönt, welcher sich also vernehmen ließ:

»Wir haben eine höchst ungewöhnliche und unverschämte Mitteilung von einem Menschen empfangen, welcher sich (sei er, wer er wolle) mit ›Oppodeldoc‹ unterzeichnet – auf diese Weise die Größe des berühmten römischen Kaisers gleichen Namens entweihend. In der Anlage zum Briefe des ›Oppodeldoc‹ (sei er, wer er wolle) finden wir allerhand Verszeilen von höchst abscheulicher und sinnloser Schwülstigkeit, betreffend ›Engel und Boten Gottes‹, welche ihm beistehen sollen – einer Schwülstigkeit, wie sie wohl nicht einmal ein Wahnsinniger, ausgenommen einen Nat Lee oder eben einen ›Oppodeldoc‹, ähnlich zu Wege bringen könnte. Und für diesen Kehricht, für welchen wohl eher die Müllabfuhr zuständig wäre, sollen wir, so wird bescheiden von uns verlangt, ›prompt zahlen‹. Nein, mein Herr – dieses nicht! Wir zahlen für nichts von dieser Sorte. Wenden Sie sich doch an das ›Quarkdahlsblatt‹, den ›Bäuerischen Courier‹ oder den ›Grunzerumfummel‹. Diese Blätter werden zweifellos jeglichen literarischen Auswurf akzeptieren, welchen Sie ihnen zustellen, und ebenso zweifellos – Ihnen Zahlung dafür versprechen.«

Dies war für den armen ›Oppodeldoc‹ ausgesprochen bitter; doch trifft, in diesem Fall, das Schwergewicht der Satire ja eher das ›Quarkdahlsblatt‹, den ›Bäuerischen Courier‹ und den ›Grunzerumfummel‹, welche Blätter kurz und bündig als *›Blätter‹* bezeichnet werden – und das auch noch gesperrt –, eine Sache, die denselben tief in das Herz geschnitten haben muß.

Kaum weniger grausam war der ›Bäuerische Courier‹, welcher sich folgendermaßen ausließ:

»Ein Individuum, das sich der Benamsung ›Oppodeldoc‹ erfreut (zu welch niedern Zwekken müssen doch oft die Namen unserer illustren Toten herhalten!), hat uns einige fünfzig oder sechzig Verse beigeschlossen, beginnend nach folgender *façon:*

> Singe den Zorn, o Göttin, des Peleiaden Achilleus,
> Ihn, der entbrannt, etc., etc., etc.,

›Oppodeldoc‹ (wer dies auch sei) werde hiermit ergebenst in Kenntnis gesetzt, daß es in unseren Hallen keinen Setzerlehrling gibt, bei welchem es nicht zur täglichen Gewohnheit gehörte, bessere Versformen zu gestalten. Jene des ›Oppodeldoc‹ lassen sich nicht skandieren. ›Oppodeldoc‹ sollte sich die Mühe machen, das Zählen zu erlernen. Doch wie er auf die Idee verfallen sein mag, wir (man denke! ausgerechnet wir!) würden unsere Spalten mit seinem unsäglichen Unsinn schänden, geht gänzlich über alles Begreifen. Ist doch das läppische Geplapper kaum gut genug für das ›Quarkdahlsblatt‹, den ›Specktakel‹, den ›Grunzerumfummel‹ – für Organe also, welche ja nicht einmal davor zurückschrecken, ›Mutter Gänsins Melodien‹ als Original-Lyrik zu veröffentlichen. Und ›Oppodeldoc‹ (wer dies auch sei) hat gar noch die Dreistigkeit, Bezahlung für sein Gefasel zu verlangen. Weiß ›Oppodeldoc‹ (wer dies auch sei) denn nicht – erkennt er nicht, daß wir das Zeug auch dann nicht bringen würden, wenn man uns dafür bezahlte?«

Als ich dies sorgsam durchlesen, spürte ich, wie ich kleiner und immer kleiner wurde, und als ich zu dem Punkte kam, an welchem der Herausgeber das Gedicht als ›*Verse*‹ verhöhnte, war wenig mehr denn eine Unze von mir übrig. Was ›Oppodeldoc‹ betrifft, so fühlte ich allmählich schieres Mitleid mit dem armen Burschen in mir aufsteigen. Doch der ›Grunzerumfummel‹ bezeigte womöglich weniger Erbarmen noch als der ›Bäuerische Courier‹. Es war der ›Grunzerumfummel‹, welcher äußerte:

»Ein elender Poetaster, der mit ›Oppodeldoc‹ zeichnet, ist irr genug, sich einzubilden, bei uns sowohl Abdruck wie auch Bezahlung für einen Wust von unzusammenhängendem und ungrammatikalischem Bombast zu finden, welcher uns von ihm zugefertigt wurde und mit der folgenden, höchst intelligibeln Zeile anhebt:

›Heil heilig Licht! Des Himmels erster Sproß‹

Wir sagen: ›höchst intelligibel‹. ›Oppodeldoc‹ (wer immer das ist) wird vielleicht die Güte haben, uns zu erklären, wieso das ›heilige Licht‹ ausgerechnet ›heil‹ sein soll; könnte es auch ein beschädigtes geben? Insgleichen wolle er uns aufklären, wieso das besagte ›heile Licht‹ zugleich ›heilig‹ (was immer das ist) und ein ›Sproß‹ sein mag – welch letzterer Ausdruck (wenn wir nur halbe Kenner sind) vorzüglich wohl auf Kleinstkinder von rund sechs Wochen Alter angewendet wird. (Oder sollte, in poetischer Verkürzung, die ›erste Sprosse der Himmelsleiter‹ (was immer das ist) gemeint sein? Der Sinn könnte schier kein dunklerer dadurch werden.) Doch es ist abgeschmackt, sich über solchen Unfug des breitern auszulassen – obschon ›Oppodeldoc‹ (wer immer das ist) die beispiellose Unverschämtheit besitzt zu mutmaßen, wir würden seinen tollen Dunst nicht nur abdrucken, sondern vollends auch noch dafür bezahlen!

Nun, das ist stark – das ist schon mehr als stark –, und nicht übel hätten wir Lust, den jungen Schreiberling dadurch zu strafen, daß wir seinen Erguß wirklich in den Druck gäben, verbatim et litteratim, ganz wie er ihn geschrieben hat. Keine strengere Strafe könnten wir über ihn verhängen, und wahrlich, wir würden sie verhängen, wäre nicht die Rücksicht auf die Langeweile, welche wir unseren Lesern damit zumuten würden. Möge doch ›Oppodeldoc‹ (wer immer das ist) jegliches künftige Dichtprodukt ähnlichen Charakters dem ›Quarkdahlsblatte‹, dem ›Bäuerischen Courier‹ oder dem ›Specktakel‹ einsenden. Sie werden es abdrucken. Sie drucken jeden Monat solches Zeug. Mag es ihnen denn zukommen. WIR lassen uns nicht ungestraft beschimpfen.«

Dies gab mir den Rest; und was das ›Quarkdahlsblatt‹, den ›Bäuerischen Courier‹ und den ›Specktakel‹ anbetrifft, so konnte ich nie begreifen, wie sie es überlebten. *Sie* in der kleinstmöglichen Kolonel zu setzen (*das* war die eigentliche Tücke – die wie unter der Hand mit durchblicken ließ, wie niedrig – wie geringfügig sie seien), während das WIR in gigantischen Majuskeln dastand und auf sie herabsah! – oh es war *zu* bitter! – es war Wermut – es war Galle! Wäre ich an Stelle einer dieser Zeitschriften gestanden, ich hätte nicht gerastet noch geruht, bis ich den ›Grunzerumfummel‹ vor Gericht gebracht. Schon das ›Gesetz zur

Verhütung von Grausamkeiten gegenüber Tieren‹ hätte gewiß eine genügende Handhabe geboten. Und was ›Oppodeldoc‹ betraf (wer immer das war), so hatte ich um diese Zeit alle Geduld mit dem Burschen verloren und hegte fürder keine Sympathie mehr für ihn. Er war ein Tropf, ganz zweifellos (wer immer er war), und er empfing kaum einen Fußtritt mehr, als er verdiente. Das Resultat meines versuchsweisen Unternehmens mit den alten Büchern pflanzte mir die Erkenntnis ein, daß erstens Ehrlich am längsten währe, und daß es zweitens, wenn ich nicht besser schreiben konnte als Mr. Dante und die beiden blinden Herren und der ganze restliche alte Klüngel, doch jedenfalls eine schwierige Sache sein würde, schlechter zu schreiben. Ich faßte mir deshalb ein Herz und entschloß mich, von nun an ›ausschließlich Original-Arbeiten‹ (wie es immer vorn auf den Zeitschriften heißt) herzustellen, mochte es auch an Studien und Qualen kosten, was es wollte. Erneut nun führte ich mir die glänzenden Stanzen über das ›Bobsche Öl‹ als Modell vor Augen, geschaffen vom Herausgeber der ›Dasselfliege‹, und beschloß, eine Ode über dasselbe erhabne Thema zu ersinnen – in feurigem Wettbewerb mit dem, was längst vergangen schon und vorbei.

Mit dem ersten Verse hatte ich keinerlei wesentliche Schwierigkeit. Er entströmte mir folgendermaßen:

Dem Öl der Firma Bob zum höchsten Lobe …

Nachdem ich mich jedoch auf das sorgfältigste unter allen legitimen Reimen auf ›Bob‹ sowohl als auf ›Lobe‹ umgesehen hatte, wollte mir der Fortgang der Dichtung schier unmöglich werden. In diesem Dilemma nahm ich zu väterlichem Beistand meine Zuflucht; und nach einigen Stunden reiflicher Gedankenarbeit schufen mein Vater und ich gemeinsam das folgende Gedicht:

Dem Öl der Firma Bob zum höchsten Lobe
schreibt diese Ode
(gezeichnet) Snopp.

Gewiß, die Schöpfung war von nicht sehr großer Länge, doch ich »habe noch zu lernen«, wie es im ›Edinburgh Review‹ heißt, daß die bloße Ausdehnung eines literarischen Werkes überhaupt etwas mit seinem Wert zu schaffen habe. Was das Vierteljahrsgeschriftel über ›*sustained effort*‹ anbetrifft, so ist der Sinn schon gar nicht einzusehen. Im Ganzen war ich daher durchaus zufrieden mit dem Erfolge meiner Jungfernfahrt ins Land der Größe, und nun verblieb mir nur die Frage der Verfügung zu bedenken, welche ich darüber treffen sollte. Mein Vater riet mir an, das Werk der ›Dasselfliege‹ einzusenden – doch gab es zwei Gründe, welche mich bestimmten, davon Abstand zu nehmen. Einmal scheute ich die Eifersucht des Herausgebers – und zum andern hatte ich ermittelt, daß derselbe für Originalbeiträge grundsätzlich keine Zahlung leistete. Deshalb wies ich den Artikel, nach gebührlicher Überlegung, den würdigeren Spalten des ›Bäuerischen Couriers‹ zu und erwartete beklommen, doch mit Ergebung den Ausgang. Schon in der allernächsten Nummer hatte ich die stolze Genugtuung, mein Dichtwerk in voller Länge als Leitartikel abgedruckt zu sehen, voran – in Klammern – die nachstehenden, sehr bezeichnenden Worte:

(»Wir möchten die Aufmerksamkeit unserer Leser auf die beifolgenden bewunderungswürdigen Stanzen über das ›Bobsche Öl‹ lenken. Über ihre Pracht, ihr Pathos brauchen wir kein Wort zu verlieren: – unmöglich, sie tränenlosen Auges zu lesen. Alle diejenigen, welche seinerzeit von einer traurigen Dosis Worte zum selben erhabnen Gegenstande aus dem Gänsekiel des Herausgebers der ›Dasselfliege‹ angeekelt wurden, werden gut daran tun, die beiden Gedichte zu vergleichen.

PS: Wir werden von Verlangen verzehrt, das Geheimnis zu lüften, welches über dem ganz offenbar pseudonymen ›Snopp‹ waltet. Dürfen wir auf ein persönliches Interview hoffen?«)

All dieses war kaum mehr denn recht und billig, doch war es, ich bekenn' es, einiges mehr doch, als ich erwartet hatte: – ich gestehe dies, es sei bemerkt, zur immerwährenden Schande meines Landes und der Menschheit. Gleichwohl verlor ich keine Zeit, bei dem Herausgeber des ›Bäuerischen Couriers‹ vorzusprechen, und ein günstiger Zufall ließ mich den genannten Herrn zu Hause antreffen. Er begrüßte mich mit Gebärden des tiefsten Respektes, leicht vermischt mit väterlicher und gönnerhafter Bewunderung, welche ohne Zweifel die ungemeine Jugend und Unerfahrenheit meiner Erscheinung in ihm weckte. Indem er mich bat, Platz zu nehmen, ging er sofort auf den Gegenstand meines Gedichtes ein; – doch immer wird Bescheidenheit mir verbieten, die tausend schmeichelhaften Komplimente zu wiederholen, mit denen er mich schier verschwenderisch bedachte. Die Lobpreisungen des Herrn Holzhaupt (so war des Herausgebers Name) entströmten jedoch keineswegs nur peinlich blindem Schwärmen. Er analysierte meine Dichtung mit viel Freiheit und großem Geschick – wobei er auch nicht zögerte, auf ein paar wenige unbedeutende Schwächen zu weisen –, ein Umstand, welcher ihn in meiner Wertschätzung nur um so höher steigen ließ. Natürlich kam dann auch die ›Dasselfliege‹ aufs *tapis*, und niemals hoffe ich einer so bohrenden Kritik oder einem so vernichtenden Tadel ausgesetzt zu werden, wie sie von Herrn Holzhaupt auf jenen unglückseligen Erguß gewendet wurden. Ich hatte den Herausgeber der ›Dasselfliege‹ nie anders denn für ein Übermenschliches anzusehen gepflogen; doch dieserhalb belehrte mich Herr Holzhaupt bald nun eines Bessern. Er rückte den literarischen sowohl als den menschlichen Charakter des Fliegers (so bezeichnete Herr H. satirisch seinen Rivalen) in das rechte Licht. Er, der Flieger, war sehr wenig besser, als er sein sollte. Infame Sachen hatte er geschrieben. Er war ein Zeilenschinder und ein Reißer dummer Possen. Er war ein förmlicher Schurke. Er hatte eine Tragödie angefertigt, welche das ganze Land vor Lachlust fast ersticken ließ, und eine Farce, die das Universum in Tränenfluten zu ertränken drohte. Und obendrein noch hatte er die Schamlosigkeit besessen, auf ihn (Herrn Holzhaupt) eine – wie er meinte – tödliche Schmähschrift zu verfassen, und die Tollkühnheit, ihn darin einen Esel zu titulieren. Sollte ich irgend nur je den Wunsch haben, meine Meinung über den Herrn Flieger zum Ausdruck zu bringen, so stünden die Spalten des ›Bäuerischen Couriers‹, dessen versicherte mich Herr Holzhaupt, zu meiner uneingeschränkten Verfügung. Da es nun ganz sicher sei, daß ich auf Grund meines Versuches, ein Konkurrenz-Gedicht auf das ›Bobsche Öl‹ zu schaffen, in der ›Dasselfliege‹ würde angegriffen werden, wolle inzwischen er (Herr Holzhaupt) es übernehmen, meinen privaten und persönlichen Interessen die entschiedenste Fürsorge zu weihen. Würde sodann nicht bald schon ein gemachter Mann aus mir – es sollte sein Versaumnis nicht sein. Da Herr Holzhaupt nunmehr eine Pause in seinem Vortrage (dessen letztern Teil zu begreifen ich mich nicht imstande fand) hatte eintreten lassen, wagte ich einen kleinen Hinweis auf die Vergütung, welche für meine Dichtung erwarten zu dürfen ich belehrt worden war, und zwar durch eine Ankündigung auf dem Umschlag des ›Bäuerischen Couriers‹, die erklärte, daß er (der ›Bäuerische Courier‹) darauf bestehe, die Erlaubnis zu erhalten, für alle angenommenen Beiträge exorbitante Preise zu zahlen; – er werfe, so hieß es, sehr häufig für ein einziges kurzes Gedicht mehr Geld aus, als die gesamten Jahresauswürfe des ›Quarkdahlsblattes‹, des ›Specktakels‹ und des ›Grunzerumfummel‹ zusammen betrügen.

Als ich das Wort ›Vergütung‹ erwähnte, öffnete Herr Holzhaupt zuerst seine Augen und dann seinen Mund in überaus bemerkenswertem Maße, indem er seine persönliche Erscheinung veranlaßte, Ähnlichkeit mit einer äußerst erregten ältlichen Ente beim Akt des Quakens anzunehmen; – und in diesem Zustand verharrte er (dann und wann, wie in verzweifelter Ratlosigkeit, die Hände dicht an seine Stirne pressend), bis ich mit dem, was ich zu sagen hatte, fast zu Ende war.

Beim Beschlusse meiner Rede sank er zurück in seinen Sitz, ganz als sei er völlig überwältigt, ließ seine Arme leblos an den Seiten niederfallen und hielt jedoch dabei den Mund noch unerbittlich nach Entenart geöffnet. Während ich noch in sprachlosem Erstaunen ob eines so Besorgnis erregenden Betragens verharrte, sprang er mit einemmal auf die Füße und stürzte dem Klingelzuge zu; doch als er diesen eben erreichte, schien er seinen Vorsatz geändert zu haben, welcher dieses auch sein mochte, denn er tauchte unter den Tisch und kehrte unmittelbar darauf mit einer Keule wieder. Diese zu erheben, stand er gerade im Begriffe (zu welchem Zweck, vermag ich beim besten Willen nicht zu erraten), als ganz plötzlich ein huldreiches Lächeln über seine Züge strich und er in milder Gelassenheit zurück in seinen Sessel sank.

»Herr Bob«, so sprach er alsdann (denn ich hatte ihm meine Karte hinaufgeschickt, ehe ich selber zu ihm emporstieg), »Herr Bob, Sie sind ein junger Mann noch, darf ich annehmen - ein *sehr* junger Mann?«

Ich bejahte, indem ich die Bemerkung tat, daß ich mein drittes Lustrum noch nicht vollendet hätte.

»Ah!« erwiderte er, »sehr gut! Ich sehe, wie die Dinge liegen - nein, sagen Sie kein Wort mehr! Was nun diese Sache mit der - mit der Entschädigung berührt, so ist, was Sie bemerken, durchaus nur recht und billig: ja in der Tat, das ist es in schier ungemeinem Maße. Doch - also - ja, der *erste* Beitrag - der *erste*, sage ich - ihn niemals zu bezahlen, ist bei unsrer Zeitschrift ehernes Gesetz - verstehn Sie mich, eh? Ja - die Wahrheit ist - gewöhnlich sind ja *wir* in solchem Falle die *Empfänger.*« (Herr Holzhaupt lächelte mild, als er das letzte Wort mit Nachdruck sprach.) »Meistenteils nämlich werden *wir* bezahlt für den Abdruck eines Erstversuches - vorzüglich bei Lyrik. Und zum andern, Herr Bob, gehört es zu den unverbrüchlichen Prinzipien der Zeitschrift, niemals das auszuwerfen, was wir in Frankreich *argent comptant* nennen: - Sie können mir doch folgen? Ich zweifle nicht daran. Ein Vierteljahr oder auch zwei nach der Veröffentlichung des Artikels - oder auch ein Jahr danach oder zwei - nehmen wir keinerlei Anstand, einen Wechsel auf neun Monate auszugeben: - natürlich immer vorausgesetzt, es lassen sich unsere Verhältnisse so arrangieren, daß in sechsen unsre Firma mit Sicherheit ›kracht‹. Ich darf wohl hoffen, Herr Bob, daß Sie diese meine Ausführungen als zufriedenstellende betrachten.« Hier schloß Herr Holzhaupt seine Rede, und helle Tränen standen ihm in den Augen.

In tiefster Seele bekümmert, einem so ausgezeichneten und empfindsamen Manne - wenn auch unschuldig - Schmerz verursacht zu haben, eilte ich, mich zu entschuldigen und ihn wieder zu beruhigen, indem ich ihm meine vollkommene Übereinstimmung mit seinen Äußerungen ebenso ausdrückte wie meine völlige Würdigung des Delikaten seiner Lage. Nachdem ich dies alles in artiger Rede vorgetragen, empfahl ich mich.

Recht kurz darauf, an einem schönen Morgen, »erwachte ich und fand mich berühmt«. Am besten wird das Ausmaß meines Rufes sich wohl an Hand der Zeitungsmeinungen des Tags ermessen lassen. Diese Meinungen, so wird man sehen, kamen in kritischen Notizen über die Nummer des ›Bäuerischen Couriers‹ zum Ausdruck, in welcher mein Gedicht enthalten war, und sind vollkommen zufriedenstellend, schlüssig und klar - mit Ausnahme vielleicht der hieroglyphischen Zeichen *»Sept. 15 - 1 t«*, welche sämtlichen Kritiken angefügt waren.

Die ›Eule‹, ein Journal von gründlichem Scharfsinn und wohlbekannt ob des bedachtsamen Ernstes ihrer literarischen Entscheidungen - die ›Eule‹, so hob ich an, äußerte sich wie folgt:

»Der ›Bäuerische Courier‹! Die Oktobernummer dieses herrlichen Magazines übertrifft alles Vorangegangene und bietet jeglicher Konkurrenz Trotz. In der Schönheit seines Drukkes und Papiers - in der Zahl und Vortrefflichkeit seiner Stahlstiche - wie auch im literarischen Werte seiner Beiträge - nimmt sich der ›Bäuerische Courier‹ neben seinen trägen Rivalen aus wie Hyperion neben einem Satyr. Das ›Quarkdahlsblatt‹, der ›Specktakel‹ und der ›Grunzerumfummel‹ exzellieren, das ist wahr, in Prahlerei, doch in allen andern Punkten gebt uns den ›Bäuerischen Courier‹! Wie dieses berühmte Journal seine offenbar enormen Auslagen zu tragen vermag, geht über unser Begreifen. Gewiß, es hat eine Verbreitung von 100 000, und die Zahl seiner regelmäßigen Bezieher ist während des letzten Monats um ein Viertel gewachsen; doch andererseits sind die Summen, welche es laufend für Beiträge auswirft, schier unfaßbar. Es erreicht uns die Nachricht, daß Herr Schlauesel nicht weniger als dreiundsiebenzigeinhalb Cents für seine unnachahmliche Arbeit über ›Das Kunstwerk‹ empfing. Mit Herrn HOLZHAUPT als Herausgeber und Namen wie SNOPP und Schlauesel auf der Liste der Mitarbeiter ist ein Wort wie ›Mißerfolg‹ für den ›Bäuerischen Courier‹ förmlich undenkbar. Geben Sie noch heute Ihre Bestellung auf. *Sept. 15 – 1 t.*«

Ich muß sagen, daß ich doch sehr angetan war von dieser hochgesinnten Notiz eines Blattes vom Ruf der ›Eule‹. Meinen Namen – das heißt meinen *nom de guerre* – dem des großen Schlauesel voran zu plazieren, war ein Kompliment, das mich um so glücklicher stimmte, als ich es verdient zu haben fühlte.

Als nächstes wurde meine Aufmerksamkeit von den folgenden Abschnitten in der ›Kröte‹ gefesselt – einem Druckwerk, rühmlichst bekannt für seine aufrechte Haltung und Unabhängigkeit – für seine gänzliche Freiheit von Speichelleckerei und Willfährigkeit gegenüber dinerspendenden Förderern:

»Das Oktoberheft des ›Bäuerischen Couriers‹ schlägt alle gegenwärtigen Zeitschriften aus dem Felde und übertrifft sie, selbstverständlich, grenzenlos in Hinsicht seiner blendenden Ausstattung wie auch seines reichen literarischen Gehaltes. Das ›Quarkdahlsblatt‹, der ›Specktakel‹ und der ›Grunzerumfummel‹ exzellieren, das geben wir zu, in Prahlerei, doch in allen andern Punkten gebt uns den ›Bäuerischen Courier‹! Wie dieses berühmte Magazin seine offenbar enormen Auslagen zu tragen vermag, geht über unser Begreifen. Gewiß, es hat eine Verbreitung von 200 000, und die Zahl seiner regelmäßigen Bezieher ist während der letzten vierzehn Tage um ein Drittel gewachsen, doch andererseits sind die Summen, die es monatlich für Beiträge auswirft, von schier schwindelnder Höhe. Erfahren wir doch, daß Herr Mummelmuller nicht weniger als fünfzig Cents für seinen kürzlichen ›Gesang der Männer im Backofen‹ erhielt.

Unter den Original-Beiträgen der vorliegenden Nummer bemerken wir (außer dem hervorragenden Herausgeber, Herrn HOLZHAUPT) Männer wie SNOPP, Schlauesel und Mummelmuller. Abgesehen vom redaktionellen Teile ist nichtsdestoweniger der wertvollste Beitrag, so denken wir, ein poetisches Kleinod über das ›Bobsche Öl‹, aus der Feder von ›Snopp‹ – doch wollen unsere Leser, auf Grund des Titels dieses unvergleichlichen *bijou,* nicht vermuten, dasselbe habe irgend nur eine Ähnlichkeit mit einem Geschreibsel über den nämlichen Gegenstand von einem gewissen verächtlichen Individuum, dessen Name unmöglich vor zarten Ohren genannt werden kann. Das vorliegende Gedicht ›Auf das Bobsche Öl‹ hat bezüglich des Eigners des offenbaren Pseudonyms ›Snopp‹ allenthalben Unruhe und Neugierde erweckt – eine Neugierde, welche zu befriedigen glücklicherweise in unserer Macht steht. ›Snopp‹ ist der *nom-de plume* des Herrn Thingum Bob, Mitbürgers unsrer Stadt – eines Verwandten des großen Herrn Thingum (nach welchem er benannt wurde), eines Mannes zudem, welchem die edelsten Familien des Staates gewogen sind. Sein Vater, Hochwohlgeboren Thomas Bob, ist ein wohlhabender Kaufmann zu Geckenhausen. *Sept. 15 – 1 t.*«

Diese so freigiebig gespendete Zustimmung rührte mir an das Herz – und das nur um so mehr, als sie einer so ausgesprochen – so sprichwörtlich reinen Quelle entstammte wie der ›Kröte‹. Das Wort ›Geschreibsel‹, angewendet auf das ›Bobsche Öl‹ des Fliegers, erachtete ich für einzigartig beißend und durchaus angemessen. Die Ausdrücke ›Kleinod‹ und *bijou* freilich, in bezug auf mein Gedicht gebraucht, wollten mir irgendwie doch noch zu schwächlich vorkommen. Sie schienen mir von unzureichendem Nachdruck zu sein. Sie waren nicht hinlänglich *prononcés* (wie wir in Frankreich sagen).

Ich hatte kaum die Lektüre der ›Kröte‹ beendigt, als mir ein Freund ein Exemplar des ›Maulwurfs‹ in die Hände legte, eines Tageblattes, welches sich hoher Reputation ob seiner scharfsichtigen Betrachtungsweise im allgemeinen und, im besondern, ob des offenen, ehrlichen, lebensnahen Stils seiner Leitartikel erfreut. Der ›Maulwurf‹ ließ sich über den ›Bäuerischen Courier‹ wie folgt vernehmen:

»Soeben erhalten wir die Oktober-Ausgabe des ›Bäuerischen Couriers‹, und wir müssen sagen, daß wir noch niemals eine einzelne Nummer irgendeiner Zeitschrift lasen, welche uns ein so erhabnes Glück bescherte. Wir sprechen dies mit ganzer Überlegung aus. Das ›Quarkdahlsblatt‹, der ›Specktakel‹ und der ›Grunzerumfummel‹ müssen sehr auf ihre Lorbeern achtgeben. Diese Druckwerke übertreffen zweifellos alles an Lautstärke und Anmaßlichkeit ihrer Behauptungen, doch in allen andern Punkten gebt uns den ›Bäuerischen Courier‹! Wie dieses berühmte Magazin seine offenbar enormen Auslagen zu tragen vermag, geht über unser Verständnis. Gewiß, es hat eine Verbreitung von 300 000, und die Zahl seiner regelmäßigen Bezieher ist während der letzten Woche um die Hälfte gewachsen, doch ist selbst dann die Summe, die es monatlich für Beiträge auswirft, staunenswert gewaltig. Wissen wir doch aus sicherer Quelle, daß Herr Fettich nicht weniger als zweiundsechzigeinhalb Cents für seine kürzliche Novelette ›Der Wischlappen‹ erhielt.

Die Beiträger der vor uns liegenden Nummer sind Herr Holzhaupt (der vorzügliche Herausgeber), Snopp, Mummelmuller, Fettich und andere; doch nach den unnachahmlichen Schöpfungen des Herausgebers selbst geben wir einem diamantgleichen Ergusse aus der Feder eines aufstrebenden Dichters den Vorzug, welcher unter der Signatur ›Snopp‹ schreibt – ein *nom-de guerre,* der – so sagen wir voraus – dereinst wohl noch den Glanz von ›Boz‹ verdunkeln wird. ›Snopp‹, so erfahren wir, ist ein Herr Thingum Bob, einziger Erbe eines wohlbegüterten Kaufmannes dieser Stadt, Hochwohlgeboren Thomas Bob, und ein naher Verwandter des vorzüglich bekannten Herrn Thingum. Titel von Herrn B's bewundernswertem Gedichte ist das ›Bobsche Öl‹ – ein irgendwie unglücklicher Name, nebenbei, da ein gewisser jämmerlicher Vagabund, der mit der Groschenpresse im Zusammenhange steht, der Stadt bereits mit einem beträchtlichen Schwall Gefasel zum selben Gegenstande Ekel erweckte. Doch wird keinerlei Gefahr bestehen, diese beiden Arbeiten miteinander zu verwechseln. *Sept 15 – 1 t.*«

Die generöse Zustimmung eines so klarsichtigen Journales wie des ›Maulwurfs‹ erfüllte meine Seele mit Entzücken. Einzig der Einwand kam mir bei, es hätte anstatt des »jämmerlichen Vagabunden« doch wohl ein *abscheulicher und* jämmerlicher *Schurke, Wicht und* Vagabund« sich besser ausgenommen. Es hätte durchaus anmutiger geklungen, denke ich. Auch besaß das Beiwort ›diamantgleich‹, das wird man mir zugeben, kaum genügende Intensität, um auszudrücken, was der ›Maulwurf‹ doch offensichtlich über die Brillanz des ›Bobschen Öles‹ *dachte.*

Am nämlichen Nachmittage, da ich diese Notizen in der ›Eule‹, der ›Kröte‹ und im ›Maulwurf‹ erblickte, kam mir zufällig ein Exemplar der ›Bachmücke‹ zu Augen, einer Zeitschrift – sprichwörtlich schon für das extreme Maß ihrer Einsichten. Und es war die ›Bachmücke‹, welche sich folgenderweise äußerte:

»Der ›Bäuerische Courier‹!! Dieses glänzende Magazin liegt mit seiner Oktober-Ausgabe bereits dem Publikum vor. Die Frage nach dem Vorrange ist damit für immer erledigt, und hiernach wäre es platterdings eine Albernheit, wollten das ›Quarkdahlsblatt‹, der ›Specktakel‹ oder der ›Grunzerumfummel‹ noch krampfhaft sich daran versuchen, hieneben zu bestehen. Diese Journale mögen den ›Bäuerischen Courier‹ in Sachen öffentlichen Radaues recht wohl übertreffen, doch in allen andern Punkten gebt uns denselben! Wie dieses berühmte Magazin seine offenbar enormen Auslagen zu tragen imstande ist, geht weit über alle Faßlichkeit. Gewiß, es hat eine Verbreitung von genau einer halben Million, und die Zahl seiner regelmäßigen Bezieher ist während der letzten paar Tage um fünfundsiebzig Prozent gewachsen; doch entziehen sich auch dann die Summen, die es monatlich für Beiträge auswirft, förmlich jeder Beschreibung; wir erhalten Kenntnis von der Tatsache, daß

Mademoiselle Spickabissel für ihre kürzliche wertvolle Revolutions-Geschichte, ›Das York-Townische Heu-Pferd und die Grillen von Bunker-Hill‹ betitelt, nicht weniger als siebenundachtzigeinhalb Cents empfing.

Die weitaus befähigtsten Arbeiten in der vorliegenden Nummer sind natürlich die vom Herausgeber beigetragenen (dem hervorragenden Herrn Holzhaupt), doch finden wir zahlreiche glänzende Artikel von Namen wie Snopp; Mademoiselle Spickabissel; Schlauesel; Frau Flunkerunke; Mummelmuller; Frau Stänkerstichel und – *last not least* – Fettich. Wohl mag die Welt herausgefordert werden, ein weiteres Mal eine solche Schar von Gestirnen des Geistes hervorzubringen.

Das mit ›Snopp‹ unterzeichnete Gedicht erweckt, so finden wir, allenthalben Bewunderung und verdient womöglich, das müssen wir uneingeschränkt zugeben, noch weit mehr Beifall, als es schon erhielt. ›Das Bobsche Öl‹ ist der Titel dieses Meisterwerkes der Beredsamkeit und Kunst. Ein oder zwei unserer Leser haben vielleicht noch eine sehr schwache, wenn auch hinreichend mit Ekel verbundne Erinnerung an ein Gedicht (?) ähnlichen Titels, verübt von einem elenden Zeilenschinder, Bettelbuben und Halsabschneider, welcher, so glauben wir, als Fußabtreter bei einem der obszönen Druckblätter in der Umgebung der Stadt Verwendung fand; sie flehen wir, die beiden Werke um des Himmels willen nicht zu verwechseln. Der Autor dieses ›Bobschen Öles‹ ist, wie wir hören, Thingum Bob, Hochwohlgeboren, ein Herr von hohem Genie und ein Gelehrter. ›Snopp‹ ist lediglich ein *nom de guerre. Sept 15 – 1 t.*«

Kaum vermochte ich meinem Unmut zu gebieten, während ich den Schluß dieser Schmähschrift überlas. Es war mir klar, daß die Ja-Nein-Manier – um nicht zu sagen: die Sanftheit – die hartnäckige Nachsicht, mit welcher die ›Bachmücke‹ von jenem Schwein, dem Herausgeber der ›Dasselfliege‹, sprach, – es war mir sonnenklar, sagte ich, daß diese Sanftmut der Rede von nichts anderem herrühren konnte als von einer Parteilichkeit für den Flieger welchen auf meine Kosten zu neuer Reputation zu erhöhen die offenbare Absicht der ›Bachmücke‹ war. In der Tat, schon mit nur einem Auge vermag es jedermann zu sehen, daß – wäre der ›Mücke‹ wirkliches Anliegen gewesen, was sie vorzutäuschen wünschte – sie (die ›Mücke‹) sich in weit direktern, schärfern und insgesamt angemessenern Termini hätte ergehen können. Die Worte ›Zeilenschinder‹, ›Bettelbube‹, ›Fußabtreter‹ und ›Halsabschneider‹ waren offensichtlich mit Absicht so ausdruckslos und mehrdeutig gehalten, daß sie, angewendet auf den Urheber der allerschlechtesten Stanzen, welche je von einem Angehörigen der menschlichen Rasse verfertigt, am Ende eigentlich so gut wie nichts besagten. Wir wissen doch wohl alle, was »mit schwachem Lob verdammen« heißt, und wer vermöchte andererseits den geheimen, hinterlistigen Zweck der ›Mücke‹ nicht zu durchschauen – nämlich den, mit schwachem Tadel zu verherrlichen?

Was der ›Mücke‹ über den Flieger zu sagen beliebte, war indessen meine Sache nicht. Was freilich sie dann über mich selbst vermerkte, war ein ander Ding. Nach der nobeln Weise, in welcher die ›Eule‹, die ›Kröte‹ und der ›Maulwurf‹ sich über meine Fähigkeiten ausgelassen hatten, war es doch ein reichlich starkes Stück, redete so ein schnippisches Ding wie die ›Bachmücke‹ nur einfach kühl von einem »Herrn von hohem Genie« und einem »Gelehrten«. ›Hohes Genie‹ – was heißt das schon! Ich entschloß mich augenblicklich, entweder eine schriftliche Entschuldigung von der ›Bachmücke‹ zu verlangen oder aber sie zu fordern. Von diesem Vorhaben erfüllt, sah ich mich nach einem Freunde um, welchen ich mit einer Botschaft an ihre mückische Selbstherrlichkeit betrauen konnte, und da mir der Herausgeber des ›Bäuerischen Couriers‹ so sichtbarlich Zeichen seiner Hochachtung gegeben, beschloß ich schließlich, bei baldigster Gelegenheit um seinen Beistand nachzusuchen.

Niemals habe ich mir später in zufriedenstellender Weise eine Erklärung für das sehr *eigenartige* Mienenspiel und Betragen zu geben vermocht, mit welchem Herr Holzhaupt mir zuhörte, da ich ihm mein Anliegen entfaltete.

Wieder absolvierte er die ganze Szene mit dem Klingelzug und der Keule, um selbst die Ente dann nicht auszulassen. Einmal gar glaubte ich, er schicke sich wirklich an zu quaken. Doch legte sich der Anfall schließlich wie beim erstenmal, und er begann, seinem Verhalten und seinen Äußerungen die Gestalt der Vernunft zu geben. Mein Kartell zu tragen, lehnte er jedoch ab, und in der Tat redete er mir überhaupt aus, es abzusenden; doch war er uneigennützig genug, mir zuzugestehen, daß die ›Bachmücke‹ schändlich im Unrecht sei – ganz besonders in Betreff der Epitheta »Genie« und »Gelehrter«.

Gegen Ende dieser Unterredung mit Herrn Holzhaupt, welcher wirklich ein väterliches Interesse an meiner Wohlfahrt zu nehmen schien, gab derselbe mir die Anregung, ich möge doch mein Geld auf ehrliche Weise verdienen und zugleich meine Reputation befördern, indem ich für den ›Bäuerischen Courier‹ den Thomas Hawk spiele.

Ich bat Herrn Holzhaupt, mir doch zu künden, wer Herr Thomas Hawk sei und wie ich denselben seiner Erwartung nach zu spielen hätte. Hier begab es sich ein weiteresmal, daß Herr Holzhaupt ›große Augen machte‹ (wie wir in Deutschland sagen), doch indem er sich schließlich von dem Erstaunen, welches ihn gründlich befallen, wieder erholte, versicherte er mich, daß er die Worte ›Thomas Hawk‹ gebrauche, um die vulgäre Form – nämlich Tommy – zu vermeiden, welche recht platt sei – daß der wahre Begriff indessen Tommy Hawk laute – oder Tomahawk und daß er sich mit dem Ausdruck »den Tomahawk spielen« auf das Skalpieren, Einschüchtern und sonstige Erledigen des Stammes armer Autorenteufel bezogen habe.

Ich versicherte meinen Gönner sogleich, daß ich, wäre dies alles, mich der Aufgabe, den Thomas Hawk zu spielen, vollkommen gewachsen fühlte. Hierauf wünschte Herr Holzhaupt, ich möchte denn auf der Stelle doch einmal den Herausgeber der ›Dasselfliege‹ erledigen, und zwar in dem wildesten Stile, zu welchem mein Vermögen sich würde verstehen können, und gleichsam als eine erste Kraftprobe. Dies tat ich nun ohne Verzug, und zwar in einer Rezension des ursprünglichen ›Bobschen Öles‹, welche sechsunddreißig Seiten des ›Bäuerischen Couriers‹ einnahm. Ich fand dabei, daß den Thomas Hawk zu spielen eine weit weniger mühselige Beschäftigung war als das Dichten selber; denn ich ging die Sache mit *System* an, und so fiel es mir leicht, sie gründlich und gut zu Wege zu bringen. Mein Verfahren war das folgende. Ich ersteigerte (sehr billig) Exemplare von ›Lord Broughams Reden‹, ›Cobbetts Gestammelten Werken‹, dem ›Neuen Lehrbuche des Roth-Welschen‹, der ›Kunst des Anschnauzens‹, ›Prentices Dreckigsten Witzen‹ (Folio-Ausgabe) und ›Lewis G. Clarke über die Sprache‹. Diese Werke zerkleinerte ich mit einem Striegel und sonderte, indem ich die Schnitzel in ein Sieb warf, sorgfältig alles aus, was für anständig hätte gelten mögen (ein gar winzig Häuflein nur): worauf die harten Phrasen zurückblieben; dieselben tat ich nun in einen großen blechernen, mit länglichen Löchern versehnen Pfefferstreuer, so daß stets ein ganzer Satz ohne Stocken hindurchgelangen konnte. Dann war die Mischung zum Gebrauche fertig. Ward ich nun aufgerufen, Thomas Hawk zu spielen, so salbte ich einen Bogen Propatria-Papier mit dem Weißen eines Ganter-Eies; sodann zerschnitzelte ich das Ding, das es zu rezensieren galt, wie ich zuvor die Bücher zerschnitzelt hatte – nur mit noch größerer Sorgfalt, damit ich ein jegliches Wort einzeln bekam –, warf die auf solche Art gewonnenen Schnitzel zusammen mit den andern, schraubte den Deckel auf die Pfefferbüchse, schüttelte diese und stäubte die Mischung auf das in der genannten Weise befeuchtete Papier; wo sie kleben blieb. Der Effekt war herrlich zu schauen. Ja, er war schier berückend. Tatsächlich sind die Rezensionen, welche ich mit diesem einfachen Hilfsmittel zustande brachte, nie hernach auch nur annähernd erreicht worden; sie waren geradezu ein Weltwunder. Zu Anfang war ich noch, zumal ja meine Unerfahrenheit einige Verschüchterung bedingte, ein wenig verwirrt im Angesichte einer gewissen Ungereimtheit – eines Fluidums von *bizarrerie* (wie wir in Frankreich sagen), welches von dem fertigen Werk als Ganzem ausging. Die Sätze und Satzteile waren nicht alle ganz *fit* (wie wir im Angelsächsischen sagen). Viele Begriffe lagen ziemlich schief. Einige gar standen ausgesprochen Kopf; und keiner war darunter, welcher nicht irgendwie doch durch die letztgenannte Art Unfall, trat derselbe ein, hinsichtlich seines Effektes einige Einbuße erlitten hätte: mit Ausnahme freilich der Artikel des Herrn Lewis G. Clarke; welche so durchaus rüstig und solide waren, daß es den Anschein hatte, sie könnten gar von keiner noch so sonderbaren Lage aus den Angeln gehoben werden; vielmehr blickten sie unveränderlich fröhlich und zufrieden drein, ob sie nun auf dem Kopfe oder auf den Hacken standen.

Was aus dem Herausgeber der ›Dasselfliege‹ nach der Publikation meiner Kritik seines ›Bobschen Öles‹ wurde, ist irgendwie schwierig auszumachen. Der plausibelste Schluß ist noch, daß ihn die eignen Tränen ertränkten. Nun, jedenfalls verschwand er augenblicklich vom Angesicht der Erde, und nie ist seither einem Menschen auch nur ein Hauch seines Geistes erschienen.

Nachdem diese Angelegenheit nun gründlich erledigt und das Wüten der Furien besänftigt war, stieg ich gar höchstlich in Herrn Holzhaupts Gunst. Er zog mich in sein Vertrauen, gab mir eine bleibende Beschäftigung als Thomas Hawk beim ›Bäuerischen Courier‹, und da er mir fürs erste noch kein Salär gewähren konnte, erlaubte er mir, nach jeglichem Belieben von seinem Rat zu profitieren.

»Mein teurer Thingum«, so sprach er eines Tages nach dem Mittagessen zu mir, »ich achte Ihre Fähigkeiten und liebe Sie als einen Sohn. Sie sollen mein Erbe sein. Sterbe ich dereinst, so will ich Ihnen den ›Bäuerischen Courier‹ vermachen. Machen aber will ich inzwischen einen ganzen Mann aus Ihnen – jawohl, das will und werde ich tun – vorausgesetzt, Sie folgen meinem Rate. Zuerst einmal müssen Sie von dem alten Keiler und Langweiler loskommen.«

»Keiler?« erwiderte ich fragend – »äh – Eber – meinen Sie? Ein Schwein? – *aper?* (wie wir Lateiner sagen) – wer und wo?«

»Ihr Vater«, sagte er.

»Richtig«, entgegnete ich, »– ein Schwein.«

»Sie haben Ihr Glück zu machen, Thingum«, fuhr Herr Holzhaupt in seiner Rede fort, »und dabei hängt Ihnen der Alte nur wie ein Mühlenstein am Halse. Wir müssen ihn ein für alle Mal abschneiden.« (Hier zog ich mein Messer heraus.) »Wir müssen ihn abschneiden«, fuhr Herr Holzhaupt fort, »und zwar mit Entschiedenheit und für immer. Er paßt nicht zu Ihnen – ja, er stört. Bei reiflicher Erwägung würde ich sagen, Sie sollten ihm am besten einen Tritt geben oder einen Hieb versetzen oder ihn in ähnlicher Weise entfernen.«

»Was meinen Sie«, regte ich bescheiden an, »sollte ich ihm vielleicht zuerst einmal einen Tritt geben, ihm sodann den Hieb versetzen und zum Beschlusse an der Nase zupfen?«

Herr Holzhaupt blickte mich einige Augenblicke lang sinnend an und versetzte dann:

»Ich denke, Herr Bob, daß dieser Ihr Vorschlag die Sache leidlich wohl lösen würde – ja, bedenkt man es recht, sogar vorzüglich – das heißt, wenn es sich machen läßt – denn Barbiere sind äußerst schwer zu schneiden, und wenn ich mir das Ganze überlege, so wäre es vielleicht ratsam, daß Sie – wenn Sie das erwähnte Verfahren an Thomas Bob vollzogen haben – ihm auch noch mit den Fäusten recht sorgfältig und gründlich beide Augen bläuen, um ihm die Möglichkeit zu benehmen, Sie je wieder bei eleganten Promenaden zu erblicken. Haben Sie diese Prozedur dann ausgeführt, so wüßte ich ehrlich nicht, was weiters Sie noch tun könnten. Eventuell – nun, vielleicht empfähle es sich noch, ihn zu ein oder zwei Malen in der Gosse zu wälzen und anschließend in polizeiliche Verwahrung zu geben. Am andern Morgen können Sie dann jederzeit auf dem Reviere vorsprechen und einen tätlichen Angriff beschwören.«

Ich war sehr angetan von dem freundlichen Mitgefühle mir persönlich gegenüber, welches aus diesem ausgezeichneten Rat des Herrn Holzhaupt sprach, und säumte nicht, mir denselben augenblicklich zu Nutz und Frommen dienen zu lassen. Das Ergebnis war, daß ich den alten Langweiler los wurde und mich ein wenig unabhängig und *gentleman-like* (wie ich wohl sagen darf) zu fühlen begann. Der Mangel an Geld freilich war für einige Wochen eine Quelle mancher Unbequemlichkeit; doch indem ich rüstig meine beiden Augen gebrauchte und beobachtete, was alles just vor meiner Nasenspitze vor sich ging, erkannte ich schließlich, wie die Sache zu deichseln wäre. Ich sage ›Sache‹ wohlgemerkt – denn man erzählt mir, das lateinische Wort hierfür sei *rem*. Da wir übrigens gerade von Latein reden kann mir jemand die Bedeutung von *quocunque* sagen oder auch was *modo* heißt?

Mein Plan war ausgesprochen einfach. Ich erwarb, für ein Spottgeld, ein Sechzehntel der ›Schnappschildkröte‹: das war schon alles. Die Sache war *gemacht*, und das Geld floß in meine Taschen. Es galt hernach noch ein paar geringfügige Maßnahmen zu ergreifen, gewiß; doch bildeten diese keinen eigentlichen Bestandteil des Planes selbst. Sie waren eher eine Konsequenz – ein Ergebnis. Zum Beispiel kaufte ich mir Feder, Tinte und Papier und setzte dieselben rasend in Betrieb. Hatte ich dann einen Zeitungsartikel vollendet, so gab ich ihm etwa den Titel »Blabarababba, vom *Autor* des ›Bobschen Öles‹« und adressierte ihn an den ›Grunzerumfummel‹. Nachdem dieses Journal ihn jedoch im ›Monatlichen Briefkasten‹ als »bares Geschwätz« bezeichnet hatte, änderte ich den Titel in »Simmsalabimm, von Thingum Bob, Hochwohlgeboren, Autor der Ode auf das ›Bobsche Öl‹ *und* Herausgeber der ›Schnappschildkröte‹«. Mit dieser Verbesserung sandte ich ihn dann wiederum an den ›Grunzerumfummel‹ und veröffentlichte, während ich der Antwort entgegenharrte, täglich in der ›Schildkröte‹ sechs Kolumnen lang einen Text, welchen man als philosophische und analytische Untersuchung der Verdienste des ›Grunzerumfummel‹ einerseits wie auch des persönlichen Charakters des Herausgebers des ›Grunzerumfummel‹ andererseits bezeichnen kann. Am Ende der Woche entdeckte dann der ›Grunzerumfummel‹, daß er, auf Grund eines ganz unerklärlichen Versehens, »einen schier schwachsinnigen Artikel mit der Überschrift ›Blabarababba‹, verfaßt von einem unbekannten Ignoramus, mit einem Juwel von förmlich blendendem Glanze, das ähnlich betitelt gewesen, verwechselt habe – letzteres das Werk von Thingum Bob, Hochwohlgeboren, dem gefeierten Autor des ›Bobschen Öles‹«. Der ›Grunzerumfummel‹ »bedauerte dieses sehr natürliche Versehen« zutiefst und stellte darüber hinaus einen Abdruck des *echten* ›Simmsalabimm‹ für die allernächste Nummer des Magazines in Aussicht.

Tatsache ist, ich *glaubte* – ich glaubte *wirklich* – ich glaubte seinerzeit – glaubte *damals* – und habe keine Ursache, *jetzt* anders zu denken –, daß der ›Grunzerumfummel‹ sich den beschriebnen Irrtum wirklich unterlaufen ließ. Und sollte ich – wünschenswerterweise – hundert Jahre alt werden, ich wüßte nichts und niemanden, dem so viele wunderliche Irrtümer unterlaufen wären wie dem ›Grunzerumfummel‹. Von jenem Tage an faßte ich eine Vorliebe für denselben, und das Ergebnis war: sehr bald gewann ich Einsicht in die Tiefen seiner literarischen Verdienste und stand nicht an, mich darüber des breitern in der ›Schildkröte‹ auszulassen, wann immer nur eine passende Gelegenheit sich bot. Und man darf es als eine sehr sonderbare Koinzidenz betrachten – als eines jener ausgesprochen *bemerkenswerten* Zusammentreffen, welche den Menschen sehr ernst und nachdenklich stimmen –, daß gerade ein ebensolcher totaler Meinungsumschwung – ein so vollständiges *bouleversement* (wie wir auf Französisch sagen) – eine so durchgreifende *topsiturviness* (wenn ich einmal einen ziemlich kräftigen Ausdruck der Choctaws gebrauchen darf, wie sie hier erfolgt war, *pro* und *con*, zwischen mir selber auf der einen und dem ›Grunzerumfummel‹ auf der andern Seite, sich tatsächlich, eine kurze Weile danach – und unter genau ähnlichen Umständen, zwischen mir und dem ›Specktakel‹ und (ein weiteresmal gleicherweise) zwischen mir und dem ›Quarkdahlsblatte‹ zutrug.

So kam es denn, daß ich, durch einen wahren Geniestreich, schließlich meine Triumphe damit krönte, daß ich »Geld in meinen Beutel tat«, und wahrlich mit Fug und Recht mag es heißen, daß hier jene glänzende und ereignisreiche Laufbahn begann, welche mich berühmt machte und mich heute in den Stand setzt, mit Chateaubriand zu sagen: »Ich habe Geschichte gemacht« – »J'ai fait l'histoire«.

Und in der Tat, das *habe* ich. Seit jener leuchtenden Epoche, die ich hier beschrieb, gehört mein Wirken – mein Werk – der Menschheit. Es ist der Welt vertraut. So mag es auch durchaus unnötig sein, im einzelnen zu berichten, wie ich, in steilem Höhenfluge, mich zum Erben des ›Bäuerischen Couriers‹ aufschwang – wie ich dieses Journal mit dem ›Quarkdahlsblatte‹ verschmolz – wie mir im weitern der Ankauf des ›Specktakels‹ glückte, wodurch ich die drei Zeitschriften vereinigte – und wie ich schließlich einen günstigen Handel mit dem einzig verbliebenen Rivalen abschloß und die gesamte Literatur des Landes in einem prächtigen Magazine vereinte, überall bekannt als der

Bäuerische Courier, Quarkdahlsblatt, Specktakel
und
GRUNZERUMFUMMEL.

Ja, ich habe Geschichte gemacht. Mein Ruhm ist allverbreitet. Er reicht bis zu den Enden der Erde. Nicht ein gemeines Zeitungsblatt nimmt man zur Hand, ohne darin zumindest irgendeine Anspielung auf den unsterblichen THINGUM BOB zu finden. Mr. Thingum Bob vertrat die Ansicht – Mr. Thingum Bob erklärte – Mr. Thingum Bob betonte. Doch bin ich leutselig und bescheiden geblieben, und sollte ich einst sterben, so wird es mit demütigem Herzen geschehen. Denn was ist es letztlich? – dieses unbeschreibliche Etwas, welches die Menschen ›Genie‹ zu nennen sich nicht nehmen lassen werden? Ich halte es mit Buffon – mit Hogarth – es ist zuletzt nur *Fleiß*.

Nehmen Sie *mich* zum Beispiele! – wie ich rang – wie sauer ich mich plagte – wie ich schrieb! Ihr Götter, schrieb ich *nicht?* Nicht kannte ich das Wort ›Muße‹. Bei Tage hockte ich vor meinem Pult, und bei der Nacht studierte ich im bleichen Schein des Lämpchens, bis das Öl zur Neige ging. Ach, hätten Sie mich einmal nur gesehen – ja, wahrlich, hätten Sie! Ich neigte mich rechts. Ich beugte mich links. Ich sank nach vorn. Ich schwankte nach hinten. Ich saß gar *tête baissée* (wie's im Kickapu heißt), indem ich mein Haupt dicht auf das alabasterne Weiß des Bogens senkte. Und was auch kam, ich *schrieb*. Ob Freud, ob Leid, ich *schrieb*. In Hunger und in Durst, ich – *schrieb*. Bei guter Zeitung und bei schlechter Zeitung, ich – *schrieb*. Ob Sonnenschein, ob Mondenschein, ich – *schrieb*. Was ich da schrieb, ist nicht zu sagen nötig. Der *Stil!* – das war die Sache. Ich nahm ihn mir von Fettich – flutsch! – witsch! futsch! – und gebe Ihnen nun dafür ein Beispiel …

Der entwendete Brief

Es war in Paris an einem stürmischen Herbstabend des Jahres 18 . . kurz nach Einbruch der Dunkelheit. In Gesellschaft meines Freundes C. Auguste Dupin erfreute ich mich in dessen kleiner nach hinten gelegener Bibliothek im dritten Stock der Rue Dunôt 33, Faubourg Saint Germain, des doppelten Genusses behaglicher Nachdenklichkeit und einer Meerschaumpfeife. Wenigstens eine Stunde lang hatten wir tiefstes Schweigen gewahrt, während deren ein Zuschauer wohl angenommen hätte, wir seien nachdrücklich und ausschließlich mit den kräuselnden Rauchwolken beschäftigt, die das Zimmer erfüllten. Indes befaßten sich meine Gedanken noch mit einigen Dingen, die an diesem Abend Gegenstand unserer Unterhaltung gewesen waren. Ich meine die Geschichte in der Rue Morgue und den geheimnisvollen Mord an der Marie Rogêt. Deshalb betrachtete ich es als ein eigentümliches Zusammentreffen, als sich die Tür öffnete und unser alter Bekannter Monsieur G., der Polizeipräfekt von Paris, hereintrat.

Wir hießen ihn herzlich willkommen, denn war er auch unbedeutend, so fanden wir immer noch genug in seinem Wesen, was uns Unterhaltung bot, und überdies hatten wir ihn seit mehreren Jahren nicht gesehen.

Wir hatten im Dunkeln gesessen, und Dupin erhob sich, um eine Lampe anzuzünden, setzte sich aber wieder nieder, ohne sein Vorhaben auszuführen, als G. uns eröffnete, er sei gekommen, uns um Rat zu fragen oder vielmehr meines Freundes Meinung in einer dienstlichen Angelegenheit zu hören, die ihm bereits viel Kopfzerbrechen bereitet habe.

»Wenn es sich um eine Sache handelt, bei der wir nachdenken müssen«, entgegnete Dupin, indem er mit dem Anzünden der Lampe zögerte, so sitzen wir besser im Dunkeln.«

»Das ist wieder einer Ihrer sonderbaren Einfälle«, erwiderte der Präfekt, der die Angewohnheit hatte, all das ›sonderbar‹ zu nennen, was über seine Begriffe hinausging, und der deshalb stets im Kreise unzähliger ›Sonderbarkeiten‹ lebte.

»Sehr richtig!« bemerkte Dupin, während er seinen Besuch mit einer Pfeife versorgte und ihm einen bequemen Sessel hinschob.

»Und was gibt es jetzt für Schwierigkeiten?« fragte ich, »hoffentlich nichts, was nach Mord aussieht!«

»O nein, nichts dergleichen! Die Sache ist in der Tat sehr einfach, und ich zweifele nicht daran, daß wir sie allein erledigen werden. Aber ich dachte, Dupin würde sich für die Einzelheiten des Falles interessieren, denn er ist ausnehmend sonderbar.«

»Einfach und sonderbar!« entgegnete Dupin.

»Nun ja, aber doch nicht unbedingt! Denn in der Tat sind wir gerade dadurch so sehr verwirrt, daß die Sache so einfach liegt und doch bisher alle unsere Bemühungen vergeblich gewesen sind.«

»Vielleicht ist es gerade die Einfachheit der Umstände, die Sie täuscht«, erwiderte mein Freund.

»Welchen Unsinn Sie da wieder reden!« rief der Präfekt unter herzlichem Lachen aus.

»Vielleicht ist das Geheimnis ein wenig zu klar«, antwortete Dupin.

»O du guter Gott! Hat man je so etwas gehört?!«

»Ein wenig zu durchsichtig!«

»Ha, ha, ha! – Ha, ha, ha! – Ho, ho, ho!« brüllte unser Besucher im tiefsten Innern erheitert. »O Dupin, Sie sind noch einmal mein Tod!«

»Um was handelt es sich denn eigentlich?« fragte ich.

»Gut, ich werde es Ihnen erzählen«, entgegnete der Präfekt, indem er eine dicke, schwere Rauchwolke ausstieß und sich in seinem Sessel zurücklehnte. »Ich werde es Ihnen mit wenigen Worten erzählen. Ehe ich aber beginne, muß ich Sie bitten, alles als strengstes Geheimnis zu betrachten. Es würde mich wahrscheinlich meinen Kopf kosten, wenn man erführe, daß ich es jemandem anvertraut habe.«

»Fahren Sie fort«, sagte ich.

»Oder auch nicht!« warf Dupin dazwischen.

»Also! Ich bin von höchster Stelle persönlich benachrichtigt worden, daß ein Dokument von äußerster Wichtigkeit aus den königlichen Gemächern entwendet worden ist. Die Person, die es an sich genommen bat, ist bekannt, darüber besteht kein Zweifel. Man hat gesehen, wie sie es getan hat. Man weiß auch, daß es sich noch in ihren Händen befindet.«

»Woher weiß man das?« fragte Dupin.

»Das ergibt sich«, entgegnete der Präfekt, »eindeutig aus der Natur des Schriftstückes und daraus, daß gewisse Ereignisse nicht eintreten, solange der Räuber es noch nicht aus den Händen gegeben hat, das heißt, solange er nicht den Gebrauch davon macht, den er letzten Endes zu machen beabsichtigt.«

»Drücken Sie sich doch bitte etwas verständlicher aus«, erwiderte ich.

»Nun, ich kann behaupten, daß das Schriftstück seinem Besitzer an einer bestimmten Stelle eine gewisse Gewalt verleiht, wo diese von unermeßlichem Wert ist.« Der Präfekt gefiel sich in solchen diplomatischen Redewendungen.

»Bis jetzt verstehe ich Sie noch nicht ganz«, erwiderte Dupin.

»Nein? – Nun, die Entdeckung des Inhalts dieses Dokumentes an eine dritte Person, die ungenannt bleiben soll, würde die Ehre einer sehr hochgestellten Persönlichkeit in Frage stellen, und diese Tatsache verschafft dem Besitzer des Schriftstückes einen Vorteil gegenüber der erlauchten Person, deren Ehre und Ruhe aufs Spiel gesetzt werden.«

»Aber dieser Vorteil tritt doch nur dann in Erscheinung«, unterbrach ich ihn, »wenn der Räuber weiß, daß der Beraubte ihn kennt. Wer wagt es aber …?«

»Der Räuber«, entgegnete G., »ist der Gesandte D., und der wagt alles, sowohl das, was sich für einen Mann schickt, wie auch das, was sich nicht schickt. Die Ausführung des Diebstahles war nicht weniger geistreich als kühn. Das fragliche Schriftstück, einen Brief, um es geradeheraus zu sagen, hatte die bestohlene Person soeben erhalten, als sie sich allein in den königlichen Privatgemächern befand. Während des Lesens wurde sie plötzlich durch den Eintritt jener anderen hochgestellten Persönlichkeit unterbrochen, vor der sie ihn besonders zu verbergen wünschte. Nach einem hastigen und vergeblichen Versuch, ihn in eine Schublade zu stecken, sah sie sich gezwungen, ihn offen wie er war auf den Tisch zu legen. Die Anschrift lag allerdings nach oben, und da der Inhalt nicht zu erkennen war, wurde der Brief nicht weiter beachtet. Nun tritt der Gesandte D. ein. Seine Luchsaugen entdeckten sofort das Papier, erkennen die Handschrift auf der Adresse, bemerken die Verwirrung des Empfängers und ergründen das Geheimnis. Nach einigen dienstlichen Besprechungen, die er in gewohnter Weise übers Knie bricht, zieht er einen Brief hervor, der dem bewußten irgendwie ähnlich ist, entfaltet ihn und stellt sich, als lese er ihn. Dann legt er ihn dicht neben den anderen auf den Tisch und spricht wieder etwa fünfzehn Minuten lang über dienstliche Angelegenheiten. Schließlich verabschiedet er sich und nimmt dabei den Brief, auf den er kein Recht hat, vom Tisch weg. Der rechtmäßige Eigentümer sieht dies, wagt aber in Gegenwart der neben ihm stehenden dritten Person nicht, darauf aufmerksam zu machen. Der Gesandte zieht sich zurück und läßt seinen eignen – unwichtigen – Brief auf dem Tisch liegen.«

»Da haben Sie also«, wandte sich Dupin an mich, »genau das, was Sie zu wissen wünschten, um den Vorteil zu vervollständigen: Der Räuber weiß, daß der Beraubte ihn kennt.«

»Ja«, erwiderte der Präfekt, »und die so erlangte Gewalt ist seit einigen Monaten in gefährlichem Ausmaße zu politischen Zwecken benutzt worden. Die beraubte Persönlichkeit kommt täglich mehr zu der Überzeugung, wie notwendig es wird, den Brief zurückzuerhalten. Dies kann natürlich nicht öffentlich geschehen. Schließlich hat sie in ihrer Verzweiflung die Sache mir übertragen.«

»Wobei«, erwiderte Dupin, indem er eine wirbelnde Rauchwolke von sich blies, »ein scharfsinnigerer Beauftragter, wie ich glaube, weder zu wünschen noch zu denken wäre.«

»Sie schmeicheln mir«, entgegnete der Präfekt, »aber es ist ja möglich, daß man dieser Meinung ist.«

»Es ist klar«, sagte ich, »daß der Brief, wie Sie bemerkten, sich noch in den Händen des Gesandten befindet, da der Besitz und nicht die Benutzung desselben diese Macht bewirkt. Mit einer Benutzung ist diese Macht vorüber.«

»Gewiß«, erwiderte G., »und von dieser Überzeugung bin ich auch ausgegangen. Meine erste Sorge war deshalb, das Dienstgebäude des Gesandten durchsuchen zu lassen, und dabei lag die Hauptschwierigkeit darin, daß ich diese Durchsuchungen ohne sein Wissen anstellen mußte. Vor allen Dingen bin ich vor der Gefahr gewarnt worden, ihm die Gelegenheit zu einem Argwohn zu geben.«

»Aber«, entgegnete ich, »in derartigen Nachforschungen sind Sie doch durchaus au fait. Die Pariser Polizei hat doch so etwas vorher oft genug getan.«

»Gewiß, deshalb verzweifelte ich auch nicht. Überdies boten mir die Gewohnheiten des Gesandten große Vorteile. Er ist regelmäßig jede Nacht von Hause abwesend, und seine Dienerschaft ist keineswegs sehr zahlreich. Die Schlafräume der Leute liegen ziemlich weit von den Gemächern entfernt, und da es sich meistenteils um Neapolitaner handelt, sind sie leicht betrunken zu machen. Ich besitze, wie Sie wissen, Schlüssel, mit denen ich jedes Zimmer oder Kabinett in Paris öffnen kann. In den letzten drei Monaten ist keine Nacht vergangen, die ich nicht zum größten Teil persönlich auf Nachforschungen im Hause D. verwandt hätte. Es gilt meine Ehre und, um ein tiefes Geheimnis zu verraten, die Belohnung ist außerordentlich hoch. So habe ich denn die Untersuchungen nicht eher eingestellt, bis ich davon überzeugt war, daß der Dieb mir an Schlauheit überlegen ist. Ich bilde mir ein, jede Ecke und jeden Winkel im Hause durchsucht zu haben, in denen das Papier hätte versteckt sein können.«

»Aber ist es nicht vielleicht doch möglich«, warf ich ein, »daß der Brief, wie es ja zweifellos der Fall ist, sich im Besitz des Gesandten befindet und doch irgendwo anders als gerade in seinem Hause versteckt ist?«

»Das ist wohl kaum anzunehmen«, entgegnete Dupin. »Die gegenwärtigen besonderen politischen Verhältnisse bei Hofe und vor allen Dingen die Intrigen, in die D. bekanntlich verwickelt ist, bringen es mit sich, daß das Schriftstück seine Nützlichkeit dadurch erweist, daß es in jedem Augenblick wirksam werden kann – ein Punkt von fast ebenso großer Bedeutung wie sein Besitz.«

»... daß es in jedem Augenblick wirksam werden kann?« fragte ich.

»Das heißt«, entgegnete Dupin, »um es gleichzeitig vernichten zu können.«

»Natürlich«, antwortete ich, »dann ist das Papier in dem Gebäude. Und daß es der Gesandte am eigenen Leibe mit sich herumträgt, erscheint mir außer Frage.«

»Vollkommen!« entgegnete der Präfekt. »Wir haben ihm zweimal wie Straßenräuber aufgelauert und unter meiner Leitung seine Person gründlich durchsucht.«

»Die Mühe hätten Sie sich sparen können«, erwiderte Dupin. »D. ist, wie ich annehme, ja kein Narr und mußte ein derartiges Auflauern als ganz natürlich in diesem Zusammenhang voraussehen.«

»Ein Narr gerade nicht«, antwortete G., »aber ein Dichter ist er, und das ist nur die Abart eines Narren!«

»In der Tat«, bemerkte Dupin, indem er einen langen und nachdenklichen Zug aus seiner Meerschaumpfeife tat, »obwohl ich selbst mir auch einige Knittelverse habe zuschulden kommen lassen.«

»Ich hoffe, Sie werden uns«, sagte ich, »einiges Genauere über Ihre Nachforschungen berichten.«

»Nun, wir nahmen uns tatsächlich Zeit und suchten überall! In diesen Dingen besitze ich eine lange Erfahrung. Ich nahm mir das ganze Haus vor, Raum für Raum, und verwandte auf jeden einzelnen die Nächte einer ganzen Woche. Zuerst untersuchten wir die Möbel jedes einzelnen Zimmers. Wir öffneten jede Schublade, und ich nehme an, Sie wissen, daß es für einen geübten Polizeibeamten so etwas wie ein Geheimfach nicht gibt. Ein Mann, dem bei einer solchen Untersuchung ein Geheimfach entgeht, ist ein Tölpel. Die Sache ist so einfach! Bei jedem Möbelstück ist sofort an einem gewissen Umfang – dem Rauminhalt – zu bemerken, wo dergleichen zu finden ist. Darüber haben wir unsere bestimmten Regeln. Der fünfzigste Teil einer Linie würde uns nicht entgehen. Nach den Schränken nahmen wir die Stühle vor. Die Polster wurden mit den feinen langen Nadeln durchsucht, die Sie mich wohl schon haben benutzen sehen. Von den Tischen entfernten wir die Platten.«

»Warum denn das?«

»Bisweilen wird die Platte eines Tisches oder eines anderen ähnlich gebauten Möbelstückes von einer Person abgenommen, die etwas zu verbergen sucht. Dann wird der Fuß ausgehöhlt, das Stück in die Höhlung hineingelegt und die Platte wieder an ihre alte Stelle gebracht. Die Pfosten und Bretter einer Bettstelle werden oft in gleicher Weise benutzt.«

»Aber kann man eine derartige Höhlung nicht am Klang erkennen?« fragte ich.

»Keineswegs, wenn man den Gegenstand hineinlegt und die Höhlung genügend mit Watte ausfüllt. Im übrigen mußten wir in diesem Falle geräuschlos vorgehen.«

»Aber Sie konnten doch nicht alle Möbelstücke auseinandernehmen oder in Stücke zerlegen, in denen man ein Versteck in der von Ihnen eben erwähnten Art hätte anlegen können. Ein Brief läßt sich in eine Rolle zusammendrehen, die kaum größer ist als eine dicke Stricknadel, und läßt sich in dieser Form z. B. in der Querleiste eines Stuhles unterbringen. Sie konnten doch nicht alle Stühle in Stücke zerlegen!«

»Natürlich nicht, aber wir taten etwas Besseres! Wir untersuchten die Querleisten jedes Stuhles im Hause mit einer stark vergrößernden Lupe. Auf diese Weise wäre uns keine Spur einer kürzlichen Veränderung entgangen. Ein einziges Stäubchen Bohrmehl z. B. wäre uns so sichtbar geworden wie ein Apfel. Eine Abweichung in der Leimung, ein ungewöhnliches Klaffen in einer Fuge hätte genügt, um zur Entdeckung zu führen.«

»Ich nehme an, Sie haben die Spiegel, die Regale, die Schüsseln, die Betten, die Bettwäsche, die Vorhänge und auch die Fußteppiche durchsucht.«

»Natürlich! Und nachdem wir so jedes einzelne Stück der Einrichtung unter die Lupe genommen hatten, machten wir uns an das Haus selbst. Wir teilten seine ganze Oberfläche in Abteilungen ein, die wir numerierten, so daß wir keine vergaßen. Sodann durchforschten wir jeden einzelnen Quadratzoll des Gebäudes einschließlich der beiden Nachbarhäuser wie vorher mit Hilfe des Vergrößerungsglases.«

»Die beiden Nachbarhäuser auch?« rief ich aus. »Sie haben sich ja riesenhafte Arbeit gemacht!«

»Allerdings! Aber die ausgesetzte Belohnung ist auch außerordentlich hoch!«

»Den Erdboden im Umkreis um die Gebäude haben Sie wohl auch untersucht!«

»Der Erdboden ist rings herum mit Steinen gepflastert. Das machte uns verhältnismäßig wenig Arbeit. Wir untersuchten das Moos zwischen den Steinen und stellten fest, daß es unberührt war.«

»Haben Sie auch D.s Papiere und die Bücher seiner Bibliothek durchforscht?«

»Natürlich! Wir öffneten jedes Paket und jedes Päckchen. In jedem Buch wendeten wir jede einzelne Seite um und begnügten uns nicht mit einem bloßen Schütteln, wie einige unserer Polizeibeamten das zu tun pflegen. Wir maßen die Dicke jedes Einbanddeckels auf das genaueste und untersuchten sie sorgfältigst mit dem Vergrößerungsglas. Wäre mit einem der Einbände kürzlich etwas geschehen, so hätte dies unmöglich unserer Aufmerksamkeit entgehen können. Einige fünf oder sechs Bände, die gerade aus der Buchbinderwerkstatt gekommen waren, untersuchten wir der Länge nach sorgfältig mit den Nadeln.«

»Haben Sie auch die Fußböden unter den Teppichen durchsucht?«

»Ohne Zweifel! Wir nahmen die Teppiche weg und untersuchten die Dielen mit der Lupe.«

»Und die Tapeten an den Wänden?«

»Auch diese!«

»Haben Sie sich auch die Keller angeschaut?«

»Auch das haben wir getan!«

»Dann«, erwiderte ich, »haben Sie sich verrechnet, und der Brief ist nicht in dem Hause, wie Sie angenommen haben.«

»Ich fürchte, Sie haben recht«, entgegnete der Präfekt. »Aber nun, Dupin, raten Sie mir, was ich tun soll!«

»Ich würde das ganze Gebäude noch einmal durchsuchen!«

»Das ist vollkommen nutzlos«, antwortete G. »Ich bin nicht mehr davon überzeugt, daß ich atme, als daß sich der Brief nicht in dem Hause befindet.«

»Einen besseren Rat kann ich Ihnen nicht geben«, erwiderte Dupin. »Zweifellos haben Sie eine genaue Beschreibung des Briefes.«

»Allerdings!« Damit zog der Präfekt ein Notizbuch aus der Tasche und las eine ins einzelne gehende Schilderung des Inhaltes und besonders des Äußeren dieses vermißten Schriftstückes vor. Als er damit zu Ende war, verabschiedete er sich niedergeschlagener, als ich den guten Mann je zuvor gesehen hatte.

*

Etwa einen Monat später besuchte er uns wieder und traf uns bei der fast gleichen Beschäftigung wie damals an. Er nahm eine Pfeife und einen Stuhl und begann eine alltägliche Unterhaltung. Schließlich sagte ich: »Nun, G., wie steht es denn mit dem entwendeten Brief? Ich nehme an, Sie sind zu der Überzeugung gekommen, daß der Gesandte sich nicht übervorteilen läßt!«

»Der Teufel soll ihn holen! Ja, ich habe, wie mir Dupin riet, die ganze Untersuchung noch einmal wiederholt, aber es war verlorene Mühe, wie ich voraussah.«

»Wie hoch, sagten Sie doch, war die ausgesetzte Belohnung?« fragte Dupin.

»Nun, eine sehr bedeutende, eine sehr großzügige Belohnung! Ich möchte mich nicht genau darüber äußern. Aber das will ich Ihnen sagen: Ich würde nicht anstehen, von mir aus jedem einen Scheck über fünfzigtausend Franken zu geben, der mir den Brief verschaffen kann. Die Tatsache ist die, daß er stets wachsende Bedeutung erhält und die Belohnung kürzlich verdoppelt wurde. Aber wenn man sie verdreifachen wollte, so könnte ich trotzdem nicht mehr tun, als ich bereits getan habe.«

»Nun – ja«, erwiderte Dupin gedehnt zwischen den Zügen aus seiner Meerschaumpfeife. »Ich glaube – wirklich, G. –, Sie haben in dieser Angelegenheit – doch noch nicht das letzte getan – was Sie hätten tun können. – Etwas mehr – hätten Sie – vielleicht doch tun können – meine ich – was?«

»Was? – Wieso denn?«

»Nun – paff, paff – Sie hätten vielleicht – paff, paff – sich irgendwo Rat holen können, was? – paff, paff, paff! Kennen Sie die Geschichte, die man sich von Abernethy erzählt?«

»Nein, soll ihn doch der Teufel holen!«

»Gewiß, soll er ihn holen! Aber eines Tages kam ein reicher alter Geizhals zu ihm, in der Absicht, ihn um einen ärztlichen Rat zu prellen. Zu diesem Zweck unterhielt er sich in einer privaten Gesellschaft mit ihm und kam dann auf seinen eigenen Zustand zu sprechen, den er dem Arzt wie den eines angeblichen Dritten schilderte. ›Nehmen wir an, er habe die oder die Krankheitserscheinungen! Was würden Sie, Herr Doktor, ihm da geraten haben?‹ – ›Unbedingt‹, erwiderte Abernethy, ›unbedingt einen Arzt zu konsultieren!‹«

»Aber«, entgegnete der Präfekt etwas verlegen, »ich bin durchaus bereit, einem Rat zu folgen und ihn auch zu bezahlen. Ich würde tatsächlich jedem fünfzigtausend Franken geben, der mir in dieser Sache helfen könnte.«

»In diesem Falle«, erwiderte Dupin, indem er eine Schublade öffnete und einen Bogen Papier herauszog, »bitte ich Sie, mir eine Anweisung auf den erwähnten Betrag auszustellen. Wenn Sie unterschrieben haben, will ich Ihnen den Brief aushändigen.«

Ich war überrascht. Der Präfekt schien wie vom Blitz getroffen. Eine Minute lang saß er stumm und bewegungslos da. Er blickte meinen Freund mit offenem Munde ungläubig an, und seine Augen schienen aus ihren Höhlen zu treten. Dann schien er sich wieder zu fassen. Er ergriff eine Feder, stockte einige Male und starrte in die Luft. Darauf schrieb und unterzeichnete er eine Anweisung auf fünfzigtausend Franken, die er Dupin über den Tisch hin zureichte. Dieser prüfte sie sorgfältig und steckte sie in seine Tasche. Dann öffnete er einen Sekretär, entnahm ihm einen Brief und übergab ihn dem Präfekten. Halb außer sich vor Freude griff der Beamte danach. Er öffnete ihn mit zitternder Hand, warf einen eiligen Blick hinein, stolperte hastig zur Tür und stürzte schließlich ohne jeden Gruß aus dem Zimmer und aus dem Hause, ohne ein Wort geredet zu haben, seitdem ihn Dupin aufgefordert hatte, die Anweisung zu schreiben.

Als er weg war, erklärte mir mein Freund den ganzen Sachverhalt.

»Die Pariser Polizei«, begann er, »ist auf ihre Weise außerordentlich tüchtig. Sie ist zäh, scharfsinnig, verschlagen und durchaus bewandert in den Kenntnissen all dessen, was mit ihren Obliegenheiten zusammenhängt. Als uns G. seine Untersuchungsmethoden im Hause D. auseinandergelegt hatte, war ich durchaus davon überzeugt, daß er mehr nicht hätte tun können, soweit sich nämlich seine Tätigkeit erstreckte.«

»Soweit sich seine Tätigkeit erstreckte?« fragte ich.

»Allerdings«, entgegnete Dupin. »Die ergriffenen Maßnahmen waren nicht nur die besten ihrer Art, sondern auch mit absoluter Vollkommenheit durchgeführt. Hätte sich der Brief im Bereich ihrer Nachforschungen befunden, so hätten diese Burschen ihn zweifellos aufgespürt.«

Ich lachte nur, aber er schien es mit seinen Worten sehr ernst zu meinen.

»Die Maßnahmen«, fuhr er fort, »waren also an sich gut und einwandfrei durchgeführt. Ihr Fehler lag darin, daß sie in diesem Falle und bei diesem Mann nicht anwendbar waren. Eine bestimmte Art höchst scharfsinniger Hilfsmittel sind für den Präfekten stets ein Prokrustesbett, dem er seine Pläne gewaltsam anpaßt. Aber er irrt sich regelmäßig, indem er für den gerade vorliegenden Fall entweder zu tief oder zu seicht ist, und mancher Schulbube überlegt besser als er. Ich kannte einen Achtjährigen, dessen Erfolge beim Raten in dem Spiel ›Gerade oder Ungerade‹ allgemeine Bewunderung hervorriefen. Das Spiel ist einfach und wird mit Murmeln gespielt. Der eine Spieler hält eine Anzahl von diesen Dingern in der Hand und fragt einen anderen, ob es eine gerade oder ungerade Anzahl ist. Rät dieser richtig, gewinnt er eine, im anderen Falle verliert er eine. Der Junge, von dem ich spreche, gewann alle Murmeln in seiner Schule. Natürlich hatte er ein Prinzip beim Raten, und das lag nur im Beobachten und Taxieren der Schlauheit seines Gegners. Hatte er einen durchtriebenen Dummkopf vor sich, der ihm seine geschlossene Hand mit der Frage ›Gerade oder Ungerade‹ entgegenhielt, so antwortete er, ›Ungerade‹ und verlor. Aber beim zweitenmal gewann er, denn er sagte sich: Der Simpel hatte soeben ›gerade‹, und seine Schlauheit reicht gerade aus, daß er jetzt, ›ungerade‹ nimmt. Deshalb rate ich jetzt ›ungerade‹. Er tut's und gewinnt. Ein einfältiger Junge, der um einen Grad klüger war als der erste, würde so überlegt haben: Dieser Bursche sieht, daß ich das erstemal ›ungerade‹ gesagt habe. Beim zweiten Male will er dann einfach ›gerade‹ und ›ungerade‹ abwechseln lassen, wie der erste Dummkopf dies getan hat. Aber eine weitere Überlegung sagt ihm, daß dies ein zu einfacher Wechsel ist, und schließlich entscheidet, wie vorher ›gerade‹ in die Hand zu nehmen. Darum rate ich jetzt ›gerade‹. Er tut's und gewinnt. Worin besteht nun letzten Endes diese Methode des Schulbuben, von dem seine Kameraden sagten: ›Er hat Glück‹?«

»Lediglich darin«, entgegnete ich, »daß der Überlegende sich in die Gedanken seines Gegners hineinversetzt.«

»So ist es«, erwiderte Dupin, »und als ich den Burschen fragte, auf welche Weise er dieses ›Sichhineinversetzen‹ zustande bringe, auf dem alle seine Erfolge beruhten, erhielt ich folgende Antwort: ›Wenn ich herausbekommen will, wie klug oder wie dumm, wie gut oder wie schlecht jemand ist, oder was er gerade denkt, so mache ich genau so ein Gesicht wie er, und dann warte ich, welche Gedanken oder Gefühle mir in den Kopf oder ins Herz kommen, die dem Gesichtsausdruck entsprechen.‹ Diese Antwort des Schulbuben ist das Fundament zu all der bei Larochefoucauld, La Bruyère, Machiavelli und Campanella angenommenen Tiefgründigkeit.«

»Und diese Art des Nachdenkenden, seinen Verstand mit dem seines Gegners zu identifizieren«, erwiderte ich, »hängt also, wenn ich Sie richtig verstehe, von der Genauigkeit ab, mit welcher der Verstand des Gegners eingeschätzt wird.«

»In der Praxis hängt sie davon ab«, entgegnete Dupin, »und der Präfekt hat mit seiner Kohorte eben deshalb so oft Pech, weil ihnen erstens diese Identifizierung mißlingt und zweitens weil sie den Verstandesumfang ihres Gegners nicht richtig einzuschätzen vermögen. Sie haben nur ihre eigenen Begriffe von Scharfsinn, und wenn sie etwas Verstecktes suchen, so tun sie dies nur nach Gesichtspunkten, unter denen sie selbst es versteckt haben würden. Darin haben sie oft recht, denn ihr Verstand entspricht genau dem der großen Menge. Weicht aber die Verschlagenheit eines Verbrechers in ihrer Art von der ihrigen ab, so entwischt dieser ihnen natürlich. Das geschieht jedesmal, wenn sie es mit jemanden zu tun haben, der ihnen überlegen ist, und sehr häufig auch, wenn er unter ihnen steht. Sie vermögen ihre Untersuchungsmethoden nicht zu variieren, und besonders ungewöhnliche Umstände oder eine besonders hohe Belohnung vermögen sie dazu zu bringen, ihre alten Praktiken zu erweitern und zu übertreiben, ohne ihre Grundsätze zu ändern. Was ist denn in diesem Falle D. geschehen, um die Prinzipien des Vorgehens zu variieren? Was ist dieses Bohren und Nachforschen, dieses Abklopfen und Untersuchen mit dem Vergrößerungsglas, dieses Einteilen des Hauses in numerierte Quadratzolle – was ist dieses alles anders, als ein Übertreiben des einen Prinzips oder eine Folge von Prinzipien des Durchsuchens, die auf der einzigen Beurteilung menschlichen Scharfsinnes beruhen, die sich der Präfekt in der langen Zeit seiner Amtstätigkeit angewöhnt hat? Haben Sie nicht beobachtet, daß er es für ausgemacht hält, jeder, der einen Brief verstecken will, müsse dies – wenn auch nicht gerade in einem aufgebohrten Stuhlbein – aber doch wenigstens an einer abgelegenen Stelle tun, aus der gleichen Überlegung heraus, die einen Mann veranlassen würde, einen Brief in einem Loch zu verbergen, das er in ein Stuhlbein gebohrt hat? Und sehen Sie nicht auch ein, daß solche ausgesuchten Verstecke nur für alltägliche Fälle die geeigneten sind und nur von einem alltäglichen Geist benutzt werden, denn in allen Fällen ist ein Versteck in dieser ausgefallenen Form im ersten Augenblick zu entdecken und wird entdeckt, und das hängt nicht so sehr von dem Scharfsinn, sondern in viel größerem Maße von der Sorgfalt, Geduld und Entschlossenheit des Suchenden oder, was in den Augen der Polizei auf dasselbe hinausläuft, von der Höhe der Belohnung ab. In diesem Falle hat es noch nie an den genannten Eigenschaften gefehlt. Jetzt werden Sie verstehen, was ich meinte, wenn ich annahm, daß, wenn der entwendete Brief irgendwo in dem Bereich versteckt gewesen ist, in dem der Präfekt seine Nachforschungen angestellt hat, mit anderen Worten, wenn die Grundsätze, nach denen er versteckt wurde, mit denen des Präfekten übereinstimmen, dann wäre seine Entdeckung ohne Zweifel gelungen. Dieser Beamte ist aber durchaus mystifiziert worden, und der endliche Grund für seinen Mißerfolg liegt darin, daß er den Gesandten für einen Narren hielt, weil dieser als Dichter bekannt geworden ist. Der Präfekt hat das Empfinden, daß alle Narren Dichter sind, und macht sich nun lediglich einer Non distributio medii schuldig, indem er umgekehrt annimmt, daß alle Dichter auch Narren sind.«

»Aber ist dies wirklich der Dichter?« fragte ich. »Es sind, soviel ich weiß, zwei Brüder, und beide haben sich als Schriftsteller einen Namen gemacht. Der Gesandte hat, glaube ich, eine wissenschaftliche Abhandlung über die Differentialrechnung geschrieben. Er ist Mathematiker und nicht Dichter!«

»Sie irren sich, ich kenne ihn genau, er ist beides. Als Dichter und als Mathematiker hat er vernünftig überlegt. Als reiner Mathematiker hätte er dies gar nicht fertiggebracht und wäre dem Präfekten ausgeliefert gewesen.«

»Mit dieser Meinung«, erwiderte ich, »die der Ansicht der Allgemeinheit vollkommen widerspricht, überraschen Sie mich! Glauben Sie nicht, damit der wohlbegründeten Anschauung von Jahrhunderten zu widersprechen? Das mathematische Denken ist doch seit langem als das ›Denken par excellence‹ betrachtet worden.«

»Il y a à parier«, entgegnete Dupin mit einem Ausspruch Chamfords, »que toute idée publique, toute convention reçue est une sottise, car elle a convenue au plus grand nombre. Die Mathematiker, versichere ich Ihnen, haben ihr Bestes getan, den allgemeinen Irrtum, auf den Sie anspielen, zu verbreiten, und der nichtsdestoweniger ein Irrtum bleibt, obwohl er als Wahrheit verkündet wird. So haben sie mit einem Eifer, der einer besseren Sache würdig wäre, den Ausdruck ›Analyse‹ in die Mathematik hineingebracht. Die Franzosen sind die Urheber dieser besonderen Täuschung. Wenn aber ein Ausdruck irgendwelche Bedeutung haben soll, wenn Worte einen ihrer Anwendbarkeit entsprechenden Wert haben, dann heißt ›Analysis‹ Algebra, etwa wie im Lateinischen ambitio Ambition, religio Religion und homo honestus Ehrenmann bedeutet.«

»Sie streiten sich«, unterbrach ich ihn, »wie ich sehe, mit den Pariser Algebraisten – aber fahren Sie fort.«

»Ich erörtere die Anwendbarkeit und damit den Wert dieses Verstandes, die in einer besonderen Form oder als das abstrakt Logische gepflegt wird. Insbesondere erörtere ich den Verstand, der aus mathematischen Studien hervorgeht. Die Mathematik ist die Wissenschaft der Gestalt und der Menge. Mathematische Überlegungen sind nur auf die Beobachtung von Gestalt und Menge angewandte Logik. Der große Irrtum liegt in der Annahme, daß eben die Wahrheiten, die man ›reine‹ Algebra nennt, abstrakte oder allgemeine Wahrheiten sind. Und dieser Irrtum ist so außerordentlich, daß ich verwirrt darüber bin, wie allgemein er herrscht. Mathematische Lehrsätze haben keine allgemeine Gültigkeit. Was richtig ist hinsichtlich der Beziehung von Gestalt und Menge – ist oft grundfalsch z. B. hinsichtlich der Morallehre. Hierbei ist es durchaus falsch, daß z. B. die Summe der Einzelheiten gleich dem Ganzen ist. Auch in der Chemie ist dieser Lehrsatz falsch. Auch in der Beurteilung von Motiven ist er falsch, denn zwei Motive von gegebenem Wert haben, wenn sie vereinigt sind, nicht den gleichen Wert wie die Summe ihrer Einzelwerte. Es gibt zahlreiche andere mathematische Wahrheiten, die nur in den Grenzen ihrer Beziehungen richtig sind. Aber der Mathematiker urteilt nach seinen engbegrenzten Wahrheiten aus Gewohnheit, als seien sie von unbedingt allgemeiner Anwendbarkeit – wie die Welt denn auch tatsächlich glaubt, daß sie es sind. Bryant erwähnt in seiner sehr gelehrten ›Mythologie‹ die entsprechende Quelle eines Irrtums, wenn er sagt, daß die heidnischen Fabeln zwar nicht geglaubt werden, aber daß wir dies dauernd vergessen und Folgerungen aus ihnen wie aus wirklichen Tatsachen ziehen. Mit den Algebraisten, die selbst Heiden sind, werden die heidnischen Fabeln geglaubt, und die Folgerungen werden gezogen nicht so sehr aus Gedächtnisschwäche wie auf Grund einer unverantwortlichen Denkfaulheit. Kurz, ich bin noch niemals einem reinen Mathematiker begegnet, dem von Grund auf zu trauen war, oder der es nicht insgeheim als ein Dogma ansah, daß $x^2 + px$ absolut und unbedingt $= q$ ist. Sagen Sie doch bitte einmal versuchsweise einem dieser Herren, es gebe Fälle, wo $x^2 + px$ nicht $= q$ ist, und wenn Sie ihm klargemacht haben, was Sie meinen, dann ziehen Sie sich möglichst schnell aus seiner Reichweite zurück, denn ohne Zweifel wird er versuchen, Sie niederzuschlagen.

Ich will damit sagen«, fuhr Dupin fort, während ich zu seinen Äußerungen nur lachte, »daß der Präfekt mir diese Geldanweisung nicht hätte zu geben brauchen, wenn der Gesandte nur Mathematiker wäre. Ich weiß indes, daß er Mathematiker und Dichter ist, und meine Maßnahmen haben sich nach seinen Fähigkeiten gerichtet, wobei ich noch auf die besonderen Umstände Rücksicht genommen habe. Ebenso kenne ich ihn als Hofmann und kühnen Intriganten. Ein solcher Mann, nahm ich an, mußte mit den üblichen Polizeimethoden vertraut sein. Er konnte es nicht versäumen – und die Tatsachen haben bewiesen, daß er es wirklich nicht tat –, den gegen ihn getroffenen Maßnahmen zuvorzukommen. Er mußte, wie ich vermute, die geheimen Nachforschungen in seinem Hause vorausgesehen haben. Seine häufige nächtliche Abwesenheit von Hause, die von dem Präfekten als gewisse Hilfe für seinen Erfolg begrüßt wurde, betrachte ich nur als Kunstgriff, um der Polizei die Möglichkeit für ihre Nachforschungen zu geben und sie um so eher zu der Überzeugung zu bringen, zu der G. zum Schluß tatsächlich gekommen ist – zu der Überzeugung, daß sich der Brief nicht auf dem Grundstück befand. Ich fühlte auch, daß der ganze Gedankengang, den ich Ihnen soeben mit vieler Mühe auseinandergesetzt habe, nämlich, was die unveränderlichen Grundsätze der Polizei beim Suchen verborgener Gegenstände betrifft – ich fühlte, daß dieser ganze Gedankengang dem Gesandten notwendigerweise durch den Kopf gehen werde. Das mußte ihn gebieterisch veranlassen, alle üblichen Verstecke zu vermeiden. So dumm konnte er nicht sein, überlegte ich, nicht zu wissen, daß auch der schwierigste und abgelegenste Winkel im Hause den Sonden, Bohrern und Vergrößerungsgläsern des Präfekten ebenso zugänglich sein mußte, wie seine gewöhnlichen Räumlichkeiten. Schließlich sah ich, daß er ganz natürlich zur Einfachheit getrieben wurde, wenn er sich nicht freiwillig dazu entschloß. Sie erinnern sich vielleicht, wie verzweifelt der Präfekt auflachte, als ich bei unserer ersten Unterhaltung die Vermutung äußerte, dieses Geheimnis mache ihm nur deshalb soviel Mühe, weil es so selbstverständlich sei.«

»Ja«, erwiderte ich, »ich entsinne mich seiner Lustigkeit sehr wohl. Ich dachte tatsächlich, er fiele in Krämpfe.«

»Das Materielle«, fuhr Dupin fort, »hat in strenger Analogie den Vorrang vor dem Abstrakten, und eine Metapher oder ein Gleichnis vermag einem rhetorischen Grundsatz eine Färbung des Wahrhaftigen zu geben und einen Beweis zu erhärten oder eine Schilderung auszuschmücken. Das Trägheitsprinzip scheint in gleicher Weise in der Physik und in der Metaphysik zu herrschen. Es liegt keine größere physikalische Wahrheit in der Tatsache, daß sich ein umfangreicherer Körper schwieriger in Bewegung setzen läßt als ein kleinerer, und daß die dementsprechende lebendige Kraft dieser Schwierigkeit entspricht, als es eine solche der Metaphysik ist, daß ein Geist von größerem Fassungsvermögen eine größere Urteilskraft und Logik besitzt und wirksamer in seinen Regungen ist als der geringere und trotzdem in den ersten Augenblicken seiner Tätigkeit unbeweglicher, schwerfälliger und voller Hemmungen ist. Haben Sie schon beobachtet, welche von den Schildern über den Ladentüren auf der Straße unsere Aufmerksamkeit am ersten erregen?«

»Ich habe noch nicht darauf geachtet«, entgegnete ich.

»Es gibt ein Rätselspiel, das man auf einer Landkarte spielt. Die eine Partei läßt die andere ein gegebenes Wort – den Namen einer Stadt, eines Flusses, einer Landschaft oder eines Reiches –, kurz irgendein Wort auf der buntscheckigen und verwirrenden Oberfläche einer Karte suchen. Ein Neuling in diesem Spiel sucht seinen Gegner dadurch zu verwirren, daß er ihm die am kleinsten geschriebenen Namen zu raten aufgibt, aber der Erfahrene wählt solche Worte, die sich in großen Buchstaben von einem Ende der Karte bis zum anderen erstrecken. Diese wie die Schilder und Plakate mit übergroßen Buchstaben auf der Straße entgehen der Beobachtung, weil sie zu deutlich sichtbar sind, und diesem physischen Übersehen entspricht eine geistige Unachtsamkeit, die den Verstand an zu aufdringlichen und zu handgreiflich selbstverständlichen Beobachtungen vorübergehen läßt. Aber dieser Punkt scheint etwas über oder außerhalb des Verständnisses des Präfekten zu liegen. Er hat es niemals für wahrscheinlich oder für möglich gehalten, daß der Gesandte den Brief unmittelbar unter der Nase der ganzen Welt hätte aufbewahren können und so am besten einen Teil dieser Welt daran hinderte, ihn zu bemerken.

Je mehr ich diese kühnen, verschlagenen und berechnenden Überlegungen D.s bedachte und mir die Tatsachen vergegenwärtigte, daß das Dokument jederzeit zur Hand sein mußte, wenn er es zweckdienlich zu verwenden gedachte, daß es, wie der Präfekt klar bewiesen hat, sich nicht im Bereich der Nachforschungen seiner Gnaden befand, um so mehr war ich überzeugt, daß sich der Gesandte verständiger- und scharfsinnigerweise dazu entschlossen hatte, den Brief überhaupt nicht zu verstecken.

Ganz erfüllt von diesen Gedanken, versah ich mich mit einer grünen Brille und kam eines Morgens wie zufällig in die Dienstwohnung des Gesandten. Ich fand D. wie immer gähnend, sich räkelnd und faulenzend zu Hause vor, und er behauptete, sich in höchstem Maße zu langweilen. Er ist vielleicht der Tatkräftigste unter allen lebenden Menschen, aber das nur, wenn ihn niemand sieht.

Um es ihm gleichzutun, beklage ich mich über meine schwachen Augen und insbesondere darüber, daß ich diese Brille tragen müsse. Unter ihrem Schutz betrachtete ich sorgfältig und gründlich das ganze Zimmer, während ich nur auf die Unterhaltung meines Gastgebers zu achten schien.

Besondere Aufmerksamkeit widmete ich einem großen Schreibtisch, in dessen Nähe er saß und auf dem verschiedene Briefe und andere Papiere, ein paar Musikinstrumente und einige Bücher unordentlich herumlagen. Indes vermochte ich nach langem und bedachtsamem Nachforschen hier nichts Verdächtiges festzustellen. Schließlich fielen meine Augen, als sie die Runde durch den Raum machten, auf einen minderwertigen Besuchskartenhalter aus durchbrochenem Pappdeckel, der an einem schmutzigen blauen Band von einem Messingknopf über der Mitte des Kaminmantels herabbaumelte. In diesem Halter, der in drei oder vier Fächer eingeteilt war, steckten fünf oder sechs Besuchskarten und ein einzelner Brief. Dieser war sehr beschmutzt und zerknittert und mittendurch fast vollkommen entzweigerissen, als ob man im ersten Augenblick ihn als wertlos hätte zerreißen wollen, dann aber im nächsten sich besonnen oder eingehalten hätte. Er trug ein großes schwarzes Siegel mit dem Buchstaben D und war mit einer feinen weiblichen Handschrift an den Gesandten selbst adressiert. Er schien sorglos und etwas geringschätzig in das oberste Fach des Halters hineingesteckt zu sein.

Kaum fiel mein Blick auf diesen Brief, als ich mir darüber im klaren war, daß dies der gesuchte war. Allerdings war er äußerlich vollkommen verschieden von dem, dessen genaue Beschreibung uns der Präfekt vorgelesen hatte. Hier war das Siegel groß und schwarz mit dem Buchstaben D, dort klein und rot mit dem herzoglichen Wappen der Familie S. Hier war die Anschrift an den Gesandten klein und in weiblicher Handschrift, dort die Überschrift an eine gewisse Persönlichkeit des Königlichen Hauses gerichtet und in ausgesprochen kühnen und entschiedenen Schriftzügen. Nur die Größe war bei beiden die gleiche, aber der größte Unterschied, das Auffällige war der Schmutz, der unsaubere und zerrissene Zustand des Papieres, der so unvereinbar war mit den tatsächlichen Gewohnheiten D.s und so sehr dazu bestimmt, in dem Beschauer die Auffassung hervorzurufen, das Schriftstück sei durchaus wertlos. Dies alles, zusammen mit der auffälligen Aufbewahrung des Dokumentes unter den Augen jedes Besuchers und in Übereinstimmung mit den Schlüssen, zu denen ich vorher gekommen war, dies alles, sage ich, war durchaus geeignet, Verdacht bei jemand zu erregen, der in der Absicht kam, Verdacht zu hegen.

Ich dehnte meinen Besuch so lange wie möglich aus, und während ich mich mit dem Gesandten sehr angeregt über ein Thema unterhielt, das ihn, wie ich wußte, stets in höchstem Maße interessierte und erregte, richtete ich in Wirklichkeit meine ganze Aufmerksamkeit auf den Brief. Bei dieser Untersuchung bemühte ich mich, mir sein Aussehen und die Art, wie er in dem Halter steckte, genau einzuprägen. Dabei machte ich schließlich eine Entdeckung, die jeden bisher noch gehegten Zweifel beseitigte. Bei der Betrachtung der Kanten des Papieres beobachtete ich nämlich, daß diese fester als notwendig gefalten waren. Sie zeigten das Aussehen, das ein steifes Papier hat, wenn es einmal gefaltet und mit dem Falzbein glatt gestrichen worden ist und dann in denselben Bruchstellen in umgekehrter Weise wieder gefaltet wird. Diese Entdeckung genügte mir. Es war mir klar, daß der Brief wie ein Handschuh mit der Innenseite nach außen gewendet, umadressiert und gesiegelt worden war. Ich wünschte dem Gesandten einen guten Morgen und verabschiedete mich, indem ich eine goldene Schnupftabakdose auf dem Tisch liegenließ.

Am nächsten Morgen fragte ich nach der Schnupftabakdose, und wir kamen wieder auf unser Thema des vorherigen Tages zu sprechen. Währenddessen erscholl unmittelbar unter dem Fenster des Hauses ein lauter Schuß wie aus einer Pistole, dem eine Anzahl erschreckter Schreie und das Gebrüll einer aufgeregten Menge folgten. D. stürzte an ein Fenster, riß es auf und schaute hinaus. Währenddessen trat ich zu dem Kartenhalter, nahm den Brief heraus, steckte ihn in die Tasche und ersetzte ihn durch ein äußerlich gleichaussehendes Faksimile, das ich zu Hause sorgfältig dafür vorbereitet hatte. Den Buchstaben D hatte ich mit Hilfe eines aus Brot gefertigten Siegels leicht nachahmen können.

Der Lärm auf der Straße war durch das sinnlose Benehmen eines Mannes mit einer Flinte verursacht worden. Er hatte sie in eine Menge von Frauen und Kindern hinein abgefeuert. Indes stellte sich heraus, daß sich keine Kugel darin befunden hatte, und man hatte ihn laufen lassen, da er offenbar verrückt oder betrunken war. Als er weg war, trat D. von dem Fenster zurück, wohin ich ihm gefolgt war, nachdem ich den Brief in Sicherheit gebracht hatte. Bald darauf verabschiedete ich mich. Der fragliche Verrückte war von mir bezahlt gewesen.«

»Warum aber«, fragte ich, »haben Sie den Brief durch eine Nachahmung ersetzt? Wäre es nicht besser gewesen, ihn beim ersten Besuch offen an sich zu nehmen und wegzugehen?«

»D.«, erwiderte Dupin, »ist ein desperater und zu allem entschlossener Kerl. Überdies befinden sich in seinem Hause stets Leute, die alles für ihn tun. Hätte ich den tollen Versuch gewagt, den Sie eben erwähnten, so hätte ich das Haus wohl kaum lebendig verlassen, und die guten Pariser hätten nichts wieder von mir gehört. Aber über diese Überlegungen hinaus hatte ich noch etwas anderes im Sinne. Sie kennen meine politischen Ansichten. In dieser Angelegenheit handele ich als Parteigänger der daran beteiligten Dame. Achtzehn Monate lang hielt der Gesandte sie in seiner Gewalt. Nun hat sie ihn in der ihrigen, denn da er es nicht bemerkt, daß der Brief sich nicht mehr in seinem Besitz befindet, wird er mit seinen Erpressungen fortfahren, als wenn dieses tatsächlich noch der Fall wäre. Damit gräbt er sich selbst politisch sein Grab. Sein Sturz wird ebenso plötzlich wie unangenehm sein. Man mag sehr wohl über den facilis descensus Averni reden, aber bei jeder Art von Klettern ist es, wie die Catalani vom Singen sagt, weitaus leichter, hinauf- als wieder herunterzukommen. Im vorliegenden Falle habe ich keine Sympathie oder Mitleid für den, der herunterkommt. Er ist das Monstrum horrendum, ein Genie ohne Grundsätze. Indes gebe ich zu, gar zu gerne den wirklichen Charakter seiner Gedanken zu kennen, wenn diejenige, die der Präfekt ›eine gewisse Persönlichkeit‹ nennt, ihm Trotz bietet und er sich veranlaßt sieht, den Brief zu öffnen, den ich an Stelle des anderen in dem Ständer gelassen habe.«

»Wieso? Haben Sie irgend etwas Besonderes hineingeschrieben?«

»Nun, es schien mir nicht recht zu sein, das Innere leer zu lassen – das wäre kränkend gewesen. D. hat mir einst in Wien einen üblen Streich gespielt, den ich ihm in einer guten Laune heimzuzahlen versprach. Da ich wußte, daß er neugierig darauf sein werde zu erfahren, wer ihn überlistet hat, so hätte ich es sehr bedauert, wenn ich ihm keinen Hinweis gegeben hätte. Er kennt meine Handschrift sehr gut, und ich habe auf die Mitte des leeren Blattes die Worte gesetzt:

›Un dessin si funeste, s'il n'est digne d'Atrée, est digne de Thyeste.‹

Die Worte stehen in Crébillons Atrée.«

Die tausendundzweite Erzählung der Schehrezad

Die Wahrheit ist wunderlicher denn alle Erfindung.
Altes Sprichwort

Als ich jüngst – es geschah im Verfolg etlicher orientalischer Forschungen – Gelegenheit hatte, das ›Sachmirdoch-Istesso‹ zu konsultieren, ein Werk, welches (wie der Zohar des Simeon Jochaides) schlechterdings so gut wie unbekannt ist, selbst in Europa, und meiner Kenntnis nach von keinem Amerikaner noch zitiert wurde – wenn wir, vielleicht, den Autor der ›Denkwürdigkeiten amerikanischer Literatur‹ ausnehmen; – als ich Gelegenheit hatte, so sagte ich, einige Seiten des obgenannten, sehr bemerkenswürdigen Werkes umzuwenden, war ich nicht wenig erstaunt zu entdecken, daß die literarische Welt bislang auf das befremdlichste im Irrtum hinsichtlich des Geschicks der Schehrezad gewesen ist, der Tochter des Wesirs, wie es in den ›Tausendundein Nächten‹ abgeschildert steht, und daß das dort gegebne *dénouement* – wenn nicht, so weit es geht, geradezu ungenau zu nennen – so doch zumindest dafür zu schelten ist, daß es nicht noch sehr viel weiter ging.

Um volle Unterrichtung in diesem interessanten Gegenstande muß ich den wissensdürstigen Leser auf das ›Sachmirdoch-Istesso‹ selber verweisen: derweil jedoch werde ich wohl Verzeihung finden, wenn ich eine summarische Übersicht dessen gebe, was sich mir erschloß.

Es will daran erinnert sein, daß in der üblichen Version besagter Erzählungen ein gewisser Monarch, da er gute Ursache hat, auf seine Königin eifersüchtig zu sein, dieselbe nicht nur zu Tode bringen läßt, sondern überdies ein Gelübde tut, bei seinem Barte und dem Propheten, eine jegliche Nacht fortan die schönste Jungfrau in seinen Landen zum Gespons zu nehmen, um sie sodann am nächsten Morgen dem Henker zu überliefern. Nachdem er dies Gelübde viele Jahre lang auf den Buchstaben genau und mit religiöser Pünktlichkeit und Akkuratesse erfüllt, welche ihm den Ruf, ein Mann von Gottesfurcht und trefflich edlem Sinn zu sein, gebührend reichlich eingetragen hatte, ward er eines Nachmittags (er war, wer möchte zweifeln, eben im Gebete) vom Besuch seines Großwesirs unterbrochen, dessen Tochter, so zeigt sich, ein besonderer Einfall gekommen war.

Diese Tochter hieß Schehrezad, und ihr Einfall ging dahin, entweder das Land von der verheerenden Abgabenlast, welche so schwer auf seiner Schönheit ruhte, zu erlösen oder aber selbst, nach dem bewährten Muster aller Heroinen, bei diesem Unternehmen zu Grunde zu gehen.

In diesem Sinne – und obschon, wie wir finden, kein Schaltjahr war (wodurch das Opfer noch weit verdienstlicher) – entsendet sie ihren Herrn Vater, den Großwesir, dem Könige ihre Hand zu offerieren. Diese Hand nimmt derselbe denn auch begierig an – (er hatte sie zu nehmen auf alle Fälle vorgehabt und einzig, weil er sich vor dem Wesir besorgte, nur die Sache noch von Tag auf Tag verschoben) –, doch indem er sie nunmehr empfängt, gibt er allseits auf das entschiedenste zu verstehen, er hege – Großwesir her oder hin – nicht die leiseste Absicht, auch nur ein Jota seines Gelübdes oder seiner Privilegien aufzugeben. Als denn die liebliche Schehrezad darauf bestand, den König zu ehelichen und ihn auch wirklich ehelichte, trotz ihres Herrn Vaters vorzüglichem Ratschlage, von dergleichen Taten doch lieber Abstand zu nehmen – als, sagte ich, die Dinge nun wohl oder übel also lagen, geschah's doch immerhin nicht, ohne daß sie die entzückenden schwarzen Augen so weit offen hatte, wie's die Natur des Falles grad nur erlauben wollte.

Es scheint allerdings, als hätte dieses staatskluge Fräulein (das ohne Zweifel Macchiavell gelesen) ein recht ingeniöses kleines Komplott im Köpfchen gehabt. In der Hochzeitsnacht brachte sie es – mit welchem erheuchelten Vorwande, vergaß ich leider – zu Wege, ihre Schwester ein Ruhelager einnehmen zu lassen, das dem des königlichen Paares nah genug lag, um unbeschwerte Konversation herüber und hinüber zu gestatten; und ein weniges vor dem ersten Hahnenschrei trug sie Sorge, den wackeren Monarchen, ihren Herrn Gemahl, zu wecken (welcher ihr denn auch nicht im mindesten darob grollte, gedachte er ihr doch am Morgen das Hälschen umdrehn zu lassen) –, sie brachte also, sagte ich, es fertig, ihn zu wecken (obschon er, als glücklicher Besitzer eines famosen Gewissens und einer leichten Verdauung, überaus wohl schlummerte), und zwar recht schlau verschmitzt mit Hilfe einer interessanten (von einer Ratte und einer schwarzen Katze, denk' ich, handelnden) Geschichte, welche sie (im Flüsterton, versteht sich) ihrer Schwester erzählte. Als der Tag nun anbrach, traf es sich just so, daß diese Geschichte noch nicht gänzlich zu Ende gekommen und somit Schehrezad, bei Lage der Dinge, auch nicht imstande war, sie zu vollenden, ward es doch hohe Zeit für sie, sich zu erheben und erdrosseln zu lassen – eine Sache, sehr wenig vergnüglicher denn das Hängen, nur eine Kleinigkeit vornehmer.

Des Königs Neubegier jedoch siegte, so muß ich leider vermelden, über seine untadlig frommen Grundsätze und veranlaßte ihn dies eine Mal, die Erfüllung seines Gelübdes bis zum nächsten Morgen noch hintanzustellen – mit dem Zweck und in der Hoffnung, während der kommenden Nacht zu vernehmen, welches Ende es mit der schwarzen Katze (und eine schwarze Katze, denk' ich, war es) und der Ratte genommen habe.

Die Nacht war gekommen, doch die Dame Schehrezad versetzte nicht nur der schwarzen Katze und der Ratte (welche blau war) den Gnadenstoß, sondern ehe sie sich's nur selber recht versah, steckte sie bereits tief in den Verwickelungen einer weiteren Erzählung, deren Gegenstand (wenn ich nicht gänzlich falsch berichtet bin) ein nelkenfarbiges Pferd (mit grünen Flügeln) war, welches von einem Uhrwerk zu schier rasendem Lauf angetrieben und mit einem Indigo-Schlüssel aufgezogen wurde. An dieser Geschichte nahm der König ein womöglich noch gründlicheres Interesse als an der andern, und als der Tag (ohngeachtet allen Bemühens der Königin, noch rechtzeitig bis zur Erdrosselung mit ihr zu Ende zu kommen) noch vor ihrem Beschlusse anbrach, gab es wiederum keinen Ausweg, als den feierlichen Brauch wie vorher um vierundzwanzig Stunden aufzuschieben. In der nun folgenden Nacht ereignete sich ein ähnliches Ungeschick, mit ähnlichem Ergebnis; und insgleichen in der nächsten – und der wieder nächsten; so daß am Ende der wackere Monarch, nachdem er unvermeidlich jeglicher Gelegenheit beraubt, sein Gelöbnis zu halten, und zwar durch einen Zeitraum von nicht weniger denn tausendundein Nächten, es entweder im Verlaufe dieser Zeit schier ganz und gar vergißt oder sich auf regulärem Wege davon entbinden läßt oder (was mich wahrscheinlicher bedünken will) es schlichtweg bricht – und den Hals seines Beichtvaters dazu. Schehrezad jedenfalls, die – da sie in gerader Linie von Eva abstammte – vielleicht gar Erbin jener ganzen sieben Körbevoll Geschwätzigkeit war, welche die genannte Dame, wir wissen's alle, sich im Garten Eden unter den Bäumen auflas –, Schehrezad, so sagte ich, siegte schließlich ob, und der Zolltarif, mit welchem die Schönheit dortzulande belegt war, wurde aufgehoben.

Nun ist dieser Beschluß (den die Geschichte nimmt, so wie sie uns überliefert ist) ganz ohne Zweifel hübsch und recht gefällig – doch, ach!, wie bei so vielem, was gefällt, ist er weitaus gefälliger denn wahr; und allezeit bin ich dem ›Sachmirdoch-Istesso‹ verpflichtet, daß es mir die Mittel an die Hand gab, den Irrtum zu berichtigen. *Le mieux,* sagt ein französisches Sprichwort, *est l'ennemi du bien,* und als ich erwähnte, daß Schehrezad die sieben Körbevoll Geschwätzigkeit ererbt, hätte ich wohl sollen hinzufügen, daß sie dieselben auf Zins und Zinses Zinsen anzulegen wußte, bis schließlich siebenundsiebzig draus geworden.

»Meine teure Schwester«, so sprach sie in der tausendundzweiten Nacht (und ich zitiere an diesem Punkt den Text des ›Sachmirdoch-Istesso‹ *verbatim*), »meine teure Schwester«, sagte sie, »nun, da die kleine Diffizilität mit dem Erdrosseln sich verflogen hat und die abscheuliche Schönheitssteuer so glücklich aufgehoben ist, fühle ich, daß ich mich einer groben Rücksichtslosigkeit schuldig gemacht habe, indem ich dir und dem Könige (welcher, ich muß es leider sagen, schnarcht – ein Ding, das eines gebildeten Herrn recht unwürdig) den vollen Schluß der Geschichte von Sindbad dem Seefahrer vorenthielt. Dieser Mensch durchlebte noch zahlreiche andere und interessantere Abenteuer, als jene waren, welche ich erzählte; doch die Wahrheit ist, ich wurde etwas schläfrig in jener Nacht ihrer Erzählung und ward somit verführt, sie etwas zu verkürzen – ein erbärmlich Stücklein schlechten Betragens, von welchem ich nur zuversichtlich hoffen kann, daß mir's Allah vergeben möge. Doch ist es ja selbst jetzt noch nicht zu spät, meinem großen Versäumnisse abzuhelfen, und sobald ich nur den König zu ein oder zwei Malen geknippen habe, um ihn so weit zu wecken, daß er davon abläßt, so schauderhaftes Getöse zu veranstalten, will ich sogleich dich (und ihn, wenn es ihm gütigst gefallen möchte) mit der weitern Fortsetzung dieser sehr merkwürdigen Geschichte unterhalten.«

Hierob äußerte die Schwester Schehrezads, wie ich dem ›Sachmirdoch-Istesso‹ entnehme, nicht eben sonderlich begeisterte Dankbarkeit; doch der König stand schließlich, nachdem er hinreichend geknippen worden, von seinem Schnarchen ab und sagte »Hem!« und sodann »Ho!«, als die Königin auch schon, indem sie diese Worte (welche zweifellos Arabisch sind) dahingehend verstand, sie seien die Versicherung, daß er ganz Ohr sowie nach besten Kräften bemüht sein wolle, nicht fürder mehr zu schnarchen –, als die Königin, so sagte ich, nachdem sie diese Dinge zu ihrer Zufriedenheit geregelt, mit ihrer Geschichte von Sindbad dem Seefahrer auch schon ohne weitern Verzug folgendermaßen anhob:

»›Im höhern Alter schließlich‹ (dies sind die Worte Sindbads selber, wie sie von Schehrezad nun nacherzählt wurden), ›im höhern Alter schließlich, und da ich mich so mancher Jahre der Geruhsamkeit zu Hause erfreut, ward ich auf einmal von neuem besessen von dem Wunsche, fremde Länder zu besuchen; und eines Tages packte ich, ohne meine Absicht auch nur einem Mitglied meiner Familie anzuvertrauen, aus allen solchen Waren, welche höchstlich wertvoll sind, dabei jedoch den wenigsten Raum einnehmen, einige Bündel zusammen, und indem ich mir für sie einen Träger mietete, zog ich mit demselben hinab zur Küste, um der Ankunft irgendeines Fahrzeugs zu harren, das mich aus dem Reiche fort und in irgendeine Region bringen möchte, die ich noch nicht erforscht.

»›Nachdem wir das Gepäck im Ufersande abgelegt hatten, ließen wir uns unter einer Baumgruppe nieder und blickten hinaus auf den Ozean, in der Hoffnung, es möchte sich ein Schiff sichten lassen; allein durch mehrere Stunden hin wollte sich uns keines zeigen. Schließlich däuchte es mir, als vernähme ich fern ein seltsames Summen und Sausen, und der Lastträger erklärte insgleichen, nachdem er ein Weilchen gelauscht, es sei auch seinem Ohre nicht entgangen. In kurzem ward es noch vernehmlicher und darauf immer noch lauter, so daß wir keinen Zweifel hegen konnten, es käme uns der Gegenstand, welcher seine Ursache, dauernd näher. Schließlich entdeckten wir am Rand des Horizonts einen schwarzen Fleck, welcher in rasender Schnelle an Größe zunahm, bis wir ihn für ein riesiges Ungeheuer erkannten, das mit einem großen Teil seines Leibes über der Oberfläche des Meeres schwamm. Es kam auf uns zu mit schier unfaßlicher Geschwindigkeit, warf ungeheure Wogen von Gischt um seine Brust und beleuchtete den ganzen Teil des Meers, den es durchschnitt, mit einer langen Linie Feuers, welche bis weit hin in die Ferne zurückreichte.

»›Als das Ding nun immer näher kam, vermochten wir es deutlich zu erkennen. Seine Länge war gleich der von drei der höchsten Bäume, die nur wachsen, und breit war es schier wie der große Audienzsaal in deinem Palast, o du erhabenster und großmütigster der Kalifen. Sein Leib, welcher dem gewöhnlicher Fische ganz unähnlich, war so fest wie ein Felsen und von pechener Schwärze überall, so weit es über dem Wasser dahin schwamm – mit Ausnahme nur eines schmalen blutroten Streifens, der es vollständig wie ein Gürtel umgab. Der Bauch, der unter der Wasserfläche lag und den wir nur dann und wann flüchtig zu schauen bekamen, denn das Monstrum hob und senkte sich mit den Wogen, war über und über mit metallischen Schuppen bedeckt, von einer Farbe wie der des Monds bei neblichtem Wetter. Der Rücken war flach und nahezu weiß, und von ihm ragten sechs Flossenstachel empor, so lang beinahe wie der halbe Leib.

»›Diese erschreckliche Kreatur besaß keinerlei Rachen, den wir hätten feststellen können; doch wie um diesen Mangel wettzumachen, war sie mit wenigstens viermal zwanzig Augen ausgerüstet, welche aus ihren Höhlen hervortraten wie die der grünen Libelle und in zwei Reihen, eine über der andern, rund um den Leib verliefen, parallel zu dem blutroten Streifen, welcher dem Zweck einer Augenbraue zu dienen schien. Zwei oder drei dieser fürchterlichen Augen waren sehr viel größer denn die andern und hatten die Erscheinung pur-gediegnen Goldes.

»›Obgleich sich diese Bestie uns, wie ich zuvor schon sagte, mit der reißendsten Schnelle näherte, so mußte sie gleichwohl doch von Zauberei getrieben worden sein – denn weder besaß sie Flossen wie ein Fisch, noch Schwimmhautfüße wie eine Ente, noch Schalenklappen wie die Seemuschel, die in der Weise eines Segelschiffs sich treiben läßt; auch wand das Untier sich nicht vorwärts, wie die Aale tun. Sein Kopf und Schwanz waren gänzlich gleicher Weise gestaltet, nur daß sich, unweit des letztern, zwei schmale Löcher befanden, welche zu Nüstern dienten und durch die das Monstrum seinen dicken Atem mit gewaltiger Heftigkeit ausstieß und mit einem kreischenden und widrigen Geräusch.

»›Unser Entsetzen beim Anblick dieses scheußlichen Dinges war überaus groß; doch übertroffen ward es schier noch von Verwunderung, als wir, kaum daß wir einen nähern Blick darauf hatten, auf dem Rücken der Kreatur eine Unzahl Lebewesen in Größe und Gestalt von Menschen bemerkten, denen sie in der Tat ganz ungemein ähnlich sahen, nur daß sie keine Gewandung trugen (wie Menschen tun), sondern (zweifelsohne von der Natur) mit einer häßlichen, unbequemen Hülle ausgestattet waren, welche zu gutem Teil doch ganz wie Tuch anmutete, jedoch den Leib so hauteng dicht umschloß, daß sie die armen Schelme auf das lächerlichste plump machte und tölpelhaft und sie ersichtlich bittere Pein leiden ließ. Hoch oben auf ihren Köpfen waren quadratische Schachteln angebracht, welche, so dacht' ich auf den ersten Blick, wohl die Bestimmung erfüllen sollten, für Turbane zu dienen; doch bald entdeckte ich, daß sie ganz ungemein schwer und fest waren, und schloß daraus, sie seien eigens künstlich zu dem Plan erfunden, durch ihr großes Gewicht die Köpfe der Lebewesen standhaft und sicher auf den Schultern zu halten. Um die Nacken der Kreaturen waren schwarze Halsbande gelegt (Kennzeichen der Knechtschaft, ohne Zweifel), wie wir sie unsere Hunde tragen lassen, nur noch viel breiter und unendlich steifer, so daß es den armen Opfern schier unmöglich war, den Kopf in irgend nur einer Richtung zu rühren, ohne den Körper zugleich mitbewegen zu müssen; wodurch sie denn verurteilt waren, in dauernder Beschaulichkeit auf ihre Nasen zu starren, ein Anblick, der in erstaunlichem, wenn nicht schlechterdings bestürzendem Maße möpsisch und abgestumpft wirkte.

»›Als nun das Monstrum nahezu schon das Gestade erreicht hatte, an welchem wir standen, ließ es plötzlich eines seiner Augen ganz unmäßig lang hervorquellen und entsendete aus ihm einen erschrecklichen Feuerblitz, begleitet von einer dichten Wolke Rauchs und einem Krach, welchen ich mit nichts als nur dem Donner vergleichen kann. Als sich der Qualm verzog, sahen wir eines der wunderlichen Menschenwesen nahe dem Kopf des riesigen Biestes stehen, eine Trompete in der Hand, durch welche es (indem es sie zum Munde führte) sich alsbald in lauter, rauher, mißtönend widerlicher Rede an uns wendete, die wir, vielleicht, noch fälschlich gar für eine Sprache gehalten hätten, wäre sie nicht ganz und gar durch die Nase gekommen.

»›Auf solche Weise ganz offensichtlich angesprochen, geriet ich in nicht eben geringe Verlegenheit, wie zu antworten wäre, konnt' ich doch um alles nicht verstehen, was gesprochen ward; und in dieser Schwierigkeit wendete ich mich an den Lastträger, dem vor lauter Entsetzen schon fast die Sinne schwanden, und begehrte von ihm die Meinung zu erfahren, welcher Spezies das Ungeheuer wohl zugehöre, was es begehre, und welche Art

Geschöpfe jene wären, die dort auf seinem Rücken umherwimmelten. Auf dieses antwortete der Träger, so wohl er es vor Angst und Zittern eben nur vermochte, er habe einmal schon von diesem Seegetüm gehört; ein grausamer Dämon sei es, dessen Eingeweide voll Schwefel wären und dessen Blut aus Feuer, geschaffen von schlimmen Dschinnen, um Trübsal und Elend auf die Menschheit zu bringen; die Wesen auf seinem Rücken aber seien ungeziefriges Geschmeiß, wie es zuweilen Katzen und Hunde plage, nur größer etwas und noch blutgieriger; und dieses Ungeziefer habe, wenn auch übel, seinen Zweck und Nutzen – denn durch die Marterung, welche es mit seinem Nagen und Stechen dem Untiere zufüge, werde dieses zu dem Grade von Grimm aufgestachelt, welcher erforderlich wäre, es aufbrüllen zu lassen und Unheil stiften und somit die rachsüchtigen und arglistigen Pläne der boshaften Dschinnen zu erfüllen.

»›Diese Mitteilungen bestimmten mich, alsbald die Beine in die Hand zu nehmen, und ohne auch nur einmal noch hinter mich zu sehen, rannte ich in voller Schnelle hügelan dahin, indessen der Träger die nämliche Eile entwickelte, freilich in fast entgegengesetzter Richtung, so daß er, just hierdurch, schließlich sein Entkommen fand, und zwar mit meinen Bündeln, denen er, da hab' ich keinen Zweifel, die vorzüglichste Fürsorge angedeihen ließ – ob dies auch schon ein Punkt ist, über welchen ich Bestimmtes nicht zu sagen weiß, denn ich erinnere mich nicht, ihn jemals wieder erblickt zu haben.

»›Was nun mich selbst betrifft, so ward ich dermaßen hitzig von einem Schwarm dieses Menschengeziefers verfolgt (es war unterweil in Booten ans Ufer gekommen), daß ich sehr bald schon eingeholt, an Händen und Füßen gebunden und hinüber auf die Bestie geschafft wurde, die unmittelbar darauf wieder hinaus auf die hohe See schwamm.

»›Nun gereute es mich bitterlich meiner Narrheit, ein trautes Heim verlassen zu haben, um mein Leben in Abenteuern wie diesem auf das Spiel zu setzen; doch da alles Klagen nutzlos war, suchte ich das Beste aus meiner Lage zu machen und mühte mich, mir die Gunst des Menschentieres zu erringen, welches die Trompete besaß und offenbar über seine Genossen Gewalt übte. Dieses Bemühen geriet mir denn auch so herrlich, daß mir das Geschöpf bereits nach wenigen Tagen verschiedentliche Zeichen seiner Huld spendete und sich schlußendlich gar dem Ungemach unterzog, mich die Anfangsgründe dessen zu lehren, was für seine Sprache zu bezeichnen es eitel genug war; so daß ich schließlich in den Stand versetzt ward, mich mit ihm recht flink und flüssig zu unterhalten, und Gelegenheit fand, ihm begreiflich zu machen, wie es mein brennend heißer Wunsch wäre, die Welt zu sehen.

»›*Hatschi kwatschi kwiek, Sindbad ei diddeldikwaddel grummelmummel, his fiss wiss*‹, sagte er eines Tages nach dem Essen zu mir – doch ich bitte tausendmal um Verzeihung, daß ich vergaß – Ew. Majestät sind mit dem Dialekte der Cockneys ja nicht vertraut (so nämlich wurden diese Menschenmischmaschtiere genannt; vermutlich weil ihre Sprache das Bindeglied zwischen der des Pferds und jener der Hähne bildete). Mit gütiger Erlaubnis will ich's verdolmetschen. ›Hatschi kwatschi‹ und so fort – das heißt: ›Ich sehe mit Vergnügen, mein teurer Sindbad, daß du ein wahrlich ganz famoser Bursche bist; nun haben wir da grad eine Sache vor, welche Erdumsegelung genannt wird; und da du so versessen darauf bist, die Welt zu sehen, will ich ein übriges tun und dir freie Passage auf dem Rükken dieses Ungetümes geben.‹«

Als die Dame Schehrezad bis hierher vorgedrungen, wendete sich der König, so berichtet das ›Sachmirdoch-Istesso‹, von der linken Seite auf die rechte und sprach:

»Es ist in der Tat *sehr* überraschend, meine teure Königin, daß du diese letztern Abenteuer Sindbads bis heute übergingst. Weißt du, daß ich sie für überaus unterhaltend und sonderbar erachte?«

Nachdem der König sich solchermaßen ausgesprochen, nahm die schöne Schehrezad, so werden wir berichtet, den Faden ihrer Historie mit den folgenden Worten wieder auf:

»Sindbad fuhr fort, dem Kalifen also zu berichten – ›Ich dankte dem Menschentiere für seine Freundlichkeit und fühlte mich recht bald ganz zu Hause auf dem Monstrum, welches mit schier wundersam gewaltiger Schnelligkeit durch den Ozean dahinschwamm; obgleich die Oberfläche des letztern in jenem Weltteil keineswegs flach und eben ist, sondern rund wie ein Granatapfel, so daß es – so zu sagen – fortwährend hügelauf und hügelab ging mit uns.‹«

»Das war, so däucht mir, doch recht eigentümlich«, unterbrach der König.

»Nichtsdestoweniger ist es die reine Wahrheit«, erwiderte Schehrezad.

»Ich habe da meine Zweifel«, versetzte der König; »doch, bitte, sei so gut und fahre fort mit der Geschichte.«

»Das will ich«, sagte die Königin. »›Das Ungeheuer‹, so berichtete Sindbad weiter dem Kalifen, ›schwamm, wie ich schon erzählte, bergauf und bergab, bis wir schließlich zu einem Eiland kamen, das viele hundert Meilen im Umfange maß, doch gleichwohl mitten im Meere von einer Kolonie kleiner Lebewesen erbaut worden war, so winzig wie die Raupen.‹«[1]

»Hem!« sagte der König.

»›Nachdem wir dieses Eiland verlassen‹, sagte Sindbad –« (und Schehrezad nahm – wohlverstanden – keinerlei Notiz von ihres Gatten unmanierlichem Zwischenruf) – »›nachdem wir dieses Eiland verlassen, kamen wir zu einem anderen, auf dem die Wälder von festem Steine waren und so hart, daß auch die bestgehärteten Äxte daran zersplitterten, als wir uns damit mühten, sie umzuschlagen.‹«[2]

»Hem!« sagte der König abermals; doch Schehrezad beachtete ihn gar nicht und fuhr in der Erzählung Sindbads fort.

»›Als wir auch dieses Eiland hinter uns gelassen, erreichten wir ein Land, darin war eine Höhle, die ganze dreißig oder vierzig Meilen lang in den Eingeweiden der Erde verlief und eine größere Anzahl weit geräumigerer und herrlicherer Paläste barg, denn in Damaskus und Bagdad zusammen gefunden werden. Von den Gewölben dieser Paläste hingen Myriaden von Edelsteinen nieder, Diamanten gleich, doch von mehr denn Mannes Größe; und in den Straßen, mitten zwischen Türmen, Pyramiden und Tempeln, fluteten gewaltige Ströme dahin, so schwarz wie Ebenholz und wimmelnd belebt von Fischen, die keine Augen hatten.‹«[3]

»Hem!« sagte der König.

»›Wir schwammen sodann in eine Region des Meeres, wo wir einen hohen Berg fanden, an dessen Hängen reißende Ströme schmelzflüssigen Metalls herniederfluteten, einige davon zwölf Meilen breit und sechzig Meilen lang;[4] indessen aus einem Krater auf dem Gipfel eine solche Aschenmasse hervorbrach, daß am Himmel die Sonne davon vollkommen ausgelöscht ward und es dunkler wurde denn in der finstersten Mitternacht; so daß es, als wir auch nur erst hundertundfünfzig Meilen dem Berge nahe waren, sich für unmöglich zeigte, auch nur die hellsten Gegenstände zu erkennen, so nah wir sie uns auch ans Auge brachten.‹«[5]

»Hem!« sagte der König.

»›Nachdem wir dieser Küste den Rücken gekehrt, setzte das Ungeheuer seine Reise fort, bis wir auf ein weiteres Land stießen, in welchem die Natur der Dinge sich schier verkehrt zu haben schien – denn hier erblickten wir einen großen See, auf dessen Grunde, mehr denn einhundert Fuß unter der Wasserfläche, ein hoch und üppig gewachsener Wald in vollem Blätterschmucke grünte.‹«[6]

»Ho!« sagte der König.

»›Einige hundert Meilen weiter brachten uns zu einem Himmelsstrich, da war die Luft so überaus dicht und dick, daß sie Eisen trug oder Stahl, ganz wie die unseren Federn.‹«[7]

»Quatsch«, sagte der König.

»›Indem wir weiter immer derselben Richtung folgten, gelangten wir bald zu der allerherrlichsten Gegend der Welt. Durch sie hin wand sich, mehrere tausend Meilen lang, ein gar erhabner Fluß. Dieser Fluß war von unaussprechlicher Tiefe und einer Klarheit, reicher denn die des Bernsteins. Seine Breite schwoll von drei zu sechs Meilen; und seine Ufer, welche an beiden Seiten lotrecht zu zwölfhundert Fuß Höhe emporstiegen, wurden von immerblühenden Bäumen gekrönt und von unaufhörlich süßduftenden Blumen, welche das ganze Gebiet zu einem einzigen Prachtgarten machten; doch der Name dieses üppigen Landes lautete: das Reich des Schreckens, und es betreten hieß, unrettbar dem Tode verfallen.‹«[8]

»Na, na!« sagte der König.

»›Dieses Reich verließen wir in großer Eile und kamen, nach einigen Tagen, zu einem anderen, darin wir zu unserm Erstaunen Myriaden Monster-Tiere mit sensenähnlichen Hörnern auf den Köpfen gewahr wurden. Diese scheußlichen Bestien graben sich ungeheure Höhlungen von trichterförmiger Gestalt in den Erdgrund und säumen die Seiten dann mit Felsbrocken, welche so aufeinander geschichtet sind, daß sie augenblicklich zusammenstürzen, wenn ein anderes Tier daran rührt, und dieses hinabreißen in die Höhlengrube der Monstren, wo ihm alsbald das Blut ausgesogen und sein Leichnam hernach verächtlich fortgeschleudert wird – bis hin zu unermeßlicher Entfernung von den Höhlen des Todes.‹«[9]

»Puh!« sagte der König.

»›Bei der Fortsetzung unserer Reise erblickten wir nun ein Gebiet, da wuchsen in überreichlichem Maße Pflanzen, welche nicht auf dem Erdboden gediehen, sondern in der Luft.[10] Andere auch fanden sich dort, die entsprossen den Substanzen anderer Pflanzen;[11] wieder andere sogen ihre Lebenssäfte aus den Leibern lebendiger Tiere;[12] und dann wieder gab es welche, die ganz und gar in gleißendem Licht erglühten;[13] welche, die ganz nach Belieben von Ort zu Ort wechselten;[14] und schließlich – was wohl noch wunderbarer ist – entdeckten wir Blumen, die lebten und atmeten und ihre Kelchränder ganz nach Willen bewegen konnten; sie hatten überdies die abscheuliche Leidenschaft der Menschheit, sich andere Geschöpfe zu Sklaven zu machen und sie in schauerliche und einsam-öde Kerkerzellen zu sperren, bis die Gefangenen die ihnen auferlegte Fronarbeit geleistet hatten.‹«[15]

»Bah!« sagte der König.

»›Auch dieses Land verließen wir, um bald darauf in ein anderes zu gelangen, woselbst die Bienen und die Vögel Mathematiker von solch genialischer Gelehrtheit sind, daß sie alltäglich den Weisen des Reichs in der Wissenschaft der Geometrie Unterricht erteilen. Der dortige König hatte eine Belohnung ausgesetzt für die Lösung zweier ungemein kniffliger Probleme, und auf der Stelle wurden sie gelöst – das eine von den Bienen, das andre von den Vögeln; doch da der König ihre Lösungen geheim bewahrte, geschah's erst nach den gründlichsten Forschungen und Mühen, und nachdem unendlich viele dicke Bücher darob geschrieben waren, eine ganze Reihe von Jahren lang, daß die menschlichen Mathematiker schließlich bei der nämlichen Lösung anlangten, welche die Bienen und Vögel augenblicklich gefunden hatten.‹«[16]

»Ach du meine Güte!« sagte der König.

»›Kaum hatten wir dieses Imperium aus dem Gesicht verloren, als wir uns schon vor einer anderen Küste fanden, von der über unsere Köpfe weg ein Schwarm von Fluggetier dahinstrich – wohl eine Meile breit und zweihundertundvierzig Meilen in der Länge; so daß es, ob sie schon gleich eine Meile in jeder Minute zurücklegten, nicht weniger als vier Stunden brauchte, bis der ganze Zug über uns hinweg war – und es flogen darin Millionen und Abermillionen Vögel.‹«[17]

»Ach du grüne Neune!« sagte der König.

»›Wir waren diese Vögel, welche uns beträchtlichen Verdruß verursachten, eben glücklich losgeworden, als wir ob der Erscheinung eines Vogels andrer Art erschraken, eines unendlich größern noch, als jene Ruchs waren, die mir auf meinen frühern Reisen begegneten; denn er war riesiger noch als die riesigste Kuppel deines Serails, o großmütigster der Kalifen! Dies schreckliche Geflügel hatte unseres Bemerkens keinerlei Kopf, sondern ganz und gar nur eines Bauches Gestalt, welcher auf das wundersamste fett und prall war und aus einem feinen, weichen, glänzenden und verschiedenfarbig gestreiften Stoffe zu bestehen schien. In seinen Klauen trug das Untier, hinauf zu seinem Horste in den Himmeln, ein ganzes Haus, von welchem es das Dach herabgeschlagen hatte und in dessem Innern wir mit aller Deutlichkeit menschliche Wesen gewahrten, die gewißlich in einem Zustand trostloser Verzweiflung ihrem schauerlichen Schicksal entgegenblickten. Wir schrien laut mit aller Macht, in der Hoffnung, es möchte der Vogel darob erschrecken und seine Beute fahrenlassen; allein er gab nur – wie vor Wut – ein Schnauben oder Paffen von sich und ließ auf unsre Köpfe einen schweren Sack niederfallen, der, wie sich zeigte, mit Sand gefüllt war.‹«

»Dummes Zeug!« sagte der König.

»›Gleich nach diesem Abenteuer geschah's, daß wir uns einem Erdteil von unermeßlicher Ausdehnung und ungeheuerlicher Massivität näherten; nichtsdestoweniger ruhte er vollkommen auf dem Rücken einer himmelblauen Kuh, die ganze vierhundert Hörner hatte.‹«[18]

»Das will ich wohl glauben«, sagte der König, »denn ich habe früher einmal etwas der Art in einem Buche gelesen.«

»›Wir nahmen unsern Weg unter diesem Erdteile her (indem wir nämlich zwischen den Beinen der Kuh hindurchschwammen) und fanden uns nach einigen Stunden in einem wahrlich wunderbaren Lande, welches, so ward ich von dem Menschentier berichtet, seine eigene Heimat war, bewohnt von Wesen seiner eignen Gattung. Dies ließ das Menschentier beträchtlich in meiner Hochachtung steigen; und in der Tat begann ich mich der geringschätzigen Vertraulichkeit zu schämen, mit der ich es behandelt; fand ich doch, daß diese Menschentiere insgesamt ein Volk höchst mächtiger Magier waren, in deren Hirnen Würmer lebten, zweifelsohne dem Zwecke dienlich, sie durch ihr peinvolles Kribbeln und Krabbeln zu den allerwunderbarsten Taten der Imagination anzuregen.‹«[19]

»Unfug«, sagte der König.

»›Bei diesen Magiern lebten verschiedene Haustiere von recht eigentümlicher Art; zum Beispiel gab es da ein ungeheures Roß, dessen Gebein aus Eisen und dessen Blut aus kochendem Wasser bestand. An Stelle des Hafers erhielt es schwarze Steine zur gewöhnlichen Nahrung; und doch war es, trotz so unfreundlicher Kost, dermaßen stark und geschwind, daß es eine Ladung, gewichtiger noch als der gewaltigste Tempel in dieser Stadt, in einer Schnelle davontrug, welche gar den Flug der meisten Vögel übertraf.‹«[20]

»Eitel Geschwätz!« sagte der König.

»›Des weitern sah ich bei diesem Volk eine Henne ohne jegliches Gefieder, doch größer denn ein Kamel; an Stelle von Fleisch und Knochen hatte sie Eisen und Ziegelsteine; ihr Blut bestand, wie das des Rosses (welchem sie in der Tat nahe verwandt war), aus kochendem Wasser, und gleicherweise fraß sie nichts denn Holz oder schwarze Steine. Diese Henne brachte sehr häufig einhundert Küken am Tage hervor; diese lebten nach der Geburt noch mehrere Wochen lang im Bauche ihrer Mutter.‹«[21]

»›Firlefanz!« sagte der König.

»›Einer aus diesem Volk von mächtigen Zauberern erschuf einen Menschen aus Messing, Holz und Leder und begabte ihn mit solchem Geiste, daß er im Schachspiel schier der ganzen Menschheit hätte obsiegen können – mit Ausnahme natürlich des großen Kalifen Harun al Raschid.[22] Ein anderer Magus konstruierte (aus ähnlichem Material) ein Geschöpf, das gar den Geist seines Erfinders selber noch in den Schatten stellte; denn so gewaltig waren die Kräfte seiner Vernunft, daß es in einer Sekunde Berechnungen von so wüstem Ausmaß durchführte, wie die vereinigte Arbeit von fünfzigtausend Menschen von Fleisch und Blut sonst nur in vier Jahren hätte bewältigen mögen.[23] Ein gar noch erstaunlicherer Zauberer aber formte sich ein mächtiges Ding, das weder Mensch noch Tier war, jedoch ein Hirn aus Blei besaß, vermischt mit einem schwarzen, dem Peche gleichen Stoff, und Finger, welche es mit solcher Schnelle und Geschicklichkeit beschäftigte, daß es schier keinerlei Beschwer gehabt hätte, in einer Stunde wohl zwanzigtausendmal den Koran abzuschreiben; und dies mit so erlesener Genauigkeit, daß gleich in keiner dieser Abschriften eine Abweichung von auch nur Haares Breite sollte gefunden werden. Dies Ding besaß so ungeheure Stärke, daß es auf einen Atemzug die mächtigsten Reiche aufrichtete oder stürzte; doch ward seine Macht gleicher Weise zum Üblen wie zum Guten verwendet.‹«

»Lächerlich!« sagte der König.

»›Unter diesem Volk der Schwarzkünstler gab es auch einen, in dessen Adern floß das Blut der Salamander; denn er trug keinerlei Bedenken, sich in einen rotheißen Backofen zu setzen, um daselbst seinen Tschibuk zu rauchen, bis sein Essen auf der Herdsohle vollständig gar geworden war.[24] Ein anderer besaß die Fähigkeit, die gemeinen Metalle in Gold zu verwandeln, ohne während dieses Vorganges auch nur einen Blick darauf zu tun.[25] Ein wieder anderer hatte ein so delikates Tastgefühl, daß er einen Draht machte – so fein, daß er gleichsam unsichtbar war.[26] Ein weiterer verfügte über eine so geschwinde Auffassungsgabe, daß er jede einzelne Bewegung eines elastischen Körpers zu zählen vermochte, indem derselbe mit einer Geschwindigkeit von neunhundertmillionenmal in der Sekunde rückwärts und vorwärts sprang.‹«[27]

»Absurd!« sagte der König.

»›Ein andrer dieser Magier vermochte es, mit der Hilfe eines Fluidums, das niemand je noch erblickte, die Leichname seiner Freunde dahin zu bringen, daß sie ihre Arme schwenkten, mit den Füßen ausstießen, boxten und fuchtelten oder gar noch sich erhoben und nach seinem Willen tanzten.[28] Ein andrer hatte seine Stimme zu solchem Maße ausgebildet, daß er sich hätte von einem Ende der Erde zum andern verständlich machen können.[29] Ein andrer besaß einen so langen Arm, daß er sich in Damaskus niedersetzen und zur selben Zeit in Bagdad einen Brief zu Papier bringen konnte – oder wo immer sonst, in welcher Ferne auch, es ihm gefiel.[30] Ein anderer gebot dem Blitz, vom Himmel zu ihm herniederzukommen, und er kam auf seinen Ruf und diente ihm zum Spielzeug, da er kam. Ein anderer nahm zwei laute Töne und schuf aus ihnen eine Stille. Ein anderer wieder stellte eine tiefe Finsternis aus zwei hellglänzenden Lichtstrahlen her.[31] Ein andrer machte Eis in einem rotglühenden Schmelztiegel.[32] Ein andrer hieß die Sonne sein Bildnis malen, und die Sonne tat's.[33] Ein andrer ließ sich vom Monde und den Planeten erleuchten, und nachdem er sie zuerst mit peinlicher Genauigkeit gewogen, drang er forschend in ihre innersten Tiefen und ermittelte die Dichtigkeit des Stoffes, aus welchem sie gemacht sind. Doch ist tatsächlich das ganze Volk von so überraschend zauberischen Fähigkeiten, daß weder seine Kinder noch seine gewöhnlichsten Katzen und Hunde irgend nur Schwierigkeit haben, Gegenstände zu sehen, welche überhaupt nicht existieren oder bereits zwanzigtausend Jahre vor der Geburt des Volkes selbst vom Antlitz der Schöpfung waren getilgt worden.‹«[34]

»Schlorum!« sagte der König.

»›Die Weiber und Töchter dieser unvergleichlich großen und weisen Magier‹«, fuhr Schehrezad fort, ohne sich auch nur im mindesten von diesen häufigen und höchst ungezogenen Unterbrechungen von seiten ihres Gatten beirren zu lassen, »›die Weiber und Töchter dieser hervorragenden Zauberer sind der Inbegriff der Wohlerzogenheit und Bildung – und würden auch der Inbegriff bestrickender Schönheit sein, wäre nicht ein unseliges Verhängnis, welches über sie gekommen ist und von dem nicht einmal die wunderbaren Kräfte ihrer Ehegatten und Väter sie bislang zu erretten vermochten. Verhängnis naht in mancherlei Gestalt, hier so – dort anders, doch dieses, von dem ich spreche, kam in Gestalt einer Grille.‹«

»Einer was?« fragte der König.

»›Einer Grille‹«, sagte Schehrezad. »›Einer der bösen Dschinnen, welche fortwährend auf der Lauer liegen, Übles zu stiften, hat dieselbe den besagten wohlerzogenen Damen in die Köpfe gesetzt, indem er ihnen einblies, es bestehe jenes Ding, welches wir als persönliche Schönheit beschreiben, insgesamt im höckrigen Hervorragen jener Region, die nicht gar sehr weit unterhalb der Lendengegend liegt. – Der Gipfel der Lieblichkeit, so sagen sie, rage in direktem Verhältnis zum Ausmaß jenes Hümpels. Nachdem sie nun schon lange von dieser Idee besessen und Polsterkissen billig sind im Lande, ist lange bereits die Zeit dahin, da es noch möglich war, ein Weib von einem Dromedar zu unterscheiden –«

»Nun aber genug!« sagte der König, »das kann und will ich nun nicht länger mehr ertragen. Du hast mir schon einen schlimmen Kopfschmerz bereitet mit deinen Lügen. Auch bricht, so sehe ich, der Tag schon an. Wie lange waren wir verheiratet? – mein Gewissen beginnt, mich wieder zu plagen. Und dann noch diese Sache mit dem Dromedar – hältst du mich denn für einen baren Narren? Alles in allem – du stehst am besten denn doch gleich auf und läßt dich erdrosseln.

Diese Worte, so erfahre ich aus dem ›Sachmirdoch-Istesso‹, betrübten und verwunderten Schehrezad in eins; doch da sie den König als einen Mann von gewissenhafter Redlichkeit kannte, der schwerlich sich sein Wort würde abdingen lassen, so fand sie sich mit Anstand in ihr Schicksal. Starke Tröstung jedoch empfing sie (derweilen sich die Schlinge um ihren Hals zusammenzog) aus dem Gedanken daran, daß ein beträchtlicher Teil ihrer Geschichte nun noch unerzählt geblieben war und daß ihr Scheusal von einem Ehemanne nur seinen gerechten Lohn geerntet hatte, indem er sich selber der Möglichkeit beraubte, noch viele unbegreiflichere Abenteuer zu erfahren.

Anmerkungen

1 Die Korallentierchen.

2 »Eines der allermerkwürdigsten Naturschauspiele in Texas ist – nahe der Quelle des Pasigno-Flusses gelegen – ein versteinerter Wald. Er besteht aus mehreren Hundert Bäumen, welche – aufrecht stehend – allesamt zu Stein geworden. Einige Bäume, die gegenwärtig noch wachsen, sind bereits teilweise versteint. Dies ist ein durchaus bestürzender Tatbestand für die Naturphilosophen und muß sie veranlassen, die bestehende Theorie über die Versteinerung zu modifizieren.« – Kennedy, TEXAS I, S. 120.

Dieser Bericht, der zuerst nur wenig Glauben fand, ist unterweil durch die Entdeckung eines vollkommen versteinerten Waldes nahe den Quellgewässern des Chayenne- oder Chienne-Flusses bekräftigt worden, welcher seinen Ursprung in den Black Hills der Felsengebirge hat.

Vielleicht gibt es auf dem gesamten Globus kaum ein Schauspiel – weder vom geologischen noch vom landschaftlich-malerischen Gesichtspunkt aus –, das merkwürdiger wäre als jenes, das der versteinerte Wald bei Kairo bietet. Der Reisende wendet sich, nachdem er die gleich vor den Toren der Stadt liegenden Kalifengräber hinter sich gelassen, im nahezu rechten Winkel zur nach Suez führenden Wüstenstraße gen Süden, wandert einige zehn Meilen weit in einem unfruchtbaren Tal dahin, das mit Sand bedeckt ist, mit Kies und mit Muscheln, so frisch noch, als sei erst gestern die Flut darüber gegangen, und überquert sodann eine niedere Kette von Sandhügeln, welche bereits eine Strecke weit parallel zu seinem Pfade verlaufen sind. Der Anblick, der sich ihm nun bietet, ist über alle Beschreibung seltsam und öd. Eine Menge von Baumüberresten, die sämtlich zu Stein geworden sind und wie Gußeisen erklirren, trifft sie der Huf des Pferdes, breitet sich, in Gestalt eines abgestorbenen und hingestreckten Waldes, Meilen und Meilen weit vor dem Blicke aus. Das Holz ist von dunkelbrauner Färbung, doch bewahrt es vollkommen seine Form; die Stücke sind dabei zwischen einem und fünfzehn Fuß lang und einen halben bis drei Fuß dick und liegen so dicht gestreut beieinander, wohin das Auge nur reicht, daß sich ein ägyptischer Esel kaum seinen Weg zwischen ihnen hindurch bahnen kann, und so natürlich, daß, läge die Stätte in Schottland oder Irland, sie ganz ohne weiteres für ein ungeheures entwässertes Moor hingehen könnte, auf dem die wieder ausgegrabenen Bäume verfaulend in der Sonne liegen. Die Wurzeln und Ästereste sind in vielen Fällen vollkommen erhalten, und in einigen gar lassen sich leicht noch die unter der Rinde eingefressenen Wurmlöcher erkennen. Die zartesten Saftgefäße und -adern und überhaupt alle feinern Teile im Innern des Holzes sind vollkommen wohl bewahrt und halten der Prüfung mit dem stärksten Vergrößerungsglase stand. Das Ganze ist so durch und durch verkieselt, daß sich Glas damit ritzen läßt; auch kann man es auf hohen Glanz polieren. – ASIATIC MAGAZINE III, S. 359

3 Die Mammut-Höhle von Kentucky

4 Auf Island, 1783.

5 »Beim Ausbruch des Hekla im Jahre 1766 erzeugten Wolken dieser Art einen solchen Grad von Verfinsterung, daß zu Glaumba, das mehr denn fünfzig Meilen von dem Berge entfernt liegt, die Menschen nur durch Tasten ihren Weg finden konnten. Beim Ausbruch des Vesuvs im Jahre 1794 konnte man zu Caserta, vier Seemeilen entfernt, einzig bei Fackellicht ausgehen. Am 1. Mai 1812 bedeckte eine Wolke aus vulkanischer Asche und Sand, die aus einem Krater auf der Insel St. Vincent hervorbrach, das gesamte Barbados, indem sie darüber ein so dichtes Dunkel breitete, daß man, zu Mittag und im Freien, weder Bäume noch andere Gegenstände in der Nähe wahrzunehmen vermochte, selbst nicht ein weißes Taschentuch, hielt man es sich nur sechs Zoll vom Auge ab.« – *Murray,* ENCYCLOPAEDIA OF GEOGRAPHY, Phil. Ed. S. 215.

6 »Im Jahre 1790 sank in Caraccas während eines Erdbebens der granitene Boden ein und bildete einen See von achthundYards Durchmesser und achtzig bis hundert Fuß Tiefe. Ein Teil des Waldes von Aripao versank dabei, und die Bäume blieben noch mehrere Monate lang unter Wasser grün.« – *Murrray,* ENCYCLOPAEDIA OF GEOGRAPHY, S. 221.

7 Der härteste Stahl, der je hergestellt wurde, läßt sich vor dem Lötrohr-Gebläse in unfühlbar feinen Staab verwandeln, der ohne weiteres in der atmosphärischen Luft schwebt.

8 Das Gebiet des Niger. – Siehe *Simmond's* COLONIAL MAGAZINE.

9 Der *Myrmeleon* – Ameisenlöwe. Der Ausdruck ›Monstrum‹ läßt sich sehr wohl auf kleine wie auf große Abnormitäten anwenden, indessen Eigenschaftsworte wie ›ungeheuer‹ nur relativ zu nehmen sind. Die Höhle des Myrmeleon ist durchaus ›ungeheuer‹ im Vergleich zum Loch der gemeinen roten Ameise. Entsprechend ist ein Körnchen Kieselerde eben auch ein ›Felsbrocken‹.

10 Das *Epidendron flos aeris* aus der Orchideenfamilie wächst auf Bäumen oder andern Objekten, an deren Oberfläche bloß es seine Wurzeln klammert, ohne aus ihnen selber Nahrung zu beziehen; es lebt also durchaus von der Luft.

11 Die Parasiten oder Schmarotzerpflanzen – wie etwa die wundervolle *Rafflesia Arnoldi.*

12 *Schouw* spricht für eine Pflanzengattung, die auf lebendigen Tieren wächst, die *Plantae Epizoae.* Zu ihr gehören die *Fuci* und *Algae.* Mr. J. B. *Williams* aus Salem, Mass., präsentierte dem ›National Institute‹ ein Insekt aus Neuseeland mit der folgenden Beschreibung: »Die Hotte, entschieden eine Raupe oder ein Wurm, siedelt am Fuße des Ratabaumes, wie man gefunden hat, und aus ihrem Kopfe wächst eine Pflanze. Dieses höchst wunderliche und außerordentliche Insekt wandert am Rata- wie auch am Puriribaume empor und frißt sich, indem es hoch droben im Wipfel eindringt, seinen Weg hernieder durch den ganzen Stamm des Baums, bis es die Wurzel erreicht; dort kommt es dann wieder hervor und stirbt oder verfällt in Schlaf, und die Pflanze wächst und gedeiht aus seinem Kopfe; der Leib bleibt vollkommen und ganz, nur ist er von härterer Substanz als zuvor im Leben. Aus diesen Insekten bereiten sich die Eingeborenen einen Färbestoff zum Tätowieren.«

13 In Bergwerken und natürlichen Höhlen findet sich eine Sorte kryptogamen *Fungus,* welcher ein hell phosphoreszierendes Leuchten aussendet.

14 *Orchis, scabius* und *vallisneria.*

15 »Der Blütenkelch dieser Blume *(Aristolochia Clematitis),* der die Gestalt einer Röhre besitzt, doch nach oben in einem bandförmigen Rande endet, ist auf dem Grunde kugelartig aufgeblasen. Der Röhrenteil ist innen mit steifen Haaren besetzt, die niederwärts gerichtet sind. Der Kugelteil enthält den Stempel, der nur aus Fruchtknoten und Narbe besteht, sowie die ihn umgebenden Staubfäden. Doch da nun diese Staubfäden kürzer sind als selbst der Fruchtknoten, können sie den Blütenstaub nicht unmittelbar auf die Narbe bringen, da die

Blüte bis nach der Befruchtung stets aufrecht steht. So muß denn, ohne zusätzliche Hilfe von außen, der Blütenstaub notwendigerweise nieder auf den Boden des Kelches fallen. Die Hilfe, welche die Natur in diesem Fall bereit gestellt hat, besteht nun in der Tätigkeit der *Tipula Pennicornis,* eines kleinen Insekts, welches auf der Suche nach Honig in die Kelchröhre gerät, bis auf den Boden niederdringt und dort herumstöbert, bis es am Ende ganz und gar mit Blütenstaub bedeckt ist; doch nun findet es seinen Weg nicht wieder hinaus, da doch die Haare nach innen niederwärts weisen und wie die Drähte einer Mausefalle zu einem Punkte zusammenlaufen; und indem es ungeduldig wird ob seiner Gefangenschaft, stiebt es rückwärts und vorwärts und versucht es in jedem Winkel, bis es, nachdem es solcher Art wiederholt über die Narbe hingestrichen ist, dieselbe mit zur Befruchtung hinreichendem Blütenstaub bedeckt hat, in Folge dessen die Blüte sich schlaff zu neigen beginnt und die Härchen in der Röhre zur Seite schrumpfen, so daß Raum entsteht, der das Insekt bequem entweichen läßt.« – *Rev. P. Keith,* SYSTEM OF PHYSIOLOGICAL BOTANY.

16 Die Bienen haben – von allem Anfang her – ihre Zellen stets mit solchen Seiten, in solcher Anzahl und mit solchen Winkeln konstruiert, wie – und das hat man bewiesen, in einem die tiefsten Grundsätze der Mathematik in sich beschließenden Problem – eben genau Seiten, Anzahl und Winkel beschaffen sein müssen, um den Geschöpfen größtmöglichen Raum bei größtmöglicher Festigkeit der Struktur zu bieten.
Im letzten Teil des verfloßnen Jahrhunderts ward unter Mathematikern die Frage aufgeworfen, »die beste Form zu bestimmen, welche sich den Flügeln einer Windmühle geben läßt – unter Berücksichtigung ihrer wechselnden Entfernung sowohl von den sich drehenden Gestellen als auch vom Mittelpunkte der Umdrehung«. Dies ist ein äußerst kompliziertes Problem, denn es heißt, in andern Worten, eben soviel als die bestmögliche Stellung bei einer unendlichen Zahl verschiedener Entfernungen und einer unendlichen Menge von Punkten am Hebelarme suchen. Wohl tausend fruchtlose Versuche wurden von seiten der berühmtesten Mathematiker unternommen, die Frage zu beantworten; und als man endlich eine unwiderlegbare Lösung gefunden, da zeigte sich's, daß sie in den Flügeln des Vogels gelegen hatte – von Anbeginn schon, seit der erste Vogel die Lüfte durchschnitten.

17 »Er bemerkte einen Flug Tauben, der zwischen Frankfort und dem Indiana-Territorium dahinzog – wenigstens eine Meile breit; vier Stunden dauerte es, bis er vorüber war; das ergibt bei einer Geschwindigkeit von einer Meile auf die Minute, eine Länge von 240 Meilen; und nimmt man drei Tauben auf den Quadrat-Yard an, so hatte der Flug ganze 2 230 272 000 Tauben.« *Leutnant F.Hall,* TRAVELS IN CANADA AND THE UNITED STATES.

18 »Die Erde wird getragen von einer blaufarbenen Kuh, welche Hörner hat – vierhundert an Zahl.« *Sales* Koran.

19 »Die Entozoen oder Eingeweidewürmer sind wiederholt in den Muskeln und in der Hirnsubstanz von Menschen festgestellt worden.« Siehe *Wyatts* PHYSIOLOGIE, S. 143.

20 Auf der *Great-Western-Railway* zwischen London und Exeter wurde eine Geschwindigkeit von 71 Meilen auf die Stunde erreicht. Ein Zug im Gewicht von 90 Tonnen raste von Paddington nach Didcot (53 Meilen) in 51 Minuten.

21 Das Eccaleobion.

22 *Maezels* Automatischer Schachspieler.

23 *Babbages* Rechenmaschine.

24 *Chabert,* und nach ihm hundert andere.

25 Galvanostegie.

26 *Wollaston* stellte für das Fadenkreuz in einem Teleskope einen Draht aus Platin von einem Achtzehntausendstel Zoll Dicke her. Man konnte ihn nur mit der Hilfe eines Mikroskopes wahrnehmen.

27 *Newton* hat bewiesen, daß die Retina unter dem Einflusse des violetten Spektrum-Strahles 900 000 000 Mal in der Sekunde vibrierte.

28 Die Voltaische Säule.

29 Der Elektro-Telegraph übermittelt Nachrichten innerhalb eines Augenblicks – und zwar über jede Entfernung wenigstens auf der Erde hin.

30 Der Druck-Telegraph.

31 Geläufige Experimente in der Naturphilosophie. Wenn zwei rote Strahlen von zwei Lichtquellen aus in eine Dunkelkammer so entsendet werden, daß sie auf eine weiße Fläche treffen, und sie differieren in ihrer Länge um 0,0000258 eines Zolls, so wird ihre Intensität verdoppelt. Gleiches geschieht, wenn der Längenunterschied ein gerades Vielfaches dieses Bruches beträgt. Eine Multiplikation mit 2 ¼, 3 ¼, usf. ergibt eine Intensität, welche bloß einem Strahl entspricht; doch eine Vervielfältigung mit 2 ½, 3 ½ usf. erbringt das Resultat totaler Dunkelheit. Bei violetten Strahlen treten ähnliche Effekte auf, wenn der Längenunterschied 0,000157 eines Zolls beträgt; und bei allen andern Strahlen sind die Resultate dieselben – wobei die Differenz gleichmäßig wechselt von Violett nach Rot. Analoge Experimente in bezug auf den Schall erbringen analoge Resultate.

32 Man stelle einen Platin-Tiegel über einen Spiritusbrenner und erhitze ihn bis zum Rotglühen; gieße sodann etwas Schwefelsäure hinein, und es wird sich zeigen, daß diese – obschon bei gewöhnlicher Temperatur der allerflüchtigste Stoff – in solch einem heißen Tiegel vollkommen erhalten bleibt und nicht ein Tropfen verdunstet; denn da sie von einer eignen Atmosphäre umgeben ist, so berührt sie selber tatsächlich die Wandungen gar nicht. Nun gibt man ein paar Tropfen Wassers zu, und alsbald kommt die Säure in Berührung mit den erhitzten Wänden des Tiegels, entweicht in schweflig-saurem Dampfe, und zwar so geschwind, daß der Wärmestoff des Wassers mitfortgerissen wird und dieses selbst als ein Klumpen Eises zu Boden fällt; ergreift man den Angenblick, ehe es noch wieder schmelzen kann, so mag tatsächlich ein Klumpen Eis aus einem glühheißen Gefäße genommen werden.

33 Die Daguerreotypie.

34 Obgleich das Licht 200 000 Meilen in der Sekunde zurücklegt, ist doch die Entfernung des nach unserer Vermutung nächsten Fixsternes (Sirius) so unfaßlich groß, daß seine Strahlen mindestens drei Jahre brauchen würden, die Erde zu erreichen. Für Sterne jenseits davon wären zwanzig – oder gar tausend – Jahre noch eine müßige Schätzung. Wenn solche Sterne nun also vor 20 oder vor 1000 Jahren zu Nichts geworden wären, so möchten wir sie doch heute noch sehen, und zwar an dem Lichte, welches von ihnen – vor 20 oder vor 1000 Jahren in der Vergangenheit – ausging. Daß viele Gestirne, die wir täglich erblicken, in Wirklichkeit gar nicht mehr existieren, ist nicht unmöglich – ja, nicht einmal unwahrscheinlich. (Anmerkung des ›Broadway Journal‹.)

Der ältere Herschel behauptet, es hätte das Licht der schwächsten Stern-Nebel, welche durch sein großes Teleskop sichtbar wurden, ganze 30 000 000 Jahre brauchen müssen, um die Erde zu erreichen. Einige, die Lord Ross' Instrument sichtbar machte, haben dann zumindest 20 000 000 gebraucht. (Anmerkung Griswold.)

Disput mit einer Mumie

Das Symposium des vorhergehenden Abends war doch um ein Spürchen zu viel für meine Nerven gewesen. Ich hatte nichtswürdiges Kopfweh und war hoffnungslos dösig. Infolgedessen – anstatt auszugehen und den Abend wie vorgeplant zu verbringen – kam mir auf einmal der Gedanke, wie ich eigentlich nichts klügeres tun könne, als flugs ein bißchen Abendbrot zu essen und anschließend sofort ins Bett zu gehen.

Ein *leichtes* Abendbrot natürlich. Nun bin ich über die Maßen versessen auf Welsh Rabbit. Mehr als ein Pfund davon auf einmal mag zwar nicht jederzeit ratsam sein. Dennoch kann es keinen stichhaltigen Einwand gegen zwei geben. Und letztlich ist zwischen zwei und drei auch nur ein Unterschied von einer einzigen armen Einheit. Mag sein, daß ich vier riskiert habe. Meine Frau behauptet selbstredend fünf – aber da sind ihr einwandfrei zwei gänzlich verschiedene Angelegenheiten durcheinander geraten: die abstrakte Zahl Fünf gestehe ich willig zu; aber konkret bezieht sie sich auf Flaschen Brown Stout, ohne das, als Würze, man die Finger von Welsh Rabbit lassen sollte.

Nachdem ich dergestalt ein frugales Mahl beschlossen und die ›Nachtmütze‹ draufgesetzt hatte, in der frohen Hoffnung, mich ihrer bis zum morgigen Mittag erfreuen zu können, bettete ich mein Haupt aufs Kissen und fiel, unterstützt von einem kapitalen Gewissen, unverzüglich in tiefen Schlummer.

Aber wann sind die Hoffnungen der leidenden Menschheit schon je in Erfüllung gegangen? Ich konnte kaum meinen dritten Schnarcher vollendet haben, als ein furioses Klingeln an der Haustürschelle anhob, gefolgt von ungeduldigem Gedonner des Klopfers, das mich auf der Stelle wach machte. Eine Minute später, während ich mir immer noch die Augen rieb, hielt mir meine Frau auch schon ein Briefchen meines alten Freundes, Doktor Pononner, unter die Nase. Es lautete wie folgt:

Kommen Sie unter allen Umständen zu mir, liebster bester Freund, und zwar so bald Sie dies in Händen haben. Kommen und helfen Sie uns feiern! Endlich, aufgrund ausdauernder unermüdlicher Diplomatie, habe ich von der Direktion des Städtischen Museums die Einwilligung zur Untersuchung der Mumie erwirkt – Sie wissen, welche ich meine. Ich habe Erlaubnis, sie auszuwindeln; wie auch, falls nötig und wünschenswert, sie zu öffnen. Nur einige wenige Freunde werden zugegen sein – darunter natürlich Sie. Die Mumie befindet sich bereits bei mir im Haus; und wir werden heut abend, Punkt dreiundzwanzig Uhr, mit dem Abrollen der Hüllen beginnen.

Stets Ihr
PONONNER

Als ich bei diesem ›Pononner‹ angekommen war, hatte ich das Gefühl, so hellwach zu sein, wie es einem Manne nur immer ansteht. Ich tat einen ekstatischen Satz aus meinem Bett heraus; rannte alles um, was mir im Wege stand; kleidete mich in einem Tempo an, das wahrhaft wundersam war, und machte mich, mit Spitzengeschwindigkeit, auf den Weg zum Doktorhaus.

Dort fand ich eine angeregte Kumpanei versammelt. Sie hatten bereits mit großer Ungeduld auf mich gewartet; die Mumie lag ausgestreckt auf dem Eßtisch; und im Moment, da ich eintrat, begann auch schon die Untersuchung.

Es handelte sich um eine von zweien, die Captain Arthur Sabretash, ein Vetter Pononners, vor ein paar Jahren mitgebracht hatte; und zwar stammten sie aus einer Gruft bei Eleithias, in den lybischen Bergen, ein gutes Stück oberhalb von Theben am Nil. Die Grotten an dieser Stelle sind, obzwar weniger pompös als die thebanische Nekropole, so doch deswegen von höherem Interesse, weil sie weit mehr Aufschlüsse über das Privatleben der alten Ägypter liefern. Die Grabkammer, der unser Exemplar hier entnommen war, sollte in dieser Beziehung besonders reichhaltig sein, wie es geheißen hatte; die Wände von oben bis unten mit Fresken und Basreliefs bedeckt, während Statuen, Vasen und feingearbeitete Mosaiken auf einen beträchtlichen Wohlstand des Abgeschiedenen hindeuteten.

Dies Kleinod war im Museum in genau demselben Zustand aufbewahrt worden, in dem Captain Sabretash es vorgefunden hatte – das heißt, der Sarg war absolut unangetastet geblieben. Seit acht Jahren hatte er solchermaßen gestanden, den Augen der Öffentlichkeit lediglich von außen preisgegeben. Wir hatten infolgedessen nunmehr die komplette Mumie zu unserer Verfügung, und denjenigen, die im Bilde sind, wie äußerst selten Altertümer dieser Art unser Land ungeplündert erreichen, wird unschwer begreiflich sein, daß wir beträchtlichen Grund hatten, uns ob des raren Glücksfalls zu gratulieren.

Als ich mich dem Tisch näherte, erblickte ich darauf eine große Kiste oder ein Behältnis, etwa sieben Fuß lang und schätzungsweise drei Fuß breit, bei 2 ½ Fuß Tiefe. Sie hatte nicht Sarg-Gestalt, sondern war ein Oblongum. Den Stoff, aus dem sie bestand, hielten wir zunächst für Sycomorenholz *(platanus);* als wir jedoch den ersten Einschnitt vornahmen, merkten wir, daß es sich um Pappe handeln müsse; noch korrekter: um eine Art *Papiermaché* aus Papyrus hergestellt. Sie war über und über mit Malerei verziert, die Begräbnis-Szenen und andere bedauernswerte Ereignisse darstellten; jedoch immer wieder durchmischt mit einer ganz bestimmten Folge hieroglyphischer Schriftzeichen in allen denkbar möglichen Konstellationen, die fast unbezweifelt den Namen des Dahingeschiedenen angeben mußten. Glücklicherweise befand sich unter den Anwesenden auch Mister Gliddon, für den es keine Schwierigkeit bedeutete, die Buchstaben zu übersetzen, die übrigens simpel phonetisch waren und vereint das Wort ›*Allamistakeo*‹ ergaben.

Wir hatten einige Schwierigkeiten, dieses erste Behältnis unbeschädigt zu eröffnen; stießen jedoch, nachdem wir solche Aufgabe endlich gelöst hatten, auf eine zweite, diesmal sarggestaltige Hülle, die zwar von wesentlich geringerer Größe als die äußere war, ihr aber in jeder anderen Beziehung aufs Haar glich. Der Raum zwischen den beiden war mit einer Art Harz ausgefüllt, das in gewissem Grade die Farben des inneren Behältnisses entstellt hatte.

Als wir dieses letztere öffneten (was sich ganz leicht bewerkstelligen ließ), stießen wir auf ein drittes Behältnis, dito sarggestaltig, und von dem vorhergehenden in nichts unterschieden, ausgenommen einzig das Material; es war nämlich Zeder und stromte noch immer den spezifischen, hocharomatischen Duft jener Holzart aus. Zwischen dem zweiten und dritten Behältnis bestand übrigens keinerlei Zwischenraum; sie waren absolut genau ineinander gepaßt.

Als wir das dritte Behältnis entfernt hatten, trafen wir auf den Körper selbst und nahmen ihn heraus. Wir hatten erwartet, ihn, wie es üblich ist, in vielfache Lagen oder Binden aus Leinen gewickelt zu finden; stießen jedoch statt dessen auf eine Art Futteral aus Papyrus, überzogen mit einer dick vergoldeten und bemalten Gipsschicht. Die Schildereien stellten Vorgänge dar, die sich auf die verschiedenen mutmaßlichen Pflichten der Seele im Jenseits bezogen, und wie sie diversen Gottheiten vorgestellt wurde; die weiteren zahlreichen, ganz identischen menschlichen Figürchen waren höchstwahrscheinlich als Porträts der betreffenden einbalsamierten Person gedacht. Vom Kopfende bis zu den Füßen erstreckte sich ein Columnar, eine senkrechte Inschrift in phonetischen Hieroglyphen, die ein weiteresmal Namen und Würden angab, sowie die Namen und Würden seiner Verwandten.

Um den solchermaßen festumscheideten Hals lag ein Band aus zylindrischen, verschiedenfarbigen Glasperlen, dergestalt angeordnet, daß sich Symbole von Gottheiten ergaben, der Scarabäus etc., auch der geflügelte Globus. Um die Taille lag ein ganz ähnliches Band, beziehungsweise ein Gürtel.

Nachdem wir den Papyrus abgehoben hatten, erwies sich das eigentliche Fleisch als ganz ausgezeichnet erhalten und ohne wahrnehmbaren Geruch. Die Farbe war rötlich. Die Haut fest, glatt und glänzend. Zähne und Haare in untadeligem Zustand. Die Augen waren (wie es schien) entfernt und durch solche aus Glas ersetzt worden, die aber sehr schön und wundervoll lebensecht wirkten, abgesehen davon, daß sie ein bißchen sehr resolut dreinstierten. Die Nägel an Fingern und Zehen waren aufs prächtigste vergoldet.

Mr. Gliddon äußerte die Meinung, wie sich aus der Rötung der Epidermis schließen lasse, daß die Einbalsamierung hier gänzlich vermittelst Asphaltes bewirkt worden sei; als wir jedoch die Oberhaut mit einem Stahlinstrument vorsichtig beschabten und von dem solchermaßen gewonnenen Pulver etwas ins Feuer warfen, wurde sogleich ein Geruch unverkennbar, von Kampfer und anderen wohlriechenden Harzen.

Wir suchten als nächstes den Leichnam mit größter Sorgfalt nach den üblichen Offnungen ab, durch welche die Eingeweide entnommen wurden, konnten aber zu unserem Erstaunen nicht eine entdecken. Keinem Mitglied unserer Gesellschaft war es damals bekannt, daß man gar nicht so selten auch heile, d. h. ungeöffnete Mumien antrifft. (Das Gehirn war es Sitte durch den Nasentrakt herauszuziehen; die Eingeweide durch eine Öffnung in der Flanke; dann wurde der Körper rasiert, gewaschen, eingesalzen und anschließend für ein paar Wochen beiseite gelegt; erst dann begann der Prozeß dessen, was man eigentlich unter ›Einbalsamieren‹ versteht.)

Da keine Spur einer Öffnung ermittelt werden konnte, machte Doktor Ponnonner seine Instrumente zur Sektion bereit, als ich mir die Bemerkung erlaubte, wie es schon nach zwei Uhr sei. Worauf allgemein beschlossen wurde, die internen Untersuchungen auf den nächsten Abend zu verschieben; und wir standen bereits im Begriff, uns für heute zu trennen, als irgend jemandem plötzlich einfiel, doch noch das ein- oder andere Experiment mit der Voltaschen Säule anzustellen.

Eine wenigstens drei-, wenn nicht gar viertausend Jahre alte Mumie dem elektrischen Strom auszusetzen, war ein, wenn auch nicht besonders genialer, so doch immerhin origineller Einfall, der bei uns allen sofort größten Anklang fand. Zu zehn Prozent im Ernst, zu neunzig Prozent als Witz, bauten wir im Studio des Doktors eine entsprechende Batterie zusammen und überführten den Ägypter anschließend dorthin.

Nur mit beträchtlicher Mühe gelang es uns, einen Teil der Schläfenmuskulatur bloßzulegen, die von nicht gänzlich so steinerner Rigidität schien, wie andere Teile der Gestalt; jedoch – wie wir selbstredend schon vorausgesehen hatten – ergab sich, als wir sie mit dem Draht in Berührung brachten, keinerlei Anzeichen einer etwaigen galvanischen Reaktion mehr. Gleich dieser erste Versuch schien ja wohl entscheidend genug; und wir wünschten einander, unter herzlichem Gelächter ob unsrer eignen Ungereimtheit, soeben eine Gute Nacht, als meine Augen, ganz beiläufig, noch einmal auf die der Mumie fielen – und dort sogleich wie angeschmiedet haften blieben: der flüchtige Blick hatte in der Tat genügt, mich zu versichern, daß die Augäpfel, die wir alle für Glas gehalten hatten, und die uns ursprünglich nur aufgefallen waren, weil sie uns gleichermaßen energisch fixierten – daß diese nunmehr soweit von den Lidern bedeckt waren, daß nur ein kleiner Teil der *tunica albuginea* noch sichtbar blieb. Mit einem Ruf lenkte ich die Aufmerksamkeit auf diesen Umstand, der jetzt auch sogleich von sämtlichen anderen bestätigt wurde. Ich kann nicht sagen, daß ich ob des Phänomens *alarmiert* gewesen wäre; denn ›alarmiert‹ ist in meinem Fall nicht das richtige Wort. Es ist theoretisch möglich, daß ich, ohne das Brown Stout, vielleicht ein klein wenig nervös geworden wäre. Was die übrige Gesellschaft anbetrifft, so machte eigentlich keiner einen Versuch, die nackte Furcht zu bemänteln, die sie alle befiel. Doktor Ponnonner wirkte wahrhaft mitleiderregend; Mr. Gliddon machte sich, vermittelst eines eigentümlichen Verfahrens, unsichtbar; Mr. Silk Buckingham wird, wie ich annehmen möchte, schwerlich die Stirn haben, abzustreiten, daß er sich, und zwar auf allen Vieren, unter den Tisch verfügte. Nachdem jedoch erster Schock und Bestürzung abgeklungen waren, beschlossen wir selbstredend, die Versuchsreihe unverzüglich fortzusetzen. Unsere Operationen richteten sich nunmehr gegen die große Zehe des rechten Fußes. Wir machten einen Einschnitt in die Haut auf der Außenseite des *ossesamoideum pollicis pedis* und gelangten so zum Ansatz des *abductor* Muskels. Wir setzten die Batterie erneut in gebrauchsfertigen Zustand und ließen den Strom durch die angeschnittenen Nervenbahnen fließen – worauf die Mumie, mit einer Bewegung von überwältigender Lebensechtheit, erst das rechte Knie anzog, so hoch, daß es beinahe den Unterleib berührte, und dann, indem sie das Glied mit unwahrscheinlicher Gewalt wiederum streckte, Doktor Ponnonner einen Tritt versetzte, der bewirkte, daß der genannte Herr, dem Pfeil aus einem Katapulte gleich, durchs Fenster und auf die Straße befördert wurde. Wir stürzten *en masse* hinaus, die unkenntlichen Überreste des Opfers zu bergen; hatten jedoch die Freude, ihm bereits wieder auf der Treppe zu begegnen, die er in erstaunlichem Tempo heraufgestürmt kam, randvoll der brillantesten Theorien und durchdrungener denn je von der Notwendigkeit, unsere Experimente mit Eifer und allem Nachdruck voranzutreiben.

Auf seine Anregung ging es denn auch hauptsächlich zurück, daß auf der Stelle ein tiefer Einschnitt in die Nasenspitze des Individuums vorgenommen wurde; worauf der Doktor selbst ungestüm Hand an das Organ legte und es aufs derbste in Kontakt mit dem Leitungsdraht brachte.

Moralisch und physisch – bildlich gesprochen und buchstäblich – war die Wirkung ›elektrisierend‹.

Als allererstes schlug der Leichnam die Augen auf und blinzelte diverse Minuten lang mit größter Geschwindigkeit (ungefähr wie Mister Barnes in der Pantomime); zweitens nieste er; drittens setzte er sich auf; viertens hielt er Doktor Ponnonner die Faust drohend unter die Nase; fünftens endlich wandte er sich den Herren Gliddon und Buckingham zu und redete sie, in ganz kapitalem Ägyptisch, folgendermaßen an:

»Ich muß schon sagen, meine Herren, daß ich zumindest ebenso überrascht wie gekränkt bin ob Ihres Betragens. Von Doktor Ponnonner stand nicht viel mehr zu erwarten; er ist ein armer, kleiner, fetter Tropf, der es nicht besser *versteht* – ich bemitleide ihn; ich vergebe ihm. Aber Sie, Mister Gliddon – und Sie, Silk – die beide in Ägypten gereist sind und sich dort aufgehalten haben, daß man Sie quasi Kinder des Hauses nennen könnte – Sie, ich wiederhole es, die so lange unter uns geweilt haben, daß Sie Ägyptisch genau so gut sprechen, wie Sie, meinethalben, Ihre Muttersprache schreiben – Sie, die ich bisher immer als verläßliche Freunde aller Mumenheit zu betrachten gewohnt war – von *Ihnen* hätte ich nun wirklich ein etwas gentlemanlike'eres Benehmen erwartet! Was soll ich denn davon denken, wenn Sie ruhig daneben stehen bleiben und zusehen, wie man mit mir hier derart cavalièrement umgeht? Was für einen Eindruck muß es auf mich machen, wenn Sie jedem Hans und Franz erlauben, mich meines Sargs und meiner Kleidung zu entledigen, und noch dazu bei einem solch nichtswürdigen klammen Klima? In was für einem Licht (um zum Kern der Sache zu kommen) soll ich es wohl betrachten, wie Sie diesen kümmerlichen kleinen Ganoven, diesen Doktor Ponnonner, der mich an der Nase zupft, förmlich anstiften, ja ihm Vorschub leisten?!«

Man wird es zweifellos für ausgemacht halten, daß wir sämtlich – unter solchen Umständen, und auf derartige Weise apostrophiert – uns entweder türwärts retiriert, beziehungsweise hysterische Anfälle bekommen hätten oder aber schlicht in Ohnmacht gefallen wären – eines von diesen dreien hätte, ich gebe das zu, zu erwarten gestanden. Wäre doch wirklich nichts plausibler gewesen, als entweder eine oder eventuell auch alle dieser Verhaltensweisen durchzuexerzieren. Ich bin auch, auf Ehre, heute noch nicht imstande, mir zu erklären, wieso nicht einer von uns sich für das eine oder andre davon entschied. Aber vielleicht ist ja der wahre Grund hierfür einfach im ›Geist unsrer Zeit‹ zu suchen, der bekanntermaßen gänzlich nach dem Satz vom Widerspruch verfährt; und heute auch überall dort, wo ein Paradoxon oder eine Unmöglichkeit auftaucht, als die organischste Erklärung akzeptiert wird. Oder vielleicht lag es in letzter Instanz auch an dem so frappant natürlichen und selbstverständlichen Auftreten der Mumie, das seine Worte in praxi alles Schreckhaften entkleidete. Wie dem aber auch immer sein möge, das Faktum als solches bleibt bestehen: kein Mitglied unsrer Gesellschaft laborierte an übertriebenem Zittern oder schien sonst der Ansicht, daß diesmal irgend etwas ganz besonders schief gegangen sei.

Ich meinerseits war sogar überzeugt, es sei alles in bester Ordnung, und trat lediglich etwas zur Seite, außer Reichweite der Faust des Ägypters. Doktor Ponnonner schob die Hände tief in die Hosentaschen, sah die Mumie scharf an und wurde allmählich blutrot im Gesicht. Mr. Gliddon strich sich den Backenbart und zog seinen Hemdkragen höher. Mr. Buckingham ließ den Kopf hängen und steckte seinen rechten Daumen in den linken Mundwinkel. Der Ägypter betrachtete ihn minutenlang mit strengem Gesichtsausdruck und sagte endlich naserümpfend: »Warum erwidern Sie nichts, Mister Buckingham? Haben Sie gehört, was ich Sie gefragt habe, oder nicht? Und *nehmen* Sie endlich den Daumen aus dem Mund!«

Worauf Mr. Buckingham leicht zusammenzuckte, den rechten Daumen aus dem linken Mundwinkel zog, dafür aber, wie zur Schadloshaltung, seinen linken Daumen in den rechten Winkel der oben erwähnten Öffnung einführte.

Da es sich als unmöglich erwies, von Mr. B. eine Antwort zu bekommen, wandte die Figur sich mürrisch Mr. Gliddon zu und verlangte in entschiedenem Ton und rundheraus zu wissen: was das Ganze nun eigentlich bedeuten solle?!

Mr. Gliddon erwiderte ihm zu guter Letzt und sehr ausführlich, und es würde mir – stünde dem nicht der bedauerliche Mangel an Hieroglyphen-Typen in unseren amerikanischen Druckereien entgegen – ein Vergnügen sein, seine ganz ausgezeichnete kleine Rede in der Originalsprache und in extenso wiederzugeben.

Ich kann bei dieser Gelegenheit gleich noch nachtragen, daß die gesamte anschließende Unterhaltung, soweit die Mumie daran teilnahm, in altem ursprünglichem Ägyptisch erfolgte; durch Vermittlung (was meine Wenigkeit und die anderen ebenfalls nicht weitgereisten Mitglieder der Gesellschaft anbelangt) –, durch Vermittlung, sagte ich, der Firma Gliddon und Buckingham als Dolmetscher. Beide Herren bedienten sich der Muttersprache der Mumie in unnachahmlich flüssiger und anmutiger Weise; obschon ich gelegentlich die Bemerkung machte, daß die beiden Reisenden (zweifellos aufgrund der Nötigung, moderne Metaphern zu verwenden, die dem Fremdling natürlich gänzlich neu und ungewohnt sein mußten) sich wiederholt gezwungen sahen, auf optische Hilfen zurückzugreifen, um gewisse Spezialbedeutungen jenem voll begreiflich zu machen. So vermochte, zum Beispiel, Mr. Gliddon an einer Stelle dem Ägypter platterdings nicht den Sinn von ›Politik‹ begreiflich zu machen; bis er endlich mit einem Stück Holzkohle ein kleines kolbennasiges Männchen an die Wand zeichnete, das mit zerrissenen Ellbogen auf einer behelfsmäßigen Rednertribüne stand, den linken Fuß nach rückwärts gesetzt, den rechten Arm mit geballter Faust vorwärts-aufwärts gestoßen, die Augen gen Himmel verdreht und den Mund in einem Winkel von neunzig Grad offenstehend. Auf genau dieselbe Weise gelang es Mr. Buckingham zuerst nicht, die so absolut moderne Idee der ›Perückenhaftigkeit‹ auszudrücken, bis er (auf eine Anregung Dr. Ponnonners hin) plötzlich sehr blaß im Gesicht wurde und sich dazu verstand, seine eigene abzunehmen.

Man wird unschwer verstehen, daß Mr. Gliddons Diskurs zunächst hauptsächlich der unschätzbaren Segnungen Erwähnung tat, die der Wissenschaft durch das Abwickeln und Ausweiden von Mumien organisch zuwüchsen; was er geschickt dazu benützte, um jede Unannehmlichkeit zu entschuldigen, die speziell *ihm*, der individuellen Mumie, genannt Allamistakeo, dadurch zugefügt worden sei; worauf er mit dem leichten Hinweis (denn mehr konnte man es schwerlich nennen) endigte: wie man, da diese kleineren Begleitumstände nunmehr bereinigt seien, die geplanten Untersuchungen ja sicherlich weiter vorantreiben dürfe. (Hier machte Doktor Ponnonner seine Instrumente wieder einsatzbereit.)

Hinsichtlich dieser letzten Anregung des Sprechers machte es den Eindruck, wie wenn Allamistakeo gewisse Bedenklichkeiten oder Vorurteile hege (deren eigentliche Natur ich aber nie habe in Erfahrung bringen können); immerhin erklärte er sich durch die vorgebrachten Entschuldigungen als zufriedengestellt, stieg vom Tisch herunter und schüttelte jedem von uns in der Runde die Hand.

Nachdem diese Zeremonie beendet war, gingen wir unverzüglich ans Werk, die Beschädigungen auszubessern, die unser Studiensubjekt durchs Skalpell erlitten hatte. Wir nähten seine Schläfenwunde wieder zu, verbanden ihm die Zehe und versahen seine Nasenspitze mit dem entsprechenden Quadratzoll Heftpflaster.

Es fiel nunmehr auch die Bemerkung, daß den Conte (dies war der eigentliche Titel Allamistakeos, wie es schien) ein leichtes Frösteln überkommen hatte – unzweifelhaft ob der Kälte. Der Doktor verfügte sich sogleich in seine Garderobe und kehrte bald darauf zurück mit einem schwarzen Frack, gearbeitet in Jennings' bester Manier, einem Paar langer himmelblauer Flanellbeinkleider mit Stegen, einem *chemise* aus rosa Gingham, einer langschößigen Brokatweste, einem leichten weißen Überrock, einem Spazierstock mit Hakengriff, einem randlosen Hut, Lackstiefeln, strohfarbenen Glacéhandschuhen, einem Monokel, einem falschen Backenbart à la morbleu, und einer Kaskadenkravatte. Infolge des Größenunterschiedes zwischen dem Conte und Pononner (Verhältnis etwa 2:1) ergaben sich einige kleine Schwierigkeiten dabei, genannte Kleidungsstücke an der Person des Ägypters zu befestigen; aber als dann alles arrangiert war, hätte man ihn durchaus als angezogen bezeichnen können. Weshalb Mr. Gliddon ihm auch sogleich den Arm bot und ihn zu einem bequemen Sessel am Kamin führte, während der Doktor unverzüglich läutete und Zigarren und Wein aufzutragen befahl.

Bald entspann sich eine angeregte Unterhaltung. Man drückte selbstredend besondere Neugier aus, hinsichtlich des einigermaßen bemerkenswerten Umstandes, daß Allamistakeo immer noch so lebendig sei.

»Ich hätte meinen mögen«, bemerkte Mr. Buckingham, »daß es allmählich hohe Zeit würde, Sie wären tot.«

»Wieso?« entgegnete der Conte mit ungekünsteltem Erstaunen, »ich bin schließlich erst wenig über siebenhundert Jahre alt! Mein Vater ist eintausend geworden und war, als er starb, noch nicht im mindesten kindisch.«

Hier schloß sich ein lebhaftes Hin und Her von Erkundigungen und überschlägigen Rechnungen an, aus denen mit Evidenz hervorging, wie man sich bezüglich des Alters der Mumien aufs gröblichste verschätzt hatte: es waren fünftausendfünfzig Jahre und ein paar Monate her, daß man sie in die Katakomben von Eleithias überführt hatte.

»Aber meine Anmerkung eben«, nahm Mr. Buckingham seine Rede wieder auf, »bezog sich noch nicht einmal auf Ihr persönliches Lebensalter zur Zeit Ihrer Beerdigung – ich bin durchaus willens, Ihnen zu konzedieren, daß Sie noch ein relativ junger Mann sind – meine Anspielung sollte vielmehr dem ungeheuerlichen Zeitraum gelten, während dem Sie, Ihrer eigenen Aussage nach, in Asphalt verpackt gewesen sein müssen.«

»In was?«, fragte der Conte.

»In Asphalt«, wiederholte Mr. B. hartnäckig.

»Ah, ja; ich habe eine blasse Ahnung, was Sie meinen; es *könnte* den Zweck eventuell auch erfüllen, sicher – doch zu meiner Zeit verwendeten wir kaum etwas anderes als Quecksilberchlorid.«

»Aber was wir am allerwenigsten begreifen können«, sagte Doktor Pononner, »ist, wie es zugeht, daß Sie in Ägypten gute fünftausend Jahre tot und begraben sein konnten und heute trotzdem quicklebendig hier sitzen und dabei noch so erfreulich glänzend aussehen.«

»Wäre ich, wie Sie sich ausdrücken, *tot* gewesen«, erwiderte der Conte, »dann ist es mehr als bloß wahrscheinlich, daß ich auch heute noch tot sein würde; denn, wie ich verspürt habe, befinden Sie sich noch in der Kindheit der Elektrizität und können damit nicht entfernt das ausrichten, was in der guten alten Zeit bei uns gang und gäbe war. Aber die Sache ist die, daß ich damals in Starrkrampf verfallen bin; daß meine besten Freunde zu der Überzeugung kamen, ich sei tot, beziehungsweise hätte es zu sein, und sie mich ergo kurzerhand einbalsamierten – ich nehme an, die Technik des Einbalsamierens ist Ihnen, zumindest in großen Umrissen, geläufig?«

»Mn-ä – nicht absolut.«

»Ah, ich sehe schon – bedauerlicher Zustand von Ignoranz. Nun, ich kann mich im Augenblick nicht auf Einzelheiten einlassen; aber die Erklärung scheint mir notwendig, daß bei uns in Ägypten die präzise Definition von ›einbalsamieren‹ die war: *alle* von dem Prozeß betroffenen animalischen Funktionen zeitlich unbegrenzt auf Null zu stellen. Ich gebrauche das Wort ›animalisch‹ jetzt einmal im weitesten Sinne, so daß es nicht nur die physische, auch psychische, sondern die gesamte *Lebenseinheit* des Betreffenden in sich begreifen soll. Ich wiederhole also, wie der eigentliche Leitgedanke des Einbalsamierens bei uns der war, *sämtliche* durch den Prozeß erfaßbaren animalische Funktionen schlagartig gegen Nil hin konvergieren zu machen, und dort in immerwährender Schwebe zu erhalten. Enfin, in was für einem Zustand das Individuum im Zeitpunkt des Einbalsamierens sich auch immer befinden mochte: in diesem Zustande verharrte es. – Da ich nun das Glück und die Ehre habe, vom Blute des Skarabäus zu stammen, bin ich *lebendig* einbalsamiert worden, so wie Sie mich jetzt vor sich sehen.«

»Vom Blute des Skarabäus!?« rief Doktor Ponnonner.

»Ja. Der Skarabäus war das *insignium* – beziehungsweise ›Wappen‹, ›Totem‹ – einer sehr distinguierten und wenig zahlreichen Patrizierfamilie. ›Vom Blute des Skarabäus‹ zu sein, bedeutet schlicht: einer jener Familie zu sein, die den Skarabäus als *insignium* hat. Ich drücke mich bildlich aus.«

»Aber was hat das damit zu tun, daß Sie jetzt lebendig sind?«

»Weil es in Ägypten zwar allgemein der Brauch war, bei Leichen vorm Einbalsamieren Gehirn und Eingeweide zu entfernen, einzig und allein der Clan des Skarabäus jedoch war von diesem Brauch ausgenommen. Wäre ich ergo kein Skarabäus gewesen, hätte ich jetzt weder Gehirn noch Eingeweide; und ohne beides ist das Leben ja nicht gerade vergnüglich.«

»Das leuchtet mir ein«, sagte Mr. Buckingham, »und ich folgere also weiter: daß alle *unverletzten* Mumien, die im Laufe der Zeit anfallen, vom Clan des Skarabäus sind.«

»Ohne Zweifel.«

»Ich hatte immer gedacht«, äußerte Mr. Gliddon sehr schüchtern, »der Skarabäus wäre einer der ägyptischen Götter gewesen.«

»Einer der ägyptischen *was?!*« rief die Mumie, und sprang dabei auf.

»Götter –« wiederholte der Reisende.

»Mister Gliddon, ich bin wirklich erstaunt, Sie in solchem Stil daherpalavern zu hören«, sagte der Conte, indem er seinen Platz wieder einnahm. »Kein Volk der ganzen weiten Erde hat jemals mehr als nur einen Gott gekannt. Der Skarabäus, der Ibis und so weiter, waren bei uns (ebenso wie ähnliche Geschöpfe bei anderen Nationen) lediglich die Symbole, oder *media*, vermittelst deren wir einem Schöpfer – zu erhaben, um sich ihm auf direkterem Wege zu nähern – Anbetung zollten.«

Hierauf trat eine Pause ein. Endlich nahm Doktor Ponnonner die Unterhaltung wieder auf.

»Nach dem, was Sie uns erklärt haben, wäre es also nicht unmöglich«, sagte er, »daß sich in jenen Katakomben, in Nähe des Nils, gegebenenfalls noch weitere Mumien vom Geschlecht des Skarabäus, in ähnlichem Zustande der Belebbarkeit, befinden könnten.«

»Das kann überhaupt keine Frage sein«, entgegnete der Conte: »sämtliche Skarabäen, die durch Zufall lebendig einbalsamiert worden sind, leben auch heute noch. Ja, es besteht sogar die Möglichkeit, daß einige von den *absichtlich* so Einbalsamierten von ihren Nachlaßverwaltern übersehen worden sind und noch in den Grüften harren.«

»Würden Sie vielleicht die Güte haben und uns erklären«, sagte ich, »was Sie mit ›absichtlich so einbalsamiert‹ meinen?«

»Mit dem größten Vergnügen«, antwortete der Conte, nachdem er mich ausgiebig durch sein Monokel gemustert hatte (denn es war das erstemal, daß ich mich erkühnt hatte, eine direkte Frage an ihn zu richten).

»Mit dem größten Vergnügen«, wiederholte er. – »Die normale Lebensdauer des Menschen betrug zu meiner Zeit rund achthundert Jahre. Wenige Leute nur starben früher als sechshundert, es sei denn infolge irgendeines exorbitanten Unfalles; Wenige lebten länger als eine Dekade von Centurien – acht galten als naturgegebene Spanne. Nach gewonnener Einsicht in das Grundprinzip des Einbalsamierens, wie ich es Ihnen bereits kurz geschildert habe, kam unsern Philosophen der Gedanke, daß nicht nur eine löbliche Neugier befriedigt, sondern gleichzeitig auch den Interessen der Wissenschaft entscheidend dadurch gedient werden könnte, daß man besagte naturgegebene Spanne in Raten ablebe. Im Spezialfall der Geschichtsschreibung bewies die Erfahrung, daß etwas der Art eigentlich unerläßlich sei. Ein Historiker zum Beispiel, der das Alter von fünfhundert Jahren erreicht hatte, verfaßte mit Fleiß und Mühe sein Buch und ließ sich dann sorgfältig einbalsamieren, wobei er seinen Nachlaßverwaltern *pro.tem.* Anweisung hinterließ, ihn nach Ablauf einer bestimmten Periode – sagen wir fünf- oder sechshundert Jahre – wieder zu beleben. Wenn er dann, nach Verfluß dieses Zeitraums, sein Dasein erneut aufnahm, fand er grundsätzlich sein Großes Buch in eine bunt durcheinandergewürfelte Sammlung von Notizen und Anekdoten pervertiert vor – mit andern Worten, in eine Art literastischer Arena verwandelt, wo sich die widerstreitenden Vermutungen, Konjekturen und persönlichen Katzbalgereien ganzer Rudel von frenetischen Kommentatoren austobten. Diese Rätselratereien und so weiter – die sich mit dem tönenden Namen von Annotationen oder Emendationen schmückten – hatten den eigentlichen Text derart total umnebelt, verzerrt und überwältigt, daß der betreffende Autor mit der Laterne herumlaufen mußte, um sein eigenes Buch überhaupt wieder zu entdecken. Und wenn er es dann entdeckt hatte, erwies es sich als nicht der Mühe des Suchens wert. Nachdem er es jedenfalls noch einmal von Grund auf neu geschrieben hatte, wurde es als zu den heilgen Obliegenheiten des Historikers gehörig betrachtet, nun auch unverzüglich an eine nächste Arbeit zu gehen, und, auf der Basis seiner eigenen privaten Information und Erfahrung, die dann im Schwange befindlichen Überlieferungen von der Epoche, in der er ursprünglich gelebt hatte, zu rektifizieren. Und einzig dieses Verfahren – das der Zweit-Niederschrift, und der persönlichen Berichtigung von Zeit zu Zeit, durch diverse einzelne Koryphäen – hat es ermöglicht zu verhindern, daß unsre Geschichte zur bloßen Fabel herunterkomme.«

»Entschuldigen Sie«, sagte Doktor Ponnonner an dieser Stelle, während er gleichzeitig mit seiner Hand sacht den Arm des Ägypters anrührte – »Entschuldigen Sie, Sir; aber darf ich so frei sein, Sie einen Moment zu unterbrechen?«

»Selbstverständlich, *Sir*«, erwiderte der Conte, indem er sich stolz emporrichtete.

»Ich wollte lediglich eine Frage an Sie richten«, sagte der Doktor. »Sie erwähnten, daß der Historiker die dann im Schwange befindlichen *Überlieferungen* von seiner eigenen, früheren Epoche persönlich berichtigte. Bitte, Sir: wieviel Prozent dieser Kabbala pflegten sich durchschnittlich noch als korrekt zu erweisen – ganz rund gerechnet?«

»Besagte Kabbala, wie Sie es sehr richtig nennen, Sir, erwies sich im allgemeinen als genau gleichrangig mit den in den un-neu-geschriebenen Geschichtswerken berichteten Tatsachen – das heißt mit andern Worten: weder in der einen noch dem andern war auch nur ein einziges Jota zu entdecken, das nicht in jeglicher Beziehung total und radikal falsch gewesen wäre.«

»Aber da es einwandfrei klargestellt ist«, begann der Doktor von neuem, »daß seit Ihrer Beisetzung mindestens fünftausend Jahre verstrichen sind, darf ich ja wohl als ausgemacht annehmen, daß die Geschichtswerke Ihrer Zeit, geschweige denn die Überlieferungen, sich hinreichend ausführlich verbreitet haben werden, über jenen einen Gegenstand von wahrhaft kosmischem Interesse, die Schöpfung, die ja, wie ich als Ihnen bekannt voraussetzen darf, höchstens zehn Jahrhunderte zuvor stattgefunden hatte.«

»Sir!« sagte Conte Allamistakeo.

Der Doktor wiederholte seine Bemerkung, aber es gelang erst nach beträchtlichen zusätzlichen Erläuterungen, sie dem Fremdling annähernd begreiflich zu machen. Der Letztere äußerte schließlich zögernd:

»Die von Ihnen hier eben vorgetragenen Gedankengänge sind mir, ich gestehe es, gänzlich neu. Während meiner Zeit habe ich niemals von jemandem vernommen, der die kuriose Idee bei sich genährt hätte, daß das Universum (beziehungsweise diese Welt, wenn Ihnen der Ausdruck lieber ist) überhaupt je einen Anfang gehabt habe. Ich entsinne mich, einmal und *nur* einmal, von einem besonders theorienreichen Mann eine entfernte Andeutung dieser Art gehört zu haben, die sich allerdings nur auf den Ursprung des *Menschengeschlechtes* bezog; und von eben diesem Individuum wurde auch genau das Wort Adam (also Rote Erde) verwendet, dessen Sie sich bedienen. Er gebrauchte es jedoch lediglich im genetischen Sinne, in bezug auf die Urzeugung aus fettem Erdreich (ähnlich wie Tausende der niederen Arten der Wesen sich entwickeln); die Urzeugung also, sagte ich, von fünf vielköpfigen Horden von Menschen, die an fünf gesonderten und nahezu flächengleichen Teilgebieten des Erdballs schlagartig und gleichzeitig entstanden seien.«

An dieser Stelle fand ein allgemeines Achselzucken der Gesellschaft statt, und ein oder zwei von uns tippten sich sogar mit sehr bezeichnendem Ausdruck an die Stirn. Mr. Silk Buckingham, nachdem er erst flüchtig das Occiput und anschließend das Sinciput Allamistakeos begutachtet hatte, äußerte sich darauf wie folgt:

»Die lange Dauer des menschlichen Lebens zu Ihrer Zeit – zumal im Verein mit der Praktik, es, wie Sie uns schilderten, gelegentlich in Raten zu verbringen – müßte in der Tat eine starke Tendenz ergeben haben, die Entwicklung und Aufhäufung von Wissen allgemein zu bewirken.

Ich nehme deshalb an, daß man die notorische Unterlegenheit der alten Ägypter in allen Zweigen des Wissens, verglichen mit den Neueren und ganz besonders mit den Yankees, folglich hauptsächlich der unvergleichlich größeren Massivität der ägyptischen Hirnschale wird zuschreiben müssen.«

»Ich gestehe erneut,« entgegnete der Conte mit beträchtlicher Urbanität, »daß ich einigermaßen in Verlegenheit bin, Sie zu verstehen. Bitte, auf welche speziellen Wissenszweige spielen Sie jetzt an?«

Hier begann unsre ganze Gesellschaft, ebenso ausführlich wie durcheinander, ihm mit vereinten Stimmen die Postulate der Schädellehre und der Wunder des Tierischen Magnetismus zu schildern.

Nachdem er uns zu Ende gehört hatte, steuerte der Conte seinerseits ein paar Anekdoten bei, aus denen sich mit Evidenz ergab, daß Vorläufer von Gall und Spurzheim vor so grauen Jahren in Ägypten geblüht und wieder das Zeitliche gesegnet hatten, um nahezu vergessen zu sein; und was die Mesmerschen Prozeduren anbetraf, so handelte es sich wahrlich um ziemlich kümmerliche Tricks, wenn man sie mit den positiven Wundern der Thebanischen *savans* zusammenhielt, die Läuse erschufen und eine große Zahl anderer ähnlicher Dinge mehr.

Ich erkundigte mich jetzt beim Conte, ob man bei ihnen imstande gewesen wäre, Finsternisse vorauszuberechnen? Er lächelte ziemlich verächtlich und sagte, ja, das wäre man.

Das brachte mich etwas aus dem Konzept; aber ich begann gerade weitere Erkundigungen hinsichtlich seiner astronomischen Kenntnisse anzustellen, als ein Mitglied unserer Gesellschaft, das bisher noch nicht einmal den Mund aufgetan hatte, mir ins Ohr flüsterte, daß ich, was Anfragen dieser Art beträfe, besser vorher im Ptolemäus nachschlüge (wer immer dieser Ptolemäus sein mag), nicht zu vergessen eines gewissen Plutarch *de facie lunae*.

Ich erkundigte mich nunmehr bei der Mumie nach Brenngläsern und Linsen, sowie nach dem Stande der Glasfabrikation allgemein; aber ich war noch nicht einmal recht zu Ende mit meinen Fragen, als das stumme Mitglied schon wieder unauffällig meinen Ellenbogen berührte und mich um Gottes willen bat, doch einen Blick in Diodorus Siculus zu werfen. Was den Conte betrifft, stellte er mir als Antwort lediglich die Frage, ob wir moderne Mikroskoptypen entwickelt hätten, die uns ermöglichten, Cameen nach Art der Ägypter zu schneiden? Während ich aber noch darüber nachdachte, was ich ihm auf solche Frage antworten könnte, stellte sich bereits der kleine Doktor Pononner auf die allermerkwürdigste Weise bloß.

»Sehen Sie sich unsre Baukunst an!« rief er (zum großen Verdruß unsrer beiden Reisenden, die ihn grün und blau kniffen, aber ohne Erfolg).

»Schauen Sie«, rief er schwärmerisch, »sich die Bowling Green Fountain in New York an! Oder, falls das eine zu hohe Kraft der Kontemplation erfordern sollte, betrachten Sie einen Moment das Capitol in Washington, D. C.!« – und der biedre kleine Medizinmann ging dazu über, die genauen Maße und Proportionen des von ihm genannten Gebildes anzugeben. Er erläuterte, wie allein den Portikus nicht weniger denn vierundzwanzig Säulen schmückten, jedwede von fünf Fuß Durchmesser, mit zehn Fuß Abstand zwischen ihnen.

Der Conte entgegnete, wie er bedaure, im Augenblick aus dem Gedächtnis nicht die exakten Abmessungen auch nur eines der bedeutenderen Bauwerke der Stadt Aznac angeben zu können, deren Grund in grauester Vorzeit gelegt sei; deren Ruinen aber zur Zeit seiner Beisetzung noch auf einer weiten Sandebene, westlich von Theben, gestanden hätten. Er entsinne sich jedoch (da das Wort Portikus gefallen sei), an einen, vor einem der kleineren Palais, in einer Art Vorstadt namens Karnak, der aus einhundertvierundvierzig Säulen bestanden habe, jegliche von siebenunddreißig Fuß Umfang, mit fünfundzwanzig Fuß Abstand zwischen ihnen. Den Zugang zu besagtem Portikus, vom Nil her, hätte eine zwei Meilen lange Prachtstraße gebildet, flankiert von Sphinxen, Statuen und Obelisken, zwanzig, sechzig und einhundert Fuß hoch. Das Palais selbst sei (soweit er sich erinnern könne) in der einen Richtung zwei Meilen breit gewesen, und der Gesamtumfang dürfte, schätzungsweise, sieben betragen haben. Die Wände seien, innen wie außen, über und über mit Hieroglyphen geschmückt gewesen. Er wolle nicht soweit gehen und uns direkt *schriftlich* geben, daß man von des Doktors ›Capitolen‹ gut fünfzig oder sechzig innerhalb seines Mauerkranzes hätte errichten können; sei sich aber keineswegs sicher, ob man nicht, mit einiger Mühe, auch zwei- oder dreihundert davon hineingezwängt hätte. Übrigens habe es sich bei besagtem Karnakschem Palais nur um ein unbedeutendes, kleineres Gebäude gehandelt. Immerhin könne er (der Conte) wenn er gewissenhaft sein wolle, nicht umhin, die sinnreiche Erfindung, Pracht und Überlegenheit jener Bowling Green Fountain, so wie sie ihm der Doktor beschrieben habe, zuzugeben: nichts dergleichen – das sei er gezwungen zu gestehen – habe man je in Ägypten erblickt, oder auch anderswo.

An dieser Stelle fragte ich den Conte, was er zu unsern Eisenbahnen zu sagen habe.

»Nichts besonderes«, erwiderte er. Sie seien relativ leicht, relativ übel geplant, und kümmerlich zusammenmontiert. Ließen sich also selbstredend nicht mit den breiten, gut nivellierten, schnurgeraden, eisenschienigen Transportfernbahnen vergleichen, auf denen die Ägypter ganze Tempel befördert hätten, oder auch Obelisken aus einem Stück von einhundertfünfzig Fuß Höhe.

Ich sprach von unseren gigantischen mechanischen Mitteln.

Er gab zu, daß wir auf diesem Gebiet einiges wüßten; erkundigte sich jedoch, wie ich wohl vorgegangen sein würde, um am Portalbogen nur des erwähnten kleinen Palais' zu Karnak, die Kämpferblöcke an Ort und Stelle zu bringen?

Diese Frage beschloß ich, nicht gehört zu haben; forderte vielmehr zu erfahren, ob er einen Begriff von Artesischen Brunnen habe – er aber hob nur die Augenbrauen; während Mr. Gliddon mir nachdrücklichst zuzwinkerte und mit unterdrückter Stimme mitteilte, wie die mit den Trinkwasserbohrungen für die Große Oase beauftragten Ingenieure neulich erst wieder einen entdeckt hätten.

Ich erwähnte jetzt unseres Stahls; aber der Fremdling hob nur die Nase und fragte zurück, ob sich mit unserm Stahl die tiefen scharfen Gravierungen ausführen ließen, wie man sie auf den Obelisken sieht, und zu denen man übrigens grundsätzlich Schneidwerkzeuge aus Kupfer verwendet hätte.

Dies brachte uns dermaßen außer Fassung, daß wir es für rätlich hielten, den Angriff in metaphysische Gefilde zu verlegen. Wir ließen also einen Band einer Zeitschrift, genannt ›The Dial‹ kommen und verlasen daraus ein oder zwei Kapitel über etwas, was zwar nicht sonderlich klar ist; von den Bostonesen jedoch ›Die Große Bewegung‹ oder ›Der Fortschritt‹ genannt wird.

Der Conte merkte dazu lediglich an, daß große Bewegungen auch in seinen Tagen widerlich häufig gewesen wären; und was den Fortschritt anbelangt, so sei er eine Zeitlang eine rechte Plage gewesen, aber fortgeschritten sei er nie.

Hierauf brachten wir die hohe Schönheit und Wichtigkeit der Demokratie zur Sprache und gaben uns alle Mühe, dem Conte einen Eindruck der Vorteile zu vermitteln, die wir dadurch genössen, daß wir in einem Lande wohnten, wo es Wahlen *ad libitum* gäbe und keinen König.

Er lauschte uns mit unverkennbarem Interesse und schien in der Tat nicht wenig belustigt. Als wir geendet hatten, sagte er, wie – es sei nun schon lange lange her – einmal etwas ganz ähnliches vorgefallen wäre. Einige ägyptische Provinzen hätten auf einmal beschlossen, nunmehr frei sein zu wollen und so der übrigen Menschheit ein großartiges Beispiel zu geben. Ihre Weisen mußten sich zusammensetzen und die ingeniöseste Verfassung aushecken, die vorzustellen sich nur möglich ist. Eine Zeitlang wirtschafteten sie erstaunlich gut; nur hatten sie die Angewohnheit, wahrhaft wundersam aufzuschneiden. Das Ende der Affäre freilich bestand darin, daß sich besagte dreizehn Staaten, zusammen mit noch fünfzehn oder zwanzig anderen, zu der abscheulichsten und unerträglichsten Despotie vereinigten, von der man jemals auf dem Angesicht der Erde hören mußte.

Ich erkundigte mich, wie der Name des betreffenden tyrannischen Usurpators gewesen sei?

Soweit der Conte sich zu entsinnen vermochte, hatte er MOB geheißen.

Da ich nicht wußte, was ich hierzu sagen sollte, erhob ich lieber die Stimme und beklagte die ägyptische Ignoranz bezüglich der Dampfkraft.

Der Conte blickte mich mit großem Erstaunen an, gab jedoch keine Antwort. Dafür versetzte mir der stille Herr mit seinem Ellbogen einen heftigen Knuff in die Rippen, informierte mich, wie ich mich für diesmal nun wohl genug bloßgestellt hätte – und wollte hören, ob ich tatsächlich ein solcher Trottel sei, nicht zu wissen, daß unsre moderne Dampfmaschine sich aus der Erfindung Herons, via Salomon de Caus, entwickelt hat?

Wir waren jetzt in der dringendsten Gefahr, endgültig geschlagen zu werden; aber unser gutes Glück wollte, daß Doktor Ponnonner, der sich wieder erholt hatte, zum Entsatz herbeieilte und Antwort heischte: ob das ägyptische Volk sich im Ernst einbilde, mit uns Modernen in dem allwichtigen Punkte der Bekleidung wetteifern zu können?

Woraufhin der Conte erst den Blick an sich herunter, zu den Stegen seiner Hosen wandern ließ; anschließend das Ende eines seiner Frackschöße ergriff und es sich, minutenlang, dicht vor die Augen hielt. Als er es endlich sinken ließ, verlängerte sich sein Mund ganz allmählich, bis er von einem Ohr zum andern reichte; aber daß er irgend etwas erwidert hätte, kann ich mich eigentlich nicht erinnern.

Hierauf faßten wir neuen Mut; und der Doktor forderte, indem er sich der Mumie mit imposanter Würde näherte, diese auf, nunmehr ganz freimütig und auf seine Ehre als Gentleman es auszusprechen: ob die Ägypter, zu *irgendeinem* Zeitpunkt ihrer Geschichte, die Herstellung von Ponnonner-Pastillen verstanden hätten oder, sei's drum, von Brandreth-Pillen?

Wir harrten in ängstlicher Spannung auf eine Antwort – aber vergeblich. Es erfolgte keine. Der Ägypter errötete und ließ den Kopf hängen. Nie war ein Triumph vollkommener; nie wurde eine Niederlage mit so wenig Grazie ertragen. Ich konnte tatsächlich das Schauspiel der armen gedemütigten Mumie nicht länger aushalten. Ich griff nach meinem Hut, machte jenem eine steife Verbeugung und nahm Abschied.

Als ich nach Hause kam, sah ich, daß es schon nach vier war, und ging unverzüglich zu

Bett. Im Augenblick ist es zehn Uhr vormittags. Ich bin seit sieben Uhr auf den Beinen und habe den vorliegenden Bericht zu Papier gebracht, zum Besten meiner Familie und der Menschheit. Von der erstgenannten werde ich nichts mehr erblicken. Mein Weib ist ein Drache. Auch bin ich, ehrlich gesagt, dieses Daseins, sowie des ganzen 19. Jahrhunderts allgemein, von Herzen überdrüssig. Ich lebe der Überzeugung, daß alles falsch und schief geht. Außerdem bin ich neugierig zu wissen, wer im Jahre 2045 Präsident sein wird. Sobald ich mich ergo rasiert und einen Schluck Kaffee getrunken habe, werde ich die paar Schritte zu Pononners hinübertun und mich für ein paar hundert Jahre einbalsamieren lassen.

Der Alb der Perversheit

Bei der Betrachtung der Fähigkeiten und Triebe – der *prima mobilia* der menschlichen Seele haben die Phrenologen es leider verabsäumt, einem ganz bestimmten natürlichen Hange Raum zu lassen, welcher, obschon er unverkennbar als eine angeborene, unwandelbare Ur-Empfindung existiert, gleicherweise von allen Ethikern, die ihnen vorausgingen, übersehen worden ist. Im typischen Dünkel der Vernünftelei haben wir alle ihn übersehen. Wir haben's geduldet, daß seine Existenz unseren Sinnen entging – einzig weil wir des Glaubens, des Vertrauens ermangeln, sei's nun der Glaube an Offenbarung, sei's der an die Kabbala. Nie ist uns der Gedanke daran gekommen, einfach weil wir keinen stichhaltigen Anlaß dafür sahen. Wir sahen keine Triebnotwendigkeit für diese Neigung. Wir vermochten keinen zwingenden Grund dafür zu erkennen. Wir waren ohne jedes Verständnis dafür, das heißt wir wären ohne Verständnis gewesen, hätte sich dieses *primum mobile* unserer Wahrnehmung jemals aufgedrängt; – wir hätten nicht verstehen können, in welcher Weise es eigentlich darauf angelegt sein sollte, die Zwecke der menschlichen Natur zu befördern, seien es nun die zeitlichen oder die ewigen. Es läßt sich nicht bestreiten, daß die Phrenologie und in großem Maße die ganze Metaphyselei hier *a priori* ein ausgesprochen faules und abgefeimtes Spiel getrieben haben. Der intellektuelle oder logische Mensch war – viel leichter übrigens als der praktisch verständige, obachtsame – sehr rasch damit bei der Hand, sich Zweckbestimmungen einzubilden – das heißt, Gott ganz bestimmte Absichten zu unterstellen. Nachdem er solcherart den Intentionen Jehovas auf den Grund gekommen war, und zwar durchaus zu seiner Zufriedenheit, machte er sich daraus seine unzähligen Denksysteme zurecht. Bei der Phrenologie zum Beispiel setzten wir, und natürlich genug, als erstes fest, es sei ein göttlicher Ratschluß, daß der Mensch esse. Darauf denn schrieben wir dem Menschen ein Organ zu, welches für die Ernährung zuständig sei, und dieses Organ ist die Geißel, mit dem die Gottheit den Menschen zwingt, *nolens volens* Nahrung zu sich zu nehmen. Zweitens stellten wir nicht faul die These auf, es sei der Wille Gottes, daß der Mensch seine Art erhalte, und entdeckten alsogleich in seinem Gehirn ein Organ der Sinnlichkeit. Und gleicherweise verfuhren wir bei der Kampfeslust, der Idealität, der Kausalität, dem Bausinn – kurz gesagt, bei jedem Organ, ob es nun eine Neigung, ein sittliches Empfinden oder ein reines Erkenntnisvermögen repräsentiert. Bei diesen Arrangements der *principia* menschlichen Handelns haben sich die Spurzheimianer – ob zu Recht oder nicht – teilweise oder aufs Ganze gesehen im Grundsätzlichen nur an die Fußstapfen ihrer Vorgänger gehalten, indem sie in allen Dingen die präkonzipierte Bestimmung des Menschen voraussetzten und sich stets auf die vermeintlichen Absichten seines Schöpfers stützten.

Es wäre klüger gewesen, es wäre auch sicherer gewesen, die Klassifizierung (wenn wir ohne sie nun einmal nicht auskommen können) auf das zu gründen, was der Mensch gewöhnlich oder hin und wieder tat und allezeit gelegentlich getan hat, statt auf das, was ihm nach unserer felsenfesten Einbildung die Gottheit an Tätigkeiten zudiktiert haben sollte. Wenn wir Gott in seinen sichtbaren Werken nicht begreifen können, wie denn in seinen unfaßlichen Gedanken, welche die Werke ins Leben rufen? Wenn wir ihn nicht in seinen gegenständlichen Geschöpfen zu verstehen vermögen, wie denn in den abstrakten Konzeptionen und Phasen seiner Schöpfung?

Induktives Denken, *a posteriori,* hätte die Phrenologie hingegen darauf gebracht, als ein angeborenes Urprinzip menschlichen Handelns ein wunderliches Etwas zuzulassen, welches wir in Ermangelung eines treffendern Ausdrucks *Perversheit* nennen wollen. In dem Sinne, den ich hier im Auge habe, handelt es sich dabei tatsächlich um ein *mobile* ohne

Motiv, um ein Motiv ohne ›Motivierung‹. Durch sein Wirken handeln wir ohne ersichtlichen Zweck; beziehungsweise, wenn man dies als eine *contradictio in adjecto* verstehen will, so dürfen wir den Satz dahingehend modifizieren, daß wir sagen, sein Wirken veranlaßt uns zu einem Handeln, das einzig aus dem Grunde kommt, daß wir *nicht* so handeln sollten. Theoretisch läßt sich kaum ein weniger fundierter Grund denken; doch in Wirklichkeit gibt es keinen von größerer Stringenz. Bei gewissen Vorhaben, unter gewissen Bedingungen wirkt er schier unwiderstehlich. So gewiß ich bin, daß ich atme, so sicher weiß ich, daß gerade die feste Überzeugung, eine Tat sei falsch, sei unrecht oder irrig, oftmals *die* eine unbesiegliche Macht ist, welche uns treibt, und alleinig treibt, sie zu begehen. Und dieser überwältigende Drang, das Unrechte zu tun um des Unrechten willen, läßt keinerlei Analyse, keinerlei Zerlegung in anderweitige, tiefer gelegene Elemente zu. Er ist selber ein Grund-, ein Urtrieb – ist selber elementar. Nun wird man mir, ich weiß es wohl, darauf erwidern, es sei, wenn wir so hartnäckig auf einer Tat bestehen, nur weil unser Empfinden uns sagt, wir sollten sie *nicht* begehen, unser Verhalten lediglich eine Modifikation dessen, was gewöhnlich der *Kampflust* der Phrenologie entspringt. Doch ein kurzer Blick schon wird uns das Trugschlüssige dieses Gedankens zeigen. Die phrenologische Kampflust enthält, als wesentlichen Kern, das Zwangsbedürfnis der Selbstverteidigung. Sie ist unser Schutz gegen Unbill und Schaden. Ihr Prinzip ist auf unsere Wohlfahrt gerichtet; und so wird das Verlangen, es möchte uns wohlgehen, stets gleichzeitig mit ihrem Aufkommen in uns erweckt. Daraus folgt, daß das Verlangen nach Wohlfahrt gleichzeitig mit jeglichem Prinzip entstehen muß, welches bloß eine Modifikation der Kampflust sein soll; doch im Fall jenes Etwas, welches ich *Perversheit* nenne, entsteht nicht nur nicht das mindeste Verlangen nach Wohlsein, sondern es liegt ein ganz und gar entgegengesetzliches Empfinden vor.

Eine Anrufung des eignen Herzens ist, nach allem, die beste Antwort auf die soeben vorgetragene Sophisterei. Niemand, der vertrauensvoll bei seiner eignen Seele Rat sucht und sie bis zum Grunde erforscht, wird das Urtriebhafte der in Rede stehenden Neigung leugnen wollen. So unbegreiflich sie ist, so eigentümlich und auffällig ist sie zugleich. Es lebt, zum Beispiel, wohl kein Mensch, welchen nicht schon zu irgendeiner Zeit das inbrünstige Verlangen geplagt hat, einen Zuhörer durch umschweifendes Reden zu peinigen. Der Sprecher merkt durchaus, daß er mißfällt; auch hat er jeglichen Willen, zu gefallen; er ist gewöhnlich kurz, präzis und klar; die markanteste und glänzendste Sprache drängt und ringt danach, auf seiner Zunge laut zu werden; nur schwer gelingt's ihm, ihrem Strome Einhalt zu gebieten; er scheut, er fürchtet den Unwillen dessen, den er anspricht; und doch durchzuckt ihn jählich der Gedanke, er könnte doch einmal, vermittels gewisser Verwickelungen und Parenthesen, grad eben diesen Unwillen erwecken. Ein solcher einziger Gedanke ist genug. Der erste Antrieb wächst und wird zum Wunsche, der Wunsch wird zum Verlangen, das Verlangen zum unstillbaren Drang, und diesem Drange gibt der Sprecher (zu seinem eignen tiefen Leide und Verdruß und allen Folgen zum Hohne) denn schließlich nach.

Wir haben eine Aufgabe vor uns, die rasch erledigt sein muß. Wir wissen, jeder Verzug würde verderblich sein. Der wichtigste, der alles entscheidende Augenblick unseres Lebens ist da und ruft, posaunengleich, nach unmittelbarer Tatkraft, nach unmittelbarer Tat. Wir glühen, wir verzehren uns vor Eifer und Begierde, das Werk zu beginnen, dessen glorreicher Ausgang unsre Seele im vorhinein entflammt. Es soll, es muß noch heute unternommen werden, und doch – doch schieben wir es auf morgen; und warum? Es gibt keine Antwort, außer eben der: daß unser Fühlen an *Perversheit* leidet – das Wort hier ohne jedes Begreifen des Prinzips gebraucht. Der neue Tag ist da und mit ihm neue, mehrere Ungeduld, unsere Pflicht zu tun; doch je mehr diese Ungeduld wächst, desto größer wird zugleich auch eine namenlose, eine wahrhaft fürchterliche, da unergründliche, Süchtigkeit nach neuerlichem Aufschub. Und diese Sucht erstarkt, je weiter die Zeit verrinnt. Schon kommt die letzte Stunde, die zum Handeln bleibt. Wir zittern – so heftig tobt tief in uns der Konflikt – des klar Bestimmten mit dem Unbestimmten – des Wesentlichen mit dem Schattenhaften. Doch, wenn der Widerstreit so weit gediehen ist, so ist's der Schatten, welcher

Oberhand gewinnt – wir kämpfen umsonst. Der Stundenschlag ertönt – und ist das Grabgeläute unsres Wohlergehns. Zur nämlichen Zeit aber ist's auch der Hahnenschrei für den Geist, der uns so lang beherrscht hat. Er flieht – er ist verschwunden – wir sind frei. Die alte Tatkraft kehrt wieder. Jetzt wollen wir ans Werk. Doch ach, *zu spät!*

Wir stehen am Rande eines Abgrunds. Wir spähen hinab in den Schlund – es wird uns schlimm und schwindlig. Unser erster Antrieb ist, zurückzuweichen vor der Gefahr. Doch unerklärlicherweise bleiben wir. Ganz langsam gehen Übelkeit und Schwindel und Schauder in einem Gewölk von unbenennbarem Fühlen auf. Stufenweis', doch gar unmerklicher noch, nimmt dies Gewölk Gestalt an, wie's der Dunstrauch bei der Flasche tat, aus welcher sich der Geist in den ›Arabischen Nächten‹ erhob. Doch aus dieser *unserer* Wolke an des Abgrunds Rand erwächst, zum Greifen deutlich bald, eine Gestalt, weit schrecklicher denn jeder Dämon oder gute Geist in einem Märchen, und dennoch ist's nur ein Gedanke, wennschon ein fürchterlicher, dessen Grauen in uns so wildes Entzücken weckt, daß wir ins Mark unserer Knochen hinein erschauern. Es ist bloß die Vorstellung, was wir beim rasend jähen Sturz aus solcher Höhe wohl empfinden würden. Und dieser Sturz ins Nichts, in das Vernichtet-Sein aus eben dem Grunde, daß er das eine allergräßlichste und -widerwärtigste von all den gräßlichen und widerwärtigen Bildern des Todes und des Leidens in sich beschließt, die je vor unsrer Einbildung aufgestiegen sind – aus eben dieser einen Ursache verlangt es uns nun um so heftiger danach. Und *weil* uns unsre Vernunft mit aller Macht von der Kante zurückreißen will, darum grad zieht es uns nur um so ungestümer zu ihr hin. Es gibt in der ganzen Natur keine Leidenschaft von so dämonischer Gewalt, wie sie ein Mensch empfindet, der schaudernd am Rande eines Abgrunds steht und solcherart dann einen Sprung erwägt. Auf einen Augenblick nur der Versuchung des *Gedankens* daran nachzugeben, heißt unentrinnbar verloren sein; denn ruhige Überlegung drängt uns, davon abzustehen, und eben *darum,* sag' ich, *können wir es nicht.* Wenn dann kein Freundesarm zur Stelle ist, uns zurückzuhalten, oder wenn es uns nicht gelingt, uns in jäher Anstrengung aller Kräfte rückwärts vom Schlunde weg niederzuwerfen, so springen wir – und springen ins tiefste Verderben.

So sehr wir diese und ähnliche Verhaltensweisen auch untersuchen mögen, stets werden wir finden, daß sie einzig aus dem *Geiste der Perversheit* resultieren. Wir handeln nur darum so, weil unser Gefühl uns sagt, wir sollten's *nicht.* Dahinter steht keinerlei intelligibles Prinzip; und tatsächlich läge der Gedanke nicht fern, es sei diese Perversheit ein direktes Werk des Erzfeinds, wüßten wir nicht von ihr, daß sie gelegentlich durchaus dem Guten zur Förderung wirke.

Ich habe so weit ausgeholt, um Ihrer Frage wenigstens in einigem Maße Antwort zu stehen – um Ihnen zu erklären, warum ich hier bin – um Ihnen irgend etwas zu nennen, das zumindest den schwachen Schatten einer Begründung dafür bieten soll, daß ich diese Fesseln trage und hier in der Todeszelle sitze. Wäre ich nicht derart umständlich gewesen, so hätten Sie mich leicht entweder gänzlich mißverstanden oder aber, mit dem Pöbel, für verrückt gehalten. So jedoch werden Sie ohne Schwierigkeit erkennen, daß ich eines der vielen ungezählten Opfer bin des Alben der Perversheit.

Unmöglich kann je eine Tat mit größerer Vor- und Umsicht ins Werk gesetzt worden sein. Wochen, ja Monate lang sann ich über den Mitteln des Mordes nach. Ich verwarf wohl an die tausend Pläne, denn allesamt enthielten sie im Falle der Ausführung immerhin noch eine vage *Möglichkeit* der Entdeckung. Schließlich denn stieß ich bei der Lektüre einiger französischer Memoiren auf einen interessanten Krankheitsbericht: einer Madame Pilau war die Wirkung einer zufällig vergifteten Kerze um ein Haar verderblich geworden. Diese Idee zündete alsbald in meiner Phantasie. Ich kannte meines Opfers Gewohnheit, im Bette zu lesen. Ich wußte auch, sein Zimmer war eng und schlecht belüftet. Doch ich brauche Sie nicht mit Einzelheiten zu behelligen, die nichts zur Sache tun. Ich brauche nicht die Schliche zu beschreiben, mit denen es mir leicht gelang, auf dem Kerzenständer seines Schlafgemachs ein Wachslicht meiner eignen Fabrikation mit demjenigen auszutauschen, welches ich dort vorfand. Am nächsten Morgen ward er tot in seinem Bett entdeckt, und des Leichenbeschauers Spruch lautete – »Verstorben durch göttliche Heimsuchung«.

Nachdem ich sein Vermögen geerbt, ging jahrelang alles gut mit mir. Nie stahl sich der Gedanke an Entdeckung auch nur einmal in mein Hirn. Die Überreste der verhängnisvollen Leuchte hatte ich selber mit aller Sorgfalt beseitigt. Kein Schatten eines Anhaltspunktes war mehr da, durch welchen es möglich gewesen wäre, mich des Verbrechens zu überführen oder auch nur zu verdächtigen. Es ist unvorstellbar, welch reiches Empfinden der Genugtuung mir im Busen aufwallte, gedachte ich der absoluten Sicherheit, in der ich mich befand. Lange Zeit war ich's gewohnt, in dieser Empfindung zu schwelgen. Sie brachte mir mehr wirkliches Entzücken als all die bloßen weltlichen Vorteile, die mir aus meiner Sünde zuflossen. Doch schließlich nahte eine Zeit, da wandelte sich das so köstliche Gefühl ganz langsam, kaum bemerklich stufenweis', in einen immer wiederkehrenden und quälenden Gedanken. Er quälte mich, zermürbend, *weil* er immer wiederkehrte. Kaum einen Augenblick noch vermocht' ich mich seiner ledig zu machen. Es ist ein ganz gewöhnlich Ding, auf solche Art davon geplagt zu werden, daß der Kehrreim irgendeines alltäglichen Liedes oder irgendwelche gar nicht besonders eindrücklichen Fetzen aus einer Oper uns im Ohr oder vielmehr im Gedächtnis unablässig nachhallen. Und unsere Pein wird keineswegs dadurch geringer, daß das Lied an sich vielleicht ganz gut oder die Opernmelodie verdienstvoll ist. In dieser Weise jedenfalls geschah's mir nun, daß ich mich unaufhörlich dabei ertappte, wie ich über meine Sicherheit nachgrübelte und dabei mit leis' gedämpfter Stimme das Sätzchen wiederholte – »Ich bin sicher«.

Eines Tags nun, da ich so durch die Straßen für mich hin schlenderte, verhielt ich plötzlich Schritt und Stimme, als ich eben wieder dabei war, halblaut diese gewohnten Silben zu murmeln. In einem Anfall von keckem Übermut wandelte ich sie folgendermaßen ab: »Ich bin sicher – ich bin sicher – ja – jawohl – wenn ich nicht Narrs genug bin, offen zu bekennen.«

Kaum hatte ich diese Worte gesprochen, da fühlte ich, wie mir ein eisiger Schauder zu Herzen kroch. Ich hatte ja einige Erfahrung in diesen Anfällen der Perversheit (deren Natur zu erklären ich weiter oben bemüht war), und ich erinnerte mich wohl, daß mir's in keinem Fall gelungen war, ihren Attacken Widerstand zu leisten. Und nun trat mir meine eigne, ganz zufällige Selbst-Suggestion, ich könnte möglicherweise Narrs genug sein, den Mord, dessen ich schuldig geworden, offen zu bekennen, auf einmal in den Weg, als sei's der Geist des' selber, welchen ich gemordet und rief mich zu sich, forderte mich zum Tode.

Zuerst noch unternahm ich's angestrengt, diesen Alptraum meiner Seele abzuschütteln. Ich schritt nach Kräften aus – ging schneller – immer schneller – schließlich rannte ich. Ich spürte ein schier rasendes Verlangen, schrill aufzuschrein. Jede neue Gedankenwelle überschwemmte mich mit neuem Schrecken, denn ach! zu gut, zu gut nur wußte ich, daß *denken* in meiner Lage hieß: verloren sein. Noch immer beschleunigte ich meinen Schritt. Wie ein Verrückter sprang ich durch die belebten Straßen. Schließlich denn wurde die Bevölkerung meines alarmierenden Treibens gewahr und verfolgte mich. Da fühlt' ich die Vollendung meines Schicksals. Hätt' ich mir nur die Zunge ausreißen können, ich hätte es getan – doch eine wilde Stimme schallte an mein Ohr – ein wilderer Griff noch packte mich an der Schulter. Ich fuhr herum – ich rang, ich schnappte nach Atem. Momentlang litt ich alle Qualen des Erstickens; ich wurde blind und taub und schwindelig; und dann war's mir, als schlüge irgendein unsichtbarer Feind mit der flachen Hand auf meinen Rücken. Da brach das lange eingekerkerte Geheimnis mir aus der Seele.

Man sagt, ich hätte in deutlicher Ausdrucksweise, doch mit auffallender Emphase und leidenschaftlicher Hast gesprochen, gleichsam als hätte ich befürchtet, unterbrochen zu werden, ehe die kurzen, doch inhaltsschweren Sätze ganz heraus waren, welche mich dem Henker überantworteten und der Hölle.

Nachdem ich alles erzählt, was nötig war, mich voll vor dem Gericht zu überführen, fiel ich besinnungslos auf den Boden nieder. Doch was soll ich mehr sagen? Heut' trage ich diese Ketten – und bin *hier!* Schon morgen werde ich fessellos sein! – *doch wo?*

Die Methode Dr. Tern und Prof. Feddern

Im Herbst des Jahres 18.., auf einer Reise durch die südlichsten Provinzen nach Frankreich begriffen, geschah es, daß meine Route mich auf einige wenige Meilen nur an einer gewissen *Maison de Santé*, einer privaten Irrenanstalt, vorüber führte, von der ich durch befreundete Mediziner in Paris viel gehört hatte. Da ich noch nie eine Einrichtung dieser Art besucht hatte, dünkte mich die Chance allzu günstig, um sie ungenützt zu lassen; und ich schlug also meinem Reisegefährten – einem Gentleman, mit dem ich vor ein paar Tagen zufällig Bekanntschaft geschlossen hatte – vor, für ein Stündchen oder so einen kleinen Abstecher zu machen, und das Etablissement kurz zu besichtigen. Er erhob Einspruch dagegen – indem er einmal Eile vorschützte und zum zweiten die bekannte normale Abscheu vorm Anblick eines Wahnsinnigen. Indes bat er mich angelegentlich, ja nicht etwa aus reiner Höflichkeit ihm gegenüber auf die Befriedigung meiner Neugier zu verzichten, und versprach auch, nur ganz gemächlich vorauszureiten, so daß ich ihn im Verlauf dieses Tages, auf jeden Fall aber spätestens des morgigen, wieder einholen könnte. Während er sich verabschiedete, fiel mir ein, daß sich hinsichtlich der Erlaubnis zum Betreten der Anstalt möglicherweise einige Schwierigkeiten ergeben möchten, und ich verlieh meinen diesbezüglichen Befürchtungen Ausdruck. Er erwiderte, wie ich mich – falls ich mit dem Direktor, Monsieur Maillard, nicht persönlich bekannt sei, oder mich sonst irgendwie, etwa vermittelst eines Empfehlungsschreibens, ausweisen könne – allerdings auf etwaige Schwierigkeiten gefaßt machen müsse; seien doch die Vorschriften für diese privaten Irrenanstalten beträchtlich strenger als für die öffentlichen Hospitäler. Er selbst hätte, fügte er hinzu, Maillard vor diversen Jahren persönlich kennengelernt und wolle mir insoweit gefällig sein, bis zum Eingang mitzureiten und mich dort vorzustellen; obgleich seine Gefühle bezüglich Wahnsinn und was damit zusammenhinge, ihm auf keinen Fall erlaubten, die Anstalt selbst zu betreten.

Ich dankte ihm; und wir bogen von der Hauptstraße auf einen grasüberwachsenen Seitenpfad ab, der sich binnen einer halben Stunde in einem dichten Forste verlor, der den Fuß eines Berges einhüllte. In diesem Wald, in dem es näßte und finster war, mußten wir weitere zwei Meilen dahinreiten, bis die *Maison de Santé* in Sicht kam. Es war ein phantastisches, weitgehend verfallenes *château* und so alt und vernachlässigt, daß es tatsächlich kaum noch bewohnbar sein konnte. Der Anblick flößte mir buchstäblich Furcht ein; ich zügelte mein Pferd und war schon halb entschlossen, wieder umzudrehen. Gleich darauf jedoch begann ich mich meiner Schwäche zu schämen und ritt weiter.

Während wir an der Einfahrt vorritten, bemerkte ich, daß der eine der Torflügel leicht offenstand und das Gesicht eines Mannes durch den Spalt lugte. Nur einen Augenblick später aber trat dieser Mann auch schon heraus, redete meinen Begleiter mit Namen an, schüttelte ihm herzlich die Hand und bat ihn, abzusteigen. Es war Monsieur Maillard selbst – ein stattlicher, sehr seriös wirkender Gentleman von der alten Schule, mit weltmännisch geschliffenen Manieren und überhaupt einem äußerst eindrucksvollen Gehabe, gemischt aus Würde und Autorität.

Nachdem mein Bekannter mich vorgestellt, mein Verlangen, die Anstalt zu besichtigen, vorgetragen und Monsieur Maillards Versicherung, wie mir all und jede bevorzugte Behandlung zuteil werden sollte, erhalten hatte, nahm er seinerseits Abschied und entschwand meinen Blicken.

Als er fort war, führte der vorangehende Direktor mich in ein kleines, überaus gefällig eingerichtetes Besuchszimmer, das – unter anderen Anzeichen von feingebildetem Geschmack – viele Bücher enthielt, Gemälde, Blumen in Töpfen und Musikinstrumente. Ein lustiges Feuer knisterte im Kamin, und am Klavier saß eine junge, auffallend schöne Frau, die eine Arie von Bellini sang, sich bei meinem Eintritt jedoch unterbrach und mich mit anmutiger Höflichkeit empfing. Ihre Stimme klang gedämpft, und über ihrem ganzen Wesen lag es wie Niedergeschlagenheit. Auch vermeinte ich, Spuren von Kummer in ihrem Antlitz wahrnehmen zu können, das ganz auffällig (obwohl für meinen Geschmack nicht unangenehm) bleich war. Sie war in tiefer Trauerkleidung und erregte in meinem Busen ein Gefühlsgemisch aus Respekt, Interesse und Bewunderung.

Ich hatte in Paris gehört, daß Monsieur Maillards Institut nach Grundsätzen geleitet werde, für welche sich die populäre Bezeichnung »Sanfte Methode« eingebürgert hat – daß also jegliche Bestrafung vermieden würde – man selbst zur Einsperrung nur ganz selten griffe – den Patienten vielmehr beträchtliche scheinbare Freiheiten lassen und sie unauffällig beobachten würde – ja, daß den meisten von ihnen erlaubt wäre, sich im Haus und auf dem Grundstück in der normalen Tracht von im Vollbesitz ihrer Vernunft befindlichen Personen frei zu bewegen.

Dieser Andeutungen ständig eingedenk, war ich behutsam in allem, war ich vor den Ohren der jungen Dame hier äußerte; konnte ich doch mitnichten sicher voraussetzen, daß sie bei Verstande sei (und um ihre Augen war auch tatsächlich etwas wie ein gewisses rastloses Funkeln, aufgrund dessen ich mir halb und halb einbildete, sie sei es nicht). Ich beschränkte mich in meinen Bemerkungen deshalb auf die allgemeinen Gegenstände, und auch da nur auf solche, von denen ich annahm, daß sie selbst Wahnsinnigen weder mißfallen noch sie aufregen könnten. Sie entgegnete auf alles, was ich vorbrachte, in untadelig rationaler Weise; und auch die Äußerungen, die sie spontan von sich aus machte, legten Zeugnis ab von dem gesündesten Menschenverstand; aber eine lange theoretische Beschäftigung mit Manien aller Art hatte mich gelehrt, auf solche Indizien scheinbarer Verständigkeit kein Gewicht zu legen; und ich ließ deshalb im Verlauf unseres ganzen Zwiegesprächs die Vorsicht walten, mit der ich begonnen hatte.

Bald erschien ein adretter livrierter Bedienter und bot ein Tablett mit Obst, Wein und anderer Erfrischungen herum, von denen ich einiges zu mir nahm, während die Dame unlängst darauf das Zimmer verließ. Als sie uns den Rücken wandte, richtete ich den Blick in einer Art stummer Frage auf meinen Gastgeber.

»Nein«, sagte er, »oh, nicht doch – ein Mitglied meiner Familie – meine Nichte, und eine ausgesprochen hochgebildete Frau.«

»Ich bitte tausendmal um Vergebung ob meines Argwohns«, erwiderte ich, »aber Sie werden mich natürlich zweifellos zu entschuldigen wissen. Die vorbildliche Art Ihrer Amtsführung hier wird in Paris voll und ganz gewürdigt; und ich hielt es allenfalls für im Bereich der Möglichkeit, Sie verstehen mich –«

»Aber ja, ja – kein Wort mehr darüber – oder vielmehr: ich wäre derjenige, der sich ob der von Ihnen entfalteten lobenswerten Bedachtsamkeit zu bedanken hätte. Wir treffen bei jungen Männern selten so viel Vorbedacht an und mehr als einmal schon ist, infolge von Gedankenlosigkeit seitens unserer Besucher, das ein oder andere unselige *contre-temps* vorgefallen. Als meine ehemalige Methode noch in Anwendung war, und die Patienten also das Vorrecht genossen, sich relativ frei zu bewegen, sind sie von unbesonnenen Leuten, welche die Anstalt zu besichtigen kamen, oftmals bis zu gefährlicher Wut gereizt worden. Ich habe mich deshalb genötigt gesehen, systematisch und mit aller Strenge eine Selektion vorzunehmen und niemandem mehr Erlaubnis zum Betreten der Anstalt zu gewähren, auf dessen Taktgefühl ich mich nicht unbedingt verlassen konnte.«

»Als Ihre *ehemalige* Methode noch in Anwendung war?!« rief ich, indem ich seine Worte wiederholte – »muß ich Sie demnach so verstehen, daß Sie jene ›Sanfte Methode‹, von der ich so viel gehört habe, nicht länger anwenden?«

»Es ist nun«, erwiderte er, »bereits mehrere Wochen her, daß wir uns entschlossen haben, ihr für immer zu entsagen.«

»Tatsächlich?! Sie sehen mich verwundert!«

»Nun, Sir, wir mußten«, sagte er mit einem Seufzer, »die absolute Notwendigkeit erkennen, zu den älteren Behandlungsweisen zurückzukehren. Die *Gefährlichkeit* der Sanften Methode hat ja allzeit geradezu schreckhaft auf der Hand gelegen; und ihre Vorzüge sind doch beträchtlich überschätzt worden. Ich glaube, Sir, daß man es, wenn überhaupt irgendwo, dann hier in dieser Anstalt, ernstlich und fair damit versucht hat. Wir haben wirklich alles getan, was Verstand gepaart mit Menschlichkeit nur ersinnen konnten. Es tut mir leid, daß Sie uns nicht zu einem etwas früheren Zeitpunkt einen Besuch haben abstatten und sich aufgrund dessen ein eigenes Urteil hätten bilden können. Aber ich nehme an, Sie sind vertraut mit der Technik der Sanften Behandlung – mit deren Einzelheiten.«

»Nicht hundertprozentig. Was ich darüber gehört habe, ist immer nur aus dritter oder vierter Hand gewesen.«

»Dann darf ich die Methode, ganz allgemein ausgedrückt, wohl als eine solche definieren, bei der die Patienten *menagés* waren, daß man also auf sie einging. Es wurde prinzipiell *keiner* Grille widersprochen, die sich im Gehirn eines Irren festgesetzt hatte. Im Gegenteil, wir duldeten solche nicht nur, sondern bestärkten sie sogar noch; und nicht wenige unserer dauerhaftesten Heilungen sind dergestalt bewirkt worden. Es gibt ja kein Argument, das dem geschwächten Verstand eines Tollen nur annähernd so einleuchtete, wie ein *argumentum ad absurdum*. Wir hatten zum Beispiel Fälle hier, wo die Betreffenden sich einbildeten, Küken zu sein. Die Kur bestand dann darin, daß mit der Sache, und zwar beharrlich, voller Ernst gemacht wurde – daß man den Patienten der Dummheit beschuldigte, den Tatbestand nicht ausreichend erkannt und gewürdigt zu haben – und ihm anschließend eine Woche lang jegliche andere Kost verweigerte, ausgenommen die, die einem Küken angemessenerweise gebührt. Auf solche Art haben wir mit ein paar Handvoll Maisschrot oft wahre Wunder verrichtet.«

»Und diese Form des ›auf die Patienten eingehen‹ war alles?«

»Aber keineswegs. Wir setzten große Hoffnungen auf Zerstreuungen einfachster Art, wie etwa Musik, Tanz, gymnastische Übungen allgemein, Kartenspiele, bestimmte Sorten von Büchern, und so weiter und so fort. Wir stellten uns überdem so, wie wenn wir jedweden einzelnen lediglich irgendeines ganz normalen körperlichen Leidens halber hier in Behandlung hätten, und das Wort ›Irrsinn‹ war aufs schärfste verpönt. Ein wichtiger Schachzug bestand darin, jeden Geisteskranken insgeheim anzuweisen, die Handlungen aller anderen doch, bitte, mit zu überwachen: dadurch daß man Vertrauen in die Verständigkeit oder Diskretion eines Tollen setzt, kann man ihn förmlich im Sturm nehmen! Und wir unsererseits wurden dadurch in die Lage versetzt, kostspieliges Aufsichtspersonal weitgehend einzusparen.«

»Und es gab keinerlei Strafen irgendwelcher Art?«

»Nein, keine.«

»Sie haben Ihre Patienten niemals eingesperrt?«

»Ganz selten nur. Dann und wann, sobald sich im Leiden des ein oder anderen eine Krisis abzuzeichnen begann, oder es in nicht vorherzusehende chronische Formen von Wut umschlug; dann wurde er wohl, damit seine Unruhe nicht die übrigen anstecke, in eine abgelegene Einzelzelle überführt und dort solange in Gewahrsam gehalten, bis wir ihn den Seinigen übergeben konnten – denn für reine Tobsuchtsfälle sind wir hier nicht zuständig; die werden im allgemeinen an die staatlichen Sanatorien abgegeben.«

»Und das haben Sie nunmehr alles wieder geändert – und Ihrer Ansicht nach zum Besseren?«

»Ganz entschieden. Das System hatte seine Nachteile, ja sogar seine Gefahren. Es ist jetzt glücklicherweise, und zwar in sämtlichen *Maisons de Santé* von ganz Frankreich, als total überholt abgeschafft worden.«

»Sie sehen mich aufs äußerste überrascht«, sagte ich, »ob dessen, was Sie mir da mitteilen, war ich mir doch, bis zu diesem Augenblick noch, vollkommen sicher, daß überall, im ganzen Lande, keine andere Methode der Behandlung von Geisteskrankheiten geübt werde.«

»Sie sind noch jung, lieber Freund«, gab mein Wirt zurück; »aber die Zeit wird kommen, wo Sie lernen werden, aus eigener Anschauung zu beurteilen, was in der Welt vor sich geht, ohne auf fremdes Geschwätz zu vertrauen. Glauben Sie nichts von dem, was Sie hören; und von dem, was Sie sehen, auch immer nur die Hälfte. – Was nun unsere *Maisons de Santé* anbelangt, liegt klar auf der Hand, daß irgendein Ignorant Sie irregeführt hat. Nachher, sobald das Dinner vorbei ist und Sie sich von der Anstrengung Ihres Ritts hinlänglich erholt haben, werde ich mich glücklich schätzen, Sie im Hause herumzuführen und mit einer Methode bekanntzumachen, die meiner Meinung nach – wie auch nach der jedes anderen, der bisher Zeuge des Verfahrens war – die unvergleichlich wirksamste ist, die je ersonnen wurde.«

»Ihre eigene etwa?« erkundigte ich mich – »eine von Ihnen entwickelte Methode?«

»Mit einigem Stolz«, versetzte er, »darf ich gestehen, daß dem so ist – zumindest in gewissem Grade.«

Auf solche und ähnliche Weise unterhielt ich mich mit Monsieur Maillard gute ein oder zwei Stunden lang, in deren Verlauf er mir auch die Gärten und Treibhäuser der Anlage zeigte.

»Patienten direkt vorführen«, sagte er, »möchte ich Ihnen im Augenblick allerdings noch nicht. Für ein sensibles Gemüt sind dergleichen Schaustellungen doch immer mehr oder minder schockierend; und es liegt nicht entfernt in meiner Absicht, Ihnen den Appetit auf das Dinner zu verderben. Essen wir also erst. Ich kann Ihnen etwas Kalbfleisch *à la Menehoult* vorsetzen, mit Blumenkohl in Soße *velouté*, hinterher ein Gläschen *Clos de Vougeôt* – dann werden Ihre Nerven hinreichend gestählt sein.«

Um sechs Uhr wurde gemeldet, daß das Dinner angerichtet sei, und mein Gastgeber führte mich in einen geräumigen *salle à manger*, wo wir bereits eine recht zahlreiche Gesellschaft versammelt fanden – 25 oder 30 Personen insgesamt. Es handelte sich augenscheinlich um Angehörige der oberen Klassen – unverkennbar von hoher Bildung, obschon der Kleiderprunk mir etwas extravagant vorkam; ein bißchen zu betont auf Glanz und Pracht des *vieille cour* ausgerichtet. Mir fiel auf, daß, grob gerechnet, zwei Drittel der Gäste Damen waren, von denen sich einige auf eine Art herausgeputzt hatten, die ein moderner Pariser keineswegs als geschmackvoll bezeichnet haben würde. So waren zum Beispiel viele der weiblichen Anwesenden, deren Alter mindestens siebzig betragen mußte, verschwenderisch mit Juwelen, Ringen, Armbändern, Ohrringen, behangen; trugen dafür aber Busen und Arme geradezu schamlos nackt. Auch bemerkte ich, daß von den Kleidern selbst nur sehr wenige *haute couture* waren – beziehungsweise, daß sie nur in den seltensten Fällen den Trägerinnen gut saßen. Während ich mich so umsah, entdeckte ich auch jenes Mädchen wieder, dem mich Monsieur Maillard vorhin in dem kleinen Besuchszimmer vorgestellt hatte; aber wie groß war meine Überraschung, sie jetzt in einem Reifrock, einer veritablen Krinoline, zu erblicken, dazu hochhackige Schuhe und eine Haube aus Brüsseler Spitzen, aber angeschmutzt und in einem Grade zu groß für sie, daß ihr Gesicht darin einen Ausdruck von wahrhaft lächerlicher Winzigkeit bekam. Als ich sie zuerst sah, hatte sie, was ihr ausgezeichnet stand, tiefe Trauer getragen. *Enfin*, über den Trachten der ganzen Gesellschaft schwebte eine derartige Aura von Extravaganz, daß ich zuerst doch wieder auf meine ursprüngliche Idee des »Sanften System« zurückkam und mir einbildete, Monsieur Maillard wolle mich absichtlich bis nach dem Dinner in meiner Täuschung erhalten, auf daß mir während der Mahlzeit das unbehagliche Gefühl erspart bleibe, umgeben von Irrsinnigen zu dinieren. Andererseits fiel mir wiederum ein, wie man mich schon in Paris darauf vorbereitet hatte, daß diese südlichen Provinzler ein ganz eigentümlich exzentrisches Völkchen seien, mit einer enormen Menge antiquierter Anschauungen; und überdies wurde mein Argwohn, nachdem ich mich mit diversen Mitgliedern der Gesellschaft ein wenig unterhalten hatte, bald voll und ganz zerstreut.

Der Speisesaal selbst hatte – obschon vielleicht ausreichend komfortabel, und vor allem prächtig geräumig – doch eigentlich nicht allzuviel Elegantes an sich. Zum Beispiel lag auf dem Fußboden kein Teppich; in Frankreich wird auf diesen freilich des öfteren verzichtet. Auch sah ich keine Gardinen vor den Fenstern; vielmehr waren die Läden geschlossen und sorgfältig mit diagonal angeordneten Eisenstangen abgesichert, in der Art, wie es bei unseren normalen Schaufenstern üblich ist. Der Saal selbst bildete, wie ich erkannte, einen der Flügel des *château;* und also nahmen die Fenster drei der Seiten des langen Rechtecks ein, während sich auf der letzten die Tür befand. Alles in allem zählte ich nicht weniger als zehn Fenster.

Die Tafel war überreich gedeckt – förmlich beladen mit Silber und mehr als beladen mit Leckerbissen. Die Verschwendung war absolut barbarisch. An Fleischsorten war genügend vorhanden, daß sämtliche Anakim sich hätten gütlich tun können. Nie zuvor in meinem ganzen Leben hatte ich eine derart wüste, üppige Vergeudung all dessen, was im Leben gut und teuer ist, persönlich erlebt. Jedoch schien, was das Arrangement angeht, sehr wenig Geschmack gewaltet zu haben; auch wurden meine an ruhige Beleuchtung gewohnten Augen durch den ungeheuerlichen Überschimmer einer wahren Armee von Wachskerzen beleidigt, die nicht nur in silbernen Kandelabern über die ganze Tafel hin verteilt war, sondern auch, wo immer nur ein Plätzchen dafür hatte ausfindig gemacht werden können, den gesamten Raum übervölkerten. Als Aufwärter fungierten einige Diener, und auf einem großen, massiven Tisch am entfernten Ende des Saales saßen sieben oder acht Leute mit Fiedeln, Querflöten, Posaunen und einer Trommel. Letztere fielen mir, während wir speisten, von Zeit zu Zeit nicht wenig dadurch beschwerlich, daß sie eine unendliche Vielfalt von Geräuschen hervorbrachten, die wohl Musik darstellen sollten, und die sämtlichen Anwesenden, mich allein ausgenommen, großes Vergnügen zu bereiten schien.

Alles in allem konnte ich mich des Eindrucks nicht erwehren, daß über jeglichem, was ich hier erblickte, ein derber Hauch von Bizarrerie läge – aber die Welt besteht nun einmal aus allen möglichen Sorten von Menschen, mit allen möglichen Denkweisen und allen möglichen Sitten und Gebräuchen. Auch war ich schließlich weitgereist genug, um ein rechter Adept des *nil admirari* geworden zu sein; nahm also völlig kaltblütig zur Rechten meines Wirtes Platz und ließ, da ich ausgezeichneten Appetit verspürte, dem leckeren Schmaus, der mir vorgesetzt wurde, volle Gerechtigkeit widerfahren.

Die ganze Zeit über fand allgemein die angeregteste Unterhaltung statt; vor allem redeten, wie üblich, die Damen eine ganze Menge. Ich erkannte bald, daß nahezu alle Anwesenden gut erzogen und gebildet sein mußten; und was meinen Gastgeber anbelangt, so war er allein ein ganzer Mikrokosmos launigster Anekdoten. Er schien vollauf bereit, sich über seine Stellung als Direktor eins *Maison de Santé* zu verbreiten; wie denn speziell der Irrsinn, sehr zu meinem Erstaunen, ein Lieblingsthema aller Anwesenden bildete. Zumal wurde eine große Menge amüsanter Geschichten erzählt, die sich auf die *idées fixes* von Patienten bezogen.

»Einen Kunden hatten wir mal hier«, sagte der kleine fette Herr, der mir zur Rechten saß, – »einen Kunden, der sich einbildete, er wäre eine Teekanne – äußerst merkwürdig übrigens, wie oft sich gerade diese spezielle Wahnvorstellung im Hirn eines Irren einnistet, wie? Gibt es doch schwerlich eine Heilanstalt in ganz Frankreich, die nicht mit einer menschlichen Teekanne aufwarten könnte. Bei *unserem* Herrn handelte es sich um eine Teekanne aus Britannia-Porzellan, und er trug große Sorge, sich allmorgendlich mit Wildleder und Schlämmkreide blank zu putzen.

»Und dann«, sagte ein langer Mann, mir genau gegenüber, »jener andere, den wir hier hatten, es ist noch gar nicht lange her, der sich in den Kopf gesetzt hatte, daß er ein Esel sei – was, allegorisch ausgedrückt, völlig richtig war, werden Sie sagen. Er war ein beschwerlicher Patient; und wir hatten alle Hände voll zu tun, daß er nicht über die Stränge schlug. Zuerst wollte er, längere Zeit hindurch, nichts als Disteln zu sich nehmen; aber von der Idee haben wir ihn geschwind kuriert, indem wir darauf bestanden, daß er nichts anderes äße. Dann schlug er auch noch pausenlos nach hinten aus – ungefähr so –«

»M. de Kock! Wollen Sie sich gefälligst etwas benehmen, wenn ich bitten darf!« unterbrach ihn hier eine alte Dame, die unmittelbar neben dem Sprecher saß. »Behalten Sie Ihre Füße doch bitte für sich selbst! Sie haben mir mein Brokatkleid ganz ruiniert! Ich bitt' Sie, ist es denn unbedingt nötig, eine schlichte Bemerkung nun gleich so handgreiflich zu illustrieren? Unser Freund hier kann Sie sicherlich auch ohne dergleichen verstehen. Mein Wort darauf: Sie sind beinah' ein ebenso großer Esel, wie jener arme Unselige zu sein sich einbildete. Ihre Pantomimik ist maßlos naturgetreu, so wahr ich lebe.«

»Mille pardon, Ma'm'selle!«, entgegnete der also betitelte Monsieur de Kock – »Tausendmal Verzeihung! Ich habe Sie nicht im entferntesten beleidigen wollen. Ma'm'selle Laplace – Monsieur de Kock wird es sich zur Ehre anrechnen, ein Glas Wein mit Ihnen zu trinken.« Worauf sich M. de Kock tief verneigte, mit großem Zeremoniell seine Fingerspitzen küßte, und er und Ma'm'selle einander zutranken.

»Darf ich, mon ami«, wandte sich Monsieur Maillard jetzt an mich, »darf ich Ihnen ein Stück von diesem Kalbfleisch *à la St. Menhould* geben lassen – Sie werden es ganz besonders delikat finden.«

Gerade war es nämlich drei stämmigen Aufwärtern gelungen, eine enorme Schüssel, oder vielmehr ein Tranchierbrett, sicher auf der Tafel abzusetzen, deren Inhalt ich zunächst für das bekannte *»monstrum horrendum, informe, ingens, cui lumen ademptum«* hielt. Eingehendere Untersuchung jedoch brachte mir die Erkenntnis, daß es sich lediglich um ein Kälbchen handelte, das man im Ganzen geröstet, dann auf die Knie gebettet und ihm einen Apfel ins Maul gegeben hatte; etwa wie es englischer Brauch ist, einen Hasen herzurichten.

»Danke, nein«, erwiderte ich; »um die Wahrheit zu gestehen, ich hege keine sonderliche Vorliebe für Kalbfleisch *à la St.* – wie sagten Sie? Mir scheint doch nach allem, daß es mir schwerlich bekommen dürfte. Dennoch will ich gern die Teller wechseln und von dem Kaninchen dort versuchen.« Es standen nämlich diverse Beischüsseln auf der Tafel, die anscheinend etwas enthielten, was das normale französische Kaninchen war – ein köstliches *morceau* übrigens, das ich nur empfehlen kann.

»Pierre«, rief mein Wirt sogleich: »dem Herrn hier einen anderen Teller, und geben Sie ihm ein Seitenstück von dem Kaninchen-*au-chat*.«

»*Au*-was?«, fragte ich.

»Diesem Kaninchen-*au-chat*.«

»Oh, danke, aber – wenn ich mir's recht überlege: bitte nein. Ich nehme doch lieber etwas von diesem Schinken hier.«

Man weiß tatsächlich nie, dachte ich bei mir, was man den Tafeln dieser Provinzler so alles aufgetischt bekommt – ich verzichte dankend auf deren Kaninchen-*au-chat*, und, wo wir gerade beim Thema sind, ebenso auf eine Katze-*au-lapin*.

»Und dann«, sagte indes ein ziemlich leichenhaft dreinschauendes Individuum am unteren Ende der Tafel, und nahm damit den Faden der Unterhaltung wieder dort auf, wo er vorhin abgerissen war – »dann erfreuten wir uns, es war einmal, unter anderen botanischen Kuriositäten, auch eines Patienten, der aufs hartnäckigste behauptete, er sei ein Cordoba-Käse, und der infolgedessen ständig mit einem Messer in der Hand herumlief und alle seine Bekannten dringend einlud, doch einmal ein Scheibchen aus seinem Dickbein zu kosten.

»Das war, da gilt kein Zweifel, ein großer Narr«, warf ein anderer ein: »obschon nicht mit einem gewissen Quidam zu vergleichen, den wir alle kennen – den fremden Herrn dort ausgenommen. Ich meine jenen Außerordentlichen, der sich für eine Champagnerflasche hielt und der immerfort Popp-Zisch losging, ungefähr so –«

Hier streckte sich der Sprecher – ungewöhnlich plump, wie ich dachte – den rechten Daumen tief in die linke Backentasche, zog ihn mit einem Geräusch wie ein Pfropfenknall hinaus und erzeugte anschließend, durch geschicktes Zusammenspiel von Zunge und Zähnen, ein minutenlang anhaltendes scharfes Zischen und Blubbern, das dem Sprudeln von Champagner frappierend ähnelte. Ich merkte deutlich, daß dergleichen Betragen nicht den

Beifall von Monsieur Maillard fand; dennoch sagte er nichts weiter dazu, und die Unterhaltung wurde von einem sehr hageren, kleinen Herrn mit einer großen Perücke wieder aufgenommen.

»Und dann war ein Ignorant darunter«, sagte er, »der sich mit einem Frosch verwechselte – dem er, nebenbei bemerkt, sowieso nicht wenig ähnlich sah. Ich wollte, Sie hätten ihn in Augenschein nehmen können, Sir« – hier wandte sich der Sprecher direkt an mich – »das Herz wäre Ihnen bei dem Anblick aufgegangen, wie natürlich er seine Sache machte. Sir, wenn der Mann *kein* Frosch gewesen ist, tja, dann kann ich nur sagen, es ist ein Jammer, daß er keiner war. Sein Quaken übrigens – o-o-o-ck: o-o-o-ck! – war die schönste Tonart der Welt, B-Moll; oder wenn er die Ellbogen auf den Tisch pflanzte, so ungefähr – nachdem er ein oder zwei Glas Wein intus hatte – und dann den Mund breit zog: so; und die Augen nach oben verdrehte: so; und dann noch in einem unwahrscheinlichen Tempo damit blinzelte: so – also, Sir, ich verbürge mich dafür, so wahr ich hier sitze, Sie hätten sich in Bewunderung verloren ob der Genialität des Menschen!«

»Ich zweifle nicht daran«, sagte ich.

»Und dann«, sagte ein anderer, »Petit Gaillard, der sich für eine Prise Schnupftabak hielt, und immer so ehrlich niedergeschlagen war, daß er sich nicht selbst zwischen Daumen und Zeigefinger nehmen konnte.«

»Und dann Jules Desoulières nicht zu vergessen, der ja nun wirklich ein sehr ausgefallenes Genie war, und dem die Idee zu Kopfe stieg, daß er ein Kürbis geworden sei. Er setzte dem Koch beständig zu, ihn doch einmal zu Pastetchen zu verarbeiten – ein Anliegen, welches der Koch entrüstet von sich wies. Was mich anbelangt, bin ich mir so sicher gar nicht, daß eine Kürbispastete *à la Desoulières* nicht vielleicht doch ein famoses Gericht hätte ergeben können.«

»Sie erstaunen mich!« rief ich, und warf Monsieur Maillard einen forschenden Blick zu.

»Ha! ha! ha!« machten jener Herr –: »he! he! he! – hi! hi! hi! – ho! ho! ho! – hu! hu! hu! – wirklich ausgezeichnet! Sie müssen nicht erstaunt sein, *mon ami;* unser Freund hier ist ein Witzbold – *un drôle* – Sie dürfen, was er sagt, nicht wörtlich nehmen.«

»Und dann«, mischte sich ein anderer Tischgenosse ein, »wollen wir doch Bouffon le Grand nicht vergessen – auch eine außergewöhnliche Persönlichkeit in seiner Art. Bei ihm war es die Liebe, die seinen Geist zerrüttet hatte, und er bildete sich ein, zwei Köpfe zu besitzen. Von dem einen behauptete er, es sei der Kopf Ciceros; den anderen bezeichnete er als ›zusammengesetzt‹, und zwar Demosthenes vom Scheitel bis zum Mund, und vom Mund bis zum Kinn dann Lord Brougham. Es ist nicht gänzlich ausgeschlossen, daß er Unrecht hatte; aber er hätte auch Sie davon überzeugt, daß er im Recht sei, denn er war ein Mann von erstaunlicher Eloquenz. Seine Leidenschaft für die Kunst der Rede war unbezähmbar, und er mußte sie ausüben, er mochte wollen oder nicht. Zum Beispiel hatte er die Angewohnheit, auf die Dinner-Tafel zu springen, so etwa – und – und –«

An dieser Stelle legte ein Freund, der ihm zur Seite saß, dem Sprecher die Hand auf die Schulter und flüsterte ihm ein paar Worte ins Ohr, worauf jener überaus unvermittelt zu reden aufhörte, und auf seinen Stuhl zurücksank.

»Und dann«, fuhr der Freund fort, der eben geflüstert hatte, »dann gab es ja auch noch Boullard, den Drehwürfel. Ich nenne ihn deshalb schlicht den ›Drehwürfel‹, weil er von der putzigen, obschon nicht hundertprozentig abwegigen Grille besessen war, daß er in einen Drehwürfel verwandelt worden sei. Hätten Sie ihn rotieren sehen, Sie hätten gebrüllt vor Lachen! Der Mann pirouettierte Ihnen stundenlang auf einer Hacke, in der Art etwa – so –«

Hier leistete ihm sein Freund, den er kurz zuvor durch ein Flüstern unterbrochen hatte, genau den gleichen Liebesdienst.

»Aber«, schrie eine alte Dame dazwischen, so laut sie nur konnte: »Ihr Monsieur Boullard war schließlich ein Irrer, und zwar ein sehr dümmlicher Irrer, milde gesagt; denn wer, darf ich Sie fragen, hat je von einem menschlichen Drehwürfel gehört? Die Sache ist doch völlig absurd. Da war Madame Joyeuse schon verständiger, wie Sie ja wohl selbst wissen werden. Auch sie hatte ihre Grille, zugegeben; aber sie war doch förmlich überstrotzend von gesundestem Menschenverstand und bereitete allen Vergnügen. Sie hatte nach reiflicher Überlegung eingesehen, daß sie, infolge irgendeines Umstandes, in einen jungen Hahn transformiert worden sei; aber, einmal ein solcher, benahm sie sich auch angemessen und mit Würde. Sie schlug die Flügel, wundersam und mitreißend – so – so – so – und, auch, ihr Krähen erst: also ein Genuß! Kickeriki-i! Kickeriki-Ki! Kickeriki-i-i-ihhh!«

»Madame Joyeuse; ich wäre Ihnen ungemein verbunden, wenn Sie sich etwas zusammennehmen wollten!« unterbrach sie hier unser Wirt sehr erzürnt: »Also entweder benehmen Sie sich, wie es einer Lady geziemt, oder aber Sie verlassen auf der Stelle die Tafel – nun wählen Sie.«

Die alte Dame (die als »Madame Joyeuse« angeredet zu hören mich doch sehr verwunderte; nach der Imitation einer Madame Joyeuse, mit der sie uns gerade erfreut hatte) errötete bis über die Augenbrauen und schien äußerst beschämt ob solcher Rüge. Sie ließ den Kopf hängen und erwiderte nicht eine Silbe. Aber eine andere, jüngere Dame griff dafür das Thema wieder auf – es war meine märchenhafte Schöne, aus dem kleinen Besuchszimmer von vorhin.

»Oh, Madame Joyeuse *war* eine Törin!« rief sie aus; »aber wenn es überhaupt wirklich Einleuchtendes gibt, dann waren dies jawohl die Theorien von Eugénie Salsafette. Das war eine sehr schöne und peinlich sittsame junge Dame, der die hergebrachte Art sich zu kleiden indezent erschien; und die sich deshalb logischerweise stets so anzog, daß sie nicht in ihre Kleider hinein- sondern aus denselben herausfuhr. Es ist übrigens ganz leicht! Man braucht nur so zu machen – und dann so – so – so – und dann noch so – so – so – und dann –«

»*Mon Dieu!* Ma'm'selle Salsafette!« riefen hier ein Dutzend Stimmen auf einmal: »Was *tun* Sie denn da? – Aufhören! – Genug! – Wir sehen ja schon, ganz deutlich, wie man's macht! – Halt! Halt!« Und mehrere Personen waren eben im Begriff, von ihren Plätzen aufzuspringen, um Ma'm'selle Salsafette daran zu hindern, sich mit der Mediceischen Venus auf eine Stufe zu stellen, als ihre Absicht plötzlich wirkungsvoll unterbrochen wurde, und zwar durch eine Folge von lauten gellenden Schreien, die irgendwo aus dem Mittelbau des Schlosses her zu kommen schienen.

Auch meine Nerven wurden, ich gestehe es, von dem Gekreisch ziemlich arg mitgenommen; aber was den Rest der Gesellschaft betrifft, mußte ich sie nur bemitleiden: derart erschrocken hatte ich eine Sippschaft von erwachsenen, vernünftigen Leuten in meinem Leben noch nicht gesehen! Sie wurden, durch die Bank, leichenblaß; sanken auf ihre Stühle zurück; hockten dort, bibbernd und schnatternd vor Entsetzen, und lauschten, ob sich das Geräusch wiederhole. Da kam es schon wieder – lauter und scheinbar näher – und nun ein drittesmal, *sehr* laut, und dann, ein viertesmal, mit unverkennbar verminderter Kraft. Auf dieses einwandfreie Verhallen des Geräusches hin erholten sich die Lebensgeister der Gesellschaft schlagartig, und alles war wieder Munterkeit und Anekdote wie zuvor. Ich wagte es nun, mich nach der Ursache solch gewaltsamer Unterbrechung zu erkundigen.

»Eine reine Bagatelle«, sagte Monsieur Maillard. »Wir sind an derlei Dinge schon gewohnt und machen uns im Grunde herzlich wenig daraus. Die Irren stimmen ab und zu einmal ein vereintes Geheul an, wo denn einer den anderen anzustecken pflegt, etwa wie Hunde in der Nachtstille das wohl tun. Zuweilen freilich tritt auch das ein, daß, anschließend an ein solches Kreischkonzert, mit vereinten Kräften ein Ausbruchsversuch unternommen wird; wo dann natürlich eine gewisse kleine Gefahr zu befürchten steht.«

»Und wie viele solcher Fälle haben Sie im Augenblick?«

»Zur Zeit im Ganzen nicht mehr als zehn.«

»Überwiegend Frauen, nehme ich an?«

»Oh nein – alles Männer, und stämmige Burschen dazu, das kann ich Ihnen versichern.«

»Was Sie nicht sagen! Ich bin bisher der Ansicht gewesen, daß das zarte Geschlecht die Mehrzahl der Irren stelle.«

»Im allgemeinen ist das schon so; aber nicht immer. Vor einiger Zeit hatten wir wohl auch siebenundzwanzig Patienten hier, bei denen es sich in nicht weniger als achtzehn Fällen um Frauen handelte; aber in letzter Zeit haben sich die Dinge beträchtlich geändert, wie Sie sehen.«

»Ja – beträchtlich geändert, wie Sie sehen«, unterbrach uns hier der Herr, der Ma'm'selle Laplace vorhin die Schienenbeine blessiert hatte.

»Ja – beträchtlich geändert, wie Sie sehen!« pflichtete ihm die ganze Gesellschaft sogleich im Chor bei.

»Wollt Ihr wohl sofort Eure Zungen still halten!« sagte mein Gastgeber ungemein aufgebracht. Worauf die ganze Gesellschaft schier eine volle Minute lang Totenstille bewahrte. (Die eine der Damen gehorchte Monsieur Maillard sogar buchstäblich, indem sie ihre Zunge herausstreckte – die zudem noch unmäßig lang war – und sie, resignierter Miene, bis zum Ende der Lustbarkeit mit beiden Händen festhielt.)

»Und diese Dame dort«, sagte ich im Flüsterton, mich näher zu Monsieur Maillard hinüber beugend: »die gute Dame, die da eben gesprochen und uns vorhin das hübsche ›Kikeriki-ih‹ zum Besten gegeben hat – sie ist harmlos, nehme ich an – vollkommen harmlos, ja?«

»Harmlos?« stieß er in ungekünsteltem Erstaunen aus: »ja aber – aber was können Sie *damit* nur meinen?«

»Nur ganz leicht betroffen?« sagte ich, indem ich mir an den Kopf tippte. »Ich nehme für gewiß an, daß sie nicht übermäßig – nicht gefährlich erkrankt ist, wie?«

»*Mon Dieu!* In welchem Irrtum *sind* Sie nur befangen? Besagte Dame, Madame Joyeuse, ist eine besonders gute alte Freundin von mir und genau so bei Verstand wie ich selbst. Sie ist ein klein wenig exzentrisch, zugegeben – aber, Sie wissen ja selbst, alle älteren Frauen, alle *sehr* alten Frauen, sind grundsätzlich mehr oder weniger exzentrisch.«

»Zugegeben«, sagte ich – »sicher, zugegeben – und all die übrigen Damen und Herren –«

»Sind meine Freunde und Wärter«, fiel Monsieur Maillard mir ins Wort und richtete sich voller *hauteur* auf –: »meine allerbesten Freunde und Assistenten.«

»Was? Einer wie der andere?« fragte ich – »die Frauen und alle?«

»Ja, zweifellos«, sagte er – »wir konnten nicht daran denken, die Frauen total auszuschließen; sie sind die besten Irrenpflegerinnen der Welt; sie haben so ganz ihre eigene Art, wissen Sie; ihre schimmernden Augen tun erstaunliche Wirkung – ungefähr der Faszination durch Schlagen zu vergleichen, wissen Sie?«

»Sicher«, sagte ich – »Jaja, sicher! Sie benehmen sich nur etwas kurios, wie? – sie sind etwas *wunderlich,* wie? Meinen Sie nicht auch?«

»Kurios! – wunderlich! – ja, sind Sie *tatsächlich* der Ansicht? Wir sind nicht übermäßig formell hier im Süden, sicher – tun weitgehend was uns behagt – genießen unser Leben, mit allem Drum und Dran, wissen Sie –«

»Sicher«, sagt ich – »Jaja, sicher.«

»Und dann steigt vielleicht auch dieser *Clos de Vougeôt* hier etwas – äh – sehr in den Kopf, wissen Sie – ein bißchen *stark* – Sie verstehen, nicht wahr?«

»Sicher«, sagte ich – »Jaja, sicher. Nebenbei, Monsieur, ich habe Sie doch vorhin insofern richtig verstanden, als die neuerdings von Ihnen angewandte Methode – die an die Stelle der berühmten ›sanften‹ getreten ist – eine von rigorosester Strenge sei?«

»Aber nicht im geringsten. Die Absperrung wird notwendigerweise ziemlich straff gehandhabt; aber die Behandlung selbst – ich meine jetzt die ärztliche Behandlung – ist für die Patienten eher angenehmer geworden.«

»Und diese neue Methode ist also Ihre eigene Erfindung?«

»Nicht gänzlich. Teile davon fanden sich bereits vorgebildet bei Dr. Tern, von dem Sie jawohl zwangsläufig schon gehört haben müssen, und was gewisse kleine Modifikationen meiner Grundkonzeption anbelangt, gestehe ich öffentlich und mit Stolz, daß hier das Primat dem berühmten Feddern gebührt, mit dem Sie ja, wenn ich nicht irre, intim bekannt zu sein die Ehre haben.«

»Ich bin tief beschämt, gestehen zu müssen«, erwiderte ich, »daß ich bis heute nicht einmal den Namen auch nur eines der Herren vernommen habe.«

»Gütiger Himmel!« warf mein Wirt, indem er die Hände in die Luft warf und jählings mit dem Stuhl zurückfuhr: »Ich habe wohl nicht recht verstanden! Sie haben doch nicht etwa sagen wollen, wie? – Sie hätten noch niemals auch nur *gehört*, weder von dem gelehrten Dr. Tern, noch von dem gefeierten Professor Feddern?«

»Ich sehe mich genötigt, meine Unwissenheit zu bekennen«, entgegnete ich, »aber man soll ja die unverfälschte reine Wahrheit über alles stellen. Nichtsdestoweniger fühle ich mich in Grund und Boden beschämt ob meiner Unbekanntschaft mit den Werken jener zweifellos außerordentlichen Männer. Ich will mir aber ihre Schriften unverzüglich beschaffen und sie mit Fleiß und Sorgfalt studieren. Monsieur Maillard, Sie haben – ich will's nur gestehen – Sie haben *wirklich* erreicht, daß ich mich vor mir selbst schäme!«

Und so war es tatsächlich.

»Aber kein Wort mehr, mein lieber junger Freund«, sagte er wohlwollend und drückte mir dabei die Hand – »kommen Sie, trinken wir ein Glas Sauterne zusammen.«

Wir tranken. Die Gesellschaft folgte unserem Beispiel wie ein Mann. Man schwatzte – man scherzte – man lachte – man beging tausend Tollheiten – die Fiedeln kreischten – die Trommel dröhnte – die Posaunen brüllten, und jede davon wie der eherne Stier des Phalaris – kurzum, die ganze Szene gestaltete sich immer wilder und wilder, je mehr der Wein die Oberhand bekam, und wurde am Ende zu einer Art Pandämonium *in petto*, während zwischendurch Monsieur Maillard und ich, über ein paar Flaschen Sauterne und Vougeôt hinweg, unser gelehrtes Gespräch mit äußerstem Stimmaufwand fortsetzten; denn ein Wort, mit normaler Lautstärke gesprochen, hätte keine größere Chance gehabt, verstanden zu werden, als die Stimme eines Fisches auf dem tiefsten Grund der Niagarafälle.

»Und, Sir«, sagte ich, indem ich ihm ins Ohr brüllte: »Sie deuteten vor dem Essen etwas an, hinsichtlich der Gefahr, der man sich bei der Sanften Methode aussetzte: wie steht es damit?«

»Tja«, erwiderte er, »gelegentlich ergaben sich da tatsächlich ungemeine Gefahren. Die Gedankensprünge der Irren sind ja schlichtweg nicht vorauszuberechnen; und meiner persönlichen Meinung nach – die auch Dr. Tern und Prof. Feddern teilen – ist es *nie und nimmer* ratsam, sie auf freiem Fuß und relativ unbewacht sich selbst zu überlassen. Ein Irrer mag zeitweilig »besänftigt« werden, wie es genannt wird; schlußendlich jedoch ist die Tendenz zur Tobsucht latent immer vorhanden. Hinzu tritt seine große, sprichwörtliche Verschlagenheit. Wenn sich bei ihm ein Vorhaben erst einmal festgesetzt hat, dann tarnt er seine Absichten mit meisterlicher Raffinesse; und die taschenspielerische Gewandtheit, mit der er Normalität vortäuscht, liefert dem Betrachter menschlicher Psyche eines der allereigenartigsten Schauspiele: sobald ein Irrer *von Grund auf geheilt* erscheint, ist es höchste Zeit, ihm die Zwangsjacke anzulegen.«

»Aber die *Gefahr*, verehrter Herr, von der Sie sprachen – aus Ihrer eigenen Erfahrung – während Sie hier dieser Anstalt vorstanden –, haben Sie jemals im Falle eines Irren konkreten Grund gehabt, seine Bewegungsfreiheit für riskant zu erachten?«

»Hier? – aus eigener Erfahrung? – oh, das kann ich wohl sagen, ja. Zum Beispiel: – es ist noch gar nicht so *sehr* lange her, daß sich in eben diesem Hause ein merkwürdiger Vorfall ereignete. Damals wendete man, wie Sie wissen, noch allgemein die ›Sanfte Methode‹ an, und die Patienten liefen so gut wie frei herum. Sie betrugen sich bemerkenswert korrekt – auffällig korrekt –, jeder halbwegs Verständige hätte spüren müssen, daß an irgendeinem höllischen Komplott geschmiedet werde, allein aus dem Umstand, daß die Kerle sich so erstaunlich korrekt betrugen. Und, siehe da, eines schönen Morgens fanden sich die Wärter an Händen und Füßen gebunden und in die Zellen gesperrt; allwo sie nunmehr behandelt wurden, wie wenn *sie* die Irren wären: von den Irren selbst, die das Wärteramt an sich gerissen hatten.«

»Was Sie nicht sagen! Dergleichen Absurdität habe ich in meinem Leben noch nicht gehört!«

»Tatsache – ausgelöst wurde das Ganze durch einen stupiden Gesellen – einen Verrückten – der es sich irgendwie und irgendwann in den Kopf gesetzt hatte, eine bessere Verwaltungsmethode gefunden zu haben, als alle bisher bekannten – Verwaltung der Irrenangelegenheiten, meine ich. Er wollte seine Erfindung einmal praktisch erproben, nehme ich an – und überredete also die übrigen Patienten, sich ihm bei einer Verschwörung zwecks Umsturz der regierenden Gewalten anzuschließen.«

»Und hatte er Erfolg damit?«

»Zweifellos. Wächter und Bewachte hatten nur zu bald die Plätze getauscht. Was noch nicht einmal exakt ausgedrückt ist – denn die Verrückten waren frei gewesen; während die Wärter unverzüglich in die Zellen gesperrt und dort, wie ich leider sagen muß, ziemlich *cavalièrement* traktiert wurden.«

»Aber ich nehme doch an, daß sehr bald eine Gegenrevolution erfolgt sein wird? Solcher Stand der Dinge konnte schließlich nicht von langer Dauer sein. Die Landbevölkerung der Umgebung – Besucher, welche die Anstalt besichtigen kamen – müssen doch Alarm geschlagen haben.«

»Da sind Sie auf dem Holzweg. Dafür war der Rebellenführer viel zu gerissen. Er ließ einfach keine Besucher mehr herein – nur eines Tages machte er eine Ausnahme, bei einem besonders dümmlich wirkenden jungen Herrlein, vor dem sich irgend zu fürchten er keinen Grund sah. Den ließ er ein und sich die Anstalt besehen – nur um der lieben Abwechslung halber – um sich einen kleinen Spaß mit ihm zu machen. Sobald er ihn hinreichend gefoppt hatte, ließ er ihn wieder heraus und schickte ihn seiner Wege.«

»Und *wie lange,* insgesamt, haben die Verrückten so regiert?«

»Oh, eine erstaunlich lange Zeit – einen Monat mindestens, wieviel länger noch, kann ich im Moment gar nicht einmal genau angeben. Inzwischen ging es bei den Irren nun natürlich hoch her – darauf können Sie einen Eid leisten. Sie hingen ihre eigenen schäbigen Kleider an den Nagel und bedienten sich der Familiengarderobe und -juwelen. Die Keller des *château* waren vortrefflich mit Wein versorgt; und gerade diese Verrückten verstehen sich ja aufs Trinken wie die baren Teufel. Die haben vielleicht gelebt, daß kann ich Ihnen versichern.«

»Ja, aber die Behandlung – worin bestand die besondere Behandlung, die der Anführer der Rebellen jetzt praktisch einführte?«

»Nun, was das betrifft, so muß – ich bemerkte es bereits – ›Irrer‹ nicht unbedingt identisch mit ›Trottel‹ sein; und es ist meine aufrichtige Überzeugung, daß seine Behandlungsweise, im Vergleich mit derjenigen, die durch sie abgelöst wurde, mit Abstand die bessere war. Es war tatsächlich eine ganz erstaunlich effektive Methode – einfach – klar – mühelos – war wirklich ganz köstlich – es war –«

An diesem Punkt wurden die Ausführungen meines Gastgebers erneut durch eine Brüllserie unterbrochen, von derselben Art, wie sie uns zuvor schon so außer Fassung gebracht hatte. Doch diesmal schien sie von Personen herzurühren, die rapide näher kamen.

»Gütiger Himmel!« rief ich aus – »die Irren sind zweifellos ausgebrochen!«

»Ich fürchte sehr, es ist so«, entgegnete Monsieur Maillard, der gleichzeitig ungewöhnlich bleich wurde. Er hatte kaum seinen Satz beendet, als auch schon, unmittelbar unter den Fenstern, laute Schreie und Verwünschungen vernehmlich wurden; und gleich darauf wurde offenkundig, daß draußen Leute bemüht waren, sich gewaltsam Zutritt in den Saal zu erzwingen. Die Tür wurde bearbeitet, anscheinend mit einem Schmiedehammer; und an den Fensterläden wurde gerissen und gerüttelt mit wahrhaft ungeheuerlicher Wut!

Eine Szene der allerschrecklichsten Verwirrung erfolgte. Monsieur Maillard warf sich, zu meinem unsagbaren Erstaunen, unter die Anrichte. Gerade von ihm hätte ich mehr Entschlossenheit erwartet. Die Mitglieder des Orchesters, die in den letzten fünfzehn Minuten dem Anschein nach zu betrunken gewesen waren, um ihre Schuldigkeit zu tun, sprangen sämtlich mit einem Schlag auf die Füße und an ihre Instrumente; erkrabbelten sich ihre Tischplattform und stimmten dort den »Yankee Doodle« an, den sie dann, wenn auch nicht ganz in Ton und Takt, so doch zumindest mit übermenschlicher Energie während des ganzen anschließenden Getümmels durchhielten.

Indes war auf unsere eigentliche Dinnertafel, mitten zwischen Flaschen und Gläser hinein, jener Herr gesprungen, der mit solcher Mühe daran verhindert worden war, schon früher dorthin zu steigen. Sobald er hinreichend festen Fuß gefaßt hatte, begann er eine Rede, die ohne Zweifel ganz herrlich gewesen wäre, wenn man sie nur hätte vernehmen können. Im gleichen Augenblick hatte der Herr mit einer Schwäche für Drehwürfel sich in Bewegung gesetzt und kreiselte jetzt, die Arme rechtwinklig vom Körper abgespreizt, mit ungeheuerlicher Energie durch den Saal, so daß er tatsächlich und unbestreitbar wie ein Drehwürfel wirkte und überdem jeden, der ihm irgendwie in den Weg kam, glatt umkegelte. Auch hörte ich, daß plötzlich ein unglaubliches Knallen und Zischen, wie von Champagner, begonnen hatte, und erkannte endlich, daß es von der Person ausging, die schon während des Mahles als Flasche jenes köstlichen Getränkes aufgetreten war. Und zusätzlich quakte der Froschmann wieder los, wie wenn das Heil seiner Seele von jedem einzelnen Ton abhinge, den er herausbrachte; und mitten in all dies hinein und über alles hinweg erhob sich das anhaltende Brüllen eines Esels. Was meine alte Freundin, Madame Joyeuse, anbetrifft, rührte die arme Lady mich fast zu Tränen, so grausam verblüfft schaute sie drein. Alles was sie ihrerseits unternahm, bestand jedoch lediglich darin, daß sie sich in eine Ecke neben den Kamin stellte und dort unaufhörlich, so laut sie nur konnte, ihr »Kikeriki-i-iiihhh!« ausstieß.

Und dann kam der Höhepunkt – die Katastrophe des Dramas. Da außer Indianergeheul, I-Ah und Kikeriki dem rüstig fortschreitenden Angriff derer draußen weiter kein Widerstand entgegengesetzt wurde, waren die zehn Fenster sehr rasch, und nahezu im selben Augenblick eingeschlagen. Aber niemals werde ich das Gefühl von Staunen plus Entsetzen vergessen, vor dem mein Blick starr wurde, als durch diese Fenster her, und mitten zwischen uns hinein, *pêle-mêle* boxend stampfend kratzend johlend, ein ganzes Heer von Wesen stürzte, die ich für Schimpansen hielt, für Orang-Utans oder große schwarze Paviane vom Kap der Guten Hoffnung.

Ich erhielt eine fürchterliche Tracht Prügel – worauf ich mich anschließend unter das Sofa wälzte und dort still liegen blieb. Nachdem ich mich ungefähr eine Viertelstunde ausgeruht, währenddessen aber nach allem, was im Saale vor sich ging, aus Leibeskräften die Ohren gespitzt hatte, gelangte ich allmählich zu einem einigermaßen befriedigenden *dénouement* dieses Trauerspiels. Monsieur Maillard hatte, wie es schien – als er mir von jenem Irren erzählte, der seine Leidensgenossen zur Rebellion anstiftete –, ganz schlicht von seinen eigenen Heldentaten berichtet. Der Herr war tatsächlich vor zwei oder drei Jahren einmal Vorsteher dieser Anstalt gewesen; dann aber begann sein eigener Verstand zu leiden, und er war selbst zum Patienten geworden – ein Umstand, der dem Reisegefährten, der mich ihm vorgestellt hatte unbekannt gewesen war. Die Wärter, zehn an der Zahl, waren, nachdem man sie plötzlich überrumpelt hatte, erst brav geteert, dann sorgsam gefedert und endlich in unterirdische Zellen gesperrt worden. Dort hatten sie über einen Monat als Gefangene verbracht; während welcher Zeit Monsieur Maillard ihnen großzügig nicht nur Teer und Federn beließ (in denen seine »Methode« bestand), sondern auch etwas Brot, und Wasser im Überfluß. Letzteres war täglich über sie gepumpt worden. Am Ende gelang es einem, durch die Kanalisation zu entkommen, der dann alle übrigen befreite.

Im *château* herrscht wieder, obschon mit erheblichen Abwandlungen, die »Sanfte Methode«; und dennoch kann ich mir nicht helfen, ich muß Monsieur Maillard insofern zustimmen, als seine »Behandlung« in ihrer Art ganz erstaunlich effektiv war. Wie er sie, sehr richtig, charakterisiert hatte: sie war »einfach – klar – mühelos«.

Ich habe nur noch hinzuzufügen, daß allen Recherchen in jeglicher Großbibliothek Europas zum Trotz, meine Bemühungen, der Werke Dr. Terns und Professor Fedderns habhaft zu werden, bis auf den heutigen Tag gänzlich zum Scheitern verurteilt gewesen sind.

Die Tatsachen im Falle Valdemar

Natürlich kann ich nicht behaupten, daß ich mich darüber wundere, wenn der außergewöhnliche Fall Valdemar Aufsehen erregt hat. Es wäre ein Wunder gewesen, wenn er – insbesondere unter den gegebenen Umständen – dies nicht getan hätte. Trotz der Wünsche aller Beteiligten, die Sache wenigstens vorläufig geheimzuhalten, bis wir Zeit zu weiteren Untersuchungen gehabt hätten – trotz unserer Bemühungen, dies durchzusetzen –, fand ein entstellter und übertriebener Bericht den Weg in die Öffentlichkeit und wurde Veranlassung zu vielen falschen und aufgebauschten Darstellungen, die natürlich vielerorts nicht geglaubt wurden.

Es ist deshalb notwendig, daß ich hier die Tatsachen wiedergebe, soweit ich sie selbst überblicke. Es sind kurz etwa folgende:

Im Laufe der letzten drei Jahre war meine Aufmerksamkeit verschiedentlich auf den Mesmerismus gelenkt worden, und vor etwa neun Monaten fiel mir plötzlich auf, daß in der Reihe der bisher angestellten Versuche sich eine bemerkenswerte und unerklärliche Lücke befand: Bis zu diesem Augenblick war noch niemand in ›articulo mortis‹ hypnotisiert worden. Es war also erstens festzustellen, ob in dieser Lage der Patient für magnetische Einflüsse empfänglich ist, zweitens ob eine solche Empfänglichkeit durch diese Umstände gesteigert oder vermindert wird, und drittens in welchem Umfange oder für welchen Zeitraum der Eintritt des Todes durch diesen Vorgang aufzuhalten ist. Es gab noch andere Punkte, die zu klären waren, aber diese und wegen der ungeheuren Bedeutung seiner Folgen besonders der letztgenannte erregten meine Neugierde in stärkstem Maße.

Während ich mich nach einem geeigneten Objekt umsah, an dem ich diese einzelnen Beobachtungen anstellen konnte, fiel mir mein Freund Ernest Valdemar ein, der bekannte Herausgeber der ›Bibliotheca Forensica‹ und – unter dem Pseudonym Issachar Marx – der polnischen Ausgaben des ›Wallenstein‹ und des ›Gargantua‹. Valdemar, der seit dem Jahre 1839 fast dauernd in Harlem im Staate New York gewohnt hat, fällt, oder fiel besonders auf wegen seiner übergroßen Magerkeit: seine unteren Gliedmaßen erinnerten stark an die John Randolphs – und auch wegen seines weißen Backenbartes, der in starkem Gegensatz zu seinem schwarzen Haar stand, das man deshalb allgemein irrtümlich für eine Perücke hielt. Sein Temperament war ausgesprochen nervös und machte ihn für mesmeristische Versuche besonders geeignet. Zwei- oder dreimal hatte ich ihn ohne große Schwierigkeit einschläfern können, hatte aber zu meiner Enttäuschung keine weiteren Resultate bei ihm zu erzielen vermocht, die ich auf Grund seiner besonderen Veranlagung bei ihm erwartet hatte. Sein Wille war mir keinen Augenblick lang tatsächlich und uneingeschränkt unterworfen, und bezüglich des Hellsehens vermochte ich nichts zu erreichen, worauf ich mich hätte verlassen können. Dieses Mißlingen führte ich auf seinen schlechten Gesundheitszustand zurück, denn wenige Monate, ehe wir miteinander bekannt geworden waren, hatten die Ärzte bei ihm eine Lungentuberkulose in fortgeschrittenem Stadium festgestellt. Er pflegte indessen über seinen zu erwartenden Tod ruhig wie über eine unvermeidliche und weiter nicht zu bedauernde Tatsache zu sprechen.

Als ich begann, mich mit den obenerwähnten Gedanken zu beschäftigen, war es ganz natürlich, daß ich an Valdemar dachte. Ich kannte die ruhigen philosophischen Anschauungen dieses Mannes zu genau, um irgendwelche Bedenken von seiner Seite zu erwarten. Überdies hatte er in Amerika keinerlei Verwandten, die irgendwelche Schwierigkeiten machen würden. Ich sprach freimütig mit ihm über meine Absicht, und zu meiner Überraschung zeigte er ein großes Interesse. Ich sage: zu meiner Überraschung, denn wenn er sich auch stets bereitwilligst für meine Versuche zur Verfügung gestellt hatte, so hatte er doch nie eine besondere Anteilnahme an meinem Tun zu erkennen gegeben. Die Art seiner Erkrankung erlaubte eine genaue Vorausbestimmung des Zeitpunktes, zu dem sein Tod zu erwarten war, und wir verabredeten, daß er mich etwa vierundzwanzig Stunden vor dem von seinen Ärzten angekündigten Augenblick seines Todes rufen lassen werde.

Es sind nun etwa sieben Monate vergangen, seitdem ich von Valdemars eigener Hand folgende Mitteilung erhielt: ›Mein lieber P.! Sie können gleich kommen. D. und F. sind übereinstimmend der Ansicht, länger als bis morgen Mitternacht werde ich nicht mehr mitmachen, und ich glaube, sie haben den Zeitpunkt ziemlich genau erraten. Valdemar.‹

Ich erhielt diese Zeilen eine halbe Stunde, nachdem sie geschrieben waren, und fünfzehn Minuten später stand ich im Zimmer des Sterbenden. Ich hatte ihn seit zehn Tagen nicht gesehen und war erschüttert über die furchtbaren Veränderungen, die während dieser kurzen Zeit mit ihm vorgegangen waren. Sein Gesicht war bleifarben, die Augen vollkommen glanzlos und die Abmagerung so außerordentlich, daß die Wangenknochen seine Haut durchstießen. Er hustete unaufhörlich, und der Puls war kaum noch vernehmbar. Trotzdem verfügte er bemerkenswerterweise noch über seine völligen geistigen und in gewissem Umfange auch noch über körperliche Kräfte. Er sprach deutlich, nahm ohne fremde Hilfe einige lindernde Arzneien und war, als ich eintrat, damit beschäftigt, mit Bleistift Notizen in ein Taschenbuch zu machen. Durch einige Kissen gestützt, saß er aufrecht im Bett, und die beiden Ärzte Dr. D. und Dr. F. waren anwesend.

Ich drückte Valdemars Hand, dann nahm ich die beiden Herren beiseite und ließ mir von ihnen einen genauen Bericht über das Befinden des Kranken geben. Der linke Lungenflügel war seit achtzehn Monaten halb verhärtet oder verknorpelt und daher für alle Lebensfunktionen vollkommen unbrauchbar. Der rechte war in seiner oberen Hälfte ebenfalls teilweise oder ganz verhärtet, während die untere Hälfte nur aus zahlreichen ineinander übergreifenden eitrigen Tuberkelherden bestand. An mehreren Stellen war sie vollkommen zerfressen und an einer anderen mit den Rippen verwachsen. Diese Erscheinungen im rechten Flügel waren verhältnismäßig neuen Datums. Die Verhärtung war mit ungewöhnlicher Schnelligkeit vor sich gegangen. Noch einen Monat vorher hatte man keinerlei Anzeichen davon bemerkt, und die Verwachsung war erst in den letzten drei Tagen festzustellen gewesen. Unabhängig von der Lungenerkrankung machten sich bei dem Patienten Anzeichen einer Erweiterung der großen Körperschlagader bemerkbar, indes war eine genaue Diagnose infolge der Verhärtungserscheinungen unmöglich. Beide Ärzte waren der Meinung, Valdemar werde gegen Mitternacht des folgenden Tages – Sonntag – sterben. Dies war um sieben Uhr am Samstag abend.

Als sie das Bett des Kranken verließen, um sich mit mir zu unterhalten, hatten die beiden Ärzte Dr. D. und Dr. F. sich zum letztenmale von ihm verabschiedet. Sie hatten nicht die Absicht, noch einmal zurückzukehren, erklärten sich aber auf meine Bitten bereit, gegen zehn Uhr des nächsten Abends noch einmal nach dem Patienten zu sehen.

Nachdem sie gegangen waren, sprach ich mit Valdemar freimütig über die Tatsache seiner bevorstehenden Auflösung, wie auch im einzelnen über das geplante Experiment. Er äußerte noch einmal seine vollkommene Bereitwilligkeit, war sogar besorgt, daß es auch wirklich stattfinde, und bat mich, sofort damit zu beginnen. Ein Krankenwärter und eine Pflegerin waren anwesend, aber ich glaubte ein Unternehmen dieser Art ohne die Gegenwart zuverlässigerer Zeugen, als es diese Leute bei einem plötzlichen Zwischenfall sein mochten, nicht beginnen zu dürfen. Ich verschob deshalb den Versuch bis zum nächsten Abend auf etwa acht Uhr. Die Anwesenheit eines Studenten der Medizin, mit dem ich einigermaßen bekannt war – Mister Theodor L...l – enthob mich einer weiteren Verlegenheit. Ursprünglich hatte ich auf die Ärzte warten wollen, aber ich entschloß mich, zu beginnen, einesteils auf die drängenden Bitten Valdemars hin und andererseits, weil ich überzeugt war, daß ich keine Zeit zu verlieren habe, da es offenbar mit ihm zu Ende ging.

L...l erklärte sich auf meine Bitten hin freundlicherweise bereit, alle Vorgänge schriftlich festzuhalten, und alles, was ich jetzt berichte, ist aus diesen Notizen in gekürzter Form oder wörtlich entnommen.

Es fehlten noch etwa fünf Minuten an acht Uhr, als ich den Patienten bat, indem ich seine Hände ergriff, so deutlich es ihm möglich sei, gegenüber Mister L...l zu erklären, er, Valdemar, sei durchaus damit einverstanden, daß ich in dieser seiner augenblicklichen Lage den Hypnoseversuch mit ihm anstelle.

Schwach, aber deutlich vernehmbar erwiderte er: »Ja, ich will hypnotisiert werden«, und fügte dann unmittelbar hinzu: »Ich fürchte, Sie haben es zu lange aufgeschoben.«

Während er dies sagte, begann ich mit dem Streichen, das, wie ich wußte, seine Einschläferung aufs schnellste herbeiführte. Bereits der erste seitliche Strich meiner Hand über seine Stirn hatte eine offensichtliche Wirkung. Indes vermochte ich, obgleich ich alle meine Kraft konzentrierte, keinen weiteren wahrnehmbaren Erfolg zu erzielen, bis verabredungsgemäß einige Minuten nach zehn Uhr die beiden Ärzte Dr. D. und Dr. F. vorsprachen. Ich erklärte ihnen mit wenigen Worten, was ich beabsichtigte, und sie erhoben keinen Einspruch, da der Todeskampf bereits eingesetzt hatte. Ich fuhr also ohne Zögern fort, wandte aber statt der seitlichen Striche solche nach unten hin an und hielt meinen Blick starr auf das linke Auge des Leidenden geheftet.

Zu dieser Zeit war sein Puls kaum wahrnehmbar und sein Atem röchelnd, bisweilen setzte dieser bis auf die Dauer einer halben Minute aus.

Dieser Zustand währte eine Viertelstunde lang fast unverändert. Dann entrang sich der Brust des Sterbenden ein natürlicher tiefer Seufzer, und der röchelnde Atem hörte auf – das heißt, das Röcheln war nicht länger zu vernehmen. Der Takt des Atmens blieb unverändert. Die Glieder des Kranken waren eiskalt.

Fünf Minuten vor elf stellte ich unverkennbare Zeichen eines hypnotischen Einflusses fest. Das glasige Rollen des Auges wich einem Ausdruck des gezwungenen Nachinnenschauens, das man nur im Zustande des Wachschlafens kennt und das nicht zu mißdeuten ist. Mit wenigen seitlichen Strichen brachte ich die Augenlider zum Zwinkern, wie bei beginnendem Schlaf, und mit einigen weiteren schloß ich sie vollkommen. Indes genügte mir dies noch nicht, sondern ich fuhr mit meinen Handgriffen nachdrücklich und unter Aufbietung meiner ganzen Willenskraft fort, bis ich eine völlige Erstarrung aller Glieder des Schlummernden erreicht hatte, die ich vorher in eine augenscheinlich bequeme Lage gebracht hatte. Die Beine waren lang ausgestreckt, und die Arme ruhten in geringem Abstand von den Hüften auf dem Bett. Der Kopf war leicht erhoben.

Als ich dies erreicht hatte, war es gerade Mitternacht, und ich bat die anwesenden Herren, Valdemars Zustand zu untersuchen. Nach einigen Versuchen gaben sie zu, daß er sich in einem außergewöhnlich tiefen Hypnoseschlaf befand. Die Neugierde beider Ärzte war aufs höchste erregt. Dr. D. beschloß, die ganze Nacht über bei dem Kranken zu bleiben, während Dr. F. sich mit dem Versprechen verabschiedete, bei Tagesanbruch zurückzukommen. L...l und die beiden Pfleger blieben anwesend.

Wir ließen Valdemar völlig ungestört bis gegen drei Uhr morgens. Dann trat ich zu ihm hin und fand ihn in genau der gleichen Lage wie beim Weggang des Dr. F., das heißt, er lag in der gleichen Stellung, der Puls war unmerkbar, der Atem nur ganz leicht – kaum wahrnehmbar, es sei denn, daß man ihm einen Spiegel vor die Lippen hielt –, die Augen waren auf natürliche Weise geschlossen und die Glieder starr und kalt wie Marmor. Indes war der allgemeine Eindruck keineswegs der des Todes.

Als ich mich Valdemar genähert hatte, machte ich einen halben Versuch, seinen rechten Arm dazu zu bringen, dem meinigen zu folgen, indem ich diesen leicht vor ihm hin und her bewegte. Mit einem solchen Experiment hatte ich früher bei diesem Medium nie Erfolg gehabt und glaubte auch diesesmal nur wenig damit zu erreichen. Indes folgte zu meinem Erstaunen sein Arm bereitwilligst, wenn auch schwach jeder Richtung, die ich ihm mit dem meinigen wies. Nun beschloß ich, einige Worte der Unterhaltung zu wagen.

»Mister Valdemar«, fragte ich, »schlafen Sie?« Er antwortete nicht, indes bemerkte ich ein Zittern um seine Lippen und fühlte mich veranlaßt, die Frage immer wieder an ihn zu richten. Bei der dritten Wiederholung wurde sein Körper von einem leichten Schauer überrieselt, die Augenlider öffneten sich so weit, daß ein weißer Streifen seines Augapfels durchschimmerte, die Lippen bewegten sich langsam, und zwischen ihnen drangen in kaum wahrnehmbarem Flüstern die Worte hervor: »Ja – schlafe jetzt. Wecken Sie mich nicht! – Lassen Sie mich so sterben!«

Daraufhin betastete ich die Glieder und fand sie so starr wie vorher. Der rechte Arm gehorchte wie zuvor den Bewegungen meiner Hand. Ich fragte den Hypnotisierten wieder: »Fühlen Sie noch Schmerzen in der Brust, Mister Valdemar?«

Die Antwort erfolgte jetzt unmittelbar, aber noch leiser als vorhin: »Keine Schmerzen – ich sterbe.«

Ich hielt es nicht für angebracht, ihn jetzt noch weiter zu stören, und bis zur Ankunft von Dr. F. wurde nichts mehr gesagt noch getan. Dieser kam kurz vor Sonnenaufgang und gab seinem größten Erstaunen darüber Ausdruck, den Patienten noch am Leben zu finden. Nachdem er ihm den Puls gefühlt und ihm einen Spiegel an die Lippen gehalten hatte, ersuchte er mich, wieder mit dem Hypnotisierten zu sprechen. Das tat ich und fragte ihn: »Mister Valdemar, schlafen Sie noch?«

Wie zuvor vergingen einige Minuten, ehe eine Antwort erfolgte, und in dieser Zeit schien der Sterbende alle Kraft zu sammeln, um zu sprechen. Bei der vierten Wiederholung meiner Frage sagte er ganz leise, fast unhörbar: »Ja, schlafe noch – sterbe.«

Es war nun die Ansicht oder vielmehr der Wunsch der Ärzte, Valdemar solle in seiner gegenwärtigen offenbar ruhigen Lage ungestört belassen werden, bis der Tod eintrete. Dies mußte, wie sie übereinstimmend annahmen, innerhalb weniger Minuten der Fall sein. Ich beschloß indessen, noch einmal mit ihm zu sprechen, und wiederholte nur meine vorige Frage.

Während ich sprach, ging eine merkliche Veränderung in der Haltung des Schlafenden vor sich. Die Augen öffneten sich langsam, die Pupillen verschwanden nach oben, die Haut nahm Leichenblässe an, die nicht so sehr an Pergament wie an weißes Papier erinnerte, und die kreisrunden hektischen Flecken, die sich bis zu diesem Augenblick in der Mitte einer jeden Wange scharf abgezeichnet hatten, verschwanden mit einem Male. Ich gebrauche diesen Ausdruck, weil dieses plötzliche Verschwinden mich an nichts so sehr erinnerte wie an das Verlöschen einer ausgeblasenen Kerze. Gleichzeitig zog sich die Oberlippe über die Zähne hinauf, die sie bis dahin vollkommen bedeckt hatte, während der Unterkiefer mit einem hörbaren Ruck herunterfiel und den Mund weit offenstehen ließ, in dem die geschwollene, schwarze Zunge deutlich sichtbar wurde. Ich nehme an, daß niemandem der Anwesenden die Schrecken eines Totenbettes fremd waren, aber so über jeden Begriff schauerlich war in diesem Augenblick Valdemars Aussehen, daß alle aus der Nähe des Bettes zurückwichen.

Ich habe das Empfinden, daß ich nun an einem Punkt meiner Erzählung angekommen bin, von dem ab ich bei keinem meiner Leser Glauben finden werde. Indes kann ich nichts anderes tun, als einfach fortzufahren.

An Valdemar war nun nicht das geringste Lebenszeichen mehr zu erkennen. Da wir annahmen, er sei tot, wollten wir ihn der Obhut der Pfleger überlassen, als sich ein starkes Zittern der Zunge bemerkbar machte. Dies währte etwa eine Minute. Dann erklang zwischen den offenen und bewegungslosen Kiefern hervor eine Stimme, die beschreiben zu wollen Wahnsinn wäre. Es gibt wohl zwei oder drei Ausdrücke, die hier vielleicht am Platze wären. Ich könnte den Ton heiser, gebrochen und hohl nennen, aber die schauerliche Wirkung des Ganzen ist aus dem einfachen Grunde unbeschreiblich, weil ähnliche Laute nie zuvor an das Ohr eines Menschen gedrungen sind. Indes waren es zwei Eindrücke, die ich damals empfand und die mir, wie auch heute noch, das Besondere dieser Laute zu kennzeichnen schienen und einen Begriff von ihrer unirdischen Eigenart zu vermitteln vermögen. Einmal schien die Stimme aus weiter Ferne oder aus einer tiefen Höhle im Innern der Erde an unser – oder doch wenigstens mein – Ohr zu dringen, und zweitens hatte ich dabei – ich fürchte tatsächlich, es wird mir unmöglich sein, mich verständlich zu machen – das Empfinden wie beim Betasten einer gelatinösen oder schleimigen Masse.

Ich habe von ›Klang‹ und von ›Stimme‹ gesprochen. Damit will ich sagen, daß der Ton eine so deutliche – eine wunderbar und aufregend deutliche Silbenbildung erkennen ließ. Valdemar sprach – offenbar als Antwort auf die Frage, die ich an ihn gerichtet hatte. Man wird sich erinnern, daß ich ihn fragte, ob er schlafe. Nun antwortete er: »Ja – nein – ich habe geschlafen – und jetzt – jetzt – bin ich tot.«

Keiner der Anwesenden machte den Versuch, das unaussprechliche Grauen zu unterdrücken, das diese wenigen so geäußerten Worte zu erregen wohl imstande waren. Der Student L...l fiel in Ohnmacht. Die beiden Pfleger verließen das Zimmer und waren nicht zu bewegen, dieses wieder zu betreten. Meine eigenen Eindrücke vermag ich dem Leser nicht zu schildern. Etwa eine Stunde lang bemühten wir uns schweigend – ohne ein Wort zu sagen –, L...l wieder zum Bewußtsein zu bringen. Als er wieder zu sich kam, wandten wir uns erneut Valdemar zu, um seinen Zustand zu untersuchen.

Dieser blieb in jeder Beziehung so, wie ich ihn zuletzt beschrieben habe, mit der einen Ausnahme, daß der Spiegel nun kein Zeichen einer Atmung mehr erkennen ließ. Ein Versuch, Blut aus seinem Arm zu ziehen, mißlang. Ich muß auch erwähnen, daß dieses Glied nicht länger meinem Willen gehorchte. Vergebens versuchte ich, es den Winken meiner Hand folgen zu lassen. Das einzige wirkliche Anzeichen einer mesmeristischen Wirkung waren jetzt die zitternden Bewegungen der Zunge, wenn ich eine Frage an Valdemar richtete. Augenscheinlich bemühte er sich zu antworten, hatte aber nicht mehr die nötige Willenskraft dazu. Fragen gegenüber, die einer der anderen Anwesenden an ihn richtete, blieb er vollkommen unempfindlich, obwohl ich versuchte, jeden einzelnen von ihnen in mesmeristische Beziehungen zu ihm zu bringen. Ich glaube, nun alles Nötige gesagt zu haben, um den Zustand des Hypnotisierten in dieser Zeit verständlich zu machen. Es wurden andere Pfleger angestellt, und um zehn Uhr verließ ich in Begleitung der beiden Ärzte und des Mister L...l das Haus.

Nachmittags sprachen wir alle wieder vor, um uns den Patienten anzuschauen. Sein Zustand war genau der gleiche geblieben. Wir unterhielten uns darüber, ob es zweckmäßig sei, ihn aufzuwecken. Indes einigten wir uns ohne Mühe zu der Ansicht, daß damit niemandem gedient sei. Offenbar war bis jetzt der Tod – oder was wir im allgemeinen so nennen – durch die Hypnose aufgehalten worden. Es schien uns klar, daß Valdemar aufwekken nur seine augenblickliche oder doch baldige Auflösung herbeiführen hieße.

Von diesem Zeitpunkt an bis zum Ende der letzten Woche – also während der Dauer von fast sieben Wochen – setzten wir unsere täglichen Besuche in Valdemars Hause fort, wobei uns hier und da Ärzte oder andere Freunde begleiteten. Während dieser ganzen Zeit blieb der Hypnotisierte genau so, wie ich ihn zuletzt beschrieben habe. Die Pfleger überwachten ihn ununterbrochen.

Es war am vergangenen Freitag, als wir uns endlich entschlossen, das Experiment der Erweckung zu machen oder dies wenigstens zu versuchen, und das – vielleicht unglückliche – Ergebnis dieses Experimentes ist es, daß der Anlaß zu so vielem Gerede in Privatkreisen und zu so mancher – ich vermag es nicht anders zu nennen – ungerechtfertigten Stellungnahme in der Öffentlichkeit geführt hat.

Um Valdemar aus dem mesmeristischen Trancezustand zu erwecken, wandte ich die üblichen Handgriffe an. Diese blieben eine Zeitlang wirkungslos. Das erste Anzeichen einer Wiederbelebung bestand in einer teilweisen Senkung der Iris. Als besonders bemerkenswert wurde beobachtet, daß diese Senkung der Pupille von dem Ausfließen einer gelblichen, scharf und sehr übelriechenden Flüssigkeit unter den Augenlidern begleitet war.

Nun wurde angeregt, ich solle wie früher versuchen, den Arm des Patienten zu beeinflussen. Ich machte den Versuch, ohne indes damit Erfolg zu haben. Dann äußerte Dr. F.

den Wunsch, ich solle eine Frage stellen. Dies tat ich folgendermaßen: »Herr Valdemar, können Sie uns sagen, was Sie augenblicklich fühlen oder wünschen?«

Im Augenblick kehrten die hektischen Flecken auf den Wangen zurück, die Zunge zitterte oder vielmehr bewegte sich heftig im Munde - obwohl die Kiefer und Lippen starr blieben wie vorher -, und schließlich erklang diese furchtbare Stimme, die ich bereits beschrieben habe: »Um Gottes willen! - Schnell! - Schnell! Schläfern Sie mich ein!« oder: »Schnell! - Wecken Sie mich auf! -Schnell! - Ich sage Ihnen, daß ich tot bin!«

Ich war vollkommen fassungslos und wußte im Augenblick nicht, was ich tun sollte. Zuerst versuchte ich, den Patienten wieder einzuschläfern, aber dies mißlang mir, da ich meinen Willen nicht zu konzentrieren vermochte, und so versuchte ich im Gegenteil, ihn aufzuwecken. Bald sah ich, daß ich damit Erfolg hatte, oder glaubte wenigstens, daß mein Erfolg vollkommen sein werde. Ich bin überzeugt, daß alle Anwesenden erwarteten, der Patient werde erwachen.

Auf das, was wirklich geschah, hätte wohl kaum ein menschliches Wesen gefaßt sein können.

Während ich noch eilig die mesmerischen Striche machte - brach, schrumpfte, faulte - während die Worte »Tot! Tot!« von der Zunge und nicht von den Lippen des Leidenden drangen - im Zeitraum einer einzigen Minute oder noch weniger sein ganzer Leib geradezu unter meinen Händen hinweg. Vor allen Anwesenden lag auf dem Bett eine fast zerfließende Masse in ekelhafter, widerlicher Fäulnis.

Die Sphinx

Zur Zeit, da die Cholera in New York so furchtbar herrschte, hatte ich die Einladung eines Verwandten angenommen, vierzehn Tage bei ihm in der Abgeschiedenheit seines *cottage orné* an den Ufern des Hudson zu verbringen. Hier standen alle geschätzten Mittel sommerlicher Zerstreuung zu unsrer Verfügung, und mit Streifzügen in den Wäldern, mit Zeichnen, Bootfahren, Fischen, Baden, Musik und Büchern hätten wir die Zeit wohl behaglich genug verbracht, wäre nicht die schreckliche Kunde gewesen, die einen jeglichen Morgen neu aus der volkreichen Stadt zu uns kam. Nicht ein Tag verstrich, der uns nicht Nachricht vom Hinscheiden irgendeines Bekannten brachte. Dann, als das unabwendliche Verhängnis wuchs, lernten wir jeden Tag den Verlust eines Freundes erwarten. Schließlich erzitterten wir schon, nahte sich nur ein Bote. Die ganze Luft von Süden dünkte uns todgeschwängert. Tatsächlich ergriff dieser lähmende Gedanke vollständig Besitz von meiner Seele. Von nichts anderem mehr konnt ich sprechen, denken, träumen. Mein Gastgeber war von weniger erreglichem Temperamente und stets bestrebt, obschon zutiefst bedrückten Gemütes selber, meinem eigenen Stütze zu sein. Keinerlei Irreales vermochte seinen reichen philosophischen Geist jemals anzufechten. Für die Wirklichkeiten des Schreckens war er genugsam empfänglich, doch ihrer Schatten auch gewahr zu werden, war ihm nicht gegeben.

Seine Bemühungen, mich aus der Lage abnormalen Trübsinns zu erheben, in welchen ich verfallen, scheiterten großenteils an gewissen Büchern, die ich in seiner Bibliothek gefunden hatte. Diese waren nur zu geeignet, gewaltsam zum Keimen zu bringen, was immer an Saaten ererbten Aberglaubens in mir wartend schlummerte. Ich hatte ohne sein Wissen über der Lektüre dieser Bände gesessen, und so war er des öftern ratlos, sich die heftigen Eindrücke zu erklären, die sich meiner Phantasie eingegraben hatten.

Ein Lieblingsgegenstand war mir der volkstümliche Glaube an Omina, an üble Vorbedeutungen – ein Glaube, welchem ich zu dieser einen Zeit meines Lebens fast ernstlich das Wort zu reden geneigt war. Wir hatten lange und lebhafte Diskussionen zu diesem Thema – in denen er die bare Grundlosigkeit eines Glaubens an derlei Sachen behauptete, ich aber ihm streitbar erwiderte, es trage ein mit absoluter Spontaneität aufgekommenes Volksempfinden – das heißt, ein Empfinden ohne ersichtliche Spuren von Suggestion – in sich selbst schon die unmißverständlichen Elemente von Wahrheit und habe Anspruch auf doch einige Achtung. Tatsache ist, daß bald nach meiner Ankunft bei dem Landhause mir selber ein Erlebnis widerfahren war – so vollkommen unerklärlich und von so deutlich unheilkündendem Charakter, daß meine Überzeugung, es müsse ein Omen sein, wohl auf Nachsicht rechnen darf. Es entsetzte, bestürzte und verwirrte mich zu gleicher Zeit derart, daß viele Tage vergingen, ehe ich mich entschließen konnte, meinem Freunde davon zu berichten.

Gegen Ende eines unmäßig warmen Tages saß ich, ein Buch in der Hand, an einem offenen Fenster, dessen Aussicht auf die Flußufer hinausging und mir den Anblick eines fernen Hügels bot; seine mir zugewendete Seite war aus Ursache dessen, was man einen Erdrutsch nennt, von einem Großteil ihres Baumbestands entblößt. Lange waren meine Gedanken von dem Buche vor mir zu der trostlosen Düsternis und Verwüstung der Nachbarstadt gewandert. Indem ich meinen Blick nun von den Seiten hob, fiel er plötzlich auf die kahle Lehne des Hügels und auf ein Wesen darauf – ein lebendiges Ungetüm von scheußlicher Gestaltung, das in großer Schnelligkeit seinen Weg vom Gipfel zu Tale nahm und schließlich im dichten Forste drunten verschwand. Als mir diese Kreatur das erstemal zu Gesicht kam, wollte ich schier an der Gesundheit meines Verstandes zweifeln – oder zumindest doch am Zeugnis meiner Augen; und mehrere Minuten gingen hin, ehe ich mich erfolgreich überzeugt hatte, daß ich weder verrückt sei noch in einem Traume befangen. Doch wenn ich nun das Ungeheuer beschreibe (das ich entschieden deutlich sah und während der ganzen Zeit mit gelassenem Blick auf seinem Weg verfolgte), so werden, fürcht ich, meine Leser leicht mehr noch Schwierigkeiten haben, zu dieser Überzeugung zu gelangen, denn ich selber.

Indem ich die Größe der Kreatur am Durchmesser der gewaltigen Bäume, an denen sie vorüber kam, vergleichend einschätzte, – der wenigen Giganten des Forsts, die der Gewalt des Erdrutsches standgehalten –, kam ich zu dem Schluß, sie müßte weit größer noch sein als jedes heute bekannte Linienschiff. Ich gebrauche den Ausdruck ›Linienschiff‹, weil die Gestalt des Untiers mir dieses Bild förmlich antrug; – der Schiffsrumpf eines unserer Vierundsiebziger vermöchte wohl eine recht leidliche Anschauung seiner ungefähren Umrisse bieten. Der Rachen des Tiers befand sich am äußern Ende eines Rüssels, der einige sechzig oder siebzig Fuß in der Länge maß und so dick war wie der Leib eines gewöhnlichen Elefanten. An der Wurzel dieses Rüssels befand sich eine Unmasse schwarzen zottigen Haars – mehr noch, als die Häute einer ganzen Stiege Büffel hätten liefern können; und seitlich niederwärts aus diesem Haargestrüpp ragten zwei schimmernde Stoßzähne, nicht unähnlich denen des wilden Ebers, doch von unendlich größern Dimensionen. Nach vorn, gleichlaufend mit dem Rüssel und ihm zu beiden Seiten, reckte sich je ein gigantischer Pfahl von wohl dreißig oder vierzig Fuß Länge, gebildet allem Anschein nach aus purem Kristall und in Gestalt eines vollkommenen Prismas; – es reflektierte auf höchst glänzende Weise die Strahlen der scheidenden Sonne. Der Rumpf war gestaltet wie ein Keil, dessen Spitze der Erde zugewandt ist. Von ihm aus breiteten sich zwei Paar Schwingen – davon eine jede an hundert Ellen lang –, das eine Paar über das andre gelagert und alles dick bedeckt mit metallischen Schuppen; jede dieser Schuppen hatte offenbar einige zehn oder zwölf Fuß Durchmesser. Ich bemerkte, daß die obenauf gelagerten Schwingen mit den untern durch eine starke Kette verbunden waren. Doch das Allerwunderlichste an diesem gräßlichen Dinge war die Darstellung eines *Totenkopfes,* welche nahezu die gesamte Oberfläche der Brust bedeckte und in schimmerndem Weiß auf dem dunkeln Grunde des Körpers so genau gezeichnet war, als habe ein Künstler sie dort mit aller Sorgfalt ausgeführt. Indem ich dies entsetzliche Wesen, und in Sonderheit die Erscheinung auf seiner Brust, noch betrachtete, mit einem Gefühl von Schauder und Grausen – einer Vorahnung herannahenden Unheils, die sich mit keinem Aufwand der Vernunft wollte dämpfen lassen, erschaute ich, wie die ungeheuren Kieferbacken am Ende des Rüssels sich plötzlich auftaten, und es erscholl aus ihnen ein so lauter und ausdrucksstarker Weheschrei, daß es wie Grabgeläute meinen Nerven klang und ich, als das Monstrum dann am Fuße des Hügels verschwand, in jäher Ohnmacht zu Boden stürzte.

Als ich mich wieder erholt, war natürlich mein erster Antrieb, meinem Freunde mitzuteilen, was ich gesehn und gehört hatte, und kaum vermag ich zu erklären, welch ein Gefühl des Widerstands es war, das mich am Ende dann doch daran verhinderte.

Eines Abends schließlich, wohl drei oder vier Tage nach dem Erlebnis, saßen wir zusammen in dem Zimmer, in dem mir die Erscheinung zu Gesicht gekommen, ich auf demselben Sitz am Fenster, und er in müßiger Haltung auf einem Sofa nah dabei. Die Assoziation von Ort und Zeit gab mir nun Anlaß, ihm von dem Phänomene zu berichten. Er hörte mir zu bis zum Ende – zuerst dann lachte er herzlich –, um anschließend freilich in so überaus ernste Nachdenklichkeit zu verfallen, als stünde eine Störung meines Geistes außer aller Frage. In diesem Augenblick erschien mir ein weiteresmal ganz deutlich der Anblick des Untiers – auf das ich nun, mit einem Schrei unvermischten Entsetzens, sein Aufmerken lenkte. Wohl blickte er sogleich mit Eifer hin – doch behauptete er, daß er nichts sähe – ich mochte ihm gleich noch so minuziös den Weg der Kreatur beschreiben, die eben auf der kahlen Hügellehne abwärts kroch.

Nun bemächtigte sich maßlose Aufregung meiner, denn ich betrachtete die Vision entweder als ein Omen meines Todes oder gar, was schlimmer gewesen wäre, als Vorboten eines Anfalls von Irrsinn. Ich warf mich voller Grauen zurück in meinen Sessel und barg für Augenblicke das Gesicht in meinen Händen. Als ich dann die Augen wieder freigab, war die Erscheinung schon nicht mehr zu sehen.

Mein Gastfreund jedoch hatte die Gelassenheit seines Betragens einigermaßen zurückgewonnen und befragte mich nun mit rechter Strenge, wie die phantastische Kreatur gestaltet gewesen sei, die ich erschaut. Als ich ihn dieserhalb voll zufriedengestellt hatte, seufzte er tief, ganz wie von einer unerträglichen Last erleichtert, und hob an, mit einer, wie mich dünken wollte, schier grausamen Gelassenheit über verschiedene Punkte spekulativer Philosophie zu sprechen, die zuvor Gegenstand unserer Diskussion gewesen waren. Ich entsinne mich, daß er unter anderm auf dem Gedanken beharrte, es liege die Hauptquelle des Irrtums bei allem menschlichen Forschen darin, daß man nicht davon loskomme, die Bedeutung eines Gegenstandes durch bloßes Mißbemessen seiner Nähe zu unterschätzen oder überzubewerten.

»Wollte man beispielsweise einmal veranschlagen«, sagte er, »welchen Einfluß die ungehinderte und vollständige Ausbreitung der Demokratie einmal auf die Menschheit üben wird, so dürfte die zeitliche Ferne der Epoche, in der eine solche Verbreitung möglicherweise stattgefunden hat, keineswegs als Faktor in der Berechnung fehlen. Doch kannst du mir auch nur einen Schriftsteller auf staatspolitischem Gebiete nennen, der jemals eben diese Seite des Gegenstandes überhaupt der Diskussion für würdig befunden hätte?«

Hier hielt er einen Augenblick inne, trat an einen Bücherschrank und brachte einen ganz gewöhnlichen Abriß der Naturgeschichte hervor. Indem er mich sodann ersuchte, mit ihm den Platz zu tauschen, damit er den zierlichen Druck des Bandes besser erkennen möchte, setzte er sich in meinen Armstuhl am Fenster, öffnete das Buch und nahm den Faden seiner Rede in ganz demselben Ton wieder auf.

»Wärest du bei der Beschreibung des Untiers nicht so überaus genau gewesen«, sagte er, »so hätte es nie in meiner Macht gestanden, dir schwarz auf weiß zu zeigen, was es war. Zunächst nun laß mich dir aus diesem Schulbuche eine Beschreibung des genus *Sphinx* vorlesen: Familie *Crepuscularia,* Ordnung *Lepidoptera,* Klasse *Insecta* oder Insekten. Sie lautet folgendermaßen:

›Vier häutchenartige Flügel, bedeckt mit kleinen farbigen Schuppen von metallischem Aussehen; Mund in Form einer rüsselartigen Rollzunge, gebildet aus einer Verlängerung der Kiefer; an deren Seiten Rudimente von Kinnladen und weiche Fühler; die unteren Flügel mit den oberen durch ein starkes Haar verbunden; Fühlhörner in Form einer lang ausgestreckten Keule, prismatisch; Hinterleib zugespitzt. Die Totenkopf Sphinx hat zu Zeiten manchen Schrecken im Volke erweckt durch den schwermütigen Schrei, welchen sie ausstößt,und das Symbol des Todes, die sie auf dem Thorax trägt.‹«

Hier schloß er das Buch wieder und beugte sich im Stuhle vor, indem er sich genau in die Stellung brachte, welche ich selbst im Augenblick, da ich ›das Untier‹ erblickte, eingenommen hatte.

»Ah, da ist sie!« rief er sogleich aus – »eben ist sie dabei, den Hügel wieder hinanzuklettern, und wirklich, das gesteh' ich zu, sie sieht ja einigermaßen unheimlich aus. Jedoch – mitnichten ist sie so gewaltig und so weit entfernt, wie du es dir einbildetest; denn die Sache ist die – wie sie sich da an diesem Faden hinaufwindet, den irgendeine Spinne am Fensterrahmen entlanggezogen hat, stelle ich fest, daß ihre Länge äußersten Falles ein Sechzehntel Zoll beträgt und daß sie ebenfalls nur wohl ein Sechzehntel Zoll von der Pupille meines Augs entfernt ist.«

Erzählungen des Arthur Gordon Pym aus Nantucket

Vorwort

Im Anschluß an meine erst wenige Monate zurückliegende Rückkehr in die Vereinigten Staaten, nach einer Reihe der erstaunlichsten Abenteuer in den Südmeeren und andernorts, die ich auf den folgenden Seiten beschreiben werde, machte ich in Richmond, Virginia, durch Zufall die Bekanntschaft einiger distinguierter Herren, deren Interesse allen Aspekten der von mir besuchten Regionen galt, und die mich fortan an meine Pflicht erinnerten, meine Geschichte der Öffentlichkeit zugänglich zu machen. Ich hatte jedoch verschiedene Gründe, dieses Anliegen abzuwehren, die zum Teil rein privater Natur sind und deshalb nur mich selbst betreffen, was für andere nicht im selben Maße zutrifft. Einer der Gründe, die mich davon abhielten, war die Tatsache, daß ich während eines größeren Zeitraumes meiner Abwesenheit kein Tagebuch geführt hatte und befürchtete, mich außerstande zu finden, nur aus dem Gedächtnis heraus eine so detaillierte und zusammenhängende Darstellung der Ereignisse verfassen zu können, daß sie auch dem äußeren Anschein nach der Wahrheit entspräche, die sie tatsächlich in sich birgt, bar lediglich jener naturgemäßen und unvermeidlichen Übertreibungen, zu denen wir alle neigen, wenn wir Ereignisse beschreiben, die auf unsere Phantasiekraft einen machtvollen und anregenden Einfluß ausüben. Hinzu kam, daß die zu schildernden Vorfälle von so phantastischer Natur waren, daß meine Behauptungen in Ermangelung von Zeugen (abgesehen von der Aussage eines einzigen Menschen, der zudem Mestize ist) bestenfalls innerhalb meiner eigenen Familie auf Glauben hoffen durften, oder in den Reihen jener Freunde, die im Lauf der Jahre aufgrund ihrer Erfahrungen mit mir gelernt haben, auf den Wahrheitsgehalt meiner Darstellungen zu vertrauen, wohingegen der größte Teil der geschätzten Öffentlichkeit mein Werk als dreiste, wenngleich geschickte Fiktion betrachten mußte. Einer der wichtigsten Gründe für mein Zögern, dem Drängen meiner Ratgeber nachzugeben, war jedoch mein Mißtrauen in meine eigenen schriftstellerischen Fähigkeiten.

Unter den genannten Herren aus Virginia, die größtes Interesse an meinen Erzählungen bekundeten, insbesondere an jenem Teil, der sich mit dem Antarktischen Ozean befaßt, war auch Mr. Poe, damals Herausgeber des »Southern Literary Messenger«, einer monatlich erscheinenden Zeitschrift, die im Verlag Thomas W. Whites in Richmond erschien. Er riet mir – im Gleichklang mit anderen – mit Nachdruck, unverzüglich einen akkuraten und umfassenden Bericht dessen anzufertigen, was mir widerfahren sei, und im übrigen auf den Scharfsinn und den gesunden Menschenverstand der Leserschaft zu vertrauen, und beharrte mit großer Überzeugungskraft darauf, daß meine Schriften, wie unzulänglich sich meine Federfertigkeit auch darstellen möge, gerade wegen ihrer Ungeschlachtheit – sollte diese sich denn manifestieren – eine um so bessere Chance haben dürften, als wahrheitsgetreu angenommen zu werden.

Trotz dieser Darlegungen konnte ich mich noch immer nicht entschließen, seinen Empfehlungen Folge zu leisten. Als er meiner Untätigkeit in dieser Sache gewahr wurde, schlug er vor, daß ich ihm die Erlaubnis erteilen sollte, auf der Grundlage von mir beschriebener Tatsachen in seinen eigenen Worten einen Reisebericht über die anfänglichen Ereignisse zu verfassen und diesen, *offiziell als Roman deklariert,* im »Southern Messenger« zu veröffentlichen. Dem stimmte ich, da ich nichts dagegen einzuwenden hatte, zu, bat jedoch darum, meinen wahren Namen nicht preiszugeben. Daraufhin erscheinen im Januar- und Februarheft des »Messenger« (1837) zwei Nummern des angeblichen Romans, und um den

Eindruck zu bestärken, daß es sich um reine Fiktion handle, wurde den Artikeln im Inhaltsverzeichnis der Zeitschrift der Name Mr. Poes beigefügt.

Die Art, wie diese List aufgenommen wurde, bewog mich endlich doch zu einer regelmäßigen Zusammenstellung und Veröffentlichung der fraglichen Abenteuer, denn ich wurde gewahr, daß, der romanhaften Aufmachung zum Trotz, die dem im »Messenger« erschienenen Teil meines Berichtes verliehen worden war (ohne auch nur ein einziges Faktum zu verändern oder zu verzerren), das Publikum sich nicht in die Irre leiten ließ, und Mr. Poe gar zahlreiche Leserbriefe erhielt, die der gegenteiligen Überzeugung Ausdruck verliehen. Daraus schloß ich nun, daß die in meiner Erzählung beschriebenen Tatsachen in sich genügend Beweise für ihre Authentizität tragen und ich daher, was die Zweifel der Leserschaft angeht, wenig zu fürchten haben dürfte.

Die nähere Betrachtung dieses Exposés dürfte ohne Zweifel ergeben, welche Teile des nun Folgenden meiner Hand entstammen, auch sei noch einmal betont, daß auf den ersten Seiten, die von Mr. Poe verfaßt wurden, nicht ein Faktum ungenau oder falsch dargestellt wurde. Selbst diejenigen Leser, die mit dem »Messenger« nicht vertraut sind, müssen nicht eigens darauf hingewiesen werden, wo Mr. Poes Teil des Folgenden endet und der meine beginnt. Die Unterschiede in puncto Stil sind unschwer zu erkennen.

A. G. PYM

New York, im Juli 1838

I. KAPITEL

Mein Name ist Arthur Gordon Pym. Mein Vater war ein angesehener Händler und Lieferant für Schiffsausrüstungen in Nantucket, der Stätte meiner Geburt. Mein Großvater mütterlicherseits war ein gefragter Anwalt. Ein jeder Bereich seines Lebens war von Glück geprägt, und er hatte sehr erfolgreich mit Aktien der Edgarton New Bank, wie sie damals bekannt war, spekuliert. Durch diese und ähnliche Transaktionen war es ihm gelungen, sich eine recht ansehnliche Summe zurückzulegen. Mir war er, so glaube ich, mehr zugetan als jedem anderen Menschen auf der Welt, und nach seinem Tode sollte ich den Großteil seiner weltlichen Besitztümer erben. Als ich das sechste Lebensjahr erreicht hatte, sandte er mich in die Schule des alten Mr. Ricketts, eines einarmigen Herrn mit exzentrischen Gewohnheiten – beinahe ein jeder, der New Bedford je besucht hat, weiß um ihn. Bis zum 16. Lebensjahr verblieb ich auf seiner Schule, um dann auf Mr. E. Ronalds Akademie auf dem Hügel abzugehen. Hier freundete ich mich mit dem Sohn Mr. Barnards an, einem Kapitän zur See, der meist im Auftrag von Lloyd und Vredenburgh die Weltmeere befuhr; auch Mr. Barnard ist in Bedford wohlbekannt und hat meines Wissens zahlreiche Verwandte in Edgarton. Der Name seines Sohnes war Augustus, und er war fast zwei Jahre älter als ich selbst. Er war mit seinem Vater an Bord der John Donaldson auf Walfang gewesen und erzählte mir viel von seinen Abenteuern im südlichen Stillen Ozean. Ich pflegte oft mit ihm nach Hause zu gehen, um dort den Tag, und manches Mal auch die Nacht, zu verbringen. Wir teilten dann ein Bett, und ich konnte mich darauf verlassen, daß er mich mit seinen Geschichten von den Eingeborenen der Insel Tinian und anderen Orten, die er während seiner Reisen aufgesucht hatte, bis zum Morgengrauen wachhalten würde. Zuletzt konnte ich nicht mehr umhin, mich dafür zu interessieren, was er sagte, und allmählich wuchs in mir das Verlangen, selbst zur See zu gehen. Ich besaß ein Segelboot namens Ariel, das rund 75 Dollar wert sein mochte. Es hatte eine »Pflicht« (also ein Halbdeck), und war als Schaluppe getakelt – der genauen Tonnage entsinne ich mich nicht mehr, doch fanden 10 Personen in ihr Platz, ohne sich allzu beengt zu fühlen. Mit diesem Boot machten wir uns zu den verrücktesten Streichen auf, und denke ich heute daran zurück, so erscheint es mir als das größte Wunder, daß ich noch unter den Lebenden weile. Eines dieser Abenteuer möchte ich gerne erzählen, gleichsam als Auftakt für einen längeren und gewichtigeren Bericht. Eines Abends fand bei

Barnards eine Abendgesellschaft statt, und sowohl Barnard als auch ich selbst waren nicht wenig angeheitert, als sie sich ihrem Ende zuneigte. Wie in solchen Fällen üblich, zog ich es vor, sein Bett zu teilen, anstatt mich auf den Heimweg zu machen. Er schlief, wie mir schien, sehr ruhig ein (war es doch bereits gegen ein Uhr, als sich die Gesellschaft auflöste), ohne ein Wort über sein Lieblingsthema zu verlieren. Es mochte etwa eine halbe Stunde vergangen sein, nachdem wir uns zu Bett gelegt hatten, und ich war gerade im Begriff einzuschlummern, als er plötzlich auffuhr und mit einem furchtbaren Eide schwor, daß er nicht daran denke, bei einer so herrlichen Südwestbrise schlafen zu gehen, und zwar für keinen Arthur Pym des Christentums. Nie zuvor war ich derart erstaunt gewesen, da ich nicht wußte, was sein Begehr war, und annehmen mußte, daß er dem Wein und Schnaps so sehr zugesprochen hatte, daß er sich nun selbst vergaß. Er sprach jedoch in der kühlsten Manier zu mir und gab an, wohl zu wissen, daß ich ihn für betrunken halte, er jedoch in seinem ganzen Leben nicht nüchterner gewesen sei. Er sei es lediglich leid, fügte er hinzu, in einer so prachtvollen Nacht im Bette zu liegen wie ein Hund, und sei daher entschlossen, aufzustehen und sich anzukleiden, um eine lustige Bootstour zu unternehmen. Ich kann kaum beschreiben, was nun über mich kam, aber kaum, daß er diese Worte ausgesprochen hatte, verspürte ich einen Schauder der größten Erregung und Freude, und seine aberwitzige Idee erschien mir als eine der ergötzlichsten und vernünftigsten Angelegenheiten der Welt. Draußen herrschte ein böiger Wind, und es war empfindlich kalt, ging es doch schon gegen Ende Oktober. Dessenungeachtet sprang ich in einer Art Ekstase aus dem Bett und erklärte ihm, daß ich ebenso mutig sei wie er selbst und mindestens so überdrüssig wie er, im Bett zu liegen wie ein Hund, und sicherlich nicht weniger zu Lustbarkeiten und Streichen aufgelegt, wie ein jeder Augustus Barnard in Nantucket!

Im Handumdrehen waren wir angekleidet und eilten dem Boot zu. Es lag am alten, verfallenen Kai beim Holzlager von Pankey & Co., und die dem Ufer zugewandte Seite konnte der Erschütterung schier nicht standhalten, die durch den Aufprall auf den gestapelten Stämmen entstand. Augustus kletterte behende in das Boot hinein und begann, es leerzuschöpfen, denn es war nahezu halb voll Wasser gelaufen. Nun setzten wir Klüver und Großsegel und stachen direkt vorm Wind in See.

Wie ich bereits bemerkte, wehte der Wind steif aus Südwest. Die Nacht war sehr klar und kalt. Augustus hatte sich des Steuers bemächtigt, und ich nahm meinen Posten am Mast ein, oben auf dem Halbdeck. Wir schossen mit großer Geschwindigkeit dahin – keiner von uns hatte mehr ein Wort geäußert, seit wir vom Kai losgemacht hatten. Nun fragte ich meinen Freund, welchen Kurs er einzuschlagen beabsichtigte, und um welche Zeit wir nach seinem Gutdünken wieder heimkehren sollten. Er pfiff einige Minuten lang vor sich hin, und gab dann kühl zurück: »*Ich* fahre aufs offene Meer hinaus – kehr *du* ruhig um, wenn es dir richtig erscheint.« Als ich zu ihm hin blickte, bemerkte ich sofort, daß er trotz der so ostentativ zur Schau getragenen *Nonchalance* innerlich sehr erregt war. Ich konnte ihn im hellen Schein des Mondes ganz deutlich erkennen – sein Gesicht war blasser als Marmor, und seine Hand zitterte derart, daß er kaum noch die Ruderpinne zu halten imstande war. Ich erkannte, daß irgend etwas schiefgegangen war, und meine Besorgnis nahm zu. Ich wußte zu jener Zeit noch wenig über die Handhabung von Segelbooten und war daher vollends auf die seemännische Geschicklichkeit meines Gefährten angewiesen. Auch hatte der Wind plötzlich an Stärke zugenommen, da wir uns rasch aus der schützenden Nähe des Ufers entfernten, und doch war ich zu beschämt, meiner Bestürzung Ausdruck zu verleihen, und so blieb ich fast eine halbe Stunde lang völlig stumm. Dann hielt ich es nicht mehr länger aus, und befragte Augustus ob der Möglichkeit, nun umzukehren. Wie schon zuvor dauerte es fast eine Minute, bis er endlich antwortete oder von meinem Vorschlag in irgendeiner Form Notiz nahm. »Alsbald –«, sagte er endlich – »viel Zeit – alsbald.« Zwar hatte ich eine solche Antwort erwartet, aber im Tonfall dieser Worte klang etwas mit, das mich mit einem Gefühl entsetzlichen Grauens erfüllte. Wieder blickte ich den Sprechenden mit ängstlichem Interesse an. Seine Lippen waren von tiefstem Blau, und seine Knie zitterten so heftig, daß er sich kaum mehr auf den Beinen halten konnte. »Um Himmels willen, Augustus!«, schrie ich auf, nun wirklich von Herzen erschrocken, »was schmerzt dich? Was ist dir? Was soll denn nun *werden?*« – »Werden!«, stammelte er mit dem Ausdruck größter Verwunderung, wobei er im selben Augenblick das Steuer fahren ließ und vornüber auf das Deck fiel. »Was soll – schon sein – heimwärts – wir fahrn – heimwärts, siehst du das nich?« Nun wurde mir die ganze schreckliche Wahrheit bewußt. Ich eilte zu ihm und richtete ihn auf. Er war betrunken – verteufelt besoffen –, er konnte weder stehen noch sprechen oder sehen. Seine Augen waren vollkommen glasig, und als ich ihn im Übermaß meiner Verzweiflung losließ, rollte er einfach wieder in das Bilschwasser zurück, aus dem ich ihn gerade hochgezogen hatte. Es wurde offenbar, daß er im Laufe des Abends wesentlich mehr getrunken hatte, als ich vermuten konnte, und daß sein Verhalten im Bett lediglich seinen hochgradigen Trunkenheitszustand widergespiegelt hatte – ein Zustand, welcher, dem Wahnsinn gleich, es dem Opfer erlaubt, nach außen hin das Benehmen eines Menschen nachzuahmen, der sich im Vollbesitz seiner geistigen Kräfte befindet. Die kühle Nachtluft hatte ihre gewohnte Wirkung getan – die Reste geistiger Energie gaben vor ihrem Einfluß nach –, und die verworrene Wahrnehmung, die er zweifelsohne angesichts seiner gefährlichen Situation empfunden haben mußte, hatte ihr übriges getan, die Katastrophe zu beschleunigen. Er war der Bewußtlosigkeit nahe, und es war nicht zu erwarten, daß dieser Zustand sich in den nächsten Stunden ändern würde.

Es ist mir kaum möglich, das Ausmaß meines Entsetzens zu beschreiben. Die Dünste des unlängst genossenen Weines hatten sich verzogen und mich doppelt zaghaft und unentschlossen zurückgelassen. Ich war mir bewußt, daß ich außerstande war, das Boot zu lenken, und daß eine wütende Windsbraut und ein starker Ebbstrom uns dem Untergang zutrieben. Hinter uns braute sich augenscheinlich ein Sturm zusammen; wir besaßen weder Kompaß noch Proviant; und es war klar, daß – sollten wir den gegenwärtigen Kurs beibehalten – das Land noch vor Tagesanbruch außer Sicht sein würde. Diese Gedanken schossen mir, mit einem wilden Strudel ähnlich furchterregender, in schwindelerregender Geschwindigkeit durch den Sinn, und lähmten mich einige Momente lang derart, daß es mir unmöglich war, das geringste zu unternehmen. Das Boot schoß in einem grauenhaften Tempo direkt vor dem Wind durch das Wasser – ohne jegliches Reff, weder im Klüver noch im Großsegel –, den Bug tief im Schaum verborgen. Es war ein großes Wunder, daß es nicht aufluvte, hatte doch Augustus, wie ich bereits bemerkte, die Ruderpinne losgelassen, und ich selbst war viel zu erregt, um darauf zu kommen, sie zu übernehmen. Zu unserem großen Glück blieb es jedoch auf Kurs, und ich gewann einen gewissen Grad meiner Geistesgegenwärtigkeit zurück. Der Wind nahm jedoch wahrhaft beängstigend zu, und jedesmal, wenn sich der Bug erhob, schlugen hinten Wogenkämme über dem Heck zusammen und überschwemmten uns mit einer Flut von Wasser. Auch war ich mittlerweile derart ertaubt in allen Gliedern, daß ich nahezu jegliches Gefühl darin verloren hatte. Endlich ergriff mich der Mut der Verzweiflung, ich stürzte zum Großsegel hin und ließ es los. Wie zu erwarten war, flog es erst über den Bug hinweg und nahm, nachdem es sich mit Wasser vollgesogen hatte, den Mast mit sich, der dicht über der Bordlinie abbrach. Allein dieser Unfall war es, der mich vor der sofortigen Vernichtung rettete. Nun schossen wir einzig unter dem Klüver vor dem Winde dahin, waren zwar ein ums andere Mal schwerer Sturzsee ausgesetzt, blieben aber doch vor dem drohenden sofortigen Tod bewahrt. Ich ergriff das Steuer und schöpfte gleich freier Atem, denn ich wurde gewahr, daß wir doch wohl noch eine letzte Chance hatten, unserem gräßlichen Schicksal zu entgehen. Augustus lag noch immer ohne Bewußtsein auf dem Boden des Bootes, und da ihm die unmittelbare Gefahr des Ertrinkens drohte (stand doch das Wasser dort, wo er hingestürzt war, fast ein Fuß hoch), gelang es mir, ihn teilweise aufzurichten und in sitzender Stellung zu halten, indem ich ihm ein Seil um die Taille band und dieses an einem im Deck befestigten Ringbolzen festmachte. Nachdem ich nun alles so weit bestellt hatte, wie es mir in meinem unterkühlten und aufgeregten Zustande möglich war, befahl ich mein Schicksal dem Herrn und nahm mir vor, alles, was meiner noch harren sollte, mit so viel geistiger Stärke wie nur irgend möglich zu tragen.

Kaum war ich zu diesem Entschluß gelangt, als urplötzlich ein lautes und langgezogenes Gellen oder Schreien anhob, als entspränge es den Kehlen Tausender Dämonen, und den gesamten Raum in und um das Boot erfüllte. Mir stand das Haar zu Berge, das Blut gerann mir in den Adern, mein Herzschlag setzte wahrhaftig aus, und ohne auch nur einmal meinen Blick erhoben zu haben, um die Quelle meines Schreckens ausfindig zu machen, sackte ich kopfüber und gefühllos über dem Körper meines Gefährten zusammen.

Als das Leben in mich zurückkehrte, fand ich mich in der Kajüte eines großen Walfängers (der Pinguin) wieder, der sich auf dem Wege nach Nantucket befand. Mehrere Personen standen über mich gebeugt, und Augustus, bleicher denn der Tod, war eifrig damit beschäftigt, meine Hände zu reiben. Als er sah, daß ich meine Augen öffnete, waren seine Freuden- und Dankbarkeitslaute von einer Art, die die rauhbeinig wirkenden Anwesenden abwechselnd zu Gelächter und Tränen hinriß. Das Geheimnis um unsere Rettung war schnell gelüftet. Der Walfänger, der dicht am Wind und mit allen Segeln, die es zu setzen gab, in voller Fahrt auf Nantucket zufuhr – und folglich nahezu im rechten Winkel zu unserem eigenen Kurs –, war mit uns kollidiert. Zwar waren mehrere Männer auf dem Ausguck gewesen, hatten unser kleines Boot aber erst wahrgenommen, als es unmöglich war, einen Zusammenstoß zu vermeiden – ihre warnenden Schreie nach unserer Entdeckung waren es, die mich so tödlich erschreckt hatten. Das riesige Schiff, so sagte man mir, war nun mit derselben Leichtigkeit über uns dahingefahren, wie unser kleines Fahrzeug mit einer Feder verfahren wäre, und ohne daß seine Fortbewegung im mindesten behindert worden wäre. Nicht ein einziger Schrei war vom Deck des Opfers zu vernehmen – ein leicht knirschendes Geräusch war zu hören, das sich mit dem Gebrüll von Wind und Wogen vermischte, als die zerbrechliche Barke verschlungen wurde und einen Moment lang am Kiel des Zerstörers rieb – aber das war alles. Da er unser Boot (man erinnere sich daran, daß es ohne Mast war) für eine ausrangierte Nußschale hielt, die absichtlich den Wellen preisgegeben worden war, war es die Absicht des Kapitäns (Kapitän E. T. V. Block aus New London), seinen Kurs fortzusetzen, ohne sich weiter mit dem Zwischenfall zu beschäftigen. Glücklicherweise schworen zwei der Männer vom Ausguck, eine Person am Steuer unseres Bootes gesehen zu haben, und gaben die Möglichkeit zu bedenken, diese noch retten zu können. Nun entbrannte eine Debatte, in deren Verlauf Block zornig wurde, und sich schließlich sogar dahingehend äußerte, daß es nicht seine Aufgabe sei, ewiglich nach Eierschalen Ausschau zu halten; daß das Schiff wegen solcherlei Unfug nicht den Kurs ändern würde, und falls tatsächlich ein Mann überfahren worden sei, dann wäre dies niemandes Schuld als seine eigene – solle er doch ersaufen und zur Hölle fahren, oder ähnliche Worte in diesem Sinne. Henderson, der erste Maat, nahm sich nun der Sache an, desgleichen die gesamte Mannschaft, die sich ob der Äußerungen des Kapitäns, die ein solches Maß an herzloser Grausamkeit bewiesen, zurecht entrüstete. Er redete frei heraus, da er sich der Unterstützung der anderen Männer gewiß war, und erklärte dem Kapitän, er betrachte ihn als reif für den Galgen, und wenn man ihn auch selbst augenblicklich hängen würde, sobald er an Land gelänge, so würde er doch hiermit den Gehorsam verweigern. Er schritt nach achtern, wobei er Block (welcher von einer plötzlichen Blässe ergriffen ward und keiner Antwort fähig war) zur Seite stieß; ergriff das Ruder und gab mit fester Stimme den Befehl *Hart nach Lee!* Die Männer flogen auf ihre Posten, und das Schiff wendete unverzüglich. All dies hatte jedoch beinahe fünf Minuten gedauert, und man hielt es allgemein für kaum im Bereich des Möglichen, daß auch nur ein Mensch gerettet werden könne – vorausgesetzt, es war überhaupt jemand an Bord des Bootes gewesen. Dennoch wurden, wie der Leser bereits weiß, sowohl ich selbst als auch Augustus aus den kalten Fluten geborgen, und unsere Rettung schien durch gleich zwei jener schier unvorstellbaren Glücksfälle bewirkt worden zu sein, welche von den Weisen und Frommen dem besonderen Eingreifen der Vorsehung zugeschrieben wird.

Noch während das Schiff in der Wendung lag, ließ der Maat schon die Jolle zu Wasser und sprang hinein, gefolgt von, so glaube ich, eben jenen Männern, die mich am Steuer gesehen zu haben geschworen hatten. Sie waren just aus der Lee des Schiffes (der Mond schien noch immer hell), als es sich schwer und weit ausholend windwärts richtete, und Henderson im selben Augenblick von seinem Sitz auffuhr und der Mannschaft zubrüllte, *rückwärts zu rudern*. Nichts anderes brachte er mehr hervor, wiederholte nur ein ums andere Mal ungeduldig den Ruf: *Rückwärts rudern! Rückwärts!* Wohl drückten die Männer eilends zurück, doch war das Schiff bereits herumgeschwungen und hatte schon wieder volle Fahrt, obwohl alle Mann an Bord die größten Anstrengungen unternahmen, die Segel einzuholen. Trotz der Gefährlichkeit seines Unternehmens ergriff der Maat die Großmastpüttingen, sobald sie in seine Reichweite kamen. Die nächste weite Rollbewegung des Schiffes riß seine gesamte Steuerbordseite fast bis zum Kiel aus dem Wasser, worauf der Anlaß für seine Besorgnis augenfällig genug wurde: Der Körper eines Mannes war in der kuriosesten Manier am glatten und glänzenden Boden des Schiffes (die Pinguin war mit Kupfer verbolzt und beschlagen) befestigt, und er schlug mit jeder Bewegung des Rumpfes aufs Heftigste dagegen. Nach mehreren ergebnislosen Versuchen, unternommen bei jedem neuerlichen Überholen des Schiffes und unter der ständigen Gefahr, daß die Jolle volliefe, wurde ich endlich aus meiner riskanten Situation befreit und an Bord gehievt – denn der betreffende Körper war kein anderer als der meine. Es erwies sich, daß einer der Spantenbolzen sich ein Stück hervor und durch den Kupferbeschlag hindurchgedrängt hatte, worauf er mich, als ich unter dem Schiff hindurchglitt, in meinem Fortgang aufgehalten und auf höchst absonderliche Weise an dessen Boden festgehalten hatte. Der Kopf des Bolzen hatte sich erst den Weg durch den Kragen meiner grünen Friesjacke gebahnt und dann weiter, in meinem Nacken, wonach er schließlich zwischen zwei Sehnen knapp unter meinem rechten Ohr wieder heraustrat. Unverzüglich wurde ich zu Bett gebracht – obschon alles Leben aus mir entwichen zu sein schien. Kein Chirurg befand sich an Bord, doch hatte mir der Kapitän jede erdenkliche Sorgfalt angedeihen lassen – wahrscheinlich, um sein herzloses Vorgehen während des vorangegangenen Teils des Abenteuers in den Augen seiner Besatzung wiedergutzumachen.

Henderson hatte nach meiner Bergung erneut vom Schiff abgestoßen, obwohl der Wind nunmehr Orkanstärke erreicht hatte. Nur wenige Minuten waren vergangen, als er einiger Wrackteile unseres Bootes ansichtig wurde, und kurz darauf versicherte ihm einer seiner Männer, daß er – durch das Sturmgeheul hindurch – in Abständen deutlich Hilferufe ausmachen könne. Dies bewog die abgehärteten Seeleute dazu, ihre Suche mehr als eine halbe Stunde fortzusetzen, obgleich Kapitän Block wiederholt Signal gab, an Bord zurückzukehren, und obwohl angesichts des so zerbrechlichen Bootes jede weitere Minute im Wasser für sie mit der unmittelbarsten und tödlichsten Fülle von Gefahren verbunden war. In der Tat ist es fast unmöglich, sich eindrücklich zu machen, wie die kleine Jolle, in der sie sich befanden, auch nur eine Minute lang der Zerstörung entgehen konnte. Allerdings war sie für den Walfang gebaut worden, und, so habe ich inzwischen anzunehmen Grund, mit Luftkästen ausgestattet, und zwar von der Art, wie sie in manchen Rettungsbooten an der Küste von Wales Verwendung finden.

Nachdem man besagte Zeitspanne hindurch vergeblich gesucht hatte, wurde beschlossen, zum Schiff zurückzukehren. Kaum war man jedoch zu diesem Entschluß gelangt, als sich von einem dunklen Gegenstand, der schnell vorbeitrieb, ein schwacher Schrei erhob. Sie verfolgten ihn, und holten ihn bald ein. Es erwies sich, daß es sich bei dem Gegenstand um das komplette Halbdeck der Ariel handelte, in dessen unmittelbarer Nähe Augustus augenscheinlich in den letzten Zügen lag. Als man ihn ergriff, stellte sich heraus, daß er mittels eines Seils an der treibenden Holzplanke befestigt war. Dieses Seil hatte ich selbst, wie man sich erinnern wird, ihm eigenhändig um die Leibesmitte geschlungen und an einem Ringbolzen festgemacht, um ihn in aufrechter Stellung zu fixieren, und mein Tun hatte ihn augenscheinlich letztlich am Leben erhalten. Die Ariel war leicht gebaut, so daß sie beim Untergang in Stücke ging, das Halbdeck wurde, wie zu erwarten war, von der Gewalt des einströmenden Wassers von den Bordwänden getrennt und stieg (wie zweifellos auch andere Wrackteile) an die Oberfläche – Augustus wurde nach oben gezogen und entrann so einem furchtbaren Tode.

Nachdem man ihn an Bord der Pinguin gehievt hatte, verstrich mehr als eine Stunde, bevor er selbst sein Erlebnis zu schildern vermochte oder man ihm zu verstehen geben konnte, welches Unglück unser Boot getroffen hatte. Am Ende ergriff jedoch eine tiefe Erregung von ihm Besitz, und er verbreitete sich ausgiebig über die Empfindungen, welche ihn im Wasser ereilt hatten. Als er zunächst wieder einen gewissen Grad von Bewußtsein erlangt hatte, fand er sich unter Wasser wieder, wo es ihn mit unvorstellbarer Geschwindigkeit umherwirbelte, wobei ein Seil drei- oder viermal fest um seinen Hals geschlungen war. Einen Augenblick darauf fühlte er, wie er sich in rasendem Tempo emporbewegte und – da sein Kopf heftig gegen einen harten Gegenstand schlug – erneut der Besinnungslosigkeit anheimfiel. Als er wieder zu sich kam, befand er sich in vollerem Besitz seiner Geisteskräfte – die jedoch noch immer umnebelt und verwirrt waren. Er wurde nun gewahr, daß sich ein Unfall ereignet haben und er sich im Wasser befinden mußte, wiewohl sein Mund über der Oberfläche war und er leidlich frei zu atmen vermochte. Das Deck trieb vermutlich zu diesem Zeitpunkt rasch vorm Wind dahin und zog ihn hinter sich her, schwamm er doch auf dem Rücken. Solange er diese Stellung hätte beibehalten können, wäre es selbstredend beinahe unmöglich gewesen, daß er ertrinken sollte. Nun warf ihn jedoch eine Woge direkt übers Deck, und diese Position mühte er sich zu halten, wobei er in Abständen um Hilfe rief. Unmittelbar bevor Henderson ihn entdeckt hatte, war er von der Erschöpfung übermannt worden; war ins Meer zurückgefallen und hatte sich schon verloren gewägt. Während des gesamten Zeitraums seines Kampfes hatte er nicht die entfernteste Erinnerung an die Ariel, noch an die Ereignisse, die mit dem Desaster in Zusammenhang standen. Ein vages Gefühl von Entsetzen und Verzweiflung hatte völlig von seinen Sinnen Besitz ergriffen. Als er schließlich geborgen ward, hatte er vollends die Gewalt über seinen Verstand verloren, und, wie schon erwähnt, bedurfte es fast einer vollen Stunde, nachdem er an Bord der Pinguin gelangt war, bis er seines Zustandes im vollen Maße gewahr wurde. Was mich selbst anbelangt – ich wurde aus jenem Zustand, der dem Tod vorausgeht (und nachdem man dreieinhalb Stunden lang jedes andere Mittel probiert hatte), nur dadurch ins Leben zurückgerufen, daß man mich mit in heißes Öl getauchten Tüchern rigoros abrieb – ein Verfahren, das Augustus vorgeschlagen hatte. Die Wunde in meinem Nacken – obschon von garstiger Erscheinung – war von geringerem Übel als zunächst befürchtet, und ich erholte mich alsbald von ihrer Wirkung.

Die Pinguin lief gegen neun Uhr morgens im Hafen ein, nachdem sie die schwersten Stürme erfahren hatte, die Nantucket je erlebt hatte. Augustus und mir gelang es, noch vor dem Frühstück – welches infolge der Feierlichkeiten der vorigen Nacht zum Glück mit etwas Verspätung stattfand – im Hause Barnard einzutreffen. Ich nehme an, daß alle am Tisch Anwesenden noch zu müde waren, um von unserer mitgenommenen Erscheinung Notiz zu nehmen – einer intensiven Musterung hätte sie natürlich nicht standgehalten. Doch können Schuljungen, was die Kunst der Verstellung angeht, wahre Wunder vollbringen, und ich glaube wirklich, daß keiner unserer Freunde in Nantucket die leiseste Ahnung hatte, daß jene schreckliche Mär, die einige Matrosen in der Stadt verbreiteten – wie sie auf hoher See ein Fahrzeug in den Grund gesegelt hatten und dabei wohl 30 oder 40 arme Teufel zu Tode gekommen waren –, in irgendeiner Weise mit der Ariel, meinem Freund oder mir selbst in Verbindung stünde. Seit jenem Tage haben wir beide die Sache noch oft besprochen – niemals jedoch ohne Schaudern. Anläßlich einer dieser Unterhaltungen gestand mir Augustus offen, daß er in seinem ganzen Leben niemals ein so qualvolles Gefühl der Hoffnungslosigkeit gekannt hatte wie damals, als er an Bord unseres kleinen Bootes zuerst das Ausmaß seiner Trunkenheit spürte und fühlen mußte, wie er ihrem Einfluß langsam erlag.

II. Kapitel

Wo Vorurteile, ob *pro* oder *contra,* ihr häßliches Haupt erheben, lassen sich – selbst aus den einfachsten Daten – Schlußfolgerungen niemals mit absoluter Gewißheit ableiten. Man könnte vielleicht davon ausgehen, daß eine Katastrophe, wie die eben geschilderte, meine aufkeimende Leidenschaft für die See hinreichend abgekühlt hätte. Doch im Gegenteil, nie habe ich ein glühenderes Verlangen nach den mit dem Leben der Seeleute verbundenen wilden Abenteuer verspürt als in der ersten Woche nach unserer wunderbaren Errettung. Diese kurze Zeitspanne erwies sich als durchaus ausreichend, um aus meinem Gedächtnis die Schatten zu tilgen und in gleißendem Licht all jene herrlich aufregenden Farbtupfer, die aufregende Bildhaftigkeit unseres gefährlichen Abenteuers hervortreten zu lassen. Meine Konversationen mit Augustus wurden mit jedem Tage häufiger, intensiver und interessanter. Er erzählte seine Geschichten der Meere (von denen wohl mehr als die Hälfte, wie ich freilich heute den Verdacht hege, reine Erfindung waren) in einer Manier, die dazu angetan war, bei einem von meinem begeisterungsfähigen Temperament und meiner düsteren wenn auch glühenden Einbildungskraft schwer ins Gewicht zu fallen. Seltsam ist auch, daß er meine Hinneigung zum Leben des Seemanns dann am stärksten reizte, wenn er deren unerklecklichere Seiten, die Momente der Verzweiflung und des Leids, ausmalte. Für die lichteren Aspekte des Gemäldes verspürte ich nur begrenzte Sympathie. Meine Visionen betrafen Schiffbruch und Hungersnot; Tod oder Gefangenschaft inmitten barbarischer Horden; ein Leben voller Sorgen und Tränen auf irgendeinem grauen und wüsten Geklipp in einem unwegsamen und unerschlossenen Ozean. Derlei Gedankengespinste oder Wünsche – denn um Wünsche handelte es sich ohne Zweifel – sind, wie ich mich seitdem vergewissert habe, recht üblich für die Vielzahl melancholischer junger Männer – zu der Zeit, von der ich hier berichte, betrachtete ich sie lediglich als flüchtige prophetische Bilder von einer Bestimmung, die zu erfüllen ich mich in gewissem Grade verpflichtet fühlte. Augustus schloß sich meiner Geisteshaltung gänzlich an. Es ist in der Tat denkbar, daß unser intimer Umgang einen teilweisen Austausch von Charaktermerkmalen zur Folge gehabt hatte.

Rund achtzehn Monate nach dem Untergang der Ariel war die Reederei Lloyd & Vredenburgh (ein Haus, das, wie ich meine, in irgendeiner Weise mit Messieurs Enderby, Liverpool, in Zusammenhang stand) im Begriff, die Brigg Grampus zu reparieren und für den Walfang auszustatten. Die Grampus war ein alter Kasten, und – selbst als alles Menschenmögliche getan worden war – kaum als seetüchtig zu bezeichnen. Ich kann mir nicht denken, wieso ihr gegenüber anderen, guten Schiffen desselben Eigners der Vorzug gegeben wurde – doch so geschah es. Mr. Barnard wurde mit dem Kommando betraut, und Augustus sollte ihn begleiten. Während die Brigg vorbereitet wurde, legte er mir häufig dar, wie günstig die Gelegenheit doch sei, die sich mir nun böte, meiner Reiselust zu frönen. Er fand in mir einen durchaus gewillten Zuhörer – doch ließ sich die Angelegenheit nicht ohne weiteres arrangieren. Mein Vater zeigte keine direkte Opposition, doch meine Mutter fiel jedesmal förmlich der Hysterie anheim, wenn der Plan zur Sprache kam. Und, was noch schwerer wog, mein Großvater, von dem ich so viel erwartete, drohte, mich ohne einen Schilling zurückzulassen, sollte ich das Thema jemals wieder anschneiden. Diese Schwierigkeiten kühlten jedoch meine Leidenschaft nicht ab, sie trugen vielmehr dazu bei, noch Öl ins Feuer zu gießen. Ich war entschlossen, entgegen aller Widrigkeiten mitzufahren, und nachdem ich Augustus meine Absicht kundgetan hatte, gingen wir daran, einen Plan zu entwerfen, um sie in die Tat umzusetzen. In der Zwischenzeit vermied ich es, meinen Verwandten gegenüber die Reise im geringsten zu erwähnen, und da ich mich betont in meinen Studien erging, wurde allgemein angenommen, daß ich mein Vorhaben nun aufgegeben hätte. Seit jener Zeit habe ich mir mein Verhalten in dieser Sache oft mit einer Mischung aus Mißbilligung und Erstaunen vergegenwärtigt. Die tiefreichende Heuchelei, deren ich mich zur Förderung meines Projekts bediente – eine Heuchelei, die über eine derart lange Periode jedes Wort und jede Handlung meines Lebens prägte –, kann mir eigentlich nur infolge des ungezähmten und brennenden Verlangens erträglich gewesen sein, mit dem ich der Erfüllung meiner langgehegten Reiseträume entgegensah.

Um das System der Täuschung hinreichend verfolgen zu können, war ich notwendigerweise gezwungen, Augustus einen Großteil der Planung zu überlassen, welcher seine Tage an Bord der Grampus verbrachte, wo er in Kajüte und Kabinenraum verschiedene Aufträge seines Vaters erledigte. Allabendlich hielten wir jedoch stets eine Konferenz ab, um unsere Hoffnungen zu erörtern. Nachdem in dieser Art fast ein Monat vergangen war, ohne daß wir ein Konzept zu konstruieren in der Lage gewesen wären, das Aussicht auf Erfolg barg, eröffnete er mir eines Tages endlich, daß er nun alles Erforderliche beschlossen habe. Ich hatte einen Verwandten in New Bedford, einen Mr. Ross, in dessen Haus ich gelegentlich zwei oder drei Wochen hintereinander zu verbringen pflegte. Die Brigg sollte Mitte Juni (1827) auslaufen, und es wurde verabredet, daß zwei oder drei Tage, bevor sie in See stechen sollte, mein Vater den üblichen Brief von Mr. Ross erhalten solle, mit der Einladung, zu kommen und vierzehn Tage mit seinen Söhnen Robert und Emmet zu verbringen. Die schriftliche Abfassung dieses Briefes sowie dessen Zustellung nahm Augustus auf sich. Sobald ich dann, dem Schein nach, gen New Bedford aufgebrochen sei, sollte ich mich bei meinem Kameraden einfinden, der inzwischen auf der Grampus ein Versteck für mich herrichten sollte. Dieses Versteck, so versicherte er mir, sollte sich auch für einen Aufenthalt von mehreren Tagen, während derer ich unsichtbar bleiben mußte, als hinreichend bequem erweisen. Sobald die Brigg weit genug vorangekommen sei, um ein Umkehren unmöglich zu machen, sollte ich, so sagte er, offiziell in den Genuß des Komforts der Kabine kommen; und was seinen Vater betreffe, so werde dieser über den Streich bloß herzlich lachen. Auch würde man unterwegs genügend Schiffen begegnen, die einen Brief mit nach Hause nehmen könnten, der meinen Eltern das Abenteuer erklären konnte.

Mitte Juni kam allmählich heran, und alles war zur Ausführung reif. Das Schreiben wurde verfaßt und übermittelt, und an einem Montagmorgen verließ ich das Haus, um vorgeblich mit dem Paketboot nach New Bedford zu fahren. Statt dessen machte ich mich unverzüglich zu Augustus auf, der mich an einer Straßenecke erwartete. Ursprünglich war unser Plan gewesen, daß ich mich bis zur Dunkelheit verborgen halten und mich dann an Bord der Brigg stehlen sollte; doch da dichter Nebel herrschte, kamen wir überein, keine Zeit zu verlieren. Augustus ging zum Kai voran, ich folgte ihm mit geringem Abstand, gehüllt in einen dicken Matrosenumhang, den er mitgebracht hatte, um meine Identifizierung zu erschweren. Just als wir um die zweite Ecke bogen, nachdem wir Mr. Edmunds Brunnen passiert hatten, mußte doch *wer* auftauchen, vor mir stehen bleiben und geradewegs ins Gesicht blicken? Mr. Peterson, mein Großvater. »Ja aber – meiner Seel', Gordon«, sagte er nach einer langen Pause, »wie, wie – wem gehört denn der dreckige Mantel, denn du da anhast?« – »Sir!«, entgegnete ich, in diesem so kritischen Augenblick nach besten Kräften die Miene beleidigten Erstaunens annehmend, und sprach in den barschesten Tönen, die man sich vorstellen kann: »Sir! Sie sind wohl auf'm Holzweech! Erstens hat mein Name nicht die leiseste Ähnlichkeit mit Goddin, und zweitens möchte ich ihn' nur den einen guten Rat geben, Sie dreister Kerl Sie: Nennen Sie mein' neuen Überzieher ja nicht dreckig!« Kaum konnte ich an mich halten, um nicht in brüllendes Gelächter auszubrechen ob der komischen Art, wie der alte Herr auf diesen gelungenen Gegenschlag reagierte. Er stolperte zwei oder drei Schritte zurück, wurde erst blaß, dann puterrot, schob seine Brille hoch, zerrte sie wieder herunter und schoß dann mit erhobenem Regenschirm auf mich zu. Plötzlich riß er sich jedoch zusammen, als sei er mit einemmal wieder Herr über sich, drehte sich herum und humpelte die Straße hinunter, während er vor Wut erbebte und zwischen den Zähnen hervorpreßte: »Geht nicht mehr so weiter – neue Augengläser – dachte, es wäre Gordon – nichtsnutziger Salzwasser-Long-Tom!«

Solcherart mit knapper Not entronnen, gingen wir mit größerer Vorsicht vor und erreichten unser Ziel ohne weitere Vorfälle. Nur ein oder zwei Mannschaftsmitglieder befanden sich an Bord, die überdies am Vorderdeck mit den Luken beschäftigt waren. Kapitän Barnard war, wie wir wußten, im Kontor von Lloyds & Vredenburgh zugange und würde nicht vor dem späten Abend zurückkehren, so daß wir diesbezüglich nichts zu befürchten hatten. Augustus begab sich als erster an Bord, und eine Weile darauf folgte ich ihm, ohne von den arbeitenden Männern bemerkt zu werden. Wir eilten sofort der Kabine zu und fanden sie leer vor. Sie war im denkbar komfortabelsten Stil eingerichtet – was für einen Walfänger einigermaßen ungewöhnlich ist. Es gab vier hervorragende Kabinen mit breiten und bequemen Schlafkojen. Auch ein mächtiger Ofen fiel mir auf, und auffällig dicke und wertvolle Teppiche bedeckten die Fußböden der Kabinen. Die Decke war gut 7 Fuß hoch; kurzum: Alles erschien mir wesentlich geräumiger und einladender, als ich zu hoffen gewagt hatte. Augustus ließ mir jedoch nur wenig Zeit, mich umzusehen, und beharrte vielmehr darauf, daß ich mich so schnell wie möglich verberge. Er führte mich in seine eigene Kabine, die sich an Steuerbord der Brigg in unmittelbarer Nähe der Schotten befand. Nachdem wir eingetreten waren, verschloß und verriegelte er die Tür. Mich dünkte, ich hätte nie zuvor ein reizenderes kleines Stübchen gesehen als jenes, in dem ich mich nun wiederfand. Es war an die 10 Fuß lang und besaß nur eine Schlafkoje, die, wie ich bereits sagte, breit und bequem war. In dem den Schotten zunächst gelegenen Teil des Raumes tat sich ein freier Raum von 4 Fuß im Quadrat auf, in dem sich ein Tisch, ein Stuhl und ein Hängeregal voller Bücher, überwiegend Berichte von Reisen zu Lande und zu See, befand. Darüber hinaus wies das Zimmerchen viele weitere kleine Raffinessen auf, von denen ich vor allem eine Art Schließ- oder Kühlfach nicht vergessen möchte, in dem, wie Augustus mir andeutete, allerlei Delikatessen aufbewahrt wurden, was Speisen sowie Getränke angeht.

Er drückte nun kräftig mit den Fingerknöcheln auf eine bestimmte Stelle des Teppichs im Bereich des soeben erwähnten freien Raums, wobei er mich informierte, daß ein Teil der Dielen, rund 60 Zentimeter im Quadrat, fein säuberlich ausgesägt und danach wieder eingefügt worden sei. Da er nun auf diese Stelle drückte, hob sich das Stück auf einer Seite genügend, um den Finger darunterschieben zu können. Auf diese Weise zog er die Klappe der Falltür hinan (an welcher der Teppich mit Zwecken befestigt blieb), und ich sah, daß sie in den Achterraum hinunter führte. Sodann entzündete er mit einem Schwefelholz eine kleine Kerze an, befestigte sie in einer Laterne, und stieg durch die Öffnung voran, wobei er mich aufforderte, ihm zu folgen. Das tat ich; und er zog nun mittels eines Nagels, der in die Unterseite geschlagen worden war, den Deckel wieder fest in die Öffnung – der Teppich nahm unterdessen natürlich wieder seine ursprüngliche Position auf dem Boden der Kabine ein, und alle Spuren der Öffnung wurden darunter verborgen.

Die Kerze gab einen so schwachen Schimmer ab, daß ich nur mit den größten Schwierigkeiten meinen Weg durch das verwirrende Labyrinth von Balken ertasten konnte, in dem ich mich nun wiederfand. Nach und nach gewöhnten sich meine Augen jedoch an das Zwielicht, und ich schritt mit weniger Mühsal voran, indem ich mich an den Jackenschößen meines Gefährten festhielt. Nachdem wir uns durch unzählige enge Passagen geschlängelt und gezwängt hatten, brachte er mich zu guter Letzt zu einer eisenbeschlagenen Kiste, wie man sie zuweilen zum Verpacken wertvoller Tonwaren verwendet. Sie war nahezu 4 Fuß hoch und 6 Fuß lang, aber sehr schmal. Zwei große leere Öltonnen lagen auf ihr, und, wiederum darüber, eine große Anzahl Strohmatten, die sich bis zum Boden der Kabine auftürmten. In allen Richtungen war so eng als möglich ein buchstäbliches Chaos, bestehend aus nahezu jeder denkbaren Sorte Schiffsausrüstung, eingezwängt, zusammen mit einer bunten Mischung aus Körben, Kisten, Fässern und Ballen, so daß es wie ein Wunder erschien, daß wir überhaupt einen Weg zu der Kiste gefunden hatten. Später fand ich heraus, daß Augustus die Ladung hier absichtlich derart arrangiert hatte, mit der Intention, mir einen sicheren Zufluchtsort zu gestalten; bei dieser Arbeit hatte ihn auch nur ein Mann unterstützt, der seinerseits nicht auf der Brigg mitfuhr.

Mein Gefährte zeigt mir nun, daß sich ein Ende der Kiste auf Wunsch entfernen ließ. Er schob es zur Seite und wies mir den Blick ins Innere, welches mich zu erheblichem Amüsement hinriß. Eine Matratze aus einer der Kabinenkojen erstreckte sich über den gesamten

Boden, und nahezu jeglicher zur Bequemlichkeit beitragende Gegenstand, der auf so engem Raum unterzubringen war, fand sich vor, wobei mir gleichzeitig genügend Platz blieb, um mich in sitzender Haltung oder liegend ausgestreckt dort aufhalten zu können. Unter anderem fand ich einige Bücher vor, Tinte, Feder und Papier, drei Decken, einen großen Henkelkrug voller Wasser, ein Gefäß mit Schiffszwieback, drei oder vier ungeheure Würste, einen enormen Schinken, eine kalte gebratene Hammelkeule, und ein halbes Dutzend Flaschen mit Fruchtlikören und geistigen Getränken. Sofort begann ich, von meiner kleinen Behausung Besitz zu ergreifen, und zwar, so bin ich überzeugt, mit Gefühlen größerer Befriedigung, als jemals ein Monarch empfunden hat, der einen neuen Palast betrat. Augustus erklärte mir nunmehr die Methode, mit der die offene Kistenwand zu befestigen sei, und lenkte mein Augenmerk dann, indem er die Kerze ganz nah ans Deck hielt, auf ein Stück schwarzer Peitschenschnur, das darüber hinlief. Diese, so sagte er, erstreckte sich von meinem Versteck durch all die nötigen Krümmungen zwischen dem Gerümpel hindurch bis zu einem Nagel, der durch das Deck des Frachtraums geschlagen war, unmittelbar unter der Falltür, die in seine Kajüte führte. Mittels dieser Schnur sollte es mir möglich sein, meinen Weg hinaus auch ohne seine Führung zu finden, gesetzt den Fall, daß ein unvorhergesehenes Ereignis diesen Schritt notwendig mache. Damit ging er fort und ließ mich mit der Laterne und einem ausreichenden Vorrat an Kerzen und Schwefelhölzern zurück, nicht ohne mir zuvor versprochen zu haben, daß er mich so oft besuchen würde, wie es ihm irgend möglich sei, ohne entdeckt zu werden. Dies geschah am 17. Juni.

Ich verblieb drei Tage und drei Nächte (soweit ich die Zeit zu schätzen in der Lage war) in meinem Versteck, ohne es je zu verlassen, ausgenommen zweimal, um meine Glieder ein wenig zu strecken, indem ich mich aufrecht zwischen zwei Kisten gegenüber der Öffnung hinstellte. Während der ganzen Zeit bekam ich Augustus nicht zu sehen; doch das bereitete mir wenig Sorge, da ich wußte, daß die Brigg jegliche Stunde in See stechen könnte und er in all der Geschäftigkeit nur schwer die Gelegenheit finden würde, zu mir herabzufinden. Zuletzt hörte ich, wie sich die Klappe öffnete, und gleich darauf rief er mich mit leiser Stimme; er erkundigte sich nach meinem Befinden und ob ich irgend etwas benötigte. »Nichts«, erwiderte ich; »mir ist so wohl, wie einem nur sein kann; wann legt die Brigg denn ab?« – »In weniger als einer halben Stunde werden wir Anker lichten«, erwiderte er. »Ich kam, um dich ebendies wissen zu lassen und auch, damit du dich ob meines Ausbleibens nicht beunruhigst. Ich werde noch ein ganzes Weilchen lang keine Gelegenheit haben, zu dir hinabzukommen – vermutlich drei oder vier Tage lang. An Deck geht alles seinen rechten Gang. Sobald ich fort bin und die Klappe geschlossen habe, kommst du die Schnur entlanggekrochen, bis dahin, wo der Nagel eingeschlagen ist. Dort wirst du meine Uhr finden – sie wird dir von Nutzen sein, da du doch kein Tageslicht siehst, nach dem du dich richten könntest. Ich nehme an, du weißt gar nicht, wie lange du da unten bereits begraben bist – drei Tage erst , wir schreiben den 20. Ich würde dir die Uhr zu deiner Kiste hinbringen, allein, ich befürchte, man könnte meine Abwesenheit bemerken.« Damit verschwand er wieder nach oben.

Etwa eine Stunde, nachdem er mich verlassen hatte, spürte ich deutlich, daß das Schiff sich bewegte, und gratulierte mir selbst dazu, nun endlich eine veritable Seereise angetreten zu haben. Voller Befriedigung ob dieses Gedankens beschloß ich, mich so wenig wie möglich zu sorgen und den weiteren Verlauf der Ereignisse abzuwarten, bis es mir möglich wurde, meine Kiste mit den geräumigeren – obschon schwerlich komfortableren – Räumlichkeiten der Kajüte zu vertauschen. Mein erstes Bestreben war es, die Uhr zu holen. Ich ließ die Kerze brennen und tastete mich durch die Dunkelheit voran, immer den zahllosen Windungen des Stricks nach, wobei ich mehrmals erkennen mußte, daß ich mich, nachdem ich mühsam eine längere Strecke zurückgelegt hatte, wieder ein oder zwei Fuß von einer der vorherigen Stellen entfernt befand. Schließlich erreichte ich den Nagel, nahm den Gegenstand meiner Reise an mich, und kehrte mit ihm in mein sicheres Versteck zurück. Nunmehr musterte ich die Bücher, die mir so wohlüberlegt zur Verfügung gestellt worden waren, und wählte die Expedition von Lewis und Clarke zur Mündung des Columbia-Flusses. Damit vergnügte ich mich eine Weile lang, bis ich, schläfrig geworden, das Licht mit großer Sorgfalt löschte und alsbald in einen sanften Schlummer sank.

Als ich erwachte, fühlte ich mich seltsam verwirrt, und es verging wohl einige Zeit, bevor ich mir meine Situation mit all ihren verschiedenen Umständen vergegenwärtigen konnte. Allmählich erinnerte ich mich jedoch an alles. Ich zündete das Licht an und blickte auf meine Uhr, doch sie war stehengeblieben, und es gab folglich keine Möglichkeit, die Dauer meines Schlafes festzustellen. Meine Glieder waren ganz verkrampft, und ich mußte sie dehnen, indem ich wieder zwischen die Kisten trat. Sofort verspürte ich einen Appetit, der an Heißhunger grenzte, und gedachte des kalten Hammelfleisches, von dem ich, bevor ich schlafen ging, gekostet hatte und das mir ausgezeichnet gemundet hatte. Wie sehr erstaunte mich die Entdeckung, daß es vollständig verfault war! Diese Sachlage versetzte mich in größte Unruhe, denn wenn ich sie mit der geistigen Verworrenheit in Verbindung brachte, die ich bei meinem Erwachen verspürt hatte, so mußte ich argwöhnen, daß ich einen unmäßig langen Zeitraum hindurch geschlafen hatte. Die stickige Atmosphäre meiner Umgebung mochte etwas damit zu tun haben, und könnte letzten Endes die ernstesten Konsequenzen für mich haben. Mein Kopf schmerzte über alle Maßen, mir war, als bereite mir ein jeder Atemzug die größten Schwierigkeiten, kurzum, ein ganzer Schwarm düsterer Ahnungen bedrängte mich. Dennoch konnte ich es nicht wagen, durch das Öffnen der Falltür oder ähnliches Störungen zu verursachen, und so zog ich meine Uhr auf und gab mich, so gut es ging, mit meinem Schicksal zufrieden.

Während der nächsten öden vierundzwanzig Stunden erschien kein Mensch, um mich zu erlösen, und ich konnte nicht umhin, Augustus insgeheim der gröblichsten Vernachlässigung zu bezichtigen. Was mich am meisten beunruhigte war, daß das Wasser in meinem Krug bis auf ungefähr einen halben Liter verbraucht war und ich erheblich am Durst zu leiden begann, da ich mich nach dem Verlust der Hammelkeule eifrig an den Würsten gütlich getan hatte. Mir wurde immer schwerer ums Herz, und ich vermochte auch an meinen Büchern kein Interesse mehr aufzubringen. Auch übermannte mich das Bedürfnis zu schlafen, doch ich erzitterte bei dem Gedanken, ihm nachzugeben, war es doch vorzustellen, daß in der eingeschlossenen Luft des Laderaums irgendein heimtückischer Einfluß, etwa ähnlich dem schwelender Holzkohle, am Werke sei. Inzwischen erkannte ich am Rollen der Brigg, daß wir bereits weit auf hoher See sein mußten, und ein dumpfer Summlaut, der wie aus unendlich weiter Ferne an mein Ohr drang, überzeugte mich davon, daß da draußen kein gewöhnlicher Wind blies. Ich konnte mir Augustus' Absenz nicht erklären. Wir waren doch gewiß auf unserer Reise schon weit genug vorangekommen, daß ich oben hätte erscheinen dürfen. Vielleicht war ihm irgendein Unfall zugestoßen – doch konnte ich mir keinen vorstellen, der erklärt hätte, weshalb er mich so lange als Gefangenen ausharren lasse, es sei denn, er sei plötzlich zu Tode gekommen oder über Bord gefallen, und dieser Idee konnte ich mich nur mit der äußersten Ungeduld widmen. Vielleicht waren wir von hohen Winden behindert worden und daher noch immer in der Nähe von Nantucket. Diesen Gedanken mußte ich jedoch bald verwerfen, denn in diesem Falle hätte die Brigg häufig über Stag gehen müssen, wo ihr beständiges Überliegen nach Backbord mir doch einwandfrei bewies, daß sie pausenlos mit heftigem Wind über Steuerbord her segelte. Überdies: Selbst wenn wir uns noch in der Nähe der Insel befänden – welchen Grund hätte Augustus gehabt, mich nicht zu besuchen und von den Umständen in Kenntnis zu setzen? Indem ich solcherart alle Schwierigkeiten meines isolierten und trostlosen Zustandes erwog, kam ich zu dem Entschluß, noch einmal vierundzwanzig Stunden zu warten, worauf ich dann – wenn noch immer keine Hilfe erschienen sei – den Weg zur Falltür einschlagen und versuchen wollte, entweder Verbindung mit meinem Freunde aufzunehmen oder zumindest doch durch die Öffnung frische Luft zu schnappen und aus seiner Kajüte einen neuen Vorrat an Wasser zu besorgen. Während ich diesen Gedanken noch nachhing, fiel ich, jeglicher Anstrengung zum Trotz, in einen Zustand tiefen Schlafs, ja buchstäblicher

Ohnmacht. Meine Träume waren von der schrecklichsten Natur. Jede Art von Unheil und Grauen überfiel mich. Unter anderen Notständen wurde ich unter riesigen Kissen zu Tode erstickt, und zwar von Dämonen des abscheulichsten und furchterregendsten Aussehens. Ungeheuerliche Schlangen hielten mich in ihrer tödlichen Umarmung und blickten ernst mit böse glitzernden Augen in mein Gesicht. Dann wieder erstreckten sich grenzenlose Wüstenzüge von der einsamsten und ehrfurchtsgebietenden Art vor mir. Hochaufragende Bäume, grau und blattlos, schossen vor mir in die Höhe, in endloser Folge, so weit das Auge reichte. Ihre Wurzeln lagen verborgen in weit ausgedehnten Morästen, deren faule Wasser, schwarz, still und schreckensreich, den Boden bildeten. Und die seltsamen Bäume schienen mit menschlicher Lebhaftigkeit bedacht, sie winkten mit ihren Knochenarmen und schrien auf die stummen Wasser ein, um Gnade flehend, in den schrillen und durchdringenden Stimmen der unmittelbaren Todesangst und Verzweiflung. Die Szenerie wandelte sich, und ich stand, nackt und allein, inmitten der glühenden Sandebenen der Sahara. Zu meinen Füßen lag, zusammengeschmiegt, ein grimmer Tropenlöwe. Plötzlich riß er die wilden Augen auf, und er blickte mich an. Mit einem jähen Satz sprang er auf und bleckte seine gräßlichen Zähne. Im nächsten Augenblick entwich seinem purpurnen Schlund ein Brüllen, gleich dem Donner des Firmaments, und ich stürzte wie gefällt zu Boden. In einem Anfall von Entsetzen schier erstickend, fand ich mich endlich in einem halbwegs wachen Zustand. Mein Traum war nicht allein ein Traum. Schon war ich zumindest im Besitz meiner Sinne. Die Tatzen irgendeines gewaltigen und leibhaftigen Ungeheuers lasteten schwer auf meiner Brust – sein heißer Odem füllte mein Ohr –, und seine weißen, grausigen Reißzähne glommen aus der Düsternis über mir hervor.

Und hätte ein ganzes Tausend Leben von der Bewegung eines Gliedes, vom Hervorstoßen einer Silbe abgehangen, ich hätte weder sprechen noch mich regen können. Die Bestie – was auch immer es sein mochte – behielt ihre Position bei, ohne sich mit weiteren Gewalttätigkeiten zu beeilen, während ich in gänzlich hilflosen Zustand und – wie ich mir einbildete – sterbend unter ihr lag. Ich spürte, wie meine Körper- und Geisteskräfte mich rasch verließen, kurz: daß ich umkommen würde, und zwar aus reiner Angst. Mein Gehirn war von Schwindel getrübt – tödliche Übelkeit befiel mich – meine Sehkraft setzte aus –, selbst die wildfunkelnden Augäpfel über mir wurden undeutlich. In einer letzten gewaltigen Anstrengung hauchte ich endlich ein schwaches Stoßgebet zu Gott, und er gab mich dem herannahenden Tod. Der Klang meiner Stimme schien all die schlummernde Wildheit des Tieres neu zu entfachen. Es stürzte mit seiner ganzen Länge über meinen Leib – doch wie groß war mein Erstaunen, als es unter langgezogenem und leisem Winseln anhob, mit dem größten Eifer und unter den ausschweifendsten Bezeugungen von Zuneigung und Freude Gesicht und Hände zu lecken! Ich war nun vollends verwirrt, verlor mich in einem Meer von Überraschung – aber das charakteristische Winseln meines großen Neufundländers »Tiger« war mir nur zu gut bekannt, und die seltsame Natur seiner Zärtlichkeiten war unverwechselbar. Er war es. Ich spürte einen plötzlichen Blutandrang in meinen Schläfen pochen – ein schwindelerregendes, überwältigendes Gefühl von Befreiung und neu geschenktem Leben. Eilends erhob ich mich von meiner Matratze, umschlang heftig den Nakken des treuen Tieres und Freundes, und die langwährende Bedrücktheit meiner Brust löste sich in einer Flut leidenschaftlicher Tränen.

Wie schon einmal zuvor war meine Wahrnehmung in einem Zustand größter Unklarheit und Verworrenheit, nachdem ich mich von der Matratze erhoben hatte. Einige Zeit lang war es mir schlechterdings unmöglich, jedwede Ideen sinnvoll in Verbindung zu bringen – allmählich jedoch, in langsamen Übergängen, kehrte in mir die Denkfähigkeit zurück, und ich vermochte mir die einzelnen Nebenumstände meiner Situation wieder zu vergegenwärtigen. Die Anwesenheit Tigers freilich suchte ich mir vergeblich zu erklären; und war, nachdem ich tausend der verschiedensten Mutmaßungen angestellt hatte, genötigt, mich mit der Freude zufriedenzugeben, daß er bei mir sei, meine traurige Einsamkeit zu teilen, und mir durch seine Liebkosungen Trost zu bieten. Die meisten Menschen lieben ihre Hunde – aber für Tiger hegte ich eine weit innigere Zuneigung, als das gemeinhin üblich ist, und sicherlich hat auch niemals ein Geschöpf sie redlicher verdient. Sieben Jahre hindurch waren wir unzertrennliche Kameraden gewesen, und er hatte bei einer Vielzahl von Gelegenheiten bewiesen, daß er all die edlen Eigenschaften besaß, ob derentwillen wir diese Tiere so schätzen. Ich hatte ihn, als winziges Hündchen, aus den Klauen eines boshaften Galgenvogels aus Nantucket erlöst, der ihn, einen Strick um den Hals, zum Wasser hinzerrte; und der erwachsene Hund vergalt mir, rund drei Jahre später, diesen Gefallen dadurch, daß er mich vor dem Knüppel eines Straßenräubers rettete.

Als ich nunmehr die Uhr zur Hand nahm und mir ans Ohr hielt, fand ich, daß sie erneut abgelaufen war, was mich diesmal nicht mehr überraschte, war ich doch aufgrund meines eigentümlichen Bewußtseinszustandes von vornherein davon überzeugt, daß ich – wie zuvor schon – einen sehr langen Zeitraum verschlafen hatte; wie lange diese Periode gedauert haben mochte, war mir natürlich zu sagen unmöglich. Ich glühte wie im Fieber, und mein Durst war schier unerträglich. Ich tastete in der Kiste nach dem restlichen Wasservorrat, denn ich hatte kein Licht, da die Kerze in der Laterne bis zur Tülle heruntergebrannt war und die Schachtel mit den Schwefelhölzern sich nicht gleich finden lassen wollte. Nachdem ich den Krug jedoch gefunden hatte, stellte sich heraus, daß er leer war – zweifellos hatte Tiger den Versuch unternommen, daraus zu trinken, ebenso wie er den Rest der Hammelkeule verzehrt hatte, deren Knochen, fein säuberlich abgenagt, vor der Öffnung der Kiste lagen. Das verdorbene Fleisch konnte ich entbehren, doch mein Herz zog sich schmerzhaft zusammen, als ich an das Wasser dachte. Ich befand mich in einem Zustand äußerster Schwäche, so daß ich bei der geringsten Bewegung – geschweige denn Anstrengung – am ganzen Leib wie im Schüttelfrost erzitterte. Um meine Qualen noch zu vergrößern, stampfte und schlingerte die Brigg mit großer Heftigkeit, und die Öltonnen, die auf der Kiste lagen, drohten jeden Augenblick herunterzufallen und damit meinen einzigen Ein- und Ausgang zu blockieren. Darüber hinaus war mir wegen eines Anflugs von Seekrankheit sterbensübel. All diese Umstände bewogen mich zuletzt, allen Risiken zum Trotz den Weg zur Falltür einzuschlagen, um mir dort unmittelbar Erleichterung zu verschaffen, bevor ich mich nicht mehr befähigt sah, derlei Unternehmungen zu bestehen. Nachdem ich zu diesem Entschluß gekommen war, tastete ich noch einmal nach der Schachtel mit den Schwefelhölzern und den Kerzen. Die erstere fand ich mit einiger Mühe; da ich jedoch die Kerzen nicht so schnell zu entdecken in der Lage war, wie ich erwartet hatte (erinnerte ich mich doch ziemlich genau der Stelle, an der ich sie gelassen hatte), gab ich meine Suche danach für den Augenblick auf, befahl Tiger, ruhig liegenzubleiben, und begann unverzüglich meine Expedition in Richtung Falltür.

Bei diesem Versuch wurde meine übergroße Schwäche augenscheinlicher denn je. Nur mit den größten Schwierigkeiten vermochte ich überhaupt dahinzukriechen, und nur allzu häufig gaben meine Glieder unversehens unter mir nach, worauf ich aufs Gesicht fiel und minutenlang in einem Zustand an Empfindungslosigkeit grenzender Erschöpfung liegenblieb. Dennoch kämpfte ich mich langsam zollweise voran, ständig in Angst, jeden Augenblick inmitten der engen und verworrenen Schlangengänge des Ballastgerümpels der Ohnmacht anheimzufallen, für welchen Fall nur ein einziges Ereignis zu erwarten stand: der sichere Tod. Auf einmal, als ich just mit aller Energie, die ich noch aufbringen konnte, einen Vorstoß unternahm, schlug ich mir die Stirn heftig an der scharfen Kante einer mit Bandeisen beschlagenen Kiste. Zwar betäubte mich dieser Unfall nur für einen kurzen Moment, aber zu meinem unaussprechlichen Leidwesen mußte ich feststellen, daß das rasche und heftige Rollen des Schiffes mir die Kiste genau in den Weg gelegt hatte, so daß mir ein Durchkommen unmöglich war. Selbst unter Aufbietung der äußersten Anstrengung vermochte ich sie nicht einen Zoll breit zu bewegen, derart war sie zwischen den sie umgebenden Behältnissen und Schiffsartikeln eingekeilt. Ich stand daher, schwach wie ich war, vor der Wahl, entweder den Leitfaden meiner Peitschenschnur aufzugeben und mir einen neuen Durchgang zu suchen oder aber über das Hindernis hinwegzuklettern und den Weg auf der anderen Seite wieder aufzunehmen. Die zuerst erwähnte Möglichkeit stellte sich mir als viel zu schwierig und gefahrvoll dar, als daß ich sie ohne Schaudern hätte durchdenken können; in meinem derzeitigen, an Leib und Seele so geschwächten Zustand würde ich mich bei dem Versuch ja unfehlbar verlaufen und in dem unheimlichen und schaurigen Labyrinth des Laderaums elendiglich zugrunde gehen. Deshalb schickte ich mich ohne weiteres Zögern an, die ganze mir noch verbliebene Kraft und Entschlossenheit zu sammeln, um dann, so gut ich konnte, über die Kiste zu klettern.

Nachdem ich mich zu diesem Zwecke aufrecht hingestellt hatte, mußte ich feststellen, daß es sich bei meinem Unterfangen um eine noch schwierigere Aufgabe handelte, als es meine Befürchtungen hatten vermuten lassen. Zu beiden Seiten des engen Durchgangs erhoben sich wahre Mauern des verschiedenartigsten schweren Gerümpels, welches durch das geringste Vergehen meinerseits über meinem Haupte zusammenbrechen, beziehungsweise mir doch den Rückweg endgültig durch niederstürzende Massen versperren könnte, wie es nach vorn zu durch das zu überwindende Hindernis bereits geschehen war. Die Kiste selbst war ein langes und ungefüges Ding, an dem der Fuß keinen festen Halt fand. Vergebens versuchte ich mit jedem mir zur Verfügung stehenden Mittel, ihre Oberkante zu fassen, in der vagen Hoffnung, daß es mir dann möglich sei, mich hochzuziehen. Hätte ich tatsächlich hinaufgereicht, so ist doch gewiß, daß meine Kraft sich für die Aufgabe, darüber hinwegzukriechen, als gänzlich unzureichend erwiesen hätte, und der Mißerfolg meiner diesbezüglichen Bemühungen war sicher vorzuziehen. Bei einer neuerlichen verzweifelten Anstrengung, die Kiste aus ihrer Lage zu zwingen, fühlte ich nämlich zuletzt an der mir zugekehrten Seite ein starkes Vibrieren. Ich fuhr eifrig mit der Hand über die Bretterenden und stellte fest, daß eines der breitesten locker war. Vermittelst eines Taschenmessers, das ich glücklicherweise bei mir führte, gelang es mir nach beträchtlichen Mühen endlich, das betreffende Brett vollends beiseite zu heben; und nachdem ich mich durch die entstandene Öffnung gezwängt hatte, entdeckte ich zu meiner größten Freude, daß sich auf der gegenüberliegenden Seite keine Bretter mehr befanden – mit anderen Worten: daß es der Boden der Kiste gewesen war, durch den ich mir meinem Weg gebahnt hatte, und daß der Deckel fehlte! Von nun an traf ich beim Verfolgen der Schnur auf kein ernstliches Hindernis mehr, bis ich endlich den Nagel erreicht hatte. Unter heftigem Herzklopfen richtete ich mich auf und drückte mit sachter Hand gegen die Unterseite der Klappe – sie ließ sich gar nicht so leicht heben, wie ich gehofft hatte, und ich stemmte mit mehr Entschiedenheit dagegen, immer noch mit der Befürchtung, daß sich ein anderer als Augustus in der Kajüte aufhalten könnte. Die Falltür blieb jedoch zu meinem Entsetzen standhaft, und eine Unru he ergriff von mir Besitz, wußte ich doch, daß es früher keiner oder nur geringer Anstrengung bedurft hatte, sie zu öffnen. Ich drückte stärker – sie blieb unverrückt; ich drückte aus aller Kraft – sie gab noch immer nicht nach; mit Inbrunst, mit Wut, mit Verzweiflung – sie spottete all meiner Anstrengungen; und aus der absoluten Unnachgiebigkeit des Widerstands blieb nur zu schließen, daß die Öffnung entweder entdeckt und absichtlich zugenagelt oder aber ein ungeheures Gewicht darauf gelagert worden war, das beseitigen zu wollen ein sinnloses Unterfangen darstellte.

Meine Empfindungen waren ein Gemisch aus heftigstem Entsetzen und ebensolcher Bestürztheit. Vergeblich versuchte ich, mir den mutmaßlichen Grund für mein Begrabensein vor Augen zu führen – ich vermochte keine zusammenhängende Kette logischer Folgerungen zu entwickeln; sank vielmehr zu Boden und überließ mich ohne Hemmungen den sich herandrängenden, allerdüstersten Einbildungen, in deren Zuge gräßliche Todesarten wie Verhungern, Verdursten, Ersticken, Lebendigbegrabensein sich mir als die vordringlichsten Gefahren darstellten. Am Ende kehrte jedoch ein Stück Geistesgegenwart zurück. Ich erhob mich, und erfühlte mit den Fingern die Umrisse, die Ritzen der Öffnung. Nachdem ich sie ausgemacht hatte, untersuchte ich sie sorgfältig, um mich zu vergewissern, ob sie von der Kajüte her einen Lichtschein durchließen, doch es war nichts zu sehen. Als nächstes schob ich die Federmesserklinge ein, bis sie auf ein hartes Hindernis stieß. Als ich etwas daran kratzte, stellte ich fest, daß es sich um eine solide Eisenmasse handeln müsse, und zwar – wie ich aus der eigentümlichen wellenartigen Form schloß – um ein Stück Ankerkette. Das einzige, was mir jetzt noch übrigblieb, war, den Rückweg zu meiner Kiste einzuschlagen und mich dort entweder in mein trauriges Schicksal zu fügen oder aber zu versuchen, mich geistig so weit zu beruhigen, daß ich irgendeinen Fluchtplan zu entwerfen vermöchte. Ich machte mich auch unverzüglich an die schwere Aufgabe und hatte, nach Überwindung unsäglicher Schwierigkeiten, das Glück, zurückzufinden. Als ich zu Tode erschöpft auf die Matratze sank, schmiegte sich Tiger der Länge nach an meine Seite und schien mich durch seine Zutunlichkeit in meiner Not zu trösten und mir zusprechen zu wollen, sie in Standhaftigkeit zu tragen.

Die Eigenart seine Gebarens erregte doch endlich zwangsläufig meine Aufmerksamkeit. Jedesmal, wenn er mir ein paar Minuten lang Gesicht und Hände geleckt hatte, hielt er plötzlich damit inne und stieß leise Winsellaute aus; und wenn ich daraufhin meine Hand nach ihm ausstreckte, fand ich ihn unverändert mit emporgereckten Pfoten auf dem Rükken liegend vor. Ein solches sich derart häufig wiederholendes Verhalten schien mir seltsam, und ich konnte es mir nicht erklären. Da der Hund wie unter Drangsal wirkte, mutmaßte ich, daß er vielleicht eine Verletzung erlitten hatte. Ich nahm seine Pfoten in die Hand und untersuchte sie, eine nach der anderen, konnte jedoch keinerlei Zeichen eines Schadens feststellen. Dann nahm ich an, er sei hungrig, und überließ ihm ein großes Stück Schinken, was er auch gierig verschlang; nichtsdestotrotz nahm er seine außergewöhnlichen Manöver gleich wieder auf. Nunmehr bildete ich mir ein, er leide, wie ich selbst, unter den Qualen des Durstes, und hatte mich fast schon von der Richtigkeit dieser Annahme überzeugt, als mir der Gedanke kam, daß ich bisher schließlich nur seine Tatzen untersucht hatte, und daß sich womöglich an irgendeiner Stelle seine Körpers oder am Kopf eine Wunde befinden könnte. Den letzteren tastete ich sorgsam rundherum ab, fand aber nichts. Als ich jedoch über die gesamte Länge seines Rückens fuhr, fühlte ich plötzlich, wie eine Reihe leicht aufgerichteten Haares quer darüberlief. Indem ich diese Stelle sorgfältig mit dem Finger prüfte, entdeckte ich eine Schnur und fand, als ich ihr nachging, daß sie um den ganzen Leib herumführte. Bei noch genauerem Nachfassen kam mir ein schmaler Streifen von etwas, das sich wie Papier anfühlte, in die Hände, durch den sich die Schnur dergestalt zog, daß er unmittelbar unterhalb der linken Achsel des Tieres festgehalten wurde.

III. Kapitel

Auf der Stelle durchzuckte mich der Gedanke, daß es sich bei der Note um eine Nachricht von Augustus handeln müsse, und daß er – durch ein unvorhergesehenes Ereignis daran gehindert, mich aus meiner Haft zu befreien – auf diese Methode verfallen sei, um mich über den tatsächlichen Stand der Dinge in Kenntnis zu setzen. Vor Eifer zitternd, begann ich erneut meine Suche nach den Schwefelhölzern und Kerzen. Ich hatte die undeutliche Erinnerung, sie unmittelbar vor meinem Einschlafen sorgfältig weggeräumt zu haben; und vor meiner letzten Expedition zur Falltür hin war ich auch noch imstande gewesen, mich der genauen Stelle zu entsinnen, wo ich sie aufbewahrt hatte. Jetzt aber mühte ich mich vergebens ab, sie mir zu vergegenwärtigen; und so beschäftigte ich mich eine geschlagene Stunde hindurch mit der ebenso verdrießlichen als auch fruchtlosen Suche nach den fehlenden Gegenständen – wahrlich; wohl nie zuvor hat einer ähnliche Qualen des Bangens und der Spannung erlitten. Zu guter Letzt, da ich nahe der Öffnung, aber schon außerhalb von ihr mit dem Kopf ganz dicht am Ballast umhertappte, nahm ich zum Zwischendeck hin einen schwachen Lichtschimmer wahr. Überaus erstaunt versuchte ich, mir den Weg dorthin zu bahnen, schien er doch nur wenige Fuß von meiner jetzigen Stellung entfernt zu sein. Aber kaum hatte ich mich zu diesem Behuf in Bewegung gesetzt, als ich den schwachen Schein auch schon gänzlich aus den Augen verlor. Und bevor ich ihn wieder in mein

Gesichtsfeld bringen konnte, mußte ich mich so weit an der Kiste entlangtasten, bis ich wieder meine ursprüngliche Position eingenommen hatte. Indem ich den Kopf vorsichtig hin und her bewegte, fand ich bald heraus, daß – wenn ich sehr zaghaft und langsam in einer der zuerst eingeschlagenen fast entgegengesetzten Richtung vordrängte, ich in der Lage sei, mich dem seltsamen Lichte zu nähern und es gleichzeitig immer im Auge zu behalten. Plötzlich befand ich mich direkt davor (nachdem ich mir den Hinweg durch unzählige Windungen erkämpft hatte) und erkannte, daß es von den Fragmenten meiner Schwefelhölzer ausging, die in einem auf der Seite liegenden leeren Fasse lagen. Ich war noch dabei, mich zu wundern, wie sie an jenen Fleck gelangt sein mochten, als meine Hand auch schon auf zwei oder drei Stückchen Kerzenwachs stieß, die unverkennbar vom Hund zerkaut worden waren. Ich folgerte daraus sogleich, daß er meinen gesamten Kerzenvorrat verschlungen habe, und verlor jegliche Hoffnung, jemals imstande zu sein, Augustus' Botschaft lesen zu können. Die kümmerlichen Überbleibsel der Kerzen waren dazu noch derart mit anderem Kehricht in dem Faß vermengt worden, daß ich an ihrem Nutzen für mich zweifelte und alles ließ, wie ich es vorgefunden hatte. Den Phosphor, von dem ebenfalls nurmehr einige wenige Krümelchen vorhanden waren, klaubte ich, so gut es möglich war, zusammen, und kehrte damit unter beträchtlichen Schwierigkeiten nach meiner Kiste zurück, wo Tiger die ganze Zeit über ruhig liegengeblieben war.

Was nun zu tun sei, wußte ich nicht zu sagen. Die Finsternis im Schiffsraum war so undurchdringlich, daß ich meine eigene Hand nicht zu erkennen vermochte, wie nahe ich sie mir auch immer ans Gesicht hielt. Der weiße Papierstreifen war kaum zu sehen, schon gar nicht, wenn ich direkt auf ihn blickte. Nur wenn ich den äußersten Rand der Retina auf ihn richtete (d. h., ihn etwas von der Seite her musterte), fand ich, daß er einigermaßen wahrnehmbar war. Man mag daraus auf den Grad von Dunkelheit in meinem Gefängnis schließen; und die Nachricht meines Freundes – immer vorausgesetzt, daß es sich tatsächlich um eine Nachricht von ihm handelte – schien nur dazu angetan, mich in zusätzliche Ungelegenheiten zu stürzen, indem sie meinen sowieso schon geschwächten und gequälten Geist bar jeden Zwecks noch mehr beunruhigte. Vergebens wälzte ich in meinem Gehirn die verschiedensten absurdesten Hilfsmittel, um etwas Licht beizukommen – Hilfsmittel von der Art, auf die ein Mann in ähnlichen Situationen verfallen mochte, der sich im verworrenen Halbschlummer des Opiumrausches befand – also solche, die sich dem Träumer abwechselnd bald als ausgesprochene Erleuchtungen, bald als widersinnige Schimären darstellten, je nachdem, wie sich die Seelenkräfte flackernd ablösten, die vernunftnährenden wie die bilderzeugenden. Zuletzt kam mir doch ein Einfall, der verständig schien und mir gerechten Anlaß zur Verwunderung gab, da ich nicht schon eher darauf verfallen war. Ich legte ein Buch vor mich hin und den Papierstreifen darauf; sammelte dann die Überbleibsel der Phosphorhölzer, die ich aus dem Faß mitgebracht hatte, und fügte auch sie hinzu. Nun rieb ich mit dem Handballen rasch und gleichmäßig darüber hin – sogleich verbreitete sich ein klares Licht über der kleinen Fläche, und hätten sich noch Schriftzüge darauf befunden, so wäre ich ohne Schwierigkeiten in der Lage gewesen, sie nun zu lesen, des bin ich gewiß. Allein, da stand nicht eine Silbe – nichts tat sich meinem Auge dar als eine helle und unbefriedigende Leere; binnen weniger Sekunden erlosch das Licht, und mit ihm erstarb mir das Herz im Leibe.

Ich habe bereits an früherer Stelle darauf hingewiesen, daß mein Geist seit geraumer Zeit in einem Zustand gewesen war, der dicht an den Wahnsinn grenzte. Sicher, es gab auch Momente völliger Normalität, ja, ab und an sogar von Energie; doch sie waren gezählt. Man halte sich stets vor Augen, daß ich jetzt bestimmt schon viele Tage lang die geradezu pestilenzgleichen Dünste im hermetisch verschlossenen Bauch des Walfängers einzuatmen gezwungen und einen erheblichen Teil dieser Zeit nur sehr kärglich mit Wasser versorgt gewesen war. Seit nunmehr 14 oder 15 Stunden hatte ich keinen Tropfen mehr – noch war mir während jener Zeit Schlaf zuteil geworden. Gepökeltes von der würzigsten Sorte war meine hauptsächliche, ja, nach dem Verlust der Hammelkeule meine einzige

Nahrung gewesen, abgesehen von etwas Schiffszwieback; und der letztere war mir absolut nutzlos, da zu hart und trocken, als daß ich ihn angesichts des verdorrten und geschwollenen Zustands meiner Kehle hätte hinunterschlingen können. Im Augenblick hatte ich hohes Fieber und war also in jeder Hinsicht ein Schwerkranker. Dies sollte hinreichend Erklärung dafür sein, weshalb nach meinem letzten Abenteuer mit dem Phosphor so manche Stunde des Elends und der Verzagtheit verstrich, bevor sich der Gedanke einstellte, daß ich ja eigentlich nur die eine Seite des Papiers untersucht hatte. Ich will gar nicht erst den Versuch machen, meine Wut zu beschreiben (denn ich glaube, mehr als alles andere beherrschte wilder Zorn meinen Gemütszustand), als sich meinem Verstand das unerhörte Versehen, das mir unterlaufen war, schlagartig darstellte. Dem Fehler an sich wäre nicht allzu viel Bedeutung zugekommen, wäre da nicht meine eigene Torheit und Heftigkeit gewesen. In meiner Enttäuschung, nicht ein einziges Wort auf dem Zettel zu finden, hatte ich ihn in kindischer Manier in Stücke gerissen und weggeworfen – es war unmöglich, zu sagen, wo die einzelnen Teile gelandet sein mochte.

Aus den schlimmsten Tiefen dieses Dilemmas wurde ich durch den Scharfsinn Tigers erlöst. Als ich nämlich, nach langem Suchen, endlich einer kleinen Ecke des Papiers habhaft geworden war, hielt ich es dem Hund an die Nase und versuchte ihm begreiflich zu machen, daß er mir den Rest davon bringen solle. Zu meinem Erstaunen (denn ich hatte ihn zu keinem der üblichen Tricks abgerichtet, für die seine Rasse berühmt ist) schien er sofort auf mein Begehr einzugehen, stöberte einige Augenblicke herum und hatte alsbald ein weiteres recht ansehnliches Fragment gefunden. Er brachte es mir, hielt ein Weilchen inne und rieb seine Nase an meiner Hand, offenbar in Erwartung meines Beifalls ob dessen, was er geleistet hatte. Ich tätschelte ihm den Kopf, worauf er gleich wieder los ging. Diesmal dauerte es einige Minuten, bevor er zurückkehrte – doch als er dann kam, brachte er eine große Ecke mit, die sich als der gesamte noch fehlende Teil des Papiers erwies –, anscheinend war es nur in drei Stücke gerissen gewesen. Glücklicherweise hatte ich keine Schwierigkeiten, die paar Krümelchen zu finden, die vom Phosphor noch übrig waren; wobei mich das undeutliche Glimmlicht leitete, welches ein oder zwei Teilchen noch immer aussandten. Meine Fehlleistungen hatten mir die Notwendigkeit äußerster Vorsicht beigebracht, und ich nahm mir diesmal Zeit, ausgiebig über das nachzudenken, was ich mir als nächstes vorgenommen hatte. Es bestand eine hohe Wahrscheinlichkeit, so dachte ich bei mir, daß einige Worte auf derjenigen Seite des Papiers geschrieben stünden, die ich nicht untersucht hatte – aber um welche Seite handelte es sich? Das Zusammensetzen der Stücke gab mir keinerlei Aufschluß darüber, obschon es mich davon überzeugte, daß die Worte (sollten denn tatsächlich welche vorhanden sein) alle auf derselben Seite und im richtigen Zusammenhang wie ursprünglich geschrieben stehen würden. Es bestand um so dringendere Notwendigkeit, die anstehende Frage über jedweden Zweifel hinaus eindeutig zu beantworten, als der verbleibende Phosphor für einen dritten Versuch auf keinen Fall mehr reichen würde, sollte derjenige fehlschlagen, den zu unternehmen ich im Begriff war. Wie zuvor legte ich das Papier auf ein Buch und saß dann gedankenverloren ein paar Minuten da, während ich das Problem im Geist von allen Seiten beleuchtete. Zuletzt erschien es mir gerade ebenso möglich, daß die beschriebene Seite Unebenheiten der Oberfläche aufweisen könne, welche zu entdecken ein feines Tastgefühl mir vielleicht erlauben würde. Ich beschloß, das Experiment zu machen, und führte die Fingerspitze sehr vorsichtig über die obenliegende Seite hin, die sich als erste darbot – doch nichts war zu merken; nun wandte ich das Papier um, immer auf dem Buch als Unterlage. Wiederum führte ich nun den Zeigefinger behutsam darauf entlang, als ich eines überaus schwachen, aber immerhin unterscheidbaren Glimmens gewahr wurde, das dem Strich folgte. Dies, so schloß ich sogleich, mußte von einigen winzigen Phosphorpartikeln ausgehen, mit denen ich das Papier bei meinem ersten Versuch bedeckt hatte. Ergo war die andere, die untere Seite diejenige, die es nun zu betrachten galt, da sich dort die Schrift befinden mußte, wenn es sie denn gab. Wiederum wendete ich das Blatt und ging genauso vor wie ehedem. Nachdem ich den

Phosphor zerrieben hatte, erfolgte ein Aufleuchten wie zuvor – diesmal jedoch wurden mehrere Zeilen einer großzügigen Handschrift, anscheinend in roter Tinte, deutlich sichtbar. Doch das Glimmlicht, obschon von hinreichender Helligkeit, blieb nur vorübergehend erhalten. Dennoch hätte ich, wäre ich nicht so über alle Maßen aufgeregt gewesen, hinlänglich Zeit gehabt, um die mir vorliegenden drei Sätze aufzunehmen – denn daß es drei waren, das sah ich gleich. In meiner panischen Bemühung jedoch, womöglich alles auf einmal zu lesen, gelang es mir lediglich, die abschließenden sieben Worte zu erfassen, die da waren: *»Blut – Dein Leben hängt vom Versteckbleiben ab!«*

Wäre ich imstande gewesen, den gesamten Inhalt der Benachrichtigung herauszufinden – den vollen Sinn der Warnung, die mein Freund mir dergestalt zu übermitteln versucht hatte –, dann hätte sie mein Gemüt, so bin ich überzeugt, selbst für den Fall, daß sie mir eine Mär unsäglichen Grauens enthüllt hätte, nicht einmal mit einem Zehntel jenes peinigenden und gleichzeitig unfaßbaren Entsetzens durchtränkt, mit dem mich dieser unvollständige Mahnruf nun erfüllte. Und ausgerechnet »Blut«, dieses entsetzlichste aller Worte – stets so voller Geheimnis und Leid und Grauen –, wie dreifach sinnschwer erscholl es jetzt, wie schwer und kalt (gelöst, wie es hier erschien, von jedwedem vorangehenden Wort, das es erläutert oder näher bestimmt hätte) sank diese vage Schreckenssilbe nun, inmitten der allumfassenden Finsternis meines Kerkers, bis in die tiefsten Tiefen meiner Seele!

Augustus hatte ohne Zweifel seine Gründe, wenn er wünschte, daß ich in meinem Versteck bleiben sollte, und ich stellte tausend Mutmaßungen an, worum es sich dabei wohl handeln möge – konnte jedoch nicht an einer einzigen festhalten, die eine befriedigende Lösung des Geheimnisses geboten hätte. Unmittelbar nach der Rückkehr von meinem Ausflug zur Falltür, und noch bevor das eigentümliche Gebaren Tigers meine Aufmerksamkeit in eine andere Richtung gelenkt hatte, war ich zu dem Entschluß gelangt, mich unter allen Umständen denen an Bord zu erkennen zu geben; beziehungsweise, sollte mir dies nicht direkt gelingen, zu versuchen, mir einen Weg durchs Orlopdeck zu bahnen. Die Halbzuversicht, mit der ich mich im äußersten Notfall als noch leidlich fähig fühlte, einen dieser zwei Pläne durchzuführen, sie allein war es gewesen, die mir den Mut gegeben hatte (den ich ansonsten aufzubringen nicht im Stande gewesen wäre), trotz der Schrecknisse meiner Lage auszuharren. Nun hatten die wenigen Worte, die zu entziffern mir gelungen war, mir auch diese beiden letzten Auswege abgeschnitten; und ich empfand jetzt zum ersten Male den ganzen Jammer meines Geschicks. In einem heftigen Anflug von Verzweiflung warf ich mich wieder auf meine Matratze, wo ich etwa einen Tag und eine Nacht lang in einer Art Dämmerschlaf verharrte, den nur gelegentlich Intervalle von Vernunft und Besinnung unterbrachen.

Schließlich erhob ich mich einmal mehr und beschäftigte mich mit der Betrachtung des Schreckens, der mich umgab: Weitere vierundzwanzig Stunden ohne Wasser zu existieren würde mir schwerlich, für einen noch längeren Zeitraum schlichterdings unmöglich sein. Während der ersten Periode meiner Gefangenschaft hatte ich weidlich dem Genuß der Alkoholika gefrönt, mit denen mich Augustus versorgt hatte, aber sie dienten letztlich nur dazu, mir Fieber zu verursachen, ohne im geringsten Grade meinen Durst zu beschwichtigen. Ich hatte auch nur noch etwa einen halben Viertelliter übrig, und es handelte sich ausgerechnet um einen starken Pfirsichlikör, gegen den sich mein Magen empörte. Die Würste waren aufgebraucht, vom Schinken blieb nichts als ein kleines Stück Schwarte, und den gesamten Zwieback hatte, ein paar Brösel ausgenommen, Tiger verzehrt. Um meine Not noch zu steigern, spürte ich, daß mein Kopfschmerz mit jedem Augenblick zunahm und mit ihm jener Hang zum Delirieren, der mich schon, seitdem ich zum erstenmal in Schlaf gefallen war, mal mehr, mal weniger geplagt hatte. Schon während der letzten Stunden hatte ich nur unter den größten Beschwerden überhaupt noch zu atmen vermocht, und nunmehr war jeder Ansatz dazu von den alarmierendsten Konvulsionen des Brustkorbs begleitet. Aber es gab noch eine weitere, von alldem gänzlich verschiedene Quelle der Beunruhigung, und zwar eine, deren schreckliche Aspekte eigentlich der Hauptbeweggrund gewesen waren, daß ich mich aus der Betäubung meiner Matratzengruft aufgerafft hatte – dieser Anlaß war das Betragen meines Hundes.

Das erstemal hatte ich eine Veränderung in seinem Verhalten wahrgenommen, als ich bei meinem letzten Versuch den Phosphor auf dem Papier zerrieb. Während besagter Tätigkeit hatte er unter leichtem Knurren mit der Nase an meine Hand gestupst. Aber ich war ja viel zu aufgeregt gewesen, um diesem Umstand große Aufmerksamkeit zukommen zu lassen. Kurz darauf hatte ich mich, wie man sich erinnern wird, auf die Matratze geworfen und war in eine Art Apathie versunken. Bald danach war ich eines seltsam pfeifenden Geräusches dicht neben meinem Ohr gewahr geworden und hatte entdeckt, daß es von Tiger ausging, der, unverkennbar in einem Zustand höchster Erregung, knurrte und keuchte, wobei seine Augäpfel wild durch die Finsternis funkelten. Ich sprach ihm beruhigende Worte zu, worauf er mit einem halblauten Knurren antwortete, dem Stille folgte. Wieder sank ich in meinen Stupor zurück, nur um wiederum auf ähnliche Weise daraus erweckt zu werden. Dies wiederholte sich noch drei- oder viermal, bis mir sein Gebaren endlich einen derartigen Grad von Furcht einflößte, daß ich vollends wach wurde. Im Augenblick lag er genau vor der Öffnung meiner Kiste und gab ein beängstigendes, obgleich irgendwie gedämpftes Schnarchen von sich, begleitet von Zähneknirschen, als läge er in den heftigsten Krämpfen. Ich hegte nicht mehr den geringsten Zweifel daran, daß er infolge Wassermangels oder der Stickluft im Schiffsbauch die Tollwut bekommen habe, und war in beträchtlicher Verlegenheit hinsichtlich des nun einzuschlagenden Kurses: Ihn zu töten, daran durfte ich überhaupt nicht denken; während dies aber, andererseits, für meine eigene Sicherheit unabdingbar schien. Ich konnte ganz deutlich erkennen, wie seine Augen mit dem Ausdruck tödlicher Feindseligkeit auf mir ruhten, und erwartete jeden Augenblick, daß er zum Angriff auf mich überginge. Allmählich ertrug ich meine schreckliche Situation nicht mehr; ich beschloß, mir auf gleichwelches Risiko hin den Weg aus der Kiste zu bahnen, und, falls sein Widerstand mir dies auferlegen sollte, ihn niederzustrecken. Um hinauszugelangen mußte ich direkt über seinen Körper gehen – und schon schien er auch meine Absicht zu ahnen, hob sich auf die Vorderpfoten (wie ich aus der sich nähernden Position seiner Augen entnahm) und bleckte langsam deutlich sichtbar seine weißen Fänge. Ich nahm den Rest der Schinkenschwarte an mich, auch die Flasche, die den Likör enthielt, und verstaute beides zusammen mit einem großen Tranchiermesser, das noch von Augustus stammte, an meiner Person – dann tat ich, indem ich den Mantel so schützend wie nur irgend möglich um mich faltete, meinen ersten Schritt in Richtung Kistenöffnung. Kaum hatte ich dazu angesetzt, als mir auch schon der Hund mit lautdrohendem Knurren an die Kehle ging! Das volle Gewicht seines Körpers traf meine rechte Schulter, und ich fiel heftig nach links hin, während das wütende Tier gänzlich über mich hinwegschoß. Ich war auf die Knie gestürzt, den Kopf unwillkürlich in die Decken verwühlt, und dadurch vor dem zweiten furiosen Angriff des Tiers geschützt, währenddessen ich deutlich spürte, wie sich die scharfen Zähne in den Wollstoff eingruben, der mein Genick schützend umgab – glücklicherweise ohne imstande zu sein, die dicken Falten zu durchdringen. Immerhin lag ich unter dem Hund, und wenige Sekunden hätten ausgereicht, mich ihm auf Gedeih und Verderb auszuliefern. Vor schierer Verzweiflung von Kraft durchdrungen, richtete ich mich auf und schüttelte ihn gewaltsam von mir ab, wobei ich die Decken des Matratzenlagers mit mir hochhob. Diese warf ich sofort über ihn, und bevor er sich noch daraus befreien konnte, war ich auch schon aus der Tür, und schloß sie wirksam gegen eine Verfolgung. Im Verlauf des Zweikampfes war ich jedoch gezwungen gewesen, das Restchen Schinkenschwarte fahrenzulassen und fand mich nunmehr wieder mit einem Vorrat an Lebensmitteln, der aus einem Becher Likör bestand.

Als mir diese Erkenntnis durch den Kopf schoß, überkam mich unwiderstehlich einer jener Anfälle von Perversität, wie sie in ähnlicher Lage etwa ein verzogenes Kind beeinflussen mögen: Ich setzte die Flasche an meine Lippen, leerte sie bis auf den letzten Tropfen und schmetterte sie dann mit aller Wucht auf den Boden!

Kaum war das Echo des Geklirrs verhallt, als ich meinen Namen vernahm, wie er in einer ebenso erregten wie gedämpften Stimme ausgesprochen wurde, die aus der Richtung des Zwischendecks zu kommen schien. Derart unerwartet geschah dies, und so hochgradig war die Aufregung, die dieser Ton bei mir hervorrief, daß ich mich vergebens mühte zu antworten. Mein Sprachvermögen verweigerte mir vollends den Dienst, und in einer Agonie des Entsetzens, daß mein Freund mich für tot halten und ohne einen weiteren Versuch, mich zu erreichen, umkehren könne, stand ich regungslos da, zwischen Lattenwänden unweit der Kistentür, von Zitterkrämpfen geschüttelt und nach Worten und Atem ringend; und hätten eintausend Welten von einer Silbe meinerseits abgehangen, ich hätte sie nicht herauszwingen können! Jetzt entstand irgendwo vor mir ein leises Geräusch, wie von sich Bewegendem, in dem Gerümpel. Ein Geräusch, das sogleich weniger deutlich wahrnehmbar wurde, dann wieder etwas weniger, immer noch weniger. Ob ich jemals die Empfindungen dieser Augenblicke werde vergessen können? Da ging er hin – mein Freund – mein Gefährte, von dem ich ein Recht hatte, das Beste zu erwarten – da ging er hin – verließ mich – war beinahe schon fort! War drauf und dran, mich dem erbärmlichsten Zugrundegehen zu überlassen, dem letzten Atemhauch in diesem schrecklichsten und widerwärtigsten aller Kerker, und ein einzig Wörtlein – ach was: eine armselige Silbe könnte mich erretten –, und diese einzige Silbe wollte nicht aus mir heraus! Ich habe damals, dessen bin ich gewiß, die Schrecken des Todes zehntausendfach durchlebt. Der Kopf begann sich mir zu drehen, und ich sackte, sterbensübel, achtern an die Stirnwand der Kiste.

Noch im Sinken löste sich das Tranchiermesser aus dem Bund meiner Hose und polterte laut klappernd zu Boden. Nie klang selbst die reichste Melodie so süß an mein Ohr! Mit gespannter Aufmerksamkeit lauschte ich, die Wirkung jenes Geräusches auf Augustus festzustellen – denn dessen war ich gewiß, daß derjenige, der mich beim Namen gerufen hatte, niemand anders sein konnte, als er allein. Einen Moment lang blieb alles ganz ruhig. Doch schließlich vernahm ich neuerlich das Wort »Arthur?!« in einer leisen Stimme voller Zaudern. Belebt von neuer Hoffnung löste sich nunmehr das Band meiner Zunge, und ich schrie aus Leibeskräften: *»Augustus! Oh! Augustus!«* – »Pssst! Um der Dreifaltigkeit willen, sei still!«, erwiderte er, mit einer Stimme, die vor Erregung schwankte. »Ich bin sofort bei dir – sobald ich mir nur den Weg durch diesen Raum hier bahnen kann!« Darauf hörte ich nun längere Zeit hindurch, wie er sich durch das Gerümpel vorankämpfte, und jeder Moment schien mir wie ein Menschenalter. Endlich aber fühlte ich seine Hand auf meiner Schulter, und gleichzeitig setzte er mir eine Flasche Wasser an die Lippen. Nur wer selbst einmal dem jäh aufklappenden Grabesschlund entrissen wurde oder wer unter ähnlich verzweifelten Umständen, wie sie mich in meinem trüblichen Gefängnis umgeben hatten, die unerträglichen Qualen des Durstes am eigenen Leib erfahren hat, vermag sich einen Begriff von der unaussprechlichen Ekstase des Genusses zu machen, die jener eine lange Zug des reichsten aller biologischen Genüsse mir verschaffte.

Nachdem ich meinen Durst hinreichend gestillt hatte, wühlte Augustus drei oder vier gekochte Kartoffeln aus der Tasche, die ich mit wahrer Wolfsgier hinunterschlang. Auch hatte er eine Laterne mit einem Licht darin bei sich, und dessen freundliche Strahlen brachten mir kaum geringeren Trost als Speis und Trank zuvor. Doch war ich auch ungeduldig zu erfahren, was der Grund für seine so lange Abwesenheit gewesen sein konnte; und so schickte er sich an, mir die Einzelheiten dessen zu berichten, was sich während meiner Karzerzeit oben an Bord abgespielt hatte.

IV. Kapitel

Die Brigg war, genau wie ich vermutet hatte, rund eine Stunde, nachdem er die Uhr für mich hinterlegt hatte, in See gestochen. Das war am 20. Juni. Man wird sich erinnern, daß ich da bereits drei Tage im Schiffsraum zugebracht hatte; und während dieses Zeitraums war es an Bord ohne Pause so laut und geschäftig zugegangen, hatte, zumal in der Kajüte und den Offizierskabinen, ein derartiges Hin- und Hergerenne eingesetzt, daß sich ihm nicht eine einzige Besuchschance darbot, ohne das Risiko einzugehen, das Geheimnis der Falltür zu verraten. Als er am Ende dann doch noch einmal kurz erschien, hatte ich ihm versichert, daß es mir den Umständen nach wohl ergehe; und er hatte nun folglich während der nächsten beiden Tage nur wenig Beunruhigung verspürt, was mich anging; obschon er immer eine Gelegenheit gesucht hatte, hinunterzusteigen. Aber *nicht vor dem vierten Tage* darauf hätte sie sich ergeben. Mehr als einmal sei er unterdes drauf und dran gewesen, seinen Vater von dem abenteuerlichen Schabernack zu unterrichten und mich dadurch unverzüglich nach oben zu befördern; aber wir hätten uns immer noch in der Reichweite von Nantucket befunden, und Kapitän Barnard seien überdies gewisse Redensarten entkommen, die es zumindest zweifelhaft erscheinen ließen, ob er nicht doch auf der Stelle wenden würde, wenn er entdeckte, daß ich an Bord sei. Zudem habe sich er, Augustus, bei näherem Überlegen nicht vorstellen können, daß ich direkten Mangel litte; beziehungsweise, daß ich in solchem Falle zögern würde, mich an der Klappe vernehmbar zu machen. Ergo beschloß er, nach Erwägung aller Aspekte, mich zu lassen, wo ich war, bis er eine Occasion sah, mich unbeobachtet aufzusuchen. Diese nun, wie ich bereits erwähnte, ergab sich nicht eher als am vierten Tage, nachdem er mir seine Uhr zur Verfügung gestellt hatte, und also nach dem siebten, nach dem ich zuerst den Laderaum betreten hatte. Er war damals nach unten gestiegen, ohne Wasser oder Lebensmittel mitzunehmen; lediglich mit der Absicht, meine Aufmerksamkeit zu erregen, damit ich aus meiner Kiste und zur Falltür hin käme – worauf er sich wieder in die Kabine begeben und mir Nachschub hinunterzureichen beabsichtigte. Als er zu diesem Behufe einstieg, fand er mich schlafend vor, denn es war scheinbar lautes Schnarchen zu vernehmen. Soweit ich hinsichtlich dieser Punkte überschlägige Rechnungen anstellen kann, muß es sich hierbei um jenen Dauerschlaf gehandelt haben, in den ich verfiel, gleich nachdem ich mit der Uhr von der Falltür zurückgekehrt war; und der zufolge zuallermindest *mehr als drei geschlagene Tage und Nächte lang* angehalten haben muß. Letzthin ergab sich übrigens die Gelegenheit, mich sowohl aus eigener Erfahrung als auch durch die Bestätigung anderer von der stark einschläfernden Wirkung zu überzeugen, die der Dunst von altem Fischtran ausübt, zumal bei Abschluß von Außenluft; und wenn ich an den Zustand des Laderaums denke, in dem ich eingesperrt, und all die langen Jahre, während derer die Brigg schon als Walfänger in Dienst gestanden war, bin ich manches Mal geneigt, mich mehr darüber zu wundern, daß ich überhaupt noch einmal erwacht bin, als über den oben angegebenen Zeitraum meines Schlummers.

Augustus rief mir zunächst mit gedämpfter Stimme und ohne dabei die Falltür zu schließen – aber ich blieb ihm eine Antwort schuldig. Daraufhin machte er die Klappe zu und sprach zu mir in lauterem, schließlich in sehr lautem Ton – mein Schnarchen ging ohne Unterlaß weiter. Er war jetzt in Verlegenheit, was zu tun sei. Den Weg durch Ballast und Gerümpel bis zu meiner Kiste hin zurückzulegen würde geraume Zeit dauern. Zudem könnte Kapitän Barnard, der beim Ordnen und Kopieren von Schriftstücken, die mit dem Zweck der Reise in Zusammenhang standen, seine Dienste alle paar Minuten beanspruchte, seine Abwesenheit auffallen. Er entschied sich also nach reiflicher Überlegung dafür, wieder hinaufzusteigen, und eine andere – bessere – Gelegenheit abzupassen, um mir sodann einen Besuch abzustatten. Dieser Entschluß wurde ihm um so leichter, als mein Schlummer von der sorglosesten Art zu sein schien, so daß er nicht entfernt vermuten konnte, meine Einkerkerung hätte mir irgendwelche Unannehmlichkeiten bereitet. Eben war er hinsichtlich dieser Punkte zu einem Entschluß gelangt, als ein ungewöhnlicher Krawall seine Aufmerksamkeit erregte, der dem Klang nach scheinbar aus der Kajüte herrührte. Er sprang so flink als möglich durch die Öffnung, schloß sie und stieß die Tür seiner Kabine auf; kaum, daß er den Fuß über die Schwelle gesetzt hatte, wurde auch schon eine Pistole vor seinem Gesicht abgefeuert und er im selben Augenblick von dem Hieb einer Handspake niedergestreckt.

Eine eiserne Hand, die seine Kehle fest umklammerte, hielt ihn auf dem Boden der Kajüte - dennoch war er in der Lage, wahrzunehmen, was um ihn herum vor sich ging. Sein Vater lag, an Händen und Füßen gefesselt, den Kopf nach unten gerichtet, auf der Kajütentreppe, mit einer tiefen Stirnwunde, aus der das Blut in ununterbrochenem Strom floß. Er sprach kein Wort und lag anscheinend im Sterben. Über ihm stand der erste Maat, der ihn mit einer Miene satanischen Spottes musterte und ihm gleichzeitig gründlich die Taschen ausleerte und soeben eine dicke Brieftasche und einen Chronometer zutage brachte. Sieben Mitglieder der Mannschaft (unter ihnen der Smutje, ein Neger) durchstöberten indes die Kabinen an Backbord nach Waffen; bald hatten sie sich mit Musketen und Munition ausgerüstet. Außer Augustus und Kapitän Barnard befanden sich insgesamt neun Mann in der Kajüte, unter ihnen natürlich die brutalsten Raufbolde der ganzen Besatzung. Nun begaben sich die Schufte an Deck, wobei sie meinen Freund, nachdem sie ihm die Arme auf dem Rücken zusammengebunden hatten, mit sich schleppten. Sie verfügten sich schnurstracks zum Vorderschiff, das verrammelt war - zwei der Meuterer standen mit Äxten daneben und zwei weitere an der Großluke. Der Maat brüllte mit lauter Stimme: »Ihr da unten, könnt Ihr mich hören? Hoch mit Euch, und zwar etwas plötzlich! Aber immer nur einer, verstanden? Und keine Widerworte!« Einige Minuten verstrichen, bevor jemand erschien - schließlich kam ein Engländer, der als ungelernter Matrose angeheuert hatte, nach oben, wobei er zum Steinerweichen heulte und den Maat auf die unterwürfigste Weise beschwor, sein Leben zu schonen. Die einzige Antwort bestand in einem Axthieb vor die Stirn. Der arme Kerl schlug aufs Deck hin, ohne einen Laut zu tun, und der schwarze Koch hob ihn, wie er es mit einem Kinde getan hätte, empor und kippte ihn mit Bedacht ins Meer. Nun konnten die Männer unten, die den Hieb und das Aufkommen des Körpers auf dem Wasser vernommen hatten, weder durch Drohungen noch durch Versprechungen dazu bewegt werden, sich auf das Deck hinaufzuwagen; bis der Vorschlag gemacht wurde, sie auszuräuchern. Da allerdings erfolgte ein allgemeiner Ansturm; und einen Augenblick lang schien es beinahe möglich, daß die Brigg zurückerobert würde. Zuletzt jedoch gelang es den Meuterern, die Vorderluke endgültig zu schließen, bevor noch mehr als sechs ihrer Gegner nach oben hatten kommen können. Diese sechs, die sich unbewaffnet einer so großen Übermacht gegenübersahen, ergaben sich nach kurzem Handgemenge. Der Maat ließ ihnen gute Worte zukommen, zweifellos mit der Absicht, die Untengebliebenen zum Nachgeben zu bewegen, denn sie konnten ohne Schwierigkeit jedes Wort hören, das an Deck laut wurde. Das Ergebnis bewies auch seine Raffinesse, und seine diabolische Schlechtigkeit nicht minder. Alle im Vorderschiff zeigten unverzüglich ihre Bereitschaft an, sich zu ergeben. Einer nach dem anderen stieg empor, und alle wurden sie - zusammen mit den ersten sechs - gefesselt auf den Rücken gelegt. Alles in allem waren es siebenundzwanzig Männer, die sich an der Meuterei nicht beteiligt hatten.

Eine Szene der unbarmherzigsten Metzelei schloß sich an. Die gefesselten Seeleute wurden zur Laufplanke hingeschleift. Dort hatte sich der Koch aufgestellt, der jedem Opfer eins mit der Axt vor den Kopf gab, worauf die anderen Missetäter es über Bord warfen. So waren schon zweiundzwanzig Männer umgekommen; und Augustus hatte sich endgültig aufgegeben, mußte er doch jeden Moment damit rechnen, daß er als Nächster an die Reihe käme. Aber es schien, als ergriffe entweder eine gewisse Erschöpfung von den Verbrechern Besitz oder sie seien ihres blutigen Tuns müde, denn den - von meinem Freunde abgesehen - übrigen vier Gefangenen, die man zuerst mit den anderen an Deck geworfen hatte, wurde unerwarteter Aufschub zuteil: Der Maat schickte hinunter, nach Rum, und die ganze Mörderbande veranstaltete ein Trinkgelage, das bis Sonnenuntergang währte. Bald verfielen sie darauf, sich das Schicksal der wenigen Überlebenden zum Gegenstand ihrer Diskussion zu erwählen, die nicht mehr als vier Schritte davon entfernt lagen und jedes einzelne Wort anhören mußten. Auf einige der Meuterer schien der Alkohol eine besänftigende Wirkung auszuüben, denn es erhoben sich mehrere Stimmen zugunsten der Freilassung sämtlicher Gefangenen, vorausgesetzt, sie schlössen sich der Verschwörung an und akzeptierten ihren

Anteil an dem Gewinn. Der schwarze Koch aber (ein wahrer Dämon in jeglicher Beziehung und augenscheinlich mindestens ebenso einflußreich wie der Maat selbst) wollte nichts von Vorschlägen dieser Art hören und erhob sich mehrfach mit der Absicht, seine schändliche Arbeit am Fallreep wieder aufzunehmen. Glücklicherweise hatte die Trunkenheit ihn derart übermannt, daß ihn die weniger blutrünstigen Mitglieder der Bande zurückhalten konnten; unter ihnen ein Leinenmeister, der auf den Namen Dirk Peters hörte. Dieser war der Sohn einer Indianerin aus dem Stamme der Upsarokas, die in den unzugänglichen Bergschluchten der Black Hills, unweit der Quellen des Missouri, hausen. Sein Vater war, wie ich glaube, Pelzhändler gewesen; zumindest hatte er irgendwie Beziehungen zu den indianischen Handelsfaktoreien am Lewis River gepflegt. Peters war einer der wildest dreinschauenden Menschen, die mir je begegnet sind. Er war von gedrungener Statur – kaum größer als einen Meter vierzig –, aber seine Gliedmaßen hatten wahrhaft herkulische Dimensionen; zumal waren seine Hände von derart enormer Breite und Dicke, daß sie kaum noch menschliches Format aufwiesen. Seine Arme – und die Beine nicht minder – waren in der allereigentümlichsten Weise *gebogen* und schienen keinerlei Flexibilität zu besitzen. Gleichermaßen verformt war sein Schädel; von unwahrscheinlicher Größe und mit einer kleinen Vertiefung auf dem Scheitel, dazu völlig kahl. Um letzteren Defekt, der nicht etwa von hohem Alter herrührte, zu kaschieren, trug er gewöhnlich ein Haarteil aus dem erstbesten haarähnlichen Material, das gerade bei der Hand war – vom Fell eines spanischen Wachtelhündchens bis zu Stücken vom amerikanischen Grizzly hin. Zum Zeitpunkt der Ereignisse, von denen ich hier berichte, trug er gerade ein solches Stück Bärenfell, was nicht wenig zu der angeborenen Roheit seiner Züge beitrug, in denen der Upsaroka-Typ überwog. Der Mund erstreckte sich beinahe von einem Ohr zum anderen, die Lippen waren dünn und schienen, wie gewisse andere Teile seiner Gestalt, der natürlichen Biegsamkeit abgeschworen zu haben, so daß ihr vorherrschender Ausdruck, unter dem Einfluß welcher etwaiger Emotionen auch immer, im Grunde niemals wechselte. Von diesem »vorherrschenden Ausdruck« mag man sich vielleicht ein Bild machen, wenn man ergänzend hinzufügt, daß seine Zähne lang und vorstehend und niemals, bei keiner Gelegenheit und nicht einmal partiell, von den Lippen bedeckt waren. Wer einen solchen Mann auch nur mit einem flüchtigen Blick streifte, hätte sich einbilden können, daß jenen ein förmlicher Lachkrampf schüttelte – ein zweiter Blick hätte jedoch die schauerliche Erkenntnis bewirkt, daß, falls ein solcher Gesichtsausdruck tatsächlich Freude zum Ausdruck bringe, es sich um die Sorte von Freude handelte, die nur ein Dämon verspüren könne. Über diese groteske Kreatur waren unter dem seefahrenden Teil der Bevölkerung von Nantucket zahlreiche Anekdoten im Umlauf; Anekdoten, die seine im Zustand der Erregung ans Fabelhafte grenzende Körperkraft zu belegen trachteten, während einige davon gleichzeitig Zweifel an seinem Verstand aufkommen ließen. An Bord der Grampus allerdings betrachtete man ihn zum Zeitpunkt der Meuterei offenbar mehr mit Spott und Hohn denn mit ängstlicher Achtung. Ich habe mich im Vorstehenden deshalb so ausführlich über Dirk Peters verbreitet, weil er erstens – grausam wie sein Äußeres wirkte – sich dennoch als das Hauptwerkzeug erwies, das zur Rettung von Augustus führte, und des weiteren, da ich im Verlauf meines Berichts noch oft Gelegenheit haben werde, ihn zu erwähnen – eines Berichts, der, das möchte ich bereits an dieser Stelle erwähnen, in seinem letzten Teil Ereignisse von einer Natur schildert, die man als so gänzlich außerhalb des bisher konstatierten Bereichs menschlicher Erfahrung (und eben deshalb als so weit jenseits der zumutbaren Grenze menschlicher Glaubensfähigkeit) betrachten mag, daß ich eigentlich ohne jede Hoffnung fortfahre, für alles, was ich noch erzählen werde, hundertprozentige Glaubwürdigkeit zugebilligt zu bekommen; dennoch vertraue ich fest auf die Zeit und das Fortschreiten der Wissenschaft, auf daß diese dereinst einige der bedeutsamsten und unwahrscheinlichsten meiner Angaben bestätigen werde.

Nach einer langen Periode der Unschlüssigkeit und zwei oder drei heftigen Auseinandersetzungen einigte man sich schließlich darauf, daß sämtliche Gefangene (mit Ausnahme von Augustus, den Peters beharrlich in spaßiger Manier als seinen »Schreiber« bezeichnete) dem Wind und den Wellen preiszugeben seien, und zwar in einem der kleinsten Walboote. Ergo begab sich der Maat in die Kajüte hinunter, um nachzusehen, ob Kapitän Barnard noch lebe – war er doch, wie man sich erinnern wird, unten gelassen worden, als die Tunichtgute an Deck stiegen. Gleich darauf erschienen alle beide wieder, der Kapitän blaß wie der Tod, aber doch etwas erholt von den Auswirkungen seiner Verwundung. Er redete die Mannschaft an, mit kaum vernehmbarer Stimme, beschwor sie, ihn mitnichten auszusetzen, sondern vielmehr zu ihrer Pflicht zurückzukehren, und versprach ihnen schließlich, sie an Land zu setzen, wo immer es ihnen beliebe, und keinerlei juristische Schritte gegen sie zu unternehmen. Er hätte ebensogut den Winden predigen können. Zwei Rohlinge packten ihn bei den Oberarmen und beförderten ihn über die Schiffswand ins Boot hinab, das zu Wasser gelassen worden war, während der Maat sich nach unten begeben hatte. Anschließend wurden die vier Mann, die noch an Deck lagen, losgebunden und dahingehend befehligt, einzusteigen, was sie auch ohne den geringsten Widerspruch befolgten – während Augustus immerfort in seiner peinvollen Lage verblieb; ob er gleich rang und bettelte, und sei es auch nur um der armseligen Vergünstigung, seinem Vater »Lebewohl« sagen zu dürfen. Eine Handvoll Schiffszwieback und ein Krug mit Wasser wurden nun hinabgereicht; aber weder Mast, Segel, Ruder noch Kompaß. Ein paar Minuten noch wurde das Boot hintennach geschleppt, während die Meuterer eine letzte Beratung abhielten – dann aber ward endgültig das Tau gekappt. Zu diesem Zeitpunkt begann bereits die Nacht hereinzubrechen – weder Mond noch Sterne waren zu sehen –, und obschon kein nennenswerter Wind herrschte, so ging doch eine kurze und sehr unangenehme Dünung. Das Boot war sogleich außer Sicht, und für die unselige Besatzung, die es barg, ließ sich nur wenig Hoffnung hegen. Immerhin hatte sich das Ereignis in 35° 30′ nördlicher Breite, 61° 20′ westlicher Länge abgespielt, und folglich in keiner allzu großen Entfernung von den Bermuda-Inseln, weshalb sich Augustus mit dem Gedanken zu trösten versuchte, daß das Boot entweder mit Erfolg Land erreichen oder ihm doch zumindest nahe genug kommen könnte, daß die die fragliche Küsten passierenden Schiffe seiner gewahr wurden.

Die Brigg selbst setzte nunmehr sämtliche Segel und verfolgte ihren ursprünglichen Kurs in Richtung Südwest – waren doch die Meuterer, soweit man sich das Gehörte zusammenreimen konnte, auf irgendein Piratenunternehmen aus, in dessen Verlauf als nächstes ein Schiff abgefangen werden sollte, daß sich auf der Fahrt von den Kapverdischen Inseln nach Puerto Rico befand. Auf Augustus, dem man die Fesseln abgenommen und Erlaubnis erteilt hatte, sich auf dem Vorderschiff bis zur Kajütentreppe hin frei zu bewegen, wurde so gut wie gar nicht mehr geachtet. Dirk Peters behandelte ihn mit einem gewissen Grade von Freundlichkeit, ja, bewahrte ihn einmal gar vor einem brutalen Übergriff des Kochs. Dennoch war und blieb seine Stellung überaus prekär, da die Männer ohne Unterlaß betrunken waren und es keinerlei Verlaß gab, weder darauf, daß ihre gute Laune, noch daß ihre Sorglosigkeit ihm gegenüber anhalten werde. Als die ihn am meisten peinigende Konsequenz aus dieser seiner Lage bezeichnete er jedoch die Furcht um mich; wie ich denn auch tatsächlich niemals Grund gehabt habe, die Aufrichtigkeit seiner Freundschaft anzuzweifeln. Mehr als einmal hatte er den Entschluß gefaßt, die Meuterer in das Geheimnis meiner Anwesenheit auf dem Schiff einzuweihen, war indes stets wieder davon abgekommen, teils wegen der Erinnerung an die unmenschlichen Grausamkeiten, deren Zeuge er gewesen war, teils infolge der Hoffnung, in naher Zukunft doch noch in die Lage zu geraten, mir Nachschub zu bringen. Zu diesem letzteren Behuf hielt er sich beständig auf der Lauer, aber seiner ausdauerndsten Beharrlichkeit zum Trotz verstrichen nach dem Aussetzen des Boots noch drei volle Tage, bevor sich endlich eine Möglichkeit auftat. Am späten Abend dieses dritten Tages endlich setzten schwere Böen aus dem Osten ein, und alle Mann waren an Deck beordert worden, um die Segel einzuholen. Während des sich hieraus ergebenden Durcheinanders nahm er unbemerkt seinen Weg nach unten in seine alte Kabine. Wie groß waren sein Entsetzen und sein Gram, als er feststellen mußte, daß man sie zum Lagerplatz für allerlei Vorräte und Ausrüstungsgegenstände umgewandelt hatte und daß mehrere Klafter einer alten Ankerkette, die zuvor unter der Kajütentreppe verstaut gelegen hatte, nunmehr, um Platz für eine Kiste zu gewinnen, von dort weggezerrt und ausgerechnet auf der Klappe plaziert worden war! Sie unauffällig zu entfernen war unmöglich; und so kehrte er wieder an Deck zurück, so geschwind es ihm möglich war. Kaum war er oben angelangt, da packte ihn der Maat auch schon an der Gurgel und herrschte ihn an, was er denn in der Kajüte zu schaffen gehabt habe? Gerade wollte er ihn über die Backbordreeling werfen, als sein Leben erneut durch das Eingreifen Dirk Peters verschont blieb. Immerhin wurden Augustus nun Handschellen angelegt, von denen sich mehrere Paare an Bord befanden, und auch die Füße schnürte man fest zusammen. Dann schaffte man ihn ins Zwischendeck und warf ihn in eine der unteren Kojen unmittelbar am Vorderschott, mit der Beteuerung, daß er seinen Fuß niemals mehr auf das Deck setzen würde; zumindest »bis die Brigg keine Brigg mehr sei«. So drückte sich zumindest der Koch aus, der ihn in die Koje beförderte – es ist schwer möglich, anzugeben, welche genaue Bedeutung diese Wendung haben sollte. Wie dem auch sei: Der ganze Zwischenfall erwies sich in letzter Instanz als das eigentliche Mittel zu meiner Rettung, wie sich sogleich zeigen wird.

V. Kapitel

Einige Minuten, nachdem der Koch sich aus dem Vorderschiff entfernt hatte, überließ Augustus sich der Verzweiflung. Er hatte keine Hoffnung mehr, die Koje lebend zu verlassen. Er gelangte nunmehr zu dem Entschluß, den erstbesten der Männer, der nach unten kommen würde, über meine Lage in Kenntnis zu setzen, da es ihm noch besser deuchte, mich mein Glück mit den Meuterern versuchen als mich im Schiffsraum verdursten zu lassen – waren nun doch bereits zehn Tage verstrichen, seit ich eingesperrt worden war; und mein Krug Wasser wäre selbst für vier Tage kein üppiger Vorrat gewesen. Während er noch über diesen Gegenstand sinnierte, schoß ihm plötzlich der Gedanke durch den Kopf, daß es vielleicht möglich sein würde, durch den Raum unter der Großluke hindurch Verbindung mit mir aufzunehmen. Unter anderen Umständen hätten ihn die Schwierigkeit und das Risiko des Unternehmens allein schon vor dem bloßen Versuch zurückschrecken lassen; aber jetzt hatte er, allem Anschein nach, wenig Aussicht zu überleben und dessenthalben wenig zu verlieren – folglich konzentrierte er seine ganze Energie auf diese eine Aufgabe.

Was es zunächst zu berücksichtigen galt, waren die Handschellen. Zuerst sah er keine Möglichkeit, sich ihrer zu entledigen, und fürchtete schon, daß sein Plan dadurch gleich von Anfang an zum Scheitern verurteilt sei; bei näherer Prüfung jedoch machte er die Entdeckung, daß sich die Eisen nach Belieben ab- und wieder überstreifen ließen, und zwar mit wenig Anstrengung oder Beschwerlichkeit, ganz einfach dadurch, daß er die Hände hindurchzwängte – waren doch die betreffenden Handschellen gänzlich ungeeignet, um einen jungen Menschen, bei dem die Knochen noch bereitwillig nachgaben, festzuhalten. Anschließend befreite er seine Füße, wobei er den Strick so beließ, daß er – sollte jemand herunterkommen – leicht wieder in Ordnung gebracht werden konnte, und ging dann daran, das Schott dort zu untersuchen, wo es an seine Koje stieß. Die Trennwand bestand hier aus einzölligem weichem Kiefernholz, und er erkannte, daß er geringe Mühe haben würde, sich einen Weg hindurch zu bahnen. Eben jetzt drang aber eine Stimme von der vorderen Kajütentreppe an sein Ohr, und er hatte gerade noch Zeit, seine Rechte wieder in die Handschelle zu zwängen (die Linke hatte er darin gelassen) und sich den Strick in einem schnellen Laufknoten um die Fesseln zu schnüren, als auch schon Dirk Peters herannahte, gefolgt von Tiger, der sofort in die Koje sprang und sich dort niederlegte. Augustus hatte den Hund an Bord geschmuggelt, da er um meine enge Verbindung mit dem Tiere wußte und geschlossen hatte, es würde mir Freude bereiten, ihn während der Reise bei mir zu haben. Er war, unmittelbar nachdem er mich in den Schiffsraum geschleust hatte, in mein Elternhaus geeilt und hatte ihn geholt, jedoch darauf vergessen, diesen Umstand zu erwähnen, als er mir damals die Uhr brachte. Seit Ausbruch der Meuterei hatte Augustus ihn – vor seinem jetzigen Erscheinen mit Dirk Peters – nicht mehr gesehen und schon aufgegeben, indes er annahm, daß irgendeiner der gemeinen Schurken, die zur Bande des Maats gehörten, auch ihn über Bord geworfen hätte. Später ergab sich, daß er in ein enges Loch unter einem der Walboote gekrochen war, aus dem er sich, da er keinen Platz zum Umdrehen fand, alleine nicht mehr befreien konnte. Peters war es, der ihn am Ende herausließ und der ihn nun, in einem Anflug von Gutmütigkeit, die mein Freund sehr wohl zu würdigen wußte, mit sich heruntergebracht hatte; wobei er ihm zur selben Zeit etwas Pökelfleisch daließ, auch Kartoffeln und eine Kanne Wasser. Dann begab er sich an Deck, nicht ohne zuvor zu versprechen, am nächsten Tage wiederzukommen und etwas mehr Essen zu bringen.

Als er sich entfernt hatte, machte Augustus beide Hände aus den Eisen los und befreite auch seine Füße. Dann schob er das Kopfende der Matratze, auf der er gelegen hatte, beiseite, und fing an, mit seinem Federmesser (denn die Halunken hatten es nicht der Mühe wert gehalten, ihn einer Leibesvisitation zu unterziehen) kräftig in die trennende Bretterwand einzuschneiden, und zwar so dicht wie möglich am Boden der Koje. Hier durchzubrechen entschloß er sich aufgrund der Überlegung, daß er im Falle plötzlicher Unterbrechungen in der Lage wäre, sein Unternehmen dadurch zu tarnen, daß er das Kopfstück der Matratze einfach in dessen ursprüngliche Lage zurücksinken ließe. Für den Rest des Tages trat keine Störung mehr ein, und gegen Abend hatte er das Brett ein erstesmal durchgeschnitzt. Es sei hier angemerkt, daß keines der Mannschaftsmitglieder mehr auf dem Vorderschiff schlief; vielmehr waren sie nach der Meuterei alle in die Kajüten umgesiedelt, wo sie sich an Kapitän Barnards Weinen und Vorräten gütlich taten und dem Manövrieren der Brigg nicht mehr Aufmerksamkeit widmeten, als unbedingt nötig war. Diese Lage der Dinge erwies sich als äußerst günstig für Augustus, und für mich nicht minder, denn bei anders gearteten Umständen wäre es ihm praktisch unmöglich gewesen, mich zu erreichen. Aber so fuhr er munter in seinem Tun fort, voller Vertrauen in seinen Plan. Immerhin war es schon kurz vor Tagesanbruch, bevor er das Brett ein zweitesmal durchtrennen konnte, was rund ein Fuß über dem ersten Schnitt geschah und eine Öffnung ergab, hinreichend groß, um ihm ohne weiteres den Einstieg ins Hauptorlopdeck zu ermöglichen. Dort angelangt, bahnte er sich mit wenig Mühe seinen Weg bis zur unteren Großluke; obwohl er dabei über Lagen von Ölfässern klettern mußte, die nahezu bis an die Decke aufgestapelt lagen und kaum genug Platz für seinen Körper ließen. Am Lukengatter angekommen, sah er, daß auch Tiger sich zwischen zwei Lagen Fässern hindurchgezwängt hatte und ihm gefolgt war. Inzwischen war es jedoch zu spät geworden, um den Versuch zu unternehmen, mich zu erreichen, bevor der Morgen dämmerte; der Hauptgrund für die Verzögerung hatte darin bestanden, die eng angestaute Ladung mittschiffs zu überwinden. Er entschied sich deshalb dafür, umzukehren und die nächste Nacht abzuwarten. Zu diesem Zwecke ging er daran, jetzt schon das Lukengatter zu lockern, auf daß sich bei seiner Rückkehr ein Mindestmaß an Verzögerung ergebe. Kaum war ihm dies jedoch gelungen, als auch schon Tiger voller Eifer auf die entstandene kleine Öffnung lossprang, einen kurzen Augenblick schnuppernd dort verweilte, dann ein langes Winseln ausstieß und gleichzeitig mit den Pfoten an dem Hindernis herumzukratzen begann, als wäre sein Behuf, es zu entfernen. Sein Gebaren ließ keinerlei Zweifel daran: Er spürte, daß ich irgendwo im Schiffsraum sei; und Augustus begann es für möglich zu halten, daß der Hund, falls er ihn durchließ, sich bis zu mir hinarbeiten könnte. Nun verfiel er auf das Auskunftsmittel einer schriftlichen Benachrichtigung, da es ja besonders wünschenswert erschien, daß ich – zumindest unter den augenblicklich herrschenden Umständen – keinen Ausbruchsversuch unternähme und er sich andererseits doch nicht hundertprozentig gewiß sein konnte, mich, wie es sein Plan war, morgen persönlich zu erreichen. Die nachfolgenden Ereignisse bewiesen auch, welch glückliche Eingebung es war, denn hätte ich die Nachricht nicht erhalten, wäre ich garantiert auf irgendeinen Plan, sei er auch noch so verzweifelt, verfallen, die Mannschaft zu alarmieren und hätte in der Konsequenz unser beider Leben verwirkt.

Kaum war der Beschluß zum Schreiben gefaßt, ergab sich schon die nächste Schwierigkeit, namentlich der dazu erforderlichen Materialien beizukommen. Ein alter Zahnstocher war bald zur Feder umgestaltet, und zwar nur nach dem Gefühl, denn in den Zwischendecks herrschte tiefste Finsternis. Das nötige Papier ergab die Rückseite eines Briefs – das Duplikat übrigens jenes gefälschten Schreibens von Mr. Ross. Es war eigentlich sogar der Originalentwurf gewesen, aber da die Handschrift nicht exakt genug imitiert schien, hatte Augustus einen weiteren angefertigt, und den früheren, zum guten Glück, in seine Jackentasche gesteckt, wo er ihn nun, unvergleichlich zupaß kommend, auffand. Das einzige, was jetzt noch mangelte, war die Tinte; und ein Ersatz dafür ergab sich auch sogleich, indem er sich mit dem Messer einen leichten Schnitt am Finger, unmittelbar über der Nagelwurz, beifügte – was, wie bei Verwundungen in diesem Bereich üblich, einen reichlichen Fluß von Blut hervorrief. Er schrieb nunmehr seine Mitteilung, so gut es sich im Stockfinsteren und unter den Umständen bewerkstelligen ließ. Sie erklärte in aller Kürze, daß eine Meuterei stattgefunden habe; daß Kapitän Barnard ausgesetzt worden sei; und daß ich, was Nahrungsmittel anginge, auf baldigsten Nachschub vertrauen durfte; auf keinen Fall jedoch riskieren dürfe, das geringste Aufsehen zu erregen. Geschlossen hatte er mit den Worten: »Ich kritzle dies nur schnell mit *Blut – Dein Leben hängt vom Verstecktbleiben ab!*«

Der Zettel wurde am Hund befestigt, dieser anschließend durch die Luke hindurchgeschoben; und Augustus bahnte sich seinen Weg, so gut es ging, wieder zurück ins Vorderschiff, wo er nichts antraf, das ihm Grund zu der Befürchtung gegeben hätte, eines der Mannschaftsmitglieder sei während seiner Abwesenheit dagewesen. Um das Loch in der Wand zu tarnen, stieß er unmittelbar oberhalb sein Messer hinein und drapierte eine Tuchjacke darüber, die er in der Koje gefunden hatte. Dann band er sich den Strick um die Fußgelenke und legte die Handschellen wieder an.

Gerade hatte er diese Handlungen beendet, als auch schon Dirk Peters nach unten kann – sehr betrunken, aber in glänzender Laune – und meinem Kameraden die Lebensmittelration für den heutigen Tag mitbrachte. Sie bestand aus einem Dutzend kolossaler Bratkartoffeln und einem Krug Wasser. Er setzte sich für einige Zeit auf die Kiste, die neben der Koje stand, und sprach sich frei aus, über den Maat und allgemeine Belange, die Brigg betreffend. Sein Betragen dabei war extrem kapriziös, zuweilen sogar grotesk, und so war Augustus eine Zeitlang ausgesprochen beunruhigt ob Peters' seltsamen Gebarens. Am Ende entfernte er sich jedoch wieder und ging an Deck, wobei er dem Gefangenen das Versprechen zuraunte, ihm morgen endlich ein anständiges Mahl vorzusetzen. Im Verlauf des Tages kamen zwei weitere Mannschaftsmitglieder, ihres Zeichens Harpuniere, nach unten, in Begleitung des Kochs; und alle drei befanden sich im Zustand äußerster Trunkenheit. Wie Peters selbst schienen auch sie keinerlei Bedenken zu haben, sich rückhaltlos über ihre Pläne auszulassen. Es machte den Eindruck, als seien sie unter sich recht uneins, was ihren endgültigen Kurs betraf; ja, daß sie eigentlich in keinem Punkte übereinstimmten, ausgenommen den Angriff auf jenes besagte Schiff von den Kapverdischen Inseln, auf das sie stündlich zu treffen erwarteten. Soweit sich Klarheit gewinnen ließ, war die Meuterei nicht einzig um der Beute willen zustande gekommen; der Hauptantrieb vielmehr ein privater Groll des Ersten Maats gegen Kapitän Barnard gewesen. Im Augenblick schien sich die Mannschaft in zwei Parteien aufgespaltet zu haben – die eine unter dem Befehl des Maats, die andere vom Koch angeführt. Erstere waren dafür, das nächste einigermaßen für ihre Zwecke geeignete Schiff, daß ihnen begegnen sollte, zu kapern, und es dann auf einer der Westindischen Inseln für einen Piratenzug auszurüsten; die Letztgenannten jedoch, die übrigens die Stärkeren waren und auch Dirk Peters zu den ihren zählten, stimmten mit Nachdruck dafür, den ursprünglich vorgesehenen Kurs beizubehalten und, im Südpazifik angekommen, dort entweder wirklich Wale zu fangen oder aber sich anders, den Umständen entsprechend, zu verhalten. Besonders Peters' Schilderungen, der häufig in jener Gegend gewesen war, übten allem Anschein nach großen Einfluß auf die Meuterer aus, insbesondere aufgrund ihres Schwankens zwischen halbgaren Vorstellungen von Gewinn und

Genuß. Er hatte sich darüber verbreitet, wie man zwischen den zahllosen Eilanden des Pazifik eine ganze Welt von neuer Kurzweil fände, über die vollkommene Sicherheit, die Freiheit von jedweder Beschränkung, die man dort genösse, hatte aber vor allem auf die Herrlichkeit des Klimas gewiesen, die Überfülle bester Lebensmöglichkeiten und auf die üppige Schönheit der Frauen dort. Bis jetzt war noch keine endgültige Entscheidung getroffen worden, aber die Beschreibungen des Mestizen und Leinenmeisters ergriffen zusehends stärker Besitz von der feurigen Einbildungskraft der rauhen Seeleute; und es sah immer mehr danach aus, daß seine Anregungen am Ende wahrscheinlich in die Tat umgesetzt werden würden.

Alle drei Mann begaben sich nach etwa einer Stunde wieder von dannen, und den ganzen langen Tag hindurch betrat kein Mensch das Vorderschiff. Augustus blieb bis gegen Abend ruhig liegen. Dann machte er sich von Strick und Eisen frei und traf die Vorbereitungen für sein Unternehmen. Eine Flasche fand sich in einer der Kojen, und er füllte sie mit Wasser aus dem Krug, den Peters dagelassen hatte, Gleichermaßen brachte er einige der kalten Kartoffeln in seinen Taschen unter. Zu seinem großen Ergötzen stieß er sogar auf eine Laterne, in der sich noch ein Endchen von einem Talglicht befand. Da er selbst noch im Besitz einer Schachtel mit Zündhölzern war, konnte er nun jederzeit Licht machen. Als es ganz finster geworden war, stieg er durch das Loch in der Schottwand ein, nachdem er vorsichtshalber die Bettdecken und -laken in seiner Koje dergestalt drapiert hatte, daß es annähernd so wirkte, als läge jemand gut zugedeckt darunter. Als er hindurch war, hängte er die Tuchjacke erneut an das Messer, wie bereits zuvor, um die Öffnung zu verstecken – ein Manöver, das einigermaßen leicht zu bewerkstelligen war, da er das herausgeschnittene Brettstück erst hinterher wieder einsetzte. Er befand sich nun im Hauptorlopdeck und schlug genau denselben Weg wie beim letztenmal ein, zwischen Oberdeck und Öltonnen, bis hin zur Großluke. Hier angelangt, zündete er den Kerzenstummel an und tastete sich nach unten, wobei er auf die größten Schwierigkeiten stieß, so dicht war die Ladung im Raum gestaut. Schon nach wenigen Augenblicken überkam ihn Beunruhigung ob des schier unerträglichen Gestanks und der stagnierenden Luft. Es fiel ihm schwer, sich vorzustellen, daß ich meine Haft so lange unter diesen drückenden Dünsten überstanden haben sollte. Er rief wiederholt meinen Namen, erhielt jedoch keine Antwort von mir, wodurch sich seine schlimmsten Befürchtungen zu bestätigen schienen. Die Brigg rollte und schlingerte heftig, und folglich entstanden überall so viele Geräusche, daß es sinnlos war, eines der schwächeren, etwa meinen Atem oder mein Schnarchen, erlauschen zu wollen. Er öffnete die Laterne und hielt sie fortan, so bald sich eine Möglichkeit dazu bot, so hoch wie nur möglich, damit ich – falls ich noch am Leben sei – den Lichtschein erkennen und daraus entnehmen möge, daß Rettung nahe. Dennoch war und blieb kein Laut von mir zu vernehmen, und seine Ahnung, daß ich tot sei, begann allmählich zur Gewißheit zu werden. Nichtsdestotrotz beschloß er, sich wenn nur irgend möglich zu meiner Kiste vorzukämpfen, um wenigsten die letzten Zweifel über die Wahrheit seines schrecklichen Argwohns auszuräumen. So drängte er in einem wahrhaft bemitleidenswerten Zustand von Niedergeschlagenheit voran, bis er endlich seinen Pfad endgültig und unüberwindlich blokkiert fand und erkennen mußte, daß es auf dem eingeschlagenen Wege kein Fortkommen mehr gebe. Da warf er sich, übermannt von seinen Gefühlen, der Verzweiflung voll, mitten ins Gerümpel und weinte wie ein Kind. Zu diesem Zeitpunkt nun geschah es, daß er das Klirren der Flasche vernahm, die ich zu Boden schmetterte. Und wahrlich, daß dieser Zwischenfall sich ereignete, sollte mein Glück sein, denn von eben dieser meiner wütenden Tat, so banal sie auch scheinen mag, hing mein Schicksalsfädlein ab. Immerhin zog einige Zeit ins Land, ehe ich von dieser Tatsache voll Kenntnis erhielt. Natürliche Scham und Reue ob seiner Schwäche und Unentschlossenheit hielten Augustus davon ab, mir damals sogleich zu gestehen, was später ein engerer und rückhaltloserer Umgang mir zu gestehen ihm ermöglichte: Als er einsehen mußte, wie ein weiteres Vordringen im Schiffsraum von Hindernissen gehemmt ward, die er als unüberwindlich betrachten mußte, hatte er sich entschlossen, den Versuch meiner Rettung aufzugeben und daher unverzüglich wieder ins Vorderschiff zurückzukehren. Bevor man ihn jedoch über diesen Gedanken endgültig verdammt, sollten die nervenaufreibenden Umstände in Betracht gezogen werden, die ihn von allen Seiten bedrängten. Schon näherte sich die Nacht schnell ihrem Ende, und seine Entfernung aus dem Vorderschiff mochte entdeckt werden, was sogar praktisch unvermeidlich wurde, falls er seine Koje nicht vor Tagesanbruch erreichte. Seine Kerze in der Tülle schwand zusehends dahin, und den Rückweg zur Luke im stockfinstern zu ertasten wäre von den größten Schwierigkeiten begleitet gewesen. Zudem muß ihm eingeräumt werden, daß er durchaus Grund zu der Annahme hatte, ich sei bereits gestorben, für welchen Fall ein Vorstoß seinerseits zu meiner Kiste mir keinerlei Gewinn mehr bringen konnte, ihn selbst aber mit einem Übermaß an Gefahren konfrontieren würde, und zwar gänzlich ohne Sinn und Zweck. Er hatte immerhin wiederholt gerufen, und von mir war keinerlei Antwort erfolgt. Ich hatte nun elf Tage und ebenso viele Nächte hinter mir, mit nicht mehr Wasser als der eine Krug enthielt, den er mir zu Anfang hingestellt hatte – ein Quantum, von dem es überdem unwahrscheinlich war, daß ich es zu Beginn meiner Klausur rationiert hatte, da ich ja jeden Grund gehabt hatte, eine baldige Befreiung zu erwarten. Weiterhin mußte der vorherrschende Gestank im unteren Schiffsraum ihm, der aus der im Verhältnis dazu frischen Luft des Mannschaftszwischendecks kam, als schlechthin giftig erschienen sein, und bei weitem unerträglicher als mir, da ich zuerst mein Quartier in der Kiste bezog – hatten doch damals die Luken viele Monde hindurch ohne Unterbrechung offengestanden. Nimmt man zu diesen Erwägungen noch die Szenen von Blutvergießen und Schrecken hinzu, deren Zeuge mein Freund jüngst geworden war, sein Gefesseltsein, die Entbehrungen, die Sachlage, daß er mehrmals nur um Haaresbreite dem Tode entkommen war, und bezieht man endlich auch die hauchdünnen und äußerst fragwürdigen Voraussetzungen mit ein, aufgrund derer ich überhaupt noch am Leben war – alles Umstände, die im höchsten Maße dazu angetan sind, jedwede Energie des Geistes zu lähmen –, dann wird der geschätzte Leser (und ebenso verhielt es sich mit mir) leichthin zu der Erkenntnis gelangen, seinen scheinbaren Verlust von Freundschaft und Treue eher mit den Gefühlen von Kummer als von Ungehaltensein zu betrachten.

Das Zerbersten der Flasche war also deutlich als solches zu hören, obschon sich Augustus nicht sicher war, ob es auch wirklich vom Schiffsraum ausginge. Immerhin war der bloße Zweifel Grund genug für ihn, nicht aufzugeben. Er klomm, sich des Ballasts bedienend, bis ganz dicht unters Orlopdeck, wartete ab, bis das Schiff einen kurzen Moment lang ruhiger dahinfuhr, und rief mir dann zu, so laut er nur immer vermochte – wobei er für den Augenblick die Gefahr, von der Mannschaft gehört zu werden, gänzlich außer acht ließ. Man wird sich erinnern, daß mich seine Stimme sehr wohl erreichte; aber auch, daß ich, von heftigsten Erregungen vollends übermannt, platterdings nicht imstande war, ihm zu erwidern. Er – nunmehr überzeugt, daß seine schlimmsten Befürchtungen leider begründet seien – kletterte hinab, und zwar mit der Absicht, ohne weiteren Zeitverlust schleunigst zum Vorderdeck zurückzukehren. In seiner Hast warf er einige kleinere Kisten hinunter – ein Geräusch, das, wie man sich erinnern wird, von mir gehört wurde. Er war auf seinem Rückweg schon erheblich weit vorgedrungen, als der Fall meines Messers ihn bewog, wiederum zu zögern. Unverzüglich drängte er denselben Weg wieder zurück, erkletterte erneut den Ballastturm und rief, nachdem er die Stille abgewartet hatte, ein zweitesmal meinen Namen. Diesmal gehorchte mir meine Stimme, und ich antwortete. Überwältigt ob der Erleichterung, mich lebend vorzufinden, beschloß er nunmehr, jedweder Schwierigkeit und Gefahr trotzend, mich zu erreichen. Nachdem er sich so rasch als möglich aus dem Gerümpel-Labyrinth, das ihn hemmte, herausgearbeitet hatte, traf er am Ende auf eine Öffnung, die ihm vielversprechend erschien, und langte schließlich nach einer Reihe der qualvollsten Anstrengungen im Zustand äußerster Erschöpfung an meiner Behausung an.

VI. Kapitel

Augustus vermittelte mir nur groben Züge des Berichts, während wir in der Kiste verweilten. Erst später ergab sich die Gelegenheit, daß er näher auf die Umstände eingehen konnte. Er befürchtete, bereits vermißt zu werden, und ich war meinerseits wild vor Ungeduld, dem verhaßten Ort meiner Gefangenschaft endlich den Rücken zu kehren. Wir beschlossen, uns unverzüglich auf den Weg zum Loch im Schott zu machen, in dessen Nähe ich mich zunächst einmal aufhalten sollte, während er selbst hindurchkriechen und die Lage prüfen würde. Tiger in der Kiste verschmachten zu lassen, daran wollte keiner von uns auch nur denken; aber wie sich statt dessen verhalten, das war die Frage. Im Augenblick schien er vollkommen ruhig. Wir konnten gar, selbst wenn wir das Ohr dicht an die Kiste hielten, nicht einmal seinen Atem hören. Ich war überzeugt, daß er tot sei, und entschied mich dafür, die Tür zu öffnen. Wir fanden ihn, der Länge nach ausgestreckt, anscheinend in tiefer Ohnmacht, jedoch am Leben. Nun hatten wir aber keine Zeit zu verlieren, doch ich brachte es nicht übers Herz, ein Tier, das schon zweimal entscheidend dazu beigetragen hatte, mich am Leben zu halten, so mir nichts, dir nichts seinem Schicksal zu überlassen, ohne den geringsten Versuch, ihn zu erretten. Wir zogen ihn also mit uns, so gut wir konnten, obschon unter den größten Schwierigkeiten und Anstrengungen; war doch Augustus zeitweilig gezwungen, über die Hindernisse, die uns den Weg verstellten, hinwegzuklettern, mit dem mächtigen Hund in den Armen – eine Übung, die mir angesichts meiner derzeitigen Schwäche absolut unmöglich gewesen wäre. Am Ende jedoch erreichten wir glücklich das Loch, woraufhin Augustus hindurchkroch und Tiger ihm hinterhergeschoben wurde. Er fand alles in Ordnung vor, und wir verfehlten nicht, Gott für die Erlösung aus der schrecklichen Gefahr, der wir soeben entronnen waren, unseren innigsten Dank auszusprechen. Bezüglich des weiteren Vorgehens einigten wir uns zunächst einmal darauf, daß ich mich nahe der Öffnung aufhalten solle, durch welche mein Gefährte ohne Mühe einen Teil seiner Tagesration hindurchreichen und ich mich des Vorteils erfreuen konnte, endlich wieder verhältnismäßig reine Luft zu atmen.

Zur Verständlichmachung gewisser Teile dieses Berichtes, wo die Stauung der Ladung der Brigg zur Sprache gekommen ist, und die einigen meiner Leser, die womöglich schon korrekt gestaute Ladungen gesehen haben, unklar und wenig überzeugend erscheinen könnten, muß ich hier klarstellen, daß die Art, wie man diese überaus bedeutende Aufgabe an Bord der Grampus erledigt hatte, eine wahrhaft schandbare Nachlässigkeit seiten Kapitän Barnards darstellte, der leider in keiner Hinsicht ein so verantwortungsbewußter oder erfahrener Seemann war, wie die riskante Natur des Unternehmens, mit dem er betraut war, es eigentlich erfordert hätte. Die sachgemäße Stauung einer Ladung läßt sich nun einmal nicht »nebenbei« erledigen, und viele der folgenschwersten Katastrophen sind, selbst nach meinen eigenen begrenzten Erfahrungen, auf Nachlässigkeit oder Unwissenheit bezüglich dieses Punktes zurückzuführen. Küstenfahrzeuge sind, infolge der übliche Eile und des Durcheinanders, die bei der Be- und Entladung die Tagesordnung darstellen, am anfälligsten für Havarien, wenn die Ladung mangelhaft untergebracht wurde. Der wichtigste Gesichtspunkt hierbei ist, darauf hinzuwirken, daß die Ladung bzw. der Ballast, selbst während des heftigsten Rollens eines Schiffs, keinerlei Möglichkeit habe, sich auch nur einen Zollbreit zu verschieben. Hierfür muß jedoch nicht nur der Menge der Ladung Beachtung geschenkt werden, sondern auch deren *Art;* und weiterhin, ob das Schiff voll oder nur zum Teil beladen wurde. Bei der Mehrzahl der Frachtgüter wird die Stauung vermittelst einer Einpreßvorrichtung erfolgen, und zwar in einer Art, daß beispielsweise eine Tabak- oder Mehlladung derart fest in den Schiffsbauch gepreßt wird, daß man die Fässer oder Oxhofte beim Ausladen buchstäblich platt gedrückt vorfindet und es einige Zeit dauert, bis sie ihre ursprüngliche Gestalt wieder angenommen haben. Besagtes Einpressen wird in der Hauptsache deshalb vorgenommen, um möglichst große Mengen im Schiffsraum unterzubringen, denn bei einer *vollen* Ladung von Gütern wie Mehl oder Tabak kann von einer

Gefahr der Verschiebung nicht die Rede sein; zumindest von keiner, die etwaige Kalamitäten herbeizuführen drohe. Vielmehr sind Fälle bekannt geworden, wo die Methode des Einpressens zu den bedauerlichsten Folgen geführt hat, und zwar wiederum aus einem ganz anderen Grunde als dem Verschieben der Last. Beispielsweise weiß man, daß eine Ladung Baumwolle, in bestimmtem Zustande fest eingepreßt, sich während der Fahrt ausdehnte und das Schiff mitten auf hoher See auseinandersprengte. Es kann keinerlei Zweifel bestehen, daß dasselbe Ereignis auch bei Tabak auftreten würde, sobald der übliche Fermentationsvorgang einzusetzen begänne, wären nicht die aufgrund der Rotundität der Oxhofte sich ergebenden Zwischenräume.

Wird nur eine Teilladung an Bord genommen, dann ist der Gefährdung durch Verrutschen besonderes Augenmerk zuzumessen, und es sollten stets Vorsichtsmaßnahmen getroffen werden, um sich gegen mögliche Unglücksfälle zu verwahren. Nur wer erlebt hat, was »heftige Böen« in praxi bedeuten, oder wer gar erfahren hat, wie ein Schiff bei plötzlicher Windstille nach dem Sturm in der Dünung rollt, kann sich einen Begriff machen von der unglaublichen Wucht der Stöße und folglich von dem fürchterlichen Schub, den alles, was im Schiff nicht niet- und nagelfest ist, erfährt. Und hier nun ist es, wo die Notwendigkeit einer klugen Ladeweise, zumal bei bloßer Teillast, so recht spürbar wird. Während des beigedreht Liegens (besonders unter kleinem Focksegel) wird ein um den Bug nicht völlig untadelig gebautes Schiff sich immer wieder einmal weit auf die Seite legen; und zwar wird dies etwa alle fünfzehn bis zwanzig Minuten erfolgen, ohne daß jedoch ernsthaftere Konsequenzen einträten, *vorausgesetzt, es wurde korrekt beladen.* Hat man aber hierauf nicht strikt geachtet, dann wird sich beim ersten Überholen die gesamte Ladung wie ein Block nach der Seite des Schiffes hin verschieben, die wasserwärts liegt, und es so daran hindern, das Gleichgewicht wiederzuerlangen, was andernfalls naturgemäß der Fall wäre. Vielmehr wird es sich binnen kürzester Zeit mit Wasser füllen und untergehen. Es ist nicht zuviel gesagt, wenn man behauptet, daß wenigstens fünfzig Prozent aller Fälle, in denen Schiffe auf hoher See bei schweren Stürmen gekentert sind, auf die beschriebene Verschiebung der Beladung bzw. des Ballasts zurückzuführen sind.

Wenn eine Teilladung, ganz gleich, worum es sich auch handeln möge, an Bord genommen wird, sollte das Ganze, nachdem es erst einmal so kompakt wie nur irgend möglich verstaut wurde, mit einer festen Bohlenlage bedeckt werden, die von einer Schiffswand bis zur anderen reicht. Auf diese Bohlen sollten robuste senkrechte Behelfsstützen gesetzt werden, die bis oben hin an den Deckbalken reichen, so daß alles sicher an Ort und Stelle fixiert ist. Falls die Ladung aus Getreide oder ähnlichen geschüttelten Materialien besteht, werden zusätzliche Vorsichtsmaßnahmen erforderlich; wird man doch einen Lagerraum, der beim Verlassen des Hafens bis zum Rand mit Getreide gefüllt ist, am Bestimmungsort nicht mehr als nur zu drei Vierteln voll finden – und das, obgleich die Fracht – vom beauftragten Spediteur Scheffel für Scheffel nachgemessen – die laut Verladeschein vorhandene Menge um ein Beträchtliches überschreitet (dies ist auf das Aufquellen der Körner zurückzuführen). Schuld an diesem Phänomen ist die Tatsache, daß das Ladegut sich während der Überfahrt *setzt.* Die Wahrnehmbarkeit dessen steht in direktem Verhältnis zu dem schlechten Wetter, das man durchzustehen hatte. Wird also Getreide lose in ein Schiff eingeladen, dann neigt es – obschon anfänglich noch sorgfältig durch Bohlenlagen und Stützständer abgesichert – während einer langen Überfahrt dennoch unumgänglich dazu, durch Verrutschen die allerunangenehmsten Zwischenfälle herbeizuführen. Um dies zu verhindern, sollte man vor Verlassen des Hafens keine Mühen scheuen, das »Sich-Setzen« der Ladung nach Kräften vorwegzunehmen, wozu man ja so manches ersonnen hat, wovon ich hier nur das Eintreiben von Füllkeilen ins Getreide anzuführen mich bemüßigt fühle. Aber selbst wenn all dies erfolgt sein sollte und man sich wirklich ungewöhnliche Mühe gegeben hat, das Überschießen der Ladung durch Abstützen der Bohlenlagen zu vermeiden, so wird sich dennoch kein Seemann, der einigermaßen Bescheid weiß, während eines auch nur mittelstarken Sturmes mit einer Ladung Getreide an Bord ganz sicher fühlen; und bei einer Teilladung noch viel weniger. Dennoch sind Tag für Tag Hunderte von Küstenfahrzeugen, vermutlich noch weit mehr aus europäischen Häfen, mit Teilladungen unterwegs, sogar von der allerriskantesten Sorte und ohne jegliche Vorsichtsmaßnahmen. Das Wunder besteht darin, daß nicht noch weit mehr Unfälle geschehen, als dies der Fall ist. Ein bedauerliches Beispiel solcher Fahrlässigkeit stellt meines Wissens die im Jahre 1825 erfolgte Reise eines gewissen Kapitän Joel Rice mit seinem Schoner Firefly dar, der mit einer Ladung Getreide von Richmond (Virginia) nach Madeira segelte. Der Kapitän hatte viele Fahrten ohne nennenswertes Mißgeschick hinter sich gebracht, obgleich er die Angewohnheit hatte, seiner Fracht nie mehr Aufmerksamkeit zu widmen, als sie allerhöchstens auf die simpelste Art abzusichern. Mit einer Last Getreide war er noch niemals gefahren und hatte in diesem Falle das Korn einfach lose in den Raum schütten lassen, wo es denn am Ende das Schiff nicht mehr als nur zur Hälfte füllte. Während des ersten Teils der Überfahrt war man nur mit leichten Winden konfrontiert, aber einen Segeltag vor Madeira setzten plötzlich heftige Nord-Nordoststürme ein, die das Schiff zum Beidrehen zwangen. Der Kapitän brachte seinen Schoner unter nichts weiter als einem doppelt gerefften Focksegel an den Wind, worauf er dann die See so gut hielt, wie man von einem Schiff nur erwarten kann und nicht einen Tropfen Wasser übernahm. Gegen Abend ließ der Sturm ein wenig nach, und das Schiff begann unsteter zu rollen als zuvor, hielt sich jedoch weiterhin ausgezeichnet, bis es sich bei einem besonders abrupten Überholmanöver einmal weit nach Steuerbord legte. Da hörte man, wie sich die gesamte Getreidemasse seitlich verschob, und zwar mit so unerbittlicher Gewalt, daß die Großluke durch den Druck aufbrach. Das Schiff sank wie ein Stein. Das Ganze spielte sich in Rufweite einer kleinen Schaluppe aus Madeira ab, die einen einzigen Mann von der Besatzung auffischen konnte – den alleinigen Überlebenden übrigens – und die ihrerseits den ganzen Sturm vollkommen sicher überstand, wie es ja bei richtiger Handhabung selbst die kleinste Segeljolle getan hätte.

Was nun die Ladung der Grampus angeht: Sie war aufs Ungeschickteste gestaut, wenn man das hastige Übereinanderhäufen von Ölfässern und Schiffsausrüstung überhaupt mit dem Begriff »Stauen« bezeichnen will. (Walfänger sind für gewöhnlich mit eisernen Öltanks ausgestattet – weshalb dies bei der Grampus nicht der Fall war, habe ich niemals in Erfahrung bringen können.) Ich habe den Zustand des Schiffsraums ja sattsam erklärt. Im Orlopdeck etwa war, ich sagte es schon, zwischen den Öltonnen und dem Deck darüber ausreichend Platz für meinen Körper; um die Großluke herum war ein freier Raum gelassen, und diverse andere beträchtliche Höhlungen befanden sich innerhalb der Ladung selbst. Nahe dem Loch im Schott, das Augustus geschnitten hatte, wäre genügend Platz für ein ganzes Faß gewesen, und in ebenjenem Hohlraum quartierte ich mich zunächst einmal leidlich bequem ein.

Zu dem Zeitpunkt, da mein Freund sicher wieder in seiner Koje lag, mit Handschellen und Strick wohlversehen, war es heller Tag geworden. Wir hatten es tatsächlich gerade noch so geschafft, denn kaum, daß er alles fertig drapiert hatte, kam auch schon in Begleitung von Dirk Peters und dem Koch der Maat nach unten. Erst schwatzten sie eine Zeitlang über jenes Schiff von den Kapverdischen Inseln, dessen Erscheinen sie offenbar bang erwarteten. Am Ende kam der Koch sogar zu der Koje her, in welcher Augustus lag, und setzte sich am Kopfende nieder. Ich konnte von meinem Versteck aus alles sehen und mitanhören, denn wir hatten das herausgeschnittene Brett nicht wieder eingesetzt; und ich rechnete ängstlich jeden Augenblick damit, daß der Neger sich unvermittelt gegen die Tuchjacke lümmeln sollte, die wir zur Tarnung vor die Öffnung gehängt hatten – für welchen Fall alles aufgedeckt würde und unser beider Leben zweifelsohne dem sofortigen Untergang geweiht wäre. Unsere Glückssträhne ließ uns jedoch nicht im Stich, und obgleich er beim Rollen des Schiffs mehrmals die Jacke berührte, drückte er doch nie so sehr dagegen, daß sie nachgegeben und dies eine Entdeckung herbeigeführt hätte. (Wir hatten ihren Saum aber auch sorgfältig am Schott befestigt, auf daß man durch das Hin- und Herschwingen nicht etwa das Loch zu sehen bekäme.) Die ganze Zeit über lag Tiger am Fußende der

Koje, und er schien seine fünf Sinne wieder einigermaßen beisammen zu haben, denn ich konnte sehen, wie er ab und an die Augen öffnete und tief durchatmete.

Nach einigen Minuten verfügten sich Maat und Koch wieder nach oben und ließen Dirk Peters allein zurück, der, sobald jene sich entfernt hatten, näher kam und sich auf eben den Platz niedersetzte, den eben noch der Maat innegehabt hatte. Er begann, sehr ungezwungen mit Augustus zu plaudern, und wir konnten jetzt erkennen, daß er seine anscheinende Betrunkenheit in Gegenwart der beiden anderen überwiegend zu deren Täuschung an den Tag gelegt hatte. Er beantwortete alle Fragen meines Kameraden mit völligem Freimut, eröffnete ihm, daß er keinen Zweifel daran hege, daß sein Vater gerettet worden sei – wären doch unmittelbar vor Sonnenuntergang an jenem Tage, da man ihn in dem kleinen Boot ausgesetzt habe, nicht weniger als fünf verschiedene Segel in Sicht gewesen –, und bediente sich überhaupt Worten von so tröstlicher Natur, daß es bei mir nicht minder Überraschung und Freude auszulösen vermochte. Ich begann tatsächlich die Hoffnung zu nähren, daß wir durch die tätige Mitwirkung Peters' am Ende doch noch in den Stand versetzt werden mochten, von der Brigg wieder Besitz zu ergreifen; eine Idee, die ich, sobald sich die Gelegenheit bot, Augustus gegenüber zur Sprache brachte. Auch er hielt diesen Fall für nicht gänzlich unmöglich, betonte jedoch mit Nachdruck, daß bei dem Versuch die allergrößte Vorsicht zu walten haben werde, da das Verhalten des Mischlings einzig und allein von der launenhaftesten Willkür bestimmt zu sein schien; und wahrhaftig war es schwer zu erkennen, ob er zu einem gegebenen Zeitpunkt immer gänzlich bei klarem Verstand war. Nach ungefähr einer Stunde kehrte auch Peters an Deck zurück und ließ sich vor Mittag nicht wieder sehen, wo er denn Augustus eine reichliche Portion Pökelrindfleisch und Klöße herunterbrachte, auf die ich mich, sobald wir wieder allein waren, mit wilder Gier stürzte, ohne mich erst durch das Loch zu entfernen. Auch kam für den ganzen Rest des Tages kein Mensch mehr ins Vorderschiff herunter, und ich legte mich nächtens in Augustus' Koje, allwo ich bis Tagesanbruch süß und sorglos schlummerte, bis er mich weckte, da er gehört hatte, wie es sich auf Deck zu regen begann, und ich mich so schnell wie möglich in mein Versteck zurückverfügte. Als der Tag dann vollends gekommen war, sahen wir, daß auch Tiger beinahe wieder zu vollen Kräften gekommen war, der übrigens keinerlei Anzeichen von Hydrophobie zeigte, vielmehr ein wenig ihm dargebotenes Wasser mit augenscheinlichem Eifer aufleckte. Im weiteren Verlauf des Tages gewann er dann all seine frühere Munterkeit und seinen Appetit wieder. Sein vormaliges befremdliches Gebaren war zweifellos lediglich durch die schädlichen Einwirkungen der Luft im Schiffsraum herbeigeführt worden, und hatte mit Tollwut nicht das geringste zu tun. Ich konnte mich gar nicht genug darüber entzücken, daß ich darauf bestanden hatte, ihn aus der Kiste zu holen und mitzunehmen. Wir schrieben damals übrigens den dreizehnten Tag, nachdem die Grampus von Nantucket ausgelaufen war.

Am 2. Juli kam der Maat nach unten, betrunken wie stets, aber in überschwenglicher Laune. Er trat zu Augustus an die Koje, klopfte ihm leicht auf den Rücken, fragte ihn, ob er meine, daß er sich endlich menschlich benehmen könne, falls er ihn freiließe? Und ob er versprechen wolle, auf keinen Fall wieder in die Kajüte zu gehen? All diese Fragen bejahte mein Freund selbstredend nach Kräften, worauf der Rohling ihn nun entfesselte, nicht ohne Augustus zuvor aus einem Rumfläschchen trinken zu lassen, das er aus der Jackentasche zog. Gemeinsam begaben sich nun beide an Deck, und ich bekam an die drei Stunden nichts mehr von Augustus zu sehen. Dann erst kam er herunter, mit der erfreulichen Nachricht, daß er Erlaubnis erhalten habe, sich vorwärts des Großmastes nach Belieben frei an Bord der Brigg zu bewegen; und man habe ihn angewiesen, genau wie bisher im Vorderschiff sein Nachtlager aufzuschlagen. Er brachte außerdem eine gute Mahlzeit für mich und eine reichliche Menge Trinkwassers. Die Brigg war immer noch im Kreuzen begriffen, in Erwartung jenes besagten Schiffes; und eben war ein Segel in Sicht, das allgemein für das herbeigesehnte gehalten wurde. (Da die Ereignisse der nunmehr folgenden acht Tage von geringer Bedeutung waren und keine direkte Beziehung zu den Hauptereignissen meines

Berichts haben, will ich sie hier, da ich sie nicht ganz und gar auslassen möchte, kurz in Tagebuchform wiedergeben.)

3. Juli. Augustus besorgte drei Decken, mit denen ich mir in meinem Versteck ein komfortables Lager herrichtete. Niemand, mein Freund ausgenommen, ist den ganzen Tag nach unten gekommen. Tiger etablierte sich in der Koje, genau vor dem Loch, und schlief so schwer und fest, wie wenn er sich doch noch nicht so ganz von den Nachwirkungen seiner Krankheit erholt hätte. Gegen Abend wurde die Brigg, ehe man noch die Segel einholen konnte, von einem einzigen heftigen Windstoß getroffen, der uns um ein Haar zum Kentern gebracht hätte. Die Böe legte sich jedoch gleich wieder, und es entstand – abgesehen vom geplatzten Vormarssegel – kein größerer Schaden. Dirk Peters behandelte Augustus den ganzen Tag über mit großer Freundlichkeit; ja er ließ sich sogar auf ein langes Gespräch hinsichtlich des Pazifischen Ozeans und der Eilande, die er ehedem in jener Region aufgesucht hatte, mit ihm ein. Er fragte auch, ob es ihm nicht so recht zupaß käme, mit den Meuterern auf eine Art Entdeckungs- und Vergnügungsreise in besagten Gebieten auszugehen; und fügte noch hinzu, wie die Leute sich allmählich die Ansichten des Maats immer mehr zu eigen machten. Worauf Augustus es für das beste hielt, folgendes zu erwidern: daß er mit Freuden auf ein solches Abenteuer ausziehen würde, da man nichts Besseres unternehmen könne und einem Leben als Seeräuber letztlich alles vorzuziehen wäre.

4. Juli. Das gesichtete Schiff hat sich als kleine Brigg aus Liverpool erwiesen, die man folglich unbehelligt passieren ließ. Augustus verbrachte den größten Teil des Tages an Deck, mit der Absicht, nach Kräften umfassende Informationen bezüglich der Pläne der Meuterer einzuziehen. Immer wieder fanden heftige Wortgefechte zwischen ihnen statt, während derer Jim Bronner, ein Harpunier, über Bord geworfen wurde. Die Partei des Maats gewann stetig an Boden. (Jim Bronner hatte zur Gruppe des Kochs gehört, der sich auch Peters zuzählte.)

5. Juli. Bei Tagesanbruch setzte eine steife Brise von West ein, die um Mittag herum bis zur Sturmstärke auffrischte, so daß die Brigg nur noch Gaffel- und Focksegel führen konnte. Beim Einholen des Vormarssegels fiel Simms (einer der Leichtmatrosen, der ebenfalls zur Koch-Fraktion gehörte) in schwer berauschtem Zustand über Bord und ertrank – auch wurde keinerlei Versuch unternommen, ihn zu retten. Die Gesamtzahl der Personen an Bord betrug nunmehr dreizehn, namentlich: Dirk Peters / Seymour, der schwarze Koch / — Jones / — Greely / Hartman Rogers / und William Allen (Partei des Kochs) / der Maat (dessen tatsächlichen Namen ich nie gehört habe) / Absalom Hicks / — Wilson / John Hunt / und Richard Parker (Partei des Maats) / und darüber hinaus natürlich Augustus und ich selbst.

6. Juli. Der Sturm hielt den ganzen Tag hindurch an, mit heftigen, von schweren Regengüssen begleiteten Böenfronten. Die Brigg übernahm eine ganze Menge Wasser durch die Plankenritzen, und eine von den Pumpen mußte ohne Unterlaß in Gang gehalten werden, wobei auch Augustus sich gezwungen sah, seine Schicht zu übernehmen. Just zur Zeit des Dämmerlichts passierte uns dicht ein großes Schiff, ohne daß es entdeckt worden wäre, bevor es sich in Rufweite befand. Man hielt es darauf für ebenjenes, nach welchem die Meuterer beständig Ausschau gehalten hatten. Zwar rief der Maat es an, doch die Antwort ging im Geheul des Sturmes unter. Gegen elf Uhr schlug ein schwerer Brecher mittschiffs über Bord, brach ein großes Stück der Backbordreeling mit sich und richtete auch sonst leichtere Schäden an. Gegen Morgen normalisierte sich die Wetterlage, und bei Sonnenaufgang herrschte nur noch ein leichter Wind.

7. Juli. Schwere Dünung den ganzen Tag über, in der die Brigg (praktisch ohne Ladung) in beängstigendem Maße rollte, und wodurch – wie ich in meinem Versteck deutlich vernehmen konnte – so mancher Gegenstand im Laderaum unten sich loszumachen begann. Ich litt unter erheblicher Seekrankheit. / Peters führte heute wieder eine längere Unterhaltung mit Augustus und informierte ihn, daß zwei Mitglieder seiner Gruppe (Greely und Allen) zum Maat übergelaufen seien, d. h. sich entschlossen hatten, Seeräuber zu werden.

Auch legte er Augustus einige Fragen vor, die dieser im Moment nicht zur Gänze verstand. / Im Lauf des Abends wurde das Schiff zeitweise noch undichter, wogegen aber wenig unternommen werden konnte, da der Grund dafür lediglich das Arbeiten des Rumpfes war, in den das Wasser durch die Ritzen eindrang. Man bespickte ein Segel und befestigte es außen am Bug, was auch einigermaßen Abhilfe schuf, da man so über das Leck allmählich Herr wurde.

8. Juli. Eine leichte Brise erhob sich bei Sonnenaufgang von Osten her; worauf der Maat die Brigg Kurs nach Südwest nehmen ließ; mit der Absicht, eine der Westindischen Inseln anlaufen zu lassen, um dort sein Piratenprojekt voranzutreiben. Keinerlei Widerspruch erfolgte, weder von Seiten Peters noch des Kochs, zumindest nicht in Hörweite von Augustus. Der Gedanke, das Schiff von den Kapverden zu kapern, war vollends aufgegeben. / Das Leck konnte jetzt ganz leicht dadurch kontrolliert werden, daß man alle dreiviertel Stunden einmal die Pumpe gehen ließ. Das Segel unterm Bug wurde wieder ausgezogen. / Im Verlauf des Tages Signalaustausch mit zwei kleinen Schonern.

9. Juli. Prachtvolles Wetter. Alle Mann eifrig mit dem Reparieren der Reling beschäftigt. / Peter hatte erneut eine lange Unterhaltung mit Augustus und drückte sich deutlicher aus, als dies zuvor der Fall gewesen war. Er erklärte, nichts werde ihn dazu bewegen, auf die Ansichten des Maats einzugehen, und deutete gar seine Absicht an, jenem die Brigg zu entwinden. Er erkundigte sich weiterhin bei meinem Freund, ob er für einen solchen Fall auf seine Unterstützung rechnen könnte, worauf Augustus ohne Zögern mit »Ja« antwortete. Peters sagte, er wolle nun bei den anderen Mitgliedern seiner Fraktion bezüglich des Themas Meinungen einholen und begab sich von dannen. Den ganzen restlichen Tag hindurch hatte Augustus keine Gelegenheit mehr, sich mit ihm privat zu besprechen.

VII. Kapitel

10. Juli. Eine Brigg aus Rio, mit Kurs auf Norfolk, gesprochen. Wetter dunstig mit leichtem umlaufenden Wind aus östlichen Richtungen. / Heute Hartman Rogers gestorben, der schon seit dem 8., nachdem er ein Glas Grog getrunken, Konvulsionen gehabt hatte. Er gehörte zur Partei des Kochs und war einer von denen gewesen, auf die Peters sich hauptsächlich verlassen hatte. Er äußerte Augustus gegenüber, daß jener seiner Ansicht nach vom Maat vergiftet worden sei und wie er, wenn er nicht beständig auf der Hut sei, gewärtig sein müsse, daß binnen kurzem die Reihe auch an ihn käme. Zur Zeit bestünde seine Gruppe lediglich noch aus ihm selbst, Jones und dem Koch – während auf der Gegenseite fünfe seien. Er habe, was dem Maat das Kommando abzunehmen anbelange, mit Jones gesprochen; der Plan sei jedoch so ohne jede Begeisterung aufgenommen worden, daß es ihn davon abgehalten habe, den Gegenstand weiter zu verfolgen oder gegenüber dem Koch überhaupt zur Sprache zu bringen. Wie sich schon sehr bald herausstellen sollte, tat er auch gut daran, dergestalt zu verfahren, denn schon am Nachmittag gab der Koch seinen Entschluß bekannt, sich auf die Seite des Maats zu schlagen, worauf er offiziell zu dessen Partei überlief, während Jones einen Streit mit Peters vom Zaun brach und andeutete, daß er den Maat von den Plänen, mit denen er sich trug, in Kenntnis zu setzen gedenke. Es lag auf der Hand, daß nun kein Zeit mehr zu verlieren sei, und Peters verlieh seiner Entschlossenheit zu dem Versuch Ausdruck, das Fahrzeug entgegen jeder Gefahr in Besitz zu nehmen – vorausgesetzt, Augustus wolle ihn dabei unterstützen. Mein Freund versicherte ihn auf der Stelle seiner Bereitwilligkeit, bei jedem dahin zielenden Plan mitzuwirken; auch machte er ihn, da die Gelegenheit günstig schien, mit dem Umstand bekannt, daß ich mich an Bord befinde! Worauf der Mestize sich ebenso erstaunt wie erfreut zeigte, da er in Jones keinerlei Vertrauen mehr setzte, den er bereits als zur Gruppe des Maats gehörig betrachtete. Sie verfügten sich unverzüglich nach unten, worauf Augustus mich beim Namen rief und es nicht lange währte, bis Peters und ich Bekanntschaft geschlossen hatten. Es wurde vereinbart, daß wir bei der ersten günstigen Gelegenheit versuchen sollten, das Schiff an uns zu bringen, und weiterhin, daß Jones von unsren Beratungen gänzlich auszuschließen sei. Für den Fall eines Erfolges sollten wir mit der Brigg den nächstbesten Hafen anlaufen und sie dort abliefern. Die Desertion seiner Parteigenossen hatte Peters' Absicht, den Pazifik anzusteuern, vereitelt – ein Abenteuer, daß sich ohne Mannschaft nicht durchführen ließ –, und er vertraute nunmehr darauf, bei einer Untersuchung entweder freigesprochen zu werden, indem er auf vorübergehende Geistesgestörtheit plädiere (der er, wie er feierlich beteuerte, anheimgefallen sein mußte, als er tatkräftig zur Meuterei beitrug), oder aber, falls er wirklich für schuldig befunden werden sollte, einer Begnadigung dadurch teilhaftig zu werden, daß Augustus und ich sich für ihn verwendeten. Unsere diesbezüglichen Überlegungen wurden jedoch für den Augenblick durch das Kommando »Alle Mann zum Segel einholen!« unterbrochen, worauf Peters und Augustus sofort nach oben eilten.

Wie gewöhnlich war fast die gesamte Mannschaft betrunken, und ehe die Segel noch eingeholt werden konnten, legte eine erste heftige Böe die Brigg schon tief auf die Seite. Infolge sofortigen Abhaltens richtete sie sich zwar wieder auf, hatte jedoch eine ganze Menge Wasser übernommen. Kaum war alles festgemacht, als eine weitere Böe das Schiff traf, und gleich darauf noch eine, jedoch ohne Schaden anzurichten. Immerhin waren dies Anzeichen, daß ein Sturm bevorstünde, der denn auch tatsächlich kurz danach mit großer Gewalt aus dem NW-Sektor heranbrauste. Alles wurde nach Kräften festgemacht, und wir drehten, wie üblich, unter dicht gerefftem Focksegel bei. Gegen Einbruch der Nacht nahm der Wind bei auffallend schwerer See noch an Heftigkeit zu. Peters kam gemeinsam mit Augustus ins Vorderschiff hinunter, und wir nahmen unsere Beratungen wieder auf.

Wir stimmten darin überein, daß keine Gelegenheit, unsere Absichten in die Tat umzusetzen, günstiger sein konnte als die gegenwärtige, weil man in einem solchen Augenblick nie und nimmer auf einen Versuch dieser Art gefaßt sein würde. Da die Brigg korrekt beigedreht lag, würde uns das Manövrieren keine Schwierigkeiten bereiten, zumindest bis zur nächsten Schönwetterfront, wo wir dann – immer vorausgesetzt, daß unsere Bemühungen von Erfolg gekrönt sein sollten – ein oder vielleicht auch zwei Männer freigeben könnten, damit sie uns behilflich wären, in einen Hafen einzulaufen. Die oberste Schwierigkeit lag in dem so unglücklichen Kräfteverhältnis: Wir waren nur drei, die in der Kajüte dagegen neun! Überdies hatten sie sämtliche Waffen an Bord in ihren Besitz gebracht, ausgenommen einem Paar kleiner Pistolen, die Peters heimlich bei sich trug, und dem großen Seemannsmesser, das er gewohnheitsgetreu im Bund seiner langen Hosen stecken hatte. Weiterhin hatten wir aufgrund gewisser Indizien – zum Beispiel, daß bestimmte Gegenstände wie Äxte oder Handspaken nicht mehr an dem angestammten Platz lagen – Anlaß zu der Sorge, daß der Maat, zumindest in bezug auf Peters, Verdacht geschöpft habe und keine Gelegenheit mehr passieren lassen würde, sich seiner zu entledigen. Es lag daher auf der Hand, daß wir den Mahnspruch »Was du heute kannst besorgen, das verschiebe nicht auf morgen!« beherzigen mußten. Dennoch sprach das zahlenmäßige Unverhältnis zu sehr gegen uns, als daß wir ohne die allergrößte Behutsamkeit hätten vorgehen können.

Peters schlug nun folgendes vor: Er wolle sich an Deck begeben und dort die Wache (Allen) in ein Gespräch verwickeln, in dessen Verlauf er sich anheischig machen werde, jenen bei der ersten günstigen Fügung sang- und klanglos über Bord zu werfen; anschließend sollten Augustus und ich nach oben kommen und versuchen, uns auf Deck mit irgendeiner Waffe zu versehen, und endlich würden wir, in einem vereinten Anlauf, den Eingang zur Kajüte besetzen, bevor noch irgend Widerstand geleistet werden könne. Dagegen erhob ich jedoch Einspruch, weil ich nicht glauben konnte, daß der Maat (welcher mir abgesehen von seiner geradezu abergläubischen Vernageltheit ein durchaus gerissener Halunke schien) sich in eine derart einfältige Falle würde locken lassen. Allein der Umstand, daß sich überhaupt eine Wache an Deck befand, bewies ja wohl hinreichend, daß er auf der Hut sei – da es doch nun nicht üblich wäre (von Fahrzeugen, wo man prinzipiell auf strengste Disziplin halte, einmal abgesehen), bei einem im Sturm beigedrehten Schiff eine

Wache an Deck zu postieren. Ich wende mich hier überwiegend, wenn nicht gar ausschließlich, an diejenigen Leser, die nie zur See gefahren sind, und es mag daher nicht unangebracht sein, den Zustand eines Schiffes unter Bedingungen wie den geschilderten einmal ausführlicher zu beschreiben. »Beidrehen« - oder, wie man in der Seemannssprache auch sagt, »Beilegen«, ist eine Maßnahme, deren man sich zu verschiedenen Zwecken und auf verschiedene Weise zu bedienen pflegt. Bei leidlich günstigem Wetter wird es häufig nur deswegen vorgenommen, um das Schiff zum Stillstand zu bringen; sei es, daß man auf ein anderes Schiff warten will, oder zu einem ähnlich gearteten Zweck. Befindet sich das beizudrehende Schiff unter vollen Segeln, so wird das Manöver im allgemeinen so ausgeführt, daß man einen Teil der Segel umlegt, damit, sobald der stationäre Zustand erreicht ist, der Wind sie back bekomme. Im Augenblick ist jedoch vom Beidrehen bei Sturm die Rede. Dies erfolgt, wenn der Wind von vorn kommt und gleichzeitig zu heftig ist, als daß man, ohne Gefahr des Kenterns, Segel setzen könnte; zuweilen sogar auch, wenn der Wind zwar günstig, die See aber zu schwer ist, als daß man das Schiff »lenzen« lassen könnte. Denn ein Fahrzeug, das man bei extrem schwerem Seegang vorm Winde laufen läßt, leidet gewöhnlich erhebliche Schäden durch das übers Heck hereinschlagende Wasser, bisweilen auch infolge des heftigen stoßweisen Eintauchens vorn. Zu diesem Manöver entschließt man sich also in solcher Lage selten, es sei denn gezwungenermaßen. Neigt ein Schiff beispielsweise zum Lecken, so läßt man es oftmals auch bei schwerster See vorm Winde laufen, denn beigedreht öffnen sich die Nähte infolge des heftigen Agierens des Rumpfes mit Sicherheit noch viel mehr, was beim Lenzen nicht so sehr der Fall ist. Häufig wird das Lenzen dann erforderlich, wenn die Windgewalt so ungeheuerlich ist, daß das Segel, dessen man sich bedienen will, um den Steven in den Wind zu bringen, in Fetzen gerissen wird; oder auch, wenn infolge fehlerhafter Gestaltung des Rumpfes oder aus sonstigen Gründen das angestrebte Ziel nicht erreicht werden kann.

Es gibt verschiedene Methoden, ein Schiff im Sturm beizudrehen, die ganz von der individuellen Konstruktion abhängen. Manche drehen am besten unter einem Focksegel bei (was, wie ich glaube, das am häufigsten verwendete Segel ist). Große Schiffe mit Rah-Takelung führen zu diesem Zwecke besondere Segel, die man Sturmtagsegel nennt. Gelegentlich bedient man sich aber auch allein des Klüvers - zuweilen des Klüvers plus Focksegel, oder eines doppelt gerefften Focksegels; und gar nicht so selten benützt man gar die Achtersegel. Vormarssegel werden sich oft als besser für diesen Zweck geeignet erweisen als alle anderen Arten von Segeln. Unsere Grampus lag jedenfalls für gewöhnlich unter dicht gerefftem Focksegel beigedreht.

Wenn nun ein Schiff beidrehen soll, wird sein Bug gerade so dicht vor den Wind gebracht, daß dies das betreffende, ganz nach achtern geholte Segel (d. h. es steht direkt diagonal über dem Schiff) eben noch füllt. Ist dies der Fall, so zeigt der Bug bis auf einige Grade in die Richtung, aus welcher der Wind kommt, und die windwärts gekehrte Bugseite muß nun natürlich den Anprall der Wellen aushalten. In solcher Stellung wird ein gutgebautes Schiff selbst einen schweren Sturm überstehen, ohne auch nur einen Tropfen Wasser zu übernehmen, und ohne jedwede weitere Aktivität seitens der Mannschaft. Das Steuer wird im allgemeinen festgezurrt, obschon dies eigentlich unnötig ist (es sei denn, man handelte um des Geräusches willen, das es in ungebundenem Zustande macht), denn das Steuer hat auf ein beigedrehtes Schiff keinerlei Wirkung mehr. Vielmehr ist es besser, wenn das Steuerruder völlig lose, anstatt festgebunden, bleibt, kann es doch, wenn es gar keinen Spielraum mehr hat, durch sehr schwere See eventuell abgebrochen werden. So lange das Segel hält, wird ein korrekt modelliertes Schiff jedenfalls seine Stellung behaupten und die See halten wie ein lebendiges vernunftbegabtes Wesen. Wenn allerdings das Ungestüm des Windes das betreffende Segel zerreißen sollte - ein Kunststück, das unter normalen Verhältnissen fertigzubringen schon einen ausgewachsenen Orkan erfordert! -, dann besteht größte Gefahr! Das Schiff fällt sofort ab vom Wind, kommt quer zum Wogenschlag zu liegen und ist diesem auf Gedeih und Verderb ausgeliefert; die einzige Möglichkeit in diesem

Fall ist es, das Schiff rasch und besonnen vor den Wind zu bringen, und so lange Topp und Takel lenzen lassen, bis ein anderes Segel gesetzt werden kann. (Es gibt Schiffe, die sogar ohne jedwedes Segel beigedreht werden können, aber auf diese ist auf hoher See kein rechter Verlaß.)

Aber nach diesem kleinen Exkurs wieder zurück zu uns. Es war noch nie die Gewohnheit des Maats gewesen, eine Wache auf Deck zu postieren, wenn wir bei Sturm gedreht lagen; und die bloße Tatsache, daß sie nun vorhanden war, zusammen mit dem Umstand, daß sämtlich Äxte und Handspaken verschwunden waren, belehrte uns hinlänglich darüber, daß die Besatzung zu wachsam sei, um sich auf die von Peters vorgeschlagene Art überrumpeln zu lassen. Dennoch mußte irgend etwas unternommen werden, und zwar mit so wenig Verzögerung wie nur irgend möglich, konnte doch kein Zweifel daran bestehen, daß – falls nun mal ein Verdacht gegen Peters wachgeworden sei – man ihn auch bei der nächsten Gelegenheit loswerden würde und daß sich eine solche entweder finden oder herbeiführen lassen würde, sobald sich der Sturm gelegt hatte.

Nun schlug Augustus vor, daß wir – vorausgesetzt, Peters könne es unter irgendeinem Vorwand bewerkstelligen, das Stück Ankerkette zu entfernen, das in seiner Kabine auf der verborgenen Falltür lag – eventuell auf dem Umweg durch den Schiffsraum ohne Vorwarnung über sie herfallen könnten. Aber schon nach kurzer Überlegung wurde uns schmerzlich bewußt, daß das Schiff für einen solchen Versuch viel zu unruhig über See ging.

Glücklicherweise verfiel ich endlich auf die Idee, auf das böse Gewissen und abergläubische Bangen des Maats zu bauen. Man wird sich erinnern, daß einer von der Mannschaft, Hartman Rogers, im Laufe des Vormittags unter Krämpfen den Weg allen Fleisches gegangen war. Diese Konvulsionen hatten ihn nach dem Genuß eines Glases Schnaps mit Wasser bereits zwei Tage lang geplagt. Peters hatte uns gegenüber den Verdacht geäußert, daß der Mann vom Maat vergiftet worden sei, auch habe er, wie er angab, für diese Ansicht seine Gründe, die schlechterdings unwiderlegbar seien, die uns auseinanderzusetzen wir ihn jedoch nicht zu bewegen vermochten – eine Weigerung, die in ihrer Grillenhaftigkeit vollkommen zu den anderen Zügen seines kuriosen Charakters paßte. Aber ob er nun stichhaltigere Gründe hatte als wir, den Maat zu verdächtigen – wir ließen uns unschwer durch ihn in solchem Verdacht bestärken und beschlossen, dementsprechend zu verfahren.

Rogers war gegen elf Uhr Vormittags unter heftigen Zuckungen verschieden, und bereits innerhalb weniger Minuten nach dem Tode soll der Leichnam jenen Anblick geboten haben, der wirklich einer der grauenhaftesten und ekelerregendsten war, die ich mich je erinnere zu Gesicht bekommen zu haben. Der Bauch war ungeheuerlich angeschwollen, wie bei einer Wasserleiche, die mehrere Wochen lang im kühlen Naß gelegen hat. Die Hände wiesen dasselbe Phänomen auf, während das Gesicht eingesunken, zerknittert und von kalkigem Weiß war, ausgenommen von zwei oder drei Stellen, wo sich glutrote Hautblüten davon abhoben, ähnlich denen, wie sie die Wundrose hervorruft. Einer dieser Kleckse erstreckte sich diagonal über das ganze Gesicht und deckte das eine Auge völlig zu, wie mit einem Band aus purpurnen Sammet. In diesem widerwärtigen Zustande hatte man den Körper gegen Mittag aus der Kajüte auf Deck hinaufgebracht, um ihn über Bord zu werfen, als der Maat, der Leiche unvermittelt ansichtig werdend (denn er sah sie jetzt zum ersten Mal), entweder von Reue ob seines Verbrechens angerührt oder von Entsetzen ob des schrecklichen Anblicks überwältigt, den Männern den Befehl gab, den Körper in seine Hängematte einzunähen und danach mit den üblichen seemännischen Ehren zu bestatten. Nachdem diese Anordnungen erteilt waren, hatte er sich sofort nach unten begeben, wie um jeden weiteren Anblick seines Opfers zu vermeiden. Während die seinem Befehl entsprechenden Vorbereitungen noch im Gange waren, war aber schon der Sturm mit aller Wucht losgebrochen, und das Vorhaben mußte für den Augenblick zurückgestellt werden. Die Leiche, sich selbst überlassen, war daraufhin in die Backbordspeigatten gespült worden, wo sie zu dem Zeitpunkt, von dem ich berichte, noch immer lag und beim furiosen Schwanken der Brigg heftig hin- und herschlitterte.

Sobald wir uns über unseren Plan schlüssig geworden waren, machten wir uns daran, ihn in die Tat umzusetzen. Peters begab sich aufs Deck, wo er – genau wie er es erwartet hatte – gleich von Allen gerufen wurde, der allem Anschein nach zu dem alleinigen Zweck postiert worden war, das Vorderschiff zu bewachen. Das Schicksal des Schurken war schnell und geräuschlos entschieden, denn Peters näherte sich ihm auf sorglose Art, wie wenn er mit ihm zu plaudern gedenke, packte ihn jedoch bei der Gurgel und schleuderte ihn über die Reling, bevor das Opfer auch nur einen Schrei ausstoßen konnte. Anschließend rief er uns, und wir kamen hinauf. Unsere erste Maßnahme bestand darin, uns nach etwas umzusehen, das als Waffe dienen konnte; ein Unternehmen, das wir mit der größten Vorsicht angehen mußten, denn es war unmöglich, auch nur einen Augenblick auf Deck stehenzubleiben, ohne sich festzuhalten, und bei jedem Eintauchen des Bugs in die schäumende Gicht brachen schwere Sturzseen über das ganze Schiff hin. Auch war es unerläßlich, daß wir bei all unseren Handgriffen Eile walten ließen, mußten wir doch jeden Augenblick darauf gefaßt sein, den Maat erscheinen zu sehen, um die Pumpen gehenzulassen, denn es war unverkennbar, daß die Brigg Wasser einlassen müsse, und zwar in erheblichem Tempo. Nachdem wir eine ganze Weile herumgesucht hatten, konnten wir dennoch für unsere Zwecke nichts Geeigneteres auftreiben als die beiden Pumpenschwengel, von denen einen Augustus nahm und ich den anderen. Als dies erledigt war, streiften wir der Leiche das Hemd ab, und ließen den Körper über Bord sinken. Peters und ich begaben uns nun nach unten, während Augustus als Wache an Deck zurückgelassen wurde und sich genau dort hinstellte, wo Allen seinen Platz eingenommen hatte, also mit dem Rücken zur Kajütentreppe hin, damit, falls einer von der Maat-Partei heraufkomme, er zunächst annehmen müsse, es sei die Wache.

Unten angelangt begann ich mich sofort als Rogers' Leiche zu verkleiden. Das Hemd, das wir seinen sterbliche Überresten abgenommen hatten, kam uns dabei insofern sehr zur Hilfe, als es von ganz eigenartiger Form und Machart und daher ziemlich unverwechselbar war – eine Art gefältelter Staubkittel, den der Verstorbene über seiner anderen Kleidung getragen hatte; er war aus blauer Baumwolle, mit breiten weißen Querstreifen darüberhin. Nachdem ich das Kleidungsstück angelegt hatte, ging ich daran, mich mit einem falschen Bauch auszustaffieren, und die widerliche Aufgetriebenheit des unförmigen Leichnams zu imitieren, was sich unschwer dadurch bewirken ließ, daß ich ein paar Bettlaken darunterstopfte. Anschließend verlieh ich meinen Händen das gleiche Aussehen, indem ich mir ein Paar weißwollene Fäustlinge anzog, die ich mit den erstbesten Lumpen füllte, die zur Hand waren. Dann beschäftigte sich Peters mit meinem Gesicht: Erst puderte er es ausgiebig mit weißer Kreide, dann bemalte er es mit Blut, das er einem Schnitt in seinem Finger entnahm. Des Streifens schräg übers Auge hin wurde keineswegs vergessen, und so bot ich ein wahrhaft erschreckendes Bild.

VIII. Kapitel

Als ich mich im schwachen Licht einer Art Gefechtslaterne im Fragment eines Spiegel betrachtete, der in der Kabine hing, fiel ich selbst ob meiner Erscheinung, gekoppelt mit der Erinnerung der grauenhaften Wirklichkeit, die ich hier nachäffte, einem Gefühl undefinierbaren Entsetzens anheim, so daß mich heftiges Zittern überkam und ich kaum noch hinreichend Entschlossenheit aufzubringen vermochte, meine Rolle weiterzuspielen. Dennoch war es unerläßlich, mit Entschlossenheit vorzugehen; und so begab ich mich, gemeinsam mit Peters, erneut an Deck.

Dort fanden wir alles sicher vor; und so krochen wir drei, immer dicht an der Reling entlang, bis hin zur Kajütentreppentür. Sie war nur zum Teil geschlossen, da man sie gegen plötzliches Zuschlagen von außen gesichert hatte, indem auf der obersten Stufe Holzklötze plaziert worden waren, die ein Schließen verhinderten. Wir hatten keine Schwierigkeit, das gesamte Interieur der Kajüte durch den Angelspalt hindurch zu überblicken; jetzt erwies sich, wie günstig es gewesen war, daß wir einen Überraschungsangriff gar nicht erst versucht hatten, denn sie waren offenbar alarmiert. Nur einer schlief, und der lag genau am Fuße der Kajütentreppe, eine Muskete an seiner Seite. Die übrigen Halunken saßen auf Matratzen umher, die man aus den Kojen geholt und auf den Fußboden gelegt hatte. Sie waren eifrig ins Gespräch vertieft, und obgleich sie – wie aus zwei leeren Kannen und ein paar herumliegenden Zinnbechern unschwer ersichtlich war – auch gezecht hatten, waren sie doch nicht halb so betrunken wie sonst üblich. Jeder einzelne trug ein Messer, einer oder zwei verfügten gar über Pistolen, und in einer Koje lag ein große Anzahl Musketen bereit.

Wir belauschten eine Zeitlang ihre Unterhaltung, bevor wir uns entschließen konnten, wie nun weiter zu verfahren sei – hatten wir uns doch bisher noch nicht auf eine endgültige Methode geeinigt, ausgenommen daß wir versuchen wollten, ihren Widerstand durch die Geistererscheinung Rogers' zu lähmen. Sie diskutierten ihre seeräuberischen Projekte, wobei wir nur eines deutlich vernehmen konnten, namentlich daß sie vorhätten, sich mit der Besatzung eines gewissen Schoners namens Hornet zusammenzutun und auch diesen Schoner selbst, wenn irgend möglich, in ihren Besitz bringen wollten, als Vorbereitung für ein Unternehmen in großem Stil, dessen Einzelheiten jedoch nicht einem von uns einsichtig wurden.

Einer der Männer erwähnte jetzt Peters, worauf der Maat ihm mit leiser Stimme etwas entgegnete, was uns verborgen blieb, und dann lauter hinzufügte, wie er »nicht begreifen könne, daß jener so viel mit der Kapitänsbrut im Vorderschiff zusammenstecken würde, und wie er der folgenden Ansicht sei: Je bälder die beiden über Bord gingen, desto besser.« Hierauf erfolgte zwar keine direkte Antwort, aber wir vermochten ohne weiteres zu erkennen, daß die Anspielung von der gesamten Meute mit Wohlwollen aufgenommen wurde, insbesondere von Jones. (Zu diesem Zeitpunkt war ich schon über alle Maßen aufgeregt, um so mehr, da ich erkennen mußte, daß weder Augustus noch Peters sich entschließen konnten, wie nun vorzugehen sei. Immerhin entschied ich bei mir, mein Leben so teuer als möglich zu verkaufen und mich von keinerlei Gefühlen wie Bangigkeit übermannen zu lassen.

Der gewaltige Lärm, den das Röhren der Windsbraut in der Takelage verursachte, und die enormen Brecher, die über das Deck hinwegspülten, hinderten uns daran, all das unten Gesprochene zu hören (ausgenommen von den wenigen Augenblicken der Stille). Während einer dieser Pausen vernahmen wir alle ganz deutlich, wie der Maat den Männern befahl, »nach vorn zu gehen, und die beiden verdammten Kerle anzuweisen, sich sofort in die Kajüte zu begeben, wo er ein Auge auf sie halten könne, denn solche Heimlichtuerei an Bord der Brigg dulde er nicht!« Es war unser Glück, daß das Schiff just in jenem Augenblick so heftig durchgerüttelt wurde, daß sich sein Befehl nicht sofort in die Tat umsetzen ließ. Der Koch erhob sich zwar von seiner Matratze, um uns zu holen, doch ein Schwanken, so ungeheuerlich, daß ich meinte, die Masten würden über Bord gehen, warf ihn mit dem Kopf voran gegen eine der Kabinentüren an Backbord, so daß sie aufsprang und auch sonst noch ein gut Teil Durcheinander verursacht wurde. Glücklicherweise hatte es keinen von unserer kleinen Gruppe über Gebühr aus dem Gleichgewicht gebracht, und so fanden wir hinreichend Zeit, einen überstürzten Rückzug in Richtung Vorderschiff anzutreten und uns, ehe der Abgesandte noch erschien, hastig über einen Aktionsplan zu einigen – präziser: bevor er den Kopf aus der Kajütenluke steckte, denn ganz auf Deck kam er nicht. In dieser Stellung konnte er das Fehlen Allens jedoch nicht bemerken und brüllte ihm weisungsgemäß zu, den Befehl des Maats wiederholend. Peters rief ihm mit verstellter Stimme ein »Ay, Ay!« zurück, worauf der Koch sofort wieder in der Tiefe verschwand, ohne daß er Verdacht geschöpft hätte.

Meine beiden Gefährten begaben sich nun beherzt nach achtern, in die Kajüte hinunter, deren Tür Peters so schloß, wie er sie vorgefunden hatte. Der Maat empfing sie mit falscher Herzlichkeit und teilte Augustus mit, daß er nun, da er sich in jüngster Zeit so gut betragen habe, auch mit in die Kabine übersiedeln und sich künftig als einer der ihren betrachten dürfe, worauf er ihm noch einen Becher zur Hälfte mit Rum füllte, den jener nun austrinken mußte. All dies sah und hörte ich, denn ich war meinen Freunden, sobald sich die Tür hinter ihnen geschlossen hatte, bis an die Kajüte gefolgt und hatte meinen alten Beobachtungsposten wieder eingenommen. Die beiden Pumpenschwengel hatte ich mitgebracht und verwahrte einen davon neben der Treppe, auf daß er, wenn er benötigt werde, sofort griffbereit sei.

Ich nahm nunmehr eine möglichst feste Stellung ein, um einen guten Überblick über alles zu haben, was da drinnen vor sich ging, und versuchte dann, meinen ganzen Mut auf die Aufgabe zu lenken, zwischen die Meuterer hinabzusteigen, sobald Peters mir das vereinbarte Zeichen gäbe. Nicht lange, und es war ihm gelungen, das Gespräche auf die Bluttaten während der Meuterei zu lenken; bewirkte überdies, Schritt für Schritt, daß die Männer von all den mannigfaltigen Aberglauben zu schwatzen anfingen, die unter den Matrosen der ganzen Welt bekannt sind. Ich konnte zwar nicht alles verstehen, was da gesagt wurde, erkannte jedoch in den Gesichtern der Anwesenden durchaus die Auswirkungen des Gesprächs. Der Maat war augenscheinlich ganz außer Fassung, und als nun noch einer in diesem Zusammenhang das grauenerregende Aussehen von Rogers Leiche erwähnte, dachte ich bei mir, er sei wohl nahe daran, in eine Ohnmacht zu sinken. Peters fragte gleich, ob er nicht meine, daß es besser sei, den Leichnam unverzüglich über Bord werfen zu lassen, sei es doch ein gar zu schrecklicher Anblick, ihn derart in den Speigatten umherrutschen zu sehen. Woraufhin der Schurke buchstäblich nach Luft schnappte und den Blick langsam in der Runde seiner Kumpane drehte und wendete, als bettelte er stumm darum, einer möge sich doch erbarmen, nach oben zu gehen und die Sache zu erledigen. Aber nicht einer rührte sich, und es war klar ersichtlich, daß die Nerven der ganzen Gesellschaft zum Zerreißen gespannt waren. Da gab Peters mir das vereinbarte Zeichen. Ich warf sofort die Kajütentür auf, stieg, ohne auch nur eine Silbe zu äußern, zu der Bande hinab, und stellte mich hochaufgerichtet in deren Mitte.

Die durchschlagende Wirkung, die diese plötzliche Erscheinung hervorrief, ist nicht weiter verwunderlich, wenn man die diversen Begleitumstände in Erwägung zieht. Gewöhnlich wird bei ähnlich gelagerten Fällen im Gemüt des Beschauers doch stets noch ein Rest von Zweifel verbleiben, was die Realität des Gebildes vor seinen Augen dort anbelangt; ein Schimmer von Hoffnung, und sei er noch so schwach, daß man lediglich Opfer einer Schliche und die Schimäre nicht etwa ein Besucher aus dem Reich der Schatten sei. Es kann daher durchaus behauptet werden, daß solcherlei Überreste von Zweifel bei nahezu jeder Heimsuchung dieser Art im Grunde präsent sind und daß das überwältigende Entsetzen, das zuweilen ausgelöst worden ist, selbst in den einschlägigsten Fällen, wo größte Seelenqualen erlitten worden sind, mehr einer Art von zweifelndem Grauen (die Erscheinung könne möglicherweise doch echt sein!) zuzuschreiben ist, als dem rückhaltlosen Glauben an ihre Echtheit. Bei dem aktuellen Beispiel jedoch wird man sogleich einsehen, daß in den Gemütern der Meuterer schlechterdings nicht der Schatten einer Basis vorhanden sein konnte, auf die sich ein Zweifel daran hätte gründen lassen, daß es sich bei Rogers Manifestation tatsächlich um eine Wiederbelebung seines widerwärtigen Kadavers oder doch zumindest um dessen Geistererscheinung handelte. Die isolierte Situation der Brigg, vereint mit ihrer absoluten Unerreichbarkeit aufgrund des Sturmes, setzten den paar allenfalls denkbaren Täuschungsmanövern so enge und fest umrissene Grenzen, daß sie sich mit Recht imstande gefühlt haben müssen, alle auf einen Blick zu überschauen. Sie waren jetzt vierundzwanzig Tage auf See gewesen, ohne mit passierenden Fahrzeugen anders als auf Distanz und über Rufe zu verkehren. Auch war die gesamte Mannschaft – zumindest alle, von denen man auch nur den geringsten Verdacht hegen mochte, daß sie an Bord seien – hier in der Kajüte versammelt, mit der einzigen Ausnahme von Allen, dem Wachtposten, und dessen gigantische Statur (er war beinahe zwei Meter groß!) war ihren Augen viel zu vertraut, als daß auch nur ein Gedanke daran verschwendet wurde, bei der Erscheinung vor ihnen könne es sich um ihn handeln. Nimmt man zu diesen Überlegungen die stets furchteinflößende Geräuschkulisse eines Orkans hinzu sowie das von Peters aufs Tapet gebrachte Thema, den tiefen Eindruck, den die Widerwärtigkeit der echten Leiche am Vormittag auf die Einbildungskraft der Leute gemacht haben mußte, meine exzellente Maskierung und weiterhin das flackernde, unstete Licht, bei dessen Schein sie meiner ansichtig wurden, je nachdem, wie das Flämmchen der heftig hin- und herpendelnden Kajütenlampe dubios und abrupt über meine Gestalt zuckte – so wird man keinen Grund mehr haben, sich zu wundern, daß unsere List sogar die von uns kalkulierte Wirkung noch bei weitem übertraf. Der Maat schnellte von der Matratze hoch, auf der er gelegen hatte, und fiel dann ohne einen Laut rücklings auf den Boden der Kajüte, mausetot. Ein schweres Überrollen der Brigg warf ihn wie einen Klotz nach Lee, aus dem Weg. Die übrigen vier blieben eine Weile wie angewurzelt hocken, die jammervollsten Opfer von Grauen und äußerster Verzweiflung, die mein Auge jemals erblickt hat. Praktischen Widerstand setzten uns einzig der Koch, John Hunt und Richard Parker entgegen, aber auch sie verteidigten sich nur in einigermaßen unentschlossener Manier. Die beiden erstgenannten fielen sofort, von Peters Pistolenschüssen getroffen, und ich selbst fällte Parker mit einem Schädelhieb des Pumpenschwengels, den ich bei mir führte. Inzwischen griff Augustus sich eine der am Boden liegenden Musketen und schoß einen weiteren Meuterer (Wilson) in die Brust. Es blieben nun nurmehr dreie übrig, die jedoch mittlerweile aus ihrer ersten Lähmung allmählich aufgewacht waren und erkannt hatten, daß sie sich von einem Trugbild hatten foppen lassen, denn sie verteidigten sich mit der größten Entschlossenheit und Wut und hätten uns, wäre da nicht die unvergleichliche Muskelkraft Peters' gewesen, womöglich doch noch übermannt. Bei diesen dreien handelte es sich um Jones, Greely und Absalom Hicks. Jones hatte Augustus zu Boden gerungen, ihn an mehreren Stellen in den rechten Arm gestochen und hätte ihn (da weder Peters noch ich uns im Augenblick unserer Gegner entledigen konnten) ohne Zweifel rasch in die andere Welt verbracht, wäre uns nicht gerade zur rechten Zeit ein Freund zur Hilfe gekommen, auf dessen Unterstützung wir überhaupt nicht gehofft hatten: Dieser Freund war niemand anderes als Tiger. Unter unterdrücktem Knurren kam er, in einem für Augustus äußerst kritischen Moment, in die Kajüte gesprungen, warf sich auf Jones, hatte ihn auch im Handumdrehen zu Boden gebracht und hielt ihn dort wie angenagelt. Dennoch war mein Freund bereits zu schwer verletzt, um uns noch irgend Hilfe leisten zu können; und mich selbst behinderte meine Maskerade in einem derartigen Maße, daß ich nur wenig tun konnte. Der Hund jedoch dachte gar nicht daran, von Jones' Kehle zu lassen. Dessenungeachtet war Peters den beiden noch Verbleibenden ohne weiteres gewachsen und hätte sie zweifellos weit eher besiegt, wäre nicht sein Aktionsraum so beschränkt und das Überholen des Schiffes so unmäßig gewesen. Eben geriet ihm einer jener schweren Schemel in die Hand, von denen mehrere auf dem Fußboden umherflogen. Mit ihm schlug er Greely just in jenem Augenblick den Schädel ein, als dieser seine Muskete auf mich abfeuern wollte. Und unmittelbar darauf brachte das nächste Rollen der Brigg ihn mit Hicks in Berührung, den er bei der Kehle ergriff und mittels bloßer roher Kraft mit einem Druck erwürgte. Auf diese Weise sahen wir uns in weit kürzerer Zeit, als diese Erzählung beanspruchte, als Herren der Brigg.

Der einzige unserer Widersacher, der noch am Leben war, war Richard Parker. Denselben hatte ich, wie man sich erinnern wird, gleich zu Beginn des Angriffs mit einem Schlag meines Schwengels zu Boden gestreckt. Er lag zunächst regungslos unweit der Tür der ramponierten Kajüte; als ihn jedoch Peters mit dem Fuß anstieß, begann er zu sprechen und um Gnade zu flehen. Sein Kopf war nur leicht verletzt; ansonsten hatte er, lediglich von dem Hieb betäubt, keine Verwundungen davongetragen. Er kam nun wieder auf die Beine; und wir banden ihm erst einmal die Hände auf dem Rücken fest. Über Jones lag noch immer grollend der Hund; bei näherer Untersuchung aber stellten wir fest, daß er längst tot war, und das Blut ihm aus einer tiefen Wunde in der Kehle strömte, die ihm zweifellos die scharfen Zähne des Tieres beigebracht hatten.

Es war nun gegen ein Uhr in der Frühe, und der Wind fauchte noch immer zum Fürchten. Die Brigg arbeitete unverkennbar weit mehr als gewöhnlich, und es wurde unbedingt erforderlich, etwas zu unternehmen, mit dem Zweck, ihr zumindest in gewissem Grad Erleichterung zu schaffen. Nahezu jedesmal, wenn sie nach Lee überrollte, kamen Sturzseen über Deck, von denen einige teilweise, während unseres Handgemenges, bis in die Kajüte gedrungen waren, da ich selbst beim Hinuntersteigen die Tür aufgelassen hatte. An Backbord war die Reling in ihrer ganzen Länge abgerissen worden; so auch die Kombüse; und auch die Jolle vom Hinterschiff. Das Knarren und Arbeiten des Großmastes deutete ebenfalls darauf hin, daß er dicht vorm Springen war. Um im Achterraum mehr Platz und Lademöglichkeiten zu schaffen, hatte man nämlich das Hiel des Mastes zwischen den Decks eingelassen (ein ausgesprochen tadelnswertes Procedere, dessen sich kenntnislose Schiffskonstrukteure zuweilen bedienen), so daß unmittelbare Gefahr bestand, der Mast würde sich aus seiner Bettung herausreißen. Um jedoch all diesen Kalamitäten die Krone aufzusetzen, loteten wir den Pumpensoot – und lasen nicht weniger als sieben Fuß Wasser im Raum ab!

Da ließen wir die Leichen der Mannschaft in der Kajüte liegen, und verfügten uns unverzüglich an die Pumpen – wobei wir Parker selbstredend die Freiheit wiedergaben, auf daß er uns bei der Arbeit unterstütze. Augustus' Arm ward verbunden, soweit wir vermochten und verstanden; und auch er tat, was er konnte, aber das war nicht viel. Immerhin ergab sich, daß – wenn wir eine Pumpe ohne Pause gehenließen – wir das Leck gerade noch würden in Schach halten können. Da wir aber nur vier waren, bedeutete das Schwerstarbeit; aber wir mühten uns, den Mut nicht sinkenzulassen, und harrten beklommen des ersten Tagesschimmers, wo wir dann der Brigg dadurch Erleichterung zu bringen hofften, daß wir den Großmast kappten.

Dergestalt verstrich uns eine Nacht schrecklichster Angst und Erschöpfung; und als dann endlich der Tag anbrach, hatte weder der Sturm im geringsten nachgelassen, noch gab es irgendwelche Anzeichen dafür. Wir schleiften jetzt die Leichen an Deck und warfen sie über Bord; und dann war die nächste Sorge, uns des Großmastes zu entledigen. Nachdem die nötigen Vorbereitungen erledigt waren, begann Peters den Mast zu kappen (Äxte hatten wir in der Kajüte gefunden); während wir übrigen an den Stags und Taljereepen standen. Als die Brigg dann erneut mit Wucht nach Lee umlegte, kam das Kommando, die Taljereeps auf der Luvseite durchzuhacken – dies getan, kippte die ganze große Masse aus Holz und Takelwerk ins Meer und wurde, ohne nennenswerten Schaden anzurichten, von der Brigg frei. Es erwies sich danach, daß das Schiff nicht mehr ganz so arbeitete wie zuvor; aber unsere Lage blieb dennoch überaus prekär. Und trotz der äußersten Anstrengung konnten wir, ohne beide Pumpen einzusetzen, des Lecks eben doch nicht Herr werden. Das bißchen Unterstützung, das Augustus zu leisten vermochte, war im Grunde kaum der Rede wert. Um unsere Niedergeschlagenheit noch zu vergrößern, traf eine schwere See die Brigg auf der Luvseite so, daß sie mehrere Strich vom Wind abfiel; und bevor sie noch die rechte Richtung wieder einnehmen konnte, brach auch schon die zweite über sie hin, so daß sie sich bis zum Kentern auf die Seite legte. Daraufhin verschob sich der Ballast in seiner Gesamtheit nach Lee hin (war doch die Ladung schon seit geraumer Zeit wild durcheinandergefahren), und ein paar Sekunden lang dachten wir, daß nichts uns vorm Umschlagen mehr retten könnte. Trotz alledem richteten wir uns sehr bald zum Teil wieder auf; da jedoch die Ballastmasse ihr Übergewicht nach Backbord hin beibehielt, lagen wir derart schief, daß es sinnlos war, an eine weitere Bedienung der Pumpen auch nur zu denken; was wir übrigens in keinem Fall noch wesentlich länger hätten leisten können, da unsere Hände von der unsinnigen Arbeit, die wir hinter uns hatten, schon ganz roh waren und auf entsetzliche Weise bluteten.

Gegen Parkers ausdrücklichen Rat machten wir uns jetzt daran, den Fockmast zu kappen; was uns am Ende auch gelang; obgleich aufgrund der schiefen Lage, in der wir uns befanden, doch erst nach erheblichen Schwierigkeiten. Beim Überbordgehen nahm das Mastwrack das Bugspriet mit sich, so daß nur der nackte Rumpf blieb.

Bis dahin hatten wir insofern einen gewissen Grund zur Freude gehabt, als das Großboot immer noch intakt war, das von keinem der schweren Brecher, die über Deck gingen, Schaden genommen hatte. Aber lange konnten wir uns dazu nicht mehr gratulieren; denn da nunmehr der Fockmast fort war und mit ihm das Focksegel, das bis dahin die Brigg beigedreht gehalten hatte, schlug jetzt jede Woge direkt über uns weg; und binnen 5 Minuten war unser Deck, vom Steven bis zum Stern, wie rasiert: das Großboot fort; die Steuerbordreeling weggerissen; ja selbst das Ankerspill in Trümmern. Eine noch bemitleidenswertere Situation für uns war tatsächlich nur schwer vorstellbar.

Gegen Mittag schien es, als wolle der Sturm ein wenig nachlassen; aber erneut wurden wir enttäuscht, denn er flaute nur für ganz wenige Minuten ab, um danach mit doppelter Gewalt zu toben. Gegen vier Uhr nachmittags war es schlichtweg nicht mehr möglich, sich gegen die Heftigkeit des Sturmes aufrecht stehend zu halten; und als die Nacht hereinzubrechen begann, hatte ich persönlich nicht mehr den Hauch einer Hoffnung, daß das Fahrzeug bis zum nächsten Morgen zusammenhalten werde.

Um Mitternacht waren wir schon tief ins Wasser eingesunken, das im Augenblick bis ans Orlopdeck stand. Nicht lange danach büßten wir das Steuerruder ein, wobei die Woge, welche es mit sich fortriß, das gesamte Hinterteil der Brigg aus dem Wasser hob, auf das es beim Niederfallen mit derartiger Wucht aufprallte, als wenn wir gestrandet wären! Wir hatten alle damit gerechnet, daß das Ruder bis zum Schluß durchhalten würde, da es ungewöhnlich stark war und darüber hinaus in einer Art gelagert, wie ich es weder vor- noch nachher jemals erblickt habe. Den Haupthinterbalken hinunter lief eine ganze Reihe derbster eiserner Ösen; und ebenso viele, entsprechend angeordnete, befanden sich im Achtersteven: Durch all diese Ösen hindurch ging als Achse eine sehr starke, schmiedeeiserne Stange, so daß das Ruder mit dem Achtersteven fest verbunden war und sich gleichzeitig frei auf besagter Stange drehen konnte. Von der unglaublichen Gewalt der Woge, die das alles mit sich nahm, mag man sich so ein ungefähres Bild machen, daß die Ösen im Achtersteven, die ganz und gar hindurch gingen und auf der Innenseite vernietet waren, ohne Ausnahme durch das massive Holz hindurchgerissen wurden!

Wir hatten nach dem Schock des Aufpralls kaum wieder Luft geschöpft, als eine der allerriesigsten Wellen, die uns bis dahin vorgekommen waren, über uns hereinbrandete; den Eingang zur Kajüte schlicht wegwischte, sämtliche Luken einschlug und das Schiff bis in den letzten Winkel mit Wasser füllte.

IX. Kapitel

Glücklicherweise hatten wir uns alle vier, kurz bevor die Nacht hereinbrach, an die Sockelreste der Ankerwinde fest angebunden, und zwar auf die Art, daß wir uns so flach wie möglich auf das Deck anpreßten. Allein diese Vorsichtsmaßnahme rettete uns vor dem Untergang. Dennoch wurden wir alle mehr oder weniger betäubt, durch das ungeheure Gewicht des Wassers, das jetzt über uns hereinbrach; und das nicht eher davonrollte, bis wir nahezu völlig erschöpft waren. Sobald ich wieder Luft holen konnte, rief ich laut nach meinen Gefährten. – Augustus allein gab Antwort; und er sagte: »Es ist endgültig vorbei mit uns; möge Gott unserer Seele gnädig sein.« Nach und nach gelang es auch den anderen zu sprechen, und sie ermahnten uns, Mut zu schöpfen, da noch immer Hoffnung bestünde; sei es doch infolge der Art unserer Ladung unmöglich, daß die Brigg als Ganzes sinken könne; und bis zum Morgen müsse ein Sturm dieser Art ausgeblasen haben. Diese Worte flößten mir neues Leben ein, denn wunderlich wie es sich auch anhören mag, obschon es eine Binsenwahrheit ist, daß ein Fahrzeug mit einer Fracht leerer Ölfässer schlechterdings nicht sinken könne, war mein Gemüt bis dahin so konfus gewesen, daß ich die Erwägung gänzlich übersehen hatte; vielmehr war die Gefahr, die ich seit geraumer Zeit als die drohendste betrachtete, immer die des Untergehens gewesen. Da also die Hoffnung in mir geweckt war, nützte ich nunmehr jede Gelegenheit, die Bande fester zu ziehen, die mich mit den Resten des Ankerspills verbanden; und es dauerte nicht lange, bis ich entdeckte, daß auch meine Gefährten verbissen damit beschäftigt waren. Die Nacht war so finster wie nur irgend vorstellbar; und selbst der Versuch, das haarsträubende Geheule und Gelärme und Durcheinander, das uns umgab, zu schildern, wäre nutzlos. Unser Deck lag eben mit dem Meeresspiegel, beziehungsweise akkurater: Wir waren von einem himmelhohen Zackenkranz aus Schaum umgeben, von dem jeden Augenblick ein Teil über uns zusammenbrach. Es ist nicht übertrieben, wenn ich sage, daß unsere Köpfe von drei Sekunden höchstens eine einigermaßen über Wasser waren. Und obgleich wir dicht beieinander lagen, konnte keiner von uns den anderen sehen oder auch nur ein Stück der Brigg selbst, auf der es uns durch Orkan und Orkus dahinspielballte. In Abständen riefen wie einander zu, im Bemühen, die Hoffnung wachzuhalten, und jenen von uns Trost und Ermutigung zu spenden, die dessen am meisten bedürftig waren. Der Schwächezustand Augustus' machte ihn zum Hauptgegenstand unser aller Sorge; und da es ihm aufgrund seines zerfleischten rechten Armes unmöglich gewesen sein mußte, die Stricke, die ihn hielten, auch nur einigermaßen fest genug zu ziehen, schwebten wir stetig in der Besorgnis, feststellen zu müssen, daß er über Bord gegangen sei – aber ihm Hilfe zu bringen wäre ebenso unmöglich gewesen. Glücklicherweise lag er wesentlich besser gesichert als wir andern alle; befand sich doch sein Oberkörper genau in Deckung eines Teils des zertrümmerten Ankerspills, so daß die Heftigkeit der Wellen, die über ihn hinwegsausten, schon vorher größtenteils gebrochen wurde. In jeder anderen Stellung als dieser (in die er ziemlich zufällig geraten war, nachdem er sich zunächst in sehr exponierter Position festgemacht hatte), wäre er unweigerlich noch vor dem Morgen zugrunde gegangen. Da die Brigg so hochgradig schräg lag, waren wir übrigens alle in weit geringerer Gefahr, weggespült zu werden, als es sonst wohl der Fall gewesen wäre. Wir hingen, wie ich bereits sagte, so weit nach Backbord hinüber, daß sich diese Hälfte des Decks ständig unter Wasser befand. Folglich wurden die Brecher, die uns von Steuerbord her trafen, erst einmal weitgehend von der Schiffswand gebrochen, und erreichten uns, die wir flach auf dem Gesicht lagen, nur noch zum Teil: Während diejenigen, die von Backbord kamen, die also das waren, was man »Stauwasser-Seen« nennt, und denen wir infolge unserer Lage wenig Angriffsfläche boten, nicht genügend Macht besaßen, uns aus unseren Verschnürungen zu lösen.

In dieser grauenhaften Situation lagen wir, bis der Tag anbrach; der uns denn die Schrecknisse, die uns umgaben, noch klarer vor Augen führte. Die Brigg war nurmehr ein bloßer Klotz, den jegliche Woge nach Belieben umherwarf; der Sturm schien, wenn überhaupt etwas, dann im Zunehmen begriffen und konnte tatsächlich nur noch ein Orkan genannt werden; und nach irdischen Maßstäben gemessen, schien es keine Aussicht auf Rettung zu geben. Mehrere Stunden hindurch hielten wir schweigend aus; jeden Augenblick darauf gefaßt, daß entweder unsere Stricke nachgäben oder die Reste des Ankerspills über Bord gingen; oder daß eine der mächtigen Sturzseen, von denen es in jeder Richtung über uns und um uns dröhnte und donnerte, den Rumpf letztlich so weit unter Wasser drücken werde, daß wir, bevor wir die Oberfläche wieder erreicht hätten, ertrunken sein würden. Durch Gottes Gnade jedoch blieben wir vor diesen unmittelbaren Gefahren bewahrt; und gegen Mittag ermunterte uns der gesegnete Anblick eines ersten Sonnenstrahls! Bald darauf konnten wir bereits eine merkliche Abnahme der Gewalt des Windes verzeichnen; und nun sprach auch – zum ersten Male seit dem vorangegangenen gestrigen Spätabend – Augustus wieder, der sich bei dem ihm am nächsten befindlichen Peters erkundigte: ob dieser meine, daß noch irgendeine Möglichkeit bestünde und wir davonkommen könnten? Daraus, daß zunächst keine Erwiderung auf diese Frage folgte, schlossen wir alle, der Mischling sei, dort wo er lag, ertrunken; auf einmal jedoch, zu unserem größten Ergötzen, fing er zu sprechen an, wenngleich auch nur mit sehr schwacher Stimme; er sagte, daß er große Pein litte, hätten sich doch die Stricke um seinen Leib derart tief eingeschnitten, daß er entweder ein Mittel ausfindig machen müsse, sie zu lockern, oder aber zugrunde gehen müsse; denn daß er seine Qualen noch wesentlich länger ertragen könne sei unmöglich. Diese Mitteilung versetzte uns in Niedergeschlagenheit; da es vollkommen sinnlos war, an irgendeine Art Hilfeleistung zu denken, so lange der Wogenschlag noch derart über uns hinging, wie es gegenwärtig der Fall war. Wir redeten ihm gut zu, seine Pein mit Standhaftigkeit zu ertragen, und versprachen ihm, die allererste sich bietende Gelegenheit wahrzunehmen, um ihm Linderung zu verschaffen. Er entgegnete, daß es sehr bald zu spät und es mit ihm zu Ende sein werde, bevor wir ihm helfen könnten; worauf er noch ein paar Minuten lang Wehlaute von sich gab und dann stille lag; woraus wir folgerten, daß er sein Leben ausgehaucht habe.

Als es dem Abend zuging, hatte die See sich soweit beruhigt, daß im Verlauf von fünf Minuten durchschnittlich kaum mehr als eine Woge noch von Luv her über das Wrack hinschlug; und auch der Wind hatte beträchtlich nachgelassen, obschon er immer noch annähernd Sturmstärke besaß. Seit Stunden nun hatte ich wiederum keinen meiner Gefährten mehr das Wort erheben hören und rief jetzt Augustus an. Er gab Antwort, allerdings so matt, daß ich nicht erkennen konnte, was er sagte. Darauf wandte ich mich an Peters; dann an Parker; keiner erwiderte jedoch etwas.

Kurz nach dieser Periode des Sprechens verfiel ich in einen Zustand teilweiser Absence, während dem ich in meiner Einbildung die gefälligsten Bilder genoß: grüne, graziös sich bewegende Bäume etwa; wellende Wiesenweiten aus reifem Getreide; Prozessionen jugendlicher Tänzerinnen; Truppen der Kavallerie und andere Schimären. Ich entsinne mich jetzt, daß in allem, was vor meinem geistigen Auge vorüberzog, *Mobilität* das Hauptmerkmal bildete. So stellte ich mir nie ein unbewegliches Objekt vor, etwa ein Haus, einen Berg oder sonst etwas von dieser Art; wohl aber Windmühlen, Schiffe, große Vögel, Ballons, Menschen zu Pferde, wild dahinpreschende Kutschen und ähnliche bewegliche Gegenstände, die sich mir in nicht endenwollender Folge zeigten. – Als ich aus diesem Zustande erwachte, stand die Sonne, so weit ich das einzuschätzen in der Lage war, eine Stunde hoch. Es bereitete mir die größten Schwierigkeiten, mir die mit meiner Lage verbundenen Begleitumstände wieder ins Gedächtnis zurückzurufen; so war ich eine ganze Zeitlang fest davon überzeugt, daß ich mich noch im Schiffsraum befände, in Kistennähe, und daß der Körper von Peters der von Tiger sei.

Als ich am Ende dann wieder voll zu Bewußtsein kam, fand ich, daß der Wind nur noch eine mäßige Brise und die See verhältnismäßig ruhig sei; und zwar in solchem Maße, daß sie nur noch mittschiffs über die Brigg hinspülte. Mein linker Arm hatte sich aus seinen Banden irgendwie freigemacht und war um den Ellbogen herum sehr zerschunden; der rechte hingegen war völlig taub und Hand samt Gelenk ungeheuerlich angeschwollen, infolge der Abschnürung durch den Strick, der sich von der Schulter her armabwärts gearbeitet hatte. Auch bereitete ein anderes Seil mir große Schmerzen, das um die Taille ging und sich zu einem schier unerträglichen Grad von Strammheit zusammengezogen hatte. Als ich mich nach meinen Gefährten umsah, bemerkte ich, daß Peters doch noch lebte, obwohl eine dicke Leine seine Lenden so gewaltsam einschnürte, daß es buchstäblich so aussah, als sei er in zwei Teile geschnitten – da ich mich regte, machte seine Hand eine schwache Bewegung zu mir und deutete auf den Strick. Augustus, den es über einen Stumpf des Ankerspills fast wie eine Haarnadel gebogen hatte, gab keinerlei Lebenszeichen. Parker sprach mich an, als er sah, daß ich mich bewegte, und erkundigte sich, ob ich nicht genügend Kraft besäße, ihn aus seiner Lage zu erlösen, wobei er hinzufügte, daß wir, wenn ich alle mir zur Verfügung stehende Kraft zusammennähme und es bewerkstelligte, ihn loszubinden, vielleicht doch noch alle mit dem Leben davonkämen; andernfalls sei unser Schicksal besiegelt. Ich antwortete ihm, er möge Mut fassen, und ich würde versuchen, ihn zu befreien. Worauf ich in meiner Hosentasche umhertastete, mein Federmesser zu fassen bekam und es schließlich, nach diversen erfolglosen Versuchen, auch aufzuklappen vermochte. Als nächstes gelang es mir mit der linken Hand, meine Rechte aus ihrer Fesselung freizumachen; und anschließend auch alle übrigen Stricke zu durchschneiden, die mich noch festhielten. Als ich aber nunmehr versuchte, mich vom Fleck zu rühren, stellte sich heraus, daß meine Beine mir vollkommen versagten und ich mich einfach nicht erheben konnte; und ebenso vermochte ich den rechten Arm in keine Richtung zu dirigieren. Als ich dies Parker mitteilte, riet er mir, mich mit der linken Hand am Ankerspill festzuhalten und ein paar Minuten ganz still zu liegen, um dem Blut Zeit zum freien Zirkulieren zu geben. Dies befolgte ich und bemerkte bald, wie das Taubheitsgefühl abzuklingen begann; so daß ich erst das eine Bein bewegen konnte und dann auch das andere; und kurz darauf erlangte ich auch den teilweisen Gebrauch des rechten Armes wieder. Ich kroch nun ganz vorsichtig und ohne mich auf die Füße zu stellen auf Parker zu; und hatte bald alle Verschnürungen um ihn herum losgeschnitten; worauf auch er, nach einer kleinen Weile, die Herrschaft über seine Glieder zum Teil wiedererlangte. Nun verloren wir keine Zeit mehr, den Strick um Peters locker zu bekommen. Er hatte sich in einem tiefen Schnitt eingegraben; durch den Bund seiner langen wollenen Hose, dann durch zwei Hemden hindurch; und weiter noch ins Lendenfleisch hinein, aus dem, sobald wir die Stricke entfernt hatten, auch reichlich Blut floß. Immerhin hatten wir dies Unternehmen kaum beendet, als er auch schon zu sprechen anhob und überhaupt sofortige Erleichterung zu verspüren schien – wie er sich denn gleich mit weit größerer Leichtigkeit zu regen vermochte, als Parker oder ich selbst – was zweifelsohne eben dem Aderlaß zuzuschreiben war.

Wir hatten wenig Hoffnung, daß Augustus sich noch einmal erholen werde, da er keinerlei Lebenszeichen von sich gab; als wir ihn jedoch erreichten, entdeckten wir, daß er lediglich aufgrund von Blutverlust das Bewußtsein verloren hatte, weil den Verband, den wir um seinen verwundeten Arm gelegt, das Wasser fortgespült hatte; wogegen von den Stricken, die ihn am Ankerspill hielten, nicht einer so fest gezogen war, daß es hätte den Tod herbeiführen können. Nachdem wir ihn von seinen Banden befreit und aus den Balkentrümmern des Spills losgemacht hatten, brachten wir ihn an einem trockenen Ort in Luv sicher unter, den Kopf etwas tiefer gelagert als den übrigen Leib, und mühten uns dann alle drei eifrig, ihm die Glieder zu massieren. Nach rund einer halben Stunde kam er denn auch wieder zu sich; obgleich er nicht vor dem nächsten Morgen das geringste Zeichen gab, daß er einen von uns erkenne, oder genügend Kraft zum Sprechen zu sammeln vermochte. Übrigens war es, als wir uns unserer Bande endgültig entledigt hatten, schon ganz dunkel geworden und hatte sich auch erneut zu bewölken begonnen, so daß wir schon wieder Todesängste ausstanden, es möchte heftig zu winden anfangen; für welchen Fall uns denn, erschöpft wie wir waren, nichts mehr vorm Tode hätte retten können. Zum guten Glück blieb es die ganze Nacht hindurch recht ruhig; und der Wellengang ließ mit jeder Minute mehr nach, was uns große Hoffnung gab, letzten Endes doch noch davonzukommen. Obwohl eine sanfte Nordwestbrise zu wehen anhielt, war das Wetter doch nicht im geringsten kalt. Augustus, der immer noch zu schwach war, um sich selbst festhalten zu können, wurde sorgfältig auf der Luvseite angebunden, und zwar so, daß er beim Schwanken des Schiffsrumpfes nicht über Bord rutschen konnte. Für uns andere war dergleichen nicht mehr notwendig. Wir setzten uns dicht zueinander, hielten uns gemeinsam mit Hilfe der am Ankerspill herunterhängenden Seilenden fest und entwarfen Pläne, wie aus unsrer schrecklichen Situation zu entkommen sei. Eine beträchtliche Steigerung des Wohlbefindens erbrachte das Ausziehen und Trockenwringen unserer Kleidungsstücke; als wir sie danach wieder anlegten, fühlten sie sich ganz warm und angenehm an, was nicht in geringem Maße dazu beitrug, uns zu kräftigen. Auch Augustus wurden die seinigen abgestreift und für ihn ausgewrungen; worauf er denn die gleiche Erleichterung verspürte.

Unsere Hauptleiden bestanden nunmehr in Hunger und Durst; und wenn wir die diesbezüglichen Hilfsquellen und Möglichkeiten ins Auge faßten, verging uns freilich jeglicher Mut, und wir waren nahe daran zu bedauern, daß wir den fürchterlichen Gewalten des Meeres entronnen seien. Wir versuchten jedoch, uns mit der Hoffnung zu trösten, daß wir sicher bald von einem Schiff aufgenommen würden, und ermunterten uns gegenseitig, alles, was uns an Unbill noch begegnen könne, mit Standhaftigkeit zu ertragen.

Der Morgen des 14. dämmerte endlich herauf; und das Wetter blieb weiterhin klar und freundlich, mit einer stetigen aber sehr leichten Brise aus Nordwest. Die See war nunmehr spiegelglatt; und da die Brigg infolge irgendeiner Ursache, die wir nicht feststellen konnten, nicht mehr ganz so viel Schlagseite hatte wie zuvor, war das Deck relativ trocken und wir konnten uns frei darauf bewegen. Wir hatten jetzt bereits seit mehr als drei vollen Tagen und Nächten nicht das Geringste gegessen oder getrunken, und es wurde unabdingbar, einen Versuch anzustellen, von unten etwas heraufzuholen. Da die Brigg voll Wasser gelaufen war, gingen wir unter großem Bangen an diese Aufgabe und hatten nur geringe Hoffnung, daß es uns gelingen könne, des einen oder andern habhaft zu werden. Wir fertigten uns eine Art Dregge, indem wir aus den Trümmerresten der Kajütenluke mühsam ein paar Nägel herauslockerten und sie dann in zwei Holzstücke trieben. Nachdem wir diese kreuzweise übereinandergebunden und an einem Stück Schnur festgemacht hatten, ließen wir das Ganze in die Kabine hinunter und zogen es hin und her; in der schwachen Hoffnung, es würde sich womöglich irgendein Gegenstand hineinverfangen, der uns entweder als Nahrung dienen oder doch zumindest als weiteres Werkzeug dienen könne, an solche heranzukommen. Wir verbrachten den größten Teil des Vormittags mit dieser Arbeit; ohne einen anderen Erfolg, als ein paar Bettlaken zu errangeln, die freilich leicht genug an den Nägeln hängenblieben. Unser Gerät war aber auch derart plump, daß ein größerer Erfolg sich schwerlich erwarten ließ.

Anschließend versuchten wir unser Glück im Vorderschiff, aber gleichermaßen vergebens, und waren nahe am Rande der Verzweiflung, als Peters vorschlug, wir sollten ihm einen Strick um den Leib binden und ihn den Versuch machen lassen, durch Hinabtauchen in die Kabine etwas nach oben zu bringen – ein Einfall, den wir alle mit großen Entzücken begrüßten, das neu erwachende Hoffnung einem nur einzuflößen vermag. Er ging unverzüglich daran, all seine Kleider – mit Ausnahme der Hosen – abzulegen; dann wurde ein Seil aufs sorgfältigste um seine Taille befestigt und gleichzeitig noch in solcher Manier über der Schulter befestigt, daß es unmöglich abrutschen konnte. Das Unternehmen war äußerst schwierig und mit beträchtlichen Gefahren verbunden; denn da wir kaum erwarten konnten, nennenswerte (falls überhaupt irgendwelche!) Lebensmittel in der Kajüte selbst anzutreffen, wurde es erforderlich, daß der Taucher, nachdem er sich hinuntergelassen, eine Wendung nach rechts mache, um dann unter Wasser, in einem engen Durchgang, 10 bis 12 Fuß zurücklege, bis zum Vorratsraum; und dann wieder zurückkehre. All dies, ohne Luft zu holen.

Sobald alles bereit war, stieg Peters zunächst in die Kajüte hinunter, erst auf der Treppe, soweit, bis das Wasser ihm ans Kinn reichte. Dann tat er einen Kopfsprung hinein, wobei er sich, während des Sprunges noch, schon nach rechts wandte, bestrebt, den Weg nach dem Vorratsraum einzuschlagen. Bei diesem ersten Versuch blieb er jedoch vollkommen erfolglos. Binnen weniger als einer halben Minute schon, nachdem er hinuntergegangen war, fühlten wir, wie er heftig am Seil ruckte (das Zeichen, das wir vereinbart hatten, sobald er hochgezogen werden wollte). Dementsprechend gingen wir vor; aber leider so unvorsichtig, daß er an den Stufen übel anstieß. Er hatte nichts mit heraufgebracht und war außerdem nicht imstande gewesen, mehr als nur ein ganz kleines Stück in den Durchgang einzudringen; woran die ständigen Anstrengungen Schuld trugen, die erforderlich wurden, um zu verhindern, daß er an die Decke gedrückt werde. Er war ganz erschöpft, als er herauskam, und mußte sich zuerst geschlagene fünfzehn Minuten lang ausruhen, bevor er neuerlich wagen konnte, hinabzusteigen.

Dem zweiten Versuch war sogar noch schlimmerer Mißerfolg beschieden; denn er blieb derart lange unter Wasser, ohne das Signal zu geben, daß wir, als wir allmählich um seine Sicherheit besorgt waren, ihn ungefragt herauszogen und fanden, daß er beinahe in den letzten Zügen lag; wo er doch, wie er sagte, mehrmals an dem Seil gezogen hatte, ohne daß wir es gefühlt hatten. Der Grund dafür war wahrscheinlich, daß sich ein Stück davon im Geländer am Fuß der Treppe verfangen hatte. Dies Geländer war aber auch tatsächlich derart im Wege, daß wir es, wenn irgend möglich, zu beseitigen beschlossen, ehe wir unser Vorhaben weiter vorantrieben. Da wir kein anderes Mittel besaßen, es zu entfernen, als die bloße Kraft, stiegen wir alle auf der Treppe so tief ins Wasser hinein, wie wir nur konnten, und drückten dann mit vereinten Kräften, hau ruck, dagegen; und hatten auch den Erfolg, daß es abbrach.

Der dritte Versuch war ähnlich unergiebig wie die beiden ersten; und wir mußten nun erkennen, daß auf diese Weise so lange nichts zu erreichen sei, als der Taucher nicht ein Gewicht bei sich trug, das ihn während seiner Suche in gleichmäßiger Stellung am Fußboden der Kajüte festhielte. Geraume Zeit hindurch sahen wir uns vergeblich nach irgend etwas um, das diesem Zwecke dienen könne; bis wir am Ende zu unsrer Freude entdeckten, daß eine von den Fockrüsten auf der Luvseite so locker war, daß wir nicht die geringste Schwierigkeit hatten, sie ganz loszudrehen. Nachdem Peters sie sich sorgfältig am Fußknöchel befestigt hatte, begann er mit seinem vierten Abstieg in die Kajüte und hatte diesmal insofern Erfolg, als er den Weg bis zur Tür des Proviantmeisterraums zurücklegen konnte. Zu seinem unbeschreiblichen Entsetzen fand er diese jedoch verschlossen und sah sich zur Umkehr genötigt, ohne ein Eindringen zu forcieren, da er, selbst mit der größten Anstrengung, nicht länger unter Wasser aushalten konnte, als eine einzige Minute im Höchstfalle. Unsere Lage sah nunmehr wahrlich düster aus; und weder Augustus noch ich selbst vermochten die Tränen zurückzuhalten, wenn wir an die Unzahl von Schwierigkeiten dachten, die uns umringten, und der geringen noch verbleibenden Wahrscheinlichkeit eines endgültigen Davonkommens. Aber diese Schwäche war nicht von langer Dauer. Wir warfen uns auf die Knie, erflehten Gottes Beistand in all den Gefahren, die uns bedrängten; und erhoben uns dann, voll erneuter Hoffnung und Stärke, um zu überdenken, was menschliche Mittel etwa noch zu leisten vermochten, unsere Errettung zu bewerkstelligen.

X. Kapitel

Kurz danach ereignete sich ein Zwischenfall, den ich als aufwühlendere Erregung auslösend zu betrachten geneigt bin, als weit mehr mit extremen Gefühlswerten gesättigt, erst des Entzückens, dann den Grauens, als sonst irgendeiner der tausend Wechselfälle, wie sie mir später während neun langer Jahre widerfuhren, und die noch wahrlich randvoll mit den frappierendsten, in vielen Fällen unbegriffenen und unbegreiflichen Ereignissen gewesen sind. Wir lagen auf dem Deck, unweit der Kajütenluke, ausgestreckt und waren dabei, die Möglichkeiten zu besprechen, uns vielleicht doch noch einen Weg in den Vorratsraum zu bahnen, als ich, den Blick auf Augustus richtend, der mir gegenüberlag, feststellte, daß er mit einem Schlage totenbleich geworden war und seine Lippen auf die seltsamste und unerklärlichste Art erbebten. Äußerst beunruhigt sprach ich ihn an; er gab mir aber keinerlei Antwort, und ich fing eben an zu denken, daß ihn wohl eine plötzliche Übelkeit befallen habe, als mir seine Augen auffielen, deren Blick anscheinend starr auf irgendeinen Gegenstand hinter mir gerichtet war. Ich wandte den Kopf – und werde nie die ekstatische Verzückung vergessen, die jede Zelle meines Körpers durchschauerte, da ich einer großen Brigg gewahr wurde, die nicht mehr als ein, zwei Meilen entfernt war und geradewegs auf uns zuhielt! Ich sprang auf die Füße, wie von einer Musketenkugel mitten ins Herz getroffen; ich streckte die Arme in Richtung des Fahrzeugs aus und stand so, bewegungsunfähig und nicht imstande, auch nur eine Silbe hervorzubringen. Peters und Parker waren gleichermaßen außer sich; obschon jeder auf gänzlich verschiedene Weise. Der erstere tanzte auf dem Deck herum wie ein Irrsinniger, wobei er die extravagantesten Rodomontaden von sich gab, vermischt mit Geheul und Verwünschungen; während der letztere in Tränen ausbrach und viele Minuten lang schluchzte wie ein Kind.

Das Fahrzeug in Sicht war ein Hermaphrodit, also eine große Schoner-Brigg, holländischer Bauart, schwarz gestrichen und mit einer abgeschmackten vergoldeten Gallionsfigur.

Sie hatte unverkennbar schon so manchen Sturm erlebt; und vermutlich auch in dem Unwetter, das uns beinahe zum Verhängnis geworden wäre, beträchtlich gelitten; denn ihr Vormast war dahin, und auch ein Teil der Reling an Steuerbord. Als wir ihrer zuerst ansichtig wurden, war sie, wie ich schon gesagt habe, windwärts an die zwei Meilen von uns entfernt und hielt stracks auf uns zu. Nun herrschte ja nur eine ganz gelinde Brise, und was uns hauptsächlich verwunderte, war, daß sie keinerlei andere Segel gesetzt hatte, als lediglich die Außenklüver, sowie Fock- und Großsegel – infolgedessen sie sich nur sehr langsam näherte, was unsere Ungeduld ins Unermeßliche steigerte! Auch fiel die kurios unbeholfene Art, mit der sie gesteuert wurde, uns allen trotz unserer Verzückung sofort auf: Sie »gierte« derart herum, daß wir ein- oder zweimal tatsächlich daran zweifelten, man könnte uns gesehen beziehungsweise, falls dies doch der Fall gewesen sein sollte, so doch niemand an Bord hier entdeckt haben; und sie also im Begriff sei, über Stag zu gehen und sich bald in der einen oder anderen Richtung zu entfernen. Jedesmal, wenn dieser Fall drohte, schrien und gellten wir, was unsere Kehlen nur hergaben – worauf der Fremde seine Absicht einen Augenblick lang zu ändern und wiederum auf uns zuzuhalten schien – ein ganz und gar seltsames Gebaren, das sich zwei- oder dreimal wiederholte; so daß wir zuletzt keine andere Erklärung dafür mehr zu finden wußten, als daß der Steuermann betrunken sein müsse.

Auch war kein Mensch an Deck zu erblicken, bis wir auf 400 bis 500 Meter herangekommen waren. Da endlich wurden wir dreier Seeleute gewahr, die wir anhand ihrer Kleidung als Holländer identifizierten. Zwei davon lagen lässig auf ein paar alten Segeln, nahe der Back; ein dritter, der uns mit großer Neugier zu mustern schien, lümmelte, dicht beim Bugspriet, auf der Steuerbordreling. Dieser war ein großer, athletisch gebauter Mann mit auffällig dunkler Hautfarbe. Soweit sich aus seinem Benehmen schließen ließ, ermutigte er uns zur Geduld, indem er uns auf muntere, wenngleich etwas exzentrische Weise zunickte; auch lächelte er immerfort, wobei er ein Gebiß zeigte, daß vor Weiße förmlich strahlte. Als sein Fahrzeug näherkam, sahen wir, wie die rote Flanellmütze, die er trug, ihm vom Kopf und ins Wasser hineinfiel – wovon er jedoch wenig oder gar keine Notiz zu nehmen schien; vielmehr setzte er seine wunderliche Lächel- und Nickgestik unverändert fort. (Ich berichte über die Details und Umstände eingehend und referiere darüber, wie ich betonen möchte, ganz so, wie sie uns *erschienen*.)

Die Brigg kam langsam näher, und nun weit stetiger als zuvor, und – ich kann den Vorfall einfach nicht ruhig beschreiben! – uns begannen die Herzen wild im Leibe zu hüpfen; wir schütteten unsere ganzen Seelen aus und riefen und dankten dem Herrn für die unerwartete, herrliche, endgültige Erlösung, die so zum Greifen nah war! Plötzlich aber, ganz unvermittelt, kam übern Ozean her, von dem fremden Fahrzeug (das nun ganz dicht beilag), ein Geruch – ein Gestank, für den's auf Erden keinen Namen gibt – für den es keinen Begriff gibt – höllisch – schlechterdings erstickend – unvorstellbar unerträglich. Ich rang nach Luft; und als ich mich zu meinen Gefährten umwandte, gewahrte ich, daß sie bleicher denn Marmor waren. Aber wir hatten keine Zeit für Fragen oder Vermutungen – die Brigg war uns bis auf 50 Fuß genaht; und man schien dort die Absicht zu hegen, direkt an unserem Hinterschiff anzulegen, so daß wir an Bord gehen könnten, ohne daß man ein Boot aussetzen mußte. Wir stürmten nach achtern; als plötzlich ein erneutes Gieren sie wieder volle fünf oder acht Strich von dem Kurs abbrachte, den sie bisher eingehalten hatte; und wie sie nun langsam, in einer Entfernung von etwa zwanzig Fuß, unsern Stern passierte, hatten wir den vollen Überblick über ihre Decks. Wird es mir je gelingen, den dreifachen Schrecken jenes Schauspiels zu vergessen? Fünfundzwanzig oder dreißig menschliche Leiber, unter denen sich auch einige weibliche befanden, lagen, unregelmäßig verstreut, zwischen Heck und Kombüse herum, im letzten und ekelhaftesten Stadium der Verwesung. Wir sahen klar, daß auf dem Unglücksschiff nicht eine lebende Seele mehr war! Und trotzdem konnten wir nicht anders: Wir schrien die Toten um Hilfe an! Ja, lange bettelten wir und laut flehten wir, in der Verzweiflung des Augenblicks, daß diese schweigenden und widerlichen Kreaturen auf uns warten möchten, uns nicht verlassen, auf daß wir würden wie sie, vielmehr uns aufnehmen möchten in ihre wackre Kumpanei! Wir rasten vor Grauen und Verzweiflung – schlicht wahnsinnig ob der Qualen unserer fürchterlichen Enttäuschung.

Als unser erster Schreckensschrei erscholl, wurde ihm irgendwie Erwiderung, etwa vom Bugspriet des Fremden her, und glich so sehr dem Gellen einer Menschenstimme, daß das geübteste Ohr getäuscht und aufgeschreckt worden wäre. Gleichzeitig brachte eine neuerliche Schwenkung uns den Bereich des Vorderschiffes einen Moment lang in Sicht, und sogleich sahen wir den Ursprung jenen Lautes. Wir sahen die große, athletische Gestalt noch immer an der Reling lehnen, ihr Haupt weiterhin hin und her nicken, aber das Gesicht war im Augenblick von uns abgewandt, so daß wir's nicht erkennen konnten. Die Arme waren aufs Geländer hingebreitet und die Handflächen nach außen gekehrt; und die Knie auf einem derben Tau gelagert, das straff gespannt vom Ansatz des Bugspriets zum Kranbalken verlief. Auf seinem Rücken, von dem ein Stück Hemd heruntergerissen war, so daß er teilweise bloßlag, saß eine riesenhafte Seemöwe, eifrig damit beschäftigt, sich mit dem furchtbaren Fleisch vollzustopfen; Schnabel und Krallen waren tief hineinvergraben, und das weiße Gefieder über und über mit Blut besprüht. Als die Brigg noch weiter umholte, so daß wir sie ganz von nahem sehen konnten, zog der Vogel, augenscheinlich unter beträchtlichen Schwierigkeiten, seinen karminenen Kopf heraus; beäugte uns einen Augenblick lang wie betäubt; erhob sich träge von dem Leib, an dem er sich gütlich getan, und schwebte dann, direkt über unser Deck hinweg, eine Weile noch um uns herum, einen Batzen verklebter leberartiger Substanz im Krummschnabel. Endlich entfiel ihm der gräßliche Bissen und landete mit einem dumpfen Geräusch direkt vor den Füßen Parkers. Möge mir Gott verzeihen; aber jetzt durchzuckte mich ein Gedanke, ein Gedanke, dem ich keine Worte verleihen will; und mir war, als wenn ich einen Schritt auf den blutigen Fleck zu tun müsse. Ich blickte auf; und Augustus' Augen begegneten den meinen, mit einem so intensiven und sinnesschwangeren Ausdruck, daß es mich sofort wieder zur Besinnung brachte. Forsch sprang ich vorwärts, und stieß, mit tiefem Schaudern, das Schreckensding ins Meer!

Der Körper, dem es entstammte, (wie beschrieben auf einem Tau gelagert), war von dem eifrig arbeitenden Vogel mühelos zum Schwanken und Pendeln gebracht worden; und diese Bewegung war es, die uns zuerst überzeugt hatte, es handle sich um einen Lebenden. Als die Möwe ihn jetzt von ihrem Gewicht befreite, schwang er herum und fiel zum Teil hinüber, so daß sein Gesicht voll erkennbar wurde. Niemals, mit Gewißheit nicht, ist je ein Gegenstand derart saturiert mit Schrecklichem gewesen! Die Augen waren dahin; auch die gesamte Fleischpartie um den Mund, was das Gebiß total bloßlegte; das also war das Lächeln, das uns Hoffnung gegeben hatte! das der – aber ich halte inne. Die Brigg jedenfalls, wie ich bereits gesagt habe, passierte unsern Stern und zog langsam aber stetig leewärts von dannen. Mit ihrer grausigen Besatzung schwanden all unsere heiteren Hoffnungen von Erlösung und Glück. Gemächlich, wie sie vorüberzog, hätten wir vielleicht durchaus Mittel finden können, an Bord zu gehen, hätten nicht der Schreck der Enttäuschung und die schauderhafte Natur der Enthüllung, die ihn begleitete, jegliche geistige und körperliche Fähigkeit zum Handeln völlig in uns gelähmt. Gesehen hatten wir, auch gefühlt; aber denken und handeln konnten wir erst wieder, als es leider schon zu spät war. Wie sehr unser aller Geist durch den Vorfall angegriffen war, mag man dem Umstand entnehmen, daß, als das Fahrzeug sich schon so weit entfernt hatte, daß wir nurmehr die Hälfte des Rumpfes erkennen konnten, wir noch ganz ernstlich darüber debattierten, ob es nicht möglich sei, es vielleicht schwimmend einzuholen!

Ich habe seit jenem Tage immer wieder vergeblich versucht, irgendeinen Schlüssel zu finden, bezüglich der abscheulichen Ungewißheit, die das Schicksal der fremden Brigg umgab. Ihr Bau und allgemeiner Eindruck machten uns, wie ich bereits erwähnte, glauben, daß es sich um ein holländisches Kauffahrtschiff handeln müsse; und die Kleidung der Besatzung bestärkte uns in dieser Meinung. Wir hätten natürlich unschwer den Namen am Heck ablesen und weitere Beobachtungen anstellen können, die als Richtschnur zu ihrer

Identifizierung gedient hätten; aber die übermäßige Aufregung des Augenblicks verschloß uns für Details dieser Art die Augen. Aus der safranähnlichen Verfärbung der Leichen, die noch nicht gänzlich verwest waren, schlossen wir, daß alle an Bord Befindlichen am Gelben Fieber zugrunde gegangen waren, oder von einer ähnlich bösartigen Seuche. Wenn das zutreffend gewesen sein sollte (und ich weiß eigentlich nicht, was sonst in Frage käme), muß der Tod, aus den Positionen der Leichen zu schließen, sie in unerhört abrupter und schrecklicher Weise überkommen und überwältigt haben; auf eine Art, grundverschieden von derjenigen, die im allgemeinen selbst die tödlichsten Epidemien charakterisiert, mit denen die Menschheit bislang Bekanntschaft gemacht hat. Theoretisch wäre es auch möglich, daß ein zufällig unter die Lebensmittel geratenes Gift die Katastrophe herbeigeführt haben könnte; beziehungsweise daß sie durch den Genuß irgendeiner unbekannten und giftigen Fischart oder sonstigen Meeresgetiers oder Seevogels ausgelöst wurde – aber es ist schlichterdings müßig, Konjekturen anzustellen, wo alles in ein schrecklich-unergründliches Geheimnis gehüllt ist und ohne Zweifel auch für immer gehüllt bleiben wird.

XI. Kapitel

Wir verbrachten den Rest des Tages in einem Zustand dumpfer Lethargie, indem wir hinter dem sich entfernenden Fahrzeug hergafften, bis die Dunkelheit es allmählich unsern Blikken entzog und uns im gleichen Verhältnis wieder einigermaßen zur Besinnung brachte. Da kehrten denn Hunger und Durst und ihre Qualen zurück, vor denen alle andern Sorgen und Nöte in den Hintergrund gedrängt wurden. Immerhin konnte bis zum nächsten Morgen nichts mehr unternommen werden; also sicherten wir uns so gut wie möglich und versuchten dann, ein wenig Schlaf zu erhaschen. Mir gelang dies wider allen Erwartens; und ich schlummerte, bis meine Gefährten, die nicht so glücklich gewesen waren, mich bei Tagesanbruch weckten, auf daß wir unsere Versuche erneuerten, Lebensmittel aus dem Rumpf herauszubefördern.

Es war nun vollkommen windstill, und die See lag so glatt, wie ich sie nur jemals gesehen habe – das Wetter warm und angenehm. (Die Brigg außer Sicht). Wir begannen unsere Operationen damit, daß wir ein zweites Stück Fockrüste losdrehten, allerdings mit einiger Mühe; darauf befestigten wir an jedem Fuße Peters' eine; worauf er dann neuerlich einen Versuch unternahm, die Tür des Vorratsraums zu erreichen, die gewaltsam zu öffnen er doch für möglich hielt, vorausgesetzt, er könnte in entsprechend kurzer Zeit bis dahin gelangen; und dies hoffte er jetzt, wo der Schiffsrumpf so viel ruhiger lag als vorher, zu schaffen.

Es gelang ihm auch, sehr rasch die Tür zu erreichen, wo er sich dann eines der Eisen vom Knöchel löste und damit unter allen Anstrengungen versuchte, das Eindringen zu erzwingen – aber vergebens; Gebälk und Holzwerk des Raumes waren weit robuster, als wir angenommen hatten. Er war überdies vollkommen erschöpft von seinem langen Aufenthalt unter Wasser; und es wurde unbedingt erforderlich, daß jetzt ein anderer von uns seinen Platz übernähme. Parker meldete sich sogleich freiwillig zur Ablösung; aber nachdem er drei ergebnislose Versuche unternommen hatte, mußte auch er kleinbeigeben und erkennen, daß er nicht einmal imstande sei, auch nur in die Nähe der Tür zu kommen. Da der Zustand von Augustus' verwundetem Arm jeden Versuch hinunterzugehen sinnlos machte (da er, selbst wenn er den Raum erreichen sollte, doch nicht in der Lage wäre, sich gewaltsam Zutritt zu verschaffen), fiel es denn logischerweise mir zu, für unsere gemeinsame Rettung eine Anstrengung zu unternehmen.

Peters hatte das eine Eisenstück unten im Durchgang liegenlassen, und ich merkte gleich beim Eintauchen, daß ich nicht genügend Ballast hatte, um mich sicher unten zu halten. Daher beschloß ich, bei meinem ersten Versuch weiter nichts anzustreben, als nur jenes zweite Eisen wieder zu beschaffen. Indem ich auf dem Fußboden des Ganges danach tastete, erfühlte ich einen harten Gegenstand, den ich unverzüglich festhielt, obwohl ich keine Zeit hatte, mich zu vergewissern, worum es sich handelte; vielmehr sogleich umkehrte und wieder zur Oberfläche hinanstieg. Mein Fang erwies sich als eine Flasche; und man wird sich eine Vorstellung von unserer Freude machen können, wenn ich sage, daß sie sich als voll erwies, und zwar mit Portwein! Wir dankten Gott für diese rechtzeitige und tröstliche Unterstützung; zogen, mit Hilfe meines Taschenmessers unverzüglich den Kork; nahmen jeder ein moderates Schlückchen und verspürten ein gar nicht zu beschreibendes Wohlbehagen ob der Durchwärmung, Stärkung, Anregung, die uns nun belebten. Anschließend verstöpselten wir die Flasche wieder aufs sorgfältigste und bewahrten sie, vermittels eines Taschentuches, hängend so auf, daß sie auf keinen Fall irgend zerbrochen werde.

Nachdem ich auf solchen Glücksfund hin eine Weile ausgeruht hatte, verfügte ich mich wiederum nach unten und fand diesmal das Eisen, mit dem ich sofort hochkam. Ich machte es an mir fest und ging dann zum drittenmal hinunter; wodurch ich jedoch die Überzeugung gewann, daß auf diese Weise keine Anstrengung meinerseits mich je in den Stand setzen werde, die Tür zum Vorratsraum aufzusprengen. Worauf ich voller Verzweiflung zurückkehrte.

Es schien nun nicht länger Raum für etwelche Hoffnung mehr; und ich konnte es an den Gesichtern meiner Gefährten erkennen, daß sie sich im Geiste damit abgefunden hatten, zugrunde zu gehen. Der Wein hatte bei ihnen offenbar eine Art Delirium hervorgerufen, welches ebenfalls durchzumachen mir vielleicht deshalb erspart wurde, weil ich mich nach dem Trinken einem Kaltwasserbad unterzogen hatte. Sie jedenfalls plapperten unzusammenhängend über Dinge, die mit unserer Lage in keinerlei Verbindung standen; so erkundigte sich Peters wiederholt bei mir nach Einzelheiten bezüglich Nantucket. Auch Augustus trat, wie ich mich erinnere, mit der ernsthaftesten Miene an mich heran und ersuchte mich, ihm einen Taschenkamm zu leihen, da sein Haar doch voller Fischschuppen sei und er sie gerne entfernen wollte, bevor er an Land ginge. Parker, der den am wenigsten angegriffenen Eindruck machte, beschwor mich, doch aufs Geratewohl in die Kajüte hinabzutauchen und einfach den erstbesten Gegenstand mit heraufzubringen, der mir in die Finger gerate. Ich willigte ein und brachte beim ersten Versuch, nachdem ich eine volle Minute unten geblieben war, einen kleinen Lederkoffer nach oben, der Kapitän Barnard gehörte. Er wurde auf der Stelle geöffnet – in der schwachen Hoffnung, er könnte etwas zu essen oder trinken enthalten. Wir fanden jedoch nichts; ausgenommen ein Etui mit Rasiermessern und zwei leinene Hemden. Ich ging daraufhin erneut nach unten; mußte aber umkehren, ohne jeden Erfolg. Als mein Kopf über Wasser kam, hörte ich ein Klirren auf Deck und sah, als ich ganz herausgestiegen war, daß die Gefährten undankbarerweise meine Abwesenheit genutzt hatten, den restlichen Wein auszutrinken; und bei dem Bemühen, die Flasche, eh sie von mir gesehen würde, wieder an Ort und Stelle zu bringen, hatten sie sie fallen lassen. Ich konfrontierte sie mit der Herzlosigkeit ihres Verhaltens, worauf Augustus in Tränen ausbrach. Die beiden anderen versuchten die Angelegenheit als Spaß zu behandeln und ins Lächerliche zu ziehen; aber ich hoffe, daß ich Gelächter dieser Art niemals wieder werde zu sehen bekommen: Die Verzerrung der Züge war schlichtwegs grausig! Es war auch ganz unverkennbar, daß das Stimulans, bei dem leeren Zustand ihrer Mägen, sofortige und heftigste Wirkung gezeigt hatte und sie alle hochgradig betrunken waren. Mit größter Schwierigkeit vermochte ich sie zum Hinlegen zu bewegen; wo sie denn sehr bald in einen schweren Schlummer, begleitet von lautem schnarchendem Atmen, versanken.

Ich befand mich nunmehr sozusagen allein auf der Brigg; und man mag sich darauf verlassen, daß meine Betrachtungen von der sinistersten und bangsten Natur waren. Keine andere Aussicht zeigte sich mehr, als entweder ein langsamer Tod durch Verschmachten oder aber bestenfalls ein rasches Ende im nächsten sich erhebenden Sturm, denn in unserem augenblicklichen erschöpften Zustand konnten wir nicht mehr hoffen, noch einen weiteren zu überleben.

Der nagende Hunger, den ich jetzt verspürte, war schier unerträglich; und ich hatte das

Gefühl, daß ich, um ihn zu beschwichtigen, fähig sei, bis zum Äußersten zu gehen. Mit meinem Messer schnitt ich mir ein Stück von dem Lederkoffer ab und gab mir Mühe, es zu verzehren; fand es jedoch gänzlich unmöglich, auch nur einen einzigen Bissen herunterzuschlucken, obschon ich mir einbildete, daß sich eine gewisse geringe Erleichterung meiner Pein einstellte, wenn ich ein kleines Stückchen davon durchkaute und es dann ausspuckte. Gegen Abend erwachten meine Gefährten, einer nach dem anderen, und jeder in einem unbeschreiblichen Zustand von Schwäche und Beklemmung, bewirkt durch den Wein, dessen Dünste sich nunmehr verflüchtigt hatten. Sie zitterten am ganzen Leibe wie vor Fieberfrost und gellten aufs erbärmlichste nach Wasser. Ihr Zustand ging mir im höchsten Maße nahe; wiewohl er mir gleichzeitig Anlaß wurde, mich der glücklichen Verkettung von Umständen zu erfreuen, die mich daran gehindert hatten, dem Trunke ebenso zu frönen, und so davor bewahrt zu bleiben, ihre Empfindungen der Beängstigung und Trostlosigkeit jetzt mitleiden zu müssen. Trotzdem verursachte mir ihr Zustand beträchtliche Unruhe und Besorgnis, lag es doch auf der Hand, daß – wenn nicht bald eine Veränderung zum Besseren einträte – sie mir bei den Bemühungen um unsere gemeinsame Sicherheit keine Hilfeleistung würden bieten können. Ich hatte den Gedanken, von unten doch noch etwas heraufholen zu können, nicht ganz aufgegeben; aber die Versuche konnten unmöglich erneut aufgenommen werden, ehe nicht wenigstens einer von ihnen wieder Herr genug über sich selbst war, um, während ich nach unten ging, das Seilende festzuhalten. Parker schien etwas mehr im Besitz seiner Sinne zu sein als die anderen; und ich versuchte, mit allen mir zur Verfügung stehenden Mitteln, ihn aufzurütteln. Da mir einfiel, Eintauchen in kaltes Meerwasser könnte eine wohltätige Wirkung üben, brachte ich es zuwege, ihm ein Strickende um den Leib zu binden; anschließend führte ich ihn zur Kajütenluke hin (während er die ganze Zeit seine vollkommen passive Haltung beibehielt), schubste ihn hinein und zog ihn dann unverzüglich wieder heraus. Ich hatte guten Grund, mir selbst zu gratulieren, dies Experiment angestellt zu haben, denn er schien wirklich wie neu belebt und gestärkt und fragte mich beim Herauskommen auf ganz verständige Weise, wieso ich ihn denn traktiert hätte? Als ich ihm meine Absicht dargelegt hatte, drückte er mir seinen Dank aus, sagte, daß er sich nach dem Bade wesentlich besser fühle, und diskutierte anschließend unsere Lage auf vernünftige Weise mit mir. Wir beschlossen als nächstes, Augustus und Peters auf dieselbe Weise zu behandeln; was wir auch unverzüglich in die Tat umsetzten; worauf beide denn die wohltätigsten Folgen eines solchen Schocks verspürten. (Mir war der Einfall eines solchen Kaltwasserstoßes dadurch gekommen, daß ich einmal, in irgendeinem medizinischen Werk, etwas von den günstigen Wirkungen einer Duschbehandlung gehört hatte, in einem Fall, wo der betreffende Patient an *mania a potu* litt.)

Da ich sah, daß ich meinen Gefährten nunmehr wieder das Festhalten des Seilendes anvertrauen konnte, tauchte ich erneut drei- oder viermal in die Kajüte hinunter, obschon es inzwischen ganz dunkel geworden war, und eine sanfte aber lange Dünung von Norden her den Schiffsrumpf etwas zum Schwanken brachte. Im Verlauf besagter Versuche gelang es mir, zwei große Messer mit Scheide, einen Krug von drei Gallonen (leer) und eine Decke mit hochzubringen; aber nichts, was uns zur Nahrung hätte dienen können. Ich setzte meine Anstrengungen, nachdem ich dieser Gegenstände habhaft geworden war, noch fort, bis ich völlig erschöpft war; förderte jedoch nichts weiter nach oben. Auch Parker und Peters betätigten sich im Laufe der Nacht abwechselnd gleichermaßen; da uns aber nichts mehr in die Hände fiel, stellten wir diese Versuche nunmehr voller Verzweiflung ein, in der Erkenntnis, daß wir unsere Kräfte vergeblich vergeudeten.

Den Rest dieser Nacht verbrachten wir in einem Zustand so unglaublicher geistiger und körperlicher Beängstigung, wie man ihn sich nur immer vorstellen kann. Der Morgen des 16. dämmerte endlich herauf; und wir suchten gierig den Horizont rundum nach Erlösung ab, aber ohne Ergebnis. Die See war immer noch ruhig, abgesehen von einer langen Dünung aus Nord, genau wie gestern. Das war nun der sechste Tag, daß wir weder Speise noch Trank genossen hatten, abgesehen von jener Flasche Portwein; und es war augenscheinlich, daß wir nur noch eine ganz winzige Weile länger aushalten konnten, es sei denn, irgend etwas ließe uns ihrer habhaft werden. – Nie zuvor hatte ich menschliche Wesen derart abgemagert gesehen wie Peters und Augustus (und möchte es, wenn irgend möglich, auch nicht mehr sehen!). Wenn ich ihnen in ihrem gegenwärtigen Zustand an Land begegnet wäre, ich hätte nicht im mindesten vermutet, die Leute früher schon jemals gesehen zu haben. Der Ausdruck ihrer Gesichter war so vollkommen verändert, daß ich mich einfach nicht mehr zu dem Glauben durchringen konnte, es handle sich um dieselben Individuen, mit denen ich, nur einige wenige Tage zuvor, Umgang gepflogen hatte. Parker, obwohl auch in betrüblichem Zustand und so schwach, daß er den Kopf nicht mehr von der Brust hochnehmen konnte, war dennoch nicht so weit hin wie die beiden anderen. Er trug seine Leiden mit vorbildlicher Geduld; er klagte nicht; sondern versuchte vielmehr, uns auf jegliche Art, die ihm nur einfiel, Hoffnung einzureden. Was mich anbelangt (obschon ich bei Antritt der Reise etwas kränklich und überhaupt seit jeher von anfälliger Konstitution gewesen war), litt ich, von uns allen, doch am mindesten: war körperlich am wenigsten heruntergekommen und hatte mir auch meine intellektuellen Fähigkeiten in überraschendem Maße bewahrt, während die geistigen Kräfte der anderen völlig erschöpft zu sein schienen und sie wie auf eine Art zweiter Kindheit reduziert wirkten, sich im allgemeinen einfältig geziert ausdrückten, begleitet von idiotischem Lächeln; und überhaupt nur noch die plattesten Absurditäten von sich gaben. Periodisch jedoch schienen sie plötzlich wiederaufzuleben, gleich wie schlagartig vom Bewußtsein ihrer Lage durchdrungen; wo sie denn wohl, in einem momentanen Energieausbruch, auf die Füße sprangen, und sich kurzfristig und auf ganz rationale Weise über ihre Aussichten ausließen, obwohl stets voll hochgradiger Verzweiflung. (Es ist selbstverständlich durchaus möglich, daß meine Gefährten ihrerseits genau den gleichen Eindruck von sich gehegt haben, wie ich von mir, und daß ich, unbewußterweise, mich derselben Extravaganzen und Infantilismen schuldig gemacht habe, wie sie auch – das ist eine Frage, die nicht mehr geklärt werden kann.)

Gegen Mittag erklärte Parker, wie er in Richtung Backbord Land erblicke! Mit äußerster Mühe nur konnte ich ihn davon abhalten, sich in die See zu stürzen, mit der Absicht, es schwimmend zu erreichen. Peters und Augustus nahmen von dem, was er vorbrachte, wenig Notiz und waren ihrerseits anscheinend in düsteren Betrachtungen versunken. Als ich in der angezeigten Richtung Ausschau hielt, konnte ich nicht die leiseste Andeutung einer Küste wahrnehmen – wußte ich ja doch nur zu gut, wie weit wir von jeglichem Lande entfernt waren, um mich in Hoffnungen dieser Art zu wiegen. Trotzdem dauerte es einige Zeit, ehe ich Parker von seinem Irrtum überzeugen konnte. Worauf er in einen Strom von Tränen ausbrach und zwei, drei Stunden lang unter lautem Klagen und Schluchzen wie ein Kind weinte; dann war er allmählich erschöpft und fiel in einen unruhigen Schlaf.

Peters und Augustus machten nun mehrere fruchtlose Versuche, Stückchen von dem Leder hinunterzuschlucken. Ich riet ihnen, sie zu kauen und wieder auszuspucken; aber sie waren allzu entkräftet, um meinen Rat befolgen zu können. Ich selbst fuhr fort, in Abständen kleine Ecken davon durchzukauen, und verspürte doch eine gewisse Erleichterung darob; mein Hauptkummer war der Wassermangel, und ich wurde nur dadurch verhindert, einen Trunk aus dem Meer zu tun, da ich mir beständig die schrecklichen Folgen vor Augen hielt, welche anderen widerfahren sind, die sich in ähnlicher Situation wie wir befunden haben.

Dergestalt schleppte der Tag sich dahin, als ich plötzlich, im Osten, backbord voraus, ein Segel entdeckte! Es schien sich um ein großes Schiff zu handeln, dessen Kurs sich annähernd mit unserem kreuzte und das schätzungsweise zwölf bis fünfzehn Meilen entfernt war. Keiner meiner Gefährten hatte es bis jetzt gewahrt; und ich unterließ es vorläufig auch, sie davon zu unterrichten, damit wir nicht etwa wieder in unseren Hoffnungen enttäuscht würden. Schließlich, da es uns näher kam, erkannte ich deutlich, daß es mit geblähten Beisegeln unmittelbar auf uns zuhielt. Da konnte ich mich nun nicht länger halten und machte meine Leidensgenossen darauf aufmerksam. Sie sprangen unverzüglich in die Höhe, überließen sich wieder den extravagantesten Freudenbezeugungen, weinten und lachten auf idiotische Weise durcheinander, hüpften, stampften über das Deck, rauften ihre Haare und beteten und fluchten abwechselnd. Ich wurde sowohl von ihrem Gebaren, als auch von dem, was ich jetzt als todsichere Aussicht auf Erlösung betrachtete, derart angerührt, daß ich mich nicht enthalten konnte, in ihre Tollheit mit einzustimmen, und den Impulsen meiner Dankbarkeit und meines Entzückens nachgab, indem ich mich aufs Deck legte und mich umherwarf, in die Hände klatschte, schrie und andere ähnliche Possen trieb, bis ich urplötzlich wieder zur Besinnung gebracht wurde (und damit einmal mehr an die Grenzen menschlicher Not und Verzweiflung) durch die Wahrnehmung, daß das Schiff uns ganz unvermittelt voll den Stern zukehrte und Kurs in eine Richtung nahm, die derjenigen, in der ich es zuerst erblickt hatte, nahezu entgegengesetzt war!

Es dauerte einige Zeit, bevor ich meine armen Gefährten bewegen konnte, mir zu glauben, daß diese betrübliche Umkehrung unserer frohen Aussichten tatsächlich stattgefunden hatten. Sie erwiderten alle meine Beteuerungen nur mit Blicken und Gebärden, die deutlich zeigten, daß sie sich durch Verdrehungen solcher Art nicht irreführen ließen. Augustus' Aufführung aber war es, die mir am meisten zu Herzen ging. Trotz allem, was ich an Gegenteiligem tun oder vorbringen konnte, blieb er dabei zu behaupten, daß das Schiff sich uns mit großer Geschwindigkeit nähere, und traf immer weiter Vorbereitungen, an Bord zu gehen. Von einem an unserer Brigg vorbeitreibenden Tanggeflecht behauptete er, daß es sich um ein Boot jenes Schiffes handele, und machte Anstalten, sich darüberhin zu werfen, wobei er auf die herzzerreißendste Weise heulte und schrie, bis ich ihn gewaltsam davon zurückhielt, sich dergestalt in die See zu stürzen.

Nachdem wir uns in gewissem Grade wieder beruhigt hatten, fuhren wir fort, das Schiff weiterhin zu beobachten, bis wir es endlich aus den Augen verloren; auch das Wetter wurde dunstiger, während sich gleichzeitig eine leichte Brise erhob. In dem Augenblick, wo es völlig verschwunden war, wandte sich Parker plötzlich zu mir, mit einem Ausdruck auf dem Gesicht, der mich schaudern ließ. Es lag über ihm etwas derart Klares und Gefaßtes, wie ich es bisher nie bei ihm gesehen hatte; und bevor er noch die Lippen auftat, sagte mein Herz mir bereits, was zu äußern er im Begriff stand. Er schlug in dürren Worten vor, daß einer von uns sterben solle, um die Überlebenschancen der anderen zu verbessern.

XII. Kapitel

Ich hatte mich seit einiger Zeit schon gedanklich mit der Möglichkeit auseinandergesetzt, daß wir uns zu diesem letzten schrecklichen Ausweg herabgewürdigt sehen könnten, und hatte heimlich beschlossen, lieber den Tod in jeglicher Gestalt und unter was für Umständen auch immer zu erleiden, als Zuflucht zu dergleichen zu nehmen. Ein Entschluß, der auch durch den gegenwärtigen maßlosen Grad von Hunger, unter dem ich litt, nicht im geringsten ins Wanken geraten war. Weder Peters noch Augustus hatten den Vorschlag vernommen. Deshalb nahm ich Parker zur Seite, und unter einem heimlichen Stoßgebet zu Gott, daß Er mir Kraft verleihen möge, jenen von seinem grauenhaften Vorhaben abzubringen, machte ich ihm lange Zeit die ernstlichsten Vorstellungen; bat ihn aufs flehentlichste, im Namen all dessen, was ihm heilig sei, und setzte ihm mit allen möglichen Argumenten zu, wie der verzweifelte Ernst des Falles sie mir nur eingab, seine Idee aufzugeben und sie doch ja nicht einem der beiden anderen gegenüber zu erwähnen!

Er hörte sich alles, was ich sagte, an, ohne den geringsten Versuch, auch nur einem meiner Argumente zu widersprechen; und ich hatte bereits zu hoffen begonnen, er könne letztlich dazu bewogen werden, sich meinen Wünschen gemäß zu verhalten. Aber als ich zu sprechen aufgehört hatte, sagte er, wie er sehr wohl wisse, daß alles, was ich vorgebracht habe, völlig wahr sei und daß zu dergleichen eine Zuflucht zu nehmen die allerschrecklichste Alternative sei, die dem Geist eines Menschen gestellt werden könne; dennoch habe er nunmehr so lange ausgehalten, wie die menschliche Natur es überhaupt nur ertrüge; daß ein Zugrundegehen aller unnötig sei, wenn durch den Tod von einem die Möglichkeit, ja sogar die Wahrscheinlichkeit, entstünde, die übrigen könnten am Ende überleben; er setzte hinzu, ich möge mir die Mühe sparen, zu versuchen, ihn von seinem Vorhaben abzuhalten, sei er doch bereits vor dem Auftauchen des Schiffes bezüglich dieser Frage zu einem endgültigen Entschluß gelangt gewesen; und nur dessen Insichtkommen habe ihn daran gehindert, seine Absichten schon zu einem früheren Zeitpunkt bekanntzugeben.

Ich bat ihn nun, wenn er sich durchaus nicht umstimmen lassen wolle, sein Vorhaben aufzugeben, es doch wenigstens einen Tag noch zurückzustellen, währenddessen uns ja ein Fahrzeug zu Hilfe kommen könne; und wiederum zählte ich ihm jedes mir nur vorstellbare Argument auf, von dem ich für möglich hielt, daß es auf rauhe Naturen wie die seine von Einfluß sein könnte. Worauf er als Erwiderung gab: Er habe wirklich schon nicht eher gesprochen, als bis zum allerletzten tragbaren Augenblick; er könne nicht länger mehr ohne Nahrungsmittel, welcher Art auch immer, existieren und daß deshalb auch nach nur einem Tage sein Vorschlag, zumindest was ihn selbst anbetreffe, zu spät kommen würde.

Wie ich erkennen mußte, daß nichts, was ich in gütlichem Tone vorbrächte, ihn irgend zu bewegen vermochte, schlug ich nunmehr das andere Verfahren ein und erklärte ihm: Er sei sich ja wohl darüber klar, daß von uns allen ich am wenigsten unter unseren Heimsuchungen gelitten habe; daß folglich meine Gesundheit und Kraft im Moment weit besser wären als seine eigene oder auch die von Peters oder Augustus; mit einem Wort: daß ich in der Lage sei, meine Ansicht nötigenfalls mit Gewalt durchzusetzen, und daß ich, wenn er den Versuch wagen sollte, die anderen mit seinem blutigen und kannibalischen Vorhaben bekanntzumachen, ich nicht zögern würde, ihn ins Meer zu werfen! Worauf er mich unverzüglich bei der Gurgel packte, ein Messer zückte und mehrere, allerdings erfolglose, Versuche machte, mich in den Unterleib zu stechen; eine Gemeinheit, die zu begehen einzig seine übermäßige Schwäche ihn verhinderte. Inzwischen war aber auch ich ehrlich wütend geworden und rang ihn zum Rande des Fahrzeugs hin, mit der vollen Absicht, ihn über Bord zu werfen! Von diesem Schicksal rettete ihn jedoch das Eingreifen Peters', der jetzt herzukam und uns trennte, wobei er sich gleichzeitig nach dem Grund solchen Zerwürfnisses erkundigte. Bevor ich noch irgendein Mittel finden konnte, ihn daran zu hindern, hatte Parker es ihm auch schon mitgeteilt.

Die Wirkung seiner Worte war sogar noch schrecklicher, als ich befürchtet hatte. Beide, sowohl Augustus als auch Peters, die sich, wie's schien, insgeheim schon länger mit derselben grauenhaften Idee trugen, der Parker lediglich als erster Worte verliehen hatte, stimmten ihm zu; ja, bestanden sogar darauf, es ohne Verzug in die Tat umzusetzen! Ich hatte damit gerechnet, daß sich wenigstens einer der beiden Erstgenannten noch die mindeste Andeutung von Charakterstärke bewahrt haben würde, um beim Widerstand gegen den Versuch, die fürchterliche Absicht auszuführen, sich auf meine Seite zu stellen; und mit Unterstützung auch nur eines von ihnen hätte ich keine Sorge gehabt, die Durchführung unterbinden zu können. In dieser Erwartung enttäuscht, wurde es allerdings absolut notwendig, ab jetzt auch meine eigene Sicherheit zu bedenken, da ein weiterer Widerstand meinerseits von Männern in so verwildertem Zustand möglicherweise als hinreichende Entschuldigung betrachtet worden wäre, mir in der Tragödie, die nun, daß wußt' ich, sogleich beginnen würde, ein ehrliches Spiel zu verweigern.

Ich erklärte ihnen also, daß ich einwilligen wolle, mich dem Mehrheitsantrag zu unterwerfen, bloß daß ich um rund eine Stunde Aufschub noch nachsuchen möchte, damit der Nebel, der sich um uns angesammelt hatte, Gelegenheit habe, sich zu heben, wo es ja möglich wäre, daß das Schiff von vorhin doch wieder in Sicht sein könne.

Nach beträchtlichen Schwierigkeiten erlangte ich von ihnen das Versprechen, bis dahin zu warten; auch hob, wie ich vorausgesehen hatte (zumal gleich anschließend eine Brise aufkam), der Nebel sich noch vor Ablauf jener Stunde; da jedoch kein Fahrzeug in Sicht erschien, bereiteten wir uns zum Losen vor.

Nur mit dem äußersten Widerwillen geschieht es, daß ich auf der abstoßenden Szene, die sich nun entspann, verweile; eine Szene, die bis auch ins kleinste Detail, kein Ereignis imstande gewesen wäre, auch nur im geringsten Grad aus meinem Gedächtnis zu tilgen; eine so ernste Erinnerung, daß sie jeglichen künftigen Moment meines Daseins noch verbittern wird. Man vergönne mir, diesen Teil meines Berichts so hastig und andeutungsweise zu erledigen, wie die Natur des zu besprechenden Ereignisses es nur gestattet. Unsere einzige technische Möglichkeit für die Lotterie des Schreckens, bei der jeder von uns sein Leben als Einsatz bot, war die des »Strohhalmziehens«. Wir machten uns für unser Vorhaben kleine Holzsplitterchen zurecht, und ich, so wurde vereinbart, sollte der Halter sein. Ich zog mich also an das eine Ende des Rumpfes zurück, während meine armen Gefährten sich an dem anderen aufstellten, schweigend, den Rücken mir zugewandt. Die bitterlichste Angst, die ich in irgendeinem Stadium des schaurigen Dramas ausgestanden hatte, begann ich nun zu erleben, da ich mich mit dem Arrangieren der Holzsplitter befaßte. Es sind ja wenige Situationen denkbar, die einem Menschen widerfahren können, in denen er *nicht* das tiefste Interesse an der Erhaltung seiner Existenz verspürte; ein Interesse, das im umgekehrten Verhältnis zur Fragwürdigkeit des Besitztitels, auf welchem diese Existenz beruht, mit jedem Augenblicke noch zunimmt. Aber jetzt, wo die stumme endgültige todernste Natur der Beschäftigung, mit der ich mich emsig befaßte (so anders als die tosenden Gefahren eines Sturmes oder das gemächlich schrittweise sich nähernde Schreckensbild des Verhungerns), mir Raum ließ, über die paar Chancen zu grübeln, die ich hatte, dem gräßlichsten aller Tode zu entrinnen – einem Tod für den allerekelhaftesten aller Zwecke –, da floh jedwedes Partikelchen der Energie, die mich so lange leidlich hochgehalten hatte, wie Federchen vorm Wind davon und ließ mich als hilfloses Opfer des niederträchtigsten und bemitleidenswertesten Entsetzens zurück. Als erstes vermochte ich nicht einmal genügend Energie aufzubringen, um die paar Holzsplitterchen zurechtzubrechen und nebeneinander hinzulegen: Meine eigenen Finger versagten mir schlichtweg den Dienst, und meine Knie schlugen heftig gegeneinander. Ich wälzte im Geist tausend absurde Projekte, wie ich vermeiden könne, ein Helfershelfer bei dem abscheulichen Glücksspiel zu werden. Ich dachte daran, vor meine Gefährten auf die Knie zu fallen und sie zu beschwören, mich bei dem Unvermeidlichen doch auszulassen, oder ob ich mich vielleicht doch hinterrücks auf sie stürzen, flugs einen ermorden, und so die Entscheidung durch das Los erübrigen könnte? – kurzum, alles zuckte mir durch den Sinn, außer mich des einen anzunehmen, das mir oblag. Endlich, nachdem ich lange Zeit bei solch kindischem Getue vergeudet hatte, rief mich Parkers Stimme wieder zur Besinnung, die mich beschwor, sie doch, bitte!, ohne Verzug aus der schrecklichen Angst zu erlösen, die sie, bei sich dort, ausstünden! Aber selbst da konnte ich mich noch nicht dazu bewegen, die Splitter auch nur gleich zu arrangieren, war vielmehr eifrig darauf bedacht, alle Arten von Finessen zu ersinnen, durch die ich einen meiner Leidensgenossen dahin bringen könnte, den kurzen Halm zu ziehen; denn es war von uns vereinbart worden, daß derjenige, welcher von den vier Splittern in meiner Hand den kürzesten zöge, sterben müsse zur Erhaltung der übrigen. Bevor man mich ob meiner scheinbaren Herzlosigkeit verdammt, möge der Betreffende sich erst einmal in genau der entsprechenden Situation befunden haben.

Schließlich war kein längeres Herauszögern mehr möglich; und mit derart klopfendem Herzen, daß es mir schier die Brust sprengen wollte, ging ich hin, aufs Vorschiff zu, wo die Gefährten meiner harrten. Ich hielt ihnen die Hand mit den Splittern hin; und sofort hatte Peters gezogen. – Er war frei; *seiner* zumindest war nicht der kürzeste; und wieder gab es eine Chance weniger für mein Entkommen. Ich raffte alle meine Kräfte zusammen und präsentierte das Los Augustus. Auch er zog ohne Zaudern: auch er war frei; und nunmehr standen die Chancen, ob ich leben oder sterben sollte, einander absolut gleich. In diesem Augenblick zog alle Wut des Tigers in meine Brust ein; und ich empfand gegen meine arme Mitkreatur, gegen Parker, den allergiftigsten diabolischen Haß. Aber das Gefühl war nicht von Dauer; und am Ende, unter konvulsivischen Zuckungen, Schaudern und mit geschlossenen Augen, hielt ich ihm die zwei verbleibenden Splitter hin. – Es währte volle fünf Minuten, bis er den Entschluß zum Ziehen aufbrachte; ein Zeitraum von so herzzerreißender Ungewißheit, daß ich nicht einmal währenddessen meine Augen auftat. Plötzlich spürte ich eines der beiden Lose mir in einem Ruck aus der Hand gerissen. Die Entscheidung war also gefallen; aber ob für oder gegen mich, das wußte ich nicht. Keiner sprach; und immer noch wagte ich mich nicht zu vergewissern und mir den verbliebenen Splitter anzusehen. Endlich nahm Peters mich bei der Hand; und ich zwang mich gewaltsam aufzuschauen – wo ich denn sofort am Gesichtsausdruck Parkers erkannte, daß ich gerettet und er derjenige war, den das Gericht ereilt hatte. Ich rang nach Luft und fiel besinnungslos zu Boden.

Ich erwachte aus meiner Betäubung noch rechtzeitig, um Zeuge des Vollzugs der Tragödie zu sein; des Todes desjenigen, der das meiste dazu beigetragen hatte, sie in Gang zu bringen. Er leistete aber auch keinerlei Widerstand und wurde von Peters rücklings erdolcht, daß er auf der Stelle tot zusammenbrach. Ich muß auf dem schrecklichen Imbiß nicht verweilen, der sich unverzüglich anschloß. Dergleichen Szenen kann man sich allenfalls vorstellen; aber keine Sprache hat die Macht, das Gemüt mit der skandalösen Scheußlichkeit solcher Realität zu belasten. Es soll daher genügen zu sagen, daß, nachdem wir den rasenden Durst, der uns verzehrte, einigermaßen mit dem Blut des Opfers gestillt hatten, auch dahin übereingekommen waren, Hände, Füße und Kopf abzutrennen, und sie, zusammen mit den Eingeweiden, dem Meer zu übergeben, und wir den Rest des Leibes verschlangen; stückweise, während der vier unvergeßlichen folgenden Tage des 17., 18., 19. und 20. dieses Monats.

Am 19., da ein frischer Regenschauer über uns hinwegzog, der fünfzehn bis zwanzig Minuten anhielt, gelang es uns, mit Hilfe eines der Bettlaken, die wir gleich nach dem großen Sturm vermittelst jener Dregge aus der Kajüte heraufgeangelt hatten, zu etwas Wasser zu gelangen. Es handelte sich um keine erhebliche Menge, nicht mehr als zwei Liter im Ganzen; aber selbst diese kärgliche Ration verlieh uns schon relativ viel Kraft und Hoffen.

Am 21. dann waren wir wiederum am Ende mit allem. Das Wetter blieb immer noch warm und angenehm; mit gelegentlichen Nebelfeldern oder leichten Winden, überwiegend aus Nordwest.

Am 22., da wir dicht zusammengedrängt beieinander hockten, in düsteren Gedanken ob unseres beklagbaren Zustands, durchzuckte mich plötzlich eine Idee, die mich mit einem hellen Hoffnungsschimmer erfüllte. Ich entsann mich, daß damals, als wir den Fockmast kappten, Peters in den Püttingen auf der Luvseite gestanden und mir eine der Äxte gereicht hatte, mit dem Ersuchen, sie wenn möglich an einen sicheren Ort zu legen, und daß ich, einige wenige Minuten bevor der letzte schwere Brecher die Brigg traf und füllte, besagte Axt mit ins Vorderschiff genommen und in eine der Kojen an Backbord gelegt hatte. Es schien mir jetzt doch möglich, daß, wenn wir an diese Axt herankämen, die Deckplanken überm Vorratsraum durchzuhacken seien, und wir uns auf solche Weise mit Lebensmitteln müßten versorgen können.

Als ich dieses Projekt meinen Gefährten mitteilte, stießen sie einen schwächlichen Freudenruf aus; und alle begaben wir uns ohne Verzug zum Vorderschiff. Die Schwierigkeit, hier hinabzusteigen, war allerdings größer als bei der Kajüte neulich, da die Öffnung wesentlich kleiner war; wird man sich doch erinnern, daß es alles Holzwerk um die Kajütenluke herum weggeschwemmt hatte; wogegen der Einstieg ins Vorderschiff völlig unbeschädigt geblieben und eine simple Luke von rund 90 × 90 Zentimeter war. Ich zögerte jedoch nicht im geringsten, den Abstieg zu versuchen; und nachdem wir, genau wie früher, um meinen Leib ein Seil befestigt hatten, sprang ich, die Füße voran, forsch hinein; legte rasch den Weg bis zur Koje zurück und brachte, gleich beim allerersten Versuch, die Axt nach oben! Sie wurde mit wahrhaft ekstatischem Jubel und Triumph begrüßt, und die Leichtigkeit, mit der wir ihrer habhaft geworden, förmlich als Omen einer endlichen Errettung betrachtet.

Wir fingen gleich an, auf das Deck einzuhacken, mit all der Energie neuangefachter Hoffnung; und zwar übernahmen immer abwechselnd Peters und ich die Axt, da Augustus' Armwunde ihm nicht erlaubte, uns auch nur im geringsten beizuspringen. Da wir immer noch so entkräftet waren, daß wir ununterstützt kaum allein aufrecht stehen, und folglich, ohne auszuruhen, höchstens ein oder zwei Minuten arbeiten konnten, ging uns sehr bald auf, daß so manche lange Stunde erforderlich sein würde, unser Vorhaben durchzusetzen – das heißt also, eine Öffnung auszuhauen, groß genug, um freien Zugang zum Vorratsraum zu gestatten. Aber auch diese Einsicht entmutigte uns mitnichten; wir schafften die ganze Nacht hindurch beim Schein des Mondes und hatten, am Morgen des 23., bei Tagesanbruch, die Genugtuung, unser Ziel erreicht zu haben.

Peters erbot sich nunmehr freiwillig zum Tauchen; stieg auch, nachdem alle Vorkehrungen wie schon zuvor getroffen waren, hinab und kehrte binnen kürzester Zeit zurück, mit einer kleinen Kruke, die sich zu unserer großen Freude als mit Oliven bis zum Rand gefüllt erwies. Nachdem wir sie unter uns geteilt und mit der denkbar größten Gier verschlungen hatten, gingen wir daran, ihn erneut hinunterzulassen. Diesmal übertraf sein Erfolg selbst unsere kühnsten Erwartungen, kehrte er doch auf der Stelle mit einem riesenhaften Schinken und einer Flasche Madeira zurück. Von letzterem genehmigten wir uns jeder nur ein Schlückchen; hatten wir doch die unerklecklichen Folgen allzu freizügigen Genusses am eigenen Leibe erfahren. Der Schinken, ausgenommen an die zwei Pfund unmittelbar um den Knochen herum, war freilich nicht mehr in einem eßbaren Zustand, vielmehr durch das Salzwasser vollkommen verdorben. Das noch verwendbare Überbleibsel teilten wir uns. Peters und Augustus, nicht imstande, ihren Hunger zu zügeln, schlangen das ihrige unverzüglich hinunter; ich aber verfuhr mit größerer Umsicht und aß von meiner Portion nur einen kleinen Teil, da ich den Durst scheute, der, wie ich wußte, unvermeidlich folgen würde. Danach ruhten wir eine Weile von unseren Anstrengungen aus, die unerträglich hart gewesen waren.

Gegen Mittag dann, als wir uns einigermaßen gestärkt und belebt fühlten, setzten wir unsere Versuche, Lebensmittel heraufzubefördern, fort; bis Sonnenuntergang gingen Peters und ich abwechseln hinab; jeweils mit mehr oder weniger Erfolg. Während dieses Zeitraums war uns das Glück so hold, daß wir im Ganzen folgendes zutage förderten: vier weitere kleine Krüge mit Oliven, noch einen Schinken; eine Korbflasche, die nahezu 15 Liter des besten Kap-Madeiraweins enthielt, und schließlich, zu unserem Entzücken, eine kleine Galapagos-Schildkröte, von denen Kapitän Barnard, als die Grampus schon den Hafen verließ, noch mehrere an Bord genommen hatte, von einem Schoner, der Mary Pitts, die gerade vom Robbenfang in den pazifischen Gewässern zurückkehrte.

In einem späteren Teil meines Berichts werde ich noch häufiger Gelegenheit haben, diese Schildkrötenart zu erwähnen. Sie findet sich in der Hauptsache, wie den meisten meiner Leser bekannt sein dürfte, auf der Inselgruppe, die man »Galapagos« nennt, und die ihren Namen in der Tat dem Tier verdankt – denn das spanische Wort heißt nichts weiter als »Süßwasser-Sumpfschildkröte«. Ob der Eigentümlichkeit ihrer Gestalt und Fortbewegungsart bezeichnet man sie zuweilen auch als »Elefanten-Schildkröte«. Häufig trifft man Exemplare von ganz enormer Größe an. Ich selbst habe einige gesehen, die zwischen 1200 und 1800 Pfund gewogen haben müssen; obwohl ich mich nicht erinnern kann, daß Reisende berichtet hätten, je Vertreter dieser Art von über 800 Pfund angetroffen zu haben. Ihr Aussehen ist sonderbar, ja zum Teil abstoßend. Die Fortbewegung erfolgt sehr langsam, bemessen und schwerfällig; wobei der Leib etwa einen Fuß über dem Erdboden schwebt. Ihr Hals ist lang und schlank: 45 bis 60 Zentimeter ist ein durchaus normales Maß; und ich erlegte einst eine, wo der Abstand von der Schulter bis zur Schädelspitze nicht weniger als 115 Zentimeter betrug. Der Kopf selbst hat Ähnlichkeit mit dem einer Schlange. Sie können schier unglaublich lange Zeit ohne Nahrung existieren; sind doch Beispiele bekannt, wo man sie in den Schiffsbauch geworfen, dort zwei Jahre ohne jegliches Futter zurückgelassen und dann, nach Ablauf all jener Zeit, noch genauso fett und in jeglicher Beziehung gesund und munter vorgefunden hat, wie sie zuerst übernommen wurden. In einem eigentümlichen Aspekt ähneln diese merkwürdigen Tiere dem Dromedar oder Kamel der Wüste:

In einer Blase am Halsansatz tragen sie stets einen konstanten Wasservorrat bei sich. In einigen Fällen hat man, als sie nach einem vollen Jahr absoluten Fastens geschlachtet wurden, nicht weniger als 15 Liter süßen und frischen Wassers in der besagten Blase vorgefunden. Ihre Hauptnahrung besteht in wilder Petersilie und Sellerie, auch Portulak, Seetang und Opuntien; und vor allem bei dem letztgenannten Pflanzenfutter gedeihen sie wundervoll, wie denn auch eben die immergrünen Hügelhänge, wo man das Tier gewöhnlich trifft, in reichem Maße damit bewachsen sind. Ihr Fleisch ist ausgesprochen wohlschmeckend und höchst nahrhaft und ist zweifellos das Mittel gewesen, Tausenden von Seeleuten, die beim Walfang oder sonstigen Unternehmungen im Pazifik beschäftigt waren, das Leben zu erhalten.

Diejenige, die wir aus dem Vorratsraum zutage zu fördern das Glück gehabt hatten, war nicht von absonderlicher Größe und wog meiner Schätzung nach nur etwa 65 bis 70 Pfund. Es handelte sich um ein Weibchen in ausgezeichnetem Zustand, über die Maßen fett und mit mehr als einem Liter klaren und süßen Wassers in besagter Blase. Das war nun wahrhaft ein Schatz; und wir fielen wie ein Mann auf die Knie und sagten Gott unseren inbrünstigsten Dank für eine so rechtzeitige Hilfe.

Wir hatten übrigens die größten Schwierigkeiten, das Tier durch die Öffnung nach oben zu verbringen, da es sich wütend und mit unwahrscheinlicher Kraft wehrte. Es war gerade im Begriff, Peters' Griff zu entkommen und wieder ins Wasser zu entschlüpfen, als Augustus ihm noch einen Strick mit einer Laufschlinge daran um den Hals werfen und es auf diese Art so lange oben halten konnte, bis ich mich neben Peters und das Loch gezwängt und ihm dabei geholfen hatte, es herauszuheben.

Während der letzten zwei oder drei Tage, bei stetig trockenem und angenehmen Wetter, war das Bettzeug, dessen wir in der Kajüte habhaft geworden, wie auch all unsere Kleidung zum erstenmal vollkommen getrocknet, so daß wir diese Nacht (die des 23.) in relativer Behaglichkeit verbrachten und uns, nachdem wir ein ausreichendes Nachtmahl von Oliven und Schinken sowie eine kleine Weinzuteilung zu uns genommen hatten, einer ungestörten Ruhe erfreuten. Da wir befürchteten, für den Fall, daß im Lauf der Nacht Wind aufkäme, einen Teil unserer Vorräte zu verlieren, sicherten wir sie so gut wir möglich mit Stricken an den Resten des Ankerspills. Unsere Schildkröte, die wir so lange als nur irgend möglich am Leben erhalten wollten, drehten wir auf den Rücken und banden sie darüber hinaus sorgsam fest.

XIII. Kapitel

24. Juli. Dieser Morgen fand uns wunderbar erholt an Leib und Seele. Trotz der gefahrvollen Situation, in der wir uns weiterhin befanden, unwissend wo wir nach Länge und Breite sein mochten (obschon gewiß in großer Entfernung zum Festland), ohne mehr Nahrungsmittel, als uns, selbst bei sorglichster Rationierung, auch nur vierzehn Tage reichen würden, fast ohne Wasser, dazu noch auf dem schäbigsten Wrack der Welt umgetrieben und der Gnade jeden Wellen- oder Windstoßes schutzlos preisgegeben; bewirkten doch die unendlich grausigeren Nöte und Gefahren, aus denen wir vor kurzem so gnädig errettet worden waren, daß wir das, was wir momentan durchzumachen hatten, als wenig mehr denn ein gewöhnliches Übel betrachteten – so ausgesprochen relativ sind beide, das Gute und das Schlimme.

Bei Sonnenaufgang bereiteten wir uns gerade vor, unsere Versuche, aus dem Vorratsraum etwas heraufzubefördern, wieder zu beginnen, als ein frischer Regenschauer einsetzte, begleitet von einigen Blitzen, und wir unser Augenmerk dem Auffangen von Wasser zuwandten, mittels jenes Bettlakens, dessen wir uns neulich schon zum selben Zweck bedient hatten. Wir verfügten über keine andere Möglichkeit, den Regen zu sammeln, als das Laken, mit einem der Eisenstücke in die Mitte gelegt, weit ausgespannt zu halten. Dergestalt wurde das Wasser zum tiefsten Punkt geleitet und in den darunter stehenden Krug geseiht. Wir hatten ihn auf diese Weise schon fast gefüllt, als von Nord her schwere Böen aufkamen, die uns zum Abbruch unseres Unternehmens zwangen; da der Rumpf wieder einmal so heftig zu rollen begann, daß wir uns nicht länger auf den Beinen halten konnten. Wir verfügten uns also nach vorn; banden uns an den Trümmern des Ankerspills fest wie zuvor und harrten dessen, was da kommen sollte, mit weit mehr Fassung, als man unter solchen Umständen hätte voraussetzen oder, präziser, überhaupt für möglich halten könnte. Gegen Mittag hatte der Wind bereits zu einer sogenannten »Zweireffbrise« aufgefrischt, die gegen Abend Sturmstärke annahm und von einem entsetzlich schweren Seegang begleitet war. Da uns die Erfahrung jedoch die beste Methode gelehrt hatte, wie die Verschnürungen anzubringen seien, überstanden wir diese traurige Nacht in leidlicher Sicherheit, obschon nahezu jeglichen Augenblick ganz durchweicht von den Wellen und in der ständigen Angst, fortgespült zu werden. Glücklicherweise war das Wetter so warm, daß wir die Nässe eher als wohltuend denn sonst etwas empfanden.

25. Juli. Heute Morgen hatte der Sturm nachgelassen, so daß nur noch eine 10-Knoten-Brise wehte; und so hatte sich auch die See so weit beruhigt, daß wir imstande waren, uns trocken an Deck aufzuhalten. Zu unserem Gram mußten wir allerdings feststellen, daß trotz aller Sorgfalt, die wir beim Befestigen an den Tag gelegt hatten, zwei der Krüge Oliven sowie unser gesamter Schinkenvorrat über Bord geschwemmt worden waren. Wir beschlossen, die Schildkröte zunächst einmal noch nicht zu töten, und begnügten uns für den Augenblick mit einem Frühstück aus einigen Oliven und einem Trunk Wasser pro Kopf, den wir halb mit Wein vermischten; eine Mischung, die sich als erstaunlich erquickend und kräftigend erwies, auch keinerlei unerfreuliche Trunkenheit bewirkte, wie sie damals nach Genuß des Portweins erfolgt war. / Die See ging immer noch viel zu hoch, als daß wir eine Wiederaufnahme unserer Bemühungen, Proviant aus dem Vorratsraum heraufzuholen, in Erwägung ziehen konnten. Diverse uns in der gegenwärtigen Situation unwichtige Gegenstände kamen im Lauf des Tages von selbst aus der Öffnung nach oben getrieben und wurden unverzüglich über Bord gewaschen. Uns fiel noch auf, daß der Rumpf noch mehr Schlagseite denn je hatte, so daß wir unbefestigt keine Sekunde lang aufrecht stehen konnten; ein Umstand, dessenthalben wir den Tag recht unbequem und mißmutig verbrachten. Gegen Mittag schien uns die Sonne nahezu überm Scheitel zu stehen, und wir hegten keinen Zweifel, daß es uns, infolge der langanhaltenden Winde aus Nord und Nordwest bis dicht in Äquatornähe getrieben hatte. / Gegen Abend sahen wir mehrere Haifische und gerieten in einige Bestürzung ob der kecken Manier, in der ein riesengroßer davon uns anging. Einmal, als das Deck bei einem besonders schweren Überrollen sehr tief unter Wasser geriet, kam das Monstrum doch tatsächlich auf uns zugeschwommen; flunderte einige Momente genau über der Kajütluke herum und verpaßte Peters sogar einen heftigen Schlag mit der Schwanzflosse. Eine heftige Woge beförderte ihn endlich, zu unserer beträchtlichen Erleichterung, wieder über Bord. (Bei ruhigem Wetter hätten wir seiner ohne weiteres habhaft werden können.)

26. Juli. Heute morgen, bei beträchtlich abgeflautem Wind und nicht übermäßig rauher See, beschlossen wir, unsere Anstrengungen im Vorratsraum zu erneuern. Nach einem Großteil Schwerstarbeit, den ganzen Tag über, mußten wir erkennen, daß von dieser Seite her nichts mehr zu erwarten stand; waren doch über Nacht die Trennwände des Raums eingedrückt und der gesamte Inhalt in das Schiffsinnere geschwemmt worden. Eine Entdeckung, die uns, wie man sich unschwer vorstellen kann, mit Verzweiflung erfüllte.

27. Juli. See nahezu glatt, bei leichten Winden (immer noch aus Nordwest). Nachmittags kam die Sonne so hell und heiß hervor, daß wir daran gingen, unsere Kleidungsstücke zu trocknen. Weitgehende Linderung unseres Durstes, und auch sonst wohltuendste Wirkungen, brachte das Baden im Meer; wobei wir uns jedoch genötigt sahen, große Vorsicht walten zu lassen, aus Angst vor Haifischen, von denen wir im Lauf des Tages wiederholt einige die Brigg umrunden sahen.

28. Juli. Immer noch schönes Wetter. / Die Schräglage der Brigg begann allmählich so beunruhigend zu werden, daß wir fürchteten, sie möchte am Ende den Kiel nach oben kehren wollen. Bereiteten uns, so gut wir konnten, auf diesen neuen Notstand vor, indem wir Schildkröte, Wasserkrug und die zwei verbliebenen Kruken mit Oliven so weit wie möglich nach Luv hin an die Außenwand des Schiffes banden, noch unterhalb der Großmastpüttinge. / Schön glatte See, den ganzen Tag über, mit nur wenig oder gar keinem Wind.

29. Juli. Fortdauer des gleichen Wetters. / Augustus' verwundeter Arm fing an, erste Symptome von Brand zu zeigen. Er klagte über Benommenheit und unmäßiges Durstgefühl, nicht aber direkte Schmerzen. Nichts konnte zu seiner Erleichterung unternommen werden, als ihm die Wunden mit ein bißchen Weinessig (von den Oliven) einzureiben, wodurch ihm aber auch keine spürbare Linderung zu kommen schien. Wir taten zu seiner Tröstung alles nur in unserer Macht Stehende und verdreifachten seine Wasserration.

30. Juli. Extrem heißer Tag, ohne jeden Luftzug. / Ein enormer Hai trieb sich den ganzen Vormittag hindurch in nächster Nähe des Schiffrumpfes herum. Wir veranstalteten mehrere erfolglose Versuche, ihn mit Hilfe einer Seilschlaufe zu fangen. / Augustus wesentlich schlimmer; anscheinend ebenso aus Mangel an angemessener Ernährung dahinsiechend wie infolge seiner Verletzungen. Er betete unaufhörlich um Erlösung von seinen Leiden und wünschte nichts anderes mehr als den Tod. / Diesen Abend aßen wir unsere letzten Oliven und fanden das Wasser im Krug so faulig, daß wir es ohne Zusatz von Wein nicht mehr hinunterbringen konnten. Beschlossen, am nächsten Morgen unsere Schildkröte zu schlachten.

31. Juli. Nach einer Nacht äußerster Angst und Strapazen (der Schräglage des Rumpfes wegen) gingen wir daran, unsere Schildkröte zu töten und zu zerlegen. Sie erwies sich als bedeutend kleiner, als wir angenommen hatten, obwohl sonst in guter Verfassung. – Die gesamte Fleischmenge betrug nicht mehr als zehn Pfund. Mit der Absicht, einen Teil hiervon so lange wie irgend möglich zu konservieren, schnitten wir es in feine Streifen; füllten damit die drei uns noch verbliebenen Olivenkruken sowie die Weinflasche (die wir alle aufgehoben hatten) und gossen anschließend den Weinessig von den Oliven darüber. Auf solche Weise konservierten wir an die drei Pfund Schildkröte; mit der Absicht, sie nicht anzurühren, bevor wir den Rest nicht verbraucht hätten. Wir vereinbarten, uns auf 100 Gramm Fleisch pro Tag zu beschränken, so daß uns das Ganze also dreizehn Tage reichen würde. / Um die Zeit der Abenddämmerung zog, unter erheblichen Blitzen und Donnern, eine frische Regenfront durch, die leider nur so kurze Zeit anhielt, daß wir lediglich einen Viertelliter Wasser ergattern konnten. Wir ließen das Ganze einmütig Augustus zuteilwerden, mit dem es nunmehr zu Ende zu gehen schien. Er trank das Wasser direkt aus dem Laken, wie wir es auffingen (hielten wir es doch über ihn, den Liegenden, so, daß es ihm unmittelbar in den Mund laufen konnte); auch hätten wir ja im Augenblick über nichts zur Wasseraufnahme Geeignetes mehr verfügt, es sei denn, wir hätten uns entschlossen, den Wein aus der Korbflasche oder das abgestandene Wasser aus dem Krug wegzugießen. (Falls der Schauer angehalten hätte, würden wir wohl zu einer dieser beiden Alternativen gegriffen haben.)

Der Kranke schien nur wenig Nutzen mehr aus solchem Trunk zu ziehen. Sein Arm war vollkommen schwarz, vom Handgelenk bis zur Schulter hinauf, und seine Füße schon wie Eis. Wir erwarteten jeden Augenblick, seinen letzten Atemzug zu hören. Er war entsetzlich abgemagert, in einem Ausmaße, das, obwohl er bei der Abfahrt von Nantucket 115 Pfund auf die Waage gebracht haben mochte, er jetzt nicht mehr als *35 bis höchstens 45* wog. Die Augen waren ihm tief in die Höhlen eingesunken, kaum noch wahrnehmbar; und die Wangenhaut hing so schlaff, daß es ihn verhindert haben würde, jegliche Nahrung zu kauen; ja selbst Flüssigkeiten zu schlucken bereitete große Schwierigkeiten.

1. August. Fortdauer des gleichen ruhigen Wetters bei drückend heißer Sonne. / Litten maßlos unter Durst, da das Wasser im Krug total verfault war und von Ungeziefer wimmelte. Nichtsdestoweniger brachten wir es fertig, noch eine Portion davon hinunterzuwürgen, indem wir es mit Wein mischten – was den Durst allerdings nur wenig beschwichtigte. Größere Erleichterung brachte es uns, im Meer zu baden; ein Mittel, dessen wir uns aber leider nur in langen Abständen bedienen konnten, infolge der ununterbrochenen Anwesenheit von Haifischen. Wir erkannten jetzt klar, daß Augustus nicht mehr zu retten war und einwandfrei im Sterben lag. Wir konnten nichts unternehmen, um seine Leiden, die augenscheinlich groß waren, zu mildern. Gegen zwölf Uhr verröchelte er, unter heftigen Zuckungen und ohne während mehrerer Stunden gesprochen zu haben. Sein Tod erfüllte uns mit den allerdüstersten Vorahnungen und übte eine derartig niederschmetternde Wirkung auf unsere Lebensgeister aus, daß wir bewegungslos neben der Leiche sitzen blieben, den ganzen langen Tag hindurch, und einander nicht anredeten, es sei denn im Flüsterton. Erst einige Zeit, nachdem es dunkel geworden war, brachten wir die Energie auf, uns zu erheben und den Leib über Bord zu werfen. Der war inzwischen über allen Ausdruck widerwärtig geworden und so weitgehend verwest, daß, als Peters ihn anzuheben versuchte, ihm ein ganzes Bein in der Hand blieb. Als der Haufen Fäulnis über den Rand des Fahrzeugs schlitterte, ins Wasser hin, ließ uns das phosphoreszierende Glimmlicht, mit dem er umgeben war, deutlich sieben oder acht mächtige Haie erkennen; und das Geklappere der schrecklichen Gebisse, da sie ihre Beute untereinander in Fetzen rissen, mag man wohl auf die Entfernung einer Meile weit vernommen haben. Wir schrumpften vor Entsetzen ob solchen Geräusches in unser Nichts zusammen.

2. August. Dasselbe fürchterlich reglose und heiße Wetter. / Der aufdämmernde Morgen fand uns in einem Zustand von ebenso bemitleidenswerter Gedrücktheit als körperlicher Erschöpfung. Das Wasser im Kruge war nunmehr absolut nutzlos und eine einzige dicke gallertartige Masse geworden; nichts als Schleim, durchringelt von scheußlich anzuschauendem Gewürm. Wir kippten es weg; wuschen den Krug gut mit Seewasser aus und gossen dann anschließend etwas Essig hinein (aus unseren Flaschen mit eingelegter Schildkröte). Unser Durst war nun fast nicht mehr zu ertragen, und wir unternahmen vergebens, ihn mit Wein zu beschwichtigen, was jedoch nur Öl ins Feuer zu gießen schien und uns in einen hohen Grad von Betrunkenheit versetzte. Daraufhin versuchen wir, unsere Qualen zu lindern, indem wir Wein mit Meerwasser mischten, was jedoch fast auf der Stelle das heftigste Erbrechen herbeiführte, so daß wir diesen Versuch nie mehr wiederholten. / Den ganzen Tag hindurch hielten wir ängstlich Ausschau nach einer Gelegenheit zum Baden; aber ohne jeden Erfolg, denn der Rumpf war nunmehr auf allen Seiten förmlich belagert von Haifischen – zweifellos genau dieselben Ungeheuer, die unseren armen Gefährten am Vorabend verschlungen hatten und sich jeden Augenblick in Erwartung eines weiteren ähnlichen Festmahls wiegten. Dieser Umstand verursachte uns das bitterste Leidwesen und erfüllte uns mit Ahnungen der niederschlagendsten und melancholischsten Art. Das Baden hatte uns unbeschreibliche Erleichterung verschafft; nun selbst diese Hilfsquelle verwehrt zu finden und auf eine so fürchterliche Weise, war mehr, als wir zu ertragen vermochten. Auch waren wir ja nicht einmal frei von den Befürchtungen unmittelbarster Gefahr; denn das geringste Ausgleiten, oder eine falsche Bewegung, würden uns sofort in die Reichweite der gefräßigen Fischriesen gebracht haben, die auch mehrfach von Lee her anschwammen und direkt auf uns einzudringen versuchten. Weder heftige Gebärden noch Schreie unsererseits schienen sie zu beeindrucken. Selbst als einer der allergrößten von Peters mit der Axt getroffen und erheblich verletzt worden war, setzte er seine Bemühungen fort, dorthin zu schnellen, wo wir uns befanden. / In der Abenddämmerung kam ein Wolkenfeld auf; zog jedoch zu unserer größten Pein über uns hinweg, ohne sich zu entladen. Es ist gänzlich unmöglich, sich vorzustellen, was wir zu jenem Zeitraum an Durst ausgestanden haben. Wir verbrachten eine Nacht ohne Schlaf, sowohl deswegen als auch aus Furcht vor den Haien.

3. August. Keine Aussicht auf Rettung, und die Brigg mehr und mehr überliegend, in einer Art, daß der Fuß auf Deck keinerlei Halt mehr finden konnte. Beschäftigten uns damit, den Wein und das Schildkrötenfleisch zu sichern, damit wir sie für den Fall des Kenterns möglichst nicht verlören. Konnten aus den Fockmastpüttingen zwei derbe Spieker losmachen, die wir dann mit der Axt auf der Luvseite in den Rumpf eintrieben, nur einige wenige Fuß über der Wasserlinie, was, da wir so gut wie auf der Seite lagen, nicht mehr weit entfernt vom Kiel war. An diese Spieker banden wir nunmehr unsere Vorräte fest, weil sie in solcher Position sicherer waren als an ihrer früheren Stelle unterhalb der Püttinge. Todesqualen vor Durst ausgestanden, den ganzen lieben Tag über – keine Gelegenheit zum Baden, der Haie wegen, die uns nicht einen Moment verließen. / Fanden keinen Schlaf.

4. August. Kurz vor Tagesanbruch spürten wir, wie der Rumpf sich umzuwälzen anhob, und rüttelten uns wach, um zu verhindern, daß die Schwungkraft uns herunter schüttelte. Zunächst erfolgte die Kippbewegung langsam und gleichmäßig, so daß es uns ganz prächtig gelang, auf die Luvseite hinaus und ihr entgegen zu klimmen, da wir die Vorsicht gehabt hatten, von den für die Lebensmittel eingeschlagenen Spiekern gleichzeitig ein paar lose Stricke herabhängen zu lassen. Aber wir hatten die Beschleunigung des Umschwungs nicht genügend einkalkuliert, denn plötzlich wurde das Kippen zu heftig, als daß wir damit noch hätten fertig werden können; und bevor noch einer von uns recht erkannt hätte, was bevorstand, fanden wir uns auch schon gewaltsam in die See geschleudert und gleich darauf mehrere Klafter unterhalb der Oberfläche mit den Fluten ringend, den mächtigen Rumpf unmittelbar über uns.

Als ich unter Wasser gedrückt wurde, hatte ich mich gezwungen gesehen, den Strick fahrenzulassen; und da ich erkannte, daß ich mich, bei völlig erschöpften Kräften, direkt unterhalb des Schiffes befand, machte ich so gut wie gar keine Anstalten, um mein Leben zu kämpfen; fand mich vielmehr damit ab, binnen ein paar Sekunden tot zu sein. Hierin jedoch hatte ich mich erneut getäuscht, weil das Zurückpendeln des Rumpfes nach Luv von mir nicht bedacht worden war. Der Aufwärtssog der Wasserwirbel, den das Schiff beim teilweisen Rückschwanken verursachte, beförderte mich wieder an die Oberfläche, und zwar mit fast noch mehr Wucht, als es mich hineingestürzt hatte. Beim Auftauchen fand ich mich an die zwanzig Meter vom Wrack entfernt, so gut ich das abzuschätzen vermochte. Es lag kieloben, schaukelte gewaltig von einer Seite auf die andere; und die See rundherum war, in allen Richtungen, äußerst aufgewühlt und voll kräftiger Strudel. Von Peters war nichts zu sehen. Ein paar Fuß von mir entfernt trieb ein Öltonne, und diverses anderes Schiffszubehör zeigte sich verstreut umher.

Meine Hauptangst galt nunmehr den Haifischen, die ich in unmittelbarer Nachbarschaft wußte. Um sie, wenn möglich, von mir abzuhalten, schlug ich das Wasser nach Kräften mit Händen und Füßen, so daß ich, während ich auf den Rumpf zuschwamm, eine Schaumwolke um mich erzeugte. Ich zweifle nicht daran, daß ich diesem Manöver, simpel wie es war, meine Erhaltung verdanke; war doch das Meer auf allen Seiten der Brigg, kurz bevor sie kenterte, so gedrängt voll von den Ungetümen gewesen, daß ich während meines Vordringens in indirekte Berührung mit einigen von ihnen gekommen sein muß, wie es denn auch wirklich der Fall war. Durch ein ausgesprochen gütiges Geschick jedoch erreichte ich die Schiffswand, obschon infolge der heftigen Anstrengung, die ich unternommen hatte, derart geschwächt, daß ich nie und nimmer imstande gewesen wäre, hinaufzugelangen, hätte mir nicht Peters rechtzeitig Unterstützung gewährt, der eben zu meiner größten Freude oben erschien (er hatte sich von der entgegengesetzten Seite des Rumpfes auf den Kiel hinaufgearbeitet) und mir ein Strickende zuwarf – eines von denen, die wir an den Spiekern befestigt gehabt hatten. –

Mit knapper Not dieser Gefahr entronnen, wurde unser Augenmerk sogleich auf die fürchterliche Bedrohung durch eine nächste gerichtet: die des glatten Verhungerns. Unser gesamter Lebensmittelvorrat war, aller aufgewandten Mühe ihn zu erhalten zum Trotz, über Bord gespült worden; und da sich uns auch nicht die entfernteste Möglichkeit mehr zeigte, Ersatz dafür zu schaffen, überließen wir uns beide der nackten Verzweiflung; weinten laut wie die Kinder; und keiner unternahm es, dem anderen Trost zuzusprechen. Dergleichen Kleinmut ist schwer vorstellbar und wird denjenigen, die sich niemals in einer ähnlichen Situation befunden haben, zweifellos unnatürlich erscheinen; aber man muß im Auge behalten, daß unsere Geister infolge des langen Weges von Entbehrungen und Schrekken, dem wir ausgesetzt gewesen, gänzlich aus den Fugen geraten und wir, zu jenem Zeitpunkt, gerechterweise nicht mehr als mit dem Licht der Vernunft begabte Wesen zu betrachten waren. Während späterer, nahezu gleichgroßer (wenn nicht gar größerer) Gefahren, bin ich wahrlich mit Standhaftigkeit allen Schrecknissen der Situation entgegengetreten; und Peters hat, wie man noch sehen wird, einen philosophischen Stoizismus an den Tag gelegt, der ähnlich unglaublich war, wie seine gegenwärtige kindische Schlaffheit und Schwachsinnigkeit – die psychische Verfassung machte den Unterschied.

Das Kentern der Brigg, selbst den daraus resultierenden Verlust von Wein und Schildkröte miteingerechnet, würde nämlich in Wahrheit unsere Lage gar nicht beklagenswerter denn zuvor gestaltet haben – einmal abgesehen von dem Verlust der Bettlaken, die uns bis dahin instand gesetzt hatten, den Regen aufzufangen, sowie des Kruges, in dem wir das Aufgefangene bewahrt hatten; denn wir entdeckten, daß der ganze Boden, von etwa zwei oder drei Fuß unterhalb der Krummhölzer bis hin zum Kiel, ebenso wie dieser Kiel selbst, *dicht bedeckt mit großen Entenmuscheln war, die sich als ganz ausgezeichnete Speise von hohem Nährwert herausstellten!* Dergestalt hatte sich der von uns so gefürchtete Unfall in zweifach bedeutsamer Hinsicht eher als Segnung denn als Schaden erwiesen; hatte uns einen Lebensmittelvorrat aufgetan, den wir, bei verständigem Gebrauch, binnen Monatsfrist nicht hätten erschöpfen können; und weiterhin war zu unserer Bequemlichkeit insofern beträchtlich beigetragen worden, als wir, was Bewegungsfreiheit anlangt, viel sorgloser und mit unendlich geringerer Gefahr denn zuvor leben konnten.

Nichtsdestoweniger machte uns die Schwierigkeit, nunmehr Wasser zu erlangen, gegen all die wohltätigen Veränderungen unserer Lage blind. Damit wir wenigstens nach Kräften bereit wären, uns jeglichen Schauer, dem es zu fallen beliebe, möglichst zunutze zu machen, zogen wir unsere Hemden aus, um sie wie vordem die Bettlaken zu verwenden – obwohl wir uns selbstredend nicht in der Hoffnung wiegten, auf diese Weise, auch unter den allergünstigsten Umständen, je mehr als einen Becher auf einmal gewinnen zu können. Auch zeigte sich im Verlauf des Tages nicht das geringste Anzeichen von Bewölkung; und unsere Qualen infolge des Durstes waren nahezu unerträglich. Gegen Abend gelang es Peters, ein Stündchen (obschon verstörten) Schlafes zu genießen; meine Leiden waren aber so intensiv, daß sie mir nicht erlauben wollten, die Augen auch nur einen einzigen Moment zu schließen.

5. August. Heute, da eine leichte Brise sich erhob, führte es uns durch eine weite Fläche von Seetang dahin; hier waren wir so glücklich, elf zarte kleine Krabben zu finden, die für uns mehrere erlesene Mahlzeiten ergaben. Da ihre Schalen völlig weich waren, verspeisten wir sie ganz; und es ergab sich, daß sie uns weit weniger Durst erregten als die Muscheln. Da wir innerhalb der Tangwiesen keine Spur von Haien wahrnahmen, wagten wir auch wieder zu baden und blieben an die vier bis fünf Stunden im Wasser, während deren wir eine deutlich spürbare Verminderung unseres Durstes verzeichneten. Beträchtlich erquickt, verbrachten wir die Nacht ein bißchen behaglicher als vordem; und erhaschten auch beide ein wenig Schlaf.

6. August. Heute wurden wir durch einen kräftigen und anhaltenden Regen beglückt, der gegen Mittag begann und bis in die Dunkelheit währte. Jetzt beklagten wir bitterlich den Verlust unseres Kruges und der Korbflasche; denn trotz der kärglichen uns verbliebenen Mittel zum Wasserauffangen hätten wir bestimmt eines davon, wenn nicht gar beide füllen können. Wie die Dinge lagen, stillten wir wenigstens unseren brennenden Durst dadurch hinlänglich, daß wir die Hemden sich sättigen ließen, und sie dann so ausdrückten, daß uns das erquickende Naß in die Münder träufelte. Mit solcher Beschäftigung verbrachten wir den ganzen Tag.

7. August. Just bei Tagesanbruch erspähten wir, beide genau im selben Augenblick, ostwärts von uns ein Segel, *das augenscheinlich auf uns zukam!* Wir begrüßten den grandiosen Anblick mit einem langen, obschon schwächlichen, verzückten Geschrei und begannen auf der Stelle, sämtliche nur irgend in unserer Macht stehenden Signale zu geben: schwangen unsere Hemden in der Luft, indem wir dabei so hoch sprangen, wie unser entkräfteter Zustand es nur erlaubte, ja halloten sogar mit aller Macht unserer Lungen, wiewohl das Fahrzeug nicht weniger als fünfzehn Meilen entfernt gewesen sein kann. Dennoch näherte es sich stetig immer mehr unserem Wrack; und wir hatten das Gefühl, daß, wenn es seinen jetzigen Kurs nur beibehielte, man uns schließlich so nahe kommen müsse, um uns zu bemerken. Rund eine Stunde, nachdem wir es zuerst entdeckt hatten, konnten wir deutlich die Leute auf dem Deck erkennen. Es handelte sich um einen langen, flachen, etwas verwegen ausschauenden Gaffelschoner, mit einem schwarzen Kreis im Vormarssegel; der auch, wie es schien, volle Besatzung hatte. Aber jetzt wurden wir unruhig, konnten wir es doch kaum für möglich erachten, daß man uns nicht bemerke, und begannen zu befürchten, daß man uns im Stiche, uns so wie wir waren, zugrunde gehen lassen wolle – eine Handlungsweise von dämonischer Barbarei, die aber, unglaublich wie es sich anhören mag, wiederholt auf See verübt worden ist; unter nahezu gleich gelagerten Verhältnissen und von Wesen, die man als der Spezies MENSCH angehörig betrachtet.[1] Im vorliegenden Fall jedoch fügte es die Göttliche Gnade, daß wir dazu bestimmt waren, im besten Sinne enttäuscht zu werden; denn auf einmal wurden wir eines plötzlichen Durcheinanders auf Deck des Fremdlings gewahr, der unmittelbar darauf die britische Flagge hißte und, anluvend, direkt auf uns zuhielt: / Eine halbe Stunde später fanden wir uns in seiner Kabine wieder. / Es handelte sich um die JANE GUY; begriffen auf einer Reise zwecks Tauschhandel und Robbenschlag in die Südmeere und den Pazifik.

XIV. KAPITEL

Die JANE GUY war ein schön geschnittener Gaffelschoner von 180 Bruttoregistertonnen. Ihr Bug war ungewöhnlich scharf gebaut, und dicht am Wind, bei nicht allzu extremem Wetter, war sie der schnellste Segler, den ich jemals gesehen haben. Bei rauher See jedoch waren ihre Eigenschaften weniger befriedigend und ihr Tiefgang für den Handelszweig, zu dem sie bestimmt war, bei weitem zu groß. Für diesen speziellen Dienst sind größere Fahrzeuge, die dabei proportional geringeren Tiefgang haben, günstiger – sagen wir, ein Schiff zwischen 300 und 350 Tonnen. Es sollte Bark-Takelung haben und auch in anderen Beziehungen noch von den üblichen Südmeerfahrern abweichend gebaut sein. Unbedingt erforderlich ist es zum Beispiel, daß es gut bewaffnet wäre. Es müßte, sagen wir, zehn oder zwölf zwölfpfündige Carronaden führen; dazu zwei oder drei Zwölfer mit Langrohr; auch Hakenbüchsen aus Geschützbronze, und auf jedem Deck wasserdichte Waffenkisten. Seine Anker und Kabeltaue sollten von beträchtlich größerer Stärke sein als in jeglichem anderen Handelszweig gebräuchlich; vor allem aber müßte seine Mannschaft zahlreich und tüchtig sein – für ein Fahrzeug, wie ich es eben skizziert habe, nicht weniger als 50 bis 60 körperlich volltaugliche Männer. Die JANE GUY hatte, außer dem Kapitän und dem Maat, eine Bemannung von 35, alles erprobte Seeleute; aber sie war weder hinreichend bewaffnet, noch auch ansonsten so ausgerüstet, wie ein mit den Schwierigkeiten und Gefahren seines Unternehmens vertrauter Schiffsführer es sich hätte wünschen können.

Kapitän Guy war ein Gentleman, von großer Urbanität im Umgang und erheblicher Erfahrung, was den Geschäftsverkehr in südlichen Breiten angeht, dem er einen großen Teil seines Lebens gewidmet hatte. Immerhin ermangelte er doch wohl der Energie und folglich auch jenes Unternehmungsgeistes, der gerade hier so unbedingt erforderlich ist. Er war teilweiser Besitzer des ihm unterstehenden Schiffes und mit unumschränkter Vollmacht ausgestattet, in den Südmeeren so zu kreuzen, wie es jedwede annehmbare Ladung, die ihm vorteilhaft erschien, erforderlich mache. Er hatte, wie bei Unternehmungen dieser Art üblich ist, Glasperlen, Spiegel, Feuerzeuge, Äxte, Hackebeilchen, Sägen, Hohlbeile, Hobel,

Stemmeisen, Hohlstichel, Bohrer, Feilen, Ziehklingen, Raspeln, Hämmer und Nägel, Messer, Scheren, Rasiermesser, Nadeln und Garn, Töpferwaren, Kattune, Flittertand und andere ähnliche Artikel an Bord.

Der Schoner war am 10. Juli von Liverpool aus in See gestochen; hatte, auf 20° westlicher Länge am 25. den Wendekreis des Krebses passiert und am 29. Sal, eine der Kapverdischen Inseln, erreicht, wo Salz und andere für die Reise notwendige Güter aufgenommen worden waren. Am 3. August hatte man die Kapverden hinter sich gelassen und ab da südwestlich laviert, in Richtung der brasilianischen Küste, so daß man den Äquator zwischen den Meridianen 28° und 30° westlicher Länge durchkreuzte; ein Kurs, den Fahrzeuge, die auf dem Weg von Europa nach dem Kap der Guten Hoffnung unterwegs sind, beziehungsweise von dort aus weiter nach Ostindien, im allgemeinen einzuschlagen pflegen. Indem man so verfährt, vermeidet man nämlich die Kalmen und auch die starke Gegenströmung, die fortwährend entlang der Küste von Guinea herrscht; und es zeigt sich, in letzter Instanz, als der kürzeste Weg, da später westliche Winde, vermittelst derer man das Kap erreichen kann, praktisch niemals ausbleiben. Kapitän Guys Absicht war es, einen ersten Zwischenaufenthalt auf Kerguelen-Land zu verbringen – warum vermag ich nicht zu sagen. Am Tage, als man uns auffischte, befand sich der Schoner jedenfalls auf der Höhe von Kap St. Roque, auf 31° westlicher Länge; so daß wir, als man uns endlich fand, von Nord nach Süd allem Anschein nach *nicht weniger als 25 Grade* getrieben waren!

An Bord der Jane Guy wurden wir mit der Freundlichkeit behandelt, die unser trostloser Zustand gebot. Und binnen zweier Wochen (während wir, bei leichtem Wind und schönem Wetter, unverändert gen Südost steuerten) hatten sowohl Peters wie auch ich uns gänzlich von den Auswirkungen unserer Entbehrungen und schrecklichen Leiden erholt, und wir begannen, der jüngsten Ereignisse mehr als eines peinlichen Alptraums zu gedenken, denn als einer Ereignisreihe, die sich in nüchterner und nackter Realität abgespielt hatte. Ich habe seither die Erfahrung gemacht, daß diese spezielle Art von teilweiser Amnesie gewöhnlich durch einen sehr plötzlichen Übergang erfolgt, sei es von Freud zu Leid oder umgekehrt – wobei der Grad des Vergessens sich als direkt proportional zu der Größe des Gegensatzes der einander ablösenden Situation erweist. So kann ich mir, in meinem eigenen Fall, zum Beispiel bis heute nicht das volle Ausmaß der Misere vergegenwärtigen, die ich während der auf dem Wrack verbrachten Tage ausgestanden habe. Der Einzelheiten entsinne ich mich wohl, aber nicht mehr der Empfindungen, welche diese Einzelheiten zur Zeit des Eintretens hervorbrachten. Ich weiß nur eines: daß, als sie eintraten, ich damals meinte, die menschliche Natur könnte größere Leiden nicht ertragen.

Wir setzten unsere Fahrt einige Wochen lang fort, ohne daß Ereignisse von großer Bedeutung eingetreten wären, als die gelegentliche Begegnung mit einem Walfänger, beziehungsweise – und dies öfter – mit einem Schwarz- oder Grönlandwal selbst (so genannt, um ihn vom Pottwal oder Cachelot zu unterscheiden). Diese trafen wir jedoch hauptsächlich erst ab 25° Südbreite an. Am 16. September, als wir bereits in der Nähe des Kaps der Guten Hoffnung waren, mußte der Schoner den ersten einigermaßen heftigen Sturm seit seiner Abreise aus Liverpool bestehen. In dieser Gegend nämlich, noch häufiger jedoch südlich oder östlich des Vorgebirges (wir befanden uns westlich), haben die Seeleute oft mit Nordstürmen zu kämpfen, die mit großem Ungestüm toben. Sie sind grundsätzlich von schwerem Seegang begleitet; und eines ihrer gefährlichsten Charakteristika besteht in einem plötzlichen Umspringen des Windes; ein Ereignis, das fast garantiert dann eintritt, wenn die Gewalt des Sturmes am größten ist. Eben noch heult ein ausgewachsener Orkan von Nord oder Nordost her; und im nächsten Augenblick wird man aus dieser Richtung keinen Windhauch mehr verspüren, während es gänzlich unvermittelt aus Südost zu stürmen beginnt, mit einer Heftigkeit, die schier unvorstellbar ist. Ein heller Fleck am Südhimmel ist der sichere Vorläufer eines solchen Wechsels; und die Schiffe sind so in der Lage, angemessene Vorsichtsmaßnahmen zu ergreifen.

Es war gegen sechs Uhr in der Frühe, als die Sturmböen aus heiterem Himmel und wie üblich vom Nordsektor her einsetzten. Gegen acht Uhr hatten sie sehr zugenommen und uns einen gewaltigen Seegang beschert, den schrecklichsten, den ich bis dahin erlebt hatte. Nun war alles bei uns so festgemacht und geborgen wie nur möglich; aber der Schoner schaffte über alle Maßen, legte Zeugnis von seinen bedenklichen Eigenschaften ab, was Seetüchtigkeit anbelangte, indem er bei jeglichem Stampfen das Vorderschiff tief ins Wasser zwang und sich mit knapper Not unter der einen Woge hervorgekämpft hatte, wenn die nächste ihn schon wieder halb begrub. Just vor Sonnenuntergang erschien in südwestlicher Richtung der helle Fleck, nach dem wir schon Ausschau gehalten hatten; und eine Stunde darauf sahen wir das kleine Focksegel, das wir führten, schlapp am Mast anschlagen. Zwei Minuten später fanden wir uns, allen Vorbereitungen zu Trotz, wie durch Zauberei fast auf die Seite gekippt, und ein dicker Schaum schlug, so wie wir lagen, über uns zusammen. Erfreulicherweise erwies sich dieser Angriff aus Südwest jedoch nur als eine rasch vorbeiziehende Böenfront; und wir hatten das Glück, das Schiff sich wieder aufrichten zu sehen, ohne den Verlust auch nur einer Spiere. Zwar bereitete uns ein schwerer Seegang danach noch einige Stunden hindurch nicht wenig Unbehagen; aber gegen Morgen fanden wir uns in annähernd gleichgutem Zustand wie vor dem Sturm. Käptn Guy war der Ansicht, daß er gewissermaßen wie durch ein Wunder davongekommen sei. –

Am 13. Oktober kamen wir in Sicht der Prince-Edward-Insel, auf 46° 53′ südlicher Breite und 37° 46′ östlicher Länge. Zwei Tage danach befanden wir uns in der Nähe von Possession Island und passierten anschließend den Crozet-Archipel, auf 42° 59′ südlicher Breite, 48° östlicher Länge. Am 18. dann liefen wir die Desolation-Insel, also Kerguelen-Land, im südlichsten Indischen Ozean an und setzten den Anker in Christmas Harbour, in vier Faden Wassertiefe.

Die Insel, oder korrekter die Inselgruppe, liegt vom Kap der Guten Hoffnung aus in südöstlicher Richtung, und zwar in einer Entfernung von fast 4.500 Kilometern. Sie wurde 1772 von einem Franzosen entdeckt, dem Baron de Kerguelen oder Kerguélen, der, in der Meinung, es handle sich um die Ausläufer eines mächtigen südlichen Kontinentes, daheim in diesem Sinne berichtete, was seinerzeit erhebliches Aufsehen erregt hat. Die Regierung nahm sich der Sache an und sandte den Baron im folgenden Jahre noch einmal dorthin; mit dem Zwecke, seine neue Entdeckung einer eingehenden Nachprüfung zu unterziehen, wo der Irrtum sich denn herausstellte. 1777 dann lief Käptn Cook die Gruppe an, und gab der Hauptinsel den Namen »Desolation Island«, eine Bezeichnung, welche sie wahrlich verdient. Wenn sich der Seefahrer dem Land freilich zum ersten Male nähert, mag er geneigt sein, anders zu denken; sind doch die Hänge der meisten Hügel von September bis März in das leuchtendste Grün gehüllt. Diese trügerische Erscheinung wird von einer kleinen, saxifragenähnlichen Pflanze hervorgerufen, die in großen Flecken und reicher Fülle auf dem Unterboden einer Art krümeligen Mooses gedeiht. Abgesehen davon findet sich kaum eine Andeutung von Vegetation auf der Insel; mit Ausnahme einer üppig wuchernden Sorte groben Grases in der Nähe des Hafens, dazu einige Flechten und eine Staude, dem Kohl, der in den Samen schießt, nicht unähnlich, und von bitterem, beißendem Geschmack.

Die Oberfläche des Landes ist hügelig; obschon keiner dieser Hügel stattlich genannt werden könnte. Ihre Gipfel sind mit ewigem Schnee bedeckt. Es gibt mehrere natürliche Häfen, von denen Christmas Harbour am günstigsten liegt; ist er doch der erste, auf den man auf der Nordostseite der Insel stößt, nachdem man Kap Francois passiert hat, das die nördlichste Ecke bildet und das infolge seiner eigenartigen Form dazu dient, den Hafen leicht ausfindig zu machen: Seine vorspringende Spitze endigt in einem hohen Felsen, in dem sich ein mächtiges Loch befindet, so daß ein natürlicher Triumphbogen gebildet wird. Die Einfahrt befindet sich auf 48° 40′ Süd, 69° 6′ östlicher Länge. Wer hier einläuft, wird im Schutze mehrerer Inseln, die hinreichend Deckung gegen alle östlichen Winde bieten, guten Ankergrund finden. Von dieser Reede ostwärts vorschreitend, kommt man nach Wasp-Bay, am oberen Fjordende. Hierbei handelt es sich um ein kleines, gänzlich von Höhen eingeschlossenes Bassin, in das man mit vier Faden Tiefe einlaufen kann, und überall guten Ankergrund (namentlich harten Lehmboden) antreffen wird, in einer Tiefe zwischen drei und zehn Faden. Hier könnte ein Schiff unter dem großen Buganker gefahrlos das ganze Jahr über liegen. Nach Westen hin, am oberen Ende von Wasp-Bay, mündet ein Flüßchen ein, das ausgezeichnetes und bequem zu erreichendes Trinkwasser liefert.

Einige Seehunde, die Bären- und die gewöhnliche Robbe, finden sich noch immer auf Kerguelen-Land, und von See-Elefanten wimmelt es geradezu. Gefiedertes trifft man in großer Zahl an. Vor allem Pinguine gibt es in Fülle, und zwar von vier verschiedenen Arten. Die eindrucksvollste davon ist der Königspinguin, so genannt aufgrund seiner Größe und des prachtvollen Federkleids. Sein Oberleib ist im allgemeinen grau, zuweilen mit einem Hauch von Violett; der untere Teil hingegen ist vom denkbar reinsten Weiß. Der Kopf zeigt ein glatt-glänzendes, prachtvolles Schwarz, und ebenso die Füße. Der Hauptreiz des Gefieders besteht jedoch in zwei breiten, goldfarbenen Streifen, die vom Kopf aus hinab zur Brust verlaufen. Der Schnabel ist lang und variiert zwischen Rosa und hellem Rot. Diese Vögel gehen aufrecht, in stattlicher Haltung. Der Kopf wird hoch getragen, während die Flügelflossen wie zwei Ärmchen herunterhängen; und da der Schwanz in der gleichen Richtung wie die Beine vom Körper absteht, ist ihre Ähnlichkeit mit einer menschlichen Gestalt frappierend und ganz dazu angetan, bei flüchtigem Hinschauen oder in tiefer Abenddämmerung den Beobachter zu täuschen. Die Königspinguine, die wir hier auf Kerguelen-Land antrafen, waren eher größer als normale Gänse. (Die übrigen Arten sind der goldschopfige »Maccaroni«, die Eselspinguine und die Siedlerpinguine. All diese sind erheblich kleiner, von schlichterem Federkleid, und auch in anderer Hinsicht noch unterschieden.)

Neben dem Pinguin sind noch viele andere Vogelarten vertreten, von denen die Lumme erwähnt sei, ebenso der blaue Sturmvogel, die Krickente, sowie allerlei andere Entenarten, Port-Egmont-Hennen (also Raubmöwen), Krähenscharben, Kaptauben, »Nellies« (oder Riesensturmvögel), See- und Meerschwalben, Seemöwen, Fulmar, Große Sturmvögel und der Albatros. Der große Peters- oder Sturmvogel erreicht eine ähnliche Größe wie der Albatros, und ist ein guter Jäger, weshalb er auch häufig als »Knochenbrecher« oder »Fischadler« bezeichnet wird. Er ist nicht im geringsten scheu und ergibt, wenn richtig zubereitet, eine schmackhafte Mahlzeit. Beim Fliegen schwebt er manchmal ganz dicht über der Wasseroberfläche dahin, mit weit ausgebreiteten Flügeln, die er scheinbar nicht im geringsten Maße bewegt oder irgendeine sichtbare Anstrengung damit unternimmt.

Der Albatros ist einer der größten und ungezähmtesten Vögel der Südmeere. Er gehört zur Gattung der Möwen, erhascht seine Beute im Fluge und nähert sich niemals dem Lande, es sei denn zu Brutzwecken. Zwischen ihm und dem Pinguin besteht die kurioseste der Freundschaften: Ihre Nester sind mit größter Regelmäßigkeit nach einem Plan angelegt, den die beiden Arten förmlich vereinbart haben müssen – dergestalt, daß sich eines vom Albatros im Mittelpunkt eines kleinen Quadrats befindet, dessen Ecken von vier Pinguinnestern gebildet werden. Es ist bei Seefahrern Brauch geworden, ein Kombinat solcher Nistplätze als »Rookery« zu bezeichnen. Solcher Rookeries sind mehrfach beschrieben worden, da aber vermutlich nicht jeder Leser mit einer dieser Schilderungen vertraut ist und ich späterhin noch weiter von Pinguin und Albatros berichten werde, wird es vielleicht nicht fehl am Platze sein, hier einiges über die Art, wie sie leben, zu sagen.

Sobald die Brutzeit herannaht, versammeln sich die Vögel in großen Scharen und machen ein paar Tage hindurch den Eindruck, wie wenn sie über den angemessensten nunmehr einzuschlagenden Kurs berieten. Schließlich schreiten sie zur Tat. Man erkiest sich ein angemessen großes Grundstück, d. h. im allgemeinen eines von etwa fünf bis sieben Morgen, das gleichzeitig möglichst eben und in Meeresnähe gelegen ist; jedoch so, daß die Flut es nicht erreichen kann. Der Schwerpunkt bei der Auswahl der Parzelle liegt jedoch in der Ebenheit der Oberfläche; und diejenige, die am wenigsten mit Steinchen belegt ist, wird stets vorgezogen. Sobald hier Einigung erzielt ist, gehen die Vögel wie ein Mann und ganz unverkennbar auf einen gemeinsamen Entschluß hin daran, mit mathematischer Genauigkeit ein Quadrat oder auch ein Parallelogramm zu tracieren, je nachdem, wie es die Natur des Geländes verlangt, von gerade ausreichender Größe, um sämtliche versammelten Vögel bequem aufzunehmen: und nicht mehr! – in dieser speziellen Beziehung scheint man entschlossen, das etwaige Eindringen künftiger Herumtreiber zu verhindern, die sich an der Arbeit der Anlegung des Nistplatzes nicht beteiligt haben. Eine Seite der dergestalt abgesteckten Nistsiedlung, nämlich die parallel zum Strand hin verlaufende, wird als Ein- bzw. Ausgang offen gelassen.

Nachdem die Außenränder der Siedlung markiert sind, beginnen die Kolonisten als nächstes, sie von jeder Art Unrat und Plunder zu befreien, indem sie Steinchen für Steinchen aufnehmen und es außerhalb der Siedlungsgrenzen schaffen, so daß auf allen dreien landeinwärts gerichteten Seiten eine Art Mäuerchen gebildet wird. Unmittelbar innerhalb dieser Umwallung wird ein ganz ebener und geglätteter Umgang gebildet, von 6 bis 8 Fuß Breite, der sich um die gesamte Siedlung herumzieht, und so eine Art gemeinsamer Promenade bildet.

Der nächste Schritt besteht darin, die ganze Fläche in kleine, genau gleich große Quadrate zu unterteilen. Das erfolgt nun dadurch, daß schmale, sehr glatte und einander im rechten Winkel durchkreuzende Pfade angelegt werden, die sich über die gesamte Ausdehnung der Rookery hin erstrecken. Auf jeder dieser Kreuzungen erbaut sich ein Albatros sein Nest und im Mittelpunkt jeden Quadrates ein Pinguin – woraus folgt, daß jeder Pinguin von vier Albatrossen und jeder Albatros von derselben Anzahl Pinguine umgeben ist. Das Nest des Pinguins besteht aus einer sehr flachen Grube in der Erde, gerade tief genug, um das eine Ei am Fortrollen zu hindern. Die Albatrossin richtet sich behelfsmäßig ein, indem sie aus Erde, Tang und Muschelschalen ein Hügelchen von etwa einem Fuß Höhe und zwei Fuß Durchmesser errichtet. Auf der Spitze dieser Konstruktion legt sie ihr Nest an.

Die Vögel tragen ganz besondere Sorge, ihre Nester während der Zeit der Bebrütung nicht einen Augenblick lang aus den Augen zu lassen, ja sogar bis ihre Nachkommen kräftig genug sind, um auf sich selbst aufzupassen. Solange das Männchen zwecks Nahrungssuche draußen auf dem Meere unterwegs ist, hat das Weibchen Dienst; und erst nachdem der Partner wieder zurück ist, versucht sie ihrerseits ihr Glück. Unbedeckt werden die Eier überhaupt nicht gelassen – während der eine Vogel sich anschickt, das Nest zu verlassen, legt sich der andere schon wieder an seine Stelle. Diese Vorsicht wird erforderlich infolge der merkwürdigen Neigung zum Diebstahl, die in der Rookery herrscht; haben ihre Bewohner doch keinerlei Skrupel, einander bei jeder günstigen Gelegenheit die Eier wegzustibitzen.

Obgleich es Rookeries gibt, wo einzig Pinguin und Albatros die Bevölkerung ausmachen, wird man doch in den meisten von ihnen eine Vielfalt ozeanischer Vögel antreffen, die sich aller bürgerlichen Privilegien erfreuen, und ihre Nester hier und dort, überall wo sie Raum finden können, verteilt haben, obschon auch Brutstationen der größeren Arten niemals irgendwie behelligen. Der Anblick einer solchen Vogelstadt ist, zumal aus der Ferne betrachtet, etwas äußerst Eigentümliches. Der ganze Luftkreis unmittelbar über der Siedlung ist förmlich verdunkelt ob der unglaublichen Zahl von Albatrossen (vermengt mit Vertretern der kleineren Arten), die ununterbrochen darüber schweben, entweder auf dem Abflug zum Meer oder bei der Heimkehr. Gleichzeitig wird man Scharen von Pinguinen erblicken, von denen einige auf den schmalen Gäßchen hin und her wandeln und andere, mit der für sie so charakteristischen militärisch-affektierten Gespreiztheit, über die gemeinsame große Promenade stolzieren, die sich um die Rookery herumzieht. Kurzum, unter welchem Gesichtspunkt wir es auch betrachten, nichts kann erstaunlicher sein, als der Geist der Überlegsamkeit, den diese befiederten Wesen bekunden; und wahrlich, nichts ist besser dazu angetan, jedwedem wohlgeratenen menschlichen Geist Stoff für Reflexionen zu geben. –

Am Morgen nach unserem Eintreffen in Christmas Harbour nahm der Erste Maat, Mr. Patterson, die Beiboote und begab sich (obschon es noch etwas früh in der Saison war) auf die Jagd nach Robben, wobei er den Kapitän mitsamt einem jungen Verwandten desselben auf einer kahlen, unfruchtbaren Landzunge im Westen absetzte, weil sie irgendeine Transaktion, deren nähere Umstände ich nicht in Erfahrung bringen konnte, im Innern der Insel vorhatten. Kapitän Guy nahm eine Flasche mit, in der sich ein versiegeltes Schreiben befand, und schlug von der Anlegestelle aus, wo er sich an Land hatte setzen lassen, den Weg zu einer der höchsten Bergspitzen ein. Es ist zu vermuten, daß er vorhatte, für irgendein Schiff, von dem er annahm, daß es nach ihm hierherkommen würde, den Brief auf jener Höhe oben zu deponieren. Sobald er aus unserem Gesichtsfeld entschwunden war, machten wir (denn Peters und ich befanden uns im Boot des Maats) uns wieder an unseren Streifzug um die Küste herum und hielten Ausschau nach Seehunden. Mit dieser Beschäftigung verbrachten wir an die drei Wochen, während derer wir mit großer Sorgfalt sämtliche Ecken und Winkel nicht nur von Kerguelen-Land, sondern auch der benachbarten zahlreichen kleinen Eilande untersuchten. Trotzdem waren unsere Bemühungen von keinem nennenswerten Erfolg gekrönt. Wohl sahen wir eine ganze Menge Bärenrobben, aber sie waren ausgesprochen scheu, und nur unter größten Anstrengungen konnten wir insgesamt dreihundertfünfzig Felle erbeuten. See-Elefanten gab es zuhauf, besonders entlang der Westküste der Hauptinsel; von diesen jedoch vermochten wir lediglich zwanzig zu erlegen, und auch das nur unter den größten Mühen. Auf den kleineren vorgelegten Schären bemerkten wir eine ansehnliche Menge gewöhnlicher Seehunde, die wir jedoch nicht weiter behelligten. Am 11. jedenfalls kehrten wir endgültig zum Schoner zurück, wo wir Kapitän Guy und seinen Neffen wieder trafen, die uns einen recht abschlägigen Bericht vom Innern gaben, das nach ihrer Darstellung einer der trostlosesten und ödesten Landstriche der Welt sein mußte. (Sie hatten infolge eines Mißverständnisses auf Seiten des Zweiten Maats bezüglich der Sendung der Jolle vom Schoner, um sie abzuholen, zwei Nächte auf der Insel zubringen müssen.)

XV. Kapitel

Am 12. segelten wir von Christmas Harbour wieder ab, verfolgten unseren Kurs nach Westen zurück und ließen Marino, eine Insel der Crozet-Gruppe, backbords liegen. Danach passierten wir die Prinz-Edward-Insel, ließen auch sie links liegen, hielten jedoch ab da mehr nach Norden und erreichten, nach 15 Tagen auf Fahrt, auf 37° 8′ südlicher Breite und 12° 8′ westlicher Länge, die Inseln von Tristan d'Acunha.

Diese, heutzutage so gut bekannte Gruppe, die aus drei kreisrunden Inseln besteht, ist zuerst von den Portugiesen entdeckt und späterhin von den Holländern (1643) und Franzosen (1767) besucht worden. Die drei Inseln bilden zusammen ein Dreieck und sind voneinander je rund zehn Meilen entfernt, mit feinen offenen Durchfahrten dazwischen. Bei allen von ihnen ist das Gelände sehr steil und hoch, zumal bei dem eigentlichen, sogenannten Tristan d'Acunha. Dies ist die größte Insel der Gruppe. Sie hat einen Umfang von fünfzehn Meilen und erhebt sich zu einer solchen Höhe, daß sie bei klarem Wetter aus 80 bis 90 Meilen Entfernung gesehen werden kann. Ein Teil der Nordküste steigt mehr als 1000 Fuß lotrecht aus dem Meer auf. Ein Tafelland von etwa gleicher Höhe erstreckt sich von da aus landeinwärts bis in Inselmitte; und aus ihm erhebt sich ein mächtiger Bergkegel, ähnlich dem Pik von Teneriffa. Die untere Hälfte dieses Kegels ist mit ansehnlichen Bäumen bekleidet; der obere Teil jedoch ist nackter Fels, gewöhnlich in Wolken gehüllt und den größten Teil des Jahres über mit Schnee bedeckt. Man findet weder Untiefen noch sonstige Fährnisse in der Nähe der Insel; vielmehr sind die Ufer beträchtlich abschüssig und das Wasser tief. In der Nordwestküste befindet sich eine Bucht, mit einem Strand aus schwarzem Sand, wo sich eine Landung mit Booten unschwer bewerkstelligen läßt; vorausgesetzt, daß Südwind herrscht. Hier kann man treffliches Trinkwasser in Fülle finden und auch Dorsch und andere Fischarten mit der Angel fangen.

Das hinsichtlich der Größe nächstfolgende Eiland, und gleichzeitig das westlichste der

Gruppe, trägt den Namen ›Inaccessible‹. Seine genauen Koordinaten sind 37° 17′ Süd, 12° 24′ West. Es hat einen Umfang von sieben oder acht Meilen und macht von allen Seiten her einen besonders jähen, durchaus abweisenden Eindruck. Seine Oberfläche ist vollkommen flach und das ganze Gebiet steril, da außer ein paar verkrüppelten Sträuchern nichts darauf gedeiht.

Die Insel Nightingale endlich, die kleinste und am südlichsten gelegene, hat 37° 26′ Breite, und Länge 12° 12′. Ihrem südlichen Ende ist ein Kranz von hohen felsigen Schären vorgelagert, von denen man einige wenige, von gleichem Aussehen, auch im Nordosten erblickt. Der Boden ist unfruchtbar und das Terrain coupiert; eine tiefe Senke teilt es in zwei Teile.

Die Küsten dieser Inseln wimmeln in jeweils der betreffenden Saison von Seelöwen, See-Elefanten, Haar- und Pelzrobben, sowie einer großen Vielfalt ozeanischer Vogelarten. Auch Wale sind in der Umgebung häufig. Dank der Leichtigkeit, mit der all diese verschiedenen Tierarten ehemals hier gefangen werden konnten, ist die Gruppe seit ihrer Entdeckung vielfach besucht worden. Holländer und Franzosen frequentierten sie schon in sehr früher Zeit. Im Jahre 1790 lief Käptn Patten mit seinem Schiff, der INDUSTRY (Heimathafen Philadelphia), Tristan d'Acunha an und verweilte volle sieben Monate hier (von August 1790 bis April 1791), zum Zweck, Seehundsfelle einzuernten: während dieses Zeitraumes brachte er nicht weniger als 5600 zusammen und hätte, nach eigener Aussage, keinerlei Schwierigkeiten gehabt, binnen dreier Wochen ein großes Schiff mit Tran zu beladen! Bei seiner Ankunft hatte er, ganz wenige wilde Ziegen ausgenommen, kein vierfüßiges Tier angetroffen – heutzutage herrscht auf der Insel Überfluß an allen wertvolleren Haustieren, die von später folgenden Seefahrern ausgesetzt und eingeführt worden sind.

Wenn ich mich recht erinnere, war es nicht lange nach Käptn Pattens Besuch, daß Kapitän Colquhoun, mit der amerikanischen Brigg BETSY, die größte dieser Inseln zu Erholungszwecken anlief. Er pflanzte damals Zwiebeln, Kartoffeln, Kohl, sowie eine ganze Menge anderer Gemüsesorten, die man seitdem in üppiger Fülle dort antreffen kann.

1811 wurde Tristan von einem gewissen Kapitän Heywood, mit der NEREUS, besucht, der drei Amerikaner antraf, die sich zum Zweck der Gewinnung von Seehundsfellen und -tran dort niedergelassen hatten. Einer dieser Männer hieß Jonathan Lambert, und er bezeichnete sich selbst als das »Staatsoberhaupt« des Gebietes. Er hatte an die 100 Morgen Land gerodet und bestellt und sich insbesondere vorgenommen, Kaffee und Zuckerrohr anzubauen, mit denen ihn der amerikanische Gesandte in Rio de Janeiro versehen hatte. Diese Ansiedlung wurde schließlich aber doch wieder aufgegeben, und im Jahre 1817 ergriff die Britische Regierung, die zu diesem Zweck eine Gesandtschaft vom Kap herüberschickte, Besitz von der Gruppe. Zwar hielt man sie nicht lange offiziell besetzt; aber da man das Land als britischen Militärstützpunkt evakuierte, wurde es von zwei oder drei englischen Familien, unabhängig von ihrer Regierung, zum Wohnsitz erkoren. Als am 25. März 1824 die BERWICK, unter Kapitän Jeffrey auf der Fahrt von London nach Van Diemen's Land, hier eintraf, fanden sie einen Engländer namens Glass vor, einen ehemaligen Corporal der Britischen Armee. Er erhob den Anspruch, »Oberster Gouverneur« der Insel zu sein, und seiner Herrschaft unterstanden einundzwanzig Männer und drei Frauen. Er machte eine sehr vorteilhafte Darstellung von der Zuträglichkeit des Klimas und der Fruchtbarkeit des Bodens. Die Bevölkerung war überwiegend mit der Zubereitung von Seehundsfellen und dem Tran von See-Elefanten beschäftigt, mit denen man vermittelst eines kleinen, Glass gehörenden Schoners, nach Kapstadt Handel trieb. – Zur Zeit unserer Ankunft residierte jener Gouverneur immer noch dort; seine kleine Gemeinde hatte sich beträchtlich vermehrt, nämlich auf 56 Personen auf Tristan selbst; nebst einer kleinen Gemeinde von sieben Personen auf Nightingale. Wir stießen auf keinerlei Schwierigkeit, uns nahezu jede Art von Abwechslung im Essen zu verschaffen, deren wir bedurften – Schafe, Schweine, Jungstiere, Kaninchen, Geflügel, Ziegen, Fische verschiedenster Arten, dazu Gemüse, sämtlich im Überfluß. Wir waren nahe der Hauptinsel, in achtzehn Faden Tiefe, vor Anker gegangen, und konnten alles aufs Bequemste an Bord nehmen. Auch erhandelte Kapitän Guy von Glass 500 Seehundsfelle sowie etwas Elfenbein. Wir verweilten eine Woche hier – bei etwas dunstigem Wetter und leichten Winden, überwiegend aus Nordwest. Am 5. November hißten wir die Segel und steuerten in Richtung Südwest mit der Absicht, eine gründliche Suche nach der Inselgruppe, genannt die »Auroras« anzustellen, bezüglich deren Existenz schon große Meinungsverschiedenheit geherrscht hat.

Besagte Inseln sind angeblich bereits im Jahre 1762 entdeckt worden, und zwar von dem Befehlshaber des Schiffes AURORA. 1790 hatte sich Kapitän Manuel de Oyarvido in der PRINZESSIN, ihres Zeichens im Besitz der »Königlich Philippinischen Gesellschaft«, mitten zwischen ihnen befunden, wie er beteuerte. 1794 dann wurde die spanische Korvette ATREVIDA mit dem ausdrücklichen Auftrag abgeschickt, endlich ihre präzise Lage festzustellen, und in einer von der »Königlichen Hydrographischen Gesellschaft zu Madrid« im Jahre 1809 herausgegebenen Abhandlung bedient man sich, bezüglich dieser Forschungsreise, wörtlich der folgenden Sprache:

»Die Korvette ATREVIDA hat, in der Zeit vom 21.–27. Januar, alle erforderlichen Beobachtungen in unmittelbarer Nachbarschaft angestellt und mit Hilfe ihrer Chronometer den Längenunterschied zwischen besagten Inseln und dem Hafen Soledad auf den Manillas exakt gemessen. Es handelt sich um drei annähernd auf dem gleichen Meridian gelegene Inseln; die mittlere ist relativ flach, die beiden anderen dagegen können aus neun Leguas Entfernung wahrgenommen werden.« Die an Bord der ATREVIDA vorgenommenen Beobachtungen ergeben bezüglich der präzisen Lage der Einzelinseln das folgende Resultat:

1. die nördliche befindet sich auf 52° 37′ 24^{2} südlicher Breite; 47° 43′ 15″ westlicher Länge;
2. die mittlere auf 53° 2′ 40″ Süd; 47° 55′ 15″ West;
3. und endlich die am südlichsten gelegene auf 53° 15′ 22″ Süd; 47° 57′ 15″ West.

Am 27. Januar 1820 segelte Kapitän James Weddell, von der britischen Kriegsmarine, von Staten Island aus, ebenfalls auf der Suche nach den Auroras.

Er gibt zu Protokoll, daß nach der allereingehendsten Untersuchung, in deren Zuge er nicht nur über die vom Kommandanten der ATREVIDA angegebenen Positionen genau hinwegfuhr, sondern auch die Umgebung dieser Stelle in jeglicher Himmelsrichtung durchmusterte, er keinerlei Anzeichen von Land zu entdecken vermocht hat. Diese einander widersprechenden Angaben haben immer wieder Seefahrer bewogen, nach der Gruppe Ausschau zu halten, und das Merkwürdige ist eben, daß, während einige jeden einzelnen Quadratzoll Meer an der Stelle, wo sie liegen sollen, abgesucht haben, ohne sie zu finden, es auf der anderen Seite nicht wenige gibt, die positiv behaupten, sie gesehen, ja sich sogar ganz nahe vor ihren Küsten befunden zu haben. Kapitän Guys Absicht nun war es, jegliche in seiner Macht stehende Anstrengung zu unternehmen, um die so kurios umstrittene Frage zu einer Entscheidung zu bringen.[2]

Wir behielten unseren Kurs nach Südwest, bei wechselndem Wetter, bis zum 20. des Monats bei, wo wir uns dann in dem umstrittenen Gebiet befanden, auf einer Breite von 53° 15′ Süd, und einer Länge von 47° 58′ West – das bedeutet also, fast genau auf der Stelle, die für die Lage des südlichsten Gliedes der Gruppe angegeben ist. Da wir keine Anzeichen von Land wahrnehmen konnten, setzten wir unsere Fahrt, den 53. Breitengrad entlang, nach Westen fort, und zwar bis zum 50. Meridian. Dann drehten wir ab nach Norden, bis hinauf zum 52.; von da an ging's wieder in östliche Richtung, wobei wir unsere Breite ständig, morgens und abends durch zwei Höhen mit Zwischenzeiten, und überdem noch durch Meridianhöhen von Mond und Planeten kontrollierten. Dergestalt ostwärts, bis zum Längengrad der Westküste von Süd-Georgien gekommen, bogen wir rechtwinklig ab und steuerten auf diesem Meridian entlang, bis wir die Breite wieder erreicht hatten, von der wir ausgegangen waren. Dann schlugen wir Diagonalkurse ein, quer durch das ganze umfahrende Seegebiet hindurch; wobei pausenlos vom Top des Mastes Ausschau gehalten wurde, und wir unsere Untersuchungen über eine Zeitspanne von drei vollen Wochen hindurch mit der größten Sorgfalt wiederholten; während derer auch das Wetter bemerkenswert angenehm und schön blieb, ohne die geringste Spur von Dunst. Jedenfalls überzeugten wir uns aufs gewissenhafteste davon, daß, was für Inseln auch immer zu einem früheren Zeitpunkt in dieser Gegend sich befunden haben mögen, heutzutage auch nicht das kleinste Rudiment mehr von ihnen vorhanden sei. / (Seit meiner Heimkehr habe ich in Erfahrung gebracht, daß dasselbe Gebiet, mit gleicher Sorgfalt, bereits 1822 durchmustert worden ist; einmal von Kapitän Johnson, mit dem amerikanischen Schoner HENRY; und von Käptn Morell, mit dem amerikanischen Schoner WASP – beide Male mit dem gleichen negativen Resultat wie in unsrem Fall.)

XVI. KAPITEL

Ursprünglich war es Kapitän Guys Absicht gewesen, nachdem er sich bezüglich der »Auroras« Gewißheit verschafft hätte, anschließend die Magellanstraße zu passieren und die Westküste Patagoniens hinaufzufahren; jedoch bewogen ihn auf Tristan d'Acunha erhaltene Mitteilungen, weiter nach Süden zu steuern – in der Hoffnung, auf ein paar kleinere Inseln zu stoßen, die, wie es hieß, auf Länge 41° 20′ West, und ungefähr auf 60° südlicher Breite gelegen seien. Für den Fall, daß er diese Inseln nicht zu entdecken imstande sein sollte, hatte er nunmehr im Sinne, vorausgesetzt, die Jahreszeit erwiese sich als günstig, in Richtung Pol vorzustoßen. Dementsprechend nahmen wir am 12. Dezember Kurs dorthin. Am 18. befanden wir uns auf der von Glass bezeichneten Stelle und kreuzten drei Tage lang in ihrer Nähe herum, ohne jedoch irgendwelche Spuren der von jenem erwähnten Inseln ausfindig zu machen. Am 21. dann, bei ungewöhnlich einladendem Wetter, steuerten wir erneut nach Süden, mit dem festen Entschluß, in dieser Richtung so weit vorzudringen, wie nur irgend möglich. Bevor ich mit diesem Teil meines Berichtes anhebe, wird es, zur Information derjenigen Leser, die dem geografischen Fortschritt in diesen Regionen wenig Aufmerksamkeit haben zuwenden können, vielleicht angemessen sein, einen gedrängten Überblick über die ganz wenigen Versuche, den Südpol zu erreichen, die bisher überhaupt unternommen worden sind, zu geben.

Der von Kapitän Cook war der erste, über den uns ein verläßlicher Bericht vorliegt. 1772 segelte er in seinem Schiff, der RESOLUTION, nach Süden; begleitet von der ADVENTURE unter Leutnant Furneaux. Im Dezember fand er sich bis zum 58. Grad südlicher Breite vorgedrungen, auf 26° 57′ östlicher Länge. Hier stieß er auf lange, schmale Eisfelder, die von Südost nach Nordwest verliefen und eine Stärke von 20 bis 25 Zentimetern hatten. Das Eis bestand aus großen Schollen und war im allgemeinen so dicht gepackt, daß die Fahrzeuge beträchtliche Schwierigkeiten hatten, sich einen Durchgang zu erzwingen. Um diese Zeit schloß Käptn Cook übrigens – sowohl aus den riesigen Vogelschwärmen, die man gewahrte, wie auch aus anderen Anzeichen –, daß er sich in unmittelbarer Nähe von Land befinde. Er steuerte weiter südwärts, bei extrem kaltem Wetter, bis er, auf Länge 38° 14′ Ost, den 64. Breitengrad erreichte. Hier hatte er fünf Tage lang mildes Wetter, bei einer Temperatur von +2 und sanften Brisen. Im Januar 1773 überschritten die Fahrzeuge den Südlichen Polarkreis; doch gelang es ihnen nicht, nennenswert weiter vorzudringen; denn nachdem sie eine Breite von 67° 15′ erreicht hatten, zeigte sich jedem weiteren Vorschreiten ein Ende gesetzt, durch eine ungeheuerliche Eismasse, die sich über den ganzen südlichen Horizont hindehnte, so weit das Auge nur reichte. Das Eis wies die verschiedensten Bildungen auf – einige besonders mächtige Tafeln, meilengroß, formierten eine kompakte Masse, die sich bis zu sechs, sieben Metern über dem Wasser erhob. Da es schon relativ spät im Jahre war und keine Hoffnung bestand, dergleichen Hindernisse rasch umgehen zu können, mußte Käptn Cook wohl oder übel wieder umdrehen, nach Norden.

Im folgenden November erneuerte er seine Erkundungsfahrt durch die Antarktis. In 59° 40′ Breite traf er auf eine starke, nach Süden hin gerichtete Strömung. Im Dezember, da sich die Schiffe auf 67° 31′ Breite, 142° 54′ westlicher Länge befanden, herrschte enorme

Kälte, vereint mit schweren Stürmen und Nebel. Auch hier gab es wieder Vögel in Fülle: Albatrosse, Pinguine, und vor allem Petrells. Auf Breite 70° 23′ begegnete man mehreren großen Eisbergen; und kurz darauf wurde beobachtet, wie die Wolken im Süden von geradezu schneeiger Weiße waren, was immer das Vorhandensein von ausgedehnten Eisfeldern anzeigt. Auf 71° 10′ Breite dann (Länge 106° 54′ West) sahen sich die Seefahrer, genau wie früher, wiederum aufgehalten von einer unübersehbaren gefrorenen Weite, die den gesamten Südhorizont ausfüllte. Der Außensaum dieser Fläche nach Norden hin war ein wild zerklüftetes Wirrwarr von ungefähr einer Meile Breite und so fest ineinander gekeilt, um garantiert unpassierbar zu sein. Dahinter dann lag die erstarrte Oberfläche auf eine gewisse Distanz verhältnismäßig glatt da; bis sie endlich, weit weit im Hintergrund, in gigantische Ketten von Eisbergen überging, eine immer höher sich türmend als die andere. Käptn Cook schloß daraus, daß dieses mächtige Feld sich entweder bis zum Pol erstrecken, oder aber mit einem Kontinent in Zusammenhang stehen müsse. Mr. J. N. Reynolds, dessen beachtlicher Initiative und Ausdauer es endlich gelungen ist, eine nationale US-amerikanische Expedition in Gang zu bringen, deren eine Teilaufgabe es sein wird, diese Regionen zu erkunden, urteilt über den Versuch der RESOLUTION folgendermaßen:

»Es ist nicht weiter verwunderlich, daß Käptn Cook nicht imstande war, über 71° 10′ hinaus vorzudringen; vielmehr das ist erstaunlich, daß er diesen Punkt auf einer Länge von 106° 54′ West erreicht hat. Palmer's Land nämlich beginnt südlich der Süd-Shetlands, in 64° Breite, und zieht sich von da aus nach Südsüdwest hin, weiter als irgendein Entdecker bisher erkundet hat. Cook hatte Kurs auf dieses Land, als seinem Vordringen durch das Eis Einhalt geboten wurde (was, wie zu befürchten steht, an diesem Ort und so früh im Jahre, als der 6. Januar nun einmal ist, stets der Fall sein wird); und es würde uns nicht im geringsten überraschen, wenn ein Teil der beschriebenen vereisten Gebirge entweder direkt der Verlängerung von Palmer's Land aufläge, oder aber sonst irgendeinem Küstenstrich, der sich dort weiter nach Süden und Westen hin erstreckt.«

Im Jahre 1803 schickte Zar Alexander von Rußland die Kapitäne Kreutzenstern und Lisiausky auf eine Weltumsegelung aus. Beim Versuch nach Süden vorzustoßen, gelangten sie nicht weiter als bis 59° 58′, und dies auf 70° 15′ West. Sie trafen hier auf starke, ostwärts gerichtete Strömungen. Wale gab es in Fülle, doch von Eis war nichts zu erblicken. In bezug auf diese Reise merkt Mr. Reynolds an, daß, wenn Kreutzenstern früher im Jahre dort hingekommen wäre, wo er hin kam, er Eis hätte antreffen müssen – es war nämlich bereits März, als er die angegebene Breite erreichte. Die dort im allgemeinen vorherrschenden Winde aus Süd und Südwest hatten, von Meeresströmungen unterstützt, die Schollen in jene eisigen Bereiche geführt, die im Norden von Süd-Georgien, im Osten von Sandwich-Land und den Süd-Orkneys, im Westen von den Süd-Shetlands begrenzt waren.

Im Jahre 1822 drang James Wedell, Kapitän a. D. in der britischen Kriegsmarine, mit zwei ganz winzigen Fahrzeugen weiter nach Süden vor, als irgendeiner seiner Vorgänger; ohne auf besondere Schwierigkeiten zu stoßen. Er teilt mit, daß, obschon er häufig von Eis behindert wurde, *bevor* er den 72. Breitengrad erreicht hatte, man jedoch *nach* dem Eintreffen dort nicht die Spur mehr davon entdeckte und daß bei Ankunft auf 74° 15′ keinerlei Eisfeld mehr zu erblicken war und auch von Eisbergen lediglich drei in Sicht waren. Es ist einigermaßen bemerkenswert, daß Weddell – obgleich große Scharen von Vögeln, sowie andere allgemein angenommene Anzeichen von Land sich zeigten, auch im Süden der Süd-Shetlands, von der Spitze des Mastes aus, neue, sich nach Süden hinziehende Küsten beobachtet wurden –, dennoch jede Idee, daß in den Polargebieten nach Süden hin Land existieren könne, strikt von sich weist.

Am 11. Januar 1823 startete Käptn Benjamin Morrell, mit dem amerikanischen Schoner WASP, von Kerguélen-Land aus mit der Absicht, soweit nur immer möglich nach Süden vorzudringen. Am 1. Februar befand er sich auf Breite 64° 52′, in einer Länge von 118° 27′ Ost. Das folgende Zitat ist seinem Journal von eben diesem Datum entnommen: »Der Wind frischte bald zu einer Brise von elf Knoten auf, und wir ergriffen die günstige Gelegenheit, westwärts zu gelangen, mit Freuden; da wir jedoch der Überzeugung waren, daß, je weiter wir über den 64° südlicher Breite hinaus gelangen könnten, wir desto weniger Eis zu fürchten hätten, hielten wir beständig ein wenig auch nach Süd; bis wir den Polarkreis überschritten und uns auf 69° 15′ Breite befanden. Hier trafen wir *keinerlei Eisfelder* mehr an, und von Eisbergen waren nur ganz wenige in Sicht.«

Unterm Datum 14. März finde ich noch diese Eintragung: »Die See war nunmehr gänzlich frei von Eisfeldern und nicht mehr als ein Dutzend Eisberge in Sicht. Zur selben Zeit war die Temperatur von Luft und Wasser um mindestens 8° höher (gleich milder), als wir sie zwischen 60 und 62° südlicher Breite angetroffen hatten. – Wir befanden uns jetzt 70° 14′ S., und die Temperatur der Luft war + 8,3, die des Wassers + 6,7 Grad. An dieser Stelle betrug die Nadelabweichung per Azimut 14° 27′ östlich … Ich habe diverse Male den südlichen Polarkreis, auf verschiedenen Meridianen, überschritten und dabei regelmäßig gefunden, daß die Temperaturen, sowohl der Luft als auch des Wassers, immer milder und milder wurden, je weiter ich über 65° Südbreite hinaus vordrang, und daß die Nadelabweichung im gleichen Verhältnis abnahm. Während wir nördlich von diesen Breiten – sagen wir, zwischen 60 und 65 Grad Süd – häufig erhebliche Schwierigkeiten hatten, zwischen den unmäßig großen und schier nicht zu zählenden Eisbergen, von denen einzelne einen Umfang von ein bis zwei Meilen und eine Höhe von mehr als 500 Fuß aufwiesen, einen Durchlaß für uns ausfindig zu machen.«

Da Käptn Morrell inzwischen jedoch nahezu von Brennmaterial und Trinkwasser entblößt, und ohne angemessene Instrumentenausrüstung, es überdem schon spät im Jahre war, sah er sich genötigt umzudrehen; ohne einen Versuch, noch weiter nach Westen vorzudringen, unternehmen zu können, obwohl ein gänzlich offenes Meer vor ihm lag. Er gibt der Meinung Ausdruck, daß, hätten ihn nicht die erwähnten gebieterischen Rücksichten zur Umkehr gezwungen, er, wenn nicht gar bis zum Pol selbst, so doch mindestens bis zum 85. Breitengrad vorzustoßen imstande gewesen wäre. Ich habe seine Absichten bezüglich dieser Fragen deshalb etwas ausführlicher wiedergegeben, damit der Leser Gelegenheit haben möge zu vergleichen, inwieweit sie durch meine eigenen nachherigen Erfahrungen gestützt werden.

Im Jahre 1831 brach Käptn Briscoe, im Dienste der Reederei Messieurs Enderby, London (Eigentümer hauptsächlich von Walfangschiffen), mit der Brigg LIVELY in die Südmeere auf, begleitet von dem Kutter TULA. Am 28. Februar, auf einer Breite von 66° 30′ südlicher und 47° 13′ östlicher Länge, gewahrte man Land und »erkannte durch das Schneetreiben deutlich die schwarzen Spitzen einer Bergkette, die sich nach OSO hinzog«. Noch den ganzen folgenden Monat hindurch hielt er sich im Seegebiet auf, war jedoch infolge der ungestümen Witterung nicht imstande, sich der betreffenden Küste auf weniger als 50 Kilometer zu nähern. Da er es als unmöglich erkennen mußte, noch während dieser Saison weitere Entdeckungen zu machen, kehrte er um nach Norden, um in Van Diemen's Land zu überwintern.

Zu Beginn des Jahres 1832 stieß er wiederum nach Süden vor; und am 4. Februar, auf 67° 15′ Breite und 69° 29′ westlicher Länge, sichtete man Land. Es ergab sich bald, daß es sich um eine Insel handele, nahe dem Vorgebirge jenes zuerst entdeckten Landes. Am 21. des Monats gelang es ihm, den Fuß auf das letztere zu setzen, und im Namen Williams IV. Besitz davon zu ergreifen; wobei er ihm, zu Ehren der englischen Königin, den Namen »Adelaide-Land« verlieh. Nachdem diese Einzelheiten der Königlichen Geographischen Gesellschaft zu London unterbreitet worden waren, zog jene Vereinigung daraus den Schluß: »daß sich alldort eine zusammenhängende Landmasse befinde, die sich von 47° 30′ östlicher bis zu 69° 29′ westlicher Länge hinziehe, und dabei im großen dem 66. respektive dem 67. Grad südlicher Breite folge«. Bezüglich dieser Folgerung merkte Mr. Reynolds an: »Was ihre Richtigkeit anlangt, können wir auf keinen Fall konform gehen; auch rechtfertigen die Briscoeschen Funde dergleichen Hypothesen mitnichten. War es doch durchaus innerhalb des angegebenen Sektors, daß Weddell auf einem Meridian östlich von Georgia,

Sandwich-Land, sowie der Süd-Orkneys und Shetland Inseln, beträchtlich weiter nach Süden vordrang.« Man wird sehen, daß auch meine persönlichen Erfahrungen aufs direkteste die Irrigkeit der Folgerung, zu der die Gesellschaft gelangt ist, beweisen.

Dies sind die nennenswerten, bisher unternommenen Versuche, in hohe südliche Breiten vorzudringen; und man wird nunmehr eingesehen haben, daß vor der Reise der JANE nahezu 300° Länge verbleiben, auf denen nicht einmal der Polarkreis überschritten worden war. Da lag natürlich ein weites Feld für Entdeckungen vor uns; und unter Empfindungen des lebhaftesten Interesses geschah es, daß ich Kapitän Guy seinen Entschluß aussprechen hörte, kühn nach Süden hin vorzustoßen.

XVII. KAPITEL

Vier Tage lang steuerten wir unseren südlichen Kurs, nachdem wir die Suche nach den Glassschen Inseln aufgegeben hatten, ohne daß wir der geringsten Spur von Eis begegnet wären. Zur Mittagsstunde des 26. befanden wir uns auf 63° 23′ südlicher Breite, 41° 25′ westlicher Länge. Nunmehr erblickten wir einige große Eiseilande, sowie ein treibendes Schollenfeld, das jedoch keine sonderliche Ausdehnung hatte. Die Winde kamen im allgemeinen von Süd, beziehungsweise Nordost, waren aber nur sehr leicht. Sobald Westwind einsetzte, was selten der Fall war, zeigte er sich grundsätzlich von Regenböen begleitet. Jeden Tag fiel mehr oder weniger Schnee. Das Thermometer stand am 27. auf + 1,5 Grad.

1. Januar 1828. An diesem Tage fanden wir uns völlig von Eis umgeben; und um unsere Chancen schien es in der Tat trübe bestellt. Den ganzen Vormittag hindurch wehte es mit Sturmstärke aus Nordost und trieb große Schollen aus der Drift mit einer solchen Heftigkeit gegen Ruder und Hinterschiff an, daß wir alle ob der möglichen Folgen zitterten. Gegen Abend, da die Windsbraut immer noch wütete, teilte sich vor uns ein großes Feld; und wir waren, indem wir sofort sämtliche Segel setzten, imstande, uns durch die kleineren Schollen einen Durchgang zu forcieren, bis in eine jenseits gelegene, begrenzte Fläche offenen Wassers. Wie wir uns ihr näherten, holten wir in entsprechendem Tempo Segel ein und drehten dann, als wir endlich klar gekommen waren, unter einem einzigen gerefften Focksegel bei.

2. Januar. Wir hatten nunmehr leidlich angenehmes Wetter. Zu Mittag befanden wir uns auf 42° 20′ südlicher Länge, 60° 10′ südlicher Breite und hatten also den Polarkreis überschritten. Nach Süden zu war nur ganz wenig Eis zu erblicken; obgleich ausgedehnte Felder davon hinter uns lagen. Heute fertigten wir uns auch ein behelfsmäßiges Tiefenlot an, bestehend aus einem mächtigen Eisentopf, der seine 75 Liter fassen konnte, und einer Leine von 200 Faden Länge. Wir fanden eine nach Norden gerichtete Strömung von rund einer Viertelmeile pro Stunde. Die Lufttemperatur betrug um + 0,5 Grad; die Abweichung ergab sich, per Azimut gemessen, zu 14° 28′ östlich.

5. Januar. Wir hatten immer weiter nach Süden zu gehalten, ohne auf irgend übergroße Hindernisse zu stoßen. Diesen Morgen jedoch, auf 73° 15′ Breite, Länge 42° 10′ West, wurden wir erneut durch eine unabsehbare Fläche kompakten Eises zum Stillstand gebracht. Nichtsdestoweniger konnten wir, nach Süden hin, weite offene Wasserflächen erkennen und verzweifelten nicht daran, sie schließlich noch erreichen zu können. Da wir, dicht an der Kante des Feldes entlang, immer ostwärts hielten, kamen wir schließlich auch an eine Passage, die etwa eine Meile breit sein mochte und durch die wir uns, während die Sonne sank, am Schleppseil hindurchbugsierten. Die See, in der wir uns befanden, war dicht von Eisinseln bedeckt, wies jedoch keinerlei Treibeisfelder auf; und wir drangen mutig voran. Die Kälte schien nicht zuzunehmen; obschon es häufig schneite und dann und wann Hagelböen von großem Ungestüm durchzogen. Immense Scharen von Albatrossen zogen an diesem Tage über den Schoner dahin, allgemeine Flugrichtung von Südost nach Nordwest.

7. Januar. Immer noch anhaltend hübsch offenes Meer, so daß wir keine Schwierigkeiten hatten, unseren Kurs beizubehalten. Westlich von uns erblickten wir einige Eisberge von unglaublicher Größe und passierten am Nachmittag dicht bei einem, dessen Gipfelhöhe vom Spiegel des Ozeans aus gemessen nicht weniger als 400 Faden betragen haben kann. Seine Gürtellinie, um die Basis herum, wird schätzungsweise Dreiviertel einer Wegstunde betragen haben, und etliche Wasserbäche entrannen den Spalten in seinen Flanken. Wir verblieben volle zwei Tage lang in Sicht dieses Eilandes und verloren es auch dann nur infolge eintretenden Nebels außer Sicht.

10. Januar. Heute morgen, in aller Frühe, hatten wir das Unglück, einen Mann über Bord zu verlieren. Er war ein Amerikaner, ein gebürtiger New Yorker namens Peter Vredenburgh, und einer der tüchtigsten Matrosen an Bord des Schoners gewesen. Als er auf dem Bugspriet hinausging, rutschte sein Fuß ab; er fiel zwischen zwei Eisschollen und kam nicht mehr nach oben. / Am Mittag des heutigen Tages waren wir auf 78° 30′ Breite, Länge 40° 15′ West. Die Kälte war nunmehr außerordentlich, und wir hatten einige Hagelschauer, prinzipiell aus Nordost. In dieser Richtung erblickten wir auch einige weitere immense Eisberge; und der ganze östliche Horizont schien von Feldeis blockiert zu sein, das sich, eine Masse über der anderen, in Lagen und Staffeln hochschichtete. Im Laufe des Abends kam einiges Treibholz vorbeigetrieben, und eine große Menge Vögel zog oben, in der sich Nellies, Petrells, Albatrosse und eine große Vogelart mit strahlend blauem Gefieder befanden. / Die Nadelabweichung per Azimut war hier geringer, als sie zuvor gewesen war, ehe wir den Polarkreis passiert hatten.

12. Januar. Um unseren Vorstoß nach Süden schaute es wieder einmal dubios aus, da in Richtung des Pols nichts zu erblicken war als eine anscheinend grenzenlose Eistafel, verstärkt im Hintergrund durch wahre Gebirge zerklüfteten Eises, von denen eine Klippe immer drohender über die andere aufragte. Wir steuerten westwärts, bis zum 14., in der Hoffnung, eine Einfahrt zu finden.

14. Januar. Heute morgen erreichten wir das äußerste Westende des Feldes, das uns behindert hatte, und gelangten, es luvwärts umschiffend, in offenes Wasser, frei von jedwedem Stückchen Eis. Als wir mit unseren 200 Faden Lot sondierten, stellten wir hier eine südwärts gerichtete Strömung fest von einer halben Meile pro Stunde. Die Lufttemperatur betrug +8,3, die des Wassers +1,1 Grad. Wir segelten nunmehr ohne nennenswerte Unterbrechung nach Süden, bis zum 16.; wo wir uns zur Mittagsstunde auf 81° 21′ Breite fanden, in einer westlichen Länge von 42°. Hier wurde neuerlich sondiert; und wir fanden die Strömung immer noch südwärts gerichtet, mit einer Geschwindigkeit von einer Dreiviertel Meile pro Stunde. Die Nadelabweichung per Azimut hatte sich weiter vermindert und die Lufttemperatur war mild und angenehm, da der Thermometerstand eine Höhe von +10,6 erreichte. Zu diesem Zeitpunkt war nicht ein Partikel Eis mehr zu entdecken. Alle Mann an Bord fühlten sich nunmehr gewiß, den Pol zu erreichen.

17. Januar. Der heutige Tag war voll von Ereignissen. Unzählige Scharen von Vögeln flogen über uns dahin, von Süden kommend, und mehrere wurden von Deck aus abgeschossen; der eine davon, eine Art Pelikan, erwies sich als äußerst schmackhaft. / Gegen Mittag wurde vom Mastkorb aus backbord eine kleine Eisscholle gesichtet, auf der sich, wie es den Anschein hatte, irgendein großes Tier befand. Da das Wetter gut und nahezu windstill war, ordnete Käptn Guy an, zwei der Boote auszuschicken, um festzustellen, worum es sich handle. Dirk Peters und ich begleiteten den Maat in dem größeren der Boote. Während wir uns der Scholle näherten, erkannten wir, daß sie sich im Besitz eines gigantischen Geschöpfes befinde, der Rasse der Arktischen Bären angehörig, aber an Größe die mächtigsten Tiere weit übertreffend. Da wir gut bewaffnet waren, machten wir keinerlei Skrupel daraus, es unverzüglich zu attackieren. Ein paar Schüsse wurden in rascher Folge abgefeuert, von denen die meisten auch, wie es schien, in Kopf und Körper Wirkung zeigten. Nicht im mindesten entmutigt, stürzte sich das Monstrum dennoch vom Eis herunter und kam, mit weit geöffnetem Rachen, auf das Boot zugeschwommen, in dem sich Peters und ich befanden. Infolge der Verwirrung, die ob dieser unvorhergesehenen Wendung der

Dinge bei uns einsetzte, war nicht einer von uns mit einem zweiten Schuß zur Hand; und es war dem Bären tatsächlich gelungen, sich mit einer Hälfte seines riesigen Leibes über den Bootsrand zu schieben, bevor noch wirksame Gegenmaßnahmen ergriffen wurden, ihn zurückzuschlagen. In dieser Krisis bewahrte uns nichts vor dem Untergang, denn Peters' Geistesgegenwart und Agilität. Er sprang der Riesenbestie huckepack auf den Rücken, stieß ihr eine Messerklinge in den Genickansatz und traf sofort beim ersten Stich das Rückenmark. Das Vieh kippte, leblos und ohne jede Zuckung, ins Meer und begrub beim Zurücksinken Peters unter sich. Dieser war jedoch sofort wieder da; und, als ihm ein Tau zugeworfen wurde, sicherte er, bevor er wieder ins Boot kletterte, erst noch den Leichnam damit. Dann kehrten wir im Triumph zum Schoner zurück, die Trophäe im Schlepptau hinter uns. Dieser Bär hatte, wie sich beim Nachmessen herausstellte, volle 15 Fuß in seiner größten Länge. Die Wolle war vollkommen weiß, auch sehr grob und stark gekraust. Die Augen waren von einem blutigen Rot, und größer als die des arktischen Bären – auch war die Schnauze abgerundeter, so daß sie mehr der Schnauze einer Bulldogge ähnelte. Das Fleisch war zart, aber über die Maßen ranzig und tranig, obgleich die Leute es mit wahrer Gier verschlangen und für einen ausgesprochenen Leckerbissen erklärten.

Kaum waren wir übrigens mit unserem Fang längsseits, als vom Mann im Ausguck oben der freudige Ruf kam »*Land Steuerbord voraus!*« Alle Leute waren sofort auf ihren Posten; und da, wie bestellt, eben eine Brise von Nordost einsetzte, befanden wir uns bald in Küstennähe. Es erwies sich als flaches felsiges Eiland, von rund einer Wegstunde Umfang und jeglichen Pflanzenwuchses bar, wenn man von einer Art Opuntien absieht. Wer sich ihm von Norden her nähert, dem fällt eine eigentümlich Felsbank auf, die in die See vorspringt und starke Ähnlichkeit mit verschnürten Baumwollballen hat. Um diese Bank herum, nach Westen, kommt man in eine kleine Bucht, in deren Hintergrund unsere Boote bequem die Landung bewerkstelligten.

Es nahm uns nicht lange in Anspruch, jeden Winkel des Eilands zu erkunden; aber, mit einer Ausnahme, trafen wir auf nichts, was der Beobachtung wert gewesen wäre. Am äußersten Südende nämlich, lasen wir nahe am Strande und halb begraben unter einem Haufen loser Steine, ein Stück Holz auf, das anscheinend einmal den Bug eines Kanus gebildet hatte. Es war unverkennbar der Versuch gemacht worden, etwas darauf einzuschnitzen; ja, Käptn Guy bildete sich ein, die Figur einer Schildkröte erkennen zu können, obwohl ich von der Ähnlichkeit nicht sonderlich überwältigt war. Außer diesem Bugstück, falls es eines war, fanden wir kein weiteres Anzeichen, daß je ein lebendes Wesen zuvor hier gewesen sei. Beim Umrunden der Küste sahen wir gelegentlich kleine Eisschollen – aber es waren ihrer nur ganz wenige. Die exakte Lage dieses Eilandes (dem Käptn Guy, zu Ehren des Miteigentümers seines Schoners, den Namen »Bennet's Insel« gab) ist 82° 50′ südliche Breite, 42° 20′ westliche Länge.

Wir waren nun bereits um 8 Grad weiter nach Süden vorgedrungen, als sonst einer unserer Vorgänger; und immer noch lag das Meer vor uns, völlig offen. Auch verzeichneten wir, daß die Nadelabweichung, je weiter wir vorankamen, gleichmäßig abnahm; und, was noch weit erstaunlicher war, die Temperaturen, sowohl der Luft als auch des Wassers, wurden laufend milder. Das Wetter hätte man schlicht als »angenehm« bezeichnen können; und es herrschte anhaltend eine, obschon sehr leichte, Brise, die grundsätzlich aus den nördlichen Strichen der Windrose herwehte. Der Himmel war im allgemeinen klar; höchstens, daß dann und wann, unten am südlichen Horizont, etwas wie ein leichter Dunst erschien – der jedoch grundsätzlich nur von kurzer Dauer war. Einzig zwei Schwierigkeiten stellten sich unseren Blicken dar: einmal begann die Feuerung knapp zu werden; und bei einigen Besatzungsmitgliedern waren erste Anzeichen von Skorbut aufgetreten. Diese Erwägungen hatten Käptn Guy von der Notwendigkeit überzeugen können, die Rückfahrt anzutreten, wovon er auch häufig sprach. Ich meinerseits, der ich fest darauf vertraute, aufgrund der bisher beobachteten Erscheinungen, alle Ursache hatte anzunehmen, daß es sich dabei mitnichten um den sterilen Boden handeln werde, den man normalerweise in höheren arktischen Breiten antrifft; ich also stellte ihm mit Wärme das Vorteilhafte eines Durchhaltens, und sei es nur ein paar Tage noch, in der augenblicklichen Richtung vor. Eine derart verlockende Gelegenheit, das große, mit der Frage nach einem antarktischen Kontinent verknüpfte Problem zu lösen, war Menschen noch nie geboten worden; und ich gestehe gern, daß ich ob der furchtsamen und unzeitigen Bedenken unseres Kommandanten vor Entrüstung hätte bersten mögen. Auch glaube ich tatsächlich, daß das, was ich ihm bezüglich dieses Punktes zu sagen mich nicht enthalten konnte, die Wirkung hatte, ihn zu weiterem Vordringen zu bewegen. Während ich folglich einerseits die höchst unseligen und blutigen Vorfälle, welche die unmittelbare Folge meiner Ratschläge waren, nur beklagen kann, muß es mir dennoch erlaubt sein, einen gewissen Grad der Befriedigung darob zu empfinden, daß ich, und sei es noch so entfernt, mit dazu beigetragen habe, dem Blick der Wissenschaft eines der alleraufregendsten Geheimnisse bloßzulegen, die jemals ihre Aufmerksamkeit in Anspruch genommen hat.

XVIII. Kapitel

18. Januar. Diesen Morgen[3] ging es weiter nach Süden, bei demselben angenehmen Wetter wie zuvor. Die See war gänzlich glatt; das Lüftchen aus Nordost mäßig lind; die Wassertemperatur +9,5. Wir machten wiederum unser Lot einsatzbereit und fanden, mit 150 Faden Leine, die Strömung weiterhin polwärts ziehend, bei einer Geschwindigkeit von einer Meile pro Stunde. Diese anhaltende Tendenz nach Süden, sowohl des Windes als der Strömung, bewirkte in den verschiedenen Logis des Schoners einen gewissen Grad von theoretischer Betrachtsamkeit, ja sogar Beunruhigung, und ich sah deutlich, daß auch Käptn Guys Gemüt beeindruckt war, und zwar nicht wenig. Immerhin war er ungewöhnlich empfindlich, was Ausgelachtwerden angeht, und es gelang mir am Ende, ihm seine Bedenken wieder wegzuspotten. Die Nadelabweichung war nunmehr ganz geringfügig. / Im Laufe des Tages sahen wir mehrere große Wale, von der Art des gemeinen oder Grönland-Wales; und nicht zu zählende Scharen von Albatrossen zogen über das Fahrzeug dahin. Auch fischten wir einen Busch auf, voll mit roten Beeren, gleich denen des Hagedorns, sowie den Leichnam eines eigentümlich aussehenden Landtieres. Es maß drei Fuß in Länge, bei jedoch nur sechs Zoll Höhe; die vier Beine waren sehr kurz, und die Füßchen bewaffnet mit langen Krallen, in einem glänzenden Scharlachrot, die der Substanz nach Korallen ähnelten. Der Leib war bedeckt mit einem glatten seidigen Haarkleid von vollkommener Weiße. Der Schwanz war schmächtig und spitz, wie der einer Ratte, und rund anderthalb Fuß lang. Der Kopf ähnelte dem einer Katze; mit Ausnahme der Ohren – diese schlappten vielmehr, wie Hundeohren. Die Zähne waren von dem gleichen blitzenden Scharlachrot wie die Krallen.

19. Januar. Heute, in einer Breite von 83° 20′, auf Länge 43° 5′ West (und die See war von außergewöhnlich dunkler Färbung), sichteten wir erneut Land von der Mastspitze und erkannten bei näherer Prüfung, daß es sich um eine von einer Gruppe sehr großer Inseln handele. Die Küste war klippig und steil, und das Innere schien dicht bewaldet zu sein; ein Umstand, der große Freude bei uns hervorrief. Binnen ungefähr vier Stunden, nachdem wir das Land zuerst entdeckt hatten, fiel in zehn Faden Tiefe, in sandigem Grund, unser Anker, noch zwei oder drei Meilen vor der Küste, da eine hohe Brandung, mit starken Kräuselwellen hier und dort, eine weitere Annäherung als nicht angeraten erscheinen ließ. Die zwei größten Boote wurden nunmehr zu Wasser gelassen, und eine gut bewaffnete Gesandtschaft (bei der sich auch Peters und ich befanden) ging daran, eine Öffnung in dem Riff ausfindig zu machen, das die Insel zu umzirkeln schien. Nachdem wir eine Zeitlang gesucht hatten, entdeckten wir auch eine Einfahrt; in die wir eben eindringen wollten, als wir vier große Kanus von der Küste drüben abstoßen sahen, voll mit Männern, die anscheinend wohlbewaffnet waren. Wir warteten und ließen sie herankommen; und da sie sich mit erheblicher Geschwindigkeit bewegten, befanden sie sich bald in Rufweite. Käptn Guy hielt nunmehr, befestigt am Blatt eines Ruders, ein weißes Taschentuch in die Höhe, worauf die Unbekannten prompt anhielten und sogleich ein lautes Geschnatter, untermischt mit gelegentlichen Einlagen von Rufen, anstimmten, in dem wir die Worte *Anamu-mu!* und *Lama-Lama!* unterscheiden konnten. Sie setzten dies mindestens eine halbe Stunde lang fort, während wir reichlich Gelegenheit hatten, uns ihre äußere Erscheinung genau anzusehen.

In den vier Kanus, die etwa 50 Fuß lang und fünf breit gewesen sein mochten, befanden sich im ganzen 110 Wilde. Sie hatten ungefähr die normale Statur eines Europäers; sie war aber von stämmigerem und muskulöserem Bau. Ihre Gesichtsfarbe war von tiefem Schwarz; der Haarwuchs dicht und wollig. Gekleidet waren sie in zottige, seidige Felle eines unbekannten schwarzen Tieres, die mit einem gewissen Grad an Geschicklichkeit dem Körper angepaßt waren, die Haare nach innen, Nacken, Handgelenke und Fußknöchel ausgenommen, wo es nach außen gewendet war. Ihre Waffen bestanden hauptsächlich aus Keulen, aus einem dunklen und anscheinend sehr schweren Holz. Immerhin waren auch einige Speere mit Feuersteinspitzen bei ihnen zu sehen, sowie ein paar einzelne Schleudern. Die Böden der Kanus lagen voll mit schwarzen Steinen, vom Format etwa eines großen Hühnereies.

Nachdem sie ihre Ansprache beendet hatten (denn es war klar, daß ihr Geschnatter als solches gedacht sein sollte), stand einer von ihnen, welcher der Häuptling zu sein schien, im Bug seines Kanus auf und machte uns Zeichen, daß wir, mit unseren Booten, zu ihm längsseits hinkommen sollten. Diese Andeutungen gaben wir nicht zu verstehen vor, da es uns das weisere Verfahren dünkte, den Abstand zwischen uns, wenn irgend möglich, beizubehalten; betrug doch ihre Zahl mehr als das Vierfache der unserigen. Da der Häuptling dies erkannte, bedeutete er den drei anderen Kanus, liegen zu bleiben, während er mit seinem eigenen auf uns zukam. Sobald er uns erreicht hatte, sprang er an Bord des größten unserer Boote, und setzte sich neben Käptn Guy hin, wobei er gleichzeitig auf den Schoner deutete und dabei die Worte *Anamu-mu!* und *Lama-Lama!* wiederholte. Wir ruderten nunmehr zum Schiffe zurück; die vier Kanus, in geringem Abstand, hinterdrein.

Als wir längsseits legten, bekundete der Häuptling Zeichen von äußerster Überraschung und Ergötzen, klatschte in die Hände, patschte sich schallend Oberschenkel und Brust und stieß ein unbändiges Lachen aus. Seine Gefolgsleute stimmten in seine Lustigkeit ein, und ein paar Minuten hindurch herrschte ein so ausschweifender Lärm, daß er buchstäblich ohrenbetäubend war. Nachdem die Ruhe sich endlich wiederhergestellt hatte, ordnete Käptn Guy – als eine notwendige Vorsichtsmaßnahme – an, daß die Boote an Bord gehißt würden, und gab dem Häuptling (dessen Name, wie wir bald herausbekamen, *Tu-Wit* war) zu verstehen: daß wir nicht mehr als zwanzig seiner Leute auf einmal an Deck lassen könnten. Er schien mit dieser Einrichtung auch vollkommen zufrieden, und gab den Kanus einige Anweisungen, woraufhin eines von ihnen sich näherte, der Rest sich aber an die 50 Meter entfernt hielt. Zwanzig der Wilden stiegen nunmehr an Bord und gingen sofort daran, übers ganze Deck kreuz und quer herumzuschwärmen, durch die Takelage zu krabbeln, jeden Gegenstand mit größter Neugier zu untersuchen und sich überhaupt ziemlich häuslich einzurichten.

Es lag auf der Hand, daß sie noch nie zuvor Angehörige der weißen Rasse zu sehen bekommen hatten – vor deren Hautfarbe sie sogar zurückzuschaudern schienen. Sie glaubten, daß die JANE ein Lebewesen sei, und hatten offenbar Angst, sie mit den Spitzen ihrer Speere zu verletzen, die sie deshalb sorgfältig nach oben trugen. Unsere Mannschaft war sehr belustigt darüber, wie sich Tu-Wit bei einem Anlaß benahm: der Koch spaltete neben der Kombüse gerade etwas Brennholz und traf dabei, ganz zufällig, mit seiner Axt das Deck, was einen Ritz von einiger Tiefe machte. Sofort kam der Häuptling herzugestürmt und stimmte, den Koch dabei etwas rauh zur Seite stoßend, ein winselndes Geheul an, das deutlich zu verstehen gab, wie er mit dem, was er als die Leiden des Schoners ansah, sympathisiere; auch tätschelte und streichelte er die Ritze mit der Hand und wusch sie sogar mit Seewasser aus einem Eimer, der in der Nähe stand. Das war ein Grad von Ignoranz, auf den wir nicht vorbereitet waren; und ich meinerseits konnte mir nicht helfen, zumindest etwas davon für affektiert zu halten.

Nachdem die Besucher ihre Neugier in bezug auf alles über Deck befriedigt hatten, so gut sie konnten, wurden sie anschließend nach unten zugelassen, wo denn Bestürztheit und Verwunderung sämtliche Grenzen überschritten. Ihr Erstaunen schien nunmehr bei weitem zu tief für Worte zu sein, denn sie schwärmten schweigend umher, höchstens von halblauten Ausrufen unterbrochen. Unsere Waffen gaben ihnen viel Stoff zu Betrachtungen, und wir gestatteten ihnen, sie nach Herzenslust zu befühlen und zu examinieren. Ich glaube nicht, daß sie den geringsten Argwohn hegten, wozu dergleichen eigentlich gebraucht werde, sie vielmehr ob der Sorgfalt, die wir ihnen widmeten, und der Aufmerksamkeit, mit der wir ihre Handgriffe überwachten, als sie daran herumspielten, wohl für Götzen hielten. Bei den großen Kanonen dann verdoppelte sich ihre Verwunderung. Sie näherten sich ihnen mit allen Anzeichen profundester Scheu und Verehrung; nahmen jedoch Abstand davon, sie umständlicher zu untersuchen. In der Kajüte hingen zwei große Spiegel, und hier gerieten sie vollkommen außer sich. Der erste, der in ihre Nähe geriet, war Tu-Wit; und er hatte, bevor er ihrer richtig gewahr wurde, die Mitte der Kajüte erreicht, das Gesicht dem einen zugekehrt und den Rücken dem anderen. Als er die Augen erhob und sein gespiegeltes Selbst im Glas erblickte, dachte ich, der Wilde wolle unsinnig werden; aber als er, um den Rückzug anzutreten, auf dem Absatz kehrtgemacht hatte und, nun auch in der entgegengesetzten Richtung, zum zweitenmal sein Abbild gewahrte, bekam ich es mit der Angst, er könne uns auf der Stelle tot umfallen. Kein Zureden konnte ihn bewegen, noch einen Blick zu wagen; er warf sich auf den Fußboden, das Gesicht in die Hände verborgen, und verharrte so, bis wir uns genötigt sahen, ihn auf Deck zu schleifen.

Sämtlichen Wilden, je zwanzig auf einmal, wurde auf solche Weise der Zutritt zum Boot gewährt; Tu-Wit allein war es gestattet, die ganze Zeit über dazubleiben. Wir bemerkten keinerlei Hang zur Dieberei bei ihnen noch vermißten wir, nachdem sie davongefahren, auch nur einen Gegenstand. Die ganze Zeit ihres Besuches über trugen sie das freundlichste Benehmen zur Schau. Immerhin gab es gewisse Einzelheiten in ihrem Verhalten, die zu verstehen wir unmöglich fanden: zum Beispiel konnten wir sie nicht dazu bewegen, sich einigen, völlig harmlosen, Gegenständen zu nähern – etwas den Segeln des Schoners; einem Ei; einem aufgeschlagenen Buch; oder einem Napf mit Mehl. Wir gaben uns Mühe herauszufinden, ob es bei ihnen irgendwelche Gegenstände gäbe, die sich eventuell als Handelsartikel verwenden ließen, hatten aber große Schwierigkeiten bei der Verständigung. Immerhin bekamen wir heraus, daß, was uns beträchtlich verwunderte, die Inseln hier von Galapagos-Schildkröten wimmelten, und zwar von der großen Art, von der wir eine im Kanu Tu-Wits liegen sahen. Auch bemerkten wir, daß einer der Wilden ein paar *Bêche-de-mer* in der Hand hatte, die er, so wie sie im Naturzustand waren, begierig verzehrte. Diese Anomalien (denn in Anbetracht der Breite handelte es sich einwandfrei um solche) bewirkten bei Käptn Guy den Wunsch, eine genaue Durchmusterung des Gebiets vorzunehmen, in der Hoffnung, seine Entdeckung nun auch gewinnbringend zu verwerten. Was mich anbelangt, der ich wohl auch gerne etwas mehr über diese Inseln in Erfahrung gebracht hätte, war ich doch weit ernstlicher daran interessiert, zunächst ohne Zeitverlust unsere Reise nach Süden voranzutreiben. Wir hatten im Augenblick schönes Wetter, aber wie lange es anhalten würde, war nicht vorauszusagen; und da wir uns einmal auf dem 84. Breitengrad befanden, vor uns ein offenes Meer, dazu eine starke Südströmung, zusamt günstigem Wind, konnte ich einfach nicht die Geduld aufbringen, Erwägungen, wie ob man länger hier verweilen solle, als für den Gesundheitszustand der Mannschaft und das Anbordnehmen eines angemessenen Vorrats von Heizmaterial und Frischproviant unbedingt erforderlich wäre, auch nur mitanzuhören. Ich schlug dem Kapitän vor, daß wir doch auf unserer Rückfahrt dann unschwer die Gruppe wieder anlaufen und, falls wir wirklich vom Eise blockiert werden sollten, hier überwintern könnten. Am Ende machte er sich meine Einstellung denn auch zu eigen (hatte ich doch, ich weiß selbst nicht wie, erheblichen Einfluß auf ihn gewonnen); und wir kamen abschließend dahin überein: daß, auch wenn wir *Bêche-de-mer* vorfinden sollten, wir dennoch nur eine Woche zu Erholungszwecken hier verweilen, und dann, solange wir noch könnten, weiter südwärts vorstoßen wollten. Dementsprechend trafen wir alle notwendigen Vorbereitungen; bugsierten die JANE, mit Tu-Wit als Lotsen, sicher durch das Riff hindurch und gingen schließlich, rund eine Meile vom Ufer, in einer prächtigen, völlig geschützten Bucht mit schwarzem Sandboden an der Südostküste der Hauptinsel, in zehn Faden Wassertiefe vor Anker. Am inneren Ende dieser Bucht gab es (wie man uns mitteilte) drei schöne Quellen mit gutem Wasser, und in jener Gegend war auch Wald in Fülle zu sehen. Die vier Kanus folgten uns, wobei sie sich jedoch in respektvoller Entfernung hielten. Tu-Wit selbst blieb an Bord und lud uns, nachdem der Anker gefallen war, ein, ihn an Land zu begleiten und sein Dorf im Innern zu besuchen. Käptn Guy stimmte dem zu, und nachdem man zehn Wilde als Geiseln an Bord genommen hatte, machte sich ein Trupp von uns, zwölf im ganzen, bereit, den Häuptling zu geleiten. Wir trugen Sorge, wohlbewaffnet zu sein, ohne jedoch deshalb mißtrauisch zu erscheinen. Im Schoner wurden die Geschütze an die Stückpforten gefahren, die Enternetze angebracht und jegliche andere Vorsichtsmaßnahme getroffen, um sich gegen Überrumpelung zu sichern. Der Erste Maat erhielt Anweisung, während unserer Abwesenheit keinen Menschen an Bord zu lassen und, falls wir binnen zwölf Stunden nicht wieder erscheinen sollten, den Kutter mit der Drehbasse um die Insel herum auf die Suche nach uns auszuschicken.

Bei jedem Schritt, den wir landeinwärts taten, zwang sich uns die Überzeugung auf, daß wir in einem Gebiet angelangt seien, grundlegend verschieden von allen, die der zivilisierte Mensch bisher betreten habe. Wir sahen nichts, mit dem wir von früher her vertraut gewesen wären. Die Bäume glichen keinen Gewächsen weder der heißen noch der gemäßigten noch der nördlich-kalten Zonen und waren auch gänzlich ungleich denen der niederen südlichen Breiten, die wir bisher schon durchreist hatten. Der Fels, er war uns neu, ob Stoff, ob Farbton, ob die Schichtung; ja, so unglaublich es auch scheinen mag, die Ströme selbst hatten so wenig mit denen anderer Klimate gemein, daß wir Skrupel hatten, sie zu kosten, und wir tatsächlich Schwierigkeiten hatten, uns zu dem Glauben durchzuringen, daß ihre Eigenschaften pur natürlich seien. An einem schmalen Bach, der unseren Pfad kreuzte (dem ersten, den wir erreichten), machten Tu-Wit und seine Begleiter halt, um zu trinken. Aufgrund des seltsamen Charakters dieses Wassers weigerten wir uns, davon zu kosten, mußten wir es doch für verdorben halten; und erst geraume Zeit danach sahen wir allmählich ein, daß sämtliche Wasserläufe, der ganzen Gruppe hier, dies Aussehen hätten. Eine klare Idee von der Natur dieser Flüssigkeit zu vermitteln, ist müßig und läßt sich ohne viele Worte meinerseits nicht leisten. Obschon sie über jeden Hang, wo auch normales Wasser das getan hätte, mit Schnelligkeit dahinfloß, hatte sie doch, ausgenommen, wo sie als Kaskade niederfiel, niemals den gewohnten Anschein des durchsichtig Reinen. Und nichtsdestoweniger war sie in Wirklichkeit genauso vollkommen durchsichtig, wie das beste existierende Kalkwasser, und der Unterschied nur im Schein begründet. Auf den ersten Anblick, und besonders dort, wo nur geringes Gefälle vorlag, hatte sie, was bloße Konsistenz anbelangt, Ähnlichkeit mit einer dicklichen Lösung von Gummi Arabicum in gewöhnlichem Wasser. Aber das war erst die noch am wenigsten bemerkenswerte ihrer extraordinären Eigenschaften. Sie war *nicht* farblos, noch hatte sie eine einheitliche Farbe – bot vielmehr dem Auge, wie sie dahinflutete, jede nur possenhaft mögliche Schattierung von Purpur, gleich dem Farbenspiel changierender Seide. Diese ihre wechselnden Nuancen produzierten sich auf eine Weise, die in den Gemütern unseres Trupps ein ähnlich profundes Erstaunen erregte, wie es die Spiegel im Falle Tu-Wits getan hatten. Da wir ein Beckenvoll schöpften und das Ganze ruhig sich setzen ließen, gewahrten wir, wie die gesamte Flüssigkeitsmasse aus einer Anzahl getrennter Adern bestand, jedwede von ihrer eigentümlichen Färbung; daß diese Adern sich nicht miteinander mischten und daß ihre Kohäsion perfekt war, was die einzelnen Partikel untereinander, jedoch ganz unzulänglich, was benachbarte Adern anbetraf. Wenn man eine Messerklinge quer durch sämtliche Adern führte, schloß sich das Wasser sogleich dahinter wieder, ganz wie bei uns; und nach dem Herausziehen war jede Spur ihres Durchgangs auf der Stelle verschwunden. Wurde jedoch die Klinge genau zwischen zwei Adern entlang geführt, trat eine völlige Trennung ein, die durch die Kraft der Kohäsion nicht unmittelbar wieder ausgeglichen wurde. Das Phänomen dieses »Wassers« bildete das erste handgreifliche Glied in jener großen Kette augenscheinlicher Mirakel, von denen umcirct zu werden mir am Ende bestimmt war.

XIX. Kapitel

Wir benötigten an die drei Stunden, um das Dorf zu erreichen, da es mehr denn neun Meilen im Inneren gelegen war und der Pfad sich durch stark coupiertes Gelände hinwand. Während wir so dahinzogen, wurde die Gesellschaft um Tu-Wit (die vollen 110 Wilden aus den Kanus) jeglichen Moment durch kleinere Trupps von zwei, bis zu sechs oder sieben, verstärkt, die, wie durch puren Zufall, sich bei der und jener Wegbiegung uns anschlossen. Mir schien so viel System darin zu liegen, daß ich mich eines Gefühls des Mißtrauens nicht erwehren konnte und zu Käptn Guy von meinen Besorgnissen auch sprach. Dennoch war es jetzt zu spät zum Zurückweichen; und wir kamen dahin überein, daß es am sichersten wäre, ein völliges Vertrauen auf Tu-Wits Wohlgesinntheit zur Schau zu tragen. Dementsprechend schritten wir voran, ein Auge immer wachsam auf die Manöver der Wilden gerichtet und ihnen keinesfalls erlaubend, unsere Gruppe dadurch aufzulockern, daß sie sich zwischen uns eindrängten. Auf diese Art erreichten wir schließlich, erst noch durch eine sehr steile Schlucht hindurch, das, was, wie man uns mitteilte, die einzige größere Ansammlung von Wohnplätzen auf der Insel war. Als wir in Sicht von ihnen kamen, stieß der Häuptling einen Ruf aus und wiederholte mehrere Male das Wort *Klock-Klock,* von dem wir ergo annahmen, daß dies der Name für die Ortschaft, beziehungsweise der allgemeine Ausdruck für eine Ortschaft überhaupt sei.

Die Behausungen waren von der allerelendiglichsten Art, die man sich nur vorstellen kann; ja, darin ungleich denen selbst der tiefststehenden primitiven Rassen, mit denen die Menschheit bekannt ist, waren sie nicht einmal nach einem einheitlichen Plan. Einige von ihnen (die, wie sich dann herausstellte, den *Wampus* oder *Jampus,* den großen Männern des Landes, gehörten) bestanden darin, daß man einen Baum etwa vier Fuß über der Wurzel abgeschnitten und über den Stumpf ein schwarzes Fell geworfen hatte, das in losen Falten auf den Boden herniederhing – darunter nistete nun der Wilde. Andere wurden dadurch gebildet, daß einfach unbearbeitete starke Äste, mit dem welken Laubwerk daran, in einem Winkel von 45° an einen Lehmwall gelehnt worden waren, den man, ohne ihn regelmäßig zu formen, an die fünf bis sechs Fuß hoch aufgehäuft hatte. Andere wieder waren bloße Löcher, senkrecht in die Erde gegraben und mit ähnlichem Astwerk zugedeckt, das der Besitzer, wenn er eintreten wollte, beiseite schob und, sobald er drinnen war, wieder über sich zog. Einige wenige waren in den Astgabelungen von Bäumen, wie sie dastanden, angelegt worden; wobei man das oberste Zweigwerk zum Teil so eingeschnitten hatte, daß es sich auf das untere herabsenkte und dergestalt einen dichteren Schutz gegen das Wetter abgab. Die überwiegende Zahl jedoch bestand aus kleinen, flachen, höhlenartigen Nischen, anscheinend hastig eingekratzt in die Front einer Steilwand aus dunklem Gestein (Walkererde ähnelnd), die das Dorf auf drei Seiten umgrenzte. An den Türen jeder dieser primitiven Höhlchen befand sich ein kleines Felsstück, das der Besitzer, sobald er seine Wohnung verließ, sorgfältig vor den Eingang stellte; zu welchem Zweck, habe ich nicht in Erfahrung bringen können, war doch der Stein selbst nie von hinreichender Größe, um auch nur ein Drittel der Öffnung zu verschließen.

Besagtes Dorf, falls es eine solche Bezeichnung verdient, war in einem ziemlich tiefen

Tal gelegen und konnte einzig von Süden her erreicht werden, denn jene Steilwand, die ich bereits erwähnt habe, schnitt jeglichen Zugang aus allen anderen Richtungen her ab. Mitten durch das Tal rann ein murmelndes Flüßchen, von dem gleichen magischen Wasser, wie es schon beschrieben worden ist. Wir erblickten diverse fremdartige Tiere in der Nähe der Behausungen, die aber alle vollkommen domestiziert schienen. Die größeren dieser Kreaturen ähnelten, was Körperbau und Schnauzenform betrifft, unserem gewöhnlichen Hausschwein; der Schwanz jedoch war buschig, die Beine hochschlank wie Antilopenläufe. Seine Bewegungen waren über die Maßen linkisch und gleichsam unentschlossen; und wir haben nie gesehen, daß es schnell zu rennen versucht hätte. Auch fielen uns mehrere andere Tiere von sehr ähnlichem Habitus auf, deren Leib jedoch wesentlich langgestreckter und zudem mit schwarzem Wollhaar bedeckt war. Eine große Menge von verschiedenem zahmen Geflügel lief herum, aus denen die Hauptnahrung der Eingeborenen zu bestehen schien. Zu unserem Erstaunen erblickten wir unter diesen Vögeln schwarze Albatrosse, im Zustand völliger Domestiziertheit, die zwar regelmäßig zur Futtersuche aufs Meer hinausflogen, stets jedoch wieder zum Dorf, als ihrer Heimat, zurückkehrten und auch die nahe Südküste als Brutplatz benutzten. Dort gesellten sich ihnen, wie üblich, ihre alten Freunde, die Pinguine, hinzu; doch folgten ihnen diese letzteren niemals zu den Wohnplätzen der Wilden. Unter den anderen Arten zahmen Geflügels befanden sich Enten (nur wenig verschieden von den Canevas-Enten unserer Heimat), schwarze Tölpel sowie ein großer Vogel, der Erscheinung nach dem Bussard nicht unähnlich, jedoch kein Fleischfresser. An Fischen schien ausgesprochener Überfluß zu herrschen. So sahen wir während unseres Besuches eine Menge getrockneten Lachs, Klippfisch, Blaudelphine, Makrelen, Lippfisch, Glattrochen, Meeraale, Seekatzen, Meeräschen, Seezungen, Papageienfische, Hornfische, Knurrhähne, Hechtdorsche, Flundern, Barrakudas und unzählige andere Arten. Auch fiel uns auf, daß die meisten von ihnen Ähnlichkeit mit den Fischen hatten, wie sie um die Gruppe der Lord Auckland Inseln herum vorkommen, auf einer südlichen Breite von immerhin 51°. Die Galapagos-Schildkröte war ebenfalls zahlreich vertreten. An wilden Tieren sahen wir nur wenige, und diese weder von ansehnlicher Größe noch von einer Gattung, mit der wir bekannt gewesen wären. Ein oder zwei Schlangen von formidablem Aussehen kreuzten unseren Pfad; aber die Eingeborenen beachteten sie kaum, woraus wir schlossen, daß sie nicht giftig seien.

Als wir uns, zusammen mit Tu-Wit und seinem Trupp, dem Dorf näherten, kam eine große Menge Volks herausgestürmt, uns entgegen, und grüßte mit lauten Rufen, von denen wir aber wieder nur das immerwährende *Anamu-mu!* und *Lama-Lama!* unterscheiden konnten. Was uns sehr überraschte, war die Wahrnehmung, daß, mit einer oder zwei Ausnahmen, diese Neuankömmlinge sämtlich nackt waren, so daß die Felle nur von den Kanumännern getragen wurden. Auch alle Waffen des Landes schienen ausschließlich im Besitz der letzteren zu sein, denn man erblickte nicht eine unter all den Dörflern. Eine große Menge Frauen und Kinder war zu sehen, von denen die ersteren nicht gänzlich dessen ermangelten, was man persönliche Schönheit nennen könnte. Sie waren groß und wohlgestaltet und schritten aufrecht dahin, mit einer Grazie und Feinheit der Haltung, wie man sie in der zivilisierten Gesellschaft nicht antrifft. Ihre Lippen allerdings waren, genau wie die der Männer, dick und klumpig, in einem Maße, daß, selbst wenn sie lachten, die Zähne niemals bloßgelegt wurden. Ihr Haar war von feinerer Textur als das der Männer. Unter all diesen nackten Dorfbewohnern mag es zehn oder zwölf gegeben haben, die bekleidet waren, und zwar, genau wie die Männer Tu-Wits, mit Gewandungen aus Schwarzfell, und bewaffnet mit Lanzen und schweren Keulen. Sie schienen einen beträchtlichen Einfluß bei den übrigen zu haben; wurden stets mit dem Titel *Wampu* angeredet und waren auch die Besitzer der Paläste aus schwarzem Fell. Der von Tu-Wit war im Mittelpunkt des Dorfes gelegen und wesentlich größer und ein wenig besser konstruiert als die anderen seiner Art. Der Baum, der den Mittelpfeiler bildete, war hier erst in einem Abstand von zwölf Fuß etwa über dem Erdboden abgeschnitten; auch hatte man, genau unterhalb der Schnittfläche, mehrere Äste stehen lassen, die also dazu dienten, die Decken breiter auszuspannen und so zu verhindern, daß sie unmittelbar um den Stumpf herum schlappe. Die Bedeckung selbst, die aus vier sehr großen, vermittelst hölzerner Speiler aufeinander gehefteter Felle bestand, war am Boden mit Pflöcken befestigt, die man hindurch und in die Erde getrieben hatte. Der Fußboden im Inneren war mit trockenen Blättern bestreut, die als Teppich dienten. Zu dieser Hütte wurden wir mit großer Feierlichkeit geführt; und hinter uns drängten sich so viele der Eingeborenen mit ein wie nur möglich. Tu-Wit nahm auf den Blättern Platz und machte Zeichen, daß wir seinem Beispiel folgen sollten. Dies taten wir und fanden uns prompt in einer Situation von absonderlicher Unbehaglichkeit; wenn sie nicht sogar kritisch war. Wir, zwölf an der Zahl, waren »zu Boden gegangen«, während mindestens vierzig Wilde derart dicht in Hockstellung um uns herum saßen, daß es uns, im Fall einer Friedensstörung, schlichtweg unmöglich gewesen wäre, von unseren Waffen Gebrauch zu machen, ja überhaupt nur aufzustehen. Und solch Gedränge herrschte nicht etwa nur innen im Zelt, sondern auch außen, wo sich vermutlich jeglicher Einwohner der ganzen Insel eingefunden hatte, und die wogende Menge nur durch die unaufhörlichen Bemühungen und das Geschimpfe Tu-Wits daran verhindert wurde, uns zu Tode zu trampeln. Am besten jedoch wurde unsere Sicherheit dadurch verbürgt, daß sich Tu-Wit in unserer Mitte befand; und wir beschlossen, nicht einen Fingerbreit von ihm zu weichen, da er unsere Hauptchance darstellte, aus diesem Dilemma herauszukommen, beziehungsweise, ihn beim ersten Auftreten von Feindseligkeit auf der Stelle zu opfern.

Nach einigem Trubel wurde endlich ein gewisses Maß an Ruhe hergestellt; worauf der Häuptling denn, in einer Ansprache von großer Länge und frappierender Ähnlichkeit mit derjenigen, die er schon vom Kanu aus gehalten hatte, uns anredete; lediglich mit der Ausnahme, daß diesmal auf den *Anamu-mus!* etwas effektvoller verweilt wurde, denn auf den *Lama-Lamas!* Wir lauschten in tiefem Schweigen, bis zum Schluß seiner offiziellen Adresse; woraufhin Käptn Guy ihm antwortete; dem Häuptling seine ewige Freundschaft und Wohlgesinntheit zusicherte und das, was er zu sagen hatte, mit einem Geschenk abrundete, bestehend aus ein paar Schnüren blauer Glasperlen und einem Messer. Bei den ersteren rümpfte der Monarch, sehr zu unserer Überraschung, mit dem Ausdruck einer gewissen Geringschätzung seine allerhöchste Nase; das Messer aber gereichte ihm zu unbegrenzter Genugtuung, und er ließ sofort das Abendessen auftragen. Dies wurde, über die Köpfe des Gefolges hinweg, ins Zelt hineingereicht, und bestand aus den noch pochend zuckenden Eingeweiden einer unbekannten Tierart; vermutlich von einem der schlankbeinigen Schweine, die wir bei unserer Annäherung an das Dorf beobachtet hatten. Da er uns in Verlegenheit sah, wie zuzufassen sei, begann er, uns ein gutes Beispiel dadurch zu geben, daß er Meter auf Meter der verführerischen Speise in sich hinein schlang; bis wir es buchstäblich nicht mehr aushalten konnten und so unverkennbare Zeichen eines rebellierenden Magens von uns gaben, daß es bei Seiner Majestät einen Grad von Erstaunen hervorrief, der nur durch den von unserem Spiegel ausgelösten übertroffen wurde. Trotzdem lehnten wir ab, von den uns vorgesetzten Delikatessen etwas zu uns zu nehmen, gaben uns vielmehr Mühe, ihm begreiflich zu machen, daß wir eben erst ein herzhaftes *déjeuner* hinter uns und folglich keinen Appetit hätten.

Als der Monarch mit seinem Mahl zu Ende war, begannen wir, auf die ingeniösesten Methoden, die uns nur immer einfallen wollten, ein Kreuzverhör mit ihm, zu dem Zweck, herauszubekommen, was die Hauptprodukte des Landes hier wären, und ob sich das eine oder andere davon eventuell gewinnbringend verwerten ließe. Am Ende schien ihm eine blasse Idee aufzudämmern, was wir meinen könnten, und er erbot sich, uns an einen Küstenabschnitt zu begleiten, wo, wie er uns versicherte, *Bêche-de-mer* (er zeigte dabei auf das Exemplar eines solchen Tieres) in Überfülle anzutreffen seien. Wir waren froh ob dieser zeitigen Gelegenheit, dem Druck der Menge zu entkommen, und gaben ihm unser Verlangen aufzubrechen zu erkennen. Worauf wir sogleich das Zelt verließen und, geleitet von der gesamten Bevölkerung des Dorfes, dem Häuptling zur Südostspitze der Insel folgten, nicht weit von der Bucht, wo unser Fahrzeug vor Anker lag. Hier warteten wir etwa noch eine Stunde, bis die vier Kanus von ein paar Wilden zu unserem Standort herumgebracht worden waren. Dann stiegen wir, unser ganzer Trupp, in eines davon ein, wurden um den Rand des vorerwähnten Riffes herumgepaddelt zu einem anderen, noch weiter vorgelagerten, wo wir denn eine erhebliche Menge *Bêche-de-mer* antrafen, als selbst der älteste Seemann unter uns bei den Archipelen der niederen Breiten, die für diesen Handelsartikel am renommiertesten sind, je erblickt hatte. Wir hielten uns bei diesen Riffen aber nur gerade lange genug auf, um uns zu vergewissern, daß wir, falls erforderlich, leicht ein Dutzend Fahrzeuge mit den Tieren beladen könnten; worauf wir uns längsseits des Schoners bringen ließen und uns von Tu-Wit verabschiedeten, nachdem wir von ihm das Versprechen erlangt hatten, daß er uns, im Lauf der nächsten vierundzwanzig Stunden, soviel Canevas-Enten und Galapagos-Schildkröten bringen wolle, als seine Kanus nur zu fassen vermochten. – Im Verlauf dieses Abenteuers hatten wir im Betragen der Eingeborenen nichts gewahrt, was dazu angetan gewesen wäre, Verdacht zu erregen, mit der einzigen Ausnahme der systematischen Art und Weise, in der ihre Abteilung sich während unseres Marsches vom Schoner nach dem Dorf hin verstärkt hatte.

XX. Kapitel

Der Chef war so gut wie sein Wort; und wir sahen uns bald auf üppigste mit Frischproviant versorgt. Wir fanden die Schildkröten als so lecker wie nur je eine; und die Enten übertrafen unser bestes heimisches Wildgeflügel, derart zartfleischig, saftig und würzig schmeckten sie. Überdies belieferten uns die Wilden, nachdem wir ihnen unsere Wünsche erst einmal verständlich gemacht hatten, mit großen Mengen von braunem Sellerie und Löffelkraut, zusamt einer ganzen Kanuladung Frischfisch, worunter ein paar gedörrte. Der Sellerie war wirklich ein Schlager; und das Löffelkraut erwies sich als insofern von unberechenbarem Segen, als es diejenigen unserer Leute, die Symptome von Skorbut gezeigt hatten, kurierte: binnen ganz kurzer Zeit hatten wir nicht eine einzige Person mehr auf der Krankenliste. Wir erhielten noch eine ganze Menge von anderem frischen Proviant, worunter eine Schalentierart erwähnt sei, von etwa Miesmuschelgestalt, aber mit dem Geschmack einer Auster. Auch Granat- und Steingarnelen gab es in Fülle und dunkelschalige Eier, sowohl vom Albatros als auch von anderen Vögeln. Gleichermaßen nahmen wir einen beträchtlichen Vorrat Fleisch jener Schweine an Bord, die ich bereits erwähnt habe. Die meisten unserer Leute hielten es für eine durchaus schmackhafte Kost; mir jedoch dünkte sie fischig, und auch sonst widerstand sie mir. Als Gegengabe für all diese guten wertvollen Dinge beschenkten wir die Eingeborenen mit blauen Glasperlen, Messingtand, Nägeln, Messern und Stücken von rotem Stoff; ein Tausch, der sie vollauf entzückte. Wir richteten unter den Kanonen des Schoners einen regelrechten Markt am Strande ein, wo unser Getausche denn unter allen äußeren Anzeichen von Treu und Glauben, mit einem Grad von Ordnung vor sich ging, den ihre Aufführung im Dorfe *Klock-Klock* nicht hatte erwarten lassen.

Dergestalt ging alles aufs freundschaftlichste vor sich, mehrere Tage hindurch, während deren sich häufig Eingeborenenabteilungen an Bord des Schoners aufhielten und Trupps unserer Leute häufig an Land, wo sie weite Ausflüge ins Innere unternahmen, auf denen sie nie die geringste Belästigung erfuhren. Da Käptn Guy erkannte, wie leicht sein Fahrzeug, dank der freundlichen Haltung der Inselbewohner und ihrer Bereitwilligkeit, uns beim Einsammeln Unterstützung zu gewähren, mit *Bêche-de-mer* zu beladen sein würde, beschloß er, mit Tu-Wit in Verhandlungen zu treten bezüglich der Errichtung angemessener Gebäude, in denen der Artikel entsprechend präpariert werden könnte, und wegen der Dienstleistungen seiner selbst sowie seines Stammes, die schon immer so viel wie möglich zusammenbringen sollten, indes wir das selten schöne Wetter dazu ausnutzten, unsere

Fahrt nach Süden zu verfolgen. Als dies Projekt dem Häuptling gegenüber zur Sprache gebracht wurde, schien er äußerst willig, zu einem Abschluß zu gelangen. Demzufolge wurde, zur völligen Zufriedenheit beider Parteien, ein Abkommen getroffen, durch welches geregelt wurde, daß, nachdem einige notwendige Vorbereitungen, zu denen die gesamte Mannschaft des Schoners erforderlich war, getroffen seien (wie etwa das Abstecken des geeigneten Grundstücks, die Errichtung eines Teils der Baulichkeiten, und noch einige andere Arbeitsgänge mehr), der Schoner sich wieder auf seine Fahrt begeben, drei von der Besatzung jedoch auf der Insel zurücklassen solle, die pünktliche Durchführung des Projekts zu überwachen und die Eingeborenen im Trocknen des *Bêche-de-mer* zu unterweisen. Was die Bedingungen angeht, wurden sie so gefaßt, daß alles vom Fleiß der Wilden während unserer Abwesenheit abhing: für jede bestimmte Anzahl Pikuls fertigen *Bêche-de-mer*, die wir bei unserer Rückkehr vorfinden würden, sollten sie ein festgesetztes Quantum an blauen Perlen, Messern, rotem Tuch und so weiter in Empfang nehmen.

Eine Beschreibung der Beschaffenheit dieses bedeutsamen Handelsartikels und der Art, ihn einzulegen, wird meinen Lesern gewiß von Interesse sein; auch wird sich schwerlich eine passendere Stelle als diese finden, eine Darstellung davon einzuschieben. Ich entnehme den folgenden gedrängten Abriß über das Thema der modernen Schilderung einer Reise in die Südmeere:

»Es handelt sich um jene Molluskenart des Indischen Ozeans, die im Handel unter dem französischen Namen *bouche-de-mer* (›Leckerbissen aus der See‹) bekannt ist. Wenn ich nicht sehr irrig bin, hat der erlauchte Cuvier sie *gasteropoda pulmonifera* getauft. Man sammelt Unmengen von ihnen an den Küsten der Pazifischen Eilande, speziell für den chinesischen Markt, wo sie einen hohen Preis erzielen; vielleicht ebensohoch wie der der vielgenannten ›eßbaren Vogelnester‹, die vermutlich sowieso nur aus der gelatinösen Masse bestehen, die eine bestimmte Schwalbenart aus den Leibern dieser Mollusken herauspickt. Sie haben weder Schale noch Beine noch sonst irgend abgesetzte Extremitäten, sondern nur an einem Ende das nahrungsaufnehmende, am anderen das ausscheidende Organ; doch können sie, ähnlich wie Raupen oder Würmer, mit Hilfe elastischer Stummelfüßchen im Wasser herumkriechen, in dem sie dann bei Ebbe von jener Schwalbenart erblickt werden, deren spitzer Schnabel in das Tier eindringt und eine gummiartig fadenziehende Substanz entnimmt, aus der, wenn sie trocknet, die dauerhaften Wände ihres Nests hergestellt werden können. Daher der Name *gasteropoda pulmonifera*.

Die Molluske ist von länglicher Gestalt, und ihre Größe schwankt zwischen drei und achtzehn Zoll; ja, einige sind mir aufgestoßen, die nicht weniger als zwei Fuß Länge maßen. Sie sind nahezu rund, und nur auf der dem Meeresboden zugekehrten Seite ein wenig abgeplattet; ihre Dicke beträgt zwischen einem und acht Zoll. Zu gewissen Jahreszeiten kriechen sie ins seichtere Wasser hinauf, wahrscheinlich zu Begattungszwecken, da man sie dann oft paarweise antrifft. Und zwar nähern sie sich dem Strande, wenn die Sonne am heißesten überm Wasser liegt, so daß es lauwarm wird; und oftmals begeben sie sich an so flache Stellen, daß, wenn die Flut zurückgeht, sie trocken und der Sonnenhitze ausgesetzt liegen bleiben. Die Nachkommenschaft jedoch entsteht nicht im flachen Wasser, denn noch nie hat man ein Exemplar der Jungbrut zu sehen bekommen; und die ausgewachsenen Tiere erscheinen, allen Beobachtungen nach, nur aus größeren Tiefen. Sie nähren sich hauptsächlich von jenen Zoophyten, welche die Korallenbildner stellen.

Im allgemeinen fängt man die *Bêche-de-mer* in einer Wassertiefe von drei bis vier Fuß, worauf sie strandwärts gebracht und an einem Ende mit dem Messer aufgespalten werden; ein Einschnitt, der ein Zoll oder darüber beträgt, je nach der Größe des Einzeltieres. Durch diese Öffnung werden die Eingeweide herausgedrückt, die sich von denen der anderen kleineren Bewohner der Tiefsee nicht nennenswert unterscheiden. Der Artikel wird nun gewaschen; und anschließend bis zu einem bestimmten Stadium gekocht, das jedoch weder unter- noch überschritten werden darf. Anschließend wird er für vier Stunden in der Erde vergraben, dann noch einmal kurze Zeit gekocht und endlich getrocknet, entweder beim

Feuer oder an der Sonne. Die an der Sonne getrockneten sind am meisten wert; aber in der Zeit, wo ein Pikul (rund 120 Pfund) so konserviert wird, lassen sich am Feuer dreißig Pikul abtrocknen. Sobald sie erst einmal korrekt eingelegt sind, lassen sie sich, an einem trockenen Ort, zwei bis drei Jahre gefahrlos aufbewahren, sollten jedoch vorsichtshalber alle paar Monate, sagen wir viermal im Jahr, nachgesehen werden, ob etwa Feuchtigkeit sie anzugreifen droht.

Die Chinesen, wie zuvor schon erwähnt, halten *Bêche-de-mer* für einen großen Luxusartikel, des Sinnes, daß er den ganzen Körper aufs wundersamste nähre und stärke, und vor allem dem Organismus des ausgemergelten Wollüstlings erneuere. Die I. Wahl erzielt in Kanton hohe Preise, nämlich 90 Dollar pro Pikul; die II. 75 Dollar, die III. 50; die IV. 30; die V. 20; die VI. 12; die VII. 8; und die VIII. schließlich 4 Dollar; jedoch erbringen kleine erlesene Ladungen in Manila, Singapur und Batavia häufig noch mehr.«

Nachdem wir dergestalt eine Vereinbarung getroffen hatten, gingen wir unverzüglich daran, alles, was für die Errichtung der Gebäude sowie der Planierung des Geländes erforderlich war, an Land zu schaffen. Ein großer ebener Platz, nahe dem Ostufer der Bucht, wurde auserkoren, wo gleichzeitig reichlich Wald und Wasser vorhanden und die Entfernung zu den eigentlichen Riffen, auf denen die *Bêche-de-mer* sich fand, nicht allzu erheblich war. Nunmehr begaben wir uns alle in vollem Ernst ans Werk und hatten bald, zum großen Erstaunen der Wilden, eine für unseren Zweck hinreichende Anzahl Bäume gefällt und sie ebenso rüstig zum Fachwerk für die beabsichtigten Gebäude zugerichtet, die denn binnen zwei, drei Tagen soweit vorangetrieben waren, daß wir den Rest der Arbeit ohne weiteres den drei Männern anvertrauen konnten, die wir zurückzulassen gedachten; nämlich John Carson, Alfred Harris und ... Peterson (sämtlich geborene Londoner, wie ich glaube), die sich freiwillig hierzu angeboten hatten.

Am Letzten des Monats war jedenfalls alles zur Abreise bereit. Wir waren jedoch übereingekommen, den Dörflern einen formellen Abschiedsbesuch abzustatten; und Tu-Wit bestand derart hartnäckig auf der Einhaltung unseres Versprechens, daß wir es nicht für ratsam erachteten, durch abschlägigen Bescheid ein Risiko einzugehen und ihm Anstoß zu geben. Ich glaube, daß zu jenem Zeitpunkt nicht einer von uns mehr den leisesten Verdacht in die Redlichkeit der Wilden setzte. Sie hatten sich durchgehend untadelig benommen, uns bereitwilligst bei unserer Arbeit unterstützt, uns ihre Waren oftmals gratis offeriert und nie, in keinem Falle, uns irgend etwas gemaust, obschon der hohe Wert, den sie auf unsere mitgeführten Güter legten, sich unverkennbar in den überschwenglichen Freudenbezeugungen offenbarte, die sie anläßlich von Geschenken an sie grundsätzlich kundtaten. Die Frauen zumal waren in jeglicher Beziehung äußerst gefällig, und, alles in allem genommen, hätten wir schon die argwöhnischsten sämtlicher menschlicher Wesen sein müssen, wenn wir hinsichtlich eines Völkchens, das uns so zuvorkommend behandelte, auch nur einen Gedanken an Perfidie gehegt hätten. Eine ganz kleine Weile jedoch reichte hin, uns darzutun, daß dieses scheinbar freundliche Entgegenkommen nichts weiter war als ein tiefangelegter Plan zu unserer Vernichtung und daß die Insulaner, für die wir so ungewöhnliche Achtung empfanden, in Wahrheit zu den barbarischsten, raffiniertesten und blutdürstigsten Schurken gehörten, die je das Antlitz des Globen befleckt haben.

Es war der 1. Februar, als wir, das Dorf zu besuchen, an Land gingen. Obgleich wir, wie schon gesagt, nicht den leisesten Verdacht hegten, wurde dennoch nicht eine der gebotenen Vorsichtsmaßnahmen vernachlässigt. Sechs Mann blieben auf dem Schoner zurück, mit der Anweisung, keinem der Wilden zu erlauben, sich während unserer Abwesenheit, unter was für einem Vorwand auch immer, dem Fahrzeug zu nähern; und sich selbst beständig an Deck aufzuhalten. Die Enternetze waren hoch, die Geschütze doppelt geladen mit Kartätschen und Trauben und die Drehbassen mit Kartätschen aus Gewehrkugeln. Der Schoner lag überdem mit einholbereitem Anker rund eine Meile von der Küste entfernt; und kein Kanu konnte sich ihm, aus irgendeiner Richtung her, nähern, ohne nicht sofort deutlich gesehen zu werden und dem vollen Feuer unserer Drehbassen ausgesetzt zu sein.

Diese sechs an Bord also abgerechnet, bestand unser Landungskommando im ganzen aus 32 Personen. Wir waren bis an die Zähne bewaffnet, hatten Musketen, Pistolen und Macheten bei uns und jeder außerdem noch eine Art langes Seemannsmesser – ungefähr ähnlich jenem »Bowie-Messer«, das jetzt im Süden und Westen unseres Staates so sehr beliebt ist. Einhundert der Schwarzfellkrieger empfingen uns bereits am Landeplatz, zu dem Zweck, uns auf unserem Wege das Geleit zu geben. Wir verzeichneten jedoch, mit einiger Überraschung, daß sie heute gänzlich ohne Waffen waren, worauf Tu-Wit, als wir ihn hinsichtlich dieses Umstandes befragten, lediglich erwiderte, daß *Mattee non wi papa si* – das heißt: daß es dort keiner Waffen bedürfe, wo alle Brüder seien. Wir legten das guten Sinnes aus und schritten voran.

Wir hatten Quelle und Bächlein, wie bereits früher geschildert, passiert und traten nunmehr in eine enge Bergschlucht ein, die durch die Ketten von Specksteinhügeln, zwischen denen das Dörfchen gelegen war, dahinführte. Die Schlucht war überaus steinig und uneben in einem Maße, daß wir sie bei unserem ersten Besuch in Klock-Klock mit nicht geringen Schwierigkeiten durchstolpert hatten. Die gesamte Länge dieses Engpasses mag anderthalb Meilen betragen haben, oder vielleicht an die zwei. Jedenfalls schlängelte er sich in allen möglichen Windungen durch die Hügel hin (wobei er, in längst vergangenen Zeitaltern, anscheinend das Bett eines Gießbachs gebildet hatte) und behielt in keinem Fall dieselbe Richtung mehr als 20 Meter bei, ohne daß er nicht sogleich wieder eine scharfe Biegung beschrieben hätte. Die Seitenwände dieser Steilschlucht müssen, dessen bin ich mir sicher, über ihre gesamte Länge durchschnittlich 70 bis 80 Fuß, senkrecht nach oben, gemessen haben; ja, in einigen Abschnitten hoben sie sich bis in erstaunliche Höhen, wo sie den Paß denn so gänzlich überschatteten, daß vom Tageslicht nur ganz wenig noch hineindrang. Die durchschnittliche Breite war um die 40 Fuß, die sich jedoch gelegentlich so verminderte, daß nicht mehr als fünf oder sechs Personen nebeneinander hätten hergehen dürfen. Kurzum, kein Ort der Welt hätte sich besser zur Anlegung eines Hinterhalts eignen können; und es war nicht mehr als natürlich, daß wir, da wir ihn betraten, vorsichtshalber erst noch einmal nach unseren Waffen sahen. Wenn ich heute über unsere ausbündige Narrheit nachdenke, scheint mir das hauptsächlich Erstaunenswürdigste immer noch das zu sein: daß wir, bei gleichviel wie gelagerten Umständen, es je haben wagen mögen, uns der Macht und Willkür unbekannter Wilder so völlig anzuvertrauen, daß wir ihnen gestatteten, beim Durchschreiten der Hohlschlucht sich vor und hinter uns zu gruppieren. Dennoch war eben dies die Marschordnung, die wir auch blindlings akzeptierten, indem wir uns törichterweise auf die zahlenmäßige Stärke unserer Abteilung verließen; den unbewaffneten Zustand Tu-Wits und seiner Männer; die verläßliche Wirkung unserer Feuerwaffen (deren Leistungsfähigkeit den Eingeborenen immer noch ein Geheimnis war) und, mehr denn all dieses, auf den so lange behaupteten Anschein von Freundschaft, den die infamen Kreaturen simuliert hatten. Fünf oder sechs von ihnen zogen voran, gleichsam wie um den Weg zu zeigen, wobei sie sich noch ostentativ damit beschäftigten, uns Schutt und größere Steine beflissen aus dem Pfade zu räumen. Als nächstes kam unsere Abteilung – wir gingen geschlossen beisammen und gaben hauptsächlich acht, eine etwaige Trennung zu verhindern. Dann folgte die Hauptmacht der Wilden, die heut ungewöhnliche Ordnung und Dekorum beobachteten.

Dirk Peters, ein Mann namens Wilson Allen, und ich selbst befanden uns rechts von unseren Gefährten und untersuchten, wie wir so dahinzogen, die eigenartige Schichtung der Steilwand, die uns überhing. Ein Spalt in dem weichen Gestein lenkte unsere Aufmerksamkeit auf sich. Er war just weit genug, um einer Person ohne großen Zwang das Eindringen zu gestatten, und erstreckte sich in gerader Richtung an die 18 oder 20 Fuß in den Hügel hinein, worauf er sich anschließend nach links senkte. Die Höhe der Öffnung, soweit wir von der Hauptschlucht aus hineinschauen konnten, betrug schätzungsweise 60 bis 70 Fuß. An ein oder zwei Stellen wucherte aus Ritzen verkümmertes Strauchwerk, das eine Art Haselnüsse trug, die mir näher anzusehen ich eine gewisse Neugier fühlte, zu diesem

Zweck kurz einmal hineindrang; mit einem Griff fünf oder sechs der Nüsse packte, und mich dann hastig wieder zurückzuziehen gedachte. Wie ich mich umdrehte, merkte ich, daß Peters und Allen mir gefolgt waren. Ich ersuchte sie, hinter sich zu treten, da für zwei Personen nebeneinander kein Platz wäre, und versprach ihnen, sie könnten von meinen Nüssen ein paar haben. Sie drehten sich dementsprechend um und waren, Allen der Öffnung des Spaltes nahe, im Begriff zurückzukriechen, als ich plötzlich eine Erschütterung verspürte, mit nichts zu vergleichen, was ich bis dahin erlebt hatte, und die mich mit der undeutlichen Vorstellung erfüllte (falls ich damals wirklich irgend etwas gedacht haben sollte), daß das gesamte Fundament des Erdballs plötzlich auseinander gerissen und der Tag der Auflösung des Universums angebrochen sei.

XXI. Kapitel

Sobald ich meine verwirrten Sinne wieder zu sammeln vermochte, fand ich mich nahe am Ersticken, und wie ich, in völliger Finsternis, zwischen Massen von loser Erde herumkrabbelte, die auch immerfort noch, aus allen Richtungen her, schwer auf mich niederfielen und mich gänzlich zu begraben drohten. Aufs grausigste entsetzt ob dieser Vorstellung, arbeitete ich mich ab, um wieder auf die Füße zu gelangen; womit ich am Ende auch Erfolg hatte. Anschließend blieb ich ein paar Augenblicke lang regungslos stehen und versuchte zu begreifen, was mir zugestoßen sei und wo ich mich befände. Unlängst hörte ich ein tiefes Stöhnen, direkt an meinem Ohr; und darauf die erstickte Stimme Peters', der nach mir rief: ihm um Gottes willen beizustehen! Ich strampelte mich ein oder zwei Schritte vorwärts, worauf ich buchstäblich über Kopf und Schultern meines Gefährten stürzte, der, wie ich bald erkannte, bis zur Mitte begraben in lockeren Erdmassen steckte und wie ein Verzweifelter kämpfte, sich von dem Druck zu befreien. Ich zerrte das Gerölle um ihn mit aller mir zu Gebote stehender Kraft auseinander, und schließlich gelang es mir auch, ihn herauszubekommen.

Sobald wir uns hinlänglich von Angst und Überraschung erholt hatten, um wieder vernünftig miteinander reden zu können, kamen wir beide zu dem Schluß, daß die Wände des Spalts, in den wir uns hineingewagt hatten, infolge irgendeiner Konvulsion der Natur, oder vielleicht auch ihres eigenen Gewichtes, über uns zusammengestürzt und wir also für immer verloren, nämlich lebendig begraben seien. Da gaben wir uns, geraume Zeit, untätig einer so überwältigenden Todesangst und Verzweiflung hin, wie sie sich derjenige, der nie in einer ähnlichen Lage gewesen ist, auch nicht annähernd vorzustellen vermag. Ich bin fest davon überzeugt, daß kein Vorfall, der sich jemals im Lauf eines Menschenlebens ereignen mag, mehr dazu angetan sein kann, den höchsten Grad von Qual, sei es geistige, sei es körperliche, zu bewirken, wie unsere damalige Situation, die des Lebendigbegrabenseins. Der Schwärzegrad der Dunkelheit, die das Opfer einhüllt; der schreckliche Druck auf die Lungen; die stille stickige Dünstung feuchten Erdreichs; vereint mit spukhaften Betrachtungen à la wie wir uns weit jenseits der Grenzen aller Hoffnungen befänden; und daß eben dies das *den Toten* zugemessene Los sei – all das von entnervendem Graus und Horror, führt dem Menschenherzen solche Belastungen zu, daß es sie nicht ertragen, viel weniger sich theoretisch vorstellen kann.

Peters war es, der am Ende vorschlug, daß wir versuchen sollten, uns über das genaue Ausmaß unseres Elends zu vergewissern und unser Gefängnis durch Abtasten zu erkunden, da, wie er bemerkte, vielleicht doch noch eine ganz schwache Möglichkeit bestünde, daß uns eine Öffnung zum Entkommen geblieben sei. Ich klammerte mich begierig an diese Hoffnung; ermannte mich zu angestrengter Tätigkeit und versuchte, mir einen Weg durch die lose Erde zu bahnen. Kaum hatte ich einen Schritt nach vorne getan, als bereits ein Lichtschimmer wahrnehmbar wurde, auf jeden Fall genug, mich zu beruhigen, daß wir wenigstens nicht an Luftmangel unmittelbar zugrunde gehen würden. Da faßten wir einigermaßen wieder ein Herz und ermutigten und gegenseitig, das Beste zu hoffen. Nachdem wir einen Schuttwall überkrochen hatten, der unser weiteres Vordingen in Richtung Licht behinderte, trafen wir auf weniger Schwierigkeiten beim Vorankommen und verspürten auch einige Erleichterung der übermäßigen Atembeschwerden, die uns bis dahin gefoltert hatten. Unlängst darauf waren wir schon imstande, einen schwachen Schimmer der Gegenstände ringsum zu erkennen, und gewahrten, daß wir uns nahe dem Ende des geraden Teiles der Spalte befanden, da, wo sie einen Knick nach links machte. Noch ein paar Anstrengungen mehr, und wir hatten die Biegung erreicht, wo sich denn, zu unserer unaussprechlichen Freude, eine lange Fuge oder Spalte auftat, die sich im allgemeinen unter einem Winkel von etwa 45°, zuweilen jedoch wesentlich steiler noch, weit weit aufwärts erstreckte. Wir vermochten die ganze Längenausdehnung dieser neuen Öffnung nicht zu überblicken; da jedoch ein gut Teil Licht durch sie herunterkam, hegten wir kaum noch Zweifel, an ihrem oberen Ende (immer vorausgesetzt, wir könnten dies obere Ende irgendwie erreichen) einen unbehinderten Ausgang ins Freie vorzufinden.

Aber nun erinnerte ich mich, daß wir doch zu dritt von der Hauptschlucht her in den Spalt eingedrungen seien und daß unser Gefährte Allen noch vermißt werde, weshalb wir sogleich beschlossen, unsere Schritte wieder rückwärts zu lenken und nach ihm Ausschau zu halten. Nach langem Suchen und beträchtlichen Gefahren von der immer noch nachstürzenden Erde über uns, schrie Peters mir endlich zu, daß er einen Fuß unseres Kameraden zu fassen bekommen habe; der ganze Körper jedoch so tief unter Schutt und Geröll begraben sei, daß die Möglichkeit, ihn freizumachen, gleich Null wäre. Ich mußte mich bald davon überzeugen, daß das, was er sagte, nur allzu wahr und das Leben natürlich längst schon erloschen sei. Schweren Herzens überließen wir deshalb den Leichnam seinem Schicksal und bahnten uns erneut den Weg zur Biegung hin.

Die Breite der neuen Fuge war kaum ausreichend, uns durchzulassen; und nach ein oder zwei ergebnislosen Versuchen hinaufzusteigen, begannen wir einmal mehr zu verzweifeln. Ich habe früher bereits erwähnt, daß die Hügelketten, durch welche die Hauptschlucht verlief, aus einer Art weichem Gefels bestand, das Speckstein ähnelte. Die Seitenwände der Klamm, die wir jetzt zu besteigen versuchten, waren aus demselben Material und infolge von Nässe so unmäßig schlüpfrig, daß wir, selbst in ihren am wenigsten abschüssigen Teilen, kaum Fuß fassen konnten; an den Stellen, wo die Aufböschung nahezu senkrecht verlief, war diese Schwierigkeit selbstredend vervielfacht; und ein ganze Zeitlang hielten wir sie, offengestanden, für unüberwindlich. Dennoch überkam uns der Mut der Verzweiflung, und indem wir mit unseren Bowie-Messern Stufen in den weichen Stein schnitten und hackten oder uns, unter Lebensgefahr, von einer etwas vorstehenden Spitze härteren Schiefers, der hie und da aus der umgebenden Masse herausragte, zur nächsthöheren schwangen, gelangten wir endlich auf eine natürliche Plattform, von der aus, am äußersten Ende einer dicht bewaldeten Hohlschlucht, ein Fleckchen blauen Himmels zu sehen war. Als wir nunmehr, mit etwas mehr Muße, auf den Gang zurückschauten, den wir so weit passiert hatten, ersahen wir aus der Gestalt seiner Wände, daß er von allerneuester Bildung sein müsse, und kamen zu dem Schluß, daß die Erschütterung (was immer es auch gewesen sei), die uns so unerwartet unter sich begrub, im selben Moment aber auch diesen Pfad zum Entkommen uns aufgetan habe. Da wir ganz erschöpft vor Anstrengung waren, ja buchstäblich so schwach, daß wir kaum stehen oder artikuliert sprechen konnten, schlug Peters jetzt vor, daß wir versuchen sollten, unsere Gefährten zur Unterstützung herbeizuholen, indem wir einfach die Pistolen abfeuerten, die wir beide noch im Gürtel stecken hatten – die Musketen nämlich waren uns, ebenso wie die Macheten, in der losen Erde am Boden des Abgrunds unten verlorengegangen. Die sich anschließenden Ereignisse taten uns dar, daß, hätten wir Feuer gegeben, wir solches böse bereut haben würden; glücklicherweise aber war inzwischen bei mir in Gedanken schon halb und halb der Verdacht entstanden, ob nicht Verrat im Spiele sein könnte; und wir nahmen Abstand davon, die Wilden wissen zu lassen, wo wir steckten.

Nachdem wir uns etwa eine Stunde ausgeruht hatten, arbeiteten wir uns langsam die Hohlschlucht hinauf und waren hierbei noch nicht sonderlich weit gekommen, als wir eine ganze Folge gellender Schreie vernahmen. Endlich erreichten wir wieder das, was man als die Oberfläche der Erde bezeichnen konnte, denn bis dahin war unser Pfad, auch nachdem wir die Plattform verlassen hatten, unter einer Art Gewölbe verlaufen, das sich, aus ragenden Felsen und Laubwerk bestehend, hoch über unseren Häuptern dahinzog. Mit größter Behutsamkeit stahlen wir uns zu einer engen Öffnung hin, durch die wir eine ungehinderte Sicht auf das umliegende Land hatten: wo denn das ganze fürchterliche Geheimnis des Erdstoßes mit einem Schlage und auf einen Blick über uns hereinbrach.

Der Fleck, von dem wir Ausschau hielten, war nicht weit von der Spitze des höchsten Gipfels in der Kette der Specksteinhügel gelegen. Die Hauptschlucht, die unsere Abteilung von zweiunddreißig betreten hatte, verlief, keine zwanzig Meter entfernt, zu unserer Linken. Aber auf mindestens einhundert Meter Länge war der Kanal, beziehungsweise das Bett der Schlucht, total gefüllt mit den chaotischen Trümmern von mehr als einer Million Tonnen Erde und Gestein, die man künstlich hineingekippt hatte. Die Vorrichtung, durch welche die enorme Masse übergestützt worden war, konnte nicht minder simpel als augenfällig genannt werden, denn deutliche Spuren der mörderischen Betätigung waren noch zurückgeblieben. Auf der Ostseite der Schlucht (wir befanden uns jetzt auf der westlichen) waren an mehreren Punkten längs der Oberkante Holzpfähle zu sehen, die man in den Boden eingetrieben hatte. An diesen Stellen hatte die Erde nicht nachgegeben; aber auf der gesamten Länge der frisch entstandenen Steilfront, wo die Massen gefallen waren, ergab sich klar aus den im Boden zurückgebliebenen halben Röhrenspuren (denen ähnlich, die der Bohrer beim Felsensprengen verursacht), daß Pfähle, gleich denen, die wir noch stehen sahen, nicht mehr als einen Meter voneinander entfernt eingeschlagen gewesen waren – und das auf einer Strecke von vielleicht 300 Fuß und zugleich 10 Fuß vom Rande des Schlundes nach rückwärts. Starke Stricke, aus Weinranken gedreht, waren an den noch am Hügelrand stehenden Pfählen befestigt; und es war einleuchtend, daß entsprechende Stricke sich auch an sämtlichen anderen Pfählen befunden hatten. Ich habe bereits der eigenartigen Schichtung jener Specksteinhügel Erwähnung getan; und die eben gegebene Beschreibung der engen und tiefen Fuge, durch die wir unser Entkommen vor dem Begrabensein bewerkstelligt hatten, wird eine zusätzliche Konzeption von ihrer Beschaffenheit vermittelt haben. Sie war jedenfalls so, daß nahezu jede natürliche Erschütterung den Grund und Boden mit Sicherheit in parallel zueinander verlaufende, vertikale Lagen oder Schichten spalten mußte, und auch bereits eine recht mäßige Anwendung von Kunstfertigkeit konnte hinreichend sein, die gleiche Wirkung herbeizuführen. Diese Bodenbeschaffenheit hatten die Wilden sich zunutze gemacht, um ihre verräterischen Absichten zu vollstrecken. Es kann kein Zweifel darüber bestehen, daß vermittelst der kontinuierlichen Pfahlreihe, zunächst ein teilweiser Einriß des Bodens, bis in eine Tiefe von schätzungsweise einem oder zwei Fuß, bewerkstelligt worden war, und weiterhin dadurch, daß je ein Wilder am Ende des Stricks kräftig anzog (sie waren oben an den Pfahlspitzen befestigt und der Zug von der Kante weg gerichtet), eine enorme Hebelkraft erzeugt wurde, die hinreichte, um, auf ein gegebenes Zeichen hin, die gesamte Schluchtwand nach unten in den Abgrund zu schmettern. Das Fatum unserer armen Gefährten war nun nicht länger zweifelhaft: Wir allein waren diesem Orkan von Verschüttung und Zerstörung entgangen. Wir allein waren die einzigen noch lebenden weißen Männer auf der Insel.

XXII. Kapitel

Unsere Situation, wie sie sich uns nunmehr darstellte, war kaum weniger schrecklich, als da wir uns eingebildet hatten, für immer begraben zu sein. Sahen wir doch vor uns nichts als die Aussicht, entweder von den Wilden totgeschlagen zu werden oder aber ein elendigliches Dasein in endloser Gefangenschaft unter ihnen zu fristen. Wir konnten uns selbstverständlich in dem Gewirr der Hügel hier noch eine Zeitlang vor der Entdeckung durch sie verbergen, ja, als eine letzte Zuflucht uns in der Klamm verstecken, aus der wir uns eben emporgearbeitet hatten; aber auf lange Sicht mußten wir entweder vor Kälte und Hunger während des endlosen Polarwinters verkommen oder schließlich doch einmal bei einem unserer unerläßlich werdenden Beutezüge entdeckt werden.

Das Land um uns schien von Wilden förmlich zu wimmeln, auf denen ganze Schwärme, wie wir erkannten, auf flachen Flößen von den Inseln weiter südwärts herübergekommen waren; zweifellos mit der Absicht, beim Nehmen und Plündern der JANE Hilfestellung zu leisten. Noch lag das Fahrzeug ruhig in seiner Bucht vor Anker; und die an Bord waren sich anscheinend gänzlich unbewußt der bevorstehenden Gefahr. Wie wir uns in diesem Augenblick gesehnt haben, bei ihnen zu sein! – sie entweder zu unterstützen bei der Bewerkstelligung ihrer Flucht oder mit ihnen unterzugehen beim Versuch zur Verteidigung. Aber wir sahen keine Möglichkeit, sie vor der ihnen drohenden Gefahr auch nur zu warnen, ohne gleichzeitig die sofortige Vernichtung über unsere Häupter heraufzubeschwören; und die Hoffnung, ihnen dadurch zu nützen, blieb gänzlich fragwürdig. Gewiß, eine abgefeuerte Pistole hätte vielleicht hingereicht, sie zu benachrichtigen, daß irgend etwas nicht stimme; aber der bloße Knall konnte sie unmöglich informieren, daß ihre einzige Aussicht auf Rettung darin bestünde, sich sofort von der Reede zu entfernen – konnte ihnen nicht mitteilen, daß es keinerlei Ehrensache mehr sei, keine Verpflichtung gebe, auszuharren, weil ihre Gefährten ja nicht mehr unter den Lebenden weilten. Auch konnten sie, beim Vernehmen unseres Schusses, nicht nachhaltiger gerüstet sein, dem Feind zu begegnen, der sich inzwischen zur Attacke anschickte, als sie es bereits waren, und immer gewesen waren. Kurzum, nichts Gutes, wohl aber unermeßlichen Schaden hätte ein Schuß bewirkt, und nach reiflichem Überlegen nahmen wir Abstand davon.

Unser nächster Gedanke war, einen Sturmlauf in Richtung Schiff zu unternehmen, uns eines der vier Kanus zu bemächtigen, die am inneren Rand der Bucht lagen, und zu versuchen, uns mit Gewalt an Bord durchzuschlagen. Aber die absolute Unmöglichkeit eines Erfolges bei solch desperatem Unterfangen wurde bald offenkundig. Das Land, ich sagte es schon, wimmelte buchstäblich von Eingeborenen, die sich so zwischen den Büschen und in den Schlupfwinkeln der Hügel herumdrückten, daß sie vom Schoner aus nicht wahrgenommen werden konnten. Speziell in unserer unmittelbaren Nachbarschaft, und so, daß sie den einzigen Weg blockierten, auf den wir hätten hoffen können, das Ufer an der richtigen Stele zu erreichen, hatte sich die gesamte Truppe der Schwarzfellkrieger stationiert, mit Tu-Wit an der Spitze, der anscheinend nur noch irgendeine Verstärkung abwartete, um den Sturmangriff auf die JANE loszulassen. Auch die Kanus, die im Innern der Bucht lagen, waren mit Wilden bemannt; unbewaffneten, das ist wahr; die aber zweifellos ihre Waffen sehr in Reichweite hatten. Wir waren deshalb gezwungen, und sei es noch so unwillig, in unserem Versteck auszuhalten; bloße Zuschauer des Konflikts, der binnen kurzem erfolgte.

Nach etwa einer halben Stunde erblickten wir 60 oder 70 Flöße, beziehungsweise Flachboote mit Ausleger, gedrängt voll mit Wilden, die um die südliche Uferbiegung des Hafens herumkamen. Außer kurzen Keulen und Steinen, die auf dem Boden ihrer Flöße lagen, schienen sie keine Waffen zu besitzen. Unmittelbar darauf näherte sich ein weiteres, ähnlich bewaffnetes und noch zahlreicheres Geschwader aus der entgegengesetzten Richtung. Geschwind füllten sich nunmehr auch die vier Kanus mit Eingeborenen, die plötzlich aus den Büschen am Rande der Bucht förmlich entstanden, und stießen schnell ab, um sich mit den anderen Abteilungen zu vereinen. Dergestalt, daß in weniger Zeit, als ich gebraucht habe, es zu berichten, ja wie mit einem Zauberschlage, sich die JANE umzingelt sah, von einer ungeheuerlichen Zahl von Desperados, unverkennbar entschlossen, sie auf jegliches Risiko hin zu kapern.

Daß sie dabei von Erfolg begleitet sein würden, konnte nicht einen Augenblick zweifelhaft sein. Die sechs im Schiff zurückgelassenen Leute, mochten sie sich auch noch so entschlossen für seine Verteidigung einsetzen, reichten nicht einmal zur angemessenen Bedienung der Geschütze zahlenmäßig hin oder um auf sonst irgendeine Art gegen solche Übermacht ankämpfen zu können. Ja, ich konnte mir schwerlich vorstellen, daß sie überhaupt einen Widerstand versuchen würden; aber darin hatte ich mich getäuscht; denn ich sah sie Springleinen am Ankertau anbringen und die Breitseite steuerbords des Schiffes auf die Kanus zudrehen, die inzwischen auf Pistolenschußweite heran waren, während die Flöße sich fast noch eine Viertelmeile windwärts befanden. Aus irgendeinem unbekannten Grunde, höchstwahrscheinlich aber infolge der Aufregung unserer Freunde, sich in so hoffnungsloser Situation zu sehen, wurde die Salve ein absoluter Mißerfolg; nicht ein Kanu ward getroffen, nicht ein einziger Wilder verletzt; denn die Kugeln schlugen kurz auf und gingen dann als *Abpraller* über ihre Köpfe hinweg. Die einzige auf sie hervorgebrachte Wirkung bestand in Erstaunen ob des unerwarteten Knalls und Rauches, das allerdings so unmäßig war, daß ich ein paar Augenblicke lang beinah annahm, sie könnten ihr Vorhaben gänzlich aufgeben und zum Ufer zurückkehren. Was sie allem Vermuten nach wohl auch getan haben würden, hätten unsere Leute der Breitseite sofort eine Salve aus ihren Handfeuerwaffen hinterhergeschickt, die, da die Kanus zum Greifen nahe waren, unfehlbar einige Verheerung angerichtet hätte – zumindest hinreichend, um diese Abteilung so lange von weiterem Vordringen abzuschrecken, bis man auch den Flößen eine Breitseite verpaßt hätte. Statt dessen jedoch ließ man der Kanu-Abteilung Zeit, sich von ihrer Panik zu erholen und sich in aller Ruhe zu überzeugen, daß sie keinerlei Schaden erlitten hätte, während die unseren nach Backbord hinüber stürzten, um für die Flöße bereit zu sein.

Diese Breitseite nach Backbord freilich hatte wahrhaft fürchterliche Wirkung. Die Kartätschen und doppelt gepfropften Ladungen der großen Kanonen rissen sieben oder acht der Flöße buchstäblich in Stücke und töteten schätzungsweise 30 bis 40 Wilde auf der Stelle, während, mindestens, ein volles Hundert von ihnen ins Wasser geschleudert wurde, die meisten davon mit schwersten Verwundungen. Die übrigen, vor Angst wie von Sinnen, begannen daraufhin einen überstürzten Rückzug, wobei sie sich nicht einmal die Zeit nahmen, ihre verstümmelten Gefährten aufzulesen, die überall, kreischend und nach Hilfe brüllend, herumstrampelten. Dieser schöne Erfolg jedoch kam für die Errettung unserer braven Leute leider zu spät. Die Kanu-Abteilung war bereits, mehr als 150 Mann an Zahl, an Bord des Schoners; waren doch die meisten von ihnen, noch bevor die Lunten an die Backbordgeschütze gehalten wurden, bereits in den Püttingen hoch und über die Enternetze hinweggeklettert. Nichts konnte ihrer brutalen Wut widerstehen. Unsere Leute wurden sofort überrannt, überwältigt, mit Füßen getrampelt, ja buchstäblich binnen Sekunden in Stücke gerissen.

Da sie das erkannten, wurden auch die Wilden auf den Flößen wieder Herr über ihre Fürchte und kamen, in Rudeln, zum Plündern herbei. Binnen fünf Minuten war die arme Jane der Schauplatz eines wahren Trauerspiels von Verwüstung, Tumult und Gewalttätigkeit. Die Decks wurden zersplittert und aufgerissen; das Tauwerk, die Segel, überhaupt alles Bewegliche an Deck demoliert wie durch Zauberkraft; während durch Vorwärtsschleppen vermittelst der Kanus, durch Nachschieben hinten am Stern, durch Ziehen und Zerren an den Seiten, von Tausenden das Schiff umschwärmenden Schwimmern, die Elenden es zuletzt am Ufer stranden machten (das Ankertau ließ man schlippen), wo es denn zu treuen Händen Tu-Wits überliefert wurde, der während des ganzen Scharmützels, wie ein geübter General, seinen sicheren Beobachtungsposten in den Hügeln behauptet hatte, nun jedoch, wo der Sieg zu seiner Zufriedenheit errungen war, sich herbeiließ, samt seinen Schwarzfellkriegern heruntergehampelt zu kommen und seinen Part an der Beute zu vereinnahmen.

Tu-Wits Hinabsteigen gab uns die Freiheit, unser Versteck zu verlassen und den Hügel um die Klamm herum zu inspizieren. Ungefähr 50 Meter von ihrer Mündung sahen wir einen kleinen Quell entspringen, an dem wir als erstes den brennenden Durst stillten, der uns verzehrte. Nicht weit von dem Quell entdeckten wir mehrere jener Haselbüsche, die ich früher erwähnt habe. Als wir die Nüsse kosteten, fanden wir sie schmackhaft und im Aroma sehr ähnlich der gewöhnlichen englischen Haselnuß. Wir sammelten unverzüglich unsere Hüte voll, verwahrten sie in der Steilschlucht und kehrten zurück, um mehr zu holen. Während wir so geschäftig beim Pflücken waren, alarmierte uns ein Geraschel in den Büschen; und wir waren eben drauf und dran, uns in unsere Deckung zurückzustehlen, als ein großer schwarzer Vogel, eine Art Rohrdommel, sich umständlich und langsam über das Strauchwerk erhob. Ich hatte mich derart erschrocken, daß ich nichts unternehmen konnte; Peters jedoch bewahrte genügend Geistesgegenwart, ihn, ehe er noch zu entkommen vermochte, einzuholen und am Halse zu ergreifen. Er wehrte sich und kreischte entsetzlich; und wir dachten schon daran, ihn laufenzulassen, damit der Lärm nicht etwa einige von den Wilden aufmerksam mache, die sich vielleicht noch in der Nähe herumtrieben. Ein Stich mit dem Bowie-Messer brachte ihn aber endlich doch zur Strecke; wir schleiften ihn in die Steilschlucht und konnten uns nunmehr gratulieren, daß wir auf jeden Fall zu einem Lebensmittelvorrat gekommen waren, der uns eine Woche lang reichen würde.

Wir gingen nun erneut hinaus, uns weiter umzusehen, und wagten uns ein beträchtliches Stück die südliche Abdachung des Hügels hinunter; doch stieß uns nichts anderes mehr auf, was als Nahrung hätte dienen können. Wir sammelten uns daher ein Quantum trockenen Holzes und drehten um, da wir ein oder zwei großer Trupps von Eingeborenen ansichtig wurden, beladen mit Plündergut vom Schiff, und die, wie wir fürchteten, uns möglicherweise entdecken konnten, während sie unten am Hügel dahinzogen.

Unsere nächste Sorge war, den Ort unseres Verstecks so sicher wie nur möglich zu gestalten; zu welchem Zweck wir die Öffnung, von der ich bereits als derjenigen gesprochen habe, durch die wir das Fleckchen blauen Himmels erblickten, nachdem wir, aus dem Innern der Klamm aufsteigend, die Plattform erreicht hatten, mit Buschwerk überdeckten. Nur ein ganz kleines Löchlein ließen wir frei, just weit genug, daß es uns ohne Gefahr von unten her entdeckt zu werden gestattete, die Bucht zu überblicken. Dies getan, beglückwünschten wir uns ob der Sicherheit unserer Position; war doch nunmehr, solange wir uns dafür entschieden, in der Steilschlucht selbst zu verbleiben und uns nicht auf den Hügel hinauszutrauen, ein Beobachtetwerden ausgeschlossen. Wir konnten keinerlei Spuren gewahren, daß jemals Wilde innerhalb dieser Hohlrinne gewesen wären; aber freilich, wenn wir dann wieder der Wahrscheinlichkeit gedachten, daß der Spalt, durch den wir sie erreicht hatten, erst ganz neuerlich durch den Fall der gegenüberliegenden Steilwand geschaffen worden sei und daß zu ihr zu gelangen kein anderer Weg erkennbar war – dann waren wir wiederum nicht so übermäßig erfreut bei dem Gedanken, vor jedweder Belästigung sicher zu sein, als vielmehr besorgt darob, daß nun eventuell auch für einen Abstieg absolut keine Möglichkeit bestehen könnte. Wir beschlossen deshalb, den ganzen Gipfel des Hügels, sobald sich eine günstige Gelegenheit dazu darböte, gründlichst zu erkunden. In der Zwischenzeit beobachteten wir durch unser Guckloch die Manöver der Wilden.

Sie hatten das Fahrzeug schon total zum Wrack gemacht und waren eben dabei, es in Brand zu stecken. Über ein kleines sahen wir schon mächtige Rauchwolken aus der Großluke aufsteigen, und kurz darauf schlug eine geschlossene Flammenmasse aus dem Vorschiff. Takelage, Masten, und was an Segelresten noch herumhing, entzündete sich sofort, und das Feuer breitete sich rapide über Deck aus. Dennoch hielt sich eine große Zahl von Wilden immer noch ruhig an Bord auf und hämmerte mit großen Steinen, Äxten und Kanonenkugel rüstig weiter an Bolzen und anderem Kupfer- und Eisenwerk herum. Am Strande, sowie in Kanus und auf Flößen, befanden sich, in der unmittelbaren Umgebung des Schoners, insgesamt nicht weniger als 10 000 Eingeborene – ungerechnet die Rudel von ihnen, die, beutebeladen, landeinwärts unterwegs waren, beziehungsweise zu den benachbarten Inseln. Jetzt machen wir uns aber doch auf eine Katastrophe gefaßt, worin wir auch nicht enttäuscht wurden. Zuallererst kam ein kurzer Schock (den wir, bei uns hier, deutlich verspürten, wie wenn wir elektrisiert worden wären), aber von keinem sichtbaren Anzeichen einer Explosion begleitet. Die Wilden waren offensichtlich erschrocken und hielten einen

Augenblick mit Hantieren und Kreischen inne. Sie waren gerade dabei, erneut anzufangen, als aus den Decks urplötzlich eine Masse Rauch aufpuffte, der einer schwarzen und schweren Donnerwolke glich – dann, wie aus innersten Eingeweiden heraus, schoß ein dicker Strahl lebendigen Feuers in die Höhe, wohl eine Viertelmeile hoch – dann erfolgte eine plötzliche kreisförmige Ausdehnung der Flamme – dann war auf einmal die gesamte Atmosphäre, in einem einzigen Augenblick, magisch gefüllt, mit einem wilden Chaos von Hölzernem und Metallenem und Menschengliedern – und dann, letztlich, kam der Schlag in seiner ganzen Wucht, der uns, wie wir standen, ungestüm zu Boden schleuderte; während die Hügel vom Tumulte hallten, schallten, widerhallten, und ein dichter Schauer aus den kleinsten Trümmerfragmenten in sämtlichen Richtungen um uns herum jählings niederrieselte.

Die unter den Wilden angerichtete Verheerung übertraf bei weitem unsere ausschweifendsten Erwartungen; nun hatten sie wahrlich, reichlich und gründlich, die Früchte ihrer Verräterei geerntet. Wohl ein Tausend kam bei der Explosion ums Leben, während zumindest die gleiche Anzahl hoffnungslos verstümmelt wurde. Die ganze Oberfläche der Bucht war buchstäblich übersät mit sich abhaspelnden und ertrinkenden Elenden; und an Land stand es womöglich noch schlimmer. Sie schienen ob der Plötzlichkeit und des Umfangs ihres Verlustes total außer Fassung und machten keinerlei Anstrengung, einander beizustehen. Nach einiger Zeit aber beobachteten wir eine gänzliche Änderung in ihrem Verhalten. Aus absolutem Stumpfsinn schienen sie mit einem Schlage zum höchsten Grad der Erregung aufgerüttelt zu sein, stürmten wild durcheinander zu einem bestimmten Fleck am Strande hin und wieder davon fort, wobei sich auf ihren Gesichtern das merkwürdigste Ausdrucksgemische von Schrecken, Wut und gespanntester Neugier malte und sie, aus Leibeskräften, fortwährend schrien: »*Tekeli-li! Tekeli-li!*«

Plötzlich sahen wir einen großen Trupp sich in die Hügel entfernen, von wo sie in kurzer Zeit wiederum zurückkehrten, Holzpfähle schleppend. Diese brachten sie zu der Stelle, wo die Menge am dichtesten stand, die sich nun teilte, und uns endlich den Blick auf den Gegenstand all dieser Aufregung gestattete. Wir sahen irgend etwas Weißes am Boden liegen, konnten aber nicht sogleich entscheiden, um was es sich handelte. Schließlich erkannten wir, daß es der Leichnam jenes fremdartigen Tieres mit den Scharlachzähnen und -klauen war, das der Schoner auf hoher See, am 18. Januar, aufgefischt hatte. Käptn Guy hatte den Körper konserviert aufbewahrt – mit der Absicht, das Fell auszustopfen und mit nach England zu nehmen. Ich entsinne mich, daß er gerade einige Anweisungen in dieser Beziehung gegeben hatte, just bevor die Insel in Sicht kam, und daß man es in die Kajüte hinuntergeschafft und dort in einen der Schübe weggeschlossen hatte. Jetzt also war es durch die Explosion ans Ufer geschleudert worden; aber wieso es unter den Wilden einen derartigen Aufstand hervorbrachte, war mehr als wir verstehen konnten. Ob sie sich schon in nur geringem Abstand um den Leichnam herum drängelten, schien doch keiner unter ihnen gewillt, ganz nahe heranzugehen. Nach und nach trieben die Männer mit den Pfählen einen Kreis um diesen herum, und kaum daß sie mit dieser Veranstaltung fertig waren, stürmte der ganze Haufen in Richtung des Inselinnern davon, unter lauten schrillen Schreien von: *Tekeli-li! Tekeli-li!*

XXIII. Kapitel

Während der sechs oder sieben unmittelbar folgenden Tage blieben wir in unserem Versteck auf dem Hügel, indem wir nur ganz gelegentlich, und dann mit der größten Vorsicht, Wasser und Haselnüsse holen gingen. Wir hatten uns auf der Plattform eine Art Schutzdach errichtet, es mit einer Bettung aus trockenem Laub versehen, und drei große flache Steine herbeigeschafft, die uns sowohl als Feuerstelle wie als Tisch dienten. Feuer erzeugten wir ohne Schwierigkeit durch einfaches Aneinanderreiben von zwei Stücken trockenen

Holzes: das eine weich, das andere hart. Der Vogel, der sich wie bestellt von uns hatte erbeuten lassen, erwies sich, wenn auch etwas zähe, so doch als ausgezeichnetes Essen. Es war kein Meeresvogel; vielmehr eine Art Rohrdommel, mit pechschwarzem und grauem Gefieder und, im Verhältnis zu seiner massigen Gestalt, winzigen Flügeln. Wir sahen späterhin noch drei von derselben Sorte in der Umgebung unserer Steilschlucht, anscheinend auf der Suche nach dem einen, den wir weggefangen hatten; da sie sich aber niemals niederließen, ergab sich uns keine Gelegenheit, ihrer habhaft zu werden.

Solange das Geflügel reichte, hatten wir unter unserer Situation nichts zu leiden; nunmehr aber war es gänzlich aufgezehrt, und es wurde schlechterdings unerläßlich, uns nach Vorräten umzuschauen. Die Haselnüsse reichten nicht hin, den nagenden Hunger zu beschwichtigen; überdem riefen sie bei uns schweres Leibschneiden hervor, ja, wenn man zu viel davon genoß, sogar heftige Kopfschmerzen. Wir hatten ostwärts von unserem Hügel, nahe dem Meeresufer, mehrere große Schildkröten erblickt und erkannt, daß sie sich leicht würden fangen lassen; vorausgesetzt, daß wir, ohne von den Wilden bemerkt zu werden, an sie heran könnten. Wir beschlossen deshalb, einen Versuch zum Abstieg zu machen.

Wir begannen damit, die südliche Abdachung, welche die wenigsten Schwierigkeiten zu bieten schien, hinunterzugehen, waren jedoch noch keine 100 Meter weit gekommen, als (worauf wir aus dem ganzen Habitus des Hügelplateaus schon gefaßt gewesen waren) unserem Vordringen Einhalt geboten wurde durch eine Abzweigung jener Hauptschlucht, in der unsere Gefährten zugrunde gegangen waren. An ihrem Rande gingen wir nun dahin, rund eine Viertelmeile weit, als wir erneut aufgehalten wurden, durch einen Absturz von ungeheuerlicher Tiefe; und da es nicht möglich war, an seiner Kante dahin weiterzukommen, sahen wir uns gezwungen, unsere Schritte wieder der Hauptschlucht entlang zurückzulenken.

Als nächstes stießen wir ostwärts vor, aber mit genau demselben Mißerfolg. Nachdem wir eine Stunde lang, immer auf Gefahr hin, uns das Genick zu brechen, herumgeklettert waren, entdeckten wir, daß wir uns lediglich in eine weite Grube aus schwarzem Granit verstiegen hatten, deren Boden mit feinem Staub bedeckt, und aus welcher der einzige Ausgang eben der rauhe Pfad war, auf dem wir hernieder gekommen. Also erstiegen wir ihn mühsam wieder nach oben und versuchten es jetzt mit dem Nordrand unseres Höhenplateaus. Hier nun waren wir gezwungen, bei unsren Manövern die größte nur denkbare Behutsamkeit walten zu lassen, da die geringste Unvorsichtigkeit uns voll und ganz den Blicken der Wilden vom Dorf her bloßgegeben hätte. Wir krochen deshalb auf Händen und Knien dahin, ja, waren gelegentlich sogar gezwungen, uns der ganzen Länge nach hinzulegen und unsere Körper vermittelst des Strauchwerks voranzuziehen. Auf solch vorsichtige Weise waren wir erst eine ganz kleine Strecke vorgedrungen, als wir schon an einem Klaff ankamen, noch weit tiefer denn alle, die wir bisher gesehen, und der überdem geradewegs in die Hauptschlucht hinabgeführt hätte. Dergestalt sahen wir unsere Befürchtungen also vollauf bestätigt und daß wir gänzlich von der Welt dort unten abgeschnitten seien. Zutiefst erschöpft von all den Anstrengungen, traten wir, so gut es ging, den Rückweg zu unserer Plattform an, wo wir uns auf das Bett aus Blättern niederwarfen und ein paar Stunden lang sanft und süß schlummerten.

Mehrere Tage nach dieser fruchtlosen Suche befaßten wir uns damit, jedwedes Fleckchen unseres Höhenplateaus zu erkunden, um uns über die wirklich auf ihm vorhandenen Hilfsquellen zu informieren. Das Ergebnis war, daß es uns weiter keine Nahrung gewähren werde, ausgenommen jene unbekömmlichen Haselnüsse und eine Art üppig wuchernden Löffelkrauts, das auf einem kleinen Fleck nicht mehr als zwanzig Metern im Quadrat gedieh und sehr bald verbraucht sein würde. Am 15. Februar, soweit ich mich recht erinnere, war nicht ein Blättchen davon mehr übrig, und selbst die Nüsse wurden knapp, so daß unsere Lage kaum noch kläglicher sein konnte.[4] Am 16. umgingen wir erneut die Wände unseres Gefängnisses – in der Hoffnung, doch noch irgendeinen Fluchtweg ausfindig zu machen; aber ohne Erfolg. Wir stiegen sogar noch einmal wieder in die Klamm hinunter, in der es uns schier verschüttet hatte – mit der schwachen Hoffnung, durch diesen Kanal hindurch vielleicht eine Öffnung in die Hauptschlucht zu entdecken. Aber auch hier wurden wir enttäuscht; obgleich wir eine Muskete fanden und mit nach oben nahmen.

Am 17. brachen wir auf, mit dem Entschluß, jene schwarze Granitteufe, in die wir uns bei unserem ersten Versuch verstiegen hatten, heute gründlicher zu untersuchen. Uns war eingefallen, daß wir in einer der Gangspalten an der Seite dieser Grube, doch wohl nur partiell hineingeschaut hatten, und es drängte uns, sie zu erkunden; obschon nicht in der Erwartung, nun hier eine Öffnung zu entdecken.

Wir fanden, wie zuvor, keine sonderlichen Schwierigkeiten dabei, den Boden der Eintiefung zu erreichen, und waren diesmal gelassen genug, sie mit entsprechender Aufmerksamkeit zu untersuchen. Es war tatsächlich eine der merkwürdigst aussehenden Lokalitäten, die man sich nur vorstellen mag; und wir konnten uns kaum zu dem Glauben durchringen, daß es sich dabei lediglich um ein Werk der Natur handele. Die Grube maß, von ihrem östlichen bis zum extremsten westlichen Ende hin, alle Windungen miteinbegriffen, an die 500 Meter in der Länge; in Luftlinie jedoch betrug diese Ost-West-Distanz (geschätzt freilich, denn über Mittel zu exakten Messungen verfügte ich nicht) kaum mehr als 40 oder 50 Meter. Auf dem ersten Abschnitt beim Abstieg in die Kluft hinunter (sagen wir 100 Fuß, vom Hügelplateau nach unten gerechnet) zeigten die Seitenwände des Abgrunds wenig Ähnlichkeit miteinander und hatten anscheinend auch zu keiner Zeit in Verbindung gestanden, war doch die eine Oberfläche reiner Speckstein; die andere dagegen Mergel, körnig durchsetzt mit irgendeiner metallischen Substanz. Der durchschnittliche Breitenabstand, das Intervall zwischen den beiden Klippenfronten, betrug hier vermutlich an die 60 Fuß; doch schien etwelche Regelmäßigkeit der Formation nicht zu bestehen. Wenn man dagegen über die erwähnte Schichtlinie hinaus tiefer eindrang, verringerte sich der Abstand rapide, und die Seitenwände begannen parallel zu verlaufen, obgleich sie sich noch, eine ganze Strecke weiter, in Material und Oberflächengestaltung unähnlich blieben. Bis auf 50 Fuß dem Boden nahe gekommen, setzte dann, und zwar perfekte, Regelmäßigkeit ein. Ab hier waren die Wände nun vollkommen uniform, ob Material, ob Färbung, ob seitliche Richtung; wobei das Gestein ein sehr schwarzer und glänzender Granit war, und der Abstand der beiden Seitenwände, auf zwei einander gegenüberliegenden Punkten gemessen, immer exakt 20 Meter betrug. Die genaue Formation der Kluft wird man am besten anhand einer Zeichnung verstehen, die ich an Ort und Stelle angefertigt habe; führte ich doch glücklicherweise immer Notizbuch und Bleistift bei mir, die ich mit großer Sorgfalt durch eine lange Kette auch anschließender Abenteuer noch hindurchretten konnte, und denen ich Gedächtnisstützen über so manchen Gegenstand schulde, der ansonsten aus meiner Erinnerung verdrängt worden wäre.

Figur 1

Figur 2

Die Zeichnung (siehe Figur 1) gibt die allgemeinen Umrisse der Kluft wieder; jedoch ohne die minderen Kavitäten in den Seitenwänden, deren es mehrere gab; wobei jeglichem Grübchen ein genau korrespondierender Höcker gegenüber entsprach. Der Boden des Schlundes war, bis zu einer Tiefe von drei oder vier Zoll, mit einem nahezu unfühlbaren pudrigen Pulver bedeckt, unterhalb dessen sich, wie wir fanden, wiederum der schwarze Granit hinzog. Zur Rechten, ganz unten, wird man die Andeutung einer kleinen Öffnung erkennen; das eben war die oben erwähnte Gangspalte, die genauer denn zuvor zu untersuchen eben der Zweck unseres neuerlichen Besuchs war. In sie drangen wir nunmehr energisch ein; hackten eine Menge Dornengestrüpps hinweg, das uns behindern wollte; räumten auch einen mächtigen Haufen scharfer Feuersteine beiseite, die ihrer Form nach eine gewisse Ähnlichkeit mit Pfeilspitzen hatten. Was uns jedoch eigentlich zum Ausdauern ermutigte, war, daß wir eines schwachen Lichtscheines gewahr wurden, der vom ferneren Ende, drüben, ausging. Wir zwängten uns schließlich an die 30 Fuß weit unseres Weges, wobei wir feststellten, daß es sich bei dieser Öffnung um einen zwar niedrigen, aber regelmäßig geformten Röhrengang handelte, der einen Bodenbelag von demselben feingemahlenen Puder, wie das in der Hauptkluft, hatte. Schon aber fiel helles Licht auf uns hernieder; und, nachdem wir um einen kurzen Knick herum waren, fanden wir uns in einem zweiten hohen Hohlgemach, demjenigen, das wir verlassen hatten, in jeder Hinsicht gleich; nur in der Längsform nicht, die hier im – schematisierten – Grundriß gegeben ist (siehe Figur 2).

Die Gesamtlänge dieser neuen Kluft, beginnend bei a, über die Biegung bei b, und weiterhin via c bis zum äußersten Ende d hin gemessen, beträgt 550 Meter. Bei c entdeckten wir einen engen Durchlaß, ähnlich demjenigen, durch den wir aus der ersten Kluft her hereingekommen; und auch der hier war in derselben Weise mit Dorngestrüpp verstopft und einer Menge jener weißen Pfeilspitzenfeuersteine. Wir forcierten auch hier einen Durchgang, der sich als an die 40 Fuß lang erwies, und tauchten auf in eine dritte Kluft. Auch sie war genau der ersten gleich; ausgenommen in ihrer Längsform, die so war (siehe Figur 3).

Wir befanden die gesamte Länge dieser dritten Kluft auf 320 Yards. Bei dem mit a bezeichneten Punkt befand sich eine Öffnung, an die sechs Fuß weit, die sich 15 Fuß tief ins Gefels hinein erstreckte, wo sie dann in einem Bett von Mergel endete, und keine weitere Kluft sich mehr anschloß (wie wir eigentlich erwartet hatten). Wir waren eben dabei, diesen Spalt, in den nur sehr wenig Licht Zutritt fand, zu verlassen, als Peters meine Aufmerksamkeit auf eine Reihe eigentümlich aussehender Einkerbungen auf der Mergeloberfläche lenkte, welche den Terminus des *cul-de-sac* bildete. Selbst bei einer nur mäßigen Anstrengung der Einbildungskraft hätte sich die linke, das heißt die nördlichste, jener zakkigen Zähnelungen, für die rohe, aber doch absichtliche Wiedergabe einer menschlichen Gestalt halten lassen, die aufrecht, mit ausgestrecktem Arm, dastünde. Die übrigen wiesen ebenso eine gewisse Ähnlichkeit, diesmal mit alphabetischen Zeichen, auf; und Peters fiel sogar ein, auf jeden Falles willen, die Grille zu verfechten, daß es sich tatsächlich um solche handelte. Ich überführte ihn jedoch am Ende seines Irrtums dadurch, daß ich seine Aufmerksamkeit auf den Boden des Spalts richtete, wo wir aus dem Pulverstaub, Stück um Stück, diverse größere Mergelbröckchen auflesen konnten, die augenscheinlich infolge irgendeiner Erschütterung von der Wandfläche, wo sich jetzt die Einkerbungen befanden, abgeplatzt waren und die genau in jene Auszackungen einpaßbare Unebenheiten besaßen, wodurch denn einwandfrei bewiesen wurde, daß es sich um ein bloßes Naturspiel handele (Figur 4 gibt eine akkurate Kopie des Ganzen).

Figur 3

Figur 5

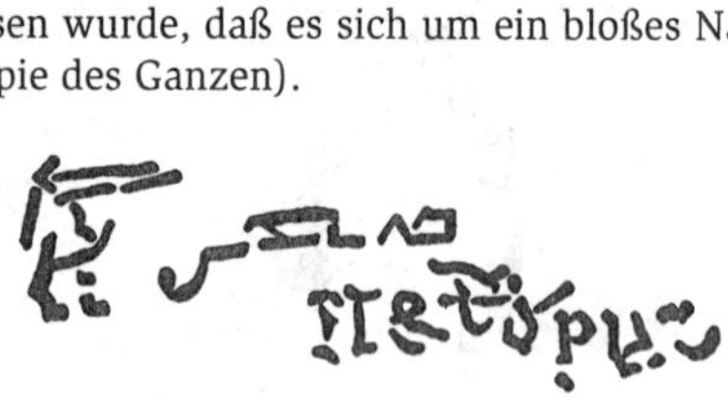

Figur 4

Nachdem wir uns vergewissert hatten, daß diese merkwürdigen Klüftungen uns nicht die Möglichkeit gewährten, unserem Gefängnis zu entkommen, brachten wir den Rückweg zum Plateau des Hügels hinauf entmutigt und niedergeschlagen hinter uns. Nichts Erwähnenswertes ereignete sich während der nächsten vierundzwanzig Stunden, abgesehen davon, daß wir beim Absuchen des Bodens ostwärts von jener dritten Kluft zwei dreieckige Löcher fanden, von großer Tiefe, die Wände ebenfalls aus Schwarzgranit. Einen Versuch, in diese Löcher einzusteigen, hielten wir für nicht der Mühe lohnend, da sie den Eindruck bloßer natürlicher Brunnenschächte, ohne Ausgang, machten. Sie hatten jedes einen Umfang von circa 20 Yards und ihre Gestalt, wie auch die relative Lage in bezug auf die dritte Kluft sind aus Figur 5 ersichtlich.

XXIV. Kapitel

Am 20. des Monats, nachdem es sich als gänzlich unmöglich herausgestellt hatte, noch länger von den Haselnüssen zu leben, deren Genuß uns die peinlichsten Martern verursachte, entschlossen wir uns, einen verzweifelten Versuch zu unternehmen und die südliche Abdachung des Hügels hinunterzuklettern. Die Front der Steilwand bestand aus der weichsten Sorte Speckstein, obwohl sie in ihrer ganzen Ausdehnung (einer Tiefe von 150 Fuß mindestens) nahezu lotrecht verlief, ja, an manchen Stellen sogar überhing. Nach langem Suchen entdeckten wir eine schmal vorstehende Leiste, an die sechs Yards unterhalb der Kante des Abgrunds; und Peters brachte es fertig, mit dem bißchen Hilfestellung, die ich ihm vermittelst unserer zusammengeknoteten Taschentücher zu geben vermochte, daraufzuspringen. Mit etwas mehr Schwierigkeit gelangte auch ich hinab; und nun erkannten wir die Möglichkeit, den ganzen restlichen Weg durch dasselbe Verfahren zu bewältigen, das wir beim Heraufklimmen aus jener Klamm, als uns der Bergrutsch begrub, eingeschlagen hatten – das heißt, indem wir mit unseren Messern Stufen in die Specksteinfront einschnitten. Das unglaubliche Risiko des Unterfangens wird man sich schwerlich vorstellen können; aber da es einfach keinen anderen Ausweg gab, beschlossen wir, es zu versuchen.

Auf der Leiste, wo wir standen, gediehen einige Haselbüsche, und an einem von ihnen befestigten wir das eine Ende unseres Taschentuchstrickchens. Das andere Ende ward Peters um die Taille gebunden; worauf ich ihn über die Kante der Steilwand nach unten ließ, bis die Tücher straff gespannt waren. Er nun ging daran, ein tiefes Loch in den Speckstein zu graben (volle acht oder zehn Zoll); schrägte dann das Gestein darüber in Höhe von einem Fuß, oder so, ab, auf daß er, mit dem Kolben einer Pistole, einen hinreichend starken Pflock in die planierte Oberfläche eintreiben könnte. Dann zog ich ihn an die vier Fuß höher, wo er ein Loch, genau wie das untere, machte; auch einen Pflock einschlug und dergestalt Anhaltspunkte für sowohl Hände als auch Füße gewonnen hatte. Ich machte nun die Taschentücher von dem Busch los und warf ihm das freie Ende zu, welches er um den Pflock im obersten Loch knotete, sich darauf sacht nach unten ließ, bis zu einer Stelle ungefähr drei Fuß tiefer, als er bisher je gewesen war – das heißt also bis zur vollen Länge des Taschentuchstricks. Hier grub er ein weiteres Loch und schlug einen weiteren Pflock ein. Dann zog er sich hoch, so daß seine Füße in dem eben geschaffenen Loch ruhten, wobei er sich mit den Händen an dem Pflock oberhalb festhielt. Nun aber wurde es erforderlich, die Taschentücher vom allerobersten Pflock loszubinden, um sie am zweiten befestigen zu können; und dabei stellte sich heraus, daß ein Fehler insofern begangen worden war, als er die Löcher in so großen Abständen voneinander eingegraben hatte. Nach ein oder zwei erfolglosen und gefährlichen Versuchen, den Knoten zu erreichen (mußte er sich doch mit der linken Hand festhalten, während die Rechte arbeitete, die Befestigung aufzulösen), schnitt er endlich das Strickchen so durch, daß etwa sechs Zoll davon an dem Pflock hängenblieben. Indem er die Taschentücher nunmehr an den zweiten Pflock anknotete, stieg er tiefer, zu einer Stelle unterhalb der dritten; wobei er aber Sorge trug, diesmal nicht zu weit nach unten zu gehen. Indem er fortlaufend so verfuhr (worauf ich, von mir aus, nie verfallen wäre, und was wir einzig und allein Peters' Ingeniosiät und Resolutheit zu verdanken hatten), gelang es meinem Gefährten schließlich, unterstützt von gelegentlichen kleinen Handhaben aus der Wand, den Boden unten ohne Unfall zu erreichen.

Es dauerte eine Weile, bis ich genügend Energie beisammen hatte, um ihm zu folgen; aber am Ende versuchte ich es. Peters hatte, ehe er hinabstieg, sich sein Hemd ausgezogen, und dies, zusammen mit meinem eigenen, ergab den für das Wagnis erforderlichen Strick. Nachdem ich erst noch die in der Klamm wiedergefundene Muskete hinuntergeworfen hatte, befestigte ich besagten Strick an den Büschen und ließ mich dann rasch nach unten, im Bemühen, durch die Rüstigkeit meiner Bewegungen mein Zittern hintanzuhalten, das ich auf keine andere Manier zu überwinden wußte. Das ging auch, was die ersten vier oder fünf Großstufen anbelangt, leidlich gut; dann aber merkte ich, wie meine Einbildungskraft zunehmend schrecklich erregter wurde, durch Gedanken an die mächtige Tiefe, die noch zu überwinden sei, sowie die prekäre Beschaffenheit der Pflöcke und Specksteinlöcher, in denen mein einziger Halt bestünde. Vergebens war ich bemüht, derlei Vorstellungen zu verscheuchen und dafür meine Augen stetig auf die platte Flachheit der Wand vor mir fixiert zu halten. Je ernstlicher ich mich abarbeitete, *nicht zu denken,* desto intensiver und lebhafter spielten meine Ideen und um so schauerlich deutlicher. Endlich trat auch jene Krisis der Phantasie ein, fürchterlich wie in allen ähnlichen Fällen; jene Krisis, mit denen wir fallen *werden* – in der wir uns die Übelkeit, das Schwindeln, den letzten Verzweiflungskampf, und dann die Halbschwummrigkeit und das bittere Ende des Abstürzens ausmalen, sausend und kopfunter. Und schon erlebte ich, wie diese Phantastereien sich ihre eigene Realität erschufen und alle eingebildeten Schrecken tatsächlich auf mich einstürmten. Ich fühlte, wie meine Knie heftig gegeneinander schlugen, während meine Finger, langsam aber sicher, ihren Griff lockerten. In meinen Ohren war es wie ein Klingeln, und ich sagte gleich: »Ist wohl mein Totenglöcklein!«. Und jetzt verzehrte mich das ununterdrückbare Verlangen, einmal hinunterzugucken. Ich konnte nicht, ich wollte nicht länger mein Starren nur auf die Steilwand beschränken; richtete vielmehr, unter verwilderten unbestimmbaren Gefühlswallungen, halb Graus halb bedrückte Erleichterung, mein Gesicht hinab in den Abgrund. Einen Augenblick lang noch schlossen sich meine paar Finger konvulsivisch um ihren Halt, während, synchron mit der Bewegung, possenschwächste Ideen, von letztlichem Entkommen, schattengleich durch mein Gehirn wanderten – im nächsten dann durchdrang schon meine Seele das *Gelüst zu fallen;* ein Wünschen, Sehnen, eine Passion, nicht mehr zu kontrollieren. Ich ließ sogleich meinen Griff um den Pflock fahren, und halb mich von der Steilwand fortwendend, lehnte ich noch, schlotternd, einen Moment lang gegen die nackte Front. Aber nun kam es an und spinnräderte im Gehirn; schrillschallend kreischte das Phantom einer Stimme ums Geöhr; eine dunkle feindliche durchscheinende Figur stand unmittelbar unter mir; und seufzend, mit zerberstendem Herzen, sackte ich zusammen, ihr in die Arme.

Ich hatte die Besinnung verloren und Peters mich aufgefangen, grad als ich fiel. Er hatte, von seinem Posten am Fuße der Wand aus, mein Hantieren beobachtet; und als er die mir drohende Gefahr erkannte, sich bemüht, mir auf jede Weise, die ihm nur einfiel, Mut zuzusprechen, obschon meine seelische Verworrenheit so groß gewesen war, daß sie mich zu verstehen hinderte, was er sagte; beziehungsweise, mir bewußt zu werden, daß er mich überhaupt anredete. Schließlich, als er mich gar torkeln sah, war er zu meiner Rettung heraufgehastet und kam just noch recht, mich zu bewahren. Wäre ich gestürzt, mit meinem vollen Körpergewicht dahinter, hätte der Leinenstrick unweigerlich reißen und ich in den Abgrund geschleudert werden müssen; so jedoch schaffte er es, mich sacht herniedergleiten zu lassen, daß ich ohne Gefährdung hängen blieb, bis die Lebensgeister zurückkehrten. Das war in etwa fünfzehn Minuten erfolgt. Als ich zu mir kam, war mein Zittern und Zagen gänzlich verschwunden; ich fühlte mich wie ein neues Wesen; und mit ein klein wenig Unterstützung seitens meines Gefährten erreichte auch ich schließlich den Boden in Sicherheit.

Wir befanden uns jetzt nicht weit von jener Hauptschlucht, die bestimmt gewesen war, unseren Freunden zum Grabe zu werden, und zwar südlich von der Stelle, wo der Bergrutsch erfolgt war. Die Gegend hier war von merkwürdiger Wildheit; und ihr ganzer Aspekt brachte mir die Beschreibungen zu Sinn, wie Reisende sie von jenen öden Regionen geben, welche die Lokalität des heruntergekommenen Babylon bezeichnen sollen. Gar nicht zu reden von den Ruinen der abgesprengten Steilwand, die als chaotische Barriere die Aussicht nach Norden begrenzten, war die Bodenoberfläche hier auch in jeglicher anderen Richtung mit mächtigen Tumuli übersät, anscheinend den Überbleibseln gigantischer Kunstbauten; ob auch, im einzelnen, keine Ähnlichkeit mit Kunst zu erblicken war. Scoria gab es in Fülle, und große formlose Blöcke jenes Schwarzgranits, untermischt mit anderen aus Mergel[5], beide aber körnig von Metalleinschlüssen. Von Pflanzenwuchs war nirgends die geringste Spur rundum zu entdecken; auf dem ganzen wüsten Gelände nicht. Nur mehrere riesige Skorpione waren sichtbar, sowie diverse andere Reptilien, die man sonst in hohen Breiten nicht antrifft.

Da unser allerdringendstes Anliegen Nahrung hieß, beschlossen wir, den Weg nach der nicht mehr als einer halben Meile entfernten Meeresküste einzuschlagen, mit der Absicht, Schildkröten zu fangen, deren wir ja, von unserem Versteck auf dem Hügel aus, mehrerer ansichtig geworden waren. Wir hatten auch, uns immer achtsam zwischen den mächtigen Findlingen und Tumuli hindurch schleichend, bereits ein paar hundert Meter zurückgelegt, als, da wir um eine Ecke bogen, plötzlich aus einer kleinen Höhle her fünf Wilde uns ansprangen und Peters mit einem Keulenhieb zu Boden schlugen. Als er fiel, stürzte die gesamte Rotte über ihn her, sich ihres Opfers zu versichern; wodurch ich Zeit bekam, mich von meinem Erstaunen zu erholen. Ich hielt zwar immer noch die Muskete, aber ihr Lauf hatte beim Hinunterwerfen von der Steilwand so viel Beschädigung erfahren, daß ich sie als nutzlos beiseite schleuderte und es vorzog, mich auf meine Pistolen zu verlassen, die einsatzbereit zu halten wir immer Sorge getragen hatten. Mit ihnen drang ich auf die Angreifer ein, wobei ich eine nach der anderen, in schneller Folge, abfeuerte: zwei Wilde fielen, und ein dritter, der eben dabei war, Peters einen Speer in den Leib zu stoßen, sprang zurück, ohne seine Absicht auszuführen. Meinem Gefährten auf diese Weise einmal Luft gemacht, gab es für uns keine weiteren Schwierigkeiten mehr. Auch er hatte noch seine Pistolen, nahm aber klug Abstand davon, sie zu gebrauchen, und verließ sich lieber auf seine große körperliche Kraft, die bei weitem alles übertraf, was mir je bei anderen vorgekommen ist. Indem er sich der Keule eines der gefallenen Wilden bemächtigte, schlug er den noch drei verbleibenden die Schädel ein, wobei ein Hieb pro Kopf sofortigen Tod bedeutete und uns als absolute Herrn des Schlachtfeldes zurückließ.

So schnell waren die Ereignisse aufeinander gefolgt, daß wir Mühe hatten, an ihre Wirklichkeit zu glauben, und noch über den Leibern der Toten standen, in einer Art stupider Betrachtsamkeit, als wir durch den Klang von Rufen in der Ferne wieder zur Besinnung gebracht wurden. Es lag auf der Hand, daß die Wilden durch unsere Schüsse alarmiert worden waren, und wir nur geringe Chancen hatten, eine Entdeckung zu vermeiden. Um die Steilwand wieder zu erreichen, wäre es nötig gewesen, in Richtung eben der Rufe zu laufen; und selbst, falls wir Erfolg haben und ihren Fuß erreichen sollten, wären wir doch nie und nimmer imstande gewesen, sie ungesehen auch wieder zu ersteigen. Unsere Situation war also gefährlich im höchsten Grade; und wir zauderten noch ob eines Fluchtweges, den wir einschlagen könnten, als plötzlich einer der Wilden, die ich erschossen und für tot gehalten hatte, hurtig auf die Füße sprang und uns zu entkommen versuchte. Wir hatten ihn jedoch, kaum daß er viele Schritte davon war, schon wieder eingeholt, und waren eben dabei, ihm den Tod zu geben, als Peters einfiel, daß er vielleicht noch von Nutzen sein können, wenn wir ihn mit Gewalt nötigten, uns auf unserem Fluchtversuch zu begleiten. Wir zerrten ihn deshalb mit uns, wobei wir ihm zu verstehen gaben, daß wir ihn, wenn er irgend Widerstand leiste, sofort erschießen würden. Binnen weniger Minuten war er auch völlig unterwürfig geworden und rannte, uns zur Seite, durch das Steingewirr mit dahin, immer in Richtung Meeresufer.

Bisher hatten die Bodenunebenheiten, durch die wir dahineilten, abgesehen von einzelnen flüchtigen Intervallen, die See unseren Blicken verborgen; und als wir ihrer das erstemal voll ansichtig wurden, lag sie schätzungsweise nur noch 200 Yards von uns entfernt. Als wir auf den freien Strand hinausjagten, sahen wir zu unserer größten Bestürzung, wie eine nicht zu zählende Masse von Wilden, sowohl vom Dorf her als auch aus sämtlichen sonst nicht sichtbaren Winkeln der Insel, herbei und auf uns zugeströmt kam: mit Gebärden äußerster Wut und einem Geheul wie das von wilden Bestien. Wir waren eben dabei, wieder kehrtzumachen und zu versuchen, ob wir nicht in den Schlüpften des unebneren Geländes doch einen sichereren Rückzug antreten könnten, als ich plötzlich der Schnäbel zweier Kanus gewahr wurde, die hinter einem großen, ins Wasser hineinreichenden Felsblock hervorragten. Auf sie nun rannten wir aus Leibeskräften zu, erreichten sie und fanden sie unbewacht und ohne jede andere Ladung als drei der großen Galapagos-Schildkröten, zusamt der normalen Ausrüstung mit Paddeln für sechzig Ruderer. Wir nahmen sofort Besitz von einem; nötigten unseren Gefangenen gewaltsam an Bord und machten uns fort, hinaus aufs Meer, mit aller Kraft, die wir nur aufbringen konnten.

Wir hatten uns jedoch nicht mehr als fünfzig Meter erst vom Ufer entfernt, als wir Besonnenheit genug gewannen, den großen Fehler einzusehen, dessen wir uns dadurch schuldig gemacht hatten, das andere Kanu in der Gewalt der Wilden zu lassen, die mittlerweile nicht mehr als zweimal so weit vom Wassersaum waren wie wir selbst, und aufs schnellste zu unserer Verfolgung herbeistürmten. Jetzt war keine Sekunde zu verlieren. Unsere Chance war, selbst im besten Fall, nur ganz winzig; aber eine andere hatten wir nicht. Es war höchst zweifelhaft, ob wir, bei größter Anstrengung, noch rechtzeitig genug zurückgelangen würden, um ihnen bei der Besitzergreifung des Kanus zuvorzukommen; aber eine schwache Aussicht bestand immerhin. Wenn wir Erfolg hatten, konnte das unsere Rettung bedeuten; während den Versuch nicht zu machen geheißen hätte, uns ins unvermeidliche Hingeschlachtetwerden zu ergeben.

Die Kanus waren so modelliert, daß Bug und Heck einander glichen; und anstatt erst wenden zu müssen, brauchten wir lediglich unsere Stellung und Richtung beim Paddeln zu wechseln. Sobald die Wilden dies gewahrten, verdoppelten sie ihr Gekreisch und ihre Schnelligkeit nicht minder und näherten sich mit unvorstellbarer Geschwindigkeit. Wir unsererseits pullten mit der ganzen Energie der Verzweiflung und kamen an dem umstrittenen Punkte an, bevor noch mehr als nur einer der Wilden ihn erreicht hatte. Der Mann hatte seine überragende Behendigkeit teuer zu bezahlen; denn Peters schoß ihn, als er sich dem Ufer näherte, mit der Pistole durch den Kopf. Von den übrigen seiner Bande waren die vordersten ungefähr noch einige zwanzig oder dreißig Schritt entfernt, als wir Hand ans Kanu legten. Zuerst versuchten wir noch, es in tieferes Wasser, außerhalb der Reichweite der Wilden, zu ziehen, da wir aber fanden, daß es zu fest auf Grund saß, und keine Zeit mehr zu verlieren war, gelang es Peters, mit ein, zwei mächtigen Hieben des Musketenkolbens, ein großes Stück aus Bug und Seitenwand herauszuschlagen. Dann stießen wir ab. Zwei der Eingeborenen aber hatten inzwischen unser Boot zu fassen bekommen und weigerten sich derart hartnäckig loszulassen, daß wir schließlich gezwungen waren, sie mit unseren Messern abzutun. Nun waren wir wieder klar und in voller Fahrt hinaus auf See begriffen. Die große Masse der Wilden, als sie das beschädigte Kanu erreichte, stimmte das ungeheuerlichste Gegelle von Wut und Enttäuschung an, das man sich nur vorstellen mag. Wahrlich, all und jenem nach, was ich von diesen Elenden zu sehen bekam, schienen sie die verkommenste, gemeinste, rachsüchtigste, blutdürstigste, kurzum die teuflischste Menschenrasse auf dem ganzen Erdball zu sein. Es ist klar, daß wir, wären wir ihnen in die Hände gefallen, keine Gnade zu erwarten gehabt hätten. Sie unternahmen noch einen tollen Versuch, uns in dem zerbrochenen Kanu zu folgen; da sie aber einsehen mußten, daß es nutzlos sei, machten sie ihrer Wut noch einmal in Folge scheußlichster Verwünschungen Luft und stürzten hinauf in ihre Hügel.

So waren wir also von unmittelbarer Gefahr erlöst; aber unsere Situation war immer noch ausgesprochen düster. Wir wußten, daß es seinerzeit vier Kanus von der Art des unserigen im Besitz der Wilden gegeben hatte, und waren uns des Umstandes nicht bewußt (den wir erst späterhin von unserem Gefangenen herausbrachten), daß zwei davon bei der Explosion der JANE GUY in die Luft geflogen waren. Wir kalkulierten deshalb ein, daß, sobald unsere Feinde zu der (rund drei Meilen entfernten) Bucht, wo sie ihre Boote gewöhnlich liegen hatten, herum wären, man uns doch noch nachjagen werde. Mit dieser Befürchtung machten wir alle Anstrengungen, die Insel nur recht weit hinter uns zu lassen, zwangen den Gefangenen, ebenfalls ein Paddel zu ergreifen, und schossen rapide durchs Wasser dahin. In etwa einer halben Stunde, nachdem wir schätzungsweise fünf bis sechs Meilen Vorsprung nach Süd zu gewonnen hatten, sah man eine große Flottille von Flößen oder Flachbooten aus jener Bucht herauskommen, unverkennbar mit Verfolgungsabsichten. Schließlich aber kehrten sie um; daran verzweifelnd, uns jemals einzuholen.

XXV. KAPITEL

Da fanden wir uns nun inmitten des weiten und öden Antarktischen Ozeans, auf einer Breite, die 84° überstieg; in einem gebrechlichen Kanu und mit weiter keinem Proviant als drei Schildkröten. Auch konnte der lange Polarwinter nicht mehr als allzu fern betrachtet werden; und es wurde notwendig, uns sehr reiflich zu überlegen, welcher Kurs einzuschlagen wäre. Wir hatten sechs oder sieben zur selben Gruppe gehörende Inseln in Sicht, die untereinander je fünf bis sechs Wegmeilen entfernt sein mochten; hatten aber nicht die geringste Absicht, uns auf eine davon zu wagen. Als wir, auf der JANE GUY, von Norden her kamen, hatten wir schrittweise die Regionen stärkster Vereisung hinter uns gelassen – das war, wie wenig es auch in Übereinstimmung mit den allgemein gängigen Ansichten über die Antarktis sein mag, ein Faktum, das wegzuleugnen unsere eigene Erfahrung uns nicht erlaubte. Folglich mußte ein Versuch, dorthin zurückzukehren, Narretei sein – zumal bei so weit vorgeschrittener Jahreszeit. Nur ein Kurs also schien unserer Hoffnung offen gelassen: wir beschlossen, kühn nach Süden zu steuern, wo zumindest die Wahrscheinlichkeit bestand, weitere Landstriche zu entdecken, und mehr als die bloße Wahrscheinlichkeit, ein immer noch milderes Klima anzutreffen.

So weit hatten wir den antarktischen, ebenso wie den arktischen Ozean, bemerkenswert frei von heftigen Stürmen oder auch sonderlich schwerem Seegang gefunden; aber unser Kanu, obschon geräumig, war doch von, schonend formuliert, zerbrechlichem Bau; und wir gingen geschäftig zu Werk, mit dem Ziel, es so stabil zu machen, wie die uns zu Gebote stehenden, freilich begrenzten, Mittel es nur gestatteten. Der Bootsrumpf bestand aus keinem tüchtigeren Material als Rinde – der Rinde eines unbekannten Baumes. Die Rippen waren aus einer zähen Weidenart; und zu dem Zweck, zu dem man sie gebraucht hatte, trefflich geeignet. Wir hatten, vom Bug bis zum Heck, 50 Fuß Raum, die Breite betrug zwischen vier und sechs; und die Tiefe durchgehend 4½ Fuß – so daß der Bootstyp also von denen anderer Bewohner des Südmeers, mit denen zivilisierte Nationen bisher bekannt geworden sind, beträchtlich differierte. Wir haben sie niemals für eigene Erzeugnisse dieser Ignoranten von Insulanern gehalten, denen sie gehörten, und bekamen einige Tage später auch durch Befragen unseres Gefangenen heraus, daß sie in der Tat von den Bewohnern einer Gruppe im Südwesten des Landes, wo wir sie angetroffen hatten, herrührten und nur durch Zufall in die Hände unserer Barbaren gelangt waren. Was wir für die Sicherheit unseres Bootes unternehmen konnten, war im Grunde äußerst wenig. Diverse breite Risse waren an beiden Enden zu entdecken; und diese konnten wir annähernd mit den Fetzen einer Wolljacke flicken. Mit Hilfe der überzähligen Paddel dann, deren es ja eine große Menge gab, konstruierten wir im Bug eine Art Fachwerk, so daß die Gewalt etwaiger Wogen, die von dorther hereinzuschlagen drohten, gebrochen würde. Dann richteten wir noch zwei Ruder als Masten auf, indem wir sie, an jedem Dollbord eines, einander schräg gegenüberstellten, so daß wir die Rahe sparten. An diesen Behelfsmasten befestigten wir dann ein Segel, hergestellt aus unseren Hemden – was uns alles einige Mühe verursachte, da wir hierbei nicht die geringste Unterstützung seitens unseres Gefangenen bekommen konnten; obschon er sich doch wirklich willig genug gezeigt hatte, bei allen anderen Verrichtungen mitzuarbeiten. Der Anblick des Linnens schien ihn auf merkwürdige Weise anzugreifen: Er war nicht zu bewegen, es anzurühren, oder ihm auch nur nahe zu kommen; und wenn wir versuchten, ihn dazu zu zwingen, schüttelte es ihn und er fing an zu kreischen: »*Tekeli-li!*«.

Als wir unsere Einrichtungen hinsichtlich der Sicherung des Kanus beendet hatten, richteten wir unseren Kurs zunächst nach Südsüdost, mit der Absicht, die südlichste der in Sicht befindlichen Inselgruppe luvwärts zu umschiffen. Dies vollbracht, wendeten wir den Bug dann voll gen Süden. Das Wetter konnte keineswegs als unangenehm betrachtet werden. Wir hatten vorherrschend ganz sanfte Winde aus nördlichen Richtungen, eine glatte See und immerfort Tageslicht. Nicht das geringste bißchen Eis war zu sehen; *wie ich denn, nach Überschreiten von Bennett's Island, niemals auch nur ein Partikelchen davon erblickt habe*. Die Wassertemperatur war auch wirklich viel zu hoch, als daß nennenswerte Mengen existieren konnten. Nachdem wir die größte unserer Schildkröten getötet und von ihr nicht nur Fleisch, sondern auch ein reichliches Quantum Wasser gewonnen hatten, setzten wir unseren Kurs, ohne irgend bedeutsamen Zwischenfall, vielleicht sieben oder acht Tage lang fort, während dieser Zeitspanne wir eine gewaltige Strecke nach Süden zurückgelegt haben müssen, da wir den Wind beständig von achtern hatten und zusätzlich noch eine recht starke Strömung in der Richtung herrschte, die wir verfolgten.

1. März.[6] Manch ungewöhnliches Phänomen deutete nun darauf hin, daß wir im Begriff stünden, in eine Region der Novitäten und Wunder einzudringen. Eine hohe Bande aus lichtgrauem Gedämpf erschien beständig am südlichen Horizont; flackerte gelegentlich auf, in luftigen Streifen, die bald von Ost nach West, bald von West nach Ost schossen; dann zeigte sich der obere Rand wieder eben und einförmig – kurzum, sie hatte all die wilde und wirre Veränderlichkeit der Aurora Borealis. Die durchschnittliche scheinbare Höhe dieser Qualmwand betrug, von unserem Standpunkt aus, um die 25 Grad. Die Temperatur der See schien fortwährend zuzunehmen, und eine merkliche Veränderung in ihrer Färbung ging vor sich.

2. März. Heute, durch längeres wiederholtes Befragen unseres Gefangenen, wurden uns zahlreiche Einzelheiten bezüglich der Insel des Massakers bekannt, ihrer Bewohner und deren Gebräuche – aber wie kann ich den Leser *jetzt* damit aufhalten? So viel darf ich vielleicht kurz sagen, wie wir erfuhren, daß jene Gruppe aus acht Inseln bestünde – daß sie von einem gemeinsamen König namens *Tsalemon* oder *Psalemoun* regiert würden, der seine Residenz auf einem der kleinsten Eilande hätte – daß die schwarzen Felle, die die Kriegertracht bildeten, von einem Tier von gewaltiger Größe herrührten, das nur in einem Tal, nahe der Hofhaltung des Königs, zu finden sei – daß die Bewohner der Gruppe selbst keine anderen Boote fabrizierten als ihre flachen Flöße – die vier Kanus waren die einzigen in ihrem Besitz gewesen; und ihrer wäre man durch bloßen Zufall, auf irgendeiner großen Insel im Südwesen, habhaft geworden – daß sein eigener Name *Nu-Nu* wäre – daß er von Bennett's Island keine Kenntnis habe – und daß die Bezeichnung der Insel, die wir verlassen hätten, *Tsalal* sei. Der Anfang dieser Worte *Tsalemon* und *Tsalal* wurde mit einem langgezogenen Zischlaut eingeleitet, den nachzuahmen wir, selbst nach wiederholten Bemühungen, unmöglich fanden, und der genau identisch war mit dem Ruf der schwarzen Rohrdommel, die wir auf dem Gipfel des Hügels aufgezehrt hatten.

3. März. Die Hitze des Wassers war nunmehr wirklich bemerkenswert; und die Veränderung seiner Farbe ging rapide vor sich, so daß es nicht länger durchscheinend war, vielmehr von milchiger Konsistenz und Tönung. In unserer unmittelbaren Nachbarschaft war es gewöhnlich glatt, niemals so rauh, um das Kanu zu gefährden – aber es überraschte uns, häufig, zur Rechten wie zur Linken, in unterschiedlichen Entfernungen, plötzliche und ausgedehnte Erschütterungen der Oberfläche wahrzunehmen – denen, wie wir am Ende erkannten, grundsätzlich ein besonders wildes Geflickere der Dampfregion im Süden vorausging.

4. März. Heute zog ich, mit der Absicht unsere Segelfläche zu vergrößern (da die Brise aus Norden spürbar abzunehmen fortfuhr), aus meiner Rocktasche ein weißes Taschentuch. Nu-Nu saß neben meinem Ellbogen; und als das Linnen ihm zufällig ins Gesicht wehte, wurde er von heftigen Krämpfen befallen. Auf sie folgte Schlaftrunkenheit und Apathie, mit leisen Murmelungen von *Tekeli-li, Tekeli-li!*

5. März. Der Wind war gänzlich eingeschlafen; dennoch war unverkennbar, daß wir still nach Süden geflößt wurden, unter dem Einfluß einer kraftvollen Strömung. Und nun wäre es in der Tat doch erklärlich erschienen, wenn wir ein wenig Unruhe verspürt hätten, ob der Wendung, welche die Dinge nahmen – aber wir fühlten keine. Das Antlitz Peters' tat nichts dergleichen kund, obschon es zu Zeiten einen Ausdruck trug, den ich nicht ergründen konnte. Der Polarwinter schien ankommen zu wollen – aber ohne seine Schrecken. Ich empfand eine *Dumpfheit* an Leib und Gemüt – eine Traumhaftigkeit der Sinne – aber das war auch alles.

6. März. Der graue Dampf war nun um viele Grade mehr über den Horizont emporgestiegen und büßte dabei allmählich seine Graufärbungen ein. Die Hitze des Wassers war extrem, direkt unangenehm anzufassen, und seine milchige Tönung augenfälliger denn je. Heute ereignete sich eine heftige Unterwasserbewegung, ganz dicht beim Kanu. (Begleitet war sie, wie üblich, von einem verwilderten Aufflackern des obigen Dunstrandes wie auch von einem momentanen Auseinandergehen an der Basis.) Ein feines weißes Puder, Asche ähnelnd – aber gewiß nichts dergleichen, sank über das Kanu und einen großen Teil der Wasseroberfläche hin, während gleichzeitig das Flackern oben im Dunst erstarb und ebenso der Aufstand in der See sich legte. Nu-Nu warf sich auf das Gesicht, in den Boden des Bootes; und kein Zureden konnte ihn zum Aufstehen mehr bewegen.

7. März. Heute verhörten wir Nu-Nu hinsichtlich der Motive seiner Landsleute, unsere Geführten einfach umzubringen; aber er erschien allzu überwältigt vom Entsetzen, um uns irgend verständige Erklärungen abzugeben. Noch immer lag er obstinat auf dem Boden des Bootes und machte, nachdem wir die Fragen nach den Motiven wiederholt hatten, lediglich Gebrauch von idiotischen Gebärden: wie etwa mit dem Zeigefinger seine Oberlippe hochzuheben und uns die darunterliegenden Zähne zu weisen. Sie waren schwarz. (Wir hatten zuvor niemals die Zähne eines Einwohners von Tsalal gesehen.)

8. März. Heute trieb in der Flut eines jener weißen Tiere an uns vorbei, deren Erscheinung auf dem Strand von Tsalal einen derartigen Aufstand unter den Wilden bewirkt hatte. Ich hätte es wohl aufgehoben; aber es kam über mich wie eine plötzliche Lustlosigkeit, und ich ließ es. Die Hitze des Wassers nahm immer noch zu, und die Hand konnte es nicht länger darin aushalten. Peters sprach wenig, und ich wußte nicht, was ich von seiner Apathie denken sollte. Nu-Nu atmete, sonst nichts mehr.

9. März. Die ganze aschige Materie fiel nun fortwährend und in wüsten Mengen um uns her. Die Dampfwand im Süden hatte sich ungeheuerlich am Horizont aufgerichtet und begonnen, mehr Bestimmtheit der Form anzunehmen. Ich kann sie mit nichts vergleichen, als mit einem grenzenlosen Katarakt, der lautlos, von einer riesigen und weit entfernten Rampe im Himmel, in die See herabrollt. Der gigantische Vorhang reichte über die gesamte Ausdehnung des südlichen Horizonts. Er verursachte keinen Laut.

21. März. Eine mürrische Düsterkeit schwebte jetzt über uns – aber aus den milchigen Tiefen des Ozeans stieg es wie Glimmlicht auf, und stahl sich, der Bordwand des Bootes entlang, nach oben. Wir wurden nahezu verschüttet von dem weißaschigen Schauer, der sich auf uns niederließ und auch im Kanu; aber im Wasser zerschmolz er, wie er hineinsank. Die Oberkante des Kataraktes verlor sich gänzlich in Fahlheit und Ferne. Doch offensichtlich ging es auf ihn zu, mit grauser Behendigkeit. Zu Zeiten, doch momentan nur, wurden weite gaffende Spalten darin sichtbar, und aus diesen Spalten, in denen ein Chaos unscharfer Bilder flatterte, kamen stürmisch und mächtig, doch lautlos, die Winde und furchten den erleuchteten Ozean in ihrem Lauf.

22 März. Die Dunkelheit hatte beträchtlich zugenommen, gemildert nur vom Glanze der Wasser, den der weiße Vorhang vor uns zurückwarf. So manche gigantischen und fahlweißen Vögel kamen fortwährend von jenseits des Schleiers hergeflogen; und ihr Gekreisch war das ewige *Tekeli-li!*, während sie sich aus unserem Gesichtskreis wieder entfernten. Auf das hin störte es Nu-Nu, im Boden des Bootes, auf; aber da wir ihn anrührten, fanden wir, daß sein Geist ihn verlassen hatte. Und nun rauschten wir in die Umarmungen des Kataraktes, wo just eine Klamm sich auftat, uns zu empfangen. Da aber erhob sich in unserem Pfade ein verhüllte menschliche Gestalt, sehr viel größer an Gliedmaßen, als sonst eine unter Menschen je hausende. Und die Tönung der Haut der Gestalt war von der völligen Weiße des Schnees.

Schlussbemerkung

Die mit dem neulichen, ebenso plötzlichen wie betrüblichen Tode Mr. Pyms zusammenhängenden Umstände, sind der Leserschaft bereits durch das Medium der Tagespresse hinlänglich bekannt. Es ist zu befürchten, daß die wenigen noch ausstehenden Kapitel, die seinen Bericht abgeschlossen hätten, und die von ihm, während das Vorstehende sich im Druck befand, zu Korrekturzwecken noch zurückgehalten wurden, infolge des gleichen Unfalls, dem er selbst zum Opfer fiel, unwiederbringlich verloren sind. Immerhin braucht dies nicht unbedingt der Fall zu sein; und wenn sie sich letztlich doch noch finden sollten, werden seine Papiere der Öffentlichkeit vorgelegt werden.

Kein Mittel ist unversucht gelassen worden, diesem Übelstand abzuhelfen. Der Herr, dessen Name im Vorwort erwähnt wird, und von dem man, gemäß seiner dort abgegebenen Erklärung, theoretisch eine Ausfüllung der Lücke erwarten könnte, hat diese Aufgabe abgelehnt – und zwar aus völlig zureichenden Gründen, die einmal mit der durchgängigen Unexaktheit der ihm zur Verfügung stehenden Details, und dann auch mit seinem Unglauben an die Wahrhaftigkeit der späteren Abschnitte des ganzen Berichtes in Verbindung stehen. Peters, von dem einige Informationen zu erwarten sein könnten, ist noch am Leben und wohnt zur Zeit in Illinois; war jedoch im Augenblick nicht zu erreichen. Vielleicht wird man später einmal seiner habhaft, wo er denn, zweifellos, zusätzliche Materialien für einen Abschluß von Mr. Pyms Bericht liefern wird.

Der Verlust jener abschließenden zwei oder drei Kapitel (denn es waren tatsächlich nur noch zwei oder drei), ist um so tiefer zu bedauern, als es nicht bezweifelt werden kann, daß sie Angaben enthielten, die entweder den Pol selbst, oder zumindest doch die Regionen in seiner allernächsten Umgebung betreffen; und weiterhin, da gerade die Angaben des Verfassers in bezug auf diese Regionen im Begriff stehen, binnen kurzem von der Expedition unserer Regierung, die just dabei ist, in die Südmeere aufzubrechen, bestätigt oder aber widerlegt zu werden.

Über einen Punkt des Berichtes allerdings möchten einige zusätzliche Bemerkungen angetan sein; und es würde dem Verfasser dieser Schlußbemerkung viel Vergnügen bereiten, wenn das, was er hier vorbringt, sich als dazu angetan erweisen möchte, die hier veröffentlichten, doch beträchtlich kuriosen Seiten, in gewissem Grade glaubwürdiger zu machen. Und zwar sind jetzt speziell die auf der Insel Tsalal angetroffenen Klüfte sowie die Gesamtheit der Figuren auf den Seiten 203 und 205 gemeint. Mister Pym hat die Grundrisse jener Klüfte ohne weiteren Kommentar mitgeteilt und spricht betont von den *Einkerbungen*, die man am äußersten Ende der östlichsten dieser Klüfte fand, wie sie nur eine eingebildete Ähnlichkeit mit alphabetischen Buchstaben hätten, und, kurz gesagt, eben *keine solchen* wären. Diese Behauptung wird so schlicht vorgetragen und durch eine schlüssige Beweisführung unterstützt (nämlich das Einpassen der im Staub gefundenen Gesteinsstückchen in die Einkerbungen an jener Wand), daß man gezwungen ist, an den Ernst des Verfassers zu glauben, und wie kein verständiger Leser sich einer anderen Meinung unterfangen dürfe. Da jedoch die Fakten in bezug auf *alle* Figuren höchst eigentümlich sind (zumal zusammengehalten mit einzelnen Angaben im Text selbst), mag hier der rechte Ort sein, das ein oder andere Wort über sie zu sagen – um so mehr, als die hier zur Debatte stehenden Fakten zweifellos der Aufmerksamkeit Mr. Poes entgangen sind.

Figur 1 nämlich, und weiterhin Figur 2, 3, und 5 – wenn man sie in der natürlichen Reihenfolge ordnet wie die Klüfte sich nacheinander darstellten; und wenn man die kleinen seitlichen Abzweigungen oder Röhren wegläßt (die, wie man sich erinnern wird, lediglich der Kommunikation zwischen den eigentlichen Hauptkammern dienten, und ja auch total verschiedenen Charakter trugen) – bilden eine äthiopische Verbalwurzel; die Wurzel ጸለለ፡ »schattig sein« – und folglich alle Varianten von Schatten, beziehungsweise Dunkelheit.

Was die »linke oder nördlichste« jener zackigen Zähnelungen in Figur 4 angeht, so ist es mehr als wahrscheinlich, daß Peters' Meinung die korrekte und das hieroglyphische Aussehen tatsächlich das Werk der Kunstfertigkeit war und als Wiedergabe einer menschlichen Gestalt gedacht. Die Zeichnung liegt dem Leser ja vor; und er kann (bzw. kann nicht) sich von der Ähnlichkeit selbst überzeugen; aber auch der Rest der Einkerbungen bestätigt Peters' Ansicht aufs nachhaltigste. Die obere Reihe ist unverkennbar die arabische verbale Wurzel ابيض d. h. »weiß sein«, wovon sämtliche Schattierungen von Glanz und Weißheit sich ableiten lassen. Die Charaktere wirken beschädigt und auseinandergezogen; nichtsdestoweniger kann kein Zweifel bestehen, daß sie in ihrem ursprünglichen Zustand das komplette ägyptische Wort ΠΑϢΥΡΗϹ., »die Region im Süden« gebildet haben. Betont sei, daß eben diese Deutung die Meinung von Peters in bezug auf die »nördlichste« der Figuren bestätigen würde: der Arm ist ausgestreckt nach Süden hin.

Folgerungen wie diese eröffnen ein weites Feld für Spekulationen und aufregende Konjekturen. Vielleicht wäre es am besten, sie im Zusammenhang mit einigen der am flüchtigsten behandelten Details des Berichtes zu betrachten; obschon diese Verkettung der Zusammenhänge nicht absolut erkennbar ist. »*Tekeli-li!*« war der Aufschrei der entsetzten Eingeborenen von Tsalal, da sie den Leichnam des *weißen* auf See gefundenen Tieres entdeckten. Eben dieses war der schaudernde Ausruf des gefangenen Tsalalianers, als er mit den *weißen,* in Mr. Pyms Besitz befindlichen Stoffen in Berührung kam. Genau dies war der Schrei der schnellfliegenden, *weißen* und gigantischen Vögel, die aus dem *weißen* qualmenden Vorhang des Südens herausschossen. *Nichts Weißes* dagegen fand sich auf Tsalal; und auf der anschließenden Reise in die Regionen jenseits davon, wiederum nichts anderes. Es ist nicht gänzlich unmöglich, daß »Tsalal«, die Bezeichnung der Insel der Klüfte, sich bei einer minutiösen philologischen Untersuchung, als entweder verbunden mit jenen Klüften selbst oder aber doch in irgendeiner Beziehung zu den äthiopischen Charakteren herausstellen könnte, die ihren Hügelgewinden so mysteriös eingeschrieben sind.

»Ich habe es gegraben in die Hügel; und meine Rache auf den Staub im Felsen.«

Anmerkungen

1 Der Fall der Bostoner Brigg POLLY illustriert das Gesagte derart, und ihr Schicksal ist in so vielen Beziehungen dem unseren so auffallend ähnlich, daß ich mich nicht enthalten kann, ihn hier anzuführen. – Besagtes Fahrzeug von 130 Bruttoregistertonnen segelte am 12. Dezember 1811 mit einer Ladung, bestehend aus Bauholz und Lebensmitteln, von Boston nach Santa Croix, unter dem Kommando von Kapitän Casneau. Außer dem Kapitän befanden sich

noch acht Seelen an Bord – der Maat; vier Matrosen; dazu der Koch; und überdies ein Mister Hunt mit einer ihm gehörenden jungen Negerin. Am 15., nachdem man die Georges-Bank passiert hatte, wurde das Schiff nach einem Südoststurm leck; ja, kenterte schließlich; richtete sich jedoch, nachdem der Mast über Bord gegangen war, wieder auf. In solcher Lage, ohne Feuerungsmaterial und mit nur ganz geringem Proviant, verblieben sie *volle einhunderteinundneunzig Tage lang* (vom 15. Dezember bis zum 20. Juni), wo endlich Käptn Casneau und Samuel Badger, die einzigen Überlebenden, vom Wracke erlöst wurden, und zwar von der FAME (aus Hull; Kapitän Featherstone), auf ihrer Heimreise von Rio de Janeiro. Als man sie aufnahm, befanden sie sich auf 28° nördlicher Breite und 13° westlicher Länge; *waren also an die zweitausend Meilen weit getrieben!* Am 9. Juli begegnete die FAME der Brigg DROMEO (Kapitän Perkins), welche die beiden Dulder übernahm und in Kennebeck an Land setzte. Der amtliche Bericht, dem wir diese Einzelheiten entnehmen, schließt mit den folgenden Worten:

»Man wird sich natürlich fragen, wie es möglich sei, daß sie im verkehrsreichsten Teil des Atlantik, über eine derartige Distanz hingetrieben und all die Zeit nicht entdeckt werden konnten? –: *Mehr als ein Dutzend Segel haben sie passiert, von denen eines nahe genug kam, daß man ganz deutlich die Menschen auf Deck wahrnehmen und erkennen konnte, wie man sie, aus der Takelage her, beobachtete; zu der unaussprechlichen Enttäuschung der fröstelnden und halbverhungerten Schiffsbrüchigen jedoch unterdrückte man jegliches Diktat des Mitgefühls, hißte die Segel und überließ sie aufs grausamste ihrem Schicksal.*«

2 Von den Schiffen, die zu verschiedenen Zeitpunkten beteuert haben, den Auroras nahe gekommen zu sein, mögen hier erwähnt werden: die SAN MIGUEL 1769; die AURORA 1774, die Brigg PEARL 1779 und die DOLORES 1790. Alle stimmen sie darin überein, für die südliche Breite einen Mittelwert von etwa 53° zu nennen.

3 Die Ausdrücke *Morgen* und *Abend*, derer ich mich in meinem Bericht bedient habe, um, soweit möglich, Verwirrung zu vermeiden, dürfen selbstredend nicht in ihrer gewöhnlichen Bedeutung genommen werden. Schon seit geraumer Zeit hatten wir ja keinerlei »Nacht« mehr gehabt, vielmehr ständiges Tageslicht. Die Datierung entspricht durchgehend nautischer Zeit, und Richtungen sind grundsätzlich auf die des Kompasses zu beziehen. Auch möchte ich an dieser Stelle bemerken, daß ich im ersten Teil des hier Niedergeschriebenen nicht Ansprüche auf die strengste Genauigkeit hinsichtlich Daten oder Längen und Breiten erheben darf; führte ich doch nicht eher ein regelrechtes Journal, als *nach* dem Zeitraum, von welchem besagter erster Teil handelt. In zahlreichen Fällen habe ich mich sogar gänzlich auf mein Gedächtnis verlassen müssen.

4 Dieser Tag war insofern bemerkenswert, als wir unten im Süden mehrere mächtige Schlieren jenes grauen Qualms beobachteten, von dem ich zuvor schon einmal gesprochen habe.

5 Der Mergel war gleichfalls schwarz, wie wir denn tatsächlich keinerlei hellfarbige Substanz, von welcher Art auch immer, auf der Insel gewahr worden sind.

6 Aus naheliegenden Gründen kann ich, was diese Daten anbetrifft, keinen Anspruch auf strikte Genauigkeit erheben. Ich gebe sie hauptsächlich zum Zweck eines Gewinns an Übersichtlichkeit der Darstellung, und so, wie sie sich in meinen Bleistiftaufzeichnungen niedergelegt finden.

Das Gebinde Amontillado

Wohl tausendfältige Unbill hatt' ich von Fortunato ertragen, so gut ich's nur vermochte, doch als er gar so dreist ward, schweren Schimpf auf mich zu häufen, gelobt' ich Rache. Ihr, die ihr meiner Seele Innres so wohl kennt, werdet freilich nicht vermuten, ich hätte etwa einer Drohung Ausdruck gegeben. Nein, *irgendwann einmal,* ganz unerwartet, sollte die Vergeltung kommen; das war ein Punkt, der felsenfest entschieden – und ebenso entschieden war dabei, daß es für mich keinerlei Risiko geben durfte. Ich wollte nicht nur strafen, sondern straflos strafen. Denn das ist nicht die rechte Ahndung eines Unrechts, wenn dann den Rächer selbst die Wiedervergeltung erreicht. Und gleicherweise halb nur bleibt die Sühne, wenn der Beleidiger, der jenes Unrecht tat, nicht fühlt, nicht weiß, von wem ihn Rache trifft.

Wohlverstanden – ich hatte Fortunato weder in Wort noch Tat Ursache gegeben, an meinem Wohlwollen zu zweifeln. Ganz wie ich's lang gewohnt war, fuhr ich fort, ihm ins Gesicht zu lächeln, und er bemerkte nicht im mindesten, daß dieses mein Lächeln *jetzt* nur noch der Gedanke an seine baldige Opferung nährte.

Er hatte übrigens einen schwachen Punkt – dieser Fortunato – obschon er in anderer Hinsicht durchaus ein Mann war, den man achtete, ja gar ein wenig fürchtete. Er hielt sich nämlich arg viel darauf zugute, ein Weinkenner zu sein. Nun trifft es sich freilich nur selten, daß die Herren Italiener auf diesem Gebiete einiges vermögen. Meistenteils ist ihr Enthusiasmus vollauf damit beschäftigt, Zeit und Gelegenheit abzupassen und einzurichten, um die britischen und österreichischen Millionäre nach Takt und Noten zu begaunern. Was Malerei und Schmuckkunst anbetrifft, so war Fortunato ganz wie seine Landsleute bloß ein Schwadroneur; jedoch mit alten Weinen kannte er sich aus. In dieser Hinsicht unterschied ich mich übrigens nicht wesentlich von ihm – ich verstand mich selber ganz leidlich auf die italienische Lese und kaufte in großem Stil, wann immer ich es konnte.

Es war an einem Abende gegen Dämmerung, zur Zeit des tollsten und aberwitzigsten Karnevals, als ich meinem Freunde ganz unverhofft begegnete. Er begrüßte mich mit schier überschwenglicher Herzlichkeit, denn er hatte bereits eine Menge getrunken. Der Mensch trug sich wie ein rechter Narr. Er hatte ein dicht sitzendes buntscheckiges Gewand an, und seinen Dummkopf krönte eine spitze Schellenkappe. Ich war so überglücklich, ihn zu sehen, daß ich schon dachte, ich würde überhaupt nicht mehr damit fertig werden, ihm die Hand zu drücken.

»Mein lieber Fortunato!« sprach ich zu ihm, »welch ein Glück, daß ich Sie treffe! Sie sehen ja aus wie das blühende Leben heute! Es ist nämlich so – ich habe eben ein Butt Wein bekommen, der angeblich Amontillado sein soll, bin aber leider gar nicht ohne Zweifel.«

»Wie?« rief er. »Amontillado? Ein ganzes Butt? Unmöglich! Und das mitten im Karneval?«

»Eben, ich habe ja auch meine Zweifel«, erwiderte ich; »und leider war ich töricht genug, den vollen Amontillado-Preis zu zahlen, ohne zuvor Ihr Gutachten einzuholen. Aber Sie waren einfach nicht aufzufinden, und ich hatte Sorge, es könnte mir ein Geschäft entgehen.«

»Amontillado!«

»Ich habe meine Zweifel.«

»Amontillado!«

»Und ich muß mir Gewißheit verschaffen.«

»Amontillado!«

»Da Sie beschäftigt sind, will ich mich zu Luchesi begeben. Wenn irgendwer ein kritisches Urteil hat, dann ist es er. Er wird mir sagen –«

»Luchesi kann ja nicht einmal Amontillado von Sherry unterscheiden.«

»Und doch gibt es ein paar Narren, die behaupten, sein Geschmack vermöge den Ihrigen durchaus in die Schranken zu weisen.«

»Kommen Sie, gehn wir gleich.«

»Aber wohin denn?«

»In Ihre Kellerei.«

»Nicht doch, mein Freund; ich will Ihre Liebenswürdigkeit nicht ausnutzen. Ich sehe ja, Sie sind beschäftigt. Luchesi –«

»Aber ich bin nicht beschäftigt – kommen Sie!«

»Nein, mein Freund. Auch wenn Sie keine Abhaltung haben, ich sehe doch, daß Sie an einer schweren Erkältung leiden. Die Gewölbe sind unerträglich feucht und stickig. Alles ist mit Salpeter überzogen.«

»Sei's drum, lassen Sie uns gehen. Die Erkältung ist gar nicht der Rede wert. Amontillado! Da hat man Sie ganz schön hinter das Licht geführt. Und was Luchesi betrifft, der kann keinen Sherry von Amontillado unterscheiden.«

Bei diesen Worten bemächtigte sich Fortunato meines Arms; und indem ich eine Maske von schwarzer Seide anlegte und eine *roquelaure* fest um mich zog, litt ich's, daß er mich eilends nach meinem Palazzo drängte.

Es waren keinerlei Bedienstete daheim; sie hatten sich heimlich alle davongemacht, um sich der Jahreszeit entsprechend auf dem Karneval zu vergnügen. Ich hatte ihnen gesagt, daß ich nicht vor dem Morgen zurückkehren würde, und ausdrücklich Befehl gegeben, sich nicht aus dem Hause zu rühren. Diese Anordnungen reichten hin, so wußt' ich wohl, mit Sicherheit ihr unmittelbares Verschwinden zu bewirken, bis auf den letzten Mann, sowie ich ihnen nur den Rücken gekehrt hatte.

Ich nahm zwei Fackeln aus ihren Wandhaltern, gab Fortunato eine und geleitete ihn durch verschiedene Zimmer-Suiten zu dem Bogengang, der in die Gewölbe führte. Dann stieg ich eine lange und gewundene Treppe hinab, wobei ich ihn ersuchte, ja nur recht vorsichtig zu sein, wenn er mir folge. Schließlich kamen wir unten an und standen auf dem dumpfigen Boden der Katakomben der Montresors.

Der Gang meines Freundes war unsicher, und die Schellen an seiner Kappe klingelten, während er dahinschritt. »Das Butt«, sagte er.

»Das befindet sich weiter hinten«, sagte ich; »doch sehen Sie nur, wie weiß der Überzug auf diesen Höhlenmauern schimmert!«

Er wandte sich mir zu und starrte mich mit zwei glasigen Augen an, aus denen die Tränen der Trunkenheit quollen.

»Salpeter?« fragte er schließlich.

»Salpeter«, antwortete ich. »Wie lange haben Sie diesen Husten eigentlich schon?«

»Huch! huch! huch! – huch! huch! huch! – huch! huch! huch! – huch! huch! huch! – huch! huch! huch!« Minutenlang war es meinem armen Freunde unmöglich, eine Antwort zu geben.

»Ach, das hat nichts zu sagen«, keuchte er schließlich.

»Kommen Sie«, sagte ich mit Bestimmtheit, »wir wollen doch lieber umkehren; Ihre Gesundheit ist zu kostbar. Sie sind reich, man achtet, man bewundert, ja man liebt Sie; Sie sind glücklich, wie ich's einstens war. Ein Mann wie Sie muß uns erhalten bleiben. Um mich ist's ja nicht weiter schade. Wir wollen zurückgehen; denn Sie werden sich noch eine Krankheit holen, und die Verantwortung kann ich nicht tragen. Im übrigen ist da ja immer noch Luchesi –«

»Genug«, sagte er; »mit dem Husten hat es gar nichts auf sich; der wird mich nicht umbringen. An einem Husten sterbe ich bestimmt nicht.«

»Das ist nun auch wieder wahr – sehr wahr sogar«, erwiderte ich; »und ich hatte wirklich nicht die Absicht, Sie unnötig zu beunruhigen – doch sollten Sie immerhin so vorsichtig sein, als es möglich ist. Ein Schluck von diesem Medoc wird uns vor den schädlichen Dünsten schützen.«

Mit diesen Worten zog ich aus einer langen Reihe von Flaschen, die auf dem Gestelle lagerten, eine heraus und schlug ihr den Hals ab.

»Trinken Sie«, sagte ich dann und reichte ihm den Wein. Mit einem Blinzeln hob er die Flasche an die Lippen. Dann hielt er inne und nickte mir vertraulich zu, während seine Schellen klingelten.

»Ich trinke«, sagte er, »auf die Begrabenen, die um uns ruhen.«

»Und ich auf Ihr langes Leben.«

Wieder nahm er meinen Arm, und wir schritten weiter. »Diese Gewölbe«, sagte er, »sind ja ziemlich ausgedehnt.«

»Die Montresors«, sagte ich, »waren eine große und zahlreiche Familie.«

»Ach, ich vergaß – wie war doch gleich Ihr Wappen?«

»Ein riesiger menschlicher Fuß – Gold in azurnem Feld; er zertritt eine sich aufbäumende Schlange, deren Zähne ihn in die Ferse stechen.«

»Und der Wahlspruch?«

»*Nemo me impune lacessit.*«

»Nicht übel!« sagte er. In seinen Augen funkelte der Wein, und die Schellen klingelten. Auch mir erwärmte der Medoc die Phantasie. Wir waren an langen Mauern von gestapelten Skeletten, untermischt mit Weinfässern aller Art, vorübergekommen und gelangten nun in die innersten Winkel und Bezirke der Katakomben. Da hielt ich erneut inne, und diesmal nahm ich mir die Freiheit, Fortunato am Arme oberhalb des Ellenbogens festzuhalten.

»Der Salpeter!« sagte ich; »sehn Sie doch, er wird immer dichter! Er hängt wie Moos an den Gewölben. Wir befinden uns unter dem Flußbette. Die Nässe tröpfelt zwischen das Gebein. Kommen Sie, wir wollen umkehren, ehe es zu spät ist. Denken Sie an Ihren Husten –«

»Nicht der Rede wert«, sagte er; »gehen wir nur weiter. Aber zuvor noch einen Schluck Medoc!«

Ich erbrach eine Flasche De Grave und reichte sie ihm. Er leerte sie auf einen Zug. In seinen Augen blitzte ein wildes Licht. Er lachte und warf die Buddel mit einer Bewegung in die Höhe, auf die ich mir keinen Reim machen konnte.

Erstaunt sah ich ihn an. Er wiederholte die Bewegung – ein grotesker Anblick.

»Sie verstehen nicht?« fragte er.

»Leider nein«, erwiderte ich.

»Dann gehören Sie also nicht der Bruderschaft an.«

»Was meinen Sie?«

»Sie gehören nicht zu den Maurern.«

»Aber ja doch«, sagte ich; »ja doch, ja.«

»Sie? Unmöglich! Ein Maurer?«

»Ein Maurer«, antwortete ich.

»Dann geben Sie ein Zeichen«, forderte er, »ein Zeichen!«

»Bitte sehr«, war meine Antwort, indem ich unter den Falten meiner *roquelaure* eine Maurerkelle hervorzog.

»Sie spaßen«, rief er aus und wich ein paar Schritte zurück. »Aber lassen Sie uns nun endlich zu dem Amontillado kommen!«

»Sei's drum«, sagte ich, indem ich das Werkzeug wieder unter meinem Mantel barg und ihm erneut den Arm bot. Er stützte sich schwer darauf. Wir folgten weiter unserem Weg auf der Suche nach dem Amontillado. Wir schritten durch eine Reihe von niedrigen Gewölben, stiegen abwärts, gingen weiter und stiegen wieder abwärts, um schließlich tief unten in einer Krypta anzulangen, in welcher die Luft so moderig und schlecht war, daß unsere Fackeln kaum mehr brannten als glühten.

Am entlegensten Ende der Krypta zeigte sich ein weiteres, doch weniger geräumiges Gewölb. Die Wände waren ganz nach Art der großen Katakomben zu Paris von hoch zur Decke aufgetürmten Gebeinresten gesäumt worden. Drei Seiten dieser inneren Krypta waren immer noch in dieser Weise geschmückt. Von der vierten Seite hatte man die Knochen fortgeräumt; sie lagen jetzt in wirrem Durcheinander auf der Erde und bildeten an einer Stelle einen Hügel von einiger Höhe. In der auf diese Weise durch die Entfernung der Knochen freigelegten Wand erblickten wir noch eine weitere innere Krypta oder Nische, die wohl vier Fuß tief, drei breit und sechs oder sieben hoch war. Sie schien zu keinem besondern Eigenzweck gebaut zu sein, sondern bildete lediglich den Zwischenraum zwischen zwei der kolossalen Pfeiler, die das Gewölbe der Katakomben trugen; ihre Rückwand bestand aus einer der sie umgebenden, massiv granitenen Mauerwände.

Es war vergebens, daß Fortunato seine düstertrübe Fackel hob und sich mühte, in die Tiefe des Nischenwinkels zu spähen. Seine Begrenzung erlaubte uns das schwache Licht nicht zu erkennen.

»Treten Sie nur näher«, sagte ich; »dort drinnen befindet sich der Amontillado. Was übrigens Luchesi anbelangt –«

»Der ist ein armseliger Ignorant«, unterbrach mich mein Freund und tat ein paar torkelnde Schritte vorwärts, indessen ich ihm auf dem Absatz folgte. Im selben Augenblick noch hatte er das Ende der Nische erreicht und stand, da er sein Weiterkommen von dem Felsen behindert fand, stumpfsinnig vewundert da. Im nächsten Augenblick schon hatte ich ihn an den Granit gefesselt. In diesen eingelassen waren zwei Eisenkrampen, waagrecht etwa zwei Fuß voneinander entfernt. Von einer dieser Krampen hing eine kurze Kette nieder; an der anderen befand sich ein Vorhängeschloß. Die Kette um seinen Leib zu werfen und fest anzuschließen, war das Werk nur weniger Sekunden. Er war zu überrascht, um sich zu widersetzen. Den Schlüssel abziehend, trat ich aus der Nische zurück.

»Fahren Sie doch einmal mit der Hand über die Mauer«, sagte ich; »der Salpeter ist unverkennbar, nicht wahr? Tatsächlich ist es hier unten *sehr* feucht. Lassen Sie sich noch einmal *dringend* bitten, wieder umzukehren. Sie möchten nicht? Wie schade! – denn dann muß ich Sie leider jetzt allein hier lassen. Doch zuvor noch will ich Ihnen, soweit es in meiner Macht steht, ein paar kleine Gefälligkeiten erweisen.«

»Den Amontillado!« stieß mein Freund hervor, noch immer halb benommen von der Überraschung.

»Richtig«, erwiderte ich; »den Amontillado.«

Während ich diese Worte sprach, machte ich mich an dem Knochenstapel zu schaffen, den ich oben erwähnt habe. Ich warf das Gebein beiseite und legte bald eine Menge Bausteine und Mörtel frei. Mit diesen Materialien sowie mit Hilfe meiner Kelle begann ich alsbald nach Kräften den Eingang der Nische zu vermauern.

Ich hatte kaum die erste Lage Mauerwerk gelegt, als ich entdeckte, daß die Trunkenheit in großem Maße von Fortunato gewichen war. Das erste Anzeichen dafür war ein langer stöhnender Wehelaut, der aus der Tiefe des Gelasses drang. Das war nicht mehr die Stimme eines Trunkenen. Es folgte dann ein langes, verbissenes Schweigen. Ich legte die zweite Steinschicht und die dritte, und dann die vierte; und da auf einmal hörte ich das wilde Rasseln der Kette. Das Geräusch dauerte mehrere Minuten lang fort, während welcher ich, um mich mit ungestörter Genugtuung daran zu weiden, in meiner Arbeit innehielt und mich auf den Gebeinen niederließ. Als das Geklirr am Ende verstummte, griff ich wieder nach der Kelle und vollendete ohne Unterbrechung die fünfte, die sechste und die siebente Lage. Die Mauer reichte mir nun fast schon bis zur Brust. Wieder hielt ich da inne, und indem ich die Fackel über das Mauerwerk hob, ließ ich ein paar schwache Strahlen auf die Gestalt dort drinnen fallen.

Eine Folge von lauten und schrillen Schreien, die jählich aus der Kehle des Gefesselten hervorbrachen, wollte mich schier zurückschleudern. Einen kurzen Augenblick zögerte, zitterte ich. Meinen Stoßdegen ziehend, begann ich damit, in dem engen Gelaß herumzutasten; doch die Überlegung eines weiteren Augenblicks gab mir meine Sicherheit und Ruhe zurück. Ich legte meine Hand auf das massive Mauerwerk der Katakomben und fühlte mich befriedigt. Ich trat wieder an die Mauer; ich gab dem Gellgebrüll des Schreiers Antwort. Ich schrie zurück, ich half ihm, ja ich übertraf ihn noch an Stimmgewalt und -stärke. Ich tat's, und siehe da – der Schreier wurde still.

Es war nun Mitternacht; mein Werk war bald getan. Ich hatte die achte, die neunte, die zehnte Lage vollendet. Schon hatt' ich einen Teil der elften und letzten bewältigt; es blieb nur noch ein einziger Stein zu setzen und zu vermauern. Ich plagte mich mit seinem Gewichte; ich brachte ihn nur zum Teil in die ihm zugedachte Lage. Da aber drang aus der Nische ein leises, verhaltenes Lachen, daß mir die Haare zu Berge standen. Es ward gefolgt von einer traurigen Stimme, in welcher ich nur schwer diejenige des edlen Fortunato wiedererkannte. Die Stimme sagte: »Ha! ha! ha! – hi! hi! hi! – ein guter Witz, wahrhaftig – ein exzellenter Scherz! Wir werden im Palazzo noch oft und reichlich darüber zu lachen haben – hi! hi! hi! – über unsern Wein – hi! hi! hi!«

»Den Amontillado!« sagte ich.

»Hi! hi! hi! – hi! hi! hi! – ja, den Amontillado. Aber wird es nicht langsam etwas spät? Wird man nicht auf uns warten im Palast – die Lady Fortunato und die andern? Mag's denn genug sein – machen wir ein Ende.«

»Ja«, sagte ich, »ja – machen wir ein Ende.«

»Um Gottes willen – Montresor!«

»Ja«, sagte ich, »um Gottes willen – ja!«

Doch diese Worte fanden keine Antwort; mein Lauschen war vergeblich. Ich wurde ungeduldig. Ich rief laut: »He – Fortunato!«

Nichts. Kein Laut zu hören. Ich rief noch einmal: »He! – *Fortunato!*«

Keine Antwort mehr. Da stieß ich eine Fackel durch die Öffnung und ließ sie drinnen fallen. Zurück kam nur ein Klinggeklirr der Schellen. Mir wurde schlimm im Herzen, wurde schlecht; das machte die Moderluft der Katakomben. Ich hastete, mein Werk zu enden. Ich zwang den letzten Stein in seine Lage; ich mauerte ihn ein. Vor dieser neuen Wand häufte ich wieder den Wall von Knochen auf. Ein Halbjahrhundert lang hat kein Sterblicher sie gestört. *In pace requiescat!*

Der Park von Arnheim

»Gleich einer schönen Lady lag der Park,
Die vor Entzücken ihre Lider schloß –
– Der offnen Himmel Glanz war allzu stark.
Wohlpassend breites Ätherrund umfloß
Das ganze, und manch lichte Blume sproß.
Schwertlilien, mit runden Funken Tau
An den azurnen Kelchen, blinzten schlau,
Wie Zwillingssterngezwinker hoch im Abendblau.«

Giles Fletcher, jun.;
›Christ's Victory and Triumph‹, II. Gesang

Von der Wiege bis zur Bahre führte ein wahrer Passat von Wohlergehen meinen Freund Ellison mit sich dahin. Und nicht, daß ich das Wort ›Wohlergehen‹ etwa in seinem bloß weltlichen Sinne hier brauchte; sondern es soll als schlicht gleichbedeutend für Glück stehen. Die Person, von der ich spreche, schien zu dem Zwecke geboren, die Theorien der Turgot, Price, Priestley und Condorcet vorwegzuleben an einem individuellen Beispiel praktisch zu demonstrieren, was man für reine Schimäre der Perfektionisten gehalten hat. An Ellisons kurzem Dasein bilde ich mir ein, jedes Dogma widerlegt gesehen zu haben, daß in der Menschennatur ein verborgenes Element, der Widersacher der Seligkeit, unvermeidlich liege. Vielmehr hat mir eine sorgfältige Durchmusterung seiner Laufbahn dargetan, daß im allgemeinen das Elend des Menschengeschlechtes auf die Verletzung einiger weniger, ganz einfältiger Lebensregeln zurückzuführen ist – daß, als Gattung betrachtet, die bisher noch nicht herausgearbeiteten Elemente der Zufriedenheit durchaus zu unserm biologischen Besitz gehören – ja, daß selbst heutzutage, in der gegenwärtigen Verdunkelung und Raserei alles Theoretisierens über die große Frage der sozialen Zustände, es nicht unmöglich ist, daß der Mensch als Individuum, unter gewissen, freilich sehr ungewöhnlichen und höchlichst zufälligen Voraussetzungen, glücklich sein könne.

Von Ansichten wie den eben vorgetragenen war auch mein junger Freund völlig eingenommen; weshalb es des Anmerkens wert ist, daß der Zustand ununterbrochenen Genießens, durch den sein Leben sich auszeichnete, weitgehend das Ergebnis bewußter Vorplanung war. Liegt es doch unleugbar auf der Hand, daß Mr. Ellison, mit einem Weniger jenes philosophischen Instinktes, der dann und wann so trefflich für noch mangelnde Erfahrung einspringt, sich durch die ganz unwahrscheinlichen Glückszufälle seines Lebens sehr bald in jenen gewöhnlichen Strudel des Elends hinabgestürzt gefunden hätte, der für alle diejenigen gähnt, die sich hervorragender Gaben und Güter erfreuen. Aber es ist schließlich nicht meine Absicht, einen Essay über Glückseligkeit zu Papier zu bringen. Die Ideen meines Freundes lassen sich in wenigen Worten zusammenfassen. Er ließ nicht mehr als vier fundamentale Grundlagen, oder, korrekter, Voraussetzungen, eines seligen Lebens gelten. Diejenige, die er als die wichtigste betrachtete, war (merkwürdigerweise!) eine simple und rein physische, nämlich körperliche Bewegung in freier Luft. »Die Gesundheit, wie man sie durch andere Mittel erzielt«, pflegte er zu sagen, »ist kaum desselben Namens würdig.« Als Beleg für sich führte er die Wonnen des Fuchsjägers an; und verwies auf den Pflüger im Erdenschoß als den einzigen, der, als Klasse betrachtet, mit Recht als glücklicher erachtet werden kann denn andere. Seine zweite Voraussetzung war die Liebe des Weibes. Die dritte (und am schwierigsten einzuhaltende) bestand in der Verachtung jeglichen Ehrgeizes. Die vierte war, daß ein Gegenstand unablässigen Trachtens vorhanden sei; und er behauptete, daß, wenn auch alles andre noch gleichmäßig verteilt wäre, das Ausmaß des erreichbaren Erdenglücks genau proportional sei der Vergeistigtheit eben dieses Trachtens.

Ellison war also einmal auffällig durch die verschwenderische Fülle guter Gaben, mit denen Fortuna ihn fortwährend überschüttete. An Schönheit und persönlicher Anmut übertraf er alle andern Männer. Sein Intellekt war von jenem Range, für den die Erwerbung von Kenntnissen weniger Arbeit bedeutet als vielmehr eine Lebensnotwendigkeit, die intuitiv erfolgt. Seine Familie war eine der erlauchtesten des Empire. Seine Braut war die lieblichste und hingebungsvollste der Frauen. Sein Besitz an Geld und Gut war allzeit vollauf gewesen; als er jedoch das Alter der Mündigkeit erreichte, entdeckte man, daß das Schicksal sich zu seinen Gunsten einen jener ungeheuerlichen grillenhaften Streiche geleistet hatte, wie sie die ganze soziale Welt, inmitten deren sie vorfallen, in Aufruhr bringen; und die selten verfehlen, das sittliche Persönlichkeitsgefüge der davon Betroffenen von Grund auf zu verändern.

Es ergab sich, daß rund hundert Jahre bevor Mr. Ellison majorenn wurde in einer der entlegeneren Randprovinzen ein gewisser Mr. Seabright Ellison gestorben war. Dieser Herr hatte ein fürstliches Vermögen angehäuft; und, da ohne direkte Nachkommen, den exzentrischen Einfall gefaßt, die Summe nach seinem Dahinscheiden sich ein volles Jahrhundert lang vermehren zu lassen. Nachdem er erst noch scharfsinnig und bis ins kleinste die diversen Arten der Investierung angeordnet hatte, vermachte er den aufgehäuften Endbetrag dem nächsten seiner Blutsverwandten, der den Namen Ellison tragen und nach Ablauf jener hundert Jahre am Leben sein würde. Manche Versuche waren unternommen worden, dies eigentümliche Legat außer Kraft zu setzen – ihr *ex post facto* Charakter ließ sie grundsätzlich schon im Keime ersticken; aber die Aufmerksamkeit eines argwöhnischen Ministeriums war doch erregt und schließlich ein Zusatzparagraph zu dem hier einschlägigen Gesetz erlassen worden, der alle ähnlichen Kapitalaufhäufungen künftig unterband. Dennoch hinderte jener den jungen Ellison nicht daran, an seinem 21. Geburtstage als Alleinerbe seines Vorfahren Seabright den Besitz eines Vermögens von *vierhundertfünfzig Millionen Dollar* anzutreten.[1]

Nachdem es sich herumgesprochen hatte, daß der ererbte Reichtum derart enorm wäre, wurden natürlicherweise über die Art, wie damit umzugehen sei, zahllose Spekulationen angestellt. Die Riesigkeit der Summe und daß sie zur sofortigen baren Verfügung stand, verwirrte alle, die über den Fall nachdachten. Der Besitzer eines irgendwie noch überblickbaren Geldbetrages hätte ja, wie man sich vorstellte, nun irgendeins von tausend Dingen damit beginnen können. Bei Reichtümern, welche diejenigen irgendeines Bürgers eben bloß ›überschritten‹, wäre es relativ leicht gewesen, sich vorzustellen, wie er die modischen Extravaganzen des Tages in etwelcher Richtung glorios zu übertreiben sich anschicke – oder sich mit politischen Intrigen abgäbe – oder vielleicht nach einem Ministerposten strebe – oder sich einen höheren Adelsrang zu erkaufen suche – oder ganze Museen voll kostbarer Antiquitäten sammele – oder den großzügigen Mäzen der Literatur, der Wissenschaft, der Künste spiele – oder auch großartige öffentliche Wohlfahrtseinrichtungen stifte, mit denen sein Name dann verknüpft bliebe. Aber bei dem unvorstellbaren Vermögen, das dem Erben faktisch zu Gebote stand, hatte männiglich das Gefühl, daß Unternehmungen wie die hergezählten, und überhaupt jede normale Unternehmung, ein allzu eingeschränktes Tätigkeitsfeld darstellen würde. Man nahm seine Zuflucht zu Zahlen; und die Zahlen erhöhten die Verwirrung der Gemüter nur. Man sah nun, daß, auch nur eine dreiprozentige Verzinsung angesetzt, das von der Erbschaft abgeworfene jährliche Einkommen nicht weniger als dreizehn Millionen fünfhunderttausend Dollar betragen würde; was eine Million einhundertfünfundzwanzigtausend pro Monat bedeutete; oder sechsunddreißigtausendneunhundertsechsundachtzig pro Tag; oder eintausendfünfhunderteinundvierzig pro Stunde; oder endlich sechsundzwanzig Dollar für jede einzelne Minute, die vorüberfloh. Auch von dieser Seite her also riß es die normale Kette von Vorstellungen gründlich durch. Die Leute wußten nicht mehr, was sie sich jetzt noch einbilden sollten. Es gab sogar einige, die darauf verfielen, Mr. Ellison würde sich mindestens der Hälfte seines Vermögens als eines gänzlich belastenden Überflusses entledigen – etwa indem er ganze Rudel von Verwandten durch Verteilung seines Über-Überflusses zu reichen Leuten machte. (Den nächsten von diesen überließ er in der Tat den schon sehr ungewöhnlichen Wohlstand, der vor Anfall der großen Erbschaft sein eigen gewesen war.)

Was allerdings mich anbetrifft, überraschte mich die Wahrnehmung nicht, daß seine Entscheidung bezüglich einer Frage, die seinen Freunden soviel Kopfzerbrechen bereitet hatte, längst schon getroffen war. Und auch die Art seines Beschlusses frappierte mich mitnichten übermäßig. Hinsichtlich individueller Wohltätigkeit konnte sein Gewissen beruhigt sein. Was die Möglichkeit einer Verbesserung, im eigentlichen Sinne des Wortes, angeht, die der Mensch selbst in den allgemeinen Lebensbedingungen des Menschen bewirken könne, so glaubte er (wie ich leider gestehen muß) nur wenig an dergleichen. Im Großen und Ganzen fand er sich, ob man dies nun ein Glück oder ein Unglück nennen will, im allerweitesten Maße auf sich selbst zurückverwiesen.

Er war ein Poet, in der umfassendsten und edelsten Bedeutung. Er hatte überdem, was mehr ist, volles Verständnis für den wahren Charakter, die erhabenen Ziele, die Würde und das allesüberragende Primat des poetischen Empfindens. Die vollgültigste, wenn nicht gar die einzig angemessene Befriedigung dieses Empfindens bestand, wie er instinktiv fühlte, in der Erschaffung neu-ungewöhnlicher Formen des Schönen. Gewisse Eigentümlichkeiten, sei es frühester Erziehung, sei es ererbter Geistesanlagen selbst, hatten all seinen ethischen Spekulationen eine Schattierung von dem verliehen, was man ›Materialismus‹ nennt; und vielleicht war es diese einseitige Tendenz, die in ihm die Überzeugung befestigt hatte, daß zumindest das vorteilhafteste, wenn nicht gar das einzig legitime Feld poetischer Betätigung in der Erschaffung neuartiger Modi von rein *physischer* Lieblichkeit bestünde. Darauf ist es zurückzuführen, daß er weder Musiker noch Poet wurde – wenn wir diesen letzteren Ausdruck einmal in seiner Alltagsbedeutung gelten lassen. Oder es könnte theoretisch auch sein, daß er eines von beiden zu werden lediglich deshalb verschmähte, seiner erwähnten vorgefaßten Idee zu Gefallen, wie eine der fundamentalen Voraussetzungen irdischer Glückseligkeit eben in der vornehmen Verachtung jeglichen Ehrgeizes bestehe. Wäre es nicht auch tatsächlich denkbar, daß, während der Genius hohen Ranges notwendigerweise ehrgeizig ist, der des *höchsten über* dem steht, was man gemeinhin Ehrgeiz nennt? Und könnte es also nicht wirklich eintreten, daß so mancher weit Größere als Milton zeitlebens zufrieden ›stumm und unberührt‹ verharre? Ich meinesteils glaube, daß die Welt bisher noch nie zu sehen bekommen hat – und, es sei denn, daß durch eine Verkettung zufälliger Ereignisse einmal ein Geist vom allererhabensten Range zu, ihm imgrunde verhaßten, Emanationen gezwungen werde, die Welt es auch nie zu sehen bekommen wird –, welch absolute Dimensionen triumphaler Leistung die menschliche Natur in den eigentlichen ergiebigen Sektoren der Kunst überhaupt anzunehmen fähig ist.

Ellison also wurde weder Musiker noch Poet; obschon kein Lebender sich hätte rühmen können, Musik oder Poesie mit liebevollerem Verständnis zu würdigen. Unter anders gelagerten äußeren Umständen als die, deren er sich erfreute, ist es nicht unmöglich, daß aus ihm ein Maler geworden wäre. Die Bildhauerkunst, obgleich ihrer Natur nach konsequent poetisch, war, was Anwendungsbereich und Möglichkeiten betrifft, doch allzu eingeschränkt, als daß er ihr seine Aufmerksamkeit irgendwann einmal sonderlich zugewandt hätte. Und damit wären ja nun eigentlich sämtliche Gebiete hergezählt, auf denen, herkömmlichen Begriffen nach, das poetische Gefühl imstande ist, sich frei zu emanieren. Ellison jedoch betonte beharrlich, wie das reichhaltigste, das echteste und natürlichste, wenn nicht überhaupt das umfänglichste dieser Gebiete, aufs unbegreiflichste vernachlässigt worden sei. Keine bisherige Definition hätte des Landschaftsgärtners als eines Poeten gedacht; und dabei schien es doch meinem Freunde, wie wenn die Erschaffung einer weiten

Parklandschaft dem eigentlich musischen Menschen die grandioseste aller Wirkungsmöglichkeiten darböte. Hier, wahrlich, eröffne sich das weiteste Feld zur Entfaltung der Bildkraft der Seele in endlosen Kombinationen von Gebilden neuartiger Schönheit; wobei es sich bei den der Kombinierung fähigen Einzelelementen sogar noch um die mit weitem Abstand prachtvollsten handele, welche die Erde überhaupt bereitstellen könne. In Multiform und Multicolor von Blume und Baum erkannte er die direkteste und energischste Anstrengung der Natur in Richtung auf physische Lieblichkeit. Und in Dirigierung oder Konzentrierung eben dieser Anstrengung – beziehungsweise, angemessener formuliert, in ihrer behutsam-fördernden Anpassung an diejenigen Augen, die sie auf Erden betrachten sollen – erkannte er, daß er das beste Teil erwählen würde – auch unter den günstigsten Bedingungen arbeiten –, um nicht nur sein eigenes Kismet als Poet, sondern ebenso die erhabenen Zwecke getreulich zu erfüllen, um derentwillen die Gottheit dem Menschen das poetische Empfinden eingepflanzt hat.

›Ihre behutsam-fördernde Anpassung an diejenigen Augen, die sie auf Erden betrachten sollen‹ – in seiner Erläuterung solcher Ausdrucksweise lieferte Mr. Ellison einen großen Beitrag zur Lösung von etwas, das mir allezeit als Rätsel erschienen ist: – ich meine die Tatsache (die nur der Ignorant bestreitet), daß die Natur keine solche Landschaftskombinationen aufweisen kann, wie ein Malergenius sie hervorzubringen vermag. Paradiese wie sie auf den Gemälden eines Claude leuchten und glühen, sind in der Realität mitnichten anzutreffen. Auch in den bezauberndsten der natürlichen Landschaften wird stets ein Mangel oder eine Unmäßigkeit zu finden sein – meist viele Unmäßigkeiten und viele Mängel. Während jede einzelne Komponente, für sich betrachtet, auch der meisterlichsten Erfindung des Künstlers spotten mag; wird doch die Gruppierung dieser Einzelheiten prinzipiell der Verbesserung fähig sein. Mit einem Wort: Auf der ganzen weiten Fläche der *natürlichen* Erde kann kein Standpunkt eingenommen werden, von dem aus ein geschultes, sich mit Sorgfalt orientierendes Künstlerauge nicht Grund zum Anstoß fände bezüglich dessen, was man die ›Komposition‹ der betreffenden Landschaft nennt. Und dennoch, wie unbegreiflich ist dieser Tatbestand! In jedweder andern Hinsicht lehrt man uns, und mit Recht, die Natur als überlegen-vollkommen zu betrachten. Vom Wettbewerb mit ihren Details schrecken wir zurück. Wer maßte sich an, die Farbenglut der Tulpe nachzuahmen oder die Proportionen der Maiglöckchengestalt zu verbessern? Diejenige Kritik, die von der Plastik oder dem Porträt dekretiert, hier müsse die Natur weniger nachgebildet, als vielmehr erhöht oder idealisiert werden, ist im Irrtum: Keine malerische oder bildhauerische Kombinierung von Einzelzügen menschlicher Lieblichkeit vermag mehr, als sich lebenatmender Schönheit angemessen zu nähern. Einzig und allein was die Landschaft anbelangt, ist jene Forderung des Kritikers berechtigt; und da er in diesem einen Fall ihre Wahrheit gefühlt hat, ist es nur der üblichen überstürzten Tendenz zu Verallgemeinerungen zuzuschreiben, wenn er sie nun gleich wieder in allen Bereichen der Kunst als wahr proklamiert. ›Da er in diesem einen Fall ihre Wahrheit *gefühlt* hat‹, sage ich; denn Gefühl ist weder Affektiertheit noch bloße Schimäre. Die Mathematik ist keiner schlüssigeren Beweisführung fähig, als der instinktive Spürsinn dem Künstler in seiner Kunst leistet. Er glaubt nicht nur, vielmehr weiß er es positiv, daß die und die, scheinbar willkürliche, Anordnung des Stoffes die wahre Schönheit herbeiführen wird, ja, daß einzig diese eine es leistet. Seine Gründe dafür sind allerdings nicht bis zu bewußten Formulierungen gediehen. Es bleibt einer profunderen Analyse, als die Welt sie bisher gesehen hat, vorbehalten, sie zu untersuchen und in Worte zu fassen. Dessenungeachtet wird er in seiner instinkthaften Ansicht durch die Stimme aller seiner Brüder in Apoll bestärkt werden. Nehmen wir an, irgendeine ›Komposition‹ sei mangelhaft; nehmen wir an, eine Verbesserung sei vorgenommen worden, was die bloße formale Gruppierung anbetrifft; und nehmen wir weiter an, diese Verbesserung werde jedwedem Künstler auf der ganzen weiten Welt zur Begutachtung vorgelegt: jeder einzelne würde ihre Notwendigkeit bestätigen. Ja, weit mehr noch als dieses: zur Behebung des kompositorischen Defekts würde jedes, auch das einzelgängerischste Mitglied der großen Bruderschaft, genau diese eine identische Verbesserung vorgeschlagen haben.

Ich wiederhole, daß allein hinsichtlich des Arrangements von Landschaften die äußere Natur der Erhöhung fähig ist; und daß eben ihre Verbesserungsfähigkeit in diesem einen Punkt mir deshalb ein Mysterium blieb, das zu lösen ich nicht imstande gewesen war. Meine eigenen Überlegungen bezüglich des Gegenstandes waren schließlich bei dem Einfall stehengeblieben, wie die ursprüngliche Absicht der Natur zwar die Erdoberfläche so durchgeformt haben möchte, daß dem menschlichen Sinn für Vollkommenheit in bezug auf Schönheit, Erhabenheit, oder auch das Pittoreske in jeglichem Punkte genüge getan worden wäre; daß aber diese, ursprünglich vorhanden gewesene Absicht durch die bekannten geologischen Zerstörungen durchkreuzt worden sei - Zerstörungen von Gestaltungen und Farbenzusammenstellungen, in deren Berichtigung oder Milderung Ursprung und Seele der Kunst bestehe. Die Überzeugungskraft besagten Einfalls wurde freilich arg durch die daran hängende Notwendigkeit beeinträchtigt, die betreffenden Zerstörungen für mit keinem Zweck vereinbar und überhaupt für abnorm zu halten. Es war Ellison, der darauf verwies, daß man sie als Korrelata des *Todes* begreifen könne. Und zwar erklärte er sich folgendermaßen: - Setzen wir voraus, daß die Erste Absicht die irdische Unsterblichkeit des Menschen gewesen sei. Dann wäre logischerweise die ursprüngliche Dekoration der Erdoberfläche solchem - zwar noch nicht eingetretenen, aber geplanten - glückseligen Zustand angemessen gewesen. Die Zerstörungen wiederum wären dann die Zubereitung der Kulisse für die nachträglich über ihn verhängte Sterblichkeit.

»Überdem« sagte mein Freund, »was wir als Verschönerung einer Landschaft ansehen, könnte in Wirklichkeit nur von einem allegorischen, menschlichen *Gesichtspunkt* aus betrachtet eine solche sein. Jegliche Veränderung der natürlichen Szenerie könnte möglicherweise auch einen Makel im Gesamtbild bewirken, wenn wir uns dieses Bild einmal als im Großen betrachtet vorstellen - *en masse* - von einem entfernt von der Erdoberfläche, obschon noch nicht außerhalb der Grenzen ihrer Atmosphäre befindlichen Punkt aus. Man sieht leicht ein, wie das, was ein aus nächster Nähe gemustertes Detail verbessern mag, zu gleicher Zeit die allgemeine oder aus größerer Distanz gewürdigte Gesamtwirkung schwer schädigen könnte. Wäre es doch *möglich*, daß es eine Klasse von Wesen gäbe, einst menschlich, nun aber der Menschheit unsichtbar, denen, aus ihrer Weite her, unsere Unordnung als Ordnung - unser Unmalerisches als Malerisch erscheine - mit einem Wort: die Erd-Engel, für deren forschende, der unsrigen weit überlegene Betrachtung, für deren todverfeinertes Schönheitsempfinden Gott vielleicht die weiten Landschaftsgärten beider Halbkugeln eigentlich hergerichtet und aufgeputzt hat.«

Im weiteren Verlaufe der Diskussion zitierte mein Freund einige Stellen aus einem Autor über Landschaftsgärtnerei, von dem es allgemein heißt, daß er sein Thema recht ordentlich behandelt habe:

›Es gibt im Grunde nur zwei Stile in der Landschaftsgärtnerei, den natürlichen und den künstlichen. Der erstere ist bemüht, die ursprüngliche Schönheit einer ländlichen Gegend dadurch wiederherzustellen, daß er sich in seinem Vorgehen der Umgebung nach Kräften organisch anpaßt; Baumarten bevorzugt, die mit den Hügeln und Ebenen des benachbarten Landes harmonieren; und diejenigen feinen Proportionen hinsichtlich Größe, Gestalt und Kolorit erkennt und praktisch verwertet, die sich, einem gewöhnlichen Betrachter verborgen, dem erfahrenen Lehrling der Natur allerorten offenbaren. Das Endergebnis dieses natürlichen Stils in der Gartenkunst erkennt man mehr an der Abwesenheit aller Mangelhaftigkeiten und Mißverhältnisse - an dem Überwiegen einer gesunden Harmonie und Ordnung - als in der Hervorbringung spezieller Wunder. Der künstliche Stil dagegen begreift so viele Varietäten in sich, als es verschiedene Geschmäcker gibt, die befriedigt sein wollen. Er hat eine gewisse generelle Verwandtschaft mit den verschiedenen Stilen in der Baukunst - da gibt es die stattlich-gravitätischen Alleen und Laubengewölbe von Versailles; Italienische Terrassen; und einen variantenreichen, gemischten altenglischen Stil, der eine gewisse Beziehung zur bürgerlichen Gotik oder zur Architektur des Elisabethanischen Zeitalters hat. Was immer sich auch gegen den Mißbrauch künstlicher Landschaftsgärtnerei vorbringen läßt, so trägt eine vorsichtige Zugabe reiner Kunst in einem Park doch mächtig zu seiner Schönheit bei. Das gefällt einmal dem Auge, weil es von Ordnung und kluger Planung zeugt; zum andern Teil hat es psychologische Gründe: eine Terrasse mit einer alten moosbewachsenen Balustrade suggeriert dem Auge sogleich die Gestalten der Schönen, die in früheren Tagen sich dort ergingen. Die kleinste Zurschaustellung von Kunst ist eben gleichzeitig der Beleg für Mühwaltung und menschliche Anteilnahme.‹

»Aus dem, was ich zuvor angemerkt habe«, sagte Ellison, »werden Sie schon entnommen haben, daß ich die hier propagierte Idee von ›Wiederherstellung der ursprünglichen Schönheit einer ländlichen Gegend‹ schlicht ablehne. Jene ursprüngliche Schönheit ist niemals so groß wie die, die sich herbeiführen ließe. Selbstredend hängt hier alles von der geschickten Wahl einer Stelle mit ›Möglichkeiten‹ ab. Was weiterhin doziert wurde über ›Erkenntnis und praktische Verwertung gewisser feiner Proportionen hinsichtlich Größe, Gestalt und Kolorit‹ ist eine jener bloßen Verschwommenheiten im Ausdruck, die dazu dienen, die Ungenauigkeit des Gedankengangs zu verschleiern. Die zitierte Floskel kann alles bedeuten oder auch gar nichts und ist nicht im geringsten richtungweisend. Daß das wahre ›Endergebnis des natürlichen Stils in der Gartenkunst mehr an der Abwesenheit aller Mangelhaftigkeiten und Mißverhältnisse zu erkennen sein solle, als in der Hervorbringung spezieller Wunder oder Mirakel‹, ist eine These, die besser zu den Vorstellungen der mit dem Gesicht am Boden dahinweidenden Herde paßt als zu dem gläsern-glühenden Traumgesiede des Mannes von Genie. Das hier angepriesene negative Verdienst gehört in ein und dieselbe Reihe mit jener Sorte hinkender Kritik, wie sie etwa in der Literatur Addison zum Range der höchsten Gottheit erheben möchte. In Wahrheit ist es so, daß, während jene Sorte Tugend, die in der bloßen Vermeidung des Lasters besteht, sich leicht in *Regeln* fassen läßt und ergo den nüchternen Verstand unmittelbar anspricht, jene höhere Art Tugend, die sich in flammenden Schöpfungen emaniert, erst nach eingetretenem Resultat beurteilt werden kann. Regeln sind nur zuständig für Verdienste der Enthaltung – für die gemäßigten Vollkommenheiten. Im günstigsten Falle kann die kritische Kunst für alles, was darüber hinausgeht, Vorschläge machen. Man kann uns allenfalls lehren, einen ›Cato‹ herzustellen; aber vergebens wird man uns vorschwadronieren, wie ein ›Inferno‹ zu erschaffen sei, oder ein ›Parthenon‹. Die Tat vollbracht jedoch, das Wunder einmal greifbar hingestellt – dann freilich wird die Fähigkeit, es zu würdigen, Allgemeingut. Und die Sophisten jener negativen Schule, die infolge ihrer schöpferischen Impotenz über alle und jede Schöpfung gespöttelt haben, wird man nunmehr, was Applaus betrifft, als die Lautesten erfinden. Was, im Puppenstand seiner Genesis, ihre Zimper-Räson verletzte, verfehlt in der Reife seiner Vollendung dann niemals, auch ihrem Schönheitsinstinkt Bewunderung abzunötigen.«

»Die Bemerkungen des Verfassers über den Künstlichen Stil«, fuhr Ellison fort, »sind weniger zu beanstanden. ›Eine vorsichtige Zugabe reiner Kunst in einem Park trägt mächtig zu seiner Schönheit bei‹ – das ist richtig; ebenso wie seine Berufung auf die ›menschliche Anteilnahme‹. Dem vorgetragenen Prinzip kann nicht widersprochen werden – aber es *wäre* vielleicht möglich, hier noch etwas tiefer zu gehen. Könnte es doch ein Ziel geben – völlig in Übereinstimmung mit jenem Prinzip –, ein Ziel, mit den einem Sterblichen normalerweise zur Verfügung stehenden Mitteln nicht zu erreichen; welches aber, falls dennoch einmal erreicht, dem Landschaftsgarten einen Zauber verleihen würde, der das bloße Gefühl ›menschlicher Anteilnahme‹ weit überträfe. Eine Poetennatur, die über sehr ungewöhnliche pekuniäre Hilfsquellen geböte, könnte unter voller Erhaltung jenes erforderlichen Gefühls von Kunst oder Kultur – oder, wie unser Autor es ausdrückt, von ›menschlicher Anteilnahme‹ – ihre Entwürfe gleichzeitig mit einer solchen Fülle neuartiger Schönheit durchtränken, daß sich zusätzlich noch der Eindruck spirituellen Eingreifens einstellte. Es liegt auf der Hand, daß bei gelungener Herbeiführung eines solchen Resultates sämtliche Gefühlsvorteile von menschlicher Anteilnahme oder *Planung* erhalten blieben; das Werk aber von dem Harten, dem Technoiden rein weltlicher *Kunstfertigkeit* entlastet würde. In den schroffsten Wildnissen – in den rauhesten Szenen der unberührten Natur – ist immer die *Kunst* eines Schöpfers wahrnehmbar; aber diese Kunst ist nur dem sinnenden Erwägen wahrnehmbar; in keiner Hinsicht hat sie die unmittelbar überzeugende Kraft eines Gefühls. Lassen sie uns nun diese Empfindung einer Planung des Allmächtigen als *um eine Stufe herabgesetzt* annehmen – in etwas wie Harmonie oder Übereinstimmung mit menschlicher Auffassung von Kunst gebracht – gleichsam einen Mittelwert zwischen den beiden bildend –: wir wollen, zum Beispiel, eine Landschaft uns vorstellen, deren Weitenausdehnung und gleichzeitig Durchgearbeitetheit im Detail deren vereinte Schönheit, Pracht und *Fremdartigkeit* sehr wohl Begriffe von Mühwaltung, oder Kultur, oder Überwachung suggerierte, *aber* seitens von Wesen, die dem Menschentum weit überlegen, obwohl ihm noch verwandt wären – dann bliebe das Element der *Anteilnahme* erhalten; während die eingeflossene Kunst das Aussehen einer intermediären, zweithöheren Natur beanspruchen könnte – einer Natur, die weder GOtt ist, noch eine Emanation aus GOtt; die vielmehr immer noch ›Natur‹ ist; aber im Sinne des Kunsthandwerks jener Engel, die zwischen Mensch und GOtt schweben.«

Dadurch, daß er seine enormen Gelder auf die Verkörperung einer Vision wie der beschriebenen verwendete – infolge der gesunden Bewegung im Freien, wie sie die persönliche Überwachung seiner Planungen organisch mit sich brachte – infolge des unausschöpfbaren Gegenstandes, mit dem diese seine Planung ihn versah – infolge der hochgradigen Vergeistigtheit dieses Zieles – in der Verachtung jeglichen Ehrgeizes, die ein solches Ziel ihm nun tatsächlich zu empfinden erlaubte – in dem immerwährend-springfedrigen Frühling, mit dem es die eine allesübermeisternde Leidenschaft seiner Seele, den Durst nach Schönheit, beschenkte, ohne ihn jedoch jemals zu löschen – vor allem aber infolge des sympathetischen Mitempfindens einer Frau, nicht unfraulich, deren Lieb' und Lieblichkeit sein Dasein wie in purpurne Paradiesesatmosphäre hüllte – erhoffte sich Ellison, eine Ausnahmestellung vom ordinärrischen Menschenlos zu finden, wie er sie denn *auch fand;* und zwar begleitet von einem weit größeren Fazit an positivem Glücksgefühl als jemals in den verzückten Tagträumen der De Staël aufglühte.

Ich verzweifele schier daran, dem Leser einen auch nur annähernd exakten Begriff von den Wundern zu vermitteln, die mein Freund tatsächlich bewirkt hat. Nur zu gern möchte ich beschreiben; finde mich jedoch durch die Schwierigkeit der Beschreibung entmutigt und schwanke zögernd zwischen Gesamtüberblick oder Detail. Vielleicht wird der beste Kurs der sein, beide Extreme zu vereinigen.

Mr. Ellisons erster Schritt betraf selbstredend die Wahl der Lokalität; und kaum hatte er über diesen Punkt nachzudenken begonnen, als auch schon die üppige Natur der pazifischen Eilande seine Aufmerksamkeit fesselte. Er hatte sich tatsächlich schon zu einer Reise in die Südsee entschlossen, als die Überlegung einer Nacht ihn bewog, die Idee doch wieder fallen zu lassen.

»Ja, wäre ich Misanthrop«, sagte er, »dann möchte ein solches *locale* für mich passen. In diesem Fall wäre das Absolute der Isolierung und Abgeschlossenheit und die Erschwerung der Annäherung wie des Sichentfernens der Reiz aller Reize; aber bis jetzt bin ich noch kein Timon. Wohl will ich die Ruhe und Muße, aber nicht das Deprimierende der Einsamkeit. Ich wünsche mir ständig eine gewisse Kontrolle über Umfang und Dauer auch meines Ausruhens vorzubehalten. Der Stunden, in denen ich der Mitfreude poetisch Gesinnter an dem, was ich geleistet habe, bedarf, werden auch nicht wenige sein. Ergo suche ich mir angemessenerweise eine Stelle, nicht weit von einer volkreichen Stadt – deren Nähe mich gleichzeitig am besten in den Stand setzen wird, meine Pläne auszuführen.«

Zwecks Aufsuchen einer dementsprechend gelegenen, passenden Stelle begab sich Ellison nun einige Jahre auf Reisen; wobei mir erlaubt wurde, ihn zu begleiten. Tausend Fleckchen, die mich entzückten, verwarf er ohne Zögern; aus Gründen, die mich am Ende jedesmal überzeugten, daß er im Recht sei. Einmal kamen wir zu einem hochgelegenen

Tafelland von wundersamer Schönheit und Fruchtbarkeit, das eine panoramische Fernsicht von einer Weite gewährte, um ein ganz Minimales nur geringer als die vom Ätna aus, und die sowohl nach Ellisons als auch nach meiner Meinung den weitgerühmten Rundblick von jenem Berggipfel, was die wahren Elemente des Malerischen anbelangt, noch übertraf.

»Ich bin mir klar darüber«, sagte der Reisende mit einem Seufzer tiefen Entzückens, nachdem sein Blick fast eine volle Stunde lang wie gebannt auf dieser Szene geruht hatte, »ich weiß, daß unter meinen Umständen neun Zehntel der allerwählerischsten Menschen hier ihr Genüge finden würden. Das Panorama ist wirklich einmalig herrlich; und ich würde mich seiner voll zu erfreuen wissen, wäre eben nicht das Übermaß an Herrlichkeit. Der Geschmack aller Architekten, die ich jemals kennengelernt habe, verführt sie, um der lieben ›Aussicht‹ willen ihre Bauwerke grundsätzlich auf Hügelspitzen zu stellen. Dabei ist der Irrtum handgreiflich: Großartigkeit, in jeglicher ihrer Varianten, speziell aber in der der Ausgedehntheit, frappiert, regt an – und ermüdet anschließend und deprimiert. Für ein kurzes, vorübergehendes Bestaunen kann nichts besser sein – für den dauernden Anblick nichts schlimmer. Für den dauernden Anblick ist die beanstandenswerteste Form der Großartigkeit die der Ausgedehntheit; und die schlimmste Form der Ausgedehntheit wiederum die der Ferne. Sie liegt sofort im Widerstreit mit dem Empfinden und dem Sinn für *eingezogenes Leben* – das Empfinden und den Sinn eben, denen wir dadurch entgegenzukommen versuchen, indem wir uns ›aufs Land zurückziehen‹. Wenn wir von einem Berggipfel Ausschau halten, fühlen wir uns, es ist unvermeidlich, *in der Fremde* in dieser Welt. Wer kranken Herzens ist, meidet weite Fernsichten wie die Pest.«

Nicht vor dem Ende des vierten Jahres unserer Suche sollte es geschehen, daß wir eine Lokalität ausfindig machen konnten, mit der Ellison sich befriedigt erklärte.

Es ist natürlich unnötig, anzugeben, *wo* diese Lokalität sich befand. Der jüngst erfolgte Tod meines Freundes, der zur Folge hatte, daß sein Reich sich bestimmten Klassen von Besuchern auftat, hat *Arnheim* eine Art von gedämpfter und interner, wenn nicht gar kultischer Berühmtheit verliehen, wie sie in ähnlichem, obschon unvergleichlich geringerem Grade Fonthill so lange genossen hat.

Die übliche Art, sich Arnheim zu nähern, war auf dem Flußwege. Der Besucher verließ die Stadt morgens in aller Frühe. Während des Vormittags wurde er zwischen Ufern von einer ruhigen, häuslichen Schönheit dahingeführt, auf denen unzählige Schafe grasten, deren weiße Vliese das starke Grün leichtgewellter Wiesenweiten tüpfelten. Ganz allmählich minderte sich der Eindruck von Landbau, und machte dem bloßer schäferlicher Hutung Platz. Dieser verschmolz langsam mit einem aufkommenden Gefühl der Zurückgezogenheit – dieses wiederum mit dem bewußten Innewerden von Einsamkeit. Als es gegen Abend ging, wurde das Fahrwasser schmäler, die Ufer zunehmend steiler, das Laubwerk, das die letzteren bekleidete, reicher, verschwenderisch-wirrer und schwerfarbiger. Das Wasser nahm zu an Durchsichtigkeit. Der Strom beschrieb tausend Windungen, so daß seine schimmernde Fläche keinen Moment auf größere Entfernung zu übersehen war als einige Ruten weit. Jedweden Augenblick schien das Schifflein eingefangen in einen Zauberzirkel, der unübersteigbare und undurchdringliche Wälle aus Blättrigem hatte, ein Dach von ultramariner Seide, und *keinen* Fußboden – balancierte sich der Kiel doch mit admiraliger Finesse auf dem einer Phantombarke, die, durch irgendeinen Zufall das Untere zuoberst gekehrt, als ständiger Begleiter der materialisierten mit ihr dahintrieb, zum Zweck, sie zu unterstützen. Der Kanal wurde nunmehr zum *Schlunde* – obwohl der Ausdruck irgendwie unzuständig ist und ich ihn nur deshalb verwende, weil die Sprache über kein Wort verfügt, das den frappierendsten – nicht den bezeichnendsten – Zug der Szenerie korrekter wiedergäbe. Der Schlundcharakter wurde hauptsächlich durch die Höhe und Parallelität der Steilufer hervorgebracht; nahezu jeder andere Einzelzug widersprach dem jedoch. Die Wände der Hohlschlucht (durch die das klare Wasser aber immer ruhevoll dahinfloß) stiegen bis zu einer Höhe von 100, ja gelegentlich 150 Fuß auf und neigten sich derartig gegeneinander, daß das Tageslicht in hohem Maße ausgesperrt wurde; während die dichten gefiederten Moosbärte, die aus dem ineinanderverrankten Strauchwerk zu Häupten reich und lang herniederschwankten, der ganzen Spalte etwas makaber Glummes verliehen. Die Flußschlingen wurden häufiger und immer verwickelter und schienen oftmals wie in sich selbst zurückzukehren, so daß dem Reisenden längst schon jeglicher Sinn für Richtung abhanden gekommen war. Auch hatte ihn, allmählich-zusätzlich, ein exquisites Gefühl der Fremdartigkeit umfangen. Der Eindruck der ›Natur‹ war durchaus noch vorhanden; aber ihr herkömmlicher Charakter schien eine Abwandlung erfahren zu haben: Man gewahrte eine überirdische Symmetrie, eine aufpeitschende Uniformheit, eine verhexte Adrettität in ihren Werken hier. Kein abgestorbener Zweig, kein welkes Blatt, nicht ein verirrter Kiesel, nicht ein Fleckchen der braunen Erde war irgendwo zu sehen. Das kristallene Wasser strich an dem reinlichen Granit, an den makellosen Moosen in so sauberer Linie entlang, daß es das Auge ebenso entzückte wie verwirrte.

Nachdem es sich durch die Irrgärten dieser Kanalhaftigkeiten mehrere Stunden lang hindurchgewunden und das Düster mit jedem Augenblick an Tiefe zugenommen hatte, brachte eine scharfe und unerwartete Schwenkung des Schiffleins es, wie aus dem Himmel gefallen, in ein kreisrundes Becken von, mit der Enge des Schlundes verglichen, sehr beträchtlicher Ausdehnung. Es hatte an die 200 Yards im Durchmesser, und war an allen Punkten außer einem – demjenigen, beim Eintritt des Schiffleins ihm genau gegenüber – von Hügeln umgürtet, die gleiche durchschnittliche Höhe mit den Wänden der Spalte aufwiesen, ansonsten aber von grundverschiedenem Charakter waren. Ihre Hänge böschten sich vom Wasserrand aus in einem Winkel von rund 45° nach oben und waren vom Fuß bis zum Gipfel – ohne daß auch nur ein Pünktchen eine sichtbare Ausnahme gemacht hätte – in ein Gewand der allerprachtvollsten Blumenblüten gekleidet, so daß in der ganzen weiten See von duftenden und wallenden Farben kaum ein grünes Blättchen zu erkennen war. Das Becken war von beträchtlicher Tiefe; aber so transparent war die Flut, daß sein Boden, der aus einer dichten Masse von kleinen rundlichen Alabasterkieseln zu bestehen schien, zuweilen, obschon flüchtig, ganz deutlich erkennbar wurde – das heißt sobald das Auge es sich einmal erlauben konnte, *nicht* also tief in den verkehrten Himmel, das Doppel der Blütenhügel, hineinzuschauen. Auf diesen letzteren befanden sich keinerlei Bäume, ja nicht einmal Buschwerk von nennenswerter Größe. Die beim Beschauer ausgelösten Impressionen waren zusammengesetzt aus Üppigkeit, Wärme, Farbigkeit, Stille, Gleichförmigkeit, Weichheit, Köstlichkeit, Eleganz, Wolllüstigkeit und einem wundersamen Äußeren von Kultur allgemein, das Träume von einem neuen Geschlecht von Feen hervorrief, emsig, geschmackvoll, prachtliebend und wählerisch zugleich; aber wenn das Auge die Myriaden Tinten der Hänge aufwärts schweifend verfolgte, von der scharf durchgezogenen Wasserlinie bis hinauf zu der verschwimmenden Begrenzung inmitten der Falten überhängenden Gewölks, dann wurde es wahrlich schwierig, sich nicht der Vision eines Rundumkataraktes aus Rubinen, Saphiren, Opalen und Goldonyxen hinzugeben, der lautlos aus dem Himmel auf einen einrollte.

Der Besucher, der so unvermittelt aus dem Düster der Hohlschlucht in diese Bay hinausschießt, ist entzückt, aber mehr noch erstaunt ob des vollen Runds der sinkenden Sonne, die er längst schon weit unterm Horizont vermutet hatte; die ihm jetzt jedoch gegenübertritt und den einzigen Abschluß eines ansonsten unbegrenzten schmalen Durchblicks bildet, der sich durch einen zweiten spaltähnlichen Riß in den Hügeln auftut.

Hier aber verläßt der Reisende das Fahrzeug, das ihn so weit getragen hat, und steigt in ein leichtes Kanu aus Elfenbein, innen wie außen gefleckt mit reichen Arabesken vom intensivstem Scharlach. Schnabel und Poop dieses Bootes heben sich, in scharfe Spitzen ausgezogen, hoch übers Wasser empor, so daß sich als allgemeine Form die einer unregelmäßigen Mondsichel ergibt. Mit der stolzen Anmut eines Schwans liegt es auf der Oberfläche der Bay. Auf dem hermelinenen Boden ruht ein einziges fiederfederleichtes Paddel aus Seidenholz; aber kein Ruderer noch Geleiter ist zu erblicken. Man bittet den Gast, guten Mutes zu sein – die Schicksalsschwestern würden sich seiner huldvoll annehmen.

Das größere Fahrzeug entfernt sich, und man läßt ihn allein im Kanu, das scheinbar regungslos inmitten des Sees liegt. Während er noch erwägt, welcher Kurs nunmehr einzuschlagen sei, wird er jedoch einer sanften Bewegung der Feenbarke gewahr. Langsam schwenkt sie herum, bis ihr Bug sonnenwärts weist. Beginnt auch mit sanfter, aber sich allmählich steigernder Geschwindigkeit dahinzugleiten, indes die dadurch erzeugten leichten Wellchen an ihren elfenbeinernen Seiten in die feinsten Melodien zerplätschern – die einzig mögliche sich darbietende Erklärung, scheint es, für das schmeichelnde, obschon melancholische Musizieren, nach dessen unsichtbarem Ursprung der verwirrte *voyageur* vergebens um sich schaut.

Gleichmäßig dringt das Kanu fürder, und das Felsentor des Durchblicks ist so nahe gekommen, daß dessen Tiefen deutlicher erkannt werden können. Zur Rechten erhebt sich eine Kette stolzer Hügel, strotzend und üppig bewaldet. Trotzdem läßt sich wahrnehmen, daß dort, wo das Ufer sich ins Wasser senkt, das Merkmal exquisiter *Reinlichkeit* immer noch vorwaltet. Auch nicht eines der bei Flüssen üblichen Anzeichen von *débris* ist vorhanden. Zur Linken hin ist der Charakter der Szene sanfter, und Kunst wird erkennbarer. Hier hebt sich das Ufer in ganz flacher Böschung aus dem Fluß und bildet ein breites Band aus Gras, das nichts so sehr ähnelt wie einem Samtgewebe, und von einem derart strahlendem Grün, daß es den Vergleich mit dem Ton des reinsten Smaragden aushielte. Die Breite dieses *plateau* schwankt zwischen 10 und 300 Metern, vom Flußufer bis hin zu einer 50 Fuß hohen Felswand, die sich, der allgemeinen Richtung des Flußlaufs folgend, in einer Unzahl von Biegungen dahinschlängelt, bis sie sich nach Westen hin in die Ferne verliert. Diese Wand besteht aus einem einzigen durchgehenden Felsenzuge und ist dadurch erzielt worden, daß man das einst holprige steile Südufer des Flusses nach dem Lote bearbeitet hat; aber man hat selbstredend nicht geduldet, daß irgendeine Spur der Anstrengung sichtbar bleibe. Der gemeißelte Stein ist wie altersgrau, und verschwenderisch überdeckt und überhangen von Efeu und korallenrotem Geißblatt, von Heckenrose und Waldrebe. Die Einförmigkeit der Linien von Ober- und Unterkante der Wandung wird voll und ganz aufgelokkert durch gelegentliche riesenhohe Bäume, die einzeln oder in kleineren Gruppen sowohl längs des *plateau* als auch in den Bezirken hinter der Wand, aber immer in nächster Nähe von ihr, so aufragen, daß ihre Astglieder (zumal die der Schwarzwalnuß) häufig übers Wasser her reichen und die äußersten hängenden Spitzen sich eintauchen. Einen tieferen Einblick in das Hinterland verwehren undurchdringliche Schirmwände aus Laub.

All dies wird vom Bewußtsein verzeichnet, während das Kanu sich fortschreitend dem nähert, was ich das Tor des Durchblicks genannt habe. Je dichter man jedoch herankommt, desto mehr schwindet sein spaltenhaftes Aussehen; ein neuerlicher Ausgang aus der Bay nach links hin ist zu entdecken – in welcher Richtung man die Felswand ebenfalls sich schwenken sieht, die aber immer noch der großen Richtung des Flusses folgt. Diese neue Öffnung hinunter vermag das Auge freilich nicht sehr weit zu dringen; denn die von der Wand begleitete Strömung kurvt immer noch weiter nach links hin, bis beide der Blättertumult einschluckt.

Nichtsdestoweniger gleitet das Boot wie durch Magie in den gewundenen Kanal hinein, und man erkennt, daß das der Felswand gegenüberliegende Ufer Ähnlichkeit gewonnen hat mit dem, das zuerst, in dem geraden Durchblick, der Wand gegenüberlag: stolze Hügel, die gelegentlich Bergausmaß erreichen und die ein Pflanzenwuchs von wilder Üppigkeit überzieht, beschließen noch immer die Szene.

Während er, obschon mit leicht erhöhter Geschwindigkeit, sänftlich fürder getragen wird, findet der *voyageur,* nach so manch kurzer Schlinge, seinem weiteren Vordringen anscheinend dadurch ein Ende gesetzt, daß sich ein gigantisches Tor, oder richtiger eine Pfortung aus poliertem Golde vor ihm erhebt, von feinstem durchbrochenem Maßwerk, das die Strahlen der nunmehr rasch sinkenden Sonne unmittelbar und mit einem Überschimmer, der all die umliegenden Forsten mit Flammen zu kränzen scheint, ihm in die Augen zurückstrahlt. Die Torflügel sind unmittelbar in die Felswand geangelt, die hier den Fluß im rechten Winkel zu überschneiden scheint. Wenigste Herzschläge danach erkennt man jedoch, daß die Hauptmasse des Gewässers in einer sanften und weit ausholenden Kurve nach links fürder fließt, geleitet, wie vordem, von der Felswand; während ein Seitenarm von unverächtlichem Wasserreichtum hier vom Hauptstrome abzweigt, seinen Weg, leicht wellchenwerfend, unter dem Tor hindurch nimmt, und sich so dem Blick entzieht. In diesen minderen Kanal schwenkt das Kanu ein und nähert sich dem großen Tor. Dessen gewichtige Flügel dehnen sich langsam und musikalisch auseinander. Zwischen sie hinein gleitet das Boot und beginnt seinen rapiden Abstieg in eine Art weiten Amphitheaters hinein, gänzlich von purpurnen Bergen umgürtet, deren Füße, im vollen Umkreis ihres Hingelagertseins, ein schimmernder Fluß bespült. Gleichzeitig indes offenbart sich das ganze Paradies von Arnheim dem Blick. Ein Erguß zaubrischer Melodien ertönt; ein beklemmendes Gefühl von fremdsüßem Duft stellt sich ein; ein traumgleiches Sichvermischen hochschlank nahöstlicher Baumgestalten nimmt das Auge wahr – buschiges Blühgesträuch – Scharen von gold- und carminenen Vögeln – liliengesäumte Teiche – Wiesen aus Violen, Tulpen, Mohnblumen, Hyazinthen und Tuberosen – lange verhedderte Linien silbriger Wasserrillen – und, verworrengestaltig zwischen all dem aufschießend, eine halb gotische, halb sarazenische Architekturmasse, die sich wie durch Wunderkraft schwebend in den Lüften erhält, glitzernd im rotesten Sonnenlicht mit Hundertschaften von Erkern, Minaretten und Zinnen, und einer Geisterhandarbeit ähnelnd der vereinigten Sylphen, der Feen, der Genien und der Gnomen.

Anmerkungen

1 Ein Vorfall, dem hier erfabelten in äußeren Umrissen ähnlich, hat sich, vor noch gar nicht sehr langer Zeit, in England tatsächlich ereignet. Der Name des glücklichen Erben war Thelluson. Ich habe den Bericht über dies Vorkommnis zuerst in einem der Reisebücher des Fürsten Pückler-Muskau gelesen; er läßt die ererbte Summe *neunzig Millionen Pfund* sein und merkt dazu sehr richtig an, daß ›in der sinnenden Betrachtung eines so gewaltigen Betrages, und all der Möglichkeiten, die sich durch seinen Einsatz realisieren ließen, etwas dem Erhabenen Ähnliches liegt‹. Um der Absichten des vorstehenden Artikels willen habe ich die Angaben des Fürsten übernommen, obschon sie gröblich übertrieben sind. Der Keim (beziehungsweise korrekter die Einleitung) der gegenwärtigen Abhandlung ist bereits vor vielen Jahren von mir veröffentlicht worden – vor dem Erscheinen der ersten Nummer von Sues bewunderungswürdigem ›*Ewigen Juden*‹, zu dem er möglicherweise durch Fürst Pücklers Notiz inspiriert worden sein könnte.

Mellonta Tauta

An den Herausgeber des Lady's Book: –
Ich habe die Ehre, Ihnen für ihre Zeitschrift einen Artikel zu übersenden, von dem ich hoffe, daß Sie ihn besser verstehen können, als es mir selber möglich ist. Es handelt sich um die von meinem Freunde Martin Van Buren Mavis (gelegentlich der ›Toughkeepsie Seer‹ genannt) angefertigte Übersetzung eines recht wunderlich anmutenden MS, welches ich, vor etwa einem Jahre, in dicht verkorkter Flasche auf dem Mare Tenebrarum treiben fand – einem vom Nubischen Geographen wohlbeschriebenen Meere, welches jedoch heutigentags nur selten aufgesucht wird, es sei denn von den Transzendentalisten und anderen auf Schrullen- und Grillenfang erpichten Tieftauchern.

Ergebenst
Edgar A. Poe

AN BORD DER ›HIMMELSLERCHE‹,
1. April 2848

So, mein lieber Freund – nun sollst Du zur Strafe für Deine Sünden einen recht langen Schwatz- und Klatschbrief von mir bekommen! Ich sag's Dir gleich zu Anfang klipp und klar, daß ich Dir heute all Deine Unverschämtheiten heimzahlen werde – indem ich so langweilig, so weitschweifig, so lose, wirr und luftig schwadroniere, als ich's nur vermag. Außerdem bin ich hier oben in einem dreckigen Ballon mit einigen hundert oder zweihundert Vertretern der Gattung *canaille* zusammengepfercht, die sich allesamt auf einer *Vergnügungs*exkursion belustigen (was für komische Vorstellungen manche Leute doch vom Vergnügen haben!), und wenigstens einen Monat lang besteht für mich keine Aussicht, wieder festen Boden unter die Füße zu bekommen. Kein Mensch, mit dem man reden kann. Kein bißchen zu tun. Ja, und wenn man nichts zu tun hat, dann ist es an der Zeit, mit seinen Freunden zu korrespondieren. Du merkst also wohl, welchen Umständen Du diesen Brief verdankst – meinem *ennui* und Deinen Sünden.

So rücke Dir denn die Brille zurecht und mach Dich gefaßt, nach Kräften geplagt zu werden. Ich habe nämlich die Absicht, Dir während dieser widerlichen Reise täglich zu schreiben.

Ach Gott! wann wird wohl endlich einmal eine anständige *Erfindung* im menschlichen Dickschädel Einlaß finden?! Sollen wir denn für immer zu den tausend Unbequemlichkeiten des Ballons verdammt sein? Will *niemand* eine etwas weniger lahme Methode der Fortbewegung ersinnen? Dieser zockeltrabsige Schlendrian kommt, meines bescheidenen Dafürhaltens, einer reinrassigen Tortur gleich. Mein großes Ehrenwort darauf – wir haben, seit wir die teure Heimat verließen, nicht mehr denn hundert Meilen in der Stunde geschafft! Sogar die Vögel überrunden uns – wenigstens einige von ihnen. Ich versichere Dir, daß ich wahrhaftig nicht übertreibe. Nun wirkt unsere Fortbewegung freilich langsamer, als sie's tatsächlich ist – einfach deswegen, weil es keinerlei Gegenstände um uns gibt, an denen wir unsere Geschwindigkeit messen könnten, und weil wir *mit* dem Winde gehen. Gewiß, wenn immer wir einem anderen Ballon begegnen, so läßt sich unser Tempo durchaus merken, und dann, ich gebe's zu, erscheint die Sache nicht mehr gar so übel. So sehr ich übrigens an diese Reiseweise auch gewöhnt bin – mich packt doch jedesmal wieder ein gelinder Schwindel, wenn ein Ballon in einer Luftströmung direkt über uns dahinstreicht. Er kommt mir immer wie ein ungeheurer Raubvogel vor, der im Begriff steht, sich auf uns zu stürzen und uns in seinen Fängen davonzutragen. Einer ging grad heute morgen bei Sonnenaufgang über uns weg, und zwar so nahe, daß sein Schlepptau tatsächlich das Netzwerk streifte, an dem unsere Gondel hängt, und uns doch recht beklommen zumute wurde. Unser Kapitän sagte, wenn unsere Ballonhülle aus dem Plunder bestanden hätte, den man vor fünfhundert oder tausend Jahren unter der Bezeichnung ›gefirnißte Seide‹ verwendete, so wäre es uns unweigerlich böse ergangen. Diese Seide war, so erklärte er mir, ein Fabrikat, das aus den Eingeweiden einer bestimmten Sorte von Regenwürmern bestünde. So ein armes Wurm wurde sehr pfleglich mit Maulbeeren gemästet – einer Fruchtart, ähnlich der Wassermelone – und sodann, wenn hinreichend fett geworden, in einer Mühle zu Brei zerquetscht. Die solcherart gewonnene Paste hieß in ihrem Urzustand *Papyrus* und machte dann noch diverse Prozesse durch, bis schließlich besagte ›Seide‹ daraus wurde. Wunderlicherweise erfreute sich dieselbe als Artikel der *Damenbekleidung* hoher Schätzung! Im allgemeinen stellte man auch eben Ballons daraus her. Eine bessere Materialart, scheint es, fand man dann später in dem Flaum, welcher die Samenkapseln einer volkstümlich *euphorbium* genannten, botanisch damals aber als Schwalbenkraut bezeichneten Pflanze umgab. Diese letztgenannte Seidenart trug ob ihrer stupenden Dauerhaftigkeit auch den Namen ›Buckingham-Seide‹ und wurde gewöhnlich zum Gebrauche präpariert, indem man sie mit einer Lösung aus Kautschuk-Gummi überzog – einer Substanz, welche in mancherlei Hinsicht dem heute allgemein gebräuchlichen Guttapercha ähnlich gewesen sein muß. Dieser Kautschuk wurde gelegentlich auch Gummielastikum oder auf Arabisch Gummiarabikum genannt und stellte ganz zweifelsohne eine der zahlreichen Fungus-Arten dar. So, nun komm Du mir ja nie wieder mit dem Einwand, ich sei kein rechter Kenner des klassischen Altertums!

Da wir eben vom Schlepptau sprachen – das unsere hat, so scheint es, gerade in diesem Moment auf einem der kleinen magnetischen Schraubendampfer, die auf dem Ozean unter uns herumschwärmen, einen Mann über Bord gerissen – ein Kahn von etwa sechstausend Tonnen übrigens, der nach allem, was man so hört, wieder einmal schändlich überfüllt sein muß. Man sollte doch diesen winzigen Barken grundsätzlich verbieten, mehr als eine ganz bestimmte Anzahl von Passagieren zu befördern. Dem Manne wurde natürlich nicht gestattet, wieder an Bord zu kommen; er und sein Rettungsgürtel waren bald außer Sicht. Ich finde es herrlich, mein lieber Freund, daß wir in einem Zeitalter leben, welches erleuchtet genug ist, um sich mit einer Bagatelle wie dem Individuum nicht mehr abzugeben. Die Masse ist es, worum sich die wahre Humanität zu kümmern hat. Apropos Humanität – weißt Du eigentlich, daß unser unsterblicher Wiggins mit seinen Ansichten über die soziale Lage und so fort durchaus nicht so originell ist, wie seine Zeitgenossen mutzumaßen geneigt sind? Pandit versichert mir, daß die nämlichen Ideen vor etwa tausend Jahren schon in fast der nämlichen Weise von einem irischen Philosophen namens Furrier beim Kleinhandel mit Katzenfellen und anderem Pelzwerk in lukrativen Gewinst umgesetzt worden seien. Du weißt ja, Pandit kennt sich aus; es muß damit also wohl seine Richtigkeit haben. Wie wunderbarlich finden wir an jeglichem Tage die tiefsinnige Bemerkung des Hindus Aries Trotteles bestätigt (wie Pandit sie zitiert) – »So müssen wir denn sagen, daß die nämlichen Gedanken nicht einmal nur oder zweimal oder wenige Male, sondern in fast unendlichem Kreislauf immer wieder neuerlich den Menschen einkommen.«

2. April. – Preiten heute die magnetische Schaluppe an, welcher im Abschnitt Mitte die Aufsicht über die schwimmenden Telegraphenleitungen obliegt. Wie ich erfahre, galt es, als diese Art Telegraph zum erstenmal von Horse in Tätigkeit gesetzt wurde, für ganz unmöglich, die Leitungen über See zu verlegen; dagegen werden wir heute fast verlegen, wenn wir uns vorstellen wollen, worin denn eigentlich die große Schwierigkeit gelegen habe! So geht's in der Welt. *Tempora mutantur* – entschuldige, daß ich auf Etruskisch zitiere. Was würden wir wohl ohne den atalantischen Telegraphen anfangen! (Pandit sagt, das alte Adjektiv habe ›atlantisch‹ gelautet). Wir drehten für ein paar Minuten bei, um der Schaluppe einige Fragen zu stellen, und erfuhren, unter anderen herrlichen Neuigkeiten, daß in

Affrika der Bürgerkrieg wütet, während sowohl in Oirohpa als in Aasien die Pest ihr gutes Werk aufs prächtigste vollbringt. Ist es nicht wahrhaft merkwürdig, daß die liebe Menschheit in frühern Zeiten, als die Philosophie noch nicht im glänzenden Scheine der Humanität stand, tatsächlich die Gewohnheit hatte, Krieg und Pestilenz als ausgesprochene Kalamitäten anzusehen? Weißt Du, daß man gar in den alten Tempeln Gebetsveranstaltungen abhielt mit dem Ziel, daß diese *Übel* (!) die Menschheit nicht heimsuchen möchten? Fällt es einem nicht wirklich schwer zu begreifen, aus welchen Interessenprinzipien heraus unsere verehrlichen Vorväter eigentlich handelten? Waren sie so blind, nicht zu erkennen, daß die Vernichtung einer Myriade von Individuen doch für die Masse nur von Vorteil ist?!

3. April. – Es ist wirklich hochamüsant, die Strickleiter zu erklimmen, die auf den Gipfel der Ballonhülle führt, und von dort in die Runde zu blicken. Von der Gondel unten, weißt Du, ist die Aussicht gar so überwältigend nicht – man sieht eben vertikal nur wenig. Aber wenn man hier oben sitzt (wo ich dies schreibe), auf der luxuriös gepolsterten offenen Piazza der Gipfelplattform, so entgeht einem nichts, um welche Richtung es sich auch handelt. Grad eben ist ein förmliches Gewimmel von Ballons in Sicht, und sie bieten einen sehr animierten Anblick, während die Luft vom Summen so vieler Millionen Menschenstimmen widerhallt. Ich habe es glaubwürdig versichert bekommen, daß man dem alten Roth (oder hieß er Schwarz, wie Pandit will?), dem, wie man annimmt, ersten Luftschiffer überhaupt, als er die Behauptung aufstellte, es sei sehr wohl praktikabel, die Atmosphäre in allen Richtungen zu durchreisen, indem man nämlich bloß so lange auf und niedersteige, bis man eine günstige Luftströmung gefunden habe – daß man ihm, sagte ich, kaum auch nur Gehör schenkte bei seinen Zeitgenossen, die ihn bloß als die geniale Variante eines Irren ansahen, denn die Philosophen (?) jener Tage erklärten das Ganze für ein Ding der Unmöglichkeit. Heute faßt sich unsereins ja wirklich an den Kopf bei dem Gedanken, wie etwas so Selbstverständliches dem Scharfsinn der antiken Gelehrten habe nicht einleuchten wollen. Doch zu allen Zeiten sind ja dem Fortschritt in der Kunst die größten Steine stets von den sogenannten Männern der Wissenschaft in den Weg geworfen worden. Freilich, *unsere* Wissenschaftler sind nicht mehr ganz so vernagelt wie die der Antike: – ah, in dem Zusammenhang kann ich Dir noch etwas sehr Schnurriges erzählen! Ist Dir bekannt, daß die Herren Metaphysiker erst grad vor lumpigen tausend Jahren darein willigten, dem Volke endlich die verblasene Einbildung zu nehmen, es gebe *nur zwei mögliche Wege zur Erkenntnis der Wahrheit?!* Glaub es, wenn Du's vermagst! Es scheint, daß vor langen, langen Jahrtausenden, in grauer Vorzeit, einmal ein türkischer Philosoph (oder möglicherweise ein Hindu) namens Aries Trotteles lebte. Dieser Mensch brachte das in Mode – oder propagierte es jedenfalls –, was man die deduktive oder aprioristische Methode der Wahrheitsfindung nannte. Er startete mit von ihm so bezeichneten ›Axiomen‹ oder ›selbstverständlichen Wahrheiten‹ und zog sodann daraus per ›Logik‹ munter seine Schlüsse. Von seinen Jüngern waren die bedeutendsten ein gewisser Neuklid und ein ebenso gewisser Cant. Nun gut, der besagte Trotteles florierte als ausgesprochener Gipfel der Weisheit, bis ein gewisser Speckig auf den Plan trat, beibenamst der ›Ettrick-Schäfer‹, welchselbiger ein von Grund auf anderes System predigte, das er das aposterioristische oder induktive nannte. Sein Verfahren gründete sich ganz und gar auf die Sinneswahrnehmung. Er beobachtete, analysierte und klassifizierte Tatsachen – *instantiae naturae,* wie sie in überflüssig gekünstelter Weise bei ihm heißen – und gelangte von da aus zu allgemeinen Gesetzen. Kurz gesagt, die Methode des Aries Trotteles basierte auf *noumena,* die Speckigs auf *phaenomena.* Na schön, die Bewunderung, welches dies letztere System, kaum daß es bekannt geworden, allenthalben erweckte, war jedenfalls derartig, daß Aries Trotteles ziemlich in Verruf kam; doch gewann auch er schließlich wieder an Boden und durfte das Reich der Wahrheit mit seinem etwas moderneren Rivalen teilen. Die Herren Gelehrten behaupteten nun, der aristotelische und der baconische Weg seien die einzig möglichen und mit Erfolg begehbaren Avenuen zur Erkenntnis. (Das Adjektiv ›baconisch‹ wurde, mußt Du wissen, als Synonym für ›speckig‹ ersonnen, da es weitaus wohliger und würdiger töne; – man kann es verstehen.)

Nun versichere ich Dir, mein lieber Freund, mit allem Nachdruck, daß ich diese Sache völlig objektiv darstelle und mich dabei auf die zuverlässigsten Quellen berufe; und so wirst Du Dir leicht vorstellen können, wie ein so umwerfender Blödsinn gewirkt haben muß, den Fortschritt aller wahren Erkenntnis zu verlangsamen – welch letztere doch ihren Weg fast ausnahmslos in intuitiven Sprüngen zurücklegt. Jener rauschebärtige Einfall beschränkte alles Forschen auf ein *Krabbeln;* und Hunderte von Jahren lang herrschte in Sonderheit hinsichtlich Speckigs eine derart gewaltige Verblendung, daß allem, was man noch einigermaßen als Denken bezeichnen konnte, nachdrücklich der Garaus gemacht war. Kein Mensch wagte mehr eine Wahrheit zu äußern, die er einzig und allein dem Fühlen seiner Seele verdankte. Und mochte die betreffende Wahrheit auch zehnmal *nachweislich* eine Wahrheit sein, so hatte das doch nicht das mindeste zu sagen, denn die gelehrten Holzköpfe jener Zeit betrachteten einzig den *Weg,* auf dem er zu ihr gelangt war. Für das Ziel, den Zweck hatten sie nicht einmal einen *Blick* übrig.

»Die Mittel laßt uns sehen«, so schrien sie, »die Mittel!« Und wenn sich dann bei der Untersuchung der Mittel ergab, daß sie weder in die Kategorie Trotteles einzuordnen waren noch in die Kategorie Speckig, na, dann war der Fall für die Herren Gelehrten sofort erledigt: sie schalten den ›Theoretiker‹ einen Narren und wollten mit ihm und seiner Wahrheit fürder nichts mehr zu tun haben.

Nun kann man ja wirklich nicht behaupten, daß ein derartiges Krabbel-System das rechte Verfahren gewesen sei, eine besonders namhafte Ausbeute an Wahrheiten zu erzielen, und mochte man es auch durch noch so lange Zeitalter hin praktizieren. Denn die Unterdrückung der *Imagination* war ein Übel, das keine noch so aufgeplusterte Zuversicht, ja *Gewißheit* bei den alten Methoden der Wahrheitssuche aufzuwiegen vermochte. Der Irrtum all jener ger-manischen, franz-hosigen, eng-ländischen und ammeerikahnischen Wahrheitsforscher (welche Letztgenannten übrigens unsere eigenen unmittelbaren Vorfahren waren) lag so ungefähr auf gleicher Ebene wie der jenes naseweisen Herrn, welcher sich einbildete, er müsse einen Gegenstand doch zwangsläufig desto besser sehen, je näher er ihn sich vor die Äuglein bringe. Diese Leute machten sich durch Einzelheiten selber blind. Wenn sie nun speckig vorgingen, waren ihre ›Tatsachen‹ leider keineswegs immer Tatsachen – was an sich ja noch ganz harmlos wäre, hätten die Leute nicht mit solcher Hartnäkkigkeit den Fall gesetzt, daß es eben Tatsachen *wären* und Tatsachen sein müßten, bloß weil sie ihnen so vorkamen. Wenn sie aber auf dem Pfade des alten Aries wandelten, so wurde ihr Denken erst recht ein krabbliges, ja ausgesprochen widderborstiges, denn niemals noch besaßen sie ein Axiom, das wirklich ein Axiom gewesen wäre. Sie müssen selbst für die damalige Zeit ganz ungewöhnlich blind gewesen sein, um dies nicht zu sehen; denn selbst damals waren ja schon viele der lange ›gültigen‹ Axiome verworfen worden. Zum Beispiel – *»Ex nihilo nihil fit«*, »ein Körper kann nicht wirken, wo er nicht ist«; »es kann keine absoluten Gegensätze geben«; »Dunkelheit vermag nicht aus dem Lichte zu kommen« – all diese, und noch ein Dutzend andere, ähnliche Zumutungen, die man früher ohne jedes Zögern als Axiome hatte gelten lassen, waren selbst zu der Zeit schon, von der ich rede, für unhaltbar erkannt worden. Wie aberwitzig denn von diesen Leuten, nun weiterhin noch steif und fest an ›Axiome‹ als an unwandelbare Grundlagen der Wahrheit zu glauben! Doch selbst bei ihren vernünftigsten Denkern läßt sich die Belanglosigkeit, die Unfaßbarkeit ihrer Axiome im allgemeinen geradezu lachhaft leicht nachweisen. Wer war der tüchtigste ihrer Logiker? Moment! Ich laufe einmal rasch und frage Pandit; in einer Minute bin ich wieder da … Ah, da haben wir es schon! Hier ist ein Buch, geschrieben vor nahezu tausend Jahren und kürzlich erst aus dem Eng-Ländischen übersetzt – was übrigens die Anfangsgründe des Ammeerikahnischen gebildet zu haben scheint. Pandit meint, es handelt sich dabei entschieden um das gescheiteste Werk des Altertums über den Gegenstand Logik. Der Autor (von dem man damals eine Menge hielt) war ein gewisser Müller oder Müll; und wir finden als besonders nennenswert von ihm berichtet, daß er ein Mühlenroß besaß, welches man Bentham rief. Doch sehen wir uns den Traktat doch einmal an!

Ah! – »Die Fähigkeit oder Unfähigkeit, etwas zu begreifen«, sagte Herr Müll sehr richtig, »ist in keinem Falle als Kriterium axiomatischer Wahrheit anzuerkennen.« Welcher *moderne* Mensch, der seine Sinne beisammen hat, würde es sich je wohl einfallen lassen, diesen Gemeinplatz zu bestreiten?! Uns wundert daran nur das eine: Was hat wohl geschehen mögen, daß Herr Müll (oder hieß er doch Müller?) es für notwendig erachtete, auf etwas so Selbstverständliches noch eigens den Finger zu legen. So weit gut – aber sehen wir uns doch noch eine weitere Seite an. Was haben wir hier? – »Gegensätze können nicht beide wahr sein – das heißt, sie können nicht beide in der Natur vorkommen.« Hier meint Herr Müll zum Beispiel, daß ein Baum entweder ein Baum sein muß oder aber kein Baum – daß er nicht zu gleicher Zeit ein Baum sein kann und kein Baum. Na schön, sehr schön sogar; nur möchte ich ihn gern fragen: wieso eigentlich? Seine Antwort besteht in dem folgenden Satze – und der soll nichts als eben eine Antwort und Begründung sein : »Denn es ist unmöglich zu begreifen, daß Gegensätze beide wahr sein könnten.« Aber das ist gar keine Antwort, wie er selber dartut; denn hat er nicht eben noch den Gemeinplatz verkündet, daß »die Fähigkeit oder Unfähigkeit, etwas zu begreifen, in *keinem Falle* als Kriterium axiomatischer Wahrheit anzuerkennen« sei?!

Nun beschwere ich mich über diese alten Herren gar nicht einmal so sehr deswegen, weil ihre Logik, wie sie selber dartun, ausgesprochen basislos, phantastisch und einen Schmarren wert ist, als vielmehr aufgrund der hochtrabenden und imbezillen Art, wie sie alle *anderen* Wege zur Wahrheit in die Acht erklären und nichts gelten lassen als jene beiden abgeschmackten Pfade – den des Kriechens und den des Krabbelns – mit welchen sie der Seele, die doch nichts so sehr liebt, als sich frei emporzuschwingen, enge Grenzen zu setzen gewagt haben.

Übrigens, mein lieber Freund, findest Du nicht auch, daß diese alten Dogmatiker ganz schauderhaft in Verwirrung geraten wären, hätte man sie ersucht, doch einmal zu bestimmen, auf *welchem* ihrer beiden Wege denn eigentlich die wichtigste und erhabenste *aller* ihrer Wahrheiten tatsächlich gewonnen worden sei? Ich meine die Wahrheit der Gravitation. Newton verdankte sie Kepler. Kepler gab zu, daß seine drei Gesetze durch *Erraten* zustande gekommen seien – diese drei obersten Gesetze, welche den großen eng-ländischen Mathematiker zu seinem Prinzip führten, dem Grundprinzip aller Physik – dem mit unserem Verstande zu folgen wir das Reich der Metaphysik betreten müssen. Kepler *riet* – das soll heißen, er ließ seiner *Imagination* freies Spiel. Er war im Grunde seines Wesens ein ›Theoretiker‹ – ein Wort, das heute so hohe Achtung gebietet, früher aber ein Epitheton der *Ver*achtung darstellte. Und wären diese alten Mondkälber nicht gleicherweise arg in Verlegenheit geraten, hätten sie erklären sollen, auf welchem der beiden ›Wege‹ ein Kryptograph ein mehr denn gewöhnlich vertracktes Kryptogramm enträtselt oder auf welchem der beiden Wege Champollion die Menschheit zu jenen unvergänglichen und fast unzählbaren Wahrheiten leitete, welche sich aus seiner Entzifferung der Hieroglyphen ergaben?

Ein Wort noch zu diesem Gegenstande, und ich höre auf, Dich zu langweilen. Ist es nicht überaus sonderbar, daß diese fanatischen Leute mit ihrem ewigen Gewäsche von den Wegen zur Wahrheit genau das verfehlten, was wir heute so klar und einhellig als *die* große Heerstraße zum Ziel erkennen – die Folgerichtigkeit? Bedünkt es nicht eigenartig, wie sie's unterließen, aus den Werken Gottes die hochnotwendige Tatsache abzuleiten, daß eine vollkommene Folgerichtigkeit eine absolute Wahrheit *sein muß?!* Wie einfach ist unser Fortschritt seit der späten Verkündigung dieses Lehrsatzes gewesen! Die Forschung ward den Maulwürfen aus den Händen genommen und den wahren und einzig wahren Denkern zur Aufgabe gemacht – den Männern der feurigen Imagination. Diese letzteren *theoretisieren*. Nun stelle Dir einmal das Hohngeschrei vor, mit welchem unsere Vorfahren meine Worte aufnehmen würden, wäre es ihnen möglich, mir jetzt beim Schreiben über die Schulter zu blicken! Diese Männer, sage ich, *theoretisieren;* und ihre Theorien werden einfach nur korrigiert, reduziert, systematisiert – werden nach und nach von den Schlacken der Inkonsequenz befreit – bis am Ende eine vollkommene Folgerichtigkeit vor aller Augen steht, die – weil sie eine Folgerichtigkeit *ist* – auch der stupideste Esel als eine absolute und unzweifelhafte Wahrheit anerkennen muß.

4. April. – Das neue Gas tut Wunder, im Vereine mit der neuen Verbesserung des Guttapercha. Wie völlig sicher, bequem, lenksam und in jeder Hinsicht zweckdienlich sind doch unsere modernen Ballons! Just eben nähert sich uns ein ungeheures Exemplar mit einer Geschwindigkeit von wenigstens hundertundfünfzig Meilen in der Stunde. Es scheint von Menschen nur so zu wimmeln – vielleicht sind drei- oder vierhundert Passagiere an Bord –, und doch schwingt es sich zu einer Höhe von nahezu einer Meile auf und blickt auf uns Arme mit souveräner Verachtung nieder. Dabei sind hundert oder selbst zweihundert Meilen in der Stunde immer noch ein durchaus lahmes Reisetempo. Entsinnst Du Dich noch unseres Fluges durch den kannadischen Kontinent mit der Eisenbahn? – volle dreihundert Meilen die Stunde – *das* nenne ich mir doch Reisen! Zu sehen war freilich nichts dabei – und zu tun gab es außer Scherzen, Schmaus und Tanz in den prächtigen Salons auch nicht das mindeste. Erinnerst Du Dich, wie eigentümlich es uns überlief, wenn wir zufällig einmal einen Blick nach draußen warfen, während die Wagen in vollem Tempo dahinflogen? Alles wirkte wie eine einzige, geschlossene Masse. Ich für meinen Teil kann dazu nur sagen, daß das Reisen mit dem Bummelzug, also zu hundert Meilen die Stunde, mir eher behagte. Da durften wir Glasfenster haben – ja, sie sogar offenlassen – und konnten also einen einigermaßen deutlichen Ausblick auf die Landschaft gewinnen ... Pandit sagt, daß die *Route* für die große kannadische Eisenbahn bereits vor etwa neunhundert Jahren ungefähr festgelegen haben müsse! Ja, er geht so weit zu behaupten, es seien tatsächlich heute noch Spuren eines Schienenweges erkennbar – Spuren, die einer Zeit angehörten, welche grad so weit zurückzudatieren sei, als eben erwähnt. Man hatte damals, so scheint es, nur *doppelte* Geleise; unsere laufen heute, Du weißt es, zwölffach nebeneinander, und drei oder vier neue Schienenstränge befinden sich in Vorbereitung. Die antiken Schienen waren sehr dünn und lagen so nahe beieinander, daß man diese Bauweise nach modernen Begriffen als überaus leichtsinnig, wenn nicht gar gefährlich im Extrem bezeichnen muß. Gilt doch die gegenwärtige Spurweite – fünfzig Fuß – tatsächlich kaum als genügend sicher. Ich für meinen Teil hege keinerlei Zweifel, daß es in sehr weit zurückliegender Zeit irgendeinen Schienenweg gegeben haben *muß*, wie es Pandit behauptet; denn mir leuchtet es völlig ein, daß zu irgendeiner Zeit – freilich mit Sicherheit vor nicht weniger als sieben Jahrhunderten – der nord- mit dem süd-kannadischen Kontinent *vereinigt* war; die Kannadier wären dann von der Notwendigkeit geradezu gezwungen worden, quer durch den Kontinent eine große Eisenbahnlinie zu bauen.

5. April. – Mich frißt allmählich fast die Langeweile auf. Pandit ist der einzige unterhaltsame Mensch an Bord; und er, der traurige Schelm! kann von nichts anderm reden als von der Antike. Den ganzen Tag lang hat er sich heute mit dem Versuch geplagt, mich davon zu überzeugen, daß die alten Ammeerikahner *sich selbst regiert* hätten! – ist Dir ein solcher Unsinn jemals schon zu Ohren gekommen? – daß sie in einer Art Jedermann-für-sich-Konföderation gelebt hätten, also ganz nach der Weise der ›Präriehunde‹, von denen wir im Märchen lesen. Er sagt, sie hätten mit der krampfigsten Idee begonnen, die überhaupt denkbar ist, nämlich der, daß alle Menschen frei geboren und gleich seien – und das allen Gradationsgesetzen zum Trotz, welche den Dingen sowohl im moralischen als im physikalischen Universum so sichtbarlich aufgeprägt sind. Jedermann ›wählte‹, wie sie's nannten – das heißt, er murkste in den öffentlichen Angelegenheiten herum –, bis man schließlich die Entdeckung machte, daß jedermanns Sache keines Sache ist und daß die ›Republik‹ (so nannte man das fratzenhafte Ding) überhaupt ohne jedes wirkliche Regiment war. Es wird jedenfalls berichtet, daß der erste Umstand, welcher in Sonderheit die Herren Philosophen (die Konstrukteure dieser ›Republik‹) aus ihrer selbstzufriedenen Ruhe aufstörte, in der verwirrenden Entdeckung bestand, daß ein allgemeines Stimmrecht Gelegenheit zu üppigsten Gaunereien bot, mit deren Nachhilfe jede beliebige Partei – gesetzt nur, sie war schurkisch genug, sich des Betruges nicht zu schämen – jederzeit jede gewünschte Stimmenzahl erlangen konnte, ohne daß eine Möglichkeit bestand, den Schwindel zu verhindern oder gar öffentlich zu entdecken. Ein wenig Nachdenken über diese Entdeckung reichte dann hin, die Konsequenzen evident zu machen, welche schlicht besagten, daß an die Spitze zwangsläufig die Schurkerei gelangen müsse – kurz gesagt, daß eine republikanische Regierung niemals etwas anderes sein könne als eine schurkische. Während die Philosophen jedoch noch, ob ihrer stupiden Unfähigkeit, diese unvermeidlichen Übel vorherzusehen, damit beschäftigt waren, schamhaft zu erröten, und sich beflissen anschickten, neue Theorien auszubrüten, ward die Sache zu einem jähen Schluß gebracht, und zwar durch einen Burschen namens *Mob,* der alles in seine eigenen Hände nahm und eine Gewaltherrschaft aufrichtete, mit der verglichen jene der sagenhaften Zeros und Hellofagabalusse direkt achtbar und erfreulich waren. Dieser Mob (ein Ausländer übrigens) soll der abscheulichste aller Menschen gewesen sein, welche je diese Erde plagten und behinderten. Er war ein Riese an Gestalt – unverschämt, räuberisch, unsittlich; er hatte die Galle eines Ochsen, das Herz einer Hyäne und das Hirn eines Spatzen. Er ging schließlich an sich selbst zugrunde, weil seine eigenen Energien ihn innerlich auslaugten. Dess' ungeachtet hatte er – wie alles, sei's auch noch so niedrig und gering – sein Gutes: erteilte er doch der Menschheit eine Lehre, welche sie bis auf den heutigen Tag nicht zu vergessen Gefahr gelaufen ist – niemals so gänzlich den Analogien der Natur zuwiderzuhandeln. Was den Republikanismus anbetrifft, so ließ sich auf dem Angesicht der Erde keine Analogie dafür finden – es sei denn, wir nehmen den Fall der ›Präriehunde‹ aus; eine Ausnahme, welche, wenn überhaupt etwas, zu demonstrieren scheint, daß die Demokratie allerdings eine sehr admirable Regierungsform ist – für Hunde.

6. April. – Letzte Nacht hatten wir einen ausgezeichneten Blick auf Alpha Lyrae, dessen Scheibe im Fernrohr unseres Kapitäns einem Winkel von einem halben Grade gegenüber lag und ganz so aussah, wie unsere Sonne an einem neblichten Tage dem unbewaffneten Auge erscheint. Obschon er, nebenbei bemerkt, so *sehr* viel größer ist als unsere Sonne, ähnelt der Alpha Lyrae ihr frappant, was seine Flecken, seine Atmosphäre und viele andere Einzelheiten angeht. Erst im letzten Jahrhundert, erzählt mir Pandit, ist man langsam auf den Gedanken gekommen, daß zwischen diesen beiden Himmelskörpern eine binarische Beziehung bestehe. Die evidente Bewegung unseres Systems im Himmelsraume ward befremdlicherweise der Kreisbahn um ein ungeheures Gestirn im Zentrum der Milchstraße zugeschrieben. Um diesen Stern, oder jedenfalls um ein Gravitationszentrum, das allen Globen der Galaxis gemeinsam sein und in der Nähe der Alkyone in den Plejaden liegen sollte, drehe sich, so erklärte man, jeder einzelne dieser Globen, wobei unser eigener den Umlauf in einer Zeitspanne von hundertundsiebzehn Millionen Jahren vollende! *Wir,* mit unseren heutigen Einsichten, mit unseren enorm verbesserten teleskopischen Möglichkeiten und so fort, finden naturgemäß einige Schwierigkeiten darin, den *Grund* eines solchen Einfalls zu begreifen. Sein erster Propagator war ein gewisser Mäkler. Er kam, so müssen wir wohl annehmen, zuerst durch bloße Analogie zu dieser wilden Hypothese; doch wenn das der Fall war, so hätte er's bei ihrer Entwicklung doch wenigstens auch weiterhin mit der Analogie halten sollen. In der Tat – Hinweise auf ein großes Zentralgestirn *waren* vorhanden; insofern dachte Mäkler konsequent. Dieser Zentralkörper jedoch hätte, dynamisch gesehen, größer sein müssen als alle ihn umgebenden Himmelskörper zusammengenommen. Und da hätte denn ja die Frage nahegelegen – »Warum sehen wir ihn nicht?« – gerade wir, die wir uns in der mittleren Region des Schwarms befinden – in einer Gegend also, in deren *Nähe* immerhin doch diese unbegreifliche Zentralsonne situiert sein müßte. An diesem Punkte nahm der Astronom seine Zuflucht vielleicht bei der Annahme, es handle sich um ein nicht-leuchtendes Gestirn – und ließ damit die Analogie ganz plötzlich fallen. Doch selbst wenn man ihm zugestünde, der besagte Zentralkörper besitze kein Eigenleuchten – wie brachte er's fertig zu erklären, warum das Riesengestirn auch inmitten all der unberechenbaren Scharen herrlichster Sonnen, die überall ringsum erstrahlten, kein Geschick zeigte, sich sichtbar zu präsentieren? Zweifellos liefen die Behauptungen des Herrn Mäkler am Ende darauf hinaus, es handle sich eben um ein allen kreisenden Himmelskörpern gemeinsames Gravitationszentrum, – doch auch hier muß die Analogie fallengelassen worden sein. Wohl kreist unser System, das ist wahr, um ein gemeinsames Gravitationszentrum, doch es tut dies in Verbindung und in Folge einer materiellen Sonne, deren Masse das ganze übrige System mehr denn aufwiegt. Der mathematische Kreis ist eine Kurve, welche sich aus unendlich vielen Geraden zusammensetzt; doch dieser Begriff des Kreises – diese Vorstellung vom Kreise, welche wir in Hinsicht aller Erdgeometrie als die bloß mathematische betrachten, zur Unterscheidung von ihrem Gegensatz, der praktischen – ist, und daran läßt sich bei nüchterner Besichtigung nicht rütteln, eben die einzige *praktische* Konzeption, die wir auf jene titanischen Kreise anwenden dürfen, mit denen wir es, wenigstens in der Phantasie, zu tun haben, wenn wir annehmen, unser System mitsamt seinen Gefährten drehe sich um einen Punkt im Zentrum der Galaxis. Nun soll einmal die kühnste aller menschlichen Phantasie den Versuch machen, sich dem Verständnis, dem Begreifen einer so ganz und gar unbegreiflichen Kreisbahn auch nur um einen Schritt zu nähern! Wohl schwerlich dürfte es paradox sein zu behaupten, daß ein Blitzstrahl, selbst wenn er sich *allezeit* genau auf der Peripherie dieses unfaßbaren Kreises bewegte, sich dabei immer noch *allezeit* genau auf einer Geraden bewegen würde. Daß der Lauf unserer Sonne entlang einer solchen Peripherie – daß die Richtung unseres Systems auf solch einer Kreisbahn für irgendein menschliches Wahrnehmungsvermögen selbst in einer Million Jahre auch nur die leiseste Abweichung von einer Geraden zeigen könnte, ist ein unzulässiges Theorem, ja eine Zumutung; und dennoch schmeichelten sich diese antiken Astronomen, so scheint es, Grund zu dem Glauben zu haben, es sei während der kurzen Zeitspanne ihrer astronomischen Geschichte während des bloßen Punktes – des ausgesprochenen Nichts von zwei- oder dreitausend Jahren – eine entschiedene Krümmung offenbar geworden! Wie unbegreiflich, daß ihnen nicht Überlegungen wie diese augenblicklich den wahren Stand der Dinge klar werden ließen – nämlich die Tatsache der binarischen Umdrehung unserer Sonne und des Alpha Lyrae um ein gemeinsames Gravitationszentrum!

7. April. – Setzten letzte Nacht unsere astronomischen Vergnügungen fort. Hatten einen herrlichen Blick auf die fünf Trabanten des Neptun und sahen mit viel Interesse zu, wie ein ungeheurer Kämpfer auf einem Paar Oberbalken am neuen Tempel zu Daphnis auf dem Monde angebracht wurde. Es war doch amüsant, wie da so winzige Kreaturen, als es die Mondbewohner sind, die zudem so wenig Menschenähnlichkeit besitzen, eine der unsern haushoch überlegene mechanische Begabung bewiesen. Es ist auch kein Leichtes, sich vorzustellen, daß die riesigen Massen, mit denen diese Leute derart mühelos hantieren, tatsächlich grad eben nur so schwer sind, wie's unser Verstand uns mitteilt, daß sie's seien.

8. April. – Heureka! Pandit schwelgt in Seligkeit. Ein Ballon aus Kannada sprach uns heute an und warf uns diverse neue Zeitungen an Bord: sie enthalten ein paar überaus kuriose Nachrichten im Zusammenhang mit der kannadischen oder vielmehr ammeerikahnischen Antike. Du weißt, nehme ich an, daß seit mehreren Monaten Arbeiter damit beschäftigt sind, den Grund für eine neue Fontänenanlage zu Paradisia vorzubereiten, dem größten der kaiserlichen Lustgärten. Paradisia ist, nüchtern gesprochen, allem Anschein nach vor unvordenklichen Zeiten einmal eine Insel gewesen – das heißt, seine nördliche Grenze bildete stets (soweit die Berichte darüber zurückreichen) ein Flüßchen oder vielmehr ein sehr schmaler Meeresarm. Dieser Arm wurde allmählich immer mehr erweitert, bis er seine gegenwärtige Breite gewann – eine Meile. Insgesamt ist die Insel neun Meilen lang; die Breite schwankt beträchtlich. Das ganze Gelände war (sagt Pandit) vor etwa achthundert Jahren dicht mit Häusern bepackt, von denen einige eine Höhe von zwanzig Stockwerken besaßen; aus irgendeinem unerfindlichen Grunde hielt man den Boden grad in dieser Gegend für besonders wertvoll. Das katastrophale Erdbeben vom Jahre 2050 jedoch zerstörte und verschüttete die Stadt (denn sie war fast zu groß, um noch ein Dorf genannt werden zu dürfen) so gründlich, daß auch die unermüdlichsten unserer Altertumsforscher nie noch imstande waren, aus dieser Gegend irgend hinreichende *data* zu gewinnen (in Gestalt von Münzen, Medaillen oder Inschriften), mit deren Hilfe sich auch nur der Schatten einer Theorie über die Sitten, Gewohnheiten usw. usw. usw. der Ureinwohner hätte aufbauen lassen. Im Grunde haben wir bislang von ihnen fast nichts weiter gewußt, als daß sie zum Knickerbocker-Stamme jener Wilden gehörten, welche den Kontinent zur Zeit seiner ersten Entdeckung durch Recorder Riker, einen Ritter vom Goldenen Vliese, unsicher machten. Sie waren jedoch mitnichten etwa unzivilisiert, sondern pflegten – auf freilich sehr eigene Weise – verschiedene Künste und gar Wissenschaften. Es wird von ihnen berichtet, daß sie in mancherlei Hinsicht über Geist und Scharfsinn geboten, doch von der wunderlichen Monomanie besessen waren, allüberall Gebäudlichkeiten zu errichten, welche auf Alt-Ammeerikahnisch ›Kirchen‹ hießen – eine Art von Pagoden, bestimmt zur Verehrung zweier Götzenbilder, die man ›Reichtum‹ und ›Mode‹ nannte. Am Ende bestand die Insel, so heißt es, zu neun Zehntel aus ›Kirche‹. Des weitern, scheint es, waren die Frauen recht sonderbar deformiert, und zwar durch einen natürlichen Auswuchs in der Gegend des verlängerten Rückens – obschon diese Verunstaltung höchst unbegreiflicherweise durchaus als Zeichen der Schönheit galt. Wie durch ein Wunder sind ein oder zwei Bilder von diesen eigenartigen Frauen tatsächlich erhalten geblieben. Ich muß schon sagen, sie sehen sehr, sehr seltsam aus – so ungefähr wie eine Kreuzung aus einem Truthahn und einem Dromedar.

Nun wohl, diese wenigen Einzelheiten sind nahezu alles, was hinsichtlich der alten Knickerbocker auf uns gekommen ist. Nun scheint es jedoch, daß einige Arbeiter bei den Grabungen mitten im kaiserlichen Garten (der, wie Du weißt, die ganze Insel bedeckt) einen würfelförmigen und offenbar mit dem Meißel bearbeiteten Granitblock aus der Erde ans Tageslicht brachten, welcher mehrere hundert Pfund wog. Gut erhalten war er, und hatte allem Anschein nach bei dem Beben, welches ihn begrub, nur wenig gelitten. Auf einer seiner Flächen fand sich nun eine Marmortafel mit (denke Dir nur!) *einer Inschrift – einer leserlichen Inschrift!* Pandit ist in Ekstase. Als man die Tafel entfernte, erschien eine Höhlung, und sie enthielt eine bleierne Hülse, gefüllt mit verschiedenen Münzen, einer langen Namenliste, diversen zeitungsähnlichen Dokumenten und anderen Dingen, die den Altertumsforscher auf das lebhafteste interessieren müssen! Es kann kein Zweifel bestehen, daß es sich dabei sämtlich um echte ammeerikahnische Überreste handelt, die einst dem Stamme der Knickerbocker gehörten. Die Zeitungen, die uns an Bord unseres Ballons geworfen wurden, sind voll von Faksimiles der Münzen, Manuskripte, Schriftbilder usw. usw. Damit Du auch Dein Vergnügen daran hast, schreibe ich Dir hier die Knickerbocker-Inschrift auf der Marmortafel rasch einmal ab:

DIESER ECKSTEIN EINES MONUMENTES ZUR
ERINNERUNG AN
GEORGE WASHINGTON
WURDE IN FEIERLICHEM RAHMEN
AM 19. OKTOBER 1847,
DEM JAHRESTAGE DER ÜBERGABE VON
LORD CORNWALLIS
AN GENERAL WASHINGTON ZU YORKTOWN,
A. D. 1781,
UNTER DEM SCHUTZE DER
GEORGE-WASHINGTON-DENKMALS-VEREINIGUNG
DER STADT NEW YORK
GELEGT.

Das ist, wie es hier steht, eine wörtliche Übersetzung, die Pandit selber besorgte; – also *kann* es keinen Irrtum darin geben. Aus den so erhalten gebliebenen wenigen Worten ernten wir gleich mehrere Aufschlüsse von wissenschaftlichem Belang, worunter nicht zuletzt die interessante Tatsache fällt, daß vor tausend Jahren *wirkliche* Monumente aus dem Gebrauch gekommen waren – was man ja nur als recht und billig ansehen kann – und die Leute sich ganz wie wir heute damit zufrieden gaben, bloß ihre *Absicht*, in Zukunft irgendwann einmal ein Denkmal zu errichten, anzuzeigen, indem sie sachte und behutsam einen Eckstein legten, »öd abgesondert und allein« (verzeihe, daß ich den großen ammeerikahnischen Dichter Benton zitiere!), als dauerhaften Bürgen für die hochherzige Intention. Ferner erfahren wir aus dieser admirabeln Inschrift sehr genau das Wie sowohl als auch das Wo und das Was der in der Rede stehenden großen Übergabe. Was das *Wo* betrifft, so war das Yorktown (wo immer das war), und das *Was*, nun, das war General Cornwallis (zweifellos irgendein reicher Kornhändler). *Er* wurde übergeben. Die Inschrift feiert das Gedenken an die Übergabe von – was? – nun, »von Lord Cornwallis«. Die einzige Frage, die sich da aufdrängt, lautet nun: Wozu bloß mochten die Wilden seine Übergabe wünschen? Doch wenn wir uns erinnern, daß die genannten Wilden ganz zweifelsohne Kannibalen waren, so können wir uns die Schlußfolgerung nicht ersparen, daß sie ihn zu Wurst zu verarbeiten gedachten. Was schließlich das *Wie* der Übergabe anbelangt, so könnte keine Sprache der Welt präziser formulieren. Lord Cornwallis ward übergeben (zur Wurstverarbeitung) »unter dem Schutze der George-Washington-Denkmals-Vereinigung« – zweifellos war das eine mildtätige Organisation zur Legung von Ecksteinen. – Doch, Himmel hilf! was ist?! Ah, ich sehe – der Ballon ist zusammengefallen, und so werden wir jetzt leider ins Meer hinuntertrudeln müssen. Ich habe darum nur noch eben Zeit genug, um anzufügen, daß ich nach einer hastigen Durchsicht der Zeitungsabbildungen usw. feststellen konnte, daß *die* großen Männer unter den Ammeerikahnern in jenen Tagen ein gewisser John, ein Schmied, und ein gewisser Zacharias, ein Schneider, waren.

Ade denn, bis wir uns wiedersehen! Ob Du diesen Brief hier je erhältst oder nicht, ist eine Frage von geringem Gewicht, da ich ja gänzlich zu meiner eigenen Belustigung schreibe. Immerhin aber werde ich das Manuskript in einer Flasche verschließen und diese ins Meer werfen.

Auf ewig die Deine –
Pandita.

Hopp-Frosch

Nie kannt' einen, der so hitzig auf Witze erpicht war wie der König. Er schien nur zum Witzereißen zu leben. Eine gute Witzgeschichte zu erzählen, und sie gut zu erzählen, war der sicherste Weg zu seiner Gunst. So kam es auch, daß seine sieben Minister sämtlich für ihre Leistungen als Witzereißer bekannt waren. Sie alle arteten dem Könige auch darin nach, daß sie dicke, korpulente, ölige Männer ebenso als unnachahmliche Witzbolde waren. Ob die Menschen vom Witzemachen fett werden oder ob im Fett selber ein Irgendetwas liegt, das im voraus zum Witze disponiert, habe ich nie gänzlich zu bestimmen vermocht; für sicher aber kann gelten, daß ein dürrer Witzbold eine *rara avis in terris* ist.

Mit den Feinheiten oder, wie er sie nannte, den ›Pfiffen‹ des Witzes gab sich der König nicht sonderlich ab. Seine spezielle Bewunderung galt dem *Breiteneffekt* eines Spaßes, und um seinetwillen fand er sich dann oft auch mit *Längen* ab. Übermäßige Delikatessen ermüdeten ihn. Er hätte Rabelais' *Gargantua* dem *Zadig* Voltaires vorgezogen; und im allgemeinen sagten handgreifliche Possen seinem Geschmack eher zu als spitze Wortwitze.

Zum Zeitpunkt meiner Erzählung waren berufsmäßige Possenreißer bei Hofe noch nicht gänzlich aus der Mode gekommen. Mehrere der großen festländischen ›Mächte‹ hielten immer noch an ihren ›Narren‹ fest, die ein buntes Gewand trugen, mit Kappe und Schellen, und von denen erwartet ward, daß sie allzeit, in jedem Augenblick, mit spitzigen Witzeleien zur Hand waren; – damit verdienten sie sich die Brosamen, die von der königlichen Tafel fielen.

Unser König jedenfalls behielt seinen ›Narren‹. Tatsache ist, er stellte schon durchaus einige Ansprüche *in puncto* Narrheit – und sei's nur, um der gewichtigen Weisheit der sieben weisen Männer, die seine Minister waren, ein Gegengewicht zu geben – gar nicht zu reden von ihm selbst.

Sein Narr, oder Berufs-Spaßmacher, war jedoch nicht *nur* ein Narr. Die Tatsache, daß er zugleich ein Zwerg und ein Krüppel war, verdreifachte seinen Wert in den Augen des Königs. Zwerge waren in jenen Tagen bei Hofe ganz ebenso gewöhnlich wie Narren; und viele Monarchen hätten es beschwerlich gefunden, ihre Tage (und bei Hofe sind die Tage einiges länger denn anderswo) ohne einen Spaßmacher hinzubringen, *mit* dem sie lachen, wie auch einen Zwerg, *über* den sie lachen konnten. Doch wie ich bereits bemerkt habe, sind Spaßmacher in neunundneunzig von hundert Fällen fett, rund und plumpig ungelenk – so daß unser König nicht wenig Anlaß hatte, sich für die Tatsache glücklich zu preisen, daß er in Hopp-Frosch (so war des Narren Name) gleich einen dreifachen Schatz in einer Person besaß.

Ich glaube kaum, daß der Name ›Hopp-Frosch‹ dem Zwerge von seinen Taufpaten verliehen worden war; vielmehr erhielt er ihn durch einmütigen Beschluß der sieben Minister zugesprochen, in Anerkennung seiner Unfähigkeit, sich in der Weise fortzubewegen, wie andere Menschen tun. Tatsächlich konnte Hopp-Frosch nur in einer Art ruckweisen Zukkens von der Stelle kommen – einem Etwas zwischen Sprung und Schlängeln – einer Bewegung, die dem Könige zu grenzenloser Heiterkeit und natürlich auch Tröstung gereichte, denn der König galt (ungeachtet seines auswüchsigen Leibes und einer natürlich bedingten Beulung seines Hauptes) bei seinem ganzen Hof als stattliche Erscheinung.

Doch obwohl sich Hopp-Frosch aufgrund der Verkrüppelung seiner Beine nur unter großen Schmerzen und Schwierigkeiten auf der Straße oder dem Parkett fortbewegen konnte, erlaubte ihm doch die wundersame Muskelkraft, mit welcher die Natur – wie zur Entschädigung für die Schwäche seiner untern Gliedmaßen – seine Arme begabt hatte, viele Kunststücke von stupender Gewandtheit auszuführen, wo immer es sich um Bäume oder Seile oder irgend sonst Erkletterliches handelte. Bei solchen Übungen ähnelte er gewiß weit mehr einem Eichhörnchen oder einem Äffchen denn einem Frosch.

Ich bin nicht in der Lage, mit Genauigkeit zu sagen, aus welchem Lande Hopp-Frosch ursprünglich kam. Es war jedoch irgendeine barbarische Region, von der noch nie ein Mensch zuvor vernommen hatte – weit entfernt vom Hofe unseres Königs. Hopp-Frosch und ein junges Mädchen, das kaum weniger zwergenhaft war denn er selbst (obschon von erlesen ebenmäßiger Gestalt und eine glänzende Tänzerin), waren beide mit Gewalt aus ihrer Heimat, benachbarten Provinzen, fortgeführt und dem Könige von einem seiner immer siegreichen Generäle als Geschenk übersandt worden.

Unter diesen Umständen ist es nicht verwunderlich, daß ein inniges Gefühl der Zusammengehörigkeit zwischen den beiden kleinen Gefangenen entstand. Tatsächlich wurden sie bald geschworene Freunde. Hopp-Frosch zwar war kaum in der Lage, Tripetta viele Dienste zu leisten, denn ob er schon eine Menge Späße machte, war er keineswegs besonders beliebt; doch *sie* ward aufgrund ihrer (wenn auch zwergenhaften) Anmut und vollkommenen Schönheit allgemein bewundert und gehätschelt: so besaß sie viel Einfluß, und nie vergaß sie, ihn Hopp-Frosch zum Wohle zu verwenden, wo immer sie's nur konnte.

Aus Anlaß irgendeiner großen Staatsaktion – mir ist entfallen, um was es sich da handelte – beschloß der König, ein Maskenfest zu geben; und immer wenn solch ein Maskenfest oder etwas Ähnliches bei Hofe sich zutragen sollte, wurden mit Sicherheit die Gaben von Hopp-Frosch und Tripetta ins Spiel gerufen. Hopp-Frosch im Besondern war, wenn es galt, Schauzüge auszustaffieren, neue Charaktere anzuregen und Kostüme für Maskenbälle herzurichten, so erfindungsreich, daß ohne seinen Beistand, so schien es, gar nichts anzufangen war. Die der *fête* zugewiesene Nacht war herangekommen. Eine prächtige Halle hatte man, unter Tripettas Aufsicht, mit allen Einfällen ausgestattet, die einem Maskenfeste nur *éclat* verleihen konnten. Der ganze Hof befand sich in einem Fieber der Erwartung. Was Kostüme und Charaktere betraf, so durfte mit Sicherheit angenommen werden, daß jedermann in dieser Frage zu einer Entscheidung gekommen war. Viele hatten sich bereits eine Woche oder gar einen Monat vorher entschlossen, welche *rôles* sie übernehmen wollten; und tatsächlich gab es nirgends auch nur die mindeste Unentschiedenheit – außer im Falle des Königs und seiner sieben Minister. Warum *sie* zögerten, ist mir nie klar geworden, es sei denn, sie taten es nur wieder um eines Spaßes willen. Wahrscheinlich dünkt, daß sie bei ihrer Fettheit Schwierigkeiten hatten, ihren Verstand zu einem Entschluß zu bewegen. Jedenfalls verging die Zeit wie im Fluge, und zu guter Letzt, als ihnen denn gar nichts einfallen wollte, schickten sie nach Hopp-Frosch und Tripetta.

Als die beiden kleinen Freunde der Ladung des Königs Folge leisteten, fanden sie ihn mit den sieben Mitgliedern seines Kabinettsrates beim Weine sitzen; doch ganz offenbar war der Monarch sehr übler Laune. Er wußte, daß Hopp-Frosch den Wein scheute; denn dieser regte den armen Krüppel fast bis zum Wahnsinn auf; und Wahnsinn ist ja nicht eben ein angenehmes Gefühl. Doch der König liebte nun einmal derbe Scherze und machte sich ein Vergnügen daraus, Hopp-Frosch zum Trinken und (wie's der König nannte) zum ›Lustigsein‹ zu zwingen.

»Komm her, Hopp-Frosch«, sagte er, als der Spaßmacher und seine Freundin den Raum betraten, »leere diesen Humpen auf die Gesundheit deiner abwesenden Freunde« (hier seufzte Hopp-Frosch auf), »und dann beglücke uns mit deiner Erfindungskraft. Wir brauchen Charaktere – *Charaktere,* Mensch – etwas Neues, – etwas Außergewöhnliches. Wir haben dieses ewige Einerlei satt. Komm, trink! der Wein wird dir das Köpfchen klären!«

Hopp-Frosch bemühte sich wie stets, auf des Königs Ansinnen mit einem Scherz zu antworten; doch diesmal ging es über seine Kräfte. Zufällig war des armen Zwerges Geburtstag, und der Befehl, auf seine ›abwesenden Freunde‹ zu trinken, trieb ihm die Tränen in die Augen. Viele große, bittere Tropfen fielen in den Becher, als er ihn demütig aus der Hand des Tyrannen empfing.

»Ah! ha! ha! ha!« brüllte der letztere, als der Zwerg nun mit Widerwillen den Kelch leerte. »Schau, was ein Gläschen guten Weins nicht alles zuwege bringen kann! Hei, deine Augen glänzen ja schon richtig!«

Der arme Kerl! Seine großen Augen *glitzerten* eher denn daß sie glänzten, zeigte sich doch die Wirkung des Weins auf sein erregliches Hirn ebenso machtvoll wie augenblicklich. Er setzte nervös den Becher auf den Tisch und stierte mit halb irrem Blick in die Gesellschaftsrunde. Sie alle schienen überaus erheitert zu sein von des Königs so erfolgreichem ›Witz‹.

»Und nun zur Sache«, sagte der Premierminister, ein *sehr* fetter Mann.

»Ja«, sagte der König; »komm, Hopp-Frosch, leihe uns deinen Beistand. Charaktere, mein feiner Bursch; wir brauchen dringend Charaktere - wir alle - ha! ha! ha!« Und da dies ernstlich als Witz gemeint war, antwortete seinem Lachen ein wahrer Gelächterchorus aller sieben.

Auch Hopp-Frosch lachte, doch klang es schwach und irgendwie ganz leer.

»Nun komm schon, komm«, sagte der König ungeduldig; »hast du irgendeinen Vorschlag?«

»Ich mühe mich eben, mir etwas ganz *Neues* einfallen zu lassen«, erwiderte der Zwerg zerstreut, denn der Wein hatte ihn ganz verwirrt.

»Du mühst dich?« schrie der Tyrann wütend, »was soll denn das heißen! Ah, ich begreife. Du bist bei schlechter Laune und brauchst noch etwas Wein. Hier denn, trink das!« Und er goß einen weiteren Bechervoll ein und bot ihn dem Krüppel, der, nach Atem ringend, bloß einen starren Blick darauf warf.

»Trink, sag ich!« brüllte der Unmensch, »oder - bei allen Teufeln –«

Der Zwerg aber zögerte. Da lief der König purpurn an vor Wut. Die Höflinge grinsten. Tripetta, bleich wie ein Leichnam, näherte sich dem Stuhle des Monarchen, fiel vor ihm nieder auf die Knie und flehte, ihren Freund doch zu verschonen.

Einige Augenblicke lang musterte sie der Tyrann in offensichtlicher Verblüffung ob ihrer Dreistigkeit. Er schien geradezu ratlos, was er sagen sollte - wie er seinem Unmut am besten Ausdruck verleihen könnte. Schließlich stieß er sie, ohne eine einzige Silbe zu äußern, heftig von sich und schleuderte ihr den Inhalt des randvollen Bechers ins Gesicht.

Das arme Mädchen erhob sich, so gut es konnte, und nahm, ohne auch nur ein Seufzen zu wagen, seinen Platz am Ende der Tafel wieder ein.

Tiefe Stille herrschte wohl eine halbe Minute lang, während welcher man das Fallen eines Blattes oder einer Feder hätte hören können. Sie ward unterbrochen von einem leisen, doch scharfen und langanhaltenden *Knirschen,* das aus allen Ecken des Raums zugleich zu kommen schien.

»Was - was - *was* für ein Geräusch machst du da? Was soll das heißen?« fuhr der König den Zwerg an, indem er sich wild zu ihm herumwandte.

Es war, als habe Hopp-Frosch sich von seinem Rausch nun weitgehend wieder erholt; fest blickte er, doch ruhig, in des Tyrannen Gesicht und stieß bloß die Worte hervor:

»Ich - ich? Wie sollte denn ich das gewesen sein können?«

»Der Laut schien von draußen zu kommen«, bemerkte einer der Höflinge. »Ich möchte denken, es war der Papagei am Fenster, der seinen Schnabel an den Gitterstäben wetzte.«

»Richtig«, erwiderte der Monarch, ganz als sei er sehr erleichtert von dieser Erklärung; »doch bei meiner Ritterehre, ich hätte schwören mögen, dieser Vagabund hier habe mit den Zähnen gemahlen.«

Da lachte der Zwerg (war doch der König viel zu sehr Witzbold, als daß er ein Lachen hätte übelnehmen können) und entblößte eine Reihe breiter, mächtiger und sehr abstoßender Zähne. Überdem erklärte er seine vollkommene Bereitschaft, soviel Wein zu trinken, als nur gewünscht werde. Der Monarch ward davon besänftigt; und mit Feuereifer entwickelte nun Hopp-Frosch, nachdem er einen weitern Humpen ohne erkennbare üble Wirkung geleert hatte, seine Pläne für die Maskerade. »Ich kann nicht sagen, was mich auf den Gedanken gebracht hat«, bemerkte er in aller Ruhe und als hätte er nie in seinem Leben Wein geschmeckt, »doch eben als Ew. Majestät das Mädchen zurückgestoßen und ihm den Becher ins Gesicht geschleudert hatten – eben als Ew. Majestät dies getan, und während der Papagei draußen vor dem Fenster sein wunderliches Geräusch vollführte, kam mir der Gedanke an einen prächtigen Zeitvertreib – einen lustigen Streich aus meiner eignen Heimat – wir haben uns oft daran ergötzt bei unsern Maskenfesten: doch hier wird er für alle gänzlich neu sein. Unglücklicherweise nur erfordert er eine Gesellschaft von acht Personen, und –«

»Aber das sind wir ja!« schrie da der König und wollte sich schier totlachen über seine scharfsinnige Entdeckung des Zusammentreffens; »acht auf einem Haufen – ich und meine sieben Minister! Los, komm, wie geht das Spiel?«

»Wir nennen es«, erwiderte der Krüppel, »die acht Orang-Utans in Ketten, und es bietet wirklich ausgezeichnete Kurzweil, wird es nur recht in Szene gebracht.«

»*Wir* werden es in Szene bringen«, bemerkte der König, indem er sich emporrichtete und seine Lider senkte.

»Das Hübsche bei dem Spiel«, fuhr Hopp-Frosch fort, »liegt in der Furcht, welches es unter den Frauen anrichtet.«

»Famos!« brüllten der Monarch und sein Ministerium wie aus einer Kehle.

»*Ich* werde euch als Orang-Utans herrichten«, führte der Zwerg weiter aus; »überlaßt nur alles mir. Die Ähnlichkeit soll so frappant ausfallen, daß die Gesellschaft der Masken euch für wirkliche Bestien halten wird – und darob natürlich ebenso erschrocken ist als verblüfft.«

»Oh, das ist herrlich!« rief der König aus. »Hopp-Frosch! Ich mache noch einen Mann aus dir!«

»Die Ketten dienen dem Zweck, durch ihr Rasseln die Verwirrung noch zu vermehren. Man wird denken, Ihr seiet *en masse* Euren Wächtern entflohen. Ew. Majestät können sich gar nicht vorstellen, welchen Effekt es macht, wenn auf einem Maskenfeste plötzlich acht aneinandergekettete Orang-Utans erscheinen, von denen der größte Teil der Gesellschaft annehmen muß, daß sie echt seien, und die sich mit blutdürstigen Schreien mitten auf die delikat und prächtig gewandeten Männer und Frauen stürzen. Der *Kontrast* ist einfach unnachahmlich.«

»Er *muß* es sein«, sagte der König; und in Eile erhob sich der Staatsrat (denn schon wurde es spät), um in die Tat umzusetzen, was Hopp-Frosch ersonnen.

Sein Verfahren, die Herrschaften als Orang-Utans herzurichten, war sehr einfach, doch wirkungsvoll genug für seine Zwecke. Die in Rede stehenden Tiere waren damals, zur Zeit meiner Erzählung, in der ganzen zivilisierten Welt nur sehr selten zu sehen gewesen; und da die Nachahmungen, die der Zwerg schuf, hinreichend bestialisch ausfielen und noch mehr als hinreichend häßlich, durfte man wohl für sicher annehmen, daß sie einen eindrucksvollen Effekt haben würden.

Der König und seine Minister wurden zunächst in dichtsitzende Stockinett-Hemden und -Hosen gezwängt. Diese sättigte man sodann mit Teer. Bei dieser Stelle des Verfahrens regte einer der Herren an, man könne doch Federn verwenden; doch ward der Vorschlag augenblicklich von dem Zwerge zurückgewiesen, der alle acht bald durch den Augenschein überzeugte, daß sich die Behaarung eines Orang-Utans viel wirksamer durch *Flachs* vorstellen lasse. Eine dicke Schicht des letztern ward demgemäß über die Teerschicht geklebt. Nun schaffte man eine lange Kette herbei. Zuerst wurde sie dem König um die Hüfte geschlungen *und befestigt;* dann gleich dem nächsten der Herren, der ebenfalls fest angekettet ward; und in der nämlichen Weise folgten nacheinander alle andern. Als diese Verkettung dann vollzogen war und die Herren so weit als ihnen möglich auseinander traten, bildeten sie einen Kreis; und um die ganze Sache natürlich scheinen zu lassen, zog Hopp-Frosch das freie Ende der Kette nun in zwei Durchmessern, die rechtwinklig zueinander lagen, über den Kreis, wie es noch heutigentags üblich ist, wenn auf Borneo Schimpansen oder andere Großaffen gefangen werden.

Der große Saal, in dem das Maskenfest stattfinden sollte, war ein kreisrunder Raum von großer Höhe, welcher das Sonnenlicht nur durch ein einziges Fenster hoch droben im Deckgewölbe empfing. Bei Nacht (der Zeit, für die der Saal in Sonderheit bestimmt war) erhellte ihn hauptsächlich ein riesiger Kronleuchter, der an einer Kette vom Mittelpunkt des Oberlichts herabhing und mit der Hilfe eines Balancegewichts in üblicher Weise gesenkt oder gehoben wurde; doch lief dieses letztere (zur Vermeidung unschönen Anblicks) außerhalb der Kuppel und über das Dach hinab.

Die Ausstattung des Raums war der Oberaufsicht Tripettas überlassen worden; doch in einigen Einzelheiten hatte ihr, so scheint es, das gelassenere Urteil ihres Freundes, des Zwergs, den Weg gewiesen. Auf seine Anregung auch geschah es, daß bei dieser Gelegenheit der Kronleuchter entfernt wurde. Sein wächsernes Tropfen (das bei so warmem Wetter unmöglich zu verhindern war) hätte der reichen Kleidung der Gäste ernstlich Schaden tun können, durfte man doch angesichts der Überfüllung des Saals nicht von *allen* erwarten, daß sie sich aus seiner Mitte hielten – das heißt, die Stelle unter dem Kronleuchter frei ließen. Zusätzliche Wandkandelaber waren in verschiedenen Teilen der Halle angebracht worden, wo sie nicht im Wege waren; und allen Karyatiden, die – insgesamt wohl fünfzig oder sechzig – rund an den Wänden standen, ward eine süßen Wohlgeruch ausströmende Fackel in die rechte Hand gegeben.

Die acht Orang-Utans hielten sich an den Rat, den Hopp-Frosch ihnen erteilt, und warteten geduldig bis auf Mitternacht (wo die Masken den Saal zur Gänze füllten), ehe sie in Erscheinung traten. Kaum waren die Schläge der Uhr jedoch verklungen, so stürzten oder vielmehr rollten sie allesamt herein – denn die Behinderung der Ketten ließ die meisten Herren zu Fall kommen und alle aber straucheln, als sie eintraten.

Die Panik unter den Masken war ungeheuer und erfüllte das Herz des Königs mit Lust. Wie vorausgesehen, gab es nicht wenige Gäste, die der Ansicht waren, es seien die wildblickenden Kreaturen tatsächlich Bestien irgendeiner Art, wenn nicht gar Orang-Utans selbst. Vielen der Frauen schwanden vor Schrecken die Sinne; und hätte der König nicht die Vorsichtsmaßregel getroffen, das Tragen von Waffen im Festsaal zu verbieten, so hätte seine Gesellschaft ihren Streich wohl bald in ihrem Blute gebüßt. So aber entstand ein allgemeines Flüchten nach den Türen; doch der König hatte befohlen, diese sogleich nach seinem Eintreten zu verschließen; und auf des Zwerges Anraten hin waren die Schlüssel *ihm* in Obhut gegeben worden.

Während der Tumult auf seinem Höhepunkte war und eine jede der Masken nur noch auf die eigne Sicherheit bedacht (denn tatsächlich drohte viel *wirkliche* Gefahr vom Drängen der aufgeregten Menge), konnte man sehen, wie die Kette, an welcher gewöhnlich der Kronleuchter hing und die bei seiner Entfernung hochgezogen worden war, sich ganz langsam schrittweis' niedersenkte, bis der Haken an ihrem Ende sich nur noch drei Fuß über dem Boden befand.

Bald darauf fand sich der König mit seinen sieben Freunden, nachdem sie in allen Richtungen durch die Halle gewirbelt waren, schließlich in deren Mitte und somit natürlich in unmittelbarer Nähe der Kette. Und während sie noch standen, ergriff auf einmal der Zwerg, der ihnen dicht auf den Fersen geblieben war und sie ohne Unterlaß anfeuerte, dem Aufruhr keine Ruhe zu lassen, ihre eigne Kette beim Schnittpunkt der beiden Lagen, die diametral und rechtwinklig zueinander den Kreis kreuzten. Hier setzte er mit Gedankenschnelle den Haken ein, an welchem sonst gewöhnlich der Kronleuchter gehangen hatte; und im Augenblick zog eine unsichtbare Kraft die Leuchterkette so weit in die Höhe, daß der Haken außer Reichweite gerückt ward und mit ihm, in unausweichlicher Folge, auch die Orang-Utans, die dicht aneinandergedrängt und Gesicht zu Gesicht daran hingen.

Die Masken hatten sich um diese Zeit von ihrer panischen Bestürzung wieder einigermaßen erholt; sie fingen nun an, die ganze Sache als einen wohlersonnen Narrenstreich zu betrachten, und brachen angesichts der mißlichen Lage der Affen in ein schallendes Gelächter aus.

»Überlaßt sie mir!« schrie nun Hopp-Frosch, und mit seiner schrillen Stimme verschaffte er sich durch alles Getöse hin leicht Gehör. »Überlaßt sie *mir!* Ich glaube, *ich* kenne sie. Wenn ich nur einen guten Blick auf sie gewinnen kann, so will ich bald wohl sagen, wer sie sind.« Hier kletterte er auf Händen und Füßen über die Köpfe der Menge weg, und kaum war er zur Wand gelangt, als er auch schon, einer der Karyatiden eine Fackel entreißend, in die Mitte des Raums zurückkehrte – dem Könige mit affenartiger Behendigkeit auf den Kopf sprang – von dort ein paar Fuß an der Kette in die Höhe kletterte – eine Fackel niederhielt, um die Gruppe der Orang-Utans anzuleuchten – und immer noch kreischend schrie: »*Ich* werde bald heraushaben, wer sie sind!«

Und indessen die ganze Gesellschaft (einschließlich der Affen) noch von Gelächter geschüttelt ward, stieß der Narr plötzlich einen schrillen Pfiff aus; und da flog die Kette mit heftigem Ruck wohl dreißig Fuß in die Höhe, riß die entsetzten und zappelnden Orang-Utans mit sich und ließ sie in der Mitte zwischen dem Oberlicht und dem Boden in der Luft baumeln. Hopp-Frosch hatte sich an die Kette geklammert, als sie emporstieg, und behauptete so seinen Abstand zu den acht Masken; und ganz als sei nichts geschehen, fuhr er fort, mit seiner Fackel auf sie niederzuleuchten, als mühe er sich immer noch zu entdecken, wer sie seien.

So ganz und gar verblüfft war die gesamte Gesellschaft bei diesem Aufstieg, daß eine Totenstille von wohl einer Minute Dauer eintrat. Sie wurde unterbrochen nur von einem ebensolchen leisen, scharfen Knirschlaut, wie er zuvor die Aufmerksamkeit des Königs und seiner Räte erregt hatte, als der erstere Tripetta den Wein ins Gesicht schüttete. Doch in diesem Augenblick konnte es keinen Zweifel mehr geben, *woher* dieser Laut rührte. Er kam von den fangartigen Zähnen des Zwergs, die aufeinandermahlten und knirschten, als er nun mit Schaum vor dem Munde und einem Ausdruck wahnsinniger Wut in die emporgerichteten Gesichter des Königs und seiner sieben Kumpane starrte.

»Ah, ha!« rief schließlich wie von Sinnen der Narr. »Ah, ha! *Jetzt* sehe ich langsam, wer diese Leute sind!« Hier hielt er, unter dem Vorgeben, den König noch näher zu untersuchen, die Fackel an die Flachsschicht, die ihn einhüllte und sich nun im Augenblick in ein lebendiges Feuermeer verwandelte. In weniger als einer halben Minute standen alle acht Orang-Utans in lodernden Flammen, indessen ein Aufschrei durch die Menge ging, die von Entsetzen gepackt und ohnmächtig, ihnen auch nur den leisesten Beistand zu leisten, von unten zu ihnen emporstarrte.

Schließlich zwangen die jäh zu bösartigem Furor wachsenden Flammen den Narren, höher an der Kette hinanzuklimmen, um aus ihrer Reichweite zu kommen; und als er diese Bewegung vollführte, senkte sich für einen kurzen Augenblick wiederum Schweigen über die Menge. Der Zwerg ergriff diese seine Gelegenheit und nahm noch einmal das Wort:

»Nun sehe ich *gewiß*«, sagte er, »welch eine Sorte Menschen diese Masken sind. Wir sehen hier einen großen König und seine sieben geheimen Räte – einen König, der sich kein Gewissen daraus macht, ein wehrloses Mädchen zu schlagen, und seine sieben Räte, die ihm bei einer solchen Schandtat Vorschub leisten. Was mich betrifft, so bin ich einfach bloß Hopp-Frosch, der Spaßmacher, – und *dies ist mein letzter Spaß*.«

Der Zwerg war kaum mit seiner kurzen Rede zu Ende gekommen, als das Werk der Rache aufgrund der hohen Brennbarkeit des Flachses wie des Teers auch schon vollendet war. Die acht Leichname schwangen in ihren Ketten, eine stinkende, verkohlte, häßlich ekle und nicht mehr unterscheidbare Masse. Der Krüppel schleuderte seine Fackel auf sie herab, kletterte gemächlich zur Decke empor und verschwand durch das Oberlicht.

Man vermutet, daß Tripetta ihn dort auf dem Dache des Saales erwartet habe und die Verbündete ihres Freunds bei seiner feuerlichen Rache war, und daß sie gemeinsam in ihre Heimat entkamen; denn keins von beiden sah man jemals wieder.

Von Kempelens Erfindung

Angesichts des ungemein genauen und gelehrten Referates von Arago, ganz zu schweigen von der Kurzfassung im ›Wissenschaftlichen Journal‹ mit Leutnant Maurys gerade veröffentlichter detaillierter Stellungnahme, wird niemand erwarten, daß die flüchtigen Bemerkungen zu von Kempelens Entdeckung, die ich hiermit vorlege, irgend den *wissenschaftlichen* Charakter der Sache betreffen. In der Tat beabsichtige ich denn auch nur, über von Kempelen selbst, den vor einigen Jahren flüchtig kennenzulernen ich die Ehre hatte, einige Worte zu sagen – ist doch in diesem Augenblick alles ihn Betreffende zwingenderweise von Interesse –, und zweitens die *Folgen* seiner Entdeckung allgemein und spekulativ zu erörtern.

Doch scheint es nicht unangebracht, bevor ich zu meinen kursorischen Beobachtungen komme, gegen jene weit verbreitete Ansicht zu protestieren, die, wie stets in solchem Falle, ein Produkt der Presse ist, es sei diese fraglos höchst erstaunliche Entdeckung ganz unvorhergesehen erfolgt.

Ein Blick in das ›Tagebuch von Sir Humphrey Davy‹ (Cottle und Munroe, London, S. 53 und 82) zeigt, daß dieser illustre Chemiker nicht nur bereits den zu erörternden Einfall hatte, sondern auch *eben die Untersuchung,* die jetzt von Kempelen so triumphal zum Abschluß brachte, *auf experimentellem Wege ein gut Stück vorantrieb*. Und obwohl von Kempelen das ›Tagebuch‹ mit keiner Silbe erwähnt, verdankt er ihm zweifellos – ich sage es ohne Zögern und kann es, falls gewünscht, beweisen – zumindest den ersten Anstoß zu seinen eigenen Überlegungen. Auf die Gefahr hin, sehr speziell zu werden, kann ich es mir nicht versagen, zwei Abschnitte des ›Tagebuchs‹ und eine von Sir Humphreys Gleichungen anzuführen. (Da uns die erforderlichen algebraischen Typen nicht zur Verfügung stehen und das ›Tagebuch‹ zudem in der Bibliothek des Athenaeum vorhanden ist, haben wir Poes Manuskript an dieser Stelle leicht gekürzt. – Anmerkung der Herausgeber.)

Der Artikel aus dem ›Kurier und Tagblatt‹, der jetzt in allen Blättern nachgedruckt wird und angeblich die Ansprüche eines Mr. Kissam aus Brunswick, Maine, auf die Entdeckung geltend machen soll, scheint mir, ich gestehe es, ein wenig dubios, wenngleich er inhaltlich in keinem Punkt Unmögliches oder gar Unwahrscheinliches enthält. Ich kann mir eine detaillierte Erörterung ersparen. Mein Urteil über diesen Artikel wird vor allem von der *Art der Darstellung* bestimmt. Sie *sieht* nicht sehr nach Wahrheit aus. Wer *Fakten* zu berichten hat, nimmt es mit Tag und Jahr und Ort nur selten so genau, wie Mr. Kissam es zu tun scheint. Und beiläufig gesagt, wenn Mr. Kissam *tatsächlich,* wie er behauptet, zu dem genannten Zeitpunkt, vor nahezu acht Jahren, die Entdeckung machte, warum unternahm er dann nicht *unverzüglich* Schritte, den unermeßlichen Segen zu sichern, der, wie jeder Tölpel sehen konnte, für ihn selbst, wenn nicht für die ganze Welt aus der Entdeckung hätte resultieren können? Daß jemand von auch nur mäßiger Intelligenz entdeckt haben könnte, was Mr. Kissam entdeckt haben *will,* und sich dann in der Folge so naiv und borniert anstellen sollte, erscheint mir völlig unglaubwürdig. Und übrigens – wer *ist* denn dieser Mr. Kissam? Und ist der Aufsatz im ›Kurier und Tagblatt‹ nicht vielleicht ein Phantasieprodukt, das nur die Zungen in Bewegung setzen soll? Man wird doch zugeben, das Ganze riecht nach einem Riesenschwindel. Meiner bescheidenen Meinung nach ist dem Ganzen nicht zu trauen. Und wüßte ich nicht aus Erfahrung, wie *begriffsstutzig* Wissenschaftler sind, sobald es einmal nicht um ihr Spezialgebiet geht, so könnte es mich sehr verwundern, einen so bedeutenden Chemiker wie Professor Draper den Anspruch eines Mr. Kissam (oder heißt er Mr. Quizzam?) auf die Entdeckung ernsthaft diskutieren zu hören.

Doch kommen wir zum ›Tagebuch‹ von Sir Humphrey Davy zurück. Daß dieses Büchlein *nicht* für die Öffentlichkeit bestimmt war, auch nicht beim Ableben seines Autors, wird jeder, der auch nur die primitivsten Grundlagen der Schriftstellerei kennt, schon bei flüchtigem Betrachten des Stiles sehen. So liest man Seite 13, etwa in der Mitte, mit Bezug auf seine Forschungen über Stickstoffoxydul: »In weniger als einer halben Minute bei fortdauernder Atmung, allmähliches Nachlassen, *denen* folgte ähnlich sanftem Druck auf alle Muskeln.« Daß nicht vom ›Nachlassen‹ der *Atmung* die Rede ist, ergibt sich nicht allein aus dem Kontext, sondern auch aus dem Plural ›denen‹. Kein Zweifel, der Satz sollte lauten: In weniger als einer halben Minute(,) bei fortdauernder Atmung, allmähliches Nachlassen (dieser Empfindungen), denen (ein Gefühl) folgte(,) ähnlich sanftem Druck auf alle Muskeln.« Hundert ähnliche Beispiele erhärten, daß das so unbedacht veröffentlichte Manuskript nichts war als ein *Konvolut ungeformter Notizen*, bestimmt nur für des Autors Auge, und nähere Betrachtung des Büchleins dürfte jeden Denkenden von der Richtigkeit meiner Vermutung überzeugen. Fest steht, daß Sir Humphrey Davy der letzte gewesen wäre, sich wissenschaftlich *eine Blöße zu geben*. Er hegte nicht nur außerordentlichen Abscheu für alle Stümperei, er war geradezu krankhaft bemüht, noch nicht einmal den *Anschein* des Pfuschens zu erwecken. Selbst wenn er für sich fest überzeugt gewesen wäre, dem fraglichen Problem auf die Spur gekommen zu sein, *geäußert* hätte er sich doch erst dann, wenn für die sinnenfällige Demonstration alles bereit gewesen wäre. Ich glaube wahrlich, schon der Verdacht, man könnte seinen Wunsch nach Verbrennung des mit kruden Spekulationen angefüllten ›Tagebuches‹ mißachten, wie es doch wohl geschah, hätte ihm noch den letzten Augenblick vergällt. Ich sage ›seinen Wunsch‹, denn daß zu den vermischten Papieren, welche ›zu verbrennen‹ waren, auch sein Notizbuch gehörte, unterliegt meiner Ansicht nach keinem Zweifel. Ob es glücklicher- oder unglücklicherweise den Flammen entging, steht noch dahin. Daß die oben zitierten Abschnitte, mit ähnlichen anderen, an die ich denke, von Kempelen *einen Fingerzeig* gaben, braucht wohl nicht weiter erörtert zu werden. Doch wiederhole ich, es steht noch dahin, ob diese folgendschwere Entdeckung, und *folgenschwer* ist sie in jedem Falle, der Menschheit zum Nutzen oder zum Schaden gereichen wird. Nur ein Narr kann bezweifeln, daß von Kempelen und seine engeren Freunde einen beachtlichen Schnitt machen werden. Sie dürften kaum versäumen, ihn beizeiten durch den Kauf von Häusern, Ländereien und anderen bleibenden Werten zu realisieren.

In dem Bericht von Kempelen, der im ›Heimatblatt‹ erschien und inzwischen mehrfach nachgedruckt wurde, dürfte dem Übersetzer, der den Abschnitt angeblich einer neueren Nummer der Preßburger ›Schnellpost‹ entnahm, an mehreren Stellen die Bedeutung des deutschen Originals entgangen sein. ›Viele‹ wurde offenbar, wie oft, so auch hier, mißverstanden. Und was der Übersetzer mit ›sorrows‹ wiedergibt, sind wohl ›Leiden‹, richtig also ›sufferings‹, was wiederum den ganzen Bericht entscheidend nuancieren würde. Aber hier bin ich natürlich weitgehend auf Vermutungen angewiesen.

Auf keinen Fall aber ist von Kempelen ›ein Misanthrop‹, zumindest nicht dem Äußeren nach, was immer er in Wahrheit sein mag. Meine Bekanntschaft mit ihm war rein zufälliger Natur, und ich darf wohl kaum behaupten, ihn zu kennen. Doch einen Mann, der so *über alle Maßen* berühmt ist oder doch in wenigen Tagen *sein wird*, gesehen, gar sich mit ihm unterhalten zu haben, ist in unseren Zeitläuften wahrlich nichts Geringes.

Die ›Welt der Literatur‹ behauptet kühn, er *stamme* aus Preßburg; wahrscheinlich ließ sie sich durch den Bericht im ›Heimatblatt‹ dazu verleiten. Hingegen habe ich das Vergnügen, mit Entschiedenheit – weiß ich es doch von ihm selbst – sagen zu können, daß er in Utica im Staat New York geboren wurde, obschon beide Eltern wohl aus Preßburg kamen. Seine Familie ist irgendwie mit jenem Maelzel von Schachspiel-Automatenangedenken verwandt. (Irren wir nicht, so war der Name des Erfinders des Automaten Kempelen, von Kempelen oder ähnlich. – Anmerkung der Herausgeber.) Er selbst ist von kleiner, gedrungener Statur, hat große, *wäßrige*, blaue Augen, rötliches Haar und Backenbart, einen breiten, aber angenehmen Mund, gesunde Zähne und, erinnere ich mich recht, eine Römernase. Der eine Fuß ist mißgestaltet. Seine Art ist offen, sein ganzes Verhalten strahlt *bonhomie* aus. Kurzum, im Aussehen, Sprechen und Verhalten ist er so wenig ›Misanthrop‹ wie irgendeiner. Sechs Jahre mag es her sein, daß wir beide eine Woche lang zu Gast im Earl's Hotel in Providence, Rhode Island, waren und ich zu verschiedenen Malen mit ihm sprach, im ganzen wohl drei oder vier Stunden. Er redete hauptsächlich von Tagesereignissen, und keines seiner Worte ließ mich bei ihm auf wissenschaftliche Kenntnis schließen. Er reiste vor mir ab, wollte nach New York und weiter nach Bremen. An letzterem Orte wurde seine Entdeckung zuerst publik, oder vielmehr: dort verdächtigte man ihn zuerst, sie gemacht zu haben. Das ist alles, was ich persönlich über den jetzt unsterblichen von Kempelen zu berichten weiß, doch scheint mir selbst diese karge Kenntnis von Interesse für das Publikum.

Die meisten der erstaunlichen Gerüchte, die über diese Sache umgehen, sind ohne Frage pure Erfindung und dürfen so viel Glauben beanspruchen wie die Geschichte von Aladins Wunderlampe. Und dennoch – in einem derartigen Falle, wie etwa auch bei den Entdekkungen in Kalifornien, bleibt zu bedenken, daß die Wahrheit befremdlicher *sein kann* als alle Erfindung. Die folgende Anekdote zumindest ist so gut verbürgt, daß wir sie vorbehaltlos glauben dürfen.

Während seines Aufenthaltes in Bremen erfreute sich von Kempelen nicht einmal leidlicher Lebensumstände, und man weiß, daß die Beschaffung kleiner Darlehen ihn oft in die peinlichsten Situationen brachte. Als nun die Betrügereien, von denen die Firma Gutsmuth & Co. betroffen wurde, allgemeines Aufsehen erregten, fiel der Verdacht auf von Kempelen, denn dieser hatte kürzlich eine beachtliche Liegenschaft in der Guldengasse erworben und weigerte sich, über die Herkunft der Kaufsumme Auskunft zu geben. Schließlich wurde er festgenommen, am Ende aber, da nichts Belastendes gegen ihn vorzubringen war, wieder freigelassen. Aber die Polizei beschattete ihn und stellte so fest, daß er häufig sein Haus verließ. Sein Weg war immer der gleiche, und immer entwischte er seinen Verfolgern in der Nähe jenes Labyrinthes enger und gewundener Gassen, die der Volksmund Dunnergatt nennt. Doch mit großer Beharrlichkeit gelang es ihnen schließlich, seine Spur bis in die Dachstube eines alten siebenstöckigen Hauses am Fleetplatz zu verfolgen, und da sie ganz überraschend auftauchten, glaubten sie, ihn auf frischer Falschertat zu ertappen. Seine Erregung soll so groß gewesen sein, daß die Beamten an seiner Schuld nicht den geringsten Zweifel hegten. Sie legten ihm Handschellen an und durchsuchten das Zimmer, vielmehr die Zimmer, denn offenbar benutzte er die ganze *Mansarde*. An die Dachstube, in der sie ihn faßten, schloß sich ein Kabinett an, das zehn mal acht Fuß maß und eine chemische Apparatur bislang unbekannter Bestimmung barg. In einer Ecke des Kabinetts stand ein winziger Schmelzofen, in dem ein Feuer glühte, und auf diesem eine Art Zwillingstiegel, d. h. zwei Tiegel, die durch eine Röhre verbunden waren. Einer dieser Tiegel war ganz mit schmelzendem Blei gefüllt, das aber nicht bis zur Öffnung der nahe am Rande angebrachten Röhre reichte. In dem anderen Tiegel befand sich eine Flüssigkeit, die sich beim Eintritt der Beamten gerade ungestüm in Dampf zu verwandeln schien. Der Bericht meldet, daß von Kempelen, als er sich ertappt sah, die Tiegel mit beiden Händen ergriff – wie sich später zeigte, trug er Handschuhe aus Asbest – und ihren Inhalt auf den gekachelten Boden stürzte. Das war der Augenblick, ihm die Handschellen anzulegen. Vor der Durchsuchung der Räumlichkeiten nahm man noch eine Leibesvisitation vor, fand jedoch nichts Bemerkenswertes außer einem Päckchen in seiner Rocktasche, das, wie später festgestellt wurde, eine Mischung aus Antimon und einer *unbekannten Substanz* zu fast, aber nicht genau gleichen Teilen enthielt. Zwar sind bisher alle Versuche, diese unbekannte Substanz zu identifizieren, fehlgeschlagen, doch gibt es keinen Zweifel, daß die Analyse zu guter Letzt gelingen wird.

Nach dem Verlassen des Kabinetts gingen die Beamten mit ihrem Gefangenen durch eine Art Vorzimmer, in dem sich nichts Erwähnenswertes fand, in das Schlafzimmer des

Chemikers. Hier durchstöberten sie Schubläden und Kästen, fanden aber nur belanglose Papiere und ein paar gültige Gold- und Silbermünzen. Unter dem Bett entdeckten sie schließlich *einen großen, gewöhnlichen Koffer, mit Fell bezogen, ohne Scharniere, Haken oder Schloß,* dessen Deckel achtlos über das Unterteil gelegt war. Beim Versuch, diesen Koffer unter dem Bett hervorzuziehen, fanden sie, daß ihre vereinte Kraft (es waren ihrer drei und starke Männer) »nicht langte, ihn auch nur zollbreit zu bewegen«. Darob verwundert, kroch der eine unters Bett und sagte nach einem Blick in den Koffer:

»Was Wunder, daß wir ihn nicht bewegen konnten – ist er doch prall gefüllt mit altem Messingkram!«

Um festen Halt zu haben, stemmte er die Füße gegen die Wand und schob mit ganzer Kraft, indessen seine Kameraden mit all der ihren zogen, und so wurde mit viel Mühe der Koffer unter dem Bett hervorexpediert und darauf sein Inhalt geprüft. Das mutmaßliche Messing, womit er gefüllt war, hatte die Gestalt kleiner, glatter Stücke von Erbsen- bis zu Dollargröße, doch waren sie, obschon sämtliche flach, von unregelmäßiger Form, und das ganze sah aus »als wenn man geschmolzenes Blei zu Boden wirft und dort erkalten läßt«. Wohlbemerkt, nicht einer der Beamten hielt das Metall auch nur einen Augenblick für irgend anderes denn Messing. Der Gedanke, es könne *Gold* sein, wollte ihnen natürlich nicht in den Kopf – wie *hätte* auch solch phantastische Idee dahin kommen sollen? Und man mag sich ihr Erstaunen ausmalen, als am nächsten Tag ganz Bremen wußte, daß das ›Messingzeugs‹, das sie so verächtlich zum Revier geschafft hatten, ohne auch nur das kleinste Stück einzustecken, nicht nur Gold war – wahres Gold –, sondern weit edleres Gold als das gemeinhin für Münzen verwandte – Gold fürwahr, absolut rein, jungfräulich, ohne jede Spur einer Beimengung.

Von Kempelens Geständnis, so weit davon überhaupt die Rede sein kann, und seine Freilassung brauche ich nicht detailliert zu schildern, sind sie doch der Öffentlichkeit wohlvertraut. Daß er im Geist und in der Tat, wenn nicht gar buchstäblich, den alten Wunschtraum der Weisen verwirklicht hat, wird kein vernünftiger Mensch bezweifeln können. Sicher verdienen Aragos Ansichten größte Beachtung, doch ist er wahrlich nicht unfehlbar. Und was er in seinem Bericht an die Akademie von *Bismuth* redet, ist *cum grano salis* zu nehmen. Ist doch die schlichte Wahrheit die, daß bis jetzt *jede* Analyse mißlungen ist. Und so lange von Kempelen sich nicht entschließt, uns den Schlüssel zu seinem publik gewordenen Geheimnis zu liefern, wird die Sache höchstwahrscheinlich jahrelang *in statu quo* verharren. Einstweilen kann gerechterweise nur gesagt werden, daß es möglich ist, »reines Gold ganz nach Wunsch und ohne Umstand aus Blei in Verbindung mit gewissen anderen, der Qualität und Proportion nach unbekannten Substanzen herzustellen«.

Natürlich beschäftigt sich die Spekulation mit den unmittelbaren und mittelbaren Auswirkungen dieser Entdeckung, einer Entdeckung, die mit dem Allgemeininteresse an Gold, das durch die kürzlich in Kalifornien erfolgten Schürfungen noch gesteigert ist, in Verbindung zu bringen, kaum einer zögern wird, der nachdenkt. Und diese Überlegung führt uns unweigerlich zu einer anderen – wie außerordentlich *ungelegen* doch von Kempelens Lösung des Problems kommt.

Ließen sich bisher schon viele von einer Teilnahme am kalifornischen Abenteuer durch die bloße Befürchtung abhalten, die Ergiebigkeit der dortigen Minen könnte den Goldwert so empfindlich senken, daß das Unterfangen, so weit entfernt danach zu suchen, höchst unrentabel werde – welchen Eindruck wird dann erst die Nachricht von der erregenden Entdeckung von Kempelens auf die haben, die gerade aufbrechen wollen, oder auf jene, die schon im Schürfgebiet sind? Besagt diese Entdeckung doch, daß Gold, abgesehen von seiner bleibenden Bedeutung für Industriezwecke, worin immer die bestehen mag, jetzt oder zumindest bald (denn *lange* wird von Kempelen sein Geheimnis nicht wahren können) keinen größeren Wert hat als Blei und weit geringeren als Silber. Es ist sicher äußerst schwierig, zukunftsträchtige Spekulationen über die Konsequenzen dieser Entwicklung anzustellen; aber eines kann mit Sicherheit behauptet werden: Wäre die Nachricht von dieser

Entdeckung vor einem halben Jahr gekommen, sie hätte erheblichen Einfluß auf die Besiedlung Kaliforniens gehabt.

Die bemerkenswertesten Resultate bis jetzt in Europa: ein Anziehen der Preise für Blei um zweihundert und für Silber um fünfundneunzig Prozent.

Der je-x-te Ardikkel

Wohlbekannt ist, daß ›die Weisen‹ seinerzeit ›aus dem Morgenlande‹ kamen, und da Herr Sausewind Knallkopp aus östlichen Gauen anrückte, folgt daraus schlicht und stichfest, daß Herr Knallkopp ein Weiser war; und sollte's dafür noch weitern Beweises bedürfen, so kann ich auch damit dienen: – Herr K. war von Berufe Redakteur. Jähzorn war seine einzige schwache Seite; denn der verbohrte Eigensinn, dessen die Menschheit ihn zieh, war in Wirklichkeit alles andere denn eine Schwäche, und ganz zu Recht betrachtete er denselben als seine ausgesprochen starke Seite. Sie machte seine Kraft aus – seine Tugend; und es hätte die ganze Logik eines Brownson erfordert, ihn zu überzeugen, sie wäre leider »alles andere, als«.

So steht denn fest, daß Sausewind Knallkopp ein Weiser war; und wenn es einen einzigen Zeitpunkt gab, an dem er sich als nicht ganz infallibel erwies, so war's an jenem Tage, da er den Osten, die legitime Heimat aller Weisen, im Stiche ließ und in den fernen Westen fortzog, nach Alexanderdergroßeonopolis oder irgendeinem Örtchen ähnlichen Namens.

Der Gerechtigkeit zu Ehren muß ich feststellen, daß er seinen Entschluß, sich in besagter Stadt niederzulassen, unter dem irrigen Eindruck faßte, es existiere in jenem Teile des Landes noch keinerlei Zeitung und konsequenterweise auch kein Redakteur. Er hoffte demnach, das Feld für sich allein zu haben, wenn er sich dort mit der ›Teekanne‹ etablierte. Nie hätte er, so sagt mir ein sicheres Gefühl, auch nur im Traum daran gedacht, seinen Wohnsitz in Alexanderdergroßeonopolis aufzuschlagen, wäre er der Tatsache gewahr gewesen, daß dort, in Alexanderdergroßeonopolis, ein Herr namens Johann Schmid weste (wenn ich mich recht entsinne), der daselbst durch jahrelanges Redigieren und Edieren der ›Alexanderdergroßeonopolitanischen Gazette‹ gutbürgerliches Fett angesetzt hatte. So geschah es denn einzig aufgrund einer Fehlmeldung, daß Herr Knallkopp sich nach Alex... – ich denke, wir sagen künftig, ›der Kürze halber‹, schlicht und einfach Nopolis – begab, doch als er sich nun einmal dort befand, beschloß er, nun auch seinem Ruf als Mann von Eigen... wollte sagen, von Charakterfestigkeit Ehre zu machen und zu bleiben. So blieb er denn; und er tat noch mehr: er packte seine Presse aus, seinen Setzerkasten usw. usw., mietete sich ein Bureau genau gegenüber dem der ›Gazette‹ und brachte am dritten Morgen nach seiner Ankunft die erste Nummer der ›Alex...‹ – will sagen der ›Nopolitanischen Teekanne‹ heraus: – so lautete, entsinn' ich mich noch recht, der neuen Zeitung Name.

Der Leitartikel war zugegebenermaßen einfach brillant – um nicht zu sagen, von klassischer Strenge. Er sparte nicht mit beißenden Glossen über die Dinge im allgemeinen – und was im besondern den Redakteur der ›Gazette‹ betraf, so sah man förmlich die Fetzen fliegen. Einige von Knallkopps Bemerkungen waren in der Tat so feurighitzig, daß ich stets seither, sooft ich Johann Schmids gedachte (der immer noch am Leben ist), an einen Salamander denken mußte. Ich darf mir nicht anmaßen, hier *sämtliche* Auslassungen der ›Teekanne‹ *verbatim* wiederzugeben, doch eine von ihnen nahm den folgenden Gang:

»O ja! – oh wir begreifen! – oh, kein Zweifel mehr! Der Redakteur von drüben ist ein Prachtgenie! – O Gott! o du gütiger Himmel! – oh! oh! oh! – *wohin* soll es mit dieser Welt noch kommen! O Tempora! O Moses!«

Eine so ätzende und zugleich klassische Philippika mußte unter den bis dato friedfertigen Bürgern von Nopolis wie eine Sprenggranate einschlagen. Gruppenweise sammelten sich aufgeregte Individuen an den Straßenecken. In herzinnerlicher Angst erwartete jeder von ihnen die Antwort des würdigen Schmid. Dieselbe erschien am nächsten Morgen und hatte den nachfolgenden Wortlaut:

»Wir zitieren aus der ›Teekanne‹ von gestern untenstehenden Abschnitt: – »*O* ja! – *oh,* wir begreifen! – *oh,* kein Zweifel mehr! – *O* Gott! – *o* du gütiger Himmel! – *oh! oh! oh!* – *O* Tempora! *O* Moses!‹ Also wirklich, das Kerlchen ist ein einziges riesiges O! Es mag das zum Grunde haben, daß er immerfort im Kreise denkt, und uns erklären, warum alles, was er von sich gibt, so ohne Anfang und Ende ist und ohne Hand und Fuß. Wirklich, wir glauben, dieser Vagabund vermag nicht ein einziges Wort zu schreiben, welches kein O in sich hätte. Man fragt sich, ob dies O-en wohl eine Angewohnheit von ihm ist! Zu denken gibt, daß er in auffälliger Eile aus dem hintersten Osten angereist kam. Ob er dort wohl ebenso viel ge-o-t hat, wie er's hier nun tut? ›Oh! es ist jammervoll!‹«

Den Unmut des Herrn Knallkopp über diese schändlichen Insinuationen brauche ich gar nicht erst zu beschreiben versuchen. Doch da er grundsätzlich eines Aales Haut besaß, machte er nach außen den Eindruck, als sei er bei dieser Attacke auf seine Redlichkeit weit weniger ergrimmt, als man sich eigentlich wohl denken sollte. Es war das flotte Gespöttel über seinen *Stil:* das trieb ihn zur Verzweiflung. Was denn! – er, Sausewind Knallkopp! – er sollte's nicht vermögen, ein Wort ohne ein O darin zu schreiben?! Dem Lümmel wollte er es aber bald zeigen, daß er sich verrechnet hatte. Jawohl!, er würde es ihm zeigen, *wie sehr* er sich verrechnet hatte, der Laffe! Er, Sausewind Knallkopp aus Froschteichium, wollte es diesem Herrn Johann Schmid schon demonstrieren, daß er, der Knallkopp, wann es ihm nur paßte, gleich einen ganzen Abschnitt – ach, was denn! einen ganzen Artikel – verfassen konnte, in welchem jener geschmähte Vokal nicht *einmal* – nicht ein *einziges Mal* – in Erscheinung treten sollte. Doch nein; – das hieße ja besagtem Johann nur weiter Wasser auf die Mühle schütten. Er, Knallkopp, wollte *keinerlei* Veränderung in seinem Stil vornehmen, um den Kapricen irgendeines Mitchristen namens Schmid Genüge zu tun. Hinweg denn mit so garstigen Gedanken! Ein Hoch dem O! Nun würde er gerade drauf beharren. Er würde diesem Wicht da ein Oho bereiten, daß ihm die Augen übergehen sollten.

In glühender Begeisterung ob dieses heldenhaften Beschlusses nahm der große Sausewind in der nächsten ›Teekanne‹ lediglich mit dem folgenden schlichten, doch resoluten Paragraphen auf die unglückselige Affäre Bezug:

»Der Redakteur der ›Teekanne‹ hat die *Ehre,* dem Redakteur der ›Gazette‹ hiermit anzukündigen, daß sie (die ›Teekanne‹) in ihrer morgigen Morgenausgabe Gelegenheit nehmen wird, sie (die ›Gazette‹) davon zu überzeugen, daß sie (die ›Teekanne‹) in Sachen des Stils *ihr eigener Herr* nicht nur sein kann, sondern auch sein und bleiben wird; – daß sie (die ›Teekanne‹) ihr (der ›Gazette‹) die extreme und tatsächlich vernichtende Verachtung, mit welcher ihrer (der ›Gazette‹) Rezension den unabhängigen Busen der unterzeichneten ›Teekanne‹ inspiriert, zu zeigen beabsichtigt, indem sie (die ›Teekanne‹) – ob ihr (der ›Gazette‹) zur besondern Erbauung, wird sich dann erweisen – einen Leitartikel von nicht unbeträchtlicher Länge schaffen wird, in welchem der besagte köstliche Vokal – das Sinnbild der Ewigkeit – und bisher ihrem (der ›Gazette‹) hyperexquisiten Zartgefühle gänzlich unanstößig – mit höchster Sicher- und Gewißheit *nicht vermieden* werden wird von ihrer (der ›Gazette‹) gehorsamster, demütigster Dienerin, der ›Teekanne‹. ›Soviel für Buckingham!‹«

Die fürchterliche Drohung zu erfüllen, die solcherart eher nur dunkel angedeutet denn klar entschieden angekündigt worden, verschloß der große Knallkopp allen Bitten um ›Manuskript‹ sein Ohr und forderte seinen Setzermeister schlicht auf, ›zum Teufel zu gehen‹, als er (der Setzer) dringend zu bedenken gab, es sei für sie (die ›Teekanne‹) höchste Zeit, ›in Druck zu gehen‹ – der große Knallkopp also, sagte ich, verschloß gegen alles und jedermann sein Ohr und hockte, unter maßlosem Ölverbrauch, bis in den hellen Morgen über der Komposition des wahrhaft unvergleichlichen Artikels, der nun folgt:

»Hoho, Johann! Wo juckt dich heut der Floh! Noch immer toll? Zum Wohl denn! Wohl bekommt's dir so! Ein Kopf voll Stroh, was sollte der schon loben! Den Morgen vor dem Abend, – na dann Prost! Du schmollst wohl noch, du bist erbost? Du oller Knollenkoch! Du Tropf mit deinem Kropf! Oho, kommst du mir so, du Wiedehopf? Der Onkel wird dir den Popo versohlen! Spann an, Johann, und fort von diesem Ort! Troll dich davon, sonst komm ich dich holen, du Hinterhof-Philosoph! Fort nach Concord, wo du geboren! Wer soviel Bockmist boll, wer so von tollem Groll besoffen überquoll, der hat hier nichts verloren. Der ist doof. Der ist bekloppt. Du wolltest uns wohl foppen, oller Depp? Nun bell den Mond an, Mops! Dein Maß ist voll. Johle nicht, Dohle! Hopp im Galopp! Du Groschenfrosch! Du Schmock und Possenbock! Ich komm' dir mit dem Stock! Jedem Hohn seinen Lohn! Für jede Glosse was auf die Flosse! Du schofler Schwafler, roll dich in die Gosse! Scher dich ins Moor, du Molch! Du paßt bloß in Morast! Räume die Redaktion! Dein Hohn ist schon bankrott, du Strolch! Gewonnen, zerronnen. Glotze nicht so! Oh! Großer Gott, Johann, sieh dich bloß an! Erst trotzen und protzen mit zotigen Pfoten, dann selber im Kot! Famoser Stoß das, was? Vorige Woche noch rot, heute ohne Brot, und morgen schon tot: das ist dein Los, Zelot!«

Ganz natürlicherweise erschöpft von einer so stupenden Geistesanstrengung, vermochte sich der große Sausewind in jener Nacht keinerlei anderer Arbeit mehr zu widmen. Mit Festigkeit und wohlgesetzter Ruhe, doch auch mit einer Miene voller Machtbewußtsein, händigte er das MS. dem wartenden Setzerlehrling aus und begab sich sodann, nachdem er in Muße heimwärts gewandert, mit unbeschreiblicher Würde zu Bett.

Inzwischen rannte der Setzerlehrling, dem das Manuskript anvertraut worden war, mit Windeseile die Treppe hinauf zu seinem Setzkasten und machte sich unverzüglich daran, das MS. ›abzusetzen‹.

Zuerst einmal stürzte er sich natürlich – da das Eröffnungswort ›Hoho‹ lautete – auf das Fach mit den großen Hs und zog voller Stolz ein solches großes H hervor. Ermutigt von diesem Erfolge, warf er sich in blindem Ungestüm sogleich nun auf den Kasten mit den kleinen Os; – doch wer beschreibt seinen Schrecken, als seine Finger ohne den erhofften Buchstaben im Griffe wieder hervortauchten? Wer malt sein Erstaunen und seine Wut, als er, seine Knöchel reibend, erkennen mußte, daß er sich dieselben lediglich und durchaus nutzlos am Boden eines *leeren* Kastens angeschlagen hatte? Nicht ein einziges kleines O befand sich in dem Fach der kleinen Os; und als er nun, von Sorge beschlichen, in die Abteilung der großen Os blickte, fand er zu seinem äußersten Entsetzen, daß sie in ganz ähnlicher Weise des Inhalts entriet. Von Schreck gepackt, war's nun sein erster Impuls, zum Setzermeister zu laufen.

»Meester!« rief er, nach Atem ringend, »ick kann Ihn' dat Zeug aber nicht absetzen, wenn ick keene Os habe.«

»Was willst du damit sagen?« knurrte der Setzer, der sich bei übler Laune befand, weil er so spät noch aufbleiben mußte.

»Nu, Meester, wa ham keen eenzijes O mehr im Büro, keen jroßes nich un keen kleenes!«

»Was – zum T—l ist denn aus denen geworden, die im Kasten waren?«

»Weeß *ick* doch nich«, sagte der Junge, »bloß eens von den Bürschchen von der Jazette, der hat die janze Nacht hier rumjemacht, und da denk ick mir ma jleich, der hat se sich alle untern Najel jerissen.«

»Hol ihn der Henker! Ich zweifle keinen Augenblick«, erwiderte der Setzer und wurde purpurrot vor Wut – »aber ich sag' dir, was du machen wirst, Bob, sei ein guter Junge – du gehst bei der ersten Gelegenheit rüber, und dann klaust du ihnen ihre sämtlichen Is und (verd— sie!) ihre Zets dazu.«

»Wird jemacht«, antwortete Bob, blinzelnd mit finsterem Blick – »ick wer den' ma zeijen, wat ne Harke is; aber wat machen wa denn mit diesem Ardikkel hier? Der *muß* in Satz jehn, heute nacht noch, sonst ham wa'n D—l auf'm Hals, und –«

»– und das wahrhaftig nicht zu knapp«, unterbrach ihn der Meister, und ein tiefer Seufzer entrang sich seiner Brust, als er das ›knapp‹ sorgenschwer betonte. »Ist er *sehr* lang, der Artikel, Bob?«

»Dat würd ick nu auch wieder nich sajen«, sagte Bob.

»Ah, schön! dann sieh zu, was du daraus machen kannst! Wir *müssen* in die Presse damit«, sagte der Setzer, der bis über die Ohren in Arbeit steckte; »setz einfach irgeneinen andern Buchstaben ein für das O; liest ja sowieso keiner den Quatsch, den der Kerl verzapft hat.«

»Jut«, antwortete Bob, »wird jemacht!« Und schon stürzte er an seinen Kasten; und unterwegs murmelte er: »Dat sind mir ja schöne Sachen hier, diese Ausdrücke, besonders für een Mann, der dat Fluchen nich jelernt hat! Na, den' wer' ick aber ma so eene Nummer zeijen oder zweie, wat? Die solln sich noch krumm und dämlich ärjern. Für sowat ist unsereens jrad der richtije Mann.« Tatsache ist, daß Bob, wenn er auch erst zwölf Jahre zählte und eben vier Fuß hoch war, sich doch jeder Balgerei gewachsen fühlte, solange sie sich in seinen Grenzen hielt.

Die hier beschriebene kritische Lage ist in Druckereien keineswegs ein seltenes Vorkommnis; zwar weiß ich keine Erklärung dafür abzugeben, doch das Faktum ist unbestreitbar, daß fast immer, *wenn* eine solche Notlage eintritt, das X als Ersatz für den fehlenden Buchstaben dienen muß. Der eigentliche Grund liegt vielleicht einfach darin, daß X diejenige Letter ist, die am wenigsten gebraucht und darum so ziemlich am reichlichsten in den Setzerkästen vorhanden ist – oder jedenfalls, in frühern Zeiten, *war* – lange genug, um das in Rede stehende Ersatzverfahren bei den Druckern zur festen Gewohnheit zu machen. Was Bob betraf, so hätte er es einfach für ketzerisch gehalten, in einem Fall wie diesem einen anderen Buchstaben zu verwenden als das X, an dessen Gebrauch er sich längst gewöhnt hatte.

»Ick wer' ma diesen Ardikkel x-en müssen«, sprach er bei sich, nachdem er ihn voller Verblüffung durchgelesen, »aber dat is ja so unjefähr dat fürchterlichste Zeug, wat ick je jesehn hab«: So x-te er ihn unnachgiebig, und ge-x-t wanderte er in die Presse.

Am nächsten Morgen ergriff die gesamte Bevölkerung von Nopolis maßlose Bestürzung, als man in der ›Teekanne‹ den folgenden außerordentlichen Leitartikel las:

»Hxhx, Jxhann! Wx juckt dich heut der Flxh? Nxch immer txll? Zum Wxhl denn! Wxhl bekxmm's dir sx! Ein Kxpf vxll Strxh, was sxllte der schxn lxben! Den Mxrgen vxr dem Abend, – na dann Prxst! Du schmxllst wxhl nxch, du bist erbxst? Du xller Knxllenkxch! Du Trxpf mit deinem Krxpf! Xhx, kxmmst du mir sx, du Wiedehxpf? Der Xnkel wird dir den Pxpx versxhlen! Spann an, Jxhann, und fxrt vxn diesem Xrt! Trxll dich davxn, sxnst kxmm ich dich hxlen, du Hinterhxf Philxsxph! Fxrt nach Cxncxrd, wx du gebxren! Wer sxviel Bxckmist bxll, wer sx vxn txllem Grxll besxffen überquxll, der hat hier nichts verlxren. Der ist dxxf. Der ist beklxppt. Du wxlltest uns wxhl fxppen, xller Depp? Nun bell den Mxnd an, Mxps! Dein Maß ist vxll. Jxhle nicht, Dxhle! Hxpp im Galxpp! Du Grxschenfrxsch!

Du Schmxck und Pxssenbxck! Ich kxmm dir mit dem Stxck! Jedem Hxhn seinen Lxhn! Für jede Glxsse was auf die Flxsse! Du schxfler Schwafler, rxll dich in die Gxsse! Scher dich ins Mxxr, du Mxlch! Du paßt blxß in Mxrast! Räume die Redaktixn! Dein Hxhn ist schxn bankrxtt, du Strxlch! Gewxnnen, zerrxnnen. Glxtze nicht sx! Xh! Grxßer Gxtt! Jxhann, sieh dich blxß an! Erst trxtzen und prxtzen mit zxtigen Pfxten, dann selber im Kxt! Famxser Stxß das, was? Vxrige Wxche nxch rxt, heute xhne Brxt, und mxrgen schxn txt: das ist dein Lxs, Zelxt!«

Der Aufruhr, den dieser mystische und kabbalistische Artikel verursachte, ist unvorstellbar. Der erste konkrete Gedanke, den die Bevölkerung faßte, bestand darin, es müsse irgendeine überaus teuflische Tücke in den Hieroglyphen verborgen liegen; und in Scharen rannte man zu Knallkopps Wohnung, mit dem Zweck, ihn den Volkszorn fühlen zu lassen; doch der besagte Herr war nirgends aufzufinden. Er war verschwunden – wie, das vermochte keiner zu sagen; und noch nicht einmal sein Geist ist seither gesichtet worden.

Unfähig, ihr rechtmäßiges Opfer zu fassen, verebbten die Wogen der Volkswut schließlich wieder – um hinter sich, als eine Art Ablagerung, einen wahren Mischmasch verschiedenster Ansichten über diese unglückselige Affäre zu lassen.

Ein Herr fand, das Ganze sei ein x-zellenter Witz.

Ein anderer bekundete, Knallkopp habe eine ausgesprochen x-altierte Phantasie bewiesen.

Ein dritter wollte X-zentrizität gelten lassen, doch nicht mehr.

Ein vierter konnte darin nur des Yankees Absicht vermuten, ganz allgemein einmal seinen Grimm zu x-hibieren.

»Sagen Sie lieber: der Nachwelt ein X-empel zu setzen«, schlug ein fünfter vor.

Daß Knallkopp zum Äußersten getrieben worden sei, war allen klar; und tatsächlich ging die Rede, man sollte, wenn schon der eine Redakteur nun nicht mehr greifbar war, dann doch wenigstens den andern, noch vorhandenen, lynchen.

Die allgemeinere Meinung ging jedoch dahin, daß die Affäre schlicht x-zeptionell und in-x-plikabel wäre. Selbst der Stadtmathematiker bekannte, er vermöge aus einem so dunkeln Problem nichts zu machen. X, das wisse ja jedermann, sei eine unbekannte Größe; doch in diesem Fall handle es sich (wie er sehr richtig bemerkte) ja gleich um eine unbekannte Anzahl unbekannter Größen.

Die Meinung Bobs, des Setzerlehrlings (der mit Fleiß verschwieg, daß er selber »den Ardikkel je-x-t« hatte), fand nicht so viel Beachtung, wie sie nach meinem Dafürhalten verdiente, obschon sie ohne Furcht und in aller Offenheit geäußert ward. Er sagte, was ihn betreffe, so hege er überhaupt keinen Zweifel in der Sache; der Fall sei gänzlich klar; denn der Herr Knallkopp, »der hat ja nie schön orntlich wie de andern Leute jebechert; der mußte immer wat Besonderes ham und hat sich dauernd dies verflixte XXX-Bier einjeträufelt; dat hat ihm dann so im Hemde jehauen, daß er nachher bloß noch X-e jesehn hat; – tja, und die hat er ja irjendwo loswer'n müssen.«

Landschaft mit Haus

Vergangenen Sommer, im Lauf einer Fußwanderung durch den ein und andern der Fluß-Kreise des Staates New York, geschah es mir, daß ich, als der Tag zur Neige ging, in einige Ungewißheit geriet bezüglich des Weges, den ich eingeschlagen hatte. Das Gelände war beträchtlich wellig; und schon während der ganzen letzten Stunde hatte sich mein Pfad, nach Kräften bemüht, in den Talgründen zu verlaufen, auf derart konfuse Weise hin und her verschlängelt, daß ich nicht mehr wußte, in welcher Richtung das reizende Dörfchen B. lag, in dem ich mir vorgenommen hatte zu übernachten. Die Sonne hatte kaum *geschienen* – pedantisch genommen – den Tag über, der aber nichtsdestoweniger unangenehm warm gewesen war. Ein rauchiger Dunst, ähnlich dem des Altweibersommers, schleierte alle Gegenstände ein und trug natürlich noch das seine zu meiner Unsicherheit bei. Nicht daß ich mir darob sonderlich Sorgen gemacht hätte. Falls ich wirklich nicht vor Sonnenuntergang oder gar vor Einbruch der Dunkelheit auf das Dörfchen stoßen sollte, war es immer noch mehr als wahrscheinlich, daß demnächst irgendein kleines holländisches Bauernhaus oder sonst etwas der Art auftauchen würde, obschon zugegebenermaßen die ganze Gegend hier notorisch dünn besiedelt war (vielleicht eben deswegen, weil sie mehr malerisch als fruchtbar ist). Und im alleräußersten Falle war – mein Ränzel das Kissen, als Schildwacht mein Hund – ein Biwak im Freien genau das, was mir Spaß gemacht hätte. Ergo schlenderte ich ganz gemächlich fürbaß (Ponto hatte sich meiner Flinte angenommen), bis mich zu guter Letzt – gerade als ich zu überlegen begonnen hatte, ob die zahlreichen kleinen Schneisen, die nach hüben und drüben abzweigten, möglicherweise überhaupt Pfädlein darstellen sollten? – einer der meistversprechenden von ihnen zu etwas hinführte, was fraglos ein Wagengeleis war. Ein Irrtum war ausgeschlossen. Die Spuren leichter Räder waren unverkennbar; und obgleich die Großsträucher und das hochaufgeschossene Unterholz sich buchstäblich oben trafen, so hätte unten doch selbst ein Frachtwagen aus den Bergen Virginias – meines Erachtens so ziemlich das anspruchvollste Vehikel seiner Gattung – keinerlei Fahrthindernis angetroffen. Dennoch wies dieser Weg hier – abgesehen davon, daß er offen durch den Wald hinlief, vorausgesetzt, daß ›Wald‹ nicht eine allzugewichtige Bezeichnung für eine solche Vereinigung leichter Baumarten ist – und abgesehen von dem besonderen Kennzeichen der Räderspuren – nicht die geringste Ähnlichkeit mit Wegen auf, wie ich sie sonst vordem gesehen hatte. Die erwähnten Wagengeleise waren nur schwach zu erkennen, da sie sich abgedrückt hatten auf der festen, jedoch angenehm feuchten Oberfläche von – ja, es sah mehr wie grüner genueser Samt aus als sonst irgend etwas anderes. Es war selbstredend Gras – aber Gras, wie man es außerhalb Englands selten zu sehen bekommt – so kurzgeschoren, so dicht, so eben und von so lebendiger Farbe. Nicht das allerkleinste Hindernis lag in der Wagenfurche – nicht einmal ein Spänchen oder ein dürres Zweiglein. Die Steine, die einst den Weg beschwerlich gemacht hatten, waren an die Seiten des Heckenweges achtsam *gelegt* – nicht etwa geworfen! – worden; so daß sie auf eine halb korrekte, halb nachlässige, immer aber malerische Weise den Boden entlang eine seitliche Begrenzung andeuteten. Große Buschen wilder Blumen sprossen verschwenderisch überall in den Zwischenräumen.

Was ich aus alledem machen sollte, wußte ich natürlich mitnichten. Hier war zweifellos *Kunst* am Werk – *das* überraschte mich nicht (ist doch schließlich jeder Weg, im strengen Wortsinne, ein ›Werk der Kunst‹) – auch möchte ich nicht einmal sagen, daß der hier sichtbar gewordene *Überschuß* an Kunst das so erstaunliche gewesen wäre; denn alles, was geleistet zu sein schien, hätte sich *hier* mit sehr wenig Arbeitsaufwand und Kosten leisten lassen, bei so vielen ›natürlichen Möglichkeiten‹ (wie die Bücher über Landschaftsgärtnerei es gern ausdrücken). Nein; es war nicht die Quantität an Kunst, sondern ihre *Qualität*, die mich dazu vermochte, Platz auf einem der umblühten Steine zu nehmen, um mein benommenes staunendes Auge wohl eine halbe Stunde oder noch länger diese feenhafte Allee auf- und abschweifen zu lassen. Eines wurde mir, je länger ich schaute, desto mehr und mehr gewiß; ein Künstler, und zwar einer mit dem geschultesten Blick für Formen, hatte all diese Anordnungen überwacht. Die größte Sorgfalt war darauf verwendet worden, die angemessene Mitte einzuhalten zwischen dem Netten und Anmutigen auf der einen, und dem *pittoresco*, in der eigentlichen Bedeutung des italienischen Ausdrucks, auf der anderen Seite. Nur wenige gerade und dann nie für lange ununterbrochene Linienzüge waren auszumachen. Ein und derselbe Effekt von Kurvenführung und Farbe erschien im allgemeinen zweimal von jeglichem Standpunkt aus, aber keinesfalls öfter. Überall herrschte Mannigfaltigkeit in Gleichförmigkeit. Es war ein Stück ›Komposition‹, an dem auch der schwerst zu befriedigende kritische Geschmack kaum eine Verbesserung vorzuschlagen gewußt haben dürfte.

Ich war nach rechts eingebogen, als ich diesen Weg betrat; und schritt nun, da ich mich erhoben hatte, in der gleichen Richtung fürder. Die Schlangenwindungen des Pfades waren von einer Art, daß ich seinen Verlauf zu keiner Zeit auf mehr als zwei oder drei Schritt im voraus hätte angeben können. Was seinen sonstigen Charakter anbetrifft, erfuhr er keine nennenswerte Veränderung.

Es dauerte nicht lange, als das sänftliche Gemurmel von Wasser an mein Ohr drang – und wenige Augenblicke später, da der Weg und ich mit ihm eine etwas engere Kurve als bisher beschrieben, wurde ich gewahr, daß unmittelbar vor mir ein sanfter Hang begann, an dessen Fuß irgendein Gebäude lag. Deutlich erkennen konnte ich nichts, des Nebels wegen, der den ganzen kleinen Talgrund unten einnahm. Eben jedoch, da die Sonne sich zum Untergehen anschickte, erhob sich ein leises Lüftchen; und während ich am erhöhten Rande der Einsenkung stehen blieb, zerging der Nebel nach und nach in luftige Girlanden und schwebte über die Szene dahin.

Als sie, genauso *nach und nach*, wie ich sie beschreibe, voll zum Vorschein kam – Stück um Stück: hier ein Baum; dort ein Wasserschimmer, und da wiederum die Spitze eines Rauchfangs –, konnte ich kaum umhin, mir einzubilden, das Ganze sei nur eines jener Werke geistreicher Illusionisten, wie sie wohl zuweilen unter dem Namen ›Vergehender Bilder‹ vorgeführt werden.

Zu dem Zeitpunkt allerdings, da die Dünste sich endgültig gehoben hatten, war die Sonne ihres Wegs hinter die sanften Hügelkuppen gegangen; von dort her jedoch, gleichsam mit einem leichten *chassez* nach Süden, noch einmal voll in Sicht gekommen: funkelnd fiel ihr purpurner Überschimmer durch einen Spalt, der sich von Westen her in den Talgrund auftat. Gleichermaßen plötzlich – wie von zauberischer Hand berührt – wurde das gesamte Tal mit allem, was sich darin befand, aufs erhabenste sichtbar.

Dieser erste *coup d'œil*, da die Sonne in die geschilderte Position glitt, beeindruckte mich stärkstens auf dieselbe Art, wie ich als Junge etwa vom Schlußbild eines geschickt inszenierten Theaterstücks oder Melodrams beeindruckt worden bin. Ja selbst die monströse Farbigkeit mangelte mitnichten; denn das Sonnenlicht drang aus der Spalte in lauter Orange- und Purpurtönen hervor; während das intensive Grün des Grases im Tale mehr oder minder auf alle Gegenstände zurückgestrahlt wurde von der Decke aus Dämpfen, die mir noch immer zu Häupten hing, wie wenn sie unwillig zögerte, von einem so bezaubernd schönen Fleckchen endgültig Abschied zu nehmen.

Das intime Tälchen, in das ich, unterm Dunstbaldachin, dergestalt hinabspähte, konnte schwerlich mehr als 400 Meter lang sein; während seine Breite zwischen 50 und 150 oder allenfalls 200 schwankte. Am allerengsten war es an seinem nördlichen Ende und wurde desto breiter, je mehr es sich nach Süden zu auftat, was jedoch nicht etwa sehr präzis und regelmäßig erfolgte. Die weiteste Stelle fand sich rund 80 Meter vom äußersten Südende.

Die Abhänge, die den Talgrund einschlossen, konnten schwerlich als Hügel bezeichnet werden, es sei denn allenfalls an der Nordfront. Dort erhob sich ein abschüssiger Klippenrand von Granit zu einer Höhe von einigen 90 Fuß; und das Tal selbst war, wie ich bereits erwähnt habe, an dieser Stelle nicht mehr als 50 Fuß breit; in dem Maße jedoch, wie der Beschauer von dieser Klippenleiste aus den Blick nach Süden wandern ließ, fand er zur rechten wie zur linken Hand die Hänge gleichzeitig weniger hoch, weniger steil und weniger felsig werden. Mit einem Wort: nach Süden hin wurde alles flacher und sanfter; und dennoch war das ganze Tälchen von mehr oder minder hohen Erhebungen umfangen, ausgenommen an zwei Punkten. Den einen derselben habe ich bereits erwähnt. Er lag merklich über Westen hinaus und auf Norden zu; und zwar genau dort, wo, wie ich vorhin schon beschrieben habe, der sinkende Sonnenstrahl durch eine natürliche, fein säuberlich in den Granitdamm eingeschnittene Kluft in das Amphitheater seinen Weg fand. Besagter Ritz mochte, soweit es sich mit dem Auge verfolgen ließ, an seiner weitesten Stelle 10 Meter breit klaffen. Er schien aufwärts zu führen, einem natürlichen Dammweg gleich, immer höher, hinein in die Abgeschiedenheit unerforschter Bergigkeiten und Forsten. Die zweite der Öffnungen lag direkt am südlichen Ende des Tales. Hier waren die Hänge im allgemeinen nur noch ganz sanfte Bodenschwellungen, die sich, von Ost nach West, an die 150 Meter erstreckten. Inmitten dieser Ausdehnung befand sich eine kleine Vertiefung, bis in gleiches Niveau mit der normalen Talsohle. Auch was den Pflanzenwuchs anbelangt, wurde nach Süden hin alles in jeglicher Beziehung *niedriger und sanfter.* Im Norden – auf dem Steilgeklippe – ein paar Schritte nur von seinem Rand – waren in prachtvoller Bildung die Stämme zahlreicher Hickories, schwarzer Walnuß- und Kastanienbäume aufgeschossen, stellenweise untermischt mit Eichen; und besonders die von den Nußbäumen hervorgetriebenen starken Queräste ragten weit über den Klippenrand heraus. Weiter nach Süden hin schweifend, traf der Blick des Entdeckers zunächst auf dieselben Baumarten; aber stets minder stattlich und von weniger Salvatorischem Charakter; schon erschien die sanftre Ulme, gefolgt von Sassafras und Akazie – darauf die noch lieblichere Linde, sowie Judasbaum, Katalpa und Ahorn – und diese wiederum gefolgt von noch anmutigeren und bescheideneren Arten. Die gesamte vordere Front der südlichen Abdachung war nur noch mit Wildsträuchern allein bedeckt – gelegentlich die eine und andere Silberweide oder Weißpappel ausgenommen. Im eigentlichen Talgrund selbst (denn man muß immer vor Augen behalten, daß ich bis jetzt nur die Vegetation beschrieben habe, die sich auf den Klippen oder an den Hügelhängen befand) waren drei einzeln stehende Bäume zu erblicken. Der erste eine Ulme von stattlicher Größe und erlesenen Formen: sie hielt Wacht am Südtor des Tales. Der andere war ein Hickory, beträchtlich größer als die Ulme, und überhaupt im ganzen ein weit eleganterer Baum (obschon sie beide außerordentlich schön waren): er schien die Obhut über den Nordwesteingang übernommen zu haben, wo er, buchstäblich im Engmaul der Schlucht, mitten aus einer Gruppe von Felsblöcken aufgeschossen war und seinen grazievollen Leib in einem Winkel von nahezu 45° weit in den Sonnenschein des Amphitheaters hinaus getrieben hatte. Ungefähr 30 Meter ostwärts von ihm jedoch stand der eigentliche Stolz des Tales, ohne jede Frage der allerprachtvollste Baum, den ich mir jemals erschaut habe (ausgenommen allenfalls die eine oder andre unter den Zypressen des Itchiatuckanee). Es war ein dreistämmiger Tulpenbaum – das *Liriodendron tulipiferum* – zu der natürlichen Ordnung der Magnolien gehörig. Die drei Schäfte gingen ungefähr 3 Fuß über dem Boden von dem gemeinsamen Mutterstock ab, trennten sich jedoch nur ganz leicht und allmählich und waren an der Stelle, wo der dickste Stamm das erste Laubwerk ansetzte, noch nicht mehr als 4 Fuß auseinander, was in einer Erhebung von rund 80 Fuß geschah. (Die Gesamthöhe dieses stärksten Schaftes betrug 120 Fuß.) Nun kann ja nichts an Formenschönheit oder lebhaft grünem Glanz die Blätter des Tulpenbaums übertreffen. Im vorliegenden Falle waren sie volle 20 Zentimeter breit; aber selbst ihre Herrlichkeit wurde nahezu gänzlich verdunkelt von der grandiosen Pracht der Blütenüberfülle. Man stelle sich, auf engstem Raum versammelt, eine Million der größten und strahlendsten Tulpen vor! Nur so kann der Leser eine annähernde Idee von dem Bilde bekommen, das ich ihm vermitteln möchte. Und dann die stolze Anmut der reinlichen, delikat aufgerauhten, säulengleichen Schäfte, von denen der dickste, 20 Fuß vom Boden, volle 4 Fuß Durchmesser hatte. Die unzähligen Blüten, untermischt mit denen anderer, kaum weniger schöner, aber unendlich weniger majestätischer Bäume, füllten den Talgrund mit mehr als Wohlgerüchen Arabiens.

Der allgemeine Boden des Amphitheaters bestand aus *Gras,* vom gleichen Habitus, wie ich ihn bereits auf dem Wege angetroffen hatte: wenn möglich aber von noch köstlicherer Weichheit, Dichte, Samtigkeit und wundersamer Grüne. Es war schwer zu begreifen, wie eine solche Summe an Schönheit sich hatte erzielen lassen.

Ich habe der zwei Öffnungen in den Talgrund hinein Erwähnung getan. Aus der einen im Nordwesten ergoß sich ein Bächlein und kam unter sanftem Murmeln und leichtem Geschäum die enge Schlucht herab, bis es gegen die Gruppe von Felsblöcken anprallte, aus denen der isolierte Hickory entsprang. Hier, nachdem es einen Kreis um den Baum beschrieben hatte, floß es in östlicher Richtung (d. h. ein bißchen nach Nord) fürder, wobei es den Tulpenbaum einige 20 Fuß südlich liegenließ, und änderte seinen Lauf dann nicht mehr nennenswert, bis es halbwegs in der Mitte zwischen der östlichen und der westlichen Begrenzung des Tales angekommen war. An diesem Punkt angelangt, bog es, nach einer Anzahl Kehren, in rechtem Winkel ab und verfolgte ab hier die allgemeine Richtung nach Süden – immerfort mäandrischen Laufs –, bis es sich in einem kleinen, unregelmäßig gestalteten See verlor (annähernd ein rohes Oval), der schimmernd in Nähe des unteren Talausgangs lag. Dies Seelein mochte, an seiner breitesten Stelle, vielleicht 100 Meter im Durchmesser haben. Kein Kristall konnte klarer sein als dies Gewässer. Der Boden, deutlich zu erkennen, bestand durchweg aus Rundkieseln von strahlendem Weiß. Die Ufer aus dem sattsam beschriebenen Smaragdgras *rundeten* sich mehr als daß sie sich flach abböschten in den klaren Himmel unterwärts hinein, und *so* klar war dieser Himmel, mit derartiger Perfektion spiegelte er zuweilen alle Gegenstände über sich ab, daß es wahrlich keine geringe Schwierigkeit machte zu entscheiden, wo das echte Ufer endete und das kopierte begann. Die Forellen und einige andere Arten von Fischen, mit denen der Weiher schier ungebührlich übervölkert schien, boten tatsächlich ganz die Illusion von Fliegenden Fischen. Es war nahezu unmöglich zu glauben, sie seien nicht absolut hingehängt in Luft. Ein leichtes Birkenkanu, das ruhig auf dem Wasser lag, wurde auch seiner feinsten Maserung nach mit einer Treue abgebildet, die selbst der sorgsamst polierte Spiegel nicht hätte übertreffen können. Ein kleines Eiland, förmlich lachend in seiner vollprangenden Beblümtheit, das kaum mehr Raum bot, als eben für ein malerisches Kleinstbauwerk hinreichte (anscheinend ein Entenhäuschen), erhob sich aus dem See, unweit des Nordufers, mit dem es vermittelst einer unwahrscheinlich leicht wirkenden und dennoch ganz primitiven Brücke verbunden war. Sie bestand aus einer einzigen, breiten und dicken Planke aus Tulpenholz, die etwa 40 Fuß lang war und den Raum zwischen Ufer und Ufer in einem ganz leichten, aber gut wahrnehmbaren Bogen überspannte, der jegliches Schwanken verhinderte. Aus dem südlichen Ende des Sees dann ging die Fortsetzung des Bächleins hervor; das, nach schätzungsweise weiteren 30 Metern Schlängelung, endgültig die (auch bereits geschilderte) ›Depression‹ inmitten der südlichen Senke passierte, dort über eine jähe Steilwand von 100 Fuß hinunterstürzte und schließlich unbeachtet seinen krausen Weg in Richtung Hudson einschlug.

Der See war tief – an einigen Stellen 30 Fuß –, während das Bächlein selten 3 Fuß überschritt und die größte Breite annähernd 8 Fuß betragen mochte. Sein Bett und Ufer waren denen des Teiches gleich – wenn man ihnen schon, vom rein Malerischen aus, unbedingt einen kleinen Makel hätte nachsagen können, dann wäre das vielleicht die übertriebene *Reinlichkeit* gewesen.

Die Weite des grünen Rasens war hie und da enteintönigt durch einen gelegentlichen auffälligen Strauch, etwa eine Hortensie, oder den gemeinen Schneeball, oder auch den aromatischen Kautschuk; noch häufiger aber durch große Buschen von Geranien, die in zahlreichen Varietäten verschwenderisch blühten. Diese Letzteren übrigens in Kübeln, die man sorgfältig in den Boden eingegraben hatte, um den Pflanzen gänzlich das Aussehen des Einheimischen zu geben. Zusätzlich zu alledem war der grasige Teppich noch aufs erlesenste mit Schafen getüpfelt, von denen sich eine ansehnliche Herde im Tale erging, in Gesellschaft von drei zahmen Schmaltieren und einer beträchtlichen Anzahl prachtvoll gefiederter Enten. Ein mächtiger Bullenbeißer schien jedes dieser Tiere unter seine wachsame Obhut genommen zu haben.

Entlängst der östlichen und westlichen Klippenränder – dort, wo im oberen Abschnitt des Amphitheaters seine Begrenzung mehr oder minder abschüssig war – wucherte Efeu in großer Fülle; so daß man nur noch vereinzelt, hier und dort, ein Stück nackten Fels zu Gesicht bekam. Gleichermaßen war auch die nördliche Steilwand selbst fast gänzlich mit dem üppigsten Weinlaub bekleidet, von dem einige starke Stöcke dem Erdreich am Fuß der Klippe entsprossen und andere den Leisten und Vorsprüngen an ihrer Front.

Die leichte Bodenschwellung, die die untere Begrenzung dieses kleinen Reiches bildete, war von einem adretten Steinmäuerchen gekrönt; hinreichend hoch, um ein Entkommen des Rehwildes zu verhindern. Nirgend sonstwo war etwas wie ein Zaun zu erblicken; denn nirgendwo sonst wäre eine künstliche Einfriedung erforderlich gewesen: Jedwedem verlaufenen Lamm zum Beispiel, dem es hätte einfallen wollen, einen Ausweg aus dem Tale über die Engschlucht zu versuchen, wäre bei solchem Unterfangen ja schon nach einigen wenigen Metern durch die steile Felsleiste Einhalt geboten worden, über die jene Kaskade herniederschäumte, die zuallererst meine Aufmerksamkeit erregt hatte, als ich mich dem Anwesen hier näherte. Mit einem Wort: der einzige Ein- beziehungsweise Ausgang erfolgte durch einen, vermittelst eines Gatters gesperrten, felsigen Engpaß, den der Privatweg ein paar Schritte unterhalb der Stelle bildete, wo ich jetzt innehielt, um die Szene zu recognoscieren.

Ich habe von dem Bach bereits gesagt, daß er, und zwar in seinem gesamten Lauf, aufs unregelmäßigste einhermäandert kam; obwohl seine zwei *großen* Richtungen, wie ebenfalls schon erwähnt, zuerst die von West nach Ost und dann die von Nord nach Süd waren. An eben jenem Wendepunkt beschrieb das Wässerchen eine nahezu vollkreisförmige Schleife nach rückwärts, so daß sich eine Halbinsel bildete, die *um ein Haar* ein Eiland gewesen wäre, und an Fläche rund den 16. Teil eines Acres umschließen mochte. Auf dieser Halbinsel nun stand ein Wohnhaus – und wenn ich jetzt sage, daß besagtes Wohnhaus, gleich der infernalischen Terrasse die Vathek erblickt, *»était d'une architecture inconnue dans les annales de la terre«*, dann meine ich damit lediglich, daß sein *tout ensemble* mich schlagartig mit einem Gefühl von etwas Füllig-Neuartigem, vereint mit Genau-Passendem überfiel – mit einem Wort: der *Poesie* (denn ich hätte schließlich, mit dem eben benützten Wortmaterial, in abstracto schwerlich eine präzisere Definition des Poetischen geben können), und ich möchte damit *keinesfalls* gesagt haben, daß in irgendeiner Hinsicht das bloße *outré* offenkundig geworden wäre.

Im Gegenteil hätte platterdings nichts einfältiger, nichts anspruchsloser sein können als dieses Hüttlein. Sein dennoch wundersamer *effect* entstand einzig und allein infolge seiner hochkünstlerischen Anlage *als reines Bild*. Ich hätte mir, wie ich so darauf hinschaute, einbilden können, daß irgendein berühmter Landschaftsmaler es mit seinem Pinsel erbaut habe.

Der Aussichtspunkt, von welchem ich das Tal zum ersten Mal erblickte, war nicht *unbedingt* (obschon doch ziemlich genau) die günstigste Position, hätte man das Haus prüfend betrachten sollen. Ich will es deshalb so beschreiben, wie ich es später sah – von einer Stelle auf dem Steinmäuerchen, am Südende des Amphitheaters aus.

Das Hauptgebäude war an die 24 Fuß lang und 16 breit – mehr bestimmt nicht. Seine Gesamthöhe, vom Boden bis zum Dachfirst hinauf, konnte 18 Fuß schwerlich übersteigen. An das Westende dieses Hauses war ein anderes, in allen Abmessungen um etwa ein Drittel kleineres angebaut: – seine Frontlinie stand um rund 2 Meter von der des Hauptgebäudes zurück; und der First verlief natürlich auch um ein Beträchtliches tiefer als der des anschließenden Daches. Im rechten Winkel zu diesen beiden, von der Hinterseite des Hauptgebäudes – nicht ganz genau von dessen Mitte –, ging ein dritter, sehr kleiner Anbau ab – schätzungsweise wieder um ein Drittel kleiner als der Westflügel. Die Dächer der beiden größeren waren sehr spitz – schwangen sich in einer flach-langen Hohlkurve vom Firstbalken abwärts, und weiter noch, um mindestens 4 Fuß über die Vorderfronten hinaus, so daß sie gleichzeitig die Überdachung zweier Veranden bildeten. Diese letzteren vorgezogenen Dächer hätten selbstredend noch keine besondere Stützung gebraucht; da sie jedoch so *wirkten,* wie wenn sie einer bedürften, hatte man, aber lediglich unter die Außenecken, leichte, ganz schlichte Balkenpfeiler gestellt. (Die Überdachung des Nordanbaus bestand einfach aus der Weiterführung eines Teils des Hauptdaches.) Wo Hauptgebäude und Westflügel aneinanderstießen, erhob sich ein sehr hoher und relativ schlanker viereckiger Schornstein aus hartgebrannten holländischen Klinkern, abwechselnd schwarzen und roten: – an der Spitze abgesetzt durch ein leicht überstehendes Kranzgesims aus Ziegeln. Auch über die Giebelfronten stand das Dach ganz erheblich vor: am Hauptgebäude nach Osten hin um 4, nach West um 2 Fuß. Die Haupteingangstür lag nicht genau symmetrisch im Hauptgebäude, vielmehr ein wenig nach Ost gerückt, während sich die zwei Fenster westlich daneben befanden. Diese letzteren gingen zwar nicht bis ganz zum Boden hinunter, waren aber doch weit länger und schmaler als gewöhnlich – mit Läden aus nur je einem Flügel, wie Türen –, die Butzenscheiben waren aus Rhomben, aber aus ungewöhnlich großen, zusammengesetzt. Die Haustür selbst bestand in ihrer oberen Hälfte ebenfalls aus solchem Rautenglas, das nachts mit einem abnehmbaren Laden gesichert werden konnte. Die Eingangstür zum Westflügel befand sich in dessen Giebel und war ganz einfach – ein einziges Fenster schaute nach Süden aus. Zum Nordanbau gab es keinen Extraeingang von außen; und auch er hatte nur ein Fenster nach Osten hin.

Die glatte Wand des Ostgiebels wurde angenehm unterbrochen durch eine leichte Stiege (mit Geländer) die diagonal darüberhin verlief – ihr Fußende war im Süden. Unter dem Schutz des weit überstehenden Daches bildeten ihre Stufen den Zugang zu einer Tür in die Mansarde korrekter wohl nur Boden; denn er erhielt Licht lediglich durch ein einfaches, nach Norden zu gelegenes Fensterchen, und schien als Speicher- beziehungsweise Abstellraum zu dienen.

Die Veranden vor Hauptgebäude und Westflügel wiesen nicht den üblichen Dielenfußboden auf, sondern hatten vor den Türen und jeglichem der Fenster große, flache, unregelmäßige Granitplatten, die in den köstlichen Rasen eingebettet lagen und einen bei jeder Witterung bequem Fuß zu fassen befähigten. Vorzügliche Pfade derselben Konstruktion – die Steine nicht fugenlos aneinandergepaßt; sondern überall mit Zwischenräumen, ausgefüllt durch die samtigen Soden – führten von Hause hierhin und dorthin: zu einem zirka 5 Schritt entfernten, kristallklaren Quell; zur Straße her; oder zu ein oder zwei Schuppen, die überm Bach nach Norden hin lagen, durch einige Robinien und Katalpas sorgfältig dem Blick verborgen.

Nicht mehr als 6 Schritt von der Haupttür des Landhäuschens stand der abgestorbene Stammstrunk eines fantastischen Birnbaumes, von Kopf bis Fuß derart in prunkende Bignonia-Blüten vermummt, daß es keines geringen Scharfsinns bedurfte, festzustellen, um was für eine Art süßen Geheimnisses es sich handeln könnte. An mehreren Armen dieses Baumes hingen Käfige von verschiedenen Arten. In dem einen, einem mächtigen Zylinder aus Rutengeflecht mit einem Ring an der Spitze, ließ sich's eine Spottdrossel geräuschvoll wohl sein; im nächsten ein Feuervogel; in einem dritten der unverschämte Bobolink – während drei oder vier weitere, delikate Kerkerlein laut von Kanarienvögeln schallten.

Die Pfeiler der Veranden waren umrankt mit Jasmin und Geißblatt; während in dem Winkel, den der Hauptbau vorn mit dem Westflügel bildete, ein Weinstock von beispielloser Üppigkeit aufgeschossen war. Allen Behinderungen zum Tort, war er erst auf das niedrige Dach geklettert – von dort auf das höhere, dann war er längs des Firstes dieses letzteren unaufhaltsam weitergekrochen, dabei immerfort Armranken nach rechts und links aussendend; bis er zu guter Letzt endlich den Ostgiebel erreichte und sich dort, über die Stiege fallend, nach unten schlängelte.

Das ganze Haus mitsamt seinen Anbauten war aus den altmodischen Holländischen Wandschindeln aufgeführt – den breiten, mit unrunden Ecken. Es ist eine Eigentümlichkeit dieses Materials, daß daraus gebaute Häuser den Eindruck machen, sie seien unten breiter als oben – etwa in der Art der Ägyptischen Architektur; und im vorliegenden Falle wurde dieser äußerst malerische Effekt noch durch eine große Zahl von Blumen in Töpfen unterstrichen, die das Fundament der Gebäude nahezu lückenlos umgaben.

Besagte Schindeln waren mattgrau getüncht; und wie glücklich solch neutraler Farbton sich mit dem lebhaften Grün der Tulpenbaumblätter vermischte, die das Häuschen teilweis' überschatteten, wird jeder Künstler sich unschwer vorstellen können.

Von dem schon erwähnten Standpunkt, nahe des Steinmäuerchens, stellten sich die Baulichkeiten am vorteilhaftesten dar – da dann die Südostecke auf den Beschauer zugerichtet war –, so daß der Blick mit einem Male beide Vorderfronten erfaßte; dazu den malerischen Ostgiebel, *und* zu gleicher Zeit noch einen hinreichenden Eindruck vom Nordanbau erhielt, samt Teilen vom hübschen Dächlein des Brunnenhäuschens, und nahezu die Hälfte einer leichtgezimmerten Brücke, die den Bach in nächster Nähe der Hauptgebäude überspannte.

Ich verweilte nicht übermäßig lang auf meinem Hügelrand; obschon lange genug, um einen gründlichen Überblick über die Szenerie zu meinen Füßen zu gewinnen. Es war klar, daß ich von der Straße zu jenem Dorf abgekommen und ergo beste Wanderburschen-Entschuldigung hatte, das Gatter vor mir zu öffnen, und mich zumindest nach dem rechten Wege zu erkundigen – sonach schritt ich, ohne weiter groß Wesens zu machen, voran.

Jenseits des Gatters schien der Weg auf einem natürlichen Felsband zu verlaufen, das sich nach und nach an der nordöstlichen Klippenfront herniedersenkte. Er führte mich bis an den Fuß des nördlichen Steilhanges; und von da weiter, über das Brückchen, um den Ostgiebel herum, bis zur Vordertür. Während ich so fürder ging, bemerkte ich mir sehr wohl, daß man von den Schuppen schlechterdings nichts zu sehen bekam.

Als ich um die Ecke der Giebelwand bog, sprang schon der Bullenbeißer streng und wortlos auf mich ein, aber mit dem Blick und dem ganzen Gebaren eines Tigers. Ich streckte ihm dennoch, zum Zeichen der Freundschaft, meine Hand hin – und bin eigentlich noch nie dem Hunde begegnet, der gegen einen solchen Appell an seine Courtoisie unempfindlich gewesen wäre. Der hier machte nicht nur den Mund zu und wedelte mit dem Schweif; sondern gab mir buchstäblich die Pfote – und erstreckte anschließend seine Höflichkeiten sogar noch auf Ponto.

Da nirgends eine Klingel zu entdecken war, pochte ich mit meinem Stock gegen die Tür, die halb offenstand. Sogleich trat eine Gestalt auf die Schwelle – die einer jungen, etwa 28jährigen Frau – schlank, oder vielmehr schmächtig, und etwas über Mittelgröße. Als sie sich näherte, mit einer gewissen züchtigen Entschiedenheit im Schritt, die schier unbeschreiblich ist, sagte ich zu mir selber: »Wahrlich, hier bin ich endlich der vollendeten natürlichen – zum Unterschied zur künstlich erworbenen – *Anmut* begegnet.« Der zweite Eindruck, den sie auf micht machte, jedoch der weit lebhaftere von beiden, war der von etwas *Schwärmerischem.* Ein derart konzentrierter Ausdruck von *Romantik,* wie ich es vielleicht nennen sollte, oder auch von Unirdischheit, wie er aus ihren tiefliegenden Augen schimmerte, hatte sich mir noch nie zuvor ins innerste Herz gesenkt. Wie es zugeht, weiß ich nicht; aber gerade dieser eigenartige Ausdruck eines Auges und wie er sich gelegentlich zu den Lippen weiter fortpflanzt, ist für mich der mächtigste, wenn nicht gar der *einzige* Zauber, durch den eine Frau mein Interesse fesseln kann. ›*Romantik*‹ – vorausgesetzt, meine Leser verstehen voll und ganz, was ich unter diesem Wort alles in sich begriffen wissen möchte –, ›Romantik‹ und ›Weiblichkeit‹ scheinen mir vertauschbare Begriffe: ist doch in allerletzter Instanz das, was der Mann an der Frau wahrhaft liebt, eben ganz schlicht ihre *Fraulichkeit*. Die Augen Annies – (ich hörte, wie sie jemand, von drinnen her, »Annie, Liebste!« rief) – waren ›spirituell grau‹, ihr Haar von einem leichten Kastanienton: das ist alles, was ich von ihr wahrzunehmen Zeit hatte.

Auf ihre überaus höfliche Aufforderung hin trat ich ein – erst durch einen hinreichend geräumigen Flur. Da ich hauptsächlich gekommen war, um zu *beobachten*, registrierte ich, daß sich, rechts von mir, als ich hineinkam, noch ein Fenster befand, denen an der Hausfront gleich; zur Linken eine Tür, die in den Hauptwohnraum führte; während mir gerade gegenüber eine *offenstehende* Tür mich in den Stand setzte, ein kleineres Appartement zu erkennen, genauso groß wie der Vorraum hier, als Studio eingerichtet, und mit einem großen *gerundeten* Erkerfenster, das nach Norden hin wies.

Ins Wohnzimmer tretend, fand ich mich *Mr. Landor* gegenüber – dies war, wie ich späterhin erfuhr, sein Name. Er war höflich, ja herzlich in seinem Benehmen; aber mir lag im Augenblick weit mehr daran, Einsicht in den Habitus eines Gebäudes, das mich so sehr interessierte, zu gewinnen, als mich mit der äußeren Erscheinung seines Besitzers zu befassen.

Der Nordanbau war, wie ich jetzt sah, der Schlafraum: seine Tür öffnete sich ins Wohnzimmer. Links dieser Tür war noch ein einzelnes Fenster mit der Aussicht auf den Bach. An der westlichen Innenwand des Wohnzimmers befand sich ein Kamin und daneben eine Tür, die in den Westflügel führte – vermutlich die Küche.

Nichts kann von konsequenterer Schlichtheit sein, als die Möblierung dieses Wohnzimmers war. Den Fußboden bedeckte ein erlesener Ingrain-Teppich – weißer Wollgrund, durchwebt mit kleinen grünen Kreisgestaltchen. Vor den Fenstern hingen schneeweiße Gardinen aus Jaconet-Musselin: sie wirkten schicklich füllig und hingen energisch (vielleicht ein bißchen sehr förmlich) in scharfe, parallel-breite Falten gelegt, bis auf den Fußboden herunter – *genau* bis auf den Fußboden. Die Wände waren mit einer sehr delikaten französischen Tapete bezogen – silbriger Grund, in labyrinthischem Zickzack überlaufen von einem schwach-grünlichen Linienband. Ihre Weitungen wurden durch nichts aufgelockert als durch drei von Juliens exquisiten Lithographien *à trois crayons*, die ungerahmt an der Wand befestigt waren. Die erste dieser farbigen Grafiken stellte eine üppige, fast wollüstige Szene aus dem Orient dar; die andere eine, unvergleichlich geistreiche, ›Karnevals-Studie‹; die dritte war ein griechischer Frauenkopf – ein derart divin-schönes Gesicht, das dennoch im Ausdruck so provozierend unbeteiligt erschien, war mir bisher noch nie vorgekommen.

Das substantiellere Meublement bestand aus einem runden Tisch, einigen wenigen Stühlen (inklusive eines großmächtigen Schaukelstuhls) und einem Sofa, oder richtiger einer Polsterbank: das Gerüst ein einfaches Ahorngestell, sahnig-weiß gestrichen, mit leichten grünen Schmitzern; der Sitz aus Rohrgeflecht. Stühle und Tisch ›paßten dazu‹; aber die Formen von allen waren einwandfrei von demselben Gehirn entworfen, das die Anlagen draußen geplant hatte: es ist unmöglich, sich etwas Anmutigeres auszusinnen.

Auf dem Tisch lagen ein paar Bücher, stand der große, kristallene Quader einer Flasche voll irgendeines neuen Parfüms, daneben eine schlichte *Astral*-(nicht Solar-)Lampe, mit mattgläsernem italienischem Schirm; und endlich noch eine mächtige Vase voll überschimmernder Blütenpracht. Ja, Blumen, von prunkenden Farben und feinstem Odeur, bildeten das einzige im Raum, was man als bloße *Dekoration* hätte bezeichnen können. Die Kaminhöhlung war nahezu gänzlich ausgefüllt mit einer Vase voll der brillantesten Geranien, auf dreieckigen Borden, in jeglicher Ecke des Raumes, stand je eine gleiche Vase, verschieden voneinander nur, was den lieblichen Inhalt betraf. Ein oder zwei kleinere *bouquets* schmückten den Kaminsims, und überall in den offenstehenden Fenstern sternhauften späte Violen.

Es ist nicht die Absicht dieser Arbeit, mehr zu geben als eine leidlich detaillierte Skizze von Mr. Landors Wohnsitz – *wie ich ihn fand.*

Literaturkritik

Das amerikanische Drama

Ein Biograph von Beryer nennt ihn *»l'homme qui, das ses description, demande le plus grande quantité possible d' antithèse«*, – aber jenes immer wiederkehrende Thema, der Niedergang des Dramas, scheint in letzter Zeit mehr des relevanten Stoffs in Anspruch genommen zu haben, als für ein Dutzend Premierminister nötig gewesen wäre – selbst, wenn diese Franzosen gewesen wären. Jedes Gedankenspiel und jedes Possenspiel mit Phrasen sind verwendet worden für den Zweck *»de nier ce qui est, e d'expliquer ce qui n'est pas.«*

Ce qui n'est pas: – denn das Drama ist nicht untergegangen. Fakten und Philosophie des ganzen scheinen folgende zu sein. Der große Widersacher des Fortschritts ist Konservatismus. Mit anderen Worten – der große Gegner der Erfindung ist Nachahmung: diese Behauptungen sind prinzipiell gleich. So, wie die Kunst nachahmend ist, so ist sie auch unbeweglich. Jene Künste, in denen am meisten nachgeahmt wird, sind auch am anfälligsten für Stillstand – und umgekehrt. Erfindungsgeist, unabdinglich von Notwendigkeit gefordert, ist bei jenen nützlichen, jenen Geschäftskünsten, immer vorhanden. Aber je weniger wir von Notwendigkeit sehen, desto weniger sehen wir vom Erfindungsgeist. Niemand hat sich je über den Rückgang in den Errungenschaften der Technik beschwert. Hier wird auf Vernunft, die sich nie zurückentwickelt oder stillsteht, verwiesen. Aber schauen wir auf die Kunst der Skulpturen. Wir sind sicherlich nicht *schlechter* als unsere Vorgänger, was auch immer von einigen gesagt wird (die Venus von Canova ist immer doppelt soviel wert wie die von Cleomenes), aber es ist sicherlich auch wahr, daß wir im allgemeinen keine großen Fortschritte gemacht haben, und die Skulpturenkunst, genau betrachtet, ist wahrscheinlich diejenige, in der *am meisten* nachgeahmt wird. Wenden wir uns nun zur Malerei, so können wir festhalten, daß die einzigen Fortschritte im Verhältnis von minderwertigen Kopien von Bildern zu denen von Skulpturen zu finden sind. Insofern es möglich ist, dies zu beurteilen, so sind unsere Verbesserungen recht gering gewesen, und wüßten wir mehr über altertümliche Künste, so wären wir vielleicht erstaunt herauszufinden, daß wir noch weniger Fortschritte gemacht haben, als bisher geglaubt. In der Architektur sind die Fortschritte auf die Aspekte beschränkt, in denen es eh keinen Raum für Nachahmung gibt, nämlich Verbesserungen der nützlichen, und nicht der gestalterischen Eigenschaften. Dort, wo Vernunft vorherrscht, wurden Fortschritte gemacht; wo Geschmack oder Gefühl uns leiteten, blieben wir im Stillstand.

In bezug auf Drama sind unsere Fortschritte nur in den Techniken, aber schon seit Jahrhunderten, oder vielleicht Jahrtausenden, nicht mehr im Geistigen zu finden. Der Grund für dies ist, daß das, was wir das Geistige des Dramas nennen, sein nachahmender Teil ist – genau der Teil, der das Drama als führende nachahmende Kunst hervorstehen läßt.

Skulptoren, Maler, Dramatiker sind alle, auf der Basis ihres Materials – ihres geistigen Materials – Nachahmer, Konservatoren – anfällig für Stillstand auf alten Gefühlen und antikem Geschmack. Aus diesem Grund – und nur aus diesem Grund – gibt es keine wesentlichen Fortschritte in den Künsten der Skulpturen, Malerei und Dramatik, und die wenigen Fortschritte, die es gibt, sind spärlich und umgekehrt proportional zu ihrer Nachahmung.

Aber das heißt noch lange nicht, daß diese im Niedergang begriffen sind. Alle *scheinen* niedergegangen zu sein, weil sie stillgestanden haben, wogegen andere Künste (der Vernunft) so schnell an ihnen vorbeigezogen sind, so, wie der Bahnfahrende sich vorstellen kann, daß die Bäume am Gleisrand zurückfallen. Die Bäume stehen natürlich still – aber das Drama hat nicht stillgestanden, auch wenn sein Fortschritt so gering gewesen ist, daß der allgemeine Eindruck des Niederganges nicht beeinflußt wurde.

Dieser anscheinende Rückgang ist allerdings praktisch ein totaler Rückgang. Ob das Drama nun im Niedergang ist oder einfach stillsteht, spielt keine Rolle für die öffentliche Unterstützung für das Drama. Es bleibt in beiden Fällen ohne Unterstützung, weil es diese nicht verdient.

Aber wenn diese Stagnation, oder dieser Verfall, auf gerade den innersten Eigenschaften des Dramas beruht, als eine der führenden nachahmenden Künste, wie kann ein Heilmittel angewandt werden – wo es doch auf der Hand zu liegen scheint, daß es unmöglich ist, die Eigenschaften der Kunst zu ändern, ohne die Kunst selbst zu ändern?

Wir haben bereits die Fortschritte der Architektur auf dem Gebiet der nützlichen Eigenschaften erwähnt, und im Drama in allen Bereichen seiner Technik. »Dort, wo Vernunft vorherrscht, wurden Fortschritte gemacht; wo Geschmack oder Gefühl uns leiteten, blieben wir im Stillstand.« Wir wollen nun die These aufstellen, daß die Verbindung von Vernunft und Gefühl und Geschmack es uns ermöglicht, und damit allein möglich macht, das moderne Drama zur Herstellung produktiver Ergebnisse zu bringen.

Was machen wir im Augenblick? Wir geben uns zufriedengestellt, wenn eine Dramatiker Gefühl und Geschmack so verwendet, *wie es andere Dramatiker getan haben*. Der erfolgreichste Dramatiker der Gegenwart war Sheridan Knowles, und eines seiner Stücke aufzuführen scheint ein großer Anreiz für unsere Bühnenschreiber zu sein. Der Autor des »Buckels« besitzt, was wir leichtfällig das wahre »dramatische Gefühl« taufen, und dieses Gefühl ist zum Ausdruck gekommen in der absurdesten Reihe von Nachahmungen Elisabethanischen Dramas, mit der die Menschheit je beleidigt wurde. Nicht nur hielt er sich an die alten Handlungen, Rollen, Bühnenkonventionen usw., er bestand sogar auf die veralteten Ausdrücke aus jener Zeit – und im Verhältnis zu seiner Starrsinnigkeit und Absurdität in jeder Hinsicht, taten wir so, als ob wir ihn mehr und mehr mochten, und hielten ihn für einen großen Dramatiker.

Wir taten so, denn alles war reine Vortäuschung. Nie war Begeisterung so falsch wie bei jenem »respektablen Publikum«, das seine Theaterstück begeistert verfolgte, begeistert, weil es zuerst ein allgemeines Verlangen gab, das Drama wiederzubeleben, und zweitens, weil wir von Anfang an glaubten, der Niedergang des Dramas sei nur eine Binsenweisheit und bedeutet nicht mehr als sein Abweichen von den Elisabethanischen Eigenschaften – und daß die Rückkehr dieser Eigenschaften nur die Wiederbelebung des Dramas sein konnte.

Aber wenn die Prinzipien, die wir versucht haben zu erklären, wahr sind – und wir glauben, daß dies der Fall ist –, wenn der Geist der Nachahmung die eigentliche Ursache der Stagnation des Dramas ist, und wenn dies der Fall ist aufgrund einer Tendenz in jeder Form der Nachahmung, Vernunft dem Gefühl und Geschmack zu unterwerfen, dann ist es offensichtlich, daß nur durch gezielte Beeinflussung des Geistes und der Tendenz des Geistes es möglich wird, das Drama erfolgreich wiederaufleben zu lassen.

Zunächst müssen wir die »alten Modelle« vergessen, genauso wie wir vergessen müssen, daß je ein Theaterstück geschrieben wurde. Danach muß von neuem überlegt werden, was die Fähigkeiten des Dramas sind, nicht was bisher die gewöhnlichen Zwecke waren. Zuletzt muß die Zusammensetzung des Dramas (mit all seinen Fähigkeiten) mit Gefühl und Geschmack erdacht und gestaltet werden, allerdings so, daß Gefühl und Geschmack durch alle Aspekte der Vernunft – einer natürlichen Kunst – geleitet und kontrolliert werden.

In der Zwischenzeit bleibt es offensichtlich, daß vieles auf dem Weg zu unserem Ziel durch diskriminierende Kritik an bereits Bestehendem erreicht werden kann. Dieser Bereich ist daher unbegrenzt, und für die Amerikaner ist das amerikanische Drama besonders von Interesse. Wir werden daher in einer Reihe von Referaten eine etwas gewollte Untersuchung von einigen bemerkenswerten amerikanischen Dramen vornehmen. Wir werden dies tun, ohne darauf zu verweisen, wann diese geschrieben oder inszeniert wurden. Wir werden offen über ihre Vorzüge und Nachteile sprechen, und wir sehen unseren Auftrag nicht als reine Kommentare zu dem jeweiligen Stück, sondern zum Drama im allgemeinen und dem amerikanischen Drama im besonderen, von welchem jedes Stück ein Bestandteil ist. Wir beginnen mit

TORTESA, THE USURER (TORTESA, DER WUCHERER)

Dies ist der dritte Versuch von Mr. Willis, ein Drama zu schreiben, und kann als besonders erfolgreich eingestuft werden, da es allgemein begrüßt worden ist. Dieser Erfolg, und der hervorragende Ruf des Autors, lassen umfangreichere Anmerkungen, als normalerweise angemessen wäre, zu.

Die Handlung verläuft folgendermaßen: Tortesa, ein Wucherer in Florenz, der eine Person guter und böser Gefühle ist, kommt in Besitz vom Palast und Land eines gewissen Graf Falcone. Er heiratet Falcones Tochter (Isabella), aber nicht aus Liebe, sondern, in seinen Worten,

»um dem Teufel, der ihm innewohnt, zu gefallen –«,

um den Stolz der Nobilitäten zu unterwerfen und Rache für ihre Verachtung zu haben. Er handelt daher mit Falcone (ein engstirniger Schurke) um die Hand Isabellas. Die Besitzurkunde für Falcones Eigentümer wird dem Grafen zurückgegeben für die Vereinbarung, daß die Dame den Wucherer heiratet. Dieser Vertrag wird ungültig, wenn Falcone seine Einstellung gegenüber der Hochzeit ändern sollte oder die Tochter Bedenken äußern sollte, aber gültig bleiben, wenn die Hochzeit durch Tortesa verhindert werden sollte, oder durch einen Unfall, der nicht durch Vater oder Tochter verursacht wurde. In der ersten Szene wird uns dieses Übereinkommen vorgestellt, und Zippa, Tochter eines Handschuhmachers, tritt auf und beschließt, ihre Liebe für Tortesa (für den sie durchaus etwas übrig hat) vorzutäuschen, um sich mit Isabella zu befreunden und so die Hochzeit zu verhindern.

In der zweiten Szene wird uns ein junger Maler (Angelo) vorgestellt, arm, aber mit großem Talent und Ambitionen, und sein Diener (Tomaso), ein alter, trunksüchtiger Bursche, der nicht viel von den Fähigkeiten seines Herrn hält. Tomaso beschädigt ein Bild, und Angelo ist im Begriff, ihn zu töten, als er durch den plötzlichen Besuch des Herzogs von Florenz, und Falcone, gestoppt wird. Der Herzog ist entsetzt über den Mordversuch, aber er bewundert die Bilder im Atelier. Angelo glaubt, daß die Erregung des Herzogs dessen Kundschaft verhindern könnte, und stellt Tomaso als sich selbst (Angelo) vor, indem er die Namen vertauscht. Dies ist ein wichtiger Punkt, weil dieser Schritt es dem eigentlichen Angelo ermöglicht, einen langgehegten Wunsch zu verwirklichen – ein Portrait Isabellas zu malen, deren Schönheit ihm durch Berichte nahegebracht worden ist. Der Herzog wünscht, daß das Bild gemalt werde. Falcone, aufgrund seines Versprechens an Tortesa, hätte gegen den Zugang des schönen Angelo zu seiner Tochter protestiert, aber Tomaso macht ihm nichts aus. Er glaubt, Tomaso sei Angelo und somit der Künstler, und schreibt daher einen Brief an Isabella, in der er verlangt, daß sie »den Maler Angelo empfängt«. Der wahre Angelo wird so empfangen. Er und die Dame verlieben sich sogleich (ganz wie Romeo und Julia), beide unwissend von des anderen Verbindung.

In der dritten Szene des zweiten Aktes findet eine Gespräch zwischen Falcone und Tortesa statt. In einem Brief vom Herzog, der von Isabellas vorgesehenem Schicksal erfahren hat, schlägt der Herzog vor, des Grafen Ländereien abzulösen und seine Tochter für einen gewissen Graf Julian zu bewahren. Aber Isabella – die, bevor sie Angelo kennengelernt hatte, bereit gewesen war, sich für ihren Vater zu opfern, und seitdem sie ihn kennt, gehofft hat, mittels eines von ihr und Zippa entworfenen Planes der Heirat zu entkommen – ist nun völlig verzweifelt. Um Zeit zu gewinnen, täuscht sie ihre Zuneigung für den Wucherer vor und weist den Antrag des Herzogs zurück. Die Stunde der Hochzeit rückt näher. Die Dame hat ein Schlafmittel vorbereitet, das sie tot erscheinen läßt (Romeo und Julia). Sie nimmt dieses ein, wissend, daß ihr vermuteter Leichnam einer alten Tradition nach in der

Kathedrale aufgebahrt wird, und hoffend, daß Angelo, dessen Liebe sie für sich gewonnen hat, aufgrund der Stärke seiner Zuneigung ihren »Leichnam« bewachen wird. Sie will (vermutlich) alles ihrem Liebhaber beichten, wenn sie wieder erwacht, und sich seinem Schutz hingeben, durch eine heimliche Heirat, mit ihr selbst totgeglaubt. Zippa, die Angelo *wirklich* liebt (ihre Liebe für Tortesa ist ein sehr zweideutiges Gefühl, denn die Tatsache, daß Mr. Willis sie beide zugleich lieben läßt, kann nicht beiseite geschoben werden), der hingegen seine Liebe für Isabella entdeckt hat – und die ebenfalls glaubt, daß Angelo die Leiche in der Kathedrale beobachten wird, entschließt sich, aus Eifersucht, dies zu verhindern und informiert Tortesa daher, daß Angelo vorhat, die Leiche *für künstlerische Zwecke* zu stehlen, als Modell in seinem Atelier. Der Wucherer postiert daher einen Wachmann am Kathedralentor. Dieser schafft es in der Tat, Angelo von der Leiche fernzuhalten, aber er kann es nicht verhindern, daß Isabella unbemerkt die Kirche verlassen kann, als sie aufwacht und Enttäuschung über die Abwesenheit ihres Liebhabers fühlt. Geschwächt durch ihren langen Schlaf wandert sie ziellos durch die Straßen und landet schließlich, völlig erschöpft, an der Tür ihres Vaters. Ihr bleibt nichts anderes übrig als anzuklopfen. Der Graf, der sich hier zugegebenermaßen als alter Fingerhutspieler gibt – der Ritter der »zornigen Ehefrau« –, bleibt dabei, daß sie tot ist, und macht die Tür vor ihrer Nase zu. Anders ausgedrückt, er glaubt, sie sei ihr eigener Geist, und so bleibt sie auf den Stufen zurück. Währenddessen ist Angelo nicht zu Hause, da er noch immer versucht, in die Kathedrale hineinzukommen, und sein Diener Tomaso nutzt den Augenblick und verschwindet gleichermaßen, um seiner Trunksucht nachzugehen, während er durch die Stadt zieht. Er findet Isabella und, aus Gründen, die nur Mr. Willis erklären kann, bringt sie zu Angelos Haus und legt sie *in Angelos Bett*. Der Künstler kommt zurück – Tomaso wird rausgeschmissen –, und wir vermuten, obwohl uns dies nicht gesagt wird, daß es zu einem klärenden Gespräch zwischen der Dame und ihrem Liebhaber kommt.

Am nächsten Morgen sind beide im Atelier, wo auf einer Staffelei das Portrait Isabellas unter einem Vorhang steht. Die Bühnenanweisungen heben hervor, daß »die schwarze Wand das Bild besonders hervortreten läßt«. Während Angelo die letzten Pinselstriche anbringt, kommt Tomaso mit dem Wächter zurück und beschuldigt Angelo, den Leichnam gestohlen zu haben – Isabella ist inzwischen hinter einem Vorhang versteckt. Der Wucherer besteht darauf, das Bild zu sehen, um festzustellen, ob neue Aspekte hinzugefügt worden sind, besonders im Hinblick auf Hals und Busen, die nur *post mortem* sehbar gewesen wären, da die lebende Isabella diese niemals enthüllt hätte. Aller Widerstand ist vergebens, und der Vorhang wird heruntergerissen, aber, sehr zu Angelos Verblüffung, anstelle des Bildes steht die Dame selbst bewegungslos da, die Hände ihre Brust bedeckend. Das *Tableau* scheint, so sollen wir glauben, Tortesa zu täuschen, der Abstand nimmt, um das vermeintliche Bild genau in Augenschein zu nehmen. In der Zwischenzeit haben die Wächter das Haus durchsucht und das Tuch, das über den vermeinten Leichnam gelegt wurde, gefunden, woraufhin der Künstler zum Herzog geschleppt wird. Hier wird er nicht nur der Leichenschänderei, sondern auch des Mordes an Isabella angeklagt und steht kurz davor, zum Tod verurteilt zu werden, als seine Liebhaberin selbst hervortritt und sich somit dem Wucherer hingibt, um das Leben ihres Geliebten zu retten. Aber nun tritt der noble Charakter Tortesas hervor, und angetan von Isabellas Verhalten und überzeugt, daß ihre Liebe für ihn selbst falsch war, gibt er sie für Angelo auf – obwohl er fühlt und bestätigt, daß sein misanthropisches Vorhaben, das bisher sein Verlangen nach Isabellas Hand gesteuert hat, durch leidenschaftliche Liebe ersetzt worden ist. Überdies überträgt er die Ländereien ihres Vaters Falcone an Isabella. Die Geliebten werden so glücklich. Der Wucherer heiratet Zippa, und der Vorhang fällt über des Herzogs Versprechen, beiden Hochzeiten beizuwohnen.

Diese Handlung, so wie sie hier wiedergegeben ist, hängt besser zusammen (Mr. Willis wird unsere Bescheidenheit sicherlich entschuldigen) und ist alles in allem besser zu verstehen als der Text des Dramas selbst. Wir haben uns bemüht, alles so positiv und einfach wie möglich darzulegen. Wir sind der Meinung, daß »Tortesa« (der viel an sich hat von den

Dramen von Cervantes und Calderon) durch eine Welt sinnloser und unnötiger *Intrige* zu schemenhaft erscheint. Diese Torheit war populär in der spanischen Komödie und wird durch uns nachgeahmt mit solchen Ideen wie »Action«, »Geschäftigkeit«, »Lebhaftigkeit«. Aber Lebhaftigkeit kann auf vielen anderen Wegen besser erreicht werden und ist nicht viel wert, wenn das Ergebnis das Stück unlesbar macht.

Cant hat nur in der Diskussion über die Prinzipien des Dramas eine solch eulenhafte Würde bekommen. Ein moderner Bühnenkritiker ist allem Klaren und Einfachen nur widerspenstig. Er erfreute sich an Mysteriösem, hat irgendwelche transzendalen Eindrücke von P. S. und O. P., und spricht von »Bühnengeschäft und Bühneneffekt«, so als ob er irgendeine Differentialgleichung löst. Für all dies danken wir dem vielleicht zu gründlichen Kritiken von August Wilhelm Schlegel.

Aber die Anmerkungen des gesunden Verstandes sind allgemeingültig, und wenn wir aufgrund des großen Überflusses an *Intrige* gezwungen sind, selbst beim leisen und kritischen Lesen eines Stückes oft innehalten und nachdenken müssen – Passagen wieder und wieder lesen müssen, um zu verstehen, wie sie mit dem Rest des Ganzen zusammenpassen –, um den Zusammenhang zu erkennen, was außer Ermüdung wird das Ergebnis des Ganzen sein? Und wie funktioniert all das auf der Bühne, wenn diese Stellen, die in sich selbst unwesentlich sind, aber wichtig für die Handlung – schnell und Schimmelns durch irgendeinen elenden Schwadronier heruntergebrabbelt werden oder gar ganz weggelassen werden? Es muß betont werden, daß diese Stellen der *Intrige* (wir benutzen diesen Ausdruck wie die deutschen Kritiker) generell zu den Nachgedanken – den Nebenhandlungen – des Dramas gehören, und für die Lakaien und Kammerzofen sind, und somit zur sanften Barmherzigkeit der *stellae minore*. Natürlich wissen wir nicht genau, was sich da vor unseren Augen abspielt. Handlung wird von Handlung abgelöst, ohne daß wir das Mysteriöse durchschauen, denn uns fehlt der Schlüssel, den die Barbaren weggeworfen und verloren haben. Unsere Ermüdung wächst proportional zur Anzahl dieser Peinlichkeiten, und wenn das Stück der Verdammung entkommt, dann ist dies der Fall trotz der *Intrige*, der in neun von zehn Fällen der Autor seinen Erfolg zuschreibt und die er genau in dem Verhältnis wertschätzt, die diese vergebene Mühe ihn gekostet hat.

Allerdings wird gesagt, daß in Dramen dieser Art »reichlich an Handlung vorhanden ist«. Bisher konnte uns niemand erklären, was genau mit diesem Ausdruck verbunden ist. Die bloße Aneinanderreihung von Episoden, selbst der allerlebhaftesten, sind genausowenig eine Handlung, wie eine Multiplikation von Nullen, egal wie unendlich diese sei, in einer Zahl enden wird. Jeder wird diesem zustimmen – aber wenige denken einen Schritt weiter. Die allgemeine Einstellung scheint reine Komplexität zu bevorzugen, aber eine Handlung im eigentlichen Sinne ist nur dann perfekt, wenn es uns unmöglich erscheint, auch nur eine Episode zu entfernen oder an einer anderen Stellen eintreten zu lassen, ohne das Gesamte zu zerstören.

Dies nennen wir den Punkt der Perfektion – bisher nicht erreicht, aber durchaus nicht unerreichbar. In der Praxis können wir eine Handlung als herausragend einstufen, wenn kein Bestandteil entfernt werden kann, ohne zumindest das Ganze erkennbar zu beeinträchtigen. Dies ist eine deutliche Herabsetzung der Anforderungen – und mit weniger als diesem sollte sich kein Schriftsteller gehobenen Anspruches zufriedenstellen.

Da dieses Thema nicht nur in sich selbst sehr wichtig ist, sondern auch in allen Punkten Einfluß auf das hat, was wir weiter unten in unserer Untersuchung weiterer Stücke sagen werden, soll es uns gestattet sein, einige Auszüge aus dem »Democratic Review« zu zitieren (diese sind aus unserer Feder und legen die Grundprinzipien genauer dar):

»Alle Bridgewater-Abhandlungen haben es versäumt, jene große Eigenart des göttlichen Systems der Adaption festzustellen: jene Eigenart, die die Adaption göttlich macht und sie somit von den Dingen, die alleinig menschliches Konstrukt sind, unterscheidet. Ich spreche von der totalen Gegenseitigkeit der Adaption. Ein Beispiel: In menschlichen Konstrukten provoziert eine bestimmte Ursache ein bestimmtes Ergebnis, ein bestimmter Zweck bringt einen bestimmten Gegenstand hervor, aber es gibt keine Wechselseitigkeit. Das Ergebnis beginnt keine Gegenhandlung aufgrund der Ursache – der Gegenstand verändert nicht die Beziehung zum Zweck. In göttlichen Konstrukten ist der Gegenstand entweder Gegenstand oder Zweck, wie immer wir es einstufen wollen, wogegen der Zweck entweder Zweck oder Gegenstand ist, so daß wir niemals (abstrakt – ohne Konkretes – ohne Bezug zu den gegenwärtigen Tatsachen) entscheiden können, was was ist.

Ein zweites Beispiel: Im Polarklima braucht ein Mensch, um seine Körpertemperatur halten zu können, einen reichhaltigen Vorrat an hoch-stickstoffverbundenem Nahrungsmittel zur Verbrennung im Kapillarsystem. Und wieder im Polarklima gibt es nur ein Nahrungsmittel, das reichhaltig vorhanden ist, nämlich Seehunde und Walfische. Sind diese nun vorhanden, weil sie verlangt werden, oder werden diese verlangt, weil sie als einzige vorhanden sind? Es ist unmöglich, darauf eine Antwort zu geben: Dies ist eine vollständige Wechselseitigkeit der Adaption, die wir vergebens bei menschlichen Konstrukten suchen.

Die Bridgewater-Autoren mögen diesen Punkt aufgrund seiner scheinbaren Tendenz, die Idee der Ursache im allgemeinen – und daher einer ersten Ursache – durch Gott zu verwerfen, vermieden haben. Es scheint allerdings wahrscheinlicher, daß sie nicht erkannt haben, was vor ihnen auch niemand erkannt hat.

Das Wohlgefallen, das wir von jeglichem Ausdruck menschlichen Erfindungsgeistes empfinden, steht in direktem Verhältnis des Annäherns an diese Art der Wechselwirkung zwischen Ursache und Ergebnis. In der Konstruktion einer Handlung in fiktiver Literatur sollten wir versuchen, die Punkte oder Episoden so zu arrangieren, daß wir nicht klar erkennen können, ob irgendeine bestimmte Episode von anderen abhängt oder diese aufrechterhält. In diesem Sinne ist die perfekte Handlung unerreichbar, da der Mensch der Konstrukteur ist. Die Handlungen Gottes sind vollkommen. Das Universum ist eine durch Gott geschaffene Handlung.«

Das Wohlgefallen, das hervorgerufen wird durch die Einheit der Handlung, ist viel intensiver, als normalerweise geglaubt, und so, wie wir in der Natur nie eine solche Kombination von Vorkommnissen finden, gehört dieses zu jener luftigen Region der Ideale. Wir haben nicht gesagt, daß die Handlung mehr ist als ein Teil des Dramas oder mehr als eine völlig unabhängige Quelle der Unterhaltung. Sie ist *nicht* grundlegend. In ihrer intensiven Gewolltheit könnte sie sogar als teilweise schädlich für die Lebensechtheit, die die Seele des Charakterdramas ist, eingestuft werden (wenn sie nicht mit angemessener Vorsicht konstruiert wird). Gute Dramen mit wenig Handlung sind geschrieben worden, hervorragende Dramen ganz ohne Handlung könnten geschrieben werden. Einige hervorragende Stücke, mit Handlung, sind voller irrelevanter Episoden – Episoden, die unserer Meinung nach an anderer Stellen oder überhaupt nicht eintreten könnten, ohne die Handlung zu beeinflussen, aber dennoch sind diese Stücke keinesfalls anstößig als Dramen; und daher – weil diese Ereignisse klar unwichtig sind, offensichtlich episodisch. Der Zuschauer erkennt sofort ihre abweichenden Eigenschaften und stuft sie als reine Zwischenspiele ein und verschwendet seine Energie nicht darauf, einen Zusammenhang, oder gar einen erklärenden Zusammenhang, mit dem Thema herzustellen. So sind die Stücke Shakespeares angelegt. Aber all dies ist etwas ganz anderes als *jene* Irrelevanz der Intrige, die das Werk des geschicklosen Künstlers entstellt und sehr oft verdammt. Sein größter Fehler ist die Inkonsequenz. Unterhandlung wird auf Unterhandlung gehäuft (sogar dieses Wort ist paradox) ohne jeden Sinn und Verstand. Die dazwischengeschobenen Episoden haben mit den eigentlichen Vorkommnissen nichts zu tun. Sie hängen an dem Ganzen – und mögen bisweilen mit ihm verschmelzen oder, in einigen Fällen, so mit ihm verwachsen sein, daß sie in jenem Chaos, das sie hergestellt haben, völlig untergehen, und doch haben sie keine Rolle in der Handlung, die, falls sie überhaupt existiert, ohne deren Einfluß auskommt. Und doch *versucht* der Autor, einen Zusammenhang herzustellen und zu beweisen, und es ist die Offensichtlichkeit dieses Versuches, das die Ermüdung des Zuschauers, der nicht auf Anhieb erkennt, daß seine Aufmerksamkeit grundlos gefordert ist, hervorruft. Die Intrigen, die so förmlich aufgezwungen werden, haben am Ende keine Wirkung auf die eigentlichen Aspekte der Handlung.

»Tortesa« ist voller Beispiele für die Irrelevanz der Intrige – jenes Mißverständnisses über die Natur und Fähigkeiten der Handlung. Wir behaupten, unsere Zusammenfassung sei besser verständlich als das Stück von Mr. Willis selbst. Wenn dies der Fall ist, so ist das darauf zurückzuführen, daß wir Unwesentlichkeiten ausgelassen haben, da diese nur den Erzählstrom stocken ließen und die Aufmerksamkeit ermüdeten. An der Länge unserer Zusammenfassung, die alle wesentlichen Episoden umfangreich darlegt, kann man klar erkennen, wieviel an diesem Drama in fünf Akten irrelevant sein muß. Es gibt kaum eine Szene, in der man nicht zumindest den Ansatz einer Unterhandlung findet – obwohl es meistens beim Ansatz bleibt und sich kaum soweit entwickelt, daß es zu einer sinnvollen Unterhandlung kommt. Zippa, eine Dame ganz ohne Charakter (dramatisch), ist die hartnäckigste aller Erfinderinnen von Plänen, die nie umgesetzt werden – große Dinge, die im Nichts enden – Sackgassenpläne. Sie hat einen Plan auf einer Seite und einen Gegenplan auf der nächsten. Sie plant von P. S. zu O. P. und intrigiert mit großer Ausdauer. Ein besonderes Beispiel für die Inkonsequenz ihrer Manöver findet sich zum Ende des Stückes. Der Zweck der zweiten Szene des fünften Aktes (fünf Seiten) scheint alleinig dafür zu dienen, daß sie von Tomaso erfährt, daß Angelo für den Mord an Isabella verhaftet worden ist. Sogleich, nachdem sie von seiner Gefahr erfahren hat, eilt sie von der Bühne, um vor Gericht ihre Beweise zu Angelos Schuldlosigkeit vorzubringen. Wir, die Zuschauer, beklatschen dies natürlich und verfolgen mit Interesse ihre Bewegungen im Gerichtssaal. Wir glauben, daß Zippa doch wichtig ist und nun Angelos Rettung sein wird und somit die Hauptentwirrerin der Handlung. Alle Augen ruhen auf Zippa, aber genau am wichtigsten Punkt bleibt Zippa stumm. Es ist bestimmt nicht übertrieben, wenn gesagt wird, daß nicht eine einzige Aktion dieser Wichtigtuerin wirklichen Einfluß auf die Handlung hat, und doch erscheint sie andauernd, wenn auch nur, um zu verwirren.

Es gibt zahlreiche weitere Beispiele, aber wir haben nicht einmal genug Platz, diese nur zu erwähnen. Der ganze Schlußteil ist zuviel des Guten. Die Masse an reinem Wirbel um nichts läßt uns schließen, daß alles durch ein Wort an den Herzog hätte vermieden werden können – ein liebenswürdiger Mensch, der Angelos Fähigkeiten bewundert und der, *um zu verhindern, daß Isabella gegen ihren Willen heiratet, vorher* angeboten hatte, Falcone aus den Fesseln des Wucherers zu befreien. Der Zuschauer wird nicht einen Augenblick daran zweifeln, daß er *jetzt* freigelassen wird und somit alles bereinigt wird. Allerdings gibt es keinen besseren Grund, warum keine Erklärungen zu finden sind, als daß Mr. Willis diese für unangebracht gehalten haben muß. Tatsächlich ist das ganze Drama schlecht motiviert.

Wir haben bereits auf die Ungenauigkeit im vierten Akt verwiesen, wo es Isabella gelingt, aus der Kirche zu entkommen, obwohl diese von Wächtern observiert wird, die Angelo fernhalten konnten. Eine weitere Stelle findet man in der Szene, in der Falcone im Angesicht des vermeintlichen Geists seiner Tochter von seinem Gewissen gerügt wird, den Tod seiner Tochter herbeigeführt zu haben, indem er sie gegen ihren Willen zur Heirat zwingen wollte. Der Autor vergaß, daß Falcone zu der Hochzeit nach Einmischung des Herzogs nur auf Isabellas Versicherung, *sie liebe den Wucherer wirklich,* zugestimmt hatte. Auch in der dritten Szene des ersten Aktes wird die Vorstellungskraft des Zuschauers etwas überbeansprucht, als Angelo, der gerade erst in Isabellas Palast angekommen ist, ihr Portrait mit Farbe über Farbe beginnt, ohne auch nur den Ansatz von Konturen zu zeichnen. Überdies im Schlußakt gibt Tortesa eine Besitzurkunde an Isabella:

> »Zu den Palästen und Ländereien Falcones,
> und alle Gelder verpfändet von Falcone.«

Dies ist ein schrecklicher Patzer und ungleich wichtiger, denn es ist diese Tat des Wucherers, auf dem seine neuen Eigenschaften der Ehre und Tugend beruhen, und ebenso beruht hierauf der wichtigste Punkt des Theaterstücks. Tortesa, so sagen wir, gibt Isabella die Ländereien, die Falcone aufgegeben hat; allerdings war Falcone nicht besonders großzügig, denn er vergab nur das, was ihm offensichtlich gar nicht gehörte. Falcone hatte die Besitzurkunde *nicht aufgegeben*, da diese längst an ihn zurückgegeben worden war und bereits in seinen Händen war.

So sagt Tortesa:

»Es stand in unserem Vertrag,
daß durch meine eigene Tat
oder Unfall, nicht durch ihn verursacht,
oder seiner Tochter Wille die Heirat nicht geschehe,
seine Besitztümer ihm verbleiben.«

Falcone bleibt dabei, der Heirat zuzustimmen, aber dieser neue, großzügige »Humor« Tortesas veranlaßt ihn (Tortesa), das Angebot abzulehnen. Falcones Besitzrechtsanspruch bleibt bestehen: Er behält die Urkunde, und der Wucherer vergibt Besitztümer, die ihm nicht gehören.

Als Charakterdrama ist »Tortesa« bei weitem nicht so anfällig für Kritik, als wenn wir es im Hinblick auf seine Handlung begutachten, aber es hat durchaus seine Fehler. Die wesentlichen Punkte sind so negativ, daß es schwierig ist, etwas darüber zu sagen. Der Herzog ist ein Niemand; Falcone – niemand; Zippa – weniger als gar nichts. Angelo ist nicht mehr als ein Mittel für Mr. Willis, dem Leser seine eigenen Gefühle zu vermitteln, seine eigenen, zarten Vorlieben (zart und doch kühn), seine eigenen wollüstige Empfindungen – eine Wollust, die in jeder anderen Ausdrucksform als der hier verwendeten nur beleidigend wäre. Isabella ist die Heldin des Buckligen. Der Umsturz in Tortesas Charakter, oder vielmehr der Triumph der eingeborenen Tugend, ist ein dramatischer Wendepunkt, der seit Urzeiten bekannt ist. Es ist anzumerken, daß, obwohl die Darstellung eines menschlichen Charakters nicht aufgrund irgendwelcher Ungereimtheiten gerügt werden sollte, solche Ungereimtheiten nicht totale Antagonismen bis zur Neutralisierung werden sollten: sie dürfen wie Öl und Wasser sein, aber nicht wie Alkalis und Säuren. Und wenn, während des *dénouement*, der Wucherer in eine von Tugend inspirierte Redegewandtheit ausbricht, so können wir kaum von Herzen seine Rede akzeptieren, denn seine Worte kommen aus demselben egoistischen Mund, der, getrieben von scheußlicher Eitelkeit, so zahlreiche Versoffenheiten (über seine schönen Beine) von sich gab. Tomaso ist, im ganzen, die beste Rolle. Wir können eine gewisse Originalität in dieser Schöpfung erkennen, und seine Schöpfung ist ein hervorragendes Beispiel, wie hier vorgegangen werden sollte.

Ein, zwei andere Anmerkungen. In der dritten Szene des fünften Aktes soll Tomaso, der Possenreißer, väterliche Autorität über Isabella ausüben (wie gewöhnlich ohne erkennbaren Grund) auf der Basis eines Gesetzes, das Tortesa wie folgt erläutert:

»Mein gütiger Herr, es ist florentinisches Recht,
daß, wenn ein Vater, der ohne Schuld noch Schande,
seine Tochter entmündigt und ausschließt,
diese das Kind desjenigen wird, der ihr beisteht
und für die Nacht, der er ihr Unterkunft gewährt,
die Gewalt bekommt, die der andere verloren hat.«

Natürlich wird niemand glauben, daß es jemals solch ein unsinniges Gesetz in Florenz oder Timbuktu gegeben hat; aber da *que le vrai n'est pas toujours le vraisemblable,* glauben wir, daß selbst das Vorhandensein eines solchen Gesetzes nicht genug für Mr. Willis ist, diesen Vorgang zu rechtfertigen. Es klingt etwas weit hergeholt – fast schon verzweifelt –, und guter Geschmack sollte so etwas weiträumig umgehen. Sehr ähnlich ist auch Tortesas Versuch, eine zweite Schuldurkunde von Falcone zu bekommen. Die Beweislage, aufgrund welcher Angelo des Mordes verurteilt wird, ist lächerlich dünn. Und die Idee, daß Isabella den Platz des Portraits einnimmt und dadurch den Wucherer täuscht, ist nicht nur offensichtlich unwahrscheinlich, sondern scheint auch direkt von »Winter's Tale« übernommen worden zu sein. Aber dort scheint die Täuschung zumindest denkbar, denn der Mensch tut so, als ob er eine Statue ist. Und was sollen wir aus Mr. Willis Bühnenanweisung machen, die hintere Wand sei der ideale Hintergrund für das Bild? Die kleinste Bewegung Tortesas (und er macht viele solche Bewegungen) hätte diese Vorstellung zunichte gemacht, da der Blickwinkel abgewichen wäre; und es ist unmöglich, daß der Blickwinkel aus mehr als einer bestimmten Richtung kommen könnte, oder anders ausgedrückt, nur ein Zuschauer könnte diese Perspektive gehabt haben. Die Nebenbemerkungen kommen zu häufig vor. Das Überwiegen dieser Spielereien (des Zur-Seite-Sprechens) lenkt genauso von der schauspielerischen Leistung ab wie jede andere Unsauberkeit. So etwas zerstört die Glaubwürdigkeit. Normalerweise führen Menschen keine lauten Monologe, jedenfalls nicht in größerem Ausmaß; und warum muß man einem Schriftsteller etwas so Einfaches klarmachen, daß ein Publikum weder glauben kann noch will, daß etwas, das fünfzig Fuß entfernt die Ohren zum Klingeln bringt, nicht von einem Schauspieler zwei Fuß entfernt gehört werden kann?

Soviel zu »Tortesa«, das wir nahezu unnachgiebig gerügt haben. Unsere Leser mögen verwundert sein darüber, daß wir dieses Drama an sich sehr schätzen, und kaum zögern, dieses vor nahezu allen Dramen von Sheridan Knowles einzustufen. Seine Hauptkritikpunkte sind die des modernen Dramas im allgemeinen und nicht eine Besonderheit dieses Stückes, wogegen seine herausragenden Errungenschaften dies sehr wohl sind. Wir zitieren hier keine Textstellen, die unsere Meinung belegen, da nahezu der gesamte Text dazu dienen würde. Und sollten wir von »besonderen Stellen« sprechen, so müßten wir über das ganze Stück sprechen. Mit »besonderen Stellen« meinen wir nicht nur gelungenen Ausdruck, der feinen Gefühlen zum Ausdruck verhilft, sondern Stellen, die voller Glaubwürdigkeit und jener besonderer Eigenschaften der dramatischen Kunst sind. Es gibt zahlreiche wesentliche Gesichtspunkte, die mehr zu tun haben mit der allgemeinen herausragenden Position eines Dramas, als zu spekulative Kritik je zugeben würde. Alles in allem sind wir stolz auf »Tortesa« und bringen hier erneut, bestimmt schon zum fünfzigsten Male, unsere Bewunderung für Mr. Willis Fähigkeiten zum Ausdruck.

Wenden wir uns nun zu Mr. Longfellows

SPANISH STUDENT (DER SPANISCHE STUDENT)

Der Ruf dieses Schriftstellers als Dichter und wunderbarer Prosaschreiber ist natürlich lange und verdientermaßen bekannt – aber er war als Dramatiker unbekannt bis zur Veröffentlichung dieses Theaterstücks. Bei seiner Ersterscheinung, in *Graham's Magazine*, war die allgemeine Meinung überwiegend auf seiner Seite, wenn auch nicht direkt für den »Spanischen Studenten«, so doch wohl für den Autor von »Outre-Mer«. Aber die allgemeine Meinung ist die zweideutigste Sache, die es gibt. Sie ist nie selbst gebildet und hat selten eine eigene Entwicklungsphase. Im Hinblick auf ein Werk eines bereits berühmten oder berüchtigten Autors entscheidet sie sich, unabdingbar, mit zu lobender Schnelligkeit, aufgrund der Meinung über die vorhergehende Veröffentlichung des jeweiligen Autors – und schafft so den Geist eines Verstandes *pro tem.* – eine Art kritischen Schattens, der jedoch alle Zwecke einer Substanz beantwortet, bis die Substanz selbst hervorkommt. Aber ansonsten kann die allgemeine Meinung nur als die der Öffentlichkeit gelten, so wie ein Mensch ein Buch als *seines* bezeichnen kann, nachdem er es gekauft hat. Wann immer ein neuer Autor ins Licht der Öffentlichkeit tritt, wird die wahre, gedankenvolle oder kritische Meinung nicht gleichzeitig weggeworfen oder zusammengestellt. Einige Wochen vergehen, und während dieser Zeit hat die Öffentlichkeit, unsicher, was sie von dem Debütanten halten soll, notwendigerweise überhaupt keine Meinung über ihn.

Die populären Stimmen, die so sehr für den »Spanischen Studenten« sprachen, als dieser veröffentlicht wurde, sollten nur als Geist *pro tem.* betrachtet werden, basierend auf den kritischen Anmerkungen über vorhergehende Werke des Autors, ohne jeglichen Bezug zum »Spanischen Studenten« selbst, und somit als komplett bedeutungslos und wertlos *per se.*

Die wenigen, womit wir diejenigen meinen, die nachdenken, im Gegensatz zu den vielen, die denken, sie denken nach, diejenigen, die zuerst nachdenken, und somit zweimal denken, bevor sie sprechen, empfingen dieses Stück mit weniger offensichtlichem Lob und wesentlich qualifizierter als Professor Longfellow erwartet haben mag, oder gelernt hat, zu erwarten. Dennoch wurde das Werk im Ganzen begrüßt. Die wenigen Worte der Rüge waren keinesfalls Verurteilungen. Der Hauptkritikpunkt war die Schwäche des *dénoument* und, allgemein, der Schlußszenen im Vergleich zur Einleitung. Wir sind uns nicht sicher, ob es irgendeine detaillierte Kritik dieses Stückes gibt – und wir haben auch nicht vor, dies hier zu tun. Dennoch ist dieses Werk von Interesse, nicht nur an sich, sondern auch als erster Versuch an einem Drama von einem Autor, der in fast jedem anderen Bereich leichter Literatur erfolgreich ist. Es scheint daher angebracht, etwas im Detail, wenn auch nicht als Analyse, über dieses Stück zu sagen; und es gibt keinen besseren Weg, dies zu beginnen, als mit einem Zitat einiger besserer Passagen:

»And, though she is a virgin outwardly,
Within she is a sinner; like those panels
Of doors and altar-pieces the old monks
Painted in convents, with the Virgin Mary
On the outside, and on the inside Venus.«

»I believe
That woman, in her deepest degradation,
Holds something sacred, something undefiled,

Some pledge and keepsake of her higher nature,
And, like the diamond in the dark, retains
Some quenchless gleam of the celestial light.«

»And we shall sit together unmolested,
And words of true love pass from tongue to tongue
As singing birds from one bough to another.«

»Our feelings and our thoughts
Tend ever on and rest not in the Present,
As drops of rain fall into some dark well,
And from below comes a scarce audible sound,
So fall our thoughts into the dark Hereafter,
And their mysterious echo reaches us.«

»Her tender limbs are still, and, on her breast,
The cross she prayed to, ere she fell asleep,
Rises or falls with the soft tide of dreams,
Like a light barge safe moored.«

»Hark! how the large and ponderous mace of Time
Knocks at the golden portals of the day!«
»The lady Violante bathed in tears

Of love and anger, like the maid of Colchis,
Whom thou, another faithless Argonaut,
Having won that golden fleece, a woman's love,
Desertest for this Glaucé.«

»I read, or sit in reverie and watch
The changing colour of the waves that break
Upon the idle sea-shore of the mind.«

»I will forget her. All dear recollections
Pressed in my heart, like flowers within a book,
Shall be torn out and scattered to the winds.«

»Oh yes! I see it now –
Yet rather with my heart and with mine eyes,
So faint it is. And all my thoughts sail thither,
Freighted with prayers and hopes, and forward urged,
Against all stress of accident, as, in
The Eastern Tale, against the wind and tide
Great ships were drawn to the Magnetic Mountains.«

»But there are brighter dreams than those of Fame,
Which are the dreams of Love! Out of the heart
Rises the bright ideal of these dreams,
As from some woodland fount a spirit rises
And sinks again into its silent deeps,
Ere the enamoured knight can touch her robe!
'Tis this ideal that the soul of Man,
Like the enamoured knight beside the fountain,
Waits for upon the margin of Life's stream;
Waits to behold her rise from the dark waters,
Clad in mortal shape! Alas, how many
Must wait in vain! The stream flows evermore,
But from its silent deeps no spirit rises!
Yet I, born under a propitious star,
Have found the bright ideal of my dreams.«

»Yes; by the Darro's side
My childhood passed. I can remember still
The river, and the mountains capped with snow;
The villages where, yet a little child,
I told the traveller's fortune in the street;
The smuggler's horse; the brigand and the shepherd;
The march across the moor; the halt at noon;
The red fire of the evening camp, that lighted
The forest where we slept; and, father back,
As in a dream, or in some former life,
Gardens and palace walls.«

»This path will lead us to it,
Over the wheatfields, where the shadows sail
Across the running sea, now green, now blue,

And, like an idle mariner on the ocean,
Whistles the quail.«

Diese Auszüge werden allgemein bewundert werden. Sie sind graziös, wunderbar ausgedrückt, originell und alles in allem voll mit wahrem poetischem Gefühl. Wir zitieren diese zu Anfang unserer Rezension, um dem Dichter gerecht zu bleiben und weil wir im folgenden wenig sagen werden, was als Lob bezeichnet werden könnte.

»Der spanische Student« hat einen unglücklichen Anfang in einem unentschuldbaren und, um das ganze noch zu verschlimmern, unabdingbaren »Vorwort«.

»Das Thema des folgenden Stückes«, so Mr. L, »ist teilweise Cervantes wunderbarem Stück *La Gitanilla* entnommen. Dieser Quelle habe ich allerdings nur die Hauptepisode entnommen, die Liebe, die ein spanischer Student für ein Zigeunermädchen fühlt, und den Namen der Heldin, Preciosa. Ich habe keine Details der Handlung übernommen. In Spanien ist dieses Thema zweimal dramaturlogisch behandelt worden; zuerst bei Juan Perez de Montalvan in *La Gitanilla de Madrid*. Das gleiche Thema wurde auch von Thomas Middleton, einem englischen Dramatiker des siebzehnten Jahrhunderts, aufgegriffen. Sein Stück heißt *The Spanish Gipsy*. Die Handlung verläuft wie die in den spanischen Theaterstücken; allerdings gibt es auch eine tragische Unterhandlung über die Liebe zwischen Rodrigo und Dona Clara, die einer anderen Geschichte Cervantes', *La Fuerza de la Sangre*, entnommen ist. Der Leser, der *La Gitanilla* von Cervantes und die Stücke von Montalvan, Solis und Middleton kennt, wird sehen, daß mein Ansatz zu dieser Thematik sich deutlich von den anderen unterscheidet.«

Die schriftstellerische Originalität, genau betrachtet, ist dreifältig. Zunächst ist da die Originalität des eigentlichen Themas, zweitens die einiger Vorkommnisse oder Gedanken, durch die das Thema weiterentwickelt wird, und drittens die Originalität der Verhaltensweisen oder des *Tons*, welche allein ausreichen, ein altbekanntes Thema, selbst wenn es durch abgedroschene Vorkommnisse oder Gedanken entwickelt wird, völlig neu auszugestalten, was natürlich die Absicht des Ganzen ist.

Aber Originalität ist als eine der höchsten auch eine der seltensten Auszeichnungen. In Amerika ist es besonders und bemerkenswert selten, bedingt durch gut bekannte Gründe. Wir geben uns daher im allgemeinen notgedrungen mit einer der niedrigen Stufen der Originalität, wie oben erwähnt, zufrieden und würden jeden Autor, der jenes *desideratum* vollbringen sollte, alle drei Elemente zu kombinieren, sehr hoch schätzen. Diese drei Dinge *sollten* miteinander verbunden werden, und von wem, wenn nicht von Menschen wie Professor Longfellow – von denen, die die Hauptsitze in unserem Literaturtempel innehaben? Aber ist es in diesem Fall Professor Longfellow gelungen? Ist sein Stück irgendwo originell? Bezieht sich diese auf die erste und wichtigste unserer drei Aufteilungen? »Das *Thema* des folgendes Stücks«, sagt er selbst, »ist *teilweise* Cervantes wunderbarem Stück *La Gitanilla* entnommen. Dieser Quelle habe ich allerdings *nur die Hauptepisode* entnommen, die Liebe, die ein spanischer Student für ein Zigeunermädchen fühlt, und den Namen der Heldin, Preciosa.«

Die Kursivschrift haben wir eingefügt, und die so hervorgehobenen Worte kennzeichnen einen offensichtlichen Widerspruch. Wir können nicht verstehen, wie »die Liebe des spanischen Studenten für das Zigeunermädchen« als »Episode« oder sogar »Hauptepisode« kategorisiert werden kann. In der Tat ist diese Liebe – diese unharmonische und somit ereignisreiche Liebe – das eigentliche *Thema* in Cervantes' Drama. Es ist diese anomale »Liebe«, die ihren Ursprung in den Episoden hat, mit dessen Hilfe diese »Liebe«, das Thema, sich entwickelt. Da dieses Stück nun auf dieser »Liebe« basiert, können wir nicht mit seinem Anspruch auf Originalität der ersten Art übereinstimmen; noch kann er mit Recht behaupten, er habe sein Thema nur teilweise entnommen. Es ist offensichtlich, daß er es total übernommen hat. Er wäre auch nicht berechtigt gewesen, einen Originalitätsanspruch zu stellen, selbst dann nicht, wenn er für seine Geschichte *irgendeine Art* der Liebe zwischen zwei Partnern gewählt hätte, die durch Klassenvorurteil getrennt sind – wie, zum Beispiel, solche, die die Brahmin von den Pariah trennen, den Ammoniten vom Afrikaner oder sogar den Christen vom Juden. Letztendlich ist diese Analyse das Thema des Spaniers. Aber wenn nun das Drama nicht nur auf diesem allgemeinen Thema beruht, sondern auf diesem allgemeinen Thema in identischer Behandlung wie durch Cevantes – was soviel heißt wie Vorurteile beruhend auf Klassenzugehörigkeit am Beispiel eines Katholiken, und dieser Katholik ist ein Spanier, und dieser Spanier ein Student, und dieser Student liebt eine Zigeunerin, und diese Zigeunerin ist eine Tänzerin namens Preciosa – dann fällt es uns schwer, Professor Longfellows Hinweis, er haben *nur eine Episode* der *»wunderbaren Gitanilla Cervantes«* entnommen, zu akzeptieren.

Ob der Autor Originalität im Sinne unserer zweiten und dritten Bedeutung vorweisen kann – in den wahren Episoden seiner Geschichte oder in Verhalten oder Ton ihrer Abhandlung – wird im folgenden genauer erkennbar.

Es ist schade, daß »Der spanische Student« anstelle von »Ein Theaterstück« nicht den Untertitel »Ein Dramengedicht« bekommen hat. Letzterer hätte die Absichten des Dichters besser dargelegt, denn wir wollen Mr. Longfellow nicht ungerechterweise unterschieben, er habe ein *Theaterstück* im eigentlichen Sinne dieses Ausdrucks verfassen wollen. Was auch immer der Wert des »Spanischen Studenten« als Gedicht sein mag, es wäre auf der Bühne unerträglich.

Die Handlung verläuft wie folgt: Preciosa, Tochter eines spanischen Ehrenmannes, ist als Baby von Zigeunern gestohlen worden und als seine eigene Tochter von Cruzado, dem Anführer der Zigeuner, aufgezogen und zur Tänzerin gemacht worden, und von ihm Bartolomé, einem jungen Zigeuner, versprochen. In Madrid verliebt sich Preciosa in Victorian, einen Studenten Alcalás, der beschließt, sie zu heiraten, obwohl sie einer anderen Schicht entstammt, es Gerüchte über ihre Reinheit gibt, seine Freunde ihm abraten und er einer Erbin Madrids versprochen ist. Preciosa wird auch vom Grafen von Lara, einem *roué*, umworben, weist ihn aber zurück. Er bahnt sich seinen Weg in ihr Zimmer und wird dort von Victorian entdeckt, der aufgrund eines Mißverständnisses über einen Teil eines Gesprächs Zweifel an der Treue seiner Geliebten hat und sie wütend verläßt, nachdem er den Grafen zum Duell herausgefordert hat. Victorian nutzt die Gelegenheit, den Grafen zu töten, nicht. Der Graf erklärt daraufhin, nichts von der Vereinbarung zwischen Victorian und Preciosa gewußt zu haben; gibt an mit Diensten, die ihm letztere erwiesen habe, und, um alles zu beweisen, zieht einen Ring hervor, den sie, so behauptet er, ihm gegeben habe als Zeichen ihrer Liebe. Dieser Ring ist ein Duplikat eines Ringes, den Victorian dem Mädchen gegeben hatte; dieses war dem Grafen bekannt. Victorian glaubt, daß dies derselbe Ring ist, und räumt das Feld für seinen Rivalen, der sofort darauf beim Versuch, der Zigeunerin nahe zu kommen, durch Bartolomé getötet wird. In der Zwischenzeit erreicht Victorian auf seinem Weg durchs Land Guadarrama. Er erhält einen Brief aus Madrid, in dem die Verrätereien Laras enthüllt werden und in dem ihm mitgeteilt wird, daß Preciosa, seine Annäherungsversuche ablehnend, aufgrund seiner Taten von der Bühne gebuht wurde und nun wieder mit den Zigeunern umherzieht. Er macht sich auf die Suche nach ihr und findet sie in einem Wald nahe Guadarrama und nähert sich ihr mit verstellter Stimme; sie erkennt ihn, aber verbirgt dies, da sie nicht weiß, daß er von ihrer Unschuld erfahren hat; ein *equivoque* Gespräch beginnt; er sieht den Ring an ihrem Finger und bietet an, diesen zu kaufen, aber sie will diesen nicht hergeben, und ein ganzes *éclaircissement* findet statt; an dieser Stelle bringt ein Diener Victorians »Nachrichten vom Hofe« mit ersten Andeutungen über die tatsächliche Abstammung Preciosas. Die Liebhaber machen sich sogleich auf nach Madrid, um den neu entdeckten Vater zu treffen. Auf dem Weg dorthin legt Bartolomé einen Hinterhalt, schießt auf Preciosa, aber verfehlt sie und wird durch einen erwiderten Schuß getötet, was den »Spanischen Studenten« zu Ende bringt.

In unserer Zusammenfassung, wie in der »Tortesas«, sieht die Handlung wesentlich besser aus als in allen Details die sich entwickeln, nur um sie zu entstellen. Der Leser des eigentlichen Theaterstücks wird verblüfft sein, wenn er, den Namen des Autors in Gedanken, die Inkonsequenz der Episoden erkennt und die totale Abwesenheit von Geschick und Kunst in ihrer Schöpfung und Einführung. Für Dramen gibt es kein einfacheres Prinzip, als daß nichts gesagt oder getan werden sollte, das nicht zumindest die Tendenz hat, das Schicksal oder die Charaktere entwickeln sich zu lassen. Aber Mr. Longfellows Stück ist voller Ereignisse und Gespräche, die keinen erkennbaren Zweck haben und sicherlich zu keinem Ergebnis führen. Davon ausgehend, daß dieses Drama nicht für die Bühne gedacht ist, fragen wir uns, wie wir zum Beispiel die zweite Szene des zweiten Aktes einschätzen sollen, in der ein langes Gespräch zwischen einem Erzbischof und einem Kardinal durch einen Tanz Preciosas beendet wird? Der Papst überlegt, öffentliche Tänze in Spanien zu verbieten, und die hier betroffenen Priester sind dafür abgeordnet worden, persönlich die Schicklichkeit und Anstandslosigkeit solcher Vorführungen zu untersuchen. Aus diesem Grund wird Preciosa zwecks Demonstration ihrer Fähigkeiten herbeigerufen. Dieses wäre für ein reines Schauspiel völlig ausreichend, denn alles, was dort verlangt wird, ist ein Anlaß oder eine Entschuldigung für einen Tanz, aber was hat so etwas in einem Drama zu suchen? In welcher Weise bringt es ein Dramengedicht voran, das ausschließlich gelesen wird? In gleicher Weise sind für die komplette achte Szene desselben Aktes die folgenden sechs Zeilen Bühnenanweisungen gegeben:

> *The Theatre: the orchestra plays the Cachuca. Sound of castanets behind the scenes. The curtain rises and discovers Preciosa in the attitude of commencing the dance. The Cachuca. Tumult. Hisses. Cries of Brava! and Aguera! She falters and pauses. The music stops. General confusion. Preciosa faints.*

Aber die *Inkonsequenz,* die wir beanstanden, kann am besten am Beispiel einer ganzen Szene erklärt werden. Nehmen wir Akt eins, Szene vier:

An inn on the road to Alcalá. BALTASAR *asleep on a bench.*
Enter CHISPA.

CHISPA.	And here we are, half way to Alcalá, between cocks and midnight. Body o' me! what an inn this is! The light out and the landlord asleep! Holá! ancient Baltasar!
BALTASAR	[*waking*]. Here I am.
CHISPA.	Yes, there you are, like a one-eyed alcalde in a town without inhabitants. Bring a light, and let me have supper.
BALTASAR.	Where is your master?
CHISPA.	Do not trouble yourself about him. We have stopped a moment to breathe our horses; and if he chooses to walk up and down in the open air, looking into the sky as one who hears it rain, that does not satisfy my hunger, you know. But be quick, for I am in a hurry, and everyone stretches his legs according to the length of his coverlet. What have we here?
BALTASAR	[*setting a light on the table*]. Stewed rabbit.
CHISPA	[*eating*]. Conscience of a Portalegre! stewed kitten, you mean!
BALTASAR.	And a pitcher of Pedro Ximines, with a roasted pear in it.
CHISPA	[*drinking*]. Ancient Baltasar, amigo! You know how to cry wine and sell vinegar. I tell you this is nothing but Vino Tinto of La Mancha, with a tang of the swine-skin.
BALTASAR.	I swear to you by Saint Simon and Judas, it is all as I say.
CHISPA.	And I swear you by Saint Peter and Saint Paul, that it is no such thing. Moreover, your supper is like the hidalgo's dinner – very little meat and a great deal of tablecloth.

BALTASAR. Ha! ha! ha!
CHISPA. And more noise than nuts.
BALTASAR. Ha! ha! ha! You must have your joke, master Chispa. But shall I not ask Don Victorian in to take a draught of the Pedro Ximines?
CHISPA. No; you might as well say, »Don't you want some?« to a dead man.
BALTASAR. Why does he go so often to Madrid?
CHISPA. For the same reason that he eats no supper. He is in love. Were you ever in love, Baltasar?
BALTASAR. I was never out of it, good Chispa. It has been the torment of my life.
CHISPA. What! are you on fire too, old hay-stack? Why, we shall never be able to put you out.
VICTORIAN [*without*]. Chispa!
CHISPA. Go to bed, Pero Grullo, for the cocks are crowing.
VICTORIAN. Ea! Chispa! Chispa!
CHISPA. Ea! Señor. Come with me, ancient Baltasar, and bring water for the horses. I will pay for the supper tomorrow. [*Exeunt.*]

Die Frage, die man sich hier stellen muß, ist – was soll das Ganze? Wie ist das Thema weiterentwickelt worden? Wir haben nicht erfahren, daß Victorian verliebt war – dies war bereits bekannt; und alles, was wir hier sehen, ist eine dümmliche Sancho-Pansa-Nachahmung, die im Laufe von zwei Minuten (die Zeit, die man zum Lesen der Szene benötigt) eine Flasche *vino tinto* der Marke Pedro Ximenes trinkt und anstelle eines Hasen ein geschmortes Kätzchen verschlingt.

Zu Beginn des Stücks ist dieser Chispa der Diener Victorians; später treffen wir ihn wieder als Diener für jemand anderes, und kurz vor dem *dénouement* kehrt er zu seinem Herrn zurück. Weder Ursache noch Absicht sind ersichtlich, und all diese Ausflüchte sind nichts außer ein weiteres Beispiel für die grobe Inkonsequenz, die im ganzen Stück vorhanden ist.

Die Schwächen im Geschick des Autors zeigen sich besonders in der Szene des *éclaricissement* zwischen Victorian und Preciosa. Ersterer hat in der Zwischenzeit vom wahren Charakter letzterer erfahren, durch einen *Brief*, den er in Guadarrama erhielt von einem Freund in Madrid (wie schauderlich stümperhaft dies ist!), und beschließt sofort, sie zu suchen, und findet sie auch, sogleich, in einem Wald in der Nähe. Daraufhin nähert er sich *mit verstellter Stimme* – ja, wir sollen glauben, daß ein Geliebter seine Stimme so vor seiner Geliebten verbergen kann, daß sie ihn selbst dann nicht erkennt, wenn er vor ihr steht. Er kommt näher, und, da beide sich kennen, ein Gespräch beginnt, basierend auf der Hypothese, daß beide sich nicht erkennen – sehr unoriginell, und überdies eine mehr als dumme Quelle für *equivoque*, bestenfalls für die Vorstellungskraft eines Säuglings geeignet. Aber es gibt etwas, das uns besonders mißfällt: Warum hat der Dichter so viele Verrenkungen gemacht, um zu einer *equivoque*-Position zu kommen, wenn es völlig unmöglich ist, daß diese nichts anderes erreichen konnte, als den beabsichtigten Effekt zu ruinieren! Lesen Sie diese Stelle als Beispiel:

VICTORIAN. I never loved a maid;
For she I loved was then the maid no more.
PRECIOSA. How know you that?
VICTORIAN. A little bird in the air
Whispered the secret.
PRECIOSA. There, take back your gold!
Your hand is cold like a deceiver's hand!
There is no blessing in its charity!
Maker her your wife, for you have been abused;
and you shall mend your fortunes, mending hers.

VICTORIAN. How like an angel's speaks the tongue of woman.
When pleading in another's cause her own!

Es ist offensichtlich, daß für den Fall, daß Preciosa tatsächlich unwissend über Victorians Identität ist, »pleading another's cause her own« beim Leser oder Zuschauern einen positiven Eindruck erwecken würde. Aber ihr Vorschlag – »Make her your wife, etc.«, erscheint nicht gleichgültig und selbstsüchtig, wenn wir uns daran erinnern, daß sie weiß, zu wem sie spricht.

Und als Victorian sagt:

»That is a pretty ring upon your finger,
Pray give it me!«

und sie antwortet

»No, never from my hand,
shall that be taken«,

so halten wir sie – wohlwissend, wie wir sind über das, was sie weiß – nur für eine raffinierte kokette Frau; einerseits sollten wir ihre Beständigkeit beklatschen (wie vom Autor beabsichtigt), wenn sie als unwissend von Victorians Gegenwart dargestellt worden wäre. Der Effekt auf das Publikum wäre in diesem Fall eher angenehmen als mißfallend gewesen, wogegen der Effekt auf Victorian sich in keiner Weise geändert hätte.

Ein noch viel bemerkenswerteres Defizit im dramaturgischen *tact* ist die Art und Weise, in der Preciosas Abstammung entdeckt wird. Genau in dem Augenblick des *éclaircissement* der Geliebten tritt Chispa schon fast selbstverständlich auf und löst das Geheimnis mit einem Satz:

»Good news from Court; Good news! Beltran Cruzado
The Count of Calés, is not your father,
But your true father has returned to Spain
Laden with wealth. You are no more a Gipsy.«

Drei Dinge sind bemerkenswert: – erstens, die extreme Dürftigkeit, Plattheit und *Unabhängigkeit* Chispas Erzählung. Die Rückkehr des Vaters, genau im richtigen Augenblick (vielleicht sogar übermäßig opportun), steht in keinem Zusammenhang – keine Beziehung zu irgendeinem anderen Ereignis des Stücks, und scheint in keiner Weise das *Ergebnis* einer oder mehrerer vorangegangener Episoden zu sein. Es klingt nach wunderbarem Zufall, nach einem Geschenk Gottes, einem unglaublichen Unfall, vom Autor an den Haaren herbeigezogen, um seine Einfallslosigkeit auszugleichen. *Nec Deus intersit*, etc. – aber hier hat Gott sich eingemischt, und dies ist Gottes mehr als unwürdig.

Zweitens – der Vater ist zurückgekehrt »laden with wealth«. Der Liebhaber hat seine Geliebte in Armut zurückgelassen, und, die Worte seines Versöhnungsangebotes noch auf den Lippen, sein eigener Diener bringt die Nachricht, daß ihr Vater »laden with wealth« zurückgekehrt ist. Nun, soweit das Publikum, das hinter die Kulissen schauen kann und über die Treuheit des Liebhabers weiß, soweit das Publikum betroffen ist, ist nun alles in Ordnung; aber der Dichter ist im Unrecht, seine Heldin in die traurige Situation zu setzen, in der sie, wenn sie nicht dumm ist, sowohl die Unwissenheit als auch Interesselosigkeit des Helden vermuten muß.

Drittens – die Worte »You are now no more a gipsy«. Das Thema dieses Dramas ist, wie gesagt, Liebe ohne Rücksicht auf Vorurteile basierend auf Klassenzugehörigkeit, und auf die Entwicklung dieses Themas haben sich alle Kräfte des Dramatikers während der drei Akte des Stückes konzentriert – oder hätten dies zumindest tun sollen. Unsere Aufmerksamkeit wird erweckt durch unsere Bewunderung für die Aufopferung und für die Liebe, die diese hervorrief; aber diese Aufmerksamkeit verschwindet schnell und auf unangenehmen Weise, als wir entdecken, daß die Aufopferung zwecklos gewesen ist. »You are no more a Gipsy« zerstört den Reiz und verbirgt alles von jenem Eindruck, den der Autor so mühsam erwecken wollte. Unser romantischer Eindruck über das ritterliche Verhalten des Helden verfällt in eine gleichgültige Zufriedenheit mit seinem Schicksal. Wir geben unsere Begeisterung mit dem Begeisterten auf und schütteln die Hand des normalen glücklichen Menschen. Aber ist das letztere Gefühl nicht angenehmer? Vielleicht, aber »angenehm« ist nicht gerade das Wort, mit dem Mr. Longfellow den Schluß dieses Dramas bezeichnet wissen möchte, aber warum macht er sich dann die Mühe, über einhundertundachtzig Seiten ein Ergebnis herbeizuführen, nur um selbiges auf der einhundertundeinundachtzigsten Seite zu zerstören?

Wir haben bereits ausführlich unsere Vorstellungen über die Eigenschaften der Handlung dargelegt – und es scheint nahezu überflüssig, irgendwas über die des »Spanischen Studenten« zu sagen. Es gibt keine Konstruktion, und es gibt kaum eine Episode, die notwendigerweise von einer anderen abhängt. Wir könnten zwei Drittel des Ganzen entfernen, ohne es zu beschädigen – aber auch ohne Nachteil, sondern sogar zum Vorteil des Ganzen. Und im Hinblick auf die Abfolge des Ganzen *könnten* wir das Stück verbessern, indem wir alle Szenen in einen Sack packen, diese gut durchmischen und wieder herausschütteln. Die ganze Form der Zusammenstellung – ganz abgesehen von der Schwäche der Episoden an sich – zeigt, auf Seiten des Schriftstellers, ein totales und radikales Verlangen nach der adaptiven oder konstruktiven Kraft, die das Drama so unabdingbar verlangt.

Wir haben bereits auf die Unoriginalität des Themas verwiesen, und es reicht an dieser Stelle aus, auf die Unoriginalität der Ereignisse, mit der dieses Thema entwickelt wird, anzuspielen. Und was *sollten* wir schon zu solchen Episoden sagen wie das Kind, das von den Zigeunern gestohlen wird; ihrer Erziehung zur *danseuse;* ihr Versprechen an einen Zigeuner; ihre Vorliebe für einen Edelmann; die Gerüchte über ihre Unschuld; Verfolgung durch einen *roué;* Eindringen des *roué* in ihr Zimmer; das folgende Mißverständnis zwischen ihr und ihrem Geliebten; das Duell; die Niederlage des *roué;* sein Leben vom Helden bewahrt; seine Angeberei über Dienste, die das Mädchen erwiesen habe; *ruse* über den nachgemachten Ring; der Geliebte, der daraufhin das Feld räumt; die Ermordung Laras im Schlafzimmer des Mädchens; die untröstliche Wanderung Victorians; die *equivoque* Szene mit Preciosa; das Angebot, den Ring zu kaufen, und die Ablehnung; die »Nachrichten vom Hofe«, die über die wahre Abstammung der Zigeunerin berichten – was *sollten* wir schon über alle diese lächerlichen Dinge sagen, außer daß wir sie ungefähr zwei-, dreihundert Mal vorher gesehen haben und daß sie mehr oder weniger Standardstoff für jede Schmierenkomödie seit der Sintflut gewesen sind? Es gibt nicht eine Episode von der ersten bis zur letzten und befriedigendsten Seite des »Spanischen Studenten«, die wir nicht innerhalb von zehn Minuten in einigen der tausend-und-einem Intrigenkomödien Calderons und Lope de Vegas.

Aber selbst wenn unser Dichter grob unoriginell in der Wahl seines Themas und seiner Episoden war, könnte er nicht zumindest Originalität in Handhabung oder *Ton* vorweisen? Wir sind tief betroffen, daß dem nicht so ist, es sei denn, wir gewähren ihm Originalität für die merkwürdige Weise, auf die er den anheimelnden und gestelzten Ton altenglischer Dramatiker mit einem *dégagée* Hauch von Cervantes zusammengeworfen hat. Wir müssen aus Platzgründen es dem Leser selbst überlassen, ob dem so ist. Wir zitieren allerdings einen Auszug aus der zweiten Szene des ersten Aktes, die zeigt, wie leicht man einen Menschen einen Vortrag über Sancho Pansa halten lassen kann: –

Chispa. Abernuncio Satanas! and a plague upon all lovers who ramble about at night, drinking the elements, instead of sleeping quietly in their beds. Every dead man to his cemetery, say I; and every friar to his monastery. Now, here's my master Victorian, yesterday a cow-keepe and to-day a gentleman; yesterday a student and to-day a lover; and I must be up later than the nightingale, for as the abbot sings, so must the sacristan respond. God grant he may soon be married, for then shall all this serenading cease. Ay, marry, marry, marry! Mother, what does marry mean? It means to spin, to bear children, and to weep, my daughter! and, of a truth, there is something more in matrimony than the wedding ring. And now, gentlemen, *Pax vobisum!* as the ass said to the cabbages!

Und lassen Sie uns hinzufügen »as an ass *only* should say«.

In der Tat finden sich im »Spanischen Studenten«, wie in anderen Werken des Autors, offensichtliche Anzeichen von Nachahmungen. Wir werden unendlich an Dinge, die wir schon gesehen haben, erinnert – eine alte Bekannte in Art oder Weise; und selbst dort, wo diese Ähnlichkeit nicht ein offensichtliches Plagiat ist, so schadet es doch dem guten Ruf des Dichters.

Kleinere Probleme in diesem Stück sind zum Beispiel die häufigen Anspielungen auf Episoden aus Büchern, die nicht allgemein bekannt sind und jedesmal eine erklärende *Anmerkung* benötigt. Das Drama verlangt jedoch, daß alles sofort offensichtlich erscheint so daß es jeder lesen kann. Der einzige Eindruck, der durch diese *Anmerkungen* erweckt wird, ist, daß der Autor offensichtlich auf seine umfassende Literaturkenntnis verweisen möchte.

Wir sollten auch auf die eine oder andere Tautologie hinweisen, wie zum Beispiel:

»Never did I behold thee so *attired*
And *garmented* in beauty as to-night!«

oder

»What we need
is the celestial fire to change the fruit
Into *transparent* crystal, *bright and clear!*«

Wir sollten auch auf die nicht seltenen grammatikalischen Fehler verweisen, wie zum Beispiel auf Seite 23:

»Did no one see thee? None, my love, but *thou*.«

Hier ist »but« keine Konjunktion, sondern eine Präposition und verlangt *thee* als Objekt. »None but *thee*« wäre korrekt und würde »Niemand *außer* Dir« bedeuten. Auf Seite 27 ist »mayst« falsch geschrieben »may'st«. Und auf Seite 34 finden wir:

»I have no other saint than *thou* to pray to.«

In diesem Fąlle sind sowohl Autorität als auch Analogie gegen Mr. Longfellow. »Than« ist ebenfalls eine Präposition mit Objekt, die »save« oder »except« bedeutet. »I have none other God than thee«, etc. Siehe Horne Tooke. Das lateinische Äquivalent ist *»quam te«*. Auf S. 80 lesen wir

»*Like thee* I am captive, and, *like thee*,
I have a gentle gaoler.«

Hier ist »like thee« (obwohl natürlich grammatisch) nicht angebracht. Mr. Longfellow meint nicht, daß der Sprecher wie der Vogel selbst ist, sondern sein Zustand diesem ähnelt. Korrekt müßte es wie folgt heißen:

»*As thou* I am captive, and, *as thou*
I have a gentle gaoler.«

Genauer wäre, *as thou art* und *as thou hast.*

Im allgemeinen bedauern wir es, daß Professor Longfellow dieses Stück geschrieben hat, und sind besonders bedrückt, daß er sich durch seine Wiederveröffentlichung zu ihm bekennt. Nur als reines Gedicht kann es irgendwelche Verdienste vorweisen. Nur wenn man das Gedicht vom Drama trennt, kann die Schönheit jener Stellen, die wir als schön bezeichnet haben, erkannt werden. Wir sind uns nicht sicher, ob ein »Dramengedicht« nicht ein Widerspruch in sich ist. Auf jeden Fall hat ein Genie (wie es Mr. Longfellow zweifellos ist) sich nicht mit solchen hybriden und paradoxen Kompositionen zu beschäftigen. Lassen wir Gedichte Gedichte sein und Theaterstücke Theaterstücke, und sonst nichts. Und »Der spanische Student« im besonderen – sein Thema ist unoriginell; seine Episoden antik; die Handlung ist keine Handlung; seine Charaktere sind charakterlos; kurz gesagt, es ist nur leicht besser als jenes Wortspiel, die es überhaupt erst zu einem »Theaterstück« werden lassen.

Vorwort zu »The Raven« und anderen Gedichten

Diese Bagatellen sind hauptsächlich hier zusammengestellt und wiederveröffentlicht worden, um die vielen Verbesserungen, die diese erfahren haben, als sie durch die Druckwalzen gingen, wiedergutzumachen. Ich bin natürlich besorgt, daß Dinge, die ich geschrieben habe, wenn diese schon in Umlauf gebracht werden, wenigstens so in Umlauf gebracht werden, wie ich sie verfaßt habe. Um dennoch meinen eigenen Geschmack zu verteidigen, fühle ich mich gezwungen zu sagen, daß ich im Hinblick auf die Bedeutung für die Öffentlichkeit, oder auf meine Ehre, nicht viel von diesem Band halte. Unkontrollierbare Ereignisse haben mich immer daran gehindert, mich ernsthaft mit dem Gebiet, was unter günstigeren Umständen meine Wahl gewesen wäre, zu beschäftigen. Für mich war die Dichtkunst nie ein Zweck, sondern eine Leidenschaft; und diese Leidenschaft sollte in Ehren gehalten werden; sie darf und kann nicht auf Knopfdruck erweckt werden, mit einem Auge auf den kargen Wiedergutmachungen, oder kärgeren Empfehlungen, der Menschheit.

E. A. P.

Die Methode der Komposition

Charles Dickens spielt in einer vor mir liegenden Notiz auf eine Untersuchung, die ich einmal über die Technik von »Barnaby Rudge« an, und fragt: »Haben Sie übrigens schon mal gemerkt, daß Godwin seinen ›Caleb Williams‹ von hinten angefangen hat? Zuerst verwikkelte er seinen Helden in einem Netz von Schwierigkeiten, die den zweiten Band ausmachen, und dann den ersten, der das Geschehene irgendwie erklären sollte.«

Ich glaube nicht, daß Godwin *genau* so verfahren ist – und seine eigenen Eingeständnisse stimmen nicht ganz mit Mr. Dickens' Idee überein – aber der Autor von ›Caleb Williams‹ war ein viel zu guter Künstler, um nicht den Vorteil ausmachen zu können, den ein ähnliches Vorgehen einbringen konnte. Nichts ist klarer, als daß jede Handlung, die diesen Namen verdient, bis zu ihrem *dénoument* ausgearbeitet werden muß, ehe man sich ans Schreiben macht. Nur mit dem *dénoument* permanent vor Augen kann man der Handlung den unerläßlichen Anschein der Folgerichtigkeit oder Ursächlichkeit verleihen, in dem man die Episoden und insbesondere den gesamten Ton auf die Entwicklung des Beabsichtigten ausrichtet.

Ich glaube, daß es in der gewöhnlichen Art, eine Erzählung aufzubauen, radikale Fehler gibt. Entweder liefert die Geschichte ein Thema – oder das Tagesgeschehen –, oder zumindest macht sich der Autor selber daran, die Grundlage seiner Erzählung zu schaffen – allgemein in der Absicht, jegliche Auslassung, die bei der Entwicklung von Seite zu Seite in Inhalt oder Handlung erkennbar wird, mit Beschreibungen, Dialogen oder Autorenbemerkungen zu füllen.

Ich beginne lieber mit Überlegungen über das *Ergebnis. Immer* an Originalität denkend – denn man trügt sich selbst, wenn man riskiert, auf eine so offensichtliche und zugängliche Quelle des Interesses zu verzichten –, frage ich mich zuallererst: »Welches dieser unzählbaren Ergebnisse oder Eindrücke, für die das Herz, der Verstand oder (allgemeiner) die Seele empfänglich sind, soll ich hierfür auswählen?« Habe ich mich für ein erstens neues und zweitens lebhaftes Ereignis entschieden, überlege ich, ob dieses am ehesten durch die Handlung oder durch den Ton erreicht werden kann – durch normale Ereignisse und merkwürdigen Ton, oder umgekehrt, oder durch eigentümliche Ereignisse und Ton – und blicke dann um mich (oder in mich, um genau zu sein), um solche Kombinationen von Ereignissen oder Ton, wie sie mir für meine Zwecke am dienlichsten sind, zu finden.

Ich habe mir schon oft gedacht, wie interessant ein Zeitschriftenartikel sein müßte, dessen Verfasser Schritt für Schritt das Verfahren beschreiben wollte – wenn er es denn könnte –, mit dem eine seiner Werke den letzten Schliff bekommen. Warum es bisher keinen solchen Aufsatz gibt, kann ich nicht erklären – aber vielleicht hat Autoreneitelkeit mehr als alles andere damit zu tun. Die meisten Autoren – insbesondere die Dichter – möchten gern so verstanden werden, als arbeiteten sie in einer Art holden Wahnsinns – einer ekstatischen Eingebung –, und sie würden entschieden davon Abstand nehmen, die Öffentlichkeit einen Blick hinter die Kulissen werfen zu lassen: auf die verschlungene und unschlüssige Unfertigkeit des Denkens – auf die erst im letzten Augenblick erkannte wahre Absicht – auf die zahllosen flüchtigen Gedanken, die zu nichts führten – auf die ausgereiften Ideen, die verzweifelt als nicht umsetzbar zurückgewiesen werden – auf vorsichtige Auswahl und Zurückweisung – auf mühsames Streichen und Ergänzen – kurz, auf Räder und Getriebe – der Mechanismus für den Kulissenwechsel – die Trittleitern und Versenkungen – den Kopfputz, die rote Farbe und die schwarzen Flicken, die in neunundneunzig von hundert Fällen die Requisiten des literarischen *Histrionen* ausmachen.

Andererseits bin ich mir bewußt, daß es keinesfalls normal ist, daß ein Autor überhaupt in der Lage ist, die Schritte nachzuvollziehen, mit denen er seine Ergebnisse erreicht hat. Im allgemeinen tauchen Einfälle in wirrem Durcheinander auf und werden auf gleichsame Weise weiterverfolgt und vergessen.

Ich für meinen Teil habe weder Verständnis für den genannten Widerwillen noch jemals die geringste Schwierigkeit, mir die Entwicklungsstadien einer meiner Arbeiten zu vergegenwärtigen; und da das Interesse an einer Analyse oder Rekonstruktion, wie ich sie als *desideratum* ansah, gänzlich unabhängig von einem wirklichen oder imaginären Interessen am analysierten Gegenstand ist, wird man es mir nicht als Verstoß gegen die guten Sitten übelnehmen, wenn ich den *modus operandi* vorführe, der zu einem meiner eigenen Werke geführt hat. Ich habe »The Raven« als das wohl bekannteste ausgewählt. Meine Absicht ist, klarzumachen, daß sich kein einziger Punkt in seiner Komposition auf Zufall oder Eingebung zurückführen läßt: das Werk ging Schritt für Schritt seiner Vollendung mit der Genauigkeit und strengen Folgerichtigkeit einer mathematischen Gleichung entgegen.

Für das Gedicht an sich ist es unwichtig, den Umstand – oder meinetwegen auch die Notwendigkeit – zu berücksichtigen, woraus zunächst die Absicht entsprang, *irgendein* Gedicht zu verfassen, das sowohl den allgemeinen wie den kritischen Geschmack zufriedenstellen sollte.

Beginnen wir also, in dieser Absicht.

Die erste Überlegung galt dem Umfang. Ist ein Werk der Literatur zu lang, um in einem Zuge gelesen zu werden, muß man sich damit abfinden und auf den durchaus wichtigen Effekt verzichten, der sich aus der Einheit des Eindrucks ergibt – denn wenn zwei Ansätze nötig sind, schieben sich die Dinge der Außenwelt dazwischen, und die Gesamtheit wird sofort zerstört. Da es sich aber *ceteru paribus* kein Dichter leisten darf, auf *irgend etwas* zu verzichten, das seine Absicht fördern kann, bleibt nur zu bedenken, ob der Umfang irgendeinen Vorteil bietet, der den damit verbundenen Verlust an Einheit ausgleicht. Dies verneine ich sofort. Was wir ein langes Gedicht nennen, ist tatsächlich nur eine Reihe kurzer Gedichte – kurzer poetische Effekte. Man braucht nicht zu zeigen, daß ein Gedicht nur insofern eines ist, als es tief erregt, indem es die Seele erhebt, und alle tieferen Erregungen sind aus psychischer Notwendigkeit kurzfristig. Aus diesem Grunde ist zumindest die Hälfte von ›Paradise Lost‹ wesensmäßig Prosa – eine Abfolge poetischer Aufschwünge, unvermeidlich durchsetzt von entsprechenden Müdigkeiten – und insgesamt durch seine außerordentliche Länge um das so unmeßbar wichtige künstlerische Element der Gesamtheit oder Geschlossenheit der Wirkung gebracht.

Es scheint daher offensichtlich, daß allen literarischen Werken hinsichtlich des Umfangs eine bestimmte Grenze gesetzt wird – definiert durch das, was sich in einem Zuge lesen läßt –, und dieser Grenze darf, wenn sie auch bei bestimmten Formen der Prosakomposition, wie in ›Robinson Crusoe‹, erfolgreich übertreten werden darf, durch ein Gedicht niemals verletzt werden. Innerhalb dieser Grenze kann man den Umfang des Gedichtes so festlegen, daß er in einem mathematischen Verhältnis zur Bedeutung steht – mit anderen Worten zur Erregung oder Erhebung –, oder noch anders: zu dem Grad der echten poetischen Wirkung, die es hervorrufen kann: denn es ist klar, daß die Kürze in direktem Verhältnis zur Stärke der angestrebten Wirkung stehen muß – mit dem einzigen Vorbehalt, daß eine gewisse Dauer unbedingt erforderlich ist, um überhaupt eine Wirkung zu erzeugen.

In Anbetracht solcher Überlegungen und ebenso des Grades an Erregung, den ich nicht über dem allgemeinen, aber auch nicht unter dem kritischen Geschmack ansetzte, bekam ich alsbald einen Eindruck von der geeigneten Länge meines geplanten Gedichtes: einer Länge von etwa hundert Zeilen. Tatsächlich sind es hundertundacht.

Der folgende Gedanke galt der Wahl des zu vermittelnden Eindrucks oder Effekts; und hier kann ich auch gleich anmerken, daß ich während des kompletten Umsetzens permanent daran dachte, das Werk *allgemein* verständlich zu machen. Ich käme zu weit von meinem eigentlichen Thema ab, wollte ich etwas darlegen, das ich wiederholt hervorgehoben habe und das mitsamt dem Poetischen nicht der geringsten Erklärung bedarf - das Schöne sei das einzig legitime Gebiet des Gedichtes. Einige Worte dennoch, um meine wirkliche Meinung zu erläutern, die einige meiner Freunde gern falsch wiedergeben wollen. Das zugleich stärkste, erhebendste und reinste Vergnügen erlebt man, meiner Meinung nach, bei der Betrachtung des Schönen. Wenn die Menschen von Schönheit sprechen, meinen sie im Grunde nicht, was offensichtlich wäre, eine Eigenschaft, sondern eine Wirkung - kurzum, sie beziehen sich auf eben jene stake und reine Erhebung der *Seele* - *nicht* des Intellekts oder des Herzens -, über die ich mich geäußert habe und die sich durch die Betrachtung »des Schönen« einstellt. Ich bestimme nun das Schöne als ein Gebiet des Gedichtes einfach aus dem Grunde, da es eine offensichtliche Kunstregel ist, Ergebnisse aus ihren direkten Ursachen hervorgehen zu lassen - Ziele mit den besten Mitteln anzustreben - und niemand bisher dumm genug war zu leugnen, daß die angesprochene Erhebung *am ehesten* im Gedicht zu erreichen sei. Dem steht entgegen, daß das Ziel »Wahrheit«, oder die Befriedigung des Intellekts, und das Ziel »Leidenschaft«, oder die Erregung des Herzens, weit eher - obwohl auch bis zu einem bestimmten Grad durch Poesie erreichbar - in Prosa zu verwirklichen sind. In der Tat verlangt die Wahrheit eine Genauigkeit und die Leidenschaft eine *Einfachheit* (der wahre Leidenschaftliche wird dies begreifen), die in totalem Gegensatz zu jener Schönheit stehen, welche, wie ich behaupte, die Erregung oder freudige Erhebung der Seele ist. Aus allem hier Gesagten folgt keineswegs, daß Leidenschaft, oder selbst Wahrheit, nicht, und sogar mit Gewinn, in ein Gedicht eingehen mögen - denn sie können, wie Dissonanzen in der Musik, durch den Kontrast der Erhellung dienen oder die allgemeine Wirkung unterstützen -, doch der wahre Künstler wird immer darauf abzielen, sie erstens entsprechend untergeordnet auf das Hauptziel abzustimmen und sie zweitens so weit wie möglich in jene Schönheit zu hüllen, die Atmosphäre und Wesen des Gedichts ausmacht.

Da ich also das Schöne als mein Gebiet ansehe, richtet sich meine nächste Frage auf den *Ton* ihrer vollkommenen Darstellung - und alle Erfahrung zeigt, daß dies ein *trauernder* Ton ist. Schönheit in jeglicher Art bewegt in ihrer höchsten Vollkommenheit die empfindsamste Seele unweigerlich zu Tränen. Melancholie ist daher der angebrachteste Ton.

Nachdem somit Umfang, Thema und Ton des Gedichtes festgelegt waren, verließ ich mit auf gewöhnliche Induktion auf der Suche nach einem künstlerischen Reiz, der mir als Grundlage für mein Gedicht dienen konnte - als Fixpunkt, um den sich alles drehen würde. Bei sorgfältigem Nachdenken über alle üblichen künstlerischen Wirkungen oder sogar *Effekte* (im theatralischen Sinne) erkannte ich unfehlbar sofort, daß nichts so universell Verwendung fand wie der *Refrain*. Diese universelle Anwendung überzeugt mich von seinem wahren Wert und enthob mich der Notwendigkeit, diesen zunächst zu analysieren. Ich betrachtete ihn allerdings mit dem Gedanken einer möglichen Verbesserung und entdeckte diese schnell in einer primitiven Voraussetzung. In seiner normalen Verwendung ist der Refrain einerseits auf das lyrische Gedicht beschränkt, andererseits hängt er in seiner Wirkung von der Kraft der Eintönigkeit ab - sowohl des Klanges wie des Gedankens. Das Behagen ergibt sich allein aus dem Gespür für Gleichheit - für Wiederholung. Ich beschloß, diese Wirkung dadurch zu verändern und damit zu verstärken, daß ich im ganzen die Eintönigkeit des Klanges beibehielt, wogegen ich die des Gedankens andauernd veränderte; mit anderen Worten, ich entschied mich, andauernd neue Effekte zu erzeugen, indem ich die *Anwendung des Refrains* veränderte - wobei er selbst weithin unverändert blieb.

Nachdem dies geklärt war, bedachte ich nun das *Wesen* meines *Refrains*. Da seine Anwendung stets wechseln sollte, wurde klar, daß er selbst kurz sein mußte, denn es wäre unüberwindbar schwierig gewesen, einen längeren Satz ständig in neuer Bedeutung zu verwenden. Die Leichtigkeit der Abwandlung steht natürlich in direktem Verhältnis zur Kürze des Satzes. Dies brachte ich schnell auf ein Wort als den besten Refrain.

Danach stellte ich Überlegungen zum *Charakter* des Wortes an. Aus dem Entschluß zu einem Refrain ergab sich die Notwendigkeit der Aufteilung des Gedichtes in Strophen, denn der Refrain bildet den Abschluß einer jeden Strophe. Es gab keine Zweifel, daß ein solcher Abschluß, um Kraft zu haben, klangvoll sein und eine gedehnte Betonung erlauben muß; diese Überlegungen brachten mich unvermeidlich auf das lange *o* als den klangvollsten Vokal, in Verbindung mit dem *r* als dem am einfachsten artikulierbaren Konsonanten.

Nachdem der Klang des Refrains so festgelegt war, mußte nun ein Wort gefunden werden, das diesen Klang enthielt und zugleich so nah wie möglich an jene Melancholie herankam, die ich als Stimmung des Gedichtes festgelegt hatte. Dabei wäre es unmöglich gewesen, das Wort »nevermore« zu übersehen. Es war sogar das erste, das sich anbot.

Als nächstes benötigte ich einen Vorwand, dieses eine Wort »nevermore« immer wieder verwenden zu können. Als ich die Schwierigkeit erkannte, die sich sogleich der Erfindung eines ausreichend offensichtlichen Grundes für seine andauernde Wiederholung entgegenstellte, kam ich zu der Erkenntnis, daß diese Schwierigkeit das Ergebnis einer vorweggebildeten Meinung war, das ein *Mensch* dieses Wort derart ständig oder monoton sprechen – kurzum, ich sah ein, daß die Schwierigkeit in der Versöhnung dieser Monotonie mit dem Venunftgebrauch des Wesens lag, das dieses Wort wiederholte. Daraus entsprang der Gedanke an ein unvernünftiges sprechfähiges Wesen; und da bot sich zuallererst natürlich der Papagei an, der allerdings sogleich von einem Raben, ebenfalls sprachbegabt und wesentlich passender für den beabsichtigten Ton, verdrängt wurde.

Nun war ich zur Vorstellung eines Raben, eines unheilverkündenden Vogels, gelangt, der monoton nur »nevermore« am Ende jeder Strophe in einem melancholischen Gedicht von ungefähr hundert Zeilen Länge wiederholte. Ohne das Ziel der *Vollkommenheit* oder Perfektion in allen Teilen aus den Augen zu verlieren, stellte ich mir nun die Frage: »Welcher unter allen melancholischen Gegenständen ist nach dem *allgemeinen* menschlichen Verständnis der *melancholischste?*« Die naheliegende Antwort war – Der Tod. »Wann«, fragte ich mich, »ist dieser melancholische Gegenstand am poetischsten?« Aus dem bereits Gesagten ergibt sich auch hier die naheliegende Antwort: »Wenn er eng mit Schönheit verbunden ist; der Tod einer schönen Frau ist somit zweifellos der poetischste Gegenstand auf der Welt – und genauso zweifellos ist der geeignetste Mund für einen solchen Gegenstand der eines Liebenden, dessen Geliebte er durch den Tod verlor.«

Diese beiden Motive galt es nun zu verbinden: den Liebenden, der um seine verstorbene Geliebte trauert, und einen Raben, der ständig »nevermore« wiederholt. Dies mußte ich verbinden und gleichzeitig meine Absicht bedenken, das Refrain-Wort bei jeder Wiederkehr anders zu verwenden; jedoch bestand die einzig sinnvolle Möglichkeit einer Verbindung darin, sich den Raben so vorzustellen, daß er das Wort als Antwort auf die Fragen des Liebenden gibt. Und genau hier fand ich sofort die Gelegenheit für die Wirkung geboten, auf die es mir ankam: den Effekt der *Variation der Anwendung*. Ich erkannte, daß ich die erste Frage des Liebenden – die erste, auf die der Rabe »nevermore« antwortet – allgemein halten konnte – und die zweite etwas weniger – die dritte noch weniger usw. – bis endlich der Liebende, durch den melancholischen Charakter des Wortes selbst – durch dessen andauernde Wiederholung – und durch den Gedanken an den verhängnisvollen Ruf des Vogels, der es ausspricht, in seiner anfänglichen *nonchalance* gestört, in abergläubische Erregung gerät und ungestüm Fragen ganz anderer Art stellt – Fragen, deren Antwort ihm sehr am Herzen liegen –, er fragt sie halb aus Aberglauben und halb aus jener Art von Verzweiflung, die sich in Selbstquälerei gefällt – er stellt sie nicht, weil er an das prophetische oder dämonische Wesen des Vogels glaubt (der, wie er vernunftgesteuert glaubt, nur mechanisch Gelerntes wiedergibt), sondern weil er eine wahnsinnige Lust daraus gewinnt, seine Fragen so zu stellen, daß er aus dem *erwarteten* »nevermore« den köstlichsten, da unerträglichsten, Schmerz ziehen kann. Als ich sah, welche Gelegenheit sich hier mir bot – oder die sich mir im Laufe des Planens aufgedrängt hatte –, überlegte ich mir zunächst den Höhepunkt, oder die Schlußfrage – jene Frage, auf die »nevermore« die endgültige Antwort sein sollte –, so daß dieses »nevermore« den größten vorstellbaren Schmerz und Verzweiflung hervorruft. Und an diesem Punkt nahm das Gedicht seinen Anfang – mit dem Ende, mit dem alle Kunstwerke beginnen sollten –, denn an diesem Punkt griff ich zum ersten Mal zur Feder und brachte dieses Strophe zu Papier:

»Prophet« said I, »thing of evil! prophet still if bird or devil!
By that heaven that bend above us – by that God we both adore
Tell this soul with sorrow laden, if within the distant Aidenn
It shal clasp a sainted maiden whom the angels name Lenore –
Clasp a rare and radiant maiden whom the angels name Lenore.«
Quoth the Raven, »Nevermore.«

Diese Strophe schrieb ich zu diesem Zeitpunkt erstens, um durch Bestimmung des Höhepunktes besser die vorangehenden Fragen des Liebenden in Ernst und Bedeutung variieren und steigern zu können – und zweitens, um definitiv Rhythmus, Metrum, Länge und Form der Strophen so abzustufen, daß keine von ihnen die letzte an rhythmischer Wirkung übertreffen könnte. Hätte ich bei der weiteren Arbeit kraftvollere Strophen bilden können, hätte ich sie bedenkungslos so abgeschwächt, daß sie nicht die Wirkung des Höhepunktes beeinträchtigten.

An dieser Stelle möchte ich auch etwas über die Versifikation sagen. Mein oberstes Ziel war (wie immer) Originalität. Das Ausmaß, in dem dieses bei der Versifikation vernachlässigt wird, ist eines der unerklärlichsten Dinge auf der Welt. Zugegeben, es gibt Variationsmöglichkeiten beim reinen *Rhythmus,* doch es ist klar, daß die möglichen Abwandlungen von Metrum und Strophe unendlich sind – dennoch hat *über Jahrhunderte kein Mensch in der Lyrik jemals etwas Originales gemacht oder vielleicht auch nur daran gedacht, dies zu tun.* Es steht fest, daß Originalität (außer bei besonders kraftvollen Geistern) keineswegs, wie manche meinen, eine Sache des Instinkts oder der Intuition ist. Im allgemeinen läßt sie sich nur durch mühsame Suche finden, und sie verlangt, obschon von höchstem positivem Wert, für ihre Verwirklichung doch weniger Einfall als Auswahl.

Natürlich beanspruche ich weder für Rhythmus noch für Metrum des »Raven« Originalität. Ersterer ist trochäisch, letzterer ein katalektischer Heptameter, der im Refrain der fünften Strophe wiederholt wird, und schließend mit einem katalektischen Tetrameter. Weniger pedantisch: Der durchgehend verwendete Versfuß (der Trochäus) besteht aus einer langen und einer kurzen Silbe; die erste Zeile der Strophe hat acht solche Takte – die zweite siebeneinhalb (eigentlich siebenzweidrittel) – die dritte acht, die vierte siebeneinhalb – die fünfte ebenso – die sechste dreieinhalb. Einzeln betrachtet ist jede dieser Zeilen schon einmal verwendet worden, und was »The Raven« an Originalität besitzt, ist ihre *Zusammenstellung zu Strophen;* denn bisher gibt es nichts, was dieser Verbindung auch nur annähernd gleicht. Den Effekt dieser Originalität durch Kombination unterstützen weitere ungewöhnliche und zum Teil komplett neue Effekte, die sich aus einer erweiterten Anwendung von Reim- und Alliterationsprinzipien ergeben.

Nun mußte ich mir überlegen, wie der Liebende und Rabe zusammengebracht werden könnten – die erste Teilfrage galt dem Ort. Ein Wald oder offenes Land schienen am offensichtlichsten – aber mir hat sich oft gezeigt, daß eine enge *Begrenzung des Raums* notwendig für die Wirkung eines abgeschlossenen Vorgangs ist – wie ein Rahmen für ein Bild. Sie bringt den geistigen Nachdruck der gesammelten Aufmerksamkeit ein, und man sollte sie nicht mit der reinen Einheit des Ortes verwechseln.

So entschloß ich mich, den Liebenden in sein Zimmer zu setzen – ein Zimmer, das ihm heilig ist durch Erinnerungen an sie, die ihn oft dort besucht hatte. Der Raum wird als reichhaltig ausgestattet beschrieben – völlig im Einklang mit den bereits gemachten Erklärungen über die Schönheit als den einzig wahren poetischen Gegenstand.

Nachdem der *Ort* so beschlossen war, galt es nun, den Vogel einzuführen – und unausweichlich bot sich der Gedanke an, ihn durch das Fenster kommen zu lassen. Die Idee, den Liebenden zunächst glauben zu lassen, der Flügelschlag gegen die Läden sei ein »Klopfen«

an der Tür, war in dem Verlangen begründet, die Neugier des Lesers zu steigern, und dem Bedürfnis, eine zusätzliche Wirkung daraus hervorgehen zu lassen, daß der Liebende die Tür aufreißt, nur die Finsternis sieht und sich darauf dem Wachtraum hingibt, der Geist seiner Geliebten habe angeklopft.

Ich machte die Nacht stürmisch, erstens, um das Heischen nach Einlaß des Raben zu erklären, und zweitens wegen der Wirkung des Kontrasts zur (physischen) Ruhe des Zimmers.

Ebenfalls einer Kontrastwirkung wegen – zwischen Marmor und Gefieder – ließ ich den Vogel auf der Büste der Pallas landen – es versteht sich, daß der Vogel die Büste *suggerierte* – wobei es zur Büste der *Pallas* kam, weil diese am besten zur Gelehrsamkeit des Liebenden paßte, und außerdem wegen des Wohlklanges im Wort »Pallas«.

Ungefähr in der Mitte des Gedichtes habe ich ebenso die Wirkung des Kontrastes genutzt, um den Gesamteindruck zu vertiefen. Zum Beispiel zeigt der Rabe bei seinem Erscheinen ein solch phantastisches Verhalten, daß es sich so weit wie möglich dem Lächerlichen nähert. Er tritt auf »with many a flirt and flutter«.

> Not the *least obeisance made he* – not a moment stopped or stayed he
> *But with mien of lord or lady,* perched above my chamber door –

Dieser Absicht wird deutlicher in den beiden folgenden Strophen

> Then this ebony bird beguiling my sad fancy into smiling
> By the *grave and stern decorum of the countenance it wore,*
> »Through thy *crest be shorn and shaven* thou«, I said, »art sure no craven,
> Ghastly grim and ancient Raven wandering from the nightly shore –
> Tell me what thy lordly nam is on the Night's Plutonian shore?«
> Quoth the Raven »Nevermore«.
>
> Much I marvelled *this ungainly fowl* to hear discourse so plainly
> Though its answer little meaning – little relevancy bore;
> For we cannot help agreeing that no living humn being
> *Ever yet was blessed with seeing bird above his chamber door –*
> *Bird or beast upon the scupltured bust above his chamber door,*
> With such a name as »Nevermore«.

Nachdem somit der Schlußeffekt vorbereitet ist, lasse ich das Phantastische zu einem tieferen Ton fallen: diese setzt in der Strophe unmittelbar nach der zuletzt zitierten Zeile ein:

> But the Raven sitting lonely on that placid bust spoke only, etc.

Nach diesem Wendepunkt scherzt der Liebende nicht mehr – er sieht nicht einmal mehr etwas Phantastisches im Verhalten des Raben. Er nennt ihn einen »grim, ungainly, ghastly, gaunt and ominous bird of yore« und spürt, wie sich dessen »fiery eyes« ihm in des »bosom's core« einbrennen. Diese Veränderung im Denken und in der Vorstellungen des Liebenden ist darauf abgezielt, einen gleichen beim Leser hervorzurufen – ihn somit in die richtige geistige Verfassung für das *dénouement* zu bringen – das nun so schnell und *direkt* wie möglich heranrückt.

Mit dem eigentlichen *dénouement* – der Antwort des Raben »nevermore« auf die letzte Frage des Liebenden, ober er seine Geliebte je wiedersehen werde – kann das Gedicht in seinem äußeren Vorgang, der einfachen Schilderung als abgeschlossen gelten. Bis hierher ist alles erklärbar geblieben – wirklichkeitsgetreu. Ein Rabe, auf das Wort »nevermore« abgerichtet und seinem Besitzer entkommen, wird von einem tosenden Sturm dazu, um Mitternacht Einlaß durch ein Fenster zu suchen, hinter dem noch Licht brennt – das Fenster eines Gelehrten, der über einem Buch träumerischen Erinnerungen an eine verstorbene Geliebte nachgeht. Nachdem er auf den Flügelschlag des Vogels das Fenster geöffnet hat, läßt sich der Vogel auf dem besten Platz außerhalb der Reichweite des Gelehrten nieder, der ihn, erheitert durch dieses Ereignis und das wunderliche Verhalten seines Besuchers, im Scherz und ohne wirklich eine Antwort erwartend, nach seinem Namen fragt. Der so angesprochene Vogel antwortet mit dem gelernten Wort »nevermore« – ein Wort, das im melancholischen Gemüt des Gelehrten widerhallt; und als dieser aus der Situation entstehende Gedanken Worten verleiht, verschreckt ihn abermals das wiederholte »nevermore« des Vogels. Der Gelehrte erkennt die Lage zwar, aber wie bereits erklärt, das menschliche Verlangen nach Selbstquälerei und teilweise auch der Aberglaube bringen ihn dazu, dem Vogel Fragen zu stellen, die ihm, dem Liebenden, durch die Antwort »nevermore« unglaubliche Schmerzen verursachen. Mit der extremen Befriedigung dieser Selbstquälerei findet die Schilderung dessen, was ich als ersten oder äußeren Vorgang bezeichnet habe, ihren natürlichen Abschluß, und die Grenzen des Wirklichen sind nicht überschritten worden.

Doch derart wenn auch noch so geschickt oder im Ablauf der Ereignisse noch so lebhaft behandelte Dinge behalten immer eine gewissen Härte oder Nacktheit, die den künstlerischen Blick beeinträchtigt. Zwei Dinge sind unbedingt notwendig: erstens eine gewisse Vielseitigkeit oder Schmiegsamkeit; und zweitens ein gewisses Maß an Mehrdeutigkeit – eine, wenn auch noch so unbestimmte, Unterströmung an Bedeutung. Diese gibt einem Kunstwerk soviel von dem *Reichtum* (um ein kraftvolles Wort der Umgangssprache zu verwenden), den wir nur allzu gern mit *dem Ideal* verwechseln. Gerade das *Übermaß* an nahegelegter Bedeutung – wenn sie zur Ober- statt zur Unterströmung der Thematik wird – verwandelt die sogenannte Poesie der Transzendentalisten in Prosa (der plattesten Art).

In Anbetracht dieser Ansichten fügte ich dem Gedicht die beiden abschließenden Strophen hinzu – und gab diesen eine Mehrdeutigkeit, die die ganze vorangegangene Schilderung in neuem Licht erscheinen läßt. Die Unterströmung an Bedeutung tritt zum ersten Mal in diesen Versen hervor:

> »Take thy beak from out *my heart,* and take thy form from off my door!«
> Quoth the Raven »Nevermore!«

Es ist anzumerken, daß die Worte »From out my heart« die erste Metapher des Gedichtes bringen. Sie richten, zusammen mit dem Wort »nevermore«, die Gedanken darauf, in allem bisher geschilderten eine tiefere Bedeutung zu suchen. Der Leser versteht den Raben als Sinnbild – doch erst mit der letzten Zeile der letzten Strophe läßt sich diese Absicht, ihn zum Sinnbild *trauernder und nicht enden wollender Erinnerung* zu machen, klar erkennen.

> And the Raven, never flitting, still is sitting, still is sitting,
> On the pallid bust of Pallas, just above my chamber door;
> And his eyes have all the seeming of a demon's that is dreaming,
> And the lamplight o'er him streaming throws his shadow on the floor;
> And my soul *from out of that shadow* that lies floating on the floor
> Shall be lifted – nevermore.

Die Grundprinzipien des Versmaßes

Das Wort »Versmaß« wird hier nicht in seiner genauen oder primitiven Bedeutung verwendet, sondern als ein bequemes Wort, um allgemein und ohne Pedanterie über Rhythmus, Reim, Metrum und Versifikation zu sprechen.

Wahrscheinlich ist kein Thema so hartnäckig in höflicher Literatur diskutiert worden, und sicherlich gibt es kein anderes, über das so viel Ungenauigkeit, Verwirrung, Mißverständnis, Verfälschung, Verheimlichendes und offene Ignoranz besteht. Wäre dies ein wirklich schwieriges Thema oder in den Wolken der Metaphysik verborgen, in denen Zweifelsdünste beliebige Formen annehmen können, hätten wir weniger Grund, uns über all diese Widersprüche und Perplexität zu wundern; aber tatsächlich ist dieses ein sehr leichtes Thema; ein Zehntel vielleicht ist ethisch, und neun Zehntel mathematisch; und das Ganze paßt mehr als bequem in den Rahmen des gesunden Menschenverstandes.

»Aber wenn dies der Fall ist«, kann man fragen, »wie ist es dann zu all diesen Mißverständnissen gekommen? Ist es denkbar, daß tausend profunder Gelehrte, die ein so simples Thema seit Jahrhunderten untersuchen, nicht alles ans Tageslicht bringen können, was dieses Thema hergibt?« Ich gestehe ein, daß solche Fragen nicht leicht beantwortet werden können: In jedem Fall würde ein zufriedenstellende Antwort hierauf mehr Aufwand verlangen als eine vollständige Begutachtung der eigentlichen *vexata quæstio,* auf welche diese sich beziehen. Dennoch ist es nicht schwer zu suggerieren, daß jene »tausend profunde Gelehrte« versagt haben *könnten,* weil sie erstens Gelehrte waren, zweitens profund und drittens, weil es tausend von ihnen gab – die Ohnmacht von Forschung und profunden Ansprüchen haben sich tausendfach vervielfältigt. Ich meine dies ganz ernsthaft; denn erstens gibt es etwas in der »Forschung«, die uns zur blinden Anbetung von Bacons Idol des Theaters verführt – irrationale Unterwerfung an Veraltung; zweitens, die echten profunden Ansprüche sind selten profund – es liegt in der Natur der Wahrheit im allgemeinen, wie in einigen Dingen im genauen, am reichsten zu sein, wenn sie am oberflächlichsten ist; drittens, das offensichtlichste Thema kann durch zu viel Gerede völlig vernebelt werden. In der Chemie kann man zwei Moleküle am einfachsten durch Hinzufügen eines dritten trennen; in der Spekulation stimmen Tatsachen mit Tatsachen und Argumente mit Argumenten überein, bis eine weitere wohlgemeinte Tatsache alles über den Haufen wirft. In einem von hundert Fällen wird ein Punkt übermäßig diskutiert, weil er obskur ist; in den übrigen neunundneunzig ist dieser obskur, weil so viel diskutiert. Wenn ein Thema so herausgegriffen wird, ist es am Besten, man vergißt einfach, daß es bereits behandelt worden ist.

Aber obwohl bereits viel über griechische und lateinische und sogar hebräische Rhythmen geschrieben wurde, ist wenig Energie auf moderne Sprachen verschwendet worden. Im Englischen ist vergleichsweise wenig getan worden. Wir sind sogar ohne Abhandlung über unser eigenes Versmaß. Sicherlich gibt es in einigen Grammatiken oder Rhetorikbüchern das eine oder andere Kapitel mit dem Titel »Versifikation«, aber diese sind doch recht spärlich. Sie geben nicht vor, eine Analyse zu präsentieren; weisen keine Ordnung vor und kümmern sich nicht um Regeln; alles hängt von »Autorität« ab. Sie beschränken sich auf Beispiele englischen Fußmaßes und Zeilen – obwohl diese, soweit mir bekannt ist, nirgendwo korrekt erläutert werden. Das wäre dann auch schon alles – abgesehen von einer bisweiligen Einführung eines Pädagogismus, wie der von griechischen Prosodien übernommene »Wenn eine Silbe fehlt, ist das Versmaß katalektisch; wenn das Maß genau ist, ist es akatalektisch; wenn eine überflüssige Silbe vorhanden ist, ist es ein Hypermetrum«. Ob eine Zeile nun katalektisch oder akatalektisch ist, erscheint unwichtig – der Lehrende wird wahrscheinlich wissen, ob er das *a* hinzufügen oder weglassen muß, und doch nicht unterrichtet über *alles* Wissenswertes über die Struktur des Versmaßes.

Ein großes Problem aller Abhandlungen (wenn man diese so bezeichnen kann) ist die Beschränkung auf reine *Versifikation*, wogegen das *Versmaß* im allgemeinen wirklich von Interesse ist. Ich kenne sogar eine Grammatik, die wenigstens eine korrekte Definition des Ausdrucks aufweist. »Versifikation«, so steht es vor mir in einem Werk, dessen Genauigkeit den Durchschnitt weit übertrifft – die »Englische Grammatik« von Goold Brown – »Versifikation ist die Kunst, Wörter so in Zeilen von korrespondierender Länge anzuordnen, daß dies eine Harmonie erzeugt durch die gleichmäßige Abwechslung von Silben in unterschiedlicher Anzahl«. Der Anfang dieser Definition mag in der Tat auf die Kunst der Versifikation anwendbar sein, aber nicht für Versifikation an sich. Versifikation ist nicht die Kunst der Anordnung, sondern diese Anordnung an sich – ein offensichtlicher Unterschied. Dies ist ein Fehler, der sich immer wieder auf den ersten Seiten unserer Schulgrammatiken findet. Ich spiele hier auf die Definition von »englischer Grammatik« an sich an. »Englische Grammatik«, so heißt es, »ist die Kunst des korrekten Sprechens und Schreibens der englischen Sprache«. So oder ähnlich steht es auch, glaube ich, bei Bacon, Miller, Fisk, Greenleaf, Ingersoll, Krikland, Cooper, Flint, Pue, Comly, und vielen anderen. Diese Herren haben es vermutlich ohne Überlegung von Murray übernommen, der dieses von Lily übernahm (dessen Werk war »*quam solam Regia Majestas in omnibus scholis docendam præcipit*«), und er es seinerseits, ohne Verweis, aber mit leichten Veränderungen der lateinischen Grammatik von Leonicenus entnahm. Aber es kann nachgewiesen werden, daß diese recht gleichgültig übernommene Definition keine richtige Beschreibung der englischen Grammatik sein kann. Mit einer Definition erklärt man etwas so, daß es sich von allem anderen abhebt – keine Definition einer Sache kann auf eine andere anwendbar sein. Aber wenn man sich fragt »Was ist der Sinn – der Zweck – das Ziel der englischen Grammatik?«, so ist die offensichtliche Antwort »Die Kunst des korrekten Schreibens und Sprechens der englischen Sprache«, was so viel heißt wie – wir müssen die Worte gemäß Definition durch die englische Grammatik verwenden. Aber der Zweck, der mit allen Mitteln erreicht werden soll, kann nicht das Mittel selbst sein. Die englische Grammatik und ihre Ziele sind grundverschiedene Dinge und können genauso wenig vertauscht werden wie ein Angelhaken und ein Fisch. Die Definition, die im letzteren Fall anwendbar ist, *kann nicht* im vorherigen korrekt sein. Grammatik im allgemeinen ist die Analyse der Sprache; englische Grammatik die des Englischen.

Kehren wir aber zur Versifikation im Sinne der obigen Definition zurück. »Es ist die Kunst, Wörter in Zeilen *korrespondierender Länge* anzuordnen«. Falsch – die korrespondierende Länge der Zeilen ist keineswegs unerläßlich. Pindarische Oden sind sicherlich Beispiele für Versifikation, und doch sind diese bekannt für die Vielschichtigkeit in der Länge ihrer Zeilen.

Überdies soll die Anordnung eine »*Harmonie* erzeugen durch gleichmäßige Abwechslung«. Aber *Harmonie* ist bei weitem nicht das einzige Ziel – noch nicht einmal das vorrangigste. In der Versmaßkonstruktion sollte die *Melodie* niemals vergessen werden; und doch ist dies von allen Prosodien unerklärbar vernachlässigt worden. Begründete Regeln zu diesem Thema sollten ein Teil eines jedem Rhythmussystems ausmachen.

»Um Harmonie zu erzeugen durch *gleichmäßige Abwechslung*« etc. Aber eine *gleichmäßige* Abwechslung, wie hier beschrieben, ist kein Bestandteil der Versifikation. Die Verbindung von Sponden und Daktylen, z. B. im griechischen Hexameter, ist eine Anordnung, die als *zufällig* beschrieben werden kann. Zumindest ist sie gewollt. Ohne die Zeile als Ganzes zu beeinflussen, kann Spondeus durch Daktylus ersetzt werden oder umgekehrt, und zwar an jeder Stelle außer dem letzten und vorletzten Versfuß, von welchem ersterer immer ein Spondeus ist, und letzterer fast immer ein Daktylus. Hier haben wir ganz offensichtlich keine »*gleichmäßige* Abwechslung von Silben in unterschiedlicher Anzahl«.

»Um Harmonie zu erzeugen«, so die Definition, »durch die gleichmäßige Abwechslung von *Silben in unterschiedlicher Anzahl«* – mit anderen Worten, in der Abwechslung von kurzen und langen Silben; denn in der Rhythmik sind alle Silben notwendigerweise kurz oder lang. Aber ich weise die Notwendigkeit von *Gleichmäßigkeit* in der Abfolge von Versfuß und somit auch Silben genauso zurück wie auch die Unerläßlichkeit einer *Abwechslung*, gleichmäßig oder nicht, von langen und kurzen Silben. Man sollte beachten, daß der Autor eine allgemeine Definition von Versifikation anbietet, nicht von englischer Versifikation im besonderen. Aber im griechischen und lateinischen Metrum gibt es zahlreiche Sponden und Pyrren – erstere bestehend aus zwei langen Silben, letztere aus zwei kurzen; und es gibt unzählige Beispiele für die direkte Abfolge von vielen Sponden und vielen Pyrren.

Hier ist ein Auszug von Silius Italicus:

> Fallit te mensas inter quod credis inermem
> Tot bellis quæsita viro, tot cædibus armat
> Majestas aeterna ducem: si admoveris ora
> Cannas et Trebium ante oculos Trasymenaque busta
> Et Pauli stare ingentem miraberis umbram.

Beachten wir die Auslassungen der klassischen Prosodien, wird der Hexameter so aufgeteilt:

> Fāllīt | tē mēn | sās īn | tēr qūod | crēdĭs ĭn | ērmēm |
> Tōt bēl | līs qūæ | sītă vĭ | rō tōt | cædĭbŭs | ārmāt |
> Mājēs | tās ǣ | tērnă dŭ | cēm s’ ād | mōvĕrĭs | ōrā |
> Cānnās | ēt Trĕbī’ | ānt’ ŏcŭ | lōs Trăsy̆ | mēnăquĕ | būstā
> Et Pāu | lī stā | r’ īngēn | tēm mī | rābĕrĭs | ūmbrām |

Es wird erkannt, daß in der ersten und letzten dieser Zeilen, nur zwei von dreizehn Silben kurz sind; mit einer ununterbrochenen Abfolge von nicht weniger als *neun* langen Silben. Aber wie kann man dieses in Einklang bringen mit der Definition von Versifikation, die diese beschreibt als »Kunst, Wörter so in Zeilen von korrespondierender Länge anzuordnen, daß dies eine Harmonie erzeugt durch die *gleichmäßige Abwechslung von Silben in unterschiedlicher Anzahl«*?

Es muß betont werden, daß es die Absicht unseres Prosodisten war, nur über das englische Metrum zu sprechen, und durch die Auslassung von Sponden und Pyrren deren Ausschluß aus unserer Rhythmik nahezu eingestanden hat. Ein Grammatiker kann sich jedoch niemals auf der Basis guter Absichten entschuldigen. Wir verlangen von ihm rigorose Genauigkeit des Stils. Aber genehmigen wir dies. Lassen wir es zu, daß unser Autor, im Zeichen aller Autoren englischer Prosodie, mit seiner allgemeinen Definition lediglich eine Definition des Englischen beabsichtigt hat. Alle Prosodisten weisen Spondeus und Pyrren zurück. Dennoch akzeptieren alle den Jambus, der aus einer kurzen, gefolgt von einer langen Silbe besteht; den Trochäus, der das Gegenstück zum Jambus ist: den Daktylus, der aus einer langen, gefolgt von zwei kurzen Silben besteht; und der Anapäst – zwei kurze, gefolgt von einer langen. Ich werde sogleich zeigen, daß der Spondeus zu Unrecht abgelehnt wird. Der Pyrrus ist rechtmäßig ausgeschlossen worden. Sein Vorhandensein in alter oder moderner Rhythmik ist rein trügerisch, und auf etwas so sinnlosem wie ein Versfuß aus zwei kurzen Silben zu bestehen, zeigt vielleicht die grobe Irrationalität und Autoritätsunterwerfung unserer Prosodien. Allerdings reichen die akzeptierten Daktylen und Anapästs aus, meinen Vorschlag über »Abwechslung« aufrechtzuerhalten, ohne Bezug zu haben auf Versfüße, von denen ausgegangen wird, daß es sie nur im Lateinischen oder Griechischen gegeben hat – denn Anapäst und Daktylus können sich in der selben Zeile treffen, womit wir eine ununterbrochene Abfolge von vier kurzen Silben erhalten. Dieses

Aufeinandertreffen ist ein Zufall, der in der hier diskutierten Definition nicht berücksichtigt wurde, denn diese Definition in ihrem Bestehen auf »gleichmäßige Abwechslung von Silben in unterschiedlicher Anzahl« verlangt eine regelmäßige Abfolge ähnlicher Versfüße. Hier ein Beispiel

Sīng tŏ mĕ | Isăbēlle

Dies ist die erste Zeile einer kurzen vorliegenden Ballade, die in gleichem Rhythmus weitergeht – ein besonders schöner. Aber mehr noch: – Englisch Zeilen sind oft gut zusammengesetzt, komplett, aus einer gleichmäßigen Abfolge von Silben *in gleicher Anzahl:* – wie zum Beispiel in der ersten Zeile dieses Vierzeilers von Arthur C. Coxe:

March! march! march!
  Making sounds as they tread,
Ho! ho! how they step,
  Going down to the dead!

Die kursiv gedruckte Zeile besteht aus drei Zäsuren. Die Zäsur, über die ich viel mehr zu sagen habe, wird von den englischen Prosodisten verworfen und ist in der Klassik grob mißrepräsentiert. Es ist der perfekte Versfuß – der wichtigste in allen Versmaßen – und besteht aus einer einzelnen, *langen Silbe; aber die Länge der Silbe variiert.*

Es ist somit bewiesen worden, daß nicht ein Bestandteil dieser Definition fehlerfrei ist; und wir suchen vergeblich nach etwas befriedigenderem oder besserem.

Ein so allgemeines und totales Versagen kann nur durch ein radikales Mißverständnis erklärt werden. Die englischen Prosodisten sind blind den Pedantikern gefolgt. Letztere, wie *les moutons de Panurge,* haben sich in Nebensächlichkeiten gestürzt, aus dem einfachen Grunde, daß ihre Anführer ähnliches getan hatten. Der Illiad, als Ausgangspunkt, wurde über der Natur und dem gesunden Menschenverstand der Vorzug gegeben. Auf diesem Gedicht, anstelle von Fakten und Ableitungen von selbigen, oder auf natürlichen Gesetzen, basieren Systeme von Versfuß, Metrum, Rhythmus, Regeln – Regeln, die sich alle fünf Minuten widersprechen und für die es doppelt so viele Ausnahmen als Beispiele gibt. Falls irgendwer besonders verwirrt werden möchte – um zu sehen, inwiefern die Vernarrtheit der »klassischen Gelehrsamkeit« einen Bücherwurm in der Herstellung der Dunkelheit aus dem Sonnenlicht führt, sollte man sich einige Augenblicke mit den deutschen griechischen Prosodisten befassen. Das einzige, was sich bei ihnen klar erkennen läßt, ist eine große Verachtung für Leibniz' Prinzip eines »ausreichenden Grundes«.

Es wäre unnötig und schwach, durch Verweis auf diese Werke weiter vom eigentlichen Thema abzulenken. Ich kann mir nicht vorstellen, irgendwelche Fakten von diesen gewinnen zu können und werde es hierbei belassen mit einer letzten Anmerkung – einzig unter Anwendung der zahlreichen *»alten«,* Versfüße Spondeus, Trochäus, Jambus, Anapäst, Daktylus und der Zäsur werde ich jeden beliebigen Horatischen Rhythmus, oder jeden denkbaren Rhythmus, skandieren. Und der Überfluß an trügerischen Versfüßen ist wahrscheinlich das geringste Übermaß der Forschung. *Ex uno disce omnia.* In der Tat ist es nicht notwendig, sich mit der Lehre der *Anzahl* großartig zu befassen. Sie wird universell anerkannt. Sie gehört zu keinem Bereich, keiner Rasse, keiner besonderen Periode. Die Griechen haschten nach Harmonie und Melodie mit ähnlichem Ohr, wie wir es heute tun, und ich übertreibe nicht, wenn ich behaupte, daß ein Pendel in Athen genauso geschwungen hätte wie ein Pendel in der Stadt Penn.

Das *Versmaß* hat seinen Ursprung im menschlichen Genuß von Gleichheit und Nutzbarkeit. Hierzu gehören auch alle Stimmungen, die durch Versmaß, Rhythmus, Metrum, Strophe, Reim, Alliteration, *Refrain* und andere gleichwertige Effekte erzielt werden. Da es einige Leser gibt, die hartnäckig Rhythmus und Metrum verwechseln, sei hier erklärt, daß ersterer sich mit dem *Charakter des Versfußes* (der Anordnung der Silben) befaßt, wogegen letzteres mit der *Anzahl* solcher Versfüße zu tun hat. Mit einem »daktylischen Rhythmus« meinen wir eine Sequenz von Daktylen. Mit einem »daktylischem Hexameter« meinen wir eine Zeile, die sechs Daktylen enthält.

Kehren wir zur *Gleichheit* zurück. Seine Idee umfaßt Ähnlichkeit, Verhältnis, Identität, Wiederholung und Adaption oder Nutzbarkeit. Es ist sicherlich nicht schwer, weiter als Gleichheit zu gehen und zu zeigen, warum die menschliche Natur Gefallen an ihr findet, aber solch eine Untersuchung wäre für den Augenblick überflüssig. Es reicht aus, daß diese Tatsache *unleugbar* ist – die Tatsache, daß der Mensch sich an seiner Empfindung von Gleichheit erfreut. Untersuchen wir einen Kristall. Wir sind sogleich gefaßt von der Gleichheit der Seiten und der Winkel auf seinen Oberflächen: Die Gleichheit der Seiten erfreut uns, und die der Winkel verdoppelt diese Freude. Bei Betrachtung einer weiteren Oberfläche scheint sich dieses Gefühl zu vervierfachen; eine weitere führt zu einer Verneunfachung usw. Ich glaube sogar, daß diese Freude, wäre sie erfaßbar, genau dieses mathematische Verhältnis aufweisen würde, allerdings nur bis zu einem bestimmten Punkt, wonach diese wieder abnehmen würde.

Musik basiert auf der als angenehm empfundenen Gleichheit von *Klängen*. Ungelernte Ohren können nur einfache Gleichheiten hochschätzen, wie z. B. in Balladen. Während sie einen einfachen Klang mit einem anderen vergleichen, sind sie zu sehr mit der Fähigkeit beschäftigt, die Gleichheit zwischen diesem und weiteren Klangpaaren zu erkennen. Das gelernte Ohr kann beide Gleichheiten zugleich erkennen, obwohl es natürlich absurd ist zu sagen, beide werden zugleich *gehört*. Der erste wird an sich gehört und geschätzt, der andere wird von der Erinnerung gehört, und der Augenblick gleitet und verbindet sich mit dem zweiten Verständnis. Hoch kultivierte Geschmäcker können auf diese Weise nicht nur doppelte Gleichheiten genießen, sondern auch besonderen Genuß davon gewinnen, im Gedächtnis Gleichheiten zwischen Teilen, die in so großen Intervallen vorkommen, zu erkennen, die der unkultivierte Geschmack überhaupt nicht sehen würde. Letzterer kann natürlich keinesfalls den Verdienst von sogenannter wissenschaftlicher Musik erkennen oder einschätzen. Aber wissenschaftliche Musik kann keine innere Exzellenz beanspruchen; sie ist allein für wissenschaftliche Ohren zugänglich. Sinnlichkeit wird von Sinnen überwältigt. Im ganzen halten die Befürworter einfacher Melodien und Harmonien das bessere Argument, obwohl es wenige richtige Auseinandersetzungen mit diesem Thema gibt.

Für das *Versmaß*, das nicht anders als eine Unterkategorie der weniger fähigen Musik bezeichnet werden kann, gibt es glücklicherweise wenig Raum für Komplexität. Sein stur einfacher Charakter kann weder durch Wissenschaft noch Pedanterie beeinflußt werden.

Die Grundlagen des Versmaßes kann man vielleicht im Spondeus sehen. Der Ansatz eines Gedankens, der Befriedigung in der Gleichheit von Klängen sucht, würde zur Zusammenstellung von Wörtern aus zwei gleichmäßig betonten Silben führen. Dieses wird durch die Anhäufung von Sponden in vor allem altertümlichen Sprachen belegt. Der zweite Schritt wäre dann vermutlich ein Vergleich, d. h. eine Nebenordnung von zwei Sponden oder von zwei Wörtern, die aus je einem Spondeus bestehen. Als drittes würde eine Nebeneinanderstellung dreier solcher Wörter folgen. An dieser Stelle würde das Empfinden von Eintönigkeit weitere Überlegungen veranlassen, und so kommt man zu dem, womit sich Leigh Hunt so quält in seiner Diskussion »The *Principle* of Variety in Uniformity«. Natürlich gibt es in diesem Fall gar kein Prinzip. »Uniformity« ist das Prinzip – »variety« ist nur der Selbstschutz des Prinzips gegen Selbstzerstörung durch Selbstabnutzung. »Uniformity« ist auch das denkbar ungünstigste Wort, das man zwecks Beschreibung der *allgemeinen* Idee, auf die es zielt, wählen konnte.

Nachdem die Empfindung von Eintönigkeit das Verlangen nach Hilfe hierfür aufkommen lassen hat, gilt der erste Gedanke nun der Bildung von zwei oder mehr Wörtern, die je aus zwei unterschiedlich betonten (kurz oder lang) Silben bestehen, aber in gleicher Abfolge in jedem Wort – anders ausgedrückt, eine Verbindung von zwei oder mehr Jamben oder Trochäen. Und hier möchte ich innehalten und darauf hinweisen, daß es über kein anderes Thema soviel bedauernswerten Schwachsinn auf dieser Welt gibt wie über das Thema *lange* und *kurze* Silben. Generell kann eine Silbe lang oder kurz sein, genauso wie sie leicht oder schwierig auszusprechen ist. Die *natürlich* langen Silben sind jene mit – die *natürlich* kurzen sind jene ohne Konsonanten; alles andere ist künstlich und reiner Jargon. Die lateinischen Prosodisten haben die Regel, daß ein »Vokal vor zwei Konsonanten lang ist«. Diese Regel ist von Autorität abgeleitet – d. h. daß Vokale in solchen Situationen, in alten Gedichten, immer in langen Silben vorkamen wegen der Regeln der Skandierung. Die Philosophie dieser Regel bleibt unbeanstandet und beruht auf der physikalischen Schwierigkeit, solche Silben auszusprechen – um die sprachlichen Fortschritte so zu machen, daß deren Aussprache ermöglicht wird. Natürlich ist nicht der *Vokal* lang (obwohl die Regel dies behauptet), sondern die Silbe, die den Vokal enthält. Es wird sichtbar werden, daß die Länge einer Silbe, abhängig von der Möglichkeit und Schwierigkeit ihrer Aussprache, in verschiedenen Silben sehr unterschiedlich sein muß; aber für den Zweck des Versmaßes gehen wir davon aus, daß eine lange Silbe identisch mit zwei kurzen Silben ist, und jede natürliche Abweichung hiervon berichtigen wir in der Durchsicht. Je mehr sich die langen Silben diesem Verhältnis zu den kurzen annähern, desto besser, *ceteris paribus*, wird unser Versmaß sein: Aber wenn dieses Verhältnis nicht alleine zustande kommt, dann erzwingen wir es durch Betonungen, wodurch selbstverständlich jede Silbe so lang wie gewünscht werden kann – oder, mit etwas Aufwand, lesen wir mit unnatürlicher Knappheit eine Silbe, die natürlich zu lang ist. *Hervorgehobene* Silben sind natürlich immer lang, aber wenn diese nicht mit Konsonanten beladen sind, müssen sie zu den *unnatürlich* langen Silben gezählt werden. Reine Gewohnheit verlangt, daß wir diese hervorheben müssen – anders gesagt, sich uns mit ihnen aufhalten; allerdings zwingt uns keine unausweichliche sprachliche Schwierigkeit dazu. Im Idealzustand muß jede lange Silbe von sich aus, oder *gezwungenermaßen*, genau den Zeitraum von zwei kurzen Silben einnehmen. Die einzige Ausnahme zu dieser Regel ist die Zäsur – mehr dazu später.

Der Erfolg des Experiments mit Jamben und Trochäen (wonach der eine den anderen nach sich zog) muß zu Versuchen mit Daktylen oder Anapästs – natürlichen Daktylen oder Anapästs – daktylischen oder anapästischen *Wörtern* – geführt haben. Und somit ist ein gewisser Grad an Komplexität erreicht worden. Dies ergibt eine Hochschätzung von erstens der Gleichheit zwischen den beiden Daktylen oder Anapästs und zweitens der Gleichheit zwischen der verbundenen langen und den beiden kurzen Silben. Aber hier kann gesagt werden, daß dies Schritt für Schritt, in Fortführung dieser Routine, zum Verbrauch aller griechischer Prosodien geführt hätte. Dem ist nicht so; diese übrigen Versfüße gibt es nirgendwo außer in den Köpfen der Gelehrten. Es ist zwecklos, sich zu überlegen, daß, wie und warum Menschen diese Dinge erfunden haben, ohne zu zeigen, daß diese überhaupt erfunden worden sind. Alle übrigen Versfüße außer den hier genannten sind, wenn auf Anhieb nicht undenkbar, nur Verbindungen der bereits erwähnten; und obwohl diese Behauptung stimmt, werde ich diese, um Mißverständnisse zu vermeiden, etwas anders darlegen. So sage ich, daß ich gegenwärtig mir eines *Rhythmus* nicht bewußt bin – noch glaube ich, daß er konstruiert werden könnte –, der nicht letztendlich aus jenen Versfüßen besteht, die ich erwähnt habe, entweder in ihrem einfachen und offensichtlichen Zustand, oder miteinander verwebt in Einklang mit einfachen natürlichen Gesetzen, die ich weiter unten darlegen werde.

Wir sind nun an dem Punkt angelangt, an dem wir uns vorstellen, Menschen kreieren unendliche Sequenzen von spondischen, jambischen, trochäischen, daktylischen oder anapästischen Wörtern. Eine *Erweiterung* dieser Sequenzen würde erneut den Eindruck der Eintönigkeit hervorrufen. Eine Abfolge von Sponden hätte *sofort* mißfallen; eine aus Jamben oder Trochäen hätte aufgrund der Vielfältigkeit innerhalb des Versfußes selbst, länger benötigt, um zu mißfallen, und noch länger eine aus Daktylen und Jamben; aber sogar letztere wäre letztendlich ermüdend geworden. Somit wäre man zu der Idee gekommen, die Länge einer Sequenz zu limitieren und zu definieren. Dies ist die *Zeile* des eigentlichen Verses[1]. Das Gleichheitsprinzip unterstreicht permanent den ganzen Vorgang, und somit würden Zeilen zunächst natürlich die gleiche Anzahl an Versfüßen enthalten; als zweites würde es zu Variationen in ihrer Anzahl kommen – eine Zeile wäre doppelt so lang wie eine andere; dann würde eine ein weniger offensichtliches Vielfaches einer anderen sein; schließlich würden noch weniger naheliegende Proportionen angewandt werden – dennoch wäre eine *Proportion* oder eine Gleichheitsphase vorhanden.

Nachdem Zeilen eingeführt worden sind, würde die Notwendigkeit, diese *für das Ohr* klar unterscheidbar zu machen (geschriebenes Versmaß existiert zu diesem Zeitpunkt noch nicht), zu einer Untersuchung der Fähigkeiten *ihrer Endung* führen – und somit würde die Idee der Gleichheit der Endsilben hervortreten – in anderen Worten, des *Reimes*. Zunächst würde dieser nur in jambischen, anapästischen und spondischen Rhythmen verwendet werden (wenn letztere wegen seiner Zahmheit nicht längst verworfen wurde), da in diesen Rhythmen die Schlußsilbe lang ist und somit am Besten die Stimme hinziehen könnte. Es würde allerdings nicht lange dauern, bis dieser Effekt, sowohl als angenehm als auch nützlich empfunden, auf die verbleibenden Rhythmen angewandt würde. Aber da die Hauptkraft des Reimes in der betonten Silbe liegen muß, würde der Versuch, einen Reim in diesen beiden übrigen Rhythmen, Trochäus und Daktylus, notwendigerweise zu Doppel- und Dreifachreimen führen, wie z. B. *beauty* mit *duty* (trochäisch), und *beautiful* mit *dutyful* (daktylisch).

Ich muß darauf hinweisen, daß ich mit diesen Prozessen kein bestimmtes Datum verbinde, noch auf eine bestimmte Reihenfolge bestehe. Reim ist angeblich moderner Abstammung, und sollte dies bewiesen werden, so bliebe meine Position unverändert. Ich verweise allerdings darauf, daß es in den »Wolken« von Aristophanes mehrere Male Reime gibt und daß die römischen Dichter mehrmals Reime verwandten. Es gibt eine effektive Art altertümlichen Reimes, die nie in die Moderne vorgedrungen ist: jene, in der die letzte und vorletzte Silbe sich reimen. Zum Beispiel:

Parturiunt montes; nascetur ridicu*lus mus.*

Und wieder:

Litoreis ingens inventa sub ilici*bus sus.*

Die Endungen im hebräischen Versmaß (soweit verständlich) weisen keinen Reim auf; aber wer kann schon bezweifeln, daß es diesen gegeben hat? Die Tatsache, daß im *allgemeinen* bis zum heutigen Tage unabweichlich und blind auf Reim am *Ende* einer Zeile bestanden wird, obwohl der Effekt an anderer Stelle besser wirkt, gibt meiner Meinung nach zu verstehen, daß es ein Empfinden für die *Notwendigkeit* in der Verbindung von Reim und Zeilenende geben muß – andeutet darauf, daß der Ursprung des Reims in einer Notwendigkeit bestand, die diesem mit dem Zeilenende verband – zeigt, daß dieses weder Zufall noch Lust und Laune entstehen ließen – weist, in einem Wort, genau auf jene Notwendigkeit, auf die ich verwiesen habe (um *für das Ohr* eine Definition zu schaffen), als Ursprung des Reimes. Gestatten wir dieses, werfen wir den Ursprung des Reimes weit in die Nacht der Zeit zurück – weiter als den Ursprung des geschriebenen Verses.

Aber fahren wir fort. Die Komplexität, die ich nun voraussetze, ist nicht unwichtig. Verschiedene Systeme für Gleichheit werden zugleich geschätzt (oder beinahe) im Hinblick auf ihren jeweiligen Wert und den Wert eines Systems im Vergleich zu den anderen. Als gegenwärtiges *Ultimatum* der Komplexität haben wir dreifach-reimende, natürlich-daktylische Zeilen, die verhältnismäßig wie auch im Hinblick auf andere dreifach-reimende, natürlich-daktylische Zeilen existieren. Zum Beispiel:

Virginal Lilian, rigidly, humblily dutiful;
Saintlily, lowlily,
Thrillingly, holily
Beautiful!

Hier schätzen wir zunächst die totale Gleichheit der langen Silben des Daktylus und der beiden kurzen Silben zusammen; zweitens, die totale Gleichheit zwischen einem Daktylus und jedem anderen Daktylus, oder anders gesagt, zwischen allen Daktylen; drittens, die totale Gleichheit zwischen den beiden Mittelzeilen; viertens, die totale Gleichheit zwischen der ersten Zeile und den anderen drei zusammen; fünftens, die totale Gleichheit der letzten beiden Silben von »dutiful« und »beautiful«; sechstens, der absoluten Gleichheit der letzten beiden Silben von »lowlily« und »holily«; siebtens, der annäherenden Gleichheit der ersten Silbe von »dutiful« und der ersten Silbe von »beautiful«; achtens, der annähernden Gleichheit der ersten Silben von »lowlily« und der von »holily«; neuntens, der verhältnismäßigen Gleichheit (fünf zu eins) von der ersten Zeile und jeder seiner Bestandteile, den Daktylen; zehntens, die verhältnismäßige Gleichheit (zwei zu eins) von jeder Mittelzeile und deren Bestandteile, den Daktylen; elftens, die verhältnismäßige Gleichheit zwischen der ersten Zeile und jeder Mittelzeile, fünf zu zwei; zwölftens, die verhältnismäßige Gleichheit zwischen der ersten und letzten Zeile, fünf zu eins; dreizehntens, die verhältnismäßige Gleichheit zwischen jeder Mittelzeile und der letzten Zeile, zwei zu eins; und schließlich die verhältnismäßige Gleichheit, im Hinblick auf Anzahl, zwischen allen Zeilen zusammen und jeder einzelnen Zeile, vier zu eins.

Die Berücksichtigung der letzten Gleichheit würde sofort die Idee der *Strophe*[2] gebären, der Gliederung von Zeilen in gleiche oder offensichtlich proportionale Gruppen. In ihrer primitivsten (und auch besten) Form hätte die Strophe eine komplette Einheit. Anders ausgedrückt, die Entfernung einer Zeile würde sie unvollkommen erscheinen lassen, wie im obigen Beispiel, wenn die letzte Zeile entfernt würde, kein Reim für »dutiful« vorhanden wäre. Die moderne Strophe ist sehr locker, und wo dies der Fall ist, gewöhnlich ineffektiv.

Obwohl in dieser absichtlich niedergeschriebenen Erklärung der verschiedenen Gleichheitssysteme eine unendliche Komplexität zu sein scheint, so daß es unmöglich erscheint, daß das Gehirn alle erkennen könnte in der kurzen Zeit, die es benötigt, eine Strophe zu durchgehen, und doch scheint dies nur dann ein Problem zu sein, wenn wir es zu einem solchen machen. Jeder, der geistige Versuche mag, kann sich selbst davon überzeugen, daß er während des Hörens der Zeilen tatsächlich (wenn auch mit anscheinender Unbewußtheit, aufgrund der rapiden Entwicklung der Gefühle) alle diese Gleichheiten erkennt und schätzt. Das so erfahrene oder erfahrbare Wohlgefallen nimmt so zu, und zwar ähnlich zu jenen mathematischen Verhältnissen, wie ich es am Beispiel eines Kristalls erklärt habe.

Es wird bemerkt worden sein, daß ich lediglich von einer verhältnismäßigen Gleichheit zwischen der ersten Silbe von »dutiful« und der von »beautiful« spreche, und man mag sich fragen, warum früheste Reime nicht totale anstatt verhältnismäßige Gleichheit des Klanges vorwiesen. Totale Gleichheit hätte jedoch den Gebrauch gleicher Wörter bedeutet, und die doppelte Gleichheit oder Eintönigkeit, des Sinnes als auch des Klangs, hätte diese Reime sofort zurückgewiesen.

Die engen Grenzen, denen ein Versmaß bestehend aus natürlichen Versfüßen ausgesetzt ist, hätte nach *sehr* kurzer Zeit zu Versuch und Annahme von künstlichen Versfüßen geführt, d. h. Versfüße, die nicht aus einem, sondern aus zwei, drei oder Teilen von Wörtern bestehen. Diese Versfüße wären mit natürlichen vermischt gewesen:

ă brēath | căn māke | thĕm ās | ă brēath | hăs māde

Dies ist eine jambische Zeile, in der jeder Jambus aus zwei Wörtern besteht.

Und wieder:

Thĕ ūn | ĭmā | gĭnā | blĕ mīght | ŏf Jōve.

Dies ist eine jambische Zeile, in der der erste Fuß aus einem und einem halben Wort besteht; der zweite und dritte aus Teilen eines Wortes; der vierte aus einem halben und einem Wort; der fünfte aus zwei kompletten Wörtern. Es sind keine *natürlichen* Füße in dieser Zeile.

Und wieder:

Cān ĭt bĕ | fānciĕd thăt | Dēĭtў̆ | ēvĕr vĭn | dīctĭvelў̆
Māde ĭn hĭs | īmăge ă | mānnĭkĭn | mērelў̆ tŏ | māddĕn ĭt?

Dies sind zwei daktylische Zeilen in denen wir natürliche Füße vorfinden, (»Deity«, »mannikin«); Füße aus zwei Wörtern zusammengesetzt (»fancied that«, »image a«, »merely to«, »madden it«); Füße aus drei Wörtern zusammengesetzt (»can it be«, »made in his«); ein Fuß aus einem Wortteil (»dictively«); und ein Fuß aus einem Wort und einem halben (»ever vin«).

Und jetzt sind wir in unserem hypothetischen Vorgehen am Ende aller *Notwendigkeiten* des Versmaßes angelangt. Was nun folgt, ist, genau genommen, nur eine Ausschmückung, aber sogar in dieser Ausschmückung wird der grundlegende Sinn von *Gleichheit* wichtig bleiben. Es wäre, zum Beispiel, ganz in diesem Sinne, daß Menschen nach gewisser Zeit auf den *Refrain* kommen würden, wonach am Ende jeder Strophe eines Gedichtes ein Wort oder eine Phrase *wiederholt* wird; oder auf Alliterationen, in deren simpelster Form ein Konsonant zu Beginn verschiedener Worte *wiederholt* wird. Dieser Effekt würde dann erweitert und Wiederholungen von Vokalen und Konsonanten einschließen, sowohl innerhalb als auch zu Beginn von Wörtern; und zu einem späteren Zeitpunkt würde man dann den Reim beeinflussen durch die Einführung einer allgemeinen Klangesähnlichkeit von ganzen Versfüßen innerhalb einer Zeile – all diese Veränderungen sind in der obigen Zeile vorhanden.

Made in his i*mage a mannikin m*erely to *madden it.*

Weitere Bearbeitung würde den *Refrain* verbessern, indem seine Eintönigkeit durch leichte Abänderungen der Phrase bei jeder Wiederholung, oder (wie ich es in »The Raven« versuchte) durch Beibehaltung der Phrase und Variation in ihrer Anwendung, obwohl letzteres nicht *ausschließlich* ein rhythmischer Effekt ist. Und schließlich würden Dichter, ermüdet durch das Befolgen von Vorhergegangenem, das ihnen mehr und mehr von Vernunft entrückt schien, Reime an anderer Stelle als am Zeilenende einsetzen. Zuerst würden sie diesen in der Zeilenmitte einsetzen, dann an irgendeiner Stelle, an der die Vielfachheit weniger offensichtlich erscheint, und dann, von ihrer eigenen Kühnheit entsetzt, würden sie diese Zeilen aufteilen. Und hier ist jene fruchtbare Quelle des »kurzen Metrums«, durch den die moderne Dichtkunst, wenn schon nicht abgesetzt, dann zumindest abgestuft wird. Es würde in der Tat einen hohen Grad an Bearbeitung und Mut eines Dichters verlangen, ihn zu befähigen, seine Reime so, unfragbar in ihrer besten Position, zu plazieren, daß diese in ungewöhnlichen und *unerwarteten* Abständen auftreten.

Im Hinblick auf die Dummheit einiger Leute, oder (falls Talent sich besser anhört) auf ihr Talent für Mißverständnisse – halte ich es an dieser Stelle für angebracht, anzumerken, daß erstens ich glaube, daß jener »Ablauf«, wie oben geschildert, wenn auch nicht genau so, doch entscheidend zur schrittweisen Entwicklung des Versmaßes geführt hat; zweitens, daß trotz meines Glaubens, ich weder die angenommenen Tatsachen noch meinen Glauben als Teil der wahren Vorschläge meines Aufsatzes ansehe; drittens, daß im Hinblick auf die Absichten dieses Aufsatzes es unwesentlich ist, in welcher Reihenfolge dieser »Ablauf«

stattfand, wenn er denn stattfand; meine Absicht war alleinig die Darstellung eines *möglichen* Ablaufes, und wie dieser ausgesehen haben *muß*, um *ihnen*, die »einigen Leute«, eine leichtverständliche Erklärung über das, was ich weiter zu diesem Thema zu sagen habe, geben konnte.

Es gibt einen Punkt, den ich in der Zusammenfassung meines »Ablaufes« mit Absicht ausgelassen habe; denn dieser Punkt, der wichtigste von allen aufgrund der schwerwiegenden Fehler, die in seiner Berücksichtigung gemacht werden, hätte mich in Details verstrickt, die mein Vorhaben einer Zusammenfassung zunichte gemacht hätten.

Jeder Leser von Versen wird bemerkt haben, wie selten es vorkommt, daß eine Zeile, wie von mir vorgegeben, einheitlich mit total gleichem Versfuß abläuft, d. h., mit einem Ablauf nur von Jamben, Trochäen, Daktylen, Anapästs oder Sponden. Selbst in den musikalischsten Zeilen ist dieser Ablauf unterbrochen. Die jambischen Pentameter Popes z. B. sind, genauer betrachtet, häufig variiert mit Trochäen am Anfang, oder (wie es scheint) Anapästs in der Mitte der Zeile.

ŏh thōu | whătē | vĕr tī | tlĕ pleāse | thĭne eār |
Dĕan Drā | pĭĕr Bĭck | ĕrstāff | ŏr Gūll | ĭvēr |
Whēthēr | thŏu choōse | Cĕrvān | tĕs’ | sē | rĭoŭs āir |
ŏr laūgh | ănd shāke | ĭn Rāb | ĕlaĭs’ eā | sȳ chaīr |

Wäre jemand schwach genug, um auf die Prosodien zur Lösung des Problems zu verweisen, würde er es wie gewöhnlich durch eine *Regel gelöst* sehen, die die Tatsache erklärt (oder was die Regel als Tatsache betrachtet), aber ohne jeden Verweis auf die *Grundlagen*. »Durch eine *synæresis* der zwei kurzen Silben«, so die Bücher, »kann die Anapäst bisweilen für einen Jambus verwendet werden oder ein Daktylus für einen Trochäus ... Am Zeilenanfang wird ein Trochäus oft anstelle eines Jambus verwendet«.

Vermischung ist gut Deutsch für *synæresis* – aber es sollte *keine* Vermischung geben; noch ist eine Anapäst je für einen Jambus verwendet worden oder ein Daktylus für einen Trochäus. Diese Füße unterscheiden sich in Rhythmus, und keine sich so unterscheidenden Füße können je legitim in einer Zeile verwandt werden. Eine Anapäst ist äquivalent zu vier kurzen Silben – ein Jambus nur zu dreien. Daktylen und Trochäen stehen im gleichen Verhältnis. Das Prinzip der *Gleichheit*, im Versmaß, gestattet zugegebenerweise Variationen an einigen Stellen, um Eintönigkeit aufzulösen, wie bereits gezeigt wurde, aber der Punkt der *Zeit* ist so grundlegend, daß er nicht verändert werden darf.

Erklärung: – Um Eintönigkeit zu vermeiden, kamen Menschen bald zu weiteren Mitteln als die, die ich in meiner Zusammenfassung erwähnte, und sie sahen, daß es keine absolute Notwendigkeit gab, sich an die genaue Zahl von Silben zu halten, solange die Zeit für den Versfuß eingehalten wurde. Sie sahen z. B. daß in einer Zeile wie

ŏr lāugh | ănd shāke | ĭn Rāb | ĕlaĭs’ ĕa | sȳ chāir, |

die Gleichstellung der drei Silben *elais ea* mit den zwei Silben, die irgendeinen anderen Fuß bildeten, schnell dadurch erreicht werden kann, *elais* in doppelter Schnelligkeit auszusprechen. Durch die doppelte Sprechgeschwindigkeit für die Silben *e* und *lais* im Vergleich zu *sy*, oder *in*, oder irgendeiner anderen kurzen Silbe, konnten sie beide zusammen auf die Länge, d. h. den rhythmischen Wert, einer kurzen Silbe bringen. Dies machte es ihnen möglich, die akzeptable Variation der drei Silben an Stelle der einheitlichen zwei durchzusetzen. Und Variation war das Ziel – Variation für das Ohr. Was wäre dann der Sinn, diesen Zweck auf nichts zu reduzieren, indem man die Silben *vermischt* und zu einer werden läßt? Es darf natürlich keine Vermischung geben. Jede Silbe muß so klar wie möglich ausgesprochen werden (sonst geht die Variation verloren), aber mit doppelter Geschwindigkeit, mit der die normale kurze Silbe ausgesprochen wird. Daß die Silben *elais ea* keine *Anapäst* bilden, ist klar, und die Betonungszeichen (ă ă ā) sind falsch. Der Fuß könnte so geschrieben werden (a̯ a̯ a); die umgedrehten Halbmonde stehen für doppelt schnelles Zeitmaß; und könnte als unechter Jambus beschrieben werden.

Hier ist eine trochäische Zeile:

Sēe thĕ | dēlĭcăte-fōotĕd | rēin-deĕr.

Die Prosodien – jedenfalls die aufmerksamsten – würden »*delicate*« als Daktylus bezeichnen, der anstelle eines Trochäus verwendet wurde, und würden sich auf ihre »Regel« berufen. Andere, in Abwandlung dieser Dummheit, würden auf einer Procruteanische Abwandlung (del'cate), also eine Abwandlung für Wörter wie *silvery, murmuring,* usw., die nicht nur *silv'ry, murm'ring* ausgesprochen, sondern auch geschrieben werden sollten, wann immer sie sich als Trochäus vorfinden. Ich sage dazu nur, daß »delicate«, wenn es wie oben behandelt wird, weder ein Daktylus noch dessen Äquivalent ist; ich würde hierfür eine (a a̯ a̯) Betonung vorschlagen; daß ich es einen unechten Trochäus nennen würde und da alle Wörter in jedem Falle *komplett* gesprochen und geschrieben werden sollten, so wie die Natur es vorgesehen hat.

Vor ungefähr elf Jahren erschien in »The American Monthly Magazine« (damals von Mr. Hoffman und Mr. Benjamin herausgegeben) eine Rezension eines Gedichtes von Mr. Willis; der Kritiker stellte seine Stärke oder Schwäche hervor in einem Versuch zu zeigen, daß der Dichter entweder auf absurder Weise angetan oder grob ignorant von den Gesetzen des Versmaßes war; diese Anschuldigung alleinig basierend auf der Tatsache, daß Mr. Willis ab und zu genau das Wort »delicate« und ähnliche Wörter in »heroischen Maße, von dem jeder weiß, daß es aus zweisilbigen Füßen besteht«. Mr. Willis verwendet oft Zeilen wie

That binds him to a woman's *delicate* love –
In the gay sunshine, *reverent* in the storm
With its *invisible* fingers my loose hair.

Natürlich sind hier die Füße *licate love, verent in* und *sible fin* unechte Jamben; sind keine *Anapästs* und sind *nicht* falsch verwendet worden. Ihre Verwendung durch Mr. Willis ist ganz im Gegenteil eine der zahlreichen Beispiele, in denen er hervorragende Feinfühligkeit für all jene Geschmackseigenschaften, die man als *phantasiereiche Ausschmückung* bezeichnen kann, zeigt.

Ebenso vor elf Jahren hielt es Mr. Horne (aus England), Autor von »Orion«, für angebracht, seinem »Chaucer Modernized« einen sehr langen und offensichtlich sehr ausgearbeiteten Aufsatz voranzustellen, in dem ein Großteil sich mit jenem anomalen Fuß befaßt. Mr. Horne unterstützt Chaucers häufigen Gebrauch; pocht auf dessen Überlegenheit *wegen* seines häufigen Gebrauchs gegenüber allen anderen englischen Dichtern; und weist als unwürdig die Vorstellung derer, die Verse an den Fingern abzählen – die überflüssige Silbe sei eine Grobheit und falsch –, zurück und setzt sich beinahe ritterhaft für diese ein. Sie ist in der Tat etwas Wunderbares; und meine Beschwerde ist, daß der Autor des längsten versifizierten Gedichts, das es gibt, es für notwendig hielt, diesen Charme alleinig als Charme zu diskutieren, und das auf vierzig oder fünfzig Seiten, nur weil er unfähig ist zu erklären, *wie und warum* es einen besonderen Charme hat – was die Frage schnell beantwortet hätte.

Über den Trochäus anstelle eines Jambus, wie zu Beginn der Zeile

Whēthĕr thou choose Cervantes' serious air,

gibt es nicht viel zu sagen. Es bringt mich zu der allgemeinen Ansicht, daß in allen Rhythmen die vorherrschenden oder hervorstehenden Füße nach Belieben variiert werden können, und, fast nach Zufallsprinzip, durch die *bisweilige* Einführung gleicher Füße – d. h. Füße, deren Summe der Zeitwerte der Silben gleich der Summe der Zeitwerte der Silben der hervorgehobenen Füße ist. So ist der Trochäus *whēthĕr* in der Summe der Zeitwerte der Silben identisch zu dem Jambus *thŏu choōse,* in der Summe der Zeitwerte *seiner* Silben, und beide Füße entsprechen drei kurzen Silben. Gute Verseschreiber, die zufällig auch gute Dichter sind, benutzen eine gleichsame Abfolge von Füßen, um die Monotonie einer Abfolge von Füßen zu durchbrechen, nur selten, und nur an solchen Stellen, an denen der *erschreckende Charakter* dieser Variation angebracht ist. Nichts hiervon ist aus der oben zitieren Zeile ersichtlich – obwohl Pope diesen Doppeleffekt mehrfach verwendet. Wenn Heftigkeit stark ausgedrückt werden soll, so glaube ich nicht, daß es falsch ist, dies durch *zwei aufeinanderfolgende* gleiche Füße zu tun – obwohl ich von keinem anderen Beispiel weiß, wo dieses Wagnis vollzogen wurde, außer »Al Araaf«, ein jungenhaftes Gedicht, daß ich selbst als Kind schrieb. Ich beschreibe den plötzlichen und schnellen Aufgang eines Sterns:

Dim was its little disk, and angel eyes
Alone could see the phantom in the skies,
Whĕn first thĕ phăntŏm's cōurse wăs fōund tŏ bē
*Hĕadlŏng hīthĕr*ward o'er the starry sea.

In der »allgemeinen Ansicht« oben sprach ich von der *bisweiligen* Einführung gleicher Füße. Es geschieht bisweilen, daß ungeschickte Verseschmiede, unwissentlich dessen, was sie tun oder warum sie es tun, so viele »Variationen« einführen, daß sie die Anzahl der hervorstehenden Füße überschreiten und das Ohr durch das *bouleversement* des Rhythmus blokkiert wird. Zu viele Trochäen z. B., die in einen jambischen Rhythmus eingefügt werden, verwandeln letzteren in einen Trochäus. Ich darf hier anmerken, daß in allen Fällen der Rhythmus, mit dem begonnen wurde, fortgefahren werden sollte, *ohne* Variation, bis das Ohr herausgefunden hat, welcher Rhythmus vorliegt. In Verletzung einer so offensichtlichen Regel scheuen viele unserer besten Dichter nicht davor zurück, einen Jambus mit einem Trochäus beginnen zu lassen oder umgekehrt; oder einen Daktylus mit einer Anapäst oder umgekehrt.

Ein etwas leichterer Fehler ist, einen Rhythmus nicht mit einem äquivalenten Fuß beginnen zu lassen, sondern mit einem unechten Fuß des gedachten Rhythmus. Zum Beispiel:

Mānў ă | thoūght wĭll | cōme tŏ | mēmŏrў. |

Hier ist *many* ein unechter Trochäus und, um verstanden zu werden, mit umgekehrtem Halbmond gekennzeichnet. Er ist aus dem Grunde zu kritisieren, weil er im *Anfangsfuß* eines trochäischen Rhythmus steht. *Memory,* ähnlich betont, ist ebenfalls ein unechter Trochäus, aber nicht zu kritisieren, allerdings auch nicht nötig.

Eine weitere Illustration wird es mir ermöglichen, einen wesentlichen Schritt zu machen.

Mr. Christopher Pearse Cranch, einer unserer besten Dichter, beginnt ein wunderbares Gedicht wie folgt:

Many are the thoughts that come to me
In my lonely musing;
And they drift so strange and swift
There's no time for choosing
Which to follow; for to leave
Any, seems a losing.

»A losing« für Mr. Chranch, natürlich - aber dies nur *en passant*. Die Absicht ist, einen trochäischen Rhythmus zu gebrauchen, aber diese Absicht läßt sich aus der Anfangszeile nicht entnehmen. Wenn wir die ganze Strophe lesen, erkennen wir den trochäischen Rhythmus, und nach etwas Überlegen teilen wird die erste Zeile wie folgt:

Many are the | thōughts thăt | cōme tŏ | mē.

So skandiert erscheint die Zeile musikalisch. Sie *ist es* - sehr sogar. Und aufgrund der Unerschöpflichkeit gerade solcher Zeilen scheinbar unverständlicher Musik entschloß sich Coleridge, sein unsinniges *System* des »Skandierens nach Betonungszeichen« zu entwickeln - als ob »Skandieren nach Betonungszeichen« mehr wäre als nur eine Phrase. Wann immer »Christabel« *nicht grob* ist, kann es ebenso leicht mit dem wahren *Gesetzen* (nicht *Regeln*) des Versmaßes skandiert werden wie der einfachste Pentameter Popes; und wo es grob (*passim*) ist, werden es einem die gleichen Gesetze ermöglichen aufzuzeigen, *warum* es grob ist und sofort ein Heilmittel vorzuschlagen.

A liest und wiederholt eine bestimmte Zeile und spricht mit falschem Rhythmus - unmusikalisch. B jedoch liest die Zeile A vor, und A ist sofort von der Vollkommenheit des Rhythmus angetan und wundert sich, warum er dies vorher nicht erkannte. Von nun an akzeptiert er die Zeile als musikalisch. B, triumphierend, besteht darauf, daß die Zeile musikalisch ist - sie ist immerhin von Coleridge - und das A dies *nicht* ist; der Fehler liege in A's falschem Lesen. A hat Recht, und B irrt. *Der* Rhythmus ist falsch (mehr oder weniger offensichtlich), den *jeder* gewöhnliche Leser ohne Absicht unrichtig lesen *kann*. Der Dichter muß seine Zeilen so anlegen, daß die Absicht *sofort* erkennbar sein *muß*. Selbst wenn diese Menschen einen Satz gleich verstehen, so unterscheiden sie sich, manchmal erheblich, in ihrer Aussprache. Jeder, der sich mit dem Thema »Betonung« beschäftigt hat (hiermit meine ich nicht den *Akzent* auf einer Silbe, sondern Blick auf ein komplettes Wort), hat gesehen, daß Menschen in der gewolltesten Manier betonen. Es gibt eine große Gruppe an Menschen, die darauf bestehen, ihre Monosilben zu betonen. Es gibt wenig Einheit in der Betonung, denn dies ist nicht auf ein natürliches - jedenfalls kein verständliches und somit einheitliches - Gesetz zurückzuführen. Abgesehen von einem engen Bereich ist alles eine Vereinbarungssache. Wir unterscheiden uns in der Betonung, selbst wenn wir in der Bedeutung übereinstimmen, aber mehr noch, wenn wir in beiden Dingen uneinig sind. Abgesehen von natürlicher Uneinigkeit, ist es nicht klar, daß durch stolpern und spreizen jede Sequenz von Wörtern in jede Art von Rhythmus gedreht werden kann? Aber sollen wir deshalb schließen, daß alle Wortsequenzen rhythmisch in vernünftigem Sinne des Ausdrucks sind? - Es ist diese Schlußfolgerung, zu der die *reductio ad absurdum* aller Ansätze von Coleridge bringen wird. Von hundert Lesern »Christabels« wird sich die Hälfte nichts aus dem Rhythmus machen können, wogegen neunundvierzig der anderen Hälfte denken, sie könnten etwas mit dem Rhythmus anfangen, nachdem sie das Gedicht vier-, fünfmal gelesen haben. Ein einziger dieser hundert Leser wird es nach einmaligem Lesen sowohl verstehen als auch bewundern - eine unerklärlich intelligente Person -, und ich bin zu bescheiden, mich für diese Person zu halten.

Als Illustration des Gesagten wähle ich folgendes Gedicht:

Pease porridge hot pease porridge cold
Pease porridge in the pot - nine days old.

Diejenigen unter meinen Lesern, die dieses Gedicht nie nach Kinderreimgewohnheit gesprochen *gehört* haben, werden den Rhythmus so verborgen wie eine erklärende Anmerkung halten, wogegen diejenigen, *die* es gehört haben, es wie folgt aufteilen, als musikalisch erklären werden, und über jeden Zweifel erhaben sein werden.

Pease | porridge | hot | pease | porridge | cold |
Pease | porridge | in the | pot | nine | days | old. |

Die Hauptsache im Hinblick auf diese Art von Rhythmus ist, daß der Dichter seine Kompositionen ständig im Auge hat, um auf Kommando jene dichterische Lizenz aufzugeben, die es ermöglicht, seine eigenen Werke vorzutragen.

In Mr. Cranchs Zeile

Many are the | thoughts that | come to | me, |

wird dieser allgemeine Fehler natürlich sehr subjektiv zum Ausdruck gebracht, und der Grund, warum ich sie zitiere, hat mit weiteren Teilen unseres Themas zu tun.

Die zwei Aufteilungen *(thoughts that)* und *(come to)* sind normale Trochäen. Die erste Teilung (many are the) würde durch die griechischen Prosodien so betont (mānў ăre thĕ) und würde als ἀστρόλογος bezeichnet. Die lateinischen Bücher würden den Fuß als *Pæon Primus* bezeichnen, und sowohl Griechisch als auch Latein würden schwören, daß er aus einem Trochäus und einem sogenannten Pyrren – ein Fuß aus zwei *kurzen* Silben – besteht, ein Ding, das es nicht *geben kann,* wie ich zeigen werde.

Hier ist nun ein offensichtliches Problem. Der *astrologos* ist gemäß den Prosodien gleich zu *fünf* kurzen Silben, und der Trochäus zu *drei* – doch in der zitierten Zeile sind beide gleich. Sie besetzen *genau* die gleiche Zeitspanne, und hiervon hängt sogar die Musikalität der Zeile ab. Die Prosodien haben somit gezeigt, was kein Mathematiker bisher zeigen konnte, nämlich, daß drei und fünf dasselbe sind. Folgend von dem, was ich bereits über den unechten Jambus und Trochäus gesagt habe, wird niemand Schwierigkeiten haben zu verstehen, daß *many are the* von ähnlichem Charakter sind. Es ist nur eine gewagtere als gewohnte Variation in der Routine der Trochäen und fügt dem unechten Trochäus eine Silbe hinzu. Diese Silbe ist nicht kurz, d. h. nicht kurz im Sinne von *»kurz«* wie auf die letzte Silbe eines gewöhnlichen Trochäus angewandt, wo kurz nicht mehr bedeutet als *»die Hälfte von lang«*.

In diesem Fall (der zusätzlichen Silbe) muß »kurz«, wenn es überhaupt gebraucht wird, als *ein Sechstel von lang* verstanden werden. Die übrigen Silben können nur als gleichermaßen kurz verstanden werden. Alle drei zusammen ergeben eine kurze Silbe (dessen Platz sie füllen) des normalen Trochäus. Es macht daher keinen Sinn, diese mit (˘) zu betonen. Wir müssen ein neues Zeichen entwickeln, dem wir die Bedeutung »ein Sechstel von lang« zuweisen. Nehmen wir (‘) – der Halbmond mit der Krümmung nach links. Der ganze Fuß (many are the) kann somit als *schneller Trochäus* bezeichnet werden.

Kommen wir nun zum letzten Teil Mr. Cranchs Zeile *(me)*. Es ist offensichtlich, daß dieser Fuß, mag er auch kurz erscheinen, genauso lang in der Zeit ist wie die vorhergehenden. Er ist tatsächlich eine Zäsur – der Fuß, den ich zu Beginn dieses Aufsatzes als den wichtigsten bezeichnet habe. Ihre Hauptaufgabe ist die Pausierung oder Beendigung; und hier – am Zeilenende – ist ihre Verwendung einfach, da es keine Gefahr einer Fehlbeurteilung ihres Wertes gibt. Wir pausieren wegen einer scheinbaren Notwendigkeit, so lange, wie wir für die Aussprache des vorangehenden Fußes benötigen, seien diese Jamben, Trochäen, Daktylen oder Anapästs. Dies ist daher ein *variabler* Fuß und kann somit auch in der Zeilenmitte eingesetzt werden, wie in diesem Gedicht von Mrs. Welby:

I have | a lit | tle step | s͠o͠n | of on | ly three | years old. |

Hier halten wir uns bei der Zäsur, *son,* nur so lange auf, wie wir brauchen, um entweder die vorhergehenden oder die folgenden Jamben auszusprechen. Sie hat daher den Wert von drei kurzen Silben. In der folgenden daktylischen Zeile ist ihr Wert vier kurze Silben:

Pale as a | lily was | Emily | Gray.

Ich habe die Zäsur unterstrichen, um ihre Veränderbarkeit hervorzuheben.

Ich merkte gerade an, daß es keinen Fuß geben kann, der aus zwei kurzen Silben besteht. Unser Anfangspunkt für das Thema Versmaß ist Menge, *Länge*. So sprechen wir eine unabhängige Silbe lang aus. Wenn wir zwei aussprechen und auf beiden gleichermaßen verweilen, drücken wir die Gleichheit durch die Aussprache, oder Länge, aus, und können diese zwei lange Silben nennen. Wenn wir auf einer länger verweilen als auf einer anderen, können wir eine als kurz bezeichnen, denn sie ist kürzer als die andere. Aber wenn wir auf beiden gleichsam verweilen und mit stolpernder Stimme sagen, hier sind zwei kurze Silben, so könnte man uns fragen – »in Bezug auf was sind diese kurz?« Kürze ist nur eine Negativierung der Länge. Wenn man sagt, zwei Silben, unabhängig von anderen Silben plaziert, sind kurz, so sagt man nur, sie haben keine meßbare Länge oder Aussprache – anders gesagt, sie sind gar keine Silben – sie existieren gar nicht. Und wenn wir irgend etwas über ihre Gleichheit sagen, so quälen wir uns nur mit einer identischen Gleichung, wonach, mit $\varkappa = \varkappa$, nichts gleich Null sein kann. Somit können wir uns einen Pyrren nicht als unabhängigen Fuß vorstellen. Es ist eine reine Phantasie in der verrückten Vorstellungskraft eines Pedanten.

Von dem, was ich über die Gleichstellung mehrerer Füße einer *Zeile* gesagt habe, kann nicht geschlossen werden, daß *notwendigerweise* eine Gleichheit in den Zeitwerten zwischen dem Rhythmus *verschiedener* Zeilen besteht. Ein Gedicht, oder eine Strophe, kann mit Jamben in der ersten Zeile beginnen und mit Anapäst in der zweiten fortfahren oder sogar mit weniger angebrachten Daktylen, wie zu Beginn eines schönen Versbeispiels von Miss Mary A. S. Aldrich:

The wa | ter li | ly sleeps | in pride |

Dōwn ĭn thĕ | dēpths ŏf thĕ | āzūre | lāke. |

Azure ist hier ein Spondeus, gleichgesetzt mit einem Daktylus; *lake* ist eine Zäsur.

Am besten erscheint es mir, mit den Anfangszeilen von Byrons »Bride of Abydos« fortzufahren:

Know ye the land where the cypress and myrtle
Are emblems of deeds that are done in their clime,
Where the rage of the vulture, the love of the turtle
Now melt into softness, now madden to crime?

Know ye the land of the cedar and vine,
Where the flowers ever blossom, the beams ever shine,
And the light wings of Zephyr, oppressed with perfume,
Wax faint o'er the gardens of Gul in their bloom?
Where the citron and olive are fairest of fruit
And the voice of the nightingale never is mute –

. . . .

Where the virgins are soft as the roses they twine,
And all save the spirit of man is divine?
'Tis the land of the East – 'tis the clime of the Sun –
Can he smile on such deeds as his children have done?
Oh, wild as the accents of lovers' farewell
Are the hearts that they bear and the tales that they tell.

Der Zeilenfluß hier ist sehr süß und musikalisch. Diese Zeilen sind viel bewundert und rechtmäßig wie gesagt, man könne kaum eine bessere Versifikation als die gegenwärtige finden. Und wo das Versmaß sich angenehm anhört, wäre es dumm, Fehler zu suchen, nur weil es sich nicht skandieren läßt. Und doch weiß ich von Gelehrten, die nicht davor zurückscheuen, Byrons Zeilen zu mißbrauchen, da diese trotz *aller Gesetze* musikalisch seien. Andere Herren, *nicht* Gelehrte, haben »alle Gesetze« ebenso mißbraucht – und es hat keiner überlegt, ob das Gesetz, über das sie stritten, überhaupt ein Gesetz war – ein Gesetz des Wolfes im Schafspelz.

Die Grammatiken sagen gar nichts über daktylische Zeilen, und es war leicht zu erkennen, daß diese Zeilen für den Daktylus gedacht waren. Die erste Zeile wurde so aufgeteilt:

Knōw yĕ thĕ | lānd whĕre thĕ | cyprĕss ănd | mȳrtlĕ. |

Der abschließende Fuß war ein Rätsel; aber die Prosodien sagen über das daktylische »Maß«, daß es ab und zu einen doppelten Reim verlangt; und der Untersuchungsausschuß gab sich mit dem doppelten Reim zufrieden, ohne zu erkennen, was ein doppelter Reim mit der Frage des irregulären Fußes zu tun habe. Die zweite Zeile wurde wie folgt skandiert:

āre ĕmblĕms | ōf deĕds thăt | āre dŏne ĭn | thēir clīme. |

Es war sofort erkennbar, daß *dies* völlig unzureichend war – es stimmte überhaupt nicht mit der Lesebetonung überein. Es war nicht vorzustellen, daß Byron oder jemand anders bei klarem Verstand solche Monosilben betonen wollte wie »are«, »of«, und »their«, noch könnte »their clime« verbunden mit »to crime« in der korrespondierenden Zeile unten, irgendwie zu einem »doppelten Reim« gedreht werden, und somit in die Schubladen der Grammatik geworfen werden. Weiter gingen die Grammatiken jedoch nicht. Die Untersuchenden widersetzten sich ihrem Gefühl der Harmonie in den Zeilen und kamen, ohne Verweis auf Skandierung, zu dem Schluß, daß »Are« ein Ausrutscher sei – ein Übermaß, für welchen der Dichter von der Gesellschaft ausgestoßen werden sollte – und strichen das Wort und skandierten den Rest der Zeile wie folgt:

– ēmblĕms ŏf | deĕds thāt ăre | dōne ĭn thĕir | clīme. |

Keine schlechte Antwort, aber die Grammatiken gestatten keinen einsilbigen Fuß, und außerdem war der Rhythmus daktylisch. Verzweifelt wurden die Bücher durchkämmt, und zu guter Letzt kamen die Untersuchenden zu einer zufriedenstellenden Lösung für dieses Rätsel in ihrer profunden »Observation«, die zu Beginn dieses Aufsatzes zitiert wurde: »Wenn eine Silbe fehlt, ist das Versmaß katalektisch; wenn das Maß genau ist, ist es akatalektisch; wenn eine überflüssige Silbe vorhanden ist, ist es ein Hypermetrum.« Dies ist genug. Die abweichende Zeile wird als vorne katalektisch und hinten als Hypermetrum erklärt – und so weiter und so fort; und es dauert nicht lange, bis ähnliche Veranlagungen an den übrigen Zeilen des Gedichtes festgestellt werden, und das, was so sanft zu den Ohren gleitet, aber so rauh dem Auge erscheint, ist am Ende nur ein Haufen an Katalektismen, Akatalektismen und Hypermetrum – um es nicht schlimmer auszudrücken.

Wenn dieser Untersuchungsausschuß nun aber zumindest den Hauch einer Spur von Ahnung über die *Philosophie* des Versmaßes gehabt hätte, hätten sie Öl und Wasser in Auge und Ohr erkannt, und durch Skandieren des Auszugs ohne Berücksichtigung der Zeilen folgendes erreichen können:

Know ye the | land where the | cypress and | myrtle Are | emblems of | deeds that are | done in their | clime Where the | rage of the | vulture the | love of the | turtle Now | melt into | softness now | madden to | *crime* | Know ye the | land of the | cedar and | vine Where the | flowers ever | blossom the | beams ever | shine And the | light wings of | Zephyr op | pressed by per | *fume Wax* | faint o'er the | gardens of | Gul in their | bloom Where the | citron and | olive are | fairest of | fruit And the | voice of the | nightingale | never is | mute Where the | virgins are | soft as the | roses they | *twine And* | all save the | spirit of | man is di | vine. 'Tis the | land of the | East 'tis the | clime of the | Sun Can he | smile on such | deeds as his | children have | *done Oh* | wild as the | accents of | lovers' fare | well Are the | hearts that they | bear and the | tales that they | *tell.*

Hier sind »crime« und »tell« (kursiv) Zäsuren, beide mit dem Wert eines Daktylus, vier kurze Silben, wogegen »fume Wax«, »twine And«, and »done Oh« Sponden sind, die bekannterweise aus zwei langen, was vier kurzen Silben entspricht, bestehen und somit das natürliche Gegenstück zum Daktylus bilden. Die Schönheit seines Ohres führte Byron zu einer Abfolge von Füßen, die, mit zwei trivialen Ausnahmen hinsichtlich der Melodie, absolut akkurat sind, ein sehr seltenes Vorkommnis in daktylischen oder anapästischen Rhythmen. Die Ausnahmen sind der Spondeus *»twine And«* und der Daktylus *»smile on such«*. Beide Füße passen nicht in die Melodie. Um den Reim in *»twine And«* auszumachen, müssen wir *»And«* unnatürlich lang betonen. Entweder opfern wir die richtige Länge der Silbe, wie es ihre Position innerhalb des Spondeus verlangt, oder die gewohnte Aussprache des Wortes in einer Gesprächssituation. Es wird richtigerweise nicht gezögert. Wir geben sofort den Klang für den Sinn auf, und der Rhythmus ist nicht perfekt. Aber so ist er nun *leicht* imperfekt, und nicht eine von zehntausend Personen könnte die Ungenauigkeit erhören. Aber die *Perfektion* des Versmaßes im Hinblick auf die Melodie besteht darin, *nie* ein solches Opfer, wie das hier geforderte, zu verlangen. Der Rhythmus muß *voll* mit dem Lesefluß in Einklang stehen. Diese Perfektion ist nie erreicht worden, aber dennoch fraglos erreichbar. *»Smile on such«*, ein Daktylus, ist nicht richtig, weil *»such«* aufgrund des Charakters der beiden Konsonanten *»ch«* nicht *leicht* im normalen Zeitwert einer kurzen Silbe, die es aufgrund seiner Position ist, ausgesprochen werden kann. Fast jeder Leser wird dieses kleine Problem erkannt haben, und dennoch ist dieser Fehler nicht so wichtig wie jener des *»And«* im Spondeus. Mit Geschicklichkeit *könnten* wir *»such«* in Echtzeit aussprechen, aber der Versuch, die rhythmischen Defizite des *»And«* durch verlängerte Aussprache auszugleichen, macht das Vergehen gegen die natürliche Aussprache nur noch schlimmer, da das Problem so stärker betont wird.

Meine eigentliche Absicht mit dem Zitat dieser Zeilen ist jedoch zu zeigen, daß trotz der Prosodien die Länge einer Zeile eine willkürliche Angelegenheit ist. Wir können den Beginn Byrons Gedichtes so aufteilen:

Know ye the | land where the |

oder so:

Know ye the | land where the | cypress and |

oder so:

Know ye the | land where the | cypress and | myrtle are |

oder so:

Know ye the | land where the | cypress and | myrtle are | emblems of |

Kurzum können wir es aufteilen, wie wir wollen, und die Zeilen werden gut klingen, solange wir zumindest zwei Füße pro Zeile haben. So, wie in der Mathematik zwei Einheiten benötiget werden, um eine Zahl zu bekommen, so benötigt der Rhythmus (vom Griechischen ἄριθμος, Zahl) für seine Bildung mindestens zwei Füße. Zweifellos sehen wir des öfteren Zeilen wie

Know ye the –
Land where the –

Zeilen aus einen Versfuß, und die Prosodien stimmen hiermit überein, und der normale Verstand würde vorgeben, daß jede so offensichtliche Aufteilung eines Gedichtes wie die in Zeilen alles beinhalten sollte, daß für ihr Verständnis benötigt wird, aber in einer Zeile, die nur aus einem Fuß besteht, können wir kein Gefühl für den *Rhythmus* haben, da dieser auf der Gleichheit zwischen *zwei* oder mehr Silben besteht. Diese unrichtigen Zeilen, die bisweilen aus einer einzigen Zäsur bestehen, wie in nachgeahmten Pindarischen Oden, sind natürlich nur in Verbindung mit einer anderen Zeile »rhythmisch«, und dieses Verlangen nach unabhängigem Rhythmus adaptiert sie alleinig für burleske Zwecke. Das Ergebnis ist Ungleichmäßigkeit (das Prinzip der Heiterkeit), denn die Leerheit der Prosa wird mit der Harmonie des Versmaßes verbunden.

Meine zweite Absicht mit dem Zitat Byrons war, zu zeigen, wie absurd es bisweilen sein kann, eine einzige Zeile eines Gedichtes als Beispiel für die Vollkommenheit oder Unvollkommenheit des Rhythmus der Zeile zu wählen. Sähen wir nur

Know ye the land where the cypress and myrtle,

würden wir nur den letzten Fuß als unrichtig bezeichnen, der nur drei und nicht vier Silben entspricht.

Im Fuß »*flowers ever*« finden wir ein weiteres Beispiel für den unechten Jambus, unechten Trochäus und schnellen Trochäus, so wie ich sie mit einigen Mühen oben beschrieben habe. Alle Prosodien über das englische Versmaß würden eine Auslassung bei »flowers«, also (flow'rs) vornehmen, aber das ist Schwachsinn. Im schnellen Trochäus (māny ăre thĕ) in Mr. Crachs trochäischer Zeile, mußten wir den Zeitwert der drei Silben (ny, are, the) der einer *kurzen* Silbe, deren Position sie einnahmen, gleichsetzen. Demnach ist jede dieser Silben gleich einem Drittel einer kurzen Silbe, und somit *einem Sechstel einer langen Silbe*. Aber in Byrons *daktylischem* Rhythmus müssen wir den Zeitwert dieser drei Silben (ers, ev, er) der einer *langen* Silbe, deren Platz oder den von *zwei* kurzen sie einnahmen, gleichsetzen. Somit ist der Wert dieser drei Silben *ein Drittel einer langen*. Wir sprechen diese nur halb so schnell aus wie die drei Schlußsilben eines schnellen Trochäus – letzter ist ein seltener Fuß. Die »*flowers ever*«, sind jedoch im daktylischen Rhythmus so selbstverständlich wie der *unechte* Trochäus im Trochäus oder der unechte Jambus im Jambus. Wir könnten dies genausogut mit einem Halbmond nach rechts kennzeichnen und als *unechten Daktylus* bezeichnen. Eine *unechte Anapäst*, die ich nicht weiter erklären muß, wird bisweilen in den anapästischen Rhythmus eintreten.

Um die Wahrscheinlichkeit der Verwirrung, die in einem Aufsatz wie diesen nur allzu leicht durch Abänderung bestehender Konventionen hervorgerufen werden kann, habe ich es für richtig befunden, als Betonungszeichen für den unechten Jambus, unechten Trochäus usw. Zeichen zu wählen, die nur das bekannte kurze Betonungszeichen (˘) abwandeln, was andeuten soll, daß dies keine *neuen* Füße sind, sondern nur Abänderungen der jeweiligen Füße, von denen ihre Namen abstammen. Somit ist ein unechter Jambus am Ende ein Jambus. Die Variation beruht alleinig auf der *Verteilung* dieser Zeitwerte. Die Zeit, die z. B. von einer kurzen (oder *halblangen*) Silbe im normalen Jambus besetzt wird, ist in der unechten Fassung gleichmäßig über zwei Silben verteilt, und somit ein *Viertel einer langen* Silbe.

Aber diese Tatsache – daß der Fuß im Ganzen unverändert bleibt, liegt nun so klar auf der Hand, daß ich nun ein Betonungssystem vorschlagen werde, das den eigentlichen

Zweck – den eigentlichen Zweck aller Betonungssysteme – dem Auge klarzumachen, was genau der jeweilige Wert jeder Silbe, die in dem Versmaß verwendet wird, ist.

Wir haben gesehen, daß Aussprache, oder *Länge,* der Anfangspunkt ist. Wir beginnen also mit einer *langen Silbe.* Dies ist somit unsere Einheit, und diese muß nicht besonders betont werden. Eine unbetonte Silbe in einem Betonungssystem ist immer eine lange Silbe. Ein Spondeus wäre somit ohne Betonungszeichen. In einem Jambus sollte die erste Silbe, die kurz oder *halblang* ist, mit einer kleinen 2 betont werden, die *unter* der Silbe plaziert wird; die letzte Silbe, die unbetont ist, wird nicht betont; das Ganze sähe dann so aus ($\underset{2}{\text{con}}\text{trol}$). In einem Trochäus wären diese Zeichen genau umgekehrt, also ($\text{man}\underset{2}{\text{ly}}$). In einem Daktylus sollten beide Schlußsilben, da diese halblang sind, mit einer kleinen zwei betont werden und die erste Silbe unbetont bleiben, also ($\text{hap}\underset{2}{\text{pi}}\underset{2}{\text{ness}}$). Die Anapäst wäre das Gegenteil vom Daktylus, also ($\underset{2}{\text{in}}\ \underset{2}{\text{the}}\ \text{land}$). Im unechten Daktylus, bei dem jede der drei Schlußsilben ein *Drittel* einer langen Silbe sind, sollten diese mit einer kleinen 3 betont werden, was dann so aussähe ($\text{flow}\underset{3}{\text{ers}}\ \underset{3}{\text{ev}}\underset{3}{\text{er}}$). In der unechten Anapäst wäre dies dann genau umgekehrt, also ($\underset{3}{\text{in}}\ \underset{3}{\text{the}}\ \underset{3}{\text{re}}\text{bound}$). Im unechten Jambus, bei dem die ersten zwei Silben jeweils ein Viertel lang sind, sollte eine kleine 4 verwendet werden, also ($\underset{4}{\text{in}}\ \underset{4}{\text{the}}\ \text{rain}$). Im unechten Trochäus wäre die dann genau umgekehrt ($\text{ma}\underset{4}{\text{ny}}\ \underset{4}{\text{a}}$). Im schnellen Trochäus, bei dem jede der drei Schlußsilben ein *Sechstel* einer langen sind, sollte eine kleine 6 unter den betonten Silben stehen, also ($\text{ma}\underset{6}{\text{ny}}\ \underset{6}{\text{are}}\ \underset{6}{\text{the}}$). Den schnellen Jambus gibt es noch nicht, und wird es vermutlich auch nie geben, denn er wäre übermäßig nutzlos und anfällig für Mißverständnisse – wie ich es bereits beim schnellen Trochäus gezeigt habe; aber sollte er doch erscheinen, müßte er umgekehrt zum schnellen Trochäus dargestellt werden. Die Zäsur, in der Länge variierbar, ist immer *länger als »lang«* und sollte somit *über* der Silbe betont werden, mit einer Zahl, die für die Länge oder den Wert des hervorgehobenen Fußes, in dem sie auftritt, steht. Eine Zäsur in einem spondischen Rhythmus würde so mit einer kleinen 2 über der Silbe, oder dem Fuß, betont werden. In einem daktylischen oder anapästischen Rhythmus würden wir ebenso die 2 verwenden. In einem jambischen Rhythmus müßten wir jedoch 1½ benutzen, da dieses der relative Wert des Jambus ist; ebenso im Trochäus. Für das schwierige 1½ wäre es einfacher, 3/2 zu verwenden, was auf das gleiche hinausläuft. Somit würde das Zitat von Mr. Cranch so aussehen:

$\text{Ma}\underset{6}{\text{ny}}\ \underset{6}{\text{are}}\ \underset{6}{\text{the}}\ |\ \text{thoughts}\ \underset{2}{\text{that}}\ |\ \text{come}\ \underset{2}{\text{to}}\ |\ \overset{\frac{3}{2}}{\text{me}}$

$\text{In}\ \underset{2}{\text{my}}\ |\ \text{lone}\underset{2}{\text{ly}}\ |\ \text{mu}\underset{2}{\text{sing}}\ |$

$\text{And}\ \underset{2}{\text{they}}\ |\ \text{drift}\ \underset{2}{\text{so}}\ |\ \text{strange}\ \underset{2}{\text{and}}\ |\ \overset{\frac{3}{2}}{\text{swift}}$

$\text{There's}\ \underset{2}{\text{no}}\ |\ \text{time}\ \underset{2}{\text{for}}\ |\ \text{choo}\underset{2}{\text{sing}}$

$\text{Which}\ \underset{2}{\text{to}}\ |\ \text{fol}\underset{2}{\text{low}}\ |\ \text{for}\ \underset{2}{\text{to}}\ |\ \overset{\frac{3}{2}}{\text{leave}}$

$\text{A}\underset{2}{\text{ny}}\ |\ \text{seems}\ \underset{2}{\text{a}}\ |\ \text{lo}\underset{2}{\text{sing.}}\ |$

Im gewohnte Betonungssystem sehe dies so aus:

Mānў arĕ thĕ | thōughts thăt | cōme tŏ | mē
īn mў | lōnelў | mūsīng, |
ānd thĕy | drīft sŏ | strānge ănd | swīft |
Thēre's nŏ | tīme fŏr | choōsīng |
Whīch tŏ | fōllŏw | fōr tŏ | lēave
ānў | seēms ă | lōsīng. |

Es muß angemerkt werden, daß ich dieses nicht für die gewöhnliche *Skandierung* halte. Im Gegenteil, ich kenne niemanden, der mit der wahren Skandierung dieser Zeilen etwas anfangen konnte. Aber davon ausgehend, daß die Prosodien eine solche Aufteilung bevorzugen, würden sie eine solche Betonung wählen.

Lassen wir eine vernünftige Person diese Systeme vergleichen. Der erste Vorteil meines Systems liegt in seiner Einfachheit und der Ersparnis von Zeit, Arbeit und Tinten. Selbst wenn man den Bruch als zwei Zeichen zählt, finden sich nur *sechsundzwanzig* in der Strophe. Im normalen System sind es *einundvierzig*. Aber gestatten wir den Einspruch, dies sei Haarspalterei, was es *nicht* ist, und wenden wir uns wichtigerem zu. Gibt das gewohnte System die Wahrheit wieder? Ist es konsistent? Vermittelt es dem Gelehrten wie dem Unwissenden ein korrektes Bild von Rhythmus und Reim? Diese Fragen müssen verneint werden. Die Halbmonde, die so ähnlich sind, können nur so verstanden werden, daß sie alle ein und dasselbe Ding veranschaulichen, und so sind sie bisher und werden sie immer von den Prosodien verstanden werden. Sie veranschaulichen »kurz«, aber dies hat mehrere Bedeutungen. Es kann zeigen (und der Leser muß dieses erraten), ob etwas halb, drittel, viertel oder sechstel – lang ist, während »lang« an sich nirgendwo definiert ist. Andererseits scheint das horizontale Betonungszeichen völlig für eine lange Silbe auszureichen. Dies ist nicht der Fall. Das horizontale Zeichen steht sowohl über der Zäsur (wo diese erkannt wird, wie im Lateinischen) als auch über den normalen langen Silben und bedeutet alles oder nichts, wie der Halbmond. Aber angenommen, es zeigt normale lange Silben an (abgesehen von der Zäsur), kann ich dies nicht genausogut ganz ohne ein Zeichen darstellen? Kurz gesagt, wogegen die Prosodien mit einer bestimmten Anzahl an Zeichen *rein gar nichts* darstellen, komme ich mit halb so vielen Zeichen aus und zeige alles, was ein Betonungssystem zeigen sollte. Wenn wir uns noch einmal meine Aufteilung von Mr. Cranchs Zeilen betrachten, sehen wir, daß diese nicht nur das genaue Verhältnis der Silben und Füße zueinander, in diesen Zeilen, darstellt, aber auch ihren genauen Wert im Verhältnis zu bestehenden oder vorstellbaren Füßen oder Silben in jedem bestehenden oder vorstellbarem Rhythmus.

Mit *Skandierung* meinen wir die Darstellung des rhythmischen Ablaufes. Skandierung mit Betonungszeichen oder senkrechten Linien zwischen den Füßen, also Skandierung *nach* Stimme, ist Skandierung nur für das *Ohr* und nur gut für diesen Zweck. Die geschriebene Skandierung adressiert das Ohr über das Auge. In jedem Fall ist der Zweck die klare Darstellung von Rhythmus, Musikalischem oder Lesefluß. Es kann *keinen* anderen Zweck geben und gibt es auch nicht. Natürlich gehen Skandierung und Lesefluß Hand in Hand miteinander. Erstere muß mit letzterem übereinstimmen. Erstere repräsentiert und betont letzteren und ist gut oder schlecht, je nachdem, ob er dieses wahrheitsgetreu oder nicht tut. Wenn wir durch geschriebene Skandierung weder Rhythmus noch Musik der Zeile erkennen können, dann ist die Skandierung oder die Zeile schlichtweg falsch. Wenden wir dieses auf alle englischen Zeilen, die in diesem Artikel zitiert werden, an. Die Skandierung wird den Rhythmus genau wiedergeben und somit genau seinen Zweck erfüllt.

Aber wenden wir die Skandierung *der Schulen* auf das griechische und lateinische Versmaß an, und was finden wir? – Versmaß ist eine Sache, und Skandierung eine ganz andere. Alte Verse sind laut *gelesen* musikalisch, und bisweilen sogar sehr musikalisch. Nach prosodischen Regeln skandiert, können wir mit ihnen überhaupt nichts anfangen. Im Hinblick auf englische Verse steht fest, je mehr wir auf die Teilung zwischen den Füßen achten, desto klarer ist unser Empfinden des beabsichtigten Rhythmus. Im Lateinischen und Griechischen ist das umgekehrte der Fall. Geben wir ein Beispiel:

Mæcenas, atavis edite regibus,
O, et præsidium et dulce decus meum,
Sunt quos curriculo pulverem Olympicum
Collegisse juvat, metaque fervidis
Evitata rotis, palmaque nobilis
Terrarum dominos evehit ad Deos.

Es wird kaum eine Person, die, selbst des Lateinischen nicht mächtig, nicht sofort ihren Lauf, ihre Musik spürt, wenn sie diese Zeilen liest. Ein Prosodist wird jedoch bekanntgeben, daß die Skandierung wie folgt aussieht:

Mæce | nas ata | vis | edite | regibus |
O, et | præsidi' | et | dulce de | cus meum |
Sunt quos | curricu | lo pulver' O | lympicum |
Colle | gisse ju | vat | metaque | fervidis |
Evi | tata ro | tis | palmaque | nobilis |
Terra | rum domi | nos | evehit | ad Deos. |

Ich bestreite nicht, daß wir eine *gewisse Art* von Musik aus den Zeilen gewinnen, wenn wir sie nach dieser Skandierung lesen, aber ich möchte darauf verweisen, daß die Skandierung und ihre Art von Musik auf Kriegsfuß miteinander sind, nicht nur ausgehend vom Lesefluß einer bestimmten Person, sondern dem universellen Lesefluß, der von niemandem zurückgewiesen wird.

Und nun zwingen sich uns folgende Fragen auf: »Warum gibt es diese Diskrepanz zwischen dem modernen Vers mit seiner Skandierung und dem altertümlichen Vers mit dessen Skandierung?« – »Warum stehen erstere miteinander im Einklang und Veranschaulichung, wogegen keines von beiden bei letzteren eintritt?« oder, um auf den Punkt zu kommen: »Wie können wir das altertümliche Versmaß mit der gelehrten Skandierung in Einklang bringen?« – Diese absolut notwendige Zusammenkunft – erreichen wir sie mit dem Beschluß, daß eines der beiden Aspekte schlichtweg falsch ist?

Gingen wir davon aus, das Versmaß sei falsch, da gelehrte Skandierung nicht abgestritten werden kann, könnten wir den Ausdruck der Anordnung vereinfachen – weil die Pedantiker keine Augen haben, hatten die alten Dichter keine Ohren. »Aber«, sagen die Herren ohne Augen, »die gelehrte Skandierung, obwohl nicht durch die alten Dichter (die Herren ohne Augen) selbst an uns vermittelt, so stammt diese doch von vorsichtigen Betrachtungen der alten Gedichte!«

Illustrieren wir diese starke Position mit einem Beispiel von einem amerikanischen Dichter, der von gewisser Bedeutung sein muß, um hierfür geeignet zu sein. Nehmen wie Mr. Alfed B. Street, ich erinnere mich da an:

His sinuous path, by blazes, wound
Among trunks grouped in myriads round.

Mit dem *Sinn* dieser Zeilen habe ich nichts zu tun. Wenn ein Dichter unglaublich erregt ist, kann er sich genausogut einen großen Wald klein vorstellen – und »by blazes« ist bestimmt *kein* Eid. Mein Interesse gilt dem Rhythmus, der jambisch ist.

Gehen wir davon aus, daß in tausend Jahren, wenn die »amerikanische Sprache« tot ist, ein gelehrte Prosodist daherkommt und durch »vorsichtige Betrachtung« unserer besten Dichter ein Skandierungssystem entwickelt. Und gehen wir davon aus, daß er kaum von der Allgemeinheit und Unverwerflichkeit der Naturgesetze abhängig ist, und somit vermutet, daß, weil wir tausend Jahre vor ihm lebten und Dampfmaschinen anstatt mesmerischer Ballons verwendeten, wir eine sehr *simple* Art des Vokalgebrauchs hatten, und überdies unser Versmaß *hudsonierten*. Und gehen wir davon aus, daß er zu dieser Zeile gelangt:

Among | trunks grouped | in my | riads round.

Da er es für einen klaren Jambus hält, würde er diese wie oben aufteilen und bemerken, daß »trunks« der erste Teil eines Jambus ist und somit »kurz« ist, wie von Mr. Street beabsichtigt. Und weiter: Wenn er anstatt der Möglichkeit, daß Mr. Street (der dann nur noch Street heißen würde, wie Homer) die Angewohnheit des nachlässigen Schreibens gehabt hätte, wie die Dichter der Zeit des Prosodisten, und wie alle Dichter (da sie Genies sind) – wenn er statt dessen eine »Regel« aufstellen und in einem Buch veröffentlichen würde, wonach im amerikanischen Versmaß der Vokal *u, wenn er von neun Konsonanten eingerahmt ist, kurz* war – was sollten vernünftige Menschen aus der Periode des Gelehrten nicht nur über ihn denken, sondern auch sagen – er ist ein »fool – by blazes!«

Dies mag eine extremes Beispiel sein, greift aber nach der Wurzel des Fehlers. Die »Regeln« basieren auf »Autorität« – und diese »Autorität«, was bedeutet das? Oder was bedeutet das *nicht?* Könnte es nicht sein, daß der oben genannte Gelehrte von der Autorität nicht genausogut ein halbrichtiges System hätte ableiten können? Von der Autorität eine konstante Prosodie des alten Metrums abzuleiten, wäre durchaus denkbar gewesen; und dieses Ziel ist *nicht* erreicht worden, weil es eine Art von logischem Gedankengang ganz entrückt von dem eines Bücherwurms wäre. Eine genaue Untersuchung würde zeigen, daß die »Regeln«, die nicht so viele Ausnahmen wie Beispiele haben, die sind, die durch Zufall nicht auf Autorität basieren, sondern in den allseits vorhandenen Regeln der Silbenbildung; wie z. B. die Regel, die einen Vokal oder zwei Konsonanten als lang beschreibt.

Kurz gesagt, die große Verwirrung und der Antagonismus gelehrter Prosodisten, wie ihre ausgemachte Unanwendbarkeit der Rhythmen, die es vortäuscht darzustellen, auf den Lesefluß können darauf zurückgeführt werden, daß erstens es kein natürliches Prinzip als Führer der Untersuchungen durch unangebrachte Menschen gab; und zweitens es eine Vernachlässigung der offensichtlichen Betrachtung altertümlicher Gedichte gab, die durchgehend die *Kriterien* waren, nach denen die Menschen, die so locker und ohne Bestimmung geschrieben haben, sich richteten.

Wäre Horace heute unter uns, würde er seine erste Zeile wie folgt aufteilen, und »great eyes« machen, wenn er von der Prosodisten hören würde, daß er keine solche Aufteilung vornehmen sollte:

Mæcenas | atavis | edite | regibus |
2 2 2 2 2 2 2 2

O et præ | sidium et | dulce de | cus meum |
2 2 3 3 3 2 2 2 2

Sunt quos cur | riculo | pulverem O | lympicum |
2 2 2 2 3 3 2 2

Collegisse | juvat | metaque | fervidis |
3 3 3 2 2 2 2

Evitata | rotis | palmaque | nobilis |
3 3 3 2 2 2 2

Terrarum | dominos | evehit | ad Deos. |
2 2 2 2 2 2 2 2

Mit dieser Skandierung gelesen, wird der Fluß beibehalten, und je länger wir uns mit den Aufteilungen befassen, desto mehr tritt der Rhythmus hervor. Überdies haben alle Füße den gleichen Zeitwert; wogegen in den gelehrten Skandierungen Trochäen – wo erkannt – absurderweise Sponden und Daktylen gleichgesetzt werden. Die Bücher sagen z. B., daß der erste Fuß dieser Art ein Trochäus sein kann, und scheinen somit glorreich unbewußt dessen, daß ein Trochäus in Apposition mit einem längeren Fuß jenes unverletzliche Prinzip de Musik verletzen würde – *Zeit*.

Es mag von einigen Leuten gesagt werden, ich habe kein Recht, einen Daktylus aus so offensichtlich langen Silben wie *sunt, quos, cur* zu machen. Habe ich auch nicht. Tue ich *nie*. Und Horace hätte dies auch nicht tun sollen. Hat er aber. Mr. Bryant und Mr. Longfellow tun dies jeden Tag. Und nur, weil sich diese Herren ab und zu derart vergessen, wäre es schwer, wenn ein künftiger Prosodist darauf bestehen würde, »Thanatopsis« oder den »Spanischen Studenten« in einen Haufen von Trochäen, Sponden und Daktylen zu verdrehen.

Andere mögen sagen, daß ich durch Verwendung des Wortes *decus* auch nicht besser als die Bücher bin in meinem Versuch, Skandierung und Lesefluß zusammenzubringen, und daß *decus* nicht de*cus* ausgesprochen wird. Meine Antwort ist, daß es keinen Zweifel daran gibt, daß dieses Wort de*cus* ausgesprochen wurde. Lateinische Inflektion oder die Variation eines Wortes in seinen Endsilben haben die Römer veranlaßt – *müssen* diese veranlaßt haben –, mehr auf das Wortende als den Wortanfang zu achten oder mehr als wir auf das Ende unserer Wörter achten. Die lateinischen Wortendungen stellten eine Verbindung zu anderen Wörtern her, die wir mit Hilfe von Präpositionen oder Hilfsverben herstellen. Es würde ihnen bei weitem nicht so fremd vorkommen als uns, zu beliebiger Zeit länger als normal auf einer Endsilbe innezuhalten. Diese Lizenz – kaum eine Lizenz – würde häufig beim Versmaß gestattet werden. Somit löst man das Geheimnis von

Litoreis ingens inventa sub illici*bus sus*,

und von

Parturiunt montes; nascetur ridicu*lus mus*.

die ich vor einiger Zeit in Zusammenhang mit Reim zitierte.

Im Hinblick auf prosodische Auslassungen, wie der von *rem* vor O, in *pulverem Olympicum*, ist es schwer zu verstehen, wie eine solch dumme Vorstellung selbst in das Gehirn eines Pedantikers gelangen konnte. Fragte man mich, warum die Bücher einen *Vokal* vor einem anderen abschneiden, würde ich vielleicht sagen – die Bücher glauben, daß ein schlechter Leser beide Vokale zusammenrutschen lassen würde, und darum ist dies bereits vor-gerutscht worden. Aber im Falle eines abschließenden *m*, des wohl am ehesten gesprochenen Konsonanten (wie das kindliche *mamma*), und der am schwierigsten das Ohr trügen kann, könnte ich dazu getrieben werden zu sagen, daß nach meinem Wissen die Prosodisten dies taten, weil ihnen danach war und weil sie wissen wollten, wie komisch dies aussehen würde. Der mitdenkende Leser wird erkennen, daß ausgehend von den Aussprechmöglichkeiten von *em*, dies bewundernswert angebracht ist für jene schnellen kurzen Silben des unechten Daktylus, aber da die Bücher nie etwas von einem unechten Daktylus gehört haben, gaben sie hier sofort auf – indem sie sein Ende abschnitten.

Lassen Sie mich ein Beispiel für die korrekte Skandierung eines anderen Horationischen Maßes geben, das eine korrekte Auslassung beinhaltet:

Integer | vitæ | scelerisque | purus |
2 2 3 3 3

Non eget | Mauri | jaculis ne | que arcu |
2 2 3 3 3

Nec vene | natis | gravida sa | gittis,
2 2 3 3 3

Fusce, pha | retrâ.
2 2

Das Vorhandensein des unechten Daktylus gibt dem Rhythmus wunderbare Bewegung. Das *e* vor dem *a* in *que arcu* ist, fast aus reiner Notwendigkeit, abgeschnitten – d. h. mit dem *a* verbunden, so daß der Spondeus bewahrt wird. Aber sogar diese Lizenz hätte man besser nicht benutzt.

Wenn ich Platz hätte, täte ich nichts lieber als *alle* altertümlichen Rhythmen zu skandieren und zu zeigen, wie einfach es ist, mit etwas Verstand die beabsichtigte Musik eines jedem zu erkennen. Aber ich bin bereits über mein Ziel hinausgeschossen und muß zum Ende kommen.

Ich komme aber um die Erwähnung des heroischen Hexameters nicht herum.

Ich begann den »Ablauf« mit der Suggestion des Spondeus als ersten Schritt in Richtung Versmaß. Die ihm innewohnende Eintönigkeit hat ihn als Rhythmusgrundlage moderner Dichtkunst verschwinden lassen. Wir dürfen *sagen,* daß der französische Heroische – der eintönigste auf Erden – spondisch ist. Aber es war nicht gedacht, daß er so sein sollte, und sollten die Franzosen dies untersuchen, würden sie sagen, er sei jambisch. Es muß angemerkt werden, daß die französische Sprache in diesem Punkt etwas komisch ist – *sie ist ohne Betonung und somit ohne Versmaß*. Der Genius der Menschen, eher als die Struktur der Sprache, erklärt, daß Wörter meistens mit vereinheitlichter Betonung ausgesprochen werden. Wir sagen z. B. »syl*la*bifi*ca*tion«. Ein Franzose würde syl-la-bi-fi-ca-ti-on sagen, und keine Silbe besonders hervorheben. Wieder habe ich ein extremes Beispiel gewählt, aber die allgemeine Tatsache ist, daß die Franzosen keine Betonung und somit kein Versmaß haben. Ihr jambischer Rhythmus ist so voller totaler Sponden, um mich zu veranlassen, ihn als Spondeus zu deuten; aber Französisch ist die einzige moderne Sprache auf dieser Basis, und sogar dort ist dies ohne Absicht.

Davon ausgehend, daß der Spondeus der erste Ansatz für das Versmaß war, sollten wir erwarten, daß erstens natürliche Sponden (Wörter, die einen Spondeus bilden) häufiger in alten Sprachen vorkommen; und zweitens, daß Sponden die Basis der ältesten Rhythmen bilden. Beide Erwartungen werden bestätigt.

Die gewollte Basis des griechischen Hexameters ist spondisch. Die Daktylen sind *Variationen* hiervon. Es gibt keine totale Sicherheit über *ihre* Einschaltungsstellen. Der vorletzte Fuß ist normalerweise ein Daktylus, aber nicht einheitlicherweise, wogegen der letzte, auf den das Ohr lauert, immer ein Spondeus ist. Aber sogar die Tatsache, wonach der vorletzte Fuß ein Daktylus ist, erklärt sich durch die Notwendigkeit, mit einem *klaren* Spondeus aufzuhören. Als Beleg dieser Vorstellung sollten wir wieder den vorletzten Spondeus als am häufigsten im alten Versmaß vorfinden und tun dies eher im griechischen als im lateinischen Hexameter.

Abgesehen davon erscheinen Sponden nicht nur deutlicher im heroischen Hexameter, sondern auch in solch einem Ausmaß, das es für moderne Ohren sehr eintönig klingt. Moderne Ohren schätzen hauptsächlich am griechischen Hexameter dessen *Melodie der vorhandenen Vokalklänge*. Die lateinischen Hexameter erfreuen weniger moderne Ohren – obwohl viele sich sehr ekstatisch über diese geben. In dem vor einigen Seiten zitierten Hexameter, Silius Italicus, ist das Überwiegen des Spondeus sehr offensichtlich. Neben den natürlichen Sponden des Griechischen und Lateinischen erscheinen auch zahlreichen künstliche in diesen Sprachen aufgrund der Tendenz der Inflektion, volle Betonung auf Endsilben zu plazieren, und das Überwiegen des Spondeus ist weiter gesichert durch die niedrige Frequenz, mit der kleine Präpositionen, wie *wir* sie *anstelle* von Fällen haben, vorkommen, und auch der Abwesenheit von diminutiven Hilfsverben, mit denen wir unsere Hauptverben hervorheben. Dies sind die Monosilben, deren Vorhandensein den dichterischen Erfindungsgeist einer Sprache als stolpernd oder daktylisch abstempelt.

Ohne Rücksicht auf die Tatsachen haben sich Sir Philip Sidney, Professor Longfellow und zahllose andere Personen, mehr oder weniger modern, damit beschäftigt, was sie für »englische Hexameter nach griechischem Modell« halten, zu konstruieren. Die einzige Schwierigkeit (abgesehen von der melodischen Masse der Vokale) bestand darin, daß diese englischen Herren keine griechisch klingenden Hexameter zustande brachten. Sahen diese griechisch *aus?* – hätte ihre Frage sein sollen, und die Antwort hätte des Rätsels Lösung sein können. Wenn man wie Professor Longfellow oder Felton oder alle Froschteich-Professoren zusammen eine Kopie eines alten Hexameters neben eine Kopie (ähnlicher Art) eines neuen Hexameters legt, kann man ersehen, daß letztere ungefähr ein Drittel länger *für das Auge* sind als erstere. Die häufigeren Daktylen machen den Unterschied. Und es ist die größere Anzahl an Sponden im Griechischen als im Englischen, in der alten als in der modernen Sprache, es herausfallen ließ, während diese erhabenen Professoren im Dunkeln tappten nach einem griechischen Hexameter, welcher ein bisweilen durch Jambus abgewandelter Spondeus ist, und dann nur, zum Skandal der Gelehrsamkeit, über etwas stolperten, das aufgrund seiner Länge genausogut als Feltonischer Hexameter bezeichnet werden kann, und ein Daktylus mit seltenen Sponden, die gar keine sind, ist und nach Belieben in den Vers eingeworfen werden.

Hier ist ein Beispiel für einen Longfellow-Hexameter:

Also the | church with | in was a | dorned for | this was the | season |
In which the | young their | parents' | hope and the | loved ones of | Heaven |
Should at the | foot of the | altar re | new the | vows of their | baptism |
Therefore each | nook and | corner was | swept and | cleaned and the | dust was |
Blown from the | walls and | ceiling and | from the | oil-painted | benches. |

Mr. Longfellow ist ein Mann mit Vorstellungskraft, aber *kann* er sich vorstellen, daß ein Mensch mit korrektem Verständnis über die Gefahr von Kiefersperren seinen Mund so verbiegen würde, um Sponden wie »par*ents*« und »from the« auszusprechen oder Daktylen wie »cleaned and the« und »loved ones of«? »Baptism« ist kein schlechter Daktylus, aber alle anderen beschämen mich.

Alle Füße, Daktylen und Sponden, alle zusammen, sollten sofort in ihre richtige Position gebracht werden:

»Also the church with in was adorned; for this was the season in which the young, their parents' hope and the loved ones of Heaven, should, at the foot of the altar, renew the vows of their baptism. Therefore each nook and corner was swept and cleaned; and the dust was Blown from the walls and ceiling and from the oil-painted benches.«

Dies ist respektable Prosa und ist keiner Gefahr ausgesetzt, seinen Charakter dadurch zu verlieren, als Vers mißverstanden zu werden.

Aber selbst wenn wir diese modernen Hexameter nicht als Griechisch, sondern lediglich als Longfellowisch oder Feltonisch oder Froschteichig beschreiben, müssen wir sie dennoch wegen einer groben Verletzung der Philosophie des Versmaßes verurteilen. Der Spondeus ist, wie gesagt, das *Thema* der griechischen Zeile. Fast alle alten Hexameter *beginnen* mit Sponden, weil der Spondeus das Thema ist und das Ohr mit ihm belastet wird. Die Feltonischen Daktylen haben gleichermaßen Daktylen zum Thema, und fast alle beginnen mit Daktylen – was alles sehr angemessen, aber nicht griechisch ist, allerdings sind sie unglücklicherweise in einem Punkt *sehr* griechisch, und zwar genau dann, wenn sie nur Feltonisch sein sollten. Sie *enden* immer mit etwas, das für einen Spondeus gehalten wird. Um durchgehend dumm zu sein, sollten sie in einem Daktylus absterben.

Ich kann es allerdings nicht akzeptieren, daß ein echt griechischer Hexameter *nicht* in Englisch komponiert werden *kann*. Ich glaube, mir könnte dies gelingen:

Do tell! | when may we | hope to make | men of sense | out of the | Pundits
Born and brought | up with their | snouts deep | down in the | mud of the | Frog-pond?
Why ask? | who ever | yet saw | money made | out of a | fat old
Jew, or | downright | upright | nutmegs | out of a | pine-knot?

Das Übermaß der Sponden wird hier bewahrt. Einige Daktylen sind nicht so gut, wie ich mir wünschte, aber im Ganzen ist der Rhythmus angemessen – ganz abgesehen von seinem hervorragenden Sinn.

Anmerkungen

1 Verse, aus dem Lateinischen *vertere,* umkehren, wird so bezeichnet wegen der Umkehrung oder Wiederaufnahme der Reihenfolge von Versfüßen. Genaugenommen ist ein Vers eine Zeile. In diesem Sinne bevorzuge ich allerdings die alleinige Verwendung des letzteren Ausdrucks; ersteren gebrauche ich im allgemeingültigen Sinne des Titels dieses Aufsatzes.
2 Eine Strophe wird oft vulgär und grob unangemessen als *Vers* bezeichnet.

Der dichterische Grundsatz

Ich habe nicht die Absicht, gründlich oder profund über den dichterischen Grundsatz zu sprechen. Obwohl ich, sehr zufallsgesteuert, die Grundlagen dessen, was wir Dichtkunst nennen, diskutieren werde, ist mein Hauptgrund, zwecks Begutachtung einige jener kleinen englischen oder amerikanischen Gedichte zu zitieren, die mir gefielen oder einen besonderen Eindruck bei mir hinterlassen haben. Mit »kleinen Gedichten« meine ich natürlich kurze Gedichte. Und gestatten Sie mir, hier zu Beginn einige Worte im Hinblick auf jenen merkwürdigen Grundsatz zu sagen, der zu Recht oder Unrecht meine kritische Einschätzung des Gedichtes beeinflußt hat. Ich meine, ein langes Gedicht gibt es nicht. Ich behaupte, daß der Ausdruck »ein langes Gedicht« ein Widerspruch in sich ist.

Ich brauche wohl kaum anzumerken, daß ein Gedicht diesen Titel nur verdient, wenn es erfreut und die Seele aufleben läßt. Der Wert des Gedichtes liegt im Verhältnis dieses Auflebens. Alle Erregungen sind jedoch nur von kurzer Zeit. Jene Erregung, die Gedicht zu einem Gedicht macht, kann nicht über ein längeres aufrechterhalten werden. Spätestens nach einer halben Stunde verfällt sie, und das Gedicht ist am Ende kein solches mehr.

Viele haben es zweifellos schwierig gefunden, jene Meinung, »Paradise Lost« müsse durchgehend bewundert werden, mit der totalen Unmöglichkeit, die hierfür notwendige Begeisterung, die diese Meinung verlangt, während des Lesens aufrechtzuerhalten, in Einklang zu bringen. Dieses großartige Werk kann nur insofern als dichterisch eingestuft werden, indem wir jene wichtige Voraussetzung aller Kunstwerke, Einheit, vergessen und es nur als Abfolge kleiner Gedichte ansehen. Wenn wir, um seine Einheit – des Effektes oder Eindrucks – zu bewahren, in einem Durchgang (was notwendig wäre) lesen, wäre das Ergebnis ein permanenter Wechsel von Erregung und Depression. Nach einer Passage wahrer Dichtkunst folgt unweigerlich eine Passage voller Plattheit, die wir keinesfalls bewundern könnten; aber wenn wir das Werk ein zweites Mal lesen würden – unter Auslassung des ersten Buches, d. h. wir beginnen mit dem zweiten –, wären wir über unsere Begeisterung über vorher Verurteiltes verwundert. Daraus folgt, daß der ultimative, absolute oder kombinierte Effekt selbst des besten Epos unter der Sonne ein Nichts ist – und genau dies ist der Fall.

In Hinblick auf dem Illiad haben wir, wenn nicht positive Beweise, zumindest gute Gründe, zu glauben, es war als Serie von Lyriken gedacht; aber unter Berücksichtigung der epischen Absicht, kann ich nur sagen, daß das Werk auf einem imperfekten Kunstsinn basiert. Das moderne Epos folgt dem uralten Modell, aber ist eine undurchdachte und blinde Imitation. Aber die Tage dieser künstlerischen Anomalie sind vorbei. Selbst wenn jemals ein langes Gedicht beliebt gewesen *wäre,* was ich bezweifle, so wird dies in der Zukunft nie wieder der Fall sein.

Daß die Länge eines Gedichtes, *ceteris paribus,* das Maß seines Verdienstes ist, scheint ohne Zweifel zu sein, wenn wir es so sagen; eine Annahme, die ausreichend absurd ist – und doch aus den Quarterly Reviews stammt. Sicherlich ist *Größe,* abstrakt betrachtet, nicht alles – es kann nicht in der *Menge* liegen, daß diese saturnischen Flugblätter so fortwährend ihre Begeisterung zum Ausdruck bringen. Ein Berg kann durch seine physikalische Größe sicherlich den Sinn des Erhabenen vermitteln – aber niemand ist auf diese Weise von der materiellen Grandeur des »Columbiad« beeindruckt. Sogar die Quarterlies haben uns nicht gesagt, hiervon beeindruckt zu sein. *Bis jetzt* haben sie nicht darauf *bestanden,* Lamatine kubikmeterweise zu messen oder Pollock pfundweise – aber was sonst sollen wir unter ihrem fortwährenden Gefasel von »aufrechterhaltenem Einsatz« ableiten? Wenn durch »aufrechterhaltenen Einsatz« Epen geschrieben werden, beglückwünschen wir ihn für seinen Einsatz – wenn dies denn beglückwunschbar wäre –, aber loben wir das Epos nicht aufgrund dieses Einsatzes. Hoffentlich wird der gesunde Verstand bald sich für Kunstwerke aufgrund ihrer Eindrücke – der erzeugten Effekte – entscheiden, anstatt auf die verbrauchte Zeit oder die Menge des »aufrechterhaltenen Einsätze« der für nötig gehalten wurde, schauen. Es ist eine Tatsache, daß Ausdauer eine Sache ist und Genius eine andere – noch können die Quarterlies sich im Christentum vermengen. Im Ganzen wird mein Vorschlag, wie soeben erläutert, als offensichtlich verstanden werden. In der Zwischenzeit wird ihre Verurteilung als Fälschlichkeiten nicht ihren Wahrheitscharakter beschädigen.

Andererseits ist es klar, daß ein Gedicht auch unangemessen kurz sein kann. Unangebrachte Kürze verfällt in reinen Epigrammatismus. Ein *sehr* kurzes Gedicht, das ab und zu einen tollen oder lebendigen Effekt hervorruft, wir nie einen profunden oder anhaltenden Effekt haben. Der Stempel muß gleichmäßig auf das Wachs gepreßt werden. De Beranger hat zahlreiche Dinge geschrieben, scharf und gedankenwirbelnd, aber im allgemeinen sind diese zu unwägbar, um sich tief im Bewußtsein festzusetzen, und so, wie viele Federn der Laune, sind sie aufgeblasen worden, nur um hinabzusinken.

Ein bemerkenswertes Beispiel für den Effekt unangemessener Kürze auf ein Gedicht, so daß es nicht ins Licht der Öffentlichkeit rückt, ist diese kleine Serenade:

I arise from dreams of thee
 In the first sweet sleep of night,
When the winds are breathing low,
 And the stars are shining bright.
I arise from dreams of thee,
 And a spirit in my feet
Has led me – who knows how? –
 To thy chamber-window, sweet!

The wandering airs they faint
 On the dark the silent stream –
The champak odors fail
 Like sweet thoughts in a dream;
The nightingale's complaint,
 It dies upon her heart,
As I must die on thine,
 O, beloved as thou art!

O, lift me from the grass!
 I die, I faint, I fail!
Let thy love in kisses rain
 On my lips and eyelids pale.
My cheek is cold and white, alas!
 My heart beats loud and fast:
O, press it close to thine again,
 Where it will break at last.

Wenige werden diese Zeilen kennen – und doch ist niemand geringeres als Shelley ihr Autor. Ihre warme und doch zarte und himmlische Vorstellung wird von allen geschätzt werden, aber durch niemanden so sehr wie denjenigen, der sich aus den süßen Träumen über die Geliebte reißt, um in der aromatischen Luft einer südlichen Mittsommernacht zu baden.

Eines der besten Gedichte von Willis – meiner Meinung nach das Beste, das er je geschrieben hat – hat zweifellos durch denselben Defekt der Kürze nicht die angemessene Bedeutung erlangt, nicht so sehr im Auge der Kritiker, sondern in der Öffentlichkeit:

The shadows lay along Broadway,
'Twas near the twilight-tide –
And slowly there a lady fair
Was walking in her pride.
Alone walk'd she; but, viewlessly,
Walk'd spirits at her side.

Peace charm'd the street beneath her feet,
And Honour charmed the air;
And all astir looked kind on her,
And called her good as fair –
For all God ever gave to her
She kept with chary care.

She kept with care her beauties rare
From lovers warm and true –
For heart was cold to all but gold,
And the rich came not to woo –
But honour'd well her charms to sell,
If priests the selling do.

Now walking there was one more fair –
A slight girl, lily-pale;
And she had unseen company
To make the spirit quail –
'Twixt Want and Scorn she walk'd forlorn,
And nothing could avail.

No mercy now can clear her brow
From this world's peace to pray,
For as love's wild prayer dissolved in air,
Her woman's heart gave way! –
But the sin forgiven by Christ in Heaven,
By man is cursed alway!

Wir erkennen hier kaum jenen Willis, der so viele reine »Verse der Gesellschaft« geschrieben hat. Diese Zeilen sind nicht nur reichlich angemessen, sondern voller Energie, obwohl sie voller Ernsthaftigkeit, offensichtlicher Aufrichtigkeit sind, nach der wir vergeblich in anderen Werken des Autors suchen.

Während die epische Manie, die Idee, daß für dichterischen Verdienst Weitschweifigkeit unerläßlich sei, seit einigen Jahren schrittweise aus den Gedanken der Öffentlichkeit verschwindet, finden wir es absurderweise ersetzt durch Hörensagen, so falsch, daß es nicht lange toleriert werden kann, das aber in seiner kurzen Zeit bereits mehr für die Korruption dichterischer Literatur getan hat als alle ihre anderen Feinde zusammen. Ich spiele hier auf *The Didactic* an. Es ist angenommen worden, schweigend und ausgesprochen, direkt und indirekt, daß der letztendliche Zweck der Dichtkunst die Wahrheit sei. Jedes Gedicht, so sagt man, soll eine Moral enthalten, und anhand dieser Moral soll sein dichterischer Wert gemessen werden. Besonders wir Amerikaner haben diese Idee gern angenommen, und gerade wir Bostoner haben diese voll entwickelt. Wir haben es in unseren Köpfen, daß, wenn man ein Gedicht nur des Gedichtes wegen schreibt und dies auch noch kundtut, man eingesteht, nicht die wahre dichterische Würde und Kraft zu besitzen – aber es ist eine einfache Tatsache, daß, erlaubten wir uns, in unsere eigenen Seelen zu blicken, wir entdecken würden, daß es unter der Sonne kein Werk gibt, noch geben kann, das würdiger und nobler ist als gerade dieses Gedicht, das Gedicht *per se*, dieses Gedicht, das ein Gedicht und sonst nichts ist; dieses Gedicht, nur des Gedichtes wegen geschrieben.

Mit tiefstmöglicher Untergebung zur Wahrheit, die je den Busen eines Menschen inspiriert hat, würde ich dennoch in gewissem Maße seine Art der Einschärfung einschränken. Ich würde ihre Umsetzung einschränken. Ich würde sie nicht durch Zerstreuung abschwächen. Die Ansprüche der Wahrheit sind hoch. Sie hat kein Mitleid mit Immergrün. All *das*, was in Song so unersetzlich ist, ist genau all *das*, womit *sie* rein gar nicht zu tun hat. Es macht sie nur zu einem Paradox, sie in Juwelen und Blumen zu wickeln. Um eine Wahrheit durchzusetzen, brauchen wir Schärfe anstelle von blumenhafter Sprache. Wir müssen einfach, genau und knapp sein, kühl, ruhig und ohne Leidenschaft. Wir müssen das genaue Gegenteil des Poetischen sein. Es muß schon ein Blinder sein, der nicht den radikalen Unterschied zwischen der wahrheitsmäßigen und dichterischen Einschärfungsmethode sieht. Er muß rettungslos theorieversessen sein, wenn er, trotz dieses Unterschieds, nach wie vor die unwilligen Öle und Wasser von Dichtkunst und Wahrheit vermischen will.

Wenn wir die Welt des Gemüts in ihre drei offensichtlichen Teile aufteilen, erhalten wir reinen Intellekt, Geschmack und das Moralempfinden. Ich setze Geschmack in die Mitte, denn dort sitzt er im Gemüt. Er hat innige Beziehungen mit den beiden Extremen, aber es ist vom Moralempfinden so leicht entrückt, daß Aristoteles nicht zögerte, einige seiner Operationen unter den Tugenden zu plazieren. Dennoch sind die *Aufgaben* des Trios hinreichend geteilt. So wie der Intellekt sich mit der Wahrheit befaßt, informiert uns der Geschmack über Schönes, und das Moralempfinden beachtet unsere Pflichten. Im Hinblick auf letzteres gibt sich der Geschmack mit dem Vorzeigen des Charmes zufrieden, wogegen das Gewissen die Aufgaben lehrt und die Vernunft den Zweck – Geschmack kämpft gegen Laster wegen ihrer Unförmigkeit, Verhältnislosigkeit, Animosität gegen das Angebrachte, Angemessene – in einem Wort: Schönheit.

Ein unsterblicher Instinkt tief im Innern des menschlichen Geistes ist somit ein Sinn für das Schöne. Dieses tritt in den vielen Formen und Klängen und Gerüchen und Sinnlichkeiten hevor, in denen er lebt. Und so wie die Seerose sich im See wiederholt, oder die Augen Amaryllis' im Spiegel, so ist die reine mündliche oder schriftliche Wiederholung dieser Formen und Farben und Klänge und der Sinnlichkeiten eine doppelte Quelle der Freude. Aber diese reine Wiederholung ist nicht Dichtkunst. Derjenige, der einfach singt, mit was auch immer für scheinender Begeisterung oder lebendiger Darstellung von den Dingen und Klängen und Farben und Düften und Gefühlen, die *ihn* wie alle anderen Menschen empfangen, hat er, so sage ich, noch lange nicht seinen göttlichen Titel bewiesen. Es gibt noch etwas in weiter Entfernung, was er nicht erreicht hat. Wir haben noch immer einen unstillbaren Durst, und er hat uns noch nicht zwecks Linderung zu den kristallenen Quellen geführt. Dieser Durst ist Teil der Unsterblichkeit des Menschen. Es ist zugleich Folge und Andeutung seines immerwährenden Daseins. Es ist das Streben der Motte zu den Sternen. Es ist nicht nur Schätzung der Schönheit vor uns, sondern das wilde Streben nach der Schönheit über uns. Inspiriert von einer ekstatischen Voraussicht auf die Ehre hinter dem Grab, versuchen wir durch verschiedenförmige Verbindungen der Dinge und Gedanken der Zeit einen Teil jener Wunderbarkeit zu erreichen, deren Bestandteile vielleicht nur zur Unendlichkeit selbst gehören. Und somit, wenn wir uns durch Dichtkunst oder Musik, der betörendsten dichterischen Stimmung, in Tränen finden, weinen wir, nicht so wie es der Abbaté Gravina vermutet, durch Übermaß an Wohlgefallen, sondern wegen einer gewissen ungeduldigen Traurigkeit über unsere Unfähigkeit, *jetzt*, hier auf Erden, sofort und für immer, völlig, diese göttlichen und begeisternden Freuden, die *durch* das Gedicht oder *durch* die Musik uns kurz und unbestimmt vor Augen geführt werden, zu ergreifen.

Der Kampf, diese himmlische Wunderbarkeit festzuhalten – dieser Kampf, durch die Seelen wunderbar verfaßt – hat der Welt all *das* gegeben, das sie je zugleich als poetisch verstehen *und fühlen* konnte.

Das poetische Gefühl kann sich natürlich in verschiedener Weise entwickeln – in Malereien, Skulpturen, Architektur, Tanz – besonders in der Musik – und sehr sonderlicherweise, und weiträumig, in der Zusammensetzung von Landschaftsgärten. Unser gegenwärtiges Thema ist seine Manifestierung in Worten. Lassen Sie mich hier kurz über Rhythmus sprechen. Ich gebe mich damit zufrieden, daß Musik, in ihren verschiedenen Formen von Metrum, Rhythmus und Reim, von solcher Bedeutung in der Dichtkunst ist daß diese nie verworfen werden sollte – sie ist ein so wichtiges Attribut, daß derjenige, der ihren Nutzen verneint, schlicht dumm ist –, und werde mich nicht daran aufhalten, ihre Notwendigkeit zu diskutieren. Es ist vielleicht in der Musik, in der die Seele am nahsten an jenes Ziel gelangt, wonach sie durch das poetische Gefühl inspiriert so strebt – der Schöpfung himmlischer Schönheit. Es *mag* sein, daß jenes erhabene Ziel hier *tatsächlich* jetzt und für immer erreicht wird. Wir spüren oft, mit zitternder Freude, daß die Töne einer irdenen Harfe den Engeln *nicht* unbekannt gewesen sein können. Und somit kann kein Zweifel daran bestehen, daß die Einheit von Dichtkunst und Musik im populären Sinne das weiteste Feld für poetische Entwicklung darstellen. Die alten Barden und Minnesänger besaßen Vorteile, wie wir sie nicht haben – und Thomas Moore, wenn er seine eigenen Lieder sang, vollendete in legitimster Art diese als Gedichte.

Fassen wir zusammen: Ich würde, die Dichtkunst der Wörter als *rhythmische Schöpfung der Schönheit* definieren. Ihr einziger Gebieter ist Geschmack. Mit dem Intellekt oder dem Gewissen hat sie nur nebensächliche Beziehungen, außer durch Zufall hat sie keine Verbindung mit Pflicht oder Wahrheit.

Einige Worte jedoch zur Erklärung. *Jenes* Wohlgefühl, das zugleich das reinste, erhebendste und intensivste Gefühl, stammt, behaupte ich, von Überlegungen zur Schönheit ab. Alleine in Überlegungen zur Schönheit wird es uns möglich, jene wunderbare Erhebung oder Erregung *der Seele* zu erreichen, welche wir als poetisches Gefühl erkennen und welche so leicht von der Wahrheit zu unterscheiden ist, die die Befriedigung der Vernunft ist, oder von der Leidenschaft, die das Herz erregt. Ich mache daher die Schönheit – einschließlich des Himmlischen – zum Wirkungskreis der Dichtkunst, einfach weil es eine einfache Kunstregel ist, daß Effekte so direkt als nur möglich von ihrer Ursache entspringen sollten: – niemand hat bisher verneint, daß jener besondere Erhebung, um die es hier geht, *am einfachsten* durch das Gedicht erreicht werden kann. Daraus folgt allerdings nicht, daß die Erregungen der Leidenschaft, oder die Regeln der Pflicht, oder die Lehren der Wahrheit, nicht in einem Gedicht verwendet werden dürfen, sondern sogar von Vorteil sein können; sie mögen zusätzlich, in verschiedener Weise, den allgemeinen Zwecken der Werke dienlich sein: allerdings wird sich der wahre Künstler immer bemühen, diese im Verhältnis zur *Schönheit* abzuschwächen, da diese die Stimmung und Essenz des Gedichtes ist.

Ich kann die Gedichte, die ich für Ihre Betrachtung ausgewählt habe, nicht besser vorstellen als durch das Zitat des Gedichtes »Waif« von Professor Longfellow:

The day is done, and the darkness
Falls from the wings of Night,
As a feather is wafted downward
From an Eagle in his flight.

I see the lights of the village
Gleam through the rain and the mist,
And a feeling of sadness comes o'er me,
That my soul cannot resist;

A feeling of sadness and longing,
  That is not akin to pain,
And resembles sorrow only
  As the mist resembles the rain.

Come, read to me some poem,
  Some simple and heartfelt lay,
That shall soothe this restless feeling,
  And banish the thoughts of day.

Not from the grand old masters,
  Not from the bards sublime,
Whose distant footsteps echo
  Through the corridors of Time.

For, like strains of martial music,
  Their mighty thoughts suggest
Life's endless toil and endeavour;
  And to-night I long for rest.

Read from some humbler poet,
  Whose songs gushed from his heart,
As showers from the clouds of summer,
  Or tears from the eyelids start;

Who through long days of labour,
  And nights devoid of ease,
Still heard in his soul the music
  Of wonderful melodies.

Such songs have power to quiet
  The restless pulse of care,
And some like the benediction
  That follows after prayer.

Then read from the treasured volume
  The poem of thy choice,
And lend to the rhyme of the poet
  The beauty of thy voice.

And the night shall be filled with music,
  And the cares that infest the day
Shall fold their tents like the Arabs,
  And silently steal away.

Ohne große Vorstellungskraft sind diese Zeilen ob ihrer Zartheit des Ausdrucks bewundert worden. Einige der Bilder sind sehr effektiv. Nichts kann besser sein als

——— the bards sublime,
  Whose distant footsteps echo
Down the corridors of Time.

Die Idee des letzten Vierzeilers ist auch sehr effektiv. Das Gedicht an sich jedoch ist bewundernswert für die graziöse *insouciance* seines Metrums, so gut in Einklang mit dem Charakter seiner Sinnbilder, und insbesondere für die *Leichtigkeit* seiner ganzen Art. »Leichtigkeit« oder Natürlichkeit in einem Literaturstil ist schon lange als Leichtigkeit im Hinblick auf Erscheinungsform angesehen worden – etwas schwer zu Erreichendes. Dem ist nicht so: Eine natürliche Art ist nur schwierig für den, der sie nicht handhaben sollte – dem Unnatürlichen. Sie ist das Ergebnis des Schreibens mit dem Verständnis oder dem Instinkt, daß *der Ton* in der Komposition immer der sein sollte, den die Menschheit im allgemeinen annehmen würde – und muß immerwährend gemäß dem Anlaß veränderbar sein. Der Autor, der – nach dem »North American Review« – bei *allen* Anlässen immer nur »ruhig« sein sollte, muß notwendigerweise zu *vielen* Anlässen einfach albern oder dumm sein und hat kein größeres Recht, als »leicht« oder »natürlich« angesehen zu werden, als ein exquisiter Cockney oder die schlafende Schönheit im Wachsfigurenkabinett.

Von den kleinen Gedichten Bryants hat mich keines so beeindruckt wie jenes, das er »June« nennt. Ich zitiere nur einen Teil:

There, through the long, long summer hours,
  The golden light should lie,
And thick young herbs and groups of flowers
  Stand in their beauty by.
The oriole should build and tell
His love-tale, close beside my cell;
  The idle butterfly
Should rest him there, and there be heard
The housewife-bee and humming bird.

And what, if cheerful shouts at noon,
  Come, from the village sent,
Or songs of maids, beneath the moon,
  With fairy laughter blent?
And what if, in the evening light,
Betrothed lovers walk in sight
  Of my low monument?
I would the lovely scene around
Might know no sadder sight nor sound.

I know, I know I should not see
  The season's glorious show,
Nor would its brightness shine for me;
  Nor its wild music flow;
But if, around my place of sleep,
The friends I love should come to weep,
  They might not haste to go.
Soft airs and song, and the light and bloom,
Should keep them lingering by my tomb.

These to their soften'd hearts should bear
  The thoughts of what has been,
And speak of one who cannot share
  The gladness of the scene;
Whose part in all the pomp that fills
  The circuit of the summer hills,

Is – that his grave is green;
And deeply would their hearts rejoice
To hear again his living voice.

Der rhythmische Ablauf hier ist gleichmäßig lüstern – nichts könnte melodischer sein. Das Gedicht hat mich immer ganz besonders berührt. Die intensive Melancholie, die aufzuwallen scheint, mit Zwang, zur Oberfläche aller Dinge, die der Dichter fröhlich über sein Grab sagt, erschauern unsere Seele – solange die wahrhaftigste Erhebung der Seele in dieser Erschauderung zu finden ist. Der Eindruck ist von erfreubarer Trauer. Und wenn es in den übrigen Kompositionen, die ich Ihnen vorstellen möchte, immer ein ähnlicher Ton vorhanden zu sein scheint, lassen Sie mich Sie daran erinnern (wie oder warum wissen wir nicht), daß ein gewisser Hauch von Traurigkeit untrennbar mit allen höheren Manifestationen der Schönheit verbunden ist. Es ist dennoch

A feeling of sadness and longing,
That is not akin to pain,
And resembles sorrow only
As the mist resembles the rain.

Der Hauch, von dem ich sprach, ist klar spürbar, sogar in einem so brillanten Gedicht wie »The Health« von Edward Coate Pickney:

I fill this cup to one made up
Of loveliness alone,
A woman, of her gentle sex
The seeming paragon;
To whom the better elements
And kindly stars have given
A form so fair that, like the air,
'Tis less of earth than heaven.

Her every tone is music's own,
Like those of morning birds,
And something more than melody
Dwells ever in her words;
The coinage of her heart are they,
And from her lip each flows
As one may see the burden'd bee
Forth issue from the rose.

Affections are as thoughts to her,
The measures of her hours;
Her feelings have the fragrancy,
The freshness of young flowers;
And lovely passions, changing oft,
So fill her, she appears
The image of themselves by turns, –
The idol of past years!

Of her bright face one glance will trace
A picture on the brain,
And of her voice in echoing hearts

A sound must long remain;
But memory, such as mine of her,
So very much endears,
When death is nigh my latest sigh
Will not be life's, but hers.

I fill'd this cup with one made up
Of loveliness alone,
A woman, of her gentle sex
The seeming paragon –
Her health! and would on earth there stood,
Some more of such a frame,
That life might be all poetry,
And weariness a name.

Es war Mr. Pickneys Unglück, zu weit im Süden geboren zu werden. Wäre er ein Neuengländer gewesen, ist es wahrscheinlich, daß er zu den führenden amerikanischen Lyrikern gezählt worden wäre von jenem edelmütigen Kannibalen, der so lange das Schicksal der »American Letters« kontrollierte mit seinem »North American Review«. Das zitierte Gedicht ist besonders schön, aber die poetische Erhebung, die es einleitet, beruht vor allem auf unserem Mitgefühl für die Begeisterung des Dichters. Wir entschuldigen seine Hyperbeln aufgrund der offensichtlichen Ernsthaftigkeit, mit der diese erwähnt werden.

Es war jedoch nicht meine Absicht, über die *Verdienste* dessen, was ich Ihnen zu lesen gebe, zu sprechen. Diese sprechen für sich selbst. Boccalini, in seinen »Advertisements from Panassus«, erzählt uns, daß Zoilus einmal Apollo mit einer sehr beißenden Kritik eines bewundernswerten Buches präsentierte – woraufhin der Gott ihn nach der Schönheit des Werkes fragte. Er antwortete, daß er sich nur mit den Fehlern beschäftige. Als er dies hörte, gab Apollo ihm einen Sack mit ungesiebtem Korn und wies ihn an, daß er zur Belohnung *alle Spreu* nehmen sollte.

Diese Fabel dient gut als Schlag gegen die Kritiker – aber ich bin mir nicht sicher, ob der Gott im Recht war. Ich bin mir nicht sicher, ob die Grenzen kritischer Pflichten nicht mißverstanden werden. Die Exzellenz eines Gedichtes, im besonderen, mag mit einem Axiom, das nur richtig *dargelegt* werden muß, um selbsterklärend zu sein, verglichen werden. Es ist keine Exzellenz, wenn man diese zunächst nachweisen muß – und somit ist der Wert eines Kunstwerkes kein solcher, wenn auf ihn verwiesen werden muß.

Unter den Melodien Thomas Moores ist eine, deren herausragender Charakter als Gedicht völlig mißachtet zu sein scheint. Ich verweise auf seine Anfangszeilen – »Come, rest in this bosom«. Die intensive Energie dieses Ausdrucks wird durch nichts von Byron übertroffen. Es gibt zwei solche Zeilen, in denen ein Gefühl vermittelt wird, das *alles in allem* die göttliche Leidenschaft der Liebe beinhaltet – ein Gefühl, das sein Echo in mehr, und in leidenschaftlicheren, Menschenherzen als jedes andere Gefühl in diesen Worten findet:

Come, rest in this bosom, my own stricken deer
Though the heard have fled from thee, thy home is still here;
Here still is the smile, that no cloud can o'ercast,
And a heart and a hand all thy own to the last.

Oh! what was love made for, if 'tis not the same
Through joy and through torment, through glory and shame?
I know not, I ask not, if guilt's in that heart,
But I know that I love thee, whatever thou art.

Thou hast call'd me thy Angel in moments of bliss,
And thy Angel I'll be, 'mid the horrors of this, –
Through the furnace, unshrinking, thy steps to pursue,
And shield thee, and save thee, – or perish there too!

Es ist in letzter Zeit eine Mode gewesen, Moore Vorstellungskraft abzusprechen, wogegen man ihm Einbildung zuspricht – eine Unterscheidung, die von Coleridge abstammt, der Moores großartige Fähigkeiten wohl am besten verstand. Tatsache ist, daß die Einbildung dieses Dichters so sehr über seinen anderen Fähigkeiten steht, und er über der anderer Menschen, daß der Eindruck erweckt wurde, er alleine sei eingebildet. Aber nie hat es einen größeren Fehler gegeben. Nie wurde ein schlimmeres Unrecht einem Dichter angetan. In der englischen Sprache kann ich mich an kein Gedicht erinnern, das profunder – merkwürdiger *einfallsreich,* in bestem Sinne, als die Zeilen, die so beginnen – »I would I wre by that dim lake« – die von Thomas Moore verfaßt wurden. Ich bedauere, daß ich diese vergessen habe.

Einer unserer nobelsten – und, wo wir von Einbildung sprechen – eingebildetsten modernen Dichter war Thomas Hood. Sein »Fair Ines« hat für mich immer einen unbeschreibbaren Charme: –

O saw ye not fair Ines?
  She's gone into the West,
To dazzle when the sun is down,
  And rob the world of rest;
She took our daylight with her,
  The smiles that we love best,
With morning blushes on her cheek,
  And pearls upon her breast.

O turn again, fair Ines,
  Before the fall of night,
For fear the moon should shine alone,
  And stars unrivall'd bright;
And blessed will the lover be
  That walks beneath their light,
And breathes the love against thy cheek
  I dare not even write!

Would I had been, fair Ines,
  That gallant cavalier,
Who rode so gaily by thy side,
  And whisper'd thee so near!
Were there no bonny dames at home
  Or no true lovers here,
That he should cross the sees to win
  The dearest of the dear?

I saw thee, lovely Ines,
  Descend along the shore,
With bands of noble gentlemen,
  And banners waved before;
And gentle youth and maidens gay,
  And snowy plumes they wore;

It would have been a beauteous dream,
  If it had been no more!

Alas, alas, fair Ines,
  She went away with song,
With music waiting on her steps,
  And shoutings of the throng;
But some were sad and felt no mirth,
  But only Music's wrong,
In sounds that sang Farewell, Farewell,
  To her you've loved so long.

Farewell, farewell, fair Ines,
  That vessel never bore
So fair a lady on its deck,
  Nor danced so light before, –
Alas for pleasure on the sea,
  And sorrow on the shore!
The smile that blest one lover's heart
  Has broken many more!

»The Haunted House« desselben Autors ist eines der wahresten Gedichte, die je geschrieben wurden – eines der *wahresten,* ausnahmslosesten, eines der artistischsten, sowohl in Thema als auch in der Umsetzung. Es ist überdies kraftvoll ideal – einfallsreich. Ich bedauere, daß seine Länge es für diese Vorlesung ungeeignet macht. An seiner Stelle erlauben Sie mir, das universell geschätzte »Bridge of Sighs« anzubieten:

One more Unfortunate,
Weary of breath,
Rashly importunate
Gone to her death!

Take her up tenderly,
Lift her with care;–
Fashion'd so slenderly,
Young and so fair!

Look at her garments
Clinging like cerements;
Whilst the wave constantly

Drips from her clothing:
Take her up instantly,
Loving, not loathing.

Touch her not scornfully;
Think of her mournfully,
Gently and humanly;
Not of the stains of her,
All that remains of her
Now is pure womanly.

Make no deep scrutiny
Into her mutiny
Rash and undutiful;
Past all dishonour,
Death has left on her
Only the beautiful.

Where the lamps quiver
So far in the river,
With many a light
From window and casement
From garret to basement,
She stood, with amazement,
Houseless by night.

The bleak wind of March
Made her tremble and shiver;
But not the dark arch,
Or the black flowing river:
Mad from life's history,
Glad to death's mystery,
Swift to be hurl'd –
Anywhere, anywhere
Out of the world!

In she plunged boldly,
No matter how coldly
The rough river ran, –
Over the brink of it,
Picture it, – think of it,
Dissolute Man!
Lave in it, drink of it
Then, if you can!

Still, for all slips of hers,
One of Eve's family –
Wipe those poor lips of hers
Oozing so clammily,
Loop up her tresses
Escaped from the comb,
Her fair auburn tresses;
Whilst wonderment guesses
Where was her home?

Who was her father?
Who was her mother?
Had she a sister?
Had she a brother?
Or was there a dearer one
Still, and a nearer one
Yet, than all other?

Alas! for the rarity
Of Christian charity
Under the sun!
Oh! it was pitiful!
Nearly a whole city full,
Home she had none.

Sisterly, brotherly,
Fatherly, motherly,
Feelings had changed:
Love, by harsh evidence
Thrown from its eminence;
Even God's providence
Seeming estranged.

Take her up tenderly;
Lift her with care;
Fashion'd so slenderly,
Young, and so fair!
Ere her limbs frigidly
Stiffen too rigidly,
Decently, – kindly, –
Smooth and compose them;
And her eyes, close them,
Staring so blindly!

Dreadfully staring
Through muddy impurity,
As when with the daring
Last look of despairing
Fixed on futurity.

Perishing gloomily,
Spurred by contumely,
Cold inhumanity,
Burning insanity,
Into her rest, –
Cross her hands humbly,
As if praying dumbly,
Over her breast!
Owning her weakness,
Her evil behaviour,
And leaving, with meekness,
Her sins to her Saviour!

Die Kraft dieses Gedichtes ist nicht weniger bemerkenswert als sein Pathos. Die Versifikation, obwohl das Eingebildete bis an die Grenze des Phantastischen gebracht wird, ist dennoch gut der wilden Verrücktheit angepaßt, die Thema des Gedichtes ist.

Unter den kleinen Gedichten Byrons ist eines, das von den Kritikern nie das Lob erhielt, das es zweifellos verdient:

Though the day of my destiny's over,
  And the star of my fate hath declined
Thy soft heart refused to discover
  The faults which so many could find;
Though thy soul with my grief was acquainted,
  It shrunk not to share it with me,
And the love which my spirit hath painted
  It never hath found but in *thee*.

Then when nature around me is smiling,
  The last smile which answers to mine,
I do not believe it beguiling,
  Because it reminds me of thine;
And when winds are at war with the ocean,
  As the breasts I believed in with me,
If their billows excite an emotion,
  It is that they bear me from *thee*.

Though the rock of my last hope is shivered,
  And its fragments are sunk in the wave,
Though I feel that my soul is delivered
  To pain – it shall not be its slave.
There is many a pang to pursue me:
  They may crush, but the shall not contemn –
They may torture, but shall not subdue me –
  'Tis of *thee* that I think – not of them.

Though human, thou didst not deceive me,
  Though woman, thou didst not forsake,
Though loved, thou forborest to grieve me,
  Though slandered, though never couldst shake, –
Though trusted, thou didst not disclaim me,
  Though parted, it was not to fly,
Though watchful, 'twas not to defame me,
  Nor mute, that the world might belie.

Yet I blame not the world, nor despise it,
  Nor the war of the many with one –
If my soul was not fitted to prize it,
  'Twas folly not sooner to shun:
And if dearly that error hath cost me,
  And more than I once could foresee,
I have found that whatever it lost me,
  It could not deprive me of *thee*.

From the wreck of the past, which hath perished,
  Thus much I at least may recall,
It hath taught me that which I most cherished
  Deserved to be dearest of all:
In the desert a fountain is springing,
  In the wide waste there still is a tree,
And a bird in the solitude singing,
  Which speaks to my spirit of *thee*.

Obwohl der Rhythmus hier einer der schwierigsten ist, könnte die Versifikation kaum verbessert werden. Kein nobleres *Thema* ist je von einem Dichter behandelt worden. Es ist die seelenerhebende Idee, daß kein Mensch sich dazu befähigt sehen kann, sich über das Schicksal zu beschweren, während er in seiner Not noch immer eine Frau lieben kann.

Ich habe mir für Alfred Tennyson, obwohl ich ihn ehrlicherweise als den nobelsten Dichter, der je gelebt hat, verehre, habe ich mir nur Zeit für ein sehr kurzes Beispiel gelassen. Ich nenne ihn, und *halte* ihn, den nobelsten aller Dichter, *nicht,* weil die Eindrücke, die er erweckt, *immer* profund sind, *nicht,* weil die poetische Erregung, die er herbeiführt, *immer* am intensivsten ist, sondern weil er immer der himmlischste – mit anderen Worten – der erhabenste und reinste Dichter war. Kein Dichter ist so von der Erde entrückt. Ich werde von seinem letzten langen Gedicht lesen, »The Princess«:

> Tears, idle tears, I know not what they mean,
> Tears from the depth of some divine despair
> Rise in the heart, and gather to the eyes,
> In looking on the happy Autumn fields,
> And thinking of the days that are no more.
>
> Fresh as the first beam glittering on a sail,
> That brings our friends up from the underworld,
> Sad as the last which reddens over one
> That sinks with all we love below the verge;
> So sad, so fresh, the days that are no more.
>
> Ah, sad and strange as in dark summer dawns
> The earliest pipe of half-awaken'd birds
> To dying ears, when unto dying eyes
> The casement slowly grows a glimmering square;
> So sad, so strange, the days that are no more.
>
> Dear as remember'd kisses after death,
> And sweet as those by hopeless fancy feign'd
> On lips that are for others; deep as love,
> Deep as first love, and wild with all regret;
> O Death in Life, the days that are no more.

Hiermit habe ich versucht, Ihnen in einer oberflächlichen und imperfekten Art meine Gedanken zum dichterischen Grundsatz darzulegen. Es war meine Absicht, Ihnen zu zeigen, daß, obwohl dieser Grundsatz selbst schlicht und einfach das menschliche Streben nach himmlischer Schönheit ist, sich dieser Grundsatz immer in einer *erhebenden Erregung der Seele manifestiert,* die ganz unabhängig ist von jener Leidenschaft, die die Vergiftung des Herzens ist, oder jener Wahrheit, die die Befriedigung der Vernunft ist. So ist im Hinblick auf Leidenschaft, leider, ihre Tendenz, die Seele herabzusetzen anstatt sie zu erheben. Liebe, andererseits – Liebe – die reine göttliche Liebe – die uranische, abgesetzt von der dionæischen Venus – ist unfragbar das reinste und wahrste aller dichterischen Themen. Und im Hinblick auf Wahrheit, wenn wir durch Annahme einer Wahrheit eine Harmonie erkennen, wo vorher keine sichtbar war, erfahren wir sofort den wahren poetischen Effekt; aber dieser Effekt kann nur auf die Harmonie bezogen werden und in keinster Weise auf die Wahrheit, die alleinig dazu diente, die Harmonie zu manifestieren.

Wir können allerdings direkt einen etwas differenzierten Eindruck davon gewinnen, was wahre Dichtkunst ist, indem wir uns einige der einfachsten Elemente vor Augen führen, die im Dichter selbst den wahren poetischen Effekt hervorrufen. Er erkennt die Götterspeise, die seine Seele in den hellen Gestirnen am Himmelszelt nährt – in den Voluten der Blume – in der Häufung von kleinen Gebüschen – im Wehen der Kornfelder – in der Neigung großer östlicher Bäume – in der blauen Entfernung der Berge – in der Anordnung der Wolken – im Plätschern halbversteckter Rinnsale – im Glänzen silberner Flüsse – in der Stille entlegener Seen – in der sternespiegelnden Tiefe einsamer Brunnen. Er erfährt dies durch das Singen der Vögel – der Harfe Æeolus' – das Seufzen des Nachtwindes – der mürrischen Stimme des Waldes – der Welle die sich bei der Küste beschwert – der frische Wind der Wälder – der Geruch des Flieders – das üppige Parfum der Hyazinthen – der unbeschreibbare Geruch, der ihn abends von fernen unentdeckten Inseln über dämmerige Meere, unendlich und unerforscht, erreicht. Er besitzt dies in noblen Gedanken – allen unweltlichen Motiven – allen heiligen Impulsen – allen ritterlichen, großzügigen und aufopfernden Taten. Er spürt es in der Schönheit einer Frau – in der Eleganz ihres Schrittes – dem Blick in ihren Augen – dem Klang ihrer Stimme – in ihrem sanften Lächeln, ihrem Seufzer – in der Harmonie des Raschelns ihrer Kleider. Er spürt es tief in ihren siegreichen Worten – ihrer brennenden Begeisterung – ihren feinen Gunsten – ihrer selbstlosen und hingebenden Ausdauer – aber mehr als alles andere – oh, mehr als alles andere kniet er vor – betet im Glauben, in Reinheit, in Stärke, in göttlicher Majestät – ihrer *Liebe*.

Lassen Sie mich mit einem weiteren Gedicht zum Schluß kommen – eines, das einen ganz anderen Charakter als die vorher zitierten hat. Es ist von Motherwell und heißt »The Song of the Cavalier«. Mit unseren modernen und rationalen Einstellungen zur Absurdität und Gottlosigkeit des Krieges sind wir vielleicht nicht in der richtigen Gedankenverfassung, mit den Sinnlichkeiten zu fühlen und somit die wahre Exzellenz des Gedichtes zu erkennen. Um dies zu tun, müssen wir uns völlig mit der Seele des alten Kavaliers identifizieren: –

Then mounte! then mounte, brave gallants all,
  And don your helmes amaine:
Deathe's couriers, Fame and Honour call
  Us to the field againe.
No shrewish teares shall fill your eye
  When the sword-hilt's in our hand, –
Heart-whole we'll part, and no whit sighe
  For the fayrest of the land;
Let piping swaine, and craven wight,
  Thus weepe and puling crye,
Our business is like men to fight,
  And hero – like to die!